D1729991

Tuor | Schnyder | Schmid | Jungo
Das Schweizerische Zivilgesetzbuch

Das Schweizerische Zivilgesetzbuch

begründet von

Peter Tuor †

Professor an der Universität Bern
(1. bis 6. Auflage)

weitergeführt von

Bernhard Schnyder †

Professor an der Universität Freiburg
(7. bis 13. Auflage)

14. Auflage
auf Grund der 13. Auflage (2009)
neu bearbeitet und ergänzt von

Jörg Schmid

Dr. iur., Professor an der Universität Luzern

und

Alexandra Jungo

Dr. iur., Professorin an der Universität Freiburg

Schulthess § 2015

Literatur und bundesgerichtliche Rechtsprechung sind grundsätzlich bis 1. Mai 2015 berücksichtigt worden.

Zitiervorschlag:

für die §§ 1–17 und 88–121: Tuor/Schnyder/Schmid
für die §§ 18–87: Tuor/Schnyder/Jungo

Bibliografische Information der Deutschen Nationalbibliothek
Die Deutsche Nationalbibliothek verzeichnet diese Publikation in der Deutschen Nationalbibliografie; detaillierte bibliografische Daten sind im Internet über http://dnb.d-nb.de abrufbar.

© Schulthess Juristische Medien AG, Zürich · Basel · Genf 2015
   ISBN 978-3-7255-6994-6

www.schulthess.com

Vorwort

Die Gesamtdarstellung des Schweizerischen Zivilgesetzbuches von PETER TUOR (1876–1957) erschien erstmals 1912 unter dem Titel «Das neue Recht» und erlebte bis 1953 sechs Auflagen. Die 7.–10. Auflage wurden durch BERNHARD SCHNYDER bearbeitet, nunmehr unter dem Titel «Das Schweizerische Zivilgesetzbuch»; die 10. Auflage des «Tuor/Schnyder» erschien 1986. Dann wurde das Autorenteam erweitert – in der 11. Auflage (1995) durch JÖRG SCHMID und in der 12. Auflage (2002) durch ALEXANDRA RUMO-JUNGO. Die 13. Auflage kam 2009 heraus.

Nun liegt die 14. Auflage vor. Sie ist – nach dem Tod unseres verehrten akademischen Lehrers BERNHARD SCHNYDER im Jahr 2012 – zur Gänze von JÖRG SCHMID (Einleitung, Personen- und Sachenrecht sowie Schlusstitel) und von ALEXANDRA JUNGO (Familien- und Erbrecht) bearbeitet und erweitert worden.

Einmal mehr ging es darum, das gesamte Schweizerische Zivilgesetzbuch in einem einzigen Band systematisch darzustellen und zu erläutern – unter Berücksichtigung von Gesetzgebung, Rechtsprechung und Lehre. Folgende Merkmale kennzeichnen die Neubearbeitung:

– Stand der Bearbeitung von Gesetzgebung und Rechtsprechung ist grundsätzlich der 1. Mai 2015. Neben amtlich publizierten Entscheidungen des Schweizerischen Bundesgerichts enthält das Buch auch ausgewählte Internet-Entscheide.

– Die Ergebnisse der rechtswissenschaftlichen Lehre der letzten Jahre (Kommentare und systematische Darstellungen von Teilgebieten, Zeitschriftenaufsätze, Monografien, Festschriftenbeiträge u.a.m.) werden soweit wie möglich berücksichtigt.

– Völlig neu bearbeitet ist das Erwachsenenschutzrecht. Ebenfalls stark umgestaltet sind Teile des Dienstbarkeits- und Grundpfandrechts (Bauhandwerkerpfandrecht, Schuldbrief). Eingearbeitet wurde für die verfahrensrechtlichen Hinweise überdies die Eidgenössische Zivilprozessordnung.

– Die Änderungen im Stiftungsrecht («Gafi-Vorlage»), die auf den 1. Januar 2016 in Kraft treten, sind berücksichtigt. Ausserdem enthält das Buch Hinweise auf geplante Revisionen im Familienrecht.

Wiederum haben uns zahlreiche Amtsstellen bereitwillig Auskünfte und Ratschläge erteilt. Ein besonderer Dank gebührt dem Grundbuchamt Luzern Ost (Grundbuchverwalter Josef Häfliger), das wiederum die Grundbuch-Darstellungen und den Faksimile-Schuldbrief zur Verfügung gestellt hat. Auch von Seiten der Studierenden und aus der Praxis erreichten uns mehrere Anregungen zur Verbesserung und Klärung des Textes.

Besonderen Dank schulden wir sodann – einmal mehr – unseren Assistentinnen und Assistenten und weiteren Mitarbeitenden, die bei der Materialsammlung, bei Kontrollen und Korrekturen mitgewirkt haben. Namentlich erwähnt seien: die Luzerner Assistierenden Oliver Zbinden, MLaw, und Rechtsanwalt Dominic Buttliger,

MLaw; die Freiburger Assistierenden Dr. Lucie Mazenauer, Rechtsanwältin, Sybille Gassner, MLaw, und Nadja Majid, MLaw. Die Register stammen von Lena Rutishauser, MLaw, und Dr. Lucie Mazenauer. Unser Dank gebührt insbesondere auch Sara Hofer-Gassmann und lic. phil. Ursula Schmid-Richmond (Luzern) sowie Margrit Folly-Raemy (Freiburg), die wesentliche Mithilfe beim Korrekturlesen und bei den typografischen Kontrollen übernommen haben.

Die Zusammenarbeit mit dem Verlag verlief wie immer sehr angenehm.

Auch diese 14. Auflage des «Schweizerischen Zivilgesetzbuches» – die erste nach dem 100-Jahr-Jubiläum des Inkrafttretens – möge wie die früheren den Studierenden und der Praxis dienen, aber auch «dazu beitragen, dass mehr Recht geschieht» (BERNHARD SCHNYDER).

Luzern und Freiburg, im Juni 2015

JÖRG SCHMID   ALEXANDRA JUNGO

Inhaltsübersicht

Inhaltsverzeichnis

Einleitung

Erster Abschnitt. Geschichte und Charakter des Schweizerischen Zivilgesetzbuches

Zweiter Abschnitt. Der Einleitungstitel

I. Teil
Das Personenrecht

II. Teil
Das Familienrecht

Erste Abteilung. Die Ehe und die eingetragene Partnerschaft

Erster Abschnitt. Die Eheschliessung und die Eintragung der Partnerschaft

Zweiter Abschnitt. Die Ehescheidung und die Ehetrennung

Dritter Abschnitt. Die Wirkungen der Ehe und der eingetragenen Partnerschaft im Allgemeinen

Vierter Abschnitt. Das eheliche Güterrecht und das partnerschaftliche Vermögensrecht

Erste Abteilung. Die Erbberufung

Erster Abschnitt. Die gesetzliche Berufung

Zweiter Abschnitt. Die Berufung aus Verfügung von Todes wegen

IV. Teil
Das Sachenrecht

Erste Abteilung. Besitz und Grundbuch

Erster Abschnitt. Der Besitz

Aus dem Schlusstitel
Das intertemporale Recht

Die wichtigsten Hilfsmittel
zum Studium des Schweizerischen Zivilgesetzbuches

Diese Zusammenstellung beschränkt sich auf die hauptsächlichen Materialien, einzelne Textausgaben, ausgewählte systematische Darstellungen, die Kommentare und gewisse Sammlungen von Gerichtsentscheiden sowie Tafeln zum ZGB. Im Übrigen sei auf die im Verzeichnis der Abkürzungen (hinten S. XLIII ff.) angeführten Zeitschriften und Entscheidsammlungen sowie auf die Literaturangaben in den Kommentaren verwiesen.

I. Materialien

(Siehe hierzu auch hinten § 2 N 1 ff.)

Teilentwurf über
- die Wirkungen der Ehe (1894)
- das Erbrecht (1895)
- das Grundpfandrecht (1898).

Departementalentwurf über
- das Personen- und Familienrecht (1896)
- das Sachenrecht (1899)
- das Erbrecht (1900).

Vorentwurf des Eidgenössischen Justiz- und Polizeidepartements vom 15. November 1900.

Zusammenstellung der Anträge und Anregungen zum Vorentwurf (1901).

Erläuterungen zum Vorentwurf
- Einleitung, Personen- und Familienrecht (1901), Erbrecht (1901), Sachenrecht (1902); alle drei Hefte auch in einem Gesamtband (1902).
- Zweite, durch Verweisungen auf das ZGB und Beilagen ergänzte Ausgabe in zwei Bänden (1914).

Protokolle der grossen Expertenkommission
- Personen- und Familienrecht (1901)
- Vormundschaftsrecht und Erbrecht (1902)
- Sachenrecht (1902 und 1903).

Botschaft des Bundesrates an die Bundesversammlung und *Entwurf zum Schweizerischen Zivilgesetzbuch* vom 28. Mai 1904 (BBl 1904 IV 1 ff.).

Amtliches Stenographisches Bulletin der Bundesversammlung (Jahrgänge 1905–1907).

Memorial des Eidgenössischen Justiz- und Polizeidepartements an die Kantone vom 24. Juli 1908 (enthält Schema für die kantonalen Einführungsgesetze).

Eine Zusammenstellung der Materialien zum ZGB bietet MARKUS REBER/ CHRISTOPH HURNI, Berner Kommentar (Kommentar zum schweizerischen Privatrecht), Schweizerisches Zivilgesetzbuch, Materialien zum Zivilgesetzbuch, Band I, Das Memorial von EUGEN HUBER, Die Teil- und Departementalentwürfe, Botschaft zur Einführung der Rechtseinheit, Bern 2009, und Band II, Die Erläuterungen von EUGEN HUBER, Text des Vorentwurfs, Bern 2007. Ein Verzeichnis der Materialien zum ZGB findet sich bei: OSCAR GAUYE, Inventar zur Dokumentation über die Erarbeitung des Schweiz. Zivilgesetzbuches 1885–1907, Schweiz. Zeitschrift für Geschichte, 13 (1963), 54 ff. Ein grosser Teil der Materialien zum Sachenrecht ist abgedruckt bei: URS FASEL (Hrsg.), Sachenrechtliche Materialien, Von den ersten Entwürfen bis zum Gesetz 1912, Basel/Genf/München 2005.

Materialien für Revisionen des ZGB sind an den einschlägigen Stellen aufgeführt.

II. Textausgaben

Die auf den 1. Oktober 1974 bereinigte amtliche Ausgabe des ZGB ist in Band 21 der *Systematischen Sammlung des Bundesrechts* (SR 210) enthalten. Spätere Änderungen erscheinen jeweils zunächst in der *Amtlichen Sammlung des Bundesrechts* (AS) und werden in kurzen Zeitabständen durch Nachträge in die Systematische Sammlung (SR) aufgenommen.

Der erste Autor dieses Buches, PETER TUOR, hat seinerzeit eine Übersetzung in das Surselvisch-Romanische für die rätoromanischen Bürger des Bündner Oberlandes, des Kreises Rhäzüns und des Oberhalbsteins geschaffen. 1989 hat die Bundeskanzlei eine Übersetzung des ZGB in der neu geschaffenen einheitlichen Schriftsprache *Rumantsch Grischun* herausgegeben.

Von den *privaten Textausgaben* seien erwähnt:

GAUCH PETER/STÖCKLI HUBERT (Hrsg.), Schweizerisches Zivilgesetzbuch mit Obligationenrecht, Textausgabe mit Anhängen, Querverweisen, Sachregister und Anmerkungen (50. A. Zürich 2014).

GAUCH PETER/STÖCKLI HUBERT (Hrsg.), Schweizerisches Zivilgesetzbuch vom 10. Dezember 1907, Textausgabe mit Anhängen, Querverweisen, Sachregister und Anmerkungen (50. A. Zürich 2014).

BRACONI ANDREA/CARRON BLAISE/SCYBOZ PIERRE (Hrsg.), Code civil suisse et code des obligations annotés (9. A. Basel 2012).

SUTTER-SOMM THOMAS (Hrsg.), ZGB/OR und ZPO. Schweizerisches Zivilgesetzbuch und Obligationenrecht – Vollständige Textausgabe mit wichtigen Nebengesetzen und Verordnungen (27. A. Zürich 2015).

BÜCHLER ANDREA/SCHULIN HERMANN/VOGT NEDIM PETER (Hrsg.), Texto ZGB/ OR, Schweizerisches Zivilgesetzbuch und Nebenerlasse/Schweizerisches Obligationenrecht und Nebenerlasse (7. A. Basel 2015).

III. Fundstellen im Internet

Gesetzessammlungen sind auch auf dem Internet greifbar; die Systematische Sammlung unter http://www.admin.ch/ch/d/sr/sr.html und die Amtliche Sammlung seit 1. September 1998 unter http://www.admin.ch/ch/d/as/index.html.

IV. Systematische Darstellungen

ABT DANIEL/WEIBEL THOMAS (Hrsg.), Praxiskommentar Erbrecht, Nachlassplanung, Nachlassabwicklung, Willensvollstreckung, Prozessführung (2. A. Basel 2011).

AEBI-MÜLLER REGINA E./CARONI PIO/EMMENEGGER SUSAN/HAUSHEER HEINZ/ HOFER SIBYLLE/HRUBESCH-MILLAUER STEPHANIE/KOLLER THOMAS/ SCHMID-TSCHIRREN CHRISTINA/SCHÖBI FELIX/TSCHENTSCHER AXEL/WALTER HANS PETER/WOLF STEPHAN, Berner Kommentar, Kommentar zum schweizerischen Privatrecht, Band I, Einleitung und Personenrecht, 1. Abteilung, Art. 1–9 ZGB (Bern 2012).

AMSTUTZ MARC/BREITSCHMID PETER/FURRER ANDREAS/GIRSBERGER DANIEL/ HUGUENIN CLAIRE/MÜLLER-CHEN MARKUS/VITO ROBERTO/RUMO-JUNGO ALEXANDRA/SCHNYDER ANTON K./TRÜEB HANS RUDOLF (Hrsg.), Handkommentar zum Schweizer Privatrecht (2. A. Zürich 2012).

BAUMANN MAX/DÜRR DAVID/LIEBER VIKTOR/MARTI ARNOLD/SCHNYDER BERNHARD, Kommentar zum Schweizerischen Zivilgesetzbuch, Art. 1–7 ZGB, Einleitung, Mit einer Einführung zu den Art. 1–10 von Bernhard Schnyder, Band I, Einleitung (3. A. Zürich 1998).

BAUMANN MAX, Kommentar zum Schweizerischen Zivilgesetzbuch, Nutzniessung und andere Dienstbarkeiten, Art. 745–778 ZGB, Nutzniessung und Wohnrecht (3. A. Zürich 1999).

BECK ALEXANDER, Grundriss des Schweizerischen Erbrechts (2. A. Bern 1976).

BECK EMIL, Berner Kommentar, Kommentar zum schweizerischen Privatrecht, Band V, Schlusstitel, 2. Abschnitt, Einführungs- und Übergangsbestimmungen, Art. 51–63, insbesondere das internationale Handlungsfähigkeits-, Eheschliessungs- und Ehescheidungsrecht der Schweiz (Bern 1932).

BOHNET FRANÇOIS/HALDY JACQUES/JEANDIN NICOLAS/SCHWEIZER PHILIPPE/ TAPPY DENIS (Hrsg.), CPC, Code de procédure civile, commenté (Basel 2011) (zit. BEARBEITER/IN, CPC Comm, Art. x N y).

BRÄM VERENA/HASENBÖHLER FRANZ, Kommentar zum Schweizerischen Zivilgesetzbuch, Art. 159–180 ZGB, Scheidungsrecht, Die Wirkungen der Ehe im Allgemeinen, Band II/2c, Familienrecht, Eherecht (3. A. Zürich 1998).

BREITSCHMID PETER/EITEL PAUL/FANKHAUSER ROLAND/GEISER THOMAS/RUMO-JUNGO ALEXANDRA, litera B Erbrecht (2. A. Zürich/Basel/Genf 2012).

BROGGINI GERARDO, Intertemporales Privatrecht, in: MAX GUTZWILLER (Hrsg.), Schweizerisches Privatrecht, Band I, Geschichte und Geltungsbereich (Basel/ Stuttgart 1969), S. 353 ff.

BRÜCKNER CHRISTIAN, Das Personenrecht des ZGB (ohne Beurkundung des Personenstandes) (Zürich 2000).

BRÜCKNER CHRISTIAN/WEIBEL THOMAS, Die erbrechtlichen Klagen (3. A. Zürich/Basel/Genf 2012).

BRUNNER ALEXANDER/GASSER DOMINIK/SCHWANDER IVO (Hrsg.), ZPO, Schweizerische Zivilprozessordnung, Kommentar (Zürich/St. Gallen 2011) (zit. BEARBEITER/IN, ZPOKomm, Art. x N y).

BUCHER ANDREAS, Natürliche Personen und Persönlichkeitsschutz (4. A. Basel 2009).

BUCHER ANDREAS, Personnes physiques et protection de la personnalité (5. A. Basel 2009).

BUCHER EUGEN, Berner Kommentar, Kommentar zum schweizerischen Privatrecht, Band I, Einleitung und Personenrecht, 2. Abteilung, Die natürlichen Personen, 1. Teilband, Kommentar zu den Art. 11–26 ZGB (Bern 1976).

BUCHER EUGEN, Berner Kommentar, Kommentar zum schweizerischen Privatrecht, Band I, Einleitung und Personenrecht, 2. Abteilung, Die natürlichen Personen, 2. Teilband, Kommentar zu Art. 27 ZGB (Bern 1993).

BÜCHLER ANDREA/VETTERLI ROLF, Ehe, Partnerschaft, Kinder. Eine Einführung in das Familienrecht der Schweiz (2. A. Basel 2011).

BÜCHLER ANDREA (Hrsg.), FamKommentar, Eingetragene Partnerschaft (Bern 2007).

BÜHLER WALTER/SPÜHLER KARL, Berner Kommentar, Kommentar zum schweizerischen Privatrecht, Band II, Familienrecht, 1. Abteilung, Das Eherecht, 1. Teilband, 2. Hälfte, Die Ehescheidung, Art. 137–158 ZGB (Bern 1980).

DESCHENAUX HENRI/STEINAUER PAUL-HENRI/BADDELEY MARGARETA, Les effets du mariage (2. A. Bern 2009) (zit. DESCHENAUX/STEINAUER/BADEDELEY, Effets, Nr. x).

DESCHENAUX HENRI, Der Einleitungstitel, in: Max Gutzwiller (Hrsg.), Schweizerisches Privatrecht, Band II, Einleitung und Personenrecht (Basel/Stuttgart 1967; Nachdruck 1986), S. 1 ff.

DESCHENAUX HENRI, 3. Teilbd., Das Grundbuch, I. Abteilung (Basel/Frankfurt a. M. 1988), in: Arthur Meier-Hayoz (Hrsg.), Schweizerisches Privatrecht, Band V, Sachenrecht (Basel/Stuttgart/Frankfurt a. M. 1977–1989).

DESCHENAUX HENRI, 3. Teilbd., Das Grundbuch, II. Abteilung (Basel/Frankfurt a. M. 1989), in: Arthur Meier-Hayoz (Hrsg.), Schweizerisches Privatrecht, Band V, Sachenrecht (Basel/Stuttgart/Frankfurt a. M. 1977–1989).

DRUEY JEAN NICOLAS, Grundriss des Erbrechts (6. A. Bern 2014) (zit. DRUEY, Grundriss, Nr. x).

EGGER AUGUST, Kommentar zum Schweizerischen Zivilgesetzbuch, Art. 1–89 ZGB, Personenrecht, Band I, Einleitung (2. A. Zürich 1930).

EGGER AUGUST, Kommentar zum Schweizerischen Zivilgesetzbuch, Das Eherecht, Art. 90–251 ZGB (2. A. Zürich 1936).

EGGER AUGUST, Kommentar zum Schweizerischen Zivilgesetzbuch, Die Verwandtschaft, Art. 252–359 ZGB (2. A. Zürich 1943).

EGGER AUGUST, Kommentar zum Schweizerischen Zivilgesetzbuch, Die Vormundschaft, Art. 360–456 ZGB (2. A. Zürich 1948).

EHRENZELLER BERNHARD/SCHINDLER BENJAMIN/SCHWEIZER RAINER J./VAL-LENDER KLAUS A., Die schweizerische Bundesverfassung, Kommentar (3. A. Zürich 2014).

EITEL PAUL, Berner Kommentar, Kommentar zum schweizerischen Zivilgesetzbuch, Band III, Das Erbrecht, 2. Abteilung, Der Erbgang, 3. Teilband, Die Ausgleichung, Art. 626–632 ZGB (Bern 2004).

ELSENER FERDINAND, Geschichtliche Grundlegung, in: Max Gutzwiller (Hrsg.), Schweizerisches Privatrecht, Band I, Geschichte und Geltungsbereich (Basel/Stuttgart 1969), S. 1 ff.

ESCHER ARNOLD, Kommentar zum Schweizerischen Zivilgesetzbuch, Die Erben, Art. 457–536 ZGB (3. A. Zürich 1959).

ESCHER ARNOLD, Kommentar zum Schweizerischen Zivilgesetzbuch, Der Erbgang, Art. 537–640 ZGB (3. A. Zürich 1960).

FASSBIND PATRICK, Erwachsenenschutz (Zürich 2012) (zit. FASSBIND, Erwachsenenschutz).

GAUCH PETER/AEPLI VIKTOR/STÖCKLI HUBERT, Präjudizienbuch OR (8. A. Zürich 2012).

GAUCH PETER/SCHLUEP WALTER R./SCHMID JÖRG/EMMENEGGER SUSAN, Schweizerisches Obligationenrecht, Allgemeiner Teil ohne ausservertragliches Haftpflichtrecht (2 Bände, 10. A. Zürich 2014).

GAUCH PETER/SCHMID JÖRG (Hrsg.), Die Rechtsentwicklung an der Schwelle zum 21. Jahrhundert – Symposium zum Schweizerischen Privatrecht, Standortbestimmung und Ausblick der Herausgeber, Autorinnen und Autoren des Kommentars zum Schweizerischen Zivilgesetzbuch («Zürcher Kommentar»), Zürich 2001.

GEISER THOMAS/GREMPER PHILIPP (Hrsg.), Kommentar zum Bundesgesetz über die eingetragene Partnerschaft gleichgeschlechtlicher Paare (PartG) vom 18. Juni 2004 (Zürich 2007).

GIRSBERGER DANIEL/HEINI ANTON/KELLER MAX/KREN KOSTKIEWICZ JOLANTA/SIEHR KURT/VISCHER FRANK/VOLKEN PAUL (Hrsg.), Kommentar zum Bundesgesetz über das Internationale Privatrecht (IPRG) vom 18. Dezember 1987 (2. A. Zürich 2004).

GMÜR MAX, Berner Kommentar, Kommentar zum schweizerischen Privatrecht, Band II, Das Familienrecht, 1. Abteilung, Das Eherecht, Art. 90–251 ZGB (2. A. Bern 1923).

GÖTZ ERNST, Die Beurkundung des Personenstandes, in: Max Gutzwiller (Hrsg.), Schweizerisches Privatrecht, Band II, Einleitung und Personenrecht (Basel/Stuttgart 1967; Nachdruck 1986), S. 379 ff.

GÖTZ ERNST, Berner Kommentar, Kommentar zum schweizerischen Privatrecht, Band II, Familienrecht, Abteilung 1, Das Eherecht, 1. Teilband, Die Eheschliessung, Art. 90–136 ZGB (Bern 1964).

GROSSEN JACQUES-MICHEL, Das Recht der Einzelpersonen, in: Max Gutzwiller (Hrsg.), Schweizerisches Privatrecht, Band II, Einleitung und Personenrecht (Basel/Stuttgart 1967; Nachdruck 1986), S. 285 ff.

GUINAND JEAN/STETTLER MARTIN/LEUBA AUDREY, Droit des successions (art. 457–640 CC) (6. A. Genf/Zürich/Basel 2005) (zit. GUINAND/STETTLER/LEUBA, Successions, Nr. x).

GUTZWILLER MAX, Verbandspersonen, Grundsätzliches, in: Max Gutzwiller (Hrsg.), Schweizerisches Privatrecht, Band II, Einleitung und Personenrecht (Basel/Stuttgart 1967; Nachdruck 1986), S. 425 ff.

GUTZWILLER MAX, Die Stiftungen, in: Max Gutzwiller (Hrsg.), Schweizerisches Privatrecht, Band II, Einleitung und Personenrecht (Basel/Stuttgart 1967; Nachdruck 1986), S. 571 ff.

HAAB ROBERT/SIMONIUS AUGUST/SCHERRER WERNER/ZOBL DIETER, Kommentar zum Schweizerischen Zivilgesetzbuch, Das Eigentum, Art. 641–729 ZGB (2. A. Zürich 1929–1977).

HÄFELI CHRISTOPH, Grundriss zum Erwachsenenschutz mit einem Exkurs zum Kindesschutz (Bern 2013) (zit. HÄFELI, Erwachsenenschutz, Nr. x).

HAUSHEER HEINZ/AEBI-MÜLLER REGINA E., Das Personenrecht des Schweizerischen Zivilgesetzbuches (3. A. Bern 2012).

HAUSHEER HEINZ/SPYCHER ANNETTE/BRUNNER ROLF/GLOOR URS/BÜHLER DANIEL/KIESER UELI, Handbuch des Unterhaltsrechts (2. A. Bern 2010) (zit. BEARBEITER/IN, Handbuch, Nr. x).

HAUSHEER HEINZ/GEISER THOMAS/AEBI-MÜLLER REGINA E., Das Familienrecht des Schweizerischen Zivilgesetzbuches – Eheschliessung, Scheidung, Allgemeine Wirkungen der Ehe, Güterrecht, Kindesrecht, Vormundschaftsrecht, eingetragene Partnerschaft (5. A. Bern 2014) (zit. HAUSHEER/GEISER/AEBI-MÜLLER, Familienrecht, Nr. x).

HAUSHEER HEINZ/GEISER THOMAS/AEBI-MÜLLER REGINA E., Das neue Erwachsenenschutzrecht (2. A. Bern 2014) (zit. HAUSHEER/GEISER/AEBI-MÜLLER, Erwachsenenschutzrecht, Nr. x).

HAUSHEER HEINZ/JAUN MANUEL, Stämpfli Handkommentar, Die Einleitungstitel des ZGB, Art. 1–10 ZGB (Bern 2003).

HAUSHEER HEINZ/JAUN MANUEL, Die Einleitungsartikel des Schweizerischen Zivilgesetzbuches (Nachdruck, Anpassung an BV und ZGB, Bern 2001).

HAUSHEER HEINZ/REUSSER RUTH/GEISER THOMAS, Berner Kommentar, Kommentar zum schweizerischen Privatrecht, Band II, Familienrecht, 1. Abteilung, Das Eherecht, 2. Teilband, Die Wirkungen der Ehe im allgemeinen, Art. 159–180 ZGB (Bern 1999).

HAUSHEER HEINZ/REUSSER RUTH/GEISER THOMAS, Berner Kommentar, Kommentar zum schweizerischen Privatrecht, Band II, Das Familienrecht, 1. Abteilung, Das Eherecht, 3. Teilband, Das Güterrecht der Ehegatten, 1. Unterteilband, Allgemeine Vorschriften, Art. 181–195a ZGB, Der ordentliche Güterstand der Errungenschaftsbeteiligung, Art. 196–220 ZGB (Bern 1992).

HAUSHEER HEINZ/REUSSER RUTH/GEISER THOMAS, Berner Kommentar, Kommentar zum schweizerischen Privatrecht, Band II, Das Familienrecht, 1. Abteilung, Das Eherecht, 3. Teilband, Das Güterrecht der Ehegatten, 2. Unterteilband, Die

Gütergemeinschaft, Art. 221–246 ZGB, Die Gütertrennung, Art. 247–251 ZGB (Bern 1996).

HEGNAUER CYRIL/BREITSCHMID PETER, Grundriss des Eherechts (4. A. Bern 2000).

HEGNAUER CYRIL, Grundriss des Kindesrechts und des übrigen Verwandtschaftsrechts (5. A. Bern 1999). Adaptation en langue française par PHILIPPE MEIER (4. A. Bern 1998).

HEGNAUER CYRIL, Berner Kommentar, Kommentar zum schweizerischen Privatrecht, Band II, Das Familienrecht, 2. Abteilung, Die Verwandtschaft, 1. Teilband, Die Entstehung des Kindesverhältnisses, Art. 252–269c ZGB (4. A. Bern 1984).

HEGNAUER CYRIL, Berner Kommentar, Kommentar zum schweizerischen Privatrecht, Band II, Das Familienrecht, 2. Abteilung, Die Verwandtschaft, 2. Teilband, Die Gemeinschaft der Eltern und Kinder, Kommentar zu Art. 270–275 ZGB (mit Supplement), Die Unterhaltspflicht der Eltern, Kommentar zu Art. 276–295 ZGB (Bern 1997).

HEINI ANTON/PORTMANN WOLFGANG/SEEMANN MATTHIAS, Grundriss des Vereinsrechts (Basel 2009).

HEINI ANTON/PORTMANN WOLFGANG, Das Schweizerische Vereinsrecht (3. A. Basel/Frankfurt a. M. 2005).

HEINI ANTON, Die Vereine, in: Max Gutzwiller (Hrsg.), Schweizerisches Privatrecht, Band II, Einleitung und Personenrecht (Basel/Stuttgart 1967; Nachdruck 1986), S. 515 ff.

HINDERLING HANS, Der Besitz, in: Arthur Meier-Hayoz (Hrsg.), Schweizerisches Privatrecht, Band V, Sachenrecht (Basel/Stuttgart/Frankfurt a. M. 1977–1989), S. 403 ff.

HOMBERGER ARTHUR, Kommentar zum Schweizerischen Zivilgesetzbuch, Besitz und Grundbuch, Art. 919–977 ZGB (2. A. Zürich 1938; Nachdruck 1980).

HOMBERGER ARTHUR, Das Schweizerische Zivilgesetzbuch (2. A. Zürich 1943).

HONSELL HEINRICH/VOGT NEDIM PETER/GEISER THOMAS/REUSSER RUTH E. (Hrsg.), Basler Kommentar, Zivilgesetzbuch I, Art. 1–456 ZGB (5. A. Basel 2014).

HONSELL HEINRICH/VOGT NEDIM PETER/GEISER THOMAS (Hrsg.), Basler Kommentar, Zivilgesetzbuch II, Art. 457–977 ZGB, Art. 1–61 SchlT ZGB (4. A. Basel 2011).

HUBER EUGEN/MENTHA FRÉDÉRIC-HENRI, Manuel du droit civil suisse, 3 Bände (2. A. Lausanne/Genève 1922, Supplément 1931).

HÜRLIMANN-KAUP BETTINA/SCHMID JÖRG, Einleitungsartikel des ZGB und Personenrecht (2. A. Zürich 2010).

JAGMETTI MARCO, Vorbehaltenes kantonales Privatrecht, in: Max Gutzwiller (Hrsg.), Schweizerisches Privatrecht, Band I, Geschichte und Geltungsbereich (Basel/Stuttgart 1969), S. 239 ff.

KAUFMANN JOSEPH, Berner Kommentar, Kommentar zum schweizerischen Privatrecht, Band II, Das Familienrecht, 3. Abteilung, Die Vormundschaft, Art. 360–456 ZGB (2. A. Bern 1924).

KRAMER ERNST A., Juristische Methodenlehre (4. A. Bern/München 2013).

KUHN HANS, Schweizerisches Kreditsicherungsrecht (Bern 2011).

LEEMANN HANS, Berner Kommentar, Kommentar zum schweizerischen Privatrecht, Band IV, Sachenrecht, 1. Abteilung, Das Eigentum, Art. 641–729 ZGB (2. A. Bern 1920).

LEEMANN HANS, Berner Kommentar, Kommentar zum schweizerischen Privatrecht, Band IV, Sachenrecht, 2. Abteilung, Die beschränkten dinglichen Rechte, Art. 730–918 ZGB (Bern 1925).

LIVER PETER, Das Eigentum, in: Arthur Meier-Hayoz (Hrsg.), Schweizerisches Privatrecht, Band V, Sachenrecht (Basel/Stuttgart/Frankfurt a. M. 1977–1989), S. 1 ff.

LIVER PETER, Kommentar zum Schweizerischen Zivilgesetzbuch, Die Dienstbarkeiten und Grundlasten, Art. 730–792 ZGB (3. A. Zürich 1980).

MEIER-HAYOZ ARTHUR, Berner Kommentar, Kommentar zum schweizerischen Privatrecht, Band IV, Sachenrecht, 1. Abteilung, Das Eigentum, 1. Teilband, Systematischer Teil und Allgemeine Bestimmungen, Art. 641–654 ZGB (5. A. Bern 1981).

MEIER-HAYOZ ARTHUR, Berner Kommentar, Kommentar zum schweizerischen Privatrecht, Band IV, Sachenrecht, 1. Abteilung, Das Eigentum, 2. Teilband, Das Grundeigentum, Art. 655–679 ZGB, mit Supplement von FALKNER URSULA M./ZOBL DIETER/VÖGELI EDI (Bern 1974).

MEIER-HAYOZ ARTHUR, Berner Kommentar, Kommentar zum schweizerischen Privatrecht, Band IV, Sachenrecht, 1. Abteilung, Das Eigentum, 3. Teilband, Das Grundeigentum, Art. 680–701 ZGB (3. A. Bern 1975).

MEIER-HAYOZ ARTHUR, Berner Kommentar, Kommentar zum schweizerischen Privatrecht, Band IV, Sachenrecht, 1. Abteilung, Das Eigentum, 5. Teilband, Grundeigentum IV: Das Stockwerkeigentum, Art. 712a–712t ZGB (Bern 1988).

MEIER PHILIPPE/LUKIC SUZANA, Introduction au nouveau droit de la protection de l'adulte (Genf/Zürich/Basel 2011).

MEIER PHILIPPE/STETTLER MARTIN, Droit de la filiation (5. A. Genf/Zürich/Basel 2014).

MUTZNER PAUL, System und Geschichte des Schweizerischen Privatrechts (2. A. des so betitelten Werks von EUGEN HUBER, erschienen Bd. 1, Lfg. 1–3, Basel 1932–1937).

MUTZNER PAUL, Berner Kommentar, Kommentar zum schweizerischen Privatrecht, Band V, Schlusstitel, 1. Abschnitt, Anwendungs- und Einführungsbestimmungen, Art. 1–50 ZGB (2. A. Bern 1926).

NÄF-HOFMANN MARLIES und HEINZ, Schweizerisches Ehe- und Erbrecht – Die Wirkungen der Ehe im allgemeinen, das eheliche Güterrecht und das Erbrecht der Ehegatten, Eine Einführung für den Praktiker (Zürich 1998).

NIGGLI MARCEL ALEXANDER/UEBERSAX PETER/WIPRÄCHTIGER HANS (Hrsg.), Basler Kommentar, Bundesgerichtsgesetz (2. A. Basel 2011).

OFTINGER KARL/BÄR ROLF, Kommentar zum Schweizerischen Zivilgesetzbuch, Das Fahrnispfand, Art. 884–918 ZGB, mit ergänzender Darstellung der im Gesetz nicht geordneten Arten dinglicher Sicherung mittels Fahrnis (3. A. Zürich 1981).

OFTINGER KARL/STARK EMIL W., Schweizerisches Haftpflichtrecht, Bd. I (5. A. Zürich 1995).

OSTERTAG FRITZ, Berner Kommentar, Kommentar zum schweizerischen Privatrecht, Band IV, Sachenrecht, 3. Abteilung, Besitz und Grundbuch, Art. 919–977 ZGB (2. A. Bern 1917).

PEDRAZZINI MARIO M./OBERHOLZER NIKLAUS, Grundriss des Personenrechts (4. A. Bern 1993).

PERRIN JEAN-FRANÇOIS, Droit civil V: Droit de l'association (art. 60–79 CC) (Freiburg 1992).

PIOTET DENIS, Ergänzendes kantonales Recht, in: Pierre Tercier (Hrsg.), Schweizerisches Privatrecht, Band I, Histoire et champ d'application (Basel 2002), S. 1 ff.

PIOTET DENIS, Histoire et champ d'application, in: Pierre Tercier (Hrsg.), Schweizerisches Privatrecht, Band I (Basel/Frankfurt a. M. 1998), S. 1 ff.

PIOTET DENIS, Les droits réels limités en général, les servitudes et les charges foncières, 2. A., in: Thomas Sutter-Somm (Hrsg.), Traité de droit privé suisse, Band V/2, Droits réels (2. A. Basel 2012).

PIOTET PAUL, Précis de droit successoral (2. A. Bern 1988).

PIOTET PAUL, 1. Halbbd. (Basel/Stuttgart 1978), in: Paul Piotet (Hrsg.), Schweizerisches Privatrecht, Band IV, Erbrecht (Basel/Stuttgart/Frankfurt a. M. 1978–1986).

PIOTET PAUL, 2. Halbbd. (Basel/Stuttgart 1981), in: Paul Piotet (Hrsg.), Schweizerisches Privatrecht, Band IV, Erbrecht (Basel/Stuttgart/Frankfurt a. M. 1978–1986).

PIOTET PAUL, Nachtrag zu den Bänden IV/1 und IV/2 (Basel/Frankfurt a. M. 1986), in: Paul Piotet (Hrsg.), Schweizerisches Privatrecht, Band IV, Erbrecht (Basel/Stuttgart/Frankfurt a. M. 1978–1986).

PIOTET PAUL, Dienstbarkeiten und Grundlasten (Basel/Stuttgart 1977), in: Arthur Meier-Hayoz (Hrsg.), Schweizerisches Privatrecht, Band V, Sachenrecht (Basel/Stuttgart/Frankfurt a. M. 1977–1989), S. 519 ff.

PORTMANN WOLFGANG, Das Schweizerische Vereinsrecht (3. A. 2005).

REICHEL ALEXANDER, Kommentar zum Schweizerischen Zivilgesetzbuch, Schlusstitel, Anwendungs- und Einführungsbestimmungen zum schweizerischen Zivilgesetzbuch (Zürich 1916).

REY HEINZ, Grundriss des schweizerischen Sachenrechts, Bd. I, Die Grundlagen des Sachenrechts und das Eigentum (3. A. Bern 2007).

REY HEINZ, Berner Kommentar, Kommentar zum schweizerischen Privatrecht, Band IV, Sachenrecht, 2. Abteilung, Die beschränkten dinglichen Rechte, 1. Teilband, Die Dienstbarkeiten und Grundlasten, Die Dienstbarkeiten: Systematischer Teil und Art. 730–731 ZGB (2. A. Bern 1981).

RIEMER HANS MICHAEL, Die Einleitungsartikel des Schweizerischen Zivilgesetzbuches (Art. 1–10 ZGB) (2. A. Bern 2003).

RIEMER HANS MICHAEL, Personenrecht des ZGB – Studienbuch und Bundesgerichtspraxis (2. A. Bern 2002).

RIEMER HANS MICHAEL, Grundriss des schweizerischen Sachenrechts, Bd. II, Die beschränkten dinglichen Rechte – Dienstbarkeiten, Grund- und Fahrnispfandrechte, Grundlasten (2. A. Bern 2000).

RIEMER HANS MICHAEL, Berner Kommentar, Kommentar zum schweizerischen Privatrecht, Band I, Einleitung und Personenrecht, 3. Abteilung, Die juristischen Personen, 1. Teilband, Allgemeine Bestimmungen, Systematischer Teil und Kommentar zu Art. 52–59 ZGB (Bern 1993).

RIEMER HANS MICHAEL, Berner Kommentar, Kommentar zum schweizerischen Privatrecht, Band I, Einleitung und Personenrecht, 3. Abteilung, Die juristischen Personen, 2. Teilband, Die Vereine, Systematischer Teil und Art. 60–79 ZGB (Bern 1990).

RIEMER HANS MICHAEL, Berner Kommentar, Kommentar zum schweizerischen Privatrecht, Band I, Einleitung und Personenrecht, 3. Abteilung, Die juristischen Personen, 3. Teilband, Die Stiftungen, Systematischer Teil und Art. 80–89bis ZGB (Bern 1975).

ROBERTO VITO, Haftpflichtrecht (Bern 2013) (zit. ROBERTO, Haftpflichtrecht, Nr. x).

ROSCH DANIEL/BÜCHLER ANDREA/JAKOB DOMINIQUE (Hrsg.), Erwachsenenschutzrecht, Einführung und Kommentar zu Art. 360 ff. ZGB und VBVV (2. A. Basel 2015) (zit. BEARBEITER, ESR-Kommentar, Art. x N y).

RUMO-JUNGO ALEXANDRA, Tafeln und Fälle zum Erbrecht, Unter Berücksichtigung des internationalen Erbrechts, des Ehegüterrechts und des Partnerschaftsgesetzes (3. A. Zürich/Basel/Genf 2010).

SCHMID JÖRG/HÜRLIMANN-KAUP BETTINA, Sachenrecht (4. A. Zürich 2012).

SCHNYDER BERNHARD/MURER ERWIN, Berner Kommentar, Kommentar zum schweizerischen Privatrecht, Band II, Das Familienrecht, 3. Abteilung, Die Vormundschaft, 1. Teilband, Systematischer Teil und Kommentar zu den Art. 360–397 ZGB (3. A. Bern 1984).

SCHÜPBACH HENRI-ROBERT, Der Personenstand – Erfassung und Beurkundung des Zivilstandes (Basel/Frankfurt a. M. 1996).

SCHÖNENBERGER WILHELM, Kommentar zum Schweizerischen Zivilgesetzbuch, Die kantonalen Erlasse zum Zivilgesetzbuch und Obligationenrecht (Drei Teile, Zürich 1939–1941).

SCHWENZER INGEBORG (Hrsg.), FamKommentar, Scheidung (2. A. Bern 2011).

SIMONIUS PASCAL/SUTTER THOMAS, Schweizerisches Immobiliarsachenrecht, Bd. I, Grundlagen, Grundbuch und Grundeigentum (Basel/Frankfurt a. M. 1995).

SIMONIUS PASCAL/SUTTER THOMAS, Schweizerisches Immobiliarsachenrecht, Bd. II, Die beschränkten dinglichen Rechte (Basel/Frankfurt a. M. 1990).

SPIRIG EUGEN, Kommentar zum Schweizerischen Zivilgesetzbuch, Die allgemeine Ordnung der Vormundschaft, Die fürsorgerische Freiheitsentziehung, Art. 397a–397f ZGB (3. A. Zürich 1995).

SPÜHLER KARL/TENCHIO LUCA/INFANGER DOMINIK (Hrsg.), Basler Kommentar, Schweizerische Zivilprozessordnung, (2. A. Basel 2013).

STAEHELIN ADRIAN/STAEHELIN DANIEL/GROLIMUND PASCAL (Hrsg.), Zivilprozessrecht: unter Einbezug des Anwaltsrechts und des internationalen Zivilprozessrechts (2. A. Zürich/Basel/Genf 2013) (zit. Staehelin/Staehelin/Groli-mund, Zivilprozessrecht, § x N y).

Stark Emil W., Berner Kommentar, Kommentar zum schweizerischen Privatrecht, Band IV, Das Sachenrecht, 3. Abteilung, Besitz und Grundbuch, 1. Teilband, Der Besitz, Art. 919–941 ZGB (3. A. Bern 2001).

Steinauer Paul-Henri, Les droits réels, Bd. I (5. A. Bern 2012), Bd. II (4. A. Bern 2012), Bd. III (4. A. Bern 2012).

Steinauer Paul-Henri, Le Titre préliminaire du Code civil, in: Pierre Tercier (Hrsg.), Traité de droit privé suisse, Band II/1 (Basel 2009) (zit. Steinauer, Le Titre préliminaire).

Steinauer Paul-Henri, Le droit des successions (Bern 2006) (zit. Steinauer, Successions, Nr. x).

Steinauer Paul-Henri/Fountoulakis Christiana, Droit des personnes physiques et de la protection de l'adulte (Bern 2014) (zit. Steinauer/Fountoulakis, Personnes physiques).

Stettler Martin, Droit civil I: Représentation et protection de l'adulte (4. A. Freiburg 1997).

Stettler Martin, Droit civil III: Effets généraux du mariage (art. 159–180 CC) (2. A. Freiburg 1999).

Stettler Martin/Waelti Fabien, Droit civil IV: Le régime matrimonial (art. 181–220 CC) (2. A. Freiburg 1997).

Stettler Martin, Das Kindesrecht (Basel/Frankfurt a. M. 1992), in: Jacques-Michel Grossen (Hrsg.), Schweizerisches Privatrecht, Band III/2, Familienrecht (Basel/Frankfurt a. M. 1992).

Sutter Thomas/Freiburghaus Dieter, Kommentar zum neuen Scheidungsrecht (Zürich 1999).

Sutter-Somm Thomas/Hasenböhler Franz/Leuenberger Christoph (Hrsg.), Kommentar zur Schweizerischen Zivilprozessordnung (ZPO) (2. A. Zürich 2013) (zit. Bearbeiter/in, Komm ZPO, Art. x N y).

Sutter-Somm Thomas, 1. Teilbd., Eigentum und Besitz, 2. A., in: Thomas Sutter-Somm (Hrsg.), Schweizerisches Privatrecht, Band V, Sachenrecht (Basel 2014).

Sutter-Somm, Schweizerisches Zivilprozessrecht (2. A. Zürich 2012) (zit. Sutter-Somm, Zivilprozessrecht).

Tercier Pierre, Le nouveau droit de la personnalité (Zürich 1984).

Tuor Peter/Deschenaux Henri, Le Code civil suisse (2. A. Zürich 1950), Übersetzung der 5. A. dieses Buches mit einigen Ergänzungen.

Tuor Peter, Berner Kommentar, Kommentar zum schweizerischen Privatrecht, Band III, Das Erbrecht, 1. Abteilung, Die Erben, Art. 457–536 ZGB (2. A. Bern 1952; Nachdruck 1973).

Tuor Peter/Picenoni Vito, Berner Kommentar, Kommentar zum schweizerischen Privatrecht, Band III, Das Erbrecht, 2. Abteilung, Der Erbgang, Art. 537–640 ZGB (Bern 1957–1973; Nachdruck 1984).

Vischer Frank (Hrsg.), Zürcher Kommentar zum Fusionsgesetz, Kommentar zum Bundesgesetz über Fusion, Spaltung, Umwandlung und Vermögensübertragung (Fusionsgesetz, FusG) vom 3. Oktober 2003 sowie zu den ergänzenden Erlassen (IPRG, Steuerrecht) (2. A. Zürich 2012).

VISCHER FRANK, Internationales Privatrecht, in: Max Gutzwiller (Hrsg.), Schweizerisches Privatrecht, Band I, Geschichte und Geltungsbereich (Basel/Stuttgart 1969), S. 509 ff.

WEBER ROLF H., Juristische Personen (Basel/Genf/München 1998).

WEIMAR PETER, Berner Kommentar, Kommentar zum schweizerischen Privatrecht, Band III, Das Erbrecht, 1. Abteilung, Die Erben, 1. Teilband, Die gesetzlichen Erben, Die Verfügungen von Todes wegen, 1. Teil, Die Verfügungsfähigkeit, Die Verfügungsfreiheit, Die Verfügungsarten, Die Verfügungsformen, Art. 457–516 ZGB (Bern 2009).

WERRO FRANZ, Concubinage, mariage et démariage, Appendice: Le mandat visant à la conclusion d'un mariage ou à l'établissement d'un partenariat (5. A. Bern 2000) (zit : WERRO, Concubinage, Nr. x).

WIELAND CARL, Kommentar zum Schweizerischen Zivilgesetzbuch, Das Sachenrecht des Schweizerischen Zivilgesetzbuchs (Zürich 1909).

WOLF STEPHAN/GENNA GIAN SANDRO, 1. Teilband, Erbrecht, 1. Teil, in: Wolf Stephan (Hrsg.), Schweizerisches Privatrecht, Band IV, Erbrecht (Basel 2011) (zit. WOLF/GENNA, SPR IV/1).

ZOBL DIETER, Grundbuchrecht (2. A. Zürich 2004).

ZOBL DIETER/THURNHERR CHRISTOPH, Berner Kommentar, Kommentar zum schweizerischen Privatrecht, Band IV, Das Sachenrecht, 2. Abteilung, Die beschränkten dinglichen Rechte, 5. Teilband, Das Fahrnispfand, 1. Unterteilband, Systematischer Teil und Art. 884–887 ZGB (3. A. Bern 2010).

ZOBL DIETER, Berner Kommentar, Kommentar zum schweizerischen Privatrecht, Band IV, Das Sachenrecht, 2. Abteilung, Die beschränkten dinglichen Rechte, 5. Teilband, Das Fahrnispfand, 2. Unterteilband, Art. 888–906 ZGB (mit kurzem Überblick über das Versatzpfand, Art. 907–915 ZGB) (Bern 1996).

V. Kommentare

Vor Inkrafttreten des ZGB ist ein Kommentar von EUGEN CURTI-FORRER, Schweizerisches Zivilgesetzbuch mit Erläuterungen (Zürich 1911), erschienen.

Die Bearbeitung von ZGB und OR in wissenschaftlichen Kommentaren erfolgte im Übrigen durch je einen Kommentar des Verlags Stämpfli (Bern) und Schulthess (Zürich). Diese Werke sind als *Berner* und *Zürcher Kommentar* in den Sprachgebrauch der Schweizer Juristinnen und Juristen eingegangen. Vor einigen Jahren ist der *Basler Kommentar* hinzugekommen, nun auch die Reihe «*Praxiskommentare*» (Helbing Lichtenhahn Verlag, Basel), die Reihe «*Familienrechts-Kommentare*» (Stämpfli Verlag AG, Bern), die Reihe «*Stämpflis Handkommentare*» (Bern) sowie der «*Handkommentar zum Schweizer Privatrecht*» (Schulthess Verlag, Zürich). Die nachstehende Aufzählung nennt insbesondere die jeweils letzte Auflage der einzelnen Sachgebiete.

a. Berner Kommentar, Kommentar zum schweizerischen Privatrecht, herausgegeben von Heinz Hausheer und Hans Peter Walter (früher Max Gmür, Hermann Becker, Arthur Meier-Hayoz), Stämpfli Verlag AG, Bern, zitiert: Autor/Autorin, BeKomm.

Band I: Einleitung und Personenrecht

Einleitung

Art. 1–10	PETER LIVER/ARTHUR MEIER-HAYOZ/HANS MERZ/PETER JÄGGI/HANS HUBER/HANS-PETER FRIEDRICH/MAX KUMMER (1962; nahezu unveränderter Nachdruck 1966)
Art. 1–9	REGINA E. AEBI-MÜLLER/PIO CARONI/SUSAN EMMENEGGER/HEINZ HAUSHEER/SIBYLLE HOFER/STEPHANIE HRUBESCH-MILLAUER/THOMAS KOLLER/CHRISTINA SCHMID-TSCHIRREN/FELIX SCHÖBI/AXEL TSCHENTSCHER/HANS PETER WALTER/STEPHAN WOLF (2012)

Personenrecht

Art. 1–89	ERNST HAFTER (1919)
Art. 11–26	EUGEN BUCHER (1976)
Art. 27	EUGEN BUCHER (1993)
Art. 52–59	HANS MICHAEL RIEMER (1993)
Art. 60–79	HANS MICHAEL RIEMER (1990)
Art. 80–89bis	HANS MICHAEL RIEMER (1975, Nachdruck 1981)
Art. 52–89bis	HEINZ HAUSHEER/HANS PETER WALTER (2015; Grundwerk inkl. 2. Ergänzungslieferung, Stand Oktober 2014)

Band II: Familienrecht

Eherecht
Art. 90–136   Ernst Götz (1964; Nachdruck 1984)
Art. 90–158   Max Gmür (1923)
Art. 137–158   Walter Bühler/Karl Spühler (1980)
Art. 137–158   Karl Spühler/Sylvia Frei-Maurer (1991, Ergänzungsbd.)
Art. 159–251 a. F. Paul Lemp (1968)
Art. 159–251 a. F. Alfred Silbernagel/Paul Wäber (1927)
Art. 159–180   Heinz Hausheer/Ruth Reusser/Thomas Geiser (1999)
Art. 181–220   Heinz Hausheer/Ruth Reusser/Thomas Geiser (1992)
Art. 221–251   Heinz Hausheer/Ruth Reusser/Thomas Geiser (1996)
Art. 159–251   Heinz Hausheer (2015; Grundwerk inkl. 8. Ergänzungslieferung)

Verwandtschaft
Art. 252–269c   Cyril Hegnauer (1984)
Art. 252–327 a. F. Cyril Hegnauer (1969)
Art. 252–359   Alfred Silbernagel/Paul Wäber (1927) (teils a. F.)
Art. 270–275   Cyril Hegnauer (1991)
Art. 252–295   Heinz Hausheer (2015; Grundwerk inkl. 5. Ergänzungslieferung)
Art. 270–295   Cyril Hegnauer (1997)

Erwachsenenschutz
Art. 360–397   Bernhard Schnyder/Erwin Murer (1984)
Art. 360–456   Joseph Kaufmann (1924)

Band III: Erbrecht

Die Erben
Art. 457–516   Peter Weimar (2009)
Art. 457–480   Peter Weimar (2000)
Art. 457–536   Peter Tuor (1952; Nachdruck 1973)
Art. 517–518   Hans Rainer Künzle (2011)

Der Erbgang
Art. 537–640   Peter Tuor/Vito Picenoni (1957–1973; Nachdruck 1984)
Art. 602–619   Stephan Wolf/Martin Eggel (2014)
Art. 626–632   Paul Eitel (2004)

Band IV: Sachenrecht

Eigentum
Art. 641–654   ARTHUR MEIER-HAYOZ (1981)
Art. 655–679   ARTHUR MEIER-HAYOZ (1974), mit Supplement von URSULA M.
                  FALKNER/DIETER ZOBL/EDI VÖGELI
Art. 680–701   ARTHUR MEIER-HAYOZ (1975)
Art. 641–729   HANS LEEMANN (1920)
Art. 712a–712t   ARTHUR MEIER-HAYOZ/HEINZ REY (1988)

Beschränkte dingliche Rechte
Art. 730–731   HEINZ REY (1981)
Art. 884–887   DIETER ZOBL/CHRISTOPH THURNHERR (2010)
Art. 888–915   DIETER ZOBL (1996)
Art. 730–918   HANS LEEMANN (1925)

Besitz und Grundbuch
Art. 919–977   FRITZ OSTERTAG (1917)
Art. 919–941   EMIL W. STARK (2001)

Band V: Schlusstitel

Art. 1–50   PAUL MUTZNER (1926)
Art. 51–63   EMIL BECK (1932)

Sonderband: MARKUS REBER/CHRISTOPH HURNI/LUKAS SCHWIZER (Hrsg.), Materialien zum Zivilgesetzbuch (Band III), Protokolle der Verhandlungen der grossen Expertenkommission 1901–1903, Redigierter Vorentwurf von 1903, Botschaft und Entwurf des Bundesrats von 1904 (Bern 2013).

Die Bände des Berner Kommentars *zum Obligationenrecht* werden in diesem Lehrbuch vereinfacht mit dem Namen des Autors oder der Autorin und dem Hinweis «BeKomm» zitiert.

b. «Zürcher Kommentar», Kommentar zum Schweizerischen Zivilgesetzbuch, herausgegeben von Jörg Schmid (früher Hugo Oser, Wilhelm Schönenberger, Peter Gauch), Schulthess Juristische Medien AG (früher: Schulthess Polygraphischer Verlag AG), Zürich, zitiert: Autor/Autorin, ZüKomm.

Band I: Einleitung und Personenrecht

Art. 1–7   MAX BAUMANN/DAVID DÜRR/VIKTOR LIEBER/ARNOLD MARTI/
                  BERNHARD SCHNYDER (1998)
Art. 1–89   AUGUST EGGER (1930; Nachdruck 1978)

Band II: Familienrecht

Eherecht
Art. 159–180   VERENA BRÄM/FRANZ HASENBÖHLER (1998)
Art. 90–251   AUGUST EGGER (1936)

Verwandtschaft
Art. 252–359   AUGUST EGGER (1943)

Erwachsenenschutz
Art. 360–456   AUGUST EGGER (1948)
Art. 360–387   BOENTE WALTER (2015)
Art. 397a–397f   EUGEN SPIRIG (1995)

Band III: Erbrecht

Die Erben
Art. 457–536   ARNOLD ESCHER (1959)

Der Erbgang
Art. 537–640   ARNOLD ESCHER (1960; Ergänzungslieferung, enthaltend das (damals) revidierte bäuerliche Erbrecht: 1975)

Band IV: Sachenrecht

Das Sachenrecht CARL WIELAND (1909)

Eigentum
Art. 641–729   ROBERT HAAB/AUGUST SIMONIUS/WERNER SCHERRER/DIETER ZOBL (1929–1977)
Art. 712a–712t   AMÉDÉO WERMELINGER (2010)

Beschränkte dingliche Rechte
Art. 730–744   PETER LIVER (1980)
Art. 745–778   MAX BAUMANN (1999)
Art. 793–804   DAVID DÜRR (2009)
Art. 805–823   DAVID DÜRR/DANIEL ZOLLINGER (2013)
Art. 842–865, 875 PAUL-HENRI STEINAUER (2015)
Art. 884–918   KARL OFTINGER/ROLF BÄR (1981)

Besitz und Grundbuch
Art. 919–977   ARTHUR HOMBERGER (1938; Nachdruck 1980)

Band VI: Die kantonalen Erlasse zum ZGB und OR

WILHELM SCHÖNENBERGER (Drei Teile, 1939–1941)

Band VI: der früheren Auflage: Schlusstitel (und Anhang)

Art. 1–61   ALEXANDER REICHEL (1916)

Sonderband: PETER GAUCH/JÖRG SCHMID (Hrsg.), Die Rechtsentwicklung an der Schwelle zum 21. Jahrhundert – Symposium zum Schweizerischen Privatrecht, Standortbestimmung und Ausblick der Herausgeber, Autorinnen und Autoren des Kommentars zum Schweizerischen Zivilgesetzbuch («Zürcher Kommentar»), Zürich 2001.

Partnerschaftsgesetz: THOMAS GEISER/PHILIPP GREMPER (Hrsg.), Kommentar zum Bundesgesetz über die eingetragene Partnerschaft gleichgeschlechtlicher Paare (PartG) vom 18. Juni 2004 (Zürich 2007).

IPRG: DANIEL GIRSBERGER/ANTON HEINI/MAX KELLER/JOLANTA KREN KOSTKIEWICZ/KURT SIEHR/FRANK VISCHER/PAUL VOLKEN (Hrsg.), Kommentar zum Bundesgesetz über das Internationale Privatrecht (IPRG) vom 18. Dezember 1987 (2. A. Zürich 2004).

Fusionsgesetz: FRANK VISCHER (Hrsg.), Zürcher Kommentar zum Fusionsgesetz, Kommentar zum Bundesgesetz über Fusion, Spaltung, Umwandlung und Vermögensübertragung (Fusionsgesetz, FusG) vom 3. Oktober 2003 sowie zu den ergänzenden Erlassen (IPRG, Steuerrecht) (2. A. Zürich 2012).

Die Bände des Zürcher Kommentars *zum Obligationenrecht* werden in diesem Lehrbuch vereinfacht mit dem Namen des Autors oder der Autorin und dem Hinweis «ZüKomm» zitiert.

c. «Basler Kommentar», Basler Kommentar zum Schweizerischen Privatrecht, Schweizerisches Zivilgesetzbuch, herausgegeben von Heinrich Honsell/Nedim Peter Vogt/Thomas Geiser, Helbing & Lichtenhahn, Basel/Frankfurt a. M. bzw. Basel/Genf/München bzw. Basel, zitiert: Autor/Autorin, BaKomm.

Zivilgesetzbuch I: Art. 1–456 (5. A. Basel 2014).

Zivilgesetzbuch II: Art. 457–977 und Art. 1–61 SchlT (4. A. Basel 2011).

Bundesgerichtsgesetz, herausgegeben von Marcel Alexander Niggli/Peter Uebersax/Hans Wiprächtiger (2. A. Basel 2011), zitiert: Autor/Autorin, BaKomm BGG.

d. «Familienrechts-Kommentare», Stämpfli Verlag AG, Bern.

FamKommentar Scheidung, Band I: ZGB, Band II: Anhänge, herausgegeben von Ingeborg Schwenzer (Bern 2011), zitiert: Autor/Autorin, FamKomm Scheidung.

FamKommentar Eingetragene Partnerschaft, herausgegeben von Andrea Büchler (Bern 2007), zitiert: Autor/Autorin, FamKomm PartG.

FamKommentar Erwachsenenschutz, herausgegeben von Andrea Büchler/Christoph Häfeli/Audrey Leuba/Martin Stettler (Bern 2013), zitiert: Autor/Autorin, FamKomm Erwachsenenschutz.

e. «Stämpflis Handkommentare», Stämpfli Bern.

HEINZ HAUSHEER/MANUEL JAUN, Die Einleitungstitel des ZGB, Art. 1–10 ZGB (Bern 2003), zitiert: HAUSHEER/JAUN, BeHandkomm.

RIEMER HANS MICHAEL, Vereins- und Stiftungsrecht (Art. 60–89bis ZGB) – mit den Allgemeinen Bestimmungen zu den juristischen Personen (Art. 52–59 ZGB), Bern 2012.

f. «Handkommentar zum Schweizer Privatrecht», herausgegeben von Marc Amstutz/ Peter Breitschmid/Andreas Furrer/Daniel Girsberger/Claire Huguenin/Markus Müller-Chen/Vito Roberto/Alexandra Rumo-Jungo/Anton K. Schnyder/Trüeb Hans Rudolf (2. A. Zürich 2012), zitiert: Autor/Autorin, HandKomm.

g. «Praxiskommentar Erbrecht», herausgegeben von Daniel Abt/Thomas Weibel (2. A. Basel 2011), zitiert: Autor/Autorin, PraxKomm.

h. «BV-Kommentar», Die schweizerische Bundesverfassung, St. Galler Kommentar, herausgegeben von Bernhard Ehrenzeller u.a. (3. A. Zürich 2014), zitiert: Autor/Autorin, BVKomm.

VI. Sammlungen von Gerichtsentscheidungen

WEISS GOTTFRIED, Sammlung eidgenössischer und kantonaler Entscheidungen zum schweizerischen Zivilgesetzbuch und Obligationenrecht, umfassend den Zeitraum 1912–1921, 4 Bde. (Zürich 1925–1934).
WEISS GOTTFRIED/WOLFER ERNST, dasselbe, umfassend den Zeitraum 1922–1937, 3 Bände (Zürich 1942–1951; 1 Bd. mit Register, 1951).
BRODTBECK KARL-ADOLF/DAEPPEN OSKAR/WELTI MAX, Bundesgerichtspraxis zum ZGB, 2 Bände (2. A. Zürich 1940–1941).
Die Entscheidungen des schweizerischen Bundesgerichts sind auch auf dem Internet verfügbar: http://www.bger.ch/jurisdiction-recht.

VII. Tafeln

CARRANZA CARLOS JAÏCO/MICOTTI SÉBASTIEN, Les droits réels, Répétitoire et tables pour les études et la pratique (3. A. Basel 2013).

CASANOVA GION CHRISTIAN/ECKENSTEIN PASCAL, Tafeln zum Sachenrecht, Die beschränkten dinglichen Rechte (St. Gallen 2007).

PFAFFINGER MONIKA/MARRO PIERRE-YVES, Tafeln zum Sachenrecht (2. A. Bern 2013).

RUMO-JUNGO ALEXANDRA, Tafeln und Fälle zum Erbrecht, Unter Berücksichtigung des internationalen Erbrechts, des Ehegüterrechts und des Partnerschaftsgesetzes (3. A. Zürich/Basel/Genf 2010).

VII. Tafeln

Abkürzungen

In der juristischen Literatur und in Gerichtsentscheidungen werden Gesetzeserlasse und Zeitschriften zumeist abgekürzt zitiert. Das nachstehende Verzeichnis enthält die wichtigsten Abkürzungen. Gründlicheren Aufschluss geben das alljährlich in der Amtlichen Sammlung der Bundesgerichtsentscheide publizierte Abkürzungsverzeichnis sowie folgende Werke: Schweizerische Bundeskanzlei (Hrsg.), Amtliche Abkürzungen des Bundes (Bern 2011); KARL OFTINGER/PETER FORSTMOSER/WALTER R. SCHLUEP/MAX BÜHLER, Vom Handwerkszeug des Juristen und von seiner Schriftstellerei (7. A. Zürich 1986); PETER FORSTMOSER/REGINA OGOREK/HANS-UELI VOGT, Juristisches Arbeiten – Eine Anleitung für Studierende (4. A. Zürich 2008), 397 ff.; PIERRE TERCIER/CHRISTIAN ROTEN, La recherche et la rédaction juridiques (7. A. Genf/Zürich/Basel 2014); MARTIN PHILIPP WYSS, Einführung in das juristische Arbeiten (3. A. Bern 2008) (betreffend juristische Zeitschriften); RAPHAËL HAAS/ FRANZISKA BETSCHART/DANIELA THURNHERR, Leitfaden zum Verfassen einer juristischen Arbeit (2. A. Zürich 2012).

Allgemeine Abkürzungen

A.	Auflage
a	alt: frühere Fassung des betreffenden Gesetzes oder Artikels (z.B. aArt. 284)
a.a.O.	am angeführten Ort
Abs.	Absatz
a. E.	(= i. f.) am Ende (= in fine)
a. F.	alte Fassung
AG	Aktiengesellschaft
Al.	Alinea
a. A.	anderer Auffassung
a. M.	anderer Meinung
amtl.	amtlich(e)
Amtl. Bull.	Amtliches Bulletin der Bundesversammlung (auch AB)
Anm.	Anmerkung
Art.	Artikel (eines Erlasses)
B.	Beschluss
BB	Bundesbeschluss (Beschluss der Bundesversammlung)
BBl	Bundesblatt
Bd./Bde.	Band/Bände
Bem.	Bemerkung
bes.	besonders
betr.	betreffend
bez./bzgl.	bezüglich
b. F.	bisherige Fassung
BG	Bundesgesetz (mit Datum der Annahme durch die Bundesversammlung)
BGer	Bundesgericht

BGH	(deutscher) Bundesgerichtshof
Botsch.	Botschaft des Bundesrates an die Bundesversammlung
BR	Bundesrat
BRB	Bundesratsbeschluss
bspw.	beispielsweise
bzw.	beziehungsweise
c.	contra (= gegen)
dass.	dasselbe
dens.	denselben
ders.	derselbe
d.h.	das heisst
dies.	dieselbe(n)
Diss.	Dissertation
dt.	deutsch
E	Entwurf (sofern keine Jahresbezeichnung nachfolgt, handelt es sich – von eindeutigen Ausnahmen abgesehen – um den Entwurf des Bundesrats zum ZGB von 1904)
E.	Erwägung(en)
EDV	Elektronische Datenverarbeitung
EG	Einführungsgesetz (regelmässig: kantonales EG zum ZGB)
Eidg.	Eidgenössisch
EJPD	Eidgenössisches Justiz- und Polizeidepartement
et al.	et alii = und weitere
evtl.	eventuell
Exp. Komm.	Expertenkommission
f. (ff.)	und nächstfolgende(n) Seite(n) bzw. nächstfolgende(r) Artikel
FINMA	Eidgenössische Finanzmarktaufsicht
FN	Fussnote
frz.	französisch
FS	Festschrift, Festgabe
FU	Fürsorgerische Unterbringung
ggf.	gegebenenfalls
gl. M.	gleicher Meinung
h. L.	herrschende Lehre
Hrsg./hrsg.	Herausgeber/herausgegeben (von/durch)
i. c.	in casu
i. d. R.	in der Regel
i. e. S.	im engeren Sinn
i. f. (= a. E.)	in fine (= am Ende)
i. i.	in initio (= zu Beginn, am Anfang)
i. K.	in Kraft
insbes./insb.	insbesondere
IPR	Internationales Privatrecht
i. S.	im Sinn oder in Sachen (das Zutreffende ergibt sich aus dem Zusammenhang)
i. S. v.	im Sinn von
ital.	italienisch
i. V. m.	in Verbindung mit

i. w. S.	im weiteren Sinn
Lit.	Literatur
lit.	litera (= Buchstabe)
Mat.	Materialien
m. a. W.	mit anderen Worten
m. E.	meines Erachtens
m. w. H.	mit weiteren Hinweisen
N	Note, Randnote
NF	Neue Folge
n. F.	neue Fassung
NR	Nationalrat
Nr.	Nummer
Prot.	Protokoll
rev.	revidiert
Rz.	Randziffer(n)
S.	Seite
s.	siehe
sc.	scilicet (= nämlich)
SJV	Schweizerischer Juristenverein
sog.	sogenannt(e)
StR	Ständerat
Syst. Teil	Systematischer Teil
sub	unter
u. a.	unter anderem/anderen
u. ä.	und (so) ähnlich
u. a. m.	und andere(s) mehr
u. E.	unseres Erachtens
unver.	unverändert
usw.	und so weiter
u. U.	unter Umständen
V	Verordnung
v.	von/vom
v. a.	vor allem
Verf.	Verfasser
vgl.	vergleiche
Vorbem.	Vorbemerkung(en)
Vss.	Voraussetzung(en)
z.B.	zum Beispiel
Ziff.	Ziffer
Zit./zit.	Zitat, Zitierung, Zitierte/zitiert (in/im/bei/durch …)
z. T.	zum Teil

Hinweise auf Artikel ohne Angabe des Erlasses bezeichnen in diesem Werk Artikel des Schweizerischen Zivilgesetzbuches. Häufig, namentlich in Klammern oder Anmerkungen, wird dabei auf den Ausdruck «Art.» verzichtet.

Erlasse

ABGB	Allgemeines Bürgerliches Gesetzbuch für Österreich vom 1. Juni 1811
aBV	Bundesverfassung der Schweizerischen Eidgenossenschaft vom 29. Mai 1874 (nicht mehr in Kraft)
AHVG	BG über die Alters- und Hinterlassenenversicherung vom 20. Dezember 1946 (SR 831.10)
aOR	BG über das Obligationenrecht vom 14. Juni 1881 (nicht mehr in Kraft)
BBPG	Bundesbeschluss über eine Pfandbelastungsgrenze für nichtlandwirtschaftliche Grundstücke vom 6. Oktober 1989 (nicht mehr in Kraft)
BBSG	Bundesbeschluss über eine Sperrfrist für die Veräusserung nichtlandwirtschaftlicher Grundstücke und die Veröffentlichung von Eigentumsübertragungen von Grundstücken vom 6. Oktober 1989 (nicht mehr in Kraft)
BEG	BG über Bucheffekten (Bucheffektengesetz) vom 3. Oktober 2008 (SR 957.1)
BehiG	BG über die Beseitigung von Benachteiligungen von Menschen mit Behinderungen (Behindertengleichstellungsgesetz) vom 13. Dezember 2002 (SR 151.3)
BewG	BG über den Erwerb von Grundstücken durch Personen im Ausland vom 16. Dezember 1983 (SR 211.412.41)
BewV	V über den Erwerb von Grundstücken durch Personen im Ausland vom 1. Oktober 1984 (SR 211.412.411)
BGB	Bürgerliches Gesetzbuch für das Deutsche Reich vom 18. August 1896
BGBB	BG über das bäuerliche Bodenrecht vom 4. Oktober 1991 (SR 211.412.11)
BGG	BG über das Bundesgericht vom 17. Juni 2005 (Bundesgerichtsgesetz – SR 173.110)
BStP	BG über die Bundesstrafrechtspflege vom 15. Juni 1934 (nicht mehr in Kraft)
BüG	BG über den Erwerb und Verlust des Schweizer Bürgerrechts vom 29. September 1952 (Bürgerrechtsgesetz – SR 141.0)
BV	Bundesverfassung der Schweizerischen Eidgenossenschaft vom 18. April 1999 (SR 101)
BVG	BG über die berufliche Alters-, Hinterlassenen- und Invalidenvorsorge vom 25. Juni 1982 (SR 831.40)
BVV 3	V über die steuerliche Abzugsberechtigung für Beiträge an anerkannte Vorsorgeformen vom 13. November 1985 (SR 831.461.3)
BZP	BG über den Bundeszivilprozess vom 4. Dezember 1947 (Bundeszivilprozess – SR 273)
CC	Code civil suisse (= ZGB)
CCfr	Code civil français vom 21. März 1804
CCit	Codice civile italiano vom 16. März 1942
DBG	BG über die direkte Bundessteuer vom 14. Dezember 1990 (SR 642.11)
DSG	BG über den Datenschutz vom 19. Juni 1992 (SR 235.1)
EGG	BG über die Erhaltung des bäuerlichen Grundbesitzes vom 12. Juni 1951 (nicht mehr in Kraft)
EMRK	Konvention zum Schutze der Menschenrechte und Grundfreiheiten vom 4. November 1950 (Europäische Menschenrechtskonvention – SR 0.101)
EntG	BG über die Enteignung vom 20. Juni 1930 (SR 711)

FINMAG	BG über die Eidgenössische Finanzmarktaufsicht (Finanzmarktaufsichtsgesetz) vom 22. Juni 2007 (SR 956.1)
FMedG	BG über die medizinisch unterstützte Fortpflanzung vom 18. Dezember 1998 (Fortpflanzungsmedizingesetz – SR 814.90)
FMG	Fernmeldegesetz vom 30. April 1997 (SR 784.10)
FusG	BG über Fusion, Spaltung, Umwandlung und Vermögensübertragung (Fusionsgesetz; FusG) vom 3. Oktober 2003 (SR 221.301)
FZG	BG über die Freizügigkeit in der beruflichen Alters-, Hinterlassenen- und Invalidenvorsorge vom 17. Dezember 1993 (Freizügigkeitsgesetz – SR 831.42)
GBV	Grundbuchverordnung vom 23. September 2011 (SR 211.432.1)
GestG	BG über den Gerichtsstand in Zivilsachen vom 24. März 2000 (nicht mehr in Kraft)
GlG	BG über die Gleichstellung von Frau und Mann vom 24. März 1995 (Gleichstellungsgesetz – SR 151.1)
HAÜ	(Haager) Übereinkommen über den Schutz von Kindern und die Zusammenarbeit auf dem Gebiet der internationalen Adoption vom 29. Mai 1993 (SR 0.211.221.311)
HRegV/HRV	Handelsregisterverordnung vom 17. Oktober 2007 (SR 221.411)
IPRG	BG über das Internationale Privatrecht vom 18. Dezember 1987 (SR 291)
IVG	BG über die Invalidenversicherung vom 19. Juni 1959 (SR 831.20)
JStG	BG über das Jugendstrafrecht vom 20. Juni 2003 (Jugendstrafgesetz – SR 311.1)
KKG	BG über den Konsumkredit vom 8. Oktober 1993 (SR 221.214.1)
KOV	V über die Geschäftsführung der Konkursämter vom 13. Juli 1911 (SR 281.32)
KRK	Übereinkommen der Vereinten Nationen über die Rechte des Kindes vom 20. November 1989 (SR 0.107)
LEG	BG über die Entschuldung landwirtschaftlicher Heimwesen vom 12. Dezember 1940 (nicht mehr in Kraft)
LPG	BG über die landwirtschaftliche Pacht vom 4. Oktober 1985 (SR 221.213.2)
LwG	BG über die Landwirtschaft vom 29. April 1998 (Landwirtschaftsgesetz – SR 910.1)
MSA	Übereinkommen über die Zuständigkeit der Behörden und das anzuwendende Recht auf dem Gebiet des Schutzes von Minderjährigen vom 5. Oktober 1961, in Kraft seit dem 4. Februar 1969 (SR 0.211.231.01)
MSchG	BG über den Schutz von Marken und Herkunftsangaben vom 28. August 1992 (Markenschutzgesetz – SR 232.11)
NAG	BG betreffend die zivilrechtlichen Verhältnisse der Niedergelassenen und Aufenthalter vom 25. Juni 1891 (nicht mehr in Kraft)
OG	BG über die Organisation der Bundesrechtspflege vom 16. Dezember 1943 (Bundesrechtspflegegesetz – nicht mehr in Kraft, ersetzt durch das BGG)
OR	BG betreffend die Ergänzung des Schweizerischen Zivilgesetzbuches (Fünfter Teil: Obligationenrecht) vom 30. März 1911/18. Dezember 1936 (SR 220)
PatG	BG über die Erfindungspatente vom 25. Juni 1954 (Patentgesetz; SR 232.14)

PAVO	V über die Aufnahme von Pflegekindern vom 19. Oktober 1977 (Pflege-kinderaufnahmeverordnung – SR 211.222.338)
PfG	Pfandbriefgesetz vom 25. Juni 1930 (SR 211.423.4)
PG	Postgesetz vom 30. April 1997 (SR 783.0)
RHG	BG vom 23. Juni 2006 über die Harmonisierung der Einwohnerregister und anderer amtlicher Personenregister (Registerharmonisierungsge-setz – SR 431.02)
RPG	BG vom 22. Juni 1979 über die Raumplanung (Raumplanungsgesetz; SR 700)
RVOG	Regierungs- und Verwaltungsorganisationsgesetz vom 21. März 1997 (SR 172.010)
SchKG	BG über Schuldbetreibung und Konkurs vom 11. April 1889 (SR 281.1)
SchlT	Schlusstitel des ZGB (Anwendungs- und Ausführungsbestimmungen)
StGB	Schweizerisches Strafgesetzbuch vom 21. Dezember 1937 (SR 311.0)
StHG	BG über die Harmonisierung der direkten Steuern der Kantone und Gemeinden vom 14. Dezember 1990 (SR 642.14)
TVAV	Technische Verordnung (des EJPD) über die amtliche Vermessung vom 10. Juni 1994 (SR 211.432.21)
URG	BG über das Urheberrecht und verwandte Schutzrechte vom 9. Oktober 1992 (Urheberrechtsgesetz – SR 231.1)
VAV	V über die amtliche Vermessung vom 18. November 1992 (SR 211.423.2)
VBB	Verordnung über das bäuerliche Bodenrecht vom 4. Oktober 1993 (SR 211.412.110)
VDSG	Verordnung zum Bundesgesetz über den Datenschutz vom 14. Juni 1993 (SR 235.11)
VVG	BG über den Versicherungsvertrag vom 2. April 1908 (SR 221.229.1)
VwOG	BG über die Organisation und die Geschäftsführung des Bundesrates und der Bundesverwaltung vom 19. September 1978 (nicht mehr in Kraft)
VZG	V über die Zwangsverwertung von Grundstücken vom 23. April 1920 (SR 281.42)
ZGB	Schweizerisches Zivilgesetzbuch vom 10. Dezember 1907 (SR 210)
ZPO	Schweizerische Zivilprozessordnung vom 19. Dezember 2008 (SR 272)
ZStV	Zivilstandsverordnung vom 28. April 2004 (SR 211.112.2)
ZUG	BG über die Zuständigkeit für die Unterstützung Bedürftiger vom 24. Juni 1977 (Zuständigkeitsgesetz – SR 851.1)

Literatur – Judikatur – Sammlungen – Materialien

AcP	Archiv für die civilistische Praxis (NF Tübingen 1923 ff.)
AGVE	Aargauische Gerichts- und Verwaltungsentscheide (Aarau 1947 ff.; früher VAR)
AISUF	Arbeiten aus dem iuristischen Seminar der Universität Freiburg (Schulthess Medien AG, Zürich)
AJP	Aktuelle Juristische Praxis (Lachen 1992 ff.)
Amtl. Bull.	Amtliches Bulletin der Bundesversammlung (früher StenBull.)
AS	Amtliche Sammlung des Bundesrechts (bis 1987: Sammlung der eidgenössischen Gesetze; bis 1948: Eidgenössische Gesetzessammlung, Bern 1848 ff.)
ASR	Abhandlungen zum schweizerischen Recht (Stämpfli Verlag AG, Bern)
BaKomm	Kommentar zum schweizerischen Privatrecht, Helbing Lichtenhahn Verlag, Basel
Bericht Modernisierung Familienrecht	Modernisierung des Familienrechts, Bericht des Bundesrates zum Postulat Fehr (12.3607), März 2015
BeKomm	Kommentar zum schweizerischen Privatrecht, Stämpfli Verlag AG, Bern (ohne andere Angaben = neueste Auflage)
BGE	Entscheidungen des Schweizerischen Bundesgerichts, Amtliche Sammlung

Die Bandeinteilung lautet seit 1995 (Band 121) wie folgt:

I	Verfassungsrecht (inkl. Kompetenzkonflikte)
II	Verwaltungsrecht und Internationales Öffentliches Recht (inkl. Klagen aus dem öffentlichen Recht)
III	Zivilrecht und Schuldbetreibungs- und Konkursrecht
IV	Strafrecht und Strafvollzug
V	Sozialversicherungsrecht

Die Bundesgerichtsentscheide werden in diesem Werk ohne Zusatz von BGE mit Jahrgang, Abteilung und Seitenzahl zitiert (z.B. 90 II 333). Die ab dem Jahr 2000 einzig im Internet publizierten Entscheide («www.bger.ch», Rubrik «Rechtsprechung») werden mit BGer und der Entscheidnummer zitiert (z.B. BGer 5A_767/2007). Vor dem Jahr 2000 ergangene Bundesgerichtsentscheide, die nicht in der Amtlichen Sammlung publiziert sind, werden mit der Abkürzung BGer, dem Datum und der Fundstelle zitiert.

BJM	Basler Juristische Mitteilungen (Basel 1954 ff.)
BlAgR	Blätter für Agrarrecht (Brugg 1967 ff.)
BlSchK	Blätter für Schuldbetreibung und Konkurs (Wädenswil 1937 ff.)
BN	Der bernische Notar (Bern 1940 ff.)
Botsch. BGBB	Botschaft zum Bundesgesetz über das bäuerliche Bodenrecht (BGBB) sowie zum Bundesgesetz über die Teilrevisionen des Zivilgesetzbuches (Immobiliarsachenrecht) und des Obligationenrechts (Grundstückkauf) vom 19. Oktober 1988, BBl 1988 III 953 ff.
Botsch. BV	Botschaft über eine neue Bundesverfassung vom 20. November 1996, BBl 1997 I 1 ff.

Botsch. Eherecht	Botschaft über die Änderung des Schweizerischen Zivilgesetzbuches (Wirkungen der Ehe im allgemeinen, Ehegüterrecht und Erbrecht) vom 11. Juli 1979, BBl 1979 II 1191 ff.
Botsch. Ehescheidung	Botschaft über die Änderung des Schweizerischen Zivilgesetzbuches (Personenstand, Eheschliessung, Scheidung, Kindesrecht, Verwandten-unterstützung, Heimstätten, Vormundschaft und Ehevermittlung) vom 15. November 1995, BBl 1996 I 1 ff.
Botsch. Erwachsenen-schutz	Botschaft über die Änderung des Schweizerischen Zivilgesetzbuches (Erwachsenenschutz, Personenrecht und Kindesrecht) vom 28. Juni 2006, BBl 2006, 7001 ff.
Botsch. FFE	Botschaft über die Änderung des Schweizerischen Zivilgesetzbuches (Für-sorgerische Freiheitsentziehung) und den Rückzug des Vorbehaltes zu Artikel 5 der Konvention zum Schutze der Menschenrechte und Grund-freiheiten vom 17. August 1977, BBl 1977 III 1 ff.
Botsch. FusG	Botschaft zum Bundesgesetz über die Fusion, Spaltung, Umwandlung und Vermögensübertragung (Fusionsgesetz; FusG) vom 13. Juni 2000, BBl 2000, 4337 ff.
Botsch. Kindes-schutz	Botschaft zur Änderung des Schweizerischen Zivilgesetzbuches (Kindes-schutz) vom 15. April 2015, BBl 2015, 3431 ff.
Botsch. Kindes-verhältnis	Botschaft des Bundesrates an die Bundesversammlung über die Änderung des Schweizerischen Zivilgesetzbuches (Kindesverhältnis) vom 5. Juni 1974, BBl 1974 II 1 ff.
Botsch. Kulturgüter	Botschaft über die UNESCO-Konvention 1970 und das Bundesgesetz über den internationalen Kulturgütertransfer (KGTG) vom 21. November 2001, BBl 2002, 535 ff.
Botsch. Mündigkeitsalter	Botschaft über die Änderung des Schweizerischen Zivilgesetzbuches (Herabsetzung des zivilrechtlichen Mündigkeits- und Ehefähigkeitsalters, Unterhaltspflicht der Eltern) vom 17. Februar 1993, BBl 1993 I 1169 ff.
Botsch. PartG	Botschaft zum Bundesgesetz über die eingetragene Partnerschaft gleichge-schlechtlicher Paare vom 29. November 2003, BBl 2003, 1288 ff.
Botsch. Persönlich-keitsschutz	Botschaft des Bundesrates an die Bundesversammlung über die Ände-rung des Schweizerischen Zivilgesetzbuches (Persönlichkeitsschutz) vom 5. Mai 1982, BBl 1982 II 636 ff.
Botsch. Personen-standsregister	Botschaft über die Änderung des Schweizerischen Zivilgesetzbuches (Elektronische Führung der Personenstandsregister) vom 14. Februar 2001, BBl 2001, 1639 ff.
Botsch. ZertES	Botschaft zum Bundesgesetz über Zertifizierungsdienste im Bereich der elektronischen Signatur (ZertES) vom 3. Juli 2001, BBl 2001, 5679 ff.
BR/DC	Baurecht/Droit de la Construction, Mitteilungen zum privaten und öffent-lichen Baurecht (Freiburg 1979 ff.)
BSRW A	Basler Studien zur Rechtswissenschaft, Reihe A: Privatrecht (Helbing Lichtenhahn Verlag, Basel)
BSRW C	Basler Studien zur Rechtswissenschaft, Reihe C: Strafrecht (Helbing Lich-tenhahn Verlag, Basel)
BTJP	Berner Tage für die juristische Praxis (Stämpfli Verlag AG Bern)
DJZ	Deutsche Juristenzeitung (München)

Erl.	Eugen Huber, Schweizerisches Zivilgesetzbuch. Erläuterungen zum Vorentwurf des Eidgenössischen Justiz- und Polizeidepartements, 2 Bde. (2. A. Bern 1914)
Fampra.ch	Die Praxis des Familienrechts (Basel 2000 ff.; Bern 2002 ff.)
FamRZ	Zeitschrift für das gesamte Familienrecht (Bielefeld 1954 ff.)
FZR	Freiburger Zeitschrift für Rechtsprechung (= RFJ) (Freiburg 1992 ff.)
INR	Institut für Notariatsrecht und Notarielle Praxis an der Universität Bern (Publikationen des Instituts, Stämpfli Verlag AG Bern)
JdT	Journal des Tribunaux (Lausanne 1853 ff.)
LBR	Luzerner Beiträge zur Rechtswissenschaft (Luzern 2003 ff.)
LGVE	Luzerner Gerichts- und Verwaltungsentscheide (Luzern 1974 ff.; bis 1973 Entscheidungen des Obergerichtes des Kantons Luzern und der Anwaltskammer [Maximen])
NJW	Neue juristische Wochenschrift (München/Frankfurt a. M. 1947 ff.)
NZZ	Neue Zürcher Zeitung (Zürich)
PKG	Die Praxis des Kantonsgerichts von Graubünden (Chur 1942 ff.)
plädoyer	plädoyer, Das Magazin für Recht und Politik (Zürich 1983 ff.)
Pra	Die Praxis des Bundesgerichts (Basel 1912 ff., Helbing Lichtenhahn Verlag, Basel)
Praetor	Publikationsorgan des ASL (Association Suisse-Liechtenstein des étudiants en droit) (St. Gallen 1983 ff.)
Prot. Exp. Komm.	Protokoll(e) der Expertenkommission für das ZGB (autografisch vervielfältigter Text, 3 Bde.)
RabelsZ	Zeitschrift für ausländisches und internationales Privatrecht (Berlin 1927–1942, Berlin/Tübingen bzw. Tübingen 1949 ff.)
recht	recht – Zeitschrift für juristische Weiterbildung und Praxis (Stämpfli Verlag AG Bern 1983 ff.)
Rep	Repertorio di Giurisprudenza Patria (Bellinzona 1869 ff.)
RFJ	Revue fribourgeoise de jurisprudence (= FZR) (Freiburg 1992 ff.)
RJJ	Revue jurassienne de jurisprudence (Porrentruy 1991 ff.)
RJN	Recueil de jurisprudence neuchâteloise (Neuchâtel 1953 ff.)
RVJ	Revue valaisanne de jurisprudence (= ZWR) (Sion 1967 ff.)
SAG	Schweizerische Aktiengesellschaft (bis 1989); seit 1990: Schweizerische Zeitschrift für Wirtschafts- und Finanzmarktrecht (Zürich 1928 ff.)
Semjud	La Semaine judiciaire (Genf 1879 ff.)
SGF	Systematische Gesetzessammlung Freiburg
SGGVP	St. Gallische Gerichts- und Verwaltungspraxis (St. Gallen 1951 ff.)
SGS/VS	Systematische Gesetzessammlung Wallis
sic	Zeitschrift für Immaterialgüter-, Informations- und Wettbewerbsrecht (seit 1997; bis 1996 SMI) (Zürich 1997 ff.)
SIR	Schriftenreihe für internationales Recht (Basel; früher: Schriftenreihe des Instituts für internationales Recht und internationale Beziehungen)
SJK	Schweizerische Juristische Kartothek (Genf 1941 ff.)
SJZ	Schweizerische Juristen-Zeitung (Zürich 1904 ff.)
SMI	Schriften zum Medien- und Immaterialgüterrecht (Stämpfli Verlag AG Bern) und Schweizerische Mitteilungen über Immaterialgüterrecht (Zürich 1985–1996; seit 1997 sic)

SPR	Schweizerisches Privatrecht (Helbing Lichtenhahn Verlag, Basel)
SR	Systematische Sammlung des Bundesrechts (Systematische Rechtssammlung)
SStIR	Schweizer Studien zum internationalen Recht/Etudes suisses de droit international (Bern/Genf)
StenBull.	Amtliches Stenographisches Bulletin der Bundesversammlung (bis 1966; seither: Amtliches Bulletin der Bundesversammlung)
successio	Zeitschrift für Erbrecht/Revue de droit des successions (Zürich)
SZIER	Schweizerische Zeitschrift für internationales und europäisches Recht (Zürich 1991 ff.)
SZS	Zeitschrift für Sozialversicherung und berufliche Vorsorge (Bern 1957 ff.)
SZW	Schweizerische Zeitschrift für Wirtschafts- und Finanzmarktrecht (seit 1990; bis 1989 SAG) (Zürich 1928 ff.)
URP	Umweltrecht in der Praxis (Zürich 1987 ff.)
VE	Vorentwurf zum Schweizerischen Zivilgesetzbuch (ohne Angabe eines Datums = Vorentwurf des Eidgenössischen Justiz- und Polizeidepartements vom 15. November 1900)
VPB	Verwaltungspraxis der Bundesbehörden (Bern 1965 ff.; früher: VEB)
ZBGR	Schweizerische Zeitschrift für Beurkundungs- und Grundbuchrecht (Wädenswil 1920 ff.)
ZBJV	Zeitschrift des Bernischen Juristenvereins (Bern 1865 ff.)
ZBl	Schweizerisches Zentralblatt für Staats- und Verwaltungsrecht (Zürich 1989 ff.; früher, 1900–1988: Schweizerisches Zentralblatt für Staats- und Gemeindeverwaltung)
ZEuP	Zeitschrift für Europäisches Privatrecht (München 1993 ff.)
ZGRG	Zeitschrift für Gesetzgebung und Rechtsprechung in Graubünden (Chur 1982 ff.)
ZKE	Zeitschrift für Kindes- und Erwachsenenschutz (Zürich 2010 ff.; von 1946–2010 ZWV)
ZöF	Zeitschrift für Sozialhilfe (Zürich 1967 ff.; früher, 1903–1966: Der Armenpfleger; 1967–1996: Zeitschrift für öffentliche Fürsorge)
ZR	Blätter für zürcherische Rechtsprechung (Zürich 1902 ff.)
ZSöR	Zürcher Studien zum öffentlichen Recht (Schulthess Juristische Medien AG, Zürich)
ZSPR	Zürcher Studien zum Privatrecht (Schulthess Juristische Medien AG, Zürich)
ZSR	Zeitschrift für Schweizerisches Recht (Basel 1852 ff.; Neue Folge Basel 1882 ff.; die Bandnummern beziehen sich stets auf die NF I = 1. Halbjahresband, II = 2. Halbjahresband)
ZSRG	Zürcher Studien zur Rechtsgeschichte (Schulthess Juristische Medien AG, Zürich)
ZStR	Schweizerische Zeitschrift für Strafrecht (Bern 1888 ff.)
ZSVR	Zürcher Studien zum Verfahrensrecht (Schulthess Juristische Medien AG, Zürich)
ZüKomm	Kommentar zum Schweizerischen Zivilgesetzbuch, Schulthess Juristische Medien AG (früher: Schulthess Polygraphischer Verlag AG, Zürich; ohne andere Angaben = neueste Auflage)

ZVW	Zeitschrift für Vormundschaftswesen (Zürich 1946 ff.; ab 2010 ZKE)
ZWR	Zeitschrift für Walliser Rechtsprechung (= RVJ) (Sitten 1967 ff.)
ZZW	Zeitschrift für Zivilstandswesen (Bern 1933 ff.)

EINLEITUNG

Erster Abschnitt
Geschichte und Charakter
des Schweizerischen Zivilgesetzbuches

§ 1 Die Vereinheitlichung des Privatrechts in der Schweiz

I. Die Ausgangslage

Die *Vereinheitlichung des Privatrechts*[1] – ein zentrales Ereignis des schweizerischen   1
Rechtslebens im 19./20. Jahrhundert – beruhte einerseits auf ideellen Grundlagen
und andererseits auf praktisch-wirtschaftlichen Bedürfnissen. Die Grundidee war die
Rechtseinheit: das rechtspolitische Postulat nach Gleichheit der Rechtsnorm und der
Rechtsanwendung in der ganzen Eidgenossenschaft. Hinzu trat das wirtschaftlich-
soziale Bedürfnis nach einer solchen Einheit, ohne welches die Idee der Vereinheitlichung Utopie geblieben wäre. Dies belegt der erste Versuch einer einheitlichen Privatrechtskodifikation in der Schweiz unter der *Helvetik*. Der von Napoleon Bonaparte
erzwungene Einheitsstaat hatte in der Sitzung der gesetzgebenden Räte vom 5. Dezember 1798 den Vorschlag des Direktoriums angenommen, ein einheitliches und allgemeines Zivilgesetzbuch für die ganze Republik zu schaffen. Der Versuch scheiterte.
Die drei Bruchstücke eines Privatgesetzbuches für die Helvetik sind Zeugen dafür, dass
sich eine Zivilgesetzgebung mit Erfolg nur schaffen lässt, wenn sie nicht ein künstliches Produkt, sondern das natürliche Ergebnis einer dahin steuernden Bewegung
ist.[2] Die Idee eines schweizerischen Zivilgesetzbuches war nach dem Misserfolg in
der Helvetik für viele Jahrzehnte begraben. Die Voraussetzungen zu einer allgemeinen Kodifikation – verstanden als die ein «ganzes Rechtsgebiet umfassende, möglichst
vollständige, gedanklich und technisch einheitliche Regelung, welche ein Gesetzbuch,
einen Codex, bildet»[3]– waren noch nicht gegeben (so wenig wie in Deutschland, wo
Savigny seiner Zeitepoche die Eignung zur Gesetzgebung abgesprochen hatte)[4]. Zu
Beginn des 19. Jahrhunderts bot sich selbst auf dem Gebiet der einzelnen Kantone
das Bild einer starken *Rechtszersplitterung*. Wo gesetztes Recht und aufgezeichnetes
Gewohnheitsrecht bestand, betraf es nur einzelne Gebiete des Privatrechts. Der natürliche Weg zur schweizerischen Rechtseinheit führte daher über die Rechtsvereinheitlichung in den Kantonen.

---

1 Gemeint ist hier der historische Privatrechtsbegriff, der die Rechtsgebiete umfasst, welche in
   der Rechtstradition dem Privatrecht zugeordnet worden sind. Im vorliegenden Werk werden die
   Wörter «Privatrecht» und «Zivilrecht» grundsätzlich im gleichen Sinn verwendet.
2 Siehe hierzu Elsener, SPR I, 30 ff., der immerhin auch festhält: «Entscheidend war aber für das
   Scheitern der Kodifikation die fehlende Qualifikation der helvetischen Parlamentarier» (S. 42).
3 So Liver, BeKomm, Einleitung N 2.
4 Friedrich Carl v. Savigny (1779–1861) in «Vom Beruf unsrer Zeit für Gesetzgebung und
   Rechtswissenschaft» (Heidelberg 1814).

II.   Die Rechtsvereinheitlichung in den Kantonen

2   Die meisten Kantone haben im Verlauf des 19. Jahrhunderts die Rechtseinheit auf
ihrem Gebiet verwirklicht. Regelmässig geschah dies in der Form der Kodifikation des
kantonalen Privatrechts. Traditionellerweise lassen sich verschiedene Gruppen solcher
Kodifikationen auseinanderhalten:[5]

3   Zunächst übten die zwei grossen Zivilrechtskodifikationen unserer Nachbarstaaten –
der französische *Code civil* von 1804 (der sogenannte Code Napoléon) und das *Österreichische Allgemeine Gesetzbuch* von 1811 – einen beherrschenden Einfluss auf das
schweizerische Recht aus. Die *west- und südschweizerischen Kantone* Freiburg, Tessin, Waadt, Wallis, Neuenburg und Genf waren unter sich eine *erste Gruppe,* für deren
Kodifikation der Code Napoléon die gegebene Grundlage bildete (für den Tessin in
einer jener Anpassungen, die er in den italienischen Staaten erfahren hatte). Der *zweiten,* der sogenannten *bernischen Gruppe,* der verhältnismässig früh (1824–1855) die
Kodifikation gelang, gehörten neben Bern mit der ersten modernen Kodifikation in
der deutschen Schweiz[6] (ohne den Jura: dort galt der Code civil) Luzern, Solothurn
und Aargau an. Diese Kantone liessen sich bei ihren Kodifikationen vom österreichischen Gesetzbuch leiten.

4   Durch eine glückliche Fügung, deren Folgen sich bis in die heutige Kodifikation
erstrecken, verstanden verschiedene Kantone der Zentral- und Ostschweiz ihre
Rechtsunabhängigkeit besser zu wahren, die Urschweiz durch Ablehnung jeder
Kodifikation und Erhaltung des früheren Statutarrechts, Zürich und die benachbar-
ten Kantone durch das Auffinden selbständiger Wege. Von Zürich aus verbreiteten
damals die bekannten Rechtslehrer F.L. KELLER und J.C. BLUNTSCHLI die Lehren
des gemeinen Rechts und des deutschen Rechts in die schweizerische Juristenwelt.
Im Bewusstsein des Erbes vergangener Generationen und der Herausforderungen der
modernen Zeit schuf BLUNTSCHLI ein eigenständiges, markantes Gesetzbuch: das Privatrechtliche Gesetzbuch Zürichs von 1853–1855 (PGB), die «erste deutschrechtliche
Kodifikation».[7] Dieses Gesetzbuch übernahm die führende Rolle für ähnliche Schöpfungen der deutschen Schweiz, nämlich für die Kodifikationen der *dritten,* der sogenannten *zürcherischen Gruppe,* welche neben Zürich, Nidwalden (zum Teil), Thurgau
(zum Teil), Appenzell-Ausserrhoden (zum Teil), Graubünden, Schaffhausen, Glarus
und Zug umfasste. Es wurde ferner ein besonders wichtiges Vorbild für unser schweizerisches Zivilgesetzbuch. Unter den Gesetzbüchern der Zürcher Gruppe darf das
von P.C. PLANTA geschaffene bündnerische Privatgesetzbuch nicht vergessen wer-

---

5   Ausführlich LIVER, BeKomm, Einleitung N 26 ff.; SCHNYDER, ZüKomm, Allg. Einleitung
    Art. 1–10 N 12 ff.; vgl. auch CARONI/SCHÖBI, BeKomm, Allg. Einleitung Art. 1–10 N 6 und 30.
6   ELSENER a.a.O. 61.
7   LIVER, BeKomm, Einleitung N 43; vgl. auch EUGEN BUCHER, Der Weg zu einem einheitlichen
    Zivilgesetzbuch der Schweiz, RabelsZ 72 (2008), 669 ff.; THEODOR BÜHLER, Johann Caspar
    Bluntschli (1808–1881), ZEuP 2009, 91 ff.

den.[8] Es ist noch klarer, übersichtlicher, gemeinverständlicher und deshalb vielleicht volkstümlicher als sein Vorbild.

Der Kodifikation absolut *fern* blieben die Kantone Uri, Schwyz, Obwalden und Appen-   5
zell-Innerrhoden (mit Vorbehalten). In St. Gallen wurde ein Erbrechtsentwurf Gesetz, doch scheiterten andere Teile. In Basel-Stadt war 1884 ein «Gesetz betr. eheliches Güterrecht, Erbrecht und Schenkungen» geschaffen worden, doch erlitt ein spät unternommener Kodifikationsversuch Schiffbruch. Basel-Land führte 1891 eine Teilkodifikation durch.

So bot denn am Vorabend der Zivilrechtskodifikation die Schweiz das Bild einer durch   6
unzählige Unterschiede und Partikularitäten geprägten Zivilrechtswirklichkeit.[9]

III.   Die Rechtsvereinheitlichung im Bund

Der Erlass der kantonalen Gesetzbücher vermochte die Idee der Rechtseinheit in der   7
Schweiz nicht zu verdrängen. Die Arbeit in den Kantonen war nur eine juristische und politische Vorbereitung zu einer grösseren legislatorischen Leistung.

Die *Verfassung von 1848,* durch welche die Schweiz aus dem Staatenbund zum Bundes-   8
staat wurde, hat die Grundlagen unseres heutigen Staatswesens geschaffen, die Frage der Privatrechtseinheit im Bund jedoch nicht berührt. Die Nachteile der Rechtszersplitterung, die sich im wirtschaftlichen Leben immer stärker fühlbar machten, suchte man durch Verträge zwischen den Kantonen (Konkordate) zu beseitigen.

Die Resultate waren jedoch bescheiden. Als immer stärker erwies sich das Bedürfnis   9
nach einer *Verfassungsrevision,* durch welche dem Bund die Kompetenz zur Gesetzgebung auf dem Gebiet des Privatrechts erteilt werden sollte. An die Spitze dieser Bewegung trat der *Schweizerische Juristenverein.*[10] Er rief an seinen Jahresversammlungen von 1866 in Aarau und 1868 in Solothurn zu einer entsprechenden Revision der Bundesverfassung auf, in Aarau noch zurückhaltend, in Solothurn bereits mit grosser Entschiedenheit.

Die Idee gewann auch bei den Politikern immer mehr Befürworter und führte unter   10
dem Schlagwort «*Eine Armee, ein Recht*» zur Verfassungsrevision. Der Entwurf sah die Vereinheitlichung des Zivil- und Strafrechts und des Prozesses vor. Volk und Stände

---

8   Vgl. hierzu Mario Cavigelli, Entstehung und Bedeutung des Bündner Zivilgesetzbuches von 1861 (Diss. Freiburg 1994), AISUF 137, passim, aber auch dessen Ausführungen auf S. 268 ff. über die Eigenständigkeit des bündnerischen Gesetzbuches innerhalb der Zürcher Kodifikationsgruppe. – Siehe im Übrigen die Namen der Verfasser kantonaler Kodifikationen in § 2 Anm. 2.

9   Schnyder, ZüKomm, Allg. Einleitung Art. 1–10 N 17.

10   Gemäss Elsener a.a.O. 231 waren zwei Ereignisse «für die Entwicklung des schweizerischen Privatrechts im 19. Jahrhundert von weittragender Bedeutung …: die Begründung der Zeitschrift für Schweizerisches Recht (1852) … und die Gründung des Schweizerischen Juristenvereins (1861)». Vgl. auch Caroni/Schöbi, BeKomm (2012), Allg. Einleitung Art. 1–10 N 42.

verwarfen indessen 1872 die Vorlage.[11] Auf dem Boden der Verständigung mit den Föderalisten der französischen Schweiz kam die von Volk und Ständen angenommene *Verfassung von 1874* zustande, die von der Vereinheitlichung des Prozesses und des Strafrechts absah und jene des Zivilrechts nur in bescheidenerem Umfang verlangte. Nur jene Materien sollten einheitlich geregelt werden, bei denen die wirtschaftlichen Bedürfnisse diese Einheit am dringendsten forderten: das Obligationenrecht (mit Einschluss des Handels- und Wechselrechts), die persönliche Handlungsfähigkeit, das Urheberrecht, das Betreibungs- und Konkursrecht. In den folgenden Jahrzehnten entstanden verschiedene eidgenössische Gesetze über diese Materien. Bereits 1874 wurde das Bundesgesetz über die Feststellung und Beurkundung des Zivilstandes und die Ehe geschaffen. Die Zuständigkeit zur Gesetzgebung über Eheschliessung und Ehescheidung, die in diesem Gesetz erfolgte, wurde aus Art. 54 aBV abgeleitet. Sodann entstanden das Gesetz über die persönliche Handlungsfähigkeit (1881) und das bedeutende *Schweizerische Obligationenrecht* vom *14. Juni 1881*.[12]

11   Nach dieser etappenweisen Vereinheitlichung des Privatrechts war der Zeitpunkt gekommen, um dem Bund die Gesetzgebung auf dem gesamten Gebiet des Privatrechts zu übertragen. In der denkwürdigen *Volksabstimmung vom 13. November 1898* erhielt Art. 64 der Bundesverfassung den Zusatz: «Der Bund ist zur Gesetzgebung auch in den übrigen Gebieten des Zivilrechts befugt.»[13] In einer getrennten Abstimmung übertrugen Volk und Stände am gleichen Tag dem Bund die Kompetenz zur Gesetzgebung auf dem Gebiet des Strafrechts.

12   Die wirtschaftlichen und kulturellen Rahmenbedingungen erwiesen sich nunmehr als günstig für eine schweizerische Kodifikation. Insbesondere konnten die schweizerischen Juristen – allen voran der herausragende Privatrechtler EUGEN HUBER – einerseits Eigenständiges bewahren und andererseits auf den Erfahrungen einer anderen grossen Privatrechtskodifikation der Neuzeit aufbauen: des deutschen Bürgerlichen Gesetzbuches (BGB), das 1896 verkündet worden und am 1. Januar 1900 in Kraft getreten war.[14]

---

11   Siehe THOMAS SUTTER, Auf dem Weg zur Rechtseinheit im schweizerischen Zivilprozessrecht (Zürich 1998), 3–39.

12   Vgl. Hundert Jahre Schweizerisches Obligationenrecht, Jubiläumsschrift, hrsg. im Auftrag der Juristischen Fakultäten der Schweiz von HANS PETER, EMIL W. STARK, PIERRE TERCIER (Freiburg 1982); sowie: Das Obligationenrecht 1883–1983, Berner Ringvorlesung, hrsg. im Auftrag der Juristischen Abteilung der rechts- und wirtschaftswissenschaftlichen Fakultät der Universität Bern von PIO CARONI (Bern und Stuttgart 1984).

13   Vgl. auch SUTTER a.a.O. 54 und dort Anm. 296.

14   Hierzu ERNST A. KRAMER, Der Einfluss des BGB auf das schweizerische und österreichische Privatrecht, in AcP 200 (2000), 365 ff.

§ 2 Die Entstehung des Schweizerischen Zivilgesetzbuches

I. Die Vorarbeiten

Das neue, auf Bundesstufe vereinheitlichte Recht sollte keinen völligen Bruch mit der Vergangenheit bringen, sondern bewährte kantonale Regeln übernehmen. Um aber die althergebrachten Rechtsinstitute nach ihrem praktischen Gehalt und ihrer Entwicklungsfähigkeit abwägen zu können, war eine gründliche Kenntnis der schweizerischen Rechtsgeschichte und der geltenden kantonalen Privatrechtsordnungen erforderlich. Der Schweizerische Juristenverein forderte daher 1884 gemäss dem Antrag von Bundesrat RUCHONNET eine vergleichende Darstellung des Zivilrechts aller Kantone. Mit dieser vom Bund subventionierten Aufgabe wurde Prof. EUGEN HUBER betraut. Das Ergebnis seiner Arbeit war das vierbändige Werk «*System und Geschichte des Schweizerischen Privatrechtes*».[1] Die Bände 1–3 (erschienen 1886, 1888 und 1889) enthalten die vergleichende Darstellung der kantonalen Privatrechte, Band 4 (erschienen 1893) die «Geschichte des Schweizerischen Privatrechtes» von den Anfängen bis in die Gegenwart. Dank der durch diese Studien gewonnenen gründlichen Kenntnisse der Privatrechtsbestimmungen aller Kantone blieb EUGEN HUBER der unbestrittene geistige Lenker bei der ganzen Gesetzgebungsarbeit. Schon 1892 – also vor dem Abschluss dieser Arbeit und vor der Abstimmung über die grundsätzliche Frage der Rechtsvereinheitlichung – erteilte das Eidgenössische Justiz- und Polizeidepartement EUGEN HUBER den Auftrag, einen *Entwurf* zu einem schweizerischen Zivilgesetzbuch auszuarbeiten. Die Gesetzesredaktion wurde damit in eine einzige Hand gelegt, im Gegensatz zur Abfassung der grossen Kodifikationen wie des Code Napoléon und des BGB, in Übereinstimmung jedoch mit den Gepflogenheiten der Kantone.[2] Mehrere der Vorzüge unseres Zivilgesetzbuchs, seine einheitliche Konzeption und seine organische und anschauliche Gliederung, lassen sich nur durch diese einheitliche Leitung erklären. Freilich gingen diese Stärken einer einheitlichen Redaktion im Lauf der Zeit

1

---

1   Hierzu im Einzelnen SCHNYDER, ZüKomm, Allg. Einleitung Art. 1–10 N 19 ff.

2   Hier stand bei den Gesetzgebungsarbeiten regelmässig *eine* Person im Vordergrund. Vgl. die Ausführungen über BLUNTSCHLI und PLANTA vorne § 1 N 4 sowie ISABELLE AUGSBURGER-BUCHELI, Le Code Civil Neuchâtelois 1853–1855 (Diss. Neuchâtel 1988), mit den Ausführungen über Alexis-Marie Piaget, 53 ff.; CAVIGELLI, zit. in § 1 Anm. 8, mit den Ausführungen über Peter Conradin Planta, 7 ff.; URS TH. ROTH, Samuel Ludwig Schnell und das Civilgesetzbuch für den Canton Bern (Diss. Bern 1948), ASR 249; SIBYLLE HOFER, Samuel Ludwig Schnell (1775–1849): Naturrecht mit Augenmass für Bern, ZBJV 151 (2015), 3 ff.; FRANZ NIKLAUS SCHLAURI, Karl Beda Müller-Friedberg (Sohn) und die st. gallischen Bestrebungen zur Kodifikation des Privatrechts 1806–1811 (Diss. Freiburg 1975); ANNEMARIE SCHMID, Kasimir Pfyffer und das bürgerliche Gesetzbuch für den Kanton Luzern (Diss. Bern 1960), ASR 342; MATHIAS SULSER, Die Zivilgesetzgebung des Kantons Wallis im 19. Jahrhundert (Diss. Freiburg 1976), mit den Ausführungen über Bernard-Etienne Cropt, 40 ff.; PETER WALLISER, Der Gesetzgeber Joh. Baptist Reinert und das solothurnische Zivilgesetzbuch von 1841–1847 ... (Olten 1948); ERNST ZWEIFEL, Johann Jakob Blumer und das Glarnerische Bürgerliche Gesetzbuch (Diss. Zürich 1966).

an manchen Stellen verloren, weil Abänderungen bei den Beratungen nicht mit der nötigen Sorgfalt den übrigen Bestimmungen angepasst wurden.

2   Prof. HUBER nahm jene Materien zuerst in Angriff, in denen die kantonalen Rechte am meisten voneinander abwichen, die infolgedessen für die Vereinheitlichung die grössten Probleme aufwarfen. Er verfasste die drei *Teilentwürfe* über die Wirkungen der Ehe (1894), das Erbrecht (1895) und das Grundpfand (1898). Der Gesetzesredaktor ergänzte die Teilentwürfe und verwertete die inzwischen eingegangenen amtlichen und privaten Anregungen sowie die Diskussionen im Schweizerischen Juristenverein. Nach Beratungen in kleineren Kommissionen entstanden so die *Departementalentwürfe* des Eidgenössischen Justiz- und Polizeidepartements zum Personen- und Familienrecht (1896), Sachenrecht (1899) und Erbrecht (1900). Vervollständigt durch Einleitungs- und Schlussbestimmungen, wurden diese Entwürfe im *Vorentwurf des Eidgenössischen Justiz- und Polizeidepartementes vom 15. November 1900* publiziert, auch *Departementalentwurf* oder *Entwurf I* genannt. Das gleiche Departement veröffentlichte 1901 eine *Zusammenstellung der Anträge und Anregungen zum Vorentwurf*. EUGEN HUBER begleitete den Vorentwurf mit einer Darlegung der Grundgedanken und Ziele des Entwurfs, den sogenannten *Erläuterungen* (1901/1902; zweite, ergänzte Ausgabe 1914). Sie nehmen unter den Materialien des Gesetzes eine hervorragende Stellung ein. Von ihnen waren auch die ersten wissenschaftlichen Bearbeitungen des neuen Rechts stark inspiriert. Sie verdienen auch heute noch Beachtung.[3]

3   Der Vorentwurf wurde einer vom Bundesrat ernannten («grossen») *Expertenkommission* zur eingehenden Prüfung überwiesen. Der öffentlichen Kritik war bis dahin reichlich Gelegenheit geboten worden, sich zum Entwurf zu äussern. Die Kommission zählte 31 Mitglieder; zusätzlich wurden 9 Experten beigezogen. In ihrer sehr heterogenen Zusammensetzung vereinigte die Kommission die Vertretungen der regionalen, religiösen, politischen und wirtschaftlichen Interessen. Dass die eingehenden und teilweise kontroversen Beratungen zu einem allseitig befriedigenden Resultat führten, ist neben dem Referenten EUGEN HUBER insbesondere auch der Objektivität, der Sachkenntnis und der umsichtigen Leitung des Vorsitzenden, Bundesrat BRENNER, zu verdanken. Die *Protokolle der Grossen Expertenkommission* wurden in zwei Bänden maschinenschriftlich vervielfältigt.[4] Die Kommission tagte in vier, jeweils mehrere Wochen dauernden Sessionen in Luzern (Personen- und Familienrecht, 1901), Neu-

---

3   LIVER, BeKomm, Einleitung N 64: «Diese Erläuterungen … würden auch heute noch viel grössere Aufmerksamkeit verdienen, als ihnen zuteil wird.» – Zur Entstehungsgeschichte des ZGB s. vor allem auch OSCAR GAUYE, Inventar zur Dokumentation über die Erarbeitung des Schweizerischen Zivilgesetzbuches 1885–1907, in Schweiz. Zeitschrift für Geschichte 13 (1963), 54 ff. – Siehe nun auch REBER/HURNI, BeKomm, Materialien zum Zivilgesetzbuch Bd. II, Die Erläuterungen von Eugen Huber – Text des Vorentwurfs von 1900. Siehe auch hinten Anm. 4 mit den Hinweisen auf die Publikation von URS FASEL.

4   Vgl. auch URS FASEL, Sachenrechtliche Materialien – Von den ersten Entwürfen bis zum Gesetz 1912 (Basel/Genf/München 2005), S. 463–809, wo die handschriftlichen Protokolle zum Sachenrecht abgedruckt sind. Diese Publikation enthält auch den Vorentwurf 1903 des EJPD, S. 1090–1142, die Botschaft des Bundesrates vom 28. Mai 1904, S. 1143–1174, eine Einleitung zur par-

enburg (Vormundschafts- und Erbrecht, 1902), Zürich (Sachenrecht I, 1902) und Genf (Sachenrecht II, 1903). Eine Redaktionskommission bereinigte die Ergebnisse der Beratungen. Der Bundesrat überwies diese Ergebnisse, ergänzt durch den von einer kleineren Kommission durchberatenen Einleitungstitel[5], mit einer Botschaft an die Bundesversammlung. Sie bilden den *Entwurf des Bundesrates vom 28. Mai 1904*, auch *Entwurf* schlechthin oder *Entwurf II* genannt. Der Schlusstitel, ebenfalls nur von einer kleineren Kommission behandelt, war zunächst im Entwurf vom 3. März 1905 über das revidierte OR untergebracht, das nach dem ursprünglichen Plan mit fortlaufender Artikelzahl in das ZGB integriert war. Mit der Abtrennung des OR vom ZGB wurde der Schlusstitel mit selbständiger Nummerierung der Artikel am Ende des Zivilgesetzbuchs platziert.

II. Die Beratung und die Annahme durch die eidgenössischen Räte

Die Beratung eines so ausführlichen Gesetzesentwurfs durch ein Parlament brächte nicht geringe Schwierigkeiten und Gefahren, wenn die Politiker bei jedem Artikel von ihrem Antrags- und Diskussionsrecht Gebrauch machen wollten. Die Beratung würde unverhältnismässig lange dauern, die Einheitlichkeit und Kohärenz des Gesetzes würden durch Aufnahme einander widersprechender Bestimmungen leiden. Um Derartiges zu vermeiden, wurden jene Parlamentarier, die sich am meisten für das Werk interessierten, in die Kommissionen gewählt und dadurch veranlasst, sich zur Vorlage zu äussern, bevor das Geschäft im Plenum der eidgenössischen Räte beraten wurde. Schon der Expertenkommission gehörten Mitglieder der Bundesversammlung an. Ferner bestellten National- und Ständerat möglichst grosse Kommissionen zur Vorberatung des Entwurfs: 15 (von den damals 44) Ständeräten und 27 Nationalräte nahmen in diesen Kommissionen Einsitz. Der zügigen Abwicklung der Geschäfte kam schliesslich entgegen, dass der Gesetzesredaktor selber inzwischen in den Nationalrat eingetreten war und dort das deutsche Referat übernommen hatte. Neben HUBER referierten im Nationalrat auf Französisch und besonders eingehend GOTTOFREY, im Ständerat der nachmalige Bundesrat HOFFMANN.

Das Gesetz wurde von beiden Räten am *10. Dezember 1907 einstimmig angenommen.* Am *1. Januar 1912 trat es in Kraft;* das Referendum war nicht ergriffen worden. Die Gründe für diese Akzeptanz waren vielfältig: Die Mehrzahl der Juristen stand dem Gesetz positiv gegenüber. Die oppositionellen politischen und sozialen Gruppen waren weitgehend in die Gesetzgebungsarbeiten einbezogen worden. Die breite Öffentlichkeit verliess sich auf das positive Urteil der Experten.[6] Entwürfe und Gesetz fanden auch Anerkennung bei bedeutenden Juristen des Auslands (etwa LABAND, KOHLER,

4

5

---

lamentarischen Arbeit und die Parlamentsberatungen, S. 1175–1722, sowie den Gesetzestext Sachenrecht («Gesetz von 1912»), S. 1723–1769.

5   Zur Entstehung des Einleitungstitels s. SCHNYDER, ZüKomm, Allg. Einleitung Art. 1–10 N 67 ff.
6   MERZ, Das Schweizerische Zivilgesetzbuch, Entstehung und Bewährung, in ZSR NF 81 (1962), I 8 ff., 31.

UNGER und RÜMELIN).[7] FRANZ WIEACKER bezeichnete das ZGB «die reifste Frucht der deutschsprachigen Rechtswissenschaft des 19. Jahrhunderts in Gesetzesgestalt».[8]

6   Das ZGB hat einen grossen, teils massgebenden Einfluss auf die ihm folgenden Entwürfe zu Privatrechtskodifikationen ausgeübt. Es wurde mit wenigen Änderungen von der Türkei (1926) und teilweise vom Fürstentum Liechtenstein (Sachenrecht 1922, Personen- und Vormundschaftsrecht 1926) übernommen und beeinflusste weitgehend seither erfolgte Gesetzgebungen.[9] Falls das Projekt eines europäischen Zivilgesetzbuchs dereinst Gestalt annimmt, so sollte das schweizerische Zivilgesetzbuch einen nicht unbedeutenden Einfluss auf diese Entwicklung ausüben.[10]

---

7   Vgl. FLURY, Die Privatrechtsvereinheitlichung im Urteil der Zeitgenossen, eine Bibliographie zum schweiz. Zivilgesetzbuch 1894–1928, in ZSR NF 81 (1962), I 136 f.

8   FRANZ WIEACKER, Privatrechtsgeschichte der Neuzeit (2. A. Göttingen 1967), 491.

9   ANDREAS B. SCHWARZ, Das schweiz. ZGB in der ausländischen Rechtsentwicklung (Zürich 1950); SCHNYDER, ZüKomm, Allg. Einleitung Art. 1–10 ZGB N 130 ff.; KONRAD ZWEIGERT/ HEIN KÖTZ, Einführung in die Rechtsvergleichung (3. A. Tübingen 1996), 175 f.; BUCHER, zit. in § 1 Anm. 7, 682 ff. Betreffend Liechtenstein vgl. FRANZ GSCHNITZER, Lebensrecht und Rechtsleben des Kleinstaates, in Gedächtnisschrift Ludwig Marxer (Zürich 1963); 30 ff., betr. Türkei ZWAHLEN, Les écarts législatifs entre le droit civil turc et le droit civil suisse, in ZSR NF 92 (1973), I 141 ff.; YEŞIM M. ATAMER, Rezeption und Weiterentwicklung des schweizerischen Zivilgesetzbuches in der Türkei, in RabelsZ 72 (2008), 227 ff.

10 Hierzu ZWEIGERT/KÖTZ a.a.O. 175: «Immerhin wagen wir eines vorauszusagen: wenn der hoffentlich nicht mehr entfernt liegende Tag gekommen sein wird, an dem das Projekt eines *europäischen Zivilgesetzbuchs* in Angriff zu nehmen ist, so wird die Orientierung sicher am Gesetzgebungsstil des ZGB – nicht an dem des BGB – zu nehmen sein.» Vgl. auch ERNST A. KRAMER, Der Stil eines zukünftigen europäischen Vertragsgesetzes – die schweizerische Privatrechtskodifikation als Vorbild?, in ZBJV 144 (2008), 901 ff.

§3   Charakteristik des Schweizerischen Zivilgesetzbuchs

Im Folgenden sollen einige charakteristische Züge des ZGB dargelegt werden. Den   1
Eindruck, den das Gesetzbuch nach einem Vergleich mit anderen ähnlichen Schöpfungen seiner Zeit hinterlässt, kann man zusammenfassen mit den Worten «*schweizerisch-national*» und «*modern*».

I.   Der schweizerisch-nationale Charakter des Zivilgesetzbuchs

Jede Rechtsordnung ist – jedenfalls auch – ein Teil der allgemeinen Kultur eines Volkes.   2
Obwohl das ZGB sich nicht durch eine natürliche Entwicklung, etwa wie Gewohnheitsrecht, herausgebildet hat, sondern eine künstliche Schöpfung des Gesetzgebers ist, tragen doch im Rahmen dessen, was beim Privatrecht national sein kann, sehr ausgeprägt die *demokratisch-volkstümliche Fassung* und – etwas weniger markant – die *freiheitliche Ausgestaltung* typisch schweizerische Züge.

a. Der demokratisch-volkstümliche Grundzug des ZGB. Er tritt vornehmlich in der   3
Form des Gesetzbuchs zutage.

1. Das ZGB war und ist nach dem Willen seines Schöpfers *für das Volk* berechnet. Es   4
soll vom Volk gelesen und verstanden werden. Seine Bestimmungen sollen klar und
verständlich sein. Jede Bürgerin und jeder Laienrichter soll es ohne weitere Vorstudien verstehen. Es wendet sich mit anderen Worten (anders als das BGB) nicht nur an
den ausgebildeten Juristen, sondern es will ein «Landbuch» sein. Eugen Huber führte
dazu aus: «Die Wissenschaft [spricht] zu Fachleuten … und [hat] genug getan …,
wenn sie für diese verständlich ist. Nicht so die Gesetzgebung. Man mag noch so sehr
von der Notwendigkeit der juristischen Ausbildung der Beamten überzeugt sein, die
zur Anwendung der Gesetze berufen sind, so enthält das Gesetz nach unserem heutigen Rechte doch niemals nur eine Anweisung an die Beamten, wie sie gegebenen Falles zu verfahren hätten. Es will sich an alle wenden, die ihm unterworfen sind. Die
Gebote des Gesetzgebers müssen daher, soweit dies mit dem speziellen Stoff verträglich ist, für jedermann oder doch für die Personen, die nach den gesetzlich geordneten
Beziehungen in einem Berufe tätig sind, verstanden werden können. Ihre Sätze müssen auch für die nicht fachmännisch ausgebildeten Personen einen Sinn haben, wenngleich der Fachmann jederzeit mehr daraus wird entnehmen können, als die andern.»[1]

---

1   Eugen Huber, Erl. I 12. Als staatlicher Befehl wenden sich die rein privatrechtlichen Normen
    des ZGB, mögen sie auch das rechtmässige Verhalten Privater umschreiben, wie diejenigen
    irgendeines Privatgesetzbuchs nur an das Gericht, nicht an das Volk. So befiehlt z.B. der Staat
    den Einzelnen nicht, die Erbteilung nach ZGB vorzunehmen. Das Gesetz gibt lediglich dem
    Gericht die entsprechende Anweisung für den Streitfall (hierzu 106 II 50 ff.). Mittelbar beeinflusst das Gesetz dadurch natürlich auch die Gepflogenheiten und die Volksanschauung. – Vgl.
    zum Verhältnis Privatrecht und Staat sowie Privatrecht und öffentliches Recht Peter Jäggi, Pri-

5   2. Was dem ungeschulten Denken vor allem Schwierigkeiten verursacht, das sind die *Abstraktionen* (die allgemeinen Grundsätze und die Oberbegriffe) sowie der *Verstandesprozess,* der notwendig ist, um die im allgemeinen Prinzip enthaltenen Bestimmungen auf die vorkommenden Einzelfälle anzuwenden. Das Volk denkt konkret. Es stellt sich die wichtigsten bekannten Fälle vor und beurteilt neue Fälle nach der Analogie der bekannten.

6   Abstraktionen und strikte logische Systematik sind Haupteigenschaften des Deutschen Bürgerlichen Gesetzbuchs (BGB), das dadurch eine der bedeutendsten wissenschaftlichen Schöpfungen aller Zeiten wurde. Das volkstümliche schweizerische Gesetzbuch wollte hierin dem deutschen Vorbild nicht folgen. Es vermeidet wo möglich die allgemeinen Formulierungen. Andererseits musste es sich in der Aufzählung der Einzelfälle beschränken, wollte es nicht einem weiteren Postulat der Volkstümlichkeit, der Kürze, zuwiderhandeln. Seine (wenigen) allgemeinen Formulierungen sind daher nicht so sehr Oberbegriffe, sondern regelmässig unmittelbar anwendbare Normen, wie etwa das Verbot des Rechtsmissbrauchs. Überdies verzichtet das ZGB darauf, die Konsequenzen eines Grundsatzes bis in alle Einzelheiten zu verfolgen. Es regelt nur die wichtigsten Fälle und überlässt es Rechtswissenschaft und Praxis, die analoge Anwendbarkeit einer Norm auf andere Fälle zu untersuchen. Das ZGB will in diesem Sinn nicht vollständig, sondern es will lückenhaft sein.[2] Aus dem Bestreben, weitgehende Verallgemeinerungen zu vermeiden, erklärt sich auch, dass das ZGB (anders als das BGB) *keinen allgemeinen Teil* an seine Spitze gestellt hat. Es beschränkt sich im Einleitungstitel auf ein paar Leitsätze. Das Weitere kann auf dem Weg sinngemässer Auslegung und Ausdehnung geschehen.

7   3. Das ZGB befleissigt sich sodann einer im Verhältnis zu ausländischen Kodifikationen auffallenden *Kürze:* Es kommt mit 977 Artikeln aus,[3] während das BGB derselben Materie 1533 Paragrafen widmete. Diese gute Überschaubarkeit soll das Gesetz leicht lesbar machen und seine Nähe zur Bevölkerung fördern.[4] Immerhin wird auch die Gegenanschauung vertreten, wonach eine allzu grosse Kürze und Gedrängtheit die Verständlichkeit einer Regelung mindern kann.

---

vatrecht und Staat (Freiburg 1946); HUBER, BeKomm, Art. 6 N 110 ff.; MARTI, ZüKomm, Vorbem. Art. 5 und 6 N 23 ff.

2   KONRAD ZWEIGERT/HEINZ KÖTZ, Einführung in die Rechtsvergleichung (3. A. Tübingen 1996), 171: «Ein weiteres Merkmal des schweizerischen ZGB ist die *bewusste Unvollständigkeit* seiner gesetzlichen Regelungen.»

3   Seither wurde freilich eine Reihe von Artikeln neu hinzugefügt (z.B. 28a–l, 647a–e, 649a–c, 712a–t und 779a–l). Ausserdem wurden zahlreiche Bestimmungen abgeändert und andere aufgehoben. In den 977 nicht enthalten sind die 61 Artikel des Schlusstitels. Zu einzelnen Abänderungen des ZGB seit 1948 vgl. Inhaltsverzeichnis der AS und SR, Ziff. 210.

4   Siehe in diesem Zusammenhang «100 Jahre ZGB – Der Mut zur Lücke», Referate von CHRISTOPH BLOCHER, PIO CARONI, SUZETTE SANDOZ, WERNER HAUCK, ALEXANDRA RUMO-JUNGO, SIBYLLE HOFER und MICHAEL LEUPOLD aus Anlass der Verabschiedung des Schweizerischen Zivilgesetzbuches am 10.12.1907, in recht 26 (2008), 41 ff. Siehe auch bei HANS MERZ, Fünfzig Jahre Schweizerisches Zivilgesetzbuch, in (deutsche) Juristenzeitung 1962, 585 ff.

Die allgemeine Verständlichkeit wird indessen zweifellos gefördert durch die 8
Kürze des einzelnen Artikels. Darin kann das ZGB anderen Gesetzen als Vorbild dienen. Grundsätzlich enthält kein Artikel mehr als drei Absätze (Ausnahmen etwa 43a,
83b, 83d, 84a, 86a, 89a, 134, 298a f., 301, 458 f.) und besteht jeder Absatz aus einem Satz.
Unübersichtliche Schachtelsätze sind dem ZGB fremd. Wo Aufzählungen notwendig
sind, arbeitet das Gesetz mit Ziffern (z.B. 28b, 39, 43a ff., 89a, 125 und 133).

4. Ein weiterer Vorzug des ZGB, der dessen Studium und Verständnis stark erleich- 9
tert, ist die *Übersichtlichkeit,* sei es des Ganzen, sei es der einzelnen Teile. Statt für eine
Folge von Ober- und Unterbegriffen hat sich Eugen Huber für eine prägnante, gut
nachvollziehbare Gliederung entschieden. Die Titel sind im ganzen Gesetz fortlaufend
gezählt, so dass eine ganze Materie durch Anführung ihrer Ziffern leicht zitiert werden
kann. Jedes Rechtsinstitut wird so weit wie möglich in der gleichen Reihenfolge behandelt: Allgemeine Bestimmungen, Anfang und Ende, Wirkungen.

Vor allem aber fördern die *Marginalien,* d.h. die zu jedem Artikel am Rand 10
gesetzten Titel, die Übersichtlichkeit des Gesetzes. Diese Randtitel besitzen Gesetzeskraft wie der Text selber und können oft zu dessen richtiger Deutung beitragen. Sie
gehören daher zu jeder Gesetzesausgabe. – Das OR wurde bei seiner Revision und
Anfügung an das ZGB ebenfalls mit Randtiteln versehen.

5. Von grösster Bedeutung für die Popularität des ZGB sind schliesslich dessen *Spra-* 11
che, Ausdruck und *Stil.* Was sonst juristische Werke für den Laien schwer verständlich
macht, ist neben dem komplizierten Satzbau die häufige Verwendung von technischen
Ausdrücken und Formeln. Gesetzbücher haben dadurch vielfach ihre «Geheimspra-
che». So ist das BGB rechtsbegrifflich rein aufgebaut (jeder Ausdruck hat seine besondere, genau umschriebene rechtstechnische Bedeutung) und kompliziert formuliert.
Das ZGB konnte zwar nicht zur vollen Vernachlässigung der Gesetzestechnik zurückkehren, wie sie etwa im Code Napoléon zu finden ist. Es besitzt ebenfalls einige ste-
reotyp wiederkehrende Fachausdrücke. Solche *Termini technici,* welche einen vom
ZGB besonders geprägten, aber zum Teil vom Sprachgebrauch des täglichen Lebens
abweichenden Sinn aufweisen, sind z.B. verschollen, urteilsfähig, letztwillige Verfügung und Verfügung von Todes wegen, Grundstück, Zugehör, Bestandteil, Besitz, ferner (im Grundbuchrecht) Vormerkung, Anmerkung, Bemerkung. Im Verhältnis zum
BGB mit seiner «dem Laien unverständliche(n) Kunstsprache»[5] sind aber solche Ausdrücke viel weniger zahlreich (und stammen gelegentlich aus der Volkssprache).

Stark erleichtert wird die Lektüre des ZGB auch dadurch, dass sich überhaupt 12
keine *Artikelverweisungen* im Gesetz finden (im Gegensatz zum BGB, das von solchen
Verweisungen geradezu strotzt). Allerdings muss das, was der Gesetzgeber nicht getan
hat, die Rechtswissenschaft nachholen: Sie muss den Zusammenhang des einen Artikels mit dem anderen und der Einzelbestimmung mit dem Ganzen herausarbeiten
und deutlich machen.

---

5 Gustav Boehmer, Einführung in das bürgerliche Recht (Tübingen 1954), 76.

13   Eine Eigenart der schweizerischen Gesetzgebung überhaupt und des ZGB insbesondere ist die aus der Bundesverfassung fliessende *Dreisprachigkeit* des Textes. Für
die Auslegung ist diese Dreisprachigkeit bald mühsame Last, bald willkommene Hilfe.[6] Jedenfalls erleichtert sie die Akzeptanz und die Rechtsprechung in den verschiedenen Landesgegenden. Die französische Übersetzung des ZGB wurde von VIRGILE
ROSSEL, die italienische von GIULIO BERTONI besorgt. Obwohl «nur» Übersetzungen,
sind sie doch – nicht weniger als der deutsche Text – mit Gesetzeskraft ausgestattet.[7]
Keine Gesetzeskraft dagegen besitzt die rätoromanische, im Auftrag des Bundesrats
PETER TUOR (dem Verfasser der ersten Auflagen des vorliegenden Werks) besorgte
Übersetzung, auch nicht die auf dieser Grundlage geschaffene Fassung in Rumantsch
Grischun, der einheitlichen romanischen Schriftsprache.[8]

14   Die bisher angeführten Punkte, die den demokratisch-volkstümlichen Charakter des
schweizerischen Zivilgesetzbuchs beleuchten sollen, betreffen nur *formelle* Eigenschaften des ZGB. Aber auch das *Materielle,* der *Inhalt* des Gesetzes, trug – im einen
Kanton mehr, im anderen weniger – zu seiner Volkstümlichkeit bei. Dies bewirkten
nicht nur der im ZGB festzustellende demokratisch-soziale Ausgleich, sondern mehr
noch die sorgfältige Bewahrung und Schonung eingelebter, bewährter Institutionen.[9]

15   **b. Die freiheitliche Ausgestaltung des Privatrechtslebens.** Trotz seinem sozialen
Grundzug, der zum modernen Charakter des ZGB gehört, hat unser Zivilgesetzbuch
der persönlichen Freiheit und der Initiative des Einzelnen ein weites Spielfeld gelassen.
Die freie Persönlichkeit findet im privatrechtlichen Persönlichkeitsrecht ihre Anerkennung. Zwingende Bestimmungen sind relativ selten. Im Allgemeinen greift das Gesetz
nur auslegend und ergänzend ein («dispositives Recht»), d.h. wenn nicht die Privaten
selbst das Verhältnis gestaltet haben. So verhält es sich z.B. bei der Regelung der juristischen Personen, deren Organisation weitgehend der Privatwillkür überlassen wird;
so im ehelichen Güterrecht, wo der Ehevertrag vor und nach Abschluss der Ehe in
weitem Umfang möglich ist; so ist es im Erbrecht, wo die Verfügungsfreiheit weit über
das früher in deutsch-schweizerischen Rechten Übliche hinausging, wo eine Enterbung ermöglicht wird, wo verschiedene Testamentsformen vorgesehen sind und der
Erbvertrag anerkannt wird. Auch das Grundpfandrecht weist eine freiheitliche Gestaltung auf.

---

6   BERNHARD SCHNYDER, Die Dreisprachigkeit des ZGB: Last oder Hilfe?, in Pierre-Henri Bolle
     (Hrsg.), Mélanges en l'honnour de Henri-Robert Schüpbach (Bâle/Genève/Munich 2000), 37 ff.
     Vgl. auch hinten § 5 N 16.
7   Art. 14 Abs. 1 Satz 2 PublG (SR 170.512): «Bei Erlassen sind die drei [Sprach-]Fassungen in glei-
     cher Weise verbindlich.» Vgl. auch Art. 10 SpG (SR 441.1).
8   Cudesch civil svizzer dals 10 da december 1907 (Stadi dal 1. da schaner 1989), Edi da la chanz-
     lia federala, 1989.
9   ZWEIGERT/KÖTZ a.a.O. 174: «Aus alledem ergibt sich, dass die charakteristischen Züge des ZGB
     weitgehend von den besonderen Verhältnissen der Schweiz und den Traditionen ihres Rechtsle-
     bens geprägt sind.»

II.   Der moderne Charakter des Zivilgesetzbuchs

Was man vom Code Napoléon sagte, er sei weder reaktionär noch revolutionär, er   16
sei zugleich *konservativ* und *fortschrittlich*, lässt sich ebenso für das ZGB vertreten.
Der Gesetzgeber hat zunächst darauf geachtet, Rechtsprinzipien und -institute, welche
in den einzelnen Landesteilen heimisch waren, möglichst beizubehalten und ihnen
sogar Verbreitung über die ganze Schweiz zu verschaffen (wie etwa bei der Gemeinderschaft und beim Gesamteigentum). Da unsere schweizerischen Zivilrechtsordnun-
gen – in den französischen wie in den deutschen Kantonen – stark von deutschrechtli-
chem Geist beherrscht waren, ergibt sich für wichtige Teile des ZGB ein *germanisches*
Gepräge. Beispiele deutschrechtlicher Institute sind etwa: Ehevertrag und Erbvertrag,
die Parentelen- oder Stammesordnung beim gesetzlichen Erbrecht, die Gemeinschaften zur gesamten Hand, das Publizitätsprinzip (vor allem in der Grundbucheinrichtung), die Rolle des Fahrnisbesitzes für den Rechtsschutz, die Eigentümerdienstbarkeit
und das Eigentümergrundpfand, die Grundlast, die Trennung von Schuld und Haftung
im ehelichen Güterrecht.[10] Obwohl jedoch das ZGB bedeutend mehr deutschrechtlichen Einschlag aufweist als das BGB, wäre es verfehlt, den Einfluss der Pandektenwis-
senschaft und damit des römischen Rechts auf das System und auf viele Rechtsinstitute des Gesetzbuchs zu übersehen.

Der Gesetzgeber hat aber nicht nur oder vornehmlich kantonales Recht rezipiert. Er   17
hat mit dieser Rezeption eine Verbesserung und Anpassung an die Erfordernisse der
damaligen Zeit verbunden. So wurde das ZGB trotz seiner respektvollen Behandlung
überkommener Rechtsinstitute ein *fortschrittliches, modernes* Gesetzbuch. Nicht nur
in der Umschreibung der Begriffe und der Gesetzestechnik, sondern auch und vor
allem bezüglich des Inhalts stand es auf der Höhe der Zeit.[11] Es hat einerseits den
technischen Fortschritten und dem wirtschaftlichen Aufschwung Rechnung getragen.
Andererseits (und vor allem) schützt das ZGB mit besonderer Umsicht die Rechtsgüter und Entfaltungsmöglichkeiten der Menschen – und trägt so mit den beschränkten
Mitteln des Privatrechts zur Lösung ethischer und sozialer Probleme bei.

Von dieser hohen Rechtsethik und von der sozialen Ausgestaltung des Rechts im ZGB   18
zeugen unter anderem:

1. Das weite Feld, das dem *richterlichen Ermessen* eingeräumt wird.

2. Die *Verunmöglichung schikanöser Rechtsausübung* durch das Verbot des Rechtsmissbrauchs.

3. Die *verbandsfreundliche Regelung* des ZGB.

---

10   Zur Frage des deutschrechtlichen Charakters des ZGB s. Hans Merz, Das schweizerische Obli-
     gationenrecht von 1881 – Übernommenes und Eigenständiges, in Hundert Jahre Schweizeri-
     sches Obligationenrecht (Freiburg 1982), 9 ff.; Oftinger, Fünfzig Jahre Schweizerisches Zivil-
     gesetzbuch, in SJZ 58 (1962), 1 f.; Liver, Das Zivilgesetzbuch – geschriebenes Rechtsgewissen
     des Schweizervolkes, in SJZ 58 (1962), 210.
11   Vgl. etwa Liver, BeKomm, Einleitung, Allg. Einleitung N 96 f.

4. Der *Schutz der Persönlichkeitsrechte* im Gegensatz zu älteren Kodifikationen, die – wie der Code Napoléon – fast nur den Vermögensschutz kannten.

5. Die gegenüber dem früheren Recht markante *Besserstellung der Frau* in der Ehe und der Mutter in der Familie sowie die *Verbesserung der* familien- und erbrechtlichen *Stellung des unehelichen Kindes* – für die damalige Zeit ein eindeutiger Fortschritt. Das neue Kindesrecht (1976/78), das neue Eherecht (1984/88) und das neue Scheidungsrecht (1998/2000) liegen auf der Linie der von HUBER begründeten Modernisierung.

6. Ein wirksamer staatlicher Schutz für schwache Personen, wie Kinder und Mündel.

7. Die Hebung des Kredits, der Schutz von Treu und Glauben im Verkehr sowie die Bewahrung der Privaten vor unüberlegtem Handeln, etwa durch die Publizität des Grundbuchs für die dinglichen Rechte an Grundstücken und die notarielle Form für wichtigere Rechtsgeschäfte.

8. Die Betonung der *Verantwortlichkeit der Beamten und Behörden,* denen im ZGB vorgesehene Kompetenzen zustehen, so der Zivilstandsbeamten und ihrer Aufsichtsbehörden, der Kindes- und Erwachsenenschutzorgane, der Grundbuchführer, auch durch Regelungen über die Staatshaftung.

9. Die Berücksichtigung von *Sonderinteressen von Berufsklassen,* so der Bauern und Unternehmer.

19   Diese Aufzählung enthält freilich nur eine Auswahl einiger der damals fortschrittlichen Neuerungen des ZGB.[12] Die rechtliche und sozialpolitische Reformarbeit ging unvermeidlicherweise mit bis dahin kaum gekannten Eingriffen des Staates in die Privatrechtssphäre (namentlich im Familienrecht) einher, was im Ausland teilweise Verwunderung hervorrief. Diesen Bedenken gegenüber hat indessen die erste Auflage dieses Werks ihre Hoffnung gesetzt «auf die Klugheit, den Takt und die Menschenkenntnis unserer zumeist der Mitte des Volkes entnommenen Beamten und Behörden, auf den Gemeinsinn, die Achtung und Liebe zur Autorität, das Pflichtgefühl und den Opfergeist, die jeden Schweizerbürger beseelen»[13]. Die Erfahrungen von mehr als hundert Jahren haben gezeigt, dass diese Hoffnung sich erfüllt hat.

---

12   Siehe in diesem Zusammenhang die teils andere Gewichtung in der Aufzählung von siebzehn (!) «principes fondamentaux» bei VIRGILE ROSSEL/F.-H. MENTHA, Manuel du Droit Civil Suisse, Tome Premier (2. A. Lausanne/Genève 1922), 45.

13   PETER TUOR, Das neue Recht – Eine Einführung in das Schweizerische Zivilgesetzbuch (Zürich 1912), 21.

§ 4 Systematik und Abgrenzung

Im Folgenden geht es zunächst um die *Bestandteile* des ZGB, dann um die *Abgrenzung* des ZGB gegenüber anderen privatrechtlichen Erlassen. 1

I. Die Bestandteile des ZGB

Der Ausdruck «Schweizerisches Zivilgesetzbuch» kann in einem zweifachen Sinn verstanden werden. Im engeren, gebräuchlicheren Sinn umfasst es nur die im Bundesgesetz vom 10. Dezember 1907 vereinheitlichten Materien, deren Regelung auf den 1. Januar 1912 in Kraft getreten ist (SR 210; vorne § 2 N 4 ff.). Im weiteren, weniger gebräuchlichen Sinn gehört zum Schweizerischen Zivilgesetzbuch darüber hinaus auch die Gesamtheit des schon 1881 erlassenen Obligationenrechts, das zum Teil auf den 1. Januar 1912, zum Teil erst nachher einer grossen Revision unterzogen worden ist. Dieses Obligationenrecht nimmt eine Art Zwitterstellung ein, da es einerseits als besonderes Bundesgesetz überschrieben und mit einer neuen Zählung der Artikel eröffnet wird, andererseits aber sich in seinem Untertitel als den fünften Teil des Zivilgesetzbuches bezeichnet. Es trägt den Titel: «Bundesgesetz betreffend die Ergänzung des schweizerischen Zivilgesetzbuches (Fünfter Teil: Obligationenrecht)» (SR 220). «Materiell bildet das OR den fünften Teil des ZGB … Formell ist das OR jedoch ein selbständiger Erlass mit eigener Gliederung und Artikelzählung. Mit Rücksicht darauf wird das OR im üblichen Sprachgebrauch vom ZGB unterschieden, das ZGB also unter Ausschluss des OR verstanden.»[1] 2

a. Das eigentliche ZGB. Das ZGB im engeren Sinn zerfällt in vier Teile. An die Spitze seiner Regelung stellt es die Personen und die Familie als Träger und Grundlage der gesamten Privatrechtsordnung. *Personen-* und *Familienrecht,* die im Gegensatz zu manchen der früheren kantonalen Rechte voneinander scharf getrennt sind, bilden den ersten und den zweiten Teil des Gesetzes. An das Familienrecht schliesst sich logisch das *Erbrecht* an, das ja im Wesentlichen bezweckt, die vom Einzelnen und von der Familie besessenen Güter den aus der Familie hervorgegangenen späteren Generationen zu erhalten und zu übermitteln. Den vierten Teil bildet die Ordnung der rechtlichen Herrschaft über die Sachgüterwelt, das *Sachenrecht.*[2] 3

Neben diesen vier Teilen enthält das ZGB eine *Einleitung* (Art. 1–10 ZGB) und einen *Schlusstitel* «Anwendungs- und Einführungsbestimmungen» mit eigener Artikelzählung. Die *Einleitung* spricht einige wenige für die Rechtsauslegung und Rechtsanwendung grundlegende Sätze aus, der *Schlusstitel* ordnet das Verhältnis zwischen dem früheren Recht und jenem des ZGB und enthält die für dessen Einführung erforderlichen Vorschriften. 4

---

1 Gauch/Schluep/Schmid/Emmenegger, OR AT, Rn. 10 f.
2 Hierzu s. «Die vier Rechtsgebiete» bei Schnyder, ZüKomm, Einleitung, Allg. Einleitung Art. 1–10 N 183–217.

5 Wie wir bereits ausgeführt haben, besitzt das ZGB im Gegensatz zum Deutschen Bürgerlichen Gesetzbuch *keinen allgemeinen Teil*. Systematische Darstellungen des Rechts
   werden nicht leicht ohne einen solchen auskommen, für die gesetzliche Regelung war
   er dagegen entbehrlich. Einmal findet sich manche Bestimmung, die das BGB dem
   allgemeinen Teil zuweist, im Personenrecht des ZGB. Ein allgemeiner Teil war aber
   vor allem deshalb überflüssig, weil bereits das OR in seiner ersten Abteilung allgemeine Bestimmungen enthält (allerdings im Hinblick auf die Forderungsrechte). So
   sieht denn auch *Art. 7 ZGB* ausdrücklich vor, dass die *allgemeinen Bestimmungen des
   OR* über Entstehung, Erfüllung und Aufhebung der Verträge auch *Anwendung auf
   andere zivilrechtliche Verhältnisse* finden, unter Einschluss solcher, die nicht im ZGB
   oder OR geregelt sind (129 III 648; 131 III 604; 133 III 173). Der Wortlaut dieses Artikels ist einerseits zu eng: Nicht nur die im Gesetz genannten Bestimmungen (über
   «Entstehung, Erfüllung und Aufhebung der Verträge»; vgl. etwa 133 III 173 E. 4.3),
   sondern alle allgemeinen Bestimmungen des OR sind der Ausdehnung auf Verhältnisse des ZGB fähig (so etwa die Regeln über Bedingungen, Befristungen, Konventio-
   nalstrafen, ja selbst «allgemeine Bestimmungen» in den speziellen Teilen des OR wie
   die Regeln über die Geschäftsführung ohne Auftrag und das Wertpapierrecht).[3] Es
   darf aber andererseits erst zur Analogie gegriffen werden, wenn das ZGB nicht selbst
   für den betreffenden Punkt eine Regelung vorgesehen hat, die von derjenigen des OR
   abweicht (127 III 510 E. 3b); und selbst wenn im ZGB eine solche Regelung fehlt, handelt es sich nur um eine analoge Anwendung. Dies bedeutet, dass die besonderen Verhältnisse des streitigen Rechtsgeschäfts zu berücksichtigen sind (101 II 208; 107 II 398 f.
   E. 4a) und mithin zu prüfen ist, wie weit eine Anwendung der Vorschriften des allgemeinen Teils des OR auf ein bestimmtes zivilrechtliches Verhältnis sachlich gerechtfertigt sei (86 II 343; 119 II 14; 127 III 7 f. E. 3a/bb i. f.).

6 **b. Die Anfügung des OR.** Das Obligationenrecht, neben dem Sachenrecht der zweite
   Teil des Vermögensrechts, war bereits in einer früheren eidgenössischen Regelung vereinheitlicht worden, im schon erwähnten Gesetz von 1881. Das Gesetz hatte seine Ver-
   fassungsgrundlage in Art. 64 aBV, der den Bund zur Regelung der «auf den Handel
   und Mobiliarverkehr bezüglichen Rechtsverhältnisse» ermächtigte, und war daher
   nicht als Bestandteil einer Gesamtkodifikation gedacht. Es enthielt auch nicht alle
   Materien, die üblicherweise in ein Obligationenrecht integriert werden; so fehlte die
   Regelung der Schenkung und des Grundstückkaufs. Andererseits umfasste es Materien, die sachlich anderen Teilen der Privatrechtsordnung zugehören, wie den Eigentumsübergang an beweglichen Sachen und das Faustpfandrecht. Endlich enthielt das
   Gesetz von 1881 auch das Handels- und das Wechselrecht, die in anderen Ländern in
   selbständigen Gesetzen enthalten sind.

7 Es war nun selbstverständlich, dass jene Materien, die innerhalb der Kodifikation
   selbst einen anderen Platz beanspruchten, dorthin verschoben wurden: das Mobiliar-
   sachenrecht in das Sachenrecht, die Schenkung und der Grundstückkauf in das Obli-

---

3 Vgl. Friedrich, BeKomm, Art. 7 N 35 f.; Lieber, ZüKomm, Einleitung, Art. 7 N 86 ff. und
   97 f.; Steinauer, Le Titre préliminaire, Nr. 137 ff.; Schmid-Tschirren, BeKomm, Art. 7 N 36 f.

gationenrecht. Schwieriger zu lösen war dagegen die Frage, was mit den handelsrechtlichen Partien zu geschehen habe. Daneben erhoben sich beim Erlass des ZGB weitere Zweifel: Sollte das OR als selbständiges Gesetz erhalten oder in das ZGB integriert werden? Sollte es unverändert bewahrt oder revidiert werden?[4] Wir sehen hier davon ab, die Entstehung des heute geltenden OR im Einzelnen zu schildern[5], und erwähnen im Folgenden nur die Grundzüge der Entstehungsgeschichte und die Endergebnisse:

1. Das OR wurde zwar dem ZGB als *fünfter Teil* angegliedert. Es behielt aber seine *eigene Artikelzählung,* beginnt also mit Artikel 1.

8

2. Die ersten 23 Titel des alten OR, die den *allgemeinen Teil* enthielten und *die einzelnen Vertragsverhältnisse* regelten, wurden mit Rücksicht auf das Inkrafttreten des ZGB einer *Revision* unterworfen, die übrigen Titel (24–33, Handels- und Wertpapierrecht) unverändert übernommen.

9

3. Die *revidierten Materien des OR* wurden mit der bisherigen Artikelzahl in die zwei Abteilungen «*Allgemeine Bestimmungen*» und «*Die einzelnen Vertragsverhältnisse*» gegliedert. Eine *dritte Abteilung,* welche die nicht revidierten handelsrechtlichen Partien umfasste, erhielt die Überschrift: Die *Handelsgesellschaften, Wertpapiere und Geschäftsfirmen.*[6]

10

4. In dieser vorläufigen Gestalt trat *das neue OR zugleich mit dem ZGB am 1. Januar 1912 in Kraft* und erhielt sich während eines Vierteljahrhunderts. Die beabsichtigte *Revision der handelsrechtlichen Materien* kam angesichts ihres Umfangs und der Schwierigkeiten, auf die sie stiess, nur langsam voran. Sie verzögerte sich einerseits wegen der vielen durch den Ersten Weltkrieg an den eidgenössischen Gesetzgeber gestellten Anforderungen, andererseits wegen der Vereinheitlichung des Strafrechts. EUGEN HUBER selber besorgte den *ersten Revisionsentwurf* (jenen von 1919). HUBER wurde nach seinem Tod abgelöst durch den früheren Bundesrat ARTHUR HOFFMANN, der 1923 den *zweiten* Entwurf fertigstellte. Nach dessen Durchberatung durch eine grosse Expertenkommission erschien als *dritter* der bundesrätliche Entwurf von 1928. Er wurde vom Ständerat in den Jahren 1928–1930 und vom Nationalrat 1934 behandelt. Die *Annahme* durch die beiden Räte erfolgte am *18. Dezember 1936.* Das Gesetz trat am *1. Juli 1937 in Kraft.*

11

Dieser *revidierte handelsrechtliche Teil* ist den im Jahr 1911 revidierten Partien des OR durch ein besonderes «Bundesgesetz vom 18. Dezember 1936 über die Revision der Titel XXIV bis XXXIII des Obligationenrechts» angeschlossen worden. Er fügt den beiden ersten Abteilungen des OR («Allgemeine Bestimmungen» und «Die einzelnen Vertragsverhältnisse») drei weitere hinzu: *Die Handelsgesellschaften und die*

12

---

4   Siehe vorne Anm. 1.

5   Wir verweisen auf die kurze, gut orientierende Einleitung in einer älteren Textausgabe des OR von PETER GAUCH (43. A. Zürich 2000), II ff. Siehe auch MERZ, SPR VI/1 (Basel und Frankfurt a.M. 1984), 1 ff.

6   In Klammern war als weiterer Titel für diese Abteilungen beigefügt: Bundesgesetz über das OR vom 14. Juni 1881, Art. 552–715 und 720–880.

Genossenschaft; Handelsregister, Geschäftsfirmen und kaufmännische Buchführung; die Wertpapiere. In der letzten Abteilung sind auch das Wechsel- und das Checkrecht enthalten.

13   5. *Seit 1936* ist das OR mehrfach *abgeändert und ergänzt* worden. Die Artikel über die *Gläubigergemeinschaft bei Anleihensobligationen* des OR 1936 sind nie in Kraft gesetzt worden und wurden durch das entsprechende BG vom 1. April 1949 ersetzt. Im Übrigen sei stichwortartig auf folgende Neuerungen, die zum Teil sich nun ausserhalb des OR befinden, hingewiesen: auf das neue *Bürgschaftsrecht,* die Einfügung des *Agenturvertrags,* die detaillierte Regelung des *Abzahlungs- und Vorauszahlungsvertrags,* die mannigfachen Revisionen des *Miet- und Pachtrechts,* die Sonderregeln über den *Grundstückkauf,* das neue *Arbeitsvertragsrecht* als Resultat einer Gesamtrevision des früheren Dienstvertragsrechts, das neue *Aktien- und GmbH-Recht,* das revidierte Recht zur *kaufmännischen Buchführung und Rechnungslegung* sowie neue Bestimmungen zum *Schutz der Konsumenten.*[7] Weitere Revisionen folgten oder stehen bevor.

14   6. Auch so sind *nicht alle obligationenrechtlichen Materien* im OR geregelt. Viele Vorschriften dieses Gebietes finden sich in Sondergesetzen.[8] Das gilt namentlich für das besondere *Haftpflichtrecht.*

II.   Die Abgrenzung

15   Das «Schweizerische Zivilgesetzbuch» mit seinem «fünften Teil» über das Obligationenrecht enthält (wie eben für das OR angedeutet) nicht das gesamte schweizerische Privatrecht. Zu berücksichtigen sind auch (neben Gewohnheits- und Richterrecht: hierzu § 5 N 21 ff.): *Sondergesetze und Verordnungen des Bundes, kantonale Erlasse* und der *Ortsgebrauch.* Im Folgenden geht es um diese drei Bereiche, insoweit sie für das Privatrecht im Allgemeinen und das ZGB insbesondere zu erörtern sind (zum OR siehe auch vorne N 6 ff.).

16   **a. Eidgenössische Gesetze und Verordnungen.** Etliche *vor dem ZGB erlassene* privatrechtliche Gesetze galten und *gelten weiterhin neben dem ZGB.* Die Schaffung des ZGB bedingte *neue Erlasse* in der Form von *Verordnungen.* Schliesslich wurde das *ZGB* mehrfach *abgeändert.*

17   1. *Frühere Gesetze.* Von den vor 1912 geltenden privatrechtlichen Bundesgesetzen *gingen einige im ZGB auf.* Dies gilt für das Bundesgesetz über die Feststellung und Beurkundung des Zivilstandes und die Ehe vom 24. Dezember 1874 und das Bundesgesetz betreffend die persönliche Handlungsfähigkeit vom 22. Juni 1881. Wir haben im vorhergehenden Teil ausgeführt, in welcher Weise das OR dem ZGB angegliedert worden ist.

---

7   Im Einzelnen s. BUCHER, BaKomm, Einleitung vor Art. 1 ff. OR N 4 ff.
8   Hierzu im Einzelnen BUCHER, BaKomm, Einleitung vor Art. 1 ff. OR N 14 ff.

Andere privatrechtliche Bundesgesetze *blieben von der neuen Regelung* zunächst 18 *unberührt,* wurden aber *seither in Teilen revidiert oder durch neue Gesetze ersetzt,* die ihrerseits zum Teil revidiert worden sind. Das gilt sehr ausgeprägt für das vielfältige Gebiet des *geistigen Eigentums* im weiteren Sinne dieses Wortes.[9]

Nicht formell ersetzt, wohl aber zum Teil revidiert wurde das BG über den Versi- 19 cherungsvertrag (vom 2. April 1908, SR 221.229.1).

Eine *dritte* Kategorie von privatrechtlichen Bundesgesetzen *blieb zwar weiter-* 20 *hin in Kraft,* musste aber an das Recht des ZGB *angepasst* werden; so das Gesetz vom 11. April 1889 über *Schuldbetreibung und Konkurs* (SchKG; SR 281.1), das im Art. 58 des Schlusstitels bezüglich einer grossen Zahl von Bestimmungen revidiert wurde (später auch noch durch Art. 15 der Schluss- und Übergangsbestimmungen des OR von 1937); ferner das Gesetz über die *zivilrechtlichen Verhältnisse der Niedergelassenen und Aufenthalter* vom 25. Juni 1891 (NAG). Da das Privatrecht der Schweiz nun bis auf wenige Ausnahmen vereinheitlicht war, konnte dieses Gesetz, bei dem es primär um das *interkantonale Privatrecht* ging, im Allgemeinen nur mehr bei internationalen Verhältnissen, d.h. für Ausländer in der Schweiz und Schweizer im Ausland, angewendet werden. Nur für jene Materien, für welche ein Vorbehalt zu Gunsten des kantonalen Rechts besteht, beherrschte es auch noch nach Inkrafttreten des ZGB die interkantonalen Verhältnisse. Dieses Gesetz ist alsdann durch das umfassende *Bundesgesetz über das internationale Privatrecht* (IPRG; SR 291) vom 18. Dezember 1987, in Kraft seit 1. Januar 1989, ersetzt worden.

2. *Neue Erlasse (Verordnungen).*[10] Das ZGB enthält viele Bestimmungen, welche der 21 *Ergänzung in Nebenpunkten* bedurften. Diese finden sich in häufig mehrfach abgeänderten *Verordnungen des Bundesrates* und *teilweise auch des Bundesgerichts* (als der Oberaufsichtsbehörde über Schuldbetreibung und Konkurs: 15 SchKG a. F.).

α. *Verordnungen des Bundesrates (Auswahl):*

betreffend die Führung des Zivilstandsregisters und die Eheschliessung vom 25. Februar 1910, ersetzt durch die «Zivilstandsverordnung» vom 28. April 2004 (ZStV; SR 211.112.1);
über das Handelsregister vom 7. Juni 1937 (in Ersetzung früherer Verordnungen), ersetzt durch die «Handelsregisterverordnung» vom 17. Oktober 2007 (HRegV; SR 221.411);
über das Güterrechtsregister vom 27. September 1910 (SR 211.214.51);[11]

---

9 Siehe S. 23 der 12. Auflage dieses Buches.
10 Hierzu siehe die generellen Ausführungen über «Die Bundesverordnungen zum ZGB» bei SCHNYDER, ZüKomm, Allg. Einleitung Art. 1–10 N 241 ff.
11 Nach Art. 10e SchlT werden mit Inkrafttreten des neuen Eherechts (BG vom 5. Oktober 1984), also seit dem 1. Januar 1988, keine neuen Eintragungen in dieses Register mehr vorgenommen; das Einsichtsrecht bleibt jedoch gewahrt; vgl. dazu das Kreisschreiben des Eidgenössischen Justiz- und Polizeidepartementes an die kantonalen Aufsichtsbehörden über das Güterrechtsregister betreffend das neue Eherecht vom 24. Februar 1986.

über die Adoptionsvermittlung vom 28. März 1973, ersetzt durch die Adoptionsverordnung vom 29. Juni 2011 (SR 211.221.36);
über die Aufnahme von Pflegekindern vom 19. Oktober 1977 (211.222.338);
betreffend die Viehverpfändung vom 30. Oktober 1917 (SR 211.423.1);
betreffend das Grundbuch vom 22. Februar 1910, ersetzt durch die Grundbuchverordnung vom 23. September 2011 (GBV; SR 211.432.1);
über die amtliche Vermessung (VAV) vom 18. November 1992 (SR 211.432.2);
über das bäuerliche Bodenrecht vom 4. Oktober 1993 (VBB; SR 211.412.110).

β. *Verordnungen des Bundesgerichts:*

betreffend Eintragung der Eigentumsvorbehalte vom 19. Dezember 1910 (SR 211.413.1);
betreffend die Bereinigung der Eigentumsvorbehaltsregister vom 29. März 1939 (SR
211.413.11);
über die Zwangsverwertung von Grundstücken vom 23. April 1920 (VZG; SR 281.42).

22   3. *Abänderungen des ZGB.* Das ZGB hat sich als ein Gesetz von grosser Dauerhaftig-
keit erwiesen. Grössere Abänderungen wurden erst mehr als ein halbes Jahrhundert
nach dem Inkrafttreten vorgenommen. Sie sind im gedruckten systematischen Register von AS und SR sowie im Internet leicht zugänglich und werden dort laufend nach-
geführt, weshalb die vorliegende Darstellung nur noch die wichtigsten Abänderungen
seit 1912 festhält.

23   Zunächst darf ausgesagt werden, dass die grundlegenden gesetzgeberischen
Entscheidungen bei der Schaffung des ZGB lange Zeit nicht in Frage gestellt wurden. Verhältnismässig früh kam es zu Sonderbestimmungen über das bäuerliche Erbrecht, später abgelöst durch das Bundesgesetz über das bäuerliche Bodenrecht (BGBB;
siehe heutigen Art. 619 ZGB). Wichtige Abänderungen wurden sodann in der Mitte
der Sechzigerjahre auf dem Gebiet des Sachenrechts vorgenommen. Im Vordergrund
stand damals die Wiedereinführung des Stockwerkeigentums (BG vom 19. Dezember
1963, in Kraft seit 1. Januar 1965 mit den Bestimmungen über das Stockwerkeigentum
in den Art. 712a–712t ZGB). Weitaus am meisten geändert worden ist das Familienrecht.[12] Der Reihe nach kamen zum Zug: die Adoption, das Kindesrecht, die Fürsorgerische Freiheitsentziehung, die Wirkungen der Ehe im Allgemeinen und das Eheliche
Güterrecht, das Eheschliessungs- und Ehescheidungsrecht sowie das Erwachsenenschutzrecht (früher Vormundschaftsrecht).[13] In einem eigenen Bundesgesetz geregelt

---

12   Siehe u.a. BERNHARD SCHNYDER, Schweizerisches Familienrecht im Wandel von 1968 bis 2002,
      in «Recht im Umbruch», Freiburger Zeitschrift für Rechtsprechung (Freiburg 2002), 59 ff.
13   Es ist naheliegend, dass Erörterungen über die Entwicklung des ZGB bei ZGB-Jubiläen publi-
      ziert worden sind. Siehe in diesem Zusammenhang die vorne § 3 Anm. 4 erwähnte Schrift «100
      Jahre ZGB – Der Mut zur Lücke» mit u.a. ALEXANDRA RUMO-JUNGO, Das ZGB im Wandel:
      Rückblick und Ausblick, 53 ff.; ferner von BERNHARD SCHNYDER, Siebzig Jahre Schweizerisches
      Zivilgesetzbuch, Universitätsverlag Freiburg 1983, sowie Fünfundsiebzig Jahre ZGB – anstelle
      einer Festrede, in recht 1987, 73 ff. Siehe auch «ZGB gestern – heute – morgen». Festgabe zum
      Schweizerischen Juristentag 2007, hrsg. im Auftrag der Rechtswissenschaftlichen Fakultät der

ist die eingetragene Partnerschaft gleichgeschlechtlicher Paare (Partnerschaftsgesetz, PartG) vom 18. Juni 2004 (SR 2111.231).

b. Kantonales Recht. Das ZGB wollte das Privatrecht weitestgehend, aber nicht lückenlos vereinheitlichen (51 SchlT). Es trug vielmehr auch dem föderalistischen Aufbau unseres Staatswesens Rechnung und machte den voneinander abweichenden kantonalen Ideen und Bedürfnissen Zugeständnisse, soweit dies mit der Grundidee der Rechtseinheit vereinbar war. 24

1. *Kantonales öffentliches Recht.* Art. 6 Abs. 1 ZGB hält fest, dass die Kantone in ihren *öffentlich-rechtlichen Befugnissen* durch das Bundeszivilrecht nicht beschränkt werden. Damit wird zunächst die Kompetenzausscheidung von aArt. 64 Abs. 1 und 2 BV wiederholt, wonach dem Bund die Gesetzgebungshoheit (nur) für das Zivilrecht zusteht.[14] Es wird angenommen,[15] dass dieser Artikel darüber hinaus eine «*expansive Kraft*» des *kantonalen öffentlichen Rechts* gegenüber dem Bundeszivilrecht anerkennt. Diese Kraft darf sich allerdings gemäss dem Grundsatz der derogatorischen Kraft des Bundesrechts[16] *in drei Fällen nicht* auswirken: erstens wenn das *Bundeszivilrecht* eine *abschliessende Ordnung* geschaffen hat, zweitens wenn ein *haltbares öffentliches Interesse fehlt*, drittens wenn die *kantonale Bestimmung mit Sinn und Geist des Bundeszivilrechts in Widerspruch* steht oder das *Bundeszivilrecht vereitelt bzw. übermässig erschwert* (135 I 108 E. 2.1; 137 I 140 E. 2.5.2; 138 I 470 f. E. 2.3.1).[17] Gemäss *Art. 6 Abs. 2 ZGB* können die Kantone in den Schranken ihrer Hoheit den *Verkehr mit gewissen Arten von Sachen* beschränken oder untersagen oder die Rechtsgeschäfte über solche Sachen als ungültig bezeichnen.[18] Nach heutiger Auffassung kommt diesem besonderen Vorbehalt neben dem allgemeinen Vorbehalt von Art. 6 Abs. 1 nur *deklaratorische Bedeutung* zu.[19] 25

Auf Grund von Art. 64 Abs. 3 aBV war es (damals) sodann Sache der Kantone zu bestimmen, mit welchen prozessualen Mitteln die aus dem ZGB sich ergebenden materiellen Ansprüche durchgesetzt werden sollen. Diesem Zweck dienten die sechsund- 26

Universität Luzern von Daniel Girsberger/Michele Luminati (Zürich/Basel/Genf 2007), Luzerner Beiträge zur Rechtswissenschaft 20.

14 Der in der Volksabstimmung vom 12. März 2000 angenommene Art. 122 BV, in Kraft seit 1. Januar 2007, lautet nunmehr: «Zivilrecht. [1]Die Gesetzgebung auf dem Gebiet des Zivilrechts und des Zivilprozessrechts ist Sache des Bundes. [2]Für die Organisation der Gerichte und die Rechtsprechung in Zivilsachen sind die Kantone zuständig, soweit das Gesetz nichts anderes vorsieht.»

15 Huber, BeKomm, Art. 6 N 70 ff.; Koller, BeKomm, Art. 6 N 96 ff. – Zum Verhältnis Bundeszivilrecht und öffentliches Recht des Bundes s. 127 III 94 f. E. 3b.

16 Steinauer, Le Titre préliminaire, Nr. 166 ff.; zur Frage, ob dieser Grundsatz in Art. 6 Abs. 1 ZGB vollständig konkretisiert ist, vgl. Marti, ZüKomm, Art. 6 N 44.

17 Vgl. auch Steinauer, Le Titre préliminaire, Nr. 212 ff.; Koller, BeKomm, Art. 6 N 200 ff. Marti, ZüKomm, Art. 6 N 239 ff. hält die Beschränkung auf diese drei Anforderungen grundsätzlich für richtig, doch wird die vom Bundesgericht verwendete Schrankenformel von namhaften Autoren aus unterschiedlichen Gründen kritisiert.

18 Vgl. Steinauer, Le Titre préliminaire, Nr. 248 ff.; Koller, BeKomm, Art. 6 N 256 ff.

19 So Marti, ZüKomm, Art. 6 N 392.

zwanzig *kantonalen Zivilprozessordnungen.* Die Kantone hatten sich allerdings mit der
dem Zivilprozess eigenen dienenden Rolle zu bescheiden (104 Ia 108; 113 Ia 312). Wo
dies für ein sachgerechtes Privatrecht und dessen sinnvolle Verwirklichung unentbehrlich war, zögerte der Bund nicht, in das kantonale Verfahrensrecht einzugreifen.[20] Diese
formell-rechtlichen (prozessrechtlichen) Normen im Kleid der Privatrechtskodifikation gehörten zum sogenannten (nur) *formellen Bundeszivilrecht.*[21] Die Kantone durften ihrerseits auch keine prozessrechtlichen Bestimmungen erlassen, welche die Verwirklichung des Bundeszivilrechts verhindern oder verunmöglichen. Nun aber wurde
durch die Gutheissung der sog. *Justizreform* am 12. März 2000, in Kraft seit 1. Januar
2007, «die *Gesetzgebung auf dem Gebiet des Zivilprozessrechts zur Bundessache*» erklärt
(122[1] BV). Mit der *Schweizerischen Zivilprozessordnung* (ZPO) vom 19. Dezember 2008,
in Kraft seit 1. Januar 2011, ist eidgenössisches Verfahrensrecht an die Stelle der kantonalen Zivilprozessgesetze getreten. Soweit nicht die ZPO Anwendung findet, regeln die
Kantone das Verfahren (54[3] SchlT). Beibehalten wurde im neuen Art. 122 BV auch der
Vorbehalt zu Gunsten der Kantone für «die *Organisation der Gerichte* und die *Rechtsprechung in Zivilsachen ...,* soweit das Gesetz nichts anderes vorsieht.»

27   Das ZGB hat es ferner in weitem Rahmen *den Kantonen überlassen* zu bestimmen, welchen schon bestehenden oder erst zu bildenden *Behörden, Ämtern* und *Beamten* die im ZGB vorgesehenen Aufgaben zugewiesen werden sollen. Hier ist es nun
Sache der Kantone, die ihrer inneren Organisation am besten entsprechende Behörde
mit der betreffenden Aufgabe zu betrauen (54[1] SchlT); hierbei müssen sie jedoch die
Rechtsweggarantie von Art. 6 Ziff. 1 EMRK und Art. 29a BV beachten (118 Ia 473; 139
III 229 E. 2.2). Wo das ZGB vom «Gericht» oder von einer «Verwaltungsbehörde»
spricht, hat sich der Kanton daran zu halten (54[2] SchlT; 118 Ia 479 E. 4b). Immerhin
ordnet das ZGB gelegentlich die *Kompetenz einer genau bestimmten Behörde* an: so in
Art. 30 Abs. 1, wonach für die Bewilligung einer Namensänderung die Regierung des
Wohnsitzkantons zuständig ist. Sodann schreibt das ZGB den Kantonen die *Schaffung
gewisser Behörden* vor (z.B. Grundbuchamt, siehe 951–953 ZGB). Dabei sind die Kantone innerhalb der genannten Schranken frei, schon bestehenden Behörden solche
Daueraufgaben zuzuweisen. Schliesslich bestimmen auch die Kantone (im Rahmen
bestimmter Mindestanforderungen: 106 II 147; 113 II 503 ff. E. 3; 125 III 134 ff. E. 5;
133 I 260), wie auf ihrem Gebiet die *öffentliche Beurkundung* vor sich geht (55 SchlT).[22]

---

20   Hierzu s.: Zur Vereinheitlichung des Zivilprozessrechts, Referate und Mitteilungen des Schwei-
     zerischen Juristenvereins, in ZSR NF 88 (1969), II, insbesondere Eichenberger, Bundesrecht-
     liche Legiferierung im Bereiche des Zivilprozessrechts nach geltendem Verfassungsrecht, 469 ff.
21   Hierzu Bernhard Schnyder, Formelles Bundeszivilrecht – am Beispiel der fürsorgerischen
     Freiheitsentziehung, in Fritz Sturm (Hrsg.), Mélanges Paul Piotet (Berne 1990), 119 ff.
22   Vgl. Christian Brückner, Schweizerisches Beurkundungsrecht (Zürich 1993); Jörg Schmid,
     Die öffentliche Beurkundung von Schuldverträgen (Diss. Freiburg 1988), AISUF 83. Vgl. immer-
     hin den Vorentwurf zur Änderung des Schweizerischen Zivilgesetzbuches (Öffentliche Beurkun-
     dung; Art. 55–55t SchlT ZGB) vom Dezember 2012, der vorschlägt, die grundlegenden bundes-
     rechtlichen Regeln des Beurkundungsverfahrens im Schlusstitel des ZGB festzuschreiben.

2. *Kantonales Privatrecht.*[23] Das *ZGB* hat aber auch *nicht alle materiell-rechtlichen Fragen*   28
einheitlich geordnet. Zwar gilt die Regel, dass der Bundesgesetzgebung die einheitliche
Normierung der gesamten Materie zusteht. Gemäss diesem Grundsatz, dem sogenannten *Kodifikationsprinzip,* dürfen die Kantone Zivilrecht nur setzen, insoweit das Bundesrecht sie hierzu ausdrücklich oder stillschweigend ermächtigt (5[1]; vgl. auch 51 SchlT).[24]
Es liegt dann in einem durch das Bundesrecht umschriebenen Rahmen (104 II 168 f.; 120
II 344) ein *echter Vorbehalt* vor, der die Grundlage für die Schaffung kantonalen Privatrechts bildet.[25] So hat das ZGB von der Vereinheitlichung abgesehen zunächst bei Fragen, die *lokale* Verhältnisse sehr eng berühren – wie die Nachbarrechte –, dann auch
bei einigen anderen, bei denen *rechtspolitische* Rücksichten – nämlich die Schwierigkeit,
eine Einigung zu erzielen oder eine getroffene Regelung allgemein durchzuführen – von
der Vereinheitlichung zurückschrecken liessen. Dies trifft etwa zu auf die Regelung der
Allmendgenossenschaften und ähnlichen Körperschaften (59[3]), das allgemeine obligatorische Inventar bei Todesfällen (553[2]), das Baunachbarrecht (686), die Abstände bei
Anpflanzungen (688: hierzu 122 I 84 E. 2a), das Hammerschlagsrecht (695) und aus
der jüngeren Gesetzgebung die Bezeichnung von zusätzlichen Vorkaufsberechtigten für
landwirtschaftliche Grundstücke im BG über das bäuerliche Bodenrecht (56[1] BGBB).
Gemeinhin wird unterschieden zwischen *ermächtigenden, zuteilenden* und *verpflichtenden Vorbehalten;*[26] die Übergänge sind oft fliessend.[27] Schliesslich wurde es in manchem
Gebiet auch den Kantonen überlassen zu bestimmen, in welcher Weise sich der *Übergang vom bisherigen zum neuen Recht* vollziehe (übergangsrechtliche Vorbehalte; so im
Grundbuchwesen, so auch bei Revisionen – siehe 20ter und [quater] SchlT).[28] Das kann von
Kanton zu Kanton unterschiedliche materiell-rechtliche Folgen haben.

3. *Kantonale Einführungsbestimmungen.* Das ZGB konnte nicht in praktische Wirk-   29
samkeit treten, ohne dass rechtzeitig eine Anzahl *kantonaler Einführungsbestimmungen* vorlagen. Die Privatrechtsordnung lässt sich mit einer komplexen Maschine vergleichen, deren Räder ineinander greifen und sich gegenseitig in Bewegung setzen; die
letzten Glieder in diesem Mechanismus sind die kantonalen Einführungsbestimmungen. Gemäss dem Kern des bis heute unveränderten Art. 52 Abs. 1 SchlT treffen die

---

23   Hierzu Denis Piotet, Droit cantonal complémentaire, in Pierre Tercier (Hrsg.), Traité de
     droit privé suisse, Vol. I/Tome II (Bâle et Francfort-sur-le-Main 1998), 1 ff.; Jagmetti, SPR I,
     239 ff.; Steinauer, Le Titre préliminaire, Nr. 169 ff.; Wolf, BeKomm, Art. 5 N 4 ff.; Andreas
     Kley-Struller, Kantonales Privatrecht – Eine systematische Darstellung der kantonalen Ein-
     führungsgesetzgebung zum Bundesprivatrecht am Beispiel des Kantons St. Gallen und weite-
     rer Kantone (St. Gallen 1992).
24   Deschenaux, SPR II, 13 und 43 f.; Steinauer, Le Titre préliminaire, Nr. 165 ff.; Wolf,
     BeKomm, Art. 5 N 9 und 19 ff.
25   Steinauer, Le Titre préliminaire, Nr. 169 ff.; Wolf, BeKomm, Art. 5 N 48 ff. – Demgegenüber
     wiederholt der «unechte Vorbehalt» lediglich eine schon bestehende Zuständigkeit (z.B. 59[1],
     293[2]). Solche Vorbehalte können immerhin der Klarheit dienen.
26   Piotet a.a.O. 20 ff.; Marti, ZüKomm, Art. 5 N 75 ff.; Liver, BeKomm, Art. 5 N 17 ff.;
     Steinauer, Le Titre préliminaire, Nr. 175 ff.; Wolf, BeKomm, Art. 5 N 63 ff.
27   Marti, ZüKomm, Art. 5 N 75; Wolf, BeKomm, Art. 5 N 63.
28   Kritisch zur Terminologie Wolf, BeKomm, Art. 5 N 52.

Kantone die *zur Ergänzung des Gesetzes vorgesehenen Anordnungen.* Um das Risiko eines Misserfolgs in einer Abstimmung über das kantonale Einführungsgesetz auszuschliessen, bestimmte Art. 52 Abs. 2 SchlT, dass die notwendigen Einführungsbestimmungen auch ohne Mitwirkung des Volkes, auf dem blossen *Verordnungsweg,* erlassen werden können. Trotz dieser Ermächtigung haben alle Kantone den Gesetzesweg beschritten.[29] Art. 52 Abs. 2 gilt aber auch heute noch für Revisionen des ZGB (108 Ia 181 f. E. 3b).[30] Der Bundesrat liess durch Eugen Huber ein *Vorbild (Schema) eines Einführungsgesetzes* ausarbeiten und erleichterte so den Kantonen ihre Aufgabe. Weitaus die meisten Kantone sind diesem Vorbild gefolgt. Trifft ein Kanton nicht rechtzeitig die notwendigen Anordnungen, könnte der Bundesrat – was offenbar noch nie geschah – unter Anzeige an die Bundesversammlung vorläufig die nötigen Verordnungen erlassen (53[1] SchlT); wo ein Kanton eine nicht notwendige Ergänzung unterlässt, gilt das ZGB (53[2] SchlT). Ausser den Einführungsgesetzen (regelmässig EG/ZGB) erliessen die meisten Kantone noch besondere Verordnungen, um auf einzelnen Gebieten die durch das ZGB bedingten Reformen durchzuführen; die EG/ZGB wurden oft abgeändert, gelegentlich auch total revidiert.[31]

30　　　　Gemäss Art. 52 Abs. 3 und 4 SchlT (in der Formulierung durch BG vom 19. Oktober 2008 [Erwachsenenschutz])[32] bedürfen die kantonalen Anordnungen zum Registerrecht – also Zivilstandsregister, Grundbuch und Handelsregister – der *Genehmigung des Bundes,* welche auch eine (allerdings nur provisorische) Rechtskontrolle beinhaltet (vgl. 109 Ia 127); die übrigen kantonalen Anordnungen sind dem Bundesamt für Justiz zur Kenntnis zu bringen.

31　　**c. Übung und Ortsgebrauch.** Das ZGB hat die nähere Ausgestaltung einer Reihe von Bestimmungen dem *Ortsgebrauch* überlassen. So ist der Ortsgebrauch zu berücksichtigen bei der Bildung von Losen unter den Miterben (611[2]), bei der Veräusserung oder Zuwendung von besonderen Gegenständen in der Erbteilung (613[3])[33] sowie bei der Beurteilung der Frage, ob eine sogenannte Immission übermässig ist (684[2]). In anderen Fällen verweist das Gesetz auf die *ortsübliche* Auffassung, so in gewissem Rahmen für den Bestandteil- oder Zugehörcharakter einer Sache (642[2]; 644[2]). Wieder in anderen Bestimmungen ist vom *üblichen* Mass oder Umfang die Rede. Ortsgebrauch (Ortsübung) ist nichts anderes als das, was an einem bestimmten Ort üblich ist, was dort seit geraumer Zeit getan, beobachtet wird. Soweit es um rechtsgeschäftlichen Verkehr geht,

---

29　Im Kanton Wallis, wo das Gesetz verworfen wurde, behalf man sich vorübergehend mit einer Verordnung.

30　In der Fassung gemäss BG vom 15. Dezember 1989 über die Genehmigung kantonaler Erlasse durch den Bund, welche nur noch «vorläufig» Verordnungen erlaubt. Zur Verfassungsmässigkeit dieser Norm Schnyder, ZüKomm, Allg. Einleitung Art. 1–10 N 275.

31　Siehe den Abdruck der kantonalen Einführungsgesetze und -verordnungen, von Schönenberger besorgt, VI. Band des Zürcher Kommentars, 1939–1941. Zum Stand der Dinge Ende der Neunzigerjahre: Schnyder, ZüKomm, Allg. Einleitung Art. 1–10 N 284.

32　Vgl. die Botschaft BBl 2006, S. 7108.

33　Die Verweisung auf den «Ortsgebrauch» in den Art. 611 Abs. 2 und Art. 613 Abs. 3 darf allerdings nicht der Gleichberechtigung der Geschlechter widersprechen.

handelt es sich um die Verkehrssitte, ist mithin die Ortsübung die Verkehrsübung.[34] Die Ortsübung ist eine *Tatsache,* die nicht einmal in einem ganzen Kanton in gleicher Weise bestehen muss; sie kann auch nur eine einzelne Gegend, eine Talschaft umfassen. So kann im Oberwallis ein anderer Ortsgebrauch herrschen als im Unterwallis, in der Mesolcina ein anderer als in den deutschen oder romanischen Teilen Graubündens.[35] Der Ortsgebrauch kann sich auch ändern (108 Ib 496). Soweit nun aber das Gesetz auf diese Tatsache verweist, wird sie *Bestandteil des positiven Rechts* (94 II 159), die als Gesetzesergänzung dem (hier allerdings kaum denkbaren) Gewohnheitsrecht und dem Richterrecht (1^2 ZGB) vorgeht.[36] Wo das Gesetz nicht auf die Ortsübung verweist, kann sie immerhin Hilfsmittel für die Auslegung von Parteierklärungen sein (94 II 159).

Neben den einzelnen Verweisungen auf Übung oder Ortsgebrauch enthält das ZGB in Art. 5 Abs. 2 folgende *allgemeine Regel:* «Wo das Gesetz auf die Übung oder den Ortsgebrauch verweist, gilt das bisherige kantonale Recht als deren Ausdruck, solange nicht eine abweichende Übung nachgewiesen ist.» (Der Randtitel spricht von «Ortsübung».) Vermutlicher Ausdruck der Ortsübung ist demnach die bis 1912 herrschende Regelung. Deshalb war auch meistens innerhalb eines Kantons ein gleichmässiger Ortsgebrauch vorhanden, zumal die Verhältnisse, auf die das ZGB verweist, in der Mehrzahl der Kantone vor 1912 durch das kantonale Recht normiert waren. Der Rückgriff auf das alte kantonale Recht spielt heute keine grosse praktische Rolle mehr.[37] Als wahrscheinlicher Ausdruck der Ortsübung konnte das bisherige kantonale Recht auch in das kantonale Einführungsgesetz aufgenommen werden. Doch schafft nicht das Gesetz die Ortsübung, es zeichnet nur deren wahrscheinliche Gestalt auf.[38] Sobald in der dem Ortsgebrauch vorbehaltenen Materie eine abweichende Übung sich nachweisen lässt, findet das kantonale Einführungsgesetz keine Anwendung – *die tatsächliche örtliche Gewohnheit geht der kantonalen Regelung vor.* 32

Das *ZGB sanktioniert* mithin das *Gebräuchliche,* statt eine eigene Regelung zu treffen. Dieses Gebräuchliche, die Ortsübung, darf aber dem eidgenössischen Recht, das ergänzt werden soll, nicht widersprechen (64 II 83). Doch prüft das Bundesgericht nur, ob der Begriff der Übung oder des Ortsgebrauchs von der kantonalen Instanz richtig aufgefasst wurde (42 II 121), nicht auch, ob diese Ortsübung überhaupt besteht (86 II 257).[39] 33

---

34 Die Lehre verwendet sogar häufig statt dem gesetzlichen Ausdruck «Ortsübung» schlechthin den Ausdruck «Verkehrsübung»: s. MARTI, ZüKomm, Art. 5 N 209; WOLF, BeKomm, Art. 5 N 100.

35 Vgl. hierzu SJZ 79 (1983), 112 Nr. 18 betr. bezirksweise unterschiedliche ortsübliche Kündigungsziele i. S. von Art. 267 Abs. 2 Ziff. 1 OR a. F.

36 MARTI, ZüKomm, Art. 5 N 217; WOLF, BeKomm, Art. 5 N 103.

37 MARTI, ZüKomm, Art. 5 N 264.

38 Zur umstrittenen Frage, ob und inwiefern die Kantone in den EG/ZGB den Ortsgebrauch neu umschreiben können: MARTI, ZüKomm, Art. 5 N 265 ff.; WOLF, BeKomm, Art. 5 N 120; zurückhaltend STEINAUER, Le Titre préliminaire, Nr. 202.

39 Vgl. auch WOLF, BeKomm, Art. 5 N 129. Bezüglich der Obliegenheit der Partei, die sich auf Ortsgebrauch beruft, die entsprechenden Tatsachen namhaft zu machen, siehe LIVER, BeKomm, Art. 5 N 104.

Zweiter Abschnitt
Der Einleitungstitel

1 An der Spitze des Zivilgesetzbuchs – vor den vier Teilen (Personen-, Familien-, Erb- und Sachenrecht) – stehen zehn Artikel, welche einige für die Anwendung und Auslegung des Gesetzes grundsätzliche Fragen ordnen. Dieser Einleitungstitel[1] gibt dem Gericht eine Anleitung zur Ausübung seines Amtes und nimmt Stellung zu einer Reihe grundlegender Fragen der Rechtstheorie.

2 Die Art. 5, 6 und 7 betreffen das Verhältnis zwischen kantonalem und eidgenössischem Recht sowie die analoge Anwendung der Bestimmungen des OR auf die anderen zivilrechtlichen Verhältnisse. Sie sind schon im vorhergehenden Abschnitt erörtert worden (§ 4). Die noch zu behandelnden Artikel lassen sich in *drei* Gruppen zerlegen: Regeln über die *Rechtsanwendung* (§ 5), Regeln über die *Rechtsausübung* (§ 6) und Regeln über den *Beweis* (§ 7).

§ 5 Die Rechtsanwendung

I. Historische Grundlagen des Art. 1

3 Wohl kaum ein Artikel des ZGB ist so sehr beachtet und besprochen worden wie Art. 1. Der Grund dafür liegt vor allem darin, dass er Stellung nehmen musste in einer heftigen Diskussion, die zur Zeit seines Erlasses in der Rechtswissenschaft der Nachbarländer entbrannt war. Heute hat sich die Auseinandersetzung zwar verlagert, ist aber immer noch sehr aktuell. Es handelt sich um die für die Rechtsanwendung grundlegende Frage des *Verhältnisses des Gerichts zum Gesetz*.[2]

---

1   Der deutsche Gesetzestext spricht nur von «Einleitung». Der Name «Einleitungstitel», der sich im deutschschweizerischen Sprachgebrauch eingelebt hat, ist die Übersetzung der romanischen Gesetzesfassungen («Titre préliminaire», «Titolo preliminare»).

2   Aus der umfangreichen Literatur siehe insbesondere die in den Literaturübersichten von MEIER-HAYOZ, BeKomm, Art. 1 N 15, von STEINAUER, Le Titre préliminaire, S. XIX ff., von EMMENEGGER/TSCHENTSCHER, BeKomm, Art. 1 vor N 1 und von HAUSHEER/JAUN, BeHandkomm, Art. 1 vor N 1 zitierten Werke; ferner PETER FORSTMOSER/HANS-UELI VOGT, Einführung in das Recht (5. A. Bern 2012), 429 ff.; WALTER R. SCHLUEP, Einladung zur Rechtstheorie (Bern/Baden-Baden 2006), 361 ff.; HANS PETER WALTER, Zeitgemässe richterliche Rechtsfortbildung, recht 2003, 2 ff.; JÖRG PAUL MÜLLER, Kunst des juristischen Urteils: Impulse von Kant und Savigny, recht 2003, 125 ff.; THOMAS PROBST, Die Grenze des möglichen Wortsinns: methodologische Fiktion oder hermeneutische Realität?, in Heinrich Honsell u.a. (Hrsg.), Privatrecht und Methode, FS Ernst A. Kramer (Basel/Genf/München 2004), 249 ff.; GIOVANNI BIAGGINI, Methodik in der Rechtsanwendung, in Anne Peters/Markus Schefer (Hrsg.), Grundprobleme der Auslegung aus Sicht des öffentlichen Rechts, Symposium zum 60. Geburtstag von René Rhinow (Bern 2004), 27 ff.; PHILIPP GELZER, Plädoyer für ein objektiv-historisches Verständnis des Gesetzes, recht 2005, 37 ff.; BENEDIKT VAN SPYK, Das objektiv-historische Verständnis des Gesetzes zwischen Wunschtraum und Albtraum, recht 2005, 213 ff.; EDWARD E. OTT, Juristische Methoden-

An die Stelle des absolutistischen Polizeistaates des 18. Jahrhunderts, in dem der Wille 4
des Landesherrn oberste und einzige Richtschnur für die richterliche Tätigkeit der
Gesetzesauslegung war, hatte das 19. Jahrhundert den modernen *Verfassungsstaat*
gesetzt. Nach der Idee der Gewaltentrennung wurde die richterliche Amtsführung
von den Einflüssen der Regierung völlig befreit. Nur dem verfassungsmässig zustande
gekommenen *Gesetz* sollten Richterinnen und Richter unterstellt sein – diesem aber
ohne Vorbehalt. Das Gesetz beanspruchte nach dieser («puristischen») Sichtweise
absolute Geltung; es genügte sich selber, war *lückenlos* und bedurfte keiner Ergänzung
aus anderen Quellen. Dem Gericht wurde keine oder nur geringe Bewegungsfreiheit
eingeräumt, sein Ermessen in möglichst enge Schranken gewiesen. In dieser (allerdings übertriebenen) Weise hat man die Gerichte als «Deduktions- und Subsumtions-
automaten» bezeichnet. Und wo aus dem Gesetz mit Hilfe logischer Gedankengänge
eine Norm sich nicht ergab, wurde ihm Gewalt angetan, das erwünschte Ergebnis
durch Fiktionen und allerhand Spitzfindigkeiten abgerungen. Die Schlagwörter, die
diese Richtung kennzeichnen, sind demnach: einerseits Gesetzesabsolutismus, Selbst-
genügsamkeit und Lückenlosigkeit der Gesetzgebung, andererseits Begriffsjurisprudenz, Konstruktions- oder Paragrafenwissenschaft.[3]

Es überrascht nicht, dass sich gegen diese Auffassung, die den früheren «Absolutis- 5
mus des Fürsten durch die unumschränkte Allmacht des konstitutionellen Gesetzes»
ersetzte, eine heftige Gegenbewegung erhob. Die *Unvollkommenheit* und *Unvollständigkeit* eines jeden Gesetzes sowie die *Unvorhersehbarkeit* der zu regelnden Verhältnisse traten zutage. Man erkannte, dass im Rechtsleben nicht so sehr theoretisch unanfechtbare, logisch abzuleitende Lösungen nötig sind, sondern vielmehr solche, die den
ethischen Anforderungen, den Zwecken der Rechtsordnung und der einzelnen Institute, den Interessen und Bedürfnissen der Beteiligten entsprechen; beim juristischen
Urteil geht es mit anderen Worten um ein *Werten* und *Abschätzen*. Diese Erkenntnis mündete in eine Absage an den Positivismus. Von praktischen Erwägungen aus
wie von ethischen und rechtsphilosophischen Überlegungen gelangte man so zu einer
Revision der bisherigen Ansicht über die Stellung des Richters zum Gesetz. Postuliert wurden eine grössere *Selbständigkeit* der Gerichte in der Anwendung des Rechts,
die Erweiterung ihres Ermessens, die Zulassung einer wenigstens subsidiären Rechts-

---

lehre in der Sackgasse?, 46 fragwürdige Theorien in der heutigen juristischen Methodenlehre
(Zürich 2006); Marc Amstutz, Der Text des Gesetzes, Genealogie und Evolution von Art. 1
ZGB, ZSR 126 (2007) II, 237 ff. – Vgl. zur Methodenlehre im Übrigen etwa auch Karl Larenz/
Claus-Wilhelm Canaris, Methodenlehre der Rechtswissenschaft (4. A. Berlin 2000); Franz
Bydlinski, Grundzüge der juristischen Methodenlehre (Wien 2005); Josef Esser, Grundsatz
und Norm in der richterlichen Fortbildung des Privatrechts (4. A. Tübingen 1990); Reinhold
Zippelius, Juristische Methodenlehre (11. A. München 2012); Ernst A. Kramer, Juristische
Methodenlehre (4. A. Bern/München/Wien 2013); Stefan Vogenauer, Die Auslegung von
Gesetzen in England und auf dem Kontinent (…), 2 Bde. (Tübingen 2001).
3   Vgl. auch Emmenegger/Tschentscher, BeKomm, Art. 1 N 11 ff.

schöpfung durch sie und eine Auslegung, die auf kritischen Werturteilen beruht, statt nur auf rein logischen Konstruktionen.[4]

6   Wiederum war auch hier die Reaktion so heftig, dass sie zum Teil ins andere Extrem ausschlug. Es entstand die Schule der *freien Rechtsfindung*. Die Ansichten ihrer Anhänger, der sogenannten *Freirechtler,* stimmten nicht durchwegs überein; einhellig sollte jedoch dem Richter gegenüber dem Gesetz ein beträchtlicher Freiraum zukommen.[5]

7   In der *Schweiz* warf diese Bewegung keine so grossen Wellen wie in den Nachbarländern. Was sie an Vernünftigem forderte, hatte für unsere vielfach vom Volk und auch aus dem Volk gewählten Richter von jeher gegolten: grosse Freiheit in der Auslegung der Gesetze, weitreichende Initiative zu deren Ausdehnung und Ergänzung,[6] kritische Würdigung der Interessen der streitenden Parteien. Daher war dem Gesetzgeber der Weg schon vorgezeichnet. Er hatte den Mittelweg zwischen den beiden Extremen einer «gesetzlosen Gefühlsrechtsprechung» und einer «despotischen Allgesetzlichkeit» einzuschlagen. Sein Verdienst ist es vor allem, für seine Anschauungen in Art. 1 eine glückliche, klare und prägnante *Formulierung* gefunden zu haben – eine Formel, von der REICHEL[7] schreibt, sie sei «ebenso konservativ wie fortschrittlich, ein Ruhmesblatt der Rechtsgeschichte».

8   In Art. 1 werden drei im Rang einander folgende Rechtsquellen anerkannt: das *Gesetz* mit seiner Auslegung (Abs. 1), das *Gewohnheitsrecht* und die *richterliche Rechtsfindung* (Abs. 2). Bei der Befolgung dieser Rechtsquellen sollen dem Gericht *bewährte Lehre* und *Überlieferung* die Leitsterne sein (Abs. 3). Im Einzelnen:

---

4   FORSTMOSER/VOGT a.a.O. 23 ff. sprechen von teleologischer Jurisprudenz, Interessenjurisprudenz und Wertungsjurisprudenz; ähnlich KARL LARENZ/MANFRED WOLF/JÖRG NEUNER, Allgemeiner Teil des Bürgerlichen Rechts (10. A. München 2012), § 9 N 23. Grundlegend für die teleologische (zielgerichtete) Jurisprudenz war das berühmte mehrfach aufgelegte Werk «Der Zweck im Recht» von RUDOLF VON JHERING (1818–1892).

5   Nur für die mildere Ausprägung ihrer Lehre gilt die treffliche Charakterisierung, die VON TUHR (Allgemeiner Teil des Deutschen Bürgerlichen Rechtes, IX) mit den Sätzen gibt: «Nur den klaren Wortlaut des Gesetzes soll der Richter berücksichtigen. Darüber hinaus soll der Richter sich nicht bemühen, aus dem Wortlaut oder Sinn des Gesetzes durch Auslegung oder Analogie eine Regel zu entnehmen, sondern er soll die gegenseitigen Interessen der Parteien abwägen und auf diesem Wege eine Entscheidung suchen. Ja, er soll sich sogar über die Vorschrift des Gesetzes hinwegsetzen, wenn die aus dem Gesetz sich ergebende Entscheidung wichtige Interessen der Allgemeinheit so schwer verletzt, dass eine Abhilfe unumgänglich nottut; in solchen Fällen soll der Richter entgegen dem Gesetz die Entscheidung aus seiner Wertung der sozialen Verhältnisse entnehmen.»

6   Immerhin haben unter dem Einfluss der Begriffsjurisprudenz doch auch einige Kantone ein Verbot der richterlichen Gesetzesergänzung aufgestellt; vgl. MEIER-HAYOZ, BeKomm, Art. 1 N 289.

7   HANS REICHEL, Gesetz und Richterspruch (Zürich 1915), 50.

II.   Das Gesetz und seine Auslegung

a. Der Vorrang des Gesetzes im Allgemeinen. Art. 1 proklamiert in unmissverständ-   9
licher Klarheit die *Vorherrschaft des Gesetzes*. Das Gericht hat sich in erster Linie an
das Gesetz zu halten (vgl. auch 190 BV und 133 III 265).[8] Erst wenn diesem keine Vorschrift entnommen werden kann, wenn das Gesetz also eine *Lücke* aufweist, darf das
Gericht sich einer anderen Rechtsquelle bedienen. Dabei genügt es selbstverständlich
nicht, dass dem Gericht eine Vorschrift nicht bekannt ist; sie muss objektiv nicht vorhanden sein. Ob dies der Fall ist, ermittelt das Gericht selbst auf dem Weg der Gesetzesauslegung (vgl. 51 II 430).

b. «Wortlaut und Auslegung». Das Gericht hat das Gesetz nicht nur dann zu befol-   10
gen, wenn es klar und ausdrücklich spricht (hierzu: 105 II 138), sondern muss auch
einen zunächst verborgenen Inhalt des Gesetzes ermitteln. Hierbei ist vom Wortlaut
auszugehen. Die Richterin hat also zunächst *sprachliche Erwägungen* – z.B. über den
Sinn eines Wortes im täglichen Sprachgebrauch – anzustellen (betreffend Dreisprachigkeit siehe weiter hinten N 16 f.). Doch bleibt sie dabei nicht stehen, sondern schreitet zur Auslegung (105 Ib 53); im weiteren Sinn des Wortes gehören zwar schon die
sprachlichen Überlegungen zur Auslegung. Vom klaren Gesetzestext darf nach einer
oft verwendeten Formel des Bundesgerichts nur dann abgewichen werden, wenn triftige Gründe dafür vorliegen, dass der Text nicht den wahren Sinn der Bestimmung
wiedergibt (139 V 84; 140 II 291 und 500; 140 III 553; relativierend immerhin 124 III
235 f., 133 III 265 und 134 III 273).[9]

Auslegen heisst demnach, den Sinn einer Gesetzesbestimmung ermitteln (122 III 325   11
und 474; 124 II 199; 131 II 31). Was dieses Ziel und seine Erreichung angeht, begnügt
sich das ZGB damit, den Richter zur Auslegung zu verpflichten. Es gibt keine Anweisungen über die dabei zu befolgende *Methode,* sondern überlässt dies der Rechtswissenschaft und der Rechtsprechung. Folgendes lässt sich festhalten:[10]

1. Was Art. 1 von der Gesetzesergänzung sagt, gilt in gewissem Sinn auch für die Geset-   12
zesauslegung: Der Richter hat sich dabei in die Rolle des objektiven Gesetzgebers zu
denken. Abzulehnen ist daher die rein subjektive Methode der Auslegung, die den
Willen des tatsächlichen Gesetzgebers als verbindlichen Gesetzesinhalt ermitteln will.

---

8   Das setzt voraus, dass die Gesetzesnorm rechtsgültig zustande gekommen ist (dazu Hürli-
    mann-Kaup/Schmid, Einleitungsartikel des ZGB und Personenrecht, Nr. 112 ff.).

9   Kritisch zum so verstandenen Vorrang des Wortlauts etwa Dürr, ZüKomm, Art. 1 N 364; Hür-
    limann-Kaup/Schmid a.a.O. Nr. 139 mit Hinweisen. Zur «Wortlautgrenze» vgl. Emmeneg-
    ger/Tschentscher, BeKomm, Art. 1 N 222 ff.

10 Die gleichen Auslegungsregeln gelten auch für die normativen Bestimmungen eines Gesamtar-
    beitsvertrags, während dessen schuldrechtliche Bestimmungen nach den für Verträge gültigen
    Regeln zu interpretieren sind (127 III 322; 133 III 218; 136 III 284).

Ziel der Auslegung ist vielmehr *der objektive Sinn des Gesetzes.* Aber auch der Anhänger einer *objektiven Methode* stellt mehr oder weniger auf die Entstehungszeit ab.[11]

13   Die *objektiv-historische Methode*[12] verlangt vom Richter, dass er zunächst den entstehungszeitlichen Sinn einer Norm ermittelt, m. a. W. den Sinn sucht, der sich «aus der Beachtung der ganzen historischen Verwurzelung und der Entstehungsgeschichte ergibt».[13] Von diesem Sinn weicht der Richter nur ab, wenn objektive Gründe dies gebieten. Eine solche Abweichung, die allerdings nicht mehr Auslegung, sondern Rechtsfortbildung ist, wird er etwa vornehmen, wenn sich die tatsächlichen Verhältnisse seit dem Inkrafttreten des Gesetzes erheblich verändert haben oder besser erkannt worden sind, wenn in der Bewertung einer Interessenlage ein tiefgreifender Wandel stattgefunden hat, wenn die Befolgung des entstehungszeitlichen Sinns zu praktisch unbefriedigenden Konsequenzen führen würde oder wenn die gesetzgebenden Organe nachweisbar in einem Irrtum befangen waren. – Die *objektiv-geltungszeitliche Methode* betrachtet das Gesetz als ein vom Gesetzgeber losgelöstes Werk, das nur aus sich selbst, aus seinem Inhalt, seinen Beziehungen zu den Zeitbedürfnissen erklärt werden kann.[14] Das Bundesgericht selber hat in dieser Kontroverse nicht eindeutig Stellung bezogen: Einerseits bekennt es sich zur objektiv-geltungszeitlichen Methode (siehe 107 Ia 237, das Gericht spricht von objektiv-zeitgemässer Auslegung; vgl. ferner 116 II 411). In einzelnen Entscheiden betont es sogar, die Auslegung sei «auf die Regelungsabsicht des Gesetzgebers und die von ihm erkennbar getroffenen Wertentscheidungen auszurichten» (128 I 41; ähnlich 136 I 299; 137 V 129 f.; 138 V 28).[15] Andererseits hält es in 116 II 527 in Übereinstimmung mit der objektiv-historischen Methode fest, das Gericht habe «zuerst den entstehungszeitlichen Sinn einer Norm zu ermitteln und erst danach zu prüfen, ob objektive Gründe eine Rechtsfortbildung erheischen» (ähnlich 123 III 26; 137 V 170; 140 III 621). Gefordert sei – im Kontext von Gesetzeswortlaut und -zweck – «die sachlich richtige Entscheidung im normativen Gefüge,

---

11   Wir stützen uns im Folgenden auf den Berner Kommentar von MEIER-HAYOZ. Vgl. auch die Hinweise bei EMMENEGGER/TSCHENTSCHER, BeKomm, Art. 1 N 171 f. (die selber jedoch die objektiv-geltungszeitliche Interpretation in den Vordergrund stellen [Art. 1 N 173 ff.]).

12   So insbesondere MEIER-HAYOZ, BeKomm, Art. 1 N 152 ff.; ähnlich, aber strenger DESCHENAUX, SPR II, 84 ff.; ebenso STEINAUER, Le Titre préliminaire, Nr. 325 f.; GELZER a.a.O. 39 ff. – Zum Ganzen s. auch ERNST ZELLER, Auslegung von Gesetz und Vertrag (Zürich 1989), § 8 N 176: «Für die Gesetzesauslegung neigen heute Lehre und Rechtsprechung zwar deutlich zur objektiv-geltungszeitlichen Auslegung, aber die mahnenden Stimmen werden – verständlicherweise – lauter.»

13   MEIER-HAYOZ, BeKomm, Art. 1 N 151.

14   Stark befürwortend z.B. DÜRR, ZüKomm, Art. 1 N 140 und passim; EMMENEGGER/TSCHENTSCHER, BeKomm, Art. 1 N 173 ff.

15   BGE 128 I 41 begründet dies damit, dass «sich die Zweckbezogenheit des rechtsstaatlichen Normverständnisses nicht aus sich selbst begründen lässt, sondern aus den Absichten des Gesetzgebers abzuleiten ist, die es mit Hilfe der herkömmlichen Auslegungselemente zu ermitteln gilt» (bestätigt in 131 III 65). Bei der Auslegung organisatorischer Normen kommt der historischen Betrachtungsweise nach dieser Rechtsprechung vorrangige Bedeutung zu (128 I 41).

ausgerichtet auf ein befriedigendes Ergebnis der ratio legis» (128 I 41; 131 III 35; 134 III 21; 139 III 205; 140 III 214 und 621).

2. Für die Ermittlung des historischen oder des geltungszeitlichen Sinns stehen der   14
Richterin verschiedene *Auslegungselemente*[16] zur Verfügung (134 III 277; 138 II 224; 140 III 318, 550 und 620 f.).[17] Dabei beschränken sich die einzelnen Methoden nicht auf ein einziges Element; vielmehr gilt ein sog. «pragmatischer Methodenpluralismus» (138 III 698; 138 IV 234; 139 III 205, 461 und 493; 140 III 214, 318 und 621).[18] Wohl aber erlangt je nach Methode dieses oder jenes Element besondere Bedeutung. Darüber hinaus werden in jedem Auslegungsfall die Argumente der einzelnen Elemente gegeneinander abgewogen; im Zweifel ist regelmässig[19] das teleologische Argument am kräftigsten (125 II 196; 134 V 134). Das *grammatische* Element stellt auf die sprachlichen Erwägungen ab (wobei der Wortlaut den «Ausgangspunkt jeder Auslegung» bildet; 140 II 291 und 499; 140 III 621), das *systematische* auf den Zusammenhang im Gesetz, das *teleologische* auf den Zweck (Ratio legis, 130 III 84) und die Interessenbewertung, das *historische* auf die sogenannten Materialien (s. hinten N 18 ff.) und die Erkenntnisse der Rechtsgeschichte.

Berücksichtigt wird auch die Gesamtheit der tatsächlichen Verhältnisse (*rea-*   15
listisches Element; 127 III 339), die *Praktikabilität* der verschiedenen möglichen Auslegungsergebnisse (120 II 117) sowie die *Rechtsvergleichung* (130 III 85).[20] Der Auslegungsvorgang muss den *Gesetzen der Logik* entsprechen.[21] Doch kann auch logisch richtiges Denken zu widersprüchlichen Ergebnissen führen. Ob nun im Einzelfall etwa eine einschränkende oder ausdehnende Auslegung am Platz ist, ergibt sich dann aus der Abwägung der Argumente. So lehnen die neuere Methodenlehre wie auch das Bundesgericht das formalistische Argument ab, eine Ausnahmevorschrift dürfe nicht ausdehnend ausgelegt oder analog angewendet werden (130 V 233; 136 I 300; 137 V 171). Das ist denn auch, jedenfalls im Privatrecht, völlig zutreffend. Es ist zudem gar

---

16 Was wir hier (mit MEIER-HAYOZ, BeKomm, Art. 1 N 179 ff.; EMMENEGGER/TSCHENTSCHER, BeKomm, Art. 1 N 194 ff.; DÜRR, ZüKomm, Art. 1 N 147 ff.) *Elemente* nennen, wird in einzelnen anderen Werken schon als *Methode* bezeichnet (grammatische, historische «Methode»). Dementsprechend muss, was wir Methode nennen, mit «Ziel der Auslegung» oder dergleichen umschrieben werden.

17 Zur neueren Rechtsprechung vgl. ausführlich BETTINA HÜRLIMANN-KAUP, Die Rechtsprechung des Bundesgerichts zum Einleitungstitel des ZGB in den Jahren 2010 bis 2013, ZBJV 150 (2014), 555 ff. (besonders 557 ff.).

18 Vgl. auch HANS PETER WALTER, Der Methodenpluralismus des Bundesgerichts bei der Gesetzesauslegung, in recht 1999, 157 ff.; EMMENEGGER/TSCHENTSCHER, BeKomm, Art. 1 N 194 ff. Für die Bezeichnung «Elementepluralismus» HÜRLIMANN-KAUP/SCHMID a.a.O. Nr. 131.

19 Differenzierend EMMENEGGER/TSCHENTSCHER, BeKomm, Art. 1 N 195 ff.

20 Zur Bedeutung der Rechtsvergleichung vgl. EMMENEGGER/TSCHENTSCHER, BeKomm, Art. 1 N 314 ff., sowie die Beiträge in JÖRG SCHMID/ALEXANDER H. E. MORAWA/LUKAS HECKENDORN URSCHELER (Hrsg.), Die Rechtsvergleichung in der Rechtsprechung – Praxis, Legitimität und Methodik (Zürich 2014).

21 Vgl. PAUL-HENRI STEINAUER, La logique au service du droit. Etude de logique contemporaine pour une meilleure communication de la pensée juridique (Fribourg 1979), AISUF 48.

nicht immer eindeutig, was als Ausnahme und was als Regel zu betrachten ist (siehe z.B. 93 II 417, ferner 111 III 2, wo die Ausnahme von einer Ausnahme zu beurteilen war). – Zusehends wichtiger wird die *verfassungskonforme* (137 III 222; 138 IV 234; 138 V 17)[22] und die *völkerrechtskonforme Auslegung* (betr. EMRK s. 115 II 132)[23]. Wurden Normen des schweizerischen Rechts dem europäischen Recht angeglichen («autonomer Nachvollzug»), so sind sie im Zweifel *europarechtskonform* auszulegen (129 III 350 und 132 III 37 zu Art. 333 OR; 137 III 229 zum Produktehaftpflichtgesetz; 139 III 220 zum Pauschalreisegesetz).[24] – Zur Bedeutung von «Lehre und Überlieferung» als Hilfsmittel der Auslegung s. hinten N 37 ff.[25]

16   **c. Die Dreisprachigkeit des Textes insbesondere.**[26] Als Wortlaut kommen beim ZGB die Texte in den drei Amtssprachen des Bundes in Betracht (70[1] Satz 1 BV; 14[1] PublG), und nicht selten lassen sich Zweideutigkeiten des einen Textes schon durch Befragung der anderen lösen. Besteht unter den Texten ein inhaltlicher Widerspruch, so ist zunächst von ihrer *Gleichberechtigung* auszugehen. Die drei Amtssprachen sind grundsätzlich gleichwertig (14[1] Satz 2 PublG; 126 V 106; 127 V 160; 140 II 499). Das will nicht besagen, dass alle verschiedenen Lesarten Anspruch auf Anwendung haben, so dass z.B. der Tessiner Richter sich auf den italienischen, der waadtländische auf den französischen und der Luzerner auf den deutschen Wortlaut verlassen könnte. Nur *eine* Lösung ist die richtige, nur *eine* kann Gesetz sein (123 III 444). Zum Vornherein haben jedoch alle drei Texte gleichen Anspruch auf Beachtung. Keiner von ihnen darf gerade aus dem Grund, weil er in der betreffenden Sprache abgefasst ist, zurückgesetzt werden.

---

22   EMMENEGGER/TSCHENTSCHER, BeKomm, Art. 1 N 260 ff. Zur Bedeutung der Grundrechte im Privatrecht vgl. z.B. GAUCH/SCHLUEP/SCHMID/EMMENEGGER, OR AT, Rn. 676b ff. mit Hinweisen.

23   Vgl. EMMENEGGER/TSCHENTSCHER, BeKomm, Art. 1 N 282 ff.

24   Vgl. auch THOMAS PROBST, Die Rechtsprechung des Europäischen Gerichtshofes als neue Herausforderung für die Praxis und die Wissenschaft im schweizerischen Privatrecht, BJM 2004, 225 ff.; MARC AMSTUTZ, Normative Kompatibilitäten, Zum Begriff der Eurokompatibilität und seiner Funktion im Schweizer Privatrecht, Schweiz. Jahrbuch für Europarecht 2004/2005, 235 ff.; HANS PETER WALTER, Das rechtsvergleichende Element – Zur Auslegung vereinheitlichten, harmonisierten und rezipierten Rechts, ZSR 126 (2007) I, 259 ff.; STEINAUER, Le Titre préliminaire, Nr. 358 ff.; EMMENEGGER/TSCHENTSCHER, BeKomm, Art. 1 N 300 ff. – Zur Auslegung des Freizügigkeitsabkommens (SR 0.142.112.681) und zur Berücksichtigung der Urteile des Europäischen Gerichtshofs vgl. 136 II 70 f.

25   Zur Kritik an der klassischen Auslegungslehre und zu modernen Ansätzen vgl. DÜRR, ZüKomm, Vorbem. zu Art. 1 und 4 N 151 ff.; EMMENEGGER/TSCHENTSCHER, BeKomm, Art. 1 N 503 ff.; HÜRLIMANN-KAUP/SCHMID a.a.O. Nr. 162 ff. mit Hinweisen. Zum richterlichen Vorverständnis auch FORSTMOSER/VOGT a.a.O. 595 ff.; JOSEF ESSER, Vorverständnis und Methodenwahl in der Rechtsfindung – Rationalitätsgarantien der richterlichen Entscheidspraxis (Frankfurt am Main 1970), 133 ff.; LARENZ/CANARIS a.a.O. 27 ff.

26   Hierzu siehe BERNHARD SCHNYDER, Die Dreisprachigkeit des ZGB: Last oder Hilfe?, in Pierre-Henri Bolle (Hrsg.), Mélanges Henri-Robert Schüpbach (Basel 2000), 37 ff.

Ein allfälliger Widerspruch unter den Texten ist nach den gewöhnlichen Regeln   17
über die *Gesetzesauslegung* zu lösen (127 V 160; 140 II 499). Den Vorzug verdient
jene Fassung, welche «den gesetzgeberischen Willen am besten zum Ausdruck
bringt» (140 V 541). Die verschiedenen Auslegungselemente werden gegeneinander
abgewogen; auch hier erhält je nach Auslegungsmethode und je nach dem Einzelfall das eine oder das andere mehr Gewicht. Gelegentlich helfen bereits *sprachliche*
Überlegungen weiter – insbesondere, wenn der eine Text präzis, der andere mehr-
deutig ist (93 II 412 f.). Praktisch im Vordergrund steht hier häufig das systematische Element; die Lösung ergibt sich mit anderen Worten vielfach schon aus dem
Kontext, aus dem *Zusammenhang* mit den anderen Bestimmungen, den Randtiteln,
der Lehre über die betreffende Materie, ja mit dem Gesetzesganzen. Den Schlüssel zur Lösung kann sodann die *Entstehungsgeschichte,* sei es des Gesetzes, sei es der
besonderen Bestimmung, liefern (90 III 112 f.), vor allem aber auch der *Zweck,* den
die betreffende Norm erreichen soll.[27]

d. Der Wert der Materialien insbesondere. Unter Gesetzesmaterialien verstehen   18
wir die Dokumente, in denen die mit der Vorbereitung oder dem Erlass des Gesetzes
betrauten Personen, Ausschüsse oder Behörden ihre Meinungen und Beschlüsse niederlegen: Entwürfe, Erläuterungen, Botschaften, Protokolle über die Verhandlungen
in den Kommissionen und in der Bundesversammlung.

Die *subjektiv-historische* Theorie muss den Materialien eine ganz besondere, ja bin-   19
dende Kraft beilegen, soweit sich aus ihnen die Absichten des Gesetzgebers deutlich
erkennen lassen. Von den objektiven Auslegungstheorien wird die *objektiv-historische*
die Materialien in Zweifelsfragen stets als Hilfsmittel heranziehen. Die niedergelegten Äusserungen sind für diese Methode zwar nicht bindend, wohl aber ein wertvoller
Hinweis darauf, was bei der Entstehung des Gesetzes die dem Gesetz Unterworfenen
als dessen Sinn verstehen durften und mussten. Das setzt nach der hier vertretenen
Auffassung freilich voraus, dass es sich um publizierte (öffentlich zugängliche) Dokumente handelt.[28] Die Anhänger der *objektiv-geltungszeitlichen* Methode sind eher
geneigt, diesem Hilfsmittel der Auslegung nur geringen Wert beizumessen.

Die *Rechtsprechung des Bundesgerichts* war nicht immer eindeutig: Sie schwankte   20
zwischen einer völligen Missachtung (etwa 79 II 434) und einer weitgehenden Anerkennung (91 II 365 ff.; 83 I 178 f.) des Auslegungswerts der Materialien. Die neuere
Rechtsprechung bietet eine vermittelnde Lösung. Danach sind zwar die Vorarbeiten
«weder verbindlich noch für die Auslegung unmittelbar entscheidend»; sie können

---

27 Ein gewisser «tatsächlicher» Vorrang des deutschen Texts lässt sich daraus ableiten, dass er der
   Originaltext der Entwürfe und der meisten in der Bundesversammlung angenommenen Zusatz-
   oder Abänderungsanträge ist. Dem deutschen Text wurde von Anfang an bis in die Schlussredak-
   tion die grösste Aufmerksamkeit gewidmet, während sich beim französischen und italienischen
   manche Ungenauigkeit eingeschlichen haben mag. Anderseits kann gerade der erst nachträglich
   abgefasste italienische Text das Resultat der Verhandlungen treffender wiedergeben.

28 Zum Ganzen vgl. Jörg Schmid, Die Entstehung von Gesetzen in der Schweiz, in RabelsZ 78
   (2014), 329 ff. (besonders 341).

aber «als wertvolles Hilfsmittel dienen, um den Sinn einer Norm zu erkennen» (116 II 415; ähnlich 138 IV 235; 140 III 214); doch dürfen sie nur berücksichtigt werden, wenn sie auf eine streitige Frage eine klare Antwort geben (138 III 698; 139 III 461 und 493; 139 III 205).[29] Übrigens hängt der Wert der Materialien u. E. häufig nicht so sehr von theoretischen («methodologischen») Überlegungen ab als vielmehr davon, ob und wie gründlich sich der historische Gesetzgeber mit einer bestimmten Frage beschäftigt hat (siehe z.B. 93 II 398 und 413 ff.; 115 II 199 ff.). Namentlich die bundesrätlichen Botschaften setzen sich regelmässig ausführlich mit der geregelten Materie auseinander und können insofern als eine Art «Erstkommentierung des Gesetzes» verstanden werden.[30] Schliesslich ist nicht zu verkennen, dass der Einfluss der Materialien sich in dem Verhältnis verliert, in dem wir uns zeitlich vom Inkrafttreten des Gesetzes entfernen (s. 103 Ia 290), ihre Bedeutung daher unterschiedlich ist, «je nachdem, ob es sich um neuere oder um ältere Gesetze handelt» (116 II 415; ähnlich 138 IV 234; 140 III 214).

III.   Die Rolle des Gewohnheitsrechts

21   Das ZGB anerkennt als zweite Rechtsquelle, neben dem Gesetz, *das Gewohnheitsrecht* – hier verstanden als die längere Zeit andauernde, ununterbrochene und auf Rechtsüberzeugung beruhende Übung.[31] Nach ihm soll das Gericht urteilen, «wenn dem Gesetze keine Vorschrift entnommen werden kann» (1[2]). In diesem Satz ist nur von einer gesetzesergänzenden, Lücken ausfüllenden und damit subsidiären Wirksamkeit des Gewohnheitsrechts die Rede. Nach der hier vertretenen Auffassung folgt daraus, dass das ZGB ein *gesetzesderogierendes* Gewohnheitsrecht *ausschliesst*.[32] Das Bundesgericht verlangt für die Bildung von Gewohnheitsrecht das Vorliegen einer Lücke des geschriebenen Rechts und das unabweisliche Bedürfnis, sie zu füllen (104 Ia 313; 105 Ia 5 und 84); es lehnt damit ebenfalls eine derogierende Kraft des Gewohnheitsrechts ab (94 I 308 f.; 104 Ia 313; 119 Ia 63 f.).

22   Über die näheren *Voraussetzungen* für die Entstehung von Gewohnheitsrecht äussert sich das ZGB nicht, sondern überlässt dies der Rechtswissenschaft und Praxis. Die herrschende Auffassung verlangt neben der eine gewisse Zeit andauernden *Übung* zusätzlich, als Kennzeichen und Unterscheidungsmerkmal gegenüber der blossen

---

29   Die frühere (in diesen neusten Entscheidungen nicht explizit bestätigte) Rechtsprechung verlangte überdies, dass die betreffenden Materialien ihren Niederschlag im Gesetzestext selber gefunden hatten (122 III 325 und 474; 124 V 189 f.; 126 V 107; vgl. aber immerhin auch 130 V 283).

30   Emmenegger/Tschentscher, BeKomm, Art. 1 N 313.

31   So Meier-Hayoz, BeKomm, Art. 1 N 233; ähnlich Emmenegger/Tschentscher, BeKomm, Art. 1 N 418 ff.

32   Ebenso Meier-Hayoz, BeKomm, Art. 1 N 247; Emmenegger/Tschentscher, BeKomm, Art. 1 N 425 f.; Dürr, ZüKomm, Art. 1 N 417; anders Merz, BeKomm, Art. 2 N 43. – Frage offengelassen in 115 II 411.

Geschäftssitte (Usanz), die *Überzeugung* der Beteiligten[33] von der *rechtlichen Verbindlichkeit der in jener Übung betätigten Norm,* die sogenannte Opinio iuris oder Opinio necessitatis. So hält auch das Bundesgericht fest: «Für die Bildung von Gewohnheitsrecht ist nach allgemeinen Grundsätzen erforderlich, dass eine Regel während längerer Zeit geübt wurde, und dass diese Übung auf einer Rechtsüberzeugung, der Opinio necessitatis beruht» (81 I 34). Gerichtsentscheidungen, sogenannte *Präjudizien,* bilden für sich allein noch kein Gewohnheitsrecht. Es ist allerdings möglich, dass wiederholte, übereinstimmende Urteile zur Bildung eigentlichen Gewohnheitsrechts führen (in diesem Sinn jedenfalls das Bundesgericht in 98 II 21). Dann ist das Gericht daran (mehr als an «gewöhnliche» Präjudizien) gebunden.

Nicht jede Gewohnheit vermag jedoch rechtsverbindlich zu werden: Es muss sich um   23
eine *gemeinschweizerische Übung* handeln. Die durch das ZGB verwirklichte Rechtsvereinheitlichung darf nicht durch partikuläre (kantonale oder örtliche) Gewohnheiten durchbrochen werden. Solche wirken rechtsbildend nur innerhalb jenes Rahmens, in dem das ZGB auf die Vereinheitlichung verzichtete und das kantonale Recht oder den Ortsgebrauch vorbehielt, wie z.B. im Nachbarrecht (686: vgl. hierzu 107 Ia 337; 688; 695). Damit eine Gewohnheit als gemeinschweizerisch anerkannt wird, ist nun aber nicht verlangt, dass sie sich in der ganzen Schweiz nachweisen lässt. Es genügt, wenn sie sich in den Landesgegenden oder in den Berufskreisen äussert, in denen das betreffende Rechtsinstitut zur Anwendung kommt.

Dem Gewohnheitsrecht kommt *praktisch* im heutigen schweizerischen Zivilrecht *nur*   24
geringe Bedeutung zu. Gerichtsurteile, die sich auf Gewohnheitsrecht berufen, sind selten (z.B. 86 II 253 zum Dienstbarkeitsrecht und 108 II 163 sowie 110 II 99 betr. den sogenannten Allianznamen).[34]

IV.   Die richterliche Rechtsfindung

a. Das Vorhandensein von Gesetzeslücken. Wie jedes Menschenwerk ist auch das   25
Gesetz unvollkommen und unvollständig – manchmal aus gesetzgeberischer Unsorgfalt, manchmal mit voller Absicht, weil eine klare und vollständige Regelung politisch nicht als machbar angesehen wurde. Das ZGB selbst anerkennt in Art. 1 Abs. 2 ausdrücklich das Vorhandensein von *Lücken* im *Gesetz;* es verneint aber zugleich, dass es auch Lücken im *Recht* gibt. Gesetz und Recht decken sich nicht: Ersteres ist nur ein (wenn auch der bei Weitem wichtigste) Teil der geltenden Rechtsordnung. Neben dem

---

33   Zu diesen gehören laut 105 Ia 84 neben den Betroffenen notwendigerweise auch die «rechtsanwendenden Behörden», was u. E. im reinen Privatrecht, wo ausser dem Gericht solche Behörden regelmässig fehlen, nicht zutrifft.

34   Hürlimann-Kaup/Schmid a.a.O. Nr. 198 f.; Emmenegger/Tschentscher, BeKomm, Art. 1 N 431 ff.; Michel Beguelin, Das Gewohnheitsrecht in der Praxis des Bundesgerichts (Diss. Bern 1968), 101.

geschriebenen gibt es demnach ungeschriebenes Recht, zu dem die Richterinnen und Richter Zuflucht nehmen müssen, wenn das Gesetz sie im Stich lässt.

26   Allerdings muss man sich hüten, jedes Mal, wenn das Gesetz einen Fall nicht besonders erwähnt, an eine Gesetzeslücke zu denken. «Das Bestehen einer Gesetzeslücke darf nicht leichthin angenommen werden» (100 Ib 157; vgl. auch 123 V 130). Die Nichterwähnung braucht nicht notwendigerweise auf ein Versehen oder Übersehen zurückzugehen und damit eine Gesetzeslücke zu bedeuten. Sie kann im Gegenteil den Zweck haben, den nicht erwähnten Tatbestand der im Gesetz stehenden Regelung zu entziehen, für ihn Gegenteiliges gelten zu lassen. Die Folgerung, dass die für einen oder mehrere bestimmte Fälle getroffene Regelung nicht auch für andere ähnliche Tatbestände gilt, ist ein *Argumentum e contrario,* ein sogenannter *Umkehrschluss.* Das Schweigen des Gesetzes heisst dann «qualifiziertes Schweigen» (138 II 3; 139 I 60; 140 III 213 ff., 219 f. und 637).[35] Ob ein solches vorliegt, ist eine Frage der Auslegung (125 V 11; 140 III 639 ff.). Für Fälle des qualifizierten Schweigens finden sich zahlreiche Beispiele in der bundesgerichtlichen Rechtsprechung (zum Beispiel 126 II 5 f.; 126 V 155; 132 III 478 f.).

27   Fehlt es aber im Gesetz an einer erforderlichen Bestimmung, so liegt eine *Lücke* vor. In einem weiteren Sinn rechnet man zu den Lücken auch die *Lücken intra legem* (Lücken «*im*» Gesetz): die Verweisungen auf allgemeinere Massstäbe – wie z.B. die «guten Sitten» in Art. 20 OR – und die sogenannten Erkenntnislücken (zu den Lücken intra legem vgl. hinten N 42 ff.). Hier befassen wir uns nur mit den Lücken im engeren Sinn, mit den *Lücken praeter legem* (Lücken «neben» dem Gesetz, gelegentlich auch Lücken extra legem – ausserhalb des Gesetzes – genannt).

28   **b. Lücken praeter legem.** Zwei Arten lassen sich traditionellerweise unterscheiden: echte und unechte Lücken (136 III 99 f.; 138 II 3 f.; 139 I 60):[36]

29   1. Eine sogenannte *echte Lücke* («rechtssystematische» Lücke)[37] liegt dann vor, wenn «das Gesetz eine sich unvermeidlicherweise stellende Rechtsfrage überhaupt nicht beantwortet» (90 I 141; ähnlich 136 III 99 f.; 138 II 3; 139 I 60; 140 III 637), also «bei planwidriger Unvollständigkeit eines Erlasses» (101 Ib 335). Ist eine solche Lücke gegeben, so kommt – wie vorne ausgeführt – nach Art. 1 Abs. 2 in erster Linie das *Gewohnheitsrecht* als lückenfüllende, gesetzesergänzende Rechtsquelle in Betracht. Aber auch das Gewohnheitsrecht kann die Antwort versagen – was im Privatrecht sogar regelmässig zutrifft. Dann greift die richterliche *Rechtsfindung* (auch *Richterrecht* genannt) ein (121 III 226; 125 V 11 ff.; 125 III 279; 127 V 41).

---

35   Emmenegger/Tschentscher, BeKomm, Art. 1 N 348.

36   Zum Folgenden Meier-Hayoz, BeKomm, Art. 1 N 271 ff.; Hürlimann-Kaup/Schmid a.a.O. Nr. 177 ff.; kritisch Dürr, ZüKomm, Art. 1 N 306 ff.; Emmenegger/Tschentscher, BeKomm, Art. 1 N 344 ff. (besonders N 366). – Das Bundesgericht selber spricht vom «Lückenbegriff in seiner heutigen schillernden Bedeutungsvielfalt» (121 III 226; 128 I 42; 132 III 711).

37   Arthur Meier-Hayoz, Der Richter als Gesetzgeber – Zur rechtspolitischen Komponente richterlicher Tätigkeit, in FS Max Guldener (Zürich 1973), 195.

Zur Frage, *wie* beim Schweigen des Gesetzes vorzugehen ist, hat der griechische   30
Philosoph ARISTOTELES eine berühmt gewordene Formel aufgestellt. Er weist darauf
hin, dass die Gesetze allgemein lauten, dass aber auch Fälle vorkommen, für die diese
allgemeine Fassung nicht passt. Man verfährt dann richtig, wenn man das, was der
Gesetzgeber ausser Acht gelassen und durch seinen allgemeinen Ausdruck verfehlt hat,
so verbessert, «wie es der Gesetzgeber selbst, wenn er zugegen wäre und den Fall sähe,
sagen und gesetzlich bestimmen würde».[38]

Diese Formel des ARISTOTELES hat das ZGB in einer Verkürzung in seinen   31
Art. 1 Abs. 2 übernommen.[39] Wenn eine Vorschrift sich weder aus dem Gesetz noch
aus dem Gewohnheitsrecht ergibt, so soll das Gericht «nach der Regel entscheiden, *die
es als Gesetzgeber aufstellen würde*». Wie der Gesetzgeber sollen die Richterinnen und
Richter nicht nach Willkür, Zufall oder blossem Gefühl handeln; sie sollen sich vielmehr von allgemeinen, objektiven Beweggründen leiten lassen. Sie haben – «modo
legislatoris» – eine Regel zu finden, nicht nur einen Einzelfall zu entscheiden (Pflicht
zur Regelbildung).[40] Leitideen sind dabei die Gerechtigkeit und Billigkeit, die Natur
der Sache, die Abwägung der Interessen der Beteiligten, das öffentliche Wohl, die
Rechtssicherheit, die Sicherheit des Verkehrs und des Kredits und vor allem auch der
übrige Inhalt der Rechtsordnung, zu dem die neue Norm nicht in Widerspruch treten
darf (126 III 138; 140 III 213 und 638). Wesentliche Bedeutung kommt dem Mittel der
Analogie zu (125 III 156 f.; 126 III 138). Als Hilfsmittel auf der Suche nach der richtigen Regel fallen weiter in Betracht: die Rechtsvergleichung (126 III 138), die Rechtsgeschichte und geplante Gesetzesrevisionen. Gemäss Art. 1 Abs. 3 folgt das Gericht bei
dieser Rechtsfindung bewährter Lehre und Überlieferung (siehe hinten N 37 ff.).

Die bundesgerichtliche Rechtsprechung kennt eine ganze Reihe von Fällen der   32
Lückenfüllung, von denen hier nur einige *Beispiele aufgeführt seien:* Das ZGB enthält
keine Bestimmungen darüber, wer die *Begräbniskosten* zu bezahlen habe. Das Bundesgericht hat «im Sinne des Art. 1 Abs. 2 als ungeschriebenes Recht anerkannt», dass
diese Kosten grundsätzlich aus der Erbschaft des Verstorbenen zu zahlen sind, dass
aber, wenn dieser mittellos war, die Personen, die ihm gegenüber die gesetzliche Unterstützungspflicht trugen (Ehegatte, Kinder, Eltern), dafür aufzukommen haben (54 II
90). – In 88 II 477 hat das Bundesgericht mit Bezug auf die Frage, ob ein Recht des Kindes zur *Anfechtung* seiner *Ehelichkeit* bestehe, eine echte Lücke angenommen und ein
solches Recht bejaht. Das Anfechtungsrecht des Kindes ist mit der Revision des Kindesrechts in Art. 256 Abs. 1 Ziff. 2 Gesetz geworden, wie denn überhaupt bei Gesetzesrevisionen richterliche Lückenfüllung zum Gesetzesinhalt werden kann (sog. Durchgangsfunktion der Rechtsprechung). – Einen weiteren Fall enthält 91 II 100: Art. 679

---

38 Nikomachische Ethik, Buch V, Kap. XIV. In dem von ARISTOTELES zitierten Tatbestand liegt
    allerdings eine Gesetzeslücke i. S. der nachfolgend behandelten unechten Lücken vor.
39 Es ist allerdings nicht nachgewiesen, dass EUGEN HUBER direkt durch ARISTOTELES beeinflusst
    worden ist: MEIER-HAYOZ, BeKomm, Art. 1 N 11 ff.; DESCHENAUX a.a.O. 71 Anm. 6.
40 Vgl. ausführlich EMMENEGGER/TSCHENTSCHER, BeKomm, Art. 1 N 451 ff. – Diese Pflicht zur
    Regelbildung steht ihrerseits unter dem Vorbehalt, dass kein Fall von Art. 4 vorliegt (dazu hin-
    ten N 42 ff.).

sieht eine Schadenersatzpflicht des Grundeigentümers vor, der sein Eigentumsrecht überschreitet; für den Fall nun, da zwar keine Überschreitung vorliegt, jedoch ausserordentliche Einwirkungen auf das Nachbargrundstück beträchtlichen Schaden verursacht haben, hat das Bundesgericht eine Lücke bejaht: Der bauende Grundeigentümer wurde zu Schadenersatz verpflichtet (laut 114 II 236 f. ist allerdings offen, ob es sich hier um das Schliessen einer echten oder einer unechten Lücke gehandelt hat; vgl. nun 679a). Weiter wurde entschieden, dass das schweizerische Arbeitsrecht bezüglich der Frage des Streikrechts lückenhaft ist (125 III 279; vgl. auch 132 III 122 ff.) und dass ein wucherischer Vertrag auch bloss teilweise unwirksam sein kann (123 III 292 ff. E. 2).

33   2. Zu den Lücken praeter legem gehören auch die *unechten Lücken:* Hier ist zu einer bestimmten Rechtsfrage eine Norm zwar vorhanden, doch führt sie zu einem unbefriedigenden Ergebnis (132 III 711, 136 III 99 f. und 138 II 3; «rechtspolitische Lücken»;[41] 139 I 60; in 126 V 155 auch «Wertungslücken» genannt). Wortlaut und Sinn des Gesetzes sind z.B. zu allgemein, eine erforderliche Ausnahme ist nicht vorgesehen (120 III 134). Von Lückenhaftigkeit lässt sich deshalb sprechen, weil die vorhandene Bestimmung gegen die Rechtsidee verstösst – was man dem Gesetzgeber nicht als bewussten Akt unterstellen darf. Wie sollen die Gerichte in solchen Fällen vorgehen?

34   Richterinnen und Richter haben sich – gemäss Art. 1 Abs. 1 – an das Gesetz zu halten. Es ist nicht ihre Sache, in jedem Fall zu überprüfen, ob das Gesetz die Gerechtigkeit verwirklicht. Eine Korrektur des Gesetzes ist ihnen also grundsätzlich verwehrt, denn: «Das Gericht ist nicht Gesetzgeber» (120 III 134). Anders verhält es sich nur in den seltenen Ausnahmefällen, in denen die Berufung auf den als massgeblich erachteten Wortsinn der Norm einen offenbaren Rechtsmissbrauch im Sinn von Art. 2 Abs. 2 darstellt (136 III 100; 138 II 3 f.; 139 I 60 f.). Dies kann namentlich etwa dort zutreffen, «wo der Gesetzgeber sich offenkundig über gewisse Tatsachen geirrt hat oder wo sich die Verhältnisse seit Erlass des Gesetzes in einem Masse gewandelt haben, dass die Vorschrift unter gewissen Gesichtspunkten nicht oder nicht mehr befriedigt und ihre Anwendung rechtsmissbräuchlich wird» (126 V 156 mit Hinweisen; vgl. auch 133 III 271).[42] Stets aber muss es sich um «krasse Fälle von Unvollkommenheiten»[43] handeln (123 III 448) – nur dann liegt eine unechte Lücke vor, die das Gericht auszufüllen hat.[44] Wir haben es sodann nicht mehr nur mit Lücken praeter oder extra legem (neben dem Gesetz oder ausserhalb desselben), sondern mit Lücken (bzw. Lückenfüllung) *contra legem* (entgegen dem Gesetz) zu tun. Ist eine solche unechte Lücke festge-

---

41   MEIER-HAYOZ, Der Richter als Gesetzgeber (Anm. 37), 196.
42   Siehe MEIER-HAYOZ, BeKomm, Art. 1 N 296. Dieser Autor erwähnt als Gesichtspunkte, unter denen die Norm nicht befriedigt, den legislativpolitischen, realistischen oder ethischen Gesichtspunkt.
43   MEIER-HAYOZ, BeKomm, Art. 1 N 296; WALTER, recht 2003 (vorne Anm. 2) 9 (rechte Spalte).
44   Gemäss bundesgerichtlicher Formulierung (126 V 155 unten) wäre jeder rechtspolitische Mangel eine unechte Gesetzeslücke, die aber «das rechtsanwendende Organ im Allgemeinen hinzunehmen hat». Gemäss der in diesem Lehrbuch verwendeten Terminologie liegt demgegenüber eine unechte Lücke nur (aber eben) dann vor, wenn der Mangel so gross ist, dass das Gericht korrigierend eingreifen darf und soll.

stellt, so muss sie wie eine echte im Sinn von Art. 1 Abs. 2 ausgefüllt werden, wie wenn das Gericht Gesetzgeber wäre (modo legislatoris; 126 V 155 unten).[45]

c. Die teleologische Reduktion. Die hier erläuterte, bis in die jüngere Zeit herrschende 35 Meinung über «unechte Lücken» wird neuerdings insbesondere von KRAMER[46] durch den Rückgriff auf die sog. teleologische Reduktion in Frage gestellt. Danach bestehen bei der echten und unechten Lücke «völlig spiegelbildliche Situationen»: «Während bei den echten Gesetzeslücken der klare Wortsinn des Gesetzes … zu kurz greift …, schiesst der Wortsinn … bei den unechten Lücken … über das vernünftige Ziel hinaus …».[47] Diese Ausführungen haben denn auch den für die bisherige Lehre massgebenden Autor MEIER-HAYOZ bewogen, von der «fragwürdigen Figur der unechten Lücke» Abschied zu nehmen.[48] Dies ist nachvollziehbar – liegen doch, wo bis anhin

---

45 Nach MEIER-HAYOZ, BeKomm, Art. 1 N 295 ff. ist die positiv-rechtliche Anerkennung solcher Lücken in Art. 2 Abs. 2 ausgesprochen, so auch nach DESCHENAUX a.a.O. 100 (für ihn sind die unechten Lücken allerdings überhaupt nicht Lücken), nach EGGER, ZüKomm, Art. 1 N 20 hingegen in Art. 1 Abs. 2 (insbesondere unter Hinweis auf die romanischen Texte, vor allem den französischen: à défaut d'une disposition légale *applicable);* EGGER verweist dann aber in N 43 auch auf Art. 2. Man kann jedoch auch die Anerkennung in Art. 1 Abs. 2 ausgesprochen sehen und für die näheren Voraussetzungen auf Art. 2 Abs. 2 abstellen: siehe BERNHARD SCHNYDER, Entgegen dem Wortlaut …, in FS zur Hundertjahrfeier des Bundesgerichts (Basel 1975), 29 ff. Anderer Meinung ULRICH HÄFELIN, Bindung des Richters an den Wortlaut des Gesetzes, in FS Cyril Hegnauer (Bern 1986), 111 ff., 127. Das Bundesgericht verweist auf die «conditions d'application de l'art. 2 al. 2 CC» unter Berufung auf MEIER-HAYOZ und DESCHENAUX (114 II 356, 115 II 275, 117 II 527). Ganz allgemein stellt sich die grundsätzliche, u. E. zu bejahende Frage, inwiefern selbst ohne positiv-rechtliche Anerkennung solche Lücken anzunehmen wären, mithin in seltenen und ausserordentlichen Fällen ein Urteil nicht nur entgegen dem Wortlaut, sondern auch entgegen dem erkannten Sinn des Gesetzes zulässig, ja geboten sei. Vgl. auch SILVAN HUTTER, Die Gesetzeslücke im Verwaltungsrecht (Diss. Freiburg 1989), AISUF 91. Zum Ganzen s. auch FORSTMOSER/VOGT a.a.O. 512 ff.

46 ERNST A. KRAMER, Teleologische Reduktion – Plädoyer für einen Akt methodentheoretischer Rezeption, in Beiheft zur ZSR zum 70. Geburtstag von Arthur Meier-Hayoz (Basel 1993), 65 ff.; DERSELBE, Juristische Methodenlehre (4. A. Bern/München/Wien 2013), 199 ff. – Siehe u. a. auch LARENZ/WOLF/NEUNER a.a.O. § 4 N 48; HÜRLIMANN-KAUP/SCHMID a.a.O. Nr. 185 ff.; STEINAUER, Le Titre préliminaire, Nr. 389 ff.; EMMENEGGER/TSCHENTSCHER, BeKomm, Art. 1 N 392 ff.; HUTTER a.a.O. 72; BRUNO HUWILER, Aequitas und bona fides als Faktoren der Rechtsverwirklichung: zur Gesetzgebungsgeschichte des Rechtsmissbrauchsverbotes (Art. 2 Abs. 2 ZGB), in Bruno Schmidlin (Hrsg.), Vers un droit privé européen commun? – Skizzen zum gemeineuropäischen Privatrecht, Beiheft zur ZSR (Basel 1994), 57 ff., 82 f.; DERSELBE, Privatrecht und Methode (recht, Studienheft 5), 17 ff.; HANS MICHAEL RIEMER, Zur sogenannten «teleologischen Reduktion», recht 1999, 176 ff.; MANUEL JAUN, Die teleologische Reduktion im schweizerischen Recht (Diss. Bern 2001), 91 ff., 210 ff. und passim.

47 KRAMER a.a.O. (Plädoyer) 73. – Als Gegenstück zur so verstandenen teleologischen Reduktion lässt sich die *teleologische Extension* auffassen: Bei Letzterer wird ein zu enger Gesetzeswortlaut entsprechend dem Zweck der Bestimmung erweitert – ein Vorgang, der nahe bei der Analogie steht (DÜRR, ZüKomm, Art. 1 N 104 und 370; HÜRLIMANN-KAUP/SCHMID a.a.O. Nr. 188 f.; EMMENEGGER/TSCHENTSCHER, BeKomm, Art. 1 N 384 ff.; der Sache nach auch 127 IV 200).

48 ARTHUR MEIER-HAYOZ, Schlusswort im vorne Anm. 46 erwähnten Beiheft zur ZSR, 89 ff., 90 f.

von unechter Lücke die Rede war, regelmässig bloss eine restriktive Deutung oder eine verdeckte (und damit echte) Lücke vor und nur in einigen krassen Fällen ein ausnahmsweise korrigierbarer Mangel des Gesetzes.[49] Andere Lehrmeinungen mahnen zur Zurückhaltung, weil die teleologische Reduktion nur allzu leicht zur Verdrängung des gesetzlich vorgeschriebenen Resultats durch ein gewünschtes führe.[50]

36 Das *Bundesgericht* hat in 121 III 225 die teleologische Reduktion erstmals anerkannt und festgehalten, es handle sich dabei «nach zeitgemässem Methodenverständnis um einen zulässigen Akt richterlicher Rechtsschöpfung und nicht um einen unzulässigen Eingriff in die rechtspolitische Kompetenz des Gesetzgebers» (ähnlich 128 I 41 f.; vgl. auch 131 III 65 und 103).[51] In anderen Entscheidungen hat es aber den Begriff der unechten Lücke dennoch beibehalten (z.B. 124 V 275; 125 V 12; 132 III 711).

V.   Lehre und Überlieferung

37 **a. Im Allgemeinen.** Nachdem das Gesetz in Art. 1 Abs. 1 und 2 die für die Richterinnen und Richter massgebenden Rechtsquellen in ihrem wechselseitigen Verhältnis angeführt hat, weist es sie in Abs. 3 an, bei ihren Entscheidungen – das heisst bei Gesetzesauslegung, Anwendung von Gewohnheitsrecht und richterlicher Lückenfüllung – *bewährter Lehre* und *Überlieferung* zu folgen.

38 Unter «Lehre» verstehen wir die wissenschaftliche Erörterung des Gesetzes in Kommentaren, systematischen Handbüchern und Einzeldarstellungen sowie auch im Rechtsunterricht an den Universitäten. Zu beachten ist sodann das ausländische Recht: die Rechtsvergleichung («le droit comparé») gewinnt heute immer mehr an Bedeutung (126 III 138).[52] Die *Überlieferung,* im französischen Text (enger) «jurisprudence» genannt, ist vor allem die Rechtsanwendung durch Urteile der richterlichen und admi-

---

49 Aber auch in diesem letztgenannten Fall möchte Meier-Hayoz «von der Etikettierung ‹unechte Lücke›» absehen: a.a.O. 91. Für die Beibehaltung der «unechten Lücke» für den (einzigen) Fall der ausnahmsweise korrigierbaren Mängel des Gesetzes Schnyder, in ZBJV 132 (1996), 213 f. und 133 (1997), 31 f.

50 So Mayer-Maly, BaKomm (1. A. 1996), Art. 1 N 32 in fine (anders aber Honsell, BaKomm [5. A. 2014], Art. 1 N 16 f.). Kritisch auch Hausheer/Jaun, Die teleologische Reduktion und ihre Grenzen …, in ZBJV 134 (1998), 501 ff., besonders 510 f.; Jaun a.a.O. 238 ff.; Hausheer/Jaun, BeHandkomm, Art. 1 N 263 ff.

51 Nach dieser Rechtsprechung ist in einem ersten Schritt – als Auslegung – «zu prüfen, ob der Wortsinn der Norm nicht bereits einem restriktiven Rechtssinn zu weichen habe»; sodann muss der Wortlaut der Norm gegebenenfalls teleologisch reduziert werden. Der Lückenbegriff (und damit die gerichtliche Rechtsschöpfung) wird demgegenüber erst aktuell, wenn sich trotz teleologischer Reduktion des Wortsinns herausstellt, dass der gesetzlichen Ordnung eine Regelung fehlt (121 III 226; vgl. auch 128 I 42). – Von teleologischer Reduktion ist auch in weiteren Entscheiden die Rede, in denen jedoch für den betreffenden Fall dieses Mittel abgelehnt wurde: 123 III 218; 126 III 54; 126 V 287; 128 III 114 f.

52 Vgl. auch Hausheer/Jaun, BeHandkomm, Art. 1 N 276 ff.; Walter, Das rechtsvergleichende Element (Anm. 24), 259 ff.

nistrativen Behörden, darüber hinaus jedoch auch die Entwicklung, die ein Institut in der allgemeinen Rechtsgeschichte oder in den kantonalen Rechten durchgemacht hat. Schliesslich gehören auch Übung und Geschäftssitte zur Überlieferung.

b. Bewährte Lehre und bewährte Überlieferung. Lehre und Überlieferung sind von Art. 1 Abs. 3 nicht zu eigentlichen Rechtsquellen erhoben, sondern stellen nur (aber immerhin) *Hilfsmittel* dar.[53] Sie sollen Wegweiser sein zur richtigen Auslegung des Gesetzes, zur Feststellung von Gewohnheitsrecht und zur selbständigen richterlichen Rechtsfindung. Zudem gilt folgende Einschränkung: Richterinnen und Richter sollen nur *bewährter* Lehre und *bewährter* Überlieferung folgen.[54]   39

Ob die *Lehre* zu einer bestimmten Frage bewährt ist, mag sich zum Teil aus gewissen äusseren Kennzeichen ergeben: aus der Übereinstimmung massgebender Autoren (123 III 476 f.), aus dem Ansehen der Verfasserin usw. Entscheidend sind aber nicht diese äusseren Kennzeichen, sondern die sachliche Angemessenheit einer vorgeschlagenen Lösung und die Überzeugungskraft der Argumente.[55] Das Gericht darf sodann selbst der bewährten Lehre *nicht blindlings* folgen. Es muss sich über die Gründe, von denen es sich leiten lässt, Rechenschaft geben. Mit anderen Worten: Gegenüber der Lehre besteht für das Gericht eine *Berücksichtigungspflicht.*[56]   40

Für den Hauptfall der *Überlieferung,* für die gerichtlichen Entscheidungen, ist indessen die Praxis weitergegangen. In weit höherem Mass als gegenüber der Lehre fühlen sich Richterinnen und Richter an eigene oder von höheren Instanzen ausgesprochene Entscheide gebunden. Freilich ist ein Gerichtsurteil keine Rechtsquelle wie das Gesetz oder das Gewohnheitsrecht. Das Gericht soll sich vor gedankenloser Zustimmung hüten.[57] Doch werden in der Praxis die Entscheidungen des Bundesgerichts nicht bloss berücksichtigt, sondern weitgehend befolgt («stare decisis»).[58] Ein Abweichen – eine Praxisänderung – ist zwar möglich; sie darf aber nur aus triftigen (84 II 83) bzw. ernsthaften (136 III 5; 137 III 351; 140 II 342; 140 V 541), sachlichen Gründen geschehen.   41

---

53 Kritisch zur Bezeichnung «Hilfsmittel» aber Dürr, ZüKomm, Art. 1 N 245, 531 f. und passim. – Eugen Bucher, Rechtsüberlieferung und heutiges Recht (ZEuP 8 [2000], 394 ff., besonders 455 ff.), postuliert, die gesamte Rechtsüberlieferung – namentlich die juristische Doktrin – als Rechtsquelle anzuerkennen.

54 Der französische Text, der «bewährt» mit «solutions consacrées» übersetzt, setzt statt «folgen» das schwächere «s'inspire». Wie der deutsche lautet demgegenüber der italienische Text: «Egli si attiene alla dottrina ed alla giurisprudenza più autorevoli.»

55 Meier-Hayoz, BeKomm, Art. 1 N 436; Kramer, Juristische Methodenlehre, 256 ff.; Hürlimann-Kaup/Schmid a.a.O. Nr. 229; Steinauer, Le Titre préliminaire, Nr. 445; Emmenegger/Tschentscher, BeKomm, Art. 1 N 479 (mit der zutreffenden Aufforderung zu besonders kritischer Würdigung von publizierten Parteigutachten; noch kritischer diesbezüglich Peter Gauch, «Was zählt, ist einzig, was man gerade weiss» – Gedanken zur Gesetzgebung, zur Rechtsprechung und zu den Parteien, in: Alexandra Rumo-Jungo u. a. [Hrsg.], Mélanges Paul-Henri Steinauer, Bern 2013, 3 ff. [besonders 13]).

56 Emmenegger/Tschentscher, BeKomm, Art. 1 N 480 f.

57 In 112 II 320 steht sogar: «Die kantonalen Gerichte haben die ihnen unterbreiteten Rechtsfragen ungeachtet des Standpunkts des Bundesgerichts grundsätzlich frei zu prüfen.»

58 Zum Grundsatz «stare decisis» vgl. Hürlimann-Kaup/Schmid a.a.O. Nr. 242 ff.

In Betracht kommen etwa eine bessere Erkenntnis der Ratio legis, eine Änderung in den Realien oder in den gesellschaftlichen Wertungen oder eine Neubeurteilung der Praktikabilität der früher getroffenen Lösung (124 V 124 und 387; 127 V 273; 137 III 351).[59] Weiter bedarf die Praxisänderung einer eingehenden Begründung (vgl. auch 85 II 40); allenfalls sind auch besondere Anforderungen des Prozessrechts einzuhalten (für das Bundesgericht Art. 23 BGG). Vom Bundesgericht werden Änderungen der Rechtsprechung meistens auch als solche deklariert (98 II 161; 137 III 97).[60] Im Blick auf diese Bedeutung der Rechtsprechung ist heute auf manchem Gebiet des Zivilrechts – etwa im Ehescheidungsrecht, bei der Auslegung und Ungültigerklärung von Testamenten, im bäuerlichen Erbrecht und beim Bauhandwerkerpfandrecht – den Gerichten, Rechtsanwältinnen und Rechtswissenschaftlern eine erfolgreiche Tätigkeit nur mit dem Text des ZGB in der Hand, ohne Befragung der bundesgerichtlichen Entscheidungen, nicht möglich.[61] Das Streben nach Rechtssicherheit und die Achtung vor dem Verantwortungsbewusstsein, der Rechtskenntnis und dem Billigkeitsgefühl des Bundesgerichts schränken demnach den alten Grundsatz «non exemplis sed legibus iudicandum est» (dass also nicht nach Einzelfällen, sondern nach Gesetzesnormen als generell-abstrakten Regeln zu entscheiden sei) im eben dargestellten Sinn ein. Der Rechtsprechung gegenüber haben Richterinnen und Richter daher eine «beschränkte Befolgungspflicht».[62] Diese Pflicht beschränkt sich jedoch auf die essenziellen, für die Entscheidung des seinerzeitigen Falls notwendigen Erwägungen (Ratio decidendi) und gilt nicht für blosse Obiter dicta.[63]

---

59   Vgl. auch Emmenegger/Tschentscher, BeKomm, Art. 1 N 491.
60   Zur Offenlegung von Praxisänderungen vgl. auch Hürlimann-Kaup/Schmid a.a.O. Nr. 246; Emmenegger/Tschentscher, BeKomm, Art. 1 N 493. – Bei Praxisänderungen zu Verfahrensbestimmungen schliesst die Rechtsprechung aus dem Grundsatz des Vertrauensschutzes, dass eine solche Änderung vorgängig angekündigt werden muss (135 II 85; 140 II 342).
61   Das gilt nicht nur für das ZGB. Vgl. etwa Karl Spiro, Über den Gerichtsgebrauch zum allgemeinen Teil des revidierten Obligationenrechts (Basel 1948).
62   Meier-Hayoz, BeKomm, Art. 1 N 474; Hürlimann-Kaup/Schmid a.a.O. Nr. 249 ff.; Emmenegger/Tschentscher, BeKomm, Art. 1 N 500. – Kritisch gegenüber dieser Befolgungspflicht und für eine entsprechend höhere Einstufung der Lehre Bucher, Hundert Jahre schweizerisches Obligationenrecht: Wo stehen wir heute im Vertragsrecht?, in ZSR NF 102 (1983), II 251 ff., insbes. § 5 (Das Verhältnis von Doktrin und Praxis unter sich). – Zu diesen Fragen s. auch Rolf Bär, Praxisänderung und Rechtssicherheit, in FS Arthur Meier-Hayoz (Zürich 1982), 1 ff., und Karl Spiro, Praxisänderung und Rückwirkung, in ZSR NF 100 (1981), I 145 ff., ferner Marc Maria Strolz, Ronald Dworkins These der Rechte im Vergleich zur gesetzgeberischen Methode nach Art. 1 Abs. 2 und 3 ZGB (Diss. Zürich 1991); Thomas Probst, Die Änderung der Rechtsprechung – eine rechtsvergleichende methodologische Untersuchung zum Phänomen der höchstrichterlichen Rechtsprechungsänderung in der Schweiz (civil law) und den Vereinigten Staaten (common law) (St. Galler Diss., Basel/Frankfurt am Main 1993); Dürr, ZüKomm, Art. 1 N 244 ff. und 533 ff.; Emmenegger/Tschentscher, BeKomm, Art. 1 N 490 ff.
63   Meier-Hayoz a.a.O. N 531 ff.

VI.   Das richterliche Ermessen

a. Rechtsfindung «intra legem» im Allgemeinen. Von den bisher behandelten Lücken   42
neben dem Gesetz (ausserhalb des Gesetzes, Lücken praeter legem) zu unterscheiden
sind die Lücken *im* Gesetz[64] – *Lücken intra legem.*[65] Damit sind Fälle gemeint, in denen
das ZGB zwar eine Regelung vorsieht, diese jedoch zur Lösung des Einzelfalls keine
präzise Antwort gibt, sondern bloss einen allgemeinen Rahmen aufstellt – und damit
dem Gericht einen beträchtlichen Freiraum zur Konkretisierung überlässt. Diese Letztere nennen wir Rechtsfindung intra legem.

Zu den Lücken intra legem gehören einerseits die sogenannten *Erkenntnislücken,* wo   43
der Gesetzgeber «zwar eine Frage vollständig regeln wollte, aber die Mittel der Auslegung zu keinem eindeutigen Inhalt führen», so dass «unter den durch die Auslegung
abgesteckten Möglichkeiten nach dem Gesichtspunkt des richtigen Rechts gewählt
werden muss».[66] Das Ausfüllen dieser Lücken ist je nach Ansicht Sache der Auslegung
oder der Regelbildung im Sinn von Art. 1 Abs. 2.[67]

Von Lücken intra legem (Rechtsfindung intra legem) spricht man sodann bei *Verwei-*   44
sungen des ZGB auf allgemeinere Massstäbe. Es handelt sich vor allem um die Fälle, in
denen das Gesetz auf das *richterliche Ermessen* abstellt. Diese Konstellationen sind hier
von Interesse. Über die Frage, *wann* Ermessensentscheide erlaubt sind und *wie* sie zu
treffen sind, gibt Art. 4 Auskunft.

b. Ermessensentscheide: wann? Gerichtliche Ermessensentscheide bedürfen einer   45
gesetzlichen Grundlage (Art. 4: «*Wo* das Gesetz …»). Die Fälle, in denen das richterliche Ermessen einzugreifen hat, sind im Gesetz in verschiedener Weise gekennzeichnet. Es gibt Bestimmungen, die ausdrücklich auf das Ermessen des Richters abstellen
(so im ZGB 706[2], 717[2]; im OR 100[2]), und solche, welche den Richter auf die Würdigung der Umstände (z.B. 3[2], 92, 333[1] ZGB; 43[1] OR) oder auf wichtige Gründe (etwa
65[3], 72[3], 263[3], 576 ZGB; 266g[1] OR) verweisen. Hie und da werden elastische Ausdrücke gebraucht, die das Erfordernis einer besonderen Wertung oder Abschätzung durch
die Richterin andeuten: so etwa die Worte «billig» (z.B. 332[1] ZGB; 26[2] und 39[2] OR),
«angemessen» (z.B. 125[1], 631[2] ZGB), «zumutbar» (115, 649b[1] ZGB). Dazu gehören auch
die sogenannten *Kann-Regeln* (z.B. 44[1] und [2] OR). Schliesslich gibt es Fälle, bei denen
selbst ohne ausdrückliche gesetzliche Bestimmung im Sinn von Art. 4 dem richterlichen Ermessen ein gewisser Spielraum gewährt wird (94 II 347). Ob ein solcher Raum
vorliegt, ist eine Frage der Auslegung einer Norm (so z.B. ausdrücklich verneint für
Art. 480 ZGB in 111 II 132).

---

64   Diese Ausdrucksweise findet sich bei Egger, ZüKomm, Art. 4 N 1.
65   Emmenegger/Tschentscher, BeKomm, Art. 1 N 367 ff., sprechen hier auch von «Delegati-
     onslücken».
66   Meier-Hayoz, BeKomm, Art. 1 N 267.
67   Vgl. Meier-Hayoz, BeKomm, Art. 1 N 301 (Regelbildung). 103 Ia 503 plädiert demgegenüber
     unter Berufung auf den Beurteilungsspielraum des Richters gegen Regelbildung. – Zur Begriff-
     vielfalt vgl. auch Hrubesch-Millauer, BeKomm, Art. 4 N 128 ff.

46   **c. Ermessensentscheide: wie?** So wenig wie bei der freien Rechtsfindung darf das
Gericht bei Ausübung seines Ermessens nach bloss subjektiven Momenten wie Willkür, Vorliebe, Abneigung, Gefühl urteilen. An die Begründung solcher Entscheide sind
sogar besonders hohe Anforderungen zu stellen (106 II 133; 131 III 31). Die Richterin
muss ihre Entscheidung auf *objektive,* sachliche Erwägungen stützen, die aber – und
darin liegt das Besondere des Ermessensentscheids – *dem Einzelfall möglichst angepasst sein soll.*[68] Sie hat also darauf zu achten, dass ihre Lösung den Verhältnissen und
Umständen des konkret zu beurteilenden Falls angemessen ist, der individuell-konkreten Interessenlage möglichst gerecht wird. Dies drückt Art. 4 aus mit der Wendung,
das Gericht müsse die Entscheidung nach *Recht und Billigkeit* treffen. Recht *und* Billigkeit bilden dabei ein Ganzes, das «billige Recht», die Billigkeit.[69] Bei solchen Entscheiden hat mithin die *Einzelfallgerechtigkeit Vorrang vor der Rechtssicherheit.*

47   Ob und inwiefern das *Bundesgericht* solche Entscheide kantonaler Instanzen auf dem
Rechtsmittelweg *überprüfen* kann, ist eine Frage des Prozessrechts. Sind die übrigen
Voraussetzungen der Beschwerde in Zivilsachen erfüllt (72 ff. BGG), so überprüft das
Bundesgericht Ermessensentscheide als «Rechtsfragen» an sich frei (95 lit. a BGG); es
übt dabei aber Zurückhaltung und schreitet nur ein, wenn die Vorinstanz grundlos
von in Lehre und Rechtsprechung anerkannten Grundsätzen abgewichen ist, wenn sie
irrelevante Tatsachen berücksichtigt oder relevante Umstände ausser Betracht gelassen hat oder wenn ihr Entscheid sich als offensichtlich unbillig erweist.[70] Wird jedoch
der Ermessensentscheid von der Vorinstanz nicht begründet, steht das Ermessen dem
Bundesgericht zu (131 III 31).

---

68   Meier-Hayoz, BeKomm, Art. 4 N 12; Steinauer, Le Titre préliminaire, Nr. 428 ff.; Hrubesch-Millauer, BeKomm, Art. 4 N 294 ff.

69   Meier-Hayoz, BeKomm, Art. 4 N 11 f.; Deschenaux a.a.O. 131. – Eine breit angelegte Untersuchung über Recht und Billigkeit enthält Dominique Manaï, Le juge entre la loi et l'équité
(Lausanne 1985).

70   Vgl. auch Botschaft BBl 2001, 4335 f.; Hrubesch-Millauer, BeKomm, Art. 4 N 402 ff.;
Schott, BaKomm zum BGG, Art. 95 N 34 ff. – Zum alten Recht für die Berufung nach 43 ff.
OG: 126 III 227 f.; 127 III 307 f.

§ 6 Die Rechtsausübung

I. Die Grundsätze

Art. 1 wendet sich – schon dem Wortlaut nach – unmittelbar an die Richterinnen und Richter und umschreibt die Grundlagen ihrer Rechtsprechung. Demgegenüber richtet sich Art. 2 Abs. 1 dem Wortlaut nach an die Privatperson, indem er ihr («jedermann») eine bestimmte Art des Handelns, die Einhaltung der Grundsätze von *Treu und Glauben,* vorschreibt. Der Sache nach handelt es sich aber auch hier um eine Anweisung an die *Gerichte* für die Beurteilung des Verhaltens der Privaten: Das Gericht hat der Beurteilung der dem Prozess vorausgegangenen Handlungen und des Inhalts der im Prozess stehenden Rechtsverhältnisse die Sätze von Treu und Glauben zu Grunde zu legen (so im Jahr 1912 schon BGE 38 II 462).[1] Sodann ist Abs. 2 von Art. 2 nicht nur der Sache, sondern selbst dem Wortlaut nach eine Anweisung an die Gerichte: Sie werden angewiesen, dem *Rechtsmissbrauch* den Rechtsschutz zu versagen.

Demnach bildet der gesamte Art. 2 eine Ergänzung der im ersten Artikel angeführten Normen für das gerichtliche Handeln – jetzt allerdings bezogen auf den *Inhalt der Rechtsverhältnisse* (Randtitel zu Art. 2–4). Er geht von der Auffassung aus, dass – wie das Bundesgericht vor mehr als 100 Jahren ausführte – «das geschriebene Privatrecht dem Reichtum des Lebens nicht vollständig gerecht zu werden vermag», und verfolgt den Zweck, «die Unebenheiten des geschriebenen Rechts … auszugleichen, indem er durch den Hinweis auf Treu und Glauben dem allgemeinen Grundsatz Ausdruck gibt, dass Ansprüche, die nicht zum Schutze eines berechtigten Interesses dienen und deren Befriedigung berechtigte Interessen verletzen würden, nicht bestehen können».[2] Diese – aus heutiger Sicht freilich zu weit gehende – bundesgerichtliche Formulierung der Tragweite von Art. 2 wurde im Lauf der Jahre in Doktrin und Praxis in mancher Hinsicht differenziert und präzisiert. Immer aber handelt es sich bei Art. 2 um eine «Grundschutznorm, welche der Durchsetzung der öffentlichen Ordnung und Sittlichkeit dient» (128 III 206; 131 V 102) und damit – soweit es um die Rechtsmissbrauchsschranke geht – international-privatrechtlich zum positiven Ordre public im Sinn von Art. 18 IPRG gehört (128 III 206 f.).

---

1 In der gesetzlichen Anweisung an das Gericht, das Verhalten Privater nach diesen Grundsätzen zu beurteilen, ist – wie generell im Privatrecht – auch eine Aussage über das rechtmässige Verhalten der Privaten enthalten.

2 BGE 40 III 160 (der Entscheid ist allerdings im Übrigen überholt). – Art. 2 ist die privatrechtliche Formulierung eines allgemeinen Rechtsgrundsatzes, der seit der Totalrevision der Bundesverfassung auch in Art. 5 Abs. 3 und Art. 9 BV enthalten ist (zum Anwendungsbereich von Art. 2 ZGB vgl. Hausheer/Aebi-Müller, BeKomm, Art. 2 N 309 ff.). Aus der Rechtsprechung vgl. für das Verwaltungsrecht etwa 121 II 7; für das Sozialversicherungsrecht 131 V 102 ff.; 137 V 403 ff.; für das Zivilprozessrecht ausser Art. 52 und 56 ZPO etwa 138 III 376; für das Zwangsvollstreckungsrecht 116 III 111 und 121 III 20; für das Straf- und Strafprozessrecht 125 IV 81; 131 I 192 f. Rechtsvergleichende Hinweise finden sich bei Hürlimann-Kaup/Schmid, Einleitungsartikel des ZGB und Personenrecht, Nr. 269; Steinauer, Le Titre préliminaire, Nr. 490 ff.

II.   Das Handeln nach Treu und Glauben

3   Ausser den Bestimmungen, die aus Gesetz, Gewohnheitsrecht und Richterrecht fliessen, beherrschen weitere Gebote das menschliche Handeln. Zu beachten sind zunächst die Gebote der Ethik und Redlichkeit, dann auch die Rücksichten auf den Verkehr und die dabei üblichen Sitten, Übungen und Gewohnheiten.[3] All diese Erfordernisse bilden neben den Rechtsquellen von Art. 1 eine objektive Richtschnur für das menschliche Handeln und für die Urteilsfindung des Gerichts. Über ihr Verhältnis zum Recht spricht sich ganz allgemein die Rechtsphilosophie aus. Das positive schweizerische Privatrecht hat die Berücksichtigung dieser «objektiven Richtschnur» in Art. 2 mit dem Hinweis auf *Treu und Glauben* normiert. Diese Wortverbindung ist zwar herkömmlicherweise auf das Schuldrecht (Obligationenrecht) zugeschnitten, vor allem auf das Vertragsrecht. Das ZGB verwendet indessen den Ausdruck umfassender und umschreibt damit die «Art und Sitte redlicher Leute»[4] bei der gesamten Rechtsausübung (französisch «la bonne foi»; italienisch «la buona fede»).

4   Aus dem Wortlaut von Art. 2 Abs. 1 ergibt sich, dass Treu und Glauben massgebend sein sollen bei der Beurteilung des *Inhalts* der Rechtsverhältnisse (so der Randtitel), der *Ausübung der Rechte* und der *Erfüllung der Pflichten* (so der Gesetzestext). Dazu ist zu sagen, dass sich der «Inhalt» eines Rechtsverhältnisses mit der Ausübung der entsprechenden Rechte und der Erfüllung der entsprechenden Pflichten deckt. Wenn wir vom Inhalt sprechen, ist demnach die Ausübung der Rechte und die Erfüllung der Pflichten darin enthalten.

5   Was nun im Einzelnen Inhalt eines Rechtsverhältnisses ist, ergibt sich aus den in § 5 erwähnten Rechtsquellen (Gesetz, Gewohnheitsrecht und richterliche Rechtsfindung)[5] oder aus einer rechtsgeschäftlichen Willenserklärung (aus einseitigem Rechtsgeschäft, aus Vertrag oder aus Beschluss). Nachstehend sprechen wir vereinfachend oft nur vom Gesetz als Hauptfall der Rechtsquellen bzw. vom Vertrag als Hauptfall der Rechtsgeschäfte. Die Grundsätze von Treu und Glauben sind mit anderen Worten heranzuziehen für die Beurteilung des Inhalts eines Rechtsverhältnisses, wie er im Gesetz oder im Vertrag umschrieben ist. Sie wirken sich bei deren Auslegung aus, können aber auch zu deren Ergänzung führen. Für diese beiden richterlichen Tätigkeiten, die Auslegung und die Ergänzung (von Gesetz und Vertrag), bietet demnach Art. 2 Abs. 1 ein als Generalklausel formuliertes Hilfsmittel, das durch Anwendung auf den Einzelfall zu konkretisieren ist.[6] Darf aber der Inhalt der Rechtsverhältnisse, der sich aus Gesetz oder Vertrag ergibt, darüber hinaus unter Berufung auf Treu und Glauben auch

---

3   Vgl. z.B. STEINAUER, Le Titre préliminaire, Nr. 469 f.

4   Vgl. diesen Ausdruck in einem Zitat von SCHULZ bei MERZ, BeKomm, Art. 2 N 9. ERNST ZELLER, Treu und Glauben und Rechtsmissbrauchsverbot (Diss. Zürich 1981), 262 f. spricht vom «Gebot der berechtigten Verlässlichkeit».

5   In der allgemeinen Rechtslehre werden neben den genannten drei noch weitere Rechtsquellen (internationale Vereinbarungen, allgemeine Rechtsgrundsätze u. a.) erwähnt, die hier vernachlässigt werden dürfen.

6   ZELLER a.a.O. 207 ff.

berichtigt (korrigiert, abgeändert) werden? Diese *Berichtigungsfunktion* fällt nach herrschender Lehre Art. 2 Abs. 2 zu (siehe hinten N 13 ff. und schon § 5 N 34).

Das Gesetz verweist einzig für die Beurteilung des Inhalts von Rechtsverhältnissen auf   6
Treu und Glauben. Dieser Verweis gilt jedoch auch, wenn es um die *Entstehung* von
Rechtsverhältnissen geht, wenn also Gesetz oder Vertrag bezüglich der Entstehung
von Rechtsverhältnissen auszulegen und zu ergänzen sind. Das Gesetz selber enthält
nämlich für die Entstehung von Rechtsverhältnissen Normen, die auf Treu und Glauben Rücksicht nehmen (z.B. Berufung auf die Ungültigkeit eines Vertrags infolge Irrtums oder Täuschung). Aber auch sonst dürfen und müssen bezüglich der Entstehung
von Rechtsverhältnissen bei der Auslegung und Ergänzung die Grundsätze von Treu
und Glauben berücksichtigt werden.[7] Eine andere Frage ist, ob die *Berufung auf einen
Formmangel* gegen Treu und Glauben verstösst; dies wird bei den Ausführungen über
den Rechtsmissbrauch erörtert (hinten N 30).

Im Folgenden legen wir die Anwendung von Art. 2 Abs. 1 (die Auslegung und die   7
Ergänzung) auf rechtsgeschäftliche Willenserklärungen und gesetzliche Bestimmungen näher dar.

a. Auslegung und Ergänzung rechtsgeschäftlicher Willenserklärungen. Art. 2   8
Abs. 1 findet zunächst und vor allem umfassende Anwendung auf *Verträge*. Der Parteiwille ist vom Gericht unter Berücksichtigung der den Parteien obliegenden Pflicht zum
Handeln nach Treu und Glauben zu ermitteln.[8] Für ihre *Auslegung* ist (soweit nicht feststeht, dass die Parteien einander tatsächlich richtig verstanden haben) auf das *Vertrauensprinzip* abzustellen; demnach sind die rechtsgeschäftlichen Erklärungen so auszulegen, wie sie der Empfänger in guten Treuen verstehen durfte und musste. – Bei der
Ergänzung lückenhafter Willenserklärungen muss sich das Gericht fragen, was die Parteien vernünftigerweise vereinbart haben würden, wenn sie den eingetroffenen Lauf der
Dinge in Betracht gezogen hätten. Auch dieses Abstellen auf den hypothetischen Parteiwillen deckt sich im Ergebnis mit der Berücksichtigung der Vertrauenstheorie.[9]

Der Grundsatz von Treu und Glauben und gestützt auf ihn das Vertrauensprinzip sind   9
auch zu berücksichtigen bei der Auslegung und Ergänzung von *Statuten* (für Gesell-
schaftsstatuten 87 II 95 und 107 II 186; für ein Reglement der Stockwerkeigentümer
BGer 5C.39/2006 E. 3.1; für den privatrechtlichen Vorsorgevertrag 131 V 28 f. und 133
V 314); bei Normen, die sich an das breite Publikum wenden, rechtfertigt sich nach der

---

7   Zur Rolle des (auf Treu und Glauben fussenden) Vertrauensprinzips beim Vertragsabschluss vgl.
    z.B. GAUCHSCHLUEP/SCHMID/EMMENEGGER, OR AT, Rn. 315 ff.

8   Diese Fragen werden von der Lehre zu Art. 18 OR sehr ausführlich behandelt: JÄGGI/GAUCH/
    HARTMANN, ZüKomm, Art. 18 OR N 456 ff., 559 ff. und passim; KRAMER, BeKomm, Art. 18
    OR N 67 ff., 238 ff. und passim; GAUCH/SCHLUEP/SCHMID/EMMENEGGER a.a.O. Rn. 1224 ff.;
    STEINAUER, Le Titre préliminaire, Nr. 516 ff.

9   GAUCH/SCHLUEP/SCHMID/EMMENEGGER a.a.O. Rn. 1257 ff. – Auslegung und Ergänzung sind
    begrifflich oft schwer zu trennen: MERZ, BeKomm, Art. 2 N 137.

Praxis eine objektivierte Auslegung nach Treu und Glauben (so 107 II 186; vgl. auch 114 II 196 f.).[10]

10   Das Gegenstück zu den auf Beschluss beruhenden Statuten bilden *einseitige Rechts-geschäfte* (z.B. Stiftungserrichtung, letztwillige Verfügung). Hier herrscht das Willensprinzip; es kommt demnach bei der Auslegung entscheidend darauf an, was der Erklärende gewollt hat. Treu und Glauben gebieten nicht, dass (regelmässig nicht vorhandene) Erklärungsempfänger berücksichtigt werden.[11]

11   **b. Auslegung und Ergänzung gesetzlicher Bestimmungen.** Das Gesetz selber enthält viele Bestimmungen, welche auf Treu und Glauben Bezug nehmen oder als Spezifizierung dieses Grundsatzes aufgefasst werden können (z.B. 736 und 742[1] ZGB; 25[1] und 156 OR; 2 und 8 UWG). Hier geht es aber nicht um diese spezifischen Normen, sondern um die allgemeine Aussage, jede gesetzliche Regel sei – soweit sie sich dazu eignet – nach dem Grundsatz von Treu und Glauben auszulegen oder zu ergänzen. Wo immer Auslegung oder Ergänzungsmöglichkeit den entsprechenden Spielraum offenlassen, sind gesetzliche Regeln nach «Art und Sitte redlicher Leute» bzw. gemäss dem «Gebot der Verlässlichkeit» (vorne Anm. 4) zu verstehen.[12]

12   Nachstehend seien einige *Beispiele* angeführt: 1. Im Gegensatz zum römischen Recht spricht das ZGB nirgends den Grundsatz aus, dass die von einem Dritten über eine Sache eines andern getroffene Verfügung vollgültig werde («Konvaleszenz»), wenn der Verfügende die betreffende Sache später erwirbt. Dieser Grundsatz muss aber für das schweizerische Recht auf Grund von Art. 2 Abs. 1 angenommen werden, und zwar sowohl bei Verfügungen über körperliche Sachen (wie Verkauf einer fremden Sache) als auch bei Verfügungen über Rechte, Forderungen usw. (41 II 48). – 2. Die Berufung auf Art. 2 Abs. 1 erfolgt häufig bei der Beurteilung der sogenannten (gesetzlichen oder vertraglichen) Nebenpflichten (113 II 247 f.; 129 III 611). So besteht die Hauptpflicht des Mieters in der Bezahlung des Mietpreises. Den Mieter kann aber auch eine Gebrauchspflicht treffen, wenn durch den Nichtgebrauch eines für den Betrieb eines Gewerbes bestimmten Lokals Kundschaftswert vermindert würde (68 II 237). Treu und Glauben gebieten, die gesetzlichen Vertragspflichten in diesem Sinn zu ergänzen. Auch Unterlassungspflichten können solche vertraglichen Nebenpflichten sein (114 II 66).[13] – 3. Eine Konkretisierung von Treu und Glauben stellt auch der Grundsatz der schonenden Rechtsausübung dar. Wo zur Erreichung des gleichen Zwecks eine Wahlmöglichkeit besteht zwischen verschiedenen Formen der Rechtsausübung, muss soweit zumutbar der für die anderen Beteiligten schonendere Weg eingeschlagen werden.[14]

---

10   Vgl. zum Ganzen etwa DAVID HUEPPI, Die Methode zur Auslegung von Statuten (Diss. Zürich 1971), und RIEMER, BeKomm, Die Stiftungen, Syst. Teil, N 72 ff., 76.

11   Siehe immerhin für das Stiftungsrecht RIEMER a.a.O. Syst. Teil N 6. Vgl. sodann die einschlägigen Ausführungen bei KRAMER a.a.O. Art. 18 OR N 50 ff., insbes. 53, 56.

12   Zur Frage der Gesetzesumgehung vgl. die Ausführungen im Text hinten N 33.

13   Vgl. zu den Nebenpflichten auch MERZ, BeKomm, Art. 2 N 260 ff.; HAUSHEER/AEBI-MÜLLER, BeKomm, Art. 2 N 127 ff.; GAUCH/SCHLUEP/SCHMID/EMMENEGGER a.a.O. Rn. 1262a und 2641.

14   So die hier leicht abgeänderte Formulierung bei ZELLER a.a.O. 275.

III. Der Rechtsmissbrauch

Der kurze, aber berühmt gewordene zweite Absatz des Art. 2 lautet: «Der offenbare   13
Missbrauch eines Rechtes findet keinen Rechtsschutz» («L'abus manifeste d'un droit
n'est pas protégé par la loi»). Über das Verhältnis der beiden Absätze des Art. 2 zueinander ist vorne (I) das Wesentliche festgehalten worden. Demnach wird Abs. 1 für
die Auslegung und Ergänzung der Rechtsregeln und rechtsgeschäftlichen Willenserklärungen herangezogen, während Abs. 2 normberichtigende (korrigierende) Bedeutung hat.[15] Dabei ist das anschauliche und daher praktische Wort «Normberichtigung»
streng genommen nicht ganz zutreffend. Die Norm wird eigentlich nicht berichtigt;
sie geht nur unter dem Blickwinkel der Generalklausel des Rechtsmissbrauchsverbots,
das ja seinerseits eine Norm (eben Art. 2 Abs. 2) darstellt, gar nicht so weit, dass sie
auch noch den besonderen Fall deckt (hierzu nachstehend a). Der historische Gesetzgeber hat denn auch keine solche «normberichtigende» Funktion von Art. 2 Abs. 2
erwogen.[16]

Im Folgenden werden zuerst die Voraussetzungen für die Anwendung des Abs. 2,   14
sodann einige Rechtsmissbrauchsfälle und schliesslich die Folgen erörtert.[17]

a. Die Voraussetzungen. Verpönt ist nur (aber immerhin) der *offenbare Rechtsmiss-*   15
brauch (131 V 105; 135 III 169; 137 III 629).[18] Der Gesetzgeber versucht auf zweifachem
Weg zu verhindern, dass die Ausübung eines Rechts zu Unbilligkeiten und Ungerech-
tigkeiten führt:

1. In erster Linie will er Rechtsmissbrauch verhindern durch die *Ausgestaltung einzel-*   16
ner Normen. Er sieht zu bestimmten Regeln etwa *Ausnahmen* vor: So kann von der
Zustimmung der leiblichen Eltern zur Adoption dann abgesehen werden, wenn der
betreffende Elternteil sich «um das Wohl des Kindes nicht ernstlich gekümmert hat»
(265c Ziff. 2). Liegt dieser Sachverhalt vor, so braucht es die «Notbremse» von Art. 2
Abs. 2 nicht (vgl. auch 133 III 175 ff. zu Art. 271 OR). Der Gesetzgeber kann aber auch
unmittelbar Rechtsmissbrauch zurückdämmen, indem er gegen *Gewaltmissbrauch*
Einschränkungen fordert (so bei der Entziehung der elterlichen Sorge: 311).

Schliesslich kennt das ZGB selber *Rechtsschutzmöglichkeiten,* die dazu die-   17
nen sollen, Rechtsmissbrauch zu verhindern. Zum Beispiel kann nach Art. 419 die
betroffene Person (wie auch gewisse weitere Personen) gegen die Handlungen des Bei-

---

15 MERZ, BeKomm, Art. 2 N 29 ff.; ZELLER a.a.O. 315 und passim; STEINAUER, Le Titre préliminaire, Nr. 482 und 503 f.. Die Grenzziehung zwischen der Berücksichtigung der Regeln von Treu
und Glauben gemäss Art. 2 Abs. 1 und dem Rechtsmissbrauch gemäss Art. 2 Abs. 2 ist oft heikel: siehe 104 II 101 und 113 II 209.

16 HUWILER, Aequitas (zit. in § 5 Anm. 46), 79.

17 Vgl. auch THOMAS GÄCHTER, Rechtsmissbrauch im öffentlichen Recht (…), (Habil. Zürich),
Zürich 2005.

18 In Rechtsprechung und Lehre – so auch im vorliegenden Werk – ist allerdings regelmässig bei
Vorliegen «offenbaren Rechtsmissbrauchs» im Sinn von Art. 2 Abs. 2 nur von «Rechtsmissbrauch» die Rede.

stands die Erwachsenenschutzbehörde anrufen. – Denkbar ist allerdings auch, dass der Gesetzgeber in Zweifelsfällen durch ausdrückliche Entscheide festlegt, was gerade nicht rechtsmissbräuchlich sei. Eine bestimmte Regel des Privatrechts kann dann als eine Sonderregel (lex specialis) verstanden werden, die dem allgemeinen Verbot des Rechtsmissbrauchs vorgeht (s. 95 II 163; 133 III 175 ff.); im Einzelfall kann aber auch die Berufung auf eine solche Regel doch wieder rechtsmissbräuchlich sein. Damit kommen wir zum Kern von Art. 2 Abs. 2:

18   2. Trotz der noch so sorgfältigen Abgrenzung durch gesetzliche Regeln (oder durch Regeln des Gewohnheits- oder Richterrechts) können sich Fälle ereignen, bei denen die *Berufung auf eine einzelne Rechtsregel* Treu und Glauben verletzt. In solchen Fällen sprechen wir von einem «Missbrauch des Rechts». Das Gesetz, das einen solchen Missbrauch ausschliessen will, weist nun die Richterin an, in diesen Fällen der Berufung auf die Rechtsregel den Schutz zu versagen, weil das Parteiverhalten höheren Rücksichten der Moral, der Sitte, der Treue usw. widerspricht. Es sieht allerdings nur so aus, als ob hier ein «Recht» nicht geschützt würde.[19] Richtigerweise wird dieses ausgeübte (behauptete, scheinbare) «Recht» durch den Missbrauchsartikel inhaltlich beschränkt;[20] in Wirklichkeit ist das ausgeübte «Recht» also *Nichtrecht*.[21] Art. 2 Abs. 2 erweist sich demnach als Schranke aller Rechtsausübung und hat eine ähnliche Funktion wie im römischen Recht die «Exceptio doli generalis» (vgl. 47 II 453; 72 II 42). Er dient mit anderen Worten «als korrigierender ‹Notbehelf› für die Fälle, in denen formales Recht zu materiell krassem Unrecht führen würde» (134 III 58).

19   Damit ist nun aber freilich nicht gemeint, dass das Gericht jede Norm auf ihre Vereinbarkeit mit Treu und Glauben überprüfen kann. Richterinnen und Richter haben vielmehr zu prüfen, ob *unter den besonderen Umständen des konkreten Falls die Berufung auf diese Norm Treu und Glauben widerspricht* (137 III 629; 138 III 431; 140 III 495 und 589).[22] Der Gesetzgeber hat der Gefahr einer allzu freirechtlichen Rechtsprechung auch dadurch Rechnung getragen, dass er nur dem *offenbaren* Rechtsmissbrauch den gerichtlichen Schutz versagt. Der Missbrauch muss in die Augen springen, unzweifelhaft sein; er muss «klar zutage» liegen (98 II 145).[23] Im Zweifelsfall ist das «formelle» Recht zu schützen. Dagegen sind böswillige Absicht oder eine andere

19   Vgl. etwa 43 II 76: «Diese Gesetzesbestimmung bezweckt einen Schutz gegen die Urgierung des formellen Rechtes in Fällen, in denen dem Geschädigten ein anderes Schutzmittel versagt ist.»
20   Illustrativ BGE 125 III 261: Art. 2 Abs. 2 ZGB «setzt mit dem Verbot des Rechtsmissbrauchs der formalen Rechtsordnung eine ethische materielle Schranke, lässt scheinbares Recht dem wirklichen weichen, wo durch die Betätigung eines behaupteten Rechts offenbares Unrecht geschaffen und dem wirklichen Recht jeder Weg zur Anerkennung verschlossen würde ...».
21   MERZ, BeKomm, Art. 2 N 21 f. und 28.
22   Nach ZELLER a.a.O. (360, 413 und passim) ist dies dann der Fall, wenn die Berufung auf eine Norm eine krasse Überdehnung der Regelhaftigkeit des Regelrechts darstellt.
23   Die blosse Bezugnahme auf den Grundsatz von Treu und Glauben vermag für sich allein denn auch den normberichtigenden Eingriff nicht zu rechtfertigen (MERZ, BeKomm, Art. 2 N 24). Was Treu und Glauben widerspricht, ist demnach noch nicht (notwendigerweise) rechtsmissbräuchlich im Sinn von Art. 2 Abs. 2. So müsste denn auch jeweils formuliert werden, es liege ein den berichtigenden Eingriff rechtfertigender Verstoss gegen Treu und Glauben vor. In unzähli-

Verschuldensform nicht erforderlich; der objektive Tatbestand des Missbrauchs genügt (89 II 262 f.; 131 V 105).

Aufgabe der Rechtswissenschaft und der Rechtsprechung ist es, bei der Unter- 20 suchung der möglichen Missbrauchsfälle eine *Konkretisierung* vorzunehmen, d.h. sich zu fragen, worin der eine «Normberichtigung» rechtfertigende Verstoss gegen Treu und Glauben liegt. So sind Kriterien zu umschreiben, Fallgruppen namhaft zu machen, typische Missbrauchstatbestände zu finden, anhand welcher der offenbare Rechtsmissbrauch erkannt werden kann. Trotz der Ausbildung solcher *Leitsätze*[24] wird man aber doch nicht die ganze Fülle von Einzelfällen erfassen. Die Leitsätze selber erleiden zudem wieder Ausnahmen.

Die Suche nach solchen Kriterien zeigt im Übrigen die jedem Urteil innewoh- 21 nende Tendenz, nicht nur den Einzelfall zu entscheiden, sondern das Recht fortzubilden. Wenn diese Regelbildung von einer gewissen Tragweite ist, darf man vom Ausfüllen einer unechten Gesetzeslücke durch die Missbrauchsrechtsprechung sprechen (siehe vorne § 5 N 33 f.). Bei Revisionen wird in der Folge das Gesetz häufig korrigiert. Die Rechtsmissbrauchsnorm hat dann ihre sog. *Durchgangsfunktion* vollkommen erfüllt.[25]

Art. 2 Abs. 2 gilt auch für *Verträge* – allerdings mit folgender Präzisierung: 22 Zunächst sind die Normen über den Rechtsmissbrauch ohne Weiteres anwendbar mit Bezug auf *gesetzliche* Regeln über den Vertragsinhalt (z.B. Kündigungsfristen). Sodann ist möglich, dass man sich bei der Anwendung *vertraglicher* Regeln, die nicht die eigentliche Vertragsleistung umschreiben (z.B. Fristen, Formen etc.), auf Rechtsmissbrauch beruft; praktisch wird man in diesen Fällen allerdings meist schon durch Auslegung und Ergänzung zu einem befriedigenden Ergebnis gelangen. Was die eigentliche *Vertragsleistung* angeht, ist vorweg auf gewisse gesetzliche Sondernormen zu verweisen (z.B. 21 OR zur Übervorteilung, 163[3] OR zur Herabsetzung der Konventionalstrafe; 8 UWG zu missbräuchlichen Allgemeinen Geschäftsbedingungen). Ob und inwieweit darüber hinaus bei nachträglicher Veränderung der im Zeitpunkt des Vertragsabschlusses herrschenden Verhältnisse ein korrigierender Eingriff möglich ist, wird regelmässig im Zusammenhang mit der sogenannten «Clausula rebus sic stantibus» geprüft.[26]

Die Frage, ob Rechtsmissbrauch vorliegt, ist – sofern der vorgetragene Prozess- 23 stoff dazu Anlass gibt – vom Gericht *von Amtes wegen* zu prüfen, also auch ohne dass sich eine Partei darauf beruft (128 III 206; 131 V 102; 134 III 59). Regelmässig wird sich

---

    gen Urteilen (z.B. 104 II 101) und Literaturstellen – auch im vorliegenden Werk – wird allerdings diese subtile Unterscheidung dem Wortlaut nach noch selten gemacht.

24   MERZ, BeKomm, Art. 2 N 39 und 45.

25   Zur «Durchgangsfunktion» vgl. MERZ, BeKomm, Art. 2 N 42; ZELLER, Zum Begriff der «Missbräuchlichkeit» im Schweizerischen Privatrecht, in ZSR NF 109 (1990), I 261 ff., 265.

26   Zur ganzen Problematik siehe GAUCH/SCHLUEP/SCHMID a.a.O. Rn. 1295 f.; MERZ, BeKomm, Art. 2 N 181 ff.; JÄGGI/GAUCH/HARTMANN, ZüKomm, Art. 18 OR N 641 ff.; KRAMER, BeKomm, Art. 18 OR N 273 ff.; STEINAUER, Le Titre préliminaire, Nr. 603 ff., jeweils mit Hinweisen.

auch, wenn Rechtsmissbrauch möglich ist, eine Partei darauf berufen. Sie trägt die Beweislast für das Vorhandensein der Umstände, die auf Rechtsmissbrauch schliessen lassen (135 III 170; 138 III 431).

24 **b. Beispiele von Rechtsmissbrauchsfällen.** Im Folgenden bringen wir einige Beispiele aus Theorie und Praxis, die den Begriff des Rechtsmissbrauchs illustrieren sollen. Bald steht mehr der Einzelfall, bald mehr das Typische im Vordergrund. Doch versuchen wir, die behandelten Fälle bestimmten, von Lehre und Rechtsprechung entwickelten Fallgruppen (137 III 629; 138 III 431; 140 III 495 und 589)[27] zuzuordnen, z.B. der Gruppe der unnützen Rechtsausübung. Hierbei ist freilich Vorsicht geboten: Nicht alles, was «unnütze Rechtsausübung» darstellt (oder die plastische Umschreibung einer andern Fallgruppe erfüllt), ist auch schon Rechtsmissbrauch. Die Rechtswissenschaft stellt weitere, teilweise subtile Unterscheidungen an.

25 1. Der «klassische» Fall von offenbarem Rechtsmissbrauch ist jener der sogenannten *Neidmauer*. Er lässt sich der *«unnützen Rechtsausübung»* zuordnen. Grundsätzlich ist es gestattet, auf seinem Boden (nach Massgabe des öffentlichen Rechts) beliebige Bauten zu errichten. Niemand darf nun aber – nur um den Nachbarn zu ärgern und zu benachteiligen – eine acht Meter hohe Bretterwand auf seinem Boden errichten und dadurch dem anderen die Aussicht auf See und Gebirge verunmöglichen: Obwohl der Bauende vorgibt, sein Recht auszuüben, darf das Gericht eine solche schikanöse Handlungsweise nicht schützen.[28]

26   Mit dem Leitsatz des Verbots unnützer Rechtsausübung (vgl. auch 123 III 203) verwandt ist das Gebot *«schonender Rechtsausübung»* (102 II 268 ff.).[29]

27 2. Eine weitere klassische Fallgruppe bildet ein *«krasses Missverhältnis der Interessen»*. Eine Vermieterin versucht, die erkrankte Mieterin am Tag des Ablaufs der Miete aus der Wohnung auszuweisen, obwohl Erstere die Wohnung gerade noch nicht braucht.[30] Anwendungsfälle finden sich in 95 II 21; 103 IV 164; 123 III 203.

28 3. Rechtsmissbrauch kann sodann vorliegen bei *«widersprüchlichem Verhalten»* («venire contra factum proprium»: 133 III 76; 135 III 169; 140 III 589). Doch bildet nicht jeder Wechsel in der Auffassung ein solches verpöntes Verhalten (94 II 49); Ände-

---

27 Vgl. hierzu vor allem MERZ, BeKomm, Art. 2 N 285 ff.; BAUMANN, ZüKomm, Art. 2 N 246 ff.; STEINAUER, Le Titre préliminaire, Nr. 570 ff.; HAUSHEER/AEBI-MÜLLER, BeKomm, Art. 2 N 68 und 206 ff.; HÜRLIMANN-KAUP/SCHMID, Einleitungsartikel des ZGB und Personenrecht, Nr. 293 ff.

28 EUGEN HUBER, Erl. II, 59 f.; MERZ, BeKomm, Art. 2 N 14 f., 307 und 344 ff. Demgegenüber war in 103 II 101 f. die Errichtung einer Baute in der Anflugschneise eines Flugplatzes nicht rechtsmissbräuchlich (vgl. auch 104 II 92). – Zur schikanösen Betreibung vgl. BGer 5A_508/2014 E. 2.3 (amtliche Publikation vorgesehen).

29 MERZ, BeKomm, Art. 2 N 393 ff. – «Schonende Rechtsausübung» ist aber auch schon Leitsatz für die (nicht berichtigende) Auslegung und Ergänzung des Gesetzes nach Art. 2 Abs. 1; siehe vorne N 12.

30 Vgl. TUOR/SCHNYDER, 9. A., 51 f. sowie BGE 117 IV 178 f.; zum Ganzen auch MERZ, BeKomm, Art. 2 N 371 ff.; BAUMANN, ZüKomm, Art. 2 N 302 ff.

rung in der Meinung und im Verhalten ist nur dann missbräuchlich, wenn ein Partner in schutzwürdigem Vertrauen auf früheres Verhalten Dispositionen getroffen hat, die sich nun als nachteilig erweisen (121 III 353; 125 III 259; BGer 4C.129/2002 E. 1.2; zum verwandten Fall der missbräuchlichen Berufung auf Formfehler siehe hinten N 30).

Dies gilt grundsätzlich auch für den Fall später Rechtsdurchsetzung; blosses Zuwarten mit der Rechtsausübung begründet für sich allein keinen Rechtsmissbrauch (124 II 453; 127 III 513; 130 III 124). Anders verhält es sich jedoch bei *qualifizierter Verzögerung in der Rechtsausübung,* wenn also der Gläubiger mit der Geltendmachung des Anspruchs in der Absicht zuwartet, eine für den Schuldner nachteilige Beweisverdunkelung herbeizuführen (98 II 116; 116 II 431; 127 III 267).   29

4. Gesetzliche Formvorschriften sind grundsätzlich Gültigkeitsvorschriften (11^2 OR), und die *Berufung auf einen Formfehler* verstösst an sich nicht gegen Treu und Glauben (86 II 262). Doch kann sie wegen besonderer Umstände einen offenbaren Rechtsmissbrauch darstellen (88 II 24). Ob dies zutrifft, will das Bundesgericht nicht nach starren Regeln, sondern nur unter Berücksichtigung aller Umstände des konkreten Falls entscheiden (116 II 702; 138 III 128; 140 III 202). Dazu hat sich eine reiche Kasuistik entwickelt, die teilweise auch Elemente des widersprüchlichen Verhaltens (115 II 338 f.; 123 III 74 f.; 138 III 403) oder der zweckwidrigen Rechtsausübung (112 II 335 ff.; 138 III 403) mitberücksichtigt: Rechtsmissbrauch ist nach der Praxis zu vermuten, wenn beide Parteien den formungültigen Vertrag freiwillig und irrtumsfrei (also in Kenntnis des Mangels) erfüllt haben – sei es vollständig, sei es zum überwiegenden Teil (116 II 702; 138 III 404; 140 III 202; BGer 4A_281/2014 E. 4). Die Anrufung des Formmangels muss auch dann als rechtsmissbräuchlich angesehen werden, wenn sie zweckwidrig erfolgt (112 II 335 ff.; 138 III 128, 403 und 405 f.; 139 III 12 f.; 140 III 495) oder wenn die betreffende Partei den Mangel arglistig veranlasst hat (88 II 24; 90 II 27 f.).[31]   30

5. Der Rechtsmissbrauch hat sodann Bedeutung auf dem Gebiet der *Verjährungs-* und *Verwirkungsfristen.* Dies gilt zunächst im Sinn einer *Einschränkung* der Möglichkeit, die betreffende Handlung innert einer solchen Frist vorzunehmen: also im Sinn einer *Abkürzung* der Fristen. So kann die Pflicht zu loyaler Rechtsausübung ausnahmsweise dazu führen, dass ein Geschädigter seinen Anspruch vor Eintritt der Verjährung verwirkt (107 II 232 und dort Zitierte). Eine Verwirkung wegen verspäteter Rechtsausübung ist jedoch nicht leichthin anzunehmen (109 II 340; 109 III 18 ff.; 131 III 443; ferner die vorne in N 28 f. Zitierten).   31

Vor allem aber kann die Rechtsmissbrauchsschranke auch zu einer *Verlängerung* (Erstreckung) der Fristen führen: Der Verjährung des Ersatzanspruchs des Gemeinwe-   32

---

31 Zu dieser in der Lehre sehr ausführlich kommentierten Rechtsprechung vgl. GAUCH/SCHLUEP/ SCHMID/EMMENEGGER a.a.O. Rn. 550 ff.; ALFRED KOLLER, Vom Formmangel und seinen Folgen, in Alfred Koller (Hrsg.), Der Grundstückkauf (2. A. Bern 2001), 93 ff. und 103 ff.; JÖRG SCHMID, Die öffentliche Beurkundung von Schuldverträgen – Ausgewählte bundesrechtliche Probleme (Diss. Freiburg 1988), AISUF 83, Nr. 699 ff.; BAUMANN, ZüKomm, Art. 2 N 270 ff.; STEINAUER, Le Titre préliminaire, Nr. 592 ff.; HAUSHEER/AEBI-MÜLLER, BeKomm, Art. 2 N 288 ff.

sens gegen die Verwandten des Unterstützungspflichtigen (329) kann mit Erfolg entgegengehalten werden, dass dieser durch *arglistiges Verhalten* (falsche Angaben) es der Behörde praktisch verunmöglicht hat, den Anspruch innerhalb der Verjährungsfrist geltend zu machen (76 II 117).[32] Als rechtsmissbräuchlich erweist sich ferner die Verjährungseinrede eines Vermächtnisnehmers, der durch sein Verhalten die Begünstigte in den Glauben versetzt hat, er werde die Auflage vollziehen, und sie dadurch davon abgehalten hat, diese Vollziehung zu verlangen (108 II 287 f.). Die Erhebung der Verjährungseinrede ist aber nicht nur bei arglistigem Verhalten des Schuldners rechtsmissbräuchlich; die Berufung auf Rechtsmissbrauch rechtfertigt sich auch dann, wenn der Schuldner ohne böse Absicht ein Verhalten gezeigt hat, das bei Anlegung eines objektiven Massstabs die Unterlassung rechtlicher Schritte durch den Gläubiger verständlich erscheinen lässt (89 II 262 f.; 113 II 269; 131 III 437).

33 6. Rechtsmissbrauch kommt nach früherer Praxis auch in Betracht, wenn ein Vertrag oder ein Rechtsinstitut von seinem im Gesetz vorgesehenen *Zweck abgelenkt* und zur Erreichung eines vom Gesetz *verbotenen Ziels* benutzt wird (siehe etwa 107 II 170 f.; 113 II 8; vgl. auch 128 II 102).[33] Doch sind die entsprechenden Erwägungen auf Kritik gestossen – weniger im Ergebnis als hinsichtlich der Begründung: Es lässt sich einwenden, dass die Berufung auf «Zweckwidrigkeit» zur Begründung des Rechtsmissbrauchs nicht genügt;[34] mit blosser Auslegung und Ergänzung nach Treu und Glauben (also ohne Berufung auf Art. 2 Abs. 2) vermag das Gericht «*Gesetzesumgehungen*» zu entlarven und unschädlich zu machen.[35] Neuere Entscheidungen zu den Umgehungsgeschäften folgen mindestens teilweise dieser Argumentation und konzentrieren sich auf die Auslegungsfrage (115 II 179; 123 III 238 ff.; 132 III 219 f.; in 125 III 257 ff. wird das betreffende Verhalten des Beklagten unter Art. 2 Abs. 1 *und* 2 gewürdigt).

34 7. Hinzuweisen bleibt schliesslich auf ein paar Fälle, bei denen das Bundesgericht die *Berufung auf den Rechtsmissbrauch abgewiesen* hat. Durch eine Bemerkung eines Schuldners, er sei zur Zahlung ausser Stande, liess sich ein Gläubiger von der rechtzeitigen Geltendmachung seines Anspruchs abhalten. Die Erhebung der Verjährungseinrede stellt hier keinen Rechtsmissbrauch dar. Ein missbräuchliches Verhalten liesse sich nur bejahen, wenn das Verhalten des Schuldners seiner Art nach, bei Beurteilung

---

32 Dieser Entscheid ist vor der Abänderung von Art. 329 und der Schaffung des neuen Art. 289 Abs. 2 durch das BG vom 25. Juni 1976 ergangen.

33 Zweckwidrig und demnach rechtsmissbräuchlich handeln gemäss bundesgerichtlicher Rechtsprechung Eheleute nicht schon dann, wenn ein Ehevertrag erst im Hinblick auf das unmittelbar bevorstehende Ableben des einen Ehegatten geschlossen wird, sondern erst dann, wenn er lediglich die Interessen anderer Erben, vor allem Kinder aus erster Ehe, in krasser Weise zu verletzen bestimmt ist (99 II 9 ff.) bzw. wenn sein einziger Zweck darin besteht, die anderen Erben des vorverstorbenen Ehegatten zu schädigen (112 II 396 f.). Entscheidendes Kriterium ist hier jedoch die *absichtliche sittenwidrige Schädigung,* nicht die Zweckwidrigkeit (Merz, BeKomm, Art. 2 N 522).

34 Merz, BeKomm, Art. 2 N 338. Zu dieser Frage vgl. auch Zeller a.a.O. 339 ff.

35 Deschenaux, SPR II, 157; Merz, BeKomm, Art. 2 N 92 f.; Baumann, ZüKomm, Art. 2 N 52 ff.; Steinauer, Le Titre préliminaire, Nr. 307 ff. und 504; Hausheer/Aebi-Müller, BeKomm, Art. 2 N 85 und 93; Emmenegger/Tschentscher, BeKomm, Art. 1 N 471.

nach einem objektiven Massstab, als geeignet erschiene, den Gläubiger an der rechtzeitigen Wahrnehmung seiner Rechte zu hindern (69 II 102 ff.). Gleiches gilt für blosse
Verhandlungs- oder Vergleichsofferten des Schuldners (113 II 269). – Ein Erbschafts-
schuldner zahlte nur an einen der Erben und hat sich demgemäss nach Art. 602 Abs. 2
von der Schuld nicht befreit. Es bedeutet keinen Rechtsmissbrauch, wenn die Erbengemeinschaft, der jene Zahlung nicht zugekommen war, nochmalige Zahlung verlangt
(41 II 214). – Die Unterlassung der zur Begründung des Faustpfandrechts erforderlichen Besitzübertragung kann angerufen werden, selbst wenn sie durch ein gegen Treu
und Glauben verstossendes Handeln der Gegenpartei verschuldet worden ist. Es würden sonst die Vorschriften über die Notwendigkeit des Besitzerwerbs als Voraussetzung für die Entstehung von Pfandrecht (und Eigentum) an beweglichen Sachen illusorisch gemacht (43 II 24 f.). – Der Verkauf eines landwirtschaftlichen Gewerbes kann
trotz der Vorkaufsrechte durch eine Konventionalstrafe bekräftigt werden, selbst wenn
die Vorkaufsberechtigten Erbanwärter des Verkäufers sind (87 II 154 f.).[36]

c. Die Rechtsfolgen. Der (offenbare) Rechtsmissbrauch findet, wie Art. 2 Abs. 2 in   35
einer sehr allgemeinen Formulierung sagt, *keinen Rechtsschutz.* Diese Rechtsfolge
bedarf der Konkretisierung und der Ergänzung:

1. *Im Allgemeinen.* Die Verweigerung des gerichtlichen Rechtsschutzes kommt meis-   36
tens darin zum Ausdruck, dass die entsprechenden gerichtlichen *Mittel* – je nachdem
Klage oder Einrede – der betreffenden, missbräuchlich handelnden Partei *versagt bleiben.* Weiter kann dem Betroffenen ein Anspruch auf *Behebung der Folgen* erwachsen,
die sich aus missbräuchlicher Rechtsausübung ergeben haben. So muss z.B. die Neidmauer abgerissen werden. Können die unerwünschten Folgen gar nicht mehr behoben
werden, so greift *die Klage auf Schadenersatz* ein (dazu sogleich N 37). Bei Verträgen ist
darüber hinaus ein *korrigierender Eingriff* in dem Sinn möglich, dass der *Vertrag* nicht
aufgehoben, sondern nur Leistung oder Gegenleistung abgeändert werden.[37] Schliesslich sehen spezielle gesetzliche Normen besondere Rechtsfolgen vor (etwa 270 und
271 f. OR; zu letzterer Norm vgl. 133 III 175 ff.).

2. *Die Vertrauenshaftung im Besonderen.* Bei Vertragsverhandlungen kann der schuld-   37
hafte Verstoss eines Partners gegen das Gebot, sich nach Treu und Glauben zu verhalten, zu einer *Haftung aus Culpa in contrahendo* führen (105 II 79; 108 II 313). Sie richtet
sich auf den Ersatz des negativen Interesses; der Geschädigte hat demnach Anspruch
auf den Ersatz des Schadens, der ihm aus dem von der Gegenpartei erweckten Ver-

---

36 Vgl. ferner 102 II 225 (Berufung auf Nichtigkeit von Vertragsbestimmungen, die jahrelang
    eingehalten wurden), 111 II 142 E. 5 (betr. ein eintragungsfähiges dingliches Recht), 115 II 236
    (das Rechtsmissbrauchsverbot ist nicht dazu da, einer allgemeinen Vertragsgerechtigkeit zum
    Durchbruch zu verhelfen), 119 II 235 (Kündigung durch den Vermieter trotz Entgegennahme
    verspäteter Mietzinszahlungen).

37 Gauch/Schluep/Schmid/Emmenegger a.a.O. Rn. 1288 ff.; Jäggi/Gauch/Hartmann,
    ZüKomm, Art. 18 OR N 641 ff., insbes. N 649 ff.; Kramer, BeKomm, Art. 18 OR N 272 ff., ins-
    bes. N 353 ff. – Vorausgesetzt ist, dass nicht durch Ergänzung des Vertrags eine Vertragslücke in
    diesem Sinn ausgefüllt werden kann. Dann stellt sich diese Frage gar nicht (vgl. etwa 127 III 307).

trauen auf das Zustandekommen eines Vertrags erwachsen ist (105 II 81).[38] In jüngerer Zeit hat das Bundesgericht die Grundsätze der Culpa-Haftung zu einer *Vertrauenshaftung* verallgemeinert: Eine solche Schadenersatzpflicht setzt voraus, dass in einer rechtlichen Sonderverbindung (auch ausserhalb von Vertragsverhandlungen) schutzwürdiges Vertrauen geweckt und später in pflichtwidriger Weise enttäuscht worden ist (grundlegend 120 II 336 f.; ferner 121 III 355; 124 III 303 f.; 128 III 327; 130 III 349; 133 III 449).[39] Das wurde bejaht für eine Konzern-Muttergesellschaft, die gegenüber den Geschäftspartnern ihrer Tochtergesellschaft durch Werbeaussagen bestimmte Erwartungen in ihre Konzernverantwortung weckte und hernach enttäuschte (120 II 331 ff., «Swissair-Fall»; Gegenbeispiele in 123 III 231 f. und 124 III 303 f.), und für einen Sportverband, der zuerst gemäss unlängst aufgestellten Selektionskriterien einen Leistungssportler (Ringer) für die Weltmeisterschaften nominiert hatte, kurz vor Wettkampfbeginn dann jedoch ohne hinreichenden Grund einen zusätzlichen Qualifikationskampf anordnete (121 III 350 ff.). Zum gleichen Ergebnis kam das BGer im Fall einer gefälschten Wechselunterschrift, weil die Bezogene gegenüber der Wechselinhaberin das Vertrauen erweckt hatte, die Unterschrift auf dem Wechsel sei echt (128 III 324 ff.).[40] Hinsichtlich der Verjährungsfrist unterstellt das Bundesgericht die Ansprüche aus Vertrauenshaftung dem Art. 60 OR (134 III 390 ff.).[41]

---

38 Ausführlich GAUCH/SCHLUEP/SCHMID/EMMENEGGER a.a.O. Rn. 962a ff.; BAUMANN, ZüKomm, Art. 2 N 105 ff.

39 Im Einzelnen GAUCH/SCHLUEP/SCHMID/EMMENEGGER a.a.O. Rn. 982a ff.; HANS PETER WALTER, Vertrauenshaftung im Umfeld des Vertrages, in ZBJV 132 (1996), 273 ff.; DERSELBE, Die Vertrauenshaftung: Unkraut oder Blume im Garten des Rechts?, in ZSR NF 120 (2001), I 79 ff.; ARIANE MORIN, Définition de la responsabilité fondée sur la confiance au regard de la jurisprudence récente du Tribunal Fédéral, in Semjud 122 (2000), II 161 ff.; PETER LOSER, Die Vertrauenshaftung im schweizerischen Schuldrecht (Habil. Basel, Bern 2006).

40 Ausführlich GAUCH/SCHLUEP/SCHMID/EMMENEGGER a.a.O. Rn. 982e ff. Im Entscheid ZBGR 80 (1999), 387 ff. E. 4a = ZBJV 135 (1999), 173 ff. bejahte das Bundesgericht eine Vertrauenshaftung bei einem formmangelhaften Grundstückkauf und sprach dem Verkäufer als Schaden die Differenz zwischen der freiwillig erbrachten und der noch ausstehenden (nicht richtig verurkundeten) Kaufpreisleistung zu – wobei die Frage des Rechtsmissbrauchs offengelassen wurde. Diese Konstruktion unterläuft die Schutzfunktion der gesetzlichen Formvorschrift von Art. 216 OR und könnte praktisch darauf hinaus laufen, dass in jedem Fall von Formungültigkeit Schadenersatzansprüche (im Umfang des positiven Interesses) geltend gemacht werden (SCHMID, BR/DC 2000, 155 f.; DERSELBE, Vertrauenshaftung bei Formungültigkeit, in Peter Forstmoser u.a. [Hrsg.], Richterliche Rechtsfortbildung in Theorie und Praxis, FS Hans Peter Walter [Bern 2005], 417 ff.).

41 Kritisch GAUCH/SCHLUEP/SCHMID/EMMENEGGER a.a.O. Rn. 982k.

§ 7 Die Beweisregeln

I. ZGB und Zivilprozess

Ob und wie die Rechtsnormen angewandt werden und somit «Recht geschieht», hängt   1
nicht nur vom materiellen Recht ab, sondern auch von der Gestaltung des gerichtlichen Verfahrens. Wesentliche Bedeutung kommt demnach dem Zivilprozess zu. Hier wird verbindlich entschieden, welche privatrechtlichen Ansprüche einer Person in einem streitigen Einzelfall zustehen. Seit 1. Januar 2007 steht die *Gesetzgebungskompetenz für das Zivilprozessrecht* dem Bund zu (122¹ BV);[1] die Schweizerische Zivilprozessordnung datiert vom 19. Dezember 2008 und ist am 1. Januar 2011 in Kraft getreten.[2] Vorher war das Zivilprozessrecht seit Entstehen des Bundesstaates grundsätzlich kantonales Recht gewesen.[3] Dennoch hat der Bundesgesetzgeber schon ab 1912 im ZGB wichtige prozessuale Fragen geregelt, die mit dem materiellen Recht in engem Zusammenhang stehen (und die früher in den kantonalen Zivilprozessordnungen geregelt waren).

Das gilt namentlich für die praktisch äusserst bedeutsame Frage, wann das Gericht   2
das Vorhandensein der Tatsachen, auf welche die Parteien ihre Begehren stützen, als gegeben annehmen darf. Von solchen Regeln zum *Beweis* hängt insbesondere auch die gleichförmige Anwendung des vereinheitlichten Privatrechts in den verschiedenen Kantonen ab.

So hat der Bundesgesetzgeber zunächst einige *allgemeine Grundsätze* über den *Beweis*   3
in den Art. 8 und 9, aber auch 3 des *Einleitungstitels* zum ZGB aufgestellt.[4] Er hatte sodann bei der Ordnung *einzelner Materien,* insbesondere in Personenrechts-, Ehescheidungs- und Vaterschaftssachen sowie im Vormundschaftsrecht, *besondere Vorschriften* über das hierbei anzuwendende Verfahren erlassen – alles Bestimmungen, die mit dem Inkrafttreten der ZPO aufgehoben worden sind.[5]

Von den im Einleitungstitel enthaltenen Beweisregeln beziehen sich Art. 8 und 3 auf   4
die Frage, welcher Partei im Prozess der Beweis obliegt *(Verteilung der Beweislast),* Art. 9 auf die Frage nach der *Art des Beweises* in einem besonderen Fall.

Vor der Behandlung dieser Bestimmungen ist zur Kognition des Bundesgerichts folgender Hinweis anzubringen: Im Rahmen der Überprüfung kantonaler Urteile in der   5
Beschwerde in Zivilsachen, dem zentralen Rechtsmittel der bundesgerichtlichen Zivilrechtspflege (72 ff. BGG), befasst sich das Bundesgericht (mit voller Kognition) grund-

---

1   AS 2006, 1059 und 1069.
2   AS 2010, 1739 ff.; SR 272. Vgl. auch die Botschaft zur Schweizerischen Zivilprozessordnung (ZPO) vom 28. Juni 2006, BBl 2006, 7221 ff.
3   Art. 64 Abs. 3 BV vom 29. Mai 1874, eingefügt am 27. Dezember 1898 (AS 16 [1898], 885 ff.); Art. 122 Abs. 2 BV vom 18. Dezember 1998.
4   Bis 31. Dezember 2010 gehörte auch Art. 10 ZGB (Beweisvorschriften; vgl. Vorauflage, § 7 N 21 f.) zu diesen Normen, der durch die ZPO aufgehoben wurde (AS 2010, 1838).
5   AS 2010, 1838 ff.; vgl. auch BBl 2006, 7310 ff., 7446 ff. und 7511 f.

sätzlich nur mit Rechts-, nicht mit Tatfragen (95 f. und 105[1] BGG). Haben die kantonalen Gerichte Beweise gewürdigt und sich vom Vorhandensein bestimmter Tatsachen überzeugt, geht es um *Tatfragen*. In diesem Fall kann vor Bundesgericht in vermögensrechtlichen Angelegenheiten nur noch eine offensichtliche Unrichtigkeit, namentlich die willkürliche Feststellung des Sachverhalts (Verfassungsverletzung) gerügt werden (97[1] und 105[2] BGG; 135 III 401; 140 III 117). Geht es hingegen um die richtige Anwendung der (nunmehr bundesrechtlichen) Verfahrensregeln zu den Beweisfragen, liegt grundsätzlich eine durch Beschwerde in Zivilsachen überprüfbare *Rechtsfrage* vor.[6] Die Grenzziehung ist indessen nicht immer einfach.

II.   Die Verteilung der Beweislast

6   **a. Der Grundsatz.** Damit die Richterinnen und Richter in der Lage sind, Recht zu sprechen, müssen sie von einem bestimmten Sachverhalt ausgehen können. Dieser gerichtlichen Sachverhaltsfeststellung dient der Beweis. Wem obliegt nun die Aufgabe des Beweisens, wenn Tatsachen streitig sind? Oder anders formuliert: Wer soll den Nachteil tragen, wenn eine Tatsache nicht bewiesen wird? Die Antwort ist in Art. 8 enthalten:[7]

7   1. Nach Art. 8 trägt jene Person, die aus der behaupteten Tatsache Rechte ableitet, die «Beweislast» (Randtitel) – unter Vorbehalt gesetzlicher Sonderregeln. Wer sich daher auf das Bestehen eines Anspruchs beruft, hat die *rechtsbegründenden Tatsachen* (z.B. die vertragliche Abmachung, die testamentarische Verfügung) zu beweisen. Wer aus besonderen Gründen den Nichtbestand einer Verpflichtung geltend macht, trägt die Beweislast für die *rechtshindernden und rechtsaufhebenden Tatsachen*, z.B. für die Tatsachen, die dartun, dass Verjährung, Verwirkung, Erlass, Stundung, Arglist der Gegenpartei, wesentlicher Irrtum auf seiner Seite vorliegen (128 III 273; 130 III 323; 139 III 10).[8] Entscheidend ist demnach nicht die Rolle, die einer Partei im Prozess zukommt – ob sie nun Klägerin oder Beklagte ist –, sondern die materiell-rechtliche Lage. Gelingt der Beweis nicht, so wird die Unrichtigkeit der behaupteten Tatsache angenommen und zu Lasten der beweisbelasteten Partei entschieden. Art. 8 regelt demnach die

---

6   Differenzierend WALTER, BeKomm, Art. 8 N 685 ff.

7   Zur fortdauernden Bedeutung von Art. 8 ZGB nach dem Inkrafttreten der ZPO vgl. WALTER, BeKomm, Art. 8 N 8 und 25 ff.

8   Diese sogenannte *Normentheorie* mit der Unterscheidung zwischen rechtsbegründenden, rechtshindernden und rechtsaufhebenden Tatsachen entspricht der herrschenden Lehre: KUMMER, BeKomm, Art. 8 N 129 ff., 146 ff. und 160 ff.; STEINAUER, Le Titre préliminaire, Nr. 690 ff.; WALTER, BeKomm, Art. 8 N 254 ff.; SCHMID, BaKomm, Art. 8 N 37 ff. – Anderer Meinung etwa ISAAK MEIER, Zum Problem der Beweislastverteilung im schweizerischen Recht, in ZSR NF 106 (1987) I, 705 ff. in Anlehnung an KARL SPIRO. – Zum Ganzen vgl. auch ALEXANDRA RUMO-JUNGO, Entwicklungen zu Art. 8 ZGB, in Peter Gauch/Jörg Schmid (Hrsg.), Die Rechtsentwicklung an der Schwelle zum 21. Jahrhundert – Symposium zum Schweizerischen Privatrecht (Zürich 2001), 39 ff.

«*Folgen der Beweislosigkeit*» (131 III 649; 139 III 9 f.).[9] Auch diese Vorschrift ist nach den Regeln von Treu und Glauben (2[1]) anzuwenden (83 II 211 E. 3). So muss, wo der Natur der Sache nach ein absoluter Beweis unmöglich ist, eine an Sicherheit grenzende Wahrscheinlichkeit (94 II 80) oder gelegentlich eine auf der Lebenserfahrung beruhende überwiegende Wahrscheinlichkeit (130 III 325; 132 III 720; 133 III 88 f. und 162) genügen.[10] Den Beweis, welcher der beweisbelasteten Partei obliegt, nennt man *Hauptbeweis;* der Gegner der beweisbelasteten Partei hat nach Art. 8 das *Recht zum Gegenbeweis* (115 II 305; 130 III 326).[11]

Besonders schwierig ist der *negative Beweis,* d.h. der Beweis für das Nichtvorhandensein einer von der anderen Partei behaupteten Tatsache. Man kann daher verlangen, dass auch diese zur Aufklärung des Sachverhalts beiträgt (119 II 305; 133 V 217; 139 II 459 f.).[12]   8

2. Beweislast ist nicht gleichbedeutend mit *Behauptungslast.* Art. 8 hält lediglich die Obliegenheit fest, die das behauptete Recht erzeugenden Tatsachen zu beweisen; er sagt dagegen nichts aus zur prozessrechtlichen Obliegenheit, sie zu behaupten. Diese ergibt sich aus dem Prozessrecht (das sie durch richterliche Fragepflichten mildert; 56 und 247[1] ZPO), in Verbindung mit den materiell-rechtlichen Anspruchsnormen.[13] Doch gibt Art. 8 der beweisbelasteten Partei ein *Recht* darauf, eine Tatsache *zu beweisen,* die rechtlich erheblich ist («*Recht zum Beweis*»: 126 III 317; 130 III 601; 133 III 299),[14] gegebenenfalls – wie Art. 152 ZPO – auch das *Recht* auf *Abnahme* eines beantragten Beweismittels (114 II 291; 123 III 40).[15] Vorausgesetzt wird, dass die Beweisangebote rechtserhebliche Tatsachen betreffen und form- und fristgemäss erfolgt sind.[16] Eine antizipierte Beweiswürdigung ist jedoch zulässig (126 III 317; 138 III 376).[17]   9

Mit der Behauptungslast im Zusammenhang steht die heikle Frage der *Substanzierung:* Reichen die vorgebrachten Tatsachenbehauptungen überhaupt aus, um das Vorliegen eines behaupteten Rechts zu beurteilen? Auch diese Frage bestimmt sich nach dem Prozessrecht, freilich in Verbindung mit den Normen des materiellen Rechts, die einen Anspruch begründen oder vernichten.[18] Doch strahlt Art. 8 in   10

---

9   KUMMER, BeKomm, Art. 8 N 20; STEINAUER, Le Titre préliminaire, Nr. 677; WALTER, BeKomm, Art. 8 N 28 ff. (32).

10   Überwiegende Wahrscheinlichkeit setzt voraus, dass «für die Richtigkeit der Sachbehauptung nach objektiven Gesichtspunkten derart gewichtige Gesichtspunkte sprechen, dass andere denkbare Möglichkeiten vernünftigerweise nicht massgeblich in Betracht fallen» (132 III 720).

11   Hierzu WALTER, BeKomm, Art. 8 N 65 ff.

12   Vgl. zur Problematik dieser Obliegenheit KUMMER, BeKomm, Art. 8 N 187; STEINAUER, Le Titre préliminaire, Nr. 711 ff.; WALTER, BeKomm, Art. 8 N 323 ff. (353).

13   Vgl. WALTER, BeKomm, Art. 8 N 182 ff.

14   Vgl. WALTER, BeKomm, Art. 8 N 36 ff.

15   Vgl. auch Botschaft BBl 2006, 7312.

16   Für die Herrschaft des kantonalen Prozessrechts vgl. 129 III 24 f.; 133 III 299.

17   HASENBÖHLER in Sutter-Somm/Hasenböhler/Leuenberger (Hrsg.), ZPO-Kommentar, Art. 152 N 18 ff.; WALTER, BeKomm, Art. 8 N 39.

18   Ausführlich WALTER, BeKomm, Art. 8 N 199 ff.

diese Frage aus; das Bundesgericht entschied schon unter der Herrschaft des kantonalen Prozessrechts, dass Art. 8 mitbestimmt, wie weit ein Sachverhalt substanziert werden müsse (108 II 339; 117 II 113).[19] Nach der bundesgerichtlichen Praxis braucht eine Tatsachenbehauptung nicht alle Einzelheiten zu enthalten; vielmehr genügt es, «wenn die Tatsache in einer den Gewohnheiten des Lebens entsprechenden Weise in ihren wesentlichen Zügen ... behauptet worden ist», wobei die Behauptung immerhin so konkret formuliert sein muss, dass ein substanziertes Bestreiten möglich ist oder der Gegenbeweis angetreten werden kann (136 III 328).

11   3. Im Übrigen sagt Art. 8 nichts darüber, wie die Beweise zu *würdigen* sind (111 II 399; 119 III 63; 122 III 223). Immerhin darf das Gericht nicht eine bestrittene Behauptung ungeprüft seinem Entscheid zu Grunde legen (96 I 199; 114 II 290 f.). Ebenso ist ein Entscheid nach blosser Wahrscheinlichkeit grundsätzlich unzulässig (128 III 275); ein Beweis gilt vielmehr nur als erbracht, wenn das Gericht – nach objektiven Gesichtspunkten – von der Richtigkeit der Sachbehauptung überzeugt ist und ihm allfällige Zweifel als unerheblich erscheinen (118 II 238 f.; 128 III 275 [«Regelbeweismass»]; 130 III 324; 133 III 162; 140 III 612). Glaubhaftmachung (140 III 613) genügt nur, wo das Gesetz sie zulässt (z.B. 961[3] ZGB; 261[1] ZPO).[20]

12   **b. Die Ausnahmen.** Art. 8 macht einen ausdrücklichen *Vorbehalt* zu Gunsten anders lautender gesetzlicher Bestimmungen. Dazu ist ein Mehrfaches festzuhalten:

13   1. Es gibt Fälle, bei denen das Gesetz die Beweislast der nach dem Grundsatz von Art. 8 beweispflichtigen Person erlässt und sie der anderen Partei zuschiebt («Umkehrung» der Beweislast). Dies trifft zu bei den gesetzlichen *Vermutungen (Präsumtionen)*. Allerdings müssen auch hier regelmässig (Ausnahme: sogleich Art. 3 Abs. 1) gewisse Vortatsachen – die sogenannte Vermutungsbasis – feststehen. Diese würden aber für sich allein den Beweis noch nicht als erbracht erscheinen lassen. Hier hilft das Gesetz durch die «Vermutung» nach und erklärt den Beweis für genügend. Beispiel: Ein Erbe kann die Erbschaft, die ihm zugefallen ist, ausschlagen und damit namentlich auch der Haftung für die Erbschaftsschulden entgehen. Art. 566 Abs. 2 hält nun fest, dass bei offenkundiger oder amtlich festgestellter Zahlungsunfähigkeit des Erblassers im Zeitpunkt seines Todes «vermutet» wird, der Erbe habe die Erbschaft ausgeschlagen. Der Erbe braucht demnach nicht die Ausschlagung zu beweisen. Es genügt, wenn er die Zahlungsunfähigkeit des Erblassers beweist. Damit gilt auch der Beweis für die Ausschlagung als erbracht. Ein anderes Beispiel wäre etwa Art. 255: Kraft der (Vortatsache der) Ehe der Mutter wird vermutet, dass der Ehemann der Vater des Kindes ist.

14   Die Vermutung schafft jedoch nicht die gleiche Gewissheit wie der Beweis. Sie kann umgestossen werden durch den *Beweis des Gegenteils* (nicht: Gegenbeweis), in den obigen Beispielen also durch den Nachweis, dass der Erbe die Erbschaft dennoch

---

19   Vgl. WALTER, BeKomm, Art. 8 N 202; LEUENBERGER in Sutter-Somm/Hasenböhler/Leuenberger (Hrsg.), ZPO-Kommentar, Art. 221 N 43 ff.

20   Zum Ganzen vgl. auch STEINAUER, Le Titre préliminaire, Nr. 666 ff.; WALTER, BeKomm, Art. 8 N 126 ff.; ISABELLE BERGER-STEINER, Das Beweismass im Privatrecht ... (Diss. Bern 2008), ASR 745, 41 ff., 88 ff. und 128 ff.

angenommen hat oder dass der Ehemann nicht der (biologische) Vater ist. Schliesst das Gesetz diesen Beweis des Gegenteils aus, so handelt es sich um eine unwiderlegliche Vermutung, eine sogenannte Praesumtio iuris et de iure: Das Gesetz «fingiert» einen Tatbestand; es liegt eine «Fiktion» vor.[21]

2. Eine besondere gesetzliche Vermutung ist in *Art. 3* gegeben. Ein umstrittenes Recht 15 hängt nicht selten vom *guten Glauben* desjenigen ab, der es beansprucht (z.B. 884[2], 933[1]).[22] Gutgläubig ist, wem bei Vorliegen eines Rechtsmangels das entsprechende Unrechtsbewusstsein fehlt (99 II 147; BGer 5C.122/2006 E. 2.2.2 = ZBGR 88 [2007], 474 ff.).[23] Dieses Fehlen beruht meistens schlicht darauf, dass jemand in casu den Mangel nicht kennt, seltener darauf, dass er in unsicherer Lage vertretbar handelt (94 II 312), und ausnahmsweise auf unzutreffender Rechtsüberzeugung.[24] Der gute Glaube für sich allein hebt indessen den Mangel nicht auf. Die Überwindung des Mangels geschieht nur dort, wo das Gesetz es vorsieht (96 II 170; darauf lässt auch der Nebensatz in 3[1] schliessen); das schweizerische Recht kennt mit anderen Worten keinen allgemeinen Gutglaubensschutz.[25]

Wer sich nun in den vom Gesetz vorgesehenen Fällen auf den guten Glau- 16 ben beruft, braucht weder seinen guten Glauben (das Fehlen des Unrechtsbewusstseins) noch irgendeine Vortatsache zu beweisen; sein guter Glaube wird nach Art. 3 Abs. 1 vielmehr *vermutet* (jedermann gilt grundsätzlich als gutgläubig; 139 III 308).[26] Die Gegenpartei kann allerdings auch hier den *Beweis des Gegenteils* erbringen, also den bösen Glauben (Unrechtsbewusstsein) jener Person nachweisen. Dieser Beweis des Gegenteils kann sich unter Umständen sehr schwierig gestalten, da es um innere Gesinnungen und Vorgänge geht. Das Gesetz hat daher in Art. 3 Abs. 2 folgenden Zusatz vorgesehen: «Wer bei der Aufmerksamkeit, wie sie nach den Umständen von

---

21 Beispiel: Art. 970 Abs. 4. – Im Fall des Art. 566 Abs. 2 nimmt ein Teil der Lehre auch eine Fiktion an: siehe PIOTET, SPR IV/2, 591 f.

22 Ausführlich zu den gesetzlichen Fällen des Gutglaubensschutzes STEINAUER, Le Titre préliminaire, Nr. 762.

23 Hierzu grundlegend JÄGGI, BeKomm, Art. 3 N 1 ff. – Zum Teil abweichend PIOTET, La bonne foi et sa protection en droit privé suisse, in SJZ 64 (1968), 81 ff., 100 ff., sowie DERSELBE, L'entrepreneur a-t-il droit à l'hypothèque légale en cas de construction sur le fonds d'autrui et de faillite du propriétaire?, in JdT 118 (1970) I, 130 ff., 134 f.; BAUMANN, ZüKomm, Art. 3 N 2; HOFER, BeKomm, Art. 3 N 27 ff. (für den Verzicht auf das «fehlende Unrechtsbewusstsein», so dass der gute Glaube als «Unkenntnis eines Rechtsmangels» zu umschreiben ist [N 36]). – Vgl. auch SCHNYDER, Der gute Glaube im Immobiliarsachenrecht, in ZBGR 66 (1985), 65 ff. = «Das ZGB lehren», Gesammelte Schriften (Freiburg 2001), AISUF 200, 579 ff.; ALFRED KOLLER, Der gute und der böse Glaube im allgemeinen Schuldrecht (Freiburg 1985), AISUF 70; differenzierend STEINAUER, Le Titre préliminaire, Nr. 794 und 796.

24 Vgl. JÄGGI a.a.O. passim und aus SCHNYDER a.a.O. das Schema auf S. 69.

25 JÄGGI, BeKomm, Art. 3 N 11 f.

26 In der Konstruktion leicht abweichend BGE 119 II 25, KUMMER, BeKomm, Art. 8 N 354, und STEINAUER, Le Titre préliminaire, Nr. 664 und 811, die hier nicht eine Vermutung, sondern eine schlichte Beweisregel annehmen. Das Ergebnis (Verteilung der Beweislast) bleibt gleich (JÄGGI, BeKomm, Art. 3 N 92 ff.).

ihm verlangt werden darf, nicht gutgläubig sein konnte, ist nicht berechtigt, sich auf den guten Glauben zu berufen.» Es darf sich demnach niemand auf eine Unkenntnis berufen, welche die Folge seines schuldhaften, fahrlässigen oder leichtfertigen Verhaltens war. Die Berufung auf den an sich vorhandenen guten Glauben ist damit ausgeschlossen nicht nur beim Kennen eines Rechtsmangels (dann liegt ja gar kein guter Glaube mehr vor), sondern schon beim blossen *Kennensollen*.[27] Referenzmassstab ist die Aufmerksamkeit, die von einer ehrlichen Person in der gleichen Situation verlangt werden darf – was dem Gericht ein beträchtliches Ermessen einräumt (131 III 421; 137 III 149 und 155 f.; 139 III 308).[28] So besteht etwa für eine Bank Anlass zu besonderer Aufmerksamkeit, wenn ihr aus früheren Vorkommnissen bekannt ist, dass in Geschäften mit dem betreffenden Partner grösste Vorsicht geboten ist, oder wenn das Geschäft selbst oder dessen nähere Umstände Verdacht erwecken (100 II 15; 131 III 422). Ebenso hat ein Kaufmann im gewerbsmässigen Handel mit Occasionsautomobilen vor dem Erwerb eines Gebrauchtwagens ins Eigentumsvorbehaltsregister Einsicht zu nehmen (113 II 400; für den Handel mit Kunstwerken 139 III 308 f.); generell hat eine branchenkundige Person im Occasionshandel besondere Erkundigungspflichten (122 III 3 f.). In solchen Fällen wird nun der Partei, die den bösen Glauben geltend machen sollte, der entsprechende Beweis erlassen.[29] Mehr noch: Wer sich nach Art. 3 Abs. 2 nicht auf seinen guten Glauben berufen darf, wird einem Bösgläubigen gleichgestellt (121 III 348; 122 III 3; 139 III 308).[30]

17   3. Die erwähnten *gesetzlichen Vermutungen* (566[2], 255, 3[1]) sind streng genommen *Rechtsvermutungen* (vermutet wird eine Rechtswirkung), die allerdings auf *Tatsachenvermutungen* (der Erbe habe ausgeschlagen, der Ehemann sei der Vater, jemand sei gutgläubig) beruhen, welche eine Umkehr der Beweislast nach Art. 8 zur Folge haben. Etwas anderes sind rein *tatsächliche Vermutungen* (sog. Praesumptiones hominis): Im Rahmen seiner Beweiswürdigung verdichtet sich hier beim Gericht auf Grund einer Wahrscheinlichkeitsfolgerung aus bestimmten Fakten eine Sachbehauptung zur rich-

---

27   Es ist angesichts der nicht unzweideutigen gesetzlichen Formulierung terminologisch nicht «falsch», dieses Kennensollen bereits als bösen Glauben zu bezeichnen. Immerhin erscheint es uns beim Hauptfall fehlenden Unrechtsbewusstseins – bei (simpler) fehlender Kenntnis des Rechtsmangels – angezeigt, zuerst das Vorliegen dieser Unkenntnis (den guten Glauben) festzuhalten und alsdann erst zu fragen, ob der Irrende nach Art. 3 Abs. 2 nicht zu rechtfertigen sei. Beim selteneren Fall guten Glaubens (beim vertretbaren Handeln in unsicherer Lage) können allerdings diese beiden gedanklichen Operationen (fehlendes Unrechtsbewusstsein und Rechtfertigung) nicht völlig getrennt werden; siehe das erwähnte Schema bei SCHNYDER a.a.O. 69.

28   Ausführlich und mit reichhaltiger Kasuistik STEINAUER, Le Titre préliminaire, Nr. 834 ff.; HOFER, BeKomm, Art. 3 N 104 ff.

29   Wohl aber hat diese Partei vorgängig nachzuweisen, dass der allfällige gute Glaube des Partners «nur darauf beruht, dass er es an der nach den Umständen gebotenen Aufmerksamkeit hat fehlen lassen» (113 II 399), dass also ein Kennensollen vorliegt.

30   Zur Terminologie siehe Anm. 27. – Zum guten Glauben im Grundbuchrecht vgl. neben Art. 973 Abs. 1 beispielsweise BGE 127 III 443.

terlichen Überzeugung (110 II 4; 117 II 258);[31] diese Vermutung weicht denn auch schon blossem *Gegenbeweis* und nicht wie die gesetzliche Vermutung erst dem Beweis des Gegenteils (110 II 4).

III. Die Art des Beweises

Art. 8 bestimmt nur, *wer* den Beweis zu erbringen habe. Das «*Wie*» der Beweisleistung   18
überlässt er dem Prozessrecht, also den Art. 150 ff. ZPO. Hierbei regeln die Art. 168 ff.
ZPO die zulässigen Beweismittel, und Art. 157 ordnet die *freie Beweiswürdigung* an,
ein «Kernprinzip des modernen Prozessrechts».[32] Dieser Grundsatz ändert nichts an
den Regeln über die Beweislastverteilung, sondern besagt, dass das Gericht an keine
Regeln über den Wert von Beweismitteln gebunden ist; es hat demnach «seine Überzeugung nach freier Würdigung der Beweise» zu bilden (157 ZPO), mithin in freier
Überzeugung darüber zu befinden, ob die behaupteten Tatsachen als genügend bewiesen anzusehen sind.[33]

Immerhin weist **Art. 9 ZGB** (wie auch Art. 179 ZPO)[34] den *öffentlichen Registern* und   19
Urkunden eine erhöhte Beweiskraft zu, also etwa den Zivilstands- und Handelsregis-
tern, dem Grundbuch und den notariellen Urkunden.[35] Sie schaffen die *Vermutung*
für die Richtigkeit der durch sie bezeugten Tatsache (100 Ib 470 f.; zu den Grenzen der
erhöhten Beweiskraft s. 110 II 1 und 124 III 9). Die Vermutung kann allerdings durch
den Beweis des Gegenteils umgestossen werden (126 III 260; 127 III 254); nach Art. 9
Abs. 2 ist dieser Beweis an keine besondere Form gebunden (96 II 331). Art. 9 regelt
im Übrigen nur die Beweiskraft und nicht etwa die materiell-rechtliche Wirkung solcher Eintragungen (wie etwa die Auswirkung unrichtiger Angaben für gutgläubige
Dritte: 96 II 168).

---

31 Es handelt sich um «Wahrscheinlichkeitsfolgerungen, gezogen ... aus einem Erfahrungssatz»
    (WALTER, BeKomm, Art. 8 N 475).
32 So BBl 2006, 7314; vgl. auch HASENBÖHLER in Sutter-Somm/Hasenböhler/Leuenberger (Hrsg.),
    ZPO-Kommentar, Art. 157 N 5 ff.
33 Ausgeschlossen ist durch Art. 169 ZPO immerhin das Zeugnis «vom Hörensagen» (BBl 2006,
    7314 f. und 7321).
34 Während Art. 9 ZGB nur für die öffentlichen Urkunden und Register des Bundesprivatrechts
    gilt, ist Art. 179 ZPO auch für solche des kantonalen Rechts (etwa Beglaubigungen) anwendbar
    (BBl 2006, 7323; WOLF, BeKomm, Art. 9 N 15).
35 Ausführlich STEINAUER, Le Titre préliminaire, Nr. 723 ff.; WOLF, BeKomm, Art. 9 N 21 ff. Zu
    den Gründen der erhöhten Beweiskraft notarieller Urkunden vgl. etwa BGer 6B_134/2014 E. 3.3.

I. TEIL

Das Personenrecht

§ 8   Die Personen im Allgemeinen

a. Die Gliederung des ZGB. Das ZGB widmet seinen ersten Teil dem *Personenrecht,* 1
zumal die Person – die Rechtsträgerin, das Rechtssubjekt – die erste und notwendige
Grundlage des gesamten Privatrechts ist. Bevor sich die einzelnen Berechtigungen und
Verpflichtungen darstellen lassen, muss feststehen, wer überhaupt Träger von Rechten
und Pflichten sein kann.

Der Wissenschaft und der bisherigen Gesetzgebung folgend, unterteilt das ZGB die 2
Rechtsträger in zwei Gruppen: einerseits den Menschen als Einzelwesen, andererseits
die «ausserkörperlichen» (nicht menschlichen) Rechtssubjekte. Das Personenrecht des
ZGB wird daher in zwei Titel gegliedert, die in der endgültigen Fassung die Überschrif-
ten «*Die natürlichen Personen*» und «*Die juristischen Personen*» erhielten. Der französische Text nennt die natürliche Person «personne physique», die juristische Person
«personne morale»; der italienische Text spricht von «persona fisica» und von «persona
giuridica». Auf einen «Allgemeinen Teil» des Personenrechts hat der Gesetzgeber verzichtet. Die allgemeinen Grundsätze werden im Titel über die natürliche Person behandelt; bei der juristischen Person weist das ZGB kurz auf diese Regelung hin und sieht
eine analoge Anwendung der betreffenden Rechtssätze vor (vgl. 53, 54 und 56).

b. Die «Nachfolge» des ZGB in frühere eidgenössische Erlasse. Das Recht der natür- 3
lichen Person war vor der Entstehung des ZGB zum grossen Teil schon durch verschiedene eidgenössische Erlasse vereinheitlicht worden: Auf die Rechtsfähigkeit
nahm Art. 4 der Bundesverfassung von 1874 Bezug, indem er die grundsätzliche
Rechtsgleichheit aller Schweizer festschrieb. Die Handlungsfähigkeit war im Gesetz
vom 22. Juni 1881 geregelt; die grundlegenden Begriffe betreffend Heimat und Wohnsitz waren im Bundesgesetz über die zivilrechtlichen Verhältnisse der Niedergelassenen und Aufenthalter vom 25. Juni 1891 niedergelegt (bezogen auf interkantonale und
internationale Verhältnisse). Das Zivilstandswesen war im Bundesgesetz betreffend
Feststellung und Beurkundung des Zivilstands und die Ehe vom 24. Dezember 1874
sowie im dazugehörigen bundesrätlichen Reglement geordnet. Auch über den Schutz
der Persönlichkeit fanden sich im früheren Bundesrecht Normen, durch deren weite
Auslegung moderne Bedürfnisse abgedeckt wurden (vgl. Art. 17 und 55 aOR, entsprechend den Art. 20 und 49 OR).

Das ZGB trat selbstverständlich auf all diesen Gebieten in die Fussstapfen der bishe- 4
rigen eidgenössischen Regelung. Dies geschah jedoch nicht blindlings, sondern stets
mit dem Ziel, die in den älteren Gesetzen enthaltenen Kerngedanken zeitgemäss zu
erweitern. So wurden Grundsätze allgemeiner und damit offener formuliert (11, 27,
28, 29), Begriffsbestimmungen genauer gefasst und mehrere Punkte erweitert oder
ergänzt (etwa im Wohnsitzrecht).

Ausser der Neuregelung der schon vereinheitlichten Materien war es Aufgabe des 5
Gesetzgebers, die bis anhin den kantonalen Gesetzen vorbehaltenen Gebiete zu ord-

nen. Dazu gehörten das Recht der juristischen Person und bei der natürlichen Person die Umschreibung der Verwandtschaftsbegriffe, die Bestimmung von Anfang und Ende der Persönlichkeit, insbesondere auch das Institut der Todes- und Verschollenerklärung.

6   **c. Seitherige Änderungen.** Seit dem Inkrafttreten des ZGB ist das Personenrecht wiederholt geändert worden. Eine zentrale Revision vom 16. Dezember 1983 betraf den Persönlichkeitsschutz.[1] In jüngster Zeit sind sodann namentlich die durch das neue Erwachsenenschutzrecht bewirkten Änderungen (BG vom 19. Dezember 2008)[2] bedeutsam.

Erster Abschnitt
Die natürlichen Personen

7   Das Recht der natürlichen Person ist teils materieller, teils formeller Natur; das Gesetz teilt daher den Titel über die natürlichen Personen in zwei entsprechende Abschnitte («Das Recht der Persönlichkeit», Art. 11–38; «Die Beurkundung des Personenstandes», Art. 39–49). In teilweiser Abweichung vom Gesetz gliedern wir unsere Darstellung wie folgt:

   a. Begriff und Inhalt der Persönlichkeit.
   b. Rechtlich erhebliche Beziehungen der natürlichen Person.
   c. Der Schutz der Persönlichkeit.
   d. Anfang und Ende der natürlichen Person.
   e. Die Beurkundung des Personenstandes.

---

1   AS 1984, 778 ff. – Gewisse Aspekte des privaten Persönlichkeitsschutzes regelt das Datenschutzgesetz (DSG – SR 235.1), vgl. dort insbesondere Art. 12 ff. (s. hierzu hinten § 11 N 18).
2   AS 2011, 725 ff. (besonders 755 ff.).

§ 9 Begriff und Inhalt der Persönlichkeit

In der Rechtssprache (des ZGB) wird das Wort «Persönlichkeit» in einem doppelten 1
Sinn gebraucht. Im *engeren Sinn* will man damit den möglichen Träger von Rechten und Pflichten, das (vom positiven Recht anerkannte) Rechtssubjekt bezeichnen,
m. a. W. das Vorliegen der *Rechtsfähigkeit* ausdrücken. Besser gibt diesen Sinn das
Wort «Rechtspersönlichkeit» wieder (so etwa 31¹ und 60¹). In einem *weiteren Sinn*
umfasst der Ausdruck «Persönlichkeit» die «Gesamtheit der persönlichen Güter», die
ganze Rechtsstellung, die dem Rechtsträger seiner Natur nach zusteht. Dazu gehören
nebst der Rechtsfähigkeit auch die Handlungsfähigkeit und insbesondere alle gemäss
Art. 28 ff. geschützten Werte wie Leben, physische, psychische und moralische Integrität, Geheimsphäre, Namen usw.

Das Personenrecht des ZGB beginnt mit grundlegenden Definitionen. Im Folgenden 2
sollen vorweg die Rechtsfähigkeit (11) und die Handlungsfähigkeit (12 ff.) erläutert
werden.

I.   Die Rechtsfähigkeit

Die Rechtsfähigkeit (jouissance des droits civils, auch capacité civile passive genannt; 3
godimento dei diritti civili) ist die *Fähigkeit, Rechtssubjekt, Träger von Rechten und
Pflichten zu sein* (Art. 11; 138 III 721); sie stellt mit anderen Worten die Zurechenbar-
keit von Rechten und Pflichten dar¹. Art. 11 Abs. 2 bestimmt, dass für alle Menschen
die gleiche Fähigkeit besteht, Rechte und Pflichten zu haben. Der Gesetzgeber wollte
so den durch das ZGB verwirklichten Fortschritt in der Gleichstellung aller Menschen
ausdrücklich niederlegen² und darüber hinaus die Regel aufstellen, dass im Zweifelsfall die Gleichheit zu vermuten sei. Der privatrechtlichen Rechtsfähigkeit entspricht
die prozessrechtliche *Parteifähigkeit* (66 ZPO; 138 III 721 f.).³

Der *Grundsatz* der Gleichberechtigung kann jedoch nicht schematisch durchgeführt 4
werden, ohne dass dadurch andere wichtige Interessen verletzt würden. Er gilt daher
nur innerhalb der *Schranken* der Rechtsordnung. Solche Schranken, welche die Rechtsfähigkeit mehr oder weniger einengen, sind die Folgenden:

---

1   BUCHER, BeKomm, Art. 11 N 11; STEINAUER/FOUNTOULAKIS, Droit des personnes physiques,
    Nr. 38 («la faculté de se voir attribuer des droits et des obligations»).

2   Dieser Fortschritt bestand in der (damals nur annähernden) zivilrechtlichen Gleichstellung der
    Frau im Verhältnis zum Mann und in der Geltung der Gleichstellung auch für Ausländer.

3   Über die Rechtsfähigen (die natürlichen und juristischen Personen) hinaus wird aus Zweckmäs-
    sigkeitsgründen ausnahmsweise auch solchen Gebilden Parteifähigkeit im Prozess zuerkannt,
    die nach materiellem Recht nicht rechtsfähig sind: BUCHER, BeKomm, Art. 11 N 32 und 79 ff.;
    STAEHELIN/SCHWEIZER in Sutter-Somm/Hasenböhler/Leuenberger (Hrsg.), ZPO-Kommentar,
    Art. 66 N 2 und 18 ff. Dadurch, dass der Gesetzgeber solchen Gebilden Rechte und Pflichten
    zuordnet, liegt aber eigentlich eine entsprechende Teilrechtsfähigkeit vor. Vgl. RUTH HÄFLIGER,
    Die Parteifähigkeit im Zivilprozess (Diss. Zürich 1987), ZSVR 76, 11 ff. und 104 ff.

5   **a. Das Alter.** Die Rechtsfähigkeit ist im Allgemeinen unabhängig vom Alter gege-
    ben. Auch die minderjährige Person – das Kind – ist grundsätzlich aller Privatrechte
    fähig. Es stehen ihm zunächst die höchstpersönlichen Rechte (z.B. das Recht auf Leib
    und Leben) zu. Die minderjährige Person kann aber auch andere Rechte haben, deren
    Erwerb ohne jegliche Tätigkeit möglich ist, wie beim Erbschaftserwerb (560), bei der
    Anschwemmung und bei anderen Fällen der Akzession (659 f., 725 f.). Der Erwerb wei-
    terer Rechte kann schliesslich für die Minderjährige durch den gesetzlichen Vertreter
    erfolgen. Auch kann sie Trägerin von Pflichten werden (z.B. nach 54[1] OR, durch Erb-
    schaftserwerb oder dadurch, dass ihre gesetzlichen Vertreter zu ihren Lasten Pflich-
    ten begründen).

6   Es gibt jedoch auch Rechte und Pflichten, zu deren Begründung oder zu deren Ver-
    wirklichung eine Handlung gehört, für die eine Stellvertretung ihres besonderen Cha-
    rakters wegen nicht in Frage kommt. Solche Rechte und Pflichten werden als *«absolut
    höchstpersönlich»* bezeichnet. Fehlt einer Person in diesen Fällen das im Gesetz vor-
    gesehene Alter (bzw. die Volljährigkeit), so kann sie nicht Trägerin der entsprechen-
    den Rechte und Pflichten sein. Insofern liegt eine Beschränkung der Rechtsfähigkeit
    vor; der Grund hierfür liegt allerdings regelmässig in einer vom Gesetz unwiderlegbar
    vermuteten Beschränkung der Handlungsfähigkeit.[4] So gelten denn auch eine Reihe
    der nachstehend erwähnten Schranken (nämlich die Fähigkeit, einen Erbvertrag abzu-
    schliessen, Testamentszeuge zu sein, ungünstige Rechtsgeschäfte nach Art. 412 vor-
    zunehmen) nicht nur bei fehlendem Alter (d.h. für Minderjährige), sondern *auch für
    Personen unter umfassender Beistandschaft.*[5] Im Einzelnen seien erwähnt:

7   1. *Errichtung von Testament und Erbvertrag.* Ein Testament kann nur errichten, wer das
    18. Altersjahr zurückgelegt hat (467). Zum Abschluss eines Erbvertrags muss der Erb-
    lasser, d.h. jene Person, die darin auf ihren Todesfall verfügt, volljährig sein (468). Für
    ihre Gegenkontrahentin ist Stellvertretung möglich.[6] Volljährig muss ferner sein, wer
    als Zeuge bei einem Testament oder Erbvertrag mitwirkt (503[1]).

8   2. *Eheschliessung.* Nach geltendem Recht tritt die Ehefähigkeit für die Brautleute mit
    18 Jahren ein (94[1]).

9   3. *Entscheidung über das religiöse Bekenntnis.* Voraussetzung ist das erfüllte 16. Jahr
    (303[3]).

10 4. Recht des Kindes, sich *einer Namensänderung zu widersetzen.* Voraussetzung ist das
    vollendete 12. Altersjahr (270b; für eine prozessrechtliche Vorschrift vgl. auch 301 lit. b

---

4   Grossen, SPR II, 313: «Auch wenn zwischen Rechtsfähigkeit und Handlungsfähigkeit zu unter-
    scheiden ist, muss doch darauf hingewiesen werden, dass die für die beiden Begriffe geltenden
    Voraussetzungen im Hinblick auf ein bestimmtes Recht nicht selten dieselben sein können.» Vgl.
    auch Steinauer/Fountoulakis a.a.O. Nr. 46 und 52.
5   Hingegen kann eine volljährige und unter umfassender Beistandschaft stehende, jedoch urteils-
    fähige Person (anders als eine minderjährige) nach Art. 467 ein Testament errichten und nach
    Art. 94 Abs. 1 (auch ohne Zustimmung des Vormunds; BBl 2006, 7098) heiraten (ebenso Art. 3
    Abs. 1 PartG für die eingetragene Partnerschaft).
6   LGVE 1984 I Nr. 3, S. 10 f.

ZPO: Zustellung eines Entscheides in eherechtlichen Verfahren an ein Kind, welches das 14. Altersjahr vollendet hat).

5. *Adoption.* Der Adoptierende muss bei der Einzeladoption 35 Jahre alt (264b[1]) und in jedem Fall mindestens 16 Jahre älter als die adoptierte Person sein (265[1]).[7]   11

6. *Rechtsgeschäfte nach Art. 304³/412.* Bestimmte «ungünstige» Rechtsgeschäfte (Bürg-schaft, erhebliche Schenkung, Errichtung einer Stiftung) können Minderjährige auch nicht durch ihre gesetzlichen Vertreter eingehen.   12

b. Die geistige Gesundheit.[8] Die grundsätzlich rechtsfähigen Geisteskranken können, sofern sie nicht urteilsfähig sind, keine Ehe eingehen (94[1]).   13

c. Das Geschlecht. In den kantonalen Rechten war das weibliche gegenüber dem männ-lichen Geschlecht in verschiedenen Formen zurückgesetzt. Das ZGB von 1907 führte die persönliche Handlungsfähigkeit der Ehefrau ein. Zahlreiche noch vorhandene Ungleichbehandlungen wurden durch verschiedene ZGB-Revisionen beseitigt.[9] Der 1981 angenommene Art. 4 Abs. 2 der Bundesverfassung von 1874 (jetzt 8³ BV) ver-langt die Gleichberechtigung von Mann und Frau, insbesondere auch in der Familie. Das Eherecht von 1984 verwirklichte diesen Verfassungsgrundsatz auf Gesetzesstufe.[10]   14

Als letzte personen- und familienrechtliche Ungleichheit von Mann und Frau besteht die Vorschrift über die Entstehung des Kindesverhältnisses (252). Hinsichtlich des Familiennamens und des Bürgerrechts ist die Gleichbehandlung demgegenüber durch die Revision von 2011 hergestellt (160 und 161).[11]   15

d. Die Staatsangehörigkeit. Sie hat nur in Ausnahmefällen Einfluss auf die Rechtsfä-higkeit (s. etwa Art. 2 Abs. 1 des BewG). Art. 11 bezieht sich vielmehr auf Schweizer *und* auf Ausländer.[12]   16

II. Die Handlungsfähigkeit

Während die Rechtsfähigkeit, von den erwähnten Ausnahmen abgesehen, allen in glei-chem Mass zusteht, kommen bei der Handlungsfähigkeit (exercice des droits civils, auch capacité civile active genannt; esercizio dei diritti civili) Ausschluss und Abstu-fungen in viel weiterem Umfang vor. Handlungsfähigkeit ist nach ZGB die *Fähigkeit einer Person, durch ihre eigenen Handlungen Rechte und Pflichten zu begründen* (12);   17

---

7 Zu den vom Bundesrat vorgeschlagenen Änderungen des Adoptionsrechts vgl. die Botschaft vom 28. November 2014, BBl 2015, 877 ff. (Botschaft) und 949 ff. (Entwurf).

8 Im Folgenden ist um der Einheit der Materie willen von Schranken sowohl der Rechts- wie der Handlungsfähigkeit die Rede.

9 Vgl. im Einzelnen Tuor/Schnyder/Schmid (11. A.), 72.

10 In anderen Bundesgesetzen ist diese Gleichstellung der Geschlechter freilich noch nicht voll-ständig verwirklicht (vgl. etwa 139 I 259 f. für die Witwer- und Witwenrenten nach AHVG).

11 BG vom 30. September 2011, in Kraft seit 1. Januar 2013 (AS 2012, 2569 ff.).

12 Steinauer/Fountoulakis a.a.O. Nr. 53.

bei der Handlungsfähigkeit geht es demnach um die *zivilrechtliche Verantwortlich-keit* für das eigene Tun und Lassen. Diese Fähigkeit wirkt sich nach zwei Seiten aus. Zunächst vermag der Handlungsfähige eine Handlung mit dem Erfolg vorzunehmen, dass die von ihm mit dieser Handlung gewollte Rechtswirkung (eine Berechtigung oder eine Verpflichtung) eintritt. Dies ist z.B. der Fall bei einem Verkauf, einer Schen-kung, der Aufnahme eines Darlehens, der Errichtung eines Testaments und unzähli-gen anderen Akten des Lebens. Eine solche Handlung heisst Rechtsgeschäft und die Fähigkeit, sie vorzunehmen, *Geschäftsfähigkeit*.[13] Soweit sie sich auf Rechtsgeschäfte bezieht, die durch übereinstimmende Willenserklärungen zweier Parteien zustande kommen (1 OR), heisst sie *Vertragsfähigkeit*. Die Handlungsfähigkeit hat aber auch zur Folge, dass eine Person durch eine widerrechtliche Handlung sich die Verpflichtung zum Ersatz dadurch zugefügten Schadens zuzieht. Als solche heisst sie *Deliktsfähig-keit*. Der Ausdruck wird hier in rein zivilrechtlicher Bedeutung gebraucht und unter-scheidet sich von der strafrechtlichen Schuldfähigkeit (19 StGB). Eine Wirkung der im ZGB geregelten zivilrechtlichen Handlungsfähigkeit ist auch die «Handlungsfähig-keit im Prozess», die sogenannte *Prozessfähigkeit* (67[1] ZPO; 118 Ia 236; 132 I 5) und die (aktive) Betreibungsfähigkeit (99 III 6; zur passiven Betreibungsfähigkeit vgl. Art. 68c SchKG und 104 III 5 f.).

18   Damit jemand voll handlungsfähig ist, müssen nach Art. 13 und 17 zwei Elemente gegeben sein:

19   1. ein *natürliches* Element, d.h. die Person muss sich in einem geistigen Zustand befin-den, der sie zu einem vernünftigen Handeln befähigt: Sie muss *urteilsfähig* sein.

20   2. ein *juristisch-formales* Element: die Person muss *volljährig* sein und darf *nicht unter umfassender Beistandschaft* stehen.[14]

21   Von diesen zwei Voraussetzungen ist das natürliche Element, die Urteilsfähigkeit, wich-tiger. Fehlt diese, dann ist die betreffende Person völlig handlungsunfähig (18), auch wenn sie nicht unter umfassende Beistandschaft gestellt sein sollte (für das frühere Recht 77 II 9). Ist die Urteilsfähigkeit zwar vorhanden, fehlt jedoch die Volljährigkeit, so ist zwar ebenfalls Handlungsunfähigkeit die Folge; aber diese Handlungsunfähig-keit hat nur einen beschränkten Umfang, die Person ist «beschränkt handlungsunfä-hig».

22   Diese *beschränkte Handlungsunfähigkeit* lässt sich von der beschränkten Handlungsfä-higkeit unterscheiden. Bei Ersterer ist (dem Wortlaut nach) die Unfähigkeit die Regel, während die Fähigkeit die Ausnahme darstellt. Dies ist der Fall bei der urteilsfähi-

---

13   Neben der Fähigkeit zur Abgabe (wirksamer) rechtsgeschäftlicher Willenserklärungen deckt die Geschäftsfähigkeit im weiteren Sinn auch rechtsgeschäftsähnliche Willenserklärungen, ja sogar faktisches Verhalten mit rechtsgeschäftsähnlicher Wirkung (sog. Realakte) ab: Bucher, BeKomm, Art. 12 N 65 ff., und Steinauer/Fountoulakis a.a.O. Nr. 223d.

14   Vor der Revision des Erwachsenenschutzrechts verwendete das ZGB den Ausdruck «Mündig-keit» (statt Volljährigkeit), dem es die «Unmündigkeit» und die «Entmündigung» gegenüber-stellte.

gen minderjährigen oder unter umfassender Beistandschaft stehenden Person. Von ihr handelt Art. 19, der im Gesetz unter dem für die Art. 17–19 geltenden Randtitel «urteilsfähige handlungsunfähige Personen» steht. Bei der *beschränkten Handlungsfähigkeit* dagegen ist die Fähigkeit der Normalzustand, während die Beschränkung dieser Fähigkeit die Ausnahme bildet. Von ihr handelt Art. 407: Beschränkt handlungsfähig ist, wer unter einer (die Handlungsfähigkeit teilweise, aber nicht umfassend beschränkender) Beistandschaft steht.[15] Die Beschränkungsfälle bilden hier begrifflich die Ausnahme; so zahlreich und wichtig sie auch sein mögen, der begriffliche Normalzustand dieser Personen ist die Handlungsfähigkeit.

Wir behandeln im Folgenden zunächst (a.) die Voraussetzungen der Handlungsfähigkeit, die Terminologie und den Begriff der sie konstituierenden Elemente, Urteilsfähigkeit und Volljährigkeit; sodann (b.) die Rechtsstellung der Person mit entzogener oder eingeschränkter Handlungsfähigkeit; am Schluss (c.) folgt eine kurze Zusammenfassung. 23

a. Die Voraussetzungen der Handlungsfähigkeit. Handlungsfähigkeit setzt nach dem Gesagten ein Doppeltes voraus: einerseits Urteilsfähigkeit, andererseits Volljährigkeit (Art. 13 und 17). Im Einzelnen: 24

1. *Die Urteilsfähigkeit,* la capacité de discernement. Nach Art. 16 ist jedermann urteilsfähig, dem nicht wegen bestimmter, im Gesetz beispielhaft aufgezählter Ursachen die Fähigkeit abgeht, «vernunftgemäss zu handeln». Der Begriff der Urteilsfähigkeit enthält zwei Elemente: «einerseits eine intellektuelle Komponente, nämlich die Fähigkeit, Sinn, Zweckmässigkeit und Wirkungen einer bestimmten Handlung zu erkennen, andrerseits ein Willens- bzw. Charakterelement, nämlich die Fähigkeit, gemäss der vernünftigen Erkenntnis nach seinem freien Willen zu handeln und allfälliger fremder Willensbeeinflussung in normaler Weise Widerstand zu leisten» (124 III 7 f.; BGer 5C.257/2003 E. 4.2; ähnlich 134 II 239 f.; BGer 5A_748/2008 E. 3.1).[16] Aus der Formel von Art. 16 ergibt sich sodann, dass die Urteilsunfähigkeit die *Folge bestimmter Ursachen* ist. Solche Ursachen sind: Kindesalter, geistige Behinderung, psychische Störung, Rausch (durch Alkohol oder Drogen) oder ähnliche Zustände,[17] wie etwa Fieberdelirium, Narkose, Hypnose oder hochgradige Aufregung. 25

---

15 Zu den Auswirkungen der einzelnen Arten von Beistandschaften auf die Handlungsfähigkeit vgl. ausführlich und differenzierend STEINAUER/FOUNTOULAKIS a.a.O. Nr. 176 ff.

16 STEINAUER/FOUNTOULAKIS a.a.O. Nr. 85 ff.; ähnlich, aber teilweise mit weiteren Nuancierungen PEDRAZZINI/OBERHOLZER, Grundriss, 70 ff. (Erkenntnisfähigkeit, Wertungsfähigkeit, Fähigkeit zur Willensbildung und zum Handeln nach eigenem Willen); BUCHER, BeKomm, Art. 16 N 42 ff.; HAUSHEER/AEBI-MÜLLER, Das Personenrecht, N 06.24 ff. Vgl. auch FRANZ WERRO, La capacité de discernement et la faute dans le droit suisse de la responsabilité (Diss. Freiburg 1986), AISUF 71, 29 ff.

17 Fassung gemäss neuem Erwachsenenschutzrecht (vgl. dazu BBl 2006, 7094). Zur geistigen Behinderung und psychischen Störung vgl. insbesondere STEINAUER/FOUNTOULAKIS a.a.O. Nr. 95 ff.

26   Der Zustand der Urteilsunfähigkeit braucht nicht anzudauern, er kann auch bloss *vorübergehend* sein.[18] Er liegt z.B. nur während der Vornahme der in Frage stehenden Handlung vor. Doch ist es nicht zulässig, einzig aus der Unvernünftigkeit gerade dieser Handlung den Schluss auf die mangelnde Urteilsfähigkeit zu ziehen. Man wird zumeist nur dann Urteilsunfähigkeit annehmen dürfen, wenn sie sich aus einem Komplex unvernünftiger Handlungen, aus dem Verhalten einer Person im Allgemeinen ergibt. Doch mag auch nur die einzelne Handlung, um deren Gültigkeit es geht, zum Beweis genügen, wenn deren nähere Umstände oder andere äussere Momente auf mangelnde Urteilsfähigkeit hindeuten.

27   Nicht erforderlich ist, dass die *Urteilsunfähigkeit* für den Dritten – namentlich den Vertragspartner – *erkennbar* geworden sei. Die Bestimmungen über die Handlungsfähigkeit dienen dem Schutz der Unfähigen selbst und nicht der Drittpersonen (vgl. 55 II 157 f.; 89 II 389 f.).

28   Steht in einem Fall die Urteilsunfähigkeit fest, so ist nicht gesagt, dass sie sich auf alle Handlungen des Unfähigen bezieht. Die gleiche Person kann für einzelne, leicht verständliche, naheliegende Handlungen urteilsfähig, für andere urteilsunfähig sein. Die Urteilsunfähigkeit ist mit anderen Worten *relativ:* Zu untersuchen ist, ob bei einer Person gerade im Hinblick auf eine bestimmte Tätigkeit die Fähigkeit vernunftgemässen Handelns vorhanden war oder nicht (124 III 8; 127 I 19; 134 II 239 f.). Dies gilt schon für das *Kindesalter;* das ZGB hat daher, anders als etwa § 104 Ziff. 1 BGB, von einer festen ziffernmässigen Begrenzung der Kindheit abgesehen (134 II 240 f. für die Einwilligung in eine medizinische Behandlung).[19] Ganz ähnlich kommt es bei der *geistigen Behinderung oder psychische Störung* auf die einzelnen Umstände an: Art, Entwicklungsgrad, Auswirkung der Krankheit (zur «Geisteskrankheit» 88 IV 114; 127 I 20; BGer 5C.259/2002 E. 1). Wichtig für die Beurteilung sind auch die Schwierigkeit und Tragweite der in Frage stehenden Handlung, namentlich die Frage, ob ein (angefochtenes) Testament einen einfachen oder komplexen Inhalt hat (BGer 5C.193/2004 E. 2.3.1).

29   Das Gesetz unterscheidet in den Art. 16–19 nur zwischen Urteilsfähigkeit und Urteilsunfähigkeit. Das heisst aber nicht, Zwischenstadien – *verminderte Urteilsfähigkeit* – seien für das gesamte Zivilrecht irrelevant. So ist, wo es um Deliktsfolgen geht, «das Mass der Urteilsfähigkeit zu berücksichtigen» (102 II 368): beim potenziell Haft-

---

18 Etwas anderes gilt freilich, wenn das Gesetz – ausdrücklich (so 264b² und 265c Ziff. 1) oder gemäss zutreffender Auslegung – auf *dauernde Urteilsunfähigkeit* abstellt.
19 Vgl. auch DOMINIQUE MANAÏ, Les droits du patient face à la biomédicine (Bern 2006), 187 ff.; RAPHAËL HAAS, Die Einwilligung in eine Persönlichkeitsverletzung nach Art. 28 Abs. 2 ZGB (Luzerner Diss., Zürich 2007), LBR 18, 98 ff. – Die Praxis arbeitet dennoch mit gewissen «Faustregeln»: Unter Bezugnahme auf aArt. 146 Abs. 3 ZGB (heute Art. 299 Abs. 3 ZPO) geht das basel-städtische Verwaltungsgericht im Sinn einer Vermutung davon aus, dass ein Kind ab dem 12. Geburtstag zur selbständigen Wahrung seiner (höchstpersönlichen) Rechte fähig sei (BJM 2002, 94, unter Vorbehalt von besonderen Vorschriften).

pflichtigen für die Grösse des Verschuldens, beim Geschädigten zur Beurteilung des Selbstverschuldens.[20]

Beim Fehlen gegenteiliger Beweislastregeln (105 II 212 f.) ist die *Urteilsfähig-* **30** *keit zu vermuten* (124 III 8; 134 II 240 f.; BGer 5A_18/2012 E. 4.2). Das heisst: Wer aus der Urteils*un*fähigkeit Rechte ableitet, hat diese zu beweisen. Immerhin genügt für diesen Beweis sehr hohe Wahrscheinlichkeit, die jeden erheblichen Zweifel ausschliesst – namentlich dann, wenn es um die Urteilsunfähigkeit einer verstorbenen Person geht (91 II 338; 124 III 8; BGer 5A_18/2012 E. 4.2).[21] Das läuft auf eine Umkehr der Beweislast bei notorisch Geistesgestörten hinaus: Dort ist das «lucidum intervallum» zu beweisen (108 V 126); doch bedeutet eine rein medizinische Feststellung der psychischen Störung nicht immer die Umkehr der Beweislast, unter Vorbehalt der eindeutig schweren Fälle (117 II 235). Erscheint Urteilsunfähigkeit auf Grund genügender Indizien möglich, so kann das Gericht gehalten sein, eine medizinische Expertise anzuordnen. Doch braucht es dieser nicht blindlings zu folgen, sondern hat das Recht und die Pflicht, sie zu überprüfen, insbesondere in der Hinsicht, ob der Sachverständige sein Gutachten auf solche Tatsachen stützt, die gemäss rechtlicher Wertung für das Vorhandensein der Urteilsfähigkeit ausschlaggebend sind (98 Ia 325; 117 II 235; BGer 5A_748/2008 E. 3.2).

2. *Die Volljährigkeit,* la majorité.[22] Sie tritt ein mit dem vollendeten *18. Lebensjahr* **31** (Art. 14).[23] Am gleichen Tag erlangen die Schweizer Bürgerinnen und Bürger die sogenannte politische Volljährigkeit in Bundessachen (Stimm- und Wahlrecht nach Art. 136[1] BV).

Die als Folge von Urteilsfähigkeit und Volljährigkeit grundsätzlich erlangte **32** Handlungsfähigkeit wird durch bestimmte Arten der Beistandschaft – teils von Gesetzes wegen, teils erst durch behördliche Anordnung – beschränkt (19d; 394 ff. und dazu hinten § 53 N 39 ff.).[24] Wird eine umfassende Beistandschaft errichtet, entfällt die Handlungsfähigkeit der betroffenen Person von Gesetzes wegen (17 und 398[3]).[25]

---

20 Siehe in diesem Kontext (in Auseinandersetzung mit gegenteiliger Lehre) Eugen Bucher, Verschuldensfähigkeit und Verschulden, in FS Mario M. Pedrazzini (Bern 1990), 287 ff. Vgl. auch Pedrazzini/Oberholzer a.a.O. 86; Steinauer/Fountoulakis a.a.O. Nr. 60 und 91.

21 Vgl. zum Ganzen auch Steinauer/Fountoulakis a.a.O. Nr. 102 ff.

22 Vor Inkrafttreten des neuen Erwachsenenschutzrechts sprach das Gesetz von «Mündigkeit» (vgl. dazu die Vorauflage § 9 N 33 f.), was mit dem Wegfallen der «Entmündigung» nicht mehr als sinnvoll erachtet wurde (BBl 2006, 7094). Rechtsvergleichend Steinauer/Fountoulakis a.a.O. Nr. 106. Zu den übergangsrechtlichen Problemen vgl. Bigler-Eggenberger/Fankhauser, BaKomm, Art. 14 N 29 ff.

23 Durch das BG vom 7. Oktober 1994 wurde das Volljährigkeitsalter (damals «Mündigkeitsalter») von 20 Jahren auf 18 herabgesetzt.

24 Vgl. Steinauer/Fountoulakis a.a.O. Nr. 114 ff., 158 ff. und 176 ff.

25 Ganz ausnahmsweise beschränkt das Gesetz in einzelnen Lebensbereichen die Handlungsfähigkeit urteilsfähiger und volljähriger Personen, sofern diese verheiratet sind oder in eingetragener Partnerschaft leben (z.B. Art. 169 ZGB; Art. 494 OR; Art. 40 BGBB; Art. 14 PartG; vgl. auch § 28 N 22; Steinauer/Fountoulakis a.a.O. Nr. 171 ff.).

33   **b. Die Rechtsstellung der Handlungsunfähigen.** Darüber finden sich im Personenrecht (18 und 19) nur die allgemeinen Grundsätze. Die eingehendere Darstellung folgt
im Familienrecht, im Anschluss an die Regelung des Verhältnisses zwischen den Eltern
und Kindern (304 ff., 321 ff.) sowie der Beistände zu den betroffenen Personen (405 ff.).
Wir geben hier nur eine Übersicht.

34   Die Handlungsunfähigkeit beeinflusst in verschiedenem Grad die Rechtsstellung der
Handlungsunfähigen – je nachdem, ob sie voll oder beschränkt vorliegt und ob die
Urteilsfähigkeit oder nur die Volljährigkeit fehlt.

35   1. Das Verhalten der *urteils-* und demnach *völlig handlungsunfähigen Person* ist grundsätzlich für die Rechtsordnung überhaupt nicht beachtlich; es gehen daraus keine
rechtlichen Wirkungen hervor, mag das in Frage stehende Verhalten den Charakter
eines Rechtsgeschäfts oder einer unerlaubten Handlung haben. Art. 18 ordnet diese
Regel an, behält jedoch auch Ausnahmen vor.[26] Ein Urteilsunfähiger kann in solchen
Fällen Rechte erwerben oder Pflichten begründen, in denen die Wirkung seines Verhaltens nicht vom Willen abhängt, so bei der Verbindung und Vermischung (727), aus
ungerechtfertigter Bereicherung (62 ff. OR) und im Haftpflichtrecht in Fällen der Kau-
sal- oder Gefährdungshaftung[27] sowie nach Art. 54 OR, wo die Billigkeit es verlangt;
die Billigkeitshaftung gemäss Art. 54 OR gilt nach Rechtsprechung (102 II 226 ff.; BGer
4C.195/2004 E. 3) und Lehre auch für rechtsgeschäftliches (vertragliches) Verhalten.
Immerhin kann der Vertragspartner nicht einwenden, die handlungsunfähige Person
mache die gemäss Art. 18 eintretende Nichtigkeit rechtsmissbräuchlich geltend (117 II
24). Im Normalfall findet der gute Glaube in die Urteilsfähigkeit keinen Schutz (eine
Ausnahme in 89 II 387).

36   2. Die *urteilsfähigen,* aber *handlungsunfähigen* (also minderjährigen oder unter umfassende Beistandschaft gestellten) *Personen* können sich gemäss Art. 19 wie folgt rechtswirksam betätigen:[28]

37   α. Sie sind *deliktsfähig,* d.h. in erster Linie verantwortlich für unerlaubte Handlungen
und mithin (nach Art. 41 ff. OR) schadenersatzpflichtig (19³; 90 II 9).[29] Das umfasst
als generelle Verschuldensfähigkeit auch die Verantwortung für irgendwelches schuldhaftes Verhalten, welches rechtliche Nachteile auslöst (z.B. Selbstverschulden: 102 II
367 ff.).[30]

---

26   Zur Frage, ob eine dauernd urteilsunfähige Person sterilisiert werden darf, vgl. Art. 7 ff. des BG
vom 17. Dezember 2004 über Voraussetzungen und Verfahren bei Sterilisationen (Sterilisationsgesetz – SR 211.111.1); s. dazu ZR 107 (2008), Nr. 31, S. 112 ff.

27   BUCHER, BeKomm, Art. 17/18 N 92 ff.

28   Zum Strafantragsrecht von Personen mit eingeschränkter oder fehlender Handlungsfähigkeit
vgl. Art. 30 Abs. 2 und 3 StGB sowie (altrechtlich) BGE 127 IV 193 ff.

29   STEINAUER/FOUNTOULAKIS a.a.O. Nr. 221 ff. sprechen von «Verschuldensfähigkeit» («capacité
de répondre de tout acte contraire au droit et imputable à faute») und beziehen die Verantwortlichkeit auf jede verschuldensabhängige Haftung, sei sie ausservertraglich (41 ff. OR) oder vertraglich (97 ff. OR).

30   Siehe BUCHER, BeKomm, Art. 19 N 362 ff.; STEINAUER/FOUNTOULAKIS a.a.O. Nr. 223a.

β. Sie können selbständig Rechtsgeschäfte abschliessen, die ihnen *unentgeltliche* Vor- 38
teile verschaffen (19² erster Teil), so insbesondere gratis Zuwendungen erlangen (für
Schenkungen s. immerhin 241² OR)[31], aber auch Willenserklärungen entgegennehmen, die nur den Erklärenden binden (etwa Offerten), und Rechtsvorkehren vornehmen, die nicht mit Verpflichtung oder Rechtsverlust verbunden sind (z.B. Mängelrüge
erheben).[32] Ebenso können sie geringfügige Angelegenheiten des täglichen Lebens
besorgen (19² zweiter Teil), also etwa kleinere Einkäufe des täglichen Bedarfs rechtswirksam tätigen.[33]

γ. Sie können Rechte ausüben, die ihnen um ihrer *Persönlichkeit* willen zustehen (19c¹), 39
die sogenannten *höchstpersönlichen* Rechte. Es geht um Befugnisse, die eng mit dem
affektiven Leben einer (urteilsfähigen, aber handlungsunfähigen) Person verbunden
sind und ihr wegen ihres Menschseins zustehen.[34] So kann eine urteilsfähige, minderjährige oder unter vollständiger Beistandschaft stehende Person beispielsweise
die Abwehrklagen des Persönlichkeitsschutzes (28a¹ Ziff. 1–3) und eine Genugtuungsklage selber – ohne Zustimmung des gesetzlichen Vertreters – geltend machen (127 IV
196). Als höchstpersönlich gelten auch die Einwilligung einer minderjährigen Person
in eine medizinische Behandlung (114 Ia 360; 134 II 237 f.).[35] Vorbehalten bleiben nach
Art. 19c Abs. 1 in fine Fälle, in denen das Gesetz die Zustimmung des gesetzlichen Vertreters vorsieht (etwa 90², 260², 468²).

---

31 Zur Genehmigungsbedürftigkeit der Schenkung einer Eigentumswohnung nach deutschem
    Recht vgl. BGH in DJZ 66 (2911), 157 ff. – Übt der gesetzliche Vertreter ohne sachlichen Grund
    sein Vetorecht aus, so kommen die Verantwortlichkeitsregeln, das Rechtsmissbrauchsverbot
    und in krassen Fällen der Entzug der elterlichen Sorge in Betracht. Fraglich ist die Anwendung
    von Art. 324 Abs. 1; wohl nur bei Interessenkollision kommen die Art. 306 Abs. 2 bzw. 403 Abs. 1
    zum Zug. Zu überlegen ist, ob das Kindesrecht hier nicht weitere Lösungsmöglichkeiten bie-
    tet (325¹, 308² und ³).
32 Vgl. Steinauer/Fountoulakis a.a.O. Nr. 195 ff. und Bucher, BeKomm, Art. 19 N 161 ff.
33 Die Botschaft verweist in diesem Punkt auf § 1903 Abs. 3 Satz 2 BGB (BBl 2006, 7095). Nach
    den Erläuterungen der deutschen Bundesregierung zum Entwurf eines Betreuungsgesetzes vom
    11. Mai 1989 (Bundestags-Drucksache 11/4528, 139) kommen als geringfügige Angelegenhei-
    ten des täglichen Lebens namentlich die alltäglichen Bargeschäfte über Gegenstände von gerin-
    gem Wert in Betracht (z.B. Lebensmittel und Produkte zur Körperpflege in üblicher Menge
    und üblichem Wert zum laufenden Verbrauch). Vgl. auch Bigler-Eggenberger/Fankhau-
    ser, BaKomm, Art. 15 N 32a ff.; Steinauer/Fountoulakis a.a.O. Nr. 204 ff. (u. a. mit dem
    Hinweis, das mehrjährige Mobilfunkabonnements-Verträge nicht zu dieser Kategorie gehören).
34 So Steinauer/Fountoulakis a.a.O. Nr. 210. Sie nennen unter anderem (Nr. 210 ff. und 218):
    die Rechte des Einzelnen auf Leben, körperliche Integrität, Bewegungsfreiheit, Ehre, auf fami-
    liäre Beziehungen (z.B. das Recht auf Ehe oder Adoption), auf Verfügung über seinen Nach-
    lass sowie die persönlichkeitsbezogenen Grundrechte (z.B. die religiöse Freiheit und die Mei-
    nungsäusserungsfreiheit).
35 Vgl. auch LGVE 2007 I Nr. 2, S. 2 ff. (Luzerner Obergericht); Alexandra Rumo-Jungo,
    Selbstbestimmung Minderjähriger in der Psychotherapie, in FS Ingeborg Schwenzer (Bern
    2011), 1465 ff. Zur Prozessfähigkeit eines 17-jährigen Angeschuldigten bezüglich der Frage sei-
    ner Unterbringung vgl. LGVE 2009 I Nr. 56, S. 124 (Luzerner Obergericht).

40   In Lehre und Rechtsprechung pflegt man in diesem Zusammenhang zu unterscheiden zwischen absolut und relativ höchstpersönlichen Rechten («droits strictement personnels absolus et droits strictement personnels relatifs»: 117 II 7; 116 II 387).
Absolut höchstpersönliche Rechte sind solche, bei denen jede Vertretung ausgeschlossen ist (z.B. Errichtung eines Testaments). Die berechtigte Person kann sie nur ausüben, wenn sie urteilsfähig ist (so 117 II 7 f.; wohl auch 116 II 387; vgl. jetzt Art. 19c
Abs. 2).[36] Grundsätzlich ist diese Person allein – auch gegen den Willen des gesetzlichen Vertreters – dazu befugt (127 IV 196); ausnahmsweise bedarf es nach besonderer Gesetzesvorschrift des Mithandelns oder der Zustimmung dieses Vertreters (vorne
N 37).[37] Relativ höchstpersönliche Rechte sind solche, welche die berechtigte Person,
wenn sie urteilsfähig ist, selbst ausübt, für deren Wahrnehmung sie aber vertreten werden kann, wenn sie urteilsunfähig ist (19c[2]; für das Gesuch um Namensänderung nach
30[1] vgl. 117 II 7 f.; BGer 5A_624/2010 E. 1.2 = Pra 2011, Nr. 94, S. 669 ff.; 140 III 579 f.).[38]

41   δ. Sie bedürfen dagegen der *Zustimmung des gesetzlichen Vertreters* (also des Inhabers
der elterlichen Sorge nach 296 ff., des Vormunds nach 327a oder des Beistands nach
398) für Geschäfte, durch die sie Verpflichtungen eingehen oder Rechte aufgeben (19[1]).
Dies gilt auch dann, wenn sie dafür eine entsprechende Gegenleistung erhalten (wie
bei Kauf, Tausch, Miete). Doch ist das vom urteilsfähigen Handlungsunfähigen abgeschlossene Verpflichtungsgeschäft nicht völlig nichtig, sondern einstweilen unverbindlich (sog. «hinkendes Rechtsgeschäft»). Die Zustimmung des gesetzlichen Vertreters kann vor oder (als Genehmigung) nach der betreffenden Handlung erfolgen, und
zwar ausdrücklich oder stillschweigend (19a[1]). Mit der Genehmigung wird das schwe-
bende Geschäft vollgültig. Erfolgt die Genehmigung des Vertreters nicht innerhalb
angemessener Frist, die der andere Teil (Vertragspartner) ansetzen kann, so wird auch
dieser wieder frei, zumal dann das Geschäft dahinfällt (19a[2] und 305[1]; 106 Ib 195 f.;
112 II 103). Beim Dahinfallen kann jeder Teil die vollzogenen Leistungen zurückfordern; doch haftet die handlungsunfähige Person nur insoweit, als die Leistung in ihrem
Namen verwendet worden ist oder sie noch bereichert ist (ausführlich jetzt 19b[1]). Die
Verleitung zur irrtümlichen Annahme der Handlungsfähigkeit begründet eine Schadenersatzpflicht (19b[2] und 452[3], s. hinten § 53 N 46 und 54).[39]

42   Die Zustimmung des gesetzlichen Vertreters kann für ein einzelnes Geschäft
oder für einen ganzen Kreis von solchen erteilt werden. Letzteres ist schon dann anzunehmen, wenn der beschränkt Handlungsunfähige in freier Stellung ausserhalb des
Hauses zu leben ermächtigt wird, z.B. auswärts studiert oder eine Lehre absolviert.
Er ist dann auch zu allen Rechtsgeschäften ermächtigt, welche diese Lebensführung
normalerweise mit sich bringt. Das Familienrecht enthält darüber hinaus eine ganze

---

36   Vgl. zu Art. 19c Abs. 2 BBl 2006, 7096.
37   STEINAUER/FOUNTOULAKIS a.a.O. Nr. 219 f.
38   Es gibt (seltene) Fälle, bei denen trotz Beziehungsnähe zur Persönlichkeit sowohl der betroffene
      Urteilsfähige wie auch dessen gesetzlicher Vertreter handeln kann. Auch hier könnte man von
      relativ höchstpersönlichen Rechten sprechen (in dieser Richtung BUCHER, BeKomm, Art. 19
      N 208, anders das BGer in 75 IV 143 mit Hinweisen).
39   Zum Ganzen vgl. STEINAUER/FOUNTOULAKIS a.a.O. Nr. 239 ff.

Reihe von Bestimmungen, welche eine *Lockerung der Handlungsunfähigkeit* bzw. eine *erweiterte Handlungsfähigkeit* des beschränkt Handlungsunfähigen vorsehen: Es sind die an anderer Stelle (§ 43 N 46 sowie § 55 N 3 und 19) erläuterten Fälle der Art. 321 Abs. 2, Art. 322 Abs. 1, Art. 323 Abs. 1, Art. 406 Abs. 1 und 409.[40]

ε. Art. 19 sagt nichts darüber aus, ob beschränkt handlungsfähige Personen andere 43 *vertreten* können («Vertretungsfähigkeit»). Die herrschende Lehre lässt eine rechtsgeschäftliche Vertretung (32 ff. OR) durch eine (urteilsfähige) handlungsunfähige Person zu (bejahend ausdrücklich § 165 BGB).[41]

c. Zusammenfassung: Es lassen sich demnach *vier Gruppen* von je unterschiedlicher 44 Handlungsfähigkeit auseinanderhalten:

1. Urteilsunfähige Personen: Sie sind (unter Vorbehalt der gesetzlichen Ausnahmen) 45 voll *handlungsunfähig.* Ihre Handlungen sind grundsätzlich für das Recht ohne Belang.

2. Urteilsfähige minderjährige oder unter umfassender Beistandschaft stehende Personen: Sie sind *beschränkt handlungsunfähig.* Sie sind handlungsfähig nur im Rahmen der Art. 19–19d bzw. allfälliger «erweiterter Handlungsfähigkeit». 46

3. Urteilsfähige Personen, die einer (nicht umfassenden) Beistandschaft unterstehen, 47 welche von Gesetzes wegen oder auf Grund behördlicher Anordnung die Handlungsfähigkeit in gewisser Hinsicht beschränkt: Sie sind *beschränkt handlungsfähig.* Ihre Handlungsfähigkeit ist nur durch die Beistandschaft (hinten § 53 N 1 ff.) beschränkt.

4. Urteilsfähige Volljährige (die nicht unter Beistandschaft stehen): Sie sind voll *handlungsfähig* (13). 48

III. Sondergesetze

Für Fragen der Rechts- und Handlungsfähigkeit der natürlichen Person (und teilweise 49 auch für deren Persönlichkeitsschutz) sind ausser den dargestellten Normen des ZGB mehrere medizinalrechtliche Sondergesetze bedeutsam, namentlich die folgenden: Fortpflanzungsmedizingesetz,[42] Humanforschungsgesetz,[43] Stammzellenforschungs-

---

40 Steinauer/Fountoulakis a.a.O. Nr. 247 ff.

41 Steinauer/Fountoulakis a.a.O. Nr. 223c; Zäch/Künzler, BeKomm, Art. 32 N 130.

42 BG vom 18. Dezember 1998 über die medizinisch unterstützte Fortpflanzung (Fortpflanzungsmedizingesetz, FMedG – SR 810.11).

43 BG vom 30. September 2011 über die Forschung am Menschen (Humanforschungsgesetz, HFG – SR 810.30).

gesetz,[44] BG über genetische Untersuchungen beim Menschen,[45] Transplantationsgesetz[46] und Sterilisationsgesetz[47].[48]

---

44   BG vom 19. Dezember 2003 über die Forschung an embryonalen Stammzellen (Stammzellen-forschungsgesetz, StFG – SR 810.31).

45   BG vom 8. Oktober 2004 über genetische Untersuchungen beim Menschen (GUMG – SR 810.12).

46   BG vom 8. Oktober 2004 über die Transplantationen von Organen, Geweben und Zellen (Transplantationsgesetz – SR 810.21).

47   BG vom 17. Dezember 2004 über Voraussetzungen und Verfahren bei Sterilisationen (Sterilisationsgesetz – SR 211.111.1).

48   Zum Ganzen vgl. auch HAUSHEER/AEBI-MÜLLER a.a.O. § 13 N 13.43 ff.

§ 10 Rechtlich erhebliche Beziehungen der Person

Das ZGB regelt in seinem ersten Abschnitt einige für die Rechtsordnung wichtige 1
Beziehungen des Rechtssubjekts, nämlich dessen Beziehung zur Familie (Verwandtschaft und Schwägerschaft, 20 und 21), zur Heimat (Heimatangehörigkeit, 22) und
zum Wohnort (Wohnsitz, 23–26).

I. Verwandtschaft und Schwägerschaft

Das ZGB versteht unter den *«Verwandten»* (parents) die Blutsverwandten unter Ein- 2
schluss der Adoptivverwandten – nicht aber die Verschwägerten (alliés).[1]

In Art. 20 umschreibt das ZGB die *Grade* und *Linien* der Verwandtschaft. Für das ZGB 3
wäre das an sich entbehrlich; stellt es doch kaum je auf diese Beziehung ab (vgl. etwa
503). Insbesondere stützt sich das gesetzliche Erbrecht nicht auf die Gradnähe, sondern auf die sogenannte Parentelenordnung (457 ff.). Doch können die Umschreibungen der Begriffe «Grad» und «Linien» dem öffentlichen Recht nützlich sein; es kann
(etwa für die Unvereinbarkeit von Ämtern oder Funktionen) einfach auf die Regelung
des ZGB verweisen.

Aus den Umschreibungen der Art. 20 und 21 ist Folgendes hervorzuheben: 4

a. Für die Zählung der Verwandtschafts*grade* bezeichnet Art. 20 Abs. 1 die Zahl der 5
Geburten (genauer: der Kindesverhältnisse, «liens de filiation»[2]) als massgebend.
Bezüglich der *Seitenlinie* wird die Anzahl der Geburten von einem Verwandten bis
zum *andern* (und nicht nur – wie nach kanonischem Recht – bis zum gemeinsamen
Urheber) gezählt. So sind Bruder und Schwester miteinander im zweiten, Cousins und
Cousinen (Vettern und Basen) im vierten, Onkel und Neffe im dritten Grad verwandt.[3]

b. Die *Schwägerschaft* umfasst das Verhältnis einer Person zu den Ehegatten ihrer Ver- 6
wandten und zu den Verwandten ihres Ehegatten. Gemäss Art. 21 Abs. 1 ist eine Person mit den Ehegatten (oder eingetragenen Partnern) ihrer Verwandten in der gleichen Linie und im gleichen Grad verschwägert, wie sie mit den Verwandten verwandt
ist. Das Verhältnis des Ehegatten (oder eingetragenen Partners) zu den *Verschwägerten*
des andern ist dagegen nicht mehr Schwägerschaft. Die Ehemänner zweier Schwestern
sind also in der Sprache des ZGB miteinander nicht verschwägert (vgl. 116 Ia 481 ff.).

---

1   Vor der Revision des Adoptionsrechts kannten der deutsche und der italienische Text des ZGB
    einen Oberbegriff «Verwandtschaft» (parentela), welcher die beiden Unterbegriffe «Blutsver-
    wandte» (consanguineità) und «Schwägerschaft» (affinità) umfasste. In der Sprache des eidge-
    nössischen Rechts ausserhalb des ZGB ist allerdings schon vorher der Ausdruck «Verwandte» im
    (noch) engeren Sinn von Blutsverwandten verstanden worden (80 IV 98).
2   Steinauer/Fountoulakis, Droit des personnes physiques, Nr. 327.
3   Illustrativ dazu die Skizzen bei Hans Michael Riemer, Personenrecht des ZGB – Studienbuch
    und Bundesgerichtspraxis (2. A. Bern 2002), Nr. 160 ff.

7   **c.** Eine bestehende Schwägerschaft wird durch *Auflösung* der sie begründenden Ehe oder eingetragenen Partnerschaft (Tod, Scheidung; umstritten, ob auch bei Ungültigerklärung) *nicht aufgehoben* (21[2]). Dagegen nimmt man an, dass von diesem Augenblick an keine neue Schwägerschaft entsteht. Der überlebende oder geschiedene Ehegatte wird nicht verschwägert mit solchen Verwandten des andern Ehegatten, die erst nach Auflösung der Ehe geboren werden (Analoges gilt für die gerichtliche Auflösung der eingetragenen Partnerschaft). So entsteht z.B. keine Schwägerschaft zwischen einem Ehemann und einem erst nach dem Tod seiner Frau geborenen Bruder derselben und selbstverständlich auch nicht bei der Scheidung zwischen dem ersten Ehemann und Kindern der Frau aus einer zweiten Ehe.

II.   Die Heimat

8   «Heimat» und «Heimatangehörigkeit» sind in erster Linie Begriffe des öffentlichen Rechts. Indessen verwendet auch das ZGB den Begriff «Heimat», indem es in gewissen Fällen die Zuständigkeit der Behörden des Heimatkantons bzw. der Heimatgemeinde vorsieht (259[2] Ziff. 3; 260a[1]; 269a[1]; 442[4]). In diesen Fällen kommt es darauf an, was das ZGB unter Heimat versteht.

9   Das ZGB spricht zunächst den Grundsatz aus, dass Heimat einer Person jener Ort sei, in dem sie das *Bürgerrecht* besitzt (22[1]). Letzteres wird durch das öffentliche Recht bestimmt (22[2]). Doch finden sich auch im ZGB (gestützt auf 38[1] BV) Regeln über den Erwerb des Bürgerrechts, soweit dieser auf familienrechtlichen Tatsachen beruht (267a, 271).[4] Heimat im zivilrechtlichen Sinn kann aber je nach der Norm, die auf die Heimat verweist, oft nur ein einziger Ort sein.[5] Daher stellt das ZGB eine Regel auf für den Fall, dass eine Person Bürger mehrerer Gemeinden ist (22[3]): Hier gilt nach ZGB als Heimat jener Bürgerort, der zugleich Wohnsitz der betreffenden Person ist oder zuletzt war, und – wenn sie an keinem ihrer Bürgerorte wohnt oder wohnte – jener Ort, an dem ihr das zuletzt erworbene Bürgerrecht zusteht (siehe z.B. 91 II 461 f.). Dadurch werden freilich andere Rechte, die einer Person an einem nach ZGB nicht als Heimat geltenden Bürgerort zustehen (z.B. evtl. Bürgernutzungen), nicht berührt. In Fällen mit internationalem Einschlag bestimmt Art. 23 IPRG, welche Staatsangehörigkeit zu berücksichtigen ist.

---

4   Demgegenüber hat seit 2013 die Eheschliessung keinen Einfluss mehr auf das Bürgerrecht; jeder Ehegatte behält nach Art. 161 sein Kantons- und Gemeindebürgerrecht (AS 2012, 2569 f.).

5   Doch bleibt zu betonen, dass Art. 22 Abs. 3 keinen Grundsatz der Einheit des Bürgerorts aufstellt (STEINAUER/FOUNTOULAKIS a.a.O. Nr. 344).

III. Der Wohnsitz

a. Der Begriff. Für das Privatrecht bedeutsamer als Verwandtschaft, Schwägerschaft 10
und Heimat ist der Wohnsitz. Auch er stellt kein «Recht» dar und verschafft für sich
allein auch kein solches. «Wohnsitz» ist nur die rechtliche Qualifikation für eine
bestimmte (besonders intensive oder vom Gesetz fingierte) *Beziehung einer Person zu
einem Ort*. Diese Qualifikation ist wichtig, weil das Gesetz (namentlich für Fragen der
Zuständigkeit) in sehr vielen Fällen auf den Wohnsitz abstellt. Wir unterscheiden zwischen dem *privatrechtlichen* Wohnsitzbegriff und verschiedenen *öffentlich-rechtlichen*
(so dem politischen Domizil nach Art. 39² BV, dem Steuerdomizil, dem Domizil für
die staatliche Unterstützung bedürftiger Personen). Die Tendenz geht auf Angleichung
dieser Begriffe.[6] Doch werden nach wie vor bewusst Unterschiede beibehalten (so in
94 I 322 f., 108 Ia 254 für das Steuerdomizil). Bei der Angleichung wirkt der privatrechtliche Domizilbegriff wegleitend (so für das politische Domizil: 91 I 8; für das Steuerdomizil: 125 I 56 und 132 I 36; für den sozialversicherungsrechtlichen Wohnsitz vgl.
13¹ ATSG; für den Wohnsitz im Opferhilferecht 137 II 126). Er ist übrigens nicht allein
für den Bereich des ZGB massgebend (etwa in 442; 538¹; 715¹), sondern regelmässig
auch für das Zivilprozessrecht (Gerichtsstand des Wohnsitzes; 10, 12, 20 ff. ZPO) und
für das Schuldbetreibungs- und Konkursrecht (vgl. insbesondere 46 ff. SchKG; dieser
Grundsatz erleidet Ausnahmen: vgl. 82 III 13; 119 III 55).[7]

Das Gesetz unterscheidet zwischen dem *Aufenthaltsort* (résidence, séjour) und dem 11
Wohnsitz (domicile). Der Aufenthaltsort befindet sich dort, wo eine Person zurzeit
verweilt, gleichgültig ob nur vorübergehend oder für längere Dauer (zum Begriff des
gewöhnlichen Aufenthaltsorts vgl. auch 20¹ lit. b IPRG und 11 ZPO). So liegt blosser
Aufenthalt vor, wenn jemand sich ferienhalber in einer Stadt aufhält oder zum Sport in
den Bergen verweilt, mag er auch seine Abreise immer wieder hinausschieben.

Der Aufenthaltsort (96 I 149) wird zum *Wohnsitz,* sobald zwischen der verweilenden 12
Person und dem Ort eine festere, engere Verknüpfung entsteht. Diese Verknüpfung
gründet auf der *Absicht* eines länger dauernden Verbleibens (23¹). Praxis und Lehre
haben diese «Absicht» wie folgt umschrieben: Zunächst kommt es nicht auf die tatsächliche Dauer des Verweilens an; es genügt die entsprechende Absicht, mag auch
das Wohnen durch Abwesenheit in Geschäften, Militärdienst usw. zeitweilig unterbrochen oder infolge Tod, Versetzung usw. beendet worden sein. «Dauernd» heisst
sodann nicht etwa «für immer», sondern (eher) «nicht vorübergehend», wobei allerdings eine zum Voraus begrenzte Dauer ausreichen kann (vgl. 69 II 277; SJZ 76 [1980],
137 ff.). Schliesslich wird die Absicht regelmässig nicht ausdrücklich erklärt. Sogar
eine ausdrückliche Erklärung würde nicht genügen, wenn die weiteren Voraussetzun-

---

6   109 Ia 50: politischer Wohnsitz; 105 Ib 232: Bürgerrechtsgesetz; 131 I 149 f., 132 I 36 f.: Steuerdomizil für Unselbständigerwerbende; 136 II 409 f.: Grundstückserwerb durch Personen im Ausland (BewG); 137 II 126: Opferhilferecht.
7   Der Wohnsitzbegriff in Art. 20 Abs. 1 lit. a IPRG deckt sich mit Art. 23 Abs. 1 ZGB; nicht anwendbar sind dort die Art. 24 f. ZGB (Art. 20 Abs. 2 i. f. IPRG; 119 II 64 und 167).

gen nicht gegeben sind. Vielmehr tritt die Absicht nach aussen darin in Erscheinung, dass eine Person an einem Ort den *Mittelpunkt* oder Schwerpunkt ihrer Lebensbeziehungen hat (135 I 249; 136 II 410; 137 III 602; 138 V 25). Dabei kommt es nicht auf den inneren Willen, sondern darauf an, *auf welche Absicht die erkennbaren Umstände* objektiv schliessen lassen (136 II 410; 137 II 126; 137 III 602).[8] Regelmässig wird sich freilich dieser innere Wille mit dem Erkennbaren decken. Wenn sich die Beziehungen auf mehrere Orte verteilen, so liegt für die Bestimmung des Wohnsitzes das Hauptgewicht nicht auf dem Ort der Berufstätigkeit, sondern auf den Beziehungen des häuslichen Lebens zu nahen Angehörigen, zum Freundes- und Bekanntenkreis (vgl. 111 Ia 42 f. und 125 I 56; s. aber auch 113 Ia 467). Der Kaufmann, die Gewerbetreibende, die Reisende, der Angestellte, die Lehrerin «wohnen» also im Zentrum des häuslichen Lebens, mögen sie auch ausserhalb dieser Ortschaft den Beruf ausüben (vgl. 46 I 37 f.; 47 I 163; 59 III 4 f.). Vom Wohnsitz ist daher die *geschäftliche Niederlassung* zu unterscheiden. Für diese gilt – anders als für den Wohnsitz (23²; vgl. hinten N 15 ff.) – u. a. nicht der Grundsatz der Ausschliesslichkeit (23³).

13   Man kann den Wohnsitz auch bezeichnen als den Ort, an dem sich eine Person *um ihrer selbst willen* – gerade um dort zu sein und zu leben – aufhält (vgl. 49 I 430 f.). Das Verbleiben am Ort ist gewissermassen *Selbstzweck*. Daher begründet denn auch gemäss Art. 23 Abs. 1 in fine der Aufenthalt an einem Ort zu einem *Sonderzweck* – etwa zur Ausbildung (82 III 13 f., 106 Ib 197 f.) oder die Unterbringung in einer Erziehungs- oder Pflegeeinrichtung (137 III 599), einem Spital oder einer Strafanstalt – keinen Wohnsitz. Diese Bestimmung enthält aber nur eine widerlegbare Vermutung, schliesst also Wohnsitznahme am Ort des Anstaltsaufenthalts nicht aus (131 V 65; 135 III 56; 137 II 127). So hat auch die dauernd bei einer Familie untergebrachte volljährige Person Wohnsitz am Pflegeort (95 II 514 ff.). Der freiwillig gewählte, auf Dauer ausgerichtete Aufenthalt in einem Altersheim dient nicht einem vorübergehenden Sonderzweck und fällt folglich nicht unter diese Bestimmung; die im Altersheim wohnende Person hat Wohnsitz an diesem Ort (137 II 127; 137 III 600; 138 V 25).[9]

14   Indizien, nicht aber genügende Beweise für die Erlangung zivilrechtlichen Wohnsitzes sind: die Hinterlegung der Papiere (102 IV 164; 136 II 410), die erlangte Niederlassungsbewilligung (90 I 28; s. auch 51 II 43), die Zahlung von Steuern, die Haltung der Verwaltungsbehörden (116 II 503), die Ausübung der politischen Rechte (zum Ganzen auch 125 III 101). So ist es möglich, dass Studierende am Studienort ihr Stimmrecht ausüben, ohne dort zivilrechtlichen Wohnsitz zu haben (53 I 279 ff.).

15   **b. Das Recht des Wohnsitzes.** Das Gesetz hält zunächst die beiden Grundsätze der *Ausschliesslichkeit (Einheitlichkeit)* und der *Notwendigkeit* des Wohnsitzes fest. Hinzu kommen Regeln über den «*gesetzlichen Wohnsitz*».

---

8   Für das internationale Verhältnis in gleicher Umschreibung BGer 4C.298/2002 E. 2.1.
9   Hierzu BUCHER, BeKomm, Art. 26 N 15; SCHNYDER/MURER, BeKomm, Art. 376 N 66 ff.; STEINAUER/FOUNTOULAKIS a.a.O. Nr. 364. Vgl. ferner BBl 2006, 7096 und 7170.

1. Nach dem Grundsatz der Ausschliesslichkeit kann eine Person *nur einen* (einzigen)   16
Wohnsitz haben (23²). Dem Gericht fällt daher die oft schwierige Aufgabe zu, unter
den Beziehungen zu mehreren Orten die stärkere, engere, überwiegende Beziehung
zu finden (vgl. 47 I 159 f.; 81 II 326 ff.).

2. Das Prinzip der Notwendigkeit besagt, dass jede Person *einen* Wohnsitz *haben muss*   17
(BGer 2C_614/2011 E. 3.6.1). Ist kein wirklicher Wohnsitz gegeben, legt das Gesetz ihn
fest (fiktiver Wohnsitz). So gilt bei Aufgabe des früheren Wohnsitzes ohne Begründung eines neuen weiterhin der bisherige Wohnsitz (24¹; 87 II 217 f.; LGVE 2001 II
Nr. 41, S. 95 ff. E. 4a). Sodann gilt in folgenden Fällen der blosse Aufenthalt als Wohnsitz: wenn eine Wohnsitzbegründung überhaupt nicht nachweisbar ist (wie etwa bei
umherziehenden Personen) sowie bei Aufgabe des ausländischen Wohnsitzes ohne
Begründung eines schweizerischen (24²); für letzteren Fall gilt demnach nicht wie in
inländischen Verhältnissen der bisherige Wohnsitz bis zur Begründung eines neuen.
Gerade in solchen Fällen kann also auch ein Anstaltsaufenthalt Wohnsitz begründend
wirken (93 II 10; vgl. ferner zu 24²: 87 II 9 ff. und 113 II 8).

3. Abgesehen von diesen Ausnahme- und Notfällen gibt es einen von der Tatsache des   18
Wohnens und der Aufenthaltsabsicht unabhängigen *«gesetzlichen Wohnsitz»*. Bedeutsam ist der sogenannte gesetzliche Wohnsitz nach Art. 25 f.: Danach wird der Wohnsitz gewisser rechtlich abhängiger Personen durch den Wohnsitz anderer Personen
oder den Sitz einer Behörde bestimmt; er ist daher ein *abgeleiteter* Wohnsitz (115 II 121;
117 Ia 106). So leitet sich der Wohnsitz eines Kindes unter elterlicher Sorge (grundsätzlich; ausnahmsweise Wohnsitz am Aufenthaltsort: 25¹ i. f.)[10] ab durch den Wohnsitz
der Eltern (135 III 53 f.) bzw. (wenn kein gemeinsamer Wohnsitz der Eltern besteht)
des Elternteils, unter dessen Obhut es steht (25¹), und zwar ohne Rücksicht darauf,
ob diesem Elternteil die elterliche Sorge zusteht (133 III 307); bevormundete Kinder haben ihren Wohnsitz am Sitz der Kindesschutzbehörde (25²). Volljährige Personen, die unter umfassender Beistandschaft stehen, haben ihren Wohnsitz am Sitz der
Erwachsenenschutzbehörde (26).

---

10   Vgl. dazu ausführlich STEINAUER/FOUNTOULAKIS a.a.O. Nr. 367 ff.; ferner 133 III 305 ff., 135
     III 55 ff., 137 III 598 und 138 V 27.

§ 11   Der Schutz der Persönlichkeit

I.   Im Allgemeinen

1   Das ZGB stellt in den Art. 27 ff. – prägnanter als ausländische Gesetzbücher – einige Grundregeln über den Persönlichkeitsschutz auf.[1] Zwar geht es hier um zivilrechtliche Vorschriften; diese bilden aber auch Bestandteil des Grundrechts der *persönlichen Freiheit* (138 III 328; 10 BV). Als «Selbstbetätigungsmöglichkeit» soll diese Freiheit jeder Person zustehen – vom Fall des Missbrauchs abgesehen (2[2]). Sie soll auch nach aussen, gegen Angriffe Dritter, geschützt werden, um den Inhaber einerseits vor ökonomischen Nachteilen zu bewahren und ihn andererseits vor Eingriffen in «ideelle» Rechtsgüter zu sichern.

2   Die Art. 27–30 stehen unter dem Randtitel «*Schutz der Persönlichkeit*». Persönlichkeit ist hier im früher dargestellten (§ 9 N 1) weiteren Sinn des Wortes aufzufassen und umfasst alle Eigenschaften und Rechte, die der Person als solcher zustehen – mit Rücksicht auf ihr Dasein, ihre geistigen und körperlichen Kräfte: die Rechte, die «untrennbar mit der Person verknüpft sind» (84 II 573).[2] Der Persönlichkeitsschutz kommt auch juristischen Personen mit idealem oder wirtschaftlichem Zweck zu (121 III 171; 124 I 116; 138 III 341 ff.).[3] Die einzelnen Rechte, die aus der Persönlichkeit fliessen, werden auch *Individualrechte* genannt. Im Folgenden ist – nach einem Abstecher in andere Rechtsgebiete – darzustellen, inwiefern das schweizerische Privatrecht diese Rechte schützt.

3   Der *Schutz* der Persönlichkeitsrechte geschieht in der modernen Gesellschaft auf vielfache Weise.[4] In einigen Fällen (bei Notwehr und Notstand) darf die Persönlichkeit durch private Gewalt verteidigt werden; es gibt mit anderen Worten ein auf das Nötigste beschränktes *Selbsthilferecht* bei Angriffen auf Leib und Leben sowie körperliche Unversehrtheit. Besonders wichtige Individualrechte sind (als «Grundrechte») in der *Verfassung* ausdrücklich gewährleistet, so in der BV etwa die Rechte auf Leben und persönliche Freiheit, auf Privatsphäre, auf Ehe und Familie, auf Glaubens- und Gewissensfreiheit, auf Meinungs- und Informationsfreiheit und auf freie Niederlassung (7 ff. BV).[5] Werden diese Grundrechte durch einen kantonalen Hoheitsakt (im Verfahrens-

---

1   Dies geschah in Fortbildung von Regeln zum Schutz der Person, die im aOR von 1881 enthalten waren (besonders der Art. 17, 50 und 55).

2   Diese Rechte stehen denn auch einer natürlichen Person im Sinn von Art. 19 Abs. 2 «um ihrer Persönlichkeit willen» zu (Steinauer/Fountoulakis, Droit des personnes physiques, Nr. 208 ff.; vorne § 9 N 39 f.).

3   Zum Recht des Vereins Schweizerisches Rotes Kreuz, sich auf persönlichkeitsrechtlicher Basis gegen die Verwendung seines Zeichens durch einen Dritten zu wehren, vgl. BGE 140 III 251 ff.

4   Siehe zum Folgenden Steinauer/Fountoulakis, Droit des personnes physiques, Nr. 495 ff.; vgl. auch die Sondernummer der ZBJV 103 (1967), 71 ff. «Zum Persönlichkeitsrecht» (zum 60. Geburtstag von Prof. Merz).

5   Zum Verhältnis persönliche Freiheit, BV und Persönlichkeitsschutz des ZGB vgl. René Rhinow, Die Bundesverfassung 2000 (Basel/Genf/München 2000), 106 ff.; Rainer J. Schweizer,

recht, im Verwaltungsrecht, beim Strafvollzug usw.) verletzt, so steht dem Betroffenen – soweit nicht andere Rechtsmittel eingreifen – die Verfassungsbeschwerde wegen Verletzung verfassungsmässiger Rechte (Art. 113 BGG) zu. Persönlichkeitsrechte stehen regelmässig auch unter dem Schutz des *Strafrechts*, wie das Recht auf Leben, auf körperliche und sexuelle Integrität, auf Ehre. Der Schutz der Persönlichkeitsrechte wurde darüber hinaus ausgebaut durch den Beitritt der Schweiz zur *Europäischen Menschenrechtskonvention* (EMRK, für die Schweiz in Kraft seit 28. November 1974) und die Anerkennung einer entsprechenden Individualbeschwerde an den Europäischen Gerichtshof für Menschenrechte gemäss Art. 34 EMRK.[6]

Aber auch das *Privatrecht* beschäftigt sich mit dem Schutz der Persönlichkeitsrechte, und zwar – abgesehen von einigen besonderen Bundesgesetzen – vor allem das ZGB mit Einschluss des OR. In den Art. 27 und 28 hat das ZGB von 1907 zwei *grundlegende allgemeine* Normen aufgestellt (zur Revision des Art. 28 siehe sogleich). Hinzu kommen bei der Behandlung der einzelnen Persönlichkeitsgüter geeignete *Einzelbestimmungen* (so z.B. 301[2], 406 und 426 ff. ZGB, 328 f. OR).   4

Das privatrechtliche Persönlichkeitsschutzrecht ist mehrfach revidiert worden, namentlich durch das wichtige BG vom 16. Dezember 1983.[7] Art. 27 erhielt einen neuen Randtitel; Art. 28 wurde durch die Art. 28–28*l* ersetzt; Art. 49 OR wurde leicht abgeändert.[8] Ziel der *Revision* war eine Verstärkung des privatrechtlichen Schutzes der Persönlichkeit im Allgemeinen und gegen Verletzung durch Medien insbesondere. Entgegen dem ursprünglichen Vorhaben wurde indessen auf die Aufnahme von Sonderbestimmungen zum Datenschutz verzichtet.[9] Im Jahr 1992 ist zu diesem Spezialgebiet das Datenschutzgesetz geschaffen worden.[10]   5

Verfassungsrechtlicher Persönlichkeitsschutz, in Daniel Thürer/Jean-François Aubert/Jörg Paul Müller (Hrsg.), Verfassungsrecht der Schweiz (Zürich 2001), 691 ff., besonders N 2. – Zum Recht auf Kenntnis der Abstammung vgl. etwa BGE 128 I 63 ff. und 134 III 245. Zum Verhältnis der Art. 28 ff. ZGB zum anwaltlichen Berufsgeheimnis vgl. 136 III 302 ff.

6 Zur Bedeutung der EMRK für die schweizerische Rechtsprechung s. Arthur Häfliger, Die europäische Menschenrechtskonvention und die Schweiz (Bern 2008); Hansjörg Seiler, Einfluss des europäischen Rechts und der europäischen Rechtsprechung auf die schweizerische Rechtspflege, ZBJV 150 (2014), 265 ff. (besonders 307 ff.). Zum Verhältnis von Art. 8 EMRK (Recht auf Achtung des Privat- und Familienlebens) und Art. 28 ff. ZGB vgl. 136 III 421 f.

7 Vgl. auch Vito Roberto, 100 Jahre Persönlichkeitsschutz im ZGB, Schweizerischer Juristentag 2007, 100 Jahre ZGB, ZSR 127 (2007) II, 165 ff.

8 Art. 28b wurde in der Folge zunächst durch das Gerichtsstandsgesetz (heute: ZPO) aufgehoben, dann durch das BG vom 23. Juni 2006 (ZGB-Änderung zum Schutz der Persönlichkeit gegen Gewalt, Drohungen und Nachstellungen) neu geschaffen (AS 2007, 137 ff.; dazu hinten N 29).

9 Siehe Botschaft über die Änderung des Schweizerischen Zivilgesetzbuches (Persönlichkeitsschutz: Art. 28 ZGB und 49 OR) vom 5. Mai 1982 (BBl 1982 II 636 ff.); zum Verzicht auf Datenschutz dort S. 652 ff. Die Vorarbeiten für die Revision hatte eine Kommission Lüchinger und eine Expertengruppe Tercier geleistet (Botschaft S. 639 ff.). Vom Vorsitzenden der Expertengruppe stammt die erste umfassende Darstellung der Revision: Pierre Tercier, Le nouveau droit de la personnalité (Zürich 1984).

10 BG vom 19. Juni 1992 über den Datenschutz (DSG – SR 235.1), in Kraft seit 1. Juli 1993.

6 Im Folgenden betrachten wir zunächst die zwei *grundlegenden Regelungen* der Art. 27 einerseits und 28–28*l* anderseits. Die erste enthält den sogenannten *internen*, die zweite den *externen* Schutz der Person. Die erste schützt die Persönlichkeit vor ihrem *Träger* selbst, die zweite schützt sie gegen *Aussenstehende*.[11] Einen Anwendungsfall dieses externen Schutzes bildet das im Anschluss daran behandelte *Namensrecht* der Art. 29 und 30.

II. Der Schutz der Persönlichkeit vor übermässiger Bindung

7 Die Persönlichkeitsrechte sind mit der Person «untrennbar verbunden». Diese Verbindung ist für die einzelne Person derart intensiv und notwendig, dass nicht einmal sie selber die eigene Persönlichkeit (rechtlich) vernichten oder deren wesentliche Elemente aufgeben darf.[12] Darauf abzielende Handlungen vermögen daher nicht die beabsichtigten Rechtswirkungen herbeizuführen. So ist die Einwilligung einer Person in die eigene Tötung oder Verstümmelung (abgesehen von Operationen zu einem Heilzweck; vgl. hierzu 114 Ia 359) unwirksam.[13] Um diesen «Schutz vor sich selber», vor übermässiger Bindung geht es in Art. 27 (Randtitel). Dessen Abs. 1 ordnet an, dass niemand ganz oder zum Teil auf die Rechts- und Handlungsfähigkeit verzichten kann. Abs. 2 schliesst die Entäusserung der Freiheit oder ihre übermässige Beschränkung aus. Art. 27 widersprechende Abmachungen sind nichtig. Die beiden Absätze ergänzen einander, bilden demnach eine Einheit.

8 **a. Art. 27 Abs. 1** über den Ausschluss des (gänzlichen oder teilweisen) *Verzichts auf Rechts- und Handlungsfähigkeit* trifft praktisch vor allem den zum Voraus erklärten Verzicht auf das Recht, in einem Streitfall das Gericht anzurufen.[14] Ein solcher Verzicht liegt auch im Abschluss eines Schiedsvertrags, der keine Gewähr für unabhängige Rechtsprechung bietet (vgl. 80 I 336; 85 II 501;[15] zum Verzicht auf Rechtsmittel s. 113 Ia 30 f.). Versteht man Handlungsfähigkeit nicht nur im engeren Sinn, sondern auch als «Dispositionsfähigkeit», so besagt Unverzichtbarkeit, dass eine Person sich nicht durch Vertrag (oder gar einseitigen Verzicht) der an sich zur Verfügung stehenden rechtsgeschäftlichen Wirkungsmöglichkeiten begeben kann (z.B. Veräusserungsverbot bezüglich einer Sache).[16]

9 Als Grenzfall einer eigenwilligen Beschränkung der Handlungsfähigkeit lässt das ZGB den Antrag der betroffenen volljährigen Person auf Errichtung einer Beistandschaft (390[3]) zu. Doch darf die Erwachsenenschutzbehörde diese Massnahme nur anordnen,

11 BUCHER, BeKomm, Vorbem. zu Art. 27 N 13; STEINAUER/FOUNTOULAKIS a.a.O. Nr. 281.
12 Insofern lassen sich die Persönlichkeitsrechte als «unveräusserliche» Rechte bezeichnen (STEINAUER/FOUNTOULAKIS a.a.O. Nr. 504 ff.; 118 II 5).
13 Zur Organentnahme bei lebenden Personen vgl. Art. 12 ff. TransplantationsG.
14 Vgl. FZR 1998, 56 (Zivilgericht des Saanebezirks); STEINAUER/FOUNTOULAKIS a.a.O. Nr. 287 f.
15 Vgl. auch Art. 367 f. ZPO.
16 Siehe BUCHER a.a.O. Art. 27 N 41, 42 und 54.

wenn die gesetzlich umschriebene Situation der Hilfsbedürftigkeit vorhanden ist (390[1] und [2]). Einen weiteren Grenzfall stellt die Entziehung der elterlichen Sorge auf Begehren der Eltern dar (312 Ziff. 1); vorausgesetzt sind auch hier wichtige Gründe (s. hinten § 44 N 30 ff.).

b. Art. 27 Abs. 2. Bezüglich der möglichen *Beschränkung* der *(persönlichen) Freiheit* 10 lässt sich keine so allgemeine Formel aufstellen wie beim Verzicht auf Rechts- und Handlungsfähigkeit. Die Einschränkung der persönlichen Freiheit ist ja Ausfluss der Privatautonomie (19 f. OR) und regelmässig Voraussetzung für die Partizipation an wirtschaftlichen oder gesellschaftlichen Prozessen. «Die Bindung der freien Persönlichkeit ... ist notwendig mit dem Begriff der Obligation verknüpft und bildet auf wirtschaftlichem Gebiete das normale Mittel zur Erreichung der vom Einzelnen erstrebten Zwecke und zur Aufrechterhaltung eines geordneten Gemeinschaftslebens» (50 II 486). Art. 27 Abs. 2 setzt der Beschränkung dieser Freiheit[17] zwei Schranken: Einerseits darf der Verzicht darauf kein gänzlicher, allseitiger sein (Art. 27 Abs. 2 erster Teil), und andererseits darf er nur in den *vernünftigen Schranken* von Recht und Sittlichkeit erfolgen (Art. 27 Abs. 2 zweiter Teil).

Ein einheitliches *Kriterium* für die Zulässigkeit (beziehungsweise Übermässigkeit) 11 der eigenwilligen Freiheitsbeschränkung lässt sich nur mit Mühe finden. Massgebend ist, was nach den Wertvorstellungen des Gesetzgebers oder der richterlichen Rechtsfortbildung im Gesamten des geltenden Rechts zu den *«guten Sitten»* (les bonnes mœurs) gehört. Dabei lassen sich – ähnlich wie beim Rechtsmissbrauch – *Fallgruppen* entwickeln:[18] So sind unzulässig Verzichte, durch die sich jemand dem Belieben eines andern ausliefert (138 III 329); ferner Geschäfte, die wegen ihres Gegenstandes oder ihrer Dauer aussergewöhnliche Bindungen begründen oder einer Aufgabe der Selbständigkeit gleichkommen (120 II 38). Erforderlich ist eine *Interessenabwägung im Einzelfall*,[19] unter Berücksichtigung der Art und Dauer der Verpflichtung, ihres konkreten Einflusses auf die Handlungsfreiheit des Schuldners sowie einer allfälligen Gegenleistung.[20]

Grenzen der Freiheit sind namentlich dort gegeben, wo es um *nichtwirtschaftliche (ideelle)* Güter geht. So würde nicht geschützt das Versprechen, keine Ehe einzugehen oder seine Konfession zu ändern, die Übernahme der Verpflichtung, einem religiösen, poli- 12

---

17 Art. 27 Abs. 2 erfasst grundsätzlich nur Verpflichtungsgeschäfte und nicht Verfügungsgeschäfte: BUCHER a.a.O. Art. 27 N 99 und 133 ff. Andererseits erfasst er alle rechtsgeschäftlichen Bindungen, also nicht nur vertragliche Verpflichtungen, sondern auch Pflichten, die sich auf Statuten und Beschlüsse von Körperschaften (z.B. Vereinen) stützen (138 III 329; BUCHER a.a.O. Art. 27 N 18).

18 Ausführlich STEINAUER/FOUNTOULAKIS a.a.O. Nr. 300 ff.; BUCHER a.a.O. Art. 27 N 116 ff.; HUGUENIN/REITZE, BaKomm, Art. 27 N 11 ff.; GAUCH/SCHLUEP/SCHMID/EMMENEGGER, OR AT, Rn. 659 ff.

19 So bereits EUGEN HUBER, Zehn Vorträge ... über ausgewählte Gebiete des neuen Rechts (vervielfältigt Bern 1911), 17 f.

20 STEINAUER/FOUNTOULAKIS a.a.O. Nr. 298.

tischen oder weltanschaulichen Verein beizutreten.[21] Keine zivilrechtliche Bindung entspringt aus dem Klostergelübde oder der Verpflichtung, einer Sekte beizutreten.[22] Nach dem Bundesgericht muss sodann bei einer Gesellschaft, welche die Durchführung einer Strafklage bezweckt, jedem Mitglied jederzeit der Austritt offenstehen; mit Bezug auf die entsprechende moralische Verantwortlichkeit soll jeder Person ihr Urteil unbeschränkt gewahrt bleiben (48 II 442).

13   Es stellt sich die Frage, wann diese Schutzbestimmung auf die *wirtschaftliche* Betätigung einer Person Anwendung findet. Das Bundesgericht ist hier zurückhaltend mit der Annahme eines Verstosses gegen Art. 27 Abs. 2. «Eine vertragliche Einschränkung der wirtschaftlichen Bewegungsfreiheit wird [auch für juristische Personen] nur dann als übermässig angesehen, wenn sie den Verpflichteten der Willkür eines anderen ausliefert, seine wirtschaftliche Freiheit aufhebt oder in einem Masse einschränkt, dass die Grundlagen seiner wirtschaftlichen Existenz gefährdet sind» (114 II 162; 123 III 345 f.; 138 III 329). Im Vordergrund stehe bei Art. 27 Abs. 2 der Schutz der Entschlussfreiheit. So verbietet das ZGB grundsätzlich nicht, sich über seine Kräfte hinaus finanziell zu verpflichten; es will auch nicht über Art. 21 OR hinaus bei Missverhältnis zwischen Leistung und Gegenleistung Leichtsinnige und Unerfahrene schützen (95 II 58).[23] – Art. 27 Abs. 2 wird etwa angerufen beim Vorliegen von Konkurrenzverboten (erfolglos in 50 II 485; 95 II 537). Die Bestimmung bildet in jedem Fall eine wirksame Schranke gegen «ewige» Verträge, wobei die Höchstdauer massgebend von der Intensität der Bindung des Verpflichteten und vom Verhältnis zwischen Leistung und Gegenleistung abhängt (114 II 162; Pra 1997, Nr. 54, S. 291; 127 III 77 f.).[24] – In der bundesgerichtlichen Rechtsprechung finden sich etwa folgende weitere Beispiele: Als nicht rechtsgültig angesehen wurde die Klausel eines Pfandvertrags, wonach ein Schuldbrief für alle noch erlaufenden Verbindlichkeiten des Verpfänders gegenüber dem Pfandgläubiger verpfändet sein solle (51 II 281 ff.; vgl. auch 106 II 263 und 108 II 49). Unzulässig ist auch eine zeitlich und gegenständlich unbeschränkte Zession (Forderungsabtretung) aller gegenwärtigen und künftigen Forderungen (84 II 366 f.; 112 II 436) sowie das Versprechen, einen Erbvertrag abzuschliessen (108 II 405).[25] Als unzulässig (und als Verstoss gegen den international-privatrechtlichen Ordre public; 190[2] lit. e IPRG)

---

21   Aus der Praxis des deutschen Bundesgerichtshofes bekannt geworden ist die Aussage, dass sich eine Frau gegenüber ihrem Konkubinatspartner angesichts ihres Persönlichkeitsrechts nicht wirksam verpflichten könne, empfängnisverhütende Mittel einzunehmen (BGHZ 97 [1986], Nr. 46, S. 379).

22   STEINAUER/FOUNTOULAKIS a.a.O. Nr. 293.

23   Vgl. auch LGVE 2005 I Nr. 2, S. 5 ff., E. 5 (Luzerner Obergericht), und BGer 4C.272/2005 E. 3: keine übermässige Bindung durch eine für 25 Jahre erworbene Golfspielberechtigung.

24   Die Kündbarkeit von auf unbestimmte Zeit abgeschlossenen Verträgen kann sich nach der Rechtsprechung allerdings auch aus Art. 2 ergeben (113 II 209; 114 II 161; Pra 86 [1997], Nr. 54, S. 291; ZR 98 [1999], Nr. 31, S. 111 ff.). Vgl. dazu GAUCH/SCHLUEP/SCHMID/EMMENEGGER a.a.O. Rn. 664.

25   Dagegen hat das Bundesgericht den Verzicht eines Vaters auf nachträgliche Herabsetzung der Alimente, wie sie ihm nach der Scheidung auf Grund von Art. 157 b. F. zustehen würde, als gültig erklärt (82 II 371; vgl. auch 122 III 98).

ist schliesslich ein auf den Statuten des Weltfussfallverbands beruhendes, unbegrenztes Berufsverbot für einen Fussballer anzusehen, das der privaten Vollstreckung eines Schadenersatzurteils (über einen zweistelligen Millionenbetrag) wegen unerlaubten Vereinswechsels dient (138 III 329 ff., mit Verneinung überwiegender Verbandsinteressen).

In besonderen Fällen nimmt das Gesetz dem Gericht die Würdigung der Freiheitsbeschränkung ab. Solche *Sonderbestimmungen* sind etwa Art. 303 Abs. 2, wonach die Eltern ihr Recht, über die religiöse Erziehung des Kindes zu verfügen, nicht beschränken dürfen, Art. 34 Abs. 2 OR über die zwingende Widerruflichkeit einer Vollmacht, Art. 334 Abs. 3 OR über die Kündigungsmöglichkeit nach zehnjährigem Arbeitsverhältnis oder Art. 340 ff. OR über die Schranken von Konkurrenzverboten bei Arbeitsverträgen (vgl. auch OR 344a[4]).[26]   14

Ein Vertrag, der gegen Art. 27 ZGB verstösst, ist gestützt auf Art. 19 Abs. 2 und 20 OR *nichtig*.[27] Das Bundesgericht lässt dies in seiner neueren Rechtsprechung freilich nur für Verträge zu, die «den höchstpersönlichen Kernbereich» einer Person betreffen, und gibt in den übrigen Fällen dem Belasteten das Recht, die Vertragserfüllung zu verweigern (129 III 213; 136 III 407 f.).[28] Das ZGB spricht sich nicht darüber aus, ob bei Verletzung von Art. 27 völlige Nichtigkeit gemäss Art. 20 Abs. 1 OR oder allenfalls bloss Teilnichtigkeit im Sinn von Art. 20 Abs. 2 OR eintritt. Durchgesetzt hat sich die Ansicht, dass auch Teilnichtigkeit eintreten kann, dass das Gericht also gegebenenfalls nur einzelne Teile des Vertrags für nichtig ansehen und ein Übermass auf das zulässige Mass herabsetzen kann (114 II 163; 120 II 40 f.; 129 III 213).[29] Soweit der Zweck von Art. 27 Abs. 2 es verlangt, soll das Gericht überdies den Inhaltsmangel des Vertrags nur zu Gunsten des Geschützten von Amtes wegen berücksichtigen; die Gegen-   15

---

26 Das Fortpflanzungsmedizingesetz vom 18. Dezember 1998 (FMedG – SR 814.90; in Kraft seit 1. Januar 2001) verbietet in Art. 4 die Ei- und die Embryonenspende sowie die Leihmutterschaft und erklärt damit auch entsprechende Verträge für unzulässig – unter anderem zum Schutz der Persönlichkeit der betroffenen Personen (vgl. auch Art. 1 Abs. 2, 31 und 37 FMedG).

27 Gauch/Schluep/Schmid/Emmenegger a.a.O. Rn. 680d ff. und 685 ff. mit Hinweisen; Steinauer/Fountoulakis a.a.O. Nr. 286, 294, 297 und 299 (jeweils mit Differenzierungen); anderer Meinung für Verstösse gegen Art. 27 Abs. 1 Bucher, BeKomm, Art. 27 N 47.

28 Vgl. zu den Rechtsfolgen auch Sibylle Hofer, Art. 27 ZGB – die späte Entdeckung einer vermeintlichen Lücke, recht 2008, 58 ff.

29 Vgl. hierzu auch Roland Hürlimann, Teilnichtigkeit von Schuldverträgen nach Art. 20 Abs. 2 OR (Diss. Freiburg 1984), AISUF 65, Nr. 147 f. und 186 ff.; Jean-Baptiste Zufferey-Werro, Le contrat contraire aux bonnes mœurs … (Diss. Freiburg 1988), AISUF 89, Nr. 1673 ff.; Gauch/Schluep/Schmid/Emmenegger a.a.O. Rn. 700 und 706; Ernst A. Kramer, BeKomm, Art. 19–20 OR N 362 und 372; Steinauer/Fountoulakis a.a.O. Nr. 299; Alain Thévenaz, La protection contre soi-même – Etude de l'article 27 alinéa 2 CC (Diss. Lausanne, Bern 1997), ASR 598, Nr. 176 ff.; Hürlimann-Kaup/Schmid, Einleitungsartikel des ZGB, Nr. 832; Denis Piotet, La sanction de l'engagement excessif selon l'art. 27 al. 2 CC, in Olivier Guillod/Christoph Müller (Hrsg.), Mélanges Pierre Wessner, Basel 2011, 505 ff.; anderer Meinung Bucher, BeKomm, Art. 27 passim und insbesondere N 556 ff.

partei kann sich also gegen den Willen der geschützten Partei nicht mit Erfolg auf die Vertragsungültigkeit berufen.[30]

III. Der Schutz der Persönlichkeit gegen Verletzungen

16 **a. Die gesetzliche Regelung.** Der privatrechtliche Schutz der Persönlichkeit besteht einmal darin, dass Abmachungen, welche die persönliche Freiheit übermässig einschränken, unverbindlich sind (27; vorne N 7 ff.). Die «Persönlichkeitsgüter» können aber auch durch unmittelbare Eingriffe Dritter verletzt werden; die Art. 28–28*l* sehen daher den Schutz der Persönlichkeit «gegen Verletzungen» («contre des atteintes») vor.[31] Die gesetzliche Regelung wurde 1983 neu gefasst und trat am 1. Juli 1985 in Kraft.[32] Sie wollte keine grundlegende Änderung bringen, jedoch den Gesetzestext in Berücksichtigung der Rechtsprechung zum alten Recht aussagekräftiger und verständlicher formulieren und den Persönlichkeitsschutz gegen Verletzungen durch die Medien verstärken (123 III 360). Ausserdem sieht das Gesetz nun ein Gegendarstellungsrecht vor (28g–28*l*), und die Voraussetzungen für den Genugtuungsanspruch wurden neu umschrieben (49 OR).[33]

17 Durch das BG vom 23. Juni 2006 (ZGB-Änderung zum Schutz der Persönlichkeit gegen Gewalt, Drohungen und Nachstellungen) wurde Art. 28b neu geschaffen.[34]

18 Die Regelung des privatrechtlichen Persönlichkeitsschutzes im neuen *Datenschutzgesetz* für den Fall der Datenbearbeitung durch Private stellt keine Ausnahme vom allgemeinen Persönlichkeitsschutzrecht dar. Die Art. 12 Abs. 1 und 13 Abs. 1 DSG übernehmen fast wörtlich die Regelung des Art. 28 ZGB (vgl. auch 13[2] BV). Wohl aber werden im DSG einzelne in Art. 28 ZGB enthaltene Begriffe konkretisiert ergänzt (127 III 492 f.; BGer 5A_22/2013 E. 2.4.2): einerseits durch die Konkretisierung von Fällen von Persönlichkeitsverletzungen, andererseits durch detaillierte Umschreibungen von

---

30 Gauch/Schluep/Schmid/Emmenegger a.a.O. Rn. 687; im Ergebnis ähnlich (allerdings mit anderer Konstruktion) BGE 129 III 214 und Bucher a.a.O. Art. 27 N 545 ff. (dazu wieder kritisch Piotet a.a.O.).

31 Dieser Randtitel zu Art. 28 ff. ist prägnant, jedoch insofern ungenau, als das in Art. 28g ff. geregelte Gegendarstellungsrecht (hinten N 38 ff.) keine «Verletzung», sondern nur eine «unmittelbare Betroffenheit» voraussetzt.

32 Seither sind die Vorschriften über den Gerichtsstand (Art. 28b, 28f Abs. 2 und 28*l* Abs. 2) durch das Gerichtsstandsgesetz aufgehoben worden (vgl. heute Art. 20 ZPO; vgl. auch Art. 249 lit. a[1] und 315[4] ZPO). Zu dem im Jahr 2006 neu geschaffenen Art. 28b (Gewalt, Drohungen und Nachstellungen) vgl. hinten N 29.

33 Vgl. «Übersicht» in der Botschaft a.a.O. 637. – Für Literatur siehe insbesondere das vorne in Anm. 9 erwähnte Werk von Tercier, sowie Thomas Geiser, Die Persönlichkeitsverletzung insbesondere durch Kunstwerke (Basel und Frankfurt a.M. 1990), BSRW A 21; Steinauer/Fountoulakis a.a.O. Nr. 486 ff.

34 AS 2007, 137 ff.; in Kraft seit 1. Juli 2007; dazu hinten N 29.

Rechtfertigungsgründen.[35] Besonders bedeutsam ist sodann das Auskunftsrecht nach Art. 8 ff. DSG (138 III 425 ff.; 140 V 468; BGer 4A_406/2014 E. 3 ff. [amtliche Publikation vorgesehen]).[36]

Persönlichkeitsschützenden Gehalt haben sodann zahlreiche weitere Erlasse, bei-   19
spielsweise das *Gleichstellungsgesetz* (vgl. Art. 3 ff. GlG),[37] das *Behindertengleich-stellungsgesetz*,[38] *das Fortpflanzungsmedizingesetz* (vgl. Art. 3 ff. FMedG),[39] das *Transplantationsgesetz*,[40] das *Humanforschungsgesetz* (vgl. Art. 4 ff. HFG) sowie *weitere medizinalrechtliche Sondergesetze* (§ 9 N 49).[41] – Zum Namensschutz vgl. hinten N 54 ff.; zum anwaltlichen Berufsgeheimnis vgl. vorne Anm. 5.

b. Der Grundsatz. Art. 28 Abs. 1 hält fest: «Wer in seiner Persönlichkeit widerrecht-   20
lich verletzt wird, kann zu seinem Schutz gegen jeden, der an der Verletzung mitwirkt, das Gericht anrufen». Der Gesetzgeber hat darauf verzichtet, die geschützten Persön-lichkeitsgüter – Leben, physische, psychische und moralische Integrität (zum Gefühls-leben BGer 5A_190/2007 E. 4.1.1), Identität (samt Recht auf Erforschung der eigenen Herkunft: 134 III 245), Privat- und Geheimsphäre sowie Ehre und Freiheit u. a. m. –

35   Siehe Paul-Henri Steinauer, Le droit privé matériel, in Nicolas Gillard (Hrsg.), La nouvelle loi fédérale sur la protection des données (Lausanne 1994), Cedidac 28, 85 ff.; Jörg Schmid, Persönlichkeitsschutz bei der Bearbeitung von Personendaten durch Private, in ZBJV 131 (1995), 809 ff. (besonders 816 ff.); Regina E. Aebi-Müller, Personenbezogene Informa-tionen im System des zivilrechtlichen Persönlichkeitsschutzes (Habil. Bern 2005), Nr. 489 ff.; zum Ganzen auch Steinauer/Fountoulakis a.a.O. Nr. 676 ff.; Hürlimann-Kaup/Schmid a.a.O. Nr. 1037 ff.; Urs Maurer/Gabor-Paul Blechta (Hrsg.), Basler Kommentar zum Datenschutzgesetz (DSG)/Öffentlichkeitsgesetz (BGÖ), 3. A., Basel 2014; David Rosenthal/Yvonne Jöhri, Handkommentar zum Datenschutzgesetz, Zürich 2008.
36   Jörg Schmid, Das Recht auf Auskunft über Datenbearbeitung nach Art. 8 DSG – Privatrecht-liche Fragen, in FZR 1995, 3 ff.; Hürlimann-Kaup/Schmid a.a.O. Nr. 1069 ff.; Steinauer/Fountoulakis a.a.O. Nr. 723 ff.; Gilles Monnier, Le droit d'accès aux données personnelles traitées par un média (Diss. Lausanne, Bern 1999), ASR 623, 141 ff.; Nicolas Bracher/Eyal I. Tavor, Das Auskunftsrecht nach DSG – Inhalt und Einschränkung im Vorfeld eines Zivilpro-zesses, SJZ 109 (2013), 45 ff.
37   Vgl. Hürlimann-Kaup/Schmid a.a.O. Nr. 1097 ff.; zur Lohndiskriminierung illustrativ 125 III 368 ff. und 127 III 207 ff.
38   BG über die Beseitigung von Benachteiligungen von Menschen mit Behinderungen (Behinder-tengleichstellungsgesetz; BehiG) vom 13. Dezember 2002 (SR 151.3).
39   Zu damit im Zusammenhang stehenden Rechten (namentlich Auskunftsrechten eines Kindes) vgl. Ruth Reusser/Rainer J. Schweizer, Das Recht auf Kenntnis der Abstammung aus völ-ker- und landesrechtlicher Sicht, in ZBJV 136 (2000), 605 ff. (besonders 623 ff.); s. auch Art. 27 FMedG.
40   Steinauer/Fountoulakis a.a.O. Nr. 748 ff.
41   Vgl. Hausheer/Aebi-Müller, Das Personenrecht, N 13.43 ff.

namentlich zu erwähnen.[42] Umso wichtiger ist hier die Rolle des Gerichts.[43] Geschützt sind natürliche und juristische Personen (114 II 390; 115 II 113; 138 III 341 ff.). Für verstorbene Menschen besteht kraft der Art. 28 ff. ein Andenkensschutz der Hinterbliebenen (118 IV 322 f.; 127 I 122 f. und 161 f.; 129 I 307).[44] Passivlegitimiert ist nach dem ausdrücklichen Gesetzeswortlaut jede Person, die an der widerrechtlichen Persönlichkeitsverletzung mitwirkt (126 III 165 ff.: Verantwortlichkeit der Druckerei, die an der verletzenden Pressekampagne einer Zeitung mitgewirkt hat; 131 III 29; 132 III 645; BGer 5A_792/2011 E. 6 = Pra 2014, Nr. 37, S. 260 ff.: «Blog-Hoster»). Weiter ist festzuhalten:

21   1. Unter *Verletzung* versteht das Gesetz (28[1]) nicht (nur) das Resultat des Verletzens, die Beeinträchtigung des Betroffenen, sondern (auch) die *Verletzungshandlung*, den Eingriff (Angriff) von Seiten des Verletzers (französisch «atteinte»). In Betracht kommt jedes menschliche Verhalten, welches die geschützten Persönlichkeitsgüter einer anderen Person stört (136 III 302 und 413; zur Frage der Erkennbarkeit der verletzten Person 135 III 147 ff. [Romanfigur]). Gegen diese Verletzung kann das Gericht angerufen werden. Beispiele von Verletzungen liefert in reichem Mass die bundesgerichtliche Rechtsprechung (auch zum alten Persönlichkeitsrecht): Wahl eines Namens, der die Gefahr zu Verwechslungen schafft (auch ohne Namensanmassung i. S. des Art. 29; vgl. 92 II 309 f., für juristische Personen 52 II 397 ff.; 76 II 91; 83 II 256 ff.); absichtliche und wiederholte Störung des Familienlebens eines Ehepaares (108 II 344); Verletzung des Rechts am eigenen Bild (127 III 492; 129 III 723 f.; 136 III 404 [Fotos und Filme] und 413 [Observierung]);[45] Verletzung in der beruflichen oder gesellschaftlichen Ehre (119 II 100 ff.; 127 III 487; 129 III 722)[46]; Schähkritik an einem Künstler durch Text und Fotomontage (BGer 5A_376/2013 E. 4.3); Veröffentlichung des Mitgliederverzeichnisses eines Vereins (97 II 97) oder eines privaten Briefs ohne Einwilligung des Verfassers (127 III 494); Benennung eines Hundes mit dem Namen einer bestimmten Person; Verunglimpfung in einem Roman, einer Novelle, einer Zeitung; generell die verschiedenen Arten von Ehrverletzung (122 III 449 ff.; 123 III 354 ff. und 385 ff.; 126 III 209 ff. und 305 ff.); die Minderung des Ansehens eines Reiseunternehmens durch eine sati-

---

42   Vgl. dazu die Generalklausel in 70 II 130: «tout ce qui sert à individualiser une personne et qui est digne de protection vu les besoins des relations entre individus et selon les mœurs»; ferner TERCIER a.a.O. Nr. 314 ff.; STEINAUER/FOUNTOULAKIS a.a.O. Nr. 513 ff.; HAUSHEER/AEBI-MÜLLER a.a.O. N 12.40 ff. Zu weiteren Persönlichkeitsgütern etwa MICHAEL SCHWEIZER, Recht am Wort … (Luzerner Diss., Bern 2012).

43   Siehe FRANZ WERRO, La définition des biens de la personnalité: une prérogative du juge, in Contribution en l'honneur de Pierre Tercier (Fribourg 1993), 15 ff.

44   Siehe dazu ESTHER KNELLWOLF, Postmortaler Persönlichkeitsschutz – Andenkensschutz der Hinterbliebenen (Diss. Zürich 1991), WALTER OTT/THOMAS GRIEDER, Plädoyer für den postmortalen Persönlichkeitsschutz, in AJP 2001, 627 ff. (dazu ausführlich und ablehnend BGE 129 I 308 ff.).

45   Vgl. auch MARC BÄCHLI, Das Recht am eigenen Bild … (Diss. Basel 2002).

46   Der zivilrechtliche Persönlichkeitsschutz umfasst mit dem gesellschaftlichen und beruflichen Ansehen demnach auch die «soziale Geltung» der Person und schützt so die Ehre in weitergehendem Mass als das Strafrecht: 129 III 722 mit Hinweisen.

rische Karikatur in einer Tageszeitung (95 II 494 E. 8; BGer 5A_553/2012 E. 3); unbe-
fugte, zu Verwechslung Anlass gebende Verwendung einer Fabrikmarke auf Plaka-
ten oder Prospekten (58 II 170 f.)[47]; Ausstrahlung eines Dokumentarspiels über einen
Straftäter (109 II 353 ff.). Unterschiedlich geschützt werden nach Lehre und Rechtsprechung Geheim-, Privat- und Gemeinbereich (119 II 225 mit Hinweisen).[48] Auch Angehörige eines Verstorbenen können als solche Opfer einer Verletzung der Persönlichkeit sein («Hodler auf dem Totenbett»: 70 II 130 ff.; Herztransplantation: 101 II 190 f.;
Rundfunksendung: 109 II 353 ff.; Autopsie: 127 I 115 ff.).

2. Die Ansprüche des Verletzten bestehen nach Art. 28 Abs. 1 nur, wenn die Verletzung   22
widerrechtlich ist. Art. 28 Abs. 2 bezeichnet jede Persönlichkeitsverletzung als widerrechtlich, es sei denn, es liege einer der im Gesetz genannten Rechtfertigungsgründe
vor. Als solche Gründe nennt das ZGB die Einwilligung[49] des Verletzten, überwiegendes privates oder öffentliches Interesse und «Gesetz» (zu Letzterem etwa Notwehr
oder Notstand: 52 OR).[50] Da dies inhaltlich dem früheren Recht entspricht (vgl. etwa
101 II 196 f.), können auch weiter zurückliegende Bundesgerichtsentscheide zur Auslegung der nunmehr im ZGB ausdrücklich genannten Rechtfertigungsgründe herangezogen werden (so zur Einwilligung 101 II 196 f. und 108 II 62; zur Wahrung höherer
Interessen 101 II 197). Einwilligungen sind nur wirksam, wenn sie in genauer Kenntnis des konkreten Eingriffs in die Persönlichkeit und frei von Willensmängeln erklärt
werden (136 III 405). Soweit es um Kernbereiche der Persönlichkeit geht (etwa physische und psychische Integrität, Bewegungsfreiheit, Intimsphäre), ist die Einwilligung
jederzeit frei widerrufbar, nicht jedoch ohne Weiteres bei anderen Persönlichkeitsgütern, die aus wirtschaftlichen Interessen «veräussert» werden (136 III 404 ff.: ero-
tische Fotos im Internet).[51] Ein überwiegendes privates Interesse des Eingreifers ist

---

47 Bei unbefugter Anbringung auf der Ware selbst oder auf der Verpackung greift das BG vom
    28. August 1992 über den Schutz von Marken und Herkunftsangaben (Markenschutzgesetz,
    MSchG – SR 232.11) ein (Art. 13² lit. a MSchG; vgl. auch BGer in sic 1997, 493 ff.). – Für das Ver-
    hältnis zum Firmen- und Namensrecht vgl. 102 II 166; für das Verhältnis zum Urheberrecht 110
    II 417 ff., 113 II 311 und 129 III 724 (siehe auch das BG vom 9. Oktober 1992 über das Urheber-
    recht und verwandte Schutzrechte [Urheberrechtsgesetz]; SR 231.1) sowie zum Wettbewerbs-
    recht 114 II 105; 126 III 239 ff.; Hans Michael Riemer, Persönlichkeitsrechte und Persön-
    lichkeitsschutz gemäss Art. 28 ff. ZGB im Verhältnis zum Datenschutz, Immaterialgüter- und
    Wettbewerbsrecht, in sic 1999, 103 ff.
48 Steinauer/Fountoulakis a.a.O. Nr. 537 ff. Kritisch zur Sphärentheorie Regina E. Aebi-
    Müller, Personenbezogene Informationen (a.a.O.), Nr. 512 ff.
49 Hierzu Kathrin Reusser, Patientenwille und Sterbebeistand – Eine zivilrechtliche Beurtei-
    lung der Patientenverfügung (Diss. Zürich 1994), ZSPR 112, 75 ff. und passim; Raphaël Haas,
    Die Einwilligung in eine Persönlichkeitsverletzung nach Art. 28 Abs. 2 ZGB (Diss. Luzern,
    Zürich 2007), LBR 18, Nr. 98 ff.; Steinauer/Fountoulakis a.a.O. Nr. 560 ff.
50 Zum überwiegenden Interesse einer Versicherungsgesellschaft und der Versicherungsgemein-
    schaft an geheimen Videoüberwachungsaufnahmen (eines Privatdetektivs), wenn eine Person
    ungerechtfertigte Leistungen beantragt, vgl. BGE 129 V 324 f. und 132 V 242 f.
51 Steinauer/Fountoulakis a.a.O. Nr. 562a f. halten (entgegen 136 III 405) am Grundsatz der
    freien Widerruflichkeit fest, lassen den Widerruf aber in gewissen Fällen nur gegen finanzielle
    Entschädigung zu.

denkbar, wenn eine Versicherungsgesellschaft eine Person observieren lässt (Recht am eigenen Bild, Privatsphäre), die hohe Ansprüche geltend macht, sofern ein Verdacht auf Versicherungsbetrug besteht (differenzierend 136 III 410 ff.). Als überwiegendes öffentliches Interesse kommt namentlich der Informationsauftrag der Presse in Betracht, über unzulässiges Geschäftsgebaren zu orientieren.[52] Doch sind tatsachenwidrige Nachrichten regelmässig nicht mit dem Informationsauftrag zu rechtfertigen und daher widerrechtlich (129 III 51 und 531; 132 III 645; 138 III 643), ebenso wie wahre Aussagen, die unnötig verletzend oder herabsetzend sind (129 III 51 und 531; 132 III 645; 138 III 643), sowie blosse Schmähkritik (5A_376/2013 E. 5). Ein überwiegendes Informationsinteresse kann dann bestehen, wenn Medien über das Auftreten einer relativ prominenten Person in der Öffentlichkeit (127 III 488 ff. mit Ausführungen zum Begriff der Person der Zeitgeschichte; 127 I 160 f.; vgl. auch 13[2] lit. f DSG) oder über eine öffentliche Gerichtsverhandlung (129 III 532 ff. mit Erwägungen zur Frage der Namensnennung) berichten. Doch kann die Rechtfertigung der Persönlichkeitsverletzung der Medien stets nur so weit reichen, als ein (schützenswertes) Informationsbedürfnis der Öffentlichkeit besteht; bei der Interessenabwägung ist auf den Gesamtzusammenhang der konkreten Publikation und auf den «Wahrnehmungshorizont des Durchschnittslesers» abzustellen (129 III 531 f.; 132 III 644; 135 III 151).[53] Meinungsäusserungen, Kommentare und Werturteile sind zulässig, sofern sie auf Grund des Sachverhalts, auf den sie sich beziehen, als vertretbar erscheinen (138 III 644, mit Hinweisen zu «gemischten Werturteilen» [in casu «verbaler Rassismus»]). In der politischen Auseinandersetzung ist der Meinungsäusserungsfreiheit Rechnung zu tragen, so dass die Anforderungen an den Rechtfertigungsgrund des öffentlichen Interesses milder sind (BGer 5A_553/2012 E. 3 [«Abzocker» als Grenzfall]; BGer 5A_354/2012 E. 4.3 [«Massenverbrechen an Versuchstieren», wohl ebenfalls als Grenzfall]). Auch der ärztliche Eingriff in die körperliche Integrität ist grundsätzlich widerrechtlich – unter Vorbehalt von Rechtfertigungsgründen, etwa der Einwilligung des sachgerecht aufgeklärten Patienten oder der Geschäftsführung ohne Auftrag (123 II 583; 133 III 128 f.; strafrechtlich 124 IV 260 f.).[54] Zu den Grenzen der Kunstfreiheit vgl. 135 III 150 f.

23   3. Unter dem Randtitel «*Klage*» nennen Art. 28a (insbesondere in Abs. 1 und 2) und Art. 28b die Rechtsbegehren, welche die verletzte Person dem Gericht stellen kann und die den materiell-rechtlichen Ansprüchen entsprechen. Die einzelnen Klagen (Ansprüche) werden nachstehend unter lit. c behandelt. Hier sei vorweg nur Art. 28a Abs. 2 erwähnt, wonach gekoppelt mit einer der drei in Abs. 1 erwähnten Klagen[55] die

---

52   Zum Vorgehen von Journalisten mit «verstecker Kamera» vgl. BGer 6B_225/2008 E. 3 und dazu Urteil des EGMR vom 24. Februar 2015 (Nr. 21830/09; Verletzung von Art. 10 EMRK bejaht).

53   Vgl. auch HEINZ HAUSHEER/REGINA E. AEBI-MÜLLER, Persönlichkeitsschutz und Massenmedien …, recht 2004, 129 ff.; CONRADIN CRAMER, Persönlichkeitsschutz und Medienfreiheit, BJM 2008, 121 ff.

54   Vgl. auch HAAS a.a.O. Nr. 123; CHRISTIAN BRÜCKNER, Die Rechtfertigung des ärztlichen Eingriffs in die körperliche Integrität gemäss Art. 28 Abs. 2 ZGB, in ZSR NF 118 (1999), I 451 ff.; STEINAUER/FOUNTOULAKIS a.a.O. Nr. 562d ff.

55   Botschaft a.a.O. 686; TERCIER a.a.O. Nr. 1000.

verletzte Person – sofern es sich um eine taugliche Massnahme handelt – Mitteilung an Dritte oder Veröffentlichung einer Berichtigung oder des Urteils verlangen kann (z.B. 126 III 216 ff.; 135 III 151 f.; vgl. auch 15[3] DSG).

4. Für die örtliche *Zuständigkeit* (Gerichtsstand) ist heute die ZPO massgebend. Mit den «Klagen aus Persönlichkeitsverletzung», für die nach dem dispositiven Art. 20 lit. a ZPO das Gericht am Wohnsitz oder Sitz einer der Parteien zuständig ist, sind nur die Abwehrklagen im Sinn von Art. 28a Abs. 1 und 2 sowie Art. 28b ZGB gemeint.[56] Die Klagen auf Schadenersatz, Genugtuung oder Gewinnherausgabe aus unerlaubter Handlung, die Art. 28a Abs. 3 vorbehält, unterstehen dem allgemeinen Gerichtsstand (Art. 10 und bei unerlaubter Handlung Art. 36 ZPO). Werden Abwehr und Wiedergutmachungsbegehren miteinander verbunden, so ist Art. 15 Abs. 2 ZPO anwendbar.

c. Die einzelnen Klagen (Ansprüche)

Unterscheiden lassen sich einerseits die *Abwehrklagen* (Art. 28a Abs. 1 und 2, entsprechend den Unterlassungs-, Beseitigungs- und Feststellungsansprüchen, allenfalls verbunden mit dem Anspruch auf Mitteilung von Berichtigung oder Urteil an Dritte oder auf Veröffentlichung), zu denen nun auch der in Art. 28b geregelte Sonderfall gehört, und andererseits die *Wiedergutmachungsklagen* (vorbehalten in Art. 28a Abs. 3, zur Durchsetzung der Ansprüche auf Schadenersatz, Genugtuung und Gewinnherausgabe). Im Einzelnen:

1. *Der Unterlassungsanspruch.* Die erste im Gesetz vorgesehene Klage zielt darauf ab, eine drohende Verletzung zu verbieten (28a[1] Ziff. 1). Dieser Unterlassungsanspruch ist demnach über den Wortlaut des Art. 28 Abs. 1 hinaus schon gegeben, bevor die Verletzung stattgefunden hat. Der Kläger muss indessen eine drohende ernsthafte Gefahr nachweisen.[57] Die Klage hat sich überdies auf das Verbot eines genau umschriebenen, ernstlich zu befürchtenden zukünftigen Verhaltens zu richten (zum alten Recht: 97 II 93 f.). Der Kläger kann über das Gericht auch den Einsatz staatlicher Zwangsmittel verlangen, namentlich die Androhung strafrechtlicher Sanktionen gemäss Art. 292 StGB.[58]

2. *Der Beseitigungsanspruch.* Die zweite Klage zum Schutz der Persönlichkeit geht auf Beseitigung einer noch andauernden Verletzung bzw. Störung (28a[1] Ziff. 2; französischer Text: «si elle dure encore»). Ihre Gutheissung setzt voraus, dass die Verletzung einen Zustand geschaffen hat, der noch andauert und behoben werden kann (zum früheren Recht s. etwa 100 II 177; 103 II 161; 104 II 1) – auch hier gegebenenfalls mit Hilfe des Art. 292 StGB. Zu denken ist etwa an den Rückzug eines Buchs, die Beschlagnahme einer Foto oder die Vernichtung einer Kartei.[59]

---

56   Zum Prozessualen allgemein STEINAUER/FOUNTOULAKIS a.a.O. Nr. 570 ff.; HÜRLIMANN-KAUP/SCHMID a.a.O. Nr. 958 ff.
57   Botschaft a.a.O. 661; STEINAUER/FOUNTOULAKIS a.a.O. Nr. 579.
58   Botschaft a.a.O. Vgl. nun auch Art. 343 ZPO und dazu BBl 2006, 7385.
59   Botschaft a.a.O.

28   3. *Der Feststellungsanspruch.* Art. 28a[1] Ziff. 3 sieht schliesslich die schon unter früherem Recht von Lehre und Rechtsprechung (101 II 189; 104 II 234) bejahte Möglichkeit vor, auf Feststellung der Widerrechtlichkeit einer Verletzung zu klagen. In
Übereinstimmung mit der Rechtsprechung zum alten Recht (95 II 481; 103 II 161 ff.)
gewährt das Gesetz einen solchen Anspruch dann, «wenn sich diese [nämlich die Ver-
letzung] weiterhin störend auswirkt» (119 II 99 f.).[60] Die Klage hat Beseitigungsfunk-
tion und steht zur Verfügung, wenn der Verletzte über ein schutzwürdiges Interesse
an der Beseitigung eines fortbestehenden Störungszustandes verfügt (127 III 483 ff.;
BGer 5A_376/2013 E. 7); ob hierbei die Verletzung besonders schwer wiegt, spielt an
sich keine Rolle (127 III 483 ff.; BGer 5A_286/2012 E. 2.2; BGer 5A_695/2012 E. 7).

29   4. *Besondere Klagen* (Ansprüche) sieht der im Jahr 2006 ins ZGB eingefügte Art. 28b
zum Schutz gegen Gewalt, Drohungen oder Nachstellungen vor.[61] Damit werden Gewalt
und Drohungen wie auch das sog. «Stalking» (also das zwanghafte, intensive Verfolgen und Belästigen einer Person; 129 IV 265; BGer 5A_526/2009 E. 5.1)[62] vom Gesetz
als Persönlichkeitsverletzungen behandelt[63] und speziell sanktioniert. Die klagende
Person kann dem Gericht beantragen, der verletzenden Person «insbesondere» ein
Annäherungs-, Aufenthalts- und Kontaktaufnahmeverbot aufzuerlegen; das Gericht
kann der beklagten Person demnach verbieten, sich der klagenden Person anzunähern oder sich in einem bestimmten Umkreis ihrer Wohnung aufzuhalten, sich an
bestimmten Orten (namentlich bestimmten Strassen, Plätzen oder Quartieren) aufzuhalten, mit ihr Kontakt aufzunehmen oder sie in anderer Weise zu belästigen (28b[1]).[64]
Art. 28b will aber auch – wie die Entstehungsgeschichte zeigt[65] – die Opfer häuslicher Gewalt besser schützen. Für den Fall, dass klagende und verletzende Person in
einer gemeinsamen Wohnung zusammenleben, sind eine zeitlich beschränkte Ausweisung und zusätzliche gerichtliche Massnahmen möglich (28b[2] und [4]).[66] Nach den
allgemeinen Regeln kann der gerichtliche Befehl mit staatlichen Zwangsmitteln verbunden werden, namentlich mit der Androhung strafrechtlicher Sanktionen gemäss
Art. 292 StGB (vgl. vorne N 26 f.).

---

60   TERCIER a.a.O. Nr. 928; STEINAUER/FOUNTOULAKIS a.a.O. Nr. 592.
61   AS 2007, 137 ff.; vgl. auch BBl 2005, 6871 ff.; PHILIPPE MEIER/DENIS PIOTET, Le nouvel Art. 28b
      CC: plus efficace, plus complexe?, Mélanges Pierre Tercier, Zürich 2008, 309 ff.; STEINAUER/
      FOUNTOULAKIS a.a.O. Nr. 583 ff.
62   BBl 2005, 6874 und 6884 f. Als typische Merkmale des «Stalkings» werden dort «das Ausspio-
      nieren, fortwährende Aufsuchen physischer Nähe (Verfolgen), Belästigen und Bedrohen eines
      anderen Menschen» genannt, und zwar als Wiederholung und Kombination von Einzelhand-
      lungen (a.a.O. 6874 mit Hinweis auf BGE 129 IV 265). Vgl. auch CHRISTIAN FISCHBACHER,
      Stalking im Blickfeld des revidierten Persönlichkeitsschutzes (Art. 28b E-ZGB), AJP 2008, 808 ff.
63   Zu den betroffenen Persönlichkeitsgütern vgl. BBl 2005, 6875.
64   Vgl. BBl 2005, 6885 f.
65   Vgl. dazu BBl 2005, 6873 ff.
66   BBl 2005, 6886 f.; STEINAUER/FOUNTOULAKIS a.a.O. Nr. 587 ff.; HAUSHEER/AEBI-MÜLLER
      a.a.O. N 14.42p. – Art. 28b Abs. 3 ZGB enthält demgegenüber schuldrechtliche Vorschriften
      (BBl 2005, 6888 f.) und ist nach der hier vertretenen Auffassung nicht zu den Abwehrbehelfen
      zu zählen.

5. *Die vorbehaltenen Klagen (die Wiedergutmachungsansprüche).* Nach den Klagen		30
zum Schutz der Persönlichkeit im engeren Sinn (hierzu 28a[1] und [2]) erwähnt nun
Art. 28a Abs. 3 auch andere Klagen, die im Zusammenhang mit Persönlichkeitsverlet-
zungen aktuell werden können: Schadenersatzklage, Genugtuungsklage und Klage auf
Herausgabe eines Gewinns. Diese Klagen und deren einzelne Voraussetzungen sind
grundsätzlich im OR geregelt (Schadenersatz primär in 41 ff. OR, allenfalls auch in 97
OR; Genugtuung vor allem in 47 und 49 OR (BGer 5A_695/2012 E. 8), s. aber auch 29
Abs. 2 ZGB; Gewinnherausgabe in 419 ff. OR).[67]

d. Die vorsorglichen Massnahmen

1. *Das Problem.* Vorsorgliche Massnahmen sind im Recht des Persönlichkeitsschut-		31
zes besonders wichtig. Oft können nur mit ihrer Hilfe drohende Gefahren abgewendet
oder kaum wieder gutzumachende Nachteile verhindert werden. Schon vor der Vereinheitlichung des Zivilprozessrechts führte der Gesetzgeber daher bundesrechtliche
Bestimmungen über die vorsorglichen Massnahmen ein (damals aArt. 28c–f; nicht
mehr in Kraft).[68] Heute bestimmt sich die Rechtslage nach der ZPO.

2. *Die Voraussetzungen und die Massnahmen.* Hier sind nur die Grundzüge der Rege-		32
lung zu erwähnen; die Behandlung gehört ins Zivilprozessrecht. Wer vorsorgliche
Massnahmen erwirken will, muss nach Art. 261 Abs. 1 ZPO *glaubhaft machen,* dass
eine widerrechtliche *Persönlichkeitsverletzung vorliegt oder* auch nur *zu befürchten* ist
und dass ihm aus der Verletzung ein *nicht leicht wieder gutzumachender Nachteil* droht.
Wo die vorsorgliche Massnahme dem Gesuchsgegner schaden kann, kann das Gericht
eine vorgängige *Sicherheitsleistung* durch die Gesuchstellerin verlangen (264 ZPO). Bei
besonderer Dringlichkeit ist eine superprovisorische Massnahme möglich (265 ZPO).

Als vorsorgliche Massnahmen kommt namentlich ein gerichtliches Verbot oder		33
die Anordnung in Betracht, den rechtswidrigen Zustand zu beseitigen (262 lit. a und
b ZPO). Gegen periodisch erscheinende Medien – denen gegenüber der selbständige
Anspruch auf Gegendarstellung nach Art. 28g ff. besteht (hinten N 35 ff.) – sind solche Massnahmen nur zulässig, wenn die drohende Rechtsverletzung der Gesuchstellerin einen besonders schweren Nachteil verursachen kann, offensichtlich kein Rechtfertigungsgrund vorliegt und die Massnahme nicht unverhältnismässig erscheint (266
ZPO).[69] Das Bundesgericht lässt eine Richtigstellung auf dem Weg vorsorglicher Massnahmen nur zu, wenn die Voraussetzungen des Rechts auf Gegendarstellung (28g)
nicht erfüllt sind (118 II 372).

67	Bei der Revision des Persönlichkeitsschutzrechts ist im für Genugtuungsansprüche zentralen
	Art. 49 OR auf die besondere Schwere des Verschuldens als Voraussetzung für solche Ansprü-
	che verzichtet worden (131 III 29 ff.; zum Ermessensspielraum des Sachrichters s. auch 129 III
	725). Zum Anspruch auf Gewinnherausgabe vgl. 133 III 153 ff.; zum Ganzen auch MATTHIAS
	INDERKUM, Schadenersatz, Genugtuung und Gewinnherausgabe aus Persönlichkeitsverletzung
	(Diss. Freiburg, Zürich 2008), AISUF Band 274.
68	Vgl. Vorauflage, § 11 N 31 ff.
69	STEINAUER/FOUNTOULAKIS a.a.O. Nr. 633 ff.

34   3. *Das Verfahren und die Vollstreckung* bestimmen sich grundsätzlich nach den ZPO-Regeln. Soweit es um Massnahmen nach Art. 28b Abs. 2 gegen häusliche Gewalt geht, haben die Kantone eine Stelle zu bezeichnen, die im Krisenfall die sofortige Ausweisung der verletzenden Person aus der gemeinsamen Wohnung verfügen kann, und regeln das Verfahren (28b⁴).[70]

e. Das Gegendarstellungsrecht

35   1. *Das Problem und seine Lösung.* Die Verletzung der Persönlichkeit durch Medien wiegt infolge ihrer grossen Breitenwirkung besonders schwer; der betroffen Person fehlt zudem die Möglichkeit, in gleichem Mass an die Öffentlichkeit zu gelangen.

36   Schon nach früherem Recht konnte zwar der Verletzte eine Gegendarstellung verlangen; doch musste er in einem oft lang dauernden, kostspieligen und risikoreichen Zivilprozess die Widerrechtlichkeit des Angriffs auf die Person nachweisen. Selbst bei erfolgreichem Prozessverlauf nützte ihm die späte Veröffentlichung oft nur noch wenig. Auch der Weg über die rascheren vorsorglichen Massnahmen vermochte nicht zu befriedigen.[71] Einzelne Kantone führten zwar ein vereinfachtes Gegendarstellungsrecht ein; die Zulässigkeit solcher kantonaler Regelungen blieb aber angesichts der dem Bund zufallenden Zivilrechtskompetenz fragwürdig.

37   1983 setzte sich die Erkenntnis durch, dass ein wirksamer Schutz vor unrichtigen und einseitigen Tatsachenbehauptungen in Medien und dadurch bewirkten Persönlichkeitsverletzungen nur gewährleistet ist, wenn die betroffene Person «mit gleich langen Spiessen kämpfen» und rasch, unentgeltlich und möglichst ohne Einschaltung des Gerichts eine eigene Version der Tatsachen mit gleichen Verbreitungsmöglichkeiten veröffentlichen kann (137 III 437 f.).[72] Dieser Eingriff in die Pressefreiheit rechtfertigt sich im Hinblick auf den Schutz des Persönlichkeitsrechts als Konkretisierung des Grundrechts der persönlichen Freiheit (117 II 116).

38   Art. 28g hält daher im Grundsatz das Recht des in seiner Persönlichkeit Betroffenen auf Gegendarstellung fest.[73] Es handelt sich um einen selbständigen privatrechtlichen Anspruch zum Schutz der Persönlichkeit.[74] Die Art. 28h, i und k ordnen Form

---

70   Gemäss BBl 2005, 6889, kommt für diese «super-superprovisorische» Massnahme in erster Linie die Polizei in Frage; kritisch Meier/Piotet a.a.O. 336 ff.; vgl. auch Steinauer/Fountoulakis a.a.O. Nr. 588.

71   Botschaft a.a.O. 646.

72   Vgl. Botschaft a.a.O. 647.

73   Siehe Tercier a.a.O. Nr. 1241 ff.; Steinauer/Fountoulakis a.a.O. Nr. 635 ff.; Franz Riklin, Schweizerisches Presserecht (Bern 1996), 227 ff.; Karl Matthias Hotz, Kommentar zum Recht auf Gegendarstellung (ZGB 28g–l) (Bern und Stuttgart 1987); Olivier Rodondi, Le droit de réponse dans les médias, étude de droit suisse (Diss. Lausanne 1991); Katerina Kocian Elmaleh, Gegendarstellungsrecht – Droit de réponse – Eine rechtsvergleichende Studie … (Diss. Bern 1993), SMI 32; Beatrice Bänninger, Die Gegendarstellung in der Praxis – Unter besonderer Berücksichtigung der bundesgerichtlichen und kantonalen Rechtsprechung (Diss. Zürich 1998), ZSPR 138.

74   Tercier a.a.O. Nr. 1248, 1273.

und Inhalt, Verfahren und einzuhaltende Fristen sowie Art und Weise der Veröffentlichung der Gegendarstellung. Das Gegendarstellungsrecht verwirklicht sich im Normalfall ohne Anrufung des Gerichts. Bei Verweigerung oder unkorrekter Wiedergabe
kann Klage erhoben werden (28*l*).

2. Der Tatbestand. Eine Gegendarstellung kann verlangen, wer durch Tatsachendarstel-   39
lungen in periodisch erscheinenden Medien – insbesondere Presse, Radio und Fernsehen – in seiner Persönlichkeit unmittelbar betroffen ist (28g^1).

α. Die Gegendarstellung der Art. 28g ff. setzt die Verbreitung von Tatsachenbehaup-   40
tungen in *periodisch erscheinenden Medien* voraus. Ein Medium im Sinn von Art. 28g
Abs. 1 liegt nur vor, wenn sich dieses an die Öffentlichkeit richtet oder der Öffentlichkeit
zugänglich ist (113 II 369). Periodizität ist immer gegeben, wenn es dank dem in regelmässigen oder unregelmässigen Abständen wiederholten Tätigwerden des Medienunternehmens möglich ist, diejenigen Personen auf dem gleichen Weg zu erreichen, die
von den Tatsachendarstellungen Kenntnis erhielten.[75] Das trifft zu auf Zeitungen und
Zeitschriften oder Radio- und Fernsehsendungen sowie weitere Verbreitungen elektronischer Medien (z.B. Teletext, Internet[76]), nicht aber auf Vorführungen von Spiel-
und Dokumentarfilmen in öffentlichen Sälen, Einzelausgaben eines Buchs oder die
Verteilung eines Zirkularbriefs[77].

β. Ein Recht auf Gegendarstellung besteht nur für *Tatsachendarstellungen* (auch für   41
Andeutungen, selbst durch eine Fotografie: 112 II 468; 118 IV 44; für bildhafte For-
mulierungen s. 114 II 387 f.), nicht jedoch gegenüber Meinungen, Kommentaren oder
Werturteilen (130 III 5).[78] Ein Anspruch auf Gegendarstellung besteht gegenüber dem
Medienunternehmen selbst dann, wenn die Tatsachenbehauptung von einem unab-
hängigen Dritten (etwa einer Inserentin oder Leserbriefschreiberin) stammt.[79]

Keine Gegendarstellung kann verlangt werden, wenn über öffentliche *Verhand-*   42
lungen einer Behörde wahrheitsgetreu berichtet wurde und die betroffene Person an
den Verhandlungen teilgenommen hat (28g^2). Die Medien sollen nicht für wahrheitsgetreu wiedergegebene Voten in Parlamenten oder vor Gerichten einstehen müssen,
und die Verhandlungsteilnehmer sollen nicht über die Gegendarstellung die Diskussion im Medium fortsetzen können.[80]

γ. Das Recht auf Gegendarstellung setzt voraus, dass *jemand* (eine natürliche oder eine   43
juristische Person des privaten oder des öffentlichen Rechts: 112 Ia 403) durch die Tatsachendarstellungen *in seiner Persönlichkeit unmittelbar betroffen* ist (französisch «tou-

---

75 Tercier a.a.O. Nr. 1331.
76 Vgl. dazu 137 III 441 und Hans Michael Riemer, Gegendarstellungsrecht (Art. 28g–28*l*
    ZGB), insbesondere offene und kontroverse Fragen, recht 2004, 114 ff. (besonders 115 f.).
77 Vgl. Botschaft a.a.O. 673.
78 Zum Tatsachenbegriff vgl. auch BGer 5C.42/1993 E. 2, abgedruckt in Pra 87 (1998), Nr. 119,
    S. 674, und bei Bänninger a.a.O. 112 ff.; ferner BGer 5C.135/2003 E. 3.
79 Vgl. Botschaft a.a.O. 674.
80 Botschaft a.a.O. 675.

ché», also nicht notwendigerweise verletzt; 135 III 387). Die behauptete Tatsache muss in engem Zusammenhang mit der Persönlichkeit des Betroffenen stehen, ihn in einem ungünstigen Licht erscheinen lassen,[81] m. a. W. ein persönlichkeitsgeschütztes Rechtsgut wie etwa das berufliche oder soziale Ansehen beeinträchtigen (114 II 390). Anders ausgedrückt muss die Tatsachenbehauptung einen «nachteiligen Anschein» erwecken (119 II 107). Nicht *unmittelbar* betroffen ist jemand etwa, wenn er nur als Angehöriger eines Berufsstandes – z.B. der Ärzte, Anwältinnen, Bauern – betroffen wird. Die persönliche Betroffenheit kann indessen auch gegeben sein, wenn die Person nicht namentlich erwähnt ist, die behaupteten Tatsachen jedoch vom Durchschnittsadressaten der fraglichen Person zugerechnet werden.[82] – Das Gesetz verlangt nicht, dass die beanstandete Äusserung *widerrechtlich* ist (135 III 387).

44 δ. In einem weiteren Sinn dieses Wortes schliesslich gehört zum Tatbestand, dass die vom Betroffenen angebotene Gegendarstellung ihrem Inhalt nach *nicht offensichtlich unrichtig ist* oder *gegen das Recht und die guten Sitten verstösst* (28h²). In diesem Fall kann bzw. muss sie verweigert werden (s. auch sogleich N 47).

45 3. *Die Rechtsfolge.* Bei Vorliegen der erwähnten Tatbestandselemente gewährt Art. 28g Abs. 1 der unmittelbar betroffenen Person ein *Recht auf Gegendarstellung* (droit de réponse). Es besteht im Recht, eine eigene oder ergänzte Version der Tatsachen im betreffenden Medium darzustellen.

46 Die Gegendarstellung ist *schriftlich* einzureichen, *knapp* zu halten und hat sich auf den *Gegenstand der beanstandeten Darstellung* zu beschränken (28h¹; 123 III 150 f.; 130 III 5 «Tatsachen gegen Tatsachen»). Das umfasst das Recht, den Adressaten den Zusammenhang in Erinnerung zu rufen und eine eigene Darstellung der Tatsachen zu bringen. Unzulässig sind Bemerkungen, die nicht unmittelbar mit der beanstandeten Version zusammenhängen.[83]

47 Die Gegendarstellung kann *verweigert* werden, wenn sie *offensichtlich unrichtig* ist (28h²), was das Medienunternehmen sofort und auf unwiderlegbare Weise darzutun hat (115 II 115; 117 II 120). Sie kann (und muss) verweigert werden, wenn sie *gegen das Recht oder die guten Sitten verstösst* (28h²), etwa wenn sie selbst eine Persönlichkeitsverletzung enthält. Vorbehalten bleiben auch die Fälle *offenbaren Rechtsmissbrauchs* (2²), etwa wenn mit der Gegendarstellung andere als die gesetzlichen Zwecke verfolgt werden oder wenn kein vernünftiges Interesse mehr vorliegt, so wenn etwa die Behauptungen vom Medienunternehmen bereits selbst hinreichend berichtigt worden sind.[84] Doch darf eine Berichtigung durch das Medienunternehmen das Gegendarstellungsrecht nicht unterlaufen; der Anspruch wird nur dann ersetzt, wenn die Tatsachendarstellung der betroffenen Person durch die Berichtigung inhaltlich umfassend

---

81 Vgl. Botschaft a.a.O. 674; TERCIER a.a.O. Nr. 1421 ff.
82 Vgl. TERCIER a.a.O. Nr. 1414 und 1419.
83 Vgl. TERCIER a.a.O. Nr. 1476.
84 Vgl. Botschaft a.a.O. 676; TERCIER a.a.O. Nr. 1449 ff.

und in der korrekten Rubrik wiedergegeben wird (137 III 437 ff., der auf die Umstände des Einzelfalls abstellt; BGer 5A_474/2014 E. 4.2.1).

4. *Das Verfahren*. α. Der Betroffene hat innerhalb von *zwanzig Tagen nach der Kennt-* 48
nisnahme der beanstandeten Tatsachendarstellungen beim Medienunternehmen, von dem die Tatsachenbehauptung ausging, ein *Gesuch* um Gegendarstellung einzureichen und zu diesem Zweck einen *schriftlichen Text* (nur in Ausnahmefällen eine andere Form der Gegendarstellung: 130 III 10 ff.) seiner Entgegnung an das Medienunternehmen *abzusenden* (28i¹) oder in anderer Weise einzureichen. Nach Ablauf dieser zwanzigtägigen Frist ist zu vermuten, dass der Betroffene an der gerichtlichen Geltendmachung des Gegendarstellungsrechts kein schützenswertes Interesse mehr habe (116 II 6). Der Anspruch verwirkt jedoch spätestens nach *drei Monaten* seit der Verbreitung (28i¹). Nach Ablauf dieser Fristen kann eine Berichtigung nur mehr nach den Bestimmungen über die ordentlichen Klagen (28a) oder vorsorglichen Massnahmen (261 ff. ZPO) verlangt werden; hierbei ist jeweils die Widerrechtlichkeit nachzuweisen bzw. glaubhaft zu machen.

β. Das Medienunternehmen hat dem Betroffenen *unverzüglich mitzuteilen,* wann es 49
die Gegendarstellung veröffentlicht oder weshalb es sie zurückweist (28i²). Unterbleibt eine Reaktion innert angemessener Frist, kann der Betroffene das Gericht anrufen (28*l*). Damit die Gegendarstellung ihren besonderen Zweck erreicht, ist sie *sobald als möglich* zu veröffentlichen, und zwar so, dass sie den *gleichen Personenkreis* wie die beanstandete Tatsachendarstellung erreicht (28k¹) – in der Regel also unter der Rubrik, die den gleichen Leserkreis erreicht wie der beanstandete Text (115 II 5; 123 III 145 ff.; 137 III 439 f.). Das bedeutet nicht notwendigerweise, dass die Gegendarstellung immer auch an gleicher Stelle und mit gleicher Schrift und bereits in der nächsten Nummer oder Sendung zu veröffentlichen ist; doch soll entsprechend dem Gebot der «gleich langen Spiesse» auch formal rasch der gleiche Leserkreis erreicht werden (137 III 440). Die Gegendarstellung auf einer Website muss «internetspezifisch» erfolgen (137 III 441 f.). Bei den audiovisuellen Medien steht den Betroffenen nicht das Recht zu, die Meldung selbst zu verlesen.[85] Die Gegendarstellungspflicht trifft im Fall der Presse regelmässig den Verleger. Es kann jedoch auch ein Inserent sein, der in einer grossen Zahl von Zeitungen regelmässig seine besonders gekennzeichneten Meinungen publiziert («Zeitung in der Zeitung»: 113 II 218 f.). Ein Anspruch auf Zustellung eines Belegexemplars besteht nicht (135 III 387 f.).

Der Gesetzgeber wollte verhindern, dass das Medienunternehmen die Wir- 50
kung der Gegendarstellung vermindern kann, indem es sie kommentiert («Redaktionsschwanz»: s. 119 II 108 f.); er *beschränkte* deshalb *das Recht auf Replik:* Das Medienunternehmen darf zunächst nur die Erklärung beifügen, ob es an seiner Tatsachendarstellung festhält oder auf welche Quellen es sich stützt (28k²; vgl. hierzu 112 II 197 f.). Diese im Interesse des Persönlichkeitsschutzes verfügte Beschränkung der Pressefreiheit rechtfertigt sich durch das Bestreben, den Betroffenen einmal seine Sicht der Dinge darlegen zu lassen, ohne dass sie sogleich wieder grundlegend in Frage

---

85   Botschaft a.a.O. 678.

gestellt wird. Dem Medienunternehmen bleibt es unbenommen, später auf das Problem zurückzukommen.[86]

51   γ. Die Veröffentlichung der Gegendarstellung erfolgt für den Berechtigten *kostenlos* (28k³). Die Allgemeinen Geschäftsbedingungen der Printmedien sehen regelmässig vor, dass Inserenten, deren Inserate eine Gegendarstellung auslösen, für die entsprechenden Kosten aufkommen müssen.

52   δ. Das Recht auf Veröffentlichung einer Gegendarstellung wird nach dem Gesagten unmittelbar gegenüber dem verantwortlichen Medienunternehmen geltend gemacht (28i¹). Das Gericht ist bloss anzurufen, wenn das Unternehmen die Gegendarstellung verhindert, verweigert oder unkorrekt veröffentlicht (28*l* ¹). Als Weigerung der Gegendarstellung ist der Vorschlag des Mediums anzusehen, den ihm eingereichten Text als Leserbrief zu publizieren (122 III 211). Die *Gegendarstellungsklage* zielt nur auf die Gegendarstellung und ist von den übrigen, aus Art. 28a fliessenden Klagen unabhängig. Selbst wenn sie erhoben oder unterlassen wird, kann der Berechtigte bei gegebenem Rechtsschutzinteresse immer noch eine Feststellungs- oder Beseitigungsklage in einem ordentlichen Verfahren erheben[87] und allenfalls vorsorgliche Massnahmen beantragen. Das Gesetz stellt keine Frist für die Gegendarstellungsklage auf. Sie bestimmt sich nach den Umständen, doch ist von einer sehr kurzen Frist auszugehen, da die Klage nur so ihren Zweck erreicht. Nach bundesgerichtlicher Rechtsprechung muss die Gegendarstellungsklage in analoger Anwendung von Art. 28i Abs. 1 grundsätzlich (spätestens) innert 20 Tagen seit der Weigerung des Medienunternehmens eingereicht werden; bei späterer Klage ist zu vermuten, der Kläger habe kein schutzwürdiges Interesse an einer gerichtlichen Anordnung der Gegendarstellung (116 II 5 f.).[88]

53   Nach Art. 20 lit. b ZPO ist für die Gegendarstellungsklage das Gericht am Wohnsitz oder Sitz einer der Parteien zuständig. Anwendbar ist das summarische Verfahren (249 lit. a Ziff. 1 ZPO). Die Berufung gegen Entscheide über das Gegendarstellungsrecht hat keine aufschiebende Wirkung (315⁴ lit. a ZPO). Nach der vor dem Inkrafttreten der ZPO ergangenen, aber immer noch zutreffenden Rechtsprechung kann das Gericht den Gegendarstellungstext kürzen, abändern oder auch ergänzen; es darf dabei aber inhaltlich nicht über die Aussagen hinausgehen, die im Text enthalten waren, der dem Medienunternehmen vorlag (117 II 4 f. und 120 f.; 122 III 211 f.; 130 III 5).[89]

---

86   Vgl. Botschaft a.a.O. 679.
87   Botschaft a.a.O. 679 f.; vgl. auch TERCIER a.a.O. Nr. 1670.
88   Vgl. auch STEINAUER/FOUNTOULAKIS a.a.O. Nr. 672 f.; TERCIER a.a.O. Nr. 1667 ff. nimmt für den Normalfall in der Regel sogar nur eine 10-Tage-Frist an.
89   Zur Kostenverlegung vgl. BGer in Pra 87 (1998), Nr. 172, S. 920 ff.

IV. Das Namensrecht

Das ZGB enthält in Art. 29 und 30 unter dem Randtitel «Recht auf den Namen» Son-   54
derregeln zum Namensrecht. Der Namensschutz des Art. 29 bildet freilich nichts
anderes als einen Sonderfall des durch Art. 28 ff. gewährleisteten allgemeinen Persönlichkeitsschutzes (102 II 166). Auf den Namensschutz finden daher auch die neu-
rechtlichen Bestimmungen Anwendung.[90] Das Namensrecht hat zwei Funktionen: Es
dient einerseits der *Individualisierung* der Personen; andererseits ist der Name *Persönlichkeitsrecht,* Recht auf individuelle Bezeichnung und Unterscheidung (108 II 162).
Im vorliegenden Zusammenhang wird der Name als Persönlichkeitsrecht behandelt.[91]
Als solches kommen ihm die zwei Haupteigenschaften dieser Rechte zu: Das Recht auf
den Namen ist ein absolutes (gegen jeden Dritten wirkendes) und ein nicht abtretba-
res Recht.

a. Der Namensschutz. Art. 29, der vom «Namensschutz» handelt, sieht vier verschie-   55
dene Klagen vor: eine *Feststellungsklage,* eine *Unterlassungsklage,* eine *Schadenersatzklage* und eine *Genugtuungsklage.* Geschützt ist durch alle diese Klagen sowohl der
Vor- wie der Familienname, auch das Pseudonym. Rechtlichen Schutz geniesst sodann
nicht nur der Name der natürlichen Person, sondern auch jener der juristischen Person (des Privatrechts und des öffentlichen Rechts; 95 II 486; 128 III 358 und 403). Vereine und Stiftungen unterstehen mit anderen Worten ebenfalls grundsätzlich diesem
Namensrecht, was aber den Beizug von Firmenrecht nicht ausschliesst, wo die Ähn-
lichkeit der Interessen dies rechtfertigt; für die juristischen Personen des OR gilt indessen primär das Firmenrecht und nur sekundär das Namensrecht des ZGB (102 II 165).

Bezüglich der einzelnen Klagen ist festzuhalten: Die im Gesetz ausdrücklich erwähnte   56
Feststellungsklage (29[1]) geht sowohl auf die *positive* Feststellung, dass der Kläger einen
bestimmten Namen tragen dürfe, als auch auf die *negative,* dass der Beklagte diesen
oder jenen Namen zu tragen nicht berechtigt sei. Vorliegen muss ein Rechtsschutzinteresse. Oft werden dann allerdings auch die Voraussetzungen für die anderen Klagen
gegeben sein.

Die *Unterlassungsklage* (in der auch die Beseitigungsklage enthalten ist: 102 II 307)   57
richtet sich gegen die *Namensanmassung* (29[2] erster Teil), also gegen den unbefug-
ten Gebrauch der Kennzeichnungswirkung eines fremden Namens für eigene Zwecke
(108 II 243; 128 III 403): Eine Person wird dadurch, dass ein anderer ihren Namen oder
einen täuschend ähnlichen Namen (80 II 284) oder etwa den Hauptbestandteil ihres
(Handels-)Namens (90 II 319; 127 III 40; 128 III 358) gebraucht, in rechtlich schützens-
werten Interessen (112 II 371; 128 III 358 und 403) «beeinträchtigt» (französisch lésé).
Die Voraussetzungen für diese Beeinträchtigung nach Art. 29 Abs. 2 sind weniger
streng als diejenigen für eine Verletzung nach vorgenommener behördlicher Namens-

---

90   Tercier a.a.O. Nr. 444; Steinauer/Fountoulakis a.a.O. Nr. 534 ff. und 739 ff. Zum Gerichts-
      stand vgl. Art. 20 lit. c ZPO.
91   Wie jemand zu seinem Vor- oder Familiennamen kommt, wird bei den einschlägigen Bestim-
      mungen (160, 267[3], 270 f., 301[4] ZGB sowie 8a SchlT) erörtert.

änderung (30[3]; s. hinten N 64; 81 II 406); immerhin muss auch bei Art. 29 Abs. 2 die
Namensverwendung die Interessen des Geschützten wirklich verletzen (102 II 308).
Der Namensschutz spielt sogar, wenn nicht eine Person, sondern eine Sache, z.B. eine
Zeitschrift, ein Gerät, ein Geschäftsbetrieb, unbefugterweise mit dem Namen eines
andern bezeichnet wird (108 II 243). Eine «Beeinträchtigung» liegt z.B. vor, wenn ein
Verein sich den Hauptbestandteil eines bereits bestehenden fremden Vereinsnamens
zulegt (90 II 466; vgl. auch 117 II 513 ff.), wenn ein privates Unternehmen unter dem
Domain-Namen einer öffentlich-rechtlichen Körperschaft auftritt (128 III 403: www.
luzern.ch), allgemein wenn jemand als Namensträger durch Gedankenassoziationen
in Beziehungen hineingestellt wird, die er zu Recht ablehnen darf (90 II 466; 102 II
308; 117 II 513 ff.; 128 III 403), wenn Verwechslungs- oder Täuschungsgefahr vorliegt
(128 III 358 und 403 f.). Ein Beseitigungsanspruch ist nach bundesgerichtlicher Praxis
ausgeschlossen, wenn nur eine einmalige, abgeschlossene Namensanmassung (z.B. in
einem Inserat) vorliegt (58 II 315 f.; vgl. aber zur Feststellungsklage vorne N 56).

58   Der Unterlassungsanspruch ist auch dann gegeben, wenn die beeinträchtigende Per-
      son kein Verschulden trifft (90 II 322). Liegt Verschulden vor und ist Schaden ent-
      standen, so kann die weitergehende *Schadenersatzklage* (29[2] Mitte) eingreifen. Voraus-
      setzungen der *Genugtuungsklage* sind Verschulden (jedoch nicht notwendigerweise
      schweres) und eine «Art der Beeinträchtigung» (29[2] in fine), welche die Zusprechung
      einer Geldsumme als Genugtuung rechtfertigt.

59   **b. Die Namensänderung.** Öffentliche und private Interessen verlangen, dass der bür-
      gerliche Name einer Person – Familien- und Vorname – grundsätzlich unveränderlich
      ist (zum Familiennamen 131 III 207; 136 III 162; 140 III 380). Der Name wird bei der
      Geburt durch die Eintragung in das *Zivilstandsregister* festgelegt. Bei unrichtiger Ein-
      tragung kann eine Berichtigung verlangt werden (42 f. und dazu hinten § 13 N 20 ff.;
      zur Abgrenzung von Art. 29 siehe 100 II 292 f.).

60   In Ausnahmefällen gestattet das ZGB eine *Namensänderung.*[92] Dies kann die einzelne
      Person bezüglich des «amtlichen» Namens nicht von sich aus bewerkstelligen; erfor-
      derlich ist vielmehr eine behördliche Verfügung: Die zuständige Behörde – die *Regie-
      rung* des Wohnsitzkantons des Gesuchstellers (dazu 105 II 248) – erteilt bei Vorliegen
      achtenswerter Gründe die entsprechende Bewilligung zur Namensänderung.[93] Dage-
      gen steht die Wahl eines Pseudonyms, eines Schriftstellernamens oder eines Künstler-
      namens, der sich nicht mit dem bürgerlichen Namen deckt, im Belieben des Einzelnen

---

92   Vgl. ROLF HÄFLIGER, Die Namensänderung nach Art. 30 ZGB (Diss. Zürich 1996), ZSPR 124;
      MARCO LEVANTE, Namensänderung in der Rechtsprechung des Bundesgerichts, ZZW 75
      (2007), 65 ff. – Im vorliegenden Zusammenhang geht es nur um Namensänderungen durch
      behördliche Verfügung. Gewisse Namensänderungen treten freilich von Gesetzes wegen ein
      (z.B. 259[1]).
93   Rechtslage gemäss BG vom 30. September 2011 (Name und Bürgerrecht), in Kraft seit 1. Januar
      2013 (AS 2012, 2569). Vorher war eine Bewilligung der Namensänderung (mit Ausnahme der
      erleichterten Namensänderung der Brautleute nach dem nun aufgehobenen aArt. 30 Abs. 2) nur
      bei «wichtigen Gründen» möglich. Zur komplexen Entstehungsgeschichte der neuen Regelung
      vgl. BBl 2009, 405 ff. und 7575 ff. Zur früheren Rechtslage vgl. Vorauflage, § 11 N 62 ff.

(BGer 5A_190/2007 E. 4.2.1). Bei Beeinträchtigung Dritter läuft er allerdings Gefahr, mit in N 55 erwähnten Klagen belangt zu werden. Im Verkehr mit den Behörden ist der amtliche Name zu verwenden (BGer 5A_190/2007 E. 4.2.2).

Die Namensänderung wird (gemäss der Rechtslage seit 1. Januar 2013) bewilligt, «wenn   61
achtenswerte Gründe vorliegen» (30[1]; französisch «des motifs légitimes»), dies sowohl für die Aufgabe des bisherigen wie für die Annahme des neuen Namens (zum früheren Recht 108 II 248).[94] Dies erfordert, dass die Interessen an der Änderung nach Recht und Billigkeit als vernünftig erscheinen.[95] Die Gründe können den Namen selber betreffen (etwa weil er verhasst, lächerlich oder sonst wie «negativ besetzt» ist), sie können aber auch darin liegen, dass er mit der persönlichen oder sozialen Situation seines Träger nicht (mehr) in Übereinstimmung steht.

Stirbt ein Ehegatte, so kann der andere, der bei der Eheschliessung seinen Namen   62
geändert hat jederzeit gegenüber der Zivilstandsbeamtin erklären, seinen Ledignamen wieder tragen zu wollen (30a ZGB; für die eingetragene Partnerschaft 30a PartG).

Als *Rechtsmittel an das Bundesgericht* steht gegen die kantonale Verweigerung der   63
Namensänderung die Beschwerde in Zivilsachen zur Verfügung (72[2] lit. b Ziff. 3 BGG; BGer 5A_61/2008 E. 1.1). Das Bundesgericht überprüft dabei grundsätzlich frei, ob achtenswerte Gründe vorliegen; allerdings übt es eine gewisse Zurückhaltung gegenüber Ermessensentscheiden der kantonalen Behörden (124 III 402 und 132 III 498 zur altrechtlichen Berufung nach OG).

Die Namensänderung bedeutet die Aufgabe des bisherigen und die Annahme des   64
neuen Namens. *Wer* durch die Namensänderung «*verletzt*» wird, kann binnen Jahresfrist, seitdem er davon Kenntnis erhalten hat, die Änderung *gerichtlich anfechten* (30[3]; es gelten strengere Voraussetzungen als bei 29[2]: 81 II 406; betreffend Verjährung 118 II 4 ff.). Das Bundesgericht hat entschieden, dass nur die Träger des bewilligten neuen Namens als Verletzte in Frage kommen (76 II 337 ff.); u. E. trifft dies auch auf Träger eines täuschend ähnlichen Namens zu. Dagegen ist die Behörde vor ihrem Entscheid gehalten, Personen, die ein berechtigtes Interesse an der Verweigerung der Namensänderung haben, anzuhören (insbesondere Eltern minderjähriger Kinder) und deren Gründe zu prüfen (vgl. 105 Ia 281; 124 III 50 f.; 127 III 194 f.; vgl. auch BGer 5A_190/2007 E. 4.1.1). Unterlässt dies die Behörde, so steht diesen Personen die Verfassungsbeschwerde an das BGer wegen Verletzung des rechtlichen Gehörs zu (76 II 343; 127 III 193 ff.), nicht aber die in Art. 30 Abs. 3 vorgesehene gerichtliche Anfech-

---

94 Soll der Familienname geändert werden, müssen die Eheleute (auch wenn sie getrennt leben) das Änderungsgesuch gemeinsam stellen (127 III 194 f.).

95 Ähnlich und mit Fallgruppen STEINAUER/FOUNTOULAKIS a.a.O. Nr. 411 (auch zum Folgenden); ESTELLE DE LUZE/VALÉRIE DE LUIGI, Le nouveau droit au nom, AJP 2013, 505 ff.; CORA GRAF-GAISER, Das neue Namens- und Bürgerrecht, FamPra.ch 2013, 251 ff. Die Anforderungen sind weniger hoch als nach der früheren Rechtslage (die «wichtige Gründe» voraussetzte; vgl. dazu etwa BGer 5A_61/2008 E. 3.2; BGer 5A_42/2008 E. 4.1.1; 136 III 170 ff.). Zur Prüfung der achtenswerten Gründe (nach neuem Recht) im Zusammenhang mit den Kindesinteressen vgl. 140 III 581 ff.

tungsklage. Das bekannteste bundesgerichtliche Urteil einer solchen Anfechtungsklage ist der Fall «Surava-Hirsch» (72 II 145 ff.); demnach genügt zur erfolgreichen
Anfechtung die relative Seltenheit eines Namens, verbunden mit der Tatsache, dass
der neue Namensträger die Vorstellung einer in Wirklichkeit nicht bestehenden Beziehung zu den bisherigen Trägern hervorruft. Die Anfechtungsklage wurde hinsichtlich
besonders angesehener Namen beispielsweise gutgeheissen in: 52 II 106 ff. – Eynard;
60 II 390 f. – Dedual; 67 II 192 ff. – Segesser; 118 II 1 ff. – Bigot de Morogues. Demgegenüber wurde sie in 129 III 369 ff. (de Marval) abgewiesen, wobei das Bundesgericht bei der Interessenabwägung der langen Zeitdauer zwischen der Bewilligung der
Namensänderung und der Anhebung der Anfechtungsklage (und damit den Nachteilen eines erzwungenen Namenswechsels beim Beklagten sowie den Umständen bei
dessen Namenserwerb) besonderes Gewicht beimass.

§ 12 Anfang und Ende der Persönlichkeit

I. Der normale Fall: Geburt und Tod

a. Die Dauer der Persönlichkeit. Persönlichkeit steht nach dem Strafrecht bereits dem Kind im Mutterleib zu, soweit sein Persönlichkeitsgut «Leben» geschützt wird (Verbot der Abtreibung: Art. 118 ff. StGB).[1] Die zivilrechtliche Persönlichkeit (im Sinn von Rechtsfähigkeit) beginnt regelmässig bei der Geburt und endet mit dem Tod (31[1]; relativierend zum Tod 118 IV 322 f.; 127 I 122 f. und 161 f.; 129 I 306 und 310).[2] Was gilt jedoch, wenn der Tod bereits bei der Geburt eintritt? Von der Beantwortung dieser Frage kann die Vererbung erheblicher Vermögen abhängen. Nach Art. 31 beginnt die Persönlichkeit mit dem *Leben nach der vollendeten Geburt*. Der Nachweis irgendeiner Lebensäusserung nach vollendeter Geburt (genauer im italienischen Text: «vita individua fuori dell'alvo materno») genügt.[3] Nicht verlangt ist Lebensfähigkeit (viabilité) wie im französischen Recht (318, 725 und 906 CCfr.). 1

Indessen entsteht nach Art. 31 Abs. 2 die Fähigkeit, Rechte und Pflichten zu erwerben, schon vor der Geburt, im Augenblick der Zeugung (französisch «enfant conçu»; sogenannter «nasciturus»),[4] aber unter dem Vorbehalt der Lebendgeburt. Die Leibesfrucht hat in diesem Sinn eine bedingte Persönlichkeit (41 II 650 f.: Resolutivbedingung), das Kind ab Empfängnis eine bedingte Rechtsfähigkeit.[5] Dies kommt vor allem im Erbrecht zum Ausdruck (544, 605).[6] 2

---

1   Zum Grundrecht «Recht auf Leben» s. jetzt Art. 10 Abs. 1 BV.

2   Das Selbstbestimmungsrecht einer Person, zu Lebzeiten über ihren toten Körper zu verfügen und die Modalitäten der Bestattung festzulegen, wirkt hierbei freilich über den Tod hinaus: BGE 129 I 180 und 308 f.

3   STEINAUER/FOUNTOULAKIS, Droit des personnes physiques, Nr. 428; strenger GROSSEN, SPR II, 300.

4   Über die Kontroverse, in welchem Zeitpunkt die Zeugung anzunehmen sei, s. GROSSEN a.a.O. 301. U. E. gilt bis zur Glaubhaftmachung des Gegenteils die normale Schwangerschaftsdauer von vierzig Wochen (vgl. auch STEINAUER/FOUNTOULAKIS a.a.O. Nr. 435 f.).

5   Für eine Resolutivbedingung auch STEINAUER/FOUNTOULAKIS a.a.O. Nr. 438; HÜRLIMANN-KAUP/SCHMID, Einleitungsartikel, Nr. 735. Nach anderer Auffassung ist die Rechtsfähigkeit des Nasciturus suspensiv bedingt, wird aber beim Eintritt der Bedingung auf den Zeitpunkt der Zeugung rückbezogen (RIEMER, Personenrecht des ZGB, Nr. 123; differenzierend HAUSHEER/AEBI-MÜLLER, Das Personenrecht, N 03.14). – Zur Eigenart des Art. 31 Abs. 2 siehe PAUL-HENRI STEINAUER, L'enfant dans le Code civil, in Festgabe zur Hundertjahrfeier der Universität Freiburg (Freiburg 1990), AISUF 95, 471 ff., 475 ff.

6   Zu speziellen Fragen der Entstehung der Persönlichkeit bei künstlicher Befruchtung vgl. STEINAUER/FOUNTOULAKIS a.a.O. Nr. 441 ff.; HÜRLIMANN-KAUP/SCHMID, Einleitungsartikel, Nr. 738 ff.; BERETTA, BaKomm, Art. 31 N 13 ff. – Zur Frage, ob Art. 31 Abs. 2 dem Nasciturus ein subjektives Recht auf Leben und einen zivilrechtlichen Schutz gegen Abtreibung verleiht, vgl. TERCIER, Le nouveau droit de la personnalité, Nr. 508; A. BUCHER, Natürliche Personen und Persönlichkeitsschutz, Nr. 211 f.

3   **b. Der Beweis.** Die gesetzlichen Bestimmungen über «Anfang und Ende» der Persön-
    lichkeit handeln vornehmlich vom *Beweis* des Lebens oder des Todes bzw. der Zeitfolge
    des Sterbens von Personen. Die Art. 32–34 ordnen zunächst die Beweislast, sodann die
    Beweismittel und endlich einen besonderen Fall von Beweiserleichterung. Bezüglich
    der Beweislast liegt ein Anwendungsfall von Art. 8 vor, bezüglich der *Beweismittel* ein
    solcher von Art. 9.

4   1. Leben und Tod muss beweisen, wer daran ein Interesse hat, wer davon Rechte ablei-
    tet (32[1]), z.B. wer seine Erbberechtigung behauptet. Kann die *Reihenfolge* des Todes
    mehrerer Personen nicht festgestellt werden, so wird jeder Beweis des Überlebens der
    einen oder der anderen Person als missglückt betrachtet: die Personen gelten als *gleich-
    zeitig* gestorben («Kommorienten-Vermutung», 32[2]).

5   2. Der Beweis erfolgt in erster Linie durch die *Zivilstandsurkunden* (33[1]). Diese haben
    gemäss Art. 9 volle Beweiskraft, solange ihre Unrichtigkeit nicht erwiesen ist. Ist Letz-
    teres geschehen (oder fehlen Urkunden), werden für den Beweis von Leben und Tod
    auch andere Beweismittel zugelassen, so etwa der Zeugen- oder Indizienbeweis (33[2]).[7]

6   3. Es kann vorkommen, dass der Tod einer Person ausser allem Zweifel steht, dass aber
    niemand die Leiche gesehen hat: Jemand verschwindet plötzlich beim Baden vor den
    Augen der Freunde; trotz intensiver Suche findet man keine Spur von ihm. Jemand wird
    in einem brennenden Haus gesehen; in den Trümmern findet man keine Körperreste.
    Jemand versinkt in einer Gletscherspalte oder wird von einer Lawine mitgerissen; alles
    Forschen nach der Leiche ist vergeblich. Was soll in solchen Fällen geschehen? Nach
    Art. 34 wird – obwohl niemand die Leiche gesehen hat – der Tod als erwiesen betrach-
    tet, sofern eine Person unter solchen Umständen verschwindet, dass ihr Tod *sicher*
    ist.[8] Zur Eintragung in das *Todesregister* ist eine gerichtliche Anordnung erforderlich
    (42 ZGB; 22 und 249 lit. a Ziff. 3 ZPO; für Todesfälle im Ausland vgl. 45[2] Ziff. 4 ZGB
    und 32 IPRG).[9] Als sicher kann der Tod angenommen werden, «wenn für das Leben
    einer Person bei der Art ihres Verschwindens … nicht nur eine grosse Gefahr bestan-
    den hat, sondern wenn die Person nachgewiesenermassen von einem Ereignis betrof-
    fen worden ist, das notwendig ihren Tod zur Folge haben musste» (56 I 550).[10] Diese
    Voraussetzungen betrachtete aber das Bundesgericht beim spurlosen Verschwinden
    eines Flugzeugs mit Bezug auf einen Passagier als nicht erfüllt (75 I 335 f.).

---

7   Die Frage, ob das Gericht an die von beiden Prozessparteien übereinstimmend vorgetragene,
    aber vom amtlichen Register abweichende Sachdarstellung gebunden ist, wurde in 74 II 206 (aus
    der Sicht des Bundesrechts) offengelassen.

8   Die Bestimmung von Art. 34 ist auch beim Verschwinden eines Schweizers im Ausland anwend-
    bar (75 I 330 ff.).

9   Botsch. Ehescheidung, BBl 1996 I 53; STEINAUER/FOUNTOULAKIS a.a.O. Nr. 460a f. (mit Hin-
    weisen auf die Sonderregeln, wenn der Tod im Ausland eingetreten ist); HÜRLIMANN-KAUP/
    SCHMID a.a.O. Nr. 759 ff.

10 Beispiel: Zerstörung des Ferienhotels, in dem eine Person nachweisbar gewohnt hat, durch eine
    verheerende Flutwelle (Tsunami) und unter Umständen, die den Tod als sicher erscheinen las-
    sen: SJZ 102 (2006), 235 f. = ZBGR 88 (2007), 86 ff. (Amtsgericht Luzern-Land).

Art. 31 Abs. 1, wonach die Persönlichkeit «mit dem Tode» endet, enthält keine   7
Regeln zur Frage, *wann der Tod* im Einzelfall als *eingetreten* gilt. Die Bestimmung verweist gemäss bundesgerichtlicher Rechtsprechung auf den jeweiligen anerkannten
Stand der medizinischen Wissenschaften (98 Ia 512 ff.; 123 I 128 ff.),[11] was freilich nicht
von einer rechtlichen Wertung entbindet (98 Ia 515). In Anknüpfung an die medizinischen Erkenntnisse bezeichnet Art. 9[1] TransplantationsG einen Menschen als tot,
«wenn die Funktionen seines Hirns einschliesslich des Hirnstamms irreversibel aus-
gefallen sind» (zur Feststellung des Todes vgl. auch 9[2] TransplantationsG und 7 TransplantationsV[12].

II.   Die Verschollenerklärung

Neben den genannten Fällen, in denen mit Sicherheit der Tod anzunehmen ist, ereig-   8
nen sich auch Fälle, bei denen eine Gewissheit zwar nicht gegeben ist, die Anzeichen
jedoch den Tod als *höchst wahrscheinlich* erscheinen lassen. Dann gestattet das Gesetz
die Eintragung in das Todesregister erst, wenn zuvor das Erforderliche getan worden ist, um die Sachlage aufzuklären, und nachdem trotzdem von der verschwundenen Person nichts verlautet. Diesem Ziel dienen die Regeln der Verschollenerklärung
nach Art. 35–38. Sie enthalten in ihrem Kern (nur, aber immerhin) eine *Umkehrung
der* (üblichen) *Beweislast.* Wer den Tod einer Person behauptet, muss diesen nach den
allgemeinen Regeln beweisen. Beim Vorliegen gewisser Umstände wird jedoch dieser
Beweis erlassen. Der Tod wird alsdann vermutet; wer das Gegenteil behauptet, trägt
dafür die Beweislast. Im Einzelnen:

a. Die Voraussetzungen

1. Die Verschollenerklärung ist bei *zwei* verschiedenen *Tatbeständen* zulässig: bei *Ver-*   9
schwinden in hoher Todesgefahr (z.B. bei einem Schiffbruch, Erdbeben, Brand) oder bei
langer, nachrichtenloser Abwesenheit, ohne dass man von einer besonderen Gefahr, in
welcher die Person geschwebt haben könnte, etwas weiss (35); auch im zweitgenann-
ten Fall muss jedoch – durch die Dauer der Nachrichtenlosigkeit – der Tod höchstwahrscheinlich sein, weshalb die Umstände der Nachrichtenlosigkeit zu berücksichtigen sind.[13]

---

11   Medizinisch-ethische Richtlinien vom 24. Mai 2011 der Schweizerischen Akademie der Medi-
     zinischen Wissenschaften zur Feststellung des Todes mit Bezug auf Organtransplantationen,
     www.samw.ch, Rubrik «Ethik/Richtlinien» (besucht am 31. März 2015).
12   Art. 7 TransplantationsV verweist auf die in Anm. 11 genannten Richtlinien. Vgl. auch Bun-
     desamt für Gesundheit, Faktenblatt «Todeskriterium und Feststellung des Todes» vom 1. Sep-
     tember 2011; David Rüetschi, Die Medizinisch-ethischen Richtlinien der SAMW aus juristi-
     scher Sicht, Schweizerische Ärztezeitung 85 (2004), 1222 ff.; Steinauer/Fountoulakis a.a.O.
     Nr. 445 ff.
13   Grossen a.a.O. 307. Als Anwendungsfall vgl. SJZ 99 (2003), 384 (Obergericht Obwalden): 18
     Jahre dauernde nachrichtenlose Abwesenheit nach einer «stillen Auswanderung».

10   2. Es muss eine *bestimmte Frist* abgelaufen sein. Deren Berechnung ist für die beiden
Fälle wegen der ungleichen Wahrscheinlichkeit des Todes verschieden. Im ersten Fall
wird die Frist vom Augenblick der Todesgefahr an berechnet und beträgt *ein* Jahr, im
andern Fall von der letzten Nachricht an und beträgt *fünf* Jahre (36[1]).

11   3. Auf Gesuch jener Personen, die aus dem Tod Rechte ableiten (dazu 90 II 392; für
Fälle mit Auslandberührung 107 II 97), findet zunächst ein *amtliches Aufgebotsver-*
fahren statt zum Zweck, Erkundigungen über den Verschwundenen einzuziehen. Die
Meldefrist beträgt mindestens ein Jahr von der erstmaligen Auskündigung an (36[2]
und [3]). Gehen bestimmte Meldungen ein (der Verschwundene meldet sich persönlich,
man erfährt spätere Lebenszeichen oder ein genaues Todesdatum), so fällt das Gesuch
dahin (37). – Von Amtes wegen findet das Aufgebotsverfahren statt nach zehnjähriger
amtlicher Erbschaftsverwaltung oder wenn der Verschwundene hundertjährig geworden wäre (550).

12   4. Gehen keine Meldungen ein, so erfolgt die *Verschollenerklärung* durch das Gericht
des letzten bekannten Wohnsitzes der verschwundenen Person (21 und 249 lit. a Ziff. 2
ZPO; 41 IPRG).

13   **b. Die Wirkungen.** Die gerichtliche Verschollenerklärung (die dem Zivilstandsamt
mitzuteilen ist; 40[1] lit. c ZStV) bewirkt nach dem Gesagten den *Erlass des Todesbe-*
weises. Der Tod wird – zurückbezogen auf den Augenblick des letzten beweisbaren
Lebenszeichens (38[2])[14] – als erwiesen angenommen, und daraus werden weitere Folgerungen gezogen (38[1] und [3]). Dies geschieht allerdings zunächst – mit Rücksicht auf
einen möglichen Irrtum – nur mit einer gewissen Zurückhaltung.

14   1. Die *Ehe* wird – nach neuem Recht – durch die Verschollenerklärung allein aufgelöst (38[3]).[15] Eine besondere gerichtliche Auflösung (102 a. F.) ist nicht (mehr) erforderlich. Gleiches muss (auch ohne gesetzliche Anordnung) für die eingetragene Partnerschaft gelten.[16]

15   2. Die Hauptwirkung der Verschollenerklärung äussert sich im *Erbrecht* (546–550).[17]
Zur Erbschaft berufen wird, wer im Augenblick des Verschwindens in Todesgefahr,
beziehungsweise der letzten Nachricht, erbberechtigt war. Im Erbrecht zeigt sich nun,

---

14   Anders hat das Bundesgericht im Sozialversicherungsrecht (für Hinterlassenenrenten) entschieden: dort wurde abgestellt auf die überwiegende Wahrscheinlichkeit des Eintritts des
Todes: 117 V 259 ff.

15   Diese Auflösung wirkt ex nunc. Die Bestimmung von Art. 38 Abs. 2 ist diesbezüglich nicht
anwendbar; sie gilt jedoch mit Bezug auf die Ehelichkeitsvermutung von Art. 255 Abs. 3 (A.
BUCHER a.a.O. Nr. 241). Vgl. auch CYRIL HEGNAUER, Verschollenerklärung und Wiederverheiratung, in ZZW 67 (1999), 205 ff.

16   Ebenso GEISER, ZüKomm, Art. 4 PartG N 21 in fine, und WOLF/GENNA, ZüKomm, Art. 13
PartG N 28, die alle von einem gesetzgeberischen Versehen ausgehen. Vgl. auch das Schreiben
des Bundesamtes für Justiz vom 4. Oktober 2005 an die Kantone betreffend das PartG (Zivil-
standsbezeichnungen), ZZW 73 (2005), S. 304 f. und 351 f.

17   Einen illustrativen Fall für Auswirkungen im Sozialversicherungsrecht (AHV) enthält 110 V
248 ff.

dass die Verschollenerklärung zunächst nur *provisorischen* Charakter hat. Auseinanderzuhalten sind drei verschiedene Perioden:

α. Die *Zeit des blossen Vermisstseins* bis zur Verschollenerklärung. Weder Leben noch Tod werden vermutet. Der Verschwundene kann (noch) nicht beerbt werden. Über Vermögen, das er von anderen erben würde, wird eine *amtliche Verwaltung* angeordnet (548).   16

β. Die *Zeit der provisorischen Einweisung,* von der Verschollenerklärung bis zur definitiven Einweisung. Der Tod wird vermutet, der Erbgang eröffnet. Der Nachlass des Verschollenen wird – gegen Sicherheitsleistung – den Erben ausgehändigt (546). Was der Verschollene während des Vermisstseins geerbt hat und demgemäss unter amtliche Verwaltung genommen worden ist, wird – ebenfalls nur gegen Sicherheitsleistung – jenen Personen überwiesen, denen es bei Nichtvorhandensein des Verschwundenen zugefallen wäre (das sind nicht notwendigerweise die Erben des Verschollenen).[18]   17

Dieses Provisorium dauert bei Verschwinden in Todesgefahr *fünf* Jahre seit Auslieferung der Erbschaft, bei nachrichtenloser Abwesenheit *fünfzehn* Jahre von der letzten Nachricht an. Als *Höchstgrenze* dient in beiden Fällen das *hundertste* Lebensjahr des Verschollenen (546).   18

γ. Die *Zeit der definitiven Einweisung.* Nach Ablauf der genannten Fristen werden die bestellten Sicherheiten frei und die Güter, sei es der Nachlass des Verschollenen, sei es der diesem zur Zeit des Vermisstseins zugefallene Erbteil, den bis anhin provisorisch Eingewiesenen vorbehaltlos überlassen.   19

Die Möglichkeit einer *Rückkehr,* einer nachträglichen endgültigen Feststellung des Todestages oder des Auftretens Besserberechtigter ist allerdings nicht ganz ausgeschlossen (zur Ungültigerklärung einer gerichtlichen Verschollenerklärung vgl. 135 III 392). Tritt so etwas ein, so haben die Erben die Erbschaft dem zurückgekehrten Verschollenen bzw. den Besserberechtigten wieder herauszugeben (547). Dem Verschollenen gegenüber sind die Erben ohne zeitliche Begrenzung zur Herausgabe verpflichtet. Besserberechtigten gegenüber (z.B. Kindern, die der Verschollene im Ausland bekommen hat) haften die Erben nur während der Dauer der Erbschaftsklage; demnach sind Erben, die in gutem Glauben waren, während höchstens zehn Jahren, bösgläubige während höchstens dreissig Jahren seit der Verschollenerklärung (bzw. seit dem nachträglich festgestellten Todestag) zur Rückgabe verpflichtet (547[2] in Verbindung mit 600).   20

Der *Umfang* des Herauszugebenden bemisst sich nach den sogenannten Besitzesregeln (938–940). War der Eingewiesene in gutem Glauben, so braucht er die bezogenen Früchte (z.B. Zinsen) regelmässig nicht zu erstatten und kann einen Anspruch erheben für die auf die Sache gemachten notwendigen und nützlichen Verwendungen. Der bösgläubige Besitzer dagegen muss alle Früchte herausgeben, Schadenersatz leisten und kann nur die notwendigen Verwendungen in Abzug bringen.   21

---

18   Für den Sonderfall des Verfahrens von Amtes wegen s. Art. 550.

§ 13 Die Beurkundung des Personenstandes

I. Bedeutung des Personenstandes – Rechtsquellen

1 **a. Bedeutung.** Der *Personenstand* (Zivilstand im weiteren Sinn) betrifft die Rechte und Eigenschaften einer Person als Privatrechtssubjekt (vgl. auch 39[2]). Von der persönlichen Rechtsstellung des Menschen als Individuum (seiner Existenz, seinem Namen, Geschlecht, Alter) und von seiner familienrechtlichen Stellung (ob ledig, verheiratet, in eingetragener Partnerschaft lebend, verwitwet, geschieden; ob Vater, Mutter oder Kind, Ehemann oder Ehefrau usw.) hängen die verschiedenen ihm zukommenden rechtlichen *Fähigkeiten* (wie z.B. Handlungs-, Testier-, Ehe-, Erbfähigkeit) und wichtige rechtliche *Beziehungen* (z.B. Unterhaltsrechte und -pflichten, Ehehindernisse, Erb- und Pflichtteilsrechte) ab.[1] Bei dieser grossen Bedeutung des Personenstandes – für den Einzelnen wie für das Gemeinwesen – hat der moderne Staat hierfür eine *amtliche Beurkundung* vorgesehen und eine entsprechende behördliche *Organisation* geschaffen.

2 **b. Rechtsquellen.**[2] Das Personenstandsrecht des ZGB[3] – das mehrfach revidiert worden ist[4] – enthält auf *Gesetzesstufe* nur die grundlegenden Vorschriften (39–49). Zahlreiche Detailnormen hat der Bundesrat auf *Verordnungsstufe* festgelegt, namentlich in der umfangreichen Zivilstandsverordnung.[5]

3 Neben dem eidgenössischen Recht ist für gewisse Fragen die *kantonale Gesetzgebung* massgebend (49; vgl. das Nähere unter N 4 ff.).[6]

---

1 Auf der privatrechtlichen beruht auch die öffentlich-rechtliche Stellung, jene in Gemeinde und Staat, der bürgerliche oder politische Stand (Bürgerrecht, Stimmrecht, Wählbarkeit, militärische Dienstpflicht usw.).

2 Ausführlich zum Recht vor den im Text genannten Revisionen Schüpbach (1996), SPR II/3, 19 ff.

3 Zur Legiferierung über die Beurkundung des Personenstandes ist der Bund aus heutiger Sicht schon gestützt auf die allgemeine Gesetzgebungskompetenz im Privatrecht (Art. 122 Abs. 1 BV; Botschaft BV 339) befugt.

4 In jüngerer Zeit durch: BG vom 5. Oktober 2001 über die Änderung des ZGB (Elektronische Führung der Personenstandsregister), BG vom 23. Juni 2006 über die Harmonisierung der Einwohnerregister und anderer amtlicher Personenregister (Registerharmonisierungsgesetz, RHG – SR 431.02), BG vom 19. Dezember 2008 (Erwachsenenschutz) und BG vom 15. Juni 2012 über Massnahmen gegen Zwangsheiraten (AS 2013, 1037). Vgl. auch Vorauflage, § 13 N 2.

5 Zivilstandsverordnung vom 28. April 2004 (ZStV – SR 211.112.2); kommentierte Fassung in ZZW 72 (2004), 141 ff. Vgl. überdies die Verordnung über die Gebühren im Zivilstandswesen vom 27. Oktober 1999 (ZStGV – SR 172.042.110), die sich auf Art. 48 Abs. 4 stützt.

6 Uneigentliche Rechtsquellen sind die *Kreisschreiben*, die das Eidg. Justiz- und Polizeidepartement 1963 in einer (seither teils nachgeführten) bereinigten Sammlung herausgegeben hat (Götz, SPR II, 388; Schüpbach, SPR II/3, 25 f. mit Hinweisen). Soweit sie dem Gesetz widersprechen, hat ein Gericht sie nicht anzuwenden (101 Ib 14). – Zur Genehmigung der kantonalen Vorschriften durch den Bund vgl. Art. 49 Abs. 3 ZGB und Art. 52 Abs. 3 SchlT.

II. Zivilstandsbehörden – Verantwortlichkeit

a. Organisation. Die Kantone sind für das Zivilstandswesen in *Kreise* (meist die politi- 4
schen Gemeinden) gegliedert, die sie nach den Vorgaben des Bundesrechts selber festlegen (49[1] ZGB; 1 f. ZStV). Das ZGB führt sodann folgende Behörden auf:

1. Jedem Kreis steht eine *Zivilstandsbeamtin* oder ein *Zivilstandsbeamter* vor (44[1]). 5
Ihnen fallen gemäss Art. 44 insbesondere folgende Aufgaben zu: Registerführung
(Ziff. 1), Erstellung von Mitteilungen und Auszügen (Ziff. 2), Durchführung des Vorbereitungsverfahrens der Eheschliessung und Vollzug der Trauung (Ziff. 3; Art. 97 ff.)
sowie Entgegennahme von Erklärungen zum Personenstand (Ziff. 4; z.B. 260[3]).

Ausnahmsweise kann der Bundesrat eine Vertreterin der Schweiz im Ausland 6
mit den genannten Aufgaben betrauen (44[2] ZGB; 5 ZStV).[7] Ebenso kann er zur Qua-
litätssicherung Mindestanforderungen an die Aus- und Weiterbildung der im Zivilstandswesen tätigen Personen sowie an den Beschäftigungsgrad der Beamtinnen und
Beamten stellen (48[3] ZGB; dazu 4 und 95 ZStV).

2. Beamtinnen und Beamte unterstehen der *Aufsicht*. Jeder Kanton bestellt die Auf- 7
sichtsbehörde (45[1] ZGB; 84 ff. ZStV). Ihre Aufgaben werden in Art. 45 Abs. 2 beispielhaft umschrieben: Ausser der Beaufsichtigung (Ziff. 1), Unterstützung und Beratung der Zivilstandsämter (Ziff. 2) hat die Aufsichtsbehörde bei der Registerführung
und beim Vorbereitungsverfahren der Eheschliessung mitzuwirken (Ziff. 3). Überdies
erlässt sie Verfügungen über die Anerkennung und Eintragung im Ausland eingetretener Zivilstandstatsachen sowie ausländischer Entscheidungen betreffend den Personenstand (Ziff. 4; vgl. auch 32 IPRG und dazu BGer 5A_644/2013 E. 2) und sorgt für
die Aus- und Weiterbildung der im Zivilstandswesen tätigen Personen (Ziff. 5).

Die Oberaufsicht im Zivilstandswesen obliegt dem Bund (45[3] ZGB; 84 ZStV). 8
Aufsichtsbehörde ist grundsätzlich das Eidgenössische Justiz- und Polizeidepartement;
das Eidgenössische Amt für Zivilstandswesen ist zu bestimmten Geschäften ermächtigt (84[1, 3] und [4] ZStV). Dagegen ist das *Bundesgericht* nach den Bestimmungen über
die Bundesrechtspflege letzte Instanz für Beschwerden gegen Verfügungen von Beamten (72[2] lit. b Ziff. 2 BGG; 90[3] ZStV; vgl. auch 125 III 211).[8]

b. Disziplinarmassnahmen. Schuldhafte (vorsätzliche oder fahrlässige) Amtspflicht- 9
verletzungen der auf den Zivilstandsämtern tätigen Personen werden von der kantonalen Aufsichtsbehörde mit Disziplinarmassnahmen geahndet (47[1]). In Betracht
kommen ein Verweis, Busse bis zu 1000 Franken oder – in schweren Fällen – die
Amtsenthebung (47[2]). Nach den allgemeinen Regeln gilt auch für diese Sanktionen
das Gebot der Verhältnismässigkeit (vgl. auch 36[3] BV). Die strafrechtliche Verfolgung
bleibt vorbehalten (47[3]).

---

7 Zur Rechtslage auf Schiffen unter Schweizer Flagge und in Luftfahrzeugen vgl. LARDELLI,
BaKomm, Art. 44 N 8 ff.

8 Beschwerdelegitimiert ist auch das Bundesamt für Justiz (Art. 45 Abs. 3 ZGB; Art. 90 Abs. 4
ZStV).

10 **c. Verantwortlichkeit.** Die Haftung der im Zivilstandswesen tätigen Personen wird in Art. 46 einheitlich geregelt, und zwar als *primäre und kausale Staatshaftung:* Anspruch auf Schadenersatz und gegebenenfalls auf Genugtuung hat, wer durch die genannten Personen (auf dem Zivilstandsamt oder in einer kantonalen Aufsichtsbehörde)[9] in Ausübung ihrer amtlichen Tätigkeit widerrechtlich verletzt wird (46[1]). Ein Verschulden des Täters braucht es nicht. Haftbar ist der Kanton (46[2]), was eine Klage der geschädigten Person gegen den fehlbaren Beamten ausschliesst.[10] Dem haftbaren Kanton steht ein Rückgriffsrecht gegenüber den Personen zu, welche die Verletzung absichtlich oder grobfahrlässig verursacht haben. Die Haftung im Zivilstandswesen entspricht damit der Verantwortlichkeit bei behördlichen Massnahmen des Erwachsenenschutzes (454) und ist ähnlich ausgestaltet wie die Haftung im Grundbuchwesen (955).

11 Für die Haftung von Personen, die vom Bund angestellt sind, findet das Verantwortlichkeitsgesetz Anwendung (46[3]).

III.   Die Register

12 Nach Art. 39 Abs. 1 werden zur Beurkundung des Personenstandes (ausschliesslich)[11] elektronische Register geführt. Hierbei betreibt der Bund für die Kantone eine *zentrale Datenbank* (45a ZGB; 76 ff. ZStV: «Infostar» = Informatisiertes Standesregister).[12] Sie löste die früheren Ereignis- (Geburts-, Ehe-, Kindesanerkennungs- und Todesregister) und die Familienregister durch ein personenbezogenes Standesregister ab.[13] Die zu erfassenden Personenstandstatsachen (z.B. Geburt, Tod, Namenserklärung, Ehe, Kindesverhältnis) und die zu führenden Daten (z.B. Personenidentifikationsnummer, AHV-Versichertennummer,[14] Name, Geschlecht) werden in der Verordnung festgelegt (7 ff. ZStV). Nachfolgend sind einige ausgewählte Einzelfragen zu behandeln:

---

9   Botschaft Ehescheidung 55.

10 Botschaft Ehescheidung 55; STEINAUER/FOUNTOULAKIS, Droit des personnes physiques, Nr. 778.

11 BBl 2001, 1653.

12 TONI SIEGENTHALER, Das neue Beurkundungssystem Infostar, Eine kritische Zwischenbilanz …, ZZW 75 (2007), 105 ff.

13 BBl 2001, 1640 f. mit dem Hinweis, dass die beiden Hauptzwecke des Familienregisters (Erfassung der Bürgerrechte und Beurkundung der familienrechtlichen Beziehungen) beibehalten, nun jedoch nicht mehr familienweise, sondern für jede Person individuell geführt werden. – Die bisherigen Geburts-, Todes-, Ehe- und Anerkennungsregister wurden spätestens auf den 31. Dezember 2004 geschlossen (92[1] ZStV). Zur Rückerfassung von Personenstandsdaten vgl. Art. 93 ZStV (zum Übergangsrecht s. auch Art. 6a SchlT ZGB).

14 Die AHV-Versichertennummer (Art. 50c AHVG) wird durch die Zentrale Ausgleichsstelle der Alters- und Hinterlassenenversicherung zugewiesen (Art. 8a und 53 ZStV). Vgl. auch Botschaft vom 23. November 2005 zur Änderung des BG über die Alters- und Hinterlassenenversicherung (Neue AHV-Versichertennummer), BBl 2006, 501 ff.

a. Den Registern kommt *volle Beweiskraft* i. S. von Art. 9 ZGB zu (§ 7 N 19).[15] Gleiches   13
gilt für Auszüge (48 ZStV; zum alten Recht 85 I 295 f.).

b. Im Gegensatz zu andern Registern des ZGB sind die Zivilstandsregister der *Öffent-*   14
lichkeit grundsätzlich nicht zugänglich. Der Bundesrat hat nach Art. 43a ZGB für den
Schutz der Personendaten zu sorgen und die Bekanntgabe zu regeln.[16] Diesem Zweck
dient einerseits das Amtsgeheimnis der beim Zivilstandsamt beschäftigten Personen
sowie der Behörden, welche Mitteilungen erhalten (44 und 56[3] ZStV). Andererseits
wird dem Datenschutz bei der Umschreibung der auskunftsberechtigten Personen und
Stellen Rechnung getragen: Jede Person kann beim Zivilstandsamt des Ereignis- oder
Heimatorts Auskunft über die Daten verlangen, die über sie geführt werden (81 ZStV;
vgl. auch 8 DSG).[17] Den schweizerischen Gerichten und Verwaltungsbehörden werden die zur Erfüllung ihrer gesetzlichen Aufgaben unerlässlichen Personendaten auf
Verlangen bekannt gegeben (58 ZStV). An Private erfolgt eine Bekanntgabe nur ausnahmsweise – etwa bei Nachweis eines unmittelbaren und schutzwürdigen Interesses,
wenn die Beschaffung der Daten bei den direkt betroffenen Personen nicht möglich
oder offensichtlich unzumutbar ist (59 ZStV; zur Datenbekanntgabe zu Forschungs-
zwecken und an ausländische Behörden vgl. 60 f. ZStV[18]). Die Verordnung umschreibt
sodann die Fälle, in denen gewisse Daten an bestimmte Behörden (z.B. Gemeindever-
waltung des Wohnsitzes, Zivilstandsamt des Heimatorts, Kindesschutzbehörde, Bundesamt für Migration, AHV-Behörde) bekannt zu geben sind (49 ff. ZStV).

Die Kantone können – in gewissen Schranken – vorsehen, dass die Geburten, die   15
Todesfälle, die Trauungen und die Eintragungen von Partnerschaften veröffentlicht
werden (57 ZStV).[19]

c. Innerhalb dieser Grenzen erfolgt die Bekanntgabe von Personendaten in der durch   16
Art. 81 Abs. 2 ZStV vorgesehenen Weise, namentlich durch *Registerauszüge oder Bestä-*
tigungen, die grundsätzlich auf Formularen erfolgen (6 und 47 ZStV). Alle Dokumente
werden datiert, durch die Unterschrift des Zivilstandsbeamten als richtig bescheinigt
und mit dem Amtsstempel versehen (47[3] ZStV). Für die Auskunft werden Kosten
erhoben (81[2] Satz 2 ZStV).[20]

d. Die *Kosten* der zentralen Datenbank tragen die Kantone nach Massgabe ihrer Ein-   17
wohnerzahl (45a[2] ZGB; 77 ZStV). Die Kantone wirken durch die Konferenz der kan-

---

15   Vgl. BGE 126 III 260; BGer 5A.10/2004; ZR 105 (2006), Nr. 61, S. 259 ff., E. 2.3 = SJZ 102 (2006),
     167 ff. (Zürcher Obergericht).
16   Das Datenschutzgesetz ist nach Art. 2 Abs. 2 lit. d DSG nicht anwendbar (Botschaft Eheschei-
     dung 51).
17   Zum Recht einer Person auf Zugang zu den Daten über ihre Abstammung vgl. 119 Abs. 2 lit. g BV.
18   Zur Bekanntgabe an Forschende vgl. auch BGer in ZZW 70 (2002), 33 ff.; ferner ZZW 68 (2000),
     142 ff.
19   Die Publikation der Scheidungen im Kantonsblatt war schon unter altem Recht unzulässig (114
     II 309).
20   Zur Gebührenverordnung vgl. Anm. 5.

tonalen Aufsichtsbehörden im Zivilstandsdienst beim Betrieb und bei der Weiterentwicklung der Datenbank mit (45a^3 ZGB; 78 ZStV).

IV.   Bereinigung und Meldepflichten

18   **a. Übersicht.** Die Art. 15 ff. ZStV enthalten detaillierte Bestimmungen über die
Prüfungspflicht der Zivilstandsbehörde, die Zuständigkeit, das Erfassen, formelle
«Abschliessen» und Bereinigen (42 f.) der Daten sowie die Aufbewahrung von Belegen. Ausserdem werden bestimmten Personen und Behörden Meldepflichten auferlegt
(40 und 43a^{3bis}; 34 ff. ZStV). Von den Bereinigungen und Meldepflichten soll hier in
der gebotenen Kürze die Rede sein; separat behandelt wird der Nachweis nicht streitiger Angaben (hinten N 26 ff.).

19   **b.** Bei der **Bereinigung** (Randtitel zu Art. 42 f.) geht es um die *Eintragung von streitigen Angaben* sowie um die *Berichtigung oder Löschung von Eintragungen*. Grundsätzlich ist zur Bereinigung das Gericht zuständig (42 ZGB; 30 ZStV); ausnahmsweise sind
es die Zivilstandsbehörden (43 ZGB; 29 ZStV):

20   1. Für die Bereinigung durch das *Gericht* stellt Art. 42 eine umfassende *Gestaltungsklage* zur Verfügung: Auf Eintragung von streitigen Angaben über den Personenstand,
auf Berichtigung oder auf Löschung einer Eintragung kann klagen, wer ein schützenswertes persönliches Interesse glaubhaft macht (42^1 Satz 1; 131 III 203; 135 III 391 f.);^{21}
klageberechtigt sind auch die kantonalen Aufsichtsbehörden (42^2). Vorausgesetzt ist
freilich, dass für das geltend gemachte Begehren kein eigenes Verfahren zur Verfügung steht (wie dies etwa für die Statusklage zur Ungültigerklärung einer Ehe nach
Art. 106/108 oder zur Feststellung eines Kindesverhältnisses nach Art. 261 zutrifft).^{22}
Weiter setzt die Berichtigung den Nachweis voraus, dass der Registerführer einen Fehler (etwa durch unrichtige Gesetzesauslegung) begangen hat oder irregeführt worden
ist (131 III 204).^{23} Beantragt der Kläger, ein bestehender Eintrag sei zu ändern, ist wegen
der erhöhten Beweiskraft des Registers (N 13) eine Berichtigung nur dann anzuordnen,
wenn die Unrichtigkeit des Eingetragenen zweifelsfrei feststeht (vgl. auch 135 III 393).^{24}
Der gerichtliche Bereinigungsentscheid hat deklaratorische Bedeutung (135 III 395).

---

21   In LGVE 2002 I Nr. 5, S. 11 f. (Luzerner Obergericht), wird das schutzwürdige persönliche Inte-
     resse des Klägers als Prozessvoraussetzung (und nicht als Bestandteil des Sachurteils) verstanden.
22   Botschaft Ehescheidung 52; A. BUCHER a.a.O. Nr. 327 f. Zur registermässigen Behandlung einer
     medizinisch durchgeführten Geschlechtsänderung vgl. Art. 7 Abs. 2 lit. o, 40 Abs. 1 lit. j und
     98 ZStV sowie LARDELLI, BaKomm, Art. 42 N 4; STEINAUER/FOUNTOULAKIS a.a.O. Nr. 815a.
23   Vgl. auch ZR 105 (2006), Nr. 61, S. 259 ff., E. 2.3 = SJZ 102 (2006), 167 ff. (Zürcher Obergericht).
24   ZR 105 (2006), Nr. 61, S. 259 ff., E. 2.3 = SJZ 102 (2006), 167 ff., und ZR 109 (2010), Nr. 2, S. 14 ff.
     (Zürcher Obergericht); vgl. auch BGer 5A.10/2004.

Zwingend *zuständig* ist das Gericht am Ort des Registers (22 ZPO). Das Gericht 21
hört die betroffenen kantonalen Aufsichtsbehörden an und stellt ihnen das Urteil zu
(42¹ Satz 2 ZGB).[25]

Zielt eine streitige personenstandsrelevante Frage nicht auf die Bereinigung 22
schweizerischer Zivilstandsregister ab, so scheidet die Gestaltungsklage von Art. 42
aus. Bei vorhandenem Feststellungsinteresse kommt die *Feststellungsklage* in Betracht
(135 III 391).[26]

2. Beruht ein Fehler auf einem offensichtlichen Versehen oder Irrtum, so haben die 23
Zivilstandsbehörden ihn von Amtes wegen zu beheben (43; BGer 5A_224/2010 E. 3.1;
zum alten Recht vgl. 101 Ib 12). Zuständig ist die kantonale Aufsichtsbehörde; vor der
Beurkundung eines neuen Zivilstandsereignisses festgestellte Ungenauigkeiten können
vom fehlbaren Zivilstandsamt in eigener Verantwortung behoben werden (29¹ ZStV).

Behörden, namentlich die Zivilstandsämter, sind zur Meldung solcher Sachver- 24
halte an die Aufsichtsbehörde verpflichtet; auch die betroffenen Personen können sie
melden (19a ZStV).

c. Meldepflicht. Die Einschreibungen erfolgen von Amtes wegen oder auf die Anzeige 25
von dazu verpflichteten Behörden oder Privatpersonen hin. Der Bundesrat bestimmt
den Kreis der Meldepflichtigen und kann vorsehen, dass Verstösse gegen diese Pflicht
mit Busse geahndet werden (40¹ und ² ZGB; 91 ZStV). Für Geburt und Tod ist die
Anzeigepflicht in Art. 34 ff. ZStV festgelegt (für ausländische Ereignisse vgl. 39 ZStV).
Amtliche Mitteilungspflichten sind in Art. 40 ff. ZStV geregelt (vgl. auch 43a[3bis] ZGB).

V.   Nachweis nicht streitiger Angaben

Für den Nachweis nicht streitiger Angaben stellt Art. 41 eine besondere Vorschrift auf: 26
Angaben über den Personenstand sind regelmässig durch Urkunden zu belegen. Wo
es an sich solcher Urkunden bedarf, kann nun die kantonale Aufsichtsbehörde die
Bewilligung erteilen, dass der Nachweis durch Abgabe einer Erklärung vor der Zivilstandsbeamtin geschieht. Vorausgesetzt ist einerseits, dass die Angaben nicht streitig sind, und andererseits, dass es sich nach hinreichenden Bemühungen als unmöglich oder unzumutbar erweist, die Urkunden zu beschaffen (41¹). Unmöglichkeit oder
Unzumutbarkeit der Urkundenbeschaffung kommen vor allem bei Asylbewerbern
oder anerkannten Flüchtlingen in Betracht.[27] Ein solcher *Hilfsnachweis durch Erklärung* steht freilich nur nach umfassender Würdigung des Einzelfalls offen.[28]

---

25   Vgl. dazu ZR 105 (2006), Nr. 61, S. 259 ff., E. 8.2 f. = SJZ 102 (2006), 167 ff. (Zürcher Obergericht).
26   Botschaft Ehescheidung 52 f.
27   Botschaft Ehescheidung 6.
28   Botschaft Ehescheidung 51. – Zur Rücksprache der Aufsichtsbehörde mit anderen Behörden
      (etwa dem Bundesamt für Flüchtlinge) und zum Verhältnis des Verfahrens nach Art. 41 zur

27   Angesichts der Tragweite der nicht urkundlich belegten Angaben hat die Zivilstands-
      beamtin die erklärende Person zur Wahrheit zu ermahnen und sie auf die Straffol-
      gen einer falschen Erklärung hinzuweisen (41^2 ZGB; 17^2 ZStV; vgl. 253 StGB: Erschlei-
      chung einer falschen Beurkundung). Die Unterschrift der erklärenden Person ist von
      der Beamtin zu beglaubigen (18a ZStV).

28   Handelt es sich freilich um streitige Angaben, so ist das gerichtliche Verfahren nach
      Art. 42 einzuschlagen. Die Aufsichtsbehörde hat auf ein entsprechendes Gesuch mit
      formeller Verfügung nicht einzutreten und die betroffene Person aufzufordern, zur
      Feststellung des Personenstandes das zuständige Gericht anzurufen (17^3 ZStV).

«eidesstattlichen Erklärung» nach kantonalem Beurkundungsrecht vgl. ZZW 69 (2001), 105 f. =
ZBGR 82 (2001), 261 f.

Zweiter Abschnitt
Die juristischen Personen

§ 14 Die Einstellung des Gesetzgebers zu den juristischen Personen

I. Die verbandsfreundliche Regelung des ZGB

In seinem zweiten Titel handelt das ZGB von den *juristischen Personen* («Verbandsper 1
sonen»; «personnes morales»), d.h. von jenen Rechtssubjekten, welche nicht natürliche Personen sind. Im ersten Abschnitt des Titels hat der Gesetzgeber die den verschiedenen Arten juristischer Personen *gemeinsamen* Bestimmungen zusammenhängend
dargestellt (52–59). Im zweiten und dritten Abschnitt folgt die Sonderbehandlung der
zwei durch das ZGB eingehend normierten Kategorien juristischer Personen: der *Vereine* (60–79) und der *Stiftungen* (80–89a). An die Stiftung schliessen sich Sondervorschriften über Sammelvermögen an (89b und 89c); die Letzteren sind keine juristischen Personen, doch werden gewisse Aufsichts-Instrumente des Stiftungsrechts auf
sie angewandt (hinten § 17 N 37 ff.).

Das schweizerische Recht[1] lässt die juristischen Personen nicht nur zu, es weist ihnen 2
sogar eine starke, freiheitliche Stellung zu (zur Vereinsfreiheit vgl. etwa 134 III 199
und 140 I 212 ff.[2], zur Stiftungsfreiheit 120 II 377). Dies geschah bereits in der Ausgestaltung des Rechts der Handelsgesellschaften im OR und wurde im ZGB noch akzentuiert. Von der verbandsfreundlichen Haltung dieses Gesetzes zeugen schon die zwei
Prinzipien, welche das Gesetz der Behandlung der juristischen Person zu Grunde legt:
Erstens wird ihre *Entstehung* so leicht wie möglich gemacht; zweitens wird die juristische Person hinsichtlich der *Rechtsstellung* so weit wie möglich *an die natürlichen Personen angenähert.* Diese verbandsfreundliche Regelung steht auch im Einklang mit
der Vereinigungsfreiheit im Sinn von Art. 23 BV (Vereinsfreiheit nach Art. 56 aBV; zu
Art. 11 EMRK vgl. auch 124 I 114), welche allerdings von einem weiten, nicht auf Vereine begrenzten Begriff der Vereinigung ausgeht.[3]

---

1 Zur teilweise verbandsfeindlichen Haltung älterer Rechte der Nachbarstaaten und einzelner Kantone vgl. TUOR/SCHNYDER/SCHMID, 11. A., 117 f.
2 Dazu kritisch HANS MICHAEL RIEMER, Vereinigungsfreiheit dominiert Verbot der Geschlechtsdiskriminierung, recht 2014, 233 f.
3 Botschaft BV 168; ULRICH HÄFELIN/WALTER HALLER/HELEN KELLER, Schweizerisches Bundesstaatsrecht (8. A. Zürich 2012), Nr. 547 ff.

II.   Vorbehaltene Sonderregelungen

3   Nicht alle Körperschaften und Stiftungen unterstehen dem ZGB. Wie aus Art. 59 hervorgeht, sind vier Gruppen juristischer Personen nicht (oder nicht ohne Weiteres) den Bestimmungen des ZGB unterstellt. Folgende Vorbehalte werden angebracht:

4   **a.** Für die **öffentlich-rechtlichen Körperschaften und Anstalten** gilt das *öffentliche Recht* des Bundes und der Kantone (59¹; für Genossenschaften auch 829 OR). Hier wird für die juristischen Personen der Kantone wiederholt, was Art. 6 Abs. 1 allgemein festhält: dass nämlich die öffentlich-rechtlichen Befugnisse der Kantone durch das Bundeszivilrecht nicht beschränkt werden. Öffentlich-rechtliche Körperschaften oder Anstalten sind zunächst die Gemeinwesen selbst, sodann die politischen Gemeinden (124 III 419 f.), die Bürgergemeinden, die staatlichen Spitäler[4] oder allenfalls ihr Verbund,[5] die Universitäten, die (nicht privatisierten) Kantonalbanken, die SUVA (93 II 410), die Strassengenossenschaften[6] usw.[7] Diese juristischen Personen erfüllen ihrer Eigenart nach zunächst hoheitsrechtliche Aufgaben; sie treten sodann aber im Rechtsverkehr mit Privatpersonen gelegentlich auch als gleichberechtigte Rechtsträger auf: Sie kaufen, mieten, werden als Erben eingesetzt usw.[8] Rechtspersönlichkeit und Organisation erlangen sie nach öffentlichem Recht. Die Schaffung einer öffentlich-rechtlichen Körperschaft bedarf einer gesetzlichen Grundlage bzw. einer entsprechenden Stütze im Gewohnheitsrecht (104 Ia 446). Diese öffentlich-rechtliche Persönlichkeit zieht sodann ohne Weiteres auch die Rechtsträgerschaft im Privatrecht nach sich. Demnach sind sie auch aller Rechte und Pflichten fähig, die (im Sinn von Art. 53) nicht die natürlichen Eigenschaften des Menschen voraussetzen. Sie geniessen in diesem Rahmen nicht nur Vermögensrechte (132 I 280), sondern auch privatrechtlichen Schutz ihrer Persönlichkeit und ihres Namens entsprechend den Art. 28 ff. (72 II 147 ff.; 121 III 171; 124 I 116).

5   Der Vorbehalt des öffentlichen Rechts bezieht sich jedoch nicht nur auf die juristische Gestaltung und die inneren Verhältnisse dieser Körperschaften und Anstalten, sondern auch und in erster Linie auf die *Haftung* gegenüber Dritten. Soweit es sich um öffentliche Funktionen handelt, sind sie nicht dem Art. 55 (s. hinten § 15 N 18 ff.), sondern den öffentlich-rechtlichen eidgenössischen und kantonalen (hierzu 108 II 335) Verantwortlichkeitsnormen unterworfen.[9] Wohl aber ist für die Haftung der kantonalen Funktionäre subsidiär das zivile Haftpflichtrecht des Bundes anwendbar, soweit solche (kantonalen) öffentlich-rechtlichen Normen nicht bestehen (61¹ OR; 126 III 373

---

4   S. auch ZR 107 (2008), Nr. 34, S. 127, für ein als öffentlich-rechtliche Stiftung errichtetes Spital.

5   Vgl. auch BGer 1C_33/2007 E. 4 (Oberwalliser Kreisspital Brig als Teil des «Gesundheitsnetzes Wallis»).

6   Vgl. LGVE 2008 II, Nr. 11, S. 190 (Luzerner Verwaltungsgericht zur Strassengenossenschaft).

7   Die Frage, ob die Universitäten, Spitäler und ähnliche Einrichtungen juristische Personen sind (Rechtspersönlichkeit geniessen), wird von Fall zu Fall durch das öffentliche Recht beantwortet.

8   Siehe hierzu Rudolf Schwager, Die Vertretung des Gemeinwesens beim Abschluss privatrechtlicher Verträge (Freiburg 1974), AISUF 41.

9   Auf Bundesebene gilt, von Sondernormen abgesehen, das Verantwortlichkeitsgesetz vom 14. März 1958 (SR 170.32).

E. 7a; 133 III 465; 139 III 253). Verweist das öffentliche Recht des Kantons hierfür auf das OR, so gilt dieses als kantonales Recht (96 II 343 f.; BGer 4A_619/2013 E. 6). Für rein privatrechtliche («gewerbliche») Verrichtungen der Beamten dagegen gelten ZGB und OR (61^2 OR; 101 II 183; 113 II 426).[10] Unabhängig davon, ob es sich um gewerbliche oder hoheitliche Verrichtungen handelt, haftet jedoch nach konstanter Praxis das Gemeinwesen nach Bundesprivatrecht, wenn die Haftung an Sachherrschaft anknüpft. Zur Anwendung gelangen Art. 679/684 ZGB, Art. 56 OR (Tierhalterhaftung; 126 III 14 ff.) und 58 OR (Haftung für Werkmängel); Letztere spielt für Gemeinwesen vor allem bei Strassen eine wichtige Rolle (siehe u. a. 102 II 344, 129 III 66 ff. und 130 III 742 f. [Pflicht zum Strassenunterhalt]).

b. Dem *öffentlichen* Recht sind ferner die **kirchlichen Körperschaften und Anstalten** unterstellt. Die wenigen öffentlich-rechtlichen Bestimmungen des Bundes (15 BV) sind auf alle Arten kirchlicher juristischer Personen anwendbar. Dagegen herrscht nicht völlige Übereinstimmung darüber, für welche kirchlichen juristischen Personen statt des ZGB kantonales öffentliches Recht gilt.   6

Für zwei Arten solcher Körperschaften und Anstalten geht nach der hier vertretenen Auffassung ohne Weiteres das kantonale öffentliche Recht vor: erstens für Organisationsformen, die sowohl vom Kirchenrecht der betreffenden Konfession als «kirchlich» wie auch vom betreffenden Kanton als öffentlich-rechtlich anerkannt sind (z.B. evangelische Landeskirchen oder Kirchgemeinden; katholische Pfarrpfründen, die öffentlich-rechtlich anerkannt sind; 72 I 111); sodann für Organisationsformen, die für kirchliche Aufgaben vom öffentlichen Recht geschaffen und anerkannt sind, von der Kirche selber aber nur als staatliche juristische Personen Anerkennung geniessen (z.B. katholische Kirchgemeinden).[11] Selbstverständlich sind auch diese juristischen Personen für ihre rein privatrechtlichen Verhältnisse – z.B. Kauf, Schenkung, Miete – dem Privatrecht unterstellt.[12]   7

In zwei weiteren Fällen stellt sich die Frage, inwiefern das öffentliche Recht des Kantons die Anwendung des ZGB verdrängen darf: einmal für die vom betreffenden Kirchenrecht vorgesehenen juristischen Personen in einem Kanton, in dem die betreffende Konfession nicht öffentlich-rechtlich anerkannt ist (z.B. für eine katholische Pfarrpfründe in Form einer Stiftung); sodann für private Organisationen, die in Ermangelung öffentlich-rechtlicher Körperschaften oder Anstalten diese ersetzen (z.B. kirchliche Vereinigungen in Genf). Unseres Erachtens unterstehen diese zunächst der Regelung des ZGB; das öffentliche Recht gilt nur insoweit, als dessen spezifisches Anwendungsgebiet reicht (Aufsicht, Verwaltungs- und Polizeivorschriften). Ein Kan-   8

---

10 Die Krankenbetreuung in Spitälern wird vom Bundesgericht nicht als gewerbliche, sondern als hoheitliche Tätigkeit eingestuft (122 III 104 f.; 133 III 465; 139 III 253). Auch die Beurkundungstätigkeit von freiberuflichen Notarinnen ist hoheitlich (126 III 372 f.; BGer 4A_619/2013 E. 6; BGer 4A_34/2014 E. 4 = Pra 2014, Nr. 93, S. 733 ff.).

11 Hans Beat Noser, Pfarrei und Kirchgemeinde … (Freiburg 1957), Freiburger Veröffentlichungen aus dem Gebiete von Kirche und Staat 13, 106.

12 Zum Ganzen vgl. auch SJZ 64 (1968), 337 ff. (Zürcher Obergericht zur Einsprache wegen Glockengeläuts).

ton dürfte also nicht für solche Organisationen besondere Vorschriften bezüglich der Entstehung oder der Erwerbstätigkeit aufstellen.[13]

9   Nicht dem öffentlichen Recht – sondern dem ZGB – unterstehen die religiösen Vereine und Stiftungen, die im Dienst einer Kirche stehen, die aber nicht dem grundlegenden Aufbau und der Organisation dieser Glaubensgemeinschaft dienen (vom BGer allerdings für kirchliche Stiftungen offengelassen in 81 II 581).[14]

10   c. Dem *kantonalen* Recht sind vorbehalten: «**Allmendgenossenschaften und ähnliche Körperschaften**».[15] Hier handelt es sich um einen echten Vorbehalt für kantonales Privatrecht i. S. von Art. 5 Abs. 1, denn ohne diesen Vorbehalt wären diese juristischen Personen vom Bundesprivatrecht beherrscht.[16] Er betrifft nicht nur die Entstehung und Organisation, sondern auch den Erwerb und Verlust der Mitgliedschaft und die Mitgliedschaftsrechte dieser Körperschaften, also zur Hauptsache rein körperschaftliche, zum Personenrecht gehörende Fragen.[17] Das OR kann höchstens als ergänzendes kantonales Recht angewendet werden (83 II 355 f.). Als solche Allmendgenossenschaften und ähnliche Körperschaften gelten jene Verbände, die ihre Herkunft haben «aus der alten Agrarverfassung, aus der Gemeinschaft am Boden und dem, was damit zusammenhängt»,[18] die mit anderen Worten auf sachenrechtlicher Grundlage der Beziehung zu Grund und Boden aufgebaut sind (132 I 272 f.).[19] Meist wird es sich hier um Überbleibsel aus einer früheren Epoche handeln; doch sind auch moderne Neubildungen ähnlichen Charakters nicht ausgeschlossen. Die kantonalen Einführungsgesetze führen z.B. an: Alp-, Flur-, Wald-, Brunnen- und Wässerungsgenossenschaften. Unter das Bundesrecht fallen dagegen die Korporationen der Neuzeit, welche den Aufgaben des modernen Wirtschaftslebens nachkommen, wie Sennerei- und Viehzuchtgenossenschaften, Konsortien zur Bewirtschaftung von Wäldern, Alpen, Steinbrüchen usw. Sie müssen sich in eine der Formen der Handelsgesellschaften des OR kleiden und können sich insbesondere der Eintragung ins Handelsregister nicht entziehen.[20]

---

13   Die privatrechtlichen kirchlichen Körperschaften würden demnach den religiösen Vereinen gleichstehen, für die ja auch der Vorbehalt des öffentlichen Rechtes i. S. von Art. 6 ZGB gilt (vgl. auch 48 II 418). Zum Ganzen ausführlich RIEMER, BeKomm, Die Stiftungen, Syst. Teil N 185–258.

14   Vgl. auch RIEMER a.a.O. N 251.

15   Hierzu MARTIN ARNOLD, Die privatrechtlichen Allmendgenossenschaften und ähnlichen Körperschaften (Art. 59 Abs. 3 ZGB) nach dem Recht des Bundes und des Kantons Wallis (Diss. Freiburg 1987), AISUF 73; ferner RIEMER, BeKomm, Syst. Teil (vor Art. 52) N 72 ff. und N 133 ff.; WEBER SPR II/4, 74 ff. und 233 ff.; STEPHAN WOLF/STEFANIE SCHULER, Zu den Rechtsverhältnissen an Alpen, insbesondere die geseyten Alpen im Kanton Bern, in Alexandra Rumo-Jungo u.a. (Hrsg.), FS Steinauer, Bern 2013, 679 ff.

16   Trotz Art. 59 Abs. 3 kann aber ein Kanton Allmendgenossenschaften und ähnliche Körperschaften auch als öffentlich-rechtliche Körperschaften zulassen: GUTZWILLER a.a.O. 467; JAGMETTI, SPR I, 266. Siehe auch BGE 105 Ia 368; 117 Ia 112 f.; 132 I 273.

17   ARNOLD a.a.O. 215.

18   EUGEN HUBER, Prot. Exp. Komm. I 85 f.

19   Vgl. auch PETER FORSTMOSER, BeKomm, Genossenschaft, Syst. Teil N 623 ff.; JAGMETTI a.a.O. 265 ff.; RIEMER a.a.O. Syst. Teil N 72 ff.; WEBER SPR II/4, 75 f. und 233.

20   Illustrativ ZWR 29 (1995), 129 ff.

d. Nicht unter das ZGB im engeren Sinn, sondern unter das *OR* fallen (mit Ausnahme 11
der Allmendgenossenschaften und ähnlicher Gebilde) alle Personenverbindungen, die
wirtschaftliche Zwecke verfolgen, wie Aktiengesellschaften und Genossenschaften (59²).

Auf jede der angeführten vier Kategorien sind zunächst die allfälligen besonderen, von 12
der Regelung im ZGB abweichenden Vorschriften anwendbar. Gelten aber die Bestimmungen des ZGB in subsidiärer Weise, wenn solche Vorschriften fehlen? Das ist nur für
die wirtschaftlichen Verbände des OR, die eine juristische Person bilden, zu bejahen:
Sie unterstehen direkt den allgemeinen Bestimmungen der Art. 52–59 (53 II 230). Für
die öffentlich-rechtlichen Körperschaften und Anstalten wie für die Genossenschaften
des kantonalen Rechts hat das Bundesgericht die subsidiäre Geltung des Bundesprivatrechts verneint (79 II 432; 83 II 355 f.). Doch steht nichts im Weg, dass die Kantone – wo
sie dies für angemessen erachten²¹ – für solche Fälle auf ZGB und OR verweisen. ZGB
und OR gelten dann aber als kantonales, nicht als eidgenössisches Recht.

III. Vereine und Stiftungen

Nach Ausscheiden der genannten vier Klassen juristischer Personen verbleiben der 13
besonderen Regelung durch das ZGB nur noch die sogenannten *Vereine* (associations)
und die *Stiftungen* (fondations).

Die *Vereine* bilden eine Unterart der «körperschaftlich organisierten Personenver- 14
bindungen», der sogenannten *Korporationen*. Wesentliches Kennzeichen ist eine mit
Rechtspersönlichkeit ausgestattete, zur Erreichung eines bestimmten Ziels verbundene
Mehrheit von Personen (sei es natürlicher, sei es juristischer Personen). Ihre Grundlage
sind die *Mitglieder*, durch deren Willen sie ins Leben gerufen und geleitet wird.

Die *Stiftungen* ihrerseits sind eine (und zwar die einzige) Unterart der *Anstalten* (im 15
gemäss 52¹ verwendeten weiteren Sinn des Wortes). Kennzeichen der Anstalt ist ein
personifiziertes, einem bestimmten Zweck gewidmetes *Vermögen*. Sie wird ins Leben
gerufen und beherrscht durch den Willen des *Stifters*. Sie hat keine Mitglieder, sondern nur Verwaltungsorgane und Bezüger der durch sie vermittelten Vorteile (Destinatäre). Die Anstalten im weiteren Sinn sind im allgemeinen Sprachgebrauch entweder Anstalten im engeren Sinn, nämlich Vermögenszuwendungen, die mit äusseren
Einrichtungen verbunden sind (z.B. ein Spital), oder Stiftungen, das heisst Vermögenszuwendungen ohne äussere Einrichtung (z.B. eine Preisstiftung). Das ZGB verwendet
allerdings zur Bezeichnung jeder verselbständigten privatrechtlichen Vermögenszu-
wendung den Ausdruck «Stiftung» (siehe Art. 80 ff.). Einzig in Art. 52 Abs. 1 und 3 ist
stattdessen ausnahmsweise von «Anstalten» die Rede.

---

21 Gemäss BGE 116 Ia 461 war die Lückenfüllung durch Bundesprivatrecht für eine Verjährung im
    kantonalen öffentlichen Recht keine befriedigende Lösung.

§ 15 Allgemeine Bestimmungen

1   Die allgemeinen Bestimmungen zu den juristischen Personen sind in den Art. 52–59 enthalten und lassen sich auf folgende Zweiteilung zurückführen: I. *Natur* und *Rechtsstellung*, II. *Anfang* und *Ende* der juristischen Person.

I.   Natur und Rechtsstellung

2   **a. Die Notwendigkeit juristischer Personen.** «Aussermenschliche» Gebilde spielen in der Lebenswirklichkeit eine erhebliche und ganz reale Rolle: Kantone verwirklichen Bauvorhaben, Gemeinden erheben Steuern, Vereine führen Sportanlässe durch, Stiftungen unterstützen Künstler, Aktiengesellschaften nehmen am Rechtsverkehr teil. Häufig geht es hierbei um Angelegenheiten von so erheblicher Tragweite, dass die einzelnen Menschen wirtschaftlich überfordert würden. Aus praktischen Erwägungen wäre es daher unzweckmässig oder gar unmöglich, die zufällig beteiligten Einzelmenschen (wie einen Vertreter, Verwalter oder Destinatär) oder auch eine Mehrheit von ihnen als die Träger von Rechten und Pflichten anzusehen, die über ihre Lebensdauer und Lebensaufgabe hinausreichen und allgemeinen Zwecken dienen.

3   Aus diesem Grund schreibt der Gesetzgeber jenen aussermenschlichen Wesen (gleich wie dem Menschen) Rechtsträgerschaft, rechtliche Persönlichkeit zu; neben der physischen (natürlichen) wird von der Rechtsordnung *auch die juristische Person anerkannt.* Dabei handelt es sich um einen rechtstechnischen Kunstgriff, der letztlich ebenfalls im Dienst der natürlichen Person (des Menschen) steht.

4   **b. Die Theorien.** Die Rechtslehre hat die unvermeidliche Personifizierung aussermenschlicher Gebilde in verschiedener Weise zu erklären versucht und dazu mehrere *Theorien* aufgestellt. Auch wenn die wirtschaftlichen und sozialen Notwendigkeiten (und nicht doktrinäre Erwägungen) die Entwicklung geprägt haben, so kam diesem Widerstreit der Theorien, der sich vor allem durch das 19. Jahrhundert hindurchzieht, doch auch praktische Bedeutung zu. Insbesondere aber entsprach es dem damaligen Rechtsdenken, bestimmte Ergebnisse mit einer theoretischen Grundauffassung in Einklang zu bringen oder aus ihr gar «mit logischer Sicherheit» ableiten zu können. Die zwei wichtigsten, einander bekämpfenden Theorien waren die germanistische *Realitäts-, Genossenschafts-* oder *Organtheorie* einerseits und die romanistische *Fiktionstheorie* andererseits. Diese Theorien haben auf die Behandlung der juristischen Personen in Rechtsprechung und Gesetzgebung, gerade auch in der Schweiz, grossen Einfluss ausgeübt.[1]

---

1   Zu diesen Theorien s. auch PEDRAZZINI/OBERHOLZER, Grundriss, 197 ff., und die dort, 277 ff., abgedruckten Texte von SAVIGNY und GIERKE. Vgl. auch ARTHUR MEIER-HAYOZ/PETER FORSTMOSER, Grundriss des schweizerischen Gesellschaftsrechts (11. A. Bern 2012), 48 ff. (§ 2, N 11 ff.); MARIE THERES FÖGEN, «Mehr Sein als Schein»? – Anmerkungen zur juristischen Person in Theorie und Praxis, in SJZ 95 (1999), 393 ff.

Nach der *Fiktionstheorie* (mit dem Namen Savigny verknüpft) kann an und für sich 5
nur der Mensch Rechte haben; nur er ist streng genommen Rechtssubjekt (Person).
Um aber gewissen praktischen Bedürfnissen zu entsprechen, wird durch die Rechtsordnung ein Rechtssubjekt *künstlich* geschaffen, *fingiert.* Diese juristische Person ist –
nach dieser Theorie – nur ein technischer Rechtsbehelf, *nichts Wirkliches, nichts Exis-*
tierendes. Daraus wird abgeleitet, dass die juristische Person auch nicht handeln kann,
sie also *handlungsunfähig* ist. Wie nun dem handlungsunfähigen Menschen Akte eines
Vertreters (Eltern, Beistand) angerechnet werden, so geschieht dies auch mit der juristischen Person bezüglich der Handlungen ihrer Vertreter (Vorsteher oder Verwalter).
Stellvertretung ist indessen nur für Rechtsgeschäfte, nicht auch für unerlaubte Handlungen denkbar; deshalb verneint die Fiktionstheorie die Haftung der juristischen Person für rechtswidriges schuldhaftes Handeln ihrer Vertreter.

Ganz anderes gilt nach der *Realitätstheorie* (prominenteste Vertreter: Beseler und 6
Gierke): Zwar wird auch nach dieser Theorie die Rechtsfähigkeit erst durch das (positive) Recht zuerkannt – dies aber nicht einem fingierten, künstlich ins Leben gerufenen
Wesen, sondern einem wirklich existierenden. Die juristische Person ist etwas ebenso
Wirkliches, ebenso *Reales* wie der Mensch selbst; nur hat sie keine körperliche, materielle Existenz. Der Staat, die Gemeinde, der Verein sind soziale *Organismen.* Und wie
die Hände, die Füsse, die Stimme usw. menschliche Organe sind, so sind die Organe
der juristischen Person deren Leitende. Die juristische Person ist folglich *handlungs-*
fähig; sie handelt durch die *Organe.* Ihre Handlungen werden der juristischen Person nicht nur angerechnet; sie sind *direkt* Handlungen der juristischen Person selbst.
Daraus folgt, dass die juristische Person auch für die unerlaubten *Handlungen* ihrer
Organe *verantwortlich* ist.[2]

Die heutige Rechtswissenschaft und Praxis stehen nicht mehr so stark im Bann dieser 7
und weiterer Theorien.[3] Einmal hat durch die Kodifizierung der Widerstreit der Meinungen an Bedeutung verloren. Sodann hat die Ablehnung der Begriffsjurisprudenz
zur Erkenntnis geführt, dass wissenschaftliche Begriffe und Axiome für die Beurteilung von Einzelfällen wenig abwerfen. Die von der Wissenschaft entwickelten Rechtsbegriffe sind häufig praktische Kurzbezeichnungen für komplizierte Tatbestände (z.B.
der Vertrag) oder Rechtsfolgen (z.B. der Schadenersatz) oder Tatbestände und Rechtsfolgen in einem (z.B. Vertragsfreiheit oder Universalsukzession). Für sich allein ergeben sie im Einzelfall keine Antwort auf Rechtsfragen. Jurisprudenz ist vielmehr (für
den Gesetzgeber wie für den Rechtsanwender in je spezifischer Weise) «permanente
Problemerörterung»,[4] bei welcher Verständnis für den Sachverhalt, Einsicht in die
jeweiligen Interessen und Wertung im Vordergrund stehen.[5]

---

2   Zu weiteren Theorien (etwa der Abstraktion und der Zweckpersonifikation) vgl. § 15 N 7 der
    Vorauflage.
3   Vgl. auch Walter Ott, Jenseits von Fiktions- und Realitätstheorie: Die juristische Person als
    institutionelle Tatsache …, FS Peter Forstmoser (Zürich 2003), 3 ff.
4   Theodor Viehweg, Topik und Jurisprudenz (5. A. München 1974).
5   Zur Wertungsjurisprudenz vgl. z.B. Karl Larenz/Manfred Wolf/Jörg Neuner, Allgemei-
    ner Teil des Bürgerlichen Rechts (10. A. München 2012), § 9 N 23.

8   **c. Die Auffassung und Ausgestaltung im ZGB.** Eugen Huber war ein überzeugter
Anhänger der *Realitätstheorie.* Unverkennbar sind denn auch im ZGB jene Postulate
verwirklicht worden, welche von der Realitätstheorie vertreten wurden. Indessen kann
heute diese Theorie höchstens noch dazu dienen, die gesetzlichen Bestimmungen verständlicher zu machen und ihren Einklang mit allgemeinen Rechtsgedanken darzutun.
Im Übrigen gelten jene Sätze (z.B. Organhaftung) nun, weil sie im Gesetz (55) enthalten sind – und nicht, weil sie Ausfluss einer bestimmten theoretischen Grundauffassung bilden.

9   In *vier Hauptpunkten* der allgemeinen Bestimmungen des ZGB über die juristische Person wird deutlich sichtbar, wie sich die Anschauungen der Realitätstheorie widerspiegeln:

10   1. Das Gesetz sieht keinen behördlichen Schöpfungsakt (keine Konzession, s. hinten
N 28 ff.) für die *Entstehung* der juristischen Person vor.

11   2. Die *Rechtsstellung* der juristischen Person ist qualitativ von derjenigen der natürlichen Person nicht verschieden. Beide Arten von Personen können grundsätzlich die
gleichen Rechte haben. Die juristische Person hat nicht etwa nur vermögensrechtliche
Persönlichkeit, sie geniesst auch Schutz in ausserökonomischer Beziehung: Sie hat den
Schutz des Namens nach Art. 29 (117 II 513), der den obligationenrechtlichen Firmen-
schutz ergänzt (95 II 486; 98 II 66 f.; 102 II 161); sie geniesst den Persönlichkeitsschutz
(121 III 171) und kann bei gegebenen Voraussetzungen eine Genugtuung verlangen
(138 III 341 ff.).[6] Sie kann klagen bei Ehrverletzung (114 IV 14 für das Strafrecht), Kre-
ditgefährdung, Verletzung der Geheim- oder Privatsphäre (97 II 100), der wirtschaftlichen Persönlichkeit. Die Art. 28 ff. gelten auch für sie (115 II 113; 121 III 171). Sie kann
selbst wieder Mitglied eines Vereins, einer Aktiengesellschaft oder Genossenschaft
sein. Sie besitzt aktive und passive Partei- und Prozessfähigkeit.[7] Die juristische Person hat auch einen Sitz; dieser befindet sich, wenn die Statuten nichts anderes bestimmen (es besteht also Wahlfreiheit), am Ort, wo die Verwaltung geführt wird (56).[8] Der
Bereich der juristischen Person geht mit anderen Worten weit über die blosse Rechtsträgerschaft hinaus und deckt sich im Wesentlichen mit dem früher (vorne § 9 N 1)
dargestellten weiteren Begriff der Persönlichkeit.

12   Wo allerdings jemand eine von ihm beherrschte juristische Person dazu missbraucht, um bestimmte Pflichten formell von sich fernzuhalten, indem die beherrschte
Person zur Trägerin dieser Pflichten gemacht wird, können deren Pflichten der beherrschenden Person zugerechnet werden. Dieser sog. *Durchgriff* ist ein Anwendungsfall
des Rechtsmissbrauchsverbots (2[2]) und hat zur Folge, dass die rechtliche Selbständig-

---

6   Zum Recht eines Vereins, sich auf die verfassungsrechtliche Vereinigungsfreiheit zu berufen, vgl.
140 I 211.

7   Zum allfälligen Anspruch auf unentgeltliche Rechtspflege s. 119 Ia 337; 126 V 47; 131 II 326 f.;
BGer 2A.488/2006 E. 3.1; BGer 2C_69/2007 E. 4.2 (grundsätzlich verneinend, mit engen Ausnahmen); ZR 108 (2009), Nr. 56, S. 236 ff.

8   Siehe hierzu Peter Gauch, Der Zweigbetrieb im schweizerischen Zivilrecht (Freiburger Habil.,
Zürich 1974), 160 ff.

keit der juristischen Person im konkreten Fall unberücksichtigt bleibt (132 III 493; 137 III 552 f.; BGer 5A_925/2012 E. 9.1).[9]

Die Gleichstellung der juristischen mit der natürlichen Person hat *Grenzen.* 13 Gemäss Art. 53 kann die juristische Person jene Rechte und Pflichten nicht besitzen, welche die natürlichen Eigenschaften des Menschen – Geschlecht, Alter oder Verwandtschaft – voraussetzen. So ist sie der im Familienrecht geregelten Rechte im Allgemeinen unfähig. Ein gesetzliches Erbrecht hat nur das Gemeinwesen unter bestimmten Voraussetzungen (466); dagegen kann die juristische Person aus Verfügungen von Todes wegen Rechte erwerben. Allgemein gilt, dass der Gesetzgeber keine feste Umschreibung der Grenzen der Rechtsfähigkeit der juristischen Person vorgenommen und im Sinn einer Lücke intra legem der Praxis den Entscheid überlassen hat.[10]

3. Die juristische Person ist – innerhalb der Grenzen ihrer Rechtsfähigkeit – voll *hand-* 14 *lungsfähig* (54 und 55). Die juristische Person handelt durch ihre Organe (zu den Exekutivorganen vgl. BGer 4A_415/2014 E. 1.3 [amtliche Publikation vorgesehen]). Diesen kommt demnach eine doppelte Funktion zu: nach innen die Verwaltung, Geschäftsführung usw., nach aussen die Vertretung. Sie sind – wie sich das Bundesgericht ausdrückt (54 II 254) – ein Teil der Persönlichkeit. Ihr Verhalten und ihr Wissen werden der juristischen Person grundsätzlich zugerechnet (124 III 420; 120 II 64; BGer in Semjud 123 [2001], I 188 f.).[11]

Die Handlungsfähigkeit tritt mit der Bestellung der Organe ein, während die 15 Rechtsfähigkeit schon vorher gegeben sein kann (54). Ebenso erhält sich die Rechtsfähigkeit, wenn etwa infolge Ablebens oder Absetzung des Vorstandes der juristischen Person vorübergehend alle Organe fehlen. Bei Mängeln in der Organisation können beim Gericht die erforderlichen Massnahmen beantragt werden (im Fall einer Stiftung ist die Aufsichtsbehörde zuständig; 83d), namentlich die Ernennung eines Sachwalters. Beim Verein steht die Befugnis, solche Massnahmen dem Richter zu beantragen, jedem Mitglied oder Gläubiger zu (69c), bei den Kapitalgesellschaften und Genossenschaften jedem Gesellschafter, Gläubiger oder dem Handelsregisterführer (731b, 819, 908 und 941a OR; 154 HRV).

Die Art und Zahl der Organe wird durch das *Gesetz* (64 ff. und 83 ff. ZGB; 16 698 ff., 804 ff. und 879 ff. OR) oder die *Statuten* bestimmt. Die kraft Gesetzes vorgesehenen Organe sind beim Verein der Vorstand und die Vereinsversammlung (sowie unter gewissen Voraussetzungen die Revisionsstelle), bei der Stiftung die Verwaltung und in der Regel die Revisionsstelle. Die Statuten oder die interne Organisation der juristischen Person können aber auch anderen Personen oder Personenmehrheiten eine solche Stellung einräumen, dass sie tatsächlich und in entscheidender Weise an

---

9   Zum Durchgriff siehe auch RIEMER, BeKomm, Syst. Teil (vor Art. 52) N 25; WEBER, SPR II/4, 102 ff.

10   RIEMER, BeKomm, Art. 53 N 8.

11   Relativierend immerhin RIEMER, BeKomm, Art. 54/55 N 47 ff.; HUGUENIN/REITZE, BaKomm, Art. 54/55 N 19. Zum Rechtsverhältnis zwischen der juristischen Person und ihren Organen vgl. BGE 128 III 131 f. (Arbeitsvertrag oder auftragsähnlicher Vertrag).

der Bildung des Verbandswillens mitwirken; dann sind auch diese Personen Organe (124 III 420 f.; 122 III 227).[12] Art. 55 umfasst demnach sowohl Organe im formellen Sinn (solche, die von der juristischen Person ausdrücklich als «Organe» bezeichnet werden) als auch Organe im materiellen Sinn («faktische» Organe; vgl. auch 128 III 29 ff. und 92 ff.; BGer 4A_54/2008 E. 3.2; BGer 4A_48/2009 E. 2.3).[13] In BGE 117 II 571 umschreibt das Bundesgericht den Organbegriff gemäss Art. 55 wie folgt: «Als Organe im Sinne dieser Vorschrift gelten diejenigen Funktionäre einer juristischen Person, die nach Gesetz, Statuten oder einem davon abgeleiteten Reglement zur Erfüllung gesellschaftlicher Aufgaben berufen sind oder tatsächlich und erkennbar solche Aufgaben selbständig besorgen.» In analoger Anwendung der Normen über die Anscheinsvollmacht folgt sodann aus dem Vertrauensprinzip, dass ein gutgläubiger Dritter dann von einer Organstellung ausgehen darf, wenn «die juristische Person jemanden gewähren lässt, der sich als Organ aufspielt» («Anscheinsorgan»; BGer 4C.307/2001 E. 2b; BGer 4A_54/2008 E. 3.2.3).

17   Die juristische Person braucht aber nicht allein durch ihre Organe tätig zu werden. Wie jede andere Person kann sie durch *besondere,* gerade durch die Organe *bestellte Vertreter* und durch *Hilfspersonen* – wie Angestellte und Arbeiter – handeln, und dies sogar in Umgehung ordentlicher Organe (43 II 129; 49 II 215; 50 II 184 f.; 54 II 254). So kann die Generalversammlung eines Vereins einen besonderen Sachverständigen (an Stelle des Vorstands) mit der Anschaffung eines Sportgeräts oder eines EDV-Systems betrauen. Es gelten dann nicht die speziellen Regeln über die juristische Person – insbesondere nicht der Art. 55 ZGB –, sondern die allgemeinen obligationenrechtlichen Bestimmungen über die Stellvertretung (32 ff. OR), über die Geschäftsher-

---

12   Dies gilt insbesondere, wenn die Mitwirkung dieser Personen für den rechtsgeschäftlichen Verkehr der juristischen Person nach aussen notwendig ist, indem sie in Verbindung mit Mitgliedern des Vorstandes die Unterschrift führen, oder wenn sie überhaupt eine den Vorstandsmitgliedern koordinierte Stellung einnehmen, an der eigentlichen Geschäftsführung Anteil haben, in leitender Stellung sich betätigen oder wichtige Funktionen in ganz selbständiger Weise ausüben (siehe statt vieler 122 III 227). So hat das Bundesgericht unter solchen Voraussetzungen den Sekretär einer Genossenschaft und eines Vereins, den Direktor und Prokuristen einer Bank als Organe der juristischen Person erklärt (48 II 6; 51 II 529; 54 II 144 f.; 68 II 301), ebenso den Vorsteher der industriellen Dienste einer Gemeinde (124 III 421) und – in Abänderung der früheren Rechtsprechung – einen verantwortlichen Zeitungsredaktor (95 II 486 und 72 II 65 f. im Gegensatz zu 48 II 65). Keine Organe sind ein Werkführer, der eine Gruppe von Handlangern leitet und beaufsichtigt (68 II 287; betreffend Vorarbeiter 81 II 226 f. und 87 II 187), oder ein einzelner Arbeiter (122 III 227 f.).

13   Siehe auch die Formel von Alfred Keller, Haftpflicht im Privatrecht (6. A. Bern 2001), 140: «Organe sind die Personen, die am Steuer sitzen, die auf der Kommandobrücke stehen, die ‹personnes qui tiennent les leviers de commande de l'entreprise› (61 II 342).» – Peter Forstmoser, Der Organbegriff im aktienrechtlichen Verantwortlichkeitsrecht, FS Arthur Meier-Hayoz (Bern 1982), 125 ff., postuliert über die herkömmliche Zweiteilung in formelle und materielle Organeigenschaft hinaus eine Dreiteilung, welche zusätzlich eine «Organstellung infolge Kundgabe» (134 f.) umfasst. – Kritisch gegenüber dem durch die Praxis «mindestens zeitweise» allzu sehr ausgedehnten Organbegriff Karl Spiro, Die Haftung für Erfüllungsgehilfen (Bern 1984), 118 f.

renhaftung (55 OR), über die Haftung für Hilfspersonen (101 OR) und über die einzelnen Verträge (z.B. 398 f. OR).

4. Auch bezüglich der Haftung der juristischen Person für die unerlaubten Handlungen ihrer Organe ist das ZGB der Realitätstheorie gefolgt und hat in Art. 55 Abs. 2 die *Deliktsfähigkeit* der juristischen Person statuiert mit dem Satz: «Sie (d.h. die Organe) verpflichten die juristische Person sowohl durch den Abschluss von Rechtsgeschäften als *durch ihr sonstiges Verhalten.*» Mit diesem «sonstigen Verhalten» sind vor allem die zum Ersatz verpflichtenden *unerlaubten Handlungen* gemeint (z.B. 96 II 176). Die juristische Person haftet demnach für die unerlaubten Handlungen ihrer Organe (ihres Präsidenten, Komitees, Direktors usw.). Der Verletzte kann auf Grund von Art. 41 ff. OR nach seiner Wahl gegen die juristische Person oder gegen die Organe, die ein Verschulden trifft (55³; 120 II 64), oder gegen beide klagen. Juristische Person und Organe haften nebeneinander solidarisch (48 II 157). Tatsächlich ist häufig nur die reiche Körperschaft, nicht aber die Organperson zur Leistung des Schadenersatzes imstande. 18

Die hier beschriebene Verantwortlichkeit der juristischen Person für ihre Organe bezieht sich ausschliesslich auf das *Privatrecht.* Die *strafrechtliche Verantwortung* ist heute in den Bestimmungen des Strafgesetzbuchs (102 f. StGB: «Verantwortlichkeit des Unternehmens») sowie im Verwaltungs- und Finanzstrafrecht (z.B. 181 f. DBG und 57/57b StHG) geregelt. Der früher weitgehend zutreffende Satz, wonach die juristische Person als solche nicht strafbar sei, gilt heute so nicht mehr.[14] 19

Die zivilrechtliche Haftung der juristischen Person für ihre Organe muss indessen ihre *Grenzen* haben. Der Verein oder die Stiftung kann nicht für jeden Schaden, den ein Vorstandsmitglied anrichtet, verantwortlich gemacht werden. Die Haftung hat zunächst naturgemässe Schranken in der *Rechtsfähigkeit* der juristischen Personen: Handlungen, zu denen die juristische Person ihres unkörperlichen Wesens wegen gar nicht fähig wäre, können ihr zum Vornherein nicht angerechnet werden. Die juristische Person ist z.B. keiner Vaterschaft fähig und kann deshalb auch nicht mit einer Vaterschaftsklage belangt werden. 20

Die Verantwortlichkeit hat sodann noch eine andere, praktisch wichtigere Grenze: Die juristische Person haftet nur für Handlungen, welche die Organperson *in ihrer Eigenschaft als Organ* (96 I 479) begeht – nicht für solche, die sie für sich persönlich vorgenommen hat (68 II 98). Art. 75 des Vorentwurfs sprach von Handlungen «in Ausübung ihres Amtes».[15] Dem entspricht auch der Sinn des definitiven Textes. Belanglos ist demgegenüber, ob das Organ gerade zur betreffenden Handlung *kompetent* war oder nicht. Das Bundesgericht sieht die Haftung der juristischen Personen als gegeben an, «wenn der Schaden infolge von Handlungen entsteht, die angesichts der Natur der Organstellung an sich in den Rahmen der Organkompetenz fallen», ohne dass es darauf ankommt, «ob auch nach den besonderen Umständen des Einzelfalles 21

---

14   Vgl. zur Rechtslage vor der StGB-Revision vom 13. Dezember 2002 (in Kraft am 1. Januar 2007; AS 2006, 3459 ff.) Tuor/Schnyder/Schmid, 12. A., 140.

15   Hierzu Eugen Huber, Erl. I, 83, und Spiro a.a.O. 234 Anm. 7.

das betreffende Organ für die schädigende Verrichtung kompetent ist, bzw. ob im speziellen Falle nach innen eine Kompetenzüberschreitung vorliegt» (48 II 9 f.; s. auch 105
II 292). Die Handlung wird also rein «objektiv» gewürdigt.

22   In Anwendung dieser Grundsätze hat das Bundesgericht eine Körperschaft verantwortlich erklärt für eine durch Fälschung der Unterschrift des Präsidenten erfolgte
Aufnahme eines Darlehens durch den Verbandssekretär, weil Geldgeschäfte dieser Art
gemäss Statuten zur Organkompetenz des Sekretärs gehörten (48 II 1 ff.). Ein politischer Verein wurde haftbar gemacht für Sachbeschädigungen infolge einer durch
die Organe hervorgerufenen Demonstration (48 II 145 ff.), eine Gewerkschaft für die
durch das Vorgehen ihres Sekretärs (Aufforderung zur Entlassung, begleitet von der
Drohung mit Kollektivkündigung sämtlicher Mitglieder) verursachte Verdrängung
eines Arbeiters aus einer Fabrik (51 II 525 ff.; 54 II 144 ff.), ein Hockey-Club für die
Verletzung eines Zuschauers, weil der Vorstand den Match trotz ungenügender Sicherung der Zuschauer durchführen liess (79 II 70 f.).

23   **d. Der Numerus clausus.** Das Bundesprivatrecht enthält nach Lehre und Rechtsprechung ein geschlossenes System (Numerus clausus; Formenzwang) juristischer Personen (104 Ia 445):[16] Vereine (60 ff. ZGB), Stiftungen (80 ff. ZGB), Aktiengesellschaften (620 ff. OR), Kommanditaktiengesellschaften (764 ff. OR), Gesellschaften mit
beschränkter Haftung (772 ff. OR) und Genossenschaften (828 ff. OR); andere (bun-
desprivatrechtliche) juristische Personen zu schaffen, ist den Parteien verwehrt. Hinzu
tritt der Grundsatz der Formenfixierung: Abweichungen von den gesetzlichen Typen
sind nur in begrenztem Umfang zulässig; Mischformen sind ausgeschlossen (Verbot
der Typenvermischung).[17] Dritte und Beteiligte sollen sich darauf verlassen können,
dass die juristische Person des betreffenden Typs ganz bestimmte Eigenschaften aufweist, etwa in Bezug auf die Vertretungsmacht und die Haftung.

II.   Anfang und Ende der juristischen Person

24   **a. Der Anfang.** 1. *Die möglichen Systeme:* Unter «Anfang» verstehen wir den Augenblick, in welchem dem körperschaftlichen Gebilde oder dem einem besonderen Zweck
gewidmeten Vermögen die Persönlichkeit als *Rechtsfähigkeit* – als Möglichkeit, Rechte
und Pflichten zu haben – *zuerkannt* wird. Hierfür sind verschiedene Lösungen denkbar. Auf dem Boden der eidgenössischen und kantonalen Gesetzgebungen begegnen
wir drei verschiedenen Systemen. Es sind dies:[18]

---

16   RIEMER, BeKomm, Syst. Teil (vor Art. 52), N 12; WEBER a.a.O. 80 ff.
17   RIEMER a.a.O. N 14; WEBER a.a.O. 81. – Der Numerus clausus und das Verbot von Mischfor-
     men gelten nicht (jedenfalls nicht von Bundesrechts wegen) für öffentlich-rechtliche juristische
     Personen; diesbezüglich ist das anwendbare öffentliche Recht massgebend (RIEMER a.a.O. N 23;
     beachte aber BGE 104 Ia 445).
18   Vgl. etwa RIEMER a.a.O. Syst. Teil N 84 f. sowie Art. 52 N 5 ff.; WEBER a.a.O. 90 ff.

α. *Das System der freien Bildung.* Zur Rechtspersönlichkeit ist nichts weiter erfordert 25
als das natürliche Dasein: die Entstehung der Körperschaft oder die Widmung des
Vermögens. Jede gebildete Körperschaft und jede selbständige Vermögenswidmung
geniesst sofort – eo ipso – Persönlichkeitsrechte, genauso wie der Mensch durch die
blosse Geburt sich unter die natürlichen Personen reiht.

β. *Das System des Registrierzwangs.* Die Entstehung der juristischen Person muss auch 26
nach aussen kundgegeben werden; dazu ist eine *Eintragung* in ein öffentliches Register
erforderlich. Erst die Eintragung konstituiert die Persönlichkeit.[19]

γ. *Das Konzessionssystem.* Die Rechtspersönlichkeit wird jeweils von der staatlichen 27
Gewalt durch besonderen Akt verliehen. Dies entspricht dem französischen System,
das sich in der französischen Schweiz eingelebt hatte.

2. *Die Umsetzung im schweizerischen Recht:* Von diesen drei Systemen kommt jenes der 28
Konzession nur für die auf *kantonaler* Ebene – für die dem kantonalen Recht vorbehaltenen Körperschaften – in Betracht (vgl. auch 132 I 278). Viele Einführungsgesetze
verlangen zur Entstehung von Allmend- und ähnlichen Genossenschaften die behördliche Genehmigung der Statuten.

Das *ZGB selbst* teilt sich in die beiden anderen Systeme: Registrierzwang und 29
freie Bildung. Nach Art. 52 Abs. 1 stellt zwar die Eintragung ins Handelsregister die
Regel dar; doch bestehen dazu wichtige Ausnahmen:

α. *Registrierzwang* besteht für die *wirtschaftlichen Körperschaften* des OR (Aktiengesell- 30
schaft, Gesellschaft mit beschränkter Haftung, Genossenschaft). Nach der ursprünglichen ZGB-Fassung galt er auch für Stiftungen, jedoch nur als Regel, die für kirchliche
Stiftungen und für Familienstiftungen durchbrochen war.[20] Heute gilt der Registrierzwang *für* (seit Inkrafttreten der Änderung errichtete) *Stiftungen ausnahmslos.*[21]
Kirchliche Stiftungen und Familienstiftungen, die bei Inkrafttreten der ZGB-Änderung nicht im Handelsregister eingetragen sind, bleiben als juristische Personen anerkannt, müssen jedoch binnen 5 Jahren nach Inkrafttreten die Eintragung vornehmen
lassen; der Bundesrat berücksichtigt bei den Eintragungsanforderungen die besonderen Verhältnisse der kirchlichen Stiftungen (6b[2bis] SchlT ZGB).[22]

---

19 In der Lehre wird diese Lösung häufiger «System der Normativbestimmungen» genannt (z.B.
    Riemer a.a.O. Art. 52 N 7; Weber a.a.O. 91) – eine problematische Bezeichnung, weil auch
    bei der freien Bildung gewisse normative Voraussetzungen erfüllt sein müssen (hierzu Heini/
    Portmann, SPR II/5 Nr. 60 ff.).

20 Vgl. Vorauflage § 15 N 31 und § 17 N 7.

21 Fassung von Art. 52 Abs. 2 gemäss BG vom 12. Dezember 2014, in Kraft am 1. Januar 2016 (AS
    2015, 1389 und 1406 betreffend ZGB) Die Änderung verfolgt den Zweck, die Transparenz bei
    Stiftungen zu verbessern und damit namentlich Geldwäscherei wirksamer zu bekämpfen (BBl
    2014, 605 ff., besonders 619 und 657).

22 Nach dieser Kompromisslösung der eidgenössischen Räte gilt demnach für altrechtliche kirch-
    liche Stiftungen und Familienstiftungen in der Weise eine «Bestandesgarantie», dass diese Stif-
    tungen auch bei Nicht- oder nicht fristgerechter Eintragung ihre Persönlichkeit nicht verlieren
    (Amtl. Bull. 2014 NR 2266 f. [Voten Vogler und BR Widmer-Schlumpf]).

31 β. Die *freie Bildung* dagegen ist anerkannt für die *Vereine* (52^2).

32 **b. Das Ende.** Wir behandeln im Folgenden zunächst die im ZGB für Verein und Stiftungen vorgesehenen *Aufhebungsgründe,* sodann die Regeln des ZGB für die *Liquidation* der juristischen Person.

33 1. Das ZGB kennt keine für alle Arten juristischer Personen geltenden *Aufhebungsgründe.*[23] Es gibt nur Sonderbestimmungen für die Vereine (76–78) und für die Stiftungen (88–89). Die Regeln stimmen weitgehend überein und können daher hier gemeinsam behandelt werden. Man kann die Erlöschungsgründe der juristischen Person veranschaulichen, indem man sie mit der Beendigung der Persönlichkeit des Menschen vergleicht.

34 Dem natürlichen Tod des Menschen entspricht das Dahinfallen der juristischen Person *von Gesetzes wegen.* Dies tritt ein, sobald sie lebensunfähig oder zwecklos geworden ist. So ist der Verein ohne Weiteres aufgehoben, sobald er zahlungsunfähig wird (BGer 5A_589/2008 E. 3.1) oder der Vorstand nicht mehr statutengemäss bestellt werden kann (77).[24] Das Gesetz schreibt keine Mindestzahl von Mitgliedern für die Existenz des Vereins vor. Es müssen so viele Mitglieder sein, dass der Vorstand so bestellt werden kann, wie die Statuten oder spätere Vereinsbeschlüsse es vorgesehen haben, und so viele, dass ein Beschluss der Vereinsversammlung zustande kommen kann. Dazu sind regelmässig mindestens drei Mitglieder erforderlich (vgl. in einer beiläufigen Bemerkung 48 II 154).[25] Doch ist es möglich, dass vorübergehend die Zahl unter drei fällt oder dass gar kein Mitglied mehr da ist, ohne dass der Verein sofort dahinfällt.

35 Dem gewaltsamen Tod beim Menschen entspricht bei der juristischen Person die *Auflösung durch behördlichen Entscheid.* Dies geschieht durch gerichtliches Urteil, sobald der Verein widerrechtliche oder unsittliche Zwecke zu verfolgen beginnt (78; 133 III 595: Hausbesetzungen als Vereinszweck),[26] oder durch Anordnung der zuständigen Behörde, wenn der Zweck einer Stiftung widerrechtlich oder unsittlich gewor

---

23 Neben den nachstehend erläuterten Fällen der Auflösung gibt es auch solche, bei denen von Anfang an die Auflösung vorgesehen war: so für den Verein beim Vorliegen statutarischer Auflösungsgründe (s. RIEMER, BeKomm, Art. 76–79 N 61 ff.), für die Stiftung auf Grund entsprechenden Stifterwillens (s. RIEMER, BeKomm, Art. 88/89 N 51 ff.). Siehe ferner zu den «organisatorischen Aufhebungen» von Stiftungen hinten § 17 N 33.

24 Für die Stiftung, deren Zweck unerreichbar geworden ist, schreibt Art. 88 Abs. 1 jedoch seit 2004 die behördliche Aufhebung vor (Kommissionsbericht in BBl 2003, 8171).

25 Ausnahmsweise können (so HEINI/PORTMANN a.a.O. Nr. 4 und 108 f.) zwei genügen: wenn die Statuten für die Vereinsversammlung Einstimmigkeit vorsehen und der Vorstand nur aus einer Person bestehen soll.

26 Siehe auch RIEMER, Vereine mit widerrechtlichem Zweck, in ZSR NF 97 (1978), I 81 ff. Hat ein Verein von Anfang an einen widerrechtlichen Zweck verfolgt, geschieht die Auflösung mit Wirkung *ex tunc* (133 III 597; RIEMER, BeKomm, Vorbem. zu Art. 76–79 N 57). Zu 133 III 595 vgl. aber das Urteil des Europäischen Gerichtshofs für Menschenrechte vom 11. Oktober 2011 (Nr. 48848/07), gemäss welchem die Auflösung unverhältnismässig ist und eine Verletzung von Art. 11 EMRK darstellt.

den ist (88¹ Ziff. 2). Anwendbar sind diese Regeln auf juristische Personen, deren Zweck anfänglich erlaubt war und die durch Zweckänderung auf Abwege gerieten, oder aber auf solche, deren ursprünglich erlaubter Zweck durch Rechtsfortbildung nunmehr unzulässig geworden ist. Wäre der Zweck zum Vornherein unzulässig gewesen, so hätte die juristische Person gemäss dem Wortlaut des Gesetzes überhaupt nicht entstehen können; es wäre deshalb auch eine Aufhebung undenkbar (52³).[27] Eine solche Person kann aber formal existieren und etwa in einem Verfahren auf Nichtigerklärung auftreten (90 II 387). Allenfalls erwirbt eine solche Personenverbindung mit der Eintragung im Handelsregister doch Rechtspersönlichkeit (Heilungstheorie), muss aber aufgehoben werden (107 Ib 15, 189 f. und 110 Ib 109). Solange jedoch eine juristische Person nur unerlaubte Mittel gebraucht, ohne dass ihr Zweck unerlaubt ist, wird ihr Recht auf Persönlichkeit nicht berührt. Gegen die Anwendung der unerlaubten Mittel kann nach den gewöhnlichen Regeln vorgegangen werden (Art. 41 ff. OR, 55 ZGB, 20 OR; 54 II 164).

36 Dem Suizid bei der natürlichen Person entspricht bei der juristischen Person die *Selbstauflösung*. Sie ist nur für den Verein, nicht auch für die Stiftung vorgesehen. Der Verein kann sich jederzeit durch Beschluss der Vereinsversammlung oder schriftliche Zustimmung aller Mitglieder auflösen (76).

37 2. Erreicht die juristische Person in irgendeiner Weise ihr Ende,[28] so muss grundsätzlich[29] eine *Liquidation* des vorhandenen Vermögens und dessen Zuwendung an eine andere Person erfolgen. Ausser im Fall des Konkurses geschieht die Liquidation nach den Vorschriften, die das OR für die Genossenschaften aufgestellt hat (58 ZGB, 913 OR; dort Weiterverweisung auf die Vorschriften über die Aktiengesellschaften, 739–747 OR).

38 Was soll nun aber mit dem Reinerlös aus der Liquidation geschehen? Die diesbezüglichen Regeln sind für alle Arten juristischer Personen gemeinsam in Art. 57 und 58 enthalten (dies gilt auch für Personalfürsorgestiftungen, vgl. 83 III 152; für Familienstiftungen s. aber 93 II 445 f.). Danach ist die Art der Vermögensverwendung je nach dem Beendigungsgrund verschieden:

39 α. Bei *Selbstauflösung* und *Dahinfallen von Gesetzes wegen* wird das *Selbstbestimmungsrecht* der juristischen Person respektiert. Die Statuten, die Stiftungsurkunde oder die zuständigen Organe (je nachdem die Generalversammlung, der Vorstand oder der Verwalter) können innerhalb der gesetzlichen Schranken bestimmen, für wen und zu welchem Zweck das Vermögen verwendet werden soll (57¹). Fehlt eine solche Anord-

---

27 Nach dem Wortlaut von Art. 78 ist zwar ein Verein durch das Gericht aufzuheben, wenn der Zweck widerrechtlich oder unsittlich «ist», und nicht nur, wenn er wie bei der Stiftung (88¹ Ziff. 2) so «geworden ist». Dennoch hat die Lehre Art. 78 nicht auf ursprünglich widerrechtliche Zwecke verfolgende Vereine angewandt. Siehe hierzu RIEMER, BeKomm, Art. 76–79 N 47 ff. (a. M. aber wohl 112 II 6).

28 Die Rechtsfähigkeit der (eintragungspflichtigen) juristischen Person endet mit der Löschung im Handelsregister (140 IV 161).

29 Zu den Fällen der Auflösung ohne Liquidation vgl. RIEMER, BeKomm, Art. 57/58 N 3. Zur Fusion zweier juristischer Personen vgl. hinten N 41 f.

nung, tritt das Gemeinwesen (Bund, Kanton, Gemeinde) in die Lücke. Das Vermögen fällt diesem zu (57[1]), aber mit Zweckbindung, nicht um spurlos in der Staatskasse zu verschwinden. Es muss möglichst dem bisherigen Zweck entsprechend verwendet werden (57[2]; vgl. 53 II 6).

40   β. Bei *behördlicher* Auflösung wegen Verfolgung unsittlicher oder widerrechtlicher Zwecke tritt dem Gesetzeswortlaut nach ohne Weiteres der *Anfall* an das Gemeinwesen ein, das darüber frei verfügen kann (110 Ib 115);[30] abweichende statutarische Bestimmungen oder Beschlüsse der Organe bleiben unbeachtet (57[3]). Das Bundesgericht wendet Art. 57 Abs. 3 mit der dort vorgesehenen Konfiskation des Vermögens durch das Gemeinwesen grundsätzlich[31] auf alle juristischen Personen des Bundesprivatrechts an – auch dann, wenn diese nicht erst nachträglich, sondern von allem Anfang an einen unsittlichen oder widerrechtlichen Zweck verfolgt haben (112 II 1; 115 II 401). In der Lehre werden diese beiden Ergebnisse der bundesgerichtlichen Rechtsprechung kritisiert und wird Art. 57 Abs. 3 in mannigfacher Weise relativiert.[32]

41   **c. Die Fusion** (Vereinigung) juristischer Personen war bis 2004 im Gesetz nicht in allgemeiner Weise geregelt, punktuell jedoch im Handelsrecht. Die Rechtsprechung hatte jedoch auch die Fusion von Vereinen und Stiftungen zugelassen.[33]

42   Seit 1. Juli 2004 ist das *Fusionsgesetz* in Kraft, das die Anpassung der rechtlichen Strukturen von Kapitalgesellschaften, Kollektiv- und Kommanditgesellschaften, Genossenschaften, Vereinen, Stiftungen und Einzelfirmen im Zusammenhang mit Fusion, Spaltung, Umwandlung und Vermögensübertragung zum Gegenstand hat (1[1] FusG).[34]

---

30   Seit der Revision von 2004 liegt die Zuständigkeit zur Aufhebung nicht mehr systematisch bei einer gerichtlichen Behörde: Bericht der Kommission für Wirtschaft und Abgaben des Ständerates vom 23. Oktober 2003, BBl 2003, 8163.

31   Eine Ausnahme macht das BGer bei Familienstiftungen bei Verstössen gegen Art. 335 Abs. 1: Hier fällt das Vermögen normalerweise an den Stifter zurück (vgl. 73 II 89; 75 II 26; 93 II 445 f.). Hierzu s. auch RIEMER, BeKomm, Art. 52 N 32 und Art. 57/58 N 21. Zum Verzicht auf die Vollstreckung solcher bundesgerichtlicher Urteile s. RIEMER a.a.O. N 20.

32   Siehe bei MARKUS KICK, Die verbotene juristische Person – Unter besonderer Berücksichtigung der Vermögensverwendung nach Art. 57 Abs. 3 ZGB (Diss. Freiburg 1993), AISUF 123, passim und insbesondere 88 ff., 113 ff. und 238 ff.

33   Vgl. zur (altrechtlichen) Fusion von Vereinen 53 II 1 ff., zur Fusion von Stiftungen 115 II 415 ff.; BGer in ZGRG 19/2000, 168 ff.

34   Botschaft FusG, BBl 2000, 4337 ff. Es wird auf die umfangreiche Spezialliteratur verwiesen, namentlich auf FRANK VISCHER (Hrsg.), ZüKomm zum Fusionsgesetz, 2. A., Zürich 2012.

§ 16 Der Verein

I. Vereinsrecht und Vereinsbegriff

a. Vereinsrecht. Bei der grossen Bedeutung, die das Vereinsleben in der Schweiz 1
erlangt hat,[1] erstaunt es nicht, dass das ZGB das Vereinsrecht relativ ausführlich geregelt hat. Die Regeln des ZGB über die Vereine haben jedoch nicht alle dieselbe Bedeutung und Kraft. *Vereinsfreiheit* bedeutet für uns nicht nur die durch Art. 23 BV («Vereinigungsfreiheit») gewährleistete Möglichkeit, innert der Grenzen der Gesetze beliebig
Vereine zu gründen (vgl. auch Art. 11 EMRK; 124 I 114; 140 I 210), sondern auch das
autonome Recht der Vereine, sich ihre Verfassung selbst zu geben (Vereinsautonomie;
131 III 99 f.; 134 III 199). Die wichtigsten Normen für die Verhältnisse in einem Verein sind deshalb dessen eigene Statuten (Satzungen). Das Bundesgericht bezeichnet
die Festlegung der Satzungen oder der Vereinsstatuten gar als eine der «wichtigsten
Erscheinungsformen der Autonomie auf dem Gebiete des Privatrechts» (97 II 113).

Die Freiheit der Vereine, sich eigene Statuten zu geben, ist jedoch in einigen Punk- 2
ten durch das Gesetz eingeschränkt. Es enthält Bestimmungen, die *absolute* Geltung
beanspruchen und durch die Statuten nicht ausgeschlossen werden dürfen. Diese privatrechtlichen Bestimmungen entspringen sehr stark der wesentlich demokratischen
Vereinsauffassung des schweizerischen Gesetzgebers. Sie bilden das *zwingende Vereinsrecht.* Zu diesen zwingenden Rechtsnormen gehören auch Art. 27 ZGB (104 II 8),
Art. 28 ZGB (134 III 199) und Art. 20 Abs. 1 OR. So bedeutet eine Statutenbestimmung,
welche Dritten ein Einspracherecht gegenüber sämtlichen Beschlüssen der Generalversammlung der Vereinsmitglieder einräumt, eine unzulässige Knebelung eines Vereins, die gegen die guten Sitten verstösst (97 II 108). Der Grossteil der gesetzlichen
Regeln weist dagegen nicht diesen zwingenden Charakter auf, sondern lässt den Statuten und Vereinsbeschlüssen den Vortritt und bezweckt nur, etwaige Lücken auszufüllen *(dispositives Recht).*

Art. 28 ZGB verbietet dem Verein insbesondere, widerrechtlich in die Persönlichkeit 3
seiner Mitglieder einzugreifen (134 III 199). Diese *Schranke des Persönlichkeitsschutzes* ist praktisch vor allem im (weitgehend vereinsmässig organisierten) Spitzensport
bedeutsam, wo die Rechte der Sportler auf Gesundheit und körperliche Integrität, auf
Ehre und berufliche Anerkennung, auf Bewegungsfreiheit sowie (beim Berufssportler)
auf wirtschaftliche Entfaltung zu beachten sind (134 III 200).

Demnach ergibt sich für die den Verein betreffenden Normen folgende Reihenfolge: 4
1. zwingendes Recht (mit Einschluss des Persönlichkeitsschutzes), 2. Statuten und Vereinsbeschlüsse, 3. dispositives Recht. Der Gesetzgeber erleichtert die Identifikation der

---

1 Gemäss Art. 712m Abs. 2 gilt das Vereinsrecht seit 1965 auch als subsidiäre Rechtsquelle für die
   Versammlung der Stockwerkeigentümer (vgl. etwa 127 III 506 ff.).

zwingenden Normen im Vereinsrecht, indem er sie gewöhnlich – wenn auch nicht immer – mit dem Ausdruck *«von Gesetzes wegen»* kennzeichnet (63²).²

5 Das Gesetz gliedert den Abschnitt über die Vereine in *vier Abteilungen:* A. *Gründung,*³ B. *Organisation,*⁴ C. *Mitgliedschaft* (samt «Cᵇⁱˢ. *Haftung»), D. *Auflösung.* Die Auflösung des Vereins haben wir bei der Erörterung der allgemeinen Lehren der juristischen Person behandelt (vorne § 15 N 35 ff.). Dort wurde zum Teil auch die Gründung dargestellt; das Weitere folgt bei der Erläuterung des Vereinsbegriffs. Danach bleiben noch die Organisation (II.) und die Mitgliedschaft (III.) darzustellen.

6 **b. Vereinsbegriff.** Für den Vereinsbegriff des ZGB sind nach Art. 60 zwei Elemente wesentlich:

7 1. Der *Wille* der Mitglieder, eine *Körperschaft* zu gründen, ein besonderes, neues (also von ihnen verschiedenes) Rechtssubjekt zu schaffen. Keine Gründung liegt vor, wenn über die endgültige Aufnahme der Teilnehmer an der Gründungsversammlung erst der dort gewählte Vorstand befinden soll (108 II 6 ff.).

8   Der auf Körperschaftsgründung gerichtete Wille muss aus den *Statuten* ersichtlich sein (vgl. 60¹; 51 II 528; 48 II 153 f. und 169 f.). Der Verein benötigt daher *schriftlich* niedergelegte Statuten. Der Wille, als Körperschaft zu bestehen, muss darin unmissverständlich geäussert werden (88 II 228 ff.).⁵ Dagegen ist eine Drucklegung oder eine andere Vervielfältigung der Statuten nicht nötig; auch schadet es der Rechtsfähigkeit nicht, wenn die Statuten nachträglich untergehen. Nach der hier vertretenen Auffassung ist – in analoger Anwendung der Art. 12 ff. OR (7 ZGB) – die Unterzeichnung der Statuten (oder des Protokolls der Gründungsversammlung) durch die Gründer oder den Vorstand notwendig (vgl. auch 90¹ lit. b HRV).⁶

---

2 Die meisten dieser Bestimmungen sind nur einseitig (als Mindestgarantien in eine Richtung) zwingend: Riemer, BeKomm, Art. 63 N 8 ff. – Zum Kontext des öffentlichen Rechts bei politischen, als Vereine konstituierten Parteien vgl. Patricia M. Schiess Rütimann, Politische Parteien – Privatrechtliche Vereinigungen zwischen öffentlichem Recht und Privatrecht (Zürcher Habil, Bern/Baden-Baden 2011), besonders Nr. 298 ff. (Bundesparteien) und 377 ff. (kantonale und lokale Parteieinheiten).

3 Hierzu Urs Scherrer, Wie gründe und leite ich einen Verein? Vereine und Verbände im schweizerischen Recht (12. A. Zürich 2012).

4 Urs Scherrer/Marco Greter, Der Verein in der Praxis – Organisation und Steuern (Zürich 2007).

5 Schriftliche Statuten müssen auch die Sektionen von Vereinsverbänden haben; sonst sind sie keine Vereine (82 II 320). Vgl. auch Hans Michael Riemer, Die Rechtsstellung der Sektionen und Sektionsmitglieder im Vereinsverband, in Individuum und Verband, FG zum Schweizerischen Juristentag 2006 (Zürich 2006), 151 ff.

6 Ebenso Riemer a.a.O. Art. 60 N 82, mit Hinweis auf BGer in Semjud 44 (1922), 180; wohl auch Arthur Meier-Hayoz/Peter Forstmoser, Schweizerisches Gesellschaftsrecht (11. A. Bern 2012), 685 (§ 20, N 77). – Gegen das Erfordernis der Unterzeichnung Tuor/Schnyder/Schmid, 11. A., 135 (wonach mangelnde Unterschrift aber ein Indiz für mangelnde Ernstlichkeit sein kann); Hafter, BeKomm, Art. 60 N 17; Heini/Portmann, SPR II/5 Nr. 110; Heini/Scherrer, BaKomm, Art. 60 N 40.

Neben den Statuten spielt beim Verein die Vereinsübung, die sogenannte *Obser-*   9
vanz, oft eine wichtige Rolle. Es handelt sich dabei um eine lange andauernde Übung
in verbandsinternen Angelegenheiten.[7] Dieses «verbandsinterne Gewohnheitsrecht»[8]
geht dem dispositiven Gesetzesrecht vor. Umstritten ist, ob die Observanz anders lautende Statutenbestimmungen verdrängt.[9]

Das Vereinsstatut kann *äusserst kurz* lauten. Es muss nach Art. 60 Abs. 2 über   10
den Zweck des Vereins, seine Mittel («les ressources») und seine Organisation Aufschluss geben. Da jedoch das ZGB in den Art. 64 ff. und 71 mit Bezug auf Organisation und Mittel subsidiäre Bestimmungen enthält, ist für die Statuten im Allgemeinen
nur die Zweckbestimmung wesentlich. Immerhin wird man auf die Umschreibung der
Mittel (hier nur im Sinn von «moyens»), welche primär für die Zweckverfolgung eingesetzt werden, dann nicht verzichten können, wenn sich dies aus der Zweckumschreibung nicht zur Genüge ergibt. Daneben ist auch die Festsetzung der Mitgliederzahl
des Vorstandes (wenigstens in einer Bandbreite) kaum entbehrlich; diese ergibt sich
weder von selbst, noch ist sie im Gesetz bestimmt. Dagegen dürfte trotz der Regelung
in Art. 64 Abs. 3 («nach Vorschrift der Statuten») das Fehlen einer Vorschrift über die
Einberufung der Vereinsversammlung keinen grundlegenden Mangel darstellen. Zur
Auslegung und Ergänzung der Statuten s. vorne § 6 N 9.

2. Das *zweite* Element, das den Verein konstituiert und ihn insbesondere von den juris-   11
tischen Personen des *Handelsrechts* unterscheidet, ist *sein Zweck.* Der Zweck darf *nicht*
ein *wirtschaftlicher,* sondern muss ein sogenannter *idealer* sein. Art. 60 Abs. 1 zählt
eine ganze Reihe solcher idealer Zweckbestimmungen auf: Es kann sich demnach handeln um eine «politische, religiöse, wissenschaftliche, künstlerische, wohltätige, gesel-
lige» oder ähnliche (nicht wirtschaftliche) Aufgabe.

Häufig kommt es vor, dass sich ein Verein mit idealem Zweck auch *wirtschaft-*   12
lich betätigt, etwa durch Führung eines Betriebes. Ist dieser Betrieb von ganz untergeordneter Bedeutung, so vermag dies in keiner Weise auf die Rechtsstellung des Vereins
einzuwirken. Anders verhält es sich aber, wenn der Betrieb eine solche Ausdehnung
und Bedeutung annimmt, dass eine Gewerbeführung nach kaufmännischer Art vorliegt (Beispiele: Ein Studentenverein betreibt in seinem Vereinshaus ein Restaurant;
eine gemeinnützige Gesellschaft errichtet eine Leihkasse, eine Missionsgesellschaft
führt ein Kaffeeimportgeschäft; das Internationale Olympische Komitee verkauft
Fernsehrechte zu den olympischen Spielen[10]). Trotz diesem wirtschaftlichen Betrieb
verliert zwar der Verein – solange er noch der ursprünglichen Bestimmung nachgeht –
nicht seinen Charakter als «Ideal»-Verein. Für seine Entstehung und Rechtspersönlichkeit gelten daher nach wie vor die Normen über den Verein; die Rechtsfähigkeit

---

7   HEINI/PORTMANN a.a.O. Nr. 76.

8   RIEMER, BeKomm, Die Vereine, Syst. Teil N 352.

9   Siehe RIEMER a.a.O. N 354.

10 Hierzu und zu weiteren wirtschaftlich tätigen Sportorganisationen in Vereinsform (FIFA,
    UEFA) vgl. PIERA BERETTA, Wirtschaftliche Vereine in der Schweiz (Diss. Basel 2000), 8 ff.
    und passim; PIERMARCO ZEN-RUFFINEN, Droit du Sport (Zürich 2002), Nr. 184 ff. und 1005 ff.

setzt also nur die körperschaftliche Organisation und nicht etwa wie bei einer Aktiengesellschaft die Eintragung ins Handelsregister voraus. Wohl aber macht das Gesetz
(61²; 90 ff. HRV) bei Vorliegen eines kaufmännischen Gewerbes und bei Revisions-
pflichtigkeit (69b)[11] die *Eintragung zur Pflicht,* allerdings gerade nicht mit konstitutiver
Wirkung (100 III 23).[12] Durch den Eintrag soll der Verein nach aussen hin Publizität
bieten und den Regeln über die nach kaufmännischer Art betriebenen Gewerbe unterworfen werden. Durch den Eintrag unterliegt der Verein der Konkurs- und Wechselbetreibung (39¹ Ziff. 11 und 177¹ SchKG); als zur Eintragung Verpflichteter ist er auch
zur Buchführung gehalten (957 OR; 79 I 58 f.). Die Sanktionen bei Unterlassung der
Eintragung sind in Art. 942 und 943 OR enthalten (vgl. auch 152 ff. HRV).

13   Wie steht es aber mit Vereinigungen, die zwar kein Gewerbe betreiben, aber in
irgendeiner Form das Wirtschaftsleben zu beeinflussen versuchen? Verfolgen sie einen
«wirtschaftlichen Zweck» und sind sie daher nicht Vereine nach Art. 60 ff.? Nach der
bundesgerichtlichen Praxis verfolgt eine Körperschaft nur dann einen «wirtschaftlichen Zweck», der die Erlangung der Rechtspersönlichkeit als Verein ausschliesst, wenn
sie selber ein kaufmännisches Gewerbe betreibt (90 II 333 ff. [im Gegensatz zu 88 II
216 ff.]; vgl. auch 126 III 243, 131 II 103 und 91 HRV). Demnach dürfen sich beispielsweise Kartelle als Vereine konstituieren. Diese Rechtsprechung ist zum Teil auf massive Kritik gestossen.[13]

14   Die beiden konstituierenden Elemente des Vereins sind somit schriftliche Statuten und idealer Zweck. Fehlt eines von beiden (dauernd oder für einen «Vorverein»
im Gründungsstadium: 117 II 516 f.), so erlangt die Vereinigung keine Rechtsfähigkeit;
es liegt ein *Verein ohne Persönlichkeit* vor (s. Randtitel zu Art. 62), der vom Gesetz (62)
den einfachen Gesellschaften gleichgestellt wird. Ihre Mitglieder sind dann persönlich
solidarisch für die «Vereinsschulden» haftbar (544³ OR).[14]

15   Das Gesetz gestattet im Übrigen dem Verein auch dann, wenn er kein nach
kaufmännischer Art geführtes Gewerbe betreibt, die Eintragung ins Handelsregister
(61¹). Die Persönlichkeit wird ihm indessen nicht erst dadurch gegeben. Es wird nur
eine *Vermutung* zu Gunsten des Vorhandenseins der Rechtsfähigkeit geschaffen. Wer
Letztere bestreitet, muss das Gegenteil beweisen.

---

11   Vgl. Botschaft zur OR-Änderung (Revisionspflicht im Gesellschaftsrecht), BBl 2004, 4048 f.

12   Vgl. auch Botschaft zur OR-Änderung (Revisionspflicht im Gesellschaftsrecht), BBl 2004, 4048 f.

13   Siehe HEINI/PORTMANN a.a.O. Nr. 31 ff. sowie deren «Kompromissvorschlag» in Nr. 42 ff.; für
     eine weitgehende Zulassung wirtschaftlicher Vereine demgegenüber BERETTA a.a.O. 115 ff. und
     passim. – Das Bundesgericht begründet seinen Entscheid, der einen klaren Verstoss gegen den
     Wortlaut (und mindestens gegen den ursprünglichen Sinn) des Gesetzes darstellt, im Wesent-
     lichen mit der Rücksichtnahme auf die Rechtssicherheit und die Kohärenz der Rechtsordnung
     (90 II 345; vgl. auch 131 III 103).

14   Im Innenverhältnis kann und soll der körperschaftsähnlichen Struktur dieser – eben atypi-
     schen – einfachen Gesellschaft Rechnung getragen werden, soweit das zwingende Recht es
     zulässt: HEINI/PORTMANN a.a.O. Nr. 151 f.

II. Die Organisation

a. Die Organe. Nach dem Wortlaut des Gesetzes hat jeder Verein (mindestens) zwei 16
Organe: einerseits die *Vereinsversammlung* als das oberste, beschliessende, überwachende Organ (64 f.) und andererseits den *Vorstand* als das geschäftsleitende, ausführende, vertretende Organ (69 ZGB; BGer 5A_691/2012 E. 3). In gewissen Fällen
schreibt das Gesetz zusätzlich eine *Revisionsstelle* vor (69b), namentlich dann, wenn
gewisse wirtschaftliche Kenngrössen (Bilanzsumme, Umsatzerlös, Vollzeitstellen)
erreicht werden (69b[1]).[15]

Die Statuten regeln das Verhältnis von Vereinsversammlung und Vorstand zueinander 17
und grenzen deren gegenseitige Kompetenzen ab (65[1] in fine und 69).[16] Entgegen dem
Anschein, den das Gesetz erweckt, sind diese beiden Organe jedoch nicht in jedem
Fall notwendig: An die Stelle der Vereinsversammlung können Ersatzformen treten
(s. sogleich Urabstimmung und Delegiertenversammlung); es ist erlaubt, die Funktionen des Vorstandes auch dem Willensbildungsorgan (der Vereinsversammlung) zuzuweisen.[17] Die Statuten dürfen aber auch weitere Vereinsorgane vorsehen,[18] etwa ein
Schiedsorgan oder eine Revisionsstelle in Fällen, in denen diese nicht gesetzlich vorgeschrieben ist (69b[4]).

Der Vorstand hat bei Geschäftsführung und Vertretung *sorgfältig* vorzugehen haf- 18
tet dem Verein für schuldhafte Pflichtverletzungen (BGer 5A_691/2012 E. 3).[19] Er
ist überdies zur *Buchführung* gehalten, entsprechend den sinngemäss anwendbaren
Bestimmungen des OR über die kaufmännische Buchführung und Rechnungslegung
(69a ZGB und 957 OR).[20] Vereine, die nicht zur Eintragung in das Handelsregister verpflichtet sind, müssen lediglich über Einnahmen und Ausgaben sowie über die Vermögenslage Buch führen (957[2] Ziff. 2 OR).[21] Eintragungspflichtige Vereine unterstehen
uneingeschränkt den Regeln über Buchführung und Rechnungslegung (957 ff. OR);

---

15   Botschaft zur OR-Änderung (Revisionspflicht im Gesellschaftsrecht), BBl 2004, 4050 ff. Vgl.
auch Diego Cavegn, Die Revision der Revision von Stiftungen und Vereinen (Zürich 2008),
ZSPR 207; Hanspeter Kläy, Die Revisionsstelle im Verein, SJZ 111 (2015), 85 ff.

16   Vgl. auch Wolfgang Portmann, Suspendierung von Exekutivmitgliedern einer juristischen
Person – Unter besonderer Berücksichtigung der Rechtslage beim Verein, in Grundfragen der
juristischen Person, FS für Hans Michael Riemer (Bern 2007), 273 ff.

17   Art. 77 steht dem nicht entgegen: Riemer, BeKomm, Vorbem. zu Art. 64–69 N 19 ff.

18   Riemer a.a.O. N 24 ff.

19   Ausführlich Riemer, BeKomm, Art. 69 N 18, 22 f. und 122 ff.; Roland Müller/Oliver
Schmid, Die Haftung des Vereinsvorstandes, insbesondere bei Flugsportvereinen, FS Riemer
(a.a.O.) 229 ff.; Tina Purtschert, Die zivilrechtliche Verantwortlichkeit des ehrenamtlichen
Vereinsvorstandes (Diss. Zürich 2012).

20   Fassung gemäss OR-Änderung vom 23. Dezember 2011 (Rechnungslegungsrecht), in Kraft seit
1. Januar 2013 (AS 2012, 6679 ff., besonders 6698). Vgl. auch die Botschaften zur OR-Änderung
(Revisionspflicht im Gesellschaftsrecht), BBl 2004, 4049 f., sowie zur OR-Änderung (Aktienrecht und Rechnungslegung), BBl 2008, 1696 und 1737.

21   BBl 2008, 1737 («Milchbüchlein-Rechnung»).

bei gegebenen Voraussetzungen sind sie sogar zur Erstellung einer konsolidierten Jahresrechnung (Konzernrechnung) verpflichtet (963 ff. OR).[22]

19   *Fehlt* dem Verein eines der vorgeschriebenen Organe, hat jedes Mitglied und jeder Gläubiger das Recht, dem Gericht zu beantragen, dass die erforderlichen Massnahmen ergriffen werden; dieses kann namentlich dem Verein eine Frist zur Wiederherstellung des rechtmässigen Zustandes setzen oder einen Sachwalter ernennen (69c[1] und [2]; zu den Pflichten des Handelsregisterführers vgl. 941a OR und 154 HRV). Die Kosten der Massnahme trägt der Verein; das Gericht kann ihn verpflichten, den ernannten Personen einen Vorschuss zu leisten (69c[3]). Aus wichtigen Gründen kann der Verein beim Gericht die Abberufung von Personen verlangen, die es eingesetzt hat (69c[4]).

20   **b. Die Beschlussfassung.** Der *Vereinsbeschluss* kann gemäss Art. 66 in doppelter Weise zustande kommen: entweder durch *Abstimmung* in der Generalversammlung oder durch *schriftliche Zustimmung* aller Mitglieder. Schriftliche Mehrheitsentscheide (Zirkularbeschlüsse) sind im Blick auf Art. 66 Abs. 2 nur bei statutarischer Grundlage zulässig (132 III 509 f.).

21   Die Entwicklung des modernen Vereinsrechts – namentlich der Bestand grosser, aus weit verstreut wohnenden Mitgliedern bestehender Verbände – lässt oft die absolute Erforderlichkeit einer Generalversammlung als unpraktisch erscheinen. Deshalb hat das Bundesgericht als genügend erkannt, wenn der Wille der Mitglieder in anderer angemessener Weise zum Ausdruck gelangt (48 II 156) – sei es durch in schriftlicher Abstimmung zustande kommenden Mehrheitsbeschluss (sogenannte *Urabstimmung),*[23] sei es durch Übertragung des Stimmrechts an eine Anzahl von Mitgliedern (die *Delegiertenversammlung* tritt dann an die Stelle der Generalversammlung; 132 III 505 f. und 510).

22   Im Gegensatz zu manchen Genossenschaften des kantonalen Rechts (59), bei denen nach Anzahl Teilrechten[24] abgestimmt wird, haben nach ZGB im Verein alle Mitglieder *gleiches Stimmrecht* (67[1]). Diese Regelung ist indessen nicht zwingend; die Statuten können Ungleichheiten vorsehen, sofern diese sachlich begründet sind (90 II 342).[25] – Nach Art. 67 Abs. 2 werden die Vereinsbeschlüsse mit *Mehrheit der Stimmen der anwe-*

---

22   HEINI/SCHERRER, BaKomm, Art. 69a N 3.
23   Hierfür bedarf es einer statutarischen Grundlage, es sei denn, die Entscheidung erfolge mit Zustimmung durch alle Mitglieder: RIEMER, BeKomm, Art. 66 N 47.
24   PETER LIVER, Genossenschaft mit Teilrechten nach schweizerischem Recht, in Privatrechtliche Abhandlungen (Bern 1972), 175 ff.
25   RIEMER, BeKomm, Art. 67 N 8 ff.; EGGER, ZüKomm, Art. 66/67 N 10; nach HEINI/PORTMANN (a.a.O. Nr. 242) muss die unterschiedliche Ausgestaltung des Stimmrechts stets durch den Verbandszweck gerechtfertigt sein.

senden Mitglieder gefasst.[26] Es ist umstritten, ob hier die ungültigen Stimmen und die Stimmenthaltungen mitgezählt werden.[27]

Von den organisatorischen Bestimmungen des ZGB haben insbesondere folgende *zwingenden* Charakter: 23

1. Das Recht der *Mitglieder,* die *Einberufung der Vereinsversammlung* zu *verlangen* (64³). Ein Fünftel der Mitglieder ist nach Gesetz dazu genügend; die Statuten können diesen Bruchteil verringern, nicht aber erhöhen (zulässig ¹⁄₇, nicht zulässig aber ¼).   24

2. Das Recht der *Vereinsversammlung,* den *Vorstand* und die anderen *Organe zu überwachen* und sie *abzuberufen,* wenn wichtige Gründe vorliegen (65³; vgl. auch 69c⁴).   25

3. Der *Ausschluss* der Mitglieder vom *Stimmrecht* bei Beschlussfassungen, welche die *eigenen Interessen* oder diejenigen naher Verwandter oder Verschwägerter betreffen (68, im französischen Text: «parents ou alliés»).[28] Wahlen in den Vereinsvorstand sind jedoch nicht ausstandspflichtige Rechtsgeschäfte im Sinn dieser Bestimmung, sondern interne Verwaltungsakte, an denen die kandidierenden Mitglieder teilnehmen können (39 II 483; 134 III 486).[29]   26

4. Art. 67 Abs. 3, wonach über *Gegenstände,* die nicht gehörig *angekündigt* sind (hierzu: 114 II 197; 126 III 6 f.), ein Beschluss nur dann gefasst werden kann, wenn die Statuten es ausdrücklich gestatten.[30]   27

III.   Die Mitgliedschaftsrechte und -pflichten

a. Begriff und Inhalt der Mitgliedschaft. Aus der Vereinszugehörigkeit ergeben sich für jedes Mitglied besondere Rechte und Pflichten:[31] das Teilnahmerecht und das Stimmrecht an der Vereinsversammlung, Austrittsrechte, Schutzrechte, die Beitragspflicht. Die Mitgliedschaft ist eine *höchstpersönliche* Stellung: Die aus ihr sich ergebenden Rechte stehen nur dem Mitglied als solchem zu; ferner kann die Mitgliedschaft grundsätzlich weder durch Vererbung noch durch Geschäft unter Lebenden auf   28

---

26   Besondere Quorumsregeln gelten nach dem Fusionsgesetz für den Fusionsbeschluss (Art. 18 Abs. 1 lit. e sowie Abs. 5 und 6 FusG) und für den Umwandlungsbeschluss (Art. 64 Abs. 1 lit. e FusG).

27   RIEMER, BeKomm, Art. 67 N 56 ff. will die ungültigen Stimmen und die Enthaltungen nicht berücksichtigen; anders HEINI/SCHERRER, BaKomm, Art. 67 N 8 ff.; MEIER-HAYOZ/FORST-MOSER a.a.O. 683 (§ 20, N 66).

28   RIEMER, BeKomm, Art. 68 N 7 hält die hier auf Grund des französischen Gesetzestextes vorgenommene Ausdehnung der Ausstandspflicht nicht für gerechtfertigt.

29   Differenzierend RIEMER, BeKomm, Art. 68 N 15; HEINI/SCHERRER, BaKomm, Art. 68 N 10.

30   Art. 67 Abs. 3 ist zwingend insofern, als die Statuten «ausdrücklich» eine gegenteilige Regelung vorsehen müssen, damit diese das Gesetz verdrängt.

31   Diese Rechte und Pflichten der Mitglieder fussen grundsätzlich auf dem Vereinsrecht, nicht (wie der Beitritt) auf dem Vertragsrecht (BGer 4A_575/2013 E. 2.3).

andere übertragen werden (70³). Doch können die Statuten Veräusserlichkeit und Vererblichkeit vorsehen.

29   Jedes Mitglied ist verpflichtet, in der statutarisch vorgesehenen Weise zur Erreichung des Vereinszwecks mitzuwirken (d.h. auch: mitgliedschaftliche Pflichten nicht zu verletzen: 108 II 22³²). Ausserdem hat es *Beiträge* zu leisten, sofern die Statuten dies vorsehen (71, 73²).³³

30   In gewissen Fällen werden die Statuten *Art und Höhe der Beiträge* festlegen (71). Der Verein kann die Höhe der Beiträge aber auch – sofern und sobald die Statuten die Beitragspflicht grundsätzlich festschreiben – von Jahr zu Jahr durch Beschluss bestimmen.³⁴ Die Statuten können ferner vorsehen, dass Jahresbeiträge durch eine einmalige Pauschalsumme abgelöst werden.

31   Als Grundsatz gilt, dass für die Vereinsverbindlichkeiten *ausschliesslich das Vereinsvermögen haftet* (75a).³⁵ Die Statuten können jedoch Abweichendes bestimmen, namentlich eine persönliche Haftung oder eine Nachschusspflicht der Mitglieder vorsehen (133 III 111 und 113; zur registerrechtlichen Behandlung vgl. Art. 90 Abs. 1 lit. f und Art. 92 lit. i HRV).³⁶ Ein austretendes oder ausgeschlossenes Mitglied hat keinen Anspruch auf das Vereinsvermögen (73¹).

32   Auch für Beiträge haften die Mitglieder nur dem Verein, nicht auch seinen Gläubigern gegenüber. Wohl aber können die Gläubiger die Ansprüche des Vereins auf die Mitgliederbeiträge pfänden lassen und so deren Eintreibung erzwingen.³⁷

---

32   In diesem BGE (108 II 19 f.) findet sich auch die für Sportvereine bedeutsame, oft heikle Unterscheidung zwischen Rechtsregel und Spielregel; Spielregeln sind als solche der gerichtlichen Überprüfung nicht zugänglich (siehe auch 118 II 15 ff.). Die genannte Abgrenzung ist jedoch bedeutungslos, wenn Persönlichkeitsrechte des Sportlers verletzt worden sind (120 II 369 ff.; BGer 5C.248/2006 E. 3, insoweit nicht in 134 III 193 ff.). Vgl. dazu auch Henk Fenners, Der Ausschluss der staatlichen Gerichtsbarkeit im organisierten Sport (Diss. Freiburg, Zürich 2006), AISUF 249, Nr. 409 ff.

33   Fassung gemäss ZGB-Änderung vom 17. Dezember 2004 (Festlegung der Beitragspflicht von Vereinsmitgliedern), in Kraft seit 1. Juni 2005 (AS 2005, 2117 f.); zur früheren Rechtslage vgl. Tuor/Schnyder/Schmid, 12. A., 152; Bericht der Kommission für Rechtsfragen des Ständerates, BBl 2004, 4836 ff.; BGE 133 III 105 ff.

34   Bericht der Kommission für Rechtsfragen des Ständerates, BBl 2004, 4839; Hans Michael Riemer, Aktuelle Gesetzgebung und Rechtsprechung, in Riemer (Hrsg.), Aktuelle Fragen aus dem Vereinsrecht, Zürich 2005, 45; Heini/Scherrer, BaKomm, Art. 71 N 5.

35   Seit der ZGB-Änderung vom 17. Dezember 2004 (Anm. 33) ist die «Falle» der Schuldendeckungspflicht, die in der bisherigen Fassung von Art. 71 enthalten war, somit ausgemerzt. Zur Entstehungsgeschichte und zu den intertemporal-rechtlichen Fragen vgl. Bericht der Kommission für Rechtsfragen des Ständerates, BBl 2004, 4836 ff.; BGE 133 III 105 ff.; Margareta Baddeley, La protection des membres en cas de déficit de l'association, in Margareta Baddeley (Hrsg.), La protection de la personne par le droit, Journée de droit civil 2006, En l'honneur du Professeur Martin Stettler (Zürich 2007), 193 ff.

36   Vgl. (zur alten Fassung von Art. 71) Riemer, BeKomm, Art. 71 N 13 ff. und 27 ff.

37   Riemer, BeKomm, Art. 71 N 41.

b. Beginn und Ende der Mitgliedschaft. Die Mitgliedschaft beginnt mit der Auf- 33
nahme in den Verein. Darüber beschliesst die Vereinsversammlung, sofern dies nicht
einem anderen Organ übertragen wurde (65[1]). Der Eintritt in einen Verein geschieht
demnach grundsätzlich durch Vertragsabschluss zwischen aufnahmewilliger Person
und Verein (134 III 633; BGer 4A_575/2013 E. 2.3). Grundsätzlich ist der Verein frei in
seiner Entscheidung, eine Person als Mitglied aufzunehmen. Ausnahmsweise besteht
eine Aufnahmepflicht, etwa wenn die Statuten einen entsprechenden Anspruch vorsehen oder wenn die Nichtaufnahme für die betroffene Person eine schwere Verletzung der Persönlichkeitsrechte (allenfalls auch des Rechts auf wirtschaftliche Entfaltung; vgl. auch 123 III 193 ff.) bedeuten würde.[38] Letzteres trifft namentlich auf Berufs-,
Standes- und Sportorganisationen zu, die eine monopolartige Stellung haben, die also
in der Öffentlichkeit, gegenüber potenziellen Auftraggebern und Behörden als massgebliche Organisation der betreffenden (Berufs- oder Sport-)Sparte auftreten (vgl. 12 f.
KG; so bereits 82 II 307; 102 II 220; 108 II 12).[39] – Ausser bei anders lautender Bestimmung der Statuten ist der *Eintritt* jederzeit zulässig (70[1]).

Kann auch der *Austritt* jederzeit und mit sofortiger Wirkung erfolgen? Zwingend 34
zulässig ist er auf jeden Fall auf Ende eines Kalenderjahres (bzw. einer Verwaltungs-
periode), unter Wahrung einer halbjährigen Kündigungsfrist (70[2]).[40] Die Statuten
dürfen dieses Erfordernis nicht erschweren (117 V 53),[41] wohl aber erleichtern, z.B.
den jederzeitigen Austritt schlechthin oder unter bestimmten Bedingungen gestatten.
Sagen die Statuten über den Austritt nichts aus, so greift nach der hier vertretenen Auffassung Art. 70 Abs. 2 (i. V. m. 63) als ergänzendes, dispositives Recht ein, so dass die
Kündigung auf den gesetzlichen Termin erforderlich ist.[42] Anders verhält es sich, wenn
«wichtige Gründe» für einen sofortigen Austritt vorliegen, wie sie ihn auch gegenüber
statutarischen Einschränkungen rechtfertigen (so 71 II 196 ff.). Ausser durch einseitige Austrittserklärung kann die Mitgliedschaft sodann auch durch einvernehmliche
vertragliche Regelung zwischen Mitglied und Verein aufgelöst werden (134 III 633).

---

38 RIEMER, BeKomm, Art. 70 N 56 ff.

39 RIEMER, BeKomm, Art. 70 N 69; HEINI/PORTMANN a.a.O. Nr. 234; MARGARETA BADDELEY,
    L'association sportive face au droit – Les limites de son autonomie (Genfer Diss., Basel/Frank-
    furt a.M. 1994), 81 ff. – Zum Ganzen vgl. auch SAMANTHA BESSON, Liberté d'association et éga-
    lité de traitement: une dialectique difficile …, in ZSR NR 120 (2001), I 43 ff.

40 Im Fall einer Fusion von Vereinen können Vereinsmitglieder innerhalb von zwei Monaten nach
    dem Fusionsbeschluss (und rückwirkend auf dieses Datum) frei aus dem Verein austreten (19
    FusG). Das Austrittsrecht gilt für alle Mitglieder des übertragenden und des übernehmenden
    Vereins, und zwar ohne Rücksicht darauf, ob sie der Fusion zugestimmt haben oder nicht (GEL-
    ZER, ZüKomm, Art. 19 FusG N 4).

41 Anderer Meinung BERETTA a.a.O. 174 ff., die Austrittsgelder bei Vereinen wirtschaftlichen Cha-
    rakters zulassen will.

42 So EUGEN HUBER, Erl. I 89; HAFTER, BeKomm, Art. 70 N 13. A. M. EGGER, ZüKomm, Art. 70
    N 10, der sich in solchen Fällen für ein jederzeitiges Austrittsrecht ausspricht. Vgl. auch BERYSZ
    ROSENBERG, Die zwingenden Schutzbestimmungen des Vereinsrechtes (Diss. Basel 1985), 16.

35   Die Mitgliedschaft endet ferner durch die *Ausschliessung* seitens der Vereinsversamm-
      lung bzw. des laut Statuten dazu berechtigten Organs. Ist aber der statutengemässe
      Austritt bereits erfolgt, kommt eine Ausschliessung nicht mehr in Frage (63 II 353).[43]

36   **c. Der Schutz der Mitgliedschaft.** Die Mitgliedschaftsrechte geniessen den Schutz des
      Zivilrechts: Bei deren Verletzung kann das Gericht angerufen werden. Dieser Rechts-
      schutz tritt vor allem nach drei Richtungen hervor:

37   1. *Im Schutz der Vereinszugehörigkeit.* Dem Interesse des Mitglieds an der Vereinszu-
      gehörigkeit steht jenes des Vereins gegenüber, keine missliebigen, schädlichen, unver-
      träglichen Mitglieder zu besitzen. Daher hat einerseits der Verein als Ausfluss seiner
      Autonomie (131 III 99 f.) das Recht, Mitglieder auszuschliessen.[44] Andererseits sollen
      diese einen gewissen Schutz gegen ungerechte, eigenmächtige Ausschliessung haben.
      Enthalten die Statuten keine Bestimmungen über den Ausschluss, dann darf dieser nur
      aus *wichtigen Gründen* und nur durch *Vereinsbeschluss* erfolgen (72³). Der Verein kann
      aber auch in den Statuten ein anderes Organ als zuständig erklären oder die Gründe
      anführen, bei deren Vorliegen ein Ausschluss gestattet ist. Er kann in sie sogar die *all-
      gemeine Klausel* aufnehmen, dass ein Ausschluss *ohne jede Angabe von Gründen* erfol-
      gen kann (72¹ in fine).

38   Den Ausschluss kann das Mitglied nach Art. 75 innert Monatsfrist, nachdem
      es den Beschluss in seinem ganzen Inhalt, namentlich den darin genannten Gründen,
      zur Kenntnis genommen hat (90 II 346 f.), *gerichtlich anfechten* (123 III 196; vgl. zur
      Anfechtungsklage hinten N 40 ff.).[45] Zunächst muss aber der vereinsinterne Instan-
      zenzug ausgeschöpft sein (85 II 531 ff.; 118 II 17 f.). Sodann ist die gerichtliche Über-
      prüfungsbefugnis unterschiedlich: In jedem Fall (bei Ausschluss nach Gesetz «aus
      wichtigen Gründen», nach statutarischen Ausschlussgründen oder nach statutari-
      schem Ausschluss ohne Grundangabe) kann der Beschluss wegen formeller Unregel-
      mässigkeiten (in gewissen Grenzen: 114 II 199) oder wegen offenbaren Rechtsmiss-
      brauchs angefochten werden (85 II 541; 90 II 347; 131 III 100).[46] Erfolgte der Ausschluss
      auf Grund des Gesetzes «aus wichtigen Gründen», so kann darüber hinaus der Aus-
      schlussgrund frei überprüft werden. Bei Ausschluss auf Grund statutarischer Aus-
      schlussgründe kann dagegen das Vorliegen des Ausschlussgrundes vom Gericht nur

---

43   Immerhin stellt sich die Frage, ob nicht unter gewissen Umständen ein Rechtsschutzinter-
      esse des Vereins daran besteht, das Vorliegen eines Ausschlussgrundes auch nach dem Austritt
      gerichtlich feststellen zu lassen.

44   Vgl. ANDREAS KELLER, Die Ausschliessung aus dem Verein (Diss. Freiburg 1979); BEAT
      BADERTSCHER, Der Ausschluss aus dem Verein nach Schweizerischem Zivilgesetzbuch (Diss.
      Zürich 1980); CHRISTINA SCHMID-TSCHIRREN, Der Ausschluss aus privatrechtlichen Perso-
      nenverbindungen, insbesondere aus dem Verein und aus der Stockwerkeigentümergemein-
      schaft, recht 2006, 130 ff.

45   Die gewöhnlichen Verjährungsfristen gelten für allfällige Genugtuungs- oder Schadenersatzan-
      sprüche (85 II 539 f.).

46   Damit das Gericht diese (wenn auch bloss eingeschränkte) Prüfung vornehmen kann, sind auch
      dann, wenn die Statuten die Ausschliessung ohne Angabe von Gründen zulassen, im Prozess die
      Gründe offenzulegen (BGer 5C.64/2006 E. 2; RIEMER, BeKomm, Art. 72 N 29).

unter der Rücksicht des Rechtsmissbrauchs gewürdigt werden (85 II 541; 123 III 196; 131 III 100). Eine statutarische Generalklausel ist der statutarischen Ausschliessungsmöglichkeit ohne Grundangabe gleichgestellt (131 III 100 f.), unterliegt also ebenfalls nur der eingeschränkten gerichtlichen Überprüfbarkeit. Auch bei statutarischen Ausschlussgründen erweitert sich jedoch die gerichtliche Kontrollbefugnis, wenn es um die Ausschliessung aus einer Berufs- und Standesorganisation oder aus einem Wirtschaftsverband geht: Die Ausschlussautonomie wird hier durch das Persönlichkeitsrecht der Mitglieder auf wirtschaftliche Entfaltung beschränkt; das Gericht hat in solchen Fällen trotz Art. 72 Abs. 2 eine Interessenabwägung vorzunehmen, was auf die Prüfung des Vorhandenseins wichtiger Gründe hinausläuft (123 III 197 ff.; 131 III 102 ff.; BGer 5C.64/2006 E. 3; BGer 5A_10/2009 E. 2.2.1).[47] Verzichtet eine Person auf die Anfechtung ihrer Ausschliessung, sieht die Praxis darin die Anerkennung der von Art. 72 Abs. 1 zugelassenen Persönlichkeitsverletzung seitens des Vereins, so dass Ansprüche auf Schadenersatz oder Genugtuung wegen der Ausschliessung nur noch in engen Grenzen zulässig sind (BGer 5C.9/2005 E. 2).

2. *Im Schutz des Vereinszwecks.* Keinem Mitglied kann eine Umwandlung des Vereinszwecks aufgezwungen werden (74). Dies bedeutet nicht nur, dass die nicht zustimmenden Mitglieder ohne Weiteres (namentlich ohne Beobachtung einer Frist) austreten und allenfalls Schadenersatz verlangen können (86 II 393 f.). Vielmehr hat jedes Mitglied ausserdem ein Recht auf Nichtumwandlung des Zwecks und eine Anfechtungsklage gegen jeden Vereinsbeschluss, der solches bestimmen würde (86 II 393 f.).[48] Eine «Umwandlung des Vereinszwecks» kann auch darin bestehen, dass durch Streichen eines Teilzwecks oder Hinzufügen eines neuen der Charakter des Vereins verändert wird. Massgeblich ist, ob der Zweck in einem Punkt geändert wird, dem die Mitglieder bei ihrem Entschluss, dem Verein beizutreten und die Mitgliederpflichten zu erfüllen, nach Treu und Glauben erhebliche Bedeutung beimessen durften (86 II 395). Eine Zweckumwandlung liegt z.B. vor, wenn ein bisher unpolitischer Turnverein durch Statutenänderung sich in den Dienst der Arbeiterbewegung und des Klassenkampfes stellt (52 II 177 f.) oder wenn ein Zunftverband einen traditionellen Teil des bisherigen Vereinszwecks (die Unterstützung von Zunftgenossen und ihren Angehörigen) fallen lässt (86 II 392 ff.). Der Sache nach heisst Umwandlung stets wesentliche Änderung eines wesentlichen Teils.[49] – Für die Anfechtung gilt – obwohl im Gesetz nicht erwähnt – die einmonatige Verwirkungsfrist des Art. 75 (86 II 393).

3. *Im Schutz gegen gesetz- oder statutenwidrige Beschlüsse* (Art. 75). Jedes Mitglied, das einem derartigen Beschluss nicht zugestimmt hat (zur Aktivlegitimation auch 132 III 506 f.), kann ihn innert Monatsfrist nach Kenntnisnahme gerichtlich anfechten. Die Frist ist Verwirkungsfrist (132 III 507).[50] Passivlegitimiert ist der Verein (132 III 507;

39

40

---

47 Vgl. auch Fenners a.a.O. Nr. 461 ff.
48 Riemer, BeKomm, Art. 74 N 27 ff.; kritisch Bucher, BeKomm, Art. 27 N 222.
49 Felix Klaus, Der Schutz des Vereinszweckes (Art. 74 ZGB) (Diss. Freiburg 1977), 219 ff.
50 Vgl. auch Denis Oswald, Temps et droit du sport – La relativité du temps en relation avec l'article 75 CC, in Piermarco Zen-Ruffinen (Hrsg.), Le temps et le droit, Basel 2008, 239 ff. – Aus Art. 2 Abs. 2 ZGB wird der Grundsatz abgeleitet, dass Mitglieder erkennbare Verfahrensmän-

136 III 350). Kein Anfechtungsgrund sind minime Formfehler, die keinen Einfluss auf den Beschluss der Vereinsversammlung haben konnten (114 II 199; 132 III 512 f.). Anfechtbar sind in erster Linie Beschlüsse der Generalversammlung, aber auch solche eines unteren Organs, sofern sie vereinsintern letztinstanzlich sind (118 II 17; 132 III 508) und Mitgliedschaftsrechte verletzen (so 108 II 18 f.). Eine Anfechtungsklage kommt namentlich in Betracht, wenn ein Verein Sanktionen gegen ein Mitglied ergriffen hat (134 III 193 ff.: Disqualifikation und Busse wegen Gebrauchs unerlaubter Substanzen im Pferderennsport). Die Klage ist kassatorischer Natur: Den neuen Beschluss fasst das zuständige Vereinsorgan und nicht das Gericht (118 II 14 f.; BGer 5C.248/2006 E. 2.2, insoweit nicht in 134 III 193 ff.; 136 III 349 f.).[51] Nichtmitglieder können Vereinsbeschlüsse nicht anfechten, sondern nur allenfalls Schadenersatz oder Genugtuung verlangen (vgl. 51 II 534).[52] Zur Anfechtung des Fusionsbeschlusses eines Vereins vgl. Art. 106 FusG.

41   Neben anfechtbaren Beschlüssen gibt es auch solche, die (völlig) *nichtig* sind (78 III 43; 80 II 274 ff.; 132 III 514).[53] Dies trifft allerdings nur bei qualifizierter Gesetzes- oder Statutenwidrigkeit zu (137 III 460 [für die AG]), etwa wenn ein unzuständiges Organ zur Generalversammlung einlädt (71 I 387; BGer 5A_207/2013 E. 4) oder wenn eine Versammlung von Nichtmitgliedern stattfindet (BGer 5A_482/2014 E. 5). Eine solche Nichtigkeit kann unter Vorbehalt des Rechtsmissbrauchs grundsätzlich von jedermann ohne Bindung an eine Frist geltend gemacht werden (BGer 5A_207/2013 E. 4).

42   Wird eine Klage auf Anfechtung oder auf Nichtigerklärung eines Beschlusses gutgeheissen, so wirkt das gerichtliche Urteil – anders als bei Klageabweisung – nicht nur zwischen den Verfahrensparteien, sondern «erga omnes» (136 III 350 f.).

---

gel, soweit behebbar, zur Wahrung des Anfechtungsrechts vor der Beschlussfassung zu rügen haben (132 III 508 f.). Zu prozessualen Besonderheiten (vor Inkrafttreten der Schweizerischen ZPO) vgl. 135 III 489.

51 Gleicher Meinung Piermarco Zen-Ruffinen/Urs Scherrer, Zur Wirkung der Anfechtungsklage nach Art. 75 ZGB – Eine Entgegnung, SJZ 99 (2003), 473 ff.; a. M. Lukas Handschin/Christof Truniger, Von der «kassatorischen Natur» der Anfechtungsklage nach Art. 75 ZGB, SJZ 99 (2003), 142 ff. – Zum Schwebezustand während hängiger Anfechtungsklage vgl. BGer 1C_294/2010 E. 4.

52 Zur gerichtlichen Überprüfung von Vereinsstrafen siehe den (fast) gleichnamigen Aufsatz von Anton Heini, in FS Arthur Meier-Hayoz (Bern 1982), 223 ff.; ferner Baddeley a.a.O. 218 ff.; Christoph Fuchs, Rechtsfragen der Vereinsstrafe – Unter besonderer Berücksichtigung der Verhältnisse in Sportverbänden (Diss. Zürich 1999); Zen-Ruffinen, zit. in Anm. 10, Nr. 1395 ff. – Aus der Rechtsprechung zum Sportrecht vgl. etwa BGE 120 II 369 ff., 134 III 193 ff. und 136 III 345 ff., je mit Hinweisen; SJZ 109 (2013), 239 ff. (Zürcher Obergericht).

53 Vgl. ausführlich Riemer, BeKomm, Art. 75 N 89 ff.

§ 17 Die Stiftung

Vorbemerkung: Das Stiftungsrecht ist wiederholt in wichtigen Punkten geändert wor-   1
den, so bezüglich der Buchführung (83a), der Revisionsstelle (83b f.), der Mängel der
Organisation (83d), der Massnahmen bei Überschuldung und Zahlungsunfähigkeit
(84a), der Änderung des Stiftungszwecks (86 ff.) sowie der Regeln über die Personalfürsorgestiftungen (89a), in jüngster Zeit sodann auch bezüglich der Eintragungspflicht der kirchlichen Stiftungen und Familienstiftungen (52[2]; vgl. vorne § 15 N 30).
Die folgenden Ausführungen gliedern den Stoff in Fragen der Errichtung (N 2 ff.) und
der Rechtsstellung der Stiftung (N 13 ff.).[1] Sodann sind die Sammelvermögen (89b und
c; N 37 ff.) zu behandeln.

I.   Die Errichtung der Stiftung

Nach dem bereits behandelten Grundsatz von Art. 52 Abs. 1 erwirbt die Stiftung die   2
Persönlichkeit durch die Eintragung ins Handelsregister. Dies gilt nach der Revision
von Art. 52 Abs. 2 vom 12. Dezember 2014 (vorne § 15 N 30) ausnahmslos, also – entgegen dem früheren Recht – auch für die Familienstiftungen (335; hierzu 133 III 171,
140 II 259 ff. und hinten § 48 N 2 ff.) und die kirchlichen Stiftungen. Eine kirchliche
Stiftung liegt dann vor, wenn die Stiftung einerseits organisch mit einer Religionsge-
meinschaft verbunden ist und andererseits einen rein («genuin») kirchlichen Zweck
verfolgt.[2] Was aber gehört nach ZGB zum Begriff der Stiftung? Was muss mit anderen
Worten vorliegen, damit durch die Eintragung die Persönlichkeit entsteht? Zur gültigen Errichtung einer Stiftung (124 III 99) müssen folgende Voraussetzungen erfüllt
sein:

a. Widmung einer Vermögensmasse zu einem besonderen Zweck (80). Die *Vermö-*   3
genswidmung besteht in erster Linie in der Übertragung von Eigentum an körperlichen Sachen oder Wertschriften; sie kann aber auch die Begründung einer Forderung
gegen den Stifter (oder Drittpersonen, z.B. eine Bank) zum Gegenstand haben (s. 108 II
263). Bei der durch letztwillige Verfügung errichteten Stiftung erfolgt die Vermögens-

---

1   Zum Ganzen vgl. auch DOMINIQUE JAKOB, Das Stiftungsrecht der Schweiz im Europa des drit-
    ten Jahrtausends, SJZ 104 (208), 533 ff.; DERSELBE, Ein Stiftungsbegriff für die Schweiz, ZSR 132
    (2013) II, 185 ff.; DOMINIQUE JAKOB/MATTHIAS UHL, Der Swiss Foundation Code und seine
    bisherige Rezeption im Stiftungswesen, AJP 2015, 279 ff.; PARISIMA VEZ, Surveillance étatique et
    autorégulation des fondations classiques, ZSR 132 (2013) II, 341 ff.
2   RIEMER, BeKomm, Die Stiftungen, Syst. Teil N 196 ff.; WEBER, SPR II/4, 68; HAUSHEER/AEBI-
    MÜLLER, Das Personenrecht, Nr. 19.73 ff.; HÜRLIMANN-KAUP/SCHMID, Einleitungsartikel des
    ZGB, Nr. 1376 ff.; 106 II 112 f. und 106 II 114; FZR 2002, 152 f.; vgl. auch GRÜNINGER, BaKomm,
    Art. 87 N 4 f. Eine Stiftung, die unter religiöser Organisation karitative Zwecke verfolgt, gilt daher
    nicht als kirchliche Stiftung im Sinn des Gesetzes (RIEMER a.a.O. N 204). – Zum Ganzen vgl.
    auch die für kirchliche Stiftungen anwendbaren Bestimmungen in Art. 78 ff. FusG (s. dazu BBl
    2000, 4531 ff.).

widmung durch Erbeinsetzung oder Vermächtnis, im letzteren Fall also gerade durch Begründung eines obligatorischen Anspruchs.

4   Die *Höhe* des Stiftungsvermögens muss in einem angemessenen Verhältnis zum angestrebten Zweck stehen (108 II 263); ein bescheidenes Anfangsvermögen ist zulässig, wenn mit zusätzlichen Zuwendungen in hinreichender Höhe ernsthaft gerechnet werden kann (99 II 261).[3]

5   Das Vermögen muss nach dem Willen des Stifters für sich gesondert (*«selbständig»*) dem besonderen Zweck dienen, also mit einer eigenen Organisation versehen sein. Es genügt demnach nicht, wenn es einer schon bestehenden Person zugewendet wird. Sonst liegt nur eine *unselbständige Stiftung* vor.[4] Ebenfalls unzulässig ist es, wenn sich der Stifter die freie Verfügungsmacht über das Stiftungsvermögen vorbehält (140 II 259 ff.).

6   Von der Stiftung nach ZGB zu unterscheiden ist auch der *Trust* nach dem Recht der Common-Law-Staaten. Auch bei einem solchen Rechtsverhältnis liegt ein Zweckvermögen – allerdings ohne eigene Rechtspersönlichkeit – vor, das von einer Person (Trustee) treuhänderisch zu verwalten und für den vom Begründer (Settlor) bestimmten Zweck zu verwenden ist, häufig zu Gunsten eines oder mehrerer Begünstigter (Beneficiaries).[5] Im Ausland errichtete Trust können nach dem entsprechenden Haager Übereinkommen[6] unter gewissen Voraussetzungen anerkannt werden und haben überdies in den Art. 149a ff. IPRG eine kollisionsrechtliche Regelung erhalten.

7   **b. Wahrung der vorgeschriebenen Errichtungsform.** Als solche gilt nach Art. 81 Abs. 1 (vgl. auch 493) die Stiftungsurkunde, die entweder in öffentlicher Beurkundung oder als Verfügung von Todes wegen verfasst wird. Entgegen der früheren Gesetzeslage kommt also auch ein Erbvertrag in Betracht, was bedeutet, dass dem Stifter (Erblasser) die Möglichkeit fehlt, zu seinen Lebzeiten die Stiftung einseitig zu widerrufen.[7]

8   **c. Eintragung in das Handelsregister.** Die öffentlich beurkundete Erklärung des Stifters oder die Verfügung von Todes wegen vermögen die Stiftung als eigene Rechtsperson noch nicht zu schaffen. Sie bilden nur die Grundlage, auf welcher die Eintra-

---

3   RIEMER, BeKomm, Art. 80 N 29; ZBGR 77 (1996), 277 (Eidg. Departement des Innern).

4   Dieser Ausdruck sollte freilich nicht als allgemeine Bezeichnung für «Sondervermögen ohne eigene Rechtspersönlichkeit» verwendet werden, sondern sinnvollerweise nur für jene, «die den selbständigen … Stiftungen wirklich ähnlich sind» und für welche daher «die analoge Anwendung des Stiftungsrechts … in Betracht fällt» (RIEMER a.a.O. Syst. Teil N 418). Zu den Sammelvermögen, die als unechte Stiftungen bezeichnet werden können (GRÜNINGER, BaKomm, Art. 89b N 3), vgl. Art. 89c und 89c (hinten N 37 ff.).

5   Vgl. Botschaft BBl 2006, 557 f.; BGer 2C_409/2009 E. 3.2 = ZBGR 91 (2010), 388 ff.

6   Haager Übereinkommen über das auf Trusts anzuwendende Recht und über ihre Anerkennung vom 1. Juli 1985 (SR 0.221.371), für die Schweiz in Kraft seit 1. Juli 2007.

7   Vor dem 1. Januar 2006 sprach Art. 81 Abs. 1 (als Alternative zur öffentlichen Urkunde) nur von letztwilliger Verfügung (Testament); vgl. dazu TUOR/SCHNYDER/SCHMID, 12. A., 157 mit Hinweisen auf Lehre und Rechtsprechung; Kommissionsbericht in BBl 2003, 8164. Intertemporal sind auch Stiftungen, die vor diesem Datum durch Erbvertrag errichtet wurden, als gültig anzusehen (GRÜNINGER, BaKomm, Art. 81 N 13a).

gung in das Handelsregister erfolgen (81²; hierzu 120 II 137 und 120 II 377) und damit die juristische Persönlichkeit begründet werden kann.[8] Die durch das Stiftungsstatut ernannten Mitglieder der Verwaltung müssen nach Massgabe von 17¹ lit. c HRV für die Eintragung sorgen (zu den Belegen vgl. 22 und 94 HRV). Die Errichtung von Stiftungen, welche durch Verfügung von Todes wegen geschaffen worden (und eintragungsbedürftig) sind, müssen dem Handelsregisterführer von der die Verfügung eröffnenden Behörde mitgeteilt werden (81³).

Sind die gesetzlichen Voraussetzungen erfüllt, besteht ein Anspruch auf Eintragung; einer behördlichen Zulässigkeitsprüfung oder gar Genehmigung bedarf es nicht (120 II 377). 9

d. Rechtmässigkeit. Damit die so begründete Stiftung Bestand hat, darf sie weder die 10
Rechte der *Erben* noch diejenigen der *Gläubiger* des Stifters *verletzen.* Tut sie dies dennoch, so kann sie wie eine Schenkung angefochten werden (82). Den Erben steht die Herabsetzungsklage zu, sofern ihr Pflichtteil verletzt worden ist (527 Ziff. 3 und 4, 493²); die Gläubiger verfügen über eine Anfechtungsklage nach den Grundsätzen des Schuldbetreibungs- und Konkursrechts (286 und 288 SchKG). Entsprechende Klagen des *Ehegatten* bzw. seiner Erben finden sich in Art. 208 und 220 ZGB, insbesondere 220 Abs. 3.

Die Stiftung erlangt die Persönlichkeit nicht, wenn sie einen *unsittlichen* oder *wider-* 11
rechtlichen Zweck verfolgt (52³). Widerrechtlichkeit liegt u. a. vor bei einem Verstoss gegen Art. 80 Abs. 1, etwa weil das Stiftungsvermögen in der Verfügungsmacht des Stifters verbleibt oder eine unerlaubte Unterhaltsstiftung beabsichtigt wird (140 II 259 ff.). Die Eintragung im Handelsregister hat, wenn das Stiftungsgeschäft in diesem Sinn nichtig oder die Stiftungsurkunde formungültig ist, keine heilende Wirkung (96 II 278 ff.; von rechtsmissbräuchlicher Berufung etwa auf Formmängel abgesehen).[9] Klageberechtigt ist in solchen Fällen in Analogie zu Art. 89 Abs. 1 «jedermann, der ein Interesse hat» (99 II 256 f.). Wohl aber kann nach dem ungeschriebenen Grundsatz der Konversion allenfalls eine unerlaubte Stiftung in eine zulässige Rechtsform umgewandelt werden, wenn anzunehmen ist, der Stifter hätte dies bei Kenntnis der Nichtigkeit so gewollt (93 II 452).[10]

e. Sonderregeln für Personalfürsorgestiftungen. Heute werden Stiftungen beson- 12
ders häufig als Personalfürsorgestiftungen für Arbeitnehmer errichtet (138 V 348).[11]

---

8   Vor der Eintragung ist die Stiftung ähnlich wie ein Kind vor der Geburt (Nasciturus) bedingt rechtsfähig (103 Ib 7 f.; zur Aufsicht s. 106 II 54). Für den Sonderfall der Stiftungserrichtung gemäss Art. 493 siehe hinten § 72 N 31.

9   Die vorne § 15 N 35 zitierte Heilungstheorie kommt also hier nicht zum Zug: ROBERT PATRY, SPR VIII/1 (Basel und Stuttgart 1976), 149.

10   Zu den Grenzen der Konversionsmöglichkeit vgl. 96 II 297 ff.; kritisch hierzu RIEMER, BeKomm, Art. 81 N 49; vgl. der Sache nach auch ALEXANDRA ZEITER, Neues zur Unterhaltsstiftung, in SJZ 97 (2001), 451 ff.

11   Von ca. 17 400 im Handelsregister eingetragenen Stiftungen (ohne die Familien- und kirchlichen Stiftungen; Zahlen Ende 2013) sind etwa 4000 Personalfürsorgestiftungen (GRÜNINGER, BaKomm, Vorbem. vor Art. 80–89a N 1; JAKOB, Stiftungsbegriff, zit. in Anm. 1, 198). Die Letzteren verwalteten im Jahr 2013 (freilich zusammen mit anderen Vorsorgeeinrichtungen) ein Ver-

Solche Stiftungen haben auf Grund des Obligatoriums der beruflichen Vorsorge («zweite Säule»: 113 BV sowie BVG[12]) noch an Bedeutung gewonnen. Art. 89a (früher 89bis) sieht folgende Besonderheiten vor: eine Auskunftspflicht der Stiftungsorgane gegenüber den Begünstigten (Abs. 2), ein Mitverwaltungsrecht der Arbeitnehmer, die Beiträge an die Stiftung leisten (Abs. 3), unter bestimmten Voraussetzungen ein Klagerecht der Begünstigten (Abs. 5) und für Personalfürsorgestiftungen, die auf dem Gebiet der Alters-, Hinterlassenen- und Invalidenvorsorge tätig sind, die Geltung wichtiger Bestimmungen des BVG (u. a. betreffend Verantwortlichkeit, Kontrolle,[13] Aufsicht, Vermögensverwaltung, Rechtspflege und Einkauf; Abs. 6). Zu Stiftungen, welche die gemeinsame Anlage und Verwaltung von Vorsorgegeldern bezwecken (Anlagestiftungen), vgl. Art. 53g–53k BVG.

II.   Die Rechtsstellung der Stiftung

13   Die Ausgestaltung des Stiftungsrechts im ZGB ist geprägt einerseits durch die Berücksichtigung des Stifterwillens, anderseits durch die Mitwirkung des Gemeinwesens:

14   **a. Der Stifterwille als Grundlage der Stiftung.** Die Stiftung ist die Schöpfung einer *Privatperson,* die sie mit eigenen Gütern ausstattet und so lebensfähig macht. Deshalb ist für ihr rechtliches Schicksal in erster Linie der *Wille des Stifters* massgebend (Grundsatz der Freiheit des Stifters: 133 III 171 f.).[14] Er legt seinen Willen in der Stiftungsurkunde nieder, und zwar bezüglich des *Zwecks,* des *Namens* und der *Organisation* der Stiftung, die nachfolgend im Einzelnen zu behandeln sind. Stiftungsurkunden sind denn auch wie Testamente nach dem Willen des Urhebers auszulegen, nicht etwa nach den Regeln für die Auslegung von Verträgen (93 II 444; BGer 5A_232/2010 E. 3.1.1).

15   1. Die Stiftungsurkunde hat in erster Linie den *Zweck* der Stiftung festzulegen. An diesem Zweck darf niemand, weder die Organe der Stiftung noch der Staat, eigenmächtig rütteln (zu Art. 86a siehe hinten N 27 ff.). Zum Zweck im weiteren Sinn gehört auch die Regelung der Frage, wer Destinatär ist, d.h. wem die Stiftung Leistungen ausrichten soll, und ob diese «Adressaten der Zweckverwirklichung»[15] einen klagbaren Anspruch auf diese Leistungen erhalten.

---

mögen von mehr als 720 Milliarden Schweizer Franken (Bundesamt für Statistik [Hrsg.], Die berufliche Vorsorge in der Schweiz, Kennzahlen der Pensionskassenstatistik 2007–2013, Neuenburg 2015).

12   BG über die berufliche Alters-, Hinterlassenen- und Invalidenvorsorge (BVG) vom 25. Juni 1982, SR 831.40.

13   Hierzu DIEGO VIELI, Die Kontrolle der Stiftungen, insbesondere der Personalvorsorgestiftungen (Diss. Zürich 1984), ZSPR 42.

14   Zu den Schranken der Freiheit des Stifters und namentlich zur Frage, wann eine unzulässige (rechts- oder sittenwidrige) Diskriminierung vorliegt, vgl. 133 III 171 ff. Zur Geltung des Gleichbehandlungsgebots im Stiftungsrecht vgl. auch BGer 5C.58/2005 E. 1.2.2.

15   So RIEMER, BeKomm, Art. 80 N 37.

Als (ungeschriebenes) Leitbild schwebte dem Gesetzgeber analog zum Verein   16
(60¹) auch bei Stiftungen ein «idealer», also nicht wirtschaftlicher Zweck vor (vgl. etwa
83 II 255). Für viele Stiftungen trifft dies zu, insbesondere für die zahlreichen Personalfürsorgestiftungen. Die Praxis hat aber auch sogenannte *Unternehmensstiftungen*
geschaffen: Stiftungen, welche ein kaufmännisches Gewerbe im Sinn von Art. 934 OR
sowie Art. 2 lit. a/b und 36 HRV (also ein «Unternehmen») betreiben – sei es unmittelbar (sogenannte Unternehmensträger- oder Direktträgerstiftung), sei es mittelbar
durch massgebliche Beteiligung an einem anderen Unternehmen (sogenannte Holdingstiftung; 127 III 338 f.). Obwohl sie einen wirtschaftlichen Zweck verfolgen, lässt
die bundesgerichtliche Praxis solche Unternehmensstiftungen ausdrücklich zu (127 III
337 ff. E. 2c; vgl. auch 75 II 81 ff. E. 3).[16]

2. Vom Stifter erhält die Stiftung regelmässig auch einen *Namen* (102 II 169 f.). Die Stif-   17
tungsurkunde bestimmt überdies die *Organisation* der Stiftung und die Art der Verwaltung (83).[17] Die Stiftung hat seit der Revision von 2004 regelmässig zwei obligatorische Organe: einerseits die *Verwaltung* (83; Stiftungsvorstand, Stiftungsrat) und
andererseits die vom obersten Stiftungsorgan bezeichnete *Revisionsstelle* (83b;[18] zu
den Ausnahmen der Revisionspflicht 83b² und 87^{1bis} ZGB[19]). Möglich ist die Beigabe weiterer Organe (die wie auch die Revisionsstelle von der Aufsichtsbehörde nach
Art. 84 zu unterscheiden sind). Die Willensbildung und die Beschlussfassung der Stiftung bestimmen sich in erster Linie nach der Stiftungsurkunde und einem allfälligen
Reglement; enthalten diese keine Regelung, ist auf körperschaftlich organisierte Stiftungen das Vereinsrecht analog anwendbar (128 III 211; 129 III 644; BGer 5A.37/2004
E. 4).[20] Zu den Massnahmen nach Art. 83d bei mangelhafter Organisation der Stiftung
vgl. hinten N 24.

Das oberste Stiftungsorgan hat die Geschäftsbücher nach den OR-Vorschrif-   18
ten über die *kaufmännische Buchführung* zu führen (83a). Für Stiftungen, die nach
Art. 83b Abs. 2 von der Pflicht zur Bezeichnung einer Revisionsstelle befreit sind, sieht
Art. 957 Abs. 2 Ziff. 3 OR eine vereinfachte Buchführung vor.[21] Für die *Revisionsstelle*

---

16   Zur Diskussion um die Zulässigkeit von Unternehmungsstiftungen mit wirtschaftlichem Zweck
      vgl. ausser der Vorauflage (§ 17 N 15) statt vieler RIEMER a.a.O. Syst. Teil N 399 ff. (verneinend);
      GRÜNINGER, BaKomm, Vorbem. zu Art. 80–89a N 20 ff. und Art. 80 N 17 ff. (bejahend).

17   Zur Haftung der Organe vgl. BGE 133 V 492 f. (der über Art. 52 BVG hinausreicht) und MARCO
      LANTER, Die Verantwortlichkeit von Stiftungsorganen (Diss. Zürich 1984), ZSPR 41.

18   Der Umstand, dass das Gesetz nun (grundsätzlich) obligatorisch eine Revisionsstelle verlangt,
      soll die Transparenz und die Glaubwürdigkeit der Stiftungen (und damit das Spendervertrauen)
      stärken; Kommissionsbericht in BBl 2003, 8156, 8159 und 8162; SPRECHER a.a.O. Nr. 95.

19   Vgl. zu den Voraussetzungen, unter denen die Aufsichtsbehörde eine (gewöhnliche) Stiftung
      von der Revisionspflicht befreien kann, Art. 1 der Verordnung über die Revisionsstelle von Stiftungen vom 24. August 2005 (SR 211.121.3). Zum Ganzen auch DIEGO CAVEGN, Die Revision
      der Revision von Stiftungen und Vereinen (Zürich 2008), ZSPR 207.

20   Zum Ausschluss eines Stiftungsratsmitglieds durch den Stiftungsrat aus wichtigem Grund
      (Art. 72 ZGB analog) vgl. auch BGer 5A.16/2004 E. 2.2 und ZR 106 (2007), Nr. 76, 281.

21   BBl 2008, 1738: «Milchbüchlein-Rechnung». Diese Erleichterung gilt nach Art. 957 Abs. 2 Ziff. 2
      OR auch für Stiftungen, die nicht in das Handelsregister eingetragen werden müssen; dies traf

gelten unter Vorbehalt besonderer Vorschriften die OR-Regeln über die Revisionsstelle bei Aktiengesellschaften sinngemäss (83b[3 und 4] ZGB; vgl. 727 ff. OR); sie muss ferner Kopien wichtiger Dokumente an die Aufsichtsbehörde übermitteln (83c; dazu hinten N 21). Besondere Pflichten treffen die Verwaltung und die Revisionsstelle, falls die Stiftung überschuldet oder zahlungsunfähig ist (84a).

19 **b. Die Mitwirkung des Gemeinwesens als organisatorisches Prinzip.** Neben dem Willen des Stifters bestimmt noch ein zweites Element das rechtliche Schicksal der Stiftung: das *Gemeinwesen.* Stiftungen dienen häufig in mehr oder weniger grossem Mass dem *Gemeinwohl* (vgl. auch 86a[2]). Im Mittelalter waren es die religiösen und karitativen Bestrebungen (piae causae), heute sind es die verschiedensten gemeinnützigen Interessen, die Stiftungen ins Dasein rufen.[22] Das Gemeinwesen als Hüter des Gemeinwohls hat dementsprechend dafür zu sorgen, dass die Stiftungen ihren Zweck auch tatsächlich erreichen können. Daher weist das ZGB dem Gemeinwesen drei Aufgaben zu: Beaufsichtigung, Ergänzung und Umwandlung. Mag aber auch die Stellung des Gemeinwesens historisch gesehen auf die Gemeinnützigkeit zurückgehen, so liegen die nun geltenden Vorschriften über die Stiftungsaufsicht sowohl im öffentlichen wie im privaten Interesse (96 I 408). Dies gilt freilich nur für die gewöhnlichen Stiftungen. In die Familienstiftungen und kirchlichen Stiftungen darf das Gemeinwesen nicht auf Grund des ZGB, sondern nur auf Grund des öffentlichen Rechts eingreifen (87).[23]

20 Selbst für die gewöhnlichen Stiftungen ist die Zuständigkeit des Gemeinwesens nicht umfassend: Das Gemeinwesen hat zwar nach Art. 84–86b bestimmte Kompetenzen mit Bezug auf die Beaufsichtigung der Stiftung, die Ergänzung und Änderung der Stiftungsorganisation und Änderung des Zwecks; es hat überdies das Recht und die Pflicht, dafür zu sorgen, dass das Stiftungsvermögen seinem Zweck gemäss verwendet wird. Streitigkeiten privatrechtlicher Natur hat jedoch das *Gericht* zu entscheiden (100 Ib 146). Hierzu gehören die Frage der Widerrechtlichkeit oder Sittenwidrigkeit des Stiftungszwecks (vgl. 76 I 44) sowie (in Streitfällen: 108 II 497) das Vorliegen von Privatrechtsansprüchen der Destinatäre (110 II 439 f.; 112 II 99).

---

früher auf kirchliche Stiftungen und Familienstiftungen zu, doch sind heute auch diese eintragungspflichtig (vorne § 15 N 30).

22 Für eine generelle Neuklassifikation der Stiftungen in solche, die öffentlichen (gemeinnützigen) Zwecken dienen, und private Stiftungen vgl. PARISIMA VEZ, La fondation: lacunes et droit désirable, Une analyse critique et systématique des articles 80 à 89 CC (Diss. Freiburg, Bern 2004), Nr. 225 ff. – Zur Frage der Steuerbefreiung der Stiftung wegen Gemeinnützigkeit vgl. THOMAS KOLLER, Stiftungen und Steuern, in Hans Michael Riemer (Hrsg.), Die Stiftung in der juristischen und wirtschaftlichen Praxis (Zürich 2001), 39 ff., besonders 55 ff.; DERSELBE, Gemeinnützigkeits- und Spendenrecht in der Schweiz, in Rainer Walz u. a. (Hrsg.), Spenden- und Gemeinnützigkeitsrecht in Europa … (Tübingen 2007), 441 ff.; THOMAS KOLLER/RAOUL DIAS, Die Steuerbefreiung gemeinnütziger Holdingstiftungen und die Wettbewerbsneutralität, FS Hans Michael Riemer (Bern 2007), 151 ff.

23 Gemäss RIEMER a.a.O. Syst. Teil N 130 handelt es sich bei Art. 87, soweit es um die Familienstiftungen geht, um ein Redaktionsversehen, was im Ergebnis jede kantonale Aufsicht über solche Stiftungen ausschliesst.

1. Die *Beaufsichtigung* der Stiftung (84).[24] Die Aufsicht soll sich insbesondere auf die 21
Zweckerhaltung erstrecken. Die Sorge dafür fällt den Aufsichtsbehörden, nicht den
Gerichten zu (84[2]; 48 II 166). Die Stiftungsaufsicht stellt – da im ZGB geregelt – formell Bundesprivatrecht dar; weil die Aufsichtsbehörde hoheitlich tätig ist, handelt es
sich der Sache nach (materiell) um öffentliches Recht (107 II 388). Die Behörde kann
bindende Weisungen erteilen und bei deren Nichtbeachtung Sanktionen ergreifen (101
Ib 235 f.; 124 IV 216 f.; BGer 5A_274/2008 E. 5.1) oder gar vorbeugend (106 II 269 f.)
eingreifen; dies kann geschehen, weil der Stiftungsrat nicht im Einklang mit Gesetz
(105 II 73), Stiftungsurkunde und allfälligen Reglementen handelt (138 V 346), weil er
sein Ermessen missbraucht oder überschreitet (138 V 346) oder weil er die Stiftungsurkunde neuen Gesetzesbestimmungen nicht anpasst (99 Ib 259; 100 Ib 135 und 145).
Oft geht es dabei um die Anlage von Stiftungsvermögen (101 Ib 235; 106 II 265 ff.; 108
II 358). Hierbei sind die Grundsätze der Sicherheit, Rentabilität, Liquidität, Risiko-
verteilung und Substanzerhaltung zu beachten, und die Kapitalanlagevorschriften für
Personalfürsorgestiftungen dürfen als Orientierungshilfe beigezogen werden (124 III
99). Die Revisionsstelle hat der Aufsichtsbehörde Kopien des Revisionsberichts sowie
aller wichtigen Mitteilungen an die Stiftung zu übermitteln (83c). Der Aufsichtsbehörde obliegt auch die Kontrolle über die Behandlung der Rechtsansprüche der Destinatäre durch die Stiftungsorgane, sofern kein vom Zivilgericht zu beurteilendes subjektives Recht des Destinatärs in Frage steht (110 II 439 f.; 112 II 99). Ist das Verhalten
eines Stiftungsorgans im Hinblick auf eine gesetzes- und stiftungsgemässe Tätigkeit
der Stiftung nicht mehr tragbar, kann die Aufsichtsbehörde sogar als schwerwiegends-
ten Eingriff (105 II 326) Stiftungsorgane abberufen und an deren Stelle andere ernennen (126 III 501; BGer 5A.2/2002 E. 4d/aa; 129 III 646; BGer 5A_274/2008 E. 5.1; BGer
5A_401/2010 E. 5). In reinen Ermessensfragen gilt für die Aufsichtsbehörde das Gebot
grösster Zurückhaltung (111 II 99; 138 V 346).

Seit der Revision von 2006 hat die Aufsichtsbehörde das oberste Stiftungsorgan 22
dazu anzuhalten, *bei Überschuldung und Zahlungsunfähigkeit* die erforderlichen Massnahmen einzuleiten; sie trifft diese selber, wenn die Verwaltung untätig bleibt, und
beantragt nötigenfalls vollstreckungsrechtliche Massnahmen (84a[3] und [4]).

Letztinstanzliche kantonale Entscheide zur Stiftungsaufsicht können bei gege- 23
benem Streitwert oder einer Rechtsfrage von grundsätzlicher Bedeutung (74 BGG)
mit *Beschwerde in Zivilsachen* dem Bundesgericht unterbreitet werden (72[2] lit. b Ziff. 4
BGG); eine Ausnahme gilt für Vorsorge- und Freizügigkeitseinrichtungen, welche mit
Beschwerde beim Bundesverwaltungsgericht angefochten werden können (74[1] BVG).[25]

2. Die *Ergänzung* der Stiftung. Ist die vorgesehene Organisation ungenügend, fehlt der 24
Stiftung ein vorgeschriebenes Organ oder ist es nicht rechtmässig zusammengesetzt,
hat die Aufsichtsbehörde die erforderlichen Massnahmen zu ergreifen (83d[1]; zu den

---

24 Vgl. auch Vez, zit. in Anm. 1, 263 ff.; Roman Baumann Lorant, Die Stiftungsaufsichtsbe-
    schwerde, SJZ 109 (2013), 517 ff.
25 Vgl. Kathrin Klett/Elisabeth Escher, BaKomm zum BGG (2. A. Basel 2011), Art. 72 BGG
    N 12.

Pflichten des Handelsregisterführers vgl. 941a[2] OR[26] und 154 HRV). Sie kann nament-
lich der Stiftung eine Frist zur Wiederherstellung des rechtmässigen Zustandes setzen
oder das fehlende Organ oder einen Sachwalter ernennen (83d[2]; BGer 5A_274/2008
E. 6.1).[27] Lässt sich eine zweckdienliche Organisation nicht erreichen, wendet die
Aufsichtsbehörde das Vermögen einer anderen Stiftung mit möglichst gleichartigem
Zweck zu (83d[2]).[28] Die Kosten der Massnahme trägt die Stiftung (BGer 5A_274/2008
E. 7); die Aufsichtsbehörde kann sie verpflichten, den ernannten Personen einen Vor-
schuss zu leisten (83d[3]). Aus wichtigen Gründen kann die Stiftung von der Aufsichts-
behörde die Abberufung von Personen verlangen, die diese eingesetzt hat (83d[4]).

25   3. Die *Umwandlung* der Stiftung. Die Stiftung ist nicht so beweglich wie ein Verein.
Entsprechen die ursprünglichen Statuten des Vereins den Bedürfnissen nicht mehr,
dann kann die Vereinsversammlung sie abändern, die Organisation modifizieren, den
Zweck erweitern und bei Einstimmigkeit aller Mitglieder sogar umwandeln. Nichts
von alledem ist an sich möglich bei der Stiftung. Diese wird vom *Stifterwillen,* wie er
in der Urkunde definitiv niedergelegt ist, beherrscht.[29] Die Stiftung ist demgemäss ein
relativ starres, unbewegliches Gebilde. Die Organe haben nur Verwaltungsbefugnisse;
sie können das Wesen (den Zweck) der Stiftung nicht ändern. Dies kann mit der Zeit
zu Erschwernissen und allenfalls zu widersinnigen Zuständen führen. Das Bestreben,
den Willen des Stifters buchstäblich zu erfüllen, kann in Extremfällen sogar seinen
wirklichen Absichten zuwiderlaufen. Deshalb sieht das Gesetz in Art. 85–86b mehrere Regeln für Änderungen hinsichtlich der Organisation und des Zwecks vor. Das
Gemeinwesen kann in beiden Fällen eingreifen, grundsätzlich aber nur bei Vorliegen
wichtiger Gründe (Ausnahme: 86a).

26   α. Die *Änderung der Organisation* (85) setzt voraus, dass sie zur Erhaltung des Vermögens oder Wahrung des Zwecks dringend notwendig geworden sei. Sie dient also geradezu der Rettung des sonst gefährdeten Stiftungszwecks. Ein Beispiel dieser Art wäre
gegeben, wenn die vorgesehene komplizierte und kostspielige Organisation für die
Stiftung wegen Vermögensminderung nicht mehr tragbar ist.

27   β. Viel einschneidender ist die behördliche *Zweckänderung* (86 und 86a), da sie geradezu das Wesen der Stiftung in Frage zu stellen scheint. Im Fall von Art. 86 Abs. 1
geschieht sie mit dem Ziel, dem Stifterwillen Nachachtung zu verschaffen. Es kann
nämlich vorkommen, dass infolge Veränderung der Umstände der in der Stiftungsurkunde niedergelegte Stiftungszweck in offenbaren Widerspruch tritt zum Willen,

---

26   Die Mitteilungspflicht der Handelsregisterbehörden beschränkt sich auf Verstösse gegen zwingende Vorschriften, soweit die Mängel aus dem Handelsregistereintrag oder den Belegen hervorgehen; Kommissionsbericht in BBl 2003, 8172.

27   In Betracht kommt aber auch die Anpassung von Stiftungsurkunde oder Reglement; Kommissionsbericht in BBl 2003, 8165.

28   Zur Rechtslage vor der Revision, wo diesbezüglich eine Gesetzeslücke bejaht wurde, vgl. Tuor/
Schnyder/Schmid, 12. A., 164 f. (organisatorische Aufhebung der Stiftung).

29   Denkbar ist, dass der Stifter selber eine gewisse Flexibilität gewollt hat (so betreffend Aufhebung
Gutzwiller a.a.O. 624 ff.).

der den Stifter geleitet hatte, so dass der ursprüngliche Zweck heute unsinnig oder gänzlich überholt erscheint oder der Kreis der Destinatäre neu umschrieben werden muss (133 III 170). Der Stiftungszweck hat unter den neuen Verhältnissen eine ganz andere Bedeutung oder Wirkung angenommen (dazu 133 III 171), dessen weitere Verfolgung den Absichten des Stifters offenbar zuwider laufen würde. Es gilt also, zweimal den hypothetischen Stifterwillen zu ermitteln: Hätte angesichts der Veränderung der Verhältnisse der Stifter seinen Willen vernünftigerweise noch so verwirklicht? Wie würde er heute vernünftigerweise die Zweckumschreibung vornehmen?[30] Die Änderung kann sich unter Umständen auch auf blosse Modalitäten, Bedingungen und Auflagen des Stiftungszwecks beziehen (86²).[31]

Auch beim Vorliegen solcher wichtiger Gründe kann die zuständige Behörde nicht ohne Weiteres von sich aus die Umwandlung der Stiftung vornehmen. Sie darf nur auf Antrag der Aufsichtsbehörde oder des obersten Stiftungsorgans handeln. Sodann bedarf es der Mitwirkung der Behörde, wenn durch Vertrag oder Vergleich (selbst mit dem Stifter) das Stiftungsvermögen auf andere Personen übergehen soll (71 I 458 f.; zur unzulässigen Selbstauflösung vgl. auch BGer in ZGRG 19 [2000], 168 ff. E. 2b).   28

γ. Seit 2006 kann die zuständige Behörde den Stiftungszweck *auf Antrag des Stifters* oder auf Grund von dessen Verfügung von Todes wegen ändern; das setzt voraus, dass in der Stiftungsurkunde eine Zweckänderung vorbehalten wurde (sog. Zweckänderungsvorbehalt) und seit Stiftungserrichtung oder seit der letzten vom Stifter verlangten Änderung mindestens zehn Jahre vergangen sind (86a¹).[32] Bei Stiftungen, die einen öffentlichen oder gemeinnützigen Zweck verfolgen (56 lit. g DBG), muss der geänderte Zweck diese Qualitäten ebenfalls erfüllen (86a²).   29

Das Recht des Stifters auf Zweckänderung ist unvererblich und unübertragbar, also absolut höchstpersönlich;[33] bei juristischen Personen als Stifterinnen erlischt es spätestens 20 Jahre nach der Stiftungserrichtung (86a³). Mehrere Stifter müssen gemeinsam handeln (86a⁴). Bei Stiftungen, die auf Verfügung von Todes wegen beruhen, teilt die Eröffnungsbehörde der zuständigen Aufsichtsbehörde die Anordnung zur Zweckänderung mit (86a⁵).   30

---

30 Siehe RIEMER, BeKomm, Art. 85/86 N 9 und 11. Zu möglichen (teilweise freilich antiquiert anmutenden) Beispielen vgl. BGE 51 II 465 und 103 Ib 161; RIEMER, BeKomm, Art. 85/86 N 13 f.; TUOR/SCHNYDER/SCHMID, 12. A., 163.

31 Gemäss RIEMER, BeKomm, Art. 85/86 N 48, gibt es zu Art. 86 Abs. 2 in der gesamten publizierten Gerichts- und Verwaltungspraxis der Kantone und des Bundes keinen einzigen Fall.

32 Diese neue Regelung soll das Stiftungsrecht flexibler und damit attraktiver gestalten (Kommissionsbericht in BBl 2003, 8158 und 8169; Bundesrat in BBl 2003, 8193; SPRECHER a.a.O. Nr. 204 f.), ist aber rechtspolitisch nicht unumstritten (vgl. z.B. SPRECHER a.a.O. Nr. 235 ff.; DERSELBE, Zweckänderung, Fusion, Aufhebung – Möglichkeiten von Stiftungen in Zeiten der Krise, SJZ 108 [2012], 425 ff.; REGINA E. AEBI-MÜLLER, Die Zweckänderung bei der Stiftung …, ZBJV 141 [2005], 733 ff.; PARISIMA VEZ, Thesen zu einem neuen Stiftungsverständnis, ZBJV 143 [2007], 241 f.).

33 Kommissionsbericht in BBl 2003, 8158 und 8170.

31   Nach der Entstehungsgeschichte ist der Zweckänderungsvorbehalt *nur bei klas-sischen Stiftungen* anwendbar, während für Familien- und kirchlichen Stiftungen (die keiner staatlichen Aufsicht unterstehen) ein qualifiziertes Schweigen des Gesetzgebers vorliegt.[34] Auch für Personalfürsorgestiftungen ist ein Zweckänderungsvorbehalt aus-geschlossen.[35]

32   δ. Die bisher behandelten Fälle betreffen zentrale Änderungen der Stiftungsurkunde. *Unwesentliche Änderungen* kann die Aufsichtsbehörde demgegenüber nach Anhörung des obersten Stiftungsorgans vornehmen, sofern triftige sachliche Gründe es gebieten und keine Rechte Dritter beeinträchtigt werden (86b). Damit gilt seit 2006 von Geset-zes wegen, was bereits vorher nach Lehre und Rechtsprechung kraft Lückenfüllung möglich war.[36]

33   ε. Ist der *Stiftungszweck unerreichbar geworden,*[37] so dass eine Zweck- oder Organisa-tionsänderung unter den erwähnten Voraussetzungen nicht zum Ziel führt, oder ist er *widerrechtlich geworden,* wird die Stiftung gemäss Art. 88 Abs. 1 von der zuständigen Behörde aufgehoben. Vorausgesetzt ist jedoch, dass weniger einschneidende Massnah-men (wie etwa die Zweckänderung) nicht zum Ziel führen (133 III 172). Familienstif-tungen und kirchliche Stiftungen werden vom Gericht aufgehoben (88[2]). Die Aufhe-bung ist dem Handelsregisterführer zur Löschung des Eintrags anzumelden (89[2] ZGB und 97 HRV). Zur Antragstellung oder zur Aufhebungsklage ist jeder Interessierte berechtigt (89[1]).[38]

34   4. Die *Zuständigkeit.* Welchem *Gemeinwesen* stehen jeweils diese Aufgaben zu und durch welche *Behörden* werden sie ausgeübt? Auf die erste Frage antwortet das ZGB selbst, auf die zweite meist das kantonale Einführungsgesetz.

35   Die *Aufsichtsbehörde* (der die Beaufsichtigung und Ergänzung der Stiftung, bei der Änderung von Organisation und Zweck die Antragstellung obliegt) stellt jenes Gemeinwesen, dem die Stiftung ihrer Bestimmung nach angehört: Bund, Kanton oder Gemeinde (84[1]). Die kantonalen Einführungsgesetze bezeichnen regelmässig die für das betreffende Gemeinwesen zuständige Behörde; sie können die ihren Gemein-den angehörenden Stiftungen der kantonalen Aufsichtsbehörde unterstellen (84[1bis]). Möglich ist auch eine Konkordatslösung.[39] Die Zugehörigkeit zu einem Gemeinwe-

---

34   Kommissionsbericht in BBl 2003, 8170; SPRECHER a.a.O. Nr. 206; GRÜNINGER, BaKomm, Art. 86a N 2.

35   GRÜNINGER, BaKomm, Art. 86a N 2.

36   TUOR/SCHNYDER/SCHMID, 12. A., 164 mit Hinweisen (u. a. auf 103 Ib 164 f.); Kommissionsbe-richt in BBl 2003, 8170.

37   Der Stiftungszweck liegt «ausser Reichweite»; das ist nicht identisch mit Unmöglichkeit (GUTZ-WILLER a.a.O. 626). Anderer Meinung RIEMER, BeKomm, Art. 88/89 N 8.

38   Zur Rechtslage vor der Revision vgl. TUOR/SCHNYDER/SCHMID, 12. A., 164.

39   So haben die Kantone Luzern, Uri, Schwyz, Ob- und Nidwalden sowie Zug die Aufsicht kon-kordatsrechtlich auf die öffentlich-rechtliche Anstalt «Zentralschweizer BVG- und Stiftungsauf-sicht (ZBSA)» mit Sitz in Luzern übertragen (Konkordat über die Zentralschweizer BVG- und Stiftungsaufsicht vom 19. April 2004 [SRL Nr. 200a], Luzerner Kantonsblatt Nr. 4 vom 29. Januar

sen ergibt sich aus dem Zweck der Stiftung und aus ihrem räumlichen Wirkungskreis (100 Ib 136 und 120 II 375 f.; demnach ist beispielsweise der Sitz der Stiftung für sich allein nicht entscheidend[40]). Überschreitet der Zweck die Grenzen eines einzelnen Kantons, ist sie der Aufsicht des Bundes zuzuweisen,[41] so etwa eine Stiftung zur Pflege der französischen Sprache in den welschen Kantonen oder ein als Stiftung begründeter gesamtschweizerischer Berufsverband (72 I 56 ff.). Bei Stiftungen, die sich ihrer Bestimmung nach auf mehrere Gemeinden erstrecken, entscheidet der Kanton durch Zuweisung an den Kanton, an einen Bezirk oder an eine Gemeinde (84[1bis]; vor der Revision BGE 105 II 321). Der Informationsaustausch zwischen Handelsregisteramt und Stiftungsaufsichtsbehörde ist in Art. 96 HRV geregelt.

Umwandlungsbehörde ist für die unter der Aufsicht des Bundes stehenden Stif-   36
tungen die zuständige Bundesbehörde,[42] für die anderen Stiftungen die vom Kanton bezeichnete Behörde. Dabei legt das für die Umwandlung vorgesehene Verfahren nahe, eine andere Behörde für die Umwandlung zuständig zu erklären als jene, die für kantonale Stiftungen die Aufsicht ausübt (85 ff.). In zahlreichen Kantonen amtet der Regierungsrat als Umwandlungsbehörde, in einzelnen der Grosse Rat.

III.   Die Sammelvermögen

a. Entstehungsgeschichte und Tatbestand. Mit dem Erwachsenenschutzrecht hat der   37
Gesetzgeber im Anschluss an die juristischen Personen Regeln zu Sammelvermögen aufgestellt (89b und 89c). Sie betreffen den Fall, da bei einer öffentlichen Sammlung für gemeinnützige Zwecke nicht für die Verwaltung oder Verwendung des Sammelvermögens gesorgt ist. Im alten Recht war für diesen Fall die Vermögensverwaltung durch Errichtung einer Beistandschaft durch die Vormundschaftsbehörde möglich (393 Ziff. 5 a. F.). Im neuen Erwachsenenschutzrecht sollte sich die Zuständigkeit der Kindes- und Erwachsenenschutzbehörde auf natürliche Personen beschränken, weshalb eine «Ersatzlösung» nötig wurde.[43]

b. Die behördlichen Massnahmen. Im genannten Fall des Fehlens einer Verwaltung   38
oder Verwendung des Sammelvermögens ordnet die zuständige Behörde das Erforderliche an (89b[1]). Sie kann für das Sammelvermögen eine Sachwalterin ernennen oder es einem Verein oder einer Stiftung mit möglichst gleichartigem Zweck zuwenden (89b[2], in Anlehnung an 83d[3]). Auf die Sachwalterschaft sind die Bestimmun-

---

2005, 208 ff.; vgl. auch § 6 Luzerner EG ZGB [SRL Nr. 200]; GRÜNINGER, BaKomm, Art. 84 N 6b; www.zbsa.ch).

40   Für Personalfürsorgestiftungen bezeichnet nach Art. 61 Abs. 1 BVG jeder Kanton eine Aufsichtsbehörde.

41   Siehe immerhin den Hinweis auf das zu Gunsten des Kantons sprechende Subsidiaritätsprinzip in 105 II 324.

42   Zuständig ist das Eidgenössische Departement des Innern (GRÜNINGER, BaKomm, Art. 85/86 N 10).

43   Botschaft BBl 2006, 7017 und 7097.

gen über die Beistandschaften im Erwachsenenschutz sinngemäss anwendbar (89b[3]), nämlich die Vorschriften über die Vertretungsbeistandschaft für die Vermögensverwaltung, die Ernennung eines Beistands, die Führung der Beistandschaft und die Verantwortlichkeit.[44] Art. 89b hat laut der bundesrätlichen Botschaft den Charakter einer bundesrechtlichen Minimalvorschrift zur Kontrolle öffentlicher Sammlungen für gemeinnützige Zwecke; die Kantone dürfen nach Art. 6 weitergehen und namentlich eine Bewilligungspflicht einführen oder bei Sammeln ohne Bewilligung die Beschlagnahme des Sammelvermögens vorsehen.[45]

39   **c. Die Zuständigkeit.** Zuständig ist der Kanton, in dem das Sammelvermögen in seinem Hauptbestandteil verwaltet worden ist (89c[1]). Bestimmt dieser Kanton nichts anderes, ist die Stiftungsaufsichtsbehörde die zuständige Behörde (89c[2]). Den Beschwerdeweg regeln die Kantone.[46]

---

44   BBl 2006, 7097.
45   BBl 2006, 7097.
46   BBl 2006, 7098.

II. TEIL

Das Familienrecht

§ 18 Entwicklung und Revisionsvorhaben

Besonders ausführlich und sorgfältig behandelt das ZGB die Familie. Mehr als in   1
anderen Bereichen des Privatrechts gilt es hier, einen Ausgleich zu finden zwischen
unmittelbaren Interessen der Einzelnen einerseits und Interessen der kleineren und
grösseren Gemeinschaften andererseits. Hinzu kommt, dass auf dem Gebiet des Familienrechts mehr als sonst soziale, gesellschaftliche, kulturelle und ethische Anschauungen eine Rolle spielen. Der Gesetzgeber hat sich daher ständig zu entscheiden, welche Wertungen er verwirklichen will. Man darf wohl sagen, dass EUGEN HUBER für
die damalige Zeit im schweizerischen Kontext ein modernes Familienrecht vorgelegt
hat.[1] Dieser Umstand führte zusammen mit dem fast mythischen Ansehen des ZGB[2]
zu einer im Vergleich zum Ausland einzigartigen Stabilität des Familienrechts. Dieses
blieb nämlich zunächst während 65 Jahren unverändert. Seit 1972 durchlief es allerdings mehrere grosse Revisionsetappen:[3]

— Seit dem 1. April 1973 ist das revidierte Adoptionsrecht, seit dem 1. Januar 1978 das
   gesamte neue Kindesrecht in Kraft,

— seit dem 1. Januar 1981 die Novelle über die fürsorgerische Freiheitsentziehung
   (ersetzt durch das neue Erwachsenenschutzrecht, s. sogl.),

— seit dem 1. Januar 1988 das revidierte Eherecht (Wirkungen im Allgemeinen,
   Güterrecht) in Kraft.

— Am 1. Januar 2000 ist das neue Scheidungsrecht (Eheschliessung und Scheidung,
   Personenstand, Kindesrecht, Verwandtenunterstützungspflicht, Vormundschaft,
   Heimstätten und Ehevermittlung) in Kraft getreten.[4]

— Ein besonderes Bundesgesetz über die registrierte Partnerschaft gleichgeschlechtlicher Paare regelt ausserdem seit dem 1. Januar 2007 neben der Ehe einen zweiten
   Zivilstand, nämlich die eingetragene Partnerschaft (s. hinten § 19 N 12 ff.).

— Darüber hinaus ergaben sich Änderungen im Familienrecht aufgrund der ZPO
   vom 19. Dezember 2008 (in Kraft seit 1. Januar 2011).

— Mit der neuen Verordnung über die Adoption (AdoV) vom 29. Juni 2011 wurde der
   Abschnitt über die Adoption (Art. 11a–11j) aus der Pflegekinderverordnung (PAVO,

---

1 PETER TUOR, Das neue Recht – Eine Einführung in das Schweizerische Zivilgesetzbuch (Zürich
   1912), 20 f.
2 HEGNAUER, Entwicklungen des schweizerischen Familienrechts, in FamPra.ch 1 (2000), 1 ff.
3 Zu den Gründen dafür sowie zu den einzelnen Revisionsetappen s. HEGNAUER a.a.O. 2 f., 7 ff.
4 Dieses wurde mittlerweile bereits wieder revidiert: Das Postulat JUTZET vom 13. Dezember 2000
   veranlasste den Bundesrat, bei den Praktikern und Praktikerinnen eine Umfrage über die Erfahrungen mit dem neuen Gesetz durchzuführen, um gegebenenfalls die notwendigen Revisionen
   in die Wege zu leiten (s. dazu § 23 N 2).

erlassen gestützt auf Art. 316 Abs. 2 ZGB, s. § 44 N 9) gestrichen und in die AdoV überführt.

– Die PAVO wurde mit Verordnung vom 10. Oktober 2012 umfassend teilrevidiert. Neu lautet der Titel «Verordnung über die Aufnahme von Pflegekindern (bisher: «über die Aufnahme von Kindern zur Pflege und Adoption»).[5]

– Am 1. Januar 2013 ist das Vormundschaftsrecht durch das neue Erwachsenenschutzrecht (inklusive Personenrecht und Kindesschutz) ersetzt worden.[6]

– Schliesslich führte das BG vom 21. Juni 2013 über die Änderung des ZGB (elterliche Sorge), in Kraft seit dem 1. Juli 2014, die gemeinsame elterliche Sorge für nicht verheiratete und geschiedene Eltern als Grundsatz ein.

2   Derzeit stehen drei Revisionen vor der Tür, zum Vorsorgeausgleich, zur Adoption und zum Kindesunterhalt: Zur Revision des Vorsorgeausgleichs hat der Bundesrat am 29. Mai 2013 eine Botschaft und einen Entwurf verabschiedet (Art. 122–124e ZGB) und am 19. Juni 2015 die Gesetzesnovelle verabschiedet.[7] Am 28. November 2014 wurden Botschaft und Entwurf zur Revision des Adoptionsrechts verabschiedet (Art. 264–268e ZGB).[8] Und am 20. März 2015 haben die Räte das BG zur Änderung des Kindesunterhalts angenommen.[9] Das Inkrafttreten der neuen Art. 276–290 ZGB steht bei Drucklegung dieses Buches noch nicht fest.[10]

---

5   Am 23. August 2006 nahm der Bundesrat den Expertenbericht über das Pflegekinderwesen in der Schweiz zur Kenntnis und legte den Vorschlag, in der Pflegekinderverordnung weitergehende Regelungen und Anforderungen festzulegen, den Kantonen zur Stellungnahme vor. Am 16. Januar 2008 beauftragte der Bundesrat das Eidg. Justiz- und Polizeidepartement (EJPD), die von den Kantonen in der Vernehmlassung aufgeworfenen Fragen zu prüfen und allenfalls eine Revision der Verordnung vorzubereiten. Aufgrund der Vernehmlassungsergebnisse wurde eine Gesamtrevision der PAVO fallen gelassen. S. dazu Medienmitteilung vom 22. Februar 2012: https://www.bj.admin.ch/bj/de/home/aktuell/news/2012/ref_2012-02-22.html   (besucht   am 20. April 2015). Stattdessen wurde eine Teilrevision der Pflegekinderverordnung geplant. In dieser wird die Tätigkeit der Vermittlungsorganisationen neu geregelt (AS 2012 5801). Die Teilrevision ist mit Ausnahme der Art. 20a–20f PAVO am 1. Januar 2013 in Kraft getreten. Die Art. 20a–20f sind am 1. Januar 2014 in Kraft getreten (AS 2012 5808). Die Vermittlungtätigkeit mit Blick auf eine Adoption regelt neu die Verordnung über die Adoption (Adoptionsverordnung, AdoV) vom 29. Juni 2011 (AS 2011 3637). Die Bestimmungen zur Adoptionsvermittlung (Art. 11a–11j PAVO) sind entsprechend aus der PAVO gestrichen worden.

6   S. dazu Botschaft und Entwurf vom 28. Juni 2006 zu einem Bundesgesetz über die Änderung des Schweizerischen Zivilgesetzbuches (Erwachsenenschutz, Personenrecht und Kindesrecht [BBl 2006, 7001 ff., 7139]).

7   Botschaft und Entwurf: BBl 2013, 4887 ff., 4959 ff. Schlussabstimmungstext vom 19. Juni 2015: www.parlament.ch, Rubrik Sessionen, Schlussabstimmungstexte, 13.049s.

8   BBl 2015, 877 ff., mit Entwurf: BBl 2015, 949 ff. Stand der Beratungen: In den Räten noch nicht behandelt.

9   Schlussabstimmung vom 20. März 2015: Amtl. Bull. 2015 NR, 599; Referendumsvorlage: BBl 2015, 2723 ff.; Amtl. Bull. 2015 StR, 30.

10 Auskunft des BJ für Justiz.

Das Familienrecht unterlag und unterliegt weiterhin – wie kein anderes Teilgebiet des 3
ZGB – dem gesellschaftlichen Wandel. Die zunehmende Pluralisierung von Lebensgemeinschaften sowie die Paar- und Eltern-Kind-Beziehungen ausserhalb, neben, nach
und unabhängig von der Ehe stellen die massgeblichen Herausforderungen an die künftige Gesetzgebung dar. Am 15. Juni 2012 hat Nationalrätin JACQUELINE FEHR ein Postulat für ein zeitgemässes und kohärentes Zivil-, insbesondere Familienrecht eingereicht.[11] In Ausführung dieses Postulats hat der Bundesrat drei Gutachten in Auftrag
gegeben: bei Prof. Ingeborg Schwenzer, bei Prof. Ivo Schwander sowie beim Institut für
Rechtsvergleichung in Lausanne.[12] Ferner hat er am 24. Juni 2014 an der Universität
Freiburg eine öffentliche Tagung «Avenir Familles!» ausrichten lassen, an der die gesellschaftlichen Akteure, jene aus Wissenschaft, Politik, Kultur, Wirtschaft und Zivilgesell-
schaft in einen Dialog treten konnten.[13] Gestützt darauf hat der Bundesrat im März 2015
einen Bericht «Modernisierung des Familienrechts» publiziert. Darin hält der Bundesrat am Grundsatz fest, dass faktische Lebensgemeinschaften (das sogenannte Konkubinat) nicht rechtlich geregelt werden sollen, aber allenfalls ein «Pacte civil de solidarité» (PACS) nach dem französischen Vorbild eingeführt werden kann. Es handelt sich
dabei um eine gesetzlich geregelte Partnerschaft mit geringerer rechtlicher Wirkung als
die Ehe. Im Zentrum der Überlegungen steht ferner das Kindeswohl: Jedes Kind muss
unabhängig vom Zivilstand seiner Eltern gleich behandelt werden. Wichtige Neuerungen mit diesem Ziel liegen in der gemeinsamen elterlichen Sorge als Regelfall, der Einführung des sog. Betreuungsunterhalts (§ 42 N 6 ff.), der Öffnung der Stiefkindadoption
für Paare in eingetragenen Partnerschaften sowie in faktischen Lebensgemeinschaften
vor. Mit Blick auf das Kindeswohl stellen sich aber weitere neue Fragen. Dazu gehört die
Frage, ob ein Kindesverhältnis, das im Ausland aufgrund einer Leihmutterschaft zu den
Wunscheltern entstanden ist, in der Schweiz anerkannt werden soll (§ 39 N 8).

Das Familienrecht des ZGB ist in *drei Abteilungen* gegliedert. In der ersten behandelt 4
das Gesetz die *Ehe* als die Gemeinschaft zwischen den Ehegatten und die Grundlage
der Familie, in der zweiten unter dem Titel *Verwandtschaft* in erster Linie das Eltern-
Kind-Verhältnis; diese Abteilung umfasst aber auch Familiengemeinschaften im weiteren Sinn. Der dritte Teil schliesslich ist dem *Erwachsenenschutz* gewidmet, die – aus
der Familie hervorgegangen und vielfach als Ersatz der elterlichen Sorge dienend –
eine obligatorische staatliche Hilfe für Schutzbedürftige darstellt.

---

11 Postulat 12.3607: http://www.parlament.ch/d/suche/seiten/geschaefte.aspx?gesch_id=20123607
(besucht am 2. April 2015).

12 https://www.bj.admin.ch/bj/de/home/aktuell/veranstaltungen/familienrecht.html (besucht am
30. März 2015).

13 S. dazu die Vorträge und Voten in FamPra.ch 15 (2014), 781–1008.

Erste Abteilung
Die Ehe und die eingetragene Partnerschaft

§ 19 Ehe, eingetragene Partnerschaft und faktische Lebensgemeinschaft als Kern der Familie

I. Das Familienbild im ZGB

1   Im Familienrecht des ZGB wird das «Das Eherecht» (Des époux) geregelt, nicht aber die nichteheliche Lebensgemeinschaft und die eingetragene Partnerschaft, welche beide ebenfalls Grundlagen einer Familiengemeinschaft bilden können: Während die eingetragene Partnerschaft in einem eigenen Gesetz geregelt ist (PartG; unten III.), ist die faktische Lebensgemeinschaft kein Institut des gesetzten Familienrechts (II.). Das soll nach dem Bericht des Bundesrats zur Modernisierung des Familienrechts auch so bleiben.[1]

2   Das Eherecht enthält vier Teile, nämlich «Die Eheschliessung», «Die Ehescheidung und die Ehetrennung», «Die Wirkungen der Ehe im allgemeinen» und «Das Güterrecht der Ehegatten». Im Rahmen der *Revision des gesamten Familienrechts* (vorn § 18) ist das *Eherecht in zwei Etappen* erneuert worden: Der Gesetzesnovelle vom 5. Oktober 1984 über die allgemeinen Wirkungen der Ehe sowie das Güterrecht folgte die Revision des Eheschliessungs- und Ehescheidungsrechts vom 26. Juni 1998. Die beiden Neuerungen sind am 1. Januar 1988 bzw. am 1. Januar 2000 in Kraft getreten.

3   Damit verfügen wir in einem Bereich, der wohl wie kaum ein anderer gesellschaftlichen Veränderungen unterworfen ist, über relativ neue und aktuelle Regelungen. Gleichwohl rufen weitere gesellschaftliche Entwicklungen weiterhin nach Änderungen: Während das ZGB praktisch ausschliesslich von der *traditionellen Familie ausgeht,* beruhend auf der lebenslang bestehenden Ehe von Eltern und ihren Kind(ern), begegnen wir in der Wirklichkeit immer häufiger *Eltern-Kind-Beziehungen von nicht (miteinander) verheirateten Eltern,* Paarbeziehungen ausserhalb, nach und *unabhängig von der Ehe, allein erziehenden* Müttern oder Vätern und *Fortsetzungsfamilien,* in denen Kinder mit verschiedenen Eltern zusammenleben (Halb- und Stiefgeschwister). Daneben bilden auch *gleichgeschlechtliche Partnerschaften* den Kern von Familiengemeinschaften, können sie doch Kinder in ihre Partnerschaft mitbringen oder können in ihrer Partnerschaft Kinder gezeugt werden (s. § 30 N 25 ff.). Das Familienbild im Recht widerspiegelt somit nicht die volle Realität.[2] Oder anders gesagt: Ein breites Spektrum der Familienwirk-

---

1   http://www.ejpd.admin.ch/dam/data/bj/aktuell/news/2015/2015-03-250/ber-br-d.pdf (besucht am 2. April 2015).

2   Zum Ganzen s. die Beiträge und Voten an der Tagung «Avenir Familles!» vom 24. Juni 2014, in FamPra.ch 15 (2014) 781–1008, insb. SCHWENZER, Familienrecht und gesellschaftliche Veränderungen, Gutachten zum Postulat 12.3607 FEHR «Zeitgemässes kohärentes Zivil- und insbesondere Familienrecht», in FamPra.ch 15 (2014), 966 ff. Ferner: Zum Wandel der Familienstrukturen s. FUX, Familiale Lebensformen im Wandel, (Neuenburg 2005); ROSEMARIE NAVE-HERZ, Familie heute, Wandel der Familienstrukturen und Folgen für die Erziehung (5. A. Darmstadt 2012);

lichkeit ist im schweizerischen ZGB, ja im schweizerischen Recht überhaupt, nicht geregelt.

II.   Faktische Lebensgemeinschaft

Bei der Schaffung des Partnerschaftsgesetzes wurde erneut[3] auf eine ausdrückliche Regelung der *faktischen Lebensgemeinschaft* (des *Konkubinats*) verzichtet. Sie wird auch mittelfristig weiterhin nicht Gegenstand besonderer Regeln sein,[4] hat doch der Bundesrat in seinem Bericht vom März 2015 «Modernisierung des Familienrechts» seine Haltung bekräftigt, die Regelung der faktischen Lebensgemeinschaften der Privatautonomie der Paare zu überlassen, mit Ausnahme der Kinderbelange.[5] Dagegen soll geprüft werden, ob allenfalls der Pacte civile de la solidarité (le PACS) in der Schweiz einem Bedürfnis entspricht.[6]   4

De lege lata nimmt der Gesetzgeber die faktischen Lebensgemeinschaften in verschiedenen Bestimmungen wenigstens implizit als soziologische Erscheinung wahr: So wird beispielsweise *unverheirateten Eltern* (ob in Lebensgemeinschaft oder nicht) nach   5

JEAN KELLERHALS/ERIC WIDMER, Familles en Suisse: les nouveaux liens (3. A. Lausanne 2012); BAUMGARTNER/FUX, Familialer Wandel am Beispiel von Partnerschafts- und Erwerbsverläufen, in FamPra.ch 2 (2001), 440 ff.; DUSS-VON WERDT, Was weiss das Recht von Ehe und Familie?, in FamPra.ch 1 (2000), 41 ff.; DERS., «Entflechtungen», Von woher und wohin Ehe und Familie sich zurzeit entwickeln, in FamPra.ch 7 (2006), 562 ff.; ANDREA BÜCHLER, Das Familienrecht der Zukunft, in Rolf Vetterli (Hrsg.), Auf dem Weg zum Familiengericht (Bern 2004), 45 ff.; HAUSHEER, Die Familie im Wechselspiel von Gesellschaftsentwicklung und Recht, in ZBJV 139 (2003), 585 ff.; RÜDIGER PEUCKERT, Familienformen im sozialen Wandel (8. A. Wiesbaden 2012); ELISABETH BECK-GERNSHEIM, Was kommt nach der Familie? Einblicke in neue Lebensformen (3. A. München 2010); DIETER HOFFMEISTER, Mythos Familie, Zur soziologischen Theorie familialen Wandels (Opladen 2001); CHRISTINE HENRY-HUTHMACHER (Hrsg.), Leise Revolutionen: Familien im Zeitalter der Modernisierung (Freiburg 2002); HEIKE MATTHIAS-BLECK, Jenseits der Institution? Lebensformen auf dem Weg in die Normalität (Habil. Mainz 2006), Familie und Gesellschaft 17; TIZIANA NAZIO, Cohabitation, family and society (New York 2008), Routledge advances in sociology 36.

3   Botschaft zum Bundesgesetz über die eingetragene Partnerschaft gleichgeschlechtlicher Paare (Botsch. PartG), in BBl 2003, 1288 ff., 1303 f., 1310; REUSSER, BVKomm, Art. 14 BV N 2 ff., N 19; NÄGELI/GUYER, HandKomm, Konkubinat N 4.

4   Kritisch dazu BERNHARD PULVER, Unverheiratete Paare, Aktuelle Rechtslage und Reformvorschläge (Basel/Genf/München 2000), 133 ff.; ALEXANDRA RUMO-JUNGO, Kindesunterhalt und neue Familienstrukturen, in Alexandra Rumo-Jungo/Pascal Pichonnaz (Hrsg.), Kind und Scheidung, Symposium zum Familienrecht 2005, Universität Freiburg (Zürich/Basel/Genf 2006), 26; MARIE-LAURE PAPAUX VAN DELDEN, L'influence des droits de l'homme sur l'osmose des modèles familiaux (Diss. Genf, Genf/Basel/München 2002), collection genevoise, 189 ff.; SCHWANDER, Sollen eheähnliche und andere familiäre Gemeinschaften in der Schweiz gesetzlich geregelt werden?, in AJP 3 (1994), 918 ff.

5   Bericht Modernisierung Familienrecht, 29.

6   Bericht Modernisierung Familienrecht, 31.

Art. 298a die gemeinsame elterliche Sorge ermöglicht und regeln die Art. 406a ff. OR
den Auftrag zur Ehe- oder zur *Partnerschafts*vermittlung. Abgesehen von den Einzelbestimmungen, die auf die faktische Lebensgemeinschaft Bezug nehmen, können die
Paare gemeinsam einen Vertrag abschliessen, in dem Regeln über die Gemeinschaft,
häufig aber v. a. über die Auflösung der Gemeinschaft enthalten sein können. Ferner können die Paare eine einfache Gesellschaft nach Art. 530 OR begründen. Begriff
(N 6), Wirkungen (N 7 ff.) und Auflösung (N 11) der faktischen Lebensgemeinschaft
wurden durch die Rechtsprechung geprägt, wobei diese regelmässig vom Konkubinat
(lat. concubitus, Beischlaf) spricht. Hier wird statt dessen und wie im Bericht des Bundesrates (N 4) von der faktischen Lebensgemeinschaft[7] im Unterschied zur ehelichen
Lebensgemeinschaft und zur eingetragenen Partnerschaft gesprochen.

a. Begriff

6   Die faktische Lebensgemeinschaft ist gekennzeichnet durch eine Wohn- und Bettgemeinschaft, die in den meisten Fällen auch in eine wirtschaftliche Gemeinschaft mündet (124 III 54 E. 2a/aa, m. w. H.) und Ausschliesslichkeitscharakter hat.[8] Wenn sich
die Lebenspartner «nicht weniger intensiv» beistehen «als dies Ehegatten gemeinhin
tun», kann allerdings auch ohne Bettgemeinschaft ein Konkubinat vorliegen (BGer
5C.135/2002 E. 2.5). Die Beziehungen werden in der Regel zum kleineren Teil durch
ausdrückliche oder stillschweigende vertragliche Vereinbarungen beherrscht;[9] im
Übrigen «… liegt ein Vertrauensverhältnis vor, das nach dem mutmasslichen Willen
der Partner nicht von Rechtsregeln bestimmt sein soll» (108 II 207 E. 3a; s. auch 118
II 238 E. 3b; 124 III 52 E. 2a/aa). In der Botschaft vom 28. November 2014 zur Revision des Adoptionsrechts[10] vom 28. November 2014 wird die faktische Lebensgemeinschaft als *Haushaltsgemeinschaft* definiert und für das Vorliegen einer stabilen Lebensgemeinschaft eine Dauer von drei Jahren vorausgesetzt (Art. 264a und 264c E-ZGB).
Auch im Bericht des Bundesrates «Modernisierung des Familienrechts» wird für das
Vorliegen einer faktischen Lebensgemeinschaft (einzig) auf die Führung eines gemeinsamen Haushalts abgestellt.[11]

b. Wirkungen

7   Das Bundesgericht hat es zwar abgelehnt, dem Konkubinat (hier faktische Lebensgemeinschaft genannt) wegen seiner angeblichen Sittenwidrigkeit jeglichen Rechtsschutz zu versagen (108 II 208; 109 II 15 E. 1); es *verneint* jedoch die *Eheähnlichkeit*
der Gemeinschaft und weigert sich, im Fall fehlender vertraglicher Vereinbarungen

---

7   In Anlehnung an den Bericht Modernisierung Familienrecht, 25 ff.
8   PULVER a.a.O. 5.
9   WERRO, Concubinage, Nr. 109; vgl. PICHONNAZ, Conventions et couples concubins, in Fam-
    Pra.ch 3 (2002), 670 ff.; RUMO-JUNGO/LIATOWITSCH, Nichteheliche Lebensgemeinschaft: ver-
    mögens- und kindesrechtliche Belange, in FamPra.ch 5 (2004), 895 ff.; NÄGELI/GUYER, Hand-
    Komm, Konkubinat N 4; ferner HAUSHEER/GEISER/AEBI-MÜLLER, Familienrecht, Nr. 03.09 ff.
10 BBl 2015, 877 ff., mit Entwurf: BBl 2015, 949 ff.
11 Bericht Modernisierung Familienrecht, 28.

eherechtliche Überlegungen analog anzuwenden (108 II 206).[12] Aus diesem Grund verweigerte es die analoge Anwendung von Art. 264a Abs. 3 ZGB (gemeinschaftliche Adoption durch Ehegatten) auf faktische Lebenspartner, qualifizierte die Adoption eines Kindes durch den Lebenspartner seiner Mutter als Einzeladoption (264b[1]), welche die Auflösung des Kindesverhältnisses zur Mutter bewirkte (267[2]) und sah in diesen Rechtsfolgen auch keine Verletzung von Art. 8 oder 12 EMRK (129 III 656, 658 ff. E. 4.2 ff.). Wegen dieser Rechtsprechung wurde die Schweiz vom Europäischen Gerichtshof für Menschenrechte verurteilt.[13] Damit erweist sich Art. 267 Abs. 2 ZGB insofern als EMRK-widrig, als er verheiratete und nichtverheiratete Lebenspartner als Eltern unterschiedlich behandelt. Mit der Revision des Adoptionsrechts soll die Stiefkindadoption den Paaren in eingetragener Partnerschaft und in faktischer Lebensgemeinschaft geöffnet und Art. 267[2] insofern geändert werden.[14]

Eine Unterscheidung der Rechtslage von Kindern in Abhängigkeit des Status ihrer Eltern dürfte gemeinhin EMRK-widrig sein.[15] Der Gesetzgeber ist aufgerufen, sich dieses Themas anzunehmen.[16] Das ist in den letzten Jahren teilweise geschehen: So ist der Gesetzesnovelle vom 21. Juni 2013 (in Kraft seit 1. Juli 2014)[17] die statusunabhängige gemeinsame elterliche Sorge sowie mit der Gesetzesnovelle vom 20. März 2015 ein statusunabhängiger Betreuungsunterhalt für Kinder eingeführt worden.[18]

8

---

12   Daher hat sich bei Auflösung eines Konkubinats, anders als bei der Ehescheidung, kein Gericht von Amtes wegen mit der Obhut über das Kind und dessen Unterhalt zu befassen. Dies veranlasste das BGer in 111 II 6 f. E. 2b und c, die Ernennung eines Beistands (308[2]) zur Vertretung eines ausserehelich geborenen Kindes bei der Wahrung seines Unterhaltsanspruchs gegenüber seinem Vater zu schützen, und zwar trotz stabilem Konkubinat zwischen Vater und Mutter.

13   Urteil des EGMR vom 13. Dezember 2007 i.S. Emonet et al. gegen die Schweiz (3905/03), Ziff. 68, dazu: SCHÖBI, Stiefkindadoption und Konkubinat, in recht 26 (2008), 99 ff.; SCHÜRMANN, Adoption im Konkubinatsverhältnis, in ZBJV 144 (2008), 262 ff.; SCHWENZER, FamPra.ch 9 (2008), 421. S. auch Urteil des EGMR vom 22. Januar 2008 i.S. E. B. gegen Frankreich (43546/02), Ziff. 72 ff., wo die Adoption durch eine homosexuelle Partnerin der Mutter des Kindes gestützt auf Art. 8 und 14 EMRK als zulässig qualifiziert wurde. S. dazu SCHWENZER a.a.O. 421 f. – Das BGer hat nun im Revisionsverfahren gegen BGE 129 III 656 ff. dieses Urteil annulliert und ein neues gefällt, wonach trotz Adoption durch den Konkubinatspartner der Mutter das Kindesverhältnis zwischen dieser und ihrer Tochter nicht aufgelöst wird (BGer 5F_6/2008 E. 4.3).

14   BBl 2015, 877 ff., 949 ff. Art. 267 Abs. 2 und 3 des Entwurfs lauten wie folgt: Abs. 2: Das bisherige Kindesverhältnis erlischt; Abs. 3: Das Kindesverhältnis erlischt nicht zum Elternteil, der mit der adoptierenden Person: 1. verheiratet ist; 2. in eingetragener Partnerschaft lebt; 3. eine faktische Lebensgemeinschaft führt.

15   Urteil des EGMR vom 13. Dezember 2007 i.S. Emonet et al. gegen die Schweiz (3905/03); Urteil des EGMR vom 22. Januar 2008 i.S. E. B. gegen Frankreich (43546/02).

16   So nun auch BGer 5F_6/2008 E. 3.2, wo das Bundesgericht seinen BGE 129 III 656 ff. in Revision zieht; so bereits SCHÖBI a.a.O. 108, mit Hinweis auf die Problematik für die demokratische Legitimation solcher Eingriffe in das Schweizer Recht; SCHWENZER a.a.O. 422.

17   AS 2014, 357.

18   Referendumsvorlage: BBl 2015, 2723 ff. Hierzu RUMO-JUNGO, Betreuungsunterhalt bei getrennt lebenden nicht verheirateten Eltern – ein Denkanstoss, in recht 26 (2008), 27 ff.

9   Eine *Unterhalts- oder Beistandspflicht* besteht nur, soweit sie ausdrücklich oder still-
     schweigend vereinbart ist.[19] Unabhängig davon, ob eine Unterhaltspflicht oder über-
     haupt die finanzielle Kapazität zum Unterhalt besteht, kann die faktische Lebensge-
     meinschaft zur Sistierung des nachehelichen Unterhaltsanspruchs gegenüber dem
     früheren Ehepartner führen (129¹) (hierzu hinten § 24 N 74). Bei der Berechnung des
     Existenzminimums setzt das Betreibungsamt den Grundbetrag des im Konkubinat
     lebenden Schuldners in der Regel auf die Hälfte des Ehegatten-Grundbetrages fest. Mit
     diesem in den Richtlinien für die Berechnung des betreibungsrechtlichen Existenz-
     minimums (Notbedarf) nach Art. 93 SchKG vom 1. Juli 2009, Konferenz der Betrei-
     bungs- und Konkursbeamten der Schweiz (Ziff. I), festgelegten Grundsatz trägt es zu
     Recht dem Umstand Rechnung, dass bei einer Hausgemeinschaft unter nicht verheira-
     teten Personen ähnliche Kosten entstehen, wie bei einem Ehepaar, wobei stets zu prü-
     fen bleibt, ob die Anwendung dieses Grundsatzes im konkreten Fall zu einem ange-
     messenen Ergebnis führt (130 III 767 E. 2.3 f.). Gleichzeitig wird damit dem Umstand
     Rechnung getragen, dass dem Betriebenen gegenüber seiner Lebenspartnerin kein
     Anspruch auf Unterhalt zusteht. Würde ihm nämlich weniger angerechnet, könnten
     sich dessen Gläubiger gleichsam aus dem Einkommen der Lebenspartnerin befriedi-
     gen, ohne dass dem Schuldner ein Unterhaltsanspruch gegenüber seiner Lebenspart-
     nerin zusteht (128 III 159 E. 3b; 130 III 766 f. E. 2.2). Umgekehrt werden aber dem
     Betriebenen bei der Berechnung seines Existenzminimums auch keine Unterhaltsbei-
     träge an seine Lebenspartnerin angerechnet.[20]

10   Leistet eine Partnerin im Gewerbe ihres Partners *Arbeit,* bestehen in der Regel Vergü-
     tungsansprüche auf Grund von Art. 320 Abs. 2 OR.[21] Für Haushaltsarbeiten herrscht

---

19   RICHARD FRANK/ANDREAS GIRSBERGER/NEDIM P. VOGT/HANS ULRICH WALDER-BOH-
     NER/ROLF H. WEBER, Die eheähnliche Gemeinschaft (Konkubinat) im schweizerischen Recht
     (Zürich 1984), § 8 N 4, § 4 N 23 ff.; PULVER a.a.O. 51; WERRO, Concubinage, Nr. 129 f.; NÄGELI/
     GUYER, HandKomm, Konkubinat N 8; HAUSHEER/GEISER/AEBI-MÜLLER, Familienrecht,
     Nr. 03.45.
20   NÄGELI/GUYER, HandKomm, Konkubinat N 9; RUMO-JUNGO a.a.O. 27 f.: Indem aber die kan-
     tonalen Sozialhilfegesetze die (selbst nur als Überbrückung gedachten) Unterstützungsleistun-
     gen des (stabilen) Partners einer bedürftigen Sozialhilfeempfängerin in deren Bedarfsberech-
     nung einbeziehen, was das Bundesgericht unter dem Blickwinkel des Willkürverbots zulässt
     (BGer 2P.218/2003 E. 3.3), begründen sie gleichsam eine *faktische Unterhaltspflicht* unter nichte-
     helichen Lebenspartnerinnen.
21   NÄGELI/GUYER, HandKomm, Konkubinat N 8; HAUSHEER/GEISER/AEBI-MÜLLER, Familien-
     recht, Nr. 03.43. Vgl. FRANK et al. a.a.O. § 11 N 5 ff.; ARTHUR MEIER-HAYOZ, Die eheähnliche
     Gemeinschaft als einfache Gesellschaft, in FS Frank Vischer (Zürich 1983), 577 ff., 588 f.; PUL-
     VER a.a.O. 62 ff.; WERRO, Concubinage, Nr. 132 f. Wenn jedoch die Konkubinatspartner den
     wirtschaftlichen Erfolg ihrer Gemeinschaft angestrebt und gemeinsam auf dieses Ziel hin gear-
     beitet haben, ohne dass sich die Arbeitsleistung der Partnerin im Betrieb des Partners aus die-
     sem Rahmen herauslösen lässt, ist nicht Art. 320 Abs. 2 OR, sondern sind die Liquidationsbe-
     stimmungen der einfachen Gesellschaft anzuwenden (109 II 230 E. 2b).

diese Vermutung im Zweifel dagegen nicht,[22] und sozialversicherungsrechtlich werden Konkubinatspartnerinnen und -partner ohne Erwerbstätigkeit AHV-rechtlich als Nichterwerbstätige qualifiziert (125 V 214 ff. E. 7; 130 V 557 E. 3.5.1.).[23] Beim Tod des Konkubinatspartners oder der -partnerin hat der oder die andere Anspruch auf Ersatz des *Versorgerschadens* nach Art. 45 OR, wenn das Konkubinat dauerhaften und eheähnlichen Charakter hatte (114 II 147 ff. E. 2b). Ein Genugtuungsanspruch gemäss Art. 47 OR kann der überlebende nichteheliche Lebenspartner geltend machen, wenn ein stabiles Konkubinatsverhältnis bestanden hat (138 III 158 ff. E. 2).

c. Auflösung

Nachdem ein Vertrauensverhältnis die Grundlage des Konkubinats bildet, steht den   11
Parteien «jederzeit und unentziehbar das Recht zu, das Konkubinat zu beenden» (108 II 207 E. 3a).[24] Muss indessen bei der Auflösung der Gemeinschaft eine vermögensrechtliche Auseinandersetzung erfolgen (etwa betreffend gemeinsame Anschaffungen, Ersparnisse, Schulden), ist die Berufung auf Rechtsregeln nicht ausgeschlossen (108 II 207 f.). Als Rechtsgrundlage sind die Regeln des ehelichen Güterrechts nicht analog anwendbar (108 II 206). Vielmehr fallen die Bestimmungen über die *einfache Gesellschaft* in Betracht, sofern nach dem Willen der Partner deren eigene Rechtsstellung im Sinn eines Beitrags an die Gemeinschaft einem gemeinsamen Zweck untergeordnet werden soll (108 II 208 f.).[25] Andernfalls oder darüber hinaus können besondere Auftrags- oder sonstige Vertragsverhältnisse bestehen (108 II 209).[26] Erfolgt die vermögensrechtliche Auseinandersetzung nach den Bestimmungen über die einfache Gesellschaft, gilt Folgendes: Eine dem eherechtlichen Vorschlagsanspruch entsprechende Forderung fehlt, ausser bei dahingehenden vertraglichen Abreden; soweit gemeinschaftliches Vermögen gebildet wurde und nach durchgeführter Liquidation noch ein

---

22   Nägeli/Guyer, HandKomm, Konkubinat N 8; Hausheer/Geiser/Aebi-Müller, Familienrecht, Nr. 03.43. Vgl. Frank et al. a.a.O. § 11 N 35 ff.; Werro, Concubinage, Nr. 134 f.; eher a. M. Pulver a.a.O. 66.

23   Nägeli/Guyer, HandKomm, Konkubinat N 17. Zur Bedeutung der nichtehelichen Lebensgemeinschaft im Sozialversicherungsrecht Gächter/Schwendener, Nichteheliche Lebensgemeinschaften im Sozialversicherungsrecht: ein Beitrag zum Verhältnis von Familien- und Sozialversicherungsrecht, in FamPra.ch 6 (2005), 844 ff., 846 ff.

24   Hausheer/Geiser/Aebi-Müller, Familienrecht, Nr. 03.04; Frank et al. a.a.O. § 4 N 31, verlangen – ausser für die Auflösung der persönlichen Beziehung – wichtige Gründe. S. auch die Hinweise auf einschlägige Literatur unter dem Titel «Ehe und Konkubinat» bei Hegnauer/Breitschmid, Grundriss, Nr. 2.25, sowie bei Werro, Concubinage, Nr. 93. Zur Sache s. Hegnauer/Breitschmid, Grundriss, Nr. 2.26–2.32; Werro, Concubinage, Nr. 94–159.

25   Nägeli/Guyer, HandKomm, Konkubinat N 12; Hausheer/Geiser/Aebi-Müller, Familienrecht, Nr. 03.14; Werro, Concubinage, Nr. 156 ff. Vgl. auch Helen Marty-Schmid, La situation patrimoniale des concubins à la fin de l'union libre, Etude des droits suisse, français et allemand (Genève 1986). Andrea Büchler, Vermögensrechtliche Probleme in der nichtehelichen Lebensgemeinschaft, in Alexandra Rumo-Jungo/Pascal Pichonnaz (Hrsg.), Familienvermögensrecht (Bern 2003), Schriftenreihe zum Familienrecht FamPra.ch 2, 59 ff.; Siehe z.B. BGer 4C.195/2006 E. 2; BGer 4A_383/2007.

26   Hierzu Pulver a.a.O. 20 ff.; Werro, Concubinage, Nr. 112.

Gewinn verbleibt, ist er hälftig zu teilen (533, 549 OR) bzw. ist ein Verlust hälftig zu tragen.[27] Vertraglich (533[1] OR) kann auch die proportionale Verteilung des Gewinns oder des Verlusts vereinbart werden. *Schadenersatzansprüche* kommen in Frage, wenn ein Partner die Verbindung nicht in guten Treuen und zur Unzeit auflöst (546[2] OR).[28]

III. Eingetragene Partnerschaft

12 Im Unterschied zu den gemischtgeschlechtlichen nicht verheirateten Paaren verfügen *gleichgeschlechtliche Paare* mit dem BG über die eingetragene Partnerschaft gleichgeschlechtlicher Paare vom 18. Juni 2004 über besondere Regeln betreffend Begründung, Wirkungen und Auflösung einer eingetragenen Partnerschaft gleichgeschlechtlicher Paare (s. hinten § 30). Auf eine Integration der entsprechenden Bestimmungen in das Familienrecht im ZGB ist ebenso verzichtet worden wie auf die Ausdehnung des Anwendungsbereichs der Regelungen auf die nichteheliche Partnerschaft verschieden geschlechtlicher Paare.[29] Die einzelnen Regeln über Eintragung, Wirkungen und Auflösung der Partnerschaft lehnen sich eng an das Ehe- und Ehescheidungsrecht an; sie werden daher in diesem Buch jeweils parallel zur Begründung, den Wirkungen und der Scheidung der Ehe behandelt.

13 Mit der Begründung eines *besonderen Zivilstands der eingetragenen Partnerschaft* für Gleichgeschlechtliche wird der Grundsatz bestätigt, wonach eine Ehe zwischen Gleichgeschlechtlichen nach dem heutigen Verständnis der Ehe als Lebensgemeinschaft von Mann und Frau nicht möglich ist. In diesem Sinn hat das Bundesgericht einer im Ausland geschlossenen Ehe wegen Verstosses gegen den Ordre public die Anerkennung versagt, weil die als Braut auftretende Person trotz Geschlechtsumwandlung im Zivilstandsregister immer noch als Mann eingetragen war und folglich eine Ehe zwischen zwei Männern vorlag (119 II 266 E. 3). Seit dem Inkrafttreten des PartG kann aber eine im Ausland geschlossene Ehe zwischen Personen gleichen Geschlechts in der Schweiz als eingetragene Partnerschaft anerkannt werden (45[3] IPRG).[30] Seit der Einführung

---

27 HAUSHEER/GEISER/AEBI-MÜLLER, Familienrecht, Nr. 03.14; FRANK et al. a.a.O. § 15 N 28; MEIER-HAYOZ a.a.O. 587 f.

28 FRANK et al. a.a.O. § 15 N 28 f.; WERRO, Concubinage, Nr. 149; a. M. MEIER-HAYOZ a.a.O. 589.

29 Botschaft PartG a.a.O. 1309 f. Zum Ganzen auch GRÜTTER/SUMMERMATTER, Das Partnerschaftsgesetz, in FamPra.ch 5 (2004), 449 ff.; ANDREA BÜCHLER/MARGOT MICHEL, Das Bundesgesetz über die eingetragene Partnerschaft gleichgeschlechtlicher Paare im Überblick, in Stephan Wolf (Hrsg.), Das Bundesgesetz über die eingetragene Partnerschaft gleichgeschlechtlicher Paare (Bern 2006), INR, 12 ff.; HAUSHEER, Eingetragene Partnerschaft in der Schweiz, in FamRZ 53 (2006), 246 ff.

30 Appellationshof des Kantons Bern, Entscheid vom 29. Juli 2005 (APH 05 303), in Fampra.ch 7 (2006), 112 ff.

des PartG ist für die Schweiz klar, dass gleichgeschlechtliche Paare ebenfalls die konventionsrechtliche Garantie des Familienlebens anrufen können.[31]

Während also eine Ehe, die von Anfang an zwischen zwei Personen gleichen   14
Geschlechts geschlossen wird, in der Schweiz nicht zulässig und als Ehe nicht anerkennungsfähig ist, kann eine Ehe zwischen Mann und Frau, die auf Grund einer Geschlechtsumwandlung des Ehemannes oder der Ehefrau nachträglich zu einer Ehe unter Gleichgeschlechtlichen wird, nicht für ungültig i. S. v. Art. 105 bzw. Art. 107 erklärt werden.[32]

---

31   Urteil des EGMR vom 24. Juni 2010 i.S. Schalk und Kopf gegen Österreich (30141/04); ferner Urteil des EGMR vom 2. März 2010 i.S. Kozak gegen Polen (13102/02); anders noch BGE 126 II 430 E. 4b.

32   So ein Entscheid des St. Galler Bezirksgerichts vom 26. November 1996, in SJZ 93 (1997), 442 ff., sowie Appellationshof des Kantons Bern vom 29. Juli 2005, in FamPra.ch 7 (2006), 112 ff.; gl. M. Geiser, Aspects juridiques de la transsexualité, in Mélanges édités à l'occasion de la cinquantième assemblée générale de la Commission international de l'état civil (Neuenburg 1997), 33 ff., 41 f.; kritisch dazu Heussler, Einführung der gleichgeschlechtlichen Ehe durch die Hintertür, in ZZW 65 (1997), 161 ff.; Reusser, Die Revision des Zivilgesetzbuches, in ZZW 65 (1997), 189 ff., 195. Zur Transsexualität: Büchler/Cottier, Transsexualität und Recht. Oder: das falsche Geschlecht. Über die Inkongruenz biologischer, sozialer und rechtlicher Geschlechterkategorisierungen, in FamPra.ch 3 (2002), 20 ff.

Erster Abschnitt
Die Eheschliessung und die Eintragung der Partnerschaft

1   Im Folgenden ist zunächst vom Verlöbnis die Rede (§ 20). Danach (§ 21) werden unter dem Titel «Die Begründung der Ehe und die Eintragung der Partnerschaft» die Ehevoraussetzungen, die Vorbereitung der Eheschliessung und Trauung sowie die Eintragungsvoraussetzungen und das Eintragungsverfahren erörtert. Der letzte Paragraf (§ 22) handelt schliesslich von der Ungültigkeit der Ehe und der eingetragenen Partnerschaft.

§ 20 Das Verlöbnis

I.   Die Natur des Verlöbnisses

2   Das Verlöbnis wird im ZGB trotz seiner geringen juristischen Bedeutung immer noch geregelt. Ausschlaggebend dafür ist die Tatsache, dass das Institut im Bewusstsein der Bevölkerung recht stark verankert ist.[1] Die Gesetzgebung kann bei der Behandlung des Verlöbnisses von zwei entgegengesetzten Gesichtspunkten ausgehen: Sie kann das Verlöbnis als einen blossen Akt des *privaten Lebens* auffassen, der grundsätzlich keine rechtliche Bedeutung hat. Das Recht befasst sich diesfalls erst mit der Begründung der Ehe. Dies ist die Lösung im französischen Recht, welches das Verlöbnis im Gesetz nicht einmal erwähnt. Der praktische Sinn der französischen Rechtsprechung hat trotz der Lückenhaftigkeit der Gesetzgebung Mittel und Wege gefunden, um dem Gerechtigkeitsgefühl zu genügen: Der Verlöbnisbruch wird nämlich als eine Art *unerlaubter Handlung* aufgefasst, wonach, wer das Verlöbnis ohne Grund bricht, dem anderen Schaden zu ersetzen hat.[2]

3   Namentlich in Deutschland (§ 1297 ff. BGB) und in Italien (Art. 79 ff. CCit) überwiegt der andere Gesichtspunkt: Das Verlöbnis wird in Beziehung gesetzt zur Familie; es ist der erste Schritt zur Eheschliessung und als solcher ein *Institut des Familienrechts*. Diese Idee liegt auch dem ZGB zugrunde, welches das Verlöbnis am Anfang des Familienrechts behandelt.

---

1   Botschaft über die Änderung des Schweizerischen Zivilgesetzbuches (Personenstand, Eheschliessung, Scheidung, Kindesrecht, Verwandtenunterstützungspflicht, Heimstätten, Vormundschaft und Ehevermittlung) vom 15. November 1995, in BBl 1996 I 1 ff., 15. Zur geschichtlichen Entwicklung siehe RINO SIFFERT, Verlobung und Trauung. Die geschichtliche Entwicklung des schweizerischen Eheschliessungsrechts (Diss. Freiburg 2003, Zürich 2004), Freiburger Veröffentlichungen zum Religionsrecht 14. Aus dem Blickwinkel der Menschenrechte: MARIE-LAURE PAPAUX VAN DELDEN, L'influence des droits de l'homme sur l'osmose des modèles familiaux (Diss. Genf, Genf/Basel/München 2002), collection genevoise, 82 ff.; KELLER, HandKomm, Art. 90 N 1; HAUSHEER/GEISER/AEBI-MÜLLER, Familienrecht, Nr. 04.01.

2   WERRO, Concubinage, Nr. 167 f.

Das Verlöbnis beruht auf einem *familienrechtlichen Vertrag,* ähnlich wie die Ehe, steht   4
dieser aber an Wirkung (nachstehend N 13 f.) weit zurück.

II.   Die Begründung des Verlöbnisses (Verlobung)

Das Verlöbnis (les fiançailles) ist das Vertragsverhältnis zwischen den Verlobten. Den   5
Vertrag (le contrat de fiançailles), durch den es zustande kommt, nennt das Gesetz Verlobung (90²).

a. Inhalt und Form

Die Verlobung ist das *gegenseitige Versprechen der Brautleute,* später gemeinsam die   6
Ehe eingehen zu wollen. Entgegen dem vordergründigen Wortsinn des Ausdrucks
«Eheversprechen» ist es allerdings streng genommen nur «die Einigung der Vertragsparteien, jetzt die künftige Eheschliessung zu wollen»³. Denn es gilt nach wie vor, dass
aus dem Verlöbnis kein klagbarer Anspruch auf Eingehung der Ehe abgeleitet werden
kann (90³). Das Eheversprechen ist mithin eine unvollkommene Verbindlichkeit, welche *keinen Erfüllungsanspruch* begründet.⁴ Wohl aber entstehen Ansprüche bei Auflösung des Verlöbnisses (nachstehend N 15 ff.).

Der Vertrag ist an *keine* bestimmte *Form* gebunden; es genügt eine (ausdrücklich oder   7
stillschweigend erklärte) übereinstimmende Willenserklärung der Brautleute (114 II
146 E. 2a):⁵ Die Verlobung ist ein sogenannter Konsensualvertrag. Wer aus einem Verlöbnis Rechte ableitet, muss dessen Zustandekommen (die Verlobung) beweisen (vgl.
betr. Zeitpunkt der Verlobung: 83 II 489 ff.). Dieser Beweis kann in beliebiger Weise
erfolgen, etwa durch Schriftstücke und Zeugen. Wird ein Austausch von Ringen nachgewiesen, so ist damit für die Verlobung meistens ein genügender Beweis geleistet.
Spätestens mit der Einleitung der Ehevorbereitung findet stets (faktisch) eine Verlobung statt.

b. Voraussetzungen.

Die Gültigkeit des Verlöbnisses setzt die Urteilsfähigkeit (1.), bei Minderjährigen die   8
Zustimmung der gesetzlichen Vertretung (2.) sowie das Fehlen von Ehehindernissen
(3.) voraus:

1. Das ZGB setzt für die Gültigkeit des Verlöbnisses *kein Mindestalter* voraus. Es gelten   9
die allgemeinen Grundsätze, wonach zu jedem Akt die Einsicht in dessen Zweck und

---

3   So die Botsch. a.a.O. 59, mit Hinweis auf den «abgeschwächten Versprechenscharakter der Ver-
    lobung» bei Rudolf Montanari, Verlobung und Verlöbnisbruch (Diss. Bern 1974), ASR 433,
    54 ff., in FN 218. Nicht ausgeschlossen ist ein stillschweigendes Zustandekommen nach dem Ver-
    trauensprinzip: Eveline und Alexander Bürgi-Wyss, Verliebt, verlobt, vertraglich gebun-
    den?, in FS Hans Caspar von der Crone (Zürich 2007), 211 ff., 212.
4   Botsch. a.a.O. 59; ferner Hausheer/Geiser/Aebi-Müller, Familienrecht, Nr. 04.19.
5   Montanari a.a.O. 55; Huwiler, BaKomm, Art. 90 N 10 ff.; Keller, HandKomm, Art. 90 N 3;
    Hausheer/Geiser/Aebi-Müller, Familienrecht, Nr. 04.13.

Bedeutung, die entsprechende *Urteilsfähigkeit,* verlangt wird. Zwar rufen die Natur und die Wichtigkeit des Verlöbnisses nach einer gewissen Reife, die regelmässig nicht weit unter dem Alter der Ehemündigkeit vorhanden ist. Nachdem aber Rechtsprechung (109 II 273 ff.; 127 III 346 E. 3b) und Lehre[6] an die Urteilsfähigkeit für die Eingehung einer Ehe verhältnismässig geringe Anforderungen stellen, können für die Eingehung eines Verlöbnisses jedenfalls nicht strengere Voraussetzungen gelten.

10 2. *Minderjährige* Personen werden ohne Zustimmung ihres gesetzlichen Vertreters, der Eltern oder des Vormundes (90[2]), nicht verpflichtet. Das ändert nichts daran, dass es sich dabei um ein absolut(es) höchstpersönliches Recht handelt, bei dem jede Vertretung ausgeschlossen ist.[7] Fehlt die Zustimmung und ist der Vertragspartner seinerseits handlungsfähig, so ist die Verlobung dennoch nicht völlig wirkungslos. Es liegt ein einseitig unverbindliches, ein sogenanntes «hinkendes» Rechtsgeschäft vor: Der handlungsunfähige Verlobte ist nicht verpflichtet, wohl aber die handlungsfähige Verlobte. Gegen den handlungsfähigen Verlobten kann indessen die minderjährige Verlobte, auch wenn die Verlobung ohne elterliche oder vormundschaftliche Einwilligung eingegangen worden ist, bei grundlosem Verlöbnisbruch sehr wohl die entsprechenden Klagen geltend machen. Die handlungsfähige Verlobte kann andererseits diesem Schwebezustand durch Ansetzen einer angemessenen Frist, innerhalb welcher sich der gesetzliche Vertreter über die Genehmigung auszusprechen hat, ein Ende bereiten (19a[2]). Daneben bleibt gegen den handlungsunfähigen Verlobten eine Klage wegen unerlaubter Handlung denkbar (19[3]).[8]

11 3. Schliesslich setzt die Verlobung das *Fehlen von Ehehindernissen* voraus:[9] Die Verlobung von zwei Personen, zwischen denen die Eingehung der Ehe auf Grund von Verwandtschaft (95[1]) verboten ist, wäre nichtig, weil ungültig (20[2] OR). Dagegen stehen bloss aufschiebende Ehehindernisse, wie z.B. die Auflösung einer bestehenden Ehe (96), der Verlobung nicht entgegen.

12 Im Unterschied zur Eheschliessung kann die Verlobung von *Bedingungen und Befristungen* abhängig gemacht werden, wie etwa davon, dass der Bräutigam innert Jahresfrist eine bestimmte Stellung erlangt habe.[10]

---

6 Bucher, BeKomm, Art. 16 N 34 ff., N 106; Götz, BeKomm, Art. 97 N 1; Huwiler, BaKomm, Art. 90 N 15 ff. Werro, Concubinage, Nr. 255; Hegnauer/Breitschmid, Grundriss, Nr. 4.06; Keller, HandKomm, Art. 94 N 2 f.

7 Hierzu s. vorn § 9 N 6 ff.

8 Botsch. a.a.O. 59.

9 Hegnauer/Breitschmid, Grundriss, Nr. 3.06; Werro, Concubinage, Nr. 175; Huwiler, BaKomm, Art. 90 N 23 ff.; Hausheer/Geiser/Aebi-Müller, Familienrecht, Nr. 04.10 ff.

10 Vgl. zu dieser Frage immerhin die subtilen Ausführungen bei Montanari a.a.O. 62 ff.; s. auch Hausheer/Geiser/Aebi-Müller, Familienrecht, Nr. 04.14; Huwiler, BaKomm, Art. 90 N 26 ff.

III. Die Rechtswirkungen des Verlöbnisses

Die Verlobung begründet einerseits die gegenseitige Pflicht der Verlobten, die gelobte   13
Treue zu halten, sich so zu verhalten, wie dieser Bund es verlangt, andererseits (in
den nachstehend erwähnten Schranken), die Pflicht, soweit es die äusseren Umstände
zulassen, die Ehe einzugehen. Die Eheschliessung ist denn auch die Erfüllung des Vertrags. Diese soll nach unumstrittener Auffassung dem freien Willensentschluss der
Brautleute entspringen und darf nicht zum Voraus in bindender Weise beeinflusst werden. Wenn auch Verlobte im Sinn des ZGB nach zutreffender Ansicht «zukünftige
Eheleute» sind,[11] so gibt doch das Versprechen im Unterschied zu anderen Verträgen *keinen Anspruch auf Erfüllung,* d.h. auf Abschluss der Ehe (90³), sowie – selbst bei
schuldhafter Nichterfüllung – keinen Anspruch auf Leistung des sogenannten Erfül-
lungsinteresses im Sinn von Art. 97 ff. OR. Folglich wäre auch eine Konventionalstrafe
gegebenenfalls ungültig: Es handelt sich um einen Anwendungsfall von Art. 27 Abs. 2
ZGB bzw. von Art. 20 Abs. 1 OR.[12]

Neben der *Treuepflicht* begründet das Verlöbnis folgende Rechtswirkungen:[13] Die Ver-   14
lobten sind *nahestehende Personen,* etwa i. S. v. Art. 477 ZGB oder von Art. 30 OR. Der
Tod des Verlobten als Versorger seiner Verlobten kann einen Anspruch auf *Deckung
des Versorgerschadens* der überlebenden Verlobten begründen (45³ OR). Das Verlöbnis hat auch gewisse *prozessrechtliche Wirkungen* und stellt etwa einen Zeugnisverwei-
gerungsgrund (75 BStP; 42¹ lit. a Ziff. 1 BZP, falls die Verlobten eine faktische Lebensgemeinschaft führen) dar. Dagegen begründet das Verlöbnis *keine Familie,* weshalb
Verlobte namentlich nicht als mitarbeitende Familienmitglieder i. S. v. Art. 22 Abs. 2
lit. c UVV gelten (121 V 128 f. E. 2c/cc, dd).[14] Haben die Verlobten eine faktische
Lebensgemeinschaft geführt (§ 19 N 6), begründet der Tod des einen möglicherweise
einen Genugtuungsanspruch der anderen (138 III 158 ff. E. 2).

---

11 Sog. Vorbereitungstheorie; hierzu MONTANARI a.a.O. 60 f. – Verlobte gelten im Übrigen als
    Angehörige im Sinn von Art. 47 OR (114 II 149).
12 GÖTZ, BeKomm, Art. 91 N 7; EGGER, ZüKomm, Art. 91 N 8; BUCHER, BeKomm, Art. 27
    N 223 f.; WERRO, Concubinage, Nr. 188; s. auch Botsch a.a.O. 59; ferner HAUSHEER/GEISER/
    AEBI-MÜLLER, Familienrecht, Nr. 04.19.
13 Dazu WILLI LÜCHINGER, Begriff und Bedeutung der Familie im schweizerischen Recht, unter
    Berücksichtigung des Rechts des Bundes und des Kantons Zürich (Diss. Zürich 1987), 14; HAUS-
    HEER/GEISER/AEBI-MÜLLER, Familienrecht, Nr. 4.15 ff.; HUWILER, BaKomm, Art. 90 N 47 ff.
14 In BGE 125 V 228 f. als obiter dictum bestätigt; kritisch dazu KOLLER, Zum Begriff der «Fami-
    lie» im Sozialversicherungsrecht – oder «Das Hohelied der Begriffsharmonie», in AJP 4 (1995),
    1081 f.; SCARTAZZINI, Schnittstellen und Wechselwirkungen zwischen Familien- und Sozialver-
    sicherungsrecht, in FamPra.ch 2 (2001), 405 ff., 415 ff.; eher kritisch GÄCHTER/SCHWENDENER,
    Nichteheliche Lebensgemeinschaften im Sozialversicherungsrecht, in FamPra.ch 6 (2005), 856.

IV.   Die Auflösung des Verlöbnisses

15   Unter dem Titel «Auflösung des Verlöbnisses» spricht das Gesetz über die Folgen der
Auflösung, dagegen nicht explizit über das Auflösen als solches. Da aber das Verlöbnis keinen Erfüllungsanspruch (auf Eingehung der Ehe) begründet, ist es aufgelöst,
sobald nur einer der beiden Verlobten – in welcher Form auch immer – erklärt, dass
er die Ehe nicht eingehen will. An die Auflösung knüpfen sich Rechtsfolgen mit Bezug
auf Geschenke und eine allfällige Beitragspflicht. Auf weiter gehende Rechtsfolgen,
namentlich auch auf eine Bestimmung über die Genugtuung, hat die Gesetzgebung
verzichtet. Bei einer Persönlichkeitsverletzung bleibt aber Art. 49 OR vorbehalten.[15]

a. Die Geschenke

16   Die Grundaussage ist in Art. 91 Abs. 1 enthalten: Danach können die Verlobten – mit Ausnahme der gewöhnlichen Gelegenheitsgeschenke – *Geschenke,* die sie einander gemacht
haben, *bei Auflösung des Verlöbnisses zurückfordern;* das gilt dann nicht, wenn das Verlöbnis durch Tod aufgelöst worden ist (91[1] in fine). Die Rückerstattung richtet sich gemäss
Art. 91 Abs. 2 nach den Regeln über die ungerechtfertigte Bereicherung (62 ff. und 249
OR). Eine Besonderheit gilt für Briefe und Fotografien. Sie sind persönlichkeitsrechtlich
relevant, weshalb sich ihre Rückgabe nicht nach den verlöbnisrechtlichen Bestimmungen, sondern nach den Bestimmungen über den Persönlichkeitsschutz (28 ff.) richtet.[16]

b. Die Beitragspflicht

17   Art. 92 regelt eine Beitragspflicht im Sinn einer Schadenersatzpflicht als Folge des Verlöbnisbruches. Abgegolten wird das negative Vertragsinteresse: Nach wie vor ist Voraussetzung einer solchen Schadenersatzpflicht, dass im *Hinblick auf die Eheschliessung in
guten Treuen Veranstaltungen getroffen* (z.B. ein Hochzeitskleid bzw. ein -anzug gekauft
oder eine Hochzeitsreise gebucht) worden sind. Ersatzansprüche begründen einzig die
Veranstaltungen der Verlobten, nicht etwa solche der Eltern oder anderer, die an Stelle
der Eltern gehandelt haben.[17] Wie im Ehescheidungsrecht setzt die Beitragspflicht kein
irgendwie geartetes Verschulden des Verlöbnisbruches voraus. Vielmehr kann der oder
die Geschädigte ganz einfach «bei Auflösung des Verlöbnisses *vom andern einen ange-*

---

15   Botsch. a.a.O. 61; Hausheer/Geiser/Aebi-Müller, Familienrecht, Nr. 04.31.

16   Siehe Botsch. a.a.O. 61 und dort FN 225. Vgl. auch Huwiler, BaKomm, Art. 91 N 14; Keller,
HandKomm, Art. 91 N 4; Hausheer/Geiser/Aebi-Müller, Familienrecht, Nr. 04.23; Bürgi-
Wyss a.a.O. 223 f.

17   Laut Botsch. a.a.O. 61 geht immerhin der Entwurf davon aus, dass die Auslagen der Eltern (z.B.
für die Absage des Hochzeitsessens) zumindest dann den Verlobten angerechnet werden dürften, wenn diese sonst von ihnen getätigt worden wären. E. und A. Bürgi-Wyss weisen darauf
hin, dass unter den Begriff Veranstaltungen nicht nur die Buchung einer Hochzeitsreise fällt,
sondern auch beispielsweise der Schaden infolge Aufgabe einer Berufstätigkeit; Bürgi-Wyss
a.a.O. 221; gl. M. Hausheer/Geiser/Aebi-Müller, Familienrecht, Nr. 04.27.

messenen Beitrag verlangen»[18], aber – im Sinn einer negativen Härteklausel – nur «sofern dies nach den gesamten Umständen nicht als unbillig erscheint».[19]

c. Die Verjährung

Die ausgesprochen kurze *Verjährungsfrist* beträgt *ein Jahr nach der Auflösung* des Ver- 18
löbnisses (93). Sie bezieht sich sowohl auf die Rückerstattung der Geschenke (91) als auch auf die Beitragspflicht (92).

---

18 In Betracht zu ziehen wären daher namentlich auch allfällige Vorteile aus der Verlobung; GÖTZ, BeKomm, Art. 92 N 18.
19 HAUSHEER/GEISER/AEBI-MÜLLER, Familienrecht, Nr. 04.28; Botsch. a.a.O. 61. Diese generell umschriebene Härteklausel geht viel weiter als die doppelt eingeschränkte («offensichtlich» und «insbesondere weil») Härteklausel in Art. 125 Abs. 3. Hierzu im Einzelnen hinten § 24 N 64 ff.

§ 21 Die Begründung der Ehe und die Eintragung der Partnerschaft

1 Die Ehe des ZGB ist eine auf Dauer angelegte Lebensgemeinschaft zwischen einer Frau und einem Mann (BGE 119 II 264 E. 4b).[1] Die staatlich verbindliche Ehe ist die im ZGB geregelte Zivilehe, selbst wenn viele religiös getraute Ehepaare die kirchliche Eheschliessung als den eigentlichen Trauungsakt betrachten. Einer allfälligen religiösen Eheschliessung hat zwingend eine zivile Trauung voranzugehen (97[3]).

2 Der Gesetzgeber hat mit Bezug auf die *Begründung* der Ehe und die Eintragung der gleichgeschlechtlichen Partnerschaft vor allem zwei Fragen zu beantworten:

1. Welches sind die *Voraussetzungen* dazu (I., N 4 ff.)?

2. Welche *Form* ist dabei zu beachten (II., N 18 ff., N 31 ff.)?

3 Die erste Frage wird im ZGB im zweiten Abschnitt des dritten Titels (Ehevoraussetzungen: 94–96), die zweite im darauf folgenden dritten Abschnitt (Vorbereitung der Eheschliessung und Trauung: 97–102) beantwortet. Im PartG befassen sich im zweiten Kapitel der erste Abschnitt (Voraussetzungen und Eintragungshindernisse: 3–4) sowie der zweite Abschnitt (Verfahren: 5–8) mit den beiden Fragen.

I. Die Ehe- und Eintragungsvoraussetzungen

4 Die Eingehung einer Ehe ist ein Menschenrecht (14 BV, 12 EMRK). Daher sind eugenisch motivierte Eheverbote oder solche für Internierte oder Strafgefangene menschenrechtswidrig.[2] Das gilt auch für das bis Ende 1999 noch in Kraft gewesene Eheverbot für Geisteskranke.

---

1 Unterzieht sich einer der Ehepartner einer Geschlechtsumwandlung und wird diese ins Zivilstandsregister eingetragen, entsteht daraus eine Ehe zwischen gleichgeschlechtlichen Partnern oder Partnerinnen. Eine Auflösung der Ehe ist nicht möglich, liegt doch kein gesetzlicher Ungültigkeitsgrund vor (105, 107 ZGB); s. dazu Appellationshof des Kantons Bern, Entscheid vom 29. Juli 2005 (APH 05 303), in Fampra.ch 7 (2006), 112 ff.; Bezirksgericht SG, Urteil vom 26. November 1996 (1BZ 96/20), in SJZ 93 (1997), 442 ff., AJP 6 (1997), 340 ff.

2 Botschaft über die Änderung des Schweizerischen Zivilgesetzbuches (Personenstand, Eheschliessung, Scheidung, Kindesrecht, Verwandtenunterstützungspflicht, Heimstätten, Vormundschaft und Ehevermittlung) vom 15. November 1995 (Botsch. ZGB), BBl 1996 I 1 ff., 64. Die Beschränkung des Briefverkehrs zwischen Mitangeschuldigten, die Beschränkung des Besuchsverkehrs und die Überwachung von Gesprächen unter Ehegatten während einer laufenden Strafuntersuchung verstossen nicht gegen die Ehefreiheit: 117 Ia 468 E. 2c. «Lorsqu'un des conjoints est privé de liberté, la protection de la vie familiale consiste à garantir un minimum de contacts entre époux par les modalités d'exécution de la peine ou par l'aménagement de l'application des mesures d'internement.» Die ausländische Ehegattin eines Gefängnisinsassen hat aber keinen Anspruch auf eine Daueraufenthaltsbewilligung: BGE 131 II 270 E. 4.3.

Die Eheschliessung bzw. die Eintragung der Partnerschaft setzt *positiv* das Vorhandensein der erforderlichen Fähigkeiten und *negativ* die Abwesenheit von Ehehindernissen voraus. 5

a. Die Ehe- und Eintragungsfähigkeit

Sowohl für die Eheschliessung wie auch für die Eintragung der Partnerschaft ist erforderlich, dass beide Partner bzw. Partnerinnen das *18. Altersjahr* zurückgelegt haben und urteilsfähig sind: 6

Urteilsfähigkeit (94[1] ZGB; 3[1] PartG). Die Urteilsfähigkeit liegt vor bei genügender Einsicht in den Zweck und die Bedeutung der Ehe und die damit verbundenen Pflichten sowie die zur freien Eingehung erforderliche Reife (109 II 276; 127 III 346 E. 3b). Rechtsprechung (109 II 273 ff.; 127 III 346 E. 3b) und Lehre[3] stellen an die Urteilsfähigkeit als Voraussetzung der Ehefähigkeit verhältnismässig geringe Anforderungen. Das Bundesgericht hält auch eine Drogensüchtige, welche die Ehe gegen Entgelt eingeht, das sie zur Beschaffung von Drogen benötigt, für genügend einsichtig, dass die Urteilsfähigkeit bejaht werden kann (127 III 346 E. 3b). Entsprechendes gilt für die Eintragungsfähigkeit der eingetragenen Partnerschaft.[4] 7

Ehe- und eintragungsfähig sind bei Vorliegen der entsprechenden Urteilsfähigkeit auch *verbeiständete Personen,* selbst bei umfassender Beistandschaft (ZGB 398). Mit dem Erwachsenenschutzrecht sind 94[2] ZGB und 3[2] PartG (Erfordernis der Zustimmung der gesetzlichen Vertretung) aufgehoben worden, so dass nunmehr Urteilsfähige nach dem 18. Altersjahr die Ehe ohne Zustimmung des Beistands eingehen können.[5] 8

b. Die Abwesenheit von Ehe- und Eintragungshindernissen

Hindernisse sind entweder Verwandtschaft (N 10 f.), eine frühere Ehe (12 f.) oder Willensmängel (14 f.): 9

1. Verwandtschaft

Die *Verwandtschaft,* welche ein Ehehindernis darstellt, wird begründet durch Abstammung sowie durch Adoption (95[1]). Erheblich ist grundsätzlich die rechtliche Abstammung, selbst wenn sie nicht mit der genetischen übereinstimmt. In Abweichung von diesem Grundsatz hebt allerdings die Adoption das Ehehindernis der Verwandtschaft mit der angestammten Familie nicht auf (95[2]). Mit Bezug auf das Ehehindernis der Verwandtschaft kommt mithin Art. 267 Abs. 2 erster Teil, wonach das bisherige 10

---

3   Bucher, BeKomm, Art. 16 N 35; Götz, Bekomm, Art. 97 N 1; Werro, Concubinage, Nr. 255; Hausheer/Geiser/Aebi-Müller, Familienrecht, Nr. 5.02; Hegnauer/Breitschmid, Grundriss, Nr. 4.06; Keller, HandKomm, Art. 94 N 3; Montini/Graf-Gaiser, BaKomm, Art. 94 N 7.

4   Büchler/Michel, FamKomm PartG, Art. 3 N 4; Geiser, ZüKomm, Art. 3 PartG N 14; Michel Montini, Die eingetragene Partnerschaft: Abschluss, Auflösung und allgemeine Wirkung, in Andreas R. Ziegler/Martin Bertschi/Alexandre Curchod/Nadja Herz/Michel Montini (Hrsg.), Rechte der Lesben und Schwulen in der Schweiz (Bern 2007), N 29.

5   BBl 2006, 7098.

Kindesverhältnis durch die Adoption erlischt, nicht zum Zug. In Fortsetzung dieses Grundsatzes ist ein Ehehindernis auch dann anzunehmen, wenn eine bloss genetische Abstammung vorliegt, welche nicht aus dem Zivilstandsregister erkennbar ist (82 IV 102 f.).[6] Im Unterschied zum ZGB erwähnt das PartG nicht, dass das Hindernis der Verwandtschaft auf Abstammung oder Adoption beruhen könne (4[1] PartG). Das versteht sich allerdings von selbst. Das PartG schweigt sich auch darüber aus, was zwischen der Adoptierten und ihrer angestammten Familie gilt. In der Botschaft wird die Nichtregelung dieser Frage mit der Unwahrscheinlichkeit ihres Auftretens begründet. Gegebenenfalls müsse aber die Lücke in Analogie zu Art. 95[2] gefüllt werden.[7] Damit ist die Annahme eines qualifizierten Schweigens ausgeschlossen.[8]

11   Die Eheschliessung bzw. die Eintragung ist verboten *zwischen Verwandten in gerader Linie* sowie *zwischen Geschwistern oder Halbgeschwistern,* und zwar unabhängig von der Art der Entstehung des Kindesverhältnisses (95[1]). Kein Verbot besteht dagegen für die Ehe bzw. die Partnerschaft zwischen Onkel und Nichte, Tante und Neffe, zwischen Schwiegereltern und Schwiegerkindern sowie zwischen Stieftochter und Stiefvater, Stiefmutter und Stiefsohn. Das früher bestehende Ehehindernis zwischen Stiefeltern und Stiefkindern wurde spätestens seit BGE 128 III 113 (115 E. 2b) kritisiert.[9] Damals sah sich das Bundesgericht angesichts des seinerzeit noch geltenden Ehehindernisses ausser Stande, einer Stieftochter die Ehe mit ihrem Stiefvater zu erlauben, obwohl die beiden zwei gemeinsame Kinder hatten. Am 1. Januar 2006 ist dieses Ehehindernis im ZGB als Vorwirkung des (erst ein Jahr später in Kraft getretenen) PartG aufgehoben worden.

---

6   So auch MONTINI/GRAF-GAISER, BaKomm, Art. 95 N 1; BÜCHLER/MICHEL, FamKomm PartG, Anh. 8 ZGB, Familienrecht, N 2; WERRO a.a.O. Nr. 278; RUDOLF MERONI, Dogmatik und praktische Bedeutung des schweizerischen Eheungültigkeitsrechts (Diss. Zürich 1984), 28; a. M. HEGNAUER/BREITSCHMID a.a.O. N 4.11; JÜRG-CHRISTIAN HÜRLIMANN, Die Eheschliessungsverbote zwischen Verwandten und Verschwägerten (Diss. Zürich, Bern/Frankfurt a.M./New York/Paris 1987), Europäische Hochschulschriften 684, 86 ff.

7   «Dass die Adoption die Verwandtschaft in der leiblichen Familie nicht aufhebt, ergibt sich aus Artikel 95 Absatz 2 ZGB und gilt auch bei der registrierten Partnerschaft»; Bundesgesetz über die registrierte Partnerschaft gleichgeschlechtlicher Paare, Erläuternder Bericht und Vorentwurf, November 2001, 24. Botschaft PartG, 1288 ff., 1331; BÜCHLER/MICHEL, FamKomm PartG, Art. 4 N 2; MONTINI a.a.O. N 32.

8   A. M. SCHWENZER, Registrierte Partnerschaft: Der Schweizer Weg, in FamPra.ch 3 (2002), 226 f.; GEISER, ZüKomm, Art. 4 PartG N 7 in fine.

9   Botsch. PartG a.a.O. 1331; REUSSER, BVKomm, Art. 14 BV N 12; MONTINI a.a.O. N 31 weist darauf hin, dass die Schweiz mit der Gesetzesänderung einer Verurteilung durch den EGMR zuvorgekommen ist. Ein die Schweiz betreffendes Verfahren wurde für erledigt erklärt. In einem ähnlichen Fall verurteilte der EGMR das Vereinigte Königreich: Urteil des EGMR, 13. September 2005, B. und L. c. Vereinigtes Königreich (Nr. 36536/02). Kritisch bereits: MARIE-LAURE PAPAUX VAN DELDEN, L'influence des droits de l'homme sur l'osmose des modèles familiaux (Diss. Genf 2002), collection genevoise 64.

2. Bestehende Ehe oder eingetragene Partnerschaft

Wer eine Ehe eingehen oder eine Partnerschaft eintragen will, hat den Nachweis zu 12
erbringen, dass keine andere Ehe besteht, eine frühere also gegebenenfalls aufgelöst
oder für ungültig erklärt worden ist (96 ZGB; 4[2] PartG). Anders als Art. 96 ZGB fordert
Art. 4 PartG zudem, dass nicht bereits eine eingetragene Partnerschaft besteht. Das entsprechende «Ehehindernis der eingetragenen Partnerschaft» wird in Art. 26 PartG aufgestellt. Systematisch hätte es auch in Art. 96 ZGB geregelt werden müssen, wo nur von
früherer Ehe, nicht aber früherer eingetragener Partnerschaft die Rede ist.[10]

Bestand eine frühere Ehe oder Partnerschaft, muss diese für ungültig erklärt oder auf- 13
gelöst worden sein. Von Gesetzes wegen erfolgt die Auflösung der Ehe und Partnerschaft bei Tod. Auch die Verschollenerklärung einer Person löst deren Ehe mit einer
anderen Person ex lege und ohne besondere gerichtliche Auflösung auf (38[3] ZGB).
Gleiches gilt auch für die eingetragene Partnerschaft, obwohl diese in Art. 38[3] nicht
erwähnt wird. Heikel sind hier nur Fälle mit Auslandberührung (106 II 180; 107 II 97;
110 II 5; 113 III 1).

3. Willensmängel

Die Willensmängel sind nicht ausdrücklich unter dem Randtitel der Ehe- oder Eintra- 14
gungshindernisse aufgeführt. Dies liegt darin begründet, dass für den Eheschluss bzw.
die Eintragung der wirkliche und mängelfreie Wille vorhanden sein muss,[11] was sich
aus der Rechtsnatur der Eheschliessung bzw. der Eintragung als Vertrag[12] ergibt und
daher eine selbstverständliche Voraussetzung darstellt. Das Fehlen dieser Voraussetzung stellt ein Hindernis dar und zieht entsprechende Konsequenzen nach sich. Das
ZGB nennt in Art. 107 Ziff. 2–3 die Willensmängel des *Irrtums* bezüglich der Eheschliessung selbst (error in negotio) oder der Person, mit der die Ehe geschlossen wird
(error in persona), der *Täuschung* hinsichtlich wesentlicher persönlicher Eigenschaften
der anderen Vertragspartei. Die bisherige Ziff. 4 (Drohung) wurde mit dem BG über
Massnahmen gegen Zwangsheiraten durch Ziff. 5 in Art. 105 ersetzt (§ 22 N 16 f.).[13]

---

10 BÜCHLER/MICHEL, FamKomm PartG Art. 4 N 6; GEISER, ZüKomm, Art. 4 PartG N 16, 18;
SCHWENZER a.a.O. 226 f.; MONTINI/GRAF-GAISER, BaKomm, Art. 96 N 5 ; siehe dazu auch
HAUSHEER/GEISER/AEBI-MÜLLER, Familienrecht, Nr. 5.06; KELLER, HandKomm, Art. 96 N 2.

11 WERRO a.a.O. Nr. 295 ff.

12 Siehe sogleich N 18 ff., 31 ff.

13 WERRO a.a.O. Nr. 295 ff.; HEGNAUER/BREITSCHMID a.a.O. Nr. 7.22, mit Hinweis auf ein Beispiel für den Irrtum mit Bezug auf die Person bei ALEXANDER S. PUSCHKIN, Der Schneesturm.
Siehe zur Zwangsehe: BGE 134 II 5 E. 4; BÜCHLER, Zwangsehen in zivilrechtlicher und internationalprivatrechtlicher Sicht, in FamPra.ch 8 (2007), 725 ff., insb. 740 ff.; GEISER, Scheinehe,
Zwangsehe und Zwangsscheidung aus zivilistischer Sicht, in ZBJV 144 (2008), 817 ff., sowie aus
der strafrechtlichen Perspektive: WOHLERS, Zwangsehen in strafrechtlicher Sicht, in FamPra.ch
8 (2007), 752 ff. S. auch Motion TRIX HEBERLEIN 06.3658 vom 12. März 2008, womit der Bundesrat beauftragt wird, unverzüglich alle notwendigen gesetzgeberischen Massnahmen (Strafrecht, Zivilrecht, Ausländerrecht usw.) zu ergreifen und ein umfassendes Konzept zu erarbeiten,
das geeignet ist, Zwangsheiraten zu verhindern, die Opfer wirksam zu unterstützen (Ausstiegs-
hilfe, Identität usw.) und ihre Grundrechte zu schützen. S. auch Bericht des Bundesrates über

Eine Täuschung liegt namentlich bei einer absichtlich verschwiegenen Krankheit vor. Darunter fallen primär ansteckende Krankheiten, grundsätzlich aber nicht psychische Krankheiten.[14]

15   Im Unterschied zum ZGB, das nur qualifizierte Willensmängel als genügend betrachtet, bezeichnet das PartG in Art. 10 Willensmängel ganz allgemein als Ungültigkeitsgrund. Somit sind im PartG die allgemeinen obligationenrechtlichen Bestimmungen anwendbar (23 ff. OR), während Art. 107 ZGB als lex specialis zu Art. 23 OR gilt.

4. Umgehung ausländerrechtlicher Bestimmungen

16   Neben den privatrechtlichen Ehehindernissen können *öffentlich-rechtliche* bestehen: Mit dem BG über die Ausländerinnen und Ausländer vom 16. Dezember 2005 sind Bestimmungen über die Eheschliessungen von und mit Ausländern und Ausländerinnen in das ZGB und in das PartG aufgenommen worden. Damit sollen Eheschliessungen und Eintragungen von Partnerschaften zur Umgehung des am 1. Januar 2008 in Kraft getretenen Ausländerrechts verhindert (97a ZGB, 6[2 und 3] PartG, s. unten N 21) bzw. gegebenenfalls für ungültig erklärt werden (105 Ziff. 3 ZGB, 9[1] lit. c PartG, s. unten § 22 N 15). Zur Eheschliessung eines Ausländers in der Schweiz s. auch 113 II 5; zu Scheinehen: 121 II 1; 121 III 150 E. 2a; 121 II 101 E. 3; 121 II 6 E. 3a; 122 II 289; 123 II 50 E. 4; 127 II 55 E. 4; 128 II 151 E. 2; 130 II 117 E. 4.2; BGer 2C_125/2011 E. 3.2. ff.[15]

5. Rechtsfolgen der Missachtung von Ehe- bzw. Eintragungshindernissen

17   Sie bestehen in der befristeten oder der unbefristeten Ungültigkeit der Ehe bzw. der Eintragung (s. dazu hinten § 22 N 9 ff., N 21 ff.). Sind Braut und Bräutigam Schweizerbürger(in) oder haben beide Wohnsitz in der Schweiz, ist der Abschluss einer Ehe im Ausland in

---

Zwangsehen vom November 2007. Darin wird z.B. vorgeschlagen, dass der Zivilstandsbeamte sich vergewissern muss, dass die Ehe aus freiem Willen geschlossen wird. Zudem könnte eine unter Zwang geschlossene Ehe neu ein Grund für deren unbefristete Ungültigkeit sein. Weiter wird eine Einschränkung der Anerkennung von Stellvertreterehen geprüft. Siehe zur Anerkennung: BÜCHLER/FINK, Eheschliessungen im Ausland. Die Grenzen ihrer Anerkennung in der Schweiz am Beispiel von Ehen islamischer Prägung, in FamPra.ch 9 (2008), 48 ff.

14   Kassationsgericht ZH, 5. Juni 2008, in FamPra.ch 9 (2008), 889 ff.

15   BGer 2C_750/2007; 2C_435/2007, in FamPra.ch 9 (2008), 584 ff., mit Bemerkungen von FANK-HAUSER, 587 f.; SANDOZ, Mariages fictifs: à la frontière du droit et de l'éthique, in ZZW 68 (2000), 413 ff.; PAPAUX VAN DELDEN a.a.O. 72 ff.; s. auch Parlamentarische Initiative von TONI BRUNNER vom 15. Dezember 2005, mit dem Ziel, Ehen bei rechtswidrigem Aufenthalt in der Schweiz zu unterbinden, indem ein rechtmässiger Aufenthalt in der Schweiz nachgewiesen werden muss. Zudem ist vorgesehen, dass die Zivilstandsämter Zugriff auf das Zentrale Migrationssystem erhalten. Diese Bestimmungen gelten sinngemäss auch für eingetragene Partnerschaften; positiver Bericht des Bundesrates in einer Stellungnahme zum Bericht der Staatspolitischen Kommission des Nationalrats vom 14. März 2008 (05.463), BBl 2008, 2481 ff.; Entwurf der gesetzlichen Änderungen in BBl 2008, 2479 f. Eine Motion von FELIX MÜRI vom 3. Oktober 2007 beabsichtigt ein Verbot für Eheschliessungen während laufender Ausschaffungsfrist einzuführen; diese Motion wurde im Plenum noch nicht behandelt (07.3622), jedoch vom Bundesrat am 28. November 2007 zur Ablehnung empfohlen http://www.parlament.ch/D/Suche/Seiten/geschaefte.aspx?gesch_id=20073622 (besucht am 13. August 2008).

der offenbaren Absicht, Nichtigkeitsgründe des schweizerischen Rechts zu umgehen, unwirksam (45^2 IPRG; vgl. 119 II 266).[16] Eine entsprechende Bestimmung für die eingetragene Partnerschaft besteht zwar nicht, doch gelten die Bestimmungen des dritten Kapitels (Art. 43–65 IPRG) gemäss Art. 65a IPRG sinngemäss auch für die eingetragene Partnerschaft, mit Ausnahme der Art. 43 Abs. 2 und 44 Abs. 2.[17] Ausserdem wurde mit dem PartG der Art. 45 Abs. 3 IPRG geschaffen, wonach eine im Ausland gültig geschlossene Ehe zwischen Personen gleichen Geschlechts in der Schweiz als eingetragene Partnerschaft anerkannt (und so ins Zivilstandsregister eingetragen) wird.

II. Die Vorbereitung der Eheschliessung und die Trauung

Das Eheschliessungsverfahren ist im dritten Abschnitt des dritten Teils des ZGB geregelt und steht unter dem Titel «Vorbereitung der Eheschliessung und Trauung».[18] Er zerfällt in die fünf Teile «Grundsätze», «Umgehung des Ausländerrechts», «Vorbereitungsverfahren», «Trauung» und «Ausführungsbestimmungen». Letztere verweisen auf die Art. 62–75 Zivilstandsverordnung (ZStV) vom 28. April 2004 (in Kraft seit dem 1. Januar 2007).   18

Die Brautleute begründen die Ehe selber durch ihre zustimmende gegenseitige Willenserklärung. Die Ehe ist folglich ein Vertrag. Art. 102 Abs. 3 bringt diesen Gedanken zum Ausdruck: Danach «wird die Ehe durch ihre [der Brautleute] beidseitige Zustimmung als geschlossen erklärt». S. auch die entsprechende Formulierung in Art. 71 Abs. 3 ZStV.   19

a. Die Grundsätze

Der Art. 97 enthält *drei* auf unterschiedlicher Ebene liegende «*Grundsätze*»:   20

1. Zunächst wird deklariert, dass die Ehe «nach dem *Vorbereitungsverfahren* vor der Zivilstandsbeamtin oder dem Zivilstandsbeamten» geschlossen wird (97^1). Die Einzelheiten dieses Verfahrens sind in den Art. 98–100 geregelt (nachstehend N 22 ff.).

2. Gemäss Art. 97 Abs. 2 können sich die Verlobten *im Zivilstandskreis ihrer Wahl* trauen lassen. Da für das Vorbereitungsverfahren nach wie vor das Wohnsitzprinzip gilt (98^1), bedarf es gegebenenfalls auch fortan einer Trauungsermächtigung (101^2).

3. Zuletzt regelt Art. 97 Abs. 3 die Frage der religiösen Ehe vor der Ziviltrauung: Nach einigen Diskussionen im Gesetzgebungsverfahren einigte man sich schliess-

---

16 BÜCHLER, Eheschliessungen im Ausland. Die Grenzen ihrer Anerkennung in der Schweiz am Beispiel von Ehen islamischer Prägung, in FamPra.ch 9 (2008), 48 ff.

17 GEISER, ZüKomm, Art. 9 PartG N 28; MONTINI a.a.O. N 52, nach dem sich Art. 45 i. V. m. 65a IPRG nur auf unbefristete, nicht aber auf befristete Ungültigkeitsgründe bezieht.

18 Im Vergleich zu dem vor dem 1. Januar 2000 geltenden Verfahren wurde es stark vereinfacht. HEGNAUER, Entwicklungen des schweizerischen Familienrechts, in FamPra.ch 1 (2000), 1 ff., kritisiert dies teilweise und schlägt eine obligatorische Bedenkfrist von drei bis sechs Monaten vor der Eheschliessung vor.

lich auf folgende Formulierung: «Eine religiöse Eheschliessung darf vor der Ziviltrauung nicht durchgeführt werden.»[19] Für die Streichung einer solchen Bestimmung
wurde namentlich ins Feld geführt, es handle sich dabei um einen kulturkämpferi-
schen Zopf; für die Beibehaltung sprachen praktische Gründe des sozialen Schutzes
und der Rechtssicherheit.[20]

b. Umgehung des Ausländerrechts

21 Mit dem BG über die Ausländerinnen und Ausländer vom 16. Dezember 2005, in Kraft
seit dem 1. Januar 2008, wurde ein Art. 97a ZGB eingefügt. Danach tritt die Zivilstandsbeamtin oder der Zivilstandsbeamte auf das Gesuch nicht ein, wenn die Braut oder
der Bräutigam offensichtlich keine Lebensgemeinschaft begründen (BGer 5A_30/2014
E. 3.3; 5A_901/2012 E. 4), sondern die Bestimmungen über Zulassung und Aufenthalt
von Ausländerinnen und Ausländern umgehen will (97a[1]; BGer 5A_30/2014 E. 3.3;
5A_901/2012 E. 4). Zur Beurteilung der Sachlage hört der Beamte bzw. die Beamtin
die Brautleute an und kann bei anderen Behörden oder bei Drittpersonen Auskünfte
einholen (97a[2]). Dieser Verfahrensbestimmung entspricht der neue Eheungültigkeits-
grund der Umgehung des Ausländerrechts (105 Ziff. 4, s. § 22 N 15).[21]

c. Das Vorbereitungsverfahren

22 Die drei einschlägigen Bestimmungen (98–100) beschäftigen sich mit dem Gesuch, mit
der Durchführung und dem Abschluss des Vorbereitungsverfahrens sowie mit den Fristen. Die Zivilstandsverordnung regelt das Vorbereitungsverfahren in den Art. 62–69.

23 Laut Art. 98 Abs. 1 ZGB stellen die Verlobten[22] *das Gesuch* um Durchführung des Vorbereitungsverfahrens beim Zivilstandsamt des Wohnortes der Braut oder des Bräuti-
gams.[23] Nachträglicher Wohnsitzwechsel hebt die einmal begründete Zuständigkeit
nicht auf (62[2] ZStV). – Die gesuchstellenden Brautleute müssen *persönlich erschei-*

---

19 Ein Verstoss gegen diese Bestimmung wird nicht mehr – wie vor dem 1. Januar 2000 (damaliger
182[2] ZStV) – mit einer Busse gegenüber dem kirchlichen Würdenträger geahndet.

20 Es ging dabei vorwiegend um den Schutz vor Irreführung der allenfalls ahnungslosen ausländischen Wohnbevölkerung aus Ländern, wo die religiös geschlossene Ehe vom Staat anerkannt
wird. Siehe Amtl. Bull. 1996 StR, 751 f.; Amtl. Bull. 1997 NR, 2670 f.; Amtl. Bull. 1998 StR, 320 ff.,
NR, 1184 und StR, 708.

21 Botschaft zum Bundesgesetz über die Ausländerinnen und Ausländer vom 8. März 2002, BBl
2002, 3709, 3837 ff.; siehe dazu ROLAND FANKHAUSER, Ausländerrechtliche Prävention durch
zivilrechtliche Massnahmen, in Salome Wolf/Martino Mona/Marc Hürzeler (Hrsg.), Prävention im Recht (Basel 2008), 119 ff., sowie die Weisungen des Eidg. Amtes für das Zivilstandswesen, EAZW Nr. 10.11.01.02 vom 1.1.2011 (Stand 1.2.2014), Ehen und eingetragene Partnerschaften ausländischer Staatsangehöriger: Nachweis des rechtmässigen Aufenthaltes und Meldung an
die Ausländerbehörden https://www.bj.admin.ch/content/dam/data/bj/gesellschaft/zivilstand/
weisungen/weisungen-07/10-11-01-02-d.pdf (besucht am 15. Februar 2015).

22 Das Gesetz unterstellt mithin zu Recht, dass zwischen den Gesuchstellern ein Verlöbnis im Sinn
der Art. 90 ff. besteht.

23 Die Formulierung «Braut oder Bräutigam» bekräftigt, dass die Ehe zwischen gleichgeschlechtlichen Personen ausgeschlossen ist: Botsch. ZGB a.a.O. 69. – Für Fälle mit Auslandberührung
siehe Art. 43 IPRG.

nen (98² erster Satz); das Zivilstandsamt kann ihnen so die nötigen Informationen vermitteln, auf konkrete Fragen eingehen und Einblick erhalten über das Vorliegen der Urteilsfähigkeit.²⁴ Nur wo das offensichtlich unzumutbar ist, wird die schriftliche Durchführung des Vorbereitungsverfahrens bewilligt (98² zweiter Satz); die Ausnahmeklausel ist einschränkend auszulegen.²⁵ – Der dritte Absatz des Art. 98 verlangt dreierlei: Die Gesuchstellenden haben ihre Personalien mit Dokumenten zu belegen;²⁶ sie haben beim Zivilstandsamt persönlich zu erklären, dass sie die Ehevoraussetzungen erfüllen (also dass sie ehefähig sind und dass keine Ehehindernisse vorliegen²⁷); sie legen die nötigen Zustimmungen vor. Da mit dem Erwachsenenschutzrecht ZGB 94² und PartG 3² aufgehoben wurden (s. vorne N 8), sind bei Anwendung von Schweizer Recht keine Zustimmungen erforderlich.²⁸ Schliesslich müssen seit dem 1. Januar 2011²⁹ Verlobte, die nicht Schweizerbürgerinnen oder Schweizerbürger sind, während des Vorbereitungsverfahrens ihren rechtmässigen Aufenthalt in der Schweiz nachweisen (BGer 5A_743/2013 E. 5; vgl. dazu auch BGE 138 I 46 f. E. 4; 137 I 356 ff. E. 3.5–3.7; BGer 5A_347/2013).

Durchführung und Abschluss des Vorbereitungsverfahrens sind in einer einzigen Bestim- 24 mung, in Art. 99, geregelt: Gemäss dem ersten Absatz dieses Artikels *prüft das Zivilstandsamt*, ob das Gesuch ordnungsgemäss eingereicht ist, die Identität der Verlobten feststeht und die Ehevoraussetzungen erfüllt sind. Es stützt sich dabei in der Regel nur auf die Dokumente und Erklärungen der Brautleute.³⁰ Wenn alle Voraussetzungen erfüllt sind, *teilt das Zivilstandsamt den Verlobten den Abschluss des Vorbereitungsverfahrens* sowie die gesetzlichen Fristen (100) für die Trauung *mit* (99²). Hat das Zivilstandsamt dagegen trotz allfälligen weiteren Abklärungen³¹ begründete Zweifel am Vorliegen der Ehevoraussetzungen, verweigert es die Vornahme der Trauung oder gegebenenfalls (99³ in fine) die Ausstellung einer Trauungsermächtigung; dies geschieht in einem formellen Entscheid, der nach erfolgloser Ausschöpfung des kantonalen Instanzenzuges mit Beschwerde in Zivilsachen ans Bundesgericht weitergezogen werden kann (72² lit. b Ziff. 1 BGG).³² Erkennt das *Zivilstandsamt,* dass alle

---

24   Botsch. ZGB a.a.O. 69 f. Verlobte, die sich im Ausland aufhalten, können das Gesuch durch Vermittlung der zuständigen schweizerischen Vertretung einreichen: Art. 63 Abs. 2 ZStV.

25   Botsch. ZGB a.a.O. 70; MONTINI/GRAF-GAISER, BaKomm, Art. 98 ZGB N 1 ; KELLER, HandKomm, Art. 98 N 2.

26   Im Einzelnen s. hierzu Art. 64 ZStV.

27   Im Einzelnen s. hierzu Art. 65 ZStV. Nach Art. 65 Abs. 2 ZStV ermahnt die Zivilstandsbeamtin oder der Zivilstandsbeamte die Verlobten zur Wahrheit, weist sie auf die Strafnorm einer falschen Erklärung hin und beglaubigt ihre Unterschriften.

28   Botsch. ZGB a.a.O. 71.

29   BG vom 12. Juni 2009 über die Änderung des ZGB (Unterbindung von Ehen bei rechtswidrigem Aufenthalt, AS 2010, 3057).

30   Botsch. ZGB a.a.O. 71.

31   Solche dürften sich gemäss Botsch. ZGB a.a.O. 72 im Allgemeinen nur in gewissen internationalen Fällen aufdrängen. Mitwirkungspflicht der Verlobten auf Grund Art. 16 ZSTV.

32   TARKAN GÖKSU, Die Beschwerden ans Bundesgericht (Zürich/St. Gallen 2007), N 19 ff.; siehe dazu auch KELLER, HandKomm, Art. 99 N 2.

Anforderungen erfüllt sind, *legt* es im Einvernehmen mit den Verlobten im Rahmen der kantonalen Vorschriften den *Zeitpunkt der Trauung fest oder stellt* auf Antrag die *Ermächtigung zur Trauung* in einem anderen Zivilstandskreis *aus* (99³; s. auch 101²). Schliesslich teilt seit dem 1. Januar 2011 das Zivilstandsamt der zuständigen Behörde die Identität von Verlobten mit, die ihren rechtmässigen Aufenthalt in der Schweiz nicht nachgewiesen haben (ZGB 99⁴).

25   Der Art. 100 handelt von den *Fristen:* Die Trauung kann frühestens zehn Tage nach der Mitteilung des Abschlusses des Vorbereitungsverfahrens stattfinden (100¹). Angesichts der Tragweite der Eingehung der Ehe erscheint eine solche Bedenkfrist angemessen. Das Gesetz kennt allerdings auch eine *Nottrauung* (100²): Ist zu befürchten, dass wegen Todesgefahr eines Verlobten die Trauung bei Beachtung der Zehntagefrist nicht mehr möglich ist, kann auf ärztliche Bestätigung hin die Zivilstandsbeamtin oder der Zivilstandsbeamte die Frist abkürzen oder die Trauung unverzüglich vornehmen. Neben der minimalen Bedenkfrist besteht auch eine Maximalfrist: Die Trauung muss spätestens drei Monate nach der soeben erwähnten Mitteilung stattfinden (100¹). Diese relativ kurze Frist (vor dem 1. Januar 2000 dauerte sie noch sechs Monate) hat den Umstand im Auge, dass nach Ausstellung des Trauscheins Ehehindernisse eintreten können und somit der Trauschein missbräuchlich verwendet werden könnte.[33]

d. Die Trauung

26   Das Gesetz spricht in Art. 101 und 102 über Ort (N 27) und Form (N 28) der Trauung (célébration du mariage). Die Zivilstandsverordnung regelt die Trauung in den Art. 70–72.

27   1. *Ort der Trauung* ist das *Trauungslokal des* von den Verlobten *für das Vorbereitungsverfahren gewählten Zivilstandskreises* (101¹). Bei Vorlage einer Trauungsermächtigung (99³ in fine) kann dies auch das Trauungslokal *eines anderen Zivilstandskreises* sein (97² und 101²). In beiden Fällen kann die Trauung *an einem anderen Ort* stattfinden, wenn es für die Verlobten nachweisbar unzumutbar ist, sich in das Trauungslokal zu begeben (101³). Damit sind aber nicht ausgefallene Sonderwünsche der Verlobten gemeint, die den feierlichen Charakter der Trauung gefährden.[34]

28   2. Die *Form der Trauung* ist *öffentlich.*[35] Die Trauung findet *in Anwesenheit von zwei* volljährigen und urteilsfähigen *Zeuginnen oder Zeugen* statt (102¹). Nach Art. 102 Abs. 2 richtet die Zivilstandsbeamtin oder der Zivilstandsbeamte *an den Bräutigam und an die Braut einzeln* («einzeln» stand bis anhin nicht im Gesetz, wohl aber in der Verordnung) *die Frage,* ob sie miteinander die Ehe eingehen wollen (71 Abs. 2 ZStV). Nach Art. 102 Abs. 3 wird, wenn die Verlobten die Frage bejahen, *die Ehe durch* ihre *beidseitige Zustimmung* als *geschlossen* erklärt. Da es sich bei der Ehe um einen Ver-

---

33   Botsch. ZGB a.a.O. 72 f.
34   Botsch. ZGB a.a.O. 74; siehe dazu auch KELLER, HandKomm, Art. 101 N 1.
35   Botsch. ZGB a.a.O. 75: «Wer immer es wünscht, darf anwesend sein.» Die Zivilstandsbeamtin kann immerhin die Zahl der teilnehmenden Personen aus Ordnungsgründen beschränken (72 Abs. 1 ZStV). Zudem dürfen an Sonntagen keine Trauungen stattfinden (72 Abs. 2 ZStV).

trag zwischen den Eheleuten handelt und dieser durch die übereinstimmenden Willenserklärungen der Verlobten zustande kommt, hat die Erklärung des Beamten bloss deklaratorische Bedeutung.[36]

Alle diese Formalitäten sind – wie jene über die Verkündung – blosse *Ordnungsvorschriften,* von deren Einhaltung die Gültigkeit der Ehe nicht abhängt. Dies ergibt sich aus Art. 104, wonach die Ehe einzig aus einem in ZGB 105 und 107 erwähnten Grund, d.h. wegen eines Ehehindernisses (94–96) oder wegen Willensmangels für ungültig erklärt werden kann. Vgl. hierzu auch § 22 N 7. **29**

e. Die Ausführungsbestimmungen

Nach dem kurzen, nur einen Absatz umfassenden Art. 103 erlassen der Bundesrat und, **30** im Rahmen ihrer Zuständigkeit, die Kantone die nötigen Ausführungsbestimmungen. Diese bundesrätliche Verordnungskompetenz und der entsprechende Verordnungsauftrag[37] haben ihren Niederschlag im 7. Kapitel, in den Art. 62 ff. der Zivilstandsverordnung gefunden.

III. Das Verfahren der Beurkundung der Partnerschaft

Die Beurkundung erfolgt vor dem Zivilstandesamt, gestützt auf ein Verfahren, das der **31** Vorbereitung der Eheschliessung und Trauung (Art. 97 ff. ZGB) sehr ähnlich ist: Die Art. 5 ff. PartG regeln das Gesuch (Art. 5), dessen Prüfung (Art. 6), die Form des Eintragungsverfahrens (Art. 7) und die Delegation an den Bundesrat zum Erlass von Ausführungsbestimmungen (Art. 8). Letztere verweisen auf das neue Kapitel 7a, nämlich auf die Art. 75a–75m ZStV.

a. Das Vorverfahren

Wie für die Eheschliessung ist das *Gesuch* um Eintragung beim *Zivilstandsamt des* **32** *Wohnsitzes* einer der beiden Partnerinnen oder eines der beiden Partner einzureichen (5[1] PartG). Ein nachträglicher Wohnsitzwechsel hebt die einmal begründete Zuständigkeit nicht auf (75a[2] ZStV). *Ausnahmsweise* ist das Zivilstandsamt *am Aufenthaltsort* eines Partners oder einer Partnerin zuständig, nämlich dann, wenn diese/r gemäss ärztlichem Zeugnis in Todesgefahr schwebt (75a[3] ZStV). – Die gesuchstellenden Partner/innen oder Partner müssen *persönlich erscheinen* (5[2] erster Satz PartG). Nur wo das offensichtlich unzumutbar ist, wird die schriftliche Durchführung des Vorbereitungsverfahrens bewilligt (5[2] zweiter Satz PartG, 75h[1] ZStV). Gegebenenfalls können Partner/innen, die sich im Ausland aufhalten, die persönlichen Erklärungen über das Vorliegen der Eintragungsvoraussetzungen (5[3] zweiter Satz PartG, 75d ZStV) vor der zuständigen Vertretung der Schweiz im Ausland abgeben (75h[2] ZStV). – Die Gesuchstellenden haben ihre Personalien mit Dokumenten zu belegen (5[3] PartG; 75c[1] ZStV);

---

36   Botsch. ZGB a.a.O. 75 unten; Hausheer/Geiser/Aebi-Müller, Familienrecht, Nr. 5.15.
37   Schnyder, ZüKomm, Allg. Einleitung zu Art. 1–10, N 244.

Entmündigte legen zusätzlich die schriftliche Einwilligungserklärung der gesetzlichen Vertretung bei (75c² ZStV). Weiter haben die Gesuchstellenden dem Zivilstandsamt persönlich zu erklären, dass sie die Voraussetzungen zur Eintragung einer Partnerschaft erfüllen (5³ zweiter Satz PartG, 75d ZStV). Schliesslich müssen Partnerinnen oder Partner (wie die Eheleute, s. oben N 23), die nicht Schweizerbürgerinnen oder Schweizerbürger sind, während des Vorverfahrens ihren rechtmässigen Aufenthalt in der Schweiz nachweisen (PartG 5⁴).

33   Nach Eingang der massgeblichen Dokumente und Erklärungen *prüft das Zivilstandsamt,* ob das Gesuch ordnungsgemäss eingereicht worden ist, die nötigen Dokumente und Erklärungen und die Eintragungsvoraussetzungen vorliegen (6 PartG; 75e ZStV). Anschliessend wird das *Vorverfahren* mit der Feststellung seines Ergebnisses *abgeschlossen* (75f ZStV): Sind alle Voraussetzungen erfüllt, eröffnet das Zivilstandsamt den Partner/innen den Entscheid, dass die Beurkundung stattfinden kann (75f² ZStV). Sind die Voraussetzungen nicht erfüllt oder bleiben erhebliche Zweifel bestehen, so verweigert es die Beurkundung (75f² ZStV).

34   Mit dem BG über Ausländerinnen und Ausländer vom 16. Dezember 2005, in Kraft seit dem 1. Januar 2008, wurden dem Art. 6 zwei neue Absätze angefügt: Danach tritt die Zivilstandsbeamtin auf das Gesuch nicht ein, wenn eine der Partner/innen offensichtlich keine Lebensgemeinschaft begründen, sondern die *Bestimmungen über Zulassung und Aufenthalt von Ausländerinnen und Ausländern umgehen* will (6² PartG). Zur Beurteilung der Sachlage hört die Beamtin die Partner/innen an und kann bei anderen Behörden oder bei Drittpersonen Auskünfte einholen (6³ PartG). Dieser Verfahrensvorschrift entspricht der neue Ungültigkeitsgrund der Umgehung des Ausländerrechts in Art. 9 Abs. 1 lit. c PartG (§ 22 N 15).[38]

35   Die *Fristen* sind in Art. 75 g ZStV geregelt: Anders als bei der Eheschliessung kann die Beurkundung sogleich, ohne minimale Bedenkfrist erfolgen, muss aber spätestens drei Monate nach dem erwähnten Entscheid des Zivilstandsamts vorgenommen werden (75g ZStV).

b. Die Beurkundung

36   Im PartG (7) ist einzig die Form der Beurkundung (N 38 f.) geregelt, während die ZStV Bestimmungen sowohl über den Ort (75i ZStV) (N 37) wie auch über die Form (75k ZStV) enthält.

1. Ort

37   Die Beurkundung findet in einem geeigneten *Lokal des Zivilstandskreises* statt, den die Partner/innen für das Vorverfahren gewählt haben (75i ZStV). Die Beurkundung kann aber – wie die Trauung (vorn N 27) – auch in einem anderen Zivilstandskreis stattfinden. Diesfalls stellt das Zivilstandsamt, welches das Vorverfahren durchgeführt hat, eine Ermächtigung zur Beurkundung aus (75i³ ZStV). Das geeignete Lokal ist

---

38   Botschaft PartG a.a.O. 1333; BÜCHLER/MICHEL, FamKomm PartG, Art. 9 N 10; GEISER, ZüKomm, Art. 9 PartG N 32.

grundsätzlich das Trauungslokal.[39] Dieses sollte auf Grund der Gleichbehandlung von Ehe und eingetragener Partnerschaft auch für die Beurkundung der Partnerschaft zur Verfügung stehen, sofern die Partnerinnen oder Partner das wünschen.[40] Es kann aber auch ein anderes amtliches Lokal sein. Ist es für eine/n Partner/in bzw. für beide unzumutbar, sich in das amtliche Lokal zu begeben (75i ZStV), kann die Beurkundung an einem *anderen Ort* stattfinden.

2. Form

Gegenstand der Beurkundung sind die gegenseitigen Willenserklärungen, eine eingetragene Partnerschaft eingehen zu wollen (7^1 PartG; 75k ZStV). Die Urkunde wird von den Partner/innen unterzeichnet (7^2 PartG; $75k^2$ ZStV), und die Unterschriften sind zu beglaubigen ($75k^3$ ZStV). Die Beurkundung hat konstitutive Wirkung.[41] Der Beurkundungsakt ist öffentlich (7^2 PartG). Im Unterschied zur Eheschliessung (102^1 ZGB) wird aber auf die Anwesenheit von zwei Zeugen verzichtet.

38

Bei diesen Formalitäten handelt es sich – wie bei der Eheschliessung – um blosse *Ordnungsvorschriften,* von deren Einhaltung die Gültigkeit der Beurkundung nicht abhängt. Das ergibt sich aus Art. 9 und 10 PartG, welche die Verletzung dieser Vorschriften nicht zu den Ungültigkeitsgründen zählen.

39

---

39 BÜCHLER/MICHEL, FamKomm PartG, Art. 7 N 7; MONTINI a.a.O. N 47; GEISER, ZüKomm, Art. 5–8 PartG, N 28.

40 A. M. offenbar Teile der Zivilstandsbeamten der Romandie: PERRET, Loi sur le partenariat enregistré; rôle de l'officier de l'état civil, résumé de la séance de travail du groupe de langue française lors de la 78ème assemblée générale 2005 à Bâle, in ZZW 73 (2005), 282.

41 Botschaft PartG a.a.O. 1333; BÜCHLER/MICHEL, FamKomm PartG, Art. 7 N 2; GEISER, ZüKomm, Art. 5–8 PartG N 34; MONTINI a.a.O. N 45.

§ 22 Die Ungültigkeit der Ehe und der eingetragenen Partnerschaft

1   Die Ehe endet mit dem *Tod bzw. der Verschollenerklärung* oder durch *gerichtliche Auf-lösung.* Dasselbe gilt für die eingetragene Partnerschaft, obwohl für die Verschollener-klärung einzig die Auflösung der Ehe gesetzlich geregelt wird (38[3]). Die gerichtliche Auflösung im weiteren Sinn umfasst die *Ungültigerklärung* der Ehe bzw. der eingetra-genen Partnerschaft (104 ff. ZGB; 9 ff. PartG) und die *Scheidung* (111 ff. ZGB) bzw. die *gerichtliche Auflösung* der Partnerschaft *im engeren Sinn* (29 ff. PartG).

2   Im vorliegenden Paragrafen ist von der Ungültigerklärung die Rede, welche das ZGB im vierten Abschnitt des dritten Titels unter der Überschrift «Die Eheungültigkeit» (De l'annulation du mariage) und das PartG im dritten Abschnitt des zweiten Kapitels unter der Überschrift «Ungültigkeit» (Annulation) regelt.

I.   Die Folgen der Mängel der Eheschliessung bzw. der Beurkundung

3   Die Ungültigkeit der Ehe ist die Hauptfolge eines Mangels der Eheschliessung. Sie ist aber nicht die einzige mögliche Folge: Ein Mangel der Eheschliessung kann derart schwerwiegend sein, dass eine Nichtehe vorliegt, oder – umgekehrt – derart unbedeu-tend sein, dass er keinen Einfluss auf die Gültigkeit der Ehe hat.

a. Die Nichtehe, Nichtpartnerschaft

4   Wenn eine *Ehe bzw. Partnerschaft an fundamentalen Mängeln leidet,* liegt dem Anschein zum Trotz *keine Ehe bzw. keine Partnerschaft im Rechtssinn* vor. Sie ist nichtig und muss bzw. kann daher auch nicht für ungültig erklärt werden. Bei entsprechendem Interesse ist eine Klage auf Feststellung der Nichtexistenz möglich; vorfrageweise kann dies auch das Scheidungsgericht beurteilen (114 II 4 E. 1). Eine Nichtehe würde etwa vorliegen, wenn Personen gleichen Geschlechts den «Ehewillen» erklären (vgl. 119 II 264 ff.), wenn eine/r der beiden sich bei der Eheschliessung vertreten liess[1], wenn einer der beiden unter einer falschen Identität heiratet (BGer 5A_804/2008 E. 3.2)[2] oder wenn die Trauung nicht vor dem Zivilstandsbeamten bzw. der Zivilstandsbeam-tin stattfand (104)[3]. So ist auch die rein kirchliche, in der Schweiz abgeschlossene Ehe für das bürgerliche Recht eine Nichtehe. Eine Nichtpartnerschaft würde dementspre-chend beim Fehlen der persönlichen, vorbehaltlosen und übereinstimmenden Erklä-rung der Partnerinnen oder Partner vorliegen, darüber hinaus aber auch bei fehlen-

---

1   Werro, Concubinage, Nr. 376; Geiser, BaKomm, Art. 104 N 4. Zur Anerkennung von auslän-dischen Eheschliessungen s. Büchler, Eheschliessungen im Ausland. Die Grenzen ihrer Aner-kennung in der Schweiz am Beispiel von Ehen islamischer Prägung, in FamPra.ch 9 (2008), 48 ff.

2   FamPra.ch 10 (2009), 1030 ff.

3   Siehe Art. 104, wonach nur, aber eben gerade die «vor der Zivilstandsbeamtin oder dem Zivil-standsbeamten geschlossene Ehe … für ungültig erklärt werden» kann. Geiser, BaKomm, Art. 105 N 4; Keller, HandKomm, Art. 104 N 3; Hausheer/Geiser/Aebi-Müller, Famili-enrecht, Nr. 05.19.

der Unterschrift auf der Partnerschaftsurkunde.[4] Auch die Eintragung verschieden geschlechtlicher Personen führt zur Nichtpartnerschaft, obwohl die Gleichgeschlechtlichkeit nicht gleichermassen zum Wesenskern der eingetragenen Partnerschaft gehört wie die Verschiedengeschlechtlichkeit zur Ehe.[5] Eine nachträgliche registerrechtliche Geschlechtsänderung führt dagegen weder zur Ungültigkeit einer zwischen Mann und Frau gültig geschlossenen Ehe noch zur Ungültigkeit einer zwischen Partnerinnen oder Partnern eingetragenen Partnerschaft.[6]

b. Mängel ohne Gültigkeitsfolgen

Den Gegensatz zu den Mängeln der ersten Gruppe bilden solche, die *keinen Einfluss auf die Gültigkeit* haben, weil sie weder besonders schwer wiegen und nicht gegen den Kern der Institution verstossen noch in der abschliessenden Liste der Ungültigkeitsgründe erwähnt sind (104 ZGB). Das gilt etwa für die Verletzung einer gesetzlichen Form oder Fristvorschrift, sofern die Ehe bzw. Partnerschaft überhaupt vor einer Zivilstandsbeamtin oder einem Zivilstandsbeamten geschlossen bzw. beurkundet worden ist.[7] So begründet das Fehlen der Zeugen für die Eheschliessung (§ 21 N 28), die Nichteinhaltung der in Art. 100 Abs. 1 ZGB oder in 75g ZStV (§ 21 N 25, 35) vorgesehenen Fristen oder die fehlende Öffentlichkeit (102¹ ZGB, 7² PartG; (§ 21 N 28) keine Ungültigkeit. Ferner können für das Zustandekommen einer Ehe, die in einem von Kriegswirren erschütterten Land geschlossen wurde, nicht zu strenge Anforderungen an die Form der Eheschliessung gestellt werden (114 II 7 E. 6b). 5

Vor dem Inkrafttreten des neuen Erwachsenenschutzrechts am 1. Januar 2013 sahen Art. 94 Abs. 2 ZGB und Art. 3 Abs. 2 PartG für entmündigte Personen das Erfordernis der Zustimmung des Vormunds vor, deren Fehlen keinen Einfluss auf die Gültigkeit hatte. Mit dem Erwachsenenschutzrecht sind 94² ZGB und 3² PartG aufgehoben worden, so dass nunmehr Urteilsfähige nach dem 18. Altersjahr die Ehe ohne Zustim- 6

---

4   BÜCHLER/MICHEL, FamKomm PartG, Vorb. zu Art. 9–11 N 4; GEISER, ZüKomm, Art. 9 PartG, N 8 f.

5   BÜCHLER/MICHEL, FamKomm PartG, Vorb. zu Art. 9–11 N 5; GEISER, ZüKomm, Art. 9 PartG N 11. Zu den Folgen einer Geschlechtsumwandlung und deren registerrechtlichem Nachvollzug s. BÜCHLER/MICHEL, FamKomm PartG, Vorb. zu Art. 9–11 N 6 sowie bereits BGE 119 II 269 E. 6b.

6   Für die Ehe: Urteil Bezirksgericht SG vom 26. November 1996, in SJZ 93 (1997), 442 ff., AJP 6 (1997), 340 ff.; Appellationshof des Kantons Bern, Entscheid vom 29. Juli 2005 (APH 05 303), in Fampra.ch 7 (2006), 112 ff.; dazu BÜCHLER/COTTIER, Transsexualität und Recht, Oder: Das falsche Geschlecht. Über die Inkongruenz biologischer, sozialer und rechtlicher Geschlechterkategorisierung, in FamPra.ch 3 (2002), 42 ff.; GEISER, BaKomm, Art. 104 N 6. Für die Partnerschaft: BÜCHLER/MICHEL, FamKomm PartG, Vorb. zu Art. 9–11 N 6, mit zahlreichen Hinweisen.

7   GEISER, BaKomm, Art. 105 N 2. Gemäss der Lehre zum alten Recht (EGGER, ZüKomm, Art. 131 N 6; GÖTZ, BeKomm, Art. 117 N 8) wäre bei gutem Glauben der Eheschliessenden auch die vor einem abgetretenen oder abgesetzten Zivilstandsbeamten geschlossene Ehe gültig. Es gibt keinen Grund dafür, unter neuem Recht etwas anderes anzunehmen.

mung des Beistands eingehen können, und zwar selbst bei umfassender Beistandschaft (398).[8]

c. Die Eheungültigkeit insbesondere

7   Die meisten Mängel sind aber weder so leicht, dass keine Mängelfolge eintritt, noch so schwer, dass eine Nichtehe vorliegt. Ihre Folge ist vielmehr die *Ungültigkeit* der Ehe (104–109 ZGB) bzw. der eingetragenen Partnerschaft (9–11 PartG)[9], dies aber in einem abgeschwächten Sinn: Die Ungültigkeit wird erst dann wirksam, wenn der Mangel gerichtlich geltend gemacht wird und das Gericht die *Ungültigerklärung* ausspricht. Das ZGB zählt die Ungültigkeitsgründe *abschliessend* auf (104). Eine abschliessende Aufzählung ist auch im PartG gegeben, obwohl das nicht ausdrücklich erwähnt wird.[10] Das Gesetz unterscheidet zwischen der befristeten und der unbefristeten Ungültigkeit (nachstehend N 9 ff.; N 21 ff.). Kein Unterschied zwischen unbefristeter und befristeter Ungültigkeit besteht mit Bezug auf die *Wirkungen der Klage* und für *Zuständigkeit und Verfahren* (nachstehend N 27 ff.).

8   Im Übrigen richtet sich die Ungültigkeitsklage immer gegen eine vor der Zivilstandsbeamtin geschlossene Ehe (104 ZGB) bzw. gegen eine von dieser Beamtin beurkundete Partnerschaft (7 PartG). Fehlt diese Voraussetzung, liegt eine Nichtehe bzw. eine Nichtpartnerschaft vor (soeben vorn N 4).

II.   Die unbefristete Ungültigkeit

9   Das ZGB regelt in Art. 105 die Gründe und in Art. 106 die Klage der (unbefristeten) Ungültigkeit, während das PartG beide Themen in Art. 9 behandelt.

a. Die Gründe

10   Das ZGB und das PartG kennen inhaltlich *die gleichen Gründe für die unbefristete Ungültigkeit*, gehen gesetzestechnisch aber unterschiedlich vor: Während Art. 105 ZGB die Ungültigkeitsgründe in sechs Ziffern aufzählt, verweist Art. 9 PartG in Abs. 2 lit. b auf Art. 4 PartG. Folgende sechs Gründe führen unbefristet zur Ungültigkeit der Ehe bzw. Partnerschaft: bestehende Ehe/Partnerschaft (N 11 f.), fehlende Urteilsfähigkeit (N 13), Vorliegen des Ehehindernisses der Verwandtschaft (N 14), Umgehung der

---

8   BBl 2006, 7098. Aufgrund des Grundrechts auf Ehefreiheit (14 BV, 12 EMRK) wurde in der Praxis die Zustimmung nur sehr selten verweigert. Es ging primär darum, die betroffene Person vor einer schweren Gefahr für die persönlichen und wirtschaftlichen Interessen zu schützen.

9   Hierzu s. RUDOLF MERONI, Dogmatik und praktische Bedeutung des schweizerischen Eheungültigkeitsrechts (Diss. Zürich 1984).

10   BÜCHLER/MICHEL, FamKomm PartG, Vorbem. zu Art. 9–11 N 11; GEISER, ZüKomm, Art. 9 PartG N 13 f.; MICHEL MONTINI, Eingetragene Partnerschaft – Abschluss, Auflösung, Wirkungen, in Andreas R. Ziegler/Martin Bertschi/Alexandre Curchod/Nadja Herz/Michel Montini (Hrsg.), Rechte der Lesben und Schwulen in der Schweiz (Bern 2007), N 129.

Bestimmungen über das Ausländerrecht (N 15), Zwang (N 16) und Minderjährigkeit (N 18).

1. Bestehende Ehe/Partnerschaft

Nach Art. 105 Ziff. 1 ZGB ist die *Ehe ungültig,* wenn zur Zeit der Eheschliessung einer der Ehegatten bereits verheiratet war. Mit anderen Worten: Es lag das Ehehindernis der früheren Ehe gemäss Art. 96 ZGB, eine Bigamie vor. Auch wenn das ZGB das nicht erwähnt, ist der bestehenden Ehe eine bestehende eingetragene Partnerschaft gleichzustellen (s. § 21 N 12 f.). Wurde die zur Zeit der Eheschliessung bestehende Ehe/Partnerschaft seither durch Scheidung, Auflösungsurteil oder Tod/Verschollenheit[11] des Partners aufgelöst (105 Ziff. 1 zweite Voraussetzung), kann die Ungültigkeit nicht mehr verfolgt werden, da es sinnlos wäre, eine Ehe für ungültig zu erklären, wenn die Parteien danach ohne Weiteres rechtsgültig wieder heiraten können.[12]

11

Nach Art. 9 Abs. 1 lit. b i. V. m. Art. 4 Abs. 2 PartG ist die *Partnerschaft ungültig,* wenn die Partnerinnen oder Partner bereits in eingetragener Partnerschaft leben oder verheiratet sind. Nach dem Wortlaut der Bestimmung kommt es für das Bestehen der Ehe/Partnerschaft einzig auf den Zeitpunkt der Eintragung der Partnerschaft an, unabhängig davon, ob die frühere Ehe oder Partnerschaft im Zeitpunkt des Ungültigkeitsverfahrens bereits aufgehoben wurde oder nicht. Wegen der Gleichstellung zwischen Ehe und Partnerschaft[13] ist aber davon auszugehen, dass auch hier (wie in Art. 105 Ziff. 1 ZGB) der Ungültigkeitsgrund nachträglich dahinfallen kann.[14]

12

2. Fehlende Urteilsfähigkeit

Als zweiten Grund für unbefristete Ungültigkeit nennt Art. 105 Ziff. 2, dass zur Zeit der Eheschliessung einer der Ehegatten *nicht urteilsfähig* war und seither nicht wieder urteilsfähig geworden ist (s. auch § 21 N 7 f.). Eine psychische Krankheit ist nur dann relevant, wenn sie zu dauernder Urteilsunfähigkeit führt (s. dazu § 9 N 26). War ein Ehegatte bei der Eheschliessung nur vorübergehend urteilsunfähig, so liegt lediglich ein Fall von befristeter Ungültigkeit vor (107 Ziff. 1, dazu N 23). Für die eingetragene

13

---

11 Damit werden die zwei Hauptfälle genannt. Mitgemeint sind allerdings auch Auflösung durch Verschollenheit (383) oder sonstige «Aufhebung einer früheren Ehe» (Botschaft über die Änderung des Schweizerischen Zivilgesetzbuches [Personenstand, Eheschliessung, Scheidung, Kindesrecht, Verwandtenunterstützungspflicht, Heimstätten, Vormundschaft und Ehevermittlung] vom 15. November 1995, in BBl 1996 I 1 ff., 78 oben). Mit Aufhebung einer früheren Ehe meint die Botsch. a.a.O. doch wohl die Ungültigerklärung nach schweizerischem Recht und analoge Rechtsinstitute des ausländischen Rechts.

12 GEISER, BaKomm, Art. 105 N 5. Im Unterschied zum früheren Recht (122³; s. hierzu PIOTET, Nullité du mariage et droits successoraux, in ZSR NF 110 [1991], I 231 ff.) ist für den Ausschluss der Ungültigerklärung nicht vorausgesetzt, dass der andere Ehegatte gutgläubig war: Botsch. a.a.O. 78.

13 Botschaft zum Bundesgesetz über die eingetragene Partnerschaft gleichgeschlechtlicher Paare vom 29. November 2002 (Botschaft PartG), in BBl 2003, 1288 ff., 1334.

14 So wohl auch BÜCHLER/MICHEL, FamKomm PartG, Art. 9 N 8; GEISER, ZüKomm, Art. 9 PartG N 29 f.

Partnerschaft enthält der mit Art. 105 Ziff. 2 ZGB fast identische Wortlaut von Art. 9 Abs. 1 lit. a die genau gleiche Regelung.

3. Ehehindernis der Verwandtschaft

14 Die Art. 105 Ziff. 3 i. V. m. Art. 95 ZGB und Art. 9 Abs. 1 lit. b i. V. m. Art. 4 Abs. 2 PartG begründen den dritten Grund unbefristeter Ungültigkeit bei Vorliegen des *Ehehindernisses der Verwandtschaft* (§ 21 N 10 f.).

4. Umgehung der Bestimmungen über das Ausländerrecht

15 Im Zusammenhang mit dem BG über die Ausländerinnen und Ausländer vom 16. Dezember 2005 sind auf den 1. Januar 2008 die Art. 105 Ziff. 4 ZGB und Art. 9 Abs. 1 lit. c PartG in Kraft getreten.[15] Danach ist eine Ehe ungültig, wenn einer der Ehegatten bzw. der Partnerinnen oder der Partner nicht eine Lebensgemeinschaft begründen, sondern die Bestimmungen über Zulassung und Aufenthalt von Ausländerinnen und Ausländern umgehen will (s. dazu auch § 21 N 16; BGer 5A_199/2014 E. 4: Keine Rückwirkung von Art. 105 Ziff. 4 ZGB auf frühere gültig geschlossene Ehen: 141 III 3 ff. E. 4).[16]

5. Zwang

16 Mit dem BG vom 15. Juni 2012 über Massnahmen gegen Zwangsheiraten sind Art. 105 Ziff. 5 ZGB bzw. Art. 9[1] lit. d PartG eingefügt worden (in Kraft seit dem 1. Januar 2013).[17] Danach liegt ein unbefristeter Ungültigkeitsgrund vor[18], wenn ein Ehegatte die Ehe (105 Ziff. 5 ZGB) bzw. ein Partner, eine Partnerin die Partnerschaft nicht aus freiem Willen geschlossen hat (9[1] lit. d PartG). Zur Verhinderung einer Zwangsehe

---

15 Bereits unter dem alten Scheidungsrecht (in Kraft vor dem 1. Januar 2000) enthielt der damalige Art. 120 Ziff. 4 aZGB eine vergleichbare Bestimmung. Diese wurde dann aber gestrichen, mit der Überlegung, das Ausländerrecht genüge zur Erreichung des fremdenpolizeilich erwünschten Ziels.

16 Nach FANKHAUSER, Ausländerrechtliche Prävention durch zivilrechtliche Massnahmen, in Salome Wolf/Martino Mona/Marc Hürzeler (Hrsg.), Prävention im Recht (Basel 2008), 119 ff., 126, kann diese Bestimmung nur bei zweiseitigen Scheinehen angerufen werden, da bei einseitigen Scheinehen die Scheidungsgründe, namentlich Art. 115, greifen würden. Für diese Meinung spricht, dass bei Scheidung der Schutz für die gutgläubige Person grösser ist als bei Eheungültigkeit. Dagegen spricht, dass u. U. eben gerade die Eheungültigkeit als Wirkung gewollt und erwünscht sein kann. Und weil es nach dem Wortlaut genügt, dass «*einer* der Ehegatten nicht eine Lebensgemeinschaft begründen … will», ist nach der hier vertretenen Auffassung der Ungültigkeitsgrund nach Art. 105 Ziff. 4 auch bei einseitiger Scheinehe gegeben.

17 AS 2013, 1035; BBl 2011, 2185. Siehe zur Zwangsehe: BGE 134 II 5 E. 4; BÜCHLER, Zwangsehen in zivilrechtlicher und internationalprivatrechtlicher Sicht, in FamPra.ch 8 (2007), 725 ff., insb. 740 ff.; GEISER, Scheinehe, Zwangsehe und Zwangsscheidung aus zivilistischer Sicht, in ZBJV 144 (2008), 817 ff., sowie aus der strafrechtlichen Perspektive: WOHLERS, Zwangsehen in strafrechtlicher Sicht, in FamPra.ch 8 (2007), 752 ff. Zur Anerkennung von Eheschliessungen im Ausland: BÜCHLER/FINK, Eheschliessungen im Ausland. Die Grenzen ihrer Anerkennung in der Schweiz am Beispiel von Ehen islamischer Prägung, in FamPra.ch 9 (2008), 48 ff. GEISER, BaKomm, Art. 105 N 14a ff.

18 Der mit diesem BG aufgehobene Art. 107 Ziff. 4 begründete bloss eine befristete Ungültigkeit.

prüft das Zivilstandsamt insbesondere auch, ob keine Umstände vorliegen, die erkennen lassen, dass das Gesuch offensichtlich nicht dem freien Willen der Verlobten entspricht (99[1] Ziff. 3 ZGB i. V. m. 71[5] ZStV). Zudem zeigt das Zivilstandsamt die Tatsachen den Strafverfolgungsbehörden an (16[7], s. auch 16[8] ZStV).

Zwang ist gegeben, wenn ein ernstlicher Nachteil angedroht wird, wobei hier die subjektive Sicht des Opfers massgeblich ist. Die Drohung muss sich gegen die betroffene oder eine ihr nahestehende Person richten, kann explizit sein oder sich aus den Umständen ergeben.[19] Entscheidend ist, ob und inwiefern die Brautleute eine Wahl für oder gegen die Eheschliessung haben.[20] Der Zwang muss im Zeitpunkt der Eheschliessung vorhanden sein. Unerheblich ist der Umstand, dass der Zwang im Verlauf der Zeit wegfällt.[21]   17

6. Minderjährigkeit

Ebenso ungültig ist eine Ehe bzw. eine Partnerschaft, wenn einer der Ehegatten bzw. der Partner oder die Partnerin minderjährig ist, es sei denn, die Weiterführung der Ehe bzw. Partnerschaft entspricht den überwiegenden Interessen dieses Ehegatten bzw. dieser Partnerin oder dieses Partners (105 Ziff. 6 ZGB, 9[1]lit. e PartG). Minderjährig ist, wer das 18. Altersjahr noch nicht erreicht hat. Wird also eine Ehe im Ausland geschlossen, ist für deren Anerkennung in der Schweiz erforderlich, dass das 18. Altersjahr zurückgelegt worden ist, und zwar unabhängig vom ausländischen Wohnsitz der Brautleute und der dortigen Gesetzeslage.[22] Der Ungültigkeitsgrund der Minderjährigkeit kann allerdings nur insofern angerufen werden als die Weiterführung der Ehe nicht den überwiegenden Interessen der betroffenen Person entspricht (105 Ziff. 6, 9[1] lit. e PartG). Der Ungültigkeitsgrund der Minderjährigkeit kann mithin geheilt werden.   18

d. Die Klage

Von der «Klage» handeln Art. 106 ZGB und Art. 9 PartG: *Aktivlegitimiert* ist zunächst jede Person, die ein Interesse an der Ungültigkeit der Ehe oder der Partnerschaft hat (106[1] ZGB; 9[1] PartG).[23] Das erforderliche Interesse kann vermögensrechtlicher oder rein ideeller, aktueller oder virtueller Natur sein.[24] Es betrifft häufig die Ehegatten oder die Partnerinnen selber. Sodann ist die zuständige kantonale Behörde am Wohnsitz der Ehegatten bzw. Partner aktivlegitimiert und während bestehender Ehe/Partnerschaft (106[1] ZGB; 9[2] PartG) sogar verpflichtet, von Amtes vorzugehen, wenn sie von unbefris-   19

---

19 Geiser, BaKomm, Art. 105 N 18; Botschaft, BBl 2011, 2215.

20 Geiser, BaKomm, Art. 105 N 17.

21 Kritisch dazu Geiser, BaKomm, Art. 105 N 20.

22 Botschaft, BBl 2011 2216; Geiser, BaKomm Art. 15 N 21.

23 Zu diesem Rechtsinstitut s. Bernhard Schnyder, «… jedermann, der ein Interesse hat», in FS Cyril Hegnauer (Bern 1986), 453 ff.; Geiser, BaKomm, Art. 106 N 4; Hausheer/Geiser/Aebi-Müller, Familienrecht, Nr. 05.21. Laut Botsch. ZGB a.a.O. 79 kommen als solche Interessierte in Frage: der Ehegatte, selbst der bösgläubige (113 II 472), auch der Ehegatte aus früherer Ehe, aber auch die Erben. Wie immer bleibt auch hier der Rechtsmissbrauch vorbehalten.

24 Botsch. ZGB a.a.O. 79; Geiser, BaKomm, Art. 106 N 4; Keller, HandKomm, Art. 106 N 4; Hausheer/Geiser/Aebi-Müller, Familienrecht, Nr. 05.21.

teten Ungültigkeitsgründen Kenntnis erhält. Nach deren Auflösung durch Tod, Verschollenerklärung oder Gerichtsurteil entfällt die amtliche Verpflichtung,[25] weil dann kein öffentliches Interesse mehr an der Ungültigerklärung besteht (für die Ungültigkeit der Ehe ausdrücklich 106² ZGB).[26] Soweit dies mit ihren Aufgaben vereinbar ist, melden die Behörden des Bundes und der Kantone der für die Klage zuständigen Behörde, dass ein Ungültigkeitsgrund vorliegt, falls sie Anlass zu dieser Annahme haben (106¹ Satz 2 ZGB; 9² Satz 2 PartG.) – *Passivlegitimiert* ist jeder Ehegatte/Partner bzw. jede Ehegattin/Partnerin. Die Klage Dritter richtet sich gegen beide.[27]

20   *Frist:* In Übereinstimmung mit der Natur des Instituts (unbefristete Ungültigkeit) kann die Klage *jederzeit* eingereicht werden (106³ ZGB; 9¹ PartG).

III.   Die befristete Ungültigkeit

21   Das ZGB regelt in Art. 107 die Gründe und in Art. 108 die Klage, während das PartG beide Themen in Art. 10 behandelt.

22   **Die Gründe.** Die Gründe für die befristete Ungültigkeit der Ehe sind die vorübergehende Urteilsunfähigkeit (1.) und Willensmängel (2.) (107 ZGB; s. auch vorn § 21 N 7 f. und N 14 f.).

1. Vorübergehende Urteilsunfähigkeit

23   Anders als das ZGB nennt das PartG den Ungültigkeitsgrund der vorübergehenden Urteilsunfähigkeit nicht, sondern erwähnt nur die Willensmängel (10 PartG). Gleichwohl bildet die *vorübergehende Urteilsunfähigkeit* einen befristeten Ungültigkeitsgrund sowohl für die Ehe (107 Ziff. 1 ZGB) wie auch für die eingetragene Partnerschaft. Das ergibt sich einerseits aus der Gleichstellung der eingetragenen Partnerschaft mit der Ehe und andererseits aus Art. 9 Abs. 1 lit. a PartG e contrario.[28]

2. Willensmängel

24   Neben der vorübergehenden Urteilsunfähigkeit führen Willensmängel zum Zeitpunkt der Trauung bzw. der Eintragung zur (befristeten) Ungültigkeit der Ehe bzw. Partnerschaft. Während das ZGB aber einzelne qualifizierte Willensmängel aufzählt (107 Ziff. 1–3), verweist Art. 10 PartG auf die Willensmängel ganz allgemein und damit auf Art. 23 ff. OR. Damit steht die Ungültigerklärung der eingetragenen Partnerschaft unter geringeren Voraussetzungen als jene der Ehe. Dieser Unterschied zur Eheungül-

---

25   PICHONNAZ, Le partenariat enregistré: sa nature et ses effets, in ZSR NF 123 (2004), I 389 ff., 420; GEISER, BaKomm, Art. 106 N 2; BÜCHLER/MICHEL, FamKomm PartG, Art. 9 N 13; GEISER, ZüKomm, Art. 9 PartG N 31 und zur Aktivlegitimation der Behörde insb. N 39 ff.

26   Botschaft PartG a.a.O. 1335; GEISER, BaKomm, Art. 106 N 2.

27   WERRO a.a.O. Nr. 423; GEISER, ZüKomm, Art. 9 PartG N 44 f.; BÜCHLER/MICHEL, FamKomm PartG, Art. 9 N 15.

28   BÜCHLER/MICHEL, FamKomm PartG, Art. 10 N 26; GEISER, ZüKomm, Art. 10 PartG N 7 ff.

tigkeit ist sachlich nicht gerechtfertigt.[29] Nach Art. 107 Ziff. 1 ZGB ist die Eheschliessung ungültig, wenn sich ein Ehegatte *aus Irrtum* hat trauen lassen, sei es, dass er *die Ehe selbst* (error in negotio) oder *die Trauung mit der betroffenen Person* nicht gewollt hat (error in persona; s. hierzu BGer 5A_804/2008 E. 3.2, wonach der error in persona zu unterscheiden ist von der Eheschliessung mit der richtigen Person, die aber unter falscher Identität die Ehe schliesst) . Dagegen bildet der Irrtum (s. aber sogleich zur Täuschung) über bestimmte Eigenschaften des anderen Ehegatten keinen Ungültigkeitsgrund mehr (anders noch aArt. 124 Ziff. 2, in Kraft bis 31. Dezember 1999).[30] Ein Willensmangel i.S. von Art. 10 Abs. 1 PartG i. V. m. Art. 23 ff. OR ist zunächst jeder wesentliche Irrtum, und zwar sowohl der Erklärungsirrtum (24[1] Ziff. 1–3 OR) wie auch der Grundlagenirrtum (24[1] Ziff. 4 OR).[31] Dazu gehört etwa der Irrtum über die Partnerschaftseintragung, über die Identität der Partnerin oder des Partners, ja sogar der Irrtum über Eigenschaften des anderen, wenn diese für einen der Partner Grundlage für die Eintragung der Partnerschaft war. Ein Willensmangel und mithin ein Ungültigkeitsgrund liegt sodann vor, wenn ein Ehegatte die Ehe geschlossen hat, weil er *über wesentliche persönliche Eigenschaften des anderen absichtlich getäuscht* worden ist (107 Ziff. 3 ZGB).[32] Die absichtliche Täuschung begründet auch einen Willensmangel i.S.v. Art. 10 PartG. Im Unterschied zum Eherecht muss sich die Täuschung aber nicht zwingend auf persönliche Eigenschaften, sondern kann sich auch auf die wirtschaftlichen Verhältnisse des anderen beziehen.[33] Aufgehoben worden ist der Ungültigkeitsgrund der Drohung, der bis zum 31. Dezember 2012 in Art. 107 Ziff. 4 ZGB geregelt und in Art. 10[1] PartG in die Willensmängel eingeschlossen war. Statt dessen sind im ZGB (105 Ziff. 5) und im PartG (9[1] lit. d) je unbefristete Ungültigkeitsgründe für den Fall der Eheschliessung ohne freien Willen eingefügt worden.[34]

---

29   Büchler/Michel, FamKomm PartG, Art. 10 N 9; Schwenzer, Registrierte Partnerschaft: Der Schweizer Weg, in FamPra.ch 3 (2002), 228.

30   Der Ständerat hat die Bestimmung gestrichen; in Zukunft muss eine allfällige Eheauflösung beim Auftauchen wesentlicher störender Eigenschaften des anderen Gatten über die Scheidung abgewickelt werden: Amtl. Bull. 1996 StR, 755 f.; Geiser, BaKomm, Art. 107 N 9; siehe den Entscheid des Kantonsgerichts SG vom 6. September 2000, in FamPra.ch 2 (2001), 338, sowie kritische Bemerkungen dazu von Geiser a.a.O. 342.

31   Büchler/Michel, FamKomm PartG, Art. 10 N 3 ff.; Geiser, ZüKomm, Art. 10 PartG N 16 ff.

32   Das gilt aber primär für ansteckende Krankheiten; eine psych. Krankheit erfüllt Art. 107 Ziff. 3 ZGB nur in Ausnahmefällen: Kassationsgericht ZH, 5. Juni 2008, in FamPra.ch 9 (2008), 889 ff. S. auch Entscheid des Obergerichts LU vom 15. März 2005, in FamPra.ch 7 (2006), 121 Nr. 3: Ein patriarchalisches Eheverständnis und die gänzliche Verweigerung sexueller Kontakte können einen Ungültigkeitsgrund nach Art. 107 Ziff. 3 ZGB bilden. Siehe dazu auch Geiser, BaKomm, Art. 107 N 10 ff.; Keller, HandKomm, Art. 107 N 4; Hausheer/Geiser/Aebi-Müller, Familienrecht, Nr. 05.22.

33   Büchler/Michel, FamKomm PartG, Art. 10 N 13; a. M. Geiser, ZüKomm, Art. 10 PartG N 28: «…fraglich, ob hier auch die absichtliche Täuschung über die Vermögensverhältnisse, die berufliche Stellung oder die Herkunft zu einer Ungültigerklärung führen können. Mit Blick auf die Statuswirkung der Eintragung und die persönliche Bedeutung der Partnerschaft ist das wohl eher zu verneinen».

34   BG über Massnahmen gegen Zwangsheiraten vom 15. Juni 2012, in Kraft seit 1. Januar 2013.

e. Die Klage

25   *Aktivlegitimiert* zur befristeten Ungültigkeitsklage ist einzig der betroffene Ehegatte
(Art. 107 ZGB) bzw. der betroffene Partner oder die betroffene Partnerin (Art. 10[1]
PartG). Demnach sind hier weder die Behörden noch «jedermann, der ein Interesse
hat» klageberechtigt (s. immerhin betreffend Erben sogleich zu 108[2]). Die Aktivlegitimation geht nicht auf die *Erben* über. Ein Erbe kann aber immerhin *an einer bereits
erhobenen Klage festhalten* (108[2] ZGB; 10[3] PartG).[35] Innerhalb dieser Fristen kann eine
Ungültigkeits- mit einer Scheidungsklage verbunden werden. Gegebenenfalls hat das
Gericht zuerst über die Eheungültigkeit zu befinden, da die Scheidungsklage damit
gegenstandslos würde.[36] *Passivlegitimiert* ist naturgemäss der oder die andere.

26   Die *Klagefrist* ist in Art. 108 Abs. 1 ZGB bzw. in Art. 10 Abs. 2 PartG geregelt: Das ZGB
und das PartG sehen eine relative und eine absolute Verwirkungsfrist[37] vor. Die *relative Frist* beträgt sechs Monate seit Kenntnis des Willensmangels, die *absolute* fünf
Jahre seit der Eheschliessung bzw. seit der Eintragung.

IV.   Gemeinsame Regeln

27   Das Gesetz macht keinen Unterschied zwischen unbefristeter und befristeter Ungültigkeit mit Bezug auf die Wirkungen des Urteils (109 ZGB, 11 PartG) sowie für Zuständigkeit und Verfahren (Art. 23, 24, 294 und 307 ZPO).

a. Die Wirkungen des Urteils

28   Die Ungültigkeit einer Ehe/einer eingetragenen Partnerschaft wird erst wirksam,
nachdem das Gericht die Ungültigkeit ausgesprochen hat. Das Urteil hat grundsätzlich keine rückwirkende Kraft. Es wirkt *ex nunc*. Das ist zwar um der Sache willen sinnvoll, aber insofern nicht selbstverständlich, als ja der Mangel von Anfang an bestanden hat. Bis zum Urteil hat die Ehe bzw. die Partnerschaft mit zwei Ausnahmen alle
Wirkungen einer gültigen Ehe (109[1] ZGB, 11[2] PartG): Die erste Ausnahme betrifft die
erbrechtlichen Ansprüche: Der überlebende Ehegatte bzw. die Partnerin oder der
Partner verliert diese in jedem Fall (109[1] ZGB, 11[2] erster Satz PartG).[38] Die zweite Aus-

---

35   Damit wird der Eheungültigkeitswille des Verstorbenen respektiert; zudem können die
Gesamtnachfolger(innen) ihre persönlichen, namentlich erbrechtlichen Interessen wahrnehmen: Botsch. ZGB a.a.O. 81. Siehe dazu auch Geiser, BaKomm, Art. 108 N 3; Hausheer/Gei-
ser/Aebi-Müller, Familienrecht, Nr. 05.26.

36   Kantonsgericht SG, Entscheid vom 11. August 2004, in FamPra.ch 5 (2004), 951, Nr. 88, sowie
dasselbe Gericht, Entscheid vom 6. September 2000, in FamPra.ch 2 (2001), 338 ff.; siehe dazu
auch Geiser, BaKomm, Vor Art. 104 ff. N 2.

37   Botsch. ZGB a.a.O. 81: Diese Frist kann weder gehindert noch unterbrochen werden. Siehe
dazu auch Geiser, BaKomm, Art. 108 N 4; Hausheer/Geiser/Aebi-Müller, Familienrecht,
Nr. 05.24.

38   Dies gilt unabhängig davon, ob das Eheungültigkeitsurteil vor oder nach dem Tod des Ehegatten erfolgt. Das trägt der Tatsache Rechnung, dass die unbefristete Ungültigkeit von jedermann,

nahme betrifft den rückwirkenden Wegfall der Vaterschaftsvermutung des Ehemannes im Fall einer Ausländerrechtsehe (Scheinehe) (109[3]). Die Vaterschaft (auch jene des Ehemannes) muss daher durch Anerkennung (260) oder Vaterschaftsklage (261) begründet werden.[39] – Im Übrigen gelten für die *Wirkungen der gerichtlichen Ungültigerklärung* auf die Ehegatten und die Kinder sinngemäss die Bestimmungen über die Scheidung (109[2]; s. dazu hinten § 24). Für die Wirkungen der gerichtlichen Ungültigerklärung auf die Partner gelten sinngemäss die Bestimmungen über die Wirkungen der gerichtlichen Auflösung (11[2] PartG, s. dazu hinten § 27).

b. Zuständigkeit und Verfahren

Für die Zuständigkeit und das Verfahren der Eheungültigkeitsklage ist die ZPO anwendbar. Art. 23[1] ZPO bezeichnet das Gericht am Wohnsitz eines Ehegatten für zwingend zuständig. Dieser Gerichtsstand gilt auch für die Klage der Behörde (106[1]).[40] Gleiches gilt für die Ungültigkeitsklage bei eingetragener Partnerschaft: Zuständig ist gemäss 24 ZPO zwingend das Gericht am Wohnsitz einer Partei. Für das Verfahren gelten die Bestimmungen über das Scheidungsverfahren sinngemäss (294[1] betreffend Eheungültigkeit und 307 ZPO betreffend Ungültigkeit der eingetragenen Partnerschaft).   29

c. Das Übergangsrecht

Seit dem Inkrafttreten des Eheschliessungs- und Scheidungsrechts am 1. Januar 2000 können Ehen, für welche nach bisherigem Recht ein Ungültigkeitsgrund vorlag, nur noch nach den im neuen Recht enthaltenen Gründen für ungültig erklärt werden; dabei wird die vor dem Inkrafttreten des neuen Rechts abgelaufene Zeit bei der Fristbestimmung angerechnet (7[2] SchlT).[41]   30

---

der ein Interesse hat, geltend gemacht werden kann (106[1] i. f.), und dass die vom Ehegatten erhobene Klage aus befristeter Ungültigkeit auf die Erben übergeht (108[2] i. f.): Botsch. a.a.O. 81 f.; s. auch Götz, BeKomm, Art. 134 N 9 i. f. und N 10; Meroni a.a.O. 66 ff. sowie Piotet a.a.O. 221 ff. und Hegnauer/Breitschmid, Grundriss, Nr. 7.30; Geiser, ZüKomm, Art. 11 PartG N 11 f.; Büchler/Michel, FamKomm PartG, Art. 11 N 12 ff.; Michel Mooser, Eingetragene Partnerschaft – Erbrecht, in Andreas R. Ziegler et al. (Hrsg.), Rechte der Lesben und Schwulen in der Schweiz (Bern 2015), N 2, N 15.

39   Kritisch dazu Fankhauser a.a.O. 127, 128 ff.

40   Botsch. ZGB a.a.O. 82.

41   Siehe Botsch. ZGB a.a.O. 169 (Ziff. 252 i. f.); ferner Geiser, BaKomm, Vorbem zu Art. 104 ff. N 6.

Zweiter Abschnitt
Die Ehescheidung und die Ehetrennung

1 Am 1. Januar 2000 ist das geltende Scheidungsrecht gestützt auf die Gesetzesnovelle vom 26. Juni 1998 in Kraft getreten.[1] Seither sind bereits mehrere Bestimmungen geändert worden: Art. 111 (Abschaffung der zweimonatigen Bedenkfrist), Art. 112 (Aufhebung von Abs. 3 durch Art. 285 ZPO), Art. 113, 116 (Aufhebung aufgrund von Art. 288[3] ZPO), Art. 114 (Reduktion der Dauer des Getrenntlebens von vier auf zwei Jahre), Art. 119 (Änderung aufgrund des BG über die Änderung des ZGB, Name und Bürgerrecht), Art. 133 (Änderung aufgrund des BG über die Änderung des ZGB, elterliche Sorge), Aufhebung von Art. 135–149 aufgrund des Inkrafttretens der ZPO am 1. Januar 2011.

2 Am 20. März 2015 ist das BG über die Änderung des ZGB (Kindesunterhalt) angenommen worden, was zur Einführung von Art. 131 und 131a führen wird. Ferner ist am 19. Juni 2015 das BG über die Änderung des ZGB (Vorsorgeausgleich bei Scheidung) angenommen worden.[2]

§ 23 Die Scheidungsvoraussetzungen

3 Der Bedeutung der Ehe für die Eheleute wie für die Gesellschaft entspricht es, dass die Ehe – ausser durch Tod – durch ein Gerichtsurteil aufgelöst wird (auch im Fall der Ungültigkeit gemäss Art. 104 ff.).[3] Das Gesetz bezeichnet die Scheidungsgründe als *Scheidungsvoraussetzungen* (conditions du divorce). Das hängt damit zusammen, dass in den Art. 111 und 112 neben dem eigentlichen Scheidungsgrund «des gemeinsamen Scheidungswillens» die Erfüllung von Verfahrensvorschriften für das Aussprechen der Scheidung vorausgesetzt ist.[4]

4 Die Scheidungsgründe können sich an verschiedenen Prinzipien orientieren: am Willensprinzip (der Wille des oder der Ehegatten ist massgebend), am Verschuldensprin-

---

1 Zur Entwicklung des Scheidungsrechts seit dem Gesetz über Zivilstand und Ehe vom 24. Dezember 1874 über das ZGB von 1907 bis hin zum Scheidungsrecht gemäss Gesetzesnovelle vom 26. Juni 1998 (Amtl. Bull. 1998 StR, 839, NR, 1635 f.), in Kraft seit dem 1. Januar 2000, s. 12. Auflage dieses Buches, § 23 i. i.

2 Kindesunterhalt: Referendumsvorlage: BBl 2015, 2733 ff.; Schlussabstimmungen: Amtl. Bull. 2015 NR, 599; StR 30. Vorsorgeausgleich: Entwurf: BBl 2013, 4959. Schlussabstimmungstext vom 19. Juni 2015: www.parlament.ch, Rubrik Session, Schlussabstimmungstexte, 13.049s.

3 RUTH REUSSER, Die Scheidungsgründe und die Ehetrennung, in Heinz Hausheer (Hrsg.), Vom alten zum neuen Scheidungsrecht (Bern 1999), ASR 625, Nr. 1.02; dort ist allerdings nur von der Bedeutung für die Gesellschaft die Rede.

4 Nach RUMO-JUNGO, HandKomm, Art. 111 N 4 f., ist der Begriff Scheidungsvoraussetzung weit gefasst und beinhaltet auch Verfahrensbestimmungen (z.B. 113). Als Scheidungsgründe gelten demnach die Tatbestände, die in materieller Hinsicht vorliegen müssen, um eine Scheidung zu verlangen.

zip (es kommt massgeblich auf das Verschulden an) und am Zerrüttungsprinzip (die Ehe ist gescheitert).[5] Diese *Prinzipien* sind im schweizerischen Scheidungsrecht alle – aber je in unterschiedlichem Mass – enthalten: Bei der Scheidung auf gemeinsames Begehren (111) steht zwar das Willensprinzip im Vordergrund. Aber auch hier unterstellt der Gesetzgeber, dass die Ehe endgültig gescheitert sei; mithin kommt das Zerrüttungsprinzip zum Zug.[6] Weitgehend verdrängt ist das Verschuldensprinzip; es spielt nur noch beim Scheidungsgrund der Unzumutbarkeit eine gewisse Rolle (hierzu nachstehend N 26 ff.).

Das ZGB kennt drei *Scheidungsgründe:*[7] die Scheidung auf gemeinsames Begehren (111 f.), die Scheidung nach zweijährigem Getrenntleben (114) und die Scheidung wegen Unzumutbarkeit der Fortführung der Ehe (115). Diese Gründe müssen in zwei unterschiedlichen *Verfahren* geltend gemacht werden: Entsprechend unterscheidet man die Scheidung auf gemeinsames Begehren (111 f.) von der Scheidung auf Klage eines Ehegatten (114 f.). Das Gesetz gestaltet diese beiden Verfahren (gemeinsames Begehren und Klage) durchlässig und lässt den Wechsel von einem zum anderen zu (288[3], 292 ZPO).[8] 5

I.   Die Scheidung auf gemeinsames Begehren

Das vor dem 1. Januar 2000 geltende Recht kannte die einverständliche Scheidung   6 nicht; Recht (pays légal) und Rechtswirklichkeit (pays réel) klafften allerdings weit auseinander.[9] Im Einklang mit den Grundsätzen einer verschuldensunabhängigen Scheidung und der Förderung der Verständigung unter den Ehegatten[10] kennt das ZGB als ersten Scheidungsgrund die Scheidung auf gemeinsames Begehren. Dabei genügt *der von beiden Seiten geäusserte Scheidungswille* für sich allein nicht. Vielmehr knüpft das Gesetz die Scheidung in Anlehnung an andere europäische Rechtsordnungen[11] an

---

5   Im Einzelnen hierzu generell und für das bisherige Recht insbesondere Tuor/Schnyder/Schmid, 11. A., 172 ff.

6   Botsch. Ehescheidung, 83: «Alle drei Scheidungsgründe beruhen auf dem Zerrüttungsprinzip.» Siehe auch Verena Bräm, Scheidung auf gemeinsames Begehren, in Stiftung für juristische Weiterbildung Zürich (Hrsg.), Das neue Scheidungsrecht (Zürich 1999), 9 ff., 10 und Reusser a.a.O. Nr. 1.02 i. f.; Schwenzer, FamKomm, Allg. Einl. N 22; Rumo-Jungo, HandKomm, Art. 111 N 1.

7   Das BGer hat nun aber in einem nicht amtlich publizierten Urteil vom 11. Dezember 2001 (BGer 5C.242/2001) offenbar einen vierten Grund eingeführt: Danach ist eine Scheidung möglich, wenn der an der Ehe festhaltenden Ehegattin ein offenbarer Rechtsmissbrauch (2[2]) vorzuwerfen ist. In casu wurde dies verneint, weil das Verhalten der Ehegattin bloss «seltsam» und «nicht nachvollziehbar», aber deswegen nicht rechtsmissbräuchlich erschien. Siehe auch BGer 5C.236/2005 E. 5 und 5A_632/2007 E. 5.3, wobei in beiden Fällen kein rechtsmissbräuchliches Verhalten vorlag.

8   Reusser a.a.O. Nr. 1.12 ff.

9   Botsch. Ehescheidung, 25 f.

10   Siehe dazu die Hinweise in Anm. 1.

11   Diese sehen entweder Überlegungsfristen («französische» Lösung gemäss Art. 231 CCfr: dreimonatige Bedenkfrist) oder aber eine bestimmte Trennungsdauer («deutsche» Lösung

weitere Voraussetzungen: an die Anhörung der beiden Eheleute und (im Normalfall auch) an deren (umfassende) Einigung über die Scheidungsfolgen. Vor dem 1. Februar 2010 war zusätzlich die Bestätigung von Scheidungswillen und Scheidungskonvention durch die Eheleute nach einer zweimonatigen Bedenkfrist erforderlich. Diese Bedenkfrist sollte sicherstellen, dass die Scheidung und ihre Folgen wirklich dem freien Willen der Eheleute entspricht. Neu erfolgt die Prüfung, ob der Wille der Parteien tatsächlich eigenständig gefällt und geäussert wurde, gegebenenfalls in einer (bereits unter früherem Recht möglichen) mehrfachen Anhörung (111[1], zweiter Satz).

7   Das gesamte Verfahren soll sicherstellen, dass der geäusserte Scheidungswille auf freiem Willen und reiflicher Überlegung beruht. Die Einhaltung der Verfahrensbestimmungen bildet mithin Bestandteil der Scheidungsvoraussetzungen (s. soeben N 3).[12] Der dem Gesetzgeber vorschwebende Normalfall ist die umfassende Einigung betreffend die Scheidungsfolgen (111; N 8 ff.); daneben gibt es den Fall der Teileinigung (N 17 ff.).

a. Umfassende Einigung

8   Die Voraussetzungen für die Scheidung auf gemeinsames Begehren mit umfassender Einigung sind in Art. 111 umschrieben: Erforderlich ist die Einreichung des gemeinsamen Scheidungsbegehrens und der vollständigen Scheidungskonvention mit den nötigen Begehren beim Gericht sowie die getrennte und die gemeinsame Anhörung der Eheleute durch das Gericht. Die Anhörung kann aus mehreren Sitzungen bestehen. Damit kann sich das Gericht über den freien und eigenständigen Willen beider Eheleute vergewissern, falls es darüber nach der ersten Anhörung Zweifel hat (111[1]). Die Scheidung wird ausgesprochen (111[2]), wenn sich das Gericht davon überzeugt hat, dass Scheidungsbegehren und Scheidungskonvention auf freiem Willen und reiflicher Überlegung beruhen und die Vereinbarung mit den Anträgen über die Kinderbelange genehmigt werden kann.

9   Das Verfahren beginnt demnach mit der beim Gericht erfolgenden Einreichung des *gemeinsamen Scheidungsbegehrens* der Ehegatten samt *vollständiger*[13] *Vereinbarung über die Scheidungsfolgen* mit den nötigen Belegen[14] sowie samt *gemeinsamen Anträ-*

---

gemäss § 1566[1] BGB: mindestens einjähriges Getrenntleben) vor: Botsch. Ehescheidung, 84. Vgl. zum neuen franz. Scheidungsrecht LINDER, FamKomm, Vorbem. zu Art. 111–115 ZGB N 13. Gem. rev. Scheidungsrecht (in Kraft seit 1.1.2005) ist für die Annahme der endgültigen Zerrüttung eine zweijährige Trennungsfrist gefordert (Art. 237 f. CCfr). Zu den Scheidungsgründen allg. vgl. Art. 229 CCfr.

12   SUTTER/FREIBURGHAUS, Art. 111 N 8; BRÄM, Scheidung auf gemeinsames Begehren, in AJP 8 (1999), 1511 ff., 1513; ROLAND FANKHAUSER, Die einverständliche Scheidung nach neuem Scheidungsrecht. Voraussetzungen, Verfahren, Nebenfolgenvereinbarung, Rechtsmittel (Diss. Basel 1999), BSRW A 51, 81.

13   BRÄM a.a.O. 13 hegt Zweifel darüber, ob sich zwei Verheiratete den Scheidungsentschluss gründlich überlegt haben, wenn sie sich nur gerade darüber einig sind, dass ihre Ehe geschieden werden soll.

14   Es sind dies nach REUSSER a.a.O. Nr. 1.31 insbesondere ein Familienschein, Lohnausweise, Bestätigungen der Einrichtungen der beruflichen Vorsorge und allenfalls der Mietvertrag.

gen hinsichtlich der Kinderbelange (111[1] i. i.). Die Ehegatten haben das Scheidungsbegehren nicht zu begründen. Gemäss Art. 198 lit. c ZPO wird dieses gemeinsame Scheidungsbegehren ohne vorausgehendes Sühneverfahren direkt beim Gericht anhängig gemacht. Zur vollständigen Vereinbarung (285 lit. c ZPO) gehört die Einigung über:

- die güterrechtliche Auseinandersetzung (120[1]);

- die allfällige Zuteilung einer Wohnung (121);

- die allfälligen Ansprüche aus der beruflichen Vorsorge (122 ff.);

- den nachehelichen Unterhalt (125 ff.);

- die Anträge betreffend die Kinderbelange (133)[15].

Bevor es zur Anhörung der Ehegatten kommt, unterzieht das Gericht die *Konvention* regelmässig *einer ersten Prüfung* und fordert allenfalls fehlende Unterlagen nach.[16] 10

Anschliessend folgt die *Anhörung durch das Gericht.* Das Gesetz (111[1]) verlangt ausdrücklich, dass das Gericht die Ehegatten «getrennt[17] und zusammen» anhört.[18] Die Anhörung kann in mehreren Sitzungen erfolgen. Primäres Ziel der Anhörung ist die auf dessen Überzeugung beruhende Feststellung des Gerichts, dass sowohl das Schei- 11

RUMO-JUNGO, HandKomm, Art. 111 N 13.

15 Wie im bisherigen Recht unterstehen auch nach neuem Recht die Kinderbelange nicht der freien Verfügung der Eheleute (BRÄM a.a.O. 16; HAUSHEER/GEISER/AEBI-MÜLLER, Familienrecht, Nr. 10.175) und spricht das Gesetz hier nur, aber eben, von «gemeinsamen Anträgen». RUMO-JUNGO, HandKomm, Art. 111 N 11, welche die Scheidungsvereinbarung i. e. S. (über den nachehelichen Unterhalt, die güterrechtliche Auseinandersetzung usw.) und die Anträge betreffend die Kinder als Scheidungsvereinbarung i. w. S. bezeichnet.

16 REUSSER a.a.O. Nr. 1.33.

17 Die getrennte Anhörung steht im Einklang mit dem rechtlichen Gehör (und der Teilnahme an sämtlichen Verhandlungen); vgl. REGULA RHINER, Die Scheidungsvoraussetzungen nach revidiertem schweizerischem Recht (Art. 111–116 ZGB) (Diss. Zürich 2001), ZSPR 165, 151. Bei der getrennten Anhörung eines Ehegatten darf weder die Ehegattin noch deren Anwalt anwesend sein. Der Anwesenheit der Anwältin des angehörten Ehegatten steht dagegen nichts entgegen; REUSSER a.a.O. Nr. 1.34; SUTTER/FREIBURGHAUS, Art. 111 N 24; FANKHAUSER, FamKomm, Art. 111 N 12; Vgl. aber BGer 5P.55/2002, wonach kantonales Prozessrecht, das die anwaltliche Vertretung bei der getrennten Anhörung ausschliesst, wohl zulässig ist. Die Frage wurde aber schliesslich offengelassen.

18 Ist es einem Ehegatten ausnahmsweise (aus finanziellen, gesundheitlichen oder strafrechtlichen Gründen) nicht möglich, persönlich zur Anhörung zu erscheinen, hat die Anhörung rechtshilfeweise zu erfolgen (so SUTTER/FREIBURGHAUS, Art. 111 N 32 f.; REUSSER a.a.O. Nr. 1.35), jedoch nicht telefonisch (a. M. REUSSER a.a.O. und – mit Hinweis auf diese – BERNHARD SCHNYDER, Die ZGB-Revision 1998/2000, Personenstand, Eheschliessung, Scheidung, Kindesrecht, Supplement zu TUOR/SCHNYDER/SCHMID, Das Schweizerische Zivilgesetzbuch [11. A. Zürich 1999], 41 Anm. 157). Diesfalls entfällt naturgemäss eine gemeinsame Anhörung, was aber nicht zur Abweisung der Scheidung auf gemeinsames Begehren führen sollte: SUTTER/FREIBURGHAUS, Art. 111 N 34.

dungsbegehren[19] wie auch die Vereinbarung auf freiem Willen und reiflicher Überlegung beruhen. Die Anhörung dient aber auch der Prüfung, ob die Vereinbarung voraussichtlich genehmigt werden kann (s. sogleich N 12).[20] Das Gericht kann den Parteien Gelegenheit geben, die Vereinbarung nachzubessern.[21] Die Anhörung der Kinder (hierzu 298 ZPO)[22] und die Abklärung ihrer Verhältnisse (296 ZPO) sollte vor der Anhörung der Eltern erfolgen, denn die Regelung der Kinderbelange gehört zum Inhalt der Vereinbarung der Eheleute, deren Genehmigungsfähigkeit ein Thema der Anhörung der Ehegatten ist.

12   Sind die *Voraussetzungen einer Scheidung auf gemeinsames Begehren erfüllt,* gelangt das Gericht mithin zur Überzeugung, dass der erforderliche freie Wille und die reifliche Überlegung vorliegen, aber auch der Sache nach der Vereinbarung und den gemeinsamen Anträgen betreffend die Kinder entsprochen werden kann (also im Sinn von 111[2] *Genehmigungsfähigkeit* vorliegt), fällt das Gericht das *Scheidungsurteil,* d.h. es spricht die Scheidung aus und genehmigt die Scheidungskonvention als Bestandteil des Urteilsdispositivs[23] (111[2] zweiter Teil: Rechtsfolge).

13   Was die Kinderbelange betrifft, sind zwar der gemeinsame Antrag der Eltern und die Meinung des Kindes zu berücksichtigen; doch kommt es hier wie im bisherigen Recht entscheidend auf das von Amtes wegen zu berücksichtigende Kindeswohl an: Es gilt die Untersuchungs- und die Offizialmaxime (296[1, 3] ZPO). Für die anderen Punkte der Scheidungsvereinbarung ist nur, aber immerhin die richterliche Überzeugung erforderlich, dass die entsprechende Vereinbarung «klar, vollständig und nicht offensichtlich unangemessen ist» (279[1]; s. aber auch § 25 N 21).

14   *Fehlt es an Voraussetzungen der Scheidung auf gemeinsames Begehren,* so sind zwei Fälle zu unterscheiden:

15   *1.* Betrifft der Mangel den *Scheidungswillen* selbst (sowie allenfalls zusätzlich die Scheidungsfolgen), erlässt das Gericht einen Zwischenentscheid und setzt jedem Ehegatten eine Frist, um das Scheidungsbegehren durch eine Klage zu ersetzen (288[3] ZPO, hierzu nachstehend N 20 f.). Wird diese Frist nicht gewahrt, weist das Gericht die Scheidung auf gemeinsames Begehren in einem Endurteil ab.[24]

---

19   Vgl. 131 III 186 ff. E. 4 betreffend die Anerkennung eines ausländischen Scheidungsurteils. Danach genügt es, wenn der Scheidungswille durch schriftliche Erklärung (i. c. durch einen bevollmächtigten Anwalt) dem Gericht kundgetan wird. Der Verzicht auf die persönliche Anhörung verstösst nicht gegen den schweizerischen Ordre public.

20   Für Einzelheiten dazu s. bei RHINER a.a.O. 135 ff., 142 ff.; RUMO-JUNGO, HandKomm, Art. 111 N 16.

21   Im Einzelnen s. REUSSER a.a.O. Nr. 1.39.

22   RUMO-JUNGO, Die Anhörung des Kindes unter besonderer Berücksichtigung verfahrensrechtlicher Fragen, in AJP 8 (1999), 1578 ff., 1588; DIES., Scheidung auf gemeinsames Begehren, in Rolf Vetterli (Hrsg.), Auf dem Weg zum Familiengericht (Bern 2004), Schriftenreihe zum Familienrecht FamPra.ch 4, 11 f.; HAUSHEER/GEISER/AEBI-MÜLLER, Familienrecht, Nr. 10.140 ff.

23   REUSSER a.a.O. Nr. 1.50; RUMO-JUNGO, HandKomm, Art. 111 N 24.

24   Dieses ausdrücklich in Art. 96a Abs. 6 lit. b des Walliser Einführungsgesetzes zum Schweizerischen Zivilgesetzbuch vom 24. März 1998 (SGS/VS 211.1) vorgeschriebene Vorgehen erscheint

2. Betrifft der Mangel bloss die *Scheidungsfolgen,* wird das Gericht zuerst versu- 16
chen, diese Mängel zu beheben und die Vereinbarung zu klären oder zu vervollständigen oder gar bei unangemessenen Scheidungsfolgen angemessene Lösungen zu finden.[25] Ist dies nicht möglich, so sollte ein entsprechender Zwischenentscheid erlassen
und den Parteien eine Frist angesetzt werden, innerhalb derer sie erklären können, das
Gericht solle die Scheidungsfolgen beurteilen, über die sie sich nicht einig sind (112,
hierzu nachstehend N 18).[26] Das Verfahren wird in diesem Fall kontradiktorisch fortgesetzt, wobei das Gericht die Parteirollen verteilen kann (288[2] ZPO). Erfolgt innert
angesetzter Frist keine Erklärung, so ist die Scheidung mit Endentscheid abzuweisen.

b. Teileinigung

Neben der umfassenden Einigung gibt es als *zweite Art der Scheidung auf gemeinsames* 17
Begehren die in Art. 112 vorgesehene Teileinigung: Die Eheleute sind sich im Scheidungspunkt (also betreffend Auflösung der Ehe) einig, mit Bezug auf die Scheidungsfolgen (einzelne oder alle) aber uneinig. Wohl aber sind sie sich darin einig, dass das
Gericht die streitigen Punkte verbindlich beurteilen soll, ohne dass die Scheidung als
solche in Frage gestellt wird (s. 112[1]). Das kann von Anfang an, das heisst bei der Einleitung des Verfahrens, so sein; das ist der gesetzliche Normalfall. Es ist aber auch denkbar, dass diese Konstellation erst in einem Verfahren auf umfassende Einigung eintritt,
wenn etwa die mündliche Anhörung ergibt, dass nun doch keine umfassende Einigung in Frage kommt (s. soeben N 16).[27]

Für die Anwendung der Regeln über die Teileinigung sind demnach erforderlich *der* 18
gemeinsame Scheidungsentschluss unter Einbezug der unbestrittenen Scheidungsfolgen und *der gemeinsame Antrag, die streitigen Folgen gerichtlich zu beurteilen* (286[1]
ZPO). Was die strittigen Punkte angeht, verlangt das Gesetz, dass hierfür jeder Ehegatte Anträge stellt, über welche das Gericht im Scheidungsurteil entscheidet (286[1]
ZPO). Es findet nun ein gemischtes Verfahren statt:[28] Gemäss Art. 112 Abs. 2 hört das
Gericht die Eheleute wie bei der umfassenden Einigung an: zum Scheidungsbegehren, zu den unstrittigen Scheidungsfolgen und zur Erklärung, dass die übrigen Folgen
gerichtlich zu beurteilen sind. Der unstrittige Teil wird von Seiten der Parteien mit der
schriftlichen Bestätigung des Scheidungswillens und der nichtstreitigen Folgen abgeschlossen. Das Beweisverfahren für den kontroversen Teil findet sinnvollerweise erst
nach dem Eingang der Bestätigung für den unstrittigen Teil statt.[29] Das Scheidungsur-

---

mindestens so überzeugend wie das von Sutter/Freiburghaus, Art. 111 N 31 vorgeschlagene, wonach das Gericht einen *bedingten Endentscheid* fällt und dabei jedem Ehegatten eine
Frist ansetzt.

25   Bräm a.a.O. 17; Reusser a.a.O. Nr. 1.39; Jacques Micheli et al., Le nouveau droit du divorce
(Lausanne 1999), N 849; Fankhauser, FamKomm, Art. 111 N 21; Pfister-Liechti, Le nouveau droit du divorce: Quelle procédure?, in Semjud 122 (2000), II 243 ff., 249.

26   Sutter/Freiburghaus, Art. 111 N 31; s. auch Bräm a.a.O. 20.

27   S. Botsch. Ehescheidung, 89.

28   Kritisch dazu Sandoz a.a.O. 107 f.; Hausheer/Geiser/Aebi-Müller, Familienrecht, Nr. 10.184.

29   Reusser a.a.O. Nr. 1.54; Rumo-Jungo, HandKomm, Art. 112 N 7; Sutter/Freiburghaus,
Art. 111 N 34; Pfister-Liechti a.a.O. 255 f.; a. M. Perrin, Le nouveau droit du divorce: de la

teil umfasst dann aber als *Gesamturteil* sowohl die Scheidung als solche, die unstrittigen Punkte sowie die Entscheidung über die strittigen Punkte.[30]

19   Wird im Rahmen des streitigen Verfahrens nachträglich durch die Parteien alleine
      oder mit Hilfe des Gerichts eine Vereinbarung getroffen, ist diese sofort verbindlich
      und kann nicht einseitig widerrufen werden. Beide Parteien haben aber die Möglich-
      keit, beim Gericht einen Antrag auf Nichtgenehmigung zu stellen.[31]

c. Wechsel zur Scheidung auf Klage

20   Der Art. 113 wurde mit dem Inkrafttreten der ZPO durch den praktisch gleich lau-
      tenden Art. 288[3] ZPO ersetzt. Er bildet wie der frühere Art. 116 (nunmehr 292 ZPO)
      eine *Nahtstelle zwischen der Scheidung auf gemeinsames Begehren und der Scheidung
      auf Klage eines Ehegatten.* Der Art. 288[3] ZPO geht davon aus, dass ein gemeinsames
      Scheidungsbegehren nach Art. 111 oder 112 eingereicht worden ist, das Gericht aber
      zum Ergebnis kommt, dass die Voraussetzungen für eine Scheidung auf gemeinsa-
      mes Begehren nicht erfüllt sind und es deshalb das Scheidungsbegehren abweist (288[3]
      ZPO; s. hierzu vorn N 16).[32] Für diesen Fall schreibt Art. 288[3] ZPO dem Gericht vor,
      jedem Ehegatten eine Frist anzusetzen, um das Scheidungsbegehren durch eine Klage
      zu ersetzen.

21   Der *Zweck dieser Bestimmung* besteht darin, die Zuständigkeit des Gerichts (23 ZPO),
      die Rechtshängigkeit (62[1] ZPO) sowie allfällige bereits angeordnete vorsorgliche Mass-
      nahmen (276 ZPO) fortdauern zu lassen (ZPO 288[3] zweiter Satz).[33] Damit verbunden ist
      eine wichtige Nebenwirkung: Weil die Rechtshängigkeit weiter besteht, wird bei Errun-
      genschaftsbeteiligung und Gütergemeinschaft die Auflösung des Güterstandes auf den
      Tag der Einreichung des gemeinsamen Scheidungsbegehrens zurückbezogen (vgl. 204[2]
      und 236[2]). Dabei genügt es für die Gutheissung der Klage wegen Getrenntlebens, wenn

---

          théorie à la pratique, in Semjud 122 (2000), II 263 ff., 269 f.

30   Vorbehalten bleibt auch hier wie im bisherigen Scheidungsrecht ausnahmsweise in komple-
      xen Fällen die Verweisung «ad separatum», etwa für die güterrechtliche Auseinandersetzung; s.
      Votum KÜCHLER Amtl. Bull. 1998 StR, 324, und REUSSER a.a.O. Nr. 1.56; RUMO-JUNGO, Hand-
      Komm, Art. 112 N 9; kritisch FANKHAUSER, FamKomm, Anh. ZPO Art. 288 N 16. – S. aber
      auch für das Rechtsmittelverfahren die in Art. 148 Abs. 1 nunmehr vorgesehene Teilrechtskraft
      (hierzu hinten § 25 N 57) und für das Übergangsrecht Art. 7b Abs. 2 zweiter Satzteil SchlT
      (hierzu hinten III); HAUSHEER/GEISER/AEBI-MÜLLER, Familienrecht, Nr. 10.185.

31   Kantonsgericht FR, 4. März 2008 (1012008-4), in FamPra.ch 10 (2009), 224 ff.; BGer 5C.270/2004
      E. 3.1 und 5.1 und für das alte Recht BGE 123 III 98 E. 3a; kritisch dazu: PHILIPPE MEIER, Pla-
      nification du divorce: une illusion? Les conventions anticipées d'entretien en droit suisse, in FS
      Suzette Sandoz (Genf/Zürich/Basel 2006), 303 ff.; RUMO-JUNGO, Scheidung, 7 ff.

32   Damit Art. 288[3] ZPO zur Anwendung gelangt, muss das Gericht das gemeinsame Scheidungs-
      begehren in einem Sachentscheid ablehnen, ein Nichteintretensentscheid genügt nicht. FANK-
      HAUSER, FamKomm, Anh. ZPO Art. 288 N 18; RUMO-JUNGO, HandKomm, Art. 113 N 2.

33   Botsch. Ehescheidung, 90; RUMO-JUNGO, HandKomm, Art. 113 N 1 mit Verweis auf BGE 137
      III 614 E. 3.2.2, E. 3.3.

die Ehegatten beim Wechsel zur Scheidung auf Klage (und nicht bereits bei der Einreichung des gemeinsamen Begehrens) mindestens zwei Jahre getrennt gelebt haben.[34]

II. Die Scheidung auf Klage eines Ehegatten

Das Gesetz kennt zwei auf Klage ausgerichtete Scheidungsgründe: die Scheidung nach Getrenntleben (114) und die Scheidung wegen Unzumutbarkeit (115). Der Scheidungsgrund des Getrenntlebens ist ein in hohem Masse formalisierter absoluter, der Scheidungsgrund der Unzumutbarkeit ein relativer Scheidungsgrund.[35] Beide Scheidungsgründe sind nicht nur auf Ehen anzuwenden, die zwecks Begründung einer echten Lebensgemeinschaft eingegangen wurden, sondern auch auf Scheinehen (127 III 345 E. 2b). **22**

a. Nach Getrenntleben

Der nach dem Konzept des Gesetzgebers im Vordergrund stehende Grund für eine «Scheidung auf Klage eines Ehegatten» ist das «Getrenntleben» (114). Der Gesetzgeber unterstellt, dass *nach Ablauf einer bestimmten Dauer der Trennung die Ehe endgültig zerrüttet* ist.[36] Die klagende Ehegattin hat aber weder die Zerrüttung noch irgendwelche Fakten oder Umstände zu beweisen, die zur Zerrüttung geführt haben; die Ehegeschichte, namentlich auch das Vorliegen von Verschulden, spielt keine Rolle. Vielmehr ist nur, aber immerhin der Nachweis des Getrenntlebens während der vom Gesetz vorgesehenen Dauer zu erbringen. Das Getrenntleben allein führt zur unwiderlegbaren Vermutung, die Ehe sei endgültig gescheitert[37]. Anders als in ausländischen Rechtsordnungen sieht das schweizerische Recht *keine Härteklausel* vor, gemäss welcher das Gericht trotz Getrenntlebens die Scheidung zu verweigern hätte.[38] Mit dem Ablauf der **23**

---

34 Die Zweijahresfrist gilt seit dem 1. Juni 2004 (AS 2004, 2161); vgl. Bericht der Kommission für Rechtsfragen des Nationalrates vom 29.4.2003, BBl 2003, 3927 ff., 3935, und Stellungnahme des Bundesrates vom 2.7.2003, BBl 2003, 5825 ff. S. auch Art. 114 und hierzu sogl. N 23 ff. Für Scheidungsverfahren, die in diesem Zeitpunkt bereits rechtshängig waren und die von einer kantonalen Instanz zu beurteilen sind, genügt es, wenn die verkürzte Trennungsfrist im Moment des Rechtswechsels abgelaufen ist (131 III 250 E. 2).

35 HAUSHEER, Die Scheidungsgründe in der laufenden Ehescheidungsreform, in ZSR NF 115 (1996), I 343 ff., 355; REUSSER a.a.O. Nr. 1.11.

36 Botsch. Ehescheidung, 90 unten. Das bisherige Recht kannte diesen Scheidungsgrund nicht. Immerhin hat das Bundesgericht bei der Interpretation des Art. 142 Abs. 2 erkannt, dass nach fünfzehnjähriger Trennung der Widerstand des schuldlosen oder weniger schuldigen Ehegatten gegen die Scheidung vermutungsweise rechtsmissbräuchlich sei (108 II 503), und so durch Gerichtspraxis einen fast absoluten Scheidungsgrund nach fünfzehnjährigem Getrenntleben eingeführt.

37 Botsch. Ehescheidung, 90 unten.

38 Siehe etwa § 1568 BGB, gemäss welchem in Ausnahmefällen um der Kinder oder um der schweren Härte für den andern Ehegatten willen auch eine wegen dreijähriger Trennung gescheiterte Ehe nicht geschieden werden soll. Im schweizerischen Recht (jedenfalls theoretisch) nicht völlig ausgeschlossen wäre eine Ablehnung der Scheidung wegen Rechtsmissbrauchs.

Trennungsfrist erwirbt die Ehegattin gegen den Ehegatten oder umgekehrt einen absoluten Scheidungsanspruch, der auch ohne bzw. gegen den Willen der anderen Partei
durchgesetzt werden kann.

24   Das Gesetz umschreibt nicht näher, was unter «*getrennt gelebt haben*» (114 i. f.) zu ver-
     stehen ist. Es geht um ein rein faktisches Getrenntleben. Ein im Sinn von Art. 175
     «berechtigtes» Getrenntleben ist denkbar, aber nicht unbedingt erforderlich. Leben die
     Eheleute örtlich getrennt, pflegen aber ihre eheliche Gemeinschaft, z.B. im Fall eines
     Heim- oder eines längeren Auslandaufenthalts oder aber bei getrennten Wohnungen,
     liegt allein deswegen noch kein Getrenntleben vor. Dieses setzt vielmehr voraus, dass
     die örtliche *und* die geistig-seelische Gemeinschaft von einem von beiden bewusst
     abgelehnt bzw. unterbrochen wird.[39] Allerdings unterbricht oder hemmt ein Zusam-
     menleben für kürzere Zeit, das der Versöhnung dienen soll, die gesetzliche Frist nicht.[40]

25   Die Trennung muss «*mindestens zwei Jahre*» gedauert haben. Die zwei Jahre Trennung
     müssen gemäss der ausdrücklichen Regelung in Art. 114 *bei Eintritt der Rechtshän-
     gigkeit der Klage* (62 ZPO) oder beim Wechsel zur Scheidung auf Klage (288³ ZPO)[41]
     abgelaufen sein; andernfalls ist die Klage abzuweisen.[42]

b. Unzumutbarkeit

26   Art. 115 ZGB sieht vor, dass ein Ehegatte vor Ablauf der zweijährigen Frist die Schei-
     dung verlangen kann, wenn ihm die Fortsetzung der Ehe aus schwerwiegenden Grün-
     den, die ihm nicht zuzurechnen sind, nicht zugemutet werden kann. Das Gesetz nennt
     damit explizit das Motiv für seine Regelung: die Frist für die Scheidung nach Getrennt-
     leben ist noch nicht abgelaufen, ein Zuwarten ist aber einem der beiden Ehegatten
     nicht zuzumuten.

27   Dieser subsidiäre Scheidungsgrund wird im *Verhältnis zu den beiden formalisierten
     Scheidungsgründen* als Notventil für Härtefälle bezeichnet (so noch 126 III 408 f. E. 3d,

---

39   RUMO-JUNGO, HandKomm, Art. 114 N 2 f.; REUSSER a.a.O. Nr. 1.71; SUTTER/FREIBURGHAUS,
     Art. 114 N 6 ff.; FANKHAUSER, FamKomm, Art. 114 N 14 f.; RHINER a.a.O. 254 f.; RUMO-JUNGO,
     Die Scheidung auf Klage, in AJP 8 (1999), 1532. S. auch die Formulierung in § 1567 Abs. 1 BGB,
     wonach Getrenntleben vorliegt, wenn ein Ehegatte die häusliche Gemeinschaft «erkennbar
     nicht herstellen will, weil er die eheliche Lebensgemeinschaft ablehnt». Zu Spezialfällen s. RHI-
     NER a.a.O. 258 ff. Vgl. auch Urteil des Kantonsgerichts SG vom 10. Mai 2006, in FamPra.ch 8
     (2007), 128 ff., wonach auch ein Getrenntleben im gleichen Haus möglich ist; siehe dazu auch
     RUMO-JUNGO, HandKomm, Art. 114 N 4 m. w. H.
40   So § 1567 Abs. 2 BGB, was auch für das schweizerische Recht gilt. S. dazu auch RUMO-JUNGO,
     HandKomm, Art. 114 N 7; RHINER a.a.O. 279.
41   Massgebend ist der «Zeitpunkt des Verfahrenswechsels» (Botsch. Ehescheidung, 90), mithin
     die Einreichung der Klage innert der vom Gericht gemäss Art. 113 angesetzten Frist: REUSSER
     a.a.O. Nr. 1.68; SUTTER/FREIBURGHAUS, Art. 113 N 9. Zum Übergangsrecht s. hinten § 23 N 31.
42   Der nach wie vor scheidungswillige Ehegatte dringt dann aber mit einer neuen Klage durch,
     wenn inzwischen die zwei Jahre Trennung abgelaufen sind. Nach FANKHAUSER, FamKomm,
     Anh. ZPO Art. 288 N 20 und Art. 114 N 11 und RUMO-JUNGO, HandKomm, Art. 114 N 6, sollte
     das Gericht bei der Ansetzung der Frist gegebenenfalls darauf Rücksicht nehmen, dass der
     Ablauf der zweijährigen Trennungsdauer kurz bevorsteht.

f)[43]. In BGE 127 III 129 ff. äussert sich das BGer grundlegend zur Bedeutung des Scheidungsgrundes der Unzumutbarkeit und zu dessen Verhältnis zu den formalisierten Scheidungsgründen: In Präzisierung des kurz vorher ergangenen Entscheides (126 III 404 ff.) hält es in BGE 127 III 132 E. 3a fest: «Allein gesetzgebungspolitische Gründe [möglichst verschuldensunabhängiges Scheidungsrecht und daher restriktive Handhabung des Art. 115] rechtfertigen es aber nicht, an das Vorliegen eines schwerwiegenden Grundes übertriebene Anforderungen zu stellen mit der Folge, dass ein scheidungswilliger Ehegatte, obwohl ihm keine Zerrüttungsgründe zuzurechnen sind, abgesehen von extrem gelagerten und entsprechend seltenen Fällen, gezwungen wäre, in einer längst nicht mehr gelebten Ehe während vier [heute: zwei] Jahren auszuharren.» Eine restriktive Handhabung des Art. 115 würde auch «Erpressungen» des Scheidungswilligen durch die andere Partei ermöglichen. Unter dem Titel der (Un-)Zumutbarkeit sei daher zu prüfen, ob die geistig-emotionale Reaktion, das Fortbestehen der rechtlichen Bindungen während zwei Jahren als unerträglich zu empfinden, objektiv nachvollziehbar ist (127 III 134 E. 3c, bestätigt in 127 III 349 f. E. 2.a und 128 III 3 E. 3a/cc).

Nur derjenige Ehegatte kann auf Scheidung klagen, dem die *schwerwiegenden Gründe,* **28** welche ihm die Fortsetzung der Ehe *unzumutbar* machen, *nicht zuzurechnen sind.* Die schwerwiegenden Gründe können objektiver Natur sein, mithin solche, die keinem Ehegatten zuzurechnen sind (z.B. jahrelange, schwere Krankheit eines Ehegatten, so dass eine eigentliche eheliche Gesinnung und Lebensführung nicht mehr möglich ist[44]). Meist werden es aber Gründe sein, die nur (oder stark überwiegend[45]) einem Ehegatten zuzurechnen sind; dabei kann *die Verantwortlichkeit* und mit ihr *das Verschulden* anders als bei den anderen Scheidungsgründen eine Rolle spielen. Die Frage nach dem Vorliegen schwerwiegender Gründe und der Zumutbarkeit des Abwartens der Zweijahresfrist ist eine *Wertungsfrage,* die das Gericht im Sinn von Art. 4 nach *Recht und Billigkeit* zu beantworten hat (127 III 346 E. 3a, mit weiteren Hinweisen).[46]

Beispiele: Die Unzumutbarkeit ist insbesondere zu bejahen bei schweren Verletzun **29** gen der physischen oder psychischen Integrität des klagenden Ehegatten bzw. gewalttätigen Handlungen des beklagten Ehegatten, welche die physische oder psychische Gesundheit des klagenden Ehegatten gefährden: Wird eine Ehefrau von ihrem Ehe-

---

43 Botsch. Ehescheidung, 83 oben; Rumo-Jungo, HandKomm, Art. 115 N 3; Reusser a.a.O. Nr. 1.79, 1.86; Sutter/Freiburghaus, Art. 115 N 9; Fankhauser, FamKomm, Art. 115 N 2; Rumo-Jungo a.a.O. 1535. A. M. sind Perrin a.a.O. 27, der in Art. 115 praktisch die Erneuerung des alten Art. 142 sieht; Weber, Kritische Punkte der Scheidungsrechtsrevision, in AJP 8 (1999), 1633 ff., 1635 f.; Micheli et al. a.a.O. N 192, 195.

44 Rumo-Jungo a.a.O. 1536; dies., HandKomm, Art. 115 N 5.

45 Gemäss der Botsch. Ehescheidung, 92, schliesst eine im Vergleich zu objektiven Zerrüttungstatsachen oder zum Verhalten des oder der anderen untergeordnete Verantwortlichkeit eines Ehegatten den Scheidungsanspruch nach Art. 115 nicht aus; s. dazu Rhiner a.a.O. 298 f.

46 Botsch. Ehescheidung, 93. Einen Versuch der Bildung von *Fallgruppen* unternimmt Daniel Steck, Scheidungsklagen, in Stiftung für Juristische Weiterbildung Zürich (Hrsg.), Das neue Scheidungsrecht (Zürich 1999), 25 ff., 36 ff.; s. auch die Beispiele bei Rumo-Jungo, HandKomm, Art. 115 N 6, 8, bei Fankhauser, FamKomm, Art. 115 N 7 ff., bei Rhiner a.a.O. 309 ff., bei Sutter/Freiburghaus, Art. 115 N 10, sowie die Aufzählung in BGE 126 III 410 E. 4h.

mann nachts aus dem Bett gezerrt und während Stunden geschlagen und körperlich misshandelt, erleidet sie nicht nur physische (in casu zwar nicht schwere), sondern auch psychische Verletzungen und wird mit einem so grossen Mass an Verachtung behandelt, dass ohne Weiteres nachvollziehbar ist, dass ihr das Fortbestehen der rechtlichen Bindung unerträglich ist. Unerheblich ist, ob die Ehefrau allenfalls psychisch vorbelastet war und ob sich der Vorfall gegebenenfalls besonders nachhaltig auf ihre psychische Gesundheit auswirkte (127 III 135 E. 3b).[47] Ein einmaliger Übergriff in Form einer Tätlichkeit reicht dagegen nicht aus zur Annahme von Unzumutbarkeit (BGer 5A_653/2007 E. 4.2 mit Hinweis auf BGer 5C.35/2001 E. 3b f.). Ist der Ehegatte psychisch krank und krankhaft auf seine Ehefrau fixiert, ist die Fortsetzung der Ehe für Letztere unzumutbar (128 III 3 E. 3). Die Fortsetzung einer (zweiseitigen) Scheinehe ist nicht per se unzumutbar (127 III 349 E. 2a). Die Unzumutbarkeit ergibt sich auch nicht daraus, dass die drogensüchtige Ehefrau die Begründung der Ehe mit einem Ausländer, der dadurch eine Aufenthaltsbewilligung erlangt hat, inzwischen als Fehler bezeichnet und wegen ihres Familiennamens (160[1]) tagtäglich an diesen Fehler erinnert wird (127 III 346 f. E. 3). Hingegen ist die Ehe für den Ehegatten unzumutbar, wenn er nach der Heirat feststellt, dass die Ehegattin die Ehe primär wegen ausländerrechtlicher und sekundär wegen finanzieller Vorteile eingegangen ist (einseitige Scheinehe; 127 III 350 E. 2b). Wartet aber die Ehegattin ohne Ehewillen über ein Jahr lang, bis sie rechtliche Schritte gegen die (ungewollte) Ehe unternimmt, ist der Fall mit einer zweiseitigen Scheinehe vergleichbar und kann der Ehefrau mithin das Abwarten der Trennungsfrist zugemutet werden. Das Abwarten der Trennungsfrist kann jener Ehegattin zugemutet weren, die nichts unternimmt, um die von ihr nicht gewollte Ehe sofort zu beseitigen (BGer 5C.223/2002 E. 1.3). Gründet der Ehegatte mit einer anderen Frau eine neue Familie, hat er sich derart von der bestehenden Ehe abgewandt, dass der Ehegattin das Abwarten der Trennungsfrist nicht mehr zugemutet werden kann (BGer 5C.297/2001 E. 5.b; s. auch 129 III 5 f. E. 2.4). Bringt der Ehegatte seine Frau um ihre Vorsorgeguthaben, indem er ihre Unterschrift fälscht, und hat diese keine Möglichkeit, die entstehende Lücke aus eigener Kraft zu schliessen (i. c. waren die Eheleute 20 Jahre verheiratet und die Frau im Scheidungszeitpunkt 56 Jahre alt), ist Unzumutbarkeit anzunehmen (BGer 5C.90/2003 E. 3). Eine Ehedauer von nur wenigen Tagen ist für sich alleine nicht ausschlaggebend, spricht aber eher für die Unzumutbarkeit (i. c. verneint: BGer 5C.236/2002 E. 4.1.1). Steckt der Ehemann Dritte mittels verunreinigten Spritzen mit dem HIV-Virus an, liegt aufgrund einer Gefahr von Leben und Gesundheit der Ehegattin und deren Tochter ebenfalls Unzumutbarkeit vor (BGer 5A_177/2012).

---

47   Die Kombination aus körperlicher Gewalt (einmalig) und erfolgten psychischen Übergriffen (Vater brachte gemeinsames Kind plötzlich weg und missachtete Rückgabeversprechen) stellte für die Mutter eine starke psychische Belastung dar. Der Trennungsschock und die Monate bis zur Rückreise des Kindes in die Schweiz stellen einen anhaltenden und gravierenden Eingriff dar. Eine Weiterführung der Ehe ist unzumutbar: Obergericht BE, 27. August 2008 (APH 08/136/BD/KNM), in FamPra.ch 10 (2009), 160 ff.

Für *das Verhältnis von Art. 115 zu Art. 114* gilt: Mit Art. 115 dringt nur durch, wem das 30 Abwarten der zweijährigen Trennungsfrist nicht zumutbar ist. Ergibt sich umgekehrt aus den dargelegten Tatsachen, dass die Ehegatten bereits bei Einreichung der Scheidungsklage zwei Jahre getrennt gelebt haben, kann trotz Anrufung des Art. 115 durch die Klägerpartei die Scheidung nach Art. 114 geschieden werden.[48] Es geht aber nicht an, dass ein Ehegatte vor Ablauf der zweijährigen Trennungsfrist eine Klage auf Scheidung wegen Unzumutbarkeit einreicht und im Prozess die (oder den noch fehlenden Rest der) zwei Jahre ersitzt mit der Bewandtnis, dass er dann ohne Einreichung einer neuen Klage nach Art. 114 geschieden werden könnte.[49] Läuft mithin die Trennungsfrist erst während des Verfahrens ab, kann das Gericht die Scheidung nur auf der Grundlage von Art. 115 ZGB aussprechen. Ist der Scheidungsgrund von 115 ZGB nicht erfüllt, muss nach Abweisung der Klage ein neues Verfahren nach 114 ZGB eingeleitet werden. Für die Ehegatten kann es aus güterrechtlichen Gesichtspunkten oder zur Erwirkung vorsorglicher Massnahmen Sinn machen, eine Scheidungsklage nach 115 ZGB vor Ablauf der Zweijahresfrist einzureichen.[50]

c. Zustimmung zur Scheidungsklage und Widerklage

Neben Art. 288[3] ZPO (vorne N 20 f.) ist Art. 292 ZPO der zweite *Scharnierartikel* zwi 31 schen Scheidung auf gemeinsames Begehren und Scheidung auf Klage eines Ehegatten. Während es bei Art. 288[3] ZPO um den Wechsel von der Scheidung auf gemeinsames Begehren zur Scheidung auf Klage geht, liegt bei Art. 292 ZPO der umgekehrte Fall vor: Wenn der beklagte Ehegatte mit der Scheidung einverstanden ist (292[1] lit. a), indem er ausdrücklich zustimmt oder Widerklage erhebt, und die Ehegatten bei Eintritt der Rechtshängigkeit noch nicht seit mindestens zwei Jahren getrennt gelebt haben (292[1] lit. a), wird das Verfahren nach den Vorschriften über die Scheidung auf gemeinsames Begehren fortgesetzt. Der Grund für diese Lösung liegt darin, dass nun beide Ehegatten die Scheidung wollen, allerdings der Scheidungsgrund nach Art. 114 ZGB, d.h. das Getrenntleben von zwei Jahren, noch nicht vorliegt und deshalb eine Scheidung gestützt auf Art. 114 ZGB nicht ausgesprochen werden kann. Wurde die Klage gestützt auf Art. 115 ZGB eingeleitet, wird sie primär nach Art. 114 fortgesetzt, was Art. 292[1] lit. a ZPO dadurch zum Ausdruck bringt, dass ein Verfahrenswechsel nur stattfindet, wenn die Ehegatten nicht bereits seit mindestens zwei Jahren getrennt leben. Leben die Ehegatten mithin seit zwei Jahren getrennt, erfolgt die Scheidung nach Art. 114, auch wenn sie gestützt auf Art. 115 eingeleitet wurde. Ein Verfahrenswechsel findet aber auch bei einer Klage nach Art. 115 statt, wenn das Getrenntleben noch nicht zwei Jahre gedauert hatte. Wurde die Klage nach Art. 114 ZGB eingeleitet, findet trotz Einigung im Scheidungspunkt kein Verfahrenswechsel statt, wenn der Scheidungsgrund, also das zwei-

---

48 Reusser a.a.O. Nr. 1.67. Das ergibt sich m.E. aus dem Ingress zu Art. 115 («Vor Ablauf der zweijährigen Frist …»).

49 Reusser a.a.O. Nr. 1.67 und Perrin a.a.O. 30 oben. Zulässig, wenn auch eigentümlich, ist hingegen m. E., dass ein Ehegatte primär gestützt auf Art. 114 klagt, für den Fall des Scheiterns des Beweises der zweijährigen Trennung aber eventualiter Art. 115 anruft. A. M. Fankhauser, FamKomm, Art. 115 N 20.

50 BGer 5A_422/2009, in FamPra.ch 11 (2010), 175 ff.; SJ 2010 I 361; Pra 99 (2010), Nr. 16.

jährige Getrenntleben, feststeht (292² ZPO).[51] Gegebenenfalls wäre nämlich ein Verfahrenswechsel eher umständlicher als vereinfachend.[52] Die konkludente Zustimmung zur Scheidung durch die Einleitung eines Scheidungsverfahrens im Ausland genügt für den Wechsel zur Scheidung auf gemeinsames Begehren. Die Ablehnung der vom anderen Ehegatten in der Schweiz eingeleiteten Scheidungsklage ändert daran nichts.[53] Im Übrigen findet dieser Übergang von der Scheidung auf Klage zur Scheidung auf gemeinsames Begehren auch ohne oder gegen den entsprechenden Willen der Parteien statt.

32   Da beim Vorliegen des Tatbestandes des Art. 292 ZPO über die Scheidung als solche Einigkeit besteht, jedoch die Scheidungsfolgen ganz oder teilweise strittig sind, liegt nunmehr ein *ähnlicher Fall* vor *wie in Art. 112*. Ein Gesuch im Sinn von Art. 112 Abs. 1 ist daher nicht nötig.[54] Vielmehr wird unterstellt, dass die Parteien die Entscheidung der strittigen Punkte dem Gericht überlassen, ohne dass sie die Scheidung als solche in Frage stellen.

33   Mit Bezug auf die *Scheidungsgründe* prüft das Gericht nur, ob die Scheidung beidseitig auf freiem Willen und reiflicher Überlegung beruht (111¹), nicht hingegen, ob ein klageweise geltend zu machender Scheidungsgrund (114 f.) vorliegt. Wenn also der nach Art. 115 beklagte Ehegatte der Scheidung zustimmt, kommt es zur qualifizierten Anhörung nach Art. 111 und wird der Scheidungsgrund nach Art. 115 nicht geprüft.[55] Es versteht sich aber von selbst, dass die Eheleute dort zum Nachweis der Zerrüttungsgründe zugelassen sind, wo im Streit um den nachehelichen Unterhalt ausnahmsweise Verschuldensfragen geprüft werden müssen (125³).

III.   Übergangsrecht

34   Das Übergangsrecht zum Scheidungsrecht ist im Wesentlichen von zwei Grundsätzen geprägt: 1. Das neue Recht ist grundsätzlich ab seinem Inkrafttreten (1. Januar 2000) auf sämtliche *nach dem Inkrafttreten angehobene* Scheidungsverfahren anwendbar (7a¹ SchlT). 2. Auf *im Zeitpunkt des Inkrafttretens hängige* Fälle ist es anwendbar, a) sofern die *kantonale Instanz* im ordentlichen Rechtsmittelverfahren noch nicht entschieden hat (7b¹ SchlT).[56] b) Ist hingegen ein Verfahren vor *Bundesgericht* hängig (und ist der angefochtene Entscheid noch unter dem früheren Recht ergangen), entscheidet die-

---

51   Bähler, ZPOKomm, Art. 292 N 1.

52   Beim Scheidungsgrund des gemeinsamen Begehrens (111/112) ist nämlich die qualifizierte Anhörung nach Art. 111 (getrennt und gemeinsam) durchzuführen, nicht aber beim Scheidungsgrund des Getrenntlebens (114); s. dazu Bähler, ZPOKomm, Art. 292 N 1.

53   BGer 5A_523/2007, in FamPra.ch 9 (2008), 897 ff.

54   Botsch. Ehescheidung, 93.

55   Bähler, ZPOKomm, Art. 292 N 1 FN 2.

56   Zu den verschiedenen Varianten von hängigen Fällen, s. Leuba, Loi sur le divorce: Les dispositions transitoires, in plädoyer 17 (1999), Nr. 4, 59 ff., 61; vgl. auch Geiser/Lüchinger, BaKomm, Art. 7a/7b SchlT N 17 ff.

ses sowie – im Fall einer Rückweisung – das kantonale Gericht nach bisherigem Recht (7b³ SchlT; 126 III 263 E. 2). Zu den Einzelheiten vgl. im Weiteren die 12. Auflage dieses Buches, S. 209 ff.

§ 24 Die Scheidungsfolgen

1 Die Hauptfolge der Scheidung ist die Auflösung der Ehe durch Gerichtsurteil, obwohl das Gesetz diese Folge gerade nicht ausdrücklich regelt. Die im Gesetz sogenannten *Scheidungsfolgen* umfassen in den Art. 119–134 die personen- und die vermögensrechtlichen Wirkungen einer Scheidung für die Eheleute einerseits und für deren Kinder andererseits. Nachfolgend werden zuerst die persönlichen Scheidungsfolgen für die Eheleute behandelt (N 2 ff.). Davon sind die vermögensrechtlichen Scheidungsfolgen für die Eheleute zu unterscheiden. Um diese geht es beim Güter- und Erbrecht sowie bei der Familienwohnung (N 6 ff.), bei der beruflichen Vorsorge (N 16 ff.) sowie beim nachehelichen Unterhalt (N 41 ff.). Die (persönlichen und vermögensrechtlichen) Scheidungsfolgen für die Kinder sind Gegenstand von N 89 ff.

I. Die persönlichen Scheidungsfolgen für die Eheleute

2 Unter diesem Titel geht es um die *Stellung geschiedener Eheleute,* mithin um den *Personenstand* der Eheleute, welcher namentlich durch den Familiennamen und das Bürgerrecht definiert wird:

a. Der Familienname

3 Mit Bundesgesetz über die Änderung des ZGB (Name und Bürgerrecht) vom 30. September 2011 ist Art. 119 mit Wirkung auf den 1. Januar 2013 geändert worden.[1] Diese Bestimmung handelt vom *Familiennamen jenes Ehegatten, «der seinen Namen bei der Eheschliessung geändert hat»;* damit ist jener Name gemeint, der infolge der nunmehr aufgelösten Ehe geändert worden ist.[2] Dieser Ehegatte behält grundsätzlich den bei der Heirat erworbenen Familiennamen. Er kann aber jederzeit gegenüber dem Zivilstandsamt[3] erklären, dass er wieder seinen Ledignamen tragen will.[4] Dazu genügt eine einseitige Erklärung und sind keine achtenswerten Gründe (30^1 ZGB) erforderlich.

4 So kann die Ehefrau, Sabine Schuster, die nach einer ersten Ehescheidung ihren bei der Heirat erworbenen Namen Mischler behalten und bei der zweiten Eheschlies-

---

1 AS 2012, 2569. Dieser Änderung gingen mehrere gescheiterte Revisionsvorhaben voraus. S. insb. die parlamentarische Initiative SUZETTE SANDOZ vom 14. Dezember 1994 (94.434) und den Bericht der Kommission für Rechtsfragen des Nationalrates vom 31. August 1998 (BBl 1999, 4940 ff.), mit Entwurf (BBl 1999, 4955 ff.), sowie die parlamentarische Initiative LEUTENEGGER OBERHOLZER vom 19. Juni 2003 (03.428) und den Bericht der Kommission für Rechtsfragen des Nationalrates vom 27. August 2009 (BBl 2009, 7573), mit Entwurf (BBl 2011, 7403).

2 BÜCHLER, FamKomm, Art. 119 N 2 ff.; HEGNAUER/BREITSCHMID, Grundriss, Nr. 13.40.

3 Der Nationalrat wollte hierfür nur Zivilstandsbeamte des Wohn- oder Heimatorts für zuständig erklären (Amtl. Bull. 1997 NR, 2693). Der Ständerat hielt aber mit Erfolg an der offenen Formulierung fest, um völlig unnötige Probleme bezüglich des internationalen Privatrechts zu verhindern (Amtl. Bull. 1998 StR, 325; 1998 NR, 1186). Siehe nun Art. 13 Abs. 1 ZStV.

4 Das ist der mit der Geburt oder mit einer Namensänderung gemäss Art. 30 Abs. 1 erworbene Name.

sung mit Kurt Kuster den Namen Kuster angeommen hat, nach der zweiten Ehescheidung gestützt auf Art. 119 entweder den mit der zweiten Eheschliessung erworbenen Namen (Kuster) behalten oder wieder ihren Ledignamen (Schuster) führen.[5] Dagegen kann sie nicht wieder den Namen Mischler führen.

b. Das Bürgerrecht

Mit der Gesetzesnovelle von 2011 (s. oben N 3) ist ZGB 119[2] aufgehoben worden. Vorher konnte die Ehefrau das mit der Eheschliessung erworbene Kantons- und Gemeindebürgerrecht des Ehemannes (161 aZGB) behalten (119[2] aZGB). Neu behält nach 161 ZGB jeder Ehegatte bei der Eheschliessung sein Kantons- und Gemeindebürgerrecht.[6] Übergangsrechtlich gilt die alte Regelung für alle, die bis zum 31. Dezember 2012 noch Bürgerrechte nach 161 aZGB erworben haben.[7]

II. Das eheliche Vermögensrecht und die Familienwohnung

a. Das eheliche Vermögensrecht

Bei der Scheidung muss eine Auseinandersetzung über das Vermögen der Eheleute stattfinden. Das betrifft einerseits das Güterrecht, andererseits aber auch das Erbrecht der Ehegatten als vermögensrechtliche Anwartschaft:

1. Das eheliche Güterrecht

Das Gesetz begnügt sich mit dem lapidaren Satz: «Für die güterrechtliche Auseinandersetzung gelten die Bestimmungen über das Güterrecht» (120[1]). Bei der Scheidung gelangen mithin die Art. 204 ff., 236 ff. und 251 zur Anwendung. Die Auflösung des Güterstandes wird dabei für Errungenschaftsbeteiligung und Gütergemeinschaft auf den Tag zurückbezogen, an dem das Scheidungsbegehren eingereicht worden ist (204[2] und 236[2]).[8]

Über die Scheidungsfolgen ist gemäss dem bundesrechtlichen Grundsatz der *Einheit des Scheidungsurteils* (112 II 291 E. 2; 113 II 99 E. 2; 127 III 435 f. E. 1.b; 130 III 544 ff. E. 4 f.; BGer 5A_477/2012 sowie 5A_482/2012 E. 3.4.1) und gestützt auf Art. 283 Abs. 1 ZPO im Scheidungsprozess zu entscheiden. Als einzige Ausnahme gilt die güterrecht-

---

5 Deschenaux/Steinauer/Baddeley, Effets, Nr. 117 f. Gegen das Führen eines längst nicht mehr gebrauchten Ledignamens sprechen sich namentlich Breitschmid, HandKomm, Art. 119 N 5, und Büchler, FamKomm, Art. 119 N 6, aus.

6 Nach dem in Anm. 4 erwähnten Entwurf zu einer neuen Regelung des Familiennamens und des Bürgerrechts der Eheleute und der Kinder hätte die Heirat keine Auswirkungen mehr auf das Kantons- und Gemeindebürgerrecht der Ehegatten gehabt (Art. 161 Entwurf; BBl 1999, 4956) und wäre Art. 119 Abs. 2 entsprechend gestrichen worden (BBl 1999, 7623 f.).

7 Breitschmid, HandKomm, Art. 119 N 8.

8 Gemäss Art. 4 Abs. 3 BVV 3 können dem Ehegatten Ansprüche auf Altersleistungen aus der 3. Säule vom Vorsorgenehmer abgetreten oder vom Gericht zugesprochen werden, wenn der Güterstand anders als durch Tod aufgelöst wird.

liche Auseinandersetzung. Diese kann aus wichtigen Gründen in ein separates Verfahren (ad separatum) verwiesen werden (283² ZPO), nämlich dann, wenn die Regelung der übrigen Scheidungsfolgen nicht von deren Ergebnis abhängt (105 II 223 f. E. 1.c; 113 II 97 f. E. 2; 123 III 437 E. 4b; 130 III 544 ff. E. 4 f.).⁹ Hängt die Festsetzung der Unterhaltsbeiträge von der güterrechtlichen Auseinandersetzung ab, hat diese aber zwingend vorher zu erfolgen (BGer 5A_554/2009 E. 2 sowie 5A_272/2011). Somit kann grundsätzlich weder die erste Instanz noch die Rechtsmittelinstanz ein Scheidungsverfahren beenden, ohne dass alle Nebenfolgen der Scheidung (ausgenommen allenfalls die güterrechtliche Auseinandersetzung) geregelt sind. Entscheidet die kantonale Instanz nur einen Teil der Nebenfolgen oder weist sie die Streitsache an die erste Instanz zurück, liegt dementsprechend ein Vor- oder Zwischenentscheid vor. Dieser ist vor BGer grundsätzlich (Ausnahme: 93 BGG) nicht anfechtbar (134 III 426 E. 1).

9   Zur *Zuständigkeit* s. hinten § 25 N 2 ff.

2. Das Erbrecht

10   Geschiedene Ehegatten haben zueinander *kein gesetzliches Erbrecht* (120²). Massgebender Zeitpunkt ist der Eintritt der Rechtskraft des Scheidungsurteils.¹⁰ Auch die Begünstigungsklausel einer Todesfallversicherung fällt dahin (vgl. 83², ³ VVG). Zum Widerruf von Schenkungen zwischen Ehegatten bei Scheidung s. Art. 249 Ziff. 2 OR und hierzu 113 II 252.

11   Ferner können geschiedene Ehegatten auch keine Ansprüche geltend machen auf Grund von Verfügungen von Todes wegen, die sie *vor* der *Rechtshängigkeit des Scheidungsverfahrens* errichtet hatten (120²). Ausschlaggebend dafür ist die Überlegung, dass die Ehegatten nicht daran gehindert werden sollten, während des Scheidungsverfahrens eine Zuwendung für den Scheidungsfall vorzusehen.¹¹ Die Unwirksamkeit der vor der Rechtshängigkeit der Scheidung errichteten Verfügungen von Todes wegen ist dispositiver Natur; der Gesetzgeber wollte eine anders lautende Anordnung nicht ausschliessen (so gemäss 122 III 313 jedenfalls für das alte Recht).¹²

---

9   BREITSCHMID, HandKomm, Art. 120 N 3; BÜCHLER, FamKomm, Art. 120 N 4; HINDERLING/
     STECK a.a.O. 581; STECK, BaKomm, Art. 120 N 8; THOMAS SUTTER/DIETER FREIBURGHAUS,
     Kommentar zum neuen Scheidungsrecht (Zürich 1999), Art. 120 N 11.

10   ROLAND FANKHAUSER, Die Ehekrise als Grenze des Ehegattenerbrechts, Eine Studie an der
     Schnittstelle zwischen Ehe- und Erbrecht (Habil. Basel 2010, Bern 2011), Schriftenreihe zum
     Familienrecht FamPra.ch 17, 166 ff. Teils kritisch dazu BREITSCHMID, in successio 1 (2007), 12 f.
     Zu Recht hinterfragt er die starke erbrechtliche Stellung des überlebenden Ehegatten für Fälle,
     in denen in einer Ehe keine reale Beziehung mehr vorliegt, eine Ehe bereits gescheitert, aber
     noch nicht geschieden ist und gleichzeitig keine Betreuungspflichten mehr wahrgenommen
     werden müssen. Es bliebe zu prüfen, ob – einzig – in diesen Fällen das gesetzliche Erbrecht nicht
     auf nahe stehende Personen ausgedehnt werden sollte, und zwar entweder in Konkurrenz oder
     anstelle der Status-Eheleute oder der Verwandten.

11   Botsch. a.a.O. 96.

12   So auch SUTTER/FREIBURGHAUS, Art. 120 N 24; s. auch BREITSCHMID, Besprechung von BGE
     122 III 308 ff., in AJP 6 (1997), 91 ff. – *Ein* Argument der bundesgerichtlichen Lösung entfällt
     für das neue Recht: Das alte Scheidungsrecht hatte in Art. 151 Abs. 1 a. F. die Berücksichtigung

b. Die Familienwohnung

Zahlreiche ausländische Rechtsordnungen räumen dem Scheidungsgericht die Befug- 12
nis ein, die Rechte an der Wohnung vom Berechtigten auf den anderen Ehegatten zu
übertragen.[13] Bei der Revision der Wirkungen der Ehe im Allgemeinen und des ehelichen Güterrechts hat der schweizerische Gesetzgeber in mannigfacher Weise ausdrücklich oder implizit aus familienrechtlichen Überlegungen Rechte an Wohnungen
vorgesehen (s. 169, 205[2], 219, 244, 251 sowie im Erbrecht 612a). Das geltende Scheidungsrecht widmet den recht umfangreichen Artikel 121 der «Wohnung der Familie».[14]
Die beiden ersten Absätze handeln vom Fall, da ein Mietvertrag über die Familienwohnung vorliegt (N 13 f.), der letzte Absatz vom Fall, da die Wohnung im Eigentum eines
Ehegatten steht (N 15).

1. Die gemietete Wohnung

Der *grundlegende erste Absatz* mit Bezug auf eine gemietete Wohnung (121[1]) räumt dem 13
Gericht ein breites Ermessen ein. Danach kann[15] das Gericht bei Vorliegen bestimmter Voraussetzungen die *Rechte und Pflichten aus dem Mietvertrag einem Ehegatten
allein*[16] übertragen. Die Vermieterin kann sich dem Wechsel der Vertragspartei nicht
entgegensetzen. Vorausgesetzt ist zunächst, dass ein Ehegatte wegen der Kinder oder
aus anderen wichtigen Gründen[17] auf die Wohnung der Familie angewiesen ist. Im
Vordergrund stehen das Interesse der Kinder, im gewohnten Umfeld zu bleiben, sowie
berufliche und gesundheitliche Gründe. Affektionsinteressen sind sekundär. Vorausgesetzt ist sodann, dass dies dem anderen Ehegatten billigerweise zugemutet werden

---

von Erbanwartschaften bei der Scheidung vorgesehen. Für die dispositive Natur des geltenden
Art. 120 Abs. 2 sowie des Art. 31 Abs. 2 PartG: WOLF/GENNA, Auswirkungen der eingetragenen Partnerschaft auf Notariat und Grundbuchführung, in ZBGR 88 (2007), 157 ff., 172; BREIT-
SCHMID, HandKomm, Art. 120 N 6; PHILIPPE, Planification du divorce et conventions, in AJP
16 (2007), 1241 ff., 1248.

13 Botsch. a.a.O. 96 f. Siehe auch DIETER HENRICH/DIETER SCHWAB (Hrsg.), Der Schutz der
Familienwohnung in Europäischen Rechtsordnungen, Bd. 2 der Beiträge zum europäischen
Familienrecht (Bielefeld 1995). Die «Recommandation R (81) 15 du comité des ministres aux
états membres du 16 octobre 1981 concernant les droits des époux relatifs à l'occupation du
logement familiale et à l'utilisation des objets du ménage» fordert die Mitgliedstaaten des Euro-
parats auf, im Fall von Ehescheidung die Zuteilung der Familienwohnung an einen Ehepartner vorzusehen.

14 Beide Räte haben dem Text des Entwurfs diskussionslos zugestimmt (im Ständerat nach einer
kurzen Einführung durch den Berichterstatter: Amtl. Bull. 1996 StR, 761). WEBER, Der zivilrechtliche Schutz der Familienwohnung, in AJP 13 (2004), 30 ff., insb. 33 ff.

15 «Kann» verweist hier wie häufig im Privatrecht auf das gerichtliche Ermessen gemäss Art. 4; s.
DÜRR, ZüKomm, Art. 4 N 68 f.

16 Der Mietvertrag lautete demnach bis anhin auf beide oder auf den anderen Ehegatten; GLOOR,
BaKomm, Art. 121 N 8 f.

17 Nach der Botsch. a.a.O. 97 «beispielsweise gesundheitlichen oder beruflichen» Gründen; s. dazu
auch Kantonsgericht FR, 27. Juli 2006 (FZR 2006 137); WEBER, a.a.O. 34; BREITSCHMID, Hand-
Komm, Art. 121 N 2; BÜCHLER, FamKomm, Art. 121 N 9 f., und DIES. a.a.O. Art. 121 N 2, zur
sozialpolitischen Bedeutung der Regelung insgesamt; GLOOR, BaKomm, Art. 121 N 4 f.

kann.[18] Einer Mutter mit zweijährigem Kind kann die Wohnung zugewiesen werden, weil der Auszug dem Ehemann eher zumutbar ist, zumal er als Architekt schnell(er) eine neue Wohnung findet (BGer 5A_766/2008 E. 3 und 4).[19]

14   Der *zweite Absatz* des Art. 121 regelt die *Rechtsstellung des bisherigen Mieters.* Dieser haftet solidarisch für den Mietzins bis zum Zeitpunkt, in dem das Mietverhältnis gemäss Vertrag oder Gesetz endet oder beendet werden kann, höchstens aber während zweier Jahre (121^2 erster Teil). Dadurch bleiben die legitimen Interessen der Vermieterin geschützt, muss diese sich doch gegebenenfalls einen erzwungenen Mieterwechsel gefallen lassen. Wird nun der bisherige Mieter von der Vermieterin belangt, so steht ihm eine Verrechnungsmöglichkeit zu: Er kann den bezahlten Betrag ratenweise in der Höhe des monatlichen Mietzinses mit den Unterhaltsbeiträgen verrechnen, die er dem anderen Ehegatten schuldet (121^2 zweiter Teil).

2. Die Wohnung im Eigentum eines Ehegatten

15   Der *dritte Absatz* des Art. 121 handelt vom Fall, da die Wohnung der Familie einem Ehegatten alleine gehört.[20] Unter den gleichen Voraussetzungen wie bei der Übertragung der Rechte und Pflichten aus dem Mietvertrag an einen Ehegatten (wegen der Kinder oder aus anderem wichtigen Grund, jeweils wenn zumutbar) kann das Gericht *dem anderen Ehegatten* an dieser Wohnung *ein von Anfang an befristetes Wohnrecht im Sinn von Art. 776 ff.* einräumen.[21] Das Wohnrecht ist nicht gratis: Es ist entweder zu entschädigen oder aber an die Unterhaltsbeiträge (125 ff.) anzurechnen (121^3 Mitte). Der Gesetzgeber lässt es nicht mit der Befristung bewenden; vielmehr ist das zugesprochene Wohnrecht nachträglich einzuschränken oder gar vorzeitig aufzuheben, wenn wichtige neue Tatsachen (z.B. Umteilung der Obhut)[22] es erfordern (121^3 i. f.). Die berechtigte Person kann jederzeit auf das im Scheidungsurteil eingeräumte Wohnrecht

---

18   Nach der Botsch. a.a.O. 97 dürfte das dann nicht der Fall sein, wenn der Mietzins die finanziellen Möglichkeiten des Gesuchstellers klar übersteigt.

19   Kritisch dazu WOLF, ZBJV 146 (2010), 922 ff.; FamPra.ch 10 (2009), 422 ff.

20   In der Regel wird es sich dabei um sachenrechtliches Eigentum handeln; es genügt aber auch eine andere hinreichende dingliche Berechtigung am Grundstück: HEINZ HAUSHEER, Der Scheidungsunterhalt und die Familienwohnung, in Heinz Hausheer (Hrsg.), Vom alten zum neuen Scheidungsrecht (Bern 1999), ASR 625, Nr. 3.98; BÜCHLER, FamKomm, Art. 121 N 17; SUTTER/FREIBURGHAUS, Art. 121 N 50.

21   Anders als in den Art. 219, 244 und 612a ist dagegen die Einräumung einer Nutzniessung oder gar die Übertragung des Eigentums nicht vorgesehen; zum Ganzen s. DEILLON-SCHEGG, Die gerichtliche Zusprechung eines dinglichen Wohnrechts an der «Wohnung der Familie» nach dem revidierten Scheidungsrecht, in recht 18 (2000), 14 ff.; WEBER a.a.O. 35. Zum Wohnrecht im Allgemeinen siehe die umfassende Abhandlung MICHEL MOOSER, Le droit d'habitation: présentation générale fondée sur le droit d'habitation constitué à l'occasion d'actes translatifs de propriété convenus dans un contexte familial (Diss. Freiburg 1997).

22   BÜCHLER, FamKomm, Art. 121 N 26, und BREITSCHMID, HandKomm, Art. 121 N 8, erwähnen die Umteilung der elterlichen Sorge als Hauptgrund. Die Wiederverheiratung (und a fortiori das Konkubinat) beurteilen sie als Einschränkungsgrund zurückhaltend. Dagegen geht nach DEILLON-SCHEGG a.a.O. 15 ff., 26, sowie nach HAUSHEER, ASR a.a.O. Nr. 3.99, das Wohnrecht bei Wiederverheiratung unter. Siehe auch DESCHENAUX/STEINAUER/BADDELEY, Effets, Nr. 218g f.

verzichten. Die frühzeitige Beendigung ist für den Eigentümer zumutbar, weil eine allfällige Entschädigung des Wohnrechts als Ersatz der Kosten betrachtet wird und nicht
als möglicher Gewinn.[23]

III. Die berufliche Vorsorge

Anwartschaften aus der 2. Säule stellen regelmässig einen Grossteil der ehelichen   16
Ersparnisse oder gar die einzigen dar.[24] Um so wichtiger ist das Bestehen eines selb-
ständigen Anspruchs auf «*Vorsorgeausgleich*».[25, 26] Beim Vorsorgeausgleich[27] handelt
es sich weder um einen güterrechtlichen (120^1) noch um einen unterhaltsrechtlichen
Anspruch (125 ff.); mit Letzterem hängt der Vorsorgeausgleich nur insofern zusammen, als für Bestand und Höhe des nachehelichen Unterhalts das voraussichtliche
Ergebnis der Teilung der Austrittsleistungen berücksichtigt wird (125^2 Ziff. 8 i. f.). Der
Anspruch auf Vorsorgeausgleich ist von sehr grosser praktischer Tragweite mit Blick
auf die Besserstellung des nichterwerbstätigen Ehegatten bzw. der nichterwerbstätigen Ehegattin[28] und bildet *ein Kernstück der ZGB-Revision 1998*. Die Regelung hat
sich grundsätzlich bewährt. Die Praxis hat allerdings verschiedene Einzelprobleme

---

23 KGer SG, 17. Mai 2010 (BF.2010.6), in FamPra.ch 12 (2011), 473 ff.

24 Aebi-Müller, Die drei Säulen der Vorsorge und ihr Verhältnis zum Güter- und Erbrecht des
ZGB, in successio 3 (2009), 6; Geiser, Aufbau einer angemessenen Altersvorsorge und Dauer
des nachehelichen Unterhalts, in FamPra.ch 13 (2012), 353 ff.

25 In Deutschland wird er in den §§ 1587 ff. BGB Versorgungsausgleich genannt. Diese Wortwahl
ist für die Schweiz zu vermeiden, da es um die Teilung von Anwartschaften gegenüber der beruflichen *Vorsorge* geht, was nichts mit (staatlicher) Versorgung zu tun hat.

26 Thomas Geiser, Berufliche Vorsorge im neuen Scheidungsrecht, in Heinz Hausheer (Hrsg.),
Vom alten zum neuen Scheidungsrecht (Bern 1999), ASR 625, Nr. 2.16; Baumann/Lauter-
burg, FamKomm, Vorbem. zu Art. 122–124 N 8 ff.; Breitschmid, HandKomm, Art. 122 N 1;
zum Ganzen s. Kieser, Ehescheidung und Eintritt des Vorsorgefalles der beruflichen Vorsorge –
Hinweise für die Praxis, in AJP 10 (2001), 122 ff.; Grütter, Vorsorgeausgleich bei Scheidung, in
FamPra.ch 7 (2006), 797 ff., und Baumann/Lauterburg, Evaluation Vorsorgeausgleich, Eine
empirische Studie an sieben Scheidungsgerichten (Bern 2004), Schriftenreihe zum Familienrecht FamPra.ch 3. Hausheer/Geiser/Aebi-Müller, Familienrecht, Nr. 10.39.

27 Damit ist im Rahmen des Drei-Säulen-Konzepts der sozialen Sicherung gegen die Risiken Alter,
Invalidität und Tod (111 und 113 BV) die sog. *zweite Säule,* die berufliche Alters-, Hinterlassenen-
und Invalidenvorsorge gemäss BVG (SR 831.40) gemeint. *Nicht erfasst* wird die sog. *erste Säule*
(AHV/IV). S. zu den Auswirkungen der Scheidung im Bereich der AHV Koller, Ehescheidung und AHV, in AJP 7 (1998), 291 ff., und in den übrigen Sozialversicherungszweigen: Kieser,
Aspekte einzelner Sozialversicherungen bei der Ehescheidung, in AJP 7 (1998), 482 ff. – Ebenfalls nicht erfasst ist die sog. *dritte Säule* (steuerprivilegierte Säule 3a oder andere Formen privater Vorsorge in der Säule 3b). Ausführlich dazu Sutter/Freiburghaus, Vorb. zu Art. 122–
124/141–142 N 13 ff. Zum Ganzen vgl. auch Baumann/Lauterburg, FamKomm, Vorbem. zu
Art. 122–124 N 90 ff.

28 Zu den gleichwohl bestehenden Ungleichbehandlungen beim Vorsorgeausgleich s. Monika
Binkert/Kurt Wyss, Die Gleichstellung von Frau und Mann im Ehescheidungsrecht (Basel
und Frankfurt a.M. 1997), 287 ff. Vgl auch: Baumann/Lauterburg, FamKomm, Vorbem.

erkannt, weshalb eine Motion der Kommission für Rechtsfragen die Abklärung des Reformbedarfs im Bereich des Vorsorgeausgleichs verlangte.[29] Diese Motion ist mit der Annahme des BG vom 19. Juni 2015 über die Änderung des ZGB (Vorsorgeausgleich bei Scheidung) erledigt worden.

17   Das *Zivilgesetzbuch* regelt den Anspruch auf Vorsorgeausgleich im Abschnitt über die Scheidungsfolgen unter der Marginalie «D. Berufliche Vorsorge» in den Art. 122–124. Das Verfahren betreffend die Regelung des Vorsorgeausgleichs (Art. 141 und 142 aZGB) wurde mit der Schaffung der ZPO in deren Art. 280 und 281 überführt (§ 25 N 23 ff.). Ferner enthält mit Bezug auf den Vorsorgeausgleich das *Freizügigkeitsgesetz* einschlägige Regeln.

18   Das Gesetz unterscheidet *zwei Fälle:* Ausgangspunkt ist der Fall, da einer oder beide Ehegatten einer Einrichtung der beruflichen Vorsorge angehören und noch *kein Vorsorgefall* eingetreten ist; hierfür sieht das Gesetz in Art. 122 eine grundsätzliche Lösung und in Art. 123 eine Ausnahme vor (nachstehend N 19 ff.). Im anderen Fall ist entweder bei einem Ehegatten schon *ein Vorsorgefall eingetreten* oder besteht keine Möglichkeit, Ansprüche aus beruflicher Vorsorge zu teilen. Diesen Fall regelt Art. 124 (nachstehend N 34 ff.).

a. Vor Eintritt eines Vorsorgefalls

1. Die Teilung der Austrittsleistungen

19   Die Kernaussage mit Bezug auf den Vorsorgeausgleich ist in Art. 122 Abs. 1 enthalten: Einer der Ehegatten oder beide Ehegatten gehören einer Einrichtung der beruflichen Vorsorge an und bisher ist bei keinem der beiden ein Vorsorgefall (Voll- bzw. Teilinvalidität [138 V 227 E. 5.1; 135 V 13 E. 2.6; 134 V 384; 134 V 32 E. 3.4 mit Hinweis auf 129 III 484 E. 3.2.2] oder Alter) eingetreten. Sind diese beiden Tatbestandselemente erfüllt, besteht die Rechtsfolge darin, dass *jeder Ehegatte Anspruch auf die Hälfte der für die Ehedauer zu ermittelnden Austrittsleistung des anderen Ehegatten hat.* Die Austrittsleistung ist dabei nach dem Freizügigkeitsgesetz[30] zu ermitteln. Diese *Grundaussage* wird ergänzt durch die nahe liegende Präzisierung im zweiten Absatz des Art. 122: Danach

---

      zu Art. 122–124, N 73 ff., und Baumann/Lauterburg, Evaluation Vorsorgeausgleich a.a.O.; Hausheer/Geiser/Aebi-Müller, Familienrecht, Nr. 10.38 f.

29   Botschaft zur Änderung des Schweizerischen Zivilgesetzbuches (Vorsorgeausgleich bei Scheidung) vom 29. Mai 2013 (BBl 2013, 4887 ff.), mit Entwurf (BBl 2013, 4959 ff.). Schlussabstimmungstext vom 19. Juni 2015: www.parlament.ch, Rubrik Sessionen, Schlussabstimmungstexte, 13.049s.
      Zur Revision: Rumo-Jungo, Der Vorentwurf zur Revision des Vorsorgeausgleichs bei Scheidung: Lösungen für alte Probleme, in FamPra.ch 12 (2011), 1 ff.

30   BG über die Freizügigkeit in der beruflichen Alters-, Hinterlassenen- und Invalidenvorsorge vom 17. Dezember 1993 (SR 831.42).

ist für den Fall, da den Ehegatten gegenseitig Ansprüche zustehen, nur der Differenz-
betrag zu teilen.[31]

Mindestens ein Ehegatte muss einer *Einrichtung der beruflichen Vorsorge* angehören.   20
Das Gesetz spricht sich nicht darüber aus, was es darunter versteht. Immerhin verweist
es für die Berechnung der Austrittsleistung auf das Freizügigkeitsgesetz. Dort ergibt
sich aus Art. 22 Abs. 2 FZG, dass in die hälftige Teilung sowohl Leistungen von Vor-
sorge- wie auch von Freizügigkeitseinrichtungen einzubeziehen sind.[32] Es entspricht
denn auch der ratio legis, dem Anknüpfen an die Erwerbstätigkeit während der Ehe[33]
und somit dem Art. 122 einen weiten Begriff der Einrichtung der beruflichen Vorsorge zu Grunde zu legen. War ein Ehegatte nie erwerbstätig oder gehörte er nie einer
Vorsorgeeinrichtung an, so stellt dessen Anspruch auf eine AHV/IV-Rente keinen Vorsorgefall i. S. v. Art. 124 dar. Eine Teilung der Austrittsleistungen (122) des anderen
Ehegatten ist möglich (136 III 449 E. 3; 133 V 288 E. 4.1.2; 130 III 297 E. 3.3.1).

Für die Ermittlung der *Austrittsleistung* verweist Art. 122 Abs. 1 zweiter Halbsatz auf   21
das Freizügigkeitsgesetz. Dieses Gesetz «regelt im Rahmen der beruflichen Alters-,
Hinterlassenen- und Invalidenvorsorge die Ansprüche der Versicherten im Frei-
zügigkeitsfall» (1[1] FZG). Im Zentrum steht dabei die beim Verlassen der Versicherung vor Eintritt eines Vorsorgefalls geschuldete Austrittsleistung.[34] Wie die Austrittsleistung zu berechnen ist, regeln die Art. 15 ff. FZG. Nach Art. 22 Abs. 2 FZG
entspricht im Scheidungsfall die zu teilende Austrittsleistung eines Ehegatten der Differenz zwischen der Austrittsleistung zuzüglich allfälliger Freizügigkeitsguthaben im
Zeitpunkt der Ehescheidung und der Austrittsleistung zuzüglich allfälliger Freizügigkeitsguthaben im Zeitpunkt der Eheschliessung. Dabei sind für «diese Berechnung …
die Austrittsleistung und das Freizügigkeitsguthaben im Zeitpunkt der Eheschliessung
auf den Zeitpunkt der Ehescheidung aufzuzinsen»[35] und werden «Barauszahlungen

---

31   Wir haben hier eine ähnliche Lage wie bei Art. 215, wonach gemäss Abs. 1 bei der Errungen-
     schaftsbeteiligung jedem Ehegatten die Hälfte des Vorschlags des anderen zusteht; und gemäss
     Abs. 2 diese Forderungen verrechnet werden; siehe auch 129 V 254 f. E. 2.3; HAUSHEER/GEISER/
     AEBI-MÜLLER, Familienrecht, Nr. 10.41.
32   BAUMANN/LAUTERBURG, FamKomm, Vorbem. zu Art. 122–124 N 22; SUTTER/FREIBURG-
     HAUS, Art. 122/141–142 N 12; differenzierend GEISER a.a.O. Nr. 2.20, der darauf hinweist, dass
     «bei gewissen atypischen Erscheinungen der Vorsorge, auch wenn auf sie das FZG anwendbar ist,
     im Einzelnen zu prüfen» sei, «ob sie nach den familienrechtlichen Grundsätzen den Regeln über
     den sozialversicherungsrechtlichen Versorgungsausgleich unterstehen oder dem Güterrecht».
     Diese Differenzierung ist nach hier vertretener Auffassung abzulehnen; vielmehr fallen sämtli-
     che Einrichtungen gemäss FZG unter den Begriff der Einrichtungen der beruflichen Vorsorge.
33   Botsch. a.a.O. 99.
34   Gemäss Art. 2 FZG mit der Marginalie «Austrittsleistung» gilt: «Versicherte, welche die Vor-
     sorgeeinrichtung verlassen, bevor ein Vorsorgefall eintritt (Freizügigkeit), haben Anspruch auf
     eine Austrittsleistung» (Abs. 1); «Die Vorsorgeeinrichtung bestimmt in ihrem Reglement die
     Höhe der Austrittsleistung; diese muss mindestens so hoch sein wie die nach den Bestimmun-
     gen des 4. Abschnitts berechnete Austrittsleistung» (Abs. 2).
35   Nach Art. 26 Abs. 3 FZG bestimmt der Bundesrat den Zinssatz: Er beträgt ab dem 1. Januar
     2008 mindestens 2.75% (8a[1] Verordnung über die Freizügigkeit in der beruflichen Alters-, Hin-

während der Ehedauer ... nicht berücksichtigt.»[36] Massgebend sind mithin der Tag der Heirat und der Tag der Rechtskraft des Scheidungsurteils (132 V 239 E. 2.3). Die Parteien können aber einen früheren Zeitpunkt vereinbaren (132 V 239 E. 2.3).[37] Anders als beim ehelichen Güterrecht (204[2] und 236[2]) gilt als Stichtag also nicht die Einreichung des Scheidungsbegehrens. Die Formel für die Berechnung des Anspruchs eines jeden Ehegatten lautet daher: Austrittsleistung(en) im Zeitpunkt des Scheidungsurteils (a) minus die für den Zeitraum der Ehedauer aufgezinsten Austrittsleistung(en), die bei der Heirat vorhanden sind (b), das Ganze geteilt durch zwei[38]: $\frac{a-b}{2}$.

22   Diese Berechnung ist verhältnismässig einfach, wenn die beiden Ehegatten während der ganzen Ehedauer je der gleichen (Schweizer) Vorsorgeeinrichtung angehört haben und während dieser Zeit weder ein Einkauf noch eine Auszahlung erfolgt ist. Andernfalls ergeben sich zahlreiche *Sonderfragen*[39], von denen hier vier hervorgehoben werden:

23   α. Erfolgt während der Ehe ein *Einkauf* in eine Vorsorgeeinrichtung, ist dieser Betrag nur dann mit dem Ehegatten zu teilen, wenn der Einkauf mit Errungenschaft finanziert wurde. Wurde er dagegen mit Mitteln finanziert, die unter dem Güterstand der Errungenschaftsbeteiligung Eigengut wären, ist der entsprechende (aufgezinste) Teil der Austrittsleistung von der Teilung ausgenommen (22[3] FZG). Diese Regelung gilt für alle Güterstände. Massgebend ist nämlich nicht das tatsächliche Vorliegen von Eigengut, sondern von Mitteln, die unter der Errungenschaftsbeteiligung Eigengut wären. Daher sind die unter dem Güterstand der Gütertrennung mit Arbeitserwerb erfolgten Einkäufe nicht von der Austrittsleistung abzuziehen (BGer 9C_738/2009 E. 4).

---

terlassenen- und Invalidenvorsorge [Freizügigkeitsverordnung, FZV] vom 3. Oktober 1994; SR 831.425, i. V. m. Art. 12 Verordnung vom 18. April 1984 über die berufliche Alters-, Hinterlassenen- und Invalidenvorsorge [BVV 2]).

36   Zur Überprüfung der ermittelten Austrittleistungen durch das Versicherungsgericht s. BGE 128 V 44 ff. E. 2 und 130 V 115 ff. E. 3.3 f.

37   Zum Ganzen vgl. GEISER, Zur Frage des massgeblichen Zeitpunkts im Vorsorgeausgleich, in FamPra.ch 5 (2004), 301 ff., 305 ff.

38   Dazu ausführlich SUTTER/FREIBURGHAUS, Art. 122/141–142 N 22 ff., mit Berechnungsbeispielen in N 30 f., N 37 f. Ein negativer Saldo bleibt ausser Betracht: so Botsch. a.a.O. 104. Wir haben hier also eine analoge Situation wie bei der Errungenschaftsbeteiligung, bei welcher für die Berechnung des Gesamtvorschlags ein Rückschlag nicht berücksichtigt wird (210[2]).

39   Hierzu SUTTER/FREIBURGHAUS, Art. 122/141–142 N 20 ff. und 41 ff.; GEISER a.a.O. Nr. 2.40 ff.; HAUSHEER/GEISER/AEBI-MÜLLER, Familienrecht, Nr. 10.49 ff.; BAUMANN/LAUTERBURG, FamKomm, Art. 122 N 7 ff. Sie nennen namentlich folgende Fälle: Eheschliessung vor dem 1. Januar 1995; internationale Verhältnisse (dazu BGE 131 III 290 E. 2, über die Ergänzung eines ausländischen Scheidungsurteils hinsichtlich Vorsorgeausgleich); Behandlung von Einmaleinlagen; Berücksichtigung von Vorbezügen zum Erwerb von Wohneigentum; Behandlung von Geldern, die aus dem Zyklus der beruflichen Vorsorge ausgeschieden sind; Berücksichtigung von rechtlich unzulässigen Barauszahlungen; Bestehen mehrerer Pensionskassen- oder Freizügigkeitsguthaben; Wechsel der Pensionskasse; Zahlungsunfähigkeit einer Vorsorgeeinrichtung während der Ehe.

β. Realisiert sich während der Ehe ein *Barauszahlungsfall* (5 FZG), fällt der ent- 24 sprechende Betrag aus dem Vorsorgezyklus und ist mithin nicht nach Art. 122 ZGB zu teilen. Vielmehr fällt er in das Güterrecht (197² Ziff. 2). Grundsätzlich ist ein solcher Betrag unter Anwendung von Art. 207 Abs. 2 (dazu hinten § 32 N 54) zu teilen. Soweit er im Zeitpunkt der güterrechtlichen Auseinandersetzung der Vorsorge dient, ist er (voll) dem Eigengut zuzuordnen (129 III 433 ff.).[40] Damit ist der Betrag auch güterrechtlich von einer Teilung mit dem Ehegatten ausgenommen. Vorsorgerechtlich muss hier ein Ausgleich über die angemessene Entschädigung gemäss Art. 124 (s. sogl. N 38) vorgenommen werden (127 III 437 f. E. 2.b; 129 V 254 E. 2.2).[41] Wurde die Barauszahlung allerdings mit Zustimmung beider Ehegatten bezogen und bestimmungsgemäss verbraucht, besteht keine Grundlage für eine angemessene Entschädigung nach Art. 124 ZGB (BGer 5A_894/2011 E. 4 f.).

γ. Wird während (oder auch vor: 128 V 234 E. 2c) der Ehe ein *Vorbezug* eines 25 Teils des Vorsorgeguthabens *für Wohneigentum* getätigt (30c BVG), so bleibt dieser Betrag vorsorgerechtlich gebunden.[42] Er gilt im Fall einer Scheidung als Freizügigkeitsleistung (30c⁶ BVG), ist mithin zur Austrittsleistung im Zeitpunkt der Scheidung hinzuzurechnen und i. S. v. Art. 122 und 123 ZGB sowie Art. 22 Abs. 2 FZG zu teilen.[43] Dies gilt auch für einen Vorbezug, der nicht im Grundbuch angemerkt worden ist, denn die Anmerkung hat keine konstitutive Wirkung (137 V 441 E. 3). Wenn beide Ehegatten einen Vorbezug für die im Miteigentum stehende Liegenschaft getätigt haben, kann der anspruchsberechtigte Ehegatte nicht von der Vorsorgeeinrichtung des anderen den von ihm investierten Betrag verlangen, da dieser Betrag in der

---

40   Das gilt allerdings nach Pascal Pichonnaz/Alexandra Rumo-Jungo, Prévoyance et droit patrimonial de la famille, in Pascal Pichonnaz/Alexandra Rumo-Jungo (Hrsg.), Droit patrimonial de la famille, Symposium en droit de la famille 2004, Universität Freiburg (Genf/Zürich/Basel 2004), 1 ff., 25 ff., nur dann, wenn der Betrag *effektiv noch der Vorsorge* dient, was z.B. nicht der Fall ist, wenn er in ein Unternehmen investiert wurde. S. auch Rumo-Jungo, HandKomm, Art. 207 N 4 ff.

41   Pichonnaz/Rumo-Jungo a.a.O. 25.

42   Thomas Geiser, Berufliche Vorsorge im neuen Scheidungsrecht, in Heinz Hausheer (Hrsg.), Vom alten zum neuen Scheidungsrecht (Bern 1999), 55 ff., 73.

43   Umstritten ist hier insbesondere die Frage, ob der Vorbezug (hypothetisch) aufzuzinsen ist, weil er – im Unterschied zu den bei der Vorsorgeeinrichtung verbleibenden Vorsorgegeldern – keinen effektiven Zins mehr abwirft: Das Bundesgericht verneint eine Verzinsungspflicht: 128 V 235 E. 3c; s. dazu Brunner, Die Berücksichtigung von Vorbezügen für Wohneigentum bei der Teilung der Austrittsleistung nach Art. 122 ZGB, in ZBJV 136 (2000), 525 ff; Koller, Vorbezüge für den Erwerb von Wohneigentum und Vorsorgeausgleich bei der Scheidung: Wer trägt den Zinsverlust – Ein weiterer Diskussionsbeitrag, in ZBJV 137 (2001), 137 ff., 142; Pichonnaz/Rumo-Jungo a.a.O. 9 f.; Steinauer, Immeuble, logement et régime matrimonial, in Couple et droit matrimonial: Quoi de neuf? Journée juridique à l'intention du notaires romands (Freiburg 2001), 1 ff., 24; Trachsel, Spezialfragen im Umfeld des scheidungsrechtlichen Vorsorgeausgleichs, in FamPra.ch 6 (2005), 529 ff., 531 f.; Pichonnaz/Rumo-Jungo a.a.O. 6 ff. Andrea Bäder Federspiel, Wohneigentumsförderung und Scheidung, Vorbezüge für Wohneigentum in der güterrechtlichen Auseinandersetzung und im Vorsorgeausgleich (Diss. Freiburg 2008), N 568, legt nun einlässlich dar, dass eine Verzinsung systemwidrig ist.

Liegenschaft steckt. Obwohl ein Vorbezug bei der Berechnung des Vorsorgeausgleichs mitberücksichtigt wird, ist bei der Teilung zu beachten, dass das vorbezogene Kapital in der Liegenschaft gebunden ist (136 V 57 E. 3). Da die vorbezogene Summe aus dem Vermögen der Vorsorgeeinrichtung herausfällt, wird sie von dieser effektiv nicht mehr verzinst. Es stellt sich die Frage, ob dieser Zinsverlust der zu teilenden (ehelichen) oder der nicht zu teilenden (vorehelichen) Austrittsleistung oder aber beiden proportional zu belasten ist. Das Bundesgericht hat entschieden, dass die bei Eheschliessung vorhandene Austrittsleistung jedenfalls bis zum Zeitpunkt des Vorbezugs zu verzinsen ist und nach dem Vorbezug noch im Umfang des Restguthabens (welches mithin als vorehelich betrachtet wird), soweit dieses kleiner ist als die bis zum Vorbezug aufgezinste Austrittsleistung bei Eheschliessung (135 V 441 f. E. 4.3).[44] Im Zusammenhang mit dem Vorbezug von Vorsorgegeldern stellen sich zahlreiche weitere Sonderfragen, die teils güterrechtlicher, teils vorsorgerechtlicher Natur sind.[45] Die Lösung dieser Fragen ist umso bedeutender, als Gelder in Milliardenhöhe für Wohneigentumsförderung bezogen und gleichzeitig fast 50% der Ehen geschieden werden.[46]

26   δ. Die Mittel der beruflichen Vorsorge können auch verpfändet werden. Die blosse *Verpfändung* beeinflusst die Höhe des Vorsorgeguthabens alleine noch nicht, da sich die Vorsorgemittel immer noch in der Vorsorgeeinrichtung befinden. Daher kann die Austrittsleistung grundsätzlich nach Art. 122 ZGB ermittelt und geteilt werden. Zu den Schwierigkeiten, die sich aus der Verweigerung der Zustimmung des Pfandgläubigers (9[1] Verordnung über die Wohneigentumsförderung mit Mitteln der beruflichen Vorsorge) ergeben, s. 137 III 49 E. 3 und 4.[47]

2. Das Verfahren und die Durchführung der Teilung

27   Dieses Thema wird ausführlich in § 25 N 23 ff. behandelt. Hier sei lediglich festgehalten, dass im Normalfall dem berechtigten Ehegatten die Austrittsleistung *nicht bar ausgerichtet, sondern seiner Vorsorgeeinrichtung oder einer Freizügigkeitseinrichtung überwiesen* wird (129 V 245 ff.).[48] Eine Barauszahlung des Anteils des Ehemannes ist auch dann nicht möglich, wenn die anspruchsberechtigte Ehefrau bereits vor

---

44   Z. T. kritische Bemerkungen zum Entscheid von BÄDER FEDERSPIEL, in ZBJV 146 (2010), 389 ff.

45   Ausführlich dazu BÄDER FEDERSPIEL, a.a.O. N 531 ff. zur Berücksichtigung im Vorsorgerecht und N 49 ff. zur Berücksichtigung in der güterrechtlichen Auseinandersetzung. S. auch den klärenden und zur Publikation vorgesehenen BGer 5A_278/2014, ferner BGE 137 III 53 E. 3.2.3; 135 V 324 E. 5.2, SANDOZ, JdT 157 (2009), 650 f.; 135 V 425 E. 6; 132 V 340 ff. E. 1.2 und 3.1; 128 V 235 E. 3b.

46   In den Jahren 2012 und 2013 wurden insgesamt 4.08 Milliarden CHF für Wohneigentumsförderung bezogen: BUNDESAMT FÜR SOZIALVERSICHERUNG, Schweizerische Sozialversicherungsstatistik 2014 (Bern 2014), 69.

47   Bemerkungen dazu FELBER, in SJZ 107 (2011), 62 ff.

48   S. auch BAUMANN/LAUTERBURG, FamKomm, Art. 122 N 79, zur Übertragung des Ausgleichsbetrags auf eine Freizügigkeitseinrichtung, soweit der Betrag nicht zum Einkauf in die vollen reglementarischen Leistungen in der Vorsorgeeinrichtung der berechtigten Person erforderlich ist. Ebenso LEUZINGER-NAEF, Die familienbezogene Rechtsprechung des EVG im Jahre 2003, in FamPra.ch 6 (2005), 57 ff., 66.

der Eheschliessung invalid geworden ist, und aus diesem Grund von ihrer Seite her keine Austrittsleistung geteilt werden kann (BGer 9C_610/2010 E. 4). Stammt dagegen die Leistung des Schuldners aus dessen freien Mitteln, kann das Gericht die Ausrichtung in gebundener Form (also an eine Vorsorge- oder Freizügigkeitseinrichtung) nicht anordnen (132 III 152 ff. E. 4). Die Barauszahlung kann auch dann verlangt werden, wenn im zeitlichen Zusammenhang mit der Scheidung ein Fall für eine Barauszahlung i. S. v. Art. 5 FZG vorliegt: Der berechtigte Ehegatte verlässt endgültig die Schweiz in ein Nicht-EU-Land (5^1 lit. a FZG)[49] oder der berechtigte Ehegatte nimmt eine selbständige Erwerbstätigkeit auf und untersteht nicht mehr der beruflichen Vorsorge (5^1 lit. b FZG).[50]

3. Teilungsanspruch, Verzicht und Ausschluss

α. Hat sich bei dem oder den Ehegatten, die einer Einrichtung der beruflichen Vorsorge angehören, noch kein Vorsorgefall ereignet, so findet von Gesetzes wegen die in Art. 122 festgelegte hälftige Teilung statt. Der *Anspruch auf Teilung* der Austrittsleistungen bezweckt zwar einen Ausgleich für die vorsorgerechtlichen Nachteile der während der Ehe erfolgten Aufgabenteilung und dient der wirtschaftlichen Selbständigkeit jedes Ehegatten nach der Scheidung, er setzt aber keinen effektiven ehebedingten vorsorgerechtlichen Nachteil und auch keine ungenügende berufsvorsorgerechtliche Absicherung voraus, sondern ist ebenso voraussetzungslos geschuldet wie etwa die güterrechtlichen Ansprüche (136 III 453 E. 4.3; 135 III 155 E. 6.1; 129 III 578 E. 4.2.1). Die hälftige Teilung der Leistungen orientiert sich am abstrakten Kriterium der formellen Ehedauer (bis zur Rechtskraft des Scheidungsurteils) und nicht an der tatsächlich gelebten ehelichen Gemeinschaft (136 III 453 E. 4.3; 133 III 403 E. 3.2; 132 III 402 ff. E. 2.1). 28

Von diesem Grundsatz lässt das Gesetz in Art. 123 nur *zwei Ausnahmen zu*, welche es im Randtitel zu dieser Bestimmung *Verzicht* (geregelt in 123¹) und *Ausschluss* (geregelt in 123²) nennt: 29

β. Die in Art. 122 vorgesehene hälftige Teilung ist *nicht zwingenden Rechts*. Vielmehr gestattet das Gesetz gemäss Art. 123 Abs. 1 unter bestimmten Voraussetzungen eine *anders lautende Vereinbarung*. Danach kann ein Ehegatte[51] auf seinen Anspruch ganz oder teilweise verzichten. Dieser *Verzicht* kann aber nicht zum Voraus im Hinblick auf eine eventuelle Scheidung (etwa analog 217) erklärt werden. Vielmehr erfolgt der Verzicht auf den konkreten Scheidungszeitpunkt hin (129 III 486 f. E. 3.3; BGer 30

---

49   GEISER, Übersicht über die Rechtsprechung zum Vorsorgeausgleich, in FamPra.ch 9 (2008), 309 ff., 317 f. i. f. Bei EU-Staaten sind die bilateralen Verträge zu beachten.

50   Hierzu GEISER a.a.O. Nr. 2.68. S. dort auch Nr. 2.69 zu Art. 5 Abs. 1 lit. c FZG, wonach die Austrittsleistung weniger als einen Jahresbeitrag ausmacht.

51   Selbstverständlich kann nicht nur «ein Ehegatte», sondern können beide verzichten. Da allerdings der Verzicht – vom Extremfall, da die beiden Austrittsleistungen identisch wären, abgesehen – nur für einen der beiden ein Minus bedeutet, «verzichtet» jeweils nur *ein* Ehegatte.

5A_623/2007 E. 4.1).[52] Mit «*der Vereinbarung*»[53] meint das Gesetz in diesem Kontext zweifellos die Scheidungsvereinbarung.[54] Das ergibt sich denn auch eindeutig aus Art. 280[3] ZPO, wonach das Gericht von Amtes wegen prüft, ob trotz gänzlichem oder Teilverzicht eine entsprechende Alters- und Invalidenvorsorge auf andere Weise gewährleistet sei.[55] Damit bezieht sich das Gesetz in der Verfahrensregel von Art. 280[3] ZPO wortwörtlich auf die in Art. 123 Abs. 1 genannten Voraussetzungen für einen genehmigungsfähigen Verzicht. Die Vorsorge ist anderweitig gewährleistet, wenn sie qualitativ mit der Teilung der Austrittsleistungen vergleichbar und mithin der Disposition der Berechtigten entzogen ist. Das ist etwa der Fall bei einer gemischten Lebensversicherung (Leistungen im Erlebensfall), einer Säule 3a, Liegenschaften, einem lebenslänglichen persönlichen Wohnrecht oder einer lebenslänglichen Nutzniessung.[56] Das Gesetz verlangt eine «entsprechende» Vorsorge; diese muss mithin dem Verzichteten entsprechen.[57]

31   γ. Mit der Genehmigung des Verzichts entspricht das Gericht dem Willen der Eheleute. Es kann aber gemäss Art. 123 Abs. 2 umgekehrt auch gegen den Willen der berechtigten Person[58] *die Teilung ganz oder teilweise verweigern*. Voraussetzung hierfür ist, dass die vom Gesetz vorgesehene Teilung entweder auf Grund der güterrechtlichen Auseinandersetzung oder der wirtschaftlichen Verhältnisse nach der Scheidung unbillig wäre (123[2] i. f.).[59] Die Unbilligkeit darf mithin nicht mit der Ehe- und Scheidungsgeschichte begründet werden; die Umstände, die zur Scheidung geführt haben, und das

---

52   S. dazu GEISER, Bemerkungen zum Verzicht auf den Versorgungsausgleich im neuen Scheidungsrecht (Art. 123 ZGB), in ZBJV 136 (2000), 89 ff., 92; BAUMANN/LAUTERBURG, FamKomm, Art. 123 N 9; WALSER, BaKomm, Art. 123 N 3; teils kritisch dazu ALEXANDRA RUMO-JUNGO, Reformbedürftiges Scheidungsrecht, in Alexandra Rumo-Jungo/Pascal Pichonnaz (Hrsg.), Scheidungsrecht, aktuelle Probleme und Reformbedarf, Symposium zum Familienrecht 2007, Universität Freiburg (Zürich/Basel/Genf 2008), 1 ff., 19 ff.

53   Weniger deutlich der französische Text: «par convention». Dem deutschen Text entsprechend aber der italienische Text: «nella convenzione».

54   Immerhin kann sich das Resultat in einem streitigen Verfahren auch aus der Formulierung der Rechtsbegehren ergeben: GEISER a.a.O. Nr. 2.85.

55   Kritisch aber zur offenbar davon abweichenden Situation in der Praxis BAUMANN/LAUTERBURG, FamKomm, Art. 123 N 39 ff. Zum Ganzen vgl. BAUMANN/LAUTERBURG, Evaluation Vorsorgeausgleich a.a.O.

56   BAUMANN/LAUTERBURG, FamKomm, Art. 123 N 25; GLOOR/UMBRICHT LUKAS, HandKomm, Art. 123 N 3 f. Nicht genügend ist etwa eine Unterhaltsleistung, selbst wenn diese durch den eigenen Vorsorgeanspruch des Unterhaltsschuldners gesichert ist. Denn diese unterliegt der Abänderung (129); BAUMANN/LAUTERBURG, FamKomm, Art. 122 N 28 f. zu den Fällen, in denen eine Unterhaltsleistung ausnahmsweise genügt; a. M. noch GEISER a.a.O. Nr. 2.86.

57   GEISER a.a.O. Nr. 2.87: «… muss dem Leistungsniveau entsprechen, welches die berechtigte Partei mit einer aufgrund des Anspruchs nach nArt. 122 ZGB erhaltenen Austrittsleistung bei einer Einrichtung der beruflichen Vorsorge versichern könnte.»

58   So Botsch. a.a.O. 105 oben.

59   Vgl. BGE 133 III 497; BGer 5C.176/2006; BGer 5C.49/2006, FamPra.ch 7 (2006), 928.

Verhalten während der Ehe spielen hier keine Rolle (133 III 403 E. 3.1; 505 E. 5.1).[60] –
Auch eine angemessene Entschädigung nach Art. 124 ZGB kann unter dem Titel von
Art. 123 Abs. 2 ZGB verweigert werden (BGer 5A_46/2011 E. 3).

Offensichtliche *Unbilligkeit ist zu verneinen:* wenn der anspruchsberechtigte   32
geschiedene Ehegatte nach einem neuen Eheschluss wirtschaftlich besser gestellt ist als
der zum Ausgleich verpflichtete Ehegatte (BGer 5C.22/2005 E. 3); wenn der anspruchsberechtigte ein hohes Vermögen hat oder eine neue Lebensgemeinschaft eingeht (133
III 503 E. 4.5); wenn die tatsächlich gelebte Ehe nur vier Monate dauerte, denn massgeblich ist die formelle Ehedauer von 4 ½ Jahren (136 III 454 f. E. 4.5.3); wenn nur die
Ehefrau ein Guthaben in der beruflichen Vorsorge aufweist, dieses jedoch erst nach
dem Getrenntleben angehäuft hat, während der Ehemann seit der Trennung nur ein
Minimum an Unterhalt zahlt und keine Vorsorge aufgebaut hat, obwohl ihm dies möglich war.[61] Eine allgemeine Begründung, dem berechtigten Ehegatten würden trotz der
Verweigerung zur Deckung der Lebenshaltungskosten noch andere Mittel zur Verfügung stehen, ohne diese Mittel näher zu benennen, reicht nicht für eine Verweigerung
aus (137 III 52 E. 3.1; 136 III 453 f. E. 4.4.1 und 4.5.1; 135 III 154 f. E. 6.1).

Die *Unbilligkeit* wurde aber *bejaht* bei fehlendem Zusammenleben während   33
einer Ehe von kurzer Dauer.[62] Sie kann auch bejaht werden, wenn die Ehefrau als
Verkäuferin und der Ehemann als selbständig erwerbender Anwalt oder Arzt (ohne
zweite, aber mit guter dritter Säule) tätig ist,[63] wenn die Ehefrau bereits erwerbstätig
ist und dem Ehemann ein Studium finanziert, das ihm später ein hohes Einkommen
und den Aufbau einer besseren Vorsorge ermöglichen wird, oder wenn die Ehegattin
bereits rentenberechtigt ist und der Ehegatte kurz vor dem Rentenalter steht und voraussichtlich eine kleinere Rente erhalten wird (136 III 453 f. E. 4.4.2; 135 III 157 E. 6.2.3;
133 III 502 E. 4.5).

b. Nach Eintritt eines Vorsorgefalls oder bei Unmöglichkeit der Teilung

Die hälftige Teilung der Austrittsleistungen (122) ist technisch möglich, solange noch   34
kein Vorsorgefall eingetreten ist.[64] Ist dagegen die Teilung technisch nicht möglich,
weil entweder bei einem oder bei beiden Ehegatten ein Vorsorgefall bereits eingetre-

---

60 Botsch. a.a.O. 105 oben: anders mit Bezug auf das Verhalten während der Ehe für den nachehe-
    lichen Unterhalt in den Ausnahmefällen gemäss Art. 125 Abs. 3. Das in der Botsch. a.a.O. ange-
    führte und von der Lehre aufgenommene Paradebeispiel für eine Verweigerung der Teilung ist
    der Fall, da «die erwerbstätige Ehefrau ihrem Ehemann das Studium finanziert hat und die-
    ser vor der Aufnahme einer Erwerbstätigkeit steht, die es ihm inskünftig erlaubt, eine bessere
    Altersvorsorge aufzubauen als die Ehefrau.»
61 Kantonsgericht BL, 25. November 2008 (100 07 818/ZHW E. 3.3), in FamPra.ch 10 (2009), 763 ff.
62 Kantonsgericht FR, Urteil vom 18. Juni 2003 (A1 2002-51), in FamPra.ch 5 (2004), 382 f. Siehe
    aber Kantonsgericht FR, Urteil vom 3. September 2009 (101 2009-19 E. 4), in FamPra.ch 11
    (2010), 447 ff.: Die Unbilligkeit wurde verneint im Fall einer um 25 Jahre jüngeren anspruchs-
    berechtigten Ehegattin und einer bloss fünfjährigen Ehedauer.
63 Sutter/Freiburghaus, N 14 zu Art. 143 ZGB.
64 Geiser a.a.O. Nr. 2.95 und Hermann Walser, Berufliche Vorsorge, in Stiftung für juristische
    Weiterbildung Zürich (Hrsg.), Das neue Scheidungsrecht (Zürich 1999), 55. Siehe auch Geiser

ten ist (1., N 35 f.) oder aus anderen Gründen (2., N 37), sieht Art. 124 ZGB als Kompensation eine angemessene Entschädigung (3., N 38 ff.) vor:

1. Eintritt eines Vorsorgefalls

35   Ein scheidungsrechtlich relevanter Vorsorgefall ist eingetreten, wenn sich die in der konkreten zweiten Säule versicherten Risiken Alter oder Invalidität tatsächlich realisiert haben. Massgeblich ist also nicht, in welchem Alter jemand theoretisch Altersleistungen beziehen könnte, sondern, wann sie effektiv (evtl. auch vorzeitig) bezogen werden (130 III 300 f. E. 3.3.1 und die Präzisierung dieser Rechtsprechung in 133 V 291 f. E. 4.1). Der Vorsorgefall der Invalidität setzt einen effektiven Rentenanspruch der beruflichen Vorsorge voraus; eine Teilinvalidität genügt (134 V 32 E. 3.4, mit Hinweis auf 129 III 484 E. 3.2.2), nicht aber eine blosse Arbeitsunfähigkeit (die nicht mit der Erwerbsunfähigkeit gleichzusetzen ist: 135 V 17 E. 2.6). Massgeblich für das Vorliegen eines Vorsorgefalls ist die Rechtskraft des Scheidungsurteils, selbst wenn der Vorsorgefall zwar nach der Rechtskraft eingetreten ist, aber noch bevor das Versicherungsgericht die vom Scheidungsgericht angeordnete Teilung gemäss Art. 122 tatsächlich durchgeführt hat (132 III 404 f. E. 2.2). Ordnet das Scheidungsgericht in Kenntnis des Eintritts eines Vorsorgefalles – in casu Invalidität – die (hälftige) Teilung der Austrittsleistung gestützt auf Art. 122 ZGB an, ist das zuständige Vorsorgegericht zum Vollzug verpflichtet, wenn das Scheidungsurteil in diesem Punkt in Rechtskraft erwachsen ist und die Voraussetzungen für die Übertragung eines Teils der Austrittsleistung auf Anrechnung an die angemessene Entschädigung nach Art. 22b FZG erfüllt sind (134 V 390 f. 4.2 und 4.3).

36   Bezieht ein Ehegatte eine Rente der beruflichen Vorsorge, die aus einem ausschliesslich vorehelichen Vorsorgeverhältnis stammt, so ist dieser Vorsorgefall für die Teilung von ehelichem Vorsorgeguthaben irrelevant. Fällt für die Teilung nur Vorsorgeguthaben in Betracht, bei welchem im Zeitpunkt der Scheidung kein Vorsorgefall eingetreten war, ist die Teilung gemäss Art. 122 ZGB ohne weiteres möglich (BGer 9C_691/2009 E. 2, nicht publ. in 135 V 436).

2. Andere Gründe

37   Aus anderen Gründen[65] ist eine Teilung namentlich dann unmöglich, wenn Vorsorgegelder bereits vor der Scheidung aus dem Vorsorgesystem ausgeschieden sind, etwa

---

a.a.O. Nr. 2.96, wonach bereits dann nicht mehr nach Art. 122 vorgegangen werden kann, wenn bloss bei einem Ehegatten die Teilungsmöglichkeit entfallen ist.

65   SUTTER/FREIBURGHAUS, Art. 124 N 12 ff., s. auch Botsch. a.a.O. 106, erwähnen folgende Beispiele: Bei einer ausländischen Versicherungseinrichtung besteht gemäss dem für sie massgebenden Recht keine Aufteilungsmöglichkeit. Eine der Scheidungsparteien ist eine Magistratsperson, die keiner Versicherung im Sinn des BVG angehört, wohl aber ein Ruhegehalt bezieht. S. auch BAUMANN/LAUTERBURG, Darf's ein bisschen weniger sein?, in FamPra.ch 1 (2000), 213; GEISER a.a.O. Nr. 2.51; DERS., Vorsorgeausgleich: Aufteilung bei Vorbezug für Wohneigentumserwerb und nach Eintreten eines Vorsorgefalls, in FamPra.ch 3 (2002), 83 ff.; TRINIDADE, Prévoyance professionnelle, divorce et succession, in Semjud 122 (2000), II 489; VETTERLI/KEEL, Die Aufteilung der beruflichen Vorsorge in der Scheidung, in AJP 8 (1999), 1622.

wegen während der Ehe getätigten Barauszahlungen des Vorsorgekapitals (5 FZG; s. vorne N 22; 127 III 437 f. E. 2b; 129 V 254 E. 2.2)[66] oder wegen Entwidmung[67] von Vorbezügen für Wohneigentum (30e[3] BVG, 331e[8] OR). Eine Teilung kann auch dann unmöglich sein, wenn die Vorsorgeansprüche im Ausland erworben wurden; diesfalls richtet sich eine allfällige Aufteilung nach den dortigen Bestimmungen.[68]

3. Angemessene Entschädigung

Liegt einer der soeben erwähnten Tatbestände vor, ist eine *angemessene Entschädigung* geschuldet (124[1] i. f.; dazu s. 127 III 437 ff. E. 2.b f.; 129 III 488 E. 3.4.1; 129 V 254 E. 2.2). Der Gesetzgeber verweist damit zu Recht auf das gerichtliche Ermessen im Sinn von Art. 4, weil höchst unterschiedliche Konstellationen vorliegen können.[69] Bei der Berechnung dieses Entschädigungsanspruchs im Einzelfall sind die gesetzgeberischen Grundentscheidungen gemäss Art. 122 einerseits, die in den beiden Absätzen des Art. 123 vorgesehenen materiellen Kriterien andererseits zu berücksichtigen. Grundsätzlich (und vorbehältlich der in Art. 123 erwähnten Kriterien) kann also etwa die schlechte finanzielle Lage der ausgleichspflichtigen Ehegattin keine Rolle spielen.[70] Das Bundesgericht wendet ein zweistufiges Vorgehen an: Ausgangspunkt der Berechnung ist der hälftige Anspruch, der bei Anwendung von Art. 122 bestehen würde. Danach ist dieser hypothetische Anspruch den Vorsorgebedürfnissen sowie den wirtschaftlichen Verhältnissen der Parteien anzupassen (127 III 439 E. 3; 131 III 4 f. E. 4.2).[71] Je näher der Eintritt des Vorsorgefalls an der Rechtskraft des Scheidungs-

38

---

66 Für den Fall der Auszahlung des Vorsorgekapitals ohne die Zustimmung des Ehegatten s. LGVE 1999 I Nr. 6 und BGE 133 V 205.

67 Vorbezüge für Wohneigentum werden nach BAUMANN/LAUTERBURG, FamKomm, Art. 124 N 19, dann als entwidmet bezeichnet, wenn die vorsorgerechtliche Bindung drei Jahre vor Entstehung des Anspruchs auf Altersleistung oder infolge definitiven Verlassens der Schweiz, Aufnahme einer selbständigen Altersvorsorge sowie Eintritt eines Vorsorgefalles entfällt.

68 Zur umgekehrten Situation einer Scheidung im Ausland mit Vorsorgeansprüchen in der Schweiz s. BGE 131 III 289 ff., wonach die Austrittsleistungen nach Art. 122 ff. zu teilen sind und das ausländische Urteil, das sich nicht mit diesen Leistungen befasst hat, entsprechend zu ergänzen ist.

69 Siehe die Beispiele in Botsch. a.a.O. 105 unten.

70 Anders aber die Praxis: BAUMANN/LAUTERBURG, FamKomm, Art. 124 N 7 f.

71 GEISER, FamPra.ch 2008 a.a.O. 319 ff.; HAUSHEER/GEISER/AEBI-MUELLER, Familienrecht, N 10.57; TRACHSEL, Spezialfragen im Umfeld des scheidungsrechtlichen Vorsorgeausgleichs, in FamPra.ch 6 (2005), 529 ff., 554; PICHONNAZ/RUMO-JUNGO a.a.O. 21 ff. weisen darauf hin, dass durch die Berücksichtigung der wirtschaftlichen Verhältnisse und der güterrechtlichen Auseinandersetzung keine Vermischung mit dem nachehelichen Unterhalt stattfinden darf; UMBRICHT LUKAS/GLOOR, HandKomm, Art. 124 N 7; Kritisch BAUMANN/LAUTERBURG FamPra.ch 2000 a.a.O., 191 ff., 208 ff. und DIES., FamKomm, Art. 124 N 62a ff. Sie fordern in aller Regel eine hälftige Teilung. Wohl auch in diesem Sinn zu verstehen sind GÜTTER/SUMMERMATTER, Erstinstanzliche Erfahrungen mit dem Vorsorgeausgleich bei Scheidung, insbesondere nach Art. 124 ZGB, in FamPra.ch 3 (2002), 641 ff., 654. Ihrer Auffassung nach ist die Entschädigung nach Art. 124 ZGB dann angemessen, wenn dadurch die vormaligen Ehepartner gleichgestellt werden wie bei der hälftigen Teilung nach Art. 122 ZGB. Von letztgenanntem Grundsatz soll nur abgewichen werden, wenn die hälftige Teilung unter Berücksichtigung der wirtschaftlichen Verhältnisse und der güterrechtlichen Auseinandersetzung unbillig erscheint.

urteils liegt, desto mehr treten die konkreten Vorsorgebedürfnisse der Parteien in den Hintergrund. Die angemessene Entschädigung orientiert sich hier an der hälftigen Teilung, also an Art. 122 ZGB. Trat der Vorsorgefall jedoch schon mehrere Jahre (z.B. 10 Jahre) vor der Rechtskraft des Scheidungsurteils ein, orientiert sich die Bemessung der angemessenen Entschädigung nicht an Art. 122, sondern an den konkreten Vorsorgebedürfnissen der Ehegatten, selbst wenn beide kurz vor dem Pensionsalter stehen (BGer 5A_591/2009 E. 3).[72] – Zur Verweigerung der angemessenen Entschädigung unter Anwendung von Art. 123[2] ZGB s. vorne N 31.

39   Das Gesetz lässt offen, ob die angemessene Entschädigung *als Kapitalleistung oder Rente* zugesprochen wird. Grundsätzlich ist der Auszahlung in Kapitalform der Vorzug vor der Ausrichtung einer Rente zu geben, weil sich damit das Risiko eines Ausfalls verringern lässt. Gegebenenfalls kann im Sinn einer Zahlungsmodalität die ratenweise Tilgung des Kapitals vereinbart werden.[73] So oder anders setzt aber das Zusprechen eines Kapitals voraus, dass solches vorhanden ist, kann es doch nicht Aufgabe der Erben sein, für die Altersvorsorge des überlebenden Ehegatten besorgt zu sein (131 III 5 E. 4.3.1).[74] Immerhin sieht Art. 22b FZG vor, dass bei der Zusprechung einer angemessenen Entschädigung nach Art. 124 im Scheidungsurteil bestimmt werden kann, «dass ein Teil der Austrittsleistung auf Anrechnung an die angemessene Entschädigung übertragen wird». Das ist sicher dann möglich, wenn bei der leistungspflichtigen Person noch kein Vorsorgefall eingetreten ist, kann aber auch bei Vorliegen einer Teilinvalidität möglich sein, weil hier ein Teil der Vorsorge weitergeführt und somit technisch weiterhin eine (Teil-)Austrittsleistung vorliegt (129 III 488 ff. E. 3.5).[75] Die Kapitalleistung kann auch aus Mitteln eines Freizügigkeitskontos erbracht werden (129 V 254 f. E. 2.2 f.).[76] Ist hingegen der Vorsorgefall vollständig eingetreten, verfügt der Leistungspflichtige über keine Austrittsleistung mehr, und die Entschädigung ist durch freie Mittel zu entrichten.[77] Das wird häufig nur in Form einer Rente möglich sein. Auf Seiten der berechtigten Person ist die Vorsorgebindung der Leistung zu beachten,

---

72   Bemerkungen zum Entscheid Grütter, in FamPra.ch 11 (2010), 167 ff.

73   So Arndt, Art. 124 ZGB im Wandel – zur Problematik der angemessenen Entschädigung bei ungenügender Leistungsfähigkeit des Verpflichteten, in FamPra.ch 15 (2014), 593 ff., und Rumo-Jungo, Der Vorentwurf zur Revision des Vorsorgeausgleichs bei Scheidung: Lösungen für alte Probleme, in FamPra.ch 12 (2011), 25 ff., die sich beide gegen die Bezahlung in Rentenform äussern. Nach Geiser a.a.O. Nr. 2.104 wird es meist an den für die Kapitalleistung erforderlichen Barmitteln fehlen und erfolgt daher der Ausgleich in Rentenform.

74   Zu den Einzelheiten der Bezahlung in Rentenform sehr ausführlich vgl. Geiser, in FamPra.ch 9 (2008), 323 ff.; Baumann/Lauterburg, FamKomm, Art. 124 N 63; Grütter/Summermatter, in FamPra.ch 3 (2002), 659; Trachsel, in FamPra.ch 6 (2005), 555; Umbricht Lukas/ Gloor, HandKomm, Art. 124 N 10.

75   Baumann/Lauterburg, FamKomm, Art. 124 N 64; Pichonnaz/Rumo-Jungo a.a.O. 24.

76   Baumann/Lauterburg, FamKomm, Art. 124 N 63 f.; Geiser, in FamPra.ch 9 (2008), 322 i. i.; Pichonnaz/Rumo-Jungo a.a.O. 23.

77   Pichonnaz/Rumo-Jungo a.a.O. 24; zu den verschiedenen Modalitäten der Ausrichtung mit freien Mitteln vgl. Baumann/Lauterburg, FamKomm, Art. 124 N 65; Koller, Wohin mit der angemessenen Entschädigung nach Art. 124 ZGB?, in ZBJV 138 (2002), 1 ff., 10 f.

sofern bei dieser noch kein Vorsorgefall eingetreten ist und die Entschädigung durch Übertragung (eines Teils) der *Austrittsleistung* erfolgte. Erfolgt dagegen die Zahlung *aus freien Mitteln* (weil beim Leistungspflichtigen bereits ein Vorsorgefall eingetreten ist, was die Anwendung von 22b FZG ausschliesst), kann ohne Einwilligung der Parteien eine Ausrichtung in gebundener Form durch das Gericht nicht angeordnet werden (132 III 152 ff. E. 4.1 ff.).

Gemäss dem zweiten Absatz von Art. 124 kann das Gericht den Schuldner verpflich- 40 ten, die *Entschädigung sicherzustellen,* wenn es die Umstände rechtfertigen. Eine solche Sicherstellung «wenn es die Umstände rechtfertigen» ist dem ZGB und mithin schweizerischen Gerichten geläufig. Aus dem ehelichen Güterrecht seien erwähnt die Art. 203 Abs. 2, 218 Abs. 2, 235 Abs. 2 und 250 Abs. 2. «Angemessene Sicherheit» sehen vor Art. 292 für den Kindesunterhalt und nun auch Art. 132 für den nachehelichen Unterhalt. Als Sicherungsmittel kommen wie üblich Barhinterlegung, Wertschriftendepots, Grundpfandrechte und Bürgschaften in Frage.[78]

IV. Der nacheheliche Unterhalt

Mit der Scheidung fällt die in den Art. 163 ff. geregelte Unterhaltspflicht des einen 41 Ehegatten gegenüber dem anderen dahin. Statt dessen entsteht unter Umständen ein Anspruch auf *nachehelichen Unterhalt* (entretien après le divorce). Dieser ist *in den Art. 125 ff. geregelt.* Der Reihe nach werden behandelt: die Voraussetzungen (125, N 42 ff., 64 ff.), die Modalitäten (126, N 68), die Rente (127–130, N 69 ff.) und die Vollstreckung (131 und 132, N 79 ff.) sowie das Übergangsrecht (7a[3] SchlT, N 88).

a. Der Anspruch[79]

Die Voraussetzungen für einen Anspruch auf nachehelichen Unterhalt sind in Art. 125 42 Abs. 1 *in der Form eines Grundsatzes* umschrieben; der zweite Absatz des Art. 125 führt die *wichtigsten Kriterien* für die Zusprechung und Bemessung eines entsprechenden Beitrags auf. Für die Zusprechung des nachehelichen Unterhalts ist entscheidend, ob die Ehe lebensprägend war (2., N 48 ff.). Bei der konkreten Bemessung spielen die einzelnen Kriterien eine wichtige Rolle (3., N 52 ff.). Sodann ist zu klären, was unter dem gebührenden Unterhalt zu verstehen ist (4., N 56 ff.). Zunächst sind die Grundgedanken darzulegen, die dem nachehelichen Unterhalt zugrunde liegen (1., N 43 ff.).

---

78 Siehe zum Kindesunterhalt HEGNAUER, BeKomm, Art. 292 N 13 ff.

79 Zum Ganzen s. MARTIN STETTLER, Les pensions alimentaires consécutives au divorce, in Caroline Paquier/Jérôme Jaquier (Hrsg.), Le nouveau droit du divorce, Travaux de la Journée d'étude organisée le 8 septembre 1999 à l'Université de Lausanne (Lausanne 2000), 141 ff. Zur «Koordination Scheidungsunterhalt und AHV/IV-Ergänzungsleistungen» s. HAUSHEER und GEISER im gleichnamigen Aufsatz in ZBJV 130 (1994), 620 ff.

1. Grundgedanken des nachehelichen Unterhalts

43   Die Formulierung des Gesetzes in Art. 125 Abs. 1 geht davon aus, dass die Unterhaltspflicht des einen Ehegatten gegenüber dem anderen Ehegatten gemäss Art. 163 f. wegen
der Auflösung der Ehe durch die Scheidung weggefallen ist und jeder Ehegatte mithin für seinen «gebührenden Unterhalt unter Einschluss einer angemessenen Altersvorsorge selbst aufkommt».[80] Ist dies jedoch «einem Ehegatten nicht zuzumuten», «so
hat ihm der andere einen angemessenen Beitrag zu leisten».[81] Diese Regelung gilt es
mit Blick auf die bisher gelebte Aufgabenteilung in der Ehe zu interpretieren. Dabei
bilden die im zweiten Absatz des Art. 125 erwähnten Kriterien die wichtigste Orientierungshilfe.

44   Zu beantworten ist die Frage, wann es einem Ehegatten *nicht oder nur teilweise zuzumuten ist,* für den eigenen gebührenden Unterhalt selber aufzukommen und ob es
diesfalls dem anderen Ehegatten zuzumuten ist, nachehelichen Unterhalt zu leisten.
Art. 125 ZGB liegen mithin zwei Prinzipien zugrunde: erstens die nach Beendigung der
Ehe beiden Ehegatten obliegende *Eigenvorsorge* und zweitens die *nacheheliche Solidarität.*[82] Im Gegensatz zum früheren Recht, in welchem vom schuldigen und vom schuldlosen Ehegatten die Rede war, kommt es dabei nicht auf ein allfälliges Scheidungsver-
schulden an. Das ergibt sich eindeutig aus der Entstehungsgeschichte. Die Frage, ob
und inwiefern «ausnahmsweise» das Verschulden eine Rolle spielt, wird abschliessend
in Art. 125 Abs. 3 behandelt (s. nachstehend N 64 ff.).

45   Bei der Beurteilung, ob ein Anspruch auf nachehelichen Unterhalt besteht und ggf. in
welcher Höhe und während welcher Dauer, ist folgendes Prüfschema anzuwenden:

---

80   Dahinter steht der in der angelsächsischen Welt entwickelte «clean break»-Gedanke, gemäss
welchem so weit als möglich die gegenseitige finanzielle Unabhängigkeit der Ehegatten nach
der Scheidung anzustreben ist («principe du clean break»: «favoriser autant que possible la
fin de l'interdépendance financière des époux après le divorce»): Franz Werro, L'obligation
d'entretien après le divorce dans le Code civil révisé, in Renate Pfister-Liechti (Hrsg.), De l'ancien
au nouveau droit du divorce (Bern 1999), ASR 624, 39 und ders., L'obligation d'entretien après
le divorce dans le nouveau Code civil, in ZSR NF 118 (1999), I 113 ff., 117. Siehe auch Hausheer,
ASR a.a.O. Nr. 3.09. Kritisch dazu Binkert/Wyss a.a.O. 249 f.; Schwenzer, Das clean break-
Prinzip im nachehelichen Vermögensrecht, in FamPra.ch 1 (2000), 609 ff., 623 ff.
81   Zu möglichen *strafrechtlichen Folgen* der Vernachlässigung der Erfüllung nachehelicher Unterhaltspflichten s. Art. 217 StGB.
82   Siehe diesen Ausdruck bei Hausheer, ASR a.a.O. Nr. 3.11; siehe aber vor allem Werro, ZSR
a.a.O. 117 f., wonach «La solidarité» eines der beiden Prinzipien des Art. 125 Abs. 1 darstellt;
das andere ist «Le clean break». Der Grund für den Unterhaltsanspruch liegt allerdings nicht in
der nachehelichen Solidarität, sondern im Ausgleich der ehebedingten wirtschaftlichen Folgen:
Alexandra Rumo-Jungo/Pascal Pichonnaz, Neuere Entwicklungen im nachehelichen
Unterhalt, in Alexandra Rumo-Jungo/Pascal Pichonnaz (Hrsg.), Familienvermögensrecht (Bern
2003), Schriftenreihe zum Familienrecht FamPra.ch 2, 1 ff., 10 f.; Schwenzer, FamKomm, Vorbem. zu Art. 125–133 N 2, 5 ff.; siehe dazu auch Urteil des Kantonsgerichts SG vom 17. August
2006, in FamPra.ch 8 (2007), 159 ff.

46

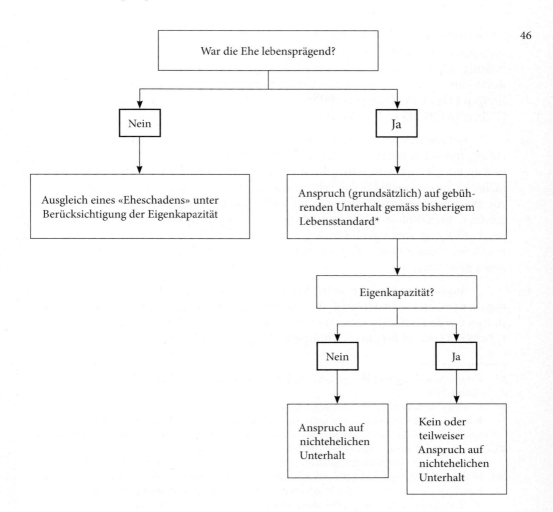

* Der gebührende Unterhalt bestimmt sich aus der in der Ehe zuletzt gelebten gemeinsamen Lebenshaltung. Höhe und Dauer hängen von der Eigenversorgungskapazität ab, die sich nach den in Ziff. 1–8 erwähnten Kriterien beurteilt (nachstehend 3.)

2. Lebensprägende Ehe

Für die Beantwortung der Frage, ob die nacheheliche Solidarität angerufen werden   47
kann, kommt es auf den *lebensprägenden Charakter der Ehe* an: Eine lebensprägende
Ehe kann eine Vertrauenslage begründen und zu einer Schicksalsgemeinschaft führen, aufgrund derer der nacheheliche Unterhalt nicht auf den Ausgleich der ehebedingten Nachteile beschränkt ist (Eheschaden). Vielmehr besteht bei lebensprägender Ehe eine nacheheliche Solidaritätsverpflichtung, welche etwa dazu führt, dass
ein Unterhalt geschuldet ist, obwohl Alter, Gesundheitszustand, Ausbildung oder
schlechter Arbeitsmarkt (125 Ziff. 4, 7) nicht ehebedingt sind (130 III 537 E. 3.4; BGer

5A_894/2011 E. 6.5.25; 5A_584/2008 E. 5.2.2). Bei nicht lebensprägender Ehe besteht dagegen kein schützenswertes Vertrauen auf die Fortführung der ehelichen Lebenshaltung (135 III 61 E. 4.1; BGer 5C.244/2006 E. 2.4.8). Je lebensprägender eine Ehe ist, desto eher ist auf Grund eines gewissen Vertrauensschutzes die Fortsetzung des bisherigen Lebensstandards gerechtfertigt (s. 115 II 10 E. 3c; 115 II 431 f. E. 5; 127 III 139 f. E. 2b, c; 134 III 145 E. 4;[83] 134 III 580 E. 8[84]; 137 III 108 E. 4.2.2.2).

48   *Grundsätzlich* erfordert Lebensprägung eine gewisse Ehedauer. Rechtsprechung und Lehre bezeichnen daher Ehen mit einer Dauer bis zu fünf Jahren als kurz und ab einer Dauer von zehn Jahren als lang.[85] In diesen Fällen liegt mithin eine *tatsächliche Vermutung*[86] für das Fehlen bzw. das Vorliegen der Lebensprägung der Ehe vor. Bei einer Ehedauer zwischen fünf und zehn Jahren kommt es auf die tatsächlich gelebten Verhältnisse und deren lebensprägenden Charakter an.[87] Keine lebensprägende Ehe liegt somit grundsätzlich vor bei kurzer, kinderloser Ehe, die weniger als fünf Jahre gedauert hat (BGer 5A_103/2008 E. 2; 5C.244/2006; 5C.49/2005 betreffend eine kurze Altersehe).

49   *Ausnahmsweise* kann selbst bei kurzen Ehen bereits eine Lebensprägung vorliegen, nämlich bei Ereignissen, die das Leben der betroffenen Person noch jahrelang prägen werden (115 II 10 E. 3c; 115 II 431 f. E. 5; 127 III 139 f. E. 2b, c; BGer 5P.112/2001 E. 5e/bb). Dazu gehört die Erziehungspflicht gegenüber Kindern[88], «in eng begrenzten

---

83 Urteilsanmerkung von HAUSHEER, Nachehelicher Unterhalt: BGE 134 III 145 ff., in ZBJV 144 (2008), 899.

84 HAUSHEER/SPYCHER, Nachehelicher Unterhalt II oder die Nachlese zu BGE 134 III 145 ff. und BGer 5A_434/2008 (inzwischen teilweise in BGE 134 III 577 ff.) bzw. BGer 5A_288/2008 betreffend das Vorgehen zur Bemessung des nachehelichen Unterhalts (BE), in ZBJV 145 (2009), 59 ff.

85 HAUSHEER/SPYCHER, Handbuch, N 05.151 f., mit Hinweisen auf BGer 5A_701/2007 E. 4, der entsprechende Vermutungen aufstellt; SCHWENZER, FamKomm, Art. 125 N 48.

86 In ähnlicher Weise bezeichnet das Bundesgericht im Urteil vom 19. April 2001 (5C.32/2001 E. 3b) die Unzumutbarkeit der Wiederaufnahme einer Erwerbstätigkeit im Alter von 45 Jahren als tatsächliche Vermutung; siehe auch auf HAUSHEER, ASR a.a.O Nr. 3.45.

87 So hat das Bundesgericht bei einer 6 Jahre dauernden Ehe zwischen einer aus bescheidenen Verhältnissen stammenden 60-jährigen Frau und einem wirtschaftlich sehr gut gestellten 69-jährigen Mann die Lebensprägung der Ehe bejaht, und zwar trotz des Umstandes, dass die Eheleute bloss zwei Jahre lang zusammenlebten und vor der Scheidung bereits während vier Jahren getrennt lebten. Die Lebensprägung ergab sich aber daraus, dass die Lebensstellung der Ehefrau durch die Ehe erheblich gehoben wurde und sie auch während des Getrenntlebens monatlich Fr. 10 000.– an Unterhaltsleistungen erhielt: BGer 5C.187/2000 E. 3b. Dagegen hat das Kantonsgericht SG die Lebensprägung verneint bei einer 15-jährigen kinderlosen Ehe, bei der die Eheleute lediglich während 6 Jahren in häuslicher Gemeinschaft lebten und beide ununterbrochen voll erwerbstätig waren: Urteil des Kantonsgerichts SG vom 22. September 2000 (BF.2000.5), in FamPra.ch 2 (2001), 372 ff.

88 BGer 5C.278/2000 E. 3c; BGE 115 II 6 ff. (10) E. 3c; weitere Kasuistik s. in Anm. 107. FREIBURGHAUS, HandKomm, Art. 125 N 14 ff.; RAINER KLOPFER, Nachehelicher Unterhalt, Wohnungszuteilung, in Stiftung für juristische Weiterbildung Zürich (Hrsg.), Das neue Scheidungsrecht (Zürich 1999), 85; SCHWANDER, Nachehelicher Unterhalt gemäss Art. 125 ff. nZGB, in AJP 8 (1999), 1627 ff., 1630; SCHWENZER, FamKomm, Art. 125 N 48 ff.; SCHWENZER, Ehegattenunter-

Fällen» auch ein der Ehe vorausgehendes langjähriges Konkubinat (135 III 59 E. 4.4; bejaht in 132 III 600 f. E. 9.2 bei Betreuung der gemeinsamen Kinder). Wenn für die Dauer der Ehe ein vorangehendes Konkubinat nicht zählt, darf umgekehrt die Auflösung des gemeinsamen Haushalts auch nicht von der Dauer der Ehe abgezogen werden (s. aber 130 III 539 E. 2.2; BGer 5C.142/2006 E. 4.1; s. auch 134 III 580 E. 8 E. 2.4, wo eine Ehe von elf Jahren wegen des mehrmals unsicheren Fortbestandes und der Auflösung des gemeinsamen Haushalts nach sechs Jahren als nicht lebensprägend qualifiziert wurde). Konsequenterweise geht das eine mit dem anderen einher: Entweder ist in beiden Fällen auf die faktische Situation abzustellen oder aber in beiden auf das rein formellrechtliche Bestehen der Ehe.[89] Lebensprägend kann auch die Entwurzelung eines Ehegatten aus dessen bisherigem *Kulturkreis* sein.[90] Für die Lebensprägung nicht wesentlich ist das Bestehen einer sexuellen Beziehung sowie von gemeinsamen Hobbies (BGer 5A_856/2011 E. 2.3).

Lebensprägung bejaht: Eine lebensprägende Ehe liegt vor, wenn daraus Betreu-   50
ungspflichten für gemeinsame Kinder entstehen (115 II 6 E. 3c; BGer 5C.237/2006 E. 2.3; 5C.278/2000 E. 3c [Kind besucht Tagesschule]; 5A_842/2010, E. 4.4, bejaht trotz Fortsetzung des bisherigen 50%-Arbeitspensums), bei Entwurzelung aus dem bisherigen Kulturkreis (BGer 5A_384/2008 E. 3.2; keine kulturelle Entwurzelung, wenn die Ehefrau sich bewusst bei einer Partnervermittlungsagentur anmeldet und von Anfang an beabsichtigt, das Land zu verlassen und die Karriere aufzugeben: 5A_178/2012 E. 5.3.1), aufgrund der gelebten ehelichen Rollenteilung, die eine (teilweise) Aufgabe der wirtschaftlichen Selbständigkeit zur Folge hat (BGer 5C.129/2005 E. 3.1; 5C.139/2005 E. 2.3).

Lebensprägung verneint: bei kurzer Ehe mit Kindern, die mehrheitlich fremdbe-   51
treut werden (BGer 5C.278/2000; 5A_167/2007; s. auch 5A_177/2010 E. 6.5; verneint

    halt nach Scheidung nach der Revision des Scheidungsrechts, in AJP 8 (1999), 170, mit weiteren Hinweisen in FN 39; HAUSHEER, ASR a.a.O. Nr. 3.45; HAUSHEER/SPYCHER, Handbuch, N 05.152.

89 Das voreheliche Zusammenleben ist immer dann in die Beurteilung einzubeziehen, wenn damit gleichsam die eheliche Arbeitsteilung und Lebenshaltung vorweggenommen wurde. Die Tatsache, dass das Parlament darauf verzichtete, in Art. 125 Abs. 2 Ziff. 2 auf die Dauer des Zusammenlebens, statt auf die Dauer der Ehe abzustellen (Amtl. Bull. 1997 NR, 2696 und 2702) spricht nicht gegen diese Auslegung. Der Gesetzgeber hat damit nur, aber immerhin, zum Ausdruck gebracht, dass die Dauer des Zusammenlebens *nicht in jedem Fall* ausschlaggebend sein soll. Nach BR KOLLER sollte nicht «eine blosse Realbeziehung zwischen Partnern nachträglich zur Rechtsbeziehung umfunktioniert» werden (a.a.O. 2701). Immerhin stünde es der Gerichtspraxis frei, im Einzelfall weitere als die namentlich genannten Kriterien zu berücksichtigen: RUMO-JUNGO/PICHONNAZ a.a.O. 15 ff.; SCHWENZER, FamKomm, Art. 125 N 49; SUTTER/FREIBURGHAUS, Art. 125 N 30. A. M. SCHWANDER, a.a.O. 1630, der für den Beginn der Ehe auf die förmliche Eheschliessung, für das Ende hingegen auf die faktische Dauer des Zusammenlebens abstellen will. A. M. auch HAUSHEER, Das neue (nicht allseits geliebte) Scheidungsrecht: wenigstens ein Anlass zu innovativem Methodenpluralismus?, in ZBJV 136 (2000), 377 f.

90 BGer 5C.278/2000 E. 3a. Keine Entwurzelung aus dem bisherigen Kulturkreis liegt aber beispielsweise im Fall einer Französin vor, die mit ihrem (französischen) Ehegatten nach Genf zieht: BGer 5C.187/2000.

auch im Sonderfall der weitestgehend fehlenden Lebensgemeinschaft einer «Studentenehe»: 5A_167/2007 E. 4; 5A_95/2012 E. 3.3). Nach einer nur fünf Wochen dauernden Ehe kann eine Rückkehr und Reintergration ins Heimatland als zumutbar erachtet werden (BGer 5A_65/2010 E. 3). Eine lange Ehe muss nicht zwingend lebensprägend sein: Waren nämlich die Eheleute während fünfzehn Jahren weiterhin beide berufstätig und hat die Ehefrau mit Blick auf eine gewünschte Schwangerschaft ihre Erwerbstätigkeit erst vor einem halben Jahr reduziert oder aufgegeben, liegen noch keine lebensprägenden Verhältnisse vor. Die Lebensprägung hat das Bundesgericht auch verneint im Fall einer 52-jährigen Ehefrau, die 28 Jahre lang verheiratet war und während dieser Zeit mehr oder weniger regelmässig einer Nebenerwerbstätigkeit nachgegangen ist. Es mutete ihr zu, diese Nebenerwerbstätigkeit weiterzuführen und allenfalls auszubauen (BGer 5C.32/2001 E. 3b). Die Vermutung der lebensprägenden Ehe nach 10 Jahren wird widerlegt, wenn das Einkommen des Mannes sich während der ganzen Ehedauer auf seine Musikertätigkeit oder im Fall fehlender Engagements auf die Arbeitslosenentschädigung beschränkt und dem Ehemann zudem auch kein ehebedingter Nachteil erwachsen ist (BGer 5A_275/2009).[91]

3. Die einzelnen Kriterien

52   Der *zweite Absatz des Art. 125* zählt jene Elemente bzw. *Kriterien* auf, welche das Gericht «insbesondere» zu berücksichtigen hat beim Entscheid, ob, in welcher Höhe und für wie lange[92] ein Beitrag aus nachehelichem Unterhalt zu leisten sei (zum weiten Ermessensspielraum des Gerichts s. 127 III 141 E. 3; 134 III 145 ff.; 134 III 580 E. 4). Es handelt sich dabei – mit gewissen Anpassungen (s. etwa Ziff. 8 i. f.) – um die wichtigsten durch Lehre und Rechtsprechung entwickelten Kriterien zum bisherigen Recht; dabei stellt die Reihenfolge keine Rangordnung dar, sondern gewissermassen eine chronologische Aufzählung.[93]

53   Im Einzelnen erwähnt das Gesetz folgende (nicht abschliessende) *Kriterien*: Ausgangspunkt ist nach wie vor die *Aufgabenteilung* während der Ehe (Ziff. 1). Stark ins Gewicht fällt die *Dauer* der Ehe (Ziff. 2) sowie «der Umfang und die Dauer der von den Ehegatten noch zu leistenden Betreuung der *Kinder*» (Ziff. 6). Diese drei genannten Kriterien können gemeinsam, teils auch einzeln, die Lebensführung massgeblich prägen, so dass von einer *«lebensprägenden Ehe»* gesprochen werden kann (oben N 47 ff.). Wenn das jüngste Kind zehn Jahre alt ist, kann eine 50% Erwerbstätigkeit verlangt werden. Volle Erwerbstätigkeit ist ab dem 16. Altersjahr des jüngsten Kindes zumutbar. Das gilt

---

91   Eher kritisch dazu HAUSHEER, Die privatrechtliche Rechtsprechung des Bundesgerichts im Jahr 2009, Familienrecht, in ZBJV 146 (2010), 889 f.

92   Gemäss HAUSHEER, ASR a.a.O. Nr. 3.51, dürfte sich «mit dem Wegfall gewisser Abstufungsmöglichkeiten … aufgrund von Art. 151 und 152 des ZGB von 1907 und der Verankerung bzw. Verdeutlichung des Grundsatzes der nachehelichen Selbstversorgung in Art. 125 Abs. 1 einerseits und dem weitestgehend verwirklichten Splitting-Gedanken im Zusammenhang mit der Altersvorsorge andererseits … die Tendenz zur bloss befristeten Unterhaltsrente noch verstärken».

93   Botsch. Ehescheidung, 115; SUTTER/FREIBURGHAUS, Art. 125 N 78.

auch für Einkindfamilien. Diese Richtlinien haben weiterhin Geltung, da die persönliche Betreuung und Pflege von kleinen und im obligatorischen Schulalter stehenden Kindern deren Interessen dienen und ein Zuteilungskriterium für die elterliche Sorge bilden. Diese Grundregel ist aber auf durchschnittliche finanzielle Verhältnisse zugeschnitten; deshalb muss dem Einzelfall genügend Rechnung getragen werden. War der Ehegatte schon während der Ehe erwerbstätig und wurden die Kinder fremd betreut, so ist die Fortführung der Erwerbstätigkeit auch ausserhalb der erwähnten Alterslimiten zumutbar (BGer 5A_6/2009 E. 2). Die Rechtsprechung zur Wiederaufnahme einer Erwerbstätigkeit des kinderbetreuenden Ehegatten ist nicht starr, sondern als Richtlinie zu betrachten. So ist es einer Mutter zumutbar, ihre Tätigkeit als Reitlehrerin während der Schulzeit ihrer Tochter (8-jährig) auszubauen (BGer 5A_177/2010 E. 8.2.2).

Neben Aufgabenteilung, Dauer der Ehe und fortbestehender Kinderbetreuung werden «das *Alter und die Gesundheit* der Ehegatten» (Ziff. 4; hierzu BGer 5A_767/2011 E. 5.3 ff.),[94] sowie «die berufliche Ausbildung und die Erwerbsaussichten der Ehegatten» und «der mutmassliche Aufwand für die berufliche Eingliederung der anspruchsberechtigten Person» (Ziff. 7; s. dazu 127 III 139 f. E. 2b, c; 135 III 61 E. 4.1; 137 III 108 E. 4.2.2.2) berücksichtigt. Schliesslich verweist das Gesetz auf die Anwartschaften aus der AHV und aus der beruflichen oder anderen Vorsorge «einschliesslich des voraussichtlichen Ergebnisses der Teilung der Austrittsleistungen» (Ziff. 8[95]). Damit spannt sich der Bogen von Art. 125 Abs. 1 mit seinem Hinweis auf die angemessene Altersvorsorge zum zweiten Absatz dieser Norm, wo auf die Art. 122–124 verwiesen wird.

54

---

94   Siehe zur Unzumutbarkeit der Wiederaufnahme einer Erwerbstätigkeit ab Erreichen des 45. Altersjahres BGE 115 II 11 f. E. 5a: Diese Altersgrenze ist immerhin nicht «eine starre Regel, von der im Einzelfall nicht abgewichen werden könnte». S. auch 115 II 431 ff. E. 5 (40-jährige Frau); BGE 127 III 139 f. E. 2b, c (43-jährige Frau). Zum Fall einer 47-jährigen Frau, die nur während rund fünf Jahren mit der Erwerbstätigkeit ausgesetzt, jedoch eine sechsjährige Tochter zu betreuen hat, s. BGer 5C.278/2000 E. 3c, in ZBJV 138 (2002), 30 ff.; BRUNNER, Bemerkungen zum erwähnten Entscheid des BGer, in ZBJV 138 (2002), 42 ff. Siehe auch BGer 5C.139/2005, wo der Mutter (51) zweier Kinder (16 und 18) die Ausdehnung der Erwerbstätigkeit von 40% auf 70% zugemutet wurde; BGer 5P.355/2005 zur Unzumutbarkeit der Ausdehnung der Erwerbstätigkeit über 50%, wenn die betroffene Ehegattin zwei minderjährige Kinder (12 und 14 Jahre) zu betreuen hat; BGer 5C.171/2005: Sind zwei von drei der durch die Ehegattin zu betreuenden Kinder behindert, ist eine Teilzeiterwerbstätigkeit von 30% nach Erreichen des 18. Altersjahres der Kinder angemessen; BGer 5C.53/2007 E. 4, wo der Mutter zweier Kinder (18 und 16 Jahre) eine Ausdehnung ihrer Erwerbstätigkeit von 60% auf 75%, aber nicht auf 80% oder 100%, zugemutet wurde. In BGer 5C.154/2008 E. 2.1.4 wurde der Mutter ab dem 16. Geburtstag des jüngsten Kindes ein hypothetisches Einkommen in der Höhe des Minimallohnes im kaufmännischen Bereich zugerechnet, da sie bereits während der Ehe erwerbstätig war und sich beruflich weiterbildete. Dass sie im Zeitpunkt des 16. Geburtstages des jüngsten Kindes im Jahr 2011 53 Jahre alt sein wird, führt nicht zur Unzumutbarkeit einer höheren Erwerbstätigkeit. S. auch die Bemerkungen zu BGer 5P.355/2005, in FamPra.ch 7 (2006), 433 f. von ISABELLE EGLI mit einer kurzen Übersicht über die letzten Urteile.

95   Kritisch dazu TUOR, Neues Scheidungsrecht: AHV-Anwartschaften nach der 10. AHV-Revision? Überlegungen zu den Auswirkungen der 10. AHV-Revision auf die Regelung der wirtschaftlichen Folgen im neuen Scheidungsrecht (125 Abs. 2 ZGB), in SZS 41 (1997), 1 ff.

Keinen Erfolg hatte der Antrag einer Minderheit im Nationalrat, folgende Ziffer 9 aufzunehmen: «Geht ein Ehegatte zusätzlich zur Kinderbetreuungspflicht einer Erwerbs-
arbeit nach, so wird das daraus erzielte Einkommen bei der Unterhaltsfestsetzung nur
soweit berücksichtigt, als es seinen Beitrag an die familiären Lasten nicht übersteigt.»[96]

55   Die Höhe der Unterhaltsleistung, aber auch deren Dauer, hängt von der «Lebensstel-
      lung während der Ehe» (Ziff. 3), insbesondere von der zuletzt gelebten Lebenshaltung
      ab (zum Zeitpunkt der Scheidung oder zum Zeitpunkt der Auflösung des gemein-
      samen Haushalts: BGer 5A_249/2007) sodann von «Einkommen und Vermögen»,
      und zwar auch von jenen des gegenwärtigen Lebenspartners.[97] Lebt die Unterhaltsbe-
      rechtigte bereits im Zeitpunkt der Scheidung mit einem neuen Lebenspartner zusam-
      men, kann die (festgelegte) Unterhaltsrente von Anfang an sistiert werden (138 III 160
      E. 2.3.3; BGer 5A_81/2008 E. 5; in 129 III 257 [5C.265/2002] nicht publizierte E. 2.4).[98]

      4. Gebührender Unterhalt

56   Nach Möglichkeit ist der *gebührende Unterhalt*[99] *unter Einschluss einer angemessenen*
      Altersvorsorge (zum sog. Vorsorgeunterhalt s. 135 III 158 E. 4; 137 III 108 E. 4.2.2.2)
      sicherzustellen. Ob und inwiefern dabei der eine Ehegatte dem anderen Beiträge zu
      leisten hat, hängt primär vom *nachehelichen Bedarf* sowie von der *Leistungsfähigkeit*

---

96   Amtl. Bull. 1997 NR, 2696 ff. (Antrag AEPPLI). Der Antrag wurde mit 92 zu 49 Stimmen ver-
     worfen: Fraglich ist, ob nach der Ablehnung dieses Antrags solche Einkünfte unbeachtet bleiben
     können, so SCHWENZER, AJP a.a.O. 172. Für die Nichtanrechnung SCHWENZER, FamKomm,
     Art. 125 N 44; sehr dezidiert dafür HAUSHEER, ZBJV 136 (2000) a.a.O. 376 f. Sicher ist, dass
     auch nach Meinung von BR KOLLER (Amtl. Bull. 1997 NR, 2701) die Nichtanrechnung im Ein-
     zelfall *möglich* ist. Denn nach seinen Aussagen ist das Grundanliegen des Minderheitsantrags
     «durch den bundesrätlichen Entwurf durchaus gedeckt. Eine Doppelbelastung infolge Erwerbs-
     arbeit und Kinderbetreuung kann im Rahmen von Artikel 125 Absatz 2 Ziffer 6 ohne weiteres ...
     berücksichtigt werden. Das bedeutet nun aber nicht – hier liegt der zentrale Unterschied –, dass
     das Erwerbseinkommen des potentiellen Rentengläubigers in solchen Fällen gesetzlich *zwingend*
     [Hervorhebung durch die Autorin] ausser Betracht gelassen werden kann.»
97   Antrag FRICK im Ständerat (Amtl. Bull. 1996 StR, 761 ff.). BR KOLLER wies (a.a.O. 763) darauf
     hin, dass gemäss Art. 129 Abs. 1 die Rente für bestimmte Zeit eingestellt werden könnte; dies
     erlaube, die Bezahlung aufzuschieben, wenn das eheähnliche Zusammenleben schon bei der
     Scheidung bestehe.
98   BÄHLER, Scheidungsunterhalt – Methoden der Berechnung, Höhe, Dauer und Schranken, in
     FamPra.ch 8 (2007), 461 ff., 494.
99   Dazu s. SCHWENZER, FamKomm, Art. 125 N 4; AESCHLIMANN/BÄHLER/FREIVOGEL, Fam-
     Komm, Anh. UB, N 3; DIES., Zur Bedeutung der Begriffe *angemessener Beitrag* an den *gebüh-*
     renden Unterhalt unter Einschluss einer *angemessenen Altersvorsorge* (Art. 125 Abs. 1 ZGB),
     in FamPra.ch 1 (2000), 252 ff. – Eine Minderheit im Nationalrat wollte hinter dem Ausdruck
     «gebührenden Unterhalt» in Klammern «Art. 163 ZGB» hinzufügen. Der Antrag scheiterte mit
     93 zu 48 Stimmen. Der Rat folgte damit BR KOLLER, gemäss welchem der Antrag «aus systema-
     tischen und inhaltlichen Gründen abzulehnen» sei (Amtl. Bull. 1997 NR, 2696, 2701 und 2702).
     Damit ist natürlich durchaus nicht ausgeschlossen, dass für manche Frage Art. 163 auf Art. 125
     Abs. 1 doch analoge Anwendung finden könnte.

nach der Scheidung[100] und damit von der Eigenversorgungskapazität (127 III 289, 291 E. 2a/aa; 134 III 145 E. 4; 134 III 580 E. 4; 135 III 73 E. 6; 135 III 160 E. 4.3)[101] der beiden Ehegatten ab.[102] Für die Ermittlung des nachehelichen Bedarfs ist (mit Ausnahme[103] der Ehen von kurzer Dauer) die *bisherige Lebensführung* (dazu 125 II Ziff. 3, oben N 55)[104], aber auch die *scheidungsbedingte Bedarfsänderung* zu berücksichtigen. Die Beibehaltung der bisherigen Lebensführung kann allerdings daran scheitern, dass der Unterhaltsbedarf nach und wegen der Scheidung zunimmt. Diesfalls hat sich die Unterhaltsberechtigte in ihrer Lebensführung einzuschränken. Sie hat aber jedenfalls Anspruch auf gleichwertige Lebenshaltung wie der Unterhaltspflichtige.[105] Was die Leistungsfähigkeit bzw. Eigenversorgungskapazität nach der Scheidung angeht, stellt sich insbesondere die Frage, ob und inwiefern einer Ehegattin die Wiederaufnahme oder Ausdehnung der Erwerbstätigkeit nach der Scheidung zuzumuten ist, mit der Folge, dass man bei der Berechnung des Beitrags «von einem hypothetischen Einkommen ausgehen» darf, wenn der Unterhaltsschuldner oder die Unterhaltsgläubige-

---

100 Siehe HAUSHEER, ASR a.a.O. Nr. 3.07. Unter Bezugnahme auf die Leistungsfähigkeit des Unterhaltsschuldners wird auch der Schutz von dessen Existenzminimum begründet und befürwortet: s. dazu die Hinweise in 113.

101 Hierzu ISABELLE EGLI, Die Eigenversorgungskapazität des unterhaltsberechtigten Ehegatten nach Scheidung: eine rechtstatsächliche Untersuchung an fünf erstinstanzlichen Gerichten, (Diss. Basel, Bern 2007); HAUSHEER, ASR a.a.O. Nr. 3.33 ff.; SUTTER/FREIBURGHAUS, Art. 125 N 36 ff. Keine Beeinträchtigung durch die Scheidung besteht dann, wenn die Ehefrau bereits während der zehnjährigen Trennungsdauer wirtschaftlich für sich allein gesorgt hat (121 III 201 ff. E. 3). Vgl. aber auch BGer 5C.139/2005 und 5P.189/2005, in FamPra.ch 6 (2005), 895 ff.

102 Zur Bemessung des nachehelichen Unterhalts und zu den anwendbaren Methoden umfassend HAUSHEER/SPYCHER/BRUNNER/GLOOR/BÄHLER/KIESER, Handbuch des Unterhaltsrechts (2. A. Bern 2010); ANNETTE SPYCHER, Unterhaltsleistungen bei Scheidung: Grundlagen und Bemessungsmethoden (Diss. Bern 1996), ASR 578; AESCHLIMANN/BÄHLER/FREIVOGEL, FamKomm, Anh. UB N 39 ff.; ROLF VETTERLI, Scheidungshandbuch (St. Gallen/Lachen 1998); BASTONS BULLETTI, L'entretien après divorce: méthodes de calcul, montant, durée et limites, in Semjud 2007 II 77 ff.

103 Diesfalls fehlt es wegen der kurzen Ehedauer an einer Lebensprägung durch die Ehe, weshalb nicht die Lebenshaltung in der kurzen Ehe massgeblich ist, sondern die Beeinträchtigung des vorehelichen Lebensplans durch die Ehe. Dieser «Scheidungsschaden» im Sinn eines «negativen Vertragsinteresses» ist allerdings nach HAUSHEER, ASR a.a.O. Nr. 3.05 «regelmässig ... unbedeutend». Daher bemisst sich der gebührende Unterhalt an den vorehelichen Verhältnissen: HAUSHEER, ASR a.a.O. Nr. 3.37; SCHWENZER, FamKomm, Art. 125 N 48; s. auch VETTERLI, Über den praktischen Umgang mit Scheidungsrechten, in AJP 3 (1994), 929 ff., 931 f.

104 Nach HAUSHEER, ASR a.a.O. Nr. 3.53, ist im besten Fall «nachehelich jener Unterhaltsbeitrag geschuldet, welcher zusammen mit der Eigenversorgungskapazität die in der Ehe zuletzt gelebte Lebenshaltung garantiert». Der Bundesrat war in seiner Botschaft (S. 116) grosszügiger: «Ausnahmsweise kann der gebührende nacheheliche Unterhalt auch höher sein, nämlich wenn die Ehegatten aus bestimmten Gründen ... besonders sparsam und unter ihren Einkommensverhältnissen gelebt haben.» S. auch KLOPFER a.a.O. 84; AESCHLIMANN/BÄHLER/FREIVOGEL, FamKomm, Anh. UB N 10 ff.; FREIVOGEL, Zur Bedeutung der Begriffe angemessener Beitrag an den gebührenden Unterhalt unter Einschluss einer angemessenen Altersvorsorge (Art. 125 Abs. 1 ZGB), in FamPra.ch 1 (2000), 254 f.

105 HAUSHEER, ASR a.a.O. Nr. 3.08 und insbesondere Nr. 3.54; BGE 129 III 8 f. E. 3.1.1.

rin eine tragbare Mehranstrengung unterlässt (115 II 6; 123 III 5; 126 III 10; 127 III 139 E. 2a; 137 III 120 E. 2.3; 138 III 101 E. 3.2; BGer 5P.83/2005).[106] Grundsätzlich besteht eine Pflicht zum beruflichen Wiedereinstieg. Der Umstand, dass eine Ehegattin während der Ehe nicht berufstätig war, stellt keine Entbindung von diesem Grundsatz dar (BGer 5A_706/2007). Irrelevant sind die Motive für die Erwerbstätigkeit während der Ehe. So kann sich die Ehefrau nicht darauf berufen, dass sie während der Ehe einzig aus Gefälligkeit im Betrieb des Ehemannes (im fraglichen Umfang und zum fraglichen Verdienst) gearbeitet habe (BGer 5A_848/2010 E. 2.4.6). Reduziert der Unterhaltsschuldner nach der Trennung sein Arbeitspensum, ist es nicht willkürlich, ihm ein hypothetisches Einkommen auf der Basis einer Vollzeiterwerbstätigkeit anzurechnen (BGer 5A_679/2011 E. 5.2). Es ist nicht willkürlich, von den eingereichten Jahresabschlüssen eines Ehegatten abzuweichen, wenn zahlreiche Indizien dafür sprechen, dass das wahre Einkommen viel höher sein muss. Dabei geht es nicht um die Anrechnung eines hypothetischen, sondern um die Feststellung bzw. Schätzung des tatsächlichen Einkommens (BGer 5A_72/2012 E. 4).

57 *Berechnungsmethoden:* Der nacheheliche Unterhalt wird entweder abstrakt (aufgrund von Prozentzahlen)[107] oder konkret berechnet.[108] Bei der konkreten Methode sind drei Fallgruppen zu unterscheiden:

− knappe wirtschaftliche Verhältnisse, welche die Deckung der Existenzminima nicht zulassen (nachstehend β, N 60 ff.),

− ausreichende Mittel, welche entweder die Fortsetzung des bisherigen Lebensstandards für die beiden Haushalte zulassen oder aber eine Reduktion des Lebensstandards erfordern, aber immerhin die Deckung der Existenzminima beider Haushalte ermöglichen (nachstehend α, N 59),

− sehr gute wirtschaftliche Verhältnisse, die auch nach der Scheidung eine Sparquote zulassen (nachstehend γ, N 62).

---

106 Der Schutz des Existenzminimums des Unterhaltspflichtigen «... ist ... kein Freipass für arbeitsscheue Eheleute», s. SCHNYDER, Die privatrechtliche Rechtsprechung des Bundesgerichts im Jahre 1997, in ZBJV 123 (1998), 451. Vielmehr ist eben auch der unterhaltspflichtigen Person ein hypothetisches Einkommen anzurechnen, soweit es ihr nach den Umständen zumutbar ist, mehr zu verdienen.

107 HAUSHEER/SPYCHER, Handbuch, Nr. 02.14 ff.; ALEXANDRA RUMO-JUNGO, Kindesunterhalt und neue Familienstrukturen, in Alexandra Rumo-Jungo/Pascal Pichonnaz (Hrsg.), Kind und Scheidung, Symposium zum Familienrecht 2005, Universität Freiburg (Zürich/Basel/Genf 2006), 6 ff.; ANNETTE SPYCHER/DANIEL BÄHLER, Berechnung des Kindesunterhalts, in Alexandra Rumo-Jungo/Pascal Pichonnaz (Hrsg.), Kind und Scheidung, Symposium zum Familienrecht 2005, Universität Freiburg (Zürich/Basel/Genf 2006), 213 ff.

108 Zum Ganzen und differerenzierter HAUSHEER/SPYCHER, Handbuch, Nr. 02.22 ff.

Insgesamt ergeben sich folgende *Regeln* der Bemessung des Unterhaltsanspruchs: 58

α. Ausreichende Mittel

Bei ausreichenden Mitteln wird die sog. Grundbedarfsberechnung mit Überschuss- 59
verteilung angewendet: Reichen die gemeinsamen Mittel unter Berücksichtigung der
jeweiligen Eigenvorsorgungskapazität sowie der voraussichtlichen Veränderungen
(z.B. Zusprechung einer IV-Rente: BGer 5A_441/2008 und 5A_446/2008) zur *Deckung
der familienrechtlichen Existenzminima* aller unterhaltsberechtigten Personen aus, so
wird ein allfälliger Überschuss (nach Deckung der Existenzminima)[109] grundsätzlich
verteilt (was nicht zwingend eine Halbierung bedeutet; Überschussteilung verneint:
134 III 145; Präzisierung in 134 III 577, wonach diese Methode für lange Ehen mit klas-
sischer Rollenverteilung im mittleren Einkommensbereich angemessen ist).[110] Der
Überschuss wird aber nur soweit geteilt, als er zur *Deckung des bisherigen Lebensstandards* erforderlich ist. Ein darüber hinaus gehender Betrag wird als Sparquote bezeichnet, die jenem zufällt, der die Sparquote äufnet.[111]

β. Unzureichende Mittel zur Deckung der Existenzminima

Wenn die Mittel der Eheleute zur Deckung der beiderseitigen familienrechtlichen 60
Existenzminima unzureichend sind und auch eine Wiederaufnahme oder Ausdehnung der Erwerbstätigkeit sich als unzumutbar erweist, wird der unterhaltsverpflich-
tete Ehegatte in seinem «familienrechtlichen Existenzminimum» geschützt (und zwar
auch gegenüber unterhaltsberechtigten Kindern; 123 III 4 ff. E. 3b/bb und 5). Nach
(nicht unbestrittener[112]) bundesgerichtlicher Rechtsprechung (133 III 57; 137 III 66)

---

109   HAUSHEER, ASR a.a.O. Nr. 3.58 f. Es gilt die Formel: Eigenversorgungskapazität einschliess-
       lich hypothetisches Einkommen minus die familienrechtlichen Existenzminima = zu teilender
       Überschuss. Vgl. auch BGer 5C.142/2006 E. 4.3. In BGE 134 III 145 kritisiert das BGer aller-
       dings, entgegen der eigenen z.B. noch in 5C.261/2006 ergangenen Rechtsprechung, die Unter-
       haltsberechnung nach der Methode Existenzminimumsberechnung mit Überschussverteilung
       als in der Regel unpassend. Vgl. dazu SPYCHER, «Vereinfachte» Berechnung des nachehelichen
       Unterhalts oder das Kind mit dem Bade ausgeschüttet? Anmerkungen zu BGE 134 III 145 ff.
       (5A.513/2007), in ZBJV 144 (2008), 514 ff.
110   Bemerkungen zum Entscheid von HAUSHEER/SPYCHER, ZBJV 2009 a.a.O. 59 ff.
111   AESCHLIMANN/BÄHLER/FREIVOGEL, FamKomm, Anh. UB N 80 ff., 87; SCHWENZER, Fam-
       Komm, Art. 125 N 4; zur Unterhaltsberechnung bei guten bis sehr guten wirtschaftlichen Ver-
       hältnissen vgl. BGer 5A_257/2007.
112   Pro Mankoteilung: AESCHLIMANN/BÄHLER/FREIVOGEL, FamKomm, Anh. UB N 66 ff.;
       RUMO-JUNGO, Der Vorentwurf zur Revision des Vorsorgeausgleichs bei Scheidung: Lösungen
       für alte Probleme, in FamPra.ch 12 (2011), 23; SANDOZ, Entwicklungen zum Familienrecht, in
       SJZ 96 (2000), 135; SCHWENZER, FamKomm, Art. 125 N 31 ff.; DIES., Über Beliebigkeit juris-
       tischer Argumentation, in FamPra.ch 1 (2000), 24 ff., 32; SUTTER/FREIBURGHAUS, Art. 125
       N 62 ff.; WERRO, ASR a.a.O. 42 ff.; DERS., in ZSR a.a.O. 123; ALEXANDRA RUMO-JUNGO/PAS-
       CAL PICHONNAZ, Neuere Entwicklungen im nachehelichen Unterhalt, in Alexandra Rumo-
       Jungo/Pascal Pichonnaz (Hrsg.), Familienvermögensrecht (Bern 2003), Schriftenreihe zum
       Familienrecht FamPra.ch 2, 22 ff., 32 f., sodann vgl. dazu auch PICHONNAZ/RUMO-JUNGO, La
       protection du minimum vital du débirentier en droit du divorce: évolution récente, in SJZ 100
       (2004), 81 ff.

findet also *keine Mankoteilung* (Halbierung des Defizits) unter den Ehegatten statt. Das Bundesgericht unterzog seine Rechtsprechung in 135 III 66 ff. einer sehr kritischen Prüfung, fühlte sich jedoch im Rahmen der geltenden Rechtsordnung gebunden und forderte den Gesetzgeber zum Handeln auf (135 III 66 E. 10 i. f.).[113] Dieser hat im BG vom 20. März 2015 betreffend Änderung des Zivilgesetzbuches (Kindesunterhalt) darauf verzichtet, die Mankoteilung einzuführen und beschränkt sich darauf, mit punktuellen Massnahmen zur Verbesserung der Stellung des Kindes in Mankofällen beizutragen (Art. 287a nZGB[114]).

61   Das betreibungsrechtliche Existenzminimum umfasst den betreibungsrechtlichen Grundbedarf nach Art. 93 SchKG, der aus dem Grundbetrag sowie verschiedenen Zuschlägen für Wohnkosten, Berufsauslagen sowie gewissen Sozialversicherungsbeiträgen (namentlich für die Krankenkasse) besteht. Das betreibungsrechtliche wird zum *familienrechtlichen Existenzminimum,* indem zum ersteren weitere Kosten (wenn sie tatsächlich anfallen: BGer 5A_706/2007) wie Versicherungen, Steuern, Konzessionsgebühren für Telefon, Radio und Fernsehen, Medikamente und krankheitsbedingte Nahrungskosten (BGer 5A_664/2007 E. 2.2.1) geschlagen werden. Daraus resultiert gegenüber dem betreibungsrechtlichen ein familienrechtliches Existenzminimum.[115] Bei knappen finanziellen Verhältnissen haben allerdings die Steuern ausser Acht zu bleiben (126 III 356 f. E. 1a; s. auch 127 III 70 E. 2b; 135 III 67 E. 2), um nicht den Fiskus gegenüber den Unterhaltsberechtigten zu bevorzugen. Dabei geht das BGer von einem Steuererlass aus, der aber in der Praxis häufig illusorisch ist.[116] Wird der vom Zivilgericht unterstellte Steuererlass nicht gewährt, fällt der Unterhaltspflichtige selber unter das (familienrechtliche) Existenzminimum, was mit dem Verzicht auf Man-

---

Contra Mankoteilung: HAUSHEER, Das neue (nicht allseits geliebte) Scheidungsrecht: wenigstens ein Anlass zu innovativem Methodenpluralismus?, in ZBJV 136 (2000), 373 ff.; a. M. auch HAUSHEER/REUSSER/GEISER, BeKomm, Art. 176 N 27; HAUSHEER/GEISER, Zur Festsetzung des Scheidungsunterhalts bei fehlenden Mitteln im neuen Scheidungsrecht, in ZBJV 134 (1998), 93 ff.; HAUSHEER, ASR a.a.O. Nr. 3.11; HAUSHEER/GEISER/AEBI-MÜLLER, Familienrecht, Nr. 10.100; GLOOR/SPYCHER, BaKomm, Art. 125 N 18; REUSSER, Aktuelles aus dem Familienrecht unter besonderer Berücksichtigung der Revisionstendenzen bei der elterlichen Sorge, in ZBJV 144 (2008), 146 ff.; GEISER, Familie und Geld, Wie sind die wirtschaftlichen Fragen in einem modernen Familienrecht zu regeln?, in FamPra.ch 15 (2014), 899 ff. Zum Ganzen Botschaft zu einer Änderung des Schweizerischen Zivilgesetzbuches (Kindesunterhalt) vom 29. November 2013, BBl 2014, 544 ff.

113   S. die Besprechung von SCHÖBI, Mankoteilung oder Mankoüberbindung, in recht 27 (2009), 27 ff. – Der Nationalrat wollte mit einem Art. 125 Abs. 2bis erreichen, dass «der Fehlbetrag in angemessener Weise auf beide Ehegatten aufzuteilen» sei, drang damit aber beim Ständerat nicht durch und fügte sich schliesslich dem Ständerat: Amtl. Bull. 1997 NR, 2696 ff.; 1998 StR, 325 f.; 1998 NR, 1186 ff.

114   Mit ausführlicher Begründung dazu in der Botschaft Kindesunterhalt, 560 ff. Schlussabstimmung vom 20. März 2015: Amtl. Bull. 2015 NR, 599; Amtl. Bull. 2015, StR 301; Referendumsvorlage: BBl 2015, 2723 ff. Inkrafttreten bei Drucklegung dieses Buches noch unbekannt.

115   So Botsch. Ehescheidung, 116. Siehe hierzu den nach der Botschaft ergangenen BGE 123 III 1 ff.

116   PICHONNAZ/RUMO-JUNGO FamPra.ch a.a.O. 28 ff.

koteilung (und dem Schutz des Existenzminimums des Unterhaltsschuldners) gerade vermieden werden sollte.

γ. Sehr gute wirtschaftliche Verhältnisse

Bei sehr guten wirtschaftlichen Verhältnissen wird auf den konkreten Bedarf der ein-   62
zelnen Familienmitglieder abgestellt (einstufige konkrete Bedarfsrechnung; BGer 5A_257/2007 E. 3.2.2), so dass alle den bisherigen Lebensstandard fortsetzen können. Dies entspricht dem maximalen Anspruch, so dass eine daneben verbleibende Sparquote jenem gehört, der sie äufnet (oben N 59).

5. Dauer der Unterhaltspflicht

Bei lebensprägender Ehe ist der Ehegatte verpflichtet, die Eigenversorgungslücke des   63
anderen nach Massgabe seiner Leistungsfähigkeit zu decken. Im Grundsatz ist nach-
ehelicher Unterhalt *unbefristet* geschuldet. Bei Erreichen des Rentenalters reduzieren sich jedoch die verfügbaren Mittel auf Seite des Leistungspflichtigen und der gepflegte Lebensstandard kann nicht uneingeschränkt fortgesetzt werden. Die Praxis trägt dem insoweit Rechnung, dass das Ende der Unterhaltspflicht an das *Erreichen des AHV-Alters* des Unterhaltspflichtigen geknüpft wird. Es ist jedoch nicht bundesrechtswid-
rig, unter Berücksichtigung der konkreten Verhältnisse, den Unterhaltsbeitrag nicht auf diesen Zeitpunkt zu befristen, sondern ihn darüber hinaus laufen zu lassen und zu reduzieren (BGer 5A_435/2011 E. 7.1 ff.). Ist der Unterhaltsschuldner nach seiner Pensionierung weiterhin finanziell leistungsfähig, kann er weiterhin zu Unterhaltszahlun-
gen an den geschiedenen Ehegatten verpflichtet werden, falls dieser seinen gebühren-
den Bedarf nicht selbst decken kann.[117] Ein nach dem Erreichen des Pensionsalters erzieltes Einkommen bleibt Bestimmungsfaktor für die finanzielle Leistungsfähigkeit des Unterhaltsschuldners und ist in die Berechnung des nachehelichen Unterhalts einzubeziehen (BGer 5A_37/2011 E. 2.1).

b. Die Verweigerung des Anspruchs

In Ausnahmefällen wird ein an sich (gestützt auf Abs. 1 und 2 des Art. 125) geschulde-   64
ter Beitrag «ausnahmsweise versagt oder gekürzt».[118]

Die drei Fälle, bei denen wegen offensichtlicher Unbilligkeit «insbesondere» das   65
Gericht einen Beitrag «ausnahmsweise» versagen kann, sind mehr oder weniger wörtlich[119] dem § 1579 BGB entnommen worden und lauten: Die (an sich) berechtigte

---

117 Obergericht ZH, 13. Mai 2011 (ZR 2012, 4), in AJP 21 (2012), 841.
118 Kritisch dazu SCHWENZER, AJP a.a.O. 173, mit Hinweis auf das Fehlen solcher verschuldens-
     bezogener Billigkeitsklauseln in ausländischen Rechtsordnungen; WERRO, ZSR a.a.O. 365,
     385 f.; zum Ganzen REGINA HINDERLING, Verschulden und nachehelicher Ehegattenunter-
     halt. Eine rechtsvergleichende Untersuchung zum schweizerischen, US-amerikanischen und
     deutschen Recht (Diss. Basel/Genf/München 2001), SIR 94.
119 Statt von «offensichtlich unbillig» spricht das BGB von «grob unbillig». Im Übrigen lautet Fall
     1 des ZGB im BGB (§ 1579 Ziff. 6): «weil der Berechtigte vor der Trennung längere Zeit hin-
     durch seine Pflicht, zum Familienunterhalt beizutragen, gröblich verletzt hat»; Fall 2 des ZGB
     im BGB (§ 1579 Ziff. 4): «weil der Berechtigte seine Bedürftigkeit mutwillig herbeigeführt hat»;

Person hat «1. ihre Pflicht, zum Unterhalt der Familie beizutragen, grob verletzt» oder «2. ihre Bedürftigkeit mutwillig herbeigeführt» oder «3. gegen die verpflichtete Person oder eine dieser nahe verbundenen Person eine schwere Straftat begangen». In allen drei Fällen wird sehr oft, muss aber nicht, schuldhaftes Verhalten (der unterhaltsberechtigten Person[120]) vorliegen. Die Ziffern 1 und 3 lehnen sich vom Zweck her an die Art. 477 (Enterbungsgründe[121]) und Art. 249 Ziff. 1[122] und 2 OR (Rückforderung der Schenkung) an.[123] Das Herbeiführen der Bedürftigkeit ist mutwillig, wenn die Unterhaltsansprecherin es unterlässt, eine zumutbare und mögliche Erwerbstätigkeit auszuüben oder sich mutwillig ihres Vermögens entäussert.[124] Die Beispiele aus der deutschen Praxis[125] zeigen, wie problematisch die damit verbundene Lebensführungskontrolle namentlich bei Suchtkranken wird.

66   Das Gesetz zählt *«insbesondere»* drei Fälle von Unbilligkeit auf. Die Aufzählung ist mithin nach dem Willen des Gesetzgebers nicht abschliessend[126], und der Unterhaltsbeitrag kann auch in analogen Fällen von gleicher Schwere versagt oder gekürzt werden.[127] Bei einer Ausdehnung ist indessen Zurückhaltung geboten (127 III 67 E. 2b;

Fall 3 des ZGB im BGB (§ 1579 Ziff. 3): «weil der Berechtigte sich eines Verbrechens oder eines schweren vorsätzlichen Vergehens gegen den Verpflichteten oder einen nahen Angehörigen des Verpflichteten schuldig gemacht hat». Kritisch zu dieser Anlehnung an das deutsche Recht SCHWENZER, FamPra.ch a.a.O. 30.

120   Nicht relevant ist ein allfälliges Verschulden der unterhaltsverpflichteten Person, was SCHWENZER, FamPra.ch a.a.O. 30, kritisiert.

121   Siehe die neue Formulierung von Ziff. 1 in der 1998er-Fassung: «... eine schwere Straftat begangen hat».

122   Auch diese Ziffer wurde 1998 wie in Art. 477 Ziff. 1 neu gefasst.

123   Botsch. Ehescheidung, 115 oben.

124   Botsch. Ehescheidung, 115.

125   Laut JOACHIM GERNHUBER/DAGMAR COESTER-WALTJEN, Familienrecht, (6. A. München 2010), § 30 VII N 91 ist «‹mutwillig› ... bereits jedes unterhaltsbezogene, leichtfertig von sozialen Standards abweichende Verhalten, das im Bewusstsein der Möglichkeit beobachtet wird, Bedürftigkeit unmittelbar oder mittelbar herbeizuführen (Verlust der Erwerbstätigkeit oder gar -fähigkeit; Vermögenseinbussen). ‹Mutwillig› handeln Ehegatten, die sich der Notwendigkeit einer Ausbildung verschliessen [hierzu in Anm. 167: «Die Frage ist bei Suchterkrankungen oft schwer zu beantworten ...»], der Trunksüchtige, der Verschwender, der Straftäter und viele andere mehr, sie alle freilich nur, wenn sie einsichtsfähig waren und in der Lage, nach ihrer Einsicht zu handeln.»

126   So der Antragsteller WICKI: «... der Richter an der Front wird den Gesetzestext nehmen. Wenn es hier einfach heisst, nur in den aufgezählten Fällen sei es ‹offensichtlich unbillig›, dann kann er anderen krassen, offensichtlich unbilligen Fällen nicht gerecht werden.» (Amtl. Bull. 1996 StR, 765).

127   So HAUSHEER/SPYCHER, Handbuch, Nr. 05.130; SCHWENZER, AJP a.a.O. 173; SUTTER/FREIBURGHAUS, Art. 125 N 117; WERRO, ZSR a.a.O. 126. Nach HAUSHEER, ASR a.a.O. Nr. 3.32 «führt die Analogie aufgrund des ‹insbesondere› zurück zum Grundgedanken für den Scheidungsunterhalt, wonach mit der Scheidung ein berechtigtes Vertrauen auf die lebensprägende Ehe als Versorgungsgemeinschaft verletzt sein muss. Ob dagegen der unmittelbare Anlass zur Scheidung auf ein schuldhaftes Verhalten des Unterhaltsbedürftigen zurückzuführen ist, spielt für den Unterhaltsanspruch keine Rolle.»

wiederholte Untreue nach langdauernder Ehe kann mit den aufgezählten Regelbeispielen nicht verglichen werden[128], selbst dann nicht, wenn aus dieser Beziehung Kinder hervorgegangen sind: BGer 5P.142/2003 E. 2.3.3), denn das Ziel des Art. 125 Abs. 3 liegt nicht in der Wiedereinführung des Verschuldensprinzips, sondern in der *Konkretisierung des Rechtsmissbrauchsverbots* (2²). Fälle von Rechtsmissbrauch sind somit im Bereich des nachehelichen Unterhalts grundsätzlich von Art. 125 Abs. 3 abgedeckt.[129] Chronisches Stalking und verbale und physische Angriffe können die Schwelle der «offensichtlichen Unbilligkeit» i. S. v. Art. 125 Abs. 3 ZGB erreichen (BGer 5A_801/2011 E. 4.4).

Die *Rechtsfolge* besteht darin, dass das Gericht einen (sonst geschuldeten) Beitrag *ausnahmsweise versagen oder kürzen kann*. Das «kann» meint allerdings wie häufig im Privatrecht nicht richterliche Beliebigkeit, sondern verweist das Gericht auf sein pflichtgemässes Ermessen. 67

c. Die Modalitäten

Steht fest, dass ein Unterhaltsbeitrag geschuldet ist, so sind dessen *Modalitäten* festzulegen. Davon handelt *Art. 126*. Im *Normalfall* ist *eine Rente* geschuldet; das Gericht bestimmt den *Beginn der Beitragspflicht* (126¹).[130] So kann etwa der Beginn der Unterhaltspflicht mit der Pensionierung des bis dahin sich selbst unterhaltenden Unterhaltsberechtigten zusammenfallen.[131] Beim *Vorliegen besonderer Umstände* kann auch *eine Abfindung* festgesetzt werden (126²).[132] Das trägt besonders gut dem «clean break»-Gedanken[133] Rechnung.[134] Meist scheitert dies allerdings an den fehlenden Mitteln. Im Übrigen aber ist die Abfindung nur faktisch und nicht auch rechtlich der *Ausnahmefall,* da ein entsprechender Antrag nur unter besonderen (tatsächlichen) Umständen gutzuheissen ist.[135] Erfolgt der Antrag auf Zahlung einer Kapitalabfindung vom Unterhaltsschuldner, so wird diesem in der Regel stattgegeben (BGer 5A_310/2010 E. 11). Schliesslich kann das Gericht den Unterhaltsbeitrag *von Bedingungen abhängig* machen (126³). Das ermöglicht, besonders gelagerten Einzelfällen Rechnung zu tra- 68

---

128   So auch SCHWENZER, FamKomm, Art. 125 N 97 f.; SUTTER/FREIBURGHAUS, Art. 125 N 117; HAUSHEER, ASR a.a.O. Nr. 3.31.

129   Nach Berichterstatter KÜCHLER (Amtl. Bull. 1998 StR, 326) deckt das «insbesondere» alle weiteren Rechtsmissbrauchsfälle ab: «Der Ständerat hat durch Einfügung des Wortes ‹insbesondere› zum Ausdruck gebracht, dass es daneben (gemeint: neben den Ziff. 1–3) noch andere Rechtsmissbrauchsfälle geben kann, die berücksichtigt werden müssen.»

130   Vgl. BGE 128 III 122 f. E. 3b, wo der Beginn der Rentenpflicht auf den Zeitpunkt der Teilrechtskraft des Scheidungsurteils rückdatiert wurde.

131   Botsch. Ehescheidung, 117 oben.

132   BGer 5C.38/2007 E. 2.8; FREIBURGHAUS, HandKomm, Art. 126 N 5 ff.; RUMO-JUNGO/HÜRLIMANN-KAUP/KRAPF, Kapitalisieren im Zivilrecht, in ZBJV 140 (2004), 549 ff.; SCHWENZER, FamKomm, Art. 126 N 4 ff.

133   Siehe vorn N 40 und Anm. 80.

134   Vgl. BGer 5C.52/2006 E. 1, in FamPra.ch 7 (2006), 940 ff.

135   SUTTER/FREIBURGHAUS, Art. 126 N 19 ff.

gen.[136] Naturgemäss geht es dabei primär um die bedingte Festsetzung oder Erhöhung einer Unterhaltsrente, nicht aber um deren Reduktion (s. dazu 129, 130).

d. Die Rente insbesondere

69   Das Gesetz behandelt in vier Artikeln (127–130) der Reihe nach besondere Vereinbarungen (N 70), die Anpassung an die Teuerung (N 71), die Abänderung durch Urteil (N 72 ff.) und das Erlöschen von Gesetzes wegen (N 77 ff.).

1. Besondere Vereinbarungen

70   Unter diesem Titel regelt *Art. 127* nicht etwa, was alles Gegenstand besonderer Vereinbarungen sein kann (wie etwa die nachträgliche Erhöhung oder Verminderung der Rente oder deren Wegfall beim Eintritt bestimmter Ereignisse[137]). Vielmehr wird nur festgehalten, dass die Ehegatten in ihrer Vereinbarung die *Änderung* der darin festgesetzten Rente *ganz oder teilweise ausschliessen können.*[138] Die normative Bedeutung dieser Regel besteht mithin darin, dass dies *nur die Parteien vereinbaren* können und nicht etwa das Gericht von sich aus anordnen kann. Da die Vereinbarung vom Gericht genehmigt werden muss (279 ZPO), haben wir es hier mit einer ähnlichen Bestimmung zu tun wie in Art. 287 Abs. 2 für den Kindesunterhalt. Der Ausschluss der Abänderbarkeit schliesst die Indexierung der Rente in der Vereinbarung nicht aus, wohl aber die Anpassung der Rente an die Teuerung durch das Gericht gemäss Art. 129 Abs. 2.[139]

2. Die Anpassung an die Teuerung

71   Mit Art. 128 kann das Gericht auf entsprechenden Antrag[140] hin die *Indexierung der Rente* anordnen (der Nachweis, dass sein Einkommen nicht der Teuerung angepasst wird, obliegt dem Unterhaltsschuldner: 127 III 294; ebenda zum Wortlaut einer Indexklausel). Gemäss Art. 282[1] lit. d ZPO muss sich die Vereinbarung oder das Scheidungsurteil bei der Festlegung darüber aussprechen, ob und in welchem Ausmass die Rente sich den Veränderungen der Lebenskosten anpasst. Daraus wird eine Fragepflicht des Gerichts abgeleitet, wo kein entsprechender Antrag vorliegt oder die Vereinbarung keine entsprechende Klausel enthält.[141] Die Möglichkeit einer erst nachträglichen Indexierung sieht Art. 129 Abs. 2 vor (hierzu sogleich N 75).

---

136   Siehe die Beispiele in Botsch. Ehescheidung, 117, und bei Sutter/Freiburghaus, Art. 126 N 35 f.

137   Siehe Botsch. Ehescheidung, 118. Siehe auch Art. 130 Abs. 2 zur Vereinbarung der Fortdauer der Rente trotz Wiederverheiratung.

138   Nicht ausgeschlossen ist, dass die entsprechende Abmachung sich als eine übermässige Bindung gemäss Art. 27 erweist oder im Sinn von Art. 2 Abs. 2 gegen Treu und Glauben verstösst: Hausheer, ASR a.a.O. Nr. 3.64; Spycher/Hausheer, Handbuch, Nr. 09.80 f.

139   Botsch. Ehescheidung, 118; Sutter/Freiburghaus, Art. 127 N 11.

140   Botsch. Ehescheidung, 118; Sutter/Freiburghaus, Art. 128 N 12; Spycher/Hausheer, Handbuch, Nr. 09.148.

141   Botsch. Ehescheidung, 118. Siehe hierzu auch Werro, ZSR a.a.O. 127.

3. Die Abänderung durch Urteil

Art. 129 (zur analogen Anwendung im Eheschutz: 137 III 102) sieht folgende Möglich-   72
keiten der gerichtlichen Abänderung von Renten vor:

α. Der *erste Absatz des Art. 129* handelt zunächst einmal von der *Herabsetzung oder*   73
Aufhebung der Rente. Danach kann das Gericht bei erheblicher und dauernder (120 II
4 ff.) Veränderung der Verhältnisse die Rente *herabsetzen oder aufheben.* Die Herabsetzung oder Aufhebung kann wegen einer Verschlechterung der Verhältnisse beim
Rentenschuldner oder wegen einer Verbesserung der Verhältnisse bei der Renten-
gläubigerin angeordnet werden. Bei der Abänderung eines Scheidungsurteils bzw. der
nachehelichen Unterhaltsbeiträge hat das Gericht zuerst alle dem vorausgegangenen
Entscheid zugrunde liegenden Berechnungselemente zu aktualisieren. Diese Berechnungselemente müssen nicht auch neue Tatsachen i. S. v. Art. 129 Abs. 1 ZGB darstellen. In einem zweiten Schritt setzt das Gericht den neuen Unterhaltsbeitrag nach den
Kriterien von Art. 125 ZGB fest (138 III 292 f. E. 11.1.1).

Eine *Verbesserung der Verhältnisse der berechtigten Person* ist allerdings nur dann zu   74
berücksichtigen, wenn im Scheidungsurteil (bzw. in der Vereinbarung) eine den gebührenden Unterhalt deckende Rente festgesetzt werden konnte (129[1] zweiter Teilsatz).
Das Gericht kann die Rente auch nur für eine bestimmte Zeit einstellen.[142] Die blosse
Einstellung (Sistierung) erlaubt die Anpassung an spätere Veränderungen, namentlich
in Fällen, da der geschiedene unterhaltsberechtigte Ehegatte in eheähnlicher Gemeinschaft lebt[143] und von der Konkubinatspartnerin wirtschaftlich unterstützt wird (BGer
5A_625/2007 E. 2; 5A_81/2008 E. 5)[144] oder etwa bei Arbeitslosigkeit des Unterhaltspflichtigen[145]. Das sind Lebenssachverhalte, die sich mehr oder weniger lange (nicht
aber unbedingt dauernd) auf den Unterhaltsbedarf auswirken können, was mit einer
blossen Sistierung der Rente sachgerecht berücksichtigt werden kann.

---

142   Kritisch zu dieser Lösung bei Hausheer, ASR a.a.O. Nr. 3.71.
143   Im Nationalrat abgelehnt wurde allerdings folgender Zusatz zu Art. 129 Abs. 1: «Eheähnliche
      Lebensgemeinschaften sind nur im Rahmen der dadurch tatsächlich veränderten wirtschaft-
      lichen Verhältnisse der berechtigten Person während der Dauer der Lebensgemeinschaft zu
      berücksichtigen» (Amtl. Bull. 1997 NR, 2702 ff.). BR Koller befürchtete, eine Annahme des
      Antrags würde verhindern, bei lange dauerndem Konkubinat die Unterhaltspflicht des geschie-
      denen Ehegatten einmal erlöschen zu lassen (a.a.O. 2706). Dazu s. Büchler/Stegmann, Der
      Einfluss der nichtehelichen Lebensgemeinschaft auf den nachehelichen Unterhalt, in FamPra.
      ch 5 (2004), 229 ff.; Fasel/Weiss, Auswirkungen des Konkubinats auf (nach-)eheliche Unter-
      haltsansprüche, in AJP 16 (2007), 13 ff.; Liatowitsch, Die Bedeutung nichtehelicher Lebens-
      gemeinschaften in der Gerichtspraxis und in Scheidungsvereinbarungen, in FamPra.ch 1
      (2000), 476 ff.; Alexandra Rumo-Jungo, Reformbedürftiges Scheidungsrecht: ausgewählte
      Fragen, in Alexandra Rumo-Jungo/Pascal Pichonnaz (Hrsg.), Scheidungsrecht – Aktuelle Pro-
      bleme und Reformbedarf, Reformbedarf, Symposium zum Familienrecht 2007, Universität
      Freiburg (Zürich/Basel/Genf 2008), 23 f., 27 f. mit Hinweisen auf BGer 5C.93/2006 E. 2 und
      Urteil des Kantonsgerichts SG vom 14. Juli 2005 (BF.2005.16), in FamPra.ch 6 (2005), 932 ff.
144   Sutter/Freiburghaus, Art. 129 N 26; Spycher/Hausheer, Handbuch, Nr. 10.41 f.
145   Werro, ZSR a.a.O. 130 und ders., ASR a.a.O. 48.

75   β. Im *zweiten Absatz des Art. 129* geht es – im Unterschied zu Art. 128 – um die *nach-trägliche Anpassung der Rente an die Teuerung durch gerichtliches Urteil*. Ausgangs-punkt ist die Tatsache, dass in der Vereinbarung oder im Urteil keine Indexierung vorgesehen war. Zum Tatbestand gehört sodann, dass das Einkommen des Unterhalts-pflichtigen «nach der Scheidung unvorhergesehenerweise gestiegen ist» (129[2] i. f.).[146] Gemeint ist aber, dass sich das Einkommen des Pflichtigen (nun doch) dem Anstieg an die Lebenshaltung angepasst (und sich mithin seine Leistungsfähigkeit erhöht)[147] hat, sei es durch Teuerungszulagen oder aber durch Reallohnerhöhungen.[148] Die Rechts-folge besteht darin, dass nunmehr «für die Zukunft eine Anpassung der Rente an die Teuerung» verlangt werden kann. Für die Zukunft heisst frühestens ab Anhebung der Änderungsklage (284 ZPO). Die Anpassung kann durch eine Erhöhung der Rente oder durch eine nun hinzugefügte Indexklausel (oder durch beides) geschehen. Obe-rer Rahmen für die Erhöhung ist in jedem Fall die Kaufkrafterhaltung der ursprüng-lich festgesetzten Rente.[149]

76   γ. In *Art. 129 Abs. 3* geht es um die *nachträgliche (erstmalige) Festsetzung einer Rente oder deren Erhöhung*, was im alten Recht nicht erlaubt war.[150] Für die (erstmalige) Fest-setzung oder die Erhöhung einer Rente ist vorausgesetzt, dass keine zur Deckung des gebührenden Unterhalts ausreichende Rente festgesetzt werden konnte (was im Urteil festzuhalten ist), die *wirtschaftlichen Verhältnisse der verpflichteten Person* sich aber entsprechend *verbessert* haben (129[3] i. f. ZGB in Verbindung mit 282[1] lit. d ZPO). Statt im Urteil kann das auch in der Vereinbarung vorbehalten werden (siehe Ingress zu 282). Diese Abänderung kann aber nur innerhalb von fünf Jahren seit der Scheidung verlangt werden (129[3] i. i.). Damit kann nur, aber immerhin, jenen Fällen Rechnung getragen werden, in welchen sich die Finanzlage des Zahlungsverpflichteten nach der Scheidung relativ rasch verbessert.[151] Ausgeschlossen ist damit die erstmalige Festset-zung oder nachträgliche Erhöhung bei nachträglicher *Verschlechterung der wirtschaft-lichen Situation der Unterhaltsberechtigten*. Dies ist besonders dann höchst unbefrie-

---

146   Im Entwurf (Botsch. a.a.O. 208) hiess es noch «unvorhergesehenerweise *mit der Teuerung* gestiegen ist». Den Amtl. Bull. StR und NR lässt sich nicht entnehmen, dass «mit der Teue-rung» gestrichen worden ist. Offensichtlich wurde diese am Schluss vorgenommene Korrektur als rein redaktionelle Änderung verstanden.

147   Nicht massgeblich ist dagegen, ob die nachträgliche Indexierung der Rente dem Schuldner zumutbar ist: Sutter/Freiburghaus, Art. 129 N 26; a. M. Botschaft Ehescheidung, 119. In BGE 115 II 315 ging es um den besonderen Fall, da die Leistungspflicht des Schuldners im Wesentlichen auf Vermögen beruhte.

148   Siehe Botsch. Ehescheidung, 118 f. mit Hinweis auf BGE 116 III 64 f.

149   Botsch. Ehescheidung, 119 oben; Sutter/Freiburghaus, Art. 129 N 47.

150   Zur Entstehungsgeschichte s. die verschiedenen Varianten im Amtl. Bull. 1997 NR, 2703 ff. Der Nationalrat rang sich aber in der Sache trotz missverständlicher Formulierung des ent-sprechenden Antrags zur ständerätlichen Lösung durch (s. den Hinweis auf das blosse Verse-hen des Nationalrats im Amtl. Bull. 1998 StR, 326, und die definitive Zustimmung des Natio-nalrats im Amtl. Bull. 1998 NR, 1191).

151   Botsch. Ehescheidung, 120, wo auch der Fall erwähnt wird, da nach einer gewissen Zeit Kin-derrenten entfallen.

digend, wenn die Unterhaltsberechtigte ihre Erwerbstätigkeit wegen eines erhöhten Betreuungsaufwandes eines Kindes einschränken oder aufgeben muss.[152]

4. Erlöschen von Gesetzes wegen

In *Art. 130* sind die Fälle erwähnt, bei denen die Beitragspflicht «von Gesetzes wegen»   77 erlischt. Bei Eintritt gewisser Ereignisse fällt die befristete Rente, obwohl die Frist noch nicht abgelaufen ist, oder die unbefristete Rente automatisch dahin:

Gemäss *Art. 130 Abs. 1* erlischt die Rente *mit dem Tod* der berechtigten oder der ver-   78 pflichteten Person. Die Scheidungsrenten sind mithin gemäss ausdrücklicher Anordnung im Gesetz weder aktiv noch passiv vererblich. Laut Botschaft ist Art. 130 Abs. 1 nicht zwingend: Die Unvererblichkeit kann durch gegenteilige Vereinbarung ausgeschlossen werden.[153] Für den Fall der *Wiederverheiratung der berechtigten Person* sieht Art. 130 Abs. 2 eine (zu)[154] einfache Lösung vor: Die Rente entfällt.

d. Die Vollstreckung

In Anlehnung an die entsprechenden Bestimmungen im Kindesrecht sehen die *Art. 131*   79 *und 132 Vollstreckungshilfen* vor.[155] Mit BG über die Änderung des ZGB (Kindesunterhalt) vom 20. März 2015 ist Art. 131 geändert und Art. 131a neu eingefügt worden.[156]

1. Inkassohilfe und Vorschüsse

Unter dem Randtitel «Inkassohilfe und Vorschüsse» finden sich in den drei Absätzen   80 des *Art. 131* für die Vollstreckung des nachehelichen Unterhalts drei Bestimmungen, die sich praktisch mit den Normen des Kindesunterhaltsrechts decken (vgl. 131[1] mit 290, 131[2] mit 293[2] und 131[3] mit 289[2]).

Inkassohilfe: Der erste Absatz des Art. 131 handelt von der Inkassohilfe. Der Tatbe-   81 stand umfasst die Tatsache, dass die verpflichtete Person die Unterhaltpflicht nicht erfüllt und die berechtigte Person ein Gesuch auf Inkassohilfe stellt. Die Rechtsfolge besteht darin, dass die Kindesschutzbehörde oder eine andere vom kantonalen Recht bezeichnete Stelle bei der Vollstreckung des Unterhaltsanspruchs in geeigneter Weise hilft. Für die «Mittel der Inkassohilfe» kann auf die Auslegung des Art. 290 verwiesen werden.[157] Während indessen die geeignete Hilfe für die Vollstreckung des Kindesunterhalts gemäss Art. 290 schlechthin unentgeltlich ist, hat die für den nachehelichen

---

152 So Schwenzer, AJP a.a.O. 175.

153 Botsch. Ehescheidung, 121.

154 So Schwenzer, AJP a.a.O. 175.

155 Zum Ganzen vgl. Albert Guler, Mittel der Durchsetzung der nachehelichen Unterhaltspflicht und Sozialhilfeleistungen, in Alexandra Rumo-Jungo/Pascal Pichonnaz (Hrsg.), Familienvermögensrecht (Bern 2003), Schriftenreihe zum Familienrecht FamPra.ch 2, 35 ff.

156 Schlussabstimmung vom 20. März 2015: Amtl. Bull. 2015 NR, 599; Amtl. Bull. 2015 StR, 301; Botschaft und Entwurf: BBl 2014, 529 ff.; 597 ff. Referendumsvorlage: BBl 2015, 2723 ff. Inkrafttreten bei Drucklegung dieses Buches nicht bekannt.

157 Hegnauer, BeKomm, Art. 290 N 23 ff. zählt auf: Beratung, freiwillige Massnahmen, Inkassoauftrag und -vollmacht, Schuldbetreibung, Anweisung und Sicherstellung, Strafverfolgung.

Unterhalt zuständige Stelle für die Inkassohilfe nur «*in der Regel unentgeltlich zu helfen*» (131[1] i. f.).[158] Die unentgeltliche Inkassohilfe setzt aber nicht etwa voraus, «dass jemand am Rande des Existenzminimums lebt».[159]

82   Gemäss der *Gesetzesnovelle* zum Kindesunterhalt vom 20. März 2015 wird neu nicht mehr die Kindesschutzbehörde, sondern schlich «eine vom kantonalen Recht bezeichnete Fachstelle» zuständig sein (131[1] nZGB). Sodann legt der Bundesrat die Leistungen der Inkassohilfe fest. Da es sich bei der Inkassohilfe um die Vollstreckung der familienrechtlichen Unterhaltspflicht handelt, steht dem Bund die entsprechende Gesetzgebungskompetenz zu (Art. 122 BV). Die Ausarbeitung der entsprechenden Verordnung erfolgt durch Fachpersonen der Inkassohilfe sowie durch Vertreterinnen und Vertreter der betroffenen kantonalen Behörden.[160]

83   *Vorschüsse:* Gemäss Art. 131 Abs. 2 (gemäss Gesetzesnovelle vom 20. März 2015: Art. 131a[1]) bleibt es *dem öffentlichen Recht vorbehalten,* die *Ausrichtung von Vorschüssen* zu regeln, wenn die verpflichtete Person ihrer Unterhaltspflicht nicht nachkommt. Die Bestimmung deckt sich mit Art. 293 Abs. 2 betreffend den Kindesunterhalt. Diese Regel bringt den Wunsch des Bundesgesetzgebers an die Kantone zum Ausdruck, die *Alimentenbevorschussung* für Scheidungsrenten einzuführen.[161]

84   *Subrogation des Gemeinwesens:* Art. 131 Abs. 3 (gemäss Gesetzesnovelle vom 20. März 2015: Art. 131a[2]) übernimmt für die Scheidungsrenten, was gemäss Art. 289 Abs. 2 für den Kindesunterhalt gilt. Danach «geht der Unterhaltsanspruch mit allen Rechten auf das Gemeinwesen über», soweit «das Gemeinwesen für den Unterhalt der berechtigten Person aufkommt». Wir haben es hier mithin mit einem Fall *gesetzlicher Subrogation* (oder Legalzession im Sinn von Art. 166 OR) zu tun.[162]

2. Anweisungen an die Schuldner und Sicherstellung

85   Auch in *Art. 132* finden sich zwei Bestimmungen, die – von den beteiligten Personen abgesehen – weitestgehend mit Vorbildern im Kindesunterhaltsrecht übereinstimmen.

86   α. Der *erste Absatz des Art. 132* handelt von den *Anweisungen an die Schuldner.* In Anlehnung an Art. 177 (ehelicher Unterhalt) und Art. 291 (Kindesunterhalt) besteht gemäss Art. 132 Abs. 1 die Möglichkeit der Anweisung an die Schuldner auch für den nachehelichen Unterhalt. Wenn die verpflichtete Person die Erfüllung der Unterhaltspflicht vernachlässigt, kann das Gericht den Schuldner der unterhaltspflichtigen Per-

---

158   Es handelt sich hier um eine der am längsten dauernden Differenzen zwischen Ständerat und Nationalrat (der Ständerat wollte das «in der Regel» streichen, pflichtete aber nach zweimaligem Hin und Her dem bundesrätlichen Entwurf und dem Nationalrat [der mit 59 zu 58 Stimmen an seinem Beschluss festgehalten hatte: Amtl. Bull. 1998 NR, 1192] bei: Amtl. Bull. 1998 StR, 710).

159   So BR Koller im Nationalrat (Amtl. Bull. 1998 NR, 1191).

160   Botsch. Kindesunterhalt, 557 f.

161   Botsch. Ehescheidung, 122 Mitte; Sutter/Freiburghaus, Art. 131 N 35. Guler a.a.O. 58.

162   Für Einzelheiten siehe mutatis mutandis Hegnauer, BeKomm, Art. 289 N 76 ff.; s. auch Sutter/Freiburghaus, Art. 131 N 38 ff.

son anweisen, die Zahlungen ganz oder teilweise an die unterhaltsberechtigte Person zu leisten. Für die Auslegung dieser Schuldrechts- und Zwangsvollstreckungsregel im Scheidungsrecht kann (mutatis mutandis) auf Rechtsprechung und Lehre zu Art. 177 und Art. 291 verwiesen werden (130 III 489 zur Schuldneranweisung im internationalen Verhältnis).[163]

β. Im *zweiten Absatz des Art. 132* ist die *Sicherstellung* vorgesehen. Wie bei Art. 292   87
kennt diese Norm mehrere Tatbestände: Entweder vernachlässigt die unterhaltspflichtige Person «beharrlich die Erfüllung der Unterhaltspflicht» (frz. «persiste à négliger son obligation d'entretien»), oder aber es ist anzunehmen, dass sie Anstalten zur Flucht trifft oder ihr Vermögen verschleudert oder beiseite schafft. Die Rechtsfolge besteht darin, dass das Gericht diese Person verpflichten kann, für die künftigen Unterhaltsbeiträge angemessene Sicherheit zu leisten. In Frage kommen alle dem Zivilrecht bekannten Sicherungsmittel.[164] Hier wie bei den Anweisungen an die Schuldner handelt das Gericht nicht von sich aus; vielmehr ist ein ausdrücklicher Parteiantrag vonnöten.[165]

e. Das Übergangsrecht

Nach *Art. 7a Abs. 3 SchlT* erfolgt die Abänderung des Scheidungsurteils nach den   88
Vorschriften des früheren Rechts unter Vorbehalt der Bestimmungen über die Kinder und das Verfahren. Damit wird klargestellt, dass sich die Abänderung von altrechtlichen Unterhaltsansprüchen nach den materiellen Voraussetzungen des alten Rechts (153 a. F.) beurteilt.[166] Ausgeschlossen ist aber die nachträgliche Anpassung altrechtlicher Urteile an die Rechtsentwicklung aufgrund des neuen Rechts. Eine Anpassung ist jedoch möglich, wenn sich die wirtschaftlichen Verhältnisse der Ehefrau aufgrund der Ansprüche aus der beruflichen Vorsorge (mit denen man 1980, im Zeitpunkt des fraglichen Scheidungsurteils, nicht rechnete) erheblich und dauerhaft verbessert haben (BGer 5A_549/2011 E. 3.2 ff.).

V.   Die Scheidungsfolgen für die Kinder

Die Ehescheidung betrifft in hohem Masse die Kinder der Ehegatten. Rein dogma-   89
tisch trifft die Scheidung ihrer Eltern die Kinder nur in persönlicher, nicht auch in wirtschaftlicher Hinsicht. Faktisch aber hat die Scheidung der Eltern auch Auswirkungen auf den Unterhalt der Kinder. Das zeigt sich besonders deutlich in der Tatsache, dass gemäss Rechtsprechung des BGer der Unterhaltsschuldner sogar dann in seinem

---

163   S. auch BGer 5P.138/2004 E. 5.3; Urteil des Appellationsgerichts FR vom 9. März 2004, in Fam-Pra.ch 5 (2004), 698; Hegnauer, BeKomm, Art. 291 N 7–35; Hausheer/Reusser/Geiser, BeKomm, Art. 177 N 5–28; s. auch Sutter/Freiburghaus, Art. 132 N 5 ff.

164   Botsch. Ehescheidung, 123.

165   Spühler a.a.O. 95.

166   Sutter/Freiburghaus, Art. 7a SchlT N 8 ff.; Epiney-Colombo, La modification des prestations d'entretien selon l'ancien droit du divorce, in FamPra.ch 2 (2001), 631 ff.

Existenzminimum geschützt ist, wenn Kinderalimente zuzusprechen sind (123 III 4 ff.
E. 3b und 132 III 210 E. 2.3 betreffend den Mündigenunterhalt; 133 III 59 f. E. 3; 135 III
67 ff. E. 2 ff.). Davon war im Zusammenhang mit dem nachehelichen Unterhalt unter
den Eheleuten die Rede (s. vorn N 60); hier geht es um die neue Ausgestaltung des
Verhältnisses zwischen Eltern und Kind. Das Gesetz enthält einerseits materielle und
andererseits besondere verfahrensrechtliche Bestimmungen, die einem der Leitmo-
tive der Scheidungsrechtsreform,[167] nämlich der bestmöglichen Wahrung der Kindesinteressen, dienen. Nachstehend geht es zunächst unter dem Titel «Elternrechte und
Elternpflichten» um die materiellen kindesrechtlichen Anordnungen im Scheidungsverfahren (N 90 ff.). Dazu gehört auch der Unterhalt für die Kinder, obwohl das Gesetz
an dieser Stelle nicht davon spricht. Die in Übereinstimmung mit dem Gesetz ebenfalls hier erläuterte Norm über die «Veränderung der Verhältnisse» (N 102 ff.) enthält
vorwiegend Verfahrensregeln. Im Übrigen werden die wichtigen neuen Verfahrensbestimmungen, welche die Kinder betreffen, im nächsten Paragrafen (§ 25 N 39 ff.)
behandelt.

a. Die Elternrechte und Elternpflichten

90   Der einschlägige Art. 133 wurde mit BG vom 21. Juni 2013 über die Änderung des ZGB
      (Elterliche Sorge), i. K. seit 1. Juli 2014, geändert. Bei der Scheidung sind in der Verein-
      barung oder im Urteil *vier Bereiche* von Kinderbelangen zu regeln: die elterliche Sorge
      (hierzu § 43), die Obhut (hierzu § 43), der Anspruch auf persönlichen Verkehr (hierzu
      § 41) und der Kindesunterhalt (hierzu hinten N 96 ff. sowie § 42). *Hinzu kommen* allen-
      falls vom Gericht angeordnete *Kindesschutzmassnahmen* (hierzu hinten § 44).

1. Elterliche Sorge

91   Was die elterliche Sorge[168] anbelangt, erfolgte mit der Gesetzesnovelle vom Juni 2013
      ein eigentlicher Paradigmenwechsel: Ausgangspunkt ist Art. 296 Abs. 2 ZGB, wonach
      Kinder, solange sie minderjährig sind, unter der gemeinsamen elterlichen Sorge von
      Vater und Mutter stehen. Daran schliesst Art. 298 Abs. 1 an: Im Scheidungsverfah-
      ren wird nur dann einem Elternteil die alleinige elterliche Sorge zugeteilt, wenn dies
      zur Wahrung des Kindeswohls nötig ist. Die gemeinsame elterliche Sorge wird somit
      durch die Scheidung nicht beeinflusst, sondern bleibt unangetastet: das ist die Regel.
      Die Begründungslast trägt jener Elternteil, der sich gegen die gemeinsame elterliche
      Sorge wendet.[169] Die Zuteilung der alleinigen elterlichen Sorge wird zur Ausnahme.

---

167   Botsch. Ehescheidung, 2.
168   Zum Ganzen LINUS CANTIENI, Gemeinsame elterliche Sorge nach Scheidung, Eine empiri-
      sche Untersuchung (Diss. Zürich, Bern 2007), Schriftenreihe zum Familienrecht FamPra.ch 7,
      und BÜCHLER/CANTIENI/SIMONI, Die Regelung der elterlichen Sorge nach Scheidung – ein
      Vorschlag, in FamPra.ch 8 (2007), 207 ff.
169   Botsch. Elterliche Sorge, 9102.

a. Die gemeinsame elterliche Sorge nach der Scheidung als Regel

Da der Verbleib der gemeinsamen elterlichen Sorge die Regel und an keine besonderen   92
Voraussetzungen geknüpft ist (anders gem. 133³ aZGB, wo ein gemeinsamer Antrag
mit gemeinsamer Vereinbarung erforderlich war), muss sich das Scheidungsgericht
aufgrund der Untersuchungsmaxime (277³ ZPO) einzig darüber vergewissern, dass
die Voraussetzungen für die gemeinsame Sorge (weiterhin) vorliegen. Gegebenenfalls enthält das Scheidungsurteil keinen Zuteilungsentscheid über die elterliche Sorge.
Dagegen hat es die *Obhut* und die *Betreuungsanteile* zu regeln (133¹ Ziff. 2 und 3; dazu
hinten § 43 N 9), wenn sich die Eltern dazu nicht einigen. Die rechtliche Obhut, also
die Befugnis, den Aufenthaltsort des Kindes zu bestimmen, ist Teilgehalt der (gemeinsamen) elterlichen Sorge (301a¹; dazu hinten § 43 N 25). Im vorliegenden Zusammenhang geht es also um die faktische Obhut, um den tatsächlichen Aufenthalt des Kindes. Indem das Gesetz von «Anteilen» an der Betreuung spricht, wird unterstellt, dass
grundsätzlich beide Eltern an der Betreuung des Kindes beteiligt sein müssen.[170].

Nach der *Gesetzesnovelle zum Kindesunterhalt* vom 20. März 2015 sollen in Art. 298   93
zwei neue Absätze eingefügt werden: Abs. 2bis und Abs. 2ter. Danach hat das Gericht
bei seinem Entscheid über die Obhut, den persönlichen Verkehr oder die Betreuungsanteile das Recht des Kindes zu berücksichtigen, *regelmässige persönliche Beziehungen zu beiden Elternteilen* zu pflegen (298bis). Bei gemeinsamer elterlicher Sorge prüft
es im Sinne des Kindeswohls die Möglichkeit einer *alternierenden Obhut,* wenn ein
Elternteil oder das Kind diese verlangt (298ter). Diese Neuerungen sind in den parlamentarischen Beratungen dazu gekommen, und zwar auf Vorschlag der ständerätlichen Kommission.[171] Das Ziel ist, den Einbezug beider Elternteile in die Betreuung
der gemeinsamen Kinder sowie das Model der alternierenden Obhut zu fördern.[172] BR
Sommaruga hat allerdings zu Recht darauf hingewiesen, beim Recht des Kindes auf
regelmässige persönliche Beziehungen zu beiden Eltern handle es sich um eine Selbstverständlichkeit, die das Gericht im Interesse des Kindes ohnehin zu berücksichtigen habe. Ausserdem führe diese Bestimmung nicht etwa eine Pflicht des Gerichts
ein, gleiche Betreuungsanteile oder die alternierende Obhut anzuordnen. Vielmehr
habe das Gericht unter Geltung der Offizialmaxime jenes Betreuungsmodell anzuordnen, das dem Kindeswohl am besten entspreche.[173] Die beiden Bestimmungen bringen mithin keine Neuerung, sondern nur, aber immerhin, eine Bestätigung dessen,
was ohnehin gelten würde.

b. Die alleinige elterliche Sorge nach der Scheidung als Ausnahme

Die Anordnung der alleinigen elterlichen Sorge erfordert, dass die alleinige elterli-   94
che Sorge zur Wahrung des Kindeswohls nötig ist. Die Botschaft spricht nicht von der
Zuteilung der alleinigen elterlichen Sorge, sondern vom *Entzug* der elterlichen Sorge

---

170   Botsch. Ehescheidung, 130.
171   Amtl. Bull. 2014 StR, 1125.
172   Votum Ständerat Engler, Kommissionssprecher, Amtl. Bull. 2014 StR, 1125.
173   Amtl. Bull. 2014 StR, 1125.

zur Wahrung der Interessen des Kindes und fügt bei, der vom Gericht zu beachtende Massstab für das Abweichen von der gemeinsamen elterlichen Sorge entspreche jenem in Art. 298b Abs. 2.[174] Nach dieser Bestimmung teilt die Kindesschutzbehörde die gemeinsame elterliche Sorge zu, wenn nicht zur Wahrung des Kindeswohls eine alleinige elterliche Sorge erforderlich ist. Die Botschaft stellt zu Art. 298b klar, dass «einem Elternteil die gemeinsame elterliche Sorge nur dann vorenthalten werden... (darf), wenn die Kindesschutzbehörde Anlass hätte, sie ihm andernfalls gleich wieder zu entziehen. Der Massstab, den die Kindesschutzbehörde ihrem Entscheid zugrunde legen muss, deckt sich damit neu mit jenem von Art. 311 ZGB.»[175] BR SOMMARUGA erklärte in den Beratungen, als Voraussetzung für die Anordnung der alleinigen elterlichen Sorge verweise die Botschaft auf Art. 311 ZGB. Dies erlaube es den Gerichten, häusliche Gewalt sowie schwere und wiederholte Misshandlungen oder ernsthafte und wiederholte Gewaltandrohungen zu berücksichtigen. Das alleinige Sorgerecht könne aber auch in weiteren, in Art. 311 ZGB nicht ausdrücklich genannten Situationen, angeordnet werden. Art. 298[1] ZGB sei als offene Generalklausel ausgestaltet worden und lasse deshalb Raum für weitere Fälle. Das Gericht könne und müsse allfällige Besonderheiten des Einzelfalles berücksichtigen.[176] In der weiteren Beratung fügt sie hinzu, besonders schwerwiegende Elternkonflikte könnten womöglich ebenfalls die Qualität eines Entzugsgrundes erfüllen. Dies könne etwa der Fall sein, wenn ein Elternteil den anderen auf schikanöse Art und Weise mit Klagen überziehe, die das Kind betreffen, so dass sich der Konflikt auf das Kind auswirke. Aufgrund der Materialien muss somit grundsätzlich ein Entzugsgrund i. S. v. Art. 311 vorliegen.[177] Solche Entzugsgründe sind die Unerfahrenheit, Krankheit, Gebrechen, Abwesenheit, Gewalttätigkeit oder ähnliche Gründe (311[1] Ziff. 1) oder das Nicht-ernstliche-Kümmern oder die grobe Pflichtverletzung gegenüber dem Kind (311[1] Ziff. 2). Als ähnliche Gründe, die auch die Generalklausel in Art. 298[1] erfüllen («zur Wahrung des Kindeswohls nötig»), kommen allenfalls auch schwere Dauerkonflikte in Frage, deren schädliche Auswirkungen auf das Kind nicht anders als durch Zuteilung der alleinigen elterlichen Sorge behoben werden können.[178] Die Regelung der Betreuung und des persönlichen Verkehrs durch das Gericht kann nämlich durchaus die Situation für das Kind tragbar machen. Es ist insbesondere zu vermeiden, jeden Dauerkonflikt mit dem Entzug der elterlichen Sorge zu quittieren. Im Zentrum stehen Gründe im Schweregrad von Entzugsgründen i. S. v.

---

174   Botsch. Elterliche Sorge, 9102.

175   Botsch. Elterliche Sorge, 9102. So auch der Kommissionsprecher VON GRAFFENRIED in Amtl. Bull. 2012 NR, 1625.

176   BR SOMMARUGA, Amtl. Bull. 2012 NR, 1638.

177   BR SOMMARUGA, Amtl. Bull. 2012 NR, 1638 und 1646; Botsch. Elterliche Sorge, 9103, 9105.

178   Ebenso zurückhaltend BÜCHLER/MARANTA, Das neue Recht der elterlichen Sorge unter besonderer Berücksichtigung der Aufgaben der Kindes- und Erwachsenenschutzbehörden, Jusletter 11. August 2014, N 39. Weiter gehen: HAUSHEER/GEISER/AEBI-MÜLLER, Familienrecht, Nr. 10.137, 17.88; SCHWENZER/COTTIER, BaKomm, Art. 298 N 13 f. Nach FELDER/HAUSHEER/AEBI-MÜLLER/DESCH, Gemeinsame elterliche Sorge und Kindeswohl, in ZBJV 150 (2014), 892 ff., 901 ff. kann und muss die elterliche Sorge sogar immer einem Elternteil allein zugewiesen werden, wenn dadurch das Kindeswohl gewahrt werden kann.

Art. 311. Andernfalls hat es jener Elternteil, der sich mehr Chancen auf die alleinige elterliche Sorge ausrechnen darf, in der Hand, durch die Provokation eines Dauerkonflikts den anderen Elternteil von der elterlichen Sorge «auszuschliessen».

Der Unterschied zwischen dem Entzug und der Zuteilung liegt im Blickwinkel: Beim Entzug ist zu entscheiden, bei welchem Elternteil *ein Grund nach Art. 311* vorliegt, während bei der alleinigen Zuteilung zu entscheiden ist, wer von beiden Elternteilen *besser geeignet* ist, die (alleinige) elterliche Sorge auszuüben. Dabei kann mit einer gewissen Zurückhaltung (aufgrund der Umkehr des Regel-Ausnahme-Verhältnisses) die Rechtsprechung zum alten Recht herangezogen werden: Massgebend ist die grössere Bereitschaft eines Elternteils, die Kinder auf Dauer in eigener Obhut zu haben und sie selber zu betreuen und zu pflegen (114 II 200; BGer 5C.11/2006 E. 4); bei gleicher Möglichkeit, die Kinder zu betreuen, ist der Stabilität der Verhältnisse und – je nach Alter der Kinder – deren eindeutigem Wunsch Rechnung zu tragen (115 II 209; 122 III 401; BGer 5C.77/2005).[179]   95

Wo das Gericht die elterliche Sorge *einem* Elternteil zuteilt, regelt es auch nach den Bestimmungen über die Wirkungen des Kindesverhältnisses den Anspruch auf persönlichen Verkehr des nicht sorgeberechtigten Elternteils (133[1] Ziff. 3).   96

Auch für die *Regelung des persönlichen Verkehrs* sind gemäss Art. 133 Abs. 2 alle für das Kindeswohl wichtigen Umstände massgebend.[180] Während so für die Berücksichtigung der materiellen Kriterien bei diesen richterlichen Entscheidungen weitgehend auf das bisherige Recht verwiesen werden kann, steht nun darüber hinaus ausdrücklich im Gesetz, dass (für die Zuteilung der Obhut, der Betreuungsanteile sowie des persönlichen Verkehrs) auf einen *gemeinsamen Antrag der Eltern* und, soweit tunlich, auf die *Meinung des Kindes* Rücksicht zu nehmen ist (133[2] i. f.). Die Berücksichtigung der Wünsche der Kinder bei der Gestaltung der Elternrechte liegt auf der Linie der neueren bundesgerichtlichen Praxis zum alten Scheidungsrecht (vor dem 1. Januar 2000) (122 III 401 ff.; 126 III 219 ff.).   97

2. Unterhalt

Während ein Entscheid über Obhut und Betreuungsanteile (133[1] Ziff. 2 und 3) nur bei Zuteilung der gemeinsamen elterlichen Sorge und ein Entscheid über den persönlichen Verkehr (133[1] Ziff. 3) nur bei Zuteilung der alleinigen elterlichen Sorge erforder-   98

---

179   Siehe immerhin auch BGE 114 II 203, wonach (im damaligen Zeitpunkt) in der Regel eben die Mütter eher bereit seien, ihre berufliche Entfaltung zu Gunsten der Kinder einzuschränken. Vgl. auch BGer 5C.238/2005 mit einer Zusammenfassung der bundesgerichtlichen Grundsätze. In BGer 5A_171/2007 E. 2.3 wurde das Urteil der Vorinstanz aufgehoben, weil diese keine Anhörung des Kindes durchgeführt hatte. Die Vorinstanz berief sich einzig auf eine 16 Monate vor dem Entscheid erfolgte Äusserung des Kindes, unterliess es jedoch, das Kind anzuhören, obwohl dieses seinen Beistand gebeten hatte, gegen die Sorgerechtszuteilung an die Mutter zu rekurrieren. Siehe auch BGer 5A_308/2007, wo das Bundesgericht die Sache an die Vorinstanz zurückwies, weil diese die Anhörung der 12- und 14-jährigen Kinder betreffend die umstrittene Besuchsrechtsregelung unterlassen hatte.

180   Siehe zu den Neuerungen im Recht des persönlichen Verkehrs hinten § 41 N 31 ff.

lich ist, muss der *Unterhalt* (133¹ Ziff. 4) in beiden Fällen geregelt werden, sei es durch das Gericht, sei es durch eine Vereinbarung. Die Festsetzung des Kindesunterhalts folgt dabei den Bestimmungen im Kindesrecht (276 f.), während sich der nacheheliche Unterhalt der Ehegattin nach Art. 125 ff. richtet. Die beiden Unterhaltsansprüche sind zu unterscheiden und daher getrennt festzulegen. Die Einzelheiten zur Festlegung der Unterhaltsbeiträge für das Kind werden in § 42 behandelt. An dieser Stelle wird einzig auf drei Besonderheiten im Zusammenhang mit einer Scheidung der Eltern aufmerksam gemacht:

99   1. Der Unterhaltsbeitrag im Sinn von Art. 277 Abs. 2 kann *über die Volljährigkeit hinaus* festgelegt werden (133³).¹⁸¹

100   2. Bei seiner Bemessung wird auch der *Beitrag* berücksichtigt, den der *nicht obhutsberechtigte Elternteil an der Betreuung des Kindes* übernimmt (285¹; zur Berücksichtigung der Betreuungskosten gemäss der Gesetzesnovelle vom 20. März 2015 s. § 42 N 29 f.). Umgekehrt ist zu berücksichtigen, dass der obhutsberechtigte Elternteil in der Regel bereits eine bedeutende Naturalleistung in Form von Erziehung sowie Zur-Verfügung-Stellen der Wohnung erbringt. Daher kann dem wirtschaftlich leistungsfähigeren Elternteil unter Umständen zugemutet werden, für den gesamten Barbedarf des Kindes aufzukommen (120 II 290 E. 3a/bb; BGer 5C.278/2000 E. 4d; BGer 5C.49/2006 E. 2.1).

101   3. Schliesslich kann der Unterhaltsbeitrag, wie jener für den Ehegatten (128), zum Vornherein der Teuerung angepasst werden (286¹) (zur Ausgestaltung der Indexklausel s. 126 III 357 E. 1b und dessen Präzisierung in 127 III 294).

b. Veränderung der Verhältnisse

102   Der Art. 134 über die «Veränderung der Verhältnisse» besteht, entgegen den Gepflogenheiten bei der Redaktion des ZGB, aus vier Absätzen. Er enthält, abgesehen vom auslegungsbedürftigen Ausdruck «wesentliche Veränderung der Verhältnisse» im ersten und von der Verweisung auf das Kindesrecht im zweiten Absatz, keine materiellrechtlichen Aussagen, sondern Bestimmungen über die sachliche Zuständigkeit. Diese wird im Hinblick auf *Abänderungen des Scheidungsurteils* geregelt.¹⁸² In Frage stehen Änderungen *für drei Bereiche*: für die Zuteilung der elterlichen Sorge, den Anspruch auf persönlichen Verkehr und den Unterhaltsbeitrag. Nicht hier geregelt ist die Änderung oder Aufhebung durch das Gericht angeordneter Kindesschutzmassnahmen; hierzu s. Art. 315b (hinten § 44 N 48).

103   *1. Voraussetzung einer Abänderung der Zuteilung der elterlichen Sorge* ist eine wesentliche Veränderung der Verhältnisse, aufgrund welcher zum Wohl des Kindes eine Neuregelung geboten ist (134¹). Das Gesetz nimmt damit in den Tatbestand bereits die Berücksichtigung der Rechtsfolge auf. Massgebend sind die Umstände des Ein-

---

181   BG vom 7. Oktober 1994, in Kraft seit 1. Januar 1996.
182   Hier wie etwa auch bei Art. 129 geht es selbstverständlich auch um die Abänderung der im Sinn von Art. 140 Abs. 1 ins Urteilsdispositiv aufgenommenen Vereinbarung.

zelfalls.[183] Für die Voraussetzungen für eine Änderung des Unterhaltsbeitrags oder des Anspruchs auf den persönlichen Verkehr verweist das Gesetz auf die Bestimmungen über die Wirkungen des Kindesverhältnisses (134^2; s. vor allem 286^2 und 274). Das *Begehren* um Neuzuteilung der elterlichen Sorge kann von einem Elternteil (bzw. von beiden Elternteilen), vom (urteilsfähigen) Kind oder von der Kindesschutzbehörde gestellt werden (134^1). Das Gesetz spricht sich in Art. 134 nicht formell darüber aus, wer das *Begehren auf Neuregelung des persönlichen Verkehrs und des Unterhaltsbeitrags* stellen kann. Hier gilt neben dem, was sich mittelbar aus Art. 134 ergibt, alles, was gemeinhin für diese Bereiche vorgesehen ist (hierzu hinten § 41 N 31 ff., 52 und § 42 N 35 ff.).

2. Sachliche Zuständigkeit. Die sachliche Zuständigkeit zur Änderung des Scheidungs-   104
urteils mit Bezug auf die Kinderbelange ist zwischen dem Gericht (134) und der Kindesschutzbehörde (315) aufgeteilt: Bei Einigkeit der Eltern ist für die *Neuzuteilung der elterlichen Sorge, der Obhut und die Genehmigung eines Unterhaltsvertrages* die Kindesschutzbehörde zuständig (134^3). In den übrigen Fällen (also bei Uneinigkeit der Eltern in diesen Punkten) entscheidet das für die Abänderung des Scheidungsurteils zuständige Gericht. (134^3 i. f.). Das Gericht ist aufgrund der Kompetenzattraktion in diesen Fällen auch zuständig zur *Regelung des persönlichen Verkehrs oder der Betreuungsanteile* (134^4). In den anderen Fällen, d.h. wenn persönlicher Verkehr oder Betreuungsanteile nicht im Zusammenhang mit gerichtlich zu beurteilenden Kindesbelangen neu zu regeln sind, ist die Kindesschutzbehörde zuständig (134^4 i. f.).

c. Das Übergangsrecht

Für die Belange der Kinder hat *Art. 7a Abs. 3 SchlT* eine grosse Bedeutung. Danach gilt: 105
Die Abänderung des (unter bisherigem Recht rechtskräftig gewordenen, s. 7^2 SchlT) Scheidungsurteils erfolgt nach den Vorschriften des bisherigen Rechts, *unter Vorbehalt der Bestimmungen über die Kinder* und das Verfahren. Mit der Gesetzesnovelle von 2013 über die gemeinsame elterliche Sorge sind Art. 12 Abs. 4 und 5 SchlT eingefügt worden: Danach kann sich der Elternteil ohne elterliche Sorge binnen Jahresfrist nach Inkrafttreten dieser Änderung (1. Juli 2014) mit dem Antrag auf Verfügung der gemeinsamen elterlichen Sorge an die Kindesschutzbehörde wenden (Abs. 4). Diese Bestimmung bezieht sich auf die nicht verheirateten Eltern, deren elterliche Sorge nach 298b geregelt wurde. Für Eltern, denen die elterliche Sorge bei der Scheidung «entzogen» wurde, gilt Abs. 5: Danach kann die gemeinsame elterliche Sorge auf einseitigen Antrag nur dann zugesprochen werden, wenn die Scheidung im Zeipunkt des Inkrafttretens der Änderung weniger als fünf Jahre zurückliegt (also nicht vor dem 1. Juli 2009 liegt).

---

183   So mit Beispielen die Botsch. Ehescheidung, 132.

§ 25 Das Scheidungsverfahren

1 Mit der Justizreform vom 8. Oktober 1999, angenommen in der Volksabstimmung vom 12. März 2000, wurde namentlich ein neuer Art. 122 Abs. 1 BV geschaffen, wonach die Gesetzgebung nicht mehr nur auf dem Gebiet des Zivilrechts, sondern auch des Zivilprozessrechts Sache des Bundes ist. Die Bestimmung ist seit dem 1. Januar 2007 in Kraft.[1] In Voraussicht dieser Entwicklung setzte das EJPD bereits im April 1999 eine Expertenkommission zur Ausarbeitung eines Vorentwurfs für eine Schweizerische Zivilprozessordnung ein. Diese Expertenkommission, unter dem Präsidium von Prof. Thomas SUTTER-SOMM, Basel, legte im Jahr 2002 einen Vorentwurf mit Begleitbericht vor. Nach dem positiv verlaufenen Vernehmlassungsverfahren legte das EJPD Botschaft und Entwurf vor, welche der Bundesrat am 28. Juni 2006 verabschiedete.[2] Die Räte haben die ZPO in der Schlussabstimmung vom 19. Dezember 2008 angenommen.[3] Sie ist am 1. Januar 2011 in Kraft getreten. Damit sind die Verfahrensbestimmungen im ZGB, namentlich auch die Art. 135–149 ZGB, sowie das Gerichtsstandsgesetz vom 24. März 2000 aufgehoben und in die ZPO integriert worden.[4]

I. Zuständigkeit und Rechtshängigkeit

a. Die Zuständigkeit

2 1. Die *örtliche Zuständigkeit* wird durch die neue ZPO abschliessend geregelt. Das Gerichtsstandsgesetz wurde aufgehoben, materiell hat sich aber nichts geändert: Art. 23 Abs. 1 ZPO schreibt als zwingenden Wahlgerichtsstand den Wohnsitz einer Partei vor. Dieser Gerichtsstand gilt mithin für Verfahren der Ungültigerklärung, Scheidung, Trennung der Ehe, aber auch für Eheschutzbegehren und (so 23[1] ZPO explizit) für die Anordnung vorsorglicher Massnahmen. Er ist auch massgebend für Begehren auf Anweisung an Drittschuldner und auf Sicherstellung von Unterhaltsbeiträgen.[5] Die örtliche Zuständigkeit richtet sich aber nach Art. 315 ZGB, wenn im Scheidungsverfahren sachlich die Kinderschutzbehörde zuständig ist (134 Abs. 3 und 4 ZGB). Ferner gilt für den selbständigen Unterhaltsprozess (minderjähriger und volljähriger[6]) Kinder gegen ihre Eltern der zwingende Wahlgerichtsstand am Wohnsitz einer Partei, also eines eingeklagten Elternteils oder des klagenden Kindes (26 ZPO). Unter

---

1 BB über die Reform der Justiz vom 8. Oktober 1999 (BBl 1999, 8633), angenommen in der Volksabstimmung vom 12. März 2000 (BBl 2000, 2990), in Kraft seit dem 1. Januar 2007; AS 2006, 1059.

2 Botschaft und Entwurf zur Schweizerischen Zivilprozessordnung vom 28. Juni 2006, BBl 2006, 7221 ff., 7413 ff. Der Entwurf ZPO wurde im Ständerat am 14./21. Juni 2007 und im Nationalrat am 29. Mai und 12. Juni 2008 behandelt (vgl. Amtl. Bull. 2007 StR, 634 und Amtl. Bull. 2008 NR, 632 und 943).

3 AS 2010, 1739

4 Anhang I und II ZPO.

5 FREIBURGHAUS, HandKomm, Art. 135 N 1.

6 FREIBURGHAUS, HandKomm, Art. 135 N 4; SUTTER-SOMM/LÖTSCHER, Komm ZPO, Art. 26 N 8.

diese Bestimmung fallen auch die Neufestsetzung und die Abänderung eines im Scheidungsurteil festgelegten Unterhalts.[7]

Haben die Parteien *unterschiedliche Wohnsitze* und machen beide eine Klage anhängig, so ist nach Art. 64 Abs. 1 lit. a ZPO das zuerst angerufene Gericht zuständig (forum praeventionis). Deshalb kann der Wahlgerichtsstand zu einem «forum running», zu einem «Wettlauf zwischen den Parteien um das für jede günstigste forum» führen.[8]   3

2. Die *sachliche Zuständigkeit* richtet sich nach kantonalem Recht (4[1] ZPO; zur Abgrenzung der sachlichen Zuständigkeit zwischen Scheidungs- und Vorsorgegericht: 136 V 225).   4

b. Die Rechtshängigkeit

Die *ZPO* regelt in *Art. 62* explizit in einer abschliessenden und zwingenden bundesrechtlichen Vorschrift die Rechtshängigkeit (frz. litispendance): «Die Einreichung eines Schlichtungsgesuches, einer Klage, eines Gesuches oder eines gemeinsamen Scheidungsbegehrens begründet Rechtshängigkeit.» Die Rechtshängigkeit ist denn auch im Scheidungsrecht über die generellen prozessrechtlichen Wirkungen des Instituts hinaus[9] von besonderer Bedeutung. So kann bei deren Eintritt jeder Ehegatte für die Dauer des Verfahrens den gemeinsamen Haushalt aufheben (275 ZPO). Ferner geht mit der Rechtshängigkeit die Zuständigkeit für vorsorgliche Massnahmen vom vorher gegebenenfalls mit Eheschutzmassnahmen (172 ff.) befassten Eheschutzgericht auf das Scheidungsgericht über.[10] Schliesslich wird für den Bestand der Vermögenswerte bei Errungenschaftsbeteiligung und Gütergemeinschaft die Auflösung des Güterstandes auf die Rechtshängigkeit zurückbezogen (204[2] und 236[2]).[11]   5

Das Scheidungsverfahren wird durch Einreichung des gemeinsamen Scheidungsbegehrens oder einer Scheidungsklage eingeleitet (274 ZPO) und damit rechtshängig gemacht (62[1] ZPO). Ein vorangehendes Schlichtungsverfahren (früher Sühneverfahren) ist ausgeschlossen (198 lit. c ZPO).[12] Das gilt auch beim Wechsel zur Scheidung auf Klage gemäss Art. 288[3] ZPO (139 III 482; s. vorn § 23 N 20 f.).   6

---

7   Freiburghaus, HandKomm, Art. 135 N 4; Sutter-Somm/Lötscher, Komm ZPO, Art. 26 N 7.

8   Sutter-Somm/Hedinger, Komm ZPO, Art. 64 N 9. Nach Spühler a.a.O. 23 öffnet der neue Gerichtsstand «dem forum running Tür und Tor». Siehe auch Marianne Hristic, Zwingende und teilzwingende Gerichtsstände des Gerichtsstandgesetzes (Diss. Zürich 2002), 32 f.

9   Hierzu ausführlich Botsch. a.a.O. 135 Mitte.

10   Für den Fall, dass bereits Eheschutzmassnahmen angeordnet worden sind, s. Hausheer/Reusser/Geiser, BeKomm, Art. 176 N 14 mit Verweisungen.

11   Das Gesetz spricht vom «Tag …, an dem das Begehren eingereicht worden ist». Damit war bis anhin der Tag gemeint, da das Begehren nach kantonalem Prozessrecht formell rechtshängig ist (Hausheer/Reusser/Geiser, BeKomm, Art. 204 N 25 und Art. 236 N 21). Nun ist dies für die Scheidung, Ehetrennung (172) und Ungültigerklärung (110) der Tag der bundesrechtlichen Rechtshängigkeit gemäss aArt. 136 Abs. 2.

12   So Botsch. a.a.O. 136 und Sutter-Somm, Neuerungen im Scheidungsverfahren, in Heinz Hausheer (Hrsg.), Vom alten zum neuen Scheidungsrecht (Bern 1999), ASR 625, Nr. 5.13; Sut-

II.   Die vorsorglichen Massnahmen

a. Die Voraussetzungen und der Inhalt der Anordnung

7   Den *vorsorglichen Massnahmen während des Scheidungsverfahrens* ist *Art. 276 ZPO*
gewidmet. Mit Eintritt der Rechtshängigkeit wird das Scheidungsgericht (Massnahmegericht) zuständig. Es regelt das Getrenntleben der Eheleute während des Scheidungsverfahrens, darf aber Fragen des Scheidungsverfahrens, insbesondere diejenige
nach der Lebensprägung der Ehe, nicht vorwegnehmen (BGer 5A_679/2011 E. 4.4.1).
Nach Art. 276² ZPO bleiben die Eheschutzmassnahmen auch während des Scheidungsverfahrens in Kraft, solange sie vom Massnahmegericht nicht abgeändert werden (das gilt auch für Scheidungsverfahren, die im Ausland eingeleitet wurden; BGer
5A_461/2010 E. 3). Besteht kein Zuständigkeitskonflikt (zwischen dem Eheschutz- und
dem Massnahmegericht), kann das Eheschutzgericht sogar erst dann über Eheschutzmassnahmen entscheiden, nachdem die Scheidung rechtshängig gemacht wurde (138
III 648 f. E. 3).[13] Das Scheidungsgericht kann vorsorgliche Massnahmen auch dann
(noch) anordnen, wenn die Ehe aufgelöst ist, das Verfahren über die Scheidungsfolgen
aber andauert (276³ ZPO).

8   Das Gericht trifft die nötigen vorsorglichen Massnahmen. Dazu gehört namentlich die
Zuteilung der Wohnung (Zuteilung nach Zweckmässigkeit und nicht nach Rechtsträgerschaft: 120 II 1, BGer 5P.336/2004; zur Anwendung von Art. 169 s. 114 II 396; 136
III 257 E. 2.1), die Festsetzung des Unterhalts[14] der Familie bzw. der Ehegattin (nötig
ist diese Massnahme nur, sofern die Ehegattin für die Bestreitung ihres Lebensunterhalts darauf angewiesen ist: 118 II 227 E. 2c/bb; 138 III 100 E. 2.3.1[15]), die Klärung der

---

TER/FREIBURGHAUS, Art. 136 N 14; FREIBURGHAUS, HandKomm, Art. 136 N 3; MEYER, Fam-
Komm, Anh. ZPO 274 N 3; SUTTER-SOMM/VONTOBEL, Komm ZPO, Art. 274 N 11; DOLGE,
ZPOKomm, Art. 274 N 8.

13   Kritische Bemerkungen dazu DUSS, in FamPra.ch 14 (2013), 198 ff.,

14   S. hierzu die umfangreiche bundesgerichtliche Rechtsprechung: BGE 114 II 13 ff. und 393 ff.;
115 II 201 ff. und 424 ff.; 117 II 16 ff.; 118 II 225 ff. und 376 ff.; 119 II 314 ff.; 129 III 417 ff. Weitere neuere Urteile siehe GIAN BRÄNDLI/GISELA KILDE, Neues aus der Rechtsprechung im
Ehe- und Kindesrecht, in Alexandra Rumo-Jungo/Pascal Pichonnaz (Hrsg.), Scheidungsrecht,
aktuelle Probleme und Reformbedarf, Symposium zum Familienrecht 2007, Universität Freiburg (Zürich/Basel/Genf 2008), 161 ff., 167 ff. Siehe zu den Eheschutzmassnahmen § 29 N 4 ff.;
zum nachehelichen Unterhalt im Scheidungsrecht § 24 N 41 ff.; zur Streitfrage der Mankoteilung § 24 N 60 Anm. 113.

15   Bemerkungen zum Entscheid von FANKHAUSER, Bundesgericht, II. Zivilabteilung, 18.1.2012,
X. c. Y., Zivilrechtliche Berufung (BGE 138 III 97, BGer 5A_662/2011), in AJP 21 (2012), 1004 ff.
S. auch Urteil Kantonsgericht SG vom 18. Februar 2004, in FamPra.ch 5 (2004), 963. Zur
Bemessung nach Massgabe der Kriterien in Art. 125: BGer 5P.499/2006; zur Anrechnung eines
hypothetischen Einkommens: BGer 5D_60/2007; Zumutbarkeit eines jährlichen Vermögens-
verzehrs von 10% zur Deckung einer Mangellage während des Scheidungsverfahrens bejaht:
BGer 5P.472/2006; zum Verteilschlüssel beim Vorliegen eines Überschusses: BGE 126 III 9 f.
E. 3c; BGer 5P.313/2004 E. 3.1.2; 5A_345/2007 E. 2.1 f.; keine Vorwegnahme der güterrechtlichen Auseinandersetzung durch die vorsorgliche Festsetzung von Unterhaltsbeiträgen: BGer

güterrechtlichen Verhältnisse (119 II 193 ff.) und die Festlegung der Obhut über die Kinder (111 II 223 f.; BGer 5A_271/2012 E.2.1). Die *Bestimmungen über die Massnahmen zum Schutz der ehelichen Gemeinschaft sind sinngemäss anwendbar;* daher bemisst sich etwa die Höhe des vorsorglichen Unterhalts nach Eherecht (163 f.) und nicht nach Scheidungsrecht (125).[16] Ferner wird namentlich Art. 178 (Beschränkung der Verfügungsbefugnis eines Ehegatten) sinngemäss angewendet (118 II 378; BGer 5A_2/2013 E. 3.2). Generell sind aber die Massnahmen nach Art. 276 ZPO umfassender als die Eheschutzmassnahmen[17] und umschliessen etwa auch die Pflicht zur Leistung eines Kostenvorschusses an den Partner.[18]

Nach Art. 137 Abs. 2 i. f. aZGB konnten *Unterhaltsbeiträge für die Zukunft und für das*   9
Jahr vor Einreichung des Begehrens gefordert werden. Diese Regelung wurde zwar nicht in Art. 276 ZPO übernommen. Die Möglichkeit der rückwirkenden Festsetzung für ein Jahr gilt aber wohl auch unter Art. 276 ZPO. Dies ergibt sich einerseits aus dem Verweis auf das Eheschutzrecht (Art. 176 und 173 Abs. 3 ZGB) und andererseits aus dem praktischen Bedürfnis.[19]

b. Die Zuständigkeit

Während die *sachliche Zuständigkeit* Sache der Kantone ist (4[1] ZPO), ist die *örtliche*   10
Zuständigkeit in Art. 23[1] ZPO geregelt. Somit besteht für die Anordnung vorsorglicher Massnahmen ein Wahlgerichtsstand am Wohnsitz eines Ehegatten.

c. Rechtsmittel

Vorsorgliche Massnahmen nach 276 ZPO sind Endentscheide i. S. v. Art. 90 BGG, weil   11
sie aus prozessualer Sicht ein Verfahren beenden und einen anderen Streitgegenstand aufweisen als das Scheidungsverfahren. Die im vorsorglichen Massnahmeverfahren getroffenen Entscheide können im Scheidungsverfahren nicht überprüft werden. Daher müssen sie selbständig angefochten werden können (134 III 432 E. 2.2; BGer 5A_244/2012 E. 1.1). Dabei kann aber nur die Verletzung verfassungsmässiger Rechte gerügt werden (BGer 5A_244/2012 E. 1.2; 5A_9/2007 E. 2.1).[20]

5P.343/2005. Zur Anordnung der Gütertrennung s. HEGNAUER/BREITSCHMID, Grundriss, Nr. 12.58 und 24.15.

16   SUTTER a.a.O. Nr. 5.27 weist allerdings darauf hin, dass vorsorgliche Unterhaltsbeiträge vom Gericht zu verweigern seien, wenn mit grosser Wahrscheinlichkeit auch im Endurteil kein Unterhaltsbeitrag nach Art. 125 zu erwarten sei. Siehe aber auch BGE 130 III 542 f. E. 3.1; BGer 5P.499/2006; BGer 5P.6/2004, in FamPra.ch 5 (2004), 665, und BGer 5P.21/2006, wo das BGer festhält, dass bei einer sehr geringen Wahrscheinlichkeit der Wiederaufnahme des gemeinsamen Haushalts die Kriterien von 125 zur Bemessung beigezogen werden können.

17   SUTTER/FREIBURGHAUS, Art. 137 N 4; SUTTER-SOMM/VONTOBEL, Komm ZPO, Art. 276 N 9.

18   Hierzu SUTTER-SOMM/VONTOBEL, Komm ZPO, Art. 276 N 21; BÜHLER/SPÜHLER, BeKomm, Art. 145 N 259 ff. und SPÜHLER/FREI-MAURER, BeKomm, Art. 145 N 260 ff.; SUTTER/FREIBURGHAUS, Art. 137 N 40. Siehe auch BGE 91 II 255 f. E. 2.

19   FREIBURGHAUS, HandKomm, Art. 137 N 6, mit Hinweis auf SUTTER-SOMM/VONTOBEL, Komm ZPO, Art. 276 N 32.

20   SUTTER-SOMM/VONTOBEL, Komm ZPO, Art. 276 N 44.

d. Abänderung

12   Vorsorgliche Massnahmen können nur abgeändert werden, wenn sich die Umstände massgebend und dauerhaft geändert haben (276¹ ZPO i. V. m. 179, 129 und 134 ZGB). Dies liegt vor bei einer Veränderung des Einkommens, jedoch nicht bei der Verheiratung und der Geburt von ausserehelichen Zwillingen auf der Seite des Unterhaltsschuldners. Denn das Gericht darf Fragen des Scheidungsverfahrens nicht vorwegnehmen (BGer 5A_679/2011 E. 4.3.1 ff.).

III.   Vorschriften für mehrere Bereiche

13   Nach der Regelung der Rechtshängigkeit (274 i. V. m. 62 ZPO), der Aufhebung des gemeinsamen Haushalts (275 ZPO) und der vorsorglichen Massnahmen (276 ZPO) folgen drei Bestimmungen, die sich auf verschiedene Bereiche beziehen, nämlich die Prozessgrundsätze (277 ZPO), das persönliche Erscheinen (278 ZPO) und die Genehmigung der Vereinbarung (279 ZPO).

a. Die Feststellung des Sachverhalts

14   Zunächst gilt von Bundesrechts wegen der Grundsatz der *freien Beweiswürdigung* (157 ZPO). Sodann regelt Art. 277 die Geltung der Prozessgrundsätze:

1. Verhandlungs- und Dispositionsmaxime

15   Für die güterrechtliche Auseinandersetzung und den nachehelichen Unterhalt gilt die Verhandlungsmaxime (277¹ ZPO).[21] Das Gericht fordert die Parteien gegebenenfalls auf, die für die Beurteilung vermögensrechtlicher Scheidungsfolgen notwendigen, aber fehlenden Urkunden nachzureichen (277² ZPO). Sodann gilt die Dispositionsmaxime (58¹ ZPO). Das Gericht ist mithin an die Anträge der Parteien gebunden und kann nicht mehr zusprechen als die Klägerin verlangt und nicht weniger als der Beklagte anerkennt (129 III 417 E. 2.1.1). Dieser Grundsatz wird dadurch relativiert, dass das Gericht eine Scheidungsvereinbarung auf ihre offensichtliche Unangemessenheit hin überprüfen kann (279¹ ZPO).

---

21   SUTTER-SOMM/GUT, Komm ZPO, Art. 277 N 10 ff.; DOLGE, ZPOKomm, Art. 277 N 4; MEYER, FamKomm, Anh. ZPO 277 N 6 ff. Die Verhandlungsmaxime ist im familienrechtlichen Verfahren im Sinn einer richterlichen Mitverantwortung für die Ermittlung des Sachverhalts gelockert. Das Gericht ist im eherechtlichen Verfahren nicht an vorliegende Zugeständnisse der Parteien gebunden, sondern kann trotzdem amtliche Erkundigungen einholen und Fragen an Parteien und Zeugen stellen. Es ist dem Familienrichter folglich nicht verboten, zur Entlastung einer nicht vertretenen Partei von sich aus die Gegenpartei zur Edition der notwendigen Beweisunterlagen aufzufordern (Art. 277 Abs. 2 ZPO). Appellationsgericht BS, 30. März 2010 (BE 2009.971), BJM 59 (2012), 104 ff.

2. Untersuchungs- und Offizialmaxime

In *Kinderbelangen* erforscht das Gericht den Sachverhalt von Amtes wegen (296[1] ZPO). 16
Es gilt mithin die Untersuchungsmaxime. Diese entbindet die Parteien und ggf. Dritte
nicht von ihrer Mitwirkungspflicht. Sie haben an Untersuchungen mitzuwirken, die
nötig und ohne Gefahr für die Gesundheit sind. Die Bestimmungen über die Verwei-
gerungsrechte der Parteien und von Dritten sind nicht anwendbar (296[2] ZPO). Ferner
gilt in Kinderbelangen die Offizialmaxime, denn das Gericht entscheidet nach 296[3]
ZPO ohne Bindung an die Parteianträge.

Die *Untersuchungsmaxime* gilt auch für die Scheidungsgründe bei Scheidung auf 17
gemeinsames Begehren (gemeinsamer Scheidungswille, Art. 111) sowie bei Scheidung auf Klage (114 f.), die Zuteilung der Wohnung (121) und den Vorsorgeausgleich
(122 ff.). Denn nach Art. 277[3] ZPO stellt das Gericht in allen übrigen Belangen den
Sachverhalt von Amtes wegen fest. Gemeint sind alle Scheidungsthemen abgesehen
von den in Abs. 1 erwähnten güter- und unterhaltsrechtlichen Aspekte.[22] Mit Bezug
auf den Ehegatenunterhalt, das Güterrecht, die Prozesskosten und die Zuteilung der
Wohnung gilt die *Dispositionsmaxime*, d.h. das Gericht beurteilt diese Fragen nur insoweit, als die Parteien entsprechende Anträge stellen.[23] Dagegen gilt mit Bezug auf den
Vorsorgeausgleich die *Offizialmaxime:* Das Gericht hat diese Frage zu klären, selbst
wenn die Parteien dazu keine Anträge stellen (also darauf verzichten wollen). Denn
für den Verzicht auf Vorsorgeausgleich gelten besondere Voraussetzungen (123[1] ZGB;
280[3] ZPO).[24]

Im Zusammenhang mit der Untersuchungsmaxime bleibt zu präzisieren, dass Media- 18
toren und Mediatorinnen ein Zeugnisverweigerungsrecht mit Bezug auf Tatschen
haben, die sie im Rahmen der betreffenden Tätigkeit wahrgenommen haben (166[1]
lit. c ZPO). Ferner dürfen die Aussagen, welche die Parteien während des Mediations-
verfahrens machen, im gerichtlichen Verfahren nicht verwendet werden (216[2] ZPO).

b. Die Genehmigung der Vereinbarung

Die Vereinbarung über die Scheidungsfolgen bedarf der Genehmigung durch das 19
Gericht (1., N 20). Diese Genehmigung unterliegt bestimmten Voraussetzungen (2.,
N 21). Zu prüfen bleibt die Frage, ab wann die diese Vereinbarung für die Parteien ver-
bindlich ist (3., N 22).

1. Art. 279[2] ZPO hält ausdrücklich fest, die *Vereinbarung* sei «*erst rechtsgültig, wenn* 20
das Gericht sie genehmigt hat» (138 III 535 E. 1.3). Sie ist ferner in das Urteilsdispositiv
aufzunehmen. Ihr Inhalt wird damit Bestandteil des Scheidungsurteils und hat Anteil
an dessen Rechtskraft. Das gilt sowohl bei der Scheidung auf gemeinsames Begehren
wie bei der Scheidung auf Klage und betrifft nicht nur die mit Blick auf die konkrete
Scheidung, sondern auch die bereits vor der Heirat in einem Ehevertrag getroffenen

---

22 Sutter-Somm/Gut, Komm ZPO, Art. 277 N 17 ff.; Dolge, ZPOKomm, Art. 277 N 6 ff.;
    Meyer, FamKomm, Anh. ZPO 277 N 14 ff.
23 Dolge, ZPOKomm, Art. 277 N 10 f.
24 Dolge, ZPOKomm, Art. 277 N 12 f.

Vereinbarungen über die Scheidungsfolgen (s. 121 III 395 E. 5b; BGer 5C.114/2003; 5C.270/2004; 5A_40/2011).[25] Auch eine Vereinbarung, die erst vor Bundesgericht zustande kommt, erfordert eine gerichtliche Genehmigung (138 III 535 E. 1.3). Nicht als Vereinbarungen im eigentlichen Sinn gelten die Abmachungen über Kinderbelange; es handelt sich vielmehr um gemeinsame Anträge der Parteien, worüber das Gericht ex officio zu entscheiden hat.[26]

21   2. Der Art. 279[1] ZPO handelt von den *Voraussetzungen der Genehmigung*. In Übereinstimmung mit Art. 111 Abs. 1 ZGB wird zunächst verlangt, das Gericht habe sich davon zu überzeugen, dass die Ehegatten *aus freiem Willen und nach reiflicher Überlegung* die Vereinbarung geschlossen haben (BGer 5A_187/2013 E. 5). Was den Inhalt der Vereinbarung angeht, spricht das Gericht die Genehmigung nur, aber immer dann aus,

---

25   Dass eine Konvention über die Scheidungsnebenfolgen vor der Eheschliessung oder jedenfalls einige Zeit vor den konkreten Scheidungsabsichten getroffen wird, ist zwar nicht gerade üblich, stellt aber insbesondere bei Wiederverheiratungen sowie bei finanziell eher günstigen Verhältnissen offenbar ein Bedürfnis dar (RUMO-JUNGO, Reformbedarf a.a.O. 9). Die Zulässigkeit solcher Scheidungsvereinbarungen «auf Vorrat» ist umstritten. Sie wird *bejaht von einem Grossteil der Lehre:* BREITSCHMID, «Scheidungsplanung?» – Fragen um «Scheidungskonventionen auf Vorrat», in AJP 8 (1999), 1606 ff., 1607 ff.; MAURICE COURVOISIER, Voreheliche und eheliche Scheidungsfolgenvereinbarungen – Zulässigkeit und Gültigkeitsvoraussetzungen. Eine rechtsvergleichende Studie unter Berücksichtigung des US-amerikanischen und schweizerischen Rechts (Diss. Basel 2002), Schriftenreihe für Internationales Recht 99, 212 ff. m. w. H.; PHILIPPE MEIER, Planification du divorce: une illusion? Les conventions anticipées d'entretien en droit suisse, in FS Suzette Sandoz (Genf/Zürich/Basel 2006), 289 ff., 303; RUMO-JUNGO, Reformbedarf a.a.O. 10; SCHWENZER, Grenzen der Vertragsfreiheit in Scheidungskonventionen und Eheverträgen, in FamPra.ch 6 (2005), 1 ff., 6. *Verneint (oder zumindest angezweifelt)* wird sie von HEINZ HAUSHEER, Neuere Entwicklungen zum Persönlichkeitsrecht: Höchstpersönlichkeit der Persönlichkeitsrechte als Schranke des postmortalen Persönlichkeitsschutzes und der Privatautonomie ausserhalb und innerhalb der Familien bis hin zu den Unterhaltsvereinbarungen und zur Wahl des Güterstandes; in Eugen Bucher et al. (Hrsg.), Norm und Wirkung: Beiträge zum Privat- und Wirtschaftsrecht aus heutiger und historischer Perspektive, FS Wolfgang Wiegand (Bern 2005), 341 ff.; THOMAS GEISER, Bedürfen Eheverträge der gerichtlichen Genehmigung? in Thomas Geiser et al. (Hrsg.), Privatrecht im Spannungsfeld zwischen gesellschaftlichem Wandel und ethischer Verantwortung, FS Heinz Hausheer (Bern 2002), 217 ff., 229; HEINZ HAUSHEER/REGINA E. AEBI-MÜLLER, Ehe- und Erbverträge bei Scheidung, in Alexandra Rumo-Jungo/Pascal Pichonnaz (Hrsg.), Kind und Scheidung, Symposium zum Familienrecht 2005, Universität Freiburg (Zürich/Basel/Genf 2006), 181 ff., 187; MARION JAKOB, Die Scheidungskonvention (Diss. St. Gallen 2008), 119 f. Zu BGer 5C.114/2003 und 5C.270/2004 siehe RUMO-JUNGO, Reformbedarf a.a.O. 10 ff. und MEIER a.a.O. 298 ff.

26   BÜHLER/SPÜHLER, BeKomm, Art. 158 N 193 f.; SUTTER-SOMM/GUT, Komm ZPO, Art. 279 N 7; RUMO-JUNGO, HandKomm, Art. 111 N 12; Siehe auch SPÜHLER/FREI-MAURER, BeKomm, Art. 158 N 194. Vorbehalten bleiben Vereinbarungen über Kinderunterhalt gemäss Art. 287 Abs. 3 und Art. 288 Abs. 2 Ziff. 1, die für die Eltern als hinkendes Rechtsgeschäft bis zum gerichtlichen Entscheid verbindlich bleiben: Botsch. a.a.O. 140.

wenn «diese klar, vollständig[27] und nicht offensichtlich unangemessen[28] ist» (138 III 535 E. 1.3; BGer 5A_187/2013 E. 5). Als offensichtlich unangemessen gilt, wenn einerseits eine deutliche Differenz zur hypothetischen Gerichtsentscheidung erkennbar ist und andererseits, wenn sie in ungerechtfertigter Art und Weise von der gesetzlichen Regelung abweicht. Das gilt auch für Vereinbarungen, die während des Eheschutzverfahrens geschlossen wurden (BGer 5A_838/2009 E. 4). Das Gericht darf die Konvention nur als Ganzes genehmigen oder verwerfen (so zum bisherigen Recht 71 II 206), es sei denn, die Voraussetzungen von Art. 20 Abs. 2 OR (Teilnichtigkeit) wären erfüllt (so zum alten Recht 93 II 156). Im Übrigen unterliegen auch in Konventionen festgesetzte Scheidungsrenten der Abänderungsklage im Sinn von Art. 129 (105 II 168 f. E. 1; 104 II 243 E. 5).[29] Das ergibt sich für das neue Recht e contrario auch aus Art. 127, wonach die Abänderungsmöglichkeit vertraglich ausgeschlossen werden kann.

3. Was die *Bindungswirkung der Vereinbarung* betrifft, ist zwischen dem streitigen und dem nichtstreitigen Scheidungsverfahren zu *unterscheiden:* Legen die Parteien dem Gericht im Rahmen eines *streitigen Scheidungsverfahrens* eine *Scheidungsvereinbarung* vor, so sind sie (nach allgemeinen vertragsrechtlichen Grundsätzen: 121 III 395 E. 5c; 115 II 208 f. E. 4; 99 II 361 f. E. 3b, c)[30] bereits *vor der gerichtlichen Genehmigung* daran gebunden und können dem Gericht einzig die Nichtgenehmigung der Vereinbarung beantragen (135 III 193 E. 2.2). Diese unter Eheleuten verbindliche Vereinbarung kann später auch im Einvernehmen beider Parteien ohne Zutun des Gerichts abgeändert werden (71 II 135 E. 1 und 137 E. 2), soweit sie nicht die Elternrechte und -pflichten betrifft (107 II 12 E. 2).[31] Die Genehmigung durch das Gericht (279¹ ZPO) ist somit ein Gültigkeitserfordernis für einen Vertrag, der (im streitigen Verfahren) unter den Parteien bereits mit seinem Abschluss bindend ist.[32] *Anders* liegen die Dinge *bei der Scheidung auf gemeinsames Begehren:* Nach wohl h. L. muss die Bestätigung der Vereinbarung von den Ehegatten spätestens bis zum Abschluss des Anhörungsverfah-

22

---

27 Zur Vollständigkeit s. Bühler/Spühler, BeKomm, Art. 158 N 192; Sutter-Somm/Gut, Komm ZPO, Art. 279 N 15; Dolge, ZPOKomm, Art. 279 N 5 ff., und Spühler/Frei-Maurer, BeKomm, Art. 158 N 192.

28 So bereits zum früheren Recht, wo diese Voraussetzung nicht explizit im Gesetz erwähnt war: Bühler/Spühler, BeKomm, Art. 158 N 183 ff. und Spühler/Frei-Maurer, BeKomm, Art. 158 N 183.

29 Sutter/Freiburghaus, Art. 140 N 60.

30 Bühler/Spühler, BeKomm, Art. 158 N 150; Spühler/Frei-Maurer, BeKomm, Art. 158 N 151.

31 Sutter/Freiburghaus, Art. 140 N 9, N 60.

32 Botsch. a.a.O. 141 unten; Sutter/Freiburghaus, Art. 140 N 39; Geiser a.a.O. 222; Botschaft, Ziff. 234.7 in fine; a. M. Fankhauser, FamKomm, Art. 112 N 21; Meier a.a.O. 301 f.; Alexandra Rumo-Jungo, Reformbedürftiges Scheidungsrecht, ausgewählte Fragen, in Pascal Pichonnaz/Alexandra Rumo-Jungo, Scheidungsrecht, Aktuelle Probleme und Reformbedarf, Symposium zum Familienrecht 2007, Universität Freiburg (Zürich 2008), 1 ff., 7. Zum alten Scheidungsrecht: Bühler/Spühler, BeKomm, Art. 158 N 149; Lüchinger/Geiser, BaKomm 3. A., Art. 158 N 25. Gleiches gilt für eine im Rahmen eines gemeinsamen Scheidungsbegehrens mit Teileinigung (112) über eine streitige Frage vor Gericht getroffene Vereinbarung. Auch diese entfaltet unmittelbar Bindungswirkung, da auf sie die Grundsätze des streitigen Verfahrens anwendbar sind.

rens erfolgen, wobei die Vereinbarung vorher keine Bindungswirkung entfaltet (135 III 193).[33] Die Bindungswirkung tritt mithin bei Scheidung auf gemeinsames Begehren erst mit der Bestätigung der Vereinbarung bei Abschluss des Anhörungsverfahrens ein.[34] Diese *Unterscheidung*, deren Rechtfertigung *fragwürdig* ist, namentlich im Zusammenhang mit Art. 292 ZPO, wonach auf ein zunächst streitiges Verfahren die Bestimmungen über die Scheidung auf gemeinsames Begehren sinngemäss anwendbar sind, hat in der Lehre Anlass zu Kritik gegeben.[35]

IV.   Zur beruflichen Vorsorge

23   Die ZPO regelt in den Art. 280 und 281 das *Verfahren* mit Bezug auf die *Teilung der Austrittsleistung* im Sinn der Art. 122–124 ZGB. Die Dinge liegen anders, je nachdem, ob zwischen den Eheleuten bezüglich der Teilung der Austrittsleistung eine Einigung erzielt worden ist oder Uneinigkeit herrscht. Der Art. 280[1] regelt das Verfahren bei Einigung (a., N 25 ff.), der Art. 281 das Vorgehen bei Uneinigkeit (b., N 29 ff.).

24   Im Hinblick auf die Teilung der Austrittsleistung ist auch das *Freizügigkeitsgesetz* entsprechend *abgeändert* worden. Gemäss Art. 24 Abs. 3 FZG hat im Fall einer Ehescheidung die Vorsorgeeinrichtung der versicherten Person oder dem Scheidungsgericht auf Verlangen Auskunft über die Höhe der Guthaben zu geben, die für die Berechnung der zu teilenden Austrittsleistung massgebend sind. Der neue Art. 25a FZG behandelt unter dem Randtitel «Verfahren bei Scheidung» den Fall, da sich die Eheleute über die zu übertragende Austrittsleistung nicht einigen können.

---

33   HAUSHEER/STECK, Eheverträge und Scheidungsvereinbarungen – mehr Privatautonomie bei verstärkter Inhaltskontrolle ein dringendes Reformanliegen?, in ZBJV 144 (2008), 922 ff., 945; HOHL, N 2060; s auch FANKHAUSER, Komm ZPO, Art. 285 N 11; FANKHAUSER, FamKomm, Anh ZPO 285 N 10.

34   BGer 5C.270/2004, E. 3.1, E. 5.1; so bereits Kantonsgericht ZG, Urteil vom 13. September 2000, in FamPra.ch 2 (2001), 110 ff., wonach die Parteien, die unter Mitwirkung des Gerichts eine vollständige Vereinbarung über die Scheidungsfolgen abschliessen, sofort, d.h. mit Vertragsabschluss, daran gebunden sind. Siehe auch BGE 121 III 393 (395) E. 5b, zum alten Recht (Art. 158 Ziff. 5 aZGB). Vgl. auch die Kritik der Lehre in der folgenden FN.

35   Siehe die Kritik bei RUMO-JUNGO, HandKomm, Art. 111 N 20 f.; MEIER a.a.O. 303 f.; RUMO-JUNGO, a.a.O. 15 ff.; ROLAND FANKHAUSER, Die einverständliche Scheidung nach neuem Scheidungsrecht, Voraussetzungen, Verfahren, Nebenfolgenvereinbarung, Rechtsmittel (Diss. Basel 1999), BStR A 51, 79; JEAN-FRANÇOIS PERRIN, Les causes du divorce selon le nouveau droit, in Renate Pfister-Liechti (Hrsg.), De l'ancien au nouveau droit du divorce (Bern 1999), ASR 624, 16; DANIEL STECK, Gedanken zur Rechtsnatur der Scheidungskonvention, in FS 125 Jahre Kassationsgericht des Kantons Zürich (Zürich 2000), 553 ff., 562 f.; ALEXANDRA RUMO-JUNGO, Scheidung auf gemeinsames Begehren, in Eherecht unter besonderer Berücksichtigung des Scheidungsrechts, Tagungsdokumentation (St. Gallen 2001), 8 f.

a. Bei Einigung

Dem Fall der Einigung der Eheleute ist *Art. 280* gewidmet. Im Einzelnen gilt Folgen- 25
des:

1. Im Fall der «Einigung» bildet die Vereinbarung über die Teilung der Austrittsleis- 26
tungen *Teil der* vom Gericht zu genehmigenden *Scheidungsvereinbarung* und ist ins
Urteilsdispositiv aufzunehmen. Im *Tatbestand* von Art. 280 Abs. 1 ZPO wird ausführlich verankert, welche Vorkehrungen mit Bezug auf diese Teilung getroffen werden
müssen, damit das Gericht zur Genehmigung der Vereinbarung mit Wirkung für die
Parteien und zuhanden der Vorsorgeeinrichtung[36] schreiten kann: Zunächst müssen
sich die Ehegatten über die Teilung der Austrittsleistungen sowie die Durchführung
der Teilung geeinigt haben (lit. a); sie können dabei entweder den Prozentsatz oder
aber einen bestimmten Betrag angeben.[37] Sodann legen sie eine Bestätigung der beteiligten Vorsorgeeinrichtungen über die Durchführbarkeit der getroffenen Regelung[38]
und die Höhe der Guthaben vor (lit. b, 24³ FZG), die für die Berechnung der zu teilenden Austrittsleistung massgebend sind.[39] Schliesslich muss sich das Gericht davon
überzeugt haben, dass die Vereinbarung dem Gesetz entspricht (lit. c). Die *Rechtsfolge*
des Art. 280¹ ZPO besteht darin, dass die Vereinbarung mit der Genehmigung durch
das Gericht auch für die Einrichtungen der beruflichen Vorsorge verbindlich wird
(280² Satz 2 ZPO; dazu 134 V 384 E. 4.1.).

2. *Mitteilung des Gerichts an die Vorsorgeeinrichtungen.* Da die beteiligten Vorsorge- 27
einrichtungen die getroffene Regelung kennen müssen und eine von ihnen mit Blick
auf die im Urteil festgehaltene Teilung eine Überweisung vornehmen muss, teilt das
Gericht ihnen den rechtskräftigen Entscheid bezüglich der sie betreffenden Punkte
unter Einschluss der nötigen Angaben für die Überweisung mit (280² ZPO). Anzugeben ist – sofern möglich –, an welche Einrichtung der beruflichen Vorsorge welcher
Betrag an Austrittsleistungen zu überweisen ist.[40]

---

36   Im Hinblick auf die *eine und gleiche* Genehmigung der Vereinbarung zuhanden der Parteien
     und der Vorsorgeeinrichtung prüft das Gericht natürlich nicht nur die hier genannten Voraus-
     setzungen, sondern auch das Resultat als solches, insbesondere unter der Berücksichtigung von
     Art. 123 Abs. 2 und Art. 140 Abs. 2 (und in diesem Rahmen auch von Art. 125 Abs. 2 Ziff. 8).

37   GLOOR/UMBRICHT LUKAS, HandKomm, Art. 141 N 4; SUTTER/FREIBURGHAUS, Art. 122/141–
     142 N 60; kritisch gegenüber der prozentualen Aufteilung, DIES., Komm Scheidungsrecht,
     Art. 122/141–142 N 61 f.; STAUFFER, Komm ZPO, Art. 280 N 17.

38   Dies ist laut Botsch. a.a.O. 111 dann nötig, wenn in der Vereinbarung ein bestimmter Betrag und
     nicht (nur) ein Prozentsatz festgelegt worden ist. Zu dieser Durchführbarkeitserklärung siehe
     im Übrigen THOMAS GEISER, Berufliche Vorsorge im neuen Scheidungsrecht, in Heinz Haus-
     heer (Hrsg.), Vom alten zum neuen Scheidungsrecht (Bern 1999), ASR 625, Nr. 2.108; SUTTER/
     FREIBURGHAUS, Art. 122/141–142 N 64; STAUFFER, Komm ZPO, Art. 280 N 24 f.; BAUMANN/
     LAUTERBURG, FamKomm Anh ZPO 280 N 10 ff.; MOSIMANN, ZPOKomm, Art. 280 N 11 ff.

39   Siehe hierzu den soeben in der Einleitung zur IV erwähnten Art. 24 Abs. 3 FZG.

40   GEISER a.a.O. Nr. 2.114; GLOOR/UMBRICHT LUKAS, HandKomm, Art. 141 N 10; SUTTER/FREI-
     BURGHAUS, Art. 122/141–142 N 68; STAUFFER, Komm ZPO, Art. 280 N 29 f.; BAUMANN/LAU-
     TERBURG, FamKomm Anh ZPO 280 N 24 ff.; MOSIMANN, ZPOKomm, Art. 280 N 19 ff. Nach
     BGer B 19/2005 E. 4 ist die Vorsorgeeinrichtung dann nicht an das Scheidungsurteil gebunden,

28 3. *Prüfung des Verzichts auf Vorsorgeausgleich.* Art. 280 Abs. 3 nimmt in teils gleicher Formulierung Bezug auf Art. 123. Hat nämlich ein Ehegatte in der Vereinbarung auf seinen Anspruch ganz oder teilweise verzichtet, so hat das Gericht von Amtes wegen zu prüfen, ob eine entsprechende Alters- und Invalidenvorsorge auf andere Weise gewährleistet ist.

b. Bei Uneinigkeit

29 Die Regelung für den Fall der Uneinigkeit findet sich in Art. 281 ZPO. Uneinigkeit liegt vor, wenn sich die Ehegatten über die Teilung oder die Art der Durchführung der Teilung (280¹ lit. a) nicht einig sind, z.B. bei Uneinigkeit über den Betrag des Vorbezugs für Wohneigentumsförderung (132 V 337 f.). Ferner liegt Uneinigkeit vor, wenn die Durchführbarkeitserklärung der Vorsorgeeinrichtung fehlt (280¹ lit. b; 130 III 341 E. 2.5; 135 V 425 E. 6 und 7) oder wenn die Vereinbarung nicht genehmigt werden kann (280¹ lit. c). Die ZPO unterscheidet nun zwei Fälle: Die massgeblichen Austrittsleistungen stehen fest und eine Überweisung an das Versicherungsgericht ist verfahrensökonomisch nicht sinnvoll (281¹ ZPO, nachstehend 1.).[41] Die massgeblichen Austrittsleistungen stehen nicht fest (281³ ZPO, nachstehend 2.).

30 1. Sind die Parteien uneinig, ist aber der Sachverhalt klar, weil die *Austrittsleistungen feststehen,* beurteilt das Scheidungsgericht das Teilungsverhältnis in Anwendung der Art. 122 und 123 ZGB (i. V. m. Art. 22 und 22a FZG) selber. Von der hälftigen Teilung darf es nur bei offensichtlicher Unbilligkeit abweichen (123² ZGB). Das Gericht holt alsdann selber bei den Vorsorgeeinrichtungen eine Durchführbarkeitserklärung ein. Danach teilt es in sinngemässer Anwendung von Art. 280 Abs. 2 ZPO den Entscheid den beteiligten Vorsorgeeinrichtungen mit. Dieser ist für sie verbindlich (281² ZPO). Reicht eine der Vorsorgeeinrichtungen keine Durchführbarkeitserklärung ein, wird das Verfahren nach Abs. 3 von Art. 281 ZPO fortgesetzt.[42]

31 2. Sind die Parteien uneinig und stehen die massgeblichen Austrittsleistungen nicht fest bzw. fehlt im Verfahren nach Abs. 1 eine Durchführbarkeitserklärung (soeben N 29), so entscheidet das Scheidungsgericht nur, aber immerhin über das Teilungsverhältnis (anders als bei Einigung, wo es bei Genehmigung der Parteivereinbarung indirekt auch über die konkrete Teilung der Austrittsleistung entscheidet: 132 V 343 E. 2.4)[43] und überweist im Übrigen die Streitsache an das nach FZG zuständige Gericht.[44] Es erfolgt somit eine *Zweiteilung des Verfahrens:*[45]

---

wenn im Scheidungsverfahren die Vereinbarung genehmigt wurde, ohne dabei die Durchführbarkeit abzuklären. Nach BGE 129 III 492 E. 3.6.3 ist diese Regel bezüglich der Durchführbarkeitsabklärung auch für die angemessene Entschädigung nach 124 zu beachten.

41 GLOOR/UMBRICHT LUKAS, HandKomm, Art. 142 N 1.
42 Vgl. dazu STAUFFER, Komm ZPO, Art. 281 N 17 ff.; MOSIMANN, ZPOKomm, Art. 281 N 12 ff.
43 SUTTER/FREIBURGHAUS, Art. 122/141–142 N 55; MOSIMANN, ZPOKomm, Art. 281 N 12; STAUFFER, Komm ZPO, Art. 281 N 17.
44 GLOOR/UMBRICHT LUKAS, HandKomm, Art. 142 N 3; MOSIMANN, ZPOKomm, Art. 281 N 12; STAUFFER, Komm ZPO, Art. 281 N 17.
45 So die Botsch. a.a.O. 111. Siehe auch BGer 5C.161/2006.

In einem *ersten Verfahrensschritt* ist das *Scheidungsgericht* zuständig. Es ent- 32
scheidet über das Verhältnis, in welchem die Austrittsleistungen zu teilen sind. Mit
«Verhältnis» ist der Prozentsatz gemeint. Hier kann mithin nicht etwa ein Betrag festgelegt werden (128 V 46 E. 2c; 132 V 344 E. 3.1; 137 V 441 E. 3.1).[46] Probleme können allerdings entstehen, wenn, insbesondere unter der Rücksicht von Art. 125 Abs. 2
Ziff. 8, die genaue Höhe der Beiträge für die Bemessung des nachehelichen Unterhalts
von Bedeutung ist.[47]

Für den *zweiten Verfahrensschritt* ist das *im FZG bezeichnete Gericht* zustän- 33
dig.[48] Im Hinblick darauf überweist das Scheidungsgericht die Streitsache von Amtes
wegen diesem (Versicherungs-) Gericht, sobald der Entscheid über das Teilungsverhältnis (den Prozentsatz) rechtskräftig ist (281³). Die Teilung der Austrittsleistungen
setzt sodann voraus, dass auch der *Scheidungspunkt rechtskräftig* beurteilt ist.[49] Entscheidet das Scheidungsgericht ausnahmsweise nicht über das Teilungsverhältnis, sondern überweist es den Fall an das Versicherungsgericht, kann dieses dann nicht selber
entscheiden, wenn es eine Unmöglichkeit der Teilung i. S. v. Art. 124 ZGB entdeckt,
weil ein Ehegatte bereits lange Zeit vor Rechtskraft des Scheidungsurteils Leistungen
bezogen hat. Diesfalls hat das Versicherungsgericht die Sache von Amtes wegen an
das zuständige Scheidungsgericht zurückzuweisen, so dass dieses das Scheidungsurteil
anpassen kann (136 V 225 E. 5.3).

Zur *Verbindlichkeit des Scheidungsurteils* für das Versicherungsgericht besteht ein 34
Grundsatz und eine Ausnahme: *Grundsatz.* Das Scheidungsurteil ist für das Berufsvorsorgegericht grundsätzlich verbindlich. Das Berufsvorsorgegericht ist an den im
Scheidungsurteil festgelegten Teilungsschlüssel gebunden und hat die Teilung zu vollziehen (Art. 281³ ZPO, Art. 25a FZG). *Ausnahme.* Das Scheidungsurteil ist für das
Berufsvorsorgegericht nicht verbindlich, wenn sich nachträglich herausstellt, dass
bereits vor dem massgebenden Zeitpunkt ein Vorsorgefall eingetreten war, da diesfalls das in den Art. 122 ZGB und 280–281 ZPO sowie in Art. 25a FZG geregelte Verfahren nicht zur Anwendung gelangt, sondern Art. 124 ZGB (132 V 337). Dies kann
vor allem dann vorkommen, wenn nachträglich rückwirkend auf einen früheren Zeitpunkt Invalidenleistungen der beruflichen Vorsorge zugesprochen werden (BGer
9C_899/2007; 9C_900/2007 E. 5.2).

---

46   Laut Botsch. a.a.O. 111 gilt dies deshalb, weil das Scheidungsurteil die Rechtslage zwischen den
     Ehegatten und der Vorsorgeeinrichtung nicht verbindlich festlegen kann.
47   Auswege für diese Lage bieten an: GEISER a.a.O. Nr. 2.116 und SPÜHLER a.a.O. 80 f.: Unterstel-
     lung der Zusprechung des Unterhaltsbeitrags unter Bedingungen, die mit der Teilung der Aus-
     trittsleistung zusammenhängen, oder Sistierung des Scheidungsprozesses bis der Vorsorgebe-
     trag feststeht; Letzteres sollte nur im absoluten Ausnahmefall erfolgen, denn damit wird das
     Scheidungsverfahren u. U. erheblich verzögert.
48   Zu Einzelfragen im Verfahren vor dem Versicherungsgericht vgl. BAUMANN/LAUTERBURG,
     FamKomm, Anh. ZPO 181 N 38 ff.
49   Dazu SUTTER/FREIBURGHAUS, Art. 122/141–142 N 74; GLOOR/UMBRICHT LUKAS, Hand-
     Komm, Art. 142 N 4.

35   *Verfahren vor Versicherungsgericht.* Das FZG verweist im einschlägigen Art. 25a Abs. 1 auf Art. 73 BVG und damit auf das kantonale Versicherungsgericht «am Ort der Scheidung». Dieses Gericht hat gestützt auf den vom Scheidungsgericht bestimmten Teilungsschlüssel die Teilung von Amtes wegen durchzuführen (25a¹ FZG; vgl. auch 130 V 116 E. 3.3). In diesem Verfahren haben die Ehegatten und die Einrichtungen der beruflichen Vorsorge Parteistellung;[50] das Gericht setzt ihnen eine angemessene Frist, um Anträge zu stellen (25a² FZG). Im Übrigen hat das Scheidungsgericht gemäss *Art. 281 Abs. 3 ZPO* dem Versicherungsgericht im Hinblick auf dessen Entscheid eine Reihe von *Mitteilungen*[51] zu machen. Diese betreffen insbesondere den Entscheid über das Teilungsverhältnis (lit. a), das Datum der Eheschliessung und das Datum der Ehescheidung (lit. b), die Einrichtungen der beruflichen Vorsorge, bei denen den Ehegatten voraussichtlich Guthaben zustehen (lit. c), und die Höhe der Guthaben der Ehegatten, die diese Einrichtungen gemeldet haben (lit. d).

36   Während das Verhältnis der Teilung der Austrittsleistungen in aller Regel im Scheidungsverfahren festzulegen ist (ggf. durch die Parteien in einer Konvention), kann über die konkrete Durchführung der Teilung auch erst *vor Versicherungsgericht ein Vergleich* abgeschlossen werden. Zu solchen in die sachliche Kompetenz des Versicherungsgerichts (25a FZG) fallenden (und mithin einer Konvention zugänglichen) Fragen gehört etwa der konkret zu überweisende Betrag sowie die Festlegung des massgeblichen Stichtags der Übertragung (132 V 342 E. 2.3 f., 345 E. 3.5). Offengelassen wurde die Frage, ob auch der Vorbezug für Wohneigentum der vollen Parteidisposition unterliegt. Die entsprechende Parteivereinbarung ist vom Versicherungsgericht aber jedenfalls dann zu genehmigen, wenn sich aus den Akten ergibt, dass der von den Parteien als Vorbezug festgestellte Betrag den tatsächlichen Verhältnissen entspricht. Unter diesen Umständen steht es den Parteien auch frei, einen in der ferneren, aber bestimmbaren Zukunft liegenden Termin für die Überweisung der Hälfte dieses Betrags zu vereinbaren (a.a.O. 345 E. 3.5). Nicht zulässig ist aber vor Versicherungsgericht eine Vereinbarung über die güterrechtliche Behandlung eines Vorbezugs für Wohneigentum sowie über das sachenrechtliche Schicksal der betreffenden Liegenschaft, weil diese Themen nicht in die sachliche Kompetenz des Versicherungsgerichts fallen, das somit auch nicht eine entsprechende Konvention genehmigen könnte (a.a.O. E. 3.4, 3.5).

---

50   Sutter/Freiburghaus, Art. 122/141–142 N 77; Gloor/Umbricht Lukas, HandKomm, Art. 142 N 6.

51   Die Mitteilungen nach Ziff. 2–4 sind für das Versicherungsgericht nicht verbindlich, sondern erleichtern bloss die Sachverhaltsermittlung: Gloor/Umbricht Lukas, HandKomm, Art. 142 N 3; Sutter/Freiburghaus, Art. 122/141–142 N 76; a. M. Botsch. a.a.O. 111, wo Ziff. 2 verbindliche Wirkung zugeschrieben wird.

V. Zu den Unterhaltsbeiträgen

Nach Art. 282 ZPO sind für den Fall, dass *durch Vereinbarung oder Urteil Unterhalts-* **37**
beiträge festgelegt worden sind, bestimmte *Angaben zu machen*. Dies betrifft Beiträge
für den nachehelichen Unterhalt oder für den Kindesunterhalt.[52] Das Gesetz sagt nicht,
wo sich diese Angaben finden müssen. In den Fällen der Ziff. 2, 4 und wohl auch 3
dieses Artikels haben sie ihren Platz im Urteilsdispositiv und im formellen Vereinba-
rungstext. Die Angaben nach Ziff. 1 müssen zumindest in der Begründung enthalten
sein. Bei der Vereinbarung ist die Beachtung von Art. 282 Abs. 1 ZPO Genehmigungs-
voraussetzung.[53] Der Sinn dieser Bestimmung liegt darin, die Geltendmachung und
Beurteilung späterer Abänderungsklagen zu erleichtern. Sie dient der Beweissicherung
und damit der Streitvermeidung.[54]

Das Gesetz zählt in den vier Ziffern des Art. 282[1] ZPO abschliessend auf, welche ein- **38**
zelnen Angaben vorliegen müssen: Gemäss Ziff. 1 ist anzugeben, *von welchem Einkom-*
men und Vermögen jedes Ehegatten ausgegangen wird. Das ist bedeutsam für die Aufhebung, Herabsetzung oder Sistierung der Rente nach Art. 129 Abs. 1 und allenfalls
für die Anfechtung wegen Mängeln im Vertragsschluss (Art. 328[1] lit. c ZPO i. V. m.
Art. 23 f. OR; dazu hinten N 58). Nach Art. 282[1] lit. b ZPO muss erklärt werden, *wie*
viel für den Ehegatten und wie viel für jedes Kind bestimmt ist. Das ist zwar selbstverständlich, ist aber bis anhin oft nicht eingehalten worden.[55] Ziff. 3 verlangt die Angabe
dessen, *welcher Betrag zur Deckung des gebührenden Unterhalts* des berechtigten Ehegatten fehlt, wenn eine nachträgliche Erhöhung der Rente vorbehalten wird. Die
Bestimmung bezieht sich auf den in Art. 129 Abs. 3 vorgesehenen Fall der nachträglichen Festsetzung oder Erhöhung einer Rente. Schliesslich verlangt Ziff. 4 als prozessuales Gegenstück zu Art. 128 (s. aber auch 129[2]) die Angabe, ob und in welchem Ausmass die *Rente sich den Veränderungen der Lebenskosten anpasst*.

VI. Zu den Kinderbelangen

Die Bestimmungen zu den Kinderbelangen im Rahmen des Abschnitts über das **39**
Scheidungsverfahren stellen *eine der markantesten Neuerungen des Scheidungsrechts*
1998/2000 dar.[56] Die Eidg. Räte haben allerdings die im Entwurf des Bundesrates ent-

---

52 Freiburghaus, HandKomm, Art. 143 N 3 ff.; Aeschlimann/Fankhauser, FamKomm, Anh.
    ZPO 282 N 13 ff.; Fankhauser, Komm ZPO, Art. 282 N 7 f.

53 Fankhauser, Komm ZPO, Art. 282 N 6; Freiburghaus, HandKomm, Art. 143 N 2; Aeschli-
    mann/Fankhauser, FamKomm, Anh. ZPO 282 N 9.

54 Botsch. a.a.O. 142; s. auch Sutter/Freiburghaus, Art. 143 N 15; Fankhauser, Komm ZPO,
    Art. 282 N 6.

55 Freiburghaus, HandKomm, Art. 143 N 7; Aeschlimann/Fankhauser, FamKomm, Anh.
    ZPO 282 N 23 f.; Fankhauser, Komm ZPO, Art. 282 N 12.

56 Zum Ganzen s. Christine Burger-Sutz, Die Kinderbelange unter altem und neuem Schei-
    dungsrecht unter besonderer Berücksichtigung des zürcherischen Verfahrens (Diss. Zürich
    1999), ZSPR 147.

haltenen Vorschläge nur teilweise gutgeheissen. So wurden namentlich die Anhörung des Kindes durch das Gericht, die Bestellung des Beistandes und die Mitwirkung der Jugendhilfe weniger stringent gestaltet als dies der Entwurf vorsah. Aber auch so noch wird dem Kind im Scheidungsprozess eine weit stärkere Position eingeräumt als bis anhin.

a. Anhörung der Eltern und Aufforderung zum Mediationsversuch

40   1. *Die Anhörung der Eltern.* Art. 297¹ ZPO hält kurz und bündig fest: «Sind Anordnungen über Kinder zu treffen, so hört das Gericht die Eltern persönlich an.» Es geht bei der *Anhörung der Eltern* um ein Persönlichkeitsrecht der Eltern sowie um die Abklärung des Sachverhalts. Das Gesetz verlangt die «persönliche Anhörung»; es gilt mithin das aus dem Strafprozess bekannte Unmittelbarkeitsprinzip.[57] Schriftliche Anhörung reicht nur in seltenen begründeten Ausnahmefällen aus.[58]

41   2. *Aufforderung zum Mediationsversuch.* Das Gericht kann den Eltern, ebenso wie allen anderen Parteien, eine Mediation *empfehlen* (213¹ ZPO). Darüber hinaus sieht Art. 297 Abs. 2 ZPO für die eherechtlichen Verfahren vor, dass das Gericht die Eltern zu einem Mediationsversuch *auffordern* kann (291² ZPO). Schliesslich kann das Gericht gestützt auf Art. 307 ZGB im Sinn einer Kindesschutzmassnahme auch eine Mediation *anordnen* (BGer 5A_457/2009; 5A_852/2011).

b. Anhörung des Kindes[59]

42   Der 298 ZPO (vor Inkrafttreten der ZPO am 1. Januar 2011: Art. 144 ZGB) ist der *Anhörung* (frz. audition) *des Kindes* gewidmet.

---

57   SCHWEIGHAUSER, FamKomm, Anh. ZPO 297 N 5; SCHWEIGHAUSER, Komm ZPO, Art. 297 N 8; SUTTER/FREIBURGHAUS, Art. 144 N 11. Zulässig ist die Durchführung der Anhörung durch eine delegierte Richterin oder einen delegierten Richter (SUTTER/FREIBURGHAUS a.a.O.). Siehe auch VETTERLI, Die Anhörung der Ehegatten, in FamPra.ch 2 (2001), 59 ff.

58   SUTTER/FREIBURGHAUS, Art. 144 N 12, bringen als Beispiel den Fall, da ein Elternteil sich im weit entfernten Ausland befindet und eine rechtshilfeweise Einvernahme nicht oder nur mit übermässigem Zeitaufwand möglich wäre. Ist die Anhörung objektiv ausgeschlossen, muss das Verfahren doch seinen Fortgang nehmen (a.a.O. N 13).

59   Auch dem Halbgeschwister, das nicht direkt vom Verfahren der Regelung der elterlichen Sorge des Halbbruders betroffen ist, kommt ein Recht auf Anhörung zu; summarische Prüfung des BGer der Aussichtslosigkeit eines Verfahrens betreffend unentgeltliche Rechtspflege; BGer 5A_214/2008 E. 2.5. Zu den ersten Erfahrungen in der Praxis s. STECK, Erfahrungen mit der Kindesanhörung, in FamPra.ch 2 (2001), 721 ff.; LAEMMEL-JUILLARD, L'audition de l'enfant dans le nouveau droit du divorce: état de l'expérience genevoise au sein du tribunal de première instance (TPI), in Semjud 125 (2003), 141 ff. Zum Ganzen: BODENMANN/RUMO-JUNGO, Die Anhörung von Kindern aus rechtlicher und psychologischer Sicht, in FamPra.ch 4 (2003), 22 ff.; STECK/FELDER, Zusammenwirken von Behörden und Experten bei der Anhörung von Kindern in familienrechtlichen Verfahren, in FamPra.ch 4 (2003), 43 ff.; RUMO-JUNGO, L'audition des enfants lors du divorce de leurs parents, in Semjud 125 (2003), 115 ff.; JACCOTTET-TISSOT, L'audition de l'enfant, in FamPra.ch 1 (2000), 80 ff.; THOMAS SCHÜTT, Die Anhörung des

1. Gemäss Art. 298 ZPO werden die Kinder «in geeigneter Weise durch das Gericht   43
oder durch eine beauftragte Drittperson persönlich angehört, soweit nicht ihr Alter oder
andere wichtige Gründe dagegen sprechen». Das in Art. 298 ZPO statuierte *Anhörungs-
recht des Kindes* ist schon in Art. 12 der von der Schweiz ratifizierten UNO-Kinderrech-
tekonvention verankert. Der deutsche Text dieses Artikels lautet: «1. Die Vertragsstaaten
sichern dem Kind, das fähig ist, sich eine eigene Meinung zu bilden, das Recht zu, diese
Meinung in allen das Kind berührenden Angelegenheiten frei zu äussern, und berücksichtigen die Meinung des Kindes angemessen und entsprechend seinem Alter und seiner Reife. 2. Zu diesem Zweck wird dem Kind insbesondere Gelegenheit gegeben, in
allen das Kind berührenden Gerichts- oder Verwaltungsverfahren entweder unmittelbar oder durch einen Vertreter oder eine geeignete Stelle im Einklang mit den innerstaatlichen Verfahrensvorschriften gehört zu werden.» Das Bundesgericht betrachtet
diese Bestimmung als eine direkt anwendbare Staatsvertragsbestimmung, deren Verletzung beim Bundesgericht angefochten werden kann (124 III 92 E. 3a). Die konven-
tionsrechtlichen Ansprüche gehen allerdings weniger weit als jene nach Art. 298 ZPO
(in 133 III 553 nicht publ. E. 2 von 5C.316/2006). So dient die Anhörung nach Art. 298
ZPO nicht nur der Wahrung der Persönlichkeitsrechte des Kindes, sondern auch der
Sachverhaltsermittlung, weshalb die Eltern die Anhörung des Kindes aufgrund ihrer
Parteistellung als Beweismittel anrufen können (131 III 553 E. 1).[60]

2. Ausser im eigentlichen *Scheidungsverfahren* ist die Anhörung der Kinder auch   44
im *Eheschutzverfahren* (136 I 180 E. 5.2; 133 III 553; 131 III 553; BGer 5P.112/2001;
5P.392/2003; 5P.345/2005), im *Verfahren zur Anordnung vorsorglicher Massnahmen*
(131 III 553 E. 1.1; 126 III 498 f. E. 4) sowie im Abänderungsverfahren (131 III 553
E. 1.1) anwendbar, also in allen gerichtlichen Verfahren, welche Kinderbelange betreffen (BGer 5A_834/2012 E. 3.1; 5P.507/2006 E. 4.1).

3. Das Gesetz sieht die persönliche Anhörung *durch das Gericht oder eine beauftragte*   45
Drittperson vor (BGer 5A_821/2013 E. 4; BGer 5A_911/2012 E. 7.2). Laut Gesetz sind
beide gleichwertig.[61] Ein systematisches Delegieren an geeignete Fachpersonen ent-
spräche aber nicht Sinn und Zweck des Gesetzes (127 III 297 E. 2a; in casu war sie aber

---

Kindes im Scheidungsverfahren (Diss. Zürich 2002); Andrea Staubli, Anhörung und Mitwirkung von Kindern und Jugendlichen in allen sie betreffenden Verfahren, insbesondere im Scheidungsverfahren, in Regula Gerber Jenni/Christina Hausamman (Hrsg.), Kinderrechte – Kinderschutz (Basel 2002), 91 ff.; für ausländische Kinder insbesondere: Rolf Widmer, Anhörung
von ausländischen Kindern in einem Scheidungsverfahren, in Regula Gerber Jenni/Christina
Hausamman (Hrsg.), Kinderrechte – Kinderschutz (Basel 2002), 103 ff.; Sutter, Das Anhö-
rungsrecht des Kindes in ausländerrechtlichen Bewilligungsverfahren: ein kritischer Blick auf
die Rechtsprechung des Bundesgerichts, in AJP 15 (2006), 1075 ff.

60   Bodenmann/Rumo-Jungo a.a.O. 24; Schweighauser, Komm ZPO, Art. 298 N 8 ff.; Ruth
     Reusser, Die Stellung der Kinder im neuen Scheidungsrecht, Vom alten zum neuen Schei-
     dungsrecht (Bern 1999), ASR 625, Nr. 1.43 ff., Nr. 4.75; BGer 5A_43/2008 E. 4.3.

61   Nach Peter Breitschmid, Kind und Scheidung der Elternehe, in Stiftung für juristische Wei-
     terbildung Zürich (Hrsg.), Das neue Scheidungsrecht (Zürich 1999), 123 ff., 126, hat sich «im
     Prinzip … das Gericht selbst und nicht durch Vermittlung eines Sachverständigen ein Bild zu
     machen.» Ferner Schweighauser, Komm ZPO, Art. 298 N 15 ff.

gerechtfertigt a.a.O. E. 2b; 5A_465/2012 E. 3.1.1). Werden Kinder durch eine beauf-
tragte Drittperson angehört, muss diese unabhängig und qualifiziert sein (133 III 554
E. 4; BGer 5A_485/2012 E. 6).[62] Nach der gesetzlichen Formulierung stellt die *Anhö-*
rung den *Grundsatz,* das Absehen davon die Ausnahme dar. Eine solche ist einzig auf
Grund des Alters des Kindes oder aus anderen wichtigen Gründen zulässig. Was *das*
Alter angeht, ist eine Anhörung grundsätzlich ab dem sechsten Altersjahr geboten (131
III 557 E. 1.2.3; BGer 5A_821/2013 E. 4; BGer 5A_911/2012 E. 7.2; noch etwas weniger grundsätzlich: 124 III 93 f. E. 3c).[63] Obwohl die Bildung von Alterskategorien problematisch ist,[64] kann in Anlehnung an kinderpsychologische Literatur festgehalten
werden, dass bereits fünf- oder sechsjährige, unter Umständen auch jüngere Kinder
angehört werden können,[65] insbesondere dann, wenn von mehreren Geschwistern
das jüngste kurz vor dem sechsten Altersjahr steht (BGer 5A_756/2009 E. 3.1). Da
die Anhörung keine formallogischen und kognitiven Fähigkeiten voraussetzt, kann
für deren Durchführung nicht ausschlaggebend sein, ob das Kind urteilsfähig ist oder
nicht (das Bundesgericht spricht dennoch teils von der für die Anhörung erforderlichen Urteilsfähigkeit, so in 5A_593/2011 E. 4.1.2).[66] Wesentlich ist vielmehr, dass das
Kind in der Lage ist, über seine Beziehung zu seinen jeweiligen Elternteilen (seinem

---

62 Bestätigung dieser Rechtsprechung in BGer 5A_46/2007 E. 2.1; 5A_735/2007 E. 2.1; REUSSER
    a.a.O. Nr. 4.73. Aus der Sicht der Kinderpsychologie spielt für die Beantwortung dieser Frage
    das Alter des Kindes eine grosse Rolle. Vgl. auch BODENMANN/RUMO-JUNGO a.a.O. 29 ff.;
    SCHWEIGHAUSER, Komm ZPO, Art. 298 N 20.

63 Im konkreten Fall wurde die im kantonalen Verfahren unterbliebene Anhörung nur deswegen
    gutgeheissen, weil das knapp sechsjährige Kind bislang keinen Kontakt zu seinem leiblichen
    Vater hatte und sich daher keine eigene Meinung über seine Interessen an einer künftigen Kon-
    taktnahme mit diesem bilden konnte.

64 SUTTER/FREIBURGHAUS, Art. 144 N 35.

65 FELDER/NUFER, Richtlinien für die Anhörung des Kindes aus kinderpsychologischer/kinder-
    psychiatrischer Sicht gemäss Art. 12 der UNO-Konvention über die Rechte des Kindes, in SJZ
    95 (1999), 318 f.; HUG-BEELI, Das persönliche formlose Gespräch des Richters mit dem betrof-
    fenen Kinde im Eheprozess, in ZVW 47 (1992), 10 ff.; OSCAR VOGEL, Freibeweis in der Kinder-
    zuteilung, in FS Cyril Hegnauer (Bern 1986), 618; s. auch RAINER BALLOFF, Kinder vor Gericht.
    Opfer, Täter, Zeugen (München 1992), 87; BURGER-SUTZ a.a.O. 221; REINHART LEMPP/VERA
    VON BRAUNBEHRENS/ERNST EICHNER/DORIS RÖCKNER, Die Anhörung des Kindes gemäss
    § 50b FGG (Köln 1987), 86 f.; vgl. auch BODENMANN/RUMO-JUNGO a.a.O. 26 ff. m. w. H. Soweit
    das Kind seinen Anspruch nicht selbst wahrnehmen kann, setzt seine Anhörung vor dem
    erwähnten Schwellenalter einen entsprechenden Antrag einer Verfahrenspartei voraus; dies-
    falls ist das Gericht zur Anhörung verpflichtet, weil sie als Pflichtrecht ausgestaltet ist, andern-
    falls darf das Gericht ohne Verletzung von Bundesrecht davon absehen; BGer 5C.209/2005 E. 3.1
    und 5A_43/2008 E. 4.2.

66 BGer 5P.214/2005 E. 2.2.2. Ebenso SUTTER/FREIBURGHAUS, Art. 144 N 33; sehr weit gehend
    BREITSCHMID a.a.O. 123 ff., der die Anhörung ab dem dritten Altersjahr befürwortet. S. auch
    BALTZER-BADER, Die Anhörung des Kindes – praktisches Vorgehen, in AJP 8 (1999), 1576;
    RUMO-JUNGO, Die Anhörung des Kindes unter besonderer Berücksichtigung verfahrensrecht-
    licher Fragen, in AJP 8 (1999), 1581 f. A. M. und daher mit Bezug auf das Alter restriktiver sind
    REUSSER a.a.O. Nr. 4.78 ff. und HAUSHEER, Die wesentlichen Neuerungen des neuen Schei-
    dungsrechts, in ZBJV 135 (1999), 29.

Alter entsprechend) Aussagen zu machen. Dazu muss die Anhörung alters- und kindergerecht[67] vorgenommen werden. Beim *wichtigen Grund* (4 ZGB) für das Absehen von der Anhörung steht das Kindeswohl im Vordergrund.[68] Ein wichtiger Grund liegt z.B. bei der glaubhaften Ablehnung der Anhörung durch das Kind selber oder bei Dringlichkeit der anzuordnenden Massnahme vor (126 III 499 E. 4c).[69] Ebenso ist von der Anhörung abzusehen, wenn eine solche bereits (mehrfach) stattfand und eine erneute Anhörung für das Kind «eine unzumutbare Belastung bedeuten würde und überdies keine neuen Erkenntnisse zu erwarten wären oder der erhoffte Nutzen in keinem vernünftigen Verhältnis zu der durch die erneute Befragung verursachten Belastung stünde» (133 III 554 E. 4; BGer 5A_821/2013 E. 4; BGer 5A_911/2012 E. 7.2).[70] Hat allerdings im Rahmen der Begutachtung des Kindes überhaupt keine Anhörung stattgefunden, kann *nicht* auf die Anhörung durch das Gericht verzichtet werden (133 III 555 E. 5 und dort nicht publizierte E. 6 von BGer 5C.316/2006).[71] Kein wichtiger Grund ist gegeben, wenn das Kind durch eine Beiständin (299 ZPO) vertreten ist[72] oder wenn die Eltern sich in Bezug auf die Kinderbelange einig sind.[73]

4. *Protokollierung.* Art. 298 Abs. 2 ZPO schreibt fest, was die Rechtsprechung (122 I 55 E. 4a; BGer 5A_905/2011 E. 2.3) entwickelt hat: Das Persönlichkeitsrecht des Kindes setzt voraus, dass die Anhörung *vertraulich* bleibt. Dieser Anspruch des Kin-   46

---

67 Zum «praktischen Vorgehen» siehe u. a. Bodenmann/Rumo-Jungo a.a.O. 31 ff.; Baltzer-Bader a.a.O. 1575 f.; dies., Die Durchführung der Anhörung des Kindes durch das Gericht, in Marianne Heer/Renate Pfister Liechti (Hrsg.), Das Kind im Straf- und Zivilprozess (Bern 2002), 45 ff.; Breitschmid a.a.O. 125 ff. Siehe auch Botsch. a.a.O. 144, wonach das Kind nicht in einen (zusätzlichen) Loyalitätskonflikt gestürzt werden soll.

68 Sutter/Freiburghaus, Art. 144 N 37. BGer 5P.322/2003 E. 2 f.; Bemerkungen dazu von Cottier, in FamPra.ch 5 (2004), 971 ff.; BGer 5P.214/2005. Das Interesse an einer eingehenden Sachverhaltsfeststellung und die Gründe, von der Anhörung des Kindes abzusehen, sind gegeneinander abzuwägen; BGer 5A_43/2008, E. 4.3.

69 Diesfalls muss aber die Anhörung später nachgeholt werden: Rumo-Jungo a.a.O. 1582. Zu den wichtigen Gründen s. auch Botsch. a.a.O. 144; Sutter/Freiburghaus, Art. 144 N 37 ff.; Baumann, ZPOKomm, Art. 299 N 10 f.; Schweighauser, Komm ZPO, Art. 298 N 28 ff.

70 S. dazu die Besprechung durch Biderbost, Anhörung um der Anhörung willen?, Jusletter 31. März 2008.

71 S. auch BGer 5A_171/2007 E. 2, wo das BGer einen kantonalen Entscheid wegen unterlassener Anhörung aufhob: Das 13-jährige Kind hatte zwar 16 Monate vor dem Entscheid erklärt, bei seiner Mutter wohnen zu wollen, später aber seinen Beistand gebeten, gegen die Sorgerechtszuteilung an die Mutter zu rekurrieren, weil es seine Meinung geändert hatte. Somit hätte das Kind im Beschwerdeverfahren erneut angehört werden müssen.

72 Kassationsgericht ZH, 21. August 2004, in FamPra.ch 5 (2004), 973; Freiburghaus, HandKomm, Art. 144 N 20. Anderer Meinung Reusser a.a.O. Nr. 4.93. Eine alleinige Anhörung durch den Erziehungsbeistand gestützt auf Art. 308 Abs. 2 genügt den Anforderungen von Art. 144 Abs. 2 ebenso wenig, BGer 5P.276/2005 E. 3.3.

73 Ebenso Sutter/Freiburghaus, Art. 144 N 37; Freiburghaus, HandKomm, Art. 144 N 20; Freiburghaus, Auswirkungen der Scheidungsrechtsrevision auf die Kinderbelange und die vormundschaftlichen Organe, in ZVW 54 (1999), 142; Bräm, Die Anhörung des Kindes aus rechtlicher Sicht, in SJZ 95 (1999), 309 ff., 310; a. M. Perrin, Le droit de l'enfant à être entendu personnellement par le juge dans les procédures les concernant, in Semjud 119 (1997), 219 ff., 227.

des kollidiert mit dem Anspruch der Eltern auf *rechtliches Gehör*. Diesem ist Genüge getan, wenn im Protokoll das Ergebnis der Anhörung, nicht aber die Einzelheiten des Gesprächsinhalts festgehalten werden, die Eltern darüber informiert werden und sie vor dem Zuteilungsentscheid dazu Stellung nehmen können. Eine formelle *Protokollierung* des Gesprächs ist daher weder erforderlich noch zulässig.[74] Dasselbe gilt auch für den vom Gericht bei einer Psychiaterin angeforderten Bericht. Auch hier genügt die Bekanntgabe des Ergebnisses (BGer 5A_361/2010 E. 2.2).

47   5. *Zeitpunkt*. Was den *Zeitpunkt der Anhörung des Kindes* betrifft, findet diese sinnvollerweise unmittelbar nach der getrennten und gemeinsamen Anhörung der Eltern (111[1]) statt.[75] Allerdings ist das Gericht erst nach der Anhörung der Kinder in der Lage, die Genehmigungsfähigkeit der Scheidungsvereinbarung (111[2] ZGB, 279[1] ZPO) zu beurteilen.[76] Daher ist womöglich nach der ersten Anhörungssitzung eine zweite Sitzung für die Anhörung der Eltern anzuordnen (111[1] ZGB). Wenn die Kinderbelange streitig sind, erfolgt die Anhörung der Kinder in der Regel im Rahmen des Beweisverfahrens.[77]

c. Die Abklärung der Verhältnisse

48   Die *Grundsätze* für die Ermittlung des Sachverhalts sind in Art. 296 ZPO enthalten (vor dem 1. Januar 2011: Art. 145 aZGB). Danach erforscht das Gericht den Sachverhalt von Amtes wegen. Über Art. 296 Abs. 2 ZPO hinaus (Mitwirkungspflicht bei Abstammungsverfahren) gilt eine allgemeine Mitwirkungspflicht der Parteien (BGer 5A_722/2007 E. 5.1).[78] Für die Ermittlung des für die Kinderbelange massgebenden Sachverhalts gilt mithin (wie für die scheidungsbegründenden Tatsachen: hierzu 277[3] ZPO, vorne N 17) die *Untersuchungsmaxime* (auch hinsichtlich des Kindesunterhalts: BGer 5A_475/2011 E. 4.3 ff.).[79] Gestützt darauf kann das Gericht Sachverständige beiziehen und Erkundigungen bei der Kindesschutzbehörde oder einer in der Jugendhilfe tätigen Stelle vornehmen. Das war in Art. 145 aZGB noch explizit erwähnt, ergibt sich

---

74   BGer 5C.210/2000 E. 2a; BODENMANN/RUMO-JUNGO a.a.O. 39 f.; BRÄM a.a.O. 311; REUSSER a.a.O. Nr. 4.86; SUTTER/FREIBURGHAUS, Art. 144 N 27 ff.; FREIBURGHAUS, HandKomm, Art. 144 N 16; SCHWEIGHAUSER, Komm ZPO, Art. 298 N 33.

75   So SUTTER/FREIBURGHAUS, Art. 144 N 20; a. M. SCHWEIGHAUSER, Komm ZPO, Art. 298 N 26; BAUMANN, ZPOKomm, Art. 298 N 6.

76   Ebenso SUTTER/FREIBURGHAUS, Art. 111 N 29; VERENA BRÄM, Scheidung auf gemeinsames Begehren, in Stiftung für juristische Weiterbildung Zürich (Hrsg.), Das neue Scheidungsrecht (Zürich 1999), 9 ff., 17; DIES., Scheidung auf gemeinsames Begehren, in AJP 8 (1999), 1514; offenbar auch FANKHAUSER, FamKomm, Art. 111 N 16, 18 f.; differenziert RUTH REUSSER, Die Scheidungsgründe und die Ehetrennung, in Heinz Hausheer (Hrsg.), Vom alten zum neuen Scheidungsrecht (Bern 1999), ASR 625, Nr. 1.43 ff.; REGULA RHIMER, Die Scheidungsvoraussetzungen nach revidiertem schweizerischen Recht (Art. 111–116 ZGB) (Diss. Zürich 2001), ZStP 165, 147.

77   SUTTER/FREIBURGHAUS, Art. 144 N 21.

78   SCHWEIGHAUSER, Komm ZPO, Art. 296 N 24 ff.; BAUMANN, ZPOKomm, Art. 296 N 4.

79   Statt vieler BAUMANN, ZPOKomm, Art. 296 N 2 f. und ausführlich SUTTER/FREIBURGHAUS, Art. 145 N 8 ff.; SCHWEIGHAUSER, Komm ZPO, Art. 296 N 9 f.

aber bereits aus der richtig angewendeten Untersuchungsmaxime.[80] Ferner schreibt das Gesetz die *Dispositionsmaxime* fest, wenn es in 296³ ZPO erklärt, das Gericht entscheide ohne Bindung an die Parteianträge. Was schliesslich die Beweiswürdigung angeht, gilt gemäss Art. 157 ZPO für den ganzen Zivilprozess der Grundsatz der *freien Beweiswürdigung*. Das musste für die Kinderbelange (anders als noch in 139¹ aZGB) nicht speziell erwähnt werden. Aufgrund der uneingeschränkten Untersuchungsmaxime geht die freie Beweiswürdigung bei den Kinderbelangen weiter: Hier gilt von Bundesrechts wegen der sogenannte *Freibeweis*.[81]

d. Die Vertretung des Kindes[82]

Mit dem Scheidungsrecht von 1998/2000 wurde das Institut der Vertretung des Kindes, der vielfach sogenannte Anwalt des Kindes[83], ins geltende Recht eingeführt. Die beiden einschlägigen Art. 299 und 300 ZPO regeln zunächst die Voraussetzungen für die Anordnung der Vertretung (1., N 50 f.) und alsdann die Aufgaben des Beistandes (2., N 52 ff.), der die Vertretung ausübt.   49

1. Die Voraussetzungen

Gemäss Art. 299 ZPO ordnet das Gericht *wenn nötig* die Vertretung des Kindes im Prozess an und bezeichnet eine in fürsorgerischen und rechtlichen Belangen erfahrene Person. (Die Bezeichnung der Vertretungsperson war vor Inkrafttreten der ZPO gemäss 147¹ ZGB der Erwachsenenschutzbehörde, damals noch Vormundschaftsbehörde, vorbehalten.) Das Gesetz lässt es aber nicht bei dieser ausfüllungsbedürftigen, auf das pflichtgemässe gerichtliche Ermessen gemäss Art. 4 verweisenden Bestim-   50

---

80 Sutter/Freiburghaus, Art. 145 N 17 und 24.

81 Schweighauser, Komm ZPO, Art. 296 N 15; Sutter-Somm a.a.O. Nr. 5.09. Zum Freibeweis s. BGE 122 I 55, wonach (in casu im Bereich des Kindesschutzes) «die zuständige Behörde nach eigenem Ermessen auf unübliche Art Beweise erheben und von sich aus Berichte einholen» kann, «auch wenn das im kantonalen Verfahrensrecht nicht ausdrücklich vorgesehen ist; massgebend ist in erster Linie das Wohl des Kindes.» Zu einem erheblichen Teil ist dies nun im Bundesrecht auch schon durch Art. 144 Abs. 2 vorgesehen; BGE 111 II 229. S. zum Ganzen auch Vogel a.a.O. 609 ff.

82 Zum Ganzen s. Jonas Schweighauser, Die Vertretung der Kindesinteressen im Scheidungsverfahren – Anwalt des Kindes (Diss. Basel 1998), BStR 42; Patricia Levante, Die Wahrung der Kindesinteressen im Scheidungsverfahren – die Vertretung des Kindes im Besonderen (Diss. St. Gallen 2000); Schreiner/Schweighauser, Die Vertretung von Kindern in zivilrechtlichen Fragen, in FamPra.ch 3 (2002), 524 ff., 525 ff.; Yolanda Mutter-Freuler, Die Vertretung des Kindes im Zivilverfahren: Ein Vergleich des schweizerischen und des kanadischen Rechts (Diss. Zürich 2004, Zürich/Basel/Genf 2005); Stefan Blum/Michelle Cottier/Daniela Migliazza, Anwalt des Kindes: ein europäischer Vergleich zum Recht des Kindes auf eigene Vertretung in behördlichen und gerichtlichen Verfahren (Bern 2008), Schriftenreihe zum Familienrecht FamPra.ch 9. Birgit Sambeth Glasner, Audition et représentation de l'enfant du point de vue du curateur de représentation légale, respectivement de l'avocat d'enfant, in Marianne Heer/Renate Pfister-Liechti (Hrsg.), Das Kind im Straf- und Zivilprozess, L'enfant dans le procès pénal et le procès civil (Bern 2002), 61 ff.; Schweighauser, Komm ZPO, Art. 299 N 1 ff.; Baumann, ZPOKomm, Art. 299 N 1 ff.

83 Statt vieler s. Hegnauer, «Der Anwalt des Kindes», in ZVW 49 (1994), 181 ff.

mung bewenden. Vielmehr zählt es in Art. 299 Abs. 2 ZPO unter «insbesondere» (frz. en particulier) jene Fälle auf, bei denen das Gericht die Bestellung eines Beistandes *obligatorisch zu prüfen* (aber nicht zwingend anzuordnen: BGer 5A_735/2007 E. 2.1) hat. Gemäss Art. 299 Abs. 3 ZPO ist schliesslich die Beistandschaft *zwingend anzuordnen,* wenn das urteilsfähige Kind einen entsprechenden Antrag stellt. In allen drei Fällen steht das Kindeswohl im Vordergrund.[84]

51   Die in Art. 299[2] ZPO *beispielhaft aufgezählten Fälle,* in denen das Gericht die Anordnung der Vertretung obligatorisch zu prüfen hat, sind folgende: Eine Prüfung ist zunächst erforderlich, wenn *die Eltern* bezüglich der Zuteilung der elterlichen Obhut oder Sorge oder bezüglich wichtiger Fragen des persönlichen Verkehrs *unterschiedliche Anträge* stellen (Ziff. 1), ferner, wenn *die Kindesschutzbehörde oder ein Elternteil es beantragt* (Ziff. 2), und schliesslich, wenn zwar die Eltern gemeinsame Anträge über die Zuteilung der elterlichen Obhut oder Sorge oder den persönlichen Verkehr stellen, das Gericht aber aufgrund der Anhörung der Eltern oder des Kindes oder aus anderen Gründen *erhebliche* Zweifel *an der Angemessenheit dieser gemeinsamen Anträge* hegt (Ziff. 3 erster Teil) oder aber die Anhörung der Eltern oder des Kindes oder andere Gründe *Anlass dazu geben, den Erlass von Kindesschutzmassnahmen zu erwägen* (Ziff. 3 in fine).[85]

2. Bestellung und Aufgaben

52 Von der *Bestellung* (frz. désignation) des Beistandes handelt Art. 299[1] ZPO. Das Gesetz verlangt ausdrücklich, dass eine in fürsorgerischen und rechtlichen Fragen erfahrene Person zur Beiständin zu ernennen ist. Das kann, muss aber nicht eine Anwältin und auch keine Person mit juristischem Hochschulabschluss sein. Dennoch sind vertiefte Kenntnisse im Familien- und Prozessrecht erforderlich.[86] Die bundesrechtliche Umschreibung der Qualifikationen ist ein Mindeststandard. Das kantonale Recht kann weitere Anforderungen hinsichtlich Aus- und Weiterbildung vorsehen.[87]

53 Die *Aufgaben* und dementsprechend die *Rechtsstellung der Beiständin* sind in *Art. 300 ZPO* umschrieben. Die Beiständin *kann* für bestimmte Kinderbelange *Anträge stellen und Rechtsmittel einlegen.* Diese Rechte stehen ihr zu, soweit es um die *Zuteilung der elterlichen Sorge,* um *wichtige Fragen des persönlichen Verkehrs* oder um *Kindesschutzmassnahmen* geht. Nicht in ihren Kompetenzbereich fallen demnach unterhaltsrecht-

---

84 BGer 5A_735/2007 E. 4.1. Zu den Gründen, aus denen von einer Prozessvertretung abzusehen ist, s. ebenda sowie BGer 5A_619/2007 E. 4.2.

85 Eine vorzeitige Abbestellung der gerichtlich angeordneten Kindesvertretung ist dann möglich, wenn deren Voraussetzungen weggefallen sind. Wurde die Kindesvertretung auf Antrag des urteilsfähigen Kindes angeordnet, ist sie auf dessen Begehren hin auch wieder aufzuheben, sofern keine wichtigen Gründe i. S. v. Art. 299 Abs. 1 und 2 ZPO für ihre Aufrechterhaltung vorliegen (Kassationsgericht ZH, 31. Januar 2008, in FamPra.ch 9 (2008), 714 ff.).

86 Schweighauser, FamKomm, Anh ZPO 299 N 30; Schweighauser, Komm ZPO, Art. 299 N 27; Baumann, ZPOKomm, Art. 299 N 10; Sutter/Freiburghaus, Art. 146/147 N 31.

87 Schweighauser, FamKomm, Anh ZPO 299 N 29; Schweighauser, Komm ZPO, Art. 299 N 26; Sutter/Freiburghaus, Art. 146/147 N 34; Freiburghaus, HandKomm, Art. 146 N 8.

liche Fragen.[88] Das Kind erhält durch die Bestellung der Beiständin in den erwähnten Kinderbelangen letztlich Parteistellung.[89] Immerhin kann das Kind der Beiständin nicht bindende Weisungen geben, wenn diese auch auf dessen Meinung Rücksicht nehmen muss.[90]

Art. 147[3] aZGB (vor Inkrafttreten der ZPO) sah vor, dass dem Kind *keine Gerichts- oder*   54
Parteikosten auferlegt werden dürfen. Diese Regel sagte nur, dass das Kind die Kosten nicht zu tragen hat, schwieg sich aber darüber aus, *wer* sie überhaupt tragen musste. Auch wenn die ZPO diese Frage nicht explizit regelt, gehören diese Kosten entweder zu den Verfahrenskosten oder sie sind im Sinn von Art. 276 Abs. 1 ZGB Teil der Unterhaltskosten und von den Eltern nach Massgabe des Eherechts (163 i. V. m. 278[1]) zu tragen. In beiden Fällen tragen die Eltern die Kosten.[91]

VII. Die Rechtsmittel

Während vor Inkrafttreten der ZPO die Art. 148 und 149 ZGB sich mit den Rechts-   55
mitteln gegen ein Scheidungsurteil beschäftigten, sind diese Regeln nun in Art. 308 ff. ZPO enthalten, welche die Rechtsmittel gemeinhin regeln.

a. Im Allgemeinen

Ordentliche Rechtmittel. Das Scheidungsurteil ist ein Endurteil gemäss Art. 308 Abs. 1   56
lit. a ZPO und daher mit *Berufung* anfechtbar. Darüber hinaus ist seit dem 1. Januar 2007 auch das Bundesgerichtsgesetz (BGG) einschlägig. Da ein Scheidungsverfahren zweifellos eine Zivilsache darstellt, ist gegen das letztinstanzliche kantonale Urteil die *Beschwerde in Zivilsachen* (72 BGG)[92] an das Bundesgericht gegeben.[93] Der Entscheid,

---

88 So eindeutig Botsch. a.a.O. 148. Im Nationalrat wurde ein Antrag auf Ausdehnung des Kompetenzbereichs auf den Kindesunterhalt mit 88 zu 47 Stimmen abgelehnt (Amtl. Bull. 1997 NR, 2736).

89 So auch HEGNAUER, Die Wahrung der Kindesinteressen im Scheidungsprozess, in AJP 3 (1994), 888 ff., 893. SUTTER/FREIBURGHAUS, Art. 146/147 N 2, verneint die Parteistellung des Kindes aus dogmatischer Sicht, bejaht sie aber vom Ergebnis her. Weiter gehen STECK, Die Vertretung des Kindes im Prozess, in AJP 8 (1999), 1558 ff., 1560; BUCHER, Aspects internationaux du nouveau droit du divorce, in Semjud 123 (2001), II 25 f., 59, und RUMO-JUNGO a.a.O. 1591, welche die *Parteistellung unabhängig* von der Ernennung eines Beistandes bejahen.

90 BGer 5A_619/2007 E. 4.2; 5P.84/2006 und 5P.83/2006 E. 3.4 gehen wohl davon aus, dass die Prozessbeiständin die Wünsche des Kindes kritisch zu würdigen hat.

91 BAUMANN, ZPOKomm, Art. 299 N 12.

92 Vorher konnte ein Scheidungsurteil im Rahmen der zivilrechtlichen Berufung bei nichtvermögensrechtlichen Zivilsachen an das Bundesgericht weitergezogen werden: Art. 44 lit. b[bis] OG.

93 Sind einzig noch die vermögensrechtlichen Folgen der Scheidung, insbesondere Unterhaltsbelange, streitig, ist die Streitwertgrenze zu beachten. Vgl. BGer 5A_673/2007 E. 1.1; GÜNGERICH, BeHandkomm, Art. 51 BGG N 13; RUDIN, BaKomm, Art. 51 BGG N 13, 16; und betreffend den Unterhaltsbeitrag im Rahmen vorsorglicher Massnahmen: BGer 5A_95/2008 E. 1.1; 5A_706/2007 E. 1.1. Wird der Mindestwert nicht erreicht und greift keine der Ausnahmebestimmungen, besteht die Möglichkeit, mittels subsidiärer Verfassungsbeschwerde (Art. 113 ff.

der die Scheidung der Ehegatten ausspricht und selbständig eröffnet wird, bildet einen Teilentscheid. Dieser kann oder muss vor Bundesgericht sofort angefochten werden (137 III 422 E. 1.1).

57   Der Grundsatz der *Teilrechtskraft* war bereits in *Art. 148 Abs. 1 erster Teilsatz* aZGB geregelt und ist nun in Art. 315 Abs. 1 ZPO enthalten. Danach hemmt die Einlegung eines Rechtsmittels den Eintritt der Rechtskraft «im Umfang der Anträge». Diese Regel bezieht sich nur auf ordentliche Rechtsmittel.[94] Die (Teil-)Rechtskraft des kantonalen Urteils tritt von Bundesrechts wegen erst ein, wenn die Frist für die Berufung bzw. zur Anschlussberufung abgelaufen ist (126 III 264 f. E. 3b). – Die Regel des Eintritts der Teilrechtskraft erleidet eine Einschränkung im Bereich des Unterhalts (282[2] ZPO): Wird der Unterhaltsbeitrag für den Ehegatten angefochten, so kann die Rechtsmittelinstanz auch die nicht angefochtenen Unterhaltsbeiträge für die Kinder neu beurteilen. Ohne diese Bestimmung könnten die Kinderunterhaltsbeiträge nicht vor der Rechtsmittelinstanz geändert werden. Umgekehrt können die nachehelichen Unterhaltsbeiträge nicht geändert werden (keine Durchbrechung der Rechtskraft), wenn einzig der Kinderunterhalt angefochten ist.[95] Diese Ausnahme vom Grundsatz der Teilrechtskraft gilt wohl nur für die kantonalen Rechtsmittel und nicht auch für die Beschwerde in Zivilsachen vor Bundesgericht (72 BGG).[96]

58   *Revision.* Art. 148 Abs. 2 aZGB befasste sich mit der Anfechtung einer rechtskräftigen Vereinbarung über die vermögensrechtlichen Scheidungsfolgen wegen Mängeln im Vertragsschluss. Neu richtet sich die Anfechtung von rechtskräftigen Vereinbarungen über die Scheidungsfolgen nach den allgemeinen Bestimmungen über die Revision von zivilrechtlichen Entscheiden (328 ff. ZPO). Einschlägig ist Art. 328 Abs. 1 lit. c ZPO, welcher die Willensmängel umfasst.[97] Somit kann eine Vereinbarung (in Anlehnung an Art. 23 ff. OR) wegen Irrtum, absichtlicher Täuschung und Furchter-

---

BGG) die Verletzung verfassungsmässigem Recht zu rügen. Vgl. RUDIN, BaKomm, Art. 74 BGG N 63 ff.; GÜNGERICH, BeHandkomm, Art. 74 BGG N 3. Nach JEAN-FRANÇOIS POUDRET, Commentaire de la loi fédéreale d'organisation judicaire du 16 décembre 1943, Band V, Bern 1992, Art. 44 OG N 1.3.2, gelten auch Verfahren, in denen einzig noch die güterrechtliche Auseinandersetzung streitig ist, als vermögensrechtliche und unterliegen mithin der Streitwertgrenze. Da das Ergebnis der güterrechtlichen Auseinandersetzung für die Bemessung der Unterhaltsbeiträge und die Teilung der Vorsorgeguthaben berücksichtigt werden muss, sind diese Beträge in den massgeblichen Streitwert für das güterrechtliche Verfahren einzubeziehen.

94   Gemäss SUTTER/FREIBURGHAUS, Art. 148 N 5, können ausserordentliche Rechtsmittel höchstens dazu führen, dass durch gerichtliche Anordnung die Vollstreckbarkeit des angefochtenen Entscheids vorläufig aufgeschoben wird.

95   FREIBURGHAUS, HandKomm, Art. 148 N 3; DOLGE, ZPOKomm, Art. 282 N 14.

96   FREIBURGHAUS, HandKomm, Art. 148 N 4; FANKHAUSER, Komm ZPO, Art. 282 N 22; FANKHAUSER, FamKomm Scheidung, Art. 148 N 44. Anders noch zur Situation vor Inkrafttreten der ZPO SUTTER/FREIBURGHAUS, Art. 148 N 17.

97   FREIBURGHAUS, HandKomm, Art. 148 N 5.

regung mit Revision angefochten werden.[98] Nach anderer, wohl richtiger Ansicht[99] ist bei einer Scheidung auf gemeinsames Begehren eine Scheidungskonvention nicht mit einem Prozessvergleich gleichzustellen, da die Vereinbarung mit der Aufnahme in das Urteilsdispositiv ihren privatrechtlichen Charakter verliert und zum vollwertigen Bestandteil des Scheidungsurteils wird. Sie ist daher mit dem ordentlichen Rechtsmittel der Berufung anfechtbar (308 ZPO). Die Vereinbarung kann nur wegen Willensmängeln angefochten werden. Werden diese während der Berufungsfrist entdeckt, ist Berufung zu erheben (308 ZPO). Werden sie erst nach Eintritt der Rechtskraft entdeckt, so steht die Revision nach Art. 328 Abs. 1 lit. a ZPO zur Verfügung.[100]

b. Bei Scheidung auf gemeinsames Begehren

Vom *Rechtsmittel bei Scheidung auf gemeinsames Begehren* handelt Art. 289 ZPO. 59 Danach kann die Scheidung der Ehe nur wegen Willensmängeln mit Berufung angefochten werden. Die vor Inkrafttreten der ZPO in Art. 149 aZGB geregelte Berufung wegen *Verletzung von Verfahrensvorschriften* ist in Art. 289 ZPO nicht mehr vorgesehen. Somit kann das Urteil über eine Scheidung auf gemeinsames Begehren im Scheidungspunkt nicht mehr wegen Verletzung von Verfahrensvorschriften angefochten werden.[101] Ebenfalls nicht mehr geregelt ist die vor Inkrafttreten der ZPO vorgesehen gewesene Möglichkeit des Widerrufs der Scheidung auf gemeinsames Begehren (149² aZGB) im Fall der Anfechtung der Scheidungsvereinbarung mit einem ordentlichen Rechtsmittel.[102] Damit wird die Vereinfachung bezweckt.[103]

Der *Verzicht auf eine auf gemeinsames Begehren erfolgte Scheidung,* welche von kei- 60 ner Partei angefochten und somit teilrechtskräftig wurde, ist zulässig: Das Urteil ist zwar bezüglich dem Scheidungspunkt teilrechtskräftig, jedoch ist das Scheidungsverfahren noch nicht abgeschlossen. Beantragen die «Eheleute» dem Gericht auf eine Scheidung zu verzichten, muss das Gericht dem Antrag stattgeben: Es ist nicht Sinn des Scheidungsrechts, die Parteien, die über die Nebenfolgen ihrer Scheidung weiter-

---

98 Nach der Gesetzessystematik des OR fällt die Übervorteilung nicht darunter, s. SUTTER/FREIBURGHAUS, Art. 148 N 30; Botsch. a.a.O. 150; FREIBURGHAUS, HandKomm, Art. 148 N 5; a. M. SEILER, Die Berufung nach ZPO, Zürich 2013, N 311, der im Zusammenhang mit Art. 289 ZPO auch die Übervorteilung zu den Willensmängeln zählt.

99 SEILER a.a.O. N 321.

100 FANKHAUSER, FamKomm Anh ZPO 289 N 7, 10; FANKHAUSER, Komm ZPO, Art. 289 N 7 ff. S. dazu auch SUTTER-SOMM/GUT, Komm ZPO, Art. 279 N 26; STEIN-WIGGER, FamKomm Anh ZPO 279 N 38; SIEHR/BÄHLER, BaKomm ZPO, Art. 279 N 6a.

101 SEILER, a.a.O., N 309, mit Hinweisen auf die Botschaft ZPO, 7364; THOMAS SUTTER-SOMM, Das familienrechtliche Verfahren nach der Schweizerischen Zivilprozessordnung, Vierte Schweizer Familienrechtstage, Schriftenreihe zum Familienrecht FamPra.ch 10, 79 ff., 86; SUTTER-SOMM, Schweizerisches Zivilprozessrecht (2. A. Zürich 2012), Zivilprozessrecht, 1270; FANKHAUSER, Komm ZPO, Art. 289 N 1; a. M. BOHNET, Les procédures spéciales, 317 f.; HAUSHEER/GEISER/AEBI-MÜLLER, Familienrecht, N 10.184.

102 SUTTER/FREIBURGHAUS, Art. 149 N 6, 11 f. und 41; FREIBURGHAUS, HandKomm, Art. 149 N 1.

103 BBl 2006, 7221 ff., 7364; FANKHAUSER, Komm ZPO, Art. 289 N 1; FANKHAUSER, FamKomm Anh ZPO 289 N 1.

hin im Streit sind, an einer Einigung zu hindern und in eine Scheidung mit Nebenfolgen zu zwingen, die sie beidseitig nicht wollen. Die Folgen einer Unumstösslichkeit der teilrechtskräftigen Scheidung wären unbillig (AppGer Basel Stadt, 26. Oktober 2009, BJM 58 (2011), 152 ff., E. 2.1.

§ 26 Die Ehetrennung

In der Revision 1998/2000 hat der Gesetzgeber neben der Ehescheidung das *Institut*   1
der Ehetrennung (La séparation de corps) *beibehalten* und ihm die Art. 117 und 118
gewidmet. Die Möglichkeit der Trennung soll der Privatautonomie der Eheleute Rechnung tragen und folgt damit einer der Leitlinien der Revision.[1] Insbesondere wird sie
wohl v. a. für Eheleute in Frage kommen, die aus religiösen Gründen eine Scheidung
ablehnen.[2] Allerdings sind die Wirkungen der – ohne gerichtlichen Entscheid möglichen – Aufhebung des gemeinsamen Haushalts (175 f.) mit jenen einer gerichtlichen
Trennung, abgesehen vom automatischen Eintritt der Gütertrennung (vgl. aber 176[1]
Ziff. 3 mit 118[1]) identisch. Das drängt die praktische Bedeutung[3] der Ehetrennung
stark in den Hintergrund und macht sie aus rein dogmatischen Gründen überflüssig.[4]
Selbst wenn die Aufrechterhaltung der Trennung aus psychologischen und religiösen
Gründen gerechtfertigt sein mag, ist darauf hinzuweisen, dass dieser «Schutz» zeitlich
beschränkt ist, kann doch nach zweijährigem Getrenntleben jeder Ehegatte gegen den
Willen des anderen die Scheidung verlangen (114).

I.   Die Voraussetzungen und das Verfahren

a. Die Voraussetzungen

Die *Trennungsgründe* decken sich mit den Scheidungsgründen (117[1]). Im *Vorder-*   2
grund steht das *gemeinsame Trennungsbegehren,* denn bei Uneinigkeit unter den Eheleuten wird die trennungs- bzw. scheidungswillige Partei die Scheidung gestützt auf
Art. 114 verlangen. Auch die Klage auf blosse Trennung (also gerade nicht Auflösung
der Ehe) wegen bzw. trotz Unzumutbarkeit der Fortsetzung der Ehe (115) wird wohl
wegen dieses Widerspruchs in sich selbst[5] geringe praktische Relevanz erlangen: Allerdings wurde in BGE 129 III 1 ein schwerwiegender Grund für die Ehetrennung i. S. v.
Art. 115 bejaht, weil der Ehemann seit mehreren Jahren eine ausserehliche Beziehung

---

1   So Botsch. Ehescheidung 94, in BBl 1996 I 1 ff.

2   RUMO-JUNGO, HandKomm, Art. 117–118 N 1; LEUENBERGER, FamKomm Scheidung, Art. 117/118
    N 1; STECK, BaKomm, Art. 117/118 N 1; Botsch. a.a.O. 94. Die Botschaft erwähnt a.a.O. auch das
    Interesse betagter Ehepaare an der Beibehaltung der mit der Ehe verbundenen erb- und sozial-
    versicherungsrechtlichen Ansprüche und weist darauf hin, dass das Institut nach wie vor in ver-
    schiedenen europäischen Rechtsordnungen vorgesehen ist.

3   Im Jahr 2007 gab es bei 19 882 Scheidungen nur gerade 161 Ehetrennungen, Bundesamt für Sta-
    tistik, Scheidungen, Trennungen und Ungültigerklärungen, T 1.2.2.2.3.1, http://www.bfs.admin.
    ch/bfs/portal/de/index/themen/01/06/blank/key/06/06.Document.20 615.xls (zuletzt besucht am
    3. September 2008). Vgl für das Partnerschaftsgesetz, Botschaft PartG, BBl 2003, 1356, wo auf das
    Institut der Trennung gänzlich verzichtet wurde.

4   Ähnlich SUTTER/FREIBURGHAUS, Art. 117/118 N 5, 10; LEUENBERGER, FamKomm, Art. 117/118
    N 3.

5   SUTTER/FREIBURGHAUS, Art. 117/118 N 13; RUMO-JUNGO, HandKomm, Art. 117–118 N 3; kri-
    tisch LEUENBERGER, FamKomm Scheidung, Art. 117/118 N 4.

unterhielt, aus der vier Kinder hervorgegangen waren. Unter den gegebenen Umständen bedeutete es keinen Rechtsmissbrauch, dass die Ehefrau bloss auf Ehetrennung geklagt hatte (a.a.O. 3 ff. E. 2).

3   Die Trennung ist stets auf unbestimmte Zeit auszusprechen, und deren Dauer hat auch keine Bedeutung für den Scheidungsanspruch, da für das Getrenntleben gemäss Art. 114 die faktische, nicht die rechtliche Trennung ausschlaggebend ist.

b. Das Verfahren

4   Auf das *Trennungsverfahren* ist ebenso die ZPO anwendbar wie auf das Scheidungsverfahren. Art. 294[1] ZPO (vor dem 1. Januar 2011: 117[2] aZGB) erklärt die Vorschriften über die Scheidungsklage für sinngemäss anwendbar. Damit sind die Art. 274 ff. ZPO gemeint, unter Ausschluss der Art. 280 und 281 betreffend den Vorsorgeausgleich, der bei der Ehetrennung nicht erfolgt. Die örtliche Zuständigkeit ist in Art. 23 ZPO geregelt, der für eherechtliche Gesuche und Klagen (also für das gemeinsame Begehren und die Klage auf Trennung sowie für die Abänderung des Trennungsurteils) zwingend den Wohnsitz einer der Parteien als Wahlgerichtsstand bezeichnet.

5   Das Trennungsurteil erlangt, anders als Eheschutzmassnahmen, *materielle Rechtskraft* und kann daher auch nur bei wesentlicher Veränderung der Verhältnisse (129, 134) abgeändert werden. Daher bedarf es für die Gutheissung einer Scheidungsklage nach Art. 115 neuer Tatsachen, wenn die Klage auf Trennung mit rechtskräftigem Urteil abgewiesen worden ist.[6] Daran ändert auch Art. 117 Abs. 3 nichts, da das *Recht, die Scheidung zu verlangen,* durch das Trennungsurteil *nicht berührt* wird (frz.: «n'a pas d'incidences sur le droit de demander le divorce»). Diese Bestimmung stellt vielmehr klar, dass durch das Trennungsurteil eine spätere Scheidung weder erleichtert noch erschwert wird (135 V 361 E. 5.3.3).[7] Der Scheidungsanspruch wird mithin durch das Trennungsurteil nicht konsumiert, und die zweijährige Frist des Art. 114 beginnt mit dem Trennungsurteil nicht neu zu laufen. Unabhängig von einem allfälligen Trennungsurteil auf gemeinsames Begehren hat somit jede Partei nach zweijährigem faktischen Getrenntleben einen Scheidungsanspruch gestützt auf Art. 114.

6   Schliesslich sei auf *Art. 294 Abs. 2 ZPO* hingewiesen, wonach die Trennungsklage bis zum Beginn der Urteilsberatung in eine Scheidungsklage umgewandelt werden kann. Der Grundsatz in Art. 138[2] aZGB, wonach die Scheidungsklage jederzeit in eine Trennungsklage umgewandelt werden kann, solange im Scheidungspunkt kein (teil-) rechtskräftiges Urteil besteht, gilt weiterhin, auch ohne explizite Erwähnung: Eine Scheidung kann scheidungsunwilligen Paaren ja schliesslich nicht gegen deren Willen

---

6   Thomas Sutter-Somm, Neuerungen im Scheidungsverfahren, in Heinz Hausheer (Hrsg.), Vom alten zum neuen Scheidungsrecht (Bern 1999), ASR 625, Nr. 5.22 Anm. 41; Sutter/Freiburghaus, Art. 117/118 N 16.

7   Botsch. a.a.O. 94; Rumo-Jungo, HandKomm, Art. 117–118 N 5; Steck, BaKomm, Art. 117/118 N 10; Leuenberger, FamKomm Scheidung, Art. 117/118 N 6.

aufgezwungen werden, nur weil sie einmal ein Scheidungsbegehren gestellt hatten (so zum bisherigen Recht 96 II 67 f. E. 1).[8]

II. Die Trennungsfolgen

Während die Ehescheidung die Ehe rechtlich beendet, wird das *Eheband* durch die   7
Trennung, auch «Trennung von Tisch und Bett» (séparation de corps) genannt, *nicht
aufgelöst*. Daher bleibt der Personenstand beider Eheleute sowie deren gegenseitiges Erbrecht unverändert (vgl. dazu 135 V 361 E 5.3.3). Nur die Pflicht zur ehelichen Gemeinschaft, zum Zusammenleben der Ehegatten, wird aufgehoben. Da die Ehe rechtlich bestehen bleibt, ist eine neue Eheschliessung (mit einer anderen Partnerin bzw. einem anderen Partner) ausgeschlossen. Diese Hauptwirkung der Trennung ist in Art. 118, der die Trennungsfolgen regelt, nicht erwähnt. Die Vorschrift enthält einzig in Abs. 1 eine materielle Trennungsfolge: Danach tritt mit der Trennung *von Gesetzes wegen* (anders 176[1] Ziff. 3) *der ausserordentliche Güterstand der Gütertrennung* ein. Der massgebliche Zeitpunkt für die Auflösung des bisherigen Güterstandes richtet sich nach Güterrecht (204[2], 236[2]). In Abs. 2 verweist Art. 118 auf die Bestimmungen über die *Massnahmen zum Schutz der ehelichen Gemeinschaft*, welche sinngemäss Anwendung finden. Darin zeigt sich, dass die Ehetrennung mit Bezug auf *die Wirkungen* weit mehr der Aufhebung des gemeinsamen Haushalts nach Art. 175 als der Scheidung gleicht (135 V 361 E 5.3.3): Dies gilt namentlich mit Bezug auf den ehelichen Unterhalt (163, nicht 125), für dessen Abänderung (179[1], nicht 129, so dass später nicht nur eine Herabsetzung, sondern auch eine Erhöhung möglich ist[9], zum früheren Recht s. 95 II 73) oder mit Bezug auf die Wohnung (176[1] Ziff. 2, nicht 121).[10] Die Folgen der Trennung auf die Kinder richten sich nach Art. 176 Abs. 3, der auf die Bestimmungen über die Wirkungen des Kindesverhältnisses (270 ff.) verweist.

---

8   SUTTER/FREIBURGHAUS, Art. 138 N 25; STECK, BaKomm, Art. 117/118 N 10a; SUTTER-SOMM/
    LAZIC, Komm ZPO, Art. 294 N 7; zur Frage der Änderung der Trennungs- in eine Scheidungs-
    klage s. SUTTER/FREIBURGHAUS, Art. 138 N 30.
9   STECK, BaKomm, Art. 117/118 N 17; SUTTER/FREIBURGHAUS, Art. 117/118 N 26; BRÄM,
    ZüKomm, Art. 179 N 10 ff.
10 RUMO-JUNGO, HandKomm, Art. 117/118 N 6; LEUENBERGER, FamKomm Scheidung,
    Art. 117/118 N 7 f.; STECK, BaKomm, Art. 117/118 N 11 ff.; HAUSHEER/GEISER/AEBI-MÜLLER,
    Familienrecht, N 10.203.

§ 27 Die gerichtliche Auflösung der eingetragenen Partnerschaft

I. Die Voraussetzungen

1 Wie die Ehe (§ 23 N 1 ff.) kann auch die eingetragene Partnerschaft – ausser durch Tod – nur durch gerichtliches Gestaltungsurteil aufgelöst werden. Das Gesetz verlangt mithin mehr als eine blosse Auflösungserklärung vor dem Zivilstandsamt.[1] Damit wird der institutionelle Charakter der Partnerschaft betont.[2] Wie die Ehe kann die eingetragene Partnerschaft auf gemeinsames Begehren der Partnerinnen oder der Partner (29 PartG) oder auf Klage eines der beiden (30 PartG) aufgelöst werden. Allerdings fallen im Vergleich zur Ehe auch Vereinfachungen auf: So setzt das Verfahren der Auflösung auf gemeinsames Begehren keine getrennte Anhörung der Partnerinnen oder Partner voraus (s. sogl. N 3), und die Auflösung auf Klage ist bereits nach einjährigem Getrenntleben zulässig. Die Auflösung ist somit etwas weniger formell ausgestaltet als bei der Ehe und etwas stärker vom Willensprinzip beherrscht.[3]

2 Das Gesetz kennt *zwei Auflösungsgründe:* die Auflösung auf gemeinsames Begehren (29 PartG) und die Auflösung nach einjährigem Getrenntleben (30 PartG). Eine Auflösung auf Klage einer Partnerin oder eines Partners ist im Unterschied zur Ehe einzig nach Getrenntleben (nicht aber bei Unzumutbarkeit) möglich, diesfalls aber bereits nach einem Jahr und nicht erst nach zwei Jahren (114 ZGB). Diese kurze Frist ist auch der Grund dafür, dass eine Klage wegen Unzumutbarkeit der Fortsetzung der Partnerschaft nicht als nötig erachtet wurde.[4] Das mag grundsätzlich gerechtfertigt sein. Gleichwohl ist nicht zu übersehen, dass beim Vorliegen einer unzumutbaren Situation eine (selbst) einjährige Wartefrist lang sein kann. In krassen Fällen kann daher das Fehlen eines subsidiären Klagegrundes stossend sein.[5] Das Gesetz sieht keine Trennung der Partnerschaft in Analogie zur Ehetrennung gemäss Art. 117 ZGB vor. Jedoch ist jeder Partner gemäss Art. 17 PartG berechtigt, das Zusammenleben aus wichtigen Gründen aufzuheben. Damit kann faktisch eine ähnliche Wirkung wie bei einer Trennung erreicht werden: Das Gericht setzt auf Antrag fest, welche Unterhaltsbeiträge

---

1 HAUSHEER/GEISER/AEBI-MÜLLER, Familienrecht, Nr. 22.36. Kritisch SCHWENZER, Registrierte Partnerschaft: Der Schweizer Weg, in FamPra.ch 3 (2002), 223 ff., 233, nach der eine gemeinsame Erklärung vor dem Zivilstandsamt genügt hätte.

2 PICHONNAZ, Le partenariat enregistré: sa nature et ses effets, in ZSR NF 123 (2004), I 389 ff., 407, 422; s. auch Botsch. PartG, in BBl 2003, 1288 ff., 1345.

3 BÜCHLER, FamKomm PartG, Vorbem. zu Art. 29–35, N 4; GRÜTTER/SUMMERMATTER, Das Partnerschaftsgesetz, in FamPra.ch 5 (2004), 449 ff., 468; MICHEL MONTINI, Die eingetragene Partnerschaft: Abschluss, Auflösung und allgemeine Wirkungen, in Andreas R. Ziegler/Martin Bertschi/Alexandre Curchod/Nadja Herz/Michel Montini (Hrsg.), Rechte der Lesben und Schwulen in der Schweiz (Bern 2007), 165 N 124; ferner HAUSHEER/GEISER/AEBI-MÜLLER, Familienrecht, Nr. 22.37.

4 Botsch. a.a.O. 1325; MONTINI a.a.O. 165 N 124 f.; HAUSHEER/GEISER/AEBI-MÜLLER, Familienrecht, Nr. 22.37.

5 GRÜTTER/SUMMERMATTER a.a.O. 469; PICHONNAZ a.a.O. 424; UMBRICHT LUKAS/GLOOR, FamKomm PartG, Art. 30 N 3.

sich die Partner oder Partnerinnen schulden und regelt die Benützung der Wohnung und des Hausrats.[6]

a. Auflösung auf gemeinsames Begehren

Wie bei der Scheidung auf gemeinsames Begehren (§ 23 N 6 ff.) sind nebst dem *von beiden Seiten geäusserten Auflösungswillen* weitere Voraussetzungen[7] erforderlich: Gemäss Art. 29 PartG handelt es sich dabei um die *Anhörung* der Partnerinnen und der Partner sowie gegebenenfalls um die *Vereinbarung* über die Auflösungsfolgen. Was die Anhörung anbelangt, erfolgt diese im Unterschied zum Ehescheidungsverfahren für die Partnerinnen und Partner einzig gemeinsam, während auf eine getrennte Anhörung verzichtet wurde.[8] Die sachliche Rechtfertigung dieses Unterschieds bleibt zu bezweifeln, muss doch das Gericht hier wie im Scheidungsverfahren die Gewissheit erlangen, dass das Auflösungsbegehren sowie die vereinbarten Auflösungsfolgen auf freiem Willen und reiflicher Überlegung beruhen.[9, 10]

Wie im Scheidungsverfahren unterscheidet das Gesetz zwischen dem gemeinsamen Begehren mit umfassender Einigung (29[1] und [2] PartG) und jenem mit Teileinigung (29[3] PartG).

1. Umfassende Einigung

Die umfassende Einigung bedeutet Einigung betreffend die Auflösung der Partnerschaft sowie betreffend sämtliche Auflösungsfolgen. Das Verfahren beginnt mit der Einreichung eines gemeinsamen Auflösungsbegehrens und einer vollständigen Vereinbarung über die Auflösungsfolgen. Das Gericht hört die Partnerinnen bzw. die Partner gemeinsam an, um sich darüber zu vergewissern, dass das Begehren auf freiem Willen und reiflicher Überlegung beruht und die Vereinbarung genehmigt werden kann. Diese Anhörung kann auf mehrere Sitzungen verteilt werden und setzt grundsätzlich persönliches Erscheinen der Partnerinnen und Partner voraus.[11] Was die Genehmigungsfähigkeit der Vereinbarung anbelangt, enthält das Gesetz keine Vorschriften über die Kriterien, nach denen sich die Genehmigungsfähigkeit beurteilen würde. Auch das Einreichen der «nötigen Belege», wie es in Art. 111 vorausgesetzt wird, bleibt unerwähnt. Auf Grund des allgemeinen Verweises auf die Vorschriften im Scheidungsverfahren (274 ff. ZPO) in Art. 307 ZPO (vor dem 1. Januar 2011: 35 PartG) ist für die Genehmigungsfähigkeit der Auflösungsvereinbarung auf Art. 279 ZPO abzustellen.

3

4

5

---

6   Montini a.a.O. 166 N 125.

7   Montini a.a.O. 171 N 141 ff.

8   Botsch. a.a.O. 1345; Grütter/Summermatter a.a.O. 468; Pichonnaz a.a.O. 422.

9   Ebenso Umbricht Lukas/Gloor, FamKomm PartG, Art. 29 N 17; Pichonnaz a.a.O. 422; eher zustimmend zur Unterscheidung: Grütter/Summermatter a.a.O. 468.

10   Einem allfälligen Bedürfnis nach einer Bedenkfrist betreffend die erst vor Gericht zustande gekommene Vereinbarung über die Auflösungsfolgen kann mit einem befristeten Widerrufsvorbehalt Rechnung getragen werden. So ist sichergestellt, dass die Parteien die Zustimmung nicht unter zeitlichem Druck abgeben müssen; so Gütter/Summermatter a.a.O. 469; Umbricht Lukas/Gloor, FamKomm PartG, Art. 29 N 27.

11   Umbricht Lukas/Gloor, FamKomm PartG, Art. 29 N 18 f.

Demnach muss sich das Gericht (bei der Anhörung sowie gestützt auf Belege[12]) davon überzeugen, dass die Parteien die Auflösungsfolgen aus freiem Willen und nach reiflicher Überlegung abgeschlossen haben.[13] Trifft dies zu, spricht das Gericht die Auflösung der eingetragenen Partnerschaft aus (29² PartG). Das kann gleich nach der Anhörung der Parteien erfolgen: Diesfalls eröffnet das Gericht nach interner Beratung den Entscheid mündlich und händigt ihn u. U. den Parteien im Dispositiv aus.[14]

2. Teileinigung

6   Bei der Teileinigung sind sich die Parteien zwar über die Auflösung der Partnerschaft einig, nicht aber über die (bzw. nicht über alle) Auflösungsfolgen.[15] Mit der Teil- bzw. der fehlenden Einigung befasst sich Art. 29 Abs. 3 PartG. Danach kann das Gericht über diejenigen Auflösungsfolgen entscheiden, über die sich die Parteien nicht verständigen konnten. Vorausgesetzt ist (nebst dem gemeinsamen Auflösungsbegehren) der gemeinsame Antrag der Parteien, dass das Gericht über die streitigen Folgen entscheiden soll. Art. 29 Abs. 3 PartG enthält anders als Art. 112 Abs. 2 ZGB keine Regeln über den Verfahrensablauf bei Teileinigung. Gestützt auf Art. 307 ZPO, wo generell auf die Verfahrensbestimmungen im Scheidungsverfahren verwiesen wird, finden die Regeln von Art. 112 Abs. 2 ZGB und 274 ff. ZPO sinngemäss Anwendung.[16] Wie bei der Scheidung auf gemeinsames Begehren mit Teileinigung erfolgt eine Zweiteilung des Verfahrens: Zuerst wird im nichtstreitigen Verfahren über den Auflösungswillen und die vereinbarten Auflösungsfolgen entschieden. Dabei hat das Gericht die Parteien auch über ihren gemeinsamen Antrag auf gerichtliche Beurteilung der streitigen Auflösungsfolgen anzuhören.[17] Danach mündet das Verfahren in ein streitiges Zweiparteienverfahren (s. dazu § 23 N 17 ff.).[18]

3. Wechsel zur Auflösung auf Klage

7   Gestützt auf Art. 307 ZPO ist in sinngemässer Anwendung von Art. 288³ ZPO ein Wechsel vom Verfahren auf gemeinsames Begehren in das Verfahren auf Klage möglich: Fehlt eine Voraussetzung für die Auflösung der eingetragenen Partnerschaft auf

---

12 Gremper, ZüKomm, Art. 29 PartG N 13 ff.; Umbricht Lukas/Gloor, FamKomm PartG, Art. 29 N 23.

13 Umbricht Lukas/Gloor, FamKomm PartG, Art. 29 N 22; Grütter/Summermatter a.a.O. 468.

14 Umbricht Lukas/Gloor, FamKomm PartG, Art. 29 N 32.

15 Montini a.a.O. 173 N 145.

16 Umbricht Lukas/Gloor, FamKomm PartG, Art. 29 N 34; Umbricht Lukas/Gloor, FamKomm PartG, Art. 35 N 1; sinngemäss ebenso Gremper, ZüKomm, Art. 29 PartG N 35 ff.; Montini a.a.O. 173 N 145.

17 Gremper, ZüKomm, Art. 29 PartG N 35; Umbricht Lukas/Gloor, FamKomm PartG, Art. 29 N 39.

18 Im Einzelnen: Gremper, ZüKomm, Art. 29 PartG N 35 ff.; Umbricht Lukas/Gloor, FamKomm PartG, Art. 29 N 37 ff., N 41 ff.

gemeinsames Begehren, setzt das Gericht den Parteien eine Frist an, innert der eine von ihnen das Auflösungsbegehren durch Klage ersetzen kann (s. dazu § 23 N 20 f.).[19]

b. Auflösung auf Klage

1. Klagegrund

Der Gesetzgeber geht nach Art. 30 PartG davon aus, dass nach Ablauf des *einjährigen Getrenntlebens* die Partnerschaft endgültig zerrüttet ist und mithin der Widerstand gegen die Auflösung nicht mehr schutzwürdig ist.[20] Damit weicht der Gesetzgeber von der scheidungsrechtlichen Trennungsfrist von zwei Jahren ab. Er begründet dies v. a. damit, dass in einer Partnerschaft Gleichgeschlechtlicher die Erwerbsfähigkeit beider nicht oder nur unbedeutend eingeschränkt werde und keine gemeinsamen Kinder vorhanden seien, weshalb es nicht angemessen sei, eine gleich lange Trennungsdauer (als Anpassungsperiode an die neue Situation) wie bei der Ehe vorzusehen.[21] Diese Trennungsfrist ist so kurz, dass der Gesetzgeber darauf verzichtete, die Auflösung (in Analogie zu Art. 115 ZGB) bei unzumutbarer Fortsetzung der Partnerschaft bereits früher zuzulassen (s. oben N 2). Das Vorliegen des Getrenntlebens sowie Beginn, Unterbrechung und Ende der Frist beurteilen sich nach den gleichen Kriterien wie bei der Ehescheidung, weshalb auf die entsprechenden Ausführungen in § 23 N 22 ff. verwiesen sei.[22]

2. Zustimmung zur Klage und Widerklage

Die Verweisung von Art. 307 ZPO auf die Verfahrensbestimmungen erfasst auch Art. 292 ZPO. Danach sind die Bestimmungen der Auflösung auf gemeinsames Begehren sinngemäss anwendbar, wenn die Ehegatten mit der Scheidung einverstanden sind (also eine ausdrückliche Zustimmung oder eine Widerklage zur Auflösungsklage wegen Getrenntlebens vorliegt) und die Getrenntlebensfrist gemäss 30 PartG noch nicht abgelaufen ist. Der Wechsel zur Auflösung auf gemeinsames Begehren erfolgt somit nur dann, wenn nicht die Voraussetzungen der Scheidung wegen Getrenntlebens liquid sind. Diesfalls kann nämlich sogleich die Auflösung gestützt auf Art. 30 PartG ausgesprochen werden.[23]

II. Die Folgen

Unter den Art. 30a–34 regelt das PartG die sog. Nebenfolgen der Auflösung einer eingetragenen Partnerschaft. Die Folgen der Auflösung einer eingetragenen Partnerschaft

---

19 Im Einzelnen: GREMPER, ZüKomm, Art. 29 PartG N 42 f.; UMBRICHT LUKAS/GLOOR, FamKomm PartG, Art. 29 N 48 ff.

20 UMBRICHT LUKAS/GLOOR, FamKomm PartG, Art. 30 N 2.

21 Botsch. a.a.O. 1311; kritisch GREMPER, ZüKomm, Art. 30 PartG N 2; UMBRICHT LUKAS/GLOOR, FamKomm PartG, Art. 30 N 4; GRÜTTER/SUMMERMATTER a.a.O. 470.

22 MONTINI a.a.O. 173 N 146 f.

23 UMBRICHT LUKAS/GLOOR, FamKomm PartG, Art. 30 N 22 ff.

sind primär vermögensrechtlicher Natur. Sie betreffen das Erbrecht (b., N 13), die gemeinsame Wohnung (c., N 14), die berufliche Vorsorge (d., N 15) und den nach-partnerschaftlichen Unterhaltsbeitrag (e., N 16 ff.). Mit der Gesetzesnovelle von 2011 über die Änderung des ZGB (Name und Bürgerrecht) ist ferner eine statusrechtliche Folge hinzugetreten. Sie betrifft den Namen nach der Auflösung (a., N 11 f.). Eine all-fällige güterrechtliche Auseinandersetzung richtet sich gegebenenfalls nach dem Ver-mögensvertrag (§ 37, insb. N 8 ff.).

a. Name

11   Mit Bundesgesetz über die Änderung des ZGB (Name und Bürgerrecht) vom 30. Sep-tember 2011 ist Art. 30a ins PartG eingefügt worden.[24] Danach kann die Person, die ihren Namen bei der Eintragung der Partnerschaft geändert hat, diesen Namen nach der Auflösung behalten. Sie kann aber jederzeit gegenüber dem Zivilstandesamt erklä-ren, dass sie wieder ihren Ledignamen tragen will. Diese Bestimmung nimmt auf den ebenfalls neu eingefügten Art. 12a PartG Bezug, nach dessen Abs. 2 die Partnerinnen oder Partner gegenüber dem Zivilstandsamt erklären können, dass sie den Ledigna-men der einen Partnerin oder des einen Partners als gemeinsamen Namen tragen wol-len. Die Rechtslage entspricht jener im Eherecht (s. hierzu § 24 N 3 f.)

12   *Beispiel:* Die Partnerin, Sabine Schuster, die nach einer Ehescheidung ihren bei der Eheschliessung erworbenen Namen Mischler behalten hat, kann nach der Auflö-sung der daraufhin eingetragenen Partnerschaft gestützt auf Art. 30a PartG entweder den mit der Eintragung der Partnerschaft erworbenen Namen (Kuster) behalten oder ihren angestammten Namen (Schuster).[25]

b. Erbrecht

13   Art. 31 PartG enthält für die aufgelöste Partnerschaft dieselbe Regel wie Art. 120 Abs. 2 für die Ehescheidung (s. dazu vorne § 24 N 10 f.): Danach entfällt das gesetzli-che Erbrecht zwischen Partnerinnen und Partnern mit der Auflösung der eingetrage-nen Partnerschaft (31[1] PartG).[26] Massgeblich ist die Rechtskraft des Auflösungsurteils, nicht etwa die Einreichung des Begehrens. Haben die Partnerinnen oder die Partner einander in Verfügungen von Todes wegen begünstigt, dann können sie daraus keine Ansprüche mehr erheben, sofern diese Verfügungen von Todes wegen vor Rechtshän-gigkeit des Auflösungsverfahrens errichtet worden sind (31[2] PartG).

c. Zuteilung der gemeinsamen Wohnung

14   Art. 32 PartG schützt die gemeinsame Wohnung (i. S. v. Art. 14 PartG) der Partne-rinnen und Partner so, wie Art. 121 die Familienwohnung der Eheleute schützt. Der Sache nach geht es um dieselbe Wohnung, nämlich jene, in der die Partner/innen

---

24   AS 2012, 2569.

25   DESCHENAUX/STEINAUER/BADDELEY, Effets, N 117 ff. Gegen das Führen eines längst nicht mehr gebrauchten Ledignamens sprechen sich namentlich BREITSCHMID, HandKomm, Art. 119 N 5, und BÜCHLER, FamKomm, Art. 119 N 5 ff., aus.

26   MONTINI a.a.O. 175 N 152; HAUSHEER/GEISER/AEBI-MÜLLER, Familienrecht, Nr. 22.43.

den gemeinsamen Lebensmittelpunkt haben. Es handelt sich also um die gemeinsam bewohnte Wohnung, nicht etwa um die Wohnung im gemeinsamen Eigentum. Vorausgesetzt ist, dass eine Partnerin oder ein Partner aus wichtigen Gründen auf die gemeinsame Wohnung angewiesen ist. Anders als in Art. 121 werden die Kinder als Grund für die Wohnungszuweisung nicht ausdrücklich erwähnt. Das ändert aber nichts daran, dass gerade sie ein wichtiger Grund für das Angewiesensein auf die bisherige gemeinsame Wohnung sind. Gerade ihnen soll nämlich der Wechsel des sozialen Umfelds erspart werden. Dass es sich hier nicht um gemeinsame Kinder handelt, ist – wie im Scheidungsrecht[27] – nicht massgeblich.[28] Weitere wichtige Gründe sind gesundheitliche und berufliche, u. U. auch finanzielle.[29] Sind solche Gründe gegeben, so ist danach zu unterscheiden, ob es sich um eine Mietwohnung oder um eine Eigentumswohnung handelt: Im Fall einer Mietwohnung kann das Gericht die Rechte und Pflichten aus dem Mietvertrag einer Partnerin oder einem Partner übertragen, soweit dies für die andere bzw. den anderen zumutbar ist (32[1] PartG). Dieser Parteiwechsel gegen den Willen des Vermieters ruft nach einem gewissen Schutz für Letzteren. Dieser ist in Art. 32 Abs. 2 PartG enthalten und inhaltlich identisch mit Art. 121 Abs. 2 (s. dazu § 24 N 14).[30] Im Fall einer Eigentumswohnung eines Ehegatten kann das Gericht dem anderen Ehegatten an dieser Wohnung gegen eine angemessene Entschädigung oder unter Anrechnung an die Unterhaltsbeiträge ein befristetes Wohnrecht einräumen (32[3] PartG).[31] Diese Bestimmung entspricht inhaltlich Art. 121 Abs. 3, weshalb auf die entsprechenden Ausführungen verwiesen werden kann (§ 24 N 15).

d. Berufliche Vorsorge

Art. 33 PartG bestimmt, dass die Austrittsleistungen der beruflichen Vorsorge nach   15
den Bestimmungen des Scheidungsrechts (über die berufliche Vorsorge) geteilt werden. Der Verweis auf das Scheidungsrecht umfasst die Art. 122–124, Art. 30c Abs. 6 BVG, Art. 22–22c FZG, Art. 24 Abs. 2 und 3 FZG, Art. 26 Abs. 3 FZG.[32] Weiter sind auch verfahrensrechtliche Bestimmungen erfasst, nämlich Art. 280 und 281 ZPO sowie Art. 25a FZG. Mit Art. 33 PartG will der Gesetzgeber die eingetragenen Paare mit den Ehepaaren hinsichtlich der Teilung der berufsvorsorgerechtlichen Austrittsleistungen vollständig gleichstellen.[33] Daher sei auf die entsprechenden Ausführungen

---

27 Reusser, Die Familienwohnung im neuen Scheidungsrecht, in Mélanges Jacques-Michel Grossen (Basel/Frankfurt a.M. 1992), 191 ff., 197.

28 Büchler, FamKomm PartG, Art. 32 N 8.

29 Büchler, FamKomm PartG, Art. 32 N 9; Fankhauser, ZüKomm, Art. 32 PartG N 12. Zu Art. 121 ZGB s. Gloor, BaKomm, Art. 121 N 5; ders., Die Zuteilung der ehelichen Wohnung nach schweizerischem Recht (Diss. Zürich 1987), 10 f.; Breitschmid, HandKomm, Art. 121 N 2; Montini a.a.O. 176 N 154.

30 Montini a.a.O. 176 N 155.

31 Montini a.a.O. 177 N 156 f. ; Hausheer/Geiser/Aebi-Müller, Familienrecht, Nr. 22.42.

32 Botsch. a.a.O. 1347; Hausheer/Geiser/Aebi-Müller, Familienrecht, Nr. 22.41.

33 Montini a.a.O. 177 N 158 ff.

vorne § 25 N 23 ff. verwiesen.[34] Mit Bezug auf die Dauer der Partnerschaft ist deren Beginn auf die Beurkundung durch das Zivilstandsamt (7 PartG) und deren Ende auf die Rechtskraft des Auflösungsurteils festzulegen.

e. Unterhaltsbeitrag

16   Nach Auflösung der eingetragenen Partnerschaft ist grundsätzlich jeder Partner und jede Partnerin für den je eigenen Unterhalt verantwortlich (34[1] PartG). Damit gilt hier wie im Ehescheidungsrecht der Grundsatz der Eigenverantwortung (clean break;[35] 127 III 136 E. 2a zum Scheidungsrecht). Nur in zwei Fällen ist ein Unterhaltsbeitrag geschuldet: 1. wenn eine Partei auf Grund der Aufgabenteilung die Erwerbstätigkeit während der Partnerschaft eingeschränkt oder nicht ausgeübt hat (Abs. 1; Ausgleich partnerschaftsbedingter Nachteile); 2. wenn eine Partei durch die Auflösung der Partnerschaft in Bedürftigkeit geraten würde (Abs. 2; nachpartnerschaftliche Solidarität).[36]

1. Einschränkung oder Verzicht auf Erwerbstätigkeit

17   Zwar schwebt dem Gesetzgeber eine Partnerschaft zweier Personen vor, die miteinander einen Haushalt führen und ihr Leben gestalten, ohne die Erwerbstätigkeit (wesentlich) einzuschränken, zumal ja keine gemeinsamen Kinder vorliegen.[37] Doch kann auch in einer Partnerschaft Gleichgeschlechtlicher eine Aufgabenteilung vereinbart werden, die zur Einschränkung oder Aufgabe der Erwerbstätigkeit führt; insbesondere kann die Betreuung vorpartnerschaftlicher Kinder der anderen Partnerin oder Anhöriger des anderen Partners zu einer Einschränkung der Erwerbstätigkeit führen.[38] Ist aus solchen oder anderen Gründen eine Aufgabenteilung vereinbart worden, die einen Einfluss auf die Erwerbstätigkeit eines Partners hat, so sind auch die entsprechenden Konsequenzen gemeinsam zu tragen. Art. 34 Abs. 2 PartG gewährt daher einen Unterhaltsanspruch. Dieser Anspruch ist zeitlich und umfangmässig beschränkt. Zeitlich dauert er nur so lange, bis der Unterhalt (wieder) durch eigene Erwerbtätigkeit gesichert werden kann. Umfangmässig ist ein angemessener Anspruch geschuldet. Die Angemessenheit beurteilt sich sinngemäss nach Massgabe der im Ehescheidungsrecht entwickelten Kriterien, namentlich betreffend den gebührenden Unterhalt, die Leistungsfähigkeit der unterhaltspflichtigen Person und die Dauer der Partnerschaft (s. dazu § 25 N 52 f.).[39]

2. Bedürftigkeit

18   Kann eine Partnerin oder ein Partner nach Auflösung der Partnerschaft nicht für den eigenen Unterhalt aufkommen, ohne dass dies in der Aufgabenteilung während der

---

34   Leuzinger, FamKomm PartG, Art. 33 N 1 ff.; Rumo-Jungo/Gerber, ZüKomm, Art. 33 PartG N 7 ff.

35   Schwenzer, FamKomm PartG, Art. 34 N 3, N 7; Pichonnaz a.a.O. 427.

36   Montini a.a.O. 180 N 164 ; ferner Hausheer/Geiser/Aebi-Müller, Familienrecht, Nr. 22.39.

37   Botsch. a.a.O. 1311.

38   Schwenzer, FamKomm PartG, Art. 34 N 14 ff.

39   Freiburghaus, ZüKomm, Art. 34 PartG N 22 ff.; Schwenzer, FamKomm PartG, Art. 34 N 20 ff.; Montini a.a.O. 180 N 165.

Partnerschaft begründet wäre, schuldet die andere Partnerin oder der andere Partner u. U. gleichwohl einen nachpartnerschaftlichen Unterhalt. Vorausgesetzt ist, dass eine Partnerin nach Auflösung der Partnerschaft in Bedürftigkeit gerät (wegen Krankheit, Invalidität, Alter, Arbeitslosigkeit, Betreuung eigener Kinder[40]) und gleichzeitig der anderen Partnerin nach den gesamten Umständen die Leistung von Unterhaltsbeiträgen zugemutet werden kann (34³ PartG). Die Leistung einer Bedürftigkeitsrente kannte bereits das alte Scheidungsrecht (152 aZGB). Grundsätzlich darf auf die dort entwickelten Grundsätze zurückgegriffen werden. Danach ist Bedürftigkeit anzunehmen, wenn das Einkommen der betroffenen Person nicht mehr als 20% über dem um die Steuerlast erweiterten Notbedarf liegt (118 II 99 f. E. 4b/aa; BGer 5A_785/2010 E. 4.1).[41] Die Zumutbarkeit der Unterhaltsleistung beurteilt sich nach den gesamten Umständen des Einzelfalls. Da es sich um einen Ermessensentscheid handelt, kann auf die Kriterien in Art. 125 Abs. 2 abgestellt werden, obwohl das PartG nicht explizit darauf verweist.[42] In knappen Verhältnissen dürfte ein Unterhaltsbeitrag nur zumutbar sein, wenn der leistungspflichtigen Person selbst ein um 20% erhöhter Notbedarf verbleibt.[43]

3. Modalitäten, Abänderung und Vollstreckung

Art. 34 Abs. 4 PartG erklärt Art. 125 Abs. 3 sowie die Art. 126–132 für sinngemäss anwendbar. Zwar ist Art. 125 Abs. 2 (Kriterienkatalog zur Beurteilung des Unterhaltsanspruchs und ggf. dessen Höhe und Dauer) in diesem Verweis nicht enthalten. Dessen Anwendbarkeit ergibt sich aber aus dem Angemessenheitsentscheid, der für die Festsetzung des Unterhaltsbeitrags zu fällen ist (vorne N 17).[44] Für die Anwendung der Art. 126–132 sei auf § 24 N 68 ff. verwiesen. Dabei setzt die sinngemässe Anwendbarkeit voraus, dass für jeden Einzelfall zu prüfen ist, ob die Bestimmung auf den nachpartnerschaftlichen Unterhalt passt oder nicht.

19

III. Das Verfahren

Für das Auflösungsverfahren verweist Art. 307 ZPO auf die *Bestimmungen des Scheidungsverfahrens* und erklärt sie für sinngemäss anwendbar. Es handelt sich um die Art. 274 ff. ZPO (dazu vorne § 25), darüber hinaus aber auch um alle Verfahrensbestimmungen des Scheidungsrechts, namentlich jene in Art. 111 ff., sofern das PartG hierzu nicht leges speziales erlassen hat.[45] Sinngemässe Anwendbarkeit bedeutet auch

20

---

40   SCHWENZER, FamKomm PartG, Art. 34 N 46; s. auch Botsch. a.a.O.1348.

41   FREIBURGHAUS, ZüKomm, Art. 34 PartG N 33; a. M. in wirtschaftlich guten Verhältnissen: SCHWENZER, FamKomm PartG, Art. 34 N 55.

42   FREIBURGHAUS, ZüKomm, Art. 34 PartG N 36 f.; GRÜTTER/SUMMERMATTER a.a.O. 472 f.; MONTINI a.a.O. 181 N 166 ff.

43   So SCHWENZER, FamKomm PartG, Art. 34 N 57.

44   FREIBURGHAUS, ZüKomm, Art. 34 PartG N 49; HAUSHEER/GEISER/AEBI-MÜLLER, Familienrecht, Nr. 22.40.

45   SCHWENZER, FamKomm PartG, Art. 34 N 4.

hier Bezugnahme auf die Besonderheiten der eingetragenen Partnerschaft im Verhältnis zur Ehe. Unter Umständen kann sogar die Anhörung von Kindern angezeigt sein (298 ZPO) oder die Feststellung des Sachverhalts von Amtes wegen (296 ZPO), selbst wenn es sich dabei nicht um gemeinsame Kinder handelt. Mitunter sind nämlich auch bei Vorliegen nicht gemeinsamer Kinder bei der Auflösung einer eingetragenen Partnerschaft für diese relevante Entscheide zu treffen.[46]

21   Die *örtliche Zuständigkeit* beurteilt sich nach Art. 23 ZPO, der eine analoge Regelung wie für die Ehescheidung (vorne § 25 N 2 ff.) vorsieht.

---

46   FANKHAUSER, ZüKomm, Art. 35 PartG N 37; SCHWENZER FamKomm PartG, Art. 35 N 79.

Dritter Abschnitt
Die Wirkungen der Ehe und der eingetragenen Partnerschaft im Allgemeinen

Der fünfte Titel des ZGB lautet «Die Wirkungen der Ehe im allgemeinen» («Des effets généraux du mariage»). Man nennt diese Wirkungen auch «persönliche Wirkungen der Ehe».[1] Sie umfassen sowohl rein familienrechtliche Wirkungen wie auch jene Beziehungen, die «unmittelbar aus dem Gemeinschaftsverhältnis heraus die Vermögensverhältnisse beeinflussen, ohne dass sie als güterrechtlich bezeichnet werden können».[2]

1

Nachstehend wird das seit dem 1. Januar 1988 geltende *Eherecht* erläutert. Der fünfte Titel des ZGB über «Die Wirkungen der Ehe im allgemeinen» umfasst die Artikel 159 bis 179. In der Sache selbst kann man unterscheiden zwischen den Normen, welche die Rechte und Pflichten der Ehegatten im Rahmen der ehelichen Gemeinschaft umschreiben, einerseits (159–170) und den Bestimmungen über den Eheschutz andererseits (171–179). Dementsprechend ist nachfolgend Paragraf 28 der Rechtsstellung der Eheleute in der ehelichen Gemeinschaft, Paragraf 29 dem Schutz der ehelichen Gemeinschaft gewidmet.

2

Mit dem am 1. Januar 2008 in Kraft getretenen *Partnerschaftsgesetz* wurde der neue Zivilstand der eingetragenen Partnerschaft eingeführt. Die (persönlichen) Wirkungen der eingetragenen Partnerschaft werden unter dem Titel «Allgemeine Rechte und Pflichten» in den Artikeln 12 bis 17 PartG geregelt. Die Rechtsstellung der eingetragenen Partnerinnen und Partner sowie der Schutz der Partnerschaft werden in Paragraf 30 behandelt.

3

Für die historische Entwicklung der Bestimmungen über die Wirkungen (inkl. der güterrechtlichen) der Ehe sei auf die 12. Auflage, § 27, verwiesen. Soweit kraft intertemporalen Rechts noch altes Güterrecht Anwendung findet, sei auf die 12. Auflage, § 35, verwiesen.

4

§ 28 Die Rechtsstellung der Ehegatten in der ehelichen Gemeinschaft

Zur Entwicklung der Rechtsstellung der Ehefrau seit dem ZGB von 1907 und dem Verhältnis zwischen Ehemann und Ehefrau siehe 12. Auflage, § 28, I.

5

---

[1] So im Randtitel zu Art. 8 sowie in Art. 8 Abs. 1 a. F. SchlT.

[2] LEMP, BeKomm, Vorbemerkungen N 2.

I.   Die Ehe als Rechtsgemeinschaft

6   Die Ehe ist als Institution verfassungsrechtlich (Art. 14 BV) garantiert. Das ZGB befasst sich nicht mit dem Wesen, dem institutionellen oder dem emotionalen Gehalt der Ehe, sondern mit der Ehe als Rechtsgemeinschaft,[3] indem es ihre Rechtswirkungen ordnet. So beginnt Art. 159 mit einer *Grundregel über die Rechte und Pflichten der Ehegatten*. Durch die Trauung werden die Ehegatten zur ehelichen Gemeinschaft verbunden (Abs. 1). Sie verpflichten sich gegenseitig, das Gemeinschaftswohl in einträchtigem Zusammenwirken zu wahren und für die Kinder gemeinsam zu sorgen (Abs. 2). Sie schulden einander Treue und Beistand (Abs. 3). Eine Lebensgemeinschaft ist – anders als in § 1353 BGB – in Art. 159 nicht vorausgesetzt, weder im Sinn eines gemeinsamen Haushalts noch im Sinn einer Gemeinschaft auf Lebenszeit. Beide sind auch keine zwingenden Merkmale einer Ehe: Zwar wird ein gemeinsamer Haushalt in Art. 159 gleichsam impliziert,[4] doch sind einträchtiges Zusammenwirken, gegenseitige Fürsorge und Treue auch bei getrennten Haushalten möglich. Sodann kann eine Ehe zwar nur unter relativ strengen materiellen und formellen Voraussetzungen gerichtlich aufgelöst werden, und ist sie typischerweise auf ein ganzes Leben hin angelegt, doch ist ihre Auflösung faktisch recht einfach möglich (gemeinsames Begehren oder zweijähriges Getrenntleben, s. § 23 N 3 f.).

7   In der Formulierung des Gesetzes begründet die Gemeinschaft nur Pflichten. Doch versteht es sich hier wie sonst von selbst, dass die Pflicht der einen das Recht des anderen bildet und umgekehrt. Wichtig ist indessen, dass es bei diesen Pflichten nach der Aussage des Gesetzes um das Wohl der Gemeinschaft geht; die gegenseitigen *Pflichten* sind demnach zunächst einmal *auf das Gemeinwohl ausgerichtet*. Sodann enthält Art. 159 in Abs. 2 nach wie vor den Hinweis darauf, dass die Ehegatten «für die Kinder gemeinsam zu sorgen» haben. Daraus ergibt sich, dass die *Sorge für die Kinder auch eheliche Pflicht* ist.[5] Art. 159 betont das gemeinschaftliche und partnerschaftliche Element der Ehe und drückt damit *das dem* schweizerischen *Gesetzgeber vorschwebende Leitbild der Ehe* aus.[6]

---

3   «Rechtsgemeinschaft ohne Rechtspersönlichkeit»: Bräm, ZüKomm, Art. 159 N 61; Schwander, BaKomm, Art. 159 N 1 f.; Hausheer/Geiser/Aebi-Müller, Familienrecht, Nr. 06.03.

4   Gem. Botsch. Eherecht, 1241, ist ein gemeinsamer Haushalt vorausgesetzt; so auch Bräm, ZüKomm, Art. 159 N 24; kritisch Schwander, BaKomm, Art. 159 N 4 ff.; Zeiter, HandKomm, Art. 159 N 3, setzt keine Lebensgemeinschaft i.S. eines gemeinsamen Haushalts voraus.

5   Eugen Huber, Erl. I 154: «Das Verhältnis ergreift nicht bloss Person und Vermögen der Ehegatten, sondern bezieht sich auch auf das Verhältnis zu den Kindern, wenn auch nicht das gesamte Eltern- und Kindesverhältnis davon umschlossen wird … Zudem fällt hiermit die Notwendigkeit weg, in den folgenden Bestimmungen neben der ehelichen Gemeinschaft überall auch noch von der Familie zu sprechen.» Die Sorge für das Gemeinschaftswohl umfasst auch die gemeinsame Sorge für gemeinsame Kinder und Stiefkinder; Zeiter, HandKomm, Art. 159 N 7 und 12.

6   Hierzu Hegnauer, Der Entwurf des neuen Eherechts, in SJZ 76 (1980), 69 ff., 72, sowie die Aussagen von NR Gerwig im Nationalrat: «Es ist der Programmartikel des alten und wird der Leitartikel des neuen Rechtes sein» (Amtl. Bull. 1983 NR, 624) und von BR Furgler, wonach der Artikel eine «neue Strahlungskraft» erhalten wird (Amtl. Bull. 1981 StR, 66). S. auch Bräm,

Die *Vollstreckbarkeit* der in Art. 159 erwähnten Pflichten ist *nur in eingeschränktem* 8
Mass möglich. Das liegt in der Natur der Sache. Dennoch handelt es sich um Rechtspflichten. So umfasst etwa die Beistandspflicht unter Umständen auch den Rechtsschutz (85 I 4; BGer 5A_231/2009 E. 2.4; 5A_211/2011 E. 7.4). Verletzt ein Ehegatte
Pflichten gemäss Art. 159, so können Eheschutzmassnahmen beantragt werden (hinten § 29 N 4 ff.) oder im Fall einer Scheidung Folgen für den nachehelichen Unterhalt
(125[3]) zur Diskussion stehen. Mit Rücksicht auf die Kinder kommen kindesschutz-
rechtliche Massnahmen in Frage. Für bestimmte Pflichtverletzungen sind strafrechtliche Sanktionen vorgesehen (z.B. 217 StGB: Vernachlässigung von Unterhalts- oder
Unterstützungspflichten).[7] – Die normative Bedeutung des Art. 159 erschöpft sich aber
gerade nicht in der Statuierung vorwiegend nicht vollstreckbarer Pflichten und in der
mittelbaren Umschreibung dessen, was im Hinblick auf Eheschutz, Trennung und
Scheidung widerrechtlich ist. Vielmehr dient diese *zwingende*[8] *Grundnorm* mit ihrem
verbindlich festgelegten Leitbild *als Auslegungshilfe* für alle Konkretisierungen der einzelnen Pflichten und Rechte der Ehegatten. So hat etwa das BGer gestützt auf Art. 159
Abs. 3 eine Beistandspflicht der Ehegattin betreffend die Unterhaltspflichten des Ehegatten gegenüber dessen während der Dauer der Ehe mit einer anderen Frau gezeugten Kindern (aussereheliche Kinder) begründet (127 III 71 ff. E. 3; 129 III 421 E. 2.2).[9]

II.   Der Familienname und das Bürgerrecht

Die geltenden Art. 160 und 161 zum Familiennamen und zum Bürgerrecht beruhen 9
auf der Gesetzesnovelle vom 30. September 2011 (in Kraft seit 1. Januar 2013).[10] Vorher

---

ZüKomm, Art. 159 N 4: «Die Bedeutung von Art. 159 ist heute wesentlich grösser.» SUSAN
EMMENEGGER, In guten wie in schlechten Zeiten: vertragsrechtliche Wirkungen des ehelichen
Kooperationsprinzips, in FS Peter Gauch (Zürich 2004), 395 ff.

7   Siehe hierzu auch DROIN, La sanction civile des devoirs des époux, in ZSR NF 91 (1972), I 261 ff.

8   Das schliesst aber nicht aus, dass die Ehegatten in formlosen Vereinbarungen bestimmte Aufga-
    ben und Entscheidungen unter sich aufteilen. Ein Antrag ARNOLD im Ständerat, dies ausdrück-
    lich vorzusehen, wurde abgelehnt, nicht aber um des Gehaltes willen, sondern weil im Sinn
    eines Votums von Ständerat MEYLAN der Rat davon ausging, «que cette liberté est comprise
    dans la philosophie même du projet» (Amtl. Bull. 1981 StR, 68). Solche formlose Vereinbarun-
    gen können im Übrigen zumindest beim Vorliegen wichtiger Gründe auch einseitig aufgekün-
    digt werden («ius variandi»); HAUSHEER/GEISER/AEBI-MÜLLER, Familienrecht, Nr. 06.13 ff.

9   Diese Rechtsprechung wird von der Mehrheit der Lehre begrüsst oder jedenfalls nicht kritisiert:
    HAUSHEER/GEISER/AEBI-MÜLLER, Familienrecht, Nr. 6.21; MARGERETA BADDELEY/AUDREY
    LEUBA, L'entretien de l'enfant du conjoint et le devoir d'assistance entre époux, in FS Suzette
    Sandoz (Genf/Zürich/Basel 2006), 175 ff., 184 ff.; ROELLI/MEULI-LEHNI, HandKomm, Art. 278
    N 2; ZEITER, Handkomm, Art. 159 N 12; kritisiert wird die Rechtsprechung von ALEXANDRA
    RUMO-JUNGO, Kindesunterhalt und neue Familienstrukturen, in Alexandra RUMO-JUNGO/PAS-
    CAL PICHONNAZ (Hrsg.), Kind und Scheidung, Symposium zum Familienrecht 2005, Universität
    Freiburg (Zürich/Basel/Genf 2006), 32 f.

10 AEBI-MÜLLER, Das neue Familiennamensrecht – eine erste Übersicht, in AJP 21 (2012), 449 ff.;
    GRAF-GAISER, Das neue Namens- und Bürgerrecht, in FamPra.ch 14 (2013), 251 ff.

wurden mehrere Anläufe für eine Änderung des Namensrechts unternommen,[11] das bis zur nun erfolgten Revision den Grundsatz der Gleichbehandlung zwischen Mann und Frau noch nicht respektierte.[12]

a. Familienname

10 Das Gesetz unterscheidet zwischen dem *Familiennamen* und dem *Ledignamen:* Der Familienname ist ein gemeinsamer Name der beiden Ehegatten, den ggf. auch die Kinder tragen (160^2, 270^3 ZGB). Der Familienname ist immer einer der Ledignamen der beiden Ehegatten. Der Ledigname ist der Name einer Person, «den sie unmittelbar vor ihrer ersten Eheschliessung getragen hat oder gestützt auf einen Namensänderungsentscheid (30^1 ZGB) als neuen Ledignamen erworben hat» (24 ZStV).

11 Das neue Namensrecht beruht auf dem Grundsatz der Unveränderlichkeit des Geburtsnamens und erklärt in Art. 160^1 ZGB, dass beide Brautleute bei der Eheschliessung ihren Namen (den Ledignamen oder den durch Heirat gem 160^2 erworbenen Namen) behalten. Das bedeutet eine Abkehr vom bisherigen Grundsatz der Einheit des Familiennamens.[13] Behalten die Brautleute ihren Namen, müssen sie erklären, welchen von beiden Namen ihre Kinder tragen werden (160^3; hierzu § 41 N 15 f.).

12 Ein gemeinsamer Familienname ist aber möglich: Die Brautleute erklären dafür einvernehmlich vor dem Zivilstandesamt, dass sie den Ledignamen der Frau oder des Mannes als gemeinsamen Familiennamen tragen wollen. Als gemeinsamen Namen können die Brautleute also nicht einen Namen wählen, den eine/r von beiden durch Eheschliessung erworben hat, sondern nur den Ledignamen. Der Familienname ist automatisch auch der Name der Kinder (270^3).

13   Beispiel: Wenn Sabine Schuster und Michael Mischler heiraten, können sie entweder ihre jeweiligen Namen behalten oder als gemeinsamen Familiennamen Schuster oder Mischler wählen.

14   Variante 1: Sie wählen Schuster als Familiennamen. Die Kinder tragen den Namen Schuster. Nach der Scheidung behalten beide den Namen Schuster. Michael kann aber jederzeit gegenüber dem Zivilstandsamt erklären, er wolle wieder Mischler heissen (119). Wenn nun Sabine eine neue Ehe mit Emanuel von Allmen eingeht, kann sie weiterhin Schuster heissen. Ihr Ehemann, Emanuel von Allmen, kann weiterhin von Allmen heissen. Als gemeinsamen Familiennamen können sie aber nicht von All-

---

11 Parlamentarische Initiative SANDOZ vom 14. Dezember 1994 und Parlamentarische Initiative LEUTENEGGER OBERHOLZER vom 19. Juni 2003.

12 So musste nach Art. 160 i. V. m. 30 Abs. 2 aZGB das Paar ein Gesuch stellen und achtenswerte Gründe angeben, wenn der Name der Ehefrau als Familienname gelten sollte. Ferner konnte nach Art. 160^2 aZGB die Braut, die ihren Namen geändert hatte, ihren bisherigen Namen voranstellen. Das war dem Bräutigam, der aufgrund des Familiennamens nach Art. 30^2 seinen Namen geändert hatte, verwehrt (115 II 199 f. E. 6). Diese Rechtsprechung wurde vom EGMR als Diskriminierung des Ehemannes und als Verletzung von Art. 14 EMRK i. V. m. Art. 8 EMRK erachtet: Pra 83 (1994), Nr. 239, S. 788 ff.

13 ZEITER, HandKomm, Art. 160 N 1; HAUSHEER/GEISER/AEBI-MÜLLER, Familienrecht, Nr. 07.03.

men wählen, wenn Emanuel seinen Namen durch eine Eheschliessung mit Aline von Allmen erworben hatte und er vorher Elmer hiess. Als gemeinsame Familiennamen kommen nur Schuster und Elmer in Frage. Wählt das Paar Elmer zum Familiennamen, kann Sabine nach einer Scheidung von Emanuel Elmer den Namen Elmer behalten, kann aber auch wieder zum Namen Schuster (Ledigname) zurückkehren.

Variante 2: Beide Brautleute behalten bei der Eheschliessung ihren Namen (160[1]).   15
Die Kinder tragen den Namen Mischler. Eine Scheidung ändert nichts am Namen. Bei einer neuen Eheschliessung kann jeder weiterhin seinen Namen tragen. Beide Namen können bei einer Eheschliessung mit je neuen Partnern auch als Familiennamen gewählt werden, weil beide Namen Ledignamen sind (160[2]).[14]

Die in Art. 160 ZGB erwähnten Familiennamen und Ledignamen sind *amtliche*   16
Namen, unter denen eine Person im Zivilstandsregister eingetragen ist. Daneben gibt es den gesetzlich nicht geregelten, auf Gewohnheitsrecht beruhenden Allianznamen: Bei der Wahl eines gemeinsamen Familiennamens steht es jenem, dessen Name nicht Familienname ist, frei, seinen Namen mit einem Bindestrich verbunden an den Familiennamen anzuhängen (z.B. Meier-Hayoz). Der Allianzname geniesst persönlichkeitsrechtlichen Schutz (110 II 97; 120 III 61 E. 2a). Obwohl er kein amtlicher Name ist, kann er in gewissen Ausweisen (z.B. im Pass) eingetragen werden.

Übergangsrechtlich kann jede Person, die aufgrund der Eheschliessung ihren Namen   17
geändert hat, jederzeit vor dem Zivilstandsamt erklären, ihren Ledignamen wieder führen zu wollen (Art. 8a SchlT ZGB). Eine einseitige Erklärung genügt. Die Zustimmung des Ehepartners ist nicht erforderlich.

b. Das Bürgerrecht

Mit der Gesetzesnovelle von 2011 (s. oben N 9) ist ZGB 119[2] aufgehoben worden. Vor-   18
her konnte die Ehefrau das mit der Eheschliessung erworbene Kantons- und Gemeindebürgerrecht des Ehemannes (161 aZGB) behalten (119[2] aZGB). Neu behält nach 161 ZGB jeder Ehegatte bei der Eheschliessung sein Kantons- und Gemeindebürgerrecht.[15] Übergangsrechtlich bedeutet dies, dass alle, die bis zum 31. Dezember 2012 noch Bürgerrechte nach 161 aZGB erworben haben, diese nach der Ehescheidung behalten.[16]

---

14   DESCHENAUX/STEINAUER/BADDELEY, Effets, Nr. 117 f. Gegen das Führen eines längst nicht mehr gebrauchten Ledignamens sprechen sich namentlich BREITSCHMID, HandKomm, Art. 119 N 5, BÜCHLER, FamKomm, Art. 119 N 6, und HAUSHEER/GEISER/AEBI-MÜLLER, Familienrecht, Nr. 07.09, 07.15 ff., aus.

15   Nach dem in Anm. 4 erwähnten Entwurf zu einer neuen Regelung des Familiennamens und des Bürgerrechts der Eheleute und der Kinder hätte die Heirat keine Auswirkungen mehr auf das Kantons- und Gemeindebürgerrecht der Ehegatten gehabt (Art. 161 des Entwurfs; BBl 1999, 4956) und wäre Art. 119 Abs. 2 entsprechend gestrichen worden (BBl 1999, 7623 f.).

16   BREITSCHMID, HandKomm, Art. 119 N 8; HAUSHEER/GEISER/AEBI-MÜLLER, Familienrecht, Nr. 07.25.

IV.   Der Wohnsitz, die eheliche und die Familienwohnung

19   Zu unterscheiden ist zwischen der ehelichen Wohnung (a., N 20), der Familienwohnung (c., N 22) und dem Wohnsitz (b., N 21):

a. Eheliche Wohnung

20   Die Eheleute bestimmen gemeinsam die *eheliche Wohnung* (162). Die eheliche Wohnung ist die gemeinsame oder bei getrennten Wohnungen jene, in der die Eheleute
wenigstens einen *Teil ihrer Zeit* gemeinsam verbringen (und mithin nach dem gesetzlichen Grundgedanken *zusammen leben*).[17] In diesem Sinn kann auch eine Ferienwoh-
nung eine eheliche Wohnung sein. Möglich sind auch mehrere eheliche Wohnungen,
wenn das Zusammenleben regelmässig in mehreren Wohnungen stattfindet (z.B. an
den Wochenenden abwechslungsweise in der einen und in der anderen). Das geltende
Recht geht weiterhin von einer ehelichen «Pflicht» des Zusammenlebens aus. Einigen
sich die Eheleute nicht über ihre eheliche Wohnung (bzw. einigen sie sich nicht darüber zwei Wohnungen zu haben), so kann nicht etwa das Gericht eine solche bezeichnen. Vielmehr verstösst dann womöglich ein Ehegatte gegen eine eheliche Pflicht, was
die Anordnung von Eheschutzmassnahmen (172, 175 f.)[18] rechtfertigen und einen
Scheidungsgrund (114) begründen kann.[19] Gleiches gilt, wenn ein Ehegatte die einmal bestimmte eheliche Wohnung ungerechtfertigt verlässt. Die eheliche Wohnung
geniesst insofern persönlichkeitsrechtlichen Schutz, als bei häuslicher Gewalt derjenige die eheliche Wohnung verlassen muss, der gewalttätig wird.[20]

b. Wohnsitz

21   Wohnen Ehemann und Ehefrau – gerechtfertigt oder ungerechtfertigt (hierzu 175) –
nicht am gleichen Ort, so gilt *wohnsitzrechtlich* Folgendes: Jeder Ehegatte begründet

---

17   Botsch. Eherecht, 1249; DESCHENAUX/STEINAUER/BADDELEY, Effets, Nr. 157. Die Eheleute
können auch in beiden Wohnungen einen Teil der Zeit gemeinsam verbringen, so dass zwei
eheliche Wohnungen vorliegen: HAUSHEER/REUSSER/GEISER, BeKomm, Art. 162 N 12; MAR-
LIES und HEINZ NÄF-HOFMANN, Schweizerisches Ehe- und Erbrecht, Die Wirkungen der Ehe
im allgemeinen, das eheliche Güterrecht und das Erbrecht der Ehegatten, Eine Einführung für
den Praktiker (Zürich 1998), Nr. 63. «Zweit- oder Ferienwohnungen als eheliche Wohnung»:
ZEITER, HandKomm, Art. 162 N 1; SCHWANDER, BaKomm, Art. 162 N 7; HAUSHEER/GEISER/
AEBI-MÜLLER, Familienrecht, Nr. 07.36.

18   Eine entsprechende Pflichtverletzung kompromittiert das Recht, gerichtlichen Eheschutz zu
beantragen (175 i. V. m. 176).

19   DESCHENAUX/STEINAUER/BADDELEY, Effets, Nr. 166; BRÄM, ZüKomm, Art. 162 N 30.

20   Es gilt nunmehr Art. 28b Abs. 2 ZGB, Fassung gemäss Ziff. I des BG vom 23. Juni 2006 (Schutz
der Persönlichkeit gegen Gewalt, Drohungen oder Nachstellungen), in Kraft seit 1. Juli 2007 (AS
2007, 137, 139; BBl 2005, 6871, 6897). Siehe dazu bereits CABERNARD/VETTERLI, Die Anrufung
des Zivilgerichts bei häuslicher Gewalt. Ein Beitrag zur Umsetzung des st. gallischen Polizeige-
setzes, in FamPra.ch 4 (2003), insb. 592 ff. für verheiratete Paare und 595 ff. für nichteheliche
Lebensgemeinschaften; SCHWANDER, BaKomm, Art. 162 N 10.

gemäss Art. 23 (bzw. 24 oder 26) einen eigenen Wohnsitz, wobei die Ehe ein Indiz für gleichen Wohnsitz ist (115 II 121 E. 4a).[21]

c. Familienwohnung

Die eheliche Wohnung ist *nicht mit der Familienwohnung gleichzusetzen* (fällt doch   22
aber regelmässig mit ihr zusammen). Während mehrere eheliche Wohnungen möglich sind (oben N 20), gibt es immer nur eine Familienwohnung. Nur sie, nicht aber
die eheliche Wohnung geniesst den Schutz von Art. 169.[22] Die Familienwohnung kann
den Schutz (nach 169) verlieren, wenn sie den Charakter einer Familienwohnung verliert, z.B wenn der schutzberechtigte Ehegatte die Familienwohnung freiwillig oder
wegen gerichtlicher Anordnung definitiv oder auf unbestimmte Zeit verlässt oder die
Ehegatten die Wohnung aufgrund einer Vereinbarung verlassen (136 III 257 E. 2.2).
Eine «*Wohnung der Familie*» ist nicht nur die Wohnung von Eltern und Kindern, sondern auch die Wohnung kinderloser Eheleute, nicht aber eine Zweitwohnung oder
Räumlichkeiten, die ausschliesslich dem Beruf oder dem Gewerbe dienen.[23] Unter den
Schutz fallen aber auch Geschäftsräume, welche als Familienwohnung dienen und nur
von einem Ehegatten gemietet werden (137 III 211 E. 2.4 f.). Sofern nicht beide Ehegatten die dinglichen oder obligatorischen Rechte an dieser Wohnung innehaben,
besteht die Gefahr, dass durch Handeln dieses Alleininhabers die Wohnung der Familie ganz oder zum Teil verloren geht. Das Gesetz bannt diese Gefahr dadurch, dass der
an sich allein berechtigte Ehegatte (grundsätzlich für die ganze Dauer der Ehe: 114 II
399 ff.) nur mit der ausdrücklichen *Zustimmung des anderen* den Mietvertrag an einer
solchen Wohnung kündigen, die Wohnung veräussern oder durch andere Rechtsgeschäfte (hierzu 118 II 491 ff.; BGer 5A_695/2008 E. 4.1) die Rechte an den Wohnräu-
men beschränken kann (169[1]). Insofern wird die Handlungsfähigkeit des berechtigten
Ehegatten beschränkt,[24] mit der Folge, dass das entsprechende Rechtsgeschäft nichtig
ist, wenn die Zustimmung des Ehegatten fehlt.[25] Umstritten ist, inwiefern auch eine
Grundpfandbestellung ein zustimmungsbedürftiges Rechtsgeschäft darstellt.[26] Kann

---

21   Zum Wohnsitz der Kinder s. Art. 25 Abs. 1 (vorn § 10 N 18).

22   Hausheer/Reusser/Geiser, BeKomm, Art. 162 N 23; Bräm, ZüKomm, Art. 162 N 19; Haus-
heer/Geiser/Aebi-Müller, Familienrecht, Nr. 07.38 ff.; Zeiter, HandKomm, Art. 162 N 1.

23   Zu Letzteren s. Botsch. Eherecht, 1263.

24   Nach der Minderheitsmeinung wird nur die Verfügungsfähigkeit (Dispositionsfähigkeit) eingeschränkt: s. Hausheer/Reusser/Geiser, BeKomm, Art. 169 N 37 ff., bzw. eherechtlich moti-
viertes Mitspracherecht, das ausserhalb der Handlungsfähigkeit/Verfügungsfähigkeit ange-
siedelt ist; Schwander, BaKomm, Art. 169 N 15; Franz Hasenböhler, Fragwürdiges zur
Familienwohnung, in FS Schnyder, 399 ff.; ders., Die Familienwohnung, in Peter Gauch (Hrsg.),
Die Rechtsentwicklung an der Schwelle zum 21. Jahrhundert (Zürich 2001), 63 ff.; Weber, Der
zivilrechtliche Schutz der Familienwohnung, in AJP 13 (2004), 30 ff.

25   Botsch. Eherecht, 1264. Zu Mietverträgen s. 266o OR und vor Inkrafttreten dieser Bestimmung
BGE 115 II 363 f. E. 4a. Siehe Zeiter, Die ehepartnerliche Zustimmung zu Rechtsgeschäften mit
Dritten, in FamPra.ch 6 (2005), 669, insb. 681 f.

26   Deschenaux/Steinauer/Baddeley, Effets, Nr. 216; Hasenböhler, ZüKomm, Art. 169
N 53 ff.; Hausheer/Reusser/Geiser, BeKomm, Art. 169 N 46 f., und Hausheer/Geiser/
Aebi-Müller, Familienrecht, N 08.108, halten die Grundpfandbestellung dann für zustim-

die Zustimmung nicht eingeholt werden oder verweigert sie der Ehegatte ohne triftigen Grund, gibt das Gesetz dem an der Wohnung berechtigten Ehegatten die Möglichkeit, an das Gericht zu gelangen (169[2]). Das Gericht kann dann diesen Ehegatten ermächtigen, allein zu handeln. Mehrere Bestimmungen des Mietrechts nehmen auf die Wohnung der Familie Bezug: Art. 266m OR wiederholt den Art. 169 für die Kündigung durch die Mieterin. Art. 266n OR sieht vor, dass die Kündigung durch die Vermieterin sowie die Ansetzung einer Zahlungsfrist mit Kündigungsandrohung der Mieterin und ihrem Ehegatten separat zuzustellen sind. Nach Art. 273a Abs. 1 OR kann auch der Ehegatte der Mieterin die Kündigung anfechten und die Erstreckung des Mietverhältnisses verlangen oder die übrigen Rechte ausüben, die der Mieterin bei Kündigung zustehen. Gemäss Art. 273a Abs. 2 OR sind Vereinbarungen über die Erstreckung eines Mietverhältnisses nur gültig, wenn sie mit beiden Ehegatten abgeschlossen werden.

V.   Der Unterhalt der Familie

23   Das geltende Recht geht nicht von einer *gesetzlich bestimmten Rollenverteilung* zwischen Mann und Frau aus, sondern spricht ganz allgemein von den Ehegatten.[27] Im Einzelnen gilt:

a. Der Unterhalt im Allgemeinen

24   Die grundlegende Bestimmung über die Unterhaltspflicht der Ehegatten findet sich in Art. 163. Sie regelt aber weit mehr als die Sorge für den Unterhalt der Familie: Indem die Ehegatten sich darüber einigen, worin der Beitrag des Einzelnen an den Unterhalt besteht, verständigen sie sich über nichts mehr und nichts weniger als über ihre Rolle in Ehe und Familie und ihre Lebensgestaltung. Art. 163 enthält somit das Konzept einer gleichberechtigten Ehe, womit mit der Einführung des Eherechts von 1988 gleichsam ein Paradigmenwechsel stattfand, war doch bis dahin der Mann das Haupt der Familie (160[1] aZGB) und führte die Frau den Haushalt (161[3] aZGB).

25   Nach *Art. 163 Abs. 1* sorgen die Ehegatten *«gemeinsam, ein jeder nach seinen Kräften, für den gebührenden Unterhalt der Familie».* Unterhalt *«umfasst den gesamten Lebensbedarf* der Ehegatten sowie – während der Dauer der elterlichen Unterhaltspflicht ... – der gemeinsamen Kinder und der nichtgemeinsamen, die im ehelichen Haushalt

---

mungsbedürftig, wenn die hypothekarische Belastung zu einer ernsthaften Gefährdung der Familienwohnung wird, wobei dies ab einer Belastung von 60% des Verkehrswerts der Fall sein dürfte. In diesem Sinn wohl auch SCHWANDER, BaKomm, Art. 169 N 16. Nach ZEITER, Handkomm, Art. 169 N 8, ist auf die wirtschaftlichen Verhältnisse im Einzelfall abzustellen.

27   Zum Ganzen aus (liberal- und relational-)feministischer Sicht kritisch und mit Vorschlägen de lege ferenda SUSAN EMMENEGGER, Feministische Kritik des Vertragsrechts, Eine Untersuchung zum schweizerischen Schuldvertrags- und Eherecht (Diss. Freiburg 1999), AISUF 177, 217 ff., 222, 225, 231, 241.

leben».[28] Für die Auslegung des Wortes «gebührend» kann auf Art. 285, insbesondere mit dessen Hinweis auf die Kriterien Lebensstellung und Leistungsfähigkeit, verwiesen werden. Das Gesetz spricht vom Unterhalt «der Familie» und nicht bloss der Ehegatten; daraus erhellt (zusätzlich zu 159[2]), dass Pflichten gegenüber den Kindern auch eheliche Pflichten sind.

Die Unterhaltspflicht wird namentlich durch *vier Arten der Beitragsleistung* erfüllt: 26 Geldbeiträge, Haushaltführung, Betreuung der Kinder und Mithilfe in Beruf oder Gewerbe des anderen. Davon handelt Art. 163 Abs. 2: Das Gesetz hält fest, dass sich die Ehegatten über die Art ihrer Beitragsleistungen und den Umfang der einzelnen Leistungen zu verständigen haben (116 III 78). Diese Einigung kann nicht durch gerichtlichen Entscheid ersetzt werden; das Eheschutzgericht setzt lediglich im Streitfall Geldbeiträge an den Unterhalt fest (hierzu 173[1], hinten § 29 N 9 f.).

Die *Kriterien,* welche die Eheleute bei der Suche nach der richtigen Art und der richtigen Höhe des jeweiligen Unterhaltsbeitrags leiten, sind gemäss *Art. 163 Abs. 3* die 27 *Bedürfnisse der ehelichen Gemeinschaft* und ihre *persönlichen Umstände.* Hier kommt ein weiteres Mal klar zum Ausdruck, dass der Gesetzgeber bei einem allfälligen Gegensatz zwischen Individualwohl des einzelnen Ehegatten und Gemeinwohl der Familie nicht einfach dem einen von beiden den absoluten Vorrang gibt (hierzu 114 II 15 ff., 301 und 395; 117 II 216 E. 4b sowie 117 V 197 und 287; 134 V 53 E. 4.1; die Zumutbarkeit spielt dabei eine wichtige Rolle). Bei beschränkten Mitteln ist eine Rangfolgeordnung unter den mehreren Unterhaltsberechtigten festzulegen. Gemäss BGer geht die Unterhaltspflicht gegenüber dem Ehegatten derjenigen gegenüber dem mündigen Kind vor. Die Unterhaltskosten für das mündige Kind dürfen folglich nicht in das (erweiterte) Existenzminimum des unterhaltspflichtigen Ehegatten eingeschlossen werden (132 III 211 E. 2.3; BGer 5A_481/2012 E. 3.4).

Im Übrigen sieht Art. 167 vor, dass bei der Wahl und Ausübung seines Berufes oder 28 Gewerbes jeder Ehegatte auf den anderen und auf die Interessen der ehelichen Gemeinschaft Rücksicht nimmt. Diese Regel ist eine Konkretisierung der Grundnorm (159).

b. Der Betrag zur freien Verfügung[29]

Nach Art. 164 hat *der haushaltführende Ehegatte* (wer den Haushalt besorgt, die Kin- 29 der betreut oder dem anderen in Beruf oder Gewerbe hilft: 164[1] i. i.)[30] gegenüber dem anderen Gatten einen *Anspruch* darauf, dass dieser ihm regelmässig einen angemessenen *Betrag zur freien Verfügung* ausrichtet (164[1] i. f.). Gemäss Art. 164 Abs. 2 sind bei der Festsetzung des Betrags die Einkünfte des haushaltführenden Ehegatten und die verantwortungsbewusste Vorsorge für Familie, Beruf oder Gewerbe zu berücksichtigen.

---

28 HEGNAUER/BREITSCHMID, Grundriss, Nr. 16.04; ZEITER, HandKomm, Art. 163 N 3 f.; HAUS-
     HEER/GEISER/AEBI-MÜLLER, Familienrecht, Nr. 08.04 f.

29 Hierzu CORNELIA STAMM, Der Betrag zur freien Verfügung gemäss Art. 164 ZGB (Diss. Frei-
     burg 1991), AISUF 105.

30 Art. 164 gilt auch nach Aufhebung des gemeinsamen Haushalts: BGE 114 II 306; ZEITER, Hand-
     Komm, Art. 164 N 11; ISENRING/KESSLER, BaKomm, Art. 164 N 2.

30   Dogmatisch gesehen handelt es sich um etwas anderes als um ein Taschengeld. Wenn
     auch das Gesetz hier (wie generell) nicht von Mann oder Frau spricht, steht doch hin-
     ter der Lösung eindeutig die Aufwertung der Hausfrauenarbeit. Es handelt sich aber
     nicht um einen «Hausfrauenlohn»; für die *Höhe des Beitrags* sind somit nicht etwa in
     anderen Rechtsbereichen (z.B. 45[3] OR) angestellte Überlegungen zum Wert der Haus-
     frauenarbeit massgebend. Was der nichthaushaltführende Ehegatte zu seiner freien
     Verfügung verwendet, gibt in der Regel einen guten Massstab ab für den Anspruch des
     anderen; Geizkragen sind aber nicht geschützt. Der Anspruch besteht aber nur dann,
     wenn überhaupt etwas aufzuteilen ist; wo nichts ist, hat auch der Kaiser sein Recht ver-
     loren. Ausserdem besteht dieser Anspruch nur unter dem Vorbehalt einer verantwor-
     tungsbewussten Vorsorge für Familie, Beruf oder Gewerbe. Der Betrag zur freien Ver-
     fügung soll mithin vernünftige Reserven oder Investitionen für Familie, Beruf und
     Gewerbe nicht hindern. Durch die in Art. 173 Abs. 2 (s. § 29 N 9 f.) vorgesehene Fest-
     legung des Betrags durch das Gericht wird Art. 164 zur lex perfecta, zur vollkommen
     durchsetzbaren Norm. Primär wird aber diese Regel mittelbare Wirkung haben, d.h.
     sich auf das Verhalten der Beteiligten auswirken. Der durch das Wort «angemessen»
     geforderte Billigkeitsentscheid gemäss Art. 4 ist dabei ein Garant gegen Willkür.[31]

31   Der Anspruch aus Art. 164 als solcher ist *zwingenden Rechts* und daher unverzichtbar;
     zulässig ist der Verzicht auf die einzelne konkrete Leistung (114 III 78 und 83). Die ein-
     zelne Leistung ist pfändbar; die Pfändung darf aber nicht in das Existenzminimum der
     leistungspflichtigen Person eingreifen und nicht der Begleichung vorehelicher Schul-
     den dienen (114 III 83; zu weiteren Grenzen der Pfändbarkeit s. auch 115 III 103).

c. Ausserordentliche Beiträge eines Ehegatten[32]

32   Es kommt vor, dass die Ehegattin, sei es im Beruf oder Gewerbe des Ehegatten (oder
     umgekehrt: er in ihrem Beruf oder Gewerbe), sei es aus Einkommen und Vermögen,
     mehr leistet, als sie rechtens leisten müsste. Den Ehegatten steht es frei, der mehr Leis-
     tenden durch entsprechende Verträge (Arbeits-, Darlehens-, Gesellschaftsvertrag oder
     ein anderes Rechtsverhältnis) Ansprüche auf Ausgleich oder Ersatz einzuräumen bzw.
     vertraglich auf solche Ansprüche zu verzichten. Daran will auch das Eherecht nichts
     ändern. Im Gegenteil: Abs. 3 des Art. 165 bejaht diese *Vertragsfreiheit der Eheleute*
     und stellt darüber hinaus klar, dass bei der Regelung der Ansprüche für Mehrleistun-
     gen die nachstehend zu behandelnden gesetzlichen Ansprüche gemäss Art. 165 Abs. 1
     und 2 abgegolten sind. Eheleute sollen sich denn auch in ihrem gegenseitigen Inter-
     esse, namentlich auch mit Rücksicht auf wichtige Sozialleistungen, nicht scheuen, die-
     sen Weg zu beschreiten.

33   Die Erfahrung zeigt aber, dass bei Mehrleistungen zwischen Eheleuten sehr oft nichts
     vereinbart wird. Für diesen Fall sieht das ZGB (165[1] und [2]) folgende Lösung vor: Die im

---

31   Um wie Berichterstatter PETITPIERRE zu sprechen: «ce qui est ‹angemessen›, ne peut être exces-
     sif» (Amtl. Bull. 1983 NR, 651).

32   Hierzu GABI HUBER, Ausserordentliche Beiträge eines Ehegatten (Art. 165 ZGB) innerhalb der
     unterhaltsrechtlichen Bestimmungen (Diss. Freiburg 1990), AISUF 94.

Verhältnis zu den Pflichten gemäss Art. 163 erbrachte Mehrleistung für sich allein genügt nicht zur Begründung von eherechtlichen Ansprüchen. Nur wenn ein Ehegatte im Beruf oder Gewerbe des anderen *«erheblich mehr»* (wie z.B. die Ehefrau eines Handwerkers, die, wie eine entlöhnte Sekretärin, regelmässig täglich mehrere Stunden im Unternehmen des Ehemannes die administrativen Arbeiten besorgt; 120 II 283 ff. E. 6b, c; s. auch BGer 5A_642/2011 E. 4.2.1)[33] mitgearbeitet hat, als sein Beitrag an den Unterhalt der Familie verlangt (Abs. 1). Nur dann, wenn ein Ehegatte aus seinem Einkommen oder Vermögen *«bedeutend mehr»* an den Unterhalt beigetragen hat, als wozu er verpflichtet war (Abs. 2, dazu BGer 5A_290/2009 E. 3.2), sollen Ansprüche entstehen. Zu berücksichtigen sind Dauer und Regelmässigkeit sowie Bedeutung des Beitrags. Eine erhebliche Mehrleistung liegt regelmässig vor, wenn die Arbeitsleistung derjenigen einer Angestellten entspricht. Profitiert die anspruchsberechtigte Ehegattin im Rahmen der güterrechtlichen Ausein-andersetzung nicht vom Gewinn ihrer Mitarbeit, ist eine Entschädigung um so mehr gerechtfertigt (BGer 5A_642/2011 E.. 4.2 ff.). Erfolgt eine Arbeitsleistung am Haus des anderen, liegt weder Mitarbeit in Beruf oder Gewerbe noch ein Beitrag an den Unterhalt, also kein ausserordentlicher Beitrag i. S. v. Art. 165 vor (138 III 349 ff. E. 7.1.1).

Der Entschädigungsanspruch besteht nicht in einem Lohn bzw. in einem notwendi- 34
gerweise vollen Ersatz. Vielmehr geht es nur, aber immerhin, um *«angemessene Ent-schädigung»* (138 III 349 E. 7.1.1 ff.). Der Schuldner muss leistungsfähig sein; die Ent-schädigung darf nicht zur Überschuldung führen (BGer 5A_642/2011 E. 4.2 ff.).

Neben Art. 165 Abs. 1 kann weiterhin auch Art. 320 Abs. 2 OR zum Tragen kommen, 35
der einen umfassenderen Anspruch begründet als Art. 165 Abs. 1 (stillschweigender Abschluss eines Arbeitsvertrags).[34] Im Verhältnis zu Art. 195 ist dagegen Art. 165 die lex specialis. Wenn somit ein Ehemann das Geschäftskonto der Ehefrau verwaltet und daraus in erheblichem Mass persönliche Bedürfnisse deckt, hat die Ehefrau bedeutend mehr aus ihrem Einkommen oder Vermögen an den Unterhalt der Familie beigetra-gen als was sie nach Art. 163 leisten müsste. Die Abgeltung dieser finanziellen Mehr-leistung beurteilt sich nach Art. 165 Abs. 2 (angemessene Entschädigung) und nicht nach Auftragsrecht (gemäss 195) (127 III 54 f. E. 4).

Die Ansprüche gemäss Art. 165 sind *gewöhnliche Forderungen,* für welche nicht das 36
Eheschutzgericht, sondern das ordentliche Gericht zuständig ist.[35] Die Ehegattin

---

33 S. auch BGer 5A_642/2011 E. 4.2.1; Kantonsgericht FR, 11. Mai 2009 (101 2008-43), in FamPra. ch 11 (2010), 163 ff.

34 Siehe Huber a.a.O. 195 ff. und Bräm, ZüKomm, Art. 165 N 6 und 68 ff. «Ob die Abgeltung der erbrachten Leistungen arbeits- oder eherechtlich erfolgt, entscheidet sich einzelfallbezogen»: Zeiter, HandKomm, Art. 165 N 15, mit Verweis auf Hausheer, Schuldrechtliche Rechtsge-schäfte und familienrechtliche Leistungen unter Ehegatten, insbesondere sogenannte «unbe-nannte Zuwendungen» und ehebezogene Arbeitsleistungen in rechtsvergleichender Sicht, Jus-letter 9. September 2002, N 33; Hausheer/Geiser/Aebi-Müller, Familienrecht, Nr. 08.51. Zum früheren Recht s. BGE 113 II 414.

35 Botsch. Eherecht, 1256; Bräm, ZüKomm, Art. 165 N 107; Isenring/Kessler, BaKomm, Art. 165 N 24. – Zur Behandlung von Beiträgen nach 165[1] im Sozialversicherungsrecht s. BGE 115 Ib 45 f.

braucht sich aber nicht zu beeilen; verjähren doch solche Forderungen während der
Ehe nicht (134[1] Ziff. 3 OR). Sie hat jedoch ihren Anspruch spätestens vor Abschluss des
Scheidungsverfahrens geltend zu machen (123 III 437 f. E. 4c).[36]

VI.   Die Vertretung der ehelichen Gemeinschaft

37   Der Ausdruck «Vertretung der (ehelichen) Gemeinschaft»[37] (Randtitel zu 166) ist
missverständlich. Es geht nicht etwa darum, dass eine Gemeinschaft wie eine juristische Person durch ein Organ oder einen Dritten vertreten wird. Vielmehr ist dieser Ausdruck eine *Kurzbezeichnung für* einen *Sondertatbestand und* eine *spezifische
Rechtsfolge.* Der Tatbestand besteht darin, dass sich ein Ehegatte Dritten gegenüber
im Hinblick darauf verpflichtet, Bedürfnisse der Familie zu befriedigen (s. 166[1] und [2]).
Soweit nun dieser Ehegatte im Rahmen seiner Vertretungsmacht handelt, besteht die
Rechtsfolge darin, dass er durch sein Handeln nicht nur sich selbst, sondern auch den
anderen Ehegatten verpflichtet, und zwar durch solidarische Verpflichtung beider
Ehegatten (166[3]). Diese Regelung kann die Kreditwürdigkeit des rechtsgeschäftlich
auftretenden Ehegatten stärken.[38] Zu unterscheiden ist zwischen der ordentlichen und
der ausserordentlichen Vertretung:

a. Die ordentliche Vertretung

38   Die ordentliche Vertretungs*macht* beider Ehegatten geht nur so weit wie im alten Recht
für die Ehefrau: Sie gilt nur *während des Zusammenlebens* und bezieht sich einzig auf
die *laufenden Bedürfnisse* der Familie[39] (166[1]). Für die Auslegung kann daher das bisherige Recht herangezogen werden.

---

36   S. dazu kritisch SCHNYDER, Die privatrechtliche Rechtsprechung des Bundesgerichts im Jahre
       1997, in ZBJV 134 (1998), 451 f.

37   Hierzu MARKUS BERGER, Die Stellung Verheirateter im rechtsgeschäftlichen Verkehr (Diss.
       Freiburg 1987), AISUF 78.

38   HASENBÖHLER, ZüKomm, Art. 166 N 7; DESCHENAUX/STEINAUER/BADDELEY, Effets, Nr. 313.
       Kritisch gegenüber der Solidarhaftung HAUSHEER/REUSSER/GEISER, BeKomm, Art. 166 N 9.

39   Zur Anwendung von Art. 166 auf die Haftung des einen Ehegatten für Beitragsschulden des
       anderen gegenüber dessen Krankenkasse s. BGE 119 V 16, bestätigt in BGE 129 V 90; sehr illus-
       trativ: Kantonsgericht FR, 12. Oktober 2000, in FamPra.ch 2 (2001), 540 ff.; BGE 133 III 60 E. 3:
       Nach einer Trennung trägt der unterhaltsberechtigte Teil ein allfälliges Manko, das sich aus der
       Differenz zwischen den verfügbaren Mitteln und dem gesamthaften Unterhaltsbedarf ergibt,
       alleine. Muss er hierfür die Sozialhilfe in Anspruch nehmen, so erwachsen ihm in der entspre-
       chenden Höhe Schulden gegenüber den Fürsorgebehörden bzw. dem Gemeinwesen, die jeden-
       falls dann persönlich sind, wenn sie nach Aufnahme des Getrenntlebens begründet wurden, da
       ab diesem Zeitpunkt keine Vertretung der ehelichen Gemeinschaft für die laufenden Bedürf-
       nisse der Familie i. S. v. Art. 166 mehr möglich ist, und demnach die gesetzliche Vertretungs-
       fiktion nicht mehr spielt: kritisch dazu FANKHAUSER, Nachehelicher Unterhalt in Mankofäl-
       len, Bemerkungen zu BGE 133 III 57 ff., in AJP 16 (2007), 1173 ff.; SCHWENZER, Bemerkungen
       zum Entscheid des Obergerichts AG vom 24. Januar 2006, in FamPra.ch 7 (2006), 730 f., und
       Bemerkungen zu BGE 133 III 57, in FamPra.ch 8 (2007), 391 ff. – Die Inneneinrichtung eines

b. Die ausserordentliche Vertretung

Weiter (aber bloss im Rahmen der – übrigen – Familienbedürfnisse) reicht die Vertre- 39
tungsmacht eines Ehegatten auf Grund der *Ermächtigung* durch den Partner oder das
Gericht (166[2] Ziff. 1) sowie in *Notlagen* (166[2] Ziff. 2; vgl. diesen Text mit 392 Ziff. 1).

c. Die Rechtsfolge

Wo die Vertretungsmacht wirksam wird (166 [1] und [2]), tritt neben die persönliche Ver- 40
pflichtung des handelnden Ehegatten die Solidarschuld des anderen Ehegatten (166[3]).
Entscheidend ist dabei, inwieweit es für Dritte erkennbar ist, ob ein Ehegatte im Rahmen seiner Vertretungsbefugnis (166[1] und [2])[40] oder aber darüber hinaus handelt (166[3]).

VII. Die Handlungsfähigkeit der Ehegatten

Die Handlungsfähigkeit wird durch die Ehe nicht eingeschränkt, sofern das Gesetz 41
nichts anderes bestimmt (168). Eine solche Ausnahme sieht z.B. das OR bei der Bürgschaft (494 OR)[41] vor. Mit dem am 1. Januar 2003 in Kraft gesetzten Konsumkreditgesetz vom 23. März 2001 (KKG) wurden die Zustimmungserfordernisse über die Abzah-
lungs- und Vorauszahlungsverträge (226b[1] und 228 aOR) aufgehoben.[42] Dem allzu
engen Wortlaut zum Trotz bezieht sich Art. 168 nicht nur auf Verträge, sondern auch
auf einseitige Rechtsgeschäfte (z.B. Errichtung einer Stiftung oder eines Testaments).[43]
Eine Beschränkung der Handlungsfähigkeit enthält auch Art. 169 (s. vorne N 22).

Einfamilienhauses betrifft «übrige Bedürfnisse der Familie». Die solidarische Haftung der Ehegattin setzt also – ausser in Notfällen – deren Zustimmung voraus: BGer 4C.131/2006 und dazu
MEIER/DE LUZE, in AJP 16 (2007), 387 ff.

40 Im Wort «Vertretungsbefugnis» klingt an, dass ein Ehegatte dem anderen Gatten gegenüber
befugt ist, die Gemeinschaft zu vertreten, im Wort «Vertretungsmacht» dagegen, dass sein Handeln die vorgesehene Rechtswirkung Dritten gegenüber (die «Vertretung») auslöst. Die Vertretungsmacht reicht immer mindestens so weit wie die Vertretungsbefugnis, gelegentlich aber
darüber hinaus (s. 163[2] und 164[2] a. F.).

41 WIEGAND, Die Reform des Eherechts unter besonderer Berücksichtigung des Güterrechts, in
BN 45 (1984), 273 f., stellt diese Bestimmung wegen der nunmehr eingetretenen Diskrepanz
zwischen Obligationen- und Eherecht de lege ferenda eher in Frage.

42 Im Gegensatz zum Entwurf des Bundesrates (BBl 1999, 3177) sah das Parlament im Konsumkreditgesetz für den Abschluss von Konsumkreditverträgen keine Zustimmung des Ehegatten vor.

43 HAUSHEER/REUSSER/GEISER, BeKomm, Art. 168 N 7; HASENBÖHLER, ZüKomm, Art. 168 N 5;
ZEITER, HandKomm, Art. 168 N 1. Zur Rechtsgeschäfts- und Vertragsfreiheit Verheirateter s.
ESTHER KOBEL, Eherechtliche und schuldrechtliche Leistungen unter Ehegatten (Diss. Bern
2001), ASR 642, Nr. 1.32 ff.

VIII. Die Auskunftspflicht

42   Das *Gesetz* statuiert eine *allgemeine Auskunftspflicht:* Unabhängig vom Güterstand kann jeder Gatte vom anderen Auskunft über dessen Einkommen, Vermögen und Schulden verlangen (170[1]). Die Auskunftspflicht reicht immerhin nicht weiter als das Interesse des Auskunftsberechtigten.[44] Weigert sich ein Ehegatte, die verlangte Auskunft zu erteilen, so kann das Gericht sowohl diesen Gatten wie auch Dritte verpflichten, die nötigen Auskünfte zu erteilen und die entsprechenden Urkunden vorzulegen (170[2]; s. auch 185[2] Ziff. 4). Die Auskunftspflicht umfasst alles, was nötig ist, um die finanziellen Verhältnisse der Ehegatten abzuklären, die der Festsetzung des Unterhalts dienen. Im Einzelfall kann dies auch bedeuten, genaue Angaben über das Einkommen (z.B. Gewinnbeteiligung, Mieterträge) und das Vermögen (z.B. Gesellschaftsanteile, Erbschaften) zu machen. Kommt ein Ehegatte seiner Auskunftspflicht nicht nach und können mithin seine finanziellen Verhältnisse nicht restlos geklärt werden, kann das Gericht zur Überzeugung gelangen, die Angaben der Ehegattin seien richtig und für die Festsetzung des Unterhalts zu berücksichtigen (BGer 5C.219/2005 E. 2.2; 5A_432/2007 E. 5.3; 5A.736/2007 E. 2.2.1; 5A_72/2009 E. 5.3).[45] Ein entsprechendes Begehren wird ein Ehegatte oft, wenn auch nicht nur, im Zusammenhang mit Eheschutzmassnahmen (z.B. 173[2]) stellen. Die Auskunftspflicht kann aber auch im Rahmen der güterrechtlichen Auseinandersetzung angerufen werden (BGer 5C.276/2005 E. 2.2). Das Gesetz behält das Berufsgeheimnis der Rechtsanwälte, Notarinnen, Ärzte, Geistlichen und ihrer Hilfspersonen (170[3]) vor, nicht aber das Bankgeheimnis.[46]

---

44   Botsch. Eherecht, 1271; HAUSHEER/GEISER/AEBI-MÜLLER, Familienrecht, Nr. 08.94; SCHWANDER, BaKomm, Art. 170 N 15.

45   TARKAN GÖKSU, Wieviel Einkommen, welches Vermögen – Auskunfts- und Editionspflichten von Ehegatten und Dritten, in Alexandra Rumo-Jungo/Christiana Fountoulakis/Pascal Pichonnaz (Hrsg.), Der neue Familienprozess, Symposium zum Familienrecht 2011, Universität Freiburg (Zürich/Basel/Genf 2012), 109 ff.

46   Es hängt also nicht mehr vom kantonalen Prozessrecht ab, ob hier das Bankgeheimnis gilt: HAUSHEER/REUSSER/GEISER, BeKomm, Art. 170 N 28; DESCHENAUX/STEINAUER/BADDELEY, Effets, Nr. 283; BREITSCHMID/BRÄM, HandKomm, Art. 170 N 6.

§ 29 Der Schutz der ehelichen Gemeinschaft

I. Zweck

Zweck des Eheschutzes[1] ist zunächst einmal der Schutz der (ehelichen) Gemeinschaft 1
(s. den Randtitel zu den Art. 171 ff.). Eheschutzbestimmungen dienen aber auch dem
Schutz der Persönlichkeit des einzelnen Ehegatten und dem Kindeswohl. Die Beziehungen unter Ehegatten stehen darüber hinaus unter dem Schutz des Persönlichkeitsrechts im Sinn von Art. 28 ff. Sie dürfen von Dritten nicht widerrechtlich gestört werden (93 I 9 E. 3b; 78 II 289 ff.; 84 II 329 ff.; 108 II 348 ff. E. 2; 109 II 5 f. E. 2; 112 II 220).[2]

Das Gesetz unterscheidet unter dem Schutz der ehelichen Gemeinschaft zwischen der 2
Einrichtung von Beratungsstellen (171; II.) und den gerichtlichen Massnahmen (172–
178; III.). Hierzu gehört auch der im Personenrecht geregelte Schutz vor häuslicher
Gewalt (28b[2]). Die (gerichtlich) angeordneten Massnahmen unterliegen der Veränderung (179; IV.). Nicht im ZGB geregelt ist das Verfahren (V.).

II. Die Beratungsstellen

Das Eheschutzrecht beginnt mit einer Bestimmung über *Ehe- oder Familienberatungs-* 3
stellen. Die *Kantone haben* gemäss Art. 171 *dafür zu sorgen,* dass sich die Ehegatten
bei Eheschwierigkeiten gemeinsam oder einzeln an solche Stellen wenden können.
Der Bund schreibt den Kantonen nicht vor, *wie* im Einzelnen diese Aufgabe zu lösen
ist, ob über die Einrichtung staatlicher Beratungsstellen, die Angliederung an bestehende Stellen oder über private Institutionen unter allfälliger Unterstützung durch den

---

1   Zum gesetzgeberischen Novum des Personenschutzes und des damit einhergehenden Eingriffs
    in die familiären Belange zum Schutz der Eheleute im ZGB von 1907 s. 12. Auflage, § 29; RUMO-
    JUNGO, ZGB im Wandel, in recht 26 (2008), 54 f.

2   Nach der bundesgerichtlichen Rechtsprechung kann eine *Ehestörungsklage* auf Schadenersatz
    oder Genugtuung, nicht aber auf Unterlassung gegen die störende Liebhaberin des Ehemannes
    (78 II 289 ff.) oder den störenden Liebhaber der Ehefrau (84 II 329 ff.; 109 II 4 ff.) erhoben wer-
    den. – Nach heutiger Auffassung kann in einem Ehebruch wohl kaum mehr eine widerrechtliche
    Persönlichkeitsverletzung erblickt werden, nachdem seit dem 1. Januar 1990 der Straftatbestand
    des Ehebruchs (Art. 214 a. F. StGB) und seit dem 1. Januar 2000 der Scheidungsgrund des Ehe-
    bruchs (Art. 137 a. F. ZGB) aufgehoben worden sind. Eine Unterlassungsklage gegenüber einer
    die Ehe störenden Person ist nur schon deswegen problematisch, weil häufig ein Ehegatte selber
    an der Störung mitwirkt, damit aber ein persönliches Freiheitsrecht ausübt (CHRISTIAN BRÜCK-
    NER, Das Personenrecht des ZGB [Zürich 2000], Nr. 479; HAUSHEER/AEBI-MÜLLER, Personen-
    recht, N 12.77). Ausserdem müsste eine Unterlassungsklage regelmässig an der Unbestimmtheit
    des Verbots (z.B. jeden Kontakt mit dem anderen Ehegatten zu unterlassen; 78 II 293 E. 3; s. auch
    HAUSHEER/REUSSER/GEISER, BeKomm, Vorbem. zu Art. 171 ff. N 26; WERRO, Concubinage,
    Nr. 89) und an dessen Durchsetzbarkeit scheitern. Etwas anderes gilt, wenn das Familienleben
    gegen den Willen beider Eheleute gestört wird, indem ein Dritter sich wiederholt als biologischer
    Vater eines Kindes des Ehepaars bezeichnet (108 II 348 ff. E. 2).

Staat.[3] Die Beratung hat auch, ausser für Ehepaare in finanziellen Schwierigkeiten,[4] nicht unentgeltlich zu sein. Wohl aber statuiert Art. 171, *dass* die Kantone Eheschutz in Form von Beratungsstellen zu gewährleisten haben. Die Bestimmung begründet mithin eine bundesrechtliche Pflicht der Kantone und enthält nicht bloss einen unechten Vorbehalt (wie etwa 293[2]), der die sowieso bestehende kantonale Zuständigkeit wiederholt.[5] Dadurch, dass der Gesetzgeber die Beratungsstellen am Eingang des Eheschutzrechts platziert und in Art. 172 Abs. 2 noch einmal auf sie verweist, wird die Bedeutung dieser Form des Eheschutzes plastisch hervorgehoben.

III.   Die gerichtlichen Massnahmen

4   Unter dem Randtitel «gerichtliche Massnahmen» enthält das Gesetz neben einer Grundnorm über gerichtliche Eheschutzmassnahmen im Allgemeinen (172) in den Art. 173–178 einen Katalog besonderer Massnahmen.[6] Zu den gerichtlichen Massnahmen gehört auch der in Art. 28b[2] geregelte Schutz vor häuslicher Gewalt.

a. Die Grundregel

5   Im Sinn einer allgemeinen Eheschutztätigkeit, kann das Gericht um Vermittlung angerufen werden:

6   Anders als bei kindes- und erwachsenenschutzrechtlichen Massnahmen schlechthin wird das Gericht nie von Amtes wegen tätig, sondern immer nur auf Begehren (mindestens) eines Ehegatten. Dies gilt für die (nachstehend unter b–g, N 9 ff., zu behandelnden) besonderen Massnahmen wie auch für die hier zu erläuternde *allgemeine Eheschutztätigkeit*. Als materielle Voraussetzung für dieses Tätigwerden des Gerichts verlangt Art. 172 Abs. 1 entweder die Nichterfüllung der Pflichten eines Ehegatten gegenüber der Familie oder aber die Uneinigkeit der Gatten in einer für die eheliche Gemeinschaft wichtigen Angelegenheit. Gemäss Botschaft muss diese Uneinigkeit «vitale Interessen der ehelichen Gemeinschaft berühren»;[7] jedenfalls ist das Gericht nicht dazu da, um irgendwelche persönliche Zwistigkeiten zu schlichten.

---

3   Grundsätzlich können auch Mediationsstellen diese Aufgabe erfüllen, selbst wenn ihre Haupttätigkeit im Bereich der Scheidungsvorbereitung liegt.

4   Hierzu Botsch. Eherecht, 1273.

5   Gl. M. Deschenaux/Steinauer/Baddeley, Effets, Nr. 588; Heberlein/Bräm, HandKomm, Art. 171 N 2; zurückhaltend Hausheer/Reusser/Geiser, BeKomm, Art. 171 N 7; Schwander, BaKomm, Art. 172 N 4; a. M. Marlies und Heinz Näf-Hofmann, Schweizerisches Ehe- und Erbrecht. Die Wirkungen der Ehe im allgemeinen, das eheliche Güterrecht und das Erbrecht der Ehegatten. Eine Einführung für den Praktiker (Zürich 1998), Nr. 393.

6   Die vorsorglichen Massnahmen nach Art. 276 ZPO sind umfassender als die Eheschutzmassnahmen und umschliessen etwa auch die Pflicht zur Leistung eines Kostenvorschusses an den Partner; s. hierzu § 25 N 7 ff.

7   Botsch. Eherecht, 1274.

Unter den erwähnten Voraussetzungen kann das Gericht ganz allgemein «um Ver- 7
mittlung» angerufen werden (172[1] i. f.). *Ziel der gerichtlichen Tätigkeit* ist denn auch
die *Versöhnung der Ehegatten* (172[2]). Als Massnahme steht ihm hierfür zunächst einmal die Mahnung zur Verfügung. Zusätzlich kann das Gericht mit dem Einverständnis der Eheleute Sachverständige beiziehen oder aber die Eheleute an eine Ehe- oder
Familienberatungsstelle weisen. Die Konsultation solcher Beratungsstellen ist kein
Befehl, sondern nur, aber immerhin, eine Empfehlung,[8] deren Nichtbefolgung in späteren eheschutzrechtlichen Verfahren berücksichtigt werden darf. Im Übrigen darf das
Gericht nicht die Anordnung von Eheschutzmassnahmen verweigern und die Parteien
in das Scheidungs- oder Trennungsverfahren verweisen (119 II 313 f. E. 2).

Scheitern die Vermittlungsversuche des Gerichts, so hat es nicht etwa analog der Kin- 8
desschutzbehörde im Kindesschutzverfahren (307, 324) das Recht, geeignete Massnahmen anzuordnen. Es trifft *nur die vom Gesetz vorgesehenen Massnahmen*[9] (172[3];
114 II 22) und auch diese nur auf Begehren eines Ehegatten (so ausdrücklich in 172[3]).[10]
Solche Massnahmen sind namentlich die in Art. 173 ff. vorgesehenen Entscheide.
Doch sieht das ZGB auch andernorts gerichtliche Anordnungen vor (vgl. etwa 166[2]
Ziff. 1 sowie die vorn behandelten 169 und 170).

b. Die Festsetzung von Geldbeiträgen während des Zusammenlebens

Das Gericht setzt auf Begehren der Eheleute zwei Arten von Geldleistungen fest: die 9
Unterhaltsbeiträge (173[1]) und *den Betrag zur freien Verfügung* für den Ehegatten, der
den Haushalt besorgt, die Kinder betreut oder dem anderen im Beruf oder Gewerbe
hilft (173[2]). Die materiellrechtliche Grundlage für die Beträge zu Gunsten des haushaltführenden Ehegatten findet sich in Art. 164 (vorn § 28 N 20 f.). Nicht Gegenstand des Eheschutzverfahrens ist demnach die Entschädigung für ausserordentliche
Beiträge eines Ehegatten (165).[11] Die beiden vom Gericht festzusetzenden Ansprüche
können nur für die Zukunft und für ein Jahr vor Einreichung des Begehrens gefordert werden (173[3]; in praeteritum non vivitur; vgl. 279[1]). Dieser Grundsatz gilt auch
im Zusammenhang mit der Festlegung der Geldbeiträge beim Getrenntleben (176)
(115 II 204 ff. E. 4a). Was den Unterhaltsbeitrag anbelangt (173[1]), hat sich das Gericht
an die von den Ehegatten selbst gewählte Rollenverteilung zu halten und nach dem
Vertrauensprinzip sowie unter Berücksichtigung der nicht finanziellen Leistungen
eines jeden Ehegatten die Geldbeiträge des einen oder beider Ehegatten festzusetzen

---

 8 Botsch. Eherecht, 1274. Vgl. hierzu Roland Georgii, Stellung und Funktion des Eheschutz-
    richters nach dem neuen Recht von 1984 und dem alten Recht von 1907 (Diss. Zürich 1986),
    ZSPR 49.
 9 Seit dem 1. Juli 2007 können die Massnahmen zum Schutz der Persönlichkeit bei Gewalt, Dro-
    hung und Nachstellung (Art. 28b) angeordnet werden. Vgl. Heberlein/Bräm, HandKomm,
    Art. 172 N 3; Lötscher/Wullschleger, Aus der Praxis des Einzelgerichts in Familiensachen
    Basel-Stadt, in BJM 55 (2008), 5 ff.
10 Siehe aber die Ausnahme betr. 176[3] und hierzu hinten N 15 und Anm. 22 dazu.
11 Bräm, ZüKomm, Art. 173 N 2; Deschenaux/Steinauer/Baddeley, Effets, Nr. 618. Die
    Ansprüche nach Art. 165 sind vor dem ordentlichen Gericht (nicht vor dem Eheschutzgericht)
    geltend zu machen (Bräm, ZüKomm, Art. 165 N 107; Näf-Hofmann a.a.O. Nr. 418).

(ggf. wird verrechnet).[12] Im Eheschutzverfahren wird für die Bemessung des Unterhaltsbeitrags bei Vorliegen einer kurz dauernden Ehe an die vorehelichen Verhältnisse angeknüpft. Dies erweist sich als richtig, da in diesen Fällen auch nach der Scheidung kein Anspruch auf Beibehaltung des bisherigen Lebensstandards besteht (BGer 5A_649/2009). Verändern sich die Verhältnisse im Zeitraum des Getrenntlebens bis zur Festsetzung des nachehelichen Unterhalts sind diese zusätzlichen Ausgaben bzw. Ressourcen des Unterhaltsschuldners bei der Berechnung des nachehelichen Unterhalts mit zu berücksichtigen. Art. 129 ZGB wird in diesem Fall analog angewendet, da Umstände vorliegen, die später im Rahmen von Art. 129 ZGB zu einer Anpassung führen würden (137 III 102).

10   Der Unterhalt der Familie umfasst naturgemäss auch denjenigen der Kinder (163[1]); mithin ist auch für Letztere das Eheschutzgericht und nicht das ordentliche Gericht zuständig (23 ZPO für die örtliche, 4[1] ZPO für die sachliche Zuständigkeit).

c. Der Entzug der Vertretungsbefugnis

11   Während nach altem Eherecht der Ehemann der Ehefrau ihre gesetzliche Vertretungsbefugnis entziehen und die Ehefrau sich beim Gericht dagegen wehren konnte bzw. musste (164 a. F.), liegt die Kompetenz zu Recht nunmehr beim Gericht: Dieses kann auf Begehren eines Ehegatten dem oder der anderen die ordentliche[13] *Vertretungsbefugnis* (166[1]) *ganz oder teilweise entziehen.* Voraussetzung hierfür ist eine Überschreitung der Befugnis durch den ins Recht gefassten Ehegatten oder aber dessen Unfähigkeit zur Ausübung der Befugnis (174[1]). Das Gericht kann nicht über das Begehren des Ehegatten hinausgehen, wird aber andererseits die Entziehung nur soweit anordnen, als dies mit dem Verhältnismässigkeitsgrundsatz vereinbar ist. Der Entzug ist gutgläubigen Dritten gegenüber nur dann wirksam, wenn er *auf Anordnung des Gerichts publiziert* worden ist (174[3]). Auch diese Massnahme muss vom gesuchstellenden Ehegatten ausdrücklich verlangt werden und im Übrigen verhältnismässig sein. Ohne gerichtlichen Entscheid ist dem gesuchstellenden Ehegatten eine Veröffentlichung verwehrt; er darf Dritten den Entzug nur durch persönliche Mitteilung bekannt geben (174[2]).

d. Vollstreckungshilfen[14]

12   1. *Inkassohilfe und Vorschüsse.* Unter Hinweis auf die Vollstreckungshilfen im Scheidungs- und im Kindesrecht (Art. 131 und 290) stellt die Gesetzesnovelle über den Kin-

---

12   Zum Vorgehen des Gerichts bei Uneinigkeit der Ehegatten bezüglich der Aufgabenteilung s. GEORGII a.a.O. 81 ff.; ferner BRÄM, ZüKomm, Art. 163 N 126 f.

13   HAUSHEER/REUSSER/GEISER, BeKomm, Art. 174 N 6; DESCHENAUX/STEINAUER/BADDELEY, Effets, Nr. 385; ISENRING/KESSLER, BaKomm, Art. 174 N 8 f.; HEBERLEIN/BRÄM, HandKomm, Art. 174 N 5; HAUSHEER/GEISER/AEBI-MÜLLER, Familienrecht, Nr. 09.27; Zum Entzug der ausserordentlichen Vertretungsbefugnis s. HAUSHEER/REUSSER/GEISER, BeKomm, Art. 174 N 6a; DESCHENAUX/STEINAUER/BADDELEY, Effets, Nr. 385a.

14   Vgl. auch DOLDER/DIETHELM, Eheschutz (Art. 175 ff. ZGB) – ein aktueller Überblick, in AJP 12 (2003), 667 f.; MAIER, Aktuelles zu Eheschutzmassnahmen, Scheidungsgründen und Kinderbelangen anhand der Praxis der erst- und zweitinstanzlichen Gerichte des Kantons Zürich,

desunterhalt vom 20. März 2015 klar, dass die Inkassohilfe und die Vorschüsse auch im Eheschutzverfahren in Anspruch genommen werden können (176a nZGB).

2. *Anweisungen an die Schuldner.* Unter dem harmlosen Titel «Anweisungen an die Schuldner» enthält Art. 177 eine sehr einschneidende Massnahme: Erfüllt ein Ehegatte seine Unterhaltspflicht gegenüber der Familie nicht, so kann das Gericht die *Schuldner* dieses Gatten *anweisen, ihre Zahlungen ganz oder teilweise dem anderen Gatten zu leisten.* Dieser kann und soll dann daraus die Familienbedürfnisse bestreiten. Zahlt die Schuldnerin des Gatten – es wird sich meistens um die Arbeitgeberin handeln – entgegen dieser Anweisung ihrem ursprünglichen Gläubiger, so hätte dies keine befreiende Wirkung.[15] Das Gericht wird diese Massnahme nach dem Verhältnismässigkeitsprinzip einsetzen und den Schutz der Gemeinschaft mitberücksichtigen. Eine analoge Massnahme sieht das Kindesrecht in Art. 291 vor (hierzu hinten § 42 N 65 f.). Eine Schuldneranweisung ist eine Zwangsvollstreckungsmassnahme sui generis, welche in Zusammenhang mit dem Zivilrecht steht, so dass die Beschwerde in Zivilsachen grundsätzlich gegeben ist (Art. 72² lit. b BGG). Wie andere Eheschutzmassnahmen (172 ff. ZGB) ist auch die Schuldneranweisung (177) eine vorsorgliche Massnahme i. S. v. Art. 98 BGG, welche nur der Rüge der Verletzung verfassungsmässiger Rechte zugänglich ist. Der gesetzliche Fristenstillstand gilt im Verfahren betr. vorsorglicher Massnahmen nicht (145² lit. b ZPO und 46² BGG; 134 III 667 E. 1.1 und 1.2).

e. Beschränkungen der Verfügungsbefugnis[16]

Gemäss dem (vorn § 28 N 22) behandelten Art. 169 bedarf ein Ehegatte der Zustimmung des anderen, wo es um die Wohnung der Familie geht. Art. 178 sieht nun eine *generelle Kompetenz des Gerichts* vor, auf Begehren eines Ehegatten die *Verfügung* des anderen *über dessen Vermögenswerte von der Zustimmung des* gesuchstellenden *Gatten abhängig zu machen* (178¹ i. f.). Das Gericht kann eine solche Beschränkung allerdings nur unter zwei Voraussetzungen anordnen:

Zum einen muss es um die Sicherung der *wirtschaftlichen Grundlagen* der Familie oder die Erfüllung einer *vermögensrechtlichen Verpflichtung* aus der ehelichen Gemeinschaft gehen (178¹ i. i.); die Bestimmung gilt also nicht für die Regelung anderer Finanzprobleme unter Eheleuten.

Zum anderen muss die Massnahme *erforderlich* sein. Das damit angesprochene Prinzip der Verhältnismässigkeit setzt voraus, dass sich die Verfügungsbeschränkung auf konkrete Vermögenswerte bezieht und die betroffenen Vermögenswerte genau

---

in AJP 17 (2008), 77; JANN SIX, Eheschutz, Ein Handbuch für die Praxis (2. A. Bern 2008), Nr. 8.01 ff.; WEBER, Anweisung an die Schuldner, Sicherstellung der Unterhaltsforderung und Verfügungsbeschränkung, in AJP 11 (2002), 244 ff. Zur Schuldneranweisung im internationalen Verhältnis siehe BGE 130 III 489.

15 Es sei denn, der Gläubigerehegatte hätte den Forderungsbetrag dem ehelichen Unterhalt zugeführt: HAUSHEER/REUSSER/GEISER, BeKomm, Art. 177 N 15; kritisch BRÄM, ZüKomm, Art. 177 N 43; gemäss VETTERLI, FamKomm, Art. 177 N 3, ist in der Anweisung ausdrücklich darauf hinzuweisen, dass der Schuldner das Risiko der Doppelzahlung trägt.

16 Vgl. auch MAIER, a.a.O. 77 f.

bezeichnet werden. Denkbar ist auch, dass nicht alle Verfügungsarten untersagt sind.[17] Sodann kann die Massnahme zeitlich begrenzt sein.

17   Der Ehegatte, der die Sicherungsmassnahme begehrt, muss eine Gefährdung glaubhaft machen (118 II 381).[18] Die Wirksamkeit solcher Verfügungsbeschränkungen hängt von *geeigneten sichernden Massnahmen* ab; das Gesetz räumt dem Gericht hierfür analog der Lage bei der Pfändung (98–101 SchKG) entsprechende Kompetenzen ein (178[2]). Besteht die Beschränkung in einem Verbot, über ein Grundstück zu verfügen, lässt das Gericht dies von Amtes wegen im Grundbuch anmerken (178[3]); für dieses Grundstück besteht damit eine sogenannte Kanzleisperre.[19] – Zum Verhältnis zwischen Verfügungsbeschränkung und Zwangsvollstreckungsverfahren s. BGE 120 III 67 ff.

f. Aufhebung des gemeinsamen Haushalts[20]

18   Dem Leitbild der Ehe gemäss ZGB (159) entspricht das Zusammenleben der Eheleute (s. vorn § 28 N 6 ff.). *Unter gewissen Voraussetzungen* ist ein Ehegatte aber *berechtigt, getrennt zu leben*. Dies ist der Fall, wenn (und so lange, als) seine Persönlichkeit, seine wirtschaftliche Sicherheit oder das Wohl der Familie durch das Zusammenleben ernstlich gefährdet sind (175).

19   Art. 175 bedeutet nicht etwa, dass das Getrenntleben einzig unter den erwähnten Voraussetzungen überhaupt zulässig ist. Die Wirkung der i. S. v. Art. 175 *begründeten Aufhebung* des gemeinsamen Haushalts besteht vielmehr darin, dass das Gericht auf Begehren eines Ehegatten verschiedene Anordnungen treffen *muss* (176), da diesfalls ein *gesteigertes Bedürfnis nach Eheschutzmassnahmen* besteht. Aber selbst in Fällen, da die Aufhebung nicht begründet ist, kann ein Ehegatte Eheschutzbegehren stellen, wenn das Zusammenleben unmöglich ist, namentlich weil der andere Ehegatte es grundlos ablehnt (176[2]). Im Einzelnen umfassen die Begehren: (1.) die Festsetzung der gegenseitig geschuldeten Geldbeiträge (176[1] Ziff. 1), (2.) die Benützung der Wohnung und des Hausrates (176[1] Ziff. 2), (3.) die Anordnung der Gütertrennung, wo die Umstände dies rechtfertigen (176[1] Ziff. 3), (4.) die nötigen Massnahmen betreffend die Kinder (176[3]).

1. Festsetzung der Geldbeiträge

20   Zu den Methoden der Festsetzung des Unterhalts s. vorne § 24 N 57 ff.; namentlich zum Schutz des Existenzminimums § 24 N 60 ff. Zum Verteilschlüssel beim Vorliegen eines Überschusses s. 126 III 9 f. E. 3c; BGer 5A_122/2011 E. 5.1. Sind die finanziellen

---

17   Strikter: DESCHENAUX/STEINAUER/BADDELEY, Effets, Nr. 677, die in jedem Fall nur bestimmte Verfügungsarten erfassen wollen.

18   DOLDER/DIETHELM a.a.O. 668.

19   Botsch. Eherecht, 1283. – Zum Ganzen s. HASENBÖHLER, Verfügungsbeschränkungen zum Schutze eines Ehegatten, in BJM 33 (1986), 57 ff.

20   Zur veränderten Bedeutung des Eheschutzverfahrens unter dem Hintergrund des neuen Scheidungsrechts s. DANIEL STECK, Neue Funktionen des Eheschutzes im Vorfeld der Scheidung, in Institut für Rechtswissenschaft und Rechtspraxis (Hrsg.), Scheidungsrecht – erste Erfahrungen und neue Probleme, Tagungsunterlage (St. Gallen 2000).

Mittel beschränkt, ist für beide Ehegatten das betreibungsrechtliche Existenzminimum zu berechnen. Steuerlasten gehören nicht zum Existenzminimum und bleiben deshalb unberücksichtigt. Wird der Unterhalt jedoch auf Basis der Grundbedarfsberechnung mit Überschussteilung ermittelt und sind die finanziellen Verhältnisse der Parteien günstig, müssen die Steuern miteinbezogen werden. Diese Grundsätze gelten sowohl im Scheidungs- wie auch im Eheschutzverfahren (BGer 5A_302/2011 E. 6.3.1 f.; 127 III 292 E. 2a bb; 127 III 70 E. 2b; 126 III 356 E. 1a aa; 121 III 301 ff.; 123 III 1 ff.).[21] Haben die Ehegatten während des Zusammenlebens keine Ersparnisse gebildet oder muss das gesamte eheliche Einkommen für die wegen des Getrenntlebens zusätzlich anfallenden Kosten verwendet werden, ist es zulässig, die Methode der Existenzminimumberechnung mit Überschussverteilung anzuwenden, ungeachtet des Erhalts des bisherigen Lebensstandards (BGer 5A_323/2012 E. 5, in 138 III 672 nicht publiziert).

Zur Wiederaufnahme einer Erwerbstätigkeit nach langjähriger «Haushaltehe»: 21
128 III 65 (s. auch BGer 5P.21/2007 und vorne § 24 N 53 ff.). Bestand zwischen den Ehegatten während der Ehe eine völlige Unabhängigkeit, lebten sie getrennt und kam jeder für sich selber auf, ist die Erwerbslosigkeit des Ehemannes im Zeitpunkt des Entscheids über Eheschutzmassnahmen nicht relevant. Er hat keinen Anspruch auf Unterhalt (137 III 387 f. E. 3.1). Zur Ausdehnung der Erwerbstätigkeit in der Trennungsphase ist ein Ehegatte nur dann verpflichtet, wenn: 1. Keine Möglichkeit besteht, auf die während des gemeinsamen Haushalts gegebene Sparquote oder auf vorhandenes Vermögen zurückzugreifen, 2. die vorliegenden Mittel auch nach zumutbarem Einschränken nicht ausreichen, um die zwei getrennten Haushalte zu finanzieren und 3. die Aufnahme oder Ausdehnung dem Ehegatten aufgrund seines Alters, seines Gesundheitszustandes, seiner Ausbildung und der Lage auf dem Arbeitsmarkt zugemutet werden kann. Diese Voraussetzungen müssen kumulativ erfüllt sein (BGer 5A_373/2007). Mit den Auswirkungen einer einfachen Wohn- und Lebensgemeinschaft bzw. eines qualifizierten Konkubinats auf den eheschutzrechtlichen Unterhaltsanspruch befasst sich das Bundesgericht differenziert in BGE 138 III 99 ff., insb. E. 2.2 ff.

Obergrenze des Unterhaltsanspruchs: Die obere Grenze für die Höhe des 22
Unterhaltsbeitrags ist auch im Rahmen der Eheschutzmassnahmen der während des Zusammenlebens gelebte Lebensstandard. Kommt ein Ehegatte erst kurz vor der Trennung zu Vermögen, beeinflusst dies grundsätzlich den gelebten Standard nicht mehr (BGer 5A_345/2007 E. 2.2).

---

21 Siehe die ausführliche Verarbeitung dieser und weiterer BGE bei HEGNAUER/BREITSCHMID, Grundriss, Nr. 21.24 ff. In der Lehre wird die Praxis, wonach das *Existenzminimum der unterhaltspflichtigen Person* in jedem Fall (auch gegenüber unterhaltsberechtigten Kindern; 123 III 4 ff. E. 3b/bb und 5) *geschützt ist,* kritisiert: siehe dazu § 24 Anm. 113 und 114.

2. Benützung der Wohnung und des Hausrates[22]

23 Bei der Zuteilung einer Liegenschaft hat eine Interessenabwägung zu erfolgen. Haben die Ehegatten keine Kinder, stehen Gründe beruflicher und gesundheitlicher Natur im Vordergrund. Erst in zweiter Linie werden Affektionsinteressen berücksichtigt. Führt die Interessenabwägung zu keinem eindeutigen Ergebnis, ist schliesslich im Zweifel den Eigentums- oder anderen Nutzungsverhältnissen Rechnung zu tragen, denen auch bei voraussehbarer längerer Aufhebung des gemeinsamen Haushalts ein zusätzliches Gewicht beigemessen wird. Nur ausnahmsweise können finanzielle Gründe für die Zuweisung des ehelichen Wohnhauses entscheidend sein (z.B. bei offensichtlichen Mangellagen). Ein Ehegatte, welcher aus der betroffenen Liegenschaft ausgezogen ist, verwirkt dadurch seinen eherechtlichen Anspruch auf die Zuteilung nicht. Mit Blick auf die romanischen Wortlaute der Bestimmung («mesures en ce qui concerne le logement», «le misure riguardanti l'abitazione») kann die Zuteilung ferner nicht davon abhängig gemacht werden, ob der betreffende Ehegatte die Liegenschaft tatsächlich bewohnen will (BGer 5A_78/2012 E. 3.2; s. auch 5A_575/2011, 5A_766/2008.)

3. Anordnung der Gütertrennung, wo die Umstände dies rechtfertigen

24 Zu den Umständen gehört in erster Linie die Gefährdung der wirtschaftlichen Sicherheit der Ehepartnerin, die um Gütertrennung nachsucht.[23] Denkbar ist allerdings auch, dass der Schutz der Persönlichkeit eines Ehegatten die Gütertrennung als notwendig erscheinen lässt (116 II 28 f. E. 4).

4. Massnahmen betreffend die Kinder

25 Unabhängig davon, ob ein Ehegatte zur Aufhebung des gemeinsamen Haushalts berechtigt ist oder nicht, trifft das Eheschutzgericht von Amtes wegen[24] gemäss Abs. 3 des Art. 176 die für unmündige Kinder gemäss den Bestimmungen über die Wirkungen des Kindesverhältnisses nötigen Massnahmen. Es geht um die allfällige Zuteilung der elterlichen Sorge oder der Obhut, um den persönlichen Verkehr, die Regelung der Betreuungsanteile (298[2]) und um Unterhaltsbeiträge (276, s. 123 III 4 ff. E. 3b/bb und 5; BGE 137 III 62 E. 4.2.1). Das Eheschutzgericht hat seit dem 1. Januar 2000, wie bereits vorher das Scheidungsgericht (315a[1] a. F.), das Recht, Kindesschutzmassnahmen zu treffen (315a[1] n. F.).

---

22 Zum Ganzen s. SUSANNE BACHMANN, Die Regelung des Getrenntlebens nach Art. 176 und 179 ZGB sowie nach zürcherischem Verfahrensrecht (Diss. St. Gallen 1995). Vgl. auch den Entscheid des Zürcher Obergerichts, zitiert in AJP 10 (2001), 463 ff., wonach der Fortbestand der Errungenschaftsbeteiligung unzumutbar erscheint, wenn während der vierjährigen Wartefrist gemäss Art. 114 der Gesuchsteller aus seinem verbleibenden Arbeitserwerb Ersparnisse bildet, während seine Ehefrau einen Grossteil der nicht für den Unterhalt verwendeten Mittel verbraucht; teilweise kritisch dazu WEBER, in AJP 10 (2001), 465 f.

23 Botsch. Eherecht, 1278; HAUSHEER/REUSSER/GEISER, BeKomm, Art. 176 N 38.

24 Aber nur dann, wenn es von einem Ehegatten zur Regelung des Getrenntlebens angegangen wird: HAUSHEER/REUSSER/GEISER, BeKomm, Art. 176 N 41; HEGNAUER/BREITSCHMID, Grundriss, Nr. 21.28.

g. Schutz vor häuslicher Gewalt

Zu den vom Gesetz vorgesehenen Massnahmen gehören auch die seit dem 1. Juli 2007   26
in Art. 28b geregelten Massnahmen zum Schutz der Persönlichkeit der Ehegatten.
Dabei geht es um den Schutz vor Gewalt, Drohungen oder Nachstellungen, die einerseits von irgendeinem Täter ausgehen (Abs. 1) und andererseits spezifisch von einem
Täter ausgehen, der mit dem Opfer zusammenlebt (Abs. 2). Entstehungsgeschichtlich
sowie unter dem Blickwinkel des Eheschutzes steht der Schutz vor häuslicher Gewalt,
also Abs. 2, im Vordergrund. Die Bestimmung beschränkt sich nicht auf die Anwendung oder Androhung physischer Gewalt, sondern umfasst auch psychische, soziale
und sexuelle Gewalt.[25] Die gerichtlichen Massnahmen sind beispielhaft aufgezählt und
umfassen das Kontaktaufnahme-, das Rayon- und Annäherungsverbot (Abs. 1) sowie
(ggf. kumulativ) die Ausweisung aus der gemeinsamen Wohnung (Abs. 2).[26]

IV. Die Veränderung der Verhältnisse

Die vom Gericht angeordneten *Eheschutzmassnahmen* haben nicht materielle Rechts-   27
kraft (d.h. Verbindlichkeit für spätere Prozesse), es liegt keine res iudicata vor; vielmehr
ist das Gericht verpflichtet, *auf Begehren eines Ehegatten* die Massnahmen *anzupassen
oder aufzuheben,* wenn sich die (äusseren oder die persönlichen) Verhältnisse entsprechend verändert haben (179[1] i. V. m. Art. 129 und 134). Gleiches gilt, wenn sich – ohne
Veränderung der Verhältnisse – nachträglich herausstellt, dass die Massnahme verse-
hentlich auf unrichtigen Tatsachen beruht.[27] Bei der Anrechnung eines hypothetischen
Einkommens im Abänderungsverfahren eines Eheschutzentscheids ist es willkürlich,
lediglich in allgemeiner Weise festzustellen, dass die Betroffene durch die Ausübung
einer Erwerbstätigkeit ein höheres Einkommen erzielen könnte. Das Gericht hat den
Betrag auf hinreichende, sachliche Überlegung abzustützen. Basierend auf den spezifischen tatsächlichen Verhältnissen hat es in erster Linie die Tätigkeitsart zu bestimmen, welche die Betroffene vernünftigerweise in der Lage ist auszuüben. Erst dann ist
ein entsprechender Lohn festzusetzen (BGer 5A_218/2012 E. 3.4.2).

Handelt es sich bei den ursprünglich angeordneten Massnahmen um die Regelung des   28
Getrenntlebens (176), so fallen diese dahin, wenn die Ehegatten das Zusammenleben
wieder aufnehmen, mit Ausnahme der allenfalls angeordneten Gütertrennung (179[2]).

Eheschutzmassnahmen können *nicht mehr* angeordnet werden, *wenn* ein Ehegatte   29
eine *Scheidungs- oder Trennungsklage* anhängig gemacht hat; diesfalls kommen vorsorgliche Massnahmen (276 ZPO) zum Zug (95 II 74 E. 2c; 115 II 205 E. 4a; s. immer-

---

25 HAUSHEER/AEBI-MÜLLER, Personenrecht, Nr. 14.42a.
26 S. dazu vorne § 11 N 29; AEBI-MÜLLER, HandKomm, Art. 28b N 5 ff.; HAUSHEER/AEBI-MÜL-
    LER, Personenrecht, Nr. 14.42k ff.; SIX a.a.O. N 1.19.
27 Botsch. Eherecht, 1284; HAUSHEER/REUSSER/GEISER, BeKomm, Art. 179 N 8a; LEMP, BeKomm,
    Art. 172 N 10; ISENRING/KESSLER, BaKomm, Art. 179 N 4; DESCHENAUX/STEINAUER/BADDE-
    LEY, Effets, Nr. 733; SIX a.a.O. N 4.02 m. w. H. auf die Rechtsprechung.

hin für vor dem Scheidungsprozess angeordnete Massnahmen 101 II 1 ff. und für den Fall der Einleitung des Scheidungsprozesses im Ausland 104 II 246 ff.). Mit dem Einreichen der Scheidungs- oder Trennungsklage fallen allerdings die Eheschutzmassnahmen nicht von Gesetzes wegen dahin. Sie bleiben vielmehr in Kraft, solange sie nicht vom Massnahmegericht durch vorsorgliche Massnahmen (276 ZPO) abgelöst, d.h. aufgehoben oder abgeändert werden (276[2] ZPO).[28] Das gilt auch für Scheidungsverfahren, die im Ausland eingeleitet wurden (BGer 5A_461/2010 E. 3). Besteht kein Zuständigkeitskonflikt, kann das Eheschutzgericht sogar erst dann entscheiden, nachdem die Scheidung rechtshängig gemacht wurde (138 III 648 f. E. 3).[29]

V.   Das Verfahren

a. Art des Verfahrens

30   Die Zivilprozessordnung sieht für den Eheschutz ein *summarisches Verfahren* vor (271), welches sich durch die Beschränkung der Beweismittel (254) und durch geringere Anforderungen an den Beweisgrad auszeichnet[30] (s. daher soeben unter N 27 f. die relativ geringen Anforderungen für die Anpassung oder Abänderung der Eheschutzmassnahmen). Das Gericht führt eine mündliche Verhandlung durch (273[1]). Die Parteien müssen persönlich erscheinen (273[2]). Gegebenenfalls erfolgt auch eine Anhörung der Kinder (124 III 91 E. 3).

b. Zuständigkeit

31   Die *örtliche Zuständigkeit* richtet sich nach Art. 23 ZPO. Danach gilt für eherechtliche Gesuche und Klagen sowie für Gesuche um Anordnung vorsorglicher Massnahmen (zwingend) ein *Wahlgerichtsstand am Wohnsitz einer Partei.* Dieser Gerichtsstand ist auch für ausserhalb der Art. 171 ff. geregelte Eheschutzmassnahmen massgeblich (s. 166[2] Ziff. 1, 169[2], 170[2], 185, 187[2], 203[2], 230[2], 235[2], 250[2]).[31] Bei Anrufung zweier Gerichte durch Eheleute mit unterschiedlichem Wohnsitz ist jenes Gericht zuständig, das zuerst angerufen wird (sog. forum praeventionis, Art. 64 Abs. 1 lit. a ZPO). Der Wahlgerichtsstand gilt explizit auch für die Änderung, Ergänzung oder Aufhebung einer ein-

---

28   HAUSHEER/REUSSER/GEISER, BeKomm, Art. 179 N 17 und Art. 180 N 6; BRÄM, ZüKomm, Art. 179 N 41; ISENRING/KESSLER, BaKomm, Art. 179 N 17; DESCHENAUX/STEINAUER/BADDELEY, Effets, Nr. 740.

29   Kritische Bemerkungen dazu DUSS, in FamPra.ch 14 (2013), 198 ff.

30   HAUSHEER/REUSSER/GEISER, Art. 180 N 15, sowie für Einzelheiten zum Verfahren: DESCHENAUX/STEINAUER/BADDELEY, Effets, Nr. 702 ff.; SIX a.a.O. N 1.01.

31   SUTTER-SOMM/LÖTSCHER, Komm ZPO, Art. 23 N 10. Auch das Begehren um Erlass einer im Grundbuch anzumerkenden Verfügungsbeschränkung über ein Grundstück fällt unter Art. 23 ZPO, denn diese Bestimmung ist im Verhältnis zu Art. 29 ZPO betreffend Klagen, die sich auf das Grundstück beziehen, eine lex specialis; so SUTTER-SOMM/LÖTSCHER, Komm ZPO, Art. 23 N 12.

mal getroffenen Massnahme, so dass nicht an der bei der erstmaligen Anordnung der Massnahme begründeten Zuständigkeit (sog. perpetuatio fori) festgehalten wird.[32]

Die Bezeichnung des *sachlich zuständigen Gerichts* ist Sache der Kantone (4[1] ZPO). Sinnvollerweise ist dies eine Einzelrichterin, womöglich mit besonderen Kenntnissen und Erfahrungen für die Aufgabe. Dabei handelt es sich immer um ein Zivilgericht. Dementsprechend ist das Betreibungsamt bzw. die kantonale Aufsichtsbehörde in Schuldbetreibungs- und Konkurssachen nicht zur Reduktion der vom Zivilgericht festgesetzten Unterhaltsansprüche auf das Existenzminimum des Unterhaltsschuldners zuständig (123 III 333 f. E. 2).   32

c. Rechtsmittel

Die *kantonalen Rechtsmittel* sind in der ZPO, die *bundesrechtlichen* im BGG geregelt.   33

1. *Kantonale Rechtsmittel:* Zu den formellen Erfordernissen zur Berufungseingabe s. 137 III 618 ff. E. 4.1 ff. Bei Entscheiden über vorsorgliche Massnahmen (wozu der Eheschutz gehört; 137 III 477 f. E. 4.1 f.), hat die Berufung grundsätzlich keine aufschiebende Wirkung (315[4] lit. b ZPO). Droht jedoch ein nicht leicht wieder gutzumachender Nachteil, kann gemäss Art. 315[5] ZPO die Vollstreckung ausnahmsweise aufgeschoben werden.   34

2. *Bundesrechtliche Rechtsmittel:* Gegen die Anordnung von Eheschutzmassnahmen ist die Beschwerde in Zivilsachen gegeben, denn es handelt sich hierbei um eine Zivilsache i. S. v. Art. 72 BGG. Entscheide über Eheschutzmassnehmen sind Endentscheide i. S. v. Art. 90 BGG (134 III 431 E. 2.2; 133 III 585 E. 3.5). Sie gelten als vorsorgliche Massnahmen i. S. v. Art. 98 BGG (betreffend Anordnung der Gütertrennung offengelassen), weswegen mit der Beschwerde bloss die Verletzung verfassungsmässiger Rechte gerügt werden kann (133 III 397 E. 5.2; BGE 137 III 477 f. E. 4.1 f.).[33] Im Eheschutzverfahren findet die Bestimmung von Art. 317[1] ZPO über das Novenrecht keine Anwendung (133 III 115 f. E. 3 zu Art. 137[1] aZGB).   35

---

32 Gl. M. Sutter-Somm/Lötscher, Komm ZPO, Art. 23 N 10; a. M. Siehr/Bähler, BaKomm, Art. 23 ZPO N 17.

33 Mit kritischen Bemerkungen dazu Göksu, in AJP 16 (2007), 1170 ff.; sowie auch bereits zum alten Recht Hausheer/Reusser/Geiser, BeKomm, Art. 180 N 24 ff.; Sandoz/Poudret, Ordonnance de séparation de biens de l'art. 176 al. 1er ch. 3 CC et décision finale de l'art. 48 OJ, in JdT 138 (1990) I, 326 ff.; Vogel, Die Rechtsprechung des Bundesgerichts zum Zivilprozessrecht im Jahre 1987, in ZBJV 125 (1989), 276.

§ 30 Die Rechtsstellung der Partnerinnen und Partner und der Partnerschaftsschutz

1   Das dritte Kapitel des PartG beschäftigt sich mit den Wirkungen der eingetragenen Partnerschaft. Das PartG regelt drei Arten von Wirkungen:

  – die allgemeinen Rechte und Pflichten (12–17; s. nachstehend N 3 ff.);

  – das Vermögensrecht (18–25; s. nachstehend § 37);

  – sowie die besonderen Wirkungen (26–28: Ehehindernis der Partnerschaft, s. § 21 N 12, § 22 N 10; Kinder der Partnerin oder des Partners sowie Adoption und Fortpflanzungsmedizin, s. nachstehend N 25 ff.).

2   Die Bestimmungen über die allgemeinen Rechte und Pflichten umfassen einerseits jene über die Rechte und Pflichten der Partner im Rahmen der eingetragenen Partnerschaft (12–15; nachstehend N 3 ff.) und andererseits jene über den Partnerschaftsschutz (13[2] und [3], 14, 15[4], 16, 17; nachstehend N 16 ff.). Ferner werden nachfolgend zwei besondere Wirkungen betreffend das Kindesverhältnis zu Eltern in eingetragener Partnerschaft behandelt (N 25 ff.).

I.   Die Rechtsstellung der Partnerinnen und Partner in der eingetragenen Partnerschaft

a. Beistand und Rücksicht

3   In der *Grundnorm* über gegenseitigen Beistand und gegenseitige Rücksicht ist gleichsam das Wesen der dem PartG zugrunde liegenden Partnerschaft enthalten: Das PartG geht von einer Partnerschaft zwischen zwei erwachsenen, gleichberechtigten Personen aus, die füreinander Verantwortung übernehmen und zueinander Sorge tragen möchten.[1] Während für die Ehe die Gemeinschaft und das Zusammenwirken prägend sind, ist die eingetragene Partnerschaft stärker personenbezogen und stellt die individuelle Persönlichkeit der Partnerinnen und Partner in den Vordergrund.[2] So enthält Art. 12 PartG (anders 159[1] und [2] ZGB) keinen Hinweis auf die Begründung einer Gemeinschaft und statuiert keine Pflicht zur gemeinsamen Sorge für die Gemeinschaft. Vielmehr sind die Rechte und Pflichten gemäss der Grundnorm auf die beiden Individuen bezogen und beinhalten den Beistand füreinander und die Rücksicht aufeinander. Das ändert aber nichts daran, dass die eingetragene Partnerschaft eine rechtlich anerkannte Gemeinschaft (ohne Rechtspersönlichkeit) ist[3] und das gemeinschaftliche Zusammenleben indirekt durch die gegenseitige Rücksicht und Achtung getragen

---

1   Büchler/Vetterli, FamKomm PartG, Vorbem. zu Art. 12–17 N 4; Wolf/Genna, ZüKomm, Art. 12 PartG N 4.

2   Büchler/Vetterli, FamKomm PartG, Vorbem. zu Art. 12–17 N 5, Art. 12 N 13.

3   Büchler/Vetterli, FamKomm PartG, Art. 12 N 3, N 7.

und gefördert wird.[4] Zwar geniesst die eingetragene Partnerschaft nicht den besonderen verfassungsrechtlichen Schutz der Ehe (14 BV); das ändert aber nichts daran, dass auch sie ein rechtlich geschütztes Institut ist. Ferner steht sie unter dem Schutz von Art. 8 EMRK (Achtung des Privat- und Familienlebens) i. V. m. Art. 14 EMRK (Verbot der Diskriminierung).[5]

In Analogie zur Ehe ist die eingetragene Partnerschaft eine umfassende, ausschliessliche (4[2] PartG), «auf Dauer angelegte, sittlich-affektive und geschlechtliche Verbindung zwischen zwei Menschen gleichen Geschlechts». Die einzelnen Merkmale sind nicht zwingend erforderlich und im Gesetz auch nicht festgeschrieben. Die Wohn- oder Geschlechtsgemeinschaft kann bei der eingetragenen Partnerschaft ebenso fehlen wie in der Ehe (§ 28 N 6).   4

Anders als Art. 159 ZGB ist gemäss dem Wortlaut von Art. 12 PartG keine *Treue* geschuldet.[6] Dabei handelt es sich allerdings nicht um ein qualifiziertes Schweigen. Vielmehr ist die allgemeine und auch die sexuelle Treue in der Pflicht zu Beistand und Rücksicht enthalten und ein einseitiges[7] Abweichen davon stellt eine Pflichtwidrigkeit dar. Daran ändert der Umstand nichts, dass sexuelle Treue (in der Ehe wie in der Partnerschaft) nicht normierbar ist.[8] Entgegen dem scheinbaren Wortlaut enthält der in Art. 12 PartG statuierte Beistand auch die Pflicht der Partnerinnen und Partner «für die Kinder gemeinsam zu sorgen». Hat der Elternteil der im gemeinsamen Haushalt lebenden Kinder elterliche Sorge, ergibt sich die Sorge des Stiefelternteils aus Art. 27 PartG. Hat dagegen der Elternteil keine elterliche Sorge, ergibt sich eine Mitverantwortung des Stiefelternteils aus Art. 12 PartG.[9] Die dort unterlassene Erwähnung der Sorge für die Kinder hängt damit zusammen, dass Partnerinnen und Partner grundsätzlich keine gemeinsamen Kinder haben[10] und für die nichtgemeinsamen Kinder regelmässig Art. 27 PartG einschlägig ist.   5

---

4   Michel Montini, Die eingetragene Partnerschaft: Abschluss, Auflösung und allgemeine Wirkungen, in Andreas R. Ziegler/Martin Bertschi/Alexandre Curchod/Nadja Herz/Michel Montini (Hrsg.), Rechte der Lesben und Schwulen in der Schweiz (Bern 2007), Nr. 59 ff.; Wolf/Genna, ZüKomm, Art. 12 PartG N 4.

5   EGMR 30141/04, Schalk and Kopf v. Austria, § 94 f.; EGMR, 29381/09 und 32684/09, Vallianatos and others v. Greece, § 73 f.

6   Botschaft PartG, 1336; Montini a.a.O. 138 N 61; Hausheer/Geiser/Aebi-Müller, Familienrecht, Nr. 22.12.

7   Die Partnerinnen und Partner können aber selbstverständlich den Inhalt ihrer Beziehung sowie die gegenseitigen Rechte und Pflichten einvernehmlich anders regeln. Vorbehalten bleiben nur die üblichen vertragsrechtlichen Schranken (Art. 19 ff. OR).

8   Botsch. PartG, 1336; Pichonnaz, Le partenariat enregistré: sa nature et ses effets, in ZSR NF 123 (2004), I 389 ff., 409.

9   Büchler/Vetterli, FamKomm PartG, Art. 12 N 27.

10 Mit Urteil vom 19. August 2014 hat das Verwaltungsgericht SG zwei Männern die Vaterschaft über ein von einer Leihmutter geborenes Kind aberkannt (B 2013/158). Die gegen dieses Urteil erhobene Beschwerde ans Bundesgericht wurde mit dem Urteil vom 21. Mai 2015 gutgeheissen (5A_728/2017).

6   Die *Vollstreckbarkeit* der in Art. 12 PartG erwähnten Beistands- und Rücksichtspflicht
     ist *nur in eingeschränktem Masse möglich.*[11] Das liegt in der Natur der Sache. Dennoch
     handelt es sich um Rechtspflichten. Verletzt eine Partnerin Pflichten gemäss Art. 12
     PartG, so können Partnerschaftsschutzmassnahmen greifen (N 16 ff.) oder im Fall
     einer Auflösung der Partnerschaft Folgen für den nachpartnerschaftlichen Unterhalt
     (34^3 und 34^4 PartG i. V. m. 125^3 ZGB) zur Diskussion stehen.[12] Bei schwerer Pflichtver-
     letzung kann auch eine Enterbung begründet sein (477 Ziff. 2 ZGB).[13] – Die normative
     Bedeutung des Art. 12 PartG erschöpft sich aber gerade nicht in der Statuierung vor-
     wiegend nicht vollstreckbarer Pflichten und in der mittelbaren Umschreibung dessen,
     was im Hinblick auf Partnerschaftsschutz, Trennung und Auflösung der Partnerschaft
     widerrechtlich ist. Vielmehr dient diese *zwingende*[14] Grundnorm mit ihrem verbind-
     lich festgelegten Leitbild *als Auslegungshilfe* für alle Konkretisierungen der einzelnen
     Pflichten und Rechte der Partnerinnen und Partner.

b. Unterhalt

7   Nach Art. 13 PartG sorgen die Partnerinnen und Partner gemeinsam nach ihren Kräften
     für den gebührenden Unterhalt ihrer Gemeinschaft. Diese Bestimmung stellt klar, dass
     die eingetragene Partnerschaft auch eine Versorgungsgemeinschaft ist. Sie ist Art. 163
     ZGB nachgebildet, weshalb Lehre und Rechtsprechung zum ehelichen Unterhalt (§ 28
     N 23 ff.) sinngemäss herangezogen werden können.[15] Die Unterhaltspflicht betrifft an sich
     beide Partnerinnen, allerdings jede nach ihren Kräften. Grundlage für die Verteilung
     der Unterhaltsbeiträge ist eine *gemeinsame Verständigung* der Partner über ihre Auf-
     gabenteilung und mithin darüber, was jeder von ihnen an den Unterhalt leisten kann
     und will.[16] Die einmal getroffene Aufgabenteilung kann jederzeit einverständlich abge-
     ändert werden. Haben sich die Verhältnisse im Vergleich zur ursprünglichen Vereinba-
     rung wesentlich verändert, ist sogar eine einseitige Abänderung zulässig.[17]

8   Die Partnerinnen haben sich nicht nur zu verständigen über den jederseitigen Beitrag,
     sondern auch über die Festlegung des *gebührenden Unterhalts,* mithin des gemein-
     sam gelebten Lebensstandards. Gebührend ist der Unterhalt, wenn er die Leistungs-
     fähigkeit und Bedürfnisse beider Partner sowie allfälliger Kinder berücksichtigt. Die
     Bedürfnisse umfassen die Grundbedürfnisse für Essen, Wohnung, Kleidung, Gesund-
     heit, Körperpflege, Bildung, Kultur, sodann die persönlichen Bedürfnisse wie nament-
     lich jene nach Freizeitaktivitäten und schliesslich die Kosten für Aus- oder Weiter-
     bildung.[18] Obwohl das PartG keine dem Art. 164 ZGB vergleichbare Bestimmung

---

11   WOLF/GENNA, ZüKomm, Art. 12 PartG N 49 ff.
12   BÜCHLER/VETTERLI, FamKomm PartG, Art. 12 N 30, Art. 34 N 45.
13   BESSENICH, BaKomm, Art. 477 N 12 ff.; WEIMAR, BeKomm Art. 477 N 4 ff.
14   BÜCHLER/VETTERLI, FamKomm PartG, Art. 12 N 2.
15   Botsch. PartG, 1336; BÜCHLER/VETTERLI, FamKomm PartG, Art. 13 N 1; MONTINI a.a.O. 139
     N 63; WOLF/GENNA, ZüKomm, Art. 13 PartG N 1.
16   MONTINI a.a.O. 139 N 64.
17   BÜCHLER/VETTERLI, FamKomm PartG, Art. 13 N 8 f., 44 ff.
18   BÜCHLER/VETTERLI, FamKomm PartG, Art. 13 N 22 f.

kennt, ist unter vergleichbaren Umständen ein Beitrag zur persönlichen Verfügung im Rahmen des Partnerschaftsunterhalts unter dem Titel der «erweiterten persönlichen Bedürfnisse» geschuldet.[19] Demgegenüber kann ein Ausgleich für Mehrleistungen nur nach obligationenrechtlichen Bestimmungen, namentlich unter Annahme eines Darlehens (312 ff. OR), erfolgen.[20]

Die *Beiträge* der Partner an den Unterhalt erfolgen in *Form* von Geldzahlungen, Haushaltführung, Mitarbeit im Betrieb oder Gewerbe des anderen, Betreuung der im gemeinsamen Haushalt lebenden Kinder oder Pflege der eigenen oder der Eltern des Partners. Die verschiedenen Beitragsarten sind untereinander sachlich gleichwertig.[21] Wesentlich ist nicht die wertmässige Gegenüberstellung, sondern die individuelle Leistungsfähigkeit der beiden Partnerinnen.   9

Der Sache nach enthält Art. 13 Abs. 2 und 3 PartG *Partnerschaftsschutzbestimmungen*: Art. 13 Abs. 2 PartG gibt Auskunft darüber, wie bei fehlender Verständigung über die Geldbeiträge an den Partnerunterhalt vorzugehen ist. Wie im Eherecht (173[1] ZGB) kann ein Partner das Gericht anrufen und die *gerichtliche Festlegung der Geldbeiträge* an den gemeinsamen Unterhalt verlangen. Gerichtlich können somit einzig die Geldbeiträge festgelegt werden, nicht dagegen Sach- oder Dienstleistungen.[22] Art. 13 Abs. 2 PartG ist während des Zusammenlebens der Partnerinnen anwendbar, ist er doch systematisch dem Partnerschaftsunterhalt während des Zusammenlebens beigestellt. Demgegenüber richtet sich die gerichtliche Festsetzung der Geldbeiträge bei Getrenntleben nach Art. 17 Abs. 2 lit. a PartG. Aus der Gesetzessystematik wäre zu schliessen, dass sich auch die in Art. 13 Abs. 3 PartG geregelte (und Art. 177 ZGB nachgebildete) Anweisung an den Schuldner einzig auf den Unterhalt während des Zusammenlebens bezieht. Nach der ratio legis ist dagegen eine Beschränkung auf die Dauer des Zusammenlebens sachfremd. Vielmehr muss eine Schuldneranweisung auch bei Getrenntleben, also auch bei Unterhaltsansprüchen nach Art. 17 Abs. 2 lit. a PartG, möglich sein.[23] Vorausgesetzt sind die Verletzung der Unterhaltspflicht in der Vergangenheit sowie die Prognose, dass dies auch in Zukunft weiterhin erfolgen wird. Ein Verschulden ist nicht erforderlich.[24] Die Bestimmung ist Art. 177 ZGB nachgebildet, weshalb die diesbezügliche Lehre und Rechtsprechung herangezogen werden kann. Hier wie dort gilt, dass die Schuldneranweisung eine einschneidende Massnahme ist,   10

---

19   BÜCHLER/VETTERLI, FamKomm PartG, Art. 13 N 28; MONTINI a.a.O. 143 N 76; WOLF/GENNA, ZüKomm, Art. 13 PartG N 6 ff.

20   Botsch. PartG, 1313; BÜCHLER/VETTERLI, FamKomm PartG, Art. 13 N 24, 39 ff.

21   BÜCHLER/VETTERLI, FamKomm PartG, Art. 13 N 34 f.; WOLF/GENNA, ZüKomm, Art. 13 PartG N 61 ff.

22   BÜCHLER/VETTERLI, FamKomm PartG, Art. 13 N 55.

23   BÜCHLER/VETTERLI FamKomm PartG, Art. 13 N 71, Art. 17 N 21; FREIBURGHAUS, ZüKomm, Art. 17 PartG N 32; GRÜTTER/SUMMERMATTER, Das Partnerschaftsgesetz, in FamPra.ch 5 (2004), 449 ff., 456.

24   HAUSHEER/REUSSER/GEISER, BeKomm, Art. 177 N 8; SCHWANDER, BaKomm, Art. 177 N 10; VETTERLI, FamKomm, Art. 177 N 4.

die aus Gründen der Verhältnismässigkeit eine vorgängige Mahnung mit Androhung der Massnahme voraussetzt.[25]

c. Gemeinsame Wohnung

11 Wie in der Ehe die Familienwohnung ist in der eingetragenen Partnerschaft die Partnerschaftswohnung geschützt vor einseitigen Rechtsgeschäften, mit welchen diese Wohnung, dieser Ort der Intimsphäre, einem von beiden oder beiden entzogen werden könnte.[26] Die Partnerschaftswohnung ist jene Miet- oder Eigentumswohnung oder jenes Haus, wo die Partner ihren gemeinsamen Lebensmittelpunkt haben.[27] Mitwirkungspflichtig sind dieselben Rechtsgeschäfte wie bei der Familienwohnung, nämlich die Kündigung der Mietwohnung, die Veräusserung, Vermietung, Belastung mit einem Wohnrecht der Eigentumswohnung oder des Hauses.[28] Auch die übermässige Belastung der Wohnung mit Grundpfandrechten kann die Partnerschaftswohnung gefährden.[29] Diese Rechtsgeschäfte (Verpflichtungsgeschäfte) sind nur gültig mit Zustimmung der obligatorisch oder dinglich nicht berechtigten Person. Verweigert diese allerdings die Zustimmung ohne triftigen Grund oder kann die Zustimmung nicht eingeholt werden, kann die berechtigte Person das Gericht anrufen, welches die fehlende Zustimmung durch ein Urteil ersetzt.[30] Vgl. im Übrigen § 28 N 22.

d. Vertretung der Gemeinschaft

12 Die eingetragene Partnerschaft besitzt ebenso wenig eine Rechtspersönlichkeit wie die eheliche Gemeinschaft. Sie kann als solche somit auch nicht vertreten werden. Mit der Vertretung der Gemeinschaft meint das Gesetz den Abschluss von Rechtsgeschäften im (jedenfalls nach aussen hin so scheinenden) gemeinschaftlichen Interesse.[31] Die Rechtswirkung liegt in der solidarischen Verpflichtung beider Partnerinnen. Vorausgesetzt ist ein gemeinsamer Haushalt. Wird dieser aufgehoben oder wurde er gar nie begründet, ist der Abschluss von Rechtsgeschäften mit solidarischer Verpflichtung beider Partner nicht (mehr) möglich. Der gute Glaube Dritter an das Vorliegen eines gemeinsamen Haushalts wird nicht geschützt. Da die Bestimmung im Interesse der Kreditwürdigkeit der Partnerinnen und nicht im Interesse der Gläubiger steht, ist sie eng auszulegen.[32]

---

25 BRÄM, ZüKomm, Art. 177 N 19; BÜCHLER/VETTERLI, FamKomm PartG, Art. 13 N 78; HAUSHEER/REUSSER/GEISER, BeKomm, Art. 177 N 8; VETTERLI, FamKomm, Art. 177 N 4; WOLF/GENNA, ZüKomm, Art. 13 PartG N 115 ff.

26 STEPHAN WOLF/ISABELLE STEINER, Das Vermögensrecht und die weiteren für das Notariat relevanten Aspekte des Partnerschaftsgesetzes, in Stephan Wolf (Hrsg.), Das Bundesgesetz über die eingetragene Partnerschaft gleichgeschlechtlicher Paare (Bern 2006), 53 ff., 93 f.; HAUSHEER/GEISER/AEBI-MÜLLER, Familienrecht, Nr. 22.21.

27 BÜCHLER/VETTERLI, FamKomm PartG, Art. 14 N 2; MONTINI a.a.O. 145 N 79; WOLF/GENNA, ZüKomm, Art. 14 PartG N 14 ff. – PICHONNAZ a.a.O. 410, bejaht den Schutz gegebenenfalls für zwei Wohnungen.

28 WOLF/GENNA, ZüKomm, Art. 14 PartG N 56 ff.

29 BÜCHLER/VETTERLI, FamKomm PartG, Art. 14 N 4 ff.

30 WOLF/GENNA, ZüKomm, Art. 14 PartG 89 ff.

31 Botsch. PartG, 1338.

32 Ähnlich BÜCHLER/VETTERLI, FamKomm PartG, Art. 15 N 1.

Art. 15 Abs. 1–3 PartG entspricht inhaltlich praktisch wörtlich Art. 166 ZGB, weshalb auf die entsprechenden Ausführungen verwiesen sei (§ 28 N 37 ff.).[33]

In Absatz 4 enthält Art. 15 sodann eine Partnerschaftsschutzbestimmung betreffend 13 den Entzug der Vertretungsbefugnis. Sie lautet wörtlich praktisch gleich wie die entsprechende eherechtliche Bestimmung in Art. 174. Während gemäss Wortlaut von Art. 15 Abs. 4 PartG der gute Glaube Dritter in die Vertretungsbefugnis der zusammenlebenden Partner erst dann zerstört wird, wenn der Entzug öffentlich publiziert wurde, kann die Zerstörung des guten Glaubens gemäss Art. 174 Abs. 2 ZGB auch durch eine persönliche Mitteilung des gesuchstellenden Ehegatten erfolgen. Da diese Mitteilung die Persönlichkeit des Partners, dem die Vertretungsbefugnis entzogen wurde, besser schützt als eine gerichtliche Veröffentlichung, erscheint sie unter dem Gesichtspunkt der Verhältnismässigkeit auch im PartG zulässig, obwohl sie hier nicht explizit erwähnt wird.[34]

e. Auskunftspflicht

Gemäss Art. 16 Abs. 1 PartG sind die Partnerinnen (wie die Eheleute gemäss Art. 170 14 ZGB) einander zu Auskunft in wirtschaftlichen Belangen verpflichtet.[35] Die Auskunftspflicht setzt einen Antrag der anderen Partei voraus. Wo allerdings eine Partnerin nach Treu und Glauben davon ausgehen darf, dass die andere die Informationen von sich aus erteilt, liegt eine Aufklärungspflicht vor (die keinen Antrag voraussetzt). Deren Verletzung kann eine Täuschung darstellen (117 II 228 ff.).[36] Der Umfang und der Inhalt der Auskunft orientieren sich am geltend gemachten Anspruch. Dieser betrifft den partnerschaftlichen oder nachpartnerschaftlichen Unterhalt, das Vermögensrecht oder den Vorsorgeausgleich.

Wird die *Auskunftspflicht verletzt,* kann das Gericht angerufen werden (16[2] PartG).[37] 15 Dieses verpflichtet in erster Linie die pflichtige Partei selber, in zweiter Linie die Informationsträger, namentlich Banken oder Arbeitgeber. Auf ihr Berufsgeheimnis können sich Rechtsanwälte, Notare, Ärzte, Geistliche und ihre Hilfspersonen berufen (16[2] und [3] PartG). Vorausgesetzt ist allerdings, dass sie sich in dieser Eigenschaft auf das Berufsgeheimnis berufen. Üben sie für die auskunftspflichtige Person eine andere Tätigkeit aus (etwa Vermögensverwaltung durch eine Rechtsanwältin), kann das Berufsgeheimnis nicht angerufen werden.[38]

---

33 Siehe auch: WOLF/GENNA, ZüKomm, Art. 15 PartG N 13 ff.; Botsch. PartG, 1338.
34 So auch BÜCHLER/VETTERLI, FamKomm PartG, Art. 15 N 7.
35 Botsch. PartG, 1339; MONTINI a.a.O. 152 N 95; WOLF/GENNA, ZüKomm, Art. 16 PartG N 6 ff.; HAUSHEER/GEISER/AEBI-MÜLLER, Familienrecht, Nr. 22.16.
36 BÜCHLER/VETTERLI, FamKomm PartG, Art. 16 N 1.
37 MONTINI a.a.O. 153 N 98; WOLF/GENNA, ZüKomm, Art. 16 PartG N 22 ff.
38 MONTINI a.a.O. 153 N 99; WOLF/GENNA, ZüKomm, Art. 16 PartG N 64 ff.

II.   Partnerschaftsschutz

a. Während des Zusammenlebens

16   Der Partnerschaftsschutz ist – anders als der Eheschutz – nicht systematisch in einem
eigenen Abschnitt geregelt. Systematisch stehen die Partnerschaftsschutzbestimmungen unter den allgemeinen Rechten und Pflichten. Dort ist einzig Art. 17 PartG über
die Regelung des Getrenntlebens systematisch von den übrigen Bestimmungen abge-
grenzt. Der Partnerschaftsschutz *während des Zusammenlebens* ist dagegen jeweils
an einschlägiger Stelle enthalten: gerichtliche Festlegung des Unterhalts (13² PartG),
Schuldneranweisung (13³ PartG), gerichtliche Zustimmung betreffend Rechtsgeschäfte über die gemeinsame Wohnung (14² PartG), Entzug der Vertretungsbefugnis
(15⁴ PartG), gerichtliche Anweisung an Dritte zur Auskunftserteilung (16² und ³ PartG).
Diese Bestimmungen wurden soeben unter N 3 ff. dargestellt. Daneben enthält (ausserhalb der Systematik) der Abschnitt über das Vermögensrecht eine Partnerschaftsschutzbestimmung, nämlich in Art. 22 PartG. Es handelt sich um die *Beschränkung der
Verfügungsbefugnis* (178 ZGB; s. vorne § 29 N 14 ff.). Die Bestimmung soll verhindern,
dass die Eigentümerin über Gegenstände oder Vermögen verfügt, die der wirtschaftlichen Grundlage der Gemeinschaft oder den Vermögensinteressen des Partners die-
nen.³⁹ Auf Antrag einer Partnerin sollen namentlich die Unterhaltsansprüche (13, 17
PartG) oder die Ansprüche aus einer nahenden vermögensrechtlichen Auseinandersetzung (25 PartG) geschützt werden.⁴⁰ Dieses Ziel wird erreicht, indem auf Grund
gerichtlicher Anordnung die Verfügung von der Zustimmung der anderen Partnerin
abhängig ist und sichernde Massnahmen getroffen werden. Als geeignete Massnahmen fallen namentlich die Sperre von Bankkonten, von (rückkauffähigen) Lebensver-
sicherungspolicen oder die Hinterlegung von Vermögenswerten in Betracht.⁴¹ Betrifft
die Verfügungsbeschränkung ein Grundstück, ist diese gemäss Art. 22 Abs. 2 PartG im
Grundbuch anzumerken (Grundbuchsperre), und zwar – wie gemäss Art. 178 ZGB –
von Amtes wegen.⁴²

17   Neben den Partnerschaftsschutzbestimmungen während des Zusammenlebens kennt
das PartG in Art. 17 eine besondere Partnerschutzbestimmung für das Getrenntleben:

b. Während des Getrenntlebens

18   Nach Art. 17 Abs. 1 PartG ist ein Partner berechtigt, das Zusammenleben aufzuheben, wenn wichtige Gründe vorliegen.⁴³ Es ist fraglich, warum wichtige Gründe für
die *Berechtigung des Getrenntlebens* gegeben sein müssen. Denn erstens wird im PartG
keine Pflicht zum gemeinsamen Wohnen begründet.⁴⁴ Zweitens wird selbst im Eherecht praxisgemäss immer dann eine gesetzlich geforderte Gefahrenlage (175 ZGB)

---

39   Büchler/Vetterli, FamKomm PartG, Art. 22 N 3; Gremper, ZüKomm, Art. 22 PartG N 6.
40   Büchler/Vetterli, FamKomm PartG, Art. 22 N 4; Gremper, ZüKomm, Art. 22 PartG N 9 f.
41   Gremper, ZüKomm, Art. 22 PartG N 19.
42   Gremper, ZüKomm, Art. 22 PartG N 20 f.; Wolf/Steiner a.a.O. 72.
43   Botsch. PartG, 1339; Montini a.a.O. 158 N 107; Freiburghaus, ZüKomm, Art. 17 PartG N 5 ff.
44   Pichonnaz a.a.O. 411.

und damit die Berechtigung zum Getrenntleben bejaht, wenn (nur) eine ernsthafte Beziehungsstörung vorliegt; häufig wird aber nicht einmal eine solche wirklich geprüft, sondern jeder Antrag auf Regelung des Getrenntlebens (176) als genügende Grundlage für das berechtigte Getrenntleben angenommen.[45] Es war wohl nicht im Sinn des Gesetzgebers, die Berechtigung zum Getrenntleben im PartG an höhere Voraussetzungen zu knüpfen als im ZGB. Zweitens ist das Getrenntleben für die Begründung einer Scheidungsvoraussetzung (30) erforderlich, und diese setzt ihrerseits keinen Zerrüttungsnachweis mehr voraus, weshalb ein solcher auch nicht für die Berechtigung des Getrenntlebens verlangt werden kann.[46] Daher ist die Berechtigung zum Getrenntleben immer dann zu bejahen, wenn die Trennung auf einem gefestigten Willen einer Partnerin beruht.[47] Im Übrigen genügt (wie im Eherecht; vorne § 29 N 18 f.) immer auch die einvernehmliche Trennung. Wenn ein Ehegatte das Zusammenleben grundlos ablehnt, kann der andere den Antrag auf gerichtliche Partnerschutzmassnahmen stellen.[48] Das bedeutet indirekt, dass gestützt auf Art. 17 Abs. 3 das Zusammenleben auch dann aufgehoben werden kann, wenn der andere das Zusammenleben grundlos ablehnt.

Ist das Getrenntleben berechtigt, trifft das Gericht auf Antrag einer Partei folgende *Massnahmen:* es legt die Geldbeiträge fest (1), und es ordnet die Benützung der Wohnung und des Hausrats (2):   19

1. Grundlage der Festlegung der Geldbeiträge ist der Unterhalt während bestehender Partnerschaft (13). Der partnerschaftliche Unterhalt beruht grundsätzlich auf einer Vereinbarung (vorne N 7 ff.). In sinngemässer Anwendung von Art. 13 Abs. 2 ist der Unterhalt für ein Jahr vor dem Gesuch sowie für die Zukunft festzulegen.   20

2. Die Benützung der Wohnung und des Hausrats orientiert sich an den Bedürfnissen der Partner. So kann etwa aus beruflichen, familiären (eigene Kinder vorhanden) oder emotionalen Gründen ein Verbleiben in der bisherigen Wohnung mit dem bisherigen Hausrat begründet sein.[49]   21

Das PartG nennt keine *weiteren Massnahmen.* Leben aber in der Beziehung *Kinder,* muss auch deren weitere Beziehung zur Stiefmutter oder zum Stiefvater geregelt werden. Gemäss PartG ist aber das Gericht nur für die Partnerschaft zuständig, während für die Kinderbelange die Kindesschutzbehörde zuständig ist. Es wäre allerdings zu begrüssen, wenn die Gerichte die Beziehung zu den Kindern bereits im Rahmen des   22

---

45 BÜCHLER/VETTERLI, FamKomm PartG, Art. 17 N 3; HAUSHEER/REUSSER/GEISER, BeKomm, Art. 175 N 8a; im Ergebnis ebenso HEBERLEIN/BRÄM, HandKomm, Art. 175 N 2, weil nach ihr so gut wie jede auf die konkrete Ehe bezogene ernsthafte eheliche Störung die Persönlichkeit eines Ehegatten gefährdet.

46 BÜCHLER/VETTERLI, FamKomm PartG, Art. 17 N 4.

47 GRÜTTER/SUMMERMATTER a.a.O. 455; BÜCHLER/VETTERLI, FamKomm PartG, Art. 17 N 4; FREIBURGHAUS, ZüKomm, Art. 17 PartG N 7.

48 FREIBURGHAUS, ZüKomm, Art. 17 PartG N 12 f.

49 BÜCHLER/VETTERLI, FamKomm PartG, Art. 17 N 14; FREIBURGHAUS, ZüKomm, Art. 17 PartG N 24 ff.; MONTINI a.a.O. 159 N 108 ff.

Partnerschaftsschutzes thematisieren würden,[50] weil diese ja indirekt Auswirkungen auf die gerichtlich zu regelnden Fragen, etwa der Wohnungsbenützung haben. – Bei Vorliegen von *Gewalt, Drohungen oder Nachstellungen* stellen auch die persönlichkeitsrechtlichen Haus-, Annäherungs-, Kontakt-, Belästigungs- oder Quartierverbote gemäss Art. 28b Abs. 1 ZGB (vorne § 29 N 26) Partnerschaftsschutz dar.

23   Die angeordneten Massnahmen unterliegen bei Veränderung der Verhältnisse auf Antrag der gerichtlichen *Anpassung oder Aufhebung.* Wie im Eherecht genügt nicht jede geringfügige Veränderung, sondern es ist eine wesentliche und auch dauerhafte Veränderung vorausgesetzt.[51]

24   *Örtlich zuständig* ist – wie für den Eheschutz (23 ZPO) – das Gericht am Wohnsitz einer Partei (24 ZPO).

III.   Besondere Wirkungen

25   Neben dem Ehehindernis der eingetragenen Partnerschaft (26 PartG; vorne § 21 N 12, § 22 N 12) regelt der dritte Abschnitt des dritten Kapitels über die Wirkungen der eingetragenen Partnerschaft zwei Besonderheiten betreffend die Kindesverhältnisse zu Eltern in eingetragener Partnerschaft (27, 28 PartG).

a. Beziehung zu den Kindern der Partnerin oder des Partners

26   Art. 27 PartG regelt zwei Aspekte der Beziehung zwischen den Kindern der Partnerin und dem Partner, nämlich erstens den Beistand (27[1]) und zweitens das Verhältnis zum Kind der Partnerin nach Auflösung der Partnerschaft (27[2]):

27   1. Der Beistand gegenüber dem Partner äussert sich in zweifacher Weise, nämlich im Beistand in der Erfüllung der Unterhaltspflicht und im Beistand bei der Ausübung der elterlichen Sorge: Wie die Eheleute (299 ZGB; § 43 N 23) stehen auch die eingetragenen Partnerinnen ihren Partnern in der Ausübung deren elterlichen Sorge gegenüber deren Kindern in angemessener Weise bei und vertreten sie (27[1] PartG).[52] Praktisch bedeutet dies primär Erziehungshilfe. Darüber hinaus kommt dem Stiefelternteil, wenn die Umstände es erfordern, *Vertretungsmacht* zu. Der Stiefelternteil vertritt dabei den Inhaber der elterlichen Sorge und hat dessen mutmasslichen Willen zu beachten. Ferner steht der eingetragene Partner dem Partner in der Erfüllung der Unterhaltspflicht gegenüber deren Kindern bei.[53] Anders als das ZGB unterscheidet das PartG

---

50   BÜCHLER/VETTERLI, FamKomm PartG, Art. 17 N 17 f.

51   BÜCHLER/VETTERLI, FamKomm PartG, Art. 17 N 25; FREIBURGHAUS, ZüKomm, Art. 17 PartG N 33.

52   BOOS/BÜCHLER, FamKomm PartG, Art. 28 N 15 ff.; SCHWEIGHAUSER, ZüKomm, Art. 27 PartG N 14 ff.; EYLEM COPUR, Die Elternschaft gleichgeschlechtlicher Paare, in Andreas R. Ziegler et al. (Hrsg.), Rechte der Lesben und Schwulen in der Schweiz (Bern 2007), Nr. 17 ff.

53   BOOS/BÜCHLER, FamKomm PartG, Art. 28 N 8 ff.; SCHWEIGHAUSER, ZüKomm, Art. 27 PartG N 5 ff.; COPUR a.a.O. Nr. 22 ff.

nicht danach, ob es sich um vorpartnerschaftliche (bzw. voreheliche) oder um ausserpartnerschaftliche (bzw. aussereheliche) Kinder handelt. Vielmehr wird der Beistand des einen im Zusammenhang mit der Unterhaltspflicht gegenüber den Kindern der anderen zu einem allgemeinen Prinzip erhoben (27[1] PartG), das nach der Rechtsprechung des BGer auch im ZGB gilt (§ 28 N 8).

2. Die Kindesschutzbehörde kann dem Stiefelternteil bei Aufhebung des Zusammenlebens und bei Auflösung der eingetragenen Partnerschaft u. U. einen Anspruch auf persönlichen Verkehr einräumen (27[2] PartG; s. auch 274a ZGB und dazu § 41 N 34 f.).[54]   28

b. Adoption und Fortpflanzungsmedizin

Das PartG beruht auf der Überlegung, es sei von der Natur vorgegeben, dass ein Kind   29
eine Mutter und einen Vater hat. Dem entsprechen auch die kindesrechtlichen Bestimmungen des ZGB, welche darauf ausgerichtet sind, jedem Kind möglichst einen rechtlichen Vater zuzuordnen (255 ff.). Die Zulassung der gleichgeschlechtlichen Paare zur Adoption oder zu den fortpflanzungsmedizinischen Verfahren widerspreche diesen Grundprinzipien des Kindesrechts.[55] Aus diesem Grund hält Art. 28 PartG kategorisch fest, dass die eingetragenen Paare von diesen Möglichkeiten zur Begründung eines gemeinsamen Kindesverhältnisses ausgeschlossen sind. Darüber hinaus sind aber für Personen in eingetragener Partnerschaft sogar die Stiefkindadoption und die Einzeladoption ausgeschlossen. Letzteres verstösst gegen das Diskriminierungsverbot (8[2] BV; Art. 14 i. V. m. Art. 8 EMRK).[56] Das Bundesgericht liess diese Frage in BGE 137 III 241 E. 5 noch offen. Siehe nun aber § 38 N 6.

c. Gemeinsame Kinder

Zwar geht das PartG davon aus, dass jedes Kind eine Mutter und einen Vater hat und   30
weder zwei Frauen noch zwei Männer die Elternschaft für ein Kind übernehmen können. Das wäre zwar durchaus möglich, entsteht doch auch bei heterosexuellen Paaren die Elternschaft einerseits durch Geburt zur Mutter und andererseits durch einen Formalakt zum Vater (Ehe mit der Mutter, Anerkennung oder Gerichtsurteil, Art. 252[2] ZGB). Dasselbe wäre theoretisch für zwei Frauen möglich: Die eine wird Mutter durch Geburt, die andere durch Partnerschaft mit der gebärenden Mutter, durch Anerkennung oder durch Gerichtsurteil. Bei zwei Vätern müssten an sich beide anerkennen. Allein, das PartG sieht solches nicht vor und schliesst – wie soeben erwähnt – sogar die (Stiefkind-)Adoption aus. Das Recht kann sich allerdings der Rechtswirklichkeit nicht verschliessen. So musste das Bundesgericht am 21. Mai 2015 ein Kindesverhältnis prü-

54   Dazu Gisela Kilde, Der persönliche Verkehr: Eltern – Kind – Dritte, Zivilrechtliche und interdisziplinäre Lösungsansätze (Diss. Freiburg, Zürich, Zürich/Basel/Genf 2015), AISUF 348.
55   Botsch. PartG, 1320.
56   Urteil des EGMR vom 19. Februar 2012 i.S. X. et al. gegen Österreich (19010/07) sowie Urteil des EGMR vom 22. Januar 2008 i.S. E.B. gegen Frankreich (43546/02). Kritisch zum Ausschluss der Stiefkind- und der Einzeladoption Boos/Büchler, FamKomm PartG, Art. 28 N 12 ff.; Copur a.a.O. N 41 ff.; vgl. dazu ausführlich Eylem Copur, Gleichgeschlechtliche Partnerschaft und Kindeswohl (Diss. St. Gallen, Bern 2008), ASR 747, 168 ff.; zustimmend Pichonnaz a.a.O. 412 f.

fen, das in Kalifornien aufgrund von Leihmutterschaft zu einem homosexuellen Väter-
paar (5A_728/2014) begründet wurde. Es hat die Doppelvaterschaft abgelehnt und
den genetischen Vater anerkannt, gleichzeitig aber angeordnet, dass die Leihmutter
und die unbekannte Eizellenspenderin im Zivilstandsregister eingetragen werden. Der
EGMR hat sich ebenfalls bereits mit diesen Fragen auseinandergesetzt und jeweils die
Elternschaft des genetisch verwandten Vaters anerkannt.[57]

---

57   Urteile des EGMR vom 26. Juni 2014 i.S. Mennesson gegen Frankreich (65192/11) und Labassée
      gegen Frankreich (65941/11), wo in beiden Fällen der genetische Vater als rechtlicher Vater aner-
      kannt wurde (Wuscheltern waren Mann und Frau), in FamRZ 61 (2014), 1525 ff., mit Bemer-
      kungen von FRANK. Siehe auch das Urteil des BGHZ vom 10. Dezember 2014, in FamRZ 62
      (2015), 240 ff., wo einer der beiden Wunschväter mit dem Kind genetisch verwandt war und als
      Vater anerkannt wurde, mit Bemerkungen von HELMS.

Vierter Abschnitt
Das eheliche Güterrecht und das partnerschaftliche Vermögensrecht

§ 31 Grundfragen des Güterrechts und des Vermögensrechts

I. Regelungsgegenstand

Beim ehelichen Güterrecht sowie beim partnerschaftlichen Vermögensrecht geht es im Unterschied zu den Wirkungen der Ehe im Allgemeinen (stark vereinfacht gesagt) um die *Wirkungen der Ehe auf das Vermögen* der Eheleute bzw. um die *Wirkungen der Partnerschaft auf das Vermögen* der Partnerinnen und der Partner. Es geht um die Grundfragen nach dem Eigentum, der Nutzung und Verwaltung des Vermögens, der Verfügung darüber sowie um die Haftung für Schulden. 1

«Das Güterrecht der Ehegatten» bildet den sechsten Titel des ZGB. Die vier Abschnitte enthalten in den Art. 181–251 zunächst «Allgemeine Vorschriften» und sodann die Bestimmungen über die einzelnen Güterstände (Errungenschaftsbeteiligung, Güter-gemeinschaft und Gütertrennung). Das Vermögensrecht der eingetragenen Partner-schaft bildet den zweiten Abschnitt im Kapitel «Wirkungen der eingetragenen Partner-schaft». In den Art. 18–25 PartG ist kein eigentlicher Güterstand genannt. Selbst wenn das Gesetz formell nicht davon spricht, unterstehen die eingetragenen Partnerinnen materiell der Gütertrennung (dazu N 27 f.).[1] 2

Die nachfolgenden §§ 32 bis 35 befassen sich mit dem ehelichen Güterrecht. In § 36 wird die intertemporalrechtliche Regelung dargestellt (namentlich 9e und 10 SchlT; § 36), welche noch auf Jahre oder Jahrzehnte hinaus auf das alte Güterrecht verweist. Danach befasst sich § 37 mit dem partnerschaftlichen Vermögensrecht. Zunächst wer-den aber zwei Grundsatzentscheide thematisiert, welche das Güterrecht und das Ver-mögensrecht vom Gesetzgeber fordert: einerseits das Verhältnis zwischen der (zwin-genden) gesetzlichen Regelung und der freien vertraglichen Vereinbarung (N 4 ff.) und andererseits die Veränderbarkeit des gesetzlichen oder des vertraglich vereinbar-ten Güterstandes (N 13 ff.). 3

---

1 GIAN BRÄNDLI, Vermögensgestaltung in der eingetragenen Partnerschaft, unter Berücksichti-gung des Obligationen-, Erb- und Steuerrechts (Diss. Freiburg, Zürich/Basel/Genf 2010), AISUF 294, Nr. 49, 51; BÜCHLER/MATEFI, FamKomm PartG, Vorbem. Art. 18–25 N 3; GREMPER, ZüKomm PartG, Vorbem. 18–25 N 3; PASCAL PICHONNAZ, Der Partnergüterstand der eingetra-genen Partner, in Andreas R. Ziegler/Martin Bertschi/Alexandre Curchod/Nadja Herz/Michel Montini (Hrsg.), Rechte der Lesben und Schwulen in der Schweiz (Bern 2007) Nr. 11 ff.; DERS., Le partenariat enregistré: sa nature et ses effets, in ZSR 123 (2004), I 389 ff., 416.; kritisch: GRÜT-TER/SUMMERMATTER, Das Partnerschaftsgesetz, in FamPra.ch 5 (2004), 449 ff., 457.

II.   Zwingendes Recht und Vertragsfreiheit im Güterrecht und im Vermögensrecht

4   Bei der Regelung des ehelichen Güterrechts und des partnerschaftlichen Vermögensrechts taucht zuerst die Frage nach dem *Verhältnis zwischen gesetzlicher Normierung und Freiheit der Vereinbarung* auf. Sollen die Ehegatten, die Partnerinnen die güter- bzw. die vermögensrechtlichen Verhältnisse völlig nach Belieben ordnen können? Diesfalls müsste im Gesetz nur der Grundsatz der Vertragsfreiheit erwähnt werden (oder nicht einmal, weil deren Geltung selbstverständlich wäre); alles andere wäre dem Willen der Beteiligten überlassen. Das andere Extrem ist das der absoluten gesetzlichen Zwangsregelung: Das Gesetz stellt eine ins Einzelne ausgeführte Regelung auf und erklärt diese für alle Ehen oder Partnerschaften als obligatorisch. Vertragsfreiheit wäre völlig ausgeschlossen. Zwar liegen sowohl das eheliche Güterrecht wie auch das partnerschaftliche Vermögensrecht zwischen den beiden Extremen, doch besteht bei der eingetragenen Partnerschaft im Vergleich zur Ehe mehr Vertragsfreiheit (s. aber unten N 12 und Hinweise in Anm. 6 und 7).

a. Grundsatz der Vertragsfreiheit

5   Das ZGB steht zunächst auf dem Boden der Vertragsfreiheit. Was die Parteien in der besonderen Form des Ehevertrags (d.h. des ehegüterrechtlichen Vertrags) vereinbaren, soll in erster Linie massgebend sein. Diesen *Grundsatz* enthält (im Nebensatz!) der erste Artikel *des Güterrechts* (181). Denselben Grundsatz, aber etwas ausführlicher formuliert, enthält das PartG in Art. 25. Auch dieser Vertrag bedarf einer besonderen Form (25[3] PartG). Beide können vor und nach Eingehung der Ehe/Partnerschaft abgeschlossen werden (182[1]).[2]

b. Schranken der Vertragsfreiheit

6   Das eheliche Güterrecht kann aber nicht völlig dem Willen der Parteien überlassen werden. Dies einmal deshalb nicht, weil die meisten Paare eine Regelung ihrer ökonomischen Verhältnisse gar nicht erwägen, sei es, dass sie gar nichts oder wenig zu ordnen hätten, sei es, dass sie es anstössig finden, vor der Eheschliessung über vermögensrechtliche Belange zu verhandeln, sei es endlich, dass sie die nötigen Kenntnisse und Erfahrungen nicht besitzen, um eine zweckmässige Regelung zu treffen. Deshalb ist der Ehevertrag, jedenfalls bei Erstheiraten, die Ausnahme geblieben. Das wird wohl auch auf den Vermögensvertrag zutreffen.[3] Nicht sinnvoll erscheint auch die Lösung, wonach die Verlobten zu einer Regelung ihrer vermögensrechtlichen Verhältnisse gezwungen werden, etwa in Form einer Erklärung vor dem Zivilstandsamt. Diese Lösung würde im scheinbaren Interesse der Freiheit einen unnötigen Zwang darstellen. Das *Gesetz muss* deshalb für die zahlreichen Fälle, in denen die Ehegatten

---

2   Büchler/Matefi, FamKomm PartG, Art. 25 N 16; Gremper, ZüKomm PartG, Art. 25 N 160 f.; Pichonnaz, Partnergüterstand, Nr. 192.

3   Büchler/Matefi, FamKomm PartG, Vorbem. 18–25 N 5; Gremper, ZüKomm PartG, Vorbem. zu Art. 18–25 N 30.

und die Partner von dem ihnen zustehenden Recht der Selbstregelung nicht Gebrauch machen, eine *Ordnung treffen, die subsidiär,* d.h. in Ermangelung eines Ehe- und Vermögensvertrags, *gelten soll.* Es muss daher eine dispositive gesetzliche Regelung vorsehen. Streng genommen liegt darin allerdings keine Schranke der Vertragsfreiheit, weil ja die Parteien etwas anderes abmachen könnten. Aus zwei Gründen haben diese dispositiven Regeln ein ganz *besonderes Gewicht:* Erstens können an der Stelle der dispositiven nicht einfach frei vereinbarte Regeln gewählt werden, sondern nur *andere gesetzlich* vorgegebene Regeln. Und zweitens schliessen die Eheleute erfahrungsgemäss – jedenfalls bei der ersten Eheschliessung – *regelmässig keinen Ehevertrag* ab, weshalb in der Mehrzahl der Fälle das dispositive Gesetzesrecht zum Tragen kommt.

Das Gesetz hat aber noch weitere Aufgaben, wenn die Ehegatten zum Ehevertrag 7 greifen wollen: Der Ehevertrag kann für einen der Ehegatten oder für die Gläubiger von Ehegatten Gefahren bergen. Angesichts der Tragweite eines Ehevertrags sollen die Ehegatten *vor voreiligem und unüberlegtem Vertragsschluss bewahrt* werden. Ferner können bei Zulassung des Ehevertrags die *Gläubigerinnen eines Ehegatten* in Unsicherheit sein, inwieweit ihnen das Vermögen eines Ehegatten haftet. Sie können auch durch eine Änderung des Güterstandes in ihren Rechten beeinträchtigt werden. Schliesslich verlangt die *Verkehrssicherheit,* dass nicht irgendwelche Lösungen gewählt werden dürfen. Für den Ehevertrag gelten *daher mehrfache Schranken:*

1. *Urteilsfähigkeit der Parteien.* Wer einen Ehevertrag abschliessen will, muss 8 urteilsfähig sein (183[1]). Das Rechtsgeschäft Ehevertrag ist demnach (in unserer Terminologie) absolut höchstpersönlich (vorn § 9 N 6 ff.). Ist einer der beiden Ehegatten völlig urteilsunfähig (18) geworden, entfällt für beide die Möglichkeit des Abschlusses eines Ehevertrags. Einen Ausweg bietet hier die Anordnung der Gütertrennung auf Begehren der Ehegattin des Urteilsunfähigen (185[2] Ziff. 5 und 185[3]). Für den Vermögensvertrag gilt dasselbe und gemäss Art. 25 Abs. 4 PartG ist denn auch Art. 185 sinngemäss anwendbar.[4]

2. *Formvorschriften.* Der Ehevertrag und der Vermögensvertrag bedürfen zu 9 ihrer Gültigkeit einer bestimmten Form (zur Formungültigkeit erbvertraglicher Anordnungen in einem Ehevertrag s. 127 III 531 ff. E. 3; 137 III 113 E. 4.2.3.). Erstmaliger Abschluss, Aufhebung und Abänderung bedürfen der öffentlichen Beurkundung (184 ZGB, 55 SchlT, 25[3] PartG). Hinzukommen muss die *Unterschrift der Vertragsschliessenden* (Stellvertretung ist nicht gestattet). Wenn diese nicht voll handlungsfähig sind, weil sie minderjährig sind oder unter Beistandschaft stehen, die den Abschluss eines Ehevertrags umfasst, muss auch der *gesetzliche Vertreter* zustimmen und ggf. unterzeichnen (183[2] und 184 ZGB; 25[3] PartG). Das Handeln der gesetzlichen Vertreterin allein genügt also nicht. Die Vertragsschliessenden haben stets persönlich mitzuwirken.[5]

---

4 BÜCHLER/MATEFI, FamKomm PartG, Art. 25 N 11, N 65 ff.; GREMPER, ZüKomm PartG, Art. 25 N 154 f., 167 ff.; PICHONNAZ, Partnergüterstand, Nr. 217 ff.

5 Eine kantonale Vorschrift, wonach für die Beurkundung von Grundeigentumsübertragungen die lex rei sitae vorgesehen ist, gilt auch für den Ehevertrag (113 II 501). Kritik an diesem BGE bei

10   3. *Der Inhalt des Ehevertrags.* Die Ehegatten können *nicht irgendwelche vermögensrechtliche Wirkungen* der Ehe vorsehen. Sie müssen sich für einen der vom Gesetz
vorgesehenen Güterstände entscheiden, und sie können im Rahmen dieses Güterstandes nur innerhalb gesetzlicher Schranken Abänderungen vorsehen (182[2]).

11   *Güterstände* sind im Gesetz umschriebene *Vertragstypen,* welche der Sache nach
mehr oder weniger folgerichtig gewisse Prinzipien (z.B. Gemeinschaft oder Trennung)
verwirklichen und durch Rechtsgeschichte und Rechtsvergleichung bestimmte Namen
erhalten haben. Die einzelnen Güterstände werden nachstehend (unter N 17 ff.) aufgezählt. Die Möglichkeiten und Grenzen vertraglicher Abweichungen von gesetzlichen
Regeln innerhalb des einzelnen Güterstandes werden jeweils am einschlägigen Ort
erläutert (s. 199, 216, 217, 241[2] und 242[3]).

12   4. *Der Inhalt des Vermögensvertrags.* Im Vergleich zum Ehevertrag ist die
Vertragsinhaltsfreiheit im Vermögensvertrag einerseits grösser und andererseits kleiner: Grösser ist sie, weil nicht zwingend ein gesetzlich vorgegebener Güterstand gewählt
werden muss. Vielmehr steht es den Partnerinnen offen, selber Regeln zu schaffen[6]
oder aber einzelne Regeln aus der Errungenschaftsbeteiligung oder der Gütergemeinschaft[7] (dazu hinten N 28) des ZGB zu übernehmen. Kleiner ist sie, weil sich die vertraglich gewählten Regeln einzig auf die Auflösung des Vermögensstands[8] beziehen
dürfen.[9] Ausgeschlossen sind somit Regeln, die bereits während der Dauer der Partnerschaft bzw. des Vermögensstandes Auswirkungen haben (etwa Art. 233 oder 234
ZGB). Damit ist ein integraler Verweis auf den Güterstand der Gütergemeinschaft
nicht zulässig (§ 37 N 12).[10]

SCHMID, Les règles intercantonales relatives aux actes authentiques pour des contrats portant sur
des droits réels relatifs à des bien-fonds, in BR/DC 11 (1989), 12 ff.

6   BÜCHLER/MATEFI, FamKomm PartG, Vorbem. zu Art. 18–25 N 17, Art. 25 N 55; PICHONNAZ,
Partnergüterstand, Nr. 163 ff. und insb. N 174, N 195 ff.; PICHONNAZ, ZSR a.a.O. 417 f.; a. M.
GREMPER, ZüKomm PartG, 50 ff.

7   BÜCHLER/MATEFI, FamKomm PartG, Art. 25 N 54.

8   Das Gesetz spricht zwar von Regeln mit Bezug auf die Auflösung der Partnerschaft. Da aber vertragliche Abänderungen auch während der Partnerschaft möglich sind und diese zu einer vermögensrechtlichen Auseinandersetzung während der Partnerschaft führen, müsste richtigerweise von der Auflösung des Vermögensstandes (statt der Partnerschaft) die Rede sein; so auch
BÜCHLER/MATEFI, FamKomm PartG, Art. 25 N 23, 31; GREMPER, ZüKomm PartG, Art. 25
N 15; PICHONNAZ, Partnergüterstand, Nr. 179.

9   Für Modifikationen, die während der Dauer des Vermögensstands Geltung haben sollen, ist auf
obligationenrechtliche Behelfe, namentlich die einfache Gesellschaft, zurückzugreifen: BÜCH-
LER/MATEFI, FamKomm PartG, Art. 25 N 54.

10   BÜCHLER/MATEFI, FamKomm PartG, Art. 25 N 53; GREMPER, ZüKomm PartG, Art. 25
N 28 ff.; GÜTTER/SUMMERMATTER a.a.O. 462; PICHONNAZ, Partnergüterstand, Nr. 177; WOLF/
STEINER, Vermögensrecht, 84.

III.   Veränderlichkeit des Güterstandes

Haben die Brautleute vor der Eheschliessung oder die Partner vor der Eintragung der   13
Partnerschaft keinen Vertrag abgeschlossen, entsteht womöglich dieses Bedürfnis später, weil sich die Verhältnisse geändert haben oder die Partner die Lage heute anders
einschätzen als früher bzw. seinerzeit überhaupt nicht an diese Fragen gedacht haben.
Ebenso kann das Bedürfnis entstehen, eine vertraglich gewählte Lösung später abzuändern. Das ZGB hat sich für die *Freiheit des Ehevertrags* nicht nur vor, sondern *auch
während der Ehe* entschieden.[11] Gleiches gilt für das PartG, das sich zwar nicht explizit dazu äussert, aber durch den Verweis auf den Gläubigerschutz in Art. 193 ZGB
(«Durch Begründung oder Änderung des Güterstandes …») implizit davon ausgeht.

Gegen die Abänderung eines einmal gewählten Güterstandes können zwei Argumente   14
vorgebracht werden:

1. Während der Ehe kann eine *Schwächelage* (etwa auf Grund der vereinbar-   15
ten Arbeitsteilung, 163) eines Ehepartners ausgenutzt werden. Vor unüberlegtem Vertragsabschluss schützt de lege lata nur – aber immerhin – die *Formvorschrift* der öffentlichen Beurkundung (184 i. i.).[12]

2. Mit der Abänderung des Güterstandes, aber auch mit der güterrechtlichen   16
Auseinandersetzung können *Gläubigerinteressen* gefährdet werden. Wegen der unterschiedlichen Regelung der Haftungsverhältnisse in verschiedenen Güterständen bzw.
wegen Vermögensverschiebung durch güterrechtliche Auseinandersetzung könnten Gläubiger gegebenenfalls nicht mehr auf Vermögen greifen, das ihnen bis anhin

---

11   Gemäss BGE 100 II 276 im früheren Recht im internen Verhältnis auch mit Rückwirkung auf
     den Beginn der Ehe. Zur Möglichkeit der «Rückwirkung» auch nach geltendem Recht s. Haus-
     heer/Reusser/Geiser, BeKomm, Art. 182 N 52; Deschenaux/Steinauer/Baddeley,
     Effets, Nr. 791; Rumo-Jungo, HandKomm, Art. 182 N 10 ff.

12   Eine Vertragsinhaltskontrolle de lege ferenda wird aber von einem Teil der Lehre postuliert:
     Maurice Courvoisier, Voreheliche und eheliche Scheidungsfolgenvereinbarungen – Zuläs-
     sigkeit und Gültigkeitsvoraussetzungen: eine rechtsvergleichende Studie unter Berücksichti-
     gung des US-amerikanischen und schweizerischen Rechts (Diss. Basel 2002), Schriftenreihe
     für internationales Recht 99, 224, 333 f.; Schwenzer, Grenzen der Vertragsfreiheit in Schei-
     dungskonventionen und Eheverträgen, in FamPra.ch 6 (2005), 1 f., 5 f., 8 f.; dies., Richterliche
     Kontrolle von Unterhaltsvereinbarungen zwischen Ehegatten im Scheidungsverfahren, in AJP
     5 (1996), 1156; Schwander, Eheverträge – zwischen «ewigen» Verträgen und Inhaltskontrolle,
     in AJP 12 (2003), 572 f.; Alexandra Rumo-Jungo, Reformbedürftiges Scheidungsrecht: aus-
     gewählte Fragen, in Alexandra Rumo-Jungo/Pascal Pichonnaz (Hrsg.), Scheidungsrecht, Aktu-
     elle Probleme und Reformbedarf, Symposium zum Familienrecht 2007, Universität Freiburg
     (Zürich/Basel/Genf 2008), 19; Hubert Stöckli, Die Ehevertragsfreiheit und ihre Schranken,
     in Alexandra Rumo-Jungo/Pascal Pichonnaz (Hrsg.), Scheidungsrecht, Aktuelle Probleme und
     Reformbedarf, Symposium zum Familienrecht 2007, Universität Freiburg (Zürich/Basel/Genf
     2008), 85 ff., 99 f.; Sutter-Somm/Kobel, Ist das schweizerische Ehegüterrecht revisionsbe-
     dürftig?, in FamPra.ch 5 (2004), 779 ff. 809 f. Für den Vermögensvertrag gem. Art. 25 PartG:
     Büchler/Matefi, FamKomm PartG, Art. 25, N 59; a. A. Gremper, ZüKomm PartG, Art. 25
     N 199 f., der sich gegen eine Inhaltskontrolle ausspricht.

als Haftungssubstrat zur Verfügung stand. Zwar bieten bereits die betreibungsrechtlichen Anfechtungsklagen (actiones paulianae) der Art. 285 ff. SchKG einen gewissen Schutz.[13] Das Ehegüterrecht lässt es indessen nicht damit bewenden. Es sieht vor (193[1]) und das PartG verweist auf diese Regelung (25[4]), dass *durch Begründung oder Änderung des Güterstandes* oder *durch güterrechtliche Auseinandersetzung* ein *Vermögen,* aus dem bis anhin die Gläubiger eines Ehegatten oder der Gemeinschaft Befriedigung verlangen konnten, *der Haftung nicht entzogen*[14] werden kann.[15] Da bei Errungenschaftsbeteiligung (s. § 32) und Gütertrennung (s. § 34) die Eheleute wie unverheiratete Personen Dritten gegenüber je mit ihrem gesamten eigenen Vermögen haften (202, 249),[16] können Dritte durch die Wahl eines Güterstandes nur dann betroffen sein, wenn Gütergemeinschaft entweder begründet oder aufgehoben wird.[17] Mit der *Begründung* eines Güterstandes (193[1] erste Variante) ist somit der Fall gemeint, da Brautleute im Hinblick auf ihre Ehe Gütergemeinschaft vereinbaren. Die *Änderung* des Güterstandes (193[1] zweite Variante) betrifft dagegen den Wechsel von Errungenschaftsbeteiligung oder Gütertrennung zu Gütergemeinschaft und umgekehrt.[18] Das Gesetz schützt sodann, wie erwähnt, Dritte auch gegen schädigende *güterrechtliche Auseinandersetzung;* damit ist eine Vermögensübertragung vom Schuldnerehegatten auf seinen Partner in Erfüllung güterrechtlicher Ansprüche gemeint.[19] Ist eine der erwähnten Tatbestandsvarianten gegeben, so haftet dem Gläubiger das bisherige Vermögen so, wie wenn die güterrechtliche Vermögensverschiebung nicht stattgefunden hätte. Vorausgesetzt ist allerdings, dass der Gläubiger von der Schuldnerin nicht befriedigt wird.[20] Gegebenenfalls *haftet* dem Gläubiger nicht nur *der bisherige Vermö-*

---

13   Zum Verhältnis zwischen betreibungs- und güterrechtlichen Behelfen s. 127 III 4 f. E. 2a.

14   Das betrifft naturgemäss nur Forderungen, die bereits vor der ehevertraglichen Güterverschiebung entstanden (aber nicht notwendigerweise fällig) sind: 127 III 6 E. 2b.

15   Zum Ganzen s. EDGAR PHILIPPIN, Régime matrimonial et protection des créanciers, Articles 193 CC et 57 LDIP (Diss. Lausanne 2000), ASR 640.

16   Daher haben auch die Abänderung des ordentlichen Güterstandes in Anwendung von Art. 199 und eine ehevertragliche Vereinbarung über die Abänderung der gesetzlichen Vorschlagsteilung (216) für die Haftung der Ehegatten keine Bedeutung.

17   HAUSHEER/REUSSER/GEISER, BeKomm, Art. 193 N 9; DESCHENAUX/STEINAUER/BADDELEY, Effets, Nr. 850 ff.; RUMO-JUNGO, HandKomm, Art. 193 N 4 f.

18   Daneben kann auch die Änderung in der Ausgestaltung der Gütergemeinschaft eine Änderung des Güterstandes darstellen; s. dazu HAUSHEER/REUSSER/GEISER, BeKomm, Art. 193 N 11. Keine Gläubigerinteressen betrifft die Änderung der Aufteilung des Gesamtgutes für den Fall der Auflösung des Güterstandes, da sich damit bloss eine Anwartschaft verändert: HAUSHEER/REUSSER/GEISER a.a.O.; RUMO-JUNGO, HandKomm, Art. 193 N 5; offenbar a. M. PHILIPPIN a.a.O. Nr. 70.

19   HAUSHEER/REUSSER/GEISER, BeKomm, Art. 193 N 14; DESCHENAUX/STEINAUER/BADDELEY, Effets, Nr. 847; RUMO-JUNGO, HandKomm, Art. 193 N 6. Die Übertragung eines Miteigentumsanteils an einem Grundstück von einem Ehegatten auf den anderen mit dem Ziel, dem Letzteren die Beteiligung am Vorschlag zukommen zu lassen, gilt als güterrechtliche Auseinandersetzung: 123 III 440 f. E. 3b. Kritisch zu diesem Entscheid: PHILIPPIN, in JdT 149 (2001) I 198 ff., 207 f.

20   HAUSHEER/REUSSER/GEISER, BeKomm, Art. 193 N 8; PHILIPPIN a.a.O. Nr. 135; RUMO-JUNGO, HandKomm, Art. 193 N 10.

genswert, sondern, sofern dieser untergegangen ist,[21] zusätzlich jener *Ehegatte persön-lich,* auf den der Vermögenswert übergegangen ist (193[2]). Der Ehegatte kann sich nach Art. 193 Abs. 2 i. f. so weit von dieser Haftung befreien, als er nachweist, dass das Emp-fangene nicht ausreicht. Der Haftungsanspruch verjährt mit dem Ablauf von zehn Jah-ren (7 ZGB i. V. m. 127 OR).[22]

IV.   Die Güterstände des ZGB

Die meisten Braut- und Eheleute schliessen keinen Ehevertrag. Daher muss das   17
Gesetz den Güterstand bestimmen, der gelten soll, wenn die Ehegatten keinen gewählt haben. Die Verschiedenheit der vermögensrechtlichen Verhältnisse in den einzelnen Ehen verlangt, zwei solche «gesetzliche» (d.h. nicht vertraglich vereinbarte) Güter-stände vorzusehen, deren Bedeutung allerdings sehr unterschiedlich ist. Der eine ist auf die gewöhnlichen Verhältnisse, auf die bei Weitem zahlreichsten Ehen ausgerich-tet und heisst demnach: *ordentlicher Güterstand* (régime légal ordinaire). Der andere soll nur in besonders gearteten Ausnahmeverhältnissen, für welche die normale Rege-lung unpassend ist, eingreifen und heisst daher *ausserordentlicher Güterstand* (régime extraordinaire). Neben diesen «gesetzlichen» Güterständen im engeren Sinn des Wor-tes (d.h. Güterständen, die ohne oder gegen den Willen der Beteiligten zum Zug kom-men; N 18 ff.) kennt das Gesetz *vertragliche Güterstände.* Dies sind einerseits solche, die nur durch Ehevertrag zustande kommen, andererseits die erwähnten «gesetzli-chen» Güterstände für den Fall, dass sie durch Ehevertrag gewählt werden (im Einzel-nen hinten N 26).

a. Gesetzliche Güterstände

Bei den gesetzlichen (nicht vertraglich gewählten) Güterständen ist der ordentliche (1.,   18
N 19) vom ausserordentlichen (2., N 20 ff.) Güterstand zu unterscheiden:

1. Der ordentliche Güterstand[23]

Bei Revision des Eherechts standen dem Gesetzgeber, namentlich auch unter Berück-   19
sichtigung der Rechtsentwicklung ausserhalb unseres Landes, *drei Grundoptionen* offen:[24] *Gütertrennung, Errungenschaftsgemeinschaft* und *Errungenschaftsbeteiligung.*

---

21   Nur so ist gemäss HAUSHEER/REUSSER/GEISER, BeKomm, Art. 193 N 48, Art. 193 Abs. 2 zu verstehen.

22   Die Fristen von Art. 285 SchKG sind nicht anwendbar, so BGE 127 III 7 ff. E. 3a, mit Hinweis auf HAUSHEER/REUSSER/GEISER, BeKomm, Art. 193 N 56, und HAUSHEER/AEBI-MÜLLER, BaKomm, Art. 193 N 32.

23   Zu den altrechtlichen Güterständen s. einen Überblick in der 12. Auflage dieses Buches, § 30 IV.a.1., ausführlicher 10. Auflage dieses Buches, § 30.

24   Selbstverständlich steht es dem Gesetzgeber frei, auch kein «vorgegebenes» System zu wäh-len. Erst recht darf er im Rahmen eines durch die Rechtsentwicklung und Rechtswissenschaft näher umschriebenen Systems beliebige Abänderungen vornehmen, wie das der schweizerische Gesetzgeber denn auch getan hat.

Während die Gütertrennung nur wenig Anhänger hatte, waren die Stimmen zwischen der Errungenschaftsgemeinschaft und der Errungenschaftsbeteiligung ziemlich ausgewogen. Bei der Errungenschafts*gemeinschaft* bildet das während der Ehe Erarbeitete das Gesamtgut von Mann und Frau, bei der Errungenschafts*beteiligung* werden diese Werte bei der Auflösung der Ehe geteilt. Der Hauptnachteil der Errungenschaftsgemeinschaft liegt in der Schwierigkeit, für die Verwaltung des Gesamtgutes eine angemessene Lösung zu finden,[25] der Hauptnachteil der Errungenschaftsbeteiligung in der Komplexität der Berechnungen bei Auflösung des Güterstandes.[26] Der Gesetzgeber hat sich schliesslich für die Errungenschaftsbeteiligung als ordentlichen Güterstand entschieden (181).[27] Dies ist grundsätzlich zu begrüssen, steht es doch den Eheleuten frei, am Errungenen gemeinschaftliches Eigentum zu begründen (223), und ist die vermögensrechtliche Eigenständigkeit von Mann und Frau während der Ehe an sich[28] sinnvoll.

2. Der ausserordentliche Güterstand[29]

20 Unter den Eheleuten herrscht grundsätzlich entweder der ordentliche Güterstand oder aber ein durch Ehevertrag gewählter Güterstand. Nun aber kann es Fälle geben, da die Interessen der Eheleute oder von Gläubigern so nicht genügend berücksichtigt werden. Auf solche Fälle ist der *ausserordentliche Güterstand* ausgerichtet, der *ohne oder gegen den Willen des einen oder beider Ehegatten* eintreten kann. Dieser ausserordentliche Güterstand ist *die Gütertrennung* (247–251). Er spielt neben dem ordentlichen Güterstand der Errungenschaftsbeteiligung eine nicht allzu grosse Rolle, entspricht doch diese während der Dauer der Ehe an sich der Gütertrennung und sind daher für die Eheleute (namentlich die Ehefrau) und die Gläubiger weit weniger Gefahren verbunden als noch unter dem früheren ordentlichen Güterstand der Güterverbindung. Im Einzelnen gilt:

---

25   Botsch. Eherecht, 1239; s. auch HAUSHEER, Zum neuen Ehegüterrecht unter besonderer Berücksichtigung des Übergangsrechts, in BN 41 (1980), 109 ff., 111 f.

26   Botsch. Eherecht, 1240.

27   Wie es zu diesem Entscheid kam, schildert BERNHARD SCHNYDER, Le choix du régime légal ordinaire, in FS Henri Deschenaux (Freiburg 1988), 9 ff.

28   Teilweise führt sie aber zu einer faktischen Ungleichbehandlung von Mann und Frau, so etwa, wenn nur oder hauptsächlich der Ehemann einer Erwerbstätigkeit nachgeht und somit – nach Erfüllung seiner Unterhaltspflichten (163, 164) – völlig frei bestimmen kann, wofür er seinen Arbeitslohn ausgibt, während der nicht oder beschränkt erwerbstätigen Ehefrau diese Freiheit (ausserhalb ihres Betrages zur freien Verfügung; 164) abgeht. Siehe dazu SUSAN EMMENEGGER, Feministische Kritik des Vertragsrechts. Eine Untersuchung zum schweizerischen Schuldvertrags- und Eherecht (Diss. Freiburg 1999), AISUF 177, 227 ff. Im selteneren, umgekehrten Fall trifft die faktische Ungleichbehandlung den Ehemann.

29   Hierzu ANTON HENNINGER, Der ausserordentliche Güterstand im neuen Eherecht (Diss. Freiburg 1989), AISUF 90.

Die Gütertrennung als ausserordentlicher Güterstand tritt entweder ein *auf Begehren*   21
eines Ehegatten (185–187; N 22 ff.) oder *bei Konkurs und Pfändung* (188–191; N 24).[30]
Die gesetzliche Gütertrennung (188) ist sofort wirksam, die gerichtliche (185–187, 189–
191) wird auf den Tag zurückbezogen, an dem das Begehren eingereicht worden ist.[31]
Da ein neuer Güterstand vorliegt, muss vorerst der frühere liquidiert werden. Hierfür gelten, von gesetzlichen Ausnahmen abgesehen, die Bestimmungen des bisherigen Güterstandes (192).

α. *Auf Begehren eines Ehegatten* kann die Gütertrennung sowohl bei Errungenschafts-   22
beteiligung wie bei Gütergemeinschaft vom Gericht angeordnet werden. Das zuständige Gericht (s. sogleich) hat dem Begehren eines Ehegatten stattzugeben, *wenn ein*
wichtiger Grund für den ausserordentlichen Güterstand *vorliegt* (185[1]), und hat die
Gütertrennung auch anzuordnen, wenn ein Ehegatte dauernd urteilsunfähig ist und
dessen gesetzlicher Vertreter ein entsprechendes Begehren stellt (185[3]). Das Gesetz
zählt in Art. 185 Abs. 2 beispielhaft fünf Fälle wichtiger Gründe auf: Überschuldung
(Ziff. 1), Gefährung von Interessen der Gesuchstellerin oder der Gemeinschaft (Ziff. 2),
Verweigerung von Zustimmungen oder verlangter Auskunft (Ziff. 3 und 4), dauernde
Urteilsunfähigkeit (Ziff. 5).[32] Eine Gefährdung der Interessen des anderen oder der
Gemeinschaft (Ziff. 2) wird im Zusammenhang mit der Errungenschaft häufig vorliegen, wenn die Gesuchstellerin gute Gründe[33] hat, ihre künftige Errungenschaft nicht
mehr teilen zu wollen und daher heute schon reinen Tisch zu machen. – Bei der auf
Begehren eines Ehegatten angeordneten Gütertrennung können die Eheleute von sich
aus durch Ehevertrag wieder zu ihrem früheren Güterstand zurückkehren oder einen
neuen vereinbaren (187[1]) und kann das Gericht auf Begehren eines Gatten die Wiederherstellung des früheren Güterstandes anordnen, wenn der Grund für den ausserordentlichen Güterstand weggefallen ist (187[2]).

Die *örtliche Zuständigkeit* zur Anordnung oder Aufhebung der Gütertrennung auf   23
Begehren eines Ehegatten richtet sich nach Art. 23[1] ZPO, der zwingend einen Wahl-
gerichtsstand am Wohnsitz einer Partei vorsieht. Die gerichtliche Anordnung oder
Aufhebung der Gütertrennung auf Begehren eines Ehegatten stellt ein eherechtliches
Gesuch i.S. dieser Bestimmung dar.[34]

---

30 Gütertrennung tritt sodann von Gesetzes wegen ein mit der Trennung (statt Scheidung) gemäss
    Art. 118; sie kann ferner angeordnet werden durch das Eheschutzgericht bei Aufhebung des
    gemeinsamen Haushalts (176 Abs. 1 Ziff. 3).
31 Botsch. Ehrecht, 1294.
32 Nach Henninger a.a.O. 87 f. und 134 ff. enthält Ziff. 2 einen relativen Grund.
33 Vgl. in diesem Zusammenhang Botsch. Eherecht, 1291. Siehe auch den Entscheid des Zürcher
    Obergerichts, zitiert in AJP 10 (2001), 463 ff., wonach der Fortbestand der Errungenschaftsbe-
    teiligung unzumutbar erscheint, wenn während der vierjährigen Wartefrist gemäss Art. 114 der
    Gesuchsteller aus seinem verbleibenden Arbeitserwerb Ersparnisse bildet, während seine Ehe-
    frau einen Grossteil der nicht für den Unterhalt verwendeten Mittel verbraucht; teilweise kri-
    tisch dazu Weber, in AJP 10 (2001), 465 f.
34 Siehr/Bähler, BaKomm, Art. 23 ZPO N 18a; Sutter-Somm/Lötscher, Komm ZPO, Art. 23
    N 17; Schwander, ZPOKomm, Art. 23 N 6.

24   β. *Bei Konkurs und Pfändung* tritt der ausserordentliche Güterstand *nur* dann ein,
     wenn die betroffenen *Ehegatten in Gütergemeinschaft* leben: automatisch bei der Kon-
     kurseröffnung über einen Ehegatten (188)[35], auf Verlangen der Aufsichtsbehörde in
     Betreibungssachen durch Anordnung des Gerichts, wenn ein Ehegatte für eine Eigen-
     schuld betrieben und sein Anteil am Gesamtgut gepfändet worden ist (189 ZGB und
     68b[5] SchKG; zur Passivlegitimation s. 190[1] ZGB). Die auf Grund von Konkurs oder
     Pfändung eingetretene Gütertrennung wird auch dann nicht automatisch aufgehoben,
     wenn die Gläubiger inzwischen befriedigt worden sind. Wohl aber hat das Gericht
     diesfalls auf Begehren eines Ehegatten die Gütergemeinschaft wieder herzustellen
     (191[1]); die Ehegatten können dann auch durch Ehevertrag Errungenschaftsbeteiligung
     vereinbaren (191[2]).

25   Mit Bezug auf die *örtliche Zuständigkeit* gilt der Wohnsitzgerichtsstand des Schuld-
     ners oder der Schuldnerin (23[2] ZPO).[36] Zur Zuständigkeit für Klagen über die nach-
     folgende güterrechtliche Auseinandersetzung s. unten N 30.

b. Vertragliche Güterstände

26   Neben den «gesetzlichen» Güterständen im engeren Sinn dieses Wortes kennt unser
     Recht *Güterstände auf Grund* der *Wahl durch die Eheleute* in der *Form eines Ehever-*
     trags (s. vorn N 10 f.). Nur auf diesem Weg kann die Gütergemeinschaft (mit ihren
     Unterarten) begründet werden. Vorwiegend auf Grund eines Ehevertrags (aber eben
     auch als ausserordentlicher Güterstand) kommt Gütertrennung zustande. Ausnahms-
     weise kann auch der ordentliche Güterstand auf vertraglicher Grundlage beruhen:
     dann nämlich, wenn die Ehegatten bis anhin unter einem anderen Güterstand gelebt
     haben und nunmehr den ordentlichen Güterstand wählen.

V.   Der Güterstand des PartG

27   Das PartG bezeichnet keinen gesetzlichen Güterstand, also einen Güterstand, dem
     die eingetragenen Partner und Partnerinnen unterstehen, wenn sie vertraglich nichts
     anderes vereinbart haben. In den Art. 18–24 werden Eigentum, Verwaltung, Verfü-
     gung sowie Haftung für Schulden unter den Partnerinnen in Einzelbestimmungen
     geordnet, ohne dass das Gesetz diesem Regelungskomplex einen Namen geben würde.
     Der Sache nach handelt es sich um die *Gütertrennung* wie sie in Art. 247–251 gere-
     gelt ist.[37] Die Gütertrennung ist demnach in der Terminologie des ZGB der *ordent-*

---

35   Für den Fall des Widerrufs des Konkurses s. Botsch. Eherecht, 1293.

36   SIEHR/BÄHLER, BaKomm, Art. 23 N 19; SUTTER-SOMM/LÖTSCHER, Komm ZPO, Art. 23
     N 24 f.; SCHWANDER, ZPOKomm, Art. 23 N 15.

37   BRÄNDLI a.a.O. Nr. 49, 51; BÜCHLER/MATEFI, FamKomm PartG, Vorbem. Art. 18–25, N 2;
     GREMPER, ZüKomm PartG, Vorbem. 18–25 N 3; PICHONNAZ, Partnergüterstand, Nr. 11;
     PICHONNAZ, Le partenariat enregistré: sa nature et ses effets, ZSR 123 (2004), I 389 ff., 416.;
     GRÜTTER/SUMMERMATTER a.a.O. 457 lassen die Frage, ob die eingetragenen Partnerinnen und
     Partner überhaupt einem Güterstand unterstehen, offen.

liche gesetzliche Güterstand der eingetragenen Partnerschaft.[38] Mit dem Verweis auf Art. 185 ZGB (25[4] PartG) begründet das PartG mit der Gütertrennung auch einen *ausserordentlichen gesetzlichen Güterstand.*

Das PartG nennt auch keinen *vertraglichen Güterstand,* den die Eheleute vereinbaren können. Es verweist aber – im Sinn eines Beispiels – auf die Bestimmungen zur Errungenschaftsbeteiligung gemäss ZGB. Diese ist damit im PartG ein vertraglicher Güterstand. Daneben kann auch die Gütertrennung zum vertraglichen Güterstand werden, wenn vorher die Errungenschaftsbeteiligung vereinbart war. Fraglich ist, ob auch die Gütergemeinschaft des ZGB sowie andere, dem ZGB nicht bekannte Güterstände vereinbart werden können.[39] Das PartG schliesst dies nicht aus und unterstellt den Vermögensvertrag inhaltlich einzig der Voraussetzung, dass er die Auflösung der Partnerschaft bzw. des (bereits vorher vereinbarten) Vermögensvertrags regle. Diese Voraussetzung können auch Einzelbestimmungen aus der Gütergemeinschaft (allerdings nur, sofern ihnen nicht dingliche Wirkung zukommt[40]), ein Regelungskomplex aus Errungenschaftsbeteiligung und Gütergemeinschaft oder gar der Verweis auf einen ausländischen Güterstand erfüllen.[41]

28

VI. Bestimmungen für alle Güterstände

Der Abschnitt der allgemeinen Vorschriften zum Güterrecht der Ehegatten wird mit zwei unterschiedlichen Problemen gewidmeten Bestimmungen (195 und 195a) abgeschlossen. Von diesen sowie von der vor der Schaffung der ZPO in aArt. 194 geregelten Zuständigkeit sei im Folgenden die Rede:[42]

29

---

38 Kritisch dazu BÜCHLER/MATEFI, FamKomm PartG, Vorbem. Art. 18–25 N 18 ff.; GREMPER, ZüKomm PartG, Vorbem. 18–25, N 16; PICHONNAZ, Partnergüterstand, Nr. 17 ff.; PICHONNAZ, a.a.O. 417; SUTTER-SOMM/KOBEL a.a.O. 794; WOLF/STEINER a.a.O. 62. A. M. und somit für die Gütertrennung als ordentlichen Güterstand SCHWENZER, Registrierte Partnerschaft: Der Schweizer Weg, in FamPra.ch 3 (2002), 223 ff., 229 ff. und 234 f.

39 BRÄNDLI a.a.O. Nr. 57 ff.

40 Das ergibt sich aus folgender Überlegung, die ich meinem ehemaligen wissenschaftlichen Mitarbeiter, Dr. iur. GIAN BRÄNDLI, verdanke: Der Gesetzgeber will die gütervertraglichen Wirkungen auf die Auflösung des Güterstandes beschränken, lässt aber gleichzeitig die Errungenschaft als vertraglichen Güterstand zu. Dieser Güterstand hat nun aber auch Wirkungen während der Dauer des Güterstandes, allerdings bloss obligatorische (z.B. 201, 202 f.). Daher müssen auch Einzelbestimmungen der Gütergemeinschaft zugelassen sein, denen während der Dauer des Güterstandes ausschliesslich obligatorische Wirkung zukommt.

41 Gegen die Typengebundenheit auch Botsch. PartG, 1318, wonach die Parteien im Fall der Auflösung der Partnerschaft mittels eines Vermögensvertrages gemäss Art. 25 PartG die Vermögenswerte «in der ihnen gut scheinenden Weise … teilen» können; BÜCHLER/MATEFI, FamKomm PartG, Vorb. 18–25, N 8, 17; PICHONNAZ, Partnergüterstand, Nr. 163 ff.; PICHONNAZ, ZSR a.a.O. 417; a. M. GREMPER, ZüKomm PartG, Art. 25 N 50.

42 Hier sei auch erwähnt, dass für Fragen, die sich im Zusammenhang mit der Betreibung eines Ehegatten unter den verschiedenen Güterständen stellen, ein Schreiben des Bundesgerichts an

1. Zuständigkeit für Klagen über die güterrechtliche Auseinandersetzung

30 Mit Bezug auf die Klagen über die güterrechtliche Auseinandersetzung sind drei Fälle zu unterscheiden:[43] 1. Für die güterrechtliche Auseinandersetzung *im Rahmen eines Ungültigkeits-, Scheidungs- oder Trennungsverfahrens* gilt der zwingende Wahlgerichtsstand am Wohnsitz einer Partei in Art. 23[1] ZPO. Für die Scheidungsklage und die damit zusammenhängende güterrechtliche Auseinandersetzung ist dasselbe Gericht aufgrund einer einzigen Klage zuständig (BGer 5A_599/2011 E. 3.3 f.; s. auch 123 III 18 f. E. 2a). Der Gerichtsstand nach Art. 23[1] ZPO gilt für Klagen über die güterrechtliche Auseinandersetzung *nach vertraglichem Güterstandswechsel* oder *nach gerichtlicher Anordnung der Gütertrennung* (s. vorn N 20 ff.).[44] 3. Für die güterrechtliche Auseinandersetzung beim *Tod* eines Ehegatten oder einer eingetragenen Partnerin bzw. eines eingetragenen Partners ist das Gericht am letzten Wohnsitz der Erblasserin oder des Erblassers zuständig (28 ZPO). Damit besteht bei Auflösung der Ehe durch Tod ein einheitlicher Gerichtsstand für die güter- wie für die erbrechtliche Auseinandersetzung.

2. Verwaltung des Vermögens eines Ehegatten durch den anderen[45]

31 Überlässt der Ehegatte die Verwaltung seines Vermögens ausdrücklich oder stillschweigend seiner Ehegattin, *gelten* die *Bestimmungen über den Auftrag,* sofern nichts anderes vereinbart ist (195[1]; aufschlussreich dazu BGer 5A_72/2009 E. 5.3). Das Auftragsrecht findet aber nur subsidiär zur lex specialis von Art. 165 Anwendung, also nur dann, wenn die Leistungen der Ehegattin zu Gunsten des Ehegatten zu einem anderen Zweck als zum Familienunterhalt (165[2]) oder als Beitrag zu Beruf oder Gewerbe des Ehegatten (165[1]) erfolgen[46] (127 III 54 f. E. 4; in casu belastete der Ehegatte das von ihm verwaltete Geschäftskonto der Gattin zur Deckung persönlicher Bedürfnisse, was zu einem Anspruch nach Art. 165 Abs. 2 und zum Ausschluss der auftragsrechtlichen Verantwortlichkeit führte). Gelangt das Auftragsrecht zur Anwendung, könnte das Widerrufsrecht der Auftraggeberin (404 OR) den verwaltenden Ehegatten in Schwierigkeiten bringen. Daher ist in allen Güterständen die *Möglichkeit eines Aufschubs für die*

---

die kantonalen Aufsichtsbehörden und an die Betreibungs- und Konkursämter vom 11. Dezember 1987 zu beachten ist (113 III 49), welches auch nach der Revision des SchKG vom 16. Dezember 1994 mit Bezug auf die damals unveränderten Teile der Art. 68a und 68b SchKG gilt.

43 Nicht zur güterrechtlichen Auseinandersetzung gehört die Klage gegen Dritte nach abgeschlossener Auseinandersetzung (HAUSHEER/REUSSER/GEISER, BeKomm, Art. 220 N 70). Daher ist hierfür der Gerichtsstand nach Art. 23[1] ZPO nicht gegeben. Siehe SIEHR/BÄHLER, BaKomm, Art. 23 ZPO N 1a; SCHWANDER, ZPOKomm, Art. 23 N 12. Fraglich ist, ob auf Grund des Verweises in Art. 220 Abs. 3 auf die Bestimmungen über die erbrechtliche Herabsetzung der Gerichtsstand für erbrechtliche Klagen (28 ZPO) Anwendung findet: Ablehnend RUMO-JUNGO, HandKomm, Art. 220 N 10; STECK, FamKomm, Art. 220 N 6.

44 SIEHR/BÄHLER, BaKomm, Art. 23 N 18a f.; SCHWANDER, ZPOKomm, Art. 23 N 6, 13; SUTTER-SOMM/LÖTSCHER, Komm ZPO, Art. 23 N 17, 24 f.

45 Hierzu MARCO BARBATTI, Verwaltung des Vermögens eines Ehegatten durch den andern (Art. 195 ZGB) (Diss. Zürich 1991), ZSPR 75.

46 HAUSHEER/REUSSER/GEISER, BeKomm, Art. 165 N 32 und 44.

Rückleistung (203², 235² und 250² ZGB; 23 PartG) vorgesehen. Diese Bestimmungen kommen auch und gerade zum Zug bei der Verwaltung des Vermögens eines Ehegatten durch den anderen, was denn auch Art. 195 Abs. 2 ausdrücklich erwähnt. Die aus Art. 400 OR fliessende Pflicht, wonach der Beauftragte auf Verlangen hin jederzeit Rechenschaft über seine Geschäftsführung abzulegen hat, gilt unter Ehegatten gestützt auf die Treue- und Beistandspflicht sogar in verstärkter Form. Der beauftragte Ehegatte hat deshalb nachzuweisen, weshalb es bei der Anlage des Geldes zu Verlusten gekommen ist und weshalb ihn keine Verantwortung trifft. Ist ihm dieser Nachweis nicht möglich, so muss der beauftragte Ehegatte die ihm überlassenen Gelder zurückbezahlen und hat so den anfallenden Schaden selbst zu tragen (BGer 5A_531/2011 E. 5).

3. Inventar

Das ZGB sieht an mehreren Orten die Errichtung von Inventaren vor, welche zumindest dadurch einen Vermögensschutz bewirken, dass Klarheit über den Stand der Dinge herrscht (s. 318², 398, 490¹, 580 ff., 763). Nach Art. 195a kann *jeder Ehegatte jederzeit bei jedem Güterstand* vom anderen *verlangen,* dass er bei der Aufnahme eines Inventars ihrer Vermögenswerte in Form der öffentlichen Urkunde mitwirke (195a¹); diesem Inventar kommt die widerlegbare Vermutung der Richtigkeit zu, wenn es innert Jahresfrist seit Einbringen der Vermögenswerte errichtet wurde (195a²). Die öffentliche Beurkundung kann auch eine freiwillige Schätzung der Vermögenswerte enthalten, allerdings ohne die Richtigkeitsvermutung, damit aber nicht ohne Beweiswert.[47]

32

---

47 Hausheer/Reusser/Geiser, BeKomm, Art. 195a N 29.

§ 32 Die Errungenschaftsbeteiligung

1 Der ordentliche Güterstand ist die Errungenschaftsbeteiligung (vorn § 31 N 19). Das Gesetz behandelt diesen Güterstand in den Artikeln 196–220 und nennt ihn *ordentlichen Güterstand der Errungenschaftsbeteiligung* (régime ordinaire de la participation aux acquêts).[1] Die überwiegende Zahl der schweizerischen Eheleute lebt seit dem 1. Januar 1988 unter diesem Güterstand (vgl. auch 9a[1] und 9b[1] SchlT hinten § 36 N 3 f.). Im Folgenden werden der Reihe nach behandelt: die Eigentumsverhältnisse (N 2 ff.), die Rechtsverhältnisse während des Güterstandes (N 25 ff.) und die Auflösung des Güterstandes samt der Auseinandersetzung (N 29 ff.). Da die Errungenschaftsbeteiligung ihrer Natur nach in erster Linie bei der Auflösung aktuell wird, liegt das Schwergewicht der Ausführungen – wie auch im Gesetz (204–220) – beim dritten Fragenkomplex.

I. Die Eigentumsverhältnisse und die Gütermassen

2 Bei der Errungenschaftsbeteiligung besteht das Vermögen der Eheleute aus *zweimal zwei Gütermassen*: aus der *Errungenschaft jedes Ehegatten* und dem *Eigengut jedes Ehegatten*. Während der Ehe ist diese Unterscheidung allerdings beinahe belanglos (hinten N 25 ff.), für die Auseinandersetzung nach der Auflösung des Güterstandes ist sie entscheidend. Die Art. 197–199 handeln davon, was Errungenschaft und was Eigengut ist, Art. 200 regelt Beweisprobleme. Die gesetzliche Zuordnung von Vermögenswerten zu Errungenschaft oder zu Eigengut ist grundsätzlich zwingenden Rechts; zu den in Art. 199 vorgesehenen Ausnahmen s. nachstehend N 19 ff. Zunächst ist aber zu entscheiden, was zum Vermögen der Ehefrau, was zum Vermögen des Ehemannes gehört, was also im Eigentum jedes Ehegatten steht. Dazu stellt Art. 200 eine Vermutung auf:

a. Beweisregelung

3 Unter dem Randtitel «Beweis» regelt Art. 200 drei Fragen:

4 1. Ist die Zugehörigkeit eines Vermögenswerts zum *Eigentum* des einen oder anderen Ehegatten streitig, trägt zwar vorerst einmal jener (Ehegatte oder Dritte) die Beweislast, der die Zugehörigkeit zum einen oder anderen Vermögen behauptet (200[1]). Ist das Eigentum (bzw. die Berechtigung) eines Ehegatten bewiesen, muss alsdann der fragli-

---

1 Zur Errungenschaftsbeteiligung s. Deschenaux/Steinauer/Baddeley, Effets, Nr. 890 ff.; Hausheer/Geiser/Aebi-Müller, Familienrecht, Nr. 12.01 ff.; Hausheer/Reusser/Geiser, BeKomm, Art. 196 ff.; Marlies und Heinz Näf-Hofmann, Schweizerisches Ehe- und Erbrecht, Die Wirkungen der Ehe im allgemeinen, das eheliche Güterrecht und das Erbrecht der Ehegatten, Eine Einführung für den Praktiker (Zürich 1998), Nr. 832 ff., sowie Paul Piotet, Die Errungenschaftsbeteiligung nach schweizerischem Ehegüterrecht (Bern 1987), ferner Elisabeth Lüthe, Eigengut und Errungenschaft im neuen ordentlichen Güterstand gemäss dem Entwurf des Bundesrates vom 11. Juli 1979 (Diss. Freiburg 1981).

che Vermögenswert, die fragliche Forderung einer der beiden Gütermassen innerhalb seines Vermögens zugeteilt werden.

2. *Bei Beweislosigkeit,* wenn also das Eigentum weder des einen noch des anderen Ehegatten bewiesen werden kann (116 III 35, ergangen zu 248[2], der gleich lautet wie 200[2]), wird nicht Eigentum der Ehegattin oder des Ehegatten vermutet; vielmehr wird diesfalls durch eine Fiktion (hierzu § 7 N 13 f.) *Miteigentum* beider Eheleute angenommen (200[2]; hierzu 201[2] und 205[2]).[2] Die aus dem Besitz hergeleiteten sachenrechtlichen Vermutungen gehen allerdings der Miteigentumsvermutung vor (siehe dazu hinten § 91 N 14). Die aus dem Besitz abgeleiteten Vermutungen knüpfen allerdings nur an den Alleinbesitz die Vermutung von Alleineigentum, und solcher liegt an beweglichen Sachen, die zum gemeinsamen Haushalt gehören, grundsätzlich nicht vor (116 III 32 E. 2). Mitbesitz führt bloss zur Vermutung von Mit- oder Gesamteigentum (117 II 126 E. 2). 5

3. Alles Vermögen eines Ehegatten gehört sodann *vermutungsweise,* d.h. bis zum Beweis des Gegenteils, zur *Errungenschaft* (200[3]; BGer 5C.52/2006 E. 2.3: kann nicht bewiesen werden, dass Geld auf einem Bankkonto aus Eigengut stammt, ist Errungenschaft anzunehmen). Im Zweifel wird dadurch das zur späteren Aufteilung bestimmte Errungenschaftsvermögen zu Lasten des Eigenguts vergrössert. Nicht Art. 200, sondern Art. 8 kommt zum Zug, wenn streitig ist, ob ein Vermögenswert im Zeitpunkt der Auflösung des Güterstandes überhaupt noch vorhanden war (118 II 27; BGer 5C.90/2004 E. 2.1). 6

b. Unveränderlichkeit der Massen

Das Vermögen jedes Ehegatten besteht aus seiner Errungenschaft und seinem Eigengut (196). Jeder Vermögenswert eines Ehegatten gehört *entweder zur Errungenschaft oder zum Eigengut.* Massgebendes Kriterium für diese Zuordnung ist der Grundsatz des engsten sachlichen Zusammenhangs und damit insbesondere des quantitativen Übergewichts der einen oder der anderen Gütermasse bei deren Erwerb.[3] Stammt der Kaufpreis aus einer einzigen Masse, fällt der Vermögenswert in diese. Investitionen der 7

---

2 Siehe in diesem Kontext auch ALESSANDRA CERESOLI, Art. 200 Abs. 2 und Art. 248 Abs. 2 ZGB – Miteigentumsvermutungen unter Ehegatten und Eigentumsnachweis (Diss. Basel 1992), BSRW A 25.

3 DESCHENAUX/STEINAUER/BADDELEY, Effets, Nr. 906; HAUSHEER/AEBI-MÜLLER, BaKomm, Art. 196 N 7; HAUSHEER/REUSSER/GEISER, BeKomm, Art. 196 N 46; RUMO-JUNGO, HandKomm, Art. 196 N 2; STECK, FamKomm, Art. 196 N 7; PIOTET a.a.O. (Anm. 1) 72 ff. vertritt die Ansicht, ein Gegenstand könne zu mehreren Gütermassen gehören; s. auch PAUL PIOTET, L'appartenance d'un bien à deux, voire trois masses dans le régime matrimonial de la participation aux acquêts, in FS Max Keller (Zürich 1989), 87 ff., und DERS., Les biens acquis par un des conjoints en convenant des prêts, crédits ou reprises de dette, avec ou sans gage, et notamment le remploi partiel, ZSR NF 115 (1996), I 43 ff. Aus dem Konzept der *variablen Ersatzforderung* ergeben sich zugegebenermassen heikle, aber lösbare Probleme, nämlich im Fall des Art. 199 Abs. 2, bei den Art. 208/220, bei Ersatzanschaffungen oder beim Verbrauch von Ersatzgütern. Hierzu s. DESCHENAUX/STEINAUER/BADDELEY, Effets, Nr. 962 Anm. 86 ; s. auch HAUSHEER/REUSSER/GEISER, BeKomm, Art. 220 N 16.

einen Masse in die andere begründen aber Ersatzforderungen zwischen diesen Gütern (s. 209; 131 III 559 E. 2.3; 132 III 145 E. 2.2.2; dazu das Beispiel hinten N 59).

8   Die *Begründung von Hypotheken* führt nicht zum Zusammenwirken beider Massen i. S. v. 209[3]. Vielmehr belasten Hypotheken, wie Schulden allgemein, jene Vermögensmasse, mit der sie sachlich zusammenhängen (209[2]; s. hinten N 47 ff., Beispiele 3 und 4). Eine teils mit einer Hypothek erworbene Liegenschaft ist jener Masse zuzuordnen, die den (grösseren) Betrag finanziert hat. Für die Massenzuordnung der Liegenschaft ist die hypothekarische Belastung unerheblich (132 III 145 E. 2.2.2, 2.3.2; 123 III 152 E. 6b/aa).[4] Ein mittels Hypothek finanzierter Kauf ist dann als entgeltlicher Erwerb für die Errungenschaft zu qualifizieren, wenn es sich um einen reinen Kreditkauf handelt. Es gilt das Prinzip der Unveränderlichkeit der Massen. So bleibt ein Vermögenswert selbst dann der ursprünglichen Masse zugehörig, wenn die späteren Investitionen der anderen Gütermasse den Anfangswert bei Weitem übersteigen (132 III 149 E. 2.2).

c. Errungenschaft

9   Art. 197 Abs. 1 enthält eine *Legaldefinition* der Errungenschaft: Es sind die *Vermögenswerte, die ein Ehegatte* während der Dauer des Güterstandes *entgeltlich* erwirbt.[5] Diese gesetzliche Umschreibung ist *einerseits zu eng* und *andererseits zu weit:* Zu eng ist sie, weil zum einen Gegenstände, die ausschliesslich dem persönlichen Gebrauch dienen, gemäss Art. 198 Ziff. 1 Eigengut sind, selbst wenn sie entgeltlich erworben wurden, und zum anderen auch entgeltliche Ersatzanschaffungen für Eigengut nicht Errungenschaft (198 Ziff. 4) sind. Zu weit ist sie, weil Art. 197 Abs. 2 Ziff. 4 als Beispiel für Errungenschaft auch die Erträge des Eigenguts anführt, welche ja nicht notwendigerweise ein Entgelt darstellen.

10   Die gesetzliche Definition wird beispielhaft veranschaulicht und ergänzt durch die *fünf typischen* zur Errungenschaft zählenden *Vermögensbestandteile,* welche die Ziff. 1–5 des Art. 197 Abs. 2 aufführen:

11   1. Es handelt sich zunächst einmal um den *Arbeitserwerb* (Ziff. 1). Dazu zählt jedes Entgelt für intellektuelle oder physische Arbeit. Nicht erheblich ist der Vertragstyp, der dieser Arbeit zugrundeliegt, oder die Art des Entgelts (Unternehmensgewinn, Monatslohn, Gratifikation, Trinkgeld).[6] Beim Unternehmensgewinn ist allerdings zu differenzieren: Er ist als Arbeitserwerb zu qualifizieren, soweit er auf eine unternehmerische Tätigkeit zurückzuführen ist. Der Vermögensgewinn, der auf die Hingabe von Vermögen zurückzuführen ist, führt zu Kapitalzinsen bzw. Kapitalgewinn,

---

4   Deschenaux/Steinauer/Baddeley, Effets, Nr. 969, 1267, 1282; Hausheer/Reusser/Geiser, BeKomm, Art. 196 N 56; Rumo-Jungo, HandKomm, Art. 196 N 10.

5   Deschenaux/Steinauer/Baddeley, Effets, Nr. 986 ff.; Hausheer/Reusser/Geiser, BeKomm, Art. 197 N 6 ff.; Rumo-Jungo, HandKomm, Art. 197 N 1; Hausheer/Geiser/Aebi-Müller, Familienrecht, Nr. 12.05 ff.; Hausheer/Aebi-Müller, BaKomm, Art. 197 N 2 ff.; Steck, Fam-Komm, Art. 197 N 2 ff.; Hegnauer/Breitschmid, Grundriss, Nr. 26.18: «Da das gesetzliche Eigengut abschliessend umschrieben wird …, lässt sich die Errungenschaft negativ als das Vermögen definieren, das nicht Eigengut ist.»

6   Rumo-Jungo, HandKomm, Art. 197 N 7.

der ebenfalls in die Errungenschaft fällt, unabhängig davon, ob das Unternehmen in der Errungenschaft oder im Eigengut steht (197² Ziff. 4). Wurde das Unternehmen dagegen ehevertraglich dem Eigengut zugewiesen (199), fällt der Kapitalertrag in das Eigengut (199²).

2. *Leistungen von Personalfürsorgeeinrichtungen*[7], *Sozialversicherungen und Sozialfür- **12** sorgeeinrichtungen* (Ziff. 2). Für alle drei Arten von Leistungen gilt ein Dreifaches: Die Leistungen müssen während der Dauer des Güterstands ausgerichtet worden sein und nicht erst nach dessen Auflösung (118 II 385 ff. E. 4b; 123 III 290 E. 3a; 123 III 443 ff. E. 2d). Ferner fallen diese Leistungen (in Abweichung vom Grundsatz der Surrogation in 197² Ziff. 5) in die Errungenschaft, unabhängig davon, welche Masse die entsprechende Prämien bezahlt hat.[8] Schliesslich ist Art. 207² anzuwenden, wenn die Leistungen während der Dauer des Güterstands als Kapitalleistungen ausgerichtet werden (BGer 5C.118/2004 E. 6.1; hierzu hinten N 54).

Leistungen von Personalfürsorgeeinrichtungen: Es handelt sich um Leistungen **13** der beruflichen Vorsorge, also der Arbeitnehmenden und der Selbständigerwerbstätigen sowie der obligatorischen (Säule 2a) wie auch der über- oder unterobligatorischen Vorsorge (Säule 2b).[9] Wurden während der Dauer des Güterstands weder Renten noch Kapitalleistungen ausgerichtet, handelt es sich um eine reine Anwartschaft der berechtigten Ehegattin. Diese ist güterrechtlich nicht zu berücksichtigen.[10] *Nicht* zu den Personalfürsorgeeinrichtungen gehört die *dritte Säule* (3a und 3b).[11] Diese private Vorsorge kann auf zwei Arten erfolgen (BVV3 3¹ Ziff. 1): entweder als gebundene Vorsorgeversicherung mit einer Versicherung oder als gebundene Vorsorgevereinbarung mit einer Bankstiftung.[12] Obwohl die dritte Säule von der Funktion her mit der

---

7 Dazu gehören auch die Leistungen der freiwilligen Versicherung der Selbständigerwerbenden nach BVG: so DESCHENAUX/STEINAUER/BADDELEY, Effets, Nr. 994, 1019 f.; HAUSHEER/REUSSER/GEISER, BeKomm, Art. 197 N 64; RUMO-JUNGO, HandKomm, Art. 197 N 11; STECK, FamKomm, Art. 197 N 18 ff.

8 DESCHENAUX/STEINAUER/BADDELEY, Effets, Nr. 995, 1028; HAUSHEER/GEISER/AEBI-MÜLLER, Familienrecht, Nr. 12.15; HAUSHEER/REUSSER/GEISER, BeKomm, Art. 197 N 51, 53 f.; RUMO-JUNGO, HandKomm, Art. 197 N 10; STECK, FamKomm, Art. 197 N 19; HAUSHEER/AEBI-MÜLLER, BaKomm, Art. 197 N 17; NÄF-HOFMANN a.a.O. Nr. 1553 ff.; STETTLER/WAELTI a.a.O. Nr. 263; a. M. LÜTHE a.a.O. 202.

9 DESCHENAUX/STEINAUER/BADDELEY, Effets, Nr 998 ff.; HAUSHEER/REUSSER/GEISER, BeKomm, Art. 197 N 63 f.; HAUSHEER/AEBI-MÜLLER, BaKomm, Art. 197 N 19; RUMO-JUNGO, HandKomm, Art. 197 N 11.

10 DESCHENAUX/STEINAUER/BADDELEY, Effets, Nr. 1029; HAUSHEER/AEBI-MÜLLER, BaKomm, 197 N 17; RUMO-JUNGO, HandKomm, Art. 197 N 13.

11 Hierzu ausführlich AEBI-MÜLLER, Die drei Säulen der Vorsorge und ihr Verhältnis zum Güter- und Erbrecht des ZGB, in successio 3 (2009), 11 ff.; DIES., Die drei Säulen der Vorsorge im Erbrecht – Eine Übungsstunde, in successio 8 (2014), 292 ff.

12 AEBI-MÜLLER, successio 2009 a.a.O. 11 ff.; RUMO-JUNGO/MAZENAUER, Die Säule 3a als Vorsorgevereinbarung oder Vorsorgeversicherung: ihre unterschiedliche Behandlung im Erbrecht, Bemerkungen zum Urteil des Bundesgerichts 9C_523/2013 vom 28. Januar 2014 (teilweise publiziert in BGE 140 V 57), in successio 8 (2014), S. 303 f.

zweiten Säule verwandt ist, fällt sie nach dem Wortlaut von Art. 197 Abs. 2 Ziff. 2 nicht in dessen Anwendungsbereich und ist güterrechtlich wie eine gewöhnliche Ersatzanschaffung (197² Ziff. 5) zu qualifizieren.[13] Werden während des Güterstands Leistungen ausgerichtet, fallen diese mithin in die Gütermasse, die sie finanziert hat, regelmässig in die Errungenschaft. Werden während des Güterstands keine Leistungen ausgerichtet, ist zu unterscheiden zwischen dem Kapital bei einer Bankstiftung und der Anwartschaft bei einer Bank oder einer Versicherung:[14] Das Kapital ist wie – sonstiges – angespartes Vermögen zu behandeln und bei der güterrechtlichen Auseinandersetzung entsprechend zu berücksichtigen. Dagegen fällt eine blosse Anwartschaft bei der güterrechtlichen Auseinandersetzung ausser Betracht.[15] Die Anwartschaft gegenüber der Bankstiftung oder gegenüber der Versicherungseinrichtung kann aber zur Begleichung der Beteiligungsforderung (215) von der Vorsorgenehmerin an deren Ehegatten zediert oder diesem vom Gericht zugesprochen werden (Art. 4³ BVV 3) und wird so güterrechtlich «verfügbar». Hat der Schuldnerehegatte genügend liquide Mittel, so kann das Gericht ihn nicht gegen seinen Willen verpflichten, die Forderung aus der Teilung der 3. Säule des Gläubigerehegatten durch Abtretung zu begleichen (137 III 337 E. 2 und 3).

14   *Leistungen der Sozialversicherungen:* Es handelt sich um all jene Sozialversicherungen, die Leistungen als Ersatz des Arbeitseinkommens ausrichten, also um die Alters- und Hinterlassenen-, die Invaliden-, die Kranken-, die Unfall-, die Militär- und die Arbeitslosenversicherung.

15   *Leistungen der Sozialfürsorge:* Hier geht es um Leistungen der Sozialhilfe oder der öffentlichen Fürsorge.

16   3. *Entschädigungen wegen Arbeitsunfähigkeit* (Ziff. 3). Da der Arbeitserwerb (Ziff. 1) in die Errungenschaft fällt, ist es folgerichtig, dass auch Entschädigungen aus Arbeitsunfähigkeit in die Errungenschaft fallen. Es handelt sich regelmässig um Schadenersatz aufgrund unerlaubter Handlung, einschliesslich Vertragsverletzung.[16] Werden diese Entschädigungen während der Dauer des Güterstandes als Kapitalleistungen ausgerichtet, gilt Art. 207² (BGer 5C.118/2004 E. 6.1; hierzu hinten N 54).

17   4. *Erträge des Eigenguts* (Ziff. 4). Wie die Erträge des Eigenguts fallen selbstverständlich auch Erträge der Errungenschaft in die Errungenschaft. Es handelt sich sowohl um die natürlichen Früchte i. S. v. Art. 643 wie auch um die zivilen Früchte, also um

---

13   Deschenaux/Steinauer/Baddeley, Effets, Nr. 1037 ff.; Rumo-Jungo, HandKomm, Art. 197 N 20, m. w. H.
14   Aebi-Müller, successio 2009 a.a.O. 16 f.
15   BGE 129 III 257 E. 3.2; BGer 5A_673/2007 E. 3.5; Aebi-Müller, successio 2009 a.a.O. 16; Rumo-Jungo/Mazenauer a.a.O. 304 f.
16   Hausheer/Reusser/Geiser, BeKomm, Art. 197 N 81.

Zinse, Dividenden, Gewinnbeteiligungen in Personengesellschaften, Entgelt für Nutzniessung usw.[17]

5. *Ersatzanschaffungen* (Ziff. 5). Gemäss dem Surrogationsprinzip fallen Ersatzanschaffungen für Errungenschaft in die Errungenschaft. Dabei geht es um den sogenannten Wertersatz (vermögensrechtliche Surrogation): Der neue Vermögenswert fällt jener Vermögensmasse zu, die «eine mit dem Erwerb in einer Rechtsbeziehung stehende Verringerung oder Nichtvergrösserung erfährt».[18] Die vermögensrechtliche Surrogation dient dem Substanzerhalt der Massen.[19] Beispiele dafür sind der Erlös aus dem Verkauf von Aktien aus der Errungenschaft, der Kauf eines Fahrrads mit Geld aus der Errungenschaft, der Kauf eines Lotterieloses mit Geld aus der Errungenschaft (121 III 203 f. E. 4a, mit der Wirkung, dass auch der Erlös daraus in die Errungenschaft fällt) und der Schadenersatz auf Grund einer unerlaubten Handlung. 18

d. Eigengut

Im Gegensatz zum Fall der Errungenschaft enthält das Gesetz *keine Legaldefinition* des Eigenguts. Vielmehr sind in Art. 198 die *vier Arten von Vermögenswerten* aufgezählt, die *von Gesetzes wegen Eigengut* bilden. 19

1. Dazu gehören zunächst die Gegenstände, die einem Ehegatten *ausschliesslich zum persönlichen Gebrauch* dienen (Ziff. 1). Es muss sich um Gegenstände zum Gebrauch handeln. Verbrauchsgegenstände fallen nicht darunter. Persönlich ist der Gebrauch, wenn die übrigen Familienmitglieder die fraglichen Gegenstände nicht nutzen. Es handelt sich also regelmässig um Kleider, Bücher, Erinnerungsgegenstände, Schmuck, häufig auch um Musikinstrumente, Sport- und andere Hobbygeräte.[20] 20

2. Eigengut sind sodann die *eingebrachten, die durch Erbgang oder sonst wie unentgeltlich zugefallenen Vermögenswerte* (Ziff. 2). Vor dem Güterstand (der Errungenschaftsbeteiligung) erworbene Vermögenswerte fallen in das Eigengut. Weiter fallen durch Erbgang oder sonst wie unentgeltlich zugefallene Vermögenswerte in das Eigengut. Dem unentgeltlichen Vermögenserwerb liegt immer eine Liberalität (unter Lebenden oder von Todes wegen) zugrunde. Bei *gemischten Schenkungen* ist zu unterscheiden: Stammt die Gegenleistung vom anderen Ehegatten, so ist der Vermögenswert im 21

---

17 DESCHENAUX/STEINAUER/BADDELEY, Effets, Nr. 1045; HAUSHEER/REUSSER/GEISER, BeKomm, Art. 197 N 93; HAUSHEER/AEBI-MÜLLER, BaKomm, Art. 197 N 29; RUMO-JUNGO, HandKomm, Art. 197 N 25.

18 PIOTET a.a.O. (Anm. 1) 65; DESCHENAUX/STEINAUER/BADDELEY, Effets, Nr. 1047; RUMO-JUNGO, HandKomm, Art. 197 N 28. STECK, FamKomm, Art. 197 N 40 ff. Durch den Wertersatz schafft die Surrogation Abhilfe gegen Vermögensverschiebungen von einer Gütermasse in die andere: HAUSHEER/REUSSER/GEISER, BeKomm, Art. 197 N 113. Zum im alten Güterrecht heimischen Gegenstück des Zweckersatzes mit Verschiebungen von einer Gütermasse in die andere s. PIOTET und HAUSHEER/REUSSER/GEISER a.a.O.

19 DESCHENAUX/STEINAUER/BADDELEY, Effets, Nr. 932 FN 55; HAUSHEER/REUSSER/GEISER, Art. 198 N 110 ff.; RUMO-JUNGO, HandKomm, Art. 197 N 28 ff.

20 DESCHENAUX/STEINAUER/BADDELEY, Effets, Nr. 916; HAUSHEER/REUSSER/GEISER, BeKomm, Art. 198 N 15 f.; RUMO-JUNGO, HandKomm, Art. 198 N 2; STECK, FamKomm, Art. 198 N 3.

Vermögen des beschenkten Ehegatten dessen Eigengut zuzuweisen. Sein Eigengut ist
aber mit einer Ersatzforderung zugunsten des anderen Ehegatten belastet (206; dazu
hinten N 34 ff.). Stammt die Gegenleistung vom beschenkten/erwerbenden Ehegatten, ist zu prüfen, aus welcher Masse die Gegenleistung stammt. Stammt sie aus dem
Eigengut, fällt der Vermögenswert aufgrund von Art. 198 Ziff. 2 und 4 in das Eigengut.
Stammt sie dagegen aus der Errungenschaft, fällt der Vermögenswert in jene Masse,
die den grösseren Anteil am Erwerb hat, also ins Eigengut, wenn der Anteil der Liberalität grösser ist als die Gegenleistung bzw. in die Errungenschaft, wenn die Gegenleistung grösser ist als die Liberalität. Die Kompensation erfolgt über Art. 209[3].[21] Für
die Annahme einer gemischten Schenkung reicht es allerdings nicht aus, dass die
erbrachte Gegenleistung unter dem wirklichen Wert des Vermögensgegenstandes
liegt. Es bedarf eines Schenkungswillens. Andernfalls liegt bloss ein Freundschafts-
preis vor und keine gemischte Schenkung (BGer 5A_662/2009 E. 2, vgl. auch 116 II
225 E. 3e/aa).

22   3. Eigengut sind weiter die *Genugtuungsansprüche* (Ziff. 3). Ansprüche auf Genugtuung sind namentlich in den Art. 47, 49 OR, 28a[3], 29, 454 ZGB geregelt.

23   4. Zum Eigengut gehören schliesslich die *Ersatzanschaffungen für Eigengut* (Ziff. 4).
Damit wird entsprechend der Regelung bei der Errungenschaft das Surrogationsprinzip verankert.

24   5. *Vertragliches Eigengut.* Neben diesen Vermögenswerten, welche von Gesetzes wegen
zum Eigengut gehören, *können* die *Ehegatten* gemäss Art. 199 weitere Vermögenswerte
durch Ehevertrag dem Eigengut zuweisen. Dadurch werden die Errungenschaft und
mithin der zu teilende Vorschlag (210, 215) entsprechend kleiner. Gemäss Art. 199
Abs. 1 können die Eheleute Vermögenswerte, die für die Ausübung eines Berufes oder
den Betrieb eines Gewerbes bestimmt sind (und die sonst zur Errungenschaft gehören
würden), zu Eigengut erklären. Die Umwandlung kann auch für die zukünftige Errungenschaft vorgesehen werden. Die Bestimmung ist primär auf eine selbständig ausgeübte wirtschaftliche Tätigkeit ausgerichtet, kann aber auch bei Berufen in unselbständiger Stellung zum Zug kommen (z.B. für eine Bibliothek einer Professorin).[22] Nach
Abs. 2 des Art. 199 können überdies die Eheleute vereinbaren, dass entgegen Art. 197
Abs. 2 Ziff. 4 Erträge aus dem Eigengut nicht in die Errungenschaft fallen. Diese Abmachung kann sich auf bestimmte oder aber nach beinahe einhelliger Meinung[23] auf alle
Erträge aus dem Eigengut eines Ehegatten beziehen.

---

21   HAUSHEER/REUSSER/GEISER, BeKomm, Art. 198 N 41; RUMO-JUNGO, HandKomm, Art. 198
     N 10.
22   So DESCHENAUX/STEINAUER/BADDELEY, Effets, Nr. 973; RUMO-JUNGO, HandKomm, Art. 199
     N 3; STECK, FamKomm, Art. 199 N 9; HAUSHEER/AEBI-MÜLLER, BaKomm, Art. 199 N 11; a. M.
     wohl HAUSHEER/REUSSER/GEISER, BeKomm, Art. 199 N 10.
23   HAUSHEER/REUSSER/GEISER, BeKomm, Art. 199 N 21; HAUSHEER/GEISER/AEBI-MÜL-
     LER, Familienrecht, Nr. 12.41 ; RUMO-JUNGO, HandKomm, Art. 199 N 4; STECK, FamKomm,
     Art. 199 N 11 ff.; a. M. FAVRE, Une possibilité méconnue en matière de contrat de mariage:
     l'article 199 CC, in ZBGR 78 (1997), 145; JACQUES-MICHEL GROSSEN, Le sort des biens affectés

II. Die Rechtsverhältnisse während des Güterstandes

Vor der Auflösung und Auseinandersetzung gleicht die Errungenschaftsbeteiligung   25
stark der Gütertrennung. Die *güterrechtlichen Wirkungen* während der Ehe sind daher
entsprechend *klein*. Für Verwaltung, Nutzung und Verfügung, sei es des Eigenguts,
sei es der Errungenschaft, ist jeder Ehegatte für sein Vermögen allein zuständig (201[1];
vgl. 118 II 30 f.), und zwar innerhalb der gesetzlichen Schranken, als welche etwa die
Art. 169, 170, 178 und 208 zu erwähnen sind.

Eine wichtige Sonderregelung enthält Art. 201 Abs. 2, wonach ein Ehegatte ohne anders   26
lautende Vereinbarung (die nicht der Form des Ehevertrags bedarf) *über* seinen *Anteil*
an einem *im Miteigentum* beider Ehegatten stehenden Vermögenswert *nicht ohne die
Zustimmung des anderen verfügen* kann; dies steht im Gegensatz zur sachenrechtlichen Regelung des Miteigentums (646[3]).[24] Art. 201 Abs. 2 spricht vom Miteigentum
beider Ehegatten schlechthin, bezieht sich also nicht bloss auf Miteigentum im Sinn
von Art. 200 Abs. 2, das kraft gesetzlicher Fiktion besteht. Nicht erfasst ist der Fall, da
jedem Ehegatten eine Stockwerkeinheit gehört.[25]

Der alleinigen Verfügungsmacht über das eigene Vermögen entspricht die selbstver-   27
ständliche Regelung, wonach jeder Ehegatte für seine Schulden mit seinem gesamten
Vermögen haftet (202; dagegen verstösst eine kantonale Bestimmung über die solidarische Haftung der Eheleute für Gesamtsteuerschulden nicht: 122 I 146 ff. E. 4c). Etwas
anderes ist die für alle Güterstände geltende solidarische Verpflichtung beider Gatten
im Rahmen der Vertretung der ehelichen Gemeinschaft (166[3], s. vorn § 28 N 37 ff.).

Für die *Schulden zwischen Ehegatten* gibt es grundsätzlich keine eherechtliche bzw.   28
güterrechtliche Sonderregelung; der *Güterstand* hat namentlich *keinen Einfluss auf
die Fälligkeit* von Schulden zwischen Ehegatten (203[1]). Das betrifft sowohl spezifische
Schulden unter Ehegatten wie jene aus Art. 163, 164, 165 und 195 als auch irgendwelche
andere Schulden. Für Schulden aus Güterrecht hat indessen der Güterstand durchaus
Einfluss auf das Entstehen und damit auf die Fälligkeit (s. etwa 206[2]; zur Geltendmachung von güterrechtlichen Forderungen ausserhalb der güterrechtlichen Auseinan-
dersetzung s. 127 III 50 E. 3a/cc). Art. 203 Abs. 1 ist insofern zu absolut formuliert.[26]
Während der Ehe verjähren Schulden unter Ehegatten nicht (134[1] Ziff. 3 OR). Das
Gesetz privilegiert sodann hier wie bei den anderen Güterständen (235[2], 250[2]) den
Ehegatten, welchem die Zahlung von Geldschulden oder die Erstattung geschuldeter

---

à l'entreprise ou à la profession d'un époux sous le régime matrimonial de la participation aux
acquêts, in Mélanges Robert Patry (Lausanne 1988), 82.

24 Siehe dazu Beat Bräm, Gemeinschaftliches Eigentum unter Ehegatten an Grundstücken. Bildet Gesamteigentum als einfache Gesellschaft eine gute Alternative zum Miteigentum und zum
Gesamteigentum im Güterstand der Gütergemeinschaft? (Diss. Bern 1997), ASR 605, 94 f.

25 Hausheer/Aebi-Müller, BaKomm, Art. 201 N 23; Hausheer/Reusser/Geiser, BeKomm,
Art. 201 N 38; Deschenaux/Steinauer/Baddeley, Effets, Nr. 1077 FN 9; Rumo-Jungo,
HandKomm, Art. 201 N 7 i. f.; Steck, FamKomm, Art. 201 N 12.

26 Deschenaux/Steinauer/Baddeley, Effets, Nr. 1089 FN 13; Hausheer/Reusser/Geiser,
BeKomm, Art. 203 N 15, N 19; Rumo-Jungo, HandKomm, Art. 203 N 3.

Sachen gegenüber dem anderen Ehegatten ernstliche Schwierigkeiten bereitet, die die eheliche Gemeinschaft gefährden. Das *Gericht kann* diesem Ehegatten *Zahlungsaufschub bewilligen,* gegebenenfalls gegen Sicherstellung (203[2]). Die Stundung tritt also nicht von Gesetzes wegen ein. Wird sie nicht durch die Eheleute vereinbart, so ordnet sie das Gericht durch Gestaltungsurteil an.[27]

III. Die Auflösung des Güterstandes und die Auseinandersetzung[28]

a. Die Auflösung

29 Der Güterstand der Errungenschaftsbeteiligung wird aufgelöst durch den Tod eines Ehegatten[29], durch Scheidung, Trennung (s. 117) und Ungültigerklärung der Ehe, durch Vereinbarung eines anderen Güterstandes oder gerichtliche Anordnung der Gütertrennung. Während im Fall des Todes oder der Vereinbarung eines anderen Güterstandes der *Auflösungszeitpunkt* mit dem Auflösungsereignis zusammenfällt (204[1]), wird gemäss Gesetz bei Scheidung, Trennung, Ungültigerklärung der Ehe oder gerichtlicher Anordnung der Gütertrennung die Auflösung zurückbezogen auf den Tag, an dem das Begehren eingereicht worden ist (204[2]). Für den Bestand der Gütermassen (deren sachliche Zusammensetzung) ist der Zeitpunkt der Auflösung massgebend (207[1]). Alle Aktiven und Passiven, die ein Ehegatte nach der Auflösung erwirbt, gehören deshalb grundsätzlich nicht mehr in eine Gütermasse, weil es diese als solche gar nicht mehr gibt (137 III 337 E. 2 und 3; 136 III 209 E. 5.2; 135 III 241 E. 4.1; 121 III 152 E. 3a). Eine Ausnahme gilt für Schulden, die zwischen Auflösung des Güterstands und güterrechtlicher Auseinandersetzung zwecks Werterhaltung oder -steigerung der Errungenschaft begründet worden sind. Ein weiterer Sonderfall liegt vor bei einem Unternehmen oder einem Gewerbe, das güterrechtlich als Vermögenseinheit (Sachgesamtheit) zu qualifizieren ist. Daher sind bei der Bewertung einer solchen Vermögenseinheit auch nach der Auflösung des Güterstands, aber vor der güterrechtlichen Auseinandersetzung (214 i. V. m. 211) begründete Aktiven und Passiven einzubeziehen (136 III 209 E. 5 und 6).

---

27 DESCHENAUX/STEINAUER/BADDELEY, Effets, Nr. 1097; HAUSHEER/REUSSER/GEISER, BeKomm, Art. 203 N 25; RUMO-JUNGO, HandKomm, Art. 203 N 4.

28 Zum Ganzen RUTH REUSSER, Zur Auflösung des Güterstandes der Errungenschaftsbeteiligung, Kommentierung der Art. 204 und 205 sowie 210–219 ZGB (Diss. Freiburg 1991).

29 Sowie – obwohl im Gesetz nicht erwähnt – durch Verschollenerklärung: DESCHENAUX/STEINAUER/BADDELEY, Effets, Nr. 1137a; HAUSHEER/REUSSER/GEISER, BeKomm, Art. 204 N 14 ff.; HAUSHEER/AEBI-MÜLLER, BaKomm, Art. 204 N 7; RUMO-JUNGO, HandKomm, Art. 204 N 2; STECK, FamKomm, Art. 204 N 6. Zur Auflösung des Güterstandes durch Tod s. NICOLE PLATE, Die Auflösung der Ehe durch den Tod. Eine rechtsvergleichende Untersuchung (Bielefeld 2000, zugleich Diss. Bonn 1999), Schriften zum deutschen und europäischen Zivil-, Handels- und Prozessrecht 192, 172 ff.

b. Die Rücknahme der Vermögenswerte

Der – gedanklich und teils auch faktisch – erste Schritt bei der Liquidation des Güter- 30
standes besteht in der «Rücknahme von Vermögenswerten und Regelung der Schulden» (so der Randtitel zu 205 f.). Im Einzelnen geht es dabei um Folgendes:

Zunächst nimmt jeder Ehegatte (bzw. nehmen beim Tod die Erben des Verstorbenen) 31
seine (bzw. ihre) *Vermögenswerte zurück,* soweit sie sich im Besitz des anderen befinden (205^1). Eine die sachenrechtliche Regelung der Art. 650/651 ergänzende Lösung
sieht das Gesetz in Art. 205 Abs. 2 vor für den Fall, da *Vermögenswerte im Miteigentum* stehen[30]: Weist hier ein Ehegatte ein überwiegendes Interesse nach (etwa die kla-
vierspielende Gattin für den Flügel, der Philatelist für die Briefmarkensammlung, der
Bäckermeister für die Bäckerei; s. weitere Fälle in 119 II 199), so kann sie oder er (neben
bzw. anstelle der Massnahmen gemäss 651^2) verlangen, dass ihr bzw. ihm dieser Vermögenswert *ungeteilt* zugewiesen wird, selbstverständlich gegen entsprechende Entschädigung. Art. 205 Abs. 2 wird nur auf Begehren eines Ehegatten und nicht von Amtes
wegen angewendet (119 II 198 E. 2.; BGer 5C.56/2004 E. 5.1; s. allerdings 5C.279/2006
E. 4 ff., wo vom kantonalen Gericht ein Zuweisungsbegehren unterstellt wurde, weil
der Ehemann mit seiner neuen Lebenspartnerin in der Miteigentumsliegenschaft lebt,
deren Lasten er alleine trägt, und weil er in seinen Anträgen stets vom status quo ausging). Kann derjenige, der eine Liegenschaft alleine übernehmen möchte, nicht nachweisen, dass er im Stand ist, die Hypothek der Liegenschaft zu übernehmen und den
anderen Ehegatten auszubezahlen, so darf keine Zuweisung zu dessen Alleineigentum
vorgenommen werden (BGer 5A_600/2010 E. 4 und 5; 5A_283/2011 E. 2.2 f. und 3).

b. Die Schuldenregelung, inklusive Mehrwertschulden

Es sind aber nicht nur die Vermögenswerte zurückzugeben. Die Ehegatten *regeln* auch 32
die gegenseitigen Schulden (205^3); insbesondere kann nun ein Ehegatte nicht mehr von
der Rechtswohltat der Stundung (203^2) profitieren, es sei denn, die Auflösung beruhe
auf der Vereinbarung eines anderen Güterstandes (s. 235^2 und 250^2).[31] Zu den zu
regelnden Schulden gehören auch ausstehende Unterhaltsschulden. Sie können aber
dann nicht mehr geltend gemacht werden, wenn die Ehegatten bei der güterrechtlichen Auseinandersetzung erklärt haben, sie seien «güterrechtlich auseinandergesetzt»
(BGer 5A_803/2010 E. 3.2 und 3.3). Für die *Schuldentilgung* gilt dabei grundsätzlich
der *Nominalwert* der Forderungen («ein Franken bleibt ein Franken»).

---

30 Zu den güterrechtlichen Konsequenzen von vertraglich vereinbartem Miteigentum an der
    Familienliegenschaft bei deren Finanzierung mit Mitteln eines einzigen Ehegatten: DEGGIN-
    GER, Ehevertragliche Vereinbarungen zum Liegenschaftserwerb bei der Errungenschaftsbetei-
    ligung, in AJP 10 (2002), 729 ff.
31 Zum Fall, da die Stundung vor Auflösung der Ehe angeordnet worden ist: HAUSHEER/REUSSER/
    GEISER, BeKomm, Art. 203 N 45 und Art. 205 N 25.

33   Dieser Grundsatz wird für den wichtigen Fall der *Mehrwertpartizipation* durchbrochen,[32] wobei drei Voraussetzungen vorliegen müssen:

34   1. Die Ehegattin hat zum Erwerb, zur Verbesserung oder Erhaltung von Vermögensgegenständen des Ehegatten beigetragen. Ihre Investition erfolgt in Form von Geld[33] oder Arbeit (wie z.B. diejenige einer Architektin: 123 III 156 f. E. 6a). Ein Vermögensgegenstand ist regelmässig eine Sacheinheit, mitunter aber auch eine Sachgesamtheit: Eine Unternehmung, namentlich eine Arztpraxis oder ein landwirtschaftliches Unternehmen ist als rechtliche Einheit resp. als einheitlicher Vermögenswert zu behandeln: 121 III 155 E. 3c[34]; 125 III 5 E. 4c; 131 III 561 E. 2.2; 136 III 209 E. 6.2.2; 138 III 193 E. 4.2. Werden die Zinsen einer Hypothek vom nichtschuldnerischen Ehegatten bezahlt, liegt eine Investition i. S. v. Art. 206 vor.[35] Das ist dann nicht der Fall, wenn die Tragung der Zinslast als Familienunterhalt im Sinn von Art. 163 ZGB zu qualifizieren ist. Diesfalls liegt keine Investition des zahlenden Ehegatten vor und ist Art. 206 ZGB auf diesen Beitrag nicht anwendbar.[36] Lebt eine Familie in sehr guten finanziellen Verhältnissen, kann selbst die Bezahlung der Hypothekarschuld für einen Zweitwohnsitz als Familienunterhalt gelten (BGer 5A_725/2008 E. 4.3).

35   In Konstellationen, bei denen die Bezahlung der Hypothekarschuld durch einen Ehegatten Familienunterhalt im Sinn von Art. 163 ZGB darstellt, ist Art. 206 ZGB nicht anwendbar. Lebt eine Familie in sehr guten finanziellen Verhältnissen, kann selbst die Bezahlung der Hypothekarschuld für einen Zweitwohnsitz einen solchen Fall des Familienunterhalts darstellen und somit nicht als Investition im Sinn von Art. 206 ZGB gelten (BGer 5A_725/2008 E. 4.3).

36   2. Die Investition erfolgt *ohne entsprechende Gegenleistung.* Bei einem Darlehen liegt eine Gegenleistung vor. Es darf aber auch keine Schenkung vorliegen. Gegebenenfalls würde nämlich der geschenkte Vermögenswert bei der beschenkten Ehegattin in ihr Eigengut fallen (198 Ziff. 2). Wenn eine Ehegattin ihrem Ehegatten einen Beitrag an dessen Ausbildung gewährt, so wird grundsätzlich keine Schenkung, sondern ein Dar-

---

32   Zum Ganzen ELISABETH ESCHER, Wertveränderung und eheliches Güterrecht (Diss. Bern 1989), ASR 520, 56 f.; VALÉRIE HAAS, La créance de plus-value et la récompense variable dans le régime de la participation aux acquêts (Diss. Lausanne, Genf 2005).

33   Auch Abzahlung von Grundpfandschulden. Zu den damit, namentlich auch mit der Übernahme des Zinsendienstes, in Zusammenhang stehenden heiklen Fragen s. HAUSHEER/REUSSER/GEISER, BeKomm, Art. 196 N 54 ff., ferner HEGNAUER/BREITSCHMID a.a.O. Nr. 26.57. Zum zinslosen Darlehen vgl. BGE 131 III 255 E.3.

34   Infolge der Gesamtbewertung eines Unternehmens sind auch nach Auflösung des Güterstandes (204[2]), aber vor der güterrechtlichen Auseinandersetzung (214) entstehende Forderungen und Schulden in die Bewertung (211) einzubeziehen. Bemerkungen zum im Text erwähnten BGE: WITTIBSCHLAGER, Grundsätze bei der Auflösung des Güterstandes der Errungenschaftsbeteiligung durch Scheidung, in AJP 4 (1995), 1621 f.

35   Dazu auch DESCHENAUX/STEINAUER/BADDELEY, Effets, Nr. 1225; HAUSHEER/GEISER/AEBI-MÜLLER, Familienrecht, Nr. 14.42 f.

36   DESCHENAUX/STEINAUER/BADDELEY, Effets, Nr. 1215; HAUSHEER/GEISER/AEBI-MÜLLER, Familienrecht, Nr. 14.44.

lehen vermutet. Eine Schenkung ist zu beweisen. Dies gilt selbst unter dem Aspekt der zukünftigen ehelichen Solidarität und dem bewussten Verzicht auf eine Gegenleistung (BGer 5A_329/2008 E. 3.3).

3. Der entsprechende Gegenstand weist im Zeitpunkt der Auseinandersetzung einen (konjunkturellen[37]) *Mehrwert* auf. Der Mehrwert entspricht der Differenz zwischen dem Anfangswert (häufig: Erwerbspreis, inklusive Kosten der Handänderung) und dem Endwert (regelmässig dem Verkehrswert; BGer 5A_311/2007 E.3.3). *Konjunkturell* ist der Mehrwert, wenn er aufgrund der allgemeinen Marktlage zustande kommt, z.B. aufgrund der Preisentwicklung in einem bestimmten Sektor. Beispiel: Das 1998 für CHF 600 000 erworbene Haus hat im Jahr 2004 einen Wert von CHF 660 000. Er ist vom industriellen Mehrwert zu unterscheiden, der auf eine wertschöpfende wirtschaftliche Tätigkeit zurückzuführen ist. Beispiel: Die Ehefrau als Architektin hat im Jahr 2004 das Haus renoviert und dafür Arbeit und Geld investiert. Als Folge dieser Renovation hat das Haus im Jahr 2004 einen Wert von 800 000. Vom gesamten Mehrwert von CHF 200 000 sind also 60 000 konjunktureller Natur und 140 000 industrieller Natur. **37**

Als Rechtsfolge dieses Tatbestandes ordnet das Gesetz an, die investierende Ehegattin erhalte (neben der Forderung in der Höhe des ursprünglichen Beitrags) einen *Anteil an* diesem *Mehrwert*. Ihre Forderung wird nach dem Prozentsatz ihres Beitrags[38] an Erwerb, Verbesserung oder Erhaltung des Gegenstandes und nach dem gegenwärtigen Wert des Gegenstandes berechnet (206[1] erster Teilsatz; s. dazu Beispiel 1, unten N 42 f.). **38**

Nach zutreffender herrschender Meinung[39] bilden Forderung und Mehrwertanteil (also die nach oben variable Forderung) eine Einheit und sind jener Gütermasse des investierenden Ehegatten zuzuordnen, welcher den Beitrag erbracht hat. Ist der Gegenstand vor der Auseinandersetzung veräussert worden, so bildet der bei der Veräusserung erzielte Erlös die Berechnungsgrundlage und wird die Forderung sofort **39**

---

37 Der Wertzuwachs ist nicht auf die wertschöpfende Tätigkeit (sog. industrieller Mehrwert) eines Ehegatten oder eines Dritten zurückzuführen: HAUSHEER/REUSSER/GEISER, BeKomm, Art. 206 N 23; vgl. auch BGE 131 III 561 E. 2.2.

38 Massgebend ist der Wert des Beitrags und nicht der dadurch tatsächlich generierte Mehrwert. Vgl. FELIX KOBEL, Immobilien in der güterrechtlichen Auseinandersetzung, Im Rahmen des ordentlichen Güterstandes der Errungenschaftsbeteiligung und unter besonderer Berücksichtigung vorsorgerechtlicher Probleme (Diss. Basel 2007), BSRW A 88, 25.

39 PIOTET a.a.O. (Anm. 1), 148 f.; DESCHENAUX/STEINAUER/BADDELEY, Effets, Nr. 1202 f.; HAAS a.a.O. 109 ff.; HAUSHEER/REUSSER/GEISER, BeKomm, Art. 206 N 46 f.; ROLAND MÜLLER, Der Mehrwertanteil im neuen Ehegüterrecht (Diss. Basel 1993), BSRW A 27, 76 ff.; NÄF-HOFMANN a.a.O. Nr. 1316 ff.; RUMO-JUNGO, HandKomm, Art. 206 N 22; STECK, FamKomm, Art. 206 N 6. A. M. namentlich MANFRED SCHULER, Die Mehrwertbeteiligung unter Ehegatten (Diss. Zürich 1984), 100 ff. (Mehrwertanteil fällt immer ins Eigengut). S. auch SANDOZ, Le casse-tête des créances variables entre époux ou quelques problèmes posés par l'art. 206 CCS, in ZSR NF 110 (1991), I 421 ff., sowie deren Korrektur: La créance de plus-value de l'art. 206 CC grève toujours les acquêts du conjoint débiteur, in ZSR NF 113 (1994), I 433 ff. Danach würde die Mehrwertanteilschuld immer die Errungenschaft des Schuldner-Ehegatten belasten.

fällig (206², zum Verhältnis zwischen Art. 206 und Art. 208, wenn die Errungenschaft einer Partei in das Eigengut der anderen investiert hat und der Vermögenswert anschliessend veräussert wird s. 123 III 155 E. 5c). Einen *Minderwert* hat die investierende Ehegattin nicht mitzutragen. Gegebenenfalls entspricht ihre Forderung dem ursprünglichen Beitrag (206¹ i. f. begründet das Prinzip der Nennwertgarantie). Die Ehegattin soll hier, von Zinsen abgesehen (vgl. 313 OR), nicht schlechter gestellt sein als eine Bank als Darleiherin.[40] Betreffen die Investitionen mehrere Gegenstände, wird für die Berechnung eines allfälligen Mehrwertanteils ein Saldo erstellt, der das Resultat der Mehr- bzw. Minderwerte aller Investitionen beim anderen Gatten bildet. Resultiert also aus einer Investition ein Minderwert, wird er insofern berücksichtigt, als er durch Mehrwerte in anderen Investitionen kompensiert wird. Übersteigt der Minderwert die gesamten Mehrwerte, so greift erneut die Nennwertgarantie (s. dazu Beispiel 2, unten N 44 ff.). *Vereinbarungen über die Mehrwertbeteiligung.* Der Mehrwertanteil ist nicht zwingenden Rechts; die Ehegatten können die Mehrwertbeteiligung durch schriftliche (also nicht formfreie, aber auch nicht notwendigerweise ehevertragliche) Vereinbarung ausschliessen oder abändern (206³). Umstritten ist, ob und gegebenenfalls wie Eheleute die Mehrwertbeteiligung schlechthin ausschliessen können;[41] Zustimmung verdient die herrschende Meinung, dass dies in der Form des Ehevertrags vereinbart werden kann.

40   Regelmässig werden Liegenschaften mithilfe einer *Hypothek* erworben. Wie bereits vorne N 8 erwähnt, spielt die hypothekarische Belastung für die Massenzuordnung keine Rolle. Vielmehr erfolgt die Zuordnung aufgrund der effektiv erfolgten Leistungen (132 III 145 E. 2.2.2, 2.3.2; 123 III 152 E. 6b/aa). Der Mehrwert, der auf die Hypothek entfällt, wird proportional auf die Massen des Eigentümerehegatten verteilt (s. dazu Beispiel 3, unten N 46 ff.). Liegt allerdings (trotz Alleineigentum) eine Solidarschuld vor, kann der auf die Hypothek entfallende Mehrwert auch je zur Hälfte auf die beiden Solidarschuldner und dort jeweils im Verhältnis der Barleistungen auf die Gütermassen verteilt werden.

c. Beispiele

41   Die nachfolgenden Beispiele betreffen 1. den Grundsatz der Mehrwertbeteiligung, 2. die Mehrwertbeteiligung und die Nennwertgarantie, 3. die Mehrwertbeteiligung bei

---

40   Investiert sie allerdings in ein Wertschriftenportfeuille ihres Ehemannes, so ist sie mit der Nennwertgarantie erheblich besser gestellt, als wenn sie dieselbe Investition direkt in ihr eigenes Wertschriftenportefeuille bei der Bank getätigt hätte, wo sie nicht durch Nennwertgarantie geschützt ist.

41   Siehe DESCHENAUX/STEINAUER/BADDELEY, Effets, Nr. 1207 ff.; HAUSHEER/REUSSER/GEISER, BeKomm, Art. 206 N 62; MÜLLER a.a.O. 83 f.; HAUSHEER/AEBI-MÜLLER, BaKomm, Art. 206 N 43; HAUSHEER/GEISER/AEBI-MÜLLER, Familienrecht, Nr. 12.115; RUMO-JUNGO, HandKomm, Art. 206 N 25; STECK, FamKomm, Art. 206 N 30. Der Ausschluss der Mehrwertbeteiligung muss explizit sein. Die blosse Vereinbarung der Unentgeltlichkeit (i. c. zinsloses Darlehen) genügt nicht. Vgl. BGE 131 III 256 f. E. 3.4 und die Bemerkungen dazu von STECK, in FamPra. ch 6 (2005), 591 ff. A. M. HEGNAUER/BREITSCHMID, Grundriss, Nr. 26.61, die darin eine wegen der Typengebundenheit unzulässige Abänderung des Güterstandes sehen.

Mitwirkung einer Hypothek, 4. die Mehrwertbeteiligung bei Miteigentum, 5. (als Exkurs) die Ehegattengesellschaft.

1. *Mehrwertbeteiligung: Grundsatz.* Die Ehefrau erbt ein Ferienhaus im Wert von CHF 600 000. Die Ausgleichszahlung an die Miterben der Ehefrau von CHF 150 000 (1/4 des Gestehungswertes) begleicht der Ehemann aus seiner Errungenschaft. Im Zeitpunkt der güterrechtlichen Auseinandersetzung beträgt der Wert des Ferienhauses CHF 800 000. Die Rückforderung des Ehemannes an seine Ehefrau beträgt daher CHF 200 000 (¼ des Endwertes).[42]

	EiG EF	Err EF	Err EM	Eig EM
Ferienhaus	600 000*			
Forderung EM	−150 000*		150 000	
Beteiligungsverh.	¾		¼	
Mehrwert	200 000			
Mehrwertanteil	150 000		50 000	
Total (800 000)	·600 000		200 000	

*Die Zuweisung des Ferienhauses in das Eigengut mit CHF 600 000 und die Ersatzforderung der Errungenschaft des Ehemannes könnten auch in einem Schritt dargestellt werden, indem von Anfang an (nur) CHF 450 000 in das Eigengut gelegt werden.

2. *Mehrwertbeteiligung mit Nennwertgarantie.* Die Ehegattin erbt ein Ferienhaus zum Verkehrswert von CHF 600 000. Der Ehemann finanziert die Ausgleichszahlung an die Miterben von CHF 150 000 mit seiner Errungenschaft. Im Zeitpunkt der güterrechtlichen Auseinandersetzung hat das Ferienhaus einen Verkehrswert von CHF 800 000. Der Ehemann hat auch in das Auto seiner Ehefrau investiert. Dieses hat CHF 60 000 gekostet, der Ehemann hat sich mit CHF 20 000 aus seinem Eigengut beteiligt. Im Zeitpunkt der güterrechtlichen Auseinandersetzung hat das Auto noch einen Wert von CHF 30 000. Grundsätzlich würde für diesen Mehrwert die Nennwertgarantie gelten. Da er jedoch durch die Mehrwertbeteiligung auf dem Ferienhaus kompensiert wird, muss er berücksichtigt werden.

---

42 Zur Mehrwertberechnung bei gestaffelten Investitionen s. HAUSHEER/REUSSER/GEISER, BeKomm, Art. 206 N 40; DESCHENAUX/STEINAUER/BADDELEY, Effets, Nr. 1192 ff.; NÄF-HOFMANN a.a.O. Nr. 1320 ff.; RUMO-JUNGO, HandKomm, Art. 206 N 15 und insb. BGE 123 III 157 E. 6a/cc. Zum Ganzen vgl. HAAS a.a.O. 23 ff.

45

	EiG EF	Err EF	Err EM	EiG EM
Ferienhaus	600 000			
Ersatzforderung	−150 000		150 000	
Beteiligungsverh.	¾		¼	
Mehrwert	200 000			
Mehrwertbeteil.	150 000		50 000	
Total Ferienhaus	**600 000**		**200 000**	
Auto		60 000		
Ersatzforderung		−20 000		20 000
Beteiligungsverh.		⅔		⅓
Minderwert		[−30 000]		
Minderwertbeteil.		−20 000	−10 000* ◄──	−10 000
Pro memoria Nenn-wertgarantie				20 000
Total Auto		**20 000**		**20 000**
Total gesamt	600 000	20 000	190 000	20 000

*Da die Nennwertgarantie nicht nur vom investierenden Ehegatten gegenüber dem anderen, sondern auch innerhalb der Gütermassen des investierenden Ehegatten gilt, profitiert das Eigengut des Ehemannes von der Nennwertgarantie; der Verlust des Eigenguts ist der Errungenschaft zu belasten, die ja einen Mehrwert von CHF 50 000 erzielt hat.

46 3. *Mehrwertbeteiligung bei Mitwirkung einer Hypothek.* Die Ehefrau erbt ein Ferienhaus im Wert von CHF 600 000, dessen hypothekarische Belastung von CHF 100 000 sie übernimmt. Die Ausgleichszahlung an die Erben von CHF 200 000 übernimmt der Ehemann mit seiner Errungenschaft.

47

	EiG EF	Err EF	Err EM	Hypothek
Ferienhaus	600 000			
Ersatzforderung	−200 000		200 000	
Hypothek	−100 000			100 000
Beteiligungsverh.	3/6		2/6	1/6
Mehrwert	240 000			
Mehrwertbeteil.	120 000		80 000	40 000*
	40 000 ◄───			
Total (840 000)	460 000		280 000	100 000

*Der auf die Hypothek entfallende Mehrwert wird auf die an der Barleistung beteiligten Gütermassen der Eigentümerin verteilt. Würde dieser Mehrwert wegen der

Solidarschuld der Ehegatten auf beide verteilt, würde jede/r die Hälfte erhalten. Diese Hälfte würde in jene Gütermasse fallen, die auch für die Hypothekarschuld haftet, hier also in das Eigengut der Ehefrau und in die Errungenschaft des Ehemannes.

4. *Mehrwertbeteiligung bei Miteigentum unter den Ehegatten.*[43] Das Ehepaar kauft eine Liegenschaft zum Preis von CHF 600 000 im Miteigentum. Der Ehemann bezahlt aus dem Eigengut 200 000. Aus diesem Grund ist sein Miteigentumsanteil im Eigengut. Die Ehefrau erbringt keine Barleistungen. Ihr Miteigentumsanteil ist somit voll fremdfinanziert. Er fällt daher in die Errungenschaft. Das Ehepaar geht eine Hypothekarschuld gegenüber der Bank in der Höhe von CHF 400 000 ein. Zu unterscheiden ist die sachenrechtliche von der güterrechtlichen Beteiligung: Sachenrechtlich sind die Eheleute Miteigentümer zur Hälfte (gemäss Grundbucheintrag). Güterrechtlich hat der Ehemann die gesamten Barleistungen erbracht. Da das Ehepaar die Solidarschuld gegenüber der Bank intern hälftig trägt (je zu CHF 200 000), fehlen der Ehefrau CHF 100 000 zur Finanzierung ihres Miteigentumsanteils, die der Ehemann erbringt. Er hat mit anderen Worten in ihren Miteigentumsanteil investiert.

48

49

	Miteigentums-anteil EF	Miteigentums-anteil EM		
	Err	EiG	Hypothek	Wert
	300 000	300 000		
Eigenmittel	−100 000	100 000		
Hypothek	−200 000	−200 000	400 000	
Total Beteiligungen	0	200 000	400 000	600 000
Beteiligungsverh.	0	⅓	⅔	
Mehrwert 300 000				900 000
Beteiligungsverhältnis	0	100 000	200 000	
Verteilung MW auf der Hypothek je ½	100 000	100 000 ←		
Total	100 000	400 000	400 000	900 000

In der obigen Darstellung werden die Eigenmittel hälftig auf die Ehegatten verteilt, womit die Investition des Ehemannes in den Miteigentumsanteil der Ehefrau

---

43 RUMO-JUNGO, Die Auflösung von Miteigentum unter Ehegatten und die Wiederentdeckung von Art. 206 ZGB, Urteil des Bundesgerichts 5A_621/2013 vom 20. November 2014, Jusletter 2. März 2015, mit zahlreichen Hinweisen; RUMO-JUNGO/GASSNER, Auflösung von Miteigentum unter Ehegatten: Eine Kritik der neuen Praxis des Bundesgerichts, Jusletter 3. März 2014; AEBI-MÜLLER, Aktuelle Rechtsprechung des Bundesgerichts zum Familienrecht, Jusletter 6. Mai 2013; DIES., Aktuelle Rechtsprechung des Bundesgericht zum Familienrecht, Jusletter 13. August 2012; DIES., Miteigentum unter Ehegatten bei bloss einseitigen Investitionen – wer partizipiert am Gewinn?, in ZBJV 148 (2012), 658 ff.; STEINAUER, Le sort de la plus-value prise par un immeuble en copropriété d'époux qui n'ont pas financé l'acquisition dans une mesure égale, Jusletter 25. März 2013.

abgebildet wird. Mit dieser Investition partizipiert der Ehemann am Mehrwert auf dem Miteigentumsanteil seiner Ehefrau. Seine Ersatzforderung umfasst einerseits seine Investition und andererseits den Mehrwert auf dieser Investition.

50   5. *Ehegattengesellschaft.* Die Ehegatten können eine Liegenschaft im Gesamteigentum erwerben, indem sie eine einfache Gesellschaft bilden. Sie wird auch Ehegattengesellschaft oder Liegenschaftsgesellschaft genannt. Die Ehegattengesellschaft wird während der Ehe durch die Regeln der einfachen Gesellschaft beherrscht (Art. 530 ff. OR). Bei Auflösung der Ehe wird im ersten Schritt die einfache Gesellschaft aufgelöst. Im zweiten Schritt werden die Gesellschaftsanteile (bzw. Liquidationsergebnisse) den Gütermassen der beiden Ehegatten zugewiesen.[44] Haben die Eheleute keine besondere Vereinbarung getroffen, gilt für die (interne) Gewinn- und Verlustbeteiligung Art. 533[1] OR, wonach jeder Gesellschafter, ohne Rücksicht auf die Art und Grösse seines Beitrages, den gleichen Anteil an Gewinn und Verlust hat. Bei Scheidung wird die Gesellschaft aufgelöst, wobei das vorhandene Vermögen in erster Linie verwendet wird, um gemeinsame Schulden zu begleichen und Auslagen und Aufwendungen zu ersetzen (Art. 549 OR). Dann werden die Einlagen der Gesellschafter dem Wert nach zurückerstattet (Art. 548 OR), berechnet auf den Zeitpunkt ihres Einbringens. Alles Übrige (ob Überschuss oder Verlust) wird mangels anders lautender Vereinbarung, hälftig unter den Ehegatten geteilt. Die Nennwertgarantie nach Art. 206 Abs. 1 ZGB greift hier nicht. Allfällige Gewinne oder Verluste sind an die Ehegatten zu verteilen; sie fliessen im Sinn der güterrechtlichen Regeln je nach Finanzierung des Gesellschaftsanteils in die Errungenschaft oder das Eigengut.[45]

51   *Beispiel:* Die Ehegatten erwerben eine Liegenschaft zu Gesamteigentum (in Form einer einfachen Gesellschaft). Der Kaufpreis von CHF 800 000 wird im Umfang von CHF 300 000 von der Ehefrau aus der Errungenschaft erbracht. Der Rest wird durch eine Hypothek gedeckt. Im Zeitpunkt der güterrechtlichen Auseinandersetzung hat die Liegenschaft noch einen Wert von CHF 600 000.

52   1. Schritt: Bei der Auflösung der einfachen Gesellschaft ist das Hypothekardarlehen zu bereinigen. Damit bleiben CHF 100 000 als Liquidationsergebnis. 2. Schritt: Intern sind zunächst die Einlagen (inkl. die nachträglichen Investitionen) zurückzunehmen (549 OR). Die Ehefrau kann also ihre Einlage von CHF 300 000 (theoretisch) zurücknehmen. Das Liquidationsergebnis von CHF 100 000 reicht dafür nicht. Es resultiert ein Verlust von CHF 200 000, den beide hälftig zu tragen haben: Ehe-

---

44   HAUSHEER/GEISER/AEBI-MÜLLER, Familienrecht, Anhang VI, 616; GIAN BRÄNDLI, Gemeinschaftliches Eigentum an Grundstücken in der güterrechtlichen Auseinandersetzung, in Paul Eitel/Alexandra Zeiter (Hrsg.), Kaleidoskop des Familien- und Erbrechts, Liber amicarum für Alexandra Rumo-Jungo (Zürich/Basel/Genf 2014), 59 f.; HAUSHEER/GEISER/AEBI-MÜLLER, Familienrecht, Nr. 14.78 ff.; GIAN SANDRO GENNA, Auflösung und Liquidation der Ehegattengesellschaft unter Berücksichtigung des internationalen Zivilprozessrechts der Schweiz sowie der künftigen Schweizerischen Zivilprozessordnung (Diss. Bern 2006), INR 6; RUMO-JUNGO/ GASSNER a.a.O. N 12.

45   Kantonsgericht FR, 11. Oktober 2007 (A1 2006-66 E. 2d), in FamPra.ch 9 (2008), 633 ff.

mann und Ehefrau tragen je CHF 100 000 des Verlusts. Die Ehefrau kann somit ihre ursprüngliche Einlage von CHF 300 000 zu CHF 100 000 decken. Die Errungenschaft des Ehemannes wird mit CHF 100 000 belastet, obwohl er nie etwas investiert hat.[46]

c. Berechnung des Vorschlags

Die Rücknahme von Vermögenswerten und die Regelung der Schulden erfolgt völlig unabhängig von Errungenschaft oder Eigengut. Nun aber gilt es, im nächsten Schritt im Hinblick auf die Vorschlagsbeteiligung (215 ff.) den Vorschlag eines jeden Ehegatten zu berechnen. Entgegen dem Wortlaut handelt es sich beim Güterstand der Errungenschaftsbeteiligung *streng genommen nicht* um eine *Beteiligung an der Errungenschaft* des je anderen Ehegatten (d.h. an den Vermögensgegenständen, welche Errungenschaft bilden), *sondern* um eine *Beteiligung am Vorschlag,* das heisst am Wert der jeweiligen Errungenschaft. Zur Berechnung dieses Werts ist aber von den Errungenschaftsgegenständen auszugehen. Die Berechnung erfordert verschiedene Gedankenschritte: Zunächst ist der Zeitpunkt zu bestimmen, zu dem der Güterstand aufgelöst und die Zusammensetzung der Vermögensmassen ermittelt wird (1.). Sodann sind u. U. nicht mehr vorhandene Vermögenswerte zur Errungenschaft hinzuzurechnen (2.). Weiter sind die Schulden zu den beiden Gütermassen zuzuweisen und allfällige Investitionen der einen in die andere Gütermasse zu ermitteln (3.). Schliesslich steht so fest, welche Vermögensgegenstände bzw. Schulden zur Errungenschaft gehören (4.). Hiernach gilt es, diese Vermögensgegenstände zu bewerten (5.)   53

1. *Massgebender Zeitpunkt für den Bestand der Massen:* Der vorn (N 29) erwähnte   54
Art. 207 Abs. 1 hält zunächst fest, dass der massgebende Zeitpunkt für den Bestand, d.h. die Zusammensetzung von Errungenschaft und Eigengut eines jeden Ehegatten, der *Zeitpunkt der Auflösung des Güterstandes* sei (vgl. hierzu 204[2]); etwas anderes gilt für die Frage des Werts dieser Vermögensgegenstände (214[1], s. sogleich hinten). Der zweite Absatz des Art. 207 enthält die (vorne N 12) erwähnte Regelung, wonach Kapitalleistungen, die ein Ehegatte von einer Vorsorgeeinrichtung oder wegen Arbeitsunfähigkeit erhalten hat (vgl. 197[2] Ziff. 2 und 3), im Betrag des Kapitalwerts der Rente, die dem Ehegatten bei Auflösung (und für die Zukunft) zustünde, dem Eigengut und nicht der Errungenschaft zugerechnet werden (127 III 438).[47] Sonst müsste ja z.B. ein Ehegatte eine Kapitalabfindung, die er kurz vor der Scheidung erhalten hat, voll mit dem Partner teilen. Nun aber findet eine Berechnung pro rata temporis statt, und er braucht jene Leistungen, die seiner Vorsorge in der Zukunft dienen, nicht zu teilen.

2. *Hinzurechnung:* Eine wichtige Regelung enthält Art. 208. Da die Errungenschafts-   55
beteiligung ja erst bei der Auflösung der Ehe spielt, könnte ein Ehegatte in Versuchung kommen, seine *Errungenschaft* im Hinblick auf diese Teilung grundlos zu vermindern. Gegen diese Gefahr wird (von 185[2] einmal abgesehen) der andere Ehegatte durch das *Institut der* sogenannten *Hinzurechnung* geschützt (zum Verhältnis von 208

---

46   Brändli a.a.O. 61 f.
47   Siehe das Beispiel bei Deschenaux/Steinauer/Baddeley, Effets, Nr. 1010b ff. Sehr kritisch zu
207[2] Paul Piotet, Divorce, régime matrimonial et prévoyance professionnelle (Bern 1992), 42 ff.

zu 206 und 209, wenn über *Eigengut* verfügt wird, in das die *Errungenschaft investiert* hat, s. 123 III 155 E. 5c[48]). Demnach werden bei der Berechnung der Errungenschaft analog den Ziff. 3 und 4 des Art. 527 zum Schutz des Pflichtteilsrechts zwei Arten von Vermögensentäusserungen aus der Errungenschaft[49] an Dritte hinzugerechnet, d.h. miteinbezogen: Das sind erstens die ohne Zustimmung des anderen Ehegatten gemachte unentgeltliche Zuwendungen während der letzten fünf Jahre vor Auflösung des Güterstandes, mit Ausnahme der üblichen Gelegenheitsgeschenke (208[1] Ziff. 1). Bei der freiwilligen Erbringung eines Betreuungsunterhalts an die Mutter eines ausserehelichen Kindes handelt es sich um eine solche unentgeltliche Zuwendung. Das gilt allerdings dann nicht, wenn zwischen dem Unterhaltspflichtigen und der Kindesmutter ein Vertrag besteht, der das Versprechen enthält, eine entsprechende sittliche Pflicht zu erfüllen (138 III 690 ff. E. 3). Zweitens werden unabhängig vom Zeitpunkt ihrer Vornahme Vermögensentäusserungen, die während der Dauer des Güterstandes vorgenommen wurden, um den Beteiligungsanspruch des anderen zu schmälern (208[1] Ziff. 2), zur Errungenschaft hinzugerechnet.[50] Der Ehegatte, der eine güterrechtliche Hinzurechnung geltend macht, muss beweisen, dass der von ihm behauptete Vermögenswert dem anderen zu einem bestimmten Zeitpunkt während der Ehe auch tatsächlich gehört hat, sowie was mit dem Vermögenswert in der Zwischenzeit passiert ist (s. 118 II 27; 129 III 481 [BGer 5C.66/2002] nicht publizierte E. 2.4.2; BGer 5A_714/2009 E. 4.2).[51]

56 Durch solche wertmässige[52] Hinzurechnungen wächst die Errungenschaft (analog 475 für den Stand des Vermögens, von dem der Pflichtteil errechnet wird). Damit

---

48 Für eine analoge Anwendung von 208: DESCHENAUX/STEINAUER/BADDELEY, Effets, Nr. 1380; HAUSHEER/REUSSER/GEISER, BeKomm Art. 208 N 15; HAAS a.a.O. 239 ff.; dagegen und wie das BGer: RUMO-JUNGO, HandKomm, Art. 208 N 3; kritisch: STECK, FamKomm Scheidung, Art. 208 N 14.

49 D.h. aus Vermögenswerten, die Errungenschaft wären, wenn der Ehegatte sie nicht veräussert hätte. Zur Problematik bei Verfügungen über Eigengut, mit Bezug auf welches Ersatzforderungen der Errungenschaft bestehen, bzw. bei Verfügungen über Errungenschaftswerte, in denen Eigengut investiert worden ist, s. HAUSHEER/REUSSER/GEISER, BeKomm, Art. 208 N 15 und Art. 220 N 16, DESCHENAUX/STEINAUER/BADDELEY a.a.O. Nr. 1424 sowie HAAS soeben.

50 Zu diesen Fragen s. neben den vorn in Anm. 1 dieses Paragrafen zitierten Werken, MORITZ FELLMANN, Die Verantwortlichkeit der Ehegatten für ihre Errungenschaft (Diss. Freiburg 1985). S. ferner HENRI DESCHENAUX, La protection de l'expectative de bénéfice dans le régime de la participation aux acquêts …, in Gedächtnisschrift Peter Jäggi (Freiburg 1977), 151 ff., und WALTER OTT, Der Schutz der Anwartschaft auf den Vorschlagsanteil unter dem Güterstand der Errungenschaftsbeteiligung mit Hilfe der güterrechtlichen Herabsetzungs- und Rückforderungsklage, in FS Cyril Hegnauer (Bern 1986), 289 ff.

51 ALEXANDRA RUMO-JUNGO/ROLAND FANKHAUSER, Prozessrechtliche Fragen des Güterrechts, in Andrea Büchler/Schwenzer Ingeborg (Hrsg.), Sechste Schweizer Familienrecht§Tage (Bern 2012), Schriftenreihe zum Familienrecht FamPra.ch 18, 148 f.; HAUSHEER/AEBI-MÜLLER, BaKomm, Art. 208 N 1a.

52 Das Entäusserungsgeschäft wird mit der Hinzurechnung nicht aufgehoben: HAUSHEER/REUSSER/GEISER, BeKomm, Art. 208 N 14, 18 und 45; RUMO-JUNGO, HandKomm, Art. 208 N 14; STECK, FamKomm, Art. 208 N 6.

ist noch nicht gesagt, dass die begünstigte Drittperson auch zur Kasse gebeten wird; dies ist nur unter den Voraussetzungen des Art. 220 möglich bzw. nötig (hierzu hinten N 78 ff.). Im Hinblick auf solche Prozesse hielt vor Einführung der ZPO Art. 208 Abs. 2 fest, dass bei Streitigkeiten über Hinzurechnungen, an welchen nur die Ehegatten bzw. deren Erben beteiligt sind, *der Drittperson der Streit verkündet* werden kann, mit der Wirkung, dass das zwischen den Eheleuten oder deren Erben ergangene Urteil ihr entgegengehalten werden kann. Das gilt nun aufgrund von Art. 78 ZPO, wobei hier mit Blick auf die besondere Konstellation in Art. 208 ZGB die Streitverkündung für den Fall des Obsiegens erfolgt.[53]

3. *Zuweisung der Schulden zu den Vermögensmassen.* Schulden eines Ehegatten sind 57 jener Vermögensmasse zu belasten, mit welcher sie sachlich zusammenhängen; im Zweifel lastet die Schuld auf der Errungenschaft (209^2; zur güterrechtlichen Zuordnung einer Hypothek und zur Aufteilung der Mehr- oder Minderwerte auf diese s. oben N 46 ff. sowie 123 III 158 ff. E. 6b; 132 III 150 E. 2.3.2; 132 III 559 E. 2.3[54]).[55] Werden nun *Schulden der Errungenschaft aus dem Eigengut* oder *Schulden des Eigenguts aus der Errungenschaft des je gleichen Ehegatten* bezahlt, vermindert bzw. erhöht sich der Wert der Errungenschaft. Folgerichtig sieht das Gesetz vor, dass hierfür bei der güterrechtlichen Auseinandersetzung im Verhältnis der Güter des gleichen Ehegatten (frz.: d'un même époux; it.: di uno stesso coniuge) zueinander entsprechende Ersatzforderungen entstehen (209^1; zur Beweislast s. 125 III 2 f. E. 3). Solche können ihren Grund auch in Beiträgen zu Erwerb, Verbesserung oder Erhaltung von Vermögensgegenständen eines Ehegatten aus seinem einen Gut in sein anderes Gut haben (z.B. Bezahlung einer Renovation des Ferienhauses im Eigengut mit Geld aus der Errungenschaft), bei welchen nachträglich ein Mehr- oder ein Minderwert eintritt (BGer 5C.201/2005 E. 2.2). Dabei kann ein Unternehmen bzw. eine Arztpraxis einheitlich als ein einziger Vermögensgegenstand erfasst werden (121 III 155 E. 3c[56]; 125 III 5 E. 4c; 131 III 561 E. 2.2). Diesfalls entspricht die Ersatzforderung dem Prozentsatz (dem Anteil) des Beitrags von Seiten des investierenden Guts, und zwar sowohl bei einem Mehr- wie

---

53 So mit einlässlicher Begründung: Thomas Sutter-Somm, Die Streitverkündung betreffend güterrechtlicher Hinzurechnung (Art. 208 ZGB) unter der Schweizerischen Zivilprozessordnung, FS Ingeborg Schwenzer (Bern 2011), 1667 ff.

54 Hausheer/Reusser/Geiser, BeKomm, Art. 209 N 30, Art. 196 N 61 und 65; Deschenaux/Steinauer/Baddeley, Effets, Nr. 1287 ff.; Rumo-Jungo, HandKomm, Art. 209 N 2; Stettler/Waelti a.a.O. Nr. 236.

55 Schulden, die vor dem Güterstand begründet worden sind, belasten das Eigengut; umstritten ist immerhin, ob nicht vor dem Güterstand angefallene Ausbildungskosten die Errungenschaft belasten (so Deschenaux/Steinauer/Baddeley, Effets, Nr. 1116a; anders Hausheer/Reusser/Geiser, BeKomm, Art. 209 N 22; Rumo-Jungo, HandKomm, Art. 209 N 2; Steck, FamKomm, Art. 209 N 10).

56 Infolge der Gesamtbewertung eines Unternehmens sind auch nach Auflösung des Güterstandes (204^2), aber vor der güterrechtlichen Auseinandersetzung (214) entstehende Forderungen und Schulden in die Bewertung (211) einzubeziehen. Bemerkungen zum im Text erwähnten BGE: Wittibschlager, Grundsätze bei der Auflösung des Güterstandes der Errungenschaftsbeteiligung durch Scheidung, in AJP 4 (1995), 1620 ff., 1621 f.

bei einem Minderwert; die Ersatzforderung ist also – anders als bei Art. 206 – nach oben wie nach unten variabel und bemisst sich nach dem Wert der Gegenstände im Zeitpunkt der Auseinandersetzung oder der Veräusserung (209[3]; zum Verhältnis zu Art. 208 bei Veräusserung eines Gegenstandes im Eigengut, in den Errungenschaft investiert hat s. 123 III 155 E. 5c[57]).[58] Steht eine monatliche Rentenverpflichtung in engem Zusammenhang mit dem Erwerb einer Liegenschaft, belastet diese Rentenzahlung diejenige Gütermasse, welcher die Liegenschaft angehört. Werden die Zahlungen indes aus der anderen Gütermasse geleistet, steht dieser eine Ersatzforderung gemäss Art. 209 Abs. 1 zu (135 III 337 E. 2).

58   *Beispiel:* Kauft etwa die Gattin ein Ferienhaus und bezahlt sie den Kaufpreis von CHF 600 000 teils aus der Errungenschaft (CHF 400 000), teils aus dem Eigengut (CHF 200 000), fällt das Ferienhaus wegen des engsten sachlichen Zusammenhangs in die Errungenschaft. Das Eigengut hat aber gestützt auf Art. 209[3] eine Ersatzforderung gegen die Errungenschaft in der Höhe seiner Investition (CHF 200 000). Diese Ersatzforderung ist variabel und partizipiert proportional (im Verhältnis der Investition zum Erwerbswert) an einem Mehr- oder Minderwert (209[3]). Das kann wie folgt dargestellt werden:

59

	Err	Eig
Ferienhaus	600 000	
Ersatzforderung (209)	−200 000*	200 000
Beteiligungsverhältnis	⅔	⅓
Mehrwert 150 000	100 000	50 000
Total (750 000)	500 000	250 000

*Die Zuweisung des Ferienhauses in die Errungenschaft mit CHF 600 000 und die Ersatzforderung des Eigenguts könnten auch in einem Schritt dargestellt werden, indem von Anfang an CHF 400 000 in die Errungenschaft gelegt werden.

60   *Beweislast.* Bei der Zuweisung von Schulden zu den Vermögensmassen stellt sich die Frage, wer die Beweislast dafür trägt, dass Mittel der einen Vermögensmasse zur Tilgung von Schulden oder zu Erwerb von Vermögenswerten der anderen beigetragen haben und so eine Ersatzforderung nach Art. 209 ZGB entstanden ist. Zur Beantwortung dieser Frage müssen die allgemeinen Beweisregeln nach Art. 8 ZGB herangezogen werden, so dass derjenige das Vorhandensein einer Tatsache zu beweisen hat, der daraus ein Recht ableitet. Mit Bezug auf ein Bankkonto eines Ehegatten, das Mittel aus Eigengut und Errungenschaft enthält, hat das Bundesgericht folgende Vermutungen entwickelt: Aufwendungen im Zusammenhang mit der Familie, inkl. Altersvorsorge und Auslagen zur Erzielung eines Erwerbseinkommens und die darauf lastenden

---

57   Vgl. dazu HAAS a.a.O. 239 ff. und FN 34.
58   Da PIOTET die Zuordnung eines Vermögenswerts zu mehreren Massen bejaht (s. vorn Anm. 2), wird der Anwendungsbereich von Art. 209 Abs. 3 beim Erwerb eines Vermögenswerts stark eingeschränkt: s. PIOTET a.a.O. 82 ff.

Steuern belasten die Errungenschaft (s. auch 135 III 341 E. 2). Daraus ergibt sich die natürliche Vermutung, dass für die Deckung der laufenden Bedürfnisse der ehelichen Gemeinschaft nicht das Eigengut angezehrt werden muss, sondern dieses vielmehr nur für ausserordentliche Investitionen verwendet wird. Diese Vermutung dient der Beweiserleichterung, doch bewirkt sie keine Umkehr der Beweislast. Es liegt bei der Prozessgegnerin, einen Gegenbeweis dadurch zu erbringen, dass sie beim Gericht Zweifel an der Vermutung zu erzeugen vermag. Im konkreten Fall war strittig, zu welcher Masse ein Fondsanteil gehört. Weil der Kauf von Fondsanteilen nicht zum gewöhnlichen täglichen Bedarf gehört, kann bei genügend vorhandenen Mitteln davon ausgegangen werden, dass der Kauf dieses Fondsanteils durch Mittel des Eigenguts erfolgte. Ist der Fondsanteil durch ein Konto beglichen worden, das Errungenschaft und Eigengut enthält, besteht die Vermutung, dass er von jener Gütermasse bezahlt wurde, der er zuzuordnen ist, also dem Eigengut. Ebenso wird die Rückzahlung eines Darlehens im Zusammenhang mit einer Eigengutsliegenschaft dem Eigengut belastet (BGer 5A_37/2011 E. 3.2 f.).[59]

4. *Bestimmung des Vorschlags.* Nach Durchführung der erwähnten Operationen steht der *Gesamtwert der Errungenschaft* fest: Es ist der *Wert der bei Auflösung* des Güterstandes *vorhandenen Errungenschaftsgüter* (207, inkl. Berücksichtigung von 205 und 206[60]), *einschliesslich* der gemäss Art. 208 hinzugerechneten Vermögenswerte und der Ersatzforderungen gegenüber dem Eigengut (209[1] und [3]), *abzüglich* der Schulden (209[2]) unter Einschluss der Ersatzforderungen des Eigenguts gegenüber der Errungenschaft (209[1] und [3]). Die Rechnung sieht wie folgt aus: 61

Wert der bei Auflösung des Güterstandes vorhandenen Errungenschaftsgüter   62

+ Schulden gemäss 205 und 206

+ Hinzurechnungen gemäss 208

+ Ersatzforderungen gegenüber dem Eigengut gemäss 209[3]

– Ersatzschulden gegenüber dem Eigengut gemäss 209[3]

– Schulden (209[2])

_____

Total

Dieser Gesamtwert bildet, soweit er einen *Aktivsaldo* ergibt, den *Vorschlag* (210[1]). Was aber, wenn ein *Rückschlag* vorliegt? Dieser wird gemäss Art. 210 Abs. 2 *«nicht berücksichtigt»*. Das heisst: Den Rückschlag trägt jener Ehegatte, der ihn erlitten hat. Gleichwohl ist dieser Ehegatte am Vorschlag des anderen beteiligt. Es wird mit anderen Worten unter den Ehegatten so gehalten, wie wenn es den Rückschlag nicht gäbe.   63

---

59 Rumo-Jungo/Fankhauser a.a.O. 147.
60 Siehe dazu das Beispiel bei Hausheer/Reusser/Geiser, BeKomm, Art. 210 N 12; Deschenaux/Steinauer/Baddeley, Effets, Nr. 1370 ff.

64   5. *Bewertung der Errungenschaftsgüter.* Bis dahin haben wir die Frage vernachlässigt, *wie* denn der *Wert* der Vermögensgegenstände, soweit er nicht zum Vornherein in Franken und Rappen ausgedrückt wird, zu bestimmen ist. Davon handeln die Art. 211–214. *Massgebender Zeitpunkt* für die Wertbestimmung ist der Zeitpunkt der *Auseinandersetzung* (214[1]; s. dazu 121 III 154 E. 3a) und gerade *nicht* der Zeitpunkt der *Auflösung*, welcher für den Bestand der Errungenschaft ausschlaggebend ist (207[1]). Für Vermögenswerte, die zur Errungenschaft hinzugerechnet werden (208), ist der Zeitpunkt der Veräusserung massgebend (214[2]). Grundsätzlich sind Vermögensgegenstände zu ihrem *Verkehrswert* einzusetzen (211). Das kann eine Kombination von Real- und Ertragswert oder aber der Fortführungswert sein (125 III 6 E. 5c, vgl. auch 121 III 155 E. 3c). Unter dem Verkehrswert wird der Wert verstanden, der beim Verkauf eines Vermögensgegenstandes auf dem freien Markt erzielt werden kann. Wird während des Scheidungsverfahrens eine Liegenschaft veräussert, ist für die güterrechtliche Auseinandersetzung grundsätzlich der tatsächlich erzielte Nettoerlös massgebend, es sei denn, es könne erwiesen werden, dass der erzielte Erlös zu niedrig war (BGer 5A_104/2012 E. 2, vgl. auch 136 III 215 E. 6.2.1; 135 III 246 f. E. 5.3). Bei der Ermittlung des Verkehrswerts stellen sich einige Sonderfragen: die Frage der Verkäuflichkeit einer Unternehmensbeteiligung für die Massgeblichkeit des Verkehrswerts (117 II 225 E. 4a); der Berücksichtigung von künftigen Grundstückgewinnsteuern (121 III 305 E. 3b[61]); der Berücksichtigung eines auf einem Vermögensgegenstand lastenden Gewinnbeteiligungs- und Vorkaufsrechts (125 III 53 ff. E. 2); der Berücksichtigung der hypothekarischen Belastung eines Grundstücks (BGer 5C.201/2005 E. 2.2 f., 3[62]) sowie die Frage der Bewertung von Unternehmungen in der Errungenschaft bei Auflösung des Güterstandes (131 III 559; BGer 5C.3/2004; 5P.82/2004; 5C.271/2005; 5A_387/2010 und 5A_405/2010 E. 4 und 5). Die Bewertung der Vermögensgegenstände nach ihrem Verkehrswert entspricht auch der Regelung im Erbrecht (so die Auslegung von 617). Für den Fall, dass es um ein *landwirtschaftliches Gewerbe*[63] geht, besteht folgende Sonderregel: Wenn ein Ehegatte als Eigentümer dieses Gewerbe selber weiterbewirtschaftet oder im Fall des Todes des Eigentümers der überlebende Ehegatte oder ein Nachkomme begründet (gestützt auf Art. 11 ff. BGBB) Anspruch auf ungeteilte Zuweisung erhebt,[64] ist bei der Berechnung der Beteiligungsforderung (215 ff.) und des Mehrwertanteils für Investitionen in ein solches Gewerbe vom *Ertragswert* auszugehen (212[1]).[65] Werden Teile des

---

61   Kritisch dazu KOLLER, Die (Nicht-)Berücksichtigung latenter Steuerlasten im Ehegüterrecht (121 III 304 ff.), in ZBJV 132 (1996), 247 ff.

62   Mit Bemerkungen von STECK, in FamPra.ch 7 (2006), 698 ff.

63   Zu den Besonderheiten des bäuerlichen Güterrechts vgl. THOMAS GEISER, Ehegüterrecht und Bäuerliches Bodenrecht, in Stephan Wolf (Hrsg.), Güter- und erbrechtliche Fragen zur einfachen Gesellschaft und zum bäuerlichen Bodenrecht (Bern 2005), 99 ff., 106 ff.

64   Gemäss Art. 21 BGBB kann ein Erbe unter gewissen Voraussetzungen auch die Zuweisung eines landwirtschaftlichen *Grundstücks* (zum doppelten Ertragswert) verlangen. Am Text des Art. 212 wurde bei der Schaffung des BGBB nichts geändert. Der ratio legis entspricht es aber doch wohl, dass Art. 212 auch auf den Fall von Art. 21 BGBB Anwendung findet.

65   Hierzu HANSULRICH KELLER, Das Ertragswertprinzip im neuen bäuerlichen Ehegüterrecht (Diss. Zürich 1993), ZSPR 104. Bei Auflösung von Mit- oder Gesamteigentum ist die spezielle

landwirtschaftlichen Gewerbes verkauft, ist die Voraussetzung der Weiterbewirtschaftung nicht erfüllt. Diesfalls ist der Wert (der Nettoerlös) im Zeitpunkt des Verkaufs massgebend (135 III 241 E. 5.2 und 5.3). Für den Verkauf bestimmte, selbst produzierte Erzeugnisse wie Wein und Schnaps stellen rechtlich gesehen Erträge des landwirtschaftlichen Betriebs dar. Sie werden mit dem Verkaufswert in der güterrechtlichen Auseinandersetzung berücksichtigt (138 III 195 ff. E. 2 ff.; vgl. auch 136 III 215 E. 6.2.1; 137 III 234 E. 4.2). Der Anrechnungswert (Ertragswert) kann immerhin bei Vorliegen besonderer Umstände angemessen erhöht werden (213^1; 213^2 bringt Beispiele solcher besonderer Umstände – s. aber für die Lösung erbrechtlicher Probleme auch Art. 18 BGBB). Diese vernünftige Regelung könnte zu stossenden Ergebnissen führen, wenn der Eigentümer des landwirtschaftlichen Gewerbes oder seine Erben ihrerseits dem anderen Ehegatten gegenüber Mehrwertanteile und Beteiligungsforderungen geltend machen und dabei den Verkehrswert zu Grunde legen. Dagegen hilft Art. 212 Abs. 2, wonach der Eigentümer des landwirtschaftlichen Gewerbes oder dessen Erben diesfalls nur jenen Betrag geltend machen können, den sie (noch) zugute hätten, wenn man ihnen das landwirtschaftliche Gewerbe zum Verkehrswert angerechnet hätte. Was die Bewertung des landwirtschaftlichen Gewerbes angeht und insbesondere den Anteil am Gewinn bei dessen nachträglicher Veräusserung, gelten die erbrechtlichen Bestimmungen sinngemäss (212^3; vgl. also Art. 619 ZGB, der seinerseits auf das BGBB verweist; für den Gewinnanspruch s. dort Art. 28 ff.; vgl. auch BGer 5C.203/2004).

d. Beteiligung am Vorschlag

65 Der Kerninhalt des Güterstandes der Errungenschaftsbeteiligung (genauer: *Vorschlagsbeteiligung*) findet sich in *Art. 215 Abs. 1*: «Jedem Ehegatten oder seinen Erben steht die Hälfte des Vorschlages des anderen zu.» Nach Adam Riese kommt man zum gleichen Ergebnis, wenn man die zwei «Vorschläge» zusammenzählt und das Ganze durch zwei teilt (zur Nichtberücksichtigung des Rückschlags s. soeben vorn N 63). Diese *Grundregel* wird durch den (naheliegenden) Absatz 2 ergänzt, wonach die (gegenseitigen) Forderungen verrechnet werden. Der Ehegatte mit dem geringeren Vorschlag hat daher gegenüber dem anderen eine *Beteiligungsforderung* in der Höhe der halben Differenz zwischen grösserem und kleinerem Vorschlag.

66 Beispiel:

Vorschlag Ehefrau	100 000
Vorschlag Ehemann	50 000
Beteiligungsforderung Ehemann	$\dfrac{100\,000 - 50\,000}{2} = 25\,000$

67 Die hälftige Vorschlagsteilung ist *nicht zwingenden Rechts*. Vielmehr kann durch Ehevertrag eine andere Beteiligung am Vorschlag vereinbart werden (216^1). Dabei sind unzählige Varianten denkbar; zulässig ist insbesondere auch die Abmachung, wonach die Vorschläge beider Ehegatten an den überlebenden Ehegatten fallen sollen (zur sel-

---

Regelung von Art. 37 BGBB zu beachten. Vgl. auch RUMO-JUNGO, HandKomm, Art. 212–213 N 1 ff. mit Berechnungsbeispielen.

teneren Vereinbarung der Zuweisung beider Vorschläge an den verstorbenen Ehegatten s. 128 III 314 ff.). Für die ehevertragliche Vereinbarung ist erforderlich, aber auch genügend, dass die Formerfordernisse des Ehevertrags eingehalten werden. Eine solche Abmachung braucht deshalb nicht den Formerfordernissen eines Erbvertrags zu genügen. Art. 216 ZGB stellt eine lex specialis zu Art. 512 ZGB dar (137 III 113 E. 4.2 f.).

68   Bei der ehevertraglichen Abweichung von der gesetzlichen Vorschlagsteilung stellen sich *zwei* wichtige *Zusatzfragen, nämlich jene nach dem Schutz von Pflichtteilserben (1.) sowie jene nach dem Geltungsbereich der ehevertraglichen Vereinbarung (2.):*

69   1. Es geht zunächst um den *Schutz der Pflichtteilserben,* welche durch solche Vereinbarungen betroffen sein könnten. In Anlehnung an die Rechtsprechung zur Güterverbindung im früheren Recht (Schutz sämtlicher Nachkommen: 102 II 313, zuletzt bestätigt in 116 II 244; s. nun aber die übergangsrechtliche Regel 10^3 SchlT) sah der Entwurf – sogar noch weitergehend – den Schutz sämtlicher pflichtteilsberechtigter Erben vor (213^3 des Entwurfs[66]). In den Beratungen setzte sich indessen nur, aber immerhin, der Schutz für die nichtgemeinsamen Kinder und deren Nachkommen[67] durch (zur Geltendmachung s. hinten § 69 N 15 ff.), nicht aber jener für die gemeinsamen Nachkommen (216^2). Diese müssen sich Pflichtteilsverletzungen durch ehevertragliche Vereinbarungen über die Vorschlagsbeteiligung gefallen lassen; sie kommen ja mehr oder weniger beim Tod des zweitversterbenden Ehegatten zu ihrem Recht. Für die Berechnung des verfügbaren Teils und damit der Pflichtteile der *nichtgemeinsamen Kinder und deren Nachkommen* ist von jenem Vermögen des verstorbenen Ehegatten auszugehen, wie es bei der gesetzlichen Vorschlagsteilung vorliegen würde, wie wenn ihm mithin die Hälfte beider Vorschläge zugefallen wäre. Umstritten ist, was für die Berechnung der Pflichtteile der übrigen Pflichtteilsberechtigten, also namentlich der *gemeinsamen Nachkommen,* gilt. Nach der einen Theorie bildet nur das Eigengut des Verstorbenen Grundlage für die Pflichtteilsberechnung, wenn beide Vorschläge ehevertraglich auf den überlebenden Ehegatten übergegangen sind.[68] Nach der anderen

---

66   BBl 1979 II 1415.

67   Der Gesetzgeber hatte dabei den zugegebenermassen sehr seltenen Fall gemeinsamer Kinder zweier nichtgemeinsamer Nachkommen vor Augen. Dabei wurde allerdings übersehen, dass diese dieses Schutzes gar nicht bedürfen. Vgl. Peter Weimar, Zur Herabsetzung ehevertraglicher Vorschlagszuweisungen, Zugleich eine Besprechung von BGE 128 III 314, in FS Heinz Rey (Zürich/Basel/Genf 2003), 597 ff., 599 FN 8.

68   Paul-Henri Steinauer, Le calcul des réserves héréditaires et de la quotité disponible en cas de répartition conventionnelle du bénéfice dans la participation aux acquêts (Art. 216 al. 2 CC), in Mélanges Pierre Engel (Lausanne 1989), 403 ff.; ders., Le droit des successions (Bern 2006), N 496 ff.; ebenso Deschenaux/Steinauer/Baddeley, Effets, Nr. 1362 f. und Portmann, Pflichtteilsschutz bei Errungenschaftsbeteiligung – Schnittstelle zwischen Erbrecht und Eherecht, in recht 15 (1997), 9 ff., 12 ff.; Alexandra Rumo-Jungo, Die Vorschlagszuweisung an den überlebenden Ehegatten: dogmatische Gesichtspunkte, in FS Suzette Sandoz (Genf/Zürich/Basel 2006), 411 ff., 417 ff. mit Berechnungsbeispiel; dies., Die Vorschlagszuweisung an den überlebenden Ehegatten als Rechtsgeschäft unter Lebenden: eine Qualifikation mit weitreichenden Folgen, in successio 1 (2007), 158 ff., 163 ff.; im Ergebnis gleich, aber mit einer anderen Berechnungsmethode: Weimar a.a.O. 604 f.

Theorie ist der ganze Nachlass, wie er bei gesetzlicher Teilung des Vorschlags bestünde, Grundlage der Pflichtteilsberechnung; diesfalls gilt also dieselbe Berechnungsmasse wie für die nichtgemeinsamen Nachkommen.[69] Die erste Theorie erhöht die Verfügungsfreiheit des Erblassers, die zweite den Schutz der Pflichtteilserben.

Der *unterschiedlichen Pflichtteilsberechnungsmasse* für gemeinsame Nachkommen einer-   70
seits und für nichtgemeinsame Nachkommen andererseits ist der *Vorzug* zu geben. Dafür sprechen mehrere *Gründe*: Erstens schützt Art. 216 Abs. 2 explizit nur die nichtgemeinsamen Nachkommen in ihren Pflichtteilen, nicht dagegen die gemeinsamen Nachkommen oder die Eltern der Ehegatten. Zweitens müsste bei Anwendung der zweiten Theorie konsequenterweise auch für die Eltern von der grösseren Berechnungsmasse ausgegangen werden, was aber niemand fordert. Drittens handelt es sich bei der ehevertraglichen Vorschlagszuweisung, wie bei jedem Ehevertrag, um ein Rechtsgeschäft unter Lebenden. Daher ist für die Ermittlung der Berechnungsmasse nach Art. 475 vorzugehen (dazu § 69 N 20 ff.), wonach die Zuwendungen insoweit zum Vermögen hinzugerechnet werden, als sie der Herabsetzungsklage unterstellt sind. Dazu hält Art. 216 Abs. 2 fest, dass nur die Vorschlagszuweisung für die nichtgemeinsamen Nachkommen der Herabsetzungsklage unterliegt. Folglich sind die vertraglichen Vorschlagszuweisungen nur für diese in die Berechnungsmasse einzurechnen.[70]

Das wird in folgendem *Beispiel* deutlich:[71]   71

Effi Briest Fontane und Theodor Fontane sind Eltern einer gemeinsamen Tochter Tina.   72
Stefan ist der voreheliche Sohn von Effi. Die Eheleute haben ehevertraglich vereinbart, die gesamten Vorschläge seien im Todesfall des einen voll dem/der überlebenden Ehegatten/Ehegattin zuzuweisen. Bei ihrem Tod hinterlässt Effi Briest ein Eigengut von CHF 200 000 und einen Vorschlag von CHF 400 000. Theodor Fontane verfügt in diesem Zeitpunkt über einen Vorschlag von ebenfalls CHF 400 000. Aufgrund des Ehevertrags geht nun der ganze Vorschlag von Effi Briest an ihren überlebenden Ehemann Theodor. Ihr Nachlass beträgt daher noch CHF 200 000.

Da keine Verfügung von Todes wegen vorliegt, ist auf den Nachlass das gesetzliche   73
Erbrecht anzuwenden: Der Ehemann erhält CHF 100 000, die Kinder je CHF 50 000 (Art. 462 Ziff. 1 i. V. m. Art. 457 ZGB). Zu prüfen bleibt, ob der Ehevertrag als Rechtsgeschäft unter Lebenden Pflichtteile verletzt hat:

> Für *Tina* beträgt die Berechnungsmasse CHF 200 000 (Art. 474 ZGB), weil   74
> gemäss Art. 475 i. V. m. Art. 216 Abs. 2 ZGB für sie kein Hinzurechnungstatbestand

---

69 REGINA E. AEBI-MÜLLER, Die optimale Begünstigung des überlebenden Ehegatten (2. A. Bern 2007), N 6.33; GUINAND/STETTLER/LEUBA, Droit des successions, N 131; HAUSHEER/REUSSER/GEISER, BeKomm, Art. 216 N 50 ff. u. a. unter Bezugnahme auf PIOTET; STEPHAN WOLF, Vorschlags- und Gesamtgutzuweisung an den überlebenden Ehegatten (Diss. Bern 1996), ASR 584, 130 ff., 156 ff.

70 Zum Ganzen RUMO-JUNGO, FS Sandoz a.a.O. 418; DIES., successio a.a.O. 163 ff.

71 Beispiel aus RUMO-JUNGO, successio a.a.O. 164.

gegeben ist. Der Pflichtteil von Tina beträgt folglich ¾ von CHF 50 000 = CHF 37 500 und ist nicht verletzt.

75   Für *Stefan* beträgt die Berechnungsmasse CHF 600 000, weil gemäss Art. 475 i. V. m. 216 Abs. 2 ZGB für ihn ein Hinzurechnungstatbestand gegeben ist: Die gesetzliche Vorschlagsteilung hätte aufgrund der Verrechnung der gegenseitigen Forderungen (Art. 215 Abs. 2 ZGB) zu einer Beteiligungsforderung von Null geführt, und der gesamte Vorschlag von Effi Briest wäre (ohne Ehevertrag) in ihren Nachlass gefallen. Der Nachlass hätte also von Gesetzes wegen CHF 600 000 betragen. Der Pflichtteil von Stefan aus dieser Berechnungsmasse beträgt ¾ von ¼ = CHF 112 500. Stefan ist folglich im Pflichtteil verletzt und kann grundsätzlich die Herabsetzung der ehevertraglichen Zuwendung verlangen, soweit sein Pflichtteil verletzt ist, also um CHF 62 500 (§ 69 N 20 ff., 46 ff.).

76   Für den Fall des Vorliegens von *Eltern als Pflichtteilserben* wird – soweit ersichtlich – nirgends kritisiert, dass hier (anders als für die nichtgemeinsamen Nachkommen) die Vorschlagszuweisung nicht in die Berechnungsmasse einbezogen wird. Das erscheint aber insofern inkonsequent, als gegenüber einer lebzeitigen Zuwendung oder einer Verfügung von Todes wegen alle Pflichtteilserben in ihrem Pflichtteil geschützt sind (522, 527).[72]

77   2. Sodann stellt sich die Frage, ob die von der gesetzlichen Beteiligung am Vorschlag abweichende *ehevertragliche Regelung* auch *gilt,* wenn die *Ehe gerade nicht durch Tod aufgelöst* wird. Dazu erklärt Art. 217, die ehevertragliche Regelung gelte bei Scheidung, Trennung, Ungültigerklärung der Ehe oder gerichtlicher Anordnung der Gütertrennung nur dann, wenn der Ehevertrag dies ausdrücklich vorsehe (was doch wohl eine erhebliche Nüchternheit bei Eheleuten voraussetzt).

e. Abwicklung

78   Unter dem Randtitel «Bezahlung der Beteiligungsforderung und des Mehrwertanteils» behandelt das Gesetz in den Art. 218–220 Fragen der Abwicklung der güterrechtlichen Auseinandersetzung.

1. Zahlungsaufschub

79   Wie während der Ehe das Gericht unter bestimmten Voraussetzungen Schulden des einen Ehegatten gegenüber dem anderen stunden kann (203[2]), enthält Art. 218 Abs. 1 eine ähnliche Rechtswohltat für den Ehegatten, den die sofortige Bezahlung der Beteiligungsforderung (215 ff.) und des Mehrwertanteils (206) in ernstliche Schwierigkeiten bringt; das Gericht kann diesem Gatten *Zahlungsfristen* einräumen.[73] Andererseits stellt Art. 218 Abs. 2 klar, dass *Beteiligungsforderung und Mehrwertanteil* ohne gegen-

---

72   Rumo-Jungo, successio a.a.O. 165.
73   Die Gewährung des Zahlungsaufschubs muss die Schwierigkeiten beim Schuldner zumindest erheblich mindern, was bei chronischer Zahlungsunfähigkeit nicht gegeben ist, mithin der Aufschub nicht gewährt werden kann (BGer 5C.178/2002 E. 2.1).

teilige Vereinbarung vom Abschluss der Auseinandersetzung an *zu verzinsen* und, wo die Umstände dies rechtfertigen, auch sicherzustellen sind.

2. Wohnung und Hausrat

Art. 219 enthält ehegüterrechtliche «Teilungsregeln» über Wohnung und Hausrat, welche durch die erbrechtlichen Teilungsregeln in Art. 612a vervollständigt werden.[74] 80

Von der *Wohnung* handeln die Abs. 1, 3 und 4 des Art. 219. Abs. 1 hält fest, dass unter 81
Vorbehalt gegenteiliger ehevertraglicher Regelung der überlebende Ehegatte, der seine bisherige Lebensweise beibehalten möchte, am Haus oder an der Wohnung[75], worin die Ehegatten gelebt haben und die dem verstorbenen Ehegatten gehört hat, eine *Nutzniessung* oder ein *Wohnrecht* auf Anrechnung[76] zugeteilt erhält. Vielleicht ist aber dem überlebenden Ehegatten mit Nutzniessung oder Wohnrecht nicht gedient, oder ist es den anderen gesetzlichen Erben nicht zumutbar, das nackte Eigentum an Haus und Wohnung behalten zu müssen. Daher können, wo die Umstände dies rechtfertigen, sowohl der überlebende Ehegatte wie die anderen gesetzlichen Erben des Verstorbenen verlangen, dass der überlebende Ehegatte statt der Nutzniessung oder des Wohnrechts das *Eigentum* an Haus oder Wohnung erhält (219³); die anderen gesetzlichen Erben können allerdings Art. 219 Abs. 3 nur anrufen, wenn der überlebende Ehegatte sich auf Art. 219 Abs. 1 beruft. Keine Rechte nach Art. 219 Abs. 1 oder Art. 219 Abs. 3 an Haus oder Wohnung kann der überlebende Ehegatte geltend machen, wenn es sich dabei um Räumlichkeiten handelt, in denen der Erblasser einen Beruf oder ein Gewerbe ausübte und die ein Nachkomme zu dessen Weiterführung benötigt (219⁴ erster Teil). Die Vorschriften des bäuerlichen Erbrechts (d.h. des BGBB) bleiben ausdrücklich vorbehalten (219⁴ i. f.).[77]

Eine besondere Teilungsregel für den *Hausrat* enthält Abs. 2 von Art. 219: Der über- 82
lebende Ehegatte kann, um seine bisherige Lebensweise beizubehalten, vorbehältlich

---

74 Hierzu RICHARD SCHLEISS, Hausrat und Wohnung in Güterstandsauseinandersetzung und Erbteilung (nach den neuen Art. 219, 244 und 612a ZGB) (Diss. Bern 1989).

75 «Haus oder Wohnung» sind dabei nicht in einem technischen Sinn zu verstehen, denn Gegenstand eines dinglichen Rechts kann nur ein Grundstück (943) insgesamt sein und nicht etwa ein einzelnes Gebäude oder gar ein Gebäudeteil (vgl. 116 II 285 ff. E. 2d).

76 Auf Anrechnung an was? Der deutsche Text sagt dazu nichts, der französische spricht von Anrechnung an die Beteiligungsforderung. Nach diesem Text würde Art. 219 nur zum Zug kommen, wenn eine solche Forderung bestünde. Mit HAUSHEER/REUSSER/GEISER, BeKomm, Art. 219 N 58, ist anzunehmen, dass es auch genügt, wenn dem Ansprecher zwar keine Beteiligungsforderung, wohl aber ein Mehrwertanteil zusteht. So auch RUMO-JUNGO, HandKomm, Art. 219 N 6; STECK, FamKomm, Art. 219 N 5; HAUSHEER/AEBI-MÜLLER, BaKomm, Art. 219 N 5; a. M. DESCHENAUX/STEINAUER/BADDELEY, Effets, Nr. 1384 FN 20, die 219 nur beim Vorliegen einer Beteiligungsforderung zulassen. Sind Beteiligungsforderung oder Mehrwertanteil weniger wert als Nutzniessung oder Wohnrecht, ist der Rest analog 608² auszugleichen. Zur Frage, in welchem Verhältnis Beteiligungsforderung oder Mehrwertanteil zu Nutzniessung oder Wohnrecht stehen müssen, s. HAUSHEER/REUSSER/GEISER, BeKomm, Art. 219 N 59.

77 Wegen Art. 11 Abs. 3 BGBB hat allerdings dieser Vorbehalt viel von seiner Bedeutung verloren (s. HAUSHEER/REUSSER/GEISER, BeKomm, Art. 219 N 117).

gegenteiliger ehevertraglicher Regelung auch die Zuteilung des Eigentums am Hausrat verlangen – selbstverständlich auf Anrechnung.

3. Klage gegen Dritte

83   Bei der Berechnung des Vorschlags haben wir festgehalten, dass gewisse Vermögensentäusserungen an Dritte zur Errungenschaft hinzugerechnet werden (208, vorn N 58 f.). Deckt nun das Vermögen des verpflichteten Ehegatten oder dessen Erbschaft bei der güterrechtlichen Auseinandersetzung die Beteiligungsforderung nicht, so sieht Art. 220 *eine der erbrechtlichen Herabsetzungsklage* gegen Dritte *nachgebildete Klage* vor. Der Ehegatte oder dessen Erben können bis zur Höhe des Fehlbetrags solche hinzugerechnete Zuwendungen bei den begünstigten Dritten einfordern (220[1] i. f.). Zur Streitverkündung nach Art. 78 ZPO s. vorne N 56. Analog der erbrechtlichen Herabsetzungsklage sieht Art. 220 Abs. 2 den Untergang des Klagerechts durch Zeitablauf vor: nämlich jeweils ein Jahr, nachdem Ehegatte oder Erben von der Verletzung ihrer Rechte Kenntnis erhalten haben, spätestens aber zehn Jahre nach der Auflösung des Güterstandes. Diese Fristen sind Verwirkungsfristen und können mithin nicht wie Verjährungsfristen unterbrochen werden.[78] Mit Ausnahme der Gerichtsstandsregelung gelten für diese Klagen gemäss Art. 220 Abs. 3 sinngemäss die Bestimmungen über die erbrechtliche Herabsetzungsklage.

---

78   DESCHENAUX/STEINAUER/BADDELEY, Effets, Nr. 1405; FELLMANN a.a.O. 163; RUMO-JUNGO, HandKomm, Art. 220 N 9; STECK, FamKomm, Art. 220 N 17 f.; HAUSHEER/AEBI-MÜLLER, BaKomm, Art. 220 N 28.

§ 33   Die Gütergemeinschaft

Der dritte Abschnitt des Güterrechts des ZGB ist der Gütergemeinschaft (commu-   1
nauté de biens) gewidmet. Die Art. 221–246 handeln von der Gütergemeinschaft in
ihrer Hauptform (allgemeine Gütergemeinschaft) und ihren Unterarten (beschränkte
Gütergemeinschaften). Die Gütergemeinschaft ist der *einzige Güterstand, der nur auf
vertraglichem Weg zustande kommt.* Die Errungenschaftsbeteiligung tritt ja normalerweise von Gesetzes wegen ein (Ausnahme vorn § 31 N 20), die Gütertrennung ausnahmsweise ohne oder gegen den Willen der Ehegatten (ausserordentlicher Güterstand, § 31 N 20).

I.   Die Eigentumsverhältnisse (Gütermassen)

a. Gesamtgut und Eigengut

Bei der Gütergemeinschaft zerfällt das Vermögen der Ehegatten in *drei Gütermassen:*   2
in das Gesamtgut beider Ehegatten einerseits und in die zwei Eigengüter der Ehegatten andererseits (221).

1. Das *Gesamtgut* umfasst Vermögen und Einkünfte der Ehegatten, soweit nicht Eigen-   3
gut vorliegt. Es steht im Gesamteigentum der beiden Ehegatten (652–654)[1], und zwar
«automatisch» bei Begründung des Güterstandes. Das ergibt sich aus Art. 665 Abs. 3,
wonach «Änderungen am Grundeigentum, die von Gesetzes wegen durch Gütergemeinschaft ... eintreten, ... auf Anmeldung eines Ehegatten hin im Grundbuch eingetragen» werden, die dingliche Wirkung also schon vorher eintritt. Das Gesamtgut
gehört den Gatten «ungeteilt» (222[2]). Das heisst nicht, es bestünden keine einzelnen
Vermögensbestandteile; ungeteilt ist vielmehr das einzelne Recht[2] an jedem einzelnen
Vermögenswert. Der einzelne Ehegatte kann zudem gemäss ausdrücklicher gesetzlicher Bestimmung (222[3]), anders als bei gewissen anderen Gesamteigentumsverhält-
nissen[3], auch nicht über seinen Anteil am Gesamtgut verfügen. Nach Art. 68b Abs. 4
SchKG kann denn auch der Anteil eines Ehegatten am Gesamtgut nicht versteigert
werden.

2. Was nicht zum Gesamtgut gehört, ist *Eigengut.* Das Eigengut bei der Gütergemein-   4
schaft ist *nicht identisch mit dem Eigengut bei der Errungenschaftsbeteiligung* (198, vorn
§ 32 N 19 ff.). Das Gütergemeinschaftsrecht hat seinen eigenen Eigengutsbegriff. Das

---

1   Wie bei der Erbengemeinschaft (s. 602[2]) heisst hier «Eigentum» nicht nur Eigentum an Sachen,
    sondern «Gesamtrechtszuständigkeit» schlechthin (also etwa auch entsprechendes Berechtigt-
    sein bei Forderungen). Zum Gesamteigentum der Eheleute an Grundstücken s. Beat Bräm,
    Gemeinschaftliches Eigentum unter Ehegatten an Grundstücken. Bildet Gesamteigentum als ein-
    fache Gesellschaft eine gute Alternative zum Miteigentum und zum Gesamteigentum im Güter-
    stand der Gütergemeinschaft? (Diss. Bern 1997), ASR 605.
2   Hausheer/Reusser/Geiser, BeKomm, Art. 222 N 44 ff.
3   Siehe hierzu Meier-Hayoz, BeKomm, Art. 653 N 17.

gilt grundsätzlich; ausnahmsweise kommen dann doch die Begriffe der Errungenschaftsbeteiligung zum Zug (s. 223, 242[1] und 243). Das Eigengut entsteht durch Ehevertrag, Zuwendung Dritter oder von Gesetzes wegen (225[1]). Von Gesetzes wegen
umfasst dabei das Eigengut nur die Gegenstände, die einem Ehegatten ausschliesslich zum persönlichen Gebrauch dienen, sowie die Genugtuungsansprüche (225[2], vgl.
198 Ziff. 1 und 3), insbesondere aber nicht Vermögenswerte, welche in die Ehe einge-
bracht oder nachher unentgeltlich erworben werden (vgl. 198 Ziff. 2).[4] Art. 225 Abs. 3
hält fest, was ein Ehegatte als pflichtteilsberechtigter Erbe als Pflichtteil von seinen Verwandten zugute habe, dürfe ihm dann nicht als Eigengut zugewendet werden, wenn
der Ehevertrag diese Vermögenswerte zum Gesamtgut schlage; das gilt immer bei der
allgemeinen Gütergemeinschaft und je nach Regelung bei den «anderen Gütergemeinschaften» (hierzu nachstehend N 7). Wie in der Errungenschaftsbeteiligung (dort 207[2],
s. vorn § 32 N 54) wird auch in der Gütergemeinschaft bei der Auflösung des Güterstandes dafür gesorgt, dass Kapitalleistungen, welche ein Ehegatte von einer Vorsorgeeinrichtung oder wegen Arbeitsunfähigkeit erhalten hat, pro rata temporis Eigengut
werden, d.h. nur der betroffenen Ehegattin zugute kommen (237).

b. Arten der Gütergemeinschaft

1. Allgemeine Gütergemeinschaft

5   Nach der Legaldefinition vereinigt die allgemeine Gütergemeinschaft *alles Vermögen*
und *alle Einkünfte* der Ehegatten, *welche nicht von Gesetzes wegen Eigengut sind*, zum
Gesamtgut (222[1]). Die Erträge des gesetzlichen Eigenguts (225[2]) fallen in das Gesamtgut (223[2]).[5] Man mag darüber streiten, ob dann noch eine allgemeine Gütergemeinschaft[6] oder aber eine andere Gütergemeinschaft im Sinn des Art. 224 vorliegt, wenn
durch Zuwendung Dritter (225[1]) Eigengut geschaffen worden ist. Es handelt sich dabei
um einen Streit um Worte. Immerhin ist zu prüfen, ob die Erträge dieses durch Dritte
geschaffenen Eigenguts ins Gesamtgut fallen. Das ist m.E. jedenfalls dann zu vernei-

---

4   Ersatzanschaffungen für Eigengut gehören zum Eigengut, Ersatzanschaffungen für Gesamt-
     gut zum Gesamtgut; das steht zwar nicht ausdrücklich im Gesetz, darf aber per analogiam aus
     Art. 197 Abs. 2 Ziff. 5 und 198 Ziff. 4 geschlossen werden. Vgl. auch Botsch. Eherecht 1328; HAUS-
     HEER/REUSSER/GEISER, BeKomm, Art. 221 N 9 f. und Art. 222 N 6. Vgl. auch RUMO-JUNGO,
     HandKomm, Art. 225 N 9 f., wonach solche Zuwendungen dann ins Eigengut fallen, wenn dies
     dem ausdrücklichen Willen der Erblasserin oder des Zuwenders entspricht.
5   DESCHENAUX/STEINAUER/BADDELEY, Effets, Nr. 1459d, 1460; HAUSHEER/REUSSER/GEISER,
     BeKomm, Art. 225 N 8; RUMO-JUNGO, HandKomm, Art. 225 N 3; HAUSHEER/GEISER/AEBI-
     MÜLLER, Familienrecht, Nr. 13.10.
6   DESCHENAUX/STEINAUER/BADDELEY, Effets, Nr. 1458a; HAUSHEER/REUSSER/GEISER, BeKomm,
     Art. 225 N 26; REGULA MASANTI-MÜLLER, Verwaltung und Vertretung in der Gütergemeinschaft
     (Diss. Bern 1995), ASR 568, 43, sprechen sich dafür aus, dass auch diesfalls von einer allgemei-
     nen Gütergemeinschaft i. S. v. Art. 222 Abs. 1 ausgegangen werden kann. Zurückhaltend: HEG-
     NAUER, Die Gütergemeinschaft des neuen Eherechts, in ZBGR 67 (1986), 278 f.; MARLIES und
     HEINZ NÄF-HOFMANN, Schweizerisches Ehe- und Erbrecht, Die Wirkungen der Ehe im allge-
     meinen, das eheliche Güterrecht und das Erbrecht der Ehegatten, Eine Einführung für den Prak-
     tiker (Zürich 1998), Nr. 2307.

nen, wenn eine anders gerichtete Willenserklärung des zuwendenden Dritten vorliegt.[7] Denn wenn Dritte schon durch Zuwendungen Eigengut begründen können, sollte (a fortiori) Gleiches ohne Weiteres auch für die Erträge dieser Zuwendungen möglich sein, und zwar auch ohne entsprechende ausdrückliche gesetzliche Regelung.

2. Beschränkte Gütergemeinschaften

Das Gesetz sieht als erste Art beschränkter Gütergemeinschaften die *Errungenschafts-* 6 *gemeinschaft* vor (223). Es handelt sich um den Güterstand, der neben dem vom Gesetzgeber gewählten Güterstand der Errungenschaftsbeteiligung am ehesten als ordentlicher Güterstand in Frage gekommen wäre (vorn § 31 N 19 ff.). Errungenschaftsgemeinschaft liegt vor, wenn die Ehegatten im Ehevertrag die Gemeinschaft auf die Errungenschaft beschränken (223[1]). Das Gesamtgut besteht alsdann aus jenen Vermögenswerten, welche beim Güterstand der Errungenschaftsbeteiligung zur Errungenschaft gehören (197). Das Eigengut umfasst diesfalls nun entgegen der Regelung bei der allgemeinen Gütergemeinschaft insbesondere auch die in Art. 198 Ziff. 2 erwähnten Vermögenswerte samt den entsprechenden Ersatzanschaffungen. Wie bei der Errungenschaftsbeteiligung die Erträge des Eigenguts in die Errungenschaft fallen, so fallen auch hier diese Erträge in das (aus der Errungenschaft bestehende) Gesamtgut (223[2]; vgl. 197[2] Ziff. 4).

Neben der auf die Errungenschaft beschränkte Gütergemeinschaft kennt das Recht 7 auch «*andere Gütergemeinschaften*» (224).[8] Es geht darum, dass den Eheleuten die Möglichkeit eingeräumt wird, trotz Wahl des Güterstandes der Gütergemeinschaft durch Ehevertrag bestimmte Vermögenswerte oder Arten von Vermögenswerten von der Gemeinschaft auszuschliessen. Das Gesetz bringt als Beispiele Grundstücke, den Arbeitserwerb eines Ehegatten oder Vermögenswerte, mit denen er einen Beruf oder ein Gewerbe ausübt. Das Gesamtgut kann derart (durch den Ausschluss aller anderen Vermögenswerte) auch auf bestimmte Vermögenswerte beschränkt werden, z.B. auf Liegenschaften oder auf den Arbeitserwerb.[9] Die Erträge solcher Vermögenswerte fallen – vorbehältlich anders lautender Vereinbarung – nicht in das Gesamtgut (224[2], gerade anders als in 223[2]).

c. Beweisregelung

Wie in der Errungenschaftsbeteiligung (200) kennt das Recht der Gütergemeinschaft 8 eine ausdrücklich im Gesetz verankerte Vermutung für die Zugehörigkeit von Vermögenswerten *im Zweifel*: Alle Vermögenswerte gelten als *Gesamtgut,* solange nicht der

---

7 Siehe auch Hegnauer/Breitschmid, Grundriss, Nr. 28.17; Regula Masanti-Müller a.a.O. 44 Anm. 274 f.; a. M. Hausheer/Reusser/Geiser, BeKomm, Art. 225 N 26; Deschenaux/ Steinauer/Baddeley, Effets, a.a.O. Nr. 1459e Anm. 22.

8 Hegnauer/Breitschmid, Grundriss, Nr. 28.12; Hausheer/Geiser/Aebi-Müller, Familienrecht, Nr. 13.08, sprechen von «Ausschlussgemeinschaft».

9 Hausheer/Reusser/Geiser, BeKomm, Art. 223 und 224 N 8, 16 ff.; Rumo-Jungo, HandKomm, Art. 223–224 N 4; Hausheer/Aebi-Müller, BaKomm, Art. 223/224 N 11.

Beweis des Gegenteils, d.h. die Zugehörigkeit zum Eigengut eines Ehegatten, erbracht ist (226).

II.   Die Rechtsverhältnisse während des Güterstandes

a. Verwaltung und Verfügung

1. Beim Gesamtgut

9   Gemäss Art. 227 Abs. 1 verwalten die Eheleute das Gesamtgut «im Interesse der ehelichen Gemeinschaft». Damit ist, im Rahmen der Gesamtzuständigkeit beider Ehegatten (228[1]) oder der Alleinzuständigkeit eines einzelnen (227[2]), pflichtgemässes *Tätigwerden* der Ehegatten *im Interesse der Gemeinschaft* von Rechts wegen vorgeschrieben. Die normative Bedeutung dieser gesetzlichen Regel liegt zwar vor allem im internen Bereich (vgl. etwa 185[2] Ziff. 2); doch kann diese Regel auch als Auslegungshilfe für die rechtliche Beurteilung des Verhaltens Dritter (etwa 228[2]: also für die Beurteilung des guten Glaubens Dritter, wenn nur ein Ehegatte handelt) herangezogen werden.

10   Dem Grundgedanken der Gütergemeinschaft würde entsprechen, dass Verwaltung und Verfügung betreffend jeden einzelnen Vermögensbestandteil nur gemeinsam erfolgt. Dies wäre aber sehr schwerfällig, sowohl nach innen wie nach aussen. Das *Gesetz unterscheidet* daher *zwischen der ordentlichen und der ausserordentlichen Verwaltung*. Im Rahmen der *ordentlichen Verwaltung* (für das Kleine, das Alltägliche, das Gewöhnliche, das Dringende)[10] ist jeder Ehegatte berechtigt, die Gemeinschaft zu verpflichten und über Bestandteile des Gesamtguts zu verfügen (227[2]). Das Handeln des einen bindet daher beide bzw. bewirkt eine entsprechende Änderung der Vermögenslage. Anderes gilt für die ausserordentliche Verwaltung: Hier kommt eine Verpflichtung der Gemeinschaft bzw. eine Verfügung über das Gesamtgut nur zustande durch gemeinsames Handeln bzw. durch Handeln des einen mit Einwilligung der anderen (228[1]). Dieser Grundsatz wird allerdings relativiert durch die Regel, wonach Dritte diese Einwilligung voraussetzen dürfen, sofern sie nicht wissen oder wissen sollten, dass sie fehlt (228[2]).[11] Gutgläubige Dritte werden so geschützt. Für die Vertretung der ehelichen Gemeinschaft gilt hier wie bei allen Güterständen Art. 166 (228[3]).

---

10   Gemäss Botsch. a.a.O. 1330 darf für die Auslegung dieses Begriffs Lehre und Rechtsprechung zu Art. 202 a. F. herangezogen werden. Es kann auch Art. 647a sinngemäss angewendet werden, s. dazu HAUSHEER/REUSSER/GEISER, BeKomm, Art. 227 und 228 N 20; DESCHENAUX/ STEINAUER/BADDELEY, Effets, Nr. 1500 Anm. 23; HEGNAUER/BREITSCHMID, Grundriss, Nr. 28.19 i. f.; MASANTI-MÜLLER a.a.O. 118 ff.; RUMO-JUNGO, HandKomm, Art. 227–228 N 5 ff.; ferner HAUSHEER/GEISER/AEBI-MÜLLER, Familienrecht, Nr. 13.15; HAUSHEER/AEBI-MÜLLER, BaKomm, Art. 227/228 N 8 ff.

11   Gemäss Botsch. a.a.O. 1332 gilt dieser Absatz zu Lasten des Dritten erst dann, wenn er darüber unterrichtet ist, dass sein Verhandlungspartner unter Gütergemeinschaft lebt; vorher darf er annehmen, der Partner lebe unter Errungenschaftsbeteiligung. So auch STEINAUER, Le régime matrimonial et les tiers, in ZBJV 125 (1989), 487 ff., 498 f.; HAUSHEER/REUSSER/GEISER,

Erweiterte Verfügungsmacht kommt einem einzelnen Ehegatten dann zu, wenn er 11
mit Zustimmung des anderen mit Mitteln des Gesamtguts allein einen Beruf oder
ein Gewerbe betreibt; dann kann er gültig alle Rechtsgeschäfte vornehmen, welche
diese Tätigkeit mit sich bringt (229; vgl. 564[1] OR). Das Gesamtgut wird des Weiteren dadurch geschützt, dass ein Ehegatte allein *Erbschaften* mit Aktivsaldo, *die in das
Gesamtgut fallen würden,* nicht ausschlagen, überschuldete nicht annehmen kann; der
interessierte Ehegatte kann das Gericht anrufen, wenn er die Zustimmung der Gattin
nicht einholen kann oder diese ihr «Ja» ohne triftigen Grund verweigert (230[1] und [2];
vgl. 169[2]).

Wie bei der Verwaltung des Vermögens eines Gatten im Allgemeinen (195[1]), so steht 12
auch bei der Verwaltung des Gesamtguts jeder Ehegatte unter der *auftragsrechtlichen
Verantwortlichkeit,* mit der Bewandtnis, dass die entsprechende Forderung nicht vor
der Auflösung (recte:[12] der güterrechtlichen Auseinandersetzung) fällig wird (231[1]).
Die Kosten der Verwaltung des Gesamtguts werden vom Gesamtgut getragen (231[2]).

2. Beim Eigengut

Rechtlich problemlos ist die Verwaltung des Eigenguts und die Verfügung über die 13
entsprechenden Vermögenswerte: *Jeder Ehegatte* ist hier *allein zuständig* (232[1]). Der
Klarheit halber hält Art. 232 Abs. 2 fest, dass die Kosten der Verwaltung des Eigenguts diesem belastet werden, soweit dessen Erträge in das Eigengut fallen (s. auch den
frz. Text).

b. Haftung gegenüber Dritten

Art. 233 zählt die Fälle abschliessend auf, in welchen jeder Ehegatte mit Eigengut und 14
Gesamtgut haftet. Es handelt sich um die sog. *Vollschulden.* Für alle übrigen Schulden, die *Eigenschulden,* gilt, dass der Ehegatte nur mit seinem Eigengut und der Hälfte
des Werts des Gesamtguts haftet (234[1]). Die Räte wollten den Güterstand der Gütergemeinschaft durch eine weniger strenge Haftung attraktiver gestalten.[13] Der Grundsatz
ist also die Eigenschuld (nicht Eigengutschuld!), d.h. die Haftung mit dem Eigengut
und der Hälfte des Werts des Gesamtguts, die Ausnahme die Vollschuld. Zur Betreibung eines in Gütergemeinschaft lebenden Ehegatten s. Art. 68a und b SchKG.[14]

BeKomm, Art. 227 und 228 N 38 ff.; Masanti-Müller a.a.O. 135 ff.; Rumo-Jungo, Hand-
Komm, Art. 227–228 N 13; Deschenaux/Steinauer/Baddeley, Effets, Nr. 1508 ff.; a. M.
Hausheer/Aebi-Müller, BaKomm, Art. 227/228 N 21.

12   Die Fälligkeit tritt erst mit Abschluss der güterrechtlichen Auseinandersetzung ein, nicht schon
     mit der Auflösung des Güterstandes. Beim Wortlaut des Art. 231 handelt es sich um ein gesetz-
     geberisches Versehen der Redaktionskommission: Hausheer/Reusser/Geiser, BeKomm,
     Art. 231 N 21 f.; Deschenaux/Steinauer/Baddeley, Effets, Nr. 1496b; Masanti-Müller
     a.a.O. 174; Rumo-Jungo, HandKomm, Art. 231 N 5; Hausheer/Aebi-Müller, BaKomm,
     Art. 231 N 13.

13   Vgl. insbesondere Nationalrat Lüchinger im Amtl. Bull. 1983 NR, 682 f. generell und Stände-
     rat Cavelty im Amtl. Bull. 1984 StR, 141.

14   Das Bundesgericht führt in seinem «Schreiben an die kantonalen Aufsichtsbehörden und an
     die Betreibungs- und Konkursämter» vom 11. Dezember 1987 hierzu aus: «Die mit dem neuen

15   1. Die *einzelnen Fälle von Vollschulden,* für welche also das Haftungssubstrat aus dem
jeweiligen Eigengut des betreffenden Ehegatten und dem ganzen Gesamtgut besteht,
sind:

– Schulden, begründet in Ausübung der Vertretungsmacht der ehelichen Gemeinschaft oder bei Verwaltung des Gesamtguts (Ziff. 1; damit verweist diese Ziffer auf
  Art. 166 einerseits und auf 227/228 andererseits);

– Schulden auf Grund der Ausübung von Beruf oder Gewerbe, wenn dafür entweder
  Mittel des Gesamtguts verwendet werden (229) oder die entsprechenden Erträge
  (frz. Text: revenus, wozu auch Erwerbseinkommen gehört[15]) ins Gesamtgut fallen
  (s. 221[1] für die allgemeine, 223[2] für die Errungenschaftsgemeinschaft und 224[2] für
  andere Gütergemeinschaften) (Ziff. 2[16]);

– Schulden, die auch persönliche Schulden des anderen Ehegatten sind (Ziff. 3; also
  alle Fälle von Solidarschuldnerschaft), und schliesslich;

– jene Schulden, für welche die Ehegatten dem Dritten die Haftung des Gesamtguts
  neben dem Eigengut des Schuldners zugesichert haben (Ziff. 4).

16   Der bedeutsamste Fall von Vollschulden ist wohl Ziff. 2. In den anderen Fällen
ergibt sich eine solche Vollhaftung eigentlich schon unabhängig von Art. 233.

17   2. *Eigenschulden.* Alle anderen *Schulden* sind Eigenschulden. Dafür haftet der Ehegatte
mit seinem Eigengut und der Hälfte des Werts des Gesamtguts (234[1]).[17] Die Gläubige-

---

Eherecht in Kraft tretenden *Art. 68a und 68b SchKG* sind Ausfluss der Haftung gegenüber Dritten der in Gütergemeinschaft lebenden Ehegatten. Der Zahlungsbefehl und alle übrigen Betrei-
bungsurkunden sind auch dem anderen Ehegatten zuzustellen (Art. 68a Abs. 1 SchKG). Jeder
Ehegatte kann Rechtsvorschlag erheben, indem er Bestand oder Höhe der Forderung bestreitet
oder indem er schon in diesem Stadium des Betreibungsverfahrens geltend macht, dass nicht
das Gesamtgut, sondern lediglich das Eigengut und der Anteil des Schuldners am Gesamtgut
haften (Art. 68a Abs. 2 und 3 SchKG). Art. 68b SchKG präzisiert die rechtlichen Möglichkeiten,
die dem in Gütergemeinschaft lebenden Ehegatten im Widerspruchsverfahren zur Verfügung
stehen» (113 III 50; BGer K 107/02 E. 3.3). Anlässlich der Revision des SchKG vom 16. Dezember
1994 ist Art. 68a Abs. 3 gestrichen und Art. 68b Abs. 3 am Ende um folgenden Teilsatz ergänzt
worden: «vorbehalten bleibt eine Pfändung des künftigen Erwerbseinkommens des betriebenen Ehegatten (Art. 93)».

15   HAUSHEER/REUSSER/GEISER, BeKomm, Art. 233 und 234 N 37.
16   Nach HAUSHEER/REUSSER/GEISER, BeKomm, Art. 233 und 234 N 37, ist für beide Varianten
     die Zustimmung des anderen Ehegatten vorausgesetzt, was sich bei der Verwendung von Mit-
     teln des Gesamtguts aus Art. 229 ergibt. Für den Fall, dass die Geschäftserträge ins Gesamt-
     gut fallen, begründen sie das Zustimmungserfordernis mit dem Schutz des anderen Ehegatten:
     Andernfalls wären nämlich bei der Errungenschaftsgemeinschaft (223[2]) alle Geschäftsschulden
     Vollschulden. Gl. M. DESCHENAUX/STEINAUER/BADDELEY, Effets, Nr. 1534e Anm. 16.
17   Zu denken ist an voreheliche Schulden, Erbschaftsschulden, Schulden aus unerlaubter Hand-
     lung oder Alimentenschulden: s. Nationalrat LÜCHINGER, Amtl. Bull. 1983 NR, 682. DESCHEN-
     AUX/STEINAUER/BADDELEY, Effets, Nr. 1514; HAUSHEER/REUSSER/GEISER, BeKomm, Art. 233
     und 234 N 25 ff.; RUMO-JUNGO, HandKomm, Art. 233–234 N 9 f.; HAUSHEER/GEISER/AEBI-
     MÜLLER, Familienrecht, Nr. 13.26 f.; HAUSHEER/AEBI-MÜLLER, BaKomm, Art. 233/234 N 8 ff.

rin kann also den gesetzlichen Anteil des Schuldners am Gesamtgut in die Pfändung miteinbeziehen; gegebenenfalls kommt Art. 189 zum Zug.[18] Art. 234 Abs. 2 sieht einen Vorbehalt vor für Ansprüche wegen Bereicherung der Gemeinschaft, d.h. des Gesamtguts.[19] Gegebenenfalls hat die Gläubigerin einen Anspruch darauf, im Rahmen der Bereicherung des Gesamtguts auf dieses greifen zu können.

c. Schulden zwischen Ehegatten

Art. 235 über «Schulden zwischen Ehegatten» hat den völlig *gleichen Wortlaut wie* der entsprechende Art. 203 *für* den Fall der *Errungenschaftsbeteiligung*. Es kann daher auf die Ausführungen zu diesem Artikel verwiesen werden (vorn § 32 N 30 ff.; für die Gütertrennung s. den gleich lautenden Art. 250). 18

III. Die Auflösung des Güterstandes und die Auseinandersetzung

a. Die Auflösung[20]

Die *Auflösungsgründe* bei der Gütergemeinschaft sind zunächst einmal die gleichen wie bei der Errungenschaftsbeteiligung (vorn § 32 N 29). Hinzu kommen die Konkurseröffnung, welche ja nur bei Gütergemeinschaft zum ausserordentlichen Güterstand der Gütertrennung führt (188), sowie gegebenenfalls die gerichtliche Anordnung bei Pfändung des Anteils am Gesamtgut (189). Bei Konkurseröffnung und (wie bei der Errungenschaftsbeteiligung) im Fall des Todes eines Ehegatten oder der Vereinbarung eines anderen Güterstandes fällt der *Auflösungszeitpunkt* mit dem Auflösungsereignis zusammen (236[1]). Ebenso wird bei Gütergemeinschaft für den Fall der Scheidung, Trennung, Ungültigerklärung der Ehe oder gerichtlicher Anordnung der Gütertrennung die Auflösung zurückbezogen auf den Tag, an dem das entsprechende Begehren eingereicht worden ist (236[2])[21]. Die innere Begründung für diese Lösung ist dieselbe wie bei der Errungenschaftsbeteiligung: *Für* die *Zusammensetzung des Gesamtguts* und des Eigenguts ist der *Zeitpunkt der Auflösung* und nicht der Zeitpunkt der Auseinandersetzung *massgebend* (236[3]; vgl. 207[1]), was z.B. bei lange dauernden Scheidungsprozessen von grosser Bedeutung sein kann. 19

---

18   Der Anteil als solcher kann aber nicht versteigert werden: s. Art. 68b Abs. 4 SchKG. Vgl. im Übrigen die V des BGer vom 17. Januar 1923 über die Pfändung und Verwertung von Anteilen an Gemeinschaftsvermögen (VVAG; SR 281. 41) und dort Art. 9 Abs. 1 und Art. 10 Abs. 1. – Für den Fall des Konkurses s. Art. 188.

19   Siehe die Erläuterungen dazu in Botsch. a.a.O. 1337; ferner HAUSHEER/AEBI-MÜLLER, BaKomm, Art. 233/234 N 12; HAUSHEER/REUSSER/GEISER, BeKomm, Art. 233 und 234 N 43 ff.

20   Vgl. SUZETTE SANDOZ, Les régimes matrimoniaux en droit suisse – Système actuel et perspective de réforme, in Andrea Bonomi/Marco Steiner (Hrsg.), Les régimes matrimoniaux en droit comparé et en droit international privé, Actes du colloque de Lausanne du 30 septembre 2005 (Genf 2006), 15 ff., 28 f.

21   Ab Einreichung des Begehrens leben die Ehegatten m.E. unter Gütertrennung (s. vorn § 31 N 21).

b. Die Zuweisung der Vermögenswerte und die Wertbestimmung des Gesamtguts[22]

20   Im Hinblick auf die Teilung des Gesamtguts (241; sogleich N 25 ff.) sind verschiedene Gedankenschritte vorzunehmen: Zunächst ist der Zeitpunkt zu bestimmen, zu dem der Güterstand aufgelöst und die Zusammensetzung der Vermögensmassen ermittelt werden (1., N 21). Sodann sind die Schulden den beiden Gütermassen zuzuweisen und allfällige Investitionen der einen in die andere Gütermasse zu ermitteln (2., N 22 f.). Schliesslich gilt es, diese Vermögensgegenstände zu bewerten (3., N 24).

1. Zeitpunkt für den Bestand der Massen

21   Wie für die Errungenschaftsbeteiligung (207[1]) setzt Art. 236 Abs. 3 als massgebenden Zeitpunkt für den Bestand der Massen, d.h. die Zusammensetzung von Gesamtgut und von Eigengut eines jeden Ehegatten, den *Zeitpunkt der Auflösung des Güterstandes* fest (vgl. hierzu 236[1 und 2]). Etwas anderes gilt für die Frage des Werts dieser Vermögensgegenstände (240, s. sogleich N 24). Während aber bei der Errungenschaftsbeteiligung für die Dauer des Güterstandes die Zugehörigkeit zu Errungenschaft oder Eigengut praktisch keine Rolle spielt und daher auch kaum registriert wird, gelten bei der Gütergemeinschaft bereits vor der Auflösung für Eigentum, Verwaltung, Verfügung und Haftung gegenüber Dritten je unterschiedliche Lösungen für Gesamtgut oder Eigengut (vgl. 227–234). Die *Zuweisung der Vermögenswerte* zu den einzelnen Gütermassen ist daher *regelmässig nicht mehr nötig.* Von Bedeutung sind aber die *Kapitalleistungen*, welche ein Ehegatte *von einer Vorsorgeeinrichtung oder wegen Arbeitsunfähigkeit* erhalten hat. Soweit solche Abfindungen Gesamtgut geworden sind, was bei der Gütergemeinschaft immer zutrifft, wo ehevertraglich nichts anderes vereinbart worden ist, werden sie nun im Betrag des Kapitalwerts der Rente, die dem Ehegatten bei Auflösung des Güterstandes (künftig) zustünde, also pro rata temporis, dem Eigengut zugerechnet (237; vgl. 207[2], § 32 N 54).

2. Zuweisung der Schulden zu den Vermögensmassen

22   Was die *Ersatzforderungen* angeht, kennen wir bei der Gütergemeinschaft nun nicht mehr Ersatzforderungen zwischen Gütermassen des gleichen Ehegatten wie gemäss Art. 209 zwischen Eigengut und Errungenschaft bei der Errungenschaftsbeteiligung. In Frage kommen nur Ersatzforderungen *zwischen den Eigengütern* eines jeden Ehegatten einerseits *und dem Gesamtgut* andererseits. Solche Ersatzforderungen entstehen aber auch hier immer dann, wenn Schulden, die eine Vermögensmasse belasten, mit den Mitteln der anderen bezahlt worden sind, also etwa Schulden des Gesamtguts mit den Mitteln des Eigenguts von Mann oder Frau oder umgekehrt (238[1]; vgl. 209[1]). Auch hier gilt, dass eine Schuld jene Vermögensmasse belastet, mit welcher sie zusammenhängt (238[2]; vgl. 209[2]); im Zweifel ist dies das Gesamtgut (238[2] i. f.).

---

22   Vgl. STEPHAN WOLF, Vorschlags- und Gesamtgutszuweisung an den überlebenden Ehegatten mit Berücksichtigung der grundbuchrechtlichen Auswirkungen (Diss. Bern 1996), ASR 584, 57 ff.; zum Ganzen vgl. auch REGINA E. AEBI-MÜLLER, Die optimale Begünstigung des überlebenden Ehegatten (2. A. Bern 2007), N 06.60 ff.

Für den Fall von *Investitionen des Eigenguts* eines Ehegatten *in das Gesamtgut* oder 23
aber *des Gesamtguts in das Eigengut* eines Ehegatten verweist Art. 239 im Hinblick auf
deren sinngemässe Anwendung auf die Bestimmungen über den Mehrwertanteil bei
der Errungenschaftsbeteiligung. Dem Wortlaut und der Sache nach bezieht sich diese
Verweisung auf Art. 206 Abs. 1 und nicht etwa auf Art. 209 Abs. 3. Demnach besteht
eine variable Ersatzforderung des investierenden Guts nur bezüglich eines Mehrwerts,
nicht aber eines allfälligen Minderwerts des von der Investition profitierenden Guts;
im letzteren Fall schuldet das Gut, in welches investiert worden ist, den ursprünglichen
Beitrag (206¹ i. f.; s. die Beispiele in § 32 N 41 ff.).

3. Massgebender Zeitpunkt für die Wertbestimmung

Für die Bestimmung des Werts des Gesamtguts ist wie für die Wertbestimmung bei 24
der Errungenschaftsbeteiligung (214¹) der *Zeitpunkt der Auseinandersetzung* (240)
massgebend. Das Gesetz spricht sich aber weder unter dem Randtitel «Wertbestimmung» noch anderswo darüber aus, welcher Wert, ob Verkehrswert oder Ertragswert oder allenfalls ein anderer Anrechnungswert, für die Wertbestimmung massgebend ist. Nach allgemeiner Regel gilt daher der Verkehrswert (125 III 1 E. 4b, 5; 121
III 155 E. 5; vgl. dazu vorn § 32 N 64).²³ Nicht geregelt bleibt auch die Frage, ob für
ein landwirtschaftliches Gewerbe wie bei der Errungenschaftsbeteiligung der Ertragswert im Sinn von Art. 212 bzw. ein angemessener Anrechnungswert gemäss Art. 213
gilt. Art. 37 BGBB hat diese Lücke im ZGB geschlossen. Danach wird bei der Auflösung von Gesamteigentum ein landwirtschaftliches Gewerbe zum Ertragswert und
ein landwirtschaftliches Grundstück zum doppelten Ertragswert angerechnet (37¹
BGBB) und kann der Anrechnungswert angemessen erhöht werden, wenn die besonderen Umstände nach Art. 213 dies rechtfertigen (37³ BGBB). Im Übrigen besteht bei
einer späteren Veräusserung Anspruch auf Gewinn nach den Bestimmungen über den
Gewinnanspruch der Miterben (37⁴ BGBB) (dazu vorne § 32 N 64).

c. Die Teilung

Steht fest, was zum Gesamtgut²⁴ gehört und wie viel dessen Wert ausmacht, kann zur 25
Teilung geschritten werden. Da Eigentum mehrerer Personen an der gleichen Sache
vorliegt, spricht das Gesetz in den Art. 241 ff. nicht wie bei der Errungenschaftsbeteiligung von «Beteiligung» (Marginalie zu 215 ff.), sondern *wie im Sachenrecht* (650, 651,
654²) *und im Erbrecht* (17. Titel) von «*Teilung*». Wie im Erbrecht geht es um die Beantwortung der beiden Fragen: Wer erhält wie viel? Wer bekommt was?

1. Die Ansprüche

Während bei der Errungenschaftsbeteiligung die gesetzlichen Ansprüche bei allen 26
Auflösungsgründen identisch sind (nämlich die Hälfte des Vorschlags des anderen:
215¹), unterscheidet das Recht der Gütergemeinschaft zwischen dem Fall, da die Güter-

---

23 DESCHENAUX/STEINAUER/BADDELEY, Effets, Nr. 1580; HAUSHEER/REUSSER/GEISER, BeKomm,
    Art. 240 N 7; RUMO-JUNGO, HandKomm, Art. 240 N 3; HAUSHEER/AEBI-MÜLLER, BaKomm,
    Art. 240 N 4.
24 Das Eigengut spielt keine Rolle. Jeder Ehegatte behält sein Eigengut.

gemeinschaft durch Tod aufgelöst wird, und jenem, da die Scheidung den Auflösungsgrund bildet. *Bei Tod* bzw. Vereinbarung eines anderen Güterstandes steht jedem Ehegatten oder dessen Erben von Gesetzes wegen die Hälfte des Gesamtguts zu (241[1]). *Bei Scheidung* bzw. Trennung, Ungültigerklärung der Ehe oder Eintritt der gesetzlichen oder gerichtlichen Gütertrennung nimmt aber vorerst jeder Ehegatte vom Gesamtgut zurück, was beim Güterstand der Errungenschaftsbeteiligung sein Eigengut wäre (242[1]; s. hierzu 36[3] BGBB); nur, aber immerhin das übrige Gesamtgut fällt den Eheleuten je zur Hälfte zu (242[2]). Hier liegt mithin eine Art Errungenschaftsbeteiligung von Gesetzes wegen vor. Indessen ist Folgendes zu beachten: Wird eine Gütergemeinschaft liquidiert, weil der Anteil eines Ehegatten am Gesamtgut für eine Eigenschuld gepfändet wurde (185[2] Ziff. 1 und 189) oder weil ein unter Gütergemeinschaft lebender Ehegatte in Konkurs gefallen ist (188), so geht im Verhältnis zu den Gläubigerinnen des betriebenen Ehegatten die Haftungsnorm des Art. 234 Abs. 1 der Teilungsvorschrift des Art. 242 Abs. 1 vor. Das bedeutet: Die Hälfte des Liquidationserlöses fällt den Gläubigerinnen bis zur Höhe ihrer Forderung zu. Der Ehegatte, dem dadurch etwas entgeht, was ihm sonst nach Art. 242 Abs. 1 zustünde, kann von seiner Partnerin Ausgleich beanspruchen.[25]

27   Aber auch beim Güterstand der Gütergemeinschaft ist diese Teilung nicht zwingenden Rechts. Vielmehr kann *durch Ehevertrag* (128 III 314)[26] eine *andere Teilung* vereinbart werden (241[2] und 242[3][27]).[28] Der *Schutz der Pflichtteilserben* geht aber bei der Gütergemeinschaft weiter als bei der Errungenschaftsbeteiligung: Bei Gütergemeinschaft dürfen von der gesetzlichen Regelung abweichende Vereinbarungen über die Teilung des Gesamtguts die Pflichtteilsansprüche aller Nachkommen und nicht nur der nichtgemeinsamen Kinder und deren Nachkommen (so 216[2]) nicht beeinträchtigen (241[3]); das ist bei der allgemeinen Gütergemeinschaft deshalb angezeigt, weil eben das Gesamtgut regelmässig mehr vom Erbe der verstorbenen Person ausmacht als der Vorschlag bei der Errungenschaftsbeteiligung. Mit Bezug auf die Errungenschaftsgemeinschaft führt Art. 241 Abs. 3 zu einer sachlich ungerechtfertigten Unterscheidung zur Errungenschaftsbeteiligung, bei der einzig die nichtgemeinsamen Nachkommen und deren Kinder geschützt sind (216[2]). Paradoxerweise ist somit in der Errungenschaftsgemeinschaft der Ehegatte weniger gut geschützt als in der Errungenschaftsbeteiligung. In der Lehre wird daher unter Annahme einer rechtspolitischen Lücke postuliert, Art. 241 Abs. 3 sei hier nur insoweit anzuwenden, als das Gesamtgut

---

25   Hausheer/Reusser/Geiser, BeKomm, Art. 188 N 25; Deschenaux/Steinauer/Baddeley, Effets, Nr. 1586 Anm. 39; Hegnauer/Breitschmid, Grundriss, Nr. 28.52.

26   Unter Vorbehalt des Rechtsmissbrauchs: zum alten Recht s. BGE 112 II 390.

27   Die ehevertragliche Änderung gemäss Art. 242 Abs. 3 bezieht sich nur auf die Errungenschaft (242[2]), nicht auf die Eigengüter (242[1]): s. Hausheer/Reusser/Geiser, BeKomm, Art. 242 N 9; Hegnauer/Breitschmid, Grundriss, Nr. 28.51; siehe nun aber Breitschmid, Ist Art. 242 Abs. 1 ZGB zwingendes Recht?, in FamPra.ch 2 (2001), 430 ff.

28   Zur Rechtsnatur der Überlebens- und Begünstigungsklauseln s. Hausheer/Reusser/Geiser, BeKomm, Art. 241 N 44 ff.

Güter umfasse, die bei der Errungenschaftsbeteiligung Eigengut (198) wären.[29] Diese Lösung erscheint gerechtfertigt, da dem Gesetzgeber bei seinem Entscheid, die Errungenschaftsgemeinschaft mit den anderen Gütergemeinschaften gleichzustellen, offensichtlich ein Versehen unterlaufen ist.[30] Immerhin bleibt darauf hinzuweisen, dass es die Eheleute durch den Ehevertrag ja in der Hand haben, jene Lösung zu wählen, die ihren Interessen am ehesten entspricht. Daher werden sie beim Wunsch, sich gegenseitig auf den Tod hin güterrechtlich bestmöglich zu begünstigen, angesichts des Wortlauts von Art. 241 Abs. 3 gerade nicht die Errungenschaftsgemeinschaft wählen.

Für die *Scheidung und die* ihr diesbezüglich *gleichgestellten Auflösungsgründe* (242[1]) gelten wie bei der Errungenschaftsbeteiligung vom gesetzlichen Hälftenanspruch abweichende Vereinbarungen über die Teilung des Gesamtguts *nur, wo* der *Ehevertrag* dies *ausdrücklich* vorsieht (242[3]). Extern (im Verhältnis zu den Gläubigern) geht allerdings Art. 234 Abs. 1 der Abmachung gemäss Art. 242 Abs. 3 vor. **28**

2. Die Durchführung der Teilung

Steht einmal fest, wer wie viel erhält, muss nun auch noch geregelt werden, wer *was* erhält.[31] Selbstverständlich gilt hier wie bei der Erbteilung (607[2]) zunächst einmal *Vertragsfreiheit*. Im Übrigen hat aber das Gütergemeinschaftsrecht, abgesehen von der Globalverweisung auf die sinngemässe Anwendung der Bestimmungen über die Teilung von Miteigentum und die Durchführung der Erbteilung (246), gewisse «*Teilungsregeln*» aufgestellt. **29**

Solche «Teilungsregeln» sieht das Gesetz zunächst einmal vor *für den Fall der Auflösung* der Gütergemeinschaft *durch den Tod eines Ehegatten* (243, 244). Der überlebende Ehegatte kann von den übrigen Erben des Verstorbenen verlangen, dass ihm auf Anrechnung überlassen werde, was unter der Errungenschaftsbeteiligung sein Eigen- **30**

---

29 DESCHENAUX/STEINAUER/BADDELEY, Effets, Nr. 1584; HEGNAUER/BREITSCHMID, Grundriss, Nr. 28.46 ff.; TUOR/SCHNYDER/SCHMID, 11. Aufl., 247; RUMO-JUNGO, HandKomm, Art. 241 N 6; a. M. AEBI-MÜLLER a.a.O. N 06.79 ff.; HAUSHEER/AEBI-MÜLLER, BaKomm, Art. 241 N 16; HAUSHEER/REUSSER/GEISER, BeKomm, Art. 241 N 50 und TUOR/SCHNYDER/SCHMID, 10. Auflage, 226.

30 Der Ständerat hiess zunächst einen Antrag LIEBERHERR gut, wonach die Pflichtteilsansprüche der nichtgemeinsamen Nachkommen geschützt seien (Amtl. Bull. 1981 StR, 162). Der Nationalrat kam darauf zurück und weitete den Schutz erneut auf alle Nachkommen aus (Amtl. Bull. 1983 NR, 685), wobei Berichterstatter GERWIG diesen Schutz gegenüber einem Änderungsantrag ALDER wie folgt verteidigte: «Hier geht es um die … Gütergemeinschaft … Mit anderen Worten: Es geht nicht nur um die Errungenschaft, sondern auch um die Eigengüter. Würde man bei den Eigengütern die Nachkommen ausschliessen können, wäre das ganze Erbrecht illusorisch.» Er verteidigte mithin den Pflichtteilsschutz mit Blick auf die allgemeine Gütergemeinschaft, in der Errungenschaft und Eigengüter im Gesamtgut vereinigt sind. Die Errungenschaftsgemeinschaft hatte er offensichtlich nicht im Auge. Im Ständerat wurde diese nationalrätliche Formulierung gutgeheissen, obwohl Ständerat ARNOLD darauf hinwies, dass sich in dieser Sache für die Errungenschaftsbeteiligung und die Gütergemeinschaft dieselbe Lösung aufgedrängt hätte (Amtl. Bull. 1984 StR, 142).

31 Vgl. zum alten Recht BGE 113 II 222.

gut wäre (243; s. auch 36³ BGBB). Hier gilt also nicht der gütergemeinschaftsspezifische Eigengutsbegriff, sondern jener des Art. 198. Der Sache nach geht es vor allem um das eingebrachte Gut des überlebenden Ehegatten und das von ihm Ererbte; hier kommt also der alte Grundsatz «materna maternis, paterna paternis» wieder zum Tragen. – *Besondere Teilungsregeln* gelten sodann *für Haus, Wohnung oder Hausrats*gegenstände, die zum Gesamtgut gehören. Die überlebende Ehegattin ist diesbezüglich mehrfach besser gestellt als bei der Errungenschaftsbeteiligung; das ist indessen sachlich gerechtfertigt, weil sie eben hier bereits zu Lebzeiten Gesamteigentümerin war. So muss die überlebende Ehegattin anders als gemäss Art. 219 nicht nachweisen, dass sie Haus, Wohnung oder Hausratsgegenstände beansprucht, um ihre bisherige Lebensweise beibehalten zu können (vgl. 219¹ i. i.). Sodann kann die überlebende Ehegattin primär das Eigentum, natürlich gegen Anrechnung, und nicht bloss Nutzniessung oder Wohnrecht verlangen (244¹, verglichen mit 219¹; für den Hausrat sieht auch die Errungenschaftsbeteiligung die Zuweisung von Eigentum vor: 219²); dem entspricht, dass als subsidiärer Anspruch, «wo die Umstände es rechtfertigen», nunmehr der überlebende Ehegatte oder die anderen gesetzlichen Erben (dies allerdings nur, wenn der Ehegatte von 244¹ Gebrauch machen will) die Einräumung von Nutzniessung oder Wohnrecht statt des Eigentums verlangen können (244², verglichen mit 219³ und 219¹).

31 Während demnach die überlebende Ehegattin für die Zuweisung von Eigentum, Nutzniessung oder Wohnrecht an der Wohnung kein besonderes Interesse nachzuweisen hat (völlige Interesselosigkeit könnte allerdings den Rechtsmissbrauchstatbestand erfüllen), kann *jeder Ehegatte für den Fall, dass* die *Gütergemeinschaft nicht durch Tod aufgelöst* wird, bezüglich Wohnung und Hausrat dann die gleichen Begehren stellen wie die überlebende Ehegattin, wenn sie ein *überwiegendes Interesse* nachweist (244³). Art. 245 sieht sogar ganz allgemein vor, also *für alle Fälle der Auflösung der Gütergemeinschaft* und irgendwelche Vermögenswerte des Gesamtguts (so ausdrücklich im französischen Text: «d'autres biens communs»), dass ein Ehegatte die Zuweisung auf Anrechnung verlangen kann, wenn er ein überwiegendes Interesse nachweist. Bei dieser Bestimmung handelt es sich um das Pendant zu Art. 205 Abs. 2 bei der Errungenschaftsbeteiligung. Wird der Güterstand durch den Tod aufgelöst, steht dieses Recht aber nicht etwa den übrigen Erben, sondern nur dem überlebenden Ehegatten zu.[32]

32 Neben den erwähnten Spezialbestimmungen der Art. 243–245 gelten für die Durchführung der Teilung des Gesamtguts gemäss Art. 246 die *Bestimmungen über die Teilung von Miteigentum und die Durchführung der Erbteilung sinngemäss.* Diese subsidiäre Geltung von Bestimmungen des Sachen- und Erbrechts kommt nur zum Zug, wo sich dies sachlich rechtfertigt. Immerhin können diese Regeln eine Fülle taugli-

---

32 HAUSHEER/REUSSER/GEISER, BeKomm, Art. 245 N 12; DESCHENAUX/STEINAUER/BADDELEY, Effets, Nr. 1593k; Botsch. a.a.O. 1342; RUMO-JUNGO, HandKomm, Art. 245 N 2.

cher Antworten abwerfen. Zu denken ist etwa an die Art. 612–615 und insbesondere an Art. 634 über die Form der Teilung.[33] Zur Anwendung des BGBB s. insbesondere vorn § 33 N 24 i. f., § 32 N 67.

---

33 In diesem Sinn wohl Botsch. a.a.O. 1341; s. auch HAUSHEER/REUSSER/GEISER, BeKomm, Art. 246 N 21, 24, 29, 31, 33; RUMO-JUNGO, HandKomm, Art. 246 N 1; DESCHENAUX/ STEINAUER/BADDELEY a.a.O. Nr. 1592 ff.

§ 34 Die Gütertrennung

1 Die Gütertrennung kommt zustande als *vertraglicher* Güterstand *oder* aber als *ausserordentlicher gesetzlicher Güterstand* (s. zu dieser Unterscheidung vorn § 31 N 20 ff. und N 26). Als solcher tritt er entweder *von Gesetzes wegen,* nämlich bei Trennung der Ehe (118[1]) oder bei Konkurseröffnung über einen Ehegatten unter Gütergemeinschaft (188), oder aber auf *gerichtliche Anordnung* hin ein, nämlich auf Begehren eines Ehegatten (137, 176[1] Ziff. 3, 185) oder – bei Eheleuten unter Gütergemeinschaft – auf behördliches Begehren (189).[1] Zum Übergangsrecht s. § 36.

a. Trennung der Güter

2 Das Hauptaugenmerk bei der Gütertrennung liegt auf der möglichst weitgehenden *Trennung der Güter von Mann und Frau,* sei es zu Lebzeiten, sei es bei Auflösung des Güterstandes. Gütertrennung besagt, dass die Ehe keine Auswirkungen auf das Vermögen der Ehegatten hat, ist mithin die *Negation des Güterrechts,* gewissermassen ein Nichtgüterstand. Immerhin hat der Gesetzgeber einige Sonderbestimmungen aufgestellt, welche gerade nicht dem einheitlichen Gesichtspunkt der Trennung entsprechen. Es sind dies Art. 250 Abs. 2 über die Stundung und Art. 251 über die Zuteilung von Vermögenswerten im Miteigentum. Darüber hinaus sind die vermögensrechtlichen Bestimmungen über die Wirkungen der Ehe im Allgemeinen zu beachten (163–166, 169, 176–178). Darin zeigt sich, dass die Eheleute trotz des Grundsatzes der vermögensrechtlichen Trennung wirtschaftlich miteinander verflochten sind.

b. Verwaltung, Nutzung und Vergügung

3 Gemäss Art. 247 *verwaltet* und *nutzt jeder Ehegatte sein Vermögen* und *verfügt* darüber innerhalb der gesetzlichen Schranken; die Bestimmung deckt sich völlig mit der Regelung bei der Errungenschaftsbeteiligung (abgesehen vom dort nötigen Hinweis auf Errungenschaft und Eigengut). Hier zeigt sich, dass «zu Lebzeiten», d.h. während der Dauer des Güterstandes, Gütertrennung und Errungenschaftsbeteiligung grundsätzlich gleich gelagert sind. Das gilt auch für die *Haftung gegenüber Dritten* (249; eine kantonale Bestimmung über die solidarische Haftung der Eheleute für Gesamtsteuerschulden verstösst nicht gegen diese Bestimmung: 122 I 146 ff. E. 4c; BGer 2P.201/2005 E. 4.1). Die Formulierung deckt sich sogar genau mit der entsprechenden Regel für die Errungenschaftsbeteiligung (202). Was die *Schulden zwischen den Eheleuten* betrifft, besteht gar völlige Übereinstimmung zwischen den Regelungen bei allen Güterständen: Art. 250 für die Gütertrennung, Art. 203 für die Errungenschaftsbeteiligung und Art. 235 für die Gütergemeinschaft: alle drei Bestimmungen lauten gleich.

---

1 Vgl. dazu Suzette Sandoz, Les régimes matrimoniaux en droit suisse – Système actuel et perspective de réforme, in Andrea Bonomi/Marco Steiner (Hrsg.), Les régimes matrimoniaux en droit comparé et en droit international privé, Actes du colloque de Lausanne du 30 septembre 2005 (Genf 2006), 15 ff., 30 f.; Hausheer/Geiser/Aebi-Müller, Familienrecht, Nr. 13.50 f.; Rumo-Jungo, HandKomm, Art. 247 N 1.

c. Beweis des Eigentums

Auch der erste Absatz des Art. 248, wonach das Eigentum des einen oder anderen Ehe-   4
gatten an einem Vermögenswert beweisen muss, wer dies behauptet (sei es ein Ehegatte, sei es eine Erbin, sei es eine Drittperson), ist nichts Besonderes; wohl aber kennt
das Gütertrennungsrecht ausdrücklich die *Miteigentumsvermutung* für den Fall, dass
der Beweis des Alleineigentums eines Ehegatten nicht erbracht werden kann (248[2];
s. dazu 116 III 32 und 117 II 124; BGer 5A_28/2009 E. 4; 5A_87/2012 E. 5.1).[2] Dies ist
eine zwar nicht systemgerechte, aber sachlich angemessene Lösung unter Eheleuten.[3]
Anders als bei Errungenschaft, wo kein Ehegatte ohne die Zustimmung des anderen
über seinen Anteil am gemeinsamen Miteigentum verfügen kann (202[2]), gilt in der
Gütertrennung Art. 646 Abs. 3, wonach jeder Miteigentümer über seinen Anteil an
einem in Miteigentum stehenden Vermögenswert verfügen kann.[4]

d. Auflösung des Güterstands

Bei der Auflösung des Güterstandes stellen sich (theoretisch) überhaupt keine Proble-   5
me.[5] Es ist weder ein Vorschlag zu teilen wie bei der Errungenschaftsbeteiligung noch
ein Gesamtgut aufzuteilen wie bei der Gütergemeinschaft. Eine güterrechtliche Auseinandersetzung im technischen Sinne ist nicht erforderlich. Dennoch ist es sinnvoll,
vermögensrechtliche Auseinandersetzungen zwischen den in Gütertrennung lebenden
Ehegatten während eines Scheidungsverfahrens zu klären. Dabei sind die Bestimmungen des Sachen- und Obligationenrechts anzuwenden (BGer 5C.98/2006 E. 2.1). Das
Gütertrennungsrecht sieht gleichwohl *eine «Teilungsregel»* vor: *Wo* ein Vermögenswert
im *Miteigentum* steht und ein Ehegatte ein überwiegendes Interesse nachweisen kann,
gilt bei Gütertrennung wie bei Errungenschaftsbeteiligung (205[2]), dass dieser Ehegatte
die ungeteilte Zuweisung des Vermögenswerts gegen Entschädigung verlangen kann
(251). Die jüngere Rechtsprechung hat gewisse Auswirkungen der strikten Trennung
der Vermögensmassen in der Gütertrennung im Zusammenhang mit einer Scheidung
korrigiert: So wurde nach einer Scheidung bei fehlender 2. Säule des Leistungspflichtigen (also bei Unmöglichkeit der Teilung nach 122) eine während der Ehe entstandene Vorsorgelücke der Ehefrau über den nachehelichen Unterhalt (125) geschlossen.
Ungeachtet der vereinbarten Gütertrennung zog das BGer zur Bemessung der nach-

---

2   Zum Ganzen siehe Alessandra Ceresoli, Art. 200 Abs. 2 und Art. 248 Abs. 2 ZGB – Mitei-
    gentumsvermutungen unter Ehegatten und Eigentumsnachweis (Diss. Basel 1992), BSRW A 25; s.
    auch Aebi-Müller/Jetzer, Beweislast und Beweismass im Ehegüterrecht, in AJP 20 (2011), 299 ;
    Hausheer/Aebi-Müller, BaKomm, Art. 248 N 7 f. ; Rumo-Jungo, HandKomm, Art. 248 N 1.

3   Hausheer/Reusser/Geiser, BeKomm, Art. 248 N 7; Rumo-Jungo, HandKomm, Art. 248 N 1;
    kritisch Ceresoli a.a.O. 14 ff.

4   Vgl. hierzu Wiegand, Die Reform des Eherechts unter besonderer Berücksichtigung des Güter-
    rechts, in BN 45 (1984), 298 f. Diese Freiheit ist aber insofern eingeschränkt, als auch hier die
    unabhängig vom Güterstand geltende Beistands- und Rücksichtnahmepflicht (159, 12 PartG)
    zu beachten ist. Vgl. Hausheer/Reusser/Geiser, BeKomm, Art. 248 N 11; Hausheer/Aebi-
    Müller, BaKomm, Art. 248 N 8.

5   Kritisch Gremper, ZüKomm PartG, Vorbem. zu Art. 18–25 N 35; Hausheer/Reusser/Geiser,
    BeKomm, Vorbem. zu Art. 247 ff. N 14.

ehelichen Unterhaltsrente der Ehefrau die privaten Vorsorgeersparnisse des leistungspflichtigen Ehemannes bei (129 III 7 E. 3.2; 135 III 159 E. 4.1).[6] In Fortführung dieser Rechtsprechung bestätigte das BGer, die Sicherung der beruflichen Vorsorge stelle
(auch bei Gütertrennung) ein Element des gebührenden nachehelichen Unterhalts dar.
Dieser könne gemäss Art. 126 Abs. 2 auch in Form eines Kapitals ausgerichtet werden
(129 III 257 E. 3.5).[7]

e. Mehrwertanteil

6   *Keine mit Art. 206 vergleichbare Regel* ist im Güterstand der Gütertrennung vorgesehen für die Investition des Ehemannes in Vermögenswerte der Ehefrau. Verrichtet der
Ehemann Umbauarbeiten an der Liegenschaft der Ehefrau, so reicht dies zur konklu-
denten Bildung einer einfachen Gesellschaft noch nicht aus, und es muss vielmehr von
einem synallagmatischen Vertrag ausgegangen werden. Die Frage, ob Art. 206 Abs. 1
wegen lückenhafter gesetzlicher Regelung im Güterstand der Gütertrennung analog
anwendbar ist, wurde in BGer 5A_742/2011 E. 3 und 5 offengelassen. Eine entsprechende Vereinbarung kann aber unter den Ehegatten – selbst stillschweigend – getroffen werden (BGer 5A_417/2012 E. 4.2).

---

6   Pascal Pichonnaz/Alexandra Rumo-Jungo, Prévoyance et droit patrimonial de la famille,
    in Pascal Pichonnaz/Alexandra Rumo-Jungo (Hrsg.), Droit patrimonial de la famille, Sympo-
    sium zum Familienrecht 2004, Universität Freiburg (Zürich/Basel/Genf 2004), 1 ff., 30 ff. Im
    Ergebnis ist diese Rechtsprechung richtig, weil stossende Verhältnisse nach Auflösung der Güter-
    trennungsehe vermieden werden. Aus dogmatischer Sicht ist die Lösung heikel, da durch das
    Unterhaltsrecht das Güterrecht unterwandert wird; so Schwenzer, Grenzen der Vertragsfrei-
    heit in Scheidungskonventionen und Eheverträgen, in FamPra.ch 6 (2005), 1 ff., 8. Betreffend die
    Mehrwertbeteiligung an einer Immobilie zeigte sich das Bundesgericht weniger grosszügig und
    lehnte eine analoge Anwendung von Art. 206 im Gütertrennungsrecht ab. Vgl. BGer 5C.137/2001
    und auch 5A_71/2007.
7   Pichonnaz/Rumo-Jungo a.a.O. 32; z.T. kritisch zur Begründung des BGer Schwenzer a.a.O. 8.

§ 35 Die Güterstände im Vergleich

Die untenstehende Tabelle veranschaulicht die Hauptunterschiede zwischen den Güterständen der Errungenschaftsbeteiligung, der Gütergemeinschaft(en) und der Gütertrennung. Das Schema enthält nur das Wesentliche. Insbesondere wird auf die Darstellung möglicher ehevertraglicher Abweichungen verzichtet. Die Ausdrucksweise ist zudem bewusst oft grob vereinfachend. Eine schematische Darstellung der Güterstände des früheren Rechts findet sich in § 30 der 10. Auflage dieses Buches (S. 233 ff.), weniger ausführlich auch in § 30 der 11. Auflage (S. 251 ff.).

GÜTERSTAND / BEREICH	Errungenschaftsbeteiligung		Gütergemeinschaft(en)		Güter-trennung
Eigentum	Eigengut	getrennt	Eigengut	getrennt	getrennt
	Errungenschaft	getrennt	Gesamtgut	gemeinsam	
Verwaltung, Nutzung (ohne Erträge), Verfügung	Eigengut	getrennt	Eigengut	getrennt	getrennt
	Errungenschaft	getrennt		ordentliche: getrennt möglich	
			Gesamtgut	ausserordentliche: gemeinsam	
Anfall der Erträge	aus Eigengut aus Errungenschaft	zu Errungenschaft zu Errungenschaft	aus Eigengut aus Gesamtgut	teils zu Gesamtgut teils zu Eigengut zu Gesamtgut	an den einzelnen Ehegatten
Haftung gegenüber Dritten	getrennt, je mit dem gesamten eigenen Vermögen, also mit Eigengut und Errungenschaft		für Vollschulden:	mit seinem Eigengut und dem Gesamtgut	getrennt
			für Eigenschulden:	mit seinem Eigengut und der Hälfte des Wertes des Gesamtgutes	
Ansprüche bei Auflösung des Güterstandes	Eigengut	jedem das Seine	Eigengut	jedem das Seine	keine
	Errungenschaftswert (= Vorschlag)	je ½ eines jeden Gatten	Gesamtgut: – bei Tod oder Vereinbarung eines neuen Güterstandes: hälftige Teilung – bei Scheidung, Trennung, Ungültigkeitserklärung und a. o. Güterstand: Rücknahme des «Eigengutes» i. S. v. Art. 198; hälftige Teilung des Restes		

§ 36 Das Übergangsrecht

1   Das geltende Eherecht (Gesetzesnovelle von 1984) ist am 1. Januar 1988 in Kraft getreten. Es umfasst die Wirkungen der Ehe im Allgemeinen und das Güterrecht. Die Antwort auf die Frage, ob auf Ehen, die am 1. Januar 1988 bereits geschlossen waren, bisheriges oder neues Recht Anwendung findet, erteilt das intertemporale Recht bzw. Übergangsrecht (8–8b, 9–9f, 10–10e, 11 und 11a SchlT).[1] Für die *allgemeinen Wirkungen der Ehe* ist das Übergangsrecht verhältnismässig einfach: Nach Art. 8 gilt für die allgemeinen Wirkungen der Ehe das neue Recht, sobald es in Kraft getreten ist (also ab dem 1. Januar 1988).

2   Heikler ist indessen das Übergangsrecht beim *ehelichen Güterrecht.* Vorweggenommen sei, dass gemäss Übergangsrecht auch *nach* dem *1. Januar 1988* Eheleute unter dem Güterstand der *Güterverbindung,* dem bisherigen ordentlichen Güterstand, oder aber unter dem Güterstand der *bisherigen Gütergemeinschaft* leben werden. Was die Gütertrennung angeht, gilt seit 1. Januar 1988 nur noch neues Recht. Eine ausführliche Darstellung des altrechtlichen Güterrechts findet sich in der 10. Auflage dieses Buches (S. 233 ff.). Das Übergangsrecht ist in der 12. Auflage dieses Buches ausführlich dargestellt (S. 340 ff.). Vorliegend wird der Grundsatz (a.) und dessen Relativierung (b.) dargestellt:

a. Geltung des neuen Rechts als Grundsatz

3   Gemäss der *Kernbestimmung in Art. 9a SchlT* gilt für die Ehen, die am 1. Januar 1988 bestehen, das neue Recht, soweit nichts anderes vorgesehen ist (9a[1] SchlT). Daraus ergibt sich e contrario, dass für die güterrechtlichen Auseinandersetzungen, deren Grund (Auflösung der Ehe, Vereinbarung eines neuen Güterstandes u. a.) vor Inkrafttreten des neuen Rechts eingetreten ist, das bisherige Recht gilt (9a[2] SchlT).[2] Dem entspricht, dass für den unter bisherigem Recht eingetretenen ausserordentlichen Güterstand *die neuen Bestimmungen über die Gütertrennung* (247–251) Anwendung finden (9f SchlT). Dasselbe gilt auch für die vertragliche Gütertrennung (10c SchlT; 116 II 35).[3] Es gibt also *keine Gütertrennung nach altem Recht mehr* (9e[3], 9f, 10[2] und 10c SchlT).

---

1   Zum Ganzen s. Henri Deschenaux/Paul-Henri Steinauer, Le nouveau droit matrimonial (Bern 1987), 551 ff.; Deschenaux/Steinauer/Baddeley, Effets, Nr. 1636 ff.; Geiser, BaKomm, Art. 9a SchlT N 3 ff.; Hausheer, Zum neuen Ehegüterrecht unter besonderer Berücksichtigung des Übergangsrechtes, in BN 41 (1980), 109 ff.; Piotet, Le nouveau droit transitoire des régimes matrimoniaux, in ZBGR 66 (1985), 257 ff.; Ruth Reusser, Das Übergangsrecht zu den vermögensrechtlichen Bestimmungen des neuen Eherechts, in Heinz Hausheer (Hrsg.), Vom alten zum neuen Eherecht (Bern 1986), ASR 503, 135 ff.; Martin Stettler/Fabien Waelti, Le régime matrimonial (Freiburg 1997), 273 ff.; Marlies und Heinz Näf-Hofmann, Schweizerisches Ehe- und Erbrecht, Die Wirkungen der Ehe im allgemeinen, das eheliche Güterrecht und das Erbrecht der Ehegatten, Eine Einführung für den Praktiker (Zürich 1998), Nr. 2826 ff.

2   Deschenaux/Steinauer/Baddeley, Effets, Nr. 1653; Geiser, BaKomm, Art. 9a SchlT N 2; Hausheer/Geiser/Aebi-Müller, Famlienrecht, Nr. 23.31.

3   Der Entwurf sah in Art. 10 Abs. 1 SchlT vor, dass für den Fall, da ein Vermögenswert des Frauenguts dem Ehemann als sogenannte Ehesteuer (hierzu 247 a. F.) zugewiesen wurde, die bisherigen

Weiter gilt für Eheleute, die bis dahin unter Güterverbindung standen, ab Inkrafttre- 4
ten der Gesetzesnovelle *intern und extern Errungenschaftsbeteiligung* (9b¹ SchlT);[4] für
das externe Verhältnis ist immerhin auf Art. 11a hinzuweisen

b. Weitergeltung des alten Rechts als Ausnahme

Der Grundsatz der Anwendung des neuen Rechts wird wie folgt relativiert: 5

Ehegatten, die unter dem ordentlichen Güterstand der Güterverbindung standen, ohne 6
diesen ehevertraglich abgeändert zu haben, konnten *gemeinsam in einfacher Schriftlichkeit* zuhanden des Güterrechtsregisteramts an ihrem Wohnsitz erklären, die Güterverbindung beizubehalten (9e SchlT). Gegebenenfalls gilt der so *ehevertraglich vereinbarte Güterstand der Güterverbindung weiter,* und der gesamte Güterstand bleibt unter
dem bisherigen Recht (10¹ SchlT; s. im Einzelnen 12. Auflage dieses Buches § 35 V).
Vorbehalten bleiben die Bestimmungen des SchlT über das Sondergut; hierfür gelten
die neuen Vorschriften über die Gütertrennung (10² SchlT). Vorbehalten bleibt auch
die Rechtskraft gegenüber Dritten. Ihnen kann dieser kraft altrechtlichen Ehevertrags
geltende Güterstand nur entgegengehalten werden, wenn sie ihn kennen oder kennen sollten (10a¹ SchlT; vgl. auch 10e SchlT sowie 11a SchlT); andernfalls gelten extern,
Dritten gegenüber, die Regeln über die Errungenschaftsbeteiligung (10a² SchlT[5]).[6]

Bestimmungen gelten. Die Ehesteuer war ein im Rahmen der altrechtlichen Gütertrennung dem
Dotalsystem des römischen Rechts ähnelndes Rechtsverhältnis, das ohne andere Vereinbarung
unter den Regeln der Güterverbindung stand (247² und 244² a. F.). Der Gesetzestext (10¹ SchlT)
spricht nicht mehr von einzelnen Fällen von Eheverträgen, mithin auch nicht von der Ehesteuer.
Angesichts dessen, dass die Räte Verträge noch stärker schützen wollten als der Entwurf, mag
man davon ausgehen, Ehesteuerverträge gemäss Art. 247 a. F. würden trotz Art. 10c SchlT auch
unter neuem Recht noch gelten (immerhin in den Schranken der allgemeinen Bestimmungen wie etwa Art. 163 ff.). So auch Hegnauer/Breitschmid a.a.O. Nr. 29.12; a. M. Geiser,
BaKomm, Art. 10–10e SchlT N 22. Seiner Ansicht nach kann die vereinbarte altrechtliche Ehesteuer unter dem neuen Recht keinen Bestand mehr haben, da diese den ehelichen Unterhalt
betrifft, der sich nach dem 1. Januar 1988 nach Art. 163 richtet.

4 Zu den Einzelheiten des Übergangs zum neuen Recht vgl. Deschenaux/Steinauer/Baddeley,
Effets, Nr. 1661 ff.; Geiser, BaKomm, Art. 9b SchlT N 4 ff.

5 Zu Art. 10a SchlT s. vor allem auch Hausheer/Reusser/Geiser, BeKomm, Vorbem. zu
Art. 181 ff. N 22. Danach bezieht sich Art. 10a Abs. 1 auf eine Modifikation der Güterverbindung,
Art. 10a Abs. 2 aber auf den Fall, da durch Ehevertrag ein anderer Güterstand als die Güterverbindung gewählt worden ist. Danach finden im Übrigen diese Bestimmungen nur Anwendung,
wenn die vom ordentlichen altrechtlichen Güterstand abweichende Ordnung dem Dritten nachteilig ist.

6 Zum Ganzen vgl. Deschenaux/Steinauer/Baddeley, Effets, Nr. 1675 ff.; Geiser, BaKomm,
Art. 10–10e SchlT N 10 ff.

§ 37 Das Vermögensrecht in der eingetragenen Partnerschaft

1 Der zweite Abschnitt des dritten Kapitels über die Wirkungen der eingetragenen Partnerschaft ist dem Vermögensrecht gewidmet. Dieses enthält einerseits allgemeine güterrechtliche Bestimmungen wie jene über das Inventar (20 PartG) und den Verwaltungsauftrag (21 PartG), ferner eine Partnerschutzbestimmung (22 PartG; s. vorne § 30 N 16 ff.) und andererseits güterrechtliche Regeln im Sinne des Eherechts. Letztere regeln die Fragen der Auswirkungen einer eingetragenen Partnerschaft auf Eigentum, Nutzung, Verwaltung des Vermögens, die Verfügung darüber sowie auf die Haftung für Schulden. Das PartG kennt – anders als das ZGB – kein System von gesetzlich vorgegebenen Güterständen, innerhalb derer die Parteien ihr Vermögensrecht vereinbaren könnten. Vielmehr gelten der Sache nach die Regeln über die eherechtliche Gütertrennung, ohne dass das PartG die entsprechenden Bestimmungen explizit unter dem Titel der Gütertrennung zusammenfassen würde. Daneben sind die Parteien frei, für den Fall der Aufhebung der Partnerschaft individuelle Vereinbarungen zu treffen (s. sogl. N 10 ff.). Der Schutz der Erben und Erbinnen sowie der Gläubigerinnen und Gläubiger bleibt dabei gewährleistet (25^2 und 25^4 PartG).[1] Trotz des gesetzlichen Verzichts auf die Typengebundenheit werden sich in der Praxis allerdings die meisten Paare an die eherechtlich vorgegebenen Güterstandstypen halten.[2] Die unterschiedlichen vermögensrechtlichen Regelungen für Ehe und eingetragene Partnerschaft sind sachlich nicht begründet und stehen auch im internationalen Umfeld einsam da.[3]

---

1 BÜCHLER/MATEFI, FamKomm PartG, Vorbem. zu Art. 18–25 N 17.

2 Die Typengebundenheit lehnen auch ab: BÜCHLER/MATEFI, FamKomm PartG, Vorbem. zu Art. 18–25 N 17, Art. 25 N 55; PASCAL PICHONNAZ, Der Partnergüterstand, in Andreas R. Ziegler/Martin Bertschi/Alexandre Curchod/Nadja Herz/Michel Montini (Hrsg.), Rechte der Lesben und Schwulen in der Schweiz (Bern 2007), Nr. 163 ff. und insb. Nr. 174, Nr. 195 ff.; DERS., Le partenariat enregistré: sa nature et ses effets, in ZSR 123 (2004), I 417 f.; bejahend dagegen: GREMPER, ZüKomm, Vorbem. zu Art. 18–35 PartG N 15 ff.; STEPHAN WOLF/ISABELLE STEINER, Das Vermögensrecht und die weiteren für das Notariat relevanten Aspekte des Partnerschaftsgesetzes, in Stephan Wolf (Hrsg.), Das Bundesgesetz über die eingetragene Partnerschaft gleichgeschlechtlicher Paare (Bern 2006), 53 ff., 82 ff.; GRÜTTER/SUMMERMATTER, Das Partnerschaftsgesetz, in FamPra.ch 5 (2004), 449 ff., 462. – Zur voraussichtlichen Entwicklung in der Praxis: BÜCHLER/MATEFI, FamKomm PartG, Vorbem. zu Art. 18–25 N 17; GREMPER, Vermögensrechtliche Wirkungen der eingetragenen Partnerschaft, in FamPra.ch 3 (2004), 475, 494.

3 BÜCHLER/MATEFI, FamKomm PartG, Vorbem. zu Art. 18–25 N 20 ff.; GREMPER a.a.O. 482 ff.; DERS., ZüKomm, Vorbem. zu Art. 18–25 PartG N 1 ff.; WOLF, Ehe, Konkubinat und registrierte Partnerschaft gemäss dem Vorentwurf zu einem Bundesgesetz – Allgemeiner Vergleich und Ordnung des Vermögensrechts, in recht 20 (2002), 157 ff., 166 f.; a. M. SCHWENZER, Registrierte Partnerschaft: Der Schweizer Weg, in FamPra.ch 3 (2002), 223 ff., 229 f.

I. Gesetzlicher Vermögensstand

Von Gesetzes wegen unterliegen die eingetragenen Paare dem Vermögensstand, der 2
eherechtlich der Gütertrennung entspricht: Die Art. 18, 19, 23 und 24 stimmen weitestgehend mit den Art. 247–251 ZGB überein. Zwar sind dieselben Regeln auch in der
Errungenschaftsbeteiligung (201–203, 205[2]) verwirklicht, doch spricht das Fehlen von
Bestimmungen über verschiedene Vermögensmassen (entsprechend 197 f. ZGB), über
die Mehrwertbeteiligung (206, 209 ZGB), über die Hinzurechnung (208 ZGB) und
die Vorschlagsbeteiligung bei Auflösung des Güterstands (215 f. ZGB) gegen das Vorliegen von Errungenschaftsbeteiligung und für das Vorliegen der *Gütertrennung* als
Güterstand im PartG.[4]

a. Verfügung über das Vermögen

Gemäss Art. 18 Abs. 1 PartG verfügt jeder Partner, jede Partnerin über das (gesamte) 3
eigene Vermögen. Obwohl diese Bestimmung (anders als Art. 201 Abs. 1 und Art. 247
ZGB) einzig die Verfügung über das eigene Vermögen, nicht aber dessen Nutzung
und Verwaltung explizit erwähnt, sind diese darin eingeschlossen.[5] Im Unterschied
zu Art. 201 Abs. 1 und Art. 247 ZGB verweist Art. 18 Abs. 1 PartG nicht auf gesetzliche Schranken der Verfügungsfreiheit. Auch diese gelten aber selbstverständlich.[6] Solche gesetzlichen Schranken sind namentlich in den Bestimmungen über die Vertretung der Gemeinschaft (15 PartG, 166 ZGB), der gemeinsamen Wohnung (14 PartG,
169 ZGB), der Auskunftspflicht (16 PartG, 170 ZGB) sowie der Beschränkung der Verfügungsbefugnis (22 PartG, 178 ZGB) enthalten, ergeben sich aber auch aus der allgemeinen Beistandspflicht (12 PartG, 159 ZGB).[7] – Zu den gesetzlichen Verfügungs-
schranken im Eherecht, auf die hier verwiesen werden kann, s. vorne § 28 N 22, N 37,
N 41, § 29 N 14 ff.

b. Schuldenhaftung

Die eingetragene Partnerschaft hat ebenso wenig Einfluss auf die Schuldenhaftung wie 4
die Ehe. Die Partnerinnen und Partner haften für alle Schulden persönlich und mit
ihrem ganzen Vermögen (18[2] PartG, s. ebenso 202 und 249 ZGB). Das gilt auch für die
Solidarschulden, die gegebenenfalls gestützt auf Art. 15 Abs. 3 PartG entstehen.

c. Eigentum

Art. 19 PartG entspricht praktisch wörtlich den Art. 200 Abs. 1 (für die Errungen- 5
schaftsbeteiligung) und Art. 248 ZGB (für die Gütertrennung). Danach muss Alleineigentum beweisen, wer dieses behauptet (19[1]) und ist im Fall der Beweislosigkeit Miteigentum beider Partner oder Partnerinnen anzunehmen (19[2]). Liegt Miteigentum vor

---

4 BÜCHLER/MATEFI, FamKomm PartG, Art. 18 N 1; GREMPER, ZüKomm, Art. 18 PartG N 1 ff.;
   WOLF/STEINER a.a.O. 62 f.; GRÜTTER/SUMMERMATTER a.a.O. 449 ff., 457; PICHONNAZ, Partnergüterstand, Nr. 11 ff.
5 BÜCHLER/MATEFI, FamKomm PartG, Art. 18 N 5; GREMPER, ZüKomm, Art. 18 PartG N 9.
6 BÜCHLER/MATEFI, FamKomm PartG, Art. 18 N 9 ff.; GREMPER, ZüKomm, Art. 18 PartG N 11 ff.
7 Dazu und im Weiteren BÜCHLER/MATEFI, FamKomm PartG, Art. 18 N 9 ff.

oder ist dieses fingiert (19^2), so hat jene Person, die ein überwiegendes Interesse nachweisen kann, Anspruch auf ungeteilte Zuweisung dieses Vermögenswerts (24 PartG). Damit wird bei Auflösung der Partnerschaft dem Gemeinschaftsaspekt Rechnung getragen. Diese Regelung entspricht Art. 205 Abs. 2 und 251 ZGB. Auf die Ausführungen zu Art. 200 Abs. 1 und 248 sowie Art. 205 Abs. 2 und 251 ZGB kann verwiesen werden (s. vorne § 32 N 3 ff., N 31, s. vorne § 34 N 4 f.).

d. Inventar

6 Art. 20 PartG enthält praktisch wörtlich dieselbe Regelung wie Art. 195a ZGB, welcher für sämtliche Güterstände der Eheleute die Mitwirkungspflicht des Ehegatten bei einer Inventaraufnahme vorsieht (s. vorne § 31 N 32).

e. Verwaltungsauftrag

7 Die in Art. 21 PartG enthaltene Regelung über die Anwendung des Auftragsrechts bei der Vermögensverwaltung einer Partnerin für die andere entspricht Art. 195 Abs. 1 ZGB (s. § 31 N 31). In Art. 21 PartG fehlt allerdings der in Art. 195 ZGB enthaltene Abs. 2 über den Vorbehalt der (güterrechtlichen) Bestimmungen über die Tilgung von Schulden zwischen Ehegatten (203^2, 235^2, 250^2). Das ändert nichts daran, dass die in Art. 23 PartG enthaltene und 203^2, 235^2, 250^2 entsprechende Bestimmung über die Schuldentilgung systematisch auch auf den in Art. 21 PartG geregelten Verwaltungsauftrag anwendbar ist. Daher ist ein expliziter Vorbehalt der im gleichen Abschnitt enthaltenen Regelung überflüssig.[8]

II.   Vertraglicher Vermögensstand

8 Die eingetragenen Paare können ihren Vermögensstand vertraglich wählen oder abändern. Wie der Ehevertrag bedarf der Vermögensvertrag einer qualifizierten Form (a., N 9). Während im Eherecht die Typengebundenheit die Vertragsfreiheit der Eheleute einschränkt, stellt sich im Partnerschaftsrecht die Frage nach den zulässigen Vertragsinhalten (b., N 10 ff.), nach einem allfälligen Schutz der Pflichtteilsberechtigten Erben (c., N 14 ff.) sowie der Partnerin oder des Partners bzw. von Gläubigern (d., N 17 ff.).

a. Form

9 Der Vermögensvertrag bedarf der öffentlichen Beurkundung sowie der Unterschrift der Vertragsparteien (also der Partnerinnen oder der Partner; s. auch vorne § 31 N 9). Wird der Vertrag bereits vor dem 18. Altersjahr mit Blick auf die künftige eingetragene Partnerschaft geschlossen oder ist eine Vertragspartei entmündigt (3^2 PartG), so bedarf der Vermögensvertrag der Zustimmung und Unterschrift der gesetzlichen Vertretung (25^3 PartG). Schliessen dagegen die Partnerinnen oder die Partner einen Schuld- bzw. sachenrechtlichen Vertrag ab, der nicht *vermögensvertraglichen Charak-*

---

8   Ähnlich Büchler/Matefi, FamKomm PartG, Art. 21 N 1; Wolf/Steiner a.a.O. 53 ff., 69; Gremper, ZüKomm, Art. 21 PartG N 15 f.

ter i. S. v. Art. 25 PartG hat, bedarf dieser nicht der von Art. 25 Abs. 3 PartG geforderten Form. Mit Blick auf das Formerfordernis kommt somit der Abgrenzung zwischen gewöhnlichen Schuld- bzw. sachenrechtlichen und eigentlichen vermögensrechtlichen Verträgen erhebliche Bedeutung zu.[9] Im Zweifel ist es ratsam, alle vermögensrechtlichen Vereinbarungen öffentlich zu beurkunden, auch jene, die an sich nicht unter Art. 25 PartG fallen würden.[10]

b. Inhalt

Nach der gesetzlichen Konzeption hat die eingetragene Partnerschaft keine Wirkungen auf die Eigentumsverhältnisse sowie auf Nutzung, Verwaltung und Verfügung des Eigentums. Dementsprechend präzisiert Art. 25 PartG, dass die vertragliche Regelung des Vermögensstands einzig *mit Blick auf die Auflösung der eingetragenen Partnerschaft* getroffen werden kann. Dieser Wortlaut ist aus zwei Gründen zu eng: 10

Erstens gilt die vertragliche Regelung (vorbehältlich anderer Anordnung) auch *bei* Auflösung des Vermögensstands während fortbestehender Partnerschaft. Das ist etwa der Fall, wenn ein neuer Vermögensstand vereinbart (und der alte somit aufgelöst) wird oder von Gesetzes wegen die Gütertrennung eintritt, weil die Voraussetzungen von Art. 185 ZGB vorliegen (25⁴ PartG i. V. m. 185 ZGB).[11] Richtigerweise müsste somit Art. 25 Abs. 1 PartG die *Auflösung des Vermögensstands* und nicht die Auflösung der Partnerschaft als Referenz nehmen. 11

Zweitens kennt auch das PartG selber Regeln, die *bereits während der Dauer der Partnerschaft* eine Wirkung äussern, so etwa Art. 22 über die Beschränkung der Verfügungsbefugnis. Ferner können die Parteien nach Auffassung des Gesetzes Regeln vereinbaren (25¹ PartG), die bereits während der Dauer des Güterstandes eine Wirkung erzeugen, so etwa Art. 201 Abs. 2 ZGB über die Beschränkung der Verfügungsbefugnis bei Miteigentum sowie Art. 206 und 209 ZGB über die Beteiligung an konjunkturellen Wertveränderungen. Während mithin punktuelle Regelungen mit Wirkungen während der Partnerschaft zulässig sind, ist ein Vermögensvertrag mit umfassender Wirkung während der Partnerschaft, insbesondere ein integraler Verweis auf den Güterstand der Gütergemeinschaft, ausgeschlossen.[12] Allerdings ist nicht zu verkennen, dass gewisse Wirkungen der Gütergemeinschaft auch durch gewöhnliche obligatio- 12

---

9 GIAN BRÄNDLI, Vermögensgestaltung in der eingetragenen Partnerschaft, unter Berücksichtigung des Obligationen-, Erb- und Steuerrechts (Diss. Freiburg, Zürich/Basel/Genf 2010), Nr. 150; BÜCHLER/MATEFI, FamKomm PartG, Art. 25 N 13; s. auch GREMPER, ZüKomm, Art. 25 PartG N 20 f.

10 So auch BÜCHLER/MATEFI, FamKomm PartG, Art. 25 N 42; WOLF/STEINER a.a.O. 88.

11 BRÄNDLI a.a.O. Nr. 117 ff., 143; BÜCHLER/MATEFI, FamKomm PartG, Art. 25 N 23, 31; PICHONNAZ, Partnergüterstand, Nr. 179; WOLF/STEINER a.a.O. 53 ff., 88 f.; zu Art. 185 ZGB ebenso GREMPER, ZüKomm, Art. 25 PartG N 15.

12 Botsch. PartG, 1318; BÜCHLER/MATEFI, FamKomm PartG, Art. 25 N 53; GREMPER, ZüKomm, Art. 25 PartG N 28 ff.; GÜTTER/SUMMERMATTER a.a.O. 462; PICHONNAZ, Partnergüterstand, Nr. 177; WOLF/STEINER a.a.O. 84.

nenrechtliche Vereinbarungen herbeigeführt werden können, so etwa das Gesamteigentum durch die Gründung einer einfachen Gesellschaft (530 ff. OR).

13   Abgesehen vom Grundsatz, wonach sich der Vermögensvertrag einzig auf die Auflösung des Vermögensstands beziehen kann, gilt die Vertragsinhaltsfreiheit. Namentlich sind die Partnerinnen und Partner – anders als die Eheleute – nicht der Typengebundenheit verpflichtet (dazu vorne N 8). Sie können also (mit Blick auf die Auflösung
des Vermögensstands) alle möglichen, individuellen Regeln treffen.[13] Im Vordergrund
stehen allerdings die Bestimmungen der Errungenschaftsbeteiligung.[14] Nicht ausgeschlossen sind nach herrschender Lehre auch einzelne Bestimmungen der Gütergemeinschaft, soweit sie nicht zu Wirkungen während der Partnerschaft führen.[15] Nach
BRÄNDLI enthält Art. 25 Abs. 1 PartG ein allgemeines Verbot von Vereinbarungen mit
dinglicher Wirkung.[16] Ausgeschlossen sind ferner etwa Bestimmungen über die Haftung gegenüber Dritten i. S. v. Art. 233 ZGB.

c. Vorbehalt der Pflichtteile von Nachkommen

14   Die vermögensvertraglichen Vereinbarungen dürfen die Pflichtteile von Nachkommen nicht verletzen (25[2] PartG). Damit ist ein Zweifaches gesagt: Erstens sind nur die
Nachkommen in ihren Pflichtteilen geschützt, nicht aber die Eltern. Damit entspricht
Art. 25 Abs. 2 PartG seinen Vorbildern in Art. 216 Abs. 2 und 241 Abs. 3 ZGB. Das
PartG geht davon aus, dass es sich um nichtgemeinsame Nachkommen handelt, weil
rechtlich ja (noch) keine Elternschaft der beiden Partner oder der beiden Partnerinnen
hergestellt werden kann.[17] Zweitens bildet der gesetzliche *Vermögensstand der Gütertrennung die Referenzgrösse* für die Frage, ob Pflichtteile verletzt sind oder nicht.[18] Mit
anderen Worten sind die Pflichtteile der Nachkommen ohne Vermögensvertrag (also
mit Gütertrennung) zu vergleichen mit deren erbrechtlichen Ansprüchen gestützt auf
den Vermögensvertrag. Folglich kann die blosse Vereinbarung der Errungenschaftsbeteiligung mit hälftiger Vorschlagsteilung (215 ZGB) zu einer Pflichtteilsverletzung
führen.[19]

15   *Ein Beispiel:* Hatte die verstorbene Partnerin eine grosse Errungenschaft, nämlich
CHF 1 200 000 (und kein Eigengut), die unter dem Güterstand der Gütertrennung

---

13   BRÄNDLI a.a.O. Nr. 74 ff.; BÜCHLER/MATEFI, FamKomm PartG, Art. 25 N 55; GREMPER,
ZüKomm, Art. 25 PartG N 40; PICHONNAZ a.a.O. 417 f.; STEINAUER, successions, Nr. 112a.

14   PICHONNAZ, Partnergüterstand, Nr. 181 ff.

15   BÜCHLER/MATEFI, FamKomm PartG, Art. 25 N 54; PICHONNAZ, Partnergüterstand, Nr. 178;
GREMPER, ZüKomm, Art. 25 PartG N 33.

16   BRÄNDLI a.a.O. Nr. 138.

17   S. aber SG, Urteil betreffend Anerkennung der Doppelvaterschaft durch Leihmutterschaft, aufgehoben durch BGer 5A_758/2014. Im Fall einer gemeinsamen Adoption im Ausland, die in der
Schweiz anerkannt würde (78 IPRG und hierzu SCHWANDER, ZüKomm PartG, Art. 45 Abs. 3/
Art. 65a–d IPRG, N 156), wäre der Pflichtteilsschutz von Art. 25 Abs. 2 PartG an sich überflüssig: GREMPER, ZüKomm, Art. 25 PartG N 138.

18   BÜCHLER/MATEFI, FamKomm PartG, Art. 25 N 61 ff.; STEINAUER, successions, Nr. 507.

19   PICHONNAZ, Partnergüterstand, Nr. 190.

nicht zu teilen gewesen wäre, würden die Pflichtteile der Nachkommen ¾ davon, also CHF 900 000 betragen. Wäre dagegen der gesetzliche Güterstand der Errungenschafts-beteiligung mit der hälftigen Vorschlagteilung die Referenzgrösse, würde zuerst die Vorschlagteilung erfolgen. Hat die andere Partnerin eine relativ kleine Errungen-schaft, nämlich CHF 80 000, so beträgt der Nachlass der Erblasserin CHF 640 000 und die Pflichtteile der Nachkommen ¾ davon, nämlich CHF 480 000. Je grösser mithin der Unterschied zwischen der Errungenschaft der Erblasserin und jener der Überle-benden ist, desto eher liegt eine Pflichtteilsverletzung vor, wenn die Gütertrennung als Referenzgrösse betrachtet wird.[20]

Nach anderer Auffassung soll die hälftige Vorschlagteilung nach Art. 215 ZGB die Referenzgrösse bilden.[21] Abgesehen davon, dass der Wortlaut von Art. 25 Abs. 2 PartG gegen diese Auffassung spricht, wäre auch fraglich, welche Referenzgrösse zugrunde gelegt werden soll, wenn die Parteien gerade nicht die Errungenschaftsbe-teiligung vereinbart haben und demnach Art. 215 ZGB nicht Vertragsinhalt ist.[22]   16

d. Schutz der Partnerin oder des Partners sowie Gläubigerschutz

Haben die Paare einen Vermögensvertrag abgeschlossen, können die individuel-len Interessen eines von beiden (1.) oder die Gläubigerinteressen (2.) gefährdet sein. Art. 25 Abs. 4 PartG erklärt daher die entsprechenden eherechtlichen Bestimmungen in Art. 185 und 193 ZGB für sinngemäss anwendbar: 17

1. Verletzt oder gefährdet ein Partner die vermögensrechtlichen Ansprüche des ande-ren (185^2 Ziff. 1–4 ZGB) oder ist er urteilsunfähig geworden (185^2 Ziff. 5 ZGB), so wird der vereinbarte Vermögensstand auf Begehren des Gefährdeten durch das Gericht auf-gehoben und die Gütertrennung gleichsam als ausserordentlicher Güterstand ange-ordnet.[23] Die Gefährdung vermögensrechtlicher Ansprüche muss dabei konkret sein; eine rein abstrakte Gefährdung genügt nicht.[24]   18

2. Da der Vermögensvertrag erst mit der Auflösung des Vermögensstands oder der Partnerschaft Wirkungen entfaltet, kommt der Gläubigerschutz auch erst in diesem Zeitpunkt zum Tragen. Der Gläubigerschutz greift im Fall einer vermögensrechtlichen Auseinandersetzung dann, wenn tatsächlich Haftungssubstrat entzogen werden kann.[25]   19

---

20 BRÄNDLI a.a.O. Nr. 256, 305 ff.
21 GREMPER, ZüKomm, Art. 25 PartG N 59 ff., mit sehr ausführlicher Begründung; WOLF/STEI-NER a.a.O. 87.
22 So auch BRÄNDLI a.a.O. Nr. 256, 258 ff.
23 PICHONNAZ, Partnergüterstand, Nr. 217 ff.; WOLF/STEINER a.a.O. 92.
24 BÜCHLER/MATEFI, FamKomm PartG, Art. 25 N 69.
25 Botsch. PartG, 1344; BÜCHLER/MATEFI, FamKomm PartG, Art. 25 N 79; GREMPER, ZüKomm, Art. 25 PartG N 172; WOLF/STEINER a.a.O. 93.

Zweite Abteilung
DIE VERWANDTSCHAFT

§ 38 Entwicklung und Revisionsvorhaben

1   Unter der Überschrift «Die Verwandtschaft» (Des parents) behandelt das ZGB in der zweiten Abteilung des Familienrechts in erster Linie das Verhältnis zwischen Kindern und Eltern, das sogenannte Kindesverhältnis. Hinzu kommen unter dem Titel «Die Familiengemeinschaft» mehrere Rechtsinstitute, die auch auf weitere Verwandte oder in gemeinsamem Haushalt lebende Personen zugeschnitten sind.

2   Im Rahmen der etappenweisen *Revision des* gesamten *Familienrechts* (vorn § 18) ist vorerst das *Kindesrecht neu gestaltet* worden: durch eine Gesetzesnovelle über das Adoptionsrecht (vom 30. Juni 1972, in Kraft seit 1. April 1973)[1] und alsdann durch die umfassende Revision vom 25. Juni 1976, in Kraft seit dem 1. Januar 1978. Das Hauptverdienst an beiden Gesetzesnovellen kommt dem Zürcher Professor CYRIL HEGNAUER zu.

3   Kindesrechtlich relevante Änderungen ergaben sich auch anlässlich der *Revision anderer Teile des ZGB:* Bei der Schaffung der Regeln über die fürsorgerische Freiheitsentziehung (1978) ist Art. 314a entstanden. Bei der Revision des Eherechts (1984/1988) ist Art. 270 Abs. 2 geändert worden. Die Novelle zum Eheschliessungs- und Scheidungsrecht (1998/2000) erfasste ebenfalls Bestimmungen aus dem Kindesrecht, im Wesentlichen die Art. 133, 273, 274 Abs. 1, 275a, 285 Abs. 1, 286a, 298a, 314 Ziff. 1, 315a und 315b. Weiter hat die *UNO-Konvention über die Rechte des Kindes* vom 20. November 1989, für die Schweiz in Kraft seit dem 26. März 1997 (AS 1998 2055 ff., SR 0.107), Impulse für gesetzgeberische Neuerungen im Kindesrecht gesetzt:[2] Das gilt namentlich für die Einführung der *Anhörung des Kindes* im Scheidungsrecht (144[2]) und für das *Recht auf Kenntnis der eigenen Abstammung.* Erstere ist auf Art. 12 KRK[3] zurückzuführen. Letzteres hat unter dem Einfluss von Art. 7 Abs. 1 KRK[4] für die auf dem Weg der künstlichen Fortpflanzung gezeugten Kinder Eingang in Art. 119 Abs. 2 lit. g

---

1   In diese Revision wurden auch vorsorgliche Massregeln im Vaterschaftsprozess miteinbezogen (321–321b der Revision, nunmehr in Anpassung an die Gesamtrevision des Kindesrechts 281–284).

2   Dazu s. auch REGULA GERBER JENNI/CHRISTINA HAUSAMANN (Hrsg.), Die Rechte des Kindes. Das UNO-Übereinkommen und seine Auswirkungen auf die Schweiz (Basel/Genf/München 2001).

3   «[1]Die Vertragsstaaten sichern dem Kind, das fähig ist, sich eine eigene Meinung zu bilden, das Recht zu, diese Meinung in allen das Kind berührenden Angelegenheiten frei zu äussern, und berücksichtigen die Meinung des Kindes angemessen und entsprechend seinem Alter und seiner Reife. [2]Zu diesem Zweck wird dem Kind insbesondere Gelegenheit gegeben, in allen das Kind berührenden Gerichts- oder Verwaltungsverfahren entweder unmittelbar oder durch einen Vertreter oder eine geeignete Stelle im Einklang mit den innerstaatlichen Verfahrensvorschriften gehört zu werden.»

4   «[1]Das Kind ist unverzüglich nach seiner Geburt in ein Register einzutragen und hat das Recht auf einen Namen von Geburt an, das Recht, eine Staatsangehörigkeit zu erwerben, und soweit möglich das Recht, seine Eltern zu kennen und von ihnen betreut zu werden.»

BV und in Art. 27 Fortpflanzungsmedizingesetz (FMedG)[5] gefunden. Beide Bestimmungen, Art. 12 KRK (124 III 92 E. 3a) wie Art. 7 KRK (125 I 262 E. 3c/bb), sind im innerstaatlichen Recht direkt anwendbar und können folglich vor den Gerichten angerufen werden.[6] Sie begründen auch ein Recht des Adoptivkindes auf Kenntnis seiner leiblichen Eltern (128 I 76 ff. E. 4.4 und 5)[7]. Dieses Recht hat (der Klarheit halber[8]) in Art. 268c ZGB eine ausdrückliche gesetzliche Regelung erhalten. Sie ist im Zug der parlamentarischen Beratungen zur Ratifizierung des Haager Übereinkommens vom 29. Mai 1993 über den Schutz von Kindern und die Zusammenarbeit auf dem Gebiet der internationalen Adoption (HAÜ)[9] eingeführt worden. Art. 268c ZGB

---

5   BG über die medizinisch unterstützte Fortpflanzung (Fortpflanzungsmedizingesetz, FMedG) vom 18. Dezember 1998, in Kraft seit dem 1. Januar 2001 (SR 810.11). Zum Ganzen s. MARINA MANDOFIA BERNEY, Vérités de la filiation et procréation assistée. Etude des droits suisse et français (Diss. Genf, Basel/Frankfurt am Main 1993); ULRIKE ELISABETH BINDER, Die Auswirkungen der Europäischen Menschenrechtskonvention und des UN-Übereinkommens über die Rechte des Kindes vom 20. November 1989 auf Rechtsfragen im Bereich der medizinisch assistierten Fortpflanzung, Europäische Hochschulschriften 2339 (Diss. Freiburg i. Br., Frankfurt am Main 1998); REGINE DUBLER-BARETTA, In-vitro-Fertilisation und Embryotransfer in privatrechtlicher Hinsicht (Diss. Basel 1989); HEDWIG DUBLER-NÜSS, Les nouveaux modes de procréation artificielle et le droit suisse de la filiation (Diss. Freiburg 1988); RICHARD FRANK, Die künstliche Fortpflanzung beim Menschen im geltenden und im künftigen Recht: Ein Beitrag zur Gesetzgebungsproblematik (Zürich 1989). BG über genetische Untersuchungen beim Menschen vom 8. Oktober 2004, in Kraft seit dem 1. April 2007 (SR 810.12); siehe AEBI-MÜLLER, Persönlichkeitsschutz und Genetik, in ZBJV 144 (2008), 82 ff.; BÜCHLER, Aussergerichtliche Abstammungsuntersuchungen – Die neuen Bestimmungen des Bundesgesetzes über die genetischen Untersuchungen beim Menschen (GUMG), in ZVW 60 (2005), 32 ff.; HEIKE RIEDER, Genetische Untersuchungen und Persönlichkeitsrecht. Eine Auseinandersetzung mit dem Bundesgesetz über genetische Untersuchungen beim Menschen im medizinischen Bereich (Diss. Zürich, Basel 2006).

6   So auch SCHWENZER, Die UN-Kinderrechtskonvention und das schweizerische Kindesrecht, in AJP 3 (1994), 817 ff., 820 f., 824; WOLF, Die UNO-Konvention über die Rechte des Kindes und ihre Umsetzung in das schweizerische Kindesrecht, in ZBJV 134 (1998), 113 ff., 131; mit Bezug auf Art. 7 KRK kritisch REUSSER/SCHWEIZER, Das Recht auf Kenntnis der Abstammung aus völker- und landesrechtlicher Sicht, in ZBJV 136 (2000), 605 ff., 610. SUTTER, Das Recht auf Kenntnis der eigenen Abstammung, in recht 20 (2002), 154 ff.

7   HEGNAUER, Grundriss, Nr. 13.11; DERS., Kann das Adoptivkind Auszüge über den ursprünglichen Eintrag seiner Geburt verlangen, Art. 138 ZStV?, in ZZW 56 (1988), 2 ff.; MEIER/STETTLER, Filiation, Nr. 379 ff.; EGMR, Entscheid vom 13. Juli 2006 Jäggi c. Suisse, in VPB 70 (2006) Nr. 116; AEBI-MÜLLER, Abstammung und Kindesverhältnis: wo stehen wir heute?, in Festgabe zum Schweizerischen Juristentag 2007 (Zürich 2007) 111 ff.; PREMAND, Le droit de l'enfant à l'accès aux données relatives à ses parents biologiques dans les cas d'adoption et de don de sperme, in: Mélanie Bord/Viviane Premand/Suzette Sandoz/Denis Piotet (Hrsg.), Le droit à la connaissance de ses origines (Genf/Zürich/Basel 2006), Recherches juridiques lausannois 26, S. 1 ff.; BESSON, Das Grundrecht auf Kenntnis der eigenen Abstammung, in ZSR NF 124 (2005), I 39 ff.

8   So REUSSER, Neuerungen im Adoptionsrecht des Zivilgesetzbuches, in ZVW 56 (2001), 133 ff., 135.

9   BBl 1999, 5795 ff. Das Übereinkommen ist mit Bundesbeschluss vom 22. Juni 2001 genehmigt worden (BBl 2001, 2941; SR 0.211). Art. 268c ZGB wurde durch Anhang Ziff. 2 des BG vom

setzt den Art. 30 HAÜ[10] um, welcher eine mit Art. 7 Abs. 1 KRK vergleichbare Regelung enthält. Im Zug der allgemeinen Zugänglichkeit von Abstammungsanalysen wird das Recht auf Kenntnis der eigenen Identität auch ausserhalb von Abstammungsprozessen immer grössere Bedeutung erhalten.[11] Während diese Frage im Adoptionsrecht und im Fortpflanzungsmedizingesetz geregelt ist, schweigt sich das ZGB im Zusammenhang mit auf «natürlicher» Zeugung beruhenden Kindesverhältnissen (namentlich bei in einer Ehe geborenen Kindern) darüber aus. Das Bundesgericht hat nun erstmals das Recht auf Kenntnis der eigenen Identität eines volljährigen ehelichen Kindes gestützt auf Art. 8 EMRK sowie Art. 28 und 272 ZGB bejaht und den entsprechenden Eingriff in die Persönlichkeit (Abstrich der Wangenschleimhaut sowie Blutentnahme zur Abklärung der Vaterschaft) des rechtlichen Vaters als verhältnismässig beurteilt (134 III 245 ff. E. 5.3; 137 I 158 ff. E. 3.4).

4   Weiter ist auf kindesrechtliche Änderungen im Zusammenhang mit dem *Fortpflanzungsmedizingesetz* hinzuweisen: In Art. 23 FMedG ist eine zentrale Vorschrift über die Entstehung des Kindesverhältnisses enthalten, welche den Art. 256 Abs. 3 ZGB ergänzt (s. dazu hinten § 40 N 9). Am 1. Januar 2013 ist das Vormundschaftsrecht durch das neue Erwachsenenschutzrecht, inklusive Personenrecht und Kindesschutzrecht, in Kraft getreten. In diesem Zusammenhang sind die Art. 305 Abs. 1, Art. 306 Abs. 2 und 3 sowie zahlreiche Einzelheiten im Kindesschutz geändert worden. Insbesondere ist Art. 309 (Beistand des Kindes einer unverheirateten Frau) aufgehoben, und sind die Art. 327a–327c ZGB zur Vormundschaft über Minderjährige eingeführt worden. Schliesslich wurden mit BG vom 21. Juni 2013 (in Kraft am 1. Juli 2014) die Art. 296–304 ZGB über die elterliche Sorge grundlegend geändert (dazu § 43).

5   Derzeit sind zwei Revisionsvorhaben im Gang, und zwar zum Kindesunterhalt und zum Adoptionsrecht. Sie wollen namentlich derzeit noch bestehende Unterschiede zwischen ehelichen und nichtehelichen Kindern aufheben: 1. Am 20. März 2015 haben die Räte das BG zur Änderung des ZGB (Kindesunterhalt) angenommen. Damit umfasst der Kinderunterhalt neu nicht mehr bloss die Barausgaben wie die Betreu-

---

22. Juni 2001 zum Haager Adoptionsübereinkommen und über Massnahmen zum Schutz des Kindes bei internationalen Adoptionen eingefügt, in Kraft seit 1. Januar 2003 (SR 211.221.31).

10   «[1]Die zuständigen Behörden eines Vertragsstaats sorgen dafür, dass die ihnen vorliegenden Angaben über die Herkunft des Kindes, insbesondere über die Identität seiner Eltern, sowie über die Krankheitsgeschichte des Kindes und seiner Familie aufbewahrt werden. [2]Sie gewährleisten, dass das Kind oder sein Vertreter unter angemessener Anleitung Zugang zu diesen Angaben hat, soweit das Recht des betreffenden Staates dies zulässt.»

11   S. dazu MÉLANIE BORD/VIVIANE PREMAND/SUZETTE SANDOZ/DENIS PIOTET (Hrsg.), Le droit à la connaissance de ses origines (Genf/Zürich/Basel 2006), Recherches juridiques lausannois 26; AEBI-MÜLLER, Abstammung und Kindesverhältnis a.a.O. 131; REGINA OGOREK, «Zwar sagt die Mutter, dass ich von ihm bin – aber ich weiss es nicht.» Zur Verwertbarkeit heimlicher DNA-Analysen im Vaterschaftsanfechtungsverfahren, in Rainer Maria Kiesow/Regina Ogorek/Spiros Simitis (Hrsg.), FS Dieter Simon (Frankfurt a.M. 2005), 459 ff., 469; RUMO-JUNGO, Das ZGB im Wandel: Rückblick und Ausblick, in recht 26 (2008), 53 ff., 56; s. auch BVerfG vom 13. Februar 2007, in FamRZ 54 (2007), 441 ff. (Anspruch des Vaters auf Kenntnis der genetischen Vaterschaft unabhängig von einem Vaterschaftsprozess).

ungskosten durch Dritte (z.B. Kinderhort), sondern auch den Betreuungsaufwand durch die Eltern.[12] 2. Mit Botschaft und Entwurf vom 28. November 2014[13] hat der Bundesrat die Revision des Adoptionsrechts eingeleitet. Damit setzt der Bundesrat das Urteil des EGMR vom 13. Dezember 2007[14] gesetzgeberisch um. Neu sollen auch Personen in eingetragener Partnerschaft zur (Einzel-)Adoption zugelassen werden. Ferner soll die Stiefkindadoption sowohl Paaren in eingetragener Partnerschaft wie auch Paaren in faktischen, verschieden- wie gleichgeschlechtlichen Lebensgemeinschaften geöffnet werden.

Der siebte Titel des ZGB handelt von der *Entstehung des Kindesverhältnisses* (nachfolgend § 39, 40), der achte von den *Wirkungen des Kindesverhältnisses* (nachfolgend § 41–44), der neunte von der *Familiengemeinschaft* (nachfolgend § 45–48). Diese Dreiteilung liegt auch den folgenden Ausführungen zu Grunde. 6

---

12 Schlussabstimmung vom 20. März 2015: Amtl. Bull. 2015 NR, 599; Amtl. Bull. 2015 StR, 301; Botschaft und Entwurf: BBl 2014, 529 ff.; 597 ff. S. dazu Rumo-Jungo, Betreuungsunterhalt bei getrennt lebenden nicht verheirateten Eltern – ein Denkanstoss, in recht 26 (2008), 27 ff.; Schwenzer/Egli, Betreuungsunterhalt – Gretchenfrage des Unterhaltsrechts, in FamPra.ch 11 (2010), 18 ff.

13 BBl 2015, 877 ff., mit Entwurf: BBl 2015, 949 ff. Stand der Beratungen: In den Räten noch nicht behandelt.

14 Urteil i.S. Emonet et al. gegen die Schweiz (3905/03). In diesem Urteil wird die Schweiz dafür verurteilt, dass für Konkubinatspaare eine Stiefkindadoption nicht möglich ist. Gestützt auf das Urteil des EGMR hat das BGer mit Urteil vom 18. Juli 2008 (5F_6/2008) BGE 129 III 656 ff. in Revision gezogen und die Aufhebung des Kindesverhältnisses zur leiblichen Mutter rückgängig gemacht, ohne die Adoption durch den Lebenspartner der Mutter aufzuheben. Zum Urteil des EGMR s. Schöbi, Stiefkindadoption und Konkubinat. Bemerkungen zum Urteil des EGMR vom 13. Dezember 2007 i.S. Emonet et al. gegen die Schweiz (3905/03), in recht 26 (2008), 99 ff.; Schürmann, Adoption im Konkubinatsverhältnis, Zum Urteil des Europäischen Gerichtshofs für Menschenrechte in Sachen Emonet u.a. gegen die Schweiz vom 13. Dezember 2007, in ZBJV 144 (2008), 262 ff.; Schwenzer, Anmerkung zum Urteil in FamPra.ch 9 (2008), 421; zu BGE 129 III 656: Aebi-Müller, Die privatrechtliche Rechtsprechung des Bundesgerichts in den Jahren 2001–2004, in ZBJV 141 (2005), 581 ff., 584; Meier/Häberli, Übersicht zur Rechtsprechung Juni – Oktober 2003, in ZVW 58 (2003), 440 ff.; Bucher, Bundesgericht, II. Zivilabteilung, Urteil vom 24.5.2005, i.S. Rose c. Losonci, 5A.4/2005 mit Bemerkungen in N 10 zum BGE 129 III 656, in AJP 14 (2005), 1430 f.

Erster Abschnitt
Die Entstehung des Kindesverhältnisses

1   Der Titel über «Die Entstehung des Kindesverhältnisses» ist in vier Abschnitte unter-
    teilt: in allgemeine Bestimmungen (die nur mehr aus Art. 252 bestehen) sowie in die
    drei Entstehungsgründe der Vaterschaft, nämlich die Vaterschaft des Ehemannes
    (255–259), die Anerkennung und das Vaterschaftsurteil (260–263) sowie die Adop-
    tion (264–269c). Nach der Entstehung des Kindesverhältnisses im Allgemeinen (§ 39)
    werden die einzelnen Entstehungsgründe (§ 40) behandelt.

§ 39 Die Entstehung des Kindesverhältnisses im Allgemeinen

2   Im vorliegenden Paragrafen werden zunächst das genetische, das sozialpsychische und
    das rechtliche Kindesverhältnis (filiation) erläutert (N 2 ff.). Sodann wird die Entste-
    hung des Kindesverhältnisses (mit Ausnahme der Adoption) zur Mutter (N 8 ff.) und
    zum Vater (N 11 ff.) behandelt. Schliesslich folgt eine Übersicht über das Recht auf
    Kenntnis der eigenen Abstammung (N 13 ff.) sowie die Erläuterung des Verfahrens
    (N 16 ff.).

I.   Genetisches, sozialpsychisches und rechtliches Kindesverhältnis

3   Mit dem Wort «Kindesverhältnis» wird – unabhängig von jeder rechtlichen Regelung –
    ausgedrückt, dass zwischen zwei Menschen eine Eltern-Kind-Beziehung besteht. Die-
    ses vorrechtliche, natürliche Kindesverhältnis gründet zunächst auf der Tatsache, dass
    ein Kind von bestimmten Eltern gezeugt worden ist (genetische Elternschaft[1]) bzw.
    von ihnen biologisch[2] abstammt. Mit dem gleichen Wort «Kindesverhältnis» wird aber
    auch jene geistig-soziale Bindung benannt, in welcher sich Menschen «wie Eltern und
    Kind» begegnen. Dieses sozialpsychische Kindesverhältnis fällt meist mit dem biolo-
    gischen/genetischen zusammen: Das Kind stammt von den gleichen Eltern ab, mit
    denen es in sozialpsychischer Eltern-Kind-Beziehung steht. Biologisches und geneti-
    sches Kindesverhältnis einerseits und sozialpsychisches andererseits können aber, wie
    etwa bei einem Adoptivkind, auch auseinanderfallen.

4   Das *rechtliche Kindesverhältnis* ist das vom Recht begründete und anerkannte Verhält-
    nis zwischen einem Kind und seinen Eltern, die rechtliche Zuordnung eines Menschen
    zu einer Mutter bzw. zu einem Vater (108 II 347 f. E. 1a).[3] Wo ein Kindesverhältnis

---

1   Sie beruht auf den Samen- und Eizellen eines Mannes bzw. einer Frau.
2   Sie beruht auf der Geburt des Kindes durch eine Frau.
3   Siehe CYRIL HEGNAUER, Die Entstehung des Kindesverhältnisses nach dem künftigen schwei-
    zerischen Kindesrecht, in FS Wilhelm Bosch (Bielefeld 1976), 393 ff.; ferner REICH, HandKomm,
    Art. 252 N 4; SCHWENZER/COTTIER, BaKomm, Art. 252 N 2; MEIER/STETTLER, Filiation,

im Rechtssinn besteht, «gilt» ein Mensch als Kind einer bestimmten Mutter, als Kind
eines bestimmten Vaters. Es besteht eine Mutterschaft oder Vaterschaft im Rechtssinn.

Seit die Fortpflanzungstechnik es ermöglicht, dass Kinder gezeugt werden, ohne dass   5
die Eltern sich berühren[4], stellen sich neue Fragen der rechtlichen Zuordnung der Kinder zu ihren Eltern. Da hier die biologische/genetische Abstammung und die sozialpsychische Beziehung auseinander fallen, muss das Gesetz entscheiden, ob die biologische
bzw. genetische oder die sozialpsychische Elternschaft den Ausschlag geben soll.[5] Aber
auch die Bedeutung von Status und sexueller Orientierung der Eltern für die Begründung von Kindesverhältnissen wird diskutiert: Kann die Ehe weiterhin Dreh- und
Angelpunkt für die Begründung eines Kindesverhältnisses sein? Kann die Begründung
von Kindesverhältnissen weiterhin Mann und Frau vorbehalten bleiben?[6] Es ist das
Recht, das die Anerkennung der sozialen, genetischen und biologischen Elternschaft
ordnet und deren rechtliche Relevanz regelt. Das Recht bestimmt also, welche Elternschaft es anerkennen will. Die rechtliche Elternschaft bleibt somit immer ein Konstrukt
der gesellschaftlichen Wirklichkeit.[7] Derzeit beschäftigt sich ein Gesetzgebungsprojekt
mit der Lockerung der Zweigeschlechtlichkeit von Elternschaft: Gemäss dem Entwurf
des Bundesrates zur Änderung des Adoptionsrechts vom 28. November 2014[8] sollen
neu auch Personen in eingetragener Partnerschaft zur (Einzel-)Adoption zugelassen
werden. Ferner soll die Stiefkindadoption sowohl Paaren in eingetragener Partnerschaft wie auch Paaren in faktischen, verschieden- wie gleichgeschlechtlichen Lebensgemeinschaften geöffnet werden. Im Einklang mit der rechtstatsächlichen Abnahme

Nr. 2 ff. – Mit dem Wort «Zuordnung» ist zugegebenermassen noch sehr wenig darüber ausgesagt, worin nun die Rechtsbeziehungen zwischen Kind und Vater oder Mutter im Einzelnen bestehen (so wenig das Wort «rechtsfähig» sagt, *welche* Rechte und Pflichten man nun «haben» könne).

4 BÜCHLER/RYSER, Das Recht des Kindes auf Kenntnis seiner Abstammung, in FamPra.ch 10
(2009), 1 ff., 4.

5 Hierzu: HEGNAUER, Vom zweifachen Grund des Kindesverhältnisses, in ZSR NF 90 (1971), I 5 ff.;
HEGNAUER, Kindesrecht – ein weites Feld, in ZVW 61 (2006), 25 ff. (Nachdruck aus Hofer/Klip-
pel/Walter [Hrsg.], FS Dieter Schwab, [Bielefeld 2005], 1385 ff.); BÜCHLER, Sag mir, wer die Eltern
sind... Konzeptionen rechtlicher Elternschaft im Spannungsfeld genetischer Gewissheit und sozialer Geborgenheit, in AJP 13 (2004), 1175 ff.; BÜCHLER/VETTERLI, Ehe, 187 f.

6 S. zum Ganzen: Modernisierung des Familienrechts, Bericht des Bundesrates zum Postulat FEHR
(12.3607), März 2015, http://www.ejpd.admin.ch/dam/data/bj/aktuell/news/2015/2015-03-250/
ber-br-d.pdf (besucht am 15. April 2015); SCHWENZER, Familienrecht und gesellschaftliche Veränderungen, Gutachten zum Postulat 12.3607 FEHR, «Zeitgemässes kohärentes Zivil- insbesondere Familienrecht», https://www.bj.admin.ch/dam/data/bj/aktuell/veranstaltungen/familien-
recht/gutachten-schwenzer-d.pdf (besucht am 14. April 2015); RUMO-JUNGO, Kindesverhältnisse
im Zeitalter vielfältiger Familienformen und medizinisch unterstützter Fortpflanzung, in Fam-
Pra.ch 15 (2014), 838 ff.

7 Das gilt für das Recht überhaupt: Es entspricht dem Bedürfnis nach Gewissheiten und Verlässlichkeit unseres gesellschaftlichen Lebens und ist so Ausdruck unserer gegenwärtigen Überzeugungen. Seine örtliche und zeitliche Wandelbarkeit ist der beste Beweis seiner Relativität.

8 BBl 2015, 877 ff., mit Entwurf: BBl 2015, 949 ff. Stand der Beratungen: In den Räten noch nicht
behandelt.

der Bedeutung der Ehe für die Zeugung von Kindern[9] wird in der Lehre postuliert, die Bedeutung der Ehe für die Begründung und Anfechtung von Kindesverhältnissen auch in rechtlicher Hinsicht zu reduzieren.[10] Im Zusammenhang mit der Zunahme der Elternschaft von Nichtverheirateten, mit der hohen Scheidungsrate und der damit verbundenen Zunahme von zusammengesetzten Familien sowie mit der Verbreitung der medizinischen Fortpflanzungsmethoden muss die Konzeption der Vaterschaftsvermutung des Ehemannes der in einer Ehe geborenen Kinder relativiert werden. Tatsächlich ist auch ausserhalb der Adoption ein rechtliches Vater-Kind-Verhältnis ohne genetische Abstammung nicht selten.[11] Dabei ist sogar denkbar, dass im Einzelfall weder das genetische noch das sozialpsychische natürliche Kindesverhältnis zum Vater vorliegt und dennoch ein rechtliches Kindesverhältnis hergestellt wird.

6   Wenn *fortan* von Kindesverhältnis die Rede ist, so ist damit regelmässig *das rechtliche* Kindesverhältnis gemeint. Was dieses Kindesverhältnis, die rechtliche Zuordnung eines Kindes zu Vater und Mutter, im Einzelnen umschliesst, wird im Abschnitt über «Die Wirkungen des Kindesverhältnisses» ausführlich dargestellt (s. §§ 41–44).

7   Der siebte Titel des ZGB und der vorliegende Abschnitt handeln dem Wortlaut nach von der «Entstehung des Kindesverhältnisses». Das ist insofern verkürzt ausgedrückt, als auch die *Beseitigung von Kindesverhältnissen* geregelt und erläutert wird. Gerade weil das Gesetz für die Entstehung des Kindesverhältnisses zum Teil auf ein formales Kriterium (Ehe der Mutter) oder auf ein einfaches Verfahren (Anerkennung) abstellt, muss es möglich sein, das vorerst bestehende rechtliche Band zwischen Kind und Vater zu trennen. Das geschieht regelmässig im Hinblick auf die Begründung eines neuen Kindesverhältnisses. Bei der Adoption fallen Beseitigung des alten und Entstehung des neuen Kindesverhältnisses sogar zusammen (267[1] und[2]).

---

9   Seit den 1970er Jahren ist eine kontinuierliche Zunahme der Geburten von nicht verheirateten Frauen erkennbar: 1970 war der Anteil der nicht ehelichen Geburten lediglich 3,8%. 2010 stieg er auf 18,6% und 2013 auf 21,1%. S. dazu BUNDESAMT FÜR STATISTIK, Die Bevölkerung der Schweiz 2010 (Neuenburg 2011) und http://www.bfs.admin.ch/bfs/portal/de/index/themen/01/06/blank/key/02/03.html (besucht am 15. April 2015).

10 Statt vieler SCHWENZER, Familienrecht und gesellschaftliche Veränderungen, Gutachten zum Postulat 12.3607 FEHR, «Zeitgemässes kohärentes Zivil- insbesondere Familienrecht», https://www.bj.admin.ch/dam/data/bj/aktuell/veranstaltungen/familienrecht/gutachten-schwenzer-d.pdf (besucht am 14. April 2015).

11 So «gilt» der Ehemann der bei der Geburt verheirateten Mutter als Vater des Kindes (255[1]); wird diese Vermutung nicht angefochten, so bleibt es bei seiner Vaterschaft, selbst ohne biologisches Kindesverhältnis (s. auch 256[3], der auch den Fall der künstlichen Insemination durch einen Dritten als Samenspender, der sogenannten heterologen Insemination, abdeckt; zur Verfassungsmässigkeit von Beschränkungen des Zugangs zur heterologen Insemination s. 115 Ia 234 ff., insbes. 253 ff. E. 6 c, d und e sowie 119 Ia 478 ff. E. 6). Bei der Anerkennung eines Kindes (260[3]) wird nicht geprüft, ob der Anerkennende der Erzeuger des Kindes ist; erst wenn in einer Anfechtungsklage bewiesen wird, dass «der Anerkennende nicht der Vater des Kindes ist» (260b[1]), fällt das rechtliche Kindesverhältnis dahin. Ausserdem nimmt das Gesetz in Kauf, dass auf Grund einer Vaterschaftsklage ein rechtliches Kindesverhältnis zu einem Mann hergestellt wird, dessen biologische Vaterschaft nur gleich wahrscheinlich ist wie die eines anderen (262[3]).

II. Die Entstehung des Kindesverhältnisses zur Mutter

Für das Kindesverhältnis zur Mutter gilt der (tatsächliche, nicht rechtliche) Grundsatz: 8
mater semper certa est. Das Kindesverhältnis zur Mutter entsteht – von der Adoption
und seltenen Fehltatbeständen[12] abgesehen – grundsätzlich immer zur biologischen
Mutter, nämlich mit der Geburt.[13] Es ist das biologische, genetische und gleichzeitig auch das rechtliche Kindesverhältnis zur Mutter. Das gilt für verheiratete wie
für unverheiratete Mütter sowie auch für sog. Leihmütter. Auch sie werden (in der
Schweiz) Mutter mit der Geburt des Kindes.[14] Beim Spezialfall des Findelkindes bzw.
der anonymen Geburt[15] besteht zwar ein rechtliches Kindesverhältnis zur Mutter, es
ist als solches aber nicht nachweisbar.[16] Neben dem Entstehungsgrund der Geburt
kennt das Gesetz für die Begründung eines Kindesverhältnisses zur Mutter einzig die
Adoption (252³; 267¹). Andere Entstehungsgründe kennt das ZGB nicht.

Die von der Lehre analog zu jenen der Vaterschaft entwickelten Entstehungsgründe 9
der Mutterschaft sind auf (in der Schweiz) seltene Spezialfälle zugeschnitten: Auf
Grund moderner Fortpflanzungsmethoden ist es möglich, dass die ausserhalb des
Mutterleibs befruchteten Eizellen nicht von der Gebärenden stammen. Die Eispende
ist zwar verboten (4 FMedG); erfolgt sie dennoch, entsteht das entsprechende Kindesverhältnis gestützt auf Art. 252 Abs. 1 zur Geburtsmutter und nicht zur Eispenderin.[17] Eine *Anfechtung und Anerkennung der Mutterschaft* analog zur Anfechtung und
Anerkennung der Vaterschaft (256, 260) ist daher grundsätzlich *weder notwendig noch*

---

12 Ein Kind wurde etwa untergeschoben oder verwechselt.
13 Soweit dem noch nicht geborenen Kind Rechtspersönlichkeit zukommt (nach ZGB gemäss 31²,
    393 Ziff. 3, 544¹ und 605), besteht das entsprechende Kindesverhältnis zur Mutter schon vor der
    Geburt (HEGNAUER, BeKomm, Art. 252 N 37; s. auch MEIER/STETTLER, Filiation, Nr. 40). Zu
    den entsprechenden Auswirkungen auf das Mutter-Kind-Verhältnis vor der Geburt s. THOMAS
    M. MANNSDORFER, Pränatale Schädigung. Ausservertragliche Ansprüche pränatal geschädig-
    ter Personen. Unter Berücksichtigung der Rechtslage im Ausland, insbesondere in Deutschland
    und den Vereinigten Staaten von Amerika (Diss. Freiburg 2000), AISUF 192. – Zu den Fragen
    im Zusammenhang mit der Geburt eines unerwünschten Kindes s. hinten Anm. 51.
14 Zur Anerkennung eines im Ausland durch Leihmutterschaft begründeten Kindesverhältnisses
    in der Schweiz s. BGer 5A_758/2014.
15 HAUSHEER/AEBI-MÜLLER, Renaissance einer alten Idee: Das Einsiedler Fenster aus (zivil)
    rechtlicher Sicht, in recht 20 (2002), 1 ff., 8 f.; AEBI-MÜLLER, Anonyme Geburt und Babyfens-
    ter – Gedanken zu einer aktuellen Debatte, in FamPra.ch 8 (2007), 544 ff.; SCHWENZER/COT-
    TIER, BaKomm, Art. 252 N 12 ff.
16 Dazu s. BIDERBOST, Findelkinder, in ZVW 45 (1999), 49 ff., 61; HEGNAUER, BeKomm, Art. 252
    N 35 und 45; DERS., Grundriss, Nr. 3.06; SCHWENZER/COTTIER, BaKomm, Art. 252 N 6; REICH,
    HandKomm, Art. 252 N 11; MEIER/STETTLER, Filiation, Nr. 40; BÜCHLER/VETTERLI, Ehe, 189;
    HAUSHEER/GEISER/AEBI-MÜLLER, Familienrecht, Nr. 16.10.
17 So die wohl einhellige Lehre; s. statt vieler HEGNAUER, BeKomm, Art. 252 N 38; STETTLER, SPR
    III/2, 18 f.; SCHWENZER/COTTIER, BaKomm, Art. 252 N 9; REICH, HandKomm, Art. 252 N 8;
    BÜCHLER/VETTERLI, Ehe, 189; HAUSHEER/GEISER/AEBI-MÜLLER, Familienrecht, Nr. 16.11;
    MEIER/STETTLER, Filiation, Nr. 41.

überhaupt möglich.[18] Ist ausnahmsweise die im Zivilstandsregister eingetragene Mutterschaft streitig, so steht jedermann, der ein Interesse hat, jederzeit eine Berichtigungsklage nach Art. 42 zu.[19] Fehlt ein solcher Eintrag, so kann jeder Interessierte jederzeit auf *Feststellung des Kindesverhältnisses zur Mutter* klagen (Mutterschaftsklage).[20]

10   Das Kindesverhältnis zur Mutter begründet die rechtliche Zuordnung des Kindes zur Mutter (und deren Verwandtschaft), ist aber auch Grundlage für die Begründung des Kindesverhältnisses zum Vater (255[1], 260[1]).

III.   Übersicht über die Entstehungsgründe des Kindesverhältnisses zum Vater

11   Zur Begründung des Kindesverhältnisses zum Vater bedarf es im Gegensatz zu jenem zur Mutter besonderer Anhaltspunkte. Das ZGB kennt *drei besondere Entstehungsgründe* des Kindesverhältnisses zum Vater: die Ehe der Mutter, die Anerkennung und das Gerichtsurteil (252[2]). Darüber hinaus entsteht das Kindesverhältnis zum Vater auch durch Adoption (252[3]). Diese Aufzählung ist abschliessend.

12   Die *vier Entstehungsgründe des Kindesverhältnisses zum Vater* (die drei besonderen und die Adoption) begründen das Kindesverhältnis zum Vater. Grundsätzlich wird nicht (mehr) unterschieden zwischen ehelichem und nichtehelichem Kindesverhältnis. Dennoch ist die Ehe immer noch von Bedeutung für die Begründung (252) und

---

18   Zu Fragen der Anfechtung der Mutterschaft der Geburtsmutter durch die Eispenderin oder das Kind und der Anerkennung der Mutterschaft s. STETTLER, SPR III/2, 18 ff. und 194 ff.; HEGNAUER, BeKomm, Art. 252 N 39 f.; SCHWENZER/COTTIER, BaKomm, Art. 252 N 9 und 11; BÜCHLER/VETTERLI, Ehe, 189; REICH, HandKomm, Art. 252 N 10; FRANZISKA BUCHLI-SCHNEIDER, Künstliche Fortpflanzung aus zivilrechtlicher Sicht (Diss. Bern 1987), 185 ff.; REGINE DUBLER-BARETTA, In-vitro-Fertilisation und Embryotransfer in privatrechtlicher Hinsicht (Diss. Basel 1988), 68 f.; HEDWIG DUBLER-NÜSS, Les nouveaux modes de procréation artificielle et le droit suisse de la filiation (Diss. Bern 1988), Nr. 339 ff. und 433 ff.; RICHARD FRANK, Die künstliche Fortpflanzung beim Menschen im geltenden und zukünftigen Recht (Zürich 1989), 16 und 45 f.; BÜCHLER, Das Abstammungsrecht in rechtsvergleichender Sicht, in FamPra.ch 6 (2005), 437 ff., 452 f.; vgl. vertiefte rechtsvergleichende Studie: INGEBORG SCHWENZER (Hrsg.), Tensions Between Legal, Biological an Social Conceptions of Parentage (Antwerpen/Oxford 2007), European Family Law Series 15; FRAUKE WEDEMANN, Konkurrierende Vaterschaften und doppelte Mutterschaft im internationalen Abstammungsrecht (Diss. München, Baden-Baden 2006); SANDOZ, Quelques problèmes de filiation en relation avec la procréation médicalement assistée, in ZVW 56 (2001), 91 ff., 95 f. – Zu den Entstehungsgründen des Mutter-Kind-Verhältnisses auf Grund fortpflanzungsmedizinischer Technik s. 119 Ia 460 ff.

19   Hierzu und zur heiklen Abgrenzung von der Klage auf Feststellung der Nichtmutterschaft HEGNAUER, BeKomm, Art. 252 N 71 ff.

20   HEGNAUER, BeKomm, Art. 252 N 67; DERS., Grundriss, Nr. 3.06; BIDERBOST a.a.O. 61; MEIER/STETTLER, Filiation, Nr. 47; zu dieser Frage bei der anonymen Geburt: HAUSHEER/AEBI-MÜLLER, Renaissance einer alten Idee: Das Einsiedler Fenster aus (zivil)rechtlicher Sicht, in recht 20 (2002), 1 ff., 8.

Anfechtung eines Kindesverhältnisses zum Vater (dazu § 40 N 7 ff.). Ferner bleibt die nachfolgende Heirat der Eltern von Bedeutung für die Wirkungen des Kindesverhältnisses (Art. 270, 271) und die Anfechtung der Anerkennung (259, im Einzelnen § 40 N 29 ff.).[21] Dagegen ist das Bestehen einer Ehe nicht mehr ausschlaggebend für die Zuteilung der elterlichen Sorge, für Name und Bürgerrecht des Kindes und für die Erfüllung der Unterhaltspflicht (s. im Einzelnen hinten §§ 41–43).

IV. Recht auf Kenntnis der eigenen Abstammung

Unter dem Einfluss von Art. 7 Abs. 1[22] des *Übereinkommens über die Rechte des Kindes*   13
vom 20. November 1989 (s. vorn § 38) hat das Recht auf Kenntnis der eigenen Abstammung für Kinder, die mittels medizinisch unterstützter Fortpflanzung gezeugt wurden, Eingang in Art. 119 Abs. 2 lit. g BV und Art. 27 FMedG gefunden. Art. 7 KRK ist im innerstaatlichen Recht direkt anwendbar und kann vor Gericht angerufen werden[23] (so 125 I 262 E. 3c/bb). Die Bestimmung begründet einen generellen Anspruch auf Kenntnis der eigenen Abstammung (restriktiver noch 115 Ia 255 E. 6d; 125 I 262 E. 4; s. auch 112 Ia 97 ff.[24]). Gestützt darauf hat die Rechtsprechung das Recht des Adoptionskindes auf Kenntnis seiner leiblichen Eltern bejaht (128 I 76 ff. E. 4.4 und 5; 134 III 243 f. E. 5.2.2; 137 I 158 ff. E. 3.4).[25] Dieses Recht ist (der Klarheit halber[26]) unter dem Randtitel «Auskunft über die Personalien der leiblichen Eltern» in Art. 268c aus-

---

21   Kritisch dazu SCHWENZER, Die UN-Kinderrechtskonvention und das schweizerische Kindesrecht, in AJP 3 (1994), 817 ff., 820; DIES., Über die Beliebigkeit juristischer Argumentation, in FamPra.ch 1 (2000), 24 ff., 37.

22   «¹Das Kind ist unverzüglich nach seiner Geburt in ein Register einzutragen und hat das Recht auf einen Namen von Geburt an, das Recht, eine Staatsangehörigkeit zu erwerben, und soweit möglich das Recht, seine Eltern zu kennen und von ihnen betreut zu werden.»

23   So auch SCHWENZER, AJP a.a.O. 824; MEIER/STETTLER, Filiation, Nr. 379; WOLF, Die UNO-Konvention über die Rechte des Kindes und ihre Umsetzung in das schweizerische Kindesrecht, in ZBJV 134 (1998), 113 ff., 131; mit Bezug auf Art. 7 KRK kritisch REUSSER/SCHWEIZER, Das Recht auf Kenntnis der Abstammung aus völker- und landesrechtlicher Sicht, in ZBJV 136 (2000), 605 ff., 610; BESSON, Das Grundrecht auf Kenntnis der eigenen Abstammung, in ZSR NF 124 (2005), I 39 ff.; VIVIANE PREMAND, Le droit de l'enfant à l'accès aux données relatives à ses parents biologiques dans les cas d'adoption et de don de sperme, in Mélanie Bord/Viviane Premand/Suzette Sandoz/Denis Piotet (Hrsg.), Le droit à la connaissance de ses origines (Genf/Zürich/Basel 2006), Recherches juridiques lausannois 26, 1 ff.

24   Teilweise kritisch COTTIER, Kein Recht auf Kenntnis des eigenen Vaters?, in recht 14 (1986), 135 ff.; DERS., Die Suche nach der eigenen Herkunft: Verfassungsrechtliche Aspekte, Beihefte zur ZSR, Heft 6 (Basel 1987), 27 ff.

25   HEGNAUER, Grundriss, Nr. 13.11; DERS., Dürfen dem mündigen Adoptierten die leiblichen Eltern gegen den Willen der Adoptiveltern bekanntgegeben werden?, in ZVW 46 (1991), 101 ff.; MEIER/STETTLER, Filiation, Nr. 404 ff.; HAUSHEER/GEISER/AEBI-MÜLLER, Familienrecht, Nr. 16.125; SCHWENZER, AJP a.a.O. 805; WOLF a.a.O. 135; s. die Übersicht bei REUSSER/SCHWEIZER a.a.O. 605 ff.; REUSSER a.a.O. 133 ff.

26   So REUSSER, Neuerungen im Adoptionsrecht des Zivilgesetzbuches, in ZVW 56 (2001), 133 ff., 135.

drücklich gesetzlich geregelt worden. Die Bestimmung ist durch das BG zum Haager Adoptionsübereinkommen eingeführt und – wie dieses – am 1. Januar 2003 in Kraft getreten. Sie setzt Art. 30 HAÜ[27] um, welcher eine mit Art. 7 Abs. 1 KRK vergleichbare Regelung enthält. Gemäss Art. 46 Abs. 3 ZStV hat das Adoptivkind denn auch Anspruch auf Auskunft über die Personalien seiner leiblichen Eltern, obwohl deren Bekanntgabe grundsätzlich gesperrt ist (s. auch 8 DSG).[28]

14   Auch Kinder, die mittels medizinisch technischer Unterstützung gezeugt wurden, haben gemäss Art. 27 FMedG Anspruch auf Kenntnis ihrer Abstammung: Ab dem 18. Altersjahr kann das Kind beim eidgenössischen Amt für Zivilstandswesen (Art. 25 FMedG) Auskunft über die äussere Erscheinung und die Personalien des Samenspenders (Art. 24 Abs. 2 lit. a und d) verlangen. Bereits vor dem 18. Altersjahr kann es diese Auskunft verlangen, wenn es ein schutzwürdiges Interesse nachweist (Art. 27 Abs. 2 FMedG). Das Kind erhält diese Auskunft auch dann, wenn der Spender einen persönlichen Kontakt ablehnt (Art. 27 Abs. 3 FMedG).

15   Der Anspruch auf Kenntnis der eigenen Abstammung ist im Adoptions- und im Fortpflanzungsmedizinrecht ausdrücklich geregelt, nicht aber im übrigen Kindesrecht. Bei Kindesverhältnissen, die auf einer «natürlichen» Zeugung beruhen (namentlich bei in einer Ehe geborenen Kindern) besteht ein Anspruch gestützt auf Art. 8 EMRK sowie Art. 28 ZGB. In einem wegweisenden Urteil des EGMR vom 16. Juli 2006 i.S. Jäggi gegen die Schweiz hat der EUGM festgehalten, das Recht auf Achtung des Privatlebens beinhalte wichtige Aspekte der persönlichen Identität. Zu diesen gehört die Kenntnis der eigenen Abstammung.[29] Das fortgeschrittene Alter einer Person verringert deren Interesse an der Kenntnis der eigenen Abstammung in keiner Weise.[30] Das Bundesgericht hat das Recht auf Kenntnis der eigenen Identität eines volljährigen ehelichen (fast 60 Jahre alten) Kindes gestützt auf Art. 8 EMRK sowie Art. 28 und 272 ZGB bejaht und den entsprechenden Eingriff in die Persönlichkeit (Abstrich der Wan-

---

27 «[1]Die zuständigen Behörden eines Vertragsstaats sorgen dafür, dass die ihnen vorliegenden Angaben über die Herkunft des Kindes, insbesondere über die Identität seiner Eltern, sowie über die Krankheitsgeschichte des Kindes und seiner Familie aufbewahrt werden. [2]Sie gewährleisten, dass das Kind oder sein Vertreter unter angemessener Anleitung Zugang zu diesen Angaben hat, soweit das Recht des betreffenden Staates dies zulässt.»

28 So namentlich von Hegnauer, Grundriss, Nr. 13.11; ders., Kann das Kind Auszüge über den ursprünglichen Eintrag seiner Geburt verlangen, Art. 138 ZstV?, in ZZW 56 (1988), 2 ff.; Reusser a.a.O. 138; sehr ausführlich begründet von René Locher, Persönlichkeitsschutz und Adoptionsgeheimnis (Diss. Zürich 1993), ZSPR 97, 55 ff. und 135 f.; eine Interessenabwägung fordert Werro, Quelques aspects juridiques du secret de l'adoption, in ZVW 49 (1994), 73 ff., 79 ff.; ders., Das Adoptionsgeheimnis – Ausgewählte Fragen, in ZZW 63 (1995), 364 ff.

29 Urteil des EGMR vom 13. Juli 2006 i.S. Jäggi gegen die Schweiz, in VPB 70 (58757/00) Ziff. 116 mit Bemerkungen dazu Aebi-Müller, EGMR-Entscheid Jäggi c. Suisse: Ein Meilenstein zum Recht auf Kenntnis der eigenen Abstammung, Jusletter 2. Oktober 2006.

30 Urteil des EGMR vom 25. September 2012 i.S. Godelli gegen Italien (33783/09); s. auch Urteil des EGMR vom 16. Juni 2011 i.S. Pascaud gegen Frankreich (19535/08).

genschleimhaut sowie Blutentnahme zur Abklärung der Vaterschaft) des rechtlichen Vaters als verhältnismässig beurteilt (134 III 245 ff. E. 5.3).[31]

V.   Das Verfahren auf Feststellung und Anfechtung des Kindesverhältnisses

Die Art. 25, 157, 160 sowie die Art. 295 f. ZPO enthalten einheitliche Verfahrensvorschriften für alle Klagen auf Feststellung oder Anfechtung des Kindesverhältnisses. Sie finden Anwendung auf die Anfechtung der Vermutung der Vaterschaft des Ehemannes (256–258), die Anfechtung der Anerkennung (260a–260c und 259[2]), die Vaterschaftsklage (261–263) und die Anfechtung der Adoption (269–269b).[32] Es handelt sich um Regeln über den Gerichtsstand (a., N 17), die Verfahrensart (b., N 18), die Untersuchungs- und Offizialmaxime (c., N 19), die freie Beweiswürdigung (d., N 20) und die Mitwirkung bei Abstammungsgutachten (e., N 15 f.).   16

a. Gerichtsstand

Nach Art. 25 ZPO ist für Klagen auf Feststellung und auf Anfechtung des Kindesverhältnisses das Gericht am Wohnsitz einer der Parteien zwingend zuständig. Es handelt sich um einen zwingenden Wahlgerichtsstand am Wohnsitz einer Partei zur Zeit der Klage.[33] Der Wohnsitz zur Zeit der Klage bestimmt sich nach dem Zeitpunkt der Rechtshängigkeit.[34] Dieser Gerichtsstand gilt für alle Klagen auf Feststellung oder Anfechtung des Kindesverhältnisses[35] (inklusive Anfechtung der Adoption) sowie für eine Unterhaltsklage, die zusammen mit der Vaterschaftsklage eingereicht wird (Art. 26   17

---

31   Bemerkungen zum Entscheid von Meier, Résumé de jurisprudence mars à juin 2008, in ZVW 63 (2008), 352 ff., 352; Meier/Häberli, Übersicht zur Rechtsprechung (März bis Juni 2008), in ZVW 63 (2008), 372 ff., 373; Lenhart, Die praktischen Konsequenzen des Rechts auf Kenntnis der eigenen Abstammung – Welche Fälle verlangen ein Umdenken im schweizerischen Familienrecht, in AJP 18 (2009), 584 ff., 590; Aebi-Müller, Die privatrechtliche Rechtsprechung des Bundesgerichts im Jahr 2008, Familienrecht, Kindesrecht, in ZBJV 145 (2009), 686 ff., 686; Kley/Seferovic, Rechtsprechung zu den EMRK- und BV-Grundrechten, in Aktuelle Anwaltspraxis 2009, 740 ff., 750.

32   Sutter-Somm/Lötscher, Komm ZPO, Art. 25 N 6 ff.

33   Zur Entstehungsgeschichte, s. Sutter-Somm/Lötscher, Komm ZPO, Art. 25 N 2 f.; Schwander, ZPOKomm, Art. 25 N 1.

34   Sutter-Somm/Lötscher, Komm ZPO, Art. 25 N 4; Hegnauer, BeKomm, Art. 253 N 37; ders., Grundriss, Nr. 14.06; Stettler, SPR III/2, 62.

35   Im Vordergrund stehen die Klagen betreffend das Kindesverhältnis zum Vater. Eingeschlossen sind aber auch die analogen Klagen betreffend das Kindesverhältnis zur Mutter, sofern solche ausnahmsweise gegeben sind (s. dazu vorn Anm. 14–16).

ZPO e contrario; anders für die selbständige Unterhaltsklage: Art. 26 ZPO)[36]. In Fällen mit Auslandberührung gelten die Art. 66 und 67 IPRG (129 III 404; 129 III 288).[37]

b. Vereinfachtes Verfahren

18   Für Kinderbelange in familienrechtlichen Angelegenheiten statuiert Art. 295 ZPO den Grundsatz des vereinfachten Verfahrens für selbständige Klagen. Selbständige Klagen sind Unterhaltsklagen, aber auch Klagen betreffend Anfechtung und Feststellung der Vaterschaft, inklusive Anfechtung der Adoption (Art. 256 ff. ZGB).[38] Das vereinfachte Verfahren ist in den Art. 244 ff. ZPO geregelt. Bei Klagen über den Personenstand (wozu die Vaterschaftsanerkennungs- und -anfechtungsverfahren gehören) muss vorher kein Schlichtungsversuch stattfinden (Art. 198 lit. b ZPO). Die vereinfachte Klage kann in den Formen nach Art. 130 ZPO, also schriftlich oder elektronisch eingereicht, aber auch mündlich zu Protokoll gegeben werden (Art. 244 Abs. 1). Eine Begründung ist nicht erforderlich (Art. 244 Abs. 2 ZPO).[39]

c. Untersuchungs- und Offizialmaxime[40]

19   Gemäss Art. 296 Abs. 1 ZPO erforscht das Gericht den Sachverhalt von Amtes wegen. Es trägt damit die Verantwortung nicht nur für die Rechtsanwendung, sondern auch für die Ermittlung des Sachverhalts. Mit dieser Regelung hat die ZPO inhaltlich vollumfänglich die bisherige Regelung in Art. 254 ZGB übernommen.[41] «Erforschung des Sachverhalts» durch das Gericht bedeutet, dass das Gericht von Amtes wegen alle nötigen Abklärungen zu treffen und Beweise abzunehmen hat, die zur Ermittlung des Sachverhalts nötig sind. Das ändert aber nichts daran, dass die Parteien zur Mitwirkung am Verfahren und zur Sammlung des Prozessstoffes verpflichtet sind (BGE 133 III 640 E. 2; 133 III 507 E. 5.4).[42] Nach Art. 296 Abs. 2 ZPO entscheidet das Gericht ohne Bindung an

---

36   SUTTER-SOMM/LÖTSCHER, Komm ZPO, Art. 25 N 10; SCHWANDER, ZPOKomm, Art. 25 N 1; SCHWENZER/COTTIER, BaKomm, Art. 253 N 2; REICH, HandKomm, Art. 253 N 2.

37   Grundsätzlich sind die schweizerischen Gerichte am gewöhnlichen Aufenthaltsort des Kindes oder am Wohnsitz der Mutter oder des Vaters zuständig (66 IPRG). Subsidiär sieht Art. 67 IPRG einen Gerichtsstand am Heimatort der Mutter oder des Vaters vor («Notgerichtsstand für Auslandschweizer»: HEGNAUER, Grundriss, Nr. 14.03): dazu und zur Anwendbarkeit des LugÜ s. SUTTER-SOMM/LÖTSCHER, Komm ZPO, Art. 25 N 19 f.; SCHWANDER, ZPOKomm, Art. 25 N 7 f.; SCHWENZER/COTTIER, BaKomm, Art. 253 N 8 ff.

38   SCHWEIGHAUSER, Komm ZPO, Art. 295 N 10 f.; PFÄNDER BAUMANN, ZPOKomm, Art. 295 N 2; JEANDIN, CPC Comm, Art. 295 N 2.

39   SCHWEIGHAUSER, Komm ZPO, Art. 295 N 14 ff.; PFÄNDER BAUMANN, ZPOKomm, Art. 295 N 4 ff.

40   Daneben herrscht aber in Prozessen auf Feststellung und Anfechtung von Kindesverhältnissen auch die Offizialmaxime (Beschränkung der Parteidisposition): BGE 118 II 94 E. 1a; HEGNAUER, Grundriss, Nr. 14.09.

41   STAEHELIN/STAEHELIN/GROLIMUND, Zivilprozessrecht, § 21 N 84. SCHWEIGHAUSER, Komm ZPO, Art. 296 N 3; PFÄNDER BAUMANN, ZPOKomm, Art. 296 N 1; REICH, HandKomm, Art. 254 N 1.

42   SCHWEIGHAUSER, Komm ZPO, Art. 296 N 10 f.; PFÄNDER BAUMANN, ZPOKomm, Art. 296 N 3.

die Parteianträge. Die ZPO erklärt damit ausdrücklich die Geltung der Offzialmaxime.[43] Da indessen das Kindesverhältnis zum Vater ausserhalb eines Prozesses durch Anerkennung (also durch eine reine, die Behörden bindende Parteierklärung) begründet werden kann, ist die Anerkennung auch im Vaterschaftsprozess möglich (260³ i. f. ZGB), mit der Wirkung, dass das Gericht daran gebunden ist. Eine (prozessuale oder ausserprozessuale) Anerkennung kann aber gemäss Art. 260a–c ZGB angefochten werden.

d. Freie Beweiswürdigung

Das Gericht «würdigt die Beweise nach freier Überzeugung» (157 ZPO). Damit fällt das Gericht seine Entscheidung nach frei gebildeter Überzeugung, auf Grund der Sachkunde, der Menschenkenntnis und der Lebenserfahrung seiner Mitglieder.[44] Die Anforderungen an den Beweis richten sich dabei nach der Natur des jeweiligen Beweisthemas.[45] Freie Beweiswürdigung heisst aber nicht, eine Rechtsmittelinstanz müsse die Beweisabnahme einer unteren Instanz wiederholen (109 II 293). Für die Beweislast gilt Art. 8 (vorn § 7 N 6 ff.; s. 109 II 295). Was die Beweismittel anbelangt, zählt Art. 168 ZPO die zulässigen Beweismittel auf. Die besonderen Bestimmungen über die Kindesbelange in familienrechtlichen Angelegenheiten werden in Abs. 2 vorbehalten. Es gilt wie bis anhin der Freibeweis.[46] Das bedeutet, das Gericht kann «nach eigenem Ermessen auf unübliche Art Beweise erheben» (BGE 122 I 55 E. 4a) und damit auch von Art. 168 ZPO abweichen.

20

---

43 PFÄNDER BAUMANN, ZPOKomm, Art. 296 N 2 ff.; JEANDIN, CPC Comm, Art. 296 N 2 ff. Zu Art. 254 aZGB: BGE 118 II 94 E. 1a; s. auch HEGNAUER, BeKomm, Art. 254 N 41 ff.; HEGNAUER, Grundriss, Nr. 14.09 f.

44 So WALTER, BeKomm, Art. 8 N 121 f.; SCHWEIGHAUSER, Komm ZPO, Art. 296 N 15; REICH, HandKomm, Art. 254 N 4; JEANDIN, CPC Comm, Art. 296 N 4. Siehe dazu auch GAUCH, Zum Stand der Lehre und Rechtsprechung. Geschichten und Einsichten eines privaten Schuldrechtlers, in ZSR NF 119 (2000), I 1 ff., 8, mit Hinweis auf DANIEL GOLEMAN, Emotionale Intelligenz (München/Wien 1996), 48, wonach jedes Urteil den persönlichen Stempel der Richter und Richterinnen, ein Stück ihrer Seele enthält, weshalb es uns nicht nur von den Gerichteten, sondern auch von den Richtern und Richterinnen erzählt.

45 Für den Beweis der Vaterschaft oder der Nichtvaterschaft ist beispielsweise die an Sicherheit grenzende Wahrscheinlichkeit erforderlich: 101 II 13; HEGNAUER, Grundriss, Nr. 14.12; SCHWENZER/COTTIER, BaKomm, Art. 254 N 23.

46 REICH, HandKomm, Art. 254 N 4; SUTTER-SOMM/LÖTSCHER, Komm ZPO, Art. 296 N 15, mit Hinweis auf die Botschaft ZPO, 7366.

e. Mitwirkung bei Abstammungsgutachten[47]

21   Art. 296 Abs. 2 ZPO verpflichtet Parteien[48] und Dritte unter zwei Voraussetzungen
      zur *persönlichen Mitwirkung bei Untersuchungen:* Die Untersuchungen sind zur Auf-
      klärung der Abstammung nötig und die Mitwirkung ist ohne Gefahr für die Gesund-
      heit der verpflichteten Person (134 III 247 E. 5.4.3). Eine zuverlässige Feststellung
      der Vaterschaft oder Nichtvaterschaft ist sehr oft nur möglich durch naturwissen-
      schaftliche Gutachten (heute praktisch ausschliesslich DNA-Gutachten), welche für
      die Betroffenen Eingriffe (und zwar leichte, falls keine aussergewöhnlichen gesund-
      heitlichen Risiken bestehen) in ihre körperliche Integrität mit sich bringen (z.B. Blut-
      entnahme oder Entnahme eines Abstrichs der Wangenschleimhaut; s. dazu 134 III
      247 E. 5.4.3). Gemäss konstanter bundesgerichtlicher Rechtsprechung handelt es sich
      dabei um Eingriffe in die persönliche Freiheit, welche einer ausdrücklichen gesetz-
      lichen Grundlage bedürfen. Diese ist in Art. 296 Abs. 2 ZPO gegeben (zuletzt 128 II
      271 f. E. 3.4.1; 134 III 244 E. 5.3).[49] Unter den Abstammungsgutachten steht heute die
      DNA-Analyse (s. auch § 40 N 38 ff.) im Vordergrund, welche auf der Untersuchung
      der Erbsubstanz beruht. Mit ihr kann einerseits die Nichtvaterschaft eines Mannes mit
      praktisch 100-prozentiger Wahrscheinlichkeit und andererseits die Vaterschaft eines
      nicht ausgeschlossenen Mannes mit einer Wahrscheinlichkeit von über 99,8% nach-
      gewiesen werden. Die Wahrscheinlichkeit der Vaterschaft eines durch DNA-Untersu-
      chung nicht ausgeschlossenen Mannes berechnet sich auf Grund eines biostatistischen
      (serostatistischen) Gutachtens.[50]

22   Die Mitwirkungspflicht besteht für *Parteien und Dritte.* Dritte sind namentlich Per-
      sonen, die als Erzeuger in Frage kommen, notfalls aber auch so nahe Verwandte von
      Beteiligten, denen sonst ein Zeugnisverweigerungsrecht zukommen würde. Bei unbe-
      fugter Weigerung des Verpflichteten darf zwar grundsätzlich kein körperlicher Zwang

---

47   Seit 1991 wird in der Schweiz nur noch das DNA-Gutachten durchgeführt, das auf der Unter-
      suchung der Erbsubstanz beruht und strichcodeartig dargestellt wird (daher auch DNA-Fin-
      gerprinting oder genetischer Fingerabdruck genannt). S. dazu: MEIER/STETTLER, Filiation, Nr.
      203 ff.; REICH, HandKomm, Art. 254 N 6 ff.; SCHWENZER/COTTIER, BaKomm, Art. 254 N 12 f.;
      SCHWEIGHAUSER, Komm ZPO, Art. 296 N 34 ff. Siehe weiter: OGOREK, a.a.O. 459 ff.; BÜCHLER,
      Aussergerichtliche Abstammungsuntersuchungen, in ZVW 60 (2005), 32 ff.
48   Der Beklagte einer Vaterschaftsklage ist automatisch Partei, selbst wenn er sich als Dritter
      bezeichnet, weil er mit der Vaterschaft nichts zu tun habe (BGer 5P.466/2001 E. 3).
49   Die Kantone hatten hierfür – wenn überhaupt! – sehr unterschiedliche gesetzliche Grundlagen.
      Eine einheitliche bundesrechtliche Lösung hat sich daher aufgedrängt, s. dazu Botsch. Kindes-
      verhältnis, in BBl 1974 II 1 ff., 27.
50   HEGNAUER, BeKomm, Art. 254 N 107 ff.; HEGNAUER, Grundriss, Nr. 15.09 f.; MEIER/STETTLER,
      Filiation, Nr. 203 ff.; SCHWENZER, BaKomm, Art. 254 N 6 ff.; SCHWENZER/COTTIER, BaKomm,
      Art. 254 N 12 f.; SCHWEIGHAUSER, Komm ZPO, Art. 296 N 34 ff.; REICH, HandKomm, Art. 254
      N 6; BÄR/KRATZER, Die Leistungsfähigkeit des DNA-Gutachtens in der Vaterschaftsbegutach-
      tung, in AJP 1 (1992), 357 ff., 361. S. auch AESCHLIMANN, Heimlich eingeholte Abstammungs-
      untersuchungen – Bedeutung und Handhabung im Abstammungsprozess in Deutschland und
      der Schweiz, in FamPra.ch 6 (2005), 518 ff.

angewendet werden (134 III 247 E. 5.5).[51] Wohl aber bestehen mittelbare Sanktionen bei ungerechtfertigter Weigerung: Ungehorsamsstrafen nach Prozessrecht oder im Sinn von Art. 292 StGB, Schadenersatzpflichten gemäss Art. 41 ff. OR. Im Übrigen würdigt das Gericht dieses Verhalten nach freier Überzeugung (296[1] ZPO).[52]

---

51 Grossen, SPR II, 362. – In der Botsch. a.a.O. 28, steht: «Dagegen ist körperlicher Zwang abzu-lehnen …». – So auch Hegnauer, BeKomm, Art. 254 N 92, mit Hinweis auf eine andere Mei-nung von Habscheid; Schwenzer, BaKomm, Art. 254 N 20; Meier/Stettler, Filiation, Nr. 218; Schweighauser, Komm ZPO, Art. 296 N 30. BGer 5P.444/2004 E. 3.1: Das BGer liess die Frage offen, ob eine zwangsweise Durchsetzung erlaubt ist, da das massgebende Genfer kan-tonale Recht keine zwangsweise Durchsetzung vorsah.
52 In diesem Kontext sei auf die Problematik der Rechtsfragen eines unerwünschten Kindes hin-gewiesen. Vgl. Mannsdorfer a.a.O. Nr. 919 ff.; ders., Haftung für pränatale Schädigung des Kindes, Grundzüge, Wrongful Life und Tendenzen, in ZBJV 137 (2001), 605 ff., 618 ff.; BGE 132 III 359, dazu Rumo-Jungo, Kindesunterhalt als Schaden: familienrechtliche Aspekte, in HAVE 2006, 375 ff.; Tobler/Stolker, «Wrongful Birth» – Kosten für Unterhalt und Betreuung eines Kindes als Schaden, in AJP 6 (1997), 1145 ff.; Peter Weimar, Schadenersatz für den Unterhalt des unerwünschten Kindes?, in FS Cyril Hegnauer (Bern 1986), 641 ff.

§ 40 Die einzelnen Entstehungsgründe des Kindesverhältnisses

1 In Übereinstimmung mit dem Gesetz werden nachstehend zunächst die drei besonderen Entstehungsgründe des Kindesverhältnisses zum Vater behandelt: die Vaterschaft des Ehemannes (N 3 ff.), die Anerkennung (N 23 ff.) und das Vaterschaftsurteil als Ergebnis der Vaterschaftsklage (N 35 ff.). Darauf folgt die Adoption, welche ein Kindesverhältnis zu Vater *und* Mutter begründen kann (N 44 ff.). Für das intertemporale Recht sei auf die 12. Auflage dieses Buches, § 38 I. d, verwiesen.

2

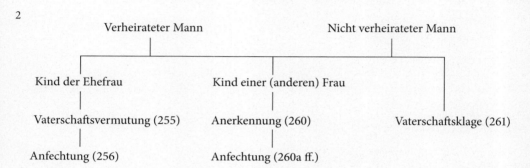

I. Die Vaterschaft des Ehemannes

3 Im Folgenden geht es um die *Vaterschaft des Ehemannes* (La paternité du mari), um die Art. 255–259. Im Einzelnen werden die Vermutung der Vaterschaft (a.), die Anfechtung der Vermutung (b.) und die Heirat der Eltern (c.) erörtert.

a. Die Vermutung der Vaterschaft des Ehemannes

4 Kinder, die *während der Ehe mit der Mutter* geboren werden, gelten als Kinder des Ehemannes. Der Grundsatz «pater est, quem nuptiae demonstrant» gilt seit der Entstehung des ZGB 1907. Für die Begründung des Kindesverhältnisses zum Vater ist also nach wie vor die Ehe der Mutter von zentraler Bedeutung. Die Vermutung gilt unabhängig davon, ob der Ehemann mit der Mutter Geschlechtsverkehr hatte. Der Ehemann gilt nicht nur als Vater bei homologer (Samen des Ehemannes), sondern auch bei heterologer künstlicher Insemination (Samen eines Dritten; s. dazu hinten N 8 sowie 115 Ia 254 E. 6d; vgl. auch 119 Ia 483 E. 6e/bb).

5 Die gesetzliche Vermutung der Vaterschaft gilt unter folgenden Voraussetzungen: Das Kind wird während der Ehe (also auch kurz nach der Trauung) geboren (255[1]), oder aber es wird innert 300 Tagen nach dem Tod des Ehemannes geboren (255[2]). Da Schwangerschaften erfahrungsgemäss länger als 300 Tage dauern können, gilt die Vermutung der Vaterschaft des Ehemannes auch bei späterer Geburt, ist aber zusätzlich an den Nachweis der Zeugung vor dem Tod des Ehemannes geknüpft (255[2]). Gleichermassen gilt der für verschollen erklärte Ehemann als Vater, «wenn das Kind vor Ablauf

von 300 Tagen seit dem Zeitpunkt der Todesgefahr oder der letzten Nachricht gezeugt worden ist» (255³; vgl. 38²). Anders liegen die Dinge *bei sonstiger Auflösung der Ehe* (also durch Scheidung oder Ungültigerklärung der Ehe): In diesen Fällen besteht – anders also noch vor der Revision 1998/2000¹ – *keine Vermutung der Vaterschaft*,² was zur Folge hat, dass das Kind (vorerst) den Namen der Mutter trägt und deren Bürgerrecht erwirbt, und (zunächst) sie allein Inhaberin der elterlichen Sorge ist. Will der frühere Ehemann die Vaterschaft begründen, so muss er das Kind im Sinn von Art. 260 anerkennen. Eine solche Anerkennung der Vaterschaft steht aber, solange das Kindesverhältnis nur zur Mutter besteht, auch einem anderen Mann offen (s. dazu hinten N 23 ff.).

Die Vermutung der Vaterschaft kann ausnahmsweise auf zwei Väter zutreffen. Ein solches *Zusammentreffen zweier Vermutungen* (s. Randtitel zu 257) ist gemäss Art. 255 nur denkbar, wenn die Ehe durch Tod³ (hingegen nicht, wenn sie durch Scheidung oder Ungültigerklärung) aufgelöst worden ist. Für diesen Fall gilt der zweite Ehemann als Vater (257¹) und bei Beseitigung dieser Vermutung der erste, also der verstorbene (257²).   **6**

b. Die Anfechtung der Vaterschaft des Ehemannes

Die gesetzliche Vermutung der Vaterschaft des Mannes der verheirateten Mutter ist nicht unumstösslich.⁴ Bestimmte Personen können die Vermutung der Vaterschaft durch Klage anfechten und so (vgl. 108 II 347 f.) das durch die Geburt des Kindes der verheirateten Mutter vorerst entstandene Kindesverhältnis zum Ehemann beseitigen.   **7**

1. Die Parteien

α. Aktivlegitimation. Aktivlegitimiert sind der Ehemann und das Kind:

Ein Anfechtungsrecht steht zunächst dem *Ehemann* als vermutetem Vater zu (256¹ Ziff. 1). Ist er vor Ablauf der Klagefrist gestorben oder urteilsunfähig geworden, so   **8**

---

1 Vgl. HEGNAUER, BeKomm, Art. 255 N 28; SCHWENZER/COTTIER, BaKomm, Art. 255 N 5; MEIER/STETTLER, Filiation, Nr. 65.

2 Diese Neuerung ist erst in den parlamentarischen Beratungen geschaffen worden, namentlich gestützt auf Vorschläge des Verbandes der Zivilstandsbeamtinnen und -beamten: Dieser hatte, um den völligen Verzicht auf die Vaterschaftsvermutung bei Auflösung der Ehe durch Scheidung zu begründen, mit Statistiken nachgewiesen, dass die Anfechtung der Vaterschaft durch den früheren Ehemann in den meisten Fällen erfolgreich war. Daher entschied sich der Nationalrat für die Abänderungen der Art. 255, Art. 256a und Art. 257 Abs. 1 (Amtl. Bull. 1997 NR, 2736 f.). Der Ständerat schwenkte (mit einer verbesserten Redaktion) auf die Lösung des Nationalrates ein (Amtl. Bull. 1998 StR, 328 f.), und der Nationalrat seinerseits stimmte dem Beschluss des Ständerates zu (Amtl. Bull. 1998 NR, 1192).

3 Bei Verschollenheit ist ein Zusammentreffen ebenfalls nicht möglich, da ein Gesuch um Verschollenerklärung frühestens ein Jahr vom Zeitpunkt der Todesgefahr oder fünf Jahre seit der letzten Nachricht eingereicht werden kann (36¹). Eine neue Ehe kann also erst nach etwas mehr als einem Jahr nach der Auflösung der ersten (38³) geschlossen werden.

4 Es handelt sich um eine widerlegbare Vermutung, im Gegensatz zu einer sogenannten praesumptio iuris et de iure (vorn § 7 N 15).

treten an seine Stelle *Vater oder Mutter* (258[1])[5] – und nur diese, nicht etwa die Erben. Keine Klage hat der Ehemann, wenn er der Zeugung durch einen Dritten zugestimmt hat (256[3])[6], mithin auch nicht im Fall der von der Zustimmung umfassten heterologen Insemination (zur früheren Gesetzeslage bei medizinisch technisch unterstützter Fortpflanzung: 115 Ia 254).[7] – Unabhängig vom Verfahren betreffend die Ehelichkeitsanfechtung hat der rechtliche Vater Anspruch auf (blosse) Feststellung der biologischen Vaterschaft bzw. der Feststellung der Nicht-Vaterschaft.[8]

9   Das *Kind* ist *aktivlegitimiert,* wenn während seiner Minderjährigkeit[9] (ZGB 14) der gemeinsame Haushalt der Ehegatten aufgelöst wurde (wegen Scheidung, gerichtlicher Trennung oder Tod eines Ehegatten, aber auch bei faktischer Trennung, wenn zu erwarten ist, sie werde auf unbestimmte Zeit fortdauern).[10] Wird der gemeinsame Haushalt erst nach der Volljährigkeit des Kindes aufgehoben, ist dieses nicht aktivlegitimiert.[11] Die Anfechtung durch das Kind ist mit Rücksicht auf den Familienfrieden eingeschränkt: Wenn der Ehemann das rechtliche Kindesverhältnis – womöglich in Kenntnis seiner genetischen Nichtvaterschaft – akzeptiert, soll das Kind nicht zur Anfechtung legitimiert sein. Damit wird aber sein Recht auf Kenntnis der eigenen Abstammung (dazu § 39 N 13 ff.) kompromittiert. Das volljährige Kind hat daher u. U. Anspruch auf eine Feststellungsklage (BGE 134 III 241 ff.). Ist das Kind urteilsfähig, so übt es sein Recht selbst aus; andernfalls handelt ein Beistand oder die Erwach-

---

5   Unabhängig davon, ob sie Erben sind: s. Remigius Kaufmann, Die Entstehung des Kindesverhältnisses, in Das neue Kindesrecht (St. Gallen 1977), 44. Kein Anfechtungsrecht haben die Eltern, wenn der Registervater die von ihm erhobene Klage zurückgezogen hat: Hegnauer, BeKomm, Art. 258 N 9.

6   Hegnauer, BeKomm, Art. 256 N 43: Zustimmung zur Herbeiführung der Schwangerschaft, nicht blosse Zustimmung zum Geschlechtsverkehr mit einem Dritten oder Verzeihung des Ehebruchs (zu Letzterem 82 II 180). Ebenso Meier/Stettler, Filiation, Nr. 75 und Anm. 151; Schwenzer/Cottier, BaKomm, Art. 256 N 12 f.; Reich, HandKomm, Art. 256 N 2; Hausheer/Geiser/Aebi-Müller, Familienrecht, Nr. 16.30; Büchler/Vetterli, Ehe, 191.

7   Zur rechtsethischen Problematik dieses Falls s. Hegnauer, Grundriss (4. A.), Nr. 5.11; s. auch Seelmann, Recht und Rechtsethik in der Fortpflanzungsmedizin, in recht 14 (1996), 240 ff. Für den Fall fehlender Zustimmung s. Sandoz, Quelques problèmes de filiation en relation avec la procréation médicalement assistée, in ZVW 56 (2001), 90 ff., 97.

8   Obergericht LU, 18. September 2012 (3B 12 33 E. 3), in FamPra.ch 14 (2013), 220 ff.

9   Zum Übergangsrecht wegen der Herabsetzung des Mündigkeitsalters s. Art. 13b SchlT und hinten I, d.

10   Hierzu Hegnauer, BeKomm, Art. 256 N 62 f.; Schwenzer/Cottier, BaKomm, Art. 256 N 3; Meier/Stettler, Filiation, Nr. 81; Reich, HandKomm, Art. 256 N 3; Hausheer/Geiser/Aebi-Müller, Familienrecht, Nr. 16.32; Büchler/Vetterli, Ehe, 191 f.

11   Kritisch Schwenzer/Cottier, BaKomm, Art. 256 N 5; Meier/Stettler, Filiation, Nr. 82. Eher zustimmend: Reich, HandKomm, Art. 256 N 3; Hegnauer, BeKomm, Art. 256 N 60 ff.; Hausheer/Geiser/Aebi-Müller, Familienrecht, Nr. 16.34; Aebi-Müller, EGMR-Entscheid Jäggi c. Suisse: Ein Meilenstein zum Recht auf Kenntnis der eigenen Abstammung?, Jusletter 2. Oktober 2006. Diese Frage konnte der EGMR im Entscheid Jäggi c. Suisse vom 13. Juli 2006 nicht prüfen (N 26), weil nicht mehr eine Statusklage, sondern nur noch die Kenntnis der Abstammung Streitgegenstand war.

senenschutzbehörde für das Kind (306² i. V. m. 314³) oder, wenn es bevormundet ist, seine Vormundin (327 i. V. m. 327c). Für den Fall, dass ein Kind durch Samenspende gezeugt worden ist, verweist Art. 256 Abs. 3 auf das Fortpflanzungsmedizingesetz.[12] Nach Art. 23 Abs. 1 FMedG hat das Kind kein Anfechtungsrecht, wenn es nach den Bestimmungen des FMedG durch eine Samenspende gezeugt worden ist. Das Klagerecht besteht somit nur dann, wenn die für die künstliche Befruchtung massgebenden Bestimmungen des FMedG nicht eingehalten wurden.[13] Das Kind hat aber ab vollendetem 18. Altersjahr ein Auskunftsrecht über den Samenspender (Art. 27 FMedG).

Kein Klagerecht haben die *Mutter* und der *biologische Vater* des Kindes (108 II 347).[14] Es spielt der favor matrimonii (Vorrang und mithin Schutz der Ehe). Wohl aber können Mutter und biologischer Vater darauf hinwirken, dass dem Kind in seinem Interesse ein Beistand bestellt wird, der alsdann gegebenenfalls das Klagerecht in Vertretung des Kindes ausübt.[15] Vor Inkrafttreten des neuen Kindes- und Erwachsenenschutzrechts war gegen die Anordnung einer Beistandschaft die Vormundschaftsbeschwerde gegeben (420 aZGB; 121 III 3 E. 2a; 137 III 69 E. 3.1). Neu kann dagegen eine Beschwerde beim zuständigen kantonalen Gericht erhoben werden (450).[16] Die Erwachsenenschutzbehörde ist nicht – wie früher die Vormundschaftsbehörde (420 aZGB) – Beschwerdeinstanz.[17]

β. Passivlegitimation

Beklagte im Anfechtungsprozess[18] sind bei der Klage des Ehemannes das Kind und die Mutter, bei der Klage des Kindes der Ehemann und die Mutter (256²). Zwischen der Mutter und dem Kind bzw. zwischen der Mutter und ihrem Ehemann liegt eine notwendige passive Streitgenossenschaft vor. Das ergibt sich aus dem materiellen Recht und nicht aus dem Prozessrecht. Das Inkrafttreten der ZPO hat daran nichts geändert. Die notwendige passive Streitgenossenschaft im erstinstanzlichen Verfahren ändert

---

12 BG über die medizinisch unterstützte Fortpflanzung (Fortpflanzungsmedizingesetz, FMedG) vom 18. Dezember 1998 (SR 814.90), in Kraft seit dem 1. Januar 2001.

13 Ebenso Hegnauer, Grundriss, Nr. 6.06; Meier/Stettler, Filiation, Nr. 251; zu den verschiedenen Varianten s. Sandoz a.aO. 97, 98 ff.

14 Hegnauer, BeKomm, Art. 256 N 77; ders., Grundriss, Nr. 6.08; Meier/Stettler, Filiation, Nr. 87; Reich, HandKomm, Art. 256 N 4; Hausheer/Geiser/Aebi-Müller, Familienrecht, Nr. 16.35; Büchler/Vetterli, Ehe, 192; kritisch Schwenzer/Cottier, BaKomm, Art. 256 N 6, mit Bezug auf das fehlende Klagerecht der Mutter. In Deutschland steht der Mutter seit dem 1. Juli 1998 (Kindschaftsrechtsreform) gemäss § 1600 BGB die Aktivlegitimation zu.

15 Hegnauer, Grundriss, Nr. 6.08; Meier/Stettler, Filiation, Nr. 87; Reich, HandKomm, Art. 256 N 4; Hausheer/Geiser/Aebi-Müller, Familienrecht, Nr. 16.35. Ferner Botsch. Kindesverhältnis, in BBl 1974 II 1 ff., 30.

16 Steck, BaKomm, Art. 450 N 15 ff.

17 Steck, BaKomm, Art. 440 N 20.

18 Der französische Text spricht von «désaveu». Das sollte indessen nicht etwa dazu führen, dass man den früher von einem Teil der Lehre – nicht vom Gesetz – verwendeten Terminus «Aberkennungsklage» wieder verwendet!

nichts daran, dass Mutter oder Kind gegebenenfalls einen negativ ausfallenden Entscheid je allein anfechten können (138 III 739 ff. E. 3 und 4).

2. Der Klagegrund (der Beweis)

12 Der Kläger begründet seine Anfechtung damit, dass die gemäss Art. 255 vermutete Vaterschaft des Ehemannes[19] nicht besteht. Dabei kommt es für die Frage der *Beweislast* (8 ZGB) darauf an, ob das Kind während der Ehe und bei gemeinsamem Haushalt einerseits (256a; nachstehend α) oder aber vor Abschluss der Ehe oder während der Aufhebung des gemeinsamen Haushalts andererseits (256b; nachstehend β) gezeugt worden ist. Die Bedeutung dieses ausgeklügelten Beweislastsystems (das von 1907 datiert) wurde seit den 1980er Jahren durch die DNA-Analysen stark relativiert. Daher werden die Art. 256a ff. bei Anfechtungsprozessen kaum mehr angerufen und hier nur kurz behandelt:

13 α. Bei *Zeugung während der Ehe* hat der Kläger den Beweis der Nichtvaterschaft zu erbringen (256a[1]). Dass die Zeugung während der Ehe erfolgte, wird vermutet, wenn das Kind frühestens 180 Tage nach Abschluss und spätestens 300 Tage nach Auflösung der Ehe durch Tod geboren wurde (256a[2]).[20]

14 β. Bei *Zeugung vor der Ehe oder während der Aufhebung des gemeinsamen Haushalts* braucht der Kläger vorerst seine Anfechtung nicht weiter zu begründen (256b[1]); vielmehr wird vermutet, der Ehemann habe der Mutter nicht beigewohnt, er sei also nicht der Vater.[21] Die Vermutung der Vaterschaft des Ehemannes und mithin die Beweislast des Klägers (für die Nichtvaterschaft) lebt aber auch in diesem Fall wieder auf, wenn glaubhaft gemacht wird, dass der Ehemann der Mutter zur Zeit der Empfängnis (hierzu: 83 II 179) beigewohnt hat (256b[2]). Die künstliche Befruchtung mit Samen des Ehemannes ist dem Geschlechtsverkehr mit diesem gleichgestellt.

15 Das Gesetz umschreibt nicht näher, wie der *Beweis der Nichtvaterschaft* erbracht werden kann. Nichtvaterschaft liegt sicher vor, wenn der Ehemann der Mutter in der Empfängniszeit nicht beigewohnt hat.[22] Für den entsprechenden Beweis käme etwa nachgewiesene Landesabwesenheit während der möglichen Konzeptionszeit in Frage. Im Vordergrund steht indessen der direkte naturwissenschaftliche Beweis der Nicht-

---

19 Art. 255 enthält eine Rechtsvermutung («vermutet» wird das rechtliche Kindesverhältnis, die rechtliche Vaterschaft: der Ehemann «gilt» im Rechtssinn als Vater), die auf der (generellen) Vermutung einer Tatsache («vermutet» wird die biologische Abstammung vom Ehemann) beruht. Im Anfechtungsprozess wird nun die Rechtsvermutung (rechtliches Kindesverhältnis) dadurch zerstört, dass die Tatsachenvermutung (Abstammung vom Ehemann) widerlegt wird.

20 Nicht erwähnt ist die Auflösung der Ehe durch Verschollenerklärung. S. dazu vorn Anm. 4.

21 HEGNAUER, BeKomm, Art. 256a/256b N 9; HAUSHEER/GEISER/AEBI-MÜLLER, Familienrecht, Nr. 16.39; SCHWENZER/COTTIER, BaKomm, Art. 256a/256b N 6 ff.; REICH, HandKomm, Art. 256a–b N 3.

22 SCHWENZER/COTTIER, BaKomm, Art. 256a/256b N 4; REICH, HandKomm, Art. 256a–b N 2; BÜCHLER/VETTERLI, Ehe, 193. Zum Nachweis der Nichtbeiwohnung, wenn der Ehemann und der vermutliche Vater eineiige Zwillinge sind, s. Zürcher Obergericht, zitiert in SJZ 87 (1991), 246: Indizien für die überwiegende Wahrscheinlichkeit genügen.

vaterschaft mit DNA-Gutachten (BGE 109 II 293; 101 II 15; hierzu vorne § 39 N 18)[23]: Das Kind stammt nicht vom Ehemann (negativer Beweis; fast 100-prozentige Wahrscheinlichkeit), oder aber es stammt von einem bestimmten Dritten ab (positiver Beweis anhand einer biostatistischen Auswertung mit einer Wahrscheinlichkeit von über 99,8%).[24]

3. Die Klagefrist

Die Anfechtung der Vaterschaft des Ehemannes muss innerhalb bestimmter Fristen 16 (Verwirkungs-, nicht Verjährungsfrist) erfolgen: Für den *Ehemann* beträgt die *relative Frist* ein Jahr. Sie beginnt – in Analogie zu Art. 31 Abs. 2 OR – vom Zeitpunkt an zu laufen, da der Ehemann Kenntnis hat von der Geburt und entweder davon, dass er nicht der Vater ist, oder aber von der Tatsache, dass ein Dritter der Mutter um die Zeit der Empfängnis beigewohnt hat (256c[1]). Die Frist beginnt erst zu laufen, wenn der Ehemann über sichere Tatbestandselemente verfügt, die ihm die Einleitung der Klage erlauben; blosse Zweifel über seine Vaterschaft oder Gerüchte über seine Nichtvaterschaft, die nicht auf konkreten Anhaltspunkten beruhen, genügen nicht, es sei denn, aus den Umständen ergebe sich, dass er sich Gewissheit verschaffen muss (119 II 111 f., bestätigt in 132 III 3 f. E. 2.2; 136 III 595 E. 6.1.1).

Neben dieser relativen einjährigen Frist ist eine *absolute Verwirkungsfrist* von 17 fünf Jahren zu beachten; sie berechnet sich vom Tag der Geburt des Kindes an (256c[1] i. f.). Für die *Klage der Eltern* an Stelle des verstorbenen oder nunmehr urteilsunfähigen Ehemannes (258) beginnt die relative einjährige Verwirkungsfrist, falls sie für den Ehemann nicht schon abgelaufen ist, frühestens mit Kenntnis des Todes oder der Urteilsunfähigkeit ihres Sohnes (d.h. des Ehemannes): Art. 258 Abs. 3.

Für das *Kind* tritt die Verwirkung erst ein Jahr nach Erreichen des Volljährigkeitsal- 18 ters[25] ein (256c[2]). Das Kind kann aber selbstverständlich schon vor Erreichen der Volljährigkeit klagen, entweder selber (bei Urteilsfähigkeit; 19[2]) oder durch einen Beistand oder die Kindesschutzbehörde (306[2] i. V. m. 314[3]) oder aber durch die Vormundin (327a i. V. m. 327c; s. vorn N 9). Andererseits entfällt für die Klage nach der Volljährigkeit nicht etwa die Voraussetzung von Art. 256 Abs. 1 Ziff. 2 (Aufhebung des gemeinsamen Haushalts der Ehegatten während der Minderjährigkeit).

Absatz 3 des Art. 256c lässt trotz Ablauf «der Frist» eine Anfechtung zu, wenn die 19 Verspätung mit *wichtigen Gründen* (dieser Begriff ist restriktiv auszulegen: 132 III 4 E. 2.2; 136 III 595 E. 6.1.1) entschuldigt wird. Wichtige Gründe können sowohl objektiver als auch subjektiver Natur sein. Objektive Gründe sind gravierende gesundheitliche Probleme wie ein Herzinfarkt oder eine Bypassoperation, der Freiheitsentzug,

---

23 SCHWENZER/COTTIER, BaKomm, Art. 256a/256b N 4 f.; MEIER/STETTLER, Filiation, Nr. 96; HAUSHEER/GEISER/AEBI-MÜLLER, Familienrecht, Nr. 16.38.

24 HEGNAUER, BeKomm, Art. 256a/256b N 36; s. auch MEIER/STETTLER, Filiation, Nr. 96; SCHWENZER/COTTIER, BaKomm, Art. 256a/256b N 5 und 11; REICH, HandKomm, Art. 256a–b N 2; BÜCHLER/VETTERLI, Ehe, 193 f.

25 Zum Übergangsrecht infolge Herabsetzung des Mündigkeitsalters s. Art. 13b SchlT.

vorübergehende Urteilsunfähigkeit sowie das Nichtvorhandensein von Kommunikationsmitteln. Als subjektive Gründe kommen die Hoffnung auf Weiterführung der Ehe, eine falsche Auskunft durch eine sachkundige Person, die Unfähigkeit aus psychologischen Gründen einen Klageentschluss zu fassen sowie die Unfähigkeit biologische Zusammenhänge zu erkennen. Kein wichtiger Grund stellt die fehlende Kenntnis der Rechtsordnung dar. Die Anerkennung der Rechtsunkenntnis als wichtigen Grund würde dem Zweck der Befristung der Vaterschaftsanerkennung, nämlich der Herstellung von Rechtssicherheit, zuwiderlaufen (BGer 5A_240/2011 E. 6; 5A_47/2011 E. 5.3; 132 III 4 E. 2.2).

20   Die *Fristerstreckung* bezieht sich auf alle oben erwähnten Fristen. Die Entschuldigung aus *wichtigen Gründen* führt nicht zu einem neuen Fristenlauf. Vielmehr ist die Klage «mit aller nach den Umständen möglichen Beschleunigung» einzureichen (91 II 158 f. E. 4, bestätigt in 129 II 412 E. 3; 132 III 5 E. 3.2, bejaht bei Klageeinreichung vier Wochen nach Kenntnis des Wiederherstellungsgrundes; 136 III 595 E. 6.1.1).[26]

b. Die Heirat der Eltern

21   Das geltende Kindesrecht kennt an sich (s. aber § 38 N 4) keine Unterscheidung zwischen ehelichem und ausserehelichem Kind und demgemäss keine «Ehelicherklärung» (258 ff. a. F.) mehr.[27] Die Heirat der Eltern bleibt aber von Bedeutung für die Wirkungen des Kindesverhältnisses: Auf das vorher geborene Kind finden die Bestimmungen über das während der Ehe geborene entsprechende Anwendung (259[1]). Das gilt für Familienname, Bürgerrecht (270, 271),[28] die Zuteilung der elterlichen Sorge (296[2]) und die Erfüllung der Unterhaltspflicht (278).[29] Das gegenseitige Erbrecht zwischen Eltern und Kind besteht indessen unabhängig von der Heirat der Eltern. Die Wirkungen der Heirat der Eltern gelten naturgemäss erst, *sobald die Elternschaft des Ehemannes durch Anerkennung oder Urteil festgestellt ist* (259[1] i. f.).

---

26   HAUSHEER/GEISER/AEBI-MÜLLER, Familienrecht, Nr. 16.44; SCHWENZER/COTTIER, BaKomm, Art. 256c N 6; REICH, HandKomm, Art. 256c N 4. Vgl. in diesem Zusammenhang auch die Überlegungen im «altrechtlichen» 103 II 15. S. auch BGer 5C.113/2005; FamPra.ch 7 (2006), 460 mit Bemerkungen von WENGER-LENHERR; SANDOZ, Un peu de précision, s'il vous plaît – Le surprenant considérant 5 de l'arrêt 5C.113/2005, Jusletter 21. August 2006; BGer 5C.217/2006 (Götti-Fall).

27   Siehe hierzu MARIANNE SONDER, Die «Heirat der Eltern» nach Artikel 259 ZGB (Diss. Freiburg 1982), 9 ff.

28   Art. 1 Abs. 2 Bundesgesetz über Erwerb und Verlust des Schweizer Bürgerrechts (BüG; SR 141.0) lautet: «Das unmündige ausländische Kind eines schweizerischen Vaters, der mit der Mutter nicht verheiratet ist, erwirbt das Schweizer Bürgerrecht, wie wenn der Erwerb mit der Geburt erfolgt wäre, durch die Begründung des Kindesverhältnisses zum Vater.» Fassung gemäss Ziff. I des BG vom 3. Okt. 2003 (Bürgerrechtserwerb von Personen schweizerischer Herkunft und Gebühren), in Kraft seit 1. Januar 2006 (AS 2005, 5233, 5237; BBl 2002, 1911).

29   SCHWENZER/COTTIER, BaKomm, Art. 259 N 4 ff.; REICH, HandKomm, Art. 259 N 2; CYRIL HEGNAUER, Die Legitimation im bisherigen und künftigen schweizerischen Kindesrecht, in FS Hans Hinderling (Basel 1976), 90: «Insofern übt Art. 259 die Funktion der bisherigen Legitimation oder Ehelicherklärung durch nachfolgende Ehe aus. Indessen ist hierfür dieser Begriff nicht mehr am Platz.»

Abgesehen von den Wirkungen des Kindesverhältnisses hat die Heirat der Eltern eine   22
weitere Folge: Die *Anfechtung der Anerkennung* unterliegt diesfalls strengeren Voraussetzungen als die Anfechtung der Anerkennung im Allgemeinen (vgl. 260a mit 259[2]
und dort insbesondere Ziff. 2; s. hinten N 30 f.);[30] von dieser Sonderregelung für die
Klageberechtigung abgesehen gelten allerdings sinngemäss die Bestimmungen über
die Anfechtung der Anerkennung (259[3] und hinten N 29 f.).

II. Die Anerkennung

Die Anerkennung im Sinn des Gesetzes[31] begründet ein Kindesverhältnis[32] zum   23
Vater[33]. Sie ist unter dem Randtitel «A. Anerkennung» (reconnaissance) in den
Art. 260–260c geregelt (sowie für den Fall der Heirat der Eltern in 259, insbesondere
259[2] und 259[3]). Nachstehend behandeln wir Voraussetzungen und Form der Anerkennung (N 24 ff.) und die Anfechtung der Anerkennung (N 29 ff.).

a. Voraussetzungen und Form. Die Anerkennung steht unter einer positiven und   24
einer negativen Voraussetzung:

---

30 Kritisch dazu SCHWENZER, Die UN-Kinderrechtskonvention und das schweizerische Kindesrecht, in AJP 3 (1994), 817 ff., 820; DIES., Über die Beliebigkeit juristischer Argumentation, in
FamPra.ch 1 (2000), 24 ff., 37.

31 Also nicht (nur) als Bejahung der biologischen Vaterschaft, sondern als Willenserklärung im
Hinblick auf die Begründung einer Vaterschaft im Rechtssinn. Zur Anerkennung s. insbesondere BERNHARD SAGER, Die Begründung des Kindesverhältnisses zum Vater durch Anerkennung und seine Aufhebung (Diss. Zürich 1979).

32 Die Anerkennung ist – anders als noch im alten Kindesrecht, wo zwischen Anerkennung mit
Standesfolge und Anerkennung der tatsächlichen Vaterschaft unterschieden wurde – schlicht
einer der drei besonderen Entstehungsgründe des einheitlichen Kindesverhältnisses zum Vater.
Dabei spricht Art. 252 Abs. 2 («es») in Verbindung mit Art. 252 Abs. 1 sinnvollerweise davon,
dass durch die Anerkennung «das Kindesverhältnis» festgestellt wird. Gleiches gilt für das
Vaterschaftsurteil (252[2] und 261[1]).

33 Zum Problem der Anerkennung durch die leibliche Mutter bei künstlicher Fortpflanzung nach
vorgängiger Anfechtung des Kindesverhältnisses zur Geburtsmutter s. STETTLER, SPR III/2,
44 f. und HEGNAUER, BeKomm, Art. 252 N 39 f.; siehe auch vorn § 39 N 9 Anm. 17. – Art. 108
aZStV über die Kindesanerkennung durch die Mutter wurde ersatzlos aufgehoben, da es sich
um eine Ausnahmeregelung von abnehmender Bedeutung handelt. Nach der Europäischen
Menschenrechtskonvention soll das Kindesverhältnis zur Mutter bei der Geburt von Gesetzes wegen entstehen: s. Urteil vom 13. Juni 1979 des Europäischen Gerichtshofes für Menschenrechte im Fall Marckx, EuGRZ, 1979, 454. Soweit das Institut der Kindesanerkennung durch die
Mutter im Ausland noch bekannt ist, ist deren Beurkundung grundsätzlich von den Behörden
des ausländischen Heimatstaats vorzunehmen. Für die Schweiz gilt Art. 11 Abs. 6 ZStV: Danach
kann in besonders begründeten Ausnahmefällen die Beurkundung ausserhalb des Zivilstandsamts, namentlich durch am Ort einer Klinik oder einer Strafvollzugsanstalt zuständige Zivilstandsbeamtinnen oder Zivilstandsbeamte, oder durch Vermittlung der zuständigen Vertretung
der Schweiz im Ausland erfolgen.

25   Positiv setzt sie voraus, dass ein *Kindesverhältnis zur Mutter* besteht (260[1] erster Teil);
     von der Adoption abgesehen wäre es rechtlich untragbar, dass ein Mann eine rechtliche
     Vaterschaft gegenüber einem Kind begründen könnte, dessen Mutter er nicht kennt.[34]
     Ein empfangenes, noch ungeborenes Kind (sog. nasciturus) kann bereits ab der Zeugung
     anerkannt werden (11[2] ZStV), unter dem Vorbehalt, dass es lebend geboren wird (31[2]).[35]

26   Negativ setzt die Anerkennung voraus, dass *noch kein Kindesverhältnis zu einem Vater* –
     etwa auf Grund der Vermutung der Vaterschaft des Ehemannes – besteht (260[1] ers-
     ter Teil: «nur zur Mutter»; 107 II 403 f.).[36] Die biologische Vaterschaft des Anerken-
     nenden ist nicht Voraussetzung der Anerkennung;[37] fehlt sie, so kann allerdings die
     Anerkennung mit Erfolg angefochten werden (260b[1], nachstehend N 29). Sind entgegen
     Art. 3 Abs. 3 FMedG gespendete Samenzellen bei einer unverheirateten Frau verwen-
     det worden, kann der Samenspender, aber auch ein anderer Mann, anerkennen. Wird
     das FMedG allerdings korrekt angewendet (also eine heterologe Insemination bei einem
     verheirateten Paar vorgenommen, Art. 3[3] FmedG), ist eine Anerkennung durch den
     Samenspender nicht möglich, weil aufgrund der Vaterschaftsvermutung des Eheman-
     nes bereits ein Kindesverhältnis zu einem Vater besteht. Ein adoptiertes Kind kann nicht
     anerkannt werden (11[3] ZStV), selbst wenn eine Einzeladoption durch eine Frau vorliegt.

27   Nur der *Vater kann anerkennen.* Ist er gestorben, muss eine Vaterschaftsklage (s. hinten
     N 35 ff.) eingereicht werden (261[2]). Die Anerkennung ist ein *höchstpersönliches Recht,*
     und zwar insofern absolut höchstpersönlich, als bei Urteilsunfähigkeit des Vaters eine
     Anerkennung schlechthin ausgeschlossen ist (auch eine solche «vor dem Gericht» i.S.

---

34   Ein Findelkind kann nicht anerkannt werden, solange die Mutter nicht bekannt ist. BIDERBOST,
     Das Findelkind, in ZVW 54 (1999), 49 ff., 62; HEGNAUER, BeKomm, Art. 260 N 48; DERS., Grund-
     riss, Nr. 7.02; STETTLER, SPR III/2, 29; SCHWENZER, BaKomm, Art. 260 N 2; REICH, HandKomm,
     Art. 260 N 2. Folglich kann der Embryo in vitro nicht anerkannt werden, da ungewiss ist, ob, wann
     und von welcher Frau er zur Welt gebracht werden wird: HEGNAUER, Grundriss, Nr. 7.03

35   So auch HEGNAUER, Pränatale Anerkennung – zulässig oder unzulässig?, in ZZW 66 (1998),
     149 ff., und mit Hinweis (a.a.O. 150) auf SUZETTE SANDOZ, La reconnaissance du nasciturus
     ou reconnaissance prénatale, in Mélanges Commission Internationale de l'Etat Civil (CIEC)
     (Neuenburg 1997), 47 ff., 63 f., die für Art. 11[2] ZStV eine gesetzliche Grundlage vermisst. Ferner
     SCHWENZER/COTTIER, BaKomm, Art. 260 N 4; REICH, HandKomm, Art. 260 N 4; HAUSHEER/
     GEISER/AEBI-MÜLLER, Familienrecht, Nr. 16.51.

36   Die bedingte Anerkennung im Hinblick auf die Aufhebung eines schon bestehenden Kindes-
     verhältnisses zu einem Vater ist indessen m.E. unter gewissen Kautelen zulässig. So auch HEG-
     NAUER, BeKomm, Art. 260 N 36 ff.; SCHWENZER/COTTIER, BaKomm, Art. 260 N 3; MEIER/
     STETTLER, Filiation, Nr. 104; REICH, HandKomm, Art. 260 N 4; zu streng die Formulierung in
     107 II 403 (hierzu HEGNAUER, Grundriss, Nr. 45).

37   Wo allerdings die Vaterschaft für den Zivilstandsbeamten erkennbar ausgeschlossen ist, hat er
     die Beurkundung der Anerkennung abzulehnen. Dies gilt etwa bei ungenügendem Altersun-
     terschied zwischen dem Anerkennenden und dem Kind oder aber, wenn eine frühere Aner-
     kennung erfolgreich angefochten, eine Vaterschaftsklage abgewiesen oder eine Vaterschaftsver-
     mutung erfolgreich angefochten worden ist (122 III 99 f.; s. Bemerkungen dazu von GEISER,
     in AJP 5 [1996], 1050); s. auch HEGNAUER, Grundriss, Nr. 7.05; MEIER/STETTLER, Filiation,
     Nr. 108; BÜCHLER/VETTERLI, Ehe, 194 f.; REICH, HandKomm, Art. 260 N 3; kritisch SCHWEN-
     ZER/COTTIER, BaKomm, Art. 260 N 7.

von Art. 260 Abs. 3 i. f.[38]). Dementsprechend ist auch die Anerkennung durch die in Art. 261 Abs. 2 erwähnten Angehörigen des Vaters, die nach dessen Tod an seine Stelle treten, unzulässig.[39] Ist der (urteilsfähige) Vater minderjährig, steht er unter umfassender Beistandschaft oder hat die Erwachsenenschutzbehörde eine entsprechende Anordnung getroffen (391[1]), so müssen die Eltern oder der Beistand der Anerkennung zustimmen (260[2]). Bei Verweigerung der Zustimmung durch die Eltern steht die Vaterschaftsklage (261 ff.), bei einem Nein des Beistandes zunächst die Meldung an die Erwachsenenschutzbehörde (419) zur Verfügung.

Die Anerkennung als Willenserklärung, welche eine Vaterschaft im Rechtssinn begründen soll, ist *formbedürftig* (260[3]): Sie erfolgt entweder als Erklärung vor dem Zivilstandsamt (11[5] ZStV; 108 II 88)[40], durch letztwillige Verfügung (Testament)[41] oder (durch deutliche Willenserklärung: 108 II 533) vor Gericht[42]. 28

b. Die Anfechtung der Anerkennung

Die formgültige Anerkennung begründet allenfalls ein Kindesverhältnis zu einem Mann, der nicht der biologische Vater des Kindes ist. Ein solches (unwahres) Kindesverhältnis kann durch erfolgreiche Anfechtungsklage beseitigt werden.[43] 29

1. Die Parteien

Als *Kläger* im Anfechtungsprozess kann *jedermann, der ein Interesse hat,* auftreten (260a[1]). Das Gesetz erwähnt «namentlich» die Mutter, das Kind oder – nach seinem Tod – dessen Nachkommen sowie die Heimat- oder Wohnsitzgemeinde des Aner- 30

---

38 HEGNAUER, BeKomm, Art. 260 N 126. Ferner HAUSHEER/GEISER/AEBI-MÜLLER, Familienrecht, Nr. 16.50; SCHWENZER/COTTIER, BaKomm, Art. 260 N 1; REICH, HandKomm, Art. 260 N 3.

39 Dies entspricht entgegen früherer anderer Meinung (HEGNAUER, BeKomm, Art. 260 N 127; TUOR/SCHNYDER/SCHMID, 11. Auflage, § 33 III, b) inzwischen wohl der herrschenden Lehre: HEGNAUER, Grundriss, Nr. 9.34; MEIER/STETTLER, Filiation, Nr. 150 f.; SCHWENZER/COTTIER, BaKomm, Art. 261 N 13 f.; REICH, HandKomm, Art. 261 N 6.

40 Diese Neuerung war insofern von kleiner Tragweite, als bereits unter altem Recht die meisten Kantone gestützt auf Art. 55 Abs. 1 SchlT die Erklärung vor dem Zivilstandsbeamten als öffentliche Beurkundung anerkannt hatten: Botsch. a.a.O. 38.

41 Dabei gilt m. E. (a. M. wohl STETTLER, SPR III/2, 39; SCHWENZER/COTTIER, BaKomm, Art. 260 N 16, und HEGNAUER, Grundriss, Nr. 7.10) hier wie sonst im ZGB (101 II 309 f., 105 II 257), dass auch ein Erbvertrag frei widerrufliche letztwillige Verfügungen enthalten kann. Gl. M. MEIER/ STETTLER, Filiation, Nr. 112; REICH, HandKomm, Art. 260 N 8.

42 Letzteres stellt aber keine eigentliche Klageanerkennung (einer im Übrigen der Offizialmaxime unterliegenden und daher nicht anerkennbaren Statusklage) dar, sondern eine Anerkennungserklärung in Analogie zu jener vor dem Zivilstandsamt. Daher ist sie auch nicht durch die in Art. 260 Abs. 2 erwähnten Beklagten an Stelle des verstorbenen Vaters möglich; so MEIER/ STETTLER, Filiation, Nr. 150; REICH, HandKomm, Art. 260 N 7.

43 Und zwar im Gegensatz zum alten Recht nur durch Klage, nicht auch durch blossen Einspruch in gewissen Fällen (305 a. F.); vorbehalten bleibt natürlich die Adoption. Vgl. aber auch Art. 260b Abs. 2. – Neben der hier behandelten Anfechtung des unwahren Kindesverhältnisses gemäss Art. 260a ff. gibt es weitere Rechtsbehelfe zur Beseitigung sonst wie mangelhafter Anerkennungen: hierzu s. HEGNAUER, BeKomm, Art. 260a N 6 ff.; vgl. auch 108 II 88.

kennenden[44]. Weitere Interessierte sind etwa erbberechtigte Verwandte[45] des Anerkennenden und insbesondere wer behauptet, selber der Vater des Kindes zu sein. Der Anerkennende selber kann bei Vorliegen von Willensmängeln ebenfalls anfechten (im Einzelnen bereits 79 II 27 zum alten Recht): Art. 260a Abs. 2 erwähnt als solche Willensmängel die Drohung und den Irrtum des Anerkennenden über seine Vaterschaft. Auch eine Täuschung kann zu einem Irrtum (falsche Vorstellung über den Sachverhalt) führen, weshalb auch dieser Tatbestand (implizit) in 260a^2 enthalten ist.

31   Enger umschrieben ist der Kreis der *Anfechtungsberechtigten bei Heirat der Eltern* eines vor der Ehe geborenen Kindes. Art. 259 Abs. 2 zählt auf: die Mutter, das Kind oder – nach seinem Tod – dessen Nachkommen (allerdings nur unter einer von zwei zusätzlichen Voraussetzungen: 259^2 Ziff. 2), die Heimat- oder Wohnsitzgemeinde des Ehemannes (d.h. des Anerkennenden) und den Ehemann.[46] Kein Klagerecht hat also in diesem Fall der (angebliche oder auch wirkliche) biologische Vater des Kindes (ebenso wenig wie dieser die Vermutung der Vaterschaft des Ehemannes anfechten kann: 256).[47]

32   *Beklagte* im Anfechtungsprozess sind der Anerkennende und das Kind, soweit sie nicht selber klagen (260a^3). Die Mutter ist nicht passivlegitimiert. Erhebt der Anerkennende die Klage mit der Begründung, dass er das Kind in einem Irrtum über seine Vaterschaft anerkannt hat, richtet sich die Klage gegen das Kind und nicht gegen die Mutter. Diese ist aber berechtigt, auf der Beklagtenseite als Nebenintervenientin aufzutreten und hat somit das Recht, alle Angriffs- und Verteidigungsmittel sowie alle Rechtsmittel zu ergreifen. Vorausgesetzt ist aber, dass die Handlungen der Mutter denjenigen der Hauptpartei entsprechen (138 III 539 ff. E. 2).

---

44   Dazu s. HEGNAUER, Zur Anfechtungsklage der Wohnsitzgemeinde, Art. 260a, 260c ZGB, in ZZW 67 (1999), 33 ff.; BÜCHLER/VETTERLI, Ehe, 195; SCHWENZER/COTTIER, BaKomm, Art. 260a N 5.

45   Kantonsgericht SG, 8. April 2007 (BF.2007.15), in FamPra.ch 10 (2009), 489 ff. Ferner HAUSHEER/ GEISER/AEBI-MÜLLER, Familienrecht, Nr. 16.55; BÜCHLER/VETTERLI, Ehe, 195; SCHWENZER/ COTTIER, BaKomm, Art. 260a N 6.

46   An die Stelle des Ehemannes treten gegebenenfalls dessen Angehörige oder Eltern: vgl. HEGNAUER, BeKomm, Art. 259 N 102 f. De lege ferenda kritisch zum Anfechtungsrecht der Gemeinden SONDER a.a.O. 242, 273 ff.; SCHWENZER/COTTIER, BaKomm, Art. 259 N 19; REICH, HandKomm, Art. 259 N 11. Grundsätzlich kritisch gegenüber dem Anfechtungsrecht Dritter SCHWENZER/COTTIER, BaKomm, Art. 260a N 7.

47   Demnach ist der Kreis der Anfechtungsberechtigten sehr gross bei der Anfechtung der Anerkennung schlechthin (jedermann, der ein Interesse hat, 260^1), kleiner bei der Anfechtung der Anerkennung im Fall der Heirat der Eltern (259^2) und noch enger bei der Anfechtung der Vaterschaftsvermutung des Ehemannes (256^1 und 258). S. hierzu KAUFMANN a.a.O. 50: «Der Gesetzgeber will mit dieser Abstufung die Ehe als Institution privilegieren ...». Kritisch dazu SCHWENZER, FamPra.ch a.a.O. 36 f.

2. Der Klagegrund (der Beweis)

Zu beweisen ist die Nichtvaterschaft des Anerkennenden (s. hierzu vorn N 14 f.).   33
Die Beweislast trägt der *Kläger* (260b[1]).[48] Für *Mutter und Kind* als Klägerinnen gilt
jedoch eine andere Beweislastverteilung: Zunächst hat der Anerkennende glaubhaft zu
machen, dass er der Mutter um die Zeit der Empfängnis beigewohnt habe; erst dann
tragen Mutter und Kind die Beweislast für die Nichtvaterschaft (260b[2]).[49] – Ficht der
Anerkennende das Kindesverhältnis an, so hat er vorerst den Willensmangel (260a[2])
nachzuweisen.

3. Die Klagefrist

Die Bestimmungen über die Klagefristen decken sich im Wesentlichen mit jenen für   34
die Anfechtung der Vaterschaft des Ehemannes (260c und 256c; vorn N 16 ff.): Hier wie
dort ist eine einjährige relative und eine fünfjährige absolute Verwirkungsfrist zu unterscheiden (Abs. 1 der beiden Artikel), wird für das Kind die Klagefrist auf mindestens[50]
ein Jahr nach der Volljährigkeit (Abs. 2) ausgedehnt[51] und besteht die Möglichkeit einer
generellen Fristerstreckung bei Verspätung aus wichtigen Gründen (Abs. 3; s. hierzu
vorn N 14 i. f.). Erfolgt die Anerkennung erst nach der Volljährigkeit des Kindes, so gelten die relative und die absolute Frist von Art. 260c Abs. 1 auch für das Kind.[52] Besonderheiten der Anerkennung berücksichtigt Art. 260c Abs. 1: Die Jahresfrist beginnt zu
laufen, wenn der Kläger Kenntnis hat sowohl von der Anerkennung wie auch von der
Tatsache, dass der Anerkennende nicht der Vater ist, oder dass ein Dritter der Mutter
um die Zeit der Empfängnis beigewohnt hat; klagt der Anerkennende, so läuft die Jahresfrist von der Entdeckung des Irrtums oder dem Wegfall der Drohung an. Die fünfjährige absolute Verwirkungsfrist beginnt mit der Anerkennung.[53]

---

48 Zur Beweislast bei künstlicher Insemination s. HEGNAUER, BeKomm, Art. 260b N 21 ff.
49 Gelingt dem Beklagten die Glaubhaftmachung nicht, kann er sich allerdings gegen die Anfech-
    tung auch noch mit dem direkten (positiven) naturwissenschaftlichen Abstammungsbeweis mit
    Erfolg wehren: HEGNAUER, Grundriss, Nr. 8.21; SCHWENZER/COTTIER, BaKomm, Art. 260b
    N 3; MEIER/STETTLER, Filiation, Nr. 135; HAUSHEER/GEISER/AEBI-MÜLLER, Familienrecht,
    Nr. 16.57; REICH, HandKomm, Art. 260b N 2.
50 Also allenfalls auch später, wenn die Anfechtungsvoraussetzungen erst dann vorliegen (s. 260[2]
    [«in jedem Fall»] im Gegensatz zu 256[2] [«spätestens»])!
51 Wer durch das Inkrafttreten des BG vom 7. Oktober 1994 mündig wird, kann in jedem Fall noch
    während eines Jahres eine Anfechtungsklage einreichen (neuer Art. 13b SchlT).
52 HEGNAUER, BeKomm, Art. 260c N 22; SCHWENZER/COTTIER, BaKomm, Art. 260c N 4; REICH,
    HandKomm, Art. 260c N 4.
53 Bei Anerkennung durch letztwillige Verfügung mit dem Tod des Anerkennenden; erst dann
    wird ja die – widerrufliche – Anerkennung wirksam. S. HEGNAUER, BeKomm, Art. 260c N 8.
    Die Frist kann nicht wiederhergestellt werden, wenn der Kläger erst fünf Jahre nach dem ers-
    ten Zweifel ein DNA-Gutachten erstellen lässt; BGer 5C.130/2003, in FamPra.ch 5 (2004), 142 ff.,
    mit Bemerkungen von BÜCHLER, 147 ff.

III.   Die Vaterschaftsklage

35   Die im dritten Abschnitt des siebten Titels des ZGB geregelten «Anerkennung und
Vaterschaftsurteil» bilden zusammen mit der (Vermutung der) Vaterschaft des Ehemannes die drei besonderen Entstehungsgründe des Kindesverhältnisses zum Vater
(s. das Schema vorne N 2). Das *Vaterschaftsurteil* (le jugement de paternité) ergeht im
Anschluss an eine erfolgreiche *Vaterschaftsklage* (action en paternité). Diese Klage ist
in den Art. 261–263 geregelt.[54] Gegenstand der nachfolgenden Ausführungen bilden
der Inhalt der Klage (N 36), die Parteien (N 37), der Klagegrund (N 38 ff.) und die
Klagefrist (N 42 f.).

a. Der Inhalt der Klage

36   Das geltende Recht kennt nur die *eine* Vaterschaftsklage, die Klage «auf Feststellung
des Kindesverhältnisses zwischen dem Kind und dem Vater» (261[1])[55]. Der altrechtliche Dualismus von Zahlvaterschaft (319 a. F.; s. dazu 124 III 3 E. 2a, b, wo die Erbberufung bei blosser Zahlvaterschaft verneint wird) und Zusprechung mit Standesfolge
(323 a. F.) ist weggefallen. Wohl aber kann mit der Vaterschaftsklage die Klage auf Leistung von Unterhalt verbunden werden. Die Vaterschaftsklage ist ausgeschlossen, wenn
bereits ein Kindesverhältnis zu einem Mann besteht (263[2]).[56] Wie bei der Anerkennung ist die Feststellung des Kindesverhältnisses zum Vater auch bei der Vaterschaftsklage nur denkbar, wenn die Mutterschaft feststeht.

b. Die Parteien

37   Klägerinnen können sowohl die Mutter wie das Kind[57] sein (261[1]). Klagen Mutter *und*
Kind, so sind die Klagen zu koordinieren.[58] Das urteilsfähige Kind führt den Prozess
selbst;[59] für das urteilsunfähige Kind handelt der Beistand gemäss Art. 308 (hierzu
hinten, § 44 N 19 ff.) oder – wenn es bevormundet ist – die Vormundin (327a). *Beklag-
ter* ist «der Vater» (261[2]), d.h. der Mann, der nach der Behauptung der Klägerin das
Kind gezeugt haben soll.[60] Nach seinem Tod richtet sich die Klage gemäss Art. 261

---

54   Vgl. zu diesen Fragen auch Bruno Hug, Die gerichtliche Feststellung der Vaterschaft nach dem
neuen Schweizer Kindesrecht (Diss. Freiburg 1977).

55   Der missverständlichen Formulierung im Gesetz zum Trotz handelt es sich dabei (prozessrecht-
lich) nicht um eine Feststellungs-, sondern um eine Gestaltungsklage.

56   Die Vaterschaftsklage ist auch ausgeschlossen, wenn das Kind durch eine Frau in Einzeladoption adoptiert worden ist.

57   Bzw. nach dessen Tod die Nachkommen sowie nach mehreren Autoren die Erben: vgl. Hegnauer, BeKomm, Art. 261 N 52; Reich, HandKomm, Art. 261 N 3; a. M. Schwenzer/Cot-
tier, BaKomm, Art. 261 N 6; Meier/Stettler, Filiation, Nr. 147.

58   Hegnauer, BeKomm, Art. 261 N 63; s. auch Schwenzer/Cottier, BaKomm, Art. 261 N 8;
Reich, HandKomm, Art. 261 N 3.

59   An die Urteilsfähigkeit des minderjährigen Kindes sind hohe Anforderungen zu stellen: Hegnauer, Grundriss, Nr. 9.06.

60   Gegen den Samenspender ist gemäss Art. 23 Abs. 2 FMedG die Vaterschaftsklage ausgeschlossen, es sei denn, die Samenspende sei wissentlich bei einer Person erfolgt, die keine Bewilligung für die Fortpflanzungsverfahren oder für die Konservierung und Vermittlung gespendeter

Abs. 2 – unabhängig von der Erbenstellung – der Reihe nach gegen die Nachkommen, die Eltern, die Geschwister (unter Einschluss der Halbgeschwister)[61] oder, wenn auch solche fehlen, gegen die zuständige Behörde des letzten Wohnsitzes des Vaters.[62] Wenn der Vater gestorben ist, hat überdies das Gericht seiner Ehefrau die Einreichung der Klage mitzuteilen (261[3]).[63]

c. Der Klagegrund (der Beweis)

Beweisthema jeder Vaterschaftsklage ist die biologische Vaterschaft des Beklagten.   38
Gelingt der Mutter oder dem Kind dieser Beweis, so ist die Klage gutzuheissen. Im Vordergrund steht der in Art. 262 Abs. 3 geregelte direkte Beweis der *Nichtvaterschaft* des Beklagten oder die *weniger grosse Wahrscheinlichkeit seiner Vaterschaft* als die eines Dritten. Dieser Beweis erfolgt heute durch das DNA-Gutachten (s. dazu vorn § 39 N 21):

Mit dem DNA-Gutachten erfolgt zunächst der Beweis der *Nichtvaterschaft*   39
eines Mannes (praktisch 100-prozentige Wahrscheinlichkeit). Im Fall eines durch DNA-Analyse nicht ausgeschlossenen Mannes erfolgt der *direkte Beweis* der Vaterschaft «mit an Sicherheit grenzender Wahrscheinlichkeit» anhand einer biostatistischen Auswertung mit einer Wahrscheinlichkeit von über 99,8% (101 II 16 E. 2b; 104 II 299 ff.; 112 II 14 ff.).[64] Ist die Vaterschaft i.S. von Art. 262 Abs. 3 erster Teilsatz «aus-

---

Samenzellen hat (23[3] FMedG). Dazu s. HEGNAUER, Grundriss, Nr. 9.11; SCHWENZER, BaKomm, Art. 261 N 10; MEIER/STETTLER, Filiation, Nr. 252; BÜCHLER/VETTERLI, Ehe, 198; REICH, HandKomm, Art. 262 N 6; HAUSHEER/GEISER/AEBI-MÜLLER, Familienrecht, Nr. 16.65. – Zur Klage gegen mehrere Männer s. HEGNAUER, Grundriss, Nr. 9.18 f.; SCHWENZER/COTTIER, BaKomm, Art. 261 N 15.

61 HEGNAUER, BeKomm, Art. 261 N 78; SCHWENZER/COTTIER, BaKomm, Art. 261 N 12; MEIER/STETTLER, Filiation, Nr. 148; HAUSHEER/GEISER/AEBI-MÜLLER, Familienrecht, Nr. 16.64; REICH, HandKomm, Art. 262 N 6; BÜCHLER/VETTERLI, Ehe, 198.

62 HAUSHEER/GEISER/AEBI-MÜLLER, Familienrecht, Nr. 16.64; BÜCHLER/VETTERLI, Ehe, 198. Nach HEGNAUER, Grundriss, Nr. 9.14, REICH, HandKomm, Art. 262 N 6 und SCHWENZER/COTTIER, BaKomm, Art. 261 N 14, ist die Klage gegen die zuständige Behörde des schweizerischen Heimatortes zu richten, wenn der Vater seinen letzten Wohnsitz nicht in der Schweiz hatte. Entgegen früherer Meinung können diese Beklagten im Prozess die Vaterschaft vor dem Gericht nicht anerkennen, s. Anm. 40; SCHWENZER/COTTIER, BaKomm, Art. 261 N 14.

63 REICH, HandKomm, Art. 262 N 7; SCHWENZER/COTTIER, BaKomm, Art. 261 N 17. Gemäss HEGNAUER, Grundriss, Nr. 9.15, gilt dann: Die Ehefrau «kann ihre Interessen als Nebenintervenientin wahren. Wird die Klage von den Beklagten anerkannt, so steht ihr die Anfechtung der Anerkennung gemäss Art. 260a Abs. 1 offen oder kommt ihr die Stellung einer Hauptintervenientin zu.»

64 HEGNAUER, Grundriss, Nr. 15.09 f.; DERS., BeKomm, Art. 254 N 107 ff.; MEIER/STETTLER, Filiation, Nr. 196 ff.; SCHWENZER, BaKomm, Art. 254 N 6 ff.; REICH, HandKomm, Art. 254 N 6; BÄR/KRATZER, Die Leistungsfähigkeit des DNA-Gutachtens in der Vaterschaftsbegutachtung, in AJP 1 (1992), 357 ff., 361.

geschlossen», bleibt gemäss BGer kein Platz mehr für den direkten Beweis (gegen diesen «Vater»: 104 II 301).[65]

40   Der Nachweis, dass die Vaterschaft des Beklagten *weniger wahrscheinlich* ist als die eines Dritten wird ebenfalls primär mit DNA-Gutachten geführt. Die Wahrscheinlichkeit der Vaterschaft des Beklagten muss dabei eindeutig geringer sein als die eines Dritten.[66] Haben in der relevanten Zeit mehrere Dritte mit der Mutter Geschlechtsverkehr gehabt, so ist das Verhältnis der Wahrscheinlichkeit zwischen jedem Einzelnen und dem Beklagen zu bestimmen (117 II 377 f. E. 4).[67] Der Beklagte kann sich nicht einfach darauf beschränken, den mehrfachen Geschlechtsverkehr der Mutter zu behaupten, um die Vermutung von Art. 262[1] zu widerlegen (109 II 201 E. 2; BGer 5P.125/2003 E. 8).[68]

41   Möglich, aber angesichts der Zuverlässigkeit der DNA-Analyse praktisch nicht mehr relevant, ist auch der *indirekte* Weg über den Nachweis, der Beklagte habe der Mutter in der Zeit vom 300. bis zum 180. Tag vor der Geburt des Kindes beigewohnt.[69] In diesem Fall wird die *Vaterschaft vermutet* (262[1]). Blosses Glaubhaftmachen der Beiwohnung genügt nicht. Doch muss man sich mit einer grossen Wahrscheinlichkeit (violenta suspicio fornicationis) begnügen (vgl. 43 II 564 ff.; 76 II 180; 95 II 80 f.), wobei auch der Indizienbeweis zulässig ist (75 II 102; 77 II 292; Parteiverhör: 80 II 294). Die klarste Sachlage stellt allerdings in der Regel ein Geständnis des Beklagten her. Liegt eine entsprechende Spät- oder Frühgeburt vor, so gilt die Vermutung auch, wenn der Beklagte der Mutter zur Zeit der Empfängnis vor dem 300. oder nach dem 180. Tag vor der Geburt beigewohnt hat (262[2]); das Vorliegen der Spät- oder Frühgeburt ist durch den Kläger zu beweisen. Wird der Geschlechtsverkehr zur kritischen Empfängniszeit bewiesen, so gilt der Beklagte als Vater. *Gegen diese Vermutung* kann er indessen Einwendungen vorbringen, bei deren Beweis die Vermutung beseitigt wird. Dies geschieht durch den Nachweis, dass entweder trotz der Beiwohnung die *Vaterschaft* – mit an Sicherheit grenzender Wahrscheinlichkeit (98 II 268 f.; 112 II 14) – *ausgeschlos-*

---

65   SCHWENZER/COTTIER, BaKomm, Art. 262 N 7; REICH, HandKomm, Art. 263 N 4. Laut HEGNAUER, BeKomm, Art. 262 N 107, gilt dies auch, wenn die Vaterschaft des Beklagten i. S. v. Art. 262 Abs. 3 weniger wahrscheinlich ist als die eines Dritten (s. aber dort zit. andere Meinungen).

66   HEGNAUER, BeKomm, Art. 262 N 90; MEIER/STETTLER, Filiation, Nr. 179.

67   Nach früherem Recht fiel die Vermutung der Vaterschaft, welche sich aus der Beiwohnung ergab, dann weg, wenn der Beklagte Tatsachen bewiesen hat, die erhebliche Zweifel an seiner biologischen Vaterschaft rechtfertigen (314[2] a. F.). Praktisch ging es um die Einrede des Mehrverkehrs, die sogenannte exceptio plurium constupratorum. Das BGer hatte indessen Art. 314 Abs. 2 a. F. zu Gunsten von Mutter und Kind einschränkend ausgelegt und «erhebliche Zweifel» nur bejaht, wenn der Dritte als Vater ernstlich in Betracht kam (95 II 81).

68   Im geltenden Recht richtigerweise nicht mehr vorhanden ist die durch das BGer bereits erheblich durchlöcherte (89 II 273; 90 II 269 und 101 Ia 38) Regel von Art. 315 a. F., wonach «unzüchtiger» Lebenswandel der Mutter zur Zeit der Empfängnis zur Abweisung der Klage geführt hat.

69   Künstliche Insemination ist grundsätzlich der Befruchtung durch Geschlechtsverkehr gleichzustellen: so HEGNAUER, BeKomm, Art. 262 N 23 ff.; REICH, HandKomm, Art. 262 N 2; SCHWENZER, BaKomm, Art. 262 N 2, welche diese Gleichsetzung auch auf den Fall postmortaler Insemination ausdehnt; s. dazu auch SANDOZ a.a.O. 98 ff.

sen ist (262³ erster Teilsatz) oder aber *weniger wahrscheinlich ist als die eines Dritten* (262³ zweiter Teilsatz).

d. Die Klagefrist

Die Klage kann vor oder nach der Niederkunft des Kindes angebracht werden (263¹   42 i. i.). Sie ist von der *Mutter* vor Ablauf eines Jahres seit der Geburt einzureichen (263¹ Ziff. 1). Völlig anders ist indessen die Frist für die Klage des *Kindes:* Sie dauert wie für die Anfechtungsklagen (256c² und 260c²) bis ein Jahr über die Volljährigkeit hinaus (263¹ Ziff. 2)[70]. Solche «verspätete» Klagen sind zwar im Interesse des Kindes und der anderen Beteiligten nach Möglichkeit zu vermeiden.[71] Doch können sie durchaus denkbar und sinnvoll sein, etwa dann, wenn die Mutter den Namen des Erzeugers verschweigt oder der Beistand seine Pflicht nicht erfüllt.[72]

Eine Vaterschaftsklage ist nur möglich, wenn nicht schon ein (rechtliches) Kindesver-   43 hältnis zu einem Mann besteht. Muss ein solches erst noch beseitigt werden, so haben Mutter und Kind in jedem Fall noch ein Jahr Zeit zur Einreichung der Vaterschaftsklage (263²). Im Übrigen gewährt das Gesetz bei Verspätung aus wichtigen Gründen (BGer 5A_518/2011 E. 4) für die Vaterschaftsklage wie bei den Anfechtungsklagen (256c³, 260c³) eine *Fristerstreckung* (263³; s. hierzu vorn N 19 f.).

IV.   Die Adoption

Die Begründung eines Kindesverhältnisses durch Rechtsakt, unabhängig von biolo-   44 gischer oder auch nur vermuteter Abstammung, war bereits ältesten Rechten, insbesondere aber dem römischen Recht, bekannt: Das Institut der Adoption hat auch unter dem Namen «Kindesannahme» im Gegensatz zum Privatrecht der meisten Kantone im ZGB von 1907 Aufnahme gefunden. Das geltende Adoptionsrecht wurde am 30. Juni 1972 verabschiedet und trat am 1. April 1973 in Kraft. Bereits bei dieser Teilrevision des Kindesrechts war der nachmalige «Vater» des gesamten revidierten Kindesrechts, Professor CYRIL HEGNAUER, führend beteiligt.[73] Diese Bestimmungen wer-

---

70   Wer durch das Inkrafttreten des BG vom 7. Oktober 1994 mündig wird, kann in jedem Fall noch während eines Jahres eine Vaterschaftsklage einreichen (neuer Art. 13b SchlT).

71   Siehe z.B. die auf ein Jahr beschränkte Rückwirkung für die Unterhaltspflicht gemäss 279¹ i. f. überhaupt liegt es im Interesse aller Beteiligten, wenn mit Bezug auf das Kindesverhältnis in vernünftiger Frist klare Verhältnisse geschaffen werden. Für Kläger und Beklagten kann sodann das lange Zuwarten zu Beweisschwierigkeiten führen. – Bei Fällen mit Auslandberührung kann es vorkommen, dass auf Grund der Anwendung entsprechenden ausländischen Rechts Vaterschaftsklagen überhaupt nicht der Verjährung unterliegen (s. 118 II 468).

72   S. dazu auch Urteil des EGMR vom 15. Januar 2013 i.S. Laakso gegen Finnland (7361/05), mit Bemerkungen dazu HÄBERLI/MEIER, Übersicht zur Rechtsprechung im Kindes- und Erwachsenenschutzrechts (November 2012 bis Februar 2013), in ZKE 68 (2013), 102 f.

73   Art. 264–264b, 265–265d, 266, 267, und 267a, 268–268b, 269–269c. Zum Ganzen s. ROLF EICHENBERGER, Die materiellen Voraussetzungen der Adoption Unmündiger nach neuem schweizerischem Adoptionsrecht (Diss. Freiburg 1974); MAX HESS, Die Adoption in rechtli-

den ausgeführt in der Verordnung über die Adoption (Adoptionsverordnung, AdoV) vom 29. Juni 2011 (SR 211.221.36).[74] Sodann ist in Ausführung des Übereinkommens vom 29. Mai 1993 über den Schutz von Kindern und die Zusammenarbeit auf dem Gebiet der internationalen Adoption (Haager Adoptionsübereinkommen, HAÜ)[75] am 22. Juni 2001 das BG zum Haager Adoptionsübereinkommen und über Massnahmen zum Schutz des Kindes bei internationalen Adoptionen (BG-HAÜ) erlassen worden (SR 211.221.31). Am 28. November 2014 hat nun der Bundesrat Botschaft und Entwurf zur Revision des Adoptionsrechts verabschiedet[76]. Damit setzt er namentlich das Urteil des EGMR vom 13. Dezember 2007[77] gesetzgeberisch um: Demgemäss sol-

---

cher und sozialpädagogischer Sicht (Wädenswil 1976); MONIKA PFAFFINGER, Geheime und offene Formen der Adoption: Wirkungen von Information und Kontakt auf das Gleichgewicht im Adoptionsdreieck (Diss. Zürich 2007), ZSPR 198.

74 Aufgrund der Vernehmlassungsergebnisse wurde eine Gesamtrevision der PAVO fallen gelassen. S. dazu Medienmitteilung vom 22. Februar 2012: https://www.bj.admin.ch/bj/de/home/aktuell/news/2012/ref_2012-02-22.html (besucht am 20. April 2015). Stattdessen wurde eine Teilrevision der Pflegekinderverordnung geplant. In dieser wird die Tätigkeit der Vermittlungsorganisationen neu geregelt (AS 2012, 5801). Die Teilrevision ist mit Ausnahme der Art. 20a–20f PAVO am 1. Januar 2013 in Kraft getreten. Die Art. 20a–20f sind am 1. Januar 2014 in Kraft getreten (AS 2012, 5808). Die Vermittlungstätigkeit mit Blick auf eine Adoption regelt neu die Verordnung über die Adoption (Adoptionsverordnung, AdoV) vom 29. Juni 2011 (AS 2011, 3637). Die Bestimmungen zur Adoptionsvermittlung (Art. 11a–11j PAVO) sind entsprechend aus der PAVO gestrichen worden.
    S. auch das Kreisschreiben des Bundesrates an die Aufsichtsbehörden über das Pflegekinderwesen und die Adoptionsvermittlung vom 21. Dezember 1988 (BBl 1989 I 3) sowie den Bericht des Bundesrates über die Adoptionen in der Schweiz vom 1. Februar 2006 (05.3138).

75 Von der Schweiz ratifiziert am 24. September 2002 und für die Schweiz in Kraft getreten am 1. Januar 2003 (SR 0.211.221.311). Es ergänzt ein europäisches Übereinkommen über die Adoption von Kindern vom 24. April 1967 (Strassburger Konvention; SR 0.211.221.310, in Kraft seit 1. April 1973). Zum Haager Übereinkommen s. URWYLER, Erste Erfahrungen mit dem Haager Adoptionsübereinkommen, in FamPra.ch 5 (2004), 519 ff.; DERS., Das Verfahren bei internationalen Adoptionen nach dem HAÜ, Die Rolle des Bundes und der Kantone, in ZVW 58 (2003), 6 ff.; BOÉCHAT, Die Adoptionsvermittlung: erste Erfahrungen der Aufsichtsbehörde des Bundes, in FamPra.ch 5 (2004), 553 ff.; CHERVAZ DRAMÉ, L'introduction en Suisse de la convention de La Haye sur la protection des enfants et la coopération en matière d'adoption internationale et ses implications sur la pratique actuelle (CLa H), in ZVW 58 (2003), 16 ff.; GULER, Die Umsetzung des Haager Adoptionsübereinkommens (HAÜ) im Kanton Zürich, in ZVW 58 (2003), 33 ff.; HÜPPIN, Das Haager Adoptionsübereinkommen und das zugehörige Bundesgesetz (BG-HAÜ), in ZVW 58 (2003), 24 ff.; REUSSER, Neuerungen im Adoptionsrecht, in ZVW 56 (2001), 133 ff., 143; THOMA, Bundesgesetz zum Haager Adoptionsübereinkommen und über Massnahmen zum Schutz des Kindes bei internationalen Adoptionen (BG-HAÜ), Umsetzung im Kanton Appenzell A. Rh., in ZVW 58 (2003), 28 ff.

76 BBl 2015, 877 ff., mit Entwurf: BBl 2015, 949 ff. Stand der Beratungen: In den Räten noch nicht behandelt.

77 Urteil des EGMR vom 13. Dezember 2007 i.S. Emonet et al. gegen die Schweiz (3905/03). Gestützt darauf hat das BGer mit Urteil vom 18. Juli 2008 (5F_6/2008) BGE 129 III 656 ff. in Revision gezogen und die Aufhebung des Kindesverhältnisses zur leiblichen Mutter rückgängig gemacht, ohne die Adoption durch den Lebenspartner der Mutter aufzuheben. Zum Urteil

len auch Personen in eingetragener Partnerschaft zur (Einzel-)Adoption zugelassen werden. Ferner soll die Stiefkindadoption sowohl Paaren in eingetragener Partnerschaft wie auch Paaren in faktischen, verschieden- wie gleichgeschlechtlichen Lebensgemeinschaften geöffnet werden.

Dem Adoptionsrecht von 1972/1973 schwebt als *Leitbild die Erziehungs- und Fürsorge-*   45
adoption vor. Die Adoption kann Entstehungsgrund einer Vaterschaft wie einer Mutterschaft im Rechtssinn sein (regelmässig beider: nachstehend N 45). Die gesetzliche Regelung umfasst die Voraussetzungen bei der Minderjährigenadoption (a.) und bei der Volljährigenadoption (b.), die Wirkungen (c.), das Verfahren (d.), das Adoptionsgeheimnis (e.) und die Anfechtung (f.).

a. Die Voraussetzungen bei der Minderjährigenadoption. Im Zentrum stehen die   46
Voraussetzungen der Minderjährigenadoption,[78] während die Adoption Volljähriger eine geringere praktische Bedeutung hat (b.).

1. Allgemeine Voraussetzungen

Art. 264 trägt den Randtitel «Allgemeine Voraussetzungen». Ein Kind darf nur adop-   47
tiert werden, wenn dies seinem Wohl dient. Das Kindeswohl,[79] das alle Aspekte der Persönlichkeit umfasst,[80] ist der leitende Gesichtspunkt schlechthin (BGer 5A_207/2012 E. 4.1; 136 III 424 f. E. 3.1), der auch für die Auslegung aller übrigen Bestimmungen heranzuziehen ist. Ungeachtet der Herkunft des Kindes werden Kindeswohl und Bedürfnisse des Kindes nach hiesigen Vorstellungen ausgelegt. Andere kulturelle Vorstellungen über die Adoption sind nicht massgeblich (135 III 83 f. E. 3.2 f.). Bei der Ermittlung des Kindeswohls prüfen die Behörden, ob die Adoption zu einer Verbesserung der Situation des Kindes führen und die Persönlichkeitsentwicklung des Kindes bestmöglich fördern würde. Die Beurteilung erfolgt durch emotionale, intellektuelle und physische Gesichtspunkte. Der materielle Aspekt ist zweitrangig (BGer 5A_207/2012 E. 4.1 und 4.1.3).

---

des EGMR s. Schöbi, Stiefkindadoption und Konkubinat. Bemerkungen zum Urteil des EGMR vom 13. Dezember 2007 i.S. Emonet et al. gegen die Schweiz (3905/03), in recht 26 (2008), 99 ff.; Schürmann, Adoption im Konkubinatsverhältnis, Zum Urteil des Europäischen Gerichtshofs für Menschenrechte i.S. Emonet u.a. gegen die Schweiz vom 13. Dezember 2007, in ZBJV 144 (2008) 262 ff.; Schwenzer, Anmerkung zum Urteil in FamPra.ch 2008, 421; zu BGE 129 III 656: Aebi-Müller, Die privatrechtliche Rechtsprechung des Bundesgerichts in den Jahren 2001–2004, in ZBJV 141 (2005) 581 ff., 584; Meier/Häberli, Übersicht zur Rechtsprechung Juni – Oktober 2003, in ZVW 58 (2003), 440 ff.; Bucher, Bundesgericht, II. Zivilabteilung, Urteil vom 24.5.2005, i.S. Rose c. Losonci, BGer 5A.4/2005 mit Bemerkungen in N 10 zum BGE 129 III 656, in AJP 14 (2005), 1430 f.

78 Zur Adoption ausländischer Kinder s. Ilaria Ceschi, Adoption ausländischer Kinder in der Schweiz. Aufnahme, Vermittlung und Pflegeverhältnis (Zürich 1996), ZSPR 131.

79 Hierzu Stettler, SPR III/2, 92 ff. Ferner Meier/Stettler, Filiation, Nr. 275 ff.; Hausheer/Geiser/Aebi-Müller, Familienrecht, Nr. 16.90; Breitschmid, BaKomm, Art. 264 N 18 ff.; Biderbost, HandKomm, Art. 264 N 15 ff.

80 Hausheer/Geiser/Aebi-Müller, Familienrecht, Nr. 16.90; Biderbost, HandKomm, Art. 264 N 15; Hegnauer, BeKomm, Art. 264 N 58; vgl. 107 II 20 ff.

48 Im Gegensatz zum früheren Recht ist Kinderlosigkeit der Adoptiveltern keine Voraussetzung der Adoption, was sich mittelbar aus dem Schlusssatz von Art. 264 ergibt. Die künftigen Adoptiveltern müssen dem Kind während wenigstens eines Jahres Pflege und Erziehung erwiesen haben (135 III 83 E. 3.2; 136 III 424 E. 3).[81] Während eines Pflegeverhältnisses entwicklen sich erfahrungsgemäss so starke Bindungen des Kindes an seine Pflegefamilie, dass eine Umplatzierung oder Rückkehr nur noch in ganz seltenen Fällen in seinem Interesse liegt, weshalb eine Verweigerung der Adoption höchstens in krassen Fällen in Frage kommt.[82] Die Pflege und Erziehung (in der erforderlichen Dauer) ist regelmässig gegeben, wenn das Kind im Haushalt der künftigen Adoptiveltern gelebt (101 II 9; in einer eigentlichen Hausgemeinschaft: 111 II 230), sich gegebenenfalls nur gelegentlich auswärts zur Ausbildung oder Behandlung aufgehalten hat[83] und sich die Adoptiveltern ferner persönlich um sein Wohlergehen gekümmert haben. Die Minimaldauer[84] muss nicht unbedingt ohne Unterbruch verlaufen, darf aber auch nicht in bloss gemeinsamen Ferienaufenthalten bestehen (111 II 230; BGer 5A_604/2009).[85] Ein Unterbruch liegt aber nicht zwangsläufig vor, wenn ein Ehegatte die eheliche Wohnung verlässt, aber weiterhin durch Besuche den Kontakt zum Kind unterhält (126 III 413 f. E. 2a). Die Adoption darf andere Kinder (eheliche, aussereheliche, Adoptivkinder) der Adoptiveltern nicht in unbilliger Weise zurücksetzen (264 i. f.). Der Teilverlust des Erbanspruchs als solcher[86] bildet dabei keine unbillige Beeinträchtigung. Ein Altersunterschied von mehr als 40 Jahren zwischen Adoptiveltern und Adoptivkind schliesst eine «normale» Eltern-Kind-Beziehung nicht aus (125 III 167 f. E. 7).

2. Voraussetzungen auf Seiten des Adoptivkindes

49 Auf Seiten des Adoptivkindes verlangt das Gesetz für den Normalfall der Adoption Minderjährigkeit (nur unter den besonderen Voraussetzungen des Art. 266 kommt eine Adoption Volljähriger oder Entmündigter in Frage; s. hinten N 56). Die Minderjährigkeit muss im Zeitpunkt der Einreichung des Adoptionsgesuchs zusammen mit den übrigen Voraussetzungen (noch) vorliegen (s. 268³). Das Kind muss wenigstens 16 Jahre jünger sein als die (beiden) Adoptiveltern (265¹; von dieser Voraussetzung soll

---

81 BREITSCHMID, BaKomm, Art. 264 N 6 ff.; BIDERBOST, HandKomm, Art. 264 N 10 ff.; HAUSHEER/GEISER/AEBI-MÜLLER, Familienrecht, Nr. 16.86 ff. Vgl. hierzu CHRISTINE VOGEL-ETIENNE, Das Pflegeverhältnis vor der Adoption (Diss. Zürich 1981). Diese Frist wurde mit dem durch das BG-HAÜ eingeführten Art. 264 ZGB ab dem 1. Januar 2003 von zwei Jahren auf ein Jahr verkürzt.

82 MEIER/STETTLER, Filiation, Nr. 309; BBl 1999, 5802.

83 HEGNAUER, BeKomm, Art. 264 N 30b; BREITSCHMID, BaKomm, Art. 264 N 15; BIDERBOST, HandKomm, Art. 264 N 11.

84 EICHENBERGER a.a.O. 140 ff.; BREITSCHMID, BaKomm, Art. 264 N 16; BIDERBOST, HandKomm, Art. 264 N 11.

85 HEGNAUER, Grundriss, Nr. 11.04; BIDERBOST, HandKomm, Art. 264 N 11; BREITSCHMID, BaKomm, Art. 264 N 15; BÜCHLER/VETTERLI, Ehe, 203.

86 HEGNAUER, BeKomm, Art. 264 N 67 und 72; BREITSCHMID, BaKomm, Art. 264 N 21; BIDERBOST, HandKomm, Art. 264 N 19; HAUSHEER/GEISER/AEBI-MÜLLER, Familienrecht, Nr. 16.92. Anders, wenn die erbrechtliche Zurücksetzung Motiv der Adoption ist.

mit der Revision bei wichtigen Gründen abgesehen werden können[87]). Ist es urteilsfähig[88], so hat es seine Zustimmung zu geben (265[2]); die Zustimmung muss sich auf die vorgesehene bestimmte Adoption beziehen und ist durch persönliche Einvernahme der Entscheidbehörde oder einer von ihr betrauten Stelle einzuholen.[89] Das zu adoptierende urteilsfähige Kind weiss also, dass seine Adoptiveltern nicht seine leiblichen Eltern sind.[90] Für bevormundete Kinder ist darüber hinaus die Zustimmung der Kindesschutzbehörde (440[3]) erforderlich (265[3]). Diese Zustimmung entbindet die Entscheidbehörde nicht von ihrer Prüfungspflicht;[91] fehlt umgekehrt die Zustimmung, so ist die Adoption (jedenfalls zurzeit) ausgeschlossen.[92]

3. Voraussetzungen auf Seiten der Adoptiveltern

Sehr deutlich kommt der Charakter der Adoption durch die Umschreibung der Voraussetzungen *auf Seiten der Adoptiveltern* zum Ausdruck. Zu unterscheiden ist die *gemeinschaftliche Adoption* (264a, s. sogl. N 53) und die *Einzeladoption* (264b, s. sogl. N 51): Nach der Konzeption des Gesetzgebers steht die gemeinschaftliche Adoption (durch Ehepaare) im Vordergrund und bildet die Einzeladoption die Ausnahme.[93]

50

---

87 Botschaft Adoptionsrecht, BBl 2015, 904; Entwurf Adoptionsrecht, BBl 2015, 950: Art. 264d ZGB. Zur geltenden Rechtslage STETTLER, SPR III/2, 108 f.; HEGNAUER, Kann vom Mindestaltersunterschied bei der Adoption (Art. 265 Abs. 1 ZGB) abgewichen werden?, in ZVW 48 (1993), 95 ff.; HAUSHEER/GEISER/AEBI-MÜLLER, Familienrecht, Nr. 16.85; BÜCHLER/VETTERLI, Ehe, 191, für strikte Interpretation; a. M. RIEMER, Umfang und Schranken richterlicher Gebotsberichtigung, dargestellt anhand aktueller Beispiele aus dem Familienrecht, in recht 11 (1993), 129; vgl. auch BIDERBOST, HandKomm, Art. 265 N 1.

88 Hierzu 107 II 22 («en règle générale … à l'âge de quatorze ans révolus au plus tôt …»); 119 II 4 f. E. 4b und BERNHARD SCHNYDER, Zustimmung zur Adoption, in Beiträge zur Anwendung des neuen Adoptionsrechts, Veröffentlichungen des Schweizerischen Instituts für Verwaltungskurse an der Hochschule St. Gallen, Neue Reihe, Bd. 14 (St. Gallen 1979), 51 ff., 57 f.; BREITSCHMID, BaKomm, Art. 265 N 6 ff.; BIDERBOST, HandKomm, Art. 265 N 3; MEIER/STETTLER, Filiation, Nr. 285 f.

89 EICHENBERGER a.a.O. 172 f.; BREITSCHMID, BaKomm, Art. 265 N 9; BIDERBOST, HandKomm, Art. 265 N 4.

90 Gemäss HEGNAUER, BeKomm, Art. 265 N 12, darf man unter ganz besonderen Umständen (etwa bei einem Inzestkind) von der Zustimmung und damit von dieser Kenntnis absehen. Im Übrigen erfährt auch das noch nicht i. S. v. Art. 265 Abs. 2 urteilsfähige, aber doch schon dem frühesten Kindesalter entwachsene Kind auf Grund der Abklärung seiner Einstellung zur Adoption (268[2]), dass es adoptiert wird (107 II 23 ff.).

91 Über das Verhältnis der Zustimmung der vormundschaftlichen Aufsichtsbehörde zum Entscheid der Adoptionsbehörde vgl. HEGNAUER, BeKomm, Art. 265 N 28, und SCHNYDER, Zustimmung a.a.O. 59 f. Erstere hat das Kindesinteresse, Letztere alle Voraussetzungen zu überprüfen.

92 HEGNAUER, BeKomm, Art. 265 N 31; MEIER/STETTLER, Filiation, Nr. 289. Betr. Rechtsmittel gegen den Entscheid über die Zustimmung s. HEGNAUER a.a.O. N 32 f.

93 S. auch BREITSCHMID, BaKomm, Art. 264b N 5; STETTLER, SPR III/2, 100; MEIER/STETTLER, Filiation, Nr. 265; HAUSHEER/GEISER/AEBI-MÜLLER, Familienrecht, Nr. 16.80; BIDERBOST, HandKomm, Art. 264b N 1. Dies entspricht auch der Situation in der Wirklichkeit: Weniger als 2% der ausgesprochenen Adoptionen stellen Einzeladoptionen dar: BUNDESAMT FÜR STATISTIK (Hrsg.), Statistisches Jahrbuch der Schweiz 2002 (Zürich 2002), 91, Jahre 1990–2000. Für

51 a. Die *Einzeladoption* ist grundsätzlich *unverheirateten* (ledigen, verwitweten oder geschiedenen[94]) Personen vorbehalten. Abgesehen vom Minimalalter (35. Altersjahr; dieses Minimalalter soll mit der Revision auf 28 Jahre herabgesetzt werden[95]) stellt Art. 264b keine besonderen Voraussetzungen auf, die über die allgemeinen Voraussetzungen (264) hinausgehen. Namentlich ist nicht das Vorliegen ausserordentlicher Umstände,[96] die erzieherische Erfahrung oder eine vorbestandene Beziehung zum Kind erforderlich (125 V 164 ff. E. 4, 5[97]). Da die Adoptierende in der Regel alleine für die Erziehung des Adoptivkindes zuständig ist, sind die Voraussetzungen, die an ihre zeitliche Verfügbarkeit (s. dazu 125 III 166 f. E. 6) gestellt werden, grundsätzlich grösser als im Fall eines Ehepaars. Eine Halbtagsarbeit ist aber in der Regel nicht ausgeschlossen (a.a.O. 166 f. E. 6). Anders als noch als Art. 11b Abs. 3 lit. b der alten PAVO sieht Art. 5 Abs. 2 lit. d AdoV nicht mehr vor, dass die Anforderungen an die Betreuungssituation bei Einzelpersonen höher ist als bei Verheirateten (dazu noch BGer 5A_881/2010 E. 2). Das Bundesgericht hält aber fest, mit der AdoV seien die Adoptionsvoraussetzungen für Einzelpersonen nicht gelockert worden. Massgeblich sei weiterhin die Verfügbarkeit der adoptionswilligen Einzelperson. Diese dürfe sich nicht auf die Verfügbarkeit von Drittpersonen berufen, auch dann nicht, wenn es sich dabei um Verwandte handle (BGer 5A_207/2012 E. 4.2).

52 *Verheiratete Personen* dürfen nur in Ausnahmefällen allein adoptieren: Diese sind gegeben, wenn die gemeinschaftliche Adoption nach den in Art. 264b Abs. 2 aufgezählten Fällen (Urteilsunfähigkeit, unbekannter Aufenthalt von mehr als zwei Jahren) unmöglich ist[98] oder die Ehe seit mehr als drei Jahren gerichtlich getrennt ist (264b² i. f.; gemeint ist die Trennung im Sinn von 117, nicht das blosse Getrenntleben: 125 III 58 f. E. 2b, c) und ferner im wichtigen Fall der Adoption des Kindes des anderen Ehegatten, der Stiefkindadoption (264a³). Durch die Stiefkindadoption wandelt sich das bisherige

---

das Jahr 2007 waren 3% und für das Jahr 2013 4% der Adoptionen Einzeladoptionen. Von 1990 bis 2007 schwanken die Einzeladoptionen zwischen 2% und 7%, s. BUNDESAMT FÜR STATISTIK (Hrsg.), Bevölkerungsbewegung–Indikatoren, Adoptionen, Adoptierte Personen nach Adoptivperson, Tafel T 01.02.02.02.05.06, http://www.bfs.admin.ch/bfs/portal/de/index/themen/01/06/blank/key/03.html, (besucht am 20. April 2015).

94 HEGNAUER, BeKomm, Art. 264b N 9; BREITSCHMID, BaKomm, Art. 264b N 6; BIDERBOST, HandKomm, Art. 264b N 2.

95 Botschaft Adoptionsrecht, BBl 2015, 925; Entwurf Adoptionsrecht, BBl 2015, 949: Art. 264b ZGB.

96 So noch HEGNAUER, BeKomm, Art. 264b N 4; BREITSCHMID, BaKomm, Art. 264b N 5. Vgl. auch HEGNAUER, Zum Ausnahmecharakter der Einzeladoption, Bemerkungen zu BGE 125 III 161, in ZVW 54 (1999), 239 ff., 242 f.

97 Kritisch dazu GROSSEN, A propos de l'adoption par une personne seule, in ZVW 56 (2001), 40 ff.; zurückhaltend kritisch zwar dem Grundsatz nach, nicht aber für den konkreten Fall (sowie für andere «ausserordentliche Idealkonstellationen») SCHNYDER, Die privatrechtliche Rechtsprechung des Bundesgerichts im Jahre 1999, in ZBJV 136 (2000), 408. Weitere Rechtsprechung zu Kriterien bei Adoption: BGer 5A.11/2005; 5A.19/2006.

98 BREITSCHMID, BaKomm, Art. 264b N 8; BIDERBOST, HandKomm, Art. 264b N 4; HAUSHEER/GEISER/AEBI-MÜLLER, Familienrecht, Nr. 16.80. Nach HEGNAUER, BeKomm, Art. 264b N 19a, auf Grund von gerichtlicher Lückenfüllung auch in Fällen von Unmöglichkeit bei international-privatrechtlichen Sondersituationen.

Kindesverhältnis zum leiblichen Elternteil in ein gemeinschaftliches Kindesverhältnis zum leiblichen und zum Stiefelternteil.[99] Vorausgesetzt ist eine Ehe des Stiefelternteils mit dem leiblichen Elternteil von mindestens fünf Jahren (264a[3]). Eine Stiefkindadoption ist für Konkubinatspaare gesetzlich nicht vorgesehen, weshalb die Adoption durch den Konkubinatspartner der Mutter das bisherige Kindesverhältnis zu dieser auflöst (129 III 658 ff. E. 4 und 5). Dafür wurde die Schweiz mit Urteil des EGMR vom 13. Dezember 2007 verurteilt.[100] Die Stiefkindadoption setzt voraus, dass die Ehegatten seit mindestens fünf Jahren verheiratet sind. Die Verweigerung der Stiefkindadoption bei eingetragener Partnerschaft verstösst gegen das verfassungsrechtliche (Art. 8 und 13 BV) und das völkerrechtliche Diskriminierungsverbot (Art. 8 und 14 EMRK). Das Bundesgericht hat diese Frage allerdings offen gelassen, weil im konkreten Fall die eingetragene Partnerschaft erst drei Jahre gedauert hatte (137 III 242 f. E. 4 und 5). Mit der am 28. November 2014 eingeleiteten Revision will der Bundesrat das erwähnte Urteil des EGMR gesetzgeberisch umsetzen und die Stiefkindadoption sowohl den Paaren in eingetragener Partnerschaft wie auch den Paaren in faktischer (verschieden- wie gleichgeschlechtlicher) Lebensgemeinschaft öffnen.[101]

β. Die *gemeinschaftliche Adoption* ist Ehepaaren vorbehalten. Umgekehrt ist Ehepaaren in der Regel die Einzeladoption verwehrt (264a, vorn N 52). Das Gesetz fördert bewusst die Ehegattenadoption: Während Unverheiratete erst adoptieren dürfen, wenn sie 35 Jahre alt sind (264b[1]), ist die (gemeinschaftliche) Adoption durch Eheleute zulässig, wenn diese fünf Jahre verheiratet sind (264a[2]); um der Rechtsgleichheit willen entfällt diese Voraussetzung der Ehedauer bei 35-jährigen Eheleuten (264a[2] und 264a[3] i. f.). Ehepaare können auch dann noch gemeinschaftlich adoptieren, wenn der gemeinsame Haushalt (faktisch oder rechtlich in Form einer Eheschutzmassnahme [175] oder vorsorglichen Massnahme [276 ZPO]) aufgehoben ist. Selbst die Ehetrennung (117) oder eine nach Beginn des Adoptionsverfahrens ausgesprochene Schei-

53

---

99 Daher ist denn auch die Stiefkindadoption bei der gemeinschaftlichen Adoption untergebracht (264[3] s. Randtitel). Zur besonderen Problematik der Stiefkindadoption vgl. Hegnauer, BeKomm, Einleitung zur Adoption, N 47 und Art. 264a N 42, sowie André Clerc, Die Stiefkindadoption (Diss. Freiburg 1991), AISUF 107. Ferner Breitschmid, BaKomm, Art. 264a N 10 f.

100 Urteil des EGMR vom 13. Dezember 2007 i.S. Emonet et al. gegen die Schweiz (3905/03). Gestützt darauf hat das BGer mit Urteil vom 18. Juli 2008 (5F_6/2008) BGE 129 III 656 ff. in Revision gezogen und die Aufhebung des Kindesverhältnisses zur leiblichen Mutter rückgängig gemacht, ohne die Adoption durch den Lebenspartner der Mutter aufzuheben. Zum Urteil des EGMR s. Schöbi, Stiefkindadoption und Konkubinat, Bemerkungen zum Urteil des EGMR vom 13. Dezember 2007 i.S. Emonet et al. gegen die Schweiz (3905/03), in recht 26 (2008), 99 ff.; Schürmann, Adoption im Konkubinatsverhältnis, Zum Urteil des Europäischen Gerichtshofs für Menschenrechte i.S. Emonet u.a. gegen die Schweiz vom 13. Dezember 2007, in ZBJV 144 (2008), 262 ff.; Schwenzer, Anmerkung zum Urteil, in FamPra.ch 7 (2008), 421; zu BGE 129 III 656: Aebi-Müller, Die privatrechtliche Rechtsprechung des Bundesgerichts in den Jahren 2001–2004, in ZBJV 141 (2005), 581 ff., 584; Meier/Häberli, Übersicht zur Rechtsprechung Juni–Oktober 2003, in ZVW 58 (2003), 440 ff.; Bucher, Bundesgericht, II. Zivilabteilung, Urteil vom 24.5.2005, i.S. Rose c. Losonci, 5A.4/2005, mit Bemerkungen in N 10 zu BGE 129 III 656, in AJP 14 (2005), 1430 f.

101 Botschaft Adoptionsrecht, BBl 2015, 925 f.; Entwurf Adoptionsrecht, BBl 2015, 950: Art. 264c ZGB.

dung schliesst die gemeinsame Adoption nicht aus (126 III 414 E. 2a).[102] Stirbt der
gesetzliche Elternteil vor Einreichung des Gesuchs, kann der Ehegatte des verstorbenen Elternteils die gemeinschaftliche Adoption unter denselben Voraussetzungen
durchführen, wie wenn das Gesuch vor dem Versterben des gesetzlichen Elternteils
eingereicht wurde. Es ist in diesem Fall nicht von einer Adoption einer Einzelperson
auszugehen (Annahme einer echten Gesetzeslücke). Würde nur die Möglichkeit einer
Adoption durch eine Einzelperson bestehen, würde das Kindesverhältnis zum (verstorbenen) gesetzlichen Elternteil aufgehoben werden. Anders ist der Fall zu behandeln, wenn die Einreichung des Adoptionsgesuchs nach der Scheidung vorgenommen
wird. In einem solchen Fall handelt es sich um eine Adoption durch eine Einzelperson
(BGer 5A_822/2010 E. 3). Die Stiefkindadoption steht ebenfalls unter der Voraussetzung der fünfjährigen Ehedauer der betroffenen Ehegatten (264a³).[103] Das Erreichen
des 35. Altersjahres durch den künftigen Stiefelternteil ist keine alternative Voraussetzung und genügt (anders als bei 264a²) nicht.[104] Zu beachten ist, dass sowohl bei der
Ehegattenadoption wie bei der Stiefkindadoption die allgemeinen Voraussetzungen
(insbesondere ein Jahr Pflege und Erziehung) erfüllt sein müssen (vgl. 111 II 233[105]).
Die gemeinschaftliche Adoption durch die Grosseltern des Kindes ist grundsätzlich
möglich (119 II 1 ff.). Die Erziehungsfähigkeit der leiblichen Eltern spielt keine Rolle
bei der Frage der Zulässigkeit der Adoption. Entscheidend ist, ob es das Kindesinteresse gebietet, das rechtliche Band zu den Eltern zu durchtrennen und durch ein Band
zu den Grosseltern zu ersetzen. Ein grosser Altersunterschied ist hier in der Regel
gerechtfertigt. In casu lag es nicht im Kindesinteresse, das Band zu den leiblichen
Eltern zu durchtrennen (136 III 424 ff E. 3.1 ff.). Bei der Adoption eines verwandten
Kindes liegen ausserordentliche Umstände vor. Deren Würdigung erfolgt ausschliesslich unter dem Blickwinkel des Kindeswohls. Häufig liegt die Adoption eines verwandten Kindes nicht in dessen Interesse (135 III 84 E. 3.3).

4. Zustimmung der Eltern

54   Vorausgesetzt ist schliesslich die *Zustimmung der Personen, die bis anhin im Sinn des
Gesetzes Vater und Mutter sind (d.h. vornehmlich, aber nicht nur der leiblichen Eltern).
Zur Adoption bedarf es der Zustimmung von Vater und Mutter (265a¹).[106] Dieses Recht

---

102   HEGNAUER, BeKomm, Art. 264a N 13. Kritisch BREITSCHMID, BaKomm, Art. 264a N 4.

103   Damit entfällt die frühere Privilegierung der Stiefkindadoption, welche bereits nach zweijäh-
      riger Ehedauer oder bei alternativem Erreichen des 35. Altersjahres des Adoptierenden mög-
      lich war: Botsch. Ehescheidung, BBl 1996 I 1 ff., 155 ff. (Ziff. 243).

104   Botsch. a.a.O. 157; BREITSCHMID, BaKomm, Art. 264a N 7; HAUSHEER/GEISER/AEBI-MÜL-
      LER, Familienrecht, Nr. 16.82.

105   Siehe auch die Ausführungen zu diesem Entscheid in ZöF 85 (1988), 153 ff. Adoption eines
      Kindes unter Verwandten: BGer 5P.148/2005.

106   Zur Zustimmung bei der Stiefelternadoption, wo die Ehegattin, deren Kind vom anderen adop-
      tiert werden soll, sowohl die eigene Zustimmung als auch (als gesetzliche Vertreterin) jene des
      Kindes erteilen muss: BIDERBOST, Das Absehen von der elterlichen Zustimmung bei Adop-
      tion (Art. 265c ZGB), in AJP 7 (1998), 1165 ff., 1166, mit Hinweis auf HEGNAUER, Grundriss,
      Nr. 11.19; BREITSCHMID, BaKomm, Art. 265a N 5; BIDERBOST, HandKomm, Art. 265a–d N 2.
      Zur Zustimmung und zu deren Absehen im Ganzen s. SCHNYDER, Zustimmung a.a.O. 51 ff.

steht den Eltern um ihrer Persönlichkeit willen zu und besteht demnach unabhängig von der elterlichen Sorge (104 II 66; 137 III 3 f. E. 3.2)[107]. Dem Schutz vor übereilter Zustimmung dient Art. 265b: Danach darf die Zustimmung nicht vor Ablauf von sechs Wochen seit der Geburt des Kindes erteilt (Abs. 1) und kann sechs Wochen seit ihrer Entgegennahme frei widerrufen werden (Abs. 2); die nach einem Widerruf erneuerte Zustimmung kann ihrerseits nicht widerrufen werden (Abs. 3). Die Zustimmung erfolgt entweder für eine bestimmte Adoption oder aber für nicht genannte (Inkognitoadoption) oder nicht einmal bestimmte (Blankoadoption) Adoptiveltern (265a[3]).

Keiner Zustimmung bedarf es, wenn der in Frage kommende Elternteil unbekannt (gegen diese Sachverhaltsfeststellung in einem letztinstanzlichen kantonalen Entscheid ist die Beschwerde in Zivilsachen wegen Verletzung von Bundesrecht (Art. 9 BV) gegeben (72[2] lit. b BGG[108], dazu 137 I 156 E. 3.3.1)[109], mit unbekanntem Aufenthalt länger abwesend oder dauernd urteilsunfähig ist (265c Ziff. 1).[110] Darüber hinaus kann von der Zustimmung abgesehen werden, wenn sich der betreffende Elternteil nicht ernstlich um das Kind gekümmert hat (265c Ziff. 2).[111] Das Kindeswohl geht in diesem Fall dem Elternrecht vor. Bei der Auslegung dieser Bestimmung ist das BGer von seiner (in 107 II 18 ff. niedergelegten) ursprünglichen Ansicht abgewichen und (über 108 II 523 ff.; 109 II 382 ff.; 111 II 321 ff. und 113 II 381 ff., s. die Übersicht in 118

55

---

107 Das Zustimmungsrecht ist eine Wirkung des Kindesverhältnisses: HEGNAUER, Grundriss, Nr. 11.18. Zu den Rechtsmitteln bei Streitigkeiten über die Urteilsfähigkeit eines Elternteils bei dieser Zustimmung s. BGE 117 II 109. Die Freigabeerklärung hat bedingungslos zu erfolgen. Wird die Zustimmungserklärung nur unter dem Vorbehalt eines Besuchsrechts gegeben, so leidet sie unter einem sachlichen Mangel und ist ungültig; Urteil Obergericht LU, in FamPra.ch 6 (2005), 390.

108 Nach dieser Bestimmung unterliegen auch öffentlich-rechtliche Entscheide mit unmittelbarem Zusammenhang zum Zivilrecht der Beschwerde in Zivilsachen. Nach TARKAN GÖKSU, Die Beschwerden ans Bundesgericht (Zürich/St. Gallen 2007), N 22, ist ein hinreichender Sachzusammenhang gegeben, wenn die Materie im formellen Privatrecht eingeordnet wurde. «Ein Verfahren gilt nach der Praxis als Zivilsache, wenn es auf endgültige, dauernde Regelung zivilrechtlicher Verhältnisse durch behördlichen Entscheid abzielt.» KLETT/ESCHER, BaKomm BGG, Art. 72 BGG N 4, s. auch N 8. Daher fallen sämtliche Streitfragen im Bereich des Adoptionsrechts unter diese Bestimmung: GÖKSU a.a.O. N 27.

109 Im Fall, der BGE 113 Ia 271 zu Grunde lag, war der Vater tatsächlich bekannt. Das rechtliche Kindesverhältnis war aber noch nicht hergestellt. Die Vormundschaftsbehörde hätte im vorliegenden Fall «Kontakt zum Vater suchen und ihn darüber aufklären sollen, dass eine Zustimmung zur Adoption erst nach der Herstellung des Kindesverhältnisses zwischen ihm und dem Kind einzuholen ist» (BGE a.a.O.). Dazu s. auch BIDERBOST, AJP a.a.O. 1167; ferner HAUSHEER/GEISER/AEBI-MÜLLER, Familienrecht, Nr. 16.98; BREITSCHMID, BaKomm, Art. 265a N 5.

110 Zum Ganzen HEGNAUER, BeKomm, Art. 265c N 6 ff.; BREITSCHMID, BaKomm, Art. 265c N 2 ff.; BIDERBOST, AJP a.a.O. 1168 f.; DERS., HandKomm, Art. 265a-d N 9 f.; MEIER/STETTLER, Filiation, Nr. 300 f.; HAUSHEER/GEISER/AEBI-MÜLLER, Familienrecht, Nr. 16.98.

111 Zum Ganzen HEGNAUER, BeKomm, Art. 265c N 21 ff.; BREITSCHMID, BaKomm, Art. 265c N 9 ff.; BIDERBOST, AJP a.a.O. 1169 ff.; DERS., HandKomm, Art. 265a-d N 11 ff.; MEIER/STETTLER, Filiation, Nr. 302 ff.; HAUSHEER/GEISER/AEBI-MÜLLER, Familienrecht, Nr. 16.98 ff.

II 25 E. 3d und in BGer 5C.251/2001 E. 2a) zu einem anderen Ergebnis gekommen.[112] Während in der früheren «objektivierten» Rechtsprechung das *Resultat* des elterlichen Kümmerns oder Nichtkümmerns (die lebendige Beziehung zwischen Kind und Elternteil) allein entscheidend war, hat das BGer später vermehrt auf das *Verhalten der Eltern* abgestellt: Ist eine lebendige Beziehung zustande gekommen, ist zu unterstellen, dass dies das Resultat ernstlichen Sich-Kümmerns ist. Fehlt es aber an einer solchen Beziehung, kann daraus nicht automatisch gefolgert werden, dass sich ein Elternteil nicht ernstlich um das Kind gekümmert hat. Denn die Verkettung unglücklicher äusserer und somit durch den Willen des betroffenen Elternteils nicht beeinflussbarer Umstände kann dazu führen, dass selbst ein unablässiges Bemühen eines Elternteils um sein Kind erfolglos bleibt (109 II 386 E. 1; 113 II 383; 118 II 25 E. 3d [betreffend Besuchsrecht gegenüber dem elfjährigen Kind, das den Elternteil noch nie gesehen und auch keine Briefe erhalten hatte; 274²]; BGer 5C.251/2001 E. 2 [fehlende Mutter-Kind-Beziehung nicht der Mutter anzulasten; trotzdem überwiegendes Interesse des urteilsfähigen 14-jährigen Mädchens an der Adoption, wenn es bei Vater und Stiefmutter aufgewachsen ist und keine lebendige Beziehung zur Mutter hat]; BGer 5C.165/2003 E. 2 [kein Absehen von der Zustimmung des Vaters, der nach Anerkennung des Kindes kein behördliches Besuchsrecht erhalten hatte und aus diesem Grund keine Beziehung zum mittlerweile sechsjährigen Kind aufbauen konnte].). Ein Elternteil kümmert sich nicht um sein Kind, wenn er an seinem Ergehen keinen Anteil nimmt, die Sorge für das Kind dauernd anderen überlässt und nichts unternimmt, um eine lebendige Beziehung zum Kind aufzunehmen oder zu unterhalten (113 II 384 oben, E. 2). Dabei kommt es «nicht darauf an, ob ... das Verhalten des ... Elternteils schuldhaft sei oder nicht» (BGE a.a.O.).[113] Die Konkretisierung von Art. 2 Abs. 2 durch 265c Ziff. 2 schliesst die Anrufung weiterer Rechtsmissbrauchsfälle nicht aus.[114] Während bei urteilsunfähigen Kindern Art. 265c Ziff. 2 im Sinn der erwähnten Rechtsprechung restriktiv auszulegen ist, wird bei urteilsfähigen Kindern dem Schutz ihrer Persönlichkeit grundsätzlich Vorrang vor dem Schutz der Persönlichkeit des die Zustimmung ablehnenden Elternteils gewährt. Daher kann bei klar geäussertem Adoptionswunsch des urteilsfähigen Kindes und schlechter Beziehung zur leiblichen Mutter trotz deren

---

112   Zur kantonalen Rechtsprechung s. die bei BIDERBOST, AJP a.a.O. 1171, erwähnten Entscheide in LGVE 1983 III, 295 f.; 1984 III, 289 ff.; RJN 1991, 39.

113   Kritisch gegenüber dieser Ansicht HEGNAUER, BeKomm, Art. 265c N 23a, 24, 25 und DERS., Grundriss, Nr. 11.24. Zum Ganzen STETTLER, SPR III/2, 123 ff. und SCHNYDER, Die privatrechtliche Rechtsprechung des Bundesgerichts im Jahre 1987, in ZBJV 125 (1989), 65 ff, 78 ff. – Die Tatsache, dass ein HIV-positiver Mann im Bewusstsein um seine Krankheit durch ungeschützten Geschlechtsverkehr die Mutter und das gezeugte Kind angesteckt hat, begründet für sich allein nicht den Verzicht auf die Zustimmung zur Adoption. Kann sich der Vater aber aus gesundheitlichen Gründen offenkundig kaum ernstlich um das Kind kümmern, liegt darin unter Umständen ein Grund für den Verzicht: HEGNAUER, Verweigerung und Absehen von der Zustimmung zur Adoption, Art. 265a, Art. 265c Ziff. 2 ZGB, in ZVW 54 (1999), 116 ff.

114   BIDERBOST, HandKomm, Art. 265a–d N 14. Siehe die bei BIDERBOST, AJP a.a.O. 1171, erwähnten Fälle und auch SCHNYDER, Zustimmung a.a.O. 65 f.

ernsthaftem Bemühen von deren Zustimmung abgesehen werden (BGer 5C.4/2001[115]; s. dazu 5A_488/2010 E. 4.2).[116]

b. Die Voraussetzungen bei der Volljährigenadoption

Eine Sonderregelung besteht für die *Volljährigenadoption*. Der Gesetzgeber war ihr im Gegensatz zum früheren Recht nicht hold gesinnt. Sie ist de lege lata nur möglich, wenn die adoptierende Person keine Nachkommen hat (266[1]).[117] Das gilt ohne Ausnahmen, mithin auch für die Adoption des volljährigen Kindes des Ehegatten (106 II 281; 137 III 1). Im Übrigen kann sie nur bei Vorliegen wichtiger Gründe ausgesprochen werden (266[1] Ziff. 3). Das Gesetz umschreibt zwei wichtige Gründe näher (Ziff. 1 und 2: zu letzterer strikt 106 II 7) und gibt damit einen Richtwert. Ferner gestattet es auch in den anderen Fällen (Ziff. 3) die Adoption nur nach fünfjähriger Hausgemeinschaft zwischen den Beteiligten (gemeinsame Essen und gegenseitige intensive Besuche bei getrennten Haushalten genügen nicht: 101 II 5 E. 3; 101 II 9 E. 2[118], 106 II 8 f E. 2b; BGer 5C.296/2006 E. 3). Eine enge persönliche Beziehung oder wirtschaftliche Gründe stellen keinen wichtigen Grund nach Art. 266 Abs. 1 Ziff. 3 dar (BGer 5A_803/2008 E. 5.1 ff.). Eine verheiratete Person kann nur mit Zustimmung ihres Ehegatten adoptiert werden (266[2]). Im Übrigen finden die Bestimmungen über die Minderjährigenadoption «entsprechende» – nicht unbedingt «mildere» – Anwendung (266[3]). Für den Altersunterschied jedenfalls hat das BGer strikt an der Regel für Minderjährige (16 Jahre) festgehalten (102 II 79). Die Zustimmung der Eltern ist hingegen nicht erforderlich bei der Erwachsenenadoption, denn wird ein Kind volljährig, kommt seine Persönlichkeit und insbesondere sein Selbstbestimmungsrecht voll zur Entfaltung und überwiegt sein Interesse an der Adoption durch einen Dritten das gegenteilige Interesse seiner Eltern am Fortbestand des Kindesverhältnisses. Die Zustimmung der leiblichen Eltern ist auch dann nicht nötig, wenn das Kind nach Einreichung des Adoptionsgesuchs volljährig wird (BGE 137 III 2 ff. E. 3 f., 6 E. 4.4).

56

---

115 Publiziert in ZZW 69 (2001), 295 ff.

116 S. dazu Breitschmid, BaKomm, Art. 265a N 12. Viel restriktiver (zu Gunsten der Eltern): Weimar, Die Zustimmung der Eltern zur Adoption, in ZVW 56 (2001), 124 ff. Vgl. auch Biderbost, HandKomm, Art. 165 a–d N 13; Küffer, Die Erwachsenenadoption: von der Mutter der Adoption zur Schwiegermutter, in FamPra.ch 5 (2004), 27 ff. Eine Verletzung des Privat- und Familienlebens im Rahmen von Art. 8 EMRK liegt dann vor, wenn die Behörden ihren Entscheid, welcher die Verweigerung der Zustimmung zur Adoption des Kindes durch den Vater beinhaltet, auf das angebliche Desinteresse des Vaters gegenüber seinem Kind stützen, der Grund für die späte Begründung des Kindesverhältnisses aber in der Trägheit und Nachlässigkeit der Behörden liegt: Urteil des EGMR vom 10. April 2012 i.S. K.A.B. gegen Spanien (59819/08).

117 Zum Fall zweier Adoptionen, die wegen unterschiedlicher Zuständigkeit gestaffelt behandelt werden, so dass bei der Behandlung der Volljährigenadoption bereits Nachkommen (nämlich auf Grund der kurz vorher ausgesprochenen ersten Adoption) bestehen, s. Entscheid des Verwaltungsgerichts Basel-Stadt, in ZVW 68 (2000), 45 f., E. 2b. Die Volljährigenadoption darf auch nicht Ersatz für das fehlende Eherecht gleichgeschlechtlicher Partner sein; Regierungsstatthalteramt Amt Luzern, in FamPra.ch 6 (2005), 153 ff.

118 Kritik an diesem Entscheid wegen allzu strenger Auslegung bei Merz, in ZBJV 113 (1977), 145.

c. Die Wirkungen

57 Die Adoption ist eine *Volladoption*. Das adoptierte Kind erhält die Rechtsstellung eines Kindes der Adoptiveltern (267[1]) und tritt in die Verwandtschaft der Adoptierenden ein, wie wenn es als Kind der Adoptiveltern geboren wäre.[119] Dies gilt insbesondere auch für das Erbrecht und das Bürgerrecht (für Letzteres nur bei der Minderjährigenadoption: 267a). Die Wirkungen treten mit dem Zeitpunkt der Rechtskraft der Adoption ein.[120] Das Adoptivkind erhält somit insbesondere Name und Bürgerrecht der Adoptiveltern (270, 271). Will das Adoptivkind seinen bisherigen Familiennamen beibehalten, bedarf es einer Namensänderung gemäss Art. 30 Abs. 1. Weil zum einen die Funktion des Familiennamens zur Kennzeichnung der Familienzugehörigkeit an Bedeutung verloren und zum anderen die Rechtsprechung zur kindesrechtlichen Namensänderung (137 III 101 E. 3.4; 126 III 3 E. 3a; 119 II 308 E. 2) den Grundsatz der Namenseinheit relativiert hat, bejaht das Bundesgericht einen wichtigen Grund bereits beim Wunsch, nach der Adoption den bisherigen Namen behalten zu dürfen. In diesem Wunsch äussert sich die persönlichkeitsrechtliche Relevanz des Namens (137 III 100 ff. E. 3.4; strenger noch 105 II 65 und 108 II 1).[121] Die Adoptiveltern können dem Adoptivkind bei der Adoption einen neuen Vornamen geben (267[3]). Dies gilt naturgemäss bei der Volljährigenadoption nicht,[122] da dieses Recht Ausfluss der elterlichen Sorge ist und nur über Minderjährige besteht (296[1]). Die Rechtsbeziehungen zu den bisherigen Eltern und deren Verwandten (Namen, Erbrecht, Bürgerrecht, Unterhaltspflicht, Unterstützungspflicht, elterliche Sorge) erlöschen.[123] Vorbehalten bleiben zwei Fälle: Das Ehehindernis der Verwandtschaft zwischen dem Adoptivkind und seinen Nachkommen einerseits und seiner angestammten Familie andererseits bleibt bestehen (95[2]). Ferner hebt die Stiefkindadoption natürlich das bestehende Kindesverhältnis zur Ehegattin des Stiefvaters oder zum Ehegatten der Stiefmutter nicht auf (267[2] zweiter Teilsatz).[124]

---

119 So bei HEGNAUER, Grundriss, Nr. 12.02. S. auch BREITSCHMID, BaKomm, Art. 267 N 1 ff.; MEIER/STETTLER, Filiation, Nr. 359 ff.; HAUSHEER/GEISER/AEBI-MÜLLER, Familienrecht, Nr. 16.105; BIDERBOST, HandKomm, Art. 267–267a N 1; BÜCHLER/VETTERLI, Ehe, 208; s. dazu BGer 5A.35/2004.

120 BIDERBOST, HandKomm, Art. 267–267a N 3; BREITSCHMID, BaKomm, Art. 267 N 3; HEGNAUER, BeKomm, Art. 267 N 22; unter Vorbehalt gewisser u. a. erbrechtlicher Vorwirkungen beim Tod der Adoptiveltern oder der leiblichen Eltern im Adoptionsverfahren: DERS. a.a.O. N 23. In diesem Sinn 101 Ib 113 (in casu für das Bürgerrecht).

121 BGer 5A.34/2004, Familienname des Adoptivkindes; 5C.175/2006, keine Änderung zum Familiennamen des biologischen Vaters acht Jahre nach der Adoption.

122 A. M. BIDERBOST, HandKomm, Art. 266 N 8.

123 BIDERBOST, HandKomm, Art. 267–267a N 2; BREITSCHMID, BaKomm, Art. 267 N 6; HAUSHEER/GEISER/AEBI-MÜLLER, Familienrecht, Nr. 16.106; MEIER/STETTLER, Filiation, Nr. 359. Gemäss HEGNAUER, BeKomm, Art. 267 N 74, kommt dem Adoptivkind auch im Bereich des öffentlichen Rechts des Bundes und der Kantone die Stellung eines ehelichen Kindes zu. Siehe BGer 5A.35/2004 (Überlassung eigenes Kind an Bruder); BGE 129 III 656; Urteil des EGMR vom 13. Dezember 2007 i.S. Emonet et al. gegen die Schweiz (3905/03).

124 Zu den Voraussetzungen, unter denen eine ausländische Adoption in der Schweiz anerkannt und eingetragen wird: 113 II 106, 117 II 340 und 120 II 87; BGer 5P.148/2005; 5A.20/2005. S. dazu auch MEIER/STETTLER, Filiation, Nr. 362 ff.; BREITSCHMID, BaKomm, Art. 267a N 4 ff.

d. Das Verfahren

Die Adoption ist das Ergebnis eines *staatlichen Hoheitsaktes,* der allerdings auf Antrag   58
und mit Zustimmung der Beteiligten erfolgt. Lange bevor es zum Entscheid über
die Adoption kommt, wird regelmässig die *Adoptionsvermittlung* tätig. Der einschlägige Art. 269c ist mit BG zum Haager Adoptionsübereinkommen (BG-HAÜ) geändert worden[125] und am 1. Januar 2003 in Kraft getreten: Danach obliegt die Aufsicht
über die Vermittlung nicht mehr den Kantonen, sondern dem Bund (269c[1]). Nach
wie vor bleibt die berufsmässige Vermittlung (von der Tätigkeit kindesschutzrechtli-
cher Organe abgesehen) bewilligungspflichtig (269c[2]).[126] Der Bundesrat hat gestützt
auf Art. 269c Abs. 3 eine Verordnung über die Adoption vom 29. Juni 2011 erlassen,
in Kraft seit dem 1. Januar 2012 (AdoV, SR 211.221.36), die sich vornehmlich mit der
bewilligungspflichtigen Vermittlung beschäftigt.

Die Adoptionsvermittlerin darf das Kind erst dann bei den *Pflegeeltern* unterbrin-   59
gen, wenn diese ihrerseits eine *Bewilligung* nach der Adoptionsverordnung besitzen
(7 AdoV).[127] Die Kindesschutzbehörden haben, wie soeben erwähnt, das Recht zur
Adoptionsvermittlung (269c[2]); darüber hinaus haben sie auch die Aufgabe, sorgfältig
zu prüfen, ob sich eine Freigabe des Kindes zur Unterbringung bei Adoptiveltern aufdrängt.[128]

Regelmässig wird die *Zustimmung der Eltern zu einer zukünftigen Adoption* bereits in   60
dieser ersten Phase, der Auswahlphase,[129] eingeholt. Diese Zustimmung kann mündlich oder schriftlich erklärt werden und ist im Protokoll vorzumerken (265a[2]). Zuständig zur Entgegennahme ist wahlweise die Kindesschutzbehörde am Wohnsitz oder
Aufenthaltsort der Eltern oder des Kindes (265a[2]). Unter Umständen fällt in diese
Phase auch schon der Entscheid über das Absehen von der Zustimmung: Wird näm-

---

125 BBl 2001, 2908 ff. Dieses BG setzt das Haager Übereinkommen vom 29. Mai 1993 über den
      Schutz von Kindern und die Zusammenarbeit auf dem Gebiet der internationalen Adoption um,
      welches mit Bundesbeschluss vom 22. Juni 2001 genehmigt worden ist (BBl 2001, 2941; SR 0.211).

126 Dazu s. HAUSHEER/GEISER/AEBI-MÜLLER, Familienrecht, Nr. 16.113; REUSSER, Neuerun-
      gen im Adoptionsrecht, in ZVW 56 (2001), 133 ff., 142. BOÉCHAT, Die Adoptionsvermittlung:
      erste Erfahrungen der Aufsichtsbehörde des Bundes, in FamPra.ch 5 (2004), 553 ff.; CHER-
      VAZ DRAMÉ, Die Einführung des HAÜ aus der Sicht einer zentralen Behörde eines Kantons,
      in FamPra.ch 5 (2004), 534 ff.

127 Gemäss dem vorn in Anm. 75 erwähnten Kreisschreiben (Ziff. 23) sind für die vorgängige Unter-
      suchung zwei Vorgehensweisen möglich (die Vermittlerin führt selbst die «enquête sociale»
      durch oder die Pflegekinderaufsichtsbehörde veranlasst sie). HEGNAUER, Haben Adoptivpfle-
      geeltern für die Kosten einer Übergangsplatzierung aufzukommen?, in ZVW 59 (2004), 61 ff.

128 Für Heimkinder s. HEGNAUER, Fragen aus dem neuen Adoptionsrecht, in SJZ 72 (1976),
      201 ff., 207.

129 EICHENBERGER a.a.O. unterscheidet auf S. 126 f. zwischen der Auswahlphase, dem Pflegever-
      hältnis als Einspielphase und der Untersuchungsphase. – Für die Einholung der Zustimmung
      der Eltern wie für das ganze Adoptionsverfahren sei auf die hilfreiche Mustersammlung zum
      Adoptions- und Kindesrecht, BERNHARD AMREIN/ALBERT GULER/CHRISTOPH HÄFELI, in
      erster Fassung bearbeitet von CYRIL HEGNAUER, hrsg. von der Konferenz der kantonalen Vor-
      mundschaftsdirektoren (4. A. Zürich 2005), 138 ff., hingewiesen.

lich das Kind zum Zweck späterer Adoption untergebracht und fehlt die Zustimmung eines Elternteils, so entscheidet gemäss Art. 265d Abs. 1 die Kindesschutzbehörde am Wohnsitz des Kindes auf Gesuch einer Vermittlungsstelle oder der Adoptiveltern regelmässig vor Beginn der Unterbringung über das Absehen von der Zustimmung. Die Kindesschutzbehörde bleibt zuständig bis zur Einreichung des Adoptionsgesuchs.[130] Wird von der Zustimmung abgesehen, weil sich der Elternteil nicht ernstlich um das Kind gekümmert hat, so ist ihm dies bereits jetzt schriftlich (hierzu 109 Ia 15) mitzuteilen (265d³). Er kann sich dagegen mit allfälligen kantonalen Rechtsmitteln und insbesondere mit der Beschwerde in Zivilsachen an das Bundesgericht (72 BGG) zur Wehr setzen.[131]

61   Das Verfahren wird eingeleitet durch das *Gesuch der Adoptiveltern,* das erst an die Hand genommen werden darf, wenn die genau umschriebenen zeitlichen Voraussetzungen (Mindestdauer von Pflege und Erziehung, Mindestdauer der Ehe, Mindestalter) erfüllt sind.[132] Die Absätze 2 und 3 des Artikels 268 sehen zwei wichtige Fälle vor, welche eine Adoption ermöglichen, obwohl nach der Einreichung des Gesuchs an sich notwendige Voraussetzungen wegfallen: den Fall des Todes[133] oder der nachträglichen Urteilsunfähigkeit der Adoptiveltern (268²) wie den Fall der inzwischen eingetretenen Volljährigkeit des Adoptivkindes (268³).

62   Eine Adoption zum Wohl des Kindes erfordert eine umfassende *Untersuchung* der Situation des Kindes, der Eltern sowie der Adoptiveltern. Mit den Anforderungen an diese Untersuchung befasst sich Art. 268a. Es handelt sich nicht um Formvorschriften (101 II 5). Im Einzelnen: Nötigenfalls sind Sachverständige beizuziehen (268a¹) und ist die Einstellung allfälliger Nachkommen der Adoptiveltern zu würdigen (268a³). Im Übrigen umschreibt Art. 268a Abs. 2, was bei der sogenannten «enquête sociale» namentlich abzuklären sei (Persönlichkeit, Gesundheit, Beweggründe, Familienverhältnisse u.a.m., s. dazu BGer 5A_760/2008)[134]. Dieser Absatz ergänzt sinn-

---

130   BREITSCHMID, BaKomm, Art. 265d N 7; HEGNAUER, BeKomm, Art. 265d N 11; SCHNYDER, Zustimmung a.a.O. 70 f. (s. auch 108 II 388 f.). Zur Berücksichtigung neuer Tatsachen beim Entscheid nach Unterbringung vgl. 108 II 386 und die Kritik von HEGNAUER, BeKomm, Art. 265d N 19a; DERS., Grundriss, Nr. 11.25, ferner SCHNYDER, in ZBJV 120 (1984), 129 ff.

131   S. dazu die Hinweise in Anm. 103. Zur Streitfrage der Legitimation der Adoptiveltern für Rechtsmittel an das BGer s. 111 II 320 f. und hierzu SCHNYDER, in ZBJV 123 (1987), 107 f. sowie HEGNAUER, Grundriss, Nr. 11.26 und dort Zitierte.

132   HAUSHEER/GEISER/AEBI-MÜLLER, Familienrecht, Nr. 16.115; HEGNAUER, BeKomm, Art. 268 N 18; BREITSCHMID, BaKomm, Art. 268 N 11. Einzelne Verfahrensschritte in Checklisten und Musterformularen: AMREIN/GULER/HÄFELI a.a.O.; CHRISTOPH HÄFELI, Wegleitung für vormundschaftliche Organe (Zürich 2005).

133   Siehe in diesem Zusammenhang HEGNAUER, Zur posthumen Adoption, in ZVW 32 (1977), 102 ff.

134   Einen wichtigen Aspekt bildet die Einstellung des Kindes zur Adoption. Ein Kind, das zwar noch nicht gemäss Art. 265 Abs. 2 urteilsfähig ist, aber den Wesenskern der Adoption erfassen kann, muss daher grundsätzlich über seine Abstammung aufgeklärt werden, bevor die Adoption ausgesprochen wird; die Untersuchung gemäss Art. 268a mag ausnahmsweise ergeben, dass aus schwerwiegenden Gründen eine solche Aufklärung unterlassen werden kann (107 II 25).

voll Art. 264, indem er aufzeigt, was alles für das «Wohl des Kindes» ausschlaggebend sein kann. Abgesehen von der «Entwicklung des Pflegeverhältnisses» sind all diese Punkte bereits in der Auswahlphase bei der Eignungsprüfung ein erstes Mal abzuklären (5 AdoV). Es liegt in der Natur der Sache, dass bei der Auswahl bereits ein auch rechtlich bedeutsamer Vorentscheid fällt.

Zuständig für den Adoptionsentscheid ist eine kantonale Behörde am Wohnsitz der 63
Adoptiveltern (268¹). Das kantonale Recht, welches diese Behörde zu bezeichnen hat, unterscheidet häufig zwischen der Zuständigkeit für die Entgegennahme des Gesuchs und der Zuständigkeit für die Aussprechung der Adoption.[135] Der *Entscheid* lautet auf Gutheissung oder Ablehnung des Gesuchs. Gegen einen Entscheid, der die Adoption verweigert (unter Einschluss des Entscheids, dass von der Zustimmung der leiblichen Eltern *nicht* abgesehen wird: 111 II 320), steht den Adoptiveltern nach allfälligen kantonalen Rechtsmitteln die *Beschwerde in Zivilsachen* ans Bundesgericht offen (72² lit. b BGG).[136] Die Ablehnung des Gesuchs schliesst ein späteres, sich auf neue Tatsachen stützendes Begehren nicht aus.[137] Wird der Entscheid über das Absehen von der Zustimmung der Eltern (265d³) erst durch die Behörde gefällt, welche über die Adoption entscheidet, so ist dies dem betreffenden Elternteil nunmehr schriftlich mitzuteilen;[138] das Absehen von der Zustimmung kann gegen den letztinstanzlichen kantonalen Entscheid vor Bundesgericht mit Beschwerde in Zivilsachen gerügt werden (72² lit. b BGG).

Rechtsmittel: Aufgrund der Zuständigkeit des Bundesamtes für Justiz zur Erteilung von 64
Bewilligungen zur Adoptionsvermittlung (Art. 2 AdoV) ist gegen die entsprechende Verfügung die *Beschwerde* an das Bundesverwaltungsgericht gegeben (33 lit. d VGG).

e. Das Adoptionsgeheimnis

Keine reine Verfahrensvorschrift ist Art. 268b, der unter dem Randtitel «*Adoptionsge-* 65
heimnis» festhält, dass die Adoptiveltern ohne ihre Zustimmung den Eltern des Kindes nicht bekannt gegeben werden dürfen. Die leiblichen Eltern haben jedoch Anspruch darauf, zu wissen, ob und wann ihr Kind adoptiert wurde.[139] Diese Geheimnispflicht spielt natürlich nicht in allen Fällen (etwa nicht bei der Verwandtenadoption oder wenn die leiblichen Eltern ihre Zustimmung nur zu einer Adoption mit bekannten Pflegeeltern gegeben haben). Die Verletzung der Geheimnispflicht kann strafrechtliche (320 f. StGB) oder zivilrechtliche (28 ZGB, 49 OR) Sanktionen zur Folge haben.

---

135 Siehe die Liste bei HEGNAUER, BeKomm, Art. 268 N 7, und in der vorn in Anm. 124 erwähnten Mustersammlung, 68. Ferner BIDERBOST, HandKomm, Art. 268 N 5 f.; BREITSCHMID, BaKomm, Art. 268 N 3 f.

136 S. dazu die Hinweise in Anm. 109.

137 HEGNAUER, BeKomm, Art. 268 N 61.

138 Zur Rechtslage für den Fall, dass ihm der Entscheid nicht mitgeteilt wurde, s. 112 II 296.

139 Entscheid des Bezirksrats Uster, in ZVW 32 (1977), 71 f. S. dazu auch BIDERBOST, HandKomm, Art. 268b N 3; BREITSCHMID, BaKomm, Art. 268b/c N 7; HAUSHEER/GEISER/AEBI-MÜLLER, Familienrecht, Nr. 16.124.

66 Unter dem Einfluss von Art. 7 Abs. 1[140] des *Übereinkommens über die Rechte des Kindes* vom 20. November 1989 (s. vorn § 36) hat das Recht auf Kenntnis der eigenen Abstammung für Kinder, die mittels medizinisch unterstützter Fortpflanzung gezeugt wurden, Eingang in Art. 119 Abs. 2 lit. g BV und Art. 27 Fortpflanzungsmedizingesetz gefunden. Art. 7 KRK ist im innerstaatlichen Recht direkt anwendbar und kann vor Gericht angerufen werden[141] (so 125 I 262 E. 3c/bb). Die Bestimmung begründet einen generellen Anspruch auf Kenntnis der eigenen Abstammung (restriktiver noch 115 Ia 255 E. 6d; 125 I 262 E. 4; s. auch 112 Ia 97 ff.[142]). Gestützt darauf hat die Rechtsprechung das Recht des Adoptionskindes auf Kenntnis seiner leiblichen Eltern bejaht (128 I 76 ff. E. 4.4 und 5; 134 III 243 f. E. 5.2.2; 137 I 158 ff. E. 3.4).[143] Dieses Recht ist (der Klarheit halber[144]) unter dem Randtitel «Auskunft über die Personalien der leiblichen Eltern» in Art. 268c ausdrücklich gesetzlich geregelt worden. Die Bestimmung ist durch das BG zum Haager Adoptionsübereinkommen eingeführt und – wie dieses – am 1. Januar 2003 in Kraft getreten. Sie setzt Art. 30 HAÜ[145] um, welcher eine mit Art. 7 Abs. 1 KRK vergleichbare Regelung enthält. Gemäss Art. 46 Abs. 3 ZStV hat das Adoptivkind denn auch Anspruch auf Auskunft über die Personalien seiner leiblichen Eltern, obwohl deren Bekanntgabe grundsätzlich gesperrt ist (s. auch 8 DSG).[146]

---

140 «[1]Das Kind ist unverzüglich nach seiner Geburt in ein Register einzutragen und hat das Recht auf einen Namen von Geburt an, das Recht, eine Staatsangehörigkeit zu erwerben, und soweit möglich das Recht, seine Eltern zu kennen und von ihnen betreut zu werden.»

141 So auch SCHWENZER, AJP a.a.O. 824; MEIER/STETTLER, Filiation, Nr. 379; WOLF, Die UNO-Konvention über die Rechte des Kindes und ihre Umsetzung in das schweizerische Kindesrecht, in ZBJV 134 (1998), 113 ff., 131; mit Bezug auf Art. 7 KRK kritisch REUSSER/SCHWEIZER, Das Recht auf Kenntnis der Abstammung aus völker- und landesrechtlicher Sicht, in ZBJV 136 (2000), 605 ff., 610; BESSON, Das Grundrecht auf Kenntnis der eigenen Abstammung, in ZSR NF 124 (2005), I 39 ff.; VIVIANE PREMAND, Le droit de l'enfant à l'accès aux données relatives à ses parents biologiques dans les cas d'adoption et de don de sperme, in Mélanie Bord/Viviane Premand/Suzette Sandoz/Denis Piotet (Hrsg.), Le droit à la connaissance de ses origines (Genf/Zürich/Basel 2006), Recherches juridiques lausannois 26, 1 ff.

142 Teilweise kritisch COTTIER, Kein Recht auf Kenntnis des eigenen Vaters?, in recht 14 (1986), 135 ff.; DERS., Die Suche nach der eigenen Herkunft: Verfassungsrechtliche Aspekte, Beihefte zur ZSR, Heft 6 (Basel 1987), 27 ff.

143 HEGNAUER, Grundriss, Nr. 13.11; DERS., Dürfen dem mündigen Adoptierten die leiblichen Eltern gegen den Willen der Adoptiveltern bekanntgegeben werden?, in ZVW 46 (1991), 101 ff.; MEIER/STETTLER, Filiation, Nr. 404 ff.; HAUSHEER/GEISER/AEBI-MÜLLER, Familienrecht, Nr. 16.125; SCHWENZER, AJP a.a.O. 805; WOLF a.a.O. 135; s. die Übersicht bei REUSSER/SCHWEIZER a.a.O. 605 ff.; REUSSER a.a.O. 133 ff.

144 So REUSSER a.a.O. 135.

145 «[1]Die zuständigen Behörden eines Vertragsstaats sorgen dafür, dass die ihnen vorliegenden Angaben über die Herkunft des Kindes, insbesondere über die Identität seiner Eltern, sowie über die Krankheitsgeschichte des Kindes und seiner Familie aufbewahrt werden. [2]Sie gewährleisten, dass das Kind oder sein Vertreter unter angemessener Anleitung Zugang zu diesen Angaben hat, soweit das Recht des betreffenden Staates dies zulässt.»

146 So namentlich von HEGNAUER, Grundriss, Nr. 13.11; DERS., Kann das Kind Auszüge über den ursprünglichen Eintrag seiner Geburt verlangen, Art. 138 ZStV?, in ZZW 56 (1988), 2 ff.; REUSSER a.a.O. 138; sehr ausführlich begründet von RENÉ LOCHER, Persönlichkeitsschutz

f. Die Anfechtung

Die starken Wirkungen der Volladoption (vorn N 57) bringen es mit sich und beste- 67
hen zum Teil auch darin, dass die Adoption grundsätzlich nicht aufhebbar ist, insbesondere auch nicht im gegenseitigen Einverständnis (137 I 155, 157 E. 3.3.2). Das Gesetz sieht immerhin *zwei Fallgruppen* vor, bei denen eine «Anfechtung» und damit allenfalls eine Aufhebung der Adoption möglich ist (s. sogleich 1. und 2.).[147] Für beide Gruppen gilt, dass die Klage binnen sechs Monaten seit Entdeckung des Anfechtungsgrundes und spätestens innert zweier Jahre seit der Adoption zu erheben ist (269b). Wenn auch das Gesetz sich darüber ausschweigt, so ist doch die Klage bei Verspätung aus wichtigen Gründen trotz Ablauf der absoluten Verjährungsfrist (in Analogie zu den Art. 256c[3], 260c[3] und 263[3]) zuzulassen (so für übergangene Zustimmungsberechtigte gemäss 112 II 298 f. E. 4; 137 I 156 ff. E. 3.3; BGer 5A_741/2008 E. 5; BGer 5A_640/2010 E. 3.2), dann aber möglichst bald einzureichen (hierzu vorn N 19).

1. Ein *Anfechtungsrecht* besteht *für Zustimmungsberechtigte,* von deren Zustimmung 68
man ohne gesetzlichen Grund abgesehen hat (269[1]) oder deren Zustimmung an einem Willensmangel i.S. von Art. 23 ff. OR leidet.[148] Immerhin kommt auch dieses Recht nur zum Zug, wenn das Wohl des Kindes durch die Aufhebung der Adoption nicht ernstlich beeinträchtigt wird (269[1] i. f.). Ferner steht jener Person das Anfechtungsrecht nicht zu, die wegen des Absehens von ihrer Zustimmung gemäss Art. 72 BGG (s. vorn N 63) hätte ans Bundesgericht gelangen können (269[2]); gemeint ist der Fall des Elternteils, der sich nicht ernstlich um das Kind gekümmert hat (265c Ziff. 2), sofern ihm der Entscheid schriftlich mitgeteilt worden ist (265d[3]).

2. Die andere Fallgruppe umschreibt das Gesetz mit dem *Vorliegen schwerwiegen-* 69
der Mängel der Adoption (269a). Solche wären etwa die wesentliche Unterschreitung des Mindestaltersunterschieds, das Fehlen eines echten Pflegeverhältnisses oder der überwiegende Zweck der erbrechtlichen Beeinträchtigung anderer Kinder (137 I

---

und Adoptionsgeheimnis (Diss. Zürich 1993), ZSPR 97, 55 ff. und 135 f.; eine Interessenabwägung fordert WERRO, Quelques aspects juridiques du secret de l'adoption, in ZVW 49 (1994), 73 ff., 79 ff.; DERS., Das Adoptionsgeheimnis – Ausgewählte Fragen, in ZZW 63 (1995), 364 ff.

147 Daneben gibt es absolut nichtige Adoptionen (z.B. – derzeit noch – gemeinschaftliche Adoption durch zwei Personen gleichen Geschlechts). Art. 28 PartG lautet: «Personen, die in einer eingetragenen Partnerschaft leben, sind weder zur Adoption noch zu fortpflanzungsmedizinischen Verfahren zugelassen.»; siehe zu homosexuellem Adoptivvater das Urteil des EGMR vom 26. Mai 2002 i.S. Fretté gegen Frankreich (36515/97), in FamPra.ch 3 (2002), 780 ff., und dazu VANWINCKELEN, Die Entscheidung Fretté und das europäische Familienrecht: Der EGMR fällt aus seiner (Vorreiter-)Rolle, in FamPra.ch 4 (2003), 574 ff.; nunmehr aber: Urteil des EGMR vom 22. Januar 2008 i.S. E. B. gegen Frankreich (43546/02); Urteil vom 26. Juni 2014 i.S. Labassée gegen Frankreich (65941/11); Urteil vom 26. Juni 2014 i.S. Menesson gegen Frankreich (65192/11). Zum Thema: EGGEN, Homosexuelle Paare mit Kindern, in FamPra.ch 8 (2007), 823 ff.; EYLEM COPUR, Gleichgeschlechtliche Partnerschaft und Kindeswohl (Diss. St. Gallen, Bern 2008), 121 ff.

148 HEGNAUER, BeKomm, Art. 269 N 21, unter Hinweis auf weitere Fälle, die wie die Willensmängel dem Fehlen der Zustimmung gleichzustellen sind. S. dazu auch BREITSCHMID, BaKomm, Art. 269 N 5 ff.; BIDERBOST, HandKomm, Art. 269–269b N 4 ff.

157 E. 3.3.2).[149] Klageberechtigt ist in diesem Fall jede Person, die ein (schutzwürdiges) Interesse hat, namentlich auch die Heimat- oder Wohnsitzgemeinde (269a[1]). Das Anfechtungsrecht besteht indessen nicht, wenn der schwerwiegende Mangel Verfahrensvorschriften betrifft (269a[2]); damit sind mehr formelle Vorschriften gemeint und nicht etwa eine mangelhafte Untersuchung.[150] Ferner fällt das Recht zur Anfechtung dahin, wenn der schwerwiegende Mangel in der Zwischenzeit behoben worden ist (sog. «Heilung»; sanatio).

70   Zum *Gerichtsstand* s. vorn § 39 N 17.

---

149   Diese Beispiele bei HEGNAUER, BeKomm, Art. 269a N 6 ff.; s. auch BREITSCHMID, BaKomm, Art. 269a N 2; MEIER/STETTLER, Filiation, Nr. 351; HAUSHEER/GEISER/AEBI-MÜLLER, Familienrecht, Nr. 16.122. Vgl. BIDERBOST, HandKomm, Art. 269–269b N 7.

150   Eine unterlassene oder mangelhafte Untersuchung könnte dann nachgeholt werden und würde allenfalls schwerwiegende Mängel zutage fördern: sinngemäss HEGNAUER, BeKomm, Art. 269a N 15.

Zweiter Abschnitt
Die Wirkungen des Kindesverhältnisses

Der achte Titel des ZGB behandelt «Die Wirkungen des Kindesverhältnisses». Das   1
Gesetz unterteilt den Stoff in fünf Abschnitte:

1. Abschnitt, Die Gemeinschaft der Eltern und Kinder (270–275a); s. § 41

2. Abschnitt, Die Unterhaltspflicht der Eltern (276–295); s. § 42

3. Abschnitt, Die elterliche Sorge (296–317); s. § 43

4. Abschnitt, Das Kindesvermögen (318–327); s. § 43

5. Abschnitt, Minderjährige unter Vormundschaft (327a-327c); s. § 44

Unter der elterlichen Sorge wird nicht nur die sogenannte Personensorge, sondern   2
auch die vom Gesetz im vierten Abschnitt geregelte Vermögenssorge behandelt, sind
doch «die elterlichen Befugnisse am Kindesvermögen ... sachlich mit der elterlichen ...
(Sorge) verknüpft»[1]. Dagegen wird dem Kindesschutz, bei dem es regelmässig um die
Beschränkung der elterlichen Sorge geht, ein besonderer § 44 gewidmet.

Das rechtliche Kindesverhältnis (die grundlegende rechtliche Zuordnung eines Kin-   3
des zu einem Vater, zu einer Mutter, die Vaterschaft oder Mutterschaft im Rechtssinn)
umfasst ein Bündel von gegenseitigen Rechten und Pflichten, die in den folgenden
Paragrafen im Einzelnen dargestellt werden.

§ 41   Die Gemeinschaft der Eltern und Kinder

Im Familienrecht ist mehrfach von «Gemeinschaften» die Rede: Die Trauung verbin-   4
det die Ehegatten zur «ehelichen Gemeinschaft» (159[1]); der erste Abschnitt über die
Wirkungen des Kindesverhältnisses handelt von der «Gemeinschaft der Eltern und
Kinder»; der ganze neunte Titel trägt die Überschrift «Die Familiengemeinschaft».
Diese Gemeinschaften beruhen einerseits auf emotionalen Beziehungen, andererseits
aber auch auf einer willentlichen Entscheidung der Beteiligten. Nachstehend ist von
der Gemeinschaft der Eltern und Kinder die Rede. Ausdrücklich handelt von dieser
Gemeinschaft zwar nur der erste Abschnitt des achten Titels (Art. 270–275). Doch
durchzieht dieser Gedanke einer primär vorrechtlichen («natürlichen»), aber doch
auch vom Recht geregelten Gemeinschaft alle Bestimmungen über die Wirkungen des
Kindesverhältnisses.

Unter dem Titel «Die Gemeinschaft der Eltern und Kinder» (De la communauté entre   5
les père et mère et les enfants) regelt das Gesetz nacheinander Beistand und Gemeinschaft (N 6 ff.), den Familiennamen (N 10 ff.), die Heimat bzw. das Bürgerrecht (N 27 ff.),
den persönlichen Verkehr (N 31 ff.) sowie Information und Auskunft (N 53 ff.).

---

1   Botsch. Kindesverhältnis, 89.

I.   Beistand und Gemeinschaft

6   Art. 272 enthält folgende *Grundnorm* für alle gegenseitigen Rechtsbeziehungen[2] von Eltern und Kindern: «Eltern und Kinder sind einander allen Beistand, alle Rücksicht und Achtung schuldig, die das Wohl der Gemeinschaft erfordert.» Von den zahlreichen sittlichen Pflichten unter Eltern und Kindern werden mithin diejenigen zu Beistand, Rücksicht und Achtung zu Rechtspflichten erklärt.[3]

7   Die in Art. 272 genannte Gemeinschaft ist primär die Gemeinschaft der im gemeinsamen Haushalt lebenden (verheirateten oder unverheirateten) Eltern mit ihren Kindern. Art. 272 weist aber – dem Wortlaut wie der Gesetzessystematik nach – über diese Haushaltsgemeinschaft hinaus auf Verhältnisse, in denen Eltern und Kinder nicht im gemeinsamen Haushalt leben oder in denen ein Elternteil gestorben ist; in diesen Fällen ist die «Gemeinschaft», um deren «Wohl» es geht, anders gelagert und mithin auch das «Wohl» allenfalls in anderen Rechten und Pflichten zu finden. Gemeinschaft im Sinn von Art. 272 umfasst insbesondere auch das Verhältnis der Kinder unter sich (76 II 272) sowie zwischen Grosseltern und Enkeln, nicht aber jenes zwischen den beiden Elternteilen (für verheiratete Eltern untereinander gilt der analoge 159).[4]

8   Mit den Worten *Beistand, Rücksicht und Achtung* will der Gesetzgeber zum Ausdruck bringen, dass er «die Verantwortung gegenüber dem Nächsten als Grundlage des Familienrechts anerkennt».[5] Diese Begriffe werden zunächst einmal (analog dem Rechtsmissbrauchsverbot, vorn § 6 N 13 ff.) durch einzelne Gesetzesbestimmungen konkretisiert (z.B. Unterhaltspflicht, elterliche Sorge). Doch haben sie mitunter auch unmittelbaren normativen Gehalt, und sind sie bei der Auslegung aller Normen über die Rechtsbeziehungen zwischen Eltern und Kindern (z.B. 301[2]) heranzuziehen,[6] weshalb sie mitunter auch bei der Rechtsfortbildung und Lückenfüllung Hilfe leisten.[7] Insofern zieht die Verletzung der Pflichten gewisse *Wirkungen* nach sich. Sie sind

---

2   Die französische Marginalie zu 272 lautet bezeichnenderweise: «Devoirs réciproques».

3   HEGNAUER, BeKomm, Art. 272 N 6.

4   HEGNAUER, BeKomm, Art. 272 N 13 f.; SCHWENZER/COTTIER, BaKomm, Art. 272 N 2; MEIER/ STETTLER, Filiation, Nr. 615 ff.; BREITSCHMID, HandKomm, Art. 272 N 3; BÜCHLER/VETTERLI, Ehe, 210 f.; HAUSHEER/GEISER/AEBI-MÜLLER, Familienrecht, Nr. 17.26. Zum Verhältnis unter Geschwistern s. auch den Beitrag von JACQUES-MICHEL GROSSEN, Familienrecht im Wandel, in FS Hans Hinderling (Basel 1976), 41 ff.: «Les liens de droit civil entre frères et sœurs.», und SUSANNE SACHS, Geschwister im Familienrecht (Diss. Berlin 2007), Schriften zum Bürgerlichen Recht 368; zum Verhältnis Grosseltern und Enkel: CYRIL HEGNAUER, Grosseltern und Enkel im schweizerischen Recht, in FS Bernhard Schnyder (Freiburg 1995), 421 ff.; KURT SIEHR, Grosseltern im Privatrecht, in FS Heinz Hausheer (Bern 2002), S. 159 ff.

5   Botsch. Kindesverhältnis, 51.

6   Auch über das Familienrecht hinaus: vgl. BERNHARD SCHNYDER, Die Gemeinschaft der Eltern und Kinder, in Berner Tage für die juristische Praxis 1977, Das neue Kindesrecht (Bern 1978), 35 ff., 40 f.

7   Siehe Botsch. Kindesverhältnis, 51 f.

indessen *nicht direkt durchsetz- und vollstreckbar.*[8] Vgl. etwa zur Beistandspflicht des Sohnes: 70 II 29; zur Unterstützungspflicht i. S. v. 328 ZGB: 133 III 507, 132 III 97; zum Enterbungsgrund: 106 II 308 E. 3c; zur Zumutbarkeit der Unterhaltpflicht über die Mündigkeit hinaus 111 II 417 ff. E. 3; 113 II 376 f. E. 2; 129 III 375; BGer 5C.231/2005; 5C.94/2006; 5C.274/2006; 5A_563/2008 E. 4, 5).[9]

Inhaltlich ist zwar zwischen den einzelnen Pflichten zu unterscheiden, doch bedin-   9
gen und beeinflussen sie einander gleichzeitig: *Beistand*[10] wird einerseits in Form von Geld-, Natural- oder Dienstleistungen erbracht, z.B. durch die Bezahlung eines Prozesskostenvorschusses (119 Ia 135 E. 4; BGer 5A_382/2010 E. 4.1; ferner im Zusammenhang mit der Unterhaltpflicht: 127 I 20 E. 3d), andererseits besteht er in psychischer und praktischer Unterstützung in Notfällen. Schliesslich beinhaltet Beistand u. U. auch eine Pflicht zu gegenseitiger Information, etwa die der Adoptiveltern gegenüber dem Adoptivkind betreffend die Adoption. *Rücksichtnahme* besteht in der Respektierung der Interessen, der Gefühle und Überzeugungen, mithin der psychischen, aber auch der physischen Eigenart des anderen. Insoweit geht Art. 272 über Art. 2 Abs. 2 hinaus und enthält ein Element der Fremdnützigkeit.[11] Davon ist namentlich die Ausübung des persönlichen Verkehrs geprägt (s. hinten N 31 ff.).[12] Achtung im Sinn der Wertschätzung der Person und der Persönlichkeitsrechte des anderen Familienmitglieds (eine Konkretisierung steht etwa in 301²) ist ein Ausfluss der Rücksichtnahme.[13]

---

8   HEGNAUER, Bekomm, Art. 272 N 46 ff.; SCHWENZER/COTTIER, BaKomm, Art. 272 N 9; BREIT-SCHMID, HandKomm, N 2 zu Art. 272; MEIER/STETTLER, Filiation, Nr. 618.

9   PETER BREITSCHMID/ALEXANDRA RUMO-JUNGO, Ausbildungsunterhalt für mündige Kinder, Bemerkungen zur jüngeren Rechtsprechung des Bundesgerichts und Thesen, in Ingeborg Schwenzer/Andrea Büchler (Hrsg.), Dritte Schweizer Familienrecht§Tage (Bern 2006), Schriftenreihe zum Familienrecht FamPra.ch 5, 83 ff.

10 Zum Ganzen s. HEGNAUER, BeKomm, Art. 272 N 17 ff.; SCHWENZER/COTTIER, BaKomm, Art. 272 N 3 ff.; BREITSCHMID, HandKomm, Art. 272 N 6; MEIER/STETTLER, Filiation, Nr. 622 f.; HAUSHEER/GEISER/AEBI-MÜLLER, Familienrecht, Nr. 17.31.

11 HEGNAUER, Bekomm, Art. 272 N 32 ff.; SCHNYDER a.a.O. 41; SCHWENZER/COTTIER, BaKomm, Art. 272 N 6; BREITSCHMID, HandKomm, Art. 272 N 7; siehe zur Fremdnützigkeit auch PATRICK FASSBIND, Systematik der elterlichen Personensorge in der Schweiz (Diss. Basel 2006), BSRW 84, 273 ff.

12 HEGNAUER, BeKomm, Art. 272 N 40 ff.; SCHWENZER/COTTIER, BaKomm, Art. 272 N 6; BREIT-SCHMID, HandKomm, Art. 272 N 7; MEIER/STETTLER, Filiation, Nr. 619, 625; HAUSHEER/GEISER/AEBI-MÜLLER, Familienrecht, Nr. 17.33.

13 HEGNAUER, BeKomm, Art. 272 N 44; SCHWENZER/COTTIER, BaKomm, Art. 272 N 7; BREIT-SCHMID, HandKomm, Art. 272 N 7; MEIER/STETTLER, Filiation, Nr. 626; HAUSHEER/GEISER/AEBI-MÜLLER, Familienrecht, Nr. 17.34.

II.   Der Familienname

10   Das Namensrecht ist mit dem BG über die Änderung des ZGB (Name und Bürger-
recht) vom 30. September 2011 grundlegend geändert worden (s. dazu § 28 N 9 ff.).[14]
Diese Änderung ist am 1. Januar 2013 in Kraft getreten (Neufassung von Art. 270 und
Einfügung von Art. 270a). Kurz darauf, am 1. Juli 2014, sind die Änderungen betref-
fend die gemeinsame elterliche Sorge und mit ihnen die Neufassung von Art. 270a in
Kraft getreten. Nachfolgend wird diese Rechtslage dargestellt (N 13 ff.).

11   Bereits unter dem bis Ende 2012 geltenden Recht hat das Bundesgericht das Interesse
des Kindes, den Namen des Vaters als Zeichen des stabilen Konkubinatsverhältnisses
zu tragen, nicht mehr als wichtigen Grund im Sinn von Art. 30 Abs. 1 ZGB anerkannt
(121 III 148 E. 2b[15]; s. auch 126 III 1 ff.[16]). Daran änderte auch die gemeinsame elterliche Sorge von Mutter und Vater nichts (BGer 5A_424/2010 E. 2 f.). Damit hat das
Bundesgericht der Tatsache Rechnung getragen, dass die Elternschaft von nicht verheirateten Paaren weiterhin zunimmt und die Kinder nicht verheirateter Eltern (trotz
unterschiedlicher Namen) gesellschaftlich akzeptiert sind.

12   De lege lata unterscheidet sich der Erwerb des Familiennamens (zur Berücksichtigung
der Namensregeln des Ursprungslandes bei ausländischem Namen; 131 III 201) durch
das Kind nach wie vor danach, ob seine Eltern verheiratet sind oder nicht:

a. Kind verheirateter Eltern

13   Sind die Eltern miteinander verheiratet, ist danach zu unterscheiden, ob sie einen
gemeinsamen Familiennamen tragen oder nicht:

14   – Tragen sie einen *gemeinsamen Familiennamen* (270[1]; für den Vornamen s. 301[4]),
erhält das Kind diesen Familiennamen (270[3]). Dies gilt auch bei Heirat der Eltern
eines vor der Ehe geborenen Kindes, sobald die Vaterschaft durch Anerkennung

---

14   Parlamentarische Initiative SANDOZ vom 14. Dezember 1994 und Parlamentarische Initiative
LEUTENEGGER OBERHOLZER vom 19. Juni 2003.

15   Siehe auch BGer vom 14. September 1995, in ZZW 64 (1996), 397 ff., zum umgekehrten Fall,
da das Kind nach der Scheidung seiner Eltern unter elterlicher Sorge seiner wiederum ihren
angestammten Namen tragenden Mutter lebt. S. auch BGer vom 10. September 1998, in ZZW
66 (1998), 400 ff. (abgelehnte Namensänderung von Stiefkindern). Keine Namensänderung bei
gemeinsamer elterlicher Sorge unverheirateter Eltern: BGer 5A_374/2007; keine Namensänderung nach Erwachsenenadoption: Appellationsgericht BS vom 6.12.2007, in FamPra.ch 9 (2008),
364 ff.; Namensänderung bei Scheidungskind: BGer 5C.9/2006; Namensänderung nach Adoption: BGer 5C.174/2005 und 5C.175/2005. Vgl. auch die Übersicht zur neueren (nicht amtlich
publizierten) Rechtsprechung des BGer, in FASSBIND/SPRING, Revisionsbedürftiges Namensrecht, in SJZ 103 (2007), 265 ff., 266, sowie RÜFENACHT, Praxis des Bundesgerichts zur Namensänderung beim Scheidungskind, in recht 23 (2005), 62 ff.; kritisch zu dieser Rechtsprechung:
ANDREAS BUCHER, Natürliche Personen und Persönlichkeitsschutz (3. A. Basel 2009), Nr. 805;
s. auch BREITSCHMID, Der Name des Kindes: Namenskontinuität oder Namenskoordination
mit der Betreuungssituation, in ZVW 62 (2007) 32.

16   Kritisch dazu BUCHER, Tribunal fédéral, IIe Cour civile, 25 novembre 1999 – Radici – ATF 126
III 1, in JdT 148 (2000), 106, Semjud 122 (2000) I, 393, Observations, in SZIER 2001, 205 ff., 207.

oder Urteil festgestellt ist (259[1]). Wie der Familienname lautet, regelt das Eherecht (160):[17] Er besteht aus einem der beiden Ledignamen (160[2]).

— Tragen sie *verschiedene Namen* (ihre Ledignamen oder durch eine frühere Ehe erworbene Namen), so erhält das Kind jenen Ledignamen, den sie bei der Eheschliessung zum Namen ihrer gemeinsamen Kinder bestimmt haben (160[3], 270[1]). Dies gilt ebenfalls bei nachträglicher Heirat (s. soeben; 259[1]). Damit stimmt der Name des Kindes möglicherweise weder mit dem Namen der Mutter noch mit dem Namen des Vaters überein, wenn beide ihren aufgrund einer früheren Eheschliessung erworbenen Namen weiterhin tragen. Dem Kind können diese Namen nicht gegeben werden. Möglich ist einzig einer der Ledignamen der beiden Elternteile, auch wenn diese ihre Ledignamen seit vielen Jahren nicht mehr tragen.[18] Eine Namenseinheit mit einem der Elternteile kann gegebenenfalls durch eine Namensänderung gemäss Art. 30 Abs. 1 herbeigeführt werden. Nachdem das Bundesgericht aber Namensänderungen zur Herbeiführung eines einheitlichen Familiennamens grundsätzlich nicht mehr schützt (121 III 148 E. 2b; s. auch 126 III 1 ff.), ist fraglich, ob im vorliegenden Fall ein wichtiger Grund bejaht würde. Eine Namensidentität mit einem der beiden Elternteile könnte dadurch herbeigeführt werden, dass einer nach dem Tod des ersten Ehepartners (30a) oder nach der Scheidung (119) gegenüber dem Zivilstandsamt erklärt, wieder seinen Ledignamen führen zu wollen.   15

— Die bei der Eheschliessung *getroffene Wahl* können die Eltern mit der Geburtsanmeldung des ersten Kindes oder innert eines Jahres seit der Geburt des ersten Kindes noch *ändern* und den Ledignamen des anderen Elternteils zum Namen der Kinder wählen (270[2] ZGB, 37[3] ZStV). Tragen die Eltern verschiedene Namen und haben sie bei der Eheschliessung nicht erklärt (160[3]), welchen Namen ihre Kinder tragen sollen, geben sie diese Erklärung mit der Geburt des ersten Kindes ab (37[2] ZStV). Das Gesetz lässt offen, wer anstelle der Eltern diesen Entscheid trifft, sofern sich diese *nicht über den Familiennamen ihres Kindes einigen* können (im VE war noch vorgesehen, dass diesfalls das Kind den [Ledig-]Namen der Mutter erhalten soll; s BBl 2009, 423 ff.). Richtigerweise fällt diese Entscheidkompetenz der Kindesschutzbehörde zu.[19]   16

— *Übergangsrecht:* Führen die Eltern nach Inkrafttreten der Gesetzesnovelle zum Namensrecht aufgrund einer Erklärung nach Art. 8a SchlT/ZGB (der Ehegatte, der seinen Namen bei der Eheschliessung geändert hatte, erklärt, wieder seinen Ledignamen tragen zu wollen) keinen gemeinsamen Familiennamen mehr, können sie   17

---

17 Hierzu s. vorn § 28 N 6 ff.; Hausheer/Geiser/Aebi-Müller, Familienrecht, Nr. 07.06 ff., 17.06 f.; Bühler, BaKomm, Art. 160 N 3; Aebi-Müller, Das neue Familiennamensrecht – eine erste Übersicht, in SJZ 108 (2012), 451 ff.

18 Dazu vorne § 28 N 12 ff.; kritisch zum Ledignamen Hausheer/Geiser/Aebi-Müller, Familienrecht, Nr. 07.09, 17.06.

19 Gloor/Schweighauser, Die Reform des Rechts der elterlichen Sorge – eine Würdigung aus praktischer Sicht, in FamPra.ch 15 (2014), 10. Hausheer/Geiser/Aebi-Müller, Familienrecht, Nr. 17.07, lassen die Frage offen.

innert eines Jahrs seit Inkrafttreten der Gesetzesnovelle (also bis zum 31. Januar 2013) erklären, das Kind erhalte den Ledignamen des Elternteils, der diese Erklärung abgegeben hat (13d[1] SchlT/ZGB).

18 — Wird die *Vaterschaftsvermutung des Ehemannes erfolgreich angefochten,* ist der Ehemann nicht mehr rechtlicher Vater des Kindes. Hat das Kind bisher dessen Ledignamen getragen, führt die Aufhebung des Kindesverhältnisses zu einem Namenswechsel für das Kind. Hat das Kind in diesem Zeitpunkt bereits das 12. Altersjahr erreicht (in Anlehnung an Art. 270b), sollte eine Namensänderung nur mehr mit Zurückhaltung vorgenommen werden. So hat das Bundesgericht eine Namensänderung für einen 15-jährigen Jungen abgelehnt, da Jugendliche in diesem Alter in Schule und Beruf vermehrt mit dem Namen identifiziert werden (BGer 5A_624/2010 E. 3).[20]

19 — Wird die *Ehe der Eltern geschieden,* hat dies auf den Namen des Kindes keinen Einfluss. Es trägt weiterhin den Familiennamen oder einen der Ledignamen seiner Eltern. Auch der Namenswechsel eines Elternteils i.S. von Art. 119 hat keine Auswirkungen auf den Namen des Kindes.

b. Kind nicht verheirateter Eltern

20 Sind die *Eltern nicht verheiratet,* so hängt der Familienname des Kindes davon ab, ob die Eltern die gemeinsame elterliche Sorge innehaben, ob nur eine/r von beiden oder keiner von beiden sorgeberechtigt ist:

21 — Ist nur *ein Elternteil sorgeberechtigt,* so erhält das Kind bei der Geburt dessen Ledignamen (270a[1] ZGB, 37a[2] ZStV). Führt der sorgeberechtigte Elternteil einen aufgrund einer früheren Ehe erworbenen Namen, tragen er und sein Kind nicht notwendigerweise die gleichen Namen. Das Kind hat diesfalls einen Namen, der sich weder mit dem seiner Mutter noch mit dem seines Vaters deckt. Zur Herbeiführung einer gewissen Namensidentität durch Namensänderung oder durch erneute Führung des Ledignamens s. soeben N 15.

22 — Sind *beide Eltern bereits vor der Geburt sorgeberechtigt,* so bestimmen sie gemeinsam, welchen ihrer Ledignamen das Kind tragen soll (270[1], zweiter Satz). Wird die gemeinsame elterliche Sorge erst nach der Geburt des ersten Kindes begründet (also beispielsweise erst mit der Geburt des zweiten Kindes), so können die Eltern innerhalb eines Jahres gegenüber der Zivilstandsbeamtin oder dem Zivilstandsbeamten erklären, dass das Kind den Ledignamen des anderen Elternteils trägt. Diese Erklärung gilt für alle gemeinsamen Kinder, unabhängig von der Zuteilung der elterlichen Sorge (270a[2] ZGB, 37a[4] ZStV). Erfolgt diese Änderung für das

---

20 Der Ausgangspunkt war in diesem Fall allerdings nicht die Aufhebung der Vaterschaft, sondern eine Einschulung des Jungen durch die Mutter unter dem registerwidrigen Namen seiner Mutter. Die Beibehaltung des über einen längeren Zeitraum faktisch getragenen registerwidrigen Namens und die damit zusammenhängende Kontinuität der Persönlichkeit wurden höher gewichtet als das öffentliche Interesse an der Führung des registrierten Namens. Siehe auch HAUSHEER/GEISER/AEBI-MÜLLER, Familienrecht, Nr. 17.16.

erste Kind erst nach dem 12. Altersjahr, so muss es zustimmen. Andernfalls behält es den Namen, den es bei der Geburt erworben hat, regelmässig den Ledignamen der Mutter. Auch in dieser Konstellation ist es möglich, dass die Kinder keinen der elterlichen Namen tragen.

– Wird die *Vaterschaftsanerkennung* des vermeintlichen Vaters *erfolgreich angefoch-*   23
   ten (260a), entfällt das Recht des Kindes, dessen Ledignamen zu tragen. Hat das Kind bisher dessen Ledignamen getragen, führt die Aufhebung des Kindesverhält-nisses zu einem Namenswechsel für das Kind. Analoges gilt für die Anfechtung der Vaterschaftsvermutung des Ehemannes (256).

– *Übergangsrecht:* Wurde die elterliche Sorge beiden Eltern bereits vor Inkrafttre-   24
   ten der Gesetzesnovelle zum Namensrecht übertragen, so konnten die Eltern die Erklärung zum Namen des Kindes (270a^2) innert Jahresfrist seit Inkrafttreten der Gesetzesnovelle abgeben, also bis zum 31. Dezember 2013 (13^2 SchlT/ZGB^{21}).

– Ist *kein Elternteil sorgeberechtigt,* trägt das Kind den Ledignamen der Mutter (270a^3).   25

– Ändert sich später die Zuteilung der elterlichen Sorge, hat dies keine Auswirkun-   26
   gen auf die Namensgebung.

III.   Das Bürgerrecht

Das Bürgerrecht wurde mit BG vom 3. Oktober 2003 (Bürgerrechtserwerb von Perso-   27
nen schweizerischer Herkunft und Gebühren) revidiert. Die Neufassung des BG über Erwerb und Verlust des Schweizer Bürgerrechts (BüG) ist seit dem 1. Januar 2006 in Kraft.^{22} Ferner ist das Bürgerrecht zusammen mit dem Namensrecht revidiert und am 1. Januar 2013 in Kraft gesetzt worden. Daraus ergibt sich folgende Rechtslage:

Art. 271 regelt den Erwerb des Kantons- und Gemeindebürgerrechts des Kindes für   28
den Fall, dass *beide Eltern Schweizer Bürger* sind: Unabhängig davon, ob die Eltern des Kindes verheiratet sind oder nicht, erhält dieses das Kantons- und Gemeindebür-gerrecht jenes Elternteils, dessen Namen es trägt (Art. 271^1 ZGB, 4^2 BüG). Erwirbt das

---

21   Art. 13 Abs. 2 SchlT/ZGB ist noch auf die Fassung von Art. 270a Abs. 2 und 3 in der Fassung
     vor der Gesetzesnovelle zur gemeinsamen elterlichen Sorge (also vor dem 1. Juli 2014) zuge-schnitten. Bis dahin lautete Art. 270a Abs. 2 und 3: «^{2}Überträgt die Kindesschutzbehörde beiden Eltern die elterliche Sorge, können diese innerhalb eines Jahres gegenüber der Zivilstandsbe-amtin oder dem Zivilstandsbeamten erklären, dass das Kind den Ledignamen des Vaters tra-gen soll. ^{3}Die gleiche Erklärung kann der Vater abgeben, wenn er alleiniger Inhaber der elterli-chen Sorge wird.»

22   AS 2005, 5233, 5237; BBl 2002, 1911. In BGE 125 III 216 ff. E. 5 erblickte das BGer in den Bestim-mungen über den Bürgerrechtserwerb durch Heirat (161) und kraft Abstammung (271) eine Verletzung des Grundsatzes der Gleichbehandlung der Geschlechter (8^3 BV), jedoch keine Ver-letzung der EMRK (Art. 14 [Diskriminierungsverbot] i. V. m. Art. 8 [Achtung des Privat- und Familienlebens] bzw. mit Art. 12 [Ehefreiheit]).

Kind während der Minderjährigkeit den Namen des anderen Elternteils, so erhält es dessen Kantons- und Gemeindebürgerrecht anstelle des bisherigen (271²).

29   Sind dagegen *nicht beide Eltern Schweizer Bürger,* ist nach dem BG über Erwerb und Verlust des Schweizer Bürgerrechts (BüG) danach zu unterscheiden, ob die Eltern verheiratet sind oder nicht: Das *Kind verheirateter Eltern* erhält das Schweizer Bürgerrecht, wenn seine Mutter oder sein Vater Schweizer Bürger sind (1¹ lit. a BüG). Gleiches gilt für das minderjährige Kind im Fall der nachträglichen Heirat seiner Eltern (259¹). Mit dem Schweizer Bürgerrecht erwirbt das Kind stets auch das Kantons- und Gemeindebürgerrecht des schweizerischen Elternteils (4¹ BüG). Sind die *Eltern nicht verheiratet,* so erhält das Kind das Schweizer Bürgerrecht sowie das Kantons- und Gemeindebürgerrecht der Schweizer Mutter (1¹ lit. b BüG) oder des Schweizer Vaters durch die Begründung des Kindesverhältnisses zu diesem (1² BüG).

30   Das ausländische Kind hat allenfalls Anspruch auf erleichterte Einbürgerung (31a und 31b BüG²³).

IV.   Der persönliche Verkehr

31   Der persönliche Verkehr²⁴ ist in Art. 273–275 geregelt. In Art. 273 ist das Besuchsrecht als Pflichtrecht umschrieben (nachstehend N 32). Der Kreis der Berechtigten (273, 274a; nachstehend N 34) umfasst damit die Eltern und das Kind sowie unter Umständen Dritte. Der Inhalt dieses Pflichtrechts (273¹; nachstehend N 36 f.) erhellt sich wesentlich auch aus dessen Schranken (274; nachstehend N 38 ff.). Da der persönliche Verkehr häufig im Zusammenhang mit anderen Verfahren (namentlich mit dem Scheidungs- oder Eheschutzverfahren) geregelt werden muss, ist eine koordinierte Zuständigkeitsordnung erforderlich (nachstehend N 50 ff.).

---

23   Siehe auch Art. 31a und 31b BüG betr. erleichterte Einbürgerung ausländischer Kinder. Wunderli/
     Schärer/Heussler, Bürgerrecht des minderjährigen Kindes, welches durch Anerkennung
     Schweizer wird, nach späterer Einbürgerung der ausländischen Mutter, in ZZW 74 (2006), 86 ff.

24   Vgl. Gisela Kilde, Der persönliche Verkehr: Eltern – Kind – Dritte, Zivilrechtliche und interdisziplinäre Lösungsansätze (Diss. Freiburg, Zürich/Basel/Genf 2015), AISUF 348; Richard
     Blum, Der persönliche Verkehr mit dem unmündigen Kind gemäss Art. 273–275 ZGB
     (Besuchsrecht) (Diss. Zürich 1983), ZSPR 33; Guglielmoni/Mauri/Trezzini, Besuchsrecht
     und Kinderzuteilung in der Scheidung: zur Aufgabe von Dogmen und zur Begehung neuer konstruktiver und evolutiver Wege (mit besonderer Berücksichtigung des neuen Scheidungsrechts),
     in AJP 8 (1999), 45 ff.; Liselotte Staub/Wilhelm Felder, Probleme im Zusammenhang mit
     dem Besuchsrecht, in Alexandra Rumo-Jungo/Pascal Pichonnaz (Hrsg.), Kind und Scheidung,
     Symposium zum Familienrecht 2005, Universität Freiburg (Zürich/Basel/Genf 2006), 117 ff.;
     Liselotte Staub/Yvo Biderbost, Aktuelle Probleme und Lösungen, in Alexandra Rumo-
     Jungo/Pascal Pichonnaz (Hrsg.), Kind und Scheidung, Symposium zum Familienrecht 2005,
     Universität Freiburg (Zürich/Basel/Genf 2006), 171 ff.; Zum Anspruch auf persönlichen Verkehr bei Auflösung gleichgeschlechtlicher Partnerschaft: Eylem Copur, Gleichgeschlechtliche
     Partnerschaft und Kindeswohl (Diss. St. Gallen, Bern 2008), ASR 747, 113 ff.; Schweighauser,
     ZüKomm, Art. 27 PartG N 18 ff.

a. Das Pflichtrecht

Der Art. 273 erklärt den Anspruch auf persönlichen Verkehr ausdrücklich zum Pflicht- 32
recht[25] und stellt damit die gegenseitigen Rechte und Pflichten von Eltern und Kind
auf die gleiche Stufe. Er trägt damit auch Art. 9 Abs. 3 der UNO-Kinderrechtekon-
vention[26] Rechnung. Danach haben die Eltern und das unmündige Kind *«gegenseitig»* Anspruch auf persönlichen Verkehr. Dennoch ist auch künftig die zwangsweise
Durchsetzung gegen den Willen der Eltern in der Praxis kaum denkbar und mit dem
Sinn des Instituts nicht vereinbar.[27] Die «lex imperfecta» ruft aber in Erinnerung, dass
auch das Kind als Ausfluss seines *Persönlichkeitsrechts* einen Anspruch auf persönlichen Kontakt mit seinen Eltern hat (BGer 5A_188/2012 E. 6);[28] sie bekräftigt mithin die
moralische Pflicht der Eltern, zu deren Erfüllung diese auch ermahnt werden können
(273[2]). Die Regelung des Besuchsrechts hat in erster Linie dem Wohl des Kindes und
seinen Interessen zu entsprechen. Die Interessen der Eltern sind zweitrangig (BGer
5A_188/2012 E. 6). Genau darin manifestiert sich der Pflichtcharakter: Nach Art. 273
Abs. 2 kann die Kindesschutzbehörde sowohl die Eltern wie auch die Pflegeeltern oder
das Kind ermahnen und ihnen Weisungen erteilen, «wenn sich die Ausübung oder
Nichtausübung des persönlichen Verkehrs für das Kind nachteilig auswirkt oder wenn
eine Ermahnung oder eine Weisung aus anderen Gründen geboten ist». Damit wird
an einschlägiger Stelle ausdrücklich gesagt, was sich auch aus Art. 307 ableiten liesse.[29] Die Pflicht des nicht obhutsberechtigten Elternteils kann zwar nicht durchgesetzt
werden, führt aber u. U. zur Erhöhung des Unterhaltsbeitrags für das Kind, da die
Entlastung des obhutsberechtigten Elternteils durch die Ausübung des Besuchsrechts
des anderen Elternteils bei der Festsetzung der Unterhaltsbeiträge berücksichtigt wird

---

25 Das war ohne explizite Regelung bereits vor der Revision 1998 anerkannt: HEGNAUER, BeKomm,
   Art. 273 N 57 ff.; DERS., Grundriss, Nr. 19.05; MANAÏ, Le statut de l'enfant à la lumière du droit
   aux relations personnelles, in ZSR 107 (1988), 309 ff., 322 ; BLUM a.a.O. 54; MEIER/STETT-
   LER, Filiation, Nr. 753; HAUSHEER/GEISER/AEBI-MÜLLER, Familienrecht, Nr. 17.130; BÜCH-
   LER/VETTERLI, Ehe, 239.
26 «Die Vertragsstaaten achten das Recht des Kindes, das von einem oder beiden Elternteil-
   len getrennt ist, regelmässige persönliche Beziehungen und unmittelbare Kontakte zu beiden
   Elternteilen zu pflegen, soweit dies nicht dem Wohl des Kindes widerspricht.» S. dazu DIETER
   FREIBURGHAUS-ARQUINT, Der Einfluss des Übereinkommens auf die schweizerische Rechtsordnung. Das Beispiel des revidierten Scheidungsrechts, in Regula Gerber Jenni/Christina
   Hausammann (Hrsg.), Die Rechte des Kindes. Das UNO-Übereinkommen und seine Auswirkungen auf die Schweiz (Basel/Genf/München 2001), 185 ff., 191 f.
27 Vgl. Botsch. Ehescheidung, 158 f. JACQUES-MICHEL GROSSEN, L'exécution des décisions de jus-
   tice en matière de droit de visite, in liber amicorum Luzius Wildhaber (Zürich 2007), 1273 ff.
28 Dies könnte auch bei der sorgeberechtigten Mutter zu grösserer Akzeptanz des Besuchsrechts des
   Vaters führen als die blosse Betonung von dessen Anspruch; Botsch. Ehescheidung, 158; HAMMER-
   FELDGES, Persönlicher Verkehr – Probleme der Rechtsanwendung für Vormundschaftsbehörden,
   Richter und Anwälte, in ZVW 48 (1993), 15 ff., 26 f.; BÜCHLER/WIRZ, FamKomm, Art. 273 N 3;
   HEGNAUER, BeKomm, Art. 273 N 53; SCHWENZER/COTTIER, BaKomm, Art. 273 N 3.
29 Botsch. Ehescheidung, 159.

(285¹).³⁰ Nach der Gesetzesnovelle zum Kindesunterhalt vom 20. März 2015 umfasst der Kindesunterhalt neu nicht nur die Betreuungskosten durch Dritte (z.B. Kinderhort), sondern auch die Betreuung durch die Eltern (Novelle zu 285²). Die Ausübung oder Nichtausübung des persönlichen Verkehrs wirkt sich mithin ganz direkt auf die Kindesunterhaltskosten aus.³¹ Ferner kann die Verletzung der Besuchsrechtsvereinbarung bei Vorliegen der entsprechenden Voraussetzungen auch zu Schadenersatzansprüchen führen.³²

33   Gemäss dem *neuen dritten Absatz des Art. 273* können *der Vater oder die Mutter* als besuchsberechtigte Elternteile *verbindliche Anordnungen* über den Umfang ihres Besuchsrechts verlangen. Dem Kind steht ein solcher Anspruch nicht zu.³³ Im Scheidungsfall sind solche Anordnungen von Amtes wegen zu treffen (133¹ Ziff. 3).³⁴

b. Der Kreis der Berechtigten³⁵

34   Der Anspruch auf persönlichen Verkehr steht *allen Eltern* (bzw. jedem Elternteil; vgl. 107 II 501) jener minderjährigen Kinder zu, welche sich nicht unter ihrer elterlichen

---

30   RUTH REUSSER, Die Stellung der Kinder im neuen Scheidungsrecht, in Heinz Hausheer, (Hrsg.), Vom alten zum neuen Scheidungsrecht (Bern 1999), ASR 625, Nr. 4.50; BÜCHLER/WIRZ, FamKomm, Art. 273 N 7; SCHWENZER/COTTIER, BaKomm, Art. 275 N 16; eher kritisch MEIER/STETTLER, Filiation, FN 1958.

31   Schlussabstimmung vom 20. März 2015: Amtl. Bull. 2015 NR, 598 f.; Amtl. Bull. 2015 StR, 301; Botschaft und Entwurf: BBl 2014, 529 ff., 597 ff. Referendumsvorlage: BBl 2015, 2723 ff.; Inkrafttreten bei Drucklegung dieses Buches noch unsicher. S. dazu RUMO-JUNGO, Betreuungsunterhalt bei getrennt lebenden nicht verheirateten Eltern – ein Denkanstoss, in recht 26 (2008), 27 ff.; SCHWENZER/EGLI, Betreuungsunterhalt – Gretchenfrage des Unterhaltsrechts, in FamPra.ch 9 (2010), 18 ff.

32   Das ergibt sich aus den allgemeinen Bestimmungen zur Nichterfüllung von Verbindlichkeiten (7 ZGB i. V. m. 97 ff. OR). S. dazu BÜCHLER/WIRZ, FamKomm, Art. 273 N 8 ff.; SCHWENZER/COTTIER, BaKomm, Art. 275 N 16. SCHWENZER/COTTIER anerkennen dem Kind und nicht dem obhutsberechtigten Elternteil den Schadenersatz, SCHWENZER/COTTIER, Bakomm, Art. 275 N 16. Daran ändert auch die Ablehnung eines entsprechenden Minderheitsantrags im Nationalrat nichts. Gemäss diesem Antrag hätte Art. 273 Abs. 2 explizit vorgesehen, dass das Besuchsrecht entzogen werden kann, wenn es schuldhaft nicht ausgeübt wird, und darüber hinaus, dass der durch die Nichtausübung des Besuchsrechts entstandene Schaden zu ersetzen sei (Amtl. Bull. 1997 NR, 2737). Laut Berichterstatterin NABHOLZ waren der erste Teil des Absatzes zu wenig flexibel und eine Sanktion, die sich finanziell auswirkt, zu weit gehend: a.a.O. 2738.

33   Siehe Botsch. Ehescheidung, 159 oben. Kritisch: BÜCHLER/WIRZ, FamKomm, Art. 273 N 35; BREITSCHMID, HandKomm, Art. 273 N 9; HAUSHEER/GEISER/AEBI-MÜLLER, Familienrecht, Nr. 17.146; SCHWENZER/COTTIER, BaKomm, Art. 273 N 29.

34   Im Nationalrat wurde ein Minderheitsantrag für einen Abs. 4 des Art. 273 abgelehnt, wonach bei «begründetem Verdacht auf sexuellen Missbrauch oder andere gravierende körperliche und seelische Misshandlungen» das Besuchsrecht sistiert wird; gegen den Antrag wandte die Berichterstatterin ein, es sei falsch, bestimmte Sachverhalte, die das Kindeswohl beeinträchtigen oder gefährden können, zu enumerieren: Amtl. Bull. 1997 NR, 2737 ff. Siehe dazu 120 II 233 f. E. 3b, wonach selbst bei Verdacht auf sexuellen Missbrauch vorübergehend ein begleitetes Besuchsrecht mit dem Kindeswohl vereinbar sein kann. HAUSHEER/GEISER/AEBI-MÜLLER, Familienrecht, Nr. 146.

35   S. dazu umfassend KILDE a.a.O. § 4.

Sorge oder ihrer (faktischen) Obhut (hinten § 43 N 32) befinden (273). Wohnt das Kind bei seiner minderjährigen Mutter oder bei seinem mit der Mutter nicht verheirateten Vater, also mit seinen womöglich nicht sorgeberechtigten Eltern zusammen (296³; 298b), besteht selbstverständlich auch ein Recht auf persönlichen Verkehr, doch erübrigt sich eine besondere Anordnung. Ausser den Eltern steht auch *anderen Personen* ein Anspruch zu, insbesondere Verwandten, allerdings unter zwei Voraussetzungen: Es liegen ausserordentliche Umstände vor (z.B. der Tod eines Elternteils, BGer 5A_831/2008 E. 3.2) und die Bejahung des Anspruchs dient dem Wohl des Kindes (274a¹). Zu denken ist insbesondere, aber nicht nur, an das Besuchsrecht der Grosseltern (129 III 689 ff., wo grundsätzlich auch ein Besuchsrecht der Cousine bejaht wurde; s. auch BGer 5A_355/2009 E. 2.1, wo ein Besuchsrecht der Grosseltern verneint wurde). In Frage kommt auch ein Besuchsrecht der «leiblichen» Eltern, wenn das Kind adoptiert worden ist,[36] oder der Pflegeeltern.[37] Auch ein (ausserehelicher) Erzeuger hat u. U. ein Besuchsrecht.[38] Nach Art. 27 Abs. 2 PartG kann u. U. auch dem Stiefelternteil, der mit dem Elternteil in eingetragener Partnerschaft gelebt hatte, ein Anspruch auf persönlichen Verkehr eingeräumt werden.[39]

Dem *Kind* selber wird im Gesetz (273¹) einzig ein Anspruch gegenüber seinen Eltern **35** eingeräumt, nicht aber gegenüber den anderen berechtigten Personen (274a¹). Das Recht des Kindes ist aber auch Ausfluss seines Persönlichkeitsrechts. Daraus lässt sich – selbst ohne explizite Regelung – reziprok unter denselben ausserordentlichen Umständen (274a¹) ein Recht des Kindes auf persönlichen Verkehr, namentlich gegenüber seinen Grosseltern, begründen.

c. Der Inhalt des Anspruchs

Das Gesetz spricht von *angemessenem persönlichen Verkehr* (273¹).[40] Damit ist in ers- **36** ter Linie das Besuchsrecht gemeint, in Frage kommen aber auch Brief- und Telefonverkehr sowie insbesondere der Kontakt über die elektronischen Kommunikations-

---

36 STETTLER, SPR III/2, 142, und HEGNAUER, BeKomm, Art. 274a N 13. S. ferner HEGNAUER, Grundriss, Nr. 19.06; MEIER/STETTLER, Filiation, Nr. 760.

37 In casu wurde der Anspruch allerdings verneint, weil die Pflegeeltern bereits seit drei Jahren keinen Kontakt mehr zum Pflegekind hatten, weil es wieder unter die Obhut der Mutter gestellt wurde; Urteil des EGMR vom 17. Januar 2012 i.S. Kopf und Liberda gegen Österreich (1598/06).

38 Er kann sich dafür auf Art. 8 EMRK berufen. Dabei genügt ein in Zukunft beabsichtigtes Familienleben, wenn der Umstand, dass dieses noch nicht realisiert wurde, nicht vom Erzeuger zu verantworten ist, sondern die Mutter und deren Ehemann den Kontakt zwischen dem Kind und dem Erzeuger verhindert haben, Urteil des EGMR vom 21. Dezember 2010 i.S. Anayo gegen Deutschland (20578/07).

39 S. dazu BOOS/BÜCHLER, FamKomm PartG, Art. 27 N 27 ff.

40 Zwischen dem Recht auf persönlichen Verkehr und der Unterhaltspflicht besteht (abgesehen vom Rechtsmissbrauch) kein Zusammenhang, es sei denn, es handle sich um den Unterhalt mündiger Kinder (277²): 120 II 179 f. E. 3c. S. zur neueren Rechtsprechungsentwicklung: PETER BREITSCHMID/ALEXANDRA RUMO-JUNGO, Ausbildungsunterhalt für mündige Kinder: Bemerkungen zur jüngeren Rechtsprechung des Bundesgerichts und Thesen, in Ingeborg Schwenzer/Andrea Büchler (Hrsg.), Dritte Schweizer Familienrecht§Tage (Bern 2006), Schriftenreihe zum Familienrecht FamPra.ch 5, 83 ff.

mittel.[41] Was als persönlicher Verkehr angemessen ist, ergibt sich aus dem Kindeswohl (122 III 406 f. E. 3a und b; 123 III 451 E. 3b; 136 III 359 f. E. 3.4; BGer 5C.209/2005 E. 2 [Verhältnismässigkeit von Auflagen]; 5C.11/2006 E. 5.3 [unterschiedlicher Umfang des Besuchsrechts auf Grund Altersunterschied der Geschwister]; vorübergehende Beschränkung des Besuchsrechts nach Geschlechtsumwandlung des Vaters zur schrittweisen Angewöhnung des Kindes an die neue Situation[42]). Aus dieser Leitidee ergeben sich namentlich folgende Kriterien:[43] Zu berücksichtigen sind insbesondere das Alter, die Gesundheit und die Bedürfnisse des Kindes. Daraus ergeben sich Anforderungen an die Regelmässigkeit, die Häufigkeit und die Dauer der Kontakte. Diese hängen ihrerseits von der Wohnsituation des Kindes und des verkehrsberechtigten Elternteils (136 III 364 E. 4), der Lebensgestaltung des Kindes (Schulbesuch, Hobbys) und der Eltern (Arbeitszeiten) ab. Nicht massgebend ist die Beziehung der Eltern untereinander, hingegen ist das gute Einvernehmen zwischen Kind und besuchsberechtigtem Elternteil zu berücksichtigen (130 III 589 E. 2.2.1; 131 III 211 ff. E. 4 f.).[44] Auch die Modalitäten der Ausübung des Besuchsrechts (Besuchsort, Holen, Bringen) hängen von den erwähnten Kriterien ab.[45]

37   Ferien mit dem einen Elternteil können zum Ausfall von Besuchstagen beim anderen Elternteil führen. Das lässt sich nicht verhindern. Der Ausfall von Besuchswochenenden muss aber die Ausnahme bleiben (BGer 5A_381/2010 E. 5.3.3).

d. Die Schranken

1. Mahnungen und Weisungen

38   Das Gesetz beschreibt den Inhalt des Anspruchs im Wesentlichen negativ: Vater und Mutter haben alles zu unterlassen, was das Verhältnis des Kindes zum anderen Elternteil beeinträchtigt (115 II 206, 317; 117 II 357 E. 4c) oder die Aufgabe der erziehenden Person erschwert (274[1]).[46] Positiv formuliert bedeutet dies eine *Pflicht zu Rücksicht-*

---

41   Blum a.a.O. 72 ff.; Schwenzer/Cottier, BaKomm, Art. 273 N 12; Meier/Stettler, Filiation, Nr. 764; Breitschmid, HandKomm, Art. 273 N 2; anders noch Obergericht TG, in FamPra.ch 2 (2001), 616 ff.

42   Urteil des EGMR vom 30. November 2010 i.S. Asunto P.V. gegen Spanien (35159/09).

43   Dazu Hegnauer, BeKomm, Art. 273 N 61 f., 89 ff.; ders., Vormundschaftsbehörde und persönlicher Verkehr. Ein Überblick, in ZVW 53 (1998), 169 ff., 171 f.; Hausheer/Geiser/Aebi-Müller, Familienrecht, Nr. 17.138.

44   Hegnauer, BeKomm, Art. 273 N 65 ff.; ders., Grundriss, Nr. 19.09; Schwenzer/Cottier, BaKomm, Art. 273 N 13 ff.; Meier/Stettler, Filiation, Nr. 765 f.; Breitschmid, HandKomm, Art. 273 N 4; Hausheer/Geiser/Aebi-Müller, Familienrecht, Nr. 17.134. Zu hochstrittigen Besuchsrechtskonflikten s. Peter, Hochstrittige Eltern im Besuchsrechtskonflikt, in ZVW 60 (2005), 193 ff.; Schreiner/Schweighauser, Komplexe/schwierige Besuchs- und Sorgerechtsregelungen. Lösungsansätze: Spannungsfeld zwischen Theorie und Praxis, in FamPra.ch 5 (2004), 911 ff.

45   Zu den einzelnen Modalitäten s. Hegnauer, BeKomm, Art. 273 N 80 ff., 106 ff.; Schwenzer/ Cottier, BaKomm, Art. 273 N 15 ff.; Büchler/Wirz, FamKomm, Art. 273 N 25 f.

46   Darin zeigt sich auch, dass sich der Anspruch des berechtigten Elternteils nicht gegen das Kind, sondern gegen den sorgeberechtigten Elternteil richtet: Hegnauer, BeKomm, Art. 273 N 47 ff.

nahme und Wohlverhalten: Das Kind soll eine positive Einstellung zur Besuchsrechtsausübung gewinnen können.[47] Diese Pflicht trifft – nach Wortlaut, Entstehungsgeschichte[48] und Sinn der Norm (274[1]) – auch die Pflegeeltern, die Heimleiter, die
beidseitigen Angehörigen der Eltern[49] sowie gemäss expliziter Anordnung (274a[2])
auch den erweiterten Kreis der verkehrsberechtigten Personen. Im Fall der Zuwider-
handlung gegen diese Pflicht bestehen verschiedene *Massnahmen,* von denen gestützt
auf das Prinzip der Verhältnismässigkeit die mildestmögliche noch taugliche zu wählen ist: Die nächstliegende Massnahme umschreibt das Gesetz in Art. 273 Abs. 2,
wonach die Kindesschutzbehörde die Eltern, die Pflegeeltern und das Kind *mahnt* und
ihnen *Weisungen* erteilt. So sind etwa bei einer konkreten Entführungsgefahr die örtliche und zeitliche Einschränkung des Besuchsrechts sowie die Verpflichtung zur Hinterlegung des Passes des Kindes während der Ausübung des Besuchsrechts verhältnismässig. Diese Massnahmen verstossen weder gegen Bundesrecht (273[1]) noch gegen
Völkerrecht (8 EMRK) (BGer 5A_830/2010 E. 4 und 5; 5A_432/2011 E. 2). Der Entzug
des Besuchsrechts ist dann nicht verhältnismässig, wenn das gleiche Ziel auch durch
ein begleitetes Besuchsrecht erreicht werden kann (BGer 5A_586/2012 E. 4.2).

Mit *Mahnungen und Weisungen* (273[2]) wird auf die korrekte Ausübung des uneinge-   39
schränkten Verkehrsrechts hingewirkt. Bereits in diesem Rahmen kann die Begleitung
der Besuchskontakte angeordnet werden. In Frage kommt eine Privatperson oder eine
geeignete öffentliche oder private Stelle, wobei die Auswahl den Beteiligten überlassen
werden kann (120 II 236; 127 III 299).[50] Fruchtet dies nichts, fallen *Einschränkungen* in
Betracht, nämlich das durch eine Beiständin begleitete Besuchsrecht (308[2]; s. dazu hinten § 44 N 22) sowie die Kürzung, subsidiär sodann die *Verweigerung* bzw. der nachträgliche *Entzug* des Besuchsrechts (274[2]).[51] Sowohl das begleitete Besuchsrecht wie
auch dessen Verweigerung oder Entzug sind Kindesschutzmassnahmen (hinten § 44

---

47 Hegnauer, BeKomm, Art. 274 N 6 ff.; Schwenzer/Cottier, BaKomm, Art. 274 N 2 f.;
    Büchler/Wirz, FamKomm, Art. 274 N 2 f.; Meier/Stettler, Filiation, Nr. 775.
48 Botsch. Kindesverhältnis, 54.
49 Hegnauer, BeKomm, Art. 274 N 8; Schwenzer/Cottier, BaKomm, Art. 273 N 5; Haus-
    heer/Geiser/Aebi-Müller, Familienrecht, Nr. 17.134.
50 Dazu Hausheer, Die drittüberwachte Besuchsrechtsausübung (das sogenannte «beglei-
    tete» Besuchsrecht) – Rechtliche Grundlagen, in ZVW 53 (1998), 17 ff., 21; Hegnauer, ZVW
    a.a.O. 176; ders., BeKomm, Art. 273 N 116 f. Jörg Michael Fegert, Fragen des Kindes-
    wohls in Sorge- und Umgangsrechtsverfahren aus kinder- und jugendpsychiatrischer und
    psychotherapeutischer Sicht, in Ingeborg Schwenzer/Andrea Büchler (Hrsg.), Dritte Schwei-
    zer Familienrecht§Tage (Bern 2006), Schriftenreihe zum Familienrecht FamPra.ch 5, 27 ff., 48.
    Eine private Begleitperson muss das Vertrauen beider Parteien, insb. auch des obhutsberechtig-
    ten Elternteils geniessen; BGer 5A_627/2007 E. 3.4.
51 Hausheer a.a.O. 21; Stettler, A propos d'un jugement récent concernant une suspension du
    droit de visite du parent non gardien durant la procédure de divorce, in ZVW 56 (2001), 21 ff.,
    26 f. Zum begleiteten Begegnungstreffpunkt s. Guglielmoni/Mauri/Trezzini a.a.O. 55 ff.; s.
    auch BGer 5C.93/2005: Entzug des Besuchsrechts eines inhaftierten Vaters mit Persönlichkeits-
    störungen ohne Beziehung zum fünfjährigen Kind; BGer 5P.131/2006: Bei möglicher Beeinflus-
    sung hinsichtlich eines Gutachtens zur Feststellung von sexuellem Missbrauch rechtfertigt sich
    eine vorübergehende Aufhebung des Besuchsrechts.

N 10 ff.). Entsprechend der gesetzlichen Systematik werden das begleitete Besuchsrecht sowie dessen Kürzung im Zusammenhang mit den Kindesschutzmassnahmen
(307 ff.) besprochen. Die Verweigerung und der Entzug des Besuchsrechts werden an
dieser Stelle im Zusammenhang mit Art. 274 erläutert:

2. Verweigerung und Entzug

40 a. Das Gesetz nennt für Verweigerung oder Entzug *vier Gründe* (274²):

41 1. Das Wohl des Kindes wird durch den persönlichen Verkehr unabhängig vom Verschulden des Besuchsberechtigten (107 II 303) und selbst bei Ausübung des Besuchsrechts unter Aufsicht sowie zusätzlichen Massnahmen (119 II 206 f., s. auch 120 II 233 f.
E. 3b[52]) gefährdet; dies kann sich aus der Art der Ausübung, aber auch auf Grund einer
Beurteilung vor jedem Besuch ergeben.

42 2. Der besuchsberechtigte Elternteil übt sein Recht pflichtwidrig aus; er missachtet
etwa Abmachungen oder verstösst gegen die in Art. 274 Abs. 1 umschriebene Wohl-
verhaltenspflicht.

43 3. Derjenige, welcher das Recht in Anspruch nehmen will, hat sich nicht ernsthaft um
das Kind gekümmert;[53] vgl. hierzu auch Art. 265c Ziff. 2 (118 II 25 f.).

44 4. Schliesslich können andere wichtige Gründe für die Verweigerung oder den Entzug
des Besuchsrechts ausreichen; angesichts der Formulierung der zwei ersten Gründe
wird es sich hier eher um Fälle handeln, da die Gewährung des Besuchsrechts zum
Vornherein nachteilige Auswirkungen erwarten lässt.[54]

45 Nach Rechtsprechung und Lehre lassen sich die mehreren Gründe auf einen einzigen
Grund zurückführen, nämlich die Gefährdung des Kindeswohls durch den persönli-

---

52 Nach diesem Entscheid kann es selbst bei Verdacht auf sexuellen Missbrauch mit dem Kindeswohl vereinbar sein, dem Vater für eine gewisse Dauer ein begleitetes Besuchsrecht einzuräumen, dieses also nicht zu verweigern bzw. zu entziehen.

53 MEIER/STETTLER, Filiation, Nr. 785 f.; Laut Botsch. Kindesverhältnis trifft dies meistens zu auf
den ausserehelichen Vater, der seine Vaterschaft bestritten hat: Botsch. Kindesverhältnis, 55. Zu
unterschiedlichen Meinungen hierzu s. bei HEGNAUER, BeKomm, Art. 274 N 29; SCHWENZER/
COTTIER, BaKomm, Art. 274 N 7.

54 Nach HEGNAUER, Grundriss, Nr. 19.24, kommen als andere wichtige Gründe folgende in Frage:
unbeeinflusste beharrliche Ablehnung des betreffenden Elternteils durch das urteilsfähige Kind
(siehe aber BGer 5C.298/2006, wonach den 13- und 15-jährigen Kindern, trotz ihrer Weigerung, einmal pro Monat ein sechsstündiges Besuchsrecht zugemutet wurde), Gefahr der Entfüh-
rung des Kindes ins Ausland (Besuchsrecht wird mit Auflagen eingeräumt: BGer 5C.203/2006;
5C.203/2006 und 5C.221/2006), ungünstige Auswirkungen auf die Ehe des besuchsberechtigten
oder besuchsbelasteten Elternteils, das Fehlen einer inneren Beziehung zwischen dem Kind und
dem betreffenden Elternteil, namentlich wenn eine andere Bezugsperson sozialpsychisch beim
Kind die betreffende Elternstelle voll vertritt. So ist denn auch ein wichtiger Grund gemäss 118 II
22 die «Tatsache, dass der Stiefvater in sozialer und psychischer Hinsicht die Stelle des besuchsberechtigten Elternteils einnimmt, wenn letzterer und das Kind einander gänzlich fremd sind.»
S. aber etwa BGer 5C.69/2004: Der Sohn lebt bei seiner Mutter und seinem Stiefvater; der leibliche Vater erhält ein Besuchsrecht trotz fehlender Beziehung zu seinem Sohn.

chen Verkehr. So rechtfertigen sich nach BGE 118 II 21 Verweigerung oder Entziehung des persönlichen Verkehrs nur dann, wenn die im Gesetz genannten Verhaltensweisen das Kindeswohl beeinträchtigen; Art. 274 Abs. 2 bezweckt den Schutz des Kindes und nicht die Bestrafung der Eltern.[55]

β. *Verweigerung und Entzug* des Besuchsrechts stellen die *ultima ratio* dar und dürfen nur im Interesse des Kindes angeordnet werden (BGer 5A_586/2012 E. 4.2; 5A_101/2011 E. 3).   46

Dem Kindeswohl und mithin dem Persönlichkeitsrecht des Kindes steht das Persönlichkeitsrecht der Eltern auf persönlichen Verkehr mit dem Kind gegenüber (107 II 502 E. 2b; 111 II 407 E. 3; 119 II 204 E. 3; 136 III 359 f. E. 3.4). Es gilt daher, folgende Kriterien *abzuwägen:* Das Besuchsrecht dient in erster Linie den Interessen des Kindes. Es darf aber nicht einzig von seinem *Willen* abhängig gemacht werden. Vielmehr ist im Einzelfall der *Grund der Ablehnung* des Kontaktes mit dem berechtigten Elternteil zu prüfen (111 II 408 E. 3; 127 III 298 E. 4a). Das Kind kann nicht frei darüber entscheiden, ob es den persönlichen Kontakt zu seinem nicht sorgeberechtigten Eltenteil ausüben will (BGer 5A_160/2011 E. 4). Einem klar geäusserten Wunsch ist indessen Rechnung zu tragen (126 III 221 E. 2b; anders BGer 5C.298/2006 E. 2.3: trotz begründeter und nachvollziehbarer Weigerung der 13- und 15-jährigen Kinder wird ein monatlich sechsstündiges Besuchsrecht angeordnet), selbst wenn dieser Wunsch einer weitgehend übernommenen, aber internalisierten Einstellung des sorgeberechtigten Elternteils entspricht (BGer 5C.170/2001). Das Recht auf persönlichen Verkehr darf dem nicht obhutsberechtigten Elternteil nicht ohne *wichtige Gründe* ganz abgesprochen werden (111 II 406 ff. E. 1, 4 [keine Gefährdung des geistig-seelischen Wohlbefindens der Kinder trotz früheren Gewalttätigkeiten gegenüber Ehefrau und älterem Kind]; 119 II 204 f. und 120 II 233 f. E. 3b [begründeter Verdacht auf sexuellen Missbrauch]; 126 III 210 E. 1 [massive Probleme im Vater-Kind-Verhältnis wegen dessen Gewalttätigkeiten]; dazu auch 5A_341/2008 E. 4.3).[56] Wird einerseits ein unbegleitetes Besuchsrecht, andererseits aber ein Annäherungsverbot nach Art. 28b angeordnet, liegt ein Widerspruch vor, da die Anordnung eines Annäherungsverbots auch eine Gefahr für die Kinder impliziert (BGer 5A_377/2009 E. 5.3 f.). Die Verweigerung des Besuchsrechts setzt eine klare und eindeutige Zweckwidrigkeit voraus, die durch eine besondere Regelung (z.B. durch eine Einschränkung [111 II 409; BGer 5P.369/2004] oder die Ausübung des Besuchsrechts im Rahmen einer besonderen Institution [127 III 299]) nicht behoben werden kann (118 II 242). Elterliche Konflikte, wie sie in einer   47

---

55 Daher ist nicht erheblich, ob den Eltern ein Verschulden zur Last gelegt werden kann oder nicht: s. dazu vorne N 20. Nach HEGNAUER, BeKomm, Art. 274 N 19, steht denn auch nur diese Auslegung im Einklang mit Art. 8 Ziff. 2 EMRK. S. auch Urteil des EGMR vom 18. Januar 2007 i.S. Zavrel gegen Republik Tschechien (14044/05): Trifft eine Behörde auf Grund der Weigerungshaltung eines Elternteils keine Massnahmen zur Herstellung konkreter Kontakte, verletzt sie Art. 8 EMRK.

56 Teilweise kritisch zu dieser Rechtsprechung STETTLER, in ZVW 56 a.a.O. 21 ff.; zur Bedeutung des Kontakts mit dem Kind für geschiedene Männer s. DECURTINS/MEYER, Väter und Scheidung, in FamPra.ch 3 (2002), 48 ff., 64.

Scheidung auftreten können, dürfen nicht zu einer einschneidenden Beschränkung des Besuchsrechts auf unbestimmte Zeit führen (130 III 585). Auch die Vernachlässigung der Pflichten gegenüber dem Kind und die fehlende Übernahme von Erziehungsaufgaben begründen keinen wichtigen Grund, wenn darüber hinaus keine Anzeichen für eine Gefährdung des Kindeswohls vorliegen (BGer 5A_101/2011 E. 3).

48 Kann das Besuchsrecht verweigert oder entzogen werden, ist a fortiori auch eine blosse Sistierung möglich. Das Besuchsrecht kann daher für eine Dauer von sechs Monaten sistiert werden, wenn man sich davon die Normalisierung des Verhältnisses zwischen den Eltern verspricht, und diese gleichzeitig zur Aufnahme eines gemeinsamen Gesprächs und zu einer Mediation aufgefordert werden (BGer 5A_656/2010 E. 3).

49 γ. Dem *Erlöschen des Rechts* auf persönlichen Verkehr *von Gesetzes wegen* liegt folgende Konstellation zu Grunde: Ein Kind wird zum Zweck zukünftiger Adoption untergebracht, und die Eltern haben entweder der Adoption zugestimmt oder es kann von ihrer Zustimmung abgesehen werden (274³, i. V. m. 265c und 265d¹).[57]

e. Die Zuständigkeit

50 Das Besuchsrecht steht jenen Eltern zu, die keine elterliche Sorge oder Obhut über ihre Kinder innehaben. Sie können ihr Besuchsrecht aber nicht gegen den Willen des *sorge- oder obhutsberechtigten Elternteils* ausüben, soweit diesbezüglich keine gegenteiligen Anordnungen getroffen wurden (275³). Das bedeutet, dass in erster Linie (im Gesetz erst an dritter Stelle erwähnt: 275³) die Sorgerecht- oder Obhutsinhaberin über die Ausübung des Besuchsrechts entscheidet.[58] Ihr steht die Entscheidungsbefugnis zu, solange keine behördlichen Anordnungen bestehen.[59] Der mit der Mutter nicht verheiratete Vater ohne Sorgerecht (298a) kann also nicht etwa von sich aus gegen den Willen der sorgeberechtigten Mutter ein Besuchsrecht beanspruchen. Vielmehr muss

---

57 SCHWENZER/COTTIER, BaKomm, Art. 274 N 17; Zum Besuchsrecht, wenn die künftigen Adoptiveltern es gestatten oder nach 274a: STETTLER, SPR III/2, 142; HEGNAUER, BeKomm, Art. 274 N 55.

58 HAUSHEER/GEISER/AEBI-MÜLLER, Familienrecht, Nr. 17.145; SCHWENZER/COTTIER, BaKomm, Art. 275 N 2; BREITSCHMID, HandKomm, Art. 275 N 1, 6. Im Einvernehmen mit dieser Person ist also persönlicher Verkehr möglich. Die Person hat ihre Befugnis nach Treu und Glauben so auszuüben, dass dem Verkehrsberechtigten ein angemessener persönlicher Verkehr ermöglicht wird: HEGNAUER, BeKomm, Art. 275 N 8.

59 Zur Problematik der Durchsetzung des behördlich festgelegten Besuchsrechts s. 107 II 303 f. (keine Anwendung von direkten Zwangsmitteln), 111 II 409 ff. und 118 II 392 ff. (Verweigerung der Vollstreckung nach Klage auf Abänderung). Siehe aber 120 Ia 373 ff. E. 3–5, der die Zulassung polizeilicher Mittel zur Durchsetzung des Besuchsrechts jedenfalls als nicht willkürlich erachtet; das urteilsfähige Kind kann selbständig staatsrechtliche Beschwerde gegen einen gerichtlichen Entscheid über die Zwangsvollstreckung des Besuchsrechts erheben (1250 Ia 371 f. E. 1). Bei einem Besuchsrecht des 4-jährigen Kindes können gegenüber dem Inhaber der elterlichen Sorge Zwangsmassnahmen angedroht werden; Kantonsgericht SG, 10. August 2006, in FamPra.ch 8 (2007), 174. Zum Ganzen HEGNAUER, BeKomm, Art. 275 N 151 ff.; DERS., in ZVW a.a.O. 177 f.; teilweise kritisch STETTLER, in ZVW 56 a.a.O. 28; MEIER/STETTLER, Filiation, Nr. 838 ff.; GROSSEN a.a.O. 1273 ff.

er an die Kindesschutzbehörde gelangen, welche ihren Entscheid unter Berücksichtigung von Art. 273 und 274 Abs. 2 fällt (275^1).

Der Grundsatz des *Art. 275 Abs. 1*, wonach für Anordnungen über den persönlichen   51
Verkehr *die Kindesschutzbehörde* (zu ihren Aufgaben: 118 Ia 476 f. E. 2c)[60] am *Wohnsitz des Kindes* zuständig ist, erfährt eine Ausnahme für den Fall, dass die Kindesschutzbehörde am *Aufenthaltsort* i. S. v. Art. 315 Abs. 2 bereits Kindesschutzmassnahmen getroffen hat oder trifft; diesfalls regelt die Aufenthaltsbehörde auch den persönlichen Verkehr. Gegen die Entscheidungen der Kindesschutzbehörde kann gemäss Art. 314 1 i. V. m. 450^1 Beschwerde beim zuständigen (kantonalen) Gericht erhoben werden. Gegen dessen Entscheid kann beim Bundesgericht die Beschwerde in Zivilsachen (72^2 lit. b Ziff. 6 BGG) eingelegt werden[61] (anders noch zur Berufung gemäss aOG: 107 II 499; 118 Ia 474 ff. E. 2).

Regelt das *Scheidungs- oder Eheschutzgericht* (133 und 176^3) die elterliche Sorge (296 ff.),   52
die Obhut oder den Unterhaltsbeitrag (276 f., 285 f.), so regelt es auch den persönlichen Verkehr (275^2). Für eine Abänderung der Anordnungen über den persönlichen Verkehr ist das Gericht nur in folgenden Konstellationen zuständig: 1. Die Eltern sind uneinig (134^3 zweiter Satz), oder 2. das Gericht hat gleichzeitig auch über die Änderung der elterlichen Sorge, der Obhut oder des Unterhaltsbeitrages (275^2) zu befinden. In allen anderen Fällen entscheidet die Kindesschutzbehörde (134^3 erster Satz). (S. in diesem Zusammenhang auch Art. 179; hierzu vorn § 29 N 27).

V.   Das Informations- und Auskunftsrecht

Unter dem Titel «*Information und Auskunft*» wird Eltern ohne elterliche Sorge eine   53
Anteilnahme am Wohlergehen ihres Kindes, über das sie keine elterliche Sorge (mehr) haben, ermöglicht.[62]

Nach dem *ersten Absatz des Art. 275a* sollen *Eltern* ohne elterliche Sorge über beson-   54
dere Ereignisse im Leben des Kindes *benachrichtigt* und vor Entscheidungen, die für die Entwicklung des Kindes wichtig sind, *angehört* werden. Dieses Informationsrecht

---

60 Dazu s. auch HEGNAUER, BeKomm, Art. 275 N 65 ff.; DERS., Grundriss a.a.O. Nr. 19.11 ff.;
    MEIER/STETTLER, Filiation, Nr. 798 ff.
61 TARKAN GÖKSU, Die Beschwerden ans Bundesgericht (Zürich/St. Gallen 2007), N 25.
62 Botsch. Ehescheidung, 160. Diese Bestimmung war im Rahmen des Vorentwurfs für die Schei-
    dungsrechtsrevision von besonderer Bedeutung, weil dort noch keine gemeinsame elterliche
    Sorge für unverheiratete Eltern vorgesehen war. Trotz der nunmehr vorhandenen Möglichkeit,
    unverheirateten Eltern die gemeinsame elterliche Sorge einzuräumen (298a), wird weiterhin
    in vielen Fällen lediglich ein Elternteil Inhaber der elterlichen Sorge sein. Daneben sind alle
    geschiedenen Ehepaare, bei denen die Voraussetzungen zum Belassen der gemeinsamen elter-
    lichen Sorge (133^3) nicht gegeben sind, von dieser Bestimmung betroffen. MATTHIAS DOLDER,
    Die Informations- und Anhörungsrechte des nichtsorgeberechtigten Elternteils nach Art. 275a
    ZGB (Diss. St. Gallen 2002).

(kein Mitentscheidungsrecht) ist bewusst nur als «Soll»-Bestimmung formuliert (sie ist nicht zwingend: 140 III 343 f. E. 2.1). Nimmt der berechtigte Elternteil überhaupt keinen Anteil am Wohlergehen des Kindes oder ist die Gesprächsbereitschaft zwischen den Eltern schwer gestört, kommt die Bestimmung wohl kaum zum Tragen (140 III 343 f. E. 2.1).[63]

55   Umso bedeutsamer ist diesfalls das *Erkundigungsrecht* gemäss *Art. 275a Abs. 2.* Danach kann der nicht sorgeberechtigte Elternteil *bei Drittpersonen,* die an der Betreuung des Kindes beteiligt sind (das Gesetz spricht namentlich von Lehrkräften, Ärztinnen und Ärzten), «in gleicher Weise» wie der Inhaber der elterlichen Sorge *Auskünfte* über den Zustand und die Entwicklung des Kindes *einholen* (140 III 343 f. E. 2.1). Es handelt sich hierbei nicht etwa um ein Kontrollrecht des Auskunftsberechtigten;[64] zudem sind die Persönlichkeitsrechte des Kindes zu wahren. Wohl aber geht die Auskunftspflicht des Dritten gegenüber dem gemäss Art. 275a Abs. 2 Auskunftsberechtigten gleich weit wie gegenüber dem Inhaber der elterlichen Sorge.[65] Die Aufgabe eines Erziehungsbeistands (308) kann darin bestehen, dem nicht obhutsberechtigten Elternteil bei der Wahrung seiner Rechte gemäss Art. 275a behilflich zu sein (BGer 5C.96/2000).

56   Gemäss *Art. 275a Abs. 3 gelten* die Bestimmungen über die *Schranken des persönlichen Verkehrs* und die *Zuständigkeit sinngemäss.* Die Verweisung auf die Schranken ist der Sache nach eine solche auf Art. 274, insbesondere auf dessen Abs. 2; danach kann bei Gefährdung des Kindeswohls auch das Informationsrecht und das Auskunftsrecht eingeschränkt oder aufgehoben werden. Die Verweisung auf die Zuständigkeit meint Art. 275 betreffend Anordnungen über den persönlichen Verkehr. Die Verweisung umfasst aber nicht Abs. 3 von Art. 275, denn solange im Sinn von Art. 275 Abs. 3 «noch keine Anordnungen» über Schranken des Informations- und Auskunftsrechts getroffen worden sind, gelten die zwei ersten Absätze des Art. 275a, welche die Zuständigkeiten zwischen Kindesschutzbehörde und Gericht aufteilen.

---

63   Siehe Botsch. Ehescheidung, 160 unten; REUSSER, ASR a.a.O. Nr. 4.55; SCHWENZER/COTTIER, BaKomm, Art. 275a N 6; BREITSCHMID, HandKomm, Art. 275a N 4; BÜCHLER/WIRZ, FamKomm, Art. 275a N 7.
64   BÜCHLER/WIRZ, FamKomm, Art. 275a N 11; MEIER/STETTLER, Filiation, Nr. 846; REUSSER, ASR a.a.O. Nr. 4.57.
65   Siehe Botsch. Ehescheidung, 161 oben.

§ 42 Die Unterhaltspflicht

Das Kindesrecht regelt ausführlich in den Art. 276–295 «Die Unterhaltspflicht der [1] Eltern»[1]. Die nachfolgende Darstellung behandelt nacheinander Fragen zur Unterhaltspflicht im Allgemeinen (N 2 ff.), die Festsetzung des Unterhaltsbeitrags (N 19 ff.), Fragen der Erfüllung der Unterhaltspflicht (N 54 ff.) und schliesslich Sonderfragen (N 69 ff.). Dabei wird auch auf die am 20. März 2015 verabschiedete Gesetzesnovelle zum Kindesunterhalt eingegangen.[2]

I. Die Unterhaltspflicht im Allgemeinen

Die Fragen zur Unterhaltspflicht im Allgemeinen betreffen den Inhalt des Unterhalts [2] (N 3 f.), die unterhaltspflichtigen Personen (N 9 ff.) sowie die Dauer der Unterhaltspflicht (N 15 ff.).

a. Der Inhalt

1. Die einzelnen Posten

Der Unterhalt umfasst, was ein Kind zum Leben braucht.[3] Neben dem für den unmit- [3] telbaren Lebensunterhalt Nötigen (Nahrung, Kleidung, Wohnung, Arznei, Befriedigung persönlicher Bedürfnisse[4]) gehören dazu gemäss Art. 276 Abs. 1 auch die Kosten von Erziehung, Ausbildung und Kindesschutzmassnahmen (BGer 8D_4/2013 E. 4.1).[5] Zu letzteren gehören auch die Kosten für die Fremdplatzierung (310).[6] Wäh-

---

1 Siehe dazu auch ANDREAS HAFFTER, Der Unterhalt des Kindes als Aufgabe von Privatrecht und öffentlichem Recht (Diss. Zürich 1984), ZSPR 40.

2 Schlussabstimmung vom 20. März 2015: Amtl. Bull. 2015 NR, 599; Amtl. Bull. 2015 StR, 30; Botschaft und Entwurf: BBl 2014, 529 ff.; 597 ff. S. dazu RUMO-JUNGO, Betreuungsunterhalt bei getrennt lebenden nicht verheirateten Eltern – ein Denkanstoss, in recht 26 (2008), 27 ff.; SCHWENZER/EGLI, Betreuungsunterhalt – Gretchenfrage des Unterhaltsrechts, in FamPra.ch 11 (2010), 18 ff.

3 Siehe die Definition bei HEGNAUER schon im Kommentar zu Art. 272 a. F. N 110: «Zum Unterhalt des Kindes gehört alles, was für sein Gedeihen in körperlicher, geistiger und seelischer Hinsicht nötig ist.» Dieser Anspruch auf Kindesunterhalt kann nicht vom ausländerrechtlichen Status des Kindes oder von einer Aufenthaltsbewilligung des sorgeberechtigten Elternteils abhängig gemacht werden: Obergericht LU, 15. Juli 2011 (3B 11 25), in FamPra.ch 13 (2012), 827 f.

4 Auch Rechtsschutz gehört dazu: 119 Ia 134; 127 I 206 E. 3d. S. dazu auch BREITSCHMID, BaKomm, Art. 276 N 22; HAUSHEER/SPYCHER, Handbuch, Nr. 06.14.

5 Dagegen gehören die Verfahrenskosten im Zusammenhang mit Kindesschutzmassnahmen (Gerichtsgebühren und Kosten von Gutachten) nicht zu den Unterhaltskosten und können den Eltern nicht nach Art. 276 Abs. 1 ZGB in Rechnung gestellt werden; Kantonsgericht FR, 25. März 2004, in FZR 13 (2004), 1. S. dazu auch BREITSCHMID, BaKomm, Art. 276 N 22; ROELLI/MEULI-LEHNI, HandKomm, Art. 276 N 4; WULLSCHLEGER, FamKomm Scheidung, Allg. Bem. zu Art. 276–293 N 4.

6 Dazu gehören auch die Prozesskosten (Kantonsgericht FR, 5. Februar 2004, in FZR 13 [2004], 39), und zwar grundsätzlich auch bei einem volljährigen Kind, gegenüber dem im Sinn von Art. 277

rend der *Unterhalt* alles Notwendige umfasst, betrifft *Unterstützung* einen Beitrag an den Unterhalt, zur Linderung von Not, zur Behebung von Bedürftigkeit (s. «Die Unterstützungspflicht» der Art. 328–330; dazu hinten § 46). Unterhalt und Unterstützung sind also nicht gleichzusetzen.

2. Form der Unterhaltsleistungen

4   Der Unterhalt kann und soll wenn möglich «in natura» durch *Pflege und Erziehung*[7] geleistet werden. Dies geschieht dann, wenn das Kind in häuslicher Gemeinschaft mit seinen Eltern lebt (276[2] erster Teilsatz). Lebt es nicht unter der tatsächlichen Obhut der Eltern, so ist der Unterhalt gemäss Art. 276 Abs. 2 zweiter Teil durch *Geldzahlung* zu leisten.[8] Waren die Eltern nie verheiratet und übernimmt die Mutter die Pflege und Erziehung, der Vater den Barbedarf, so muss er nicht für die Fremdbetreuungskosten aufkommen. Andernfalls wäre er gemäss Auffassung des Bundesgerichts doppelt belastet und würde neben den Geldleistungen indirekt auch die Pflege und Erziehung übernehmen, während die Mutter entlastet würde, da sie im Umfang der Fremdbetreuung weder Unterhalt in natura noch einen finanziellen Beitrag leistet (BGer 5A_775/2011 E. 2.2).[9] Dieser Entscheid zeigt, dass das geltende Recht die Betreuungskosten bzw. den Betreuungsaufwand für das Kind verkennt und diese Kosten zu Unrecht nicht zum Kindesunterhalt zählt, den beide gemeinsam zu übernehmen haben (dazu sogl. N 8). – Wie hoch der Unterhalt im Einzelfall ist, wird vom Gesetz im Zusammenhang mit der Unterhaltsklage geregelt (285: Bemessung des Unterhaltsbeitrags; 286: Veränderung der Verhältnisse – hierzu hinten N 35).

3. Revision

5   Mit der Gesetzesnovelle vom 20. März 2015 lauten Art. 276 Abs. 1 und 2 unter dem Randtitel «A. Allgemeines, I. Gegenstand und Umfang» wie folgt: «[1]Der Unterhalt wird durch Pflege, Erziehung und Geldzahlung geleistet. [2]Die Eltern sorgen gemeinsam, ein jeder Elternteil nach seinen Kräften, für den gebührenden Unterhalt des Kindes und tragen insbesondere die Kosten von Betreuung, Erziehung, Ausbildung und Kindesschutzmassnahmen.» Der Abs. 3 ist unverändert geblieben (s. unten N 14).

6   Der neue Abs. 1 von Art. 276 entspricht praktisch dem geltenden Abs. 2: Der Unterhalt wird entweder in natura durch Pflege und Erziehung oder durch Geldzahlung geleistet. Die Geldzahlungen werden nicht mehr davon abhängig gemacht, ob das Kind in der Obhut des Pflichtigen steht oder nicht.[10] Damit wird der Tatsache Rechnung getra-

---

Abs. 2 eine Unterhaltspflicht besteht (127 I 208 f. E. 3f). S. dazu auch BREITSCHMID, BaKomm, Art. 276 N 22; ROELLI/MEULI-LEHNI, HandKomm, Art. 276 N 4.

7   Zur Problematik der monetären Bewertung der Pflege- und Erziehungsleistungen s. WIDMER/ GEISER, Ein Vorschlag zur Bemessung der Kinderunterhaltsbeiträge, in AJP 9 (2000), 3 ff., 15.

8   Was in Sonderverhältnissen Lieferung von benötigten Naturalien und dadurch eingesparte Gelder nicht ausschliessen soll. Zur Erwerbsobliegenheit und zum hypothetischen Einkommen des unterhaltspflichtigen Elternteils: Kantonsgericht SG, 24. Januar 2006, in FamPra.ch 8 (2007), 191.

9   Kritisch dazu AEBI-MÜLLER, Aktuelle Rechtsprechung des Bundesgerichts zum Familienrecht, Jusletter 13. August 2012, Rz. 149 f.

10 Zum Ganzen Botsch. Kindesunterhalt (BBl 2014, 529 ff.), 572.

gen, dass die gemeinsame elterliche Sorge (auch ohne Ehe der Eltern oder nach deren Scheidung) die Regel ist (296, 298a) und häufig nicht mehr ein Elternteil die Obhut und der andere ein reines Besuchsrecht innehat. Vielmehr bestehen mehr und mehr Modelle der alternierenden Obhut (gleiche Betreuungsanteile für beide Eltern) oder der geteilten Obhut (Betreuung wird von beiden Elternteilen wahrgenommen, trotz ungleicher Anteile). In diesen Fällen erfüllen die Eltern ihren Unterhalt in natura *und* als Geldleistung. Die Obhut hat daher als Kriterium für die Bestimmung der Form der Unterhaltspflicht ihre Bedeutung verloren.

Der neue Abs. 2 von Art. 276 hält fest, dass die Eltern gemeinsam, nach ihren Kräften 7 für den gebührenden Unterhalt aufkommen und insbesondere die Kosten für Betreuung, Erziehung, Ausbildung und Kindesschutzmassnahmen tragen. Damit erwähnt das Gesetz die Betreuung des Kindes ausdrücklich als Teil des Kindesunterhalts. Die Betreuung umfasst sowohl Leistungen in natura wie auch die durch sie entstehenden finanziellen Auswirkungen. Auch diese gehören zu den Kinderkosten.[11] Sie sind von den Eltern gemeinsam zu tragen, ob sie verheiratet waren und geschieden sind oder ob die frühere faktische Lebensgemeinschaft aufgehoben wurde oder nicht. De lege lata hat nur die geschiedene Ehegattin, die weiterhin Kinderbetreuungspflichten wahrnimmt, Anspruch auf Berücksichtigung der entsprechenden Kosten im Rahmen des nachehelichen Unterhalts (125[1] Ziff. 6), während die nie mit dem Vater verheiratet gewesene Mutter für ihren eigenen Betreuungsaufwand und die direkten Betreuungskosten nicht entschädigt wird (138 III 692 E. 3.3.2; BGer 5A_775/2011 E. 2.2). Diese Ungleichbehandlung von Kindern unverheirateter Eltern gegenüber Kindern verheirateter Eltern soll behoben werden.[12]

Schliesslich stellt der neue Art. 285 Abs. 3 klar, dass der Unterhaltsbeitrag zum Voraus 8 zu entrichten ist und das Gericht Zahlungstermine festlegt. Auch diese explizite Regelung dient der Stärkung des Kindesunterhalts.

b. Die unterhaltspflichtigen Personen

Die Unterhaltspflicht trifft primär die Eltern (276[1]; nachfolgend N 11 f.). Sekundär 9 werden auch die Stiefeltern herangezogen (N 12). Die Grosseltern sind dagegen nicht unterhaltspflichtig, aber womöglich unterstützungspflichtig (N 13). Unter Umständen wird auch das Kind zur Deckung des eigenen Unterhalts beigezogen (N 14).

1. Die Eltern

Unterhaltspflichtig sind die Eltern (276[1] i. i.; vgl. auch den Titel des ganzen Abschnitts: 10 «Die Unterhaltspflicht der Eltern»). Die Unterhaltspflicht hängt also vom Bestehen eines Kindesverhältnisses ab,[13] trifft mithin insbesondere auch geschiedene (107 II

---

11 Botsch. Kindesunterhalt, 551; Rumo-Jungo, recht a.a.O. 34 ff.; Rumo-Jungo/Hotz, Der Vorentwurf zur Revision des Kindesunterhalts: ein erster Schritt, in Fampra.ch 14 (2013), 1 ff., 7 f.

12 Botsch. Kindesunterhalt, 552; Rumo-Jungo/Hotz a.a.O. 8; Schwenzer/Egli a.a.O. 24.

13 Zur Rechtslage bei nachträglicher Aufhebung eines zunächst bestehenden Kindesverhältnisses s. Geiser, Zur Rückforderung von Unterhaltsbeiträgen, in ZVW 56 (2001), 29 ff. und BGE 129 III 649 E. 2.3.

465) und unverheiratete Eltern.[14] Verheiratete Eltern haben die Kosten nach den Bestimmungen des Eherechts zu tragen (278[1]), d.h. nach den Regeln über die Wirkungen der Ehe im Allgemeinen (159 ff., insbesondere 163) und nach dem ehelichen Güterstand.[15] Beim Tod eines Elternteils ruht die Unterhaltslast ganz auf dem anderen.

11 Die *Gesetzesnovelle* zum Kindesunterhalt vom 20. März 2015 sieht in Art. 276a Abs. 1 sodann ausdrücklich vor, dass die Unterhaltspflicht gegenüber dem minderjährigen Kind anderen familienrechtlichen Unterhaltspflichten (gegenüber dem Ehegatten oder dem volljährigen Kind) vorgeht. Eine Ausnahme von diesem Grundsatz ist nur gegenüber volljährigen Kindern möglich (276a[2] nZGB). Dieser bisher von der Rechtsprechung entwickelte (so implizit 128 III 414 f. E. 3.2.2)[16] und implizit auch dem Art. 278 Abs. 2 zugrunde liegende Grundsatz bedeutet, dass das Gericht vor dem Ehegattenunterhalt oder dem nachehelichen Unterhalt den Betrag für den gebührenden Unterhalt des minderjährigen Kindes festlegt. Durch diesen Grundsatz wird die Stellung des Kindes gestärkt, namentlich auch in Mankosituationen (dazu hinten N 25), wenn der Unterhaltsanspruch des minderjährigen Kindes mit jenem des geschiedenen Ehegatten konkurriert.

2. Stiefeltern

12 Es stellt sich die Frage, ob auch *Stiefeltern* unterhaltspflichtig sind. Das Gesetz (278[2], s. auch 27[1] PartG betreffend Stiefeltern in eingetragener Partnerschaft) bejaht dies mit gewissen Einschränkungen: Die Pflicht besteht zunächst nicht dem Kind gegenüber, sondern dem anderen Gatten gegenüber (BGer 5A_384/2008 E. 4.2.1). Sodann handelt es sich um eine angemessene (4 ZGB) Beistandspflicht (s. 112 Ia 257 f.). Sie ist im Verhältnis zur elterlichen Unterhaltspflicht gegenüber den eigenen Kindern subsidiär (daher darf das Einkommen des Stiefvaters zur Berechnung der Unterhaltspflicht der Mutter grundsätzlich nicht herangezogen werden; 120 II 288 E. 2b). Schliesslich besteht die Pflicht nur im Verhältnis zu den «*vorehelichen*» Kindern. Damit sind entge-

---

14 HAUSHEER/GEISER/AEBI-MÜLLER, Familienrecht, Nr. 17.38; BREITSCHMID, BaKomm, Art. 276 N 9; HAUSHEER/SPYCHER, Handbuch, Nr. 06.44. S. dazu auch MEIER/STETTLER, Filiation, Nr. 1041 ff. Für den Fall des Konkubinats s. 106 III 17, der allerdings unter früherem Eherecht ergangen ist. Besteht nur eine Zahlvaterschaft nach altem Recht (und ist diese nicht etwa in ein neurechtliches Kindesverhältnis umgewandelt worden: 13a[1] SchlT), so bleiben die altrechtlichen Ansprüche bestehen und ist Art. 320 a. F. nach wie vor anwendbar: s. CYRIL HEGNAUER, Die Übergangsbestimmungen zum neuen Kindesrecht, in Mélanges Henri Deschenaux (Freiburg 1977), 151 ff., 175. Unverheiratete Eltern: MYRIAM MEILE, Alleinerziehung im Familien- und Sozialrecht (Diss. Freiburg, Zürich 2005), Schriften zum Sozialversicherungsrecht 14; MURER/RUMO-JUNGO, Der Schutz der Einelternfamilie in der Schweiz, in Zeitschrift für ausländisches und internationales Arbeits- und Sozialrecht 17 (2003), 109 ff.; RUMO-JUNGO/LIATOWITSCH, Nichteheliche Lebensgemeinschaft, vermögens- und kindesrechtliche Belange, in FamPra.ch 5 (2004), 895 ff.; BIDERBOST, Bezifferung des Unterhaltsanteils bei gemeinsamer elterlicher Sorge Unverheirateter (Art. 298a Abs. 1 ZGB)?, in FamPra.ch 8 (2007), 813 ff.

15 Hierzu WIDMER/GEISER a.a.O. 13; HAUSHEER/SPYCHER, Handbuch, Nr. 06.47; BREITSCHMID, BaKomm, Art. 276 N 9.

16 Kantonsgericht SG, 4.2.2013, FO.2012.44; siehe auch HAUSHEER/SPYCHER, Handbuch, Nr. 08.83 ff.

gen dem Sprachgebrauch nicht etwa die gemeinsamen, vor der Heirat der Eltern geborenen Kinder (259¹) gemeint, sondern die Stiefkinder, welche vor (und nicht während)
der nunmehr bestehenden Ehe gezeugt worden sind (s. 108 II 276 f.).[17] Im Übrigen ist
danach zu unterscheiden, ob das Kind in der Hausgemeinschaft des Stiefelternteils lebt
oder nicht: Ist dies der Fall, so gehört der Unterhalt des Stiefkindes zum Unterhalt der
Familie i. S. v. Art. 163 Abs. 1 (vgl. 108 II 277; 111 III 20); ist dies nicht der Fall, so ist
bei der Bestimmung der Beiträge der Ehegatten nach Art. 163 Abs. 2 zu berücksichtigen, dass die Kräfte des leiblichen Elternteils durch seine Unterhaltspflicht für das
Kind vermindert sind.[18] Mit Bezug auf während der Ehe gezeugte, nicht gemeinsame,
also «aussereheliche» Kinder, ergibt sich eine finanzielle Beistandspflicht zwar nicht aus
Art. 278 Abs. 2, aber aus der allgemeinen ehelichen Beistandspflicht (159³). Gestützt
darauf kann die Ehegattin des Unterhaltspflichtigen verpflichtet sein, eine Erwerbstätigkeit aufzunehmen oder eine bestehende auszudehnen (127 III 72; in 129 III 420 f.
teils relativiert).[19] – Schliesslich liegt es in der Natur der Sache, dass die Unterhaltspflicht des Stiefelternteils (278² und 159³) meist nicht von seiner Ehegattin selber, sondern jeweils in der Zwangsvollstreckung gegenüber der Ehegattin (vom Vater deren
Kinder) geltend gemacht wird (vgl. 78 III 124 f.; 109 III 102; 115 III 106; 123 III 332).

---

17 Hierzu HAUSHEER/SPYCHER, Handbuch, Nr. 06.55; BREITSCHMID, BaKomm, Art. 278 N 5;
    HEGNAUER, BeKomm, Art. 278 N 55 ff.; DERS., Der Unterhalt des Stiefkindes nach schweize-
    rischem Recht, in FS Wolfram Müller-Freienfels (Baden-Baden 1986), 271 ff.; BARBARA GRA-
    HAM-SIEGENTHALER, Das Stiefkind (insbesondere das «child of the marriage») im schweize-
    rischen und im kanadischen Familienrecht, Unter Berücksichtigung rechtsvergleichender und
    internationalprivatrechtlicher Gesichtspunkte (Diss. Zürich 1996), SStIR 95, 106 ff.; ALEXAN-
    DRA RUMO-JUNGO, Kindesunterhalt und neue Familienstrukturen, in Alexandra Rumo-Jungo/
    Pascal Pichonnaz (Hrsg.), Kind und Scheidung, Symposium zum Familienrecht 2005, Universität
    Freiburg (Zürich/Basel/Genf 2006), 30 f.; MARGARETA BADDELEY/AUDREY LEUBA, L'entretien
    de l'enfant du conjoint et le devoir d'assistance entre époux, in FS Suzette Sandoz (Genf 2006),
    175 ff.; BGE 129 I 6 E. 3.2.4: Im Fall der Alimentenbevorschussung dürfen die finanziellen Ver-
    hältnisse des Konkubinatspartners berücksichtigt werden. Die kantonale Bestimmung, wonach
    das Einkommen des Konkubinatspartners des obhutsberechtigten Elternteils anrechenbar ist,
    Alimentenbevorschussung also nur gewährt wird, wenn die Einkommen beider Partner zusam-
    men die Bevorschussungsgrenze nicht übersteigen, hält vor dem Willkürverbot stand (E. 3.1).
    Die dargestellte Regelung kann, soweit die Zulässigkeit der Gleichbehandlung von Stiefelternteil
    und Konkubinatspartner in Frage steht, verfassungskonform ausgelegt werden.
18 HEGNAUER, BeKomm, Art. 278 N 27 ff., 43 ff.; DERS., Grundriss, Nr. 20.09 ff.; BREITSCHMID,
    BaKomm, Art. 278 N 12; ZEITER, HandKomm, Art. 163 N 3; HAUSHEER/SPYCHER, Handbuch,
    Nr. 06.60 ff.; GRAHAM-SIEGENTHALER a.a.O. 116 ff. Zum subsidiären Charakter der Unterstüt-
    zungspflicht des Stiefvaters BGer 5C.218/2005 E. 3; BGer 5A_384/2008 E. 4.2.1 (keine Gleichbe-
    handlung von leiblichen Kindern und Stiefkindern) wie auch BGer 5C.112/2005 E. 3.2.1, BGer
    5C.53/2005 E. 4.2 und BGer 5C.82/2004 E. 3.3. Siehe dazu PASCAL PICHONNAZ, Le bien de
    l'enfant et les secondes familles (familles recomposées), in Claudia Kaufmann/Franz Ziegler
    (Hrsg.), Kindeswohl/Le bien de l'enfant (Zürich/Chur 2003), 166 ff.
19 HAUSHEER/REUSSER/GEISER, BeKomm, Art. 159 N 42; BRÄM/HASENBÖHLER, ZüKomm,
    Art. 159 N 143 f.; BREITSCHMID, BaKomm, Art. 278 N 5; ROELLI/MEULI-LEHNI, HandKomm,
    Art. 278 N 2; teilweise kritisch HEGNAUER, BeKomm, Art. 278 N 59 f., N 66. Zur Ungleichbe-
    handlung zwischen ehelichen und nichtehelichen Kindern RUMO-JUNGO a.a.O. 33 f.

3. Grosseltern

13   Grosseltern sind zwar nicht unterhaltspflichtig, aber u. U. unterstützungspflichtig (328[1]). Eine indirekte Unterhaltspflicht kann sich aber wie folgt ergeben: Sind die Grosseltern ihrem eigenen Sohn (dem Vater des Enkelkindes) gegenüber unterhaltspflichtig, so können diese Unterhaltsleistungen zur Beurteilung der Leistungsfähigkeit des unterhaltspflichtigen Vaters gegenüber seinem eigenen Kind berücksichtigt werden. Vorausgesetzt ist aber gemäss Bundesgericht, dass die Anrechnung der Zuwendungen im Ergebnis nicht dem Willen der Grosseltern widerspricht und diese ohnehin gegenüber ihrem Enkelkind unterstützungspflichtig sind (328[1]). Würden die Zuwendungen der Grosseltern nicht angerechnet, könnte dem unterhaltspflichtigen Vater der Abbruch seiner Weiterbildung und die Aufnahme einer Erwerbstätigkeit zugemutet werden (128 III 162 f. E. 2c).[20] Das dürfte nicht im Sinn der Grosseltern (Eltern des Vaters) sein, weshalb sie ein Interesse daran haben, dass ihre Unterhaltsleistungen an ihren Sohn letztendlich ihrem Enkelkind zugute kommen.

4. Kind

14   In einem gewissen Umfang können die Eltern durch *Beiträge des Kindes* entlastet werden: Das Kind hat im Rahmen des Zumutbaren[21] aus seinem Arbeitserwerb (der nach 323[1] ihm zufällt) oder aus anderen Mitteln (Sozialleistungen, anderes Kindesvermögen)[22] an den Unterhalt beizutragen (276[3]). Diese Regel ist im Kontext von Art. 285 einerseits und der Art. 319–323 (hinten § 43 N 31 ff.) andererseits auszulegen. Die Eltern werden hingegen ihrer Unterhaltspflicht grundsätzlich nicht enthoben, wenn das Kind seinen Lebensunterhalt dank Leistungen Dritter und nicht aus seinem Arbeitserwerb oder anderen Mitteln bestreitet. Erbringen Dritte freiwillig Leistungen und bezahlen sie eine Schuld der Eltern, so können sie sich nicht auf die Legalzession gemäss Art. 289 Abs. 2 berufen, welche nur dem Gemeinwesen zusteht, das für den Unterhalt aufkommt. Den Dritten stehen u. U. Rückgriffsansprüche aus Geschäftsführung ohne Auftrag zu (123 III 162 ff. E. 4; BGer 5C.55/2004).

c. Die Dauer

15   Art. 277 Abs. 1 erklärt: «Die Unterhaltspflicht … dauert bis zur Volljährigkeit des Kindes.» Mit dem BG über die Herabsetzung des Volljährigkeitsalters vom 7. Oktober 1994 (in Kraft seit dem 1. Januar 1996) ist auch Abs. 2 von Art. 277 revidiert worden. Danach haben die Eltern für den Unterhalt des Kindes aufzukommen, wenn dieses dann (also bei Erreichen der Volljährigkeit) noch keine angemessene Ausbildung hat

---

20   Zur Berücksichtigung freiwilliger Zuwendungen Dritter bei der Bemessung der Leistungsfähigkeit des Unterhaltsschuldners s. BGer 5C.55/2004, in FamPra.ch 6 (2005), 173, mit Bemerkungen von AESCHLIMANN, 176; HAUSHEER/SPYCHER, Handbuch, Nr. 01.44; SUTTER/FREIBURGHAUS, Art. 125 N 53; SCHWENZER, FamKomm Scheidung, Art. 125 N 18; GEISER, Neuere Tendenzen in der Rechtsprechung zu den familienrechtlichen Unterhaltspflichten, in AJP 2 (1993), 904.

21   STETTLER, SPR III/2, 303; BREITSCHMID, BaKomm, Art. 276 N 32; HAUSHEER/SPYCHER, Handbuch, Nr. 06.21 f.

22   Zu diesem Begriff s. BREITSCHMID, BaKomm, Art. 276 N 30 f.

(N 17).[23] Vorausgesetzt ist ferner, dass dies den Eltern «nach den gesamten Umständen zugemutet werden darf» (18 f.).[24]

1. Angemessene Ausbildung

Die vor 1996 ergangene Rechtsprechung zum *Vorliegen einer angemessenen* Ausbildung (BGer 5A_636/2013 E. 2.1) kann zwar grundsätzlich übernommen werden; doch wird im Licht von Art. 4 den Tatsachen Rechnung zu tragen sein, dass nunmehr schon die Achtzehnjährigen unter Art. 277 Abs. 2 fallen und dass eine ordentliche Ausbildung nur noch selten vor der Volljährigkeit abgeschlossen werden kann. So wurde denn auch der Grundsatz der früheren Rechtsprechung, die Unterhaltspflicht über die Volljährigkeit hinaus habe Ausnahmecharakter (118 II 98 und dort zitierte Entscheide) seit der Neufassung von Art. 277 relativiert (127 I 208 E. 3f; 129 III 377 E. 3.1; 137 III 588 E. 1.2).[25] Im Zeitpunkt der Volljährigkeit ist mithin zu prüfen, ob das Kind bereits eine angemessene Ausbildung hat.[26] Dies ist zu verneinen, wenn es sich in einem bestimmten Ausbildungsgang befindet oder wenn die zu diesem Zeitpunkt genossene Ausbildung allgemeiner oder berufsbildender Art ist.[27] Hat es dagegen eine Berufslehre abgeschlossen, so beurteilt sich die Angemessenheit einer Zweitausbildung nach den bei Eintritt der Volljährigkeit erkennbaren Fähigkeiten und Neigungen (also nicht mehr nach einem beruflichen Plan, s. dazu 107 II 406 und 465; 109 II 371; 111 II 410

16

---

23   Vorher war relevant, ob sich das Kind bei Volljährigkeit *noch* in Ausbildung befindet; die Unterhaltspflicht dauerte dementsprechend so lange, bis *diese* Ausbildung ordentlicherweise abgeschlossen werden konnte. – Die Prozesskosten für volljährige Kinder gehören – wie für minderjährige Kinder – zu den Unterhaltskosten, die von den Eltern zu übernehmen sind, wenn diese eine Unterhaltspflicht i. S. v. Art. 277 Abs. 2 trifft (127 I 208 E. 3f).

24   Zum Verhältnis zwischen nachehelichem Unterhalt gemäss Art. 125 bzw. 153 a. F. und Unterhalt an das volljährige Kind s. Tessiner Appellationsgericht, in FamPra.ch 1 (2000), 122 ff. Zum Verhältnis zwischen der Unterhaltspflicht gegenüber dem Ehegatten und dem Unterhalt an das volljährige Kind s. BGE 132 III 111 f. E. 2.3.

25   Roelli/Meuli-Lehni, HandKomm, Art. 278 N 2; Breitschmid, BaKomm, Art. 277 N 4 f.; Wullschleger, FamKomm Scheidung, Allg. Bem. zu Art. 276–293 N 23; Hausheer/Spycher, Handbuch, Nr. 06.89 f.; Hausheer/Geiser/Aebi-Müller, Familienrecht, Nr. 17.47; a. M. Hegnauer, BeKomm, Art. 277 N 23 ff.

26   Hegnauer, BeKomm, Art. 277 N 57 f., 72 ff.; ders., Grundriss, Nr. 20.24a; zum Ganzen vgl. Hausheer/Spycher, Handbuch, Nr. 06.102 ff.; Hausheer/Geiser/Aebi-Müller, Familienrecht, Nr. 17.48. Nach Breitschmid, BaKomm, Art. 277 N 10 f., ist aber eine gewisse Kohärenz und Kontinuität des Ausbildungsgangs erforderlich.

27   Hegnauer, BeKomm, Art. 277 N 55 f., 66 ff.; ders., Grundriss, Nr. 20.24a; Hausheer/Spycher, Handbuch, Nr. 06.86 ff.; Breitschmid, BaKomm, Art. 277 N 12 f. Das Gymnasium und die universitäre Ausbildung bilden eine Einheit: BGer 5C.205/2004, in FamPra.ch 6 (2005), 414 ff. Ebenso stellt die Absolvierung der Handelsmittelschule, ein daran anschliessendes einjähriges Praktikum und das Bestehen der kaufmännischen Berufsmatura keinen Ausbildungsabschluss dar: BGer 5C.249/2006 E. 3.2.3, in FamPra.ch 8 (2007), 440 ff. Hingegen bilden zwei Fähigkeitsausweise (als Büroangestellter und anschliessend als kaufmännischer Angestellter) einen Ausbildungsabschluss. Daher muss der Betreffende die Ausbildung zur Berufsmatura und das daran anschliessende Hochschulstudium selbst finanzieren; Kantonsgericht FR, 18. Juli 2006, in FamPra.ch 8 (2007), 187 ff.

und 413; 112 II 199; 113 II 374; 114 II 205; 115 II 123; 117 II 131 f. und 372; s. auch die Zusammenfassung der bisherigen Rechtsprechung in 118 II 98 E. 4a).[28] Konsequenterweise dauert die allfällige Unterhaltspflicht nicht mehr «bis diese Ausbildung», sondern «bis eine entsprechende Ausbildung» ordentlicherweise abgeschlossen werden kann (BGer 5A_636/2013 E. 2.1).[29]

2. Zumutbarkeit

17   Die Frage der Zumutbarkeit der Finanzierung der Ausbildung durch die Eltern beurteilt sich einerseits in finanzieller Hinsicht und andererseits in persönlicher Hinsicht (BGer 5A_636/2013 E. 2.1): Im Vordergrund stehen *wirtschaftliche Umstände*. Die Übernahme der Ausbildungskosten ist dem Unterhaltspflichtigen wirtschaftlich zumutbar, wenn ihm noch Einkommen verbleibt, das 20% des erweiterten Notbedarfs übersteigt (BGer 5C.238/2003 E. 2.1; BGer 5A_785/2010 E. 4.1; 127 I 207 E. 3; 121 III 22 E. 3a; 118 II 99 E. 4b/aa). Bei der Berechnung des um 20% erhöhten Notbedarfs können nur die tatsächlich benötigten und bezahlten Beträge berücksichtigt werden (BGer 5A_785/2010 E. 4.1). Soweit dem Kind ein eigener Beitrag an die Kosten zugemutet werden kann, reduziert sich die Unterhaltspflicht der Eltern.[30] Nach der Rechtsprechung des Bundesgerichts ist weiter zu prüfen, ob den Eltern die Kosten-

---

28   Breitschmid, BaKomm, Art. 277 N 12; Hausheer/Geiser/Aebi-Müller, Familienrecht, Nr. 17.48; Hausheer/Spycher, Handbuch, Nr. 06.93, 06.103. Für die Anwendung des Art. 277 Abs. 2 hatte wichtige Vorarbeit geleistet: Jakob Grob, Die familienrechtlichen Unterhalts- und Unterstützungsansprüche des Studenten (Diss. Bern 1975). Eine plastische Darstellung der (damaligen) Rechtslage gibt Cyril Hegnauer, Die Dauer der elterlichen Unterhaltspflicht, in FS Max Keller (Zürich 1989), 19 ff., 25 ff. Kinderfreundlich kritisch analysiert die Rechtsprechung Stettler, SPR III/2, 303 ff.; s. auch ders., L'obligation d'entretien à l'égard des enfants majeurs, in ZBJV 128 (1992), 133 ff. Zur neueren Rechtsprechung: Peter Breitschmid/Alexandra Rumo-Jungo, Ausbildungsunterhalt für mündige Kinder, Bemerkungen zur jüngeren Rechtsprechung des Bundesgerichts und Thesen, in Ingeborg Schwenzer/Andrea Büchler (Hrsg.) Dritte Familienrecht§Tage (Bern 2006), Schriftenreihe zum Familienrecht FamPra.ch 5, 83 ff.; Breitschmid/Vetsch, Mündigenunterhalt (Art. 277 Abs. 2 ZGB) – Ausnahme oder Regel?, in FamPra.ch 6 (2005), 471 ff. Zum Verhältnis zwischen Ehegatten- und Volljährigenunterhalt BGE 132 III 211 E. 2.3 sowie BGer 5P.7/2006 E. 2.2.2.

29   Der Entwurf hatte noch eine feste Grenze von 25 Jahren vorgesehen: Botsch. Kindesverhältnis, in BBl 1974 II 1 ff., 57; Entwurf Kindesverhältnis Art. 277 Abs. 2. Eine absolute zeitliche Begrenzung der Unterhaltspflicht auf das vollendete 25. Altersjahr besteht zivilrechtlich nicht, weshalb die begrenzte Anerkennung der Unterhaltspflicht bis höchstens zum 25. Altersjahr im Rahmen der Taggeldfestsetzung in der AVIG nicht gesetzmässig ist: BGE 130 V 237 E. 3. Eine zeitliche Begrenzung gestützt auf Art. 277 Abs. 2 ZGB stellt auch kein massgebendes Prinzip des schweizerischen Ordre public dar. Eine Unterhaltsverpflichtung nach tunesischem Recht, die andauert, bis die Töchter über eigene Einkünfte oder einen Unterhaltsanspruch gegenüber einem Ehemann verfügen, wurde daher vom Bundesgericht geschützt: BGer 5C.89/2004; dazu Schwander, Schweizerisches Bundesgericht, II. Zivilabteilung, Urteil vom 25.6.2004 i.S. X. c. X (5C.89/2004), Berufung (keine amtliche Publikation vorgesehen), in AJP 14 (2005), 235 ff.

30   Roelli/Meuli-Lehni, HandKomm, Art. 277 N 3; Hausheer/Spycher, Handbuch, Nr. 06.107 ff. m. w. H. Eine Nebenerwerbstätigkeit im Umfang von 20% ist je nach Studiengang, i.c. ein phil. I-Studium, der Studierenden zuzumuten: BGer 5C.150/2005 E. 4.4.2, in FamPra.ch

übernahme *in persönlicher Hinsicht* zumutbar ist. Unter diesem Gesichtspunkt kann das persönliche Verhalten des Kindes eine Rolle spielen (111 II 413; 113 II 374; 114 II 205; 117 II 131 f. E. 5; 129 III 379 E. 4.2; BGer 5A_860/2011 E. 2; 5A_636/2013 E. 4.1; 5A_627/2013 E. 6.1; 5A_503/2012 E. 3, 4).[31] Dabei wird argumentiert, bei anderer Sichtweise würden die Schuldner auf blosse Zahleltern («parent payeur»; BGer 5C.270/2002 E. 2.1) reduziert. Das Bundesgericht geht davon aus, ein volljähriges Kind könne bei gutem Willen und etwas Anstrengung die Spannungen mit dem unterhaltspflichtigen Elternteil überwinden (129 III 379 f. E. 4.1 und 4.2). Eine besondere Zurückhaltung ist jedoch geboten, wenn das Fehlverhalten eines Kindes geschiedener Eltern zu beurteilen ist. Es sind die starken Gefühle zu berücksichtigen, welche eine Scheidung beim Kind hervorrufen kann, sowie die Spannungen, die gewöhnlicherweise entstehen, ohne dass ihm Vorwürfe gemacht werden könnten. Beharrt das Kind aber nach Eintritt der Volljährigkeit auf seiner Ablehnungshaltung gegenüber dem Elternteil, obwohl dieser sich ihm gegenüber korrekt verhalten hat, so gereicht ihm diese Haltung zum Verschulden (BGer 5C.270/2002; s. auch 5A_560/2011 E. 4: Streitlust und feindselige Haltung sowie grundlose Verweigerung des persönlichen Verkehrs; ferner BGer 5A_627/2013 E. 6.1; 5A_503/2012 E. 3, 4). Je jünger ein Kind ist, desto mehr ist es auf Ausbildungsunterhalt angewiesen, aber auch umso weniger dazu fähig, von traumatisierenden Erfahrungen in der Kind-Eltern-Beziehung Abstand zu gewinnen. Je älter hingegen ein Kind ist, desto weniger ist es im Allgemeinen auf Ausbildungsunterhalt angewiesen, aber auch umso eher sollte es in der Lage sein, zu früheren Vorkommnissen Abstand zu gewinnen (129 III 379 E. 4.1; 120 II 179 f. E. 3c; BGer 5C.205/2004; 5A_563/2008 E. 5.1; 5A_503/2012 E. 3).[32]

---

7 (2006), 480 ff.; verneint für eine Ausbildung zum Ingenieur an einer Fachhochschule: BGer 5A_266/2007 E. 3.1.2.

31 Dazu ROELLI/MEULI-LEHNI, HandKomm, Art. 277 N 3 f.; HAUSHEER/SPYCHER, Handbuch, Nr. 06.113 ff.; BREITSCHMID, BaKomm, Art. 277 N 18 f.

32 Kritisch dazu BREITSCHMID/RUMO-JUNGO a.a.O. 87 f.: Von einer jungen 24-jährigen Frau, deren Eltern sich scheiden liessen, als sie 10-jährig war (nachdem bereits seit einigen Jahren massive Spannungen bestanden hatten), und die während der letzten zehn Jahre jeglichen Kontakt mit ihrem Vater verweigert hatte, wurden gewisse Anstrengungen für die Aufnahme eines minimalen Kontakts erwartet. Sie sollte damit selber nachprüfen, ob ihre Eindrücke vom Vater aus der Jugendzeit heute noch zutreffen. Weil sie dies verweigerte und gleichzeitig dem Vater keine schwerwiegenden Verfehlungen vorgeworfen werden konnten (welche auch im Fall einer vollständigen Kontaktverweigerung durch das Kind die Aufrechterhaltung der Unterhaltspflicht rechtfertigen würden), war dieser nicht mehr zur Leistung von Unterhaltszahlungen verpflichtet. Kann dem Kind nicht die ganze Verantwortung für den Abbruch der Beziehungen gegeben werden, besteht grundsätzlich eine Unterhaltspflicht. In casu hatte das Bundesgericht die Rechtmässigkeit der vorinstanzlichen Lösung, wonach Unterhalt geschuldet, der Betrag aber reduziert wird, nicht zu beurteilen (BGer 5C.270/2002). In BGer 5C.231/2005, in FamPra.ch 7 (2006), 488 ff., relativierte das Bundesgericht seine bisherige Praxis, die es zuletzt in BGE 129 III 379 E. 4.2 bestätigt hatte (das Verweigern jeglichen Kontakts mit dem pflichtigen Elternteil durch das erwachsene Kind führt in der Regel zur Unzumutbarkeit der Unterhaltsleistung). S. dazu auch: BREITSCHMID/RUMO-JUNGO a.a.O. 87 f. und BGer 5C.94/2006, in FamPra.ch 8 (2007), 442. Der Bruch zwischen Vater und Tochter ist nicht allein auf von Letzterer zu vertretende Umstände zurückzuführen, deshalb ist weiterhin Mündigenunterhalt geschuldet: BGer

18   Nach hier vertretener Ansicht ist die Prüfung des Verschuldens am Beziehungsabbruch
      problematisch: Es ist schwierig, wenn nicht sogar unmöglich, im Rückblick eine lange
      Beziehungsgeschichte zwischen Eltern und Kind zu erfassen und zu beurteilen. Diese
      Einsicht lag ja auch der Revision des Ehescheidungsrechts von 1998 zugrunde, welche
      das Verschulden als Scheidungsgrund aufgehoben hat. Nachdem selbst im Eheschei-
      dungsrecht das Verschulden für die Frage des nachehelichen Unterhalts nicht mehr
      relevant ist (125[2]), wäre richtigerweise auch der Volljährigenunterhalt nicht mehr ver-
      schuldensabhängig, sondern rein kausal auszugestalten.[33] De lege ferenda sollte daher
      in Art. 277 Abs. 2 einzig die wirtschaftliche Zumutbarkeit als Voraussetzung erwähnt
      werden.

II.   Die Festsetzung des Unterhaltsbeitrags

19   Die Unterhaltspflicht des nicht obhutsberechtigten Elternteils wird entweder durch
      Gerichtsentscheid (279 ff.; nachstehend N 35 f.) oder vertraglich (287 f.; nachstehend
      N 37) festgelegt. Da die Unterhaltspflicht durch Geldzahlungen erfüllt wird, stellt sich
      die Frage nach der Bemessung der Beiträge. Diese regelt das Gesetz unter dem Rand-
      titel der Klage in Art. 285. Dieselben Grundsätze sind indessen bei der vertraglichen
      Bemessung massgeblich. Die Bemessung des Unterhaltsbeitrags wird daher vor den
      beiden Arten der Festsetzung behandelt (nachstehend N 20 ff.).

a. Die Bemessung des Unterhaltsbeitrags

20   Bei der Bemessung des Unterhaltsbeitrags sind Dauer der Festsetzung (N 21) und Höhe
      des Beitrags (N 22 ff.) zu unterscheiden. Ferner sind die einmal festgelegten Unter-
      haltsbeiträge unter Umständen den veränderten Verhältnissen anzupassen (N 35 ff.).

1. Dauer der Festsetzung

21   Der Unterhaltsbeitrag wird in der Regel *für die Zukunft* verlangt und kann (unter Vor-
      behalt von 286[2]) für die gesamte präsumtive Dauer der Unterhaltspflicht vom Gericht
      festgesetzt werden. Für die Vergangenheit können nur noch Beiträge *bis zu einem Jahr*
      vor der Klageerhebung geltend gemacht werden (279[1] i. f.; vgl. 173[3]): Nach dem Grund-
      satz «in praeteritum non vivitur» soll der Unterhalt nicht für eine unbestimmte Dauer
      der Vergangenheit gefordert werden können, der berechtigten Person aber immerhin
      eine gewisse Zeit für eine gütliche Einigung eingeräumt werden (115 II 204).[34] Diese
      Rückwirkung ist auf Abänderungsklagen zu Gunsten des Unterhaltsschuldners nicht

---

      5C.205/2004, in FamPra.ch 6 (2005), 414 ff. Die Verweigerung jeglichen Kontakts zum Kind
      kommt einer schweren Verletzung familienrechtlicher Pflichten gleich. Dem mündigen Kind
      kann bei konsequent ablehnendem Verhalten des Unterhaltspflichtigen kein Vorwurf gemacht
      werden, so dass Mündigenunterhalt weiterhin zumutbar ist: BGer 5C.237/2005 E. 4.3.2, in Fam-
      Pra.ch 7 (2006), 482.

33   BREITSCHMID/RUMO-JUNGO a.a.O. 87 f.; s. auch BREITSCHMID, BaKomm, Art. 277 N 19.

34   Zur Problematik des Verzichts auf künftige Unterhaltsbeiträge s. 119 II 7 f. E. 4b und hierzu teils
      kritisch HEGNAUER, Grundriss, Nr. 23.05.

anwendbar (127 III 504 f. E. 3b/aa; 128 III 311 E. 6a).[35] Umgekehrt gilt die Begrenzung auf ein Jahr nicht für die Rückforderung des vormaligen rechtlichen Vaters gegenüber dem später anerkennenden leiblichen Vater. Wird nämlich ein Kindesverhältnis durch Anerkennung oder Vaterschaftsurteil nachträglich hergestellt, entsteht die materiell-rechtliche Unterhaltsverpflichtung des Vaters rückwirkend auf den Zeitpunkt der Geburt (129 III 654 E. 5.2). Dieser Anspruch, der zeitgleich mit der Vaterschaft rückwirkend entsteht, kann im Rahmen der üblichen Verjährungsfristen (127 OR) geltend gemacht werden.

2. Höhe des Unterhaltsbeitrags

Für die *Höhe des Unterhaltsbeitrags* stellt Art. 285 Abs. 1 auf folgende Kriterien ab (hierzu 116 II 110 ff.; BGer 5A_513/2012 E. 4; 5A_70/2013 E. 4.1; 5A_634/2013 E. 3.1.2; 5A_142/2013 E. 3.1): auf die Bedürfnisse[36] des Kindes, auf Lebensstellung *und* Leistungsfähigkeit der Beklagten (die Eltern können über oder unter ihren Verhältnissen leben!) sowie auf Vermögen und Einkünfte des Kindes (135 III 70 E. 4; 137 III 120 E. 2.3; BGer 5A_936/2012 E. 2; 5A_906/2012 E. 4).[37]

22

---

35   So BREITSCHMID, BaKomm, Art. 286 N 7; ROELLI/MEULI-LEHNI, HandKomm, Art. 286 N 3; a. M. HEGNAUER, BeKomm, Art. 286 N 94; WULLSCHLEGER, FamKomm Scheidung, Art. 286 N 15.

36   BREITSCHMID, BaKomm, Art. 285 N 5 ff.; WULLSCHLEGER, FamKomm Scheidung, Art. 285 N 4 ff.; ROELLI/MEULI-LEHNI, HandKomm, Art. 285 N 1 ff. Zu den Bedürfnissen des Kindes gehören auch die auf die Kinderunterhaltsbeiträge entfallenden Steuern, weil das Kind selber Steuersubjekt ist: LGVE 1994 I, 4 ff., in SJZ 92 (1996), 31 f. Zum Umfang des Unterhalts, wenn der Kindesunterhalt als Schaden wegen fehlgeschlagener Sterilisation zu ersetzen ist: BGE 132 III 359; RUMO-JUNGO, Kindesunterhalt als Schaden: familienrechtliche Aspekte, in HAVE 5 (2006), 375 ff.; MÜLLER, Les frais d'entretien d'un enfant non planifié: dommage réparable?, in Revue de droit de la santé 2006, 119. Die Prozesskosten für volljährige Kinder gehören – wie für minderjährige Kinder – zu den Unterhaltskosten, die von den Eltern zu übernehmen sind, wenn diese eine Unterhaltspflicht i. S. v. Art. 277 Abs. 2 trifft (127 I 208 E. 3f).

37   Hierzu HANS WINZELER, Die Bemessung der Unterhaltsbeiträge für Kinder (Diss. Zürich 1974); WULLSCHLEGER, FamKomm Scheidung, Art. 285 N 1 ff.; ROELLI/MEULI-LEHNI, HandKomm, Art. 285 N 1 ff.; BREITSCHMID, BaKomm, Art. 285 N 1 ff.; WIDMER/GEISER a.a.O. 11 ff. Praktische Hinweise geben die Empfehlungen zur Bemessung von Unterhaltsbeiträgen für Kinder, herausgegeben vom Amt für Jugend und Berufsberatung des Kantons Zürich (Zürich 2000). Tabelle zum durchschnittlichen Unterhaltsbedarf vom 1. Januar 2008: http://www.lotse.zh.ch/ documents/ajb/fj/allg/durchschnittlicher_unterhaltsbedarf_08.pdf (zuletzt besucht am 22. September 2008). Die Zürcher-Tabellen beziehen sich auf städtische Verhältnisse. Bei einem tieferen Niveau der Lebenskosten rechtfertigt sich ein Abzug: BGer 5C.171/2003, in FamPra.ch 5 (2004), 377. Ohne Anpassungen dürfen die Zürcher-Tabellen hingegen übernommen werden, wenn das Einkommen eines Haushalts, unter Hinzurechnung der Steuerkosten, 20% über dem erweiterten Existenzminimum liegt; Kantonsgericht FR, 28. Mai 2004, in FamPra.ch 6 (2005), 646; Kantonsgericht FR, 2. November 2004, in FamPra.ch 6 (2005), 977. BÄHLER, Scheidungsunterhalt – Methoden der Berechnung, Höhe, Dauer und Schranken, in FamPra.ch 8 (2007), 465 ff.; ANNETTE SPYCHER/DANIEL BÄHLER, Berechnung des Kindesunterhalts, in Alexandra Rumo-Jungo/Pascal Pichonnaz (Hrsg.), Kind und Scheidung, Symposium zum Familienrecht 2005, Universität Freiburg (Zürich/Basel/Genf 2006), 209 ff.; BASTONS BULLETTI, L'entretien après divorce: méthodes de calcul, montant, durée et limites, in Semjud 129 (2007, II 77; EPI-

23   Das gilt auch nach *der Gesetzesnovelle* vom 20. März 2015 weiterhin unverändert: Der
      neue Abs. 1 von Art. 285 unterscheidet sich nur insofern vom geltenden Recht, als er
      das Kriterium «Beitrag des nicht obhutsberechtigten Elternteils an der Betreuung des
      Kindes» nicht mehr erwähnt. Dies korreliert mit der Neufassung von Art. 276 Abs. 2
      (s. vorne N 5).

24   De lege lata ist dagegen auch der *«Beitrag des nicht obhutsberechtigten Elternteils an der
      Betreuung des Kindes»*[38] zu berücksichtigen. So ist ja etwa denkbar, dass die Mitbetreu-
      ung durch den anderen Elternteil dem obhutsberechtigten Elternteil die Anstellung
      eines Babysitters erspart; umgekehrt kann die Nichtausübung des Besuchsrechts durch
      den Vater zu einer beachtlichen finanziellen Mehrbelastung der obhutsberechtigten
      Mutter führen.[39] Diesen Faktoren soll – allerdings nicht mit kleinlichen Aufrechne-
      reien – in der Praxis Rechnung getragen werden.[40] Die Gesetzesnovelle vom 20. März
      2015 führt neu die Berücksichtigung der Betreuungskosten als Teil der von den Eltern
      gemeinsam zu tragenden Kinderkosten ein (dazu hinten N 31).

      Die einzelnen Kriterien:

25   a. *Lebenshaltung und Leistungsfähigkeit der Eltern:* Für die von Vater und Mutter zu
      erbringenden Unterhaltsbeiträge ist auf ihre jeweils unterschiedliche Lebenshaltung
      abzustellen (116 II 113 f. E. 3b; 120 II 289 E. 3a/cc). Für die Beurteilung ihrer *Leistungs-
      fähigkeit* ist grundsätzlich vom tatsächlich erzielten Erwerbseinkommen der unter-
      haltspflichtigen Person auszugehen. Soweit dieses Einkommen nicht ausreicht, um den
      ausgewiesenen Bedarf zu decken, kann ein hypothetisches Einkommen angerechnet
      werden, sofern dieses zu erreichen zumutbar und möglich ist (128 III 5 E. 4a; 127 III
      139 E. 2a; 137 III 120 f. E. 2.3; BGer 5A_513/2012 E. 4; 5A_309/2012 E. 3.2; 5A_70/2013
      E. 4.2). Es sind auch Erwerbsmöglichkeiten in Betracht zu ziehen, die keine abgeschlos-
      sene Berufsbildung erfordern und die im Tieflohnbereich liegen (137 III 121 E. 3.1).
      Zur Bestimmung der *Leistungsfähigkeit* der Unterhaltsschuldnerin hat bei knappen
      finanziellen Verhältnissen deren Steuerlast ausser Acht zu bleiben (126 III 356 E. 1a/
      aa; 127 III 70 E. 2b; 128 III 259 E. 4a/bb). Das gilt nicht, wenn der Unterhaltsschuldner
      der Quellensteuer unterliegt (BGer 5A_352/2010 E. 5 und 6.2.1; BGer 5A_332/2013

      NEY-COLOMBO, Aide-mémoire pour le calcul de la contribution d'entretien (méthode tessi-
      noise), in FamPra.ch 6 (2005), 271 ff., 277 ff. Wohnen die neue Lebensgefährtin und deren
      Mutter beim Unterhaltspflichtigen, kann der von diesen beanspruchte Wohnraum mit einem
      Mietwert in der Berechnung der Leistungsfähigkeit des Unterhaltspflichtigen berücksichtigt
      werden: BGer 5P.367/2006. Was die Kinderkosten als solche angeht, s. JOSEPH DEISS/MARIE-
      LUCE GUILLAUME/AMBROS LÜTHI, Kinderkosten in der Schweiz, Untersuchung über die Äqui-
      valenzskalen der Einkommen (Freiburg 1988).

38   Zur Problematik der monetären Bewertung der Pflege- und Erziehungsleistungen s. WIDMER/
      GEISER a.a.O. 15. Zur Bewertung der Pflege und Erziehung s. Zürcher Empfehlungen (Anm. 29),
      Beiblatt. S. auch die in Anm. 36 erwähnte Tabelle zum durchschnittlichen Unterhaltsbedarf vom
      1. Januar 2008.

39   Siehe diese Beispiele in Botsch. a.a.O. 161.

40   Botsch. a.a.O. 161.

E. 4).[41] Das betreibungsrechtliche Existenzminimum der Schuldnerin ist zu schützen (101 II 23 f.; 123 III 4 ff. E. 3b; vgl. auch 126 III 355 E. 1a/aa; 127 III 291 f. E. 2a; BGer 5A_936/2012 E. 2)[42]; die unterhaltsrechtliche Gleichbehandlung aller Kinder rechtfertigt keine Ausnahme davon (127 III 71 E. 2c; zur Bestimmung des massgeblichen Existenzminimums s. vorn § 24 N 60). In einem solchen Fall kann es gerechtfertigt sein, dass der sorgeberechtigte Elternteil neben der Erziehung und Pflege auch für den Unterhalt des Kindes aufkommen muss (BGer 5A_766/2010 E. 4.2), notfalls sogar für die Kosten der Ausübung des Besuchsrechts (5A_292/2009 E. 2.3.1.3; dem Besuchsberechtigten wird diesfalls aber zugemutet, seine Wohnkosten zu reduzieren). Übersteigt das Einkommen des Unterhaltspflichtigen sein Existenzminimum, so ist der Überschuss zwischen den unterhaltsberechtigten Kindern entsprechend ihren Bedürfnissen zu verteilen. Genügt der Überschuss nicht für alle Bedürfnisse, so ist das Manko zwischen allen Kindern aufzuteilen. Liegt das Einkommen des Unterhaltspflichtigen unter dem Existenzminimum, so besteht kein Überschuss und den Kindern können dementsprechend auch keine Unterhaltsbeiträge zugesprochen werden. Reicht das Einkommen des Unterhaltsschuldners nicht aus, kann geprüft werden, ob der neue Ehegatte nach den Grundsätzen von Art. 278 Abs. 2 ZGB für den Unterhalt der vorehelichen Kinder aufzukommen hat (137 III 61 ff. E. 4; BGer 5A_62/2007 E. 6.2).

Das Kind hat grundsätzlich Anspruch auf Teilhabe an der *Lebenshaltung* der unterhaltspflichtigen Person (BGer 5A_229/2013 E. 5). Im Einzelfall kann sich aber aus erzieherischen Gründen eine gewisse Zurückhaltung bei der Festlegung des Unterhalts (nach oben) rechtfertigen (116 II 113 E. 3c; 120 II 291 E. 3b/bb). Im Einzelfall kann daher von einem tieferen als dem von den Eltern gelebten Lebensstandard ausge- 26

---

41 Die strikte Nichtanrechnung der laufenden Steuern kann aber letztlich zu einem (an sich unzulässigen) Eingriff in das Existenzminimum des Unterhaltsschuldners sowie unter Umständen gleichzeitig zu einer Ungleichbehandlung von Unterhaltsgläubiger und -schuldner führen: HAUSHEER/SPYCHER, Handbuch, Nr. 05.139 f.; BÄHLER, Unterhalt bei Trennung und direkte Steuern, in ZBJV 138 (2002), 16 ff., 24 f.; CADOSCH, Die Berücksichtigung der Steuerlast des Pflichtigen bei der Festsetzung von (Kinder-)Unterhaltsbeiträgen, in ZBJV 137 (2001), 145 ff.; RAMSEIER, Konflikt in der Familie: Harmonie in der Besteuerung?, in FamPra.ch 2 (2001), 500 ff.; RUMO-JUNGO/PICHONNAZ, La protection du débirentier en droit du divorce: évolution récente, in SJZ 100 (2004), 81 ff.; DIES., Neuere Entwicklungen im nachehelichen Unterhalt, in dieselben (Hrsg.), Familienvermögensrecht (Bern 2003), Schriftenreihe zum Familienrecht FamPra.ch 2, 29 ff.; RUMO-JUNGO a.a.O. 1 ff.

42 Im Betreibungsverfahren darf aber das Gericht bei Vorliegen der entsprechenden Voraussetzungen (116 III 14 E. 3) die Betreibung auf Unterhaltsansprüche nicht nur bis zum Existenzminimum zulassen. Denn damit würde das Betreibungsamt zivilrechtliche Ansprüche materiell beurteilen. Ist die Unterhaltspflicht nicht mehr angepasst, muss sie vom Zivilgericht abgeändert werden (123 II 333 f. E. 2). Der zwangsvollstreckungsrechtliche Eingriff in das Existenzminimum besteht aber einzig zu Gunsten von unterhaltsberechtigten Familienmitgliedern, deren Existenzminimum ebenfalls nicht gedeckt ist, nicht jedoch zu Gunsten des Gemeinwesens, das sich den Unterhaltsanspruch gestützt auf Art. 289 Abs. 2 hat abtreten lassen (116 III 13 f. E. 3). Zu Mankofällen: POHLMANN, Mankoteilung – Möglichkeiten eines Ausgleichs zwischen den Ehegatten, in FamPra.ch 8 (2007), 526 ff.; BGE 133 III 59 E. 3.

gangen werden (5A_462/2010 E. 4, nicht publiziert in 137 II 586; 128 III 414 E. 3.2.2). Im Übrigen handelt es sich beim Entscheid des kantonalen Gerichts um einen Ermessensentscheid, den das Bundesgericht nur mit Zurückhaltung überprüft (107 II 410).

27 β. *Bedürfnisse des Kindes:* Die verschiedenen Bemessungskriterien beeinflussen sich zum Teil gegenseitig; insbesondere lässt sich nur im Zusammenhang mit den anderen Elementen (Leistungsfähigkeit und Lebenshaltung des Schuldners) bestimmen, was unter die *Bedürfnisse* der Kinder fällt (116 II 112 E. 3a; 134 III 339 E. 2.2.2; s. dazu auch BGer 5A_936/2012 E. 2). Geschwister und Halbgeschwister sollen im Verhältnis zu ihren objektiven Bedürfnissen finanziell gleich behandelt werden. Gleichwohl (oder gerade deswegen) sind unterschiedliche Erziehungs-, Gesundheits- und Ausbildungsbedürfnisse zu berücksichtigen, weshalb unterschiedliche Unterhaltsbeiträge nicht ausgeschlossen sind, aber einer Rechtfertigung bedürfen (116 II 114 ff. E. 4; 126 III 359 E. 2b/aa; 127 III 71 E. 3; 137 III 62 E. 4.2.1; BGer 5A_352/2010 E. 6.2.1; 5A_679/2011 E. 9). Diese kann darin bestehen, dass mehrere berechtigte Kinder in verschiedenen Haushalten mit unterschiedlichen finanziellen Rahmenbedingungen (wozu auch die wirtschaftlichen Verhältnisse der Sorgeberechtigten gehören) leben (126 III 359 E. 2b; BGer 5A_679/2011 E. 9). Die unterschiedliche finanzielle Lage mehrerer im gleichen Haushalt lebender Halbgeschwister rechtfertigt nicht eine Herabsetzung des Unterhaltsbeitrags und damit eine Entlastung des Unterhaltspflichtigen (120 II 291 E. 3b/bb; zur Gleichrangigkeit von Ehegatten- und Kindesunterhalt: 128 III 414 E. 3.2.2; 132 III 594 E. 3.2).

28 Als *Richtwert für die Bestimmung des Unterhaltsbedarfs* des Kindes können die Beträge gemäss den Empfehlungen des Amtes für Jugend und Berufsberatung der Bildungsdirektion des Kantons Zürich (sog. Zürcher-Tabellen) beigezogen werden. Da diese Beträge aber nur als Richtwert dienen und den durchschnittlichen Unterhaltsbedarf des Kindes aufzeigen, sind bei der Bestimmung des konkreten Unterhaltsbedarfs zusätzlich die konkreten Bedürfnisse des Kindes sowie die konkrete Lebensstellung und die konkrete Leistungsfähigkeit der Eltern zu berücksichtigen (116 II 112 f. E. 3a; BGer 5A_100/2012 E. 6; 5A_186/2012 E. 6). Ist die unterhaltspflichtige Person der Meinung, dass im konkreten Fall der Unterhaltsbedarf des Kindes tiefer ist als der in den Zürcher-Tabellen angegebene, so hat sie darzulegen, dass die Wohnkosten und die übrigen Bedarfspositionen (wie Ernährung und Kleidung) tiefer ausfallen als die in den Zürcher-Tabellen aufgeführten Kosten (BGer 5A_100/2012 E. 6). Die Bedarfsposition «Pflege und Erziehung» in den Zürcher-Tabellen dient der betragsmässigen Bewertung der Naturalleistungen, welche der obhutsberechtigte Elternteil erbringt. Durch den Einbezug dieser Position soll verhindert werden, dass die Naturalleistungen des Elternteils, welcher sowohl die Kinder betreut als auch eine Erwerbstätigkeit ausübt, unberücksichtigt bleiben. Die Kosten für die Pflege und Erziehung werden nur dann beim Barbedarf des Kindes berücksichtigt, wenn auch konkrete Barauslagen vorhanden sind, die dieser Bedarfsposition gegenüberstehen (BGer 5A_272/2011 E. 4.4.3).

29 γ. *Betreuung des Kindes:* Nach Art. 285 Abs. 2 der Gesetzesnovelle zum Kindesunterhalt vom 20. März 2015 ist bei der Bemessung des Unterhaltsbeitrags neu auch die Betreuung des Kindes zu berücksichtigen. Die Betreuung umfasst sowohl Leistun-

gen in natura wie auch die durch sie entstehenden finanziellen Auswirkungen. Auch diese gehören zu den Kinderkosten.[43] Sie sind von den Eltern gemeinsam zu tragen (276²), unabhängig davon, ob sie verheiratet waren und geschieden sind oder ob die frühere faktische Lebensgemeinschaft aufgehoben wurde oder nicht (dazu vorne N 6). Bei der Bemessung des Betreuungsunterhalts ist das Interesse des Kindes entscheidend, wobei auf die bisher gelebte Situation und Aufgabenteilung zwischen den Eltern abgestellt wird. Ist eine Drittbetreuung angebracht, stellen die entsprechenden Kosten Kinderkosten dar und sind im Kindesunterhalt voll zu berücksichtigen. Schwieriger gestaltet sich die Bemessung bei der Betreuung durch die Eltern: Betreut ein Elternteil das Kind persönlich, kann er keine (volle) Erwerbstätigkeit ausüben und somit seinen eigenen Lebensunterhalt nicht selber bestreiten. Es stellt sich die Frage, wie die Kosten der Betreuung für das Kind zu ermitteln sind. Dazu bestehen verschiedene Möglichkeiten, die der Bundesrat in der Botschaft erwähnt, die das Gesetz aber nicht vorschreibt.[44] Der Bundesrat hält fest, es bestehe heute kein konzeptionell überzeugender Ansatz zur Bewertung der Betreuung als solcher. Er empfiehlt daher grundsätzlich die *Lebenshaltungskosten des betreuenden Elternteils* (soweit dieser aufgrund der Betreuungsaufgabe nicht selber dafür aufkommen kann) als Betreuungskosten zu berücksichtigen. Sie sind als Kinderkosten von den Eltern gemeinsam zu tragen.[45] Für die Berücksichtigung der Lebenshaltungskosten kann grundsätzlich vom betreibungsrechtlichen Existenzminimum ausgegangen werden.[46]

Bei der Bemessung des Kindesunterhalts wird grundsätzlich auch die Lebensstellung   30
der Unterhaltsschuldnerin berücksichtigt. Dieser Grundsatz kann aber nicht unbesehen auf den Betreuungsunterhalt übertragen werden. Andernfalls hätte der betreuende Elternteil auch dann Anteil an der Lebenshaltung des anderen Elternteils, wenn die Eltern nie verheiratet waren. Da für das Kind einzig die Betreuung und mithin die Anwesenheit eines Elternteils (oder einer Drittperson) entscheidend ist, gehört nur die Finanzierung der Anwesenheit (ohne Teilhabe an der Lebenshaltung des anderen) zu den Betreuungskosten.[47]

δ. *Berücksichtigung der Kinderzulagen, Sozialversicherungsrenten und ähnlichen Leis-*   31
tungen: Zur Frage der *Anrechnung* von dem Unterhaltspflichtigen zustehenden[48] Kinderzulagen, Sozialversicherungsrenten und ähnlichen für den Unterhalt des Kindes bestimmten Leistungen, enthält das Gesetz folgenden Grundsatz: Solche Leistungen, die dem Unterhaltspflichtigen zustehen, sind zusätzlich zum Unterhalt zu zahlen (285²). Ausnahmsweise kann das Gericht das Gegenteil anordnen (285² i. f.; 128

---

43 Botsch. Kindesunterhalt, 551; Rumo-Jungo, recht a.a.O. 37; Rumo-Jungo/Hotz, a.a.O. 7 ff.

44 Botsch. Kindesunterhalt, 575 f.

45 Botsch. Kindesunterhalt, 554.

46 Zu den verschiedenen Ansätzen s. Rumo-Jungo/Hotz a.a.O. 14 ff.

47 Botsch. Kindesunterhalt, 576.

48 Stehen sie dem Kind zu, so gehören sie zu seinen Einkünften im Sinn von Art. 285 Abs. 1. Keine Willkür, wenn die Kinderzulagen des Unterhaltspflichtigen im Verfahren um vorsorgliche Massnahmen nicht dem Einkommen des Ehemannes hinzugerechnet wurden: BGer 5A_395/2007.

III 308 E. 4; BGer 5A_189/2011; 5A_190/2011 E. 3.3).[49] Die Norm stellt klar, dass der unterhaltspflichtige Elternteil die erwähnten Sozialleistungen über die gesetzliche Vertreterin an das Kind weiterleiten muss, dass er sie also nicht für sich behalten kann. Das bedeutet aber nicht, dass die Kinderzulagen – über den Bedarf der Kinder hinaus – zusätzlich zu bezahlen sind; vielmehr gilt es, sie bei der Bemessung des Unterhaltsbeitrags zu berücksichtigen bzw. vorgängig in Abzug zu bringen (128 III 309 f. E. 4b; 137 III 64 E. 4.2.3; BGer 5A_207/2011 E. 4.3; 5A_580/2011 E. 3).[50]

32   *Beispiel*
Bedarf des Kindes   900.–
Unterhaltsbeitrag   650.–
Kinderzulagen   250.–
Leistungen des Schuldners   900.– (650.– + 250.–)

33   Die Tragweite dieser Bestimmung war bis zur ZGB-Revision 1998 dann unsicher, wenn ein Anspruch auf solche Leistungen erst nach der Festsetzung des Unterhaltsbeitrags entstand (114 II 126 E. 2c). Diese Unklarheit ist im Rahmen der ZGB-Revision 1998 durch die Einführung eines neuen Art. 285 Abs. 2bis behoben worden: Der unterhaltspflichtige Elternteil hat die nachträglich erhaltenen Sozial(versicherungs)leistungen ebenfalls dem Kind zu zahlen, doch vermindert sich der bisherige Unterhaltsbeitrag von Gesetzes wegen im Umfang dieser neuen Leistungen.[51] Die nachträg-

---

49   HEGNAUER, BeKomm Art. 285 N 93, 95; DERS., Grundriss, Nr. 21.15a; STETTLER, SPR III/2, 324; HAUSHEER/SPYCHER, Handbuch, Nr. 06.192; BREITSCHMID, BaKomm, Art. 285 N 29 f.; WULLSCHLEGER, FamKomm Scheidung, Art. 285 N 72 f.; ROELLI/MEULI-LEHNI, HandKomm, Art. 285 N 9; HAUSHEER/GEISER/AEBI-MÜLLER, Familienrecht, Nr. 17.45; MEIER/STETTLER, Filiation, Nr. 1093 ff. MARKUS KRAPF, Die Koordination von Unterhalts- und Sozialversicherungsleistungen für Kinder: Art. 285 Abs. 2 und 2bis ZGB (Diss. Freiburg, Zürich/Basel/Genf 2004), AISUF 224. Grundsatz der Kumulation von Kinderunterhalts- und Kinderinvalidenrenten des unterhaltspflichtigen Elternteils: BGE 128 III 308 E. 4.b; 129 V 367 E. 5. Der im Genuss einer IV-Kinderrente stehende Elternteil hat die Kinderrente selbst dann ungeschmälert dem Kind bzw. dem gesetzlichen Vertreter zu überweisen, wenn er auf Grund mangelnder Leistungsfähigkeit (Art. 285 Abs. 1 ZGB) nicht zu einem Unterhaltsbeitrag zu Gunsten des Kindes verhalten werden kann: BGer 5P.346/2006 E. 3.3. Eine IV-Kinderrente ist an den Gesamtbedarf des Kindes, nicht nur an den von der IV-Rentnerin zu deckenden Barbedarf, anzurechnen. Ein Sparbetrag von ca. 40% des monatlichen Grundbedarfs ist abzulehnen; BGer 5C.173/2005 E. 2.3.2, in FamPra.ch 7 (2006), 485 ff.

50   WIDMER, Kindesunterhalt und Kinderzulagen gemäss FamZG, Jusletter 20. Juli 2009, Rz. 3; HAUSHEER/SPYCHER, Handbuch, Nr. 06.192.

51   Die Neuerung stammt vom Nationalrat: siehe Amtl. Bull. 1997 NR, 2739 ff. Eine kleine (heterogene) Minderheit wehrte sich gegen den Automatismus der neuen Regelung und plädierte dafür, es beim bisherigen Recht zu belassen; die Frage wäre dann den besonderen Umständen entsprechend jeweils neu zu klären und gerichtlich zu entscheiden: Amtl. Bull. 1997 NR, 2740. – Im Ständerat beantragte die Kommission mit Erfolg Zustimmung zur Ergänzung gemäss dem Beschluss des Nationalrates (Berichterstatter KÜCHLER: «Wir beantragen Ihnen …, dass nachträglich erhaltene Sozialversicherungsrenten grundsätzlich dem Kind zu bezahlen sind. Wenn diese höher sind als die bisherigen Alimente, bekommt das Kind das Ganze; in allen Fällen aber wird der Betrag von Gesetzes wegen auf die Kinderunterhaltsrenten angerechnet.»): Amtl. Bull.

lich festgesetzten Sozialversicherungsrenten sind dem Kind voll zu überweisen, auch wenn sie den zuvor festgesetzten Unterhaltsbeitrag übersteigen (BGer 5A_189/2011; 5A_190/2011 E. 3.3; 5A_496/2013 E. 2.3).

ε. Die *Gesetzesnovelle* zum Kindesunterhalt vom 20. März 2015 fasst die bisher in   34
Art. 285 Abs. 2 und 2bis enthaltenen Regeln zur Koordination zwischen Art. 3 FamZG Sozialversicherungsrenten einerseits und dem Kindesunterhalt andererseits in einem neuen Art. 285a zusammen: Die einzige Neuerung besteht dabei darin, dass Familienzulagen, die dem unterhaltspflichtigen Elternteil ausgerichtet werden, stets zusätzlich zum Unterhaltsbeitrag zu zahlen sind. Das Gericht kann hierzu – anders als bei Sozialversicherungsrenten – keine andere Regelung vorsehen (285a¹ nZGB). Diese Bestimmung steht nun im Einklang mit Art. 8 FamZG, welcher die Möglichkeit einer anderslautenden Regelung durch das Gericht nicht vorsieht. Das ändert nichts daran, dass bei der Berechnung des Unterhaltsbeitrags die Familienzulage (oder die Sozialversicherungsleistung) vorweg vom Unterhaltsbedarf des Kindes abzuziehen ist und alsdann der Schuldner seinen Unterhaltsbeitrag sowie die Familienzulage (bzw. die Sozialversicherungsrente) zu leisten hat. Die Familienzulage sollte daher vom Gericht jeweils gesondert genannt werden.[52]

3. Veränderung der Verhältnisse

α. Beim gerichtlich festgesetzten Unterhaltsbeitrag

Die Veränderung der Verhältnisse kann bereits im Gerichtsurteil *bei der erstmaligen*   35
Festsetzung des Unterhaltsbeitrags berücksichtigt werden: Das Gericht kann vorsehen, dass die Unterhaltsbeiträge ohne Weiteres in bestimmtem Umfang bei bestimmten Veränderungen der Bedürfnisse des Kindes, der Leistungsfähigkeit der Eltern oder der Lebenskosten steigen oder sinken (286¹; Indexklausel; zu den Anforderungen an die Ausgestaltung einer Indexklausel: 126 III 357 f. E. 1b). Die vom Gericht festgesetzten Unterhaltsbeiträge können aber *auch nachträglich* bei erheblicher *Veränderung der Verhältnisse* (s. dazu 128 III 310 E. 5; BGer 5A_199/2013 E. 4; 5A_902/2012 E. 2; 5A_562/2011 E. 4) auf Antrag des Kindes oder eines Elternteils erhöht oder herabgesetzt, allenfalls gar aufgehoben werden (286²; s. auch für bei Scheidung festgesetzte Bei-

---

1998 StR, 329. S. auch BREITSCHMID, BaKomm, Art. 285 N 31; WULLSCHLEGER, FamKomm Scheidung, Art. 285 N 74 ff.; ROELLI/MEULI-LEHNI, HandKomm, Art. 285 N 10; HAUSHEER/SPYCHER, Handbuch, Nr. 06.195; MEIER/STETTLER, Filiation, Nr. 1095; KRAPF, a.a.O. Wenn nach der Scheidung eine Zusatzrente nach Art. 22ter AHVG direkt an das Kind ausbezahlt wird, kann diese Leistung als Unterhaltsleistung des Vaters betrachtet werden. Die kantonalen Behörden handeln deshalb nicht willkürlich, wenn sie die Alimentenbevorschussung mit Hinweis auf diese Zahlungen verweigern: BGer 1P.522/2003 E. 2, in FamPra.ch 5 (2004), 172 ff.; eine nach dem Scheidungsurteil zugesprochene BVG-Zusatzrente, die für den Kinderunterhalt bestimmt ist, mindert die Unterhaltsschuld in diesem Umfang: Kantonsgericht FR, 11. April 2006, in FamPra.ch 8 (2007), 184 ff.

52 Botsch. Kindesunterhalt, 579.

träge Art. 134²).⁵³ Vorausgesetzt ist eine dauerhafte erhebliche Veränderung der Verhältnisse (z.B. eine Einkommensreduktion der unterhaltspflichtigen Partei) sowie – als ungeschriebenes Element – ein daraus resultierendes Ungleichgewicht zwischen den involvierten Parteien (137 III 606 E. 4.1.1.1; BGer 5A_634/2013 E. 3.1.1; 5A_487/2010 E. 2.1.2). Die Interessen des Kindes und jene der Eltern sind gegeneinander abzuwägen. Nach Vornahme dieser Interessenabwägung ist der Unterhaltsbeitrag neu festzulegen, unter Aktualisierung aller Elemente, die im vorangegangenen Urteil bei der Berechnung berücksichtigt worden sind (BGE 137 III 606 E. 4.1; BGer 5A_506/2011 E. 3 ff.; 5A_634/2013 E. 3.1.1; 5A_487/2010 E. 2.1.2). Die Unmöglichkeit der Ausübung des Besuchsrechts stellt grundsätzlich keinen triftigen Grund für eine Abänderung des Unterhaltsbeitrags dar (120 II 179 E. 3b; BGer 5A_618/2011 E. 3).

36   In Abs. 3 sieht Art. 286 vor, dass das Gericht *bei nicht vorhergesehenen ausserordentlichen Bedürfnissen* die Eltern zur *Leistung eines besonderen Beitrags* verpflichten kann; dabei ist etwa an Zahnkorrekturen oder vorübergehende besondere schulische Massnahmen zu denken.⁵⁴

β. Beim Unterhaltsvertrag

37   Wie die gerichtlich festgelegten können grundsätzlich auch die vertraglich festgelegten Unterhaltsbeiträge geändert und somit den veränderten Verhältnissen angepasst werden. Dies kann allerdings vertraglich zum Vornherein ausgeschlossen werden (Gleiches gilt gemäss Art. 127 für den nachehelichen Unterhalt), was aber gegebenenfalls der Genehmigung der Kindesschutzbehörde (287²) bzw. des Gerichts (287³) bedarf.⁵⁵ Der Vertrag über die nachträgliche Abänderung oder Aufhebung des gerichtlich oder vertraglich festgesetzten Unterhaltsbeitrags bedarf zu seiner Gültigkeit ebenfalls der Genehmigung durch die Kindesschutzbehörde (113 II 116; 126 III 52 E. 2a/bb). Das gilt auch dann, wenn darin der Unterhaltsbeitrag bei unverändertem Bedarf der Kin-

---

53   Dieser Abs. 2 bezieht sich demnach nicht etwa nur oder gar vornehmlich auf den Fall des Abs. 1 von Art. 286. Wenn sich die Situation eines Elternteils verbessert, kann seine Unterhaltsverpflichtung den neuen Verhältnissen angepasst werden. Von einer solchen Verbesserung der Situation muss in erster Linie das Kind profitieren: BGer 5C.27/2004. Vgl. zu Art. 286 Abs. 2 auch 108 II 83, wonach eine Verbesserung der Lage bei der Inhaberin der elterlichen Sorge an sich noch kein Grund ist zur Herabsetzung der Leistungen des anderen Elternteils. Siehe aber: BGer 5A_434/2007: das Gehalt des Unterhaltspflichtigen verminderte sich von 8000.– auf 2450.– Franken pro Monat, das Salär der früheren Gattin erhöhte sich in gleicher Zeit auf jährlich 230 000.– Franken plus Bonuszahlungen. Daher hat das BGer den Unterhalt der Kinder auf 200.– Franken gesenkt.

54   Botsch. a.a.O. 162 oben; WULLSCHLEGER, FamKomm Scheidung, Art. 286 N 19; ROELLI/ MEULI-LEHNI, HandKomm, Art. 286 N 6; BREITSCHMID, BaKomm, Art. 286 N 15.

55   ROELLI/MEULI-LEHNI, HandKomm, Art. 287 N 6. Dies schliesst grundsätzlich nur die gerichtliche, nicht aber die nachträgliche vertragliche Abänderung aus: so STETTLER, SPR III/2, 329 f.; MARTIN METZLER, Die Unterhaltsverträge nach dem neuen Kindesrecht (287 und 288 ZGB), (Diss. Freiburg 1980), 207. Ausnahmsweise soll nach HEGNAUER, Grundriss, Nr. 21.29, und nach BREITSCHMID, BaKomm, Art. 287 N 19, sogar jegliche Änderung ausgeschlossen werden können.

der erhöht werden soll (126 III 54 ff. E. 2d).[56] Dagegen ist das Gericht für die Genehmigung zuständig, wenn während eines gerichtlichen Verfahrens eine durch die Kindesschutzbehörde genehmigte Vereinbarung durch eine neue ersetzt wird.[57]

γ. *Revision.* Die Gesetzesnovelle zum Kindesunterhalt vom 20. März 2015 führt eine   38
Sonderbestimmung zur Veränderung der Verhältnisse im Fall von Mankosituationen
ein:

Rückwirkender Anspruch: Wurde (vertraglich oder gerichtlich) ein Unterhaltsbeitrag   39
festgelegt, der den gebührenden Unterhalt des Kindes nicht deckt (weil das Existenzminimum des unterhaltspflichtigen Elternteils zu schützen war), und haben sich seither die Verhältnisse des unterhaltspflichtigen Elternteils ausserordentlich verbessert,
so hat das Kind Anspruch auf rückwirkende Ausrichtung eines gebührenden Unterhalts für die letzten fünf Jahre (286a^1 nZGB). Die Bestimmung enthält zwei *Tatbestandselemente*: Erstens muss im Vertrag oder Entscheid festgestellt worden sein, dass
es zum Schutz des Existenzminimums der unterhaltspflichtigen Person nicht möglich
war, einen Unterhaltsbeitrag festzulegen, der den gebührenden Unterhalt des Kindes
deckt. Der entsprechende Fehlbetrag ist im Unterhaltsvertrag (287a lit. c nZGB) oder
im Entscheid (301a nZPO) festzuhalten. Zweitens müssen sich die Vermögensverhältnisse der pflichtigen Person seither ausserordentlich verbessert haben. Das ist der Fall
bei einem Erbanfall, einem Lotteriegewinn oder bei einer Schenkung.[58] Als Rechtsfolge entsteht der Anspruch auf Leistung jener Beträge, die in den letzten fünf Jahren
zur Deckung des gebührenden Unterhalts fehlten. Die rückwirkende Leistung nach
Art. 286a nZGB ist dabei subsidiär zur Leistung der Beiträge für den laufenden Unterhalt: Nur wenn letzterer gesichert ist, stellt sich die Frage der rückwirkenden Leistung
für vergangenen Beiträge.[59]

Frist: Dieser Anspruch ist innert eines Jahres seit Kenntnis der ausserordentlichen Ver-   40
besserung geltend zu machen (286a^2 nZGB). Es handelt sich um eine Verwirkungsfrist.[60]

Subrogation: Der Anspruch auf rückwirkende Leistung der Fehlbeträge geht auf den   41
Elternteil über, der über seine eigene Leistungspflicht hinaus Leistungen erbracht hat.
Gleichermassen geht der Anspruch auf das Gemeinwesen über, das Vorschüsse geleis-
tet hat (286a^3 nZGB).

b. Die Unterhaltsklage

Der Geltendmachung des Anspruchs auf Unterhalt widmen sich Art. 279, 285 f. ZGB   42
sowie 23, 25 f., 303 f., 248 lit. d und 261 ff. ZPO: Sie regeln wer (N 43 f.), an welchem

---

56 Ebenso HAUSHEER/SPYCHER, Handbuch, Nr. 06.219; STETTLER, SPR III/2, 355 f.; ROELLI/
    MEULI-LEHNI, HandKomm, Art. 287 N 65; a. M. HEGNAUER, Grundriss, Nr. 21.28.
57 HEGNAUER, BeKomm, Art. 287/288 N 43, 47; BREITSCHMID, BaKomm, Art. 287 N 9; HAUS-
    HEER/GEISER/AEBI-MÜLLER, Familienrecht, Nr. 17.58.
58 Botsch. Kindesunterhalt, 588.
59 Botsch. Kindesunterhalt, 588.
60 Botsch. Kindesunterhalt, 588.

Ort (N 46 f.) und in welchem Verfahren (N 48 ff.) klagen kann, welchen Inhalt das Urteil aufweisen muss (N 51) und welche vorsorglichen Massregeln zur Sicherung des Unterhaltsanspruchs angeordnet werden können (N 52 f.). Unter dem Titel der Klage ist auch die Bemessung des Unterhaltsbeitrags geregelt (285 f.). Davon war bereits vorn unter N 22 ff. die Rede.

1. Die Parteien

43 *Kläger* der auf Leistung von Unterhaltsbeiträgen gerichteten Klage ist das Kind (279[1] i. i.). Ist es minderjährig, klagt der gesetzliche Vertreter oder die gesetzliche Vertreterin (auch dann, wenn die Abänderung des Unterhaltsbeitrags für ein ausserehliches Kind streitig ist; 136 III 367 f. E. 2).[61] Häufig wird ein Beistand gemäss Art. 308 an Stelle des Elternteils handeln (308[2]; vgl. 111 II 2). Kommt das Gemeinwesen für den Unterhalt auf, so steht auch ihm die Unterhaltsklage zu (s. 289[2]).

44 *Beklagte* sind Vater oder Mutter oder beide, kurz jener Elternteil, der (angeblich) seine Unterhaltspflicht nicht oder ungenügend erfüllt. Die Klage setzt demnach grundsätzlich das Bestehen eines Kindesverhältnisses voraus (über die «verbundene Klage» s. 303 ZPO und nachstehend N 52 f.). Die Klage ist theoretisch bei allen Eltern-Kind-Konstellationen denkbar. Gegenüber dem Elternteil, bei dem das Kind lebt, wird sie höchst selten angestrengt werden; hier kann auch häufig durch Weisungen gemäss Art. 307 Abs. 1 und 3 das Nötige vorgekehrt werden.

45 Damit das Kind bei Erreichen der Volljährigkeit nicht gegen seine eigenen Eltern auf Unterhalt klagen muss und dadurch psychisch belastet wird, soll der Unterhaltsanspruch des Kindes vor Erreichen der Volljährigkeit geklärt werden, gegebenenfalls im Scheidungsverfahren seiner Eltern. Ist das Kind minderjährig, sind die Eltern als gesetzliche Vertreter des Kindes berechtigt, im Scheidungsverfahren den Unterhaltsanspruch des Kindes, der über die Volljährigkeit hinausgeht, geltend zu machen (139 III 402 ff. E. 3.2; BGer 5A_18/2011 E. 5).

2. Die Zuständigkeit

46 *Nach Art. 26 ZPO* besteht für selbständige Unterhaltsklagen der Kinder gegen ihre Eltern ein zwingender Wahlgerichtsstand *am Wohnsitz einer der Parteien,* also des

---

61 Oder das urteilsfähige Kind mit Zustimmung der gesetzlichen Vertretung: HEGNAUER, Grundriss, Nr. 21.03. Art. 19 Abs. 2 kommt nicht zum Zug: HAUSHEER/SPYCHER, Handbuch, Nr. 06.231 f. Klageberechtigt ist auch der Vormund (Art. 327c ZGB); ROELLI/MEULI-LEHNI, HandKomm, Art. 279 N 2. Die Aktivlegitimation der ehemaligen gesetzlichen Vertreterin einer volljährig gewordenen Tochter bleibt bestehen in Bezug auf Kinderalimente, welche den Zeitraum vor der Volljährigkeit betreffen, aber nach Volljährigkeit in Betreibung gesetzt werden: Obergericht TG, 9. September 2002, in SJZ 100 (2004), 190. Wenn das Kind im Lauf des Verfahrens volljährig wird, dauert diese Befugnis des Elternteils (Prozessstandschaft) für die Beiträge nach Erreichen der Volljährigkeit fort, sofern das volljährige Kind dem zustimmt: BGE 129 III 59 E. 3.1.5; sowie Obergericht ZH, 28. Februar 2005, in FamPra.ch 6 (2005), 425. Der Unterhaltspflichtige, der seine Unterhaltspflicht gegenüber einem volljährige Kind abändern lassen will, muss die Abänderungsklage gegen das Kind richten: BGer 5C.274/2005 E. 2.3, in FamPra.ch 7 (2006), 780 ff.

Kindes oder des beklagten Elternteils.[62] Ausschlaggebend ist der Wohnsitz im Zeitpunkt der Klageeinreichung.[63] Wird eine Unterhaltsklage zusammen mit der Vaterschaftsklage eingereicht, so gilt der zwingende Wahlgerichtsstand am Wohnsitz einer der Parteien gemäss Art. 25 ZPO.[64] Bei einem Abänderungsbegehren, das die Abänderung des Scheidungsurteils betrifft, richtet sich die Zuständigkeit nach Art. 23 ZPO, was der Sache nach aber nichts am Wahlgerichtsstand ändert. Keine Unterhaltsklage i. S. v. Art. 26 ZPO ist die Abänderungsklage der unterhaltspflichtigen Eltern. Hier handelt es sich um eine eherechtliche Klage i. S. v. Art. 23 ZPO.[65] Zur Zuständigkeit bei vorsorglichen Massnahmen s. sogleich unter N 53.

Sachlich zuständig ist ein Gericht, dessen Bezeichnung das kantonale Recht regelt   47
(4^1 ZPO).

3. Das Verfahren und die Verfahrensgrundsätze

Für Kinderbelange in familienrechtlichen Angelegenheiten statuiert Art. 295 ZPO den   48
Grundsatz des vereinfachten Verfahrens für selbständige Klagen. Dazu gehören auch
die selbständigen Unterhaltsklagen.[66] Das vereinfachte Verfahren ist in den Art. 244 ff.
ZPO geregelt. Die vereinfachte Klage kann in den Formen nach Art. 130 ZPO, also
schriftlich oder elektronisch, eingereicht werden, aber auch mündlich zu Protokoll
gegeben werden (Art. 244 Abs. 1). Eine Begründung ist nicht erforderlich (Art. 244
Abs. 2 ZPO).[67]

Zu den allgemeinen Bestimmungen, die in Verfahren betreffend Kinderbelange in   49
familienrechtlichen Angelegenheiten anwendbar sind, gehört auch Art. 296 ZPO, der
den Untersuchungs- und den Offizialgrundsatz (296^1 und ^{3}) festlegt: Das Gericht
erforscht den Sachverhalt von Amtes wegen, was bedeutet, dass es alle nötigen Abklärungen zu treffen und Beweise abzunehmen hat, die zur Ermittlung des Sachverhalts
nötig sind (296^1; noch zum alten Recht: 129 III 419 E. 2.1.1; 137 III 620 E. 4.5.3). Das

---

62   SCHWANDER, ZPOKomm, Art. 26 N 7; SUTTER-SOMM/LÖTSCHER, Komm ZPO, Art. 26 N 3;
     auch das Gemeinwesen, das nach Art. 289 Abs. 2 in die Ansprüche des Kindes subrogiert, kann
     sich auf diese Bestimmung berufen und an seinem Sitz (oder am Wohnsitz des Beklagten) Klage
     erheben: SUTTER-SOMM/LÖTSCHER, Komm ZPO, Art. 26 N 10.
63   SUTTER-SOMM/LÖTSCHER, Komm ZPO, Art. 26 N 4; SCHWANDER, ZPOKomm, Art. 26 N 7;
     HEGNAUER, BeKomm, Art. 253 N 37; DERS., Grundriss, Nr. 14.06; STETTLER, SPR III/2, 62.
64   SUTTER-SOMM/LÖTSCHER, Komm ZPO, Art. 25 N 10; SCHWANDER, ZPOKomm, Art. 25 N 5;
     SCHWENZER/COTTIER, BaKomm, Art. 253 N 2; REICH, HandKomm, Art. 253 N 2.
65   SUTTER-SOMM/LÖTSCHER, Komm ZPO, Art. 23 N 16. Bei Auslandsachverhalt: Die Art. 64
     Abs. 1 i. V. m. Art. 59 f. IPRG, welche die örtliche Zuständigkeit bei einem Begehren um Änderung eines Scheidungsurteils betreffend Kindesunterhalt regeln, gehen Art. 79 f. IPRG (örtliche
     Zuständigkeit bei Unterhaltsklage) vor: Gerichtskreis X Thun, 17. September 2003, in FamPra.
     ch 5 (2004), 431 ff.
66   SCHWEIGHAUSER, Komm ZPO, Art. 295 N 10 f.; PFÄNDER BAUMANN, ZPOKomm, Art. 295
     N 2; JEANDIN, CPC Comm, Art. 295 N 2.
67   SCHWEIGHAUSER, Komm ZPO, Art. 295 N 14 ff.; PFÄNDER BAUMANN, ZPOKomm, Art. 295
     N 4 ff.

Gericht entscheidet ohne Bindung an die Parteianträge (296[3]). Die ZPO erklärt damit ausdrücklich die Geltung der Offizialmaxime.[68]

50   Schliesslich gilt auch der Grundsatz der freien Beweiswürdigung: Das Gericht «würdigt die Beweise nach freier Überzeugung» (157 ZPO). Das Gericht entscheidet nach frei gebildeter Überzeugung, auf Grund der Sachkunde, der Menschenkenntnis und der Lebenserfahrung seiner Mitglieder.[69] Für die Beweislast gilt Art. 8 ZGB (vorn § 7 N 6 ff.; s. 109 II 295). Was die Beweismittel anbelangt, gilt Art. 168 ZPO, der die zulässigen Beweismittel aufzählt. Die besonderen Bestimmungen über die Kinderbelange in familienrechtlichen Angelegenheiten werden in Abs. 2 vorbehalten. Es gilt wie bis anhin der Freibeweis.[70] Das bedeutet, das Gericht kann «nach eigenem Ermessen auf unübliche Art Beweise erheben» (122 I 55 E. 4a).

4. Inhalt des Urteils

51   Die Gesetzesnovelle zum Kindesunterhalt vom 20. März 2015 führt mit Art. 301a ZPO eine Regelung zum Inhalt des Unterhaltsurteils ein: Werden im Unterhaltsvertrag oder im Urteil Unterhaltsbeiträge festgelegt, so ist darin anzugeben: a. von welchem Einkommen und Vermögen jedes Elternteils und jedes Kindes ausgegangen wird; b. welcher Betrag für jedes Kind bestimmt ist; c. welcher Betrag zur Deckung des gebührenden Unterhalts jedes Kindes fehlt (s. dazu oben N 39); d. ob und in welchem Ausmass die Unterhaltsbeiträge den Veränderungen der Lebenskosten angepasst werden (oben N 35 ff.).

5. Die vorsorglichen Massnahmen[71]

52   Die Art. 303 und 304 ZPO ersetzen die bisherigen Art. 280 und 281 ZGB und regeln die vorsorglichen Massnahmen (s. auch 248 lit. d und 261 ff. ZPO). Mit Bezug auf die möglichen vorsorglichen Massnahmen unterscheidet Art. 303 ZPO drei verschiedene Ausgangslagen: 1. *Besteht das Kindesverhältnis* bereits und dreht sich der Streit mithin nur um die Höhe der Beiträge, so kann der Beklagte bereits zur Hinterlegung oder vorläufigen Zahlung angemessener Beiträge verpflichtet werden (303[1] ZPO) (zum alten Recht: 117 II 127; 137 III 587 f. E. 1.2). 2. Ist im Rahmen einer Vaterschaftsklage *die Vaterschaft glaubhaft gemacht,* so kann der Beklagte auf Gesuch der klagenden Partei verpflichtet werden, die Entbindungskosten und angemessene Unterhaltsbeiträge

---

68   Pfänder Baumann, ZPOKomm, Art. 296 N 2 ff.; Jeandin, CPC Comm, Art. 296 N 2 ff.

69   So Walter, BeKomm, Art. 8 N 121 f.; Schweighauser, Komm ZPO, Art. 296 N 15; Jeandin, CPC Comm, Art. 296 N 4. Siehe dazu auch Gauch, Zum Stand der Lehre und Rechtsprechung. Geschichten und Einsichten eines privaten Schuldrechtlers, in ZSR NF 119 (2000), I 1 ff., 8, mit Hinweis auf Daniel Goleman, Emotionale Intelligenz (München/Wien 1996), 48, wonach jedes Urteil den persönlichen Stempel der Richter und Richterinnen, ein Stück ihrer Seele enthält, weshalb es uns nicht nur von den Gerichteten, sondern auch von den Richtern und Richterinnen erzählt.

70   Roelli/Meuli-Lehni, HandKomm, Art. 280–284 N 4; Sutter-Somm/Lötscher, Komm ZPO, Art. 296 N 15, mit Hinweis auf die Botschaft ZPO, 7366.

71   Hierzu Kurt Fricker, Die vorsorglichen Massnahmen im Vaterschaftsprozess nach Art. 282–284 ZGB (Diss. Freiburg 1978).

für Mutter und Kind zu *hinterlegen* (303² lit. a ZPO). 3. Ist die *Vermutung der Vater-schaft* in einem bestimmten Stadium des Prozesses gegeben (262¹ und ²) und durch ohne Verzug verfügbare Beweismittel[72] nicht mehr zu zerstören[73], so kann der Vater, was den Unterhalt des Kindes angeht, gar zur *Zahlung* von Beiträgen verurteilt wer-den (303² lit. b). Stellt sich später heraus, dass der Beklagte die Leistungen zu Unrecht erbracht hat (was wohl kaum je noch eintreten wird), so hat das für die Unterhalts-klage zuständige Gericht von den ungerechtfertigt Bereicherten (Kind, Mutter, unter-stützungspflichtige Verwandte, wirklicher Vater) die Rückerstattung anzuordnen (304 ZPO).

Das für die Unterhaltsklage zuständige Gericht ist auch für die Hinterlegung, die vor-   53
läufige Zahlung sowie für die Auszahlung hinterlegter Beiträge zuständig (304 ZPO).

c. Die Verträge über die Unterhaltspflicht[74]

Die Höhe des Unterhaltsbeitrags kann nicht nur gerichtlich, sondern auch vertraglich   54
verbindlich festgelegt werden. Das Gesetz regelt diese Möglichkeit in den Art. 287 und 288. Die vertragliche Vereinbarung ist häufig einfacher, kosten- und zeitsparend und in der Praxis daher verbreitet.[75] Da aber der Unterhaltsanspruch die Befriedigung ele-mentarer Bedürfnisse, beruhend auf einem familienrechtlichen Status, bezweckt, muss das Kind (und müssen ausnahmsweise auch die Eltern) vor übervorteilung geschützt werden. Dies geschieht durch besondere Kautelen in den Art. 287 und 288. Zunächst sind zwei Grundsätze zu beachten:

Erstens beziehen sich die Art. 287 und 288 nur auf Verträge nach Feststellung   55
des Kindesverhältnisses bzw. im Hinblick auf diese Feststellung.[76] Zweitens finden die Art. 287/288 auf alle vertraglichen Abmachungen über Unterhaltsbeiträge bei festge-stelltem Kindesverhältnis Anwendung, insbesondere auch auf die Scheidungskonven-tion (vgl. hierzu auch 133³; zu den Unterhaltsverträgen bei unverheirateten Eltern s. hinten § 44 N 16 Anm. 35).

---

72 Nicht ohne Verzug verfügbar ist das ähnlichkeits- oder anthropologische Gutachten, das in der Regel erst nach dem dritten Lebensjahr durchgeführt werden kann. Zur Entbehrlichkeit dieses Gutachtens durch die Entwicklung des naturwissenschaftlichen Abstammungsbeweises s. vorn § 39 N 21.

73 Ebenso bei einer biostatistischen Wahrscheinlichkeit der Vaterschaft von 99,6%: HEGNAUER, Grundriss, Nr. 21.12.

74 Zum Ganzen METZLER a.a.O. – Zur Abfassung dieser Unterhaltsverträge s. BERNHARD AMREIN/ALBERT GULER/CHRISTOPH HÄFELI, Mustersammlung zum Adoptions- und Kin-desrecht, erarbeitet von CYRIL HEGNAUER, hrsg. von der Konferenz der kantonalen Vormund-schaftsdirektoren (4. A. Zürich 2005), 37 ff.

75 STETTLER, SPR III/2, 331, beziffert die (gerichtlichen und aussergerichtlichen) Vereinbarungen auf 90% aller Festsetzungen des Unterhaltsanspruchs. S. dazu auch BREITSCHMID, BaKomm, Art. 287 N 1.

76 Das schliesst nicht aus, dass es auch fortan rein schuldrechtliche Verträge ohne festgestelltes Kindesverhältnis gibt, welche dann aber gerade nicht der Genehmigung nach Art. 287 bedür-fen (108 II 530). S. dazu ROELLI/MEULI-LEHNI, HandKomm, Art. 287 N 1; BREITSCHMID, BaKomm, Art. 287 N 2.

56 Das Gesetz unterscheidet zwischen Verträgen über periodische Leistungen und Abfindungen:

1. Periodische Unterhaltsbeiträge

57 Verträge über *periodische Unterhaltsbeiträge* (287) unterliegen grundsätzlich einer formellen und einer materiellen Voraussetzung: In formeller Hinsicht gilt, dass sie erst
mit der Genehmigung durch die Kindesschutzbehörde verbindlich werden (287[1]).[77]
Diese Genehmigung ist ein Akt freiwilliger Gerichtsbarkeit (111 II 8) und nicht ein
Urteil, weshalb für die Wirkungen der Genehmigung nicht auf Art. 279 (dazu vorn
§ 25 N 22) zurückgegriffen werden kann (126 III 56 E. 3a/aa). Vielmehr ist der Unterhaltsvertrag vor seiner Genehmigung zwar für den Schuldner, nicht aber für das Kind
verbindlich. Bis zur Genehmigung liegt ein Schwebezustand vor, während dessen das
Kind die Vertragserfüllung nicht verlangen kann.[78] Mit der Genehmigung entfaltet
der Vertrag Wirkung ab dem Zeitpunkt des Abschlusses; andernfalls fällt er ex tunc
dahin (126 III 57 f. E. 3a/bb). In materieller Hinsicht sind Unterhaltsverträge grundsätzlich abänderbar (287[2] erster Teil); Art. 286 Abs. 2 ist demnach sinngemäss auch auf
vertraglich festgesetzte Beiträge anwendbar (s. vorn N 37).[79] Für beide Voraussetzungen sieht das Gesetz Ausnahmen vor: Wird der Vertrag in einem gerichtlichen Verfahren geschlossen (z.B. im Scheidungsverfahren), so tritt an die Stelle der Genehmigung der Kindesschutzbehörde jene des Gerichts (287[3]). Sodann kann ausnahmsweise
ausdrücklich die Abänderbarkeit ausgeschlossen werden; hierfür bedarf es aber der
Genehmigung der Kindesschutzbehörde (287[2] zweiter Teil) bzw. des Gerichts. Siehe
dazu vorn N 37.

2. Abfindung

58 Gegen eine einmalige *Abfindung* könnten dogmatische Bedenken erhoben werden, handelt es sich doch beim Anspruch auf Unterhalt um ein auf familienrechtlicher Grundlage
beruhendes Dauerrecht. Das Gesetz gestattet indessen die vertragliche Vereinbarung
einer Abfindung, welche an die Stelle des Unterhaltsanspruchs tritt (jedoch weder das
Erbrecht noch grundsätzlich die Unterstützungspflicht nach Art. 328 f. aufhebt), wenn

---

77 ROELLI/MEULI-LEHNI, HandKomm, Art. 287 N 5. Ein Elternteil kann weder auf künftige
    Unterhaltsbeiträge noch auf den Anspruch als solchen verzichten: 119 II 7 f. E. 4b und hierzu
    teils kritisch HEGNAUER, Grundriss, Nr. 23.05. – Durch die Genehmigung entsteht ein provi-
    sorischer Rechtsöffnungstitel gemäss Art. 82 Abs. 1 SchKG: Zürcher Bezirksgericht, in SJZ 95
    (1999), 98 ff. – Keiner Genehmigung bedarf ein Unterhaltsvertrag zwischen volljährigem Kind
    und Elternteil, in welchem Ansprüche nach Art. 277 Abs. 2 konkretisiert werden.
78 ROELLI/MEULI-LEHNI, HandKomm, Art. 287 N 5. A. M. METZLER a.a.O. 99 f. und 103 f. –
    Wird ein Unterhaltsvertrag vor dem Entscheid der Kindesschutzbehörde durch eine neue Ver-
    einbarung ersetzt, so kann der alte Unterhaltsvertrag mangels Bestand nicht gültig genehmigt
    werden: Obergericht ZH, 22. September 2004, in FamPra.ch 6 (2005), 180 ff.
79 ROELLI/MEULI-LEHNI, HandKomm, Art. 287 N 6. BGE 101 II 17, der die Unabänderlichkeit
    festhält, ist unter altem Recht ergangen! Mit der Heirat der Eltern tritt ein davor geschlossener
    Unterhaltsvertrag *von Gesetzes* wegen ausser Kraft (278[1]): BGer 5C.278/2000 E. 4e; siehe auch
    HEGNAUER, BeKomm, Art. 259 N 63; MARIANNE SONDER, Die «Heirat der Eltern» nach Arti-
    kel 259 ZGB (Diss. Freiburg 1982), 192 f.

das Interesse des Kindes eine solche Lösung rechtfertigt.[80] Dies soll gemäss Art. 288 Abs. 2 Ziff. 1 durch die Kindesschutzbehörde oder durch das Gericht (z.B. bei Scheidung) sichergestellt werden. Die Behörde prüft dabei nicht nur, ob die einmalige Abfindung am Platz ist, sondern vornehmlich auch, ob die Summe angemessen ist. Dabei gilt sinngemäss Art. 285.[81] Dem Schutz des Kindes dient ferner, dass es solange an die Vereinbarung nicht gebunden ist, als der Elternteil die Abfindungssumme nicht an die bei der Abmachung bezeichnete Stelle abgeliefert hat (288[2] Ziff. 2).[82]

3. Inhalt des Unterhaltsvertrags

Die Gesetzesnovelle zum Kindesunterhalt vom 20. März 2015 führt mit Art. 287a ZGB und 301a ZPO zwei identisch gleich lautende Bestimmungen zum Inhalt des Unterhaltsvertrags ein: Werden im Unterhaltsvertrag (Art. 301a ZPO gilt für den Unterhaltsvertrag *und* das Urteil, Art. 287a ZGB nur für den Unterhaltsvertrag) Unterhaltsbeiträge festgelegt, so ist darin anzugeben: a. von welchem Einkommen und Vermögen jedes Elternteils und jedes Kindes ausgegangen wird; b. welcher Betrag für jedes Kind bestimmt ist; c. welcher Betrag zur Deckung des gebührenden Unterhalts jedes Kindes fehlt (s. dazu oben N 39); d. ob und in welchem Ausmass die Unterhaltsbeiträge den Veränderungen der Lebenskosten angepasst werden (oben N 35 ff.).

59

---

80 BREITSCHMID, BaKomm, Art. 288 N 2; ROELLI/MEULI-LEHNI, HandKomm, Art. 288 N 1; MEIER/STETTLER, Filiation, Nr. 1109. Das gilt etwa im Fall, da der unterhaltspflichtige Elternteil seinen Wohnsitz ins Ausland verlegt, wodurch der Einzug der monatlichen Alimente erschwert wird (Botsch. a.a.O. 63). Wird aber diesfalls der Abfindungsvertrag mit Blick auf die in Aussicht gestellte Abreise genehmigt und erfolgt die Abreise später nicht, so hat sich eine Bedingung der behördlichen Genehmigung nachträglich nicht erfüllt, und diese fällt dahin. Damit wird der Abfindungsvertrag unwirksam, und die Unterhaltspflicht ist neu zu regeln: so HEGNAUER, Fragen um den Abfindungsvertrag, Art. 288 ZGB, in ZVW 51 (1996), 6 ff., sowie DERS., Bemerkungen, in ZVW 52 (1997), 30, zu einem anders lautenden Urteil des Bezirksgerichts Höfe (SZ), in ZVW 52 (1997), 28 ff.; GLOOR/VETTERLI, Kapitalisierung im Familienrecht, in FamPra.ch 7 (2006), 640 ff.; RUMO-JUNGO/HÜRLIMANN-KAUP/KRAPF, Kapitalisieren im Zivilrecht, in ZBJV 140 (2004), 545 ff.

81 MARC SCHAETZLE/STEPHAN WEBER, Kapitalisieren, Handbuch zur Anwendung von Barwerttafeln (6. A. Zürich 2013), Beispiel 47a; BREITSCHMID, BaKomm, Art. 288 N 7; ROELLI/MEULI-LEHNI, HandKomm, Art. 288 N 3; METZLER a.a.O. 249 f.

82 Für das Kind – nicht für den Elternteil! – tritt also die Verbindlichkeit der Abmachung erst bei «Hingabe der Sache» (analog einem römischrechtlichen Realkontrakt) ein; vgl. auch die Analogie in Art. 634 Abs. 1, wonach die Verbindlichkeit einer nicht schriftlich vereinbarten Teilung erst mit der Entgegennahme der Lose eintritt (dort allerdings gegenseitig); vgl. HAUSHEER/SPYCHER, Handbuch, Nr. 06.224.

III.   Die Erfüllung der Unterhaltspflicht

60   Die Erfahrung zeigt leider,[83] dass die Verwirklichung der Unterhaltspflicht namentlich gegenüber Kindern unverheirateter und geschiedener Mütter oft im Argen liegt.
Das ZGB will hier im Rahmen des im Privatrecht Möglichen nachhelfen. Zunächst
schafft Art. 289 mit Bezug auf die «Zahlstelle» *Klarheit:* Gläubiger des Unterhaltsbeitrags ist zwar das Kind, die Leistung kann aber gültig nicht ihm selber erbracht werden, solange es minderjährig ist. Art. 289 Abs. 1 trägt der Möglichkeit gemeinsamer
elterlicher Sorge geschiedener oder unverheirateter Eltern Rechnung. Danach erfüllt
der Unterhaltsschuldner, solange das Kind minderjährig ist, seine Pflicht durch Leistung an die gesetzliche Vertreterin des Kindes oder aber – namentlich bei gemeinsamer elterlicher Sorge – *an den Inhaber der (faktischen) Obhut.*[84] Damit ist die alleinige
Obhut gemeint. Mit der Einführung des Grundsatzes der gemeinsamen elterlichen
Sorge geschiedener und unverheirateter Eltern werden Modelle geteilter und alter-
nierender Obhut praktiziert. Daher muss das Gericht bestimmen können, an welchen
Elternteil die Unterhaltsbeiträge in solchen Fällen ausgerichtet werden. Daher fügt die
Gesetzesnovelle zum Kindesunterhalt in Art. 289 Abs. 1 den Vorbehalt ein «soweit es
das Gericht nicht anders bestimmt.»[85]

61   Zahlt das Gemeinwesen Unterhaltsbeiträge, so liegt ein Fall von Subrogation vor: Der
Unterhaltsanspruch des Kindes geht von Gesetzes wegen mit allen Rechten auf das
Gemeinwesen über (289[2]; s. 166[1] OR und 106 II 292; 137 III 197 f. E. 2; 138 III 146
E. 3; BGer 8D_4/2013 E. 4 f.).[86] Das gilt auch für die Unterhaltsklage (vorn N 43).[87]
Diese Legalzession gilt nicht für Dritte, die freiwillig zum Unterhalt des Kindes beitra-
gen (123 III 164 E. 4c).

62   Sodann stellt das ZGB *drei* der Durchsetzung des Unterhaltsanspruchs dienende *Ins-*
titute zur Verfügung: die Inkassohilfe (290, N 63), die Anweisungen an die Schuldner
(291, N 65) sowie die Sicherstellung (292, N 67). Die Regelung eines *vierten,* in der Praxis wichtigen *Instituts,* bleibt dem *öffentlichen Recht* vorbehalten: die Alimentenbevorschussung (293[2], unechter Vorbehalt gemäss 6[1], nachstehend N 70):

---

83   S. die empirischen Zahlen in: Büchler/Cantieni/Simoni, Die Regelung der elterlichen Sorge
nach Scheidung de lege ferenda – ein Vorschlag, in FamPra.ch 8 (2007), 212.

84   Es handelt sich dabei um von Gesetzes wegen gebundene Mittel, die dem obhutsberechtigten
Elternteil nicht etwa dazu dienen dürfen, eigene Schulden zu decken oder den eigenen Lebens-
standard zu verbessern: 115 Ia 326 f., s. auch Hegnauer, Unterhaltsbeiträge für Kinder und
Verrechnung, in ZVW 53 (1998), 192 ff.

85   Botsch. Kindesunterhalt, 582.

86   Dazu Hegnauer, BeKomm, Art. 289 N 77 ff.; Breitschmid, BaKomm, Art. 289 N 9 ff.; Stettler, SPR III/2, 308 f.; Roelli/Meuli-Lehni, HandKomm, Art. 289 N 3.

87   In der Betreibung ist allerdings das Gemeinwesen insofern schlechter gestellt, als es im Gegensatz zum Unterhaltsberechtigten nicht in das Existenzminimum des Pflichtigen eingreifen
kann (116 III 10 – hierzu teils kritisch, Hegnauer, Grundriss, Nr. 23.06; Hausheer/Spycher,
Handbuch, Nr. 06.42); vgl. hinten § 46 N 1 Anm. 3. S. dazu auch 137 III 149 E. 3.4.3; 138 III
204 E. 3.9.

1. Der Verwirklichung des Unterhaltsanspruchs dient zunächst eine geeignete und   63
unentgeltliche *Inkassohilfe:* Die Kindesschutzbehörde oder eine andere vom Kanton
bezeichnete Stelle hat die Pflicht (mit den entsprechenden Rechten zur Vertretung in
der Betreibung: 109 Ia 72), dem anderen Elternteil (289¹) auf dessen Gesuch hin bei
der Vollstreckung des Unterhaltsanspruchs des Kindes unentgeltlich zu helfen.[88] Dazu
gehört nicht nur die Betreibung, sondern auch die Empfehlung freiwilliger Massnahmen des Schuldners (z.B. Beratung, Erteilung eines Dauerzahlungsauftrags).[89]

Gemäss der Gesetzesnovelle zum Kindesunterhalt vom 20. März 2015 wird neu nicht   64
mehr die Kindesschutzbehörde, sondern «eine vom kantonalen Recht bezeichnete
Fachstelle» zuständig sein (290¹ nZGB). Neu wird der Anspruch auf unentgeltliche
Inkassohilfe nicht nur dem Elternteil, sondern auch dem Kind, somit auch dem volljährigen Kind, zugestanden.[90] Sodann legt der Bundesrat die Leistungen der Inkassohilfe fest (290² nZGB). Da es sich bei der Inkassohilfe um die Vollstreckung der
familienrechtlichen Unterhaltspflicht handelt, steht dem Bund die entsprechende
Gesetzgebungskompetenz zu (Art. 122 BV). Die Ausarbeitung der entsprechenden
Verordnung erfolgt durch Fachpersonen der Inkassohilfe sowie durch Vertreterinnen
und Vertreter der betroffenen kantonalen Behörden.[91]

2. Ferner enthält Art. 291 eine besondere Vollstreckungsmassnahme: die Anweisung   65
an die Schuldner, die dem eherechtlichen Art. 177 nachgebildet ist. Es handelt sich um
eine nicht im SchKG angesiedelte privilegierte Zwangsvollstreckungsmassnahme[92] sui
generis (110 II 10; 130 III 491 E. 1.2; 137 III 195 E. 1.1):[93] Vernachlässigt ein Elternteil (Vater oder Mutter oder vernachlässigen beide) die Sorge für das Kind, so kann das
Gericht die *Schuldnerin* dieses Elternteils (regelmässig, aber durchaus nicht nur die
Arbeitgeberin) *anweisen,* ihre Zahlungen ganz oder teilweise dem gesetzlichen Vertreter des Kindes zu entrichten. Befolgt die Schuldnerin die Anweisung nicht, erfüllt sie
also die Schuld nach wie vor gegenüber dem Unterhaltspflichtigen (statt gegenüber der

---

88 Damit wollte man insbesondere bewährte kantonale Einrichtungen weiter wirken lassen
    (Botsch. a.a.O. 65) und solche wohl auch anderen Kantonen als nachahmenswerte Beispiele in
    Erinnerung rufen. Zu den Art. 290 und 291 s. ROLAND HASELBACH, Zivilrechtliche Vollstre-
    ckungshilfen im Kindesrecht (Art. 290–291 ZGB) (Diss. Freiburg 1990) und RENÉ SUHNER,
    Anweisungen an die Schuldner (Art. 177 und 291 ZGB) (Diss. St. Gallen 1992). Die Anwendung
    des Art. 291 ZGB nur auf zukünftige Unterhaltszahlungen zu beschränken, ist nicht willkürlich:
    BGer 5P.75/2004, in Semjud 127 (2005), I 25.
89 HEGNAUER, BeKomm, Art. 290 N 26 ff.; DERS., Grundriss, Nr. 23.08; ROELLI/MEULI-LEHNI,
    HandKomm, Art. 290 N 2; BREITSCHMID, BaKomm, Art. 290 N 3.
90 Botsch. Kindesunterhalt, 583.
91 Botsch. Kindesunterhalt, 557 f.
92 Da es sich um eine Vollstreckungsmassnahme handelt, wird lediglich die Frage beurteilt, ob die
    Voraussetzungen für ihre Anordnung erfüllt sind. Nicht zur Diskussion steht hingegen die Frage
    der Begründetheit des Unterhaltsanspruchs.
93 Die Schuldneranweisung kann vor dem BGer mit Beschwerde in Zivilsachen angefochten wer-
    den. S. dazu ROELLI/MEULI-LEHNI, HandKomm, Art. 291 N 5; MEIER/STETTLER, Filiation,
    Nr. 1170; 137 III 195 E. 1.1.

Unterhaltsberechtigten), so wird sie, wenn das Geld nicht dem Kind zukommt,[94] nicht «befreit». Da es sich bei der Schuldneranweisung um eine besonders schwerwiegende Massnahme handelt, ist für deren Anordnung ein massiver Zahlungsrückstand erforderlich. Eine nur punktuelle Verletzung der Pflichten oder ein nur vereinzelter Rückstand genügen dafür nicht (BGer 5A_464/2012 E. 5; 5A_173/2014 und 5A_174/2014 E. 9). Ferner hat das Gericht den Unterhaltsschuldner im Rahmen der Schuldneranweisung in seinem Existenzminimum zu schützen und kann nicht ein hypothetisches Einkommen pfänden (BGer 5A_490/2012 E. 3; 5A_223/2014 E. 2; 5A_791/2012 E. 3; 5A_578/2011 E. 2.1).

66   Das Urteil über eine Schuldneranweisung ist grundsätzlich ein materielles Endurteil und keine vorsorgliche Massnahme i. S. v. Art. 98 BGG (137 III 195 E. 1.2).

67   3. Weiter kann das Gericht gemäss Art. 292 die Eltern zur Leistung angemessener *Sicherheit für künftige Unterhaltsbeiträge* verpflichten (durch Hinterlegung, Bestellung von Pfandrechten oder Bürgschaften). Dem ZGB sind solche Bestimmungen sehr vertraut (vgl. etwa 334², 490², 594², 760; für Scheidungsrenten s. 107 II 399 f., aber auch 119 II 12). In unserem Fall ist für die Anordnung einer solchen Sicherstellung vorausgesetzt: die beharrliche Vernachlässigung der Erfüllung ihrer Unterhaltspflicht durch die Eltern oder die Vermutung, dass die Eltern Anstalten zur Flucht treffen, ihr Vermögen verschleudern oder beiseite schaffen (z.B. verschwenden, verschenken, ungünstig oder grundlos veräussern; vgl. ähnliche Fälle beim Arrest nach 271¹ Ziff. 2 SchKG).

68   4. Schliesslich gilt im Kindesrecht ein zusätzliches *Konkursprivileg* (219⁴ SchKG).[95] Danach fallen familienrechtliche Unterhaltsansprüche, die in den letzten zwölf Monaten vor der Konkurseröffnung entstanden und durch Geldzahlungen zu erfüllen sind, in die erste Klasse der privilegierten Forderungen. – Zu den *strafrechtlichen Folgen* der Vernachlässigung von Unterhaltspflichten s. Art. 217 StGB (vgl. 119 IV 315).

IV.   Sonderfragen

69   Die drei letzten Artikel des 2. Abschnitts des Titels über die Wirkungen des Kindesverhältnisses betreffen drei verschiedene Themen: den Hinweis auf das öffentliche Recht (293, N 70), die Pflegeeltern (294) und die Ansprüche der unverheirateten Mutter (295).

1. Öffentliches Recht

70   Art. 293 verweist für zwei Belange im Sinn von unechten Vorbehalten (6 ZGB) auf das öffentliche Recht. Er auferlegt den Kantonen keine zusätzlichen Pflichten, sondern beschreibt in Abs. 1 die bestehende Rechtslage, ist also insofern rein deklaratorischer Natur; in Abs. 2 bringt er eine gewisse Erwartung zum Ausdruck, ist

---

94   Vgl. HEBERLEIN/BRÄM, HandKomm, Art. 177 N 2; SCHWANDER, BaKomm, Art. 177 N 2 für den analogen Fall des 177 a. F.

95   Und zwar – gesetzgebungstechnisch sauber – nur im SchKG: Art. 219 Abs. 4, Erste Klasse, c.

also insofern rechtspolitischer Natur:[96] Nach Abs. 1 bestimmt das öffentliche Recht unter Vorbehalt der (privatrechtlichen) Unterstützungspflicht der Verwandten, wer für den Unterhalt aufkommt, wenn Eltern und Kind dies nicht vermögen. Diese Bestimmung stellt klar, dass das öffentliche Sozialhilferecht subsidiär zur familien-rechtlichen Leistungspflicht der Person selbst und ihrer Angehörigen ist.[97] Abs. 2 handelt von der sogenannten Alimentenbevorschussung für den Fall, dass die Eltern säumig sind, und verweist dafür auf das öffentliche Recht. Der Bund konnte und wollte mit diesem Vorbehalt den Kantonen keine Pflicht auferlegen (106 II 285 f.; 112 Ia 257[98]; 137 III 200 E. 3.4), wohl aber seiner begründeten Erwartung Ausdruck geben, dass die Kantone die Bevorschussung von Unterhaltsbeiträgen einführen. Der Wink mit dem Zaunpfahl (des unechten Vorbehalts) war denn auch für die ganze Schweiz erfolgreich.[99] Ein Korrelat zur Bevorschussung bildet die gesetzliche Subro-gation des Gemeinwesens in die Ansprüche des Kindes (289[2]). Damit subrogiert das Gemeinwesen sowohl in das Recht, die Schuldneranweisung zu verlangen, wie in das Recht, auf privilegierte Anschlusspfändung nach Art. 111 Abs. 1 Ziff. 2 SchKG (138 III 146 ff. E. 3; 137 III 193, 197 ff. E. 2 f.).

2. Pflegeeltern

Wird ein Kind in Pflege gegeben, so leisten die Pflegeeltern im Sinn von Art. 276   71
Abs. 2 den Unterhalt «durch Pflege und Erziehung», ohne dass dabei die grundsätzli-che Unterhaltspflicht der Eltern erlischt. Dies bedeutet, dass die Eltern die Pflegeeltern für die Leistung des Unterhalts grundsätzlich zu entschädigen haben. Entsprechend sieht Art. 294 Abs. 1 erster Teil einen Anspruch der Pflegeeltern auf ein angemessenes Pflegegeld vor.[100] Diese grundsätzliche Entschädigungspflicht ist nicht nur oder gar vornehmlich im Interesse der Pflegeeltern vorgesehen. Vielmehr können im Gegen-zug gegenüber den Pflegeeltern gewisse Ansprüche gestellt werden, was namentlich im Fall der Tageseltern, der Tageskrippen und ähnlicher Institutionen (s. Verord-nung über die Aufnahme von Pflegekindern [Pflegekinderverordnung, PAVO] vom

---

96 HEGNAUER, BeKomm, Art. 293 N 23.

97 Das Sozialhilferecht ist aber auch subsidiär zu den bundesrechtlichen und kantonalrechtlichen Sozialversicherungsleistungen, wozu auch die Ergänzungsleistungen, die Familienzulagen sowie die regelmässig auf dem System der Ergänzungsleistungen beruhenden Beiträge an die Miet-zinse oder die Krankenversicherung zählen; s. dazu FELIX WOLFFERS, Grundriss des Sozialhilfe-rechts: eine Einführung in die Fürsorgegesetzgebung von Bund und Kantonen (2. A. Bern 1999), 35; VOLLENWEIDER, Alimentenbevorschussung bei Uneinbringlichkeit der Unterhaltsbeiträge, in FamPra.ch 7 (2006), 1 ff.; ALBERT GULER, Mittel der Durchsetzung der nachehelichen Unter-haltspflicht und Sozialhilfeleistungen, in Alexandra Rumo-Jungo/Pascal Pichonnaz (Hrsg.), Familienvermögensrecht (Bern 2003), Schriftenreihe zum Familienrecht FamPra.ch 2, 35.

98 Kritisch zum Ausmass der Berücksichtigung des Stiefelternteils: HEGNAUER, Grundriss, Nr. 23.15.

99 HEGNAUER, BeKomm, Art. 293 N 33, der in N 35 die kantonalen Informationsstellen aufzählt.

100 HAUSHEER/SPYCHER, Handbuch, Nr. 06.71; bei behördlicher Unterbringung ist das Gemein-wesen Schuldner des Pflegegeldes mit Rückgriffsrecht gegen die Eltern: HEGNAUER, Grund-riss, Nr. 20.15; ROELLI/MEULI-LEHNI, HandKomm, Art. 294 N 2; BREITSCHMID, BaKomm, Art. 294 N 2.

19. Oktober 1977; SR 211.222.338) von Bedeutung ist.[101] Die Entgeltlichkeit entspricht jedoch häufig nicht dem ausgesprochenen oder mutmasslichen Willen der Beteiligten. Unentgeltlichkeit kann auf einer entsprechenden Abrede beruhen oder sich eindeutig aus den Umständen ergeben (294[1] zweiter Teil). Unentgeltlichkeit wird nach Abs. 2 des Art. 294 sogar vermutet, wenn die Kinder bei nahen Verwandten oder zum Zweck zukünftiger Adoption in Pflege gegeben werden.

3. Ansprüche der unverheirateten Mutter

72   Während die verheiratete Mutter ihre Ansprüche gegenüber ihrem Ehemann im Rahmen von Art. 163 geltend machen kann, erfordern jene für die unverheiratete Mutter eine besondere Rechtsgrundlage. Der *Inhalt des Anspruchs* bestimmt sich nach Art. 295 Abs. 1. Zu ersetzen sind: die Entbindungskosten (Ziff. 1), die Kosten des Unterhalts während mindestens vier Wochen vor und mindestens acht Wochen nach der Geburt (Ziff. 2) sowie andere wegen der Schwangerschaft oder der Entbindung notwendig gewordene Auslagen unter Einschluss der ersten Ausstattung des Kindes (Ziff. 3). Ein Anspruch auf Leistungen für den eigenen Unterhalt als Kompensation für Erziehung und Betreuung der gemeinsamen Kinder besteht dagegen nicht. Dafür werden gemäss der Gesetzesnovelle vom 20. März 2015 die Betreuungskosten für das Kind als Kinderkosten qualifiziert und sind Bestandteil des Kindesunterhalts (s. dazu vorne N 29). *Leistungen Dritter* (im Vordergrund stehen Leistungen der Krankenversicherung oder der Arbeitgeberin) sind anzurechnen und damit vom Anspruch der Mutter gegenüber dem Vater abzuziehen, soweit es die Umstände rechtfertigen (295[3]). Damit verweist das Gesetz auf das Ermessen des Gerichts (4). In Betracht zu ziehen sind namentlich die wirtschaftlichen Verhältnisse der Gläubigerin und des Schuldners.[102] Die Ermessensausübung dürfte aber kleinliche Abrechnungen und namentlich die Prüfung der sachlichen Kongruenz der anrechenbaren Leistungen erübrigen.

73   Was gilt, wenn die *Schwangerschaft vorzeitig beendet* wird, sei es durch Fehlgeburt, sei es durch (legalen) Schwangerschaftsabbruch? Das Gesetz führt hierfür eine Billigkeitshaftung ein. In Anlehnung an die Formulierung von Art. 54 OR kann das Gericht gemäss Art. 295 Abs. 2 den Vater zu teilweisem oder vollständigem Schadenersatz verurteilen.

74   Art. 295 sieht keinen *Genugtuungsanspruch* vor. Das schliesst aber nicht aus, dass sich die nicht verheiratete Mutter auf Art. 49 OR beruft.[103]

---

101   In diesem Sinn: Valy Degoumois, La situation juridique de l'enfant placé chez des parents nourriciers, in Mélanges Henri Deschenaux (Freiburg 1977), 133 ff., insbesondere 144 f. Siehe auch Maya Völkle, Die Begründung des Pflegeverhältnisses unter besonderer Berücksichtigung des neuen Kindesrechts (Diss. Basel 1978).

102   Hegnauer, BeKomm, Art. 295 N 23; Breitschmid, BaKomm, Art. 295 N 9; Roelli/Meuli-Lehni, HandKomm, Art. 295 N 5.

103   Botsch. a.a.O. 68 f.; Breitschmid, BaKomm, Art. 295 N 8; Roelli/Meuli-Lehni, Hand-Komm, Art. 295 N 5; Pierre Tercier, La réparation du tort moral: crise ou évolution?, in Mélanges Henri Deschenaux (Freiburg 1977), 307 ff., 323, weist darauf hin, dass die Neuregelung im Kindesrecht eben doch in zweifacher Hinsicht eine Schlechterstellung der Mutter

Für das *Klagerecht* (295[1] erster Teil) gilt: *Zuständig* ist zwingend das Gericht am Wohn- 75
sitz einer der Parteien (Wahlgerichtsstand) gemäss Art. 27 ZPO. Die *Klagefrist* läuft ein
Jahr nach der Geburt ab. Beklagte sind der Vater oder dessen Erben (also nicht etwa
die Beklagten gemäss 261[2]).

---

bedeute (strengere Voraussetzungen in OR 49, Gerichtsstandsprobleme). Das Persönlichkeitsschutzrecht (vorn § 11 N 16 ff.) hat nun aber diese Schwachstellen mindestens teilweise eliminiert.

§ 43   Die elterliche Sorge

1   Das Kindesverhältnis beschreibt einerseits eine verwandtschaftliche Abstammung. Danach sind auch Sechzigjährige «Kinder» und erben nach Art. 457 Abs. 2 zu gleichen Teilen. Kindsein im natürlichen, vorrechtlichen Sinn des Wortes bedeutet andererseits auch, schwach und hilfsbedürftig zu sein, auf die Hilfe anderer besonders angewiesen zu sein. In diesem Sinn ist Kindheit mit Minderjährigkeit (14 ZGB) gleichzusetzen. Minderjährige sind regelmässig hilfsbedürftig. Ihre Schwäche und Hilfsbedürftigkeit wird dadurch überwunden, dass die Entscheidungszuständigkeit[1] über und für sie den Eltern zukommt. Diese Zuständigkeit umfasst ein Bündel von Rechten und Pflichten. Sie ist – soweit sie ein Recht ist – ein fremdnütziges Recht, das den Eltern zwar auch um ihrer Persönlichkeit willen, aber für das Kind zusteht, ein sogenanntes «droit-fonction»,[2] Recht und Pflicht in einem: ein Pflichtrecht, un droit-devoir. Der früher dafür verwendete Ausdruck «elterliche Gewalt» ist mit der ZGB-Revision 1998 durch «elterliche Sorge» ersetzt worden.[3] Dementsprechend trägt nun der dritte Abschnitt des achten Titels des ZGB den Namen «Die elterliche Sorge».[4] Mit der ZGB-Revision von 2013 (in Kraft seit dem 1. Juli 2014) ist die gemeinsame elterliche Sorge für geschiedene und nicht verheiratete Paare als Grundsatz eingeführt worden. Der Inhalt der elterlichen Sorge wurde dabei insofern geändert als die elterliche Sorge neu das Recht einschliesst, den Aufenthaltsort des Kindes zu bestimmen (301a[1]; rechtliche Obhut; dazu unten N 33 ff.).

2   Alle Minderjährigen stehen *entweder unter elterlicher Sorge oder unter Vormundschaft* (327a).[5] Tertium non datur. Dem Vormund Minderjähriger stehen zwar die gleichen Rechte wie den Eltern zu, aber unter Vorbehalt der Mitwirkung der Kindesschutzbehörden (327c i. V. m. 415 ff.).[6] Anders als noch vor dem neuen Erwachsenenschutzrecht (§ 49 ff.), kann sich die elterliche Sorge nicht mehr auf volljährige Kinder erstre-

---

1   Siehe diese Formulierung in der Botsch. Kindesverhältnis, 69 und 70; MEIER/STETTLER, Filiation, Nr. 448.

2   Ein in seinem Inhalt in besonderer Weise durch den Zweck bestimmtes und begrenztes Recht; MEIER/STETTLER, Filiation, Nr. 448.

3   HAUSHEER/GEISER/AEBI-MÜLLER, Familienrecht, Nr. 17.68. In den romanischen Sprachen wurde die «puissance paternelle» bzw. die «potenza dei genitori» bereits bei der Gesamtrevision des Kindesrechts durch «autorità parentale» bzw. durch «autorité parentale» ersetzt.

4   Laut Botsch. Ehescheidung, 49, beschränkt sich diese terminologische Neuerung auf den deutschen Text des ZGB. Im französischen Text ist und bleibt der Ausdruck «autorité parentale».

5   Hierzu SCHNYDER/MURER, BeKomm, Art. 368 N 7 ff. und 101; MEIER/STETTLER, Filiation, Nr. 455.

6   Zum Verhältnis elterliche Sorge/Vormundschaft s. BERNHARD SCHNYDER, Das Vormundschaftsrecht – ein erratischer Block im Schweizerischen Zivilgesetzbuch?, in FS Hans Hinderling (Basel 1976), 215 ff., insbesondere 223 ff.; PATRICK FASSBIND, Systematik der elterlichen Personensorge in der Schweiz (Diss. Basel 2006), BSRW A 84, 54 f.

cken (so noch 385³ aZGB⁷). Die Eltern können aber eine Beistandschaft über ihre volljährigen (gegebenfalls umfassend) verbeiständeten Kinder übernehmen (401).

Das Gesetz regelt in den Art. 296–327c die elterliche Sorge, und zwar die Vorausset- 3 zungen (296–300), den Inhalt (301–306, 318–323) sowie den persönlichen Kindes- schutz (307–317, 327a-c) und den vermögensrechtlichen Kindesschutz (324–327). Der vorliegende Paragraf beschäftigt sich mit der Frage, wer welche Sorgerechtsbefugnisse ausüben kann. Entsprechend ist vom Inhaber bzw. von der Inhaberin (N 4 ff.) sowie vom Inhalt der elterlichen Sorge (II, N 25 ff.) die Rede. Der Sache nach gehört zum Inhalt nicht nur die Personensorge (301–306), sondern auch die in den Art. 318–323 geregelte Vermögenssorge. Diese wird daher ebenfalls in den N 25 ff. erläutert. Dage- gen ist dem Kindesschutz ein eigener Paragraf gewidmet (§ 44).

I.   Der Inhaber, die Inhaberin der elterlichen Sorge

Die elterliche Sorge als solche steht *nur* Eltern zu, das heisst jenen Personen, zu denen 4 für das in Frage stehende Kind ein Kindesverhältnis im Rechtssinn begründet worden ist.⁸ Uneigentliche Ausnahmen sind für die Stiefeltern (299), die Pflegeeltern (300) und den Beistand nach Art. 308 vorgesehen. In diesen Fällen wird zwar die elterliche Sorge mehr oder weniger durch Dritte ausgeübt. Die eigentlichen Träger der Sorge bleiben aber die Eltern. Minderjährige sowie unter umfassender Beistandschaft ste- hende Eltern können nicht Inhaber der elterlichen Sorge sein (296³). Somit kann die unverheiratete minderjährige Mutter keine elterliche Sorge innehaben, obwohl sie ihr grundsätzlich von der Geburt des Kindes an zustehen würde (298a⁵). Auch der min- derjährige Vater ist von der elterlichen Sorge ausgeschlossen, was im Fall des beantrag- ten gemeinsamen Sorgerechts (298a¹) relevant ist.

Das Sorgerecht steht den Eltern gemeinsam zu (296²).⁹ Dieser *Grundsatz* gilt sowohl 5 für die verheirateten wie für die unverheirateten, geschiedenen und getrennten Eltern. Für die verheirateten Eltern gilt dies automatisch (a., N 6 f.), bei geschiedenen und

---

7   Hierzu Markus Julmy, Die elterliche Gewalt über Entmündigte (Art. 385 Abs. 3 ZGB) (Diss. Freiburg 1991), passim und 149 ff.

8   Hierzu Hausheer/Geiser/Aebi-Müller, Familienrecht, Nr. 17.69 f.; Schwenzer/Cottier, BaKomm, Art. 296 N 9; Meier/Stettler, Filiation, Nr. 450 f.; Tino Jorio, Der Inhaber der elterlichen Gewalt nach neuem Kindesrecht (Diss. Freiburg 1977). Sonderfall der Ausübung fak- tischer elterlicher Sorge durch «faktische Eltern», die einen Registereintrag erschlichen hatten: BGE 128 IV 154, kritische Bemerkungen dazu: Riedo, Bundesgericht, Kassationshof, 2.7.2002 in Sachen X. (Beschwerdeführerin) c. Y (privater Beschwerdegegner); Nichtigkeitsbeschwerde gegen das Urteil des Obergerichts ZH, II. Strafkammer, 31.8.2001 (6S.681/2001, publiziert als BGE 128 IV 154), in AJP 12 (2003), 80.

9   Zum Ganzen Linus Cantieni, Gemeinsame elterliche Sorge nach Scheidung, Eine empirische Untersuchung (Diss. Zürich, Bern 2007), Schriftenreihe zum Familienrecht FamPra.ch 7, und Büchler/Cantieni/Simoni, Die Regelung der elterlichen Sorge nach Scheidung – ein Vor- schlag, in FamPra.ch 8 (2007), 207 ff.

getrennten Eltern (b., N 8 ff.) sowie bei nicht verheirateten Eltern (c., N 16 ff.) sind weitere Voraussetzungen zu berücksichtigen. Vertretungsweise steht auch den Stief- und Pflegeeltern die elterliche Sorge zu (d., N 22 ff.).

a. Grundsatz

6   Gemäss Art. 296 Abs. 2 üben die Eltern die elterliche Sorge gemeinsam aus. Dieser Grundsatz gilt ganz allgemein für alle Eltern. Sind die Eltern zusammen verheiratet, ist dafür keine besondere Erklärung (für unverheiratete Eltern: 298a) bzw. kein Gerichtsentscheid (für geschiedene Eltern: 133[1] Ziff. 1, 298) erforderlich. Die gemeinsame elterliche Sorge gilt solange, bis ein Ehegatte stirbt (297) oder die Sorge einem Elternteil kraft behördlicher Anordnung allein zusteht. Sie entsteht mit der Geburt des Kindes.[10] Gemäss Art. 259 Abs. 1 gilt der Automatismus bei der Heirat der Eltern auch gegenüber vor der Ehe geborenen Kindern, sobald das Kindesverhältnis zum Ehemann festgestellt ist (falls die gemeinsame elterliche Sorge nicht schon vor der Heirat aufgrund einer gemeinsamen Erklärung i. S. v. Art. 298a Abs. 1 zustande gekommen ist). Die gemeinsame elterliche Sorge entsteht mit der Eheschliessung automatisch, ohne besondere Erklärung, während bei nicht verheirateten Eltern eine entsprechende Erklärung erforderlich ist (unten N 18; für geschiedene Eltern s. unten N 8 ff.). Der gemeinsamen Ausübung des Sorgerechts durch beide Eltern entspricht, dass sich diese jeweils einigen müssen. Dies entspricht der Rechtsgleichheit von Mann und Frau[11], der Idee der partnerschaftlichen Beziehung von Vater und Mutter und – im Fall verheirateter Eltern – dem «einträchtigen Zusammenwirken» der Eheleute i. S. v. Art. 159 Abs. 2. Der Einigungsnotwendigkeit entspricht im Normalfall eine Einigungspflicht. Das Gesetz sieht keine Behörde vor, welche bei jeder Meinungsverschiedenheit zum Schlichten oder Richten aufgerufen wäre.[12] Erst wo Kindesschutzmassnahmen nötig sind (307 ff. und 324 f.), greift die Behörde ein. Die Verkehrssicherheit verlangt, dass Dritten gegenüber Klarheit herrscht; für die Vertretung des Kindes gelten daher besondere gesetzliche Vermutungen (304[2]; hinten N 47).

7   Üben die Eltern die elterliche Sorge gemeinsam aus und *stirbt ein Elternteil*, steht die elterliche Sorge automatisch dem anderen zu (297[1]). Stirbt ein Elternteil, dem die elterliche Sorge alleine zustand, so überträgt die Kindesschutzbehörde die elterliche Sorge dem anderen Elternteil oder bestellt dem Kind einen Vormund, je nachdem, was zur Wahrung des Kindeswohls besser geeignet ist (297[2]). Wird ein Elternteil unter umfassende Beistandschaft gestellt oder wird ihm die elterliche Sorge entzogen, so steht die

---

10   HAUSHEER/GEISER/AEBI-MÜLLER, Familienrecht, Nr. 17.74; MEIER/STETTLER, Filiation, Nr. 450 f., 468.

11   Vgl. hierzu CYRIL HEGNAUER, Grundgedanken des neuen Kindesrechts, in FS Max Guldener (Zürich 1973), 127 ff., 144 f.; SCHWENZER/COTTIER, BaKomm, Art. 296 N 8c.

12   Nötigenfalls ist allerdings der Rat fachkundiger Jugendfürsorge- oder Erziehungsberatungsstellen, der Schule oder der vormundschaftlichen Behörden einzuholen (302[3]): HELMUT HENKEL, Die elterliche Gewalt, in BTJP 1977, Das neue Kindesrecht (Bern 1978), 89 ff., 91. S. immerhin Art. 172 Abs. 1, wonach Uneinigkeit in einer für die eheliche Gemeinschaft wichtigen Angelegenheit Grund für Eheschutz sein kann. SCHWENZER/COTTIER, BaKomm, Art. 296 N 8d.

elterliche Sorge dem anderen Ehegatten allein zu, sofern die elterliche Sorge davor von beiden Elternteilen gemeinsam wahrgenommen worden ist (296^3 und 311^2 e contrario). Der Alleininhaber der Sorge hat ein Inventar über das Kindesvermögen einzureichen (318^2).

b. Geschiedene und getrennt lebende Eltern

Ausgangspunkt ist auch für die geschiedenen und die getrennt lebenden (176) Eltern Art. 296 Abs. 2 ZGB, wonach Kinder, solange sie minderjährig sind, unter der gemeinsamen elterlichen Sorge von Vater und Mutter stehen. Daran schliesst Art. 298 Abs. 1 an: Im Scheidungs- oder im Eheschutzverfahren wird nur dann einem Elternteil die alleinige elterliche Sorge zugeteilt, wenn dies zur Wahrung des Kindeswohls nötig ist. Die gemeinsame elterliche Sorge wird somit durch die Scheidung (oder die Trennung gemäss 117) oder die Auflösung des gemeinsamen Haushalts (176) nicht beeinflusst, sondern bleibt unangetastet: Das ist die Regel. Die Begründungslast trägt jener Elternteil, der sich gegen die gemeinsame elterliche Sorge wendet.[13] Die Zuteilung der alleinigen elterlichen Sorge wird zur Ausnahme. Ausführlicher als hier wird die elterliche Sorge nach der Scheidung vorn in § 24 N 89 ff. behandelt, die Regelung bei nachträglicher Änderung der Verhältnisse vorn in § 24 N 102 ff.

1. Die gemeinsame elterliche Sorge als Regel.

Da der Verbleib der gemeinsamen elterlichen Sorge die Regel und an keine besonderen Voraussetzungen geknüpft ist (anders gem. 133^3 aZGB, wo ein gemeinsamer Antrag mit gemeinsamer Vereinbarung erforderlich war), muss sich das Scheidungs- bzw. das Eheschutzgericht aufgrund der Untersuchungsmaxime (277^3 ZPO) einzig darüber vergewissern, dass die Voraussetzungen für die gemeinsame Sorge (weiterhin) vorliegen. Gegebenenfalls erfolgt die gemeinsame elterliche Sorge nicht durch einen Zuteilungsentscheid des Scheidungsgerichts (wie vor der Revision 2013). Dagegen hat es die *Obhut* und die *Betreuungsanteile* (133^1 Ziff. 2 und 3) zu regeln, wenn sich die Eltern darüber nicht einigen. Die rechtliche Obhut, also die Befugnis, den Aufenthaltsort des Kindes zu bestimmen, ist Teilgehalt der (gemeinsamen) elterlichen Sorge ($301a^1$, dazu hinten N 32 ff.). Das Gericht hat also gegebenenfalls die faktische Obhut zu regeln, um den tatsächlichen Aufenthalt des Kindes zu klären. Damit schränkt es das Aufenthaltsbestimmungsrecht der Eltern ein. Indem das Gesetz von «Anteilen» an der Betreuung spricht, wird unterstellt, dass grundsätzlich beide Eltern an der Betreuung des Kindes beteiligt sein müssen.[14]

Nach der *Gesetzesnovelle zum Kindesunterhalt* vom 20. März 2015 sollen in Art. 298 zwei neue Absätze eingefügt werden: Abs. 2bis und Abs. 2ter. Danach hat das Gericht bei seinem Entscheid über die Obhut, den persönlichen Verkehr oder die Betreuungsanteile das Recht des Kindes zu berücksichtigen, *regelmässige persönliche Beziehungen zu beiden Elternteilen* zu pflegen (298^{2bis}). Bei gemeinsamer elterlicher Sorge prüft es im Sinne des Kindeswohls die Möglichkeit einer *alternierenden Obhut*, wenn ein

---

13 Botsch. Elterliche Sorge, 9102.
14 Botsch. Ehescheidung, 130.

Elternteil oder das Kind diese verlangt (298[2ter]). Diese Neuerungen sind in den parlamentarischen Beratungen dazu gekommen, und zwar auf Vorschlag der ständerätlichen Kommission.[15] Das Ziel ist, den Einbezug beider Elternteile in die Betreuung
der gemeinsamen Kinder sowie das Modell der alternierenden Obhut zu fördern.[16] BR
Sommaruga hat allerdings zu Recht darauf hingewiesen, beim Recht des Kindes auf
regelmässige persönliche Beziehungen zu beiden Eltern handle es sich um eine Selbstverständlichkeit, die das Gericht im Interesse des Kindes ohnehin zu berücksichtigen habe. Ausserdem führe diese Bestimmung nicht etwa eine Pflicht des Gerichts ein,
gleiche Betreuungsanteile oder die alternierende Obhut anzuordnen. Vielmehr habe
das Gericht unter Geltung der Offizialmaxime jenes Betreuungsmodell anzuordnen,
das dem Kindeswohl am besten entspreche.[17] Die beiden Bestimmungen bringen mithin keine Neuerung, sondern nur, aber immerhin, eine Bestätigung dessen, was ohnehin gelten würde.

2. Die alleinige elterliche Sorge als Ausnahme

11   Erforderlich ist, dass die alleinige elterliche Sorge zur Wahrung des Kindeswohls nötig
ist. In § 24 (N 92 f.) wurde unter Berufung auf die Materialien[18] einlässlich dargestellt,
dass nach der Scheidung die alleinige elterliche Sorge angeordnet wird, wenn Gründe
für den Entzug der elterlichen Sorge vorliegen; der Massstab deckt sich grundsätzlich
mit jenem von Art. 311.[19] Das dort Gesagte gilt auch im Eheschutzverfahren (298). Die
alleinige elterliche Sorge ist daher anzuordnen, wenn der andere Elternteil aufgrund
von Unerfahrenheit, Krankheit, Gebrechen, Abwesenheit, Gewalttätigkeit oder ähnlichen Gründen (311[1] Ziff. 1) nicht in der Lage ist, die elterliche Sorge pflichtgemäss
auszuüben, wenn er sich nicht ernstlich um das Kind gekümmert oder seine Pflichten
gegenüber dem Kind grob verletzt hat (311[1] Ziff. 2). Als ähnliche Gründe, die auch die
Generalklausel in Art. 298[1] erfüllen («zur Wahrung des Kindeswohls nötig»), kommen allenfalls auch schwere Dauerkonflikte in Frage, deren schädliche Auswirkungen
auf das Kind nicht anders als durch Zuteilung der alleinigen elterlichen Sorge behoben
werden können.[20] Das Gericht kann den elterlichen Konflikten durch die Regelung der
Betreuung und des persönlichen Verkehrs Rechnung tragen und die Situation für das
Kind so tragbar machen. Es ist insbesondere zu vermeiden, jeden Dauerkonflikt mit

---

15   Amtl. Bull. 2014 StR, 1125.
16   Votum Ständerat Engler, Kommissionssprecher, Amtl. Bull. 2014 StR, 1125.
17   Amtl. Bull. 2014 StR, 1125.
18   BR Sommaruga, Amtl. Bull. 2012 NR, 1638 und 1646; Botsch. Elterliche Sorge, 9103, 9105.
19   Botsch. Elterliche Sorge, 9102. So auch der Kommissionssprecher von Graffenried in Amtl.
      Bull. 2012 NR, 1625.
20   Ebenso zurückhaltend Büchler/Maranta, Das neue Recht der elterlichen Sorge unter besonderer Berücksichtigung der Aufgaben der Kindes- und Erwachsenenschutzbehörden, Jusletter 11. August 2014, Nr. 39. Weiter gehen: Hausheer/Geiser/Aebi-Müller, Familienrecht,
      Nr. 10.137, 17.88 f.; Schwenzer/Cottier, BaKomm, Art. 298 N 13 f. Nach Felder/Hausheer/Aebi-Müller/Desch, Gemeinsame elterliche Sorge und Kindeswohl, in ZBJV 150
      (2014), 892 ff., 901 ff. kann und muss die elterliche Sorge sogar immer einem Elternteil allein
      zugewiesen werden, wenn dadurch das Kindeswohl gewahrt werden kann.

dem Entzug der elterlichen Sorge zu quittieren. Im Zentrum stehen Gründe im Schweregrad von Entzugsgründen i. S. v. Art. 311.[21]

Der Unterschied zwischen dem Entzug und der Zuteilung liegt im Blickwinkel: Bei der   12
alleinigen Zuteilung wegen eines schweren Dauerkonflikts ist regelmässig auch zu entscheiden, wer von beiden Elternteilen *besser geeignet* ist, die (alleinige) elterliche Sorge auszuüben. Dabei kann mit einer gewissen Zurückhaltung (aufgrund der Umkehr des Regel-Ausnahme-Verhältnisses) die Rechtsprechung zum alten Recht herangezogen werden: Massgebend ist die grössere Bereitschaft eines Elternteils, die Kinder auf Dauer in eigener Obhut zu haben und sie selber zu betreuen und zu pflegen (114 II 200; BGer 5C.11/2006 E. 4); bei gleicher Möglichkeit, die Kinder zu betreuen, ist der Stabilität der Verhältnisse und – je nach Alter der Kinder – deren eindeutigem Wunsch Rechnung zu tragen (115 II 209; 122 III 401; BGer 5C.77/2005).[22]

3. Übergangsrecht

Die Regel der gemeinsamen elterlichen Sorge soll auch möglich sein, wenn Kinder   13
bereits vor dem Inkrafttreten der Gesetzesnovelle zur elterlichen Sorge am 1. Juli 2014 geboren wurden bzw. wenn ihre Eltern in diesem Zeitpunkt bereits geschieden waren. Für die nachträgliche Zuteilung der gemeinsamen elterlichen Sorge ist danach zu unterscheiden, ob die Eltern einig sind oder nicht:

Den geschiedenen Eltern muss dieselbe Möglichkeit gewährt werden wie sie für die   14
nicht verheirateten Eltern besteht: *Bei Einigkeit* sollen sie durch gemeinsame Erklärung vor der Kindesschutzbehörde die gemeinsame elterliche Sorge herstellen können,[23] ebenso wie die nicht verheirateten Eltern bei Einigkeit jederzeit eine gemeinsame Erklärung nach Art. 298a abgeben können (sogl. N 18).

Bei *Uneinigkeit* konnte der Elternteil, dem keine elterliche Sorge zusteht, binnen Jah-   15
resfrist nach Inkrafttreten der Gesetzesnovelle (also bis zum 30. Juni 2015) mit dem Antrag auf Verfügung der gemeinsamen elterlichen Sorge an die Kindesschutzbehörde

---

21 So auch das Obergericht ZH in seinem Urteil PQ140022-O/U vom 14. Oktober 2014, E. 3, wonach aber auch ein Dauerkonflikt nur in Ausnahmefällen die Zuteilung der Alleinsorge rechtfertigt. «Dies dann, wenn die Regelung der Betreuung des Kindes (Betreuungsanteile der Eltern bzw. Obhut und persönlicher Verkehr) nicht ausreicht, um dem Konflikt zu begegnen, und die Alleinsorge tatsächlich den Dauerkonflikt aufzuheben oder zu mildern vermag.»

22 Schwenzer/Cottier, BaKomm, Art. 298 N 15 m. w. H. N 5. Siehe immerhin auch BGE 114 II 203, wonach (im damaligen Zeitpunkt) in der Regel eben die Mütter eher bereit seien, ihre berufliche Entfaltung zu Gunsten der Kinder einzuschränken. Vgl. auch BGer 5C.238/2005 mit einer Zusammenfassung der bundesgerichtlichen Grundsätze. In BGer 5A_171/2007 E. 2.3 wurde das Urteil der Vorinstanz aufgehoben, weil diese keine Anhörung des Kindes durchgeführt hatte. Die Vorinstanz berief sich einzig auf eine 16 Monate vor dem Entscheid erfolgte Äusserung des Kindes, unterliess es jedoch, das Kind anzuhören, obwohl dieses seinen Beistand gebeten hatte, gegen die Sorgerechtszuteilung an die Mutter zu rekurrieren. Siehe auch BGer 5A_308/2007, wo das Bundesgericht die Sache an die Vorinstanz zurückwies, weil diese die Anhörung der 12- und 14-jährigen Kinder betreffend die umstrittene Besuchsrechtsregelung unterlassen hatte.

23 Botsch. Elterliche Sorge, 9109; Hausheer/Geiser/Aebi-Müller, Familienrecht, Nr. 17.86.

am Wohnsitz des Kindes gelangen (12⁴ SchlT/ZGB). Nach einer Scheidung, die zur alleinigen elterlichen Sorge eines Elternteils führte, konnte der andere beim Scheidungsgericht in Abänderung des rechtskräftigen Scheidungsurteils die Zuteilung der gemeinsamen elterlichen Sorge beantragen. Diese Möglichkeit war nur dann gegeben, wenn die Scheidung im Zeitpunkt des Inkrafttretens der Gesetzesnovelle nicht mehr als fünf Jahre zurücklag (also frühestens am 1. Juli 2009 rechtskräftig wurde). Massgebend ist die Rechtskraft des Sorgerechtsentscheids, nicht (die Teilrechtskraft) des Scheidungsurteils.[24]

c. Unverheiratete Eltern

16 Eine der grossen Neuerungen der Revision 1998 bestand in der Einführung der Möglichkeit der gemeinsamen elterlichen Sorge für geschiedene (133³) oder unverheiratete Eltern (298a¹).[25] In der Revision von 2013 ist das Gesetz einen Schritt weiter gegangen: Die gemeinsame elterliche Sorge geschiedener (298 e contrario) und unverheirateter Eltern (298a¹: durch blosse Erklärung) wurde zum Regelfall.

17 Ausgangspunkt ist der *Grundsatz*, wonach Kinder unter gemeinsamer elterliche Sorge ihrer Eltern stehen (296²). Für unverheiratete Eltern setzt die gemeinsame elterliche Sorge allerdings entweder – bei Einigkeit der Eltern – eine gemeinsame *Erklärung* der Eltern, ein *Gerichtsurteil* im Zusammenhang mit der Vaterschaftsklage (297¹) voraus

---

24 HAUSHEER/GEISER/AEBI-MÜLLER, Nr. 17.86.
25 Zur damaligen Neuerung: THOMAS SUTTER, Einige Überlegungen zur Konzeption der elterlichen Sorge geschiedener und unverheirateter Eltern de lege ferenda, in FS Bernhard Schnyder (Freiburg 1995), 777 ff., 794. S. zum Ganzen: ANNATINA WIRZ, Gemeinsame elterliche Gewalt geschiedener und nicht verheirateter Eltern, Unter Berücksichtigung des deutschen, französischen und schweizerischen Rechts (Diss. Basel 1994), SIR 68; CANTIENI a.a.O.; GLOOR, Gemeinsame elterliche Sorge – erste Erfahrungen und besondere Fragestellung, in AJP 13 (2004), 217 ff.; BIDERBOST, Die Zuständigkeit der vormundschaftlichen Behörden bei Abänderung eines Entscheides zur Übertragung gemeinsamer elterlicher Sorge (Art. 298a/134 ZGB), in ZBJV 140 (2004), 198 ff. *Zu den aktuellen Revisionsbestrebungen* s. vorne § 24 N 79 sowie: BÜCHLER/CANTIENI/SIMONI a.a.O. 207 ff.; CANTIENI a.a.O.; ALEXANDRA RUMO-JUNGO, Reformbedürftiges Scheidungsrecht: Ausgewählte Fragen, in Alexandra Rumo-Jungo/Pascal Pichonnaz (Hrsg.), Scheidungsrecht, Aktuelle Probleme und Reformbedarf, Symposium zum Familienrecht 2007, Universität Freiburg, (Zürich/Basel/Genf 2008), 34 ff., DIES., Gemeinsame elterliche Sorge unverheirateter und geschiedener Eltern: Zur Gleichbehandlung der Eltern oder zum Wohl des Kindes?, in ZVW 63 (2008), 1 ff.; FASSBIND, Gegenüberstellung sowie kritische Würdigung der derzeit in der Schweiz propagierten Sorgerechtskonzepte, in ZVW 63 (2008), 14 ff.; REUSSER, Aktuelles aus dem Familienrecht unter besonderer Berücksichtigung der Revisionstendenzen bei der elterlichen Sorge, in ZBJV 144 (2008), 143 ff.; MARTIN STETTLER, Elterliche Sorge und Kindesschutzmassnahmen, in Alexandra Rumo-Jungo/Pascal Pichonnaz (Hrsg.), Kind und Scheidung, Symposium zum Familienrecht 2005, Universität Freiburg (Zürich/Basel/ Genf 2006), 47 ff.; KATHARINA BOELE-WOELKI ET AL., Principles of European Family Law Regarding Parental Responsibilities (Antwerpen/Oxford 2007), European Family Law Series 16; STECK, Gemeinsame elterliche Sorge als Regelfall? Gedanken zum Postulat Wehrli vom 7. Mai 2004, in SJZ 101 (2005), 537 ff; BERTSCHI/HEIMGARTNER, Das gemeinsame Sorgerecht hat Signalwirkung, in plädoyer 23 (2005), 8; STAUB/HAUSHEER/FELDER, Gemeinsame elterliche Sorge – eine psychologische Betrachtungsweise, in ZBJV 142 (2006), 537.

(N 18) oder aber – bei Uneinigkeit der Eltern – eine Verfügung der Kindesschutzbehörde (298b; N 19):

1. Einigkeit der Eltern

Sind sich die Eltern einig, kommt die gemeinsame elterliche Sorge durch eine gemeinsame Erklärung oder durch das Gerichtsurteil im Zusammenhang mit der Vaterschaftsklage (297[1]) zustande. In der Erklärung bestätigen die Eltern, dass sie bereit sind, gemeinsam die Verantwortung für das Kind zu übernehmen und sich über Obhut, persönlichen Verkehr, Betreuung und Unterhaltsbeitrag verständigt haben (297[2]). Die Erklärung richtet sich an die Zivilstandsbehörde, wenn sie zusammen mit der Vaterschaftsanerkennung abgegeben wird, oder an die Kindesschutzbehörde, wenn sie später abgegeben wird (298a[4]). Vor Abgabe der Erklärung können sich die Eltern von der Kindesschutzbehörde beraten lassen (298a[3]). Der Inhalt ihrer Vereinbarung muss der Behörde nicht bekannt gegeben werden. Es genügt die Erklärung der Verständigung. Die Behörde hat auch nicht zu prüfen, ob die gemeinsame elterliche Sorge dem Kindeswohl entspricht. Das Gesetz geht implizit von der Vermutung aus, dass bei einer gemeinsamen Erklärung der Eltern sowie deren Verständigung über die Kinderbelange die gemeinsame elterliche Sorge im Kindeswohl liegt. Nicht vorausgesetzt ist ferner, dass die unverheirateten Eltern zusammenleben; doch beantragen in der Praxis v. a. Konkubinatspaare die gemeinsame elterliche Sorge.[26]

18

2. Uneinigkeit der Eltern

Sind sich die Eltern uneinig und kommt keine gemeinsame Erklärung zustande (298b[1]), so steht die elterliche Sorge zunächst der Mutter alleine zu (298a[5]), und zwar ex lege, ab der Geburt. Der die gemeinsame elterliche Sorge befürwortende Elternteil kann gegen die Verweigerung der Erklärung des anderen Elternteils die Kindesschutzbehörde am Wohnsitz des Kindes anrufen (298b[1]). Die Kindesschutzbehörde verfügt die gemeinsame elterliche Sorge, sofern diese nicht – ausnahmsweise – dem Kindeswohl widerspricht. Gegebenenfalls belässt sie die alleinige elterliche Sorge bei der Mutter oder überträgt sie dem Vater (298b[2]). Die alleinige elterliche Sorge wird ferner verfügt, wenn die Mutter minderjährig ist oder unter umfassender Beistandschaft steht (298b[4]). Diesfalls weist die Behörde die alleinige elterliche Sorge dem Vater zu oder bestellt dem Kind einen Vormund, je nachdem, was zur Wahrung des Kindeswohls besser geeignet ist (298b[4]). Zusammen mit dem Entscheid über die elterliche Sorge regelt die Behörde auch die strittigen Punkte betreffend Obut, persönlichen Verkehr und Betreuung. Der Kindesunterhalt fällt dagegen in die Kompetenz der Gerichte (298b[3]).[27] Regelt das Gericht den Kindesunterhalt, so entscheidet es auch über die elterliche Sorge und die weiteren Kinderbelange. Das ist der Sinn des Vorbehalts der Unterhaltsklage.

19

Nach der *Gesetzesnovelle* zum Kindesunterhalt vom 20. März 2015 sollen in Art. 298b drei neue Absätze eingefügt werden: Abs. 3, Abs. 3bis und Abs. 3ter. In Abs. 3 wird nun

20

---

26 Zur Situation in der Praxis s. Langenegger, Die gemeinsame elterliche Sorge, in ZVW 55 (2000), 223 ff.; s. auch Botsch. Ehescheidung, 164.

27 Hausheer/Geiser/Aebi-Müller, Familienrecht, Nr. 17.81.

im zweiten Satz die Kompetenzattraktion festgehalten: Regelt das Gericht die Unterhaltsklage, kann es auch über elterliche Sorge und die weiteren Kinderbelange urteilen. In den Abs. 3bis und Abs. 3ter geht es zunächst um die Sicherstellung *regelmässiger persönlicher Beziehungen zu beiden Elternteilen* (298b[3bis]). Sodann prüft das Gericht bei gemeinsamer elterlicher Sorge im Sinne des Kindeswohls die Möglichkeit einer *alternierenden Obhut*, wenn ein Elternteil oder das Kind diese verlangt (298b[3ter]). Diese beiden Absätze entsprechen wörtlich den Art. 298 Abs. 2bis und Abs. 2ter für die geschiedenen Eheleute. Daher kann auf die dazu erfolgten Ausführungen verwiesen werden (oben N 10).

21   Uneinigkeit betreffend elterliche Sorge wird regelmässig auch vorliegen, wenn die Vaterschaft durch Vaterschaftsurteil festgestellt wird. Diesfalls verfügt grundsätzlich das Gericht die gemeinsame elterliche Sorge, sofern nicht aus Gründen des Kindeswohls die alleinige elterliche Sorge der Mutter beizubehalten oder sie dem Vater zu übertragen ist (298c). Verfügt das Gericht die alleinige elterliche Sorge, so können die Eltern bei späterer Einigkeit immer noch eine gemeinsame Erklärung zur gemeinsamen elterlichen Sorge abgeben (298a[1]; s. oben N 18).[28]

3. Veränderung der Verhältnisse

22   Die Übertragung der gemeinsamen Sorge an die unverheirateten Eltern ist nicht endgültig. Vielmehr ist nach Art. 298d die Zuteilung der elterlichen Sorge durch die Kindesschutzbehörde neu zu regeln, wenn dies wegen wesentlicher Veränderung der Verhältnisse zur Wahrung des Kindeswohls nötig ist; diese Formulierung deckt sich mit jener in Art. 134 Abs. 1 für den Fall veränderter Verhältnisse nach der Scheidung der Eltern. Das entsprechende Begehren kann ein Elternteil oder das Kind stellen. Die Kindesschutzbehörde kann auch von Amtes wegen tätig werden (298d[1]). Statt der Neuzuteilung der elterlichen Sorge kann die Kindesschutzbehörde auch nur die Obhut, den persönlichen Verkehr oder die Betreuung (neu) regeln (298d[2]). Mit der Gesetzesnovelle vom 20. März 2015 kommt ein neuer Absatz hinzu (298d[3]): «Vorbehalten bleibt die Klage auf Änderung des Unterhaltsbeitrags an das zuständige Gericht; in diesem Fall regelt das Gericht nötigenfalls die elterliche Sorge sowie die weiteren Kinderbelange.» Hier geht es um eine Kompetenzattraktion: Regelt das Gericht die Unterhaltsklage, kann es auch über elterliche Sorge und die weiteren Kinderbelange urteilen.

d. Stiefeltern und Pflegeeltern

23   Im Zusammenhang mit der elterlichen Sorge spricht das ZGB ausdrücklich von den Stiefeltern und den Pflegeeltern, obwohl ihnen elterliche Sorge im eigentlichen Sinn nicht zukommt. Im Einzelnen:

---

28   MEIER/STETTLER, Filiation, Nr. 519 f.; ANDREAS BUCHER, Elterliche Sorge im schweizerischen und internationalen Kontext, in Alexandra Rumo-Jungo/Christiana Fountoulakis (Hrsg.), Familien in Zeiten grenzüberschreitender Beziehungen, Familien- und migrationsrechtliche Aspekte, Symposium zum Familienrecht 2013, Universität Freiburg (Zürich/Basel/Genf 2013), Nr. 68.

1. Die Stiefeltern

Art. 299 liegt folgender Tatbestand zu Grunde: *Ein* Ehegatte bzw. eine eingetragene 24
Partnerin ist Inhaber/in der elterlichen Sorge und zwischen dem anderen Ehegatten
bzw. der anderen eingetragenen Partnerin (dem Stiefelternteil) und dem Kind besteht
kein Kindesverhältnis. Das Gesetz trägt der Beistandspflicht der Ehegatten/eingetrage-
nen Partner/innen (159[3]; 12 PartG) einerseits und der erwünschten sozialpsychischen
Begegnung zwischen Stiefelternteil und Kind andererseits Rechnung. Den Stiefelternteil trifft, gestützt auf Art. 159 Abs. 3 ZGB bzw. 27 Abs. 1 PartG, eine angemessene
Beistandspflicht. Praktisch bedeutet dies primär Erziehungshilfe (für die Unterhaltspflicht s. 278[2], vorn § 42 N 12). Darüber hinaus kommt dem Stiefelternteil, wenn die
Umstände es erfordern, *Vertretungsmacht* zu. Der Stiefelternteil vertritt dabei den
Inhaber der elterlichen Sorge (299) und hat dessen mutmasslichen Willen zu beachten.[29] Es wird sich um Fälle handeln, bei denen der andere Elternteil verhindert ist bzw.
aus Nachlässigkeit und Unentschlossenheit nicht handelt.[30] Dabei scheiden gewisse
vertretungsfeindliche Rechtshandlungen (wie Zustimmung zur Anerkennung gemäss
260[2] oder gar zur Adoption gemäss 265a[1]) zum Vornherein aus.

2. Die Pflegeeltern

Ein Kind ist «Dritten zu Pflege anvertraut» (300) worden. Es befindet sich mithin 25
nicht mehr unter der tatsächlichen Obhut der Sorgerechtsberechtigten. Zu denken ist
an Pflegeeltern im engeren Sinn des Wortes[31] wie auch an Heime, Tagesmütter oder
Krippen[32]. Dazu gehört aber auch der Vater ohne elterliche Sorge, wenn die Kinder
bei ihm untergebracht sind (120 Ia 263).[33] Das Kind kann freiwillig oder unfreiwillig (310[2] oder 310[1]) bei Dritten untergebracht worden sein. Die Pflegeeltern können
auch künftige Adoptiveltern sein und die sorgerechtsberechtigten Eltern vertreten
(unter Vorbehalt von Blanko- oder Inkognitoadoptionen, wo den Eltern die Sorge
entzogen wird: s. 312 Ziff. 2[34]). In all diesen Fällen ist die Ausübung der elterlichen

---

29 SCHWENZER/COTTIER, BaKomm, Art. 299 N 5; BREITSCHMID, HandKomm, Art. 299 N 3;
    BÜCHLER/VETTERLI, Ehe, 246; HEGNAUER, Grundriss, Nr. 25.10; s. auch BARBARA GRAHAM-
    SIEGENTHALER, Das Stiefkind (insbesondere das «child of the marriage») im schweizerischen
    und im kanadischen Familienrecht, Unter Berücksichtigung rechtsvergleichender und interna-
    tionalprivatrechtlicher Gesichtspunkte (Diss. Zürich 1996), SStIR 95, 127.

30 SCHWENZER/COTTIER, BaKomm, Art. 299 N 4; BÜCHLER/VETTERLI, Ehe, 246; HENKEL a.a.O.
    94; GRAHAM-SIEGENTHALER a.a.O. 125.

31 Zu diesen gehören auch Pflegeeltern eines bevormundeten Kindes; in diesem Fall tritt mutatis
    mutandis der Vormund an die Stelle der Inhaber der elterlichen Sorge.

32 Siehe Botsch. Kindesverhältnis, 76. Vgl. die Verordnung über die Aufnahme von Pflegekin-
    dern (PAVO) vom 19. Oktober 1977 (SR 211.222.338), wonach Familienpflege (4–11 PAVO)
    und Heimpflege (13–20 PAVO), aber auch Tagespflege (12 PAVO) zu den Pflegekindverhält-
    nissen gehören.

33 HEGNAUER, Grundriss, Nr. 26.06.

34 In diesem Fall wird den Eltern die elterliche Sorge entzogen und das Kind unter Vormund-
    schaft gestellt (312 Ziff. 2). Die zukünftigen Adoptiveltern haben allerdings auch in diesem Fall
    gewisse Kompetenzen (in Analogie zu Art. 300), welche dann aber nicht den Eltern, sondern

Sorge durch deren Inhaber für den Pflegealltag sachlich verfehlt und häufig auch praktisch unmöglich. Gemäss Art. 300 Abs. 1 haben daher die Pflegeeltern in der Ausübung der elterlichen Sorge die *Vertretung* der Eltern, «soweit es zur gehörigen Erfüllung ihrer Aufgabe angezeigt ist». Das kann und wird von Fall zu Fall anders sein (s. dazu 128 III 9 E. 4b). Vorbehalten bleiben auch anders lautende Anordnungen (300[1]). Den Pflegeeltern steht aber das Aufenthaltsbestimmungsrecht als Bestandteil der elterlichen Sorge nicht zu (BGE a.a.O.). Die Pflegeeltern sind darüber hinaus in besonderer Weise geeignet, den sorgerechtsberechtigten Eltern für deren eigene Sorgerechtsausübung, welche namentlich für Entscheidungen von grosser Tragweite[35] vorbehalten bleibt[36], Entscheidgrundlagen zu liefern. Die Eltern haben daher die Pflicht, vor wichtigen Entscheidungen die Pflegeeltern anzuhören (300[2]). Hier fällt der Pflegekinderaufsicht (316) eine wichtige Aufgabe zu.[37] Zur Pflegekinderaufsicht s. im Übrigen hinten § 44 N 9 f.

II.   Der Inhalt der elterlichen Sorge

26   Die elterliche Sorge als pflichtgebundene, fremdnützige Entscheidungszuständigkeit über Kinder (s. vorn N 1 ff.) – als Pflichtrecht – beinhaltet ein Mehrfaches: Die Inhaber der elterlichen Sorge kümmern sich um die Person des Kindes, sie sind dessen gesetzliche Vertreter, sie tragen die Sorge für das Kindesvermögen. Das Gesetz betrachtet die Leitung von Erziehung und Pflege sowie die Entscheidzuständigkeit mit Blick auf das Wohl des Kindes als den allgemeinen Inhalt der elterlichen Sorge (301, unter der Marginalie «B. Inhalt I. Im allgemeinen», nachfolgend N 27 ff.). Seit der Revision der elterlichen Sorge von 2013 ist auch die Bestimmung des Aufenthaltsortes (301a), also die rechtliche Obhut, ein Teilgehalt der elterlichen Sorge (nachstehend N 33 ff.). Die elterliche Sorge umfasst sodann die Erziehung und Ausbildung (302 f.; nachstehend N 39 ff.) und die gesetzliche Vertretung (304–306; nachstehend N 43 ff.) als Ausfluss dieser Gesamtzuständigkeit. Die Vermögenssorge ist in einem eigenen 4. Abschnitt der Wirkungen des Kindesverhältnisses geregelt (318–323), doch ist auch sie Ausfluss der Gesamtzuständigkeit (nachstehend N 51 ff.).[38]

---

sinngemäss dem Vormund abgehen. Vgl. hierzu Christine Vogel-Etienne, Das Pflegeverhältnis vor der Adoption (Diss. Zürich 1981).

35   Zu ihnen gehören nicht nur die laut Gesetz (90[2], 260[2], 265a[1]) den Eltern vorbehaltenen Entscheide.

36   Henkel a.a.O. 95 ; zum Inhalt der faktischen Obhut der Pflegeeltern: BGE 128 III 10 E. 4b.

37   Valy Degoumois, La situation juridique de l'enfant placé chez des parents nourriciers, in Mélanges Henri Descheneaux (Freiburg 1977), 133 ff., 146, schreibt hierzu u. a.: «Voilà qui facilitera la préparation et renforcera le rôle de l'autorité de surveillance, dans la mesure où il lui appartiendra de fournir cette information d'une manière précise et de veiller, tout au long du placement, à ce que les relations entre père et mère de sang et nourriciers soient, si possible, sans nuages».

38   Gemäss Art. 12 Abs. 1 SchlT wird der Inhalt aller elterlichen Sorge seit 1. Januar 1978 durch das neue Recht bestimmt. Gerade in diesem Teil war das Kindesrecht allerdings weniger revisions-

a. Der Inhalt im Allgemeinen

Vor der Revision 1976 leitete das Kindesrecht (275[1] a. F.) den «Inhalt» der elterlichen 27
Sorge (damals noch «Gewalt») mit dem Satz ein: «Die Kinder sind den Eltern Gehorsam und Ehrerbietung schuldig.» Nun betonen die Abs. 1 und 2 des Art. 301 die *Pflichtgebundenheit der elterlichen Sorge* und bringen zum Ausdruck, dass Erziehung «kein Einbahn-Verkehr von oben nach unten»[39] ist. Art. 301 befasst sich einerseits mit der Beziehung der Eltern zum Kind und umgekehrt (301[1, 2, 3]) und andererseits mit der Beziehung zwischen den Eltern mit gemeinsamer elterlicher Sorge unter sich (301[1bis]).

1. Die Beziehung zwischen Eltern und Kind

Die Eltern «leiten» zwar Pflege und Erziehung des Kindes, aber «im Blick auf das 28
Wohl des Kindes» (301[1] erster Teilsatz).[40] Sie «treffen» zwar «die nötigen Entscheidungen», aber unter Vorbehalt der eigenen Handlungsfähigkeit des Kindes (301[1] zweiter Teilsatz).[41] So schuldet das Kind zwar den Eltern Gehorsam (301[2] erster Teilsatz);[42]
es hat aber Anspruch auf die seiner Reife entsprechende Freiheit der Lebensgestaltung, und die Eltern haben die Pflicht, in wichtigen Angelegenheiten «soweit tunlich»[43] auf seine Meinung Rücksicht zu nehmen. Die Abs. 1 und 2 sind für den Inhalt der elterlichen Sorge von ähnlicher Tragweite wie Art. 272 (Beistand und Gemeinschaft, vorn

---

bedürftig als anderswo. Siehe auch CYRIL HEGNAUER, Die Wirkungen des Kindesverhältnisses, Das neue Kindesrecht (St. Gallen 1977), 61, der dies plastisch schildert.

39 Siehe das Zitat aus DUSS-VON WERDT, Überlegungen zur Familie von morgen, in Schweiz. Zeitschrift für Gemeinnützigkeit 1972, 283, in der bundesrätlichen Botsch. Kindesverhältnis, 76; BREITSCHMID, HandKomm, Art. 301 N 1; BaKomm, Art. 301 N 1; HEGNAUER, Kindesrecht – ein weites Feld, in ZVW 61 (2006), 25 ff., 34 f.; MEIER, Schutz des Kindes vor kommerzieller Ausbeutung: Kinder und Werbung, in ZVW 62 (2007), 279 ff.

40 Hierzu generell die grundlegende Arbeit von ANDREAS BRAUCHLI, Das Kindeswohl als Maxime des Rechts (Diss. Zürich 1982), ZSPR 24; rechtsvergleichend MICHAEL COESTER, Das Kindeswohl als Rechtsbegriff (Frankfurt a.M. 1983). S. auch ROLAND KOECHEL, Kindeswohl im gerichtlichen Verfahren (Neuwied 1995); CLAUDIA KAUFMANN/FRANZ ZIEGLER (Hrsg), Kindeswohl: eine interdisziplinäre Sicht, Le bien de l'enfant: une approche interdisciplinaire, (Zürich 2003), 39 ff.; EYLEM COPUR, Gleichgeschlechtliche Partnerschaft und Kindeswohl (Diss. St. Gallen, Bern 2008), ASR 747; KERIMA KOSTKA, Im Interesse des Kindes? Elterntrennung und Sorgerechtsmodelle in Deutschland, Grossbritannien und den USA (Diss. Frankfurt a.M. 2004), Jugend und Familie 5; LISELOTTE STAUB/WILHELM FELDER, Scheidung und Kindeswohl, Ein Leitfaden zur Bewältigung schwieriger Übergänge (Bern 2004); HARRY DETTENBORN, Kindeswohl und Kindeswille: psychologische und rechtliche Aspekte (4. A. München 2014); SCHWENZER/COTTIER, BaKomm, Art. 301 N 4 f.

41 Damit wird vor allem auf Art. 19 Abs. 2 verwiesen; SCHWENZER/COTTIER, BaKomm, Art. 301 N 3; HAUSHEER/GEISER/AEBI-MÜLLER, Familienrecht, Nr. 17.124.

42 Der Entwurf Kindesverhältnis hätte auf diesen Passus verzichten wollen: s. Botsch. Kindesverhältnis, 76. Er wäre demgemäss in der Befugnis zur Leitung der Pflege und Erziehung enthalten gewesen.

43 Siehe diesen Ausdruck auch für das Verhältnis Vormund-Vormundschaftsbehörde/Mündel in 398[2], 409[1] und 413[3].

§ 41 N 6 ff.) für das gesamte Eltern-Kind-Verhältnis: Sie sind bei der Auslegung aller anderen Bestimmungen heranzuziehen.[44]

29   Das Gesetz geht vom Leitbild des mit seinen Eltern *in häuslicher Gemeinschaft* leben-den Kindes aus: Das Kind darf den Eltern nicht widerrechtlich entzogen werden (301[3] zweiter Teilsatz; vgl. hierzu 310),[45] was sich bereits aus dem Grundrecht der persön-lichen Freiheit (10[2] BV) sowohl der Eltern wie des Kindes ergibt. Als Kehrseite davon gilt die Pflicht des Kindes, die häusliche Gemeinschaft nicht ohne Einwilligung der Eltern zu verlassen (301[3] erster Teilsatz). Die Eltern haben demnach das Recht, den Aufenthaltsort des Kindes zu bestimmen, die rechtliche Obhut (droit de garde)[46], wenn auch dem Kind mit zunehmendem Alter eine gewisse Freiheit in der Wahl des Aufenthaltsortes zukommt (118 IV 65 E. 3c).[47] Dieses Recht wird seit der Revision der elterlichen Sorge von 2013 explizit in Art. 301a als Teilgehalt der elterlichen Sorge erwähnt (dazu sogl. N 33 ff.).

30   Gemäss Art. 301 Abs. 4 geben die Eltern dem Kind den *Vornamen*. Sind sie miteinan-der verheiratet, so bestimmen sie den oder die Vornamen gemeinsam. Sind sie nicht verheiratet, so steht das Recht der Mutter zu, sofern die Eltern die elterliche Sorge nicht gemeinsam ausüben (37c[1] ZStV). Der Zivilstandsbeamte oder die Zivilstandsbeam-tin weist jedoch Vornamen zurück, welche die Interessen des Kindes offensichtlich verletzen (37c[3] ZStV). Mit Blick auf diese Vorschrift wurden bereits 1994 die Namen «Osceola» und «Ozzy» zugelassen.[48] Vor 1994 war unter dem damaligen Art. 69 Abs. 2 aZStV namentlich noch erforderlich, dass der Vorname das Geschlecht des Kindes erkennen lässt und dass keine Drittinteressen verletzt werden. Hierzu gibt es eine reiche

---

44   Gemäss URS TSCHÜMPERLIN, Die elterliche Gewalt in bezug auf die Person des Kindes (Art. 301 bis 303 ZGB) (Diss. Freiburg 1989), AISUF 92, 81 ff. und 362, liegen den Art. 301–303 drei Leit-ideen zu Grunde: das Kindeswohl, der Schutz und die Förderung der Persönlichkeit des Kindes sowie die elterliche Entscheidkompetenz.

45   Zum Aufenthaltsbestimmungsrecht bei gemeinsamer elterlicher Sorge geschiedener Eltern in internationalen Fällen s. 123 II 419 ff. zur Anwendung von Art. 20 des Haager Übereinkommens vom 25. Oktober 1980 über die zivilrechtlichen Aspekte internationaler Kindesentführung (SR 0.211.230.02). Siehe Referendumsvorlage: Bundesbeschluss über die Umsetzung der Überein-kommen über internationale Kindesentführung sowie die Genehmigung und Umsetzung der Haager Übereinkommen über den Schutz von Kindern und Erwachsenen vom 21. Dezember 2007 (BBl 2008, 33; SR 211.222.32) sowie Botschaft zur Umsetzung der Übereinkommen über internationale Kindesentführung sowie zur Genehmigung und Umsetzung der Haager Über-einkommen über den Schutz von Kindern und Erwachsenen (BBl 2007, 2595). Gestützt auf Art. 3 des soeben erwähnten BB ist die Referendumsfrist im April 2008 abgelaufen, der Bundes-rat bestimmt das Inkrafttreten des Bundesgesetzes über internationale Kindesentführung und die Haager Übereinkommen zum Schutz von Kindern und Erwachsenen (BG-KKE).

46   Hierzu im Einzelnen TSCHÜMPERLIN a.a.O. 149 ff.; zur Rückführung eines entführten Kindes s. 123 III 419 ff. sowie 133 III 694 ff. betreffend Art. 20 des Haager Übereinkommens vom 25. Okto-ber 1980 über die zivilrechtlichen Aspekte internationaler Kindesentführung (SR 0.211.230.02).

47   Hierzu TSCHÜMPERLIN a.a.O. 179 ff. Das Kind hat kein Rechtsmittel zur Anfechtung erziehe-rischer Anordnungen (einschliesslich der Bestimmung des Aufenthalts- und Unterbringungs-orts) der sorgeberechtigten Eltern: Obergericht AG, in ZVW 50 (1995), 108 E. 2b.

48   Und zwar für einen Knaben: Regierungsrat des Kantons Aargau, in ZZW 62 (1994), 273 ff., 277.

bundesgerichtliche Rechtsprechung, deren Bedeutung unter dem geltenden Art. 37c[3] relativiert ist: Abgelehnt wurde der Name «Mayor», der ein bekannter Familienname und als Vorname nicht gebräuchlich ist (71 I 366), und als zweiter Vorname der (Familien-)Name «Schmuki» (118 II 243); aus Gründen der Familientradition als zweiter Vorname zugelassen ist der (Familien-)Name (angelsächsischer «middle name») «Van Vleck» nach dem Vornamen «Julia» (116 II 504). Aus rein ästhetischen Gründen darf ein Name nicht abgelehnt werden (69 I 61; «Marisa»). Zentral ist das Kindeswohl (107 II 28: bei «Wiesengrund» ist dieses nicht gewährleistet). Die Schreibweise «Djonatan» ist absurd und verletzt die Interessen des Kindes (119 II 401).[49]

2. Die Beziehung der Eltern untereinander

Mit der Gesetzesnovelle zur elterlichen Sorge von 2013 ist der Inhalt der elterlichen   31
Sorge präzisiert und ein Abs. 1bis in Art. 301 eingefügt worden. Da bei gemeinsamer elterlicher Sorge grundsätzlich beide Elternteile gemeinsam entscheidbefugt sind, musste geklärt werden, in welchen Fällen einer alleine entscheiden kann. Das ist der Fall in alltäglichen oder dringlichen Angelegenheiten (Ziff. 1) oder wenn der andere Elternteil nicht mit vernünftigem Aufwand für eine Rücksprache zu erreichen ist (Ziff. 2). Diese Bestimmung dient jenem Elternteil, der sich primär um Erziehung und Betreuung des Kindes kümmert. So kann er *Alltagsentscheide* alleine fällen und muss weder mit dem anderen Elternteil Rücksprache nehmen noch sich dessen Einmischung gefallen lassen. Das Gesetz definiert die Alltagsentscheide nicht und überlässt deren Konkretisierung der Praxis.[50] Dazu gehören Entscheide betreffend Ernährung, Bekleidung, Pflege, Freizeitgestaltung (ausser es handle sich um gefährliche Sportarten), Körperpflege (z.B. die Frisur, nicht dagegen das Anbringen eines Piercing oder einer Tätowierung). Nicht zur Alltagsgestaltung gehören Entscheide betreffend die Schule, die Berufswahl, medizinische Eingriffe, die Religion (303; 129 III 689) oder den Aufenthaltsort des Kindes (301a).[51] Keine alleinige Entscheidbefugnis besteht auch dann, wenn eine Freizeitbeschäftigung zur Diskussion steht, welche (auch nur teilweise) in die Betreuungstage des anderen fällt.[52]

Für alle *wichtigen Entscheide* besteht eine gemeinsame Entscheidkompetenz und müs-   32
sen sich die Eltern (unter Berücksichtigung der Meinung des Kindes: 301[2]) einigen. Keiner von beiden hat den Stichentscheid. Ein Eingriff der Kindesschutzbehörde ist nur möglich, wenn Kindesschutzmassnahmen i. S. v. Art. 307 ff. angezeigt sind. Solche sind zu treffen, wenn das Wohl des Kindes gefährdet ist, wie z.B. bei einem schu-

---

49 Das Bundesamt für Statistik hat ein Vornamentool entwickelt, welches das Abfragen der Häufigkeit von Vornamen in der Wohnbevölkerung der Schweiz (sortiert nach Jahrgang und Sprachregion) ermöglicht (abrufbar unter: http://www.bfs.admin.ch/bfs/portal/de/index/themen/01/02/blank/dos/prenoms/02.html, besucht am 24. April 2015). Zu diesen Fragen s. auch Bruno Werlen, Das schweizerische Vornamensrecht (Diss. Basel 1981), und Sturm, Le choix du prénom. La fantaisie des parents et ses limites, in ZZW 55 (1987), 294 ff.

50 Botsch. Elterliche Sorge, 9106.

51 Botsch. Elterliche Sorge, 9106; s. auch Hausheer/Geiser/Aebi-Müller, Familienrecht, Nr. 17.128.

52 So auch Hausheer/Geiser/Aebi-Müller, Familienrecht, N 17.127.

lischen, beruflichen oder medizinischen Entscheid. Die Kindesschutzbehörde kann (nach Anhörung des Kindes, § 44 N 55 ff.) selber entscheiden und ihn in Form einer Weisung (307[3]) mitteilen. Sie kann aber auch dem Kind einen Beistand zur Seite stellen, der es gegenüber seinen Eltern vertritt (308[2]). Schliesslich kann sie die Entscheidbefugnis eines Elternteils einschränken und die Entscheidkompetenz auf einen einzigen Elternteil konzentrieren (307[1]).[53]

b. Bestimmung des Aufenthaltsortes

1. Aufenthaltsort des Kindes

33 Mit der Revision von 2013 wurde das Recht zur Bestimmung des Aufenthaltsortes des Kindes explizit als Bestandteil der elterlichen Sorge geregelt (301a). Das Recht zur Bestimmung des *Aufenthaltsortes des Kindes* wurde bisher als rechtliche Obhut bezeichnet, während die faktische Obhut das tatsächliche Zusammenleben mit dem Kind meinte. Die faktische Obhut wird im Gesetz teilweise noch erwähnt, etwa im Zusammenhang mit dem persönlichen Verkehr (273, wonach diejenigen, denen die elterliche Sorge oder die Obhut nicht zusteht, Anspruch auf persönlichen Verkehr haben).[54] Die faktische Obhut hat der betreuende Elternteil. Sie korreliert daher grundsätzlich mit der Betreuung. Wo das Gesetz die Obhut von der Betreuung unterscheidet, meint es regelmässig die rechtliche Obhut. So kann nach Art. 133[1] Ziff. 2 und 3 bzw. Art. 298[2] das Scheidungs- oder Eheschutzgericht über die rechtliche (und faktische) Obhut entscheiden und damit diesen Bereich von der gemeinsamen elterlichen Sorge gleichsam auskoppeln.[55] Das ist aber die Ausnahme und dient dazu, im Streitfall (gerichtlich) zu klären, wo und zusammen mit welchem Elternteil des Kind lebt.

34 Der auch als «Zügelartikel» bezeichnete Art. 301a war in den Beratungen der Räte sehr umstritten. Es bestand und besteht teils immer noch die Angst vor grundrechtsverletzender Einschränkung der Bewegungsfreiheit primär des betreuenden Elternteils: Muss nämlich jeder Umzug vom anderen Elternteil und gegebenenfalls vom Gericht bzw. von der Kindesschutzbehörde genehmigt werden (301a[2]), so ist nicht nur die Bewegungsfreiheit, sondern auch die persönliche Freiheit und gegebenenfalls die Gewerbefreiheit eingeschränkt. Diesen Grundrechten eines Elternteils stehen jene des Kindes und des anderen Elternteils gegenüber: Das Kind hat Anspruch auf Kontakt mit seinen beiden Eltern (9[3] UN-KRK), auf ein stabiles Umfeld, auf verlässliche Kontaktpersonen usw. Mit diesen Rechten und Interessen des Kindes sind die elterlichen Grundrechte abzuwägen. Aus dieser Abwägung ist Art. 301a entstanden.[56]

---

53 HAUSHEER/GEISER/AEBI-MÜLLER, Familienrecht, Nr. 17.128; SCHWENZER/COTTIER, BaKomm, Art. 301 N 3h.

54 HAUSHEER/GEISER/AEBI-MÜLLER, Familienrecht, Nr. 17.100; BUCHER a.a.O. Nr. 38.

55 HAUSHEER/GEISER/AEBI-MÜLLER, Familienrecht, Nr. 17.105. Anders BÜCHLER/MARANTA, N 8, wonach das Aufenthaltsbestimmungsrecht zwingend mit der elterlichen Sorge gekoppelt ist.

56 BUCHER a.a.O. Nr. 142.

α. Eltern mit gemeinsamer elterlicher Sorge

Das Aufenthaltsbestimmungsrecht für das Kind ist ein Bestandteil der elterlichen   35
Sorge. Eltern mit gemeinsamer elterlicher Sorge entscheiden somit auch gemeinsam
darüber, wo das Kind lebt. Nach Art. 301a^2 bedarf jener Elternteil, der den Aufenthaltsort *des Kindes* wechseln will, der *Zustimmung* des andern Elternteils. Stimmt dieser nicht zu, kann eine *Entscheidung* des Gerichts oder der Kindesschutzbehörde diese
Zustimmung ersetzen. Die Zustimmung oder die hoheitliche Entscheidung ist in folgenden Fällen erforderlich (301a^2): wenn der neue Aufenthaltsort im Ausland liegt
(lit. a) oder wenn der Wechsel des Aufenthaltsortes erhebliche Auswirkungen auf die
Ausübung der elterlichen Sorge und den persönlichen Verkehr durch den anderen
Elternteil hat (lit. b).

Tatbestand: Der Aufenthaltsort *des Kindes* wird ins Ausland verlegt (lit. a) oder inner-   36
halb der Schweiz gewechselt, wobei dieser Umzug innerhalb der Schweiz erhebliche
Auswirkungen auf die Ausübung der elterlichen Sorge und den persönlichen Verkehr durch den anderen Elternteil hat (lit. b). *Rechtsfolge:* Dieser Wechsel bedarf der
Zustimmung des anderen Elternteils. Ohne diese Zustimmung kann das Gericht bzw.
die Kindesschutzbehörde einem Elternteil den Wegzug erlauben, ggf. unter Neuregelung der Betreuung und des persönlichen Verkehrs. Denkbar ist aber auch, dass dem
Elternteil ein Wegzug mit dem Kind verboten (136 III 357 f.) wird oder für diesen Fall
eine Um- bzw. Fremdplatzierung des Kindes angeordnet wird.[57]

β. Eltern mit alleiniger elterlicher Sorge

Die Inhaberin alleiniger elterlicher Sorge kann alleine über den Aufenthaltsort des   37
Kindes entscheiden. Sie hat aber vorgängig den Vater darüber zu informieren (301a^3).
Darüber hinaus hat sie bei ihrem Entscheid auch die Ausübung des persönlichen Verkehrs mit dem Vater zu berücksichtigen. Denn Vater und Mutter haben alles zu unter-
lassen, was das Verhältnis des Kindes zum anderen Elternteil beeinträchtigt oder die
Aufgabe der erziehenden Person erschwert (274^1). In diesem Sinn stellt die Verlegung
des Aufenthaltsortes des Kindes eine Pflichtverletzung dar, wenn sie die Ausübung
des persönlichen Verkehrs mit dem anderen Elternteil erschwert und nicht wichtige
Gründe (berufliche, wirtschaftliche Gründe oder Gründe der Kinderbetreuung) den
Wechsel rechtfertigen. Daher ist der Elternteil ohne elterliche Sorge nicht nur zu informieren (301a^3), sondern auch anzuhören, wenn das Kind seinen Aufenthalt wechselt
und sich dieser Wechsel auf den persönlichen Verkehr mit dem nicht sorgeberechtigten Elternteil auswirkt (275a).[58]

2. Aufenthaltsort eines Elternteils

Geht es um den Wechsel des *Aufenthaltsortes des Elternteils* und nicht um jenen des   38
Kindes, so besteht ebenfalls eine Informationspflicht (301a^4). Wenn also der (betreu-

---

57 Botsch. Elterliche Sorge, 9018.
58 S. dazu auch Hausheer/Geiser/Aebi-Müller, Familienrecht, Nr. 17.107.

ende) Elternteil umzieht, ohne den Aufenthaltsort des Kindes zu verändern, hat er nur, aber immerhin, eine Informationspflicht gegenüber dem anderen.

c. Die Erziehung und Ausbildung

39   Im grundlegenden Artikel über den Inhalt der elterlichen Sorge im Allgemeinen (301) ist festgehalten, dass die Eltern die *Erziehung* «leiten» (301[1]). Die Art. 302 und 303 konkretisieren diese Aufgabe: Einerseits hat das Kind Anspruch auf eine den Verhältnissen der Eltern angemessene Erziehung. Andererseits haben die Eltern die körperliche, geistige und sittliche Entfaltung des Kindes zu fördern und zu schützen (302[1]).[59] Die Erziehungsaufgabe ist mithin Recht und Pflicht der Eltern und damit auch Pflicht und Recht des Kindes.[60] Der Staat darf und soll die Erziehungsinhalte nicht vorschreiben.[61] Das Gesetz spricht zu Recht nur mittelbar von den Erziehungsmethoden, etwa indem es im Grundartikel 301 die Eltern anhält, dem Kind die seiner Reife entsprechende Freiheit der Lebensgestaltung zu gewähren (301[2] erster Teilsatz). Ferner begründet es in wichtigen Fragen eine Pflicht zur angemessenen Rücksicht auf die Meinung des Kindes (301[2] zweiter Teilsatz). Fest steht, dass den Eltern kein Züchtigungsrecht zusteht (offengelassen allerdings in BGE 129 IV 216 E. 2; bejaht im Fall einer zweimaligen Totalrasur der Haare: 134 IV 189 ff., 193 E. 1.5). Zwar mag die Bestrafung im Einzelfall ein Mittel zur Erfüllung der Erziehungsaufgabe sein. Doch darf sie dem Kind auf jeden Fall weder körperlich noch seelisch zum Nachteil gereichen. Unzulässig und strafbar (so schon 85 IV 127) sind jedenfalls Züchtigungsmittel, welche die körperliche, geistige oder seelische Integrität verletzen oder gefährden (105 IV 25), auch Tätlichkeiten (vgl. 117 IV 18; 119 IV 1 ff.; 129 IV 220 ff. E. 2.1 ff.).[62]

---

59   Mit dieser Dreiteilung wird gleichzeitig umschrieben, was alles zum «Wohl» des Kindes gehört. Es geht um die körperliche, geistige und sittliche Entfaltung. Das ist denn auch wichtig für die Auslegung der Kindesschutzmassnahmen (s. 307[1]: «Ist das Wohl des Kindes gefährdet …»).

60   Womit die heikle Frage nicht entschieden werden soll, ob das Kindeswohl aufs Ganze gesehen besser gewährleistet ist, wenn solche Rechte des Kindes auch klagbaren verfassungsmässigen Grundrechtsschutz geniessen. Zu diesen Fragen mit erkennbarer Tendenz in dieser Richtung schon der bemerkenswerte Aufsatz von PETER SALADIN, Rechtsbeziehungen zwischen Eltern und Kindern als Gegenstand des Verfassungsrechts, in FS Hans Hinderling (Basel 1976), 175 ff. – S. auch PETER SALADIN, Grundrechte der Familie; Grundrechte in der Familie, in Bernhard Schnyder (Hrsg.), Familie – Herausforderung der Zukunft (Freiburg 1982), 141 ff.; FELIX OSKAR MÜLLER, Grundrechte der Kinder (Diss. Zürich 1996); TSCHÜMPERLIN a.a.O. 75 ff.; JUDITH WYTTENBACH, Grund- und Menschenrechtskonflikte zwischen Eltern, Kind und Staat (Diss. Bern, Basel/Genf/München 2006), Neue Literatur zum Recht.

61   Wie dies etwa in den familienrechtlichen Regelungen der sogenannten Volksdemokratien geschah. S. hierzu MIROCHA, Gleichberechtigung der Geschlechter und personenrechtliche Wirkungen der Ehe, Unterschiede zwischen dem schweizerischen und dem osteuropäischen Recht, in SJZ 73 (1977), 213 ff., 219 f.

62   HEGNAUER, Grundriss, Nr. 26.03; SCHWENZER/COTTIER, BaKomm, Art. 301 N 8; BREITSCHMID, HandKomm, Art. 301 N 4. – Zur Gefährdung von Kindern durch ihre Eltern s. den eindrücklichen Bericht «Kindesmisshandlungen in der Schweiz» (Bern 1992). Zum Züchtigungsverbot: WYTTENBACH a.a.O.; DIES., Gewaltfreie Erziehung, Grund- und menschenrechtliche Anforderungen und die zivil-/strafrechtliche Umsetzung, in FamPra.ch 4 (2003), 769;

Zur Erziehung im weiteren Sinn des Wortes (Randtitel zu 302; éducation) gehört auch 40
die *Ausbildung*. Das Kind hat Anspruch auf eine angemessene, seinen Fähigkeiten
und Neigungen soweit möglich entsprechende allgemeine und berufliche Ausbildung
(«formation»; 302²). Damit ist sowohl die Schulung von eigentlichen «Fertigkeiten»
wie auch die Bildung gemeint. Die angemessene Ausbildung steht dem Kind «soweit
möglich» zu; sie muss also den Eltern (bei gutem Willen; 86 II 219) wirtschaftlich möglich sein (s. § 42 N 15 ff.). Durch den Ausbau des Stipendienwesens des Bundes (66
BV) und der Kantone haben auch wirtschaftlich ungünstiger gestellte Eltern vermehrt
die Möglichkeit, die Kinder ausbilden zu lassen. Das Gesetz (302²) erwähnt als wich-
tigstes Kriterium für die Art der Ausbildung die Fähigkeiten und Neigungen des Kindes (hierzu 107 II 465). Eine besondere Rücksicht gebührt dabei dem körperlich und
geistig gebrechlichen Kind. Diesem stehen regelmässig sogenannte Eingliederungs-
massnahmen der Invalidenversicherung zu (berufliche Massnahmen und/oder Son-
derschulung: 16 f. IVG).[63]

Im Hinblick auf ihre Erziehungspflicht obliegt den Eltern auch die Pflicht zur *Zusam-* 41
menarbeit mit der Schule[64] *und* nötigenfalls mit *der öffentlichen und gemeinnützigen*
Jugendhilfe (302³). Es handelt sich um eine Pflicht der Eltern gegenüber dem Kind.[65]
Die in den Art. 301 Abs. 1 und 302 Abs. 1 vorgesehenen Befugnisse der Eltern stehen in bestimmten Grenzen unter dem Vorbehalt des öffentlichen Rechts. Dies gilt
namentlich in den Bereichen der Benutzung der Schule als öffentlicher Anstalt und
der Gesundheitspolizei (117 Ia 27 und 118 Ia 427).

Das Elternrecht umfasst auch die *religiöse Erziehung* des Kindes (303¹). Die Eltern 42
(Vater und Mutter) bestimmen das Bekenntnis, dem das Kind angehören und in dem

---

FASSBIND, Züchtigungsrecht contra Gewaltverbot bei der Ausübung der elterlichen Personensorge, in AJP 16 (2007), 547 ff.

63 Mit Rechtsproblemen solcher Kinder befasst sich die Schweizerische Vereinigung der Elternver-
eine für geistig Behinderte: http://www.insieme.ch.

64 Hierzu PLOTKE, Rechtsfragen des Schulpsychologischen Dienstes, in ZBl 81 (1980), 200 ff.;
DERS., Schweizerisches Schulrecht (2. A. Bern/Stuttgart/Wien 2003) – S. auch FLEINER-GERS-
TER, Die Rechte der Eltern gegenüber der Schule, in AJP 2 (1993), 666 ff. Der Inhaber der elterlichen Sorge ist deshalb auch zur Beschwerde gegen einen Entscheid der Schulbehörden legitimiert; BGer 2P.226/2003.

65 Die Botsch. Kindesverhältnis, 77, betont: «Die Bestimmung richtet sich nicht gegen die positive
Erziehungsfreiheit der Eltern, sondern gegen die leider verbreitete und dem Kind höchst abträg-
liche Gleichgültigkeit gegenüber der Arbeit der Schule und der Jugendhilfe.» Zur «Schlecht-
erfüllung» der elterlichen Sorge durch die Eltern: HEGNAUER, Haften die Eltern für das Wohl
des Kindes?, in ZVW 62 (2007), 167 ff.

es erzogen[66] werden soll; sie können es auch ohne religiöse Erziehung lassen.[67] Ab dem erfüllten 16. Altersjahr kommt dem Kind das ausschliessliche Selbstbestimmungsrecht in religiösen Dingen zu (303[3]). Ein Vertrag, der das Elternrecht auf religiöse Erziehung beschneiden würde (etwa eine Abmachung unter Verlobten über die Konfession ihrer künftigen Kinder), wird als solcher nicht geschützt (303[2]).

43   **d. Die Vertretung.**[68] Als Inhaber der elterlichen Sorge sind die Eltern die *gesetzlichen Vertreter* des Kindes. Dabei gilt im Einzelnen:

1. Die Handlungsfähigkeit des Kindes

44   Das urteilsfähige Kind unter elterlicher Sorge kann im Rahmen des Personenrechts durch eigenes Handeln Rechte und Pflichten begründen (19–19b) und höchstpersönliche Rechte ausüben (19c) (s. auch § 9 N 36 ff.). Das erklärt Art. 305 Abs. 1 in seiner Fassung gemäss Gesetzesnovelle zum Erwachsenenschutz. Bis dahin bestimmte er, dem Kind unter elterlicher Sorge komme grundsätzlich dieselbe Handlungsfähigkeit zu wie einer bevormundeten Person (305[1] aZGB). Da aber das Erwachsenenschutzrecht die Bevormundung nicht kennt, war dieser Verweis nicht mehr möglich. Bei Vorliegen der Urteilsfähigkeit ist das Kind somit beschränkt handlungsunfähig (19):

45   α. Es kann *ohne Zustimmung* der gesetzlichen Vertretung unentgeltliche Vorteile erlangen (19[2]). Das heisst, es kann selber Schenkungen entgegennehmen. Die gesetzliche Vertretung kann allerdings deren Annahme untersagen oder die Rückleistung anordnen (241[2] OR). Ferner kann es auch Willenserklärungen entgegennehmen, durch die es selber nicht gebunden wird (z.B. Offerten), oder Willenserklärungen abgeben, die nur mit Vorteilen verbunden sind (z.B. Mängelrüge erheben).[69] Weiter kann es gering-

---

66   Das gilt auch für Eltern ohne Obhut: BGE 129 III 691 E. 1.2. Für das Verhältnis zur öffentlichen Schule s. 119 Ia 181 E. 2b sowie 135 I 70 (Befreiung vom Schwimmunterricht aus religiösen Gründen), 139 I 284 E. 5.1 ff. (Kopftuchverbot für Schülerinnen); dazu auch Wyss, Vom Umgang mit dem Transzendenten, Überlegungen und Anmerkungen zur Religionsfreiheit im Spiegel der neueren bundesgerichtlichen Judikatur, in recht 16 (1998), 173 ff.; Tappenbeck/ Pahud de Mortanges, Religionsfreiheit und religiöse Neutralität in der Schule, in AJP 16 (2007), 1401 ff., 1410 f.

67   Siehe hierzu Schwenzer/Cottier, BaKomm, Art. 303 N 2; Breitschmid, HandKomm, Art. 303 N 1; Stettler, SPR III/2, 394, und Tschümperlin a.a.O. 286 f. Vgl. zu dieser Frage auch Saladin, Rechtsbeziehungen a.a.O. Für die Auslegung von Art. 303 Abs. 1 ist auch auf Art. 301 Abs. 1 und 2 und auf Art. 302 Abs. 1 abzustellen; eine begonnene religiöse Erziehung soll nicht willkürlich abgebrochen oder geändert werden: Hegnauer, Grundriss, Nr. 26.18. Zur Gefährdung des Kindeswohls durch religiöse Bewegungen s. Esther Allenspach, Schutz von Kindern in neuen religiösen Bewegungen («new religious movements»): Eine vergleichende Darstellung der Rechtslage in der Schweiz, Deutschland und den USA (Diss. Zürich 2001), ZSPR 168.

68   Zum Ganzen s. Susanne Marxer Keller, Studien zur elterlichen Vertretung und Verwaltung des Kindesvermögens (Diss. Bern 1998), 63 ff.; Hausheer/Geiser/Aebi-Müller, Familienrecht, Nr. 17.114 ff.

69   Steinauer/Fountoulakis, Nr. 195 ff.; Bucher, BeKomm, Art. 19 N 161 ff.

fügige Angelegenheiten des täglichen Leben besorgen (19²), z.B. selber kleinere alltägliche Einkäufe besorgen und sich damit rechtswirksam verpflichten (§ 9 N 38).[70]

Weiter kann es höchstpersönliche Rechte selber ausüben (19c¹; s. dazu § 9 N 39 f.). Höchstpersönlich ist etwa das Recht, ein Rechtsmittel gegen die zwangsweise Vollstreckung des Besuchsrechts zu erheben (120 Ia 371 f. E. 1), in eine medizinische Behandlung einzuwilligen (114 Ia 360) oder abzulehnen, z.B. einen nicht lebensnotwendigen Eingriff eines Osteopathen abzulehnen (Urteilsfähigkeit der gut 13jährigen Patientin bejaht: 134 II 239 ff. E. 4.3) oder gar eine lebensnotwendige Chemotherapie abzulehnen.[71] Vorbehalten bleiben jene Fälle, in denen das Gesetz selber die Zustimmung der gesetzlichen Vertretung vorsieht (19c), z.B. für den Abschluss eines Ehevertrags (184) oder für die Kindesanerkennung (260²).

Ferner wird das urteilsfähige Kind aus unerlaubten Handlungen selber (nach 41 ff. OR) schadenersatzpflichtig (19³). Das umfasst sowohl die Verantwortung für schuldhaft herbeigeführten Schaden bei anderen wie auch für Selbstverschulden (102 II 367 ff.; vorne § 9 N 37).

β. Es kann sich *mit Zustimmung* der gesetzlichen Vertretung, also der Eltern (296 ff.), des Beistands (398) oder der Vormundin (327a), rechtsgeschäftlich verpflichten und Rechte aufgeben (19¹). Diese Zustimmung erfolgt ausdrücklich oder stillschweigend im Voraus oder – unter Genehmigung des Geschäfts – nachträglich (19a¹). Solange die Zustimmung nicht vorliegt, ist das vom urteilsfähigen Kind abgeschlossene Verpflichtungsgeschäft nicht gültig, aber auch nicht völlig nichtig, sondern vorläufig für dieses unverbindlich (sog. «hinkendes Rechtsgeschäft»). Die andere Partei kann für die Genehmigung selber eine angemessene Frist ansetzen oder durch das Gericht ansetzen lassen. Erfolgt die Genehmigung nicht innert dieser Frist, wird sie selber von ihren Verpflichtungen befreit (19a²). Mit der nachträglichen Zustimmung (Genehmigung) wird das Rechtsgeschäft voll gültig.

Das Kind erlangt ferner im Rahmen der ihm zustehenden Verwaltung am Kindesvermögen eine erweiterte Handlungsfähigkeit (s. 321², 322¹ und 323¹; hierzu hinten N 35). Lebt es ausserhalb der häuslichen Gemeinschaft der Eltern, ist es im Rahmen dessen, was diese Selbständigkeit mit sich bringt, ebenfalls handlungsfähig.[72] Für die entsprechenden Rechtsgeschäfte wird die Zustimmung angenommen (vorne § 9 N 42). Das Vermögen des Kindes bildet im Übrigen ein selbständiges Haftungssubstrat, ohne Rücksicht auf die elterlichen Vermögensrechte (305²).[73] Das urteilsfähige

---

70 STEINAUER/FOUNTOULAKIS, Nr. 204 ff.; BIGLER-EGGENBERGER/FANKHAUSER, BaKomm, Art. 19 N 32a ff.; BREITSCHMID, HandKomm, Art. 19 N 4.

71 S. Urteil des Obergerichts LU, 3. Dezember 2007, in FamPra.ch 9 (2008), 445 ff.

72 HEGNAUER, Grundriss, Nr. 26.26.

73 So haftet dieses Vermögen z.B. für Schulden des Kindes aus unerlaubter Handlung oder für Verpflichtungen des Kindes im Rahmen seiner erweiterten Handlungsfähigkeit, aber auch für Verpflichtungen, welche die Eltern zu Lasten dieses Vermögens eingegangen sind. S. hierzu HEGNAUER, BeKomm, Art. 280 a. F. N 44 ff.; s. ferner SCHWENZER/COTTIER, BaKomm, Art. 304/305 N 12 f.; einschränkend BREITSCHMID, HandKomm, Art. 305 N 2.

Kind kann aber auch mit Zustimmung der Eltern für die Gemeinschaft handeln (306[1] erster Teil). Die Zustimmung der Eltern ist formfrei und kann sich insbesondere auch aus den Umständen ergeben.[74] In diesen Fällen haftet allerdings nicht das Vermögen des Kindes, sondern jenes der Eltern (306[1] i. f.).

2. Die Vertretungsmacht der Eltern

49   Im Umfang der ihnen zustehenden elterlichen Sorge – bei ihrer Erziehungsaufgabe, bei der Verwaltung des Kindesvermögens[75] – *vertreten die Eltern von Gesetzes wegen* Dritten gegenüber ihre Kinder (304[1]), handeln für sie mit Wirkung für sie. Das ist aber dort ausgeschlossen, wo (urteilsfähige) Kinder selber handlungsfähig sind, namentlich im Bereich der Persönlichkeitsrechte (BGer 2C_5/2008 E. 4.3.2: Der Arzt muss im Einzelfall hinsichtlich der jeweiligen Natur der medizinischen Intervention prüfen, ob die Urteilsfähigkeit des Minderjährigen gegeben ist). Ist das Vertretungsrecht gegeben, dürfen gutgläubige Dritte davon ausgehen, dass bei Eltern mit gemeinsamem Sorgerecht (so 304[2]), also auch bei geschiedenen (133[3]) und nicht verheirateten (298a[1]) Eltern, der jeweils tätige Elternteil im Einvernehmen mit dem anderen handelt. Die Vertretungswirkung tritt zu Gunsten Gutgläubiger also auch dann ein, wenn ein Elternteil tatsächlich nicht im Einvernehmen mit dem anderen handelt.

50   Das Vertretungsrecht der Eltern ist zum Schutz der Kinder eingeschränkt (304[3]): Die Eltern dürfen in Vertretung des Kindes keine Bürgschaften eingehen, keine Stiftungen errichten und – mit Ausnahme von Gelegenheitsgeschenken – keine Schenkungen vornehmen.[76] Für den Fall der Interessenkollision zwischen Eltern und Kind ernennt die Kindesschutzbehörde einen Beistand (314[2]) oder regelt die Angelegenheit selber (306[2]). Bei Interessenkollision entfallen die Vertretungsrechte der Eltern in der entsprechenden Angelegenheit von Gesetzes wegen. Massgebend ist, ob abstrakt betrachtet eine Interessenkollision besteht (Erbauskaufvertrag der Mutter im Namen ihrer unmündigen Kinder: 118 II 101 ff.). Die Kindesschutzbehörde ernennt dem Kind auch dann einen Beistand oder regelt die Angelegenheit selber, wenn die Eltern an der Vertretungshandlung verhindert sind (306[2]).

---

74   So durch die Genehmigung früherer Vertretungshandlungen oder durch deren widerspruchslose Duldung im Rahmen von Sitte und Ortsgebrauch: hierzu HEGNAUER, BeKomm, Art. 281 a. F. N 10.

75   Hierzu HEGNAUER, BeKomm, Art. 279 a. F. N 96 ff. Siehe auch die Formulierung bei HEGNAUER, Grundriss, Nr. 26.21: «Soweit sein (sc. des Kindes) Interesse es verlangt, dass in seinem Namen gehandelt werde, obliegt seine Vertretung von Gesetzes wegen den Inhabern der elterlichen Sorge.» Dieses Kriterium begrenzt doch wohl nicht nur die Vertretungsbefugnis (das Vertreten-Dürfen), sondern auch die Vertretungsmacht (das Vertreten-Können).

76   Dagegen ist gemäss 90 II 75 ohne jede Zustimmung der Vormundschaftsbehörde ein Erbverzicht der Eltern gestattet, der auch den unmündigen Kindern gegenüber wirkt (fraglich ist, ob dies auch bei einem unentgeltlichen Verzicht gilt, worauf das BGer nicht eingeht). Die Verbindlichkeit eines Erbauskaufvertrags, den die Mutter unmündiger Kinder in deren Namen abschliesst, setzt in jedem Fall die Mitwirkung eines Beistands im Sinn von Art. 392 Ziff. 2 voraus: 118 II 101 ff., 106.

e. Die Vermögenssorge[77]

Die elterliche Sorge umfasst neben der Personensorge (301–306) auch die Vermögens-   51
sorge. Das Gesetz regelt sie in den Art. 318–323. Es gilt, die elterlichen Vermögensrechte (N 52 ff.) vom freien Kindesvermögen (N 55 f.) zu unterscheiden und ferner die
Haftung der Eltern (N 59 ff.) zu untersuchen:

1. Die elterlichen Vermögensrechte

Die Inhaber der elterlichen Sorge haben das Recht und die Pflicht, das *Kindesvermö-*   52
gen zu verwalten (318[1]), es sachgemäss zu betreuen und seinen Zwecken zuzufüh-
ren.[78] Stirbt ein Elternteil, so trifft den anderen zum Schutz des Kindesvermögens eine
Inventarpflicht (318[2]). Das Inventar ist der Kindesschutzbehörde einzureichen. Unabhängig von der Inventarpflicht (nach 318[2]) kann die Kindesschutzbehörde den Eltern
(also auch bei gemeinsamer elterlicher Sorge) die periodische Rechnungsstellung und
Berichterstattung vorschreiben, wenn dies «nach Art und Grösse des Kindesvermögens und nach den persönlichen Verhältnissen der Eltern» angezeigt ist (318[3]). Es handelt sich dabei um eine der in § 44 zu erörternden Kindesschutzmassnahmen.

Was die Verwendung der *Erträge des Kindesvermögens* angeht, steht sie den Eltern zu   53
für Unterhalt, Erziehung und Ausbildung des Kindes, ja sogar, soweit billig, für die
Bedürfnisse des (gemeinsamen) Haushalts (319[1]). Dagegen fällt ein Überschuss nicht
den Eltern zu, sondern ins Kindesvermögen (319[2]).

Die *Anzehrung des Kindesvermögens* ist den Eltern grundsätzlich nur mit Zustimmung   54
der Kindesschutzbehörde (und nur für bestimmte Beträge!) gestattet (320[2]), denn die
Unterhaltspflicht trifft grundsätzlich die Eltern (276 ff.).[79] Die Kindesschutzbehörde
kann aber den Eltern den Rückgriff auf das Kindesvermögen (also dessen Anzehrung)
erlauben, wenn dies für die Bestreitung der Kosten von Unterhalt, Erziehung und Ausbildung notwendig ist. Anders verhält es sich, soweit das Kindesvermögen aus Abfindungen (z.B. gemäss 288), Schadenersatz und ähnlichen Leistungen besteht, welche ja
ihrer Natur nach für den Verbrauch bestimmt sind. Diese dürfen von den Eltern ohne
Zustimmung der Kindesschutzbehörde pro rata temporis («in Teilbeträgen entsprechend den laufenden Bedürfnissen») für den Unterhalt des Kindes verwendet werden (320[1]).

---

77 Zum Ganzen s. MARXER KELLER a.a.O. 17 ff.
78 PETER BREITSCHMID, Fragen um Bank und Kindesvermögen, in FS Dieter Zobl (Zürich 2004),
    217 ff.; DERS., Das Bankkonto im Erbgang – Probleme rund um die Vermögensverwaltung vor
    und nach dem Tod, in successio 1 (2007), 220 ff., 226 ff.; RUSCH, Konten für Dritte, in AJP 16
    (2007), 561 ff.; MEIER, Droit de la tutelle et actes immobiliers: questions choisies, in ZVW 63
    (2008), 251 ff. Zur Inventarspflicht: BGer 5A_169/2007; 5P.165/2006; Verwaltung des Kindes-
    vermögens: BGer 5P.57/2006.
79 Für ein unter Vormundschaft stehendes Waisenkind: AFFOLTER, Anzehrung des Kindesvermö-
    gens von Vollwaisen zur Deckung des Unterhaltsbedarfs?, in ZVW 60 (2005), 220 ff.

2. Freies Kindesvermögen

55   In gewissen Fällen sind die elterliche Verwaltung und die Verwendung der Erträge des Kindesvermögens (oder eines von beiden) ausgeschlossen. Zu unterscheiden sind Zuwendungen unter besonderer Auflage (N 56), Pflichtteile (N 57) und der Arbeitserwerb (N 58):

56   α. Die Verwendung der Erträge durch die Eltern ist aufgrund einer Willenserklärung ausgeschlossen, wenn dem Kind bestimmte Zuwendungen unter dieser *ausdrücklichen Auflage* gemacht werden. Sie ist von Gesetzes wegen ausgeschlossen, wenn die Zuwendungen von der Schenkerin zur *zinstragenden Anlage* oder als *Spargeld* übergeben worden sind (321[1]). Der Ausschluss der elterlichen Verwaltung von Zuwendungen Dritter an das Kind muss jeweils ausdrücklich angeordnet werden (321[2]).[80]

57   β. Von der elterlichen Verwaltung kann auch der *Pflichtteil* des Kindes ausgenommen werden, indessen einzig in der Form einer Verfügung von Todes wegen (322[1]).[81] Wenn gemäss erblasserischer Anordnung eine Drittperson[82] diesen Pflichtteil verwaltet, kann allerdings die Kindesschutzbehörde periodische Rechnungsstellung und Berichterstattung verlangen (322[2]).

58   γ. Der *Arbeitserwerb* untersteht wie das Vermögen, welches das Kind zum *Betrieb seines eigenen Berufes oder Gewerbes* von den Eltern herausbekommt, der Verwaltung und Nutzung des Kindes (323[1]).[83] Betreibungen für solche Geschäftsschulden sind ausschliesslich gegen das Kind anzuheben (106 III 8). Die mit der Verwaltung und Nutzung der dem Kind überlassenen Vermögensbestandteile zusammenhängenden Rechte kann dieses selber gerichtlich geltend machen, sofern es urteilsfähig ist (112 II 102).[84]

---

80   Fehlt es an einer Anordnung des Zuwendenden über die Verwaltung, so hat die Vormundschaftsbehörde dem urteilsunfähigen Kind einen Verwaltungsbeistand (393) zu ernennen: so HEGNAUER, Grundriss, Nr. 28.10. Dabei dürfte m.E. bei einem ansehnlichen Vermögen nicht leichthin Urteilsfähigkeit angenommen werden.

81   Zu Art. 322 s. CYRIL HEGNAUER, Der Ausschluss des Pflichtteils des unmündigen Erben von der elterlichen Verwaltung, in FS Frank Vischer (Zürich 1983), 17 ff.; BREITSCHMID, BaKomm, Art. 321/322 N 4.

82   Zur Verwaltung durch Drittpersonen, namentlich durch mehrere, s. RIEMER, Verwaltung von Kindesvermögen durch Dritte gemäss Art. 321 Abs. 2, Art. 322 Abs. 2 ZGB und Beistandschaft gemäss Art. 325 ZGB, insbesondere in der Gestalt der mehrfachen Vermögensverwaltung und der mehrfachen Beistandschaft, in ZVW 56 (2001), 84 ff.; ALEXANDER W. ROHDE, Die Ernennung von Drittpersonen zur Verwaltung von Vermögen Minderjähriger (Art. 321 und 322 ZGB), unter besonderer Berücksichtigung von Nachlassvermögen (Diss. Basel, Zürich/Basel/Genf 2006), Schweizer Schriften zur Vermögensberatung und zum Vermögensrecht 7.

83   Hierzu RENÉ HUBER, Handlungsfähigkeit Unmündiger aufgrund eigenen Arbeitserwerbes (Art. 323 ZGB) (Diss. Zürich 1988), ZSPR 61. Zur umstrittenen Frage, ob das Kind im Rahmen dieses Haftungssubstrates voll handlungs- und prozessfähig sei, vgl. Urteil des Aargauer Obergerichts, in SJZ 87 (1991), 248 f.

84   S. auch Urteil des Aargauer Obergerichts, in SJZ 87 (1991), 248 f. und dazu HEGNAUER, Grundriss, Nr. 28.12; zur Ausübung höchstpersönlicher Rechte s. 140 III 579 f. E. 3.1.2; BGer 5A_10/2007 E. 3.2.2.

Dagegen können die Eltern aus diesem Vermögen einen angemessenen Beitrag[85] an seinen Unterhalt verlangen, wenn das Kind in häuslicher Gemeinschaft mit ihnen lebt (323²), bzw. sie müssen sich bei der Berechnung ihres Existenzminimums einen solchen angemessenen Beitrag anrechnen lassen (104 III 77 und 106 III 15).

3. Die Haftung der Eltern

Wie jeden Verwalter fremden Gutes (Beauftragter, Vormund, Nutzniesser), treffen auch die Eltern zwei Arten von Pflichten mit Bezug auf das ihnen überlassene Kindesgut: die Pflicht *sorgfältiger Verwaltung* (α., N 37) und die Pflicht zur *Rückerstattung* (β., N 38).   59

α. Für das *Mass der Sorgfaltspflicht* der Eltern für ihre Rückerstattung an das Kind[86] verweist Art. 327 Abs. 1 auf das Auftragsrecht, mithin hauptsächlich auf die Art. 398 und 399 OR. Dort wird zunächst allgemein auf die Sorgfaltspflicht der Arbeitgeberin (321e² OR) verwiesen und sodann die getreue und sorgfältige Ausführung des übertragenen Geschäfts stipuliert (398¹ und ² OR). Eine besondere Sorgfaltsregel besteht bei Übergabe der Besorgung des Geschäfts an Dritte (399 OR).[87] Verletzen die Eltern diese Sorgfaltspflicht, so haften sie dem Kind. Ihre Haftung wird allerdings durch zwei Bestimmungen gemildert: Ist eine Sache in guten Treuen veräussert worden, so ist nur der erzielte Erlös zu erstatten (327²); keine Ersatzpflicht besteht für jene Beträge, welche die Eltern befugtermassen für das Kind oder den Haushalt verwendet haben (327³, im Zusammenhang mit 319 und 320).[88] Für die so bestimmte *Ersatzforderung* steht dem Kind ein Privileg in der Schuldbetreibung seiner Eltern zu (219⁴ Zweite Klasse lit. a SchKG).   60

β. Die Pflicht zur *Rückerstattung* des Vermögens (nach Massgabe der soeben erwähnten Haftungsregeln[89]), verbunden mit einer Abrechnung, trifft die Eltern, sobald die elterliche Sorge oder Verwaltung (bei Übergabe der Vermögensverwaltung an eine Beiständin: 325¹) endet (326).   61

---

85 Gemäss HEGNAUER, Grundriss, Nr. 28.13, kann dieser Beitrag bis zur vollen Deckung des Unterhalts gehen; s. auch BREITSCHMID, BaKomm, Art. 323 N 9; BIDERBOST, HandKomm, Art. 312–323 N 12.

86 S. dazu BETTINA HÜRLIMANN-KAUP/ALEXANDRA RUMO-JUNGO, Dingliche Surrogation bei Verfügungen des Miterben über Erbschaftsgegenstände, in FS Steinauer (Bern 2013), 355 ff. Sie stellen a.a.O. 366, ein allgemeines familien- und erbrechtliches Prinzip fest, wonach ein Sondervermögen oder ein fremdverwaltetes Vermögen (z.B. das Kindesvermögen) durch Surrogation in seiner Substanz erhalten bleiben soll.

87 Dazu statt vieler FRANZ WERRO, Le mandat et ses effets, Une étude sur le contrat d'activité indépendante selon le Code suisse des obligations, Analyse critique et comparative (Habil. Freiburg 1993), AISUF 128, Nr. 914 ff.

88 Diese sachgemässe Bestimmung mag als überflüssig erscheinen. Doch hat die Regel ihren Sinn da, wo die Eltern zunächst befugterweise Kindesvermögen verwenden, post festum aber doch zur Kasse gebeten werden.

89 HÜRLIMANN-KAUP/RUMO-JUNGO a.a.O.

§ 44 Der Kindesschutz[*]

1 Die in § 43 beschriebene weitreichende Entscheidzuständigkeit der Eltern für ihre Kinder hat auch ihre Schattenseite; sie birgt mitunter Gefahren für das Wohlergehen der Kinder in sich: in persönlicher und/oder wirtschaftlicher Hinsicht. Um diesen Gefahren entgegenzusteuern, sah das ZGB von 1907 bereits eine Reihe von Massnahmen vor. Es gestattete in viel weiterem Umfang als die früheren kantonalen Rechte ein Eingreifen der Behörden zum Schutz des Kindes. Doch hafteten auch dieser Regelung manche Schwächen an. Sie stellte namentlich zu sehr die Pflichtwidrigkeit der Eltern und zu wenig das Kindeswohl in den Vordergrund.

2 Ein wesentlicher Teil der Massnahmen zum *Kindesschutz* ist im dritten Abschnitt über die elterliche Sorge geregelt (nämlich in 307–317). Das ist durchaus sachgerecht: Auf der einen Seite beschränkt der Kindesschutz die elterliche Sorge. Anderseits ermöglicht aber gerade auch der erweiterte Kindesschutz die grundsätzliche Beibehaltung der elterlichen Sorge; weil es mehr und bessere Massnahmen gibt, kann auf die massivste (die Entziehung) häufig verzichtet werden. Bei diesen Massnahmen handelt es sich um solche zum Schutz der *Person* des Kindes. Das *Vermögen* des Kindes ist ebenfalls Gegenstand von Schutzmassnahmen; diese sind im vierten Abschnitt über das Kindesvermögen enthalten (318[3] sowie 324–325).

3 Die Kindesschutzmassnahmen sind von gewissen Grundprinzipien beherrscht (N 4 ff.), welche den Erläuterungen zu ihrem persönlichen Geltungsbereich (N 8 ff.), zu den einzelnen Massnahmen (N 12 ff. bzw. N 39 ff.) sowie zur Zuständigkeit und dem Verfahren (N 42 ff.) vorangestellt werden.

I.   Die Grundprinzipien

4 Das Gesetz berücksichtigt im Kindesschutzrecht gewisse grundsätzliche Überlegungen und *Prinzipien* (Grundsätze, Leitsätze), die bei der Auslegung der Kindesschutzmassnahmen massgebend sind.[1] Die leitenden Gesichtspunkte sind das *Wohl des Kindes* (N 5) sowie das Prinzip der *Verhältnismässigkeit* (N 6 f.).

a. Das Kindeswohl

5 Ob und inwiefern Massnahmen angezeigt sind, hängt nicht von der Pflichtvergessenheit der Eltern, sondern von der Gefährdung des Kindes ab (siehe z.B. 307[1], 310[1]). Kin-

---

[*] Ich danke RA Dr. Lucie Mazenauer, Doktorassistentin, für den Entwurf des Textes zu den revidierten Bestimmungen des Kindesschutzes.

[1] Siehe hierzu schon HEGNAUER, BeKomm, Art. 283 a. F. N 36 ff.: «Prinzipien des Kindesschutzrechts». S. ferner MARLIES NÄF-HOFMANN, Kindesschutz und Pflegeeltern, in Das neue Kindesrecht (St. Gallen 1977), 80 ff.; HELMUT HENKEL, Die Anordnung von Kindesschutzmassnahmen gemäss Art. 307 revZGB (Diss. Zürich 1977), Zürcher Beiträge zur Rechtswissenschaft 514, 50; STETTLER, SPR III/2, 498 f.; HEGNAUER, Grundriss, Nr. 27.09– 27.12.

desschutzmassnahmen bezwecken mithin nicht die Bestrafung der Eltern, sondern den Schutz der Kinder.[2] Daher spielt es keine Rolle, ob die Eltern *schuldhaft* handeln oder nicht (BGer 5A_615/2013 E. 2.1). Massgeblich ist einzig, ob das *Wohl des Kindes* gefährdet ist und wie dieser Gefährdung begegnet werden kann.[3] Daher kommt es auch nicht auf die regelmässig multifaktoriellen Ursachen einer Kindeswohlgefährdung an. Die Frage, ob die Eltern ein Verschulden trifft, ist irrelevant, ebenso die Frage, ob die Eltern überfordert, unzuverlässig, nachgiebig, unerfahren, krank oder entsprechend veranlagt sind.[4] Das behördliche Einschreiten muss stets auf der Situation des Kindes und mithin auf dessen objektiven Schutzbedürftigkeit gründen.

b. Die Verhältnismässigkeit

Neben der Verhältnismässigkeit (Proportionalität) werden in der Lehre häufig die Prinzipien der Subsidiarität und der Komplementarität genannt.[5] In der Sache herrscht dabei zwar weitgehende Übereinstimmung. Dagegen werden diesen Prinzipien nicht immer die gleichen Inhalte zugeordnet, und es bestehen Überschneidungen. Da sich aber im schweizerischen Recht für behördliche Eingriffe in Grundrechte der Grundsatz der Verhältnismässigkeit in seiner dreifachen Ausprägung durchgesetzt hat (statt   6

---

2   Dazu s. Yvo Biderbost, Die Erziehungsbeistandschaft (Art. 308 ZGB) (Diss. Freiburg 1996), AISUF 151, 128 ff.; Andreas Brauchli, Das Kindeswohl als Maxime des Rechts (Diss. Zürich 1982), ZSPR 24; rechtsvergleichend Michael Coester, Das Kindeswohl als Rechtsbegriff (Frankfurt a.M. 1983). S. auch Susanne Fegeler, Der Massstab des Wohls des Kindes, des Mündels, des Pfleglings und des Betreuten bei der gerichtlichen Kontrolle ihrer Interessenvertreter (Diss. Münster, Baden-Baden 2000), zugleich Nomos Universitätsschriften, Recht 345; Roland Koechel, Kindeswohl in gerichtlichen Verfahren (Neuwied 1995); Harry Dettenborn, Kindeswohl und Kindeswille: psychologische und rechtliche Aspekte (4. A. München 2014); Eylem Copur, Gleichgeschlechtliche Partnerschaft und Kindeswohl (Diss. St. Gallen, Bern 2008), ASR 747; Claudia Kaufmann/Jean Ziegler (Hrsg.), Das Kindeswohl, Eine interdisziplinäre Sicht (Zürich/Chur 2003); Paola Riva Gapany, The best interests of the child: a question of reflex, in Jean Zermatten/Paola Riva Gapany (Hrsg.), Children's Rights and the question of their application (Sion 2002), 7 ff.; Navas Navarro, Le bien-être de l'enfant, in FamPra.ch 5 (2004), 265 ff.; Jörg M. Fegert, Fragen des Kindeswohls in Sorge- und Umgangsrechtsverfahren aus kinder- und jugendpsychiatrischer und psychotherapeutischer Sicht, in Ingeborg Schwenzer/Andrea Büchler (Hrsg.), Dritte Schweizer Familienrecht§Tage (Bern 2006), Schriftenreihe zum Familienrecht FamPra 5, 27 ff.; Felix Schöbi, Die Haftung der Eltern für das Wohl des Kindes, in FS Heinrich Koller (Basel 2006), 97 ff.; Martin Inversini, Psycho-soziale Aspekte des Kindeswohls, in Regula Gerber Jenni/Christina Hausammann (Hrsg.), Kinderrechte – Kinderschutz (Basel 2002), 47 ff.; Aeschlimann, «The welfare» oder «the best interest of the child» im anglo-amerikanischen Rechtsraum, in Fam.Pra.ch 2 (2001), 247 ff.; Sandra Fink, Die Verwirklichung des Kindeswohls im Sorgerecht für nichtverheiratete Eltern (Diss. Frankfurt a.M. 2004), Europäische Hochschulschriften 4080.

3   Hegnauer, Grundriss, Nr. 27.09; Breitschmid, BaKomm, Art. 307 N 4; Biderbost a.a.O. 119; Henkel a.a.O. 64 f.

4   Biderbost, HandKomm, Art. 307 N 14. Eingehend die Dissertation von Biderbost a.a.O. 136.

5   Hegnauer, Grundriss, Nr. 27.10 ff.; Breitschmid, BaKomm, Art. 307 N 6 ff.; Biderbost a.a.O. 170; ders., HandKomm, Art. 307 N 12; Henkel a.a.O. 50 und 61 ff. So auch in BGer 5A_615/2013 E. 2.

vieler 118 Ia 439), wird der so verstandene Grundsatz auch hier – wo es um Eingriffe in Persönlichkeitsrechte der Eltern und des Kindes geht – zu Grunde gelegt: Danach muss die Massnahme erstens geeignet und zweitens notwendig (erforderlich) sein sowie drittens nicht in einem Missverhältnis zum angestrebten Erfolg stehen (Verhältnismässigkeit im engeren Sinn) und damit zumutbar sein. Darin sind auch die Subsidiarität (der Staat kommt erst nach den Eltern und der von ihnen beanspruchten freiwilligen Jugendhilfe) und die Komplementarität (verstanden als Ergänzung der elterlichen Defizite durch staatliche Massnahmen[6]) enthalten. Diese Grundsätze schliessen auch Folgendes ein: Zwischen der idealen Ausübung der elterlichen Sorge im Sinn von Art. 301 ff. und dem Eingreifen der Behörde gemäss Art. 307 ff. gibt es eine Bandbreite, in der elterliche Schwächen in Kauf genommen werden. Nicht immer, wenn die Art. 301 ff. verletzt sind, ist auch schon das Kindeswohl gefährdet und kommen die Art. 307 ff. zum Zug.[7]

7   Dem Verhältnismässigkeitsprinzip entspricht auch die *Stufenfolge von* schwächeren zu einschneidenderen *Kindesschutzmassnahmen.* Das schliesst allerdings nicht aus, dass sich gelegentlich zum Vornherein die einschneidendere Massnahme aufdrängt. Die Verhältnismässigkeit berücksichtigt schliesslich Art. 313 Abs. 1: Bei *Veränderung der Verhältnisse* sind die Massnahmen jederzeit[8] der neuen Lage anzupassen, sei es durch eine strengere oder eine schwächere Massnahme. Um diesem Grundsatz Nachachtung zu verschaffen, sieht Art. 414 vor, dass die Beiständin die Kindesschutzbehörde unverzüglich über Umstände informiert, die eine Änderung der Massnahme erfordern.[9]

II.   Der persönliche Geltungsbereich

8   Die Kindesschutzmassnahmen kommen allen Kindern gegenüber zur Anwendung, auch gegenüber Pflegekindern und Kindern, die ausserhalb der häuslichen Gemeinschaft leben (so für die geeigneten Massnahmen ausdrücklich 307[2]).[10]

9   Überhaupt gilt den *Pflegekindern* die besondere Aufmerksamkeit des Gesetzes. Insbesondere sieht Art. 316 Abs. 1 zwei zentrale Schutzvorkehren für Pflegekinder vor. So bedarf, wer Pflegekinder aufnehmen will, einer *Bewilligung* der Kindesschutzbehörde oder einer anderen vom Kanton bezeichneten Stelle am Wohnsitz der Pflegeeltern. Hinzu kommt, dass das Pflegekindverhältnis einer besonderen *Aufsicht* (surveillance) durch eben diese Behörde oder Stelle untersteht. Konkretisiert wird Art. 316

---

6   Zu einem anderen Verständnis der Komplementarität s. BIDERBOST a.a.O. 206.

7   HÄFELI, Erwachsenenschutz, Nr. 40.02.

8   Art. 313 Abs. 2 sieht eine Karenzfrist von einem Jahr für die Wiederherstellung der elterlichen Sorge vor.

9   Siehe eingehend HÄFELI, Erwachsenenschutz, Nr. 38.41.

10   BIDERBOST, HandKomm, Art. 307 N 5.

in der bundesrechtlichen Pflegekinderverordnung (PAVO)[11] und – soweit die PAVO keine Regelung enthält – durch kantonales Recht.[12] Die PAVO unterscheidet zwischen der Familien-, der Tages- und der Heimpflege.

Ebenso erfahren Kinder, welche adoptiert werden sollen, besonderen Schutz. Für die *Adoptionspflege* werden adoptionsspezifische Anforderungen gestellt, die (nicht mehr in der PAVO, sondern) in der Verordnung über die Adoption (AdoV) vom 29. Juni 2011 (in Kraft seit dem 1. Januar 2012) geregelt werden. Die AdoV ist gestützt auf Art. 269c Abs. 3 und 316 Abs. 2 erlassen worden.[13] Mit dem BG zum Haager Adoptionsübereinkommen und über Massnahmen zum Schutz des Kindes bei internationalen Adoptionen vom 22. Juni 2001 (BG-HAÜ)[14] ist Art. 316 zudem um Abs. 1bis ergänzt worden. Danach ist eine einzige kantonale Behörde zuständig, wenn ein Pflegekind zum Zweck der späteren Adoption aufgenommen wird. Dieser Bestimmung liegt die Überlegung zu Grunde, dass einer Gemeindebehörde regelmässig die Fachkompetenz und die Erfahrung für die Beurteilung der Voraussetzungen für die Aufnahme eines Kindes zum Zweck späterer Adoption fehlt; deswegen soll diese Aufgabe zum Schutz der Kinder von Bundesrechts wegen einer einzigen kantonalen Behörde überbunden werden.[15]

10

---

11 Verordnung über die Aufnahme von Pflegekindern vom 19. Oktober 1977 (PAVO; SR 211.222.338). Die PAVO enthält neben allgemeinen Bestimmungen (1–3), Regeln über das Verfahren (21–27) und Schlussbestimmungen (28–30) drei Arten von Pflegeverhältnissen: Familienpflege (4–11), die Tagespflege (12) und die Heimpflege (13–20). S. Fassbind, Totalrevision der Pflegekinderverordnung (PAVO), in SJZ 106 (2010), 57 ff.

12 Biderbost, HandKomm, Art. 316 N 1. Relevant für Pflegekindverhältnisse sind zudem Art. 300 (Vertretung bei der Ausübung der elterlichen Sorge), Art. 294 (Pflegegeld), Art. 307[2] und 307[3] (Kindesschutzmassnahmen für Kinder bei Pflegeeltern).

13 SR 211.221.36. Die Adoptionsverordnung enthält neben Allgemeinen Bestimmungen (1–3) Bestimmungen über die Aufnahme von Kindern zur Adoption (4–11), wobei unter anderem Bewilligung und Aufsicht geregelt werden, sowie die Adoptionsvermittlung (12–23) und einen Abschnitt über Gebühren bei internationalen Adoptionen (24–27). Bis zum Inkrafttreten der Adoptionsverordnung am 1. Januar 2012 war die Aufnahme von Kindern zur Adoption in der PAVO geregelt.

14 SR 211.221.31. Dieses BG setzt das Haager Übereinkommen vom 29. Mai 1993 über den Schutz von Kindern und die Zusammenarbeit auf dem Gebiet der internationalen Adoption um, welches mit Bundesbeschluss vom 22. Juni 2001 genehmigt worden und am 1. Januar 2003 in Kraft getreten ist (AS 2003, 415; SR 0.211.221.311).

15 Botschaft betreffend das Haager Übereinkommen vom 29. Mai 1993 über den Schutz von Kindern und die Zusammenarbeit auf dem Gebiet der internationalen Adoption sowie das Bundesgesetz zum Haager Adoptionsübereinkommen und über Massnahmen zum Schutz des Kindes bei internationalen Adoptionen vom 19. Mai 1999, BBl 1999, 5795 ff., 5840. Siehe dazu auch Reusser, Neuerungen im Adoptionsrecht, in ZVW 56 (2001), 133 ff., 143. Urwyler, Erste Erfahrungen mit dem Haager Adoptionsübereinkommen, in FamPra.ch 5 (2004), 519 ff.; ders., Das Verfahren bei internationalen Adoptionen nach dem HAÜ, Die Rolle des Bundes und der Kantone, in ZVW 58 (2003), 6 ff.; Boéchat, Die Adoptionsvermittlung: erste Erfahrungen der Aufsichtsbehörde des Bundes, in FamPra.ch 5 (2004), 553 ff.; Chervaz Dramé, L'introduction en Suisse de la convention de La Haye sur la protection de l'enfant et la coopération en matière d'adoption internationale et ses implications sur la pratique actuelle (CLa H), in ZVW 58 (2003),

11   Zur Sorge um das Kindeswohl gehört die Personensorge (N 12 ff.) und die Vermögens-
      sorge (N 39 ff.). Zu beiden gibt es je separate Schutzmassnahmen:

III.   Die einzelnen Massnahmen zur Personensorge

12   Die einzelnen Kindesschutzmassnahmen zur Personensorge sind:[16] die sogenannten
      geeigneten Massnahmen (N 13), die Errichtung von Beistandschaften (N 14 ff.), die
      Aufhebung des Aufenthaltsbestimmungsrechts (N 25 ff.), die Entziehung der elterli-
      chen Sorge (N 29 ff.) und als Folge der Entziehung der elterlichen Sorge die Errichtung
      der Vormundschaft für Minderjährige (N 33 ff.).[17] Die Massnahmen nach Art. 307–
      310 können auch miteinander kombiniert werden, soweit sie im Resultat nicht faktisch
      einem Entzug der elterlichen Sorge gleichkommen.[18]

a. Die geeigneten Massnahmen

13   Für das persönliche Wohl sieht das Gesetz als erste Stufe der Kindesschutzvorkehren
      bei Gefährdung des Kindeswohls allgemein «geeignete Massnahmen» vor (s. Rand-

---

16 ff.; GULER, Die Umsetzung des Haager Adoptionsübereinkommens (HAÜ) im Kanton Zürich,
in ZVW 58 (2003), 33 ff.; HÜPPIN, Das Haager Adoptionsübereinkommen und das zugehörige
Bundesgesetz (BG-HAÜ), in ZVW 58 (2003), 24 ff.; THOMA, Bundesgesetz zum Haager Adoptionsübereinkommen und über Massnahmen zum Schutz des Kindes bei internationalen Adoptionen (BG-HAÜ), Umsetzung im Kanton Appenzell A.Rh., in ZVW 58 (2003), 28 ff.

16   Zum Ganzen: PATRICK FASSBIND, Systematik der elterlichen Personensorge in der Schweiz,
(Diss. Basel 2006), BSRW A 84, 356 ff. Zu einzelnen Massnahmen s.: BIRCHLER, «Tauglichkeit»
des Instrumentariums vormundschaftlicher Massnahmen zur Betreuung von Adoleszenten/
jungen Erwachsenen mit psychischen Störungen, in ZVW 60 (2005), 20 ff.; BÜCHLER, Zwangsehen in zivilrechtlicher und internationalprivatrechtlicher Sicht, in FamPra.ch 8 (2007), 725 ff.;
CHESEAUX, Mauvais traitements envers les enfants, liens entre aspects médicaux et aspects
civil et pénal, in ZVW 57 (2002), 18 ff.; COTTIER, Der zivilrechtliche Kindesschutz im Migra-
tionskontext, in ZVW 62 (2007), 131 ff.; DIES., Weibliche Genitalverstümmelung, zivilrechtlicher Kindesschutz und interkulturelle Verständigung, in FamPra.ch 6 (2005), 698 ff.; VIRGINIE
JAQUIERY, Les mesures de protection de l'enfant en droit américain et en droit suisse, in Nat-
halie Dongois/Martin Killias (Hrsg.), Américanisation des droits suisse et continentaux (Genf
2006), 3 ff.; DIES., La protection de l'enfant en cas de maltraitance: aperçu de droit international et de droit suisse, in Christine Chappuis/Bénédict Foëx/Thomas Kadner Graziano (Hrsg.),
L'Harmonisation internationale du droit (Genf 2007), 147 ff.; TRECHSEL/SCHLAURI, Weibliche
Genitalverstümmelung in der Schweiz, gekürzte Fassung eines Rechtsgutachtens für UNICEF
Schweiz, in FamPra.ch 6 (2005), 718 ff.; WERLEN, Kindesschutz für Kinder mit bei der Geburt
nicht klar zuweisbarem Geschlecht, in AJP 13 (2004), 1319 ff.

17   Im Zuge der Revision des Kindes- und Erwachsenenschutzrechts wurde die Vormundschaft für
Minderjährige als Fünfter Abschnitt in die Bestimmungen zum Achten Titel über die Wirkungen des Kindesverhältnisses integriert und ist damit nun systematisch richtig ein Teil des Kindesschutzrechts (BIDERBOST, HandKomm, Art. 327 a–c N 2; LIENHARD/AFFOLTER, BaKomm,
Art. 327a N 2).

18   BREITSCHMID, BaKomm, Art. 307 N 3.

titel zu 307 sowie den Text in Abs. 1).[19] Art. 307 ist die Grundnorm des zivilrechtlichen Kindesschutzes.[20] Der *Tatbestand* dieser Bestimmung umfasst zwei Elemente.
Erstens: Das Kindeswohl – seine geistige, körperliche oder sittliche Entfaltung (302[1]) –
ist gefährdet (307[1] erster Teil), jedoch nicht so stark, dass sich eine Massnahme nach
Art. 308, 310, 311 oder 312 aufdrängt. Die Gefährdung des Kindeswohls reicht aus, ein
Schaden muss noch nicht entstanden sein.[21] Zweitens: Die Eltern sorgen nicht von sich
aus für Abhilfe oder sie sind dazu ausserstande (307[1] zweiter Teil); es kommt mithin
nicht auf eine allfällige Pflichtwidrigkeit der Eltern an, ausschlaggebend ist einzig das
Wohl des Kindes.[22] Die *Rechtsfolge* besteht in der Anordnung der geeigneten Massnahme durch die Kindesschutzbehörde (307[1] dritter Teil). Im Gegensatz zum Eheschutz (172[3]) beschränkt das Gesetz die Behörde nicht auf die «vom Gesetz vorgesehenen Massnahmen», sondern die Kindesschutzbehörde kann sämtliche Massnahmen
ergreifen, die ihr zum Schutz des Kindeswohls geeignet erscheinen. Dennoch zählt
Abs. 3 des Art. 307 die praktisch wichtigsten Massnahmen auf: Mahnung, bestimmte
Weisungen[23] für Pflege, Erziehung und Ausbildung sowie die Bezeichnung einer Person oder Stelle, «der Einblick und Auskunft zu geben ist».[24] Mit der zuletzt erwähnten
Massnahme meint das Gesetz die sogenannte Erziehungsaufsicht (zum Erziehungsbeistand s. unter N 17).[25] Die betreffende Person oder Stelle ist nur Gehilfin der Kindesschutzbehörde und kann nicht von sich aus verbindliche Weisungen erteilen, was sie
vom Erziehungsbeistand gemäss Art. 308 unterscheidet.[26] Zulässig ist auch die gerichtliche Anordnung einer Gesprächstherapie für die Eltern (BGer 5A_140/2010) oder
einer Pflichtmediation (BGer 5A_852/2011; 5A_140/2010).[27] Der Grundsatz der Verhältnismässigkeit gilt natürlich auch innerhalb der Massnahmen von Art. 307.

---

19 Im französischen Text ist im Randtitel jeweils von «mesures protectrices», im Gesetzestext von
«les mesures nécessaires» die Rede.

20 Siehe hierzu BREITSCHMID, BaKomm, Art. 307 N 18 ff.; BIDERBOST a.a.O. 132 ff.; die Dissertation von HENKEL a.a.O.

21 BIDERBOST, HandKomm, Art. 307 N 10; HÄFELI, Erwachsenenschutz, Nr. 40.05.

22 BREITSCHMID, BaKomm, Art. 307 N 4; HÄFELI, Erwachsenenschutz, Nr. 40.04.

23 Diese sind für die Eltern und/oder das Kind verbindlich und können mit einer Ungehorsams-
strafe (292 StGB) kombiniert werden. Siehe zu möglichen Beispielen von Weisungen HÄFELI,
Erwachsenenschutz, Nr. 41.02.

24 In Ausnahmesituationen sind selbst kurzfristige Einweisungen in eine geschlossene Einrichtung gestützt auf Art. 307 denkbar: HENKEL a.a.O. 88 zum alten Recht in Bezug auf die Einweisung in eine Anstalt. Diese unterliegen dann aber als kurzfristige fürsorgerische Unterbringung, wenn sie nicht bloss einige Stunden dauern, bezüglich Rechtsschutz gemäss Art. 314b
den Bestimmungen des Erwachsenenschutzes über die fürsorgerische Unterbringung. So auch
BREITSCHMID, BaKomm, Art. 314b N 3.

25 BREITSCHMID, BaKomm, Art. 307 N 23 m. w. H.

26 BIDERBOST, HandKomm, Art. 307 N 17; NÄF-HOFMANN a.a.O. 84 und HENKEL a.a.O. 77 ff.

27 Es stellt keine Verletzung der persönlichen Freiheit dar, wenn die Eltern bei einem schwer
gestörten Kontakt zwischen Vater und Kind zu einer Gesprächstherapie verpflichtet werden.

b. Die Beistandschaften

14 Das Kindesrecht kennt zwei Arten von Beistandschaften zum Schutz der Person des Kindes: für die Sorge um das persönliche Wohl des Kindes (308, N 15 ff.) und als Vertretung des Kindes, wenn die Eltern verhindert sind oder sie in einer Sache gegenteilige Interessen haben (306², N 24 ff.).

1. Der Beistand gemäss Art. 308

15 Das Kindesrecht sieht zwischen den geeigneten Massnahmen (307) und der Fremdplatzierung des Kindes (310) oder gar der Entziehung der elterlichen Sorge (311, 312) eine Zwischenstufe vor: den Beistand nach Art. 308.[28]

16 Die Ernennung und Führung dieser Beistandschaft wie auch die Beendigung richten sich *sinngemäss*[29] nach den diesbezüglichen Bestimmungen des Erwachsenenschutzes (400 ff., § 54 N 12 ff., N 23 ff., § 55).[30] Die materiellen Voraussetzungen für die Errichtung finden sich hingegen in Art. 308. Demnach ist eine Beistandschaft angezeigt, wenn die Verhältnisse es erfordern (308¹ i. i.). Diese Voraussetzung ist im grösseren Zusammenhang von Art. 301 ff. und 307 ff. zu sehen. Es geht darum, dass das Kindeswohl gefährdet ist und Massnahmen nach Art. 307 nicht ausreichen.

17 Bei der Beiständin im Sinn von Art. 308 handelt es sich um eine Art *Erziehungsbeiständin*,[31] deren Ernennung die sonst vielleicht nötige Entziehung der elterlichen Sorge überflüssig macht. Sie hat die Pflicht, die Eltern in ihrer Sorge um das Kind mit Rat und Tat zu unterstützen (308¹ i. f.). In concreto hängt der Aufgabenbereich der Beiständin naturgemäss von der konkreten Hilfsbedürftigkeit der Eltern oder des Kindes ab. Diese wiederum müssen sich diese Beratungstätigkeit gefallen lassen. Kooperationsbereitschaft der Beteiligten ist für die Errichtung einer Beistandschaft nach Art. 308 nicht erforderlich (BGer 5A_839/2008, E. 4), allerdings ist eine gewisse Zusammenarbeit für das Funktionieren der Massnahme faktisch unabdingbar.[32]

18 Die Kindesschutzbehörde kann der Beiständin zudem *besondere Befugnisse oder Aufgaben* übertragen, welche beispielhaft in Art. 308² genannt sind:[33]

---

28 Zum Ganzen s. die Dissertation von Biderbost a.a.O., insb. 219 ff.; Martin Stettler, Les mandats tutélaires fondés sur l'application de l'art. 308 CC, in FS Suzette Sandoz (Genf 2006), 321 ff.

29 Zur Bedeutung von «sinngemäss» siehe 131 III 409.

30 Reusser, BaKomm Erwachsenenschutz, Vorbemerkung N 76; Zingaro, FamKomm Erwachsenenschutz, Art. 327a N 2.

31 Tino Jorio, Der Inhaber der elterlichen Gewalt nach neuem Kindesrecht (Diss. Freiburg 1977), Nr. 3.2, verwendete für den Beistand gemäss Art. 308 Abs. 1 noch den Ausdruck *Partnerschaftsbeistand*. Mittlerweile hat sich in Rechtsprechung (108 II 372; BGer 5A_732/2014) und Lehre (Hegnauer, Biderbost, Henkel, Stettler, Häfeli) aber der Begriff *Erziehungsbeistandschaft* eingebürgert. Zum Verhältnis zwischen elterlichem Erziehungsprimat und Beistand s. Biderbost a.a.O. 261 ff.

32 Breitschmid, BaKomm, Art. 308 N 2; Häfeli, Erwachsenenschutz, Nr. 41.07.

33 Biderbost a.a.O. 284 ff. Die Aufgabe eines Erziehungsbeistandes kann darin bestehen, dem nicht obhutsberechtigten Elternteil bei der Wahrung seiner Rechte gemäss Art. 275a behilf-

α. Sie kann die Vertretung des Kindes bei der *Feststellung der Vaterschaft* anord- 19
nen.[34] Vor der Gesetzesnovelle zur elterlichen Sorge vom 21. Juni 2013 (in Kraft seit
1. Juli 2014) oblag einer eigens (und gemäss Wortlaut: in jedem Fall) dafür bestellten
Beiständin die Feststellung der Vaterschaft, wenn eine unverheiratete Frau ein Kind
geboren hatte. Diese Bestimmung wurde aufgehoben. In der Praxis wurde denn auch
trotz des klaren Wortlauts des Art. 309 auf die Errichtung einer solchen Beistandschaft
verzichtet, wenn die Mutter von sich aus das Notwendige vorkehrte.[35] Diese Praxis
wurde durch die Aufhebung von Art. 309 aZGB umgesetzt. Sie entspricht der Tatsache, dass die Fähigkeit einer Mutter, die Interessen des Kindes zu wahren und für die
Feststellung der Vaterschaft besorgt zu sein, nicht davon abhängt, ob sie verheiratet
oder unverheiratet ist. Im Gegensatz zu Art. 309 aZGB ist die Beiständin nach Art. 308
dementsprechend auch nicht mehr verpflichtet, die Mutter «in der nach den Umständen gebotenen Weise zu beraten und zu betreuen». Die Aufhebung von Art. 309 aZGB
bedeutet aber nicht, dass das Recht des Kindes auf Kenntnis seines Vaters relativiert
oder sogar missachtet würde.[36] Vielmehr wird weiterhin von Amtes wegen eine Beiständin bestellt (308[2]), wenn die Eltern nicht von sich aus das Notwendige vorkehren.[37] Das ist etwa der Fall, wenn der Vater bekannt, aber nicht bereit ist, das Kind
anzuerkennen, oder die Mutter keine Anstrengungen unternimmt, die Feststellung
der Vaterschaft zu fördern oder sie sich gar weigert, den Namen des Vaters bekannt
zu geben.[38] Die Kenntnis der eigenen Abstammung ist für die Persönlichkeitsentwicklung von herausragender Bedeutung, und das Kind hat ein unbedingtes, unverjähr-
bares und unverzichtbares Recht auf Kenntnis seiner Abstammung (128 I 66 ff.). Der
Umstand, dass die Kindsmutter in sehr guten finanziellen Verhältnissen lebt, ändert
deshalb nichts daran, sondern das Kind hat unabhängig von den finanziellen Verhältnissen einen Anspruch darauf, die Identität seines Erzeugers zu kennen.[39] Zweifellos
ist die Ernennung einer solchen Beiständin demgegenüber nicht erforderlich, wenn
der Vater feststeht und er das Kind anerkennen möchte, oder wenn von Anfang an
feststeht, dass das Kind wegen Minderjährigkeit der Mutter einen Vormund erhält
(107 II 314 E. 2b), der dann seinerseits für die Feststellung der Vaterschaft besorgt ist.

---

lich zu sein: BGer 5C.96/2000. Ist die Obhutsberechtigte durch Verfügung zu konkreten Informationspflichten an den Vater verpflichtet und die Erziehungsbeiständin beauftragt worden,
dafür zu sorgen, dass dieser Verfügung nachgelebt wird, ergibt sich daraus das Recht der Erziehungsbeiständin, als Ersatzvornahme während eines Besuches des Kindes im Kindergarten
Geschenke des Vaters zu überreichen und seine Briefe vorzulesen: BGer 5C.269/2006 E. 2.1.

34 Zum Ganzen siehe HÄFELI, Das Recht des Kindes auf Feststellung der Vaterschaft und die Regelung des Unterhaltsanspruchs nach der ZGB-Änderung vom 21. Juni 2013, in ZKE 69 (2014),
189 ff.

35 HÄFELI, ZKE a.a.O. 194 f.

36 So ANDREAS BUCHER, Elterliche Sorge im schweizerischen und internationalen Kontext, in
Alexandra Rumo-Jungo/Christiana Fountoulakis (Hrsg.), Familien in Zeiten grenzüberschreitender Beziehungen. Familien- und migrationsrechtliche Aspekte, Symposium Familienrecht
2013, Universität Freiburg (Zürich/Basel/Genf 2013), 1 ff., 35 f.

37 HÄFELI, ZKE a.a.O. 201 und 204 ff.

38 BREITSCHMID, BaKomm, Art. 308 N 9 f.; HÄFELI, Erwachsenenschutz, Nr. 41.21.

39 BREITSCHMID, BaKomm, Art. 308 N 10.

20   β. Die Beiständin kann dem Kind zur *Wahrung seines Unterhaltsanspruchs* (zu den Voraussetzungen: 111 II 2)[40] bestellt werden. Diesem obliegt je nachdem die Erhebung der Unterhaltsklage (279 ff.), die Vollstreckung in der Schuldbetreibung und die Stellung des Strafantrags wegen Vernachlässigung der Unterstützungspflicht nach Art. 217 StGB.[41]

21   γ. Weiter nennt Art. 308[2] *andere Rechte,* deren Wahrung der Beiständin übertragen werden kann, wofür beispielsweise die Vertretung bei Vertragsabschlüssen oder die Zustimmung zu therapeutischen oder medizinischen Massnahmen (soweit die Kindesschutzbehörde der Heilbehandlung nicht direkt zustimmt) in Frage kommen.[42]

22   δ. Schliesslich kann dem Beistand nach Art. 308 Abs. 2 die Befugnis übertragen werden, den *persönlichen Verkehr* zu *überwachen* (108 II 372 sowie zur heiklen Grenzziehung zwischen gerichtlicher und Beistandskompetenz 118 II 241 E. 2).[43] Wo indessen wegen Gefährdung des Kindeswohls ein Besuchsrecht gestützt auf Art. 274 Abs. 2 verweigert wird und auch die Voraussetzungen eines begleiteten Besuchsrechts nicht erfüllt sind, kann nicht zur Förderung einer Annäherung zwischen Kind und betroffenem Elternteil eine Beistandschaft im Sinn von Art. 308 errichtet werden (126 III 222 E. 2c).[44]

23   Nach Art. 308[3] kann die elterliche Sorge im Rahmen der Beistandschaft wenn nötig entsprechend beschränkt werden.[45] Im Ausmass der Beschränkung der elterlichen Sorge vertritt der Beistand das Kind ausschliesslich und die ansonsten konkurrierende Zuständigkeit von Eltern und Beistand entfällt. Allerdings dürfen mit der Beistandschaft den Eltern nicht so viele Befugnisse entzogen werden, dass die elterliche Sorge zum nudum ius herabsinkt.[46] Handeln die Eltern trotz Beschränkung der elterlichen Sorge in Vertretung des Kindes, ist das Geschäft genehmigungsbedürftig oder allenfalls gar unwirksam.[47]

---

40   Differenziert zur Ernennung eines Beistandes nach Art. 308 Abs. 2 bei stabilem Konkubinat BIDERBOST, HandKomm, Art. 308 N 17, wonach in einem solchen Fall nicht per se ein Beistand ernannt werden soll, zur finanziellen Absicherung des Kindes aber auch nicht zu hohe Anforderungen an die Bestellung eines Beistandes gestellt werden sollen.

41   HÄFELI, Erwachsenenschutz, Nr. 41.09.

42   Für weitere Möglichkeiten siehe BIDERBOST a.a.O. 303 ff.; DERS., HandKomm, Art. 308 N 19; BREITSCHMID, BaKomm, Art. 308 N 11 ff.

43   BREITSCHMID, BaKomm, Art. 308 N 14 ff.; BIDERBOST a.a.O. 303 ff.; HAUSHEER, Die drittüberwachte Besuchsrechtsausübung (das sogenannte «begleitete» Besuchsrecht) – Rechtliche Grundlagen, in ZVW 53 (1998), 17 ff.; HÄFELI, Erwachsenenschutz, Nr. 41.09.

44   BREITSCHMID, BaKomm, Art. 308 N 14 f. Kritisch BIDERBOST, HandKomm, Art. 308 N 18.

45   BIDERBOST a.a.O. 359 ff.

46   Dann ist richtigerweise die Sorge zu entziehen: JORIO a.a.O. Nr. 3.3.2. Dieser Meinung auch BIDERBOST, HandKomm, Art. 308 N 22.

47   BREITSCHMID, BaKomm, Art. 308 N 21, mit Hinweis auf BIDERBOST a.a.O. 390 ff.

2. Der Vertretungsbeistand gemäss Art. 306[2]

Eine Vertretungsbeistandschaft wird gemäss Art. 306[2] immer dann errichtet, wenn   24
die Eltern des Kindes am Handeln verhindert sind oder sie in einer Angelegenheit
Interessen haben, die denen des Kindes widersprechen, und die Kindesschutzbehörde
die Angelegenheit nicht selber regelt.[48] Besteht zwischen den Interessen des Kindes
und der Eltern ein Konflikt, entfällt die Vertretungsmacht der Eltern in der fraglichen
Angelegenheit von Gesetzes wegen.[49] Dabei genügt es, wenn die Interessen des Kindes
einer abstrakten Gefährdung ausgesetzt sind (BGer 5A_89/2010 E. 5.3).[50]

c. Die Aufhebung des Aufenthaltsbestimmungsrechts

Mit der Gesetzesnovelle zur elterlichen Sorge vom 21. Juni 2013 wurde der Randti-   25
tel von Art. 310 entsprechend der Terminologie in Art. 301a (siehe dazu § 43 N 33 ff.)
von «Aufhebung der elterlichen Obhut» in «Aufhebung des Aufenthaltsbestimmungsrechts» geändert. Inhaltlich ist die Bestimmung allerdings unverändert geblieben:
Art. 310 regelt nach wie vor die Fremdplatzierung von Kindern.[51] Sie ist möglich ohne
Entziehung der elterlichen Sorge und nach dem Grundsatz der Verhältnismässigkeit[52]
(s. die fast gleich lautende Formulierung von 310[1] und 325[1]; vorn N 6) bei entsprechender Gefährdung des Kindes[53] durch die Kindesschutzbehörde anzuordnen. Die
Massnahme umfasst zweierlei: Erstens wird das Recht, über den Aufenthalt des Kindes zu bestimmen, *aufgehoben und das Kind den Eltern oder Dritten weggenommen* (s.
den frz. Randtitel: Retrait du droit de déterminer le lieu de résidence) und zweitens
wird das *Kind untergebracht.*[54]

---

48 Zu den Hauptanwendungsfällen siehe Häfeli, Erwachsenenschutz, Nr. 41.46.
49 Breitschmid, HandKomm, Art. 306 N 2.
50 Häfeli, Erwachsenenschutz, Nr. 41.45.
51 Zur Mitwirkung siehe Gerber Jenni, Platzierung von Kindern und Jugendlichen und Partizi-
    pation: Grundlagen und Überlegungen zur Umsetzung, in ZKE 68 (2013), 158 ff.
52 Siehe zur Verhältnismässigkeit BGer 5A_621/2014.
53 Siehe die Fallgruppen bei Häfeli, Aufhebung der elterlichen Obhut nach Art. 310 ZGB, in
    ZVW 56 (2001), 111 ff., 115; ders., Aufhebung der elterlichen Obhut – Art. 310 ZGB, allge-
    meine Voraussetzungen und Begutachtung im Besonderen, Urteilsanmerkung zu BGE 131 III
    409, Jusletter 31. Oktober 2005. Zur Entziehung des Aufenthaltsbestimmungsrechts bei psy-
    chisch kranken Eltern s. Birchler, Die Frage des Zeitpunkts der Obhutsentziehung bei Kin-
    dern psychisch kranker Eltern, in ZVW 57 (2002), 26 ff.; Steck, Kinder mit psychisch kranken
    Eltern, in ZVW 57 (2002), 1 ff. – Eine Gefährdung des Kindes wurde verneint, weil kein konkre-
    ter Verdacht auf Vornahme sexueller Handlungen zwischen dem Freund der Mutter und dem
    Kind vorlag. Zudem stand fest, dass das Kind ständig entweder durch die Grossmutter oder die
    Mutter betreut wurde; BGer 5P.48/2006 E. 3.2.
54 Dazu Breitschmid, BaKomm, Art. 310 N 3 ff., N 7 ff.; Biderbost, HandKomm, Art. 307
    N 11 ff.; Stettler, Garde de fait et droit de garde, in ZVW 57 (2002), 236 ff. Im Fall der Unter-
    bringung des Kindes bei Dritten verbleibt das den Eltern entzogene Aufenthaltsbestimmungs-
    recht bei der Kindesschutzbehörde (128 III 10 E. 4a, der noch unter altem Recht ergangen, aber
    gleichwohl massgebend ist. Ebenso BGer 5A_378/2014 E. 4.2; 5A_736/2014 E. 3). Den Eltern
    verbleiben die anderen Rechte und Pflichten der elterlichen Sorge, insbesondere das Recht auf
    Bestimmung der religiösen Erziehung des Kindes (129 III 689). Ausserdem bleiben die Eltern

26 Die Behörde ordnet die *Wegnahme des Kindes* gegenüber den Eltern oder gegenüber Dritten, bei denen sich das Kind befindet, an und setzt sie notfalls durch.[55] Danach ist das Kind «*in angemessener Weise*[56] *unterzubringen*» (310[1] i. f.).[57] Bei der Anordnung der Wegnahme sollte deshalb – von Notfällen abgesehen – bereits auch der geeignete Ort für die Unterbringung feststehen. Dies kann eine Familie, eine Einzelperson oder ein Heim[58] sein. Wird das Kind in Anwendung von Art. 310 Abs. 1 oder 2 in einer geschlossenen Einrichtung oder in einer psychiatrischen Klinik untergebracht, kommen die Bestimmungen des Erwachsenenschutzes über die fürsorgerische Unterbringung (426 ff.; s. § 57) sinngemäss zur Anwendung (314b[1]; s. dazu N 61 ff.).

27 Die Kindesschutzbehörde kann die elterliche Obhut auch *bei gestörtem Verhältnis* zwischen Eltern und Kind entziehen (310[2]). Dazu sind drei Voraussetzungen erforderlich: Das weitere Verbleiben des Kindes im gemeinsamen Haushalt ist (erstens) mindestens für eine Seite unzumutbar geworden, es kann (zweitens) nach den Umständen nicht anders als durch Fremdplatzierung geholfen werden, und es liegt (drittens) ein entsprechendes Begehren der Eltern oder des Kindes vor.

28 Hat ein Kind für längere Zeit bei Pflegeeltern gelebt, kann die Kindesschutzbehörde den Eltern seine Rücknahme untersagen, wenn diese die Entwicklung des Kindes ernstlich zu gefährden droht (310[3]). Mit dieser Bestimmung wird dem Umstand Rechnung getragen, dass das Wohl des Kindes Schaden nehmen kann, wenn es längere Zeit unabhängig von einer Unterbringung nach Art. 310 Abs. 1 oder 2 bei Pflegeeltern gelebt hat, und die Eltern nun unter Berufung auf ihre elterliche Sorge auf seine Rückkehr pochen.[59] Die Pflegeeltern haben es also notfalls in der Hand, durch rechtzeitige Mitteilung an die Kindesschutzbehörde eine entsprechende Schädigung des Kindes zu verhindern.[60] Durch Art. 310 Abs. 3 sollen aber nicht etwa Eltern, die trotz Fremd-

---

unterhaltspflichtig, wobei sie dieser Pflicht aufgrund der Fremdplatzierung mit Geld nachzukommen haben (BIDERBOST, HandKomm, Art. 310 N 8).

55 Die Aufhebung des Aufenthaltsbestimmungsrechts ist aber auch ohne behördlichen Entscheid möglich, s. die verschiedenen Varianten bei HÄFELI, ZVW a.a.O. 117.

56 Die Eignung einer Einrichtung beurteilt sich unter dem Blickwinkel der spezifisch kindesrechtlichen Gefährdungslage und ist zu bejahen, wenn die betreffende Einrichtung dem eingewiesenen Kind Hilfe bei der Lösung seiner Probleme zu leisten vermag. Aus dem Umstand, dass im Heim straffällig gewordene oder drogenabhängige Jugendliche untergebracht sind, kann nicht geschlossen werden, das Heim sei ungeeignet; BGer 5C.258/2006, E. 3.1.

57 HÄFELI, ZVW a.a.O. 117; HEGNAUER, Grundriss, Nr. 27.36 und 27.41.

58 Bei einem Jugendlichen nahe der Volljährigkeit auch eine selbständige Unterkunft: HEGNAUER, Grundriss, Nr. 27.41.

59 HÄFELI, Erwachsenenschutz, Nr. 41.33.

60 Siehe VALY DEGOUMOIS, La situation juridique de l'enfant placé chez des parents nourriciers, in Mélanges Henri Deschenaux (Freiburg 1977), 133 ff., 148 f. Die Pflegeeltern haben ein rechtlich geschütztes Interesse an der Aufenthaltsregelung der Kinder, weshalb sie in diesem Zusammenhang zur Beschwerde legitimiert sind (120 Ia 263 f. E. 2a: zur staatsrechtlichen Beschwerde wegen Willkür unter altem Recht. Unter der Geltung von Art. 72 Abs. 2 lit. b Ziff. 6 BGG sind sie zur Beschwerde in Zivilsachen legitimiert). – Die Wiedererteilung des Aufenthaltsbestimmungsrechts an die Eltern kann vorläufig verweigert werden, selbst wenn das Kind

platzierung eine persönliche Beziehung zum Kind pflegen, entrechtet werden (BGer 5A_736/2014 E. 3.3); ausschlaggebend ist das Kindeswohl (111 II 119).[61] Deshalb ist das Kind, wann immer möglich, so zu betreuen, dass es von den Eltern nicht entfremdet wird.[62]

d. Die Entziehung der elterlichen Sorge

Die letzte Möglichkeit in der Stufenfolge der Kindesschutzmassnahmen bildet die Entziehung der elterlichen Sorge. Eltern unter umfassender Beistandschaft verlieren die elterliche Sorge von Gesetzes wegen (296³). Darüber hinaus kann volljährigen Eltern die elterliche Sorge unter bestimmten Voraussetzungen (311¹ und 312) durch behördlichen Entscheid entzogen werden: 29

1. Gründe

Sehr ausführlich regelt Art. 311 Abs. 1 die *Gründe,* bei deren Vorliegen die Kindesschutzbehörde die Sorge entziehen kann. Ausgangspunkt ist auch und gerade hier (119 II 11) der Grundsatz der Verhältnismässigkeit: die Entziehung der elterlichen Sorge ist gegenüber den anderen Kindesschutzmassnahmen subsidiär.[63] Andere Massnahmen waren mit anderen Worten erfolglos oder sind zum Vornherein ungenügend (311¹ i. i.). Dabei müssen die Eltern auf Dauer und nicht nur auf absehbare Zeit und vorübergehend ausserstande sein, die elterliche Sorge pflichtgemäss auszuüben.[64] Tritt dieser Fall ein, so ist die elterliche Sorge zu entziehen, wenn eine der folgenden alternativen Voraussetzungen gegeben ist: 30

- Zunächst ist den Eltern die elterliche Sorge dann zu entziehen, wenn diese *ausserstande* sind, die elterliche Sorge pflichtgemäss auszuüben (311¹ Ziff. 1). Das Gesetz umschreibt die Gründe für das (im Einzelfall zu untersuchende) Ausserstandesein mit der vom ZGB gern gebrauchten exemplifikativen Enumerationsmethode: es nennt ausdrücklich Unerfahrenheit, Krankheit, Gebrechen, Abwesenheit (nach 119 II 9 analog die Verbüssung einer langfristigen Freiheitsstrafe) und seit der Gesetzesnovelle zur elterlichen Sorge ausdrücklich auch Gewalttätigkeit. Dabei spielt es keine Rolle, ob das Kind direkt Opfer häuslicher Gewalt wird oder ob es davon nur indirekt betroffen ist, indem sich die Gewalt gegen den anderen Elternteil richtet.[65]

---

auf Grund des Wegzugs der Pflegeeltern vorübergehend in einem Heim untergebracht wird: BGer 5C.269/2005.

61   Es gilt das konkrete Interesse des Kindes auf eine kontinuierliche, stabile Beziehung gegen den Anspruch der Eltern auf persönliche Betreuung des Kindes abzuwägen, wobei sich der Anspruch der Eltern nur durchsetzen kann, wenn er auch mit dem Kindeswohl vereinbar ist (111 II 125 f. E. 6; BGer 5P.116/2002 E. 4.3; BIDERBOST, HandKomm, Art. 310 N 17; BREITSCHMID, BaKomm, Art. 310 N 25).

62   BREITSCHMID, BaKomm, Art. 310 N 10.

63   BIDERBOST, HandKomm, Art. 311–312 N 2; BREITSCHMID, BaKomm, Art. 311/312 N 3.

64   BREITSCHMID, BaKomm, Art. 311/312 N 3.

65   Botschaft zu einer Änderung des Schweizerischen Zivilgesetzbuches (Elterliche Sorge) vom 16. November 2011, BBl 2011, 9077 ff., 9109.

- Weiter ist den Eltern die Sorge dann zu entziehen, wenn sie sich um das Kind *nicht ernstlich gekümmert* haben (311[1] Ziff. 2 erster Teil). Für die Auslegung des Nicht-ernstlich-Kümmerns bietet Art. 265c Ziff. 2 eine gewisse Auslegungshilfe (dazu vorn § 40 N 55).[66]

- Schiesslich ist ein Entzug der elterlichen Sorge dann angezeigt, wenn die Eltern ihre *Pflichten* gegenüber dem Kind *gröblich verletzt* haben (311[1] Ziff. 2 zweiter Teil; keine Entziehung gegenüber einer Mutter, die von der passiven Mittäterinnenschaft an gröbster Misshandlung ihrer Tochter freigesprochen wurde: BGer 5C.207/2004).

- Darüber hinaus entzieht die Kindesschutzbehörde[67] die elterliche Sorge dann, *wenn die Eltern aus wichtigen Gründen darum nachsuchen* (312 Ziff. 1) und wenn sie *in eine künftige Adoption* des Kindes durch ungenannte Dritte *eingewilligt* haben (312 Ziff. 2).[68]

31 Sowohl in Art. 311 Abs. 1 wie auch in Art. 312 Ziff. 1 sind «wichtige Gründe» vorausgesetzt. Da im zweiten Fall ein Begehren der Eltern vorliegt, müssen diese wichtigen Gründe aber nicht mit der gleichen Intensität oder Eindeutigkeit gegeben sein.[69] Sie dürfen aber selbstverständlich auch nicht fehlen, denn andernfalls könnten sich Eltern gleichsam ihrer elterlichen Sorge «entledigen». Art. 312 Ziff. 2 findet über den Wortlaut hinaus nicht nur auf Inkognito-Adoptionen («ungenannte Dritte»), sondern erst recht auch auf Blanko-Adoptionen (nicht bestimmte Adoptiveltern; s. 265a[3]) Anwendung.

2. Entziehung

32 Wird beiden oder dem alleinigen Sorgerechtsinhaber die elterliche Sorge entzogen, verlieren diese sämtliche aus diesem Recht fliessenden Rechte und Pflichten. Die Kinder erhalten eine Vormundin (311[2]).[70] Die Entziehung bloss einem Elternteil gegenüber ist zwar möglich, doch ist hier das Komplementaritätsprinzip zu beachten: Vielleicht wird die Schwäche des einen durch den anderen kompensiert, so dass die Entziehung

---

66 Jorio a.a.O. Nr. 8.7.3.2.; Breitschmid, BaKomm, Art. 311/312 N 8, mit Hinweis auf Art. 265c N 9 ff. – Hat eine unverheiratete Mutter zwar keinen festen Wohnsitz, übt den persönlichen Verkehr mit dem beim Vater platzierten Kind jedoch regelmässig aus, so kann sie an der Erziehung des Kindes teilnehmen. Für einen Entzug der elterlichen Sorge besteht daher kein Anlass: BGer 5C.284/2005.

67 Im Gegensatz zur Rechtslage vor dem 1. Januar 2013, als für den Entzug nach Art. 311 die vormundschaftliche Aufsichtsbehörde und für den Entzug nach Art. 112 die Vormundschaftsbehörde zuständig war, steht dieses Recht neu in allen Fällen der Kindesschutzbehörde zu.

68 Stettler, SPR III/2, 139 f., erläutert ausführlich, ob und wie die elterliche Sorge auch in Fällen, da die Pflegeeltern den bisherigen Eltern bekannt sind, über Art. 312 Ziff. 1 und Art. 311 Abs. 1 Ziff. 1 entzogen werden kann.

69 So auch Biderbost, HandKomm, Art. 311–312 N 10. A. M. Jorio a.a.O. Nr. 8.8. Nach diesem ist Art. 312 Ziff. 1 nur formellrechtlicher Natur und legt keine materiellen Entzugsvoraussetzungen fest, welche sich von Art. 311 unterscheiden. Vielmehr regelt diese Bestimmung demnach lediglich die sachliche Zuständigkeit für die Entziehung abweichend von Art. 311. Ebenso Breitschmid, BaKomm, Art. 311/312 N 9.

70 Dies kann nicht der Elternteil sein, dem die Sorge entzogen wurde: Jorio a.a.O. Nr. 8.9.

überhaupt unterbleiben kann. Denkbar ist auch, dass die Entziehung nur gegenüber bestimmten Kindern erfolgt und anderen gegenüber nicht. Das ergibt sich e contrario aus Art. 311 Abs. 3, wonach die Entziehung dann gegenüber allen, auch den später geborenen Kindern gilt, wenn nicht ausdrücklich das Gegenteil verfügt worden ist. Sollen Eltern, denen die Sorge entzogen worden ist, noch die (tatsächliche) Obhut über die Kinder behalten können? Dies ist möglich (BGer 5A_742/2013 E. 2.3), dürfte aber – vom Fall der Entziehung gegenüber nur einem Elternteil abgesehen – eher selten angebracht sein.[71] Die Entziehung der elterlichen Sorge gilt nicht notwendigerweise für immer. Vielmehr ist bei entsprechender Änderung der Verhältnisse die Sorge wieder zu übertragen. Das darf allerdings nicht vor Ablauf eines Jahres seit der Entziehung geschehen (313[2]).[72]

e. Minderjährige unter Vormundschaft

Die Vormundschaft über Minderjährige ist neu im Kindesschutzrecht geregelt, während sie vor der Schaffung des Erwachsenenschutzrechts im damaligen Vormundschaftsrecht enthalten war. Die Bevormundung Unmündiger war dabei als erster Fall der Bevormundungsfälle geregelt (368 aZGB).[73] Der Sache nach handelt es sich aber bei der Vormundschaft über Minderjährige um Kindesschutzrecht.   33

1. Gründe der Bevormundung

Minderjährige stehen in der Regel unter der elterlichen Sorge eines oder beider Elternteile. Wurde den Eltern die elterliche Sorge entzogen oder steht sie ihnen von Anfang an nicht zu, steht das Kind mithin nicht unter der elterlichen Sorge der Eltern, ernennt ihm die Kindesschutzbehörde eine Vormundin (Art. 327a).[74] Vorausgesetzt für die Bevormundung ist mithin die Minderjährigkeit und das Fehlen der elterlichen Sorge: 34

Minderjährigkeit: Sie liegt vor, wenn eine Person das 18. Altersjahr noch nicht erreicht hat (14). Im Gegensatz zur Anordnung einer behördlichen Massnahme für Erwachsene (388 ff.) ist bei Minderjährigen für die Errichtung einer Vormundschaft kein Schwächezustand vorausgesetzt. Vielmehr verbindet das Gesetz mit der Minder-   35

---

71 A. M Jorio a.a.O. Nr. 8.4.1, der dies völlig ausschliesst. Er beruft sich u. a. auf die Stufenfolge der Kindesschutzmassnahmen. M. E. sind Fälle denkbar, da Eltern, denen die elterliche Sorge entzogen worden ist, den Kindern dennoch die durch die tatsächliche Obhut zu vermittelnde Liebe und Geborgenheit geben können. Zudem kann trotz Aufhebung der elterlichen Sorge (Art. 311 ZGB) das Kind nach einer «Übergangsplatzierung» bei Pflegeeltern wieder in die Obhut der Eltern gegeben werden. So auch Breitschmid, BaKomm, Art. 311/312 ZGB N 15; Biderbost, HandKomm, Art. 311–312 N 5.

72 Das Gesetz sagt «in keinem Fall». Doch dürfte man von der Sache her wohl eine Ausnahme machen, wenn ein Kind gemäss Art. 312 Ziff. 2 zur Adoption frei gegeben worden ist und nun vor Jahresfrist zu seinen leiblichen Eltern zurückkehrt. Siehe hierzu auch Biderbost, Hand-Komm, Art. 313 N 5; Breitschmid, BaKomm, Art. 311/312 N 5.

73 Dazu Biderbost, HandKomm, Art. 327a–c N 2.

74 Vormundschaften werden nur noch für Minderjährige (14) errichtet. Die Vormundschaft für volljährige Personen wurde aufgehoben und durch die umfassende Beistandschaft (398) ersetzt.

jährigkeit die unwiderlegbare Vermutung der Schutzbedürftigkeit:[75] Dem Kind, das nicht unter elterlicher Sorge steht, ist zwingend ein Vormund zur Seite zu stellen.[76] Dementsprechend endet die Vormundschaft ohne weiteres bei Aufleben der elterlichen Sorge der Eltern oder bei Erreichen der Volljährigkeit des bevormundeten Kindes.[77]

36   *Fehlen der elterlichen Sorge:* Ein Kind steht insbesondere dann nicht unter der elterlichen Sorge der Eltern, wenn diese minderjährig sind oder unter umfassender Beistandschaft stehen (296²). Die elterliche Sorge fällt weg, wenn die Eltern verstorben oder für verschollen erklärt worden sind oder ihnen die elterliche Sorge entzogen worden ist (311, 312). Schliesslich steht gemäss herrschender Lehre ein Findelkind nicht unter elterlicher Sorge.[78] Selbstredend ist eine Vormundschaft nur dann zu errichten, wenn die elterliche Sorge in Bezug auf beide Elternteile fehlt oder weggefallen ist. Andernfalls liegt die Voraussetzung für die Errichtung einer Vormundschaft (Kind, welches nicht unter der elterlichen Sorge steht) gerade nicht vor.

2. Bevormundung

37   Steht ein Kind nicht unter elterlicher Sorge, ist eine Vormundschaft zu errichten und eine Vormundin einzusetzen. Errichtung der Vormundschaft und Ernennung der Vormundin sind dabei auseinanderzuhalten. Zwar wird über diese beiden Aspekte in der Regel im selben Entscheid der Kindesschutzbehörde entschieden, jedoch fällt die Zuständigkeit für diese zwei Aspekte dann auseinander, wenn eine Vormundschaft im Rahmen eines eherechtlichen Verfahrens angezeigt ist. Diesfalls ist für die Errichtung der Vormundschaft das Gericht und für die Ernennung der Vormundin als Vollzugsakt die Kindesschutzbehörde zuständig.[79] Art. 327c Abs. 2 und 3 verweisen auf die Bestimmungen des Erwachsenenschutzes. Einerseits sind nach Abs. 2 namentlich[80]

---

75   BIDERBOST, HandKomm, Art. 327 a–c N 3.

76   Es bleibt hier grundsätzlich kein Raum für die Prüfung der individuellen Schutzbedürftigkeit des konkreten Minderjährigen. Lediglich ausnahmsweise kann die Kindesschutzbehörde von der Errichtung einer Vormundschaft absehen, wenn diese zur blossen Formalität verkäme, weil der Minderjährige oder die Mutter des Kindes kurz vor der Volljährigkeit stehen und die fehlende gesetzliche Vertretung in dieser Zwischenphase durch das Handeln der Behörde abgedeckt wird: BIDERBOST, HandKomm, Art. 327a–c N 7; LIENHARD/AFFOLTER, BaKomm, Art. 327a N 8.

77   LIENHARD/AFFOLTER, BaKomm, Art. 327a N 137 ff.

78   BIDERBOST, HandKomm, Art. 327a–c N 5. Zu den Gründen fehlender elterlicher Sorge eingehend LIENHARD/AFFOLTER, BaKomm, Art. 327a N 11 ff.

79   Grundsätzlich ist sowohl für die Errichtung einer Vormundschaft als auch für die Ernennung eines Vormundes gemäss Art. 315¹ bzw. 327a die Kindesschutzbehörde zuständig. In eherechtlichen Verfahren ist gemäss Art. 315a¹ aber das Gericht für die Anordnung der notwendigen Kindesschutzmassnahmen und damit auch für die Errichtung einer Vormundschaft zuständig. Wegen Art. 327a bleibt die Kompetenz, eine konkrete Person als Vormund zu ernennen, aber dennoch bei der Kindesschutzbehörde. Siehe auch LIENHARD/AFFOLTER, BaKomm, Art. 327a N 31 und 39.

80   Beispielsweise sind daneben auch die Art. 388 f. (Allgemeine Grundsätze), 421 (Ende des Amtes des Amtsträgers) oder 404 (Entschädigung und Spesen) sowie Art. 419 (Einschreiten der Behörde) einschlägig: BIDERBOST, HandKomm, Art. 327a–c N 15.

die Bestimmungen über die Ernennung des Beistandes (400 ff.), die Führung der Beistandschaft (405 ff.) und die Mitwirkung der Erwachsenenschutzbehörde (415 ff.) auf die Vormundschaft für Minderjährige sinngemäss anwendbar. Die Bestimmungen des Erwachsenenschutzes sind nach Abs. 3 andererseits dann einschlägig, wenn das Kind in einer geschlossenen Einrichtung oder in einer psychiatrischen Klinik untergebracht werden muss. Diesfalls sind die Bestimmungen über die fürsorgerische Unterbringung (426 ff.) sinngemäss anwendbar. Letzteres hat zur Folge, dass der Vormund in keinem Fall berechtigt ist, das Kind in einer psychiatrischen Anstalt oder einer geschlossenen Einrichtung unterzubringen (BGer 5A_742/2013 E. 2), sondern diese Kompetenz in jedem Fall bei der Kindesschutzbehörde oder beim Gericht bzw. in Ausnahmefällen bei einem dafür bezeichneten Arzt liegt.

3. Rechtstellung des Kindes

Das Kind unter Vormundschaft hat die gleiche Rechtsstellung wie das Kind unter elterlicher Sorge (327b), womit auf die Art. 301 ff. (Inhalt der elterlichen Sorge) und Art. 11 ff. (Rechts-, Handlungs- und Urteilsfähigkeit) verwiesen wird. Als Gegenstück zu Art. 327b stehen dem Vormund die gleichen Rechte zu wie den Eltern (327c[1]). Neben denselben Rechten stehen dem Vormund auch dieselben Pflichten wie den Eltern zu, die Stellung des Vormunds ist mithin derjenigen der Eltern mit elterlicher Sorge nachgebildet.[81] Es handelt sich damit um einen umfassenden Betreuungsauftrag und der Vormund ist abgesehen von wenigen Punkten berechtigt und verpflichtet, «in Ersetzung der Eltern deren Aufgabenbereich zu übernehmen, soweit nicht *besondere Nähe oder verwandtschaftliche Bindung* vorausgesetzt ist.»[82] Unterschiede im Aufgabenbereich bestehen damit nur insofern, als der Vormund nicht in gleichem Mass wie die Eltern zur persönlichen Übernahme seiner Aufgaben verpflichtet ist. Überdies sind gewisse Rechte, wie namentlich die Vornamensgebung oder die Zustimmung zur Adoption, so eng mit der Persönlichkeit der Eltern verbunden, dass diese nicht vom Vormund wahrgenommen werden können. Zudem ist der Vormund von der Pflicht zur persönlichen Unterhaltsleistung (276 ff.) befreit. Schliesslich ist der Vormund im Gegensatz zu den Eltern bei gewissen Geschäften auf die Mitwirkung der Kindesschutzbehörde angewiesen (327c[2]), er untersteht der behördlichen Aufsicht und sein Handeln ist beschwerdefähig (419).[83]

38

---

81 BIDERBOST, HandKomm, Art. 327a–c N 11 ff. Zu den Rechten und Pflichten siehe LIENHARD/AFFOLTER, BaKomm, Art. 327a N 33 ff.
82 BIDERBOST, HandKomm, Art. 327a–c N 13.
83 Im Einzelnen siehe BIDERBOST, HandKomm, Art. 327a–c N 13.

IV.   Die einzelnen Massnahmen zur Vermögenssorge

a. Die geeigneten Massnahmen

39   Für den Schutz des Kindesvermögens sieht das Gesetz als erste Stufe der Schutzvorkehren allgemein «geeignete Massnahmen» vor (s. den Randtitel zu 324 sowie den
Text in Abs. 1).

40   *Die Grundnorm von Art. 324 bezweckt den Schutz vor unsorgfältiger Verwaltung des Kin-*
desvermögens. Bei der Darstellung der elterlichen Vermögensrechte (vorn § 43 N 51)
kam eine erste Vermögensschutzmassnahme zur Sprache: die Pflicht zu periodischer
Rechnungsstellung und Berichterstattung (318³). Die Bestimmung ist – wie etwa auch
Art. 274 Abs. 2 für die Personensorge (dazu § 41 N 38 ff.) – systematisch ausserhalb der
eigentlichen Schutzbestimmungen geregelt. Das ändert aber nichts an ihrem schutz-
rechtlichen Charakter. Art. 324 Abs. 1 – das Pendant zu Art. 307 Abs. 1 – ermächtigt
die Kindesschutzbehörde zur Anordnung nicht näher umschriebener geeigneter Vorkehrungen für den Schutz des Kindesvermögens, wo immer die sorgfältige Verwaltung nicht hinreichend gewährleistet ist. Mit dieser Formulierung will das ZGB die
Voraussetzungen zum Eingreifen der Behörde bewusst objektivieren und nicht etwa
auf vorwerfbares Verhalten beschränken. Es wird sich dabei regelmässig um Einzela-
nordnungen handeln. Das Gesetz erwähnt als Musterbeispiele in Art. 324 Abs. 2 Weisungen für die Verwaltung und – wenn periodische Rechnungsstellung und Berichterstattung (318³) nicht ausreichen – die Hinterlegung oder Sicherheitsleistung.[84]

b. Die Beistandschaft

41   Zum Schutz des Kindesvermögens sieht das Gesetz die Verwaltungsbeistandschaft
vor (325). Bei entsprechender Gefährdung des Kindesvermögens überträgt die Kindesschutzbehörde nach dem Grundsatz der Verhältnismässigkeit (s. 325¹ erster Teil:
«kann ... auf andere Weise nicht begegnet werden») die Verwaltung des Kindesvermögens einem Beistand.[85] Dies ist ohne gleichzeitigen Entzug der elterlichen Sorge
möglich. Allerdings wird den Eltern durch die Errichtung einer Beistandschaft nach
Art. 325 die Verwaltung (vollständig oder teilweise) entzogen. Die Absätze 2 und 3
von Art. 325 sehen zwei weitere Anwendungsfälle für eine Verwaltungsbeistandschaft
vor: für gefährdetes Kindesvermögen, das nicht von den Eltern verwaltet wird (325²;

---

84   Immerhin erscheint gerade wegen der stärkeren Stellung des Beistandes nach Art. 325 in Analogie zu Art. 307 Abs. 3 die Bezeichnung einer Person oder Stelle, der Einblick und Auskunft
zu geben ist (analog zum altrechtlichen Aufsichtsbeistand nach 297² a. F. in fine), nicht ausgeschlossen. So auch Hegnauer, Grundriss, Nr. 28.24.

85   Zur Verwaltung durch Drittpersonen, namentlich durch mehrere Drittpersonen s. Riemer,
Verwaltung von Kindesvermögen durch Dritte gemäss Art. 321 Abs. 2, Art. 322 Abs. 2 ZGB
und Beistandschaft gemäss Art. 325 ZGB, insbesondere in Gestalt der mehrfachen Vermögensverwaltung und der mehrfachen Beistandschaft, in ZVW 56 (2001), 84 ff.

s. 321[2] und 322), sowie nötigenfalls für Beträge, die nach Art. 320 Abs. 1 oder 2 dem Unterhalt dienen sollten[86].

V. Zuständigkeit und Verfahren

In den Art. 314–315b und Art. 327a werden die Fragen der Zuständigkeit (N 43 ff.) und des Verfahrens (N 51 ff.) geregelt. Für den Vermögensschutz finden diese Bestimmungen gemäss Art. 324 Abs. 3 entsprechend Anwendung.

a. Die Zuständigkeit

Die Zuständigkeit für Kindesschutzmassnahmen[87] unterliegt je anderen Regeln in eherechtlichen Verfahren einerseits (N 46 ff.) und bei den übrigen Verfahren andererseits (N 44 f.). Das Gesetz regelt die Zuständigkeit im Allgemeinen in Art. 315, jene in eherechtlichen Verfahren in den Art. 315a und 315b. Darüber hinaus verlangt das Bundesrecht von den Kantonen eine Koordination der Behörden im Bereich der Jugendhilfe (Art. 317; nachstehend N 50).

1. Die Zuständigkeit im Allgemeinen

In *sachlicher Hinsicht* fallen Kindesschutzmassnahmen im Allgemeinen in den Aufgabenbereich der *Kindesschutzbehörden* (315[1]). Diese sind für die Anordnung und grundsätzlich auch für die Abänderung von Kind*esschutzmassnahmen zuständig (315[1] und 315b[2]).* Gemäss Art. 440 Abs. 3 werden die Aufgaben der Kindesschutzbehörde in Personalunion von der Erwachsenenschutzbehörde (Kindes- und Erwachsenenschutzbehörde, KESB) wahrgenommen (siehe dazu eingehend § 48 N 1 ff.). Bei der Kindes- und Erwachsenenschutzbehörde handelt es sich um eine Fachbehörde, die durch die Kantone bestimmt wird (440[1]).

In *örtlicher Hinsicht* sind die Behörden *am Wohnsitz des Kindes* zuständig (315[1]; 25)[88]. Art. 315[2] begründet eine kumulative (zusätzliche) Zuständigkeit der Behörden am

42

43

44

45

---

86 Soweit nicht ausdrücklich angeordnet, betrifft die Beistandschaft nur die Vermögenssubstanz, nicht aber die Verwendung der Erträge. Nur wenn die Kindesschutzbehörde dies gestützt auf Art. 325 ausdrücklich anordnet, wird den Eltern auch die Verwaltung dieser Bereiche entzogen. Möglich, aber wohl eher die Ausnahme, ist die Beschränkung der Verwaltung auf diesen Bereich, BIDERBOST, HandKomm, Art. 326–327 N 6.

87 BREITSCHMID, BaKomm, Art. 315–315b.

88 Bei Fällen mit Auslandberührung gilt aufgrund Art. 85[1] IPRG in Bezug auf die Zuständigkeit erga omnes das Haager Übereinkommen über die Zuständigkeit, das anzuwendende Recht, die Anerkennung, Vollstreckung und Zusammenarbeit auf dem Gebiet der elterlichen Verantwortung und der Massnahmen zum Schutz von Kindern vom 19. Oktober 1996 (SR 0.211.231.011; Haager Kindesschutzübereinkommen, HKsÜ). Gemäss dessen Art. 5 sind grundsätzlich die Behörden des Vertragsstaates, in dem das Kind seinen gewöhnlichen Aufenthalt hat, für Massnahmen zum Schutz der Person oder des Vermögens des Kindes zuständig. Das HKsÜ erfasst sämtliche Massnahmen zum Schutz des Kindes, ausgenommen Unterhaltsschutzmassnahmen.

(gewöhnlichen) Aufenthaltsort[89] des Kindes in drei Fällen: wenn das Kind bei Pflegeeltern oder sonst ausserhalb der häuslichen Gemeinschaft lebt[90] und wenn Gefahr
im Verzug ist (péril en la demeure, periculum in mora)[91]. Das Korrelat dieser zusätzlichen Zuständigkeit ist die Pflicht, die Wohnsitzbehörde über die getroffene Massnahme zu benachrichtigen (315[3]). Die Zuständigkeit am Wohnsitz und am Aufenthaltsort des Kindes sind rechtlich gleichwertig, die Wohnsitzbehörde geniesst nicht
ohne weiteres Vorrang, sondern ausschlaggebend ist zum Wohl des Kindes der engere
persönliche Zusammenhang (135 III 56 E. 6.3 anders 129 I 422 E. 2.2, 2.3).[92] Besteht
im Hinblick auf die örtliche Zuständigkeit zwischen mehreren Kindesschutzbehörden
Uneinigkeit, kommt Art. 444 zur Anwendung, wonach die Behörde ihre Zuständigkeit
von Amtes wegen zu prüfen und im Zweifel einen Meinungsaustausch mit der anderen möglicherweise zuständigen Behörde zu pflegen hat (s. dazu § 58 N 15). Bei interkantonalen Zuständigkeitskonflikten kann gestützt auf Art. 120 BGG beim Bundesgericht Klage erhoben werden.[93]

2. Die Zuständigkeit in eherechtlichen Verfahren

46   Im Rahmen von eherechtlichen Verfahren ist grundsätzlich ein Gericht zur Anordnung
von Kindesschutzmassnahmen zuständig. Einschlägig ist Art. 315a: Hat das Gericht,
das für die Ehescheidung oder den Schutz der ehelichen Gemeinschaft zuständig ist,
auch die Beziehungen der Eltern zu den Kindern zu gestalten, trifft es gemäss Abs. 1
dieser Bestimmung aus prozessökonomischen Gründen und aus Gründen des Sachzu-
sammenhangs[94] auch die nötigen Kindesschutzmassnahmen und betraut die Kindesschutzbehörde lediglich mit dem Vollzug. Steht ein Kind nicht unter elterlicher Sorge,
wird die Errichtung der Vormundschaft in diesen Fällen folglich durch das Gericht
verfügt, der Vormund aber durch die Kindesschutzbehörde eingesetzt (oben N 37).[95]
Gemäss Art. 315a Abs. 3 bleiben die Kindesschutzbehörden aber befugt, ein vor dem
gerichtlichen Verfahren eingeleitetes Kindesschutzverfahren weiterzuführen (Abs. 3
Ziff. 1) sowie die zum Schutz des Kindes sofort notwendigen Massnahmen anzuordnen, wenn sie das Gericht voraussichtlich nicht rechtzeitig treffen kann (Abs. 3 Ziff. 2).

---

89   Der französische Text verwendet nicht wie der deutsche das gleiche Wort wie in Art. 23 Abs. 1
     («aufhält», «réside»). Vielmehr steht in Art. 315 Abs. 2 «ou se trouve l'enfant». – Für den Fall
     des Wechsels von Wohnsitz oder Aufenthalt s. HEGNAUER, Grundriss, Nr. 27.61; BREITSCHMID,
     BaKomm, Art. 315–315b N 17; BIDERBOST, HandKomm, Art. 315–315b N 4.
90   Und sich mithin regelmässig gerade nicht an seinem Wohnsitz aufhält!
91   In diesem letzteren Fall ist gemäss HEGNAUER, Grundriss, Nr. 27.60, sowie BIDERBOST, Hand-
     Komm, Art. 315–315b N 2, sogar die Behörde am einfachen Aufenthaltsort zuständig.
92   BIDERBOST, HandKomm, Art. 315–315b N 3 m. w. H.; BREITSCHMID, BaKomm, Art. 315–
     315b N 19. Demnach gebührt der Vorrang grundsätzlich der Behörde am Ort des grösseren
     Vertrautseins mit den Verhältnissen.
93   BGer 5A_927/2014. Anders AUER/MARTI, BaKomm, Art. 444 N 28.
94   BIDERBOST, HandKomm, Art. 315–315b N 8.
95   LIENHARD/AFFOLTER, BaKomm, Art. 327a N 31 und 39.

Die Zuständigkeit gemäss Art. 315a[1] bezieht sich auf sämtliche eherechtlichen Verfah- 47
ren, d.h. neben Scheidungs- und Eheschutzverfahren auch auf Trennungs- und Ehe-
nichtigkeitsverfahren.[96]

Abänderung von Massnahmen: Ist das Gericht im Sinn von Art. 315a[1] für die Anord- 48
nung von Kindesschutzmassnahmen zuständig, kann es nach Abs. 2 dieser Bestimmung auch bereits bestehende Kindesschutzmassnahmen, welche durch die Kindesschutzbehörde angeordnet worden waren, den *neuen Verhältnissen anpassen* (dabei
ist das Zivilgericht an einen strafgerichtlichen Entscheid nicht gebunden und kann
die Frage einer möglichen sexuellen Ausbeutung eines Kindes durch den Vater neu
aufgreifen: s. 125 III 406 E. 2b/dd zu 315a[2] Ziff. 1 aZGB). Weiter definiert Art. 315b
die drei Fälle, in denen das Gericht zur Abänderung gerichtlicher Anordnungen über
die Kindeszuteilung und den Kindesschutz zuständig bleibt: Zunächst ist dies während des Scheidungsverfahrens der Fall (315b[1] Ziff. 1). Weiter verweisen die Art. 315b
Abs. 1 Ziff. 2 und 3 für die Abänderung von Kindesschutzmassnahmen in laufenden
Abänderungsverfahren von Scheidungsurteilen und Eheschutzurteilen auf die Vorschriften über die Ehescheidung, mithin auf die Art. 134 (bei Änderung des Scheidungsurteils) und Art. 179 i. V. m. 134 (bei Änderung des Eheschutzurteils; s. vorn
§ 24 N 102 ff.). Damit ist das Gericht in diesen Fällen für die Abänderung von Kindesschutzmassnahmen zuständig, wenn es sich im Rahmen eines Abänderungsverfah-
rens ohnehin mit dem Fall zu befassen hat.[97]

Örtliche Zuständigkeit: Ist das Gericht für den Erlass von Kindesschutzmassnahmen 49
sachlich zuständig, richtet sich die *örtliche Zuständigkeit* nach Art. 23 ZPO, und es ist
das Gericht am Wohnsitz einer der Parteien zwingend zuständig (s. dazu vorn § 25
N 2 ff.).

3. Die Zusammenarbeit in der Jugendhilfe

Der zivilrechtliche Kindesschutz des ZGB bildet nur einen – wenn auch wichtigen – 50
Teil des Kindes- und Jugendschutzes, ja der Jugendhilfe überhaupt. So kann es vorkommen, dass das gleiche Kind von Massnahmen verschiedener Behörden oder Stellen betroffen ist. Das kann dem Kindeswohl abträglich sein.[98] Das ZGB statuiert daher

---

96 Sind die Eltern unverheiratet, bestehen damit abgesehen von Unterhaltsklagen (279) keine
    gerichtlichen Zuständigkeiten (BIDERBOST, HandKomm, Art. 315–315b N 8).

97 BIDERBOST, HandKomm, Art. 315–315b N 10; WIRZ, FamKomm, Art. 134 mit 315a/b N 33.

98 Siehe WERNER BALDEGGER, Vormundschaftsrecht und Jugendfürsorge (Diss. Freiburg 1970),
    insb. 66 ff.; KURT AFFOLTER, Die Zusammenarbeit von Vormundschaftsbehörde und Schule
    beim Kindesschutz, in Claudia Kaufmann/Franz Ziegler (Hrsg.), Kindeswohl, Eine interdiszi-
    plinäre Sicht (Zürich 2003), 207 ff.; GÜRBER, Zusammenarbeit zwischen den zivilrechtlichen
    und jugendstrafrechtlichen Instanzen, in ZVW 61 (2006), 134 ff.; MICHELLE COTTIER, Subjekt
    oder Objekt? Die Partizipation von Kindern in Jugendstraf- und zivilrechtlichen Kindesschutz-
    verfahren, Eine rechtssoziologische Untersuchung aus der Geschlechterperspektive (Diss. Basel,
    Bern 2006), Schriftenreihe zum Familienrecht FamPra.ch 6; COTTIER/SCHLAURI, Übersicht
    über die Melderechte und Meldepflichten bei Genitalverstümmelungen an Unmündigen im
    Licht von Amts- und Berufsgeheimnis, in FamPra.ch 6 (2005), 759 ff.; STECK/FELDER, Zusam-

eine Pflicht der Kantone, durch geeignete Vorschriften die *Zusammenarbeit aller Behörden und Stellen* auf dem Gebiet des zivilrechtlichen Kindesschutzes, des Jugendstrafrechts und der Jugendhilfe überhaupt zu gewährleisten (317).

b. Das Verfahren

51   Das Gesetz befasst sich in den Art. 314–314b unter dem Titel Verfahren mit dem Verfahren im Allgemeinen und mit der Mediation im Besonderen (314; N 52 ff.), mit der Anhörung des Kindes (314a; N 55 ff.), mit der Vertretung des Kindes (314a[bis]; N 59 f.) und mit dem Verfahren bei Unterbringung des Kindes in einer geschlossenen Einrichtung oder psychiatrischen Klinik (314b; N 61 ff.).[99] Zudem sollen die Verfahrensbestimmungen um die Art. 314c bis 314e ergänzt werden.[100] Art. 314c behandelt in Zukunft die Melderechte, Art. 314d die Meldepflichten und Art. 314e die Mitwirkung und Amtshilfe (N 64 ff.).

1. Das Verfahren im Allgemeinen

52   Gemäss Art. 314[1] sind die Bestimmungen über das Verfahren vor der Erwachsenenschutzbehörde und damit die Art. 443 ff. (s. dazu § 59) für das Verfahren vor der Kindesschutzbehörde sinngemäss anwendbar, soweit die Art. 314 ff. keine leges speciales enthalten.[101] Der Verweis in Art. 314[1] ist umfassend und bezieht sich sowohl auf die Bestimmungen über das Verfahren vor der Erwachsenenschutzbehörde (443 ff.) als auch auf die Bestimmungen zum Rechtsmittelverfahren vor der kantonalen Beschwerdeinstanz (450 ff.).[102] Namentlich sind damit auch im Verfahren vor der Kindesschutzbehörde vorsorgliche und superprovisorische Massnahmen möglich (445), und es gilt ausdrücklich die Offizial- und Untersuchungsmaxime (446).[103] Ergänzend kommen gemäss Art. 450f zunächst kantonales Recht und danach die Bestimmungen der ZPO zur Anwendung.

53   Errichtet die Kindesschutzbehörde eine Beistandschaft, hält sie gemäss Art. 314[3] im Entscheiddispositiv die Aufgaben des Beistandes und allfällige Beschränkungen der elterlichen Sorge fest. Damit genügt der blosse Hinweis auf die Entscheiderwägungen in aller Regel nicht. Vielmehr muss aus dem Dispositiv hervorgehen, worin der Inhalt und die Wirkung der Beistandschaft liegt.[104]

---

menwirken von Behörden und Experten bei der Anhörung von Kindern in familienrechtlichen Verfahren, in FamPra.ch 4 (2003), 43 ff.

99   Zum sachlichen Geltungsbereich dieser Bestimmungen siehe COTTIER, FamKomm Erwachsenenschutz, Art. 314 N 4.

100   Botschaft zur Änderung des Schweizerischen Zivilgesetzbuches (Kindesschutz) vom 15 April 2015, BBl 2015, 3441 ff.; Entwurf, BBl 2015, 3469 ff.

101   BIDERBOST, HandKomm, Art. 314 ff.; COTTIER, FamKomm Erwachsenenschutz, Art. 314 ff.; VOGEL, BaKomm, Art. 314 ff.

102   BBl 2011, 7075; BIDERBOST, HandKomm, Art. 314 N 1; HÄFELI, Erwachsenenschutz, Nr. 38.13.

103   Siehe eingehend COTTIER, FamKomm Erwachsenenschutz, Art. 314 N 9 ff.

104   BIDERBOST, HandKomm, Art. 314 N 5 f.

2. Die Mediation im Besonderen

Art. 314 sieht in Abs. 2 entsprechend der Regelung in Art. 297[2] ZPO vor, dass die Kin-   54
desschutzbehörde die Eltern in geeigneten Fällen zu einem Mediationsversuch auffordern kann. Auf diese Weise sollen gütliche Einigungen gefördert und soll damit dem
Wohl des Kindes die notwendige Beachtung geschenkt werden.[105] Darüber hinaus kann
das Gericht die Eltern in Anwendung von Art. 307 Abs. 3 zu einer Mediation verpflichten (BGer 5A_852/2011; 5A_140/2010). Die Verpflichtung zu einer Mediation
verstösst nicht gegen den Grundsatz der Freiwilligkeit der Mediation, denn die Verpflichtung umfasst grundsätzlich nur die erste Mediationssitzung. An dieser ersten Sitzung müssen die Eltern davon überzeugt werden, an einer oder mehreren weiteren
Mediationssitzungen teilzunehmen.[106] Im Unterschied dazu werden die Eltern gestützt
auf Art. 314[2] nicht zu einer Mediation gezwungen, sondern lediglich dazu aufgefordert. Die Mediation wird dabei mit Nachdruck empfohlen.[107] Abgesehen davon kann
das Gericht den Parteien jederzeit eine Mediation empfehlen (214[1] ZPO). Es gilt somit
gleichsam eine Stufenfolge: Empfehlung (214[1] ZPO) – Aufforderung (297[2] ZPO, 314[2]
ZGB) – Verpflichtung zur Mediation (307[3] ZGB).

3. Die Anhörung des Kindes

Art. 314a widmet sich der Anhörung des Kindes im Kindesschutzverfahren (praktisch   55
identisch Art. 298 ZPO zur Anhörung von Kindern in eherechtlichen Verfahren, s.
dazu § 25 N 42 ff.).[108] Nach Abs. 1 wird das Kind durch die Kindesschutzbehörde oder
durch eine beauftragte Drittperson in geeigneter Weise persönlich angehört,[109] soweit
nicht sein Alter oder andere wichtige Gründe dagegen sprechen. Das Gesetz regelt die
Kompetenz der Anhörung (N 56) sowie die Gründe für das Absehen von der Anhörung (N 57). Zur Wahrung des rechtlichen Gehörs der Eltern ist die Anhörung zu protokollieren (N 58)

α. *Kompetenz der Anhörung.* Die Anhörung hat grundsätzlich durch die Kindesschutz-   56
behörde zu erfolgen, systematisches Delegieren ist nach dem Zweck von Art. 314a nicht

---

105 Eingehend zur Mediation BIDERBOST, HandKomm, Art. 314 N 7 ff.

106 STAUB, Die Pflichtmediation als scheidungsbezogene Kindschutzmassnahme, in ZBJV 145
(2009), 404 ff., 412 f.

107 HÄFELI, Erwachsenenschutz, Nr. 38.30; COTTIER, FamKomm Erwachsenenschutz, Art. 314
N 28.

108 BIDERBOST, HandKomm, Art. 314a; S. auch DIETER FREIBURGHAUS-ARQUINT, Der Einfluss des Übereinkommens auf die schweizerische Rechtsordnung. Das Beispiel des revidierten Scheidungsrechts, in Regula Gerber Jenni/Christina Hausammann (Hrsg.), Die Rechte des
Kindes. Das UNO-Übereinkommen und seine Auswirkungen auf die Schweiz (Basel/Genf/
München 2001), 185 ff., 193 ff.; SILVIA DÄPPEN-MÜLLER, Neuerungen im Bereich der Kinderrechte, in liber amicorum Heinrich Honsell (Zürich 2007), 209 ff.; MICHELLE COTTIER, Subjekt oder Objekt? Die Partizipation von Kindern in Jugendstraf- und zivilrechtlichen Kindesschutzverfahren (Diss. Basel, Bern 2006), Schriftenreihe zum Familienrecht FamPra.ch 6, 94 ff.

109 COTTIER, FamKomm Erwachsenenschutz, Art. 314a N 14 ff. zu Ausgestaltung und Inhalt der
Anhörung.

zulässig (127 III 296 f.; BGer 5A_910/2010 E. 5).[110] Nur in Ausnahmefällen, namentlich wenn besondere Sachkenntnisse erforderlich sind, kann die Anhörung auch von einer qualifizierten Drittperson vorgenommen werden. Ist die Sicht des Kindes bereits im Rahmen eines Gutachtens umfassend eingeflossen, kann zudem auf eine Anhörung verzichtet werden, soweit das Kind durch eine unabhängige, qualifizierte Person zu den entscheidrelevanten Punkten befragt worden ist und die Resultate aktuell sind (127 III 297; 133 III 555; BGer 5A_821/2013 E. 4).

57   β. *Grundsatz der Anhörung und Ausnahmen.* Die Anhörung des Kindes dient der Wahrung der Persönlichkeitsrechte des Kindes und der Feststellung des Sachverhalts (131 III 554) und hat überdies Informationscharakter bezüglich der für das Kind wichtigen Vorgänge.[111] Damit dient sie der Verwirklichung des Grundsatzes, dass das Kindeswohl in den das Kind betreffenden Angelegenheiten vorrangig zu berücksichtigen ist.[112] Um dem Rechnung zu tragen, ist eine Anhörung auch ohne entsprechenden Antrag durchzuführen, und es darf nur dann darauf verzichtet werden, wenn «sein Alter oder andere wichtige Gründe dagegen sprechen».[113] Soweit ein entsprechender Antrag vorhanden ist, besteht unter Vorbehalt der vom Gesetz genannten wichtigen Gründe eine Verpflichtung zur Durchführung der Anhörung, und es ist unzulässig, den Antrag auf Anhörung des Kindes aufgrund einer antizipierten Beweiswürdigung abzuweisen (BGer 5A_821/2013 E. 4). Das Gesetz geht mithin vom Grundsatz der Anhörung aus. Ausnahmen davon müssen besonders begründet sein: Die Gründe, die gegen eine Anhörung sprechen, müssen in jedem Fall in der Person des Kindes liegen; insbesondere die Befindlichkeiten der Eltern sind diesbezüglich irrelevant. Da die Anhörung des Kindes seine Verfahrensrechte stärken und seine Persönlichkeit schützen soll, sind diese Ausnahmen restriktiv zu handhaben.[114] In Frage kommen eine genuine, unbeeinflusste Weigerung des Kindes, die Dringlichkeit der Anordnung oder die Gefahr gesundheitlicher Probleme des Kindes (131 III 558 f.).[115] Im Hinblick auf das Alter des Kindes ist es nicht angezeigt, eine fixe Alterslimite zu definieren, sondern es ist auf das konkrete Kind abzustellen. Als Richtschnur hält das Bundesgericht aber fest, dass eine Anhörung ab dem 6. Altersjahr grundsätzlich möglich und angezeigt ist, wobei unter Umständen gar jüngere Kinder, insbesondere wenn dies zusammen mit ihren älteren Geschwistern geschieht, angehört werden sollen (131 III 555 ff.).[116]

---

110   BIDERBOST, HandKomm, Art. 314a N 2. Siehe dazu vorn § 25 N 45.
111   BIDERBOST, HandKomm, Art. 314a N 3; COTTIER, FamKomm Erwachsenenschutz, Art. 314 N 6 ff.
112   COTTIER, FamKomm Erwachsenenschutz, Art. 314a N 6; HÄFELI, Erwachsenenschutz, Nr. 38.20.
113   COTTIER, FamKomm Erwachsenenschutz, Art. 314a N 19.
114   BIDERBOST, HandKomm, Art. 314a N 3; HÄFELI, Erwachsenenschutz, Nr. 38.21. Zur Bedeutung der Art und Weise der Einladung für die Häufigkeit von Anhörungen siehe COTTIER, FamKomm Erwachsenenschutz, Art. 314a N 1 ff. und 13.
115   COTTIER, FamKomm Erwachsenenschutz, Art. 314a N 20 f.
116   BIDERBOST, HandKomm, Art. 314a N 3.

γ. Im Protokoll der Anhörung werden nur die für den Entscheid wesentlichen Ergebnisse festgehalten. Die Eltern sowie, falls vorhanden, der Verfahrensbeistand des Kindes[117] werden lediglich über diese Ergebnisse informiert, womit den Persönlichkeitsrechten des Kindes Rechnung getragen werden will (314a²), keine Verletzung des Anspruchs auf rechtliches Gehör der Eltern durch die bloss summarische Information: BGer 5A_361/2010). Nach Abs. 3 dieser Norm kann das urteilsfähige Kind (16) die Verweigerung der Anhörung mit Beschwerde anfechten (zur Rechtstellung der Eltern s. BGer 5A_471/2010 E. 3). 58

4. Vertretung des Kindes

Art. 314a^bis regelt die Vertretung des Kindes für alle Verfahren, die in den Zuständigkeitsbereich der Kindesschutzbehörden fallen. Ausgangspunkt dieser Norm ist Art. 12 KRK. Direktes Vorbild von Art. 314a^bis sind Art. 146 aZGB und die geltenden Art. 299 f. ZPO, womit für die Auslegung dieser Bestimmung die diesbezügliche Praxis herangezogen werden kann.[118] Nach Abs. 1 ordnet die Kindesschutzbehörde wenn nötig die Vertretung des Kindes an und bezeichnet als Beistand eine in fürsorgerischen und rechtlichen Fragen erfahrene Person[119]. Damit liegt es im Ermessen der Kindesschutzbehörde, ob dem Kind eine Vertretung zur Seite gestellt wird oder nicht.[120] Abs. 2 dieser Bestimmung sieht lediglich in zwei Fällen eine Prüfungspflicht vor: Einerseits prüft die Kindesschutzbehörde die Anordnung einer Vertretung in jedem Fall dann, wenn die Unterbringung des Kindes Gegenstand des Verfahrens ist (Ziff. 1), und andererseits, wenn die Beteiligten bezüglich der Regelung der elterlichen Sorge oder bezüglich wichtiger Fragen des persönlichen Verkehrs unterschiedliche Anträge stellen (Ziff. 2). Zwar ist die Anordnung einer Vertretung auch in diesen Fällen nicht zwingend (BGer 5A_744/2013 E. 3), jedoch wird durch die ausdrückliche Erwähnung klar gestellt, dass eine Vertretung regelmässig notwendig sein wird.[121] 59

Beim Vertretungsbeistand nach Art. 314a^bis handelt es sich um einen Beistand sui generis, womit die allgemeinen Bestimmungen zur Beistandschaft im Erwachsenenschutzrecht nicht unbesehen zur Anwendung gelangen können. Namentlich muss sich das Aufsichts- und Weisungsrecht der Behörde auf die formellen Punkte beschränken, soll der Vertretungsbeistand das Kind doch gerade vor der Kindesschutzbehörde vertreten.[122] Weiter hat die Vertretungsbeiständin gemäss 314a^bis Abs. 3 das Recht, Anträge zu stellen und Rechtsmittel einzulegen, wobei sie entgegen Art. 416 nicht auf die Zustimmung der Kindesschutzbehörde angewiesen ist. Vielmehr ist die Vertre- 60

---

117 Cottier, FamKomm Erwachsenenschutz, Art. 314a N 26, wonach überdies auch die Pflegeeltern informiert werden müssen; ebenfalls Häfeli, Erwachsenenschutz, Nr. 38.25.

118 Biderbost, HandKomm, Art. 314a^bis N 1.

119 So auch in Art. 299 ZPO. Siehe dazu Biderbost, HandKomm, Art. 314a^bis N 4; Cottier, FamKomm Erwachsenenschutz, Art. 314a^bis N 8; Häfeli, Erwachsenenschutz, Nr. 38.28.

120 Häfeli, Erwachsenenschutz, Nr. 38.27.

121 Biderbost, HandKomm, Art. 314a^bis N 2; Cottier, FamKomm Erwachsenenschutz, Art. 314a^bis N 4.

122 Biderbost, HandKomm, Art. 314 a^bis N 3.

tungsbeiständin allein den Interessen des Kindes verpflichtet. Sie muss die Bedürfnisse des Kindes ermitteln, das Kind prozessual vertreten und es über das Prozessge-
schehen informieren.[123]

5. Das Verfahren bei Unterbringung in einer geschlossenen Einrichtung oder psychiatrischen Klinik

61   Art. 314b ersetzt aArt. 314a betreffend das Verfahren bei fürsorgerischer Freiheitsentziehung von Kindern und behandelt den Fall, in dem ein Kind unter elterlicher Sorge
im Rahmen eines Entzugs des Aufenthaltsbestimmungsrechts (310) in einer geschlossenen Einrichtung oder einer psychiatrischen Klinik untergebracht wird.[124] Diese fürsorgerische Unterbringung von Kindern richtet sich in formeller Hinsicht sinngemäss
nach den diesbezüglichen Bestimmungen des Erwachsenenschutzes (siehe dazu § 57)
(314b[1]).[125] Nicht im Erwachsenenschutzrecht, sondern in Art. 310 Abs. 2 und 3 zu
finden sind allerdings die materiellen Voraussetzungen für eine fürsorgerische Unterbringung.[126] Dasselbe gilt für ein Kind, das nicht unter elterlicher Sorge, sondern unter
Vormundschaft steht. Zwar ist für die fürsorgerische Unterbringung von Kindern unter
Vormundschaft Art. 327c[3] einschlägig, der wie Art. 314b die diesbezüglichen Bestimmungen des Erwachsenenschutzes für sinngemäss anwendbar erklärt. Jedoch müssen
sich die Voraussetzungen für eine fürsorgerische Unterbringung unabhängig davon,
ob ein Kind unter elterlicher Sorge oder unter Vormundschaft steht, nach denselben
Voraussetzungen richten.[127] Ist Art. 310 einschlägig, muss das Kind keinen Schwächezustand im Sinn von Art. 426 aufweisen, sondern es ist ausreichend und notwendig,
wenn das Kind in seiner Umgebung in seiner körperlichen, geistigen oder sittlichen
Entfaltung derart gefährdet ist, dass ein Entzug des Aufenthaltsbestimmungsrechts der
Eltern notwendig erscheint und eine geschlossene Einrichtung bzw. eine psychiatrische Klinik die angemessene Weise der Unterbringung darstellt.[128]

62   Im Gegensatz zu aArt. 314a ist in Art. 314b nicht mehr von Anstalt, sondern von einer
geschlossenen Einrichtung die Rede. Mit dieser Formulierung will der Gesetzgeber

---

123   BIDERBOST, HandKomm, Art. 314 a[bis] N 5; COTTIER, FamKomm Erwachsenenschutz,
      Art. 314a[bis] N 12 ff. Zur Frage, ob der Vertretungsbeistand dem objektiven Kindeswohl oder
      dem subjektiven Kindeswillen verpflichtet ist: COTTIER, FamKomm Erwachsenenschutz,
      Art. 314a[bis] N 10 f. sowie im Zusammenhang mit der Kindesanhörung Art. 314a N 24 f.;
      HÄFELI, Erwachsenenschutz, Nr. 38.29.
124   Eingehend HÄFELI, Erwachsenenschutz, Nr. 38.31 ff. BIRCHLER, Die fürsorgerische Unter-
      bringung Minderjähriger am Beispiel des Kt. Zürich (Art. 310, 314b, 426 ff. ZGB, § 35 Abs. 2
      EG KESR ZH), in ZKE 68 (2013), 141 ff. S. auch BIDERBOST, HandKomm, Art. 315–315b N 1;
      BREITSCHMID, BaKomm, Art. 314b N 1.
125   Siehe hierzu im Einzelnen COTTIER, FamKomm Erwachsenenschutz, Art. 314b 6 ff.
126   BBl 2011, 7102. REUSSER, BaKomm Erwachsenenschutz, Vorbemerkung N 78; BIDERBOST,
      HandKomm, Art. 314b N 1 und 310 N 3. COTTIER, FamKomm Erwachsenenschutz, Art. 314b
      N 4; HÄFELI, Erwachsenenschutz, Nr. 38.33.
127   Im Resultat LIENHARD/AFFOLTER, BaKomm, Art. 327c N 72.
128   BIDERBOST, HandKomm, Art. 314b N 1 und 310 N 3; COTTIER, FamKomm Erwachsenen-
      schutz, Art. 314b N 4.

präzisieren, was unter «überwachter Erziehung» im Sinn von Art. 5 Abs. 1 lit. d und e EMRK gemeint ist.[129] Um den Minderjährigen denselben Schutz wie unter altem Recht zu gewähren, ist der Begriff der geschlossenen Einrichtung entsprechend der Auslegung des Anstaltsbegriffs durch das Bundesgericht (121 III 308 f. E. 2b) in einem sehr weiten Sinn zu verstehen. Diese Frage wurde allerdings vom Bundesgericht offen gelassen (BGer 5A_665/2014 2.3.2 und 2.3.3).[130] Ein Kinderheim, in dem die untergebrachten Kinder einer stärkeren Freiheitsbeschränkung unterworfen sind als ihre in einer Familie aufwachsenden Altersgenossen, ist in diesem Sinn als geschlossene Einrichtung zu qualifizieren (121 III 308 f.).

Für die Anordnung einer fürsorgerischen Unterbringung ist wie für andere Kindesschutzmassnahmen grundsätzlich die Kindesschutzbehörde bzw. das Gericht zuständig (siehe zur Zuständigkeit im Allgemeinen und in eherechtlichen Verfahren N 44 ff.).[131] Eine ärztliche Zuständigkeit im Sinn von Art. 429 ist wegen des Auseinanderfallens der Zuständigkeit (für den Entzug des Aufenthaltsbestimmungsrechts bleibt die Kindesschutzbehörde bzw. das Gericht zuständig) nur bei Vorliegen von psychischen Störungen sinnvoll.[132] Der Entscheid der Kindesschutzbehörde kann gemäss Art. 314b i. V. m. 450 mit *Beschwerde* beim zuständigen *kantonalen Gericht* angefochten werden. Zudem steht in Bezug auf gewisse Anordnungen und gegen ärztliche Entscheidungen der direkte Weg ans Gericht offen (439[1] Ziff. 1–5).[133] Nach Art. 314b Abs. 2 kann das Kind selber gegen die fürsorgerische Unterbringung ein Rechtsmittel[134] ergreifen, wenn es urteilsfähig ist (16).[135] Das urteilsunfähige Kind wird von der gesetzlichen Vertreterin

63

---

129 BBl 2011, 7102.

130 BREITSCHMID, BaKomm, Art. 310 N 12; COTTIER, FamKomm Erwachsenenschutz, Art. 314b N 5; HÄFELI, Erwachsenenschutz, Nr. 38.35; ROSCH, Die fürsorgerische Unterbringung im revidierten Kindes- und Erwachsenenschutzrecht, in AJP 20 (2011), 505 ff., 514. A. M. REUSSER, BaKomm Erwachsenenschutz, Vorbemerkung N 78; BIRCHLER, ZKE a.a.O. 144 ff.; wohl auch BIDERBOST, HandKomm, Art. 314b N 2.

131 COTTIER, FamKomm Erwachsenenschutz, Art. 314b N 8. Anders BIRCHLER, ZKE a.a.O. 147, wonach in jedem Fall die KESB und nicht auch das Gericht zuständig ist.

132 BIDERBOST, HandKomm, Art. 314b N 3; REUSSER, BaKomm Erwachsenenschutz, Vorbemerkung N 78; BIRCHLER, ZKE a.a.O. 147 f. A. M. ROSCH a.a.O. 514.

133 Obwohl sowohl in Art. 450 wie auch in Art. 439 von Gericht die Rede ist, handelt es sich dabei nicht zwingend um dieselbe Instanz. Vielmehr steht es den Kantonen frei, eine andere Behörde als das erstinstanzliche Gericht als Beschwerdeinstanz für Beschwerden gegen Entscheide der Kindesschutzbehörde einzusetzen (im Kanton Zürich fungiert beispielsweise der Bezirksrat als Beschwerdeinstanz im Sinn von Art. 450 (§ 63 Abs. 1 Einführungsgesetz zum Kindes- und Erwachsenenschutzrecht (EG KESR) vom 25. Juni 2012). Als Gericht im Sinn von Art. 439 agiert hingegen das Einzelgericht (§ 62 Abs. 2 EG KESR).

134 Der Gesetzestext erwähnt nur die Anrufung des Gerichts, dennoch muss sich diese Bestimmung auch auf die Anrufung der Kindesschutzbehörde beziehen.

135 BBl 2011, 7102. Die Urteilsfähigkeit hängt dabei von der individuellen Reife des einzelnen Kindes und der konkreten Angelegenheit ab, siehe dazu eingehend BIGLER-EGGENBERGER/FANKHAUSER, BaKomm, Art. 16 N 14 ff. Unter aArt. 314a[2] konnte das Kind erst nach zurückgelegtem 16. Altersjahr die gerichtliche Beurteilung der gegenüber ihm verordneten fürsorgerischen Unterbringung verlangen.

vertreten. Gegen den Entscheid der obersten kantonalen Instanz kann *Beschwerde in Zivilsachen an das Bundesgericht* ergriffen werden (72^2 lit. b Ziff. 6 BGG).

6. Melderechte- und pflichten sowie Mitwirkung und Amtshilfe

64   Am 15. April 2015 hat der Bundesrat die Botschaft zur Änderung des Schweizerischen Zivilgesetzbuches (Kindesschutz) verabschiedet. Ziel dieser vorgeschlagenen Änderungen ist es, die zivilrechtlichen Melderegelungen zu verbessern, um damit gefährdete Kinder besser zu schützen. So sind nach geltendem Recht lediglich Personen in amtlicher Tätigkeit verpflichtet, Meldung an die Kindesschutzbehörde zu erstatten, wenn das Wohl des Kindes gefährdet erscheint. Neu sollen verschiedene Berufsgruppen, die keine öffentlich-rechtlichen Aufgaben erfüllen, denen aber Kindswohlgefährdungen bereits in einem früheren Stadium auffallen, zur Meldung berechtigt oder gar verpflichtet sein.[136] Neu werden die Art. 314c–314e eingeführt:

65   Der Entwurf von Art. $314c^1$ verdeutlicht, was gestützt auf Art. 314^1 i. V. m. 443^1 bereits unter geltendem Recht gilt: *Jede Person* ist *berechtigt,* der Kindesschutzbehörde *Meldung* zu erstatten, wenn das Wohl eines Kindes gefährdet erscheint. Neu ist hingegen, dass gemäss Abs. 2 auch Personen meldeberechtigt sind, *die dem Berufsgeheimnis gemäss Art. 321 StGB unterstehen,* wenn eine Meldung im Interesse des Kindes liegt, ohne dass sie sich zuvor vom Berufsgeheimnis entbinden lassen müssten.[137] Diese Bestimmung gilt nicht für die nach dem Strafgesetzbuch an das Berufsgeheimnis gebundenen Hilfspersonen.

66   Der neu einzuführende Art. 314d regelt als Gegenstück zu Art. 314c die *Meldepflichten*: Abs. 1 des Entwurfs betrifft die Meldepflicht von Personen, die nicht dem Berufsgeheimnis nach dem Strafgesetzbuch unterstehen. Diese Personen sind zur Meldung verpflichtet, wenn das Wohl eines Kindes gefährdet erscheint und die fragliche Person der Gefährdung nicht im Rahmen ihrer Tätigkeit Abhilfe schaffen kann. Im Gegensatz zur geltenden Rechtslage sind in Art. 314d des Entwurfs nicht nur Personen in amtlicher Tätigkeit[138] (Ziff. 2), sondern auch Fachpersonen[139] aus den Bereichen Medizin, Psychologie, Pflege, Betreuung, Erziehung, Bildung, Sozialberatung, Religion und Sport, die beruflich regelmässig Kontakt zu Kindern haben, zur Meldung verpflich-

---

136   Botsch. Kindesschutz, 2.

137   Unter der alten Rechtslage konnten die dem Berufsgeheimnis unterstehenden Personen nur dann Meldung erstatten, wenn sie vom Berufsgeheimnis entbunden worden waren oder wenn das kantonale Recht eine entsprechende gesetzliche Grundlage geschaffen hatte, COTTIER, FamKomm Erwachsenenschutz, Art. 314 N 11.

138   Der Begriff der amtlichen Tätigkeit ist dabei wie unter der geltenden Rechtslage weit zu verstehen. Ein Anstellungsverhältnis ist nicht erforderlich, massgebend ist nur, dass die betroffene Person eine öffentlich-rechtliche Funktion wahrnimmt. In amtlicher Tätigkeit handeln namentlich Lehrer (unabhängig davon, ob sie in einer öffentlichen oder privaten Schule unterrichten) oder private Mandatsträger wie Beiständinnen, Botsch. Kindesschutz, 26 f.

139   Mit der Aufnahme dieses Begriffs soll gemäss Botschaft klargestellt werden, dass die Meldepflicht nur Personen trifft, die beruflich regelmässig Kontakt zu Kindern haben, Botsch. Kindesschutz, 27.

tet (Ziff. 1). Hierunter fallen beispielsweise Sporttrainer, Tagesmütter, Nannies oder Angestellte in einer privat organisierten Kinderkrippe.[140] Gemäss Abs. 2 dürfen die Kantone keine weiteren Meldepflichten gegenüber der Kindesschutzbehörde vorsehen. Vorbehalten bleiben Regelungen der Kantone im Rahmen ihrer Zuständigkeit.[141]

Ausführlich regelt Art. 314e die *Mitwirkung und Amtshilfe*. Nach Abs. 1 des Entwurfs 67 sind die am Verfahren beteiligten Personen und Dritte zur Mitwirkung bei der Abklärung des Sachverhalts verpflichtet. Die Kindesschutzbehörde trifft dabei die zur Wahrung schutzwürdiger Interessen erforderlichen Anordnungen. Nötigenfalls ordnet sie die zwangsweise Durchsetzung der Mitwirkungspflicht an.[142] Gemäss Entwurf von Art. 314e Abs. 2 sind Personen, die dem Berufsgeheimnis nach dem Strafgesetzbuch unterstehen, in Zukunft zwar nicht zur Mitwirkung verpflichtet, aber immerhin berechtigt, ohne sich vorgängig vom Berufsgeheimnis entbinden zu lassen. Diese Bestimmung gilt wiederum nicht für die nach dem Strafgesetzbuch an das Berufsgeheimnis gebundenen Hilfspersonen (ebensowenig wie 314c, s. oben N 65). Demgegenüber hält Art. 314e[3] eine Verpflichtung fest, die sich – beschränkt auf bestimmte Berufsgruppen – im geltenden Recht in Art. 314[1] i. V. m. 448[2] findet. Demnach sind Personen, die dem Berufsgeheimnis nach dem Strafgesetzbuch unterstehen, zur Mitwirkung verpflichtet, wenn die geheimnisberechtigte Person sie dazu ermächtigt oder die vorgesetzte Behörde oder die Aufsichtsbehörde sie auf Gesuch der Kindesschutzbehörde vom Berufsgeheimnis entbunden hat. Abs. 4 regelt schliesslich die Mitwirkung der Verwaltungsbehörden und Gerichte. Diese geben die notwendigen Akten heraus, erstatten Bericht und erteilen Auskünfte, soweit nicht schutzwürdige Interessen entgegenstehen.

---

140   Botsch. Kindesschutz, 27.

141   Die Kantone können damit in Bereichen, wie beispielsweise dem Gesundheits-, Polizei- oder Schulwesen, die in ihre Zuständigkeit fallen, zusätzliche Meldepflichten vorsehen, Botsch. Kindesschutz, 16.

142   Diese Bestimmung ändert inhaltlich nichts an der geltenden Rechtslage, war diese Personengruppe doch bereits unter der geltenden Rechtslage zur Mitwirkung verpflichtet (314[1] i. V. m. 448).

Dritter Abschnitt
Die Familiengemeinschaft

§ 45 Begriff und Inhalt

1 Das ZGB verwendet in seinem neunten Titel den Ausdruck *Familie* nicht in jenem engeren Sinn[1], in dem wir ihn gewöhnlich gebrauchen, als Gemeinschaft der Eltern und
Kinder. Der Begriff umfasst nach dem Sprachgebrauch des Gesetzes je nach Anwendungsfall auch die Verwandten und Verschwägerten, ja sogar weitere im gemeinsamen Haushalt lebende Personen wie Hausangestellte usw. Im Sinn des erläuterten weiteren Begriffs der Familie versteht das Gesetz unter Familienvermögen nicht wie nach
dem gewöhnlichen Sprachgebrauch das Vermögen der Eltern und der Kinder, sondern
jenes Vermögen, das gemeinsamen Zwecken der Familiengemeinschaft dient. Dazu
zählt das ZGB auch die *Familienstiftungen* und die *Gemeinderschaften* (335 ff.)

2 Die Zugehörigkeit zur Familie in diesem weiteren Sinn äussert Wirkungen nach *drei*
Seiten hin: Sie kann zunächst zur gegenseitigen *Unterstützung* verpflichten (328 f.),
sie kann ferner die zusammen wohnenden Mitglieder einer gemeinsamen *Hausgewalt*
unterwerfen (331 ff.), und endlich kann sie eine gewisse *vermögensrechtliche* Gemeinschaft (335 ff.) begründen. Das ZGB behandelt unter dem Titel der Familiengemeinschaft jede dieser Wirkungen in einem besonderen Abschnitt:

– *Unterstützungspflicht* (erster Abschnitt, nachfolgend § 46);

– *Hausgewalt* (zweiter Abschnitt, nachfolgend § 47);

– *Familienvermögen* (dritter Abschnitt, nachfolgend § 48).

---

1 Zum traditionellen Begriff der Familie sowie zu neueren Erscheinungsformen s. vorn § 19.

§ 46 Die Unterstützungspflicht

I. Die Unterstützungspflichtigen

a. Die privatrechtliche und die öffentlich-rechtliche Unterstützungspflicht

Verarmte, hilflose, arbeitsunfähige, immer häufiger aber auch voll erwerbstätige[1] Personen können nicht für den eigenen Lebensunterhalt sorgen, sondern sind von anderen Personen abhängig.[2] In erster Linie kommt in solchen Situationen die Unterhaltspflicht der Eltern und der Eheleute bzw. eingetragenen Partner und Partnerinnen zum Tragen (328[2], mit Hinweis auf 163 ff. und 276 ff.). Der Vorrang der Unterhaltspflicht findet aber am familienrechtlichen Existenzminimum der leistungspflichtigen Person seine Grenze (101 II 23 f.; 123 III 4 ff. E. 3b; 126 III 356 E. 1a/aa; 127 III 291 f. E. 2a;

1

---

1   Die neue Armut trifft immer häufiger auch voll Erwerbstätige, deren Einkommen nicht zur Deckung des Existenzminimums ausreicht, s. dazu CHRISTIN KEHRLI/CARLO KNÖPFEL, Handbuch Armut in der Schweiz (Luzern 2006); BUNDESAMT FÜR STATISTIK (Hrsg.), Schweizerische Lohnstrukturerhebung 2010, Tieflöhne in der Schweiz (Neuenburg 2012) http://www.bfs.admin. ch/bfs/portal/de/index/themen/03/22/publ.html?publicationID=4802 (besucht am 28. April 2015); BUNDESAMT FÜR STATISTIK (Hrsg.), Gesamtrechnung der Sozialen Sicherheit 2012, Finanzen, Rentenbezüger/innen und Nettosozialleistung gemäss dem Europäischen System der Integrierten Sozialschutzstatistiken (Neuenburg 2015) http://www.bfs.admin.ch/bfs/portal/de/index/ themen/13/22/publ.html?publicationID=6561 (besucht am 28.04.2015); BUNDESAMT FÜR STATISTIK, Statistischer Sozialbericht Schweiz 2011, Bericht des Bundesrates vom 18.05.2011 in Erfüllung des Postulats «Legislatur. Sozialbericht» (2002 P 01.3788) (Neuenburg 2011) http://skos.ch/ fileadmin/user_upload/public/pdf/grundlagen_und_positionen/themendossiers/soziale_sicherheit/2011_StatistischerSozialbericht_BerichtBFS.pdf (besucht am 29.04.2015); BUNDESAMT FÜR STATISTIK, Armut in der Schweiz, Ergebnisse 2007 bis 2012 (Neuenburg 2014) http://www.bfs. admin.ch/bfs/portal/de/index/themen/20/03/blank/dos/01.html (besucht am 29.04.2015); BUNDESAMT FÜR STATISTIK, Armut in der Schweiz: Konzepte, Resultate und Methoden, Ergebnisse auf der Basis von SILC 2008 bis 2010 (Neuenburg 2012) http://www.bfs.admin.ch/bfs/portal/de/ index/themen/20/03/blank/dos/01.html (besucht am 29.04.2015); BUNDESAMT FÜR STATISTIK, Armutsmessung in der Schweiz (Neuenburg 2013) http://www.bfs.admin.ch/bfs/portal/de/index/ themen/20/03/blank/dos/01.html (besucht am 29.04.2015); SCHWEIZERISCHE KONFERENZ FÜR SOZIALHILFE SKOS, Armut und Armutsgrenze, Grundlagenpapier der SKOS (Bern 2015) http:// skos.ch/uploads/media/2015_Die_Armutsgrenze_der_SKOS_01.pdf (besucht am 29.04.2015).

2   FREIVOGEL, Nachehelicher Unterhalt – Verwandtenunterstützung – Sozialhilfe, in Frauenfragen 30 (2007), 25 ff.; DIES., Nachehelicher Unterhalt – Verwandtenunterstützung – Sozialhilfe, in FamPra.ch 8 (2007), 497 ff.; WIDMER, Die Entwicklung der Verwandtenunterstützung unter Berücksichtigung des Systems der sozialen Sicherheit, in successio 6 (2012), 223 ff.; DIES., Höhere Grenzwerte der Verwandtenunterstützung in der Sozialhilfe, Jusletter 18. Mai 2009; KOLLER, Sozialhilfe und Verwandtenunterstützung – quo vadis?, in recht 26 (2008), 40 ff.; EVA MARIA BELSER/BERNHARD WALDMANN, Nothilfe, in Gabriela Riemer-Kafka/Alexandra Rumo-Jungo (Hrsg.), Soziale Sicherheit – Soziale Unsicherheit, FS Erwin Murer (Bern 2010), 31 ff.; KARIN ANDERER, Die familienrechtliche Unterstützungspflicht – Verwandtenunterstützung, in Christoph Häfeli (Hrsg.), Das Schweizerische Sozialhilferecht (Luzern 2008), 243 ff.; JUDITH WIDMER, Verhältnis der Verwandtenunterstützungspflicht zur Sozialhilfe (Diss. Zürich 2001); S. zum Verhältnis zwischen Verwandtenunterstützung und Sozial- bzw. Nothilfe auch: 134 I 71 E. 4.3.

135 III 67 ff. E. 2 ff; 137 III 62 E. 4.2.1; BGer 5A_936/2012 E. 2, vgl. auch 126 III 35 E. 1a/aa).[3] Bei Ungenügen der Unterhaltspflicht kommt die Unterstützungspflicht zum Zug: In erster Linie obliegt sie den *nächsten Verwandten*. Subsidiär muss sich das *Gemeinwesen* der hilfsbedürftigen Bürger und Bürgerinnen annehmen. Dies gilt allein schon auf Grund des Verfassungsrechts auf Existenzsicherung (12 BV). Gegebenenfalls steht dem Gemeinwesen gegenüber den Verwandten der unterstützten Person ein Anspruch auf Ersatz der gewährten Unterstützung zu (s. nachstehend N 2 ff.). Die Unterstützungspflicht der Verwandten ist im ZGB (328[1]) geregelt. Vom Bundesprivatrecht beherrscht ist aber auch das Verhältnis zwischen dem unterstützenden Gemeinwesen und den unterstützungspflichtigen Verwandten (329[3] mit Hinweis auf 289[2]; 106 II 290). Die Unterstützungspflicht des Gemeinwesens als solche hingegen ist öffentlich-rechtlicher Natur; sie wird durch die Kantone geregelt.[4] Im interkantonalen Verhältnis gilt das BG über die Zuständigkeit für die Unterstützung Bedürftiger vom 24. Juni 1977 (ZUG; SR 851.1).

b. Die unterstützungspflichtigen Privaten[5]

1. Die unterstützungspflichtigen Personen

2 Die Unterstützungspflicht (dette alimentaire) erstreckt sich nach Art. 328 f. auf die *Verwandten in auf- und absteigender Linie* (20[2] erster Teilsatz) und seit der Revision 1998

---

3 Im Betreibungsverfahren darf aber das Gericht bei Vorliegen der entsprechenden Voraussetzungen (116 III 14 E. 3) die Betreibung auf Unterhaltsansprüche nicht nur bis zum Existenzminimum zulassen. Denn damit würde das Betreibungsamt zivilrechtliche Ansprüche materiell beurteilen. Ist die Unterhaltspflicht nicht mehr angepasst, muss sie vom Zivilgericht abgeändert werden (123 II 333 f. E. 2). Der zwangsvollstreckungsrechtliche Eingriff in das Existenzminimum besteht aber einzig zu Gunsten von unterhaltsberechtigten Familienmitgliedern, deren Existenzminimum ebenfalls nicht gedeckt ist, nicht jedoch zu Gunsten des Gemeinwesens, das sich den Unterhaltsanspruch gestützt auf Art. 289 Abs. 2 hat abtreten lassen (116 III 13 f. E. 3). ALEXANDRA RUMO-JUNGO, Reformbedürftiges Scheidungsrecht: ausgewählte Fragen, in Alexandra Rumo-Jungo/Pascal Pichonnaz, Scheidungsrecht, Aktuelle Probleme und Reformbedarf, Symposium zum Familienrecht 2007, Universität Freiburg (Zürich 2008), 1 ff., 28 ff. mit weiteren Hinweisen.

4 Hierzu grundlegend FELIX WOLFFERS, Grundriss des Sozialhilferechts (2. A. Bern 1999). S. dazu auch HAUSHEER/GEISER/AEBI-MÜLLER, Familienrecht, Nr. 18.02.

5 Zum Ganzen EGGER, ZüKomm, Art. 328 N 19 ff.; KOLLER, BaKomm, Art. 328/329 N 6 ff.; BREITSCHMID/VETSCH, HandKomm, Art. 328–329 N 3 ff.; HAUSHEER/GEISER/AEBI-MÜLLER, Familienrecht, Nr. 18.10 ff.; BRUNNER, Handbuch, Nr. 07.09 ff.; RUTH REUSSER, Unterhaltspflicht, Unterstützungspflicht, Kindesvermögen, in BTJP 1977: Das neue Kindesrecht (Bern 1978), 75 f. (vor allem auch Anm. 33 auf S. 76); ALBERT BANZER, Die Verwandtenunterstützungspflicht nach Art. 328/329 ZGB (Diss. Zürich 1979), ZSPR 4; JAKOB GROB, Die familienrechtlichen Unterhalts- und Unterstützungsansprüche des Studenten (Diss. Bern 1975); KOLLER, Die Verwandtenunterstützungspflicht im schweizerischen Recht oder: Der «verlorene Sohn» im Spannungsfeld zwischen Fiskalinteresse und Privatinteresse, in FamPra.ch 8 (2007), 769 ff.; DERS., Das Institut der Verwandtenunterstützung im Lichte eines neueren Bundesgerichtsurteils: (Bemerkungen zu BGE 132 III 97), in recht 24 (2006), 64 ff.; PETER BREITSCHMID/RUMO-JUNGO ALEXANDRA, Ausbildungsunterhalt für mündige Kinder, in Ingeborg Schwenzer/Andrea Büchler (Hrsg.), Dritte Schweizer Familienrecht§Tage, (Bern 2006), Schriftenreihe zum Familienrecht FamPra.ch 5, 83 ff.;

nicht mehr auf die Geschwister. Die Unterstützungspflicht gilt somit für Kinder, auch Adoptivkinder, Enkel, Urenkel gegenüber ihren Eltern, Grosseltern, Urgrosseltern und umgekehrt. Sie beruht mithin auf Gegenseitigkeit.[6] Die Unterstützungspflicht unterliegt der *Voraussetzung,* dass die Pflichtigen «in günstigen Verhältnissen» leben (328[1]).[7] In günstigen Verhältnissen lebt nach bundesgerichtlicher Rechtsprechung (73 II 142; 78 II 111; 82 II 199 ff.; 83 II 11; 132 III 99 E. 1; 136 III 3 E. 4; BGer 5A_122/2012 E. 2) entsprechend den romanischen Texten, wer aufgrund seiner finanziellen Gesamtsituation ein Leben in Wohlstand, einen gehobenen Lebensstil, führen kann. Massgeblich für diese Gesamtsituation ist nicht nur das Einkommen, sondern auch das Vermögen. Ein Anspruch auf ungeschmälerte Erhaltung des Vermögens besteht nur dann, wenn die Unterstützung das eigene Auskommen der pflichtigen Person in naher Zukunft gefährden würde (132 III 105 f. E. 3.2). Zu berücksichtigen ist ferner auch der Grad der verwandtschaftlichen Beziehung (5C.186/2006 E. 3.2.3, wonach höhere Anforderungen an die Unterstützungspflicht zu stellen sind, wenn es sich bei den Beteiligten um die Grossmutter und ihre Enkelinnen handelt, als wenn es um Mutter und Töchter ginge; s. auch 132 III 99 E. 1). Für eine dauerhafte Unterstützung kann auf die SKOS-Richtlinien abgestellt werden, wonach in günstigen Verhältnissen lebt, wer ein steuerpflichtiges Einkommen von über CHF 180 000 erzielt. Wer kein Einkommen erzielt, muss sich einen Vermögensverzehr von 1/30 des um den Freibetrag von CHF 500 000 verminderten Vermögens anrechnen lassen. Diese Umrechnung vom Vermögen auf ein Dauereinkommen ist aber dann nicht erforderlich, wenn es sich um eine einmalige Unterstützung eines erwachsenen Sohnes handelt (Unterstützungspflicht bei einem Vermögen von mindestens 2 Mio. für einen einmaligen Unterstützungsbeitrag von ca. CHF 35 000 bejaht; 136 III 5 E. 5).

Diese *Beschränkung der Verwandtenunterstützungspflicht*[8] beruht auf drei Überlegungen: Erstens hat die Verwandtenunterstützungspflicht auf Grund der Entwicklung der   3

JUDITH WIDMER, Verhältnis der Verwandtenunterstützungspflicht zur Sozialhilfe in Theorie und Praxis (Diss. Zürich 2001), ZSPR 167; MIRYAM MEILE, Alleinerziehung im Familien- und Sozialrecht, unter Berücksichtigung der Rechtslage in Frankreich und Deutschland (Diss. Freiburg, Zürich/Basel/Genf 2005), Schriften zum Sozialversicherungsrecht 14; SYLVIE MASMEJAN, Dette alimentaire, notions générales et réception dans les cantons de Genève, Vaud et Valais (Zürich 2003), Etudes.

6   EGGER, ZüKomm, Art. 328 N 24; BANZER a.a.O. 106; KOLLER, BaKomm, Art. 328/329 N 8; BREITSCHMID/VETSCH, HandKomm, Art. 328–329 N 4; s. dazu auch HAUSHEER/GEISER/AEBI-MÜLLER, Familienrecht, Nr. 18.11.

7   Dies ist sowohl auf Grund des Einkommens wie auch des Vermögens zu ermitteln: KOLLER, BaKomm, Art. 328/329 N 15; BREITSCHMID/VETSCH, HandKomm, Art. 328–329 N 16; HAUSHEER/GEISER/AEBI-MÜLLER, Familienrecht, Nr. 18.12; s. dazu BGer 5C.186/2006.

8   Im Vernehmlassungsverfahren wurde vereinzelt eine noch weiter gehende Einschränkung oder gar eine Abschaffung postuliert: Botsch. Ehescheidung, in BBl 1996 I 1 ff., 166, mit Hinweis auf INGEBORG SCHWENZER, Gutachten A zum 59. Deutschen Juristentag, A 41 ff., welche ihrerseits die fehlende Verwandtenunterstützungspflicht im angloamerikanischen und skandinavischen Rechtskreis diskutiert; ebenso DIES., Besprechung von BGE 121 III 441 ff., in AJP 5 (1996), 1162 f.

Sozialversicherung an Bedeutung eingebüsst.[9] Zweitens ist die Verankerung der Pflicht im Rechtsbewusstsein der Bevölkerung mit der Lockerung der verwandtschaftlichen Bande deutlich schwächer geworden. Und drittens steht nicht selten der Aufwand der Durchsetzung in keinem vernünftigen Verhältnis zum Ertrag.[10]

4   Unter *mehreren* Unterstützungspflichtigen richtet sich die Pflicht nach der Reihenfolge ihrer Erbberechtigung (329[1]). Erbrecht und Unterstützungspflicht werden vielfach als korrelative Begriffe angesehen. Die gesetzliche Erbberechtigung nach ZGB (457 ff.) geht indessen über den Kreis der Unterstützungspflichtigen hinaus. Umgekehrt sind theoretisch Fälle denkbar, bei denen Unterstützungspflicht, aber keine Erbberechtigung vorliegt (Grosseltern als Pflichtige, wenn die Eltern noch leben). Die entferntere Verwandte kann zu Unterstützung nur angehalten werden, sofern der nähere nicht mehr lebt oder selbst keine Unterstützung gewähren kann (78 II 330). So werden die Grosseltern nur pflichtig, wenn die Eltern nicht helfen können und diese nur, wenn die Kinder nicht helfen können. Die Beweislast, dass in der Reihenfolge vorgehende Verwandte nicht zur Unterstützung fähig sind, trägt die berechtigte Person (50 II 3; 78 II 330). Mehrere auf gleicher Stufe erbberechtigte Verwandte (wie mehrere Kinder) sind nicht solidarisch, sondern nur anteilsweise im Verhältnis ihrer Leistungsfähigkeit verpflichtet (59 II 5 f. und 101 II 24 f.).[11] Was jedoch vom einen wegen Bedürftigkeit oder aus anderen Gründen nicht erhältlich ist, ist von den anderen Mitverpflichteten zu leisten (60 II 267). Die Unterstützungspflicht kann unbillige Folgen haben (z.B. Unterstützungspflicht trotz grober Verfehlung der berechtigten gegenüber den pflichtigen Verwandten); in solchen Fällen kann das Gericht die Unterstützungspflicht in Anwendung von Art. 4 ermässigen oder aufheben (329[2]).[12] Insgesamt sind alle sachlich wesentlichen Umstände des konkreten Einzelfalls zu berücksichtigen und eine den besonderen Verhältnissen angepasste Lösung zu finden (132 III 99 E. 1).

2. Die Unterstützungsklage und die Subrogation des Gemeinwesens

5   Schliesslich gelten für die Unterstützungspflicht die Regeln über die Unterhaltsklage und den Übergang des Unterhaltsanspruchs auf das Gemeinwesen sinngemäss (329[3]; s. dazu § 42 N 42 ff., N 61; zum Regress des Gemeinwesens für die geleistete Sozialhilfe gegenüber den unterstützungspflichtigen Kindern: 134 I 65 ff.).[13] Zum Zug kommen

---

9   BREITSCHMID/VETSCH, HandKomm, Art. 328–329 N 1; KOLLER, BaKomm, Art. 328/329 N 3 f. Dieser Meinung ist auch MURER a.a.O. 193. Gleichwohl sieht er a.a.O. 202 ff. in der Verwandtenunterstützung immerhin im Bereich der persönlichen (nicht der finanziellen) Unterstützung bzw. Pflege ein grosses, nicht ausgeschöpftes Potenzial. Mit BGE 132 III 97 wurde festgestellt, dass die Verwandtenunterstützung nicht weiter geht als die Sozialhilfe (Praxisänderung).

10   Botsch. a.a.O. 166. S. auch KOLLER, BaKomm, Art. 328/329 N 3 f.

11   KOLLER, BaKomm, Art. 328/329 N 23; HEGNAUER, Grundriss, Nr. 29.12; HAUSHEER/GEISER/AEBI-MÜLLER, Familienrecht, Nr. 18.15; BANZER a.a.O. 158 f.; BREITSCHMID/VETSCH, HandKomm, Art. 328–329 N 6, mit Hinweis auf BGer 5C.209/1999 E. 3a; 101 II 21 E. 4; 83 II 10 f. E. 2.

12   HAUSHEER/GEISER/AEBI-MÜLLER, Familienrecht, Nr. 18.16. Weitere Beispiele bei KOLLER, BaKomm, Art. 328/329 N 19; HEGNAUER, Grundriss, Nr. 29.13.

13   BREITSCHMID/VETSCH, HandKomm, Art. 328–329 N 1; Kritisch dazu KOLLER, recht a.a.O. 40 ff.

die Bestimmungen über den Umfang des Klagerechts sowie die Aktiv- und Passivlegitimation (279[1] ZGB), das Verfahren (295, 296 ZPO),[14] die vorsorglichen Massnahmen (303, 248 lit. d, 261 ff. ZPO), die Veränderung der Verhältnisse (286 ZGB) und der Übergang des Unterhaltsanspruchs auf das Gemeinwesen (289[2] ZGB; s. 106 II 292).[15] Die *örtliche Zuständigkeit* ist in Art. 13 ZPO (für die vorsorglichen Massnahmen) und in 26 ZPO (für die Klage) geregelt: Für Klagen gegen unterstützungspflichtige Verwandte besteht ein zwingender Wahlgerichtsstand am Wohnsitz einer der Parteien.[16] *Sachlich* zuständig ist ein Gericht, dessen Bezeichnung in die Kompetenz der Kantone fällt (4[1] ZPO).

c. Die Pflicht gegenüber Findelkindern

Für sie stellt das ZGB folgende Regelung auf: Der Unterhalt der Findelkinder ist von   6
der Gemeinde zu tragen, in der sie eingebürgert worden sind (330[1]).[17] Es handelt sich
hier um eine unmittelbare Unterhaltspflicht des Gemeinwesens.[18] Welche Gemeinde
dies ist, bestimmt das kantonale Recht. Auch können die Kantone der Gemeinde die
Last ganz oder zum Teil abnehmen. Bei nachträglicher Feststellung des Kindesverhältnisses besteht ein Rückgriffsrecht auf die unterstützungspflichtigen Verwandten
bzw. das unterstützungspflichtige Gemeinwesen (330[2]). Im interkantonalen Verhältnis
richtet sich die Zuständigkeit nach dem BG über die Zuständigkeit für die Unterstützung Bedürftiger (ZUG), welches nicht auf den Heimatort, sondern auf den Wohnsitz
der berechtigten Person abstellt.[19]

---

14   Siehe zur Verfahrensart: 139 III 368.
15   Siehe hierzu HAUSHEER/GEISER/AEBI-MÜLLER, Familienrecht, Nr. 18.20; BREITSCHMID/
     VETSCH, HandKomm, Art. 328–329 N 1; REUSSER a.a.O. 75 f. (vor allem auch 76, Anm. 33);
     EGGER, ZüKomm, Art. 328 N 14; BANZER a.a.O. 65 ff.; CARIGIET a.a.O. 51. – Die Subrogation
     umfasst auch den Anspruch auf Sicherheitsleistung für künftige Unterstützungsbeiträge (292):
     Bezirksgericht Baden, in SJZ 91 (1995), 434, E. 1c. In casu wurde die Errichtung eines Grundpfandrechts in Form einer Grundpfandverschreibung (824 ff.) zu Gunsten des Gemeinwesens
     unter dem Titel von Art. 292 grundsätzlich geschützt.
16   Zu Art. 13 ZPO: SUTTER-SOMM/KLINGLER, Komm ZPO, Art. 13 N 1 ff.; ZÜRCHER, ZPOKomm,
     Art. 13 1 ff. Zu Art. 26 ZPO: SCHWANDER, ZPOKomm, Art. 26 N 1 ff.; SUTTER-SOMM/LÖTSCHER, Komm ZPO, Art. 26 N 1 ff.
17   Dazu WOLFFERS a.a.O. 56 f.
18   BREITSCHMID/VETSCH, HandKomm, Art. 330 N 1; HEGNAUER, BeKomm, Art. 276 N 14;
     BIDERBOST, Findelkinder. Gedanken zum Thema aus juristischer Sicht – hier und dort angereichert durch die drei letztjährigen Fälle, insbesondere desjenigen im Zürcher Universitätsspital,
     in ZVW 54 (1999), 49 ff., 68. Zum Findelkind: AEBI-MÜLLER, Anonyme Geburt und Babyfenster – Gedanken zu einer aktuellen Debatte, in FamPra.ch 8 (2007), 544 ff.; HAUSHEER/AEBI-
     MÜLLER, Renaissance einer alten Idee: Das Einsiedler Babyfenster aus (zivil)rechtlicher Sicht,
     in recht 20 (2002), 1 ff.; WIESNER-BERG, «Babyklappe»: Rechtskonflikte zwischen Mutter und
     Kind, in FamPra.ch 11 (2010), 521 ff.
19   KOLLER, BaKomm, Art. 330 N 4; BIDERBOST a.a.O. 68; zur interkantonalen Kompetenzausscheidung s. WOLFFERS a.a.O. 50 ff.

II.   Inhalt und Umfang

7   Art und Mass der zu gewährenden Unterstützung werden durch die konkreten Verhältnisse bestimmt; bei deren Änderung ist jederzeit eine Neuregelung möglich (329[3]
i. V. m. 286; 78 II 111). Falls mit grosser Wahrscheinlichkeit auf einen bestimmten
Zeitpunkt hin Entlastung durch andere Pflichtige zu erwarten ist, sind die Ansprüche
zum Vornherein zeitlich zu begrenzen (78 II 113 f.). Für den Umfang der Unterstützung stellt das Gesetz auf zwei Faktoren ab (329[1]):

a. Die Bedürfnisse der berechtigten Person

8   Die Unterstützungspflicht besteht nur, sofern die berechtigte Person ohne Unterstützung in Not geraten würde (328[1]). In einer *Notlage* befindet sich die berechtigte Person dann, wenn sie sich das zum Lebensunterhalt Notwendige nicht mehr aus eigener
Kraft verschaffen kann (106 II 292 E. 3a; 132 III 100 f. E. 2.2; 133 III 509 E. 5.1; 136 III
3 f. E. 4; BGer 5C236/2005 E. 2.2).[20] Eine Notlage liegt vor, wenn jemand nicht arbeits-
fähig ist oder keine Erwerbsmöglichkeit hat bzw. wenn ihr eine Erwerbstätigkeit nicht
zuzumuten ist; unerheblich ist, ob diese Umstände selbst verschuldet sind.[21] In diesem
Sinn ist eine Notlage zu bejahen, wenn kein dem Behandlungsbedürfnis der Suchtkranken entsprechendes und anerkanntes Angebot an Behandlungsanstalten besteht, dessen Kosten vom obligatorischen Krankenversicherer getragen werden; ebenso dürfte sie
zu bejahen sein, wenn zwar eine solche Einrichtung besteht, die entsprechenden Kosten aber vom obligatorischen Krankenversicherer – etwa auf Grund eines Selbstbehalts
des Versicherten – nicht voll übernommen werden (133 III 509 E. 5.1; 136 III 3 f. E. 4).
Demgegenüber befindet sich nicht in einer Notlage, wer sich mit gutem Willen selbst
unterhalten könnte, die Bedürftigkeit aber böswillig herbeiführt, um auf Kosten der Verwandten zu leben (106 II 292 E. 3a; 121 III 442 E. 3a, 136 III 3 E. 4).[22] Einer ledigen Mutter ist die Aufnahme einer Erwerbstätigkeit für die erste Zeit nach der Geburt, solange
ein Kleinkind persönlicher Betreuung bedarf und eine qualitativ vergleichbare Betreuung durch Drittpersonen nicht gewährleistet ist, nicht zuzumuten (121 III 443 E. 3b;
s. dazu auch BGer 5A_309/2012 E. 3). Die *Beweislast* für das Vorliegen einer Notlage
obliegt dem Leistungsansprecher. Klagt das Gemeinwesen, welches auf Grund erbrach-
ter Leistungen kraft gesetzlicher Subrogation in die Rechte des Ansprechers eingetre-

---

20   BREITSCHMID/VETSCH, HandKomm, Art. 328–329 N 9; KOLLER, BaKomm, Art. 328/329 ZGB
N 9. BGE 132 III 102 f. E. 2.4: Es darf durchaus auf einen Notbedarf abgestellt werden, der
anhand der Kriterien für die Gewährung von Sozialhilfe berechnet wurde und damit in der
Regel etwas über dem betreibungsrechtlichen Existenzminimum liegt. Bemerkungen zu diesem Entscheid: KOLLER, Das Institut der Verwandtenunterstützung im Lichte eines neueren
Bundesgerichtsurteils, in recht 24 (2006) 64 ff., 68 ff. Die Verwandtenunterstützung geht somit
grundsätzlich nicht weiter als die Sozialhilfe (133 III 508 E. 4).

21   HEGNAUER, Grundriss, Nr. 29.09; BREITSCHMID/VETSCH, HandKomm, Art. 328–329 N 12;
a. M. KOLLER, BaKomm, Art. 328/329 N 12.

22   BREITSCHMID/VETSCH, HandKomm, Art. 328–329 N 12; Spätestens seit Inkrafttreten der
Regelung über die fürsorgerische Freiheitsentziehung (397a ff. ZGB, 14a SchlT) gibt es keine
Anstaltseinweisung mehr nur wegen Arbeitsscheu.

ten ist (Art. 329 Abs. 3 i. V. m. Art. 289 Abs. 2 ZGB), obliegt ihm der Beweis der Notlage (133 III 510 E. 5.2).[23] Der Anspruch umfasst nur den *notwendigen Lebensunterhalt,*
so viel, dass die berechtigte Person ohne Not leben kann. Das umfasst Nahrung, Kleidung, Wohnung, ärztliche Betreuung und Heilmittel, gegebenenfalls unter Einschluss
der Anstaltsbehandlung (106 II 292 E. 3a; 132 III 100 E. 2.2; 133 III 509 E. 5.1; 136
III 3 f. E. 4), bei jungen Leuten auch die Zahlung der nötigen Auslagen für Erziehung
und Ausbildung.[24] Die Gewährung des notwendigen Lebensunterhalts bildet die obere
Grenze der Unterstützungspflicht, auch wenn die Pflichtige mehr leisten könnte (83
II 8). Immerhin bestimmt sich dieser Anspruch unabhängig vom fürsorgerechtlichen
Existenzminimum (81 II 427). Die Unterstützung kann entweder in Geldbeiträgen oder
auch in natura, durch Aufnahme in den Haushalt, geleistet werden, Letzteres wenigstens
insofern, als nicht triftige Gründe dem Zusammenleben des zu Unterhaltenden mit dem
Pflichtigen entgegenstehen (44 II 329 ff.; 50 II 3).

b. Die Leistungsfähigkeit der pflichtigen Person

Die Unterstützungspflicht steht unter der Voraussetzung, dass die pflichtige Person   9
selbst in *günstigen Verhältnissen* lebt (132 III 105 f. E. 3.2; BGer 5C.186/2006 E. 3.2).
Sie kann also nur beigezogen werden, wenn sie selbst wohlhabend ist (s. N 2). Daher ist
der früher bejahte Beizug des Erwerbseinkommens der Ehefrau oder des Ehemannes
der pflichtigen Person (106 II 295 ff.) nicht mehr angebracht. Andernfalls resultiert aus
diesem Beizug faktisch eine Unterstützungspflicht unter Verschwägerten (Schwieger-
eltern/Schwiegerkind).[25]

---

23 KOLLER, BaKomm, Art. 328/329 N 20.
24 Restriktiver KOLLER, BaKomm, Art. 328/329 N 9. S. auch HAUSHEER/GEISER/AEBI-MÜLLER,
    Familienrecht, Nr. 18.06.
25 BREITSCHMID/VETSCH, HandKomm, Art. 328–329 N 16; HAUSHEER/GEISER/AEBI-MÜLLER,
    Familienrecht, Nr. 18.12; KOLLER, BaKomm, Art. 328/329 ZGB N 15 ff. m. w. H. So bereits
    auch zu Art. 328 in seiner Fassung vor 1998: BANZER a.a.O. 145. Anderer Meinung war BRÄM,
    ZüKomm, Art. 159 N 147.

§ 47 Die Hausgewalt

1 Kaum ein Abschnitt aus dem ganzen ZGB ist bei dessen Erlass so stark *angefochten* worden wie jener über die Hausgewalt (l'autorité domestique). Zum Teil mochte dies davon herrühren, dass kein Kanton in seinem Zivilgesetzbuch eine ähnliche Regelung kannte, obwohl manche der darin enthaltenen Bestimmungen faktisch nichts Neues bedeuteten. Zum anderen Teil lag es wohl auch am *hauspolizeilichen und patriarchalischen Charakter* gewisser Bestimmungen.[1] Gegen die Regelung der Hausgewalt wurde auch eingewendet, der Abschnitt enthalte einerseits Grundsätze, denen eine rechtliche Sanktion fehle, andererseits Bestimmungen, die besser anderswo, etwa im OR, stünden. So schreibt noch Rossel in seinem Manuel du droit civil suisse[2]: «C'est un essai, bien intentionné, mais parfaitement platonique, de convertir des préceptes de morale patriarcale en règles de droit civil. L'art. 334, qui est nouveau, est le seul qui fut nécessaire.» Nach heutigem Verständnis ist sicher der *Begriff der Hausgewalt überholt*. Bei der Umbenennung der elterlichen Gewalt in die elterliche Sorge im Zug der Revision von 1998 hätte sich wohl auch eine neue Bezeichnung für die Hausgewalt aufgedrängt;[3] vorstellbar wäre etwa «die Hausgemeinschaft». Dass sie im ZGB und nicht im OR geregelt wird, erscheint sachgerecht, werden doch die haftungs- und die vermögensrechtlichen Fragen unter der besonderen Rücksicht hauptsächlich familienrechtlicher Beziehungen behandelt und steht auch darüber hinaus die Besonderheit dieser familienrechtlichen Beziehungen im Vordergrund (z.B. die gegenseitige Rücksicht gemäss 332[1]).

2 Folgende Fragen stellen sich: *Was* ist die Hausgewalt, *über wen* erstreckt sie sich (N 3 f.)? Sodann: *Wer* ist deren Träger oder Trägerin und welche *Rechte* und *Pflichten* kommen ihm oder ihr zu (5 ff.)?

I. Der Begriff der Hausgewalt

3 Neben den minderjährigen Kindern unter elterlicher Sorge (331[1], 296[2]) leben im gemeinsamen Haushalt mit deren Eltern oft noch andere Personen. In Betracht kommen volljährige Kinder, die weiterhin im elterlichen Haus leben, Stiefkinder, Pflegekinder, Verwandte (331[2]). Ferner wohnen unter Umständen auch volljährige Kinder unter umfassender Beistandschaft (398) im Haushalt von Vater und/oder Mutter. Zur Familie in diesem weiteren Sinn gehören vor allem auch Hausangestellte und landwirtschaftliche Arbeitnehmende. Der Kreis der möglichen Hausgenossen und -genossinnen kann darüber hinaus durch vertragliche Abmachungen erweitert werden, etwa durch die Aufnahme von Kindern bei einer Tagesmutter, von Studierenden in einer

---

1 Wildhaber, BaKomm, Art. 331 N 1; Keller, HandKomm, Art. 331 N 1; s. dazu auch Büchler/Vetterli, Ehe, 273.

2 Virgile Rossel, Manuel du droit civil suisse, Bd. 1 (2. A. Lausanne/Genf 1922), 497.

3 Wildhaber, BaKomm, Art. 331 N 1 f.

Gastfamilie, von Lehrlingen oder von Au-Pair-Angestellten[4]. Alle diese Personen bilden einen *gemeinsamen Haushalt,* eine Hausgemeinschaft, die unter Umständen, z.B. bei einem Internat, einem Hotel, einem Erziehungs-, Kinder- oder Altersheim, einen beträchtlichen Umfang annehmen kann.[5]

In dieser Gemeinschaft muss einerseits eine gewisse Ordnung herrschen und ande-   4
rerseits eine Verantwortung und Sorge für die Mitglieder der Gemeinschaft definiert werden. Die elterliche Sorge reicht hier nicht aus; unter sie fallen nur die minderjährigen Kinder (296[2]). Die Sorge und Verantwortung, die sich über alle Hausgenossen erstreckt, nennt das ZGB *Hausgewalt.* Sie braucht sich nicht mit der elterlichen Sorge zu decken. Lebt beispielsweise die Familie der Tochter gemeinsam mit deren Eltern auf einem Bauernhof, so besitzt diese Tochter zwar die elterliche Sorge über ihre Kinder. Die Hausgewalt aber sowohl über sie wie über alle im gleichen Haushalt lebenden Angestellten und Lehrlinge üben ihre Mutter und ihr Vater (gemeinsam) aus.[6] Die Person, welche die Hausgewalt ausübt, nennt das ZGB *Familienhaupt.*

II. Das Familienhaupt

a. Die Bestimmung der Person

Eine Person kann aus drei verschiedenen Gründen Familienhaupt sein (331[1]). Grund-   5
lage ist entweder eine *gesetzliche Vorschrift,* gemeint sind primär die Art. 296 ff., ferner eine *Vereinbarung,* namentlich Arbeitsvertrag, Lehrvertrag, oder *das Herkommen,* d.h. die Sitte, die Anschauung und Gewohnheit. Die Mitglieder des gemeinsamen Haushalts unterstehen dem Familienhaupt; es liegt ein Subordinationsverhältnis vor.[7] Ein solches muss durchaus nicht in jedem Haushalt vorhanden sein: Leben zwei Schwestern, drei Studierende oder vier Arbeitnehmende zusammen im gemeinsamen Haushalt, so besteht kein Familienhaupt und somit auch keine Hausgewalt.

Familienhaupt kann eine *natürliche oder* eine *juristische Person* sein (79 II 263). Eine   6
juristische Person als Familienhaupt liegt etwa vor, wenn sie eine Kinderkrippe, ein Kinderheim, ein Altersheim, ein Internat oder ein Privatspital betreibt.[8] Die Hausge-

---

4 Wildhaber, BaKomm, Art. 331 N 6; Büchler/Vetterli, Ehe, 273. A. M. Keller, Hand-Komm, Art. 331 N 5: Nach ihm fallen Arbeitnehmerinnen, die sich Kost und Logis vom Gehalt abziehen lassen (wozu auch die Au-pair-Angestellten gehören), gerade nicht unter die Hausgewalt.

5 Siehe auch Hegnauer, Grundriss, Nr. 30.03; Egger, ZüKomm, Art. 331 N 11; Keller, Hand-Komm, Art. 331 N 4. «Familienhaupt» ist nicht als Gesetzesbegriff, sondern als Typus zu verstehen: Martina Fuchs, Die Haftung des Familienhaupts nach Art. 333 Abs. 1 ZGB im veränderten sozialen Kontext (Diss. Zürich 2007), ZSPR 202.

6 Hegnauer, Grundriss, Nr. 30.05; Hegnauer/Breitschmid, Grundriss, Nr. 17.10 f. S. auch Wildhaber, BaKomm, Art. 331 N 3.

7 Hegnauer, Grundriss, Nr. 30.04; Wildhaber, BaKomm, Art. 331 N 2 f.; Keller, HandKomm, Art. 331 N 2.

8 Wildhaber, BaKomm, Art. 333 N 3; Keller, HandKomm, Art. 331 N 3 f.; Hegnauer, Grundriss, Nr. 30.07.

walt kann ferner *mehreren* Personen gemeinsam zustehen wie im Normalfall beiden
Elternteilen (s. 103 II 29),[9] aber auch sonst einem Ehepaar oder zwei Brüdern oder den
Leitern eines Pensionats (44 II 9). Über eine Person besteht *gleichzeitig immer nur eine
Hausgewalt,* welche aber beim Wechsel des Haushalts vom einen Familienhaupt auf das
andere übergeht (71 II 63). Das *jeweilige* Familienhaupt übt die Sorge über eine Person
nur für die Zeit aus, während der die Person in seiner Hausgemeinschaft lebt: Dies trifft
z.B. zu, wenn ein Lehrling die Arbeitswoche hindurch bei der Familie der Lehrmeiste-
rin weilt, den Sonntag aber in seiner eigenen Familie verbringt, oder wenn eine Inter-
natsschülerin jeweils für das Wochenende nach Hause zurückkehrt (vgl. 71 II 63 f.).[10]
Besonders wichtig ist dies für die Frage, wen die Haftung gemäss Art. 333 trifft.

b. Die Rechte des Familienhaupts (und ihre Schranken)

7 Das Familienhaupt darf vor allem die *Hausordnung* festlegen, also etwa bestimmen,
dass um elf Uhr abends alle Mitglieder zu Hause sind. Dieses Recht erinnert an die
Gewalt des alten, allmächtigen römischen Paterfamilias. Das ZGB beschränkt deshalb
die Hausgewalt: Bei der Festlegung der Hausordnung hat das Familienhaupt auf alle
berechtigten Interessen der Beteiligten Rücksicht zu nehmen (332[1]). Ferner muss es
den Mitgliedern der Hausgemeinschaft die nötige Freiheit lassen zu ihrer Ausbildung,
Berufsarbeit und zur Pflege der religiösen Bedürfnisse (332[2]).[11]

8 **c. Die Pflichten.** Eingehender als die Rechte sind die Pflichten des Familienhauptes
geregelt. Es handelt sich um die drei folgenden, praktisch bedeutsamen Bestimmungen:

9 1. Das Familienhaupt hat die *Effekten der Hausgenossen* mit derselben Sorgfalt wie
die eigenen Sachen zu *verwahren* und gegen Schaden *sicherzustellen* (332[3]). Dabei ist
vorausgesetzt, dass es die eigenen mit grosser Sorgfalt behandle. In der vom Gesetz
gebrauchten Formel liegt also keine Abschwächung der Haftung (etwa im Sinn der
römischen diligentia quam in suis rebus).

10 2. Das Familienhaupt[12] *haftet* für den *Schaden,* den ein Mitglied des Haushalts durch
sein Benehmen Drittpersonen[13] zufügt (333[1]), z.B. durch unvorsichtigen Gebrauch
von Waffen, Zündhölzern, Fussbällen, Fahrzeugen u.a.m.[14] Die Haftung des Fami-

---

9 KARL OFTINGER/EMIL W. STARK, Schweizerisches Haftpflichtrecht, Bd. II/1 (4. A. Zürich 1987),
§ 22 N 50. S. auch WILDHABER, BaKomm, Art. 333 N 4; HEGNAUER, Grundriss, Nr. 30.05 f.

10 OFTINGER/STARK a.a.O. § 22 N 41 und dort Anm. 111 f., N 50; WILDHABER, BaKomm, Art. 333
N 5.

11 Dazu WILDHABER, BaKomm, Art. 332 N 1 f.; KELLER, HandKomm, Art. 332 N 1 f.

12 Ehefrau und Ehemann haften solidarisch: OFTINGER/STARK a.a.O. § 22 N 28, N 45 ff.

13 WILDHABER, BaKomm, Art. 333 N 8; KELLER, HandKomm, Art. 331 N 5; Für Schaden, den
sich das Mitglied der Hausgemeinschaft selber zufügt, vgl. OFTINGER/STARK a.a.O. § 22 N 74.

14 Darüber besteht eine umfangreiche bundesgerichtliche Rechtsprechung. Dabei kann auch die
Judikatur aus den Jahren vor 1912 noch herangezogen werden, denn der Art. 333 ZGB trat an
die Stelle des Art. 61 aOR. Zum Ganzen: THOMAS MORUS PETITJEAN, Die Haftung des Familienhauptes gemäss Art. 333 ZGB im Wandel der Zeit (Diss. Basel 1979); URS KARLEN, Die Haftung des Familienhauptes nach ZGB 333 und des Tierhalters nach OR 56 (Diss. Bern 1980); ELI-
SABETH MEISTER-OSWALD, Haftpflicht für ausservertragliche Schädigung durch Kinder (Diss.

lienhauptes besteht jedoch *nicht für alle,* sondern nur für die *minderjährigen,* die geistig behinderten, die an einer psychischen Störung leidenden sowie die unter umfassender Beistandschaft stehenden Hausgenossen, also z.B. nicht für volljährige (nicht umfassend verbeiständete) Kinder und Hausangestellte. Für die Mitglieder des Haushalts mit einer geistigen Behinderung oder einer psychischen Störung ordnet das Gesetz (333² und ³) noch eine weitergehende Pflicht zur Vorsorge, Aufsicht, Versorgung und Anzeige an die Behörde an, überhaupt zu allen Vorkehrungen, die zwecks Abwendung von Gefahr und Schaden notwendig sind. Daher wird in diesen Fällen ein besonders strenger Massstab an die nachstehend erörterte Sorgfaltspflicht angelegt (74 II 196 f.).

Die Haftung setzt *kein Verschulden* des Familienhauptes (wie auch nicht des schädi- 11
genden Mitglieds des Haushalts) voraus, so dass sie auch bei einem (vorübergehend) handlungsunfähigen Familienhaupt gegeben sein kann. Es handelt sich nach begründeter Ansicht um eine sogenannte Kausalhaftung (103 II 26 f. E. 3; 133 III 557 E. 4).[15] Die Haftung entfällt einzig dann, wenn das in die Pflicht genommene Familienhaupt den Beweis erbringt, dass es die erforderliche *Sorgfalt* in der *Beaufsichtigung* des schadenstiftenden Mitglieds der Hausgemeinschaft beobachtet hat (333¹ i. f.; 133 III 557 E. 4).[16] Darüber hinaus entfällt sie auch auf Grund der den adäquaten Kausalzusammenhang «unterbrechenden»[17] allgemeinen Entlastungsgründe der höheren Gewalt, des Selbstverschuldens und des Drittverschuldens.[18] Das *Mass der* zu beobachtenden *Sorgfalt* beurteilt sich nach zwei Faktoren: erstens nach der Übung oder Gewohnheit in der betreffenden Gegend oder Bevölkerungsgruppe, den Gepflogenheiten des Lebens (133 III 557 E. 4; die Übung kann allerdings auch ein Abusus sein, so dass dennoch Haftung eintritt) und den Notwendigkeiten der konkreten Tätigkeit[19], zweitens

---

Zürich 1981); PIERRE ANDRÉ WESSNER, La responsabilité du chef de famille et l'égalité des époux (Diss. Neuenburg 1981); CENGIZ KOÇHISARLIOGLU, La responsabilité du chef de famille selon l'art. 333 CC (Diss. Lausanne 1981); STETTLER, La responsabilité civile du chef de famille (art. 333 CCS) lors de la prise en charge d'un mineur en dehors du milieu parental, in ZVW 39 (1984), 90 ff.; MARTINA FUCHS, Die Haftung des Familienhaupts nach Art. 333 Abs. 1 ZGB im veränderten sozialen Kontext (Diss. Zürich 2007), ZSPR 202; SCHÖBI, Die Haftung der Eltern für das Verhalten ihrer Kinder, in recht 20 (2002), 186 ff.; TANNER, Haftung des Familienhauptes, Jusletter 24. September 2007.

15 OFTINGER/STARK a.a.O. § 22 N 2 f.; WILDHABER, BaKomm, Art. 333 N 3; KELLER, Hand-Komm, Art. 333 N 1; HAUSHEER/GEISER/AEBI-MÜLLER, Familienrecht, Nr. 18.23. Objektiv gesehen muss allerdings das Verhalten des Mitglieds der Hausgemeinschaft eine Sorgfaltswidrigkeit darstellen; ähnlich OFTINGER/STARK a.a.O. § 22 N 68. ROBERTO, Verschuldenshaftung und einfache Kausalhaftungen: eine überholte Unterscheidung?, in AJP 14 (2005), 1323 ff.; DERS., Verschulden statt Adäquanz – oder sollte es gar die Rechtswidrigkeit sein?, in recht 20 (2002), 145 ff.

16 OFTINGER/STARK a.a.O. § 22 N 77 ff.; WILDHABER, BaKomm, Art. 333 N 10; KELLER, Hand-Komm, Art. 333 N 6; HAUSHEER/GEISER/AEBI-MÜLLER, Familienrecht, Nr. 18.25.

17 HENRI DESCHENAUX/PIERRE TERCIER, La responsabilité civile (2. A. Bern 1982), § 4 N 51 ff.

18 OFTINGER/STARK a.a.O. § 22 N 75 f.

19 Nach OFTINGER/STARK a.a.O. § 22 N 105 ist das «übliche» Mass von Sorgfalt ungenügend, «wo immer die Umstände mehr verlangen».

nach den besonderen Umständen des Falls, wobei namentlich auch Alter, Entwicklungsgrad und Charakter der schädigenden Person in Betracht kommen (BGE a.a.O.). Das Mass der Sorgfaltspflicht hängt auch ab von der Möglichkeit, die schädigende Handlung vorauszusehen (74 II 196).

12   *Beispiele* aus der Rechtsprechung des Bundesgerichts:[20] *Bejaht* wurde die Haftpflicht eines Institutsvorstehers für einen 16-jährigen Zögling, der einen Mitzögling durch Pistolenschuss verletzte; Grund: Der Vorsteher hat dem von ihm zwar erlassenen Verbot des Hantierens mit Feuerwaffen keine Nachachtung verschafft (44 II 7). Die Haftung wurde auch bejaht bei Überlassung einer Windbüchse an einen 15-Jährigen, da es hier der Vater an der Überwachung fehlen liess (43 II 146), ebenfalls bei Verletzung eines Kameraden durch einen 13-jährigen Sohn mittels einer Kinderknallpistole, da die Gefährlichkeit einer solchen diesem weniger leicht zu Bewusstsein kommen musste als bei einer Waffe, die Geschosse schleudert, und der Vater infolgedessen besondere Massregeln treffen oder Weisungen hätte geben müssen (57 II 563 ff.). In 79 II 350 wurde ein Familienhaupt für den Schaden haftbar gemacht, den ein bei ihm in den Ferien weilender 15½-jähriger Knabe mit einem Revolver anrichtete, der samt Munition mit Wissen des Knaben in einer Schublade erreichbar war. Ein Vater ist verpflichtet, seinen 15-jährigen Sohn umfassend und eindringlich auf die Gefahren des Luftgewehrschiessens auf einer jedermann zugänglichen Mülldeponie aufmerksam zu machen, namentlich auch auf die besondere Gefährdung durch Prellschüsse; andernfalls haftet er für den Schaden, den sein Sohn dadurch verursacht, dass eine Kugel an einem harten Gegenstand abprallt und einen 5–10 Meter daneben stehenden Jungen ins Auge trifft (100 II 303 f. E. 3c). Kein Mangel an der erforderlichen Aufsicht liegt vor, wenn ein Vater seinen 13-jährigen Sohn Botendienste mit dem Fahrrad ausführen lässt; trotzdem war er im konkreten Fall verantwortlich, weil er ihn nicht zu vorsichtigem Fahren ermahnt und nicht auf die Verkehrsvorschriften und Verkehrsübungen, gegen die der Sohn verstiess, aufmerksam gemacht hatte (49 II 443 ff.). In Abänderung der früheren Rechtsprechung (57 II 128 ff., wo die Verantwortlichkeit verneint wurde, als ein 8-Jähriger beim Spiel mit Pfeil und Bogen durch einen Schuss einen Altersgenossen, den er von der Scheibe wegzutreten aufgefordert hatte, ins linke Auge traf) wurde die Haftung bejaht für den Unfall, der daraus entstand, dass Pfeil und Bogen in den Händen eines 7-jährigen Kindes waren (103 II 27 ff.). Haftpflichtig wurde ein Vater erklärt für die durch eine volljährige psychisch kranke Tochter verübte Brandstiftung, da er sie ohne Aufsicht die Nacht ausserhalb der Wohnung zubringen liess (74 II 193; betr. Verjährung, a.a.O. 195 f.).

13   *Verneint* wurde die Haftpflicht des Vaters für einen etwa 16-jährigen Sohn, der mit einer Schusswaffe einen Kameraden tödlich verletzte; Grund: In der betreffenden Bevölkerungsklasse in einer Berggegend müsse jungen Leuten allgemein eine grosse

---

20   Die reiche publizierte bundesgerichtliche Rechtsprechung zu Art. 333 ist seit der 10. Auflage dieses Buches grundsätzlich nicht mehr ergänzt worden. Über das Verhältnis von Art. 75 des (inzwischen allerdings revidierten) Strassenverkehrsgesetzes («Strolchenfahrt») zu 333 ZGB: 97 II 250 f.

Selbständigkeit eingeräumt werden, und ein besonderer Anlass zur Überwachung habe nicht vorgelegen (41 II 419 ff.). Desgleichen wurde die Haftung abgelehnt bei Überlassung von Schusswaffen an einen 18½-jährigen Sohn (48 II 425). Keine Verantwortung des Vaters für einen durch seinen 19½-jährigen (unter damaliger Rechtslage noch minderjährigen) Sohn verursachten Unfall mittels Motorvelo wurde angenommen, weil der Sohn der Volljährigkeit sehr nahe stand, eine Fahrbewilligung früher erhalten hatte und die Fahrvorschriften besser als der des Fahrens unkundige Vater kannte (52 II 325). Da die Eltern, unter Vorbehalt besonderer Umstände, die Kinder nicht ständig unter Aufsicht halten müssen, wurde die Haftung für ein 9-jähriges Mädchen verneint, das einem Kind mit einem Beil zwei Finger verletzte (62 II 72; ähnlich 70 II 136 sowie für Aufsichtspflicht in einer Ferienkolonie 79 II 261). Eine Haftung des Vaters wurde verneint im Fall von 2¾- und 4½-jährigen Kindern, die beim Schlitteln auf einer Schlittelpiste mit einer Zuschauerin kollidierten. Der Vater, der unten an der Piste die Kinder jeweils in Empfang nahm, hatte alles getan, was im wohlverstandenen Sinn üblich und geboten war (133 III 561 E. 5.3).

In den Fällen, da die schadenstiftenden Mitglieder der Hausgemeinschaft für die betreffende Handlung urteilsfähig sind, haften diese selber (ebenfalls) für den schuldhaft angerichteten Schaden, mag die Haftung des Familienhauptes eintreten oder nicht.[21] Für Urteilsunfähige kommt die Billigkeitshaftung in Frage (54 OR).   14

Im Übrigen gelten für die Haftung des Familienhauptes die *allgemeinen Regeln des Haftpflichtrechts* (7 ZGB). Zu denken ist etwa an die Schadensberechnung und an die Bemessung der Schadenersatzpflicht (z.B. Herabsetzung wegen Selbstverschuldens der geschädigten Person, 79 II 355) oder an Vorschriften über die Verjährung (60 OR).   15

3. *Pflichten gegenüber dem volljährigen Kind oder Grosskind.* Namentlich in der Landwirtschaft, aber auch in anderen Familienbetrieben, kommt es vor, dass Kinder mit den Eltern oder Grosskinder mit den Grosseltern nach erlangter *Volljährigkeit* zusammenleben und für diese arbeiten, ohne dafür einen Lohn[22] oder ein anderes Entgelt zu erhalten. Ihre Arbeit, vielleicht auch ihr Einkommen aus Arbeit bei Dritten, kommt der Kasse der Eltern zugute. Das ZGB stellt nicht eine generelle Pflicht auf, solche Dienste zu bezahlen, sucht aber einige Unzukömmlichkeiten, die sich vielfach aus dieser Übung ergeben, zu beseitigen: 16

Die einschlägigen Bestimmungen sind die Art. 334 und 334bis: Art. 334 Abs. 1 gewährt den Kindern und Grosskindern, die als Volljährige im gemeinsamen Haushalt ihren Eltern (bzw. Grosseltern) Arbeit oder Einkünfte zugewendet haben, einen *Anspruch* auf eine «angemessene Entschädigung» (vgl. Art. 4). Für diesen Anspruch bürgerte sich mit der Zeit der Name «Lidlohn» ein.[23] Dieser Regelung schwebt als typische gesellschaft-   17

---

21   Deschenaux/Tercier a.a.O. § 10 N 9.

22   Letzteres wäre auch dadurch möglich, dass die Eltern Dienste entgegennehmen, deren Leistung nach den Umständen nur gegen Lohn zu erwarten ist (320² OR; 90 II 443).

23   Zum Ganzen s. Jürg Zoller, Lidlohnansprüche (ZGB 334 und 633) (Diss. Zürich 1969); Bruno Marcel Imhof, Die neuen Bestimmungen über den Lidlohn (334, 334bis, 603 II ZGB) (Diss. Freiburg 1975); Willi Neukomm/Anton Czettler, Das bäuerliche Erbrecht (5. A. Brugg

liche Wirklichkeit ein Landwirtschaftsbetrieb vor, doch sind Art. 334 und 334bis auch auf andere Haushalte (z.B. Bäckerei: 90 II 443) anwendbar. Immerhin dürfte in nicht landwirtschaftlichen Verhältnissen häufiger Art. 320 Abs. 2 OR («Arbeitsvertrag» auf Grund von Annahme von Diensten, deren Leistung nach den Umständen nur gegen Lohn zu erwarten ist) zum Zug kommen. Für die *Bemessung* können die Erfahrungswerte des Schweizerischen Bauernverbandes herangezogen werden;[24] diese Ansätze sind grundsätzlich angemessen, können jedoch aus Billigkeitsgründen reduziert (100 II 435), aber auch, höchstens bis zum Netto-Gegenwert der geleisteten Arbeit, erhöht werden (so 109 II 389, in Abänderung der Rechtsprechung gemäss 100 II 435). Es handelt sich um einen *gesetzlichen schuldrechtlichen Lohnanspruch* analog zu Art. 320 OR, mit familienrechtlichen Besonderheiten (109 II 394 f. E. 6; 124 III 195):[25] Die Fälligkeit der Forderung tritt zu Lebzeiten des Schuldners ein, wenn gegen ihn eine Pfändung erfolgt oder über ihn der Konkurs eröffnet wird, wenn der gemeinsame Haushalt aufgehoben wird oder wenn der Betrieb in andere Hände übergeht (334bis 2). Als Aufhebung des Haushalts gilt auch das Verlassen der Gemeinschaft durch das Kind.[26] Dieses hat es mithin in der Hand, die Fälligkeit herbeizuführen. In allen anderen Fällen wird die Forderung erst mit dem Tod des Schuldners fällig (334bis 1) und liegt mithin eine Erbschaftsschuld vor. Die zu Lebzeiten oder beim Tod des Schuldners fällig werdende Forderung verjährt nicht, muss aber spätestens bei der Erbteilung des schuldnerischen Nachlasses geltend gemacht werden (334bis 3). Als Erbschaftsschuld kann die Lidlohnforderung nicht höher sein als der Saldo des Nachlasses; die Miterben brauchen sich durch den Lidlohn keine Überschuldung der Erbschaft gefallen zu lassen (603[2]; 109 II 395). Das Gericht entscheidet nicht nur über das Vorliegen und die Höhe einer Lidlohnforderung. Es kann auch die Sicherstellung anordnen und die Art und Weise der Bezahlung regeln (334[2]). Aus der Entstehungsgeschichte ergibt sich, dass nicht nur die Bemessung des Anspruchs, sondern auch die Zahlungsbedingungen dem Grundsatz der *Billigkeit* unterliegen (124 III 195[27]). Daher können je nach Situation Zahlungser-

---

1982); Richers, Arbeitslohn oder bloss Lidlohn? Zum Verhältnis der beiden Anspruchsgrundlagen im heutigen wirtschaftlichen Umfeld, in ArbR: Mitteilungen des Instituts für Schweizerisches Arbeitsrecht (2004), 85 ff.; Studer/Koller, BaKomm, Art. 334 N 1 ff.; Keller, HandKomm, Art. 334 N 1 ff.; Hausheer/Geiser/Aebi-Müller, Familienrecht, Nr. 18.27 ff.

24 Dazu s. jährlich neu aufgelegt: Schweizerischer Bauernverband (SBV) (Hrsg.), Der Lidlohnanspruch, Leitfaden für die Berechnung von Lidlohnansprüchen, (Brugg 2012); Studer/Koller, BaKomm, Art. 334 N 7, der a.a.O. N 6 für die rein objektive Bemessung des Werts der Einkünfte auf die Buchhaltungsauswertungen der eidgenössischen Forschungsanstalt für Betriebswirtschaft und Landtechnik (FAT) abstellt.

25 Der Lidlohn stellt daher auch ein beitragspflichtiges Einkommen im Sinn von Art. 5 Abs. 2 AHVG dar: Freiburger Verwaltungsgericht, in FZR 5 (1996), 156 f.

26 So auch Imhof a.a.O. 114 ff.; Neukomm/Czettler a.a.O. 196; Studer/Koller, BaKomm, Art. 334bis N 7; implizit: Keller, HandKomm, Art. 334bis N 2; Hausheer/Geiser/Aebi-Müller, Familienrecht, Nr. 18.30.

27 Mit Hinweis auf BBl 1971 I 743 ff., 745 ff. (Botschaft zu einem Bundesgesetz über Änderungen des bäuerlichen Zivilrechts).

leichterungen gewährt werden, und zwar durch die Einräumung von Zahlungsfristen, die Festlegung eines Abzahlungsplans oder durch Stundung, in Extremfällen bis zum Tod des Schuldners oder bis zur Erbteilung (a.a.O. 195 f.).[28]

---

28 IMHOF a.a.O. 89; NEUKOMM/CZETTLER, a.a.O. 189; STUDER/KOLLER, BaKomm, Art. 334 N 9.

§ 48 Das Familienvermögen

1 Gewisse grössere und kleinere Vermögen können in verschiedener Form den Interessen von Verwandten oder Verschwägerten, die eine Familie im Sinn des ZGB bilden, gewidmet werden. Dadurch soll der Gemeinschaftsgedanke innerhalb einer Familie gestärkt, eine zu grosse Zersplitterung der Güter unter den einzelnen Individuen vermieden und das rationelle Verfolgen eines gemeinsamen Zwecks ermöglicht werden. Das Familienvermögen besteht seit der Revision 1998 nur mehr in zwei Erscheinungsformen: als *Familienstiftung* (N 2 ff.) und als *Gemeinderschaft* (N 7 ff.). Die Heimstätte, die in den Art. 349–359 geregelt war, wurde anlässlich der Revision 1998 aufgehoben, weil sie nie praktische Bedeutung gewonnen hatte.[1] Damit verbunden ist die Streichung des Hinweises auf die Heimstätten bei den Verfügungsbeschränkungen in Art. 960 Abs. 1 Ziff. 3.

I. Die Familienstiftung

2 Die Familienstiftung ist, wie die gewöhnliche Stiftung, ein eigenes Rechtssubjekt, das Trägerin einer Vermögenswidmung ist.[2] Sie unterscheidet sich von den gewöhnlichen Stiftungen durch ihren *Zweck* und den *Kreis der Berechtigten*. Im Übrigen untersteht sie grundsätzlich den gewöhnlichen Regeln über die Stiftungen (80–89; 133 III 171 E. 4; 140 II 259 E. 4.2).[3]

a. Zweck

3 Das ZGB gestattet die Familienstiftung (la fondation de famille) nur zu ganz bestimmten, eng umgrenzten Zwecken (335[1]): Sie darf nur der Erziehung, Unterstützung, Ausstattung der Familienangehörigen oder ähnlichen Zwecken dienen (BGer 2C_533/2013

---

1 Botsch. Ehescheidung, in BBl 1996 I 1 ff., 167.
2 Dazu s. insbesondere RIEMER, BeKomm, Syst. Teil zu Art. 80–89bis N 108 ff.; HANS RAINER KÜNZLE, Familienstiftung: quo vadis?, in Peter Breitschmid/Wolfgang Portmann/Heinz Rey/Dieter Zobl (Hrsg.), Grundfragen der juristischen Person, FS Hans Michael Riemer (Bern 2007), 173 ff.; DERS., Stiftungen und Nachlassplanung, in Hans Michael Riemer (Hrsg.), Stiftung in der juristischen und wirtschaftlichen Praxis (Zürich 2001), 1 ff.; HENRY PETER, La forme juridique des entreprises de famille, ou, De la difficile coexistence entre corporate et family governance, in Peter Ling (Hrsg.), Successions dans les entreprises (Lausanne 2006), 49 ff. ANTON K. SCHNYDER, Trust, Pflichtteilsrecht, Familienfideikommiss, in Peter Breitschmid/Wolfgang Portmann/Heinz Rey/Dieter Zobl (Hrsg.), Grundfragen der juristischen Person, FS Hans Michael Riemer (Bern 2007), 331 ff.; OLIVER ARTER, die schweizerische Familienstiftung, in Peter V. Kunz/Florian S. Jörg/Oliver Arter (Hrsg.), Entwicklungen im Gesellschaftsrecht VII (Bern 2012), 107 ff.
3 Eingeschlossen ist auch der mit der Revision des Stiftungsrechts vom 8. Oktober 2004, in Kraft seit dem 1. Januar 2006, eingeführte Art. 86a über die Änderung des Stiftungszwecks auf Antrag des Stifters oder aufgrund dessen Verfügung von Todes wegen; s. dazu vorne § 17 N 29 ff.

E. 4.2).[4] Es geht nach Art. 335 Abs. 1 darum, den Familienangehörigen[5] «in bestimmten Lebenslagen» (z.B. im Jugendalter, bei Gründung eines eigenen Haushalts oder
einer eigenen Existenz, im Fall der Not) zur Befriedigung der daraus sich ergebenden
besonderen Bedürfnisse Hilfe zu leisten (93 II 449; 108 II 394 E. 6; 135 II 619 E. 4.3.1).
Der Zweck der Familienstiftung muss nicht dem Prinzip der Gleichberechtigung von
Mann und Frau verpflichtet sein (133 III 173 E. 4.2). Das geltende Recht verleiht dem
Stifter wie dem Erblasser die Freiheit, den Kreis der Destinatäre auf eine bestimmte
Gruppe der Familienmitglieder einzuschränken (z.B. auf alle Familienmitglieder mit
dem Namen X, auch wenn damit gewisse weibliche Familienmitglieder, die verheira-
tet sind und unter dem vor 1988 geltenden Eherecht bei Eheschliessung von Geset-
zes wegen den Namen ändern mussten, ausgeschlossen werden: 133 III 173 f. E. 4.3).

Nichtig sind die sogenannten Genuss- oder Familienunterhaltsstiftungen (BGer   4
2C_533/2013 E. 4.2; zu den ausländischen Familienunterhaltsstiftungen s. 135 III
614),[6] d.h. Stiftungen, deren Erträgnisse ohne besondere Zweckbestimmung für den
allgemeinen Lebensunterhalt den Angehörigen einer Familie zukommen sollen (71 I
268; 73 II 86 f.; 75 II 24 f.; 108 II 393 und 398; 135 III 614; 140 II 259 ff. E. 5.2; vgl. aber
auch 79 II 113 sowie 96 II 96).[7] Unzulässig wäre etwa die Zuwendung einer Burg als
Aufenthaltsort, namentlich zu Repräsentationszwecken (93 II 451), oder eines Land-
hauses als Ferienhaus (108 II 393; zu ausländischen Familienunterhaltsstiftungen s.

---

4   Diese Aufzählung ist abschliessend: RIEMER, BeKomm, Syst. Teil zu Art. 80–89bis N 141. BREIT-
    SCHMID/VETSCH, HandKomm, Art. 335 N 4, nennen sie «exemplifizierende, aber durch die
    explizit genannten Beispiele eingegrenzten Zwecke». S. auch GRÜNINGER, BaKomm, Art 335
    N 6 f.; 108 II 394 E. 6.

5   Der Stifter ist frei, einen bestimmten Kreis von Familienmitgliedern als Begünstigte zu bezeich-
    nen. Der freie Stifterwille ist nicht durch das Diskriminierungsverbot und das Verfassungsrecht
    eingeschränkt. Daher ist es zulässig, den Kreis der Begünstigten auf die Nachkommen des Stif-
    ters zu beschränken, die nach der Eheschliessung weiterhin den Namen des Stifters tragen (was
    damals auf die Frauen in der Regel nicht zutraf): BGE 133 III 173 E. 4.2. S. dazu auch GRÜNIN-
    GER, BaKomm, Art 335 N 13c ff.

6   Die dennoch bestehenden Bedürfnisse werden aber bekanntlich von liechtensteinischen Stiftun-
    gen oder angelsächsischen Trusts gedeckt. Siehe dazu JUSTIN THORENS, L'article 335 CCS et le
    trust de common law, in Pierre-Henri Bolle (Hrsg.), Mélanges en l'honneur de Henri-Robert
    Schüpbach (Basel 2000), 155 ff.; Übereinkommen vom 1. Juli 1985 über das auf Trusts anzu-
    wendende Recht und über ihre Anerkennung (SR 0.221.371) sowie dazu Bundesbeschluss über
    die Genehmigung und Umsetzung des Haager Übereinkommens über das auf Trusts anzuwen-
    dende Recht und über ihre Anerkennung vom 20. Dezember 2006 (AS 2007, 2849), in Kraft
    seit 1. Juli 2007. GRÜNINGER, BaKomm, Art. 335 N 13, begrüsst aus diesem Grund eine Locke-
    rung der Zweckbegrenzung. S. bereits DERS., Die Unternehmensstiftung in der Schweiz: Zuläs-
    sigkeit – Eignung – Besteuerung (Basel 1984), 30 ff.; ZEITER, Neues zur Unterhaltsstiftung, in
    SJZ 97 (2001), 451 ff., 453 f., subsumiert die Familienstiftung mit wirtschaftlichem Zweck unter
    Art. 80 und erachtet diese daher bereits vor der Revision des Stiftungsrechts für zulässig. Zur
    Revision der Art. 81–89, in Kraft seit dem 1. Januar 2006, s. vorne § 17 N 14. Diese Revision
    betrifft Art. 335 nicht.

7   Zur Simulation (und daher Nichtigkeit) einer Familienstiftung bei tatsächlichem Willen der
    Errichtung einer Unterhaltsstiftung s. BGer vom 27. April 1993, in FZR 2 (1993), 287 ff.

135 III 614).[8] Denkbar ist, dass die nichtige Familienstiftung in ein zulässiges Rechtsinstitut umgedeutet wird (sog. Konversion), wenn anzunehmen ist, die handelnden
Personen hätten das bei Kenntnis der Nichtigkeit gewollt (93 II 452, mit weiteren Hinweisen). Zulässig ist aber die Ausgestaltung der Familienstiftung als Unternehmens-
stiftung mit wirtschaftlichem Zweck (so bereits 127 III 337 ff.; 135 III 614; nun auch
83a[2]).

5   Die Neuerrichtung von *Familienfideikommissen* (135 III 618 E. 4.3.1)[9] ist nicht zulässig (335[2]; 108 II 403), da sie als Überreste feudaler Anschauungen gelten.[10] Familienfideikommisse sind Vermögen oder Vermögenskomplexe (z.B. ein Schloss: 93 II 439,
ein Landgut), die sich auf Grund von Verfügungen (meist von Todes wegen) innerhalb einer Familie gemäss einer zum Vornherein festgesetzten Ordnung (z.B. jeweils
auf den ältesten männlichen Nachkommen) vererben sollen. Es handelt sich mithin
um ein Sondervermögen und nicht um eine juristische Person (135 III 618 E. 4.3.1).
Die schon vor 1912 gegründeten Familienfideikommisse dürfen, wenn die kantonale
Regelung sie geduldet hat, weiterbestehen und werden auch weiterhin von deren Normen beherrscht. Sie kommen nur, aber immerhin, noch vereinzelt vor.

b. Errichtung

6   Die Errichtung der Familienstiftung erfolgt wie bei anderen Stiftungen durch öffentliche Urkunde oder letztwillige Verfügung. Seit der Revision des Art. 52 Abs. 2 vom
12. Dezember 2014 (vorne § 15 N 30) bedarf auch die nach Inkrafttreten der Änderung
errichtete Familienstiftung der Eintragung ins Handelsregister.[11] Vor Inkrafttreten der
Änderung errichtete Familienstiftungen müssen binnen 5 Jahren nach Inkrafttreten
die Eintragung vornehmen lassen, bleiben aber als juristische Personen anerkannt,

---

8   Nach BREITSCHMID/VETSCH, Handkomm, Art. 335 N 4 f., ist diese Rechtsprechung heute zu
    relativieren, zumal es bei Einführung des Verbots eines Familienfideikommisses darum ging,
    Müssiggang der Familienmitglieder zu verbieten. Heute geht es mehr darum, bei Arbeitslosig-
    keit die Wiedereinführung in den Arbeitsprozess zu integrieren.

9   Dazu s. RENÉ PAHUD DE MORTANGES, Gegenwartslösungen für ein historisches Rechtsinsti-
    tut: Das Familienfideikommiss, in FS Bernhard Schnyder (Freiburg 1995), 499 ff. S. auch GRÜ-
    NINGER, BaKomm, Art. 335 N 14 ff.; BREITSCHMID/VETSCH, Handkomm, Art. 335 N 7; HAUS-
    HEER/GEISER/AEBI-MÜLLER, Familienrecht, Nr. 18.33.

10 Auf der gleichen staatspolitischen Überlegung beruht das Verbot der wiederholten Nacherben-
    einsetzung (488[2]): GRÜNIGER, BaKomm, Art. 335 N 14; BREITSCHMID/VETSCH, Handkomm,
    Art. 335 N 7; HAUSHEER/GEISER/AEBI-MÜLLER, Familienrecht, Nr. 18.33.

11 Fassung von Art. 52 Abs. 2 gemäss BG vom 12. Dezember 2014, in Kraft am 1. Januar 2016 (AS
    2015, 1389 ff.; Referendumsvorlage in BBl 2014, 9689 f.). Die Änderung verfolgt den Zweck, die
    Transparenz bei Stiftungen zu verbessern und damit namentlich Geldwäscherei wirksamer zu
    bekämpfen (BBl 2014, 605 ff., besonders 619 und 657).

auch wenn sie die Eintragung nicht vornehmen (6b[2bis] SchlT ZGB[12]; 133 III 169 E. 3, 140 II 259 ff. E. 5 f.). Dagegen ist sie nicht der Aufsichtsbehörde unterstellt (87[1]).[13]

II. Die Gemeinderschaft

a. Zweck und Gestalt

Dieses Institut sollte nach dem Willen des Gesetzgebers berufen sein, in moderni- 7
sierter Gestalt grosse soziale und wirtschaftliche Aufgaben zu lösen, namentlich die unheilvolle Zersplitterung und Überschuldung des ländlichen Bodens zu vermeiden. Was nur noch in fünf Kantonen galt, wurde daher auf die Eidgenossenschaft ausge-dehnt und den Bedürfnissen der Gegenwart entsprechend ausgebildet.

Der Gemeinderschaft (l'indivision) liegt die Idee zu Grunde, dass die Erbteilung nicht 8
sofort nach dem Tod der Erblasserin vorgenommen werden soll, sofern sie unabwend-bar eine Parzellierung der Güter oder eine Überschuldung des Übernehmers zur Folge hätte, sondern dass sie auf spätere, günstigere Zeiten verschoben wird. Inzwischen soll der ganze Nachlass oder wenigstens ein Teil davon den Erben gemeinschaftlich zuste-hen. Verwandte können aber auch unabhängig von einem Erbgang Vermögen zu einer Gemeinderschaft zusammenlegen (336). Die Gemeinder bilden eine Gemeinschaft (ohne Rechtspersönlichkeit[14]), welche den Charakter der deutschrechtlichen *Gemein-schaft zur gesamten Hand* aufweist.[15] Sie sind nicht Mit-, sondern Gesamteigentümer (342[1]). Sie können nur gemeinsam über das gemeinschaftliche Gut verfügen (339[3]), wie auch die Verwaltung und die Vertretung grundsätzlich gemeinsam sind (340).[16] Die Schuldenhaftung folgt, wie bei anderen Formen der Gesamthand (z.B. der Erben-gemeinschaft, 603), nicht dem Prinzip der Gemeinsamkeit; sie trifft jedes einzelne Mit-glied allein und für das Ganze, sie ist *solidarisch* (342[2]). Neben dem Gesamtvermögen kann, ähnlich wie bei der ehelichen Gemeinschaft, eine Art «Eigengut» der einzelnen

---

12 Nach dieser Kompromisslösung der eidgenössischen Räte gilt demnach für altrechtliche kirch-liche Stiftungen und Familienstiftungen in der Weise eine «Bestandesgarantie», dass diese Stif-tungen auch bei Nicht- oder nicht fristgerechter Eintragung ihre Persönlichkeit nicht verlieren (Amtl. Bull. 2014 NR, 2266 f. [Voten Vogler und BR Widmer-Schlumpf]).

13 Grüninger, BaKomm, Art. 87 N 9; Eisenring, HandKomm, Art. 87 N 3 f. Der in Art. 87 erwähnte «Vorbehalt des öffentlichen Rechts» ist für die Familienstiftungen, nicht aber für die kirchlichen Stiftungen, das Resultat eines Redaktionsversehens und als solches von den rechts-anwendenden Behörden zu berichtigen: Riemer, BeKomm, Syst. Teil zu Art. 80–89bis N 130.

14 Hausheer/Geiser/Aebi-Müller, Familienrecht, N 18.34; Lehmann/Hänseler, BaKomm, Art. 336 N 10.

15 Meier-Hayoz, BeKomm, Art. 652 N 14.

16 Im Einzelnen s. Lehmann/Hänseler, BaKomm, Art. 340 N 1 ff.; Reto Strittmatter, Aus-schluss aus Rechtsgemeinschaften, Mit- und Stockwerkeigentümergemeinschaft, Kollektiv-, Kommandit- und einfache Gesellschaft, Erbengemeinschaft und Gemeinderschaft (Diss. Zürich 2002), ZSPR 179 ; Margareta Baddeley, L'indivision de famille, in Mélanges de l'association des Notaires Vaudois, (Zürich 2005), 55 ff.

Mitglieder bestehen. Als solches «persönliches Vermögen» wird vor allem vermutet, was die einzelne Gemeinderin für sich allein erbt oder an Schenkungen erhält (342³).[17]

b. Die Begründung

9   Die normale Form der Gemeinderschaft liegt darin, dass Verwandte, denen eine Erbschaft zugefallen ist, diese unter sich *ungeteilt* lassen. Doch ist auch möglich, dass Verwandte eigene, gesonderte Güter zu einer Gesamtheit *zusammenlegen* und damit erst die Grundlage zur Vermögensgemeinschaft bilden (336). Zur Begründung der Gemeinderschaft ist in beiden Fällen ein *Vertrag*[18] und dessen *öffentliche Beurkundung* und *Unterschrift* der Gemeinder oder ihrer Vertreter verlangt (337). Vertragspartner können nur Verwandte sein (336).

10   **c. Die Arten.** Die Gemeinderschaft kann je nach den praktischen Bedürfnissen entweder Gemeinderschaft mit gemeinsamer Wirtschaft (1.) oder Ertragsgemeinderschaft (2.) sein.

1. Die Gemeinderschaft mit gemeinsamer Wirtschaft

11   Von besonderen Ausnahmefällen (wie Krankheit, Kindheit, Abwesenheit) abgesehen, *beteiligen* sich bei ihr alle Gemeinderinnen in irgendeiner Weise am wirtschaftlichen Betrieb (339¹). Wie dies geschehen soll, bestimmt sich nach Vereinbarung, Ortsübung und Anordnung des etwaigen Familienhauptes (331¹). Regelmässig, aber nicht notwendigerweise, führen die Gemeinder einen gemeinsamen Haushalt und wohnen zusammen auf dem Gemeinschaftsgut. Dabei erstreckt sich diese Gemeinschaftlichkeit grundsätzlich nicht nur auf die Arbeitspflicht, sondern auch auf die Ausübung der Rechte (339²) und die Führung der Angelegenheiten der Gemeinderschaft (340¹). Verwaltung und Vertretung stehen allen Gemeindern zusammen zu. Verlangt ist die Zustimmung oder Mitwirkung aller, abgesehen von gewöhnlichen Verwaltungshandlungen wie dringenden Ausbesserungen, die jeder Einzelne allein vornehmen kann (340²). Grundsätzlich sind also die Gemeinderinnen untereinander koordiniert, gleichberechtigt, sowohl nach innen wie nach aussen.

12   Um aber grössere Einigkeit, Planmässigkeit und Ordnung zu erzielen, können die Gemeinder an Stelle des Verhältnisses der Koordination auch jenes der *Subordination* setzen. Sie schaffen sich eine *Autorität,* wählen unter sich eine Person zum *Haupt* der Gemeinschaft (341¹). Dieses hat die doppelte Aufgabe der inneren Leitung und der Vertretung nach aussen (341²). Eine Betreibung muss jedoch auch dann von allen namentlich anzuführenden Gemeindern ausgehen (vgl. Kreisschreiben des BGer vom 3. April 1925 «an die kantonalen Aufsichtsbehörden für Schuldbetreibung und Konkurs für sich und zuhanden der untern [sic] kantonalen Aufsichtsbehörden und Betreibungsämter»; 51 III 98 ff. sowie 53 II 208 f.). Eine Eintragung ins Handelsregis-

---

17   Zur Abgrenzung zwischen Gemeinderschaftsgut und persönlichem Vermögen s. LEHMANN/ HÄNSELER, BaKomm, Art. 342 N 2 ff.

18   Die Begründung durch letztwillige Verfügung ist nicht möglich (85 II 563 E. 3). Zu den Essentialia s. LEHMANN/HÄNSELER, BaKomm, Art. 336 N 5; BREITSCHMID/VETSCH, HandKomm, Art. 336–348/359 N 2.

ter ist erforderlich, damit das Haupt allein, ohne die anderen Gemeinder, die Gemeinderschaft gutgläubigen Dritten gegenüber wirksam vertreten kann (341³).

2. Die Ertragsgemeinderschaft

Es kann vorkommen, dass nur einer oder einige Erben das ererbte Gut bewohnen, während die anderen ihren Lebensunterhalt anderswo suchen. In solchen Fällen kann von einer Gemeinderschaft mit gemeinsamer Bewirtschaftung keine Rede sein; dennoch erfordern etwa die Interessen eines landwirtschaftlichen Gewerbes, hier noch mehr als sonst, dass das Erbe zusammenbleibt und die Teilung aufgeschoben wird. Müsste die Tochter, die das väterliche Gut übernimmt, ihre Miterben in Geld abfinden, könnte dies oft nur durch übermässige Belastung der Güter geschehen, so dass der wirtschaftliche Ruin vielleicht unvermeidlich wäre. Sie vermag sich nur zu halten, wenn sie die nötige Zeit zur Verfügung hat, um allmählich die Miterben abzufinden. Inzwischen muss die Teilung verschoben, das Gut in der Gemeinschaft gelassen werden. Die übernehmende Erbin hat selbstverständlich als Haupt der Gemeinderschaft die ausschliessliche Leitung und Vertretung, sie hat allein die Bewirtschaftung zu besorgen und darf dafür ein entsprechendes Entgelt in Rechnung bringen. Die anderen Gemeinder sind nur jährlich am Ertrag, am Reingewinn, verhältnismässig beteiligt (347¹). Dieser soll mangels anderer Abrede nach dem Durchschnittsertrag während einer längeren Periode festgesetzt werden (347²). 13

Die Ertragsgemeinderschaft entsteht gestützt auf einen Vertrag unter den Gemeinderinnen (336, 347¹). 14

d. Die Aufhebung

Zu unterscheiden sind die Fälle, in denen die Gemeinderschaft als solche, *absolut,* ein Ende nimmt, und jene, in denen sie nur in der bisherigen Zusammensetzung, *relativ,* endet: Sie fällt *als solche* dahin, sobald die Gemeinderinnen dies einstimmig beschliessen, oder wenn die für ihren Bestand vorgesehene Dauer abgelaufen ist und die Gemeinderinnen sie nicht (auch nicht stillschweigend) verlängern, endlich, wenn eine Gemeinderin beim Vorliegen wichtiger Gründe ihre Auflösung durch das Gericht durchsetzt (343).[19] 15

Andere Aufhebungsgründe wirken nur *relativ,* so dass jener Gemeinder, auf den einer dieser Gründe zutrifft, *ausscheidet,* während die anderen die Gemeinderschaft fortsetzen. Dies ist der Fall bei der Kündigung und bei Konkurs oder Verwertung des gepfändeten Anteils eines Gemeinders (338¹ und ² und 344¹). Weniger eingreifend wirken *Heirat* und unter Umständen der *Tod* eines Gemeinders. Heirat gibt ihm das Recht, sofort, ohne Kündigung, auszutreten (344²). Beim Tod sind drei Fälle zu unterscheiden: Sind alle Erben des verstorbenen Gemeinders Teilhaber der Gemeinderschaft (z.B. Geschwister), so dauert sie einfach unter ihnen fort. Stehen sie ausserhalb der Gemeinderschaft, sind sie aber erbberechtigte Nachkommen des verstorbenen Gemeinders, 16

---

19 Lehmann/Hänseler, BaKomm, Art. 343 N 2 ff.; Breitschmid/Vetsch, Art. 349–358/359 N 4.

so können sie mit Zustimmung aller übrigen an dessen Stelle treten. Handelt es sich um andere Erben, so gehören zur Gemeinderschaft fortan nur noch die verbleibenden Teilhaber und können die anderen Erben eine Abfindung beanspruchen (345).[20]

17   Bei der *Ertragsgemeinderschaft* kommen besondere, in der Person des *Übernehmers* liegende Aufhebungsgründe hinzu: Vernachlässigung der Bewirtschaftung, Verletzung der Pflichten gegenüber den anderen Gemeindern. Die Aufhebung kann hierbei dadurch vermieden werden, dass das Gericht auf Verlangen eines Gemeinders und bei Vorliegen wichtiger Gründe dessen Eintritt in die Wirtschaft des Übernehmers verfügt (348).

18   Der Auflösung folgt die *Liquidation,* bei der absoluten Aufhebung durch *Teilung* des Gemeinschaftsgutes, bei der relativen oder partiellen Aufhebung durch *Abfindung* des Ausscheidenden bzw. seiner Gläubiger. Dafür ist der Vermögensstand zur Zeit des Eintritts des *Aufhebungsgrundes* massgebend (Vereinbarung, Konkurs, Tod, Heirat usw.). Die Vornahme der Teilung oder Abfindung darf aber nicht in einem dafür nachteiligen Augenblick, zur *Unzeit,* verlangt werden (346). Zur Auseinandersetzung beim Ausscheiden eines Gemeinders und zur analogen Anwendung erbrechtlicher und sachenrechtlicher Bestimmungen s. BGE 102 II 176. Auf dem Liquidationsgewinn, den ein aus der Familiengemeinderschaft ausscheidender Erbe erzielt, sind AHV-Beiträge geschuldet (114 V 72).

---

20   Lehmann/Hänseler, BaKomm, Art. 345 N 1 ff.

Dritte Abteilung

DER ERWACHSENENSCHUTZ[*]

§ 49 Übersicht

Das Erwachsenenschutzrecht regelt die rechtlichen Massnahmen zum Schutz von Personen, die aufgrund eines Schwächezustandes nicht in der Lage sind, ihre eigenen Interessen wahrzunehmen.[1]   1

Das Vormundschaftsrecht, welches 1912 in Kraft getreten war, wurde im Verlauf der Zeit lediglich in Bezug auf die fürsorgerische Freiheitsentziehung angepasst und entsprach dementsprechend der Rechtswirklichkeit nicht mehr.[2] Aus diesem Grund wurde das Vormundschaftsrecht umfassend revidiert und ist am 1. Januar 2013 als Erwachsenenschutzrecht in Kraft getreten. Dieses bietet Lösungen für dieselben Probleme an wie das Vormundschaftsrecht. Dieselben *vier Prinzipien* (Grundgedanken, Leitideen) prägen daher das Erwachsenenschutzrecht: der Schutz der Schwachen als primärer Zweck dieses Rechtsgebietes, die Antinomie von Betreuung und Freiheit als grundlegendes Spannungsverhältnis, die Aufgabenteilung als organisatorisches Prinzip und die geeignete Massnahme als Mittel zur Verwirklichung des Erwachsenenschutzrechts.[3]   2

Das neue Erwachsenenschutzrecht sieht drei Arten von Massnahmen vor: 3

– die eigene Vorsorge (360–369; nachfolgend § 50)

– die Massnahmen von Gesetzes wegen (374–387; nachfolgend § 51)

– die behördlichen Massnahmen (388–439; nachfolgend § 52, 53).

An erster Stelle steht die **eigene Vorsorge,** bei der eine Person im Vornherein entscheidet, wer für den Fall ihrer Urteilsunfähigkeit für die Regelung ihrer Angelegenheiten zuständig sein soll. Um dies zu ermöglichen, wurden mit dem Vorsorgeauftrag (360 ff.) und der Patientenverfügung (370 ff.) zwei neue Institute geschaffen. Mit Hilfe des Vorsorgeauftrags kann eine handlungsfähige Person eine natürliche oder juristische Person beauftragen, im Fall ihrer Urteilsunfähigkeit die Personen- oder Vermögenssorge zu übernehmen oder sie im Rechtsverkehr zu vertreten (360¹). In einer Patientenverfügung kann eine urteilsfähige Person festlegen, welchen medizinischen Massnahmen sie im Fall ihrer Urteilsunfähigkeit zustimmt oder nicht zustimmt (370¹)   4

---

[*] Der Text zum Erwachsenenschutz (§§ 49–61) beruht auf einem Entwurf, den Dr. Lucie Mazenauer, Rechtsanwältin, Oberassistentin am Lehrstuhl für Zivilrecht, verfasst hat.

[1] Botsch. Erwachsenenschutz, 7008; SANDRA IMBACH, Die vermögensrechtliche Vertretung der Ehegatten und eingetragenen Partner im Erwachsenenschutzrecht (Diss. Freiburg, Zürich 2013), AISUF 324, Nr. 24.

[2] Botsch. Erwachsenenschutz, 7008; IMBACH a.a.O. Nr. 27.

[3] SCHNYDER/MURER, BeKomm, Syst. Teil N 231 ff. für das Vormundschaftsrecht.

oder aber eine natürliche Person bezeichnen, die im Fall ihrer Urteilsunfähigkeit in Bezug auf diese Fragen entscheidungsberechtigt sein soll (370^2).

5   Als zweite Art von Massnahmen folgen die **Massnahmen von Gesetzes wegen für urteilsunfähige Personen** (374 ff.). Diese Bestimmungen regeln die gesetzliche Vertretung in drei verschiedenen Bereichen, für den Fall, dass eine Person urteilsunfähig wird, ohne vorher einen Willen betreffend ihre Vertretung zu äussern:

Zunächst behandeln die Art. 374 ff. die Voraussetzungen und die Ausübung des Vertretungsrechts der Ehegatten und eingetragenen Partnerinnen und Partner. Diese sollen bei Eintritt der Urteilsunfähigkeit der betroffenen Person in alltäglichen, notwendigen Angelegenheiten die Vertretung übernehmen können, ohne dass die Behörden eingeschaltet werden müssen. Art. 374 räumt den Ehegatten oder eingetragenen Partnerinnen oder Partnern in diesem Sinn das Recht ein, die Rechtshandlungen vorzunehmen, die zur Deckung des Unterhaltsbedarfs üblicherweise erforderlich sind, die ordentliche Verwaltung des Einkommens und der übrigen Vermögenswerte wahrzunehmen und nötigenfalls die Post zu öffnen und zu erledigen. Auf diese Weise wird die Solidarität innerhalb der Familie gestärkt und vermieden, dass die Behörden systematisch Beistandschaften anordnen müssen.

Die Art. 377 ff. kodifizieren die Vertretung bei medizinischen Massnahmen, im Fall, da sich die betroffene Person nicht vorgängig in einer Patientenverfügung zu allfälligen medizinischen Massnahmen geäussert hat. Bestimmte Kreise von Angehörigen sollen hier das Recht erhalten, für die urteilsunfähige Person die Zustimmung zu einer medizinischen Behandlung zu erteilen oder zu verweigern. Vertretungsberechtigt ist dabei im Vergleich zur gesetzlichen Vertretung der Ehegatten und eingetragenen Partnerinnen und Partner ein grösserer Personenkreis (378).

Schliesslich enthalten die Art. 382 ff. Bestimmungen über den Aufenthalt urteilsunfähiger Personen in Wohn- oder Pflegeeinrichtungen. Urteilsunfähige Personen, die in einer Einrichtung leben, geniessen nicht immer den erforderlichen Schutz. Deshalb muss unter neuem Recht für diese Personen ein schriftlicher Betreuungsvertrag abgeschlossen werden, um die notwendige Transparenz über die zu erbringenden Leistungen zu gewährleisten. Weiter werden die Voraussetzungen umschrieben, unter denen Massnahmen zur Einschränkung der Bewegungsfreiheit zulässig sind. Schliesslich sollen die Kantone verpflichtet werden, Wohn- und Pflegeeinrichtungen, die urteilsunfähige Personen betreuen, zu beaufsichtigen.

6   An dritter Stelle folgen die **behördlichen Massnahmen.** Als behördliche Massnahmen gelten einerseits die Beistandschaften (390 ff.) und andererseits die fürsorgerische Unterbringung (426 ff.).

7   Durch diese Stufenfolge – eigene Vorsorge, Vertretung durch nahe stehende Person und zuletzt behördliche Massnahmen – soll das Selbstbestimmungsrecht der betroffenen Person gewahrt und dem Prinzip der Subsidiarität und Verhältnismässigkeit Rechnung getragen werden. Weiter liegt dem neuen Erwachsenenschutzrecht noch stärker als dem alten Vormundschaftsrecht der Grundsatz zugrunde, dass Fragen

nicht einheitlich geregelt werden, sondern dem Einzelfall möglichst viel Raum gelassen wird. Dementsprechend flexibel sind insbesondere die Beistandschaften ausgestaltet, indem sich die verschiedenen Beistandschaften miteinander kombinieren lassen (397).

Erster Abschnitt

Die eigene Vorsorge und Massnahmen von Gesetzes wegen

1 Der zehnte Titel des ZGB und der erste Teil des Erwachsenenschutzes lautet «Die eigene Vorsorge und Massnahmen von Gesetzes wegen». Er zerfällt in zwei Abschnitte: Der erste Abschnitt, der nachfolgend in § 50 dargelegt wird, beschäftigt sich mit der eigenen Vorsorge (360–373), der zweite Abschnitt, wovon in § 51 die Rede sein wird, mit den Massnahmen von Gesetzes wegen für urteilsunfähige Personen (374–387).

§ 50   Die eigene Vorsorge

2 Im Rahmen der eigenen Vorsorge wurden durch das neue Erwachsenenschutzrecht zwei neue Institute eingeführt, mit denen das Selbstbestimmungsrecht der Betroffenen gefördert und der Staat entlastet werden soll: Es handelt sich einerseits um den Vorsorgeauftrag und andererseits um die Patientenverfügung. Mit dem Vorsorgeauftrag beauftragt eine handlungsfähige Person eine natürliche oder juristische Person, im Fall ihrer Urteilsunfähigkeit die Personensorge oder die Vermögenssorge zu übernehmen oder sie im Rechtsverkehr zu vertreten (360; nachfolgend I., N 3 ff.). In der Patientenverfügung kann eine natürliche Person festlegen, welchen medizinischen Massnahmen sie im Fall ihrer Urteilsunfähigkeit zustimmt und welche Massnahmen sie ablehnt. Ferner kann sie eine natürliche Person bezeichnen, die in ihrem Namen über die medizinischen Massnahmen entscheiden soll (370; nachfolgend II., N 33 ff.).

I.   Der Vorsorgeauftrag

a. Ratio legis

3 Mit dem Vorsorgeauftrag wurde ein Instrument ins Gesetz aufgenommen, das einer Person erlaubt, mit Blick auf die später möglicherweise fehlende Urteilsfähigkeit selber eine natürliche oder juristische Person zu bestimmen, welche die Personen-, die Vermögenssorge oder die Rechtsvertretung übernehmen soll. Damit wird die Selbstbestimmung pro futuro der jetzt noch handlungsfähigen Person gestärkt, was einem Ziel des neuen Erwachsenenschutzes entspricht.[1] Das Selbstbestimmungsrecht kann durch

---

1   Hotz, Zum Selbstbestimmungsrecht des Vorsorgenden de lege lata und de lege ferenda, in ZKE 66 (2011), 102 ff., 103; Meier, Le nouveau droit de protection de l'adulte – Présentation génerale, Jusletter 17. November 2008, Nr. 11; Rumo-Jungo, BaKomm, Art. 360 N 8 ff.; Alexandra Rumo-Jungo, Private Schutzmassnahme – Der Vorsorgeauftrag, in Susan Emmenegger (Hrsg.), Das Bankkonto, Policy – Inhaltskontrolle – Erwachsenenschutz (Basel 2013), 217 ff.; Rumo-Jungo, Vorsorgeauftrag und Banken, in: Jusletter 9. Dezember 2013; Widmer Blum Carmen Ladina, Urteilsfähigkeit, Vertretung und Selbstbestimmung – insbesondere: Patientenverfügung und Vorsorgeauftrag (Diss. Zürich 2010), LBR 48, 7 ff.; Nussberger, Das Vertretungsrecht und die Handlungsfähigkeit im neuen Erwachsenenschutzrecht, in AJP 21 (2012),

den Vorsorgeauftrag über die Zeit der Urteilsunfähigkeit hinaus gewahrt werden. Das entspricht auch dem grundrechtlichen Schutz der Menschenwürde.[2] Die Auftraggeberin wird im Zeitpunkt ihrer Handlungsunfähigkeit nicht völlig fremdbestimmt sein, sondern kann in dreifacher Hinsicht selbstbestimmt entscheiden: Sie kann erstens die Person bestimmen, die für sie handeln, zweitens die Tätigkeitsfelder umschreiben, in denen die Beauftragte handeln und drittens Handlungs- und Entscheidrichtlinien aufstellen, nach denen sich die Beauftragte richten soll. Mit dem Vorsorgeauftrag wird eine erwachsenenschutzrechtliche Massnahme vermieden, wo andernfalls eine solche erforderlich wäre. Der Vorsorgeauftrag kann daher auch als eine *privat initiierte Erwachsenenschutzmassnahme* bezeichnet werden.[3]

b. Inhalt

Der Inhalt des Vorsorgeauftrags ist in Art. 360 geregelt: Eine handlungsfähige Person 4 kann eine natürliche oder juristische Person beauftragen, im Fall ihrer Urteilsunfähigkeit die Personensorge oder die Vermögenssorge zu übernehmen oder sie im Rechtsverkehr zu vertreten (Abs. 1). Die Auftraggeberin kann dabei wählen, ob der Vorsorgeauftrag alternativ oder kumulativ die Sorge um die Person oder das Vermögen umfasst und ob der Beauftragte sie im Rechtsverkehr vertreten können soll. Umfasst der Vorsorgeauftrag alle diese Bereiche, entspricht dies im Ergebnis einer umfassenden Beistandschaft.[4]

1. Inhaltliche Mindestanforderungen

Damit der Vorsorgeauftrag gültig errichtet ist, muss er inhaltlich gewisse Mindestanforderungen erfüllen: In *personeller Hinsicht* muss klar bestimmt sein, wer die Auftraggeberin und wer der Beauftragte ist. In *gegenständlicher Hinsicht* muss klar sein, dass der Auftrag für den Fall des Eintritts einer dauernden oder längere Zeit dauernden

---

1677 ff., 1682; Zeiter, Vorsorgeauftrag, Patientenverfügung und Nacherbeneinsetzung auf den Überrest nach Art. 492a ZGB: Überblick und Rechtsinstitute, in SJZ 109 (2013), 225 ff., 226; Stephanie Hrubesch-Millauer/David Jakob, Das neue Erwachsenenschutzrecht – insbesondere der Vorsorgeauftrag und die Patientenverfügung, in Stephan Wolf (Hrsg.), Das neue Erwachsenenschutzrecht – insbesondere Urteilsfähigkeit und ihre Prüfung durch die Urkundsperson (Bern 2012), 65 ff., 75 und 85; Peter Stähli, Die Musterurkunde zum Vorsorgeauftrag, Das neue Erwachsenenschutzrecht – insbesondere der Vorsorgeauftrag und die Patientenverfügung, in Stephan Wolf (Hrsg.), Das neue Erwachsenenschutzrecht – insbesondere Urteilsfähigkeit und ihre Prüfung durch die Urkundsperson (Bern 2012), 109 ff., 115; Häfeli, Erwachsenenschutz, Nr. 08.01.

2 Botsch. Erwachsenenschutz, 7012; Hausheer/Geiser/Aebi-Müller, Erwachsenenschutzrecht, Nr. 2.03; Rumo-Jungo, BaKomm, Art. 360 N 9; Widmer Blum a.a.O. 13 f.

3 Rumo-Jungo, BaKomm, Art. 360 N 22; siehe auch Jürg Schmid, Vollmachten und Vorsorgeauftrag, in Jürg Schmid (Hrsg.), Stiftung Schweizerisches Notariat, Nachlassplanung und Nachlassteilung (Zürich 2014), 1 ff., 17.

4 Botsch. Erwachsenenschutz, 7025; Rumo-Jungo, BaKomm Art. 360 N 41; Schmid, Erwachsenenschutz Kommentar, Art. 360 N 11.

Urteilsunfähigkeit der Auftraggeberin Wirkungen entfaltet.[5] Der Begriff der Urteils-unfähigkeit muss nicht explizit verwendet werden. Es genügt, dass der Sache nach klar ist, welcher Zustand gemeint ist. Ferner muss der Aufgabenbereich des Beauftragten mindestens in genereller Weise umschrieben werden (360^2). Die Auftraggeberin kann auch Weisungen für deren Erfüllung erteilen.[6] Zwar ist es empfehlenswert, die Aufga-ben möglichst genau zu definieren.[7] Allerdings ist der Vorsorgeauftrag auch dann gül-tig, wenn die Aufgaben nicht im Einzelnen definiert und begrenzt wurden.[8] Es genügt, wenn die Auftraggeberin eine natürliche oder juristische Person in allgemeiner Form mit der Wahrung ihrer Interessen für den Fall ihrer Urteilsunfähigkeit in einer form-gültigen Urkunde beauftragt.[9] In diesem Fall wird von einem umfassenden Vorsorge-auftrag ausgegangen, der alle drei Bereiche umfasst.[10] Will die Auftraggeberin nicht alle drei Bereiche übertragen, muss dagegen ersichtlich sein, ob sie die Vermögens-sorge, die Personensorge und/oder die Vertretung im Rechtsverkehr wünscht. Umfasst der Vorsorgeauftrag nicht sämtliche Bereiche, bleibt für die nicht betroffenen Bereiche Raum für die gesetzliche Vertretung (374 ff; § 51) bzw. für die Errichtung einer Bei-standschaft (390; § 52).

2. Auslegung des Vorsorgeauftrags

6   Bei der Auslegung eines Vorsorgeauftrags ist zu unterscheiden, ob er vor oder nach der Annahme durch den Vorsorgebeauftragten ausgelegt werden muss: *Vor der Annahme* handelt es sich beim Vorsorgeauftrag um eine einseitige Willenserklärung, vergleich-bar mit einer letztwilligen Verfügung. Da noch keine Dritten am Vorsorgeauftrag beteiligt sind, steht die Selbstbestimmung des Auftraggebers im Vordergrund. Im Sinn des Willensprinzips ist der subjektive Wille der Auftraggeberin zu ermitteln.[11] Anders präsentiert sich die Situation, wenn der Vorsorgeauftrag *nach der Annahme* ausge-legt werden soll. Hier ist zu *differenzieren*: Ersucht der Beauftragte die Erwachsenen-schutzbehörde um Auslegung und Ergänzung (364), hat sich diese am Willensprinzip zu orientieren, sofern es sich um eine prospektive Auslegung oder Ergänzung handelt, die dem Beauftragten Klarheit für sein künftiges Handeln verschaffen soll. Auf diese Weise sollen Unklarheiten aus der Welt geschafft und zudem allfälligen auftretenden Veränderungen der Verhältnisse Rechnung getragen werden können.[12] Eine Aussen-wirkung ist noch nicht erfolgt; mithin ist auch kein Vertrauen entstanden, das es (mit

---

5   RUMO-JUNGO, BaKomm, Art. 360 N 32; Art. 363 N 20; LANGENEGGER, ESR-Kommentar, Art. 360 N 21.

6   RUMO-JUNGO, BaKomm, Art. 360 N 33; MEIER/LUKIC, Nr. 191.

7   Botsch. Erwachsenenschutz, 7025.

8   LANGENEGGER, ESR-Kommentar, Art. 360 N 2; RUMO-JUNGO, BaKomm, Art. 360 N 32; SCHMID, Erwachsenenschutz Kommentar, Art. 360 N 13.

9   GEISER, FamKomm Erwachsenenschutz, Art. 361 N 16.

10   RUMO-JUNGO, BaKomm, Art. 360 N 32.

11   RUMO-JUNGO, BaKomm, Art. 364 N 13, N 15; STEINAUER/FOUNTOULAKIS, Personnes phy-siques, Nr. 895; HRUBESCH-MILLAUER/JAKOB a.a.O. 89.

12   Botsch. Erwachsenenschutz, 7028.

der Auslegung nach dem Vertrauensprinzip oder nach der objektivierten Auslegung[13]) zu schützen gälte. Ist der Beauftragte mit der Auslegung der Behörde nicht einverstanden, kann er den Auftrag niederlegen. Andernfalls kann er sein künftiges Handeln am Auslegungsergebnis orientieren. Hat der Beauftragte dagegen bereits gegenüber Dritten gehandelt, den Vorsorgeauftrag also nach dem eigenen Verständnis ausgelegt, und stellt sich nachträglich die Frage nach dem Inhalt und/oder der (richtigen) Erfüllung des Auftrags, ist der Vertrag nach einem objektivierten Verständnis (normativ) auszulegen. Denn mit dem Handeln des Beauftragten sind Fakten geschaffen worden oder ist Vertrauen entstanden, die es möglicherweise zu schützen gilt.[14] Der Vorsorgeauftrag ist mithin so auszulegen, wie ein vernünftiger, redlicher Mensch ihn verstehen durfte und musste.[15] Die Frage der (richtigen) Erfüllung des Vorsorgeauftrags bzw. der Haftung des Beauftragten beurteilt sich somit danach, ob die Handlungen des Beauftragten vom Vorsorgeauftrag, wie er nach Treu und Glauben verstanden werden durfte und musste, gedeckt sind.[16]

c. Beteiligte Personen

Am Vorsorgeauftrag sind die Auftraggeberin und der Beauftragte beteiligt: 7

1. Die Auftraggeberin

Die Auftraggeberin muss bei der Errichtung des Vorsorgeauftrags handlungsfähig, d.h.   8
urteilsfähig und volljährig (13) und darf nicht umfassend verbeiständet sein (17, 398³). Die geforderte Urteilsfähigkeit ist relativ zu verstehen und ihr Vorliegen im Einzelfall und in Bezug auf die konkret vorzunehmende Handlung zu beurteilen.[17] Deshalb hängt die gültige Errichtung eines Vorsorgeauftrages davon ab, ob Urteilsfähigkeit in Bezug auf den konkreten Bereich vorliegt, der im Vorsorgeauftrag geregelt werden soll: Die Auftraggeberin muss im Zeitpunkt der Auftragserteilung fähig sein, die Tragweite ihrer Anordnungen zu erfassen.[18] Dagegen ist nicht erforderlich, dass sie die fraglichen Geschäfte (z.B. die Verwaltung von Wertschriften, die Beurteilung der langfristigen Opportunität von bestimmten Geschäften oder die Geschäftsführung als Gesellschafter: 535, 539³, 545 Ziff. 3, 574¹ OR) noch selber vornehmen könnte. Massgeblich ist einzig, ob sie die Einsicht in die Delegation dieser Handlungen an den Beauftragten hat und ob diese Delegation in der Wahl der Person konsistent und lebensgeschichtlich eingebettet ist. So sind etwa für die Bezeichnung der Ehegattin als Vorsorgebeauf-

---

13 GAUCH/SCHLUEP/SCHMID, OR AT I, Nr. 1201, 1225 f.

14 So RUMO-JUNGO, BaKomm, Art. 360 N 13; STEINAUER/FOUNTOULAKIS, Personnes physiques, Nr. 896.

15 GAUCH/SCHLUEP/SCHMID, OR AT I, Nr. 1201, 1225.

16 RUMO-JUNGO, BaKomm, Art. 364 N 13, N 15; so auch HRUBESCH-MILLAUER/JAKOB a.a.O. 89.

17 BGE 134 II 235 E. 4.3.2; 124 III 5 E. 1a; LANGENEGGER, ESR-Kommentar, Art. 360 N 14. Zur Urteilsfähigkeit eingehend MEIER/LUKIC, Nr. 206 ff.

18 RUMO-JUNGO, BaKomm, Art. 360 N 22; WIDMER BLUM a.a.O. 274 ff. Nach STEINAUER/FOUN-TOULAKIS, Personnes physiques, Nr. 835a, sind die Anforderungen an die Urteilsfähigkeit für die Redaktion eines Testaments in der Regel höher als jene für das Verfassen eines Vorsorgeauftrags.

tragte keine hohen Anforderungen an die Urteilsfähigkeit zu stellen, wenn diese Ehegattin bereits seit Jahren alle Geschäfte des Auftraggebers begleitet hat und bereits mit
umfassenden Vollmachten ausgestattet war.[19]

9 Bei der Errichtung eines Vorsorgeauftrags handelt es sich um ein *höchstpersönliches*
und damit vertretungsfeindliches Rechtsgeschäft, welches zwingend durch die Auftraggeberin selber abgeschlossen werden muss. Urteilsfähige Minderjährige sowie
Personen, deren Handlungsfähigkeit durch eine Massnahme des Erwachsenenschutzes (394[2]) oder von Gesetzes wegen (396[2]) in den relevanten Bereichen eingeschränkt
wurde, können folglich keinen Vorsorgeauftrag errichten.[20] Wurde die Handlungsfähigkeit einer Person durch eine Vertretungs- oder Mitwirkungsbeistandschaft lediglich eingeschränkt, bleibt eine Errichtung aber möglich, soweit die Auftraggeberin ihre
Handlungsfähigkeit im Hinblick auf die zu regelnde Thematik noch immer besitzt.[21]
Untersteht eine Person dagegen einer umfassenden Beistandschaft, kann generell kein
Vorsorgeauftrag errichtet werden, da die Handlungsfähigkeit der betroffenen Person
von Gesetzes wegen entfällt (398[3]).

2. Der Vorsorgebeauftragte

10 Als Vorsorgebeauftragter kann gemäss Gesetzestext eine natürliche oder juristische
Person bezeichnet werden. Als juristische Person kommt beispielsweise eine Bank[22],
eine Treuhandfirma oder eine andere juristische Person, namentlich die Pro Senectute, in Frage. Wird eine natürliche Person bezeichnet, muss diese wie der Auftraggeber handlungsfähig sein.[23] Zudem muss der Beauftragte – unabhängig davon, ob
eine natürliche oder eine juristische Person bezeichnet wird – zwar nicht namentlich
genannt werden,[24] aber doch klar bestimmbar sein.[25] Es reicht nicht, wenn «ein Angestellter der Bank X» ernannt wird. Ausreichend ist es hingegen, wenn die «Pro Senec-

---

19 S. dazu den Entscheid des Verwaltungsgerichts ZG vom 13. 11. 2014, in GVP Zug 2014, 203 ff.
20 Rumo-Jungo, BaKomm, Art. 360 N 17; Schmid, Erwachsenenschutz Kommentar, Art. 360
    N 6 f.; Steinauer/Fountoulakis, Personnes physiques, Nr. 836.
21 Hrubesch-Millauer/Jakob a.a.O. 86 f.; Rumo-Jungo, BaKomm, Art. 360 N 23; Widmer
    Blum a.a.O. 273 f.
22 Rumo-Jungo, Schutzmassnahme a.a.O., 235 f.; Rumo-Jungo, Banken a.a.O., N 1 ff.; Steinauer/
    Fountoulakis, Personnes physiques, Nr. 854.
23 Geiser, FamKomm Erwachsenenschutz, Art. 360 N 10; Rumo-Jungo, BaKomm, Art. 360
    N 24; Schmid, Erwachsenenschutz Kommentar, Art. 360 N 8; Widmer Blum, HandKomm,
    Art. 360 N 12; Langenegger, ESR-Kommentar, Art. 360 N 16; Häfeli, Erwachsenenschutz,
    Nr. 08.22; Steinauer/Fountoulakis, Personnes physiques, Nr. 852a.
24 So aber in Botsch. Erwachsenenschutz, 7025.
25 Geiser, FamKomm Erwachsenenschutz, Art. 360 N 6; Rumo-Jungo, BaKomm, Art. 360 N 27;
    Widmer Blum, HandKomm, Art. 360 N 12; a. M. Regina E. Aebi-Müller/Sabrina Bienz,
    Vorsorgeauftrag und Patientenverfügung in der Schweiz, in Martin Löhnig et al. (Hrsg.), Vor-
    sorgevollmacht und Erwachsenenschutz in Europa, Beiträge zum Europäischen Familienrecht
    (Bielefeld 2011), 57 ff., 69; Langenegger, , ESR-Kommentar, Art. 360 N 17; Meier/Lukic,
    Nr. 197; Häfeli, Erwachsenenschutz, Nr. 08.09. Unklar Geiser, FamKomm Erwachsenen-
    schutz, Art. 360 N 6.

tute» oder «mein ältester Sohn» als Beauftragte/r eingesetzt wird.[26] Der höchstpersönliche Charakter des Vorsorgeauftrags lässt es nicht zu, dass ein Dritter ermächtigt wird, die Beauftragte zu bezeichnen.[27] Für den Fall, dass der Beauftragte für die Aufgaben nicht geeignet ist, er den Auftrag nicht annimmt oder ihn kündigt, können Ersatzverfügungen getroffen werden (360[3]). Zudem ist es möglich, mehrere Personen zu beauftragen, entweder je für die Übernahme verschiedener Aufgaben oder alle für sämtliche Aufgaben gemeinsam.[28] Dabei hat der Auftraggeber zu bestimmen, wie sich das Verhältnis zwischen den Beauftragten gestalten und wem welche Kompetenzen zukommen sollen.[29]

Wird eine Person im Rahmen eines Vorsorgeauftrags angewiesen, im Namen der Auftraggeberin einer medizinischen Massnahme die Zustimmung zu erteilen oder diese zu verweigern, muss es sich zwingend um eine natürliche Person handeln: Es handelt sich materiell um eine Patientenverfügung, bei der aufgrund ihres persönlichen Charakters gemäss Art. 370 Abs. 2 nur eine natürliche Person bezeichnet werden kann.[30]   11

d. Errichtung und Widerruf

1. Form der Errichtung

Der Vorsorgeauftrag ist – entsprechend der Formvorschriften letztwilliger Verfügungen – eigenhändig zu errichten oder öffentlich zu beurkunden (361[1]). Im Fall der öffentlichen Beurkundung bestimmen gemäss Art. 55 Abs. 1 SchlT die Kantone, wie die öffentliche Beurkundung hergestellt wird.[31] Die Erfordernisse für eine letztwillige öffentlich beurkundete Verfügung im Sinn von Art. 499 ff. – insbesondere der Beizug von zwei Zeugen – müssen nicht eingehalten werden.[32] Im Fall der eigenhändi-   12

---

26   Rumo-Jungo, BaKomm, Art. 360 N 27; Schmid, Erwachsenenschutz Kommentar, Art. 360 N 14.

27   Botsch. Erwachsenenschutz, 7025; Geiser, FamKomm Erwachsenenschutz, Art. 360 N 7.

28   Botsch. Erwachsenenschutz, 7025; Rumo-Jungo, BaKomm, Art. 360 N 35; Schmid, Erwachsenenschutz Kommentar, Art. 360 N 11; Steinauer/Fountoulakis, Personnes physiques, Nr. 855 f.; Widmer Blum, HandKomm, Art. 360 N 12.

29   Geiser, FamKomm Erwachsenenschutz, Art. 360 N 11.

30   Botsch. Erwachsenenschutz, 7025 f.; Rumo-Jungo, BaKomm, Art. 360 N 26; Schmid, Erwachsenenschutz Kommentar, Art. 360 N 16; Meier/Lukic, Nr. 196.

31   Rumo-Jungo, BaKomm, Art. 361 N 2 und 5; Schmid, Erwachsenenschutz Kommentar, Art. 361 N 1.

32   So auch Aebi-Müller/Bienz a.a.O. 71; Christiana Fountoulakis/Christina Gaist, Le mandat pour cause d'inaptitude dans le nouveau droit de la protection de l'adulte, in Jean-Baptiste Zufferey/Jacques Dubey/Adriano Previtali (Hrsg.), L'homme et son droit, Mélanges en l'honneur de Marco Borghi (Zürich/Basel/Genf 2011), 153 ff., 161; dies., Les mesures personelles anticipées: les directives anticipées du patient et le mandat pour cause d'inaptitude, in FamPra.ch 13 (2012), 867 ff., 882; Geiser, FamKomm Erwachsenenschutz, Art. 361 N 11; Steinauer/Fountoulakis, Personnes physiques, Nr. 837a; Widmer Blum, HandKomm, Art. 361 N 3; Häfeli, Erwachsenenschutz, Nr. 08.12; Meier/Lukic, Nr. 201; Langenegger, ESR-Kommentar, Art. 361 N 2; Rumo-Jungo, BaKomm, Art. 361 N 1; Schmid, Erwachsenenschutz Kommentar, Art. 361 N 1; a. M. Wolf/Eggel, Zum Beurkundungsverfahren beim

gen Errichtung ist der Vorsorgeauftrag entsprechend der Regelung bei der Errichtung eines eigenhändigen Testaments (505[1]) von der Auftraggeberin von Anfang bis Ende von Hand niederzuschreiben, zu datieren und zu unterzeichnen (361[2]). Im Gegensatz zur Regelung bei letztwilligen Verfügungen (520a) verzichtete der Gesetzgeber beim Vorsorgeauftrag auf die Relativierung der Bedeutung der Datierung. Aus diesem Grund wird die Meinung vertreten, dass eine fehlerhafte Datierung zur Ungültigkeit des Vorsorgeauftrags führt.[33] Da bei der eigenhändigen Errichtung des Vorsorgeauftrags dieselben Regeln wie bei derjenigen eines eigenhändigen Testaments zu beachten sind, rechtfertigt sich jedoch eine analoge Anwendung von Art. 520a.[34] Es ist nicht einsichtig, weshalb der Datierung im Rahmen des Vorsorgeauftrages eine grössere Bedeutung zukommen soll als bei der eigenhändigen Errichtung eines Testaments.[35] Liegt der Mangel einer eigenhändigen letztwilligen Verfügung darin, dass Jahr, Monat oder Tag nicht oder unrichtig angegeben sind, hat dies deshalb nur dann die Ungültigkeit des Vorsorgeauftrags zur Folge, wenn sich diese Angaben nicht auf andere Weise feststellen lassen, und das Datum für die Gültigkeit des Vorsorgeauftrags notwendig ist (520a sinngemäss).

13   Um sicherzustellen, dass die Erwachsenenschutzbehörde bei Eintritt der Urteilsunfähigkeit des Auftraggebers Kenntnis vom Vorsorgeauftrag erhält, trägt das Zivilstandsamt auf Antrag die Tatsache, dass eine Person einen Vorsorgeauftrag errichtet hat, sowie den Hinterlegungsort in die zentrale Datenbank «*Infostar*» ein (361[3]). Eingetragen wird der Umstand, dass ein Vorsorgeauftrag errichtet worden ist und wo er hinterlegt wurde, nicht aber dessen Inhalt.[36]

2. Widerruf

14   Solange der Auftraggeber urteilsfähig ist (Handlungsfähigkeit ist nicht erforderlich),[37] ist der *Widerruf* eines Vorsorgeauftrages in den Formen, wie sie für die Errichtung vorgeschrieben sind, jederzeit möglich (362[1]). Nicht notwendig ist, dass dieselbe Form wie für die Errichtung gewählt wird. Somit kann ein Vorsorgeauftrag, der durch öffentliche Beurkundung errichtet worden ist, auch eigenhändig widerrufen werden.[38] Weiter kann der Vorsorgeauftrag durch physische Vernichtung, wie beispielsweise durch

---

Vorsorgeauftrag – aus der Sicht der Urkundsperson, Jusletter 6. Dezember 2010, Nr. 2 f.; Hru-besch-Millauer/Jakob a.a.O. 85 f.

33   Schmid, Erwachsenenschutz Kommentar, Art. 363 N 3.

34   Meier/Lukic, Nr. 210; Meier/Lukic, Nr. 210.

35   Ebenso Widmer Blum, HandKomm, Art. 361 N 2; im Ergebnis ebenso Geiser, FamKomm Erwachsenenschutz, Art. 361 N 18, wonach allerdings Art. 520a nicht analog anzuwenden ist, sondern es sich bereits aus dem Formzweck ergibt, dass ein falsches Datum nicht in jedem Fall schadet.

36   Hrubesch-Millauer/Jakob a.a.O. 94.

37   Botsch. Erwachsenenschutz, 7028; Rumo-Jungo, BaKomm, Art. 360 N 15 und 362 N 2; Lan-genegger, ESR-Kommentar, Art. 362 N 6; Häfeli, Erwachsenenschutz, Nr. 08.17; Steinauer/Fountoulakis, Personnes physiques, Nr. 846.

38   Rumo-Jungo, BaKomm, Art. 362 N 6; Schmid, Erwachsenenschutz Kommentar, Art. 362 N 3; Steinauer/Fountoulakis, Personnes physiques, Nr. 845a.

Zerreissen, Verbrennen oder Unleserlichmachen der Urkunde widerrufen werden (362²). Erforderlich ist die Vernichtung des Originals; die Vernichtung der Kopie genügt nicht.³⁹ Dasselbe kann auch mit dem Vermerk «widerrufen» oder «annulliert» auf der Urkunde erreicht werden.⁴⁰

Wird der Vorsorgeauftrag *gegen den Willen* der Auftraggeberin *zerstört,* rechtfertigt es 15
sich, Art. 510 Abs. 2, welcher dem Erbrecht entnommen wurde, sinngemäss anzuwenden.⁴¹ Demnach verliert eine Urkunde nur dann ihre Wirksamkeit, wenn ihr Inhalt nicht mehr genau und vollständig festgestellt werden kann. Errichtet die Auftraggeberin einen neuen Vorsorgeauftrag, ohne einen früheren ausdrücklich aufzuheben, tritt der neue Vorsorgeauftrag entsprechend der Regelung der letztwilligen Verfügungen (511¹) an die Stelle des früheren, sofern er nicht zweifellos eine Ergänzung darstellt (362³).⁴² Nicht vorgesehen ist ein Erlöschen des Vorsorgeauftrags von Gesetzes wegen, beispielsweise nach Ablauf einer gewissen Dauer, wie sie im Vorentwurf noch vorgesehen war. Um sicherzustellen, dass der Vorsorgeauftrag tatsächlich dem Willen des Auftraggebers entspricht, ist ihm deshalb zu empfehlen, diesen periodisch zu überprüfen.⁴³

e. Wirksamkeit

Der Vorsorgeauftrag *als einseitiges Rechtsgeschäft* entfaltet seine Wirkung bei *Ein-* 16
tritt der Urteilsunfähigkeit der Auftraggeberin (nachfolgend 1., N 17 ff.). Um die Wirkung des Vorsorgeauftrags auszulösen, muss die Urteilsunfähigkeit von einer gewissen Dauer sein.⁴⁴ Eine Mindestdauer oder gar der Eintritt der endgültigen Urteilsunfähigkeit ist aber nicht vorausgesetzt.⁴⁵ Notwendig ist nur, dass die Urteilsunfähigkeit von einer Art ist, die aus der Sicht des Auftraggebers ein Handeln der Beauftragten nötig macht.⁴⁶ Als zweiseitiges Rechtsgeschäft entfaltet der Vorsorgeauftrag seine Wirkung, wenn er von der beauftragten Person angenommen wird (nachfolgend 2., N 22 ff.).

1. Feststellung der Wirksamkeit

Erfährt die Erwachsenenschutzbehörde, dass eine Person urteilsunfähig geworden ist, 17
und ist ihr nicht bekannt, ob ein Vorsorgeauftrag vorliegt, erkundigt sie sich beim Zivilstandsamt (363¹). Wurde ein Vorsorgeauftrag errichtet, wird er von der Erwachsenenschutzbehörde überprüft. Nach Art. 363 Abs. 2 prüft sie vier Kriterien: a. die gültige Errichtung, b. den Eintritt der Voraussetzungen für die Wirksamkeit, c. die Eignung der beauftragten Person, d. das Erfordernis weiterer Massnahmen:

---

39 Botsch. Erwachsenenschutz, 7027; Geiser, FamKomm Erwachsenenschutz, Art. 362 N 6.
40 Botsch. Erwachsenenschutz, 7027.
41 Rumo-Jungo, BaKomm, Art. 362 N 13. Ebenso Langenegger, ESR-Kommentar, Art. 362 N 3.
42 Schmid, Erwachsenenschutz Kommentar, Art. 363 N 8; Meier/Lukic, Nr. 217.
43 Rumo-Jungo, BaKomm, Art. 362 N 4.
44 Schmid, Erwachsenenschutz Kommentar, Art. 360 N 12; Meier/Lukic, Nr. 221; Langenegger, ESR-Kommentar, Art. 363 N 9.
45 Hrubesch-Millauer/Jakob a.a.O. 90; Langenegger, ESR-Kommentar, Art. 363 N 9; Meier/Lukic, Nr. 194.
46 Rumo-Jungo, BaKomm, Art. 360 N 30.

18   α. Gemäss Ziff. 1 vergewissert sie sich dabei zunächst, dass er *gültig errichtet* worden
      ist. Leidet der Vorsorgeauftrag beispielsweise an einem *Formmangel,* ist er im Sinn
      von Art. 11 Abs. 2 OR ungültig. Diesfalls hat die Erwachsenenschutzbehörde gestützt
      auf Art. 390 Abs. 1 Ziff. 2 einen Beistand zu ernennen, der die im Vorsorgeauftrag
      vorgesehene und weitere notwendige Aufgaben übernimmt.[47] Enthält ein formungül-
      tiger Vorsorgeauftrag Anordnungen, die einer Patientenverfügung entsprechen, sind
      diese aber gültig, wenn die diesbezüglichen Formerfordernisse (siehe dazu Art. 370 ff.)
      erfüllt sind. Kommt die Erwachsenenschutzbehörde zum Schluss, der Vorsorgeauf-
      trag sei *nicht gültig* errichtet worden, hat dies nicht dessen völlige Nichtbeachtung zur
      Folge. Vielmehr ist im Hinblick auf die Bedeutung der Selbstbestimmung des Auf-
      traggebers von einer beschränkten Wirksamkeit auszugehen. Wenn möglich ist des-
      halb namentlich die im ungültigen Vorsorgeauftrag genannte Person als Beiständin zu
      ernennen und sind die inhaltlichen Weisungen zu beachten.[48]

19   β. Nach Ziff. 2 klärt die Behörde weiter, ob die Voraussetzungen für die Wirksamkeit
      des Vorsorgeauftrags eingetreten sind, also ob die Auftraggeberin in Bezug auf die not-
      wendigen Handlungen *urteilsunfähig* geworden ist. Ist der Auftraggeber lediglich in
      Bezug auf gewisse Aspekte urteilsunfähig geworden, kann der Vorsorgeauftrag auch
      partiell Wirkung entfalten. Dies überprüft die Erwachsenenschutzbehörde unter Inan-
      spruchnahme ärztlicher Fachkunde.

20   γ. Weiter hat die Erwachsenenschutzbehörde zu klären, ob die Beauftragte für ihre Auf-
      gabe *geeignet* ist (Ziff. 3). Dies ist beispielsweise zu verneinen, wenn die gewünschte
      Person nicht genügend Zeit für die Wahrnehmung der Aufgabe aufbringen kann oder
      ein Interessenkonflikt vorliegt, welcher der Übernahme dieses Amtes entgegensteht.[49]

21   δ. Schliesslich ist zu eruieren, ob *weitere Massnahmen* des Erwachsenenschutzes erfor-
      derlich sind (Ziff. 4). Weitere Massnahmen sind namentlich dann notwendig, wenn
      der Vorsorgeauftrag nicht alle zu übernehmenden Handlungen erfasst. Diesfalls
      drängt sich die zusätzliche Errichtung einer Beistandschaft auf, wobei soweit möglich
      der Beauftragte oder dann ein Dritter eingesetzt werden kann.

      2. Annahme des Vorsorgeauftrags

22   Befindet die Erwachsenenschutzbehörde den Vorsorgeauftrag für gültig und wirksam,
      stellt sie dies in einem Validierungsentscheid fest. Da der Vorsorgeauftrag (als ein-
      seitiges Rechtsgeschäft) mit Eintritt der Urteilsunfähigkeit der Auftraggeberin seine
      Wirkung im Prinzip ex lege entfaltet (Gestaltungswirkung), handelt es sich bei die-
      sem Entscheid der Erwachsenenschutzbehörde lediglich um einen Feststellungsent-
      scheid; ihm kommt keine konstitutive Wirkung zu. Dennoch kann der Beauftragte den
      Auftrag nach der Konzeption von Art. 363 Abs. 3 erst nach dem Vorliegen des Vali-

---

47   Hrubesch-Millauer/Jakob a.a.O. 90.
48   Geiser, FamKomm Erwachsenenschutz, Art. 361 N 15; Hrubesch-Millauer/Jakob a.a.O.
      90 f.; Widmer Blum a.a.O. 292.
49   Geiser, FamKomm Erwachsenenschutz, Art. 363 N 14; Langenegger, ESR-Kommentar,
      Art. 363 N 17; Steinauer/Fountoulakis, Personnes physiques, Nr. 871.

dierungsentscheids annehmen, da erst jetzt feststeht, dass der Vorsorgeauftrag gültig und wirksam sowie der Beauftragte geeignet ist.[50] Nach der Validierung des Vorsorgeauftrags als einseitiges Rechtsgeschäft fragt die Erwachsenenschutzbehörde den Beauftragten an, ob er den Auftrag annehmen will[51] und setzt ihm dazu eine Frist.[52] Ob der Beauftragte den Vorsorgeauftrag übernehmen will, kann er frei entscheiden.[53] Die Erwachsenenschutzbehörde weist ihn vor der Annahme auf seine Pflichten nach den Bestimmungen des Obligationenrechts über den Auftrag hin. Mit der Annahme des Vorsorgeauftrags wird dieser zum zweiseitigen Rechtsgeschäft.[54] Nun stellt die Erwachsenenschutzbehörde dem Beauftragten eine Urkunde (Legitimationsurkunde) aus, die seine Befugnisse wiedergibt (363^3). Ein Handeln im Namen der Auftraggeberin ist faktisch erst mit dieser Urkunde möglich, da sie im Verkehr mit Dritten als offizielle Legitimation dient.[55] Soweit im Interesse der Auftraggeberin vor dem Validierungsentscheid der Erwachsenenschutzbehörde Handlungen notwendig sein sollten, können diese aber ausnahmsweise doch gültig durch den Beauftragten vorgenommen werden, da die Voraussetzungen einer Geschäftsführung ohne Auftrag (419 ff. OR) vorliegen dürften.[56]

f. Erfüllung des Vorsorgeauftrags

Der Beauftragte ist im Umfang des Vorsorgeauftrags zur Vertretung berechtigt und verpflichtet (365^1), soweit der Auftraggeber nichts anderes angeordnet hat (s. oben N 5). Dies hat zur Folge, dass die Vertretungswirkungen entsprechend der Regelung im Stellvertretungsrecht (32^1 OR) nicht bei diesem, sondern bei der Vertretenen entstehen. Der Vertreter übt sein Recht direkt und unmittelbar aus und bedarf für die einzelnen Geschäfte grundsätzlich keiner Zustimmung der Erwachsenenschutzbehörde. Dies gilt auch für die in Art. 416 aufgeführten Geschäfte, für die ein Beistand die Zustimmung der Erwachsenenschutzbehörde einholen muss.[57] Ebenso wenig bedürfen die in Art. 396 Abs. 3 OR aufgeführten Geschäfte – der Abschluss eines Vergleichs, die Annahme eines Schiedsgerichts, die Eingehung von wechselrechtlichen Verbindlichkeiten, die Veräusserung oder Belastung von Grundstücken oder die Ausrichtung

23

---

50 Rumo-Jungo, BaKomm, Art. 363 N 1b; Steinauer/Fountoulakis, Personnes physiques, Nr. 879b.

51 Steinauer/Fountoulakis, Personnes physiques, Nr. 879c; Rumo-Jungo, BaKomm, Art. 363 N 1b.

52 Gemäss Meier/Lukic, Nr. 225, erscheint eine Frist von 14 Tagen als angemessen.

53 Botsch. Erwachsenenschutz, 7027.

54 Rumo-Jungo, BaKomm, Art. 363 N 1b, N 27; Steinauer/Fountoulakis, Personnes physiques, Nr. 879c.

55 Widmer Blum a.a.O. 272.

56 Rumo-Jungo, BaKomm, Art. 363 N 1c.

57 Rumo-Jungo, BaKomm, Art. 365 N 8; Geiser, FamKomm Erwachsenenschutz, Art. 365 N 14; Schmid, Erwachsenenschutz Kommentar, Art. 365 N 1; Widmer Blum a.a.O. 289, wonach keines der in Art. 416 aufgeführten Geschäfte einer Zustimmung bedarf.

von Schenkungen – einer Ermächtigung. Diese Bestimmung ist ebenso wenig auf den Vorsorgeauftrag anwendbar wie Art. 416 ZGB.[58]

24   Gemäss Art. 365 Abs. 1 Satz 2 nimmt die Beauftragte ihre Aufgaben nach den Bestimmungen des Obligationenrechts über den Auftrag sorgfältig wahr. Damit sind die Art. 394 ff. OR anwendbar, soweit das ZGB keine abweichenden Normen enthält. Die analoge Anwendung dieser Bestimmungen hat namentlich zur Folge, dass die Beauftragte die Sorgfaltspflicht von Art. 397 OR trifft. Weiter kommen die entsprechenden Haftungsbestimmungen (398 f. OR; s. § 61 N 26) zur Anwendung, und die Beauftragte muss in der Lage sein, jederzeit Rechenschaft über die Geschäftsführung abzulegen (400 OR).[59]

g. Lücken im Vorsorgeauftrag und Interessenkollision

25   Soweit Geschäfte besorgt werden müssen, die vom Vorsorgeauftrag nicht erfasst sind oder soweit die Beauftragte in einer Angelegenheit Interessen hat, die denen der betroffenen Person widersprechen, benachrichtigt sie unverzüglich die Erwachsenenschutzbehörde (365[2]). Im ersten Fall kann die Behörde den Beauftragten für die Durchführung dieser Aufgaben als Beistand einsetzen.[60] Im zweiten Fall entfallen zum Schutz der Auftraggeberin die Befugnisse des Beauftragten von Gesetzes wegen (365[3]). Eine Interessenkollision liegt vor, wenn anzunehmen ist, der Vorsorgebeauftragte könnte aufgrund der Natur des zu erledigenden Geschäftes gleichzeitig eigene oder Drittinteressen einfliessen lassen. Abstrakte Interessengefährdungen reichen dabei aus (118 II 101 E. 4; 107 II 105 E. 4). Somit ist nicht von Bedeutung, ob der Beauftragte gewillt und fähig wäre, beim Abschluss eines konkreten Geschäftes die Interessen des Auftraggebers zu wahren.[61] In Frage kommt eine Interessenkollision namentlich beim Selbstkontrahieren oder der Doppelvertretung (s. dazu § 54 N 21 ff.). In diesen Fällen entfallen die Befugnisse des Vorsorgebeauftragten entsprechend der Regelung in Art. 306 Abs. 3 und 403 Abs. 2[62] sowie der Formulierung in Abs. 2 dieser Bestimmung aber nicht vollständig, sondern nur in der entsprechenden Angelegenheit.[63] Ein – häufiger – Sonderfall liegt vor, wenn der Beauftragte eine der Auftraggeberin nahestehende Person ist. Denn aufgrund dieser Nähe wird zumindest in gewissen Bereichen ohnehin eine Interessenkollision vorliegen. Hat der Auftraggeber die Interessenkollisionen durch die Wahl dieser Person als Vorsorgebeauftragte bewusst in Kauf genommen,

---

58   Geiser, FamKomm Erwachsenenschutz, Art. 365 N 5; Rumo-Jungo, BaKomm, Art. 365 N 8; Widmer Blum a.a.O. 289. A. M. Schmid, Erwachsenenschutz Kommentar, Art. 360 N 10, wonach die Geschäfte in Ziff. 4, 6, 9, von Art. 416 ZGB einer Zustimmung bedürfen.

59   Im Einzelnen siehe Rumo-Jungo, BaKomm, Art. 365 N 5 ff.; Geiser, FamKomm Erwachsenenschutz, Art. 365 N 4 ff.; Meier/Lukic, Nr. 229 ff.

60   Schmid, Erwachsenenschutz Kommentar, Art. 365 N 3.

61   Widmer Blum, HandKomm, Art. 365 N 15.

62   Art. 306 Abs. 3 widmet sich dem Vorliegen einer Interessenkollision bei der Ausübung der elterlichen Sorge, Art. 403 Abs. 2 bei demjenigen eines Beistands. Demnach entfallen die Befugnisse des Vertretungsberechtigten bei Interessenkollisionen jeweils nur in der «entsprechenden Angelegenheit».

63   Schmid, Erwachsenenschutz Kommentar, Art. 365 N 4.

bleiben die Befugnisse des Beauftragten bestehen. Ebenso ist möglich, dass der Auftraggeber ein Selbstkontrahieren oder eine Doppelvertretung im Vorsorgeauftrag ausdrücklich erlaubt.[64]

h. Einschreiten der Erwachsenenschutzbehörde

Sind die Interessen der Auftraggeberin gefährdet oder nicht mehr gewahrt, trifft die   26
Erwachsenenschutzbehörde *von Amtes wegen* oder auf *Antrag einer nahestehenden Person* die erforderlichen Massnahmen (368[1]). Als nahestehend gelten Personen, welche die betroffene Person gut kennen, die von der betroffenen Person ihrerseits als Bezugspersonen anerkannt werden und die kraft ihrer Eigenschaften sowie ihrer Beziehung zur betroffenen Person als geeignet erscheinen, deren Interessen wahrzunehmen. Erforderlich ist eine von Verantwortung der nahestehenden Person für das Wohlergehen der Betroffenen geprägte Beziehung (BGer 5A_663/2013). Eine Rechtsbeziehung ist nicht erforderlich, entscheidend ist allein die faktische Verbundenheit.[65] Verwandte und im gleichen Haushalt lebende Personen werden im Sinn einer Tatsachenvermutung regelmässig als nahestehende Personen anerkannt (Ehegatte: BGer 5A_857/2010; Elternteil: 131 III 409, BGer 5C.283/1998). In Frage kommen aber «auch der vertraute Freund und die vertraute Freundin, ausserdem der Lehrer, der Pfarrer, der Arzt, der Psychologe, der Jugendgruppenleiter oder der Sozialarbeiter» (122 I 18 E. 2). Eingehender zu prüfen sind die Anforderungen im Fall aussenstehender Dritter («éducatrice spécialisé»: 114 II 217 E. 3; ehemalige Betreuerin: BGer 5S.194/1993; Bankangestellter: 137 III 75 E. 3.6).

Die Erwachsenenschutzbehörde kann dem Beauftragten zum Schutz der Auftraggeberin insbesondere Weisungen erteilen, diese zur Einreichung eines Inventars, zur periodischen Rechnungsablage und zur Berichterstattung verpflichten oder ihr die Befugnisse teilweise oder ganz entziehen (368[2]).   27

i. Die Entschädigung

Der Anspruch des Beauftragten auf Entschädigung bestimmt sich primär nach dem   28
Willen des Auftraggebers. Nach dessen Willen richtet sich dabei nicht nur die Höhe der auszurichtenden Entschädigung, sondern auch, ob überhaupt eine solche geschuldet ist.[66] Äussert er sich zu diesem Punkt nicht, ist zunächst durch Auslegung zu ermitteln, ob er die Regelung der Frage vergessen hat oder ob er sich bewusst für Unentgeltlichkeit entschieden hat. Nur im ersten Fall kommt Art. 366 Abs. 1 zur Anwendung. Demnach legt die Erwachsenenschutzbehörde eine angemessene Entschädigung fest, wenn dies mit Rücksicht auf den Umfang der Aufgaben als gerechtfertigt erscheint oder die Leistungen der Beauftragten üblicherweise entgeltlich sind. Bei der Bestim-

---

64   WIDMER BLUM, HandKomm, Art. 365 N 15, mit Hinweis auf BGer 4C.294/2003 E. 1.1; GAUCH/ SCHLUEP/SCHMID/EMMENEGGER, OR AT I, Nr. 1440; GEISER, FamKomm Erwachsenenschutz, Art. 365 N 28.

65   Botsch. Erwachsenenschutz, 7084.

66   SCHMID, Erwachsenenschutz Kommentar, Art. 366 N 2; GEISER, FamKomm Erwachsenenschutz, Art. 366 N 3 ff.

mung des Entgelts kann auf die Lehre und Rechtsprechung zum Auftrag abgestellt werden, wonach grundsätzlich Entgeltlichkeit zu vermuten ist.[67] Bei der Bestimmung des Entgelts sind die gesamten Umstände zu beachten. Namentlich kann von einem Verwandten eher eine unentgeltliche Übernahme des Vorsorgeauftrages erwartet werden als von einem Fremden.[68] Die Entschädigung sowie die notwendigen Spesen werden dem Auftraggeber belastet (366[2]). Die Spesen sind auch im Rahmen des unentgeltlichen Vorsorgeauftrags geschuldet.[69]

k. Kündigung und Erlöschen

1. Kündigung

29   Der Beauftragte kann den Vorsorgeauftrag gemäss Art. 367 Abs. 1 jederzeit mit einer zweimonatigen Kündigungsfrist durch schriftliche Mitteilung an die Erwachsenenschutzbehörde *kündigen*.[70] Eine Begründung ist nicht erforderlich.[71] Wird der Vorsorgeauftrag von mehreren Personen gemeinsam wahrgenommen, kann jede für sich allein kündigen.[72] Aus wichtigen Gründen kann der Vorsorgeauftrag nach Abs. 2 überdies fristlos gekündigt werden. Als wichtiger Grund kommt beispielsweise eine Krankheit des Beauftragten in Frage, deretwegen nicht erwartet werden kann, dass der Vorsorgeauftrag auch nur noch zwei Monate (bis zum Ablauf der Kündigungsfrist) weitergeführt wird.[73] Fehlen wichtige Gründe für eine Kündigung nach Art. 367 Abs. 2, ist sie als ordentliche Kündigung zu qualifizieren, und der Vorsorgebeauftragte ist nicht per sofort, sondern erst nach zwei Monaten aus seiner Verpflichtung entlassen.[74] Kommt der Beauftragte dem nicht nach, haftet er dem Auftraggeber im Sinn von Art. 404 Abs. 2 OR für den durch die Kündigung zur Unzeit verursachten Schaden.

2. Erlöschen

30   Der Vorsorgeauftrag erlöscht aus bestimmten Gründen von Gesetzes wegen: Bei der *Wiedererlangung der Urteilsfähigkeit* der Auftraggeberin (369[1]), beim *Tod* der Auftraggeberin oder des Beauftragten:

31   Erlangt die Auftraggeberin ihre *Urteilsfähigkeit zurück*, verliert der Vorsorgeauftrag seine Wirksamkeit von Gesetzes wegen (369[1]). Eine Mitteilung an den Beauftragten (s. aber sogl. zur Folge seiner Nichtkenntnis, N 32) oder eine Mitwirkung der Erwachsenenschutzbehörde ist dafür grundsätzlich nicht notwendig.[75] Bestehen allerdings Zweifel darüber, ob die Auftraggeberin tatsächlich wieder urteilsfähig ist, hat

---

67   RUMO-JUNGO, BaKomm, Art. 366 N 3.
68   Botsch. Erwachsenenschutz, 7029; RUMO-JUNGO, BaKomm, Art. 366 N 5; HÄFELI, Erwachsenenschutz, Nr. 08.35.
69   SCHMID, Erwachsenenschutz Kommentar, Art. 366 N 10. Ebenso MEIER/LUKIC, Nr. 233.
70   Kritisch zu dieser Frist GEISER, FamKomm Erwachsenenschutz, Art. 367 N 3 ff.
71   RUMO-JUNGO, BaKomm, Art. 367 N 4; GEISER, FamKomm Erwachsenenschutz, Art. 367 N 6 ff.
72   SCHMID, Erwachsenenschutz Kommentar, Art. 367 N 2.
73   Botsch. Erwachsenenschutz, 7029; GEISER, FamKomm Erwachsenenschutz, Art. 367 N 11 ff.
74   HRUBESCH-MILLAUER/JAKOB a.a.O. 96; RUMO-JUNGO, BaKomm, Art. 367 N 7.
75   Botsch. Erwachsenenschutz, 7029; GEISER, FamKomm Erwachsenenschutz, Art. 369 N 4 ff.

die Erwachsenenschutzbehörde den Fall zu überprüfen. Genauso wie bei Eintritt der Urteilsunfähigkeit, ist auch für den Verlust der Wirkung notwendig, dass die wiedergekehrte Urteilsfähigkeit von einer gewissen Dauer ist.[76] Im Sinn von Art. 405 Abs. 1 erlischt der Vorsorgeauftrag grundsätzlich auch mit dem *Tod der Auftraggeberin*. Allerdings kann sie im Sinn von Art. 35 Abs. 1 und 405 Abs. 1 OR vorsehen, dass der Auftrag und die Vollmacht auch über ihren Tod hinaus wirksam bleiben sollen.[77] Naturgemäss endet der Vorsorgeauftrag auch beim Tod des Beauftragten. Schliesslich endet der Vorsorgeauftrag ebenfalls bei Anordnung einer *behördlichen Massnahme* durch die Erwachsenenschutzbehörde.

Entsprechend der Regelung im Auftragsrecht (406 OR) wird die Auftraggeberin aus Geschäften, welche der Beauftragte vornimmt, bevor er vom *Erlöschen* des Auftrages erfährt, weiterhin so verpflichtet, wie wenn der Auftrag noch bestehen würde (369³). Auf diese Weise soll Rechtssicherheit gewährleistet werden. Werden die Interessen der Auftraggeberin durch die Aufhebung des Vorsorgeauftrages gefährdet, bleibt der Beauftragte zudem verpflichtet, so lange für die Fortführung der ihm übertragenen Aufgaben zu sorgen, bis die Auftraggeberin ihre Interessen wieder selber wahren kann (369²).[78] Dies kann beispielsweise dann von Bedeutung sein, wenn die Auftraggeberin wieder urteilsfähig ist, aber noch für eine gewisse Zeit im Ausland hospitalisiert bleiben muss.[79] Wird die betroffene Person später wieder urteilsunfähig, ohne den Vorsorgeauftrag widerrufen zu haben, tritt dieser wieder in Kraft.

II. Die Patientenverfügung

a. Zweck und Inhalt

Eine ärztliche Massnahme, die in die körperliche Integrität einer Person eingreift, stellt grundsätzlich eine Körperverletzung und eine Persönlichkeitsverletzung dar.[80] Eine solche ist gemäss Art. 122 ff. StGB bzw. Art. 28 Abs. 2 ZGB widerrechtlich, wenn sie nicht namentlich durch die Einwilligung des Verletzten gerechtfertigt wird. Um im Sinn dieser Bestimmung gültig einwilligen zu können, ist die Urteilsfähigkeit einer Person vorausgesetzt. In Situationen, in denen eine medizinische Massnahme von Nöten ist, liegt die Urteilsfähigkeit unter Umständen aber gerade nicht mehr vor. Durch die Errichtung einer Patientenverfügung erhält die betroffene Person die Möglichkeit, im Voraus darüber zu entscheiden, *welchen medizinischen Massnahmen* sie in diesem Fall

32

33

76 RUMO-JUNGO, BaKomm, Art. 369 N 1; MEIER/LUKIC, Nr. 242; STEINAUER/FOUNTOULAKIS, Personnes physiques, Nr. 906.

77 HRUBESCH-MILLAUER/JAKOB a.a.O. 97.

78 STEINAUER/FOUNTOULAKIS, Personnes physiques, Nr. 906a.

79 Botsch. Erwachsenenschutz, 7030.

80 Botsch. Erwachsenenschutz, 7030; WYSS, BaKomm Erwachsenenschutz, Art. 370 N 1; HÄFELI, Erwachsenenschutz, Nr. 09.17.

zustimmt und welchen nicht (370[1]).[81] Neben der Anordnung medizinischer Massnahmen kann in einer Patientenverfügung eine natürliche Person als *Vertrauensperson* bezeichnet werden, die bei Vorliegen der Urteilsunfähigkeit mit der behandelnden
Ärztin die medizinischen Massnahmen besprechen und in ihrem Namen entscheiden
soll. Die betroffene Person kann dabei in der Patientenverfügung Weisungen erteilen
(370[2]), also Vorgaben machen, wie diese Entscheidung im Ernstfall ausfallen soll. Fehlen Weisungen, entscheidet die Vertreterin nach dem mutmasslichen Willen und den
Interessen der urteilsunfähigen Person (378[3]). Diese zwei Varianten können auch miteinander kombiniert werden.[82] Soweit die Patientenverfügung neben der Bezeichnung
eines Vertreters auch konkrete Anordnungen enthält, gehen diese den Entscheidungen des Vertreters vor.[83]

b. Inhaltliche Anforderungen

34   Die medizinischen *Anordnungen sollen klar und bestimmt* sein, d.h. für konkrete Situationen und spezifische Massnahmen angeordnet werden. Definiert sein müssen die
Behandlungs- und Krankheitssituation und der in dieser Situation gewünschte oder
eben nicht gewünschte medizinische Eingriff.[84] Da die meisten Menschen nicht über
medizinisches Fachwissen verfügen, ist das Abstellen auf Formulare, z.B. der FMH[85],
empfehlenswert. Möglich ist aber auch eine allgemein verständliche Anordnung,
wonach auf lebensverlängernde Massnahmen verzichtet werden soll, wenn nicht zu
erwarten ist, dass die betreffende Person je wieder fähig sein wird, einen mittelmässig
anspruchsvollen Text zu lesen und zu verstehen.

c. Auslegung

35   Bei der Auslegung einer Patientenverfügung ist zu unterscheiden, ob eine Vertrauensperson eingesetzt oder konkrete medizinische Massnahmen angeordnet wurden.
Soweit im Rahmen der Patientenverfügung eine natürliche Person als Vertreterin eingesetzt wurde, ist die Patientenverfügung nach dem Vertrauensprinzip auszulegen:
Bei der Einsetzung einer *Vertrauensperson* handelt es sich um eine empfangsbedürftige Willenserklärung, d.h. die Vertrauensperson muss den Auftrag annehmen, damit
die Patientenverfügung Wirkung entfaltet. Dies hat zur Folge, dass die Anordnungen
an die Vertrauensperson so zu interpretieren sind, wie diese die Erklärung verstehen
durfte und musste.[86] In Bezug auf konkrete Anordnungen *medizinischer Massnahmen*
stellt sich die Situation demgegenüber etwas anders dar, da diese in der Regel gerade
nicht empfangsbedürftig sind. Deshalb steht diesbezüglich das Selbstbestimmungs-

---

81   Botsch. Erwachsenenschutz, 7030; Büchler/Michel, FamKomm Erwachsenenschutz,
      Art. 370 N 3.
82   Hrubesch-Millauer/Jakob a.a.O. 101; Schmid, Erwachsenenschutz Kommentar, Art. 370
      N 4; Meier/Lukic, Nr. 256.
83   Hrubesch-Millauer/Jakob a.a.O. 102; differenziert Meier/Lukic, Nr. 265.
84   Widmer Blum a.a.O. 204 ff.; Wyss, BaKomm, Art. 370 N 16 ff.
85   http://www.fmh.ch/services/patientenverfuegung.html (besucht am 2. Juni 2015).
86   Widmer Blum a.a.O. 166; Schmid, Erwachsenenschutz Kommentar, Art. 370 N 5.

recht der Patientin im Vordergrund und entsprechend dem Willensprinzip ist bei der Auslegung nach deren subjektiven Willen zu suchen.[87]

d. Beteiligte Personen

1. Verfügende Person

Zur Errichtung einer gültigen Patientenverfügung – seien es konkrete Anordnungen   36
oder die Bezeichnung einer Vertrauensperson – reicht es aus, wenn die verfügende
Person *urteilsfähig* ist.[88] Handlungsfähigkeit wird nicht vorausgesetzt. Da es sich um
die Ausübung eines höchstpersönlichen Rechts handelt, können auch Minderjährige
sowie Personen, deren Handlungsfähigkeit durch eine behördliche Massnahme eingeschränkt ist (394[2], 396[2], 398[3]), eine Patientenverfügung errichten, soweit sie bezüglich dieser Themen urteilsfähig sind (19c[1]).[89] Die vorausgesetzte Urteilsfähigkeit liegt
vor, wenn die betroffene Person in der Lage ist, die Tragweite ihrer Anordnungen und
deren Konsequenzen im Krankheitsfall zu verstehen, sowie fähig ist, einen freien,
unverfälschten Willen zu bilden und diesen zu äussern.[90] Die Urteilsfähigkeit kann
dabei nicht allein deshalb verneint werden, weil in der Patientenverfügung auf die
Durchführung einer aus medizinischer Sicht sinnvollen Behandlung verzichtet wird.[91]

2. Beauftragte Person

Gemäss Art. 370 Abs. 2 kann nur eine natürliche Person als Vertrauensperson einge-   37
setzt werden. Diese Person muss nicht namentlich bestimmt, aber immerhin bestimmbar sein.[92] Es ist ausreichend, dass die Beauftragte urteilsfähig ist, Handlungsfähigkeit
ist entsprechend der Regelung der Stellvertretung (32 ff. OR) nicht vorausgesetzt.[93]
Wie beim Vorsorgeauftrag (360[3]) kann der Auftraggeber für den Fall, dass die bezeichnete Person für die Aufgabe nicht geeignet ist, den Auftrag nicht annimmt oder ihn
kündigt, Ersatzverfügungen treffen (370[3]) oder auch mehrere Personen beauftragen,

---

87 Widmer Blum a.a.O. 166 ff. Anders Büchler/Michel, FamKomm Erwachsenenschutz, Art. 370 N 21, wonach auch hier das Vertrauensprinzip zur Anwendung kommen soll.

88 Sandra Imbach, Die vermögensrechtliche Vertretung der Ehegatten und eingetragenen Part-
    ner im Erwachsenenschutzrecht (Diss. Freiburg, Zürich 2013), AISUF 324, Nr. 61; Häfeli,
    Erwachsenenschutz, Nr. 09.08.

89 Botsch. Erwachsenenschutz, 7031; Hrubesch-Millauer/Jakob a.a.O. 100; Schmid, Erwach-
    senenschutz Kommentar, Art. 370 N 7; Meier/Lukic, Nr. 278 f.; Häfeli, Erwachsenenschutz,
    Nr. 09.09; Steinauer/Fountoulakis, Personnes physiques, Nr. 914.

90 Im Einzelnen Widmer Blum a.a.O. 157; Wyss, BaKomm Erwachsenenschutz, Art. 370 N 7 ff.;
    Steinauer/Fountoulakis, Personnes physiques, Nr. 915.

91 Schmid, Erwachsenenschutz Kommentar, Art. 372 N 6; Wyss, BaKomm Erwachsenenschutz,
    Art. 370 N 9.

92 Schmid, Erwachsenenschutz Kommentar, Art. 370 N 8; Wyss, BaKomm Erwachsenenschutz,
    Art. 370 N 20.

93 Gassmann, ESR-Kommentar, Art. 370 N 11; Widmer Blum a.a.O. 162 f.; Wyss, BaKomm,
    Art. 370 N 20. Kritisch diesbezüglich Hrubesch-Millauer/Jakob a.a.O. 100, sowie Schmid,
    Erwachsenenschutz Kommentar, Art. 370 N 10, wonach Handlungsfähigkeit vorausgesetzt ist.

die grundsätzlich gemeinsam zu entscheiden und bei Uneinigkeit die Erwachsenenschutzbehörde anzurufen haben.[94]

e. Errichtung und Widerruf

1. Errichtung

38   Die Patientenverfügung ist *weniger strengen Formvorschriften* unterworfen als der Vorsorgeauftrag. Nach Art. 371 Abs. 1 reicht es aus, wenn sie *schriftlich* errichtet (aber
nicht eigenhändig niedergeschrieben), *datiert und eigenhändig* (14[1] OR) *unterzeichnet* wurde. Folglich kann auch eine Mustervorlage unverändert übernommen werden. Sie wird durch die eigenhändige Unterschrift zu einer wirksamen Patientenverfügung.[95] Aber selbst wenn die Formvorschriften nicht erfüllt wurden, hat dies nicht
die völlige Unbeachtlichkeit der Verfügung zur Folge. Vielmehr kann unter Beachtung
von Art. 378 Abs. 3 der mutmassliche Wille der urteilsunfähigen Person dennoch zum
Tragen kommen.[96] Diese Bestimmung sieht vor, dass, soweit eine Patientenverfügung
keine Weisungen enthält, nach dem mutmasslichen Willen und den Interessen der
urteilsunfähigen Person zu entscheiden ist.

39   Im Gegensatz zum Vorsorgeauftrag ist es bei der Patientenverfügung nicht notwendig,
dass die Erwachsenenschutzbehörde die *Wirksamkeit* der Verfügung prüft, sondern
eine Kontrolle durch das Medizinalpersonal reicht aus.[97] Allerdings kann die Erwachsenenschutzbehörde gestützt auf Art. 373 schriftlich von einer dem Patienten nahestehenden Person zur Mitwirkung aufgefordert werden. Ferner kann die nahestehende
Person geltend machen, dass der Patientenverfügung nicht entsprochen werde, die
Interessen der urteilsunfähigen Person gefährdet oder nicht mehr gewahrt seien, oder
dass die Patientenverfügung nicht auf dem freien Willen der Patientin beruhe (s. unten
N 48).

40   Wie beim Vorsorgeauftrag ist die Beauftragte nicht verpflichtet, die Aufgabe anzunehmen, und die Vertretungsberechtigung *entsteht erst im Zeitpunkt der Annahme*.[98]

41   Die Patientenverfügung kann auch *in einen Vorsorgeauftrag integriert* werden. Soweit
es sich um die Anordnung medizinischer Massnahmen handelt, die rein formell in
einen Vorsorgeauftrag integriert wurden, inhaltlich aber einer Patientenverfügung
entsprechen, reicht es aus, wenn die Formvorschriften der Patientenverfügung und

---

94   MEIER/LUKIC, Nr. 264; HÄFELI, Erwachsenenschutz, Nr. 09.20.
95   HÄFELI, Erwachsenenschutz, Nr. 09.09.
96   Botsch. Erwachsenenschutz, 7031 f.; HRUBESCH-MILLAUER/JAKOB a.a.O. 99; SCHMID, Erwachsenenschutz Kommentar, Art. 371 N 4; MEIER/LUKIC, Nr. 274; STEINAUER/FOUNTOULAKIS,
Personnes physiques, Nr. 918.
97   Botsch. Erwachsenenschutz, 7032; SCHMID, Erwachsenenschutz Kommentar, Art. 371 N 5;
WIDMER BLUM a.a.O. 158 f.; WYSS, BaKomm Erwachsenenschutz, Art. 371 N 4; MEIER/LUKIC,
Nr. 273.
98   WYSS, BaKomm Erwachsenenschutz, Art. 370 N 19.

nicht auch diejenigen des Vorsorgeauftrages erfüllt sind.[99] Zu beachten ist, dass es sich bei der bezeichneten Person entsprechend der Regelung der Patientenverfügung jedenfalls um eine natürliche Person handeln muss.

2. Widerruf

Für den *Widerruf* erklärt 371 Abs. 3 die Regelung des Vorsorgeauftrags (362) auf die Patientenverfügung für sinngemäss anwendbar. Nach Art. 362 Abs. 1 kann die auftraggebende Person die Patientenverfügung jederzeit in einer Form widerrufen, die für die Errichtung vorgeschrieben ist. Der Widerruf muss damit in schriftlicher Form erfolgen, datiert und unterzeichnet sein. Neben dem schriftlichen Widerruf kann die Urkunde gemäss Art. 362 Abs. 2 auch vernichtet werden. Nicht ausreichend ist dagegen im Prinzip ein mündlicher Widerruf.[100] Erhält der behandelnde Arzt von einem mündlichen Widerruf Kenntnis, kommt diesem aber dennoch Bedeutung zu. Der Grund dafür liegt darin, dass in diesem Fall begründete Zweifel im Sinn von Art. 372 Abs. 2 vorliegen, dass die Patientenverfügung dem mutmasslichen Willen der Patientin noch immer entspricht; weshalb der behandelnde Arzt aus diesem Grund von der Patientenverfügung abweichen soll.[101] Um eine Patientenverfügung widerrufen zu können, muss der Patient wie bei der Errichtung urteilsfähig sein.

f. Eintritt der Urteilsunfähigkeit

Die Patientenverfügung wird mit Eintritt der Urteilsunfähigkeit des Auftraggebers wirksam. Ob die Urteilsunfähigkeit eingetreten ist, wird – wie der Inhalt der Patientenverfügung selbst – durch den Arzt beurteilt.[102] Die Auftraggeberin hat selber dafür zu sorgen, dass der behandelnde Arzt bei Eintreten der Urteilsunfähigkeit Kenntnis von der Patientenverfügung nehmen kann.[103] Um dies sicherzustellen, kann die Patientin die Verfügung beim Hausarzt hinterlegen, sie bei sich tragen oder einer vertretungsberechtigten Person übergeben.[104] Zudem ist möglich, das Vorliegen einer Patientenverfügung und den Hinterlegungsort auf der Versichertenkarte eintragen zu lassen (371[2]). Wird die Patientin urteilsunfähig und ist nicht bekannt, ob eine Patientenverfügung vorliegt, so klärt der behandelnde Arzt dies anhand der Versichertenkarte ab. Vorbehalten bleiben dringliche Fälle (372[1]), in denen der Arzt gemäss Art. 379 die medizini-

42

43

99 Hrubesch-Millauer/Jakob a.a.O. 99; Meier/Lukic, Nr. 193; Wyss, BaKomm Erwachsenenschutz, Art. 371 N 5.

100 Wyss, BaKomm Erwachsenenschutz, Art. 372 N 15; Steinauer/Fountoulakis, Personnes physiques, Nr. 919. A. M. Schmid, Erwachsenenschutz Kommentar, Art. 371 N 7, wonach der Widerruf einer Patientenverfügung formlos möglich ist. Ebenso Büchler/Michel, FamKomm Erwachsenenschutz, Art. 371 N 7; Häfeli, Erwachsenenschutz, Nr. 09.15.

101 Wyss, BaKomm Erwachsenenschutz, Art. 371 N 15.

102 Hrubesch-Millauer/Jakob a.a.O. 103 f.; Schmid, Erwachsenenschutz Kommentar, Art. 372 N 6; Büchler/Michel, FamKomm Erwachsenenschutz, Art. 372 N 1.

103 Botsch. Erwachsenenschutz, 7032.

104 Wyss, BaKomm Erwachsenenschutz, Art. 371 N 7; Meier/Lukic, Nr. 283.

schen Massnahmen nach dem mutmasslichen Willen und den Interessen der urteils-unfähigen Person sofort vornimmt.[105]

44   In Analogie zu Art. 369 Abs. 1 verliert die Patientenverfügung ihre Wirkung von Geset-zes wegen, wenn die Patientin wieder urteilsfähig wird.[106]

g. Wirkung der Patientenverfügung

45   Die behandelnde Ärztin ist grundsätzlich *an die Patientenverfügung gebunden* und dies selbst dann, wenn sie den objektiven Interessen der Patientin widerspricht.[107] Die Bin-dung gilt einerseits in Bezug auf die direkten Anordnungen, soweit ein Eingriff medi-zinisch indiziert ist, und andererseits in Bezug auf die Bezeichnung eines Vertreters.[108] Soweit die behandelnde Ärztin von der Patientenverfügung abweicht, hat sie im Pati-entendossier die Gründe dafür festzuhalten (372³). Dieses Dossier bildet im Fall des Einschreitens der Erwachsenenschutzbehörde (373) die Entscheidgrundlage.[109]

46   Eine *Ausnahme* von diesem Grundsatz gilt gemäss Art. 372 Abs. 2 zunächst in den fol-genden drei Fällen:[110]

47   Erstens kann von der Patientenverfügung abgewichen werden, wenn diese *gegen gesetzliche Vorschriften verstösst,* beispielsweise wenn die Patientenverfügung an einem Formmangel leidet oder der Patient Sterbehilfe verlangt, und die Patientenverfügung damit einen widerrechtlichen Inhalt aufweist.[111] Enthält die Patientenverfügung eine rechtswidrige Anordnung, hat dies allerdings nicht zwingend die vollständige Ungül-tigkeit zur Folge, sondern in analoger Anwendung von Art. 20 Abs. 2 OR sind ledig-lich die rechtswidrigen Teile unverbindlich.[112]

48   Zweitens rechtfertigt sich eine Abweichung von der Patientenverfügung dann, wenn begründete *Zweifel* bestehen, dass sie auf dem *freien Willen* des Patienten beruht. Hier sind die Fälle der Art. 28–30 OR, also Täuschung oder Furchterregung und damit Konstellationen angesprochen, in denen die Entschlussfreiheit der betroffenen Person beeinträchtigt war.[113] Daneben ist diese Variante auch dann einschlägig, wenn ein Irr-tum im Sinn von Art. 23 ff. OR vorliegt.[114] Von geringer Bedeutung ist dabei die Frage, ob der Patient bei Errichtung der Patientenverfügung hinsichtlich seiner Anordnun-

---

105   Häfeli, Erwachsenenschutz, Nr. 09.25.
106   Hrubesch-Millauer/Jakob a.a.O. 103.
107   Hrubesch-Millauer/Jakob a.a.O. 103; Häfeli, Erwachsenenschutz, Nr. 09.26.
108   Schmid, Erwachsenenschutz Kommentar, Art. 372 N 3; Wyss, BaKomm Erwachsenenschutz, Art. 372 N 10.
109   Botsch. Erwachsenenschutz, 7034; Schmid, Erwachsenenschutz Kommentar, Art. 372 N 15.
110   Siehe eingehend Meier/Lukic, Nr. 294 ff.
111   Schmid, Erwachsenenschutz Kommentar, Art. 372 N 7; Häfeli, Erwachsenenschutz, Nr. 09.29; Steinauer/Fountoulakis, Personnes physiques, Nr. 923.
112   Hrubesch-Millauer/Jakob a.a.O. 105; Wyss, BaKomm Erwachsenenschutz, Art. 372 N 12.
113   Schmid, Erwachsenenschutz Kommentar, Art. 372 N 9.
114   Hrubesch-Millauer/Jakob a.a.O. 105; Widmer Blum a.a.O. 180 ff.; Wyss, BaKomm Erwachsenenschutz, Art. 372 N 18. Anders Schmid, Erwachsenenschutz Kommentar, Art. 372 N 9.

gen medizinisch aufgeklärt war. Zwar lässt sich durchaus argumentieren, der freie Wille fehle, wenn die Patientenverfügung nicht in Kenntnis der konkreten Sachlage und hinreichend aufgeklärt errichtet wurde.[115] Zudem ist die Vermutung der Botschaft, dass der Patient bei Errichtung der Patientenverfügung regelmässig über die notwendigen Informationen verfügt und auf weitere Aufklärung verzichtet[116], eine reine Annahme. Damit ist es durchaus wünschenswert, dass die Patientin «soweit informiert [ist], dass sie hinsichtlich der vorzunehmenden Massnahmen und deren Konsequenzen *genaue Vorstellungen* [hat].»[117] Jedoch hat der Gesetzgeber auf das Erfordernis der Aufklärung und der Mitwirkung einer Fachperson verzichtet. Daneben ist es in zeitlicher Hinsicht aus beweistechnischer Sicht schwierig zu eruieren, ob jemand genügend informiert war. Im Einklang mit den Ausführungen in der Botschaft ist folglich davon auszugehen, dass die Aufklärung der Patientin keine Voraussetzung für die Gültigkeit einer Patientenverfügung ist.[118]

Drittens ist der Patientenverfügung dann nicht zu entsprechen, wenn unklar ist, ob sie *noch dem mutmasslichen Willen* der Patientin entspricht. Im Gegensatz zur soeben erläuterten Variante geht es hierbei darum, dass die Patientenverfügung zwar einmal dem tatsächlichen Willen der Patientin entsprochen, sich dieser Wille mittlerweile aber verändert hat. Dies kann beispielsweise der Fall sein, wenn neue medizinische Möglichkeiten vorhanden sind, die im Zeitpunkt der Errichtung der Patientenverfügung nicht vorhersehbar waren oder wenn das Vertrauensverhältnis zwischen der Patientin und der Vertrauensperson offensichtlich in die Brüche gegangen ist.[119] Ein weiteres Indiz kann sein, dass zwischen Errichtung und Wirksamwerden der Patientenverfügung ein langer Zeitraum vergangen ist, wobei dieser Umstand für sich allein allerdings nicht ausreicht.[120] Bei den zwei letzten Tatbestandsvarianten ist notwendig, dass sich die Zweifel auf begründete Anhaltspunkte stützen.[121] Sind die Zweifel ernsthaft, entfaltet die Patientenverfügung keine Wirkung, und es muss dem mutmasslichen Willen der Patientin gefolgt werden.[122]

49

---

115 Widmer Blum a.a.O. 177.

116 Botsch. Erwachsenenschutz, 7033.

117 Widmer Blum a.a.O. 178.

118 Wyss, BaKomm Erwachsenenschutz, Art. 372 N 21. Im Resultat auch Häfeli, Erwachsenenschutz, Nr. 09.26. Siehe eingehend Büchler/Michel, FamKomm Erwachsenenschutz, Art. 370 N 32. Zu einer allfälligen Haftung des Arztes s. Steinauer/Fountoulakis, Personnes physiques, Nr. 941.

119 Botsch. Erwachsenenschutz, 7033; Hrubesch-Millauer/Jakob a.a.O. 106; Schmid, Erwachsenenschutz Kommentar, Art. 372 N 11; Büchler/Michel, FamKomm Erwachsenenschutz, Art. 372 N 20.

120 Widmer Blum a.a.O. 188 f.; Wyss, BaKomm Erwachsenenschutz, Art. 372 N 24.

121 Schmid, Erwachsenenschutz Kommentar, Art. 372 N 5; Wyss, BaKomm Erwachsenenschutz, Art. 372 N 17; Meier/Lukic, Nr. 294.

122 Botsch. Erwachsenenschutz, 7033 f.; Häfeli, Erwachsenenschutz, Nr. 09.32; wohl auch Steinauer/Fountoulakis, Personnes physiques, Nr. 942. Anders Schmid, Erwachsenenschutz Kommentar, Art. 372 N 4, wonach in diesem Fall das objektive Interesse der Patientin ausschlaggebend sein soll.

50   Selbst wenn der Arzt aufgrund einer dieser Gründe nicht an die Patientenverfügung gebunden ist, ist dessen Inhalt nicht unbeachtlich. Vielmehr kommt unter Beachtung von Art. 378 Abs. 3 der *mutmassliche Wille* der urteilsunfähigen Person dennoch zum Tragen.[123]

51   Neben den in Art. 372 Abs. 2 genannten Gründen ist die Wirkung einer Patientenverfügung überdies in *Notfällen* (379) eingeschränkt. Diesfalls sind zum Schutz der Betroffenen sofort die medizinischen Massnahmen einzuleiten, die indiziert sind und nicht aufgeschoben werden können.[124] Dringlichkeit in diesem Sinn liegt dabei schon dann vor, wenn die Gültigkeit einer Patientenverfügung bestritten wird oder die Vertretungsbefugnis objektiv unklar ist, eine medizinische Massnahme zum Wohl der Patientin aber nicht aufgeschoben werden sollte, bis die Erwachsenenschutzbehörde darüber entschieden hat.[125]

52   Schliesslich ist die Wirksamkeit einer Patientenverfügung im Rahmen einer *fürsorgerischen Unterbringung* reduziert. Für diesen Fall sieht Art. 433 Abs. 3 Satz 2 vor, dass eine allfällige Patientenverfügung lediglich *zu berücksichtigen* ist. Zudem bestimmt Art. 435 Abs. 2 für den Notfall, dass die Einrichtung den Willen der untergebrachten Person zu berücksichtigen hat, soweit ihr deren Wünsche bekannt sind.[126]

h. Einschreiten der Erwachsenenschutzbehörde

53   Wie bereits dargelegt, ist bei der Patientenverfügung im Gegensatz zum Vorsorgeauftrag die Erwachsenenschutzbehörde nicht zwingend beizuziehen, sondern es entscheidet grundsätzlich der Arzt, ob die Patientenverfügung gültig ist und ob ihr gefolgt werden soll.[127] Die *Erwachsenenschutzbehörde wird nur auf Antrag* einer dem Patienten nahestehenden Person aktiv (373[1]). Zu Recht wird in der Lehre vertreten, dass die Behörde über den Wortlaut hinaus aber auch *von Amtes wegen tätig* werden muss, wenn sie von Gründen erfährt, die ein Einschreiten nötig machen.[128] Als dem Patienten nahestehende Person gelten unter anderem der behandelnde Arzt und das Pflegepersonal.[129] Im Übrigen gilt im Einklang mit der Regelung beim Vorsorgeauftrag diejenige Person als nahestehend, «welche die betroffene Person gut kennt und kraft ihrer Eigenschaften sowie regelmässig kraft ihrer Beziehungen zu dieser als geeignet erscheint, deren Interessen wahrzunehmen. Eine Rechtsbeziehung ist jedoch nicht

---

123   Hrubesch-Millauer/Jakob a.a.O. 106.
124   Botsch. Erwachsenenschutz, 7070; Hrubesch-Millauer/Jakob a.a.O. 104.
125   Botsch. Erwachsenenschutz, 7037; Hrubesch-Millauer/Jakob a.a.O. 104 f. Anders Guillod/Hertig Pea, FamKomm Erwachsenenschutz, Art. 379 N 6.
126   Hrubesch-Millauer/Jakob a.a.O. 103.
127   Widmer Blum a.a.O. 174.
128   Eichenberger/Kohler, BaKomm Erwachsenenschutz, Art. 373 N 3. Im Resultat ebenso Büchler/Michel, FamKomm Erwachsenenschutz, Art. 373 N 11 f.
129   Botsch. Erwachsenenschutz, 7034; Schmid, Erwachsenenschutz Kommentar, Art. 373 N 1; Büchler/Michel, FamKomm Erwachsenenschutz, Art. 373 N 1.

erforderlich. Entscheidend ist vielmehr die faktische Verbundenheit.» (Siehe auch vorne N 26).[130]

Vor der Erwachsenenschutzbehörde können *drei verschiedene Anträge* gestellt werden. 54
Es kann geltend gemacht werden:

— Erstens, dass der *Patientenverfügung nicht entsprochen* wird (373[1] Ziff. 1), dass sie 55
also von den betreffenden Ärzten und Ärztinnen nicht umgesetzt wird.

— Zweitens, dass die Interessen der urteilsunfähigen Person *gefährdet oder nicht mehr* 56
gewahrt sind. Hier wird verlangt, dass der Patientenverfügung nicht Folge zu leisten sei, weil beispielsweise ein Formmangel vorliegt, der Inhalt der Patientenverfügung nicht mehr dem mutmasslichen Willen der Patientin entspricht (372[2]), oder
die Anordnungen in der Patientenverfügung dem Bestimmtheitsgebot nicht ausreichend Rechnung tragen.[131] Weiter ist dieser Rügegrund von Bedeutung, wenn
gestützt auf Art. 370 Abs. 2 ein Vertreter bestellt wurde und dessen Interessen mit
denjenigen der Patientin kollidieren. So führt im Unterschied zur Regelung im
Vorsorgeauftrag eine Kollision der Interessen der Patientin und des Vertreters nicht
automatisch zu einer Aufhebung der Vertretungsbefugnisse.[132] Vielmehr ist ein
Einschreiten der Erwachsenenschutzbehörde notwendig.

— Schliesslich kann nach Ziff. 3 gerügt werden, dass die Patientenverfügung *nicht auf* 57
dem freien Willen der Patientin beruht, also Fälle der Drohung, Täuschung, des
Zwangs oder des Irrtums vorliegen.[133]

Nach Art. 373 Abs. 2 ist die Bestimmung über das Einschreiten der Erwachsenen- 58
schutzbehörde beim Vorsorgeauftrag (368) sinngemäss anwendbar. Demnach trifft die
Erwachsenenschutzbehörde die erforderlichen Massnahmen und kann insbesondere
der Beauftragten Weisungen erteilen, diese zur Einreichung eines Inventars, zur periodischen Rechnungsablage und zur Berichterstattung verpflichten oder ihr die Befugnisse teilweise oder ganz entziehen (368).

i. Entschädigung

Im Unterschied zum Vorsorgeauftrag kann die Erwachsenenschutzbehörde im Rah- 59
men der Patientenverfügung keine Entschädigung festlegen.[134] Soweit der Auftrag
mit einem hohen Aufwand verbunden und deshalb eine Entschädigung angezeigt ist,

---

130   Botsch. Erwachsenenschutz, 7084; Eichenberger/Kohler, BaKomm, Art. 373 N 2.
131   Schmid, Erwachsenenschutz Kommentar, Art. 373 N 4; Widmer Blum a.a.O. 217.
132   Eichenberger/Kohler, BaKomm, Art. 373 N 8; Schmid, Erwachsenenschutz Kommentar,
       Art. 373 N 6; Büchler/Michel, FamKomm Erwachsenenschutz, Art. 373 N 8.
133   Eichenberger/Kohler, BaKomm, Art. 373 N 9.
134   Hausheer/Geiser/Aebi-Müller, Familienrecht, Nr. 20.52.

rechtfertigt sich aber die analoge Anwendung von Art. 366, der die Entschädigung und die Spesen im Rahmen des Vorsorgeauftrags regelt.[135] In jedem Fall hat die Beauftragte Anspruch auf die Spesen (422 OR).[136]

k. Kündigung und Erlöschen

60 Unter welchen Bedingungen die Beauftragte ihr Mandat niederlegen kann, ist nicht ausdrücklich geregelt. Aus diesem Grund ist Art. 404 OR sinngemäss anzuwenden. Danach kann der Auftrag von jedem Teil *jederzeit gekündigt* werden.[137] Soweit die Kündigung zur Unzeit erfolgt, haftet der Beauftragte allerdings nach Abs. 2 für den verursachten Schaden.

61 Unter Anwendung von Art. 405 Abs. 1 erlischt eine Patientenverfügung grundsätzlich auch mit dem *Tod der Auftraggeberin.*

135 GASSMANN, ESR-Kommentar, Art. 370 N 13; STEINAUER/FOUNTOULAKIS, Personnes physiques, Nr. 931.

136 WYSS, BaKomm Erwachsenenschutz, Art. 370 N 24; GASSMANN, ESR-Kommentar, Art. 370 N 13.

137 HRUBESCH-MILLAUER/JAKOB a.a.O. 108; SCHMID, Erwachsenenschutz Kommentar, Art. 370 N 8; STEINAUER/FOUNTOULAKIS, Personnes physiques, Nr. 932; WYSS, BaKomm, Art. 370 N 27; GASSMANN, ESR-Kommentar, Art. 371 N 13.

§ 51 Massnahmen von Gesetzes wegen für urteilsunfähige Personen

Die gesetzlichen Massnahmen gemäss Art. 374 ff. räumen bestimmten nahestehen- 1
den Personen ein gesetzliches Vertretungsrecht ein, wenn eine Person vorübergehend
oder – vor allem in fortgeschrittenem Alter – dauernd urteilsunfähig wird. Damit wird
die Solidarität innerhalb der Familie in den Vordergrund gerückt und ein automatisches Einschreiten der Behörden vermieden.[1] In diesem Sinn sieht Art. 389 Abs. 1
Ziff. 2 vor, dass eine behördliche Massnahme nur dann erlassen wird, wenn die Massnahmen von Gesetzes wegen nicht genügen. In den Art. 374 ff. sind drei Massnah-
mearten vorgesehen: Zunächst die Vertretung durch den Ehegatten, die eingetragene
Partnerin oder den eingetragenen Partner (I., N 2 ff.), danach die Vertretung bei medizinischen Massnahmen (II., N 32 ff.) und schliesslich die Massnahmen bei einem Aufenthalt in Wohn- oder Pflegeeinrichtungen (III., N 47 ff.).

I. Die Vertretung durch den Ehegatten, die eingetragene Partnerin oder den eingetragenen Partner

a. Voraussetzungen.

Die Entstehung des Vertretungsrechts bestimmt sich nach Art. 374. Demnach hat der 2
Ehegatte oder die eingetragene Partnerin, die mit einer urteilsunfähigen Person einen
gemeinsamen Haushalt führt oder ihr regelmässig und persönlich Beistand leistet, von
Gesetzes wegen ein Vertretungsrecht, wenn weder ein Vorsorgeauftrag noch eine entsprechende Beistandschaft besteht (374[1]). Die Entstehung des Vertretungsrechts setzt
mithin fünf Tatbestandsmerkmale voraus:

1. Urteilsunfähigkeit

Vorausgesetzt ist zunächst die Urteilsunfähigkeit einer erwachsenen Person. Ob 3
Urteilsunfähigkeit vorliegt, entscheidet im Unterschied zum Vorsorgeauftrag nicht die
Erwachsenenschutzbehörde, sondern grundsätzlich die Vertreterin.[2] Da die Urteilsfähigkeit aufgrund der allgemeinen Lebenserfahrung bei einer erwachsenen Person
grundsätzlich vermutet wird, hat die Ehepartnerin oder der eingetragene Partner, die/
der sich auf die Urteilsunfähigkeit des Partners beruft, diese zu beweisen (Art. 8; 124
III 5 E. 1b). Die Urteilsunfähigkeit muss nicht umfassend sein, sondern es genügt, wenn
die Urteilsfähigkeit mindestens für eine der in Art. 374 Abs. 2 und 3 erwähnten Vertretungshandlungen fehlt: für die Rechtshandlungen zur Deckung des Unterhaltsbedarfs
(Abs. 2 lit. a), für die ordentliche Verwaltung des Einkommens und der übrigen Vermögenswerte (Abs. 2 lit. b), für das Öffnen und die Erledigung der Post (Abs. 2 lit. c)

---

1 Botsch. Erwachsenenschutz, 7014; SCHMID, Erwachsenenschutz Kommentar, Art. 374 N 1.
2 FANKHAUSER, HandKomm, Art. 374 N 2; REUSSER, BaKomm, Art. 374 N 6; STEINAUER/FOUN-
   TOULAKIS, Personnes physiques, Nr. 952.

oder für die ausserordentliche Vermögensverwaltung (Abs. 3).[3] Liegt keine umfassende Urteilsunfähigkeit vor, ist eine partielle Vertretungsbefugnis möglich.[4]

4   *Dauer der Urteilsunfähigkeit:* Eine Mindestdauer der Urteilsunfähigkeit wird nicht vorausgesetzt. Vielmehr ist einzig erforderlich, dass gewisse Geschäfte während der fraglichen Dauer sinnvollerweise nicht aufgeschoben werden sollten, sondern gehandelt werden muss.[5] Umgekehrt ist auch nicht ausreichend, dass die Urteilsunfähigkeit bloss vorübergehender Natur ist.[6] Sobald deutlich geworden ist, dass es sich voraussichtlich um eine dauernde Urteilsunfähigkeit handelt, soll gemäss der Botschaft eine Beistandschaft errichtet werden. Diese soll selbstredend nicht nur von einer Drittperson, sondern auch vom Ehegatten oder der eingetragenen Partnerin übernommen werden können, sofern diese die notwendigen Voraussetzungen erfüllen.[7] Im Sinn der Subsidiarität behördlicher Massnahmen soll nach hier vertretener Ansicht darüber hinaus ganz auf eine Beistandschaft verzichtet werden, wenn die gesetzliche Vertretung den Bedürfnissen der urteilsunfähigen Person genügt. Eine Beistandschaft ist aber dann zu errichten, wenn der Ehegatte oder der eingetragene Partner für die Übernahme der entsprechenden Aufgaben im Grundsatz zwar geeignet ist (und gegebenenfalls auch als Beistand ernannt werden kann), eine Aufsicht durch die Erwachsenenschutzbehörde aber dennoch notwendig erscheint. Soweit dagegen die Partner zur Vertretung uneingeschränkt geeignet erscheinen und die Umstände es zulassen, ist auf die Errichtung einer Beistandschaft zu verzichten.[8]

2. Ehe oder eingetragene Partnerschaft

5   Die urteilsunfähige Person muss verheiratet sein oder in einer eingetragenen Partnerschaft leben; selbst ein gefestigtes Konkubinat lässt damit kein gesetzliches Vertretungsrecht entstehen. Der vertretende Ehegatte oder eingetragene Partner muss handlungsfähig sein, Urteilsfähigkeit reicht nicht aus.[9]

3. Tatsächlich gelebte Beziehung

6   Der formalrechtliche Status der Ehe und der eingetragenen Partnerschaft muss durch eine tatsächlich gelebte Beziehung ergänzt sein. Vorausgesetzt ist daher, dass die Ehepartner oder die eingetragenen Partner in einem gemeinsamen Haushalt leben oder einander persönlich Beistand leisten. Leben die Partner nicht zusammen, sondern lebt

---

3   REUSSER, BaKomm, Art. 374 N 5; LEUBA, FamKomm Erwachsenenschutz, Art. 374 N 24; HAUSHEER/GEISER/AEBI-MÜLLER, Familienrecht, Nr. 20.67 f.; STEINAUER/FOUNTOULAKIS, Personnes physiques, Nr. 952a.

4   FANKHAUSER, HandKomm, Art. 374 N 2.

5   REUSSER, BaKomm, Art. 374 N 3.

6   FANKHAUSER, HandKomm, Art. 374 N 2; REUSSER, BaKomm, Art. 374 N 7; SANDRA IMBACH, Die vermögensrechtliche Vertretung der Ehegatten und eingetragenen Partner im Erwachsenenschutzrecht (Diss. Freiburg, Zürich 2013), AISUF 324, Nr. 223 ff.

7   Botsch. Erwachsenenschutz, 7034.

8   FANKHAUSER, HandKomm, Art. 374 N 2; IMBACH a.a.O. Nr. 223 ff.; REUSSER, BaKomm, Art. 374 N 7.

9   LEUBA, FamKomm Erwachsenenschutz, Art. 374 N 28; REUSSER, BaKomm, Art. 374 N 9.

einer oder leben beide (getrennt) in einer Wohn- oder Pflegeeinrichtung, im Spital, im Gefängnis, müssen sie einander oder muss der eine dem anderen persönlich Beistand leisten.[10] Beistand kann durch materielle oder immaterielle Leistungen wie Besuche, Kommunikation mit der Wohn- oder Pflegeeinrichtung und der Ärztin oder Ähnlichem geleistet werden. Einen klaren Katalog der Pflichten besteht in diesem Zusammenhang nicht. Ausschlaggebend ist, dass der Ehegatte oder die eingetragene Partnerin die primäre Ansprechperson der Urteilsunfähigen ist und sich um die notwendigen Angelegenheiten persönlich kümmert.[11] Zweifellos darf der Vertreter zur Besorgung der Angelegenheiten aber Dienstleistungen Dritter in Anspruch nehmen. Nur eine umfassende Delegation führt zum Untergang des Vertretungsrechts (398[3] OR).[12]

4. Fehlen eines Vorsorgeauftrags oder einer Beistandschaft

Das gesetzliche Vertretungsrecht ist erstens subsidiär zu einem Vorsorgeauftrag, worin die urteilsunfähige Person möglicherweise nicht ihren Ehepartner zum Vertreter eingesetzt hat. Bei Vorliegen eines Vorsorgeauftrages ist allerdings zu beachten, dass dieser seine Wirksamkeit erst nach einer Prüfung durch die Erwachsenenschutzbehörde entfaltet (§ 50 N 17). Bevor die Erwachsenenschutzbehörde diesen Entscheid gefällt und der Vorsorgebeauftragte sein Amt angetreten hat, fungiert die Ehepartnerin oder die eingetragene Partnerin deshalb im Sinn von Art. 374 als gesetzliche Vertreterin.[13] Zweitens ist das gesetzliche Vertretungsrecht auch subsidiär zu einer bereits errichteten Beistandschaft, oder es entfällt nachträglich von Gesetzes wegen, wenn eine Beistandschaft errichtet wird (374[1]).[14] Soweit der Vorsorgeauftrag oder die Beistandschaft nur einen Teil oder andere als die in Art. 374 Abs. 2 und 3 erwähnten Befugnisse erfassen, können das gesetzliche Vertretungsrecht und der Vorsorgeauftrag oder die Beistandschaft aber ohne weiteres nebeneinander bestehen.[15] Gegen den Entzug des Vertretungsrechts oder die Errichtung einer Beistandschaft kann der Ehegatte oder die eingetragene Partnerin Beschwerde erheben (450 ff.; § 59 N 49).

7

---

10 Botsch. Erwachsenenschutz, 7034 f.; Fankhauser, HandKomm, Art. 374 N 4; Imbach a.a.O. Nr. 346; Schmid, Erwachsenenschutz Kommentar, Art. 374 N 3.

11 Imbach a.a.O. Nr. 349; Reusser, BaKomm, Art. 374 N 12.

12 Reusser, BaKomm, Art. 374 N 12; geht weniger weit: Fankhauser, HandKomm, Art. 374 N 4 in fine.

13 Imbach a.a.O. Nr. 243; Reusser, BaKomm, Art. 374 N 13; Steinauer/Fountoulakis, Personnes physiques, Nr. 961a und 868 ff.; Steck, Massnahmen von Gesetzes wegen für urteilsunfähige Personen: Vertretung durch den Ehegatten, die eingetragene Partnerin oder den eingetragenen Partner, in FamPra.ch 14 (2013), 940. A. M. Fankhauser, Die gesetzliche Vertretungsbefugnis bei Urteilsunfähigen nach den Bestimmungen des neuen Erwachsenenschutzrechts, in BJM 57 (2010), 243, welcher auf den formgültig errichteten Vorsorgeauftrag abstellt.

14 Reusser, BaKomm, Art. 374 N 16 f.; Schmid, Erwachsenenschutz Kommentar, Art. 374 N 6.

15 Imbach a.a.O. Nr. 259 und 277 ff.; Reusser, BaKomm, Art. 374 N 14 sowie 16; Fankhauser, HandKomm, Art. 374 N 4; ders. a.a.O. 243 f.; Hausheer/Geiser/Aebi-Müller, Familienrecht, Nr. 20.65.

5. Kein Ausschluss des Vertretungsrechts durch die urteilsunfähige Person

8   Die negative Voraussetzung, dass die später urteilsunfähig gewordene Person das Vertretungsrecht des Ehepartners oder des eingetragenen Partners nicht ausgeschlossen hat, als sie noch urteilsfähig war, ist zwar nicht ausdrücklich genannt, gilt jedoch im Hinblick auf ihr Selbstbestimmungsrecht ohne weiteres.[16] Sie kann mithin das gesetzliche Vertretungsrecht nicht nur durch die Errichtung eines *Vorsorgeauftrags* ausschliessen, sondern auch indem sie eine Verfügung im Rahmen der eigenen Vorsorge erlässt, eine sog. *Vorsorgeverfügung.* Durch den Ausschluss des gesetzlichen Vertretungsrechts und das Unterlassen der Errichtung eines Vorsorgeauftrags entscheidet sich die betroffene Person für eine Beistandschaft. In der Vorsorgeverfügung kann sie i. S. v. Art. 401 Abs. 1 Vorschläge für die Person der Beiständin machen. Die Tragweite einer Vorsorgeverfügung reicht dabei weit weniger weit als ein Vorsorgeauftrag: Bei Letzterem wird eine Person zu Handlungen ermächtigt, die nicht laufend kontrolliert werden. Bei einer Vorsorgeverfügung entscheidet sich die urteilsunfähig werdende Person dagegen für einen Beistand, welcher der ständigen Aufsicht der Erwachsenenschutzbehörde untersteht. Aus diesem Grund reicht für eine formgültige Errichtung einer Vorsorgeverfügung entsprechend der Regelung bei der Patientenverfügung die einfache Schriftlichkeit, versehen mit Datum und Unterschrift.[17]

b. Entstehung des Vertretungsrechts und Legitimationsurkunde

9   Grundsätzlich entsteht das Vertretungsrecht von Gesetzes wegen, und es bedarf keiner Mitwirkung der Erwachsenenschutzbehörde. Es ist gerade Sinn der gesetzlichen Vertretung, für urteilsunfähig gewordene Personen eine praktikable Lösung bereitzustellen, ohne dass ein Einschreiten der Behörden notwendig wird.[18] Nur wenn Zweifel bestehen, ob die Voraussetzungen für eine Vertretung erfüllt sind, ist der potentielle Vertreter verpflichtet, im Sinn von Art. 376 Abs. 1 die Erwachsenenschutzbehörde anzurufen, damit diese die Vertretungsmacht erteilt.[19]

10   Allerdings wird in der Praxis vor allem mit Blick auf den Rechtsverkehr mit Dritten in nahezu allen Fällen die *Mitwirkung der Erwachsenenschutzbehörde* angezeigt sein.[20] Denn eine Drittperson – beispielsweise eine Bank – wird im Rechtsverkehr sichergehen wollen, dass der Vertreter tatsächlich im Namen der betroffenen Person zu han-

---

16   Imbach a.a.O. Nr. 290 ff., Nr. 305; Fankhauser, HandKomm, Art. 374 N 3; ders. a.a.O. 244; Reusser, BaKomm, Art. 374 N 18; Steinauer/Fountoulakis, Personnes physiques, Nr. 965; Steck a.a.O. 941.

17   Reusser, BaKomm, Art. 374 N 19; Steck a.a.O. 941; keine Formvorschriften verlangen Fankhauser, HandKomm, Art. 374 N 3, und Langenegger, ESR-Kommentar, Art. 374 N 5; strenger Imbach a.a.O. Nr. 297, welche eine Meldung an die Erwachsenenschutzbehörde voraussetzt, sowie Steinauer/Fountoulakis, Personnes physiques, Nr. 965a.

18   Leuba, FamKomm Erwachsenenschutz, Art. 374 N 54.

19   Fankhauser, HandKomm, Art. 374 N 2 sowie Art. 376 N 1; Reusser, BaKomm, Art. 376 N 4 ff., N 14 ff.; Leuba, FamKomm Erwachsenenschutz, Art. 376 N 3 ff.; Hausheer/Geiser/ Aebi-Müller, Familienrecht, Nr. 20.70.

20   Imbach a.a.O. Nr. 420; Steck a.a.O. 951 f.

deln berechtigt ist[21]: Ist sie selber nicht in der Lage, über das Vorliegen der Voraussetzungen des Vertretungsrechts zu urteilen, wird sie das Vertretungsrecht (z.B. über das Vorliegen der Urteilsunfähigkeit) grundsätzlich bestreiten und eine behördliche Klärung verlangen. Diesen Zweifeln kann die Vertreterin mit der sog. Legitimationsurkunde begegnen: Bei Zweifeln über das Vertretungsrecht entscheidet die Erwachsenenschutzbehörde darüber und händigt gegebenenfalls die Legitimationsurkunde aus (376[1]). Ein Mitwirken der Erwachsenenschutzbehörde – wenn auch nur zur Ausstellung der Legitimationsurkunde – ist damit faktisch in jedem Fall angezeigt.[22]

c. Sinngemässe Anwendung des Auftragsrechts

Gemäss Art. 375 sind auf die Ausübung des Vertretungsrechts die Bestimmungen des Obligationenrechts über den Auftrag (394 ff. OR) sinngemäss anwendbar (wogegen beim Vorsorgeauftrag gemäss Art. 365 Abs. 1 eine direkte Anwendung des Auftragsrechts angezeigt ist; s. dazu § 50 N 24). Die lediglich sinngemässe Anwendung bedeutet, dass nur diejenigen Bestimmungen des Auftragsrechts zur Anwendung gelangen, die sachlich gerechtfertigt erscheinen.[23] Es soll die Verpflichtung zur Anpassung der auftragsrechtlichen Normen an die besonderen Verhältnisse der gesetzlichen Vertretung klar- und sichergestellt werden[24]: Dem Unterschied zwischen einer freiwillig eingeräumten Vertretung und dem gesetzlichen Vertretungsrecht nach Art. 374 ff. soll Rechnung getragen werden und das Auftragsrecht nur soweit zum Zug kommen, als sich im konkreten Kontext eine sachgerechte Lösung ergibt.[25] Insbesondere sind die Rechte und Pflichten der Vertreterin im Zusammenhang mit den besonderen Beistands- und Fürsorgepflichten der Ehegatten oder eingetragenen Partnerinnen gemäss Art. 159 und Art. 12 PartG zu sehen.[26]

Die sinngemässe Anwendung des Auftragsrechts bedeutet namentlich Folgendes: 12

Die Beauftragte hat die Geschäfte grundsätzlich *persönlich zu besorgen* (398[3] OR).[27] 13
Der Gesetzgeber hat den Ehegatten bzw. den eingetragenen Partner aufgrund seiner persönlichen Nähe und Beziehung als gesetzlichen Vertreter gewählt.[28] Daher kann der Ehegatte oder die eingetragene Partnerin die Geschäfte nicht pauschal an eine Drittperson delegieren. Möglich ist es aber, Dritte für bestimmte Handlungen wie beispielsweise die Verwaltung eines Aktienpakets oder die Einreichung einer Klage zu

11

---

21 IMBACH a.a.O. Nr. 420; STECK a.a.O. 951 f.
22 IMBACH a.a.O. Nr. 422.
23 IMBACH a.a.O. Nr. 693; FANKHAUSER, HandKomm, Art. 375 N 1; REUSSER, BaKomm, Art. 375 N 6.
24 FANKHAUSER, HandKomm, Art. 376 N 1.
25 FANKHAUSER, HandKomm, Art. 375 N 1; REUSSER, BaKomm, Art. 375 N 6.
26 FANKHAUSER, HandKomm, Art. 375 N 1; HAUSHEER/GEISER/AEBI-MÜLLER, Familienrecht, Nr. 20.69.
27 Botsch. Erwachsenenschutz, 7035. Für eine ausführliche Übersicht über die anwendbaren Bestimmungen des Auftragsrechts siehe REUSSER, BaKomm, Art. 375 N 2 ff.
28 LEUBA, FamKomm Erwachsenenschutz, Art. 375 N 4; MEIER/LUKIC, Nr. 318.

beauftragen.[29] Ist die vertretungsberechtigte Person für eine gewisse Zeit (aber nicht dauerhaft; diesfalls wäre eine Vertretung ausgeschlossen) verhindert, kann sie eine Stellvertretung (ein Familienmitglied oder eine Drittperson) bezeichnen, die vorübergehend an ihrer Stelle handelt. Ernennt sie keine Stellvertretung, hat die Erwachsenenschutzbehörde eine Beistandschaft zu errichten oder gestützt auf Art. 392 Ziff. 1 selber das Erforderliche vorzukehren oder nach Ziff. 2 einer Drittperson einen Auftrag zu erteilen, falls die Geschäfte keinen Aufschub dulden.[30]

14   Weiter leitet sich aus Art. 398 Abs. 1 und 2 OR die *Pflicht zur sorgfältigen Ausführung* der notwendigen Handlungen ab. Dabei hat die Vertreterin den Interessen und dem mutmasslichen Willen der urteilunfähigen Person Rechnung zu tragen.[31] Aufgrund des besonderen Charakters der gesetzlichen Vertretung hat sie im Sinn von Art. 159 (Rechte und Pflichten der Ehegatten) und Art. 12 PartG (Beistand und Rücksicht) bei der Ausübung der Vertretung auch die Interessen der Gemeinschaft in die Betrachtung miteinzubeziehen.[32]

15   Gestützt auf Art. 400 Abs. 1 OR trifft die Vertreterin überdies eine *Rechenschaftspflicht*. Zudem hat sie bei Erlöschen des Vertretungsrechts herauszugeben, was ihr in Folge der Ausübung aus irgendeinem Grund zugekommen ist.[33]

16   In Analogie zu Art. 394 Abs. 3 OR wird die Ausübung der gesetzlichen Vertretung *grundsätzlich nicht vergütet*.[34]

d. Umfang des Vertretungsrechts

17   Die aus dem gesetzlichen Vertretungsrecht fliessenden Befugnisse werden in Art. 374 Abs. 2 und 3 abschliessend festgelegt. Dieses Vertretungsrecht steht ausschliesslich dem Ehegatten oder dem eingetragenen Partner zu. Die Erwachsenenschutzbehörde hat dem gesetzlichen Vertreter gegenüber weder ein Mitbestimmungs- noch ein Weisungsrecht. Ebenso wenig kann sie selber für den Urteilsunfähigen ein Rechtsgeschäft abschliessen.[35] Soweit aber Geschäfte besorgt werden müssen, die von der gesetzlichen Vertretung nicht gedeckt sind, ist der Ehegatte oder die eingetragene Partnerin verpflichtet, die Erwachsenenschutzbehörde zu benachrichtigen (365[2] analog). In diesen Situationen hat diese entweder eine Beistandschaft zu errichten, wobei als Beistand

---

29   LEUBA, FamKomm Erwachsenenschutz, Art. 375 N 5; SCHMID, Erwachsenenschutz Kommentar, Art. 375 N 2; REUSSER, BaKomm, Art. 375 N 14; IMBACH a.a.O. Nr. 711.

30   Botsch. Erwachsenenschutz, 7035; FANKHAUSER, HandKomm, Art. 375 N 2; gemäss REUSSER, BaKomm, Art. 375 N 13.

31   FANKHAUSER, HandKomm, Art. 375 N 2, unter Verweis auf Art. 406 Abs. 1; REUSSER, BaKomm, Art. 375 N 9; IMBACH a.a.O. Nr. 713 ff., sowie zur Verfolgung von Eigeninteressen Nr. 793 ff.

32   LEUBA, FamKomm Erwachsenenschutz, Art. 375 N 7.

33   LEUBA, FamKomm Erwachsenenschutz, Art. 375 N 11; REUSSER, BaKomm, Art. 375 N 20 ff.; IMBACH a.a.O. Nr. 750 ff.

34   FANKHAUSER, HandKomm, Art. 375 N 2; LEUBA, FamKomm Erwachsenenschutz, Art. 374 N 18. Für eine angemessene Entschädigung bei erheblichem Aufwand: REUSSER, BaKomm, Art. 375 N 27 f.; STEINAUER / FOUNTOULAKIS, Personnes physiques, Nr. 978c.

35   REUSSER, BaKomm, Art. 374 N 54.

auch der Ehegatte oder der eingetragene Partner bezeichnet werden kann, oder sie hat gestützt auf Art. 392 von sich aus das Notwendige vorzukehren oder einer Drittperson einen Auftrag für deren Besorgung zu erteilen.[36]

Die gesetzliche Vertretung umfasst folgende Handlungen (374[2] und [3]): 18

1. Rechtshandlungen zur Deckung des Unterhaltsbedarfs (Abs. 2 Ziff. 1)

Unterhalt meint den gesamten Lebensbedarf wie Wohnung, Ernährung, Körperpflege 19 und Gesundheit, wobei die Bedürfnisse im Einzelfall ausschlaggebend sind.[37] Erfasst ist auch der Unterhaltsbedarf von Personen, denen der Urteilsunfähige Unterhalts- und Unterstützungsleistungen schuldet. Auf diese Weise ist sichergestellt, dass die Deckung des Familienbedarfs weiterhin gewährleistet ist.[38] Neben den grundlegenden Bedürfnissen der Urteilsunfähigen und ihrer Unterhaltsberechtigten ist für die Berechnung des Unterhaltsbedarfs die wirtschaftliche Leistungsfähigkeit der urteilsunfähigen Person miteinzubeziehen.[39] Bei sehr guten wirtschaftlichen Verhältnissen sind deshalb unter Umständen auch Luxusgeschäfte vom Unterhaltsbedarf und damit vom Vertretungsrecht gedeckt.[40] Massgebend ist grundsätzlich der bisherige Lebensstandard.[41]

2. Ordentliche Verwaltung des Einkommens und der übrigen Vermögenswerte (Abs. 2 Ziff. 2)

Es ist hier von einem weiten Einkommensbegriff auszugehen: Erfasst sind nicht nur 20 Einkommen aus selbstständiger oder unselbstständiger Erwerbstätigkeit, sondern auch Vermögenserträge und periodische Leistungen wie Renten oder Leistungen aus Haft-, Privat- und Sozialversicherungen.[42] Unter dem Begriff des Vermögens sind sämtliche einer Person zustehenden Vermögenswerte zu verstehen. Dazu gehören etwa auch Forderungen, Immaterialgüterrechte, Gestaltungsrechte und vermögensbezogene Mitgliedschaftsrechte. Erfasst sind schliesslich auch die Schulden der vertretenen Person.[43]

Die Begriffe der *ordentlichen (374[2] Ziff. 2) und ausserordentlichen Verwaltung (374[3])* 21 wurden dem Eherecht entnommen.[44] Die Unterscheidung der ordentlichen von der ausserordentlichen Verwaltung orientiert sich daher an Art. 227 und 228 zur

---

36 Reusser, BaKomm, Art. 374 N 27.
37 Imbach a.a.O. Nr. 561; Reusser, BaKomm, Art. 374 N 34, 36; Leuba, FamKomm Erwachsenenschutz, Art. 374 N 40; Meier/Lukic, Nr. 316.
38 Imbach a.a.O. Nr. 562; Reusser, BaKomm, Art. 374 N 34, 43, und Leuba, FamKomm Erwachsenenschutz, Art. 374 N 45, subsumieren die Verwendung von Vermögenswerten für den Unterhalt weiterer Familienmitglieder bzw. des eingetragenen Partners unter Ziff. 2 von Art. 374[2].
39 Schmid, Erwachsenenschutz Kommentar, Art. 374 N 8.
40 Reusser, BaKomm, Art. 374 N 34.
41 Fankhauser, HandKomm, Art. 374 N 5; Imbach a.a.O. Nr. 564; Reusser, BaKomm, Art. 374 N 36; Leuba, FamKomm Erwachsenenschutz, Art. 374 N 40; Meier/Lukic, Nr. 316.
42 Imbach a.a.O. Nr. 622 ff.; Reusser, BaKomm, Art. 374 N 39; Steck a.a.O. 945.
43 Imbach a.a.O. Nr. 623; Reusser, BaKomm, Art. 374 N 39; Steck a.a.O. 945.
44 Imbach a.a.O. Nr. 626; Schmid, Erwachsenenschutz Kommentar, Art. 374 N 15.

Gütergemeinschaft:[45] Zur ordentlichen Verwaltung gehört demnach jede Handlung, die eine «sorgfältige und gewissenhafte Vermögensverwaltung nach allgemeiner Lebenserfahrung gewöhnlich mit sich bringt.»[46] Unerheblich ist, ob die fragliche Handlung häufig oder selten vorzunehmen ist. Vielmehr ist ausschlaggebend, dass aus der Sicht des zu verwaltenden Vermögens die Handlung nur von geringer Tragweite und kein besonderes Risiko damit verbunden ist.[47] Erfasst ist die Erhaltung und Mehrung des anvertrauten Vermögens. Die Grenze bilden grundsätzlich der Vermögensverbrauch und die Vermögensnutzung.[48] Die ordentliche Verwaltung kann auch die Verwendung von Vermögenswerten für den Unterhalt der weiteren Familienmitglieder bzw. der eingetragenen Partnerin im Sinn von Art. 163 bzw. 13 PartG umfassen, soweit dies der bisherigen Aufgabenteilung entspricht. Die ordentliche Verwaltung umfasst nur (aber immerhin) die Fortsetzung des bisherigen Lebensstandards.[49]

3. Ausserordentliche Vermögensverwaltung (Abs. 3)

22   Für Rechtshandlungen im Rahmen der ausserordentlichen Vermögensverwaltung muss der Ehegatte oder die eingetragene Partnerin gemäss Art. 374 Abs. 3 die Zustimmung der Erwachsenenschutzbehörde einholen. Zu den zustimmungsbedürftigen Geschäften gehören insbesondere die in Art. 416 (zustimmungsbedürftige Geschäfte bei Vorliegen einer Beistandschaft) aufgeführten Geschäfte, aber auch weitere Geschäfte, welche über die ordentliche Verwaltung hinausgehen.[50] Die Erwachsenenschutzbehörde erteilt auf Antrag hin eine schriftliche Genehmigung in Form eines beschwerdefähigen Beschlusses, der gestützt auf die Art. 450 ff. innerhalb von dreissig Tagen angefochten werden kann.[51] Erst mit dieser Genehmigung wird das Rechtsgeschäft für die Vertragspartner – d.h. den Dritten und die Urteilsunfähige – verbindlich. Fehlt die Zustimmung der Erwachsenenschutzbehörde, kommt Art. 418 (Fehlen der Zustimmung im Rahmen behördlicher Massnahmen) sinngemäss zur Anwendung.[52] Demnach hat ein Geschäft ohne die erforderliche Zustimmung der Erwachsenenschutzbehörde für die betroffene Person nur die Wirkung, die nach der Bestimmung des Personenrechts über das Fehlen der Zustimmung des gesetzlichen Vertreters vorgese-

---

45   Botsch. Erwachsenenschutz, 7035; Reusser, BaKomm, Art. 374 N 40; Fankhauser, HandKomm, Art. 374 N 5; Schmid, Erwachsenenschutz Kommentar, Art. 374 N 15.

46   Reusser, BaKomm, Art. 374 N 41; Fankhauser, HandKomm, Art 374 N 5; Steinauer/Fountoulakis, Personnes physiques, Nr. 937a.

47   Fankhauser, HandKomm, Art. 374 N 5; Reusser, BaKomm, Art. 374 N 41 ff.; Imbach a.a.O. Nr. 631 ff.; Deschenaux/Steinauer/Baddeley, Effets, Nr. 1501; Rumo-Jungo, HandKomm, Art. 227–228 N 6; Langenegger, ESR-Kommentar, Art. 374 N 11.

48   Imbach a.a.O. Nr. 626; Hausheer/Aebi-Müller, BaKomm, Art. 195 N 10.

49   Reusser, BaKomm, Art. 374 N 43 f.

50   Imbach a.a.O. Nr. 643 f.; Leuba, FamKomm Erwachsenenschutz, Art. 374 N 51; Reusser, BaKomm, Art. 374 N 51, 41; Schmid, Erwachsenenschutz Kommentar, Art. 374 N 15.

51   Langenegger, ESR-Kommentar, Art. 416 N 5; Schmid, Erwachsenenschutz Kommentar, Art. 416 N 4; Imbach a.a.O. Nr. 654; Meier/Lukic, Nr. 316 FN 348.

52   Reusser, BaKomm, Art. 374 N 63; Leuba, FamKomm Erwachsenenschutz, Art. 374 N 52 in fine; Biderbost, FamKomm Erwachsenenschutz, Art. 418 N 2 ff. Zu den Rechtsfolgen einer fehlenden Zustimmung siehe auch Reusser, BaKomm, Art. 374 N 63 ff.

hen ist (vorne § 9 N 41 f.). Der Vertrag hängt damit bis zur Erteilung der Genehmigung in der Schwebe und der Vertragspartner ist bis zu deren Abgabe oder bis zum Ablauf einer angemessenen Frist (19a) gebunden. Verweigert die Erwachsenenschutzbehörde die Genehmigung, ist das Geschäft für die Urteilsunfähige unverbindlich und fällt ex tunc dahin (19b). Jeder Teil kann die vollzogene Leistung zurückfordern, wobei die Urteilsunfähige nur insoweit haftet, als die Leistung zu ihrem Nutzen verwendet worden, sie zur Zeit der Rückforderung noch bereichert ist oder sich böswillig der Bereicherung entäussert hat.[53] Grundsätzlich ist dabei der gute Glaube des Dritten nicht geschützt. So sieht Art. 452 Abs. 1 vor, dass eine Massnahme des Erwachsenenschutzes Dritten entgegengehalten werden kann, selbst wenn diese gutgläubig sind. Da auch die Vertretung eines Urteilsunfähigen durch den Ehegatten bzw. die eingetragene Partnerin eine Massnahme des Erwachsenenschutzes darstellt, ist diese Bestimmung hier einschlägig.[54]

4. Öffnen und Erledigen der Post (Abs. 2 Ziff. 3)

Schliesslich steht dem Vertreter die Befugnis zu, nötigenfalls die Post zu öffnen und zu erledigen (Ziff. 3). Erfasst sind neben Brief- und Paketverkehr die elektronische Post und das Recht, eingeschriebene Sendungen entgegenzunehmen oder bei der Post abzuholen.[55] Der Begriff «nötigenfalls» stellt klar, dass die Post mit Eintritt der Urteilsunfähigkeit nicht ohne weiteres geöffnet werden darf, sondern dem Vertreter diese Befugnis nur dann zukommt, wenn er in guten Treuen annehmen darf und muss, dass Rechnungen zu bezahlen sind, dass andere nicht aufschiebbare Rechtshandlungen vorzunehmen sind oder mit der Beantwortung eines Briefes oder einer E-Mail nicht zugewartet werden kann.[56]

e. Rechtswirkung der gültigen Vertretung

Durch das gesetzliche Vertretungsrecht (374 ff.) können die grundlegenden persönlichen Bedürfnisse einer urteilsunfähig gewordenen Person erfüllt werden, ohne dass die Erwachsenenschutzbehörde tätig werden muss. Zu diesem Zweck werden die Vertretungsbefugnisse der Ehegatten und eingetragenen Partner im Sinn von Art. 166 und Art. 15 PartG für den Fall des Eintritts der Urteilsunfähigkeit erweitert. Die Ehegattin oder die eingetragene Partnerin handelt als gesetzliche Vertreterin. Die Rechtswirkung des Geschäfts tritt mithin ausschliesslich beim Vertretenen ein, der unmittelbar verpflichtet wird. Im Unterschied zur Vertretung nach Art. 166 (Vertretung der ehelichen Gemeinschaft) und Art. 15 PartG (Vertretung der Gemeinschaft) werden im

23

24

---

53 REUSSER, BaKomm, Art. 374 N 63; m. w. H. IMBACH a.a.O. 985 ff.

54 REUSSER, BaKomm, Art. 374 N 64; LEUBA, FamKomm Erwachsenenschutz, Art. 374 N 22. Ausführlich zum Gutglaubensschutz: GEISER, BaKomm, Art. 452 N 11 ff. und IMBACH a.a.O. Nr. 480 ff., 961 ff.

55 Botsch. Erwachsenenschutz, 7035; REUSSER, BaKomm, Art. 374 N 49 ff.; LEUBA, FamKomm Erwachsenenschutz, Art. 374 N 47 f.

56 Botsch. Erwachsenenschutz, 7035; SCHMID, Erwachsenenschutz Kommentar, Art. 374 N 14; HAUSHEER/GEISER/AEBI-MÜLLER, Familienrecht, Nr. 20.68; IMBACH a.a.O. Nr. 666 ff.; STECK a.a.O. 946.

Rahmen von Art. 374 mithin nicht beide solidarisch berechtigt und verpflichtet, sondern nur die vertretene Person.[57]

f. Folgen des Handelns ohne Vertretungsmacht

25   Fehlt die Vertretungsmacht, weil etwa eine Voraussetzung von Art. 374 nicht erfüllt ist oder eine Interessenkollision vorliegt, kann dieser Mangel durch die Zustimmung der Erwachsenenschutzbehörde nicht geheilt werden (im Zusammenhang mit Art. 392 Ziff. 2 aZGB: 107 II 117 E. 6b).[58] Vielmehr kommen diesfalls die Bestimmungen der Stellvertretung ohne Ermächtigung (Art. 38 f. OR) zur Anwendung.[59] Demnach wird der Vertretene im Fall der fehlenden Vertretungsmacht des Vertreters nur dann Schuldner oder Gläubiger, wenn er den Vertrag im Nachhinein genehmigt. Da der Vertretene im Fall der gesetzlichen Vertretung urteilsunfähig ist, kann er nicht rechtsgültig einwilligen (18) und die Genehmigung fällt ausser Betracht: der Vertrag ist auf jeden Fall ungültig. Gestützt auf Art. 39 OR wird der ohne Vertretungsmacht Handelnde dem Vertragspartner unter Umständen aber schadenersatzpflichtig. Keine Ansprüche stehen dem Vertragspartner dagegen gegenüber dem Urteilsunfähigen zu, da der gute Glaube des Dritten im Rahmen des Erwachsenenschutzes wie erwähnt grundsätzlich nicht geschützt ist: Gemäss Art. 452 Abs. 1 kann eine Massnahme des Erwachsenenschutzes einem Dritten auch dann entgegengehalten werden, wenn dieser gutgläubig war.[60] Eine Ausnahme von diesem Grundsatz besteht lediglich dann, wenn der Vertreter gestützt auf eine Legitimationsurkunde handelt.[61] Denn um dem Schutzbedürfnis der urteilsunfähigen Person Rechnung zu tragen, sind an die Sorgfalt des Dritten hohe Anforderungen zu stellen.[62] Schliesst der Vertragspartner das Geschäft erst nach Vorlegen der von der Erwachsenenschutzbehörde ausgestellten Legitimationsurkunde ab, legt er diese Sorgfalt aber zweifellos an den Tag, womit sein guter Glaube zu schützen ist. Der gute Glaube des Vertragspartners bewirkt die Heilung des Mangels – hier der fehlenden Vertretungsbefugnis –, und die Vertretungswirkung tritt ex lege ein. Folglich kommt das Rechtsverhältnis gültig zustande.[63] Dem Urteilsunfähigen stehen in diesem Fall gestützt auf das Auftragsrecht (398 OR) Schadenersatzansprüche gegenüber dem Vertreter zu (456).[64]

---

57   IMBACH a.a.O. Nr. 596; REUSSER, BaKomm, Art. 374 N 21; LEUBA, FamKomm Erwachsenenschutz, Art. 374 N 53; SCHMID, Erwachsenenschutz Kommentar, Art. 374 N 1 f.; HAUSHEER/GEISER/AEBI-MÜLLER, Familienrecht, Nr. 20.69.

58   REUSSER, BaKomm, Art. 374 N 53.

59   REUSSER, BaKomm, Art. 374 N 27.

60   REUSSER, BaKomm, Art. 374 N 64, die generell gegen den Schutz des guten Glaubens des Dritten ist.

61   Zum Ganzen siehe IMBACH a.a.O. Nr. 480 ff.

62   107 II 115 f. E. 6a; IMBACH a.a.O. Nr. 501 bzw. 492; REUSSER, BaKomm, Art. 374 N 64.

63   IMBACH a.a.O. Nr. 503.

64   IMBACH a.a.O. Nr. 501 bzw. 887 ff.

g. Die Haftung der Vertreterin

Die Haftung der Ehegattin oder der eingetragenen Partnerin richtet sich nach Art. 456 [26] und damit nach den Bestimmungen über den Auftrag. Im Unterschied zur Haftung des Beistandes, bei der es sich um eine Kausalhaftung handelt (454), haftet die Ehegattin oder die eingetragene Partnerin nur bei Verschulden. Dieses wird wie im Bereich der vertraglichen Haftung gemäss Art. 97 Abs. 1 OR vermutet.[65] Bei der Bemessung des Schadenersatzes ist zu berücksichtigen, dass die gesetzliche Vertretung in aller Regel unentgeltlich übernommen wird und für die handelnde Person nicht unmittelbar Vorteile bezweckt.[66] Die Verjährung der Haftung richtet sich nach Art. 127 OR und beträgt damit zehn Jahre ab Fälligkeit des Anspruchs.

h. Einschreiten der Erwachsenenschutzbehörde

Nach Art. 376 ist die Erwachsenenschutzbehörde in zwei Konstellationen in das gesetz- [27] liche Vertretungsverhältnis impliziert: einerseits, wenn unklar ist, ob die Voraussetzungen für eine Vertretung vorliegen (376^1), und andererseits, wenn die Interessen der urteilsunfähigen Person gefährdet oder nicht mehr gewahrt sind (376^2). Im ersten Fall entscheidet die Erwachsenenschutzbehörde über das Vertretungsrecht und händigt der Vertreterin eine Urkunde aus, welche ihre Befugnisse widergibt (Legitimationsurkunde; oben N 10). Im zweiten Fall entzieht die Erwachsenenschutzbehörde dem Vertreter von Amtes wegen oder auf Antrag einer nahestehenden Person (zu diesem Begriff s. oben § 50 N 26) ganz oder teilweise die Vertretungsbefugnisse oder errichtet eine Beistandschaft. Gestützt auf Art. 443 kann darüber hinaus auch jeder andere Meldung erstatten, wenn eine Person hilfsbedürftig erscheint.

Neben dem Entzug der Vertretungsbefugnis und der Errichtung einer Beistandschaft [28] besteht im Licht des Verhältnismässigkeitsprinzips analog zu Art. 368 Abs. 2 auch die Möglichkeit, Weisungen oder Mahnungen zu erteilen.[67]

i. Ende des Vertretungsrechts

Entfällt eine der in Art. 374 Abs. 1 genannten *Voraussetzungen* – etwa wenn die betrof- [29] fene Person ihre Urteilsfähigkeit wieder erlangt oder wenn die Vertreterin selber ihre Handlungsfähigkeit verliert –, endet das gesetzliche Vertretungsrecht ohne weiteres. Soll die Ehe oder die eingetragene Partnerschaft aufgelöst werden, geht das Vertretungsrecht in der Regel bereits mit Einreichung der Scheidungs- oder Auflösungsklage unter, da der Wille, einander regelmässigen und persönlichen Beistand zu leisten, nicht mehr vorhanden sein wird.[68]

---

65 LEUBA, FamKomm Erwachsenenschutz, Art. 375 N 15; GEISER, FamKomm Erwachsenenschutz, Art. 456 N 11; HAUSHEER, BaKomm, Art. 456 N 6; MEIER/LUKIC, Nr. 173.

66 LEUBA, FamKomm Erwachsenenschutz, Art. 375 N 16; REUSSER, BaKomm, Art. 375 N 11.

67 FANKHAUSER, HandKomm, Art. 376 N 4. A. M. REUSSER, BaKomm, Art. 376 N 26; LANGENEGGER, ESR-Kommentar, Art. 376 N 4; LEUBA, FamKomm Erwachsenenschutz, Art. 376 N 10; MEIER/LUKIC, Nr. 320; STECK a.a.O. 954; IMBACH a.a.O. Nr. 856.

68 REUSSER, BaKomm, Art. 374 N 30; IMBACH a.a.O. Nr. 1122; LEUBA, FamKomm Erwachsenenschutz, Art. 374 N 56.

30 Darüber hinaus endet das Vertretungsrecht in sinngemässer Anwendung des Auftragsrechts (375) durch *Tod* der Vertreterin oder des Vertretenen (405[1]) oder durch *Kün-*
digung (404[1]): Der Vertreterin steht ein jederzeitiges Kündigungsrecht zu.[69] Sie wird
dem Vertretenen allerdings schadenersatzpflichtig, wenn die Kündigung zur Unzeit
erfolgt (456 ZGB; 404[2] OR). Unzeit ist immer dann zu bejahen, wenn die Erwachsenenschutzbehörde noch keine Vorkehrungen zum Schutz der betroffenen Person
getroffen hat, die Kündigung also zu einer Lücke im Schutz der betroffenen Person
führen würde.[70] Die Ehegattin ist daher grundsätzlich verpflichtet, die gesetzliche
Vertretung solange auszuüben, bis die Erwachsenenschutzbehörde aktiv werden und
mindestens vorsorgliche Massnahmen treffen kann (445), ausser es liege ein wichtiger Grund vor, der die sofortige Niederlegung der gesetzlichen Vertretung rechtfertigt
(367[2] analog).[71] Die Erwachsenenschutzbehörde hat aber nach der Meldung der Vertreterin unverzüglich zu handeln und kann nicht von der im Vorsorgeauftrag geltenden zweimonatigen Kündigungsfrist (367[1]) ausgehen.[72]

31 Schliesslich entfällt das Vertretungsrecht bei Eintreten eines *Interessenkonfliktes* von
Gesetzes wegen. Zwar wird dies im Rahmen der gesetzlichen Vertretung nicht ausdrücklich angeordnet, jedoch rechtfertigt sich dieselbe Handhabe wie bei der Beistandschaft (403[2]) und beim Vorsorgeauftrag (365[3]).[73] Grundsätzlich genügt das Vorliegen
eigener Interessen, die jenen des Vertretenen widersprechen könnten. Nicht erforderlich ist, dass tatsächlich ein Interessenkonflikt vorliegt.[74] Bei der Beurteilung des Vorliegens eines Interessenkonflikts ist indessen zu berücksichtigen, dass bei einer Vertretung durch den Ehegatten bzw. den eingetragenen Partner in vielen Angelegenheiten
eigene Interessen vorliegen werden. Das liegt in der Natur des Instituts der gesetzlichen Vertretung. Im Unterschied zum Vorsorgeauftrag hat sich die urteilsunfähige
Person zwar nicht selbstbestimmt für eine gesetzliche Vertretung entschieden und auf
diese Weise die Interessenkollision bewusst in Kauf genommen. Jedoch schliesst das
Eingehen der Ehe bzw. der eingetragenen Partnerschaft das gesetzliche Vertretungsrecht als allgemeine Wirkung der Ehe bzw. der eingetragenen Partnerschaft (166[3] bzw.
15 PartG) ein. Das gesetzliche Vertretungsrecht nach Art. 374 ist bloss eine Verlängerung dieser allgemeinen Wirkungen. Deshalb und um die Ausübung der gesetzlichen
Vertretung nicht faktisch zu verunmöglichen, sind auch im Rahmen der gesetzlichen
Vertretung die Anforderungen an das Vorliegen eines Interessenkonflikts höher als bei
einer Beistandschaft.

---

69 Gemäss LEUBA, FamKomm Erwachsenenschutz, Art. 374 N 59, kann nicht auf die Vertretungs-
    befugnis verzichtet werden.
70 FANKHAUSER, HandKomm, Art. 375 N 2; REUSSER, BaKomm, Art. 374 N 31; STEINAUER/
    FOUNTOULAKIS, Personnes physiques, Nr. 968, 987. IMBACH a.a.O. Nr. 1135 f. spricht sich
    gegen eine analoge Anwendung von Art. 404 OR aus.
71 REUSSER, BaKomm, Art. 374 N 31.
72 REUSSER, BaKomm, Art. 374 N 31.
73 LEUBA, FamKomm Erwachsenenschutz, Art. 375 N 12; REUSSER, BaKomm, Art. 374 N 26;
    FANKHAUSER, HandKomm, Art. 374 N 6; LANGENEGGER, ESR-Kommentar, Art. 374 N 6b;
    HAUSHEER/GEISER/AEBI-MÜLLER, Familienrecht, Nr. 20.70; FANKHAUSER a.a.O. 264 f.
74 LEUBA, FamKomm Erwachsenenschutz, Art. 375 N 12.

II. Vertretung bei medizinischen Massnahmen

Zu den Massnahmen von Gesetzes wegen gehört nicht nur die Vertretung durch den 32
Ehegatten oder die eingetragene Partnerin (374 ff.), sondern auch die Vertretung bei
medizinischen Massnahmen (377 ff.). So unterscheidet das Gesetz bei den Massnahmen von Gesetzes wegen ebenso zwischen den medizinischen Massnahmen und anderen Bereichen wie bei der eigenen Vorsorge, wo die Patientenverfügung die eigene
Vorsorge im Bereich der medizinischen Massnahmen umfasst, während der Vorsorge-
auftrag die übrigen Bereiche betrifft.

Die Vertretung bei medizinischen Massnahmen kommt nacheinander verschiedenen 33
Personengruppen zu. Das Gesetz nennt sie in einer Kaskade in Art. 378 (a., N 34 ff.)
und regelt eine besondere Zuständigkeit in dringlichen Fällen (b., N 40). Die Behandlung einer psychischen Störung richtet sich nach den Bestimmungen der fürsorgerischen Unterbringung (c., N 41). Ist keine vertretungsberechtigte Person vorhanden
oder will keine das Vertretungsrecht ausüben, regelt die Erwachsenenschutzbehörde
das Vertretungsrecht (d., N 42). Der behandelnde Arzt oder die behandelnde Ärztin plant die Behandlung unter Beizug der vertretungsberechtigten Person (e., N 43).
Nicht im Gesetz geregelt, aber dennoch von Bedeutung ist schliesslich die Frage, wie
das Vorliegen von Interessenkollisionen zu handhaben ist (f., N 46)

a. Modalitäten der Vertretung und vertretungsberechtigte Personen

Von der gesetzlichen Vertretung sind sowohl stationäre als auch ambulante Massnah- 34
men erfasst. Ausgeschlossen ist lediglich die Behandlung und Unterbringung bei Vorliegen einer psychischen Störung (380, dazu N 41).

1. Voraussetzungen des gesetzlichen Vertretungsrechts

Nach Art. 377 kommt die gesetzliche Vertretung zunächst nur dann zur Anwendung, 35
wenn sich die betroffene Person zu einer Behandlung nicht in einer Patientenverfügung
geäussert hat. Dasselbe gilt, wenn eine Patientenverfügung vorhanden ist, aber zur
konkreten Kostellation Weisungen fehlen. In diesem Fall entscheidet die vertretungsberechtigte Person nach dem mutmasslichen Willen und den Interessen der urteilsunfähigen Person (378[3]). Das Gesetz legt nicht fest, wie bei einem Widerspruch des mutmasslichen Willens des Patienten und seinen objektiven Interessen zu entscheiden ist.
Dementsprechend können weder der mutmassliche Wille noch die objektiven Interessen generell Vorrang für sich beanspruchen.[75] Vielmehr muss im Einzelfall entschieden werden, wobei es an der Praxis und der Rechtsprechung liegt, entsprechende Kriterien zu entwickeln.

2. Modalitäten der Vertretung

Die *Ärztin informiert* die vertretungsberechtigte Person über alle Umstände, die im 36
Hinblick auf die vorgesehenen medizinischen Massnahmen wesentlich sind, insbe-

---

75 Eichenberger/Kohler, BaKomm, Art. 378 N 13; Guillod/Hertig Pea, FamKomm
    Erwachsenenschutz, Art. 378 N 27.

sondere über deren Gründe, Zweck, Art, Modalitäten, Risiken, Nebenwirkungen und
Kosten, über Folgen eines Unterlassens der Behandlung sowie über allfällige alternative Behandlungsmöglichkeiten (377[2]). Die behandelnde Ärztin ist verpflichtet, die
vertretungsberechtigte Person klar, verständlich und vollständig aufzuklären.[76] Denn
ein medizinischer Eingriff stellt eine widerrechtliche Verletzung der körperlichen Integrität dar, soweit keine Einwilligung des Patienten vorliegt. Damit die Einwilligung
wirksam ist, muss der Patient – und im Rahmen der medizinischen Vertretung die vertretungsberechtigte Person – umfassend aufgeklärt worden sein (133 III 128 f. E. 4.1).

37   Soweit möglich, ist auch die *urteilsunfähige Person in die Entscheidfindung miteinzube-*
      ziehen (377[3]). Ist ein urteilsunfähiger Patient in der Lage, den Arzt zu verstehen und in
      irgendeiner Weise seinen Willen kundzutun, ist er deshalb ebenfalls über den Behand-
      lungsplan zu informieren. Inwieweit der auf diese Weise geäusserte Wille zu beachten
      ist, soweit er den objektiven Interessen des Patienten widerspricht, ist im Einzelfall zu
      beurteilen.[77]

3. Reihenfolge der vertretungsberechtigten Personen

38   Art. 378 Abs. 1 zählt die vertretungsberechtigten Personen kaskadenmässig auf.
      Danach ist zunächst die in einer Patientenverfügung oder in einem Vorsorgeauftrag
      bezeichnete Person berechtigt, die urteilsunfähige Person zu vertreten und den vorge-
      sehenen ambulanten oder stationären Massnahmen die Zustimmung zu erteilen oder
      diese zu verweigern (Ziff. 1). Werden in einer Patientenverfügung und in einem Vor-
      sorgeauftrag verschiedene Personen bezeichnet, geht die Bezeichnung in der Patien-
      tenverfügung als Spezialauftrag vor.[78] Liegt keine eigene Vorsorgeverfügung vor, ist der
      Beistand mit einem Vertretungsrecht bei medizinischen Massnahmen vertretungsbe-
      rechtigt (Ziff. 2). Das Vertretungsrecht entsteht damit nicht bei jeder Art von Bei-
      standschaft, sondern nur, wenn die Erwachsenenschutzbehörde die Vertretung bei
      medizinischen Massnahmen eingeräumt hat.[79] Danach folgen Personen, deren Ver-
      tretungsrecht durch eine persönliche Beziehung und Nähe begründet ist: Primär und
      in der Gesamtkaskade an dritter Stelle ist der Ehegatte oder die eingetragene Partne-
      rin vertretungsberechtigt, soweit sie einen gemeinsamen Haushalt mit der urteilsun-
      fähigen Person führen oder ihr regelmässig und persönlich Beistand leisten (Ziff. 3).
      An vierter Stelle ist diejenige Person zur Vertretung berechtigt, die mit der urteilsun-

---

76   GASSMANN, ESR-Kommentar, Art. 377/378 N 7; EICHENBERGER/KOHLER, BaKomm, Art. 377
      N 20; FANKHAUSER, HandKomm, Art. 377 N 4; GUILLOD/HERTIG PEA, FamKomm Erwachse-
      nenschutz, Art. 377 N 20, unter Hinweis auf 133 III 121, welcher in allgemeiner Weise die Auf-
      klärungspflicht des Arztes aufzeigt. Ausführlich zur ärztlichen Aufklärung: CARMEN LADINA
      WIDMER BLUM, Urteilsfähigkeit, Vertretung und Selbstbestimmung – insbesondere: Patienten-
      verfügung und Vorsorgeauftrag (Diss. Luzern, Zürich 2010), LBR 48, 88 ff.
77   S. dazu GUILLOD/HERTIG PEA, FamKomm Erwachsenenschutz, Art. 377 N 27.
78   EICHENBERGER/KOHLER, BaKomm, Art. 378 N 5; GUILLOD/HERTIG PEA, FamKomm Erwach-
      senenschutz, Art. 378 N 8; GASSMANN, ESR-Kommentar, Art. 377/378 N 14.
79   GUILLOD/HERTIG PEA, FamKomm Erwachsenenschutz, Art. 378 N 12; EICHENBERGER/KOH-
      LER, BaKomm, Art. 378 N 6; GASSMANN, ESR-Kommentar, Art. 377/378 N 15; HAUSHEER/
      GEISER/AEBI-MÜLLER, Familienrecht, Nr. 20.80.

fähigen Person einen gemeinsamen Haushalt führt oder ihr regelmässig und persönlich Beistand leistet (Ziff. 4). Hiervon erfasst sind in erster Linie Konkubinatspartner, denkbar sind allerdings auch Mitbewohner, soweit eine persönliche Beziehung mit gegenseitiger Unterstützung und nicht bloss eine reine Wohngemeinschaft vorliegt.[80] Als fünfte folgen die Nachkommen, danach die Eltern und schliesslich die Geschwister, jeweils aber nur dann, wenn sie der urteilsunfähigen Person regelmässig und persönlich Beistand leisten; nicht notwendig ist dagegen ein gemeinsamer Haushalt. Ist eine Person einer gewissen Stufe vorhanden, schliesst dies das Vertretungsrecht aller Personen einer unteren Stufe aus.[81]

Gibt es *mehrere Vertretungsberechtigte* des gleichen Ranges, haben diese grundsätzlich gemeinsam zu entscheiden.[82] In diesem Fall darf die gutgläubige Ärztin voraussetzen, dass jede im Einverständnis mit der anderen handelt (378²). Steht eine wichtige medizinische Massnahme in Frage, gilt dies allerdings nicht ohne weiteres, sondern die behandelnde Ärztin hat sicherzustellen, dass dies tatsächlich der Fall ist.[83] Können sich die Vertretungsberechtigten nicht einigen, bestimmt die Erwachsenenschutzbehörde den Vertretungsberechtigten oder errichtet eine Beistandschaft (381²).   39

b. Notfälle

Fehlt in einer Situation die Zeit, die Zustimmung des Vertretungsberechtigten einzuholen, darf (und muss) der Arzt dennoch die notwendigen medizinischen Massnahmen nach dem mutmasslichen Willen und den Interessen der urteilsunfähigen Person ergreifen (379). Die fehlende Zustimmung rechtfertigt sich durch die Notwendigkeit, durch sofortiges Handeln die Gesundheit oder sogar das Leben des Patienten zu retten.[84] Ein dringlicher Fall liegt dabei nicht nur in tatsächlichen Notfallsituationen vor, sondern auch dann, wenn unklar ist, wer die Vertretungsberechtigung inne hat und gleichzeitig eine medizinische Massnahme nicht solange aufgeschoben werden kann, bis die Erwachsenenschutzbehörde entschieden hat.[85] Die Anforderungen an die Gefährdungssituation sind damit entscheidend geringer, als sie es bei einer Notfallsituation im Rahmen einer fürsorgerischen Unterbringung sind (s. sogl.).   40

---

80   Botsch. Erwachsenenschutz, 7037; Eichenberger/Kohler, BaKomm, Art. 378 N 9; Gassmann, ESR-Kommentar, Art. 377/378 N 16; Fankhauser, HandKomm, Art. 378 N 3; Guillod/Hertig Pea, FamKomm Erwachsenenschutz, Art. 378 N 18 f.

81   Eichenberger/Kohler, BaKomm, Art. 378 N 2.

82   Eichenberger/Kohler, BaKomm, Art. 378 N 11; Schmid, Erwachsenenschutz Kommentar, Art. 378 N 11; Guillod/Hertig Pea, FamKomm Erwachsenenschutz, Art. 378 N 23; Gassmann, ESR-Kommentar, Art. 377/378 N 17; Hausheer/Geiser/Aebi-Müller, Familienrecht, Nr. 20.81.

83   Schmid, Erwachsenenschutz Kommentar, Art. 378 N 11.

84   Guillod/Hertig Pea, FamKomm Erwachsenenschutz, Art. 379 N 2.

85   Botsch. Erwachsenenschutz, 7037; Eichenberger/Kohler, BaKomm, Art. 380 N 2 f.; Fankhauser, HandKomm, Art. 379 N 2; Guillod/Hertig Pea, FamKomm Erwachsenenschutz, Art. 379 N 4 ff.; Schmid, Erwachsenenschutz Kommentar, Art. 379 N 1.

c. Behandlung einer psychischen Störung

41   Gemäss Art. 378 Abs. 1 erstreckt sich das Vertretungsrecht auf ambulante oder stationäre Massnahmen. Stationäre Massnahmen im Sinn dieser Bestimmung umfassen
nicht diejenigen zur Behandlung einer psychischen Störung in einer psychiatrischen
Klinik, da hierfür die lex specialis in Art. 380 auf die Bestimmungen über die fürsorgerische Unterbringung (426 ff.) und dort insbesondere auf die medizinischen Massnahmen bei psychischer Störung (433 ff.) verweist. Die Beschränkung der Vertretung
auf ambulante und stationäre Massnahmen (ausschliesslich psychiatrische Klinik) soll
die Betroffenen davor schützen, ohne weitere Umstände von Angehörigen psychiat-
risch versorgt zu werden. Der Vorbehalt in Art. 380 bezieht sich dabei nicht nur auf
die Behandlung, sondern erfasst auch die Einweisung. Auf diese Weise wird sichergestellt, dass unabhängig davon, ob sich die betroffene Person zur Wehr setzt oder
nicht, dieselben Verfahrensgarantien zur Anwendung gelangen.[86] Demgegenüber fällt
die somatische Behandlung psychisch Kranker dann in den Anwendungsbereich von
Art. 377 ff., wenn sich diese nicht widersetzen. Bei Widerstand gegen die somatische
Behandlung sind auf psychisch Kranke dagegen die Art. 426 ff. anwendbar (s. dazu
ausführlich § 57 N 31).[87]

d. Einschreiten der Erwachsenenschutzbehörde

42   Zur Entstehung des Vertretungsrechts im Sinn von Art. 377 ff. ist kein Mitwirken der
Erwachsenenschutzbehörde notwendig, sondern dieses Recht entsteht wie die gesetzli-
che Vertretung der Ehegatten oder eingetragenen Partner (374 ff.) von Gesetzes wegen.
Ein Einschreiten der Erwachsenenschutzbehörde ist nur angezeigt, wenn niemand das
Vertretungsrecht ausüben kann oder will oder wenn bezüglich des Vertretungsrechts
Unklarheiten bestehen: Ist keine vertretungsberechtigte Person im Sinn von Art. 378
Abs. 1 vorhanden oder will diese ihr Vertretungsrecht nicht ausüben, errichtet die
Erwachsenenschutzbehörde eine Vertretungsbeistandschaft, welche in Art. 394 gere-
gelt wird. Eine solche Vertretungsbeistandschaft wird nach Abs. 2 überdies dann errich-
tet, wenn unklar ist, wer nach Art. 378 Abs. 1 vertretungsberechtigt ist (Ziff. 1), die vertretungsberechtigten Personen unterschiedliche Auffassungen haben (Ziff. 2) oder die
Interessen der urteilsunfähigen Person gefährdet oder nicht mehr gewahrt sind (Ziff. 3).
Die Interessen der urteilsunfähigen Person sind namentlich dann nicht mehr gewahrt,
wenn der Vertretungsberechtige eine medizinisch notwendige Massnahme verweigert
oder entgegen dem mutmasslichen Willen des Patienten handelt.[88] Nicht notwendig
ist, dass der Vertreterin eine Sorgfaltswidrigkeit oder Missbrauch vorzuwerfen wäre, es

---

86   Botsch. Erwachsenenschutz, 7037 f.; Schmid, Erwachsenenschutz Kommentar, Art. 380 N 2.

87   Eichenberger/Kohler, BaKomm, Art. 380 N 2; Guillod/Hertig Pea, FamKomm Erwachsenenschutz, Art. 378 N 2; Fankhauser, HandKomm, Art. 380 N 2; Schmid, Erwachsenenschutz Kommentar, Art. 380 N 3; Hausheer/Geiser/Aebi-Müller, Familienrecht, Nr. 20.75,
20.204 f.

88   Eichenberger/Kohler, BaKomm, Art. 381 N 8; Gassmann, ESR-Kommentar, Art. 381 N 2;
Widmer Blum a.a.O. 113.

genügt, dass sie für die Erfüllung dieser Aufgabe als ungeeignet erscheint.[89] Die Erwachsenenschutzbehörde handelt auf Antrag der Ärztin oder einer anderen nahestehenden Person oder aber von Amtes wegen (381[3]). Nahestehend ist eine Person dann, wenn sie mit der betroffenen Person faktisch verbunden und kraft dieser Beziehung als geeignet erscheint, deren Interessen wahrzunehmen (s. dazu vorne § 50 N 26).[90] Da die Erwachsenenschutzbehörde auch von Amtes wegen tätig wird, ist, wie beim Einschreiten der Erwachsenenschutzbehörde bei der gesetzlichen Vertretung per Gefährdungsmeldung (443), faktisch jedermann antragsberechtigt. Bei ihrer Entscheidung steht der Erwachsenenschutzbehörde ein grosses Ermessen zu, und sie kann – ohne an die Reihenfolge von Art. 378 gebunden zu sein – das Vertretungsrecht der geeignetsten Person übertragen.[91]

e. Behandlungsplan

Die Bestimmungen zur medizinischen Vertretung (377 ff.) kommen zur Anwendung, wenn eine urteilsunfähige Person der medizinischen Behandlung bedarf und sich diesbezüglich nicht vorgängig in einer Patientenverfügung geäussert hat.[92] Nach Art. 377 Abs. 1 plant die behandelnde Ärztin in diesem Fall unter Beizug der vertretungsberechtigten Person die erforderliche Behandlung und hält diese Behandlung in einem Behandlungsplan fest. Beim Behandlungsplan wird auf unnötigen Formalismus verzichtet, Schriftlichkeit ist nicht vorgeschrieben.[93] Aus praktischen Gründen ist es aber durchaus zu empfehlen, den Behandlungsplan schriftlich in die Krankengeschichte des Patienten aufzunehmen.[94] Um den Bedürfnissen der urteilsunfähigen Person optimal Rechnung tragen zu können, wird der Behandlungsplan der laufenden Entwicklung angepasst (377[4]). 43

In erster Linie trägt der behandelnde Arzt nach dieser Regelung die Verantwortung für die Planung der medizinischen Behandlung. Die gesetzliche Vertreterin muss dem Behandlungsplan (nur, aber immerhin) *zustimmen*.[95] Diese Zustimmung unterliegt keinen Formvorschriften und kann auch konkludent erteilt werden, ausser eine Mass- 44

---

89 SCHMID, Erwachsenenschutz Kommentar, Art. 381 N 4.

90 EICHENBERGER/KOHLER, BaKomm, Art. 381 N 2; GASSMANN, ESR-Kommentar, Art. 381 N 1, m. w. H. Art. 373 N 1; FANKHAUSER, HandKomm, Art. 381 N 3; GUILLOD/HERTIG PEA, FaKomm Erwachsenenschutz, Art. 381 N 15; MEIER/LUKIC, Nr. 339, 298; WIDMER BLUM a.a.O. 223.

91 Botsch. Erwachsenenschutz, 7038; SCHMID, Kommentar Erwachsenenschutz, Art. 381 N 3; EICHENBERGER/KOHLER, BaKomm, Art. 381 N 3; MEIER/LUKIC, Nr. 338. A. M. GUILLOD/ HERTIG PEA, FamKomm Erwachsenenschutz, Art. 381 N 13, wonach die Reihenfolge von Art. 378 grundsätzlich beachtet werden muss.

92 GUILLOD/HERTIG PEA, FamKomm Erwachsenenschutz, Art. 377 N 12; EICHENBERGER/KOHLER, BaKomm, Art. 377 N 8; HAUSHEER/GEISER/AEBI-MÜLLER, Familienrecht, Nr. 20.79; WIDMER BLUM a.a.O. 133 f.

93 Botsch. Erwachsenenschutz, 7036; SCHMID, Kommentar Erwachsenenschutz, Art. 377 N 5.

94 EICHENBERGER/KOHLER, BaKomm, Art. 377 N 18; GUILLOD/HERTIG, FamKomm Erwachsenenschutz, Art. 377 N 18 und 25; GASSMANN, ESR-Kommentar, Art. 377/378 N 6; HAUSHEER/ GEISER/AEBI-MÜLLER, Familienrecht, Nr. 20.78.

95 EICHENBERGER/KOHLER, BaKomm, Art. 377 N 7; GUILLOD/HERTIG PEA, FamKomm Erwachsenenschutzrecht, Art. 377 N 28.

nahme verlange gemäss einer spezialgesetzlichen Regelung nach einer besonderen Form.[96] Stimmt die Vertreterin nicht zu, kommt der Behandlungsplan nicht zustande, und der Plan kann nicht umgesetzt werden.[97] Der behandelnde Arzt kann gegen eine seines Erachtens ungerechtfertigte Verweigerung der Einwilligung die Erwachsenenschutzbehörde einschalten (381[2] und [3]). Soweit eine Behandlung allerdings dringlich ist, kommt Art. 379 zur Anwendung, und der Arzt kann die medizinischen Massnahmen ohne Einwilligung der Vertreterin ergreifen.

45   Die Vertretung gemäss Art. 377 betrifft nicht nur das Recht, medizinischen Massnahmen zuzustimmen, sondern auch dasjenige zum *Abschluss eines Behandlungsvertrages.*[98] Auf diese Weise wird vermieden, dass die Kompetenz zur stellvertretenden Zustimmung zu medizinischen Massnahmen und diejenige zum Abschluss des Behandlungsvertrages bezüglich dieser Massnahmen auseinanderfallen.[99]

f. Interessenkollision

46   Wie bei der Vertretung durch den Ehegatten oder die eingetragene Partnerin stellt sich die (gesetzlich nicht geregelte) Frage, wie Interessenkonflikte zu handhaben sind. Aufgrund der Nähe zwischen der vertretenen und der vertretungsberechtigten Person werden zumindest abstrakte Interessenkollisionen häufig vorliegen. Beispielsweise ist ein solcher Konflikt per se zu bejahen, wenn die vertretungsberechtigte Person als Erbberechtigte über die Massnahmen am Lebensende der urteilsunfähigen Person zu entscheiden hat.[100] Das *Vertretungsrecht entfällt* daher bei Eintreten eines *Interessenkonfliktes von Gesetzes wegen.* Die Interessenkollision muss dieselben Konsequenzen nach sich ziehen wie bei den übrigen Vertretungsverhältnissen des Erwachsenenschutzrechtes (zur Beistandschaft siehe 403[2]; zum Vorsorgeauftrag 365[3]; zur gesetzlichen Vertretung, s. vorne N 31).[101] Bei der Prüfung, ob ein solcher Interessenkonflikt vorliegt, ist – auch hier – in die Betrachtung miteinzubeziehen, dass aufgrund der Nähe der vertretungsberechtigten Personen in vielen Angelegenheiten ein eigenes Interesse der Vertreterin vorliegen wird. Entsprechend ist ein Konflikt nicht ohne weiteres zu bejahen. Denn zwar hat sich die vertretene Person nicht ausdrücklich dafür entschieden, dass die Vertreterin im Fall ihrer Urteilsunfähigkeit ihre Rechte wahrnimmt. Jedoch handelt es sich bei den gesetzlichen Vertretungspersonen um solche, die der vertretenen Person zur Zeit ihrer Urteilsfähigkeit nahestehen und damit wohl auch vertrauenswürdig sind. Daher ist das Vorliegen einer die Vertretung ausschliessenden Inte-

---

96   Botsch. Erwachsenenschutz, 7037; GASSMANN, ESR-Kommentar, Art. 377/378 N 9.

97   GUILLOD/HERTIG PEA, FamKomm Erwachsenenschutz, Art. 377 N 28.

98   SCHMID, Erwachsenenschutz Kommentar, Art. 378 N 9; EICHENBERGER/KOHLER, BaKomm, Art. 377 N 13; WIDER BLUM a.a.O. 137.

99   EICHENBERGER/KOHLER, BaKomm, Art. 377 N 13.

100   GUILLOD/HERTIG PEA, FamKomm Erwachsenenschutz, Art. 378 N 4; SCHMID, Erwachsenenschutz Kommentar, Art. 378 N 1.

101   GUILLOD/HERTIG PEA, FamKomm Erwachsenenschutz, Art. 378 N 5 und 381 N 14. Gegen den Untergang der Vertretungsmacht von Gesetzes wegen EICHENBERGER/KOHLER, BaKomm, Art. 381 N 8.

ressenkollision mit Zurückhaltung zu bejahen. Andernfalls wäre die Ausübung der Vertretung in vielen Fällen faktisch verunmöglicht.

III. Der Aufenthalt in Wohn- oder Pflegeeinrichtungen

Die dritte gesetzliche Vertretungskompetenz betrifft die Regelung des Aufenthalts in   47
Wohn- oder Pflegeeinrichtungen. Davon und vom Schutz urteilsunfähiger Personen, die in einer Wohn- und Pflegeeinrichtung leben, handeln die Art. 382 ff.[102] Sie regeln den Abschluss des Betreuungsvertrags, wenn eine urteilsunfähige Person für längere Dauer in einer Wohn- oder Pflegeeinrichtung betreut werden muss (a., 48 f.), die zum Abschluss des Betreuungsvertrags vertretungsberechtigten Personen (b., N 50 f.), die Einschränkung der Bewegungsfreiheit der betroffenen Person (c., 52 ff.), den Schutz der Persönlichkeit der betroffenen Person (d., N 56) sowie die Aufsicht über die Wohn- und Pflegeeinrichtungen (e., N 57).

a. Betreuungsvertrag

Gemäss Art. 382 Abs. 1 muss im Fall, da eine urteilsunfähige Person für längere Dauer   48
in einer Wohn- oder Pflegeeinrichtung betreut wird, schriftlich in einem Betreuungsvertrag festgelegt werden, welche Leistungen die Einrichtung erbringt und welches Entgelt dafür geschuldet ist. Das dient dem Schutz der betroffenen Personen und der Schaffung von Transparenz:

Vorausgesetzt ist damit zunächst, dass der Urteilsunfähige *für längere Dauer bzw. vor-*   49
aussichtlich dauernd in einer Wohn- oder Pflegeeinrichtung untergebracht wird. Von längerer Dauer ist jeder Aufenthalt, der zeitlich unbefristet, also von unbeschränkter Dauer ist.[103] Ein kurzer Aufenthalt – beispielsweise zur Erholung – ist dagegen nicht erfasst.[104] Weiter ist erforderlich, dass die *Leistungen,* welche die Einrichtung erbringt, und das dafür zu leistende *Entgelt* in einem schriftlichen Betreuungsvertrag festgelegt werden. Durch die konkrete Auflistung der Leistungen und die Schriftform soll zum Schutz der urteilsunfähigen Person Transparenz geschaffen werden. Die Schriftform dient mithin der Beweiserleichterung, ist aber nicht Gültigkeitserfordernis.[105] Welche Leistungen im Einzelnen zu erbringen sind, wird durch das Gesetz nicht

---

102   STECK, BaKomm, Art. 382 N 3. Siehe dazu auch die medizinisch-ethischen Richtlinien der Schweizerischen Akademie der Medizinischen Wissenschaften zur Behandlung und Betreuung von älteren pflegebedürftigen Menschen (Basel 2013).

103   STECK, BaKomm, Art. 382 N 11.

104   SCHMID, Erwachsenenschutz Kommentar, Art. 382 N 2; STECK, BaKomm, Art. 382 N 11; LEUBA/VAERINI, FamKomm Erwachsenenschutz, Einführung zu Art. 382–387 N 19, Art. 382 N 2; MÖSCH PAYOT, ESR-Kommentar, Art. 382 N 1b; BREITSCHMID, HandKomm, Art. 382 N 4; STEINAUER/FOUNTOULAKIS, Personnes physiques, Nr. 1032 f.

105   Botsch. Erwachsenenschutz, 7038; MÖSCH PAYOT, ESR-Kommentar, Art. 382 N 1a; LEUBA/ VAERINI, FamKomm Ewachsenenschutz, Art. 382 N 13. A. M. SCHMID, Erwachsenenschutz Kommentar, Art. 382 N 5; STECK, BaKomm, Art. 382 N 35.

genauer umschrieben. Vielmehr bestimmen sich die Leistungen durch die konkreten Umstände im Einzelfall. Häufig werden aber die Gewährung von Kost und Logis, Leistungen des Pflegedienstes, aber auch weitere Elemente wie Beschäftigungstherapien oder Ausflüge Vertragsgegenstand sein.[106] Bei der Festlegung dieser Leistungen werden die Wünsche der betroffenen Person – beispielsweise bezüglich der Körperpflege, der Sterbebegleitung oder anderer Punkte der Lebensführung – bestmöglich miteinbezogen (382²).[107] Nicht erfasst sind Leistungen medizinischer Art, diese fallen unter die Art. 377 ff. (Vertretung bei medizinischen Massnahmen) bzw. 433 ff. (medizinische Massnahmen bei einer psychischen Störung; diesfalls ist die betroffene Person aber regelmässig bereits fürsorgerisch untergebracht; 426, dazu § 57 N 29 ff.).[108] Schliesslich kommen die Art. 382 ff. nur dann zur Anwendung, wenn die Urteilsunfähige in einer *Wohn- oder Pflegeeinrichtung* untergebracht werden soll. In Frage kommt damit jede Institution, die dazu bestimmt und in der Lage ist, für Urteilsunfähige Pflege und Betreuung zu gewährleisten. Ob es sich um eine öffentliche oder private Institution handelt, ist dabei irrelevant. Nicht erfasst sind dagegen grundsätzlich Institutionen, in denen die Urteilsunfähigen in ihrer eigenen Wohnung oder im Rahmen einer Wohngemeinschaft untergebracht sind.

b. Vertretungsbefugnis und Vertretungswirkung

50 Die Zuständigkeit für die Vertretung der urteilsunfähigen Person beim Abschluss, bei der Änderung oder bei der Aufhebung des Betreuungsvertrags richtet sich sinngemäss nach den Bestimmungen über die Vertretung bei medizinischen Massnahmen (382³). Damit gelangt die in Art. 378 enthaltene Kaskade zur Anwendung. Sinngemäss anwendbar ist auch Art. 381, der die Fälle regelt, in denen die Erwachsenenschutzbehörde einschreitet. Namentlich hat diese eine Beistandschaft zu errichten, wenn keine vertretungsberechtigte Person vorhanden ist oder keine die Vertretung übernehmen will (381¹). Mit Bezug auf die Vertretungsmacht ist zu unterscheiden zwischen dem höchstpersönlichen Entscheid über den Heimeintritt und dem Abschluss des Betreuungsvertrags:[109] Die betroffene Person kann für den Entscheid über den Heimeintritt durchaus noch urteilsfähig sein, während der Abschluss eines Behandlungsvertrags ihre intellektuellen Fähigkeiten übersteigt. Die gesetzliche Vertretung

106 Botsch. Erwachsenenschutz, 7038; SCHMID, Erwachsenenschutz Kommentar, Art. 382 N 4; STECK, BaKomm, Art. 382 N 22 ff.; MÖSCH PAYOT, ESR-Kommentar, Art. 382 N 2; BREITSCHMID, HandKomm, Art. 382 N 4; LEUBA/VAERINI, FamKomm Erwachsenenschutz, Art. 382 N 4.

107 Botsch. Erwachsenenschutz, 7038; SCHMID, Erwachsenenschutz Kommentar, Art. 382 N 7; BREITSCHMID, HandKomm, Art. 382 N 5; LEUBA/VAERINI, FamKomm Erwachsenenschutz, Art. 382 N 7 f.; MÖSCH PAYOT, ESR-Kommentar, Art. 382 N 8 f.; STECK, BaKomm, Art. 382 N 41 f.; HAUSHEER/GEISER/AEBI-MÜLLER, Familienrecht, Nr. 20.208.

108 SCHMID, Erwachsenenschutz Kommentar, Art. 382 N 4; STECK, BaKomm, Art. 382 N 20; LEUBA/VAERINI, FamKomm Erwachsenenschutz, Art. 382 N 5; BREITSCHMID, HandKomm, Art. 382 N 2. Kritisch MÖSCH PAYOT, ESR-Kommentar, Art. 382 N 2.

109 STEINAUER/FOUNTOULAKIS, Personnes physiques, Nr. 1030a; STECK, BaKomm, Art. 382 N 47; LEUBA/VAERINI, FamKomm Erwachsenenschutz, Art. 382 N 18.

zum Abschluss eines Betreuungsvertrags setzt voraus, dass sich die betroffene Person nicht gegen den Aufenthalt in der Wohn- oder Pflegeeinrichtung wehrt. Das Vertretungsrecht gemäss Art. 382 Abs. 3 reicht nicht soweit, dass eine urteilsunfähige Person gegen ihren Willen in eine Wohn- oder Pflegeeinrichtung eingewiesen werden könnte.[110] Weigert sich der Betroffene, ist vielmehr eine fürsorgerische Unterbringung gestützt auf Art. 426 ff. (s. § 57) anzuordnen. Zuständig hierfür ist die Erwachsenenschutzbehörde (428).

Die vertretungsberechtigte Person ist nicht Vertragspartei, sondern sie *berechtigt und*   51
verpflichtet durch ihr Handeln ausschliesslich *die urteilsunfähige Person* und deren Vermögen (33[1] OR).[111] Sie hat die Vertretung nach dem mutmasslichen Willen und den wohlverstandenen Interessen der betroffenen Person auszuüben (378[3]). Der mutmassliche Wille kann aufgrund der bisherigen Lebensführung, den Werthaltungen sowie einschlägiger früherer Willensäusserungen ermittelt werden.[112]

c. Einschränkung der Bewegungsfreiheit

Zum Schutz von Personen in höherem Alter sind mitunter Massnahmen zur Einschränkung ihrer Bewegungsfreiheit erforderlich. Die in Art. 383 ff. erwähnte *Ein-*   52
schränkung der Bewegungsfreiheit ist weit zu verstehen und erfasst unter anderem elektronische Überwachungsmassnahmen, das Abschliessen von Türen, das Anbringen von Bettgittern oder das Angurten zur Vermeidung von Stürzen. Demgegenüber fällt das medikamentöse Ruhigstellen eines Patienten nicht in den Anwendungsbereich dieser Bestimmung, sondern in denjenigen der medizinischen Massnahmen und damit entweder unter Art. 377 ff. oder Art. 433 ff. (wobei die betroffene Person regelmässig bereits fürsorgerisch unterbracht ist, soweit es sich um die Behandlung einer psychischen Krankheit handelt: 380, dazu vorne N 41).[113]

1. Zuständigkeit

Zum Schutz der Betroffenen und zur Wahrung der Transparenz im Verfahren soll   53
die Einrichtung in einem Reglement festlegen, wer berechtigt ist, eine *Einschränkung*

---

110   Botsch. Erwachsenenschutz, 7039; Schmid, Erwachsenenschutz Kommentar, Art. 382 N 9; Mösch Payot, ESR-Kommentar, Art. 382 N 5; Leuba/Vaerini, FamKomm Erwachsenenschutz, Einführung zu Art. 382–387 N 12 f., Art. 382 N 18; Steinauer/Fountoulakis, Personnes physiques, Nr. 1026, 1030a FN 9.

111   Botsch. Erwachsenenschutz, 7039; Meier/Lukic, Nr. 350; Mösch Payot, ESR-Kommentar, Art. 382 N 7; Leuba/Vaerini, FamKomm Erwachsenenschutz, Art. 382 N 20; Schmid, Erwachsenenschutz Kommentar, Art. 382 N 10; Steck, BaKomm, Art. 382 N 50; Steinauer/Fountoulakis, Personnes physiques, Nr. 1030a.

112   Mösch Payot, ESR-Kommentar, Art. 382 N 7a; Steck, BaKomm, Art. 382 N 51.

113   Botsch. Erwachsenenschutz, 7039; Breitschmid, HandKomm, Art. 383–385 N 9; Mösch Payot, ESR-Kommentar, Art. 383–385 N 7; Schmid, Erwachsenenschutz Kommentar, Art. 383 N 3; Vaerini, FamKomm Erwachsenenschutz, Art. 383 N 8. Ausführlich dazu Vaerini, Les mécanismes de contrôle dans le cadre des mesures limitant la liberté de mouvement, in Fampra.ch 13 (2012), 962 ff.

anzuordnen.[114] Die Einschränkung der Bewegungsfreiheit muss dem Grundsatz der Verhältnismässigkeit Rechnung tragen, indem die Wohn- oder Pflegeeinrichtung die Bewegungsfreiheit der urteilsunfähigen Person gemäss Art. 383 Abs. 1 nur einschränken darf, wenn weniger einschneidende Massnahmen nicht ausreichen oder von vornherein als ungenügend erscheinen. Darüber hinaus muss die Massnahme einen der folgenden zwei Zwecke verfolgen: Einerseits ist eine Einschränkung der Bewegungsfreiheit zulässig, wenn sie dazu dient, eine ernsthafte Gefahr für das Leben oder die körperliche Integrität der betroffenen Person oder Dritter abzuwenden (Ziff. 1). Andererseits ist eine solche Massnahme gerechtfertigt, wenn sie eine schwerwiegende Störung des Gemeinschaftslebens beseitigen soll (Ziff. 2). Vor der Einschränkung der Bewegungsfreiheit wird der betroffenen Person erklärt, was geschieht, warum die Massnahme angeordnet wurde, wie lange diese voraussichtlich dauert und wer sich während dieser Zeit um sie kümmert (vorbehalten bleiben lediglich Notfallsituationen) (383²). Durch die Informationspflicht wird das Pflegepersonal einerseits veranlasst, die Situation eingehend zu prüfen und nicht vorschnell Massnahmen anzuordnen. Andererseits dient dieses Gespräch dem Selbstwertgefühl der urteilsunfähigen Personen, indem sich diese ernst genommen fühlen; damit können Stress und Unsicherheit abgebaut werden.[115] Die Einschränkung der Bewegungsfreiheit wird so bald als möglich wieder aufgehoben und auf jeden Fall regelmässig auf ihre Rechtmässigkeit hin überprüft (383³).

2. Protokoll

54   Um Missbräuche zu verhindern, ist über jede Massnahme zur Einschränkung der Bewegungsfreiheit Protokoll zu führen. Das Protokoll enthält insbesondere den Namen der anordnenden Person, den Zweck, die Art und die Dauer der Massnahme (384¹). Die Vertreterin (dazu 378¹) wird über die Massnahme zur Einschränkung der Bewegungsfreiheit *informiert* und kann das *Protokoll jederzeit einsehen* (384²). Hat die betroffene Person keine Angehörigen, muss die Einrichtung gemäss Art. 386 Abs. 2 die Erwachsenenschutzbehörde benachrichtigen. Ein Einsichtsrecht steht auch den Personen zu, welche die Wohn- oder Pflegeeinrichtung beaufsichtigen (384³).

3. Einschreiten der Erwachsenenschutzbehörde

55   Die betroffene oder eine ihr nahestehende Person kann gegen eine Massnahme zur Einschränkung der Bewegungsfreiheit jederzeit schriftlich die Erwachsenenschutzbehörde am Sitz der Einrichtung anrufen (385¹). Anwendbar sind die erstinstanzlichen Verfahrensvorschriften gemäss Art. 443 ff. In der Regel wird die Beschwerde durch eine nahestehende Person (dazu § 50 N 26) geführt, da der Betroffene urteilsunfähig

---

114   Mösch Payot, ESR-Kommentar, Art. 385–385 N 13a; Schmid, Erwachsenenschutz Kommentar, Art. 383 N 4; Steck, BaKomm, Art. 383 N 15; Vaerini, FamKomm Erwachsenenschutz, Art. 383 N 26.

115   Botsch. Erwachsenenschutz, 7040; Schmid, Erwachsenenschutz Kommentar, Art. 383 N 7; Steck, BaKomm, Art. 383 N 20; Steinauer/Fountoulakis, Personnes physiques, Nr. 1041 f.; Vaerini, FamKomm Erwachsenenschutz, Art. 383 N 24.

ist. Ist er allerdings in der Lage, schriftlich zu vermitteln, dass er mit der Massnahme nicht einverstanden ist, verfügt er über die für die Beschwerde notwendige Urteilsfähigkeit und kann selber Beschwerde erheben.[116] Stellt die Erwachsenenschutzbehörde fest, dass die Massnahme nicht den gesetzlichen Vorgaben entspricht, ändert sie die Massnahme, hebt sie auf oder ordnet eine behördliche Massnahme des Erwachsenenschutzes an. Handelt es sich um schwere oder wiederholte Verstösse gegen gesetzliche Vorschriften, benachrichtigt die Erwachsenenschutzbehörde zudem die Aufsichtsbehörde der Einrichtung (385²).[117] Jedes Begehren um Beurteilung durch die Erwachsenenschutzbehörde wird dieser unverzüglich weitergeleitet (385³).

d. Persönlichkeitsschutz

Die Wohn- oder Pflegeeinrichtung schützt die Persönlichkeit der urteilsunfähigen   56
Person und fördert so weit wie möglich Kontakte zu Personen ausserhalb der Einrichtung (386¹). Diese Bestimmung ist eine Konkretisierung des allgemeinen Persönlichkeitsschutzes (28) und steht im Einklang mit dem Grundsatz der möglichst weitgehenden Erhaltung der Selbstbestimmung bei behördlichen Massnahmen (388²).[118] Sie soll sicherstellen, dass den Bedürfnissen der urteilsunfähigen Personen Rechnung getragen wird, und die Betreuungspersonen alles unternehmen, «um deren Einsamkeit zu verringern und körperliches und seelisches Leid zu lindern».[119] Dazu gehört an erster Stelle, dass die betroffene Person weiterhin Kontakte zu Personen ausserhalb der Einrichtung unterhalten kann, sei es zur Aufrechterhaltung von Beziehungen affektiver Natur, sei es aus sozialen oder gesundheitlichen Gründen (Therapeuten und Ärztinnen).[120] Kümmert sich ausserhalb der Einrichtung niemand um die betroffene Person, benachrichtigt die Wohn- oder Pflegeeinrichtung die Erwachsenenschutzbehörde (386²), die eine Beistandschaft errichtet.[121] Teilaspekt des Persönlichkeitsschutzes ist überdies die Gewährleistung der freien Arztwahl, soweit nicht wichtige Gründe dagegen sprechen (386³). Ein wichtiger Grund kann namentlich in einer geographischen Entfernung liegen oder darin, dass es dem gewünschten Arzt

---

116   Botsch. Erwachsenenschutz, 7041; Schmid, Erwachsenenschutz Kommentar, Art. 385 N 3; Steck, BaKomm, Art. 385 N 9; Vaerini, FamKomm Erwachsenenschutz, Art. 385 N 4.

117   Mösch Payot, ESR-Kommentar, Art. 383–385 N 15; Schmid, Erwachsenenschutz Kommentar, Art. 385 N 4; Steck, BaKomm, Art. 386 N 17; Vaerini, FamKomm Erwachsenenschutz, Art. 385 N 17.

118   Reusser, BaKomm, Art. 386 N 2.

119   Botsch. Erwachsenenschutz, 7041. S. auch Leuba/Vaerini, FamKomm Erwachsenenschutz, Art. 386 N 10; Meier/Lukic, Nr. 365; Mösch Payot, ESR-Kommentar, Art. 386 N 2; Steck, BaKomm, Art. 386 N 6; Steinauer/Fountoulakis, Personnes physiques, Nr. 1050 f.

120   Leuba/Vaerini, FamKomm Erwachsenenschutz, Art. 386 N 11; Reusser, BaKomm, Art. 386 N 6.

121   Botsch. Erwachsenenschutz, 7041; Breitschmid, HandKomm, Art. 386 N 4; Leuba/Vaerini, FamKomm Erwachsenenschutz, Art. 386 N 14; Meier/Lukic, Nr. 448; Mösch Payot, ESR-Kommentar, Art. 386 N 3; Schmid, Erwachsenenschutz Kommentar, Art. 386 N 2.

nicht möglich ist, auf einen Notfall sofort zu reagieren und in die Wohn- oder Pflegeeinrichtung zu kommen.[122]

e. Aufsicht

57   Die Kantone unterstellen Wohn- und Pflegeeinrichtungen, in denen urteilsunfähige
      Personen betreut werden, einer Aufsicht, soweit nicht durch bundesrechtliche Vor-
      schriften bereits eine Aufsicht gewährleistet ist (387).

---

122   Botsch. Erwachsenenschutz, 7041 f.; BREITSCHMID, HandKomm, Art. 386 N 5; LEUBA/
      VAERINI, FamKomm Erwachsenenschutz, Art. 386 N 16; MÖSCH PAYOT, ESR-Kommen-
      tar, Art. 386 N 3a; SCHMID, Erwachsenenschutz Kommentar, Art. 386 N 3; STECK, BaKomm,
      Art. 386 N 13.

Zweiter Abschnitt

Die behördlichen Massnahmen

Der elfte Titel des ZGB lautet «Die behördlichen Massnahmen». Er unterteilt sich in   1
drei Abschnitte: Der erste Abschnitt (§ 52) enthält *Allgemeine Grundsätze* (388–389),
nach denen die behördlichen Massnahmen anzuordnen und durchzuführen sind. Der
zweite Abschnitt regelt die *Beistandschaften* (390–425; § 53 ff.). Der dritte und letzte
Abschnitt dieses Kapitels widmet sich schliesslich der *fürsorgerischen Unterbringung*
(426–439; § 57).

§ 52 Allgemeine Grundsätze

Das neue Erwachsenenschutzrecht bringt im Zusammenhang mit dem Schutz von   2
hilfsbedürftigen Personen einige wichtige Neuerungen mit sich. Im Zusammenhang mit den behördlichen Massnahmen sollen durch eine geänderte Terminologie
in Zukunft Stigmatisierungen vermieden sowie Beistandschaften flexibler ausgestaltet
werden, um so auf die individuellen Bedürfnisse der hilfsbedürftigen Personen besser
eingehen zu können.[1] Das Massnahmerecht orientiert sich aber weiterhin an denselben Prinzipien: Das *Wohl der hilfsbedürftigen Person* steht im Zentrum und ihr Schutz
bleibt als Ausdruck der Menschenwürde das primäre Ziel der Massnahmen.[2]

a. Zweck

Dem Zweck der behördlichen Massnahmen widmet sich Art. 388. Diese Bestimmung   3
richtet sich primär an die Erwachsenenschutzbehörde, aber auch an die Mandatsträger
und weitere Beteiligte. Sie ist sowohl bei der Anordnung als auch bei der Führung der
behördlichen Massnahmen zu beachten.[3] Sie ist *Auslegungshilfe* und hat *Programm-
charakter* für jegliche behördliche Intervention.[4] Art. 388 enthält die beiden zueinander in einem gewissen Spannungsverhältnis stehenden Ziele: die Sicherstellung des
Wohls und des Schutzes der hilfsbedürftigen Person einerseits (Abs. 1, nachfolgend 1.,
N 4 ff.) und die Wahrung der Selbstbestimmung der betroffenen Person andererseits
(Abs. 2, nachfolgend 2., N 7).

1. Wohl und Schutz hilfsbedürftiger Personen

Nach Art. 388 Abs. 1 stellen die behördlichen Massnahmen des Erwachsenenschut-   4
zes das *Wohl und den Schutz hilfsbedürftiger Personen* sicher. Damit wird klargestellt,

---

1   Botsch. Erwachsenenschutz, 7042.
2   Schmid, Erwachsenenschutz Kommentar, Art. 388 N 1; Henkel, BaKomm, Vorbem. zu
    Art. 388–399 N 3; Häfeli, Erwachsenenschutz, Nr. 15.01 ff. m. w. H.
3   Botsch. Erwachsenenschutz, 7042; Häfeli, FamKomm Erwachsenenschutz, Art. 388 N 1; Hen-
    kel, BaKomm, Art. 388 N 4; Rosch, ESR-Kommentar, Art. 388 N 1.
4   Häfeli, FamKomm Erwachsenenschutz, Art. 388 N 1.; Rosch, ESR-Kommentar, Art. 388 N 1;
    Henkel, BaKomm, Art. 388 N 4.

dass Fremdbestimmung durch behördliche Massnahmen einzig zum Schutz und zur Hilfestellung der hilfsbedürftigen Person (und nicht zum Schutz von Drittpersonen) legimitiert ist.[5] Art. 390 Abs. 2 sieht zwar vor, dass bei der Anordnung einer Beistandschaft die Belastung und der Schutz der Angehörigen und Dritter zu berücksichtigen sind (so auch 426[2] für die fürsorgerische Unterbringung). Allerdings rechtfertigt die Belastung Dritter für sich allein weder die Errichtung einer Beistandschaft noch die Anordnung einer fürsorgerischen Unterbringung, sondern es handelt sich lediglich um ein Element, das in die Gesamtbeurteilung einfliessen soll (BGer 5A_617/2014 E. 4.1; 5A_795/201 E. 4.2.1).[6]

5   Ob eine Person im Sinn von Art. 388 Abs. 1 *hilfsbedürftig* ist, stellt eine *Rechtsfrage* dar.[7] Hilfsbedürftigkeit liegt vor, wenn die betroffene Person einen *Schwächezustand*, der die selbstständige Wahrnehmung persönlicher Belange verunmöglicht, aus eigener Kraft nicht zu beheben vermag. Der Schwächezustand kann persönliche oder vermögensrechtliche Bereiche oder den Rechtsverkehr betreffen.[8] Ob die betroffene Person am Schwächezustand ein Verschulden trifft, ist irrelevant und hat keinen Einfluss auf die Art und den Umfang der Massnahme.[9] Ebenso wenig bezweckt das Erwachsenenschutzrecht die Bestrafung der betroffenen Person (BGer 5A_667/2013 E. 6.2), sondern einzig die Kompensation ihres Schwächezustandes.

6   Das Gesetz statuiert zwar keinen Rechtsanspruch auf Anordnung einer Erwachsenenschutzmassnahme: Niemand kann sich durch Beizug eines Beistandes der Verantwortung für eigenes Handeln entledigen. Die Erwachsenenschutzbehörde ist aber *bei Vorliegen der entsprechenden Voraussetzungen* zur Anordnung einer Massnahme *verpflichtet*. Sie hat sicherzustellen, dass die Bedürfnisse der hilfsbedürftigen Person hinreichend berücksichtigt werden. Aus diesem Grund ist das Nicht- oder das nicht rechtzeitige Anordnen als pflichtwidrige Unterlassung zu qualifizieren, welche Verantwortlichkeitsansprüche gemäss Art. 454 f. nach sich ziehen kann.[10] Allerdings zieht nicht jedes unterlassene Einschreiten eine Verantwortlichkeit der Erwachsenenschutzbehörde nach sich, sondern es muss sich um gesetzlich gebotene, sich aufdrängende Massnahmen handeln. Dies ist etwa bei Vorliegen von Urteilsunfähigkeit grundsätzlich der Fall.[11]

5   Fountoulakis, HandKomm, Art. 388 N 2; Rosch, ESR-Kommentar, Art. 388 N 1; Steinauer/ Fountoulakis, Personnes physiques, Nr. 1135.
6   Steinauer/Fountoulakis, Personnes physiques, Nr. 1141; Schmid, Erwachsenenschutz Kommentar, Art. 390 N 13; Häfeli, Erwachsenenschutz, Nr. 15.15.
7   BGer 5C.17/2005 E. 5.1. S. dazu auch Fountoulakis, HandKomm, Art. 388 N 3; Steinauer/ Fountoulakis, Personnes physiques, Nr. 1135; Rosch, ESR-Kommentar, Art. 388 N 2.
8   Henkel, BaKomm, Art. 388 N 6. S. dazu auch Rosch, ESR-Kommentar, Art. 388 N 2.
9   Fountoulakis, HandKomm, Art. 388 N 3; Henkel, BaKomm, Art. 388 N 7; Rosch, ESR-Kommentar, Art. 388 N 2.
10   Henkel, BaKomm, Art. 388 N 8; Schmid, Erwachsenenschutz Kommentar, Art. 388 N 2.
11   Schmid, Erwachsenenschutz Kommentar, Art. 388 N 2.

2. Selbstbestimmung betroffener Personen

Nach Art. 388 Abs. 2 soll die Selbstbestimmung (siehe hierzu BGer 5A_667/2013 E. 6.1)   7
der betroffenen Personen soweit als möglich erhalten und gefördert werden. Der Ausgangspunkt einer behördlichen Anordnung soll damit die Erhaltung der Selbstständigkeit sein, während Fremdbestimmung nur dann zum Zug kommt, wenn dies zum
Wohl der betroffenen Person unausweichlich erscheint.[12] Ziel ist es, einen Ausgleich
zwischen Freiheit und Betreuung zu finden.[13] Dieser Grundsatz wird in verschiedenen
Bestimmungen konkretisiert: So sieht etwa Art. 401 vor, dass bei der Auswahl der Beiständin der Wille der hilfsbedürftigen Person soweit möglich zu beachten und diese
jedenfalls berechtigt ist, eine Person als Beistand abzulehnen. Das Selbstbestimmungsrecht ist aber nicht nur bei der Anordnung behördlicher Massnahmen, sondern auch
bei deren Führung und bei Auslegungsfragen zu beachten.[14] So erfüllt der Beistand
gemäss Art. 406 Abs. 1 seine Aufgabe im Interesse der betroffenen Person und nimmt
dabei soweit tunlich auf deren Meinung Rücksicht. Er achtet ihren Willen, das Leben
entsprechend ihren Fähigkeiten nach eigenen Wünschen und Vorstellungen zu gestalten. Ziel einer Beistandschaft soll damit die Führung zurück in die Selbstständigkeit
sein.[15] Falls dies ausgeschlossen erscheint, ist diese zumindest im Rahmen des Möglichen sicherzustellen.

b. Subsidiarität und Verhältnismässigkeit

Die im Kindesschutzrecht bereits bisher verankerten Grundsätze der Subsidiarität und   8
der Verhältnismässigkeit (307–311 sowie 324 f.) werden neu auch im Erwachsenenschutzrecht ausdrücklich statuiert und umschrieben (389). Wie der Zweckartikel (388)
wenden sich auch diese prägenden Prinzipien sowohl an die Erwachsenenschutzbehörde wie auch an die Beiständin. Sie sind mithin sowohl bei der Anordnung von
Massnahmen wie auch bei der Führung der behördlichen Massnahmen zu beachten.[16]

In Art. 389 Abs. 1 wird der Grundsatz der Subsidiarität konkretisiert (1., N 10 ff.), in   9
Abs. 2 der Grundsatz der Verhältnismässigkeit (2., N 14 f.):

1. Subsidiarität

Eine behördliche Massnahme wird nur dann angeordnet, wenn die Unterstützung der   10
hilfsbedürftigen Person nicht auf andere Weise sichergestellt ist (a., N 11 f.). Ist die
hilfsbedürftige Person urteilsunfähig, wird eine Massnahme angeordnet, wenn keine

---

12   Botsch. Erwachsenenschutz, 7042. S. dazu auch FOUNTOULAKIS, HandKomm, Art. 388 N 5;
    ROSCH, ESR-Kommentar, Art. 388 N 5; HENKEL, BaKomm, Art. 388 N 9.
13   HÄFELI, FamKomm Erwachsenenschutz, Art. 388 N 5; HENKEL, BaKomm, Art. 388 N 2;
    SCHMID, Erwachsenenschutz Kommentar, Art. 388 N 4; HÄFELI, Erwachsenenschutz, Nr. 15.04.
14   Botsch. Erwachsenenschutz, 7042; HENKEL, BaKomm, Art. 388 N 4 und 9.
15   Botsch. Erwachsenenschutz, 7049; HENKEL, BaKomm, Art. 388 N 9. S. dazu auch FOUNTOU-
    LAKIS, HandKomm, Art. 388 N 5.
16   HÄFELI, FamKomm Erwachsenenschutz, Art. 389 N 1; HENKEL, BaKomm, Art. 389 N 1;
    ROSCH, ESR-Kommentar, Art. 389 N 1. S. dazu auch STEINAUER/FOUNTOULAKIS, Personnes
    physiques, Nr. 1137 ff.; MEIER/LUKIC, Nr. 377.

ausreichende eigene Vorsorge getroffen worden ist und die Massnahmen von Gesetzes wegen nicht genügen (b., N 13).

α. Unterstützung nicht auf andere Weise sichergestellt

11 Eine behördliche Massnahme kommt mit Rücksicht auf den Grundsatz der Subsidiarität nur in Frage, wenn dem Schwächezustand nicht auf andere Weise begegnet werden kann. Deshalb ordnet die Erwachsenenschutzbehörde gemäss Art. 389 Abs. 1 eine Massnahme erst an, wenn die Unterstützung der hilfsbedürftigen Person durch die Familie, andere nahestehende Personen oder private oder öffentliche Dienste nicht ausreicht oder von vornherein als ungenügend erscheint (Ziff. 1). Es gilt der Grundsatz «Soviel staatliche Fürsorge wie nötig, so wenig staatlicher Eingriff wie möglich.»[17] (140 III 52 E. 4.3.1; BGer 5A_667/2013 E. 6.1). Diese Frage untersucht die Erwachsenenschutzbehörde gemäss Art. 446 Abs. 1 von Amtes wegen. Dazu hat sie ausführliche und differenzierte Abklärungen zu treffen.[18]

12 Die private Unterstützung kann von einer nahestehenden Person oder einem privaten oder öffentlichen Dienst geleistet werden: Ob eine Person nahestehend ist, beurteilt sich danach, wie gut sie die betroffene Person kennt und ob sie regelmässig Kontakt zu ihr pflegt (s. dazu § 50 N 26). Irrelevant ist das Vorliegen einer verwandtschaftlichen Beziehung, ausschlaggebend ist allein die tatsächliche Nähe und Verbundenheit der Beteiligten.[19] Als private Dienste kommen beispielsweise die Spitex, der Samariterverein oder die Pro Senectute, als öffentliche namentlich kirchliche oder kommunale Mahlzeiten- oder Betreuungseinrichtungen in Betracht.[20] Ob die Unterstützung auf einer schriftlichen Vollmacht oder einem Auftrag beruht, auf mündliche Bitte hin erfolgt oder rein faktisch geleistet wird, ist nicht von Bedeutung. Vorausgesetzt ist nur, dass die Unterstützung *aktuell sichergestellt* ist und nicht erst in entfernter Zukunft mit ihr gerechnet werden kann.[21] Umgekehrt macht eine nur vorübergehende Unterbrechung dieser Hilfeleistung nicht zwingend die Anordnung einer behördlichen Massnahme erforderlich, sondern nur dann, wenn das Wohl der bedürftigen Person durch diese Lücke in relevanter Weise gefährdet ist.[22]

β. Bei Urteilsunfähigkeit der betroffenen Person

13 Ist die betroffene Person urteilsunfähig, ersetzt eine rein faktische private Unterstützung die Anordnung einer behördlichen Massnahme nicht. Erforderlich ist vielmehr, dass die betroffene Person in Form eines Vorsorgeauftrags (360 ff.) oder einer Patientenverfügung (370 ff.) ausreichend eigene Vorsorge getroffen hat oder die Massnah-

---

17 Botsch. Erwachsenenschutz, 7017.
18 FOUNTOULAKIS, HandKomm, Art. 389 N 2; HÄFELI, FamKomm Erwachsenenschutz, Art. 389 N 10; HÄFELI, Erwachsenenschutz, Nr. 15.10.
19 FOUNTOULAKIS, HandKomm, Art. 389 N 2; MEIER/LUKIC, Nr. 384; STEINAUER/FOUNTOULAKIS, Personnes physiques, Nr. 1138a.
20 FOUNTOULAKIS, HandKomm, Art. 389 N 2; HENKEL, BaKomm, Art. 389 N 6; STEINAUER/FOUNTOULAKIS, Personnes physiques, Nr. 1138a.
21 Botsch. Erwachsenenschutz, 7042; HENKEL, BaKomm, Art. 389 N 6.
22 HENKEL, BaKomm, Art. 389 N 6; SCHMID, Erwachsenenschutz Kommentar, Art. 389 N 2.

men von Gesetzes wegen (374 ff.) zu ihrem Schutz ausreichen. Diese Institute gehen den behördlichen Massnahmen vor.[23] Umstritten ist, ob die eigene Vorsorge im Sinn dieser Bestimmung auch darin bestehen kann, dass die nachmalig urteilsunfähige Person noch im Zustand der Urteilsfähigkeit in wichtigen Bereichen Vollmachten bzw. Aufträge erteilt hat, die bei Eintritt der Urteilsunfähigkeit nicht erlöschen sollen (35[1] und 405[1]). Fraglich ist insbesondere, ob eine solche Vollmacht ihre Wirkung selbst dann behält, wenn der Urteilsunfähige nicht mehr in der Lage ist, die Bevollmächtigte bzw. Beauftragte zu überwachen. Gemäss BGer kann es jedenfalls im Interesse des Vollmachtgebers liegen, dass seine Vollmacht mit Eintritt der Urteilsunfähigkeit nicht dahinfällt (bejaht für den Fall einer Prozessvollmacht: 132 III 225 E. 2.2[24]). Umstritten ist auch, ob aufgrund einer solchen Vollmacht eine Beistandschaft als entbehrlich erscheint. Das BGer verneint diese Frage und hält eine erwachsenenschutzrechtliche Massnahme namentlich dann für erforderlich, wenn die Interessenwahrung der betroffenen Person ausschliesslich bei der bevollmächtigten Person liegt und der hilfsbedürftige Vollmachtgeber nicht mehr in der Lage ist, die von ihm eingesetzten Personen wenigstens grundsätzlich zu kontrollieren, zu überwachen und nötigenfalls auch zu ersetzen (134 III 385).[25] Dem ist beizupflichten, ersetzt doch nach Art. 390 Abs. 1 Ziff. 2 eine Stellvertretung die Beistandschaft nur dann, wenn die betroffene Person (nur) *vorübergehend* urteilsunfähig ist.[26]

2. Verhältnismässigkeit

Die behördliche Massnahme muss verhältnismässig, also erforderlich und geeignet sein (389[2]). Der Schwächezustand der hilfsbedürftigen Person darf nicht auf eine andere, weniger einschneidende Massnahme als durch die gewählte behördliche Massnahme ausgeglichen werden können.[27] Weiter muss die konkrete Massnahme tatsächlich geeignet sein, den Schwächezustand des Betroffenen zu kompensieren.[28] Obwohl dies im Gesetz nicht ausdrücklich erwähnt wird, muss die Massnahme schliesslich zumutbar sein. Dieser Grundsatz geniesst Verfassungsrang (5[2] BV) und ist daher auch ohne gesetzlichen Hinweis zu beachten. Im Ergebnis ändert dieses zusätzliche Erfordernis aber nichts, da eine nicht erforderliche oder ungeeignete Massnahme jedenfalls unzumutbar ist.[29] Der Grundsatz der Verhältnismässigkeit wird bei der Umschreibung

14

---

23 Botsch. Erwachsenenschutz, 7043. S. dazu auch FOUNTOULAKIS, HandKomm, Art. 389 N 2.

24 Mit Hinweisen auf die jeweiligen sich widersprechenden Lehrmeinungen.

25 Zustimmend ROSCH, ESR-Kommentar, Art. 389 N 5, unter Hinweis auf 134 III 385 und BGer 5A_588/2008, die beide Beistandschaften nach bisherigem Recht betreffen; STEINAUER/FOUNTOULAKIS, Personnes physiques, Nr. 134, 139; MEIER, FamKomm Erwachsenenschutz, Art. 390 N 24.

26 Dazu MEIER, FamKomm Erwachsenenschutz, Art. 390 N 23; HENKEL, BaKomm, Art. 390 N 20; MEIER/LUKIC, Nr. 412 ff.

27 HÄFELI, FamKomm Erwachsenenschutz, Art. 389 N 12; FOUNTOULAKIS, HandKomm, Art. 389 N 4; ROSCH, ESR-Kommentar, Art. 389 N 5.

28 FOUNTOULAKIS, HandKomm, Art. 389 N 4. S. dazu auch HENKEL, BaKomm, Art. 389 N 11.

29 FOUNTOUKLAKIS, HandKomm, Art. 389 N 5; HENKEL, BaKomm, Art. 389 N 11; ROSCH, ESR-Kommentar, Art. 389 N 6.

der Massnahmen an verschiedener Stelle konkretisiert (390–392; 426). Namentlich kann zwischen verschiedenen Arten von Beistandschaften gewählt werden (393 ff.), die überdies miteinander kombinierbar sind (397). Zudem ist gar auf die Anordnung einer Beistandschaft zu verzichten, wenn das Wohl der hilfsbedürftigen Person auch durch eine Massnahme der Erwachsenenschutzbehörde im Sinn von Art. 392 (§ 53 N 23 f.) gewahrt werden kann.

15   Der Grundsatz der Verhältnismässigkeit bedeutet auch, dass *möglichst früh einzuschreiten* ist, da in einem frühen Stadium der Hilfsbedürftigkeit unter Umständen mildere Massnahmen ausreichen und diese infolge der frühen Unterstützung nach einer gewissen Zeit wieder vollständig entfallen können.[30]

---

30   Henkel, BaKomm, Art. 389 N 13; Schmid, Erwachsenenschutz Kommentar, Art. 389 N 6.

§ 53 Die Beistandschaften

I. Übersicht

Der Zweck und die Grundsätze, die bei der Anordnung und Führung einer Beistand- 1
schaft zu beachten sind, werden in den Art. 388 und 389 umschrieben. Die Art. 390–
392 enthalten *Rahmenbestimmungen,* welche für alle Beistandschaftsarten Geltung
haben: die allgemeinen materiellen Voraussetzungen für die Anordnung einer Beistandschaft (390), die Umschreibung der Aufgabenbereiche des Beistands (391) sowie
die Voraussetzungen für den Verzicht auf eine Beistandschaft und die als Ersatz dafür
vorgesehenen Massnahmen (392).

In den Art. 393 ff. umschreibt das Gesetz die *vier Beistandschaftsarten.* Es sind dies die 2
Begleitbeistandschaft (393), die Vertretungsbeistandschaft (394 f.), die Mitwirkungsbeistandschaft (396) und die umfassende Beistandschaft (398). Welche Beistandschaft
im Einzelfall zu wählen und wie diese inhaltlich auszugestalten ist, bestimmt sich nach
den individuellen Bedürfnissen der konkreten Person:[1] Eine *Begleitbeistandschaft* in
angezeigt, wenn die hilfsbedürftige Person für die Erledigung bestimmter Angelegenheiten begleitende Unterstützung braucht (393[1]), eine Einschränkung der Handlungsfähigkeit dagegen nicht notwendig erscheint. Eine *Vertretungsbeistandschaft* soll angeordnet werden, wenn die hilfsbedürftige Person eine Angelegenheit überhaupt nicht
erledigen kann und deshalb in diesem Rahmen vertreten werden muss (394[1]). Grundsätzlich bleibt die Handlungsfähigkeit der betroffenen Person hier ebenfalls uneingeschränkt, eine Einschränkung kann im Gegensatz zur Begleitbeistandschaft aber verfügt werden (394[2]). Art. 395 regelt eine spezielle Art der Vertretungsbeistandschaft für
den Bereich der Vermögensverwaltung. Eine *Mitwirkungsbeistandschaft* wird errichtet, wenn zum Schutz der hilfsbedürftigen Person bestimmte Handlungen der Zustimmung der Beiständin bedürfen (396[1]). In diesem Fall wird die Handlungsfähigkeit
der betroffenen Person in diesem Umfang eingeschränkt (396[2]). Schliesslich kann als
einschneidendste Variante eine *umfassende Beistandschaft* angeordnet werden. Eine
umfassende Beistandschaft bezieht sich auf alle Angelegenheiten der Personensorge,
der Vermögenssorge und des Rechtsverkehrs (398[2]). Die Handlungsfähigkeit entfällt
hier von Gesetzes wegen (398[3]).

Nachfolgend werden zunächst die allgemeinen Voraussetzungen für die Anordnung 3
einer Beistandschaft (II., N 4 ff.) und danach die einzelnen Beistandschaftsarten (III.,
N 33 ff.) erläutert.

---

1   Botsch. Erwachsenenschutz, 7044.

II.   Allgemeine Bestimmungen

a. Voraussetzungen

4   Die Anordnung einer Beistandschaft setzt voraus, dass eine volljährige Person (1., N 5) wegen eines qualifizierten Schwächezustands, wegen vorübergehender Urteilsunfähigkeit oder Abwesenheit (2., N 6 ff.) nicht in der Lage ist, ihre Angelegenheiten selber zu besorgen:

5   1. Eine Beistandschaft wird nur für eine *natürliche* Person errichtet, die überdies *volljährig* sein muss. Ist die hilfsbedürftige Person noch minderjährig, sind Kindesschutzmassnahmen (307 ff.) anzuordnen. Im Gegensatz zum alten Recht sieht das Gesetz auch keine Beistandschaften für juristische Personen und Sammelvermögen mehr vor.

6   2. Weiter ist eine Beistandschaft dann angezeigt, wenn die betroffene Person entweder unter einem *qualifizierten Schwächezustand* leidet (α.) oder wegen *vorübergehender Urteilsunfähigkeit oder Abwesenheit* nicht in der Lage ist, ihre Angelegenheiten selber zu besorgen (β.).

7   α. Steht die Errichtung einer Beistandschaft wegen eines *Schwächezustandes* in Frage, sind zwei Tatbestandsmerkmale zu unterscheiden: das Vorliegen eines Schwächezustandes und die sich daraus ergebende Hilfsbedürftigkeit. Der Schwächezustand allein reicht nicht, sondern es ist zusätzlich notwendig, dass die hilfsbedürftige Person ihre Angelegenheiten *nur teilweise oder gar nicht besorgen* kann.[2] Die Errichtung einer Beistandschaft rechtfertigt sich nur, wenn sich aus dem Schwächezustand eine Hilfsbedürftigkeit und das Bedürfnis nach besonderem Schutz ergeben.[3] Dieses Erfordernis ist bloss dann erfüllt, wenn die Anordnung einer Beistandschaft mit Blick auf die Prinzipien der Selbstbestimmung, der Subsidiarität und der Verhältnismässigkeit unumgänglich ist.[4]

8   Gemäss Art. 390 Abs. 1 Ziff. 1 kann der Schwächezustand in einer geistigen Behinderung, einer psychischen Störung oder einem ähnlichen in der Person liegenden Schwächezustand liegen (Ziff. 1):

9   – «Unter geistiger Behinderung werden angeborene oder erworbene Intelligenzdefekte verschiedener Schweregrade verstanden.»[5]

10   – Die *psychische Störung* erfasst die anerkannten Krankheitsbilder der Psychiatrie, d.h. Psychosen und Psychopathien, seien sie körperlich begründbar oder nicht, sowie Demenz und dabei insbesondere Altersdemenz. Ebenso werden Sucht-

---

2   Botsch. Erwachsenenschutz, 7043; FOUNTOULAKIS, HandKomm, Art. 390 N 1; HENKEL, BaKomm, Art. 390 N 2. S. dazu auch HÄFELI, Erwachsenenschutz, Nr. 16.02.

3   HÄFELI, Erwachsenenschutz, Nr. 16.02; MEIER, FamKomm Erwachsenenschutz, Art. 390 N 6.

4   HENKEL, BaKomm, Art. 390 N 4.

5   Botsch. Erwachsenenschutz, 7043. So auch MEIER, FamKomm Erwachsenenschutz, Art. 390 N 8; SCHMID, Erwachsenenschutz Kommentar, Art. 390 N 3; HENKEL, BaKomm, Art. 390 N 10; HÄFELI, Erwachsenenschutz, Nr. 16.03. Ferner STEINAUER/FOUNTOULAKIS, Personnes physiques, Nr. 130 ff.

krankheiten unter diesen Begriff subsumiert, womit auf den wertenden Begriff der «Trunksucht», der unter altem Recht Geltung hatte, verzichtet wird. Darunter fallen schliesslich auch Spiel- oder Cyberabhängigkeit.[6]

– Ein *ähnlicher in der Person liegender Schwächezustand* im Sinn von Ziff. 1 soll   11
zudem den Schutz älterer Menschen gewährleisten, bei denen ähnliche Defizite wie bei Menschen mit einer geistigen Behinderung oder psychischen Störung vorliegen. Es handelt sich um eine Auffangnorm, die auch «extreme Fälle von Unerfahrenheit oder Misswirtschaft sowie seltene Erscheinungsformen körperlicher Behinderung, z.B. eine schwere Lähmung oder Verbindung von Blindheit und Taubheit» erfasst.[7] Allerdings ist bei der Anwendung dieser Generalklausel Zurückhaltung geboten. Insbesondere ist es ausgeschlossen, eine Person allein deshalb zu verbeiständen, weil die Art und Weise ihres Umgangs mit Geld nach landläufiger Auffassung unvernünftig ist. Das Erwachsenenschutzrecht dient dem Schutz der hilfsbedürftigen Person, nicht jenem ihrer Erben oder des Gemeinwesens (BGer 5A_773/2013 E. 4.1). Mithin bildet diese Variante keine Rechtfertigung für die «soziale und moralische Besserung» einer Person.[8]

Für die *Feststellung* eines allfälligen Schwächezustandes wird der Erwachsenenschutz-   12
behörde ein weiter Spielraum belassen. Sie kann gemäss Art. 446 Abs. 2 selber Beweise erheben, geeignete Personen oder Stellen mit Abklärungen beauftragen oder (nur) nötigenfalls das Gutachten einer sachverständigen Person anordnen[9]; geistige Behinderung und psychische Störungen sind Rechtsbegriffe, die von der Behörde frei ausgelegt werden und die weder in tatsächlicher noch rechtlicher Hinsicht an ein Gutachten gebunden sind (81 II 259 ff.).[10] Steht die Einschränkung der Handlungsfähigkeit oder das Vorliegen einer psychischen Störung im Raum, ist zum Schutz der betroffenen Person grundsätzlich dennoch eine Fachperson beizuziehen.[11] Die Begutachtung hat nicht zwingend durch eine aussenstehende Person vorgenommen zu werden. Vielmehr kann es sich auch um ein Mitglied der entscheidenden Behörde handeln, solange dieses über den notwendigen medizinischen Sachverstand verfügt.[12] Ebenso wenig ist notwendig, dass die Begutachtung durch einen Psychiater vorgenommen wird, son-

---

6   MEIER, FamKomm Erwachsenenschutz, Art. 390 N 10; FOUNTOULAKIS, HandKomm, Art. 390 N 2; HENKEL, BaKomm, Art. 390 N 11.

7   Botsch. Erwachsenenschutz, 7043; FOUNTOULAKIS, HandKomm, Art. 390 N 2; HENKEL, BaKomm, Art. 390 N 11; ROSCH, ESR-Kommentar, Art. 390 N 2; MEIER/LUKIC, Nr. 404.

8   MEIER, FamKomm Erwachsenenschutz, Art. 390 N 17; HENKEL, BaKomm, Art. 390 N 11; ROSCH, ESR-Kommentar, Art. 390 N 2. S. dazu auch MEIER/LUKIC, Nr. 404; STEINAUER/FOUNTOULAKIS, Personnes physiques, Nr. 133.

9   Botsch. Erwachsenenschutz, 7078 f.; HENKEL, BaKomm, Art. 390 N 9.

10 MEIER, FamKomm Erwachsenenschutz, Art. 390 N 13; ROSCH, ESR-Kommentar, Art. 390 N 2; MEIER/LUKIC, Nr. 403.

11 FOUNTOULAKIS, HandKomm, Art. 390 N 3; MEIER, FamKomm Erwachsenenschutz, Art. 390 N 15; SCHMID, Erwachsenenschutz Kommentar, Art. 390 N 4; MEIER/LUKIC, Nr. 403; HENKEL, BaKomm, Art. 390 N 9.

12 HENKEL, BaKomm, Art. 390 N 9; MEIER, FamKomm Erwachsenenschutz, Art. 390 N 15; FOUNTOULAKIS, HandKomm, Art. 390 N 3.

dern es reicht, wenn ein Arzt über eine gewisse Erfahrung mit psychischen Störungen oder ein Psychologe über die geforderten Kenntnisse verfügt.[13]

13　β. Eine Beistandschaft ist zudem anzuordnen, wenn die Person wegen *vorübergehender Urteilsunfähigkeit oder Abwesenheit* in Angelegenheiten, die erledigt werden müssen, weder selber handeln kann noch eine zur Stellvertretung berechtigte Person bezeichnet hat (Ziff. 2). Erfasst sind alle anstehenden notwendigen Geschäfte, ohne dass zeitliche Dringlichkeit gefordert wäre.[14] Es genügt, wenn zur Besorgung der Geschäfte nicht zugewartet werden sollte, bis die Person ihre Urteilsfähigkeit voraussichtlich wieder erlangt.[15]

14　Trotz des Wortlauts des Gesetzes schliesst die blosse *Ernennung eines Stellvertreters* die Anordnung einer Beistandschaft nicht aus. Vielmehr muss die betroffene Person auch in der Lage sein, den Vertreter zu instruieren, zu überwachen und aus seiner Funktion zu entlassen, damit die Anordnung einer Beistandschaft im Sinn von Art. 390 Abs. 1 Ziff. 2 entfällt (zu den analogen Bestimmungen aArt. 392 Ziff. 1 und 393 Ziff. 2 siehe 134 III 385 E. 3 f.).[16] Das Erfordernis, den Vertreter nicht nur benennen, sondern auch selber überwachen zu können, entfällt allerdings dann, wenn die betroffene Person den Vertreter im Rahmen eines Vorsorgeauftrages (360 ff.) bestellt hat, da diesfalls die Kontrolle bei der Ernennung des Beauftragten durch die Erwachsenenschutzbehörde übernommen wird.[17]

15　Die Urteilsunfähigkeit ist *vorübergehend*, wenn deren Wiedererlangung absehbar ist.[18] Eine vorübergehende Urteilsunfähigkeit ist dementsprechend zu bejahen, wenn eine vorübergehende psychische Störung vorliegt, eine Person sich ohne annehmbaren Grund beharrlich weigert, einen ihren persönlichen und wirtschaftlichen Interessen entsprechenden Entscheid zu treffen oder eine Person im Koma liegt.[19] *Abwesenheit* im Sinn dieser Bestimmung liegt nicht nur dann vor, wenn sich die Person an einem unbekannten Ort aufhält, sondern auch, wenn ihr Aufenthaltsort zwar bekannt ist, sie aber innert nützlicher Frist nicht erreicht werden kann.[20]

13　Meier, FamKomm Erwachsenenschutz, Art. 390 N 15.
14　Botsch. Erwachsenenschutz, 7043; Schmid, Erwachsenenschutz Kommentar, Art. 390 N 9; Rosch, ESR-Kommentar, Art. 390 N 5.
15　Häfeli, Erwachsenenschutz, Nr. 16.08; Fountoulakis, HandKomm, Art. 390 N 3; Rosch, ESR-Kommentar, Art. 390 N 5; Meier/Lukic, Nr. 413.
16　Meier, FamKomm Erwachsenenschutz, Art. 390 N 23; Henkel, BaKomm, Art. 390 N 21; Fountoulakis, HandKomm, Art. 390 N 7; Häfeli, Erwachsenenschutz, Nr. 16.08.
17　Meier, FamKomm Erwachsenenschutz, Art. 390 N 24. S. dazu auch Steinauer/Fountoulakis, Personnes physiques, Nr. 134, 139.
18　Schmid, Erwachsenenschutz Kommentar, Art. 390 N 11; Henkel, BaKomm, Art. 390 N 15.
19　Meier, FamKomm Erwachsenenschutz, Art. 390 N 22; Häfeli, Erwachsenenschutz, Nr. 16.09; Steinauer/Fountoulakis, Personnes physiques, Nr. 137.
20　Fountoulakis, HandKomm, Art. 390 N 6; Meier, FamKomm Erwachsenenschutz, Art. 390 N 21; Schmid, Erwachsenenschutz Kommentar, Art. 390 N 12; Henkel, BaKomm, Art. 390 N 16; Meier/Lukic, Nr. 409; Häfeli, Erwachsenenschutz, Nr. 16.11; Steinauer/Fountoulakis, Personnes physiques, Nr. 138.

b. Berücksichtigung von Belastung und Schutz der Angehörigen

Bei der Anordnung behördlicher Massnahmen stehen die Belange der betroffenen Person im Vordergrund (388[1]). Die Belastung und der Schutz von Angehörigen und Dritten sind gemäss Art. 390 Abs. 2 bei der Beurteilung der Angemessenheit einer Beistandschaft (nur, aber immerhin) zu *berücksichtigen* und können nicht Hauptzweck der Beistandschaft sein.[21] Allerdings ist die Berücksichtigung dieser Interessen nicht nur zum Schutz der Drittpersonen, sondern auch der betroffenen Person angezeigt: Eine übermässige Belastung des Umfeldes hat auch negative Auswirkungen auf die hilfsbedürftige Person, beispielsweise wenn die Unterstützung ab einem gewissen Punkt verwehrt wird oder die Überbeanspruchung des Umfeldes zu Fehlverhalten führt.[22] Folglich ist darauf zu achten, dass diesem Umstand genügend Beachtung geschenkt wird. 16

Angehörige im Sinn dieser Bestimmung meint nicht nur Verwandte, sondern alle nahestehenden Personen.[23] Der Begriff ist weit auszulegen (s. dazu § 50 N 26). 17

c. Tätigwerden der Erwachsenenschutzbehörde

Eine Beistandschaft wird *auf Antrag* der betroffenen oder einer nahestehenden Person oder *von Amtes wegen* errichtet (390[3]). Von Amtes wegen wird die Erwachsenenschutzbehörde beispielsweise tätig, wenn eine Person der Erwachsenenschutzbehörde im Sinn von Art. 443 Abs. 1 mitteilt, dass eine Person hilfsbedürftig sei. Wer in amtlicher Tätigkeit von einer solchen Person erfährt, ist aufgrund Art. 443 Abs. 2 gar zur Meldung verpflichtet. Eine nahestehende Person kann entweder die Erwachsenenschutzbehörde auf die Notwendigkeit einer behördlichen Massnahme hinweisen und diese von Amtes wegen tätig werden lassen oder aber eine solche formell beantragen (390[3]). Im zweiten Fall wird die nahestehende Person Partei im Verfahren und damit Träger der entsprechenden Rechte und Pflichten (448[1]; 449b; 450[2]).[24] 18

d. Aufgabenbereiche des Beistands

Die Erwachsenenschutzbehörde umschreibt die Aufgabenbereiche des Beistandes entsprechend den Bedürfnissen der betroffenen Person (391[1]). Es ist zentral, dass der Aufgabenbereich «von Fall zu Fall entsprechend den Bedürfnissen der betroffenen Person, d.h. «massgeschneidert», festgelegt»[25] wird. Neben dem Prinzip der Subsidiarität hat die Erwachsenenschutzbehörde dabei das Selbstbestimmungsrecht der betroffenen Person (388[2]) und das Verhältnismässigkeitsprinzip (389[2]) zu beachten. 19

---

21 Botsch. Erwachsenenschutz, 7043; Häfeli, Erwachsenenschutz, Nr. 16.12; Meier, FamKomm Erwachsenenschutz, Art. 390 N 30; Schmid, Erwachsenenschutz Kommentar, Art. 390 N 13. S. dazu auch Fountoulakis, HandKomm, Art. 390 N 9; Rosch, ESR-Kommentar, Art. 390 N 7; Henkel, BaKomm, Art. 390 N 23.

22 Henkel, BaKomm, Art. 390 N 23.

23 Fountoulakis, HandKomm, Art. 390 N 10; Meier, FamKomm Erwachsenenschutz, Art. 390 N 27 ff.

24 Meier, FamKomm Erwachsenenschutz, Art. 390 N 39; Fountoulakis, HandKomm, Art. 390 N 12; Rosch, ESR-Kommentar, Art. 390 N 25 ff.; Meier/Lukic, Nr. 417.

25 Botsch. Erwachsenenschutz, 7044.

1. Aufgabenbereiche

20   Gemäss Art. 391 Abs. 2 umfassen die Aufgabenbereiche die Personensorge, die Vermögenssorge oder den Rechtsverkehr: Die *Personensorge* umfasst die Fürsorge in persönlichen Angelegenheiten, wie namentlich Aufgaben im Zusammenhang mit der Wohnung oder der Post der betroffenen Person, der beruflichen Ausbildung und der gesundheitlichen und allgemeinen Betreuung.[26] *Vermögenssorge* meint die Erhaltung und sachgerechte Verwendung des Vermögens.[27] Sowohl die Personen- als auch die Vermögenssorge haben damit die Wahrung der Interessen der betroffenen Person zum Ziel, weswegen sich diese zwei Bereiche nur schwer voneinander abgrenzen lassen.[28] Diese Abgrenzungsprobleme bringen allerdings keine praktischen Schwierigkeiten mit sich: Zwar werden sich mit der Zeit wohl typische Aufgabenumschreibungen entwickeln, grundsätzlich ist die Erwachsenenschutzbehörde aber nicht an einen bestimmten Katalog gebunden.[29] Schliesslich können dem Beistand Befugnisse im Zusammenhang mit dem Rechtsverkehr eingeräumt werden. Der «*Rechtsverkehr*» umfasst alle Arten von Rechtsgeschäften und rechtsgeschäftlichem Handeln sowie die Führung von Prozessen. Diese Befugnisse sind zur Wahrnehmung der Personen- und Vermögenssorge häufig unabdingbar.[30] Deshalb wird dem Beistand in aller Regel auch die Vertretung im Rechtsverkehr eingeräumt.[31]

2. Umschreibung der Aufgabenbereiche

21   Wie konkret und detailliert die Erwachsenenschutzbehörde die Kompetenzen und Pflichten der Beiständin zu umschreiben hat, hängt von der Art der Beistandschaft ab. Beispielsweise sind die Anforderungen bei einer Begleitbeistandschaft tiefer als bei einer Vertretungsbeistandschaft, da bei ersterer die Handlungsfreiheit der betroffenen Person nicht eingeschränkt wird, bei letzterer aber unter Umständen durchaus. Im Übrigen muss die Erwachsenenschutzbehörde die Aufgaben unabhängig von der Art der Beistandschaft in einem Grad konkretisieren, der den administrativen Aufwand in einem zumutbaren Umfang hält, und dem Beistand die notwendige Flexibilität belässt.[32] Die Aufgabenbereiche sollen so definiert werden, dass der Beistand

---

26   Im Einzelnen siehe MEIER, FamKomm Erwachsenenschutz, Art. 391 N 22 ff.; HENKEL, BaKomm, Art. 391 N 14 ff.; HÄFELI, Erwachsenenschutz, Nr. 17.02; MEIER/LUKIC, Nr. 421.

27   FOUNTOULAKIS, HandKomm, Art. 391 N 5; MEIER, FamKomm Erwachsenenschutz, Art. 391 N 25 ff.; HENKEL, BaKomm, Art. 391 N 20; HÄFELI, Erwachsenenschutz, Nr. 17.03; MEIER/LUKIC, Nr. 422.

28   MEIER, FamKomm Erwachsenenschutz, Art. 391 N 19; SCHMID, Erwachsenenschutz Kommentar, Art. 391 N 4; HENKEL, BaKomm, Art. 391 N 6.

29   SCHMID, Erwachsenenschutz Kommentar, Art. 391 N 7. Die Konferenz der Kantone für Kindes- und Erwachsenenschutz (KOKES) hat Musterbeispiele für Aufgabenbeschreibungen verfasst: KOKES (Hrsg.), Praxisanleitung Erwachsenenschutz (mit Mustern) (Zürich/St. Gallen 2012), Nr. 5.29, 5.31, 5.41 ff.

30   HÄFELI, Erwachsenenschutz, Nr. 17.04; FOUNTOULAKIS, HandKomm, Art. 391 N 5; HENKEL, BaKomm, Art. 391 N 21. S. dazu auch MEIER/LUKIC, Nr. 423.

31   SCHMID, Erwachsenenschutz Kommentar, Art. 391 N 5.

32   Botsch. Erwachsenenschutz, 7044.

die vernünftigerweise voraussehbaren Bedürfnisse der betroffenen Person wahrnehmen kann[33], gleichzeitig aber daraus nicht eine Beistandschaft auf Vorrat resultiert. Eine solche wäre mit dem Verhältnismässigkeitsprinzip nicht vereinbar.[34] Keiner Umschreibung der Aufgaben bedarf es im Rahmen der Anordnung einer umfassenden Beistandschaft, da sich diese von Gesetzes wegen auf alle Angelegenheiten der Personensorge, der Vermögenssorge und des Rechtsverkehrs bezieht (398²).

3. Persönlichkeitsschutz der betroffenen Person

Art. 391 Abs. 3 regelt einen Bereich der Privatsphäre der hilfsbedürftigen Person 22
ganz konkret. Demnach darf ohne Zustimmung der betroffenen Person die Beiständin deren *Post* nur öffnen und deren *Wohnräume* nur betreten, wenn die Erwachsenenschutzbehörde ausdrücklich die Befugnis dazu erteilt hat. Kann die schutzwürdige Person mangels Urteilsfähigkeit (16) ihre Zustimmung nicht erteilen oder verweigert sie diese, erscheint die Einsicht in die Post oder das Betreten der Wohnräume aber notwendig, benötigt die Beiständin eine ausdrückliche Ermächtigung der Erwachsenenschutzbehörde (391³). Dieses Erfordernis gilt für alle Beistandschaftsarten, auch für die umfassende Beistandschaft.[35] Zum Schutz der betroffenen Person darf diese Ermächtigung grundsätzlich nicht im Entscheid über die Errichtung enthalten sein, sondern die Behörde hat erst auf ein entsprechendes Gesuch im konkreten Fall hin tätig zu werden.[36] Eine derartige Ermächtigung wird beispielsweise dann erteilt, wenn Müll zu entsorgen ist oder die persönliche Hygiene beurteilt werden soll.[37]

e. Verzicht auf eine Beistandschaft

1. Voraussetzungen

Erscheint die Errichtung einer Beistandschaft wegen des Umfangs der Aufgaben als 23
offensichtlich unverhältnismässig, kann die Erwachsenenschutzbehörde gestützt auf Art. 392 auf die Errichtung einer Beistandschaft verzichten. Vorausgesetzt ist, dass zwar die Voraussetzungen für die Anordnung einer Beistandschaft vorliegen (390)[38], der Umfang der Aufgaben aber derart gering ist, dass sich eine Beistandschaft aus diesem Grund nicht rechtfertigt. Die Aufgabe muss klar eingrenzbar sowie einfach und schnell übernommen werden können, so dass die Errichtung einer Beistandschaft nur eine unnötige Formalität darstellen würde.[39] Allerdings handelt es sich bei Art. 392 um eine Kann-Vorschrift und die Erwachsenenschutzbehörde kann sich selbst bei Vorliegen dieser Voraussetzungen für eine Beistandschaft entscheiden, wenn dies nach ihrer

33 Meier, FamKomm Erwachsenenschutz, Art. 391 N 13. S. dazu auch Henkel, BaKomm,
    Art. 391 N 5; Rosch, ESR-Kommentar, Art. 391 N 1.
34 Meier, FamKomm Erwachsenenschutz, Art. 391 N 14; Rosch, ESR-Kommentar, Art. 391 N 2.
35 Meier, FamKomm Erwachsenenschutz, Art. 391 N 32; Henkel, BaKomm, Art. 391 N 22;
    Fountoulakis, HandKomm, Art. 391 N 6.
36 Häfeli, Erwachsenenschutz, Nr. 17.07; Meier, FamKomm Erwachsenenschutz, Art. 391 N 32.
37 Botsch. Erwachsenenschutz, 7044; Meier, FamKomm Erwachsenenschutz, Art. 391 N 37.
    S. dazu auch Henkel, BaKomm, Art. 391 N 26 ff. m. w. H.
38 Henkel, BaKomm, Art. 390 N 7; Fountoulakis, HandKomm, Art. 392 N 2.
39 Schmid, Erwachsenenschutz Kommentar, Art. 392 N 2.

Auffassung dem Wohl des Betroffenen besser Rechnung trägt.[40] Zudem darf Art. 392 Abs. 2 nicht dazu dienen, die Errichtung einer notwendigen Beistandschaft zu umgehen. Vielmehr ist diese Bestimmung restriktiv anzuwenden und es ist auf die Errichtung einer Beistandschaft nur dann zu verzichten, wenn diese unverhältnismässig wäre (BGer 5A_451/2014 E. 8).[41]

24 Die Anordnung einer Massnahme gemäss Art. 392 ist auch *neben einer bestehenden Beistandschaft* möglich. Dieses Vorgehen kann dann angezeigt sein, wenn eine Ausdehnung der Beistandschaft unverhältnismässig wäre, beispielsweise wenn eine Vertretungsbeistandschaft mit Vermögensverwaltung besteht und die Zustimmung zu einer ärztlich empfohlenen Massnahme in Frage steht.[42] Weiter ist Art. 392 von Bedeutung, wenn zwischen Beistand und verbeiständeter Person eine punktelle Interessenkollision vorliegt.[43]

2. Massnahmen

25 Gemäss Art. 392 stehen für den Fall, dass auf die Anordnung der Beistandschaft verzichtet wird, drei Alternativen zur Verfügung:

26 α. *Handeln durch die Erwachsenenschutzbehörde.* Erscheint die Errichtung einer Beistandschaft wegen des Umfangs der Aufgaben als offensichtlich unverhältnismässig, kann die Erwachsenenschutzbehörde zunächst von sich aus das Erforderliche vorkehren, namentlich die Zustimmung zum Rechtsgeschäft erteilen (Ziff. 1). Allerdings ist beim Handeln durch die Erwachsenenschutzbehörde gestützt auf Art. 392 Zurückhaltung geboten.[44] Der Grund dafür liegt darin, dass dadurch der Instanzenzug der hilfsbedürftigen Person verkürzt wird: Sie kann nicht zuerst gestützt auf Art. 419 die Erwachsenenschutzbehörde anrufen, sondern muss direkt Beschwerde beim zuständigen Gericht erheben.[45] Im Unterschied dazu kann sie im Fall des Auftrags an eine Drittperson (392 Ziff. 2) zunächst gestützt auf Art. 419 an die Erwachsenenschutzbehörde gelangen (s. unten N 29). Folglich ist das eigene Handeln der Behörde auf dringliche oder einfache und liquide Fälle zu beschränken, die nur punktueller und nicht dauerhafter Natur sein sollen.[46]

---

40 HENKEL, BaKomm, Art. 392 N 2; MEIER, FamKomm Erwachsenenschutz, Art. 392 N 7; ROSCH, ESR-Kommentar, Art. 392 N 4.

41 Botsch. Erwachsenenschutz, 7044 f.; MEIER/LUKIC, Nr. 430; FOUNTOULAKIS, HandKomm, Art. 392 N 2; HENKEL, BaKomm, Art. 392 N 5 f.; HÄFELI, Erwachsenenschutz, Nr. 18.01 ff. S. dazu auch ROSCH, ESR-Kommentar, Art. 392 N 3.

42 HENKEL, BaKomm, Art. 392 N 18.

43 FOUNTOULAKIS, HandKomm, Art. 392 N 2; HENKEL, BaKomm, Art. 392 N 24.

44 MEIER, FamKomm Erwachsenenschutz, Art. 392 N 4; HENKEL, BaKomm, Art. 392 N 19.

45 MEIER, FamKomm Erwachsenenschutz, Art. 392 N 4; SCHMID, Erwachsenenschutz Kommentar, Art. 392 N 2; HENKEL, BaKomm, Art. 392 N 19; ROSCH, ESR-Kommentar, Art. 392 N 5; HÄFELI, Erwachsenenschutz, Nr. 18.08.

46 FOUNTOULAKIS, HandKomm, Art. 392 N 4; MEIER, FamKomm Erwachsenenschutz, Art. 392 N 11. S. dazu auch HÄFELI, Erwachsenenschutz, Nr. 18.06; HENKEL, BaKomm, Art. 392 N 15.

Handelt die Erwachsenenschutzbehörde gestützt auf Art. 392 selber, trifft sie die glei- 27
chen *Pflichten* wie die Beiständin, namentlich hat sie auf die Meinung der schutzbedürftigen Person Rücksicht zu nehmen, ihren Willen zu beachten (406[1]) und ist zur
Sorgfalt und Verschwiegenheit verpflichtet (413).[47] Hingegen trifft die Erwachsenenschutzbehörde weder eine Rechenschafts- oder Berichterstattungspflicht im Sinn von
Art. 410 bzw. 411, noch benötigt sie für die Geschäfte nach Art. 416 die Zustimmung
einer anderen Behörde.[48]

β. Handeln durch Drittpersonen. Weiter kann die Erwachsenenschutzbehörde einer 28
Drittperson für einzelne Aufgaben einen Auftrag erteilen (Ziff. 2). Bei diesen Aufträgen handelt es sich nicht um ein Amt, sondern um einen Auftrag im Sinn des Obligationenrechts (394 ff. OR).[49] Die Drittperson handelt dabei als Beauftragte und nicht
bloss als Hilfsperson der Erwachsenenschutzbehörde.[50] Beauftragt werden kann eine
natürliche Person (Anwalt, Steuerexperte etc.), eine juristische Person des Privatrechts
(Bank) oder eine juristische Person des öffentlichen Rechts (staatliche Dienststelle),
Mandantin ist die Erwachsenenschutzbehörde.[51] Die erteilten Aufgaben müssen klar
definiert sein und es darf sich wiederum nur um einzelne Geschäfte handeln.[52] Einem
Dritten kann auf diesem Weg nicht die gesamte Vermögensverwaltung übertragen
werden.[53]

Gegen Handlungen der Drittperson kann die Hilfsbedürftige gestützt auf Art. 419 die 29
Erwachsenenschutzbehörde anrufen. Die Verantwortlichkeit der Drittperson richtet
sich nach Art. 454 f. und nicht nach den auftragsrechtlichen Haftungsbestimmungen.[54] Handelt die Drittperson anstelle eines Beistandes, richten sich Entschädigung
und Spesen nach Art. 404.[55]

γ. Bezeichnen einer geeigneten Drittperson oder Stelle. Schliesslich kann die Erwach- 30
senenschutzbehörde eine geeignete Person oder Stelle bezeichnen, der für bestimmte
Bereiche Einblick und Auskunft zu geben ist (Ziff. 3). Diese Bestimmung lehnt sich an

---

47 FOUNTOULAKIS, HandKomm, Art. 392 N 9; MEIER, FamKomm Erwachsenenschutz, Art. 392
N 15; ROSCH, ESR-Kommentar, Art. 392 N 5a; MEIER/LUKIC, Nr. 433.

48 HÄFELI, Erwachsenenschutz, Nr. 18.07; MEIER/LUKIC, Nr. 433.

49 Botsch. Erwachsenenschutz, 7045; FOUNTOULAKIS, HandKomm, Art. 392 N 6; HENKEL,
BaKomm, Art. 392 N 23; HÄFELI, Erwachsenenschutz, Nr. 18.09; ROSCH, ESR-Kommentar,
Art. 392 N 6.

50 HÄFELI, Erwachsenenschutz, Nr. 18.11; ROSCH, ESR-Kommentar, Art. 392 N 6a.

51 MEIER, FamKomm Erwachsenenschutz, Art. 392 N 19; ROSCH, ESR-Kommentar, Art. 392 N 6;
HENKEL, BaKomm, Art. 392 N 22, 26; MEIER/LUKIC, Nr. 435.

52 HÄFELI, Erwachsenenschutz, Nr. 18.09; HENKEL, BaKomm, Art. 392 N 22 f.; ROSCH, ESR-
Kommentar, Art. 392 N 6; STEINAUER/FOUNTOULAKIS, Personnes physiques, Nr. 1257.

53 HENKEL, BaKomm, Art. 392 N 22.

54 FOUNTOULAKIS, HandKomm, Art. 392 N 10; HÄFELI, Erwachsenenschutz, Nr. 18.12; MEIER,
FamKomm Erwachsenenschutz, Art. 392 N 22; HENKEL, BaKomm, Art. 392 N 31; ROSCH, ESR-
Kommentar, Art. 392 N 6a; MEIER/LUKIC, Nr. 437.

55 HÄFELI, Erwachsenenschutz, Nr. 18.13. A. M. ROSCH, ESR-Kommentar, Art. 392 N 6a; MEIER/
LUKIC, Nr. 437.

Art. 307 Abs. 3 über den Kindesschutz an. Die beauftragte Person soll in diesem Rahmen beispielsweise bei der Krankenkasse nachfragen können, ob die Prämien bezahlt sind und Auskünfte von einer Bank verlangen, ohne dass die hilfsbedürftige Person dazu eine Vollmacht ausstellen muss. Dabei wird aber kein allgemeines Einsichts- und Auskunftsrecht eingeräumt, sondern die Behörde hat die erfassten Bereiche genau zu umschreiben.[56] Zudem kommen der Beauftragten neben dem Einsichts- und Auskunftsrecht keine weiteren Befugnisse zu, insbesondere kann sie nicht im Namen der hilfsbedürftigen Person Massnahmen ergreifen und hat keine eigenen Vertretungsbefugnisse.[57] Vielmehr kann sie die Erwachsenenschutzbehörde lediglich über allfällige Probleme informieren.[58] Die Bezeichnung einer geeigneten Drittperson oder Stelle bietet sich beispielsweise dann an, wenn eine Beistandschaft formell aufgehoben wurde, eine gewisse Kontrolle aber weiterhin angezeigt erscheint oder die Anordnung einer Beistandschaft im Raum steht und abgeklärt werden soll, welche Aufgaben dem Beistand zu übertragen sind.[59] Die Verantwortlichkeit der Drittperson oder Stelle richtet sich wiederum nach Art. 454 f.[60]

f. Kombination von Massnahmen

31   Die Begleit-, die Vertretungs- und die Mitwirkungsbeistandschaft können gemäss Art. 397 miteinander kombiniert werden. Das gilt auch für eine Massnahme nach Art. 392: Auch sie kann mit einer massgeschneiderten Beistandschaft kombiniert werden.[61] Nicht mit einer anderen Beistandschaftsart kombinierbar ist demgegenüber die umfassende Beistandschaft.[62] Sie bezieht sich auf alle Angelegenheiten der Personen- und Vermögenssorge sowie des Rechtsverkehrs (398^2), weshalb kein Raum für die Errichtung einer anderen Beistandschaft bleibt.

32   Die Möglichkeit der Kombination verschiedener Arten von Beistandschaften trägt der Idee der *massgeschneiderten Massnahme* Rechnung und stellt sicher, dass je nach Notwendigkeit «für diesen oder jenen Bereich Begleitung, Vertretung oder Mitwirkung angeordnet werden kann.»[63] Die Kombination setzt voraus, dass sämtliche Voraussetzungen der jeweiligen Beistandschaftsart erfüllt sind. So ist etwa für die Begleit-

---

56   HÄFELI, Erwachsenenschutz, Nr. 18.14; MEIER, FamKomm Erwachsenenschutz, Art. 392 N 25; FOUNTOULAKIS, HandKomm, Art. 392 N 7; ROSCH, ESR-Kommentar, Art. 392 N 7; HENKEL, BaKomm, Art. 392 N 33; MEIER/LUKIC, Nr. 441.

57   HÄFELI, Erwachsenenschutz, Nr. 18.16; MEIER, FamKomm Erwachsenenschutz, Art. 392 N 24.

58   HENKEL, BaKomm, Art. 392 N 34 f.

59   Botsch. Erwachsenenschutz, 7045; MEIER, FamKomm Erwachsenenschutz, Art. 392 N 23; SCHMID, Erwachsenenschutz Kommentar, Art. 392 N 7; HENKEL, BaKomm, Art. 392 N 32; MEIER/LUKIC, Nr. 438.

60   FOUNTOULAKIS, HandKomm, Art. 392 N 11; MEIER, FamKomm Erwachsenenschutz, Art. 392 N 26; ROSCH, ESR-Kommentar, Art. 392 N 7; HÄFELI, Erwachsenenschutz, Nr. 18.18; MEIER/LUKIC, Nr. 443.

61   HENKEL, BaKomm, Art. 397 N 7.

62   Botsch. Erwachsenenschutz, 7048; HENKEL, BaKomm, Art. 397 N 9; FOUNTOULAKIS, HandKomm, Art. 397 N 1; MEIER/LUKIC, Nr. 502.

63   Botsch. Erwachsenenschutz, 7048.

beistandschaft die Zustimmung der betroffenen Person erforderlich (393¹), bei der Vertretungs- und Mitwirkungsbeistandschaft die genaue Umschreibung der Aufgaben und Kompetenzen. Ferner ist darauf zu achten, dass eine Aufgabe nicht von mehreren Beistandschaftsarten erfasst wird (weil dann nicht klar ist, welche Bestimmungen insbesondere für den Beistand zur Anwendung gelangen) oder die Aufgabe von keiner Beistandschaft abgedeckt ist.[64] Das wäre der Fall, wenn bei Kombination einer Mitwirkungs- und einer Vertretungsbeistandschaft der Verbeiständete mangels Urteilsfähigkeit handlungsunfähig und der Beistand mangels Vertretungsbefugnis nicht handlungsbefugt ist.

III. Die Arten der Beistandschaften

Die Institute des Erwachsenenschutzrechts hatten unter altem Recht einen gesetzlich   33
klar definierten Inhalt. Deshalb wurden sie den Bedürfnissen der hilfsbedürftigen Person teilweise nur ungenügend gerecht und das Subsidiaritätsprinzip kam häufig nicht voll zum Tragen. Im Unterschied dazu sind die Beistandschaften unter dem neuen Erwachsenenschutzrecht flexibler geregelt und können dem Einzelfall angepasst werden. Unterschieden werden vier Arten: Die Begleitbeistandschaft (a., N 34 ff.), die Vertretungsbeistandschaft (b., N 39 ff.), die Mitwirkungsbeistandschaft (c., N 51 ff.) sowie die umfassende Beistandschaft (d., N 56 ff.). Sie unterscheiden sich in Bezug auf die erfassten Bereiche sowie in Bezug darauf, ob und inwieweit die Handlungsfähigkeit der verbeiständeten Person eingeschränkt wird.

a. Die Begleitbeistandschaft

Eine Begleitbeistandschaft kann nur mit Zustimmung der betroffenen Person errichtet   34
werden (393¹). Die Handlungsfähigkeit wird nicht eingeschränkt (393²). Die Begleitbeistandschaft stellt damit die mildeste Beistandschaftsart dar. Ihr Zweck liegt denn auch lediglich darin, eine hilfsbedürftige Person bei der Erledigung bestimmter Aufgaben zu unterstützen, ohne deren Handlungsfreiheit einzuschränken.[65] Deshalb erhält der Beistand durch die Errichtung einer Begleitbeistandschaft weder Vertretungs- noch Mitwirkungskompetenz oder gar Zwangsmittel. Die Kooperationsbereitschaft der verbeiständeten Person ist folglich nicht nur bei der Errichtung, sondern während der gesamten Dauer der Beistandschaft von entscheidender Bedeutung. Entfällt der Wille zur Zusammenarbeit, ist die Beistandschaft aufzuheben und gegebenenfalls durch eine andere Massnahme zu ersetzen.[66]

---

64   Häfeli, Erwachsenenschutz, Nr. 19.57; Henkel, BaKomm, Art. 397 N 10.
65   Henkel, BaKomm, Art. 393 N 1; Schmid, Erwachsenenschutz Kommentar, Art. 393 N 1; Fountoulakis, HandKomm, Art. 393 N 5; Rosch, ESR-Kommentar, Art. 393 N 4; Steinauer/ Fountoulakis, Personnes physiques, Nr. 142; Meier/Lukic, Nr. 452 ff.
66   Henkel, BaKomm, Art. 393 N 7; Schmid, Erwachsenenschutz Kommentar, Art. 393 N 5; Rosch, ESR-Kommentar, Art. 393 N 6.

1. Voraussetzungen

35   Damit eine Begleitbeistandschaft angeordnet werden kann, müssen zunächst die allgemeinen Voraussetzungen von Art. 390 Abs. 1 Ziff. 1 erfüllt sein: Die hilfsbedürftige
Person muss volljährig sein und wegen eines Schwächezustandes ihre Angelegenheiten nur teilweise oder gar nicht besorgen können. Nicht in Betracht kommt Art. 390
Abs. 1 Ziff. 2, wonach eine Beistandschaft anzuordnen ist, wenn die hilfsbedürftige
Person wegen vorübergehender Urteilsunfähigkeit oder Abwesenheit in Angelegenheiten, die erledigt werden müssen, weder selber handeln kann noch eine Stellvertretung bezeichnet hat. Die Begleitbeistandschaft fusst auf der Zusammenarbeit und
Kooperation zwischen Beiständin und Verbeiständetem, was in diesen Konstellationen gerade nicht möglich ist.

36   Da eine Begleitbeistandschaft nur mit Zustimmung der betroffenen Person errichtet
werden kann, muss diese im Zeitpunkt der Errichtung *urteilsfähig* sein. Allerdings
sind an die Urteilsfähigkeit keine hohen Anforderungen zu stellen, sind doch mit der
Errichtung einer Begleitbeistandschaft keine Einschränkungen der Handlungsfähigkeit verbunden.[67] Es genügt, wenn die Person ihre Hilfsbedürftigkeit erkennt und versteht, dass es um die Anordnung einer behördlichen Massnahme geht, durch welche
sie in den umschriebenen Aufgabenbereichen unterstützt werden soll.[68] Die Zustimmung muss im Zeitpunkt der Errichtung der Begleitbeistandschaft vorliegen. Eine
bereits erteilte Zustimmung kann bis zur Verfügung der Erwachsenenschutzbehörde
über die Errichtung jederzeit widerrufen werden.[69] Wird die Zustimmung nach Erlass
der Verfügung der Erwachsenenschutzbehörde widerrufen, ist dies als Aufhebungs-
antrag im Sinn von Art. 399 Abs. 2 aufzufassen. Die Aufhebung einer Begleitbeistandschaft ist jederzeit und auch dann möglich, wenn (abgesehen von der Zustimmung
der betroffenen Person) die Voraussetzungen für die Massnahme weiterhin gegeben
wären.[70] Gegebenenfalls ist eine andere Beistandschaft anzuordnen.

2. Aufgaben und Durchführung

37   Aufgrund der Möglichkeit, die Begleitbeistandschaft auf Antrag hin wieder aufzuheben (399²), ist es nicht notwendig, die Aufgaben des Beistandes im Detail festzulegen.[71]
Zudem kommt dem Beistand keine Vertretungsbefugnis zu. Die verbeiständete Person
behält die volle Handlungsfreiheit, womit eine detaillierte Aufstellung der Angelegenheiten, in denen die hilfsbedürftige Person begleitet wird, nicht angezeigt ist. Vielmehr

---

67   HÄFELI, Erwachsenenschutz, Nr. 19.06; SCHMID, Erwachsenenschutz Kommentar, Art. 393
N 7; MEIER/LUKIC, Nr. 448; HENKEL, BaKomm, Art. 393 N 7.
68   HÄFELI, Erwachsenenschutz, Nr. 19.06.
69   HENKEL, BaKomm, Art. 393 N 7; SCHMID, Erwachsenenschutz Kommentar, Art. 393 N 4;
FOUNTOULAKIS, HandKomm, Art. 393 N 3; ROSCH, ESR-Kommentar, Art. 393 N 3; STEINAUER/
FOUNTOULAKIS, Personnes physiques, Nr. 124a, 141a. Anderer Meinung MEIER, FamKomm
Erwachsenenschutz, Art. 393 N 8, wonach ein Widerruf bis zur Rechtskraft des Entscheides
möglich bleiben soll. So auch MEIER/LUKIC, Nr. 449.
70   HENKEL, BaKomm, Art. 393 N 7; ROSCH, ESR-Kommentar, Art. 393 N 6.
71   HÄFELI, Erwachsenenschutz, Nr. 19.09.

reicht es, wenn allgemeine Kategorien von Bereichen der Begleitung umschrieben werden.[72] Der Sinn der Begleitbeistandschaft liegt denn auch mehr in seiner symbolischen Natur und soll die Bedeutung der persönlichen Unterstützung im Rahmen der behördlichen Schutzmassnahmen hervorheben.[73]

Die Beiständin steht der hilfsbedürftigen Person mit Auskunft, Rat und Unterstützung   38
zur Seite.[74] Zwangsmittel stehen nicht zur Verfügung. Allerdings ist die hilfsbedürftige Person gehalten, der Beiständin die verlangten Auskünfte zu geben, sich zu ihren Vorschlägen zu äussern und mit ihr zusammenzuarbeiten.[75] Fehlt von Seiten der hilfsbedürftigen Person die Kooperationsbereitschaft, zieht dies zwar keine direkten Sanktionen nach sich, kann jedoch Grund für die Errichtung einer anderen Beistandschaft sein.[76]

b. Vertretungsbeistandschaft

Die Vertretungsbeistandschaft wird in den Art. 394 f. normiert. Art. 394 betrifft die   39
Vertretungsbeistandschaft im Allgemeinen (1., N 41 ff.), Art. 395 die Vertretungsbeistandschaft für die Vermögensverwaltung (2., N 47 ff.).

Für beide Arten von Vertretungsbeistandschaften ist vorab festzuhalten: Die Anord-   40
nung der Vertretungsbeistandschaft knüpft an die allgemeinen Voraussetzungen von Art. 390 Abs. 1 an. Im Unterschied zur Begleitbeistandschaft ist für die Errichtung einer Vertretungsbeistandschaft keine Zustimmung der betroffenen Person notwendig, sondern sie kann gegen deren Willen angeordnet werden (BGer 5A_773/2013 E. 4.3).[77] Überdies kann die Erwachsenenschutzbehörde die Handlungsfähigkeit der betroffenen Person gemäss Art. 394 Abs. 2 soweit notwendig einschränken. Die dem Beistand übertragenen Aufgaben sind genau festzulegen, wobei an die Umschreibung im Rahmen einer Vertretungsbeistandschaft höhere Anforderungen zu stellen sind als bei einer Begleitbeistandschaft.[78]

1. Im Allgemeinen

Eine allgemeine Vertretungsbeistandschaft wird errichtet, wenn die hilfsbedürftige   41
Person bestimmte Angelegenheiten nicht selber erledigen kann und deshalb vertreten

---

72   HENKEL, BaKomm, Art. 393 N 15; MEIER, FamKomm Erwachsenenschutz, Art. 393 N 15.
     S. dazu auch HÄFELI, Erwachsenenschutz, Nr. 19.09. A. M. ROSCH, Die Begleitbeistandschaft –
     Per aspera ad astra?, in FamPra.ch 9 (2010), 283, FN 67.
73   MEIER, FamKomm Erwachsenenschutz, Art. 393 N 11.
74   MEIER, FamKomm Erwachsenenschutz, Art. 393 N 17; ROSCH, ESR-Kommentar, Art. 393
     N 4; HENKEL, BaKomm, Art. 393 N 1; SCHMID, Erwachsenenschutz Kommentar, Art. 393
     N 1; FOUNTOULAKIS, HandKomm, Art. 393 N 5; STEINAUER/FOUNTOULAKIS, Personnes physiques, Nr. 142; MEIER/LUKIC, Nr. 452 ff.
75   MEIER, FamKomm Erwachsenenschutz, Art. 393 N 18 f.
76   MEIER, FamKomm Erwachsenenschutz, Art. 393 N 19.
77   HENKEL, BaKomm, Art. 394 N 10; ROSCH, ESR-Kommentar, Art. 394/395 N 2.
78   HÄFELI, Erwachsenenschutz, Nr. 19.20. S. dazu auch HENKEL, BaKomm, Art. 394 N 11.

werden muss (394[1]). Diese Angelegenheiten können die Personensorge, die Vermögenssorge oder den Rechtsverkehr betreffen (391[2]).

42   a. *Vertretung durch den Beistand und eigene Handlungsfähigkeit.* Im Umfang des durch die Erwachsenenschutzbehörde eingeräumten Vertretungsrechts ist der Beistand befugt, für die hilfsbedürftige Person und mit Wirkung für diese zu handeln.[79] Es handelt sich hierbei um eine Vertretung nach öffentlichem Recht (137 III 74 E. 3.5), auf welche die Bestimmungen des Stellvertretungsrechts (32 ff. OR) und des Auftragsrechts (394 ff. OR) analog Anwendung finden.[80] Die verbeiständete Person muss sich die Handlungen des Beistandes unabhängig davon anrechnen und gefallen lassen, ob ihre Handlungsfähigkeit beschränkt ist oder nicht (394[3]). Wurde die Handlungsfähigkeit der betroffenen Person nicht eingeschränkt, können Beistand und Verbeiständete unabhängig voneinander tätig werden. Geben sie *widersprechende Willenserklärungen* ab, kommen (mangels ausdrücklicher Regelung im Erwachsenenschutzrecht) das Stellvertretungs- und Auftragsrecht (32 ff. bzw. 394 ff. OR) des Obligationenrechts analog zur Anwendung.[81] Damit gilt die Willenserklärung der Beiständin unmittelbar für und gegen die hilfsbedürftige Person, als ob sie die Willenserklärung selber abgegeben hätte.[82] Diese Vertretungswirkung setzt grundsätzlich voraus, dass der Dritte von der Beiständin über die Beistandschaft orientiert wurde (413[3]).[83]

43   Handelt dagegen nur die Verbeiständete bzw. widerspricht die Beiständin nicht, berechtigt und verpflichtet sich die Verbeiständete durch ihr Handeln selber. Steht der Abschluss eines zustimmungsbedürftigen Geschäfts im Sinn von Art. 416 Abs. 1 oder 417 in Frage, schliesst die Verbeiständete das Geschäft selber ab. Diesfalls entfällt das Erfordernis der Mitwirkung durch die Erwachsenenschutzbehörde (das nur beim Handeln der Beiständin gilt; zur Ausnahme in Art. 416[1] Ziff. 3 s. § 56 N 20).[84]

44   Die Einräumung des Vertretungsrechts findet ihre *Grenzen bei den höchstpersönlichen Rechten.* Ist die betroffene Person im Hinblick auf die Ausübung des in Frage stehenden höchstpersönlichen Rechts *urteilsfähig,* übt sie es grundsätzlich selbstständig und ohne Mitwirkung der Beiständin aus (19c[1] Satz 1). Wiederholt wird dies in Art. 407, wonach die urteilsfähige betroffene Person auch wenn ihr die Handlungsfähigkeit entzogen worden ist, im Rahmen des Personenrechts durch eigenes Han-

---

79   Botsch. Erwachsenenschutz, 7045 f.; HENKEL, BaKomm, Art. 394 N 18; ROSCH, ESR-Kommentar, Art. 394/395 N 2; MEIER/LUKIC, Nr. 463.

80   HÄFELI, Erwachsenenschutz, Nr. 19.15.

81   HENKEL, BaKomm, Art. 394 N 27; SCHMID, Erwachsenenschutz Kommentar, Art. 394 N 5; ROSCH, ESR-Kommentar, Art. 394/395 N 2; MEIER/LUKIC, Nr. 468.

82   S. dazu auch HÄFELI, Erwachsenenschutz, Nr. 19.23.

83   STEINAUER/FOUNTOULAKIS, Personnes physiques, Nr. 1211b.

84   HENKEL, BaKomm, Art. 394 N 20; HÄFELI, Erwachsenenschutz, Nr. 19.27; ROSCH, ESR-Kommentar, Art. 394/395 N 2a; s. dazu auch STEINAUER/FOUNTOULAKIS, Personnes physiques, Nr. 1221.

deln Rechte und Pflichten begründen und höchstpersönliche Rechte ausüben kann.[85] Lediglich in gewissen Ausnahmefällen, wie beispielsweise bei der Anerkennung der Vaterschaft (260), ordnet das Gesetz die Zustimmung des gesetzlichen Vertreters an (19c[1] Satz 2). In diesem Fall übt die betroffene Person die Rechte zwar immer noch selber aus, die Rechtsgültigkeit der Ausübung hängt jedoch von der Zustimmung des Beistandes ab. Dasselbe gilt für den Abschluss eines Ehevertrags (183[2]) und eines Erbvertrags (468[2]).[86] Ist die betroffene Person in einer höchstpersönlichen Angelegenheit *urteilsunfähig*, kann gemäss Art. 19c Abs. 2 Halbsatz 1 der gesetzliche Vertreter für sie handeln, es sei denn, betroffen sei ein höchstpersönliches Recht, welches so eng mit der Persönlichkeit verbunden ist, dass jede Vertretung ausgeschlossen ist (19c[2] Halbsatz 2; sog. absolut höchstpersönliche Rechte nach der vorne in § 9 N 6 ff. verwendeten Terminologie). In Bezug auf solche Rechte (z.B. Eingehung der Ehe) ist eine urteilsunfähige Person rechtsunfähig, da sie diese Rechte nicht ausüben und auch niemand an ihrer Stelle handeln kann.[87]

β. *Einschränkung der Handlungsfähigkeit.* Nach Art. 394 Abs. 2 kann die Erwachsenenschutzbehörde die Handlungsfähigkeit der verbeiständeten Person einschränken. Dies ist angezeigt, wenn die Gefahr besteht, dass sie wider ihre eigenen Interessen handelt und durch eigene Handlungen jenen der Beiständin entgegenwirkt bzw. sie zunichte macht.[88] In den Bereichen, in denen die Erwachsenenschutzbehörde die Handlungsfähigkeit der betroffenen Person gestützt auf Art. 394 Abs. 2 einschränkt, verliert diese die Verpflichtungs- und Verfügungsbefugnis und die Beiständin ist *ausschliesslich berechtigt*.[89] Die Einschränkung der Handlungsfähigkeit ist im Entscheiddispositiv der Erwachsenenschutzbehörde anzugeben.[90]   45

γ. *Schutz Dritter.* Grundsätzlich besteht keine Verpflichtung, Dritte über das Vorhandensein einer Beistandschaft zu informieren und der Dritte, welcher gutgläubig auf die Handlungsfähigkeit der betroffenen Person vertraut, wird in aller Regel nicht geschützt. Eine Orientierungspflicht besteht gemäss Art. 413 Abs. 3 nur, soweit dies zur gehörigen Erfüllung der Aufgaben der Beiständin erforderlich ist. Hat die verbeiständete Person allerdings einen Dritten zur irrtümlichen Annahme seiner Handlungsfähigkeit verleitet, ist sie den Dritten ausnahmsweise für den dadurch entstandenen Schaden verantwortlich (452[3]). Einen grösseren Schutz als Dritte erfahren die   46

---

85   Botsch. Erwachsenenschutz, 7052; Henkel, BaKomm, Art. 394 N 12. S. dazu auch Fountoulakis, HandKomm, Art. 394 N 5; Steinauer/Fountoulakis, Personnes physiques, Nr. 146.

86   Anders Meier, FamKomm Erwachsenenschutz, Art. 394 N 23. Dieser möchte im Bereich dieser Geschäfte nur eine Mitwirkungsbeistandschaft und keine Vertretungsbeistandschaft zulassen.

87   Meier, FamKomm Erwachsenenschutz, Art. 394 N 22.

88   Häfeli, Erwachsenenschutz, Nr. 19.20; Meier, FamKomm Erwachsenenschutz, Art. 394 N 11; Henkel, BaKomm, Art. 394 N 29; Rosch, ESR-Kommentar, Art. 394/395 N 5; s. auch Fountoulakis, HandKomm, Art. 394 N 11.

89   Botsch. Erwachsenenschutz, 7046. S. dazu auch Henkel, BaKomm, Art. 394 N 29; Rosch, ESR-Kommentar, Art. 394/395 N 5.

90   Meier, FamKomm Erwachsenenschutz, Art. 394 N 10; Henkel, BaKomm, Art. 394 N 33.

Schuldner der verbeiständeten Person. Die Erwachsenenschutzbehörde hat diese über die Einschränkung der Handlungsfähigkeit zu informieren. Unterlässt die Erwachsenenschutzbehörde diese Information, kann die Beistandschaft gutgläubigen Schuldnern nicht entgegengehalten werden (452²).

2. Für die Vermögensverwaltung

47 α. *Voraussetzungen.* Eine besondere Art der Vertretungsbeistandschaft kann für die Vermögensverwaltung angeordnet werden (395). Die Errichtung einer Beistandschaft für die Vermögensverwaltung richtet sich nach den allgemeinen Voraussetzungen für die Beistandschaften im Allgemeinen (390) und für die Vertretungsbeistandschaft im Besonderen (394). Zusätzlich muss der Schwächezustand den Bereich der Vermögenssorge betreffen und deshalb die Vermögensverwaltung durch eine Beiständin angezeigt sein. Verwaltung erfasst dabei jedes tatsächliche oder rechtliche Handeln zur Erhaltung und Vermehrung des verwalteten Vermögens. Eine Verwaltungshandlung kann in der Vornahme eines Verpflichtungs- oder Verfügungsgeschäfts, aber auch in der Prozessführung bestehen.[91] Die konkreten Rechte und Pflichten des Beistandes werden in den Art. 408–410 sowie Art. 412 und 413 unter dem Unterabschnitt «Die Führung der Beistandschaft» (405 ff.; dazu hinten § 55 N 11 ff.) konkretisiert.

48 β. *Umfang.* Errichtet die Erwachsenenschutzbehörde eine Vertretungsbeistandschaft für die Vermögensverwaltung, bestimmt sie die Vermögenswerte, die vom Beistand verwaltet werden sollen. Sie kann das Einkommen (ganz oder teilweise) oder das Vermögen (ganz oder teilweise) oder das gesamte Einkommen und Vermögen unter die Verwaltung stellen (395¹). Auf diese Weise kann die Erwachsenenschutzbehörde optimal auf die spezifischen Bedürfnisse der verbeiständeten Person eingehen und gleichzeitig den Grundsätzen der Subsidiarität und Verhältnismässigkeit Rechnung tragen. So ist eine Beistandschaft im Sinn von Art. 394 i. V. m. 395, welche die Erledigung sämtlicher finanzieller Angelegenheiten erfasst, nur dann angezeigt, «wenn die betroffene Person über ein beträchtliches Vermögen verfügt und ohne fremde Unterstützung ernsthaft Gefahr liefe, ihre wirtschaftliche Situation in unhaltbarer Weise aufs Spiel zu setzen» (140 III 52 E. 4.3.2). Um Unklarheiten zu vermeiden, muss im Entscheiddispositiv im Detail aufgeführt werden, welche Vermögenswerte der Vermögensverwaltung unterstellt sind.[92] Nach Art. 395 Abs. 2 umfassen die Verwaltungsbefugnisse auch die Ersparnisse aus dem verwalteten Einkommen oder die Erträge des verwalteten Vermögens, wenn die Erwachsenenschutzbehörde nichts anderes verfügt.

49 γ. *Einschränkung der Handlungsfähigkeit.* Eine Vertretungsbeistandschaft (auch eine solche für Vermögensverwaltung) schränkt die Handlungsfähigkeit der betroffenen Person grundsätzlich nicht ein (394²). Damit sind die Verbeiständete und die Beiständin nebeneinander berechtigt, über das Vermögen der Verbeiständeten zu verfügen. Es liegt eine konkurrierende Kompetenz vor, womit beispielsweise beide unab-

---

91 Botsch. Erwachsenenschutz, 7046 f.; HENKEL, BaKomm, Art. 395 N 14; ROSCH, ESR-Kommentar, Art. 394/395 N 3; FOUNTOULAKIS, HandKomm, Art. 395 N 2.
92 HENKEL, BaKomm, Art. 395 N 10; SCHMID, Erwachsenenschutz Kommentar, Art. 394 N 6.

hängig voneinander Geld von einer Bank abheben können. Um der Verbeiständeten einerseits die volle Handlungsfähigkeit zu belassen, sie aber andererseits vor unvernünftigen Verfügungen zu schützen, sieht Art. 395 Abs. 3 vor, dass die Erwachsenenschutzbehörde ihr den Zugriff auf einzelne Vermögenswerte entziehen kann, ohne ihre Handlungsfähigkeit einzuschränken. Das heisst, die Erwachsenenschutzbehörde kann eine Bank anweisen, der Verbeiständeten den Zugriff auf ein bestimmtes Konto zu verweigern. Allerdings wird auf diese Weise kein Sondervermögen geschaffen, weshalb die betroffene Person zwar nicht darüber verfügen, aber weiterhin Verpflichtungsgeschäfte abschliessen kann und die Vermögenswerte weiterhin zur Erfüllung dieser Verbindlichkeiten der Verbeiständeten verwendet werden können und müssen.[93] Der Entzug des Zugriffs bewirkt damit lediglich eine Kontensperre, nicht dagegen eine Verminderung des Haftungssubstrats.[94] Daneben kann unter Anwendung von Abs. 3 der Besitz oder der Zugriff auf eine bewegliche Sache verwehrt werden, indem beispielsweise einer nicht mehr fahrtüchtigen Verbeiständeten die Autoschlüssel vorenthalten werden.[95] Weiter kann der Verbeiständeten untersagt werden, über ein Grundstück zu verfügen, was gemäss Art. 395 Abs. 4 im Grundbuch anzumerken ist (970[4]). Die Einschränkung der Verfügungsfreiheit ist von der Erwachsenenschutzbehörde anzuordnen, eine diesbezügliche Kompetenz des Beistandes besteht nicht. Die der Verfügung des Verbeiständeten entzogenen Vermögenswerte sind im Entscheiddispositiv genau zu bezeichnen.[96]

δ. *Schutz Dritter.* Grundsätzlich können Massnahmen des Erwachsenenschutzes Dritten, auch wenn sie gutgläubig sind, entgegen gehalten werden (452[1]). Guter Glaube ist mithin nicht geschützt. Daher ist eine Einschränkung der Handlungsfähigkeit der Verbeiständeten (394[2]) deren Schuldnern mitzuteilen. Diese Mitteilung erfolgt grundsätzlich durch den Beistand (413[3]), kann aber auch durch die Erwachsenenschutzbehörde erfolgen (451[2] und 452[2]). Wird diese Information unterlassen, kann die Einschränkung gutgläubigen Schuldnern nicht entgegengehalten werden (452[2]).   50

c. Mitwirkungsbeistandschaft

1. Voraussetzungen

Eine Mitwirkungsbeistandschaft wird errichtet, wenn bestimmte Handlungen der hilfsbedürftigen Person zu deren Schutz der Zustimmung des Beistands bedürfen (396[1]). Eine Zustimmung der hilfsbedürftigen Person zur Errichtung der Mitwirkungsbeistandschaft ist nicht notwendig. Hier wie bei den anderen Beistandschaften müssen aber die allgemeinen materiellen Voraussetzungen (390) erfüllt sein. Im Gegensatz zur Begleit- und Vertretungsbeistandschaft wird die Handlungsfähigkeit   51

---

93 Fountoulakis, HandKomm, Art. 395 N 5; Schmid, Erwachsenenschutz Kommentar, Art. 394 N 7. S. dazu auch Häfeli, Erwachsenenschutz, Nr. 19.36; Rosch, ESR-Kommentar, Art. 394/395 N 4.

94 Botsch. Erwachsenenschutz, 7047; Henkel, BaKomm, Art. 395 N 20; Rosch, ESR-Kommentar, Art. 394/395 N 4. S. dazu auch Fountoulakis, HandKomm, Art. 395 N 5 f.

95 Henkel, BaKomm, Art. 395 N 22.

96 Henkel, BaKomm, Art. 395 N 21; Häfeli, Erwachsenenschutz, Nr. 19.36.

der betroffenen Person von Gesetzes wegen zwar entsprechend eingeschränkt (396[2]), dennoch handelt die verbeiständete Person persönlich, womit sie im Hinblick auf den Abschluss der fraglichen Geschäfte urteilsfähig sein muss.[97] Der Beiständin kommt keine Vertretungsbefugnis zu, ihre Befugnisse liegen vielmehr darin, die abgeschlossenen Geschäfte zu genehmigen oder zu verweigern.[98] Eine Mitwirkungsbeistandschaft ist folglich in Situationen angezeigt, in denen die Gefahr besteht, dass die betroffene Person Rechtshandlungen zu ihrem eigenen Schaden vornimmt oder sie sich von Dritten zu solchen verleiten lässt.[99]

2. Aufgabenbereich

52   Die genehmigungsbedürftigen Handlungen können die Personensorge, die Vermögenssorge oder den Rechtsverkehr betreffen (391[2]). Wohl wird vorwiegend der Bereich des Rechtsverkehrs betroffen sein, beispielsweise die Prozessführung, der Abschluss von Vergleichen oder Erbteilungsverträgen.[100] Die zustimmungsbedürftigen Handlungen sind genau zu definieren und im Entscheiddispositiv der Erwachsenenschutzbehörde aufzunehmen.[101]

53   Für urteilsfähige Verbeiständete ist im Bereich der höchstpersönlichen Rechte keine Mitwirkung erforderlich.[102] Dies ergibt sich aus Art. 19c Abs. 1, wonach urteilsfähige handlungsunfähige Personen die Rechte, die ihnen um ihrer Persönlichkeit willen zustehen, selbstständig ausüben, was sich zusätzlich aus Art. 407 ergibt. Vorbehalten bleiben nur die Fälle, in denen das Gesetz die Zustimmung des gesetzlichen Vertreters vorsieht, wie dies beispielsweise bei der Anerkennung eines Kindes der Fall ist (260[2]).[103]

3. Zustimmung und Genehmigung

54   Die Verbeiständete unter Mitwirkungsbeistandschaft bedarf zur Vornahme bestimmter Handlungen, namentlich zum Eingehen von Verpflichtungen, der Zustimmung der

---

97   FOUNTOULAKIS, HandKomm, Art. 396 N 3; SCHMID, Erwachsenenschutz Kommentar, Art. 394 N 6; HENKEL, BaKomm, Art. 396 N 2; ROSCH, ESR-Kommentar, Art. 396 N 2; HÄFELI, Erwachsenenschutz, Nr. 19.41; MEIER/LUKIC, Nr. 496.

98   Botsch. Erwachsenenschutz, 7047 f.; HENKEL, BaKomm, Art. 396 N 2, 19; ROSCH, ESR-Kommentar, Art. 396 N 3; HÄFELI, Erwachsenenschutz, Nr. 19.41; FOUNTOULAKIS, HandKomm, Art. 396 N 3; MEIER/LUKIC, Nr. 495 f. S. dazu auch STEINAUER/FOUNTOULAKIS, Personnes physiques, Nr. 153.

99   HENKEL, BaKomm, Art. 396 N 1; SCHMID, Erwachsenenschutz Kommentar, Art. 394 N 4. S. dazu auch ROSCH, ESR-Kommentar, Art. 396 N 2.

100   Siehe für weitere Beispiele HENKEL, BaKomm, Art. 396 N 13.

101   SCHMID, Erwachsenenschutz Kommentar, Art. 396 N 2. S. dazu auch HENKEL, BaKomm, Art. 396 N 12.

102   Botsch. Erwachsenenschutz, 7048; FOUNTOULAKIS, HandKomm, Art. 396 N 2; ROSCH, ESR-Kommentar, Art. 396 N 2; MEIER/LUKIC, Nr. 493. S. dazu auch STEINAUER/FOUNTOULAKIS, Personnes physiques, Nr. 154.

103   S. dazu HENKEL, BaKomm, Art. 396 N 16. Anders SCHMID, Erwachsenenschutz Kommentar, Art. 394 N 9, der Art. 19c nicht anwenden will, da der Mitwirkungsbeistand nicht gesetzlicher Vertreter ist.

Beiständin (19¹, 396¹). Zustimmungsbedürftige Handlungen, die ohne Zustimmung vorgenommen werden, bedürfen der nachträglichen Genehmigung durch die Beiständin. Vor deren Erteilung handelt es sich um ein hinkendes Rechtsgeschäft, an das zwar die beteiligte Drittperson, nicht aber die verbeiständete Person gebunden ist.[104] Die *Zustimmung* der Beiständin kann ausdrücklich oder stillschweigend erfolgen. Sie kann im Voraus als Einwilligung oder im Nachhinein als Genehmigung erteilt werden (19a¹).[105] Fehlt die Zustimmung oder Genehmigung, kommen die Art. 19a Abs. 2 und 19b analog zur Anwendung:[106] Gemäss Art. 19a Abs. 2 wird der andere Teil frei, wenn die Genehmigung nicht innerhalb einer angemessenen Frist, die er selber ansetzt oder durch das Gericht ansetzen lässt, erfolgt. Bleibt die Genehmigung der Beiständin aus, kann nach Art. 19b Abs. 1 jeder Teil die vollzogenen Leistungen zurückfordern. Die Verbeiständete haftet jedoch nur insoweit, als die Leistung in ihrem Nutzen verwendet worden ist oder als sie zur Zeit der Rückforderung noch bereichert ist oder sich böswillig der Bereicherung entäussert hat. Hat die Verbeiständete andere zur irrtümlichen Annahme ihrer Handlungsfähigkeit verleitet, ist sie ihnen für den verursachten Schaden allerdings in jedem Fall verantwortlich (452³).

55 Der Verbeiständete, eine ihm nahestehende Person oder ein Dritter, der über ein rechtlich geschütztes Interesse verfügt, kann eine verweigerte Zustimmung der Beiständin bei der Erwachsenenschutzbehörde anfechten (419).

d. Umfassende Beistandschaft

56 Die umfassende Beistandschaft ersetzt die bisherige Vormundschaft, ohne die stigmatisierenden Begriffe Vormundschaft und Vormund zu verwenden. Als einzige Beistandschaft ist sie unabänderlich und typengebunden und führt zum vollständigen Verlust der Handlungsfähigkeit der betroffenen Person.[107] Eine umfassende Beistandschaft wird errichtet, wenn eine Person, namentlich wegen dauernder Urteilsunfähigkeit, besonders hilfsbedürftig ist (398¹). Es handelt sich bei der umfassenden Beistandschaft um eine ultima ratio, welche beispielsweise auch bei geistig behinderten Personen nicht ohne weiteres, sondern nur dann angeordnet werden soll, wenn jede andere, auch weit gefasste Massnahme als ungenügend erscheint (BGer 5A_912/2014

---

104 Häfeli, Erwachsenenschutz, Nr. 19.49.
105 Botsch. Erwachsenenschutz, 7048; Schmid, Erwachsenenschutz Kommentar, Art. 394 N 5; Henkel, BaKomm, Art. 396 N 21; Rosch, ESR-Kommentar, Art. 396 N 3.
106 Botsch. Erwachsenenschutz, 7048; Henkel, BaKomm, Art. 396 N 22. S. dazu auch Fountoulakis, HandKomm, Art. 396 N 4; Meier/Lukic, Nr. 497; Rosch, ESR-Kommentar, Art. 396 N 3.
107 Henkel, BaKomm, Art. 398 N 6; Rosch, ESR-Kommentar, Art. 398 N 4; Fountoulakis, HandKomm, Art. 396 N 1.

E. 3.2.1 m. w. H.).[108] Wenn immer möglich soll auf eine andere Beistandschaft oder eine Kombination von Beistandschaften zurückgegriffen werden.[109]

57   *1. Anwendungsbereich.* Eine umfassende Beistandschaft ist insbesondere in zwei Konstellationen adäquat: Einerseits ist sie angezeigt, wenn das Verhalten der betroffenen Person es notwendig erscheinen lässt, dass die Handlungsfähigkeit entfällt. Andererseits geht es um Personen, die ohnehin urteilsunfähig und damit auch handlungsunfähig sind, und die deshalb einer umfassenden Sorge bedürfen. Hier muss die Handlungsfähigkeit im Prinzip gar nicht im Sinn von Abs. 3 entfallen.[110] Häufig wird die umfassende Beistandschaft bei schwer demenzkranken, namentlich bei altersdementen Menschen angeordnet.[111]

2. Aufgabenbereiche

58   Die umfassende Beistandschaft bezieht sich auf alle Angelegenheiten der Personensorge, der Vermögenssorge und des Rechtsverkehrs (398[2]). Dementsprechend bleibt nur wenig Raum für Selbstbestimmung der betroffenen Person; deren Rechte sind maximal eingeschränkt. Der Beistand ist unter Vorbehalt der Geschäfte gemäss Art. 412 und der absolut höchstpersönlichen Rechte, bei denen eine Stellvertretung generell ausgeschlossen ist, in sämtlichen Belangen der gesetzliche Vertreter der betroffenen Person.[112]

3. Handlungsfähigkeit

59   Die Handlungsfähigkeit der betroffenen Person entfällt von Gesetzes wegen (398[3]). Gemäss Art. 407 kann die urteilsfähige betroffene Person nur noch im Rahmen des Personenrechts durch eigenes Handeln Rechte und Pflichten begründen und höchstpersönliche Rechte ausüben (19–19c).[113] Die Möglichkeit rechtlichen Handelns bleibt deshalb nur in Bezug auf die in Art. 19 und 19c gewährten Rechte bestehen: Soweit die handlungsunfähige Person in Bezug auf ein auszuübendes Recht urteilsfähig ist (was aufgrund der Relativität der Urteilsfähigkeit durchaus möglich ist), vermag sie mit Zustimmung der Beiständin gemäss Art. 19 Abs. 1 sämtliche Rechtshandlungen vorzunehmen. Ohne deren Zustimmung ist sie nach Abs. 2 immerhin berechtigt, unent-

---

108   Botsch. Erwachsenenschutz, 7048; Schmid, Erwachsenenschutz Kommentar, Art. 398 N 7; Rosch, ESR-Kommentar, Art. 398 N 1; Häfeli, Erwachsenenschutz, Nr. 19.59; Henkel, BaKomm, Art. 398 N 5.

109   Häfeli, Erwachsenenschutz, Nr. 19.59; Steinauer/Fountoulakis, Personnes physiques, Nr. 155; Henkel, BaKomm, Art. 398 N 5.

110   Botsch. Erwachsenenschutz, 7048. S. dazu auch Fountoulakis, HandKomm, Art. 398 N 3.

111   Botsch. Erwachsenenschutz, 7048. S. dazu auch Henkel, BaKomm, Art. 398 N 17 f., der sich für die Anlegung eines strengen Massstabs an das Vorliegen der Voraussetzungen für die umfassende Beistandschaft bei betagten Menschen ausspricht. Für weitere Beispiele s. Häfeli, Erwachsenenschutz, Nr. 19.62; Rosch, ESR-Kommentar, Art. 398 N 3.

112   Henkel, BaKomm, Art. 398 N 3 f.; Schmid, Erwachsenenschutz Kommentar, Art. 398 N 3; Häfeli, Erwachsenenschutz, Nr. 19.64; Fountoulakis, HandKomm, Art. 398 N 5. S. dazu auch Rosch, ESR-Kommentar, Art. 398 N 4; Meier/Lukic, Nr. 514.

113   Botsch. Erwachsenenschutz, 7052.

geltliche Vorteile zu erlangen und geringfügige Angelegenheiten des täglichen Lebens zu besorgen. Gemäss Art. 19c kann die Verbeiständete überdies höchstpersönliche Rechte selbstständig und unabhängig von einer Zustimmung des Beistandes ausüben, sofern sie in Bezug auf die fragliche Angelegenheit urteilsfähig ist. Die zustimmungsbedürftigen höchstpersönlichen Geschäfte, wie beispielsweise die Vaterschaftsanerkennung (260²), bleiben vorbehalten.

4. Wirkungen

Personen unter umfassender Beistandschaft haben keinen selbstständigen Wohnsitz, sondern dieser befindet sich gemäss Art. 26 am Sitz der zuständigen Erwachsenenschutzbehörde. Dasselbe gilt nach Art. 25 Abs. 2 für Minderjährige unter Vormundschaft. Weiter hat die Anordnung einer umfassenden Beistandschaft die Entziehung der elterlichen Sorge (296²; 298²) und die Entziehung des Stimmrechts zur Folge (Art. 2 BG über die politischen Rechte; Art. 4 BG über die politischen Rechte der Auslandschweizer). 60

5. Schutz Dritter

Im Gegensatz zum alten Recht, das die Veröffentlichung einer Bevormundung vorsah (a375, a377³, a397²), wird die umfassende Beistandschaft grundsätzlich nicht publiziert. Nur soweit dies zur gehörigen Erfüllung der Aufgaben des Beistandes erforderlich ist, sind Dritte über die Beistandschaft zu orientieren (413³). Trotz fehlender Publikation kann die Massnahme aber selbst gutgläubigen Dritten entgegengehalten werden (452¹). Immerhin kann jeder, der ein Interesse glaubhaft macht, von der Erwachsenenschutzbehörde Auskunft über das Vorliegen und die Wirkungen einer Massnahme des Erwachsenenschutzes verlangen (451²). Zudem sieht Art. 452 Abs. 2 vor, dass den Schuldnern bei einer Einschränkung der Handlungsfähigkeit mitzuteilen ist, dass sie nur an die Beiständin mit befreiender Wirkung leisten können. Vorher kann die Beistandschaft gutgläubigen Schuldnern nicht entgegengehalten werden. 61

IV.   Der Beginn und das Ende der Beistandschaft

a. Beginn

Die Erwachsenenschutzbehörde (440) erlässt gestützt auf Art. 390 f. und 400 einen Massnahmeentscheid, mit dem der Beistand in sein Amt erhoben wird. Das Verfahren vor der Erwachsenenschutzbehörde wird in § 59 N 4 ff. ausführlich dargelegt. 62

b. Beendigung[114]

Die Beistandschaft endet entweder ex lege, beim Tod der betroffenen Person oder durch einen Aufhebungsentscheid, sobald für deren Fortdauer kein Grund mehr besteht (1., 63

---

114   Siehe dazu Affolter, Das Ende der Beistandschaft und die Vermögenssorge, in ZKE 68 (2013), 379 ff., 383 ff.

N 64 f.). Mit dem Ende der Beistandschaft (399) endet auch das Amt des Beistandes (421 Ziff. 2; dazu 2., N 66). Darüber hinaus endet das Amt des Beistandes aus weiteren Gründen, die in den Art. 421–423 geregelt sind (s. dazu § 54 N 29 ff.).

1. Beendigungsgründe

64 Nach Art. 399 Abs. 1 endet die Beistandschaft *von Gesetzes wegen* mit dem *Tod der betroffenen Person.* Eines formellen Aufhebungsentscheides der Erwachsenenschutzbehörde bedarf es nicht.[115] Dem Tod ist die rechtskräftige Verschollenenerklärung gleichzusetzen (38[1]).[116] Der Zeitpunkt des Todes wird dabei auf den Zeitpunkt der Todesgefahr oder der letzten Nachricht zurückbezogen (38[2]). Soweit die verstorbene Person einer Beistandschaft unterstand, welche die Vermögensverwaltung umfasst, obliegt dem Beistand gemäss Art. 554 Abs. 3 auch die Erbschaftsverwaltung, sofern nichts anderes angeordnet wird. Diese Bestimmung hat entgegen dem Wortlaut nicht die automatische Einsetzung des Beistandes als Erbschaftsverwalter zur Folge, sondern enthält eine Anordnung an die Behörde, die Geeignetheit des Beistandes für diese Aufgabe zu prüfen.[117]

65 Die Erwachsenenschutzbehörde hebt eine Beistandschaft zudem *auf Antrag* der betroffenen oder einer nahestehenden Person (s. dazu § 50 N 26) oder *von Amtes wegen* auf, sobald *für die Fortdauer kein Grund mehr* besteht (399[2]). Gestützt auf diese Bestimmung besteht auch die Möglichkeit, die bestehende behördliche Massnahme in eine mildere umzuwandeln oder die Massnahme zu verschärfen.[118] Ausschlaggebend sind die Interessen der betroffenen Person. Jede Änderung oder Aufhebung der Beistandschaft setzt einen formellen Entscheid der Erwachsenenschutzbehörde voraus.[119]

2. Folgen der Beendigung

66 Wird die Beistandschaft aufgehoben, endet auch das Amt des Beistandes von Gesetzes wegen (421 Ziff. 2). Es bleibt aus der Sicht des Beistandes nur noch, den Schlussbericht und gegebenenfalls die Schlussrechnung einzureichen (425). War die Beistandschaft mit einer Einschränkung oder der Aufhebung der Handlungsfähigkeit verbunden, entfallen diese einschränkenden Wirkungen bei Aufhebung der Beistandschaft ebenfalls von Gesetzes wegen und der vormals verbeiständeten Person kommt wieder volle Handlungsfähigkeit zu.[120]

---

115 HENKEL, BaKomm, Art. 399 N 1; MEIER/LUKIC, Nr. 521.
116 HENKEL, BaKomm, Art. 399 N 2; HÄFELI, Erwachsenenschutz, Nr. 20.02; FOUNTOULAKIS, HandKomm, Art. 399 N 3; ROSCH, ESR-Kommentar, Art. 399 N 1.
117 Botsch. Erwachsenenschutz, 7049; HÄFELI, Erwachsenenschutz, Nr. 20.03; FOUNTOULAKIS, HandKomm, Art. 399 N 3; MEIER/LUKIC, Nr. 523; ROSCH, ESR-Kommentar, Art. 399 N 2.
118 HÄFELI, Erwachsenenschutz, Nr. 20.04; SCHMID, Erwachsenenschutz Kommentar, Art. 399 N 5. S. dazu auch HENKEL, BaKomm, Art. 399 N 9 f.; FOUNTOULAKIS, HandKomm, Art. 399 N 5 f.; MEIER/LUKIC, Nr. 526 ff.
119 FOUNTOULAKIS, HandKomm, Art. 399 N 5; ROSCH, ESR-Kommentar, Art. 399 N 4; HENKEL, BaKomm, Art. 399 N 3.
120 HENKEL, BaKomm, Art. 399 N 13; MEIER/LUKIC, Nr. 530.

§ 54 Der Beistand oder die Beiständin

I. Die Person

Gemäss Art. 400 Abs. 1 ernennt die Erwachsenenschutzbehörde als Beistand eine 1
natürliche Person, die für die vorgesehenen Aufgaben persönlich und fachlich geeignet ist, die dafür erforderliche Zeit einsetzen kann und die Aufgaben selber wahrnimmt. Unter besonderen Umständen können mehrere Personen ernannt werden. Im Sinn von Art. 421 Ziff. 4 e contrario muss die eingesetzte Person überdies urteilsfähig sein und darf keiner Beistandschaft unterstehen.

a. Natürliche Person

Wie schon unter altem Recht kann nur eine natürliche Person als Beiständin einge- 2
setzt werden.[1] Ob diese Person das Schweizer Bürgerrecht besitzt, ist dagegen irrelevant.[2] Auch Personen mit Wohnsitz im Ausland können zum Beistand ernannt werden.[3] Juristische Personen oder staatliche Stellen fallen demgegenüber ausser Betracht. Es soll der hilfsbedürftigen Person mit der Errichtung einer Beistandschaft jemand zur Seite gestellt werden, der sich persönlich und vollverantwortlich um sie und ihr Wohl kümmert, was bei der Ernennung einer juristischen Person nicht gewährleistet ist.[4]

Gemäss Art. 421 Ziff. 4 e contrario muss der Beistand zweifellos *urteilsfähig* sein. 3
Handlungsfähigkeit wird von Gesetzes wegen nicht verlangt. Allerdings darf der Beistand gemäss derselben Bestimmung *nicht verbeiständet* sein: Einer Person, welche selber der Hilfe eines Beistandes bedarf, fehlt es regelmässig an der geforderten Eignung und dies selbst dann, wenn ihr trotz Beistandschaft die volle Handlungsfähigkeit zukommt und sie urteilsfähig ist. Der künftige Beistand darf somit nicht nur nicht verbeiständet, sondern muss auch *handlungsfähig* sein.[5]

b. Privat- oder Berufsbeistand

Ernannt wird entweder ein Privat- oder ein Berufsbeistand. Als Privatbeistand kom- 4
men insbesondere Ehegatten, Eltern, Kinder und andere Angehörige sowie Freunde, Bekannte und andere Privatpersonen in Frage, die freiwillig oder aufgrund der Amtspflicht ein Mandat übernehmen.[6] Ein Berufsbeistand ist dagegen eine Person, die im

---

1 STEINAUER/FOUNTOULAKIS, Personnes physiques, Nr. 1158. Kritisch hierzu HÄFELI, Erwachsenenschutz, Nr. 21.05.
2 REUSSER, BaKomm, Art. 400 N 18; HÄFELI, ESR-Kommentar, Art. 400 N 1; FOUNTOULAKIS, HandKomm, Art. 400 N 3.
3 STEINAUER/FOUNTOULAKIS, Personnes physiques, Nr. 1160; RALPH DISCHLER, Die Wahl des geeigneten Vormunds (Diss. Freiburg 1984), AISUF 64, Nr. 334 ff.; FOUNTOULAKIS, HandKomm, Art. 400 N 2.
4 HÄFELI, FamKomm Erwachsenenschutz, Art. 400 N 1.
5 FOUNTOULAKIS, HandKomm, Art. 400 N 2; REUSSER, BaKomm, Art. 400 N 19; HÄFELI, Erwachsenenschutz, Nr. 21.06; BALESTRIERI, Die Vermögensverwaltung im neuen Erwachsenenschutzrecht, in ZKE 66 (2011), 201 ff., 212.
6 HÄFELI, FamKomm Erwachsenenschutz, Art. 400 N 4.

Rahmen ihrer beruflichen Tätigkeit die Führung von Beistandschaften übernimmt. In Betracht kommt namentlich eine Mitarbeiterin eines öffentlichen oder privaten Sozialdienstes oder ein Angestellter der öffentlichen Hand.[7] Ausgeschlossen sind dagegen Mitglieder der Erwachsenenschutzbehörde, da diese die Beistände gerade zu beaufsichtigen haben (415 ff.) und die Amtsführung nicht mit der Aufsicht vermischt werden darf.[8]

5 Zwischen Privat- und Berufsbeistand gibt es grundsätzlich *keine Hierarchie*.[9] Ausschlaggebend bei der Wahl eines Beistandes ist vielmehr, wer im Einzelfall besser geeignet ist.[10] Beispielsweise kann ein Berufsbeistand mit entsprechender Ausbildung in komplizierten Fällen, namentlich wenn der Verbeiständete an einer Suchtkrankheit oder einer psychischen Störung leidet, in der Regel eine bessere Betreuung bieten als ein Privatbeistand, weshalb in einer solchen Konstellation ein Berufsbeistand mit der fraglichen Aufgabe zu betrauen ist (BGer 5A_699/2013 E. 4; 5A_691/2013 E. 2.1).[11] Demgegenüber verfügt der Privatbeistand häufig über grössere zeitliche Ressourcen und kann regelmässig auf ein bereits bestehendes Vertrauensverhältnis aufbauen.[12] Mitentscheidend sind in diesem Sinn auch die Wünsche der betroffenen Person (401). Allerdings ist bei der Ernennung von nahen Angehörigen und Verwandten als Beistand Zurückhaltung angebracht: Durch die vorgegebene Nähe und die unter Umständen ungenügende Distanz kann ein Handeln zum Wohl der verbeiständeten Person unter Umständen nur ungenügend gewährleistet werden (zu dieser Problematik s. BGer 5A_860/2014 E. 3).[13]

6 Die *Rechtsstellung* von Berufs- und Privatbeistand unterscheidet sich grundsätzlich nicht.[14] Insbesondere unterstehen sie denselben Verschwiegenheits- und Sorgfaltspflichten (413) sowie der Aufsicht der Erwachsenenschutzbehörde.[15] Dennoch enthält das Gesetz sowohl für den Berufs- als auch den Privatbeistand Spezialbestimmungen: Namentlich fällt die Entschädigung eines Berufsbeistandes an den Arbeitgeber und nicht an den Beistand (404[1]) und das Amt des Berufsbeistandes endet von Gesetzes wegen mit dem Ende des Arbeitsverhältnisses (421 Ziff. 3).[16] Soll ein Angehöriger als Beistand ernannt werden, ist Art. 420 zu beachten. Danach kann die Erwachsenenschutzbehörde den Beistand von gewissen Pflichten ganz oder teilweise entbinden, wenn es die Umstände rechtfertigen, nämlich von der Inventarpflicht, der Pflicht

---

7 REUSSER, BaKomm, Art. 400 N 15; SCHMID, Erwachsenenschutz Kommentar, Art. 400 N 1.

8 REUSSER, BaKomm, Art. 400 N 20; SCHMID, Erwachsenenschutz Kommentar, Art. 400 N 7; HÄFELI, Erwachsenenschutz, Nr. 21.07; HAUSHEER/GEISER/AEBI-MÜLLER, Familienrecht, Nr. 20.121.

9 MEIER/LUKIC, Nr. 541.

10 REUSSER, BaKomm, Art. 400 N 17; BALESTRIERI a.a.O. 212.

11 Ebenso REUSSER, BaKomm, Art. 400 N 17; HÄFELI, Erwachsenenschutz, Nr. 21.09.

12 HÄFELI, FamKomm, Art. 400 N 7.

13 Siehe zu dieser Problematik eingehend HÄFELI, Erwachsenenschutz, Nr. 21.26 f.

14 FOUNTOULAKIS, HandKomm, Art. 400 N 5; HÄFELI, Erwachsenenschutz, Nr. 21.09.

15 HÄFELI, FamKomm Erwachsenenschutz, Art. 400 N 8.

16 SCHMID, Erwachsenenschutz Kommentar, Art. 400 N 4.

zur periodischen Berichterstattung und Rechnungsablage sowie von der Pflicht, für
gewisse Geschäfte die Zustimmung der Erwachsenenschutzbehörde einzuholen.

c. Eignung

Der Beistand muss für die vorgesehenen Aufgaben persönlich und fachlich geeignet   7
(1., N 8) sein, die dafür erforderliche Zeit einsetzen können und die Aufgaben selber
wahrnehmen (2., N 9) (400[1]).

1. Eignung

Eine Person ist *geeignet,* wenn sie über die notwendige Fach-, Methoden-, Sozial- und   8
Selbstkompetenz verfügt.[17] Im Zusammenhang mit der persönlichen Eignung spielen
namentlich die psychische und physische Belastbarkeit, die Persönlichkeit, die Zuverlässigkeit oder allfällige Vorstrafen eine Rolle. Weiter kann einer Person, bei der häufig
Interessenkonflikte auftreten werden, aus diesem Grund die Eignung fehlen (s. hierzu
140 III 4 E. 4.2).[18] Wie weit die fachliche Eignung gehen muss, hängt von der Komplexität der zu übernehmenden Aufgaben ab. So erfordert die Vermögensverwaltung
bei einer Person mit einem einzigen Bankkonto weniger spezifische Kenntnisse als bei
komplizierten Vermögensverhältnissen.[19]

2. Zeitliche Verfügbarkeit und persönliche Übernahme

Der Beistand muss die für die Führung der Beistandschaft notwendige Zeit aufwenden   9
können und die Aufgaben selber wahrnehmen. Durch die ausdrückliche Aufnahme
der *zeitlichen Verfügbarkeit* und der *persönlichen Übernahme* soll vermieden werden,
dass eine Person zwar die Beistandschaft übernimmt, die Ausführung dann aber an
andere Personen delegiert. Möglich ist allerdings die Übertragung bestimmter, einge-
grenzter Aufgaben, beispielsweise in Bezug auf die Vermögensverwaltung.[20]

d. Honorar und Spesen

Die Beiständin hat gemäss Art. 404 Abs. 1 Anspruch auf eine angemessene Entschä-   10
digung und auf Ersatz der notwendigen Spesen[21] aus dem Vermögen der betroffenen
Person. Bei einem Berufsbeistand gehen die Entschädigung und der Spesenersatz an
den Arbeitgeber, in den übrigen Fällen an die Beiständin. Wie hoch diese angemessene
Entschädigung ausfallen soll, *bestimmt* nach Art. 404 Abs. 2 *die Erwachsenenschutzbehörde,* welche dabei insbesondere den Umfang und die Komplexität der dem Beistand übertragenen Aufgaben berücksichtigt (BGer 5D_148/2009 E. 3.1; 5A_319/2008
E. 4.2; 116 II 404 E. 4b). Zu berücksichtigen ist daneben aber auch die Einkommens-

---

17 Ausführlich Dischler a.a.O. Nr. 246 ff.; Fountoulakis, HandKomm, Art. 400 N 3; Häfeli,
    FamKomm Erwachsenenschutz, Art. 400 N 10.
18 Reusser, BaKomm, Art. 400 N 22; Steinauer/Fountoulakis, Personnes physiques, Nr. 1164
    FN 18.
19 Reusser, BaKomm, Art. 400 N 25 f.
20 Fountoulakis, HandKomm, Art. 400 N 6; Schmid, Erwachsenenschutz Kommentar, Art. 400
    N 10; Häfeli, Erwachsenenschutz, Nr. 21.20; Balestrieri a.a.O. 213.
21 Siehe zu den Kriterien eingehend Balestrieri a.a.O. 230.

und Vermögenslage der betroffenen Person.[22] Die Spesen und die Entschädigung werden in der Regel mit der Genehmigung der Rechnung (410) und des Berichts (411) der Beiständin durch die Erwachsenenschutzbehörde (415) festgesetzt.[23]

11 *Schuldnerin* des Anspruchs ist primär die verbeiständete Person. Zum Vermögen der betroffenen Person sind dabei auch Forderungen aus Unterhalts- und Unterstützungspflicht des Ehegatten und der Verwandten zu zählen.[24] Nur wenn diese Forderungen nicht einbringlich sind, obliegt die Bezahlung der Entschädigung und der Spesen dem Gemeinwesen. Nach 404 Abs. 3 erlassen die Kantone die entsprechenden Ausführungsbestimmungen und regeln die Entschädigung und den Spesenersatz für den Fall, dass diese nicht aus dem Vermögen der betroffenen Person bezahlt werden können.

II.   Das Ernennungsverfahren

a. Verfahren

12 Das Verfahren vor der Erwachsenenschutzbehörde und damit auch das Ernennungsverfahren richten sich nach den Art. 443 ff. Insbesondere untersteht das Verfahren damit der Offizialmaxime (446[1]) und die betroffene Person ist anzuhören (447). Die Erwachsenenschutzbehörde (440) erlässt gestützt auf Art. 390 f. und 400 einen Massnahmeentscheid, mit dem der Beistand in sein Amt erhoben wird. Das Verfahren vor der Erwachsenenschutzbehörde wird in § 59 N 4 ff. ausführlich dargelegt. Nachfolgend werden lediglich die Besonderheiten in Bezug auf die Ernennung eines Beistandes erläutert. Diese Bestimmungen finden primär auf Beistandschaften im Sinn von 390 ff. Anwendung. Gemäss Art. 327c Abs. 2 sind sie aber auch für die Minderjährigenvormundschaft sowie für die gestützt auf Art. 307 Abs. 3 (Kindesschutzmassnahmen) und 392 Ziff. 3 (Verzicht auf eine Beistandschaft) bezeichneten Personen einschlägig.

b. Übernahmepflicht

13 Die ernannte Person ist verpflichtet, die Beistandschaft zu übernehmen, wenn nicht wichtige Gründe dagegen sprechen (400[2]). Als wichtige Gründe kommen «insbesondere persönliche Gründe, wie starke aktuelle oder bevorstehende berufliche oder familiäre Belastungen oder bereits übernommene öffentliche Aufgaben»[25] in Frage. Mit Rücksicht auf die betroffene Person (eine Beiständin, die gegen ihren Willen eingesetzt wurde, wird ihre Aufgaben in der Tendenz mit weniger Einsatz wahrnehmen, als eine,

---

22 FOUNTOULAKIS, HandKomm, Art. 404 N 2.
23 SCHMID, Erwachsenenschutz Kommentar, Art. 415 N 10.
24 SCHMID, Erwachsenenschutz Kommentar, Art. 404 N 1.
25 Botsch. Erwachsenenschutz, 7050. So auch FOUNTOULAKIS, HandKomm, Art. 400 N 8; REUSSER, BaKomm, Art. 400 N 48; SCHMID, Erwachsenenschutz Kommentar, Art. 400 N 15.

welche dieses Amt freiwillig übernommen hat[26]), sind diese wichtigen Gründe weit auszulegen.[27] Im Übrigen kann die Übernahme einer Beistandschaft ohnehin schwerlich erzwungen werden (offen gelassen, ob die Übernahmeverpflichtung gegen das Verbot der Zwangsarbeit verstösst: BGer 5A_699/2013 E. 3). Dementsprechend wurde die Amtspflicht schon unter altem Recht kaum durchgesetzt, was sich auch in Zukunft nicht ändern wird.[28]

c. Unterstützung durch die Erwachsenenschutzbehörde

Wie dargelegt, kann entweder ein Berufs- oder ein Privatbeistand ernannt werden   14
(oben N 4). Gerade bei Privatpersonen ist es wichtig, dass sie sowohl vor als auch nach dem Antritt bei der Wahrnehmung ihrer Aufgaben unterstützt werden.[29] Aber auch der Berufsbeistand ist bei komplexen Konstellationen unter Umständen auf Unterstützung angewiesen. Die Erwachsenenschutzbehörde sorgt dementsprechend dafür, dass die Beiständin die erforderliche Instruktion, Beratung und Unterstützung erhält (400[3]). Wie dies umgesetzt werden soll – ob die Erwachsenenschutzbehörde selber diese Aufgabe wahrnimmt oder jemanden damit beauftragt – ist den Kantonen überlassen.[30]

d. Wünsche der betroffenen Person

Schlägt die betroffene Person eine Vertrauensperson als Beiständin vor, entspricht die   15
Erwachsenenschutzbehörde ihrem Wunsch, wenn diese für die Beistandschaft geeignet und zu deren Übernahme bereit ist (401[1]). Auf diese Weise wird einerseits dem Selbstbestimmungsrecht der betroffenen Person Rechnung getragen. Andererseits wird das Vertrauensverhältnis mit einem Wunschkandidaten naturgemäss intensiver als bei einer fremden Person sein, was für den Erfolg einer Beistandschaft von grundlegender Bedeutung ist (140 III 4 E. 4.1).[31] Soweit die vom Betroffenen gewählte Person geeignet und willens ist, die Aufgabe zu übernehmen, besteht deshalb eine Pflicht der Erwachsenenschutzbehörde, diese Person als Beistand einzusetzen.[32] Dies gilt selbst dann, wenn die gewünschte Person zwar eine geeignete, nicht aber die geeignetste Kandidatin darstellt.[33] Die betroffene Person kann der Erwachsenenschutzbehörde ihren Wunsch formlos mitteilen.[34] Unterbleibt ein Vorschlag, ist die Erwachsenen-

---

26   Häfeli, Erwachsenenschutz, Nr. 21.29; Dischler a.a.O. Nr. 145; Fassbind, Erwachsenenschutz, 254.

27   Reusser, BaKomm, Art. 400 N 48; Meier/Lukic, Nr. 545; Steinauer/Fountoulakis, Personnes physiques, Nr. 1177.

28   Häfeli, FamKomm Erwachsenenschutz, Art. 400 N 20.

29   Reusser, BaKomm, Art. 400 N 55.

30   Fountoulakis, HandKomm, Art. 400 N 10; Reusser, BaKomm, Art. 400 N 58.

31   Botsch. Erwachsenenschutz, 7050; Häfeli, FamKomm Erwachsenenschutz, Art. 401 N 1; Reusser, BaKomm, Art. 401 N 5; Schmid, Erwachsenenschutz Kommentar, Art. 402 N 2.

32   Fountoulakis, HandKomm, Art. 402 N 2; Reusser, BaKomm, Art. 401 N 12; Schmid, Erwachsenenschutz Kommentar, Art. 402 N 2; Häfeli, Erwachsenenschutz, Nr. 21.24; Steinauer/Fountoulakis, Personnes physiques, Nr. 1170.

33   Häfeli, FamKomm Erwachsenenschutz, Art. 401 N 1.

34   Reusser, BaKomm, Art. 401 N 9.

schutzbehörde verpflichtet, bei der betroffenen Person einen solchen einzuholen (107 II 506 E. 3).[35] Unterlässt es die Erwachsenenschutzbehörde, sich über die Wünsche der betroffenen Person zu informieren, liegt eine formelle Rechtsverweigerung vor (107 Ia 345 f. E. 3).[36] Die Erwachsenenschutzbehörde hat ihren Entscheid zu begründen, und gegen einen negativen Entscheid kann gestützt auf Art. 450 ff. Beschwerde erhoben werden.[37] Die betroffene Person muss im Zeitpunkt des Vorschlags, mit dem ein höchstpersönliches Recht ausgeübt wird, urteilsfähig sein (19c). Hat die betroffene Person den Vorschlag in urteilsfähigem Zustand abgegeben, schadet es auch nicht, wenn sie im Zeitpunkt der Errichtung der Beistandschaft nicht mehr urteilsfähig ist.[38]

16   Daneben berücksichtigt die Erwachsenenschutzbehörde gemäss Art. 401 Abs. 2 soweit tunlich auch die *Wünsche der Angehörigen oder anderer nahestehender Personen* (zum Begriff s. § 50 N 26). Wie bei der Anordnung der Beistandschaft (390²) sind die Bedürfnisse der Angehörigen und anderer nahestehender Personen lediglich zu *berücksichtigen:* Damit bringt der Gesetzgeber zum Ausdruck, dass diese Personengruppe im Gegensatz zur betroffenen Person kein rechtlich geschütztes Interesse und keinen Anspruch auf die Ernennung ihres Wunschkandidaten hat.[39] Ihre Mitwirkung dient nicht ihren eigenen, sondern öffentlichen Interessen und denjenigen der betroffenen Person nach einer geeigneten Beiständin. Demnach handelt es sich nicht um eine formelle Rechtsverweigerung, wenn es die Erwachsenenschutzbehörde unterlässt, sich nach den Wünschen dieser Personengruppe zu erkundigen.[40] Das Vorschlagsrecht dieser Personengruppe ist zu demjenigen der betroffenen Person subsidiär und kommt nur dann zum Tragen, wenn sich die betroffene Person nicht selber äussert oder äussern kann oder sie keine geeignete Person vorschlägt und das persönliche Umfeld dazu beiträgt, eine geeignete Person zu finden.[41]

17   Lehnt die betroffene Person eine bestimmte Person als Beistand ab, so entspricht die Erwachsenenschutzbehörde, soweit tunlich, diesem Wunsch (401³). Die betroffene Person muss zur Ausübung des *Ablehnungsrechts* urteilsfähig sein.[42] Gemäss Gesetzestext gilt dieses Recht aber nicht absolut. Insbesondere darf die Errichtung einer Beistandschaft nicht verunmöglicht werden (BGer 5A_773/2013 E. 5.1).[43] Macht die betroffene Person hingegen das erste Mal von ihrem Ablehnungsrecht Gebrauch und

---

35   SCHMID, Erwachsenenschutz Kommentar, Art. 402 N 1; HÄFELI, Erwachsenenschutz, Nr. 21.24.
36   MEIER/LUKIC, Nr. 550; STEINAUER/FOUNTOULAKIS, Personnes physiques, Nr. 1173; REUSSER, BaKomm, Art. 401 N 23.
37   REUSSER, BaKomm, Art. 401 N 25.
38   FOUNTOULAKIS, HandKomm, Art. 401 N 3; REUSSER, BaKomm, Art. 401 N 10.
39   REUSSER, BaKomm, Art. 401 N 19; STEINAUER/FOUNTOULAKIS, Personnes physiques, Nr. 1160.
40   FASSBIND, Erwachsenenschutz, 259; REUSSER, BaKomm, Art. 401 N 27. A. M. MEIER/LUKIC, Nr. 550, die auch bei Angehörigen und Nahestehenden eine formelle Rechtsverweigerung annehmen.
41   FOUNTOULAKIS, HandKomm, Art. 401 N 5; HÄFELI, FamKomm Erwachsenenschutz, Art. 401 N 3; REUSSER, BaKomm, Art. 401 N 16.
42   FOUNTOULAKIS, HandKomm, Art. 401 N 6.
43   FOUNTOULAKIS, HandKomm, Art. 401 N 7; HÄFELI, FamKomm Erwachsenenschutz, Art. 401 N 4.

hat sie gegen die Massnahme an sich nichts einzuwenden, ist ihrem Willen Rechnung zu tragen (140 III 5 E. 4.3.2).

e. Übertragung auf mehrere Beistände

In der Regel wird für eine Person nur ein Beistand ernannt.[44] Liegen besondere Umstände vor oder handelt es sich um besonders komplexe Verhältnisse, kann eine Übertragung auf mehrere Personen aber sinnvoll sein. Die Aufteilung des Amtes empfiehlt sich beispielsweise dann, wenn eine Person aufgrund einer vorhandenen Nähe für die persönliche Betreuung geeignet ist, aber nicht über die notwendigen Kenntnisse zur Vermögensverwaltung verfügt.[45] Gemäss Art. 400 Abs. 1 letzter Satz können deshalb bei Vorliegen besonderer Umstände mehrere Personen ernannt werden. Überträgt die Erwachsenenschutzbehörde eine Beistandschaft mehreren Personen, so legt sie fest, ob das Amt gemeinsam ausgeübt wird oder wer für welche Aufgaben zuständig ist (402[1]). Die gemeinsame Führung einer Beistandschaft wird mehreren Personen nur mit ihrem Einverständnis übertragen (402[2]), da die erfolgreiche Führung einer gemeinsamen Beistandschaft nur bei Zusammenarbeits- und Kooperationsbereitschaft der Beteiligten sichergestellt werden kann.[46] Deshalb handelt es sich hierbei um eine absolute Voraussetzung, von der die Erwachsenenschutzbehörde nicht absehen darf. Demgegenüber bedarf es bei einer (nach Bereichen) getrennten Amtsführung keiner Zustimmung der Beteiligten, entfällt in diesem Fall doch die Notwendigkeit der engen Zusammenarbeit.[47]

18

f. Verhinderung und Interessenkollision

Ist der Beistand am Handeln verhindert oder widersprechen die Interessen des Beistandes in einer Angelegenheit denjenigen der betroffenen Person, ernennt die Erwachsenenschutzbehörde gemäss Art. 403 Abs. 1 einen Ersatzbeistand oder regelt die Angelegenheit selber (392). Ein Ersatzbeistand wird allerdings nur bei dringlichen Geschäften bestellt. Kann zugewartet werden, bis der Beistand seine Aufgaben wieder selber wahrnehmen kann, ist demgegenüber darauf zu verzichten.[48] Das Amt des Ersatzbeistandes endet entweder mit der Erledigung der Geschäfte oder mit dem Entscheid der Erwachsenenschutzbehörde, dass der Beistand nicht mehr am Handeln verhindert ist.[49] Auf jeden Fall aber bedarf es einer formellen Aufhebung durch die Erwachsenenschutz-

19

---

44 Josef Bokstaller, Die mehrfache Vormundschaft (Art. 379 II ZGB) (Diss. Freiburg, Zürich 1978), 1 und 69.

45 Fountoulakis, HandKomm, Art. 402 N 2; Häfeli, FamKomm Erwachsenenschutz, Art. 402 N 3; Häfeli, Erwachsenenschutz, Nr. 21.32; Reusser, BaKomm, Art. 400 N 36; Bokstaller a.a.O. 54; Steinauer/Fountoulakis, Personnes physiques, Nr. 1153.

46 Zum gemeinsamen Handeln der Beistände siehe Bokstaller a.a.O. 47 ff.; Reusser, BaKomm, Art. 402 N 7 ff.

47 Bokstaller a.a.O. 42 f.; Reusser, BaKomm, Art. 402 N 11 f. A. M. Steinauer/Fountoulakis, Personnes physiques, Nr. 1154, welche in jedem Fall von einer Zustimmungsbedürftigkeit ausgeht.

48 Reusser, BaKomm, Art. 403 N 11.

49 Reusser, BaKomm, Art. 403 N 24.

behörde.[50] Verzichtet die Erwachsenenschutzbehörde auf die Ernennung eines Ersatzbeistandes und regelt sie die Angelegenheit selber, reicht es nicht aus, dass die Erwachsenenschutzbehörde dem Entscheid des bisherigen Beistands zustimmt, sondern sie muss selber darüber entscheiden.[51]

1. Verhinderung

20   Als *Gründe* der Verhinderung kommen namentlich berufliche, ferienbedingte oder sonstige Abwesenheiten, Krankheit oder Unfall in Frage. In Betracht kommt überdies eine vorübergehende Urteilsunfähigkeit.[52]

2. Interessenkollision

21   Gemäss Art. 403 Abs. 2 entfällt zum Schutz der betroffenen Person bei Vorliegen einer Interessenkollision die Befugnis des Beistandes in der entsprechenden Angelegenheit von Gesetzes wegen (403²). Eine Interessenkollision ist dabei nicht nur bei einer konkreten, sondern auch einer abstrakten Gefährdung zu bejahen.[53] Eine konkrete Gefährdung der Interessen liegt nicht nur bei einer direkten Interessenkollision (bei Selbstkontrahieren und Doppelvertretung) vor, sondern auch bei einer indirekten (bei einer nahen Beziehung zwischen Beistand und Vertragspartner).[54] Da eine abstrakte Gefährdung genügt, ist bei Vorliegen einer Interessenkollision nicht ausschlaggebend, ob und wie weit sich die Beiständin im Einzelfall um die objektive Wahrung der Interessen bemüht oder dazu fähig ist (118 II 105; 107 II 105 E. 4).[55]

22   Bei Vorliegen einer Interessenkollision *erlischt* die Vertretungsmacht bzw. die Mitwirkungsbefugnis der Beiständin *von Gesetzes wegen*. Fehlt die Vertretungsmacht, kann kein gültiges Rechtsgeschäft zustande kommen. Auch wenn die Interessenkollision erst im Nachhinein festgestellt wird, ist das abgeschlossene Geschäft für die betroffene Person grundsätzlich *einseitig unverbindlich*.[56] Fraglich ist, ob der Vertragspartner in seinem *guten Glauben* zu schützen ist. Bejaht man dies, wäre das Rechtsgeschäft trotz fehlender Vertretungsmacht gültig, wenn der Dritte trotz Aufwenden der erforderlichen Sorgfalt nicht erkennen konnte, dass der Beistand nicht mehr im Namen der hilfsbedürftigen Person zu handeln berechtigt war. Die herrschende Lehre zum bisherigen Recht stellte zwar hohe Anforderungen an die Sorgfaltspflicht des Vertragspart-

---

50   Häfeli, ESR-Kommentar, Art. 399 N 4; Reusser, BaKomm, Art. 403 N 24.
51   Zu den Voraussetzungen, unter denen die Erwachsenenschutzbehörde selber handeln kann, siehe zum alten Recht BGE 138 V 60 f. E. 4.2 und 4.3; sowie Reusser, BaKomm, Art. 403 N 26.
52   Reusser, BaKomm, Art. 403 N 11.
53   Häfeli, Erwachsenenschutz, Nr. 21.46; Meier/Lukic, Nr. 555; Steinauer/Fountoulakis, Personnes physiques, Nr. 1164. Ausführlicher dazu s. auch Haas-Leimacher/Breitschmid, Conflits d'intérêt en matière de protection de l'adulte, in FamPra.ch 13 (2012), 889 ff.
54   Häfeli, FamKomm Erwachsenenschutz, Art. 403 N 3; Reusser, BaKomm, Art. 403 N 13; Schmid, Erwachsenenschutz Kommentar, Art. 403 N 4.
55   Fountoulakis, HandKomm, Art. 403 N 3; Häfeli, FamKomm Erwachsenenschutz, Art. 403 N 3; Reusser, BaKomm, Art. 403 N 14.
56   Botsch. Erwachsenenschutz, 7051; Reusser, BaKomm, Art. 403 N 29; Meier/Lukic, Nr. 557.

ners, befürwortete den Schutz des guten Glaubens aber.[57] Die Lehre zum neuen Recht steht dieser Ansicht zu Recht kritisch gegenüber[58]: Der Schutz des guten Glaubens des Vertragspartners ginge auf Kosten einer verbeiständeten und damit hilfsbedürftigen Person.[59] Im Hinblick darauf, dass das neue Erwachsenenschutzrecht den Schutz der hilfsbedürftigen Person verschiedentlich über jenen von Dritten stellt (insbesondere der Verzicht auf die Veröffentlichung von Beistandschaften und Art. 452[1], wonach eine Massnahme des Erwachsenenschutzes selbst einem gutgläubigen Dritten entgegengehalten werden kann), scheint die Berücksichtigung des guten Glaubens nicht mit dem Grundkonzept des neuen Erwachsenenschutzes vereinbar.[60]

III.   Das Ende des Amtes des Beistands oder der Beiständin[61]

a. Gründe

Eine Beistandschaft endet entweder von Gesetzes wegen (421) oder wenn der Beistand   23
aus dem Amt entlassen wird (422 f.). Endet die Beistandschaft von Gesetzes wegen, bedarf es keines formellen Entlassungsentscheides der Erwachsenenschutzbehörde, und die Vertretungs-, Mitwirkungs- und/oder Betreuungsbefugnis endet in diesem Moment ohne weiteres.[62] Wird der Beistand demgegenüber aus dem Amt entlassen, bedarf es dazu einer formellen Verfügung der Erwachsenenschutzbehörde.

1. Ende von Gesetzes wegen

Das Amt der Beiständin endet in vier Fällen von Gesetzes wegen (421):   24

Erstens endet es mit Ablauf der von der Erwachsenenschutzbehörde festgelegten Amts-   25
dauer, sofern keine Bestätigung im Amt erfolgt (Ziff. 1). Damit steht es der Erwachsenenschutzbehörde offen, die Beiständin für eine gewisse Amtsdauer oder aber auf unbestimmte Zeit zu ernennen.[63] Fehlt im Ernennungsentscheid eine Amtsdauer, gilt die Beiständin als auf unbestimmte Zeit eingesetzt.[64]

Zweitens nimmt das Amt des Beistandes naturgemäss mit dem *Ende der Beistandschaft*   26
(Ziff. 2) seinen Abschluss. Das Ende der Beistandschaft bestimmt sich nach Art. 399

---

57   Für eine Berücksichtigung des guten Glaubens namentlich SCHMID, Erwachsenenschutz Kommentar, Art. 403 N 5. Zu einer ausführlichen Darlegung der Problematik und m. w. H. REUSSER, BaKomm, Art. 403 N 32 ff.

58   FOUNTOULAKIS, HandKomm, Art. 403 N 4; REUSSER, BaKomm, Art. 403 N 32 ff. Ebenfalls kritisch, aber am Ende offengelassen in 107 II 105 E. 6a.

59   FOUNTOULAKIS, HandKomm, Art. 403 N 4.

60   REUSSER, BaKomm, Art. 403 N 34.

61   Zum Ganzen AFFOLTER, Das Ende der Beistandschaft und die Vermögenssorge, in ZKE 68 (2013), 379 ff.

62   HÄFELI, FamKomm Erwachsenenschutz, Art. 421 N 1; ROSCH, FamKomm Erwachsenenschutz, Art. 421 N 1.

63   Botsch. Erwachsenenschutz, 7060.

64   VOGEL, HandKomm, Art. 421 N 2.

(siehe dazu § 53 N 64 f.), wonach die Beistandschaft nach Abs. 1 einerseits von Gesetzes wegen mit dem Tod der betroffenen Person endet und nach Abs. 2 andererseits die Beistandschaft unter bestimmten Umständen auf Antrag von der Erwachsenenschutzbehörde aufgehoben werden kann.

27   *Drittens* endet das Amt mit dem *Ende des Arbeitsverhältnisses* der Berufsbeiständin (Ziff. 3). Dieser Tatbestand ist neu und klärt eine Frage, die unter altem Recht häufig zu Unsicherheiten geführt hatte. Von dieser Bestimmung erfasst werden Personen, die sich mittels Arbeitsvertrag gegenüber einem Arbeitgeber verpflichtet haben, im Rahmen der vereinbarten Arbeitsleistung Beistandschaften zu übernehmen und zu führen. Nicht erfasst sind damit Personen, die freiberuflich eine Beistandschaft übernehmen.[65]

28   *Viertens* endet die Beistandschaft im Zeitpunkt, in dem der Beistand selber *verbeiständet oder urteilsunfähig wird oder wenn er stirbt* (Ziff. 4). Schwierigkeiten ergeben sich dabei insbesondere im Zusammenhang mit dem Tatbestand der Urteilsunfähigkeit: Zwar wird die Unsicherheit unter altem Recht, ob der Eintritt der Urteilsunfähigkeit ipso iure zur Beendigung des Amtes führt oder ein Entscheid der zuständigen Behörde notwendig ist, durch Art. 421 Ziff. 4 beseitigt: die Beistandschaft endet von Gesetzes wegen. Jedoch wird es in vielen Fällen auch in Zukunft eines Entscheides der Erwachsenenschutzbehörde bedürfen: Die Urteilsfähigkeit ist relativ und bestimmt sich in Bezug auf eine konkrete Angelegenheit.[66] Zudem ist nicht immer klar, ob und wann die Urteilsunfähigkeit eingetreten und ob sie dauerhafter Natur ist. Um diese Fragen zu beantworten und zu klären, ob die Urteilsunfähigkeit einen Bereich betrifft, der die Beiständin für die Wahrnehmung ihrer Aufgaben ungeeignet macht, bedarf es faktisch weiterhin eines Entscheides der Erwachsenenschutzbehörde.[67]

2. Entlassung

29   Der Beistand wird entweder auf sein Begehren (422) oder auf Antrag der betroffenen oder einer ihr nahestehenden Person bzw. von Amtes wegen und in diesem Fall gegen seinen Willen entlassen (423). Die Befugnisse des Beistandes bleiben während der behördlichen Abklärung bis zum Vorliegen des rechtskräftigen Entlassungsentscheides erhalten.[68]

30   α. Ein *Anspruch auf Entlassung* aus ihrem Amt steht der Beiständin ohne Begründung frühestens nach vier Jahren zu (422[1]).[69] Dieser Anspruch besteht unabhängig davon, ob sie als Privat- oder Berufsbeiständin fungiert.[70] Allerdings wird dieses Recht bei Berufsbeiständen kaum von Bedeutung sein, werden die Anstellungsbedingungen ein entsprechendes Recht in aller Regel wohl ausschliessen.[71] Vorher – das heisst jeder-

---

65   Vogel, BaKomm, Art. 421–424 N 11.
66   Vogel, BaKomm, Art. 421–424 N 16.
67   Rosch, FamKomm Erwachsenenschutz, Art. 421 N 22 f.; Vogel, HandKomm, Art. 421 N 5.
68   Vogel, BaKomm, Art. 421–424 N 18.
69   Rosch, FamKomm Erwachsenenschutz, Art. 422 N 1 und 6; Meier/Lukic, Nr. 646.
70   Vogel, HandKomm, Art. 422–423 N 1.
71   Vogel, BaKomm, Art. 421–424 N 19.

zeit – kann die Beiständin die Entlassung nur aus wichtigen Gründen verlangen (422²).
Wichtig sind insbesondere die Gründe, die gegen eine Eignung im Sinn von Art. 400
sprechen. Zu berücksichtigen sind damit dieselben Faktoren, die auch eine Entlassung
der Beiständin durch die Erwachsenenschutzbehörde rechtfertigen.[72] In Frage kommen namentlich persönliche Gründe wie gesundheitliche Probleme oder wesentliche
Veränderungen in beruflicher oder familiärer Hinsicht oder aber veränderte Aufgaben,
denen die Beiständin nicht gewachsen ist.[73] Blosse Amtsmüdigkeit gilt demgegenüber
grundsätzlich nicht als wichtiger Grund.[74] Allerdings soll dies nicht absolut gelten.
Wie beim Übernahmezwang (400²) muss sichergestellt bleiben, dass die verbeiständete Person die bestmögliche Betreuung erhält. Steht dies aufgrund der Amtsmüdigkeit in Frage, ist dem Wunsch der Beiständin auf Entlassung deshalb zu entsprechen.[75]

β. Durch die Erwachsenenschutzbehörde wird der Beistand gemäss Art. 423 Abs. 1   31
gegen seinen Willen entlassen, wenn er für die Übernahme der Aufgaben nicht mehr
geeignet ist (Ziff. 1) oder ein anderer wichtiger Grund für die Entlassung vorliegt
(Ziff. 2).[76] Eine Gefährdung der Interessen der verbeiständeten Person reicht dabei
aus; es ist nicht notwendig, dass bereits ein Schaden entstanden ist.[77] Ebenso wenig ist
ein Verschulden des Beistandes erforderlich.[78] Als wichtiger Grund im Sinn von Ziff. 2
kommt namentlich ein Vertrauensverlust zwischen dem Beistand und der verbeiständeten Person in Frage oder die Zahlungsunfähigkeit des Mandatsträgers, die sich nicht
mit einer sorgfältigen Wahrnehmung seiner Aufgaben vereinbaren lässt.[79]

Die Entlassung kann nach Art. 423 Abs. 2 von der betroffenen oder einer ihr nahe-   32
stehenden Person *beantragt werden*. Daneben kann eine Gefährdungsmeldung einer
Drittperson (443) zu einer Entlassung führen:

Betroffene Person: Der Antrag setzt Urteilsfähigkeit voraus, wobei entspre-   33
chend den Grundsätzen bei der fürsorgerischen Unterbringung an diese keine hohen
Anforderungen zu stellen sind (133 III 353 zur fürsorgerischen Unterbringung).[80] Da

---

72 Rosch, FamKomm Erwachsenenschutz, Art. 422 N 13.
73 Botsch. Erwachsenenschutz, 7050; Rosch, FamKomm Erwachsenenschutz, Art. 422 N 13;
    Vogel, HandKomm, Art. 422–423 N 2; Meier/Lukic, Nr. 646.
74 Botsch. Erwachsenenschutz, 7060; Schmid, Erwachsenenschutz Kommentar, Art. 423 N 4;
    Langenegger, ESR-Kommentar, Art. 421–425 N 6.
75 Vogel, BaKomm, Art. 421–424 N 21.
76 Rosch, FamKomm Erwachsenenschutz, Art. 422 N 13; Vogel, BaKomm, Art. 421–424 N 22.
77 Rosch, FamKomm Erwachsenenschutz, Art. 423 N 5; Vogel, HandKomm, Art. 422–423 N 3.
78 Schmid, Erwachsenenschutz Kommentar, Art. 424 N 1; Steinauer/Fountoulakis, Person-
    nes physiques, Nr. 1267; Langenegger, ESR-Kommentar, Art. 421–425 N 7. Anders BGer
    5A_706/2013 E. 4.5: «Ein solch wichtiger Grund würde ein von der Beiständin verschuldetes
    Handeln oder Unterlassen voraussetzen, das in schwerwiegender Weise eine Pflichtverletzung
    im Zusammenhang mit der erwachsenenschutzrechtlichen Tätigkeit darstellt.»
79 Vogel, HandKomm, Art. 422–423 N 4; Häfeli, Erwachsenenschutz, Nr. 20.08 f.
80 Rosch, FamKomm Erwachsenenschutz, Art. 423 N 2; Häfeli, Erwachsenenschutz, Nr. 20.11;
    Meier, FamKomm Erwachsenenschutz, Art. 399 N 31.

es sich um ein höchstpersönliches Recht handelt, kann die betroffene Person bei der Ausübung dieses Rechts nicht vertreten werden (19c[2]).[81]

34   Nahestehende Person (zum Begriff s. § 50 N 26) und Drittperson: Eine nahestehende Person kann nach Art. 423 Abs. 2 einen formellen Entlassungsantrag stellen. Drittpersonen haben kein formelles Antragsrecht. Sie können gestützt auf Art. 443 bei der Erwachsenenschutzbehörde eine Gefährdungsmeldung einreichen, woraufhin diese die Angelegenheit zu prüfen hat. Aufgrund der das ganze Erwachsenenschutzrecht beherrschenden Offizialmaxime (446) ist die Erwachsenenschutzbehörde verpflichtet, den Beistand von Amtes wegen zu entlassen, wenn das Wohl der hilfsbedürftigen Person dies erfordert.[82]

b. Weiterführung der Geschäfte trotz Amtsende

1. Grundsatz

35   Mit der rechtskräftigen Entlassung der Beiständin durch die Erwachsenenschutzbehörde erlischt ihre Vertretungsmacht bzw. Mitwirkungsbefugnis.[83] Allerdings ist sie auch nach Ende ihres Amtes verpflichtet, unaufschiebbare Geschäfte weiterzuführen. Die *Weiterführungspflicht* dauert solange, bis die Nachfolgerin das Amt übernimmt, sofern die Erwachsenenschutzbehörde nichts anderes anordnet (424[1]).[84] In diesem Fall dauert die Vertretungsmacht bzw. Zustimmungsbefugnis der Beiständin im entsprechenden Umfang an.[85] Erfasst sind allerdings nur die nicht aufschiebbaren Geschäfte, alles andere soll der neuen Beiständin überlassen werden.[86] Welche Geschäfte als nicht aufschiebbar gelten, ist aus der Sicht der verbeiständeten Person zu beurteilen. Insbesondere sind nicht nur Geschäfte dazu zu zählen, deren Unterlassung zu einer Verantwortlichkeitsklage führen würde.[87]

2. Ausnahmen

36   Die Erwachsenenschutzbehörde kann *von der Weiterführungspflicht entbinden* (424[1]). Davon wird sie insbesondere dann Gebrauch machen, wenn die bisherige Beiständin gestützt auf Art. 423 durch die Erwachsenenschutzbehörde entlassen wurde, weil sie zur Wahrung der Interessen der betroffenen Person nicht mehr geeignet war.[88] Dasselbe gilt, wenn der Beistand urteilsunfähig geworden ist oder stirbt (421 Ziff. 4) sowie bei Ver-

---

81   Rosch, FamKomm Erwachsenenschutz, Art. 423 N 2.
82   Botsch. Erwachsenenschutz, 7060; Rosch, FamKomm Erwachsenenschutz, Art. 423 N 4.
83   Schmid, Erwachsenenschutz Kommentar, Art. 424 N 2.
84   Rosch, FamKomm Erwachsenenschutz, Art. 424 N 12.
85   Schmid, Erwachsenenschutz Kommentar, Art. 424 N 2. Anders Rosch, FamKomm Erwachsenenschutz, Art. 423 N 10, wonach nicht die Vertretungsmacht, sondern der Aufgabenbereich auf die notwendigen Geschäfte beschränkt ist.
86   Schmid, Erwachsenenschutz Kommentar, Art. 424 N 3.
87   Rosch, FamKomm Erwachsenenschutz, Art. 424 N 11.
88   Botsch. Erwachsenenschutz, 7061; Rosch, FamKomm Erwachsenenschutz, Art. 424 N 10; Schmid, Erwachsenenschutz Kommentar, Art. 424 N 3; Vogel, HandKomm, Art. 422–423 N 5; Häfeli, Erwachsenenschutz, Nr. 20.12.

hinderung oder Vorliegen einer Interessenkollision (403). In diesem Fall übernimmt die Erwachsenenschutzbehörde die notwendigen Geschäfte entweder selbst (392), ernennt einen Ersatzbeistand (403) oder erlässt eine vorsorgliche Massnahme (445).

Sodann entfällt die Weiterführungspflicht von Gesetzes wegen bei *Berufsbeiständen*   37
(424^1 Satz 2). Der Berufsbeistand verliert mit Ende des Arbeitsverhältnisses seinen freien Zugriff auf die Dossiers und die Infrastruktur, womit der Berufsbeistand die Beistandschaft schon rein faktisch nicht mehr weiterführen kann.[89] Ist kein nahtloser Übergang gewährleistet, hat die Erwachsenenschutzbehörde entweder durch eigenes Handeln, Beauftragung eines Dritten (392) oder durch Bestellung eines Ersatzbeistandes (403) für das Wohl der betroffenen Person zu sorgen. War der Beistand bei einem professionellen Betreuungsdienst angestellt, wird der ehemalige Arbeitgeber des Berufsbeistandes im Sinn einer Geschäftsführung ohne Auftrag (419 ff. OR) das Mandat weiterführen, bis ein geeigneter Nachfolger bestimmt ist.[90]

c. Schlussbericht und Schlussrechnung

Endet das Amt der Beiständin, erstattet diese gemäss Art. 425 Abs. 1 Satz 1 der Erwach-   38
senenschutzbehörde den Schlussbericht und reicht gegebenenfalls (im Fall einer Verwaltungsbeistandschaft) die Schlussrechnung ein. Die Verpflichtung zur Einreichung des Schlussberichts und gegebenenfalls der Schlussrechnung besteht einerseits, wenn die Massnahme als Ganzes (399), andererseits, wenn die Massnahme zwar weitergeführt wird, das Amt des Beistandes aber gestützt auf die Art. 421 ff. endet.

1. Verpflichtung

Die Pflicht zur Einreichung des Schlussberichts und der Schlussrechnung betrifft alle   39
amtsgebundenen Massnahmen des Kindes- und Erwachsenenschutzes.[91] Verpflichtet sind mithin *grundsätzlich alle Beistände*. Von dieser Pflicht ausgenommen sind die (obligationenrechtlich) beauftragten Dritten im Sinn von Art. 392 Ziff. 2. Nicht darunter fallen sodann alle nichtamtsgebundenen Massnahmen, wie namentlich die fürsorgerische Unterbringung (426) oder das eigene Handeln der Erwachsenenschutzbehörde (392^1).[92] Zudem kann die Erwachsenenschutzbehörde nach Satz 2 von Art. 425 Abs. 1 den Berufsbeistand von dieser Pflicht entbinden, wenn das Arbeitsverhältnis endet. Der Grund für Letzteres liegt darin, dass einerseits der Schutz der betroffenen Person nicht nach einem Schlussbericht bzw. einer Schlussrechnung verlangt, und dies andererseits durch die Vielzahl der von einem Berufsbeistand zu verfassenden Schlussberichte und Schlussrechnungen sowie die entsprechenden Revisionen bei einer Kündigung des Berufsbeistands nur schwer zu bewerkstelligen wäre.[93]

---

89   Vogel, BaKomm, Art. 421–424 N 12.
90   Rosch, FamKomm Erwachsenenschutz, Art. 424 N 5; Vogel, HandKomm, Art. 424 N 3;
     Häfeli, Erwachsenenschutz, Nr. 20.14; Balestrieri a.a.O. 226.
91   Vogel, HandKomm, Art. 425 N 1.
92   Schmid, Erwachsenenschutz Kommentar, Art. 425 N 2; Vogel, HandKomm, Art. 425 N 1.
93   Rosch, FamKomm Erwachsenenschutz, Art. 425 N 6; Vogel, HandKomm, Art. 425 N 3.

2. Inhalt

40 Das Gesetz definiert den Inhalt des *Schlussberichts* nicht, weshalb sich dieser durch seinen Zweck bestimmt. Im Gegensatz zum periodischen Bericht (411) dient der Schlussbericht nicht als Steuerinstrument, sondern sein Zweck liegt primär in der Information.[94] Wird die Massnahme weitergeführt, soll der Schlussbericht dementsprechend all jene Informationen enthalten, über die der neue Amtsträger für die Übernahme und Wahrnehmung seiner Aufgabe verfügen muss. Endet die Massnahme, dient der Schlussbericht mehr als Rechenschaftsablegung, womit sich die Informationen eher auf die Gründe beziehen sollen, welche zum Ende der Beistandschaft geführt haben, sowie auf eventuelle offene Probleme der verbeiständeten Person.[95] Die *Schlussrechnung* enthält einerseits die Rechnungsablage für die Zeit seit der letzten periodischen Berichterstattung (oder seit Beginn des Amtes) und ist inhaltlich nach denselben Grundsätzen wie die periodische Rechnung zu erstellen.[96] Andererseits enthält sie ein Inventar für die vom Beistand (jedoch nicht über die von der betroffenen Person selber) verwalteten Vermögenswerte.[97]

3. Prüfung und Genehmigung

41 Die *Erwachsenenschutzbehörde prüft und genehmigt* den Schlussbericht und die Schlussrechnung gemäss Art. 425 Abs. 2 auf die gleiche Weise wie die periodischen Berichte und Rechnungen (415).[98] Dem genehmigten Schlussbericht bzw. der genehmigten Schlussrechnung kommen aber keine materiellrechtlichen Wirkungen zu, ebenso wenig bewirken sie die Décharge des Beistandes (BGer 5A_151/2014 E. 6.1).[99] Sie dienen nicht (wie die periodischen Berichte und Rechnungen) der Überprüfung der Führung der Beistandschaft, sondern lediglich der Information (BGer 5A_151/2014 E. 6.1; so auch 5A_494/2013 E. 2). Mit der Genehmigung des Schlussberichts äussert sich die Erwachsenenschutzbehörde nicht zu einem Fehlverhalten der Beiständin, womit allfällige Verantwortlichkeitsansprüche der betroffenen Person vorbehalten bleiben (BGer 5A_494/2013 E. 2.1).[100] Immerhin kommen dem genehmigten Schlussbericht und der genehmigten Schlussrechnung erhöhte Beweiskraft zu und es wird ihre Richtigkeit vermutet (BGer 5A_151/2014 E. 6.1).[101]

42 Die Erwachsenenschutzbehörde stellt den Schlussbericht und die Schlussrechnung der betroffenen Person oder deren Erben und gegebenenfalls der neuen Beiständin zu und

---

94 BGer 5A_578/2008 E. 1.
95 Vogel, HandKomm, Art. 425 N 4. Zum Inhalt im Einzelnen siehe Rosch, FamKomm Erwachsenenschutz, Art. 425 N 8 ff.; Vogel, BaKomm, Art. 425 N 21 ff.
96 Rosch, FamKomm Erwachsenenschutz, Art. 425 N 13 ff.
97 Vogel, BaKomm, Art. 425 N 32 f.
98 BGer 5A_578/2008 E. 1; Vogel, BaKomm, Art. 425 N 26; Meier/Lukic, Nr. 654.
99 Vogel, BaKomm, Art. 425 N 52; Meier/Lukic, Nr. 654.
100 Rosch, FamKomm Erwachsenenschutz, Art. 425 N 22; Schmid, Erwachsenenschutz Kommentar, Art. 425 N 13; Vogel, BaKomm, Art. 425 N 52; Häfeli, Erwachsenenschutz, Nr. 23.12; Balestrieri a.a.O. 226 f.
101 Rosch, FamKomm Erwachsenenschutz, Art. 425 N 22; Meier/Lukic, Nr. 654.

weist diese Personen gleichzeitig auf die Bestimmungen über die Verantwortlichkeit hin (425³). Sie teilt ihnen zudem mit, ob sie den Beistand entlastet oder sie die Genehmigung des Schlussberichts oder der Schlussrechnung verweigert hat (425⁴).

d. Rückgabe des Vermögens

Das Erwachsenenschutzrecht enthält keine Bestimmung zur Vermögensübergabe an die vormals verbeiständete Person bzw. ihren neuen Beistand. Im Vorentwurf war eine solche Bestimmung nach dem Vorbild von Art. 326 enthalten. Diese Bestimmung des Kindesschutzes regelt die Rückgabe des Kindsvermögens der Eltern an das Kind nach Eintritt der Volljährigkeit des Kindes. Es ist unklar, weshalb diese Bestimmung aus dem Vorentwurf nicht Eingang ins Gesetz fand. Es ist jedenfalls nicht davon auszugehen, dass es sich um ein qualifiziertes Schweigen handelt. Deshalb soll Art. 326 für die Vermögensherausgabe bei behördlichen Massnahmen im Erwachsenenschutz analog Anwendung finden.[102] Das Vermögen ist dabei erst nach der Genehmigung des Schlussberichts und der Schlussrechnung auszuhändigen.[103]

43

---

[102] Rosch, FamKomm Erwachsenenschutz, Art. 425 N 32; Schmid, Erwachsenenschutz Kommentar, Art. 425 N 8.

[103] Rosch, FamKomm Erwachsenenschutz, Art. 425 N 34.

§ 55   Die Führung der Beistandschaft

1   Im Unterschied zum alten Recht, unter welchem die Führung der Beistandschaft in etwa 30 Bestimmungen normiert war, umfasst dieser Bereich unter neuem Recht nur noch elf Artikel (405–414; 420). Diese Bestimmungen finden nicht nur Anwendung auf Beistandschaften im Sinn der Art. 390 ff., sondern gemäss Art. 327c Abs. 2 auch auf die Minderjährigenvormundschaft sowie auf die gestützt auf Art. 307 Abs. 3 (Kindesschutzmassnahmen) und 392 Ziff. 3 (Verzicht auf eine Beistandschaft) bezeichneten Personen.

2   Das Gesetz gibt der Beiständin verschiedene Grundsätze der Amtsführung vor. Das betrifft zunächst die Pflichten bei der Amtsübernahme (405, nachfolgend b., N 5 ff.) und sodann die Pflichten im Zusammenhang mit der Vermögensverwaltung im Allgemeinen (408, nachfolgend c., N 11 ff.) sowie mit besonderen Geschäften (412, nachfolgend d., N 22 ff.). Weiter sind die Berichterstattung (411, nachfolgend e., N 26 ff.), die Sorgfaltspflicht (413[1], nachfolgend f., N 32 ff.), die Informations- und Verschwiegenheitspflicht (413[2] und [3], nachfolgend g., N 34 ff.) sowie die Informationspflicht über die Veränderung der Verhältnisse (414, nachfolgend h., N 37 ff.) statuiert. Wird die Beistandschaft von einem Angehörigen geführt, gelten teilweise besondere Bestimmungen (420). Im Vordergrund steht aber die betroffene Person, ihr Verhältnis zum Beistand (406) sowie ihr eigener Handlungsspielraum (407). Davon ist zunächst die Rede:

a. Verhältnis zur betroffenen Person und deren Handlungsspielraum

3   Stärker als unter altem Recht werden die Interessen der betroffenen Person und ihre persönliche Betreuung ins Zentrum der Bemühungen des Beistandes gestellt.[1] Art. 406 Abs. 1 ordnet im Sinn eines Grundprinzips an, dass der Beistand seine Aufgaben im Interesse der betroffenen Person erfüllt und dabei soweit tunlich auf deren Meinung Rücksicht nimmt und deren Willen achtet, das Leben entsprechend ihren Fähigkeiten nach eigenen Wünschen und Vorstellungen zu gestalten. Wenn immer möglich, soll der Beistand die verbeiständete Person dabei in die Selbstständigkeit zurück- oder sie zur Selbstständigkeit hinführen.[2] Ist die Führung in die Selbstständigkeit aufgrund des Schwächezustandes der verbeiständeten Person ausgeschlossen, ist der verbeiständeten Person im Rahmen der noch vorhandenen Fähigkeiten ihre Selbstständigkeit zu belassen, soweit dies weder für die betroffene Person selber noch für Dritte schädlich ist.[3] Ist selbst eine Verschlimmerung nicht mehr zu verhindern, beispielsweise wenn es sich um einen altersbedingten Schwächezustand handelt, hat die Beiständin dafür zu sorgen, dass die verbeiständete Person ihren Bedürfnissen entsprechend betreut wird.[4]

---

1   Botsch. Erwachsenenschutz, 7052; AFFOLTER, BaKomm, Art. 406 N 1; AFFOLTER, Die Aufwertung der Selbstbestimmung im neuen Erwachsenenschutzrecht, in AJP 15 (2006), 1057 ff., 1064; HÄFELI, Die Organe des neuen Erwachsenenschutzrechtes und ihre Aufgaben im Rahmen der Beistandschaft, in ZKE 59 (2003), 337 ff., 347.

2   AFFOLTER, BaKomm, Art. 406 N 3.

3   HÄFELI, Erwachsenenschutz, Nr. 22.23.

4   HÄFELI, FamKomm Erwachsenenschutz, Art. 406 N 6; DERS., ESR-Kommentar, Art. 406 N 6.

Nach Art. 406 Abs. 2 strebt die Beiständin zudem danach, ein Vertrauensverhältnis mit der betroffenen Person aufzubauen und den Schwächezustand, der die Anordnung einer Beistandschaft notwendig machte, zu lindern oder eine Verschlimmerung zu verhüten.

Um die Wahrung der Interessen der verbeiständeten Person im Sinn von Art. 406   4 sicherzustellen, werden die Pflichten des Beistandes in den Art. 405 ff. genauer umschrieben. Diesen Pflichten kommt die Beiständin zwar selbstständig und selbstbestimmend nach. Sie steht aber unter der *Aufsicht der Erwachsenenschutzbehörde* (411, 415 ff.; s. dazu § 56 N 2 ff.) und unterliegt einer strengen Verantwortlichkeit (454, § 61). Wie unter altem Recht der Vormund bekleidet die Beiständin in diesem Sinn ein *Amt*: Sie ist zwar nicht Staatsbeamte, übt jedoch aufgrund öffentlich-rechtlicher (von Amtes wegen durchgesetzter) Verpflichtungen privatrechtliche Funktionen aus.[5]

b. Pflichten bei Amtsübernahme

Der Beistand verschafft sich gemäss Art. 405 Abs. 1 bei Amtsantritt die zur Erfüllung   5 der Aufgaben nötigen *Kenntnisse* und nimmt persönlich mit den betroffenen Personen *Kontakt* auf (405[1]). Einerseits ist es im Hinblick auf die Massschneiderung der behördlichen Massnahmen von besonderer Bedeutung, dass der Beistand über die Situation und die ihm übertragenen Aufgaben genau informiert ist.[6] Andererseits wird mit dieser Bestimmung noch einmal verdeutlicht, welches Gewicht der persönlichen Betreuung zukommt[7]: Der Beistand soll nicht nur die notwendigen administrativen Aufgaben für die verbeiständete Person übernehmen, sondern dieser auch persönlich Beistand leisten.[8] Bei der Pflicht des Beistandes, sich die notwendigen Kenntnisse zu verschaffen, handelt es sich zwar um eine Holschuld der Beiständin, jedoch ist die Erwachsenenschutzbehörde verpflichtet, ihr Zugang zu sämtlichen entscheidrelevanten Informationen zu gewähren.[9]

Für den Fall, dass im Rahmen der Beistandschaft auch die Vermögensverwaltung   6 übernommen wird, statuiert Art. 405 Abs. 2 eine *Inventarpflicht*. Demnach nimmt der Beistand in Zusammenarbeit mit der Erwachsenenschutzbehörde unverzüglich ein Inventar der zu verwaltenden Vermögenswerte auf. Das Inventar dient als Grundlage der Rechnungsführung, der Vermögensverwaltung, für die Rückgabe des Vermögens an die verbeiständete Person nach Aufhebung der Massnahme und für allfällige Schadenersatzansprüche aus Art. 454 f.[10] Es sind dabei nicht nur die Vermögensaktiven und Vermögenspassiven in die Rechnung aufzunehmen, sondern gegebenenfalls

---

5   Vgl. zur Vormundschaft EGGER, ZüKomm, Art. 367 N 4.

6   HÄFELI, Erwachsenenschutz, Nr. 22.03; STEINAUER/FOUNTOULAKIS, Personnes physiques, Nr. 1188.

7   Botsch. Erwachsenenschutz, 7052; STEINAUER/FOUNTOULAKIS, Personnes physiques, Nr. 1187; HÄFELI, ESR-Kommentar, Art. 405 N 2.

8   HÄFELI, Erwachsenenschutz, Nr. 22.06 ff.

9   AFFOLTER, BaKomm, Art. 405 N 10.

10 AFFOLTER, BaKomm, Art. 405 N 14; AFFOLTER, HandKomm, Art. 405 N 10; HÄFELI, Erwachsenenschutz, Nr. 22.12; SCHMID, Erwachsenenschutz Kommentar, Art. 405 N 3.

auch die zu verwaltenden Einkommens- und Ertragsquellen. Denn obwohl die Einkommensquellen keine unmittelbaren Auswirkungen auf die Vermögensverwaltung zeitigen, liefern sie unverzichtbare Informationen für die Führung der Beistandschaft und die Kontrolle durch die Erwachsenenschutzbehörde.[11] Zur Inventarpflicht ist Folgendes zu *ergänzen:*

7   Mit Blick auf die Rechnungsführungspflicht (410) ist das Inventar *während der gesamten Dauer* der Massnahme laufend zu aktualisieren.[12] Obwohl im neuen Recht nicht mehr ausdrücklich angeordnet, soll die betroffene Person im Hinblick auf die Betonung der Selbstbestimmung und Selbstverantwortung soweit tunlich an der Aufnahme des Inventars beteiligt werden.[13]

8   Handelt es sich beim Beistand um eine nahestehende Person, kann auf die Aufnahme eines Inventars *verzichtet* werden: Gemäss Art. 420 kann die Erwachsenenschutzbehörde von der Inventarpflicht ganz oder teilweise entbinden, wenn der Ehegatte, die eingetragene Partnerin oder der eingetragene Partner, die Eltern, ein Nachkomme, ein Geschwister, die faktische Lebenspartnerin oder der faktische Lebenspartner der betroffenen Person als Beistand oder Beiständin eingesetzt wurden, und es die Umstände rechtfertigen. Allerdings ist von dieser Möglichkeit im Interesse der betroffenen Person – die Aufsicht durch die Erwachsenenschutzbehörde wird bedeutend erschwert – nur selten Gebrauch zu machen.[14]

9   Rechtfertigen es die Umstände, kann die Erwachsenenschutzbehörde nach Art. 405 Abs. 3 die *Aufnahme eines öffentlichen Inventars* anordnen. Solche Umstände liegen insbesondere dann vor, wenn die Aufnahme eines gewöhnlichen Inventars wegen unübersichtlicher Vermögensverhältnisse oder etwaiger verheimlichter Vermögensgegenstände ausgeschlossen ist.[15] Das öffentliche Inventar hat für die Gläubiger die gleiche Wirkung wie das öffentliche Inventar des Erbrechts (405[3]; 580 ff.) und die verbeiständete Person haftet mit ihrem Vermögen grundsätzlich nur für die im Inventar aufgenommenen Schulden (589). Allerdings ist die Präklusivwirkung auf die Wirkungsdauer der Massnahme beschränkt.[16]

---

11 Im Einzelnen AFFOLTER, BaKomm, Art. 405 N 19 ff.; AFFOLTER, HandKomm, Art. 405 N 12.

12 SCHMID, Erwachsenenschutz Kommentar, Art. 405 N 5.

13 HÄFELI, Erwachsenenschutz, Nr. 22.13; STEINAUER/FOUNTOULAKIS, Personnes physiques, Nr. 1191; FASSBIND, Erwachsenenschutz, 277.

14 AFFOLTER, HandKomm, Art. 405 N 10; LANGENEGGER, ESR-Kommentar, Art. 420 N 6; FASSBIND, Erwachsenenschutz, 297.

15 Botsch. Erwachsenenschutz, 7052; AFFOLTER, BaKomm, Art. 405 N 33; HÄFELI, FamKomm Erwachsenenschutz, Art. 405 N 14; SCHMID, Erwachsenenschutz Kommentar, Art. 405 N 7; BALESTRIERI, Die Vermögensverwaltung im neuen Erwachsenenschutzrecht, in ZKE 66 (2011), 201 ff., 215; STEINAUER/FOUNTOULAKIS, Personnes physiques, Nr. 1194.

16 MEIER/LUKIC, Nr. 574; GEISER, Zu den Wirkungen des öffentlichen Vormundschaftsinventars, in ZVW 53 (1998), 222 ff., 226 ff.; STEINAUER/FOUNTOULAKIS, Personnes physiques, Nr. 1195. Anders FASSBIND, Erwachsenenschutz, 278; AFFOLTER, BaKomm, Art. 405 N 34 m. w. H.

Dritte sind verpflichtet, alle für die Aufnahme des Inventars *erforderlichen Aus-*   10
künfte zu erteilen (405[4]). Das Amts- und Berufsgeheimnis (320 f. StGB) werden durch
diese Bestimmung aufgehoben.[17] Diese Verpflichtung ist Art. 581 Abs. 2 nachgebildet, welcher das Verfahren des öffentlichen Inventars im Erbrecht normiert. Wie im
Zusammenhang mit dem Erbrecht sind diese Auskünfte grundsätzlich unentgeltlich
zu erteilen.[18] Wer die Auskunft verweigert oder eine Falschauskunft erteilt, wird schadenersatzpflichtig.[19]

c. Vermögensverwaltung

Für eine Beistandschaft, welche die Vermögensverwaltung umfasst, legen die Art. 408–   11
410 die Pflichten des Beistandes fest. Präzisiert werden die Aufgaben des Beistandes
(408, nachfolgend 1., N 12 ff.), die Beiträge zur freien Verfügung für die betroffene
Person (409, nachfolgend 2., N 19) sowie die Rechnungsführung (410, nachfolgend
3., N 20 f.).

1. Aufgaben

Art. 408 beschäftigt sich mit den Aufgaben, die der Beistand wahrzunehmen hat, wenn   12
eine Beistandschaft die Vermögensverwaltung umfasst. Diese Bestimmung ist primär
auf Art. 395 zugeschnitten (Vertretungsbeistandschaft für die Vermögensverwaltung),
sinngemäss aber auch auf alle anderen Beistandschaftsarten anwendbar, die der Sache
nach die Vermögensverwaltung mit betreffen.[20]

α. Im Allgemeinen

Gemäss Art. 408 Abs. 1 ist der Beistand verpflichtet, die Vermögenswerte sorgfältig zu   13
verwalten und alle Rechtsgeschäfte im Zusammenhang mit der Verwaltung vorzunehmen. Der Begriff des Vermögens ist im Sinn von Art. 395 weit zu verstehen und erfasst
alle Vermögensaktiven- und passiven sowie das Einkommen[21]:

> Bei der *Verwaltung* sind die bewährten Regeln solider Vermögensverwaltung   14
> zu beachten.[22] Das Vermögen soll in einem vernünftigen Rahmen zur Sicherung des
> gewohnten Lebensstandards der betroffenen Person und zur Pflege der sozialen Bezie-
> hungen verwendet werden.[23] Erfasst ist auch die Erfüllung persönlicher Wünsche,
> soweit dies im Hinblick auf das vorhandene Vermögen verhältnismässig erscheint.[24]

---

17 AFFOLTER, BaKomm, Art. 405 N 37; SCHMID, Erwachsenenschutz Kommentar, Art. 405 N 10.
18 Botsch. Erwachsenenschutz, 7052; HÄFELI, Erwachsenenschutz, Nr. 22.21.
19 HÄFELI, FamKomm Erwachsenenschutz, Art. 405 N 16.
20 Botsch. Erwachsenenschutz, 7053; HÄFELI, FamKomm Erwachsenenschutz, Art. 40 N 9;
    SCHMID, Erwachsenenschutz Kommentar, Art. 408 N 1; BALESTRIERI a.a.O. 216.
21 BALESTRIERI a.a.O. 211.
22 AFFOLTER, BaKomm, Art. 408 N 6; BALESTRIERI a.a.O. 216 f.; STEINAUER/FOUNTOULAKIS,
    Personnes physiques, Nr. 1207.
23 AFFOLTER, BaKomm, Art. 408 N 4; HÄFELI, Erwachsenenschutz, Nr. 22.34; SCHMID, Erwach-
    senenschutz Kommentar, Art. 408 N 6 f.
24 GEISER, Vermögenssorge im Erwachsenenschutzrecht, in ZKE 68 (2013), 329 ff., 335; HÄFELI,
    ESR-Kommentar, Art. 408 N 1.

Solange nicht die existenziellen Grundbedürfnisse bedroht werden, kann die Erfüllung persönlicher Wünsche selbst dann verhältnismässig sein, wenn damit ein Vermögensverzehr verbunden ist.[25]

15   Auf Bestimmungen über die Art der *Vermögensanlage* wird im geltenden ZGB im Gegensatz zum alten Recht verzichtet. Allerdings erliess der Bundesrat gestützt auf Art. 408 Abs. 3 Bestimmungen über die Anlage und die Aufbewahrung des Vermögens.[26] Einschlägig ist die Verordnung über die Vermögensverwaltung im Rahmen einer Beistandschaft oder Vormundschaft vom 4. Juli 2012 (VBVV; SR 211.223.11). Sinn und Zweck dieser Verordnung ist nach Art. 1 die Regelung der Anlage und die Aufbewahrung von Vermögenswerten, die im Rahmen einer Beistandschaft oder einer Vormundschaft verwaltet werden. Nach Art. 2 Abs. 1 VBVV sind die Vermögenswerte der betroffenen Person sicher und soweit möglich ertragsbringend anzulegen.

16   Obwohl der Beistand von der Erwachsenenschutzbehörde ernannt wird, stehen er und die verbeiständete Person in einem *auftragsrechtlichen Verhältnis* zueinander, und der Beistand verwaltet das Vermögen in ihrem Namen.[27] Zudem trifft den Beistand gemäss Art. 413 Abs. 1 bei der Erfüllung seiner Aufgaben die gleiche Sorgfaltspflicht wie eine beauftragte Person nach den Bestimmungen des Obligationenrechts, womit Art. 398 OR einschlägig ist. Die Anwendung von Art. 398 Abs. 3 hat ausserdem zur Folge, dass der Beistand die Vermögensverwaltung persönlich besorgen muss, was indessen einer Übertragung nur einzelner Aufgaben an Hilfspersonen nicht entgegensteht.[28] Für diese Dritten haftet der Beistand im Sinn von Art. 399 Abs. 2 OR nur für die sorgfältige Überwachung, Auswahl und Instruktion.

17   Die *Vertretungsrechte* der Beiständin bilden das Korrelat ihrer Pflichten. Sie decken sich mit der Machtsphäre, die ihr zukommen muss, damit sie die ihr auferlegten Obliegenheiten erfüllen kann. Es steht der Beiständin damit im Rahmen der übertragenen Aufgaben Vertretungsmacht zu, ohne dass es einer zusätzlichen Vollmacht bedürfte.[29]

β. Aufgaben im Besonderen

18   Die Aufgaben, die der Beistand im Einzelnen wahrzunehmen hat, werden beispielhaft in Art. 408 Abs. 2 aufgezählt. Zunächst kann der Beistand mit befreiender Wirkung eine von Dritten geschuldete Leistung für die betroffene Person entgegennehmen (Ziff. 1). Ist die Handlungsfähigkeit der betroffenen Person eingeschränkt, ist dem Dritten gemäss Art. 452 Abs. 2 mitzuteilen, dass seine Leistung nur dann befreiende Wirkung hat, wenn er diese dem Beistand erbringt. Weiter kann der Beistand, soweit angezeigt, Schulden bezahlen (Ziff. 2) und die betroffene Person nötigenfalls für

---

25 HÄFELI, Erwachsenenschutz, Nr. 22.34; BALESTRIERI a.a.O. 217.

26 Im Einzelnen HÄFELI, Erwachsenenschutz, Nr. 22.41 ff.; DERS., ESR-Kommentar, Art. 408 N 9 ff.; GEISER a.a.O. 338 ff.

27 SCHMID, Erwachsenenschutz Kommentar, Art. 408 N 4; BALESTRIERI a.a.O. 216; HÄFELI, ESR-Kommentar, Art. 408 N 2.

28 HÄFELI, Erwachsenenschutz, Nr. 22.35. DERS., ESR-Kommentar, Art. 408 N 2.

29 AFFOLTER, BaKomm, Art. 408 N 1; SCHMID, Erwachsenenschutz Kommentar, Art. 408 N 3.

die laufenden Bedürfnisse vertreten (Ziff. 3). Ziffer 3 ist Art. 166 (Vertretung der ehelichen Gemeinschaft) nachgebildet und erlaubt es der Beiständin, «Rechtsgeschäfte für den üblichen und alltäglichen Unterhaltsbedarf der betroffenen Person abzuschliessen und das verwaltete Vermögen anzuzehren, sofern dies nötig wird.»[30]

2. Angemessene Beiträge zur freien Verfügung

Nach Art. 409 stellt die Beiständin der betroffenen Person aus deren Vermögen angemessene Beträge zur freien Verfügung. Diese Bestimmung ist grundsätzlich auf die Vertretungsbeistandschaft mit Vermögensverwaltung zugeschnitten, sinngemäss aber auch bei den anderen Massnahmen anwendbar, welche die Vermögensverwaltung erfassen.[31] Durch das Überlassen eines Betrags zur freien Verfügung soll der Umstand ausgeglichen werden, dass unter Umständen die Handlungsfähigkeit der betroffenen Person (394^2) oder zumindest der Zugriff auf bestimmte Vermögenswerte (395) eingeschränkt wurde; im Sinn des Selbstbestimmungsrechts und der Verhältnismässigkeit soll die betroffene Person immerhin über einen bestimmten Betrag frei verfügen können.[32] Zudem soll die Möglichkeit der Verfügung über gewisse Vermögenswerte die verbeiständete Person im Rahmen eines kontrollierbaren Risikos einen pflichtbewussten Umgang mit ihrem Vermögen lehren, mit dem Ziel, sie wenn möglich wieder ganz in die Selbstständigkeit zu entlassen.[33] Die *Angemessenheit* beurteilt sich nach den Vermögensverhältnissen der betroffenen Person und danach, wie weit der Zugriff auf die Vermögenswerte oder die Handlungsfähigkeit eingeschränkt wurde.[34] In Bezug auf den Betrag zur freien Verfügung kommt der verbeiständeten Person volle Handlungs- und Prozessfähigkeit zu; sie kann frei darüber verfügen und Verpflichtungen eingehen und wird im Rahmen des freien Vermögens (nicht aber des gesamten Vermögens) auch haftbar.[35] Genauso wie es in der Kompetenz des Beistandes liegt, der verbeiständeten Person einen angemessenen Betrag zur Verfügung zu stellen, kann er die Verfügungsfreiheit in Bezug auf diesen Betrag auch wieder einschränken, wenn die betroffene Person das Vermögen schlecht verwaltet, verschleudert oder ihre finanziellen Verpflichtungen nicht erfüllt.[36]

19

---

30 Botsch. Erwachsenenschutz, 7053. So auch AFFOLTER, BaKomm, Art. 408 N 17; HÄFELI, FamKomm Erwachsenenschutz, Art. 408 N 9; BALESTRIERI a.a.O. 217; MEIER/LUKIC, Nr. 586.

31 Botsch. Erwachsenenschutz, 7053; SCHMID, Erwachsenenschutz Kommentar, Art. 409 N 2; BALESTRIERI a.a.O. 220; MEIER/LUKIC, Nr. 589.

32 Botsch. Erwachsenenschutz, 7053; HÄFELI, Erwachsenenschutz, Nr. 22.47; SCHMID, Erwachsenenschutz Kommentar, Art. 409 N 1; BALESTRIERI a.a.O. 220.

33 AFFOLTER, BaKomm, Art. 409 N 2; HÄFELI, FamKomm Erwachsenenschutz, Art. 408 N 1; DERS., ESR-Kommentar, Art. 409 N 1.

34 Botsch. Erwachsenenschutz, 7053; HÄFELI, FamKomm Erwachsenenschutz, Art. 408 N 2; DERS., ESR-Kommentar, Art. 409 N 1a; BALESTRIERI a.a.O. 220; GEISER a.a.O. 336 f.

35 AFFOLTER, BaKomm, Art. 409 N 8; HÄFELI, Erwachsenenschutz, Nr. 22.49.

36 HÄFELI, FamKomm Erwachsenenschutz, Art. 409 N 4.

3. Rechnungsführung

20 Der Beistand führt Rechnung und legt diese der Erwachsenenschutzbehörde in den von ihr angesetzten Zeitabständen, mindestens aber alle zwei Jahre, zur Genehmigung vor (410[1]). Diese Frist kann von Gesetzes wegen verkürzt, grundsätzlich jedoch nicht verlängert werden. Nur in Einzelfällen wird eine geringe Verlängerung vertretbar sein, beispielsweise wenn die Massnahme kurz nach Ablauf einer Rechnungsperiode aufgehoben werden soll.[37] Zusammen mit der Berichterstattung (411) stellen die Rechnungsführung und Rechnungsablage die wesentlichen Aufsichtsinstrumente der Erwachsenenschutzbehörde dar und sind überdies unentbehrlich für die Geltendmachung von Verantwortlichkeitsklagen (454 f.).[38] Die Prüfung und Genehmigung durch die Erwachsenenschutzbehörde richtet sich nach Art. 415. Die *Rechnung* hat über sämtliche Einnahmen und Ausgaben während der Berichtsperiode Auskunft zu geben und überdies eine Gegenüberstellung des Vermögens zu Beginn und zum Ende der Berichtsperiode zu enthalten.[39] Zwar ist die Rechnung von Gesetzes wegen an keine besondere Form gebunden, sie hat aber dennoch buchhalterischen Standards zu genügen, d.h. sie muss mindestens ordentlich, übersichtlich und vollständig sein.[40] Wird die Beistandschaft durch einen Angehörigen übernommen, kann die Erwachsenenschutzbehörde – wenn die Umstände es rechtfertigen – gemäss Art. 420 ganz oder teilweise von der Rechnung entbinden. Aus Sicherheits- und Verantwortlichkeitsgründen und weil die Aufsicht durch die Erwachsenenschutzbehörde damit stark erschwert wird, ist bei der Entbindung allerdings Zurückhaltung zu üben.[41]

21 *Information der verbeiständeten Person:* Der Beistand erläutert der betroffenen Person die Rechnung und gibt ihr auf Verlangen eine Kopie (410[2]). Die Erläuterung der Rechnung hat unter Berücksichtigung der Urteilsfähigkeit der betroffenen Person zu geschehen, wobei daran keine hohen Anforderungen zu stellen sind.[42] Die betroffene Person soll im Hinblick auf die Achtung der Persönlichkeit und der Transparenz sowie im Hinblick darauf, dass es sich hierbei um ein höchstpersönliches Recht handelt, wann immer möglich über die Rechnung informiert werden.[43] Eine Kopie wird grundsätzlich nur auf Verlangen hin ausgehändigt. Auf diese Weise soll vermieden werden, «dass eine völlig urteilsunfähige Person eine Rechnungskopie erhält, die dann in falsche Hände geraten kann.»[44] Erachtet es die Beiständin für sinnvoll und notwen-

---

37 AFFOLTER, BaKomm, Art. 410 N 3.
38 AFFOLTER, BaKomm, Art. 410 N 1; HÄFELI, Erwachsenenschutz, Nr. 22.55.
39 SCHMID, Erwachsenenschutz Kommentar, Art. 411 N 4; HÄFELI, Erwachsenenschutz, Nr. 22.56; DERS., ESR-Kommentar, Art. 410 N 2a.
40 AFFOLTER, BaKomm, Art. 410 N 13; HÄFELI, Erwachsenenschutz, Nr. 22.57.
41 LANGENEGGER, ESR-Kommentar, Art. 420 N 6; FASSBIND, Erwachsenenschutz, 297; AFFOLTER, BaKomm, Art. 410 N 4; DERS., HandKomm, Art. 405 N 10.
42 HÄFELI, Erwachsenenschutz, Nr. 22.58; DERS., ESR-Kommentar, Art. 410 N 3; BALESTRIERI a.a.O. 221.
43 Botsch. Erwachsenenschutz, 7053; AFFOLTER, BaKomm, Art. 410 N 14.
44 Botsch. Erwachsenenschutz, 7053. So auch HÄFELI, FamKomm Erwachsenenschutz, Art. 410 N 4; DERS., ESR-Kommentar, Art. 410 N 4; BALESTRIERI a.a.O. 221.

dig, kann sie der betroffenen Person ausnahmsweise aber auch ohne Verlangen eine Kopie der Rechnung aushändigen.[45] Die Mitwirkung der verbeiständeten Person an der Rechnung und ihre Zustimmung entlasten den Beistand nicht, sondern allfällige Verantwortlichkeitsansprüche gemäss Art. 454 f. bleiben bestehen.[46]

d. Besondere Geschäfte

Ausgeschlossene Geschäfte: Bestimmte Geschäfte sind für den Vertretungsbeistand   22
ausgeschlossen. Das betrifft die Bürgschaften, die Stiftungserrichtung sowie die Vornahme von Schenkungen, mit Ausnahme der üblichen Gelegenheitsgeschenke (412[1]). Diese Bestimmung richtet sich nur an den Beistand. Die verbeiständete Person darf diese Geschäfte uneingeschränkt vornehmen, wenn ihre Handlungsfähigkeit nicht eingeschränkt wurde oder das Geschäft mit dem Betrag zur freien Verfügung gemäss Art. 409 erfüllt werden kann und soll.[47] Übliche Gelegenheitsgeschenke darf auch der Beistand in Vertretung der verbeiständeten Person vornehmen. Üblich ist ein Geschenk, das in Bezug auf seinen Umfang und seine Natur alltäglich ist, wie angemessene Weihnachts- oder Geburtstagsgeschenke, wobei namentlich die finanziellen Verhältnisse der verbeiständeten Person in die Beurteilung miteinzubeziehen sind.[48]

Schliesst der Beistand ein von der Vertretung ausgeschlossenes Geschäft ab, ist dieses   23
mangels Vertretungsmacht des Handelnden nichtig.[49] Dies gilt selbst dann, wenn der Vertragspartner gutgläubig auf die Vertretungsmacht vertraut hat.[50]

Vermögenswerte mit Affektionswert: In Ergänzung zu den verbotenen Geschäften formuliert Art. 412 Abs. 2 eine Anordnung zur Vermögensverwaltung, welche im Rahmen der Sorgfaltspflicht des Beistandes von Bedeutung ist: Vermögenswerte, die für die betroffene Person oder für ihre Familie einen besonderen Wert haben, werden wenn immer möglich nicht veräussert. Erfasst hiervon sind sowohl bewegliche als auch unbewegliche Sachen, und das Interesse kann entweder wirtschaftlicher oder   24

---

45   Botsch. Erwachsenenschutz, 7053.
46   AFFOLTER, BaKomm, Art. 410 N 16.
47   AFFOLTER, BaKomm, Art. 412 N 2; HÄFELI, FamKomm Erwachsenenschutz, Art. 412 N 1.
48   HÄFELI, Erwachsenenschutz, Nr. 22.51; SCHMID, Erwachsenenschutz Kommentar, Art. 412 N 1; AFFOLTER, BaKomm, Art. 412 N 5.
49   SCHMID, Erwachsenenschutz Kommentar, Art. 412 N 6; MEIER/LUKIC, Nr. 601; STEINAUER/ FOUNTOULAKIS, Personnes physiques, Nr. 1213; MARCEL KOEPPEL, Verbotene Geschäfte (insb. Art. 408 ZGB): ein Beitrag zum Handlungsfähigkeitsrecht (Diss. Freiburg 1989), 243. Für die Ungültigkeit des Geschäfts plädieren BALESTRIERI a.a.O. 223; HAUSHEER/GEISER/AEBI-MÜLLER, Erwachsenenschutzrecht, Nr. 2.132.
50   AFFOLTER, BaKomm, Art. 412 N 10; SCHMID, Erwachsenenschutz Kommentar, Art. 412 N 6; BALESTRIERI a.a.O. 223.

affektiver Natur sein.[51] Eine Veräusserung ist nur zulässig, wenn dies zur Sicherung des Lebensunterhalts der verbeiständeten Person unabdingbar ist.[52]

25 *Anwendungsbereich:* Die verbotenen Geschäfte betreffen primär die Vertretungsbeistandschaft mit Vermögensverwaltung. Irrelevant ist diese Bestimmung im Rahmen einer Mitwirkungsbeistandschaft, da der Mitwirkungsbeistand nicht als gesetzlicher Vertreter der verbeiständeten Person handelt. Allerdings kann im Rahmen der Mitwirkungsbeistandschaft angeordnet werden, dass diese Geschäfte der Zustimmung des Beistands unterliegen.[53]

e. Berichterstattung

26 *Frist:* Der Beistand erstattet der Erwachsenenschutzbehörde so oft wie nötig, mindestens aber alle zwei Jahre, einen Bericht über die Lage der betroffenen Person und die Ausübung der Beistandschaft (411[1]). Grundsätzlich liegt es wie bei der Rechnung (410) im Ermessen der Erwachsenenschutzbehörde, wie häufig eine Berichterstattung angezeigt ist. Ist der Beistand allerdings der Ansicht, dass aufgrund besonderer Umstände früher als vereinbart eine Berichterstattung von Nöten wäre, hat er einen zusätzlichen Bericht einzureichen, damit die notwendigen Massnahmen getroffen werden können (in diesem Sinn auch Art. 414).[54]

27 *Information der verbeiständeten Person:* Die Beiständin zieht bei der Erstellung des Berichts die betroffene Person soweit tunlich bei und gibt ihr auf Verlangen eine Kopie des Berichts (411[2]), um der Transparenz und der Persönlichkeit der betroffenen Person genügend Rechnung zu tragen.[55]

28 *Zweck:* Rechnung (410) und Berichterstattung (411) werden bewusst separat geregelt, um die Bedeutung der persönlichen Betreuung (welche im Bericht zum Ausdruck kommt) im Rahmen der Führung der Beistandschaft hervorzuheben.[56] Zusammen mit der Vorlage der Rechnung bezweckt die Berichterstattung ein Zweifaches: Einerseits kann die Erwachsenenschutzbehörde durch diese Berichte die Tätigkeit des Beistandes *kontrollieren und beaufsichtigen.* Anderseits ermöglichen diese Berichte eine *Standortbestimmung* und es kann überprüft werden, ob die Massnahme immer noch

---

51 Botsch. Erwachsenenschutz, 7054; AFFOLTER, BaKomm, Art. 412 N 11; SCHMID, Erwachsenenschutz Kommentar, Art. 412 N 8; BALESTRIERI a.a.O. 224; HÄFELI, ESR-Kommentar, Art. 412 N 5.

52 HÄFELI, Erwachsenenschutz, Nr. 22.54; DERS., ESR-Kommentar, Art. 412 N 6; BALESTRIERI a.a.O. 224.

53 Botsch. Erwachsenenschutz, 7054; HÄFELI, Erwachsenenschutz, Nr. 22.52; DERS., ESR-Kommentar, Art. 412 N 3; STEINAUER/FOUNTOULAKIS, Personnes physiques, Nr. 1213; BALESTRIERI a.a.O. 223.

54 AFFOLTER, BaKomm, Art. 411 N 8; SCHMID, Erwachsenenschutz Kommentar, Art. 411 N 5.

55 BALESTRIERI a.a.O. 221.

56 Botsch. Erwachsenenschutz, 7054; HÄFELI, FamKomm Erwachsenenschutz, Art. 411 N 2; SCHMID, Erwachsenenschutz Kommentar, Art. 411 N 2.

zweckmässig und notwendig ist.[57] Die Auswertung der vergangenen Betreuungsperiode und die Formulierung der Ziele für die folgende Periode soll möglichst zusammen mit der betreuten Person vorgenommen werden.

Inhalt: Der Bericht betrifft primär die Lebensführung der betreuten Person, beschreibt den Grad und die Grenzen der Selbstständigkeit und dokumentiert die daraus resultierende Betreuungsbedürftigkeit.[58] Der Bericht hat sich nicht nur auf die persönliche Betreuung zu beziehen, sondern namentlich auch zu Auffälligkeiten und Besonderheiten der Rechnung oder der rechtlichen Interessenwahrung zu äussern.[59] Wie *ausführlich* dieser Bericht sein muss, richtet sich nach der Art und dem Umfang der Beistandschaft. Je nach Komplexität und Prognose genügt ein kurzer summarischer Bericht oder aber es ist eine ausführliche Schilderung der Entwicklung und des Zustandes im Zeitpunkt der Berichterstattung notwendig. Eine ausführliche Berichterstattung ist insbesondere dann angezeigt, wenn die Anordnung weitergehender Massnahmen beantragt wird oder dies für später nicht ausgeschlossen ist.[60]

Die *Prüfung und Genehmigung* der Berichterstattung durch die Erwachsenenschutzbehörde richtet sich nach Art. 415.

Wird die Beistandschaft durch einen Angehörigen wahrgenommen, kann die Erwachsenenschutzbehörde gemäss Art. 420 von der Berichterstattung *ganz oder teilweise entbinden,* wobei allerdings wie im Rahmen der Rechnung (419) Zurückhaltung zu üben ist.[61]

f. Sorgfaltspflicht und Delegation

Die Beiständin hat bei der Erfüllung der Aufgaben die gleiche Sorgfalt wie eine beauftragte Person nach den Bestimmungen des Obligationenrechts (398 OR) walten zu lassen (413[1]). Inhalt, Umfang und Massstab der Sorgfaltspflicht richten sich nach dem konkreten Auftrag sowie nach den Grundsätzen und Anforderungen, die in Art. 388 (Zweck der behördlichen Massnahmen) und den Art. 405–412 statuiert werden.[62] Nicht nach dem Obligationenrecht richtet sich demgegenüber die Haftung, diese bestimmt sich vielmehr nach dem Erwachsenenschutzrecht und damit nach den Art. 454 f.[63]

29

30

31

32

---

57 Botsch. Erwachsenenschutz, 7054; AFFOLTER, BaKomm, Art. 411 N 1; HÄFELI, Erwachsenenschutz, Nr. 22.62; DERS., ESR-Kommentar, Art. 411 N 3; SCHMID, Erwachsenenschutz Kommentar, Art. 411 N 3; MEIER/LUKIC, Nr. 595.

58 Botsch. Erwachsenenschutz, 7054; HÄFELI, Erwachsenenschutz, Nr. 22.64.

59 AFFOLTER, BaKomm, Art. 411 N 4.

60 Botsch. Erwachsenenschutz, 7054; SCHMID, Erwachsenenschutz Kommentar, Art. 411 N 4.

61 Ebenso BALESTRIERI a.a.O. 222.

62 AFFOLTER, BaKomm, Art. 413 N 1.

63 Botsch. Erwachsenenschutz, 7055; HÄFELI, Erwachsenenschutz, Nr. 22.81; DERS., ESR-Kommentar, Art. 413 N 2; BALESTRIERI a.a.O. 218; HAUSHEER/GEISER/AEBI-MÜLLER, Erwachsenenschutzrecht, Nr. 2.135.

33   Nach Art. 398 Abs. 3 OR hat der Beistand die Aufgaben zwar grundsätzlich persönlich
     wahrzunehmen (was sich im Übrigen bereits aus Art. 400 ergibt), ist aber berechtigt,
     einzelne Aufgaben *an Dritte zu übertragen*.[64] Für Dritte haftet der Beistand gestützt
     auf Art. 399 Abs. 2 OR wie ein Geschäftsherr (55 OR), soweit er zur Übertragung des
     Geschäftes befugt war.[65]

g. Verschwiegenheits- und Informationspflicht

1. Verschwiegenheitspflicht

34   Art. 413 Abs. 2 widmet sich der *Verschwiegenheitspflicht* des Beistandes, welche unter
     altem Recht nicht ausdrücklich normiert war. Danach ist der Beistand zur Verschwie-
     genheit verpflichtet, soweit dem nicht überwiegende Interessen entgegenstehen. Von
     Bedeutung sind die Interessen der betroffenen Person, der Öffentlichkeit oder von
     Dritten.[66] Beispielsweise kann es angezeigt sein, die Angehörigen einer verbeistände-
     ten Person über wichtige Ereignisse zu informieren, damit diese die verbeiständete
     Person sachgerecht unterstützen können.[67]

35   Welche *Sanktionen* mit der Verletzung der Verschwiegenheitspflicht verbunden sind,
     ist nicht ausdrücklich geregelt. Anwendbar sind deshalb zunächst die allgemeinen
     Haftungsbestimmungen des Erwachsenenschutzrechts (454 f.) sowie die Rechtsbe-
     helfe zum Schutz der Persönlichkeit (28). Bei Berufsbeiständinnen, die beim Gemein-
     wesen angestellt sind, kommt zudem der Art. 320 StGB betreffend die Verletzung von
     Amtsgeheimnissen zur Anwendung.[68] Die Ausnahmen zur Verschwigensheitspflicht
     in Art. 413 Abs. 2 und 3 stellen dabei einen Rechtfertigungsgrund im Sinn von Art. 14
     StGB dar.[69]

2. Informationspflicht

36   Art. 413 Abs. 3 statuiert eine *Informationspflicht* gegenüber Dritten. Diese sind über
     die Beistandschaft zu orientieren, soweit dies zur gehörigen Erfüllung der Aufgaben
     des Beistandes erforderlich ist. Der Beistand hat dabei die Interessen der betroffe-
     nen Person und Dritter gegeneinander abzuwägen und aufgrund dessen den Umfang
     und die Art der Information zu bestimmen.[70] Beispielsweise «kann sich ein Beistand
     oder eine Beiständin nicht auf das Vertretungsrecht berufen, ohne über den Umfang
     der übertragenen Aufgaben und die rechtlichen Auswirkungen der Massnahme zu
     orientieren.»[71]

---

64   Schmid, Erwachsenenschutz Kommentar, Art. 413 N 2; Affolter, BaKomm, Art. 413 N 2;
     ders., FamKomm Erwachsenenschutz, Art. 413 N 2 ff.
65   Affolter, BaKomm, Art. 413 N 5.
66   Botsch. Erwachsenenschutz, 7055; Balestrieri a.a.O. 219; Häfeli, ESR-Kommentar, Art. 413
     N 5; Hausheer/Geiser/Aebi-Müller, Erwachsenenschutzrecht, Nr. 2.136.
67   Häfeli, Erwachsenenschutz, Nr. 22.86; ders., ESR-Kommentar, Art. 413 N 6.
68   Botsch. Erwachsenenschutz, 7055; Meier/Lukic, Nr. 580.
69   Schmid, Erwachsenenschutz Kommentar, Art. 413 N 6; Häfeli, Erwachsenenschutz, Nr. 22.91.
70   Häfeli, Erwachsenenschutz, Nr. 22.88; ders., ESR-Kommentar, Art. 413 N 9.
71   Botsch. Erwachsenenschutz, 7055. So auch Meier/Lukic, Nr. 581.

h. Änderung der Verhältnisse

Die Beiständin informiert die Erwachsenenschutzbehörde unverzüglich über Umstände, die eine Änderung der Massnahme erfordern oder eine Aufhebung der Beistandschaft ermöglichen (414). Diese Bestimmung dient der Verwirklichung des Subsidiaritäts- und Verhältnismässigkeitsprinzips (389), indem sichergestellt wird, dass eine Massnahme nur solange in Kraft bleibt, als sie zum Wohl der betroffenen Person notwendig ist.[72]

37

---

72 Botsch. Erwachsenenschutz, 7055; SCHMID, Erwachsenenschutz Kommentar, Art. 414 N 1; HÄFELI, ESR-Kommentar, Art. 414 N 4; MEIER/LUKIC, Nr. 570; HAUSHEER/GEISER/AEBI-MÜLLER, Erwachsenenschutzrecht, Nr. 2.137.

§ 56 Die Mitwirkung und das Einschreiten der Erwachsenenschutzbehörde

1 Der sechste Unterabschnitt (415–418) über «Die Mitwirkung der Erwachsenenschutzbehörde» und der siebte Unterabschnitt (419) über das «Einschreiten der Erwachsenenschutzbehörde» regeln, in welcher Weise die Erwachsenenschutzbehörde ihre Aufsichtsfunktion wahrnimmt: Sie ist zur Prüfung der Rechnung (410) und des Berichts (411) des Beistands verpflichtet (415) und muss für gewisse Geschäfte prüfen, ob sie ihre Zustimmung erteilen kann (416 ff.). In diesen Fällen geht es um die (präventive) Mitwirkung der Erwachsenenschutzbehörde bei den Handlungen und Rechtsgeschäften des Beistands (I., N 2 ff.). Daneben hat sie (nachträglich korrigierend) einzuschreiten, wenn sie über Ungereimtheiten informiert wird (419, nachfolgend II., N 31 ff.). Diese Bestimmungen finden primär auf Beistandschaften (390 ff.) und die Minderjährigenvormundschaft (327c^2) Anwendung. Sie gelten aber sinngemäss auch für jene Personen und Stellen, denen zum Schutz des Kindes (307^3) oder zum Schutz einer erwachsenen Person (392 Ziff. 3) Einblick und Auskunft zu erteilen ist.[1]

I.   Die Mitwirkung

2 Die Mitwirkung der Erwachsenenschutzbehörde umfasst einerseits die Prüfung und Genehmigung der Rechnung und des Berichts des Beistandes (415) (a., N 3 ff.). Andererseits regeln die Art. 416 ff. den Umgang mit zustimmungsbedürftigen Geschäften (b., N 8 ff.).

a. Prüfung der Rechnung und des Berichts

1. Prüfung

3 Die Erwachsenenschutzbehörde prüft gemäss Art. 415 Abs. 1 die *Rechnung* (410, s. dazu vorne § 55 N 20) und erteilt oder verweigert die Genehmigung. Soweit notwendig, kann sie eine Berichtigung verlangen, wenn beispielsweise Belege fehlen oder zu einem bestimmten Punkt ungenügende Ausführungen gemacht wurden. Sie prüft die Rechnung umfassend, d.h. sowohl auf ihre formelle Richtigkeit wie auch auf «die Angemessenheit und Gesetzmässigkeit der Verwaltung» hin.[2] Die Rechnungsprüfung geht damit über eine blosse Belegprüfung hinaus und besteht in der grundlegenden Überprüfung der Einnahmen und Ausgaben sowie des Vermögensstatus und dessen Veränderungen in Bestand und Anlage.[3] Zu kontrollieren ist namentlich, ob allfällige Schulden beglichen, Forderungen eingezogen und unberechtigte Ansprüche

---

1   BIDERBOST, FamKomm Erwachsenenschutz, Art. 415 N 1; HÄFELI, Erwachsenenschutz, Nr. 23.01; VOGEL, BaKomm, Art. 415 N 2a.

2   Botsch. Erwachsenenschutz, 7055; VOGEL, BaKomm, Art. 415 N 7; SCHMID, Erwachsenenschutz Kommentar, Art. 415 N 4.

3   BIDERBOST, FamKomm Erwachsenenschutz, Art. 415 N 4.

abgewehrt wurden.[4] Zudem hat die Erwachsenenschutzbehörde im Rahmen der Prüfung der Rechnung auch die Mitwirkung bei den zustimmungsbedürftigen Geschäften (416 f.) sicherzustellen. Fehlt die Zustimmung für ein solches Geschäft, kann sie dieses im Rahmen der Prüfung der Rechnung auch nachträglich genehmigen.[5] Entsprechend dem Sinn der Rechnung ist eine solche selbstredend nur dann vorzulegen, wenn die Beistandschaft auch die Vermögensverwaltung umfasst. In jedem Fall ist dagegen der *Bericht* gemäss Art. 411 einzureichen. Die Erwachsenenschutzbehörde prüft auch diesen und verlangt, wenn nötig, dessen Ergänzung (415[2]). Dieser Bericht ist einerseits daraufhin zu prüfen, ob der Beistand sein Amt in befriedigender Weise wahrnimmt. Andererseits liefert der Bericht Informationen darüber, ob die Gründe für die Beistandschaft noch gegeben sind, oder aber die Massnahme aufzuheben oder abzuändern ist.[6] Bericht zu erstatten ist dabei über die persönlichen Verhältnisse und die Betreuung, aber auch über die finanziellen Aspekte, soweit diese von der Beistandschaft erfasst sind.[7]

2. Genehmigung und Anordnung von Massnahmen

Nach der Prüfung der Rechnung hat die Erwachsenenschutzbehörde diese zu genehmigen oder ganz oder teilweise zu verweigern.[8] Dasselbe gilt in Bezug auf den Bericht, auch wenn in Art. 415 Abs. 2 eine Genehmigung nicht ausdrücklich vorgesehen ist.[9] Die *Genehmigung bzw. deren Verweigerung* erfolgt in einem Beschluss mit Rechtsmittelbelehrung, der gestützt auf Art. 450 ff. mit Beschwerde angefochten werden kann.[10] Im Rahmen der Genehmigung der Rechnung und des Berichts werden in der Regel auch die Entschädigung und die Spesen der Beiständin festgesetzt.[11]   4

Die Prüfung von Rechnung und Bericht dient der rückwirkenden Prüfung der Amtsführung, aber auch der prospektiven Steuerung für die Zukunft (BGer 5A_151/2014 E. 6.1). Die Prüfung kann zum Ergebnis führen, dass zur Wahrung der Interessen der betroffenen Person Massnahmen angezeigt sind (BGer 5A_151/2014 E. 6.1). Nach der Abnahme von Rechnung und Bericht trifft daher die Erwachsenenschutzbehörde die entsprechenden *Massnahmen* (415[3]). Beispielsweise kann sie Weisungen betreffend die zukünftige Führung der Beistandschaft erteilen (BGer 5A_151/2014 E. 6.1), die   5

---

4   Biderbost, FamKomm Erwachsenenschutz, Art. 415 N 4.

5   Schmid, Erwachsenenschutz Kommentar, Art. 415 N 4; Vogel, BaKomm, Art. 415 N 8.

6   Botsch. Erwachsenenschutz, 7055; Affolter, BaKomm, Art. 411 N 1; Häfeli, Erwachsenenschutz, Nr. 22.62; ders., ESR-Kommentar, Art. 411 N 3; Schmid, Erwachsenenschutz Kommentar, Art. 411 N 3; Meier/Lukic, Nr. 595.

7   Biderbost, FamKomm Erwachsenenschutz, Art. 415 N 6; Häfeli, Erwachsenenschutz, Nr. 23.06; Schmid, Erwachsenenschutz Kommentar, Art. 415 N 3.

8   Biderbost, FamKomm Erwachsenenschutz, Art. 415 N 9; Schmid, Erwachsenenschutz Kommentar, Art. 415 N 7; Hausheer/Geiser/Aebi-Müller, Erwachsenenschutzrecht, Nr. 2.156.

9   Schmid, Erwachsenenschutz Kommentar, Art. 415 N 6.

10 Häfeli, Erwachsenenschutz, Nr. 23.05; Vogel, BaKomm, Art. 415 N 16.

11 Schmid, Erwachsenenschutz Kommentar, Art. 415 N 10; Vogel, BaKomm, Art. 415 N 12.

Massnahme den veränderten Verhältnissen anpassen oder notfalls den Beistand seines Amtes entheben (423).[12]

3. Wirkung

6 Grundsätzlich hat weder die Prüfung und Genehmigung der Rechnung noch des Berichts Dritten gegenüber eine Rechtswirkung. Die Prüfung und die Genehmigung haben mithin keine Wirkung nach aussen, die in einer Anerkennung der Schulden oder anderer Verbindlichkeiten der verbeiständeten Person bestehen würden.[13] Immerhin kommt der genehmigten Rechnung erhöhte Beweiskraft zu, sie geniesst die Vermutung der Richtigkeit.[14] Weiter wird dem Beistand durch die Genehmigung keine Décharge erteilt, sondern potentielle Verantwortlichkeitsansprüche gemäss Art. 454 f. bleiben bestehen (BGer 5A_151/2014 E. 6.1; 5A_494/2013 E. 2.1 und 2.2).[15] Die Genehmigung der Erwachsenenschutzbehörde stellt diesbezüglich vielmehr eine blosse Feststellung dar, dass die Erwachsenenschutzbehörde das Handeln des Beistandes (Vertretung, Verwaltung, Betreuung) während der fraglichen Periode für richtig befindet.[16]

4. Nichteinreichung von Rechnung und Bericht

7 Kommt der Beistand seiner Pflicht auf Rechnungsabgabe oder Berichterstattung nicht oder nicht ordnungsgemäss nach, hat die Erwachsenenschutzbehörde gestützt auf die Strafandrohung nach Art. 292 StGB eine Verfügung zu erlassen und eine Amtsenthebung oder die Ersatzvornahme auf Kosten des säumigen Beistandes zu prüfen.[17]

b. Zustimmungsbedürftige Geschäfte

8 Grundsätzlich übt die Beiständin ihre Aufgaben selbstständig und selbstverantwortlich aus. Sie fungiert nicht als Beauftragte oder Organ der Erwachsenenschutzbehörde, vielmehr nimmt die Erwachsenenschutzbehörde lediglich die Aufsicht wahr.[18] Nur in Bezug auf Geschäfte mit besonderer Tragweite sieht das Gesetz eine Mitwirkung der Erwachsenenschutzbehörde vor. Für diese Geschäfte bedarf die Beiständin zum Schutz der verbeiständeten Person der Zustimmung der Erwachsenenschutzbehörde.[19] Die Funktion der Erwachsenenschutzbehörde ist dabei auf die Genehmigung

---

12 Häfeli, Erwachsenenschutz, Nr. 23.04; Schmid, Erwachsenenschutz Kommentar, Art. 415 N 12; Vogel, BaKomm, Art. 415 N 18 f.; Meier/Lukic, Nr. 609; Hausheer/Geiser/Aebi-Müller, Erwachsenenschutzrecht, Nr. 2.156.

13 Schmid, Erwachsenenschutz Kommentar, Art. 415 N 8; Steinauer/Fountoulakis, Personnes physiques, Nr. 1273; Meier/Lukic, Nr. 608; Vogel, BaKomm, Art. 415 N 14.

14 Vogel, BaKomm, Art. 415 N 14.

15 Botsch. Erwachsenenschutz, 7056; Häfeli, Erwachsenenschutz, Nr. 23.05; Schmid, Erwachsenenschutz Kommentar, Art. 415 N 8; Vogel, BaKomm, Art. 415 N 11; Meier/Lukic, Nr. 608.

16 Schmid, Erwachsenenschutz Kommentar, Art. 415 N 8; Vogel, BaKomm, Art. 415 N 11.

17 Vogel, BaKomm, Art. 415 N 17, m. w. H.; Schmid, Erwachsenenschutz Kommentar, Art. 415 N 11.

18 Biderbost, FamKomm Erwachsenenschutz, Art. 416 N 1; Häfeli, Erwachsenenschutz, Nr. 23.15; Vogel, BaKomm, Art. 416/417 N 1.

19 Schmid, Erwachsenenschutz Kommentar, Art. 416 N 4.

beschränkt; sie ist nicht befugt, das Geschäft selber in Vertretung der verbeiständeten Person abzuschliessen, ändert doch die Zustimmungsbedürftigkeit nichts an der Vertretungskompetenz der Beiständin (135 V 136 E. 2.2).[20] Dementsprechend kann die Zustimmung durch die Erwachsenenschutzbehörde allfällige Mängel eines Geschäfts auch nicht heilen.[21]

Art. 416 Abs. 1 Ziff. 1 bis 9 normieren diese, in der Tendenz risikobehafteten, wirtschaftlich bedeutenden Geschäfte von grundsätzlich dauerhaftem Charakter.[22] Diese Bestimmung ist dem alten Recht nachgebildet (a421 und a422). Allerdings sind nicht alle Geschäfte, die gemäss dieser Bestimmung zustimmungsbedürftig waren, auch in Art. 416 aufgenommen worden,[23] und die neue Bestimmung enthält Geschäfte, die früher keiner Zustimmung bedurften.[24] Im Gegensatz zum alten Recht ist für die Zustimmung nun ausserdem in jedem Fall die Erwachsenenschutzbehörde und nicht zum Teil die Vormundschaftsbehörde und zum Teil die Aufsichtsbehörde zuständig. 9

1. Abgrenzungen

α. Ausnahmen von der Zustimmungspflicht

Gemäss der Formulierung von Art. 416 Abs. 1 ist eine Zustimmung im Zusammenhang mit den erwähnten Geschäften notwendig, wenn die Beiständin *in Vertretung der betroffenen Person* handelt (s. aber sog. N 19). Damit kommt dieser Bestimmung im Zusammenhang mit *Mitwirkungsbeistandschaften* (396), bei denen die betroffene Person selber handelt und der Beistand lediglich seine Zustimmung zu den Geschäften erteilen muss, keine Bedeutung zu. Dasselbe gilt für die Begleitbeistandschaft, im Rahmen derer der Beistand ebenfalls über keine Vertretungsbefugnis verfügt.[25] 10

Ebenso wenig ist die Zustimmung der Erwachsenenschutzbehörde notwendig, wenn die *Handlungsfähigkeit* des urteilsfähigen Verbeiständeten durch die Beistandschaft *nicht eingeschränkt* ist und dieser selber sein Einverständnis zu einem Geschäft erteilt (Art. 416 Abs. 2). Dies kann dann der Fall sein, wenn im Zusammenhang mit der Errichtung einer Vertretungsbeistandschaft (394) der betroffenen Person die Handlungsfähigkeit voll belassen wird. In Einzelfällen kommt die Zustimmung durch die Erwachsenenschutzbehörde aber auch bei Handlungsfähigkeit der betroffenen Person zum Tragen: Soweit sich die verbeiständete Person zu einem zustimmungsbedürftigen Geschäft nicht äussert, kann die Beiständin die Zustimmung in Ausnahmefällen und 11

20 SCHMID, Erwachsenenschutz Kommentar, Art. 416 N 4; BIDERBOST, FamKomm Erwachsenenschutz, Art. 416 N 4.

21 BIDERBOST, FamKomm Erwachsenenschutz, Art. 416 N 4.

22 VOGEL, BaKomm, Art. 416/417 N 14; BIDERBOST, FamKomm Erwachsenenschutz, Art. 416 N 21.

23 Im Einzelnen siehe SCHMID, Erwachsenenschutz Kommentar, Art. 416 N 2; MEIER/LUKIC, Nr. 614.

24 Botsch. Erwachsenenschutz, 7056.

25 Botsch. Erwachsenenschutz, 7057 ff.; HAUSHEER/GEISER/AEBI-MÜLLER, Erwachsenenschutzrecht, Nr. 2.157; VOGEL, BaKomm, Art. 416/417 N 7; STEINAUER/FOUNTOULAKIS, Personnes physiques, Nr. 1221b; MEIER/LUKIC, Nr. 617.

wenn die Interessen der schutzbedürftigen Person es verlangen, auch von der Erwachsenenschutzbehörde einholen.[26]

12   Schliesslich kann die Erwachsenenschutzbehörde von der Pflicht, bei Abschluss dieser Geschäfte ihre Zustimmung einzuholen, *ganz oder teilweise entbinden,* wenn die Umstände es rechtfertigen, und die Beistandschaft vom Ehegatten, der eingetragenen Partnerin oder dem eingetragenen Partner, den Eltern, einem Nachkommen, einem Geschwister, der faktischen Lebenspartnerin oder dem faktischen Lebenspartner der betroffenen Person übernommen worden ist (420). Zum Schutz der betroffenen Person ist bei der Anwendung dieser Bestimmung aber Zurückhaltung zu üben.[27] Zudem bleibt die allgemeine Aufsichtspflicht der Erwachsenenschutzbehörde trotz Verzicht auf die Genehmigung erhalten und diese Beistände unterstehen weiterhin der Verantwortlichkeit gemäss Art. 454 f.[28] In Bezug auf Geschäfte zwischen der Beiständin und der verbeiständeten Person nach Art. 416 Abs. 3 (s. sogl. N 14) gilt diese Entbindung nur, wenn sie ausdrücklich auf Art. 416 Abs. 3 Bezug nimmt.[29]

β. Ausschluss von der Zustimmungspflicht

13   Zum Vornherein nicht anwendbar ist Art. 416 auf die in Art. 412 Abs. 1 erwähnten besonderen Geschäfte, da hier dem Beistand die Vertretungsmacht vollständig fehlt. Eine Zustimmung der Erwachsenenschutzbehörde fällt daher ausser Betracht. Nicht anwendbar ist diese Bestimmung weiter auf Inhaber der elterlichen Sorge. Dasselbe gilt für die gesetzliche Vertretung im Sinn von Art. 374 ff. sowie den Vorsorgebeauftragten (360 ff.).[30]

γ. Obligatorische Zustimmungspflicht

14   Immer der Zustimmung der Erwachsenenschutzbehörde bedürfen nach Art. 416 Abs. 3 *Verträge zwischen dem Beistand und der betroffenen Person,* ausser diese erteile einen unentgeltlichen Auftrag. Diese Regelung gilt für alle Beistandschaftsarten.[31] Art. 416 Abs. 3 kommt nur zum Tragen, wenn die *handlungsfähige* verbeiständete Person selber

---

26 BIDERBOST, FamKomm Erwachsenenschutz, Art. 416 N 9; SCHMID, Erwachsenenschutz Kommentar, Art. 416 N 6. Missverständlich ist diesbezüglich die Botschaft (Botsch. Erwachsenenschutz, 7058), wonach dem Beistand in einem solchen Fall die Wahl offen steht, ob er das fragliche Geschäft durch die Erwachsenenschutzbehörde oder die verbeiständete Person genehmigen lassen will. Soweit die betroffene Person handlungsfähig ist und sich zum fraglichen Geschäft äussert, ist ihre Meinung ausschlaggebend.

27 LANGENEGGER, ESR-Kommentar, Art. 420 N 6; FASSBIND, Erwachsenenschutz, 297; AFFOLTER, BaKomm, Art. 410 N 4; DERS., HandKomm, Art. 405 N 10; VOGEL, BaKomm, Art. 420 N 6.

28 Botsch. Erwachsenenschutz, 7059 f.; VOGEL, BaKomm, Art. 420 N 6; HAUSHEER/GEISER/AEBI-MÜLLER, Erwachsenenschutzrecht, Nr. 2.123.

29 BIDERBOST, FamKomm Erwachsenenschutz, Art. 416 N 38; VOGEL, BaKomm, Art. 416/417 N 8.

30 BIDERBOST, FamKomm Erwachsenenschutz, Art. 416 N 20.

31 BIDERBOST, FamKomm Erwachsenenschutz, Art. 416 N 38; STEINAUER/FOUNTOULAKIS, Personnes physiques, Nr. 1234.

mit der Beiständin einen Vertrag abschliesst.[32] Soll das Rechtsgeschäft zwischen dem *urteils- bzw. handlungsunfähigen* Verbeiständeten und dem Beistand geschlossen werden, ist vielmehr allein Art. 403 (Interessenkollision) einschlägig, wonach der betroffenen Person ein Ersatzbeistand zur Seite zu stellen ist. Ausschlaggebend für diesen Unterschied ist, dass die Vertretungsmacht des Beistandes gemäss Art. 403 Abs. 2 bei Vorliegen einer Interessenkollision von Gesetzes wegen entfällt, und der Beistand folglich keine Geschäfte im Namen der verbeiständeten Person mehr abschliessen kann, welche die Erwachsenenschutzbehörde (nach 416[3]) genehmigen könnte. Insbesondere vermag die Zustimmung durch die Erwachsenenschutzbehörde ein solches Geschäft auch nicht zu heilen.[33] Zu genehmigen hat die Erwachsenenschutzbehörde dann aber den Vertrag, den der Ersatzbeistand mit dem Beistand abschliesst.[34]

2. Die einzelnen zustimmungsbedürftigen Geschäfte

α. *Liquidation des Haushalts, Kündigung des Vertrags über Räumlichkeiten, in denen die*   15
betroffene Person wohnt (Ziff. 1). Diese Bestimmung ist neu und soll überstürztes Handeln in einer bedeutenden Angelegenheit wie der Wohnsituation verhindern.[35]

β. *Dauerverträge über die Unterbringung der betroffenen Person (Ziff. 2),* beispielsweise   16
ein Betreuungsvertrag im Sinn von Art. 382. Dieses Zustimmungserfordernis ist ebenfalls neu. Es soll sicherstellen, dass ein Heim im konkreten Fall für die betroffene Person geeignet ist und nicht nur die kostengünstigste Variante darstellt.[36] Überdies betrifft diese Bestimmung nicht nur Dauerverträge mit einem Heim, sondern allgemein Vereinbarungen über die Unterbringung, weshalb namentlich auch die Unterbringung in einer Familie erfasst ist. Durch den Begriff Dauervertrag wird klargestellt, dass das Zustimmungserfordernis nur für eine langfristige und keine kurzfristige Unterbringung, wie beispielsweise einen Ferienaufenthalt gilt.[37] Soll eine Person gegen ihren Willen untergebracht werden, richtet sich die Unterbringung nach den Regeln über die fürsorgerische Unterbringung (426 ff.); Art. 416 gelangt nicht zur Anwendung.

Art. 416 Ziff. 2 ist grundsätzlich nicht anwendbar, wenn der Dauervertrag zur Unter-   17
bringung gestützt auf die Vertretungsbefugnis nach Art. 382 Abs. 3, also von einer Person i. S. v. Art. 378 abgeschlossen wird, die keinen behördlichen Auftrag hat.[38] Das trifft auf die in Ziff. 1 sowie in Ziff. 3–7 erwähnten Personen zu. Der Beistand ist i. S. v. Art. 382 Abs. 3 i. V. m. 378 Abs. 1 Ziff. 2 nur dann für den Abschluss eines Dauerver-

---

32   STEINAUER/FOUNTOULAKIS, Personnes physiques, Nr. 1274; HAUSHEER/GEISER/AEBI-MÜLLER, Erwachsenenschutzrecht, Nr. 2.157.

33   BIDERBOST, FamKomm Erwachsenenschutz, Art. 416 N 18.

34   VOGEL, BaKomm, Art. 416/417 N 12.

35   Botsch. Erwachsenenschutz, 7056; STEINAUER/FOUNTOULAKIS, Personnes physiques, Nr. 1225; VOGEL, BaKomm, Art. 416/417 N 15; MEIER/LUKIC, Nr. 620.

36   Botsch. Erwachsenenschutz, 7056; BIDERBOST, FamKomm Erwachsenenschutz, Art. 416 N 24; VOGEL, BaKomm, Art. 416/417 N 16.

37   Botsch. Erwachsenenschutz, 7056.

38   Botsch. Erwachsenenschutz, 7057; MEIER/LUKIC, Nr. 620 FN 747; VOGEL, BaKomm, Art. 416/417 N 16.

trags vertretungsberechtigt, wenn diese Aufgabe vom behördlichen Auftrag erfasst ist (381[1]; 394). Diesfalls gilt auch hier das Genehmigungserfordernis.[39]

18   Diese Bestimmung befasst sich einzig mit der rechtsgeschäftlichen Unterbringung, nicht mit der Festlegung des Aufenthaltsorts.[40]

19   γ. *Annahme oder Ausschlagung einer Erbschaft, wenn dafür eine ausdrückliche Erklärung erforderlich ist, sowie Erbverträge und Erbteilungsverträge (Ziff. 3).* Die Annahme und die Ausschlagung einer Erbschaft (566) können stillschweigend erfolgen, ohne dass eine Willenserklärung erforderlich wäre. Das gilt für die Annahme generell (Ausnahme: 566[2]): Für die gesetzlichen Erben bedeutet die fehlende Ausschlagung in aller Regel automatisch die Annahme, ohne dass diese ausdrücklich geäussert werden müsste. Nur in Ausnahmefällen (574, 575, 588[1]) ist eine ausdrückliche Erklärung notwendig, der die Erwachsenenschutzbehörde zustimmen muss.

20   Die Zustimmung zum Abschluss eines Erbvertrages ist differenziert zu beurteilen: Von dieser Ziffer ist nur die Konstellation erfasst, in der die verbeiständete Person nicht als Verfügende von Todes wegen, sondern als Gegenpartei auftritt und in dieser Funktion vom Beistand vertreten wird.[41] Verfügt die betroffene Person dagegen mittels Erbvertrag über ihr Vermögen, kommt Art. 468 Abs. 2 zur Anwendung, wonach Personen unter einer Beistandschaft, die den Abschluss eines Erbvertrages umfasst, der Zustimmung des gesetzlichen Vertreters bedürfen.[42] Die verbeiständete Person handelt in diesem Fall selber, womit die Handlung des Beistandes keine Vertretungshandlung, sondern lediglich eine Mitwirkung darstellt und folglich im Prinzip auch Art. 416 nicht zur Anwendung gelangt.[43] Allerdings wäre es paradox, die Zustimmung der Erwachsenenschutzbehörde zu verlangen, wenn die Verbeiständete als Gegenkontrahentin eines Erbvertrags durch den Beistand vertreten wird, nicht jedoch, wenn sie als Erblasserin selber handelt und der Beistand nur zustimmt (s. dazu § 68 N 6 ff.). Die Aussage in der Botschaft, unter «Erbvertrag» sei jene Vereinbarung zu verstehen, bei der die betroffene Person nicht als Erblasserin auftritt, sondern als Gegenkontrahentin, vertreten durch den Beistand oder die Beiständin,[44] steht wohl vor dem Hintergrund der Vorstellung, dass eine verbeiständete Person einen Erbvertrag – wie unter dem früheren Vormundschaftsrecht (468 aF) – nicht als Erblasserin abschliessen kann. Unter dem geltenden Recht ist das nun mit Zustimmung des Beistands möglich (468[2]), weshalb auch dieser Akt der Zustimmung der Erwachsenenschutzbehörde unterstellt ist.[45]

---

39 BIDERBOST, FamKomm Erwachsenenschutz, Art. 416 N 24; VOGEL, BaKomm, Art. 416/417 N 16; STEINAUER/FOUNTOULAKIS, Personnes physiques, Nr. 1226 FN 62. Für eine generelle Anwendung SCHMID, Erwachsenenschutz Kommentar, Art. 416 N 13.

40 BIDERBOST, FamKomm Erwachsenenschutz, Art. 416 N 24; VOGEL, BaKomm, Art. 416/417 N 16.

41 SCHMID, Erwachsenenschutz Kommentar, Art. 416 N 17; VOGEL, BaKomm, Art. 416/417 N 19.

42 STEINAUER/FOUNTOULAKIS, Personnes physiques, Nr. 1227; SCHMID, Erwachsenenschutz Kommentar, Art. 416 N 15.

43 SCHMID, Erwachsenenschutz Kommentar, Art. 416 N 15; VOGEL, BaKomm, Art. 416/417 N 19.

44 Botschaft Erwachsenenschutz, 7057.

45 STEINAUER/FOUNTOULAKIS, Personnes physiques, Nr. 1227 f.

Erlangt die betroffene Person durch einen Erbvertrag nur Vorteile, kann sie gestützt   21
auf Art. 19 Abs. 2 selbstständig handeln, und es bedarf weder der Zustimmung des Beistandes noch der Erwachsenenschutzbehörde.[46]

δ. *Erwerb, Veräusserung, Verpfändung und andere dingliche Belastung von Grundstü-*   22
cken sowie Erstellen von Bauten, das über ordentliche Verwaltungshandlungen hinaus-
geht (Ziff. 4). Im Gegensatz zur Formulierung des aArt. 421 Ziff. 1, in dem von «Kauf,
Verkauf» die Rede war, ist die neue Bestimmung offener formuliert, womit sichergestellt ist, dass beispielsweise auch Tauschverträge oder die Begründung von Vorkaufsrechten erfasst sind.[47] Die «andere» dingliche Belastung umfasst die Errichtung einer
Nutzniessung (745), die Einräumung eines Wohnrechts (776) und die Errichtung einer
anderen Dienstbarkeit, z.B. eines Baurechts (779). Das Erstellen von Bauten bezieht
sich nicht nur auf die baulichen Massnahmen selber, sondern auch auf alle damit
verbundenen Handlungen wie die Vergabe von Aufträgen oder den Abschluss eines
Werkvertrages.[48] Der Begriff der ordentlichen Verwaltungshandlungen richtet sich
nach Art. 647a, der die Nutzungs- und Verwaltungsordnung bei Miteigentum regelt.[49]
Keiner Zustimmung bedürfen damit regelmässig reine Unterhaltsarbeiten oder Män-
gelbeseitigungen, Massnahmen also, die zur Erhaltung der Sache oder ihres Wertes
oder zur Verhütung von Schäden notwendig oder zweckmässig sind.[50] In jedem Fall
hängt die Beurteilung aber von den Umständen im Einzelfall ab.[51]

ε. *Erwerb, Veräusserung und Verpfändung anderer Vermögenswerte sowie Errichtung*   23
einer Nutzniessung daran, wenn diese Geschäfte nicht unter die Führung der ordentli-
chen Verwaltung und Bewirtschaftung fallen (Ziff. 5). Der Begriff der ordentlichen Verwaltung entspricht jenem bei der Gütergemeinschaft (Art. 227 Abs. 2 ZGB).[52] Nicht
zustimmungsbedürftig sind damit Handlungen, die von untergeordneter Bedeutung
sind und sich als notwendig und zweckmässig erweisen, beispielsweise der Ersatz früher getätigter Vermögensanlagen durch Anlagen mit gleicher Sicherheit und gleichem
Risiko.[53] Ausserordentlich ist dagegen die Neuanlage von Wertschriften, wenn dies
mit einer Veränderung der Anlagestrategie verbunden ist.[54] Im Einzelnen sind aber
die konkreten Umstände ausschlaggebend, so dass bei guten wirtschaftlichen Verhält-

---

46   Vogel, BaKomm, Art. 416/417 N 19, mit Hinweis auf die Problematik, ob eine Erbeinsetzung wegen der Übernahme etwaiger Erbschaftsschulden überhaupt unentgeltlich sein kann;
Steinauer/Fountoulakis, Personnes physiques, Nr. 1227b.

47   Biderbost, FamKomm Erwachsenenschutz, Art. 416 N 28; Vogel, BaKomm, Art. 416/417
N 20.

48   Biderbost, FamKomm Erwachsenenschutz, Art. 416 N 29.

49   Botsch. Erwachsenenschutz, 7057.

50   Häfeli, Erwachsenenschutz, Nr. 23.26; Schmid, Erwachsenenschutz Kommentar, Art. 416
N 20; Vogel, BaKomm, Art. 416/417 N 23 f.; Steinauer/Fountoulakis, Personnes physiques, Nr. 1228 e contrario.

51   Biderbost, FamKomm Erwachsenenschutz, Art. 416 N 29.

52   Botsch. Erwachsenenschutz, 7056 f.

53   Steinauer/Fountoulakis, Personnes physiques, Nr. 1229; Schmid, Erwachsenenschutz
Kommentar, Art. 416 N 22.

54   Vogel, BaKomm, Art. 416/417 N 26, mit weiteren Beispielen.

nissen grössere Anschaffungen eher unter die ordentliche Verwaltung zu subsumieren sind als bei schlechteren.[55]

24 ζ. *Aufnahme und Gewährung von erheblichen Darlehen und Eingehung von wechselrechtlichen Verbindlichkeiten (Ziff. 6).* Von praktischer Bedeutung ist hier vor allem das Eingehen eines Darlehensvertrages (312 ff. OR), die Eingehung von wechselrechtlichen Verbindlichkeiten nach nach Art. 990 ff. ist dagegen selten. Nicht erfasst ist die Gebrauchsleihe.[56] Ob ein Darlehen erheblich ist, bestimmt sich nach den konkreten Einkommens- und Vermögensverhältnissen der betroffenen Person. Bei der Prüfung des Darlehensvertrages ist insbesondere auf ausreichende Sicherheiten und eine marktübliche Verzinsung zu achten, wobei je nach konkreter Konstellation auch ein zinsloses Darlehen genehmigt werden kann.[57]

25 η. *Leibrenten- und Verpfründungsverträge sowie Lebensversicherungen, soweit diese nicht im Rahmen der beruflichen Vorsorge mit einem Arbeitsvertrag zusammenhängen (Ziff. 7).*

26 θ. *Übernahme oder Liquidation eines Geschäfts, Eintritt in eine Gesellschaft mit persönlicher Haftung oder erheblicher Kapitalbeteiligung (Ziff. 8).* Der Begriff Geschäft ist hier weit zu verstehen. Erfasst sind Handels-, Landwirtschafts- und Industriebetriebe sowie künstlerische oder wissenschaftliche Unternehmungen oder ein Treuhand- oder Anwaltsbüro.[58] Wann eine Kapitalbeteiligung als erheblich gilt, bestimmt sich wiederum nach den konkreten Vermögensverhältnissen der verbeiständeten Person.[59]

27 ι. *Erklärung der Zahlungsunfähigkeit (191 SchKG), Prozessführung, Abschluss eines Vergleichs, eines Schiedsvertrags oder eines Nachlassvertrags, unter Vorbehalt vorläufiger Massnahmen des Beistands in dringenden Fällen (Ziff. 9).* Der Streitwert ist für die Frage, ob die Angelegenheit der Zustimmung der Erwachsenenschutzbehörde bedarf, unerheblich. Unerheblich ist auch, ob die verbeiständete Person als Klägerin oder Beklagte auftritt.[60] Das Vorliegen der Zustimmung stellt eine Prozessvoraussetzung dar, welche von Amtes wegen zu prüfen ist (60 ZPO).[61] Handelt die Person im Sinn von Art. 19c Abs. 1 in einer höchstpersönlichen Angelegenheit selber, verfügt der Bei-

---

55 Biderbost, FamKomm Erwachsenenschutz, Art. 416 N 31.
56 Steinauer/Fountoulakis, Personnes physiques, Nr. 1230.
57 Biderbost, FamKomm Erwachsenenschutz, Art. 416 N 32; Häfeli, Erwachsenenschutz, Nr. 23.29; Vogel, Art. 416/417 N 27.
58 Häfeli, Erwachsenenschutz, Nr. 23.31; Vogel, BaKomm, Art. 416/417 N 30; Meier/Lukic, Nr. 620.
59 Häfeli, Erwachsenenschutz, Nr. 23.31.
60 Steinauer/Fountoulakis, Personnes physiques, Nr. 1233; Biderbost, FamKomm Erwachsenenschutz, Art. 416 N 35.
61 Biderbost, FamKomm Erwachsenenschutz, Art. 416 N 35; Schmid, Erwachsenenschutz Kommentar, Art. 416 N 28; Vogel, BaKomm, Art. 416/417 N 33; Steinauer/Fountoulakis, Personnes physiques, Nr. 1233.

stand über kein Vertretungsrecht, womit die Angelegenheit auch keiner Zustimmung der Erwachsenenschutzbehörde bedarf.[62]

3. Weitere Geschäfte

Die Aufzählung der zustimmungsbedürftigen Geschäfte in Art. 416 ist grundsätzlich abschliessend. Relativiert wird dies allerdings durch Art. 417, wonach die Erwachsenenschutzbehörde aus wichtigen Gründen anordnen kann, dass ihr weitere Geschäfte zur Zustimmung unterbreitet werden. Auf diese Weise wird der Massschneiderung der behördlichen Massnahmen Rechnung getragen.[63] Wichtige Gründe liegen vor, wenn das alleinige Handeln des Beistandes bedingt durch die grosse Tragweite eines Geschäftes oder eines damit verbundenen Risikos im Hinblick auf die Interessen der betroffenen Person nicht akzeptabel wäre.[64] In Frage kommen beispielsweise Geschäfte, die unter altem Recht einer Zustimmung bedurften, im neuen Recht aber situativ beurteilt werden können, wie beispielsweise Mietverträge.[65] Nicht möglich ist es dagegen in aller Regel, dass der Beistand von sich aus bei weiteren Geschäften die Genehmigung der Erwachsenenschutzbehörde einholt, da dies zu einer unzulässigen Vermischung der Verantwortlichkeit führen würde.[66] Allerdings sorgt die Erwachsenenschutzbehörde gemäss Art. 400 Abs. 3 dafür, dass der Beistand während der Dauer der Beistandschaft die notwendige Instruktion, Beratung und Unterstützung erhält, womit die Erwachsenenschutzbehörde auf entsprechende Anfrage die Unterstellung eines Geschäftes unter die Genehmigungspflicht zu prüfen und soweit angezeigt die Massnahme entsprechend anzupassen hat.[67]

28

4. Genehmigungsantrag

Der Genehmigungsantrag wird in der Regel durch den Beistand gestellt.[68] In diesem Zeitpunkt ist das fragliche Rechtsgeschäft in aller Regel bereits abgeschlossen worden; nur ausnahmsweise erfolgt die Zustimmung vor Vertragsschluss.[69] Immerhin kann der Beistand im Rahmen der Instruktion, Beratung und Unterstützung durch die Erwachsenenschutzbehörde (400[3]) vor Abschluss des Vertrages einen Vorbescheid einholen, wobei die Erwachsenenschutzbehörde bei der tatsächlichen Genehmigung nicht an diesen Vorbescheid gebunden ist.[70] Nach Art. 418 hat ein nicht genehmigtes

29

---

62 STEINAUER/FOUNTOULAKIS, Personnes physiques, Nr. 1233; SCHMID, Erwachsenenschutz Kommentar, Art. 416 N 29; VOGEL, BaKomm, Art. 416/417 N 34.

63 BIDERBOST, FamKomm Erwachsenenschutz, Art. 417 N 1; SCHMID, Erwachsenenschutz Kommentar, Art. 417 N 1; VOGEL, BaKomm, Art. 416/417 N 40.

64 STEINAUER/FOUNTOULAKIS, Personnes physiques, Nr. 1235; VOGEL, BaKomm, Art. 416/417 N 40.

65 MEIER/LUKIC, Nr. 622; VOGEL, BaKomm, Art. 416/417 N 40.

66 Botsch. Erwachsenenschutz, 7058; MEIER/LUKIC, Nr. 624; SCHMID, Erwachsenenschutz Kommentar, Art. 417 N 2.

67 STEINAUER/FOUNTOULAKIS, Personnes physiques, Nr. 1235; VOGEL, BaKomm, Art. 416/417 N 42.

68 MEIER/LUKIC, Nr. 619; VOGEL, BaKomm, Art. 416/417 N 44.

69 BIDERBOST, FamKomm Erwachsenenschutz, Art. 416 N 40 ff.

70 VOGEL, BaKomm, Art. 416/417 N 45.

Geschäft für die betroffene Person nur die Wirkung, die nach der Bestimmung des Personenrechts über das Fehlen der Zustimmung des gesetzlichen Vertreters vorgesehen ist (19b). Ein Geschäft, welchem die Erwachsenenschutzbehörde noch keine Zustimmung erteilt hat, ist demnach nicht nichtig, sondern nur unvollständig und befindet sich in einem Schwebezustand (126 III 58 E. 3a/cc; 117 II 21 E. 4c).[71] Die behördliche Zustimmung ist materielle Wirksamkeitsvoraussetzung für das Zustandekommen des Rechtsgeschäfts.[72] Die andere Partei ist bis zur Zustimmung oder Ablehnung durch die Erwachsenenschutzbehörde gebunden, wird im Sinn von Art. 19a Abs. 2 aber frei, wenn die Genehmigung nicht innerhalb einer angemessenen Frist erfolgt, die diese Partei entweder selber ansetzt oder durch das Gericht ansetzen lässt. Genehmigt die Erwachsenenschutzbehörde das Geschäft, wird es für die Parteien verbindlich und dies grundsätzlich rückwirkend (126 III 58 E. 3a/cc).[73] Verweigert die Erwachsenenschutzbehörde die Zustimmung, werden die Parteien ex tunc frei und bereits Geleistetes kann gemäss Art. 19b zurückgefordert werden. Die verbeiständete Person haftet allerdings nur soweit, als sie noch bereichert ist oder einen Nutzen erlangt hat.[74] Grundsätzlich wird der gutgläubige Vertragspartner in seinem Vertrauen nicht geschützt, da der Schutz der verbeiständeten Person in aller Regel Vorrang geniessen soll (452[1]).[75]

5. Genehmigungsentscheid

30   Die Erwachsenenschutzbehörde hat bei der Entscheidung, ob sie das fragliche Geschäft genehmigen will, die Interessen der verbeiständeten Person bestmöglich zu wahren und das Geschäft umfassend zu prüfen.[76] Ausschlaggebend sind nicht nur wirtschaftliche, sondern auch emotionale, persönliche, affektive oder biographische Interessen (z.B. Grosszügigkeit bei enger und Reserviertheit bei loser familiärer Beziehung).[77] Die Erwachsenenschutzbehörde fällt ihre Entscheidung grundsätzlich schriftlich und mittels beschwerdefähiger Verfügung, welche gestützt auf Art. 450 ff. anfechtbar ist (BGer 5A_555/2008 E. 3.2).[78] Da es sich um einen Verwaltungsakt handelt, bedarf die Genehmigung nicht derselben Form wie das Rechtsgeschäft (117 II 21 E. 4b; 98 II 287

---

71 Häfeli, Erwachsenenschutz, Nr. 23.33; Vogel, BaKomm, Art. 418 N 3; Steinauer/Fountoulakis, Personnes physiques, Nr. 1223.

72 Häfeli, Erwachsenenschutz, Nr. 23.16; Biderbost, FamKomm Erwachsenenschutz, Art. 416 N 5.

73 Biderbost, FamKomm Erwachsenenschutz, Art. 417 N 3; Schmid, Erwachsenenschutz Kommentar, Art. 418 N 4.

74 Vogel, BaKomm, Art. 418 N 8; Steinauer/Fountoulakis, Personnes physiques, Nr. 243.

75 Eingehend Vogel, BaKomm, Art. 418 N 11 ff.

76 Schmid, Erwachsenenschutz Kommentar, Art. 416 N 9; Vogel, BaKomm, Art. 416/417 N 46; Philippe Meier, Le consentement des autorités de tutelle aux actes du tuteur (Diss. Freiburg 1994), AISUF 140, 134 ff.

77 Häfeli, Erwachsenenschutz, Nr. 23.36; Biderbost, FamKomm Erwachsenenschutz, Art. 416 N 45.

78 Biderbost, FamKomm Erwachsenenschutz, Art. 416 N 49; Vogel, BaKomm, Art. 416/417 N 48.

E. 5g).[79] Eine Zustimmung kann auch unter Bedingungen erteilt und mit Weisungen verbunden werden.[80] Die Erwachsenenschutzbehörde trägt zwar die Verantwortung für den Entscheid, der Beistand wird durch die Genehmigung aber seiner eigenen Verantwortlichkeit nicht entbunden.[81]

II. Das Einschreiten

Gegen Handlungen oder Unterlassungen des Beistandes sowie einer Drittperson oder   31
Stelle, der die Erwachsenenschutzbehörde einen Auftrag erteilt hat (392 Ziff. 2), kann
die betroffene oder eine ihr nahestehende Person und jede Person, die ein rechtlich
geschütztes Interesse hat, die Erwachsenenschutzbehörde anrufen (419). Im Gegensatz zur Beschwerde im Sinn von Art. 450 ff. untersteht die Beschwerde nach Art. 419
keinen formellen Anforderungen und kann damit auch mündlich vorgetragen werden. Sind die Voraussetzungen von Art. 419 nicht erfüllt, ist die Eingabe als Aufsichtsbeschwerde anzunehmen, wobei eine solche allerdings keinen Anspruch auf Behandlung vermittelt.[82]

a. Anfechtungsberechtigte Personen

1. Betroffene Person

Obwohl nicht ausdrücklich erwähnt, muss die betroffene Person urteilsfähig sein,   32
um die Erwachsenenschutzbehörde anrufen zu können. Der Grund dafür liegt darin,
dass eine urteilsunfähige Person gemäss Art. 18 durch ihre Handlungen grundsätzlich keine rechtliche Wirkung herbeizuführen vermag und damit auch kein Verfahren in Gang setzen kann. An die Urteilsfähigkeit sind allerdings keine hohen Anforderungen zu stellen. «Wer klar zum Ausdruck bringen kann, dass er mit einer Handlung
oder Unterlassung des Beistands oder der Beiständin nicht einverstanden ist, darf im
vorliegenden Rahmen als urteilsfähig angesehen werden.»[83] Da die Erwachsenenschutzbehörde aber von Amtes wegen tätig werden muss, wenn sie von einer Gefährdung einer verbeiständeten Person erfährt, wird sie auch dann (ohne Anrufung, sondern von Amtes wegen) tätig, wenn die betroffene Person nicht über die notwendige
Urteilsfähigkeit verfügt.

---

79 Steinauer/Fountoulakis, Personnes physiques, Nr. 1221; Biderbost, FamKomm Erwachsenenschutz, Art. 416 N 49; Vogel, BaKomm, Art. 416/417 N 2 und 51.

80 Biderbost, FamKomm Erwachsenenschutz, Art. 416 N 49; Häfeli, Erwachsenenschutz,
   Nr. 23.37.

81 Vogel, BaKomm, Art. 416/417 N 46.

82 Hausheer/Geiser/Aebi-Müller, Erwachsenenschutzrecht, Nr. 1.94; Vogel, BaKomm,
   Art. 418 N 2.

83 Botsch. Erwachsenenschutz, 7058 f. So auch Schmid, Erwachsenenschutz Kommentar,
   Art. 419 N 2; Vogel, BaKomm, Art. 418 N 5; Steinauer/Fountoulakis, Personnes physiques, Nr. 1248.

2. Nahestehende Person

33   Ob eine Person als nahestehend im Sinn dieser Bestimmung zu betrachten ist, beurteilt
     sich nicht nach starren Regeln. Ausschlaggebend ist die tatsächliche Nähe der Bezie-
     hung (zum Begriff s. § 50 N 26).[84] Die nahestehende Person muss handlungsfähig sein
     und kann nur Interessen der verbeiständeten Person geltend machen. Macht sie eigene
     Interessen geltend, ist sie als Drittperson zu betrachten und damit nur dann beschwer-
     deberechtigt, wenn sie über ein rechtlich geschütztes Interesse verfügt.[85]

3. Drittpersonen

34   Eine Drittperson kann gemäss Art. 419 dann die Erwachsenenschutzbehörde anru-
     fen, wenn sie über ein rechtlich geschütztes Interesse verfügt, ein bloss tatsächlicher
     Vorteil reicht nicht. Diese Interessen können namentlich ideeller oder wirtschaftlicher
     Natur sein.[86] Aus eigenem Interesse rechtlich legitimiert ist beispielsweise ein gestützt
     auf Art. 328 zur Unterstützung verpflichteter Verwandter, wenn eine betroffene Person
     ihr Vermögen verschleudert und der Beistand nicht eingreift. Nicht ausreichend sind
     dagegen erbrechtliche Interessen: Es besteht kein Recht auf eine Erbschaft, weshalb die
     betroffene Person ihr Vermögen ohne Einschränkung verwenden darf.[87]

b. Anfechtungsgegenstand

35   Anfechtungsgegenstand sind gemäss Wortlaut nicht nur Handlungen, sondern auch
     Unterlassungen. Der Begriff Handlung ist weit zu verstehen: Erfasst ist jegliches Han-
     deln des Amtsträgers, das einen Zusammenhang mit seinem Mandat aufweist.[88] Gegen
     blosse Absichten, eine Handlung vorzunehmen, steht die Beschwerde nach Art. 419
     dagegen nicht offen, weshalb nur die Variante einer Aufsichtsbeschwerde bleibt, die
     jedoch keinen Anspruch auf förmliche Behandlung einräumt.[89]

c. Anfechtungsfrist

36   Die Möglichkeit, die Erwachsenenschutzbehörde gestützt auf Art. 419 anzurufen, ist
     grundsätzlich an keine Frist gebunden. Ist ein Verfahren dagegen sinnlos geworden,
     weil die fragliche Handlung nicht mehr korrigiert oder die Unterlassung nicht mehr
     nachgeholt werden kann, entfällt auch die Möglichkeit der Anrufung der Erwachse-
     nenschutzbehörde gestützt auf Art. 419.[90] Eine Ausnahme davon besteht nur dann,
     wenn die Klärung der fraglichen Angelegenheit trotz mangelndem aktuellen Interesse

---

84   Botsch. Erwachsenenschutz, 7059; Häfeli, Erwachsenenschutz, Nr. 24.04; Vogel, BaKomm,
     Art. 418 N 7.
85   Botsch. Erwachsenenschutz, 7059; Vogel, BaKomm, Art. 418 N 6.
86   Häfeli, Erwachsenenschutz, Nr. 24.05.
87   Botsch. Erwachsenenschutz, 7059. So auch Schmid, BaKomm, Art. 419 N 9.
88   Steinauer/Fountoulakis, Personnes physiques, Nr. 1249; Häfeli, Erwachsenenschutz,
     Nr. 24.02; Schmid, Erwachsenenschutz Kommentar, Art. 419 N 3.
89   Hausheer/Geiser/Aebi-Müller, Erwachsenenschutzrecht, Nr. 1.94; Biderbost, Fam-
     Komm Erwachsenenschutz, Art. 419 N 2; Vogel, BaKomm, Art. 418 N 12.
90   Häfeli, Erwachsenenschutz, Nr. 24.02.

in concreto für die Praxis von Bedeutung ist (BGer 5A_186/2014 E. 3.1).[91] Auch bei fehlender Aktualität bleiben auf jeden Fall Verantwortlichkeitsansprüche vorbehalten.[92]

d. Wirkung

Im Fall einer Anfechtung prüft die Erwachsenenschutzbehörde die angefochtene Handlung umfassend, d.h. in rechtlicher und tatsächlicher Hinsicht, aber auch im Hinblick auf die Angemessenheit.[93] Auf das Verfahren kommen die Art. 443 ff. zur Anwendung (s. § 59 N 4 ff.). Gegen die Entscheidung der Erwachsenenschutzbehörde kann gestützt auf Art. 450 ff. Beschwerde beim zuständigen Gericht erhoben werden (s. § 59 N 43 ff.).

37

---

91 Botsch. Erwachsenenschutz, 7059; Vogel, BaKomm, Art. 418 N 16.
92 Botsch. Erwachsenenschutz, 7059.
93 Schmid, Erwachsenenschutz Kommentar, Art. 419 N 5.

§ 57 Die fürsorgerische Unterbringung

I. Inhalt und Anwendungsbereich

1 Die Art. 426–439 regeln die fürsorgerische Unterbringung – die FU – volljähriger Personen, unabhängig davon, ob diese urteilsfähig sind oder nicht.[1] Bei der FU handelt es sich um eine behördliche, nicht amtsgebundene Massnahme.[2] Sie wird angeordnet, wenn eine Person der persönlichen Fürsorge und Pflege bedarf und diese Fürsorge und Pflege nur durch eine Unterbringung der Person in einer Einrichtung erbracht werden kann.[3] Eine FU dient damit ausschliesslich der *Personensorge*. Sie bleibt zunächst zwar ohne Auswirkungen auf die Handlungsfähigkeit, schränkt die betroffene Person aber in ihrer Bewegungsfreiheit ein, indem ihr das Aufenthaltsbestimmungsrecht entzogen wird.[4]

2 Die Anwendung von Art. 426 setzt voraus, dass die urteilsfähige Person ihre Zustimmung zur Unterbringung nicht erteilt bzw. dass die urteilsunfähige Person Widerstand leistet, dass also die Unterbringung *gegen den Willen* der betroffenen (urteilsfähigen oder urteilsunfähigen) Person erfolgt.[5] Erfasst ist einerseits die Einweisung in eine psychiatrische Einrichtung, andererseits aber auch die Einweisung in Pflegeheime sowie in Anstalten und Heime aller Art, wenn die betroffene Person gegen die Unterbringung Widerstand leistet.[6] In diesem Sinn ist Art. 426 von Art. 382 *abzugrenzen,* welcher sich mit der Unterbringung urteilsunfähiger Personen für längere Dauer in einer Wohn- oder Pflegeeinrichtung auseinandersetzt[7]: Eine *FU* (426) erfolgt gegen den Willen der betroffenen Person und beruht auf einem öffentlich-rechtlichen Verhältnis.[8] Eine *Betreuung in einer Wohn- oder Pflegeeinrichtung* (382) erfolgt im Einverständnis (oder gar auf «Wunsch») der betroffenen Person und beruht auf einem privatrechtlichen Vertrag, der von einer vertretungsberechtigten Person im Namen der betroffenen Person abgeschlossen wird.[9] Bei der Betreuung in einer Wohn- oder Pflegeeinrichtung

---

1 BREITSCHMID/MATT, HandKomm, Art. 426 N 2; MEIER/LUKIC, Nr. 655; STEINAUER/FOUN-TOULAKIS, Personnes physiques, Nr. 1352; ROSCH, Die fürsorgerische Unterbringung im revidierten Kindes- und Erwachsenenschutzrecht, in AJP 20 (2011), 505 ff., 506.

2 HÄFELI, Erwachsenenschutz, Nr. 26.01; ROSCH, ESR-Kommentar, Art. 426 N 2.

3 ROSCH, ESR-Kommentar, Art. 426 N 6; GEISER/ETZENSBERGER, BaKomm, Vorbem. zu Art. 426–439 N 6; MEIER/LUKIC, Nr. 672.

4 HÄFELI, Erwachsenenschutz, Nr. 26.01.

5 Botsch. Erwachsenenschutz, 7063; CHRISTOF BERNHART, Handbuch der fürsorgerischen Unterbringung (Basel 2011), Nr. 258.

6 GEISER/ETZENSBERGER, BaKomm, Art. 426 N 3.

7 STEINAUER/FOUNTOULAKIS, Personnes physiques, Nr. 1026; GUILLOD, FamKomm Erwachsenenschutz, Art. 426 N 14.

8 Botsch. Erwachsenenschutz, 7039; MÖSCH PAYOT, ESR-Kommentar, Art. 382 N 5a sowie Vorbem. zu Art. 382–387 N 6 f.

9 GUILLOD, FamKomm Erwachsenenschutz, Art. 426 N 15; STECK, BaKomm, Art. 382 N 47; STEINAUER/FOUNTOULAKIS, Personnes physiques, Nr. 1026 und 1355a; MEIER/LUKIC, Nr. 349.

ist die Bewegungsfreiheit der betroffenen Person nicht eingeschränkt: Sie kann die
Einrichtung jederzeit für Einkäufe, Ausflüge oder auch definitiv verlassen.[10]

Die Art. 426 ff. regeln die *Unterbringung* und die *Zurückbehaltung* gegen den Wil-   3
len der betroffenen Person. Geregelt werden aber auch die *medizinischen Massnah-*
men bei einer psychischen Störung, sei es, dass die Behandlung im Einverständnis, sei
es, dass sie ohne Einverständnis (gegen den Willen) der betroffenen Person erfolgt
(433 f.). Damit gilt es, diese Bestimmungen in Bezug auf urteilsunfähige Personen von
der gesetzlichen Vertretung bei medizinischen Massnahmen (377 ff.) abzugrenzen:
Nach Art. 380 richtet sich die Behandlung und – über den gesetzlichen Wortlaut hinaus – auch die Einweisung einer *urteilsunfähigen Person wegen einer psychischen Stö-*
rung in einer psychiatrischen Klinik nach den Bestimmungen über die FU (426 und
433 f.). Damit richten sich Unterbringung und Behandlung wegen einer psychischen
Störung immer nach den Art. 426 ff., auch wenn die urteilsunfähige betroffene Person
keinen Widerstand leistet.[11] Das dient letztendlich dem Schutz der psychisch kranken
Person, da neben der Voraussetzung der FU (426 f.) auch die Verfahrensregeln und der
Rechtsschutz der FU (430, 431, 432, 433 f.) zur Anwendung gelangen.

Nicht anwendbar sind die Bestimmungen über die FU grundsätzlich, wenn eine urteils-   4
unfähige Person wegen einer *somatischen Krankheit* behandelt werden muss.[12] Für die
psychisch Kranken ergibt sich das e contrario aus Art. 380, der einzig für die psychische Behandlung einer urteilsunfähigen Person in einer psychiatrischen Klinik auf
die Bestimmungen zur FU verweist. Für die Behandlung somatischer Erkrankungen
bei Urteilsunfähigen sind damit die Art. 377 ff. einschlägig, selbst wenn die betroffene Person fürsorgerisch untergebracht ist[13], womit – dringende Fälle ausgenommen
(379) – die Zustimmung des Vertretungsberechtigten gemäss Art. 378 genügt und
keine behördliche Entscheidung notwendig ist. Fraglich ist, ob die gesetzliche Vertretung auch genügt, wenn die urteilsunfähige Person *Widerstand äussert,* so dass die
Behandlung einzig unter Zwang möglich ist. Muss die betroffene (urteilsunfähige) Person dafür in eine geeignete Einrichtung eingewiesen werden (426[1]), rechtfertigt es sich,
die Bestimmungen über die ärztliche Behandlung ohne die Zustimmung der betroffenen Person (434) analog anzuwenden.[14] Vorausgesetzt ist, dass die nötige Behandlung
nicht anders erfolgen kann (426[1]).

---

10 GUILLOD, FamKomm Erwachsenenschutz, Art. 426 N 15; SCHMID, Erwachsenenschutz Kom-
    mentar, Art. 382 N 9.
11 Botsch. Erwachsenenschutz, 7063; GUILLOD, FamKomm Erwachsenenschutz, Art. 426 N 18;
    SCHMID, Erwachsenenschutz Kommentar, Art. 426 N 2; GASSMANN, ESR-Kommentar,
    Art. 379/380 N 3.
12 MEIER/LUKIC, Nr. 660; GUILLOD, FamKomm Erwachsenenschutz, Art. 426 N 18.
13 GASSMANN, ESR-Kommentar, Art. 379/380 N 3; HAUSHEER/GEISER/AEBI-MÜLLER, Erwach-
    senenschutzrecht, Nr. 2.204.
14 SCHMID, Erwachsenenschutz Kommentar, Art. 426 N 4; GEISER/ETZENSBERGER, BaKomm,
    Art. 426 N 6. Anders GUILLOD, FamKomm Erwachsenenschutz, Art. 426 N 56, wonach bei
    somatischen Krankheiten in jedem Fall die Art. 377 ff. zur Anwendung gelangen sollen.

5   Gleiches gilt, wenn eine *Person mit einer schweren geistigen Behinderung* nicht zur
     Behandlung einer psychischen Störung, sondern zur blossen Betreuung oder zur
     Ausbildung in einer geeigneten Einrichtung untergebracht werden muss: Leistet die
     urteilsunfähige Person keinen Widerstand, erfolgt die Unterbringung nach Massgabe
     von Art. 382: Die vertretungsberechtigte Person schliesst den Betreuungsvertrag ab.
     Erfolgt die Platzierung jedoch gegen den *Widerstand* der betroffenen Person, sind die
     Regeln der FU (426 ff.) anwendbar.[15]

6   *Fazit:* Die Bestimmungen über die FU sind folglich bei urteilsunfähigen Personen
     immer dann anwendbar, wenn die Unterbringung oder Zurückbehaltung (426 f.) in
     einer geeigneten Einrichtung und dort die psychiatrische Behandlung mit oder ohne
     Widerstand der betroffenen Person (380, 433 f.) oder eine somatische Behandlung in
     der Klinik gegen den Widerstand der betroffenen Person (s. soeben N 4) erforderlich
     ist. Nicht anwendbar sind die Bestimmungen dagegen, wenn die Behandlung ambu-
     lant erfolgt. Dafür stehen sowohl für psychisch Kranke wie auch für aus anderen Grün-
     den Urteilsunfähige die Art. 377 ff. zur Verfügung, welche selbstbestimmte Anord-
     nungen ermöglichen. Dasselbe gilt für stationäre somatische Behandlungen, die unter
     Mitwirkung der urteilsunfähigen Person erfolgen.

7   Schliesslich sind die Art. 426 ff. gemäss Art. 449 anwendbar, wenn eine *psychiatrische
     Begutachtung* erforderlich ist, und diese nicht ambulant durchgeführt werden kann.
     Die Begutachtung dient der Abklärung der Verhältnisse und ist zulässig, soweit eine
     FU ernsthaft in Betracht gezogen wird, gleichzeitig aber wichtige Grundlagen für die
     Anordnung einer FU fehlen. Eine Behandlung der zur Begutachtung eingewiesenen
     Person ist dementsprechend nicht zulässig, und der zur Begutachtung angeordnete
     Aufenthalt in einer Einrichtung ist auf die absolut notwendige Zeit zu beschränken
     (BGer 5A_900/2013 E. 2.1).

8   Die *Fremdplatzierung von Kindern* richtet sich grundsätzlich nach den Bestimmun-
     gen über den Kindesschutz: Nach Art. 310 kann die Kindesschutzbehörde das Kind in
     angemessener Weise unterbringen, wenn dies zu seinem Wohl erforderlich ist. Erfolgt
     die Unterbringung in einer geschlossenen Einrichtung oder in einer psychiatrischen
     Klinik, sind die Bestimmungen über die fürsorgerische Unterbringung sinngemäss
     anwendbar (314b[1]). Der Verweis erfasst dabei allerdings nur die Form- und Verfah-
     rensvorschriften (430 ff.; 439), die Vorgaben bei der Anordnung medizinischer Mass-
     nahmen bei einer psychischen Störung (433) sowie die Massnahmen zur Einschrän-
     kung der Bewegungsfreiheit (438). Die materiellen Voraussetzungen für die FU eines
     Kindes richten sich demgegenüber nach Art. 310, wenn die Eltern der Unterbringung

---

15   Botsch. Erwachsenenschutz, 7063; GUILLOD, FamKomm Erwachsenenschutz, Art. 426 N 18;
     STEINAUER/FOUNTOULAKIS, Personnes physiques, Nr. 1026 und 1355a; MEIER/LUKIC, Nr. 349.
     A. M. GEISER/ETZENSBERGER, BaKomm, Art. 426 N 6, welche die Anwendung der Art. 426 ff.
     auch dann bejahen, wenn die betroffene Person keinen Widerstand leistet.

nicht zustimmen (BGer 5A_188/2013 E. 3),[16] und nach den Bestimmungen der elterlichen Sorge, wenn die Eltern mit der Unterbringung einverstanden sind (s. § 44 N 61).[17]

Zusammenfassend ergibt sich folgender Anwendungsbereich der Art. 426 ff. und folgende Abgrenzung vom Anwendungsbereich von Art. 382:   9

	Urteilsfähige Volljährige		Urteilsunfähige Volljährige	
	mit Zustimmung	**ohne Zustimmung**	**ohne Widerst.**	**mit Widerst.**
Unterbringung in geeigneter Einrichtung		426	382	426
Unterbringung in psychiatrischer Klinik		426	bei psych. Krankheit: 380 → 426	
Psychiatrische Behandlung in Klinik	433	434	bei psych. Krankheit: 380 → 426 (433 bzw. 434)	
Somatische Behandlung fürsorgerisch Untergebrachter		nicht zulässig	377 f.	426 (analog)
Ausbildung/Betreuung geistig Behinderter			382	426

II. Unterbringung, Zurückbehaltung und Entlassung

Eine FU liegt nicht nur bei der eigentlichen Unterbringung in einer Einrichtung (426, nachfolgend a., N 11 ff.) vor, sondern auch bei einer Zurückbehaltung gegen den Willen einer ursprünglich freiwillig eingetretenen Person (427; nachfolgend b., N 21 ff.). Die untergebrachte Person ist zu entlassen, wenn die Voraussetzungen für die Unterbringung nicht mehr erfüllt sind (426³, nachfolgend c., N 24 ff.).   10

a. Unterbringung

Eine Person, die an einer psychischen Störung oder einer geistigen Behinderung leidet oder schwer verwahrlost ist, darf in einer geeigneten Einrichtung untergebracht werden, wenn die nötige Behandlung oder Betreuung nicht anders erfolgen kann (426¹). Vorausgesetzt für die Unterbringung ist mithin das Vorliegen eines gesetzlichen Schwächezustands (1., N 12 ff.), die Notwendigkeit stationärer Behandlung und Pflege (2., N 16), das Vorliegen einer geeigneten Einrichtung (3., N 17), die Berücksich-   11

---

16 Botsch. Erwachsenenschutz, 7102; BIDERBOST, HandKomm, Art. 314b N 1 und 310 N 3; COTTIER, FamKomm Erwachsenenschutz, Art. 314b N 4; HÄFELI, Erwachsenenschutz, Nr. 38.33; ROSCH, ESR-Kommentar, Art. 426 N 5. Differenziert GEISER/ETZENSBERGER, BaKomm, Vorbem. zu Art. 426–439 N 7.

17 ROSCH, ESR-Kommentar, Art. 426 N 5; GUILLOD, FamKomm Erwachsenenschutz, Art. 426 N 30.

tigung von Belastung und Schutz von Angehörigen und Dritten (4., N 19). Sind diese Elemente gegeben, ist eine FU anzuordnen (5., N 20).

1. Schwächezustände

12   Die massgeblichen Schwächezustände sind in Art. 426 abschliessend aufgezählt, womit die Anordnung einer FU aus anderen Gründen unzulässig ist.[18] Es handelt sich um die psychische Störung, die geistige Behinderung sowie die schwere Verwahrlosung:

13   α. *Psychische Störung.* «Dieser Schwächezustand umfasst die anerkannten Krankheitsbilder der Psychiatrie, d.h. Psychosen und Psychopathien, seien sie körperlich begründbar oder nicht, sowie Demenz, insbesondere Altersdemenz.»[19] Entsprechend der Regelung in Art. 16, welche sich mit dem Vorliegen der Urteils(un)fähigkeit befasst, umfassen psychische Störungen auch Suchtkrankheiten wie Drogen-, Medikamenten- und Alkoholmissbrauch (zu einer FU wegen Alkoholerkrankung s. eingehend BGer 5A_189/2013; Alkoholerkrankung als psychische Störung: 137 III 291 E. 4.2; Essstörungen: 5A_212/2014 E. 2.3, sowie Persönlichkeits- und Verhaltensstörungen, z.B. Kleptomanie, pathologisches Glücksspiel, «Börsensucht»: BGer 5A_387/2007).[20] Keine psychischen Störungen sind soziale Abweichungen vom Normverhalten oder soziale Konflikte.[21]

14   β. *Geistige Behinderung.* Unter geistiger Behinderung werden angeborene oder erworbene Intelligenzdefekte verschiedener Schweregrade verstanden.[22]

15   γ. *Schwere Verwahrlosung* liegt vor, wenn es der Menschenwürde der hilfsbedürftigen Person widersprechen würde, ihr nicht die nötige Fürsorge zukommen zu lassen.[23] Eine Einweisung in eine Einrichtung gestützt auf den Tatbestand der *Verwahrlosung* ist entsprechend dieser Formulierung nur sehr zurückhaltend zu bejahen[24]: Die blosse Gefahr der Verwahrlosung genügt grundsätzlich nicht. Etwas anderes gilt, wenn sich die Gefahr als derart intensiv erweist, dass ein akutes Risiko einer allfälligen Selbstgefährdung der betroffenen Person besteht (BGer 5A_189/2013 E. 3.3.1).[25] Dass jemand über keine Wohnung verfügt, erfüllt dieses Erfordernis für sich allein nicht (128 III 12

---

18   Rosch, ESR-Kommentar, Art. 426 N 7; Schmid, Erwachsenenschutz Kommentar, Art. 426 N 6; Meier/Lukic, Nr. 667; Steinauer/Fountoulakis, Personnes physiques, Nr. 1359.

19   Botsch. Erwachsenenschutz, 7043. So auch Steinauer/Fountoulakis, Personnes physiques, Nr. 1360; Breitschmid/Matt, HandKomm, Art. 426 N 3; Guillod, FamKomm Erwachsenenschutz, Art. 426 N 35.

20   Botsch. Erwachsenenschutz, 7062; Breitschmid/Matt, HandKomm, Art. 426 N 3; Steinauer/Fountoulakis, Personnes physiques, Nr. 1360; Geiser/Etzensberger, BaKomm, Art. 426 N 16; Schmid, Erwachsenenschutz Kommentar, Art. 426 N 7.

21   Häfeli, Erwachsenenschutz, Nr. 26.02.

22   Botsch. Erwachsenenschutz, 7043; Steinauer/Fountoulakis, Personnes physiques, Nr. 1361; Guillod, FamKomm Erwachsenenschutz, Art. 426 N 37.

23   Botsch. Erwachsenenschutz, 7062.

24   Steinauer/Fountoulakis, Personnes physiques, Nr. 1360; Meier/Lukic, Nr. 671.

25   S. auch Breitschmid/Matt, HandKomm, Art. 426 N 4; Steinauer/Fountoulakis, Personnes physiques, Nr. 1360.

E. 3). Dementsprechend selten ist der Anwendungsbereich dieses Schwächezustandes in der Praxis.

2. Stationäre Behandlungs- und Pflegebedürftigkeit

Das Vorliegen eines der drei genannten Schwächezustände rechtfertigt allerdings noch   16
keine FU. Vielmehr ist darüber hinaus erforderlich, dass erstens eine Behandlung oder Betreuung notwendig ist, die zweitens nicht anders als durch die Unterbringung in einer Einrichtung erfolgen kann.[26] Die betroffene Person muss mit anderen Worten einerseits behandlungs- oder pflegebedürftig sein, andererseits darf die Pflege nicht ausserhalb einer Einrichtung erfolgen können. Die FU ist ultima ratio; eine weniger einschneidende, also eine ambulante Massnahme darf den Schutz der betroffenen Person nicht gewährleisten.[27] Durch dieses Erfordernis wird dem Subsidiaritäts- und Verhältnismässigkeitsprinzip Rechnung getragen, welches dem gesamten Erwachsenenschutzrecht zugrunde liegt.[28]

3. Geeignete Einrichtung

Als Ausfluss des Subsidiaritäts- und Verhältnismässigkeitsprinzips muss zudem eine   17
geeignete Einrichtung zur Verfügung stehen. Geeignet bedeutet, dass die schutzbedürftige Person in der Einrichtung den notwendigen Schutz, die angezeigte Betreuung und Behandlung erfährt.[29] Damit ist auch gesagt, dass es sich nicht um die ideale Einrichtung handeln muss, sondern erforderlich, aber auch hinreichend ist, wenn die notwendige Behandlung und Betreuung sichergestellt werden kann (BGer 5A_497/2014 E. 4.1; 5A_212/2014: Eignung bei Anorexie; 114 II 218 E. 7). Lässt sich keine geeignete Einrichtung finden, hat die Unterbringung zu unterbleiben.[30] Der Begriff der Einrichtung ist weit auszulegen.[31] Es fällt jede öffentlich-rechtliche oder private Einrichtung darunter, «in der dem Schutzbefohlenen ohne oder gegen dessen Willen persönliche Fürsorge unter spürbarer Einschränkung der Bewegungsfreiheit erbracht werden kann.»[32] Denkbar sind Spitäler, Tages- und Nachtkliniken, Rehabilitationskliniken

---

26   SCHMID, Erwachsenenschutz Kommentar, Art. 426 N 11; STEINAUER/FOUNTOULAKIS, Personnes physiques, Nr. 1364 ff.

27   Botsch. Erwachsenenschutz, 7062; BREITSCHMID/MATT, HandKomm, Art. 426 N 4; GEISER/ETZENSBERGER, BaKomm, Art. 426 N 24; ROSCH, ESR-Kommentar, Art. 426 N 10; STEINAUER/FOUNTOULAKIS, Personnes physiques, Nr. 1364 ff.; MEIER/LUKIC, Nr. 672.

28   HÄFELI, Erwachsenenschutz, Nr. 26.03; MEIER/LUKIC, Nr. 673.

29   GEISER/ETZENSBERGER, BaKomm, Art. 426 N 37; GUILLOD, FamKomm Erwachsenenschutz, Art. 426 N 74; HÄFELI, Erwachsenenschutz, Nr. 26.04; STEINAUER/FOUNTOULAKIS, Personnes physiques, Nr. 1367b ; MEIER/LUKIC, Nr. 676.

30   BREITSCHMID/MATT, HandKomm, Art. 426 N 5; GEISER/ETZENSBERGER, BaKomm, Art. 426 N 39; GUILLOD, FamKomm Erwachsenenschutz, Art. 426 N 75; SCHMID, Erwachsenenschutz Kommentar, Art. 426 N 15; ROSCH, ESR-Kommentar, Art. 426 N 12; STEINAUER/FOUNTOULAKIS, Personnes physiques, Nr. 1367.

31   Botsch. Erwachsenenschutz, 7062; ROSCH, ESR-Kommentar, Art. 426 N 11; MEIER/LUKIC, Nr. 675; STEINAUER/FOUNTOULAKIS, Personnes physiques, Nr. 1367a.

32   SCHMID, Erwachsenenschutz Kommentar, Art. 426 N 14. So auch ROSCH, ESR-Kommentar, Art. 426 N 11.

oder Wohn- und Pflegeheime.[33] Ausschlaggebend ist, dass die schutzbedürftige Person die Einrichtung nicht ohne Einwilligung der Einrichtung verlassen darf und dies durch eine angemessene Überwachung sichergestellt ist (121 III 306 E. 2).[34] Soweit die notwendige Behandlung und Betreuung gewährleistet ist, kommt ausnahmsweise auch eine Strafanstalt als geeignete Einrichtung in Frage (138 III 599 f. E. 8; BGer 5A_500/2014 E. 4.1; s. auch 112 II 486 E. 4).[35]

18   Soll die betroffene Person *verlegt* werden, ist ein neuer Unterbringungsentscheid zu erlassen, da die Eignung der Einrichtung zu den sachlichen Voraussetzungen der Unterbringung zählt.[36] Das BGer lehnt dies in BGE 122 I 18 E. 2f ab, weil die Rechte der betroffenen Person dadurch gewahrt seien, dass sie jederzeit um Entlassung ersuchen könne.

4. Belastung und Schutz von Angehörigen und Dritten

19   Neben den Interessen der betroffenen Person sind die Belastung und der Schutz von Angehörigen und Dritten zu berücksichtigen (426[2]). Zwar dient die FU vorwiegend dem Schutz der betroffenen Person, doch sind deren Interessen gegenüber jenen der näheren Umgebung abzuwägen. Wie bei der Frage, ob eine Beistandschaft anzuordnen ist (siehe dazu § 53 N 16), ist auch im Zusammenhang mit einer FU in die Beurteilung miteinzubeziehen, ob die Angehörigen oder Dritte durch die Betreuung der betroffenen Person überfordert sind.[37] Zudem gehört es im Rahmen der FU zum Schutzauftrag, die betroffene Person davon abzuhalten, andere Personen zu schädigen.[38] Allerdings sind die Interessen der Angehörigen und Dritter lediglich «zu berücksichtigen», womit eine Fremdgefährdung in aller Regel nicht ausreichend für eine Unterbringung sein darf (BGer 5A_444/2014 E. 3.2; anders aber 138 III 597 E. 5.2[39]).[40]

---

33   Guillod, FamKomm Erwachsenenschutz, Art. 426 N 67.
34   Geiser/Etzensberger, BaKomm, Art. 426 N 35; Häfeli, Erwachsenenschutz, Nr. 26.05; Hausheer/Geiser/Aebi-Müller, Familienrecht, Nr. 20.176. Anders Rosch, ESR-Kommentar, Art. 426 N 11, wonach das unter der alten Rechtslage geltende Kriterium der eingeschränkten Bewegungsfreiheit unter aktuellem Recht deutlich relativiert ist.
35   Ebenso Steinauer/Fountoulakis, Personnes physiques, Nr. 1367c, wonach auf diese Möglichkeit aber nur sehr zurückhaltend zurückgegriffen werden darf.
36   Geiser/Etzensberger, BaKomm, Art. 426 N 54; Guillod, FamKomm Erwachsenenschutz, Art. 426 N 76; Rosch, ESR-Kommentar, Art. 426 N 11.
37   Schmid, Erwachsenenschutz Kommentar, Art. 426 N 16; Meier/Lukic, Nr. 674.
38   Botsch. Erwachsenenschutz, 7062 f.; Meier/Lukic, Nr. 674.
39   Kritisch hierzu zu Recht Hausheer/Geiser/Aebi-Müller, Erwachsenenschutzrecht, Nr. 20.173; Rosch, ESR-Kommentar, Art. 426 N 8.
40   Breitschmid/Matt, HandKomm, Art. 426 N 7; Geiser/Etzensberger, BaKomm, Art. 426 N 41; Häfeli, Erwachsenenschutz, Nr. 26.07; Rosch, ESR-Kommentar, Art. 426 N 8; Hausheer/Geiser/Aebi-Müller, Erwachsenenschutzrecht, Nr. 20.173; Steinauer/Fountoulakis, Personnes physiques, Nr. 1366a; Meier/Lukic, Nr. 674.

5. Einweisung

Sind die Voraussetzungen für eine FU erfüllt, ist die Anordnung zwingend, und es steht   20
der Erwachsenenschutzbehörde in dieser Frage kein Ermessen zu.[41] Der Umstand,
dass der Gesetzestext die Formulierung «darf» verwendet, ändert daran nichts.

b. Zurückbehaltung freiwillig Eingetretener

Eine Person, die freiwillig in eine Einrichtung eingetreten ist, kann diese grundsätzlich   21
jederzeit wieder verlassen. Nur wenn die freiwillig eingetretene Person an einer *psychischen Störung* leidet, ist eine Zurückbehaltung gegen deren Willen unter bestimmten Voraussetzungen zulässig (427[1]). Eine Zurückbehaltung gegen Widerstand fällt
bei Vorliegen einer geistigen Behinderung oder schweren Verwahrlosung somit ausser Betracht.[42] Erforderlich ist weiter, dass die Einrichtung unter ärztlicher Leitung
steht und der Rückbehaltungsentscheid durch diese getroffen wird.[43] Verfügt eine Einrichtung über keine ärztliche Leitung, ist ein Unterbringungs- aber auch der Rückbehaltungsentscheid durch die Erwachsenenschutzbehörde zu erwirken.[44] Notwendig ist schliesslich, dass sich die schutzbedürftige Person entweder selbst an Leib und
Leben (Ziff. 1) oder das Leben oder die körperliche Integrität Dritter ernsthaft gefährdet (427[1] Ziff. 2). Im Gegensatz zur Einweisung ist damit die Fremdgefährdung ein
selbstständiger Rückbehaltungsgrund.[45] Sowohl die Fremd- als auch die Eigengefährdung müssen dabei konkret, akut und schwerwiegend sein, um den schweren Eingriff
in die Bewegungsfreiheit zu rechtfertigen (BGer 5A_766/2008 E. 5.2; 5A_189/2013
E. 3.2.2).[46] Eine solche Eigengefährdung kann namentlich bei einem akuten Selbstver-
stümmelungs- oder Suizidrisiko vorliegen.[47]

Liegen diese Voraussetzungen vor, kann die betroffene Person von der ärztlichen Lei-   22
tung der Einrichtung gestützt auf Art. 427 Abs. 1 für höchstens drei Tage zurück-

---

41   Botsch. Erwachsenenschutz, 7062; Breitschmid/Matt, HandKomm, Art. 426 N 6; Geiser/
      Etzensberger, BaKomm, Art. 426 N 28; Schmid, Erwachsenenschutz Kommentar, Art. 426
      N 12; Rosch, ESR-Kommentar, Art. 426 N 13; Steinauer/Fountoulakis, Personnes phy-
      siques, Nr. 1355b; Meier/Lukic, Nr. 665.
42   Breitschmid/Matt, HandKomm, Art. 427 N 1; Geiser/Etzensberger, BaKomm, Art. 427
      N 3; Guillod, FamKomm Erwachsenenschutz, Art. 427 N 6; Schmid, Erwachsenenschutz
      Kommentar, Art. 427 N 1; Rosch, ESR-Kommentar, Art. 427 N 2; Meier/Lukic, Nr. 677;
      Steinauer/Fountoulakis, Personnes physiques, Nr. 1373.
43   Guillod, FamKomm Erwachsenenschutz, Art. 427 N 8; Steinauer/Fountoulakis, Person-
      nes physiques, Nr. 1375; Rosch, ESR-Kommentar, Art. 427 N 5.
44   Breitschmid/Matt, HandKomm, Art. 427 N 4; Steinauer/Fountoulakis, Personnes phy-
      siques, Nr. 1375.
45   Kritisch dazu Guillod, FamKomm Erwachsenenschutz, Art. 427 N 11; Häfeli, Erwachsenen-
      schutz, Nr. 26.08; Rosch, ESR-Kommentar, Art. 427 N 4a.
46   Breitschmid/Matt, HandKomm, Art. 427 N 3; Häfeli, Erwachsenenschutz, Nr. 26.08;
      Rosch, ESR-Kommentar, Art. 427 N 4.
47   Geiser/Etzensberger, BaKomm, Art. 427 N 10; Guillod, FamKomm Erwachsenenschutz,
      Art. 427 N 10; Rosch, ESR-Kommentar, Art. 427 N 4.

behalten werden. Der *Entscheid der ärztlichen Leitung* hat schriftlich zu ergehen.[48]
Ebenfalls schriftlich wird die betroffene Person gemäss Art. 427 Abs. 3 darauf aufmerksam gemacht, dass sie gestützt auf Art. 439 Abs. 1 Ziff. 2 gegen den Unterbringungsentscheid innert zehn Tagen das Gericht anrufen kann. Die Verfahrensgarantien
in Art. 430 finden nicht nur Anwendung auf die Unterbringung und die Entlassung
durch Ärztinnen (426 i. V. m. 429), sondern auch auf die Zurückbehaltung freiwillig
Eingetretener (427).[49]

23   Ist die ärztliche Leitung der Einrichtung der Ansicht, dass die betroffene Person länger als drei Tage in der Einrichtung verbleiben soll, hat sie innerhalb dieser Frist einen
vollstreckbaren Unterbringungsentscheid (427[2] i. V. m. 426) zu erwirken. Ein Entscheid gemäss Art. 426 kann entweder durch die Erwachsenenschutzbehörde (428)
oder eine Ärztin ergehen (429), wobei letztere nicht der Einrichtung angehören darf,
in der sich die betroffene Person befindet, und sie längstens eine Unterbringung von
sechs Wochen anordnen darf.[50] Liegt kein solcher Entscheid vor, kann die betroffene
Person die Einrichtung gemäss Art. 427 Abs. 2 nach Ablauf der dreitägigen Frist ohne
weiteres verlassen, selbst wenn der Rückbehaltungsgrund noch vorliegt.[51]

c. Entlassung

1. Wegfall der Einweisungsvoraussetzungen

24   Art. 426 Abs. 3 regelt die Voraussetzungen für die Entlassung aus der FU. Diese Bestimmung gilt auch für Personen, welche im Sinn von Art. 427 zurückgehalten werden, weil
nun ein Unterbringungsentscheid vorliegt (427[2]). Demnach wird eine Person entlassen,
sobald die Voraussetzungen für die Unterbringung (oder die Zurückbehaltung) nicht
mehr erfüllt sind. Ob diese Voraussetzungen weiterhin vorliegen, hat die Erwachsenenschutzbehörde periodisch zu überprüfen. Diese Überprüfung erfolgt erstmals sechs
Monate nach der Unterbringung sowie ein zweites Mal nach weiteren sechs Monaten.
Danach erfolgt sie so oft wie nötig, mindestens aber einmal jährlich (431).

25   Kann der Schutz der betroffenen Person nach einer gewissen Dauer auch durch eine
ambulante Behandlung gewährleistet werden, ist die FU aufzuheben.[52] Im Gegensatz zur Regelung unter dem alten Recht (aArt. 397 Abs. 3) ist die Entlassung aber
nicht schon dann zwingend anzuordnen, wenn der Zustand es erlaubt. Zweck dieser
offeneren Formulierung ist es, dass die betroffene Person nicht schon dann um jeden

---

48   GEISER/ETZENSBERGER, BaKomm, Art. 427 N 18; GUILLOD, FamKomm Erwachsenenschutz,
       Art. 427 N 16; ROSCH, ESR-Kommentar, Art. 427 N 5; STEINAUER/FOUNTOULAKIS, Personnes
       physiques, Nr. 1375; MEIER/LUKIC, Nr. 678.

49   So GUILLOD, FamKomm Erwachsenenschutz, Art. 427 N 16; ROSCH, ESR-Kommentar, Art. 427
       N 5.

50   GUILLOD, FamKomm Erwachsenenschutz, Art. 427 N 17; HÄFELI, Erwachsenenschutz,
       Nr. 26.10; SCHMID, Erwachsenenschutz Kommentar, Art. 427 N 3; ROSCH, ESR-Kommentar,
       Art. 427 N 5.

51   ROSCH, ESR-Kommentar, Art. 427 N 5; STEINAUER/FOUNTOULAKIS, Personnes physiques,
       Nr. 1375.

52   Botsch. Erwachsenenschutz, 7063.

Preis entlassen werden muss, wenn die akute Krise, welche zur Einweisung geführt hat, vorüber ist. Vielmehr soll Zeit zur Stabilisierung des Gesundheitszustandes oder der Organisation der notwendigen Betreuung ausserhalb der fraglichen Einrichtung zur Verfügung stehen, um auf diese Weise eine erneute Klinikeinweisung zu verhindern.[53]

2. Ablauf der Höchstdauer

FU werden in aller Regel *auf unbestimmte Zeit* ausgesprochen, und es ist auch keine Mindestdauer vorgesehen.[54] Vielmehr ist die betroffene Person gestützt auf Art. 426 Abs. 3 zu entlassen, sobald die Voraussetzungen nicht mehr erfüllt sind.[55] Nur in zwei Fällen sieht das Gesetz zum Schutz der betroffenen Person eine Höchstdauer vor: einerseits bei der Zurückbehaltung Freiwilliger (427[1], 3 Tage), andererseits bei der Unterbringung durch Ärzte (429[1], sechs Wochen), sofern in der Zwischenzeit nicht ein Entscheid der Erwachsenenschutzbehörde vorliegt. In diesen Fällen ist die Entlassung nach Ablauf dieser Höchstdauer zwingend.

26

3. Antrag auf Entlassung

Um sicherzustellen, dass die möglichst baldige Entlassung nicht toter Buchstabe bleibt, kann die betroffene oder eine ihr nahestehende Person gemäss Art. 426 Abs. 4 jederzeit um Entlassung ersuchen. Nicht von Art. 426 Abs. 4 erfasst sind in unvernünftig kurzen Abständen gestellte Entlassungsbegehren, sofern diese nicht mit veränderten Verhältnissen begründet werden können und damit gegen das Rechtsmissbrauchsverbot und gegen Treu und Glauben verstossen (131 III 458 E. 1).[56] Als nahestehende Person kommt insbesondere die Vertrauensperson gemäss Art. 432 in Frage, aber auch jede andere Person, welche zur betroffenen eine faktische Beziehung unterhält (zum Begriff der nahestehenden Person s. § 50 N 26). Um selber ein Entlassungsgesuch stellen zu können, muss die betroffene Person urteilsfähig sein. An die Urteilsfähigkeit sind allerdings keine hohen Anforderungen zu stellen. Es reicht, wenn die betroffene Person erkennt, dass sie gegen ihren Willen in einer Einrichtung untergebracht ist und es ihr Wille ist, die Einrichtung zu verlassen.[57] Das Entlassungsgesuch ist an keine Formvorschriften gebunden. In Analogie zu Art. 450e Abs. 1 bedarf das Entlassungsgesuch auch keiner Begründung.[58] Das Entlassungsgesuch kann entweder an die Erwachsenenschutzbehörde (428[1]) oder – soweit die Erwachsenenschutzbehörde dieser die Kompetenz eingeräumt hat – an die Einrichtung (428[2]) gerichtet werden. Über

27

---

53 Botsch. Erwachsenenschutz, 7063; Rosch, ESR-Kommentar, Art. 426 N 15; Breitschmid/Matt, HandKomm, Art. 426 N 8; Schmid, Erwachsenenschutz Kommentar, Art. 426 N 17. Kritisch in Bezug darauf, ob sich durch die Änderung des Gesetzeswortlauts in der Praxis etwas ändern wird Geiser/Etzensberger, BaKomm, Art. 426 N 44; Guillod, FamKomm Erwachsenenschutz, Art. 426 N 78 f.

54 Guillod, FamKomm Erwachsenenschutz, Art. 426 N 81; Rosch, ESR-Kommentar, Art. 426 N 15.

55 Breitschmid/Matt, HandKomm, Art. 426 N 9.

56 Rosch, ESR-Kommentar, Art. 426 N 16.

57 Geiser/Etzensberger, BaKomm, Art. 426 N 49; Häfeli, Erwachsenenschutz, Nr. 26.12.

58 Guillod, FamKomm Erwachsenenschutz, Art. 426 N 88.

dieses Gesuch wird ohne Verzug entschieden. Für die Beschwerde vor der gerichtlichen Beschwerdeinstanz sieht Art. 450e Abs. 5 vor, dass diese innert fünf Arbeitstagen seit Eingang der Beschwerde zu entscheiden hat. Diese Frist dürfte auch für das Entlassungsverfahren vor der Vorinstanz als Maximaldauer gelten.[59] Wird das Entlassungsgesuch durch die Einrichtung abgelehnt, kann gestützt auf Art. 439 Abs. 1 Ziff. 3 das zuständige Gericht angerufen werden (siehe dazu eingehend N 73 ff.).[60]

III.   Die medizinischen Massnahmen zur Behandlung einer psychischen Störung

28   Das Gesetz kennt zwei Arten von Massnahmen, die im Zusammenhang mit einer FU angeordnet werden können: die medizinischen Massnahmen zur Behandlung einer psychischen Störung (433–437; nachfolgend a–f) und die Massnahmen zur Einschränkung der Bewegungsfreiheit (438; nachfolgend IV.).

a. Anwendungsbereich und Abgrenzungen

29   Das bisherige Bundesrecht enthielt keine Rechtsgrundlage für medizinische Zwangsbehandlungen (zur Definition der Zwangsbehandlung: BGer 5A_666/2013 E. 3). Die Zwangsbehandlungen waren somit im kantonalen Recht geregelt. Dementsprechend entstanden in vielen Kantonen Rechtsgrundlagen, allerdings mit unterschiedlichen Inhalten. Das trug der Bedeutung solcher Massnahmen nur ungenügend Rechnung. In den Art. 433–435 wird die Behandlung von psychischen Störungen nun ausdrücklich geregelt: Danach hat die Ärztin zunächst – unter Beizug der betroffenen Person – einen Behandlungsplan zu verfassen (433[1]: nachfolgend b., N 32 ff.). In diesem Fall liegt mithin die Zustimmung der betroffenen Person vor. Liegt diese Zustimmung nicht vor, kann die Behandlung unter bestimmten Voraussetzungen gegen den Willen der betroffenen Person vorgenommen werden. Diese Voraussetzungen sind in Art. 434 enthalten (nachfolgend c., N 37 ff.). Besondere Regeln gelten für Notfallsituationen (435; nachfolgend d., N 42 ff.). Art. 436 regelt die Vereinbarung von Behandlungsgrundsätzen bei Rückfallgefahr anlässlich des Austrittsgesprächs (e., N 46 f.) und Art. 437 die Kompetenz der Kantone im Bereich der Nachbetreuung und der ambulanten Massnahmen (f., N 48 ff.).

---

59   HÄFELI, Erwachsenenschutz, Nr. 26.12. Anders GUILLOD, FamKomm Erwachsenenschutz, Art. 426 N 100 ff., wonach diese Frist zu lang ist und ein Entscheid innert 24 Stunden ergehen soll, wenn er von der Einrichtung erlassen wird, innert 3 Arbeitstagen, wenn die Erwachsenenschutzbehörde zuständig ist. Ebenso ROSCH, ESR-Kommentar, Art. 426 N 17.

60   SCHMID, Erwachsenenschutz Kommentar, Art. 426 N 24.

Die Art. 433–435 gelten nur für die *Behandlung der psychischen Störung,* wegen der 30 eine Person fürsorgerisch untergebracht worden ist.[61] Von diesen Bestimmungen nicht erfasst sind demnach an sich folgende Sachverhalte:

1. Behandlung der psychischen Störung einer nicht fürsorgerisch untergebrachten urteilsunfähigen Person (ambulante Behandlung);

2. Behandlung einer somatischen Erkrankung einer urteilsunfähigen Person mit einer psychischen Störung in FU;

3. Behandlung nicht psychisch kranker Urteilsunfähiger in FU.

In diesen Fällen kommen die Art. 370 ff. bzw. 377 ff. zur Anwendung.[62] Allerdings 31 rechtfertigen sich diese Unterscheidungen nicht in jedem Fall.[63] Verweigert die fürsorgerisch untergebrachte Person die notwendige Behandlung einer somatischen Krankheit und muss die Behandlung gegen ihren Willen vorgenommen werden, bedarf sie desselben Rechtsschutzes und derselben Rechtsmittel wie bei der Behandlung einer psychischen Krankheit (434²). Art. 434 ist daher bei somatischen Erkrankungen einer fürsorgerisch untergebrachten urteilsunfähigen Person analog anzuwenden, *wenn diese Widerstand leistet* (s. vorne N 4, 9).[64] Gegebenenfalls ist bei einer nicht fürsorgerisch untergebrachten Urteilsunfähigen bei Vorliegen der entsprechenden Voraussetzungen (426) eine FU zu verfügen und hernach die Behandlung vorzunehmen. Ist eine Person nicht wegen einer psychischen Störung (380), sondern infolge geistiger Behinderung oder schwerer Verwahrlosung untergebracht worden oder bezweckt die Unterbringung nicht die Behandlung, sondern nur die Betreuung oder Begutachtung (s. vorne N 9), richten sich diese nach den Art. 377 ff.[65] Auch hier ist aber bei Widerstand der betroffenen Person Art. 434 analog anzuwenden (s. vorne N 5, 9).

b. Behandlungsplan

1. Erstellung und Anpassung des Behandlungsplans

Nach Art. 433 Abs. 1 erstellt die behandelnde Ärztin unter Beizug der betroffenen Per- 32 son und gegebenenfalls ihrer Vertrauensperson einen schriftlichen Behandlungsplan, wenn eine Person wegen einer psychischen Störung in einer Einrichtung untergebracht wird. Dieses Vorgehen war auch vor Inkrafttreten dieser Bestimmung üblich. Die so aufgestellten Behandlungspläne geben namentlich Auskunft über die geplanten Abklärungen und Untersuchungen, enthalten soweit möglich eine Diagnose und eine dazu passende Therapie sowie Ausführungen zu Wirkungen und Nebenwirkungen dieser

---

61 GEISER/ETZENSBERGER, BaKomm, Art. 434/435 N 3; GUILLOD, FamKomm Erwachsenenschutz, Art. 433 N 8; ROSCH, ESR-Kommentar, Art. 433–435 N 1; MEIER/LUKIC, Nr. 713; STEINAUER/FOUNTOULAKIS, Personnes physiques, Nr. 1383a.

62 GUILLOD, FamKomm Erwachsenenschutz, Art. 433 N 11. Kritisch dazu GEISER/ETZENSBERGER, BaKomm, Art. 433 N 5.

63 So aber ROSCH a.a.O. 509; GUILLOD, FamKomm Erwachsenenschutz, Art. 433.

64 GEISER/ETZENSBERGER, BaKomm, Art. 433 N 5.

65 GEISER/ETZENSBERGER, BaKomm, Art. 433 N 3; ROSCH, ESR-Kommentar, Art. 433–435 N 1.

Therapie sowie gegebenenfalls eine Prognose.[66] Der Inhalt des Behandlungsplans bleibt auch unter neuem Recht derselbe.[67] Dabei ist darauf zu achten, dass sich der Behandlungsplan nur auf die psychischen Störungen bezieht, die den Grund für die Unterbringung liefern.[68] Überdies wird der Behandlungsplan nie definitiv, sondern ist der laufenden Entwicklung dauernd anzupassen (433[4]). Bei der Anpassung sind dieselben Grundsätze zu beachten wie bei der Erstellung.[69] Auf diese Weise ist sichergestellt, dass auf Veränderungen des Zustandes der betroffenen Person reagiert und den Bedürfnissen der betroffenen Person optimal Rechnung getragen werden kann.

33   Bereits unter altem Recht wurde in der Praxis auch dann ein Behandlungsplan erstellt, wenn eine *Person freiwillig in eine Einrichtung eingetreten* war. Dies gilt auch unter neuem Recht, selbst wenn dies aus Art. 433 nicht ausdrücklich hervorgeht. Es gibt keinen Grund, weshalb zwischen einer fürsorgerisch untergebrachten und freiwillig eingetretenen Person unterschieden werden sollte.[70] Der Behandlungsplan für eine freiwillig eingetretene Person muss sich im Prinzip nicht nach Art. 433 richten, inhaltlich werden sich diese Behandlungspläne aber kaum unterscheiden.[71] Wird die Person nach dem freiwilligen Eintritt gestützt auf Art. 427 in der Einrichtung zurückbehalten, muss gestützt auf Art. 433 ein neuer Behandlungsplan erstellt werden.[72]

2. Beizug, Information und Zustimmung der betroffenen Person

34   Die betroffene Person ist bei der Ausarbeitung des Behandlungsplans *beizuziehen*, soweit sie *urteilsfähig* ist. An die Urteilsfähigkeit sind keine hohen Anforderungen zu stellen, vielmehr soll sich soweit notwendig der Grad des Beizugs reduzieren, ein vollständiger Ausschluss der betroffenen Person dagegen nur selten stattfinden. Beizuziehen ist zudem die Vertrauensperson, soweit die urteilsfähige Betroffene dies wünscht.[73] Dasselbe gilt, wenn eine *urteilsunfähige Person* in einer Patientenverfügung eine Vertrauensperson bezeichnet hat. Um eine *Beteiligung* überhaupt zu ermöglichen, *informiert* der Arzt gemäss Art. 433 Abs. 2 über alle Umstände, die im Hinblick auf die in Aussicht genommenen medizinischen Massnahmen wesentlich sind, insbesondere über deren Gründe, Zweck, Art, Modalitäten, Risiken und Nebenwirkungen, über Folgen eines Unterlassens der Behandlung sowie über allfällige alternative Behandlungsmöglichkeiten.[74] Die Aufklärung muss dabei klar, verständlich und vollständig sein (133 III 129 E. 4.1.2). Der Umfang der Aufklärung hängt von den konkreten Umstän-

---

66   Im Einzelnen Botsch. Erwachsenenschutz, 7068.
67   Breitschmid/Matt, HandKomm, Art. 433 N 3; Geiser/Etzensberger, BaKomm, Art. 433 N 8. Siehe dazu auch Steinauer/Fountoulakis, Personnes physiques, Nr. 1385.
68   Rosch, ESR-Kommentar, Art. 433–435 N 4; Breitschmid/Matt, HandKomm, Art. 433 N 2.
69   Geiser/Etzensberger, BaKomm, Art. 433 N 20.
70   Guillod, FamKomm Erwachsenenschutz, Art. 433 N 14.
71   Geiser/Etzensberger, BaKomm, Art. 433 N 6.
72   Guillod, FamKomm Erwachsenenschutz, Art. 433 N 17; Meier/Lukic, Nr. 719.
73   Meier/Lukic, Nr. 717; Geiser/Etzensberger, BaKomm, Art. 433 N 11.
74   Häfeli, Erwachsenenschutz, Nr. 28.02.

den, namentlich der Komplexität der Angelegenheit und dem Zustand der betroffenen Person, ab.[75]

Der schriftliche Behandlungsplan wird der *urteilsfähigen Person* zur *Zustimmung* 35 unterbreitet (433³ Satz 1). Diese Bestimmung soll im Hinblick auf einen möglichen Therapieerfolg und die Wahrung der Persönlichkeitsrechte der betroffenen Person sicherstellen, dass diese so stark als möglich in den Prozess integriert wird. Allerdings handelt es sich um eine untechnische Zustimmung, und die betroffene Person kann den Behandlungsplan nur dann ablehnen, wenn keine Voraussetzung von Art. 434 vorliegt, der eine Behandlung auch ohne Zustimmung ermöglicht: Eine betroffene Person soll nicht eine notwendige Behandlung verweigern können.[76] Bei einer *urteilsunfähigen Person,* welche dem Behandlungsplan wegen ihrer Urteilsunfähigkeit nicht zustimmen kann, ist eine allfällige *Patientenverfügung* zu berücksichtigen (433³ Satz 2). Berücksichtigen bedeutet, dass die *Wünsche* der betroffenen Person, soweit sinnvoll, zu achten sind, die Patientenverfügung die sinnvolle Behandlung einer psychischen Störung aber nicht vereiteln darf.[77] Eine Zustimmung liegt diesfalls vor, wenn eine solche mit Bezug auf eine bestimmte Behandlung in einer Patientenverfügung enthalten ist und davon auszugehen ist, dass die Behandlung noch immer dem Willen der mittlerweile urteilsunfähigen Person entspricht.[78]

3. Rechtsmittel

Gegen den Behandlungsplan bestehen keine Rechtsmittel.[79] Der Behandlungsplan ist 36 als solcher nicht anfechtbar, sondern lediglich heranzuziehen, wenn die Rechtmässigkeit einer Behandlung ohne Zustimmung überprüft werden soll.[80]

c. Behandlung ohne Zustimmung

Wie soeben dargelegt (N 34 f.), ist in Bezug auf die Art und Weise der medizinischen 37 Behandlung der psychischen Störung wann immer möglich die Zustimmung der betroffenen Person einzuholen. Kann sie diese nicht abgeben, und wurde sie aufgrund einer psychischen Störung untergebracht, kann unter den folgenden Voraussetzungen von Art. 434 Abs. 1 ausnahmsweise ohne Zustimmung schriftlich eine «Zwangsbehandlung» angeordnet werden:

– Zunächst muss der betroffenen Person ohne die geplante Behandlung ein *ernsthaf-* 38 *ter gesundheitlicher Schaden* drohen oder das Leben oder die körperliche Integrität *Dritter ernsthaft gefährdet* sein (Ziff. 1). Im Gegensatz zu den übrigen medizinischen Massnahmen, bei denen nach Art. 377 Abs. 1 die *erforderlichen* Massnahmen

---

75 GEISER/ETZENSBERGER, BaKomm, Art. 433 N 11. Siehe zur Aufklärungspflicht auch ROSCH, ESR-Kommentar, Art. 433–435 N 5.
76 GUILLOD, FamKomm Erwachsenenschutz, Art. 433 N 25 ff.; SCHMID, Erwachsenenschutz Kommentar, Art. 433 N 8.
77 Botsch. Erwachsenenschutz, 7068; MEIER/LUKIC, Nr. 717.
78 GEISER/ETZENSBERGER, BaKomm, Art. 434/435 N 15.
79 ROSCH, ESR-Kommentar, Art. 433–435 N 4a.
80 BREITSCHMID/MATT, HandKomm, Art. 433 N 6.

ohne weiteres ergriffen werden können (ausgenommen bei Widerstand: s. vorne N 31), bedarf es im Rahmen von Art. 434 einer Gefahrensituation, wobei eine solche nicht ohne weiteres zu bejahen ist, sondern hohe Anforderungen zu stellen sind.[81]

39   –   Weiter muss die betroffene Person bezüglich ihrer Behandlungsbedürftigkeit *urteilsunfähig* sein (Ziff. 2). Ist die Person mit Bezug auf ihre Behandlungsbedürftigkeit urteilsfähig und verweigert sie ihre Zustimmung, ist auf die Behandlung zu verzichten. Eine Zwangsbehandlung kommt mithin nur in Frage, wenn die Person urteilsunfähig ist und sich gegen die Behandlung zur Wehr setzt. Die Urteils(un) fähigkeit ist relativ, d.h. in Bezug auf das konkrete Handeln einer Person und im Hinblick auf die Komplexität der konkreten Frage zu beurteilen.[82] Diese Abgrenzung ist dann unproblematisch, wenn jemandem die kognitiven Fähigkeiten fehlen, sich überhaupt zustimmend oder ablehnend zu äussern. Dies kann beispielsweise bei Vorliegen einer schweren Demenz, eines schweren Intelligenzmangels oder einer Bewusstseinsstörung der Fall sein. Schwieriger wird es, wenn die Krankheit die Wahrnehmungsfähigkeit und die Fähigkeit, vernunftgemäss handeln zu können, beeinträchtigt, wie dies namentlich bei Schizophrenie der Fall sein kann. Wehrt sich eine auf diese Weise erkrankte Person, ist es teilweise sehr schwierig, diesen Widerstand einzuordnen, und es darf nicht ohne weiteres aufgrund der psychischen Erkrankung auf die Urteilsunfähigkeit geschlossen werden.[83] Insbesondere ist nicht jede Weigerung, einer medizinischen Behandlung zuzustimmen, als fehlende Urteilsfähigkeit zu deuten.[84] Erfüllt die betroffene Person die Voraussetzungen der Urteilsfähigkeit, ist ihr Wille vielmehr selbst dann zu respektieren, wenn er objektiv nicht nachvollziehbar ist.[85] Allerdings ist gleichzeitig zu vermeiden, dass im Bedürfnis, den Willen der erkrankten Person zu berücksichtigen, übersehen wird, «dass die Krankheit selbst diese Freiheit schon längst schwer beeinträchtigt oder zunichte gemacht hat».[86] Die Einschätzung der Urteilsfähigkeit ist in diesen Fällen deshalb von besonders grosser Bedeutung.[87]

40   –   Schliesslich darf zur Behandlung der betroffenen Person keine weniger einschneidende Massnahme zur Verfügung stehen (Ziff. 3). Die Behandlung muss *verhältnismässig* sein und dem letzten Stand der Wissenschaft entsprechen. Ist eine Behand-

---

81   Botsch. Erwachsenenschutz, 7069; GEISER/ETZENSBERGER, BaKomm, Art. 434/435 N 20 f.; GUILLOD, FamKomm Erwachsenenschutz, Art. 434 N 12; ROSCH, ESR-Kommentar, Art. 433– 435 N 10; MEIER/LUKIC, Nr. 721; HAUSHEER/GEISER/AEBI-MÜLLER, Familienrecht, Nr. 20.200; STEINAUER/FOUNTOULAKIS, Personnes physiques, Nr. 1388.

82   BREITSCHMID/MATT, HandKomm, Art. 434 N 4; ROSCH, ESR-Kommentar, Art. 433–435 N 11.

83   BREITSCHMID/MATT, HandKomm, Art. 434 N 4.

84   MEIER/LUKIC, Nr. 721.

85   GUILLOD, FamKomm Erwachsenenschutz, Art. 434 N 21; MEIER/LUKIC, Nr. 721; ROSCH a.a.O. 511.

86   Botsch. Erwachsenenschutz, 7070; BREITSCHMID/MATT, HandKomm, Art. 434 N 4.

87   Botsch. Erwachsenenschutz, 7069 f.; SCHMID, Erwachsenenschutz Kommentar, Art. 434 N 9. Kritisch und eingehend GUILLOD, FamKomm Erwachsenenschutz, Art. 434 N 18 ff.

lungsart wissenschaftlich umstritten oder zweifelhaft, fällt sie ohne Zustimmung der Betroffenen von vornherein ausser Betracht.[88] Zudem muss die Massnahme immer einen medizinischen und niemals einen disziplinarischen oder sanktionierenden Zweck verfolgen.[89]

Als *Zwangsmassnahmen* kommen insbesondere die Abgabe von Medikamenten, aber auch Gespräche, ein bestimmter Tagesrhythmus oder Zwangsernährung in Betracht.[90] Eine Zwangsmassnahme darf nach dem Wortlaut der Bestimmung nur vom Chefarzt angeordnet werden. Zur Wahrung der Rechte der betroffenen Person sieht Art 434 Abs. 2 überdies vor, dass die Anordnung der *Massnahme* der betroffenen Person und ihrer Vertrauensperson verbunden mit einer *Rechtsmittelbelehrung schriftlich mitgeteilt* wird. Gemäss Art. 439 Abs. 1 Ziff. 4 kann die betroffene oder eine ihr nahestehende Person gegen die Anordnung einer Zwangsmassnahme schriftlich das zuständige Gericht anrufen.

d. Notfälle

In einer Notfallsituation können die zum Schutz der betroffenen Person oder Dritter unerlässlichen medizinischen Massnahmen sofort ergriffen werden (435[1]), d.h. die Voraussetzungen von Art. 434 müssen nicht vorliegen. Notfallsituation meint, dass eine ernsthafte Gefährdung vorliegt und die Massnahme zeitlich dringlich getroffen werden muss. Die Zustimmung der betroffenen Person und ein Vorgehen nach Art. 434 müssen ausgeschlossen sein.[91] Die Gefährdung, welche die sofortige Ergreifung von Massnahmen notwendig macht, muss zudem auf die psychische Störung zurückzuführen sein, die der FU zugrunde liegt.[92] Ist dies der Fall, ist auch die Behandlung somatischer Krankheiten eingeschlossen (so zu 434 vorne N 31).[93] Ein solcher Notfall liegt namentlich vor, wenn eine psychisch kranke Person plötzlich in eine Verfassung gerät, in der sie sich oder Dritte ernsthaft gefährdet oder zu verletzen droht.[94] Abzugrenzen ist Art. 435 von Art. 379, der die ärztliche Notfallkompetenz im Zusammenhang mit der Vertretung bei medizinischen Massnahmen regelt. Die Notfallkompetenz in Art. 379 gilt im Zusammenhang mit Notfällen zur Behandlung somatischer Erkrankungen, und dies selbst dann, wenn eine Person – auch wegen einer psychischen Stö-

41

42

---

88 Botsch. Erwachsenenschutz, 7070; Rosch, ESR-Kommentar, Art. 433–435 N 12; Guillod, FamKomm Erwachsenenschutz, Art. 434 N 25; Meier/Lukic, Nr. 721; Steinauer/Fountoulakis, Personnes physiques, Nr. 1390.

89 Guillod, FamKomm Erwachsenenschutz, Art. 434 N 25; Rosch, ESR-Kommentar, Art. 433–435 N 12.

90 Schmid, Erwachsenenschutz Kommentar, Art. 434 N 10.

91 Geiser/Etzensberger, BaKomm, Art. 434/435 N 29; Guillod, FamKomm Erwachsenenschutz, Art. 435 N 5; Rosch, ESR-Kommentar, Art. 433–435 N 14; Meier/Lukic, Nr. 723.

92 Geiser/Etzensberger, BaKomm, Art. 434/435 N 30; Guillod, FamKomm Erwachsenenschutz, Art. 435 N 5 und 10; Rosch, ESR-Kommentar, Art. 433–435 N 14. Unklar diesbezüglich Schmid, Erwachsenenschutz Kommentar, Art. 435 N 1.

93 Rosch, ESR-Kommentar, Art. 433–435 N 15.

94 Botsch. Erwachsenenschutz, 7070; Breitschmid/Matt, HandKomm, Art. 435 N 1; Häfeli, Erwachsenenschutz, Nr. 28.11; Steinauer/Fountoulakis, Personnes physiques, Nr. 1394.

rung – fürsorgerisch untergebracht ist.[95] Weiter ist ein Vorgehen nach Art. 379 angezeigt, wenn es zwar um die Behandlung einer psychischen Störung geht, allerdings um
eine andere, als diejenige, weswegen eine Person gestützt auf Art. 426 untergebracht
worden ist.[96]

43   Bei einer Intervention gestützt auf Art. 435 ist die behandelnde Person im Gegensatz
      zu Art. 433 *nicht an den Behandlungsplan* gebunden. Vielmehr sind sämtliche medizi-
      nisch indizierten Massnahmen zulässig, die zeitlich beschränkt, unaufschiebbar und
      damit verhältnismässig sind.[97]

44   Nach Art. 435 Abs. 2 wird der *Wille der betroffenen Person* berücksichtigt, wenn der
      Einrichtung bekannt ist, wie diese behandelt werden will (s. unten N 46). Beispiels-
      weise hat die betroffene Person ihre Wünsche unter Umständen in einem Austritts-
      gespräch im Sinn von Art. 436 oder in einer Patientenverfügung kundgetan. Der
      Wille der betroffenen Person ist für die Einrichtung nicht unter allen Umständen ver-
      bindlich. Er ist nur, aber immerhin, zu berücksichtigen. Damit bleibt ein erheblicher
      Ermessensspielraum offen.[98]

45   Die betroffene Person ist – selbst wenn dies im Gesetz nicht ausdrücklich angeordnet
      wird – schnellstmöglich über die Massnahme *zu informieren*.[99] Die betroffene oder
      eine ihr nahestehende Person kann gestützt auf Art. 439 Abs. 1 Ziff. 4 gegen die Anord-
      nung einer gestützt auf Art. 435 angeordneten Massnahme schriftlich das zuständige
      Gericht anrufen.

e. Vereinbarung von Behandlungsgrundsätzen bei Rückfallgefahr

46   Besteht Rückfallgefahr, versucht die behandelnde Ärztin mit der betroffenen Person
      vor deren Entlassung Behandlungsgrundsätze für den Fall einer erneuten Unterbrin-
      gung in der Einrichtung zu vereinbaren (436[1]). Häufig treten vor allem Personen mit
      chronischen psychischen Störungen wiederholt freiwillig in eine Einrichtung ein oder
      sind gegen ihren Willen in eine solche einzuweisen. In diesen Situationen ist es hilf-
      reich, wenn Behandlungsgrundsätze für spätere Behandlungen festgehalten werden,
      selbst wenn ein Behandlungsplan naturgemäss nie definitiv ist, sondern im Sinn von
      Art. 433 Abs. 4 den konkreten Verhältnissen und Bedürfnissen der betroffenen Person
      anzupassen ist.[100] Das Gespräch hat sich auf Behandlungs- und Betreuungsmethoden
      zu beziehen und soll ermöglichen, einen künftigen Aufenthalt möglichst bezüglich

---

95   Guillod, FamKomm Erwachsenenschutz, Art. 435 N 9.
96   Guillod, FamKomm Erwachsenenschutz, Art. 435 N 9.
97   Botsch. Erwachsenenschutz, 7070; Breitschmid/Matt, HandKomm, Art. 435 N 2; Guillod,
     FamKomm Erwachsenenschutz, Art. 435 N 11; Rosch, ESR-Kommentar, Art. 433–435 N 16.
98   Meier/Lukic, Nr. 726; Guillod, FamKomm Erwachsenenschutz, Art. 435 N 18; Rosch,
     ESR-Kommentar, Art. 433–435 N 17.
99   Breitschmid/Matt, HandKomm, Art. 435 N 4; Guillod, FamKomm Erwachsenenschutz,
     Art. 435 N 14.
100 Guillod, FamKomm Erwachsenenschutz, Art. 436 N 3; Meier/Lukic, Nr. 727; Häfeli,
     Erwachsenenschutz, Nr. 28.12; Steinauer/Fountoulakis, Personnes physiques, Nr. 1400.

aller Aspekte dem Willen des Patienten anzupassen.[101] Dieses Austrittsgespräch ist zu dokumentieren (436[2]) und das erstellte Protokoll sowohl vom Arzt, der das Gespräch geführt hat, als auch vom Patienten zu unterschreiben. Danach ist es auf eine Art aufzubewahren, dass es im Fall einer erneuten Einweisung schnell auffindbar ist.[102]

Ein Austrittsgespräch ist aus der Sicht der Einrichtung *zwingend* zu führen. Das «Ver-   47
suchen» in Art. 436 Abs. 2 bezieht sich nur auf die Vereinbarung von Behandlungsgrundsätzen und bringt zum Ausdruck, dass solche Grundsätze nicht gegen den Willen der schutzbedürftigen Person getroffen werden können und diese auch nicht zu
einem Gespräch gezwungen werden kann, sondern sie berechtigt ist, ein solches abzulehnen.[103]

f. Nachbetreuung und ambulante Massnahmen

Die Nachbetreuung (437[1]) sowie die ambulanten Massnahmen (437[2]) für psychisch   48
kranke Menschen, die zur Behandlung einer psychischen Störung fürsorgerisch untergebracht waren, fällt in die Regelungskompetenz der Kantone: Der Begriff der *Nachbetreuung* erfasst sämtliche ambulanten und stationären Massnahmen, welche nach
oder statt einer erneuten FU zweckmässig sein können. *Ambulante Massnahmen* im
Sinn von Art. 437 Abs. 2 erfassen neben denjenigen im Rahmen der Nachbetreuung
im Sinn von Abs. 1 auch präventive Massnahmen.[104] Im Gegensatz zur Nachbetreuung erlaubt Abs. 2 für die ambulanten Massnahmen auch behördlichen Zwang.[105] Bei
der Konkretisierung der Massnahmen wird den Kantonen der grösstmögliche Freiraum belassen.[106] In Betracht kommen als stationäre Massnahmen freiwillige Aufent-
halte in betreuten Wohngemeinschaften, als ambulante die Beratung und Betreuung
durch öffentliche oder private Sozialdienste, die beaufsichtigte Einnahme von Medikamenten oder die Teilnahme an einer Psycho- oder Verhaltenstherapie.[107] In Frage
kommen weiter Weisungen bezüglich des Aufenthalts, der Berufsausübung oder des
Verhaltens sowie Anordnungen betreffend medizinisch indizierter Behandlungen.[108]

---

101 MEIER/LUKIC, Nr. 727; GEISER/ETZENSBERGER, BaKomm, Art. 436 N 6; ROSCH, ESR-Kom-
     mentar, Art. 436 N 1.
102 BREITSCHMID/MATT, HandKomm, Art. 436 N 3; GEISER/ETZENSBERGER, BaKomm, Art. 436
     N 10 ff.; GUILLOD, FamKomm Erwachsenenschutz, Art. 436 N 8; HÄFELI, Erwachsenenschutz,
     Nr. 28.15; ROSCH, ESR-Kommentar, Art. 436 N 3.
103 GEISER/ETZENSBERGER, BaKomm, Art. 436 N 3 und 8; GUILLOD, FamKomm Erwachse-
     nenschutz, Art. 436 N 4; HÄFELI, Erwachsenenschutz, Nr. 28.13; ROSCH, ESR-Kommentar,
     Art. 436 N 1.
104 BREITSCHMID/MATT, HandKomm, Art. 437 N 1; HÄFELI, Erwachsenenschutz, Nr. 28.21.
105 GEISER/ETZENSBERGER, BaKomm, Art. 437 N 8; ROSCH, ESR-Kommentar, Art. 437 N 4.
106 GUILLOD, FamKomm Erwachsenenschutz, Art. 437 N 7; ROSCH, ESR-Kommentar, Art. 437
     N 1; HÄFELI, Erwachsenenschutz, Nr. 28.19.
107 ROSCH, ESR-Kommentar, Art. 437 N 2 ff.; GUILLOD, FamKomm Erwachsenenschutz, Art. 437
     N 7; HÄFELI, Erwachsenenschutz, Nr. 28.20; STEINAUER/FOUNTOULAKIS, Personnes phy-
     siques, Nr. 1415.
108 HÄFELI, Erwachsenenschutz, Nr. 28.21.

49   Die Massnahmen im Sinn von Art. 437 sind *zwingend ausserhalb einer FU* durch-
      zuführen, da andernfalls die Art. 433 ff. zur Anwendung gelangen müssten. Zudem
      erfasst die Regelungskompetenz der Kantone nur Massnahmen zur Behandlung psy-
      chischer Störungen, nicht aber somatischer Krankheiten.[109]

IV.   Die Massnahmen zur Einschränkung der Bewegungsfreiheit

50   Auf Massnahmen, welche die Bewegungsfreiheit der fürsorgerisch untergebrachten
      Person in der Einrichtung einschränken, sind gemäss Art. 438 die Bestimmungen über
      die Einschränkung der Bewegungsfreiheit in Wohn- oder Pflegeeinrichtungen sinnge-
      mäss anwendbar. Einschlägig sind damit die Art. 383 ff., vorbehalten bleibt die Anru-
      fung des Gerichts gestützt auf Art. 439 Abs. 1 Ziff. 5. Allerdings kann gestützt auf
      Art. 385 Abs. 1 auch jederzeit die Erwachsenenschutzbehörde angerufen werden.[110] Zu
      beachten ist, dass Massnahmen zur Einschränkung der Bewegungsfreiheit durch den
      direkten Verweis von Art. 438 auf die Art. 383 ff. nur *bei urteilsunfähigen Personen*
      zulässig sind, da die Art. 383 ff. nur auf urteilsunfähige Personen anwendbar sind.[111]

51   Als Massnahmen kommen namentlich verschiedene Formen der Isolation oder das
      Fixieren oder Zurückbehalten zur Vermeidung von Stürzen in Frage.[112] Art. 438
      erfasst nur Massnahmen, die keine Behandlung darstellen.[113] Nicht als Massnahme
      zur Einschränkung der Bewegungsfreiheit gelten demnach therapeutische Massnah-
      men, selbst wenn Nebenwirkungen die betroffene Person lethargisch machen. Damit
      sind medikamentöse Sedierungsmassnahmen keine Massnahmen zur Einschränkung
      der Bewegungsfreiheit, sondern den Bedingungen von Art. 433 f. unterworfen.[114]
      Ebensowenig fallen Massnahmen unter Art. 438, die nur der Überwachung dienen,
      wie beispielsweise Überwachungskameras.[115]

---

109   MEIER/LUKIC, Nr. 730; GUILLOD, FamKomm Erwachsenenschutz, Art. 437 N 8; BERNHART
      a.a.O. 300.
110   GEISER/ETZENSBERGER, BaKomm, Art. 438 N 9.
111   So GEISER/ETZENSBERGER, BaKomm, Art. 438 N 5; GUILLOD, FamKomm Erwachsenen-
      schutz, Art. 438 N 15. Anders BREITSCHMID/MATT, HandKomm, Art. 438 N 2; ROSCH, ESR-
      Kommentar, Art. 438 N 2; DERS. a.a.O. 513, wonach solche Massnahmen auch bei urteilsfähi-
      gen Personen angeordnet werden können.
112   BREITSCHMID/MATT, HandKomm, Art. 438 N 2; GUILLOD, FamKomm Erwachsenenschutz,
      Art. 438 N 6; MEIER/LUKIC, Nr. 731; STEINAUER/FOUNTOULAKIS, Personnes physiques,
      Nr. 1396. Siehe eingehend ROSCH, ESR-Kommentar, Art. 438 N 1.
113   GEISER/ETZENSBERGER, BaKomm, Art. 438 N 3.
114   Botsch. Erwachsenenschutz, 7039; ROSCH, ESR-Kommentar, Art. 438 N 1; GUILLOD, Fam-
      Komm Erwachsenenschutz, Art. 438 N 7; STEINAUER/FOUNTOULAKIS, Personnes physiques,
      Nr. 1397.
115   BREITSCHMID/MATT, HandKomm, Art. 438 N 2; GUILLOD, FamKomm Erwachsenenschutz,
      Art. 438 N 8. Anders ROSCH, ESR-Kommentar, Art. 438 N 1.

V. Die periodische Überprüfung und die Vertrauensperson

a. Periodische Überprüfung

Zum Schutz der betroffenen Person überprüft die Erwachsenenschutzbehörde spätestens sechs Monate nach Beginn der Unterbringung, ob die Voraussetzungen gemäss Art. 426 Abs. 1 noch erfüllt sind und ob die Einrichtung weiterhin geeignet ist (431[1]). Sie führt innerhalb von weiteren sechs Monaten eine zweite Prüfung durch und anschliessend weitere Überprüfungen so oft wie nötig, mindestens aber jährlich (431[2]). Die Erwachsenenschutzbehörde wird damit nicht nur auf Begehren der betroffenen oder einer ihr nahestehenden Person hin tätig, sondern hat ergänzend von Amtes wegen periodisch zu überprüfen, ob die Voraussetzungen für den Aufenthalt in einer Einrichtung noch immer erfüllt sind, und diese für die betroffene Person noch immer geeignet ist.[116] Die Überprüfung soll gründlich und ausführlich sein und neben der Frage, ob die *Einrichtung noch geeignet* ist, auch die Überprüfung des *Behandlungsplans* erfassen.[117] Zudem hat die Erwachsenenschutzbehörde auch allfällige Massnahmen zur Einschränkung der Bewegungsfreiheit zu überprüfen.[118] Bei den Zeitangaben handelt es sich um Maximalfristen – es haben «so oft als nötig» weitere Überprüfungen stattzufinden. Notwendig ist eine Überprüfung dann, wenn die Erwachsenenschutzbehörde von Umständen erfährt, welche die Notwendigkeit oder Angemessenheit der Unterbringung in Zweifel ziehen.[119]

52

Das Überprüfungsverfahren richtet sich nach den Art. 443 ff., womit insbesondere die Verfahrensgrundsätze von Art. 446 f. zur Anwendung gelangen und daher namentlich die Untersuchungsmaxime gilt.[120] Ausserdem ist die betroffene Person *anzuhören,* sowie – soweit die betroffene Person eine solche bestimmt hat – die *Vertrauensperson* (432) in das Verfahren mit einzubeziehen.[121] Zuständig für die Überprüfung ist die Erwachsenenschutzbehörde, wobei die Kantone wohl gestützt auf Art. 440 Abs. 2 eine Einzelzuständigkeit vorsehen können.[122] Über die periodische Überprüfung ist ein schriftlicher Bericht mit den wesentlichen Feststellungen und Schlussfolgerungen zu erstellen.[123] Dieser Entscheid ist in jedem Fall der betroffenen Person, der Einrichtung und der Vertrauensperson zu eröffnen.[124] Er kann gestützt auf Art. 450 beim

53

116 Botsch. Erwachsenenschutz, 7067; MEIER/LUKIC, Nr. 695; ROSCH, ESR-Kommentar, Art. 431 N 1.
117 HÄFELI, Erwachsenenschutz, Nr. 12; GEISER/ETZENSBERGER, BaKomm, Art. 431 N 9; ROSCH, ESR-Kommentar, Art. 431 N 2; MEIER/LUKIC, Nr. 697; STEINAUER/FOUNTOULAKIS, Personnes physiques, Nr. 1399a.
118 GEISER/ETZENSBERGER, BaKomm, Art. 431 N 9.
119 GEISER/ETZENSBERGER, BaKomm, Art. 431 N 11.
120 ROSCH, ESR-Kommentar, Art. 431 N 2; GUILLOD, FamKomm Erwachsenenschutz, Art. 431 N 8.
121 GEISER/ETZENSBERGER, BaKomm, Art. 431 N 17.
122 BREITSCHMID/MATT, HandKomm, Art. 431 N 3.
123 GUILLOD, FamKomm Erwachsenenschutz, Art. 431 N 9.
124 GEISER/ETZENSBERGER, BaKomm, Art. 431 N 19.

Gericht angefochten werden. Unterlässt die Einrichtung die Überprüfung, liegt eine Rechtsverweigerung vor, die mit Beschwerde (450 ff.) jederzeit gerügt werden kann (450a Ziff. 2).[125]

b. Vertrauensperson

54   Jede Person, die in einer Einrichtung untergebracht wird, kann eine Person ihres Vertrauens beiziehen, die sie während des Aufenthalts in der Einrichtung und bis zum Abschluss aller damit zusammenhängenden Verfahren unterstützt (432). Beispielsweise kann die Vertrauensperson gestützt auf Art. 426 Abs. 4 und 430 Abs. 5 jederzeit um Entlassung ersuchen oder bei der Erstellung des Behandlungsplans mitwirken (433). *Hintergrund dieser Bestimmung* ist der Umstand, dass Personen, die im Rahmen einer FU gegen ihren Willen in eine Einrichtung eingewiesen werden, sich in verschiedener Hinsicht in einer schwierigen Position befinden und deshalb der Unterstützung bedürfen.[126] Einerseits liegt ein stark ausgeprägter Schwächezustand vor, der nach einer FU verlangt. Andererseits befindet sich die betroffene Person nach der Unterbringung in einer fremden und ungewohnten Umgebung, so dass die neue Situation sie möglicherweise überfordert. Daher ist sie regelmässig auf Unterstützung einer Vertrauensperson angewiesen, um ihre Rechte geltend zu machen.[127]

55   Das *Recht* auf Beizug einer Vertrauensperson steht Personen zu, die gestützt auf Art. 426 ff. untergebracht oder zurückbehalten werden, nicht aber solchen, die freiwillig in eine Einrichtung eingetreten sind.[128] Selbstverständlich kann aber auch eine freiwillig eingetretene Person eine Person ihres Vertrauens mit der Wahrung ihrer Interessen beauftragen (386²).[129]

56   Die *Auswahl* der Vertrauensperson erfolgt ausschliesslich durch die betroffene Person selber, da es sich um einen absolut höchstpersönlichen Akt handelt.[130] Die Ausübung des Rechts setzt Urteilsfähigkeit voraus, wobei keine hohen Anforderungen daran zu stellen sind.[131] Die betroffene Person kann jede beliebige Person als ihre Vertrauensperson auswählen, das Gesetz stellt keine Regeln auf. Nur wenn eine gewählte Vertrauensperson für die Interessen der betroffenen Person klar schädlich ist – beispielsweise

---

125   ROSCH, ESR-Kommentar, Art. 431 N 3; HÄFELI, Erwachsenenschutz, Nr. 27.14; GUILLOD, FamKomm Erwachsenenschutz, Art. 431 N 6; SCHMID, Erwachsenenschutz Kommentar, Art. 431 N 2.

126   MEIER/LUKIC, Nr. 699; HÄFELI, Erwachsenenschutz, Nr. 27.15.

127   Botsch. Erwachsenenschutz, 7067; GUILLOD, FamKomm Erwachsenenschutz, Art. 432 N 1; SCHMID, Erwachsenenschutz Kommentar, Art. 432 N 1; MEIER/LUKIC, Nr. 699; ROSCH, ESR-Kommentar, Art. 432 N 1; STEINAUER/FOUNTOULAKIS, Personnes physiques, Nr. 1377.

128   ROSCH, ESR-Kommentar, Art. 432 N 2; GEISER/ETZENSBERGER, BaKomm, Art. 432 N 4; GUILLOD, FamKomm Erwachsenenschutz, Art. 432 N 3.

129   GEISER/ETZENSBERGER, BaKomm, Art. 432 N 4; ROSCH, ESR-Kommentar, Art. 432 N 2.

130   MEIER/LUKIC, Nr. 700; STEINAUER/FOUNTOULAKIS, Personnes physiques, Nr. 1372; GEISER/ETZENSBERGER, BaKomm, Art. 432 N 5; HÄFELI, Erwachsenenschutz, Nr. 27.16.

131   BREITSCHMID/MATT, HandKomm, Art. 432 N 1; GEISER/ETZENSBERGER, BaKomm, Art. 432 N 9; GUILLOD, FamKomm Erwachsenenschutz, Art. 432 N 4; STEINAUER/FOUNTOULAKIS, Personnes physiques, Nr. 1378; ROSCH, ESR-Kommentar, Art. 432 N 2.

weil eine Interessenkollision vorliegt – , kann diese durch die Erwachsenenschutzbehörde suspendiert oder in ihrer Funktion beschränkt werden.[132] Ebenso wenig ist es wegen der persönlichen Natur der Aufgabe möglich, eine juristische Person zu ernennen.[133] Neben Angehörigen werden häufig Patientenanwältinnen mit dieser Aufgabe betraut werden. Daneben können die Kantone unabhängige Dienste vorsehen, die auf Wunsch des Patienten eine Vertrauensperson zur Verfügung stellen.[134] Allerdings ist das Gemeinwesen im Unterschied zur Beistandschaft nicht verpflichtet, «die Vertrauensperson zu entschädigen und deren Spesen zu ersetzen.»[135] Findet die betroffene Person keine Vertrauensperson, die bereit ist, diese Aufgabe *unentgeltlich* wahrzunehmen, und ist sie auch nicht in der Lage, eine solche entgeltlich zu verpflichten, ist für die betroffene Person damit eine Beistandschaft zu errichten. Die Aufgabe der Vertrauensperson endet nicht per se mit dem Verlassen der Einrichtung, sondern dauert so lange an, bis alle mit dem Aufenthalt zusammenhängenden Verfahren abgeschlossen sind.[136]

Die *Aufgabe der Vertrauensperson* liegt vorwiegend darin, «die betroffene Person   57 über ihre Rechte und Pflichten zu informieren, ihr bei der Formulierung und Weiterleitung von Anliegen zu helfen, bei Konflikten zu vermitteln und sie bei Verfahren zu begleiten.»[137] Damit die Vertrauensperson ihre Aufgaben tatsächlich wahrnehmen kann, muss sie die betroffene Person selbst dann besuchen können, wenn das Besuchsrecht gegenüber anderen Personen eingeschränkt ist.[138] Zudem ist die Vertrauensperson gemäss Art. 433 Abs. 1 – soweit von der betroffenen Person erwünscht – bei der Erarbeitung eines Behandlungsplans zu beteiligen und nach Abs. 2 über alle wesentlichen Umstände der Behandlung sowie über eine Behandlung ohne Zustimmung (434²) zu informieren.[139] Daneben stehen ihr alle Rechte einer nahestehenden Person zu, beispielsweise kann sie jederzeit die Entlassung verlangen (426⁴) oder Entscheide der Erwachsenenschutzbehörde anfechten (450²). Demgegenüber kommt der Vertrauensperson nicht automatisch Vertretungsmacht zu.[140] Will sie in die Akten der betroffenen Person Einsicht nehmen, muss deshalb eine Vollmacht vorliegen.[141]

---

132   Geiser/Etzensberger, BaKomm, Art. 432 N 10; Guillod, FamKomm Erwachsenenschutz, Art. 432 N 5; Häfeli, Erwachsenenschutz, Nr. 27.17; Rosch, ESR-Kommentar, Art. 432 N 2.

133   Geiser/Etzensberger, BaKomm, Art. 432 N 8.

134   Botsch. Erwachsenenschutz, 7067; Meier/Lukic, Nr. 700; Steinauer/Fountoulakis, Personnes physiques, Nr. 1378a.

135   Botsch. Erwachsenenschutz, 7068; Breitschmid/Matt, HandKomm, Art. 432 N 4.

136   Geiser/Etzensberger, BaKomm, Art. 432 N 13.

137   Botsch. Erwachsenenschutz, 7067. So auch Steinauer/Fountoulakis, Personnes physiques, Nr. 1379; Meier/Lukic, Nr. 701; Rosch, ESR-Kommentar, Art. 432 N 3.

138   Guillod, FamKomm Erwachsenenschutz, Art. 432 N 9; Steinauer/Fountoulakis, Personnes physiques, Nr. 1379; Bernhart a.a.O. 589; Schmid, Erwachsenenschutz Kommentar, Art. 432 N 2.

139   Botsch. Erwachsenenschutz, 7067; Guillod, FamKomm Erwachsenenschutz, Art. 432 N 9.

140   Steinauer/Fountoulakis, Personnes physiques, Nr. 1380; Meier/Lukic, Nr. 701.

141   Botsch. Erwachsenenschutz, 7067; Geiser/Etzensberger, BaKomm, Art. 432 N 12; Häfeli, Erwachsenenschutz, Nr. 27.18; Rosch, ESR-Kommentar, Art. 432 N 3. Differenziert Guillod, FamKomm Erwachsenenschutz, Art. 432 N 10 ff.

58 Die Vertrauensperson übt kein behördliches Amt wie der Beistand aus, weshalb insbesondere die Art. 454 f. über die Verantwortlichkeit nicht zur Anwendung gelangen. Vielmehr richtet sich das Verhältnis nach *auftragsrechtlichen Regeln* (398 ff. OR) oder der *Geschäftsführung ohne Auftrag* (420 ff. OR). Gleiches gilt wie erwähnt für die Entschädigung und die Spesen, welche nicht vom Staat übernommen werden müssen.[142]

VI. Die Zuständigkeit

a. Sachliche Zuständigkeit

59 Für die Anordnung der Unterbringung und die Entlassung ist grundsätzlich die *Erwachsenenschutzbehörde* zuständig (428[1]). Sie entscheidet als Kollegium, wobei eine Ausnahme vom Kollegialentscheid durch die Kantone im Sinn von Art. 440 Abs. 2 wegen der Schwere des Eingriffs in die Persönlichkeit der betroffenen Person ausgeschlossen ist.[143] Die Erwachsenenschutzbehörde kann die Zuständigkeit für die Entlassung (428[2]) der *Einrichtung* übertragen (428[2]). Durch die Kompetenz der Einrichtung, über die Entlassung zu entscheiden, soll Zeit gewonnen und ermöglicht werden, eine Person unverzüglich zu entlassen, sobald die Voraussetzungen dafür erfüllt sind.[144]

60 Für die Anordnung einer FU kann der Kanton gemäss Art. 429 Abs. 1 Satz 1 *Ärztinnen* bezeichnen, welche neben der Erwachsenenschutzbehörde eine Unterbringung während einer vom kantonalen Recht festgelegten Dauer, höchstens aber sechs Wochen, anordnen dürfen. Läuft diese Frist ab, kann die betroffene Person die Einrichtung ohne weiteres verlassen, wenn in der Zwischenzeit kein ordentlicher Unterbringungsentscheid ergangen ist.[145] Wird die Kompetenz zur Anordnung einer FU Ärzten übertragen, besteht zwischen der Erwachsenenschutzbehörde und den bezeichneten Ärzten eine kumulative Zuständigkeit.[146]

61 Obwohl in der endgültigen Fassung – im Gegensatz zum Vorentwurf – nicht ausdrücklich erwähnt, können nur Ärzte ausgewählt werden, die für diese Aufgabe *geeignet* sind.[147] Eine Fachausbildung ist zwar nicht erforderlich, doch schliesst das Kriterium

---

142 Rosch, ESR-Kommentar, Art. 432 N 3; Geiser/Etzensberger, BaKomm, Art. 432 N 16; Guillod, FamKomm Erwachsenenschutz, Art. 432 N 16; Meier/Lukic, Nr. 703; Schmid, Erwachsenenschutz Kommentar, Art. 432 N 4.

143 Geiser/Etzensberger, BaKomm, Art. 428 N 6; Guillod, FamKomm Erwachsenenschutz, Art. 428 N 5.

144 Botsch. Erwachsenenschutz, 7064; Breitschmid/Matt, HandKomm, Art. 428 N 2; Geiser/Etzensberger, BaKomm, Art. 428 N 9; Guillod, FamKomm Erwachsenenschutz, Art. 48 N 9; Steinauer/Fountoulakis, Personnes physiques, Nr. 1414.

145 Geiser/Etzensberger, BaKomm, Art. 429/430 N 14; Meier/Lukic, Nr. 687.

146 Breitschmid/Matt, HandKomm, Art. 429 N 1; Meier/Lukic, Nr. 685; Rosch, ESR-Kommentar, Art. 429/430 N 1.

147 Botsch. Erwachsenenschutz, 7064; Breitschmid/Matt, HandKomm, Art. 429 N 2; Rosch, ESR-Kommentar, Art. 429/430 N 2. So auch Guillod, FamKomm Erwachsenenschutz,

der Geeignetheit aus, dass diese Kompetenz sämtlichen zugelassenen Ärzten eines Kantons übertragen wird.[148]

Von der Möglichkeit, die Einweisungskompetenz gewissen Ärzten einzuräumen, haben alle Kantone Gebrauch gemacht, werden in der Praxis doch weitaus die meisten FU durch Ärzte und nur ein geringer Teil durch eine Behörde angeordnet.[149] Die Kantone haben dafür zu sorgen, dass die zuständigen Ärzte die notwendigen Instruktionen erhalten und das Verfahren korrekt durchführen. Zu diesem Zweck enthält Art. 430 besondere Verfahrensbestimmungen für die Unterbringung durch eine Ärztin (siehe sogleich N 67 ff.).[150]   62

Die Zuständigkeit der Ärzte gilt nur für die Unterbringung zur Behandlung oder Betreuung im Sinn von Art. 426. Geht es dagegen um *eine Begutachtung in einer Einrichtung* im Sinn von Art. 449 (siehe § 59 N 33), kann die Entscheidung nur von der Erwachsenenschutzbehörde vorgenommen werden.[151] Es fehlt die zeitliche Dringlichkeit, welche die Beschneidung der Rechte der betroffenen Person rechtfertigen würde.[152]   63

b. Örtliche Zuständigkeit

Die örtliche Zuständigkeit für Anordnungen der Erwachsenenschutzbehörde (inkl. die periodische Überprüfung gemäss Art. 431[153]) richtet sich nach Art. 442. Demnach ist grundsätzlich die Erwachsenenschutzbehörde am Wohnsitz der betroffenen Person zuständig (Abs. 1). Ist Gefahr im Verzug, besteht eine konkurrierende Zuständigkeit der Behörde am Ort, wo sich die betroffene Person aufhält (Abs. 2).[154] Die örtliche Zuständigkeit für Anordnungen, die im kantonalen Recht geregelt sind, also die ärztliche Anordnung der FU (429 f.), ambulante Massnahmen und Nachbetreuung (437) sowie die Zuständigkeit der Rechtsmittelinstanzen (439, 450) richtet sich nach kantonalem Recht.[155]   64

Art. 429 N 12 ff., sowie dazu, ob gestützt auf Art. 429 auch Hausärzte bezeichnet werden können.

148 Breitschmid/Matt, HandKomm, Art. 429 N 2; Rosch, ESR-Kommentar, Art. 429/430 N 2 m. w. H.

149 Häfeli, Erwachsenenschutz, Nr. 27.03.

150 Botsch. Erwachsenenschutz, 7064 f.

151 Rosch, ESR-Kommentar, Art. 449 N 3; Bernhart a.a.O. 176; Geiser/Etzensberger, BaKomm, Art. 429/430 N 9.

152 Botsch. Erwachsenenschutz, 7065; Guillod, FamKomm Erwachsenenschutz, Art. 429 N 18; Bernhart a.a.O. 176. Einschränkend Schmid, Erwachsenenschutz Kommentar, Art. 429 N 2.

153 Vogel, BaKomm, Art. 442 N 15a; Geiser/Etzensberger, BaKomm, Art. 431 N 7, 14. A. M. Häfeli, Erwachsenenschutz, Nr. 31.07; Wider, FamKomm Erwachsenenschutz, Art. 442 N 21.

154 Steinauer/Fountoulakis, Personnes physiques, Nr. 1369; Vogel, BaKomm, Art. 442 N 8.

155 Vogel, BaKomm, Art. 442 N 15a; Fassbind, Erwachsenenschutz, 104; Geiser/Etzensberger, BaKomm, Art. 429/430 N 10 f., Art. 437 N 12 f., Art. 439 N 27.

VII.   Das Verfahren und die gerichtliche Beurteilung

65   Im Rahmen der FU sind der Rechtsschutz und die Verfahrensgarantien im Hinblick auf die persönliche Freiheit der betroffenen Person von besonderer Bedeutung. Zu beachten sind zunächst die Art. 443 ff. für das Verfahren vor der Erwachsenenschutzbehörde (a., N 66) und die Art. 450 ff. für das Verfahren vor der gerichtlichen Beschwerdeinstanz (c., N 73 ff.). Daneben gelten für das Verfahren der FU einige wenige Spezialbestimmungen (439, 447[2] und 449 bzw. 450e). Speziell geregelt ist zudem die ärztlich angeordnete Unterbringung (429), auf welche das Verfahren in Art. 430 anwendbar (b., N 69) ist.

a. Verfahren vor der Erwachsenenschutzbehörde

66   Das Verfahren vor der Erwachsenenschutzbehörde richtet sich grundsätzlich nach den Art. 443 ff. (dazu § 59 N 4 ff.). Diese Bestimmungen sind also einschlägig, wenn die FU durch die Erwachsenenschutzbehörde angeordnet wird. Eine Besonderheit gilt für die *Anhörung* der betroffenen Person: Diese ist bei einer FU durch das Kollegium vorzunehmen (447[2]). Ausnahmen von diesem Grundsatz sind nur zurückhaltend zuzulassen.[156] Auf eine psychiatrische *Begutachtung in einer Einrichtung* sind die Verfahrensbestimmungen bei einer FU sinngemäss anwendbar (449[1]): Nach Abs. 1 weist die Erwachsenenschutzbehörde die betroffene Person zur Begutachtung in eine geeignete Einrichtung ein, wenn eine psychiatrische Begutachtung unerlässlich ist und diese nicht ambulant durchgeführt werden kann. Der Einweisungsentscheid hat die erforderlichen Abklärungen genau zu bestimmen.[157] Unerlässlich ist eine psychiatrische Begutachtung namentlich dann, wenn eine FU ernsthaft in Betracht gezogen werden muss, aber wichtige Grundlagen für den definitiven Entscheid noch fehlen (BGer 5A_900/2013 E. 2.1) und ausserdem das Kollegium nicht selber über das erforderliche Fachwissen verfügt. Die anwendbaren Verfahrensbestimmungen sind die Art. 426[4], 430–432 sowie Art. 447 Abs. 2.[158]

b. Verfahren bei ärztlicher Unterbringung

67   Wird die Unterbringung nicht durch die Erwachsenenschutzbehörde, sondern durch einen im Sinn von Art. 429 bezeichneten Arzt angeordnet, kommen die Art. 429 f. zur Anwendung:

1. Dauer der Unterbringung

68   Die Dauer der Unterbringung gemäss Art. 429 ist vom kantonalen Recht festzulegen, darf nach Satz 2 von Abs. 1 aber höchstens sechs Wochen betragen. Spätestens nach Ablauf der festgelegten Dauer fällt die Unterbringung ohne weiteres dahin, sofern nicht ein vollstreckbarer Unterbringungsentscheid der Erwachsenenschutzbehörde vorliegt (429[2]). Über eine Entlassung vor Ablauf der vereinbarten Dauer entschei-

---

156   HÄFELI, Erwachsenenschutz, Nr. 28.24; STECK, ESR-Kommentar, Art. 447 N 8.
157   AUER/MARTI, BaKomm, Art. 449 N 16; ROSCH, ESR-Kommentar, Art. 449 N 3.
158   AUER/MARTI, BaKomm, Art. 449 N 13 ff.; ROSCH, ESR-Kommentar, Art. 449 N 3.

det die Einrichtung (429³); ein entsprechendes Gesuch kann jederzeit gestellt werden (426⁴). Unter Anwendung von Art. 426 Abs. 4 Satz 2 entscheidet die Erwachsenenschutzbehörde oder die Einrichtung über ein entsprechendes Gesuch ohne Verzug. Gegen einen negativen Entlassungsbescheid kann gestützt auf Art. 439 Abs. 1 Ziff. 3 das Gericht angerufen werden.

2. Verfahren

Das Verfahren wird durch Art. 430 geregelt. Diese Verfahrensgarantien sind als Min- 69 destanforderungen zu sehen, die Kantone können den Verfahrensschutz verstärken.[159] Die Bestimmung will sicherstellen, dass die Einweisung durch einen Arzt in einem korrekten, rechtsstaatlichen Verfahren erfolgt.[160] Der Entscheid muss mit grösster Sorgfalt getroffen werden, weshalb viel Gewicht auf die Gewährung des rechtlichen Gehörs gelegt wird: Der Arzt muss die betroffene Person in jedem Fall *persönlich untersuchen und anhören* (430¹).[161] Keinesfalls darf eine Unterbringungsverfügung lediglich gestützt auf Angaben Dritter erlassen werden.[162] Die betroffene Person muss über die Gründe der Unterbringung in einer Einrichtung in verständlicher Art *informiert* werden und dazu Stellung nehmen können, solange es ihr Zustand zulässt.[163] Sie muss auch in einer Weise informiert werden, welche die Wahrnehmung des Beschwerderechts erlaubt.[164] Der Anspruch auf rechtliches Gehör ist formeller Natur. Wird dieses Recht nicht gewährt, ist der Entscheid deshalb grundsätzlich unabhängig von der materiellen Sachlage aufzuheben. Ob dieser Mangel geheilt werden kann, indem die zuständige Beschwerdeinstanz die betroffene Person selber angemessen anhört, ist umstritten.[165] Allerdings kann auf die Anhörung (nicht aber auf die persönliche Untersuchung) verzichtet werden, wenn sich die betroffene Person in einem Zustand befindet, in dem sie sich nicht angemessen ausdrücken kann.[166]

---

159 Rosch, ESR-Kommentar, Art. 429/430 N 4; Guillod, FamKomm Erwachsenenschutz, Art. 430 N 2.

160 Botsch. Erwachsenenschutz, 7065; Häfeli, Erwachsenenschutz, Nr. 27.06; Rosch, ESR-Kommentar, Art. 429/430 N 4; Meier/Lukic, Nr. 689; Steinauer/Fountoulakis, Personnes physiques, Nr. 1372.

161 Geiser/Etzensberger, BaKomm, Art. 429/430 N 20 ff.; Meier/Lukic, Nr. 690.

162 Rosch, ESR-Kommentar, Art. 429/430 N 4; Geiser/Etzensberger, BaKomm, Art. 429/430 N 20; Guillod, FamKomm Erwachsenenschutz, Art. 430 N 4; Meier/Lukic, Nr. 690; Steinauer/Fountoulakis, Personnes physiques, Nr. 1372a.

163 Botsch. Erwachsenenschutz, 7065; Breitschmid/Matt, HandKomm, Art. 430 N 1; Meier/Lukic, Nr. 690.

164 Breitschmid/Matt, HandKomm, Art. 430 N 2; Guillod, FamKomm Erwachsenenschutz, Art. 430 N 5; Rosch, ESR-Kommentar, Art. 429/430 N 4; Steinauer/Fountoulakis, Personnes physiques, Nr. 1372a.

165 BGE 131 III 409 E. 4.4.1. Bejahend Guillod, FamKomm Erwachsenenschutz, Art. 430 N 6.

166 Guillod, FamKomm Erwachsenenschutz, Art. 430 N 4; Häfeli, Erwachsenenschutz, Nr. 27.06.

3. Inhalt des Unterbringungsentscheids

70   Art. 430 Abs. 2 legt fest, welche Angaben der Unterbringungsentscheid mindestens zu
enthalten hat. Es handelt sich um den Ort und das Datum der Untersuchung (Ziff. 1),
den Namen der Ärztin (Ziff. 2), Befund, Gründe und Zweck der Unterbringung (Ziff. 3)
und die Rechtsmittelbelehrung (Ziff. 4). Im Zusammenhang mit Ziff. 3 ist namentlich
darzulegen, «wie die anordnende Person mit dem Fall in Kontakt gekommen ist, welches der Anlass für die Massnahme ist, ob anamnestische Angaben verfügbar sind, die
für die Einschätzung der aktuellen Situation hilfreich sind, und in welchem Zustand
sich die betroffene Person befindet. Aus den Darlegungen muss sich ergeben, warum
eine stationäre Unterbringung nötig ist und zu welchem Zweck – Behandlung oder
Betreuung – sie erfolgt.»[167] Die Rechtsmittelbelehrung muss auf die Möglichkeit hinweisen, das zuständige Gericht anzurufen (439[1] Ziff. 1). Fehlt die Rechtsmittelbelehrung, beginnt die Rechtsmittelfrist im Sinn von Art. 439 Abs. 2 nicht zu laufen.[168]

4. Information und Aufklärung

71   Der Arzt informiert, sofern möglich, eine der Betroffenen nahestehende Person schriftlich über die Unterbringung und die Befugnis, das Gericht anzurufen (430[5]). Primär
ist dabei die betroffene Person zu fragen, wer benachrichtigt werden soll. Bezeichnet
die betroffene Person niemanden, ist die Auswahl nach pflichtgemässem Ermessen zu
treffen.[169] Als Richtschnur für die Auswahl kann Art. 378 dienen, welcher bestimmt,
wer der Reihe nach berechtigt ist, eine urteilsunfähige Person bei medizinischen Massnahmen zu vertreten. Ausschlaggebend ist aber das Vorhandensein einer tatsächlichen
Beziehung. Jedenfalls darf die Information an keine Person weitergegeben werden, mit
der die betroffene Person nicht einverstanden ist.[170] Ist unklar, wer als nahestehende
Person in Frage kommt, müssen keine langen Nachforschungen angestellt werden.[171]
Zudem kann die betroffene Person auch auf die Information im Sinn von Abs. 5 verzichten, diese Regelung ist dispositiv.[172]

5. Keine aufschiebende Wirkung

72   Der Entscheid hat grundsätzlich keine aufschiebende Wirkung, womit sichergestellt
werden soll, dass der betroffenen Person so rasch wie möglich die notwendige Fürsorge

---

167   Botsch. Erwachsenenschutz, 7065 f. So auch ROSCH, ESR-Kommentar, Art. 429/430 N 5;
STEINAUER/FOUNTOULAKIS, Personnes physiques, Nr. 1372c; MEIER/LUKIC, Nr. 691.

168   GUILLOD, FamKomm Erwachsenenschutz, Art. 430 N 12; SCHMID, Erwachsenenschutz Kommentar, Art. 430 N 7.

169   Botsch. Erwachsenenschutz, 7066; STEINAUER/FOUNTOULAKIS, Personnes physiques,
Nr. 1372d.

170   Botsch. Erwachsenenschutz, 7066; ROSCH, ESR-Kommentar, Art. 429/430 N 7; BREITSCHMID/
MATT, HandKomm, Art. 430 N 5.

171   Botsch. Erwachsenenschutz, 7066; SCHMID, Erwachsenenschutz Kommentar, Art. 430 N 10;
MEIER/LUKIC, Nr. 694.

172   GEISER/ETZENSBERGER, BaKomm, Art. 429/430 N 37; GUILLOD, FamKomm Erwachsenenschutz, Art. 430 N 24.

gewährt werden kann.[173] Allerdings können und müssen der Arzt oder das zuständige Gericht die aufschiebende Wirkung von sich aus anordnen (430³), wenn sich der Vollzug der FU nicht als dringlich erweist.[174] Ein Exemplar des Unterbringungsentscheids wird der betroffenen Person ausgehändigt, ein weiteres Exemplar wird der Einrichtung bei der Aufnahme der betroffenen Person vorgelegt (430⁴).

c. Verfahren vor der gerichtlichen Beschwerdeinstanz

Das Verfahren vor der gerichtlichen Beschwerdeinstanz richtet sich primär nach den Art. 450 ff. (dazu § 59 N 43 ff.). Im Zusammenhang mit der FU enthält das ZGB neben den allgemeinen aber noch zwei besondere Bestimmungen, die dem Umstand Rechnung tragen, dass es sich bei einer FU um einen besonders schweren Eingriff in die persönliche Freiheit der betroffenen Person handelt[175]: einerseits Art. 450e (1., N 74 ff.), der im Rahmen des Verfahrens vor der gerichtlichen Beschwerdeinstanz Besonderheiten im Verfahren vorsieht, andererseits Art. 439, der sich mit den Fällen beschäftigt, bei denen direkt beim zuständigen Gericht und nicht zuerst bei der Erwachsenenschutzbehörde opponiert werden kann (2., N 77 ff.).   73

1. Im Allgemeinen

Eine Beschwerde gegen einen Entscheid der Erwachsenenschutzbehörde (428) richtet sich nach den Art. 450 ff. Von besonderer Bedeutung im Rahmen der FU ist dabei wie erwähnt Art. 450e, der die Rechte der fürsorgerisch Untergebrachten in besonderem Mass schützen soll. Abs. 1 sieht vor, dass Beschwerden gegen Entscheide auf dem Gebiet der FU *nicht begründet* werden müssen. Auf diese Weise soll das Beschwerdeverfahren aus der Sicht der betroffenen Person so einfach als möglich eingeleitet werden können. Nach Art. 450e Abs. 3 muss bei psychischen Störungen gestützt auf das *Gutachten* einer sachverständigen Person entschieden werden (zum notwendigen Inhalt eines solchen Gutachtens: 140 III 102 f. E. 6.2.2; 140 III 106 f. E. 2). Um die Objektivität bei der Entscheidfällung sicherzustellen, darf diese sachverständige Person nicht Mitglied der gerichtlichen Beschwerdeinstanz sein. Das Vorliegen eines Fachrichters vermag mithin das Einholen eines unabhängigen Gutachtens nicht zu ersetzen (137 III 292 E. 4.4; 140 III 108 E. 2.7). Das Einholen eines Gutachtens im Beschwerdeverfahren ist in jedem Fall von FU erforderlich, unabhängig davon, ob es sich um eine Unterbringung, eine periodische Überprüfung oder um einen Entscheid aufgrund eines Entlassungsgesuchs der betroffenen Person handelt (140 III 107 E. 2.6).   74

---

173   Breitschmid/Matt, HandKomm, Art. 430 N 3; Rosch, ESR-Kommentar, Art. 429/430 N 6; Geiser/Etzensberger, BaKomm, Art. 429/430 N 32; Steinauer/Fountoulakis, Personnes physiques, Nr. 1410.

174   Geiser/Etzensberger, BaKomm, Art. 429/430 N 32.

175   Botsch. Erwachsenenschutz, 7087; Breitschmid/Matt, HandKomm, Art. 439 N 1; Steck, ESR-Kommentar, Art. 450e N 1; Steinauer/Fountoulakis, Personnes physiques, Nr. 1402.

Liegt bereits ein unabhängiges Gutachten der Erwachsenenschutzbehörde vor, darf allerdings auch die gerichtliche Beschwerdeinstanz auf dieses abstellen.[176]

75   Überdies gelten im Rahmen von FU besondere Bestimmungen im Zusammenhang mit der *Anhörung und Vertretung.* Im Gegensatz zu den anderen Bereichen des Kindes- und Erwachsenenschutzes ist die betroffene Person nicht nur im Verfahren vor der Erwachsenenschutzbehörde, sondern auch vor der Beschwerdeinstanz zwingend anzuhören (siehe dazu 139 III 257). Zudem wird sie gemäss Art. 450e Abs. 4 Satz 1 in aller Regel durch das Kollegium angehört (447[2] für das Verfahren vor der Erwachsenenschutzbehörde). Satz 2 von Absatz 4 wiederholt, was Art. 449a für das Verfahren vor der Erwachsenenschutzbehörde vorsieht: Die gerichtliche Beschwerdeinstanz ordnet wenn nötig die Vertretung der betroffenen Person an und bezeichnet als Beistand eine in fürsorgerischen und rechtlichen Fragen erfahrene Person.

76   Nach Art. 450e Abs. 5 entscheidet die gerichtliche Beschwerdeinstanz in der Regel *innert fünf Arbeitstagen* seit Eingang der Beschwerde. Im Gegensatz zu den übrigen gerichtlichen Verfahren gestützt auf Art. 450 ff. hat die Beschwerde im Zusammenhang mit einer FU *keine aufschiebende Wirkung,* sofern die Erwachsenenschutzbehörde oder die gerichtliche Beschwerdeinstanz nichts anderes verfügt (450e[2]). Der grundsätzliche Verzicht auf die aufschiebende Wirkung ist gerechtfertigt, da die FU in aller Regel in Krisensituationen erfolgt und aus diesem Grund keinen Aufschub duldet.[177]

2. Direkte Anrufung des Gerichts

77   Gegen die ärztlich angeordnete Unterbringung sowie gegen gewisse Entscheide der Einrichtung ist gemäss Art. 439 direkt die Anrufung des zuständigen Gerichts möglich.

α. Anfechtbare Entscheide

78   Die betroffene oder eine ihr nahestehende Person können gemäss Art. 439 Abs. 1 in folgenden Fällen schriftlich das zuständige Gericht anrufen:

79   –   Ziff. 1: bei ärztlich angeordneter Unterbringung im Sinn von Art. 429 f. Keine Möglichkeit der Anrufung des Gerichts besteht gemäss dem Wortlaut e contrario dann, wenn sich der Arzt *gegen* die Anordnung einer FU entscheidet.[178] Diesfalls bleibt

---

176   Botsch. Erwachsenenschutz, 7087 f.; Steck, ESR-Kommentar, Art. 450e 9b; Schmid, Erwachsenenschutz Kommentar, Art. 450e N 6; Steinauer/Fountoulakis, Personnes physiques, Nr. 1411.

177   Botsch. Erwachsenenschutz, 7087; Geiser, BaKomm, Art. 450e N 12 ff.; Steck, ESR-Kommentar, Art. 450e N5; Steinauer/Fountoulakis, Personnes physiques, Nr. 1410.

178   Schmid, Erwachsenenschutz Kommentar, Art. 450e N 2; Rosch, ESR-Kommentar, Art. 439 N 3. Im Gegensatz dazu sind Entscheide der Erwachsenenschutzbehörde auch dann anfechtbar, wenn sie die FU ablehnen. In diesem Zusammenhang kann beispielsweise geltend gemacht werden, dass der behauptete Schwächezustand nicht vorliegt oder die Massnahme nicht verhältnismässig sei.

nur die Möglichkeit einer Gefährdungsmeldung an die Erwachsenenschutzbehörde (443).[179]

— Ziff. 2: bei Zurückbehaltung durch die Einrichtung bei freiwilligem Eintritt (427[2]);   80

— Ziff. 3: bei Abweisung eines Entlassungsgesuchs durch die Einrichtung (428[2] und   81
429[3]). Anfechtbar ist nur die Abweisung der Entlassung, nicht aber die Zustimmung zur Entlassung. Im Unterschied dazu kann beim Entscheid der Erwachsenenschutzbehörde auch die Entlassung angefochten werden.[180]

— Ziff. 4: bei Behandlung einer psychischen Störung ohne Zustimmung der betroffe-   82
nen Person (434 f.). In Frage kommt damit einerseits die Behandlung im Sinn von Art. 434, andererseits jene in einer Notfallsituation im Sinn von Art. 435. Bei letzterer kann geltend gemacht werden, es mangle an einer Notfallsituation oder die Behandlung sei nicht verhältnismässig gewesen. Allerdings kommt diesem Anfechtungsgrund keine grosse Bedeutung zu, da die Beurteilung durch das Gericht regelmässig zu spät kommen und es in vielen Fällen an einem aktuellen Rechtsschutzinteresse fehlen dürfte. Im Fall von Art. 434 kann sich die Beschwerde gestützt auf Art. 439 Abs. 1 Ziff. 4 namentlich gegen das Ob und Wie der Behandlung richten. Dabei kann nicht nur das Unterlassen, sondern auch eine alternative Behandlung verlangt werden.[181] Möglich ist weiter die Rüge, die Voraussetzungen von Art. 434 Abs. 1 Ziff. 1–3 seien nicht erfüllt, oder der anordnende Arzt sei nicht zuständig.[182] Klarzustellen ist, dass die Behandlung und nicht der Behandlungsplan das Anfechtungsobjekt darstellt.[183]

— Ziff. 5: bei Massnahmen zur Einschränkung der Bewegungsfreiheit (438).   83

β. Zuständigkeit

Wer für Beschwerden gestützt auf Art. 439 erstinstanzlich *sachlich* zuständig ist,   84
bestimmt sich nach kantonalem Recht. Ist die Erwachsenenschutzbehörde nach kantonalem Recht ein Gericht, kann ihr für die Fälle nach Art. 439 die Entscheidkompetenz zugewiesen werden. Ist sie dagegen Verwaltungsbehörde, ist eine besondere gerichtliche Zuständigkeit vorzusehen, die aber nicht identisch mit derjenigen für Beschwerden nach Art. 450 ff. sein muss.[184]

Die *örtliche* Zuständigkeit wird in Art. 439 nicht geregelt. Daher obliegt diese Rege-   85
lungskompetenz für die innerkantonale Kompetenzausscheidung den Kantonen. Interkantonal rechtfertigt es sich, in analoger Anwendung von Art. 385 Abs. 1 den Sitz der Einrichtung als örtlich zuständig zu erklären, zumal die vorliegende Situation ver-

---

179   SCHMID, Erwachsenenschutz Kommentar, Art. 439 N 9.
180   GUILLOD, FamKomm Erwachsenenschutz, Art. 439 N 24; SCHMID, Erwachsenenschutz Kommentar, Art. 439 N 12.
181   Botsch. Erwachsenenschutz, 7072; SCHMID, Erwachsenenschutz Kommentar, Art. 439 N 13.
182   SCHMID, Erwachsenenschutz Kommentar, Art. 439 N 13.
183   GEISER/ETZENSBERGER, BaKomm, Art. 439 N 16; SCHMID, Erwachsenenschutz Kommentar, Art. 439 N 14.
184   Botsch. Erwachsenenschutz, 7083.

gleichbar ist mit dem Einschreiten der Erwachsenenschutzbehörde im Fall des Aufenthalts in einer Wohn- und Pflegeeinrichtung.[185]

γ. Beschwerdelegitimation

86   Die betroffene oder eine ihr nahestehende Person können das Gericht anrufen. Die betroffene Person muss nicht handlungsfähig sein, um Beschwerde erheben zu können. Urteilsfähigkeit reicht aus, wobei daran keine hohen Anforderungen zu stellen sind. Es reicht, wenn die betroffene Person versteht, dass sie ohne ihre Zustimmung in der Einrichtung untergebracht wurde und sie fähig ist, den gegenteiligen Willen *schriftlich* zum Ausdruck zu bringen.[186] Zum Begriff der nahestehenden Person siehe § 50 N 26.

87   Für die Anrufung des Gerichts ist ein *aktuelles Rechtsschutzinteresse* erforderlich.[187] Die betroffene oder die ihr nahestehende Person muss im Zeitpunkt der Beschwerde ein aktuelles Interesse an der gerichtlichen Beurteilung haben, was nach der Entlassung (Ziff. 1–3) in aller Regel zu verneinen ist. Dasselbe gilt nach Abschluss der Behandlung ohne Zustimmung (Ziff. 4) oder der Massnahme zur Einschränkung der Bewegungsfreiheit (Ziff. 5).[188] Eine Überprüfung rechtfertigt sich in diesen Fällen nur ausnahmsweise, wenn es sich um eine Frage von grundlegender Bedeutung handelt, die aufgrund der konkreten Konstellation nie rechtzeitig dem Gericht zur Überprüfung vorgelegt werden kann.[189]

88   Der Entscheid der oberen kantonalen Instanz kann gestützt auf Art. 72[2] BGG mit Beschwerde in Zivilsachen vor Bundesgericht angefochten werden (zur Rechtsnatur der Anordnung einer FU: BGer 5A_871/2014 E. 3).

δ. Beschwerdegründe

89   Die Beschwerdegründe bestimmen sich nach Art. 450a.[190] Demnach kann neben Rechtsverletzung (Abs. 1 Ziff. 1) die unrichtige oder unvollständige Feststellung des rechtserheblichen Sachverhalts (Abs. 1 Ziff. 2) und die Unangemessenheit (Abs. 1 Ziff. 3) gerügt sowie jederzeit gegen Rechtsverweigerung und Rechtsverzögerung Beschwerde geführt werden (Abs. 2).

ε. Begehren

90   Das Gericht ist gemäss Art. 439 Abs. 1 und 450 Abs. 3 schriftlich anzurufen. Die betroffene Person hat damit mit ihrer Unterschrift zu bezeugen, dass sie mit der Anord-

---

185   SCHMID, Erwachsenenschutz Kommentar, Art. 439 N 8; VOGEL, BaKomm, Art. 439 N 27.
186   Botsch. Erwachsenenschutz, 7072; GEISER/ETZENSBERGER, BaKomm, Art. 439 N 19; GUILLOD, FamKomm Erwachsenenschutz, Art. 439 N 16; SCHMID, Erwachsenenschutz Kommentar, Art. 439 N 6; ROSCH, ESR-Kommentar, Art. 439 N 2.
187   BREITSCHMID/MATT, HandKomm, Art. 439 N 3.
188   BREITSCHMID/MATT, HandKomm, Art. 439 N 3; GEISER/ETZENSBERGER, BaKomm, Art. 439 N 26; GUILLOD, FamKomm Erwachsenenschutz, Art. 439 N 18.
189   GEISER/ETZENSBERGER, BaKomm, Art. 439 N 26.
190   Botsch. Erwachsenenschutz, 7087.

nung nicht einverstanden ist. Ein formeller Antrag oder eine Begründung wird gemäss Art. 439 Abs. 3 und 450e Abs. 1 dagegen nicht verlangt. Beispielsweise ist es deshalb auch möglich, für das Begehren um gerichtliche Überprüfung Formulare zur Verfügung zu stellen. Nach Art. 439 Abs. 4 ist jedes Begehren um gerichtliche Beurteilung unverzüglich an das zuständige Gericht weiterzuleiten. In der Pflicht stehen dabei insbesondere der Arzt, das Personal der Einrichtung oder die Beiständin.[191]

ζ. Frist

Gemäss Art. 439 Abs. 2 beträgt die Frist zur Anrufung des Gerichts zehn Tage seit   91
Mitteilung des Entscheids. Diese Frist gilt auch gegenüber Personen, denen der Entscheid nicht mitgeteilt werden muss (439[3] i. V. m. 450b[1]). Bei Massnahmen zur Einschränkung der Bewegungsfreiheit kann das Gericht jederzeit angerufen werden (439[2]). Wird die Frist nicht eingehalten, ist auf das Rechtsmittel nicht einzutreten. Ist das Ziel der Anrufung des Gerichts die Entlassung aus der Einrichtung, wandelt sich die Beschwerde nach Ablauf der Beschwerdefrist zu einem jederzeit möglichen Entlassungsgesuch nach Art. 426 Abs. 4.[192]

---

191   Schmid, Erwachsenenschutz Kommentar, Art. 439 N 19.
192   Botsch. Erwachsenenschutz, 7072; Guillod, FamKomm Erwachsenenschutz, Art. 439 N 30; Schmid, Erwachsenenschutz Kommentar, Art. 439 N 17; Rosch, ESR-Kommentar, Art. 439 N 5; Steinauer/Fountoulakis, Personnes physiques, Nr. 1407.

Dritter Abschnitt

Die Organisation

§ 58 Die sachliche und örtliche Zuständigkeit

I. Sachliche Zuständigkeit

a. Allgemeines

1 Sachlich zuständig für die Aufgaben des Erwachsenenschutzes ist die Erwachsenen-schutzbehörde. Dieselbe Behörde übernimmt gemäss Art. 440 Abs. 3 auch die Aufgaben der Kindesschutzbehörde, weshalb im Allgemeinen von der *Kindes- und Erwachsenenschutzbehörde,* der *KESB,* gesprochen wird. Die KESB ist für alle Aufgaben des Kindes- und Erwachsenenschutzes zuständig, soweit das Gesetz keine andere Zuständigkeit vorsieht. Eine solche Ausnahme enthalten beispielsweise Art. 315a und 315b für die sachliche Zuständigkeit des Gerichts im Kindesschutz: Müssen im Rahmen der Scheidung der Eltern oder im Rahmen von Eheschutzmassnahmen auch Kindes-schutzmassnahmen getroffen werden, ist das zuständige Gericht auch für diese zustän-dig (315a). Eine weitere Ausnahme ist in Art. 429 für die Zuständigkeit von Ärzten für die Anordnung einer fürsorgerischen Unterbringung enthalten, soweit das kantonale Recht eine entsprechende Zuständigkeitsregelung vorsieht.

b. Zusammensetzung

2 Aufgrund der Komplexität der Fragen, welche die KESB zu klären hat, sind hohe Anfor-derungen an die Professionalität dieser Behörde zu stellen. Das Gesetz schreibt daher in Art. 440 Abs. 1 vor, dass die KESB eine *Fachbehörde* ist. Wie sie im Einzelnen zusam-mengesetzt ist, liegt in der Kompetenz der Kantone, denen der Gesetzgeber eine mög-lichst grosse Organisationsfreiheit belassen wollte. Es steht den Kantonen frei, eine Ver-waltungsbehörde oder ein Gericht mit dieser Aufgabe zu betrauen (54[2] SchlT ZGB). Von Bundesrechts wegen ist einzig erforderlich, dass das beauftragte Gremium die rele-vanten Fachkenntnisse mit sich bringt, weshalb beispielsweise mit der richtigen Rechts-anwendung eine Juristin zu betrauen ist. Im Übrigen ist eine interdisziplinäre Behörde gefordert,[1] weshalb je nach Fall psychologische, soziale, pädagogische, medizinische, treuhänderische oder steuerrechtliche Fachkenntnisse gefordert sind.[2] In die Kom-petenz der Kantone fällt auch die Frage, ob die KESB ihre Aufgaben im Milizsystem oder berufsmässig wahrnimmt oder ein gemischtes System gewählt wird.[3] Den Kanto-nen kommt auch bei der Bestimmung der Grösse des Entscheidgremiums eine gewisse

---

1 Botsch. Erwachsenenschutz, 7073; HÄFELI, Erwachsenenschutz, Nr. 29.07; SCHMID, Erwachse-nenschutz Kommentar, Art. 440 N 11; VOGEL, HandKomm, Art. 440 N 2.

2 Botsch. Erwachsenenschutz, 7074; WIDER, FamKomm Erwachsenenschutz, Art. 440 N 18 ff.; DIES., ESR-Kommentar, Art. 440 N 7; VOGEL, BaKomm, Art. 440/441 N 14; HAUSHEER/GEISER/ AEBI-MÜLLER, Familienrecht, Nr. 19.43.

3 SCHMID, Erwachsenenschutz Kommentar, Art. 440 N 16; VOGEL, BaKomm, Art. 440/441 N 10; DERS., HandKomm, Art. 440 N 6.

Freiheit zu: Das Bundesrecht sieht vor, dass die KESB ihre Entscheide mit mindestens drei Mitgliedern fällt, überlässt es aber den Kantonen, für gewisse Geschäfte eine Ausnahme und die Entscheidung durch eine Einzelperson vorzusehen. Solche Ausnahmen erscheinen besonders in den Bereichen sinnvoll, in denen der KESB bei ihrer Entscheidung wenig Ermessensspielraum zukommt. Auf diese Weise kann die Flexibilität und die Effizienz der Behörde gefördert werden, ohne dass die betroffene Person aufgrund der Entscheidkompetenz einer Einzelperson in ihren Rechten eingeschränkt wäre.[4] Nicht zulässig ist eine Ausnahme von der Dreierbesetzung dagegen in Bereichen, in denen in schwerer Weise in die persönliche Freiheit der betroffenen Person eingegriffen wird, beispielsweise wenn deren Handlungsfähigkeit eingeschränkt werden soll.[5] Dasselbe gilt, wenn eine fürsorgerische Unterbringung (426 ff.) im Raum steht.[6]

c. Aufsichtsbehörde

Die Kantone bestimmen die Aufsichtsbehörden (441[1]). Sie können ein Gericht oder   3
eine Verwaltungsbehörde (z.B. den Bezirksrat: BGE 139 III 109 f. E. 4.5) mit dieser Aufgabe betrauen. Es ist zulässig, dass das Gericht, welches Beschwerden im Sinn von Art. 450 ff. behandelt, auch als Aufsichtsbehörde fungiert.[7] Es steht den Kantonen zudem frei, nur eine einzige oder aber eine untere und eine obere Aufsichtsbehörde vorzusehen.[8]

Die *Tätigkeit* der Aufsichtsbehörde erfasst die allgemeine administrative Aufsicht   4
und hat zum Ziel, die Qualität und die einheitliche und korrekte Rechtsanwendung im Kindes- und Erwachsenenschutz zu sichern.[9] Nicht in der Kompetenz der Aufsichtsbehörde liegt es, einen Entscheid der KESB aufzuheben. Dazu ist vielmehr der Rechtsweg einzuschlagen und Beschwerde im Sinn von Art. 450 ff. zu erheben.[10] Die Aufsicht erfolgt präventiv (z.B. durch generelle Weisungen), repressiv (Aufsichtsbeschwerden), durch Kontrolle (z.B. durch die Einholung von Rechenschaftsberichten) oder Vernetzungsarbeit.[11] Sobald die Aufsichtsbehörde von Ungereimtheiten Kenntnis erhält, kann sie von Amtes wegen tätig werden. Im Übrigen besteht die Möglichkeit

---

4   Botsch. Erwachsenenschutz, 7073 f.; Häfeli, Erwachsenenschutz, Nr. 29.12; Wider, FamKomm Erwachsenenschutz, Art. 440 N 32; dies., ESR-Kommentar, Art. 440 N 11.

5   Botsch. Erwachsenenschutz, 7078; Häfeli, Erwachsenenschutz, Nr. 29.12; Vogel, BaKomm, Art. 440/441 N 17; ders., HandKomm, Art. 440 N 9; Wider, FamKomm Erwachsenenschutz, Art. 440 N 31; dies., ESR-Kommentar, Art. 440 N 10.

6   Häfeli, Erwachsenenschutz, Nr. 29.12; Wider, FamKomm Erwachsenenschutz, Art. 440 N 31.

7   Botsch. Erwachsenenschutz, 7074; Wider, FamKomm Erwachsenenschutz, Art. 441 N 1; Schmid, Erwachsenenschutz Kommentar, Art. 441 N 3.

8   Botsch. Erwachsenenschutz, 7074; Wider, FamKomm Erwachsenenschutz, Art. 441 N 12.

9   Schmid, Erwachsenenschutz Kommentar, Art. 441 N 4; Vogel, BaKomm, Art. 440/441 N 21; ders., HandKomm, Art. 441 N 2; Wider, FamKomm Erwachsenenschutz, Art. 441 N 5.

10   Häfeli, Erwachsenenschutzrecht, Nr. 30.02; Wider, FamKomm Erwachsenenschutz, Art. 441 N 8; Schmid, Erwachsenenschutz Kommentar, Art. 441 N 4.

11   Wider, FamKomm Erwachsenenschutz, Art. 440 N 6; Vogel, BaKomm, Art. 440/441 N 22 f.; ders., Handkomm, Art. 441 N 3; Hausheer/Geiser/Aebi-Müller, Erwachsenenschutzrecht, Nr. 1.57; Häfeli, Erwachsenenschutz, Nr. 30.04.

einer Aufsichtsbeschwerde. Allerdings handelt es sich bei der Aufsichtsbeschwerde um kein förmliches Rechtsmittel, sondern um einen formlosen Rechtsbehelf, womit kein Anspruch auf Behandlung oder Erledigung besteht (126 II 304 E. 2c).[12]

II.   Örtliche Zuständigkeit

a. Zuständigkeit am Wohnsitz

5   Örtlich zuständig ist die KESB am *Wohnsitz* der betroffenen Person. Das gilt für alle ihre Anordnungen, also namentlich auch für die periodische Überprüfung der fürsorgerischen Unterbringung (431; § 57 N 52 f.). Der Wohnsitz bestimmt sich nach den Art. 23–26: Wohnsitz hat eine Person nach Art. 23 am Ort, an dem sich ihr Lebensmittelpunkt befindet und an dem sie sich mit der Absicht dauernden Verbleibens aufhält. Ist ein Verfahren rechtshängig, bleibt die Zuständigkeit nach Art. 442 Abs. 1 Satz 2 bis zu dessen Abschluss auf jeden Fall erhalten, d.h. auch dann, wenn die betroffene Person im Verlauf des Verfahrens den Wohnsitz wechselt. Der Zeitpunkt der Einleitung des Verfahrens bestimmt damit, wo die Massnahme errichtet wird und grundsätzlich auch, wo sie geführt und beendet wird.[13] Für den Fall, dass die Person, für die eine Massnahme des Erwachsenenschutzes besteht, ihren Wohnsitz wechselt, übernimmt allerdings die Behörde am neuen Ort die Massnahme gemäss Art. 442 Abs. 5, sofern keine wichtigen Gründe dagegen sprechen (s. N 18).

6   Die Zuständigkeit am Wohnsitz der betroffenen Person gilt auch für die gerichtliche Beschwerdeinstanz. Art. 442 Abs. 1 ist hier analog anwendbar und gilt sowohl interkantonal als auch – wenn ein Kanton zwei Rechtsmittelinstanzen vorsieht – innerkantonal.[14]

7   Art. 442 ist einschlägig für Massnahmen des Erwachsenenschutzes, die von der Erwachsenenschutzbehörde getroffen werden. Damit sind zwei Bereiche vom Geltungsbereich von Art. 442 ausgenommen: 1. Die örtliche Zuständigkeit für Kindesschutzmassnahmen ist im Kindesschutzrecht geregelt:[15] Gemäss Art. 315 Abs. 1 werden die *Kindesschutzmassnahmen* grundsätzlich (Ausnahmen s. sogl. N 10) am *Wohnsitz des Kindes* (25, vorne § 10 N 18) angeordnet. Der Wohnsitz ist auch massgeblich für Anordnungen der Kindesschutzbehörde über den persönlichen Verkehr (275). 2. Nicht anwendbar ist Art. 442 Abs. 1 ferner auf Entscheide, die nicht von der Erwachsenenschutzbehörde stammen, also auf die fürsorgerische Unterbringung durch Ärzte (429[1]) und

---

12   VOGEL, BaKomm, Art. 440/441 N 23; DERS., HandKomm, Art. 441 N 4; WIDER, FamKomm Erwachsenenschutz, Art. 440 N 8; HAUSHEER/GEISER/AEBI-MÜLLER, Erwachsenenschutzrecht, Nr. 1.96; HÄFELI, Erwachsenenschutz, Nr. 30.05.

13   VOGEL, BaKomm, Art. 442 N 3; DERS., HandKomm, Art. 442 N 3; SCHMID, Erwachsenenschutz Kommentar, Art. 442 N 9; STEINAUER/FOUNTOULAKIS, Personnes physiques, Nr. 1079.

14   SCHMID, Erwachsenenschutz Kommentar, Art. 441 N 12.

15   SCHMID, Erwachsenenschutz Kommentar, Art. 442 N 1; WIDER, FamKomm Erwachsenenschutz, Art. 442 N 2; VOGEL, BaKomm, Art. 442 N 2; DERS., HandKomm, Art. 442 N 1.

deren Bestätigung durch die KESB nach Ablauf von sechs Wochen, ebenso wenig auf die ambulante Nachbetreuung (437) und die Zuständigkeit der Rechtsmittelinstanz im Rahmen der fürsorgerischen Unterbringung (439). Die örtliche Zuständigkeit richtet sich in diesen Fällen vielmehr nach kantonalen Ausführungsbestimmungen.[16]

b. Zuständigkeit am Aufenthaltsort

Ist *Gefahr im Verzug,* besteht nach Art. 442 Abs. 2 (für den Kindesschutz: Art. 315 Abs. 2, siehe sogl. N 10) neben der Zuständigkeit der Wohnsitzbehörde eine alternative Zuständigkeit der Behörde am Aufenthaltsort der betroffenen Person.[17] Entscheidend für diese Zuständigkeit ist die Dringlichkeit der Angelegenheit, eine Mindestaufenthaltsdauer ist nicht notwendig.[18] Die von der Behörde am Aufenthaltsort getroffenen Massnahmen haben sich auf das Notwendige zu beschränken, und die Aufenthaltsbehörde hat die Wohnsitzbehörde unverzüglich nach Erlass der Massnahmen darüber zu informieren und ihr das Verfahren für die Durchführung der Massnahmen oder den Erlass allfälliger weiterer Massnahmen zu überlassen.[19] Die Wohnsitzbehörde ist verpflichtet, die Angelegenheit zu übernehmen.[20] Auf diese Weise soll sichergestellt werden, dass es nicht bei der ausserordentlichen Zuständigkeit der Aufenthaltsbehörde bleibt, sondern die Wohnsitzbehörde über das weitere Vorgehen und über die Anordnung weiterer Massnahmen entscheiden kann.[21] Vorbehalten bleibt die örtliche Zuständigkeit des Gerichts zur Überprüfung der von der Aufenthaltsbehörde getroffenen Massnahme.[22]

8

Steht die *Einschränkung der Bewegungsfreiheit* im Rahmen eines Aufenthalts in einer Wohn- oder Pflegeeinrichtung in Frage, richtet sich die örtliche Zuständigkeit der KESB ebenfalls nach dem Aufenthaltsort der betroffenen Person: Gemäss Art. 385 Abs. 1 ist die KESB am Sitz der Einrichtung anzurufen. Ebenso richtet sich die Anordnung von bewegungseinschränkenden Massnahmen sowie deren gerichtliche Überprüfung im Rahmen einer fürsorgerischen Unterbringung nach dem Sitz der Einrichtung (438, 439[1] Ziff. 5). In analoger Anwendung von Art. 442 Abs. 2 Satz 2 ist in solchen Fällen die KESB am Wohnsitz der betroffenen Person zu informieren, sofern diese bereits durch Massnahmen des Kindes- oder Erwachsenenschutzes mit der Angelegenheit befasst war. Auf diese Weise wird sichergestellt, dass – soweit notwendig – weitere Massnahmen erlassen werden können.[23]

9

---

16 VOGEL, BaKomm, Art. 442 N 15a.

17 Damit soll ein negativer Kompetenzkonflikt vermieden werden: VOGEL, BaKomm, Art. 442 N 8.

18 HÄFELI, Erwachsenenschutz, Nr. 31.04; HAUSHEER/GEISER/AEBI-MÜLLER, Erwachsenenschutzrecht, Nr. 1.75; WIDER, ESR-Kommentar, Art. 442 N 7.

19 VOGEL, BaKomm, Art. 442 N 8; DERS., HandKomm, Art. 442 N 7; HAUSHEER/GEISER/AEBI-MÜLLER, Erwachsenenschutzrecht, Nr. 1.75; WIDER, ESR-Kommentar, Art. 442 N 7; DIES., FamKomm Erwachsenenschutz, Art. 442 N 25; SCHMID, Erwachsenenschutz Kommentar, Art. 442 N 15.

20 HÄFELI, Erwachsenenschutz, Nr. 31.04.

21 Botsch. Erwachsenenschutz, 7075; MEIER/LUKIC, Nr. 74.

22 VOGEL, BaKomm, Art. 442 N 8; DERS., HandKomm, Art. 442 N 7.

23 VOGEL, BaKomm, Art. 442 N 9; WIDER, ESR-Kommentar, Art. 442 N 11.

10 Der Aufenthaltsort ist in bestimmten Fällen auch auf *Kindesschutzmassnahmen* anwendbar: Der Aufenthaltsort des Kindes ist massgeblich, wenn das Kind bei Pflege-eltern oder sonst ausserhalb der häuslichen Gemeinschaft der Eltern wohnt oder wenn Gefahr in Verzug ist (315[2]). Dieselbe Zuständigkeit gilt für Anordnungen über den persönlichen Verkehr: Auch hier ist die Behörde am Aufenthaltsort des Kindes zustän-dig, falls sie die fraglichen Kindesschutzmassnahmen getroffen hat. Trifft die Behörde am Aufenthaltsort eine Kindesschutzmassnahme, benachrichtigt sie die Wohnsitzbe-hörde (315[3]).

c. Zuständigkeit am Ort des Vermögens

11 Für eine Beistandschaft wegen Abwesenheit einer Person (390[1] Ziff. 2) ist gemäss Art. 442 Abs. 3 alternativ zum Wohnsitz der betroffenen Person die Behörde am Ort der *Vermögensverwaltung* oder des *Vermögensanfalls* zuständig. Befindet sich das Ver-mögen an verschiedenen Orten, wird grundsätzlich nur eine Beistandschaft errichtet, doch ist in analoger Anwendung von Art. 400 Abs. 1 auch die Errichtung mehrerer Beistandschaften möglich, wenn dies aufgrund der Lage oder der Grösse des Vermö-gens als sinnvoll erscheint.[24] Diese Bestimmung gilt nicht nur für den Erwachsenen-, sondern auch für den Kindesschutz.[25]

d. Zuständigkeit am Heimatort

12 Die Kantone sind gestützt auf Art. 442 Abs. 4 berechtigt, für ihre Bürgerinnen, die Wohnsitz im Kanton haben, statt der Wohnsitzbehörde die Behörde des Heimatortes für zuständig zu erklären, sofern auch die Unterstützung bedürftiger Personen ganz oder teilweise der Heimatgemeinde obliegt. Diese Heimatzuständigkeit gilt auch für den Kindesschutz.[26] Diese Bestimmung ist nur *innerkantonal* anwendbar. Das ein-schlägige kantonale Recht gilt also nicht für Personen mit einem ausserkantonalen Bürgerrecht. Interkantonal ist eine subsidiäre Heimatzuständigkeit nicht möglich.[27]

13 Ordnet die *Heimatbehörde* Massnahmen für eine umfassend verbeiständete Person oder ein bevormundetes Kind an, so verschiebt sich ihr Wohnsitz automatisch an ihren Heimatort, da dieser gemäss Art. 25 Abs. 2 bzw. Art. 26 am Sitz der Erwachse-nenschutzbehörde liegt, unabhängig davon, wo sich die betroffene Person aufhält.[28]

14 Macht ein Kanton von der Kompetenz in Art. 442 Abs. 4 keinen Gebrauch – was der-zeit für alle Kantone ausser Bern der Fall ist –, richtet sich die örtliche Zuständigkeit ausschliesslich nach Art. 442 Abs. 1–3. Die Bedeutung der Heimatzuständigkeit ist somit nur noch gering.[29]

---

24 Vogel, BaKomm, Art. 442 N 11; ders., HandKomm, Art. 442 N 9.
25 Botsch. Erwachsenenschutz, 7075; Vogel, BaKomm, Art. 442 N 21.
26 Botsch. Erwachsenenschutz, 7075; Schmid, Erwachsenenschutz Kommentar, Art. 443 N 18; Vogel, BaKomm, Art. 442 N 13.
27 Vogel, BaKomm, Art. 442 N 12; ders., HandKomm, Art. 442 N 10; Schmid, Erwachsenen-schutz Kommentar, Art. 443 N 18.
28 Vogel, BaKomm, Art. 442 N 14.
29 Vogel, BaKomm, Art. 442 N 15; Häfeli, Erwachsenenschutz, Nr. 31.06; Meier/Lukic, Nr. 76.

e. Zuständigkeitskonflikte

Gemäss Art. 444 Abs. 1 prüft die KESB ihre Zuständigkeit von Amtes wegen. Hält sie 15
sich nicht für zuständig, überweist sie die Sache gemäss Abs. 2 unverzüglich an die
Behörde, die sie für zuständig erachtet. Zweifelt eine Behörde an ihrer Zuständigkeit,
pflegt sie gemäss Art. 444 Abs. 3 mit der Behörde, deren Zuständigkeit in Frage kommt,
einen Meinungsaustausch. Kann dabei keine Einigung erzielt werden, unterbreitet die
zuerst befasste Behörde die Frage der Zuständigkeit nach Abs. 4 der für sie zuständigen
Beschwerdeinstanz (450[1]). Der Entscheid dieser Beschwerdeinstanz ist *innerkantonal*
verbindlich (s. dazu § 59 N 13). Der Erwachsenenschutzbehörde steht kein kantonales
Rechtsmittel gegen den Entscheid zur Verfügung, sie kann allerdings beim Bundesgericht zivilrechtliche Beschwerde führen (72[2] Ziff. 5–7 i. V. m. 120[2] BGG).[30]

Bei *interkantonalen Konflikten* kann die kantonale Beschwerdeinstanz nur die Unzu- 16
ständigkeit der Erwachsenenschutzbehörde des eigenen Kantons, nicht auch die
Zuständigkeit der Behörde eines anderen Kantons beurteilen. Die Behörden der Kantone sind nicht an die Entscheide der Gerichte der anderen Kantone gebunden. Vielmehr ist in solchen Fällen beim Bundesgericht Klage gestützt auf Art. 120 Abs. 2 BGG
zu erheben (141 III 86 ff. E. 1 ff.).[31]

Der Entscheid einer (örtlich) unzuständigen Behörde ist nicht nichtig, sondern ledig- 17
lich anfechtbar und bleibt gültig, bis er von der zuständigen Behörde aufgehoben
wird.[32]

f. Übertragung der Massnahme bei Wohnsitzwechsel

Wechselt eine Person, für die eine Massnahme besteht, ihren Wohnsitz, übernimmt 18
die Behörde am neuen Ort die Massnahme gemäss Art. 442 Abs. 5 ohne Verzug, sofern
keine wichtigen Gründe dagegen sprechen. Die Behörde am Ort des alten Wohnsitzes ist damit verpflichtet, die Massnahme sofort zu übertragen, diejenige am neuen
Wohnsitz, die Massnahme zu übernehmen.[33] Eine Ausnahme von diesem Grundsatz
besteht nur dann, wenn sie durch wichtige Gründe gerechtfertigt ist, wobei dies nicht
leichthin zu bejahen ist. Ein wichtiger Grund liegt beispielsweise vor, wenn die Massnahme innert kurzer Frist ohnehin aufgehoben werden soll oder eine mangelnde Stabilität des Aufenthaltsorts nachgewiesen ist und sich ein Zuwarten aus diesem Grund

---

30 Häfeli, Erwachsenenschutz, Nr. 31.12; Vogel, BaKomm, Art. 442 N 19; Steck, ESR-Kommentar, Art. 445 N 8, 10; ders., FamKomm Erwachsenenschutz, Art. 444 N 10; ders., Hand-
Komm, Art. 445 N 9.

31 Anders Botsch. Erwachsenenschutz, 7077. Auer/Marti, BaKomm, Art. 444 N 28; Häfeli,
Erwachsenenschutz, Nr. 31.12; Steck, FamKomm Erwachsenenschutz, Art. 444 N 10.

32 Auer/Marti, BaKomm, Art. 445 N 35; Schmid, Erwachsenenschutz Kommentar, Art. 441
N 2; Vogel, BaKomm, Art. 442 N 20; Steck, ESR-Kommentar, Art. 445 N 11.

33 Vogel, BaKomm, Art. 442 N 21; ders., HandKomm, Art. 442 N 12; Wider, FamKomm
Erwachsenenschutz, Art. 442 N 24 ff.

rechtfertigt.[34] Eine Übertragung der Massnahme bedeutet nicht zwingend ein Wechsel des Beistandes. Vielmehr wird dieser – soweit es das Interesse der betroffenen Person gebietet – von der KESB am neuen Wohnsitz erneut ernannt.[35]

19   Um der notwendigen Flexibilität der KESB Rechnung zu tragen, wurde auf die Regelung einer *Frist* zur Übertragung der Massnahme verzichtet. Die Übertragung ist möglichst rasch vorzunehmen.[36]

---

34   VOGEL, BaKomm, Art. 442 N 22; DERS., HandKomm, Art. 442 N 12; HAUSHEER/GEISER/AEBI-MÜLLER, Erwachsenenschutzrecht, Nr. 1.77; WIDER, FamKomm Erwachsenenschutz, Art. 442 N 24.

35   WIDER, FamKomm Erwachsenenschutz, Art. 442 N 26; DIES., ESR-Kommentar, Art. 442 N 16; HÄFELI, Erwachsenenschutzrecht, Nr. 31.10; HAUSHEER/GEISER/AEBI-MÜLLER, Erwachsenenschutzrecht, Nr. 1.77.

36   HÄFELI, Erwachsenenschutzrecht, Nr. 31.10; VOGEL, BaKomm, Art. 442 N 21; DERS., HandKomm, Art. 442 N 12; WIDER, FamKomm Erwachsenenschutz, Art. 442 N 24; DIES., ESR-Kommentar, Art. 442 N 15.

§ 59 Das Verfahren

Die Art. 443–450g widmen sich dem Verfahren im Bereich des Kindes- und Erwach- 1
senenschutzes: Zunächst wird in den Art. 443–449c das Verfahren vor der Erwachsenenschutzbehörde geregelt (I., N 4 ff.), danach folgt in den Art. 450–450e das Verfahren vor der gerichtlichen Beschwerdeinstanz (II., N 43 ff.). Art. 450g regelt schliesslich
die Vollstreckung (III., N 70 ff.). Sieht ein Kanton im Bereich des Kindes- und Erwachsenenschutzes nicht nur eine, sondern zwei gerichtliche Instanzen vor, richtet sich
das Verfahren vor dem zweitinstanzlichen Gericht nicht nach diesen Bestimmungen,
sondern mangels einer bundesrechtlichen Regelung nach kantonalem Recht (BGer
5A_478/2014 und 5A_479/2014 E. 2.2; 5A_327/2013 E. 3.2).

Die Art. 443 ff. regeln das Verfahren in Kindes- und Erwachsenenschutzbereichen nur 2
punktuell und sehr rudimentär. Festgelegt werden nur gerade diejenigen Punkte, in
denen eine einheitliche Regelung auf *Bundesebene* erforderlich ist. Im Übrigen sind
gemäss Art. 450f die *kantonalen Regelungen* und, soweit solche fehlen, die *ZPO* sinngemäss anwendbar.[1] Art. 450f hat sowohl für das Verfahren vor der Erwachsenenschutzbehörde (sei sie als Verwaltungsbehörde oder als Gericht ausgestaltet[2]) als auch vor der
ersten gerichtlichen Beschwerdeinstanz Geltung.[3]

Die Art. 443 ff. gelten grundsätzlich *auch für den Kindesschutz:* Gemäss Art. 440 3
Abs. 3 nimmt die Erwachsenenschutzbehörde auch die Aufgaben der Kindesschutzbehörde wahr. Gemäss Art. 314 Abs. 1 sind die Bestimmungen über das Verfahren
vor der Erwachsenenschutzbehörde sinngemäss auf das Verfahren des Kindesschutzes anwendbar.

I. Vor der Erwachsenenschutzbehörde

a. Melderechte

Art. 443 Abs. 1 statuiert ein *Melderecht:* Jede Person kann der Erwachsenenschutzbe- 4
hörde Meldung erstatten, wenn eine Person hilfsbedürftig erscheint, ohne sich dabei
einer Verletzung des Datenschutzes oder des Amtsgeheimnisses schuldig zu machen.
Vorbehalten ist lediglich das Berufsgeheimnis (s. sogl. N 6).[4] Diese Bestimmung stellt
eine Art Auffangnorm dar und bezweckt die lückenlose Erfassung der Konstellationen,
in denen das Tätigwerden der Erwachsenenschutzbehörde zum Schutz einer hilfsbe-

---

1 Botsch. Erwachsenenschutz, 7088; STEINAUER/FOUNTOULAKIS, Personnes physiques,
  Nr. 1087 ff.; MEIER/LUKIC, Nr. 97 ff.
2 COTTIER/STECK, Das Verfahren vor der Kindes- und Erwachsenenschutzbehörde, in FamPra.
  ch 13 (2012), 981 ff., 986 f.
3 COTTIER/STECK a.a.O. 988.
4 HAUSHEER/GEISER/AEBI-MÜLLER, Familienrecht, Nr. 19.76.

dürftigen Person notwendig erscheint:[5] Zwar statuieren mehrere andere Bestimmungen ein Antragsrecht, kann ein Verfahren mit Einschreiten der Erwachsenenschutzbehörde insbesondere gestützt auf die Art. 368, 373 Abs. 1, 376 Abs. 2, 381 Abs. 3, 385 Abs. 1 und 390 Abs. 3 eingeleitet und kann überdies die Erwachsenenschutzbehörde in den Fällen von Art. 419 (s. dazu § 56 N 31 ff.) angerufen werden. Jedoch ist in diesen Fällen grundsätzlich[6] nur ein beschränkter Personenkreis interventionsberechtigt, und es bleiben Gefährdungssituationen bestehen, in denen die Erwachsenenschutzbehörde auf Meldungen und Hinweise angewiesen ist.[7] Für diese Situationen statuiert Art. 443 Abs. 1 das Melderecht, das nicht nur einem beschränkten Personenkreis, sondern wie erwähnt jedermann offen steht. Zu berücksichtigen sind dabei auch die Meldungen urteilsunfähiger und anonym bleibender Personen, unabhängig davon, in welcher Form sie erstattet werden.[8]

5   Eine Meldung an die Erwachsenenschutzbehörde hat deren *Tätigwerden* zur Folge. Demgegenüber berechtigt eine Meldung *nicht zur Beteiligung am Verfahren*.[9] In diesem Punkt unterscheidet sich das Melderecht vom Antragsrecht, bei dem die besondere Nähe, welche die berechtigten Personen in diesem Rahmen zur hilfsbedürftigen Person haben, es rechtfertigt, ihnen ein Recht auf Mitteilung der Eröffnung des Verfahrens und eines materiellen Entscheides sowie ein Recht auf Teilnahme am Verfahren einzuräumen.[10]

6   Das in Art. 443 Abs. 1 Satz 1 statuierte *Melderecht* wird durch Satz 2 *eingeschränkt*, indem die Bestimmungen über das Berufsgeheimnis vorbehalten bleiben. Dem Berufsgeheimnis sind gemäss Art. 321 Ziff. 1 StGB folgende Personen unterstellt: Geistliche, Rechtsanwältinnen, Verteidiger, Notarinnen, Patentanwältinnen, nach Obligationenrecht zur Verschwiegenheit verpflichtete Revisoren, Ärzte, Zahnärztinnen, Chiropraktoren, Apotheker, Hebammen, Psychologinnen sowie ihre Hilfspersonen. Diese Geheimnisträger dürfen nur Meldung erstatten, wenn die hilfsbedürftige Person *eingewilligt* hat oder der Geheimnisträger vom Berufsgeheimnis *entbunden* worden ist (321

---

5   STECK, FamKomm Erwachsenenschutz, Art. 443 N 3. Siehe zum Ganzen COTTIER/SCHLAURI, Übersicht über die Melderechte und Meldepflichten bei Genitalverstümmelungen an Unmündigen im Licht von Amts- und Berufsgeheimnis, in FamPra.ch 6 (2005), 759 ff.; COTTIER/STECK a.a.O. 981 ff.

6   Faktisch kann auch im Anwendungsbereich dieser Bestimmungen jedermann die Einleitung eines Verfahrens bewirken, da die Erwachsenenschutzbehörde auch von Amtes wegen tätig zu werden hat. Erhält die Erwachsenenschutzbehörde Kenntnis von einer Gefährdungssituation, hat sie damit unabhängig davon die notwendigen Massnahmen zu ergreifen, ob die Information von einer im Sinn dieser Bestimmungen berechtigten oder einer anderen Person stammt. Immerhin unterscheidet sich die Stellung der Antragsberechtigten entscheidend von den Meldeberechtigten: Ersteren kommen im Verfahren vor der Erwachsenenschutzbehörde Parteirechte zu, Zweite sind demgegenüber nicht involviert, siehe gleich nachfolgend.

7   AUER/MARTI, BaKomm, Art. 443 N 4; SCHMID, Erwachsenenschutz Kommentar, Art. 443 N 1.

8   STECK, FamKomm Erwachsenenschutz, Art. 443 N 10; HÄFELI, Erwachsenenschutz, Nr. 33.02; ROSCH, ESR-Kommentar, Art. 443 N 2.

9   STECK, FamKomm Erwachsenenschutz, Art. 443 N 12.

10   AUER/MARTI, BaKomm, Art. 443 N 6; STECK, FamKomm Erwachsenenschutz, Art. 443 N 13.

Ziff. 2 StGB).[11] Eine Ausnahme davon ist für Notfallsituationen (453[2]) sowie bei Minderjährigen vorgesehen, an denen eine strafbare Handlung begangen worden ist (364 StGB): In diesen beiden Fällen sind Personen, die dem Amts- oder Berufsgeheimnis unterstehen, berechtigt, der Erwachsenenschutzbehörde Mitteilung zu machen, ohne vorgängig vom Amts- oder Berufsgeheimnis entbunden zu werden.

b. Meldepflichten

1. Verpflichtete Personen

Art. 443 Abs. 2 sieht eine Meldepflicht vor. Diese Meldepflicht richtet sich nur an Per- 7
sonen in amtlicher Funktion und bei der *Ausübung der amtlichen Tätigkeit.* In den
übrigen Fällen besteht keine Meldepflicht, sondern nur ein Melderecht.[12] Unter den
weit auszulegenden Begriff der amtlichen Tätigkeit[13] fällt jede Person, die öffentlich-
rechtliche Befugnisse ausübt. Eine öffentlich-rechtliche Anstellung beim Gemeinwesen ist nicht notwendig. Ausschlaggebend sind die Funktion im Dienst der Öffentlichkeit und die Erfüllung einer öffentlich-rechtlichen Aufgabe. Daher trifft namentlich
Ärzte in öffentlichen Spitälern, aber auch Privatbeistände eine Meldepflicht.[14]

Die in Art. 443 Abs. 2 statuierte Meldepflicht bezieht sich auch auf Personen, die im 8
Sinn von Art. 320 StGB einem Amtsgeheimnis unterstehen.[15] Da Art. 443 ZGB zur
Meldung verpflichtet, ist die Meldung im Sinn von Art. 14 StGB rechtmässig und kann
folglich auch nicht gestützt auf Art. 320 StGB bestraft werden. Art. 443 ist mithin
ein *Rechtfertigungsgrund für eine Verletzung des Amtsgeheimnisses.* Eine vorgängige
Entbindung vom Amtsgeheimnis ist nicht notwendig.[16] Vorausgesetzt ist allerdings,
dass die meldepflichtige Person die gemeldeten Tatsachen im Rahmen ihrer amtlichen oder dienstlichen Stellung wahrgenommen hat.[17] *Keine Rechtfertigung* in diesem Sinn besteht für *Träger von Berufsgeheimnissen* (321 StGB), weil diese Geheim-
nisse nicht eine dienstliche oder amtliche Tätigkeit betreffen. Sie unterstehen mithin
nicht der Meldepflicht.[18]

---

11 Steinauer/Fountoulakis, Personnes physiques, Nr. 1092 f.
12 Rosch, ESR-Kommentar, Art. 443 N 6.
13 Botsch. Erwachsenenschutz, 7076. So auch Häfeli, Erwachsenenschutz, Nr. 33.04; Rosch, ESR-Kommentar, Art. 443 N 9.
14 Auer/Marti, BaKomm, Art. 443 N 20; Steck, FamKomm Erwachsenenschutz, Art. 443 N 19; Schmid, Erwachsenenschutz Kommentar, Art. 443 N 6; Steinauer/Fountoulakis, Personnes physiques, Nr. 1093.
15 Steck, FamKomm Erwachsenenschutz, Art. 443 N 20. A. M. Auer/Marti, BaKomm, Art. 443 N 25. Offen gelassen Steinauer/Fountoulakis, Personnes physiques, Nr. 1093a.
16 Steck, FamKomm Erwachsenenschutz, Art. 443 N 22.
17 Namentlich BGE 115 IV 233 E. 2c; Botsch. Erwachsenenschutz, 7076; Steck, FamKomm Erwachsenenschutz, Art. 443 N 23.
18 Auer/Marti, BaKomm, Art. 443 N 25; Rosch, Melderechte, Melde- und Mitwirkungspflich-ten, Amtshilfe: die Zusammenarbeit mit der neuen Kindes- und Erwachsenenschutzbehörde, in FamPra.ch 13 (2012), 1024 ff., 1029 f.; Kuhn, Das Verfahren vor der Kindes- und Erwach-senenschutzbehörde, in recht 32 (2014), 218 ff., 230; a. M. Fassbind, Erwachsenenschutz, 111, für den Fall, dass diese Personen gleichzeitig eine amtliche Funktion ausüben; Schmid, Erwach-

2. Weitere Meldepflichten

9   Die Kantone können *weitere Meldepflichten* vorsehen (443[2] Satz 2). Mehrere Kantone haben gestützt darauf auch für Personen mit einem Berufsgeheimnis eine Meldepflicht (ohne Entbindung vom Berufsgeheimnis) eingeführt.[19] Ferner ergeben sich weitere Meldepflichten aus der ZPO, dem StGB und dem OR: Nach Art. 69 Abs. 2 ZPO ist die Benachrichtigung der Erwachsenenschutzbehörde durch das Gericht angezeigt, wenn eine Partei offensichtlich nicht im Stande ist, den Prozess selber zu führen, und das Gericht daher Schutzmassnahmen für geboten hält. Nach Art. 73 Abs. 2 StPO informieren die Strafbehörden die Sozialbehörden und die Erwachsenenschutzbehörde über eingeleitete Strafverfahren sowie über Strafentscheide, wenn dies zum Schutz einer beschuldigten oder geschädigten Person oder ihrer Angehörigen erforderlich ist. Nach Abs. 3 dieser Bestimmung informieren sie zudem unverzüglich die Erwachsenenschutzbehörde, wenn Unmündige an einer Straftat beteiligt waren und weitere Massnahmen erforderlich sind. Gemäss Art. 397a OR hat der Beauftragte schliesslich Meldung zu erstatten, wenn der Auftraggeber voraussichtlich dauernd urteilsunfähig wird, und eine Meldung zur Interessenwahrung angezeigt erscheint.

3. Verletzung der Meldepflicht

10   Art. 443 Abs. 2 verpflichtet zu einer Meldung. Erscheint eine Person hilfsbedürftig, hat der durch Abs. 2 verpflichtete Personenkreis damit ohne vorgängige Interessenabwägung Meldung zu erstatten. Es besteht kein Ermessensspielraum.[20] Eine *Verletzung* der Meldepflicht kann nur zur Anordnung sowie zur zwangsweisen Durchsetzung der Mitwirkungspflicht durch die Erwachsenenschutzbehörde führen (448[1] Satz 3)[21], strafbar ist sie dagegen grundsätzlich nicht. Denkbar ist allerdings, dass die Unterlassung einer Meldung unter dem Aspekt eines Unterlassungsdelikts strafrechtlich relevant wird, wenn die hilfsbedürftige Person ein Delikt begeht, das bei einer rechtzeitigen Meldung hätte verhindert werden können.[22] Weiter entstehen unter Umständen Schadenersatzansprüche, wobei allerdings nicht Art. 454, sondern die allgemeine Staatshaftung zur Anwendung gelangt, da es sich weder um eine Schädigung im Rahmen einer behördlichen Massnahme, noch um ein Handeln der Erwachsenenschutzbehörde oder der Aufsichtsbehörde handelt.[23]

4. Revisionsbestrebungen

11   Art. 443 Abs. 2 und 3 sollen im Zuge der Änderung des Kindesschutzes (s. dazu § 44) revidiert und der einzuführenden Regelung im Kindesrecht angepasst werden.[24]

---

senenschutz Kommentar, Art. 443 N 6; wohl auch a. M. STEINAUER/FOUNTOULAKIS, Personnes physiques, Nr. 1093a.

19   Botsch. Kindesschutz, 3448.
20   AUER/MARTI, BaKomm, Art. 443 N 22.
21   STEINAUER/FOUNTOULAKIS, Personnes physiques, Nr. 1096e, 1096f.
22   AUER/MARTI, BaKomm, Art. 443 N 28; ROSCH, ESR-Kommentar, Art. 443 N 10.
23   AUER/MARTI, BaKomm, Art. 443 N 29; ROSCH, ESR-Kommentar, Art. 443 N 10.
24   Botsch. Kindesschutz, 3461 ff.

Gemäss Entwurf des Art. 443 Abs. 2 ist derjenige, der in amtlicher Tätigkeit von einer hilfsbedürftigen Person erfährt und der dieser Hilfsbedürftigkeit im Rahmen seiner Tätigkeit nicht selber Abhilfe schaffen kann, meldepflichtig. Vorbehalten bleiben die Bestimmungen über das Berufsgeheimnis. Im Unterschied zur geltenden Rechtslage wird nun ausdrücklich festgehalten, dass das Berufsgeheimnis vor der Meldepflicht Vorrang hat und der Geheimnisträger die Einwilligung der betroffenen Person benötigt oder sich vom Geheimnis entbinden lassen muss (s. oben N 8).[25] Ferner wird – wie im Kindesschutzrecht – deutlich gemacht, dass die Meldepflicht erst zum Tragen kommt, wenn die zur Meldung verpflichtete Person nicht selber Abhilfe schaffen kann. Tatsächlich sind die meldepflichtigen Personen häufig selber für die hilfsbedürftigen Personen zuständig (z.B. Sozialarbeiterinnen) und damit in der Lage, eine Lösung zu finden.[26] Eine Vereinheitlichung der Meldepflichten bezweckt Abs. 3, wonach die Kantone im Gegensatz zur gegenwärtigen Rechtslage keine weiteren Meldepflichten gegenüber der Erwachsenenschutzbehörde vorsehen dürfen. Vorbehalten bleiben lediglich Regelungen der Kantone im Rahmen ihrer materiellen Regelungskompetenz wie beispielsweise im Schul- oder Gesundheitswesen.[27]

c. Prüfung der Zuständigkeit

Nach Art. 444 Abs. 1 prüft die Erwachsenenschutzbehörde ihre örtliche (442) und sachliche (440) Zuständigkeit *von Amtes wegen*.[28] Hält sich die Erwachsenenschutzbehörde für unzuständig, überweist sie die Sache nach Abs. 2 unverzüglich der Behörde, die sie als (örtlich und sachlich) zuständig erachtet. Eine Einlassung der Erwachsenenschutzbehörde ist grundsätzlich nicht möglich: örtliche und sachliche Zuständigkeit sind zwingend.[29] Zweifelt eine Erwachsenenschutzbehörde an ihrer Zuständigkeit, pflegt sie nach Abs. 3 einen Meinungsaustausch mit der Behörde, deren Zuständigkeit in Frage kommt. Denkbar sind solche Unsicherheiten beispielsweise im Verhältnis zu den zivilen Gerichten bei der Anordnung von Kindesschutzmassnahmen oder in Bezug auf die örtliche Zuständigkeit nach Art. 442 Abs. 1–3.[30] 12

Art. 444 Abs. 4 regelt die Vorgehensweise bei Vorliegen eines *negativen Kompetenzkonfliktes*: Kann im Meinungsaustausch zwischen den betroffenen Behörden keine Einigung erzielt werden, unterbreitet die zuerst befasste Behörde die Frage ihrer Zuständigkeit der gerichtlichen Beschwerdeinstanz. Grundsätzlich handelt es sich dabei um 13

---

25 Im Kindesschutzrecht wird neu ein Art. 314c eingefügt, der in Abs. 2 das Melde*recht* der Berufsgeheimnisträgerinnen vorsieht. Das Melderecht geht mithin der Meldepflicht nach Art. 314d vor. Die Ausnahme der Berufsgeheimnisträgerinnen von der Melde*pflicht* findet ihre Rechtfertigung in der Tatsache, dass sie in der Regel ein besonderes Vertrauensverhältnis zu ihren Patientinnen und Patienten oder Klientinnen und Klienten haben: Botsch. Kindesschutz, 3458.
26 Botsch. Kindesschutz, 3448, 3461 ff.
27 Botsch. Kindesschutz, 3447.
28 STECK, FamKomm Erwachsenenschutz, Art. 444 N 2.
29 Botsch. Erwachsenenschutz, 7076; AUER/MARTI, BaKomm, Art. 444 N 6.
30 Botsch. Erwachsenenschutz, 7076; STECK, FamKomm Erwachsenenschutz, Art. 444 N 6; STECK, ESR-Kommentar, Art. 444 N 6.

ein behördeninternes Verfahren, an dem die Parteien nicht beteiligt sind.[31] Allerdings kann dieser Entscheid von den Parteien gestützt auf Art. 72 Abs. 2 lit. b Ziff. 6 BGG mit Beschwerde in Zivilsachen ans Bundesgericht weitergezogen werden, wenn die nicht zuständige Behörde eine Massnahme erlassen hat, da die Partei in diesem Fall unter Umständen über ein rechtlich geschütztes Interesse verfügt.[32] Art. 444 Abs. 4 gilt nur für innerkantonale Konflikte. Bei interkantonalen Konflikten sind die Behörden der Kantone nicht an die Entscheide der Gerichte der anderen Kantone gebunden. Vielmehr ist in solchen Fällen beim Bundesgericht Klage gestützt auf Art. 120 Abs. 2 BGG zu erheben (141 III 86 ff. E. 1 ff.).[33]

d. Vorsorgliche Massnahmen

14 Im Rahmen des Kindes- und Erwachsenenschutzes ist von entscheidender Bedeutung, dass gewisse Massnahmen rechtzeitig angeordnet und durchgeführt werden können. Gestützt auf Art. 445 (für Massnahmen im Rahmen des Kindesschutzes i. V. m. 314[1]) ist es deshalb möglich, gewisse notwendige Massnahmen bereits für die Dauer des Verfahrens vor der Erwachsenenschutzbehörde anzuordnen.[34] Dasselbe gilt für das Verfahren vor der gerichtlichen Beschwerdeinstanz;[35] diesfalls ist das Gericht für die Anordnung vorsorglicher Massnahmen zuständig. Für das Verfahren vor Bundesgericht richtet sich die Anordnung vorsorglicher Massnahmen nach Art. 104 BGG.

1. Anordnung

15 Nach Art. 445 Abs. 1 trifft die Erwachsenenschutzbehörde oder die gerichtliche Beschwerdeinstanz *auf Antrag* einer am Verfahren beteiligten Person *oder von Amtes wegen* alle für die Dauer des Verfahrens notwendigen vorsorglichen Massnahmen. Die Anordnung einer vorsorglichen Massnahme ist dann notwendig, wenn die Massnahme so dringlich ist, dass der ordentliche Entscheid nicht abgewartet werden kann.[36] Die Anordnung kann frühestens mit Einleitung des Verfahrens vor der Erwachsenenschutzbehörde verlangt werden.[37] Möglich ist jede erdenkliche Massnahme, die zum Schutz der hilfsbedürftigen Person sinnvoll erscheint; ein numerus clausus der möglichen Massnahmen besteht nicht.[38] Namentlich kann eine Beistandschaft (390 ff.) angeordnet oder vorübergehend die Handlungsfähigkeit entzogen werden.[39] Ausge-

---

31 AUER/MARTI, BaKomm, Art. 444 N 29.
32 STECK, FamKomm Erwachsenenschutz, Art. 444 N 8 f.; DERS., ESR-Kommentar, Art. 444 N 10.
33 Anders Botsch. Erwachsenenschutz, 7077; AUER/MARTI, BaKomm, Art. 444 N 28; HÄFELI, Erwachsenenschutz, Nr. 31.12; STECK, FamKomm Erwachsenenschutz, Art. 444 N 10.
34 Botsch. Erwachsenenschutz, 7077.
35 AUER/MARTI, BaKomm, Art. 445 N 2; SCHMID, Erwachsenenschutz Kommentar, Art. 445 N 2; STECK, FamKomm Erwachsenenschutz, Art. 445 N 6; DERS., ESR-Kommentar, Art. 445 N 4.
36 SCHMID, Erwachsenenschutz Kommentar, Art. 445 N 4; FASSBIND, Erwachsenenschutz, 112; STECK, ESR-Kommentar, Art. 445 N 8.
37 AUER/MARTI, BaKomm, Art. 444 N 6; SCHMID, Erwachsenenschutz Kommentar, Art. 445 N 3; HÄFELI, Erwachsenenschutz, Nr. 33.10.
38 AUER/MARTI, BaKomm, Art. 444 N 11; STECK, ESR-Kommentar, Art. 445 N 8c. Siehe auch STEINAUER/FOUNTOULAKIS, Personnes physiques, Nr. 1107 f.
39 STECK, FamKomm Erwachsenenschutz, Art. 445 N 10; STECK, ESR-Kommentar, Art. 445 N 8 f.

schlossen ist es aber, gestützt auf Art. 445 eine fürsorgerische Unterbringung anzu-ordnen. Vielmehr steht diesbezüglich für dringliche Fälle die ärztliche Unterbringung gemäss Art. 429 zur Verfügung.[40] Gemäss Art. 450f i. V. m. 268 Abs. 2 ZPO fallen die vorsorglichen Massnahmen mit Rechtskraft des Entscheides in der Hauptsache dahin oder werden in ordentliche Massnahmen überführt.

2. Superprovisorische Massnahmen

Art. 445 Abs. 2 regelt die Anordnung superprovisorischer Massnahmen (zur fehlenden 16 Möglichkeit der Anfechtbarkeit solcher Massnahmen vor Bundesgericht: 140 III 289). Bei besonderer Dringlichkeit kann die Erwachsenenschutzbehörde demnach vorsorg-liche Massnahmen sofort und ohne Anhörung der am Verfahren beteiligten Personen treffen. Gleichzeitig gibt sie diesen aber so schnell als möglich Gelegenheit zur nach-träglichen Stellungnahme.[41] Anschliessend entscheidet sie neu und bestätigt, ändert oder hebt den Entscheid auf. Auch superprovisorisch ist die Anordnung aller Mass-nahmen (mit Ausnahme der fürsorgerischen Unterbringung) möglich, die im konkre-ten Fall zweckmässig erscheinen.[42]

3. Beschwerde

Gegen Entscheide über vorsorgliche Massnahmen kann gemäss Art. 445 Abs. 3 innert 17 zehn Tagen nach deren Mitteilung gestützt auf Art. 450 ff. Beschwerde erhoben wer-den. Entgegen den Ausführungen in der Botschaft[43], hat das Bundesgericht aber fest-gehalten, dass dies nur für provisorische, in aller Regel aber *nicht für superprovisorische Massnahmen* gilt. Diese sind weder innerkantonal noch vor Bundesgericht anfecht-bar (140 III 290 ff. E. 1 f.).[44] Gemäss Art. 450c kommt der Beschwerde grundsätz-lich *aufschiebende Wirkung* zu. Dies gilt auch im Verfahren vor der Rechtsmittelins-tanz, da auf die Beschwerde nach Art. 445 Abs. 3 sämtliche Verfahrensbestimmungen in Art. 450 ff. zur Anwendung gelangen, also auch die Gewährung der aufschiebenden Wirkung (450c).[45] Der Entscheid der gerichtlichen Beschwerdeinstanz kann gestützt auf Art. 72 Abs. 2 lit. b Ziff. 6 BGG unter gegebenen Voraussetzungen (72 Abs. 2 lit. b Ziff. 6 i. V. m. 98 BGG) ans Bundesgericht weitergezogen werden.

---

40 STECK, ESR-Kommentar, Art. 445 N 8d; AUER/MARTI, BaKomm, Art. 445 N 12.

41 MEIER/LUKIC, Nr. 105.

42 AUER/MARTI, BaKomm, Art. 444 N 20.

43 Botsch. Erwachsenenschutz, 7077: «Die Beschwerdemöglichkeit ist im Bereich des Kindes- und Erwachsenenschutzes anders als in der geplanten schweizerischen Zivilprozessordnung auch bei superprovisorischen Massnahmen gegeben, da diese tief in die Persönlichkeit der betroffe-nen Person eingreifen können, und das Verfahren auf Anordnung einer ordentlichen vorsorgli-chen Massnahme, wenn mehrere am Verfahren beteiligte Personen anzuhören sind, einige Zeit in Anspruch nehmen kann.» Gleicher Auffassung HAUSHEER/GEISER/AEBI-MÜLLER, Fami-lienrecht, Nr. 19.86 f.; STECK, FamKomm Erwachsenenschutz, Art. 445 N 19; MEIER/LUKIC, Nr. 107.

44 Ebenso AUER/MARTI, BaKomm, Art. 445 N 32. Ähnlich SCHMID, Erwachsenenschutz Kom-mentar, Art. 446 N 12 f. Differenziert STECK, ESR-Kommentar, Art. 445 N 11 ff.

45 AUER/MARTI, BaKomm, Art. 445 N 33.

e. Verfahrensmaximen

18 Art. 446 regelt drei *Verfahrensmaximen,* die im Verfahren vor der Erwachsenenschutzbehörde und auch der gerichtlichen Beschwerdeinstanz zu beachten sind[46]: die uneingeschränkte Untersuchungsmaxime (1., N 19 f.), die Offizialmaxime (2., N 21) sowie
die Rechtsanwendung von Amtes wegen (3., N 22).

1. Uneingeschränkte Untersuchungsmaxime

19 Nach Art. 446 gilt entsprechend der Regelung in Art. 296 Abs. 1 ZPO betreffend Kinderbelange auch im Erwachsenenschutz die uneingeschränkte Untersuchungsmaxime.
Dies wird dadurch klargestellt, dass die Erwachsenenschutzbehörde den Sachverhalt
nicht bloss festzustellen, sondern zu erforschen hat.[47] Die Behörde hat deshalb all jene
Abklärungen zu treffen, die zur Ermittlung des rechtserheblichen Sachverhalts notwendig sind.[48] Die uneingeschränkte Untersuchungsmaxime entbindet die Parteien
grundsätzlich aber nicht von ihrer Mitwirkungspflicht. Vielmehr besteht die objektive
Beweislast, welche jene Partei trifft, welche die Folgen einer unbewiesenen Tatsache
tragen muss, auch im Bereich der uneingeschränkten Untersuchungsmaxime.[49] Die
Parteien haben somit ein Interesse und auch die Obliegenheit, Beweisanträge zu stellen, Beweismittel zu nennen und einzureichen. Dagegen entfällt die subjektive Beweislast, also die Beweisführungslast: Die Parteien müssen nicht selber Beweis führen,
um den Nachteil der Beweislosigkeit abzuwenden.[50] Im Vordergrund steht vielmehr
die *Ermittlung des Sachverhalts durch die Behörde,* selbst wenn die Beteiligten keine
Anträge stellen oder die Mitwirkung gar verweigern.[51] Weiter hat die Geltung der
uneingeschränkten Untersuchungsmaxime zur Folge, dass die entscheidende Behörde
nicht an die Beweisanträge der Parteien gebunden ist, sondern selber darüber entscheiden kann, welche Tatsachen einer zusätzlichen Klärung bedürfen und welche Beweise
zu diesem Zweck erhoben werden sollen.[52] Schliesslich gilt im Bereich der uneingeschränkten Untersuchungsmaxime der *Freibeweis.*[53] Dies ergibt sich aus Art. 450f
i. V. m. *168 ZPO, der sinngemäss anwendbar* ist: Art. 168 Abs. 1 ZPO legt die zulässigen Beweismittel im gerichtlichen Verfahren fest, gemäss Art. 168 Abs. 2 ZPO bleiben die Bestimmungen über Kinderbelange in familienrechtlichen Angelegenheiten,
in deren Anwendungsbereich ebenfalls die uneingeschränkte Untersuchungsmaxime
gilt, vorbehalten. Auf diese Weise wird zum Ausdruck gebracht, dass die Beweismittel-
beschränkung in Abs. 1 für diesen Bereich und damit eine Bindung an den numerus

---

46 AUER/MARTI, BaKomm, Art. 446 N 2; SCHMID, Erwachsenenschutz Kommentar, Art. 446 N 1.
47 SCHMID, Erwachsenenschutz Kommentar, Art. 446 N 2; STECK, BaKomm, Art. 296 ZPO N 10;
STECK, FamKomm Erwachsenenschutz, Art. 446 N 8; STECK, ESR-Kommentar, Art. 446 N 4.
48 AUER/MARTI, BaKomm, Art. 446 N 4; STECK, ESR-Kommentar, Art. 446 N 5.
49 AUER/MARTI, BaKomm, Art. 446 N 9.
50 STECK, BaKomm, Art. 296 ZPO N 12 ff.
51 SCHMID, Erwachsenenschutz, Art. 446 N 2; STECK, FamKomm Erwachsenenschutz, Art. 446
N 12.
52 AUER/MARTI, BaKomm, Art. 446 N 8.
53 AUER/MARTI, BaKomm, Art. 446 N 10; STECK, ESR-Kommentar, Art. 446 N 5a.

clausus der Beweismittel nicht gilt.[54] Vielmehr sind alle erforderlichen und geeigneten Ermittlungsmethoden zulässig, wie beispielsweise formlose Gespräche oder unangemeldete Augenscheine.[55] Allerdings ist in diesen Fällen zur Wahrung des rechtlichen Gehörs (29 BV) nachträglich Gelegenheit zur Stellungnahme einzuräumen.[56]

In Art. 446 Abs. 2 wird die *Untersuchungsmaxime konkretisiert*: Demnach holt die Erwachsenenschutzbehörde die zur Feststellung des Sachverhalts erforderlichen Erkundigungen ein und erhebt die notwendigen Beweise. Sie ist mit anderen Worten zur selbständigen und unbeschränkten Tatsachenfeststellung verpflichtet.[57] Zu diesem Zweck *kann* sie eine geeignete Person oder Stelle mit Abklärungen *beauftragen* und nötigenfalls ein *Gutachten* einer sachverständigen Person *anordnen*. Gemäss Gesetzestext liegt es damit grundsätzlich im Ermessen der Erwachsenenschutzbehörde, ob sie in einer Angelegenheit ein Gutachten in Auftrag geben möchte. Verfügt ein Mitglied der Behörde über das notwendige Fachwissen, kann dementsprechend auf die Mitwirkung eines externen Experten verzichtet werden.[58] Ein *Gutachten* ist aber immer dann *zwingend* einzuholen, wenn eine umfassende Beistandschaft errichtet werden soll und kein Mitglied der Erwachsenenschutzbehörde über die notwendigen Kenntnisse verfügt (140 III 99 f. E. 4).[59] Weiter ist bei einer mutmasslich psychisch kranken Person die Anordnung einer psychiatrischen Begutachtung in Anlehnung an Art. 449 dann angezeigt und verhältnismässig, «wenn eine Massnahme des Erwachsenen- oder des Kindesschutzes ernsthaft in Betracht zu ziehen ist» (BGer 5A_211/2014 E. 3.2.3; zum Erfordernis der Aktualität siehe 140 III 107 f. E. 2.7). Das ist dann der Fall, wenn gewisse tatsächliche Umstände dargetan sind, die auf eine Hilfsbedürftigkeit der betroffenen Person schliessen lassen (140 III 97). Überdies muss auch im Verfahren vor der gerichtlichen Beschwerdeinstanz im Zusammenhang mit einer fürsorgerischen Unterbringung gemäss Art. 450e Abs. 3 gestützt auf das Gutachten einer *externen* sachverständigen Person entschieden werden, und zwar bei jedem Einweisungs-, Zurückbehaltungs- und Aufhebungsentscheid (140 III 107 E. 2.6).[60] Mit dieser Regelung wird dem Umstand Rechnung getragen, dass die Rechtsmittelinstanz im Gegensatz zur Erwachsenenschutzbehörde keine Fachbehörde mehr darstellt.[61] Das kantonale Recht kann schliesslich vorsehen, dass im Fall der fürsorgerischen Unterbringung bereits im Verfahren vor der Erwachsenenschutzbehörde ein externer Gut-

20

---

54 STECK, BaKomm, Art. 296 ZPO N 20.
55 STECK, FamKomm Erwachsenenschutz, Art. 446 N 11; STECK, ESR-Kommentar, Art. 446 N 5b.
56 STECK, FamKomm Erwachsenenschutz, Art. 446 N 11.
57 Botsch. Erwachsenenschutz, 7078; STECK, FamKomm Erwachsenenschutz, Art. 446 N 10.
58 STEINAUER/FOUNTOULAKIS, Personnes physiques, Nr. 1100; MEIER/LUKIC, Nr. 109.
59 STECK, ESR-Kommentar, Art. 446 N 6.
60 AUER/MARTI, BaKomm, Art. 446 N 19; SCHMID, Erwachsenenschutz Kommentar, Art. 446 N 6. A. M. STECK, FamKomm Erwachsenenschutz, Art. 446 N 17, wonach ein externer Gutachter in diesem Bereich bereits vor der Erwachsenenschutzbehörde angezeigt ist.
61 AUER/MARTI, BaKomm, Art. 446 N 19; STEINAUER/FOUNTOULAKIS, Personnes physiques, Nr. 1101.

achter beizuziehen ist.[62] Die Entscheidkompetenz bleibt indessen in all diesen Fällen bei der Erwachsenenschutzbehörde.[63] Durch die Abklärung durch Fachpersonen wird aber eine zweckmässige und effiziente Abklärung der Verhältnisse erleichtert und die Behördenmitglieder werden entlastet.[64] Im Sinn von Art. 183 Abs. 3 ZPO hat die Erwachsenenschutzbehörde gegebenenfalls eigenes Fachwissen offenzulegen, damit die Parteien dazu Stellung nehmen können.[65]

2. Offizialmaxime

21   Gemäss Art. 446 Abs. 3 ist die Erwachsenenschutzbehörde nicht an die Anträge der am Verfahren beteiligten Personen gebunden, d.h. es gilt die Offizialmaxime. Die Erwachsenenschutzbehörde kann damit von den Rechtsbegehren der Parteien abweichen oder gar einen Entscheid ohne Vorliegen eines entsprechenden Rechtsbegehrens treffen.[66] Dies gilt auch im Beschwerdeverfahren: Das Gericht kann die Massnahme zum Wohl der hilfsbedürftigen Person in alle Richtungen abändern.[67]

3. Rechtsanwendung von Amtes wegen

22   Nach Art. 446 Abs. 4 hat die Erwachsenenschutzbehörde das Recht von Amtes wegen anzuwenden. Bei der Rechtsanwendung von Amtes wegen handelt es sich um einen allgemeinen Grundsatz des Prozessrechts (57 ZPO), womit Art. 446 Abs. 4 keine selbstständige Bedeutung zukommt. Die Rechtsanwendung von Amtes wegen bedeutet einerseits, dass die Behörde an die materiellrechtliche Begründung der Ausführungen der Verfahrensbeteiligten nicht gebunden ist. Andererseits hat dies zur Folge, dass auch das Verfahrensrecht von Amtes wegen anzuwenden ist.[68]

f. Anhörung

23   Art. 447 beschäftigt sich mit der Anhörung Volljähriger, die Anhörung von Kindern richtet sich dagegen nach der lex specialis in Art. 314a (s. § 44 N 55 ff.). Die betroffene Person wird nach Art. 447 Abs. 1 *persönlich* angehört, soweit dies nicht als unverhältnismässig erscheint.[69] Der Pflicht zur Anhörung ist damit weder durch eine schriftliche Stellungnahme, noch durch die Vertretung im Verfahren durch eine Anwältin

---

62   Namentlich § 54 Abs. 1 Einführungsgesetz zum Kindes- und Erwachsenenschutzrecht (EG KESR) des Kantons Zürich vom 25. Juni 2012 bei Vorliegen einer psychischen Störung.

63   Steck, FamKomm Erwachsenenschutz, Art. 446 N 19.

64   Botsch. Erwachsenenschutz, 7078.

65   Schmid, Erwachsenenschutz Kommentar, Art. 446 N 6.

66   Auer/Marti, BaKomm, Art. 446 N 36; Steck, ESR-Kommentar, Art. 446 N 8.

67   Auer/Marti, BaKomm, Art. 446 N 39; Schmid, Erwachsenenschutz Kommentar, Art. 446 N 8; Steck, FamKomm Erwachsenenschutz, Art. 446 N 20; Steck, ESR-Kommentar, Art. 446 N 8.

68   Botsch. Erwachsenenschutz, 7079. Ebenso Steck, ESR-Kommentar, Art. 446 N 9.

69   Zum Ganzen siehe Bodenmann/Jungo, Die Anhörung von Kindern aus rechtlicher und psychologischer Sicht, in FamPra.ch 4 (2003), 22 ff.

oder einen Prozessbeistand Genüge getan.[70] Ebensowenig ist es in aller Regel ausreichend, wenn die Anhörung durch eine geeignete aussenstehende Person oder Behörde durchgeführt wird. Vielmehr ist die Anhörung grundsätzlich durch Mitglieder der Erwachsenenschutzbehörde durchzuführen, ausser eine Beurteilung durch eine aussenstehende Fachperson ist zum Wohl der betroffenen Person angezeigt.[71] Durch die persönliche Anhörung wird einerseits den Persönlichkeitsrechten der betroffenen Person die notwendige Beachtung geschenkt, andererseits dient sie der Behörde bei der Feststellung des Sachverhalts (BGer 5A_540/2013 E. 3.1, in 140 III 1 unveröffentlichte Erwägung; 117 II 381 E. 2).[72] Das Recht auf Anhörung bezieht sich nur auf das Verfahren vor der Erwachsenenschutzbehörde und vermittelt keinen Anspruch darauf, vor der Beschwerdeinstanz noch einmal mündlich angehört zu werden (BGer 5A_540/2013 E. 3.1.1, in 140 III 1 unveröffentlichte Erwägung; anders im Verfahren einer FU: 450e[4]).

Steht eine *fürsorgerische Unterbringung* in Frage, hört die Erwachsenenschutzbehörde die betroffene Person in aller Regel als Kollegium an (447[2]).[73] Dasselbe gilt für die Anhörung vor der Beschwerdeinstanz: Im Fall einer fürsorgerischen Unterbringung wird sie erneut vorgenommen, und zwar ebenfalls vom gesamten Kollegium (450e[4]). Eine Anhörung durch eine Einzelperson ist nur ausnahmsweise angezeigt, wenn das Wohl der betroffenen Person dies verlangt.[74] Die Delegation ist im Entscheid zu begründen.[75]   24

Die persönliche Anhörung wird durchgeführt, sofern sie nicht als unverhältnismässig erscheint (447[1]). *Unverhältnismässig* im Sinn dieser Bestimmung erscheint eine persönliche Anhörung beispielsweise dann, wenn nur noch ergänzende Anordnungen getroffen werden müssen und die persönliche Anhörung sowie der persönliche Eindruck der schutzbedürftigen Person nicht mehr entscheidrelevant ist. Unverhältnismässig ist sie auch dann, wenn sich die betroffene Person nicht mehr äussern kann.[76] Unverhältnismässigkeit kann aber auch bei besonderer Dringlichkeit vorliegen.[77] Nicht ausreichend ist dagegen allein der Umstand, dass die physische oder psychische   25

---

70 Botsch. Erwachsenenschutz, 7079; Häfeli, Erwachsenenschutz, Nr. 33.21; Steck, ESR-Kommentar, Art. 447 N 5; Steinauer/Fountoulakis, Personnes physiques, Nr. 1113; Meier/Lukic, Nr. 114.

71 Steck, FamKomm Erwachsenenschutz, Art. 447 N 10 f.; ders., ESR-Kommentar, Art. 447 N 7 ff.

72 Auer/Marti, BaKomm, Art. 447 N 1 und 4 ff.; Steck, FamKomm Erwachsenenschutz, Art. 447 N 9; ders, ESR-Kommentar, Art. 447 N 7; Häfeli, Erwachsenenschutz, Nr. 33.22; Hausheer/Geiser/Aebi-Müller, Familienrecht, Nr. 19.78.

73 Schmid, Erwachsenenschutz Kommentar, Art. 447 N 7.

74 Auer/Marti, BaKomm, Art. 447 N 34 f.; Steck, FamKomm Erwachsenenschutz, Art. 447 N 20; ders., ESR-Kommentar, Art. 447 N 9.

75 Fassbind, Erwachsenenschutz, 119; Häfeli, Erwachsenenschutz, Nr. 33.25.

76 Botsch. Erwachsenenschutz, 7079; Steck, FamKomm Erwachsenenschutz, Art. 447 N 17; Häfeli, Erwachsenenschutz, Nr. 33.23.

77 Auer/Marti, BaKomm, Art. 447 N 27.

Gesundheit der betroffenen Person die Durchführung der Anhörung erschwert. Lehnt die urteilsfähige Person die persönliche Anhörung ab, ist dies aber zu respektieren.[78]

26 Die *Unterlassung der persönlichen Anhörung* stellt eine Rechtsverletzung dar. Wie die Verletzung des rechtlichen Gehörs gemäss Art. 29 Abs. 2 BV, stellt diese Verletzung eine Verletzung formeller Natur dar, die grundsätzlich zur Aufhebung des Entscheids führt.[79] Die Verletzung kann mit Beschwerde gemäss Art. 450 gerügt werden. Dieser Entscheid wiederum kann gestützt auf Art. 72 Abs. 2 lit. b Ziff. 6 BGG mittels Beschwerde in Zivilsachen ans Bundesgericht weitergezogen werden. Der urteilsfähige Minderjährige kann diesen Entscheid gemäss Art. 314a Abs. 2 ebenfalls mit Beschwerde anfechten.

g. Mitwirkungspflichten und Amtshilfe

27 Art. 448 Abs. 1 statuiert als Ergänzung und gleichzeitig Relativierung des Untersuchungsgrundsatzes eine Mitwirkungspflicht der am Verfahren beteiligten Personen. Mit dieser Bestimmung wird dem Grundsatz Rechnung getragen, dass die Behörde ohne Unterstützung der Parteien häufig gar nicht in der Lage ist, die tatsächlichen Umstände in Erfahrung zu bringen.[80]

1. Mitwirkung bei der Sachverhaltsabklärung

28 Gemäss Art. 448 Abs. 1 Satz 1 sind die am Verfahren *beteiligten Personen und Dritte* zur Mitwirkung bei der Abklärung des Sachverhalts verpflichtet. Dies «umfasst insbesondere die Pflicht der am Verfahren beteiligten Personen und Dritter zur Erteilung der erforderlichen mündlichen oder schriftlichen Auskünfte, zu Zeugenaussagen, zur Herausgabe von Urkunden und zur Duldung von ärztlichen und behördlichen Untersuchungen sowie von Augenscheinen.»[81] Gemäss Satz 2 trifft die Erwachsenenschutzbehörde die zur Wahrung schutzwürdiger Interessen erforderlichen Anordnungen, und nach Satz 3 ordnet sie nötigenfalls die zwangsweise Durchsetzung der Mitwirkungspflicht an. Diese Bestimmung gilt auch im Verfahren vor der Beschwerdeinstanz, soweit diese ergänzende Sachverhaltsfeststellungen durchführen muss.[82]

29 Im Unterschied zur Rechtslage gemäss *ZPO*, wonach eine echte *Mitwirkungspflicht nur Dritte* trifft, sich eine Weigerung der Verfahrensbeteiligten dagegen lediglich negativ auf die Beweiswürdigung auswirkt (164 ZPO), trifft im Rahmen des *Kindes- und*

---

78 Botsch. Erwachsenenschutz, 7079; Schmid, Erwachsenenschutz Kommentar, Art. 447 N 4; Häfeli, Erwachsenenschutz, Nr. 33.23; Steck, FamKomm Erwachsenenschutz, Art. 447 N 18. ders., ESR-Kommentar, Art. 447 N 8a; Steinauer/Fountoulakis, Personnes physiques, Nr. 1116; Meier/Lukic, Nr. 114. Einschränkend zur Möglichkeit eines Verzichts Steck, ESR-Kommentar, Art. 447 N 5.

79 Auer/Marti, BaKomm, Art. 447 N 38; Steck, ESR-Kommentar, Art. 447 N 10.

80 Auer/Marti, BaKomm, Art. 448 N 1.

81 Botsch. Erwachsenenschutz, 7080. Ebenso Auer/Marti, BaKomm, Art. 448 N 4; Häfeli, Erwachsenenschutz, Nr. 33.32; Rosch, ESR-Kommentar, Art. 448 N 1; Steinauer/Fountoulakis, Personnes physiques, Nr. 1095.

82 Auer/Marti, BaKomm, Art. 448 N 8.

Erwachsenenschutzes sowohl Dritte als auch Verfahrensbeteiligte eine echte Mitwirkungspflicht.[83] Dies hat zur Folge, dass grundsätzlich sowohl Dritte als auch Verfahrensbeteiligte zur zwangsweisen Mitwirkung verpflichtet werden können.[84] Die zur Anwendung kommenden Zwangsmittel müssen gesetzlich geregelt sein. In Frage kommen nach Art. 450f zunächst Bestimmungen des kantonalen Rechts oder der ZPO und dort Art. 167.[85] Danach kann die zwangsweise Durchsetzung namentlich mit einer Ordnungsbusse oder einer Strafandrohung nach Art. 292 StGB verbunden werden. Zudem kann die mit der Vollstreckung betraute Person gemäss Art. 450g Abs. 3 nötigenfalls polizeiliche Hilfe beanspruchen. So gilt diese Bestimmung zwar überwiegend für zu vollstreckende Entscheide, aber auch für alle anderen Verfügungen der Erwachsenenschutzbehörde.[86] Da im Bereich des Kindes- und Erwachsenenschutzes die uneingeschränkte Untersuchungsmaxime gilt, ist die analoge Anwendung von Art. 164 ZPO, wonach eine unberechtigte Verweigerung der Mitwirkung bei der Beweiswürdigung berücksichtigt werden kann, dagegen in jedem Fall ausgeschlossen.[87]

Bei der Anordnung einer Zwangsmassnahme ist das *Verhältnismässigkeitsprinzip* zu   30
beachten.[88] Die Duldung der Massnahme muss damit unter den konkreten Umständen zumutbar sein und sie darf nicht weiter gehen, als unbedingt notwendig. Zudem ist eine zwangsweise Durchsetzung unzulässig, wenn die Mitwirkung berechtigterweise verweigert wird, was insbesondere bei Vorliegen eines Grundes gemäss Art. 163 (Verweigerungsrecht der Parteien) bzw. 165 f. ZPO (Verweigerungsrecht Dritter) zu bejahen ist.[89] Daneben muss der durch die Massnahme betroffenen Person ein absolutes Aussageverweigerungsrecht zustehen: Wie bereits dargelegt, ist die Verweigerung der persönlichen Anhörung auf jeden Fall zu respektieren.[90]

2. Ausnahmen von der Mitwirkungspflicht

Art. 448 Abs. 2 und 3 sehen Ausnahmen von der Mitwirkungspflicht vor. Gemäss   31
Abs. 2 sind Ärztinnen, Zahnärzte, Apotheker und Hebammen sowie ihre Hilfspersonen nur dann zur Mitwirkung verpflichtet, wenn die geheimnisberechtigte Person sie dazu ermächtigt oder die vorgesetzte Stelle sie auf Gesuch der Erwachsenenschutzbehörde hin vom Berufsgeheimnis entbunden hat.[91] Noch weiter geht Abs. 3, der eine

---

83 Auer/Marti, BaKomm, Art. 448 N 18; Schmid, Erwachsenenschutz Kommentar, Art. 448 N 2 ff.

84 Steck, FamKomm Erwachsenenschutz, Art. 448 N 24 ff.; Rosch, ESR-Kommentar, Art. 448 N 2.

85 Botsch. Erwachsenenschutz, 7080; Auer/Marti, BaKomm, Art. 448 N 19; Häfeli, Erwachsenenschutz, Nr. 33.33; Rosch, ESR-Kommentar, Art. 448 N 2.

86 Auer/Marti, BaKomm, Art. 448 N 18.

87 Steck, FamKomm Erwachsenenschutz, Art. 448 N 21.

88 Rosch, ESR-Kommentar, Art. 448 N 1.

89 Zum Ganzen eingehend Auer/Marti, BaKomm, Art. 448 N 23 ff.

90 Botsch. Erwachsenenschutz, 7979; Steck, FamKomm Erwachsenenschutz, Art. 448 N 20.

91 Der Kreis der Berufsgeheimnisträger wurde in Art. 321 StGB und wird nun auch mit der Revision der Meldepflichten im Kindesschutz um die Chiropraktorinnen und Chiropraktoren sowie

generelle Ausnahme von der Mitwirkungspflicht vorsieht. Demnach sind Geistliche, Rechtsanwälte, Verteidigerinnen, Mediatorinnen sowie ehemalige Beistände, die
für das Verfahren ernannt wurden, gar nicht zur Mitwirkung verpflichtet. Die unterschiedliche Behandlung dieser zwei Gruppen rechtfertigt sich dadurch, dass die Mitwirkung von Medizinalpersonen im Kindes- und Erwachsenenschutz von grösserer
Wichtigkeit ist als diejenige eines Geistlichen, Rechtsanwaltes etc.[92]

3. Amtshilfe

32   Als Ergänzung zu Art. 446 Abs. 1 (Erforschung des Sachverhalts von Amtes wegen)
sieht Art. 448 Abs. 4 vor, dass Verwaltungsbehörden und Gerichte die notwendigen
Akten herausgeben, Bericht erstatten und Auskünfte erteilen, soweit dem nicht schutzwürdige Interessen entgegenstehen. Die durch eine solche Amtshilfe in Erfahrung
gebrachten Akten und Auskünfte werden dem Falldossier beigefügt. Soweit in diesen
Akten und Auskünften auch andere Personen betroffen sind, wird insofern das Gebot
der Verschwiegenheit durchbrochen.[93] Das Akteneinsichtsrecht der betroffenen Personen (449b) verletzt damit unter Umständen die Interessen Dritter oder öffentliche
Interessen. Die gestützt auf Art. 448 Abs. 4 zur Amtshilfe verpflichtete Behörde hat
daher eine Interessenabwägung vorzunehmen und gegebenenfalls die notwendigen
Schutzvorkehren zu treffen.[94] Um dieses Verfahren zu erleichtern, soll ein Gesuch um
Amtshilfe in der Regel schriftlich erfolgen und mit einer Begründung versehen sein.[95]

h. Begutachtung in einer Einrichtung

33   Ist eine psychiatrische Begutachtung unerlässlich und kann diese nicht ambulant
durchgeführt werden, weist die Erwachsenenschutzbehörde[96] gemäss Art. 449 Abs. 1
die betroffene Person zur Begutachtung in eine geeignete Einrichtung ein. Im Gegensatz zu den Art. 426 ff., welche die fürsorgerische Unterbringung einer Person zwecks
Behandlung und Betreuung regeln, bezieht sich Art. 449 lediglich auf die Unterbringung zum Zweck der psychiatrischen Begutachtung, eine medizinische Behandlung
ist nicht erlaubt.[97] Es handelt sich um eine Massnahme zur Abklärung der Verhältnisse, und die Einweisung ist auf die absolut notwendige Zeit zu beschränken (BGer
5A_900/2013 E. 2.1).[98] Nach Abs. 2 sind die Bestimmungen über das Verfahren bei

---

die Psychologinnen und Psychologen ergänzt. Zudem wurden als Pendant zur Hebamme die
Entbindungspfleger aufgenommen (Botsch. Kindesschutz, 3461 f.).

92   STECK, FamKomm Erwachsenenschutz, Art. 448 N 32.

93   STECK, FamKomm Erwachsenenschutz, Art. 448 N 44 f. Eingehend ROSCH, ESR-Kommentar,
Art. 448 N 6 ff.; DERS. a.a.O. 1047 f.

94   AUER/MARTI, BaKomm, Art. 448 N 47; STECK, FamKomm Erwachsenenschutz, Art. 448 N 47.

95   Botsch. Erwachsenenschutz, 7081.

96   Die Einweisung durch einen Arzt im Sinn von Art. 429 ist ausgeschlossen: Botsch. Erwachsenenschutz, 7065; ROSCH, ESR-Kommentar, Art. 449 N 3.

97   Botsch. Erwachsenenschutz, 7081; STECK, FamKomm Erwachsenenschutz, Art. 448 N 3;
ROSCH, ESR-Kommentar, Art. 449 N 1; ROSCH, ESR-Kommentar, Art. 449 N 1; STEINAUER/
FOUNTOULAKIS, Personnes physiques, Nr. 1103.

98   AUER/MARTI, BaKomm, Art. 449 N 6 und 11.

einer fürsorgerischen Unterbringung (431 f.; 447²) sinngemäss anwendbar, womit im Zusammenhang mit der stationären Begutachtung dieselben Rechtsschutzgarantien wie bei der fürsorgerischen Unterbringung zu beachten sind.[99] Zuständig für den Einweisungsentscheid ist aber ausschliesslich die Erwachsenenschutzbehörde, weil bei einer Begutachtung nicht die Dringlichkeit einer FU vorliegt.[100] Ergibt sich aus der psychiatrischen Begutachtung, dass eine Unterbringung der betroffenen Person zwecks Behandlung und Betreuung angezeigt ist, sind für den förmlichen Entscheid über die FU die Zuständigkeitsregeln nach Art. 428 und 429 massgebend: Zuständig sind die Erwachsenenschutzbehörde oder der Arzt.

i. Anordnung einer Vertretung

Die Erwachsenenschutzbehörde ordnet wenn nötig die Vertretung der betroffenen   34
Person an und bezeichnet als *Beistand* eine in fürsorgerischen und rechtlichen Fragen erfahrene Person (449a). Dieses Recht auf Vertretung gilt grundsätzlich für das gesamte Verfahren, das heisst auch für das Beschwerdeverfahren.[101] Die Anordnung einer *Kindesvertretung* richtet sich nach Art. 314a^bis.[102]

Das Recht auf Vertretung ist ein *Ausfluss des Anspruchs auf rechtliches Gehör,* der in   35
Art. 29 Abs. 2 BV verankert ist. Die Formulierung «wenn nötig» lässt der Erwachsenenschutzbehörde einen Ermessensspielraum. Ein Anspruch auf einen Vertretungsbeistand ist grundsätzlich dann zu bejahen, wenn die betroffene Person urteilsunfähig ist oder zwar urteilsfähig, aber dennoch unfähig, dem Verfahren zu folgen. Ferner ist ein Vertretungsbeistand immer dann erforderlich, wenn die betroffene Person nicht in der Lage ist, selber eine Vertretung zu bestellen.[103]

Die Ernennung der Vertretung erfolgt *auf Antrag oder von Amtes wegen.* Fehlt ein   36
Antrag, muss die Notwendigkeit der Anordnung eines Vertreters damit dennoch in jedem Fall geprüft werden.[104] Dabei muss nicht zwingend ein Rechtsanwalt beauftragt werden, sondern verlangt wird in Anlehnung an Art. 299 Abs. 1 ZPO eine *in fürsorgerischen und rechtlichen Fragen erfahrene Person.*[105] Eine Vertretung ist im Gegensatz zur Durchführung einer Anhörung *auch gegen den Willen* der betroffenen Person anzuordnen.[106]

---

99 Botsch. Erwachsenenschutz, 7081; Rosch, ESR-Kommentar, Art. 449 N 3.

100 Auer/Marti, BaKomm, Art. 449 N 16; a. M. Schmid, Erwachsenenschutz Kommentar, Art. 429 N 2; Steck, FamKomm Erwachsenenschutz, Art. 449 N 12, wonach auch eine ärztliche Unterbringung gemäss Art. 429 möglich sein soll.

101 Botsch. Erwachsenenschutz, 7082; Steck, FamKomm Erwachsenenschutz, Art. 449a N 2.

102 Schmid, Erwachsenenschutz Kommentar, Art. 449a N 3.

103 Botsch. Erwachsenenschutz, 7081; Häfeli, Erwachsenenschutz, Nr. 33.26. Steck, FamKomm Erwachsenenschutz, Art. 449a N 12 f.

104 Steck, FamKomm Erwachsenenschutz, Art. 449a N 14.

105 Schmid, Erwachsenenschutz Kommentar, Art. 449a N 5; Steck, FamKomm Erwachsenenschutz, Art. 449a N 18 f.; Rosch, ESR-Kommentar, Art. 449a N 3.

106 Auer/Marti, BaKomm, Art. 449a N 14; Steck, FamKomm Erwachsenenschutz, Art. 449a N 15; Rosch, ESR-Kommentar, Art. 449a N 2; Steinauer/Fountoulakis, Personnes physiques, Nr. 1119.

37   Die Beiständin hat Anspruch auf angemessene *Entschädigung* und auf Ersatz der not-
     wendigen *Spesen* (404¹). Grundsätzlich werden diese Kosten aus dem Vermögen der
     betroffenen Person beglichen (404¹). In diesem Fall legt die Erwachsenenschutzbehörde
     die Höhe der Entschädigung fest (404²). Können die Kosten nicht aus dem Vermögen
     der betroffenen Person bezahlt werden, sind Entschädigung und Spesen nach den kan-
     tonalen Ausführungsbestimmungen zu verlegen (404³). Für den Anspruch auf unent-
     geltliche Rechtspflege gelten kraft Verweises in Art. 450f die Art. 117 ff. ZPO, soweit
     der Kanton nichts anderes vorsieht.

j. Akteneinsicht

38   Die am Verfahren beteiligten Personen haben Anspruch auf Akteneinsicht, soweit dem
     nicht überwiegende Interessen entgegenstehen (449b¹). Das Akteneinsichtsrecht stellt
     eine Konkretisierung des verfassungsmässigen Anspruchs auf rechtliches Gehör im
     Sinn von Art. 29 BV dar und soll einerseits ein faires Verfahren garantieren und ande-
     rerseits sicherstellen, dass die am Verfahren beteiligten Personen von den Entscheid-
     grundlagen der Behörde Kenntnis nehmen können.[107] Das Akteneinsichtsrecht gilt
     auch im Verfahren vor der gerichtlichen Beschwerdeinstanz und in den Verfahren bei
     ärztlicher Zuständigkeit (429 ff. und 439).[108]

39   *Gegenstand des Akteneinsichtsrechts* sind alle verfahrensbezogenen Akten, die geeig-
     net sind, Grundlage des in Frage stehenden Entscheides zu bilden, namentlich Rechts-
     schriften, Entscheide, Protokolle von Anhörungen oder Augenscheinen etc.[109] Die
     Akten müssen vollständig und aktuell sein.[110] Das Recht auf Akteneinsicht enthält
     dabei das Recht, sich vor Ort Kopien der massgeblichen Akten machen zu lassen,
     nicht aber den Anspruch, mit Dossierkopien bedient zu werden (BGer 5A_706/2013
     E. 4.2).[111] Nicht vom Akteneinsichtsrecht erfasst werden verwaltungsinterne Akten,
     die ausschliesslich dem internen Gebrauch der Behörde dienen (132 II 495 E. 3.4; 125
     II 474 E. 4a). Dient ein Aktenstück als Entscheidgrundlage, ist es nicht verwaltungsin-
     tern, sondern vielmehr Gegenstand des Akteneinsichtsrechts (115 V 303 E. 2g/bb).[112]

40   Die Verfahrensparteien haben grundsätzlich einen vorbehaltlosen *Anspruch auf Akten-
     einsicht*. Das Einsichtsrecht kann von den Verfahrensparteien grundsätzlich vorbehalt-
     los und ohne Nachweis eines besonderen Interesses geltend gemacht werden.[113] Drit-
     ten steht dagegen nur dann ein Anspruch auf Akteneinsicht zu, wenn sie über ein
     schützenswertes Interesse verfügen.[114] Ebenso ist im Sinn von Art. 29 Abs. 2 BV ein

---

107   Rosch, ESR-Kommentar, Art. 449b N 1; Steinauer/Fountoulakis, Personnes physiques,
      Nr. 1111 ff.
108   Botsch. Erwachsenenschutz, 7082; Steck, FamKomm Erwachsenenschutz, Art. 499b N 4.
109   Auer/Marti, BaKomm, Art. 449b N 5; Meier/Lukic, Nr. 125.
110   Steinauer/Fountoulakis, Personnes physiques, Nr. 1112; Meier/Lukic, Nr. 126; Häfeli,
      Erwachsenenschutz, Nr. 33.27.
111   Häfeli, Erwachsenenschutz, Nr. 33.31; Rosch, ESR-Kommentar, Art. 449b N 1.
112   Auer/Marti, BaKomm, Art. 449b N 6.
113   Steck, FamKomm Erwachsenenschutz, Art. 499b N 8.
114   Auer/Marti, BaKomm, Art. 449b N 22.

schützenswertes Interesse gefordert, wenn das Verfahren abgeschlossen ist. Diesfalls besteht ein Anspruch auf Akteneinsicht nicht gestützt auf Art. 449b, sondern ergibt er sich aus Art. 29 Abs. 2 BV und aus der kantonalen Datenschutz- und Informations- sowie Öffentlichkeitsgesetzgebung.[115]

Gemäss Art. 449b Abs. 1 entfällt der Anspruch auf Akteneinsicht, wenn ihm überwie- 41 gende Interessen entgegenstehen. In Frage dafür kommen *öffentliche Interessen oder überwiegende Interessen* von Drittpersonen, aber auch die *Interessen der betroffenen Person*.[116] Wird Akteneinsicht wegen überwiegender entgegenstehender Interessen verweigert, kommt Abs. 2 dieser Bestimmung zur Anwendung. Demnach darf in die- sem Fall nur auf das verweigerte Aktenstück abgestellt werden, wenn die Behörde der am Verfahren beteiligten Person von seinem für die Sache wesentlichen Inhalt münd- lich oder schriftlich Kenntnis gegeben hat (449b[2]). Überdies muss sie die Möglichkeit gehabt haben, sich dazu zu äussern (namentlich 137 I 197 f. E. 2; 138 I 485 f. E. 2).[117]

k. Mitteilungspflicht

Die Erwachsenenschutzbehörde macht dem Zivilstandsamt Mitteilung, wenn sie eine 42 Person wegen dauernder Urteilsunfähigkeit unter umfassende Beistandschaft stellt (449c Ziff. 1) oder wenn für eine dauernd urteilsunfähige Person ein Vorsorgeauftrag (360[1]) wirksam wird (449c Ziff. 2). Diese Mitteilung an das Zivilstandsamt soll sicher- stellen, dass die für die Führung des Stimmregisters zuständige Behörde vom Entzug der Handlungsfähigkeit Kenntnis nehmen kann.[118]

II. Vor der gerichtlichen Beschwerdeinstanz

a. Im Allgemeinen

Das Verfahren vor der gerichtlichen Beschwerdeinstanz im Rahmen des Kindes- 43 und Erwachsenenschutzes richtet sich grundsätzlich nach den Art. 450–450e. Die Art. 450 ff. regeln das Verfahren vor der gerichtlichen Beschwerdeinstanz aber nur rudimentär. Zu konsultieren ist im Übrigen gemäss Art. 450f die kantonale Gesetz- gebung sowie – soweit kantonale Regelungen fehlen – die ZPO.[119] Überdies gelangen die Verfahrensbestimmungen für das Verfahren vor der Erwachsenenschutzbehörde

---

115 Auer/Marti, BaKomm, Art. 449b N 28.
116 Namentlich BGE 129 I 249 E. 3; Steck, FamKomm Erwachsenenschutz, Art. 499b N 10 f.; Steinauer/Fountoulakis, Personnes physiques, Nr. 1112b; Meier/Lukic, Nr. 126.
117 Botsch. Erwachsenenschutz, 7082; Steck, FamKomm Erwachsenenschutz, Art. 499b N 12; Rosch, ESR-Kommentar, Art. 449b N 4.
118 Botsch. Erwachsenenschutz, 7082; Häfeli, Erwachsenenschutz, Nr. 33.38.
119 Botsch. Erwachsenenschutz, 7088; Hausheer/Geiser/Aebi-Müller, Familienrecht, Nr. 19.16.

(443–449c) zur Anwendung, soweit das Gesetz nicht ausdrücklich eine abweichende Regelung vorsieht.[120]

44   Entsprechend dem Schutzzweck des Kindes- und Erwachsenenschutzrechts können getroffene Massnahmen zum Schutz der hilfsbedürftigen Person jederzeit geändert oder aufgehoben werden (383 Abs. 3, 414, 426 Abs. 3 und 431). Folglich erwachsen die Entscheide nur in formelle, nicht aber in materielle *Rechtskraft*.[121] Aber auch der formellen Rechtskraft kommt in diesem Bereich – anders als im Zivilprozessrecht – kein grosses Gewicht zu, weshalb das ausserordentliche Rechtsmittel der Revision entbehrlich ist.[122]

b. Gerichtliche Beschwerdeinstanz

45   Wer als gerichtliche Beschwerdeinstanz im Sinn von Art. 450 fungieren soll, bestimmt sich nach kantonalem Recht. Mit dem Begriff Gericht ist nicht zwingend ein formelles Gericht gemeint, auszugehen ist vielmehr von einem materiellen Gerichtsbegriff (139 III 99 ff. E. 3). Ausschlaggebend ist, dass es sich um eine unabhängige oder unparteiische Behörde handelt.[123] Ebenso bestimmt sich nach kantonalem Recht, ob innerhalb des Kantons eine oder zwei Beschwerdeinstanzen vorgesehen sind.[124] Soweit innerhalb eines Kantons nur eine Beschwerdeinstanz vorgesehen ist, muss es sich allerdings um ein oberes kantonales Gericht handeln, da ansonsten der Weiterzug ans Bundesgericht nicht möglich wäre (75[2] BGG).[125] Der Beschwerdeweg ans Bundesgericht richtet sich nach Art. 72 Abs. 2 lit. b Ziff. 6 BGG, womit eine Beschwerde in Zivilsachen erhoben werden kann.

c. Beschwerdeobjekt

46   Gemäss Art. 450 Abs. 1 (für die Kindesschutzbehörde i. V. m. 440 Abs. 3) kann gegen *Entscheide der Erwachsenenschutzbehörde* beim zuständigen Gericht Beschwerde erhoben werden.[126] Anfechtungsobjekt sind alle erstinstanzlichen Entscheide sowie Entscheide über vorsorgliche Massnahmen (445[3]). Inwieweit verfahrensleitende Verfügungen und Zwischenentscheide anfechtbar sind, ist umstritten.[127] Jedenfalls wird eine uneingeschränkte Anfechtbarkeit entsprechend der Regelung in Art. 92 BGG dann bejaht, wenn es sich um Zwischenverfügungen über die Zuständigkeit und über Ausstandsbegehren handelt. Darüber hinaus ist eine selbstständige Anfechtung nur

---

120   SCHMID, Erwachsenenschutz Kommentar, Art. 450 N 5; STECK, FamKomm Erwachsenenschutz, Vorbem. zu Art. 443–450g N 14.
121   HAUSHEER/GEISER/AEBI-MÜLLER, Familienrecht, Nr. 19.88.
122   Botsch. Erwachsenenschutz, 7083 f.; STECK, BaKomm, Art. 450 N 10.
123   SCHMID, Erwachsenenschutz Kommentar, Art. 450 N 10; HÄFELI, Erwachsenenschutz, Nr. 34.05.
124   SCHMID, Erwachsenenschutz Kommentar, Art. 450 N 11; COTTIER/STECK a.a.O. 988.
125   STECK, BaKomm, Art. 450 N 15.
126   Eingehend STECK, ESR-Kommentar, Art. 450 N 8 ff.
127   Für eine umfassende Anfechtbarkeit von Zwischenentscheiden und verfahrensleitenden Verfügungen SCHMID, Erwachsenenschutz Kommentar, Art. 450 N 15. Einschränkend STECK, BaKomm, Art. 450 N 23 ff.; DERS., ESR-Kommentar, Art. 450 N 8c ff.

möglich, wenn die fraglichen Zwischenentscheide einen nicht wiedergutzumachenden Nachteil bewirken können oder wenn die Gutheissung der Beschwerde sofort einen Endentscheid herbeiführen würde (so auch 93[1] lit. a und b BGG).[128]

Die Beschwerde nach Art. 450 ff. ist nur gegen Entscheide der Erwachsenenschutzbehörde zulässig, die von Bundesrechts wegen in die Kompetenz der Erwachsenenschutzbehörde fallen. Weist dagegen das kantonale Recht der Erwachsenenschutzbehörde eine Kompetenz zu, richtet sich das Rechtsmittel nach kantonalem Recht.[129]   47

Gegen Handlungen und Unterlassungen einer Beiständin oder einer Beauftragten i. S. v. Art. 392 Ziff. 2 ist nicht das Gericht, sondern die Erwachsenenschutzbehörde anzurufen (419). Erst deren Entscheid kann alsdann vor Gericht angefochten werden (450).[130]   48

d. Beschwerdebefugnis

Zur Beschwerde befugt sind nach Art. 450 Abs. 2 die am Verfahren *beteiligten Personen* (Ziff. 1), die der betroffenen Person *Nahestehenden* (Ziff. 2) sowie *Dritte,* die ein rechtlich geschütztes Interesse an der Aufhebung oder Änderung des angefochtenen Entscheides ausweisen (Ziff. 3). Um eine *nahestehende Person* handelt es sich gemäss Lehre und Rechtsprechung dann, wenn sie die betroffene Person «gut kennt und kraft ihrer Eigenschaften sowie regelmässig kraft ihrer Beziehungen zu dieser als geeignet erscheint, deren Interessen wahrzunehmen. Eine Rechtsbeziehung ist jedoch nicht erforderlich. Entscheidend ist vielmehr die faktische Verbundenheit.»[131] Der Begriff ist weit auszulegen.[132] Als nahestehende Personen gelten namentlich Verwandte, Ehegatten und Lebenspartnerinnen, aber auch der Arzt, die Beiständin, der Pfarrer, die Vertrauensperson gemäss Art. 432 oder andere Personen, welche die betroffene Person betreut und begleitet haben (s. auch § 50 N 26).[133] Will eine am Verfahren beteiligte (Ziff. 1) oder eine nahestehende Person (Ziff. 2) Beschwerde erheben, reicht ein *tatsächliches, aktuelles Interesse.*[134] Soweit Dritte Beschwerde erheben wollen (Ziff. 3), muss ein *rechtliches Interesse* vorliegen, ein tatsächliches Interesse genügt dagegen nicht. Zudem muss die Drittperson die Verletzung eigener Rechte geltend machen und ist nicht legitimiert, auf diesem Weg Interessen der betroffenen Person zu wahren.[135]   49

---

128   STECK, BaKomm, Art. 450 N 24.
129   SCHMID, Erwachsenenschutz Kommentar, Art. 450 N 6; STECK, BaKomm, Art. 450 N 16.
130   SCHMID, Erwachsenenschutz Kommentar, Art. 450 N 2.
131   Botsch. Erwachsenenschutz, 7084. Eingehend zum Begriff STECK, ESR-Kommentar, Art. 450 N 12 ff.
132   HÄFELI, Erwachsenenschutz, Nr. 34.10.
133   Botsch. Erwachsenenschutz, 7084; STECK, BaKomm, Art. 450 N 32 ff.
134   STECK, BaKomm, Art. 450 N 26.
135   Botsch. Erwachsenenschutz, 7084 f.; SCHMID, Erwachsenenschutz Kommentar, Art. 450 N 25; HAUSHEER/GEISER/AEBI-MÜLLER, Familienrecht, Nr. 19.91; STEINAUER/FOUNTOULAKIS, Personnes physiques, Nr. 1127; MEIER/LUKIC, Nr. 125. Anders STECK, BaKomm, Art. 450 N 38, mit Hinweis auf BGE 137 III 67 E. 3.1, wonach auch die Interessen der hilfsbedürftigen Person den Dritten zur Beschwerde legitimieren.

50   Eine betroffene Person ist zur Beschwerde befugt, wenn sie urteilsfähig ist, soweit es
     sich um die Ausübung höchstpersönlicher Rechte handelt oder Gefahr im Verzug ist
     (67³ ZPO).[136] Im Übrigen ist für die Prozessfähigkeit Handlungsfähigkeit vorausge-
     setzt.[137]

e. Beschwerdeschrift

51   Nach Art. 450 Abs. 3 ist die Beschwerdeschrift beim Gericht schriftlich und begründet
     einzureichen. Weder an die Begründung noch an die Form dürfen in formeller Hin-
     sicht hohe Anforderungen gestellt werden.[138] Insbesondere reicht es aus, wenn die
     betroffene urteilsfähige Person ein unterzeichnetes Schreiben einreicht, aus dem das
     Anfechtungsobjekt ersichtlich ist und kurz hervorgeht, weshalb sie mit der getroffe-
     nen Anordnung der Erwachsenenschutzbehörde nicht oder nicht vollständig einver-
     standen ist.[139] Fehlt die Unterschrift oder die Vollmacht oder liegen andere Mängel vor,
     sind diese innert einer angemessenen Nachfrist zu beheben.[140]

52   Eine Besonderheit gilt für die Beschwerde gegen einen Entscheid auf dem Gebiet der
     fürsorgerischen Unterbringung: Sie muss gemäss Art. 450e Abs. 1 nicht begründet
     werden. Im Übrigen ist gemäss Art. 450f die ZPO sinngemäss anwendbar, soweit das
     kantonale Recht keine entsprechenden Bestimmungen enthält.[141]

f. Beschwerdegründe

53   Mit der Beschwerde können gemäss Art. 450a Abs. 1 Rechtsverletzung (Ziff. 1), unrich-
     tige oder unvollständige Feststellung des rechtserheblichen Sachverhalts (Ziff. 2) und
     Unangemessenheit (Ziff. 3) gerügt werden. Damit handelt es sich um ein vollkomme-
     nes Rechtsmittel, und die Angelegenheit wird in rechtlicher und tatsächlicher Hin-
     sicht sowie in Bezug auf die Angemessenheit einer erneuten Prüfung unterzogen und
     neu beurteilt.[142] In Bezug auf die Angemessenheit einer Entscheidung kann nicht nur
     geltend gemacht werden, dass das Ermessen überschritten sei, sondern auch, dass es
     unrichtig oder unzweckmässig ausgeübt worden sei.[143] Immerhin hat die Beschwer-
     deinstanz bei der Überprüfung der Ermessensentscheide Zurückhaltung zu üben:
     Es handelt sich bei der Erwachsenenschutzbehörde im Gegensatz zur gerichtlichen
     Beschwerdeinstanz um eine Fachbehörde, weshalb die gerichtliche Beschwerdeinstanz
     ihr eigenes Ermessen nicht leichtfertig an die Stelle der Vorinstanz setzen soll (133

---

136   Steck, BaKomm, Art. 450 N 27.
137   Schmid, Erwachsenenschutz Kommentar, Art. 450 N 27.
138   Schmid, Erwachsenenschutz Kommentar, Art. 450 N 27.
139   Meier/Lukic, Nr. 132.
140   Steck, BaKomm, Art. 450 N 42.
141   Botsch. Erwachsenenschutz, 7085.
142   Schmid, Erwachsenenschutz Kommentar, Art. 450a N 1; Steinauer/Fountoulakis, Per-
      sonnes physiques, Nr. 1128.
143   Schmid, Erwachsenenschutz Kommentar, Art. 450a N 4.

II 38 ff. E. 3).[144] Inwieweit im Rechtsmittelverfahren Noven zu berücksichtigen sind, beurteilt sich nach kantonalem Recht, subsidiär nach den Bestimmungen der ZPO.[145]

Wegen *Rechtsverweigerung und Rechtsverzögerung* kann jederzeit Beschwerde geführt   54
werden (450a[2]). Eine Rechtsverweigerung liegt vor, wenn die Behörde trotz rechtlicher Verpflichtung keinen Entscheid erlässt. Rechtsverzögerung ist dann gegeben, wenn sie das Verfahren in ungerechtfertigter Weise nicht innert angemessener Frist erledigt. Ein Anfechtungsobjekt ist hierbei aus nachvollziehbaren Gründen nicht erforderlich, sondern es ist die Verweigerung oder Verzögerung dem anfechtbaren Entscheid gleichzustellen.[146]

g. Beschwerdefrist

Nach Art. 450b Abs. 1 beträgt die Beschwerdefrist *dreissig Tage* seit Mitteilung des   55
Entscheids. Ist der Entscheid mehreren Personen mitzuteilen, läuft die Frist, sobald die letzte Person den Entscheid erhalten hat. Ist für diese Person die Frist abgelaufen, ist sie es auch für alle anderen.[147] Ab diesem Zeitpunkt läuft die Frist auch gegenüber beschwerdeberechtigten Personen, denen der Entscheid nicht mitgeteilt werden muss (Nahestehende und Dritte i. S. v. Art. 450 Ziff. 2 und 3). Nach ungenutztem Ablauf der dreissigtägigen Frist bleibt diesen damit nur, einen Antrag auf Aufhebung oder Änderung der Massnahme zu stellen.[148]

Bei einem Entscheid auf dem Gebiet der fürsorgerischen Unterbringung beträgt die   56
Beschwerdefrist gemäss Art. 450b Abs. 2 lediglich *zehn Tage,* was bereits gestützt auf Art. 439 Abs. 2 gilt. Ebenfalls innerhalb von zehn Tagen ist die Beschwerde gegen eine vorsorgliche Massnahme (445[3]) und mangels abweichender kantonaler Regelung gegen eine prozessleitende Verfügung (450f i. V. m. 321[2]) zu erheben.[149]

Keine Frist ist bei Rechtsverzögerung oder Rechtsverweigerung zu beachten; vielmehr   57
kann gemäss Art. 450b Abs. 3 jederzeit Beschwerde geführt werden. Eine zeitliche Beschränkung ergibt sich hier lediglich aus dem Erfordernis des aktuellen Rechtsschutzinteresses.[150]

---

144   STECK, BaKomm, Art. 450a N 19; DERS., ESR-Kommentar, Art. 450a N 6e.

145   STECK, BaKomm, Art. 450a N 7.

146   Botsch. Erwachsenenschutz, 7085; STECK, ESR-Kommentar, Art. 450a N 7 ff.

147   Botsch. Erwachsenenschutz, 7086; REUSSER, BaKomm, Art. 450b N 22; SCHMID, Erwachsenenschutz Kommentar, Art. 450b N 2; FASSBIND, Erwachsenenschutz, 143; MEIER/LUKIC, Nr. 136; STEINAUER/FOUNTOULAKIS, Personnes physiques, Nr. 1129a; a. M. STECK, ESR-Kommentar, 450b N 7; DERS., FamKomm Erwachsenenschutz, Art. 450b N 9.

148   Botsch. Erwachsenenschutz, 7086; REUSSER, BaKomm, Art. 450b N 23; SCHMID, Erwachsenenschutz Kommentar, Art. 450b N 2; STECK, FamKomm Erwachsenenschutz, Art. 450b N 10.

149   REUSSER, BaKomm, Art. 450b N 8.

150   REUSSER, BaKomm, Art. 450b N 27; SCHMID, Erwachsenenschutz Kommentar, Art. 450b N 4; STECK, FamKomm Erwachsenenschutz, Art. 450b N 12; DERS., ESR-Kommentar, Art. 450c N 9.

h. Vorsorgliche Massnahmen

58 Gestützt auf Art. 445, dem auch vor der gerichtlichen Beschwerdeinstanz Geltung zukommt,[151] trifft die gerichtliche Beschwerdeinstanz auf Antrag einer am Verfahren beteiligten Person oder von Amtes wegen alle für die Dauer des Verfahrens notwendigen vorsorglichen Massnahmen. Nach Abs. 2 ist sie zudem auch zum Erlass einer superprovisorischen Massnahme berechtigt und kann damit eine vorsorgliche Massnahme ohne vorgängige Anhörung der Parteien anordnen.

i. Aufschiebende Wirkung

59 Gemäss Art. 450c hat die Beschwerde *grundsätzlich aufschiebende Wirkung*, sofern die Erwachsenenschutzbehörde oder die gerichtliche Beschwerdeinstanz nichts anderes verfügt (450c). Damit darf ein Entscheid grundsätzlich nicht durchgesetzt werden, bevor er in formelle Rechtskraft erwachsen ist.[152] Die Erwachsenenschutzbehörde oder die gerichtliche Beschwerdeinstanz kann in Ausnahmefällen einer Beschwerde die aufschiebende Wirkung entziehen. Dies kommt allerdings nur bei Gefahr im Verzug oder Dringlichkeit in Frage.[153] Unterlässt es die urteilende Behörde, der Beschwerde die aufschiebende Wirkung zu entziehen, kann dies durch die Beschwerdeinstanz nachgeholt werden. Zudem kann die Beschwerdeinstanz den Entzug der aufschiebenden Wirkung unter gegebenen Umständen auch wieder aufheben.[154] Die Beschwerde vor Bundesgericht hat gemäss Art. 103 BGG demgegenüber im Grundsatz *keine aufschiebende* Wirkung und kann folglich in der Regel direkt vollstreckt werden.

60 Eine *Ausnahme* vom Grundsatz der aufschiebenden Wirkung gilt im Zusammenhang mit *fürsorgerischen Unterbringungen und der Begutachtung in einer Einrichtung*. Diesbezüglich sieht Art. 450e Abs. 2 vor, dass der Beschwerde *keine aufschiebende Wirkung* zukommt, sofern die Erwachsenenschutzbehörde oder die gerichtliche Beschwerdeinstanz nichts anderes verfügt. Dasselbe gilt gemäss Art. 430 Abs. 3 auch dann, wenn gestützt auf Art. 429 ein vom Kanton bestimmter Arzt berechtigt ist, die Unterbringung anzuordnen.

j. Vernehmlassung der Vorinstanz und Wiedererwägung

61 Die gerichtliche Beschwerdeinstanz gibt der Erwachsenenschutzbehörde gemäss Art. 450d Abs. 1 Gelegenheit zur *Vernehmlassung*. Unter Umständen kann die Erwachsenenschutzbehörde auf die Abgabe einer Vernehmlassung verzichten. Eine Verpflichtung zur Vernehmlassung besteht aber dann, wenn dies zur Klärung der Situation notwendig ist.[155] Zur Vernehmlassung der Erwachsenenschutzbehörde müssen sich die am Verfahren beteiligten Personen äussern können; das ergibt sich aus dem Grund-

---

151 Auer/Marti, BaKomm, Art. 445 N 2; Schmid, Erwachsenenschutz Kommentar, Art. 445 N 2; Steck, FamKomm Erwachsenenschutz, Art. 445 N 6.

152 Geiser, BaKomm, Art. 450c N 3.

153 Geiser, BaKomm, Art. 450c N 7; Steck, ESR-Kommentar, Art. 450c N 4a.

154 Steck, FamKomm Erwachsenenschutz, Art. 450c N 5 f.

155 Schmid, Erwachsenenschutz Kommentar, Art. 450d N 1; Steck, FamKomm Erwachsenenschutz, Art. 450d N 3; ders., ESR-Kommentar, Art. 450d N 2a. Anders Reusser, BaKomm,

satz des rechtlichen Gehörs.[156] Die Erwachsenenschutzbehörde kann ihren Entscheid zudem in *Wiedererwägung* ziehen (450d²). Sie teilt dies der Beschwerdeinstanz mit und informiert sie darüber, dass sie noch einmal über die Angelegenheit entscheiden werde. «Eine Wiedererwägung ist grundsätzlich nur so lange zulässig, als die übrigen am Verfahren beteiligten Personen zur Beschwerde noch nicht Stellung genommen haben. Anderenfalls muss das Beschwerdeverfahren fortgeführt werden.»[157] Eine Wiedererwägung ist beispielsweise dann angebracht, wenn die Erwachsenenschutzbehörde erst aufgrund der Beschwerde realisiert, dass ihr ein Fehler unterlaufen ist, den sie auf diese Weise korrigieren kann. Damit kann das Beschwerdeverfahren vermieden werden.[158] Sobald die Beschwerdeinstanz von der Erwachsenenschutzbehörde informiert wird, dass diese ihren Entscheid in Wiedererwägung ziehen wird, sistiert sie das gerichtliche Verfahren einstweilen. Nach Erlass der Wiedererwägungsverfügung wird das hängige Beschwerdeverfahren zufolge nachträglichen Wegfalls des Anfechtungsobjekts gegenstandslos.[159] Der neue Entscheid der Erwachsenenschutzbehörde unterliegt erneut der Anfechtung nach Art. 450 Abs. 1.[160] Soweit innerhalb eines Kantons zwei gerichtliche Beschwerdeinstanzen vorgesehen sind, ist die Möglichkeit der Wiedererwägung auf die erste Instanz beschränkt.[161]

k. Entscheid

In sinngemässer Anwendung von Art. 318 ZPO (i. V. m. Art. 450f ZGB) kann die gerichtliche Beschwerdeinstanz den Entscheid der Erwachsenenschutzbehörde bestätigen, selber neu über die Angelegenheit entscheiden oder die Sache an die Erwachsenenschutzbehörde zurückweisen, wenn diese einen wesentlichen Aspekt der Angelegenheit nicht beurteilt hat oder der Sachverhalt in wesentlichen Teilen zu vervollständigen ist (reformatorischer Entscheid). Da die Grundsätze für das Verfahren vor der Erwachsenenschutzbehörde auch im Verfahren vor der gerichtlichen Beschwerdeinstanz Geltung haben und somit die Offizialmaxime gilt (446), ist die Beschwerdeinstanz bei ihrer Entscheidung nicht an die Rechtsbegehren der Parteien gebunden. Deshalb kann sie die angeordnete Massnahme beispielsweise auch durch eine einschneidendere ersetzen; es ist jene Massnahme zu treffen, die dem Wohl der betroffenen Person am besten entspricht.[162]

62

Art. 450d N 5, wonach die Gelegenheit zur Vernehmlassung in jedem Fall und nicht nur bei Notwendigkeit zur Klärung der Situation zu geben ist.

156 Botsch. Erwachsenenschutz, 7086.

157 Botsch. Erwachsenenschutz, 7086; REUSSER, BaKomm, Art. 450d N 22; STECK, ESR-Kommentar, Art. 450d N 5.

158 Botsch. Erwachsenenschutz, 7086; STECK, FamKomm Erwachsenenschutz, Art. 450d N 8.

159 Botsch. Erwachsenenschutz, 7086 f.; STECK, ESR-Kommentar, Art. 450d N 7 ff.

160 STECK, FamKomm Erwachsenenschutz, Art. 450d N 9.

161 REUSSER, BaKomm, Art. 450d N 10; STECK, FamKomm Erwachsenenschutz, Art. 450d N 10.

162 SCHMID, Erwachsenenschutz Kommentar, Art. 450 N 5; STECK, BaKomm, Art. 450a N 8; STEINAUER/FOUNTOULAKIS, Personnes physiques, Nr. 1132.

l. Beschwerde gegen eine fürsorgerische Unterbringung insbesondere

63   Art. 450e enthält besondere Bestimmungen für die Beschwerde im Bereich der fürsorgerischen Unterbringung: Beschwerdeobjekt sind Entscheide der Erwachsenenschutzbehörde im Sinn von Art. 428 Abs. 1. Erfasst sind Unterbringungs- und Entlassungsentscheide (426 bzw. 429) sowie Entscheide, welche die Erwachsenenschutzbehörde
trifft, wenn sie bei Massnahmen zur Einschränkung der Bewegungsfreiheit nach
Art. 438 tätig wird.[163]

64   Die Beschwerde gegen einen Entscheid auf dem Gebiet der fürsorgerischen Unterbringung muss *nicht begründet* werden (450e[1]). Auch in diesem Bereich gilt aber das Erfordernis der Schriftlichkeit.[164] Da es sich in Fällen der fürsorgerischen Unterbringung
häufig um Krisensituationen handelt, kommt der Beschwerde grundsätzlich keine aufschiebende Wirkung zu (450e[2]); vielmehr muss die aufschiebende Wirkung ausdrücklich angeordnet werden, wenn sie ausnahmsweise erteilt werden soll. Die aufschiebende Wirkung kann mittels Gesuch verlangt werden. Die urteilende Behörde hat aber
aufgrund der Geltung der Offizialmaxime grundsätzlich auch von Amtes wegen darüber zu entscheiden.[165] Die aufschiebende Wirkung ist dann angezeigt, wenn der Vollzug der Entscheidung nicht als dringlich erscheint und mit der Vollstreckung des Entscheids zugewartet werden kann.[166] Sobald eine Beschwerde eingereicht ist, liegt diese
Entscheidung bei der gerichtlichen Beschwerdeinstanz. Diese kann die aufschiebende
Wirkung gewähren oder unter gegebenen Umständen eine erteilte aufschiebende Wirkung wieder entziehen.[167]

65   Bei psychischen Störungen kann eine Beschwerde ausschliesslich gestützt auf das *Gutachten* einer externen sachverständigen Person beurteilt werden (450e[3]; zum notwendigen Inhalt eines solchen Gutachtens: 140 III 102 f. E. 6.2.2; 140 III 106 f. E. 2). Um die
Objektivität bei der Entscheidfällung sicherzustellen, darf diese sachverständige Person nicht Mitglied der gerichtlichen Beschwerdeinstanz sein. Das Vorliegen eines Fachrichters vermag mithin das Einholen eines unabhängigen Gutachtens nicht zu ersetzen
(137 III 292 E. 4.4; 140 III 108 E. 2.7). Das Einholen eines Gutachtens im Beschwerdeverfahren ist in jedem Fall von fürsorgerischer Unterbringung erforderlich, unabhängig davon, ob es sich um eine Unterbringung, eine periodische Überprüfung oder um
einen Entscheid aufgrund eines Entlassungsgesuchs der betroffenen Person handelt
(140 III 107 E. 2.6). Dagegen darf eine fürsorgerische Unterbringung auch ohne externes Gutachten angeordnet werden, wenn ein Psychiater Mitglied der Erwachsenen-

---

163   Reusser, BaKomm, Art. 450e N 8.

164   Botsch. Erwachsenenschutz, 7087; Steck, FamKomm Erwachsenenschutz, Art. 450e N 6;
      ders., ESR-Kommentar, Art. 450e N 4.

165   Schmid, Erwachsenenschutz Kommentar, Art. 450e N 5.

166   Schmid, Erwachsenenschutz Kommentar, Art. 450e N 5; Steck, FamKomm Erwachsenenschutz, Art. 450e N 10.

167   Steck, FamKomm Erwachsenenschutz, Art. 450e N 10.

schutzbehörde ist.[168] Die Pflicht ein Gutachten einzuholen (450e[3]) richtet sich nur an die Beschwerdeinstanz. Dafür spricht allein schon die regelmässig vorliegende zeitliche Dringlichkeit. Hat die Erwachsenenschutzbehörde bereits ein externes Gutachten erstellen lassen, kann die gerichtliche Beschwerdeinstanz darauf abstellen.[169]

Das Gutachten vor der Beschwerdeinstanz ist einzig bei psychischen Störungen erforderlich. Nicht erforderlich ist es daher bei einer geistigen Behinderung oder einer schweren Verwahrlosung. In diesen Fällen liegt die Entscheidung, ob ein Gutachten in Auftrag zu geben ist, im Ermessen der Entscheidbehörde.[170]   66

Anhörung und Vertretung: Die gerichtliche Beschwerdeinstanz hört die betroffene Person gemäss Art. 450e Abs. 4 in der Regel als Kollegium an (so schon Art. 447 Abs. 2). Wenn nötig, ordnet sie überdies deren Vertretung an und bezeichnet als Beistand eine in fürsorgerischen und rechtlichen Fragen erfahrene Person. In jedem Fall notwendig ist eine Vertretung dann, wenn die schutzbedürftige Person urteilsunfähig ist.[171]   67

Entscheid: Nach Art. 450e Abs. 5 entscheidet die gerichtliche Beschwerdeinstanz in der Regel *innert fünf Tagen* seit Eingang der Beschwerde. Es handelt sich um eine Ordnungsfrist.[172] Zudem gilt diese Frist nur für das Verfahren vor dem erstinstanzlichen Gericht, nicht aber für die zweite Instanz und das Verfahren vor dem Bundesgericht.[173] Allerdings sind auch diese verpflichtet, die Sache so rasch als möglich zu entscheiden, um der Schwere des Eingriffs ausreichend Rechnung zu tragen.[174]   68

Beschwerde gegen eine ärztlich angeordnete Unterbringung: Nicht nach Art. 450e richtet sich das Verfahren bei ärztlich angeordneter Unterbringung und bei Entscheidungen der Einrichtung im Sinn von Art. 439. Vielmehr gilt in diesen Fällen ein besonderer Rechtsweg und dem gerichtlichen Verfahren geht nicht wie üblich ein Entscheid der Erwachsenenschutzbehörde voran, sondern es ist *direkt das Gericht anzurufen*. Die Beschwerdefrist beträgt in einem solchen Fall zehn Tage seit Mitteilung des Entscheids (439[2]). Bei Massnahmen zur Einschränkung der Bewegungsfreiheit kann das Gericht jederzeit angerufen werden. Im Übrigen gelten die Art. 450 ff. sinngemäss auch für das Verfahren nach Art. 439 (439[3]).   69

---

168 Wie hier: Auer/Marti, BaKomm, Art. 446 N 19; Schmid, Erwachsenenschutz Kommentar, Art. 446 N 6; Meier/Lukic, Nr. 109. A. M. und für eine Verpflichtung bereits im Verfahren vor der Erwachsenenschutzbehörde Steck, FamKomm Erwachsenenschutz, Art. 450e N 16.

169 Botsch. Erwachsenenschutz, 7087 f.; Fassbind, Erwachsenenschutz, 147; Geiser, BaKomm, Art. 450e N 19; Schmid, Erwachsenenschutz Kommentar, Art. 450e N 6.

170 Geiser, BaKomm, Art. 450e N 18; Steck, ESR-Kommentar, Art. 450e N 8c.

171 Geiser, BaKomm, Art. 450e N 30; Steck, ESR-Kommentar, Art. 450e N 13e.

172 Schmid, Erwachsenenschutz Kommentar, Art. 450e N 10; Steck, FamKomm Erwachsenenschutz, Art. 450e N 22; ders., ESR-Kommentar, Art. 450e N 16.

173 Geiser, BaKomm, Art. 450e N 39.

174 Geiser, BaKomm, Art. 450e N 39.

III.   Die Vollstreckung

a. Anwendbares Recht und Anwendungsbereich

70   Art. 450g regelt die Vollstreckung. Zur Anwendung gelangen gemäss Art. 450f überdies kantonale Vollstreckungsregeln und soweit solche fehlen, sinngemäss die Bestimmungen der ZPO. Die Erwachsenenschutzbehörde vollstreckt die Entscheide *auf Antrag oder von Amtes wegen* (450g[1]).

71   Die Vollstreckung im Sinn dieser Bestimmung bezieht sich auf Entscheide der Erwachsenenschutzbehörde, Entscheide der gerichtlichen Beschwerdeinstanz(en) sowie gemäss Art. 70 Abs. 1 BGG auf Entscheide des Bundesgerichts.[175] Überdies hat sie auch die in einem ehe- und scheidungsrechtlichen Verfahren angeordneten Kindesschutzmassnahmen zu vollziehen: Hat das Gericht, das für die Ehescheidung oder den Schutz der ehelichen Gemeinschaft zuständig ist, die Beziehungen der Eltern zu den Kindern zu gestalten, trifft es gemäss Art. 315a Abs. 1 auch die nötigen Kindesschutzmassnahmen und betraut die Erwachsenenschutzbehörde mit dem Vollzug.[176]

72   Ausgenommen sind dagegen Entscheide, welche die Leistung einer Geldzahlung betreffen, wie beispielsweise Entscheide über Mandatsentschädigungen oder Verfahrenskosten. Diese unterliegen der Vollstreckung nach SchKG.[177]

b. Vollstreckbarkeit

73   Ein Entscheid ist in aller Regel dann vollstreckbar, wenn er in formelle Rechtskraft erwachsen ist, d.h. nicht mehr mit einem ordentlichen Rechtsmittel angefochten werden kann.[178] Allerdings kann die Erwachsenenschutzbehörde gestützt auf Art. 450c die vorzeitige Vollstreckung bewilligen. Ebenso sind Entscheide, welche die fürsorgerische Unterbringung regeln, sofort vollstreckbar, da dem Rechtsmittel in diesen Fällen keine aufschiebende Wirkung zukommt (430[3] und 450e[2]).

c. Vollstreckungsverfahren

74   Grundsätzlich geht der Vollstreckung ein mit einem Vollstreckungsgesuch eingeleitetes Vollstreckungsverfahren voraus. Ein Gesuch ist aber nicht zwingend erforderlich, da die Erwachsenenschutzbehörde auch von Amtes wegen tätig wird (450g[1]).[179] Die Erwachsenenschutzbehörde prüft in jedem Fall die Vollstreckbarkeit und ordnet mittels Vollstreckungsverfügung die entsprechenden Massnahmen an.[180] Die Vollstreckung einer behördlichen Anordnung kann nur ausnahmsweise abgelehnt werden. Beispielsweise findet die zwangsweise Durchsetzung des persönlichen Verkehrs seine

---

175   Steck, FamKomm Erwachsenenschutz, Art. 450g N 3.
176   Botsch. Erwachsenenschutz, 7089; Affolter, BaKomm, Art. 450g N 8.
177   Affolter, BaKomm, Art. 450g N 25 ff.
178   Schmid, Erwachsenenschutz Kommentar, Art. 450g N 1.
179   Schmid, Erwachsenenschutz Kommentar, Art. 450g N 3; Steck, ESR-Kommentar, Art. 450g N 4a; Meier/Lukic, Nr. 141.
180   Botsch. Erwachsenenschutz, 7089; Schmid, Erwachsenenschutz Kommentar, Art. 450g N 5.

Grenzen am Persönlichkeitsschutz der Betroffenen, am Wohl des Kindes, am Grundsatz der Verhältnismässigkeit und den realen Durchsetzungsmöglichkeiten.[181]

Hat die Erwachsenenschutzbehörde oder die gerichtliche Beschwerdeinstanz im Entscheid bereits Vollstreckungsmassnahmen angeordnet, kann dieser Entscheid auch direkt vollstreckt werden (450g^2). Die Anordnung einer direkten Vollstreckung setzt die genaue Umschreibung der konkreten Vollstreckungsmassnahmen im Dispositiv des Entscheides voraus.[182] In Anwendung von Art. 336 Abs. 2 ZPO ist zudem eine Vollstreckbarkeitsbescheinigung auszustellen.[183] Diesfalls kann sich die Berechtigte direkt an die Exekutivbehörde wenden oder eine bewilligte Ersatzvornahme veranlassen.[184]   75

Die mit der Vollstreckung betraute Person kann nach Art. 450g Abs. 3 nötigenfalls polizeiliche Hilfe beanspruchen. Unmittelbare *Zwangsmassnahmen* sind in der Regel vorgängig anzudrohen. Damit verbunden ist die Einräumung einer angemessenen Erfüllungsfrist, soweit die Erfüllung nicht mit einem konkreten Termin verbunden ist.[185] Von der Androhung einer Frist ist dann abzusehen, wenn der Zweck der Massnahme dies erfordert.[186]   76

---

181 AFFOLTER, BaKomm, Art. 450g N 52.
182 STECK, FamKomm Erwachsenenschutz, Art. 450g N 12.
183 STECK, FamKomm Erwachsenenschutz, Art. 450g N 13.
184 SCHMID, Erwachsenenschutz Kommentar, Art. 450g N 6.
185 AFFOLTER, BaKomm, Art. 450g N 51.
186 Botsch. Erwachsenenschutz, 7089; STECK, FamKomm Erwachsenenschutz, Art. 450g N 17;
      DERS., ESR-Kommentar, Art. 450g N 5a.

§ 60 Das Verhältnis zu Dritten und die Zusammenarbeitspflicht

1 Der dritte Abschnitt (451–453) des zwölften Titels «Organisation» befasst sich mit dem Verhältnis der Erwachsenenschutzbehörde zu Dritten sowie mit deren Zusammenarbeitspflicht mit anderen Behörden und Stellen. Das Verhältnis zu Dritten betrifft erstens die Verschwiegenheitspflicht der Erwachsenenschutzbehörde sowie das Auskunftsrecht Dritter (451, nachfolgend b., N 3 ff.) und zweitens die Wirkung der Massnahmen gegenüber Dritten (452, nachfolgend c., N 14 ff.). Die Zusammenarbeitspflicht mit anderen Behörden und Stellen ist in Art. 453 geregelt (nachfolgend d., N 21 f.). Zunächst ist der Anwendungsbereich der Art. 451–453 zu klären (nachfolgend a., N 2).

a. Anwendungsbereich

2 Die Art. 451 ff. betreffen nicht nur behördliche, sondern sämtliche Massnahmen des Erwachsenenschutzes.[1] Nicht umfassend geregelt wird diese Thematik dagegen für die Massnahmen des Kindesschutzes: Zwar gelten die Art. 451 ff. kraft Verweises in Art. 440 Abs. 3 auch für *Kindesschutzmassnahmen*.[2] Jedoch enthält das Kindesrecht zu dieser Thematik Spezialbestimmungen, die als leges speciales den Art. 451–453 vorgehen. Beispielsweise richtet sich das Recht auf Auskunft in Bezug auf Kindesschutzmassnahmen nach Art. 307 ff.[3] Weiter wird die Zusammenarbeitspflicht, welche im Erwachsenenschutzrecht in Art. 453 Abs. 1 zu finden ist, für den Kindesschutz primär in Art. 317 geregelt.[4] Zur Anwendung gelangt dagegen unter Umständen Art. 453 Abs. 2 zur Rechtfertigung der Amts- oder Berufsgeheimnisverletzung, da eine entsprechende Bestimmung im Kindesrecht fehlt.

b. Verschwiegenheits- und Auskunftspflicht

3 Art. 451 Abs. 1 kodifiziert die unter dem altem Recht als Vormundschaftsgeheimnis bezeichnete Schweigepflicht der erwachsenenschutz-rechtlichen Organe[5]: Die Erwachsenenschutzbehörde ist zur Verschwiegenheit verpflichtet, soweit dem nicht überwiegende Interessen entgegenstehen. Für den Beistand sieht Art. 413 Abs. 2 in derselben Weise vor, dass dieser zur Verschwiegenheit verpflichtet ist, soweit nicht überwiegende Interessen entgegenstehen. Diese Bestimmungen tragen dem Umstand Rechnung, dass es sich im Bereich des Kindes- und Erwachsenenschutzes um einen sehr sensiblen Bereich handelt und im Lauf des Verfahrens regelmässig nicht nur höchstpersönliche Informationen über die schutzbedürftige Person, sondern auch über Personen in deren Umfeld gesammelt werden.[6] Zudem stellt die Schweigepflicht eine wesentliche

---

1 SCHMID, Erwachsenenschutz Kommentar, Art. 451 N 9; GEISER, BaKomm, Art. 451 N 9.
2 BREITSCHMID, HandKomm, Art. 451 N 8; COTTIER/HASSLER, FamKomm Erwachsenenschutz, Art. 451 N 1; GEISER, BaKomm, Art. 451 N 9.
3 COTTIER/HASSLER, FamKomm Erwachsenenschutz, Art. 451 N 29.
4 COTTIER/HASSLER, FamKomm Erwachsenenschutz, Art. 453 N 2.
5 Botsch. Erwachsenenschutz, 7089; HÄFELI, Erwachsenenschutz, Nr. 35.01.
6 GEISER, BaKomm, Art. 451 N 3; HÄFELI, Erwachsenenschutz, Nr. 35.01.

Voraussetzung für den Aufbau eines Vertrauensverhältnisses zwischen den beteiligten Personen dar, welches für das Gelingen der Massnahme unabdingbar ist.[7]

1. Geheimnisträger

Der in Art. 451 Abs. 1 verwendete Begriff «Erwachsenenschutzbehörde» ist im vorliegenden Zusammenhang weit auszulegen. Er umfasst neben den Mitgliedern der Behörde auch die gerichtlichen Überprüfungsinstanzen und die durch die Behörde beauftragten Sachverständigen und Ärztinnen, die Aufgaben des Erwachsenenschutzes wahrnehmen.[8] *Vorsorgebeauftragte* (360 ff.), in einer Patientenverfügung ernannte *Vertrauenspersonen* (370 ff.) und *gesetzliche Vertreter* (374 ff.) fallen dagegen *nicht* unter Art. 451 Abs. 1.[9] Darüber hinaus gilt auch die betroffene Person als Geheimnisträgerin.[10]   4

Die Geheimnisträger sind an die Schweigepflicht sowohl im Verhältnis zu privaten Dritten als auch gegenüber Behörden gebunden und selbst gegenüber der betroffenen Person besteht keine umfassende Offenbarungspflicht.[11]   5

2. Geheimnisgegenstand

Von der Verschwiegenheitspflicht sind zunächst sämtliche mandatsbezogenen Informationen erfasst.[12] Geschützt sind ferner nicht mandatsbezogene Informationen aus dem Umfeld der betroffenen Person, die im Rahmen der Anordnung oder Durchführung der Massnahme gesammelt wurden. Der Verschwiegenheitspflicht unterliegen damit sämtliche Informationen, die im Rahmen einer Abklärung und Untersuchung in Erfahrung gebracht werden.[13] Dies gilt auch dann, wenn am Ende der Abklärun-   6

---

7   VOGEL, Verhältnis der Schweigepflicht nach Art. 413 und 451 ZGB zum Amtsgeheimnis nach Art. 320 StGB, in ZKE 69 (2014), 250 ff., 252; COTTIER/HASSLER, FamKomm Erwachsenenschutz, Art. 451 N 2; GEISER, BaKomm, Art. 451 N 3; HÄFELI, Erwachsenenschutz, Nr. 35.01; MEIER/LUKIC, Nr. 145.

8   COTTIER/HASSLER, FamKomm Erwachsenenschutz, Art. 451 N 8; HÄFELI, Erwachsenenschutz, Nr. 35.02. A. M. ROSCH, ESR-Kommentar, Art. 451 N 1, wonach Ärzte und gerichtliche Überprüfungsinstanzen weiterhin dem ungeschriebenen Kindes- und Erwachsenenschutzgeheimnis unterstehen.

9   MEIER/LUKIC, Nr. 146; COTTIER/HASSLER, FamKomm Erwachsenenschutz, Art. 451 N 9; HÄFELI, Erwachsenenschutz, Nr. 35.03.

10   ALDO ELSENER, Das Vormundschaftsgeheimnis. Die Schweigepflicht der vormundschaftlichen Organe und Hilfsorgane (Diss. Zürich 1993), 192 f.; ROSCH, ESR-Kommentar, Art. 451 N 2; HÄFELI, Erwachsenenschutz, Nr. 35.02.

11   BREITSCHMID, HandKomm, Art. 451 N 2; SCHMID, Erwachsenenschutz Kommentar, Art. 451 N 1. Anders COTTIER/HASSLER, FamKomm Erwachsenenschutz, Art. 451 N 11, wonach gegenüber der betroffenen Person eine Offenbarungspflicht grundsätzlich immer zu bejahen ist. Ähnlich GEISER, BaKomm, Art. 451 N 14, wonach es sich bei der betroffenen Person um eine Geheimnisträgerin handelt und sich die Erwachsenenschutzbehörde ihr gegenüber deshalb nicht auf Art. 451 berufen kann. Sollen zum Wohl der Betroffenen Informationen zurückgehalten werden, muss sich dies deshalb auf eine andere Rechtsgrundlage stützen.

12   ELSENER a.a.O. 195; COTTIER/HASSLER, FamKomm Erwachsenenschutz, Art. 451 N 7.

13   BREITSCHMID, HandKomm, Art. 451 N 5.

gen auf die Anordnung einer Massnahme verzichtet oder wenn die Massnahme wieder aufgehoben wird.[14] Ohne Belang ist zudem, ob die Informationen im Zusammenhang mit einer behördlichen Massnahme oder der privaten Vorsorge gesammelt werden.[15] Die Verpflichtung zur Verschwiegenheit besteht zudem nicht nur im Zusammenhang mit behördlichen Massnahmen (388 ff.), sondern auch dann, wenn die Erwachsenenschutzbehörde in anderen Bereichen des Erwachsenenschutzes, beispielsweise im Rahmen der gesetzlichen Vertretung (374 ff.), eingreifen muss.[16]

3. Durchbrechung der Verschwiegenheitpflicht bei überwiegenden Interessen

7   Gemäss Art. 451 Abs. 1 kann die Schweigepflicht durchbrochen werden, wenn ihr überwiegende Interessen entgegenstehen. Hierbei kann es sich um Interessen der betroffenen Person selber, von Dritten oder der Öffentlichkeit handeln. Diese Entscheidung ist anhand einer Rechtsgüterabwägung nach pflichtgemässem Ermessen vorzunehmen.[17] Die Einwilligung der betroffenen Person, welche ebenfalls Geheimnisträgerin ist, reicht als Rechtfertigungsgrund dann, wenn sie über die für die Einwilligung erforderliche Urteilsfähigkeit verfügt.[18] Da es sich hierbei um ein höchstpersönliches Recht handelt, kann aber kein Vertreter im Namen der betroffenen Person einwilligen.[19] Ferner ist die Verschwiegenheitspflicht aufgehoben, wenn ein Auskunftsrecht (451[2]; sogl. 5.) oder eine Informationspflicht besteht (452[2]; s. nachfolgend b.).

4. Auskunft an Dritte

8   Unter dem alten Vormundschaftsrecht waren Massnahmen, welche die Handlungsfähigkeit der Betroffenen einschränkten, zu veröffentlichen (aArt. 375, 377 Abs. 3, 397 Abs. 2 und 3). Auf diese Veröffentlichung wird im geltenden Recht verzichtet, um eine Stigmatisierung der betroffenen Personen zu verhindern.[20] Um den Interessen Dritter dennoch gerecht zu werden, sieht Art. 451 Abs. 2 vor, dass Auskunft über das Vorliegen und die Wirkungen einer Massnahme verlangen kann, wer ein Interesse glaubhaft macht.[21] Das Auskunftsrecht umfasst nicht nur behördliche Massnahmen, sondern sämtliche Massnahmen des Erwachsenenschutzes, also namentlich auch ein Vorsorgeauftrag (360 ff.) oder eine gesetzliche Vertretung (374 ff.).[22]

---

14   HÄFELI, Erwachsenenschutz, Nr. 35.05.
15   ROSCH, ESR-Kommentar, Art. 451 N 2; GEISER, BaKomm, Art. 451 N 11; SCHMID, Erwachsenenschutz Kommentar, Art. 451 N 4.
16   SCHMID, Erwachsenenschutz Kommentar, Art. 451 N 4; GEISER, BaKomm, Art. 451 N 11;.
17   Botsch. Erwachsenenschutz, 7091; HÄFELI, Erwachsenenschutz, Nr. 35.06; SCHMID, Erwachsenenschutz Kommentar, Art. 451 N 6; GEISER, BaKomm, Art. 451 N 17.
18   ROSCH, ESR-Kommentar, Art. 451 N 3; COTTIER/HASSLER, FamKomm Erwachsenenschutz, Art. 451 N 7 und 27; SCHMID, Erwachsenenschutz Kommentar, Art. 451 N 6.
19   GEISER, BaKomm, Art. 451 N 15.
20   Botsch. Erwachsenenschutz, 7090.
21   GEISER, BaKomm, Art. 451 N 21.
22   SCHMID, Erwachsenenschutz Kommentar, Art. 451 N 9.

α. Voraussetzungen

Nach Art. 451 Abs. 2 kann derjenige, der ein *Interesse glaubhaft* macht, von der Erwach- 9
senenschutzbehörde Auskunft über das Vorliegen und die Wirkungen einer Massnahme des Erwachsenenschutzes verlangen. Das glaubhaft gemachte Interesse muss
dabei nicht rechtlicher Natur sein, ein rein tatsächliches, beispielsweise wirtschaftliches Interesse ist ausreichend.[23] Dieses Interesse muss schutzwürdig sein, d.h. es muss
das Interesse der betroffenen Person nach Geheimhaltung überwiegen; die Erwachsenenschutzbehörde hat eine Interessenabwägung vorzunehmen.[24]

Die Auskunft ist gemäss Art. 451 Abs. 2 von der *Erwachsenenschutzbehörde* zu ver- 10
langen. Der Beistand ist nicht zur Auskunftserteilung berechtigt, sondern hat gemäss
Art. 413 Abs. 3 Dritte lediglich über die Beistandschaft zu orientieren, soweit dies zur
gehörigen Erfüllung der Aufgaben der Beiständin erforderlich ist. Interessen von Dritten rechtfertigen eine Information durch den Beistand hingegen nicht.

β. Umfang

Das Auskunftsrecht bezieht sich gemäss Wortlaut dieser Bestimmung nur auf das Vor- 11
liegen und die Wirkungen einer Massnahme. Zudem wird sich eine Auskunft nur in
Bezug auf Massnahmen rechtfertigen, welche die Handlungsfähigkeit beschränken.[25]
Soweit weitere Auskünfte erlangt werden wollen, ist dies gestützt auf Art. 449b zu
beantragen.[26]

γ. Auskunftsverweigerung

Wird die Erteilung von Auskunft ungerechtfertigterweise verweigert, steht die 12
Beschwerde gemäss Art. 450 ff. offen. Soweit ein Schadenersatzanspruch geltend
gemacht werden will, richtet sich dieser nicht nach den Art. 454 f., sondern nach den
kantonalen Verantwortlichkeitsgesetzen; die Art. 454 f. schützen nicht Dritte, sondern
grundsätzlich nur die betroffene Person.[27]

5. Verletzung der Verschwiegenheitspflicht

Wird die in Art. 451 Abs. 1 statuierte Verschwiegenheitspflicht verletzt, kommen ins- 13
besondere die Verantwortlichkeitsbestimmungen (454 f.) zur Anwendung.[28] Die Haf-

---

23 BREITSCHMID, HandKomm, Art. 451 N 6; COTTIER/HASSLER, FamKomm Erwachsenen-
    schutz, Art. 451 N 30; GEISER, BaKomm, Art. 451 N 22; STEINAUER/FOUNTOULAKIS, Person-
    nes physiques, Nr. 1125a; ROSCH, ESR-Kommentar, Art. 451 N 5.

24 GEISER, BaKomm, Art. 451 N 22; ROSCH, ESR-Kommentar, Art. 451 N 3 ff.; STEINAUER/FOUN-
    TOULAKIS, Personnes physiques, Nr. 1125b; HÄFELI, Erwachsenenschutz, Nr. 35.07; MEIER/
    LUKIC, Nr. 147.

25 So GEISER, BaKomm, Art. 451 N 27; STEINAUER/FOUNTOULAKIS, Personnes physiques,
    Nr. 1125; ROSCH, ESR-Kommentar, Art. 451 N 5.

26 COTTIER/HASSLER, FamKomm Erwachsenenschutz, Art. 451 N 32.

27 GEISER, BaKomm, Art. 451 N 37. Ebenso STEINAUER/FOUNTOULAKIS, Personnes physiques,
    Nr. 1125b.

28 COTTIER/HASSLER, FamKomm Erwachsenenschutz, Art. 451 N 33; GEISER, BaKomm, Art. 451
    N 36.

tung des Kantons setzt namentlich einen materiellen Schaden oder eine immaterielle Unbill voraus. Gegebenenfalls hat die betroffene Person Anspruch auf Schadenersatz bzw. auf Genugtuung (454). Die einzelnen Behördenmitglieder machen sich ferner regelmässig einer Verletzung ihrer Geheimhaltungspflicht (320 StGB) strafbar.[29]

c. Wirkung der Massnahmen gegenüber Dritten

14 Das geltende Erwachsenenschutzrecht geht vom Grundsatz aus, dass eine Massnahme des Erwachsenenschutzes Dritten, auch wenn sie gutgläubig sind, entgegengehalten werden kann (452[1]). Zudem entfällt, wie bereits dargelegt, die Veröffentlichung der Massnahmen, welche die Handlungsfähigkeit der betroffenen Person einschränken (dies im Gegensatz zum alten Recht: aArt. 375, 377 Abs. 3, 397 Abs. 2 und 3). Grundsätzlich werden der Persönlichkeitsschutz der betroffenen Person und die Sicherung der Wirksamkeit der angeordneten Massnahme höher gewertet als die Interessen des Rechtsverkehrs.[30]

1. Informationspflicht

15 Schränkt eine Beistandschaft die Handlungsfähigkeit der betroffenen Person ein, ist ihren Schuldnern mitzuteilen, dass ihre Leistung nur befreiende Wirkung hat, wenn sie diese dem Beistand erbringen (452[2]). Vorher kann die Beistandschaft gutgläubigen Schuldnern nicht entgegengehalten werden, und der Schuldner ist auch dann befreit, wenn er an die handlungsunfähige Person leistet. Diese Informationspflicht trifft einerseits die Erwachsenenschutzbehörde, andererseits gestützt auf Art. 413 Abs. 3 aber auch den Beistand.[31] Das Gesetz erläutert nicht, wie diese Information zu erfolgen hat. Da das neue Recht auf eine Publikation der Einschränkung der Handlungsfähigkeit verzichtet, kann die Information jedenfalls nicht durch die Veröffentlichung der Beistandschaft erfolgen, sondern müssen die Schuldner persönlich informiert werden. In welcher Form dies zu geschehen hat, ist nicht geregelt, weshalb insbesondere auch eine mündliche Information möglich ist.[32]

16 Gemäss Gesetzeswortlaut gilt die Informationspflicht an die Schuldner nicht für alle Massnahmen des Erwachsenenschutzes, sondern nur für Beistandschaften.[33]

2. Verleitung zur Annahme der Handlungsfähigkeit

17 Hat eine Person, für die eine Massnahme des Erwachsenenschutzes besteht, andere zur irrtümlichen Annahme ihrer Handlungsfähigkeit verleitet, so ist sie ihnen für den dadurch verursachten Schaden verantwortlich (452[3]). Art. 452 Abs. 3 führt nicht zur Gültigkeit des Rechtsgeschäfts, sondern es besteht lediglich ein Anspruch auf Scha-

---

29 Siehe dazu VOGEL a.a.O.

30 Botsch. Erwachsenenschutz, 7090; MÖSCH PAYOT, ESR-Kommentar, Art. 452 N 1.

31 SCHMID, Erwachsenenschutz Kommentar, Art. 452 N 2; GEISER, BaKomm, Art. 452 N 20 f.; MÖSCH PAYOT, ESR-Kommentar, Art. 452 N 5.

32 MÖSCH PAYOT, ESR-Kommentar, Art. 452 N 5; GEISER, BaKomm, Art. 451 N 21.

33 STEINAUER/FOUNTOULAKIS, Personnes physiques, Nr. 1124b; GEISER, BaKomm, Art. 452 N 4 f.

denersatz. Geschuldet ist das negative Vertragsinteresse, d.h. der Geschädigte ist so zu stellen, als wenn er nie mit dem Rechtsgeschäft in Berührung gekommen wäre.[34]

Für einen Schadenersatzanspruch vorausgesetzt ist das *Verleiten* zur irrtümlichen Annahme der Handlungsfähigkeit. Daneben sind die *üblichen Haftungsvoraussetzungen* erforderlich: 18

> Eine Verantwortlichkeit entsteht gemäss dieser Bestimmung dann, wenn die   19
> betroffene Person den Dritten *zur irrtümlichen Annahme ihrer Handlungsfähigkeit verleitet*. Gefordert ist damit ein *aktives Tun*. Eine unterlassene Aufklärung reicht dagegen grundsätzlich nicht. Ergreift die handlungsunfähige Person die Initiative zum Abschluss eines Rechtsgeschäfts, ohne auf die fehlende Handlungsfähigkeit hinzuweisen, kann darin ein aktives Tun gesehen werden.[35] So ist der Vertragspartner nicht verpflichtet, Nachforschungen anzustellen, weshalb ihm sein Nichtwissen nur bei offensichtlichem Fehlen der Handlungsfähigkeit entgegengehalten werden kann (113 II 480 E. 3c). Demgegenüber entfällt die Schadenersatzpflicht, wenn sich ein Vertragspartner überhaupt nicht um die Handlungsfähigkeit gekümmert hat und unter Umständen nicht einmal in persönlichen Kontakt mit der betroffenen Person getreten ist, wie dies teilweise bei Massengeschäften der Fall ist.[36] Ein im Sinn dieser Bestimmung gefordertes Verleiten kann nicht nur in der Vorgabe der Handlungsfähigkeit an sich bestehen, sondern auch darin, dass die Zustimmung des Beistandes vorgetäuscht wird.[37]

> Die *üblichen Haftungsvoraussetzungen* sind folgende: Es muss ein Schaden vor-   20
> liegen, der die adäquat kausale Folge des Verleitens ist. Zudem muss die betroffene Person schuldhaft gehandelt haben: Das Verleiten muss vorsätzlich oder fahrlässig erfolgt sein, und es muss ein Minimum an Unrechtsbewusstsein vorliegen.[38] Auch muss die betroffene Person in Bezug auf die konkrete Handlung urteilsfähig gewesen sein. Denn fehlt diese, fehlt die Deliktsfähigkeit (19[3] e contrario). Bei der Haftung nach Art. 452 Abs. 3 handelt es sich zwar um eine gesetzlich geregelte Form der Haftung aus culpa in contrahendo, welche sich *zwischen dem Vertrags- und dem Deliktsrecht* bewegt.[39] Das Bundesgericht hat aber auf die Bestimmung unter altem Recht die Regeln des Deliktsrechts angewendet.[40] Das gilt wohl auch unter neuem Recht. Von Bedeutung ist dies insbesondere im Hinblick auf die Verjährung und die Beweislast: Werden die Regeln des Deliktsrechts angewendet, richtet sich die Verjährung nach Art. 60 OR.[41]

---

34 Mösch Payot, ESR-Kommentar, Art. 452 N 6; Geiser, BaKomm, Art. 452 N 37.
35 Cottier/Hassler, FamKomm Erwachsenenschutz, Art. 452 N 8; Mösch Payot, ESR-Kommentar, Art. 452 N 6.
36 Geiser, BaKomm, Art. 452 N 33.
37 Mösch Payot, ESR-Kommentar, Art. 452 N 6; Cottier/Hassler, FamKomm Erwachsenenschutz, Art. 452 N 8.
38 Geiser, BaKomm, Art. 452 N 35.
39 Mösch Payot, ESR-Kommentar, Art. 452 N 6; Cottier/Hassler, FamKomm Erwachsenenschutz, Art. 452 N 7.
40 Cottier/Hassler, FamKomm Erwachsenenschutz, Art. 452 N 7 f.
41 Geiser, BaKomm, Art. 452 N 42; Mösch Payot, ESR-Kommentar, Art. 452 N 6. Unentschieden Cottier/Hassler, FamKomm Erwachsenenschutz, Art. 452 N 12, m. w. H.

Bei Anwendung der deliktsrechtlichen Bestimmungen ist der Geschädigte für das Vorliegen des Verschuldens der betroffenen Person beweispflichtig. Will sich diese allerdings auf ihre die Haftung ausschliessende Urteilsunfähigkeit berufen, ist sie ihrerseits beweispflichtig. Der Grund dafür liegt darin, dass die Urteilsfähigkeit nach der allgemeinen Lebenserfahrung vermutet wird.[42]

d. Zusammenarbeitspflicht

21   Besteht die *ernsthafte Gefahr,* dass eine hilfsbedürftige Person *sich selbst gefährdet* oder ein Verbrechen oder Vergehen begeht, mit dem sie *jemanden körperlich, seelisch oder materiell schwer schädigt,* arbeiten die Erwachsenenschutzbehörde, die betroffenen Stellen und die Polizei zusammen (453[1]). Zweck dieser Bestimmung ist einerseits der Schutz hilfsbedürftiger Personen andererseits jener der Öffentlichkeit.[43] Zudem soll der Erlass widersprüchlicher Massnahmen verhindert werden.[44] Die Zusammenarbeit umfasst unter anderem die gegenseitige Information.[45] Der Umfang der Information richtet sich nach Art. 451, womit sich der selbstständige Normgehalt dieses Absatzes in engen Grenzen hält.[46] Weitere mögliche Formen sind Absprachen für das Vorgehen oder Qualitätskontrollen durch nachträgliche Evaluationen.[47] Diese Bestimmung verpflichtet primär die *Erwachsenenschutzbehörde,* welche diese Aufgabe auch an eine allfällige *Beiständin* delegieren kann.[48] *Nicht* erfasst sind dagegen der *Vorsorgebeauftragte* oder *nahestehende Personen* mit gesetzlicher Vertretungsbefugnis im Sinn von Art. 374 ff.[49] Unter «betroffene Stellen» sind beispielsweise Sozial- und Psychiatriedienste, die Opferhilfe, die Spitex, die Schuldenberatung, Gerichte und weitere Behörden zu verstehen.[50]

22   Auch Personen, die dem *Amts- oder Berufsgeheimnis* unterstehen, sind in einem solchen Fall (womit das Gesetz auf 453[1] verweist) berechtigt, der Erwachsenenschutzbehörde Mitteilung zu machen (453[2]). Die zeitliche Dringlichkeit hat zur Folge, dass diese Mitteilung ohne Zustimmung der vorgesetzten Behörde gemacht werden kann und nicht erst um eine Entbindung vom Amts- oder Berufsgeheimnis ersucht wer-

---

42   Mösch Payot, ESR-Kommentar, Art. 452 N 6; Cottier/Hassler, FamKomm Erwachsenenschutz, Art. 452 N 13 unter Verweis auf 124 III 7 f. E. 1.

43   Geiser, BaKomm, Art. 453 N 2; Hausheer/Geiser/Aebi-Müller, Erwachsenenschutzrecht, Nr. 1.97; Mösch Payot, ESR-Kommentar, Art. 453 N 1.

44   Botsch. Erwachsenenschutz, 7091; Mösch Payot, ESR-Kommentar, Art. 453 N 1; Schmid, Erwachsenenschutz Kommentar, Art. 453 N 1.

45   Botsch. Erwachsenenschutz, 7091.

46   Geiser, BaKomm, Art. 453 N 8.

47   Cottier/Hassler, FamKomm Erwachsenenschutz, Art. 453 N 7.

48   Meier/Lukic, Nr. 150; Mösch Payot, ESR-Kommentar, Art. 453 N 3.

49   Botsch. Erwachsenenschutz, 7091; Geiser, BaKomm, Art. 453 N 6; Schmid, Erwachsenenschutz Kommentar, Art. 453 N 2.

50   Botsch. Erwachsenenschutz, 7091; Meier/Lukic, Nr. 151; Geiser, BaKomm, Art. 453 N 7; Mösch Payot, ESR-Kommentar, Art. 452 N 3.

den muss.[51] Art. 453 statuiert ein Melderecht und grundsätzlich keine Pflicht. Allerdings sind Personen in amtlicher Tätigkeit gestützt auf Art. 443 Abs. 2 verpflichtet, in einer Gefährdungssituation Meldung zu erstatten (vorne § 59 N 27 ff.).[52] Bezüglich der Form einer solchen Mitteilung enthält diese Bestimmung keine Vorgaben, womit sie auch mündlich erfolgen kann.[53]

---

51 Botsch. Erwachsenenschutz, 7091; MÖSCH PAYOT, ESR-Kommentar, Art. 453 N 5; SCHMID, Erwachsenenschutz Kommentar, Art. 453 N 4.

52 MÖSCH PAYOT, ESR-Kommentar, Art. 453 N 6; COTTIER/HASSLER, FamKomm Erwachsenenschutz, Art. 452 N 11.

53 COTTIER/HASSLER, FamKomm Erwachsenenschutz, Art. 453 N 12; MÖSCH PAYOT, ESR-Kommentar, Art. 453 N 7.

§ 61 Die Verantwortlichkeit

a. Anwendungsbereich

1   Die Art. 454–456 widmen sich der Verantwortlichkeit der Behörden im Rahmen des Erwachsenenschutzes und kraft Art. 440 Abs. 3 auch des Kindesschutzes (140 III 95 E. 2.3).[1] Die folgenden Ausführungen gelten dementsprechend auch für den Kindesschutz, selbst wenn nur von Massnahmen des Erwachsenenschutzes die Rede ist. Die Bestimmungen befassen sich einzig mit der zivilrechtlichen Verantwortlichkeit (140 III 95 E. 2.3; die Haftung des Kantons begründet aber einen öffentlich-rechtlichen Anspruch, s. N 13). Eine allfällige strafrechtliche Verantwortlichkeit ergibt sich aus dem StGB. Ferner kann das öffentliche Dienstrecht für Verwaltungsangestellte eine Verantwortlichkeit vorsehen.[2] Ebenfalls nicht von diesen Bestimmungen erfasst wird die Aufsicht über Wohn- und Pflegeeinrichtungen, da es sich hierbei nicht um eine Massnahme des Erwachsenenschutzes handelt. Die Haftung richtet sich daher selbst dann nach kantonalem Recht, wenn ein Kanton die Aufsicht der Erwachsenenschutzbehörde überträgt.[3]

b. Haftungsvoraussetzungen

2   Wer im Rahmen behördlicher Massnahmen des Erwachsenenschutzes durch widerrechtliches Handeln oder Unterlassen verletzt wird, hat Anspruch auf Schadenersatz und, sofern die Schwere der Verletzung es rechtfertigt, auf Genugtuung (454[1]). Neben der Voraussetzung der behördlichen Massnahme (1., N 3 f.) sind die üblichen Haftungsvoraussetzungen relevant: Schaden (2., N 5 f.), Widerrechtlichkeit (3., N 7 f.) und adäquater Kausalzusammenhang (4., N 9) zwischen dem Handeln oder Unterlassen und dem Schaden.[4]

1. Behördliche Massnahme

3   Vorausgesetzt ist zunächst, dass es sich um ein Handeln oder Unterlassen im Rahmen einer *behördlichen Massnahme* handelt. Als behördliche Massnahmen gelten die Beistandschaften (390 ff.) und die fürsorgerische Unterbringung (426 ff.). Die fürsorgerische Unterbringung erfasst dabei nicht nur die Unterbringung selber, sondern auch die damit verbundenen medizinischen Massnahmen (433–435).[5]

4   Der Verantwortlichkeit unterliegt das *Handeln und Unterlassen* der Mandatsträger und der gemäss Art. 392 Ziff. 2 beauftragten Personen. Relevant ist nicht nur das eigentliche hoheitliche Handeln, sondern die gesamte Tätigkeit anlässlich der Mandatsfüh-

---

1   Mösch Payot/Rosch, ESR-Kommentar, Art. 454–456 N 3a; Meier/Lukic, Nr. 155.
2   Botsch. Erwachsenenschutz, 7091; Mösch Payot/Rosch, ESR-Kommentar, Art. 454–456 N 3; Hausheer/Geiser/Aebi-Müller, Erwachsenenschutzrecht, Nr. 1.99; Steinauer/Fountoulakis, Personnes physiques, Nr. 1281a.
3   Hausheer, BaKomm, Art. 454 N 29; Geiser, FamKomm Erwachsenenschutz, Art. 454 N 24.
4   Botsch. Erwachsenenschutz, 7092 f. Siehe zu den Voraussetzungen Müller, HandKomm, Art. 41 OR.
5   Geiser, FamKomm Erwachsenenschutz, Art. 454 N 6.

rung.[6] Unerheblich ist, ob diese Personen als Behördenmitglieder handeln oder von der Behörde mit einem Mandat betraut wurden.[7] Unerheblich ist auch, ob sie ihr Amt beruflich oder privat ausüben.[8] Neben den Mandatsträgern macht sich unter Umständen auch die Behörde selber haftbar, beispielsweise wenn sie Überwachungsaufgaben wahrzunehmen hat, diesen aber nur unzureichend nachkommt.[9]

2. Schaden oder seelische Unbill

Ein *Schaden* liegt nach der klassischen Differenztheorie bei einer unfreiwilligen Vermögenseinbusse vor, also bei einer Verminderung der Aktiven (z.B. bei zu riskanter Vermögensanlage[10]) oder bei einer Vermehrung der Passiven.[11]

Bei Vorliegen einer *seelischen Unbill* entsteht – bei Vorliegen der übrigen Haftungsvoraussetzungen – ein Anspruch auf Genugtuung. Die Anspruchsvoraussetzungen richten sich nach den allgemeinen Bestimmungen des ausservertraglichen Haftpflichtrechts und damit nach Art. 49 OR.[12] Wer in seiner Persönlichkeit widerrechtlich verletzt wird, hat demnach Anspruch auf Leistung einer Genugtuung, wenn die Schwere der Verletzung es rechtfertigt und diese nicht anders wieder gutgemacht werden kann. Beispielsweise reichen blosse Fehler in der Vermögensverwaltung einer betroffenen Person eher nicht für die Leistung einer Genugtuung, da es hier an der Persönlichkeitsverletzung fehlt.[13]

3. Widerrechtlichkeit

Eine Handlung ist gemäss der heute vorherrschenden objektiven Widerrechtlichkeitstheorie widerrechtlich, wenn die Schadenszufügung auf einem Verstoss gegen eine allgemeine gesetzliche Pflicht beruht, d.h. entweder auf der Verletzung eines absoluten Rechtsguts oder – im Fall des reinen Vermögensschadens – auf der Verletzung einer einschlägigen Schutznorm (namentlich 115 II 18 E. 3a; zur Schutznorm: 134 III 531 E. 4.1).[14] Die Widerrechtlichkeit liegt im vorliegenden Kontext in der Regel in einer Amtspflichtwidrigkeit bzw. einer Sorgfaltsverletzung und damit in der Verlet-

---

6   STEINAUER/FOUNTOULAKIS, Personnes physiques, Nr. 1285; GEISER, FamKomm Erwachsenenschutz, Art. 454 N 6.
7   Botsch. Erwachsenenschutz, 7092 f.; SCHMID, Erwachsenenschutz Kommentar, Art. 454 N 5.
8   Botsch. Erwachsenenschutz, 7092 f.
9   Botsch. Erwachsenenschutz, 7092 f.; STEINAUER/FOUNTOULAKIS, Personnes physiques, Nr. 1287; MEIER/LUKIC, Nr. 156; MÖSCH PAYOT/ROSCH, ESR-Kommentar, Art. 454–456 N 4.
10 HAUSHEER, BaKomm, Art. 454 N 12.
11 ROBERTO, Haftpflichtrecht, Nr. 22.01 ff.; GAUCH/SCHLUEP/SCHMID, OR AT II, Nr. 2848 f.; OFTINGER/STARK, § 2 N 2 ff.; MÖSCH PAYOT/ROSCH, ESR-Kommentar, Art. 454–456 N 7.
12 Botsch. Erwachsenenschutz, 7092. Siehe zu den Voraussetzungen MÜLLER, HandKomm, Art. 49 OR N 1 ff.
13 GEISER, FamKomm Erwachsenenschutz, Art. 454 N 16.
14 FASSBIND, Erwachsenenschutz, 163; HAUSHEER, BaKomm, Art. 454 N 13; MÜLLER, HandKomm, Art. 41 N 43; ROBERTO, Haftpflichtrecht, Nr. 04.10.

zung einer *Schutznorm.* Eine solche Schutznorm ist z.B. Art. 408 Abs. 1.[15] Danach verwaltet der Beistand die Vermögenswerte sorgfältig und nimmt alle Rechtsgeschäfte vor, die mit der Verwaltung zusammenhängen. Das geforderte Mass der Sorgfalt richtet sich gemäss Art. 413 Abs. 1 nach dem Auftragsrecht und damit nach Art. 398 OR. Für die Auslegung kann die entsprechende Lehre und Rechtsprechung beigezogen werden.[16] Auszugehen ist demnach von einer objektivierten Sorgfaltspflicht: Ausreichend ist die Sorgfalt, die ein gewissenhafter und ausreichend sachkundiger Beauftragter aufzuwenden pflegt. Es wird erwartet, dass der Beauftragte die ihm übertragenen Aufgaben beherrscht,[17] und es ist auch bei einem schwierigen Mandat von einem ausreichenden Wissen und Können des Beauftragten auszugehen.[18] Eine sorgfältige Vermögensverwaltung orientiert sich an der Verordnung über die Vermögensverwaltung im Rahmen einer Beistandschaft oder Vormundschaft (VBVV; SR 211.223.11; zur Verantwortlichkeit des Beistandes wegen unsorgfältiger Vermögensverwaltung unter altem Recht: BGer 5A_687/2014 E. 3.2 f.).[19]

8   Bei einer fürsorgerischen Unterbringung steht dagegen die *Verletzung eines absolut geschützten Rechtsguts,* namentlich die physische und psychische Unversehrtheit, im Vordergrund.[20]

4. Kausalzusammenhang

9   Zwischen dem eingetretenen Schaden und der widerrechtlichen Handlung (bzw. der Unterlassung) muss ein adäquater Kausalzusammenhang vorliegen (zum Begriff 123 III 112 E. 3a).[21]

5. Verschuldensunabhängigkeit

10   Ein Verschulden ist gemäss Gesetzeswortlaut nicht erforderlich; die Haftung besteht unabhängig davon, ob der Schädiger schuldhaft gehandelt hat oder nicht. Es handelt sich somit um eine Kausalhaftung, und zwar – da auch kein Entlastungsbeweis möglich ist – um eine strenge Kausalhaftung.[22] Für die Auslegung der einzelnen Tatbestandsmerkmale kann im Übrigen auf die Rechtsprechung und Lehre zu Art. 41 OR verwiesen werden.[23]

---

15   FASSBIND, Erwachsenenschutz, 163; GEISER, FamKomm Erwachsenenschutz, Art. 454 N 9; SCHMID, Erwachsenenschutz Kommentar, Art. 454 N 9.
16   Namentlich GEHRER/GIGER, HandKomm, Art. 398 OR; WEBER, BaKomm, Art. 398 OR.
17   GEHRER/GIGER, HandKomm, Art. 398 OR N 9.
18   GEISER, FamKomm Erwachsenenschutz, Art. 454 N 9.
19   Siehe zu dieser Thematik GEISER, Vermögenssorge im Erwachsenenschutz, in ZKE 58 (2013), 329 ff.
20   HAUSHEER, BaKomm, Art. 454 N 15.
21   ROBERTO, Haftpflichtrecht, Nr. 06.36 ff.; OFTINGER/STARK, § 3 N 15 ff.; GAUCH/SCHLUEP/SCHMID, OR AT II, Nr. 2948 ff.
22   OFTINGER/STARK, § 1 N 40.
23   HEIERLI/SCHNYDER, BaKomm, Art. 41 OR; MÜLLER, HandKomm, Art. 41 OR. Zur Rechtsprechung: GAUCH/AEPLI/STÖCKLI, Art. 41 OR N 2 ff.

c. Aktivlegitimation

Anspruchsberechtigt ist nach Art. 454 Abs. 1 zweifellos die von den verletzenden **11** behördlichen Massnahmen *direkt betroffene Person*. Ob auch *unterstützungsverpflichteten und -berechtigten sowie nahestehenden Personen* die Aktivlegitimation zuerkannt werden soll, ist umstritten.[24] Ausschlaggebend für die Beantwortung der Frage ist der Kreis der von der einschlägigen Schutznorm (oben N 7) geschützten Personen: Hat die Schutznorm zum Ziel, das Vermögen der betroffenen Person auch zugunsten der unterhalts- und unterstützungsberechtigten Familienangehörigen zu schützen, sind auch diese aktivlegitimiert. Gleiches gilt für die unterhalts- und unterstützungsverpflichteten Familienangehörigen, die ein eigenes Interesse daran haben, dass das Vermögen der betroffenen Person sorgfältig verwaltet wird. Die VBVV (oben N 7) will die Deckung des Lebensunterhalts (gewöhnlicher Lebensunterhalt und weitergehende Bedürfnisse) sichern. Zu diesem Lebensunterhalt gehört auch jener der unterhaltsberechtigten (nicht aber der unterstützungsberechtigten, 328) Personen. Diese beiden Ziele schliessen die unterstützungs*verpflichteten* und die unterhaltsberechtigten Personen als Aktivlegitimierte ein (zum alten Recht s. 115 II 15).

Ebenso wenig geklärt ist, ob sich überdies *Dritte* auf diese Haftungsnorm berufen kön- **12** nen. Auch hier kommt es darauf an, ob die einschlägige Schutznorm auch Dritte in ihren Schutzbereich einbezieht. Das dürfte regelmässig zu verneinen sein, hat doch der Erwachsenenschutz primär den Schutz der hilfsbedürftigen Person zum Ziel (so auch 451[1]). Entsteht ihnen dagegen ein Schaden, weil sie nicht im Sinn von Art. 413 Abs. 3 über die Beistandschaft bzw. nach Art. 452 Abs. 2 über die Einschränkung der Handlungsfähigkeit der betroffenen Person informiert worden sind, ist ihre Aktivlegitimation gegeben, da diese Normen den Schutz Dritter zum Ziel haben. Die zur Information verpflichteten Behörden sind dabei aber regelmässig im Rahmen des kantonalen Verantwortlichkeitsrechts zur Rechenschaft zu ziehen und nicht gestützt auf die Art. 454 ff.[25]

d. Passivlegitimation

Nach Art. 454 Abs. 3 ist ausschliesslich der *Kanton* haftbar. Damit handelt es sich **13** bei der Schadenersatzforderung nicht um einen zivilrechtlichen, sondern um einen öffentlich-rechtlichen Anspruch. Der Verletzten steht *gegen den Schädiger kein* Ersatzanspruch zu; die Art. 454 ff. regeln die Haftung abschliessend und sind leges speciales zu Art. 41 und 61 OR.[26] Ebenso wenig ist die verletzte Person aus diesem Grund

---

24 Eher dafür: HAUSHEER, BaKomm, Art. 454 N 33; FASSBIND, Erwachsenenschutz, 161 f.; MÖSCH PAYOT/ROSCH, ESR-Kommentar, Art. 454–456 N 6; MEIER/LUKIC, Nr. 161. Dagegen: GEISER, FamKomm Erwachsenenschutz, Art. 454 N 19.

25 Ebenso FASSBIND, Erwachsenenschutz, 162; GEISER, FamKomm Erwachsenenschutz, Art. 454 N 28; HAUSHEER, BaKomm, Art. 454 N 34.

26 FASSBIND, Erwachsenenschutz, 161; MÖSCH PAYOT/ROSCH, ESR-Kommentar, Art. 454–456 N 4; HAUSHEER, BaKomm, Art. 454 N 7 und 38, wonach kein direkter Anspruch besteht, sondern Art. 454 als lex specialis die Anwendung von Art. 41 OR ausschliesst. Ebenso STEINAUER/ FOUNTOULAKIS, Personnes physiques, Nr. 1281; HÄFELI, Erwachsenenschutz, Nr. 37.04.

legitimiert, im Sinn von Art. 81 Abs. 1 lit. a und lit. b Ziff. 5 BGG als Privatklägerin Beschwerde in Strafsachen beim Bundesgericht zu erheben (BGer 6B_219/2014 E. 3.1). Für die Haftung des Kantons ist irrelevant, ob den Schädiger ein Verschulden trifft.[27] Das kantonale Recht kann allerdings seinerseits einen Rückgriff auf den Schädiger vorsehen (454[4]). Für den Rückgriff ist regelmässig ein Verschulden des Schädigers vorausgesetzt (z.B. Art. 10 des Freiburger Gesetzes über die Haftung der Gemeinwesen und ihrer Amtsträger[28]).[29]

14   Wurde eine notwendige behördliche Massnahme nicht angeordnet, kann die *Haftung mehrerer Kantone* in Frage stehen. So ergeben sich gestützt auf Art. 442 unter Umständen konkurrierende Zuständigkeiten. Mangels entsprechender Vorschrift besteht zwischen den Kantonen keine Solidarität, sondern jeder Kanton haftet ausschliesslich für das widerrechtliche Verhalten seiner eigenen Behörde. Dabei kann sich ein Kanton nicht mit dem Argument von einer Haftung befreien, ein anderer Kanton wäre ebenfalls zum Handeln verpflichtet gewesen.[30]

e. Haftung für nicht behördliche Massnahmen

15   Art. 454 Abs. 2 vermittelt unter den gegebenen Voraussetzungen Anspruch auf Schadenersatz und auf Genugtuung, wenn sich die Erwachsenenschutzbehörde oder die Aufsichtsbehörde in den anderen Bereichen als den behördlichen Massnahmen des Erwachsenenschutzes widerrechtlich verhalten haben. Dieser Haftung unterliegen auch behördliche Handlungen und Unterlassungen im Zusammenhang mit der eigenen Vorsorge (360 ff.) sowie der Massnahmen von Gesetzes wegen (374 ff.).

16   Eine Haftung gemäss dieser Bestimmung setzt – wie in Abs. 1 – das Handeln oder Unterlassen einer Behörde und das Vorliegen der übrigen Voraussetzungen einer Kausalhaftung voraus. Allerdings besteht eine Haftbarkeit nur in denjenigen Bereichen, in denen die Behörde eine gesetzliche *Handlungspflicht* trifft.[31] Im Hinblick darauf, dass die nicht behördlichen Massnahmen von der Behörde weder begleitet noch überwacht werden, ist die Haftung faktisch enger gefasst als im Rahmen der behördlichen Massnahmen.[32]

17   Beim *Vorsorgeauftrag* hat die Erwachsenenschutzbehörde keine laufende Überwachungsfunktion, sondern ihr kommt im Grossen und Ganzen nur die Aufgabe zu, die Wirksamkeit des Vorsorgeauftrages festzustellen und seine Gültigkeit zu prüfen (363 f.). Folglich rechtfertigt sich eine Staatshaftung nur, wenn die Erwachsenen-

---

27   Botsch. Erwachsenenschutz, 7092; HAUSHEER/GEISER/AEBI-MÜLLER, Erwachsenenschutzrecht, Nr. 1.100.

28   SGF 16.1.

29   HÄFELI, Erwachsenenschutz, Nr. 37.10; MÖSCH PAYOT/ROSCH, ESR-Kommentar, Art. 454–456 N 11; MEIER/LUKIC, Nr. 165.

30   GEISER, FamKomm Erwachsenenschutz, Art. 454 N 29 f.; HAUSHEER, BaKomm, Art. 454 N 37; MÖSCH PAYOT/ROSCH, ESR-Kommentar, Art. 454–456 N 6b.

31   BREITSCHMID, HandKomm, Art. 454–456 N 15; MÖSCH PAYOT/ROSCH, ESR-Kommentar, Art. 454–456 N 4.

32   BREITSCHMID, HandKomm, Art. 454–456 N 15.

schutzbehörde in diesen Bereichen unsorgfältig gehandelt hat. Weiter besteht eine
Verantwortlichkeit im Sinn von Art. 368 Abs. 1 dann, wenn die Erwachsenenschutzbehörde von Missständen Kenntnis erhält und nicht dagegen einschreitet.[33]

Beim behördlichen Handeln im Rahmen der gesetzlichen Vertretung (374 ff.)   18
ist die Verantwortlichkeit noch stärker eingeschränkt. Diese entsteht von Gesetzes
wegen, einer behördlichen Anordnung bedarf es nicht (374 Abs. 1). Eine Haftung des
Kantons besteht deshalb lediglich dann, wenn die Erwachsenenschutzbehörde gestützt
auf Art. 376 Abs. 1 bei Zweifeln über das Vorliegen des Vertretungsrechts zu entscheiden hatte und dabei einen Fehler machte. Dasselbe gilt für die Vertretung bei medizinischen Massnahmen gestützt auf Art. 377 ff. Soweit die Erwachsenenschutzbehörde
es unterlassen hat, rechtzeitig gegen eine Schädigung durch den gesetzlichen Vertreter vorzugehen, haften der gesetzliche Vertreter gestützt auf Art. 456 und der Kanton
gestützt auf Art. 454 Abs. 2 im Sinn von Art. 50 f. OR *solidarisch*.[34]

f. Verjährung

Der Anspruch auf Schadenersatz oder Genugtuung verjährt ein Jahr nach dem Tag, an   19
dem die geschädigte Person Kenntnis vom Schaden erhalten hat, jedenfalls aber zehn
Jahre nach dem Tag der schädigenden Handlung (455[1]). Die Frist entspricht der allgemeinen Verjährungsfrist im ausservertraglichen Haftpflichtrecht gemäss Art. 60 OR.

1. Fristenlauf

Die relative *Frist* beginnt ab *Kenntnis des Schadens* zu laufen. Wann Kenntnis vorliegt,   20
bestimmt sich grundsätzlich nach Massgabe von Art. 60 OR. Zwar wird im Gegensatz
zu Art. 60 Abs. 1 OR die Kenntnis der ersatzpflichtigen Person nicht erwähnt. Dies
erklärt sich allerdings dadurch, dass mit Kenntnis des Schadens automatisch auch der
Schadenersatzpflichtige bekannt ist, da es sich um eine Staatshaftung handelt.[35] Dieser Unterschied im Gesetzeswortlaut hat damit vorliegend keine materielle Bedeutung.
Massgebend ist vielmehr – wie bei Art. 60 OR – der Zeitpunkt, in dem «die geschädigte
Person genügende, prozessual verwertbare Kenntnis vom Schaden erlangt hatte».[36]

Eine Besonderheit gilt für die Berechnung der *Frist bei Dauermassnahmen* (455[3]):   21
Beruht die Verletzung auf der Anordnung oder Durchführung einer Dauermassnahme, beginnt die Verjährung des Anspruchs gegenüber dem Kanton nicht vor dem
Wegfall der Dauermassnahme oder ihrer Weiterführung durch einen anderen Kanton
zu laufen. Zur Anwendung kommt diese Bestimmung trotz des Wortlautes aber nicht
nur dann, wenn die Verletzung auf der Anordnung oder Durchführung einer Massnahme beruht, sondern auch dann, wenn der Schaden die Folge einer nicht erfolgten
Aufhebung einer Dauermassnahme ist, was beispielsweise im Rahmen einer fürsorge-

---

33 Botsch. Erwachsenenschutz, 7092.
34 Breitschmid, HandKomm, Art. 454–456 N 15.
35 Geiser, FamKomm Erwachsenenschutz, Art. 455 N 6.
36 Breitschmid, HandKomm, Art. 454–456 N 12. So auch Mösch Payot/Rosch, ESR-Kom-
    mentar, Art. 454–456 N 10; Hausheer, BaKomm, Art. 455 N 5; Meier/Lukic, Nr. 166.

rischen Unterbringung der Fall sein kann.[37] Dieser besondere Beginn des Fristenlaufs gilt sowohl für die relative einjährige wie für die absolute zehnjährige Verjährungsfrist.[38] Wird die Massnahme auf einen anderen Kanton übertragen, beginnt die Verjährung mit der Eröffnung des genehmigten Schlussberichts. Unterlässt es die neue zuständige Behörde, den Schaden geltend zu machen, entsteht der betroffenen Person ein neuer Anspruch gegen den neu zuständigen Kanton, wobei die Verjährung wiederum erst mit Ende der Massnahme zu laufen beginnt.[39]

22   Für die Berechnung der Fristen, die Fristenwahrung und die Unterbrechung der Fristen gelten die einschlägigen Bestimmungen des Obligationenrechts (Art. 132 ff. OR).[40]

2. Strafrechtliche Frist

23   Art. 455 Abs. 2 sieht entsprechend der Regelung in Art. 60 Abs. 2 OR vor, dass gegebenenfalls die längere strafrechtliche Verjährungsfrist gilt, wenn der Anspruch aus einer strafbaren Handlung hergeleitet wird. Die Verlängerung der Frist gilt sowohl für die relative als auch für die absolute Verjährung (106 II 215 E. 1 und 2; 131 III 433 f. E. 1.2). Ist die Straftat nur auf Antrag hin strafbar, kommen die längeren strafrechtlichen Fristen auch dann zur Anwendung, wenn kein Strafantrag gestellt worden ist (134 III 596 f. E. 5.3).

3. Obligationenrechtliche Frist

24   Die Verjährungsregelung in Art. 455 Abs. 1 gilt nicht für die Haftung gemäss *Art. 456* (siehe dazu N 28). Vielmehr erfasst der Verweis auf das *Auftragsrecht* in Art. 456 auch die Verjährung.[41]

g. Verfahren

25   Obwohl dieser Haftungsanspruch im Bundeszivilrecht verankert ist, handelt es sich um einen Anspruch öffentlich-rechtlicher Natur. Folglich richtet sich das Verfahren nach kantonalem öffentlichem Recht und damit nach den kantonalen Haftungsgesetzen.[42]

---

37   Geiser, FamKomm Erwachsenenschutz, Art. 455 N 16.
38   Botsch. Erwachsenenschutz, 7093; Schmid, Erwachsenenschutz Kommentar, Art. 455 N 4.
39   Botsch. Erwachsenenschutz, 7093; Schmid, Erwachsenenschutz Kommentar, Art. 455 N 4; Hausheer, BaKomm, Art. 455 N 6.
40   Botsch. Erwachsenenschutz, 7094; Hausheer, BaKomm, Art. 455 N 8; Geiser, FamKomm Erwachsenenschutz, Art. 455 N 15 ff.
41   Hausheer, BaKomm, Art. 455 N 2; Geiser, FamKomm Erwachsenenschutz, Art. 455 N 2.
42   Breitschmid, HandKomm, Art. 454–456 N 4; Mösch Payot/Rosch, ESR-Kommentar, Art. 454–456 N 2 und 9; Schmid, Erwachsenenschutz Kommentar, Art. 454 N 16. Kritisch Hausheer, BaKomm, Art. 454 N 40. Für die Anwendung von Bundeszivilrecht plädiert Geiser, BaKomm, Art. 455 N 33 f.

h. Haftung nach Auftragsrecht

Art. 456 weist bezüglich der Haftung für nicht behördliche Massnahmen auf die *Haf-* 26
tungsbestimmungen des Auftragsrechts: Die Haftung der vorsorgebeauftragten Person
(360[1]) sowie jene des Ehegatten, der eingetragenen Partnerin einer urteilsunfähigen
Person (374 ff.) oder des Vertreters bei medizinischen Massnahmen (370 Abs. 2 und
377 ff.), soweit es sich nicht um den Beistand handelt, richtet sich nach den Bestimmungen des Obligationenrechts über den Auftrag. Zur Anwendung gelangen daher
die Art. 398 und 399 OR.

Eine Haftung erfordert auch hier das Vorliegen der *allgemeinen Haftungsvoraussetzun-* 27
gen: Notwendig ist ein Schaden, ein Kausalzusammenhang und die Widerrechtlichkeit,
wobei letztere regelmässig in der Verletzung einer gesetzlichen Schutznorm (in Form
von gesetzlich umschriebenen Sorgfaltspflichten bei der Mandatsführung) liegt. Vorausgesetzt ist ferner ein Verschulden der beauftragten Person, also Fahrlässigkeit oder
Vorsatz. Fahrlässigkeit liegt vor, wenn das Verhalten des Schädigers von jenem eines
durchschnittlich sorgfältigen Menschen in derselben Situation abweicht (137 III 544
E. 5.2). Der Sorgfaltsmassstab richtet sich nach Art. 398 (§ 50 N 16).[43] Dieser Sorgfaltsmassstab, der auf das Arbeitsrecht verweist, ist einerseits relevant für die Beurteilung
der Widerrechtlichkeit (Verletzung einer Schutznorm) und andererseits für die Beurteilung des Verschuldens.

Die *Verjährung* dieser Ansprüche richtet sich nicht nach Art. 455, sondern nach den 28
allgemeinen Verjährungsregeln des Obligationenrechts (127 ff. OR).[44] Die Verjährungsfrist beträgt demnach zehn Jahre. Gemäss Art. 134 Abs. 1 Ziff. 2, 3 und 3bis OR
beginnt die Verjährung nicht oder steht still, falls sie während der Ehe, der Dauer
der eingetragenen Partnerschaft und während der Wirksamkeit des Vorsorgeauftrags
begonnen hat. Kein Stillstand ist dagegen bei Forderungen gegenüber der Vertreterin
bei medizinischen Massnahmen vorgesehen.[45]

---

43 MEIER/LUKIC, Nr. 171. Siehe dazu namentlich GEHRER/GIGER, HandKomm, Art. 398 N 8 ff.
44 HAUSHEER, BaKomm, Art. 456 N 8; MEIER/LUKIC, Nr. 174.
45 GEISER, FamKomm Erwachsenenschutz, Art. 456 N 16; HAUSHEER, BaKomm, Art. 456 N 8.

III. Teil

Das Erbrecht

§ 62 Übersicht über die gesetzliche Regelung

I. Stellung und Gliederung des Erbrechts

Das Erbrecht umfasst die Gesamtheit der Normen, welche das rechtliche Schicksal   1
der übergangsfähigen Rechte und Pflichten einer verstorbenen Person, des Erblassers oder der Erblasserin (frz. de cujus[1]), regeln.[2] Die Systematik des römisch-gemeinen Rechts und in dessen Gefolge manche kantonalen Gesetzbücher betrachteten es
als den Schlussstein in der Privatrechtsordnung. Das ZGB setzte hingegen das Erbrecht im unmittelbaren Anschluss an das Familienrecht vor die Regelung der vermögensrechtlichen Verhältnisse, des Sachen- und Obligationenrechts. Diese Mittelstel-
lung des Erbrechts ist sachgerecht: Einerseits knüpft es inhaltlich an das Personen- und
Familienrecht an, indem es die Fortdauer der Rechtsträgerschaft über Einzelmenschen
und Familie hinaus regelt; andererseits leitet es zu den Vermögensrechten über, da
diese Rechte Objekte seiner Regelung sind.

Die *Gliederung* des Erbrechts ergibt sich aus der Tatsache, dass sich bei der Beerbung   2
jedes Menschen zwei Hauptfragen erheben: *Wer* soll Erbe sein? *Wie* wird die Erbschaft
erlangt? Dementsprechend zerfällt die Regelung des ZGB in zwei Abteilungen: Die
Erben und der *Erbgang* («das Erben»).

II. Grundsätze des Erbrechts

Das Verständnis der Einrichtungen und Regeln des Erbrechts wird bedeutend erleich-   3
tert, wenn die folgenden es beherrschenden Grundsätze vor Augen gehalten werden:

a. Universalsukzession

1. Beim Tod einer Person, beim *Erbfall*, fallen die verschiedenen Vermögensbestand-   4
teile, die Rechte und Pflichten, nicht auseinander, sondern gehen als eine Einheit auf
einen neuen Träger über, sei dieser eine Einzelperson oder eine Mehrheit von Personen. Dies geschieht mittels eines und desselben Vorgangs. Demnach betrifft die Wand-
lung grundsätzlich nur das Vermögenssubjekt, d.h. die Rechtsträgerschaft. Das Vermögensobjekt bleibt davon unberührt. Dies ist das Prinzip der *Universalsukzession*

---

1 Lateinisch: «is de cuius hereditate agitur», mithin «derjenige, um *dessen* Erbschaft es geht».
2 WEIMAR, BeKomm, Das Erbrecht – Einleitung N 1; WOLF/GENNA, SPR IV/1, 3. Nur ausnahmsweise handelt das Erbrecht nicht von diesen übergangsfähigen Rechten und Pflichten: hierzu
   etwa ESCHER, Eingriffe eines Erblassers in die Lebensverhältnisse der Erben, in SJZ 58 (1962),
   329 ff. Nicht zum Erbrecht gehört der postmortale Persönlichkeitsschutz: DRUEY, Grundriss, § 3
   N 14 ff. Auch Anordnungen für den Todesfall sind nicht erbrechtliche Verfügungen und unterliegen nicht deren Formvorschriften, WEIMAR, BeKomm, Das Erbrecht – Einleitung N 12.

oder *Gesamtfolge,* wie es das ZGB dem alten römischen und dem gemeinen Recht entnommen hat. Es bietet einen doppelten praktischen Vorteil:

5 α. Ein *einziger* tatsächlicher Vorgang, der *Tod* des Erblassers, genügt, um den Übergang *aller* übergangsfähigen Vermögensbestandteile (der Eigentumsrechte an Grundstücken und an Fahrnis, Dienstbarkeiten, Pfandrechte, Forderungen, der immateriellen Güterrechte) sowie auch der Schulden von diesem auf eine Nachfolgerin (oder eine Mehrheit solcher) zu bewirken. Die Beachtung der besonderen, jeder Art von Vermögensobjekt eigentümlichen Übertragungsformen unter Lebenden (Eintragung in das Grundbuch, Besitzübergabe, Abtretung, Schuldübernahme u. a. m.) ist nicht nötig.

6 β. Die *Schulden* bleiben mit dem Vermögen, das bis dahin zu ihrer Deckung diente, auch im Erbfall weiterhin *verbunden.* Dadurch wird verhindert, dass die Interessen der Gläubiger durch den Tod ihres Schuldners in Mitleidenschaft gezogen werden – eine notwendige Voraussetzung für die Sicherheit jeder Kreditgewährung.

7 2. Die Universalsukzession ist die *eigentliche* typische *Erbfolge,* die in keinem Fall vom Erblasser ausgeschlossen, höchstens vom Erben nachträglich durch Ausschlagung mit rückwirkender Kraft aufgehoben werden kann. Nur dem Universalsukzessor kommt der Name «Erbe» im Vollsinn des Wortes zu. Den Erben charakterisiert demnach eine doppelte Eigenschaft: einerseits die Nachfolge in die Gesamtheit der Vermögensverhältnisse des Erblassers, und zwar uno actu, durch den einen Vorgang des Todes desselben, und andererseits die unbeschränkte persönliche Haftung für die Erbschaftsschulden.

8 3. Die Universalsukzession steht rechtstheoretisch *im Gegensatz zur Singularsukzession* oder Einzelfolge, der Nachfolge in einzelne bestimmte Bestandteile der Erbschaft. Das ZGB kennt eine solche Singularsukzession, einen *unmittelbaren* Übergang einzelner Vermögensbestandteile auf einzelne Berufene, nicht. So erhält der Vermächtnisnehmer (abgesehen vom Sonderfall des Versicherungsanspruchs: 563[2]) bloss einen obligatorischen Anspruch gegen die Erben auf Übertragung des Vermachten. Er ist also eigentlich Sukzessor der Erben, nicht des Erblassers. Im weiteren Sinn des Wortes darf man aber auch ihn Singularsukzessor nennen. – Die schweizerische Literatur hat auch die sogenannten gesetzlichen erbrechtlichen Nutzniesser des früheren Rechts (460[2] und [3] sowie 462 a. F.) als Singularsukzessoren bezeichnet.[3] Diese Bezeichnung war ungenau.[4] Die gesetzliche erbrechtliche Nutzniessung gibt es seit der Ehe- und

---

3   A. M. zu Recht PIOTET, SPR IV/1, 52 ff. WEIMAR, Zum Erbrecht des überlebenden Ehegatten, in ZSR NF 99 (1980), I 380 ff., 411, wehrt sich gegen den Ausdruck «universal», wäre aber mit «Generalsukzession» einverstanden.

4   Zwar entstand die Nutzniessung unmittelbar mit dem Tod des Erblassers (also nicht durch die Übertragungsformen unter Lebenden); aber sie war zunächst (vor der Auseinandersetzung mit den «Eigentumserben», den Erben im Vollsinn des Wortes) nicht auf einzelne bestimmte Vermögensbestandteile beschränkt, also «universal». Die Nachfolge der gesetzlichen Nutzniesser war daher eigentlich eine abgeschwächte Universalsukzession, abgeschwächt dadurch, dass die Nachfolge nur in die Nutzniessung stattfand und dass keine Schuldenhaftung des Nutzniessers bestand.

Erbrechtsrevision von 1984 nur mehr für Erbanfälle vor dem 1. Januar 1988 (hinten § 63 N 37).

4. Universalsukzession kann sodann verstanden werden als *Gegensatz zur Spezialsuk-* 9 *zession,* der Nachfolge in Sondervermögen. Eine solche Nachfolge (z.B. Aufteilung in Liegenschaften und Fahrnis) war namentlich im germanischen Recht verwirklicht. Sie ist dem ZGB fremd. Es gibt nur *eine* einheitliche Erbfolge in das gesamte Vermögen des Erblassers, und diese Erbfolge untersteht einem und demselben Gesetz. Das ZGB kennt *keine Spezialsukzession*, keine Sondererbfolge. Auch bei der Zuweisung eines landwirtschaftlichen Gewerbes (Art. 11 ff. BGBB) liegt nicht etwa eine Sondernachfolge in den «Hof» vor; vielmehr geht auch dort zunächst der Nachlass in das Gesamteigentum aller Erben über. Ausnahmsweise aber kann es in internationalen Verhältnissen durch Zuständigkeit am Lageort namentlich für Grundstücke eine Nachlassspaltung geben, bei welcher verschiedene Gruppen von Bestandteilen des Nachlasses je unterschiedlichen nationalen Erbfolgen unterliegen (Art. 86 Abs. 2, 88 Abs. 1, 89, 96 Abs. 1 lit. b, Abs. 2 und Abs. 3 IPRG).

b. Persönliche Erbenhaftung

Der Übergang der Schulden vollzieht sich in der Weise, dass für sie nicht nur – was 10 dem Gedanken der Universalsukzession an sich Genüge täte – die durch den Tod übergehenden Güter haften, sondern auch die *eigenen* Güter des Erben. Das ZGB kennt also auch die *persönliche Erbenhaftung* (560^2 i. f., 603^1). Die Vermögen des Erblassers und des Erben verschmelzen ununterscheidbar zu einer einheitlichen Masse, so dass die beiden Gruppen von Aktiven als Deckung für die beidseitigen Passiven dienen (s. immerhin die Betreibung einer Erbschaft gemäss 49 SchKG). Infolgedessen bedeutet für die Gläubiger der Erblasserin der Erbschaftsübergang nicht nur keine Schmälerung, sondern regelmässig sogar eine Stärkung ihrer Stellung, nämlich immer dann, wenn der Erbe selber mehr Vermögen als Schulden besitzt.

Dieser Grundsatz der unbeschränkten persönlichen Erbenhaftung ist im ZGB aus- 11 gesprochen straff durchgeführt worden. Nicht einmal die Anrufung des öffentlichen Inventars (580 ff.) vermag, im Gegensatz zum römischen Recht und mit Ausnahme besonderer Fälle (so für Bürgschaftsschulden, 591, sowie wenn das Gemeinwesen erbt, 592), eine Beschränkung der Erbenhaftung auf den blossen Wert oder auf die Gegenstände der Erbschaft zu begründen. Nur der *amtlichen Liquidation* kommt eine derartige Wirkung zu (vgl. unten N 14).

c. Berufungsgrund

Jede erbrechtliche Nachfolge setzt einen auf dem Gesetz beruhenden *Berufungsgrund* 12 voraus. Das Gesetz kann hierbei die Berufung unmittelbar an einen bestimmten objektiven Sachverhalt knüpfen, wie an das zwischen dem Erblasser und der berufenen Person bestehende verwandtschaftliche Verhältnis. Man spricht in diesem Fall von *gesetzlicher* Berufung. Oder aber die Berufung geht auf eine besondere, in bestimmter Form ausgedrückte Willensanordnung des Erblassers zurück: *gewillkürte* Berufung, nämlich

Berufung aus letztwilliger Verfügung (Testament) oder Erbvertrag.[5] Im gleichen Erbfall kann es gewillkürte neben gesetzlicher Berufung geben (481); es gilt nicht der Grundsatz «*nemo pro parte testatus, pro parte intestatus decedere potest*» des römischen Rechts, wonach neben der testamentarischen keine gesetzliche Erbfolge eintreten konnte.

13 Mit Bezug auf die Erben, die Universalsukzessoren im Vollsinn des Wortes, steht die gesetzliche Berufung im Vordergrund. Sie wird erstens vom Gesetz als das Primäre, Regelmässige, Normale angesehen (vgl. etwa 522[2] und 608[3])[6] und kann zweitens bei besonders naher Beziehung zwischen Erblasser und Erben vom Erblasser nicht vollständig ausgeschaltet werden (Noterbfolge, Pflichtteilsrecht). Bei der im früheren Recht vorgesehenen gesetzlichen Nutzniessung (460, 462, 561 a. F.) hatten wir es – schon dem Wortlaut (von 561[1] a. F.) nach – ebenfalls mit gesetzlicher Berufung zu tun. Man sprach hier mitunter auch (wie im Fall von Art. 606, dem sogenannten «Dreissigsten») vom «gesetzlichen Vermächtnis». Die Singularsukzession (im vorhin erwähnten weiteren Sinn) kommt einzig durch gewillkürte Berufung, durch Vermächtnis, zustande.

d. Amtliche Liquidation

14 Eine eigenartige Erbfolge greift bei der *amtlichen Liquidation* ein (593 ff.). Die Schulden werden im Liquidationsverfahren beglichen und die verbleibenden Aktiven den Erben überlassen. Diese haben daher mit den Schulden nichts zu tun. Nur für Schulden, die im Verfahren nicht angemeldet wurden, wird ihre Haftung wirksam, aber bloss bis zum Umfang der erhaltenen Erbschaftswerte. Darin liegt eine *Gesamtfolge besonderer Art*. Rechte und Pflichten gehen an sich mit dem Erbfall von Gesetzes wegen auf die Erben über. Aber die regelmässig an die Gesamtfolge sich knüpfende Konfusion, die Verschmelzung von Erbschaft und Erbenvermögen, mit ihrer Wirkung der unbeschränkten Schuldenhaftung, wird ausgeschaltet. Es liegt eine Gesamtfolge mit blosser Sachhaftung der Erbschaft und amtlicher Schuldenbereinigung vor. Vgl. hinten § 79 N 12 ff.

e. Erwerb und Ausschlagung

15 Wie schon angedeutet, ist der (einzige) Vorgang, durch den sich die Erbfolge vollzieht, der *Tod des Erblassers*. In diesem Augenblick geht die Erbschaft mit Aktiven und Passiven auf den Erben über, ohne dessen Zutun, also ohne Weiteres, *von Gesetzes wegen* (560). Will der Erbe nicht Erbe bleiben, dann muss er handeln, d.h. innert bestimm-

---

5   Piotet, SPR IV/1, 4 ff. spricht von drei Erbberufungen: der gesetzlichen, der gewillkürten und der pflichtteilsmässigen. Zu dieser (allzu?) subtilen Unterscheidung s. nachstehend § 68 Anm. 2. Weimar, BeKomm, Die Erben – Einführung N 6, lehnt diese Ansicht aus mehreren Gründen ab. S. dazu auch Nertz, PraxKomm, Vorbem. zu Art. 457 ff. N 2 ff.; Staehelin, BaKomm, Vorbem. zu Art. 457–466 N 1.

6   Allerdings kommt es auch vor, dass der Grund für das gesetzliche Erbrecht (Ehe oder Verwandtschaft) nur (noch) der Form nach besteht, eine reale zwischenmenschliche Beziehung, ein Naheverhältnis, längst nicht mehr vorliegt. Für solche Fälle hat Breitschmid, Das Erbrecht des 19. im 21. Jahrhundert – Der Konflikt zwischen Status, Realbeziehung und erblasserischer Freiheit, in successio 1 (2007), 6 ff., 13, vorgeschlagen, das gesetzliche Erbrecht allenfalls auf nahe stehende Personen auszudehnen, und zwar entweder in Konkurrenz oder anstelle der Eheleute oder Verwandten.

ter Frist die Ausschlagung erklären (566¹). Die Annahme der Erbschaft ist zu deren Erwerb nicht notwendig. Eine eventuelle Annahmehandlung schliesst nur die spätere Ausschlagung, soweit sie noch möglich wäre, aus; sie bestätigt endgültig den schon eingetretenen Erwerb.[7]

f. Erbengemeinschaft

Je nachdem, ob beim Tod des Erblassers ein einziger Erbe oder deren mehrere vorhanden sind, geht die Erbschaft auf den Alleinerben über oder auf mehrere Erben gemeinschaftlich. In diesem zweiten Fall bilden die Erben von Gesetzes wegen die *Erbengemeinschaft*. Die Erben erlangen die Erbschaft alle zusammen, zu gesamter Hand, nicht der einzelne Erbe. Vgl. aber für die Schulden die Art. 603 Abs. 1, 639 und 640.   16

g. Erbteilung

Damit die einzelnen Erben in den Besitz ihres Anteils kommen, ist ein weiterer Vorgang, die *Erbteilung,* erforderlich. Für den Erwerb der einzelnen einem Erben zugewiesenen Vermögensteile ist dieser auf die entsprechende Erwerbsform unter Lebenden angewiesen, wie z.B. auf die Eintragung im Grundbuch bei Grundstücken (64¹ lit. b GBV)[8] oder auf die Übereignung bei Fahrnis; m. a. W. der Übergang der einzelnen Vermögensbestandteile auf die Erben stellt eine Singularsukzession dar. In gleicher Weise wird in der Auseinandersetzung der «Eigentumserben» mit dem Nutzniesser (häufig dem Ehegatten: 473, s. aber auch 530) die Nutzniessung an den einzelnen Gegenständen bestellt.[9]   17

III. Revisionen

An dieser Stelle ist auf zwei grosse Revisionen ausserhalb des Erbrechts hinzuweisen, welche Änderungen im Erbrecht zur folge hatten: Mit der Zivilprozessordnung vom 19. Dezember 2008 ist Art. 598 Abs. 2 (Sicherungsmassregeln bei der Erbschaftsklage) aufgehoben und Art. 618 Abs. 1 (Bewertung von Grundstücken) geändert worden. Mit dem BG vom 19. Dezember 2008 zur Änderung des ZGB (Erwachsenenschutz, Personenrecht und Kindesrecht) sind die Art. 468, 531, 544, 553, 554 der neuen Massnahmenordnung angepasst, und Art. 492a ist eingefügt worden.   18

---

7   So die herrschende, deutschrechtliche Auffassung, die in Art. 560 Abs. 1 den deutlichen Ausdruck findet. A. M. Robert Peter Hefti, Die Verwirklichung des Ausschlagungsrechtes im schweizerischen Erbrecht ... (Diss. Bern 1948), und Guhl, Neuere Ansichten in Theorie und Praxis zum schweizerischen Erbrecht, in ZBJV 86 (1950), 329 ff., 337 ff. Die herrschende Ansicht wird aber auch von den später publizierten Kommentaren wieder bestätigt: s. Escher, ZüKomm, Vorbem. zum Erwerb der Erbschaft N 8; Tuor/Picenoni, BeKomm, Vorbem. zum Erwerb der Erbschaft N 24, und Schwander, BaKomm, Art. 560 N 5 f.; Göksu, HandKomm, Art. 560 N 4; Häuptli, PraxKomm, Art 560 N 29 ff. Gleicher Meinung auch Piotet, SPR IV/2, 573.
8   Zur Frage der sogenannten Realteilung s. hinten § 86 N 3 ff.
9   Zum Ganzen Rumo-Jungo, Nutzniessung in der Erbteilung, in successio 5 (2011), 5 ff.

Erste Abteilung
Die Erbberufung
Erster Abschnitt
Die gesetzliche Berufung

1 In erster Linie kommt die Erbeneigenschaft Personen zu, die unabhängig vom Erbrecht zum Erblasser in einem bestimmten Verhältnis stehen, etwa auf Grund von Verwandtschaft, Ehe oder Zugehörigkeit des Erblassers zu einem Gemeinwesen. In diesen Fällen beruht die Erbenqualität, die Erbenberufung auf einer gesetzlichen Norm. Aus diesem Grund spricht man vom *gesetzlichen Erbrecht,* im Gegensatz zum *gewillkürten Erbrecht,* dem Erbrecht aus Verfügung von Todes wegen.

2 Je nach dem Verhältnis zwischen Erblasser und Erben, das die Erbberufung begründet, unterscheidet man *vier Arten gesetzlicher Erben:* die Verwandten, den überlebenden Ehegatten, die auf Grund von altrechtlichen Kindesannahmen adoptierten Kinder und deren Nachkommen sowie das Gemeinwesen.

3 Das Gesetz handelt von den «gesetzlichen Erben» im kurzen dreizehnten Titel des ZGB, in den Art. 457–466. *Nur die drei ersten Artikel* sind bis heute *unverändert* geblieben. Die Art. 461 und 465 sind bei der *Revision des Kindesrechts* (BG vom 30. Juni 1972 und vom 25. Juni 1976) aufgehoben worden, haben aber noch übergangsrechtliche Bedeutung (zum Erbrecht der nach altrechtlicher Adoption angenommenen Kinder s. 12. Auflage dieses Buches, S. 565 f.). Bei der *Revision des Eherechts* (BG vom 5. Oktober 1984) sind die Art. 460, 462 und 466 abgeändert, die Art. 463 und 464 aufgehoben worden. Seit dem Inkrafttreten dieser Revision am 1. Januar 1988 gelten die früheren Bestimmungen nur noch für Erbanfälle vor diesem Datum (hierzu hinten § 64 N 7 und § 66 N 1). Schliesslich ist mit dem BG über die eingetragene Partnerschaft (vom 18. Juni 2004, Anhang Ziff. 8) der eingetragene Partner und die eingetragene Partnerin dem Ehegatten bzw. der Ehegattin erbrechtlich gleichgestellt worden.[1]

---

1 Zum Ganzen vgl. BREITSCHMID, Das Erbrecht des 19. im 21. Jahrhundert – Der Konflikt zwischen Status, Realbeziehung und erblasserischer Freiheit, in successio 1 (2007), 6 ff.; PAUL EITEL, Nos «proches» im Erbrecht und im Erbschaftssteuerrecht – Notizen zu aktuellen Entwicklungen, in Mélanges en l'honneur de Pierre Tercier (Genf/Zürich/Basel 2008), 191 ff.; FANKHAUSER, Gesetzliches Ehegattenerbrecht in der (Ehe-)Krise, in FamPra.ch 8 (2007), 229 ff.; WOLF, Ist das schweizerische Erbrecht revisionsbedürftig?, in ZBJV 143 (2007), 301 ff.; BREITSCHMID, Startschuss für ein «zeitgemässes Erbrecht», Jusletter 7. März 2011; DERS., Für ein zeitgemässes Erbrecht!, in successio 4 (2010), 160 f.; DERS., Noch einmal und weiterhin: Für ein zeitgemässes Erbrecht!, in successio 4 (2010), 252 ff.

§ 63 Die Verwandten

Drei wichtige Fragen drängten sich bei der Regelung des Erbrechts der Verwandten 4
dem Gesetzgeber auf. Sie lauteten: In welcher Reihenfolge sollen die verschiedenen
Verwandten zur Erbschaft berufen werden? Wie weit soll das Erbrecht der Verwandten reichen (soll es überhaupt begrenzt sein)? Welche Erbansprüche sollen den aus
ausserehelicher Abstammung hervorgegangenen Verwandten zukommen? Die ersten beiden Fragen werden nachstehend unter N 2 ff. (I.) und N 28 ff. (II.) erörtert;
für die dritte Frage, die nur noch intertemporalrechtliche Bedeutung hat, wird auf
die 12. Auflage dieses Buches (S. 559 f.) verwiesen. De lege ferenda stellen sich aufgrund der seit 1911 veränderten familialen Konstellationen zahlreiche Fragen: Hat das
Pflichtteilsrecht der Eltern trotz der gestiegenen Lebenserwartung noch eine Berechtigung? Soll das Pflichtteilsrecht der Nachkommen oder der Ehegatten zugunsten grösserer Verfügungsfreiheit des Erblassers eingeschränkt werden, damit eine flexiblere
Nachlassplanung und/oder die Berücksichtigung von Realbeziehungen (z.B. faktische
Lebensgemeinschaften) erbrechtlich möglich wird? Die Motion GUTZWILLER für ein
zeitgemässes Erbrecht (10.3524) vom 17. Juni 2010 will diese Themen aufgreifen und
das Erbrecht entsprechend revidieren. Der Ständerat hat die Motion im September
2010 angenommen, der Nationalrat hat sie im März 2011 mit folgender Präzisierung
angenommen: Das Erb- und Pflichtteilsrecht soll zwar flexibler gestaltet, doch sollen Konkubinatspaare und Ehepaare erbrechtlich nicht gleichgestellt werden.[2] Im Juni
2011 hat der Ständerat dem zugestimmt. Inzwischen hat der Bundesrat drei Gutachten zu diesen Fragen in Auftrag gegeben: bei Peter Breitschmid, Michelle Cottier und
Denis Piotet.[3] Derzeit wird ein Vorentwurf erarbeitet.

I.   Die Rangordnung

a. Die beiden Systeme

Wir begegnen in den verschiedenen Gesetzgebungen zwei Hauptsystemen, nach denen 5
die Erbberechtigung unter den Verwandten bestimmt wird: der Klassen- und der (im
ZGB verwirklichten) Parentelenordnung.

1. *Das Klassensystem* hat seinen Ursprung im römischen Recht. Es lag, wenn auch in 6
abgeänderter Form, dem gesetzlichen Erbrecht des Code civil français und der von
diesem abstammenden Gesetzbücher der romanischen Länder zugrunde. Es war in

---

2   http://www.parlament.ch/d/suche/seiten/geschaefte.aspx?gesch_id=20103524 (besucht am 1. Mai
    2015).
3   Die drei Gutachten sind publiziert in einem Sonderheft 2012 der not@lex und der successio:
    PETER BREITSCHMID, Bericht zu den Konturen eines «zeitgemässen Erbrechts» zuhanden des
    Bundesamtes für Justiz zwecks Umsetzung der «Motion GUTZWILLER» (10.3425 vom 17.06.2010),
    7 ff.; MICHELLE COTTIER, Ein zeitgemässes Erbrecht für die Schweiz, 29 ff., DENIS PIOTET, Rap-
    port adressé à l'Office fédéral de la justice, 57 ff.

den westschweizerischen Kantonen, in Baselland, Thurgau, Solothurn und St. Gallen heimisch. Dieses System fasst die verschiedenen Arten von Verwandten, je nach Nähe und Innigkeit ihrer natürlichen Beziehungen zum Erblasser, in bestimmten Gruppen zusammen, von denen jeweils die vorhergehende die nachfolgende vom Erbrecht völlig ausschliessen soll. So werden in eine erste Klasse die Nachkommen vereinigt, in die zweite die Eltern oder auch noch entferntere Aszendenten und vielleicht neben ihnen auch schon die nächsten Seitenverwandten (Geschwister und ihre Nachkommen), in die dritte die weiteren Seitenverwandten oder etwa die halbbürtigen Geschwister und ihre Nachkommen usw.

7   Dieses System hat zwar den Vorteil, dass es beweglicher ist und den sozialen und wirtschaftlichen Bedürfnissen angepasst werden kann, aber den Nachteil, dass es ein künstliches, willkürliches, unlogisches Element in sich enthält.

8   2. Die *Parentelen- oder Stammesordnung* ist aus dem germanischen Recht übernommen. Sie herrschte in den Kantonen der deutschen Schweiz vor und gilt noch heute in Deutschland und Österreich. Das ZGB hat ihr den Vorzug gegeben.

9   Dieses System beruht auf dem natürlichen Verhältnis, das sich aus der Abstammung, also aus der Aufeinanderfolge von Generationen, ergibt. Die *Parentel im engeren Sinn* des Wortes umfasst eine Person (Stammeshaupt, Aszendent, Stamm-Vater oder Stamm-Mutter) mit allen ihren Nachkommen (Deszendenten). Im Erbrecht hat man es mit zahlreichen Parentelen zu tun. Um sie zu ordnen, wird zunächst vom Erblasser als Stammeshaupt ausgegangen und nachher als Stammeshaupt der Reihe nach ein immer entfernterer Vorfahre dieser Person genommen. Die *erste* Parentel, Parentel erster Ordnung, ist demnach die Erblasserin mit ihren Nachkommen (bzw. bloss ihre Nachkommen, da sie selber ja weggefallen ist). Ihr Vater und ihre Mutter mit ihren gemeinsamen oder nicht gemeinsamen Nachkommen bilden die beiden Parentelen der *zweiten Ordnung* oder die zweiten (elterlichen) Parentelen; so gehört z.B. ein vollbürtiger Bruder der Erblasserin der väterlichen und der mütterlichen Parentel an. Die beiden Grossväter und Grossmütter und ihre (jeweiligen) Nachkommen stellen die Parentelen *dritter Ordnung* oder die dritten (grosselterlichen) Parentelen dar, die acht Urgrosseltern mit ihren Nachkommen die Parentelen *vierter Ordnung* (vierte, urgrosselterliche Parentelen).

10   Die *Parentel im weiteren Sinn* umfasst alle gleichnahen Stammeshäupter mit ihren Nachkommen.[4] So gehören z.B. zu *der* grosselterlichen oder dritten Parentel im zweiten (weiteren) Sinn des Wortes sämtliche Parentelen dritter Ordnung, d.h. alle vier grosselterlichen oder dritten Parentelen im engeren Sinn des Wortes. Im Folgenden

---

4   PIOTET, SPR IV/1, 27 f., insbesondere in Anm. 1 auf S. 27, plädiert dafür, das Wort nur in diesem weiteren Sinn zu verwenden. Dafür sprechen die Einheitlichkeit des Begriffs und die Verwendung des Wortes durch den Gesetzgeber in den französischen Randtiteln zu Art. 458 und 459. Für die Verwendung des Wortes «Parentel» auch im ersten, engeren Sinn spricht, dass der gleiche Erbe als Angehöriger mehrerer solcher Parentelen auch mehrfach zum Zuge kommt (s. das *Beispiel* Nr. VIII hinten N 32).

brauchen wir das Wort in seinem engeren Sinn. In diesem Sinn sind also jeweils zwei elterliche Parentelen und vier grosselterliche Parentelen zu unterscheiden.

Die Parentel selbst kann wiederum eine Gliederung aufweisen. Dies tritt ein, wenn 11 ein Angehöriger der Parentel seinerseits zum Haupt einer Deszendentenreihe wird, so z.B. wenn in der ersten Parentel eines der Kinder seinerseits Kinder bekommt. Dieser Aszendent und seine Nachkommen bilden dann sowohl eine eigene Parentel (im engeren Sinn), als auch eine besondere Einheit für sich innerhalb der ursprünglichen Parentel. Diese Partentel innerhalb der ursprünglichen Parentel bezeichnet man als *Stamm* (souche, stirpe). Der Stamm kann in weitere Gruppen, die Unterstämme, zerfallen. *Parentel und Stamm* sind demnach nicht identische Begriffe, mag auch der deutsche Text des ZGB, zur Vermeidung des Fremdworts, den Ausdruck Stamm in beiden Bedeutungen gebrauchen[5], im Gegensatz zum französischen Text, der zwischen «parentèle» und «souche» wohl unterscheidet (s. die Randtitel zu 458 und 459). Parentel ist der weitere, Stamm der engere Begriff.

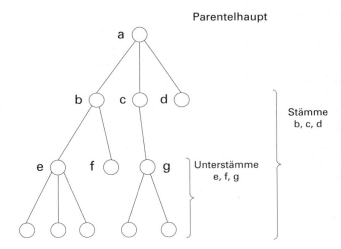

Parentelhaupt

Stämme
b, c, d

Unterstämme
e, f, g

12

Ab den Parentelen zweiter Ordnung spricht man auch von *Linie* und versteht darun- 13 ter jeweils die väterliche oder mütterliche Seite. Es gibt also immer nur höchstens zwei Linien.

Unser Parentelensystem (s. hinten N 15 ff.) beruht nun darauf, dass einerseits jemand 14 nur als Angehöriger einer Parentel als Erbe zum Zuge kommt und dass andererseits eine Parentel von der Erbschaft solange ausgeschlossen ist, als es noch Angehörige einer

---

5 In Art. 457 Abs. 3 heisst «Stamm» nur Stamm bzw. Unterstamm. In den Randtiteln zu Art. 458 und 459 und in den ersten Absätzen dieser beiden Artikel heisst «Stamm» Parentel im weiteren Sinn des Wortes, in den beiden dritten Absätzen der beiden Artikel heisst «Stamm» nur Stamm bzw. Unterstamm.

näheren Parentel gibt. Die Vorteile des Parentelensystems liegen darin, dass es eine logische, konsequente, natürliche, klare und sichere Ordnung bietet. Auch gewisse Nachteile mögen sich daraus ergeben, z.B. dass Aszendenten (wie Grosseltern) vor gewissen Seitenverwandten (wie Neffen und Nichten) zurücktreten müssen und dass keine völlige Reziprozität in der Erbberechtigung besteht (s. das *Beispiel* Nr. X hinten N 29).

b. Die Ausgestaltung im ZGB

15   Das auf der Parentelenordnung aufgebaute Erbsystem des ZGB charakterisiert sich durch folgende weitere Grundzüge:

16   1. *Gleichheitsprinzip:* Geschwister untereinander erben immer zu gleichen Teilen (457^2). Vater und Mutter erben nach Hälften (458^2). Grosseltern der väterlichen und Grosseltern der mütterlichen Seite erben auf jeder Seite zu gleichen Teilen (459^2).[6]

17   2. *Eintrittsprinzip:* Die *Parentelen- und Stammeshäupter gehen,* sofern sie noch leben, *ihren eigenen Nachkommen vor.* Dagegen treten die Nachkommen jeweils in die Stelle vorverstorbener Aszendenten ein: *Eintrittsrecht* der Nachkommen. Dies ist schön im Satz ausgedrückt: «Es sollen die Kinder den Tod ihrer Eltern nicht entgelten.» Der Erbfall geht vor sich, wie wenn der vorverstorbene Aszendent erst nach dem Erblasser verstorben wäre. So selbstverständlich dieses Prinzip uns heute erscheint, im deutschen Mittelalter und auch in unserem Land hat es sich nur allmählich und relativ spät Anerkennung verschafft. Es galt der entgegengesetzte Spruch: «Nächst dem Blut nächst dem Gut», d.h. der nähere Grad der Verwandtschaft schloss den entfernteren von der Erbschaft aus. So schloss die Tochter des Erblassers den Sohn einer vorverstorbenen anderen Tochter des Erblassers aus (also den Enkel des Erblassers).[7] Das ist heute anders: Die beiden Töchter erben zu gleichen Teilen. Sind sie vorverstorben, treten an ihre Stelle ihre Nachkommen. So kann also Tochter A neben Enkeln und Urenkeln (Nachkommen der vorverstorbenen Tochter B) erben.

---

6   DRUEY, Grundriss, § 5 N 32: «gleichgültig, ob es die Geschwister eines Erben, des Erblassers selber oder andere Personen mit gemeinsamen Eltern sind». NERTZ, PraxKomm Erbrecht, Vorbem. zu Art. 457 ff. N 19; STAEHELIN, BaKomm, Vorbem. zu Art. 457–466 N 4; STEINAUER, Successions, Nr. 68; GÖKSU, Handkomm, Art. 457–460; WOLF/GENNA, SPR IV/1, 118.

7   Siehe in diesem Zusammenhang LIVER, Der Eniklibrief des Zehngerichtenbundes, in Peter Liver (Hrsg.), Abhandlungen zur schweizerischen und bündnerischen Rechtsgeschichte (Chur 1970), 618 ff.

Die verwandten gesetzlichen Erben

18

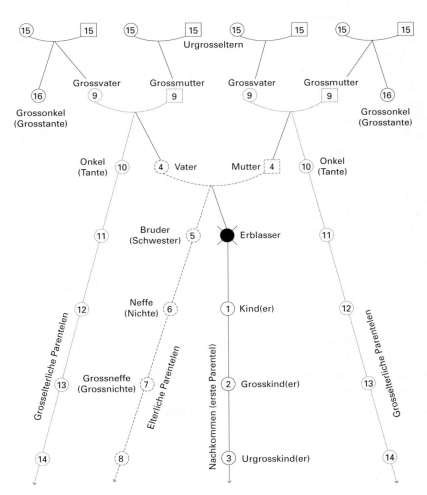

Erbberechtigt sind gegenüber dem X: 1. Die Nachkommen (des Erblassers) als Angehörige der Parentel des Erblassers (Ziffern 1 bis 3); 2. die elterlichen Parentelen (4 bis 8); der Vater und seine Nachkommen sowie die Mutter und ihre Nachkommen (jeweils abgesehen von der Parentel des Erblassers) bilden je eine elterliche Parentel, was bei dieser Zeichnung nicht zum Ausdruck kommen kann (Analoges gilt bei den grosselterlichen Parentelen); 3. die grosselterlichen Parentelen (9 bis 14). Die Angehörigen der verschiedenen Parentelen erben abwärts jeweilen unbeschränkt. Die Urgrosseltern (15), die Grossonkel und Grosstanten (16) waren gemäss Art. 460 a. F. nur, aber immerhin, noch nutzniessungsberechtigt; für Erbanfälle ab 1. Januar 1988 fällt auf Grund der Abänderung des Art. 460 bei der Revision des Eherechts jeder gesetzliche Anspruch der Angehörigen der Parentelen vierter Ordnung weg.

19   Dieses Eintrittsrecht der Nachkommen in die Stelle verstorbener Eltern und Grosseltern ist im ZGB mit aller Konsequenz und in allen Parentelen durchgeführt worden (vgl. 457³, 458³ und 459³). Man nennt dieses Eintrittsrecht vielfach auch *Reprä-
sentationsrecht,* indem man von der Idee ausgeht, dass die Nachkommen im Erbfall
ihre Vorfahren repräsentieren, also gleichsam als deren Stellvertreter auftreten. Daraus
wurde in anderen Rechtssystemen der Schluss gezogen, dass die Nachkommen nicht
aus eigenem Recht, sondern aus dem Recht ihrer wegfallenden Aszendenten zur Erbschaft gelangen. Diese Anschauung, welche für das französische Recht richtig gewesen
sein mag, widerspräche aber ganz und gar dem Sinn der Regelung des ZGB. Nach diesem erben die Nachkommen nicht bloss in Vertretung ihrer Vorfahren, sondern kraft
eigenen, selbständigen Rechts. Wir ersehen dies z.B. daraus, dass Nachkommen selbst
dann zur Erbschaft gelangen, wenn ihre Eltern oder Grosseltern nicht erben konnten, etwa weil einer von ihnen enterbt worden ist (478² und ³), erbunwürdig war (541²)
oder wenn er die Erbschaft ausschlug (572¹). Eine Ausnahme von dieser Regel gibt es
nur im Fall des Erbverzichts (495³) und bei Ausschlagung aller nächsten gesetzlichen
Erben (573¹). Beim Verzicht soll reiner Tisch gemacht werden: Die verzichtende Person scheidet mitsamt ihrer Nachkommenschaft aus (beachte aber 496²!). Dies drängt
sich umso mehr auf, als die Verzichtende in der Regel für den Verzicht einen Gegenwert erhält, der nach ihrem Tod den Nachkommen zugute kommt (Erbauskauf; für
den unentgeltlichen Verzicht s. § 71 N 61 Anm. 79).

Beispiele

20   *Vorbemerkungen:* Der Erblasser wird kreuzweise durchgestrichen und mit X (oder
auch mit E) bezeichnet. Für Personen weiblichen Geschlechts setzt man ein □, für
solche männlichen Geschlechts einen ○ ein. Durch einfache Durchstreichung wird
eine vor dem Erblasser verstorbene Person gekennzeichnet.

Nr. I (Eintrittsprinzip)   **Nr. II (Eintrittsprinzip)**

21

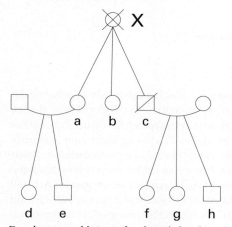

Es erben a und b je ⅓, f, g, h je ⅑ durch
Eintritt in die Stelle der c.

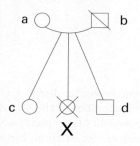

Es erben: a die Hälfte, c und d je ¼
durch Eintritt in die Stelle der b.

Nr. III (Eintrittsprinzip)

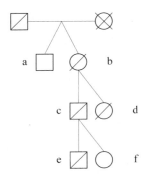

Nr. IV (Eintrittsprinzip)

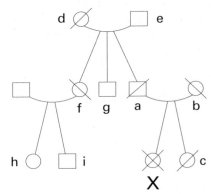

22

Es erben a und f je die Hälfte, f aufgrund seines Eintritts in die Stelle von c, der in die Stelle von b getreten ist.

Es erben: e ½, g und der Stamm f je ¼ durch Eintritt in die Stelle des d; h und i je ⅛ durch Eintritt in die Stelle des f.

Sind keine Nachkommen des Erblassers da, zerfällt die Erbschaft in *zwei gleich grosse Massen*, von der die eine der *Vater-*, die andere der *Mutterseite* zugewiesen wird *(Gleichheitsprinzip)*. Es liesse sich nun denken, dass nach dem Spruch «paterna paternis, materna maternis» einer jeden Seite jene Güter zufallen, die von ihr herrühren. Die Errungenschaft, die weder von der einen noch von der anderen Seite herrührt, müsste dann nach anderen Grundsätzen behandelt, etwa unter die beiden gleichmässig geteilt werden. Eine solche Regelung, die sich in den kantonalen Rechten nur in Neuenburg und Schaffhausen erhalten hatte, wäre jedoch insofern schwer durchführbar, als die Herkunft der Güter sehr häufig nicht oder kaum zu ermitteln wäre. Deshalb hat das ZGB, den meisten Gesetzgebungen mit Parentelenordnung folgend, den Anfall des Nachlasses je zu gleichen Teilen an den Vater (und seine Nachkommen) und an die Mutter (und ihre Nachkommen), also je zur Hälfte an beide Seiten vorgeschrieben (458², 459²: *Gleichheitsprinzip*).

23

3. *Anwachsungsprinzip:* Die *Zweiteilung* zwischen der Vater- und Mutterseite setzt voraus, dass die beiden gleich nahen (elterlichen) Parentelen erbberechtigte Angehörige aufweisen. Fehlt es an Nachkommen auf der einen Seite (von Vater oder Mutter), so fällt die ganze Erbschaft an die Erben der anderen Seite (458⁴). Das ist der Fall, wenn z.B. nur die Mutter und deren Nachkommen aus früherer Ehe überleben (und der Vater ohne eigene Nachkommen gestorben ist), kommt die Erbschaft voll und ganz den Verwandten der allein vorhandenen mütterlichen Parentel zu. «Fehlt es an Nachkommen auf einer Seite, so fällt die ganze Erbschaft an die Erben der andern Seite» (458⁴: *Anwachsungsprinzip*[8]). Damit wird verhindert, dass beim Fehlen von Verwand-

24

---

8 STAEHELIN, BaKomm, Art. 458 N 4; NERTZ, PraxKomm Erbrecht, Art. 458 N 13; STEINAUER, Successions, Nr. 84; GÖKSU, HandKomm, Art. 457–460 N 8; GUINAND/STETTLER/LEUBA, Successions, Nr. 64; WOLF/GENNA, SPR IV/1, 118.

ten der einen Seite die ihr sonst bestimmte Erbschaftshälfte an eine entferntere derselben (väterlichen oder mütterlichen) Linie angehörigen Parentel, an grosselterliche
Verwandte, gelangt. *Es gibt keine Konkurrenz verschieden naher Parentelen;* die nähere
schliesst auf jeden Fall die entferntere aus, auch wenn letztere nicht derselben Linie
wie die erstere angehört.

Beispiel

Nr. V (Anwachsungsprinzip)

25

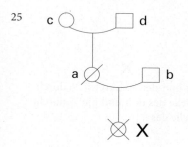

Es erben: a die Hälfte, c und d je ¼
durch Eintritt in die Stelle der b.

26 4. Gelangt die Erbschaft an die Parentelen der Grosseltern, so tritt zunächst die *Linien-*
teilung in Kraft, d.h. die Erbschaft zerfällt in zwei Hälften, von denen die eine an die
erbberechtigten Parentelen der väterlichen, die andere an jene der mütterlichen Seite
fällt *(Gleichheitsprinzip).* Wenn auf der einen Seite die eine Parentel fehlt, so gelangt
ihr Betreffnis an die noch vorhandene Parentel derselben Seite und erst, wenn auf der
einen Seite überhaupt keine erbberechtigten Verwandten der grosselterlichen Parentelen stehen, an die gleich nahen Parentelen der anderen Seite (459⁴ und⁵: *Anwach-*
*sungsprinzip*⁹). Auch hier, wie vorn, kommt eine Konkurrenz einer entfernteren Parentel nicht in Frage.

---

9 STAEHELIN, BaKomm, Art. 459 N 3; NERTZ, PraxKomm Erbrecht, Art. 459 N 8; GÖKSU, Hand-
   Komm, Art. 457–460 N 8; STEINAUER, Successions, Nr. 88; WOLF/GENNA, SPR IV/1, 118.

Beispiele

Nr. VI (Anwachsungsprinzip)

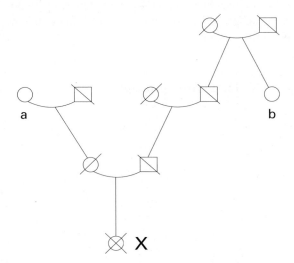

27

Es erbt a alles, b ist als Zugehöriger einer entfernteren
Parentel ausgeschlossen.

Nr. VII (Anwachsungsprinzip)

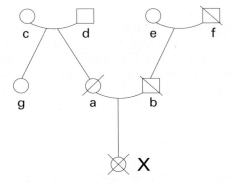

28

Es erben: e ½, c und d je ¼; wäre e vorverstorben, so käme das Ganze an c und d.

29   5. Die Behandlung der *Halbverwandtschaft* und *mehrfachen* Verwandtschaft ergibt
     sich ohne Weiteres aus ihrer Stellung in der Parentelenordnung. Die Halbverwandten
     (halbbürtigen Verwandten) erben nur in der Parentel jenes Aszendenten, der ihnen
     mit dem Erblasser gemeinsam ist, die mehrfachen Verwandten in den verschiede-
     nen Parentelen, denen sie zugehören, vorausgesetzt, dass diese sich gleich nahe stehen,
     somit überhaupt die Erbschaft zu vermitteln vermögen.

     Beispiele

     Nr. VIII (Eintrittsprinzip)   **Nr. IX (Eintrittsprinzip)**

30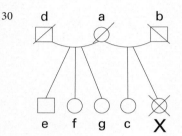

     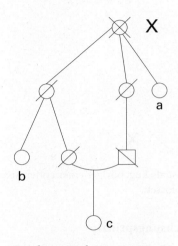

     Es erben: c ½ + ⅛ = ⅝, e, f, g je ⅛.
     Wäre c vorverstorben, erbten e, f
     und g alles.

     Es erben: a ⅓, b ⅙, c ⅓ + ⅙ = ³⁄₆

31   6. Das Adoptivkind erhält die Rechtsstellung eines Kindes der Adoptiveltern (267[1]);
     das bisherige Kindesverhältnis erlischt (267[2] erster Teil). Zur vorfrageweisen Anerken-
     nung einer ausländischen Adoption im Erbteilungsprozess s. 134 III 468 ff. E. 2–4.[10] Im
     Verhältnis der Adoptivverwandten gilt demnach die in den vorangehenden Ziff. 1–4
     dargestellte Regelung (für altrechtlich Adoptierte s. 12. Auflage dieses Buches, S. 565 f.).

II.   Die Grenzen des Erbrechts

32   Nach einer früheren, heute weitgehend überwundenen Auffassung wurde das Erb-
     recht als ein Vorrecht des Blutes, *pretium sanguinis,* aufgefasst. Das bedeutete ein
     Zweifaches: Erstens: Nur die Blutsverwandtschaft konnte ein gesetzliches Erbrecht

---

10   Bemerkungen zum Entscheid: GRAHAM SIEGENTHALER, Besprechung von BGE 134 III 467,
     Urteil des Bundesgerichts 5A_74/2008 vom 25. Juni 2008, in successio 3 (2009), 153 ff.; BUCHER,
     Bundesgericht, II. Zivilabteilung, Urteil 5A_74/2008 (BGE 134 III 467) vom 25. Juni 2008, i. S. K.
     c. S. B., Beschwerde in Zivilsachen, in AJP 17 (2008), 1585 ff.

verschaffen, so dass auch der Ehegatte als solcher nicht zu erben berechtigt war. Zweitens: Das Erbrecht reichte so weit, als die Blutsverwandtschaft nachweisbar war. Es konnte demnach vorkommen, dass die Erbberufung an Personen ging, die zeitlebens mit dem Erblasser in keiner Beziehung gestanden waren, bei seinem Tod keinen Verlust, keine Trauer empfanden, sondern sich nur des erlangten Nachlasses erfreuten. Es ist dies die verächtliche Kategorie der «lachenden Erben». Gegen dieses unbegrenzte Erbrecht der Verwandten sind sowohl aus der Rechtswissenschaft wie aus der Sozialpolitik Bedenken geäussert worden, denen sich auch die Schöpfer des ZGB nicht verschlossen haben. Vor allem machte man geltend, dass in unserer schnelllebigen Zeit die Bande der Zusammengehörigkeit unter den Blutsverwandten sich viel rascher als in früheren Zeiten lockern, dass die gegenseitigen Familienverpflichtungen, insbesondere die Unterstützungspflicht, durch das Gesetz auf die nächsten Verwandtschaftsgrade beschränkt seien, sodann insbesondere, dass der Staat zahlreiche Aufgaben und Auslagen übernommen habe, die früher ausschliesslich die Familie belasteten, wie Erziehung, Versorgung, Armenunterstützung, Krankenpflege, Förderung von Berufsinteressen, Führung von umfassenden Beistandschaften usw. Es rechtfertigte sich deshalb, an die Stelle des gesetzlichen Erbrechts der entfernteren Verwandten jenes des Staates zu setzen.[11]

Die Begrenzung des Erbrechts nach ZGB mag die folgende *Zeichnung* klar machen. 33
Nehmen wir zunächst den X als Erblasser an, so würde die Erbschaft an das Gemeinwesen fallen. Nehmen wir umgekehrt die f als Erblasserin an, dann würde X sie beerben können. Es erhellt daraus, dass zwar X die f beerben könnte, nicht aber umgekehrt die f den X. Es liegt keine volle Gegenseitigkeit im Erbrecht vor.

---

11 Die hohe Scheidungsrate lässt aber heute das bis zum rechtskräftigen Scheidungsurteil weiterhin bestehende gesetzliche und Pflichtteilsrecht der Eheleute untereinander (120²) als fragwürdig erscheinen. S. ausführlich dazu FANKHAUSER, Gesetzliches Ehegattenerbrecht in der (Ehe-) Krise, in FamPra.ch 8 (2007), 229 ff. Es wäre daher zu prüfen, ob bei fehlender realer Beziehung zwischen den Eheleuten, namentlich bei hängigem Scheidungsverfahren, sowie bei gleichzeitig fehlenden Betreuungspflichten gegenüber gemeinsamen Kindern die starke erbrechtliche Stellung der Eheleute allein durch den Status der Ehe begründet werden kann. BREITSCHMID a.a.O. 12, stellt die Frage, ob in solchen Fällen das gesetzliche Erbrecht nicht auf nahe stehende Personen ausgedehnt werden sollte, und zwar entweder in Konkurrenz oder anstelle der Status-Eheleute. S. dazu EITEL a.a.O. 195 ff. FANKHAUSER a.a.O. 252 f. stellt drei Modelle de lege ferenda vor: 1. Je länger die Ehe dauerte, desto eher ist die Erbberechtigung trotz fehlender Sozialbindung hinzunehmen. 2. Bei Getrenntleben oder im Scheidungsverfahren ist eine erleichterte Enterbungsmöglichkeit vorzusehen. 3. Untergang des Ehegattenerbrechts mit der Einleitung des Scheidungsverfahrens und nicht erst mit dem rechtskräftigen Scheidungsurteil.

Nr. X

34

35 Nach ZGB werden nur die Verwandtenparentelen der Nachkommen, der Eltern und
der Grosseltern zur Erbschaft berufen, die Parentelen der *Urgrosseltern* haben *kein*
gesetzliches Erbrecht mehr. Aus Billigkeitsgründen gewährte jedoch das ZGB von 1907
den Häuptern dieser Parentelen und ihren unmittelbaren Nachkommen, den Gross-
onkeln und Grosstanten, die *Nutzniessung* an jener Quote, die beim Fehlen der Erbbe-
grenzung nach den Grundsätzen der Parentelenordnung ihnen zu Eigentum zugefallen wäre (460 a. F.) Das Eigentum an der Erbschaft, belastet durch jene Nutzniessung,
gelangte dabei an das *Gemeinwesen* (466 a. F.). Durch die Revision des Art. 460 ist für
Erbfälle ab 1. Januar 1988 der Nutzniessungsanspruch für Angehörige der Parentelen vierter Ordnung weggefallen.[12]

---

12 Zum Ganzen mit einem Überblick auf europäische Erbrechtsordnungen vgl. WOLF a.a.O. 301 ff.,
303 ff.

§ 64   Der überlebende Ehegatte

I.   Grundgedanken der Regelung

Es entspricht einer ethisch begründeten Auffassung der Ehe, dass sie über den Tod   1
hinaus Wirkungen erzeugt. Der überlebende Ehegatte hat in der Regel zunächst einmal Ansprüche aus dem *ehelichen Güterrecht* (Beteiligung am Vorschlag, Teilung des
Gesamtguts). Nur wenn Gütertrennung bestand, erhält er aus Güterrecht nichts.

Das Erbrecht des ZGB begünstigt nicht nur die Blutsverwandten, sondern auch andere   2
Familienmitglieder. Dazu gehören einerseits gewisse Verwandte (massgeblich ist die
rechtliche, nicht die Blutsverwandtschaft) und andererseits der Ehegatte bzw. die Ehegattin sowie der eingetragene Partner bzw. die eingetragene Partnerin.[1] Mit dem Übergang von der Gross- zur Kleinfamilie war der Zusammenhang mit den übrigen Verwandten loser geworden. Das Vermögen war zudem weit mehr als früher das Ergebnis
gemeinsamen Einsatzes der beiden Ehegatten. Der überlebende Ehegatte hatte mit-
erworben und mitgenossen, die Familienarbeit mitgetragen, Freud und Leid geteilt.
Aus diesem Grund verbesserte bereits das ZGB von 1907 die erbrechtliche Stellung
des Ehegatten. Mit der *Revision des Eherechts von 1984 (in Kraft seit 1988) wurde* die
erbrechtliche Stellung des überlebenden Ehegatten noch einmal *verbessert* und sein
gesetzlicher Erbanspruch gegenüber Nachkommen verdoppelt. Sein Anspruch wurde
auch gegenüber Verwandten des elterlichen Stammes erhöht und Verwandte des
grosselterlichen Stammes sind neben dem überlebenden Gatten gar keine gesetzlichen Erben mehr. Derzeit sind nun aber auch gegenläufige Tendenzen in Diskussion:
Angesichts der hohen Scheidungsrate ist das bis zum rechtskräftigen Scheidungsurteil weiterhin bestehende gesetzliche Erb- und Pflichtteilsrecht der Eheleute untereinander (120[2]) fragwürdig (s. dazu BGer 5A_370/2011, wo der Erblasser verstarb, während die Rechtsmittelfrist gegen das Scheidungsurteil noch lief). In der Literatur wird
seit einiger Zeit die Frage diskutiert, wie diese rigide Regel auf die Besonderheiten
eines bevorstehenden oder hängigen Scheidungsverfahrens anzupassen ist (s. auch
§ 63 Anm. 11).[2]

---

1   MICHEL MOOSER, Eingetragene Partnerschaft: Erbrecht, in Andreas R. Ziegler/Martin Bertschi/
    Alexandre Curchod/Nadja Herz/Michel Montini (Hrsg.), Rechte der Lesben und Schwulen in der
    Schweiz (Bern 2006), 289 f.
2   BREITSCHMID, Das Erbrecht des 19. und 21. Jahrhundert – Der Konflikt zwischen Status, Realbe-
    ziehung und erblasserischer Freiheit, in successio 1 (2007), 6 ff.; PAUL EITEL Nos «proches» im
    Erbrecht und im Erbschaftssteuerrecht – Notizen zu aktuellen Entwicklungen, in Mélanges en
    l'honneur de Pierre Tercier (Genf/Zürich/Basel 2008), 191 ff.; FANKHAUSER, Gesetzliches Ehe-
    gattenerbrecht in der (Ehe-)Krise, in FamPra.ch 8 (2007), 229 ff.; ROLAND FANKHAUSER, Die
    Ehekrise als Grenze des Ehegattenerbrechts: Eine Studie an der Schnittstelle zwischen Ehe- und
    Erbrecht, (Habil. Basel 2010, Bern 2011), Schriftenreihe zum Familienrecht FamPra.ch 17; DERS.,
    Vom Bedeutungswandel des Art. 120 Abs. 2 ZGB, Jusletter 31. August 2009, 1 ff.; DERS., Prax-
    Komm, Art. 120 N 8 ff.; RUMO-JUNGO, Der Vorentwurf zur Revision des Vorsorgeausgleichs bei
    Scheidung: Lösungen für alte Probleme, in FamPra.ch 12 (2011), 1 ff.; WOLF, Ist das schweizeri-
    sche Erbrecht revisionsbedürftig?, in ZBJV 143 (2007), 301 ff.; GLOOR, BaKomm, Art. 120 N 25.

II.   Die geltende Regelung im Einzelnen

3   Das *gesetzliche Erbrecht* der überlebenden Ehegattin[3] ist in Art. 462 ZGB geregelt. Ihre Erbquote hängt davon ab, mit welchen anderen Erben sie in Konkurrenz steht: Hat der überlebende Ehegatte *mit Kindern oder weiteren Nachkommen der verstorbenen Ehegattin* zu teilen, so erhält er *die Hälfte des Nachlasses* (462 Ziff. 1). Die andere Hälfte fällt an die Nachkommen, die ihrerseits gemäss Art. 457 erbberechtigt sind. Sind keine Nachkommen vorhanden, jedoch *Erben des «elterlichen Stammes»* (Vater oder Mutter des Verstorbenen oder deren Nachkommen), so erhält der überlebende Ehegatte *drei Viertel des Nachlasses,* und den genannten Erben fällt der restliche Viertel zu (462 Ziff. 2). Die Aufteilung dieses Viertels unter den Erben des elterlichen Stammes erfolgt gemäss Art. 458. Sind auch keine Erben des elterlichen Stammes da, so erbt der überlebende Ehegatte den ganzen Nachlass (462 Ziff. 3). Grosseltern des Verstorbenen oder deren Nachkommen erben also von Gesetzes wegen neben dem überlebenden Ehegatten nichts (mehr) und Art. 459 kommt daher nicht zum Zug.

4   Erbt die überlebende Ehefrau neben minderjährigen Kindern, gilt ferner Folgendes: Steht dem überlebenden Ehegatten die elterliche Sorge über gemeinsame minderjährige Kinder zu, verwaltet er auch deren Vermögen (318[1]; s. immerhin 318[2], 321 ff. und namentlich 322[1])[4] und mithin häufig die ganze Erbschaft. Zudem kann er, zwar nicht nach Erb-, wohl aber nach Elternrecht, zweckgerichtet Erträge dieses Kindesvermögens verwenden (319) und ausnahmsweise gar das Vermögen anzehren (320). Spätestens bei Eintritt der Volljährigkeit darf indessen den Kindern ihr Erbteil nicht mehr vorenthalten werden (326). Erfolgt dagegen die Erbteilung zwischen der überlebenden Ehegattin und minderjährigen Kindern, muss für die Kinder ein Beistand mitwirken, da der überlebende Elternteil Interessen haben kann, die denen der Kinder widersprechen (306[2] i. V. m. 314[3]).

5   Zu den Erbquoten, die dem überlebenden Ehegatten von Gesetzes wegen zustehen, kommen jene, die ihm die Erblasserin *durch Verfügung von Todes wegen* zuwenden kann. Für Ehegatten spielt namentlich Art. 473 eine grosse Rolle (im Einzelnen s. hinten § 69 N 10 ff.).

6   Sodann ist daran zu erinnern, dass dem überlebenden Ehegatten neben (besser: vor) den erbrechtlichen auch *güter- bzw. vermögensrechtliche Ansprüche* zustehen. Deshalb muss der erbrechtlichen Auseinandersetzung (zum Mindesten gedanklich) gegebenenfalls die güterrechtliche Auseinandersetzung vorangehen (107 II 126 f. E. 2d).[5]

---

3   Hierzu CHRISTOPH WILDISEN, Das Erbrecht des überlebenden Ehegatten (Diss. Freiburg 1997), AISUF 167; STAEHELIN, BaKomm, Art. 462 N 4 f.; GÖKSU, HandKomm, Art. 462 N 2 ff.; NERTZ, PraxKomm, Art. 462 N 3 ff.; STEINAUER, Successions, Nr. 91 ff.; WOLF/GENNA, SPR IV/1, 125 f.

4   S. dazu ALEXANDER W. ROHDE, Die Ernennung von Drittpersonen zur Verwaltung von Vermögen Minderjähriger (Art. 321 und 322 ZGB), unter besonderer Berücksichtigung von Nachlassvermögen (Zürich/Basel/Genf 2006).

5   STAEHELIN, BaKomm, Art. 462 N 3; NERTZ, PraxKomm, Art. 462 N 3; WOLF/GENNA, SPR IV/1, 126; BREITSCHMID/EITEL/FANKHAUSER/GEISER/RUMO-JUNGO, litera B Erbrecht, § 1 Nr. 36.

Zuerst muss man wissen, wie viel vom Vermögen des Verstorbenen dem Überlebenden kraft ehelichen Güterrechts zusteht und wie viel in den Nachlass des Verstorbenen fällt. Dabei räumt das Güterrecht ausnahmsweise auch Ansprüche auf Sachen und nicht bloss auf Werte ein (vgl. namentlich 205^2, 219, 243 ff., 251) und erhält daher der überlebende Ehegatte bereits kraft Güterrecht Gegenstände, die im Eigentum (Alleineigentum, Miteigentum, Gesamteigentum) des Verstorbenen gestanden sind. Erst auf Grund der güterrechtlichen Auseinandersetzung ergibt sich mithin, wie gross der Nachlass des Verstorbenen ist und welche Gegenstände er umfasst. Immerhin sieht das Güterrecht hier und dort ausdrücklich Mitwirkungsrechte der gesetzlichen Erben vor (vgl. 219^3 und 244^2).[6]

III.   Die altrechtliche Regelung

Ist der Ehegatte vor dem 1. Januar 1988 gestorben, so kommen die Art. 462, 463 und   7
464 gemäss bisheriger Fassung[7] zum Zug (15 SchlT). Dies kann sich durchaus noch ereignen, finden doch Erbteilungen (vor allem nach dem Tod des ersten Elternteils) häufig erst lange nach der Eröffnung des Erbgangs statt. Das frühere Recht ist in der 12. Auflage dieses Buches, S. 562 ff., recht ausführlich erörtert. Für eine vollständige Darstellung sei auf die 11. Auflage, S. 446 ff., verwiesen.

---

6   Betr. *Ansprüche aus Privatversicherung* vgl. Art. 84 VVG. Zum Ganzen mit einer Zusammenfassung der Kritik an der geltenden Regelung und Anmerkungen zu einem allfälligen Revisionsbedarf vgl. STEPHAN WOLF a.a.O. 305 ff.
7   Für die Art. 463 und 464 gab es keine neue Fassung. Sie sind bei der Revision 1984 gestrichen worden.

§ 65 Der überlebende eingetragene Partner oder die Partnerin

I. Gleichstellung mit den Ehegatten oder Ehegattinnen

1 Eingetragene Partnerinnen und Partner sind erbrechtlich den Ehegattinnen und Ehegatten grundsätzlich gleichgestellt. Das gilt zunächst für das gesetzliche Erbrecht (sowie für das Pflichtteilsrecht [471]; zur Ausnahme in Art. 473 s. § 69 N 10). Wie im Eherecht gilt auch im Partnerschaftsrecht, dass ein Teil des Vermögens des Verstorbenen an den Überlebenden gehen soll, und zwar wenn und solange eine eingetragene Partnerschaft vorliegt. Wie bei einer Ehe (120[1]) dauert das Erbrecht bis zur formellen Auflösung des Status (31[1] PartG).[1]

II. Die geltende Regelung im Einzelnen

2 Das *gesetzliche Erbrecht* der überlebenden eingetragenen Partnerinnen ist seit dem 1. Januar 2007 in Art. 462 ZGB geregelt, und zwar wie folgt:[2] Hat der überlebende Partner *mit Kindern oder weiteren Nachkommen der verstorbenen Person* zu teilen, so erhält er *die Hälfte des Nachlasses* (462 Ziff. 1). Die andere Hälfte fällt an die Nachkommen, die ihrerseits gemäss Art. 457 erbberechtigt sind.[3] Sind keine Nachkommen vorhanden, jedoch *Erben des «elterlichen Stammes»* (Vater oder Mutter des Verstorbenen oder deren Nachkommen), so erhält die überlebende Partnerin *drei Viertel des Nachlasses* und fällt den genannten Erben der restliche Viertel zu (462 Ziff. 2). Die Aufteilung dieses Viertels unter den Erben des elterlichen Stammes erfolgt gemäss Art. 458. Sind auch keine Erben des elterlichen Stammes da, so erbt der überlebende Partner den ganzen Nachlass (462 Ziff. 3). Grosseltern des Verstorbenen oder deren Nachkommen erben also von Gesetzes wegen neben dem überlebenden Partner nichts (mehr) und Art. 459 kommt daher nicht zum Zug.

3 Wie unter Eheleuten ist sodann eine weitere Begünstigung *durch Verfügung von Todes wegen* möglich, wobei allerdings eine Privilegierung im Sinn von Art. 473 nicht in Frage kommt (s. hinten § 69 N 10).[4]

4 Haben die eingetragenen Partnerinnen oder Partner einen Vermögensvertrag abgeschlossen (25[1] PartG), so stehen ihnen gegenseitig vor den erbrechtlichen auch *vermögensrechtliche Ansprüche* zu.[5] In allen übrigen Fällen bestehen keine vermögensrechtli-

---

1 Das wird in der Literatur teilweise kritisiert, s. dazu § 63 Anm. 11.
2 Ziff. 8 Anhang zum PartG; MICHEL MOOSER, Eingetragene Partnerschaft: Erbrecht, in Andreas R. Ziegler/Martin Bertschi/Alexandre Curchod/Nadja Herz/Michel Montini (Hrsg.), Rechte der Lesben und Schwulen in der Schweiz (Bern 2006), 286 N 5 ff.
3 Nicht erbberechtigt sind Stiefkinder, s. dazu BREITSCHMID, FamKomm PartG, Anh. 8 ZGB, Erbrecht, Art. 462 N 7.
4 MOOSER a.a.O. 293 N 20.
5 BREITSCHMID, FamKomm PartG, Anh. 8 ZGB, Erbrecht, Art. 462 N 6.

chen Ansprüche, weil grundsätzlich Gütertrennung gilt (§ 37 N 2). Unter bestimmten Voraussetzungen steht den eingetragenen Partnern sodann (auch unter Gütertrennung) ein Anspruch auf ungeteilte Zuweisung von Vermögenswerten im Miteigentum zu (24 PartG). Weitere Fälle von Ansprüchen auf Sachen (statt auf blosse Werte) können im Vermögensvertrag (25[1] PartG) vorgesehen werden.

§ 66 Das Gemeinwesen

I. Allgemeine Regelung

1 Das ZGB (466) beruft das Gemeinwesen nur *subsidiär* zur Erbschaft, d.h. wenn weder der Ehegatte noch Erben der erbfähigen Parentelen vorhanden sind und die Erbschaft erwerben, und auch dann nur, wenn keine Verfügung von Todes wegen es ausschliesst.[1] Sind die Urgrosseltern oder Geschwister der Grosseltern die einzigen «Hinterbliebenen», muss sich das Gemeinwesen bei Erbanfällen vor dem 1. Januar 1988[2] deren Nutzniessung am ihm zufallenden Nachlass gefallen lassen (Art. 460[2] und [3] a. F.). Bevor der Nachlass dem Gemeinwesen überlassen wird, muss deshalb Sicherheit darüber herrschen, dass keine erbfähigen Verwandten da sind. Um dies festzustellen, sieht das Gesetz nötigenfalls einen öffentlichen *Erbenruf* vor, d.h. eine amtliche Aufforderung an die etwaigen Erben, sich binnen Jahresfrist zu melden (555).

2 Die Fälle, in denen Erbberechtigte fehlen und demnach das Gemeinwesen zum Zug kommt, sind selten. Sodann ist gerade dem Gemeinwesen gegenüber der Gebrauch des Testaments häufig. Von einem französischen Juristen ist der Ausspruch überliefert: «Limitez le droit successoral et vous développerez, non les ressources de l'Etat, mais l'usage du testament».

3 Das Gemeinwesen erbt nicht hoheitlich, sondern wie eine Privatperson; es kann die Erbschaft auch ausschlagen.[3] Wenn eine Erbschaft an ein Gemeinwesen fällt, wird gemäss Art. 592 von Amtes wegen ein Rechnungsruf vorgenommen; dabei besteht für das Gemeinwesen eine blosse Sachhaftung im Umfang der erworbenen Vermögenswerte.[4]

II. Das erbberechtigte Gemeinwesen

4 Das ZGB bezeichnet den *Kanton* als erbberechtigt, und zwar jenen Kanton, in dem der Erblasser den letzten Wohnsitz hatte. Die Gesetzgebung dieses Kantons kann jedoch vorsehen, dass die Erbschaft, anstatt dem Kanton zu verbleiben, ganz oder zum Teil an eine *Gemeinde* (Wohnsitz- oder im kantonsinternen Verhältnis die Heimatgemeinde und jeweils noch Einwohner- oder Bürgergemeinde) bzw. an einen Bezirk

---

1 In BGer 5A_698/2008 war nicht das Gemeinwesen ausgeschlossen, sondern die gesetzlichen Erben waren ausgeschlossen, so dass das Gemeinwesen zum Zug kam. Bemerkungen zum Entscheid von EITEL, Erbrecht 2009–2011, Rechtsprechung, Gesetzgebung, Literatur Teil 2, in successio 5 (2011), 281 ff., 283; KÜNZLE, Aktuelle Praxis zur Willensvollstreckung (2008–2009), in successio 3 (2009), 267 ff., 268.

2 Daher wurde denn auch bei der Revision 1984 Art. 466 entsprechend gekürzt.

3 GÖKSU, HandKomm, Art. 466 N 6; STAEHELIN, BaKomm, Art. 466 N 4; STEINAUER, Successions, Nr. 114; WOLF/GENNA, SPR IV/1, 129; WEIMAR, BeKomm, Art. 466 N 9.

4 Zu den Auswirkungen des Art. 592 siehe WISSMANN, BaKomm, Art. 592 N 2–5 und hinten § 78 N 10.

oder Kreis[5] gelangt. Möglich ist auch die Regelung, dass für solche Erbschaften eine bestimmte Zweckverwendung gilt (für Schul- oder Armenfonds, Spitäler, Alters- und Invalidenunterstützung).[6]

---

5 Druey, Grundriss, § 5 N 15; Staehelin, BaKomm, Art. 466 N 3; Nertz, PraxKomm Erbrecht, Art. 466 N 5.
6 Hierzu Piotet, SPR IV/1, 65, und die dort zit. Kommentare. Siehe nun auch die ausführliche Darstellung bei Weimar, BeKomm, Art. 466 N 3, und bei Nertz, PraxKomm Erbrecht, Art. 466 N 6.

Zweiter Abschnitt

Die Berufung aus Verfügung von Todes wegen

§ 67 Die Arten von Verfügungen und ihre Regelung im Allgemeinen

I. Der Begriff der Verfügung von Todes wegen

1 Die Verfügungen von Todes wegen oder auf den Todesfall (dispositions pour cause de mort) bilden den Gegensatz zu den Rechtsgeschäften unter Lebenden. Beides sind Rechtsgeschäfte[1], das heisst Willenserklärungen handlungsfähiger Personen, die darauf ausgerichtet sind, eine dem erklärten Willen entsprechende rechtliche Wirkung eintreten zu lassen. Die Verfügungen von Todes wegen zeichnet die Besonderheit aus, dass ihre Wirkung, der *Natur* des Geschäftes gemäss, erst *nach dem Tod* der rechtsgeschäftlich handelnden Person einzutreten vermag, da der Tod als ein notwendiges Element des Tatbestandes gilt.[2] Im Einzelfall ist es oft heikel zu entscheiden, ob ein Rechtsgeschäft unter Lebenden oder ein solches von Todes wegen vorliegt. Die Unterscheidung ist bedeutsam wegen der verschiedenen Voraussetzungen, die vor allem für die Form[3], aber auch für den Inhalt der beiden Arten von Rechtsgeschäften gelten. Das Bundesgericht hatte mehrmals Gelegenheit, sich mit dieser Frage zu beschäftigen. Dabei handelte es sich naturgemäss um Fälle, die sowohl Elemente der Zuwendung auf den Todesfall wie eines Geschäftes unter Lebenden enthielten. Gelegentlich half die Überlegung, ob die Bindung schon das (lebzeitige) Vermögen oder erst den Nachlass betreffe. Präziser war die Formulierung in 93 II 223 ff., wonach auf den Zeitpunkt abzustellen sei, «auf den das Geschäft seinem typischen Entstehungszweck und seiner juristischen Natur nach seine Wirkungen zu äussern bestimmt ist»[4]. Im Bewusstsein, dass auch diese Überlegung nicht immer ausreichen wird, hat das Bundesgericht alsdann entschieden, die Abgrenzung sei nicht schematisch auf Grund eines abstrakten Kriteriums, sondern einer Würdigung aller Umstände des konkreten Falles vorzunehmen (99 II 272). Dabei ist immerhin nach dem Grundsatz des favor negotii (im Zwei-

---

1 Die Verfügungen von Todes wegen sind mithin gerade nicht Verfügungsgeschäfte, welche «unmittelbar, endgültig und zu Gunsten eines andern den Bestand oder Inhalt eines Rechts» ändern, «das einem Erklärenden zusteht»: PETER GAUCH/WALTER R. SCHLUEP/JÖRG SCHMID, Schweizerisches Obligationenrecht, Allgemeiner Teil, Bd. I (10. Aufl. Zürich/Basel/Genf 2014), Nr. 137. BREITSCHMID spricht daher vielfach von «Anordnungen von Todes wegen»; siehe z.B. BaKomm, Vorbem. zu Art. 467–536 N 30 und 52.

2 STEINAUER, Successions, Nr. 269; GAUCH/SCHLUEP/SCHMID a.a.O. Nr. 145 ff. S. auch BREITSCHMID, BaKomm, Vorbem. zu Art. 467–536 N 29 ff.; WEIMAR, BeKomm, Die Verfügungen von Todes wegen – Einleitung N 96 ff.; WOLF/GENNA, SPR IV/1, 137 ff.

3 Nicht den Formvorschriften über die Verfügungen von Todes wegen unterliegen grundsätzlich Anordnungen über die Ausgleichung, obwohl es sich inhaltlich auch um Verfügungen (Rechtsgeschäfte) von Todes wegen handelt (hierzu hinten § 85 N 4).

4 Ähnlich PIOTET, SPR IV/1, 83, wonach sich Verfügungen von Todes wegen dadurch auszeichnen, dass sie den Begünstigten kein Recht über das Vermögen des Erblassers zu dessen Lebzeiten gewähren. Vgl. auch 105 II 109.

felsfall zu Gunsten der Aufrechterhaltung des Geschäftes) eher ein gültiges Rechtsgeschäft unter Lebenden als ein ungültiges von Todes wegen anzunehmen (99 II 274). Unter Würdigung aller Umstände hatte das Bundesgericht in 84 II 250 ff. denn auch die Vereinbarung eines im Grundbuch vorzumerkenden limitierten Vorkaufsrechts verbunden mit einem beim Tod des Eigentümers wirksam werdenden Kaufsrechts als Rechtsgeschäft unter Lebenden betrachtet (ebenso BGer 4A_575/2009 E. 2.1 ff.). Dagegen hat es eine Abfindungsklausel in einem Gesellschaftsvertrag unter gewissen Voraussetzungen als Verfügung von Todes wegen bezeichnet (113 II 270).[5] Vereinfacht lässt sich mit DRUEY[6] sagen, als Geschäft unter Lebenden sei alles zu qualifizieren, was seine Wirkungen nicht (erst) im Nachlass einer Person entfalten soll, oder mit dem Bundesgericht (113 II 273), «dass Rechtsgeschäfte unter Lebenden das Vermögen des Verpflichteten, Verfügungen von Todes wegen hingegen dessen Nachlass betreffen».[7]

Durch die Verfügung von Todes wegen vermag die Person über die Dauer ihres Lebens hinaus in die weitere Zukunft hineinzuwirken; diese Verfügungen betreffen mitunter nicht nur das Vermögen, sondern auch ideale Interessen. Sie kann in dieser Weise z.B. bezüglich ihres Begräbnisses (129 I 174 f. E. 1.1), der Organentnahme usw. verbindliche Anweisungen geben.[8] Diese Anordnungen zu persönlichkeitsrechtlichen Anliegen (Begräbnis, Organentnahme usw.) unterliegen aber nicht den Formvorschriften der Verfügungen von Todes wegen.[9]

Die Verfügungen von Todes wegen, Testament wie Erbvertrag (481), sind *höchstpersönliche* Handlungen des Erblassers, und zwar in zweifacher Hinsicht: Sie können zunächst nur vom Erblasser *selbst* errichtet werden (formelle Höchstpersönlichkeit),

2

3

---

5 Hierzu kritisch DRUEY, Grundriss, § 8 Nr. 48.

6 DRUEY, Grundriss, § 8 Nr. 34; s. auch STEINAUER, Successions, Nr. 283 ff.

7 S. auch BGer 5C.56/2005 E. 3 betreffend einen «Erbvertrag»; BGer 5A_115/2007 E. 6 betreffend die Einforderung eines Restguthabens. Zum Ganzen ALEX ROTHENFLUH, Zur Abgrenzung der Verfügungen von Todes wegen von den Rechtsgeschäften unter Lebenden, eine Darstellung von Doktrin und Rechtsprechung mit einem Beitrag zur Problemlösung anhand eines neuen Abgrenzungsmerkmals (Diss. Bern 1984, Zürich 1984); HEINZ HAUSHEER, Die Abgrenzung der Verfügungen von Todes wegen von den Verfügungen unter Lebenden, in Peter Breitschmid (Hrsg.), Testament und Erbvertrag (Bern 1991), 79 ff.; RIEMER, Schematische Übersicht über die wichtigsten Gemeinsamkeiten und Unterschiede zwischen den Rechtsgeschäften von Todes wegen (Testamente, Erbverträge) und den Rechtsgeschäften unter Lebenden (Verträge, einseitige Rechtsgeschäfte, Beschlüsse), in recht 12 (1994), 124 f.; WEIMAR, BeKomm, Die Verfügungen von Todes wegen – Einleitung N 96 ff.; BREITSCHMID, BaKomm, Vorbem. zu Art. 467–536 N 26 ff.; WOLF/ GENNA, SPR IV/1, 137 ff.; CAROLE VAN DE SANDT, L'acte de disposition (Diss. Freiburg 2001), AISUF 197, 127 ff.; STEINAUER, Successions, Nr. 269 ff. Zur Qualifikation der Vorschlagszuteilung s. die zahlreichen Hinweise vorne § 32 N 68 ff., insb. Anm. 68.

8 STEINAUER, Successions, Nr. 269 Anm. 1, mit Hinweisen auf BGE 101 II 177 E. 5; 98 Ia 508 E. 8c.

9 BREITSCHMID, BaKomm, Vorbem. zu Art. 467–536 N 22. S. dazu auch BREITSCHMID/KAMP, Persönlichkeitsschutz Verstorbener – Urheberpersönlichkeitsschutz im Besonderen, in successio 5 (2011), 19 ff. Für die Anerkennung der Vaterschaft verlangt immerhin Art. 260 Abs. 3 die Testamentsform. Zur zunehmend stärkeren gesetzlichen Verbreitung testamentsähnlicher Verfügungen (bspw. Vorsorgeauftrag gem. Art. 360 ff.). Vgl. dazu BREITSCHMID, Die erwachsenenschutzrechtliche Behandlung künftiger Erblasserinnen und Erblasser, in successio 2 (2008), 16 ff., 20 ff.

so dass bei ihrer Errichtung jede, auch die gesetzliche Stellvertretung ausgeschlossen ist (dazu N 6). Sodann muss der Erblasser in seiner Verfügung ihren wesentlichen Inhalt selbst bestimmen[10] (materielle Höchstpersönlichkeit), namentlich die Person des Bedachten (Erben oder Vermächtnisnehmers[11]), das Objekt der Zuwendung sowie die Grösse der Erbquote. Er kann deren Bestimmung nicht einem Erben, einer Drittperson und auch nicht dem Willensvollstrecker überlassen (81 II 28 f. und 68 II 166). Ob das Bundesgericht nicht zu weit geht, wenn es diesen Grundsatz auf die Wahlbefugnis beim Vermächtnis ausdehnt, d.h. auf die Möglichkeit, einem Dritten das Recht zu verleihen, unter mehreren genau angeführten Personen den Vermächtnisnehmer zu bestimmen, ist fraglich.[12] Die Lehre tritt heute mit Fug für eine Lockerung ein.[13]

II.   Die Arten

4   Es gibt zwei Arten von Verfügungen von Todes wegen: die *letztwillige Verfügung* und den *Erbvertrag*.[14] Die *letztwillige Verfügung* wird auch mit dem geläufigeren Ausdruck *Testament* bezeichnet und ist das *einseitige* Rechtsgeschäft von Todes wegen, der Willensausdruck nur *einer* Person. Entstehung, Fortdauer und Wirkungen hängen mithin allein vom Willen der testierenden Person ab. Sie wird letztwillig genannt, weil sie bis zum Tod des Verfügenden frei widerrufbar bleibt, so dass man annehmen muss, die in ihr enthaltenen Anordnungen hätten dem Willen des Erblassers nicht nur zur Zeit der Errichtung, sondern auch noch zur Zeit seines Todes entsprochen.

---

10   BGer 5A_572/2010 und 5A_573/2010 E. 2.4; Bemerkungen zum Entscheid von BICHSEL/SUTER, Zur Vererblichkeit von Übernahmerechten und Übernahmepflichten aus erblasserischen Teilungsvorschriften, in successio 6 (2012), 203 ff.; EITEL, Erbrecht 2009–2011 – Rechtsprechung, Gesetzgebung, Literatur Teil 2, in successio 5 (2011), 281 ff., 296.

11   Siehe immerhin Art. 539 Abs. 2 und 100 II 98.

12   Oder darf man aus 100 II 98 auf eine «Tendenzwende» schliessen?

13   So DORJEE-GOOD/BOLLIGER, HandKomm, Art. 498 N 2; BREITSCHMID, BaKomm, Art. 498 N 13; JÜRG CHRISTIAN SCHÄRER, Der Grundsatz der materiellen Höchstpersönlichkeit der letztwilligen Verfügung (Diss. Bern 1973), 88 ff.; DRUEY, Grundriss, § 8 N 29 f., und wohl auch STEINAUER, Successions, Nr. 443 FN 20; GUINAND/STETTLER/LEUBA, Successions, Nr. 236; PHILIPP STUDHALTER, Die Begünstigung des überlebenden Ehegatten nach Art. 473 ZGB: mit besonderer Berücksichtigung des erbrechtlichen Wahlrechts (Diss. Bern 2007), Nr. 433 ff.; differenziert zum Ganzen PETER BREITSCHMID, Das Prinzip der materiellen Höchstpersönlichkeit letztwilliger Anordnungen – ein Diskussionsbeitrag, in FS Heinz Hausheer (Bern 2002), 477 ff., 480 ff.– Siehe dagegen das Plädoyer für «kompromisslose Durchführung des Prinzips der materiellen Höchstpersönlichkeit der Verfügungen» bei WEIMAR, BeKomm, Die Verfügungen von Todes wegen – Einleitung N 34; SCHRÖDER, PraxKomm Erbrecht, Vorbem. zu Art. 467 ff. N 5; WOLF/GENNA, SPR IV/1, 175.

14   Das Gesetz versteht unter «Verfügungsarten» primär die verschiedenen einer Verfügung von Todes wegen zugänglichen Anordnungen, die Inhalte der Verfügungen von Todes wegen (s. § 72 N 1).

Der *Erbvertrag* dagegen ist die *zweiseitige* Verfügung von Todes wegen, eine überein- 5
stimmende Willenserklärung zweier Personen, des Erblassers und einer Mitkontrahentin. Der Erbvertrag entfaltet Bindungswirkung (häufig für beide Beteiligte) und ist
grundsätzlich nicht widerruflich, auch nicht seitens des Erblassers (s. immerhin hinten § 71 N 10 ff.). Er bleibt in Kraft, auch wenn der Erblasser seinen Willen tatsächlich
geändert hat, der Vertrag also nicht seinem letzten Willen entspricht. Man kann sich
fragen, ob eine so weitreichende Selbstbindung einer Person nicht etwas Anstössiges,
Unmoralisches an sich trage. Es gibt denn auch Rechtsordnungen, die den Erbvertrag
ablehnen.[15] Nichtig ist das Versprechen, einen Erbvertrag abzuschliessen (108 II 405).

Der Oberbegriff «Verfügung von Todes wegen» umfasst demnach die beiden Unter- 6
begriffe «letztwillige Verfügung» und «Erbvertrag». Man darf insbesondere nicht
die «Verfügung von Todes wegen» mit der «letztwilligen Verfügung» verwechseln.
Gebraucht man für Letztere den gleichbedeutenden Ausdruck Testament, so ist diese
Gefahr gemieden, und man befindet sich im Einklang mit der französischen und italienischen Terminologie des Gesetzes.

Keinen besonderen Platz hat das ZGB der *Schenkung von Todes wegen* eingeräumt, 7
d.h. jener unentgeltlichen Zuwendung eines Vermögensobjektes des Schenkers, die
erst mit dem Tod des Schenkers ihre Vollziehung finden soll. Sie soll aber nicht ausgeschlossen sein, steht aber gemäss 245[2] OR «unter den Vorschriften über die Verfügungen von Todes wegen». Ein Schenkungsvertrag auf den Tod hin untersteht somit
den Formvorschriften über den Erbvertrag[16] (vgl. 89 II 91 E. 3; ferner 96 II 90; 96 II
150 f.; 98 Ia 261 und 127 III 395; zum Verhältnis Schenkung von Todes wegen und eheliches Güterrecht s. 102 II 313[17], nun aber 216[2] und 241[3] ZGB und 10[3] SchlT und dazu
137 III 113[18]).

---

15 So Frankreich, Italien, Spanien, s. dazu die Beiträge von ANDREA BONOMI (Internationales
    Privatrecht), YANN FAVIER (Frankreich), FEDERICO TASSINARI (Italien), IGNACIO HERRERO
    ALONSO (Spanien), in Andrea Bonomi/Marco Steiner (Hrsg.), Les pactes successoraux en droit
    comparé et en droit international privé. Nouveautés en droit français, italien ainsi qu'en espagnol et implications pratiques pour la Suisse (Genf 2008), 11 ff.

16 So mit vielen Belegen SANDRA MAISSEN, Der Schenkungsvertrag im schweizerischen Recht
    (Diss. Freiburg 1996), AISUF 152, Nr. 568; s. auch WOLF/GENNA, SPR IV/1, 145 ff.; PAUL PIO
    TET, Les libéralités par contrat de mariage ou autres donations au sens large et le droit successoral (Berne 1997), ASR 606, passim und Rz. 618. Laut WEIMAR, BeKomm, Die Verfügungen von
    Todes wegen – Einleitung N 123 (mit weiteren Hinweisen), ist dieses Geschäft als Verfügung
    von Todes wegen keine Schenkung und deshalb nicht notwendigerweise ein Vertrag. Nach hier
    vertretener Meinung kann zwar als Vermächtnis in einem Testament letztwillig erklärt werden,
    jemandem etwas schenken zu wollen; das ist dann aber nicht der durch 245[2] OR abgedeckte Fall.

17 Zu diesem BGE siehe HAUSHEER a.a.O. 93 ff. Siehe auch 113 II 273 und hierzu vorn Anm. 1.
    S. auch WEIMAR, BeKomm, Die Verfügungen von Todes wegen – Einleitung N 106 ff.

18 Bemerkungen zum Entscheid von WOLF/SCHMUKI, Die privatrechtliche Rechtsprechung des
    Bundesgerichts im Jahr 2011, in ZBJV 148 (2012), 834 ff., 860 ff.; HRUBESCH-MILLAUER/BOSS
    HARDT/JAKOB, Rechtsprechung des Bundesgericht in den Jahren 2010 und 2011 im Bereich Erbrecht, in AJP 21 (2012), 860 ff.; PHILIPP R. BORNHAUSER, Der Ehe- und Erbvertrag – Dogmatische Grundlage für die Praxis (Diss. Zürich 2011, Zürich/Basel/Genf 2012), ZSPR 243, 43 ff.;

III.   Die Regelung im Gesetz

8   Beide Arten von Verfügungen von Todes wegen sind zum grossen Teil von den gleichen Regeln beherrscht, z.B. was die verfügbare Quote und den Inhalt der Verfügung
betrifft. Zum kleinen Teil dagegen sind sie verschieden normiert, so in Bezug auf die
Verfügungsfähigkeit, die Formen der Errichtung und des Widerrufs. Das ZGB widmet nicht jeder von ihnen eine besondere zusammenhängende Behandlung, sondern
nimmt nur jeweilen bei der Darstellung der einzelnen Materien auf ihre Verschiedenheiten (mehr oder weniger!) Rücksicht.

9   *Vier Fragen* erschöpfen die ganze Regelung über die Testamente und Erbverträge; auf
jede gibt das ZGB in einem besonderen Abschnitt Antwort:

10   a. Wer kann von Todes wegen verfügen? Die Frage nach der *Verfügungsfähigkeit*
(Art. 467 ff.; nachstehend § 68).

11   b. Über wie viel darf verfügt werden? Die Frage nach der *Verfügungsfreiheit* (Art. 470 ff.;
nachstehend § 69).

12   c. Wie wird verfügt? Die Frage nach den *Verfügungsformen* (Art. 498 ff.; nachstehend
§ 70 und § 71).

13   d. Was kann Inhalt der Verfügung sein? Die Frage nach den *Verfügungsarten*
(Art. 481 ff.; nachstehend § 71).

14   Die in den weiteren Abschnitten des Gesetzes enthaltenen Bestimmungen über Willensvollstreckung (517 f.), Ungültigkeit und Herabsetzung der Verfügungen (519 ff.)
und über die Klagen aus Erbverträgen (534 ff.) werden in den oben erwähnten Paragrafen jeweils an einschlägiger Stelle behandelt.

Leuba, Droit des personnes physiques et de la famille, in JdT II 160 (2012), 243 ff.; 245; Eitel,
Erbrecht 2009–2011 – Rechtsprechung, Gesetzgebung, Literatur Teil 1, in successio 5 (2011),
208 ff., 215 f.

§ 68   Die Verfügungsfähigkeit

Der erste Abschnitt des vierzehnten Titels (Art. 467–469) ist der Verfügungsfähigkeit   1
gewidmet. Diese in den Art. 467 f. umschriebene Fähigkeit, Verfügungen von Todes
wegen zu errichten, ist «die persönliche Voraussetzung für die Ausübung der Privatautonomie im Bereich der Testierfreiheit»[1] (nachstehend N 2 ff.). Art. 469 (N 13 ff.)
handelt von den Willensmängeln (mithin streng genommen nicht mehr von der Verfügungsfähigkeit). Der letzte Teil des vorliegenden Paragrafen ist den Folgen der mangelnden Verfügungsfähigkeit gewidmet (N 17 ff.).

I.   Die Urteilsfähigkeit

Da die Verfügungen von Todes wegen höchstpersönlichen Charakter aufweisen, sind   2
sie nur *urteilsfähigen* Personen zugänglich, also insbesondere Kindern und psychisch
Kranken verschlossen.[2] Der Erblasser, welchen Alters er auch sei, muss die erforderlichen Verstandes- und Willenseigenschaften besitzen, um vernunftgemäss, d.h. mit
Überlegung und Selbstbestimmung, die betreffende Verfügung zu errichten. Urteilsfähigkeit muss, hier wie nach der allgemeinen Regel (vorn § 9 N 25 ff.), mit Rücksicht
auf die betreffende Handlung (Errichtung bzw. Aufhebung der Verfügung von Todes
wegen) vorhanden sein (124 III 8 E. 1a, 13 ff. E. 4; 117 II 232 f. E. 2a; BGer 5A_12/2009
E. 5.2; 5A_727/2009 E. 2.1[3]).[4] Die Errichtung einer Verfügung von Todes wegen stellt
in der Regel ein anspruchsvolles Geschäft dar, womit grundsätzlich erhöhte Anforderungen an die Urteilsfähigkeit zu stellen sind (BGE 124 III 8 ff. E. 1a)[5]. Allerdings ist
nicht jedes Testament per se ein komplexes Rechtsgeschäft. Eine komplizierte Verfügung liegt namentlich dann vor, wenn sie auf komplexen Entscheidgrundlagen beruht,
was das BGer für eine Verfügung, in welcher ein Erbe auf den Pflichtteil gesetzt wurde,
trotz der komplexen Vermögensverhältnisse verneint hat (BGer 5C.193/2004 E. 2.3).[6]

---

1   WEIMAR, BeKomm, Die Verfügungsfähigkeit – Vorbem. zu Art. 467 N 1.
2   S. aber nachstehend N 8.
3   S. dazu: ABT, «Fälle, die für jeden prima-vista-Betrachter stinken»: Bundesgericht, quo vadis? –
    Besprechung von BGer 5A_748/2008 («Kontaktanzeige») und BGer 5A_12/2009 («Morphium»)
    mit Hinweisen auf BGer 5A_727/2009 und 4A_394/2009, in successio 4 (2010), 195 ff.; EITEL,
    Erbrecht 2007–2009 – Rechtsprechung, Gesetzgebung, Literatur, in successio 4 (2010), 108 ff.;
    112 f.; HRUBESCH-MILLAUER/BOSSHARDT/JAKOB, Rechtsprechung des Bundesgerichts in den
    Jahren 2010 und 2011 im Bereich Erbrecht, in AJP 21 (2012), 860 ff., 860 f.; PIOTET/MICHEL,
    Droit des successions, in not@lex 4 (2011), 73 ff., 74; STEINAUER, Arrêt du TF du 19.01.2009,
    5A_723/2008, in successio 3 (2009), 296 ff.
4   STEINAUER, Successions, Nr. 311; ESCHER, ZüKomm Art. 467 N 5; TUOR, BeKomm, Art. 467
    N 3; WEIMAR, BeKomm, Art. 467 N 9; SCHRÖDER, PraxKomm, Art. 467 N 14; BREITSCHMID,
    BaKomm, Art. 467/468 N 9 ff.; WOLF/GENNA, SPR IV/1, 182 f.
5   ABT, HandKomm, Art. 467–468 N 7.
6   S. auch die Besprechung dieses Entscheids von AEBI-MÜLLER, Die privatrechtliche Rechtspre-
    chung des Bundesgerichts im Jahr 2005, in ZBJV 142 (2006), 303 ff., 314 ff.

Die Frage der Komplexität des Rechtsgeschäfts wurde hinsichtlich einer Enterbung offengelassen (BGer 5C.257/2003 E. 4.2). Für die Bejahung der Urteilsfähigkeit kommt es grundsätzlich nicht darauf an, ob die Verfügung vernünftig und zweckmässig ist; eine offenbar unzweckmässige Verfügung kann allerdings ein Indiz für mangelnde Urteilsfähigkeit darstellen.

3 Die Urteilsfähigkeit (dazu vorne § 9 N 25 ff.) wird aufgrund der allgemeinen Lebenserfahrung grundsätzlich vermutet (tatsächliche Vermutung; BGer 5A_439/2012 E. 2). Folglich hat derjenige, der ihr Nichtvorhandensein behauptet, den Beweis zu erbringen. Bei Beweisnot und wo ein strikter Beweis der Sache nach nicht möglich ist, wie etwa beim Beweis der Urteilsfähigkeit einer verstorbenen Person, rechtfertigt sich die Herabsetzung des Regelbeweismasses auf die überwiegende Wahrscheinlichkeit (130 III 324 ff. E. 3.2 und 3.3; 124 III 8 E. 1b; BGer 5A_204/2007[7]; 5A_18/2012 E. 4.2). Führt dagegen die allgemeine Lebenserfahrung zur umgekehrten Vermutung, etwa bei Kindern, bestimmten psychischen Störungen und altersschwachen Personen, dass die handelnde Person ihrer allgemeinen Verfassung nach im Normalfall und mit grosser Wahrscheinlichkeit als urteilsunfähig gelten muss, ist der Beweispflicht insofern Genüge getan und die Vermutung der Urteilsfähigkeit umgestossen. In diesem Fall steht der Gegenpartei der Gegenbeweis offen, dass die betreffende Person trotz ihrer grundsätzlichen Urteilsunfähigkeit in einem luziden Intervall gehandelt hat («au cours d'un intervalle lucide»: 117 II 234 f. E. 2b; «dans un moment de lucidité»: 124 III 5; BGer 5A_191/2012 E. 4.1.1; BGer 5A_439/2012 E. 2).[8]

II. Die Volljährigkeit

4 Auf Grund der Wichtigkeit einer Verfügung von Todes wegen verlangt das Gesetz neben der Urteilsfähigkeit eine gewisse Einsicht und Willensreife, die erst mit einem bestimmten Lebensalter einzutreten pflegen. So wird sowohl für die Errichtung eines Testaments wie auch für die erbvertragliche Verfügung das vollendete *achtzehnte* Lebensjahr (467, 468) vorausgesetzt. Die geltende Fassung des Art. 468 ist mit der Gesetzesnovelle zum Erwachsenenschutzrecht am 1. Januar 2013 eingeführt worden. Vorher war Mündigkeit erforderlich, was die Entmündigten vom Verfassen eines Erbvertrags ausschloss. Neu können auch Personen unter umfassender Beistandschaft (398) oder unter Mitwirkungsbeistandschaft (396) einen *Erbvertrag* abschliessen. Sie benötigen dazu aber die Zustimmung der gesetzlichen Vertreterin (468[2]).[9] Auch ohne eine solche Zustimmung können urteilsfähige Volljährige ein *Testament* verfassen (467), selbst wenn sie unter (umfassender) Beistandschaft stehen.

---

7 S. die Besprechung dazu von STEINAUER, TF 5A_204/2007, 16.10.2007, in successio 2 (2008), 243 ff.

8 BUCHER, BeKomm, Art. 16 N 127; WOLF/GENNA, SPR IV/1, 185; BREITSCHMID, BaKomm, Art. 467/468 N 15.

9 ABT, HandKomm, Art. 467–468 N 10; STEINAUER/FOUNTOULAKIS, Personnes physiques, Nr. 1227; WOLF/GENNA, SPR IV/1, 185.

Die Fähigkeit zum Abschluss eines *Erbvertrags* ist wie folgt zu *präzisieren:* 5

1. Der Erbvertrag setzt als *zweiseitiges Rechtsgeschäft* zwei Kontrahenten vor- 6
aus. Nun können sich beide gegenseitig darin auf den Todesfall hin bedenken. Zwei
Ehegatten setzen z.B. gegenseitig die überlebende Person zum Erben ein. In diesem
Fall treffen beide eine Verfügung von Todes wegen, für beide ist Urteilsfähigkeit, Volljährigkeit und persönliches Handeln verlangt. Für Verbeiständete unter umfassender oder unter Mitwirkungsbeistandschaft ist – wie erwähnt – die Zustimmung der
gesetzlichen Vertreterin erforderlich (468²). Fraglich ist, ob auch die Zustimmung der
Erwachsenenschutzbehörde notwendig ist. Nach der Botschaft ist die Zustimmung
nach Art. 416 Ziff. 3 nur dann erforderlich, wenn sich die verbeiständete Person im
Erbvertrag als Gegenkontrahentin (s. dazu 3., N 8) verpflichtet, nicht dagegen, wenn
sie selber erbvertraglich verfügt.[10] Die wohl h.L. schliesst sich dem an: Der Abschluss
eines Erbvertrages ist ein höchstpersönliches Rechtsgeschäft (19c) und erfolgt nicht
durch den Beistand in Vertretung des Verbeiständeten, sondern durch diesen selber,
weshalb Art. 416 gemäss Wortlaut («Geschäfte, die der Beistand oder die Beiständin in
Vertretung der betroffenen Person vornimmt») keine Anwendung findet.[11] Steinauer
weist allerdings darauf hin, dass die Botschaft wohl der Tatsache nicht Rechnung getragen hat, dass die (altrechtlich) bevormundete Person unter dem alten Recht erbvertraglich nicht verfügen konnte. Wenn daher zu Art. 416 Ziff. 3 ausgeführt wird, unter
«Erbvertrag» sei jene Vereinbarung zu verstehen, bei der die betroffene Person nicht
als Erblasserin auftritt, sondern als Gegenkontrahentin, vertreten durch den Beistand
oder die Beiständin,[12] dann steht diese Aussage wohl vor dem Hintergrund der Vorstellung, dass ein Erbvertrag als Erblasserin (weiterhin) nicht möglich ist. Ist nun aber
unter dem neuen Erwachsenenschutzrecht eine erbvertragliche Verfügung durch eine
verbeiständete Person möglich, gegebenenfalls mit Zustimmung des Beistands (468²),
erscheint es paradox, die Zustimmung der Erwachsenenschutzbehörde zu verlangen,
wenn sie als Gegenkontrahentin, nicht aber wenn sie als Erblasserin verfügt.[13] Aus diesem Grund ist die Zustimmung der Erwachsenenschutzbehörde immer dann einzuholen, wenn die verbeiständete Person den Erbvertrag als Erblasserin abgeschlossen
hat, wozu die Beiständin die Zustimmung erteilt hat. Gleiches gilt für den Fall, dass die
Beiständin der verbeiständeten Person als Gegenkontrahentin die Zustimmung erteilt
oder sie vertritt. Dass Art. 416 Ziff. 3 nur von der Vertretung spricht, ändert nichts
daran (s. unten N 8).

2. Es kann in einem Erbvertrag aber auch *nur der eine Kontrahent auf seinen* 7
Todesfall hin etwas verfügen. Dann ist persönliches Handeln, Urteilsfähigkeit und Volljährigkeit nur dieser Person Voraussetzung der Gültigkeit des Aktes.[14] Für den Gegen-

---

10 Botschaft Erwachsenenschutz, 7057.
11 Abt, HandKomm, Art. 467–468, N 10; Biderbost, FamKomm Erwachsenenschutz, Art. 416
    N 26; Vogel, BaKomm, Art. 416/417 N 19.
12 Botschaft Erwachsenenschutz, 7057.
13 Steinauer/Fountoulakis, Personnes physiques, Nr. 1227a.
14 Nach h. L. gilt das Erfordernis der Urteilsfähigkeit und Volljährigkeit auch, wenn der Nachlass
    nicht belastet wird wie bei der erbvertraglichen Annahme eines Erbverzichts; siehe Weimar,

kontrahenten, der nicht von Todes wegen verfügt, gelten die gewöhnlichen Regeln über die Vertragsfähigkeit, die Art. 12 ff. ZGB. Fliessen ihm aus dem Erbvertrag lediglich Rechte zu (19²), kann er ihn auch als Minderjähriger eingehen, vorausgesetzt, dass er urteilsfähig ist.[15] Ein aufgeweckter zwölfjähriger Knabe könnte also ohne Zustimmung seiner gesetzlichen Vertreterin mit einem Krösus einen Erbvertrag eingehen, in welchem ihm dieser nach seinem Tod CHF 100 000 vermacht. Dasselbe gilt für den verbeiständeten Gegenkontrahenten, der urteilsfähig ist: Auch er kann unentgeltliche Vorteile ohne Zustimmung der gesetzlichen Vertreterin annehmen (19²). Zu den unentgeltlichen Vorteilen in diesem Sinn gehört auch die Erbeinsetzung, obwohl die Erbin ja zu gegebener Zeit persönlich für die Erbschaftsschulden haftet. Sie kann nämlich dieser Rechtsfolge dadurch entgehen, dass sie (bzw. ihre gesetzliche Vertretung) das Erbe zu gegebener Zeit ausschlägt.[16]

8   3. Häufig übernimmt aber *der Gegenkontrahent* auch *gewisse Verpflichtungen* gegenüber dem Erblasser. Eine alte Tante setzt z.B. den Neffen im Erbvertrag zum Erben ein, wofür sich dieser verpflichtet, für ihren Lebensunterhalt zu sorgen. Damit eine solche Gegenverpflichtung gültig ist, muss – nach den allgemeinen Regeln über die Vertragsfähigkeit – entweder Volljährigkeit oder aber die Genehmigung durch die gesetzliche Vertreterin vorliegen (19¹).[17] Für Personen unter Beistandschaft ist zu unterscheiden: Die Begleitbeistandschaft schränkt die Handlungsfähigkeit nicht ein (393²). Bei Vertretungsbeistandschaft vertritt der Beistand die verbeiständete Person, falls die Beistandschaft das fragliche Geschäft (hier die Gegenverpflichtung im Erbvertrag) umfasst (394¹ und ²). Andernfalls kann die Person unter Vertretungsbeistandschaft selbständig handeln. Bei Mitwirkungsbeistandschaft muss der Beistand gegebenenfalls der Gegenverpflichtung zustimmen (396). Bei umfassender Beistandschaft liegt häufig Urteilsunfähigkeit und mithin volle Handlungsunfähigkeit vor. Ist (ausnahmsweise) die umfassend verbeiständete Person urteilsfähig, muss der Beistand der Gegenverpflichtung zustimmen oder diese vertreten (398). Art. 416 Ziff. 3 unterscheidet nicht danach, ob die verbeiständete Person als Gegenkontrahentin vom Beistand vertreten wird oder ob dieser (bloss) die Zustimmung erteilt (z.B. beim Mitwirkungsbeistand). Allein, auf diesen Unterschied kann es nicht ankommen. Das (Mit-) Handeln des Beistandes muss von der Erwachsenenschutzbehörde ratifiziert werden. Daher gilt: Wenn der Beistand zustimmt oder in Vertretung handelt, ist die Zustim-

---

BeKomm, Art. 468 N 9; WOLF/GENNA, SPR IV/1, 188 f. A. M. ist hier BREITSCHMID, BaKomm, Art. 467/468 N 6; ABT, HandKomm, Art. 467–468 N 12.

15 STEINAUER/FOUNTOULAKIS, Personnes physiques, Nr. 1227b.

16 STEINAUER, Successions, Nr. 324 ff.; BREITSCHMID, BaKomm, Art. 467/468 N 6; DRUEY, Grundriss, § 12 Nr. 27; GUINAND/STETTLER/LEUBA, Successions, Nr. 251; VOGEL, BaKomm, Art. 416/417 N 19; WEIMAR, BeKomm, Art. 468 N 15; SCHRÖDER, PraxKomm, Art. 468 N 16; WOLF/GENNA, SPR IV/1, 191; ABT, HandKomm, Art. 467–468 N 13; unter bestimmten Voraussetzungen ebenso PHILIPPE MEIER, Le consentement des autorités de tutelle aux actes du tuteur (Diss. Freiburg 1994), AISUF 140, 543 f.; wohl auch TUOR, BeKomm, Art. 468 N 12; a. M. ESCHER, ZüKomm, Art. 468 N 7; PIOTET, SPR IV/1, 216 f.

17 ABT, HandKomm, Art. 467–468 N 12; BREITSCHMID, BaKomm, Art. 467/468 N 6.

mung der Erwachsenenschutzbehörde erforderlich (416[1] Ziff. 3; s. oben N 6).[18] Dasselbe gilt da, wo die verbeiständete Person auf Rechte verzichtet (19[1]). Für einen reinen Erbverzichtsvertrag (ohne Gegenleistung) dürfte diese Zustimmung in sinngemässer Anwendung von Art. 412 Abs. 1 ausgeschlossen sein.[19]

III. Die Fähigkeit Minderjähriger und Verbeiständeter

Aus den eben dargestellten Grundsätzen lassen sich für die Verfügungsfähigkeit Minderjähriger und Verbeiständeter folgende Schlüsse ziehen: 9

a. Minderjährige können weder ein Testament errichten (467), noch erbvertraglich   10 verfügen (468).

b. Verbeiständete urteilsfähige Personen, also Personen unter Begleit-, Vertretungs-,   11 Mitwirkungs-, kombinierter oder umfassender Beistandschaft (394 ff.), können (ohne Mitwirkung der gesetzlichen Vertretung) ein *Testament* errichten (467).

Mit Bezug auf den *Erbvertrag* ist zu unterscheiden: *Als Erblasser* können sie einen Erb-   12 vertrag nur dann abschliessen, wenn sie *persönlich* handeln. Ist ihre Handlungsfähigkeit mit Bezug auf den Erlass von Verfügungen von Todes wegen eingeschränkt, sind sie als Erblasser erbvertragsfähig, wenn sie urteilsfähig sind und persönlich handeln können. Personen unter Vertretungsbeistandschaft, welche Erbverträge umfasst, sind somit nicht als Erblasser erbvertragsfähig, da für sie die Beiständin als Vertreterin handeln müsste, dies aber wegen der Höchstpersönlichkeit der Sache ausgeschlossen ist. Stehen sie unter Mitwirkungsbeistandschaft, sind sie urteilsfähig und können sie persönlich handeln, bedürfen sie für die Gültigkeit des Erbvertrags der Zustimmung der Beiständin (468[2]). Schliessen Verbeiständete einen Erbvertrag lediglich als Gegenkontrahent ab, verfügen sie also nicht selber als Erblasser, sind sie nach den allgemeinen Regeln der Vertragsfähigkeit selber handlungsfähig (oben N 7 f.). Sie können mithin selbständig (und ohne Zustimmung des gesetzlichen Vertreters) unentgeltliche Vorteile erlangen (19[2]). Wenn sie dagegen selber eine Gegenleistung erbringen, benötigen sie gegebenenfalls (vorne N 8) sowohl die Zustimmung bzw. die Mitwirkung der Beiständin (19[1]) wie auch der Erwachsenenschutzbehörde (416[1] Ziff. 3).

IV. Die Willensmängel

Damit die Verfügung von Todes wegen Bestand hat, fordert das Gesetz neben der   13 Urteilsfähigkeit und dem bestimmten Alter auch die *Abwesenheit von Willensmän-*

---

18   STEINAUER/FOUNTOULAKIS, Personnes physiques, Nr. 1227a; BIDERBOST, FamKomm Erwachsenenschutz, N 26; ABT, HandKomm, Art. 467–468 N 12; Hierzu MEIER a.a.O. 534 ff., zur damals erforderlichen Zustimmung der vormundschaftlichen Aufsichtsbehörde (422 Ziff. 5 a. F.).
19   VOGEL, BaKomm, Art. 416/417 N 19; AFFOLTER, BaKomm, Art. 412 N 8.

geln (469). Solche sind Irrtum, arglistige Täuschung, Drohung oder Zwang, also im Wesentlichen die gleichen, die auch die Gültigkeit der Rechtsgeschäfte unter Lebenden beeinflussen (23 ff. OR). Bei der Verfügung von Todes wegen wird jedoch[20], weil ja keine Interessen des Geschäftsverkehrs im Spiel stehen, die eine Auslegung der Willenserklärung nach dem Vertrauensprinzip erfordern würden, viel strenger am Willensmoment festgehalten als bei jenen (131 III 108 E. 1.1; BGer 5A_715/2009 E. 3.1; 5A_698/2008 E. 2.2[21]). Demnach ist bei Verfügungen von Todes wegen jeder Irrtum «wesentlich» (also anders als nach 23 ff. OR: 119 II 211; BGer 5A_204/2007 E. 6.1; 5A_698/2008 E. 4.1; 5A_692/2011 E. 4.1.1[22]), sofern er nur einen entscheidenden Einfluss auf die Verfügung hatte, d.h. «kausal» war (94 II 140; BGer 5A_692/2011 E. 4.1.1). Insofern ist im Erbrecht auch der sogenannte Irrtum im Motiv wesentlich (im Gegensatz zu 24² OR). Das gilt selbst vom Irrtum über *künftige* Ereignisse, wenn es sich um *bestimmte,* vom Erblasser als verlässlich betrachtete Ereignisse (und nicht um blosse Wünsche, Hoffnungen oder Befürchtungen) handelt (75 II 285). Bei der Täuschung[23] kommt es nicht darauf an, von welcher Seite sie ausging, ob vom Bedachten oder von einem Unbeteiligten (also ohne die Einschränkung des Art. 28 Abs. 2 OR), wie auch bei der Drohung die besondere Qualifizierung gemäss Art. 30 OR hier nicht massgebend ist. «Zwang und Drohung» im Sinn von Art. 469 Abs. 1 ZGB «gehören zusammen und entsprechen der Furcht des OR»[24] (BGer 5C.52/2003 E. 4.2.1). Unter «Zwang» ist daher ebenfalls psychischer, nicht physischer Zwang zu verstehen. Eine unter physischem Zwang (z.B. durch gewaltsames Führen der Feder) entstandene Verfügung gilt als gar nicht vom Erblasser errichtet (72 II 157; 98 II 80; BGer 5A_748/2008 E. 4.3.3).

14   In den letzten Jahren sind mehrere Urteile im Zusammenhang mit von anderen *abhängigen Menschen im höheren Alter* ergangen. Es handelt sich um Menschen, deren Urteilsfähigkeit in Frage steht (124 III 5 ff.; BGer 5A_748/2008, wo ein 81jähriger Witwer per Kontaktanzeige eine um mindestens 20 Jahre jüngere Frau gesucht und gefunden sowie später sehr wesentlich testamentarisch begünstigt hat; BGer 5A_12/2009) oder die womöglich an einem Willensmangel leiden, weil sie einem Irrtum unterliegen oder arglistig getäuscht werden (132 III 310 E. 3.3, wo die Erblasserin dem Begünstigen völlig «verfallen» war; s. dazu auch 132 III 315 ff.). Eine Person höheren Alters, die sich nicht in einer derartigen Drucksituation und Abhängigkeit befindet, dass sie dem Willen einer anderen Person ausgeliefert ist und sich gar nicht mehr anders als zu deren Gunsten entscheiden kann, ist nicht zwingend urteilsunfähig. Es bedeutet keine übermässige Abhängigkeit, wenn ältere Menschen in einer mehrjährigen Beziehung ausharren müssen, weil sie befürchten, in ihrem fortgeschrittenen Alter keinen oder nur

20   Grundsätzlich; zur Problematik beim Erbvertrag s. sogl. N 15.
21   Bemerkungen zu drei Entscheiden: EITEL, Erbrecht 2009–2011, Rechtsprechung, Gesetzgebung, Literatur Teil 2, in successio 5 (2011), 281 ff., 283 f.
22   Bemerkungen zum nicht publizierten Entscheid von AEBI-MÜLLER, Die privatrechtliche Rechtsprechung des Bundesgerichts im Jahr 2012, Personenrecht und Erbrecht, in ZBJV 149 (2013), 415 ff., 428 f.
23   Zum Begriff der Arglist, die bei der Täuschung vorausgesetzt ist, s. BGE 132 III 309 E. 3.3.
24   HUBER, Prot. Exp. Komm., I u. II 538.

mehr schwer einen neuen Partner zu finden, und ihre Widerstandsfähigkeit ist nicht schon deshalb zu verneinen, weil es auch im Alter Lebenssituationen geben kann, in denen kein oder nur mehr ein beschränkter Handlungsspielraum besteht und man folglich für das, was man bekommen will, bezahlen muss, was gefordert wird (BGer 5A_748/2008 E. 4.5 und 5.4.2).[25]

Nach der Systematik und dem Wortlaut des Gesetzes gilt der eben erläuterte Art. 469 Abs. 1 für alle Verfügungen von Todes wegen, also auch für *Erbverträge*. Der Sache nach ist er allerdings auf das Testament zugeschnitten. Es hat sich deshalb die Frage gestellt, ob nicht für Erbverträge beim Vorliegen von Willensmängeln die Regeln des Obligationenrechts gelten.[26] Das Bundesgericht hat diese Frage zwar grundsätzlich verneint: Art. 469 findet demnach auch auf Erbverträge Anwendung (99 II 384).[27] Allerdings ist nach dieser Rechtsprechung der Motivirrtum des Erblassers nur dann beachtlich, wenn er sich auf einen Sachverhalt bezieht, der vom Erblasser nach Treu und Glauben als notwendige Grundlage des Vertrags im Sinn von Art. 24 Abs. 1 Ziff. 4 OR betrachtet worden ist (99 II 384 ff.). Durch diese Einschränkung hat das Bundesgericht seinen Grundsatzentscheid stark relativiert.[28] Ganz allgemein ist darauf hinzuweisen, dass beim Erbvertrag eine ganze Fülle von Konstellationen denkbar ist, für die je Unterschiedliches mit Bezug auf die Anfechtung wegen Willensmängeln gelten kann.[29]

Das Bundesgericht hat im Übrigen den vorn (§ 67 N 1) erwähnten *favor negotii* zu Recht auch bei den Willensmängeln berücksichtigt. Demnach muss man sich bei einem mit Motivirrtum behafteten Testament folgende Frage stellen: Ist es wahrscheinlich, dass es der Erblasser ohne den Irrtum (also bei Kenntnis der Sachlage) vorgezogen hätte, die

15

16

---

25 Kritisch dazu ABT, successio a.a.O. 195 ff.; AEBI-MÜLLER, Die privatrechtliche Rechtsprechung des Bundesgerichts im Jahr 2009, Personenrecht und Erbrecht, in ZBJV 146 (2010), 368 ff., 381 ff.; HRUBESCH-MILLAUER, Neuere Gesetzgebung und Rechtsprechung aus dem Erbrecht, in AJP 19 (2010), 501 ff., 504.

26 So schon im Wesentlichen PAUL PIOTET, Les vices de la volonté dans le pacte successoral, in FS Wilhelm Schönenberger (Freiburg 1968), 329 ff. Siehe auch PIOTET, SPR IV/1, 279 ff.

27 ABT, HandKomm, Art. 469 N 1; SCHRÖDER, PraxKomm, Art. 469 N 3; STEINAUER, Successions, Nr. 332; WEIMAR, BeKomm, Art. 469 N 6 f.; BREITSCHMID, BaKomm, Art. 469 N 4.

28 ABT, HandKomm, Art. 469 N 4; DERS., Die Ungültigkeitsklage im schweizerischen Erbrecht: unter besonderer Berücksichtigung von Zuwendungen an Vertrauenspersonen (Diss. Basel 2001, Basel 2002), BSRW A 61, 82; GUINAND/STETTLER/LEUBA, Successions, Nr. 259; SCHRÖDER, PraxKomm, Art. 469 N 8; STEINAUER, Successions, Nr. 332; WEIMAR, BeKomm, Art. 469 N 7, relativiert zusätzlich die Bedeutung des BGE, indem er darauf hinweist, dass der Entscheid «in Wahrheit … ein Rechtsgeschäft unter Lebenden in einem Erbvertrag» betrifft. Siehe aber auch KRAMER, BeKomm, Art. 18 N 54, wonach jedenfalls für die Lösung des Falsa-demonstratio-Problems bei Erbverträgen Art. 18 Abs. 1 OR über Art. 7 ZGB und nicht Art. 469 Abs. 3 ZGB die dogmatische Grundlage bildet.

29 ABT, HandKomm, Art. 469 N 5, N 12; BREITSCHMID, BaKomm, Art. 469 N 4; SCHRÖDER, PraxKomm Erbrecht, Art. 469 N 3 f.; STEINAUER, Successions, N 332. Hierzu siehe nunmehr ausführlich in teilweiser Abweichung von der h. L. WEIMAR, BeKomm, Art. 469 N 4–11, sowie IVO GRUNDLER, Willensmängel des Gegenkontrahenten beim entgeltlichen Erbvertrag (Diss. St. Gallen 1998).

Verfügung aufzuheben statt sie so, wie sie nun vorliegt, bestehen zu lassen? Nur wenn diese Frage bejaht wird, kann das Testament für ungültig erklärt werden (94 II 140; 119 II 208 und BGer 5C.273/2002 E. 3; 5A_692/2011 E. 4.1.1; nachstehend N 12 ff.). Das Gleiche gilt auch für Erbverträge, hier allerdings mit der Einschränkung, dass der Motivirrtum, der nicht gleichzeitig Grundlagenirrtum im Sinn von Art. 24 Abs. 1 Ziff. 4 OR bildet, nur bei arglistiger Täuschung zur Ungültigkeit führen kann (99 II 387).[30]

V.   Die Folgen der mangelnden Verfügungsfähigkeit

a. Grundsatz: Ungültigkeit auf Klage oder Einrede hin

17   Die von einer verfügungsunfähigen Person (hierzu: 91 II 338) oder unter dem Einfluss eines Willensmangels errichtete Verfügung ist nicht an und für sich schon nichtig. Sie besteht zunächst zu Recht, wird aber vom Gericht als ungültig erklärt, falls innerhalb bestimmter Zeit ein an der Ungültigkeit interessierter Erbe oder Bedachter *klagt* (519; analog 96 II 99; BGer 5A_89/2011 E. 2.1). Die Ungültigkeitsklage richtet sich gegen die ganze Verfügung von Todes wegen oder gegen jenen Teil, der mängelbehaftet ist (119 II 211 E. 3bb).

18   Das Ungültigkeitsurteil (s. hinten § 70 N 3 und § 72 N 3 f.) ist ein *Gestaltungsurteil* und nicht etwa ein blosses Feststellungsurteil.[31] Es wirkt nach ständiger bundesgerichtlicher Rechtsprechung nur zwischen den am Prozess Beteiligten (81 II 36 und dort zitierte Entscheide), also nur zu Gunsten der Erben und Bedachten, die als Kläger aufgetreten sind, bzw. nur gegen jene aus der Verfügung von Todes wegen Berechtigten, die ins Recht gefasst wurden. Es wirkt ex tunc.[32] Betrifft die Ungültigkeit nicht die gesamte Verfügung, sondern nur einen Teil davon, und entspricht der verbleibende Teil auch ohne den ungültigen Teil dem mutmasslichen Willen der Erblasserin, so liegt eine Teilungültigkeit vor (127 III 531 E. 3a; 119 II 211 E. 3bb).[33]

19   Wird nicht innerhalb der «Verjährungsfrist» (ein bzw. zehn Jahre, s. Art. 521) geklagt, so erwächst die Verfügung endgültig in Kraft (91 II 332). Es handelt sich bei diesen Fristen mithin nicht um Verjährungsfristen im Sinn von Art. 127 ff. OR, sondern um *Verwirkungsfristen* (98 II 176).[34] Nur in der Verteidigungsstellung, wo die blosse Anru-

---

30   Im BGE steht «absichtliche Täuschung»; «arglistig» ist dem Wortlaut von Art. 469 Abs. 1 entnommen.

31   ABT a.a.O. 32 f.; CHRISTIAN BRÜCKNER/THOMAS WEIBEL, Die erbrechtlichen Klagen (3. A. Zürich/Basel/Genf 2012), Nr. 9; WOLF/GENNA, SPR IV/1, 405.

32   Statt vieler FORNI/PIATTI, BaKomm, Art. 519/520 N 29; BRÜCKNER/WEIBEL a.a.O. Nr. 21. – Subtiler ist zu Recht PIOTET, SPR IV/1, 274 f.

33   Hierzu siehe auch WEIMAR, BeKomm, Art. 468 N 20 und Art. 469 N 3; BRÜCKNER/WEIBEL a.a.O. Nr. 24; FORNI/PIATTI, BaKomm, Art. 519/520 N 29; STEINAUER, Successions, Nr. 775.

34   Bei Vorliegen der entsprechenden Voraussetzungen ist immerhin noch eine Nachfrist im Sinn von Art. 139 OR gegeben (98 II 183 f.). BRÜCKNER/WEIBEL a.a.O. Nr. 17 f. Ausführlich vgl. ABT a.a.O. 45 ff.

fung einer *Einrede* genügt, kann die Ungültigkeit unbegrenzt geltend gemacht werden (521[3]). Das ist namentlich dann der Fall, wenn sich die Person, die an der Ungültigkeit interessiert ist, im Besitz oder Mitbesitz der Erbschaft befindet (98 II 181). Der Mangel kann allerdings so krass sein, dass nicht der Verwirkung unterliegende Ungültigkeit, sondern durch unverjährbare (genau: unverwirkbare) Feststellungsklage geltend zu machende Unwirksamkeit (Nichtigkeit) vorliegt.[35]

b. Ausnahmen: Konvaleszenz und Berichtigung

Beim Vorhandensein eines Willensmangels (oben N 13 ff.) folgt in zwei Fällen nicht die Ungültigkeit, sondern eine besondere Rechtsfolge: 20

1. Die Verfügung kann nach dem Tod des Erblassers nur dann mit Erfolg angefochten   21 werden, wenn sie *nicht* zu dessen Lebzeiten schon nachträglich *vollkräftig* geworden war (sog. Konvaleszenz). Dies ist der Fall, wenn der Erblasser sie ausdrücklich oder auch nur stillschweigend bestätigt hat. Eine solche stillschweigende Bestätigung (eine Genehmigungsfiktion[36]) erblickt das Gesetz (469[2]) in der Tatsache, dass der Erblasser die Verfügung nicht innerhalb eines Jahres seit der Erkenntnis des Irrtums oder dem Fortfall von Zwang oder Drohung aufgehoben hat (BGer 5C.32/2004 und 5C.33/2004 E. 5). Die Aufhebung des Testaments erfolgt in einer der Testamentsformen.[37] In welcher Form der Erbvertrag fristgerecht durch den Erblasser im Sinn von Art. 469 Abs. 2 aufgehoben werden kann, ist umstritten (99 II 386); so oder anders ist aber eine Mitteilung an die Gegenpartei erforderlich (99 II 386 f.).[38] Vgl. hierzu 31[1] und [2] OR.

2. Bei einer besonderen Art von Irrtum ist die Anhebung einer Anfechtungsklage im   22 Sinn von Art. 519 gar nicht notwendig; vielmehr kann die Ersetzung der unter einem Mangel leidenden Verfügung durch eine mangelfreie Verfügung verlangt werden. Das ist der Fall des sogenannten Irrtums in der *Bezeichnung,* der sich nicht auf den Willen selbst, sondern nur auf die Erklärungshandlung bezieht. Der Erblasser dachte hier richtig (z.B. an seinen Neffen Peter) und wollte auch das Richtige sagen, aber er gab

---

35 So URS SCHWALLER, Die Unwirksamkeit des eigenhändigen Testamentes (Diss. Freiburg 1981), insbesondere 27 ff., und HANS MICHAEL RIEMER, Nichtige (unwirksame) Testamente und Eheverträge, in FS Max Keller (Zürich 1989), 245 ff.; BRÜCKNER/WEIBEL a.a.O. Nr. 25 f.; WOLF/GENNA, SPR IV/1, 406 ff.; FORNI/PIATTI, BaKomm, Art. 519/520 N 4.

36 ABT, HandKomm, Art. 469 N 18; SCHRÖDER, PraxKomm, Art. 469 N 32; WOLF/GENNA, SPR IV/1, 422; BREITSCHMID, BaKomm, Art. 469 N 4.

37 So ABT a.a.O. 100; ESCHER, ZüKomm, Art. 469 N 17; WEIMAR, BeKomm, Art. 469 N 30; BREITSCHMID, BaKomm, Art. 469 N 19; SCHRÖDER, PraxKomm Erbrecht, Art. 469 N 32; ABT, HandKomm, Art. 469 N 20; STEINAUER, Successions, Nr. 327; WOLF/GENNA, SPR IV/1, 423.

38 Vom BGer a.a.O. offengelassen, ob die Aufhebung sogar nur durch Klage möglich sei. So PIOTET a.a.O. 279 ff. Für formlose Mitteilung nach Art. 31 OR mit guten Gründen DRUEY, Grundriss, § 10 N 48 (unter Berufung auf PICENONI); ABT, HandKomm, Art. 469 N 21; DERS. a.a.O. 101 f.; BREITSCHMID, BaKomm, Art. 469 N 21; GUINAND/STETTLER/LEUBA, Successions, Nr. 262 FN 444; STEINAUER, Successions, Nr. 348; SCHRÖDER, PraxKomm Erbrecht, Art. 469 N 34 f. Nach WEIMAR, BeKomm, Art. 469 N 32, ist die Mitteilung (für den allein problematischen Fall des beiderseitigen Erbvertrags) nicht «Voraussetzung der Gültigkeit der Aufhebung», sondern nur «ein Gebot des Anstands».

seiner Erklärung nicht geeignet Ausdruck (er schrieb z.B. den Neffen Paul). Dies kann aus Versehen, Zerstreutheit, aus Unkenntnis oder falscher Vorstellung über den Wortsinn geschehen.

23   Wenn ein solcher Irrtum in der Bezeichnung offenkundig und der richtige Wille mit Bestimmtheit feststellbar ist, so kann seine *Berichtigung* auf dem einfachen Weg der Auslegung der Verfügung (s. § 72 N 5 ff.), ohne Erhebung der Ungültigkeitsklage und deshalb auch unbefristet, verlangt werden. An Stelle der erklärten, aber nicht gewollten, wird ohne Weiteres die nicht erklärte, aber gewollte Anordnung gesetzt (469[3]). Seinem Wortlaut nach gilt Art. 469 Abs. 3 allerdings nur bei irrtümlicher Bezeichnung einer Person oder Sache (72 II 230 f.; 89 II 184; 124 III 416 E. 2b[39]). Die Lehre ist hier wohl zu Recht grosszügiger und es soll auch der Erklärungsinhalt ergänzt werden können.[40] Umstritten ist, ob Art. 469 Abs. 3 auch auf den Erbvertrag Anwendung findet.[41]

---

39   S. dazu die Besprechung von SCHNYDER, Die privatrechtliche Rechtsprechung des Bundesgerichts im Jahre 1998, Einleitung–Personenrecht–Familienrecht–Erbrecht, in ZBJV 139 (1999), 348 ff., 371.

40   Siehe BREITSCHMID, BaKomm, Art. 469 N 8; ESCHER, ZüKomm, Art. 469 N 27; PIOTET a.a.O. 208; SCHRÖDER, PraxKomm Erbrecht, Art. 469 N 42 ff. WEIMAR, BeKomm, Art. 469 N 34 ff. In diesem Sinn wohl auch GUINAND/STETTLER/LEUBA, Successions, Nr. 265 FN 447, mit Hinweis auf BREITSCHMID, BaKomm soeben. Für eine engere Auslegung ABT, HandKomm, Art. 469 N 23 ff. und DERS. a.a.O. 103 f. Differenziert STEINAUER, Successions, Nr. 351 ff.

41   Gemäss PIOTET a.a.O. 208 «entgegen der Meinung der herrschenden Doktrin» nicht. Auch hier kommt es auf die jeweilige Konstellation an (vgl. vorn N 10). Für ABT a.a.O. 103, unter Berufung auf PICENONI, ist eine Richtigstellung des Erbvertrags dann möglich, wenn sich der Vertragspartner ebenfalls geirrt hat, wenn dieser den Irrtum hätte erkennen können oder wenn er mit der Berichtigung einverstanden ist. S. dazu auch ABT, HandKomm, Art. 469 N 23.

§ 69 Die Verfügungsfreiheit

I. Der Grundgedanke

Der Schutz der Familie und des Familienvermögens sowie die Pflicht eines jeden, soweit   1
möglich für die Zukunft der nächsten Angehörigen zu sorgen, haben den Gesetzgeber
veranlasst, dem Verfügungsrecht der einzelnen Person über ihr Vermögen, der sogenannten Verfügungsfreiheit, gewisse Schranken zu setzen und einen Bruchteil, eine
Quote, zu bestimmen, die ungeachtet anders lautender Verfügungen der Erblasserin
gewissen gesetzlichen Erben nicht entzogen werden kann (Pflichtteilsrecht). Nur wenn
besonders wichtige Gründe das Vorgehen des Erblassers rechtfertigen, vermag sich dessen Wille gegen den Widerspruch der in seinem Pflichtteilsrecht verletzten Erben durchzusetzen. Die gesetzliche Regelung hat demnach drei Fragen zu beantworten: Zunächst
ist zu bestimmen, welchen gesetzlichen Erbinnen und Erben ein Pflichtteilsrecht zusteht
und wie hoch dieses ist. Sodann ist der Schutz dieser Ansprüche zu regeln. Schliesslich
müssen die Gründe bestimmt werden, bei deren Vorliegen das Pflichtteilsrecht entzogen
werden kann. Diese dreifache Aufgabe löst das ZGB mit der Regelung des *Pflichtteilsrechts* (nachstehend II., N 2 ff.), der *Herabsetzung* (III., N 46 ff.) und der *Enterbung* (IV.,
N 65 ff.). Zur Flexibilisierung des Pflichtteilsrechts de lege ferenda siehe vorne § 63 N 4.

II. Das Pflichtteilsrecht

a. Grundbegriffe

1. Die Erbberufungen als Ausgangspunkt

Das Erbrecht regelt die Nachfolge in übertragbare Rechte und Pflichten eines Verstor-   2
benen. Das Gesetz hält fest, wer als Nachfolgerin zum Zug kommt, wenn der Erblasser nichts anordnet: die gesetzlichen Erben, die kraft Intestaterbrechts Berufenen. Der
Erblasser kann aber auch durch Verfügung von Todes wegen anordnen, wer wieviel
vom Nachlass erhält. Diese Verfügung geht grundsätzlich dem gesetzlichen Erbrecht
vor. Sie findet aber ihre Schranke am Pflichtteilsrecht bestimmter, vom Gesetz vorgesehener Erbinnen. Die testamentarische Berufung ist somit grundsätzlich stärker als
die gesetzliche Berufung. Werden testamentarisch indessen Pflichtteile verletzt, greift
der gesetzliche Schutz des Pflichtteilsrechts. Das entspricht der dem Privatrecht geläu-
figen Trias von zwingendem Recht (Pflichtteilsrecht), rechtsgeschäftlicher Anordnung
(Verfügung von Todes wegen) und nachgiebigem, dispositivem Gesetzesrecht (gesetzliches Erbrecht). Jedenfalls insofern ist es nicht abwegig, von drei Arten von Berufungen zu sprechen.[1] Allerdings kommen nur vom Gesetz vorgesehene Erbinnen als
Pflichtteilsberechtigte in Frage (471), und bemisst sich das Pflichtteilsrecht quotenmäs-
sig nach dem gesetzlichen Erbrechtsanspruch. Insofern ist es näher liegend, von zwei

---

1   So PIOTET, SPR IV/1, 4 ff. und 376 ff.

Arten von Berufungen (der gesetzlichen und der gewillkürten) zu sprechen (entsprechend dem Intestat- und dem Testaterbrecht) und das Pflichtteilsrecht als potenziertes gesetzliches Erbrecht zu bezeichnen.[2]

2. Die verfügbare Quote

3   Das ZGB geht vom gesetzlichen Erbrecht aus. Ausgangspunkt ist der gesetzliche Anspruch der nächsten Angehörigen des Erblassers gemäss den Art. 457 ff. Diese Regeln werden nun aber dadurch durchbrochen, dass der Erblasser je nach Art und Nähe der von ihm hinterlassenen Erben über einen grösseren oder kleineren Bruchteil seines Vermögens nach Belieben verfügen kann. Diesen Vermögensteil nennen wir die *verfügbare Quote,* den Freiteil (la quotité disponible). Zu ihrer Ermittlung geht man vom Pflichtteil bzw. von der Summe der Pflichtteile der einzelnen Erben aus und zieht diese vom Gesamtnachlass des Verfügenden ab (siehe sogleich Ziff. 3). Der Erblasser sollte an sich die verfügbare Quote kennen, bevor er an die Errichtung seiner Verfügung geht. Er kann allerdings nicht sicher wissen, ob und inwiefern bei seinem Tod pflichtteilsberechtigte Erben leben. Wie gross die verfügbare Quote wirklich ist, steht mithin erst bei seinem Tod fest (siehe in diesem Zusammenhang Art. 516).[3]

3. Der Pflichtteil

4   Ein Teil des Vermögens, die sogenannte *gebundene* oder *Vorbehaltsquote,* bleibt der Verfügung des Erblassers entzogen. Bestimmte vom Gesetz in den Art. 457 ff. vorgesehene Erbberechtigte erhalten daran zwingend den vom Gesetz in Art. 471 umschriebenen Anteil.[4] Das ist ihr *Pflichtteil* (part oder réserve légitime). Die Summe der Pflichtteile (Bruchteile) bildet demnach die gebundene Nachlassquote. Anders gesagt: Das Ganze minus die gebundene Nachlassquote bildet die verfügbare Quote. Um zu erfahren, wie hoch diese Quote ist, über wieviel mithin in einem konkreten Fall von Todes wegen verfügt werden darf, muss man die einzelnen Pflichtteile bestimmen, sie zusam-

---

2   WOLF/GENNA, SPR IV/1, 38 f.; STEINAUER, Successions, Nr. 44; BREITSCHMID/EITEL/FANK-HAUSER/GEISER/RUMO-JUNGO, litera B Erbrecht, § 1 Nr. 25 f.; gemäss WEIMAR, BeKomm, Die Erben – Einführung N 6, ist es «richtiger, bei der Zweiteilung gesetzliche und eingesetzte Erben zu bleiben und die Vorschriften über das Pflichtteilsrecht als einen Normenkomplex zu verstehen, der einen partiellen und bedingten Schutz des gesetzlichen Erbrechts gewährleistet». PIOTET, SPR IV/1, 4, plädiert für die drei Berufungen u. a. auch damit, dass ausnahmsweise eine Divergenz zwischen gesetzlichem (Intestat-)Erbrecht und Pflichtteilsrecht bestehen kann, wobei das Pflichtteilsrecht vorgeht. Er belegt dies denn auch in § 68 a.a.O. 496 ff. unter dem Titel «Die Herabsetzung der Erwerbungen nach Intestatrecht». Hierzu s. hinten III, b. i. f. Von drei statt von zwei Berufungen ist auch dann eher zu sprechen, wenn der Pflichtteilsberechtigte kein Recht darauf hat, Erbe zu werden (hierzu sogleich N 6).

3   WEIMAR, BeKomm, Vorbem. vor Art. 470 N 3 i. f. hält auf Grund dieser Überlegung fest: «In letzter Konsequenz wird damit der Begriff des verfügbaren Teils aus den Angeln gehoben.»

4   STAEHEHLIN, BaKomm, Art. 474 N 14; WEIMAR, BeKomm, Art. 474 N 3; BREITSCHMID, Das Erbrecht des 19. im 21. Jahrhundert – der Konflikt zwischen Status, Realbeziehung und erblasserischer Freiheit, in successio 1 (2007), 6 ff.

menzählen und das Ergebnis vom Gesamtnachlass abziehen.[5] Der Pflichtteil dient demnach einer doppelten Aufgabe: zunächst der Festsetzung der Vorbehaltsquote der einzelnen Anspruchsberechtigten und sodann der Ermittlung der (ganzen) verfügbaren Quote; Beispiele siehe hinten N 42 ff.

Das Gesetz umschreibt den Pflichtteil als *Bruchteil* des dem Erben am *ganzen* Nachlass   5
zustehenden *gesetzlichen Erbanspruchs* (so explizit in 471 Ziff. 1). Nach dieser Formulierung ist demnach der Pflichtteil ein dem Umfang nach gemindertes, der Natur nach aber verstärktes, potenziertes, weil unentziehbares gesetzliches Erbrecht.[6] Man nennt deshalb das Pflichtteilsrecht auch *Noterbrecht* (notwendiges Erbrecht), den Pflichtteilsberechtigten auch Noterben. Der Pflichtteil muss dem Berechtigten ungemindert und unbelastet zukommen, und zwar grundsätzlich zu Eigentum. Gemäss BGer (70 II 146) muss es sich um «biens aisément négociables» handeln.[7] Daher sind an ihm gemäss Art. 531 eine Nacherbeneinsetzung und nach 75 II 195 (mit weiteren Hinweisen) die Anordnung der Erbschaftsverwaltung auf Lebenszeit unzulässig. Zulässig sind ideelle, nicht aber vermögensmässige Auflagen zu Lasten des Pflichtteils.[8]

Die pflichtteilsberechtigte Erbin hat Anspruch auf ihren Pflichtteil «dem Werte nach»   6
(522[1]). Kommt ihr dieser Wert durch eine Zuwendung unter Lebenden oder durch ein Vermächtnis zu, hat sie folglich keinen Anspruch auf Erbenstellung.[9] Während das Bundesgericht die Frage in BGE 104 II 84 f. noch ausdrücklich offengelassen hatte, ist es nun auf diese Meinung eingeschwenkt (115 II 211; 125 III 40 E. 3b/bb; 138 III

---

5   Hier geht es nur, aber eben, um Bruchteile, um Quoten, um einen Prozentsatz (hierzu nachstehend N 8 ff.). Woraus im Einzelnen das Ganze besteht, um dessen Bruchteile es geht, ist eine andere Frage und allenfalls das Resultat komplizierter Berechnungen (siehe Art. 474 ff. und hierzu nachstehend N 16 ff.). Schon hier sei vorweggenommen, dass dieses hier «Nachlass» genannte Ganze im Einzelfall nicht notwendigerweise identisch ist (nur) mit dem, was ein Erblasser «hinterlässt».

6   Die Umschreibung als «Bruchteil» stimmt insofern nicht, als für Erbfälle vor 1988 in gewissen Konstellationen der gesetzliche Erbanspruch des überlebenden Ehegatten zu hundert Prozent pflichtteilsgeschützt war (siehe Art. 462 Abs. 1 und Art. 471 Ziff. 4 a. F.).

7   Rumo-Jungo, Nutzniessung in der Erbteilung, in successio 5 (2011), 11; Paul Eitel/Karin Anderer, 100 Jahre Begünstigung des Ehegatten nach Art. 473 ZGB, in Daniel Girsberger/ Michele Luminati (Hrsg.), ZGB gestern – heute – morgen, Festgabe zum Schweizerischen Juristentag 2007, LBR 20, 152 ff.; Breitschmid/Eitel/Fankhauser/Geiser/Rumo-Jungo, litera B Erbrecht, § 1 Nr. 46; Wolf/Genna, SPR IV/1, 447 f.

8   Nach Druey, Grundriss, § 6 Nr. 53, liegt die Grenze dort, wo die Auflage eine deutlich bezifferbare Werteinbusse bedeutet. Nach Steinauer, Successions, Nr. 600, sind selbst nicht vermögenswerte Auflagen unzulässig. A. M. Staehelin, BaKomm, Art. 470 N 6; Nertz, PraxKomm Erbrecht, Art. 470 N 11.

9   Piotet, La protection du réservataire en droit successoral suisse, in ZSR NF 91 (1972), I 25 ff., und in SPR IV/1, 378 ff.; ferner Reinold Raemy, Das Pflichtteilsrecht und die Erbenqualität (Diss. Freiburg 1982), AISUF 55, passim. Dieser Lösung haben sich nun auch die neuen Kommentare Staehelin, BaKomm, Art. 470 N 4, und Weimar, BeKomm, Vorbem. vor Art. 470 N 22, und Steinauer, Successions, Nr. 787, angeschlossen.

354 E. 5[10]). Nach gut begründeter Ansicht[11] ist dabei der dem Werte nach befriedigte Pflichtteilsberechtigte, der deshalb die Herabsetzung nicht mehr geltend machen kann (dazu hinten III., N 46 ff.), wie ein Vermächtnisnehmer (Legatar) zu behandeln. Immerhin unterscheidet sich dieser Pflichtteilserbe unter mehreren Rücksichten von einem gewöhnlichen Legatar.[12 – 13]

b. Die pflichtteilsberechtigten Personen

7   Einen Anspruch auf den Pflichtteil *gemäss geltendem Recht* haben: die *Nachkommen* aller Grade, die *Eltern* (dagegen nicht die Grosseltern) und der überlebende *Ehegatte* sowie der überlebende *eingetragene Partner* und die überlebende *eingetragene Partnerin* (471). Seit der ZGB-Revision des Jahres 1984 besteht für die Geschwister oder deren Nachkommen kein Pflichtteilsrecht mehr (Abänderung des Art. 471 a. F., Wegfall des Art. 472; zur früheren Regelung ausführlich s. 10. Auflage dieses Buches, 440 ff.).

c. Die Grösse des Pflichtteils

8   Das Verhältnis zwischen Pflichtteil und verfügbarer Quote hängt im Allgemeinen nur von der Person des Pflichtteilsberechtigten ab (471 Ziff. 1–3). Die Person, zu deren Gunsten (im Rahmen der verfügbaren Quote) verfügt wird, ist für die Bestimmung des Umfangs der verfügbaren Quote dagegen grundsätzlich nicht massgeblich. Eine Ausnahme besteht bei der Verfügung zugunsten der überlebenden Ehegattin: Unter gewissen Voraussetzungen erweitert sich die verfügbare Quote, wenn die Verfügung zu ihren Gunsten lautet (473: verfügbare Quote beträgt ¼).

1. Der Grundsatz

9   Nach der *Regel* des Art. 471 beträgt der Pflichtteil (und damit die Vorbehaltsquote) folgende Bruchteile des jeweiligen gesetzlichen Erbanspruchs (vgl. die Beispiele hinten N 42 ff.): *Für Nachkommen je drei Viertel* (471 Ziff. 1), *für Vater und Mutter je die Hälfte* (471 Ziff. 2), *für den überlebenden Ehegatten bzw. den eingetragenen Partner oder die eingetragene Partnerin die Hälfte* (471 Ziff. 3) des gesetzlichen Erbanspruchs. Da Letzterer für den Ehegatten bzw. den Partner oder die Partnerin davon abhängt, mit welchen anderen gesetzlichen Erben er oder sie in Konkurrenz tritt (462), ändert sich auch der Pflichtteilsanspruch dementsprechend. Er beträgt demnach neben Nachkommen die Hälfte der Hälfte, d.h. einen Viertel der Erbschaft, neben Eltern die Hälfte

---

10   S. dazu Strazzer, Der virtuelle Erbe – eine Rechtsfigur mit prozessualen Tücken für den Anwalt, Bemerkungen zu einem (nicht publizierten) Urteil des Bezirksgericht Zürich vom 16. Dezember 2008, in successio 4 (2010), 147 ff.; Strazzer/Zeiter, «Neues vom virtuellen Erben», in successio 7 (2013), 142 ff.

11   Raemy a.a.O. 109 ff.

12   Raemy a.a.O. 141. So finden auf diesen Abgefundenen die Art. 497 und 579 sinngemäss Anwendung (Raemy a.a.O. 129 f.); gemäss Staehelin, BaKomm, Art. 470 N 4, wäre dies jedenfalls zu prüfen. Zum Ganzen s. auch Druey, Grundriss, § 6 N 8–12, 38–40 und 70.

13   Von besonderem Interesse ist in diesem Zusammenhang die Frage, ob und inwiefern ein abgefundener Pflichtteilserbe noch Gewinnansprüche als Miterbe (28 ff. BGBB) geltend machen kann. Hierzu siehe 104 II 84 f.

von drei Vierteln, d.h. drei Achtel der Erbschaft, als gesetzlicher Alleinerbe die Hälfte der Erbschaft.

2. Die erweiterte verfügbare Quote[14]

Die in Art. 473 Abs. 2 vorgesehene erweiterte verfügbare Quote ermöglicht es dem Erblasser im Sinn einer besonderen *Begünstigung* des überlebenden Ehegatten, diesem in Konkurrenz mit Nachkommen an der Stelle des ihm sonst zustehenden gesetzlichen Erbrechts *die Nutzniessung an der gesamten Erbschaft* zuzuwenden. Da eingetragene Partner/Partnerinnen keine gemeinsamen Kinder haben können (28 PartG), ist 473 unter ihnen nicht anwendbar.[15] Die Anwendung von Art. 473 ist subsidiär zu Art. 530[16], der ja ebenfalls eine Nutzniessung zu Gunsten des Ehegatten (und auch der eingetragenen Partnerinnen und Partner) zulässt, solange der Pflichtteil der (übrigen) Pflichtteilserben nicht verletzt ist:[17] Je jünger der überlebende Ehegatte (und je grösser mithin der kapitalisierte Wert der Nutzniessung) ist, umso eher «greift» Art. 473.[18] Zwei Schranken sind immerhin auch dieser so weitreichenden Begünstigung gesetzt: 10

α. Sie ist nur gestattet gegenüber *gemeinsamen Nachkommen*.[19] Hatte der Erblasser Kinder aus einer früheren Ehe, so kann er ihnen und ihren Nachkommen den Genuss ihres Pflichtteils nicht entziehen. Der überlebende Ehegatte ist vielleicht nicht viel älter als die Kinder des Verstorbenen aus erster Ehe und würde somit diese viel- 11

---

14 Zum Ganzen vgl. Philipp Studhalter, Die Begünstigung des überlebenden Ehegatten nach Art. 473 ZGB mit besonderer Berücksichtigung des rechtsgeschäftlichen Wahlrechts, (Diss. Bern 2007), INR 4, und mit einer Übersicht Aebi-Müller/Widmer, Art. 473 ZGB – neue Publikationen zu einem Rechtsinstitut mit langer Tradition, in successio 2 (2008), 102 ff. Zur Entstehungs- und Revisionsgeschichte von 473 vgl. Eitel/Anderer a.a.O. 139 ff., 141 ff.

15 Steinauer, Successions, Nr. 437; Wolf/Genna, ZüKomm, Erbrecht der eingetragenen Partnerschaft N 80 ff.

16 Art. 530 ist mit Bezug auf die Nutzniessungsvermächtnisse die Grundnorm. Im Unterschied zu ihr lässt Art. 473 die Pflichtteilsverletzung zulasten der gemeinsamen Kinder zu. Da eingetragene Partner und Partnerinnen bisher keine gemeinsamen Kinder haben (was sich bei Einführung der Stiefkindadoption für eingetragene Paare ändern würde: Botschaft vom 28. November 2014, BBl 2015, 877). Zu Art. 530 und zum Wahlrecht des Erben beim Übersteigen des verfügbaren Teils hinten N 52.

17 Steinauer, Successions, Nr. 426; Alexandra Rumo-Jungo, Tafeln und Fälle zum Erbrecht (3. A., Zürich/Basel/Genf 2010), Tafel 15.

18 S. die Beispiele bei Steinauer, Successions, Nr. 421, 428 ff.; Rumo-Jungo/Hürlimann-Kaup/ Krapf, Kapitalisieren im Zivilrecht, in ZBJV 140 (2004), 545 ff.; Rumo-Jungo, Tafeln und Fälle a.a.O. Tafel 15.

19 Bei der Revision des Kindesrechts von 1976 (in Kraft seit 1. Januar 1978) hatte man den ursprünglichen Art. 473 ZGB leicht abgeändert und dem Ehegatten erlaubt, auch die Erbschaft eines während der Ehe gezeugten nichtgemeinsamen Kindes oder dessen Nachkommen mit der Nutzniessung des überlebenden Ehegatten, von dem diese gerade nicht abstammen, zu belasten. Mit der Revision vom 5. Oktober 2001 kehrte man zur (sinnvollen) Urfassung zurück, wonach die Begünstigung des Ehegatten nur gegenüber gemeinsamen Nachkommen besteht. Für Erbanfälle in der Zeit vom 1. Januar 1978 bis zum 1. März 2002 gilt die Zwischenzeitlösung (Art. 16 Abs. 3 SchlT). Hinweis: In der französischen Fassung, publiziert in RO (=AS) 2002, 269 f., steht fälschlicherweise «enfants» (= Kinder) statt «descendants» (= Nachkommen).

leicht zeitlebens vom Genuss ihres väterlichen (bzw. mütterlichen) Erbes ausschliessen.[20] Was die während der Ehe gezeugten nichtgemeinsamen Kinder bzw. deren Nachkommen angeht, ist nicht einzusehen, warum sie sich gegenüber einem Ehegatten, von dem sie nicht abstammen, einen Eingriff in ihren Pflichtteil gefallen lassen müssten.[21]

12   β. Sie nimmt ein Ende mit der etwaigen *Wiederverheiratung*[22] des überlebenden Ehegatten. Bei Wiederverheiratung entfällt die Nutzniessung insoweit, als sie ohne den Art. 473 zu Lasten der Nachkommenspflichtteile nicht hätte angeordnet werden dürfen (473[3]). Mit anderen Worten: Die Nutzniessung muss kapitalisiert werden und entfällt nachträglich insoweit, als sie herabgesetzt worden wäre, würde es Art. 473 nicht geben.[23] Damit erhalten die gemeinsamen Kinder mit der Wiederverheiratung des überlebenden Elternteils nachträglich ihren Pflichtteil.

13   Für die Ehegattin hat die Annahme der Begünstigung in Form einer blossen Nutzniessung (473) eine bedeutende Folge: Sie wird *nicht Erbin, sondern Vermächtnisnehmerin* und haftet als Nutzniesserin nicht für die Schulden des Erblassers. Etwas anderes gilt, wenn die Ehegattin neben ⅝ zu Nutzniessung die verfügbare Quote von ⅖ zu Eigentum erhält. Diesfalls ist sie Erbin, mit allen Rechten und Pflichten.[24] Sie wird auch

---

20   ESCHER, ZüKomm, Art. 473 N 9.

21   Vgl. Zusatzbericht der Kommission für Rechtsfragen des Nationalrates, zit. in Anm. 22, in BBl 2001, 2112. Dies entspricht der Regelung bei 216[2] und 241[3] mit ähnlichen Auswirkungen für die nichtgemeinsamen Nachkommen. Vgl. dazu STUDHALTER a.a.O. Nr. 228 ff.

22   Ein gefestigtes Konkubinat genügt nicht (kritisch dazu STUDHALTER a.a.O. Nr. 338). Das Eingehen einer eingetragenen Partnerschaft wird vom Gesetz zu Unrecht nicht erwähnt, ist doch das Eingehen einer eingetragenen Partnerschaft mit einer Wiederverheiratung vergleichbar (namentlich auch hinsichtlich der gegenseitigen Erbansprüche der eingetragenen Partner: 462). Da ursprünglich verheiratete Personen mit gemeinsamen Kindern (473[1]) später eine eingetragene Partnerschaft eingehen können, muss Art. 473 Abs. 3 auch auf diesen Fall Anwendung finden.

23   So STAEHELIN, BaKomm, Art. 473 N 22; je mit Beispielen s. EITEL/ANDERER a.a.O. 150 ff.; STEINAUER, Successions, Nr. 446 ff.; WEIMAR, BeKomm, Art. 473 N 45, N 47 f.

24   BREITSCHMID/EITEL/FANKHAUSER/GEISER/RUMO-JUNGO, litera B Erbrecht, § 1 Nr. 38; STUDHALTER a.a.O. Nr. 239 ff. Das ist allerdings in der Sache selbst höchst unbefriedigend; muss doch so der Ehegatte durch Besitzübertragung und Eintragung im Grundbuch die sachenrechtliche Nutzniessung erlangen.

dann Erbin, wenn sie die Begünstigung ausschlägt, den Pflichtteil zu Eigentum verlangt und so Vollerbin wird.[25, 26]

Vor der Gesetzesänderung vom 5. Oktober 2001 (in Kraft seit 1. März 2002) stellte sich 14
die wichtige praktische Frage, ob und inwiefern die Begünstigung im Sinn des Art. 473 *zu Lasten der verfügbaren Quote oder der Pflichtteile* der Kinder bzw. der Nachkommen gehe. Mit der Gesetzesänderung hat der Gesetzgeber den so genannten «*Achtelstreit*» beendet und sich für die 2/8-Lösung entschieden.[27] Seit der Revision des Eherechts von 1984 betrug nämlich die verfügbare Quote je nach Ansicht 1/8 oder 2/8 oder 3/8 des Nachlasses und konnte der Erblasser seiner Ehegattin (neben der verfügbaren Quote) die Nutzniessung am verbleibenden Rest (7/8, 6/8 oder 5/8) zuweisen.[28] Da keine Übergangsbestimmung geschaffen worden ist, gilt für Erbanfälle zwischen dem 1. Januar 1989 und dem 1. März 2002 das bisherige Recht, für welches die erwähnten drei Theorien (1/8, 2/8 oder 3/8) vertreten worden sind. Man kann sich allerdings fragen, ob nicht ange-

25 Weimar, BeKomm, Art. 473 N 9, Staehelin, BaKomm, Art. 473 N 18 (mit Hinweis auf eine Minderheitsmeinung Schwager, nach der sie den ganzen Erbteil verlangen könnte). Nach Nertz, PraxKomm Erbrecht, Art. 473 N 9, ist diese Wahl nur möglich, wenn der Pflichtteil des überlebenden Ehegatten verletzt ist und die Nutzniessung nicht erbvertraglich unter den Ehegatten vereinbart wurde. – Da der Pflichtteil nur 1/4 des Nachlasses bildet, lohnt sich die Wahl des Pflichtteils nur bei sehr hohem Alter des überlebenden Ehegatten, der sonst die Nutzniessung am ganzen Nachlass bekäme (Weimar, BeKomm, Art. 473 N 11). Zu dieser Problematik für Erbanfälle vor 1988 siehe Staehelin, BaKomm, Art. 473 N 18 erster Teil. Zum Ganzen mit Beispielen vgl. Eitel/Anderer a.a.O. 150 ff.; Rumo-Jungo successio 2011 a.a.O. 11 f.

26 Umstritten ist, ob der Erblasser dem überlebenden Gatten (analog der gesetzlichen Regelung in Art. 462 a. F.) ein Wahlrecht zwischen der ganzen Erbschaft zu Nutzniessung und der Hälfte zu Eigentum einräumen kann. Das wird mehrheitlich bejaht (siehe Staehelin, BaKomm, Art. 473 N 17, der präzisierend vom Wahlrecht «zwischen der maximalen Quote zu Eigentum und der Nutzniessung gem. Art. 473 nebst der freien Quote zu Eigentum» spricht; Eitel/Anderer a.a.O. 160 f.; Nertz, PraxKomm Erbrecht, Art. 473 N 10; Steinauer, Successions, Nr. 443 FN 20; Wildisen, Handkomm, Art. 473 N 6; siehe auch das Urteil des EVG P 40/00, in ZBJV 138 (2002), 810 ff., wo das Gericht eine solche Wahlklausel als zulässig erachtete. A. M. Weimar, BeKomm Art. 473 N 10, unter Hinweis auf die materielle Höchstpersönlichkeit der Verfügungen von Todes wegen.

27 Siehe BBl 2001, 5736 f. Materialien hierzu sind zu finden im Bericht der Kommission für Rechtsfragen des Nationalrates vom 22. Januar 2001 (BBl 2001, 1121 ff.), in der Stellungnahme des Bundesrates vom 9. März 2001 (BBl 2001, 2011 ff.) und im Zusatzbericht der Kommission für Rechtsfragen des Nationalrates vom 10. Mai 2001 (BBl 2001, 2111 ff.). Der Durchbruch zu den 2/8 findet sich im zuletzt erwähnten Dokument (2112 f.).

28 S. dazu die 12. Auflage dieses Buches, 586, sowie die 11. Auflage, 467 f. Die Mehrheit der Autoren votierte für 3/8 (etwa Weimar, BeKomm, Art. 473 N 17 ff.) bzw. 1/8, ein kleines Grüppchen, unter ihnen Schnyder, s. 11. Auflage dieses Buches, 467 f., trat für die 2/8-Lösung ein. Nach diesem hatte sich Staehelin, BaKomm, Art. 473 N 10, «der unkonventionellen 2/8-Lösung» angeschlossen. Ott vertritt in AJP 9 (2000), 662 ff., die 1/8-Lösung. Vgl. die Zusammenfassung der einzelnen Theorien und der jeweiligen Kritik bei Studhalter a.a.O. Nr. 215 ff.

sichts der früheren Rechtsunsicherheit im Sinn einer «rückwirkenden Vorwirkung» auch für diese Zeit die Vermittlungslösung der zwei Achtel zum Zug kommen sollte.[29]

d. Die Ermittlung des Wertbetrages der Pflichtteile

15   Der konkrete Betrag, der auf jeden Pflichtteil und auf deren Gesamtheit einerseits und dementsprechend auf die verfügbare Quote andererseits fällt, kann auch nach Kenntnis der Quotenanteile nur auf Grund einer besonderen rechnerischen Operation festgestellt werden. Voraussetzung dazu ist die genaue Bestimmung der *Berechnungsmasse* (masse de calcul)[30], d.h. des Gesamtwertes (der hundert Prozent), auf Grund dessen der genaue Wert der pflichtteilsgeschützten Bruchteile (Quoten, Prozentanteile) in einem konkreten Erbanfall zu berechnen ist. Dabei kann man nicht einfach nur das hinterlassene Nettovermögen des Erblassers einsetzen, sondern muss gewisse Beträge davon abziehen, andere dagegen hinzufügen. Die Berechnungsmasse ist daher nicht (notwendigerweise) identisch mit der Teilungsmasse.

1. Das Nettovermögen

16   Auszugehen ist vom Stand des Vermögens (les biens existants oder extants) beim Tod des Erblassers (474[1]). Dazu gehören beim Tod einer verheirateten Person auch die Werte, welche auf Grund der güterrechtlichen Auseinandersetzung (nicht an den überlebenden Ehegatten, sondern) in den Nachlass fallen. Abzuziehen sind selbstverständlich die Passiven, die Schulden der Erbschaft (zu den Erbgangsschulden siehe sogleich N 20), doch auf keinen Fall auch die von Todes wegen gemachten Zuwendungen (Vermächtnisse; vgl. 59 II 130). Nicht in den Nachlass fallen Leistungen der Säulen 2a und 2b (berufliche Vorsorge) sowie die Freizügigkeitsleistungen (129 III 311 E. 2.7 und 314 E. 3.5; 130 I 220 E. 8; 140 V 52 E. 3.1).[31] Was die Säule 3a anbelangt, ist zu differenzieren: Die als Vorsorgevereinbarung (mit einer Bankstiftung) ausgestaltete Säule 3a wird vom Erbrecht beherrscht, da keine spezialgesetzliche Bestimmung einen Direktanspruch der begünstigten Person begründet (BVV3), wie dies für die Säulen 2a und 2b der Fall

---

29   In diese Richtung Breitschmid, Entwicklungen im Erbrecht, in SJZ 98 (2002), 125 ff., 126; s. auch Eitel, «Viertel-Lösung» im «Achtel-Streit», Jusletter 4. März 2002, Nr. 6–8; Lorenz Baumann, Ein Viertel als Kompromiss im «Achtel-Streit», NZZ 79/2002, 16. – Als Erster hatte Schnyder die ⅜-Lösung vertreten und stichhaltig begründet, s. oben Anm. 22. Zum Ganzen vgl. Eitel/Anderer a.a.O. 141 ff.

30   Weimar, BeKomm, Vorbem. vor Art. 470 N 5, vermeidet diesen Ausdruck, «weil das Vermögen gerade keine zu irgendeinem Zeitpunkt wirklich vorhandene Gesamtheit oder Vermögensmasse ist», könnte sich aber mit dem Wort «Berechnungsgrundlage» anfreunden. – Zur Auskunftspflicht der Erben in diesem Zusammenhang 127 III 396 ff. – Zum Einsichtsrecht ins Grundbuch 132 III 603 ff.

31   Wolf/Genna, SPR IV/1, 70 f.; Breitschmid/Eitel/Fankhauser/Geiser/Rumo-Jungo, litera B Erbrecht, § 6 Nr. 67 f. Etwas anderes gilt für die Säulen 3a und 3b: Regina E. Aebi-Müller, Die optimale Begünstigung des überlebenden Ehegatten. Güter-, erb-, obligationen- und versicherungsrechtliche Vorkehren, unter Berücksichtigung des Steuerrechts (2. A., Bern 2007), Nr. 3.58 ff.; Thomas Koller/Michael Stadler, Die Begünstigung in der gebundenen Vorsorgevereinbarung – ein Beitrag zur Relevanz des Erbrechts bei Verträgen zugunsten Dritter von Todes wegen, in FS Heinz Hausheer (Bern 2002), 511 ff., 541 f.

ist. Auf die Vorsorgeversicherung (mit einer Versicherungseinrichtung) sind dagegen die Bestimmungen des VVG anwendbar, weshalb nach Art. 78 VVG ein Direktanspruch der begünstigten Person besteht. Nach herrschender Lehre[32] und Rechtsprechung (130 I 220 E. 8) bedeutet die Anwendung von Art. 78 VVG, dass die Versicherungssumme nicht in die Erbmasse fällt. Das Bundesgericht hat diese Differenzierung in der in 140 V 57 nicht publizierten Erwägung 4.1 (BGer 9C_523/2013) zwar verkannt, indem es ganz allgemein für die Säule 3a festgehalten hat, «… jedenfalls kann die begünstigte Person den entsprechenden Anspruch selbständig geltend machen …»[33] Die Tatsache, dass genau diese Erwägung nicht in der amtlichen Sammlung publiziert wurde, ist ein Hinweis darauf, dass diese Erwägung womöglich bei nächster Gelegenheit überdacht wird.

Zur Erbschaft hinzuzurechnen sind jene Werte, die der Erblasser an Erben zu seinen Lebzeiten herausgegeben hatte und die diese bei der Teilung auf Grund der Art. 626 ff. *zur Ausgleichung* bringen müssen (45 II 12 f.; 76 II 192; 127 III 399 E. 2a). Das Gesetz spricht dies allerdings in den Art. 474 ff. (leider) nicht aus. Ja, es erwähnt im (nachstehend N 20 ff. zu behandelnden) Art. 475 nur jene Zuwendungen unter Lebenden, die der Herabsetzungsklage (527) unterstellt sind, und nicht etwa jene, die der Ausgleichung (626 ff.) unterliegen. Dennoch gehen Lehre und Rechtsprechung einhellig[34] davon aus, die Ausgleichungsbeträge seien Teil der Berechnungsmasse.[35] **17**

Die *Schätzung* des Vermögens hat nach einem *objektiven* Massstab und nicht nach den etwaigen Wünschen und Angaben des Erblassers zu erfolgen. Massgebend ist der Verkehrswert zur Zeit des Todes des Erblassers (108 II 99; 110 II 232; zur Bewertung eines **18**

---

32   AEBI-MÜLLER, Die drei Säulen der Vorsorge und ihr Verhältnis zum Güter- und Erbrecht des ZGB, in successio 3 (2009), 4 ff., 23; DIES., Die drei Säulen der Vorsorge im Erbrecht – Eine Übungsstunde, in successio 8 (2014), 292 ff., 297 f.; KOLLER/STALDER a.a.O. 511 ff., 518; RUMO-JUNGO/MAZENAUER, Die Säule 3a als Vorsorgevereinbarung oder als Vorsorgeversicherung: ihre unterschiedliche Behandlung im Erbrecht, 9C_523/2013, in successio 8 (2014), 300 ff., 305; STAEHELIN, BaKomm, Art. 476 N 4.

33   Der Entscheid wurde denn auch kritisiert von AEBI-MÜLLER, Was uns das (zur amtlichen Publikation bestimmte) Urteil des Bundesgerichts 9C_523/2013 vom 28. Januar 2013 über das Verhältnis der gebundenen Selbstvorsorge (Säule 3a) zum Erbrecht lehrt – und was nicht!, Jusletter 3. März 2014; RUMO-JUNGO/MAZENAUER a.a.O. 300 ff.

34   Anders KUPPER, Ausgleichung und Herabsetzung im ZGB, in SJZ 47 (1951), 340 ff. Radikal anders LUC VOLLERY, Les relations entre rapports et réunions en droit successoral (Diss. Freiburg 1994), AISUF 134, 348 ff. Danach fallen die auszugleichenden Vermögenswerte nicht in die Berechnungsmasse; eine Ausnahme gilt für jene Ausgleichungsfälle, die gleichzeitig unter Art. 527 Ziff. 3 oder 4 fallen.

35   So statt vieler PIOTET, SPR IV/1, 439. So nun auch PAUL EITEL, Die Berücksichtigung lebzeitiger Zuwendungen im Erbrecht: Objekte und Subjekte von Ausgleichung und Herabsetzung (Habil. Bern 1998), ASR 613, 557 ff.; EITEL, BeKomm, Art. 628 N 12, und WEIMAR, BeKomm, Art. 474 N 35 f.; GUINAND/STETTLER/LEUBA, Successions, Nr. 247; STEINAUER, Successions, Nr. 453.

Unternehmens: 136 III 215 f. E. 6.2.2).[36-37] Wo aber gemäss BGBB bei der Zuweisung landwirtschaftlicher Gewerbe oder landwirtschaftlicher Grundstücke der Ertragswert oder der doppelte Ertragswert (oder allenfalls ein erhöhter Anrechnungswert) zum Zug kommt, ist dieser Wert einzusetzen (134 III 7 E. 3.4.1; 134 III 434 f. E. 2.4).[38] Für die güterrechtliche Auseinandersetzung hat das Bundesgericht die Berücksichtigung latenter Lasten im Sinn einer tieferen Bewertung von Vermögensgegenständen grundsätzlich bejaht (125 III 50); es ist umstritten, ob und inwiefern das auch für Art. 474 gilt.[39]

2. Die Abzüge

19   Ausser den (vererbten) Schulden des Erblassers sind einige durch den Tod oder Erbgang verursachte Ausgaben, die sog. Erbgangsschulden (hierzu hinten § 82 N 14 ff.), abzuziehen (474²): jene für das Begräbnis, für die Siegelung und Inventaraufnahme sowie der Anspruch der Erben, die mit dem Erblasser in Hausgemeinschaft gelebt hatten, auf Unterhalt während dreissig Tagen nach dem Tod des Erblassers (474²) sowie analog der Unterhalt der Mutter eines noch nicht geborenen Erben.[40]

3. Die Hinzurechnungen

20   Der Erblasser kann *zu seinen Lebzeiten unentgeltliche Zuwendungen* gemacht haben, die bei der Teilung nicht in die Erbschaft zurückfallen, Zuwendungen an Nichterben oder auch an Erben, die diese aber nicht zur Ausgleichung gemäss Art. 626 ff. bringen müssen. Auch durch solche lebzeitige Zuwendungen soll der Erblasser nicht seine Verfügungsfreiheit überschreiten. Er könnte andernfalls, statt ein Vermächtnis auszurichten, den entsprechenden Betrag kurz vor seinem Tod verschenken und dennoch über die volle freie Quote von Todes wegen verfügen. Daher sind solche Zuwendungen bis zu einem gewissen Grad bei der Ermittlung des verfügbaren Betrages mitzuzählen (475, der auf 527 f. verweist).[41]

---

36   Über die Tragweite von Art. 474, wenn der Erblasser nicht über bestimmte Sachen oder Summen verfügt, sondern nur einzelne Erben auf den Pflichtteil gesetzt hat, s. 80 II 205 ff. Für den Fall, dass der Erblasser nur bruchteilmässig über den Nachlass verfügt hat, s. 103 II 94 f. In diesen Fällen haben Wertveränderungen des Nachlasses zwischen Tod des Erblassers und Teilung einen Einfluss auf den Wert der Pflichtteile (siehe STAEHELIN, BaKomm, Art. 474 N 15, mit Hinweisen).

37   Eine umfassende Darstellung aller Wert- und Wertänderungsfragen im Erbrecht, namentlich auch mit eigenen Lösungen für den heiklen Fall, da eine Wertveränderung zwischen Todestag und Teilungstag eintritt, enthält STÉPHANE SPAHR, Valeur et valorisme en matière de liquidations successorales (Diss. Freiburg 1994), AISUF 135.

38   NERTZ, PraxKomm Erbrecht, Art. 474 N 25; WILDISEN, HandKomm, Art. 474 N 9; STAEHELIN, BaKomm, Art. 474 N 9, und WEIMAR, BeKomm, Art. 474 N 27.

39   Die Frage ist eher zu bejahen; eher positiv STAEHELIN, BaKomm, Art. 474 N 13, sogar schon vor BGE 125 III 50; sehr kritisch WEIMAR, BeKomm, Art. 474 N 16.

40   Andere Kosten wie etwa solche des Willensvollstreckers oder des Erbschaftsverwalters können nicht abgezogen werden: so WEIMAR, BeKomm, Art. 474 N 10; WILDISEN, HandKomm, Art. 474 N 13; a. M. STAEHELIN, BaKomm, Art. 474 N 12, unter Berufung auf namhafte Autoren. So auch STEINAUER, Successions, Nr. 263; GUINAND/STETTLER/LEUBA, Successions, Nr. 128.

41   Zu Art. 476 (betr. Versicherungsansprüche) s. N 29.

Die Hinzurechnung (und die eventuelle Herabsetzung) erfolgt für eine Zuwen-   21
dung, für die der Erblasser keine entsprechende Gegenleistung erhalten hat, für eine
Liberalität, also nicht für Verkäufe und andere entgeltliche Geschäfte. Etwas anderes
gilt nur, soweit in dem entgeltlichen Geschäft eine Unentgeltlichkeit, eine von den Parteien beabsichtigte[42] Begünstigung des Empfängers enthalten ist, also eine sogenannte
gemischte Schenkung vorliegt (BGer 5A_587/2010 E. 3.1[43]; zur Grundstücksschenkung
mit Nutzniessungsvorbehalt: BGer 5A_338/2010 und 5A_341/2010 E. 9.1.2[44]).[45] Eine
solche Schenkung kann auch in der Ausrichtung eines übermässigen Lohnes liegen
(71 II 77). Sie kommt für den Wertbetrag der im Geschäft steckenden Liberalität in
Anschlag. Für die Berechnung des Betrages, welcher der Herabsetzung unterstellt wird,
hat sich das Bundesgericht (98 II 359 ff.; bestätigt in 116 II 676 und 120 II 422) gegen
die Subtraktions- und Konstantenmethode und für die *Quoten-* oder *Proportionalmethode* entschieden. Demnach unterliegt jener Bruchteil vom Wert des übertragenen
Gegenstandes zur Zeit des Erbgangs der Herabsetzung, welcher dem zur Zeit des Vertragsabschlusses bestehenden Verhältnis zwischen unentgeltlichem und entgeltlichem
Teil des Geschäfts entspricht.

Beispiel: Wird ein Bild im Wert von 10 000 zum Preis von 5 000 verkauft, ist das   22
Bild zur Hälfte entgeltlich und zur Hälfte unentgeltlich erworben worden. Hat das
Bild im Zeitpunkt des Erbganges einen Wert von CHF 20 000, sind nach der Proportionalmethode 10 000 als Liberalität hinzuzurechnen (50% von 20 000). Nach der Sub-
traktionsmethode wären es 15 000 (20 000–5000), nach der Konstantenmethode 5000
(10 000–5000).

Nach der Rechtsprechung setzt die Herabsetzung nicht nur in *objektiver Hin-*   23
sicht eine unentgeltliche Zuwendung voraus, sondern auch in *subjektiver Hinsicht;* es ist

---

42 Es braucht also neben der objektiv unentgeltlichen Zuwendung auch eine subjektive Kompo-
    nente, d.h. den Zuwendungswillen des Erblassers (126 III 171); in 126 III 175 hat das BGer aber –
    um nicht mehr zu sagen – offengelassen, ob den Parteien diese Absicht bewusst sein musste
    oder ob die subjektive Voraussetzung bereits erfüllt sei, «wenn die Zuwendungsabsicht erkenn-
    bar gewesen wäre, was bei einem groben Missverhältnis von Leistung und Gegenleistung zu ver-
    muten wäre». Hierzu Schnyder, in ZBJV 137 (2001) 423.
43 Sticher, Gemischte Schenkung – Zuwendungsabsicht als Bedingung der Herabsetzung?, in
    successio 7 (2013), 57 ff. Hrubesch-Millauer/Bosshardt/Jakob, Rechtsprechung des Bun-
    desgerichts in den Jahren 2010 und 2011 im Bereich Erbrecht, in AJP 21 (2012), 866 f.; Bemer-
    kungen zum Entscheid von Eitel, Erbrecht 2009 – 2011 – Rechtsprechung, Gesetzgebung, Lite-
    ratur Teil 2, in successio 5 (2011), 297.
44 Bemerkungen zum Entscheid von Eitel, Eine Grundstückschenkung mit Nutzniessungsvorbe-
    halt (Ausgleichung und Herabsetzung), in successio 7 (2013), 68 ff.; Piotet/Michel, Droit des
    successions, in not@lex 4 (2011), 75. Zur Schenkung mit Nutzniessungsvorbehalt s. auch Rumo-
    Jungo, successio 2011 a.a.O. 15 f.
45 Siehe in diesem Zusammenhang die Verweisung auf die erbrechtliche Herabsetzung und Aus-
    gleichung für den Fall der Veräusserung eines landwirtschaftlichen Gewerbes oder Grundstücks
    in Art. 41 Abs. 2 BGBB.

notwendig, dass der Erblasser einen *Zuwendungswillen* (animus donandi) hat.[46] Die
Parteien müssen z.B. bei einer gemischten Schenkung eine unentgeltliche Zuwendung
insofern beabsichtigen, als sie den Preis bewusst unter dem wahren Wert des Kaufge-
genstandes ansetzen, um die Differenz dem Käufer unentgeltlich zukommen zu lassen
(126 III 173 E. 3a). Das Bundesgericht hat das Erfordernis des Vorliegens einer Zuwendungsabsicht überprüft und für die Herabsetzungspflicht ausdrücklich daran festgehalten (126 III 174 f. E. 3b/bb; Frage offen gelassen, ob diese Rechtsprechung zu über-
denken ist: BGer 5A_587/2010 E. 3.3).

24   Diese Hinzurechnung muss auch dann erfolgen, wenn die betreffende Zuwendung
zur Herstellung der allenfalls verletzten Pflichtteile schliesslich nicht gekürzt (herabgesetzt) werden muss. Es handelt sich vorerst nur um eine rechnungsmässige Hinzu-
zählung zur Ermittlung der sog. *Pflichtteilsberechnungsmasse*. Ob der Zuwendungsempfänger dann aber auch zur Kasse gebeten werden kann, hängt von den in Art. 532
umschriebenen anderen Umständen ab (s. betr. Reihenfolge in der Herabsetzung hinten N 56 ff.). Der Ausdruck «der Herabsetzung unterliegen» im Ingress zu Art. 527 ist
daher im Sinn einer blossen *Hinzurechnung* zu verstehen, so dass diese Beträge in die
Berechnungsmasse (masse de calcul: hierzu soeben vorn N 15) einbezogen werden.
Dagegen bedeutet «der Herabsetzung unterliegen» in Art. 532 eine effektive *Herabsetzung*: die Zuwendung wird tatsächlich herabgesetzt, also reduziert. Handelt es sich um
eine Zuwendung aufgrund einer Verfügung von Todes wegen, reicht die Herabsetzung
dieser Verfügung (bevor sie ausgerichtet wird bzw. bevor geteilt wird), so dass gegebenenfalls nicht das ganze Vermächtnis, sondern nur ein Teil ausgerichtet wird. Handelt es sich dagegen um eine lebzeitige Zuwendung, muss sie zusätzlich mit einer Leistungsklage zurückgefordert werden (528).

25   *Die einzelnen hinzuzurechnenden Zuwendungen:* Art. 527 zählt vier Arten lebzeitiger
Zuwendungen auf, die zur Berechnung der gebundenen und der verfügbaren Quote
zur Erbschaft *hinzugerechnet* werden. Es sind dies:

26   α. Zuwendungen auf Anrechnung an den Erbteil, als Heiratsgut, Ausstattung oder
Vermögensabtretung, wenn sie nicht der Ausgleichung unterworfen sind (527 Ziff. 1).
Diese Bestimmung hat der Lehre (und vielen Studierenden) viel Kopfzerbrechen ver-
ursacht.

27   Zunächst stellt sich die Frage, was eine *Zuwendung* im Sinn dieser Bestimmung
ist. Unter Zuwendung kann in einem obligationenrechtlichen Sinn jede Handlung verstanden werden, durch die eine Person einer anderen einen Vermögensvorteil verschafft. Die Zuwendung kann sich aus einem Vermögensopfer oder aus einer Arbeitsleistung ergeben (136 III 307 E. 3.1).[47] Hat der Erblasser einzelnen seiner Nachkommen
diverse Darlehen gewährt mit der ausdrücklichen Erklärung, diese seien nicht zu ver-

---

46   Dazu EITEL, BeKomm, Art. 626 N 116 ff.; zu BGer 5A_587/2010: STICHER a.a.O. 57 ff.; HRU-
      BESCH-MILLAUER/BOSSHARDT/JAKOB a.a.O. 866 f.; EITEL, successio 2011 a.a.O. 297.
47   Unter Hinweis auf VON TUHR ANDREAS/PETER HANS, Allgemeiner Teil des Schweizerischen
      Obligationenrechts, Bd. I (3. A. Zürich 1979), 198 f.

zinsen, ist in dieser Unentgeltlichkeit keine der Herabsetzung unterliegende Zuwendung im Sinne von Art. 527 Abs. 1 ZGB zu erblicken. Ausschlaggebend ist nach Auffassung des Bundesgerichts, dass Darlehen gemäss Art. 313 Abs. 1 OR im gewöhnlichen Verkehr nur dann verzinslich sind, wenn dies entsprechend verabredet wurde und der Erblasser deshalb nicht auf ein ihm zustehendes Recht verzichtet hat (136 III 308 E. 3.2).[48]

Streitig ist sodann das Zusammenspiel zwischen den beiden Formulierun- 28 gen *«auf Anrechnung an den Erbteil»*… *«wenn sie nicht der Ausgleichung unterliegen»*. Unbestrittenermassen umfasst Art. 527 Ziff. 1 Zuwendungen, die im konkreten Erbfall eigentlich (im Sinn von 626²) der Ausgleichung unterliegen würden («auf Anrechnung an den Erbteil»), aber deshalb nicht ausgeglichen werden, weil der Zuwendungsempfänger nicht Erbe wird (und auch nicht gemäss 627 ein anderer an dessen Stelle tritt), die Zuwendung also deswegen (weil er nicht Erbe wird) nicht der Ausgleichung unterliegt. Das ist zweifellos immer der Fall bei Vorversterben, Ausschlagung, Erbunwürdigkeit und Enterbung. Darüber hinaus gibt es unterschiedliche Meinungen zu den Fragen, was «auf Anrechnung an den Erbteil» bedeutet und ob Art. 527 Ziff. 1 auch auf andere präsumtive Erben als auf Nachkommen Anwendung finde:[49]

Die Formulierung «auf Anrechung an den Erbteil» kann *subjektiv oder objektiv* 29 ausgelegt werden. Nach der vom BGer (s. nun aber 131 III 49)[50] und von einem Teil der Lehre vertretenen objektiven Auslegung (objektive Theorie) sind unter Zuwendungen nach Art. 527 Ziff. 1 auch jene zu verstehen, die «objektiv», d.h. «ihrer Natur nach», der Ausgleichung unterständen, ihr aber durch gegenteilige Verfügung des Erblassers entzogen worden sind (71 II 77; bestätigt in 107 II 130 und 116 II 667; 126 III 173 E. 3a[51]; BGer 5A_338/2010 und 5A_341/2010 E. 9 ff.[52]). Nach dieser Ansicht geht es insbesondere um Zuwendungen an Nachkommen gemäss Art. 626 Abs. 2, die objektiv «auf Anrechnung an den Erbteil» zugewendet würden, die aber der Erblasser von der Ausgleichungspflicht befreit hat (und die deswegen «nicht der Ausgleichung unterworfen sind», 527 Ziff. 1 in fine).[53] Namhafte Autoren und bedeutsame neuere Monografien

---

48 Dazu Eitel, Gewährung unverzinslicher Darlehen als herabsetzbare Zuwendungen (Art. 527 Ziff. 1 und 4 ZGB)?, in successio 6 (2012), 45 ff.; Bemerkungen zum Entscheid von Aebi-Müller, Die privatrechtliche Rechtsprechung des Bundesgerichts im Jahr 2010, in ZBJV 147 (2011), 672 f.

49 Für die Ausdehnung auf andere Erben als die Nachkommen: 107 II 130.

50 Dazu Eitel, Was lehrt uns BGE 131 III 49 auch noch? Ergänzende Hinweise im Anschluss an die Urteilsanmerkung von Thomas Weibel in Jusletter 18. April 2005, Jusletter 10. April 2006.

51 Besprochen von Eitel, in AJP 9 (2000), 1289 ff., und Schnyder, in ZBJV 137 (2001) 422 f.

52 Eitel, Eine Grundstückschenkung mit Nutzniessungsvorbehalt (Ausgleichung und Herabsetzung), in successio 7 (2013), 68 ff.; Piotet/Michel, Droit des successions, in not@lex 4 (2011), 75.

53 Kritisch Piotet, Des libéralités réductibles selon l'art. 527 ch. 1 CC, in JdT 140 (1992), 347 ff. Siehe hierzu schon Pierre Widmer, Grundfragen der erbrechtlichen Ausgleichung (Diss. Bern 1971), ASR 408, 99 und passim und dort zit. Lehre. Für die vom BGer vertretene objektive Theorie tritt nun auch Weimar, BeKomm, Art. 475 N 9 ff. ein, dies mit dem Hinweis, dass wegen Art. 627 nur die objektive Auslegung der Norm einen «angemessenen Anwendungsbereich» sichere (a.a.O. N 12), aber auch mit der Zugabe, dass 527 Ziff. 1 «ungeschickt redigiert

wehren sich nach der von ihnen vertretenen subjektiven Auslegung der Formulierung «Anrechnung an den Erbteil» (subjektive Theorie) gegen diese objektive Interpretation des Ausdrucks, welche den Pflichtteilsschutz, namentlich auch die Parität unter Nachkommen, erhöht und die Freiheit des Erblassers entsprechend einschränkt.[54] Nach ihrer Ansicht fehlt die Voraussetzung «Anrechnung an den Erbteil» zum vornherein immer dann, wenn der Erblasser von der Ausgleichung befreit. Es spielt also keine Rolle, ob die Zuwendung der Natur nach (objektiv) «auf Anrechnung» gewesen wäre. Der Gegensatz zwischen diesen Theorien wird etwas entschärft, wenn Art. 527 Ziff. 3 und Ziff. 4 für diese Konstellationen nicht restriktiv ausgelegt werden.

30   *Beispiel.* Die Erblasserin Elsa hinterlässt zwei Kinder, Anton und Bettina. Sechs Jahre vor ihrem Tod schenkte sie ihrer Tochter Bettina 40 000 für die Einrichtung ihrer Arztpraxis. Sie entbindet sie von der Ausgleichspflicht (626^2, dazu hinten N § 85 N 2). Der Nachlass beträgt 20 000. Nach der objektiven Theorie beträgt die Pflichtteilsberechnungsmasse 20 000 (474) + 40 000 (527 Ziff. 1) = 60 000. Die Pflichtteile der Kinder betragen 45 000, jener von Anton also 22 500. Somit schuldet ihm seine Schwester noch 2500, da nur 20 000 im Nachlass sind. Nach der subjektiven Theorie beträgt die Pflichtteilsberechnungsmasse nur 20 000, da unter dem Titel von Art. 527 Ziff. 1 keine Hinzurechnung stattfindet. Anton ist somit in seinem Pflichtteil nicht verletzt.

---

und weder mit Ziff. 3 noch mit dem verunglückten Art. 627 gehörig abgestimmt ist» und es «deshalb keine restlos überzeugende Auslegung» gebe (a.a.O. N 13).

54   EITEL, ASR a.a.O. 613, 435 ff.; DERS., Jusletter 2006 a.a.O. Nach Ansicht von EITEL bekennt sich das BGer in BGE 131 III 49 selbst zur subjektiven Theorie. Zu diesem Entscheid s. auch WEIBEL, Im Dickicht der Ausgleichung verirrt – Anmerkungen zum (noch) nicht publizierten BGE 5C.67/2004 vom 19. November 2004, Jusletter 18. April 2005. Vgl. auch JUSTIN THORENS, L'interprétation des art. 626 al. 2 et 527 ch. 1 et 3 CC, in Festgabe der schweizerischen Rechtsfakultäten zur Hundertjahrfeier des Bundesgerichts (Basel 1975), 355 ff., insbesondere 361 ff. Früher PIOTET, La réduction des donations entre vifs en cas d'ordonnance ou de dispense de rapport, in ZSR NF 90 (1971), I 19 ff., insbesondere 30 f., seither PIOTET mehrfach, insbes. auch in JdT 130 (1982), I 23 ff. Alsdann ausführlich JÖRG ALAIN SCHWARZ, Die Herabsetzung gemäss Art. 527 Ziff. 1 ZGB (Diss. Bern 1985), 77 ff. und passim. Gegen die objektive Auslegung auch VOLLERY a.a.O. 366 ff., der ja der Ausgleichung generell «une fonction réservataire» (eine Funktion im Hinblick auf den Pflichtteil) versagt. Für die subjektive Theorie s. ferner BEAT ZOLLER, Schenkungen und Vorempfänge als herabsetzungspflichtige Zuwendungen, unter besonderer Berücksichtigung des Umgehungstatbestands (Diss. Zürich 1998, 2. A. 1999), ZSPR 141, 87 f., 91 ff.; MICHELE WINISTÖRFER, Die unentgeltliche Zuwendung im Privatrecht, insbesondere im Erbrecht (Diss. Zürich 2000), ZSPR 162, 213 ff. – Die Anhänger der subjektiven Theorie sind im Übrigen unter sich unterschiedlicher Meinung mit Bezug auf die Frage, welche Ausgleichungsfälle (gesetzliche oder auch angeordnete, Ausstattungen oder Grosszuwendungen) unter Art. 527 Ziff. 1 fallen: Hierzu ausführlich PAUL PIOTET, Rapports successoraux et calcul des réserves (art. 527 ch. 1 CC notamment) (Bern 1995), ASR 561. – Überlegungen zur «Debatte» bei DRUEY, Grundriss, § 6 N 76 f.

Zum Ganzen vgl. auch BRÜCKNER, Die Herabsetzung lebzeitiger Zuwendungen, in successio 2 (2008), 194 ff.; HRUBESCH-MILLAUER, PraxKomm Erbrecht, Art. 527 N 11; FORNI/PIATTI, BaKomm, Art. 527 N 2 ff.; GUINAND/STETTLER/LEUBA, Successions, Nr. 135 ff.; STEINAUER, Successions, Nr. 470 ff.

β. *Erbabfindungen* und *Auskaufsbeträge* im Zusammenhang mit einem Erbverzicht[55] 31
(527 Ziff. 2, wiederholt in Art. 535 Abs. 1; vgl. hinten § 72 N 59 ff.). Der gesamte Auskaufsbetrag wird zur Berechnungsmasse hinzugerechnet und der Verzichtende für die
Berechnung der Pflichtteile mitgerechnet, obwohl er nichts mehr erhält.[56] Der Herabsetzung im Sinn von Art. 532 unterliegt diese Verfügung des Erblassers gemäss Art. 535
Abs. 2 aber nur für den Betrag, um den sie den Pflichtteil des Verzichtenden übersteigt.

Beispiel: Die Erblasserin hinterlässt ihre drei Kinder Alice, Benjamin und Claudia. Ihr 32
Nachlass beträgt 100 000. Zu Lebzeiten hat sie mit ihrer Tochter Alice einen Erbvertrag
abgeschlossen, wonach diese auf ihr Erbe verzichtet und im Gegenzug einen Betrag
von 300 000 erhält. Die einzigen Erben sind demnach Benjamin und Claudia. Die
Pflichtteilsberechnungsmasse beträgt 100 000 (474) + 300 000 (527 Ziff. 2) = 400 000.
Die Pflichtteile betragen ¾ davon = 300 000 (471 Ziff. 1). Benjamin und Claudia haben
zusammen einen Pflichtteil von 200 000 ($^2/_3$ von 300 000). Alice muss somit 100 000 an
Benjamin und Claudia herausgeben, damit ihr Pflichtteil von total 200 000 gedeckt ist.
Damit bleiben ihr immer noch 200 000, weshalb ihr Pflichtteil nicht verletzt ist.

Variante: Die Erblasserin hat den Erbauskauf mit Alice am 10. Dezember 2014 abge 33
schlossen. Am 2. Februar 2015 hat sie der Stiftung pro Helvetia 200 000 geschenkt. Die
Pflichtteilsberechnungsmasse beträgt 100 000 (474) + 300 000 (527 Ziff. 2) + 200 000
(527 Ziff. 3) = 600 000. Die Pflichtteile von Benjamin und Claudia betragen total
300 000, also je 150 000. Alice, die in der Herabsetzungsreihenfolge vor der Stiftung
kommt (532, s. dazu hinten N 56 ff.), müsste somit 200 000 an ihre Geschwister herausgeben. Nach 535 Abs. 2 unterliegt der Auskaufbetrag der Herabsetzung aber nur
insofern, als sie den Pflichtteil der verzichtenden Person übersteigt. Der hypothetische Pflichtteil von Alice beträgt 150 000; sie kann also nur für 150 000 zur Herabsetzung herangezogen werden. Die restlichen 50 000 müssen Benjamin und Claudia bei
der Stiftung Helvetia holen (532).

Wenn allerdings der Verzicht entgegen der Regel des Art. 495 Abs. 3 für die Nachkom 34
men des Verzichtenden nicht gilt, sie also erbberechtigt bleiben, dann treten sie mit
ihren Anwartschaften an die Stelle des Verzichtenden. Daher unterliegt diesfalls die
gesamte Zuwendung unter Lebenden der Herabsetzung, und zwar auch insoweit, als
sie den Pflichtteil des Verzichtenden kompensiert.[57] Der Verzichtende hat im Übrigen
gemäss Art. 536 ein Wahlrecht: Er kann sich der Verpflichtung zur Herabsetzung entziehen, indem er die erhaltene Leistung in die Teilung einwirft.

γ. Bestimmte *Schenkungen:* zunächst einmal *frei widerrufliche,* d.h. solche, deren 35
Widerruf sich der Erblasser ausbedungen hatte;[58] sodann insbesondere jene Schenkungen, die der Erblasser *in den letzten fünf Jahren vor seinem Tode*[59] ausgerichtet

---

55 «Erbabfindungen und Auskaufsbeiträge» sind nur *eines* – ein Hendiadyoin.
56 Eitel, ASR a.a.O. 440.
57 Mit einlässlicher Begründung: Eitel ASR a.a.O. 446 f., in Übereinstimmung mit Piotet.
58 Eitel, ASR a.a.O. 452 f. mit Hinweisen. Hierzu siehe auch Weimar, BeKomm, Art. 475 N 18.
59 Nach Piotet, SPR IV/1, 448, auch eine zufällig nach dem Tod des Erblassers vollzogene Schenkung; Wolf/Genna, SPR IV/1, 483.

hat;[60] *ausser Betracht bleiben die üblichen Gelegenheitsgeschenke* (527 Ziff. 3 in fine). Auch die in Erfüllung einer sittlichen Pflicht erfolgenden Zuwendungen unterliegen der Herabsetzung (116 II 246 f. mit Hinweisen auf a. M.; 138 III 692 E. 3.3.1).[61]

36   δ. Ohne Rücksicht auf eine zeitliche Schranke *alle* Zuwendungen, die *offenbar zur Umgehung des Pflichtteilsrechts* vorgenommen wurden (527 Ziff. 4).[62] Für die Beurteilung der Umgehungsabsicht ist der Zeitpunkt der Zuwendung massgebend.[63] Bei der Entäusserung von Vermögenswerten durch ehevertraglichen Verzicht auf Vorschlagsbeteiligung kann eine solche Umgehungsabsicht bereits darin gesehen werden, dass der Erblasser im Verfügungszeitpunkt pflichtteilsberechtigte Nachkommen hat, deren Benachteiligung er für möglich halten muss (128 III 314 ff.).

37   Eine *Sonderregelung* (*lex specialis* im Verhältnis zu 527) sieht das Gesetz in den Art. 476 und 529 vor mit Bezug auf *bestimmte Versicherungsansprüche.*[64] Danach unterliegen solche Ansprüche der Herabsetzung nicht in der Höhe der Versicherungssumme, sondern nur in der Höhe des Rückkaufswerts.[65] Es handelt sich dem Wortlaut nach um auf den Tod des Erblassers gestellte Ansprüche, die durch Verfügungen unter Lebenden oder von Todes wegen zu Gunsten eines Dritten begründet oder bei Lebzeiten des Erblassers unentgeltlich auf einen Dritten übertragen worden sind.[66] Zweifellos umfasst diese Bestimmung den heute ungebräuchlichen Typ der fest auf die ganze Lebenszeit abgeschlossenen *reinen* oder lebenslänglichen *Todesfallversicherung.* Im Übrigen ist der Anwendungsbereich in der Lehre umstritten. Nach herrschender Lehre umfasst er auch die auf den Todes- oder Erlebensfall abgeschlossenen *gemischten Versicherungen,* dagegen nicht die *temporären Todesfallversicherungen.*[67] Verletzt der Erblasser den

---

60   Sofern sie nicht unter Art. 527 Ziff. 1 fallen (vgl. BGE 107 II 131).

61   Hierzu WINISTÖRFER a.a.O. 205 mit weiteren Hinweisen.

62   Hierzu siehe BEAT ZOLLER a.a.O. passim.

63   Hierzu im Einzelnen FORNI/PIATTI, BaKomm, Art. 527 N 11; FANKHAUSER, HandKomm, Art. 527 N 5; HRUBESCH-MILLAUER, PraxKomm Erbrecht, Art. 527 N 19 ff.; WEIMAR, BeKomm, Art. 527 N 25.

64   Hierzu PIERRE IZZO, Lebensversicherungsansprüche und -anwartschaften bei der güter- und erbrechtlichen Auseinandersetzung (unter Berücksichtigung der beruflichen Vorsorge) (Diss. Freiburg 1999), AISUF 180, 268 ff.; EITEL, Lebensversicherungsansprüche und erbrechtliche Ausgleichung, in ZBJV 139 (2003), 325 ff.

65   Das heisst die (oft erheblich unter der Versicherungssumme liegende) Summe, die der Versicherer dem Versicherungsnehmer zu zahlen hat, wenn er vor Eintritt des versicherten Ereignisses den Vertrag auflöst.

66   Berechtigte Kritik an diesem von Ungereimtheiten strotzenden Wortlaut bei WEIMAR, BeKomm, Art. 476 N 1. Danach müsste man richtig lesen: «Ist ein auf den Tod des Erblassers gestellter Versicherungsanspruch unentgeltlich zugunsten eines Dritten begründet oder mit Verfügung unter Lebenden oder von Todes wegen auf einen Dritten übertragen worden, so …».

67   Hierzu im Einzelnen WEIMAR, BeKomm, Art. 476 N 24 ff.; STAEHELIN, BaKomm, Art. 476 N 23 ff.; DRUEY, Grundriss, § 13 Nr. 32 ff.; PIOTET, SPR IV/1, 472 f., und Précis, 90 f.; WINISTÖRFER a.a.O. 225 f.; NERTZ, PraxKomm Erbrecht, Art. 476 N 9 ff.; WILDISEN, HandKomm, Art. 476 N 4 f.; STEINAUER, Successions, Nr. 487 ff.; WOLF/GENNA, SPR IV/1, 486; BREITSCHMID/EITEL/FANKHAUSER/GEISER/RUMO-JUNGO, litera B Erbrecht, § 6 Nr. 76.

Pflichtteil eines Erben durch Begünstigung eines Dritten in einem Versicherungsvertrag, so muss der in seinem Pflichtteil verletzte Erbe die Herabsetzungsklage gegen den Begünstigten und nicht etwa gegen den Versicherer anheben (131 III 651 E. 2.3). Seit BGE 129 III 305 steht fest, dass das BGer weder die Leistungen der beruflichen Vorsorge (Säulen 2a und 2b) noch Freizügigkeitsleistungen zum Nachlass rechnet und somit keine dieser Leistungen der Herabsetzung unterliegen.[68]

4. Der Wert der Hinzurechnung

Für *die Höhe* des in die Rechnung einzusetzenden Wertbetrages[69] der Zuwendungen   38
unter Lebenden gelten folgende Sonderbestimmungen:

α. Massgebend für die Berechnung der Pflichtteilsberechnungsmasse ist nicht der   39
Augenblick der Vornahme der Zuwendung[70], sondern (wie für das im Sinn von 474[1] hinterlassene Vermögen) jener des *Todes* des Erblassers, sog. Todestagsprinzip (537[2]; zur Bewertung eines geschenkten Grundstücks unter Nutzniessungsvorbehalt s. BGer 5A_338/201 und 5A_341/2010 E. 13).[71] So trägt denn der Pflichtteilserbe die Gefahr einer Entwertung des Zuwendungsgegenstands, wie ihm auch eine Wertzunahme zugute kommt; das Umgekehrte gilt für den Zuwendungsempfänger. Geldzuwendungen werden mit dem Nominalbetrag eingesetzt; Kaufkraftänderungen werden daher nicht erfasst.[72]

β. Erfolgte die Zuwendung durch Begründung oder Übertragung eines Lebensversi-   40
cherungsanspruchs, so kommt in den von den Art. 476/529 erfassten Fällen (hierzu soeben vorn N 37) weder der Betrag der einbezahlten Prämien noch die vom Begünstigten bezogene Versicherungssumme, sondern der Rückkaufswert[73] im Zeitpunkt des

---

68   Zur bis dahin bestehenden Kontroverse s. Izzo a.a.O. 313 ff. sowie Trigo Trindade, Prévoyance professionnelle, divorce et succession, in SemJud 122 (2000), 467 ff., 496 ff. In 129 III 305 hat das BGer allerdings die Frage offengelassen, ob individuell ausgestaltete, weit über die normale Vorsorge hinausgehende Vorsorgeverträge und deren Leistungen in den Nachlass fallen oder nicht (vgl. 129 III 311 E. 2.7 und 130 I 220 f. E. 8). Vgl. zum ersten Entscheid Aebi-Müller, Freizügigkeitsguthaben aus überobligatorischer beruflicher Vorsorge sind nicht pflichtteilsrelevant, BGE 24.4.2003, 5C.212/2002 (zur amtl. Publikation vorgesehen), in ZBJV 139 (2003), 511 ff. und Koller, Sind Ansprüche aus der beruflichen Vorsorge erbrechtlich relevant? Ein grundlegendes Urteil des Bundesgerichts zum Verhältnis zwischen Vorsorgerecht und Erbrecht, Jusletter 2. Juni 2003. Kritisch zum Entscheid Piotet, Les reserves successorales et les attributions à des survivants dans la prevoyance professionnelle, in JdT 151 (2003), 255 ff., 258 ff. – Zur Herabsetzung der Leistungen der Säulen 3a und 3b, s. Aebi-Müller a.a.O. Nr. 3.58 ff.; Koller/Stadler a.a.O. 541 f.; s. auch vorne N 16.

69   Zu Wert- und Wertänderungsfragen s. die vorn in Anm. 37 zit. Diss. Spahr.

70   Wohl aber ist dieser Zeitpunkt massgebend für die Feststellung, ob und inwieweit eine Zuwendung als unentgeltlich zu qualifizieren sei: 120 II 420 E. 3a.

71   Bemerkungen zum Entscheid von Eitel, Eine Grundstücksschenkung mit Nutzniessungsvorbehalt (Ausgleichung und Herabsetzung), in successio 7 (2013), 68 ff.; Piotet/Michel a.a.O. 75.

72   Weimar, BeKomm, Art. 475 N 37. Wenn Empfänger zahlungsunfähig: s. Spahr a.a.O. 319 f.

73   Siehe vorn N 37.

Todes des Erblassers (476) in Anschlag. Die Erben können den betreffenden Betrag bei der Versicherungsgesellschaft erfahren.

41 γ. *Als Wert einer zugewendeten Nutzniessung* oder *Rente* gilt deren *Kapitalbetrag,* berechnet auf Grund der vermutlichen Dauer der Leistungspflicht (vgl. 530, s. auch N 62).[74]

e. Beispiele zur Berechnung der Pflichtteilsberechnungsmasse und der Pflichtanteile

42 1. Elsa hinterlässt zwei Kinder, Anton und Bettina. Der Nachlass beträgt 160 000. Ein Jahr vor ihrem Tod schenkt sie ihrem Freund 40 000 für den Bau eines Hauses. Ferner begünstigt sie ihr Patenkind mit einem Vermächtnis von 20 000.

43 Die Pflichtteilsberechnungsmasse beträgt 160 000 + 40 000 (527 Ziff. 3) = 200 000. Die Pflichtteile der Kinder betragen ¾ davon (471 Ziff. 1), also 150 000. Der Nachlass beträgt 160 000. Damit die Pflichtteile von 150 000 frei bleiben, muss das Vermächtnis (über 20 000) um 10 000 gekürzt werden. Damit erhalten aus dem Nachlass: Anton: 75 000, Bettina: 75 000, das Patenkind: 10 000.

44 2. Elsa hinterlässt zwei Kinder, Anton und Bettina, sowie ihren Ehemann. Drei Jahre vor ihrem Tod hat sie ihrer Tochter Bettina 40 000 für den Aufbau ihrer Arztpraxis geschenkt und sie von der Ausgleichungspflicht entbunden (626[2], hinten § 86 N 5). Vier Jahre vor ihrem Tod hat sie ihrem Patenkind 40 000 für die Finanzierung seines Studiums geschenkt. Der Nachlass beträgt im Zeitpunkt des Todes 160 000.

45 Die Pflichtteilsberechnungsmasse beträgt 160 000 + 40 000 (527 Ziff. 3) + 40 000 (527 Ziff. 3) = 240 000. Der Pflichtteil des Ehemannes beträgt 60 000 (½ von ½), jener der Kinder zusammen 90 000 (¾ von ½), also je 45 000 (¾ von ½ von ½), die verfügbare Quote 90 000 (⅜). Es liegt keine Pflichtteilsverletzung vor.

III.   Die Herabsetzung der übermässigen Verfügungen

a. Im Allgemeinen

46 Hat der Erblasser seine Verfügungsbefugnis überschritten, so kann die Herabsetzung seiner Verfügung auf das erlaubte Mass verlangt werden. Dazu dient die *Herabsetzungsklage* bzw. die entsprechende *Einrede;* letztere kommt zur Anwendung, wenn die den Pflichtteil verletzenden Verfügungen den Bedachten noch nicht ausgerichtet worden sind und diese auf Ausführung der Willensanordnung klagen. Die Einrede ist auch im Rahmen eines *Erbteilungsprozesses* gegeben, in dem ein begünstigter Erbe die Auslieferung des ihm in Überschreitung der verfügbaren Quote zugewiesenen Betreffnisses verlangt (103 II 93, 108 II 292, 116 II 244 und 247; BGer 5A_338/201 und 5A_341/2010 E. 11.1). Die Parteirolle ist dabei nicht erheblich; entscheidend ist, dass der Erbe, der die Einrede erhebt, am Nachlassvermögen Mitbesitz hat (120 II 419).

---

74 Zur Kapitalisierung einer Nutzniessung s. Rumo-Jungo, successio 2011 a.a.O 14 ff.

Der praktisch wichtige Unterschied zwischen den Fällen, in denen der verletzte Erbe in   47
Wahrung seiner Rechte sich bloss defensiv verhalten darf und in denen er offensiv vorgehen muss, zeigt sich darin, dass die *Einrede unbefristet* ist, zu jeder Zeit erhoben werden kann (533³; vgl. 86 II 462 f.; 135 III 101 E. 3.1; auch im Teilungsprozess 116 II 244),
während die *Klage* einer *Befristung* unterliegt. Der Erbe kann sie nur innerhalb eines
Jahres, seitdem er von der Verletzung des Pflichtteils Kenntnis erhalten hat, ihm also
alle Elemente zur Begründung einer Herabsetzungsklage bekannt sind (108 II 293),[75]
geltend machen, auf keinen Fall aber nach Ablauf von zehn Jahren vom Tod des Erblassers bzw. bei letztwilligen Verfügungen von deren Eröffnung an (533¹, 138 III 357
E. 5; s. auch 533² betr. späteren Beginn der Fristen). Die Jahresfrist der Herabsetzungs-
wie der Ungültigkeitsklage ist nicht eine Verjährungs-, sondern eine Verwirkungsfrist
(98 II 176; vorn 576 f.).[76] Auf die Geltendmachung des Herabsetzungsanspruchs kann
durch formlose Erklärung, ja sogar stillschweigend, verzichtet werden (108 II 292 ff.;
135 III 101 f. E. 3.2[77]).

Das Urteil im Herabsetzungsprozess spricht zunächst eine Umwandlung, Minderung   48
oder gar Beseitigung der angefochtenen Zuwendung aus. Das Vermächtnis wird z.B.
von 50 000 auf 30 000 herabgesetzt oder aber, wenn die verfügbare Quote schon durch
Zuwendungen unter Lebenden voll ausgenutzt worden war, vollständig aufgehoben.
Die Herabsetzungsklage gehört demnach zu den sogenannten *Gestaltungsklagen*.[78]
Wenn ein Pflichtteilserbe vollständig von der Erbschaft ausgeschlossen wurde, besteht
die wichtigste Gestaltungswirkung der Herabsetzungklage darin, dass sie seine Erbenstellung herbeiführt. Wer mithin die Rechte eines Erben ausüben will (namentlich das
erbrechtliche Auskunftsrecht), muss gegebenenfalls zunächst durch die fristgerecht
erhobene Herabsetzungklage seine eigene Erbenstellung herbeiführen. Bis dahin ist er
bloss *virtueller Erbe* (138 III 357 f. E. 5; 139 V 3 f. E. 4.2).[79]

Diese blosse Gestaltungswirkung genügt aber dann nicht, wenn die Zuwendung   49
bereits ausgerichtet wurde, also insbesondere bei den Verfügungen unter Lebenden.
Hier ist neben der Herabsetzungsklage als Gestaltungsklage zusätzlich eine *Leistungsklage* zu erheben (528). Das entsprechende Urteil lautet auf Rückleistung, aber nicht

---

75   Dazu bedarf es der Kenntnis derjenigen Elemente, die den möglichen Erfolg einer Herabset-
      zungsklage erkennen lassen, jedoch nicht einer absoluten Gewissheit (121 III 250 f.). Die Klage ist
      mithin zulässig und verlangt (!), auch wenn eine Bezifferung noch nicht möglich ist (121 III 251).
76   Zu diesen Unterscheidungen s. KARL SPIRO, Die Begrenzung privater Rechte durch Verjäh-
      rungs-, Verwirkungs- und Fatalfristen (Bern 1975). S. auch WERNER MÜLLER-HELLBACH, Die
      Verjährung der erbrechtlichen Klagen (Diss. Zürich 1975). Zum Ganzen vgl. CHRISTIAN BRÜCK-
      NER/THOMAS WEIBEL, Die erbrechtlichen Klagen (3. A. Zürich/Basel/Genf 2012), Nr. 77 ff.
77   Teilweise kritisch dazu RUMO-JUNGO, Einredeweise Geltendmachung des Herabsetzungsan-
      spruchs bei einem Rentenlegat – BGE 135 III 97 (Urteil des Bundesgerichts 5A_289/2008 vom
      4. Dezember 2008), in successio 4 (2010), 40 ff.
78   WOLF/GENNA, SPR IV/1, 497; Hierzu im Einzelnen FORNI/PIATTI, BaKomm, Vorbem. zu
      Art. 522–533 N 15; BRÜCKNER/WEIBEL a.a.O. Nr. 83 und 97 ff.
79   STRAZZER a.a.O. 148; STRAZZER/ZEITER a.a.O. 142 ff.; ARTER, Bundesgericht, I. Zivilabteilung,
      Urteil vom 22. März 2012 i. S. A. SA c. B. B., BGer 4A_458/2011, BGE 138 III 354., in AJP 22
      (2013), 457 ff.

immer und unbedingt für das Ganze, sondern nur insofern dies zur Wiederherstellung der verletzten Pflichtteile (gemäss der unten bei N 56 ff. zu beschreibenden Reihenfolge) erforderlich ist. Die Leistungsklage ist obligatorischer (und nicht etwa dinglicher) Natur (110 II 232).[80] Somit wird der Beklagte (jedenfalls der gutgläubige) erst durch die Klageeinreichung und nicht schon beim Tod des Erblassers in Verzug gesetzt (115 II 212 E. 4; s. aber auch 102 II 329). Der Umfang der Rückleistung hängt davon ab, ob die Empfängerin im Zeitpunkt des Empfangs gut- oder bösgläubig war: War sie gutgläubig, d.h. wusste sie nicht und hatte sie auch nicht wissen können, dass die Zuwendung voraussichtlich einen Eingriff in Pflichtteilsrechte bedeutet, so kann sie nur für die bei ihr zur Zeit des Erbgangs vorhandene *Bereicherung* in Anspruch genommen werden (528[1]; 76 II 200 f.). Der bösgläubige Empfänger trägt demgegenüber gemäss 110 II 232 sogar das Risiko von Wertveränderungen zwischen dem Datum, da er den ihm zugewendeten Gegenstand veräussert hat, bis zum Tod des Erblassers.[81]

b. Die Aktiv- und Passivlegitimation

1. Aktivlegitimation

50   Die Klage bzw. Einrede steht nur jenem *Erben* zu, der nicht, sei es aus der Erbschaft, sei es auch durch Zuwendungen unter Lebenden, den *Wert* seines Pflichtteils *ungeschmälert und unbelastet* erhalten hat (522[1]). Beträgt der Pflichtteil für die Kinder z.B. 50 000 und hat eine Tochter einen nicht der Ausgleichung (626[2]) unterliegenden Betrag von 60 000 für den Kauf eines Hauses erhalten, so kann diese die Herabsetzung nicht begehren, auch wenn sie der Vater von seiner Erbschaft völlig ausschloss.[82] Sofern sie allerdings ihr erbrechtliches Auskunftsrecht ausüben und prüfen will, ob ihr Pflichtteil verletzt sei, muss sie zunächst die Herabsetzungsklage erheben und so ihre Erbenstellung herstellen (138 III 357 f. E. 5, s. oben N 48).

51   Der Erbe hat Anspruch darauf, den Wert seines Pflichtteils *zu Eigentum* zu erhalten (70 II 142; «des biens aisément négociables»: 70 II 147); er braucht sich also eine Zuwendung zur Nutzniessung oder als Rente nicht gefallen zu lassen. Der Herabsetzungsanspruch ist vererblich, so wie er in der Person des Erblassers, der ihn erworben hat, entstanden ist (75 II 192; 108 II 291). Hat hingegen der Erblasser durch Nacherbeneinsetzung den Pflichtteil der Vorerbin verletzt und hat diese es unterlassen, Herabsetzungsklage zu erheben, steht den Erben der Vorerbin gegenüber den Nacherben die Einrede der Pflichtteilsverletzung nicht zu, weil der Herabsetzungsanspruch (gegenüber dem Ehemann ihrer Erblasserin) für sie nicht gegeben ist: 133 III 310 f. E. 5. In casu haben die Kläger einerseits als Nacherben von der Vorerbin (Ehefrau des Erblassers) geerbt. Andererseits haben sie von dieser (nunmehr selbst Erblasserin) auch

---

80   Zur Frage, ob und inwiefern dennoch soweit vorhanden Rückgabe in natura erfolgen soll, s. 110 II 233 f. und hierzu kritisch Piotet, La restitution par le défendeur de mauvaise foi après réduction successorale, in SJZ 81 (1985), 157 f. Zum Ganzen Forni/Piatti, BaKomm, Art. 528 N 5–8; Brückner/Weibel a.a.O. Nr. 97 ff.

81   A. M. Piotet, SJZ a.a.O. 157 ff. Zu dessen Begründung siehe Forni/Piatti, BaKomm, Art. 528 N 8 i. f.

82   Zur Frage ihres Rechts auf Erbeneigenschaft s. vorn N 6.

auf Grund ihres eigenen gesetzlichen Erbrechts geerbt. Das BGer scheint aber die beiden Erbschaften im erwähnten Entscheid vermischt zu haben.[83]

Ausnahmsweise steht die Klage auch *Nichterben* zu: so der Konkursverwaltung oder den Gläubigern eines Noterben, wenn dieser nicht selbst seine Rechte geltend machen will (524; vgl. 76 II 268), nicht aber einem nicht zur Erbengemeinschaft gehörenden Zessionar eines Erbteils (85 II 607 f.). – Wird eine Zuwendung von Todes wegen herabgesetzt, so kann ein (durch sie) Bedachter (Erbe oder Vermächtnisnehmer) unter dem Vorbehalt anderer Anordnung des Erblassers eine Herabsetzung der ihm auferlegten Vermächtnisse im selben Verhältnis verlangen (525²).[84]   52

2. Passivlegitimation

Die Klage richtet sich gegen die aus einer Zuwendung des Erblassers *begünstigten Personen*. Es handelt sich um jene Personen, die durch den Empfang von Zuwendungen des Erblassers den Pflichtteil des Klägers verletzt haben oder verletzen würden. Das können sein: bei Verfügungen von Todes wegen alle Miterben oder nur ein bestimmter unter ihnen, ferner ein weiterer Vermächtnisnehmer; bei Zuwendungen unter Lebenden: deren Empfänger. Weder aktiv- noch passivlegitimiert ist der Willensvollstrecker (85 II 601; 111 II 18 f.).   53

Obwohl das Gesetz das nirgends erwähnt, gibt es ausnahmsweise auch Fälle, bei denen *Intestaterben* (gesetzliche Erben) *als Herabsetzungspflichtige* in Frage kommen.[85] Hier liegt eine echte Lücke im Gesetz (1² i. f.) vor. Die in der zitierten Lehre namhaft gemachten Beispiele betreffen Fälle, da ein überlebender Ehegatte Erbe ist.[86]   54

Beispiel: Ein Erblasser schenkt drei Jahre vor seinem Tod einer Stiftung 300 000 (527 Ziff. 3). Er hinterlässt ein Vermögen von 500 000. Seine (gesetzlichen) Erben sind die überlebende Ehegattin und Kinder. Deren Pflichtteile betragen 500 000, sind also durch die Schenkung an die Stiftung nicht verletzt. Teilt man nun gemäss gesetzlichem Erbrecht (462 Ziff. 1 i. V. m. 481²) der überlebenden Ehegattin und den Kindern je die   55

---

83 Besprochen von Aebi-Müller, in ZBJV 144 (2008), 504, und kritisiert von Sandoz, in JdT 155 (2007), I 637 f.

84 Also eine «réduction au second degré» (Herabsetzung zweiten Grades): Guinand/Stettler/Leuba, Successions, Nr. 167 ff. Siehe ferner die einschränkende Interpretation dieser Bestimmung durch Piotet bei Forni/Piatti, BaKomm, Art. 525 N 6.

85 Piotet, SPR IV/1, § 68: «Die Herabsetzung der Erwerbungen nach Intestatrecht». S. auch Wolf/Genna, SPR IV/1, 502; Breitschmid/Eitel/Fankhauser/Geiser/Rumo-Jungo, litera B Erbrecht, § 3 Nr. 54; Hausheer/Reusser/Geiser, BeKomm, Art. 216 N 46; Brändli, Vorschlagszuweisung an den vorverstorbenen Ehegatten und die Frage der erbrechtlichen Herabsetzung, in AJP (2003), 335 ff., 338 f.; Rumo-Jungo, Die Vorschlagszuweisung an den überlebenden Ehegatten als Rechtsgeschäft unter Lebenden, in successio 1 (2007) 158 ff., 165 f.; Steinauer, Successions, Nr. 811 ff. A. M. Weimar, BeKomm, Vorbem. vor Art. 470 N 13 und ders., Die vermeintliche Herabsetzbarkeit gesetzlicher Erbrechte, in successio 2 (2008), 9 ff. Kritisch zum Ganzen Kobel/Fankhauser, Zur Herabsetzbarkeit erbrechtlichen Intestaterwerbs – ein Diskussionsbeitrag, in successio 1 (2007), 168 ff.

86 S. auch die Berechnungsbeispiele bei Rumo-Jungo, Tafeln und Fälle a.a.O. Tafel 62.

Hälfte zu, so erhalten die Kinder nicht ihren Pflichtteil von $^3/_8$. Die Ehegattin muss sich eine Herabsetzung von 50 000 gefallen lassen.

c. Die Reihenfolge in der Herabsetzung

56   In erster Linie werden die Verfügungen von Todes wegen gekürzt, erst in zweiter Linie, nachdem jene ganz beseitigt wurden, ohne dass der Pflichtteil voll wiederhergestellt ist, die Zuwendungen unter Lebenden, und zwar in der umgekehrten Zeitfolge ihrer Ausrichtung, die jüngeren vor den älteren (532).[87] Vorweg, also noch vor den Verfügungen von Todes wegen, wird aber immer der Intestaterwerb herabgesetzt (s. soeben N 54). Schwierigkeiten bereiten die Zuordnung (zu Verfügungen von Todes wegen oder zu Zuwendungen unter Lebenden und innerhalb dieser Zuordnung die Reihenfolge) von Zuwendungen durch Begünstigung aus Lebensversicherungen sowie durch Eheverträge mit Begünstigung des überlebenden Ehegatten.[88] Gemäss BGer ist die Begünstigung bei Lebensversicherungen eine Verfügung unter Lebenden (71 II 152; 112 II 157) und war unter altem Recht die Begünstigung des überlebenden Ehegatten eine Schenkung von Todes wegen (102 II 313).[89] Diese Auffassung des BGer ist vor dem damaligen gesetzlichen Hintergrund zu interpretieren. Tatsächlich konnte das BGer damals den Pflichtteilsschutz der Nachkommen gestützt auf Art. 522 nur unter Annahme eines Rechtsgeschäfts von Todes wegen begründen. De lege lata ist die Vorschlagszuweisung an den überlebenden Ehegatten richtigerweise als Rechtsgeschäft unter Lebenden und Art. 216 Abs. 2 als lex specialis zu Art. 527 aufzufassen.[90]

57   Wie soll die Herabsetzung *gleichzeitiger* Zuwendungen vor sich gehen? Als solche gelten auch untereinander alle Verfügungen von Todes wegen; Art. 532 macht für diese keinen Unterschied.[91] Die Antwort auf diese Frage ist vor allem wichtig für gleichzei-

---

87   SPAHR a.a.O. 311 ff. geht im Hinblick auf die Lösung der mit der Herabsetzung verbundenen heiklen Wertprobleme in seinem ausgeklügelten System der Anrechnung (imputation) der Zuwendung gerade umgekehrt vor: Wenn eine Zuwendung gemäss Gesetz vor einer andern herabgesetzt werden soll, dann wird sie eben erst nach der andern der (jeweils noch) verfügbaren Quote angerechnet (317).

88   Zum Stand der Diskussionen und mit zahlreichen Hinweisen RUMO-JUNGO, successio 2007 a.a.O. 165 f.; s. insbesondere auch AEBI-MÜLLER a.a.O.; STEPHAN WOLF, Vorschlags- und Gesamtgutzuweisung an den überlebenden Ehegatten (Diss. Bern 1996), ASR 584, 156 ff.; BRÄNDLI a.a.O. 335 ff.; STEINAUER, Successions, Nr. 811 ff.; WEIMAR, Die vermeintliche Herabsetzbarkeit gesetzlicher Erbrechte, in successio 2 (2008), 9 ff. S. auch CAROLE VAN DE SANDT, L'acte de disposition (Diss. Freiburg 2001), AISUF 197, 127 ff.; Izzo a.a.O. 367 ff.; ferner BADDELEY, L'assurance-vie en rapport avec le régime matrimonial et le droit successoral, in SemJud 122 (2000), 511 ff., 530 ff.; WINISTÖRFER a.a.O. 113, 226; PAUL PIOTET, Les libéralités par contrat de mariage ou autres donations au sens large et le droit successoral (Bern 1997), ASR 606.

89   Zum Meinungsstand für Letzteres im neuen Recht DESCHENAUX/STEINAUER/BADDELEY, Effets, Nr. 1351, und RUMO-JUNGO, successio 2007 a.a.O. 161 f.

90   Ausführlich dazu RUMO-JUNGO, successio 2007 a.a.O. 165 f.

91   So sehr dies für Testamente einleuchtet, so sehr ist diese Gleichstellung problematisch im Verhältnis von Erbverträgen zu späteren Verfügungen von Todes wegen; schafft doch der Erbvertrag eine Bindung (494[3]; vgl. 101 II 310 ff. E. 3b). PIOTET, SPR IV/1, 488, schlägt daher vor, den Erbvertrag nur subsidiär zu den ihm nachfolgenden Verfügungen von Todes wegen herabzuset-

tige Zuwendungen zu Gunsten verschiedener Personen. Die Billigkeit verlangt grundsätzlich eine *verhältnismässige* Minderung, soweit nicht der Erblasser eine begünstigen wollte. Die Verhältniszahl wird jedoch nicht bei allen gleich berechnet. Man muss zwei in den Art. 525 und 523[92] geregelte Tatbestände unterscheiden:

1. Bei Zuwendungen an *Nichterben* oder an *nichtpflichtteilsgeschützte* gesetzliche oder 58 eingesetzte (97 II 308) Erben (525[1]): Hier werden die einzelnen Zuwendungen nach dem Verhältnis des *Gesamtbetrages* der (gleichzeitigen) Zuwendungen herabgesetzt (Grundsatz der Proportionalität). Nehmen wir an, der Erblasser habe seine einzige Tochter Claudia übergangen und habe von seinem Vermögen von 60 000 dem Andreas 36 000, dem Bruno 24 000 vermacht. Claudia kann als Pflichtteil 45 000 beanspruchen, die Anteile von Andreas und Bruno werden im Verhältnis von 36:24 oder 3:2 gekürzt. Die Herabsetzung beträgt für Andreas 27 000, für Bruno 18 000. Diese Bestimmung ist dispositiver Natur. Der Erblasser kann also ein anderes Herabsetzungsverhältnis oder auch eine Reihenfolge für die in die Pflicht genommenen Begünstigten anordnen.

2. Eine Besonderheit gilt bei gleichzeitigen Zuwendungen an *mehrere pflichtteilsberech-* 59 *tigte* Erben. Hier geht das Gesetz (523) von der Erwägung aus, dass der Erblasser auch jedem bevorzugten Erben den Pflichtteil schuldet. Eine Begünstigung liegt deshalb nur in jenem Wertbetrag vor, der über den Pflichtteil hinausgeht. Dementsprechend wird das Verhältnis, nach dem die mehreren Zuwendungen herabzusetzen sind, nicht nach den Totalwerten berechnet, sondern nur nach den Beträgen, um die jede Zuwendung den Pflichtteil übersteigt. Beispiel: Andreas, Bruno und Claudia sind pflichtteilsberechtigte Kinder, der Erblasser hinterlässt 60 000. Er vermacht Andreas 36 000 und Bruno 24 000 und übergeht Claudia mit Stillschweigen. Claudia kann auf Herabsetzung klagen und ihren Pflichtteil (¾ ihres gesetzlichen Erbteils) fordern. Der Pflichtteil beträgt demgemäss 15 000. Die Anteile von Andreas und Bruno müssen um diese Summe gekürzt werden. Das Verhältnis ist nun nicht nach dem Gesamtbetrag der beiden Zuwendungen (36:24) zu ermitteln, sondern nach den Überschüssen über den Pflichtteil. Da der Pflichtteil für Andreas und Bruno je 15 000 beträgt, erhalten wir die Proportion 21 000:9000 oder 7:3 (⁷⁄₁₀ und ³⁄₁₀). Demgemäss wird der für Claudia herauszugebende Betrag wie folgt verteilt: Andreas schuldet ⁷⁄₁₀ von 15 000 = 10 500, Bruno ³⁄₁₀ von 15 000 = 4500.

d. Die Herabsetzung einiger besonderer Zuwendungen

Für gewisse Zuwendungsobjekte enthält das Gesetz besondere Bestimmungen: 60

1. Die Zuwendung betrifft eine einzelne *unteilbare* Sache (oder auch mehrere zusam- 61 mengehörende Sachen oder eine Sachgesamtheit wie ein landwirtschaftliches Gewerbe;

---

zen. So auch STEINAUER, Successions, Nr. 829b. A. M. HRUBESCH-MILLAUER, PraxKomm Erbrecht, Art. 525 N 5. – Zum Meinungsstand s. auch DRUEY, Grundriss, § 6 Nr. 81.

92 Im Gegensatz zu Art. 532, der grundsätzlich zwingendes Recht enthält, sind die Art. 523 und 525 dispositives Recht: SPAHR a.a.O. 324 f. und dort Zitierte.

dazu 135 III 313[93]), und der Erblasser hat durch sie die verfügbare Quote nur *zum Teil* überschritten. Hier hat die Verfügung für den einen Teil Bestand, während sie um den anderen Teil herabgesetzt werden muss. Ein Beispiel: Bei einer verfügbaren Quote von 10 000 hat der Erblasser ein Auto im Wert von 15 000 einem Freund vermacht. Es ist klar, dass hier die Sache nicht zwischen den beiden Interessenten geteilt werden kann, sondern dem einen oder dem anderen in natura zuzuweisen ist unter der Verpflichtung, dem anderen seinen Wertanteil in Geld zu zahlen. Wem soll nun aber die Sache gehören? Art. 526 löst die Frage, indem er dem *Bedachten* das *Wahlrecht* gibt, entweder die Sache gegen Geldabfindung an den Noterben oder den verfügbaren Betrag gegen Überlassung der Sache an diesen zu verlangen.

62   2. Ein Wahlrecht besteht ferner bei Zuwendungen *periodischer Leistungen* (einer Nutz- niessung oder einer Rente), deren kapitalisierter Betrag die verfügbare Quote über- steigt (530). Im Unterschied zu Art. 526 steht hier das Wahlrecht nicht dem Bedachten, sondern dem *Erben* zu. Dieser hat zwar, der Verfügung entsprechend, dem Bedach- ten die periodische Leistung zu entrichten, wenn auch nur im herabgesetzten Betrag. Doch kann er diese Pflicht ablösen, indem er dem Bedachten den Wertbetrag des ver- fügbaren Teils in Geld ausbezahlt. Es handelt sich also nicht um eine Wahlobligation, sondern um eine Alternativvermächtigung.[94] Zur einredeweise Geltendmachung des Herabsetzungsanspruchs bei einem Rentenlegat s. 135 III 97 E. 3.[95]

63   3. Wenn ein Pflichtteilsberechtigter mit einer *Nacherbeneinsetzung* belastet ist, so kann er einfach deren Streichung für den *ganzen Umfang* des Pflichtteils verlangen (531). Wird etwa ein Kind testamentarisch verpflichtet, nach seinem Tod oder in einem ande- ren Zeitpunkt die Hälfte seines Erbteils einem Dritten zu überlassen, so kann es ver- langen, dass diese Belastung für einen Viertel der Erbquote aufgehoben wird. Vgl. 75 II 193 ff. und 108 II 290 ff.

64   4. Art. 528 Abs. 2 enthält eine Regel für den Fall, dass sich *ein durch* (einen entgeltli- chen) *Erbvertrag Bedachter* eine Herabsetzung gefallen lassen muss; dieser Herabset- zungspflichtige hat das Recht, von der dem Erblasser zugewendeten Gegenleistung einen entsprechenden Betrag zurückzufordern.[96]

---

93   Bemerkungen zum Entscheid von Koller, Ein Sömmerungsbetrieb stellt ein landwirtschaft- liches Gewerbe dar – BGE 135 III 313 = 2C_787/2008 = Pra 2010 Nr. 15 S. 98, in successio 5 (2011), 98 ff.

94   Hierzu Peter Gauch/Walter R. Schluep/Susan Emmenegger, Schweizerisches Obliga- tionenrecht Allgemeiner Teil, Bd. II (10. A. Zürich 2014), Nr. 2269: Der Schuldner ist «ermäch- tigt (nicht verpflichtet), statt der geschuldeten eine andere Leistung zu erbringen …».

95   Rumo-Jungo, successio 2010 a.a.O. 40 ff.; Hrubesch-Millauer, Neuere Gesetzgebung und Rechtsprechung aus dem Erbrecht, in AJP 19 (2010), 508; Bemerkungen zum Entscheid von Aebi-Müller, Die privatrechtliche Rechtsprechung des Bundesgerichts im Jahr 2009, in ZBJV 146 (2010), 385 ff.

96   Mithin eine weitere «réduction au second degré» (Herabsetzung zweiten Grades): siehe vorn Anm. 71. Zur Interpretation und zur Problematik dieser Bestimmung vgl. Piotet, SPR IV/1, 516 f. und Précis, 99, und hierzu Forni/Piatti, BaKomm, Art. 528 N 9; Hrubesch-Millauer, PraxKomm Erbrecht, Art. 528 N 8 ff.

IV. Die Enterbung

a. Grundlage und Arten

Der Pflichtteilsschutz beruht einerseits auf dem Interesse der Pflichtteilserben an der 65
Erlangung ihres Pflichtteils, andererseits auf dem engen familienrechtlichen Verhältnis, in dem diese zum Erblasser stehen. Die *ratio legis* ist daher in zwei Fällen nicht
gegeben:

1. Wenn sich der Noterbe dem Erblasser gegenüber eines solchen Benehmens schul- 66
dig macht, das jene engen familienrechtlichen Beziehungen zerstört. Hier darf ihm der
Pflichtteil zur Strafe entzogen werden: *Strafenterbung,* die gewöhnliche Art der Enterbung (477–479).

2. Wenn die Erbschaft dem Erben nichts nützt, weil sie ihm infolge Überschuldung 67
sofort wieder durch die Gläubiger entrissen werden könnte. Hier dient die Enterbung
dem Interesse des Erben selbst. Sie ist eine Schutzbestimmung für den Erben und wird
deshalb *Präventiventerbung* genannt. Ihr Anwendungsgebiet ist sehr eng (480).

In beiden Fällen wird *durch die Enterbung*[97] *der Pflichtteilsanspruch* eines Noterben 68
durch eine Verfügung von Todes wegen beseitigt oder verkürzt. Keine Enterbung
liegt dann vor, wenn die Erbquote eines Noterben nur bis zum Betrag des Pflichtteils
geschmälert oder wenn ein nichtpflichtteilsberechtigter Erbe (z.B. ein Onkel oder ein
Vetter) von seinem Erbrecht ausgeschlossen wird (vgl. immerhin 64 II 339).

b. Die Strafenterbung[98]

Zu unterscheiden sind Voraussetzungen, Form und Wirkungen: 69

1. Die Voraussetzungen

Es muss ein genügender Enterbungsgrund vorliegen. Als solcher gilt nur entweder 70
eine *schwere Straftat* (477 Ziff. 1, 73 II 212)[99] oder aber eine schwere *Verletzung familienrechtlicher Pflichten* (477 Ziff. 2; 106 II 304; BGer 5A_370/2011 E. 6.2 f.; s. auch
die mit den Ziff. 1 und 2 des Art. 477 ZGB fast wörtlich übereinstimmenden Ziff. 1
und 2 des Art. 249 OR betr. den Widerruf und die Rückforderung von Schenkungen
und hierzu 113 II 256 E. 4a; BGer 4A_171/2011 E. 4). In beiden Fällen muss sich die
Handlung gegen den Erblasser selbst oder aber eine ihm nahestehende Person (einen

---

97 Hierzu Friedrich Bellwald, Die Enterbung im schweizerischen Recht (Diss. Basel 1980). Zur
   Aufhebung eines Erbvertrags bei Vorliegen eines Enterbungsgrundes s. Art. 513². Zur Abgrenzung Enterbung – Erbunwürdigkeit vgl. 132 III 310 E. 3.3 i. f.
98 Hierzu Michael Gubser, Strafenterbung de lege lata – de lege ferenda (Diss. Zürich 2001).
99 Das Wort «Verbrechen» wurde in Übereinstimmung mit dem rev. Art. 125 Abs. 3 Ziff. 3 durch
   BG vom 26. Juni 1998 (Änderung des ZGB) durch «Straftat» (französisch «infraction pénale
   grave») ersetzt.

«Angehörigen»[100]) richten. So wäre z.B. ein Mord oder Diebstahl an einer fremden Person kein Enterbungsgrund, ebensowenig ein schlechter Lebenswandel.

71 Der Begriff Straftat umfasst alles kriminelle Unrecht, also Vergehen und Verbrechen im strafrechtlichen Sinn (76 II 269). Ob eine schwere Straftat vorliegt, ist hingegen rein nach privatrechtlichen Gesichtspunkten zu beurteilen (73 II 213). Insbesondere braucht keine strafrechtliche Verfolgung oder Verurteilung stattgefunden zu haben (76 II 270). In einem Verhalten, das nach privatrechtlichen Gesichtspunkten keine schwere Straftat darstellt, kann jedoch eine schwere Verletzung familienrechtlicher Pflichten liegen (76 II 271 ff.). Es geht um Handlungen, die dazu angetan sind, die Familiengemeinschaft zu untergraben, und die diese Wirkungen auch tatsächlich gehabt haben (106 II 307).[101]

72 Für eine Enterbung nicht genügend sind Schädigungen, die dem Erblasser durch einen Erben bei Anlass ihrer gegenseitigen geschäftlichen Beziehungen zugefügt worden waren: Hintergehung zum Schaden des Geschäfts, der Versuch, den Erblasser aus dem Geschäft zu verdrängen (52 II 114 f.). Ebenso liegt in der Regel kein genügender Enterbungsgrund darin, dass ein zur Zeugnisverweigerung berechtigter Verwandter (vorliegend die Tochter) vor Gericht gegen den Erblasser eine wahrheitsgemässe Zeugnisaussage macht (72 II 338). Dagegen war gemäss einem Urteil von 1920 ein Vater berechtigt, seine Tochter zu enterben, weil diese «grundlos» Ehemann und Kinder verliess, um mit dem Geliebten zusammenzuleben (46 II 9).[102]

73 Umstritten ist, ob die Enterbung trotz einer nachfolgenden *Verzeihung* (im Sinn einer vollständigen tatsächlichen Aussöhnung) wirksam bleibt. Das ZGB spricht sich darüber nicht aus (anders bei der Erbunwürdigkeit, die gemäss 540² durch Verzeihung behoben wird, hinten § 74 N 11). Sicher hebt die Verzeihung die Verfügung nicht ohne Weiteres auf (wie der Widerruf und eine spätere Verfügung). Dagegen fällt durch die (vor oder nach der Verfügung von Todes wegen erfolgte) Aussöhnung der *Enterbungsgrund* selber weg. Eine trotz (effektiver) Verzeihung nicht aufgehobene Enterbung kann mithin gemäss Art. 479 Abs. 3 angefochten werden.[103] Bei Obsiegen wird sie aber nicht völlig beseitigt, sondern nur insoweit, als sie den Pflichtteil des Enterbten verletzt (s. sogleich N 75).

---

100 Hierzu ausführlich Bessenich, BaKomm, Art. 477 N 12; Fankhauser, PraxKomm Erbrecht, Art. 477 N 18.

101 Diese «beliebte Formel» ist nach Weimar, BeKomm, Art. 477 N 11 i. f. «mit Vorsicht zu gebrauchen».

102 «Beispiele aus der Rechtsprechung» bei Bessenich, BaKomm, Art. 477 N 14, und Fankhauser, PraxKomm Erbrecht, Art. 477 N 19 f.

103 So auch Steinauer, Successions, Nr. 382; Bessenich, BaKomm, Art. 477 N 9; Weimar, BeKomm, Art. 477 N 19 ff.; Wildisen, HandKomm, Art. 477 N 7; Wolf/Genna, SPR IV/1, 470; Breitschmid/Eitel/Fankhauser/Geiser/Rumo-Jungo, litera B Erbrecht, § 1 Nr. 74; ferner Druey, Grundriss, § 6 Nr. 62, mit zutreffender Kritik an 106 II 310. A. M. 73 II 215 ff.; danach ist eine Anfechtung der Enterbung wegen nachträglicher Verzeihung nicht möglich. So auch (mit gewissen Einschränkungen) Escher, ZüKomm, Art. 477 N 10 f.

2. *Die Form*

Erforderlich ist eine ausdrückliche Willensäusserung in einem Testament oder Erbver- 74
trag, worin der Pflichtteil eines Erben unter *Angabe des Grundes* beseitigt wird (479[1]:
40 II 327; 64 II 337; 73 II 211; 76 II 271). Diese Angabe muss eine gewisse Bestimmtheit aufweisen.[104] Sie muss die konkreten Tatsachen, auf welche die Enterbung gestützt
wird, namhaft machen oder so deutlich bezeichnen, dass nicht zweifelhaft sein kann,
welche gemeint sind (52 II 116); doch können sich diese Tatsachen u. U. auch aus dem
Hinweis auf eine andere Urkunde ergeben (73 II 211 f.). Allgemeine Vorwürfe, wie
etwa jener des schlechten Lebenswandels, genügen keineswegs (48 II 436). Es ist dem
Erblasser zu empfehlen, sogar die Beweismittel für seine Angaben anzuführen, da
im Bestreitungsfall nicht etwa der Enterbte die Unrichtigkeit, sondern die Gegenpartei, die Person, welche die Enterbung anruft, die Richtigkeit zu beweisen hat (479[2];
106 II 310; BGer 5A_748/2008 E. 7.4). Unabhängig von der rechtlichen Qualifikation
durch den Erblasser kann jedoch das Gericht das vom Erblasser als Enterbungsgrund
bezeichnete Verhalten unter dem Gesichtspunkt einer schweren Straftat oder einer
Verletzung der familienrechtlichen Pflichten würdigen (76 II 269).

Bei fehlender oder ungenügender Angabe oder Unrichtigkeit des Grundes bzw. wenn 75
der Grund die Enterbung nicht rechtfertigt, kann der Enterbte die Verfügung *anfechten*. Dringt er durch, so wird in der Regel die enterbende Verfügung nicht vollständig
aufgehoben, sondern angenommen, dass der Erblasser den Erben auf jeden Fall auf
den Pflichtteil setzen wollte. Da es hierfür keiner Grundangabe bedarf, wird die Anordnung in diesem Umfang aufrecht erhalten. Der Erbe kann also nur eine *Herabsetzungsklage* anstrengen (479[3]). Das BGer bezeichnet denn auch die Klage eines Enterbten, der
die Enterbung (mangels Grundangabe oder wegen Unrichtigkeit der Grundangabe)
anficht, als eine besondere Art der Herabsetzungsklage (85 II 600; 86 II 342).[105]

Nur dann fällt die Enterbung gänzlich dahin, wenn sich der Erblasser über das Vorhan- 76
densein des Enterbungsgrundes geirrt und aus diesem Irrtum heraus die Enterbung
ausgesprochen hat (479[3]).[106] Er hat z.B. fälschlicherweise angenommen, dass die
Pflichtteilserbin A ihn schwer verleumdet habe, während dies eine andere Person tat.
Schon nach den Grundsätzen über die Willensmängel (469) hält eine derartige Enterbung nicht stand. Die Erbin beseitigt sie mit der *Ungültigkeitsklage*.[107] Bei Gutheissung
der Ungültigkeitsklage erhält die betreffende Erbin ihren gesetzlichen Erbteil, soweit
der Erblasser nicht anderweitig gültig verfügt hat.

---

104 Ein Fall in SJZ 83 (1987), 117 f.; ein nicht veröffentlichter des BGer in SJZ 91 (1995), 339.
105 Die Herabsetzungsklage kommt auch zur Anwendung, wenn der angegebene Grund für die
     Enterbung nicht ausreicht: WEIMAR, BeKomm, Art. 479 N 9. Zum Ganzen vgl. FANKHAUSER,
     PraxKomm Erbrecht, Art. 479 N 6 ff.; STEINAUER, Successions, Nr. 387 ff.
106 Der Gesetzestext verlangt einen offenbaren Irrtum; das ist wohl ein Redaktionsversehen. Vgl.
     WEIMAR, BeKomm, Art. 479 N 11, und BESSENICH, BaKomm, Art. 479 N 3 i. f.; FANKHAUSER,
     PraxKomm Erbrecht, Art. 479 N 9; STEINAUER, Successions, Nr. 387b.
107 Die Ungültigkeitsklage kommt auch zum Zug bei Verfügungsunfähigkeit, mangelhaftem Wil-
     len, Rechtswidrigkeit und Unsittlichkeit sowie bei Formmangel, der nicht darin besteht, dass
     der Enterbungsgrund nicht angegeben ist: WEIMAR, BeKomm, Art. 479 N 9 ff.

3. *Die Wirkungen*

77 Von den Wirkungen handelt Art. 478. Der rechtswirksam Enterbte kann weder als gesetzlicher Erbe an der Erbschaft teilnehmen noch die Herabsetzungsklage geltend machen (478[1]; zum virtuellen Erben s. vorne N 48); er ist jedoch nicht erbunfähig und kann aus Verfügungen von Todes wegen erwerben.[108] Sein Erbteil kommt den anderen gesetzlichen Erben zugute, wie wenn er vorverstorben wäre, ausser der Erblasser habe darüber anders verfügt (478[2]); die Pflichtteilsrechte der etwaigen Nachkommen des Enterbten gegenüber dem Erblasser bleiben jedoch in jedem Fall vorbehalten (478[3]). Der Pflichtteil des Enterbten wird mithin, wenn er keine Nachkommen hat, frei und der verfügbare Teil entsprechend erhöht.[109]

78 *Beispiel:* Der Erblasser Erich Elsener hinterlässt bei seinem Tod zwei Kinder, Anna und Bruno. Er enterbt den drogensüchtigen Bruno, weil dieser ihn mit geladener Waffe bedroht habe. Über den Pflichtteil von Bruno ($3/8$) kann Erich frei verfügen. Seine verfügbare Quote erhöht sich somit von $1/4$ auf $5/8$. Hat Bruno Nachkommen, steht diesen der Pflichtteil von $3/8$ zu; die verfügbare Quote erhöht sich nicht. Ist Bruno beim Tod von Erich vorverstorben, hat seine Enterbung keine Bedeutung und kommt Art. 478[3] nicht zum Zug: Hat der vorverstorbene Bruno keine Nachkommen, wächst sein Erbteil seiner Schwester an. Diese erbt somit (ohne letztwillige Verfügung von Erich) alles. Ihr Pflichtteil beträgt $3/4$, die verfügbare Quote $1/4$. Das Vorversterben einer enterbten Person führt mithin zu einem Paradoxon: Ist die enterbte Person vorverstorben, wird die verfügbare Quote kleiner (hier $1/4$) als wenn der Enterbte noch lebt ($5/8$).[110]

c. Die Präventiventerbung

79 Durch die Präventiventerbung (480) soll verhindert werden, dass die dem Pflichtteilsberechtigten zugefallene Erbschaft ihm sofort durch die Gläubiger entzogen wird. Deshalb kann diese Enterbung nur stattfinden, wenn der Pflichtteilsberechtigte zahlungsunfähig ist, wenn gegen ihn bei der Eröffnung des Erbgangs (111 II 130) Verlustscheine bestehen. Jedoch gestattet das ZGB die Präventiventerbung nicht gegenüber jedem pflichtteilsberechtigten Erben, sondern nur gegenüber Nachkommen des Erblassers, und auch dies nur mit zwei Einschränkungen: erstens nur für die Hälfte des Pflicht-

---

108 WEIMAR, BeKomm, Art. 478 N 5. Zu Auswirkungen einer Enterbung auf einen Anspruch gemäss Art. 612a vgl. SJZ 87 (1991), 24.

109 WEIMAR, BeKomm, Art. 478 N 10, mit Kritik an BESSENICH, BaKomm, Art. 478 N 2; BESSENICH, BaKomm, Art. 478 N 3 zweites Alinea; FANKHAUSER, PraxKomm Erbrecht, Art. 478 N 4 ff.; WILDISEN, HandKomm, Art. 478 N 4; WOLF/GENNA, SPR IV/1, 71 f.; GUINAND/STETTLER/LEUBA, Successions, Nr. 178 ff.; STEINAUER, Successions, Nr. 383 ff. Siehe zu diesen Fragen auch HENRI-ROBERT SCHÜPBACH, Contentieux de l'exhérédation, in FS Jean-François Poudret (Lausanne 1999), 215 ff.

110 RUMO-JUNGO, Tafeln und Fälle a.a.O. Tafel 22.

teils, und zweitens nur so, dass diese Hälfte den vorhandenen und später geborenen Kindern[111] des Enterbten zugewendet wird. Die andere Hälfte der Pflichtteilsquote ist also den Gläubigern unrettbar verfallen.

---

111   Fraglich ist, ob dies auch zugunsten von noch nicht gezeugten Kindern oder Nachkommen vorverstorbener Kinder möglich ist. Das wird bejaht, sofern im Zeitpunkt des Erbfalls mindestens ein Nachkomme bereits gezeugt ist. Siehe dazu BESSENICH, BaKomm, Art. 480 N 3; WEIMAR, BeKomm, Art. 480 N 30 ff.; WILDISEN, HandKomm, Art. 480 N 3; STEINAUER, Successions, Nr. 392d und FN 55 m. w. H.; BREITSCHMID/EITEL/FANKHAUSER/GEISER/RUMO-JUNGO, litera B Erbrecht, § 1 Nr. 76.

§ 70 Die Errichtungsformen

I. Bedeutung der Form für die Verfügungen von Todes wegen

1   Die Bindung an bestimmte Formvorschriften ist bei den Verfügungen von Todes wegen aus zwei Gründen besonders wichtig: Zunächst handelt es sich meistens um Geschäfte, die ein ganzes Vermögen oder grosse Teile davon betreffen. Sodann erwachsen diese Geschäfte erst nach dem Tod der verfügenden Person in Kraft und werden oft erst dann bekannt, so dass diese nicht mehr nach ihren Auffassungen und Absichten gefragt werden kann. Daher ist es von Bedeutung, dass die Handelnde ihren Entschluss reiflich erwägt und ihren Willen anschliessend bestimmt und unzweideutig zum Ausdruck bringt. Es ist wichtig, dass blosse Entwürfe und vorläufige Notizen ohne Weiteres von der endgültigen Willenserklärung unterschieden werden können und dass die Echtheit und Unversehrtheit dieser Erklärung ausser Zweifel steht. Diesen Zwecken dienen die strengen Errichtungsformen.

2   Auf der anderen Seite kann die Bindung an bestimmte Formvorschriften die Geltung des letzten Willens gerade auch verhindern: Erstens erschwert die Einhaltung der Form die Errichtung der Verfügung und kann es – in seltenen Ausnahmefällen – einer Person unmöglich machen, ihrem letzten Willen rechtswirksamen Ausdruck zu verleihen. Zweitens besteht vor allem der Nachteil, dass bei Nichteinhaltung der Form der Wille des Erblassers, mag er auch noch so klar und eindeutig sein, sich nicht durchzusetzen vermag. Bei der Auslegung der Formvorschriften ist allerdings nach deren Zweck zu fragen (89 II 367; 93 II 164; 103 II 87 und 118 II 276). Die Formvorschriften dürfen nicht über den Gesetzeswortlaut hinaus ausgedehnt werden; dabei ist von zwei möglichen Gesetzesauslegungen im Sinn des «favor testamenti» jene zu wählen, welche die Gültigkeit begünstigt (118 II 276, mit weiteren Hinweisen).

3   Von der Beobachtung der durch den Bundesgesetzgeber vorgesehenen Form hängt die Gültigkeit des Geschäftes bzw. der einzelnen Anordnung ab (520; siehe immerhin die Ausnahme in Art. 520a). Zwar tritt bei Formmangel nicht eigentliche Nichtigkeit ein, sondern nur eine besondere Art von Anfechtbarkeit.[1] Die (ernstlich gewollte, aber formwidrige) Verfügung hat zunächst für sich den Anschein und die Wirkungen der Gültigkeit, und sie bleibt gültig, wenn sie nicht durch eine an der Nichtgeltung interessierten Person angefochten und vom Gericht für ungültig erklärt wird. Dafür ist eine bestimmte, kurze Verwirkungsfrist gegeben: ein Jahr seit Kenntnis der Verfügung und

---

1   Wie bei der fehlenden Verfügungsfähigkeit kann auch beim Formmangel der Fehler derart krass sein, dass nicht die hier behandelte Anfechtbarkeit, sondern völlige Unwirksamkeit (Nichtigkeit) eintritt. Vgl. § 68 N 12 und die dort in Anm. 17 zit. Diss. SCHWALLER und Aufsatz RIEMER (dort insbes. 253 ff.). So etwa, wenn die Anordnungen im eigenhändigen Testament in einer Bilderfolge oder in einer Punktschrift (Morsezeichen) niedergelegt sind: SCHWALLER a.a.O. 70. Insofern trifft die Aussage des Bundesgerichts, in der Lehre sei bei blossem Formmangel nicht von nichtigen Verfügungen die Rede (113 II 274), nicht ganz zu. Richtig ist allerdings, dass ein Testament «ungeachtet erheblicher Formmängel Wirksamkeit erlangen» kann (116 II 127 f.). Siehe auch 101 II 214 E. 2.

des Ungültigkeitsgrundes oder zehn Jahre von der amtlichen Eröffnung der Verfügung an (520³, 521¹; blosser Verdacht genügt nicht für den Beginn des einjährigen Fristenlaufs: 91 II 333 und 113 II 274). Lässt der Anfechtungsberechtigte diese Frist unbenützt ablaufen, so erwächst auch eine formwidrige Verfügung von Todes wegen in Kraft: Immerhin kann der Formmangel gegenüber einem klagenden Begünstigten jederzeit einredeweise geltend gemacht werden (520³, 521³). (Vgl. auch § 67 N 12 und § 71 N 3).

Das Gesetz unterscheidet zwischen den Errichtungsformen des Testaments und des Erbvertrags. Während für das Testament dem Verfügenden mehrere Formen offenstehen, ist er beim Erbvertrag an eine einzige Form gebunden. Zudem zeigt sich gerade bei der Errichtung der wesentliche Unterschied zwischen den beiden Verfügungsarten; das Testament drückt den Willen nur einer Person aus, der Erbvertrag den Willen zweier Parteien (zur Auslegung s. § 72 N 5).²   4

II. Die Testamentsformen

Um den verschiedenen Bedürfnissen zu entsprechen und auch um die Errichtung   5 letztwilliger Verfügungen möglichst zu erleichtern, hat das ZGB in den Art. 499–508 *drei Formen* (498) aufgestellt, zwei ordentliche Formen und eine Notform, eine private und zwei amtliche Formen: das *eigenhändige,* das *öffentliche* und das *mündliche* Testament.

a. Das eigenhändige Testament

Das eigenhändige Testament (testament olographe: 505) ist das ordentliche Privat-   6 testament, gekennzeichnet durch seine Einfachheit und die Möglichkeit der Geheimhaltung des Inhalts und der Tatsache des Testierens. Es ist eine von der *Erblasserin geschriebene, datierte* und *unterzeichnete* Urkunde, die deren letzten Willen enthält. Dagegen ist weder eine Bekräftigung durch Zeugen noch die Beglaubigung der Unterschrift durch eine Notarin, noch die Hinterlegung bei einer Amtsstelle verlangt. Wer es für genügend sicher erachtet, mag das Testament bei sich selber aufbewahren. Wer es vorzieht, mag es einer Vertrauensperson zur Verwahrung übergeben. Zudem stehen in jedem Kanton besondere Amtsstellen zur Verfügung, die mit der Aufbewahrung solcher Urkunden betraut sind (505²).³ Die *ratio legis* der Eigenhändigkeit ist eine doppelte: Sie soll die Ermittlung der *Echtheit* des Testaments ermöglichen und dafür Gewähr bieten, dass die *Verfügung dem Willen* des Testators *entspricht* (98 II 79).

---

2   Zum Ganzen s. Peter Breitschmid, Formvorschriften im Testamentsrecht de lege lata – rechtsvergleichend – de lege ferenda, dargestellt insbesondere am Beispiel des eigenhändigen Testaments (Diss. Zürich 1982), ZSPR 23; ders., Testament und Erbvertrag – Formprobleme, in Peter Breitschmid (Hrsg.), Testament und Erbvertrag (Bern 1991), 27 ff. Siehe auch Gregor Joos, Testamentsformen in der Schweiz und USA (Diss. Zürich 2001), ZSPR 170.

3   Zu Vorkehren zur Sicherstellung der Eröffnung der letztwilligen Verfügungen siehe hinten § 75 N 10 ff.

7   Im Einzelnen gilt mit Bezug auf die drei Gültigkeitserfordernisse Folgendes:

8   1. Das Testament muss *vom Anfang bis zum Ende eigenhändig niedergeschrieben* sein.
     Ist ein Teil des Testaments von anderer Hand geschrieben, wenn auch mit Wissen
     des Erblassers, so ist dieser Teil ungültig; das gesamte Testament jedoch nur, wenn er
     wesentliche Bestandteile betrifft (131 III 603 f. E. 3.1).[4] Auf das Material der Urkunde
     kommt es nicht an, sofern nur die Ernsthaftigkeit feststeht. Ein Testament kann auch
     in einem Brief (z.B. an eine Bank) enthalten sein, wenn der animus testandi vorliegt
     und die Formvorschriften eingehalten sind (88 II 67 und 117 II 142).

9   2. Das Testament muss die eigenhändig geschriebene *Angabe von Jahr, Monat und Tag
     der Errichtung* enthalten (505[1]). Durch die Teilrevision des ZGB vom 23. Juni 1995
     (in Kraft seit 1. Januar 1996) ist die bis dahin verlangte *Angabe des Ortes der Errich-
     tung weggefallen*. Gleichzeitig wurden damals Art. 520a betreffend die Anfechtung des
     eigenhändigen Testaments bei Formmangel geschaffen und der Randtitel des Art. 520
     entsprechend angepasst.[5]

10   Gemäss Art. 16 Abs. 2 SchlT kann ein Testament nicht *wegen eines Formmangels ange-
     fochten* werden, wenn die Formvorschriften beobachtet sind, die zur Zeit der Errich-
     tung oder des Todes gegolten haben. Daher genügt auch für vor dem Inkrafttreten des
     neuen Rechts an Neujahr 1996 geschriebene Testamente die einfachere Form des rev.
     Art. 505 Abs. 1 ZGB, sofern der Erblasser erst im Jahr 1996 oder später verstorben ist.
     Soweit ein allfälliger Formmangel die Angabe von Jahr, Monat und Tag der Errich-
     tung des eigenhändigen Testaments betrifft, gilt fortan auch gemäss Art. 520a in Ver-
     bindung mit Art. 16 Abs. 2 SchlT: Das Testament kann nur mehr dann für ungültig
     erklärt werden, wenn sich die erforderlichen zeitlichen Angaben nicht sonstwie fest-
     stellen lassen und das Datum für die Beurteilung der Verfügungsfähigkeit, der Reihen-
     folge mehrerer Verfügungen oder einer anderen, die Gültigkeit der Verfügung betref-
     fenden Frage notwendig ist. Damit ist die reiche Rechtsprechung zu Ort, Zeit und
     Datum gemäss bisherigem Recht weitgehend obsolet geworden.[6]

11   3. Die Testamentsurkunde muss *eigenhändig unterzeichnet* sein. Die Unterschrift
     umfasst Vor- und Familiennamen, doch genügt einer von beiden (ja selbst ein Pseudo-
     nym oder dergleichen: 57 II 15 ff.), wenn die Identität des Testators sich daraus klar

---

4   So ESCHER, ZüKomm, Art. 505 N 12; TUOR, BeKomm, Art. 505 N 8; BREITSCHMID, BaKomm,
     Art. 505 N 4; LENZ, PraxKomm Erbrecht, Art. 505 N 8; DORJEE-GOOD/BOLLIGER, HandKomm,
     Art. 505 N 4; STEINAUER, Successions, Nr. 691a, und auch das BGer (131 III 604 E. 3.1 unter Ver-
     weisung auf 98 II 84), wonach das Testament erst dann für ungültig zu erklären ist, wenn der von
     der Hand des Erblassers stammende Text für sich allein keinen Sinn hat oder wenn anzunehmen
     ist, der Erblasser hätte die von ihm selbst handschriftlich niedergelegten Anordnungen ohne das
     von fremder Hand Eingefügte nicht getroffen.
5   BREITSCHMID, Revision der Formvorschriften des Testaments, in ZBJV 131 (1995), 184 ff.
6   Nach wie vor gilt, dass eine neue Verfügung auch datiert und unterzeichnet werden muss (117 II
     239), und ist gemäss diesem BGE (117 II 242 f.) entgegen 80 II 305 f. offen, ob sich das auch auf
     Zusätze bezieht. Streng hier BREITSCHMID, BaKomm, Art. 505 N 14.

ergibt. Unter dieser Voraussetzung ist nach begründeter Auffassung[7] selbst eine Unterzeichnung ohne Namen wie «Eure Mutter» hinreichend. Für nachträgliche Zusätze genügt eine Unterzeichnung mit den Initialen, wenn der volle Name unter dem Testament als solchem steht (80 II 306; 135 III 208 ff. E. 3[8]).[9] Selbst eine nachträgliche Einfügung unter eine bestehende Unterschrift ist gültig, wenn feststeht, dass die Einfügung vom Erblasser stammt und dessen Willen entspricht (129 III 580 ff.; 135 III 208 E. 3.1).[10]

b. Das öffentliche Testament

Das öffentliche Testament (testament public: 499–504) ist die ordentliche öffentliche letztwillige Verfügung, gekennzeichnet durch ein kompliziertes Verfahren, das eine rechtskundige Beratung, Einhaltung der Formen, sichere Aufbewahrung und Echtheit des Aktes gewährleisten soll. Die öffentliche Beurkundung soll der testierenden Person die Wichtigkeit des Geschäfts aufzeigen und sicherstellen, dass das Testament ihrem wohlüberlegten Willen entspricht (118 II 280). Die Urkunde wird von einer *Urkundsperson* unter Mitwirkung von *zwei Zeugen* nach bestimmten Regeln abgefasst und bei einer Amtsstelle *niedergelegt*. Die zuständige Urkundsperson wird durch das kantonale Recht bestimmt (499): meist ist es ein Notar, sei es ausschliesslich, sei es in Konkurrenz mit einer anderen Person. Im Übrigen hat hier der Bund anders als gemeinhin (vgl. Art. 55 Abs. 1 SchlT) für die öffentliche Beurkundung umfassende Verfahrensregeln aufgestellt; diese Formvorschriften sind Gültigkeitsvorschriften (118 II 275 E. 3b). 12

Über die für *die Zeugen* erforderlichen Eigenschaften und damit über die Ausstandsgründe gibt Art. 503 Aufschluss. Die Verletzung dieser Ausstandsgründe gemäss Art. 503 Abs. 1 führt zur Ungültigkeit des ganzen Testaments, die Nichtbeachtung von Abs. 2 zur Ungültigkeit der Begünstigung des Bedachten (520[2]). Zwar können die Kan- 13

---

7 Vgl. Escher, ZüKomm, Art. 505 N 15; Tuor, BeKomm, Art. 505 N 24, und Breitschmid, BaKomm, Art. 505 N 5.

8 Bemerkungen zum Entscheid von Druey, BGE 135 III 206. Urteil des Bundesgerichts vom 18. Dezember 2008, II. Zivilabteilung, in Sachen A. c. B. und Konsorten 5A_371/2008, in successio 3 (2009), 292 ff.; Hrubesch-Millauer, Neuere Gesetzgebung und Rechtsprechung aus dem Erbrecht, in AJP 19 (2010), 504; Aebi-Müller, Die privatrechtliche Rechtsprechung des Bundesgerichts im Jahr 2009, in ZBJV 146 (2010), 343 f.; Eitel, Erbrecht 2007 – 2009 – Rechtsprechung, Gesetzgebung, Literatur, in successio 4 (2010), 36.

9 Hierzu Breitschmid, BaKomm, Art. 505 N 5 i. f., mit Fragezeichen in Bezug auf 104 II 341; Wolf/Genna, SPR IV/1, 204.

10 Wolf/Genna, SPR VI/1, 204. Besondere Fragen werfen *korrespektive* (wechselbezügliche) Testamente auf, d.h. solche, bei denen zwei Verfügungen so verbunden sind, dass jede mit der anderen steht und fällt. Nach Druey, Grundriss, § 9 N 5 ff., haben solche Testamente zwar keine Selbstbindungswirkung, sind aber gültig, es sei denn, der Testator hätte die Verfügung nicht erlassen, wenn er sich über die Unmöglichkeit der Bindung des Partners im Klaren gewesen wäre. So auch Lenz, PraxKomm Erbrecht, Art. 498 N 11. Sind die korrespektiven Testamente in einer Urkunde (in einem gemeinschaftlichen Testament) verbunden, stellen sich Formprobleme (hierzu grosszügig Breitschmid, BaKomm, Art. 498 N 18; strenger die sonstige Lehre: s. Piotet, SPR IV/1, 190 ff. und Druey, Grundriss, § 9 N 7; Steinauer, Successions, Nr. 618; zurückhaltend betreffend die Konversion Guinand/Stettler/Leuba, Successions, Nr. 362).

tone zusätzliche Ausschlussgründe für Zeugen vorsehen, allerdings haben diese auf Grund der abschliessenden Natur der bundesrechtlichen Regel nur die Funktion einer Ordnungsvorschrift. Ein Verstoss kann somit bloss disziplinarrechtliche Massnahmen, nicht aber die Ungültigkeit der Urkunde zur Folge haben (133 I 267 f. E. 5.2).[11]

14   Das öffentliche Testament tritt in einer *Hauptform* (Selbstlesungsverfahren) und einer *Nebenform* (Vorlesungsverfahren) auf:[12] Die Zweite wird vor allem, wenn auch nicht ausschliesslich, dann angewendet, wenn der Erblasser des Lesens und Schreibens unkundig oder etwa infolge Krankheit oder Schwäche dazu unfähig ist. Bei ihr müssen äussere Formalitäten ersetzen, was an der Tätigkeit des Erblassers abgeht, weshalb sie komplizierter ist als die gewöhnliche Form.[13]

15   1. *Die Hauptform* (500 f.). Sie besteht aus *zwei* eng verbundenen *Akten. Zunächst* eröffnet der Erblasser der Urkundsperson seinen Willen. Dies wird meist mündlich erfolgen. Die verfügende Person kann der Urkundsperson aber auch schriftlich ihren Willen mitteilen. Diese Testamentsform ist somit auch stummen Personen zugänglich. Die Urkundsperson setzt, sei es persönlich, sei es durch einen Angestellten, die Urkunde auf und gibt sie dem Erblasser zu lesen. Das Lesen muss in Gegenwart der Urkundsperson und unmittelbar vor der Unterzeichnung geschehen (65 II 214). Daraufhin wird das Schriftstück zuerst vom Verfügenden selbst unterzeichnet, sodann von der Urkundsperson mit dem Datum und ihrer eigenen Unterschrift versehen. So weit reicht der erste Akt (500).

16   *Unmittelbar darauf* muss der zweite Akt folgen: Es werden die Zeugen herbeigerufen. Diese brauchen also dem ersten Akt nicht beizuwohnen. Der Inhalt des Testaments kann ihnen somit verheimlicht werden (501[3]). In Gegenwart der Urkundsperson (103 II 87) gibt der Erblasser vor diesen zwei Zeugen (89 II 367) die Erklärung ab, er habe die Urkunde gelesen und sie enthalte seine letztwillige Verfügung (501[1]). Die Zeugen bestätigen unterschriftlich auf der Urkunde, dass der Erblasser diese doppelte Erklärung abgegeben und dass er sich dabei nach ihrer Wahrnehmung im Zustand der Verfügungsfähigkeit befunden hat (501[2]). Diese Bestätigung ist lediglich ein Indiz für die Urteilsfähigkeit, bindet aber das Gericht nicht (124 III 9 E. 1c). Die Zeugen brauchen im Übrigen weder zu bestätigen, der Testator habe die Urkunde vor den Zeugen und der Urkundsperson unterschrieben, noch, der Testator habe die vorgeschriebene Erklärung in Gegenwart des Notars abgegeben (103 II 84).

---

11   Kritisch zu diesem Entscheid Breitschmid, Höchstalter für die Ausübung des Notariats; Anforderungen an die Zeugen bei öffentlichen Verfügungen von Todes wegen (BGer 2P.82/2006, 21.8.2007) – BGE 133 I 259, in successio 2 (2008), 70 ff.

12   Siehe die hilfreichen Ausdrücke «Selbstlesungsverfahren» und «Vorlesungsverfahren» bei Ruf/ Jeitziner, BaKomm, Art. 499 N 22; Lenz, PraxKomm Erbrecht, Art. 499 N 4; Dorjee-Good/ Bolliger, HandKomm, Art. 499 N 2; Breitschmid/Eitel/Fankhauser/Geiser/Rumo-Jungo, litera B Erbrecht, § 2 Nr. 73 f.; Wolf/Genna, SPR IV/1, 204.

13   Siehe die Auflistung der einzelnen Verfahrensschritte bei Ruf/Jeitziner, BaKomm, Art. 499 N 25.

2. *Die Nebenform* (502). Der Erblasser liest und unterschreibt hier nicht die Urkunde. 17
Die eigene Lesung wird dadurch ersetzt, dass die Urkundsperson die Urkunde dem
Erblasser *vorliest,* was (selbst wenn der Erblasser unterschreibt: 118 II 273) in Gegenwart der Zeugen geschehen muss, so dass diese notwendigerweise den Inhalt erfahren
(118 II 281 E. 5a i. f.). Die eigene Unterschrift wird dadurch ersetzt, dass der Erblasser
vor Urkundsperson und Zeugen erklärt, die Urkunde enthalte seine Verfügung. Die
Abweichungen von der gewöhnlichen Form müssen auch in der Zeugenbestätigung
zum Ausdruck kommen, so dass auch diese anders lautet als im gewöhnlichen Fall.

Aus der bundesgerichtlichen Rechtsprechung über das öffentliche Testament seien 18
erwähnt: 53 II 442 ff., wonach maschinenschriftliche Datierung genügt, 45 II 137 ff.,
der die Unterzeichnung durch Handzeichen als ungenügend bezeichnet, ferner mehrere Entscheide über die Zeugenbestätigung (42 II 203 ff.; 45 II 137 ff.; 50 II 115 ff.; 53
II 103 ff.; 103 II 84) und über die Zulässigkeit bzw. Erforderlichkeit der Nebenform
(45 II 139; 46 II 13; 50 II 116). Gemäss 58 II 204 ff. genügt es, wenn die Urkundsperson nach der Zeugenbestätigung unterschreibt; laut 63 II 359 ist die Beurkundung
auf einem ohne Geheiss des Beamten schon vorher aufgesetzten Schriftstück zulässig.
Eine Mischung von Haupt- und Nebenform ist zulässig, sofern damit wenigstens alle
Formerfordernisse der einen der beiden gesetzlichen Formen eingehalten worden sind
(118 II 275 m. w. H.).[14] Hat der Erblasser die Urkunde zwar selber unterschrieben, aber
nicht selber gelesen, so muss der Beamte ihm die Urkunde in Gegenwart der beiden
Zeugen vorgelesen haben (118 II 273). Ein nichtiger Erbvertrag kann ein gültiges Testament darstellen (93 II 228 f.).

c. Das mündliche Testament

Das mündliche Testament (testament oral: 506–508) ist eine ausserordentliche öffent- 19
liche letztwillige Verfügung, gekennzeichnet durch die Beschränkung der Tätigkeit
des Erblassers auf ein Mindestmass. Sie besteht in einer *mündlichen Erklärung* (506^2)
des erblasserischen Willens mit dem Auftrag, diesem Willen die nötige Beurkundung
zu verschaffen vor *zwei Zeugen,* die gleichzeitig anwesend sein müssen (104 II 68),
gefolgt von der *Kenntnisgabe* der Verfügung (507) durch diese an eine Gerichtsbe-
hörde (bzw. beim Soldatentestament an einen Offizier mit mindestens Hauptmanns-
rang). Die *Kenntnisgabe* im Hinblick auf die Beurkundung kann in einer doppelten
Weise erfolgen, entweder schriftlich oder mündlich. *Schriftlich:* durch Einreichung
einer von einem Zeugen niedergeschriebenen und datierten und von beiden unter-
schriebenen Urkunde, in welcher die von ihnen empfangene Willensmitteilung aufgenommen wurde. *Mündlich:* durch Erklärung zu Protokoll seitens der beiden Zeugen.

---

14 Da wenigstens «alle Erfordernisse einer der beiden gesetzlichen Formen eingehalten» werden
    müssen (118 II 275 E. 3; BGer 5C.56/2005 E. 4.1), wird eine blosse Kombination vom BGer abge-
    lehnt. So auch Lenz, PraxKomm Erbrecht, Art. 499 N 4; Dorjee-Good/Bolliger, Hand-
    Komm, Art. 499 N 3; Steinauer, Successions, Nr. 684a; kritisch Ruf/Jeitziner, BaKomm,
    Art. 499 N 3, 9 f. A. M. Stephanie Hrubesch-Millauer, Schweizerisches Bundesgericht, II.
    Zivilabteilung, Urteil vom 15.7.2005 (5C.56/2005), in AJP 14 (2005), 1543 ff.

In beiden Fällen schliesst sich an die Kenntnisgabe eine bestimmte Zeugenbestätigung (507[1] i. f.) an.

20 Wie beim öffentlichen Testament, bei dem der zweite Akt unmittelbar auf den ersten zu folgen hat, ist auch hier eine gewisse «unitas actus» nötig. Insbesondere muss die Niederschrift möglichst rasch (das Gesetz sagt «sofort») nach der mündlichen Verfügung und muss die Kenntnisgabe an die Behörde möglichst rasch (das Gesetz sagt «ohne Verzug») nach der Niederschrift erfolgen (vgl. 44 II 352; 45 II 529; weniger streng 65 II 49: «sobald dies von den Zeugen unter den obwaltenden Umständen erwartet werden darf»). Die Zeugenbestätigung muss die ausserordentlichen Umstände anführen (vgl. 45 II 368 ff.; 48 II 37).

21 Die mündliche Verfügung ist ein *Nottestament.* Sie ist daher nur bei *ausserordentlichen Umständen,* in denen sich der Erblasser einer anderen Form nicht zu bedienen vermag, zulässig. Das Gesetz (506[1]) erwähnt als Beispiele nahe Todesgefahr, Verkehrssperre, Epidemien, Kriegsereignisse (vgl. die Umschreibung der Voraussetzungen in 77 II 216). Sind die Voraussetzungen nicht erfüllt und testiert der Erblasser dennoch mündlich, so wird die Verfügung auf Klage hin für ungültig erklärt (77 II 218). – Ferner verliert das mündliche Testament seine Gültigkeit[15] nach *vierzehn Tagen* vom Zeitpunkt an, da der Erblasser wieder in die Lage kommt, sich einer der anderen Formen zu bedienen (508).

III. Die Form des Erbvertrags

22 Die Errichtungsform des Erbvertrags ist im Wesentlichen jene des *öffentlichen Testaments* (512[1]) mit den Änderungen, die seine rechtliche Natur als zweiseitiges Rechtsgeschäft mit sich bringt.[16] Vorausgesetzt ist demnach ein Zusammenwirken der beiden Vertragspartner. Beide müssen gleichzeitig, d.h. bei derselben Gelegenheit, der Urkundsperson ihren Willen kundgeben (512[2]). Bedienen sich die Parteien der Hauptform des Testaments (500 f.), so hat die Unterzeichnung der Parteien im Unterschied zum Testament vor den Zeugen zu erfolgen (89 II 190; 105 II 45 ff.); dies kann allerdings auch auf andere Weise als durch den Wortlaut der Urkunde bewiesen werden (112 II 23). Das BGer lässt aber auch eine der Nebenform analoge Errichtungsart zu (Verlesen

---

15 Zur Frage, ob alsdann Nichtigkeit oder blosse Anfechtbarkeit vorliege, s. PIOTET, L'invalidité du testament oral qui n'est pas ou plus autorisé par la loi, in SJZ 75 (1979), 137 ff. und dort zit. Literatur; RIEMER, Das mündliche oder Nottestament gemäss Art. 506–508, in ZBGR 57 (1976), 333 ff., insbes. 337 f., sowie m. E. zutreffend für blosse Anfechtbarkeit BREITSCHMID, BaKomm, Art. 506–508 N 10; DORJEE-GOOD/BOLLIGER, HandKomm, Art. 506–508 N 7 i. f. Für Nichtigkeit LENZ, PraxKomm Erbrecht, Art. 508 N 3; STEINAUER, Successions, Nr. 707.

16 Zum Formerfordernis für rein obligationenrechtliche Inhalte des Erbvertrags vgl. GRUNDMANN, PraxKomm Erbrecht, Art. 512 N 3, HRUBESCH-MILLAUER, HandKomm, Art. 512 N 2, RUF/JEITZINER, BaKomm, Art. 512 N 3, und BREITSCHMID, BaKomm, Vorbem. zu Art. 494–497 N 6, die sich für die einheitliche Anwendung der Erbvertragsform aussprechen. Kritisch DRUEY, Grundriss, § 10 N 5 ff. Offengelassen in BGer 5C.56/2005 E. 4.2.

der Urkunde und – entgegen dem Wortlaut von 512[2] – bloss mündliche Bestätigung der Willensgemässheit: 66 II 99 entgegen 46 II 13[17]).[18] Die Parteien haben den Zeugen wie beim Testament eine ausdrückliche Erklärung abzugeben (60 II 272 ff.). Die Formel der Zeugenbestätigung kann naturgemäss nicht genau gleich wie beim Testament lauten, sondern muss die bindende Erklärung beider Parteien erwähnen (105 II 47).[19] Unter den nach den allgemeinen Rechtsgrundsätzen gültigen Voraussetzungen ist wie erwähnt eine Konversion (Umwandlung) eines nichtigen Erbvertrags in eine gültige letztwillige Verfügung möglich (93 II 228 f.). – [20]

Häufig wird ein Erbvertrag mit einem Ehevertrag verbunden. Sind beide im gleichen Schriftstück enthalten, muss die strengere Form des Erbvertrags erfüllt sein, was neben der öffentlichen Beurkundung (die für den Ehevertrag, namentlich auch für die Abänderung der Vorschlagsbeteiligung gemäss 216[2], genügt: 137 III 114 E. 4.2) die Mitwirkung der zwei Zeugen voraussetzt. Fehlt diese Mitwirkung, sind die erbrechtlichen Anordnungen formungültig. Der gesamte Vertrag ist teilungültig. Der formgültige Ehevertrag kann aber gerichtlich gemäss dem hypothetischen Parteiwillen gerichtlich ergänzt werden (modifizierte Teilnichtigkeit) (127 III 530 ff. E. 3[21]). 23

Für den Erbvertrag ist (bis heute) von Bundesrechts wegen eine öffentliche Hinterlegung nicht vorgesehen. Er wird regelmässig in zwei Exemplaren hergestellt, von denen jede Partei eines erhält. 24

---

17 Würdigung dieses BGE durch Ruf/Jeitziner, BaKomm, Art. 512 N 12 f.

18 Zur Kombination zwischen Selbstlesungsverfahren und Vorlesungsverfahren (für einen Erbvertrag zwischen einem blinden und einem tauben Kontrahenten) siehe Ruf/Jeitziner, BaKomm, Art. 512 N 14 f. und das Urteil des BGer in FN 14 mit den kritischen Bemerkungen von Hrubesch-Millauer a.a.O.

19 Wolf/Genna, SPR IV/1, 404. Von der Einhaltung gewisser Formerfordernisse dispensiert ist wohl die Partei, die lediglich ihre Zustimmung zur Verfügung von Todes wegen erklärt, wie auch jene, die im Erbvertrag bloss unter Lebenden verfügt; s. im Einzelnen Escher, ZüKomm, Art. 512 N 9 f.; Tuor, BeKomm, Art. 512 N 9 f. und Druey a.a.O. § 10 N 12 ff. Bis zur Abklärung dieser (auch in 93 II 227 f. und in 105 II 47 – dort teilweise – offengelassenen) Fragen empfiehlt es sich, die Formen einzuhalten. Vgl. auch Karl Spiro, Zur Form des Erbvertrages und des öffentlichen Testamentes, in Festgabe zum Schweizerischen Juristentag 1963 (Basel 1963), 217 ff., sowie Ruf/Jeitziner, BaKomm, Art. 512 N 6.

20 Der Form des Erbvertrags unterliegt gemäss Art. 245 Abs. 2 OR auch der Schenkungsvertrag und mithin auch ein von Todes wegen errichteter Vertrag zu Gunsten Dritter (127 III 395 E. 2f).

21 Vgl. zu diesem Entscheid Hausheer/Aebi-Müller, Die privatrechtliche Rechtsprechung des Bundesgerichts im Jahr 2001, in ZBJV 138 (2002), 806 ff. Zum Ganzen vgl. Steinauer, Successions, Nr. 289 ff., und Schröder, PraxKomm Erbrecht, Vorbem. zu Art. 467 ff. N 40 ff. je m. w. H.

§ 71   Die Aufhebung der Verfügungen von Todes wegen

1   Mehr als durch die Art der Errichtung unterscheiden sich Testament und Erbvertrag durch die Art ihrer Aufhebung bzw. schon in der Frage der Aufhebbarkeit überhaupt. In BGE 133 III 406 hat sich das BGer mit der Abgrenzung der erbvertraglichen von testamentarischen – und damit einseitig widerrufbaren – Verfügungen sowie der Auslegung solcher Vereinbarungen auseinandergesetzt.[1]

I.   Aufhebung des Testaments

2   Das Testament, die «letztwillige» Verfügung, kann von der verfügenden Person beliebig und jederzeit wieder aufgehoben werden. Eine Versicherung im Testament, es beinhalte eine unwiderrufliche Willenserklärung, ist wirkungslos (108 II 407). Das gilt auch für in Erbverträgen enthaltene letztwillige Verfügungen (105 II 257). Die Aufhebung der letztwilligen Verfügung erfolgt entweder durch ausdrückliche Erklärung oder aber durch eine Handlung, aus der auf die Absicht geschlossen werden muss, die Verfügung nicht mehr gelten zu lassen.

3   Das Gesetz unterscheidet den ausdrücklichen Widerruf (a.) und den faktischen Widerruf durch die Vernichtung der Urkunde (b.) einerseits und den Erlass einer späteren Verfügung (c.) andererseits.

a. Widerruf

4   Die ausdrückliche Erklärung, der *Widerruf* (im engeren, formellen Sinn), muss in einer der für die Testamentserrichtung vorgesehenen Formen erfolgen (509[1]); dies kann eine andere Form als die für die Errichtung des widerrufenen Testamentes gewählte sein. Auch ein bloss partieller Widerruf ist zulässig (509[2]).

b. Vernichtung der Urkunde

5   Als Widerruf (im weiteren, materiellen Sinn) gilt sodann die absichtliche *Vernichtung der Urkunde durch den Erblasser* (510[1]); ungenügend ist gemäss BGE 83 II 504 f. die Vernichtung einer blossen Abschrift der öffentlichen Urkunde.[2] Die Vernichtung braucht nicht in einem Zerreissen oder Verbrennen, sondern kann auch im Streichen (116 II 411), Durchschneiden oder Radieren bestehen (83 II 506). Wird die *Urkunde durch Zufall oder aus Verschulden anderer vernichtet,* verliert sie ihre Gültigkeit nur,

---

1   Besprechung dazu von HRUBESCH-MILLAUER, in AJP 16 (2007), 1443 ff., und EITEL, in successio 2 (2008), 231 ff. Zum Ganzen s. auch DIES., Der Erbvertrag: Bindung und Sicherung des (letzten) Willens des Erblassers (Habil. St. Gallen, Zürich/St. Gallen 2008), Nr. 259 ff.

2   Beherzigenswerte Kritik an dieser strengen Rechtsprechung bei BREITSCHMID, BaKomm, Art. 509–511 N 5. – Als Widerruf gilt auch die Vernichtung durch einen Dritten im Auftrag des Erblassers, nicht aber der blosse Auftrag: in ZWR 31 (1997) 249 f.

sofern ihr Inhalt nicht genau und vollständig festgestellt werden kann; vorbehalten bleiben Schadenersatzansprüche (510[2]).[3]

c. Spätere Verfügung

Das Testament kann schliesslich durch eine *spätere Verfügung* (Verfügung von Todes wegen oder Verfügung über die Sache) gültig widerrufen werden (511): 6

1. Spätere Verfügung von Todes wegen

Errichtet der Erblasser *später* eine *letztwillige Verfügung,* ohne eine früher errichtete ausdrücklich aufzuheben, so tritt die spätere grundsätzlich an die Stelle der früheren Verfügung (511). Ein späteres *Testament* bedeutet indessen nicht notwendigerweise die Aufhebung des früheren. Ein Erblasser kann sehr wohl ein früheres und ein späteres Testament hinterlassen, die sich inhaltlich nicht ausschliessen und die er nebeneinander gelten lassen will. In diesem Fall bewirkt die Errichtung der späteren Urkunde nicht die Aufhebung der früheren. Das ZGB *vermutet* aber den *Widerruf* (511[1]; vgl. hierzu auch 132 III 318 f. E. 2.1 i. f.). Wer das Gegenteil, die Geltung beider Verfügungen nebeneinander, behauptet, muss dies beweisen. Dabei wird gemäss dem Wortlaut des Gesetzes die Aufrechterhaltung der früheren Verfügung nur angenommen, wenn dies *zweifellos* dem Willen des Erblassers entspricht. Dies gilt selbst dann, wenn die Anordnungen in der späteren Verfügung der früheren nicht widersprechen. Es muss ein schlüssiger, jeden Zweifel beseitigender Beweis vorliegen (79 II 39); dieser kann sich aus der Urkunde selbst ergeben, aber auch mit Beweismitteln ausserhalb der Urkunde geführt werden (79 II 40; 82 II 517 ff. E. 4).[4] Bei dieser gesetzlichen Regelung ist dem Erblasser, der das frühere Testament weiter gelten lassen will, dringend zu empfehlen, dies im späteren ausdrücklich festzuhalten. Eine Ergänzung (und nicht ein Widerruf) kann auch in einer teilweisen *Abänderung* der früheren Verfügung bestehen (79 II 44). 7

2. Spätere Verfügung unter Lebenden

Die testamentarische Verfügung über einen bestimmten Gegenstand fällt schliesslich auch dann dahin, wenn der Erblasser *unter Lebenden* in der Weise verfügt, dass das Testament gar nicht mehr ausführbar ist (511[2]), so z.B., wenn er die vermachte Sache verkauft oder verschenkt (67 II 88). Denkbar ist allerdings, dass nach dem Willen des Erblassers dem Bedachten stattdessen eine andere Sache zukommen soll, z.B. der Erlös oder die Ersatzanschaffung. Dieser Wille vermag sich durchzusetzen, wenn er sich aus der Verfügung ergibt, so wie diese nach den gegebenen Umständen auszulegen ist (vgl. 484[3] und insbesondere 91 II 99).[5] 8

---

3 Zur Beweislast und zur Bedeutung von Testamentskopien vgl. BGer 5C.133/2002.

4 Wodurch sich im Ergebnis die gesetzliche Vermutung recht oft in ihr Gegenteil verkehren dürfte: Breitschmid, BaKomm, Art. 509–511 N 7. Wolf/Genna, SPR IV/1, 369.

5 Vgl. auch zur nachträglichen Unwirksamkeit des Testaments bei Ehescheidung Art. 120[2], beim Nottestament Art. 508 sowie bei Erbfähigkeit und Erbwürdigkeit § 73 N 3 ff.

d. Widerruf des Widerrufs

9 Was gilt, wenn der *Widerruf* eines Testaments *widerrufen* wird? Lebt dann das alte Testament wieder auf oder kommt die gesetzliche Erbfolge zum Zug? Gemäss 91 II 273 f. ist im Zweifel Letzteres zu vermuten.[6] Im Übrigen kann auch eine durch Vernichtung (510[1]) widerrufene Verfügung durch eine erneute Verfügung gegebenenfalls wieder aufleben (101 II 211).

II. Aufhebung des Erbvertrags[7]

a. Grundsatz

10 Die durch den Erbvertrag bewirkte Gebundenheit der Parteien kann grundsätzlich nur durch ihr *gegenseitiges Einverständnis* beseitigt werden.[8] Für die Form dieses Aufhebungsvertrags schlägt das ZGB einen Mittelweg ein: Weder genügt in Analogie zu Art. 115 OR eine formlose Aufhebung noch wird wie für das Testament die Anwendung einer der Errichtungsformen verlangt: Die Aufhebung des Erbvertrags geschieht in der Form der *einfachen* (nicht eigenhändigen) *Schriftlichkeit* (513[1]), mithin durch Unterschrift jener, die durch den Aufhebungsvertrag verpflichtet werden (13[1] OR; 104 II 341). Denkbar ist aber auch (in Analogie zu 510[1]) der *Widerruf durch gemeinsame Vernichtung* der Vertragsurkunde ohne Wiederherstellungsmöglichkeit.[9]

b. Ausnahmen

11 1. Ausnahmsweise fällt die Verfügung selbst *ohne Weiteres kraft Gesetzes* weg. Dies trifft gemäss Art. 515 Abs. 1 beim Vorversterben des Bedachten zu, ausser es sei Vererblichkeit vorgesehen; hatte der Erblasser bereits eine Gegenleistung erhalten, so hat er sie mangels anderer Abrede im Umfang der Bereicherung zurückzuerstatten (515[2]). Laut Art. 516 wird ein Erbvertrag nicht aufgehoben, sondern nur der Herabsetzungsklage unterstellt, wenn «nach Errichtung» eine Beschränkung der Verfügungsfreiheit eintritt

---

6 Der Entscheid ist allerdings (diesbezüglich) nur sehr summarisch begründet. Meines Erachtens wäre zu entscheiden: Ist der erste Widerruf ein formeller Widerruf (also im Sinn von 509), spricht eine nur schwer widerlegbare Vermutung dafür, dass durch den Widerruf dieses Widerrufs das erste Testament wieder auflebt. Ist hingegen der erste Widerruf ein «materieller» Widerruf (durch späteres Testament), dann dürfte der zweite Widerruf (immer noch im Gegensatz zum BGer) eine durch gewisse Anhaltspunkte widerlegbare Vermutung für das Wiederaufleben des ersten Testaments bilden. Zu dieser Frage s. auch PIOTET, SPR IV/1, 251 ff., und BREITSCHMID, BaKomm, Art. 509–511 N 9.

7 HRUBESCH-MILLAUER a.a.O. Nr. 628 ff. Siehe auch MARKUS HOHL, Aufhebung von Erbverträgen unter Lebenden und von Todes wegen (Diss. Zürich 1974); PIOTET, Annulation du pacte successoral du vivant de cujus, in JdT 148 (2000) I, 34 ff.

8 HRUBESCH-MILLAUER a.a.O. Nr. 640 ff.; WOLF/GENNA, SPR IV/1, 385; BREITSCHMID/EITEL/ FANKHAUSER/GEISER/RUMO-JUNGO, litera B Erbrecht, § 2 Nr. 86.

9 Hierzu BREITSCHMID, BaKomm, Art. 513 N 3, und STEINAUER, Successions, Nr. 734c; differenziert TUOR, BeKomm, Art. 513 N 8,

(s. z.B. 97 II 307). Das Gesetz stellt die Vermutung auf, dass der Erblasser auch bei Voraussicht des Umstandes, dass nachträglich Pflichtteilsberechtigte auftreten, die vorliegende Verfügung getroffen hätte.[10] Die Verfügung unterliegt mithin vermutungsweise nicht der Ungültigerklärung, wohl aber der Herabsetzung.

2. In anderen Ausnahmefällen kann die Verfügung durch *einseitige Willenserklärung* 12 des Erblassers ausser Kraft gesetzt werden. Hierher gehören zwei Fälle:

α. *Die einseitige Aufhebung des Vertrags* (513[2] und [3]). Die Anwartschaft des vertrag- 13 lich Bedachten gleicht jener des Pflichtteilsberechtigten; der Erblasser ist dem Ersteren gegenüber kraft Vertrags, dem Letzteren kraft Gesetzes gebunden. Das ZGB zieht die Folgerung daraus und lässt die Gebundenheit im ersten Fall aus den gleichen Gründen wie beim zweiten wegfallen, d.h. beim Eintritt eines *Enterbungsgrundes* nach dem Abschluss des Vertrags.[11] Der Erblasser kann dann die erbvertragliche Zuwendung an die Person, bezüglich derer der Grund vorliegt, einseitig aufheben. Dies muss in einer der drei *Errichtungsformen des Testaments* geschehen (64 II 338). Beim entgeltlichen Erbvertrag ist die Aufhebung der Enterbung der Gegenpartei mitzuteilen.[12]

β. *Der einseitige Rücktritt vom Vertrag* (514). Mit dem Erbvertrag kann sich die Verabre- 14 dung von *Leistungen unter Lebenden* verbinden (s. § 72 N 52 ff.). Beim Erbzuwendungsvertrag verspricht der bedachte Mitkontrahent oft ein Äquivalent für den ihm vom Erblasser zukommenden Vorteil (so insbesondere bei der Erbverpfründung), beim Erbverzicht gewährt der Erblasser selbst dem verzichtenden Erben eine Abfindung.

Werden die versprochenen Leistungen nicht ausgerichtet, so ist es nur billig und gerecht, 15 dass auch die Gegenpartei, im ersten Fall der Erblasser, im zweiten die bedachte Person[13], ihrer Pflicht entbunden wird. Die Sache liegt ganz ähnlich, wie wenn bei einem gegenseitigen obligatorischen Vertrag (z.B. beim Kauf) eine Partei die übernommene Leistung nicht erfüllt. Deshalb verweist Art. 514 einfach auf die *Grundsätze des Obligationenrechts* über den *Rücktritt* vom Vertrag. Entgegen dem im Gesetz allein genann-

---

10 So Tuor, BeKomm, Art. 516 N 1, mit Hinweisen auf Rechtsgeschichte und Rechtsvergleichung. Siehe auch Breitschmid, BaKomm, Art. 516 N 3; Guinand/Stettler/Leuba, Successions, Nr. 147; Steinauer, Successions, Nr. 741b; kritisch Hrubesch-Millauer, HandKomm, Art. 516 N 2.

11 Hrubesch-Millauer a.a.O. Nr. 703 ff. Zum Verhältnis von Art. 513 Abs. 2 zu Art. 477 ferner Hohl a.a.O. 52 ff., und Piotet, Révocation du pacte successoral en raison du comportement de l'autre partie envers un proche du disposant?, in SJZ 65 (1969), 107 ff.; Breitschmid, BaKomm, Art. 513 N 10; Grundmann, PraxKomm Erbrecht, Art. 513 N 20; Hrubesch-Millauer, HandKomm, Art. 513 N 5. So ist bspw. im Anwendungsbereich von 513[2] nur ein enterbungswürdiges Verhalten gegenüber dem Erblasser und nicht auch gegenüber diesem nahe verbundenen Personen beachtlich.

12 Siehe Breitschmid, BaKomm, Art. 513 N 9. Über die Aufhebung bei Entdeckung eines Willensmangels vgl. 99 II 386 f. und dazu vorn § 67 N 10.

13 Hrubesch-Millauer a.a.O. Nr. 726 ff. Der nichtverfügende Vertragspartner hat das Widerrufsrecht, wenn er einen Erbverzicht geleistet hat und die versprochene Abfindung ausbleibt: Druey, Grundriss, § 10 Nr. 21. Siehe dort auch Ausführungen zum Rücktrittsrecht eines erbvertraglich Begünstigten, der dem Erblasser eine Gegenleistung erbringt.

ten «Rücktritt» steht indessen dem verletzten Vertragsteil das ganze Spektrum der obligationenrechtlichen Behelfe zu: Erfüllung in natura, Schadenersatz wegen Nichterfüllung oder Rücktritt unter Abgeltung des Vertrauensschadens.[14]

---

14   So Breitschmid, BaKomm, Art. 514 N 4; Grundmann, PraxKomm Erbrecht, Art. 514 N 3; Hrubesch-Millauer, HandKomm, Art. 514 N 3; Steinauer, Successions, Nr. 737 ff.; Wolf/ Genna, SPR IV/1, 391. Vgl. zum Ganzen Jean Gauthier, Le pacte successoral peut-il être annulé pour cause de lésion?, in FS Suzette Sandoz (Genf/Zürich/Basel 2006), 359 ff., 360 ff.

§ 72 Die Verfügungsarten

I. Im Allgemeinen

In den Schranken der Verfügungsfreiheit (§ 69) kann der Erblasser durch Testament   1
oder Erbvertrag verfügen (481[1]). Anders als im römischen Recht kann er auch nur über
einen Teil verfügen; was übrig bleibt, fällt an die gesetzlichen Erben (481[2]). Unter den
«Verfügungsarten» (481–497) versteht das ZGB die verschiedenen Anordnungen, die
in einer Verfügung von Todes wegen stehen können. Es handelt sich hier also nicht um
die verschiedenen Arten von Verfügungen von Todes wegen, sondern um die möglichen (typischen) *Inhalte* der Verfügungen von Todes wegen.[1]

Das Gesetz kennt einen *Numerus clausus der Verfügungsarten* (verstanden als einzelne   2
Anordnungen innerhalb einer Verfügung von Todes wegen). Die meisten davon können sowohl durch Testament wie auch mit erbvertraglicher Bindung getroffen werden.

* Durch *Testament oder Erbvertrag* können folgende Anordnungen getroffen werden: Erbeinsetzung, Vermächtnis, Bedingung, Auflage, Ersatz- und Nachverfügung, Stiftungserrichtung[2] sowie Teilungsvorschrift.

* Nur durch *Erbvertrag* kann ein Erbverzicht begründet werden.

* Nur in einem *Testament* kann ein Kind anerkannt (260[3]) oder eine Willensvollstreckung angeordnet (517[1]) werden.

Unzulässig und *ungültig* sind *unmögliche, widerrechtliche oder unsittliche Anordnungen*   3
(Beispiel für eine unsittliche Anordnung: 93 II 165 ff. E. 2; das Gericht stützt sich auf
die in der Schweiz geltenden Moralbegriffe: 94 II 16). Dies trifft auch für *widerrechtliche oder unsittliche Auflagen und Bedingungen* zu; sie sind nicht nur selbst ungültig, sondern machen dem Wortlaut nach[3] sogar die Verfügung, der sie beigefügt wurden, ungültig (482[2] und 519[1] Ziff. 3; unter Vorbehalt analoger Anwendung von 20[2]
OR: Teilungültigkeit). Sogenannte vexatorische oder perplexe Nebenklauseln, d.h. solche, die einen Unsinn bedeuten oder lediglich für andere Personen, wie den Bedach-

---

1 Streng genommen gilt dies nur für die Art. 482–497, die Arten im engern Sinn. Arten im weitern
   Sinn sind die in Art. 481 Abs. 1 erwähnten: letztwillige Verfügung und Erbvertrag.

2 Gemäss dem revidierten Art. 81 (in Kraft seit dem 1. Januar 2006) kann eine Stiftung durch Verfügung von Todes wegen, also sowohl durch Testament wie auch durch Erbvertrag, errichtet werden (81[1]). Zur Form der Stiftungserrichtung siehe hinten N 40.

3 Gemäss herrschender Lehre soll dies für Auflagen nur dann gelten, wenn sich nicht aus der (aus-
   gelegten) Verfügung der Erblasserin ergibt, dass die Begünstigung auch ohne die rechts- und sit-
   tenwidrige Auflage Geltung haben soll: ESCHER, ZüKomm, Art. 482 N 30; STAEHELIN, BaKomm,
   Art. 482 N 34; TUOR, BeKomm, Art. 482 N 27; PIOTET, SPR IV/1, 151; DRUEY, Grundriss, § 12
   Nr. 66; SCHÜRMANN, PraxKomm, Art. 482 N 41. Dies soll grundsätzlich auch bei sittenwidrigen
   Bedingungen gelten, jedenfalls bei Resolutivbedingungen: STÄHELIN, BaKomm, Art. 482 N 35;
   PIOTET, SPR IV/1, 99; DRUEY a.a.O. So auch DANIEL ABT, Die Ungültigkeitsklage im schweize-
   rischen Erbrecht: Unter besonderer Berücksichtigung von Zuwendungen an Vertrauenspersonen
   (Diss. Basel 2002), BSRW A 61, 128 f.

ten, lästig sind, werden aber einfach gestrichen (482[3]): so etwa die an eine Zuwendung geknüpfte Auflage, dass sich der Empfänger zeitlebens nur in Frack und Zylinder in der Öffentlichkeit zeigen dürfe. Im Übrigen sind aber bedingte Verfügungen ohne Weiteres zulässig; das gilt grundsätzlich[4] auch für die sogenannte privatorische Klausel (Verwirkungsklausel), wonach ein die Verfügung Anfechtender leer ausgehe oder auf den Pflichtteil zu setzen sei (117 II 246 E. 5c).[5]

4   Die *Unsittlichkeit oder Rechtswidrigkeit* des Inhalts oder einer Bedingung und damit die Ungültigkeit der Verfügung ist gemäss Art. 519 Abs. 1 Ziff. 3 mit der Ungültigkeitsklage bzw. -einrede geltend zu machen.[6] Diese Regelung wird immerhin dadurch ergänzt, dass es daneben auch Fälle völlig unwirksamer Verfügungen gibt; dann ist eine unverjährbare Feststellungsklage gegeben (z.B. bei Nichteintritt einer Bedingung, an die das Testament geknüpft war: 91 II 268 ff.; oder bei nicht auf Erbrecht beruhender fehlender Verfügungsbefugnis: 90 II 480; nichtig ist auch das Versprechen, einen Erbvertrag abzuschliessen: 108 II 405 ff.).[7] Im (stark kritisierten[8]) BGE 132 III 319 f. E. 2.2 hat das BGer die Nichtigkeit einer testamentarischen Erbeinsetzung einer nach Art. 540 Abs. 1 erbunwürdigen Person angenommen.

---

4   Zu Grenzen s. DRUEY, Grundriss, § 12 Nr. 34 und § 16 Nr. 30; SCHÜRMANN, PraxKomm, Art. 482 N 46.

5   Hierzu auch NÜTZI, Die privatorische Klausel – Anmerkungen zu BGE 117 II 239 ff., in ZBJV 129 (1993), 195 ff.; BREITSCHMID, Zulässigkeit und Wirksamkeit privatorischer Klauseln im Testamentsrecht, in ZSR NF 102 (1983), I 109 ff.; GÉRALDINE AUBERSON, Les clauses punitives du droit successoral: Analyse sur la base de la jurisprudence et de la doctrine relatives à l'art. 482 CC, in successio 2 (2008), 30 ff.

6   Hierzu SCHWALLER, zit. vorn in § 68 Anm. 35, 139 ff.; ferner ABT a.a.O; SCHÜRMANN, PraxKomm, Art. 482 N 48 ff.

7   CHRISTIAN BRÜCKNER/THOMAS WEIBEL, Die erbrechtlichen Klagen (3. A. Zürich/Basel/Genf 2012), Nr. 25; STEINAUER, Successions, Nr. 746 ff.; ALEXANDRA RUMO-JUNGO, Tafeln und Fälle zum Erbrecht (3. A. Zürich/Basel/Genf 2010), Tafel 59.

8   ABT, Ungültigkeit einer Verfügung von Todes wegen. Einsetzung eines Anwalts als Alleinerben und Willensvollstrecker (Art. 519 ZGB), in AJP 15 (2006), 718 ff.; DERS., Testamentarische Einsetzung eines Anwalts als Alleinerben und Willensvollstrecker; Ungültigkeit einer letztwilligen Verfügung (Art. 519 ZGB); Erbunwürdigkeit (Art. 540 ZGB); Nichtigkeit einer Verfügung; Aufhebung einer späteren Verfügung (Art. 511 ZGB), in AJP 15 (2006), 1139 ff.; BREITSCHMID, BGE 132 III 305/132 III 315, in successio 1 (2007), 55 ff.; FELBER, Anwalt als erbunwürdiger Alleinerbe, Jusletter 20. März 2006; SANDOZ, Note sur l'ATF 132 III 315, in JdT 135 (2007) I 17 ff.; WOLF/BALLMER, Erbunwürdigkeit durch Unterlassen, in recht 25 (2007), 40 ff.

II.   Die Auslegung der Verfügungen

Die Tatsache, dass die Verfügungen von Todes wegen an genau bestimmte Formen   5
gebunden sind, schliesst nicht aus, dass ihr Sinn und Inhalt durch Auslegung[9] ermittelt
werden muss. *Für Erbverträge,* jedenfalls für entgeltliche, gelten dabei grundsätzlich[10]
die Regeln über die Auslegung der Verträge (133 III 409 E. 2.2; BGer 5C.56/2005 E. 3.1;
5A_473/2011 E. 6, in 138 III 489[11] nicht publizierte Erwägung)[12], die hier nicht weiter
zu erläutern sind. Anders beim Testament: Es stellt ein einseitiges, nicht empfangsbe-
dürftiges Rechtsgeschäft dar. Bei seiner Auslegung ist der wirkliche Wille der Erblasserin zu ermitteln (*Willensprinzip).* Eine Auslegung der Willenserklärungen nach dem
Vertrauensprinzip ist beim Testament ausgeschlossen (131 III 601 E. 3.1; 131 III 108 f.
E. 1 und 2; BGer 5A_715/2009). Das BGer als Berufungsinstanz prüft dabei die vorin-
stanzliche Auslegung eines Testaments frei. Gebunden ist es indessen an die tatsächlichen Feststellungen, aus denen sich der innere Wille des Erblassers ergibt (115 II 323
E. 1a; 120 II 184; 124 III 417; 125 III 39 E. 3a; 131 III 109 E. 2).

Zweck und Aufgabe der Auslegung des Testaments ist demnach immer die Ermittlung   6
des *wahren* (wirklichen) *Willens* des Erblassers (75 II 284; 109 II 406). Nach der ausdrücklichen Vorschrift von Art. 18 Abs. 1 OR, die bei der Auslegung letztwilliger Verfügungen sinngemäss heranzuziehen ist (7 ZGB), ist der wirkliche Wille beachtlich,
nicht die unrichtige Bezeichnung oder Ausdrucksweise (131 III 108 E. 1 und 2). Daher
ist unter anderem auch auf den dem Erblasser oder seinem Milieu üblichen Sprachgebrauch und auf seinen Bildungsgrad abzustellen. So kann beispielsweise die blosse
Verwendung des Begriffs «Vorerbe» ohne Einsetzung eines Nacherben durch einen
nicht juristisch geschulten Erblasser darauf hinweisen, dass dieser gar keine Nacherbeneinsetzung habe vornehmen wollen (131 III 106 ff.). Was der Erblasser seinen

---

9   Die Auslegung betrifft allerdings, obwohl in diesem § erläutert, nicht nur die Verfügungsart;
     wir befinden uns aber in Übereinstimmung mit dem Bundesgericht, das im Gesetzesregister
     die «Auslegungen letztwilliger Verfügungen» unter Art. 481 aufführt. In der Sache siehe Paul
     Reichlin, Grundsätze der Testamentsauslegung (Diss. Freiburg 1926); Vito Picenoni, Die
     Auslegung von Testament und Erbvertrag (Zürich 1955); Hannes Glaus, Irrtumsanfechtung
     und Auslegung beim Testament (Diss. Zürich 1982), ZSPR 22; ferner «Neuere Literatur zur Testa-
     mentsauslegung» bei Peter Breitschmid, Testament und Erbvertrag – Formprobleme, in Peter
     Breitschmid (Hrsg.), Testament und Erbvertrag (Bern 1991), 27 ff., 35 Anm. 17, und nun auch
     Breitschmid, BaKomm, Art. 469 N 22 ff., sowie Weimar, BeKomm, Die Verfügungen von
     Todes wegen – Einleitung N 55–92, und Schröder, PraxKomm, Vorbem. zu Art. 467 ff. N 1 ff.
10   Gemäss Breitschmid, BaKomm, Art. 469 N 23, dann nicht, wenn «typisch erbrechtliche Pro-
     blemlagen in Frage stehen».
11   Bemerkungen zum Entscheid: Bornhauser, Die Bindungswirkung von ehe- und erbvertragli-
     chen Regelungen im internationalen Kontext, in successio 7 (2013), 149 ff.
12   So im Gegensatz zu den früheren Erbrechtskommentaren Piotet, SPR IV/1, 205 ff.; Breit-
     schmid, BaKomm, Art. 469 N 4 und 14; Schröder, PraxKomm, Vorbem. zu Art. 467 ff. N 9,
     und Kramer, BeKomm, Art. 18 N 54. Einschränkend Weimar, BeKomm, Die Verfügung von
     Todes wegen – Einleitung, N 60 f. Vgl. auch 133 III 406 und die ausführlichen Besprechungen
     von Hrubesch-Millauer, in AJP 16 (2007), 1443 ff., und Eitel, in successio 2 (2008), 231 ff.,
     betreffend Willens- und Vertrauensprinzip.

«Wunsch» nennt, kann je nachdem verbindliche Anordnung (88 II 67 f.) oder bloss unverbindliche Erwartung sein (90 II 480 ff.: «Knie»-Fall). Es kommt auf den wirklichen Willen der Erblasserin an. Ob dieser Wille unzweckmässig, pietätlos oder den Erben unangenehm ist, spielt keine Rolle, solange er nicht widersinnig, rechtswidrig oder sittenwidrig ist.

7   *Ausgangspunkt* jeder Auslegung ist der *Wortlaut.* Ergibt dieser für sich selbst eine klare Aussage, erübrigen sich weitere Abklärungen. Können dagegen die testamentarischen Anordnungen so oder anders verstanden werden, so dienen der Auslegung nicht nur Tatsachen, die aus ihr selbst ersichtlich sind, wie der Wortlaut oder der Zusammenhang zwischen den verschiedenen Bestimmungen (108 II 282). Vielmehr können auch *Anhaltspunkte ausserhalb der Urkunde* (Externa, «éléments extrinsèques») herangezogen werden (115 II 325; 124 III 412 f. E. 3; 131 III 108 E. 1.1), wie andere schriftliche Aufzeichnungen (auch frühere Testamente), mündliche Äusserungen, Verwandtschafts- und Freundschaftsverhältnisse.

8   Nun kann es aber sein, dass der Erblasser etwas gewollt hat, das im Text überhaupt *nicht angedeutet,* also auch *nicht irgendwie* enthalten ist. Diesfalls stellt sich die Frage, ob auch das noch gelten soll. Dabei geht es aber nicht um die Frage der Auslegung, der Suche nach dem wahren Willen des Erblassers, sondern um die Frage, ob das Formerfordernis so weit gehe.[13] Das BGer ist hier streng: Ein nicht in der gesetzlich vorgeschriebenen Form irgendwie angedeuteter Wille bleibt bedeutungslos (79 II 46; 100 II 446 f.; 108 II 396; 109 II 406; 131 III 601). Ist beispielsweise nur ein Teil der Verfügung handgeschrieben und ergibt dieser Teil nur zusammen mit dem übrigen Text einen Sinn, ist die Verfügung als Ganzes wegen Ungültigkeit anfechtbar, weil die nicht dem Formerfordernis der Handschriftlichkeit genügenden Textteile formungültig sind. Der handgeschriebene Teil allein hingegen bringt den erblasserischen Verfügungswillen nicht rechtsgenügend zum Ausdruck, wodurch eine Auslegung anhand von Elementen ausserhalb der Urkunde verunmöglicht wird (131 III 601 E. 3).[14] Ist dagegen der Wortlaut klar, so hat es dabei zu bleiben (83 II 435; 100 II 446; 120 II 184); es geht nicht an, unter Zuhilfenahme aussertestamentarischer Elemente dem klar erklärten Willen einen anderen Inhalt unterzuschieben, der nicht im Testament Ausdruck gefunden hat (72 II 232; vgl. auch 101 II 34 und 125 III 35 Regeste).

9   Nach hier vertretener Auffassung sollte allerdings nicht gemäss dieser «Andeutungstheorie», sondern wie folgt vorgegangen werden:

10   Ein überhaupt nicht verurkundeter Wille kommt nicht zum Zug. Eine versehentliche positive (wenn auch klare, aber eben nicht gewollte) Fehlbezeichnung ist aber richtigzustellen.[15] Beim Vorliegen von Lücken ist zudem eine «ergänzende Ausle-

---

13   Vgl. Jäggi/Gauch, ZüKomm, Art. 18 OR N 479.
14   Kritisch zum Entscheid Fankhauser, in AJP 15 (2006), 752 ff.; Breitschmid, Entwicklungen im Erbrecht, in SJZ 102 (2006), 103 f.; zustimmend Steinauer, Un testament olographe doit être écrit du début à la fin de la main du testateur, Jusletter 27. Februar 2006.
15   Zu diesen Fragen Kramer, BeKomm, Art. 18 N 95, ferner Picenoni a.a.O. 76, und Glaus a.a.O. 18 f. sowie vorn § 68 N 23 zu 469³, vor allem aber Breitschmid a.a.O. (Testament und

gung» möglich;[16] so nun auch für Erbverträge gemäss 127 III 529 (wonach eine Lücke, die durch die Formungültigkeit der in einem Ehevertrag enthaltenen erbrechtlichen Anordnungen zustande kam, durch gerichtliche Ergänzung [modifizierend] geschlossen werden kann; s. auch 137 III 116 E. 4.2.3).

Dem wirklichen Willen des Erblassers entspricht in der Regel die *Aufrechter-* 11 *haltung* seiner Anordnungen eher als deren Wegfall. Daher verdient eine Auslegung, die dies ermöglicht, den Vorzug vor der gegenteiligen: sog. Auslegung *in favorem testamenti* (89 II 441; vgl. auch 94 II 140; 124 II 414; BGer 5A_692/2011 E. 4.1.1).[17] Als Beweis dafür, dass dieser Gedanke auch dem ZGB zu Grunde liegt, können wir die an anderer Stelle näher zu erörternden Bestimmungen 469³, 482³, 539² anführen. Auf dieser Ebene liegt auch die Möglichkeit der *Konversion* (*Umwandlung*) einer rechtlich wirkungslosen Anordnung in eine solche, die der Anordnende dem Nichts vorgezogen hätte (93 II 228 f.; 96 II 297 ff. – dort jeweils mit Bezug auf Erbverträge).[18] Denkbar ist auch die analoge Anwendung von Art. 20 Abs. 2 OR (Teilnichtigkeit).

In der herrschenden Lehre wird mit Bezug auf die Auslegung der Verfügungen von 12 Todes wegen im Zweifelsfall die *Vermutung der Übereinstimmung mit dem Intestaterbrecht* (dem gesetzlichen Erbrecht) vertreten (BGer 5C.183/2003 E. 2.2.3).[19] Dieser Gedanke findet sich auch in den Art. 522 Abs. 2 und 608 Abs. 3. In die gleiche Richtung ging auch 91 II 273 f. Immerhin lässt aber die Errichtung einer Verfügung von Todes wegen ja darauf schliessen, dass der Erblasser das Schicksal seines Nachlasses auch selber gestalten will. Die Vermutung bezieht sich daher wohl vornehmlich auf Einzelheiten im Rahmen des vom Erblasser Angeordneten.[20]

Erbvertrag – Formprobleme) 37 ff.: «Entscheidend ist nicht, ob der Auslegende in der Verfügung einen entsprechenden Anhaltspunkt erkennt; der Erblasser muss ganz einfach mit der von ihm gewählten Formulierung das von ihm beabsichtigte Ergebnis ausgedrückt haben wollen ...» (S. 39). Siehe auch BREITSCHMID, BaKomm, Art. 469 N 24; DRUEY, Grundriss, § 12 Nr. 13, und RASELLI, Erklärter oder wirklicher Wille des Erblassers, in AJP 8 (1999), 1262 ff., 1263 und Anm. 22. – A. M. WEIMAR, BeKomm, Die Verfügungen von Todes wegen – Einleitung N 71 ff. – Siehe auch 127 III 444, wonach für die Vertragsauslegung auch der klare Wortsinn nicht allein massgebend ist.

16 DRUEY, Grundriss, § 12 Nr. 14 ff. und insbesondere Nr. 17.

17 Dieser Grundsatz ist auch über den materiellen Verfügungsgehalt hinaus auf die Verfügungsformen anzuwenden, soweit Rechts- und Verkehrssicherheit dies zulassen (116 II 127). Siehe auch WEIMAR, BeKomm, Die Verfügungen von Todes wegen – Einleitung N 93 ff.

18 Vgl. zum Ganzen: ISABEL WACHENDORF EICHENBERGER, Die Konversion ungültiger Verfügungen von Todes wegen (Diss. Basel 2003), BSRW A 64, 104 ff.; SCHRÖDER, PraxKomm, Vorbem. zu Art. 467 ff. N 48 f.

19 Siehe PIOTET, SPR IV/1, 211, mit Hinweisen. A. M. WEIMAR, BeKomm, Die Erben – Einführung N 4 i. f.

20 So auch BREITSCHMID, BaKomm, Art. 469 N 27, und SCHRÖDER, PraxKomm, Vorbem. zu Art. 467 ff. N 35; s. die Beispiele bei PIOTET a.a.O.

III.   Die einzelnen Verfügungsinhalte

13   Unter den Verfügungen allgemeiner Natur behandeln wir sowohl jene Verfügungen, die letztwillig und erbvertraglich, als auch jene, die nur letztwillig (ohne bindende Wirkung auch im Erbvertrag: 101 II 309 f.; 105 II 257) getroffen werden können (dazu BGer 5A_161/2010 E. 3.3).

a. Die Erbeinsetzung und das Vermächtnis

14   Die Erbeinsetzung und das Vermächtnis (institution d'héritier et legs) sind die beiden wichtigsten und häufigsten Verfügungsarten.

1. Begriffe

15   Die *Erbeinsetzung* ist eine Verfügung, nach der eine Person die Erbschaft insgesamt oder zu einem Bruchteil (je mit Aktiven und Passiven) erhalten soll (483^2). Beispiel: Mein Sohn soll drei Viertel der Erbschaft erhalten, mein Freund einen Achtel. Den Rest erhalten alle meine Patenkinder gemeinsam. Hier sind alle eingesetzten Personen Erben.

16   Die Zuwendung eines *Vermächtnisses* ist eine Verfügung, nach der eine Person einen reinen Vermögensvorteil (keine Passiven) erhalten soll (484^1). Beispiel: Mein Patenkind soll mein Klavier sowie meine juristische Bibliothek erhalten.

2. Übereinstimmung und Unterschiede

17   Erbeinsetzung und Vermächtnis (Legat) *stimmen* darin *überein,* dass durch sie einer oder mehreren Personen Vermögenswerte mit dem Erfolg zugewendet werden, dass gerade ihnen und nur ihnen ein eigener (dinglicher: Erbschaftsklage, oder obligatorischer: Vermächtnisklage) Anspruch auf Auslieferung erwächst.

18   Erbeinsetzung und Vermächtnis *unterscheiden sich voneinander* dadurch, dass die Erbeinsetzung die *Gesamtheit* oder einen *Bruchteil* der Erbschaft (483), das Vermächtnis aber *bestimmte Sachen oder Werte* zum Gegenstand hat (484^2), so auch beschränkte dingliche Rechte, wie etwa die Nutzniessung an der Erbschaft im Ganzen oder zu einem Teil (so explizit in 484^2) oder ein Wohnrecht (91 II 97) oder gar nur ein obligatorisches Recht (Miete) an einer Sache (103 II 227). Der Gegenstand eines Vermächtnisses muss bestimmt oder wenigstens bestimmbar sein (75 II 188); er kann auch im Vermögensüberschuss (als reines Aktivum) einer Erbschaft bestehen (89 II 278). Die Erbeinsetzung begründet eine Universalsukzession mit Schuldenhaftung, das Vermächtnis eine blosse Singularsukzession (vgl. vorn § 62 N 8 und hinten § 77 N 24 ff.). Als Erbe gilt insbesondere, wer den Rest des Vermögens (Aktiven und Passiven) nach Ausrichtung der Zuwendungen bestimmter Objekte erhalten soll. Dieser Rest kann weniger als diese Zuwendungen betragen, ja sogar weniger als eine einzelne von ihnen, ein Vermächtnisnehmer kann mithin mehr erhalten als ein Erbe; der Unterschied zwischen Erbeinsetzung und Vermächtnis ist nicht quantitativer, sondern qualitativer Natur.

3. Das Verhältnis von Erbeinsetzung und Vermächtnis

Der Erblasser kann an sich die Erbschaft beliebig mit Vermächtnissen belasten. Über- 19
steigen jedoch die Vermächtnisse den Betrag der Erbschaft, so wird der beschwerte
Erbe zumeist die Erbschaft ausschlagen. Er kann aber auch Erbe bleiben und dabei
die Last der Vermächtnisse auf den Wert des Nachlasses (als Alleinerbe) bzw. auf
den Betrag der ihm aus der Erbschaft zufliessenden Werte (als mit dem Vermächtnis
belasteter Miterbe) vermindern lassen; dazu dient ihm die entsprechende Klage bzw.
zumeist die (unverjährbare) Einrede der *verhältnismässigen Herabsetzung* (486[1]; zur
Einrede der Herabsetzung eines Rentenlegats: 135 III 97[21]). Dasselbe gilt für den Vermächtnisnehmer, der mit einem Untervermächtnis belastet ist: Er kann das Untervermächtnis auf den Wert seiner Zuwendung herabsetzen.[22] Ebenso kann die Pflichtteilserbin Vermächtnisse herabsetzen oder Auflagen streichen (99 II 381) lassen, die ihren
Pflichtteil verletzen. Dieser Sachverhalt ist allerdings Gegenstand von Art. 522 Abs. 1,
wo die Herabsetzungsklage zur Herstellung der Pflichtteile geregelt wird.[23]

Das Vermächtnis ist *nicht davon abhängig*, dass *die beschwerte Erbin* das Erbe bzw. 20
(beim Untervermächtnis) die beschwerte Vermächtnisnehmerin das Vermächtnis *erwirbt*. Auch wenn sie das belastete Erbe oder das belastete (Ober-)Vermächt-
nis nicht erwirbt (infolge Vorversterbens, Ausschlagung, Erbunwürdigkeit), bleibt das
Vermächtnis in Kraft. Das Vermächtnis ist gegebenenfalls von jener Person zu entrichten, welcher der Wegfall der Beschwerten (als Erbin oder als Vermächtnisnehmerin)
zum Vorteil gereicht (486[2]).[24] Dasselbe gilt analog auch für die Auflage, insofern sie
nicht dem Inhalt oder dem Willen des Erblassers nach wesentlich an die Person des
Beschwerten gebunden ist (76 II 206).

4. Besondere Arten von Vermächtnissen

α. *Das Untervermächtnis.* Es belastet nicht einen Erben, sondern einen Vermächt- 21
nisnehmer; auch er kann sich auf Art. 486 Abs. 1 berufen und die Herabsetzung des
Untervermächtnisses verlangen.

β. *Das Vorvermächtnis,* Prälegat. Es soll einem Erben selbst (über seinen Erbteil hin- 22
aus) zugute kommen und ist von der Annahme der Erbschaft durch den Bedachten
nicht abhängig, so dass dieser die Erbschaft ablehnen und trotzdem das Vermächtnis
beanspruchen kann (486[3]). Denkbar ist, dass der Erblasser gegenteilig verfügt, also
erklärt, dass das Vermächtnis nur gilt im Fall der Annahme der Erbschaft. Das Gesetz
stellt allerdings eine Vermutung dafür auf, dass Zuweisungen bestimmter Teile an

---

21 Rumo-Jungo, Einredeweise Geltendmachung des Herabsetzungsanspruchs bei einem Renten-
    legat – BGE 135 III 97 (Urteil des Bundesgerichts 5A_289/2008 vom 4. Dezember 2008), in suc-
    cessio 4 (2010), 40 ff.
22 Im Einzelnen s. Huwiler, BaKomm, Art. 486 N 7 ff.
23 Huwiler, BaKomm, Art. 486 N 3; Steinauer, Successions, Nr. 541; Burkhart, PraxKomm,
    Art. 486 N 1; Hrubesch-Millauer, HandKomm, Art. 486 N 3.
24 Siehe diese Formulierung bei Huwiler, BaKomm, Art. 486 N 18; Spirig, Nacherbeneinsetzung
    und Nachvermächtnis, in ZBGR 58 (1977), 193 ff.

Erben in einer Verfügung als blosse Teilungsvorschriften (522², 608) und gerade nicht als Vorausvermächtnisse aufzufassen sind.

23 γ. *Das Forderungsvermächtnis,* wodurch entweder einer Person eine dem Erblasser zustehende Forderung zugewendet oder aber ihr eine gegenüber dem Erblasser bestehende Schuld erlassen wird (Befreiungs- oder Liberationsvermächtnis: 484² i. f.).

24 δ. *Das Verschaffungsvermächtnis:* die Zuwendung einer Sache, die sich zur Zeit des Erbgangs gar nicht im Vermögen des Erblassers befindet, die aber der Belastete erwerben und dem Bedachten herausgeben soll. Diese entsprechende Verpflichtung muss sich aber aus der Verfügung ergeben, so wie diese nach den gegebenen Umständen auszulegen ist (91 II 99 E. 3; BGer 5A_114/2008 E. 2.1 und 5.2[25]; zur Verschaffungsauflage s. 101 II 30). Durch Auslegung muss auch ermittelt werden, ob die Beschaffung zu jedem, also auch zu einem exorbitanten Preis, gewollt gewesen ist.[26] Andernfalls wird der Belastete frei (484³).

b. Auflagen und Bedingungen

1. Auflage

25 Dem Vermächtnis verwandt ist die *Auflage* (la charge).[27] Sie ist entgegen dem allzu engen Gesetzeswortlaut (482¹) als unselbständige (mit einer andern Verfügung verbundene) wie als selbständige Auflage möglich (vgl. 81 II 31). Die in ihr enthaltene Verpflichtung kann einem gesetzlichen oder einem eingesetzten Erben oder einem Vermächtnisnehmer auferlegt werden. Gegenstand einer Auflage kann alles sein, was Gegenstand einer Schuldverpflichtung sein kann (87 II 359; 94 II 92). Im typischen Fall dient sie allerdings Zwecken, die nicht vermögensrechtlicher Natur sind. Beispiele: Anordnungen über das Begräbnis, zur Einrichtung des Hauses, zur Pflege des Gartens.

26 Seit dem 1. April 2003 hat die Auflage eine zusätzliche Bedeutung. Laut dem damals eingeführten Art. 482 Abs. 4 gilt eine Zuwendung von Todes wegen an ein Tier als Auflage, für das Tier tiergerecht zu sorgen.[28] Was die vermögensrechtlichen Auflagen angeht, wurde das Bundesgericht immer grosszügiger. Während es in 94 II 93 und 97 II 206 noch erklärte, die Auflage dürfe nur solche Verpflichtungen der Erben

---

25 Bemerkungen zum Entscheid von STEINAUER, TF 5A_114/2008, 5A_126/2008, 5A_127/2008, 7.8.2008, in successio 3 (2009), 139 ff.; EITEL, Erbrecht 2007 – 2009 – Rechtsprechung, Gesetzgebung, Literatur, in successio 4 (2010), 113.

26 HRUBESCH-MILLAUER, HandKomm, Art. 484 N 6.

27 Abzugrenzen ist aber die Auflage auch von der ebenfalls in Art. 482 Abs. 1 erwähnten Bedingung. Welche von beiden vorliegt, ist gegebenenfalls durch Auslegung zu ermitteln; eine Vermutung im einen oder andern Sinn gibt es nicht (120 II 182). Siehe dazu ABT a.a.O. 128; JEAN GUINAND/MARTIN STETTLER/AUDREY LEUBA, Droit des successions (6. A. Genf/Zürich/Basel 2005), Nr. 324; SCHÜRMANN, PraxKomm, Art. 482 N 1; STAEHELIN, BaKomm, Art. 482 N 1; STEINAUER, Successions, Nr. 588 f.

28 Vor der Entstehung von Art. 641a, wonach Tiere keine Sachen sind, wäre eine solche Verfügung als unsinnig i. S. v. Art. 482 Abs. 3 betrachtet worden. Zum Ganzen vgl. OMBLINE DE PORET, Le statut de l'animal en droit civil (Diss. Freiburg, Zürich/Basel/Genf 2006), AISUF 253; DIES., L'animal en droit des successions, in successio 2 (2008), 118 ff.

oder Vermächtnisnehmer begründen, welche sich auf das ihnen zufallende Vermögen beziehen, hat es in 101 II 28 ff. festgehalten: Zulässig ist auch eine Auflage, welche den Beschwerten verpflichtet, einem Dritten eine nicht im Nachlass befindliche Sache zu übereignen. Ein Vermächtnisnehmer kann auch mit der Auflage beschwert werden, eine Stiftung zu gründen (108 II 285 f.; BGer 5A_185/2008[29]; zu Erbstiftungen siehe auch nachfolgend N 40).

Die Auflage macht den Berechtigten aber nicht zum Gläubiger; sie lässt kein obliga-   27
torisches Forderungsrecht entstehen (99 II 382; 105 II 260) und gewährt daher auch bei schuldhafter Nichterfüllung keinen Anspruch auf Schadenersatz. Der Anspruch ist zudem streng persönlicher Natur, d.h. weder vererblich noch pfändbar (99 II 382). Wohl aber hat jedermann, der ein Interesse hat (108 II 286), einen *Vollziehungsanspruch*, der gerichtlich durchgesetzt werden kann.[30] Der Destinatär verlangt nicht Leistungen an sich selbst, sondern die Ausführung der Verfügung.[31] Die Auflage begründet also weniger als eine Forderung, ist aber im Gegensatz zum Wunsch rechtlich verbindlich.[32]

2. Bedingungen

Neben den Auflagen kann der Erblasser seinen *Verfügungen* auch Bedingungen anfü-   28
gen. Eine Bedigung ist naturgemäss immer eine unselbständige (mit einer anderen Verfügung verbundene) Anordnung. Es handelt sich um ein ungewisses zukünftiges Ereignis, von dessen Eintritt der Bestand der Verfügung abhängig ist (151 OR). Beispiel: Mein Freund erhält mein Haus zu Eigentum, wenn er es selbst bewohnen will und in den ersten fünf Jahren nach meinem Tod darin wohnt.

Die *Suspensivbedingung* (aufschiebende Bedingung) knüpft die Rechtswirkungen an   29
den Eintritt eines ungewissen zukünftigen Ereignisses. Die *Resolutivbedingung* (auflösende Bedingung) führt zur Auflösung der Rechtswirkungen mit ihrem Eintritt.[33] Für den Eintritt der auflösenden Bedingung wird eine zeitliche Befristung von 100 Jahren angenommen.[34] Nach dem oben genannten Beispiel ist das eigene Bewohnen des Hauses (im Zeitpunkt des Erbgangs) eine Suspensivbedingung, weil erst bei der Ausrichtung des Vermächtnisses klar ist, ob das eigene Bewohnen-Wollen als Bedingung vorliegt. Das (mindestens) fünfjährige Bewohnen ist eine Resolutivbedingung, denn das

---

29 Bemerkungen zum Entscheid: GRÜNINGER, Errichtung einer Stiftung durch Auflage zulasten des Erben – 5A_185/2008 (Urteil des Bundesgericht vom 3. November 2008), in successio 4 (2010), 45 ff.

30 Hierzu im Einzelnen STAEHELIN, BaKomm, Art. 482 N 25; ausführlich BRÜCKNER/WEIBEL a.a.O. Nr. 274 ff.

31 STAEHELIN, BaKomm, Art. 482 N 28 i. i.; STEINAUER, Successions, Nr. 595; TUOR, BeKomm, Art. 482 N 17.

32 Zwei fast gleichzeitig erschienene Dissertationen sind der Auflage gewidmet: BEATRICE UFFER-TOBLER, Die erbrechtliche Auflage (Diss. Zürich 1982), ASR 477, und FRANZ MÜLLER, Die erbrechtliche Auflage beim Testament (Diss. Freiburg 1981). – Zu 105 II 253 s. PIOTET, Clause d'un pacte successoral prévoyant la constitution d'une fondation et sa dotation, in JdT 128 (1980), I 315 ff.

33 ESCHER, ZüKomm, Art. 483 N 6; HRUBESCH-MILLAUER, HandKomm, Art. 482 N 1.

34 PIOTET, SPR IV/1, 106 f.

Eigentum des Freundes fällt an die Erbengemeinschaft zurück, wenn er nur ein Jahr im Haus wohnt. Während dieser fünf Jahre besteht also ein *Schwebezustand*.[35]

30   Ob eine Bedingung vorliegt, muss durch Auslegung ermittelt werden. Die Verwendung des Begriffs «wenn» deutet auf eine Bedingung.[36]

c. Die Substitution

31   Das ZGB kennt dazu *zwei Fälle*:

1. Ersatzerbeneinsetzung

32   Der Erblasser kann einen oder mehrere Erbinnen oder Vermächtnisnehmerinnen bezeichnen, welche die Zuwendung erhalten sollen, für den Fall, dass die in erster Linie genannte Person vor ihnen stirbt oder die Ausschlagung erklärt: *Ersatzerbeneinsetzung* und *Ersatzvermächtnis* (substitution vulgaire, 487).

2. Nacherbeneinsetzung

33   Der Erblasser kann zwei sukzessive, aufeinanderfolgende Erben oder Vermächtnisnehmer bezeichnen, von denen der eine mit seinem Tod, der andere zu einem späteren Zeitpunkt die Zuwendung erhalten soll: *Nacherbeneinsetzung* und *Nachvermächtnis* (substitution fidéicommissaire, 488 ff.):[37] Die kinderlose Elsa setzt ihren Ehemann zum Erben ein und bestimmt hierbei, dass nach dessen Tod die Erbschaft unter Vorbehalt des Pflichtteils (531) an die Stadtgemeinde zum Bau eines Spitals übergehen soll (s. auch BGer 5A_713/2011 E. 4.2). Verletzt der Erblasser durch Nacherbeneinsetzung den Pflichtteil der Vorerbin und unterlässt es diese, Herabsetzungsklage zu erheben, steht den Erben der Vorerbin gegenüber den Nacherben die Einrede der Pflichtteilsverletzung nicht zu, weil der Herabsetzungsanspruch (gegenüber dem Ehemann ihrer Erblasserin) für sie nicht gegeben ist (133 III 310 f. E. 5: In casu haben die Kläger einerseits als Nacherben [neben anderen Nacherben] von der Vorerbin [Ehefrau des Erblassers] geerbt. Andererseits haben sie von dieser [nunmehr selbst Erblasserin] auch auf Grund ihres eigenen gesetzlichen Erbrechts geerbt. Das BGer scheint aber die beiden Erbschaften im erwähnten Entscheid zu vermischen).[38]

34   Bei der Nachverfügung haben wir *zwei Erbinnen* (bzw. *Vermächtnisnehmerinnen*), von denen die eine (die Nacherbin) die andere (die Vorerbin) ablöst. Sieht der Erblasser keinen *anderen Zeitpunkt* vor, geschieht dies *beim Tod der Vorerbin* (489[1]). Wird ein anderer Zeitpunkt genannt und ist der vorgesehene Zeitpunkt beim Tod des Vorerben noch nicht eingetreten, gelangt die Erbschaft gegen Sicherstellung an die Erben der

---

35   HRUBESCH-MILLAUER, HandKomm, Art. 482 N 3; STAEHELIN, BaKomm, Art. 482 N 8.

36   DRUEY, Grundriss, § 11 Nr. 32.

37   Siehe zu diesem Institut PAUL EITEL, Die Anwartschaft des Nacherben (Diss. Bern 1991), ASR 532, und zum Nachvermächtnis 105 II 259; DERS., Die Nacherbeneinsetzung in Theorie und Praxis, in successio 1 (2007), 82 ff.; PIOTET, SPR IV/1, 103 ff.; SPIRIG, Nacherbeneinsetzung und Nachvermächtnis, in ZBGR 58 (1977), 193 ff.

38   Besprochen von AEBI-MÜLLER, in ZBJV 144 (2008), 504, und kritisiert von SANDOZ, in JdT 135 (2007), I 637 f.

Vorerbin (489²). Im massgebenden Zeitpunkt geht die Erbschaft ohne Weiteres, von Gesetzes wegen, auf die Nacherbin über wie bei einem eingesetzten Erben (491¹). Da sich die Erbschaft dann regelmässig im Besitz der Vorerbin oder deren Erben befindet, entsteht für diese eine *Auslieferungspflicht* (489¹ und 491² i. f.).³⁹ Die Erbschaftsgegenstände sind dabei grundsätzlich in natura und, wo dies nicht mehr möglich ist, auf Grund *dinglicher Surrogation* (129 III 113)⁴⁰ in Ersatzstücken bzw. in Geld zu restituieren. Kann der Nachfolgefall nicht mehr eintreten, fällt die Erbschaft vorbehaltlos an die Erben der Vorerbin (489³).

Ein besonderer Fall der Nacherbeneinsetzung oder des Nachvermächtnisses liegt vor,   35 wenn der Erblasser Vermögenswerte einer Person zuwendet, die *zur Zeit der Erbfolge noch nicht lebt.* Dabei braucht der Vorerbe nicht ausdrücklich bezeichnet zu werden; als solche werden die gesetzlichen Erben vermutet (545²). Der Erblasser möchte z.B., dass sein Stammhaus dem künftigen erstgeborenen Kind seines zur Zeit seines Todes noch nicht verheirateten Sohnes vorbehalten sei. Er kann ihm ohne Weiteres die Zuwendung machen; die Verfügung ist allerdings bedingt durch die Geburt eines Enkelkindes. Bis dahin (während des Schwebezustands) kommt das Legat den gesetzlichen Erben zugute. Unzulässig wäre es jedoch zu bestimmen, an wen das Stammhaus nach dem Tod des Nachbedachten, jenes Enkelkindes, gelangen solle, z.B. an den jeweils ältesten Nachkommen. Dies wäre ein gesetzwidriges Familienfideikommiss (135 III 614⁴¹; vorn § 48 N 5). Das Gesetz erlaubt *nur eine einmalige Substitution* (488²).⁴²

Im Übrigen gehört die Frage nach dem *Verhältnis zwischen Vor- und Nacherbe* zu   36 den kompliziertesten und schwierigsten, und die gesetzliche Regelung ist knapp und unvollständig. Es bleibt nichts anderes übrig, als sie durch Heranziehung von Grundsätzen über verwandte Materien, insbesondere der Bedingungen und der Nutzniessung, zu ergänzen. Der Vorerbe ist nämlich ein *resolutiv bedingter* Erbe, folglich zwar voller, aber resolutiv bedingter *Eigentümer der Erbschaftssachen* (491² i. i.). Resolutivbedingung ist der Eintritt des Nacherbfalls, mit dem alle seine Rechte von selbst wegfallen. Mit Rücksicht darauf darf der Vorerbe während der Schwebezeit nichts vornehmen, was die gehörige Erfüllung seiner Auslieferungspflicht (491²) verhindern könnte.

---

39   Der Gesetzestext ist ungenau: Die in Art. 489 Abs. 1 vorgesehene Auslieferungspflicht ist die Folge des Eintritts der Nachfolge; die in Art. 489 Abs. 2 vorgesehene Rechtsnachfolge tritt unabhängig von der Sicherstellung ein: vgl. BESSENICH, BaKomm, Art. 489 N 1 und 2; SCHÜRMANN, PraxKomm, Art. 489 N 1; HRUBESCH-MILLAUER, HandKomm, Art. 489 N 1.

40   BESSENICH, BaKomm, Art. 491 N 8; HRUBESCH-MILLAUER, HandKomm, Art. 491 N 11; SCHÜRMANN, PraxKomm, Art. 491 N 20; STEINAUER, Successions, Nr. 566a. Zur Surrogation bei der Nacherbeneinsetzung generell und dem zitierten Bundesgerichtsentscheid im Besonderen, mit m. E. berechtigter Kritik, EITEL, Das Recht der Errungenschaftsbeteiligung als «Steinbruch» für das Recht der Nacherbeneinsetzung, in FS Bruno Huwiler (Bern 2007), 205 ff.

41   Bemerkungen zum Entscheid: AEBI-MÜLLER, Die privatrechtliche Rechtsprechung des Bundesgerichts im Jahr 2009, in ZBJV 146 (2010), 379 f.; EITEL, Erbrecht 2009–2011 – Rechtsprechung, Gesetzgebung, Literatur Teil 1, in successio 5 (2011), 212.

42   Siehe immerhin zum Problem der mehrfachen Nacherbensubstitution auf der gleichen Familienstufe den (fast) gleichnamigen Beitrag MERZ, in SJZ 83 (1987), 1 ff.

Die Stellung des Vorerben ist ferner ähnlich jener eines *Nutzniessers*. Daraus ergibt sich folgende Regelung:

37   Der Vorerbe hat das Recht (und im Hinblick auf die Auslieferung die Pflicht) auf die *ordentliche Verwaltung und Bewirtschaftung* der Erbschaft. Die zu diesem Zweck von ihm vorgenommenen Geschäfte (z.B. Verkauf von Tieren im landwirtschaftlichen, von Waren im geschäftlichen Betrieb, allgemein Verkauf zur Abwendung von Verderbnis oder Entwertung) sind unanfechtbar und rechtsbeständig (755 ff.). Ferner werden die verbrauchbaren Sachen sein freies und unbedingtes Eigentum, mit der Ersatzpflicht für deren Wert (772[1]). Endlich sind ihm auch darüber hinaus *Verfügungshandlungen* grundsätzlich gestattet. Allerdings haben sie nur für die Zeitdauer seiner Berechtigung Bestand und verlieren ihre Wirksamkeit, wenn und sobald die Nacherbfolge eintritt.[43] So kann z.B. der Vorerbe Wertpapiere der Erbschaft zu Faustpfand geben, aber im Augenblick des Nacherbfalls wird das Pfandrecht ohne Weiteres wirkungslos, soweit nicht der Schutz des gutgläubigen Erwerbers greift.

38   Der Vorerbe ist wegen seines Eigentums, Verwaltungs- und grundsätzlichen Verfügungsrechtes in der Lage, die Interessen des Nacherben zu gefährden. Dieser mag dann zwar nach Eintritt des Nacherbfalls seine Entschädigungsansprüche anmelden, er kommt aber, wenn die Erbschaft überschuldet ist, nicht auf seine Rechnung. Daher sieht das Gesetz in Art. 490 einige *Massregeln* zur *Sicherung* der Anwartschaften des Nacherben vor: Inventar, Sicherstellung (z.B. auch durch Vormerkung im Grundbuch: 960[1] Ziff. 3; eine solche ist hingegen nicht möglich bei einem vom Vorerben erworbenen Grundstück, selbst wenn dieses teilweise aus Mitteln finanziert wurde, die zum Vermögen des Nacherbfalls gehören: 129 III 113 ff.), und wenn diese nicht erfolgt, Erbschaftsverwaltung (490[3]). Obwohl die Anordnung der Sicherungsmassnahmen keine materiellen Rechtsfolgen zeitigt, verfällt die anordnende Behörde nicht in Willkür, wenn sie vorfrageweise materiell-rechtliche Überlegungen anstellt, um zu entscheiden, ob die Voraussetzungen für die Massnahmen nach Art. 490 (namentlich ein Erbfall und eine Nacherbeneinsetzung) überhaupt vorliegen (BGer 5P.372/2005 E. 3.2; 5A_473/2011 E. 8.3.2, in 138 III 489 nicht publizierte Erwägung). Die Sicherstellungs-, nicht aber die Inventarpflicht (490[1]; 102 Ia 422) kann vom Erblasser erlassen werden (gemäss 490[2] muss dies ausdrücklich geschehen).

39   Der Erblasser kann die Rechtsstellung des Vorerben aber noch günstiger und freier gestalten, indem er ihn verpflichtet, dem Nacherben von der Erbschaft nur das herauszugeben, was bei seinem Tod noch vorhanden ist. Der Vorerbe erhält damit das Recht, die Erbschaftsgegenstände nach Belieben zu gebrauchen und zu verbrauchen und darüber zu verfügen, wenn es nur nicht geschieht in der offenbaren Absicht,

---

43   Gleicher Meinung ist die herrschende Lehre: BESSENICH, BaKomm, Art. 491 N 6; EITEL a.a.O. 323 f., 353 f. und 360 f.; HRUBESCH-MILLAUER, HandKomm, Art. 491 N 9; SCHÜRMANN, Prax-Komm, Art. 491 N 14; STEINAUER, Successions, Nr. 564a. A. M. PIOTET a.a.O. 110. Eine Übersicht zum Stand der Meinungen findet sich bei EITEL, in successio 1 (2007), 82 ff.

den Nacherben zu benachteiligen: sogenannte *Nacherbeneinsetzung auf den Überrest*.[44] Der Vorerbe braucht dann (im Zweifelsfall) auch keine Sicherheit zu leisten;[45] vorbehalten bleibt die Anordnung angemessener Vorkehren bei Rechtsmissbrauch (100 II 92). Ist der mit der Nacherbeneinsetzung belastete Vorerbe (z.B. als Nachkomme) pflichtteilsberechtigt, darf der Pflichtteil grundsätzlich nicht von der Nacherbeneinsetzung erfasst sein, sondern muss ihm zur freien Verfügung stehen. Eine Ausnahme von diesem Grundsatz wurde mit dem neuen Erwachsenenschutzrecht am 1. Januar 2013 eingeführt: Art. 492a regelt die Nacherbeneinsetzung auf den Überrest bei urteilsunfähigen Nachkommen. Danach ist gegenüber einem dauernd urteilsunfähigen Nachkommen (also Vorerben), der selber weder Nachkommen noch Ehegattin hinterlässt, eine Nacherbeneinsetzung auf den Überrest zulässig. Art. 492a ermöglicht einen Eingriff in das Pflichtteilsrecht insofern, als (entgegen dem Grundsatz in 531) die Nacherbeneinsetzung auch den Pflichtteil belasten darf. Die Nacherbeneinsetzung ist allerdings auf den Überrest beschränkt, so dass der Vorerbe die Erbschaft gebrauchen und auch verbrauchen darf. Die Nacherbeneinsetzung unterliegt sodann zwei Einschränkungen: Sie fällt erstens von Gesetzes wegen dahin, wenn der Vorerbe wider Erwarten urteilsfähig wird (492a[2]). Zweitens ist sie dann nicht (auf dem gesamten Erbteil) möglich, wenn der Vorerbe selber bereits vor seiner Urteilsunfähigkeit über sein eigenes Erbe verfügt hat. Denn damit hat er Vorkehrungen über sein eigenes Vermögen getroffen, die der Nacherbeneinsetzung insofern widersprechen, als sie seinen Pflichtteil belastet.[46]

d. Die Stiftung

Das Gesetz (493) sieht als eigenständige Verfügungsart auch die Stiftungserrichtung 40 von Todes wegen vor; der Erblasser kann den verfügbaren Teil seines Vermögens ganz oder teilweise irgendeinem legitimen Zweck als Stiftung widmen (493[1]). Es verstösst nicht gegen das Verbot des Familienfideikommisses, wenn dem Stiftungsvermögen auch Vermögensgegenstände beigefügt werden mit dem Ziel, sie aus affektivem und historischem Interesse zu erhalten, sofern dieser Zweck nur ein sekundärer ist, der hinter dem primären Stiftungszweck zurücksteht. Dies ist insbesondere der Fall, wenn diese Vermögensgegenstände kein Sondervermögen bilden, das einem oder mehreren Begünstigten erlaubt, auf grösserem Fuss zu leben, sondern sie zur Erfüllung des primären Stiftungszwecks veräussert werden können (133 III 167 E. 5; zum Familienfidei-

---

44   Vgl. Peter H. Schmuki, Die Nacherbeneinsetzung auf den Überrest (Diss. Zürich 1982), ZSPR 19; recht ausführlich Bessenich, BaKomm, Art. 491 N 9; s. auch den Fall in BJM (1997), 188 ff.

45   Bessenich, BaKomm, Art. 491 N 9, mit Hinweisen auf gl. M. und a. M.

46   Nach Hrubesch-Millauer, HandKomm, Art. 492a N 2, setzt die Zulässigkeit der Nacherbeneinsetzung auf den Überrest voraus, dass der Vorerbe nicht bereits vor Eintritt der dauernden Urteilsfähigkeit von Todes wegen verfügt hat. Nach hier vertretener Meinung ist die Nacherbeneinsetzung diesfalls nur insoweit unzulässig, also herabsetzbar, wenn sie den Pflichtteil des Vorerben verletzt. Darüber hinaus ist eine Nacherbeneinsetzung gegenüber allen Vorerben zulässig (531). Siehe zu Art. 492a auch Zeiter, Vorsorgeauftrag, Patientenverfügung und Nacherbeneinsetzung auf den Überrest nach Art. 492a ZGB: Überblick über drei neue Rechtsinstitute, in SJZ 109 (2013), 225 ff., 231 ff.

kommiss: 135 III 618 f. E. 4.3.1).[47] Mit der Revision des Stiftungsrechts (in Kraft seit dem 1. Januar 2006)[48] ist der Art. 81 dahingehend geändert worden, dass neu diese *Erbstiftung*[49] durch Verfügung von Todes wegen gegründet werden kann, also entweder durch Testament oder durch Erbvertrag.[50] In der Verfügung von Todes wegen werden Zweck, Organisation und Vermögenswidmung festgesetzt (80; 493[2]). Die Widmung kann in der Form einer Erbeinsetzung, eines Vermächtnisses oder einer Auflage (108 II 285 f.) geschehen. Die Entstehung der juristischen Person (Stiftung) fällt mit dem Zeitpunkt des Todes des Erblassers zusammen. Die Eintragung im Handelsregister ist nur deklaratorischer Natur; Art. 493 ist *lex specialis* zu Art. 52 Abs. 1.[51] In der gleichen juristischen Sekunde, in der gemäss Art. 560 Abs. 1 und 2 der Erbanfall eintritt, entsteht die durch Verfügung von Todes wegen geschaffene Stiftung.

e. Die Willensvollstreckung[52]

1. Begriff und Inhalt

41   Der Erblasser kann in einem Testament (bzw. in einer testamentarischen Klausel in einem Erbvertrag) eine oder mehrere handlungsfähige (hierzu 113 II 125 E. 2a) natürliche oder juristische Personen als *Willensvollstrecker* (exécuteurs testamentaires) über seinen Tod hinaus (105 II 261) bezeichnen (517[1]). Damit will er einerseits sicherstellen, dass seine Anordnungen von den Erben ausgeführt werden, dass die Erbteilung gemäss seinem Willen oder dem Gesetz vor sich gehen und dass Zweifel und Schwierigkeiten rasch erledigt werden, und andererseits Aufträge über seinen Tod hinaus erteilen. Nach dem Tod des Erblassers wird der Willensvollstreckerin die Ernennung von Amtes wegen mitgeteilt. Sie hat sich innerhalb von 14 Tagen über Annahme oder Ablehnung zu entscheiden; Stillschweigen gilt als Annahme (517[2]). Die Willensvoll-

---

47   Besprechung des Entscheids von GRÜNING, in successio 1 (2007), 188 ff.

48   BG vom 8. Oktober 2004 (Stiftungsrecht), AS 2005, 4545, 4549; BBl 2003, 8153, 8191.

49   Hierzu ALEXANDRA ZEITER, Die Erbstiftung (Art. 493 ZGB) (Diss. Freiburg 2001), AISUF 203.

50   Bis zu diesem Zeitpunkt konnte gemäss BGer die Errichtung auch mittels testamentarischer Klausel *in einem Erbvertrag*, jedoch nicht mit vertraglicher Bindung *durch Erbvertrag* erfolgen (96 II 273 ff. und 105 II 257 f.).

51   So in Fortführung und Präzisierung neuerer Lehre ZEITER a.a.O. 240 und passim. A. M. HRUBESCH-MILLAUER, HandKomm, Art. 493 N 6, die sich auf Art. 52 Abs. 1 und 81 Abs. 3 stützt; a. M. auch STEINAUER, Successions, Nr. 579a, und die ältere Lehre: ESCHER, ZüKomm, Art. 493 N 7, und TUOR, BeKomm, Art. 493 N 10.

52   Vgl. zum Ganzen die Habilitationsschrift HANS RAINER KÜNZLE, Der Willensvollstrecker im schweizerischen und US-amerikanischen Recht, Schweizer Schriften zur Vermögensberatung und zum Vermögensrecht (Zürich 2000), sowie JEAN NICOLAS DRUEY/PETER BREITSCHMID (Hrsg.), Willensvollstreckung (Bern/Stuttgart/Wien 2001), und CAROLINE SCHULER-BUCHE, L'exécuteur testamentaire, l'administrateur officiel et le liquidateur officiel: étude et comparaison (Diss. Lausanne 2003). S. auch HANS RAINER KÜNZLE, Anfang und Ende der Willensvollstreckung, in FS Ernst A. Kramer (Basel/Genf/München 2004), 371 ff.; DERS., Anlageberatung, Vermögensverwaltung und Willensvollstreckung, in FS Heinz Rey (Zürich 2003), 451 ff.; DERS, Erbengemeinschaft und Willensvollstrecker, in FS Schweizerischer Juristentag 2006 (Zürich 2006), 159 ff.

streckerin kann sich von der zuständigen Behörde als Ausweis ein «Willensvollstre-ckerzeugnis» ausstellen lassen (91 II 177 ff.).

2. Gesetzliche Regelung

Die Verfügung enthält häufig nichts Weiteres als die blosse Anordnung der Willens-   42
vollstreckung und die Namen der damit Beauftragten (über die «Bestimmtheit» der
Namensangabe s. 91 II 182 f.). Daher wäre eine ausführliche gesetzliche Regelung will-
kommen. Sie ist nun aber äusserst kurz und allgemein. Sie *verweist* zu ihrer Ergänzung und unter Vorbehalt anderer letztwilliger Anordnungen *auf die* ebenfalls sehr
knappe Ordnung eines verwandten Rechtsinstituts, der amtlichen *Erbschaftsverwaltung* (518¹).[53] Die Anwendung der entsprechenden Regeln ist aber ausgeschlossen,
wenn sich aus Art. 518 oder aus dem inneren Wesen der Willensvollstreckung etwas
anderes ergibt. Lehre und Rechtsprechung kommt mithin die Aufgabe zu, in weitem
Umfang vervollständigend einzugreifen.

3. Rechtsnatur

Die Meinungen über die *Rechtsnatur* der Willensvollstreckung gehen auseinander   43
(Auftrag, gewillkürte oder gesetzliche Vertretung, Treuhand usw.; vgl. 90 II 380). Die
Willensvollstreckung lässt sich nicht einem einheitlichen Rechtsverhältnis zuordnen.
Es handelt sich vielmehr um ein privatrechtliches Institut *sui generis*.[54]

4. Rechte und Pflichten des Willensvollstreckers

α. Im Allgemeinen: Der Willensvollstrecker übt ein eigenes selbständiges Recht aus   44
und ist nicht etwa an die Anweisungen der Erben gebunden; er ist aber den Erben und
sind diese ihm gegenüber mit Bezug auf Tatsachen, die für die Erbteilung von Bedeutung sind, auskunftspflichtig (90 II 372 f.). Das Anwaltsgeheimnis ist indessen auch
gegenüber den Erben des Klienten zu wahren (135 III 599 E. 3.1[55]). Wenn er mit der
Verwaltung der Erbschaft i. S. v. Art. 518 betraut ist, wahrt er im Prozess in eigenem
Namen und als Partei die Nachlassrechte Dritter (116 II 131, s. auch 130 V 532, 129 V
113, BGer P 67/03; 5A_134/2013 E. 5.1.2; offengelassen für eine Nichtigkeitsbeschwerde
im Strafpunkt in 126 IV 46 f. und 158). Allerdings verfällt ein Gericht nicht in Willkür, wenn es im Prozess den Willensvollstrecker als Stellvertreter der Erben betrachtet.

---

53   Laut praktisch einhelliger Praxis und Lehre ist damit der Erbschaftsliquidator nach Art. 595 ff.
      gemeint: CHRIST/EICHNER, PraxKomm, Art. 518 N 1; ESCHER, ZüKomm, Art. 518 N 3; KAR-
      RER/VOGT/LEU, BaKomm, Art. 518 N 1; KÜNZLE a.a.O. 394; SCHULER-BUCHE a.a.O. 59;
      STEINAUER, Successions, Nr. 1169; TUOR, BeKomm, Art. 518 N 6.

54   So KARRER/VOGT/LEU, BaKomm, Vorbem. zu Art. 517/518 N 7; CHRIST/EICHNER, Prax-
      Komm, Art. 517 N 5; SCHULER-BUCHE a.a.O. 11; STEINAUER, Successions, Nr. 1163 ff. So auch
      KÜNZLE a.a.O. 119 f.; im Vordergrund stehe für das Innenverhältnis die Mandatstheorie, für das
      Aussenverhältnis die gesetzliche Vertretung, für das Verhältnis zu neben den Erben Begünstig-
      ten die Treuhandtheorie. DRUEY, Grundriss, § 14 Nr. 71, vergleicht die Stellung des Willensvoll-
      streckers mit derjenigen des angelsächsischen Trustee.

55   DORJEE-GOOD, Das Anwaltsgeheimnis ist auch gegenüber den Erben des Klienten zu wahren –
      135 III 597, in successio 4 (2010), 299 ff.

Willkürlich ist dagegen die Annahme, dass ein Erbschaftsliquidator Prozesse stellvertretend für das Gemeinwesen und nicht in eigenem Namen führt (BGer 5P.355/2006 E. 3).[56] Tritt der Willensvollstrecker in seiner Funktion als Partei auf, muss er dies im Prozess von Anfang an tun. Es liegt ein unzulässiger Parteiwechsel vor, wenn zunächst der Erbe Parteistellung innehat, während der Willensvollstrecker als sein Vertreter auftritt und erst im Verlauf des Instanzenzuges der Willensvollstrecker Parteistellung behauptet (BGer 2A.29/2007 E. 3). Führt er als Anwalt den Prozess für den Nachlass und zur Vollstreckung des erblasserischen Willens, also nicht in eigenem Interesse, gehen die Prozesskosten zu Lasten des Nachlasses, und der Willensvollstrecker hat insbesondere auch Anspruch auf eine Parteientschädigung (129 V 116 ff.). Er ist gegebenenfalls passivlegitimiert bei der Klage auf Ungültigerklärung eines Testaments (103 II 85 f.), nicht aber für Herabsetzungsklagen unter Erben (111 II 18 f.).[57]

45   β. Honorar im Besonderen: Für seine Mühewaltung kann er ein angemessenes *Honorar* verlangen (517[3]; hierzu 78 II 127 ff.; 138 III 451 E. 4[58]; BGer 5A_881/2012). Die Berechnung darf dabei weder pauschal noch einzig nach Massgabe des Wertes der Erbschaft erfolgen, sondern hat sich ausschliesslich nach den bundesrechtlichen Bestimmungen zu richten (129 I 334 ff.).[59] Der Willensvollstrecker kann aber auch wie ein Beauftragter durch die Erben und andere vom Erblasser Begünstigte verantwortlich gemacht werden (101 II 52 ff.; BGer 5A_881/2012 E. 4.1). Aufwendungen, die sich ihm aus einem solchen Verfahren ergeben, darf der Willensvollstrecker nur dann dem Nachlass belasten, wenn die Angriffe, gegen die er sich wehren muss, unberechtigt sind (BGer 5C.69/2006 E. 6.1).

46   Bei einer sich über mehrere Jahre erstreckenden Erbteilung kann der Willensvollstrecker Akontozahlungen zu Lasten des Nachlasses beziehen und periodische Zwischenabrechnungen erstellen. Der Anspruch der Erben auf Rückerstattung zu viel bezogener Akontozahlungen untersteht nicht dem Bereicherungs-, sondern dem Vertragsrecht, mit der entsprechend längeren Verjährungsdauer. Dem Rückerstattungsanspruch kann der Willensvollstrecker ausserdem nicht die Verjährungseinrede entgegenhalten, weil seine Honorarforderung erst mit der Schlussabrechnung fällig wird (BGer

---

56   Besprechung m. w. H. von KÜNZLE, Aktuelle Praxis zur Willensvollstreckung (2006–2007), in
      successio 1 (2007), 248 ff., 254.

57   SUTTER-SOMM/CHEVALIER, Die prozessualen Befugnisse des Willensvollstreckers, in successio 1 (2007), 20 ff., 22 ff. Zur Teilungsklage ist er nach überwiegender Lehre weder aktiv- noch
      passivlegitimiert (vgl. dazu BRÜCKNER/WEIBEL a.a.O. Nr. 307). Anders KARRER/VOGT/LEU,
      BaKomm, Art. 518 N 66 und 84, wonach er aktivlegitimiert und in Einzelfällen gar passivlegitimiert ist. Teilweise zustimmend HANS RAINER KÜNZLE, Erbengemeinschaft und Willensvollstrecker, in Individuum und Verband, in FS Schweizerischer Juristentag 2006 (Zürich 2006),
      159 ff., 169. Vgl. die ausführliche Übersicht zum Stand der Meinungen bei SUTTER-SOMM/CHE
      VALIER a.a.O. 30 ff.

58   Bemerkungen zum Entscheid von KARRER, Vergütung des Willensvollstreckers, in successio
      7 (2013), 138 ff.

59   Hierzu im Einzelnen KARRER/VOGT/LEU, BaKomm, Art. 517 N 27 ff.

5C.69/2006 E. 2.3.3. und E. 3). Der Willensvollstrecker ist auf seinen Kostenvoranschlag zu behaften (BGer 5P.12/2003).

5. Inhalt des Auftrags

Der *Geschäftskreis* des Willensvollstreckers kann weiter oder enger sein. In erster Linie   47
kommt es auf den Willen des Erblassers an. Davon hängt auch ab, ob mehrere Willensexekutoren gemeinsam ihres Amtes zu walten haben oder ob jedem von ihnen
ein besonderer Bereich zukommt; Ersteres ist im Zweifel zu vermuten (518^3). Aus
dem Gesetz selbst (518^1 und ^{2}; 596^1) ergibt sich als Geschäftskreis des Willensvollstreckers, in dessen Bereich eigenes Handeln der Erben ausgeschlossen ist (97 II 15; 96 I
499): Verwaltung der Erbschaft, Einziehung der Forderungen, Bezahlung der Schulden, Beendigung der laufenden Geschäfte, soweit nötig auch gerichtliche Feststellung
der Rechte und Pflichten des Erblassers, Ausrichtung der Vermächtnisse, Vornahme
der Erbteilung (vgl. zur Teilungsbefugnis hinten § 83 N 7). Dagegen steht ihm die Versilberung des Vermögens nur zu, soweit sie zur Ausführung der obigen Obliegenheiten notwendig erscheint (101 II 53 ff.). Zwecks Bezahlung der Schulden (nicht aber
darüber hinaus: 108 II 535) ist er grundsätzlich auch zur Veräusserung von Grundstücken berechtigt (74 I 424). Heikel ist die Frage der Haftung des Willensvollstreckers
für die Folgen eines Kurszerfalls von Aktien (in casu am 11. September 2001, BGer
5C.119/2004). Wenn der Erblasser durch letztwillige Verfügung eine Stiftung errichten
will, obliegt dem von ihm eingesetzten Willensvollstrecker auch die Errichtung derselben gemäss dem erblasserischen Willen (BGer 5A.29/2005 E. 3.2). Handlungen, mit
denen der Willensvollstrecker seine Kompetenzen überschreitet, können durch die
Erben stillschweigend nachträglich genehmigt werden (BGer 2P.39/2007). Der Willensvollstrecker hat seine Tätigkeit (unter Beschränkung auf nötige Massnahmen)
sogleich nach Annahme des Auftrags auch dann aufzunehmen, wenn das Testament
als ungültig angefochten wird (74 I 425). Wenn mit einer Ungültigkeitsklage zu rechnen ist, hat er sich gewisse Beschränkungen aufzuerlegen (vgl. 91 II 181 f.).

6. Verantwortlichkeit

Der Willensvollstrecker untersteht der *Aufsicht* der zuständigen Behörde, von der er   48
auf Antrag eines an der Erbschaft Beteiligten oder von Amtes wegen Weisungen entgegenzunehmen hat oder gar notfalls wegen Unfähigkeit oder grober Pflichtwidrigkeit abgesetzt werden kann (90 II 383; BGer 5A_794/2011 E. 4). Sämtliche Entscheide
bezüglich der Aufsicht über die Willensvollstrecker gelten als Zivilsachen i. S. v.
Art. 72 Abs. 2 lit. b Ziff. 5 BGG und können mit der Beschwerde in Zivilsachen angefochten werden (135 III 579 E. 6). Die Erben haben nur ein tatsächliches Interesse an
der *strafrechtlichen Verfolgung* des Willensvollstreckers wegen Veruntreuung, weshalb
ihnen nur Geschädigten- und keine Opferstellung zukommt. Daher sind sie nicht zur
Beschwerde gegen die Einstellung des Strafverfahrens berechtigt (BGer 6B.348/2007
E. 2).

IV.   Der spezifische Inhalt des Erbvertrags[60]

a. Der Erbzuwendungsvertrag, positiver Erbvertrag

49   Der Erbvertrag enthält häufig Zuwendungen, für die gewöhnlich das Testament dient, wie Erbeinsetzungen und Vermächtnisse (494[1]).[61] Für den Erbvertrag als zweiseitigen Vertrag ist aber die *Bindungswirkung* wesentlich.[62] Daraus ergeben sich einzelne Besonderheiten, namentlich:

50   1. Mit einem entgeltlichen Erbvertrag lässt sich mit der Erbeinsetzung gleichzeitig eine Gegenleistung verbinden.[63] Man unterscheidet hierbei zwei Arten von Gegenleistungen: Zuwendung von Todes wegen und Leistung unter Lebenden:

51   α. Zuwendung *von Todes wegen:* Die beiden Parteien setzen sich gegenseitig als Erben ein oder wenden einander Vermächtnisse zu. Zwei Ehegatten bestimmen, dass der Überlebende von ihnen den Verstorbenen beerben soll. Zusätzlich verfügen sie vielleicht noch, an wen das Vermögen eines jeden nach dem Tod des Überlebenden gelangen solle.

52   β. Leistung *unter Lebenden:* Eine solche liegt vor allem bei der sogenannten *Erbverpfründung* vor. Hier setzt die eine Vertragspartei, der Pfründer oder Pfrundnehmer (z.B. ein alter Onkel), die andere, die Pfrundgeberin (z.B. die Nichte), zur Erbin ein, wofür diese jenem Unterhalt und Pflege auf Lebenszeit zu gewähren verspricht (521[2] OR).

53   2. Die Erbzuwendung kann gemäss der ausdrücklichen gesetzlichen Regelung (494[1]) nicht nur zu Gunsten des Vertragspartners, sondern auch einer *Drittperson* lauten (BGer 5A_473/2011 E. 5 ff. in BGE 138 III 489 nicht publizierte Erwägungen). Auch diesfalls ist der Erblasser vertraglich gebunden, aber nicht diesem Dritten, sondern nur dem Gegenkontrahenten gegenüber. Dieser kann den Erblasser von seiner Verpflichtung befreien.[64] Unwiderruflich wird der Anspruch des Dritten erst mit dem Tod eines der beiden Kontrahenten, entweder des Erblassers oder des anderen Vertragspartners, weil dann der Erbvertrag nicht mehr aufgehoben werden kann. Gemäss Art. 513 Abs. 1 ist eine Aufhebung nur unter «den Vertragsschliessenden» möglich (bei

---

60   Siehe PIOTET, La nature des pactes successoraux et ses conséquences, in ZSR NF 111 (1992), I 367 ff.; WEIMAR, BeKomm, Die Verfügungen von Todes wegen – Einleitung – N 4 und N 8–21. Rechtsvergleichend PAUL-HENRI STEINAUER, Se lier pour cause de mort, in Etudes à la mémoire du professeur Alfred Rieg (Bruxelles 2000), 753 ff.

61   Zum Vermächtnisvertrag als eine besondere Art des Erbvertrags s. EDGAR SCHÜRMANN, Der Vermächtnisvertrag nach Schweizerischem Zivilgesetzbuch (Diss. Basel 1987).

62   Siehe BREITSCHMID, BaKomm, Vorbem. zu Art. 494–497 N 19. In den Erbvertrag können aber auch testamentarische Klauseln aufgenommen werden.

63   Siehe HERMANN SCHMID, Struktur des entgeltlichen Erbverzichts gemäss Art. 495 Abs. 1 ZGB (Diss. Bern 1991).

64   Es liegt bloss eine faktische Anwartschaft des Dritten vor und kein echter Vertrag zu Gunsten Dritter. Mithin kommt Art. 112 Abs. 3 OR nicht zur Anwendung. Vgl. STEINAUER, Successions, Nr. 626 f.

drei Vertragsschliessenden können nach dem Tod des einen die beiden anderen nicht den gesamten Vertrag aufheben: BGer 5A_161/2010 E. 3.3). Etwas anderes gilt, wenn der Vertrag so zu verstehen ist, dass einzelne Teile einseitig widerruflich (weil nur einseitig verbindlich) sind.[65] War etwa im vorn in N 51 genannten gegenseitigen Erbvertrag unter Ehegatten bestimmt, es solle nach dem Tod des überlebenden Gatten der Nachlass beider, ohne Rücksicht auf die Herkunft, zu gleichen Hälften unter die beidseitigen Verwandten aufgeteilt werden, so kann nach dem Tod des einen der andere diese Verfügung grundsätzlich nicht mehr abändern, etwa in dem Sinn, dass sein eigenes Vermögen nur seinen Verwandten zukommen solle. Wohl aber besteht die Vermutung, dass jeder Gatte nur gegenüber den Verwandten des anderen gebunden ist, dass er aber, was er den eigenen Verwandten schuldet, nach Art. 509 widerrufen kann.[66] Das ist zu präzisieren: Ob eine Anordnung in einem Erbvertrag bindend (BGer 5A_161/2010 E. 3.3) oder einseitig widerruflich sei, ergibt sich, sofern weder der übereinstimmende tatsächliche Wille der Parteien ermittelt werden kann noch der Wortlaut eindeutig ist, auf Grund der Interessenlage der Parteien. Werden mit der in Frage stehenden Vertragsklausel Dritte als Erben eingesetzt, die in keiner verwandtschaftlichen oder persönlichen Beziehung zum erstversterbenden Vertragspartner standen, so besteht eine tatsächliche Vermutung dafür, dass diese Klausel nur einseitig verbindlich ist. Daher kann die überlebende Vertragspartei die Anordnung grundsätzlich frei widerrufen (133 III 406 E. 2 und 3).[67]

3. Trotz des Erbzuwendungsvertrags behält der Erblasser das Recht, über die Erbschaft   54 oder den vermachten Gegenstand lebzeitig frei zu *verfügen* (494[2]; BGer 5A_530/2012 E. 2.2).[68] Dies gilt unbedingt bezüglich entgeltlicher Verfügungen. Da hier der Gegenwert in die Erbschaft fällt, ist der Bedachte zumeist gar nicht verletzt.[69] Das Gesetz macht indessen für unentgeltliche Zuwendungen (Verfügungen von Todes wegen und Schenkungen; s. dazu BGer 5A_521/2008[70]) eine Ausnahme: Sofern dadurch erbvertraglich begründete Anwartschaften vereitelt oder verkürzt werden, können diese Geschäfte *nach dem Tod des Erblassers* vom Bedachten *angefochten* werden (494[3]; ein der Herabsetzungsklage nachgebildetes Anfechtungsrecht: s. 101 II 311).[71] Eine *Anfech-*

---

65 Siehe hierzu neben 95 II 521 ff.; 97 II 306 und vor allem 101 II 305. – Zur Problematik solcher Verträge in der Praxis s. Petitjean, Erbvertrag unter Ehegatten und Nacherben, in SJZ 66 (1970), 357 ff.

66 Vgl. ZBJV 119 (1983), 241 ff. und SJZ 93 (1997), 49. Zum Ganzen Stephanie Hrubesch-Millauer, Der Erbvertrag: Bindung und Sicherung des (letzten) Willens des Erblassers (Zürich/St. Gallen 2008), Nr. 450 ff.

67 Besprechung von Eitel in successio 2 (2008), 231 f.; kritisch Hrubesch-Millauer a.a.O. Nr. 340 ff., mit einem Lösungsvorschlag Nr. 368 ff.

68 Zum Ganzen Hrubesch-Millauer a.a.O. Erbvertrag, Nr. 474 ff.

69 Vgl. aber Tuor, BeKomm, Art. 494 N 24 ff., betr. Speziesvermächtnis, und Schürmann a.a.O. 65 und passim. Zum Ganzen vgl. auch Grundmann, PraxKomm, Art. 494 N 11 ff.

70 Bemerkungen dazu von Steinauer, La présomption de propriété en cas de donation mobilière – TF 5A_521/2008; 5A_563/2009, in successio 4 (2010), 193 ff.

71 Zur besonderen Interessenlage beim entgeltlichen Erbvertrag s. Breitschmid, BaKomm, Art. 494 N 12 f. Hierzu auch Ivo Grundler, Willensmängel des Gegenkontrahenten beim

tung zu Lebzeiten des Erblassers ist in Art. 494 nicht vorgesehen.[72] Hat der Vertragspartner dem Erblasser Gegenleistungen versprochen oder gemacht, so kann dies stossend sein. Gleiches gilt, wenn in solchen Fällen die Erbschaft entwertet oder vertan wird. In der Lehre werden daher für diese Fälle Rechtsbehelfe unter Lebenden in Erwägung gezogen.[73]

55   4. Art. 534 regelt den Fall, da der Erblasser schon zu *seinen Lebzeiten* die Erbzuwendung dem vertraglich Bedachten, sei es ganz, sei es zum Teil, *ausrichtet*.[74] Dies wird häufig bei der Erbverpfründung geschehen, damit der Pfrundgeber umso besser seinen übernommenen Verpflichtungen nachzukommen vermag. Da es sich hier nicht um eine Nachfolge von Todes wegen[75] handelt, vollzieht sich der Übergang nicht schon kraft Gesetzes, sondern durch die besonderen Übertragungsarten unter Lebenden (wie Grundbucheintragung, Tradition). Wird ein ganzes Vermögen abgetreten, gehen damit allerdings auch die Schulden über, und zwar nach den besonderen Regeln des Art. 181 OR. Gemäss Art. 534 Abs. 1 kann der Übernehmer ein öffentliches Inventar nach den Art. 580 ff. mit den entsprechenden Wirkungen verlangen.[76]

56   Im Übrigen gelten bei dieser lebzeitigen Vermögensausrichtung (an sogenannte *Vertragserben*: 534[1]) zwei besondere Vermutungen:

57   α. Das übertragene Vermögen bestimmt im Zweifel das *Mass* und die *Grenzen* der erbvertraglichen Zuwendung. Hat also der Erblasser nach der Übertragung noch anderes Vermögen erworben, so gilt dies im Zweifel nicht als Gegenstand der Zuwendung (534[2]).

58   β. Für das übertragene Vermögen wird im Zweifel *Vererblichkeit* angenommen. Stirbt der Vertragserbe vor dem Erblasser, so gehen die ihm zum Voraus übergebenen Werte mit den damit verbundenen Pflichten unter Vorbehalt einer anderen Anord-

---

   entgeltlichen Erbvertrag (Diss. St. Gallen, Bern/Stuttgart/Wien 1998); BREITSCHMID, BGE 133 III 406; BGer 5C.46/2007 und 5C.47/2007 (sowie Urteil des Kantonsgerichts St. Gallen, BZ.2005.105-K1 vom 20.11.2006): Auslegung von Verfügungen in einem Erbvertrag (insbesondere mit Blick auf Art. 494 Abs. 3 ZGB), in successio 2 (2008), 231 ff.; HRUBESCH-MILLAUER, Die (Un-)Vereinbarkeit von Schenkungen mit einem positiven Erbvertrag – eine methodische Betrachtung, in successio 2 (2008), 205 ff.

72   Denkbar wäre eine entsprechende Zusicherung durch eine mit dem Erbvertrag verbundene Vereinbarung unter Lebenden: BREITSCHMID, BaKomm, Art. 494 N 6; GRUNDMANN, PraxKomm, Art. 494 N 14; HRUBESCH-MILLAUER, HandKomm, Art. 494 N 10; STEINAUER, Successions, Nr. 630b.

73   TUOR, BeKomm, Art. 494 N 28 ff.; ESCHER, ZüKomm, Art. 494 N 13; BREITSCHMID, BaKomm, Art. 494 N 3 i. f.; PIOTET, SPR IV/1, 188 f.; GRUNDMANN, PraxKomm, Art. 494 N 13; STEINAUER, Successions, Nr. 630a i. f.

74   Nach PIOTET, SPR IV/1, 183, ist Art. 534 Abs. 1 sehr unklar und sind die Absätze 2 und 3 des Art. 534 sehr diskutabel.

75   Obwohl eine Erbeinsetzung vorliegt, so FORNI/PIATTI, BaKomm, Art. 534 N 2, und HRUBESCH-MILLAUER, HandKomm, Art. 534 N 1; a. M. PIOTET, SPR IV/1, 183; differenzierter noch STEINAUER, Successions, Nr. 637c.

76   Hierzu PIOTET, SPR IV/1, 184.

nung auf seine Erben über (534³). Anders als nach Art. 542 Abs. 2 vererbt sich also der Anspruch des (Vertrags-)Erben, ohne dass er den Erbgang erlebt hat. Beim Verpfründungsvertrag erhalten mithin die Erben des Pfrundgebers das diesem übertragene Vermögen, müssen aber dafür dem Pfründer weiter Unterhalt und Pflege gewähren.

b. Der Erbverzichtsvertrag, negativer Erbvertrag

In einem Erbverzichtsvertrag entsagt ein Erbe dem Erblasser gegenüber auf seine künf- 59 tigen Erbansprüche (z.B. zugunsten der eigenen Nachkommen: 138 III 497). In dieser Weise kann insbesondere das Recht auf den Pflichtteil, selbst ohne Vorliegen von Enterbungsgründen, beseitigt werden. Zumeist wird allerdings eine Erbin nur dann verzichten, wenn sie für die ihr entgehende Erbanwartschaft eine entsprechende Abfindung erhält. Der Erbverzicht wird so zum *Erbauskauf*.[77] Dadurch erhält etwa ein Kind im Hinblick auf seine Auswanderung oder seine selbständige Erwerbstätigkeit oder ein Kind, mit dem Schwierigkeiten bei der Erbteilung zu befürchten sind, seinen (präsumtiven) Erbteil schon zu Lebzeiten der Eltern und hat dann später nichts mehr zu beanspruchen. Erbauskauf liegt auch bei Verzicht auf eine erbvertragliche Begünstigung vor (102 Ia 425).

Ein Erbverzicht ist ein Verzicht auf eine Anwartschaft und nicht mit der Ausschlagung 60 bereits angefallener Vermögenswerte gleichzusetzen. Im Zusammenhang mit dem Erbverzichtsvertrag besteht somit kein Schutz der Gläubiger des verzichtenden Erben, selbst wenn der Verzicht ohne Gegenleistung erfolgte (138 III 505 E. 4.2).[78]

Die verzichtende Person kommt bei der späteren Beerbung des Erblassers nicht mehr 61 in Betracht. Dies gilt, wo der Vertrag nichts anderes vorsieht, auch für ihre Nachkommen (495² und ³).[79] Der Erbverzicht macht reinen Tisch, ist durchgreifender als Erbausschlagung, Enterbung und Erbunwürdigkeit. Folgerichtig entgehen aber auch die verzichtende Person und ihre Nachkommen der Haftung für Erbschaftsschulden.

Die Regel, wonach der Verzichtende seine Erbeigenschaft definitiv einbüsst, erleidet 62 nach einigen Seiten hin Einschränkungen:

1. Der Erbverzicht kann *zu Gunsten* genau *bestimmter Erben* lauten, d.h. unter der 63 Resolutivbedingung erfolgen, dass gerade diese Personen Erben werden. Er wirkt

---

77 PIOTET, zit. in Anm. 37, handelt auf den S. 380 ff. vom «pacte abdicatif onéreux ou dit onéreux». Angesichts der aleatorischen (würfelhaften) Natur der Abrede ist dabei das Äquivalenzverhältnis an sich unbestimmt; s. immerhin bei gestörtem Äquivalenzverhältnis BREITSCHMID, BaKomm, Art. 495 N 7. – Siehe den Fall eines wegen Interessenkollision des gesetzlichen Vertreters ungültigen Erbauskaufs in 118 II 101, ferner den Hinweis auf einen nicht amtlich publizierten BGE bei PFÄFFLI, BN 61 (2000) 300 = SJZ 96 (2000) 421. – Im Übrigen vergrössert ein Erbverzicht die verfügbare Quote des Erblassers: BREITSCHMID, BaKomm, Art. 495 N 12.

78 Dazu STEINAUER, successions, Nr. 652; BREITSCHMID, BaKomm, Art. 497 N 1.

79 Siehe immerhin betr. unentgeltlichen Verzicht ESCHER, ZüKomm, Art. 495 N 8, PIOTET, SPR IV/1, 185, und BREITSCHMID, BaKomm, Art. 495 N 11, sowie PIOTET, zit. in Anm. 37, auf den S. 368 ff. unter dem Titel «Le pacte successoral abdicatif gratuit, exhérédation bilatérale», also zweiseitige Enterbung.

dann gemäss diesem Vorbehalt. Erwerben jene aus irgendeinem Grund die Erbschaft nicht, so fällt der Verzicht von selbst dahin, der Verzichtende erlangt seine Erbanwartschaft bzw. den Erbanspruch wieder. Man nennt dies den *ledigen Anfall,* la loyale échute: Art. 496 Abs. 1.

64   Ein solcher bedingter Verzicht wird aber auch, abgesehen von einem entsprechenden Vorbehalt, vermutet, sobald der Verzicht *zu Gunsten von Miterben* (der Parentel, welcher der Verzichtende angehört)[80] erfolgt. Er wirkt im Zweifel nur gegenüber den Erben des Stammes, der sich vom nächsten ihrer gemeinsamen Vorfahren ableitet. Gegenüber entfernteren Verwandten besteht er nicht. Der ledige Anfall tritt ein, wenn keine Mitglieder des fraglichen Stammes die Erbschaft erwerben (496[2]).

65   2. Die Befreiung von der Schuldenhaftung kann der Billigkeit widersprechen, nämlich beim Erbauskauf, d.h. wenn der Verzichtende vom Erblasser eine *Gegenleistung* erhielt. So ist es unbillig, wenn er die Zuwendung behalten könnte, während die *Gläubiger* des Erblassers zu Schaden kämen (138 III 504 E. 4.2). Allerdings können sich diese in manchen Fällen mit der konkursrechtlichen Anfechtungsklage behelfen (285 ff. SchKG). Da jedoch eine solche Anfechtung nur Erfolg hat, wenn der Schenkungscharakter der Zuwendung oder die Benachteiligungsabsicht bewiesen wird, hat der Gesetzgeber für den Fall, dass die SchKG-Behelfe versagen, eine besondere Klage vorgesehen (497). Ihre Voraussetzungen sind: Überschuldung der Erbschaft, Nichtbefriedigung durch die Erben, Empfang einer Gegenleistung innerhalb der letzten fünf Jahre vor dem Erbgang. Die Klage geht auf Herausgabe der Bereicherung.[81]

66   3. Die dem Verzichtenden entrichtete Erbabfindung kann aber nicht nur die Gläubiger, sondern auch die *pflichtteilsberechtigten Erben* benachteiligen. Diesen steht nach Art. 527 Ziff. 2 die Herabsetzungsklage offen; Art. 535 Abs. 1 wiederholt das nur, ändert also namentlich nicht etwa die Reihenfolge der Herabsetzung nach Art. 532.[82] Für diesen Fall gelten zwei besondere Bestimmungen, in denen die durch den Erbverzicht untergegangene Erbeneigenschaft des Verzichtenden wieder zum Vorschein gelangt:

67   α. Der Herabsetzung[83] unterliegt die Verfügung nur für jenen Betrag, um den die Gegenleistung an den Verzichtenden seinen Pflichtteil übersteigt (535[2]). Er kann also dessen Wert auf jeden Fall ungeschmälert behalten. Der Wert der herabsetzbaren Zuwendungen wird nach Ausgleichsrecht bestimmt (535[3]).[84] Beispiel s. vorne § 69 N 31 ff.

---

80   Breitschmid, BaKomm, Art. 496 N 3.
81   Es handelt sich aber nicht um eine Bereicherungsklage i. S. v. Art. 62 ff. OR mit der Verjährung gemäss Art. 67 OR. Es gilt diejenige Verjährungsfrist, die der gegenüber dem Erblasser bestehenden Forderung zugrunde liegt. Breitschmid, BaKomm, Art. 497 N 3; Grundmann, PraxKomm, Art. 497 N 13; Steinauer, Successions, Nr. 653d i. f. Vgl. dazu auch 131 III 49 (5C.67/2004) unpublizierte E. 3.2.
82   Escher, ZüKomm, Art. 535 N 2, und Forni/Piatti, BaKomm, Art. 535 N 3.
83   Im Sinn von Art. 527 und damit allenfalls von Art. 532.
84   Hierzu Forni/Piatti, BaKomm, Art. 535 N 5.

β. Der Erbverzichtende kann wie der zu einer Ausgleichung verpflichtete Erbe 68
(628) die Herabsetzung dadurch vermeiden, dass er das Empfangene in die Erbmasse
einwirft. Seine Erbanwartschaft lebt dann wieder auf. Er beteiligt sich an der Erbteilung, wie wenn er nicht verzichtet hätte (536).

4. Möglich ist schliesslich ein blosser *Teilverzicht,* etwa auf bestimmte Sachen oder 69
Bruchteile der Erbschaft.[85]

---

85 BREITSCHMID, BaKomm, Art. 495 N 2, mit Hinweis auf a. M. bei Verzicht auf Gegenstände.

Zweite Abteilung

Der Erbgang

§ 73 Die Stufen und der Ort der Abwicklung des Erbgangs

I. Die Stufen

1   In der zweiten Abteilung des Erbrechts regelt das Gesetz den Erbgang, (la dévolution). Dieser besteht aus drei Vorgängen: der Eröffnung des Erbganges (Art. 537 ff.), den Wirkungen des Erbganges (Art. 551 ff.) und der Teilung der Erbschaft (Art. 602 ff.). Diese drei Vorgänge sind erforderlich, damit die Erbin in den vollen, alleinigen Besitz des ihr durch Gesetz oder den Erblasser zugedachten Erbanteils gelangt: Erstens muss ihr eine Erbschaft angefallen sein (der Erbgang muss eröffnet werden). Zweitens muss sie die ihr angefallene Erbschaft endgültig erworben haben. Und drittens muss, wenn mehrere Erben da sind, unter ihnen die Teilung der Erbschaft vollzogen worden sein. Eine bestimmte Stufenfolge gibt es auch bei der Erwerbung der Vorteile, die den durch Singularsukzession berufenen Personen zukommen: hinten § 77 N 24 ff.

II. Der Ort

2   Das Gesetz hat sich darüber auszusprechen, wo die verschiedenen Rechtsvorkehren, die sich auf die Abwicklung des Erbgangs beziehen, vorzunehmen sind. Es bedeutet Ersparnis an Zeit und Geld, wenn für alle diese Handlungen ein einziger Ort, ein einheitliches Erbschaftsdomizil, vorgesehen ist, ohne Rücksicht auf die Lage der einzelnen Teile des Nachlasses oder den Wohnsitz der beteiligten Personen. Als solches Domizil gilt der *letzte Wohnsitz des Erblassers* (538[1]). Der Erblasser kann dafür nicht etwa einen anderen Ort bezeichnen (81 II 501). Gemäss Art. 28 Abs. 1 ZPO ist für erbrechtliche Klagen schlechthin das Gericht am letzten Wohnsitz des Erblassers oder der Erblasserin zuständig.[1] Dieser Gerichtsstand ist nicht zwingend.[2] Zwingend am letzten Wohnsitz des Erblassers oder der Erblasserin werden dagegen die zur *Sicherung* des Erbganges erforderlichen amtlichen Massnahmen angeordnet, wie Siegelung, Inventarisierung, amtliche Verwaltung und Eröffnung letztwilliger Verfügungen (551[1] und [2] ZGB i. V. m. 28[2] ZPO). Die Behörde dieses Ortes ist zuständig für die Entgegennahme entscheidender *Erklärungen* und *Begehren* der berufenen Erben, wie betreffend Ausschlagung oder Annahme der Erbschaft, das öffentliche Inventar und die amtliche Liquidation. Endlich ist nach bundesgerichtlicher Praxis der letzte Wohnsitz des Erblassers das Domizil für die *Erbschaftssteuer,* ausser für die Grundstücke, die in jenem Kanton, in dem sie gelegen sind, der Steuer unterliegen (95 I 29 E. 2; 108 Ia 254 E. 3;

---

1   Gemäss 28[3] ZPO können Klagen über die erbrechtliche Zuweisung eines landwirtschaftlichen Gewerbes oder Grundstücks (Art. 11 ff. BGBB) auch am Ort der gelegenen Sache erhoben werden.
2   Botsch. in BBl 1999, 2955; Martin-Spühler, BaKomm, Art. 28 ZPO N 15 f.

123 I 265 E. 2b). Von grosser Bedeutung ist der letzte Wohnsitz des Erblassers auch *im internationalen Privatrecht* (s. Art. 86 IPRG sowie 118 III 67; 119 II 77 und 281; 120 II 295; 137 III 371 E. 4 zur erbrechtlichen Natur einer Klage auf Zahlung der in der Erbteilung vereinbarten Ausgleichsleistung[3]).[4]

Eine nur nebensächliche Rolle kommt dem Ort zu, wo der Erblasser *zufällig starb*. Die   3
Behörde des Sterbeortes macht derjenigen des Wohnortes Mitteilung und trifft die nötigen Massnahmen zur Sicherung der Vermögenswerte am Sterbeort (Art. 28[2] ZPO i. f.).

---

3 Bemerkungen zum Entscheid: STEINAUER, For successoral pour l'action en exécution du partage, in successio 6 (2012), 111 ff.; WALTHER, Die Rechtsprechung des Bundesgerichts zum Zivilprozessrecht im Jahr 2011, in ZBJV 149 (2013), 263 f.
4 Vgl. dazu ALEXANDRA RUMO-JUNGO, Tafeln und Fälle zum Erbrecht (3. A. Zürich/Basel/Genf 2010), Tafel 136.

Erster Abschnitt

Die Eröffnung des Erbganges

§ 74 Die Voraussetzungen für die Eröffnung

I.   Der Tod des Erblassers

1   Der gesetzliche Ausdruck «Eröffnung des Erbganges» ist die Kurzbezeichnung für das Auslösen der Fülle von Erbrechtsfolgen, welche in der zweiten Abteilung des Erbrechts geregelt sind; das Wort «Eröffnung» bedeutet in diesem Zusammenhang Anfang, Beginn, Start: das Erben beginnt.[1] Der Erbgang wird eröffnet durch den Tod des Erblassers (537[1]). Wer eine Erbschaft beanspruchen oder sonst Ansprüche aus Erbrecht geltend machen will, hat daher den Tod des Erblassers zu beweisen. Dazu dient ihm in der Regel ein Auszug aus dem Todesregister des Zivilstandsamtes. Der Beweis wird erlassen im Fall der Verschollenerklärung (s. 546 ff. und hierzu vorn § 12 N 11 f.).

2   An den Zeitpunkt des Todes des Erblassers knüpfen sich, ausser der Eröffnung des Erbgangs und dem Erwerb der Erbschaft (560), drei weitere damit zusammenhängende Wirkungen: Nach dem Zeitpunkt des Todes bestimmt sich, wer Erbe sein soll, ob eine Verfügung von Todes wegen gültig ist und ferner welches der Bestand und der Wert der Erbschaft ist. Dies gilt gemäss Art. 537 Abs. 2 nicht nur für die Objekte, die sich im Nachlass befinden, sondern auch für daraus ausgeschiedene, die indessen bei der Herabsetzung oder Ausgleichung mit zu berücksichtigen sind (s. 475, 476, 527 ff. und 630; vgl. auch 110 II 231 ff.). Für die Erbteilung dagegen ist auf den Augenblick ihrer Vornahme abzustellen (617). Daraus ergibt sich, dass die beiden zur Berechnung der verfügbaren Quote (Pflichtteilsberechnungsmasse) und für die Berechnung der Erbteile (Teilungsmasse) massgebenden Inventare miteinander nicht übereinzustimmen brauchen.[2]

II.   Die Voraussetzungen auf Seite der Erben

3   Die zur Erbschaft berufene Person ist unter drei Voraussetzungen imstande, die Erbschaft zu erlangen: sie muss zur Zeit des Erbgangs *leben, erbfähig* und *erbwürdig* sein.

a. Erleben des Erbgangs

4   Die Erbin, ebenso die Vermächtnisnehmerin, muss im Zeitpunkt des Todes des Erblassers *schon leben* (1.) und *noch leben* (2.):

---

1   So BERNHARD SCHNYDER, Die Eröffnung von Testament und Erbvertrag, in Peter Breitschmid (Hrsg.), Testament und Erbvertrag (Bern 1991), 101 ff., 102.

2   Zu den daraus sich ergebenden Wertproblemen s. die vorn in § 69 N 37 erwähnte Dissertation SPAHR.

1. Die Erbin und die Vermächtnisnehmerin müssen im Zeitpunkt des Todes des Erb- 5
lassers *leben* oder mindestens im Mutterleib *empfangen sein* (542[1], 543[1] und 544[1]).[3] Das
bereits gezeugte, aber noch nicht geborene Kind ist unter dem Vorbehalt erbfähig, dass
es lebendig geboren wird (544[1]). Erfordert es die Wahrung seiner Interessen, so errichtet ihm die Kindesschutzbehörde eine Beistandschaft (544[2]). Wird es tot geboren, fällt
es für den Erbgang ausser Betracht (544[3]). Immerhin kann auch einer noch nicht einmal gezeugten Person eine Erbschaft oder ein Vermächtnis zugewendet werden, nämlich auf dem Weg der Nacherbeneinsetzung oder des Nachvermächtnisses (545, vgl.
§ 72 N 33 ff.).[4]

2. Die Erbin oder Vermächtnisnehmerin muss im Zeitpunkt des Erbgangs *noch leben* 6
(s. 542[1] und 543[1], ferner 544 betr. Vorbehalt der Lebendgeburt), den Erblasser also
überlebt haben.[5] Bei der gesetzlichen Erbfolge schadet jedoch der Tod eines (potenziellen) Erben dessen Nachkommen nicht, da sie an seine Stelle treten (Eintrittsprinzip).
Dagegen wird bei der Erbeinsetzung und dem Vermächtnis im Zweifel der Wegfall der
Verfügung angenommen (543[2] für das Vermächtnis; für die Erbeinsetzung indirekt aus
487 und 542[16]). Stirbt ein Erbe, nachdem er den Erbgang erlebt hat, so vererbt sich sein
Anspruch auf seine Erben, die im Verhältnis zum ersten Erblasser so genannten *Erbes-
erben*: Art. 542 Abs. 2 (vgl. 107 II 40).[7] Das Gesetz (542[2]) spricht zwar nur vom Erben;
dieser Grundsatz gilt aber auch für den Vermächtnisnehmer.[8]

b. Erbfähigkeit

Sie ist ein Teil der Rechtsfähigkeit und daher sowohl für natürliche wie für juristische 7
Personen gegeben (539[1]). Letztere kommen allerdings, abgesehen vom Gemeinwesen,
nur als eingesetzte Erbinnen oder als Vermächtnisnehmerinnen in Betracht.

Neben den natürlichen und den juristischen Personen können auch *Personengemein-* 8
schaften ohne Rechtspersönlichkeit (Bruchteilsgemeinschaften, Gemeinschaften zur
gesamten Hand) Erbinnen werden (539[2]). Selbst wenn der in einer Verfügung bedachten Personenmehrheit sowohl der Charakter der juristischen Persönlichkeit als auch
jener einer sonstigen rechtlichen Gemeinschaft fehlt (z.B. den Schülerinnen einer
Klasse, den Soldaten eines Bataillons, bestimmten Jahrgängern, «den Aussätzigen» –

---

3   «Schon leben» und «noch leben» gilt mutatis mutandis auch für juristische Personen.

4   Weitere Ausnahmen sind später geborene Kinder gemäss Art. 480 Abs. 2 und Ersatzerben für den
    Fall der Ausschlagung und nach einem Teil der Lehre Stiftungen (493 und 539[2]). Ausgehend von
    Art. 545 hat das Bundesgericht zudem erkannt, dass ein Vermächtnis auch erst zu einem aufge-
    schobenen Zeitpunkt und damit von einem beim Tod des Erblassers noch nicht lebenden oder
    gezeugten Vermächtnisnehmer erworben werden kann (116 II 250 E. 2a).

5   Gemäss Schwander, BaKomm, Art. 542 N 2, «wenigstens einen Sekundenbruchteil». So auch
    Abt, PraxKomm, Art. 542 N 5. Siehe aber Kommorientenvermutung gemäss Art. 32 Abs. 2.

6   Druey, Grundriss, § 12 Nr. 19.

7   Das ist grundlegend für die Beantwortung der Frage, wer wie viel erbt, wenn ein Erbe nach dem
    Tod des Erblassers gestorben ist. Man muss dann Schritt für Schritt vorgehen und für jeden Tod
    eines Erben oder eines Erbeserben die an seine Stelle tretenden Erben mit ihren Bruchteilen ein-
    setzen.

8   Escher, ZüKomm, Art. 543 N 3; Druey, Grundriss, § 13 Nr. 22; Steinauer, Successions, Nr. 917.

Letzteres in 100 II 103 als «cas limite» [Grenzfall] bezeichnet –), soll die Verfügung nicht wegen mangelnden Subjekts dahinfallen. Sie kommt diesfalls allen Angehörigen der betreffenden Gruppe zugute, aber mit der vom Erblasser vorgeschriebenen Zweckbindung (539²). Sollte dies nicht möglich sein, namentlich weil es sich um einen dauernden Zweck handelt, dann soll die Behörde das Vermögen gemäss dem fingierten Willen des Erblassers einer hierzu von ihr ins Leben zu rufenden und zu organisierenden Stiftung zuwenden (539²) oder auch, was das Gesetz nicht sagt, einer schon bestehenden juristischen Person als unselbständige Stiftung zuwenden.[9]

c. Erbwürdigkeit

9   Der Eintritt der Erbunwürdigkeit (540) bezweckt, den erblasserischen Willen und Willensausdruck gegen jeden Einfluss und Angriff von aussen zu sichern (132 III 310 E. 3.3). Daher verknüpft das Gesetz mit bestimmten Tatbeständen, bei denen regelmässig eine Enterbung am Platz wäre und bei denen der Erblasser regelmässig nicht mehr eigene Anordnungen treffen kann, die Rechtsfolge der Erbunwürdigkeit, ohne dass der Erblasser sich dazu geäussert hätte oder äussern müsste.

1. Tatbestände

10   Das Gesetz zählt vier Fälle von Einwirkungen auf den Erblasser auf, die zur Erbunwürdigkeit führen: wenn der Erbe den Erblasser tötet[10], zu töten versucht oder verfügungsunfähig macht, oder wenn er ihn durch Arglist, Zwang oder Drohung dazu bringt oder ihn daran hindert, ein Testament oder einen Erbvertrag zu errichten oder zu widerrufen (132 III 305 ff.; BGer 5A_692/2011 E. 7). Das Erwirken der Errichtung einer umfassenden Beistandschaft für den Erblasser durch eine präsumtive Erbin stellt hingegen keinen Erbunwürdigkeitsgrund i. S. v. Art. 540 Abs. 1 Ziff. 3 dar (BGer 5A_727/2009 E. 3.2). Ferner ist der Tatbestand erfüllt, wenn der Erbe die Verfügung vernichtet, beseitigt oder sonst ungültig macht, so dass der Erblasser sie nicht mehr erneuern kann (z.B. weil er im Sterben liegt). Vorausgesetzt sind bei allen Tatbeständen Urteilsfähigkeit und Schuld (74 II 206), und zwar Vorsatz, nicht blosse Fahrlässigkeit (so explizit in 540 Ziff. 1, 2 und 4). «Erbschleicherei», obwohl gesetzlich nicht erfasst, kann in besonders schweren Fällen die Erbunwürdigkeit zur Folge haben. In diesem Zusammenhang entschied das Bundesgericht auch, dass der Erbunwürdigkeitsgrund von Art. 540 Abs. 2 Ziff. 3, nämlich die Hinderung des Erblassers an der Errichtung oder am Widerruf einer Verfügung, auch durch Unterlassen, beispielsweise durch Verletzung der Aufklärungspflicht eines die Erblasserin beratenden Rechtsanwalts, erfüllt sein kann (132 III 305 ff.; s. auch BGer 5A_748/2008 E. 9).

---

9   Siehe für das Verhältnis zum Stiftungsrecht Riemer, BeKomm, Art. 81 N 32 ff., und ausführlich Alexandra Zeiter, Die Erbstiftung (Art. 493 ZGB) (Diss. Freiburg 2001), AISUF 203, 327 ff., für die analoge Anwendung von Art. 493. S. auch vorne § 72 N 40.

10   Nach herrschender Lehre nicht bei Tötung auf Verlangen des Erblassers: Piotet, SPR IV/2, 565; Wildisen, HandKomm, Art. 540 N 3.

2. Rechtsfolge

An Stelle des Erblassers spricht hier das Gesetz als *Rechtsfolge* den Ausschluss von   11
der Erbfolge aus und erklärt einen solchen Erben für *erbunwürdig* (540[1]). Namentlich bei einem Unwürdigkeitsgrund wäre zwar eine Enterbung gut möglich, nämlich
beim Tötungsversuch (Art. 540 Abs. 1 Ziff. 1 i. f.[11]). Das Gesetz wollte es aber nicht dem
Zufall überlassen, ob der betroffene Erblasser daran denken würde, den Unwürdigen
zu enterben. Die Erbunwürdigkeit gilt mithin auch dann, wenn der Angegriffene später die Möglichkeit einer Enterbung nicht ergriffen hat.[12] Die Erbunwürdigkeit fällt
einzig bei Verzeihung dahin (540[2]). Die Erbunwürdigkeit gilt nur für den Unwürdigen selbst, nicht auch für seine Nachkommen (541). Sie besteht zudem nur gegenüber
dem bestimmten Erblasser, dem gegenüber als Täter, Mittäter, Anstifter oder Gehilfe
der Grund besteht. Obwohl das Gesetz nur vom «Erben» spricht, bezieht sich Art. 540
auch auf den Vermächtnisnehmer.

3. Wirkungen der Erbunwürdigkeit

Erbunwürdigkeit hat einerseits zur Folge, dass Verfügungen von Todes wegen zu   12
Gunsten des Erbunwürdigen nichtig sind (132 III 320 E. 2.3) und dass andererseits
der Erbunwürdige behandelt wird, als wäre er vor dem Erblasser verstorben. An seine
Stelle treten entweder die (übrigen) gesetzlichen Erben oder die durch eine frühere
Verfügung von Todes wegen Begünstigten (132 III 318 f. E. 2.1[13]; BGer 5A_727/2009
E. 4.3[14]).

---

11 Umgekehrt besteht bei einem anderen schweren Verbrechen als Tötung oder Tötungsversuch
    gegen einen verfügungsunfähigen Erblasser eine rechtspolitische Lücke im Gesetz, bei der sich
    die Praxis mit Art. 2 Abs. 2 behelfen mag: SCHWANDER, BaKomm, Art. 540 N 4; TUOR/PICE-
    NONI, BeKomm, Art. 540/541 N 7.

12 STEINAUER, Successions, Nr. 936a.

13 Im konkreten Fall hat das BGer allerdings nicht nur die Einsetzung des Erbunwürdigen als Erbe
    und Willensvollstrecker als nichtig beurteilt, sondern das fragliche Testament insgesamt. Damit
    hat es auch den implizit in diesem Testament enthaltenen Widerrufswillen gegenüber frühe-
    ren Verfügungen als nichtig erachtet. Die Nichtigkeit des gesamten Testaments wurde damit
    begründet, dass darin ausschliesslich die Einsetzung des Unwürdigen als Alleinerbe sowie als
    Willensvollstrecker enthalten war (a.a.O. 320 E. 2.3). Dem Ergebnis mag man zustimmen, dog-
    matisch ist der Entscheid aber nicht nachvollziehbar, denn die Erbunwürdigkeit eines Erben
    kann ja nicht die eingesetzten Miterben betreffen, und das wäre der Fall, würde die Nichtigkeit
    des Testaments als solche bejaht. S. auch die zahlreichen Besprechungen des Urteils: ABT, in
    AJP 15 (2006), 1139 ff. (im Ergebnis zustimmend); AEBI-MÜLLER, in ZBJV 143 (2007), 333 ff.;
    BREITSCHMID, in successio 1 (2007), 50 ff.; in SJZ 103 (2007), 119 ff.; kritisch SANDOZ, in JdT 154
    (2006), 269 ff., in JdT 155 (2007), 17 ff., und Jusletter 10. April 2006; WOLF/BALLMER, in recht
    25 (2007), 40 ff. Vgl. auch den konträr entschiedenen BGE 132 III 455 bezüglich einer Liegen-
    schaftsschenkung; Besprechung von BREITSCHMID, in successio 1 (2007), 186 f.

14 Bemerkungen zum Entscheid: HRUBESCH-MILLAUER, Rechtsprechung des Bundesgerichts in
    den Jahren 2010 und 2011 im Bereich Erbrecht, in AJP 21 (2012), 860 f.

Zweiter Abschnitt
Die Wirkungen des Erbganges
§ 75 Im Allgemeinen

1   Mit der Eröffnung des Erbgangs (durch den Tod des Erblassers: 537[1], 560[1]) fällt die Erbschaft den berufenen Erben zu, und zwar «ohne weiteres» (*eo ipso;* 560[2]). Für das ZGB
gilt gemäss einem deutschrechtlichen Sprichwort: «Der Tote erbt den Lebendigen»[1] (le
mort saisit le vif), d.h. er macht ihn mit seinem Tod zum Erben. Die Erben folgen von
Gesetzes wegen, ohne irgendwelche Willenserklärung, in die Erbschaft nach; Rechte
und Pflichten und ebenso der Besitz (hierzu hinten § 90 N 8) gehen auf sie über, ob sie
sich dessen bewusst sind oder nicht.

2   *Beispiel:* Die nach Amerika ausgewanderte Nichte beerbt ihre Tante in der Schweiz,
ohne von deren Hinschied eine Ahnung zu haben. Auch für den Erwerb der Erbschaft
durch Minderjährige oder Personen unter umfassender Beistandschaft gilt grundsätzlich dasselbe.[2]

3   Dieser Grundsatz birgt aber auch Gefahren in sich, indem der Erbe als Nachfolger in
den gesamten Nachlass eintritt und auch *für alle Schulden* des Erblassers *einzustehen*
hat (für Steuerschulden vgl. 117 Ib 375 E. 4b), regelmässig sogar mit dem eigenen Vermögen. Er muss deshalb die *Möglichkeit* haben, *von der Erbschaft abzusehen,* sie abzulehnen. Der Erbschaftserwerb ist demgemäss resolutiv bedingt; es herrscht (zeitlich
befristet) ein Schwebezustand (101 II 227), während dessen die Erbin die Erbschaft
ausschlagen kann.

4   Eine Erbin kann im Zweifel darüber sein, was vorteilhafter sei: Erbin bleiben oder ausschlagen; sie kennt oft das Verhältnis zwischen Aktiven und Passiven des Nachlasses nur ungenügend. Für solche Fälle gilt schon seit Justinians Zeiten das sogenannte
beneficium inventarii, die Rechtswohltat des *öffentlichen Inventars.* Daneben tritt in der
modernen Zeit das noch radikalere Mittel der *amtlichen Liquidation.*

5   Den Hauptinhalt des sechzehnten Titels des ZGB bilden daher: *Erbschaftserwerb* und *Erbschaftsausschlagung* (§ 77), *öffentliches Inventar* (§ 78) und *amtliche Liquidation* (§ 79). Dies bedarf einer zweifachen Ergänzung: Zunächst muss dafür gesorgt
werden, dass sich der Vermögensübergang vom Erblasser auf die Erben möglichst
sicher und gefahrlos gestaltet. Sodann muss dem Erben ein Mittel in die Hand gegeben werden, mit dem er zu seinem Recht kommt, wenn ihm die Erbschaft oder Ver-

---

1   «Erben» wird hier als transitives Verb verstanden; STEINAUER, Successions, Nr. 28.
2   Gemäss Art. 416[1] Ziff. 3 bedarf die Annahme oder Ausschlagung einer Erbschaft einer Person
    unter umfassender Beistandschaft nur dann der Zustimmung der Erwachsenenschutzbehörde,
    wenn dafür eine ausdrückliche Erklärung erforderlich ist (556[1], 574, 475, 588[1]). In den übrigen
    Fällen erwirbt sie die Erbschaft im Sinn von Art. 560[1] ohne explizite Annahmeerklärung. S. zum
    Ganzen VOGEL, BaKomm, Art. 416/417 N 17; VOGEL, HandKomm, Art. 416–417 N 13; BIDER-
    BOST, FamKomm Erwachsenenschutz, Art. 416 N 25.

mögenswerte daraus vorenthalten werden. Zu den angeführten Abschnitten fügt daher das ZGB noch zwei weitere hinzu: die *Sicherungsmassregeln* (§ 76) und die *Erbschafts-klage* (§ 80).

§ 76 Die Sicherungsmassregeln

1   Die Sicherungsmassregeln[1] bezwecken einerseits den unversehrten Übergang der Erbschaft auf die Erben. Sie verhindern also, dass Vermögenswerte verschwinden oder beiseite geschafft werden. Andererseits erlauben sie die Feststellung der Person der Erbin mit möglichst grosser Sicherheit. Sie sind zum Teil durch das ZGB einheitlich geregelt (551–559), zum Teil dem kantonalen Recht vorbehalten. Dieses verbindet damit mancherorts auch einen Nebenzweck steuerpolitischen Charakters.[2]

2   Von den im ZGB beschriebenen Massregeln sind die einen für jede Art von Erbgang relevant (I., N 3 ff.), mag er auf Gesetz, Erbvertrag oder Testament beruhen, die anderen bezwecken nur den Schutz der letztwilligen Verfügungen (II., N 10 ff.).[3] Bei diesen gilt es, der Gefahr der Beseitigung oder Missachtung der Urkunde vorzubeugen.

I. Allgemeine Sicherungsmassregeln

a. Zur Sicherung des Erbschaftsbestandes

3   Das Gesetz führt die hierfür anzuwendenden Massnahmen nicht erschöpfend an. Die Behörde darf auch andere nötig werdende Vorkehrungen treffen (551[1]; 551[2]: «insbesondere»). Ausdrücklich werden genannt (551[2]): die Siegelung der Erbschaft (1.), die Aufnahme des Inventars (2.) und die amtliche Erbschaftsverwaltung (3.).[4] Die in Art. 551 Abs. 2 ebenfalls erwähnte Eröffnung der letztwilligen Verfügung wird in N 15 behandelt.

4   1. Die *Siegelung* wird voll und ganz dem Ermessen der Kantone überlassen (552). Die Anlegung eines Amtssiegels durch die Behörde bezweckt die Sicherung gegen tatsächliche Veränderung des Nachlassbestandes durch Erben oder Dritte.[5]

---

1   Hierzu Wolf, Die Sicherungsmassregeln im Erbgang (Art. 551–559 ZGB), in ZBJV 135 (1999), 181 ff.; Pestalozzi-Früh, Vorsorgliche Massnahmen und besondere Vorkehrungen im Erbrecht, in AJP 20 (2011), 599 ff. S. dazu auch Karrer/Vogt/Leu, BaKomm, Vorbem. zu 551–559 N 1 ff.; Steinauer, Successions, Nr. 861 ff.; Breitschmid/Eitel/Fankhauser/Geiser/Rumo-Jungo, litera B Erbrecht, § 5 Nr. 29 ff.

2   So auch der Bund mit der Inventarpflicht gemäss BG über die direkte Bundessteuer (Art. 154 DBG).

3   So die Art. 556 ff. gemäss Wortlaut des Randtitels. Gewisse Bestimmungen finden aber auch analoge Anwendung auf den Erbvertrag oder auf gesetzliche Erben (vgl. II).

4   Zur Zuständigkeit vgl. die Übersicht bei Emmel, PraxKomm Erbrecht, Vorbem. zu Art. 551 ff. N 10. Zur Zuständigkeit in Fällen mit Auslandberührung vgl. 120 II 295 f. sowie Karrer/Vogt/Leu, BaKomm, Vorbem. zu 551–559 N 13 ff.

5   Emmel, PraxKomm Erbrecht, Art. 552 N 3; Karrer/Vogt/Leu, BaKomm, Art. 552 N 1 f.; Völk, HandKomm, Art. 552 N 1 ff.; Guinand/Stettler/Leuba, Successions, Nr. 435; Steinauer, Successions, Nr. 865 f.; Breitschmid/Eitel/Fankhauser/Geiser/Rumo-Jungo, litera B Erbrecht, § 5 Nr. 30.

2. Die Siegelung ist in der Regel mit der *Inventaraufnahme* verbunden. Das Gesetz 5 (553) enthält nur einige Hauptanwendungsfälle und überlässt es auch hier den Kantonen, davon ausgedehnteren Gebrauch zu machen. Im ZGB ist sie nur vorgesehen, wenn ein minderjährige Erbe unter Vormundschaft steht oder zu stellen ist, wenn ein volljähriger Erbe unter umfassender Beistandschaft steht oder unter sie zu stellen ist sowie wenn ein Erbe dauernd und vertretungslos abwesend ist (553¹ Ziff. 1 und 2; ferner gemäss 490¹). Überdies kann jeder Erbe von sich aus und kann auch die Erwachsenenschutzbehörde die amtliche Inventaraufnahme verlangen (553¹ Ziff. 3). Manche Kantone haben das Inventar für *alle Todesfälle* vorgeschrieben. Andere haben es nur auf *weitere* Tatbestände als die im ZGB vorgesehenen ausgedehnt.[6]

Beim Inventar gemäss Art. 553 besteht gegenüber der Inventurbehörde eine Auskunfts- 6 pflicht der Erben und Dritter, die gegebenenfalls auch mit Zwangsmassnahmen durchgesetzt werden kann (118 II 268 f. E. 4b/aa). Das Inventar erbringt i. S. v. Art. 9 den Beweis des Vorhandenseins von Vermögenswerten und von deren Zugehörigkeit zum Nachlass (120 Ia 259 f. E. 1c); es dient aber nicht der Schätzung einzelner Nachlasswerte mit zivilrechtlichen Folgen (120 Ia 259 E. 1b) und nicht der Berechnung der Erb- und Pflichtteile (120 II 293). Mit dem Zweck von Art. 553 ist es unvereinbar, die Auskunftspflicht auf lebzeitige Zuwendungen und Veräusserungen auszudehnen (118 II 269 ff. E. 4b/bb; 120 II 296 E. 2). – Die vorsorgliche Massnahme (94 II 59 E. 3) des Inventars *darf nicht verwechselt werden* mit dem Privatinventar des überlebenden Ehegatten zuhanden der Erwachsenenschutzbehörde (318²) oder mit dem öffentlichen Inventar im Sinn der Art. 580 ff. (zur Abgrenzung siehe 118 II 270 und 120 Ia 259 E. 1b).[7]

3. Bei der *Erbschaftsverwaltung* sind die Anwendungsfälle im ZGB selber erschöpfend 7 aufgezählt (554 sowie 490³, 548¹, 556³ und 595¹ und ³). In den Fällen von Art. 554 Abs. 1 Ziff. 1–3 ist die zu Verwaltungshandlungen erforderliche Mitwirkung aller Erben aus äusseren Gründen unmöglich: weil einer der Erben vertretungslos abwesend ist, weil es ungewiss erscheint, wer überhaupt Erbe ist, oder ob der Erblasser einen Erben hinterliess, oder weil neben den bekannten Erben möglicherweise noch andere vorhanden sind, z.B. wenn ein Erbe in der Fremde starb, und man noch nicht weiss, ob er Nachkommen hat (s. dazu 140 III 148 f. E. 3.4).[8]

---

6 Steinauer, Successions, Nr. 867 ff. S. auch Emmel, PraxKomm Erbrecht, Art. 553 N 1 ff.; Karrer/Vogt/Leu, BaKomm, Art. 553 N 1 ff.; Breitschmid/Eitel/Fankhauser/Geiser/Rumo-Jungo, litera B Erbrecht, § 5 Nr. 31.

7 Zum Ganzen vgl. Karrer/Vogt/Leu, BaKomm, Art. 553 N 1 ff.; Völk, HandKomm, Art. 553 N 1 ff.; Steinauer, Successions, Nr. 867 ff.

8 Zur Abgrenzung der Erbschaftsverwaltung von der Verwaltungsbeistandschaft nach Art. 393 Ziff. 3 aZGB (gemäss neuem Erwachsenenschutzrecht: Art. 395) s. Schnyder/Murer, BeKomm, Art. 393 N 47 ff. Zur Abgrenzung der Erbschaftsverwaltung von der Willensvollstreckung und der Erbschaftsliquidation s. Caroline Schuler-Buche, L'exécuteur testamentaire, l'administrateur officiel et le liquidateur officiel: étude et comparaison (Diss. Lausanne 2003). Zum Ganzen mit Hinweisen aus der (kantonalen) Praxis vgl. Emmel, PraxKomm Erbrecht, Art. 554 N 4 ff.; Karrer/Vogt/Leu, BaKomm, Art. 554 N 6 ff.; Steinauer, Successions, Nr. 870 ff.; Breitschmid/Eitel/Fankhauser/Geiser/Rumo-Jungo, litera B Erbrecht, § 5 Nr. 32; Völk, HandKomm, Art. 554 N 4 ff.

8   Die Erbschaft wird oder bleibt den Erben entzogen; der von der Behörde ernannte Verwalter nimmt sie in seine Obhut, fertigt ein Inventar an (79 II 116) und nimmt die erforderlichen (95 I 394 ff.) Verwaltungshandlungen vor.[9] In zwei Fällen ist der zu wählende Verwalter gewissermassen der Behörde schon vorbezeichnet: wenn der Erblasser die Willensvollstreckung anordnete oder wenn er unter Beistandschaft stand. Dem Willensvollstrecker bzw. dem Beistand wird regelmässig die Erbschaftsverwaltung übertragen (554[2] und [3]; zur Übertragung an den Willensvollstrecker: BGer 5A_725/2010 E. 5.3; zur Tragweite von 554[2] s. 77 II 125).[10] Die Anordnung der Erbschaftsverwaltung ist eine Zivilsache (72[2] Ziff. 5 BGG). Gegen die Anordnung der Erbschaftsverwaltung oder die Weigerung, den Willensvollstrecker zum Erbschaftsverwalter einzusetzen, ist daher die Beschwerde in Zivilsachen gegeben.[11]

b. Zur Ermittlung der Erben

9   Wenn ungewiss ist, ob der Erblasser Erben hinterliess oder ob alle Erben bekannt sind, muss die Behörde, nach Anordnung der amtlichen Erbschaftsverwaltung, versuchen, über diese Erbenverhältnisse Klarheit zu erhalten.[12] Dazu dient der sogenannte *Erbenruf,* eine öffentliche Aufforderung an etwaige Berechtigte, sich innerhalb Jahresfrist zu melden (555[1]). Ist eine Alleinerbin bekannt, besteht kein Grund für die Durchführung eines Erbenrufs (BGer 5A_495/2010 E. 2.3.2[13]). Bleibt der Erbenruf erfolglos, wird die Erbschaft den bekannten Erben oder, wenn keine solchen da sind, dem Gemeinwesen überlassen; dabei bleibt etwaigen besser berechtigten unangemeldeten Erben immer noch das Recht gewahrt, ihre Ansprüche mit der Erbschaftsklage bis zum Ablauf der Frist gemäss Art. 600 geltend zu machen (555[2]; hierzu 56 II 259 E. 4).

---

9   Erörterungen und Bemerkungen über den Erbschaftsverwalter im Anschluss an einen nicht zu amtlicher Veröffentlichung vorgesehenen Bundesgerichtsentscheid: BREITSCHMID, in AJP 5 (1996) 1287 ff.; DERS., Entwicklungen im Erbrecht, in SJZ 95 (1999), 94 ff., 96: spricht sich für sinngemässe Anwendung von 124 III 162 ff. E. 3a auf den Erbschaftsverwalter aus.

10   VÖLK, HandKomm, Art. 554 N 10 f.; BREITSCHMID/EITEL/FANKHAUSER/GEISER/RUMO-JUNGO, litera B Erbrecht, § 5 Nr. 32. Gemäss KARRER/VOGT/LEU, BaKomm, Art. 554 N 24 und 28, hat der Willensvollstrecker im Gegensatz zum Vormund (gemäss neuem Erwachsenenschutzrecht: Beistand) einen entsprechenden Rechtsanspruch; anders bei Interessenkollisionen (siehe 84 II 324) oder wenn der Willensvollstrecker die erforderlichen Fähigkeiten nicht besitzt oder nicht vertrauenswürdig ist (98 II 279).

11   Das gilt für die Sicherungsmassregeln ganz allgemein: KARRER/VOGT/LEU, BaKomm, Vorbem. zu Art. 551–559 N 11; EMMEL, PraxKomm Erbrecht, Vorbem. zu Art. 551 ff. N 12; VÖLK, HandKomm, Art. 551 N 7. Zum Begriff der Zivilsache vgl. ESCHER/KLETT, BaKomm, Art. 72 BGG N 4, 8 und 13. Zur Legitimation des Erbschaftsverwalters gemäss Opferhilfegesetz s. 126 IV 157 E. 5.

12   Hierzu RICHARD FRANK, Eid und eidesstattliche Erklärung – sind sie Allheilmittel? Ein Beitrag zum Erbenermittlungsverfahren, in FS 125 Jahre Kassationsgericht des Kantons Zürich (Zürich 2000), 193 ff. – Siehe auch 126 III 529 (Erben bei nachrichtenlosen Konten). Ferner EMMEL, PraxKomm Erbrecht, Art. 555 N 1; VÖLK, HandKomm, Art. 555 N 1; KARRER/VOGT/LEU, BaKomm, Art. 555 N 1 ff.

13   Bemerkungen zum Entscheid: KÜNZLE, Aktuelle Praxis zur Willensvollstreckung (2010-2011), in successio 5 (2011), 270 ff., 273; EITEL, Erbrecht 2009–2011 – Rechtsprechung, Gesetzgebung, Literatur Teil 2, in successio 5 (2011), 281 ff., 302 f.

II.   Die Sicherungsmassregeln beim Testament

So einfach und leicht sich die Errichtung letztwilliger Verfügungen, insbesondere des   10
eigenhändigen Testaments, gestaltet, so umständlich und verwickelt erscheint das Verfahren, das nach dem Tod des Erblassers die Bekanntgabe und Ausführung seines Willens sichern soll. Die Hauptpunkte dieser unter dem Titel «Eröffnung der letztwilligen
Verfügung» in den Art. 556–559 enthaltenen Regelungen sind: Einlieferung der Testamente (556), deren Eröffnung (im engeren Sinn des Wortes: 557), Mitteilung der Verfügung an die Beteiligten (558), Bestimmung des vorläufigen Schicksals der Erbschaft,
deren Auslieferung an die Berechtigten (559).[14]

Nach dem Wortlaut des Gesetzes sind Erbverträge nicht einzuliefern und von der   11
Behörde zu eröffnen (vgl. 90 II 391). Das hat einzelne Kantone nicht daran gehindert,
auch die Eröffnung von Erbverträgen vorzusehen. Weiter müssen die Kantone von
Bundesrechts wegen in gewissen Konstellationen dafür sorgen, dass auch Erbverträge
eröffnet werden.[15] Schliesslich muss in Erbverträgen eingesetzten Erben eine Verfah-
rensmöglichkeit zustehen, um zu einer Erbbescheinigung zu kommen. Im Folgenden
ist nur mehr vom Testament die Rede.

a. Die Einlieferungspflicht[16]

Während die Hinterlegung der Testamentsurkunde bei einer Amtsstelle zu Lebzei-   12
ten des Erblassers fakultativ ist, besteht nach seinem Tod die Pflicht, alle letztwilligen
Verfügungen der Behörde unverweilt *einzuliefern* (556[1]). Die Vernachlässigung der
Pflicht zur unverweilten Einlieferung begründet die persönliche Verantwortlichkeit
der Pflichtigen (556[2]), kann sogar zu strafrechtlichen Sanktionen führen (StGB 254),
hat aber keinen Einfluss auf die Gültigkeit der Testamente (90 II 391). Die Pflicht trifft
sowohl die bei der Errichtung oder Hinterlegung der Verfügung beteiligte Urkundsperson als auch jeden Privaten, der ein Testament verwahrt oder findet, insbesondere
unter diesen Voraussetzungen auch den Willensvollstrecker (90 II 390). Sie erstreckt
sich sogar auf Verfügungen, die ungültig sind oder zu sein scheinen, ja selbst auf wider-

---

14   Zum Ganzen s. Bernhard Schnyder, Die Eröffnung von Testament und Erbvertrag, in Peter
     Breitschmid (Hrsg.), Testament und Erbvertrag (Bern 1991), 101 ff., und Tamara Monika
     Völk, Die Pflicht zur Einlieferung von Testamenten (Art. 556 ZGB) und Erbverträgen und ihre
     Missachtung (Diss. Zürich 2003), ZSPR 18, 10 ff.; Steinauer, Successions, Nr. 882 ff.; Breit-
     schmid/Eitel/Fankhauser/Geiser/Rumo-Jungo, litera B Erbrecht, § 5 Nr. 34 ff.
15   Schnyder a.a.O. 121 ff.; nach Karrer/Vogt/Leu, BaKomm, Art. 556 N 13 ff., liegt eine aus-
     zufüllende Gesetzeslücke vor (und ist auch die Eröffnung von Eheverträgen zulässig; so auch
     Steinauer, Successions, Nr. 908; Emmel, PraxKomm Erbrecht, Art. 556 N 8, die sich dafür
     aussprechen, dass auch Erbverträge von der Einlieferungspflicht erfasst sind. De lege lata etwas
     zurückhaltender Völk a.a.O. 29.
16   Zum Ganzen vgl. Völk a.a.O. Anm. 13; Steinauer, Successions, Nr. 884 ff. Zum Zweck der
     Einlieferungspflicht s. BGE 98 II 148 ff.; Emmel, PraxKomm Erbrecht, Art. 556 N 2 f.; Völk,
     HandKomm, Art. 556 N 1; Karrer/Vogt/Leu, BaKomm, Art. 556 N 1.

rufene (91 II 333 f.).[17] Denn einerseits ist es möglich, dass eine Verfügung irrigerweise für ungültig oder widerrufen angesehen wird, andererseits wird ja auch eine «ungültige» Verfügung erst auf Klage hin für ungültig erklärt (519[1]). Wenn mehrere Testamentsurkunden vorgefunden werden, ist jede einzureichen (557[3]). Deshalb empfiehlt es sich für den Erblasser, eine frühere Verfügung, die er aufhebt, völlig zu vernichten.

b. Die behördlichen Massnahmen

13   Sobald die Behörde in den Besitz der Testamentsurkunde gekommen ist, hat sie sich mit dem weiteren Schicksal der Erbschaft zu befassen. Dabei erwachsen ihr vor allem folgende Aufgaben:

14   1. Sie ordnet *vorläufig* den *Besitz* der Erbschaft. Je nachdem, ob das eine oder das andere sich mehr empfiehlt, überlässt sie die Erbschaft einstweilen den gesetzlichen Erben oder unterstellt sie der amtlichen Erbschaftsverwaltung (556[3]). Sie wird die Erbschaft vor allem dann den gesetzlichen Erben überlassen, wenn die Verfügung nur unbedeutende Legate oder andere Anordnungen, aber keine Erbeinsetzungen enthält.

15   2. Innerhalb Monatsfrist nach der Einlieferung hat die Behörde das (bzw. die) Testament(e)[18] zu *eröffnen* (557[1]); zu diesem Akt werden die Erben vorgeladen (557[2]). Die Eröffnung besteht zur Hauptsache nur in der Verlesung der Urkunde.[19] Die Vermächtnisnehmer werden zur Eröffnung nicht eingeladen; sie erhalten nur eine schriftliche Mitteilung der sie betreffenden Verfügung. Jeder Erbe muss hingegen grundsätzlich eine Abschrift des ganzen Testaments erhalten, da ja jeden der ganze Inhalt angeht (558).

16   3. Nach der Eröffnung kann die *Auslieferung* der Erbschaft erfolgen. Dabei sind verschiedene Möglichkeiten gegeben:

17   Die Erben aus Gesetz oder aus einer früheren Verfügung können sich innerhalb eines Monats von der Mitteilung an zu den Ansprüchen der eingesetzten Erben äussern. Bestreiten[20] sie diese ausdrücklich, dann dauert die bisherige vorläufige Regelung wei-

---

17   Nach KARRER/VOGT/LEU, BaKomm, Art. 556 N 7 und 9, sind alle Dokumente, die nach ihrem Inhalt als letztwillige Verfügungen erscheinen, einzuliefern, und die Kantone haben die Einlieferungspflicht für lange Zeit in amtlicher Verwahrung stehende Testamente zu regeln. S. dazu auch VÖLK, HandKomm, Art. 556 N 3 ff.; EMMEL, PraxKomm Erbrecht, Art. 556 N 5 ff.

18   Gegebenenfalls auch den Erbvertrag: KARRER/VOGT/LEU, BaKomm, Art. 557 N 13; nach der neueren Lehre (KARRER/VOGT/LEU, BaKomm, soeben; EMMEL, PraxKomm Erbrecht, Art. 557 N 3; STEINAUER, Successions, Nr. 908) ist der Erbvertrag gleich wie das Testament zu behandeln und mithin zu eröffnen. Allerdings beschränkt sich die Eröffnung auf diejenigen Elemente, die mit dem Tod des Erblassers in Kraft getreten sind. A. M. de lege lata, VÖLK a.a.O. 44 f.

19   In den Kantonen haben sich allerdings sehr unterschiedliche Verfahren eingebürgert. Hierzu PETER HERZER, Die Eröffnung von Verfügungen von Todes wegen in der Praxis der Kantone (Diss. Zürich 1976), Zürcher Beiträge zur Rechtswissenschaft 492. – Zur Kognition des Eröffnungsrichters s. den Fall SJZ 78 (1982), 26 f. – Zum Ganzen auch EUGSTER, Wem ist eine letztwillige Verfügung oder ein Erbvertrag zu eröffnen?, in SJZ 96 (2000), 98 f. Vgl. auch mit Hinweisen auf das zürcherische Recht VÖLK a.a.O. 39 ff.

20   Ausführlich zum Bestreitungsverfahren KARRER/VOGT/LEU, BaKomm, Art. 559 N 10–16.

ter bis zur gerichtlichen Entscheidung über die Sache bzw. bis zu einer Neuordnung durch die Behörde. Anerkennen sie diese Ansprüche oder schweigen sie sich darüber aus, dann können die eingesetzten Erben von der Behörde die Bescheinigung verlangen, dass sie unter gewissen Vorbehalten «als Erben anerkannt» sind (559[1]): die sogenannte *Erbbescheinigung*, auch *Erbschein* genannt.[21] Die Erbbescheinigung dient als provisorische Legitimation zur Verfügung über die Erbschaftsgegenstände. Ihrer Ausstellung geht keine Auseinandersetzung über die materielle Rechtslage voraus (128 III 323 E. 2.2.2; BGer 5A_255/2011 E. 5). Über die definitive Auslegung der letztwilligen Verfügung und die damit verbundene Frage, ob einer Person Erbenstellung zukommt oder nicht, äussert sich nicht die den Erbenschein ausstellende Behörde, sondern das ordentliche Gericht. Demgemäss ist die Kognition der ausstellenden Behörde auf eine provisorische Auslegung beschränkt. Dabei ist insbesondere eine allfällige Einigung der Parteien über die Auslegung zu beachten (BGer 5A_495/2010 E. 2.3.2).[22]

Die Ausstellung der Erbbescheinigung stellt einen Akt freiwilliger Gerichtsbarkeit dar (118 II 110 E. 1). Die Erbenbescheinigung dient als Ausweis gegenüber Dritten[23] sowie als Legitimation für die Grundbucheintragung (18[2] lit. a GBV und 98 Ib 95). Der auf unrichtiger Erbbescheinigung beruhende Grundbucheintrag kann allerdings nach Art. 975 berichtigt werden (104 II 82).[24] Wenn vor der Berichtigung die Erbschaftsverwaltung bestanden hat, liefert in der Regel die Behörde den eingesetzten Erben die Erbschaft aus (559[2]). Sind aber die gesetzlichen Erben im Besitz der Erbschaft, sind die eingesetzten Erben auf gerichtliche Klage angewiesen. Wegen ihres Ausweischarakters (namentlich gegenüber Banken, aber auch gegenüber der Grundbuchverwalterin, s. 18 GBV) wird die Erbbescheinigung praxisgemäss auch den gesetzlichen Erben ausgestellt (statt vieler Belege s. 73 I 275; 82 I 192 E. 1).[25] 18

Die Erbbescheinigung verurkundet keine endgültige Entscheidung über die Erbberechtigung (95 II 118). Sie stellt für sich alleine keine die Ausschlagung verunmöglichende Einmischung im Sinne von Art. 571 Abs. 2 dar (133 III 1, E. 2 und 3).[26] Eine 19

---

21 Hierzu: TABEA JENNY, Die Erbbescheinigung (Diss. Freiburg 2014, Frankfurt am Main 2014), Europäische Hochschulschriften Rechtswissenschaft 5621.

22 TUOR/PICENONI, BeKomm, Art. 559 N 3.

23 Zum Gutglaubensschutz SCHNYDER a.a.O. 120; KARRER/VOGT/LEU, BaKomm, Art. 559 N 49. Der Gutglaubensschutz für Dritte wird von der heutigen Lehre bejaht. Vgl. KARRER/VOGT/LEU und SCHNYDER, soeben; EMMEL, PraxKomm Erbrecht, Art 559 N 3; VÖLK, HandKomm, Art. 559 N 13; DIES. a.a.O. 79; STEINAUER, Successions, Nr. 902 FN 94.

24 Zu den teils umstrittenen Wirkungen der Erbbescheinigung s. auch DRUEY, Grundriss, § 15 N 19 ff.; VÖLK a.a.O. 58 ff. S. dazu auch KARRER/VOGT/LEU, BaKomm, Art. 559 N 44 ff.; EMMEL, PraxKomm Erbrecht, Art 559 N 3 ff.

25 JENNY a.a.O. Nr. 148 ff. Vgl. PFÄFFLI, Der Ausweis für die Eigentumseintragung im Grundbuch beim Erbgang, in AJP 9 (2000), 421 ff., 423 f.; KARRER/VOGT/LEU, BaKomm, Art. 559 N 6; EMMEL, PraxKomm Erbrecht, Art 559 N 6.

26 Vgl. die Besprechung von VÖLK, BGE 133 III 1 ff., 5C.126/2006, in successio 1 (2007), 130 ff. Im konkreten Fall amtete die Erbin, welche die Ausstellung des Erbenscheins verlangte, zugleich als Willensvollstreckerin. Das BGer verneinte die Frage der Einmischung vor allem auch deswegen, weil die Erbin den Erbenschein als Willensvollstreckerin beantragte. Die neuere Lehre

allfällige Angabe der Erbteile ist rechtlich nicht von Bedeutung (118 II 108). Die Unter-lassung der Bestreitung durch die gesetzlichen Erben oder durch aus früherer Verfü-gung Bedachte bedeutet nicht den Verzicht auf ihre Rechte; sie können immer noch ihre Ansprüche geltend machen. Immerhin ist ihre Stellung im Prozess allenfalls ungünstiger geworden. Das BGer hat in 128 III 318 klargestellt, dass eine Einsprache nach Art. 559 Abs. 1 den gesetzlichen Erben nicht von der Obliegenheit befreit, seine materiellen Ansprüche auf dem Weg der Ungültigkeits- oder Herabsetzungsklage gel-tend zu machen. Somit kann den eingesetzten Erben nach Ablauf der Klagefrist für eben diese Klagen ein Erbenschein ausgestellt werden, auch wenn zuvor fristgerecht Einsprache nach Art. 559 Abs. 1 erhoben worden ist. Denn die Einsprache zielt nicht auf die Überprüfung der materiellen Berechtigung des Erben an der Erbschaft, son-dern soll eine Schädigung der gesetzlichen Erben durch vorzeitige Auslieferung der Erbschaft an die eingesetzten Erben verhindern.

---

verneint das Vorliegen einer Einmischungshandlung allerdings auch dann, wenn die beantra-gende Erbin nicht zugleich Willensvollstreckerin ist: STEINAUER, Successions, Nr. 978a m. w. H. und VÖLK a.a.O. 131, je m. w. H.

§ 77 Der Erwerb und die Ausschlagung der Erbschaft

I. Bedeutung der Annahme und Ausschlagung

a. Der Grundsatz. Die Erben erwerben die Erbschaft eo ipso bzw. ipso iure (560; nach- 1
folgend 1.). Um diesen Erwerb zu verhindern, müssen die Erben die Erbschaft ausschlagen (566; nachfolgend 2.).

1. Der eo-ipso-Erbschaftserwerb

Das ZGB folgt mit Bezug auf den Erbanfall dem Prinzip des eo-ipso-Erwerbs (560). 2
Demgemäss fällt die Erbschaft als Ganzes[1] mit dem Tod des Erblassers *ohne Weiteres,
von selbst, von Gesetzes wegen (eo ipso* oder *ipso iure),* auch ohne deren Wissen und
Willen, den gesetzlichen wie den eingesetzten (560[2]; 101 II 226) Erben zu. Die Pflichtteilserben, die testamentarisch übergangen oder sogar formell enterbt wurden, sind
allerdings nicht von Gesetzes wegen Erben. Sie sind bloss virtuelle Erben, die ihr Erbrecht, also auch ihre Erbeneigenschaft, erst durch die erfolgreiche Herabsetzungsklage
erlangen (138 III 357 f. E. 5; 139 V 3 f. E. 4.2; dazu vorne § 69 N 6). Der Erwerb setzt
keine Handlung voraus, die für die Übertragung unter Lebenden nötig wäre (vgl. vorn
§ 62 N 5 und N 9 ff.). Anfall der Erbschaft und Erwerb können voneinander nicht
geschieden werden, sie sind ein und dasselbe. Einen besonderen Erbschaftsantritt gibt
es nicht. Allerdings können die Erben dennoch die Erklärung abgeben, die Erbschaft
annehmen zu wollen.[2] Darin liegt aber nichts anderes als ein Verzicht auf die Ausschlagung.

Das vom ZGB verwirklichte Prinzip des Erbschaftserwerbs kennt auch das deutsche 3
Recht.[3] Diesem folgten vor Einführung des ZGB die meisten deutschsprachigen Kantone. Anders die Kantone der romanischen Schweiz sowie St. Gallen, Bern, Luzern und
Graubünden. Sie verlangten zum Erwerb der Erbschaft einen besonderen Erbschaftsantritt, d.h. eine ausdrückliche oder tatsächliche Annahme der Erbschaft. Danach
wurde unterschieden zwischen dem Erbschaftsanfall im Augenblick des Todes des
Erblassers und dem Erbschaftsantritt, dem Moment der Annahme durch den Erben.

---

1 So in Art. 560 Abs. 1; die nicht abschliessende (112 II 305 E. 4b) Aufzählung in Art. 560 Abs. 2 lis-
tet auf, was alles dazugehören kann. Zum Verhältnis der Erben gegenüber Banken s. ZOBL, Probleme im Spannungsfeld von Bank-, Erb- und Schuldrecht, in AJP 10 (2001), 1007 ff.; s. auch ALE-
XANDRA RUMO-JUNGO, Tafeln und Fälle zum Erbrecht (3. A., Zürich/Basel/Genf 2010), Tafel 127;
WOLF, SPR IV/1, 24 ff.

2 Zur Form dieser Annahme s. die Hinweise bei PIOTET, SPR IV/2, 595 f.

3 Im deutschen Recht wird der eo-ipso-Erwerb durch § 1942 BGB (Anfall und Ausschlagung der
Erbschaft) zum Ausdruck gebracht. So geht nach dessen Abs. 1 die Erbschaft auf den berufenen
Erben unbeschadet des Rechts über, sie auszuschlagen (Anfall der Erbschaft). Ergänzt wird diese
Bestimmung durch § 1922 Abs. 1 BGB, wonach mit dem Tode einer Person (Erbfall) deren Ver-
mögen (Erbschaft) als Ganzes auf eine oder mehrere Personen (Erben) übergeht. Damit wird das
Prinzip der Universalsukzession kodifiziert, und die Erbschaft geht beim Tod des Erblassers ohne
weiteres auf die Erben über.

War die Erbschaft binnen einer bestimmten Frist nicht angenommen worden, galt sie als abgelehnt.

2. Die Ausschlagung

4   Um sich der Erbschaft zu entledigen, haben die Erben die Befugnis, die Erbschaft auszuschlagen (566[1]).[4] Dies geschieht durch eine ausdrückliche, unbedingte und vorbehaltlose *mündliche oder schriftliche Erklärung* an die zuständige Behörde (570[1] und [2]); die Behörde führt ein Ausschlagungsprotokoll (570[3]; 139 III 229 E. 2.2: Die Tatsache, dass ein Kanton die Führung des Ausschlagungsprotokolls einer gerichtlichen Behörde überträgt, führt nicht dazu, dass das betreffende Verfahren zu einem gerichtlichen Verfahren wird). Die Ausschlagungserklärung ist ein nicht widerrufbares Gestaltungsrecht. Die Ausschlagung kann aber gegebenenfalls mit Berufung auf einen Willensmangel annulliert werden (BGer 5A_294/2009 E. 4; die Berufung auf einen Motivirrtum ist aber nicht statthaft, wenn er bei Konsultation der verfügbaren Akten hätte vermieden werden können).[5]

5   Die *Ausschlagungsfrist* beträgt drei Monate (567[1]). Die Frist beginnt für die gesetzlichen Erben im Zeitpunkt ihrer Kenntnis des Todes des Erblassers, sofern sie nicht nachweisbar erst später vom Erbfall Kenntnis erhalten haben. Für die eingesetzten Erben beginnt die Frist mit der amtlichen Mitteilung der eröffneten Verfügung (567[2] i. V. m. 558). Für die eingesetzte gesetzliche Erbin beginnt sie mit dem Zeitpunkt, da ihr die amtliche Mitteilung der eröffneten Verfügung zugekommen ist, da sie erst dann weiss, dass ihr Erbteil und mithin auch ihre Schuldhaftung grösser ist als gesetzlich vorgesehen. Dagegen beginnt die Frist für eine auf den Pflichtteil gesetzte Erbin bereits mit der Kenntnis des Todes, da sie bereits zu diesem Zeitpunkt wusste, dass sie mindestens im Rahmen des Pflichtteils haften würde. Die Kenntnis des Inhalts der Verfügung ändert daran nichts (138 III 547 f. E. 2.1 und 2.4). Im Sonderfall, da als Sicherungsmassregel ein Inventar aufgenommen worden ist, beginnt die Ausschlagungsfrist mit dem Tag der Mitteilung der Behörde über den Abschluss des Inventars (568). Stirbt ein Erbe vor Ausschlagung oder Annahme der Erbschaft, geht die Ausschlagungsbefugnis auf seine Erben über (569[1]); die Absätze 2 und 3 des Art. 569 enthalten eine subtile Regelung für den Fristbeginn in diesem Fall. – Wenn innerhalb der gesetzlichen Frist die Ausschlagung nicht erfolgt ist, gilt die Erbschaft als endgültig erworben (571[1]).

6   Das Ausschlagungsrecht kann *verwirkt* werden durch unbenutzten Fristablauf, durch Einmischung[6] in die Erbschaft und durch Verheimlichung oder Aneignung von Erbschaftssachen (571[2]).[7] Aus wichtigen Gründen (4 ZGB) kann eine Fristverlängerung

---

4   Zum Ganzen Thi Nha Khanh Pitteloud-Nguyen, La répudiation d'une succession (Diss. Freiburg 2008).

5   Tuor/Picenoni, BeKomm, Art. 570 N 6; Escher, ZüKomm, Art. 570 N 8; Piotet, SPR IV/1, 517; Wolf, SPR IV/1, 33. Bemerkungen zum Entscheid: Nonn, Voraussetzungen für die Anfechtung einer Ausschlagungserklärung – BGE 5A_594/2009, in successio 5 (2011), 144.

6   Siehe dazu eingehend Schwander, BaKomm, Art. 571 N 4 ff.

7   Vgl. SJZ 85 (1989), 65 ff. Hierzu s. die Kritik von Pfäffli, in BN 50 (1989), 406. Ein Fall von Verwirkung durch Annahme in BN 56 (1995), 136.

eingeräumt oder eine neue Frist angesetzt werden (576; hierzu aufschlussreich BGE 114 II 220).[8]

Zwischen dem Anfall der Erbschaft bis zur Verstreichung der Ausschlagungsfrist (bzw. bis zur Verwirkung der Ausschlagungsbefugnis) besteht ein Schwebezustand (101 II 227), in dem die Erbschaft wohl dem Erben gehört, aber unter einer Resolutivbedingung. Er ist *vorläufiger Erbe*. Als solcher darf er nur Handlungen vornehmen, die durch die blosse Verwaltung der Erbschaft oder den Fortgang der Geschäfte gefordert werden. Geht er darüber hinaus, so wird er gemäss Art. 571 Abs. 2 durch Einmischung und Verwirkung der Ausschlagungsbefugnis zum endgültigen Erben (vgl. 119 II 288 E. 5b mit Hinweisen).[9] 7

b. Ausnahmen vom Grundsatz

In *drei Fällen* verlangt das ZGB für den Erwerb der Erbschaft ausdrücklich eine Annahmeerklärung: 8

1. wenn die *Zahlungsunfähigkeit* des Erblassers offenkundig ist oder amtlich festgestellt wurde (566[2], vgl. zum Begriff der «offenkundigen» Zahlungsunfähigkeit im Zeitpunkt des Todes 88 II 309 ff.)[10]; 9

2. wenn die berufenen Erben zu Gunsten *nachfolgender* Erben *ausschlagen* (575); und 10

3. wenn die Nachkommen des Erblassers die Erbschaft ausschlagen und infolgedessen der überlebende *Ehegatte* nach Art. 574 vor die Wahl gestellt ist, an deren Stelle die Erbschaft zu erwerben (hierzu sogleich N 12 ff.). 11

In diesen drei Fällen handelt es sich entweder um überschuldete oder doch wenigstens um kaum lohnende Erbschaften. Hier kann die Annahme nicht vermutet werden; es muss im Gegenteil im Zweifel die Ausschlagung als das Wahrscheinlichere angenommen werden. Erfolgt keine Annahmeerklärung, so gilt die Erbschaft als abgelehnt. In den Fällen der Art. 574 und 575 ist hierfür eine Frist von einem Monat vorgesehen. Offen ist, ob in diesen beiden Fällen die Annahme auch durch Einmischung (571[2]) geschehen kann. Im Fall des Art. 566 Abs. 2 sieht das Gesetz nicht ausdrücklich eine Frist vor. Doch ist wohl anzunehmen, hier gelte für die Annahme die generelle Ausschlagungsfrist; die Annahme kann dabei durch Erklärung oder durch Einmischung erfolgen.[11] 12

---

8   Ein Fall in ZR 96 (1997) Nr. 29; hierzu Bemerkungen von Breitschmid, in SJZ 94 (1998) 111.

9   Vgl. aber die Kritik an der zu wenig auf den Willen des Erben abstellenden bundesgerichtlichen Auffassung bei Tuor/Picenoni, BeKomm, Art. 571 N 9a; Escher, ZüKomm, Art. 571 N 11 f., sowie Schwander, BaKomm, Art. 571 N 5 f.; Göksu, HandKomm, Art. 571 N 5 f., und zum Ganzen Piotet SPR IV/2, 599 ff. – Zur Rechtsstellung des vorläufigen Erben vgl. Piotet, SPR IV/2, 605 ff.

10   Zur Wirkung dieser Ausschlagung bei Bestehen eines Versicherungsvertrags mit Begünstigungsklausel: 112 II 162 ff. E. 1d.

11   Siehe zu diesen Fragen Tuor/Picenoni, BeKomm, Art. 566 N 12, Art. 574 N 13, Art. 575 N 10; Escher, ZüKomm, Art. 566 N 14, Art. 574 N 6, Art. 575 N 7; Schwander, BaKomm, Art. 566 N 8; Göksu, HandKomm, Art. 566 N 11; Piotet a.a.O. 589 ff., 629 und 632.

II.   Die Folgen der Ausschlagung

13   Das Gesetz muss zunächst das Schicksal des ausgeschlagenen Erbteils bestimmen (572–576); sodann muss es dafür sorgen, dass die Ausschlagung nicht *in fraudem creditorum,* zur Verletzung der Interessen der Gläubiger, sei es der Erben, sei es der Erbschaft, geschieht (578–579).[12]

a. Das Schicksal des ausgeschlagenen Erbteils

14   Vorwegzunehmen ist der eben erwähnte Ausnahmefall des Art. 575 Abs. 1, in dem entgegen Art. 573 Abs. 1 bei Ausschlagung aller nächsten gesetzlichen Erben auf Verlangen auch nur eines einzigen Erben die Ausschlagung ausdrücklich zu Gunsten der nachfolgenden gesetzlichen Erben ausgesprochen wird. Dann wird die Erbschaft diesen Erben noch besonders angetragen (hierzu im Einzelnen 575[2]). – Dies geschieht in einem zweiten eben angeführten Fall von Gesetzes wegen, unabhängig vom etwaigen Wunsch der ausschlagenden Erben, und zwar gegenüber dem überlebenden *Ehegatten,* wenn die Nachkommen die Ausschlagung erklärt haben (574). Diese Regelung war abgestimmt auf Art. 462 Abs. 1 a. F.: Der Ehegatte, der Nutzniessung gewählt hat, sollte nun noch die Möglichkeit erhalten, Eigentumserbe zu werden und so eine konkursamtliche Liquidation zu verhindern. Immerhin wurde Art. 574 bei der Revision 1984/1988 nicht aufgehoben. Er ist nun aber bloss noch von Bedeutung im Fall der gemäss Art. 473 (oder nach Art. 484 Abs. 2) vermachten Nutzniessung des überlebenden Ehegatten, bei der dem Gatten nicht auch noch eine Eigentumsquote zugesprochen wurde.

15   Abgesehen von diesen Sonderregeln unterscheidet das ZGB *drei Fälle:*

1. Die Ausschlagung eines von mehreren gesetzlichen Miterben

16   Wenn ein gesetzlicher Erbe seine Erbquote ausschlägt, vererbt sich diese, wie wenn jener den Erbgang gar nicht erlebt hätte (572[1]). Hat der Ausschlagende Nachkommen, treten diese an seine Stelle; sonst wächst der Erbteil den Miterben zu.[13]

---

12   Vgl. im Übrigen Art. 239 Abs. 2 OR: «Wer … eine Erbschaft ausschlägt, hat keine Schenkung gemacht.» Auch der Verzicht auf ein Vermächtnis erfolgt durch Ausschlagung (577) und ist daher nicht als (schenkungsweiser) Erlassvertrag (115 OR) aufzufassen: VOGT, BaKomm, Art. 239 OR N 34a; a. M. SCHWANDER, BaKomm, Art. 577 N 2; DRUEY, Grundriss, § 15 N 23, wonach der Verzicht auf ein Vermächtnis i. d. R. eine Schenkung gegenüber dem Beschwerten darstellt. – Zu den Wirkungen der Ausschlagung hinsichtlich eines zuvor abgeschlossenen Vertrags zu Gunsten des Ausschlagenden 112 II 39 f. E. 3; 115 II 248 f. E. 1.

13   Zur Kontroverse für den Fall, da alle Verwandten in Konkurrenz mit dem überlebenden Ehegatten ausschlagen, s. PIOTET a.a.O. 625 f.: nach der einen These (1) fällt die Erbschaft ganz an den überlebenden Ehegatten, nach der andern (2) treten die Angehörigen der entfernteren Parentel an die Stelle der ausschlagenden Verwandten und hat der Ehegatte jene Ansprüche, die ihm in Konkurrenz mit dieser Parentel zustehen. Die These 1 wird von den folgenden Kommentatoren vertreten: ESCHER, ZüKomm, Art. 572 N 6a, und TUOR/PICENONI, BeKomm, Art. 572 N 19 f. Die These 2 wird mit PIOTET von der neueren Lehre vertreten: SCHWANDER,

2. Die Ausschlagung eines eingesetzten Erben

Sie kommt den gesetzlichen Erben des Erblassers zugute (572²). In ähnlicher Weise   17
profitiert regelmässig der Beschwerte, wenn ein Vermächtnis ausgeschlagen wird (577).

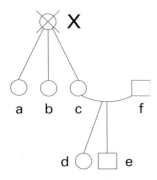

Wenn a ausschlägt, kommt sein
Anteil dem b und dem c zu; wenn
c ausschlägt, treten d und e an
seine Stelle

3. Die Ausschlagung aller nächsten gesetzlichen Erben

Wenn alle zunächst berufenen gesetzlichen Erben die Erbschaft ablehnen, wird sie   18
nicht noch entfernteren Erben angetragen (Ausnahme: die schon erwähnten Art. 574
und 575). Es wird sich hier fast immer um überschuldete Erbschaften handeln. Deshalb gelangen sie zur Liquidation durch das Konkursamt (573¹; siehe 193¹ und ² SchKG
sowie 119 V 167 E. 1). Schaut dann doch ein Überschuss heraus, so lässt das ZGB gleichsam Gnade vor Recht¹⁴ ergehen und überlässt ihn den ausschlagenden Erben (573²).¹⁵
Der Anspruch auf den Überschuss ist obligationenrechtlicher und nicht erbrechtlicher
Natur. Die ausschlagende Erbin, die einen Überschuss erhält, kann daher nicht eine
Rentenverfügung anfechten und eine höhere Rente erstreiten (136 V 12 f. E. 2.2.1.2 f.¹⁶).

BaKomm, Art. 572 N 9; Göksu, HandKomm, Art. 572 N 7; Häuptli, PraxKomm, Art. 572 N 6;
Steinauer, Successions, Nr. 987.

14   Hierzu generell Bernhard Schnyder, Gnade vor Privatrecht, in «Das ZGB lehren», Gesam-
     melte Schriften (Freiburg 2001), AISUF 200, 35 ff.

15   Aber erst nach Ausrichtung der Vermächtnisse: Schwander, BaKomm, Art. 573 N 6. – Für den
     Fall nicht zu Ende geführter Liquidation siehe 87 III 77 E. 2b.; vor diesem BGE a. M. Escher,
     ZüKomm, Art. 573 N 14. – Siehe auch Art. 196 SchKG, wonach die konkursamtliche Liquida-
     tion eingestellt wird, wenn vor Schluss des Verfahrens ein Erbberechtigter den Antritt der Erb-
     schaft erklärt und für die Bezahlung der Schulden hinreichende Sicherheit leistet. Zum Wider-
     ruf des Konkurses vgl. Häuptli, PraxKomm, Art. 573 N 10 m. w. H.

16   Bemerkungen zum Entscheid: Eitel, Erbrecht 2009–2011 – Rechtsprechung, Gesetzgebung,
     Literatur Teil 1, in successio 5 (2011), 219 f.

b. Der Schutz der Gläubiger[17]

19 Die Ausschlagung dient den Interessen der Erben; sie soll von ihnen aber nicht dazu benutzt werden können, die *Interessen* der *Gläubiger* zu *verletzen*. Ohne entsprechende Regelung (578 und 579) kämen im einen Fall die Gläubiger des Erben, in einem anderen die Gläubiger des Erblassers durch die Ausschlagung zu Schaden.

1. Schutz der Erbengläubiger

20 Es kann geschehen, dass eine *solvente* Erbschaft einem *überschuldeten Erben* anfällt. Seine Überschuldung beruht vielleicht gerade darauf, dass ihm im Hinblick auf diese Erbschaft Kredit gewährt wurde. Schlägt er nun die Erbschaft aus, so verlangt die Billigkeit, dass die Gläubiger solche Machenschaften verhindern können. Das Gesetz (578[1] und [2]) sieht daher vor, dass die Gläubiger eines überschuldeten Erben dessen Ausschlagung binnen sechs Monaten anfechten und die Erbschaft zur amtlichen Liquidation bringen können, wenn keine anderweitige Sicherstellung erfolgt. Vorausgesetzt ist, dass mit der Ausschlagung bezweckt wird, die Erbschaft den Gläubigern zu entziehen; man wird aber an den Beweis dieser Absicht keine hohen Anforderungen stellen dürfen.[18] Aus dem Erlös werden in erster Linie die anfechtenden, in zweiter Linie die anderen Erbengläubiger befriedigt; der Überschuss geht an die Erben, zu deren Gunsten die Ausschlagung lautete (578[3]). Hatte der Erblasser durch Verfügung von Todes wegen dem Erben die verfügbare Quote entzogen, so haben die Gläubiger statt auf den Erbteil nur auf den Pflichtteil Anspruch (vgl. 524, ferner 480).

21 Während die Ausschlagung einer Erbschaft von den Gläubigern angefochten werden kann (578), ist dies für *einen Erbverzichtsvertrags* nicht vorgesehen. Eine analoge Anwendung von Art. 578 auf den Abschluss eines Erbverzichtsvertrags ist ausgeschlossen (138 III 502 f. E. 3.4[19]).

2. Schutz der Erbschaftsgläubiger

22 Während im eben beschriebenen Fall die *Zahlungsunfähigkeit* beim Erben vorliegt, ist sie im folgenden Fall für die *Erbschaft* selbst vorhanden. Es kann vorkommen, dass ein Erblasser zu seinen Lebzeiten seinen Erben bedeutende Vorausbezüge gewährt. Nun tritt ein Vermögensumschlag ein: Der Erblasser wird zahlungsunfähig und beim Tod ist der Nachlass überschuldet. Für die Erben besteht hier die Versuchung, die Erbschaft auszuschlagen und die Vorempfänge zu behalten. Die Gläubiger des Erblassers hätten das Nachsehen. Diese Unbilligkeit soll Art. 579 verunmöglichen. Demgemäss haben die einzelnen Gläubiger (116 II 258 f. E. 5)[20] gegen die ausschlagenden Erben Ansprüche im Umfang der Vorempfänge, welche diese während der letzten fünf Jahre vor Eröffnung des Erbgangs bezogen haben. Schlagen alle Erben die Erb-

---

17 Siehe Christian Gübeli, Gläubigerschutz im Erbrecht (Diss. Zürich 1999), ZSPR 148.

18 Zur Abgrenzung von Art. 285 ff. SchKG Schwander, BaKomm, Art. 578 N 2 ff.; Gübeli a.a.O. 102 ff.

19 Bemerkungen zum Entscheid: Aebi-Müller, Die privatrechtliche Rechtsprechung des Bundesgerichts im Jahr 2012, in ZBJV 149 (2013), 432 ff.

20 Zur Abgrenzung von Art. 285 ff. SchKG siehe 116 II 257 ff. E. 4, 5, und 131 III 52 f. E. 2.3.

schaft aus, gelangt die Erbschaft zur Liquidation durch das Konkursamt (573[1]). Hernach liegt die Aktivlegitimation zur Geltendmachung der Ansprüche nach Art. 579 nicht mehr bei den einzelnen Gläubigern, sondern bei der Konkursverwaltung (131 III 49 E. 2).[21] Der Anspruch der Gläubiger gilt laut Gesetz aber nur für Vorempfänge, die «der Ausgleichung unterworfen sein würden». Dies ist nach Meinung des BGer nicht der Fall für die Situation, da objektiv ein Ausgleichungstatbestand vorliegt, der ausschlagende Erbe aber in casu gerade nicht ausgleichungspflichtig wäre, etwa weil ihm als Nachkomme die Ausgleichung gemäss Art. 626 Abs. 2 erlassen worden ist (131 III 49 E. 4.2 mit Verweis auf den unveröffentlichten Entscheid C.43/1981).[22] Jedoch haften gutgläubige Erben, d.h. solche, die den Vorbezug nicht zur Übervorteilung der Gläubiger angenommen haben, so oder anders nur in der Höhe der Bereicherung (579[3]). Ferner sind von dieser Haftung die landesübliche Heiratsausstattung sowie die Ausgaben für Erziehung und Ausbildung nicht betroffen (579[2]). Wenn also das Studium eines Kindes 50 000 Franken gekostet hat, braucht es dafür den Gläubigern keinen Ersatz zu leisten.

III.   Der Erwerb der gesetzlichen Nutzniesserin

Die gesetzliche erbrechtliche Nutzniesserin gibt es nur noch für Erbanfälle vor dem   23
1. Januar 1988. Für die Darstellung der entsprechenden Rechtslage wird auf die 12. Auflage dieses Buches, S. 647 f., verwiesen.

IV.   Der Erwerb der Vermächtnisnehmerin

a. Die Art des Erwerbs

Im Abschnitt über den Erwerb der Erbschaft regelt das ZGB auch den Erwerb der   24
Vermächtnisnehmerin. Auch für sie gilt der Grundsatz des eo-ipso-Erwerbs, insofern keine besondere Annahmeerklärung nötig ist. Dagegen erlangt die Vermächtnisnehmerin nur einen *obligatorischen* Anspruch gegen den Beschwerten auf Verschaffung des ihr vom Erblasser zugedachten Vorteils (562[1] i. f.; hierzu N 17 ff.). Beschwerte sind, wo solche nicht besonders genannt sind, die gesetzlichen oder eingesetzten Erben (562[1]; zur Rückerstattung eines vom Willensvollstrecker zu Unrecht ausbezahlten Ver-

---

21   Vgl. die teils kritischen Besprechungen von Weibel, Im Dickicht der Ausgleichung verirrt – Anmerkungen zum (noch) nicht publizierten BGE 5C.67/2004 vom 19. November 2004, Jusletter 18. April 2005; Sandoz, A propos du considérant 3.1 de l'ATF 131 III 49 ou les dangers possibles d'un obiter dictum, Jusletter 29. Mai 2006.

22   Zur Bedeutung dieses Entscheids für die mit der objektiven/subjektiven Auslegung von 527 Ziff. 1 verbundenen Diskussion in der Lehre vgl. Eitel, Die erbrechtliche Berücksichtigung lebzeitiger Zuwendungen im Spannungsfeld zwischen Ausgleichung und Herabsetzung, in ZBJV 142 (2006), 457 ff., 494 FN 121, mit Hinweis auf die Kommentierungen des Entscheids von Weber, Jusletter 18. April 2005, und im Anschluss daran von Eitel, Jusletter 10. April 2006.

mächtnisses gestützt auf Art. 62 OR: 130 III 549 E. 2.1). Der Anspruch wird, wenn aus der Verfügung nichts anderes hervorgeht, erst fällig im Moment, da der Belastete die Erbschaft endgültig erwirbt, also mit deren Annahme oder mit der Verwirkung der Ausschlagungsbefugnis (562²).²³ Anfall und Fälligkeit des Vermächtnisses sind mithin voneinander zu unterscheiden. – Vom Grundsatz, dass das Vermächtnis nur eine obligatorische Forderung begründet und den zugedachten Vorteil nicht unmittelbar verschafft, macht das Gesetz eine *Ausnahme bei Versicherungsansprüchen:* Sie verfallen mit dem Tod des Erblassers. Ist ein solcher Anspruch vermacht worden, so kann der Begünstigte die Auszahlung der Versicherungssumme unmittelbar gegenüber dem Versicherer geltend machen (563²).²⁴

b. Der Inhalt des Anspruchs

25 Das Vermächtnis begründet eine Forderung (1., N 26 ff.) auf die Sache im tatsächlichen oder rechtlichen Zustand, in dem sie sich zur Zeit des Erbgangs befindet (2., N 29 ff.). Da zwischen dem Erbanfall und der Ausrichtung des Vermächtnisses regelmässig eine gewisse Zeitspanne liegt, stellt sich die Frage der Haftung für Wertverminderungen während dieser Zeit (3., N 31 ff.).

1. Obligatorische Forderung

26 Der Bedachte erwirbt eine *Forderung gegen den Beschwerten,* welche wie ein gewöhnliches Schuldverhältnis die vom Erblasser verbindlich umschriebene Leistung zum Inhalt hat.²⁵ Die Forderung, die nötigenfalls mit der *Vermächtnisklage* durchgesetzt wird, *verjährt* mit dem Ablauf von zehn Jahren seit der Mitteilung der Verfügung bzw. der später eintretenden Fälligkeit (601).

27 Im Übrigen richtet sich der *Anspruch nach dem Gegenstand des Vermächtnisses.* Ist dieser eine *körperliche Sache,* so geht der Anspruch auf Übertragung des Besitzes oder auf Mitwirkung bei der Grundbucheintragung, ist er eine *Forderung,* auf deren Abtretung. Der Vermächtnisnehmer wird demnach nicht schon mit dem Anfall des Rechts, sondern erst mit der Besitzübertragung, der Eintragung im Grundbuch (vgl. hierzu 64¹ lit. c GBV) oder der Zession Eigentümer der vermachten Sache oder Gläubiger der vermachten Forderung.

28 Art. 563 Abs. 1 verweist für das Vermächtnis von *Nutzniessung, Rente oder anderer wiederkehrender Leistung* im Zweifel auf die einschlägigen Vorschriften des Sachen- und Obligationenrechts. Verpflichtet dagegen das Vermächtnis den Beschwerten zu einer *Handlung* (z.B. Aufnahme einer Person in eine Klinik, Ankauf eines Bauplatzes, Anfertigung eines Kleides), so kann dieser nach dem Wortlaut von Art. 562 Abs. 3 bei Nicht-

---

23 Für den Fall, dass ein Vermächtnisnehmer beschwert ist, s. SCHWANDER, BaKomm, Art. 562 N 10.

24 Siehe zur erbrechtlichen Behandlung von Versicherungsansprüchen: RUMO-JUNGO/MAZENAUER, Die Säule 3a als Vorsorgevereinbarung oder Vorsorgeversicherung: ihre unterschiedliche Behandlung im Erbrecht, Bemerkungen zu BGer 9C_523/2013, in successio 8 (2014), 300 ff.

25 SCHWANDER, BaKomm, Art. 562 N 1 und 3. Siehe die meisterhafte Erörterung der sich daraus ergebenden Rechte und Pflichten der Beteiligten bei SCHWANDER, BaKomm, Art. 562 N 12–62.

erfüllung nur zur Leistung von Schadenersatz angehalten werden. Die überwiegende Lehre ist indessen zu Recht der Ansicht, dass auch in diesem Fall Art. 97 und Art. 98 Abs. 1 OR (Ersatzvornahme) zum Zug kommen können.[26]

2. Dingliche Belastung des Vermächtnisgegenstands

Wenn die vermachte Sache *dinglich belastet* ist, ein Grundstück mit einem Grundpfand, einer Grundlast oder einer Dienstbarkeit, eine bewegliche Sache mit Faustpfandrechten, so fragt sich, ob der Anspruch des Bedachten dahin geht, dass ihm die Sache *unbelastet* oder *belastet* ausgeliefert wird, und ob er im zweiten Fall wie in die Pfandlast so auch in die Pfandschuld eintreten muss. Die Antwort ist aus Art. 485 Abs. 1 abzuleiten. Die Sache ist dem Bedachten in dem tatsächlichen und rechtlichen Zustand herauszugeben, wie sie sich zur Zeit des Erbgangs befindet. Der Vermächtnisnehmer erwirbt somit die Sache mit der in diesem Augenblick bestehenden Belastung.   29

Geht nun auch die *Pfandschuld* auf ihn über? Diese Frage stellt sich selbstverständlich nur bei dinglichen Belastungen mit persönlicher Haftung (bei der Grundpfandverschreibung, dem Schuldbrief, dem Fahrnispfand), bei welcher der jeweilige Eigentümer der Sache notwendigerweise zum Schuldner wird (vgl. hinten § 111 ff.). Entgegen § 2166 BGB geht nach ZGB *bei der Grundpfandverschreibung* auf Grund von Art. 560 Abs. 2 die persönliche Schuld des Erblassers nicht auf den Vermächtnisnehmer, sondern auf *den Erben über,* sofern der Erblasser nichts anderes angeordnet hat (104 II 337; offengelassen für den Schuldbrief in 45 II 158: vgl. 104 II 340).[27] Somit fallen Pfandlast und Pfandschuld auseinander; es wird so gehalten, wie wenn ein Eigentümer zum Vornherein seine Sache für eine fremde Schuld verpfändet. Der Bedachte – dem die Belastung vielleicht ungelegen sein mag – kann den Schuldner nicht zwingen, die Schuld abzulösen, den Gläubiger zu befriedigen (vgl. 45 II 158). Dagegen kann er, insofern auch der Schuldner dazu befugt gewesen wäre, selber die Schuld abzahlen. Zu seiner Schadloshaltung erwächst ihm dann ein Rückgriffsrecht gegen den Schuldner, indem die Forderung des Gläubigers auf ihn übergeht (nach h. L. gemäss 110 OR i. V. m. 827 ZGB; 104 II 338).   30

3. Haftung für Wertverminderungen und Anspruch auf die Früchte

Nach Art. 485 Abs. 1 hat die Bedachte keine Entschädigungsansprüche für *Wertminderungen,* welche die vermachte Sache *vor* dem *Eintritt* des Erbgangs erleidet. Anders   31

---

26   Tuor/Picenoni, BeKomm, Art. 562 N 11; Escher, ZüKomm, Art. 562 N 13; Göksu, HandKomm, Art. 562 N 8; Steinauer, Successions, Nr. 1156 f.; Schwander, BaKomm, Art. 562 N 28, spricht von einem gesetzgeberischen Versehen. Hierzu auch sehr ausführlich Christoph Burckhardt, Die Vermächtnisforderung, Dogmatische Struktur, Erfüllung und Erfüllungszwang (Diss. Zürich 1986), ZSPR 48, 33 ff.

27   Der Wert des Vermächtnisses einer mit einer Grundpfandverschreibung belasteten Sache ist mithin der Gesamtwert der Sache ohne Abzug der Pfandsumme. Ebenso: Huwiler, BaKomm, Art. 485 N 12, und ferner Hrubesch-Millauer, HandKomm, Art. 485 N 2; Burkhart, PraxKomm, Art. 485 N 12; Steinauer, Successions, Nr. 1087. A. M. Piotet, SPR IV/1, 33 f., wonach der Vermächtnisnehmer nur Anspruch auf den Nettowert nach Abzug des Pfandwertes hat. So auch Wolf, SPR IV/1, 265.

gestaltet sich die Lage für die Zeit *zwischen dem Erbgang und der Auslieferung* des Vermächtnisses. Während dieser Frist steht der Beschwerte in den Rechten und Pflichten eines *Geschäftsführers ohne Auftrag* (485²). Damit wird auf die Art. 419 ff. des OR verwiesen.[28] Daraus folgt, dass der Beschwerte der Bedachten für jede schuldhafte Verschlechterung der Sache, also auch für blosse Fahrlässigkeit *haftet* (beim Handeln entgegen dem Willen des Bedachten sogar für Zufall: 420³ OR). Im Gegenzug kommt dem Beschwerten ein Anspruch zu für die *Verwendungen,* die er auf die Sache gemacht hat, insoweit diese notwendig oder nützlich und den Verhältnissen angemessen waren (Unterhaltskosten, Reparaturen, Abgaben usw.; 422¹ OR). Kommt der Beschwerte mit der Erfüllung in Verzug, so hat er Schadenersatz wegen Verspätung zu leisten und haftet auch für den Zufall (103¹ OR). In Verzug kommt er entweder durch Mahnung oder durch einen vom Erblasser bestimmten Verfalltag (102 OR).[29]

32   Das Gesetz sagt nichts darüber, wem die *Früchte* der vermachten Sache während jener Zwischenzeit gehören, wenn nicht ein bestimmter Wille des Erblassers aus der Verfügung abgeleitet werden kann. Nach der Meinung der früheren Kommentatoren[30] hat die Bedachte auf die Früchte erst Anspruch vom Zeitpunkt der Mahnung und mithin In-Verzug-Setzung des Beschwerten (102 OR) an.[31] Nach zutreffender Meinung umfasst das Vermächtnis die Früchte aber bereits vom Tod des Erblassers an.[32] – Umstritten ist auch, ab wann und ob mit oder ohne Mahnung Schuldnerverzug des Beschwerten und mithin *Verzinslichkeit* der Forderung eintritt.[33]

c. Die Ausschlagung

33   Analog dem Erben, jedoch formfrei, kann der Vermächtnisnehmer seinen Anspruch ausschlagen (577). Hier gibt es keine Frist und mithin keine Verwirkung des Ausschlagungsrechts durch Zeitablauf. Es sind ja auch keine Gläubiger vorhanden, deren Interessen auf eine rasche Erledigung drängten. Die Ausschlagung des Vermächtnisnehmers kann (anders als beim Erben: 570²) bedingt und unter Vorbehalt geschehen,

---

28   Siehe SCHMID, ZüKomm, Art. 419 OR N 143; HUWILER, BaKomm, Art. 485 N 19 ff.

29   PETER WEIMAR, Der Anspruch des Vermächtnisnehmers und seine Nachrangigkeit, in FS Jean Nicolas Druey (Zürich 2002), 275 ff., 277 f.

30   TUOR, BeKomm, Art. 485 N 17; ESCHER, ZüKomm, Art. 485 N 6.

31   Nach 83 II 441 und wohl auch 111 II 425 ff. entfällt die Pflicht zur In-Verzug-Setzung, weil das Gesetz einen bestimmten Verfalltag vorsieht. Siehe auch ZR 96 (1997) Nr. 27.

32   PIOTET, SPR IV/1, 140. So auch ZR 1997 Nr. 27. So für den Fall fehlender Anordnung durch den Erblasser nun mit einlässlicher Begründung HUWILER, BaKomm, Art. 485 N 26 ff. So auch ZR 1997 Nr. 27; BURKHART, PraxKomm, Art. 485 N 13; HRUBESCH-MILLAUER, HandKomm, Art. 485 N 5; STEINAUER, Successions, Nr. 1088a.

33   Gemäss 111 II 421 läuft die Zinspflicht ohne Mahnung von durch den Erblasser bestimmten Verfalltag an. Gemäss 83 II 441 E. 2b ist ohne weitere Mahnung mit dem Eintritt der definitiven Erbenstellung ein Verfalltag gegeben, sind aber Verzugszinse nur «spätestens» von der Mahnung an zu bezahlen. Gemäss HUWILER, BaKomm, Art. 562 N 11, setzen Verzug und damit Verzinslichkeit stets eine Mahnung voraus, da ein Verfalltag nur dann zum Schuldnerverzug führe, wenn er von den Parteien verabredet war. Differenziert STEINAUER, Successions, Nr. 1083c.

sofern dies nicht über den erblasserischen Willen hinausgeht.[34] In der Regel fällt durch die Ausschlagung die entsprechende Belastung des Beschwerten weg. Allerdings kann der Erblasser etwas anderes verfügen, z.B. dass das Vermächtnis B zukommen soll, wenn A es nicht annimmt (577). Darin liegt eine Ersatzverfügung (487).

d. Vermächtnisnehmer und Gläubiger

1. Verhältnis zu den Erbschaftsgläubigern

Auf das Vermögen des Erblassers sollen in erster Linie dessen Gläubiger Zugriff haben.   34
Sie haben ihm mit Rücksicht auf dieses Vermögen Kredit gewährt; es darf ihnen nicht infolge von Vorteilen, die der Erblasser anderen Personen einräumt, entwunden werden. Die *Erbschaftsgläubiger* gehen deshalb den Vermächtnisnehmern vor. Diesen Grundsatz spricht Art. 564 Abs. 1 aus: Niemand soll sich freigebig erweisen können, der seine Schulden nicht bezahlt hat. *Nemo liberalis nisi liberatus.*

2. Verhältnis zu den Erbengläubigern

Schwieriger ist es, das Verhältnis zwischen Vermächtnisnehmern und Gläubigern der   35
mit dem Vermächtnis belasteten *Erben* zu bestimmen. Sind diese Erben *pflichtteilsberechtigt,* so darf der Erblasser deren Pflichtteil durch Vermächtnisse nicht verkürzen. Die Erben können sich dagegen mit der Herabsetzungsklage wehren (522[1]; 532). Dieser Pflichtteil ist aber auch ihren Gläubigern verfangen; mit dessen Anfall durften sie ja rechnen und ihn bei der Kreditgewährung in Anschlag bringen. Daher geht die Herabsetzungsklage an die Gläubiger der Erben über, wenn diese sie nicht anheben und jene zu Schaden kommen (524).

Ganz anders verhält es sich bei *nichtpflichtteilsberechtigten* Erben bzw. bei pflicht-   36
teilsberechtigten im Rahmen der verfügbaren Quote. Auf Vermögen, das nicht durch den Pflichtteil gebunden ist, haben selbst die Erben dem Erblasser gegenüber keinen Anspruch, folglich auch nicht ihre Gläubiger. Diese mussten von Vornherein damit rechnen, dass der Erblasser es ihrem Schuldner und somit ihrem späteren Zugriff entziehen werde. Soll es nun anders sein, wenn der Erblasser in diesem Rahmen Vermächtnisse anordnet? Soll der Erblasser dabei auf Gläubiger der Erben Rücksicht nehmen müssen, währenddem er die Erben völlig übergehen könnte?

Die zweckmässige Lösung wäre demnach, dass *die Vermächtnisnehmer grundsätzlich*   37
den Erbengläubigern vorgehen. In der Tat ist im ZGB diese Lösung dort verwirklicht, wo das Erbschafts- vom Erbenvermögen getrennt gehalten und somit eine gesonderte Befriedigung der Vermächtnisnehmer aus jenem ermöglicht wird.[35] Das gilt bei der Anordnung der amtlichen Liquidation (596[1]), bei der Abwicklung der Erbgeschäfte

---

34   Tuor/Picenoni, BeKomm, Art. 577 N 8; Escher, ZüKomm, Art. 577 N 4; Häuptli, Prax-Komm, Art. 577 N 1; Schwander, BaKomm, Art. 577 N 3; Göksu, HandKomm, Art. 577 N 2; Steinauer, Successions, Nr. 1082a.

35   Erbschaft und Erbenvermögen verschmelzen allerdings auch dann nicht, wenn gemäss Art. 49 SchKG die Erbengemeinschaft betrieben wird (hierzu hinten § 82 N 16). Dort werden, jedenfalls explizit, die Vermächtnisnehmer nicht erwähnt.

durch den Willensvollstrecker (518²)³⁶ und nach BGE 104 II 139 E. 3³⁷ bei Sicherstellung der Rechte der Vermächtnisnehmer auf Grund von Art. 594 Abs. 2 sowie im Fall des Art. 573 (hierzu vorn Anm. 15).

38 Wie verhält es sich aber, wenn die Erbschaft gemäss ZGB mit dem Erbenvermögen verschmilzt, also bei der vorbehaltlos oder unter öffentlichem Inventar erfolgten Annahme der Erbschaft (abgesehen von den eben erwähnten Fällen der Willensvollstreckung und Sicherstellung)? Der Wortlaut von Art. 564 Abs. 2 lässt darauf schliessen, dass in diesem Fall (dem Normalfall) die Vermächtnisnehmer nicht bloss keinen Vorrang besitzen, sondern sogar erst nach den Erbengläubigern befriedigt werden dürfen. Nachdem nämlich gemäss Absatz 1 dieses Artikels die Gläubiger des Erblassers mit ihren Ansprüchen den Vermächtnisnehmern vorgehen, fährt Absatz 2 fort: «Die Gläubiger des Erben stehen, wenn dieser die Erbschaft vorbehaltlos erworben hat, den Gläubigern des Erblassers gleich.» Daraus wurde nun nach der lange Zeit herrschenden Meinung der naheliegende Schluss gezogen: also gehen auch die Gläubiger der Erben den Vermächtnisnehmern vor.

39 Indessen ist diese Argumentation nicht unangefochten geblieben. Absatz 2 kann nämlich auch etwas anderes bedeuten: Er umschreibt gar nicht das Verhältnis des Erbengläubigers zum Vermächtnisnehmer (denn für diesen wäre der Vorbehalt: «wenn dieser [d.h. der Erbe] die Erbschaft vorbehaltlos erworben hat», belanglos), sondern nur das Verhältnis der beiden Gläubigergruppen, der Gläubiger des Erblassers und jener des Erben, zum Erben selbst, und zwar im Sinn einer Gleichstellung: beide Gläubigergruppen haben in gleicher Weise Zugriff auf das Vermögen des Erben (Eigenes plus Ererbtes), wenn er die Erbschaft vorbehaltlos angenommen hat. Stimmt dies, so lässt Art. 564 Abs. 2 keinen Schluss auf das Verhältnis zwischen den Vermächtnisnehmern und den Erbengläubigern zu.³⁸ Es fehlt dann hierfür an einer ausdrücklichen gesetzlichen Regelung. Diese müsste gemäss Art. 1 Abs. 2 ermittelt werden. Eine solche Auslegung wird aber nicht zu einer Vorrangstellung der Erbengläubiger, sondern zu einer Gleichstellung von Vermächtnisnehmern und Erbengläubigern oder aber zu einem Vorrang der Vermächtnisnehmer gelangen.³⁹ Nach

36 Nach Escher, ZüKomm, Art. 564 N 7, sagt Art. 518 Abs. 2 diesbezüglich nichts aus.

37 Art. 594 Abs. 2 wird gemäss diesem BGE als gesetzliche Milderung der (von einem Teil der Lehre bejahten [so namentlich Breitschmid, BaKomm, Art. 564 N 6, m. w. H.; a. M. Weimar, FS Druey a.a.O. 284 f.]) Härte des Art. 564 Abs. 2 gegenüber den Vermächtnisnehmern gedeutet. Fraglich ist, ob man daraus schliessen darf, das Bundesgericht sei in der Grundsatzfrage nicht für den Vorrang der Vermächtnisnehmer.

38 Vgl. namentlich Escher, ZüKomm, Art. 564 N 8, wonach dies damals (1960) die überwiegend vertretene Ansicht darstellte.

39 So verführerisch die Lösung mit der Gesetzeslücke ist, so erwecken doch Entstehungsgeschichte (Eugen Huber, Erl. I 438 f.) und Systematik (564 steht unter den mit dem Randtitel «Vermächtnisnehmer» abgedeckten Art. 562–565) diesbezüglich Bedenken. Und so überwog später wieder die Meinung, Art. 564 Abs. 2 regle eben doch für den Fall der Verschmelzung der Vermögen das Verhältnis Erbengläubiger/Vermächtnisnehmer, und zwar im Sinn des Vorrangs der Erbengläubiger: Piotet, SPR IV/2, 835 ff.; Suzette Sandoz-Monod, Concours entre légataires et créanciers (art. 564 al. 2 CCS) (Diss. Lausanne 1974), 175 f. und passim, sowie Nuot

heute zu Recht *überwiegender Meinung* besteht ein Vorrang der Vermächtnisnehmer vor den Erbengläubigern.[40]

e. Erbe und Vermächtnisnehmer

Der mit Vermächtnissen beschwerte Erbe haftet für die Vermächtnisschulden. Er entgeht dieser Haftung durch Ausschlagung der Erbschaft und gegebenenfalls auf Grund amtlicher Liquidation. Er kann aber auch die Erbschaft annehmen und die *Herabsetzung* der Vermächtnisse auf jenen Wertbetrag verlangen, der ihm selbst durch die Erbfolge zukommt (486[1]). Zu diesem Zweck genügt dem Erben in der Regel die blosse *Einrede,* die er der Klage auf Auslieferung des Vermächtnisses entgegenstellt. [40]

Denkbar ist, dass ein Erbe die angeordneten Vermächtnisse ohne Bedenken auszahlt, weil er die Erbschaft für genügend hoch hält. Nachträglich tauchen aber ihm bisher *unbekannte Erbschaftsschulden* auf, die seine Berechnung über Bord werfen. Er muss sie zahlen, da er die Erbschaft vorbehaltlos angenommen, weder das öffentliche Inventar noch die amtliche Liquidation verlangt hatte, und kommt so zu Schaden. Zu seinem Schutz greift aber Art. 565 ein: Der beschwerte Erbe kann nachträglich eine Herabsetzungsklage anstrengen, d.h. die Vermächtnisnehmer zu einer entsprechenden Rückleistung des ihnen zu viel Bezahlten anhalten. Doch können diese, soweit sie gutgläubig waren, nur mehr für jenen Betrag in Anspruch genommen werden, um den sie zur Zeit der Klage bereichert sind.[41] [41]

P. SARATZ, Der Schutz des Vermächtnisnehmers im Schweizerischen Zivilgesetzbuch (Diss. Zürich 1978), 55 ff.; PIOTET a.a.O. 838 f. neigte allerdings dazu, diese Aussage auf den Fall des Erwerbs durch einen Alleinerben zu beschränken und im Übrigen die beiden Gruppen für gleichberechtigt zu erklären.

40 So BURCKHARDT a.a.O. 99; BREITSCHMID, BaKomm, Art. 564 N 7 f.; GÜBELI a.a.O. 185 ff., und «wohl» auch DRUEY, Grundriss, § 13 N 76. Nun aber doch wieder eine a. M. bei WEIMAR a.a.O. in FS Druey, 275 ff. Differenziert STEINAUER, Successions, Nr. 1095 ff.

41 Ausführungen über die Verjährung dieser «Herabsetzungsklage» und die «Sonderbehandlung» des bösgläubigen Vermächtnisnehmers bei ESCHER, ZüKomm, Art. 565 N 8, und BREITSCHMID, BaKomm, Art. 565 N 4 f. Siehe auch PIOTET, SPR IV/1, 476 f.

§ 78 Das öffentliche Inventar

I. Der Zweck

1 Ist der Erblasser im Zeitpunkt des Todes nach amtlicher Feststellung oder offenkundig zahlungsunfähig, gilt die Erbschaft ohne Weiteres als vom Erben abgelehnt (566[2]); ist die Überschuldung zwar nicht offenkundig, aber die Passivbilanz dem Erben bekannt, kann er die Erbschaft ausschlagen. Es ist aber auch denkbar, dass er über den Vermögensstand kein klares Bild gewinnen kann, vor allem bei ausgedehntem Geschäftsverkehr des Erblassers, bei Fehlen einer zuverlässigen Buchführung, bei Unsicherheit in der Bewertung von Grundstücken, Wertgegenständen oder nichtkotierten Titeln und bei Möglichkeit unbekannter Bürgschaftsverpflichtungen. Hier ist guter Rat manchmal teuer. Schlägt der Erbe aus, riskiert er, dass ihm ein allfälliger Vermögensüberschuss entgeht oder dass die unbeliebte konkursamtliche Liquidation über den Nachlass eintritt (573). Nimmt er an, läuft er Gefahr, für einen allfälligen Schuldenüberschuss mit dem eigenen Vermögen herhalten zu müssen. In dieser schwierigen Lage bedarf er einer zuverlässigen *Kenntnis* über den Erbschaftsstand, sodann einer absoluten *Sicherheit,* dass er bei Annahme der Erbschaft nur das dabei vorausgesehene Risiko tragen müsse. Diesen doppelten Dienst der *Aufklärung* und der *Haftungsbeschränkung* leistet ihm das in den Art. 580–591 geregelte Institut (die «Rechtswohltat») des *öffentlichen Inventars* (le bénéfice d'inventaire, das römisch-rechtliche *beneficium inventarii*).

II. Das Verfahren

a. Die Anordnung

2 Das öffentliche Inventar[1] wird von der zuständigen Behörde angeordnet auf das bei ihr mündlich oder schriftlich gestellte Begehren *eines* Erben hin (580[1] und [2]; 133 III 2 E. 2). Selbst wenn nur *ein* Erbe das Begehren stellt, erfasst das Inventar nicht nur dessen Erbteil, sondern immer die ganze ungeteilte Erbschaft (580[3]). Das Begehren muss innerhalb eines Monats eingereicht werden (580[2]); für den Beginn der Frist gelten die gleichen Regeln wie bei der Ausschlagung (567[2], 569, 571[2]). Somit beginnt sie für die eingesetzte gesetzliche Erbin erst mit dem Zeitpunkt, da ihr die amtliche Mitteilung der eröffneten Verfügung zugekommen ist, da sie erst dann weiss, dass ihr Erbteil und mithin auch ihre Schuldenhaftung grösser ist als gesetzlich vorgesehen. Dagegen beginnt die Frist für eine auf den Pflichtteil gesetzte Erbin bereits mit der Kenntnis des Todes, da sie bereits zu diesem Zeitpunkt wusste, dass sie mindestens im Rahmen des Pflichtteils haften würde. Die Kenntnis der Verfügung ändert daran nichts (138 III 547 f. E. 2.1 und 2.4). Voraussetzung ist weiter, dass der betreffende Erbe sein Entscheidungsrecht weder durch Ausschlagung noch durch Annahme der Erbschaft ein-

---

1 Zur Abgrenzung vom Sicherungsinventar (553) s. BGE 118 II 267 ff. E. 4; 120 Ia 258; 138 III 454 nicht publizierte E. 1.2 und STEINAUER, Successions, N 1008.

gebüsst hat (580¹). Während also ein Erbe drei volle Monate zur Verfügung hat, um sich über Annahme oder Ausschlagung zu entscheiden, kann er nur innert des ersten dieser Monate das Gesuch um das öffentliche Inventar stellen. Hat er es aber rechtzeitig gestellt, so bewirkt es eine Verlängerung der für seine grundsätzliche Stellungnahme zur Verfügung stehenden Frist.² Umstritten ist, ob für den Erben, der die Frist verpasst hat, analog Art. 576 die Möglichkeit einer Fristverlängerung aus wichtigen Gründen besteht.³

b. Die Durchführung

Die zuständige Behörde wird vom kantonalen Recht bestimmt, das Verfahren in seinen Grundzügen durch das ZGB. Es besteht im Wesentlichen aus zwei Akten: 3

1. Anlegung eines *Verzeichnisses* der Vermögenswerte und Schulden der Erbschaft, verbunden mit einer Schätzung (581¹). 4

2. Amtlicher *Rechnungsruf* an Gläubiger und Schuldner durch eine angemessene (79 II 366 f.) öffentliche Ankündung (582¹).⁴ Den Gläubigern wird dabei unter Fristansetzung (582³; 138 III 546 ff. E. 2) die Verwirkung ihrer Ansprüche bei nicht rechtzeitiger Anmeldung angedroht (582²). Aus öffentlichen Büchern oder aus Papieren des Erblassers ersichtliche Forderungen und Schulden hat die Behörde von Amtes wegen aufzunehmen (583¹; vgl. 66 II 95 und 116 III 4);⁵ auch durch Dritte angemeldete Forderungen sind aufzunehmen (110 II 229 ff.). Die Aufnahme ist Schuldnern und Gläubigern anzuzeigen (583²). Die Behörde hat ein Erkundigungsrecht gegenüber Erben oder Drittpersonen (BGer 5A_434/2012 E. 3.2.2), welche ihrerseits auskunftspflichtig sind (581² und ³).⁶ 5

Die *ungestörte Durchführung des Inventars* setzt voraus, dass während dessen Dauer der Bestand der Erbschaft möglichst unverändert erhalten bleibt. Daher gilt: Aus- 6

---

2   Das BGer hat in BGE 133 III 2 f. E. 3.2 die Frage offengelassen, ob nach Durchführung des öffentlichen Inventars (gestützt auf 580³) alle Erben die Wahlmöglichkeiten nach Art. 588¹ haben (also auch ausschlagen können) oder nur jene, die nicht bereits explizit oder durch Einmischung angenommen haben (Verhältnis zwischen Art. 580³ und 571²). Vgl. die Besprechung dieses BGE von Völk, BGE 133 III 1 ff., 5C.126/2006, 23.08.2006, in successio 1 (2007), 130 ff., 132 f.

3   Zu dieser Kontroverse s. 104 II 249, der die Frage offenlässt, und dort S. 251 zit. Literatur, dann aber auch SJZ 79 (1983), 228 ff.; sowie Piotet, SPR IV/2, 799, und Wissmann, BaKomm, Art. 580 N 11 ff., welche die Frage offenlassen; gegen die analoge Anwendung von 576 m. w. H. Engler, PraxKomm Erbrecht, Art. 580 N 10 ff., und Abt, HandKomm, Art. 580 N 10 f. Dafür Steinauer, Successions, Nr. 1014a.

4   Hierzu Wissmann, BaKomm, Art. 582 N 3 ff.; Abt, HandKomm, Art. 582 N 4 ff.; Engler, PraxKomm Erbrecht, Art. 580 N 14 ff.

5   Das gilt auch für dingliche Rechte. Diese bleiben aber auch ohne Aufnahme in das Verzeichnis bestehen: Wissmann, BaKomm, Art. 581 N 15 ff.

6   Zu den Aufgaben der Behörde bei der Suche nach Gläubigern s. 79 II 362. Zur Aufschlusspflicht, auch der Banken, im Einzelnen Wissmann, BaKomm, Art. 581 N 18 ff.; Abt, HandKomm, Art. 581 N 10 ff.

schluss anderer als der notwendigen[7] Verwaltungshandlungen (585), Untersagung der Prozessführung (mit Ausnahme von dringenden Fällen), Stillstand der Verjährung, Rechtsstillstand (586; 90 II 435 E. 5). Die Verrechnung durch einen Gläubiger während der Dauer des Inventars, das zur konkursamtlichen Liquidation der Erbschaft führte, ist nur nach Massgabe von Art. 213 Abs. 2 SchKG i. V. m. Art. 297 Abs. 4 SchKG zulässig, deren analoge Anwendbarkeit das BGer in 130 III 241 E. 3[8] anerkannte.

c. Der Abschluss

7   Nach Ablauf der Auskündungsfrist wird das Inventar geschlossen und die Beteiligten erhalten während einer *Auflegungsfrist* von wenigstens einem Monat Gelegenheit zur Einsichtnahme (584[1]).[9] Nach Abschluss des Inventars werden die einzelnen Erben von der Behörde aufgefordert, innert der *Deliberationsfrist* (Überlegungsfrist) eines Monats (bzw. unter Umständen einer Zusatzfrist: 587[2]) ihr Entscheidungsrecht auszuüben (587[1]). Umstritten ist das Verhältnis der Auflegungsfrist zur Deliberationsfrist. Die Frist für die Entscheidung der Erben beginnt sinnvollerweise erst nach Ablauf der Auflegungsfrist (584[1]) und nach Durchführung allenfalls nötiger Bereinigung zu laufen.[10] Mit Abschluss des Inventars erübrigt sich die Frage, ob das Erfordernis der Dringlichkeit (586[3]) für einen während der Dauer des Inventars angehobenen Prozess gegeben sei (130 III 241 E. 2).

III.   Die Wirkungen

a. Erleichterung und Erweiterung der Entscheidungsmöglichkeit

8   Jede Erbin (auch jene, die nicht Antrag für das öffentliche Inventar gestellt hat)[11] kann und muss nun auf Grund genauer Einsicht in den Bestand der Erbschaft einen eigenen

---

7   Siehe hierzu und zu Art. 586 Abs. 3 den Fall in SJZ 88 (1992), 253 f. Vgl. auch Engler, PraxKomm Erbrecht, Art. 585 N 7, und Wissmann, BaKomm, Art. 585 N 5, je mit Beispielen. S. dazu auch Abt, HandKomm, Art. 585 N 2.

8   Besprechung von Aebi-Müller, Die privatrechtliche Rechtsprechung des Bundesgerichts im Jahr 2004, Personen- und Erbrecht, in ZBJV 141 (2005), 101 ff., 108.

9   Während dieser Frist kann und soll zwar eine Bereinigung stattfinden; eine nachträgliche Geltendmachung von Forderungen ist aber ausgeschlossen: Stefan Pfyl, Die Wirkungen des öffentlichen Inventars (Art. 587–590 ZGB) (Diss. Freiburg 1996), AISUF 153, 11 ff.

10 So SJZ 70 (1974), 209 ff.; Pfyl a.a.O. 13 ff.; Wissmann, BaKomm, Art. 584 N 11 ff.; Engler, PraxKomm Erbrecht, Art. 584 N 19; Abt, HandKomm, Art. 584 N 2; Steinauer, Successions, Nr. 1022 FN 24; Entscheid des Regierungsrats des Kt. BE, zit. bei Pfäffli, BN 61 (2000), 301. – In 72 II 16 offengelassen, wie streng es mit der Frist von Art. 584 Abs. 1 zu nehmen sei.

11 Umstritten ist, ob dies auch für jene Erben gilt, deren Rechtslage sonst wie schon präjudiziert worden ist, beispielsweise indem sie die Erbschaft bereits vorbehaltlos angenommen haben: Druey, Grundriss, § 15 Nr. 64. Für den Fall, dass mehrere Erben da sind, s. Pfyl a.a.O. 25 ff. und 156 ff.; Wissmann, BaKomm, Art. 588 N 4 f. Zur Einmischung nach Art. 571 Abs. 2 s. Pfyl a.a.O. 22 ff. und Wissmann, BaKomm, Art. 588 N 3. Das Bundesgericht hat diese Frage offen gelassen: 133 III 2 E. 3.2.

Entschluss fassen und sich erklären. Dabei hat sie nun nebst den allen Erben zustehenden Wahlmöglichkeiten (vorbehaltlose Annahme, Ausschlagung[12], Begehren der amtlichen Liquidation) noch eine weitere und spezifische Möglichkeit: Annahme *unter öffentlichem Inventar* (588[1]); diese tritt ferner immer dann ein, wenn die Erbin überhaupt keine Erklärung abgibt (588[2]).[13] Die nachstehend unter N 9 ff. erläuterte Begrenzung der Schuldenhaftung betrifft mit Ausnahme der Haftung des Gemeinwesens nur diesen Fall (für Bürgschaftsschulden siehe N 14 ff.).

b. Begrenzung der Schuldenhaftung

Nach ZGB haben wir bei Annahme unter öffentlichem Inventar *drei Arten* von *Haftungen*[14] zu unterscheiden: 9

1. Da der *Erbe* die im *Inventar aufgenommenen* Forderungen in Erfahrung gebracht 10 und bei seiner Entscheidung in die Waagschale gelegt hat, soll es diesbezüglich bei der *unbeschränkten* persönlichen Erbenhaftung bleiben (Haftung nach Inventar: 589[1] und [3]).[15] Der Erwerb der Erbschaft wird auf den Zeitpunkt der Eröffnung des Erbgangs zurückbezogen (589[2]). Eine Sonderregelung gilt für das erbende *Gemeinwesen*, bei dem der Rechnungsruf immer von Amtes wegen erlassen wird: Es haftet auch für die verzeichneten Schulden[16] nur beschränkt, mit den Erbschaftswerten; der Formulierung «im Umfange der Vermögenswerte» (592) zum Trotz wird angenommen, hier bestehe eine reine Sachhaftung.[17]

2. Vollständig gesichert muss der Erbe gegenüber Forderungen sein, deren Anmel- 11 dung von den Gläubigern *verschuldeterweise* versäumt worden ist. Sie gelten als verwirkt, als «präkludiert» (590[1]); Verrechnung ist ausgeschlossen (111 V 3).[18]

---

12 Zum Verhältnis zu Art. 566 Abs. 2 PIOTET, SPR IV/2, 806, mit Zitaten sowie PFYL a.a.O. 28 f.

13 Für den Fall, dass auf Grund eines unvollkommenen Inventars «falsche Entschlüsse» gefasst wurden, siehe WISSMANN, BaKomm, Art. 588 N 7 ff.

14 Abgesehen von den pfandgesicherten Forderungen, für deren pfandgesicherten Teil die Regel von Art. 590 Abs. 3 gilt. Hierzu PFYL a.a.O. 100 ff.; WISSMANN, BaKomm, Art. 590 N 16 ff.; ABT, HandKomm, Art. 590 N 10; ENGLER, PraxKomm Erbrecht, Art. 590 N 27 ff.

15 Die mit dem öffentlichen Inventar verbundene Haftungsbeschränkung gilt nur für die Erbschaftsschulden; für die Nachlassaktiven kommt ihr keine Wirkung zu. Siehe 113 II 118, wo sich ein Vertragspartner des Erblassers zu Unrecht gegenüber den Erben auf das öffentliche Inventar berufen hat. Hierzu WISSMANN, BaKomm, Art. 590 N 4; Kritik an diesem BGE bei PFYL a.a.O. 58 f.

16 Umstritten ist, was hier für die nicht verzeichneten Schuldner gilt: ESCHER, ZüKomm, Art. 592 N 5; PIOTET, SPR IV/2, 815; WISSMANN, BaKomm, Art. 592 N 4; ENGLER, PraxKomm Erbrecht, Art. 592 N 2.

17 Also eine Haftung «cum viribus hereditatis» (mit den Kräften des Nachlasses) und nicht «pro viribus hereditatis» (für so viel, als der Nachlass wert war): vgl. ESCHER, ZüKomm, Art. 592 N 5, und PIOTET, SPR IV/2, 815. S. dazu auch WISSMANN, BaKomm, Art. 592 N 4; ABT, HandKomm, Art. 592 N 2.

18 Für öffentlich-rechtliche Forderungen s. aber 102 Ia 483. Hierzu WISSMANN, BaKomm, Art. 589 N 5 ff.; STEINAUER, Successions, Nr. 1041 f.; ENGLER, PraxKomm Erbrecht, Art. 589 N 2 ff.; ABT, HandKomm, Art. 589 N 3; kritisch PFYL a.a.O. 126 ff. und 138 f. Zur Verrechnung vgl. WISSMANN, BaKomm, Art. 590 N 3 f.; ENGLER, PraxKomm Erbrecht, Art. 590 N 6 ff.

12   3. Eine *Zwischenstellung* nehmen die Forderungen ein, deren Inventarisierung *ohne Schuld* des Gläubigers unterblieb:[19] «Ohne Schuld» ist die Forderung dann nicht inventarisiert worden, wenn entweder der Gläubiger die Anmeldung unverschuldeterweise unterlassen oder wenn die Behörde die Forderung trotz Anmeldung nicht aufgenommen hat (590[1]).[20] Das Bundesgericht verlangt eine weite Auslegung dieser Bestimmung zu Gunsten der Gläubiger (90 II 433).

13   Volle Haftung wäre hier für den Erben, der sie nicht kennen konnte, zu hart, Nichthaftung dem Gläubiger gegenüber, der schuldlos um sein Recht käme, unbillig. Daher der Mittelweg: Haftung, aber *beschränkte* Erbenhaftung. Der Erbe muss dafür nur bis zur Höhe (also «pro viribus») der ihm aus der Erbschaft zugekommenen[21] *Bereicherung*, aber mit seinem gesamten Vermögen (72 II 18) einstehen (590[2]).[22]

IV.   Die Bürgschaftsschulden

14   Die latenten Bürgschaftsschulden bedürfen einer Sonderregelung. Sie sind nur Eventualschulden. Ob sie je fällig werden, hängt davon ab, wie sich die Vermögenslage des Hauptschuldners gestaltet. Soll da der Erbe die Erbschaft annehmen in der Hoffnung, die Haftung werde niemals praktisch werden? Oder soll er den sicheren Weg gehen und die Erbschaft ausschlagen? Die Entscheidung ist namentlich dann schwierig, wenn das öffentliche Inventar ergibt, dass mit Einrechnung der Bürgschaftsschulden ein Passivsaldo, mit deren Abzug dagegen ein Aktivsaldo herausschaut. *Beispiel:* 100 000 Aktiven, 40 000 gewöhnliche und 160 000 Bürgschaftsschulden. Nach den gewöhnlichen Regeln über die Schuldenhaftung beim öffentlichen Inventar ginge hier der Erbe ein bedeutendes Risiko ein. Das ZGB möchte aber im Allgemeinen eher die Annahme fördern. Deshalb erleichtert es in Art. 591 die Haftung des Erben für die Bürgschaftsschulden, und zwar wie folgt:

15   Wenn ein *öffentliches Inventar aufgenommen* worden ist, aber auch nur dann, haftet der Erbe für die Bürgschaftsschulden nicht unbegrenzt, sondern nur bis zu dem Betrag, welchen die Bürgschaftsgläubiger bei einer *konkursamtlichen Liquidation* der Erbschaft erhalten hätten. Dies gilt – nach der Durchführung des öffentlichen Inventars – unabhängig davon, ob der Erbe unter öffentlichem Inventar oder ob er vorbehaltlos ange-

---

19   Zur Bereicherungshaftung bei unverschuldeter Nichtaufnahme ins Inventar vgl. die in BGE 133 III 1 nicht publizierte E. 4 (BGer 5C.126/2006). In casu war der Rechnungsruf genügend und die Nichtaufnahme ins Inventar durch den Gläubiger selbst verschuldet.

20   Nach h. L. gilt dies auch bei Nichtaufnahme in Fällen des Art. 583 Abs. 1: ABT, HandKomm, Art. 590 N 3; WISSMANN, BaKomm, Art. 583 N 4 f.; a. M. PFYL a.a.O. 74 ff., zurückhaltend ENGLER, PraxKomm Erbrecht, Art. 590 N 18.

21   Zum Zeitpunkt s. DRUEY, Grundriss, § 15 Nr. 71. S. auch ABT, HandKomm, Art. 590 N 8; ENGLER, PraxKomm Erbrecht, Art. 590 N 11; WISSMANN, BaKomm, Art. 590 N 14.

22   Über die Möglichkeiten der Gläubiger, sich schadlos zu halten: PFYL a.a.O. 139 ff. Zum Ganzen vgl. auch ENGLER, PraxKomm Erbrecht, Art. 590 N 10; WISSMANN, BaKomm, Art. 590 N 11 ff.

nommen hat.[23] Um die Summe zu bestimmen, bis zu der die Haftung reicht, muss auf Grund des Inventars ein rechnerischer Abschluss vorgenommen werden. Ergibt sich dabei mit Einrechnung der Bürgschaftsschulden die Insolvenz der Erbschaft, muss die Konkursdividende festgestellt werden.

Aktiven	Passiven	
100 000	40 000	gewöhnliche Passiven
	160 000	Bürgschaftsschulden

16

Im Ganzen stehen also den 100 000 Aktiven 200 000 an Passiven gegenüber. Die Konkursdividende beträgt dementsprechend 50%. Der Erbe muss im schlimmsten Fall für die 40 000 gewöhnliche Schulden und für die Hälfte des Betrags der Bürgschaftsschulden, für 80 000, einstehen.[24]

17

Diese Regelung bedeutet keine ungerechtfertigte Verletzung der Bürgschaftsgläubiger. Der Erbe hätte ja die Erbschaft auch ausschlagen, zur amtlichen Liquidation bringen oder nach abgeschlossenem Inventar ablehnen können. In all diesen Fällen hätte für die Bürgschaftsgläubiger ebenfalls nur die Konkursdividende herausgeschaut. Diese Bestimmung nützt allerdings den anderen Gläubigern, da diese anstatt der Konkursdividende volle Befriedigung fordern können. Die Bevorteilung erfolgt aber nicht auf Kosten der Bürgschaftsgläubiger, sondern auf Kosten des damit einverstandenen Erben.[25]

18

---

23 Für den Fall, dass die Bürgschaftsschulden nicht verzeichnet worden sind, siehe WISSMANN, BaKomm, Art. 591 N 10; PIOTET, SPR IV/2, 811; ABT, HandKomm, Art. 591 N 7.
24 Komplizierter wird es, wenn privilegierte Passiven vorliegen; hierzu siehe WISSMANN, BaKomm, Art. 591 N 7 und das 3. Beispiel in N 8.
25 Wenn allerdings der Erbe bei späterer Geltendmachung der Bürgschaftsforderung die Konkursdividende nicht mehr zu zahlen vermag, so kann der Bürgschaftsgläubiger doch schlechter wegkommen; befürchtet er dies, kann er aber die amtliche Liquidation verlangen.

§ 79 Die amtliche Liquidation

I. Zweck und Bedeutung

1 Die Erbschaftsschulden werden nach der dem ZGB vorschwebenden Lösung in der Regel nicht bei der Abwicklung des Erbgangs getilgt. Sie gehen einfach auf die Erben über und werden bei der Erbteilung (abgesehen von 610³) Einzelnen von ihnen überbunden, mit einstweiliger Fortdauer der Haftung aller (639). Es tritt eine völlige *Verschmelzung* der Erbschaft mit dem Vermögen der Erben ein, so dass nicht mehr nach der Herkunft der Werte und Schulden zu fragen ist.[1] In gewissen Fällen haben aber durch den Erbgang berührte Personen ein Interesse daran, dass vor der Aushändigung der Erbschaftsaktiven an die Erben die Passiven bereinigt werden und bis dahin jene Verschmelzung (Durchbrechung des Prinzips der Universalsukzession) verhindert wird.

2 Ein solches Interesse können vier unterschiedliche Personengruppen haben:

a. Die Erben

3 An erster Stelle haben die Erben selbst ein Interesse daran, dass vor der Aushändigung der Erbschaftaktiven die Passiven bereinigt werden. Das ist bei Überschuldung der Erbschaft der Fall (593), damit sie vor der mit ihrer persönlichen und unbeschränkten Schuldenhaftung verbundenen Gefahr bewahrt bleiben. Die Schuldenhaftung soll wie beim öffentlichen Inventar beschränkt werden, aber in einer radikaleren Weise.

b. Die Gläubiger des Erblassers

4 Bei Überschuldung eines Erben haben die Gläubiger des Erblassers ein Interesse an der Aufschiebung der Verschmelzung des Erbschafts- und Erbinnenvermögens (594), um zu verhindern, dass neben ihnen die persönlichen Gläubiger der Erbin auf die Nachlassaktiven greifen können. Für die Erbschaftsgläubiger ist die Erbeninsolvenz dann ein Schaden, wenn die finanzielle Lage der Erbin derart verzweifelt ist, dass sich trotz der ihr aus der Erbschaft zufliessenden Werte noch eine Überschuldung ergibt. Da die Gläubiger des Erblassers mit jenen der Erbin auf gleichem Fuss konkurrieren, hat sich in diesem Fall die Stellung der Ersteren verschlimmert, die der Letzteren dagegen in unverdienter Weise verbessert: Während die Erbschaftsgläubiger vor dem Erbgang sichere Aussicht auf Befriedigung hatten, kommen sie nun zu Verlust. Dies ist eine Unbilligkeit, die jede Kreditgewährung untergraben müsste. Die Gläubiger können beim Kreditieren nur die persönlichen Eigenschaften und Verhältnisse sowie die Vermögenslage des Schuldners prüfen, nicht aber immer voraussehen, wer etwa seine Erbin sein wird. Deshalb gestattet ihnen das Gesetz, jene Verschmelzung aufzuhalten und ihre ausschliessliche vorgängige Befriedigung aus den Erbschaftswerten zu fordern.

---

1 Siehe immerhin die Betreibung einer Erbschaft gemäss Art. 49 SchKG und hierzu § 77 Anm. 35 und § 82 N 17.

c. Die Gläubiger der Erbin

Die Verschmelzung des Erbschafts- und Erbenvermögens kann aber auch den Gläubi- 5
gern der Erbin zu Schaden gereichen. Dies gilt bei Überschuldung der Erbschaft, wenn
das Nettovermögen der Erbin nicht ausreicht, um den Fehlbetrag auszugleichen. Trotz
dieser Gefahr für die Erbengläubiger sieht das Gesetz kein entsprechendes Hilfsmittel
vor. Es geht hierbei von folgender Erwägung aus: Jeder Gläubiger muss damit rechnen,
dass der Schuldner seine Vermögenslage verschlechtert (138 III 500 f. E. 3.2) und damit
Ansprüche der Gläubiger gefährdet. Es kommt nicht darauf an, ob er das durch einen
unvorteilhaften Erbschaftserwerb oder durch verschwenderische Ausgaben bewirkt.
In allen diesen Fällen sollte der gefährdete Gläubiger selbst rechtzeitig Vorkehrungen
treffen.[2] Ausnahmsweise findet aber selbst zum Schutz von Erbengläubigern eine amtliche Liquidation statt (578[2]).

d. Die Vermächtnisnehmer

Endlich hätten unter Umständen auch die Vermächtnisnehmer ein Interesse daran, 6
dass ihre Ansprüche vor der Verschmelzung der Erbschaft mit dem Erbenvermögen befriedigt werden. Die amtliche Liquidation, die eine vorgängige Ausrichtung
der Vermächtnisse ermöglichen würde, ist jedoch nicht immer erwünscht, da sie
womöglich ein schlechtes Licht auf den Erblasser wirft und mithin dessen Andenken
abträglich ist. Die Vermächtnisnehmer sind nun aber dem Erblasser grössere Rücksicht schuldig als die Gläubiger. Das Gesetz gewährt ihnen daher keinen Anspruch
auf Durchführung einer amtlichen Liquidation und verweist sie zu ihrer Sicherstellung auf blosse vorsorgliche *amtliche Massregeln* (594[2]). Die Voraussetzungen für die
Anordnung dieser Massnahmen sind dieselben wie für die amtliche Liquidation auf
Begehren eines Gläubigers (594[1] und [2]). Es handelt sich um rein konservatorische
Massnahmen (104 II 136). Nach der einen Ansicht kann der Vermächtnisnehmer als
Massnahme die Einräumung von Pfandrechten an Erbschaftsgütern verlangen, nach
der anderen zwar nicht Pfandrechte, wohl aber die Aussonderung von Erbschaftsgütern.[3] Da allerdings im Liquidationsverfahren Vermächtnisse vor Überlassung der
Nettoerbschaft auszurichten sind[4], können Vermächtnisnehmer, die selber die amtliche Liquidation nicht zu fordern berechtigt sind, von ihr profitieren, wenn sie von
anderer Seite erwirkt wird.[5]

Nur zwei von den vier Gruppen, die ein Interesse an der Getrennthaltung des Erb- 7
schafts- und des Erbenvermögens und an der vorgängigen Befriedigung aus einem der

---

2 Vgl. hierzu SCHNYDER, Vom Risiko im Erbrecht, in recht 3 (1985), 105 ff., 112. S. auch KARRER/
VOGT/LEU, BaKomm, Art. 594 N 2.

3 Vgl. PIOTET, SPR IV/2, 840 f. Siehe im Übrigen den nicht abschliessenden Katalog solcher Massnahmen bei KARRER/VOGT/LEU, BaKomm, Art. 594 N 14, und die Aufzählung bei STEINAUER,
Successions, Nr. 1084a. S. dazu auch ABT, HandKomm, Art. 594 N 6; ENGLER, PraxKomm Erbrecht, Art. 594 N 31 ff.

4 Soweit ein Nettoüberschuss vorliegt: PIOTET, SPR IV/2, 828.

5 Was je nach Theorie zum Verhältnis Erbengläubiger/Vermächtnisnehmer (hierzu vorn § 76
N 35 ff.) bedeutsam sein kann.

beiden besitzen, nämlich den Erben und den Gläubigern des Erblassers, steht damit das Hilfsmittel der *amtlichen Liquidation* (la liquidation officielle; 593–597) zur Verfügung.

II. Das Verfahren

a. Die Anordnung

8   Die amtliche Liquidation wird von der zuständigen Behörde angeordnet. Vorausgesetzt ist ein Dreifaches: erstens ein Begehren eines dazu noch berechtigten Erben (593[1]) oder eines Gläubigers des Erblassers[6], zweitens die begründete Besorgnis des Gesuchstellers, seine Forderungen würden nicht bezahlt, und drittens die trotz Begehren fehlende Befriedigung oder Sicherstellung der Forderungen (594[1]). Die Frist für die Stellung des Begehrens beträgt sowohl für den Erben (durch Hinweis auf die Ausschlagung in 593[1]) wie auch für die Erblassergläubigerin (gemäss 594[1] vom Tod des Erblassers oder der Eröffnung der Verfügung an) drei Monate.[7] Die amtliche Liquidation darf aber (anders als beim öffentlichen Inventar) nicht ein einzelner Erbe den anderen Erben aufdrängen. Einzelne Erben könnten ein Interesse daran haben, dass der Nachlass nicht versilbert wird. Deshalb wird dem Begehren eines Erben keine Folge geleistet, wenn auch nur ein einziger Erbe die Annahme der Erbschaft erklärt (593[2]). Geht hingegen das Begehren von einem Erbschaftsgläubiger aus, tritt die amtliche Liquidation auch gegen den Willen eines einzelnen, ja selbst aller Erben, ein. Immerhin kann sie jeder von ihnen durch Befriedigung oder Sicherstellung des betreffenden Gläubigers abwenden (594[1]).

b. Die Durchführung

9   Die Liquidation wird durch die nach kantonalem Recht zuständige *Behörde* oder aber einen oder mehrere von ihr beauftragte(n) *Verwalter* (er übt ein privatrechtliches Amt aus: 130 III 100 f. E. 3.1)[8] durchgeführt (595[1]; zu dessen Auskunftsanspruch: BGer 5A_620/2007). Da die Gläubiger nach dem vorliegenden Stand der Erbschaft voraussichtlich volle Befriedigung erwarten dürfen (andernfalls erfolgt die konkursamtliche

---

6   Nicht aber eines Gläubigers von Erbgangsschulden: SJZ 85 (1989), 192 f. Vgl. KARRER/VOGT/ LEU, BaKomm, Art. 594 N 1; ENGLER, PraxKomm Erbrecht, Art. 594 N 7; ABT, HandKomm, Art. 594 N 1; STEINAUER, Successions, Nr. 1058a; a. M. THOMAS WEIBEL, Das Ende der Solidarhaftung der Erben (Diss. Basel 2002), BSRW A 63, 103; zur Stellung von Gläubigern, «die sich mit dem Liquidator in Rechtsgeschäfte einlassen», s. PIOTET, SPR IV/2, 820.

7   Wobei die Frist für die Erben gemäss Art. 568 oder Art. 576 verlängert werden kann, nicht aber jene für die Gläubiger: KARRER/VOGT/LEU, BaKomm, Art. 593 N 7, und Art. 594 N 9; ENGLER, PraxKomm Erbrecht, Art. 594 N 19; ABT, HandKomm, Art. 594 N 4; STEINAUER, Successions, N 1062a.

8   Zur Abgrenzung des Erbschaftsliquidators vom Willensvollstrecker und vom Erbschaftsverwalter s. CAROLINE SCHULER-BUCHE, L'exécuteur testamentaire, l'administrateur officiel et le liquidateur officiel: étude et comparaison (Diss. Lausanne 2003).

Liquidation), bezweckt das Verfahren vor allem die Wahrung der *Interessen der Erben,* denen der Aktivüberschuss zufliessen soll. Doch kann sich schon bei der Anordnung oder erst nachträglich, etwa bei der Inventaraufnahme oder bei der Versilberung der Aktiven, herausstellen, dass die Erbschaft überschuldet ist. In diesem Fall stehen die *Interessen der Gläubiger* im Vordergrund. An die Stelle des ordentlichen Verfahrens tritt deshalb wie bei der Ausschlagung (573[1]) die Liquidation durch das *Konkursamt* gemäss Art. 193 Abs. 1 Ziff. 2 SchKG (597). Die Behörde ist gehalten, sobald sie von der Überschuldung erfährt, ohne Verzug die gerichtliche Konkurseröffnung zu erwirken (597; s. auch 193[1] Ziff. 2 und 193[2] SchKG). Dies geschieht auch auf Begehren eines Gläubigers oder eines Erben (193[3] SchKG).[9] Jeder Erbe kann aber immer noch bis vor Schluss des Konkursverfahrens durch nachträgliche Annahmeerklärung und hinreichende Sicherheitsleistung für die Bezahlung der Schulden die konkursamtliche Liquidation abwenden (136 V 9 E. 2.2). Diese Möglichkeit besteht jedoch dann nicht, wenn die amtliche Liquidation (nur oder auch) auf Antrag der Erbschaftsgläubiger angeordnet worden war, da ja diese infolge der Konkurrenz mit den Gläubigern eines überschuldeten Erben durch die Erbschaftsannahme benachteiligt werden könnten.[10]

Das ordentliche Verfahren wird durch dessen Zweck – Getrennthaltung der Vermö- 10
gen und Schuldentilgung – bestimmt. Daher wird die Verwaltungs- und Verfügungsmacht über die Erbschaft den Erben genommen und, falls die Behörde nicht selbst die amtliche Liquidation durchführt, einem oder mehreren (595[1]) besonderen amtlichen Verwalter(n)[11] übertragen, gegen welche(n) den Erben (und wohl auch den Gläubigern) ein Beschwerderecht an die Behörde zusteht (595[3]). Sodann wird der Bestand der Erbschaft festgestellt, wozu ein Inventar und ein Rechnungsruf erforderlich sind (595[2]). Endlich erfolgen die Liquidationshandlungen, soweit dies die Schuldentilgung erfordert: Erfüllen von Verpflichtungen, Einzug von Forderungen, gerichtliche Feststellung von Rechten und Pflichten, nach Möglichkeit Ausrichtung der Vermächtnisse[12] und, soweit nötig, die Umwandlung von Aktiven in liquide Zahlungsmittel durch Versilberung des Vermögens (596). Dabei führt der amtliche Erbschaftsliquidator Prozesse selbständig und in eigenem Namen und nicht etwa stellvertretend für das Gemeinwesen. Schliesslich handelt es sich bei der amtlichen Liquidation um ein privatrechtliches Institut, weshalb der amtliche Erbschaftsliquidator auch nicht zum

---

9   Zur Frage, wer die Kosten des Konkursverfahrens trägt, siehe 124 III 286.
10   So PIOTET, SPR IV/2, 819, und ESCHER, ZüKomm, Art. 597 N 11 f. vor der Revision 1994/1997 des SchKG. Gl. M. trotz Revision KARRER/VOGT/LEU, BaKomm, Art. 597 N 12. A. M. ENGLER, PraxKomm Erbrecht, Art. 597 N 28; STEINAUER, Successions, Nr. 1073b FN 52.
11   Auch Erbschaftsliquidator genannt, Amtsträger eines Instituts sui generis: vgl. KARRER/VOGT/LEU, BaKomm, Vorbem. zu Art. 593–597 N 11, und Art. 596 N 1 ff. und N 23 ff.; ENGLER, PraxKomm Erbrecht, Art. 596 N 1 ff.
12   Diese stehen in der Rangfolge hinter den Erbschafts- und Erbgangsschulden: KARRER/VOGT/LEU, BaKomm, Art. 596 N 17; ABT, HandKomm, Art. 596 N 9; PETER WEIMAR, Der Anspruch des Vermächtnisnehmers und seine Nachrangigkeit, in FS Jean Nicolas Druey (Zürich/Basel/Genf 2002), 275 ff., 279 ff.

Erlass von Verfügungen berechtigt sein kann (130 III 97 ff.).[13] Während der amtlichen Liquidation kann grundsätzlich eine Betreibung gegen die Erbschaft weder fortgesetzt noch angehoben werden (im Einzelnen siehe Art. 49 und Art. 206 SchKG; 72 III 33; 79 III 168 und 99 III 51).

c. Abschluss

11   Das *Reinvermögen* wird – soweit die Versilberung nicht stattfand – in natura *den Erben überwiesen* (*a fortiori* gegenüber 573[2]: 67 III 187). Diese können schon während der Dauer des Verfahrens die Auslieferung von Sachen und Geldern, die für die Liquidation entbehrlich sind, verlangen (596[3]). Die Erbteilung nehmen die Erben nach den gewöhnlichen Grundsätzen selber vor (vgl. 52 II 199).

III.   Die Wirkungen

12   Die amtliche Liquidation wird vielfach als eine besondere Art von Erbschaftsausschlagung bezeichnet. Das stimmt insofern, als sie im Erfolg den Gläubigern des Erblassers gegenüber zumeist einer Ausschlagung gleichkommt (vgl. 54 II 419): Die Schulden werden in einem Liquidationsverfahren getilgt; eine persönliche *Erbenhaftung entfällt* (593[3]). Das Gesetz spricht sich nicht ausdrücklich darüber aus, was geschieht, wenn trotz Rechnungsruf noch *nach Abschluss* des Verfahrens Forderungen gegen den Erblasser zum Vorschein kommen. Allgemein wird aber angenommen, dass hierfür eine Haftung der Erben im Umfang der noch vorhandenen Bereicherung aus dem Aktivüberschuss bestehe.[14] Beim Rechnungsruf des Art. 595 Abs. 2 ist von einem Ausschluss nichtangemeldeter Forderungen nicht die Rede. Daher behalten, im Gegensatz zum öffentlichen Inventar (590), nicht nur die Gläubiger, die ohne Verschulden die Anmeldung unterliessen, sondern auch alle anderen eine Forderung in jenem beschränkten Umfang gegen die Erben.

13   Die amtliche Liquidation kann aber auch als eine *Erbschaftsannahme besonderer Art* verstanden werden. Insbesondere trifft dies für die aus der Erbschaft fliessenden *Rechte* zu. Die Erben verlieren nicht ihre Erbenqualität. Sie behalten den Anspruch auf Herabsetzung von Verfügungen, die ihren Pflichtteil verletzen (50 II 452 f.). Auch entsteht unter ihnen eine Erbengemeinschaft, eine Gemeinschaft zur gesamten Hand, welche zunächst sämtliche Aktiven der Erbschaft und nach erfolgter Liquidation die ihnen überlassenen Sachen und Gelder umfasst (52 II 198 ff.). Diese Aktiven gehen ohne besondere Übertragungshandlung (Eintragung im Grundbuch, Tradition, Abtretung) schon mit dem Tod des Erblassers auf die Erben (Alleinerbe, Erbengemeinschaft) über, gleich wie bei einem gewöhnlichen Erbfall laut Art. 560.

---

13   Besprechung dieses Urteils von AEBI-MÜLLER, Die privatrechtliche Rechtsprechung des Bundesgerichts im Jahr 2004, Personen- und Erbrecht, in ZBJV 141 (2005), 101 ff., 110.

14   PIOTET, SPR IV/2, 830; ABT, HandKomm, Art. 593 N 14; ENGLER, PraxKomm Erbrecht, Art. 593 N 27; KARRER/VOGT/LEU, BaKomm, Art. 593 N 9. Es handelt sich mithin um Haftung *«cum viribus hereditatis»* (vgl. § 78 Anm. 17).

§ 80 Die Erbschaftsklage

I. Der Begriff und das Anwendungsgebiet

a. Begriff und Abgrenzung zur Singularklage

Werden einem Erben Erbschaftssachen vorenthalten, so kann er, um sie sich zu ver- 1
schaffen, zunächst zu jener Klage greifen, die schon dem Erblasser zugestanden hätte.
So etwa, wenn der Erblasser die Sache dem Beklagten leih- oder mietweise überlassen hatte oder wenn sie ihm von diesem widerrechtlich entzogen worden war, oder
auch, wenn der Beklagte behauptet, die Sache vom Erblasser gekauft oder als Geschenk
erhalten zu haben. Der Erbe geht dann so vor, wie es der Erblasser täte, wenn er noch
leben würde. Er hat den betreffenden Anspruch geerbt und macht ihn als Rechtsnachfolger des Erblassers geltend. Man spricht von einer *Sonder- oder Singularklage*
des Erben. Hingegen ist der Erbe nicht berechtigt, nach dem Tod des Erblassers die
Begünstigungsklausel einer durch den Erblasser errichteten Versicherung zu widerrufen. Dieses Recht erlischt mit dem Tod des Versicherungsnehmers (133 III 669 E. 2–5).[1]
Das Recht, eine Schenkung wegen Nichterfüllung von Auflagen zu widerrufen, geht
derweilen nur dann auf die Erben über, wenn der Schenker während der Einjahres-
frist von Art. 251 Abs. 1 OR verstirbt. Seinen Erben steht das Klagerecht zur Durchsetzung des Widerrufsrechts für den Rest der laufenden Frist zu (251[2] OR). Dies gilt
im Gegensatz zur Klage auf Vollziehung der Auflage nach Art. 246 Abs. 1 OR, die den
Erben nicht offen steht (133 III 421 E. 3). Da es sich selbst bei der Schenkung mit Auflagen nicht um ein synallagmatisches Rechtsgeschäft handelt, fällt ein Rücktrittsrecht
auf der Grundlage von Art. 197 Abs. 2 und Art. 109 Abs. 1 OR nicht in Betracht (133 III
421 E. 4.2). Es ist aber auch möglich, dass der Beklagte zwar das Recht des Erblassers
nicht in Frage stellt, wohl aber die Erbberechtigung des Klägers, etwa indem er sich
selbst als (Allein-)Erbe ausgibt. Hier geht es nicht mehr um den einzelnen Anspruch,
sondern um das Erbrecht des Klägers. Auch in diesem Fall sind dem Erben die vom
Erblasser abgeleiteten Sonderklagen nicht versagt (obwohl er dann immerhin seine
Erbberechtigung beweisen muss). Denkbar ist schliesslich, dass der Besitzer gar keinen Titel geltend macht (vgl. 930).

Das Gesetz gewährt nun aber dem klagenden Erben einen besonderen Rechtsbehelf: 2
die in der Erbberechtigung wurzelnde *Erbschaftsklage* (action en pétition d'hérédité;
hereditatis petitio).[2] Diese bietet gegenüber der Sonderklage mannigfache Vorteile, insbesondere, wo es sich um die Herausgabe mehrerer Erbschaftssachen, vielleicht sogar

---

1   Besprochen von FUHRER, Anmerkungen zu privatversicherungsrechtlichen Entscheiden des
    Bundesgerichts, in HAVE 2008, 43 ff., 46 f., sowie von VOGT/LEU, in successio 2 (2008), 239 ff.,
    mit teils kritischen Bemerkungen.
2   Ausführlich und teils kritisch zur Regelung de lege lata SUTTER-SOMM/MOSHE, Die Erbschafts-
    klage des ZGB (Art. 598–600 ZGB), in successio 2 (2008), 268 ff. Im Abschnitt über die Erb-
    schaftsklage findet sich auch eine Bestimmung über die Vermächtnisklage (601). Hierzu siehe
    vorn § 76 N 16. – Zu den zivilprozessualen Rechtsbehelfen siehe CHRISTIAN BRÜCKNER/THO-
    MAS WEIBEL, Die erbrechtlichen Klagen (3. A. Zürich/Basel/Genf 2012), Nr. 111 ff.

der gesamten Erbschaft, handelt. Die Erbschaftsklage ist nämlich eine *Gesamtklage,* mit der die Herausgabe aller Erbschaftsobjekte, ja der Erbschaft als eines Bündels von Rechten und Pflichten, verlangt werden kann. Auch die gegebenenfalls erforderliche Berichtigung des Grundbuchs, die Einräumung dinglicher Rechte, die Abtretung von Forderungen usw. sind durch sie erzwingbar. Weiter hat der Erbschaftsbesitzer eine erbrechtliche Auskunftspflicht gegenüber dem Erben (132 III 677 E. 4; 135 III 597[3]; 136 III 461[4]). Der Erbe kann sich zudem auf einen einheitlichen Klagegrund stützen und, wo immer die verschiedenen Erbschaftsbestandteile gelegen sein mögen, am Gerichtsstand des letzten Wohnsitzes des Erblassers oder der Erblasserin (28[1] ZPO) klagen. Bei internationalen Verhältnissen ist die Zuständigkeit der Schweizer Gerichte nach Massgabe von Art. 86 IPRG gegeben (132 III 677 E. 3.2 und 3.3).

b. Aktiv- und Passivlegitimation

3   Zur Erbschaftsklage ist *aktivlegitimiert,* wer auf eine Erbschaft oder Erbschaftssache als gesetzliche oder eingesetzte Erbin ein besseres Recht zu haben glaubt als der Besitzer (598[1]). Mehrere Erbinnen klagen gesamthaft oder durch einen Erbenvertreter gemäss Art. 602 Abs. 3.[5] Nach Ansicht des Bundesgerichts kann mit der Erbschaftsklage die Feststellungsklage verbunden werden, welche darauf zielt, die Einsetzung als Erbe festzustellen, so dass alsdann die Aktivlegitimation für die Erbschaftsklage gegeben ist (136 III 126 f. E. 4.3.2). Nach hier vertretener Ansicht ist eine Feststellungsklage allerdings nicht erforderlich, da die Erbeneigenschaft im Rahmen der Erbschaftsklage geprüft werden kann und muss.[6]

4   *Passivlegitimiert* ist, wer im Besitz[7] der Erbschaft oder von Sachen der Erbschaft (hierzu immerhin 119 II 116 f. E. 4b) ist und mit dem Anspruch des Klägers in Konflikt tritt. Er tut dies etwa, indem er sein eigenes Erbrecht oder jenes eines Dritten behauptet oder gar keinen Grund für seine Weigerung anführt. Mehrere Erbschaftsbesitzerinnen (z.B. die gesetzlichen Erbinnen als Beklagte) sind notwendige passive Streitgenossinnen. Sollte allerdings eine Erbin förmlich erklären, sich im Voraus dem Ergebnis des Prozesses zu unterwerfen oder die Klage ohne weiteres förmlich anerkennen, ist

---

3   Bemerkungen zum Entscheid: DORJEE/GOOD, Das Anwaltsgeheimnis ist auch gegenüber den Erben des Klienten zu wahren – BGE 135 III 597, in successio 4 (2010), 299 ff.

4   Bemerkungen zum Entscheid: GENNA, Bundesgerichtliche Widersprüchlichkeiten zum Informationsanspruch im Erbrecht?, in successio 5 (2011), 203 ff.

5   BRÜCKNER/WEIBEL a.a.O. Nr. 119 ff.; PIOTET, SPR IV/2, 781; ausführlich dazu FORNI/PIATTI, BaKomm, Art. 598 N 3 ff.; ABT, PraxKomm Erbrecht, Art. 598 N 1 ff.; GÖKSU, HandKomm, Art. 598–600 N 8 f.; BREITSCHMID/EITEL/FANKHAUSER/GEISER/RUMO-JUNGO, litera B Erbrecht, § 5 Nr. 113.

6   So RUMO-JUNGO, Zulässigkeit von Feststellungs- und Erbschaftsklage?, in successio 4 (2010), 294 ff., 297. S. auch AEBI-MÜLLER, Die privatrechtliche Rechtsprechung des Bundesgerichts im Jahr 2010 – Personenrecht und Erbrecht, in ZBJV 147 (2011), 673 ff.; EITEL, Erbrecht 2009–2011 – Rechtsprechung, Gesetzgebung, Literatur Teil 1, in successio 5 (2011), 213.

7   BRÜCKNER/WEIBEL a.a.O. Nr. 124; In einem weiten Sinn dieses Wortes: FORNI/PIATTI, BaKomm, Art. 598 N 6; siehe auch 119 II 116 f. E. 4b; GÖKSU, HandKomm, Art. 598–600 N 10; ABT, PraxKomm Erbrecht, Art. 598 N 9 ff. m. w. H.

ihre Teilnahme am Prozess nicht erforderlich (136 III 127 f. E. 4.4). Beruft sich der klagende Erbe nur auf seine Erbeneigenschaft um darzulegen, dass er Rechtsnachfolger
des Erblassers ist, erhebt er gerade nicht die Erbschafts-, sondern eine Sonderklage
(oben N 1; 132 III 677 E. 3.4 und 3.5). Was aber, wenn sich der beklagte Besitzer nur auf
einen Sondertitel (also auf das, was er auch gegenüber dem Erblasser geltend gemacht
hätte) beruft? Nach einem Hin und Her[8] (s. 41 II 26 f.; 91 II 335 ff. E. 6 und dann wieder 98 II 95) hat das BGer in 119 II 116 E. 4a (bestätigt in 132 III 681 E. 3.4.5) entschieden, das mit der Erbschaftsklage befasste Gericht könne vorfrageweise die Gültigkeit
eines speziellen Rechtstitels prüfen, auf Grund dessen der Beklagte selber Eigentum
an der Sache geltend macht.[9] Wird nach dem Tod des Erblassers eine Erbschaftssache
fälschlicherweise an einen vermeintlichen Erben oder Vermächtnisnehmer übergeben, steht den rechtmässigen Erben nicht die Erbschaftsklage, sondern nur die Klage
aus ungerechtfertigter Bereicherung offen (130 III 547 ff.).[10] Für die Erbschaftsklage
unter Miterben ist kein Raum, solange die Erbengemeinschaft dauert. Diesfalls kommt
die unverjährbare Erbteilungsklage (69 II 366; 75 II 292; BGer 5C.53/2006 E. 5.1) zum
Zug.[11] Die Ungültigkeitsklage kann mit der Erbschaftsklage verbunden werden (91 II
327 ff.) – Art. 598 sieht beispielhaft *vorsorgliche Massregeln* zur Sicherstellung des Klägers vor (hierzu 122 III 213).

c. Verjährungsfrist

Für die Erbschaftsklage gegenüber einem gutgläubigen Besitzer besteht eine einjährige   5
relative (ab Kenntnis) und eine zehnjährige absolute (ab Tod des Erblassers oder Zeitpunkt der Eröffnung der Verfügung) *Verjährungsfrist* (600[1]). Gegenüber einem bösgläubigen Beklagten tritt die Verjährung erst nach dreissig Jahren ein (600[2]). Schwierigkeiten bereitet die Auslegung des Anfangszeitpunktes für die absolute Verjährung,
wenn etwa ein Testament erst viele Jahre nach dem Tod des Erblassers gefunden wird.[12]

---

8   Hierzu Patrick Somm, Die Erbschaftsklage des Schweizerischen Zivilgesetzbuches (Art. 598–
    600 ZGB) (Diss. Basel, Bern 1994), 50 ff.
9   Das BGer beruft sich u. a. auf Eric Baudat, L'action en pétition d'hérédité en droit suisse (Diss.
    Lausanne 1964), Leuch und Piotet. – A. M. Karl Spiro, Die Begrenzung privater Rechte
    durch Verjährungs-, Verwirkungs- und Fatalfristen (Bern 1975), II, 1487 Anm. 15. – Zu Fragen,
    die dieser BGE aufwirft: Schnyder, Die privatrechtliche Rechtsprechung des Bundesgerichts
    im Jahre 1993, in ZBJV 131 (1995), 196 f. Kritisch zu dieser Praxis des Bundesgerichts Brück-
    ner/Weibel a.a.O. Nr. 113; Zustimmend Forni/Piatti, BaKomm, Art. 598 N 7; Steinauer,
    Successions, Nr. 1128; Göksu, HandKomm, Art. 598–600 N 4.
10 Besprechung von Aebi-Müller, in ZBJV 141 (2005), 111.
11 Abgrenzung gegen eine Klage auf Zahlung eines Erbteils: 119 II 81 ff. E. 3a und c. A. M. Sutter-
    Somm/Moshe a.a.O. 274 f., welche (bereits de lege lata) nach dem Vorbild der im deutschen
    Recht (§ 2018 BGB) verankerten hereditatis petitio patria eine Erbschaftsklage eines Erben
    gegen einen Miterben befürworten.
12 Hierzu Bernhard Schnyder, Die Eröffnung von Testament und Erbvertrag, in Peter Breit-
    schmid (Hrsg.), Testament und Erbvertrag (Bern 1991), 101 ff., 107 und dort Anm. 6. Man kann
    sich fragen, ob nicht auf Grund allgemeiner Rechtsgrundsätze eine absolute Verjährung eintritt,
    wenn Testamente erst nach Jahrzehnten entdeckt werden. Ausführlich zu den Verjährungsfris-
    ten Brückner/Weibel a.a.O. Nr. 126 ff.; Breitschmid/Eitel/Fankhauser/Geiser/Rumo-

II. Die Wirkungen

6   Die Erbschaftsklage führt zur *Herausgabe der Erbschaft* bzw. der beanspruchten Sachen
    (599[1]). Für die Art, wie und in welchem Umfang dies zu geschehen hat, verweist das
    Gesetz auf die Besitzesregeln (938–940), die auch bei der Vindizierung einer einzel-
    nen körperlichen Sache Anwendung finden.[13] Nach diesen Regeln ist für den Umfang
    der Rückerstattung entscheidend, ob der Beklagte im guten oder bösen Glauben war
    (vgl. hinten § 92 N 60 ff.).[14]

7   Gegenüber den Besitzesklagen weist die Erbschaftsklage nun aber nach zwei Seiten hin
    eine *Eigenart* auf:

a. Surrogation

8   Es gilt die Surrogation (nach dem Grundsatz *pretium succedit in locum rei, res in locum
    pretii*).[15] Demnach hat der im Prozess unterliegende Beklagte (der Scheinerbe) auch
    die Ersatzwerte herauszugeben, die an die Stelle der (von ihm zu Unrecht) ererbten
    Vermögenswerte getreten sind. Man denke etwa an Enteignungsentschädigungen oder
    an Versicherungsleistungen oder an Lotteriegewinne aus einem sich in der Erbschaft
    befindenden Los oder an die Begleichung von Schulden durch einen Erbschaftsschuld-
    ner. Allerdings ist hier noch vieles ungeklärt, so namentlich die Frage, ob und unter
    welchen Voraussetzungen bei Ersatzanschaffungen von Sachen eine dingliche Surro-
    gation eintrete, der wahre Erbe mithin im Hinblick auf seine Erbschaftsklage *ipso iure*
    Eigentümer der *Ersatzanschaffung* werde und die *veräusserte Sache* daher nicht mehr
    vom Dritten (der daran Eigentum erworben hat) zurückforderung kann bzw. muss.[16]

Jungo, litera B Erbrecht, § 5 Nr. 115 f.; Forni/Piatti, BaKomm, Art. 600 N 3 ff.; Göksu, Hand-
Komm, Art. 598–600 N 20 ff.; Abt, PraxKomm Erbrecht, Art. 600 N 7 ff.

13   Jörg Schmid/Bettina Hürlimann-Kaup, Sachenrecht (4. A. Zürich 2012), Nr. 685 i. V. m.
     Nr. 336 ff.

14   Hierzu Somm a.a.O. 132 ff. und 142 ff.; Abt, PraxKomm Erbrecht, Art. 599 N 13 ff.; Forni/
     Piatti, BaKomm, Art. 599 N 6 ff.

15   Dazu: Bettina Hürlimann-Kaup/Alexandra Rumo-Jungo, Dingliche Surrogation bei
     Verfügungen des Miterben über Erbschaftsgegenstände, in Mélanges Paul-Henri Steinauer
     (Bern 2013), 355 ff., 361.

16   Siehe immerhin BGE 116 II 262 E. 4a und 263 ff. E. 5a. Siehe ferner Andreas Girsberger, Die
     dingliche Surrogation, Der Begriff und seine praktische Bedeutung für das schweizerische Recht
     (Diss. Zürich 1956); Pascal Simonius, Die güterrechtliche Surrogation (Diss. Basel/Stuttgart
     1970), BSRW 94; Piotet, SPR IV/2, 755 ff.; Somm a.a.O. 120 ff.; Forni/Piatti, BaKomm,
     Art. 599 N 2 ff.; Steinauer, Successions, Nr. 1139 ff.; Abt, PraxKomm Erbrecht, Art. 599 N 6 ff.

b. Keine Berufung auf die Ersitzung

Der Beklagte darf nicht die Einrede erheben, er habe die herausverlangten Sachen   9
ersessen (599²). Andernfalls würde die absolute zehnjährige Verjährungsfrist illusorisch, genügt doch zur Ersitzung von Fahrnissachen ein fünfjähriger gutgläubiger
Besitz (728).[17]

---

17 Vgl. auch STEINAUER, Successions, Nr. 1148, der festhält, dass die Ersitzung auch dann nicht
    möglich ist, wenn der Erbe eine Singularklage anstrengt. Gleicher Meinung PIOTET, SPR IV/2,
    746; ABT, PraxKomm Erbrecht, Art. 599 N 21; FORNI/PIATTI, BaKomm, Art. 599 N 12; GÖKSU,
    HandKomm, Art. 598–600 N 19; a. M. noch ESCHER, ZüKomm, Art. 599 N 25.

Dritter Abschnitt
Die Teilung der Erbschaft
§ 81 Die zu regelnden Fragen

1   Ist nur ein einziger, sei es gesetzlicher, sei es eingesetzter Erbe vorhanden, so ist mit
dem Erwerb der Erbschaft deren Schicksal geregelt; das Gesetz hat sich mit ihr nicht
weiter zu befassen. Anders, wenn mehrere Erben miteinander konkurrieren. Der
durch den Tod des Erblassers bedingte Subjektwechsel ist erst dann endgültig vollzogen, wenn für jeden Erben die auf ihn fallenden Werte und Schulden ausgeschieden
worden sind. Bis dahin bilden die Miterben eine Gemeinschaft, die eo-ipso, durch den
blossen Anfall der Erbschaft, ihren Anfang nimmt: die *Erbengemeinschaft* oder, wie
das ZGB auch sagt, die *Gemeinschaft vor der Teilung*. Diese Gemeinschaft nimmt, wie
der Name sagt, ihr Ende durch die *Teilung*. Dabei besteht die Teilungsmasse nicht nur
aus dem hinterlassenen Vermögen; vielmehr sind diesem auch schon zu Lebzeiten des
Erblassers ausgeschiedene Werte hinzuzufügen, sei es in natura, sei es bloss rechne-
risch (Ausgleichung). Das Teilungsgeschäft findet seinen *Abschluss* in Vereinbarungen
unter den Erben, die deren endgültige Bindung bewirken. Notfalls erfolgt die Teilung
durch Gerichtsentscheid. Aber auch nach erfolgter Teilung bleibt eine gewisse *Verbindung der Erben* erhalten, unter ihnen selbst und den Gläubigern gegenüber.

2   Gemäss dem hier skizzierten Gedankengang lässt sich die Teilung der Erbschaft in
fünf Abschnitte unterteilen:

a. Die Erbengemeinschaft (nachstehend § 82);
b. Die Durchführung der Teilung – unter Einschluss des bäuerlichen Erbrechts (nachstehend §§ 83 und 84);
c. Die Ausgleichung (nachstehend § 85);
d. Der Abschluss der Teilung (nachstehend § 86);
e. Die Verbindung der Erben nach der Teilung (nachstehend § 87).

§ 82 Die Erbengemeinschaft

I. Rechtsnatur

a. Eigentumsverhältnisse

Die Gemeinschaft der Erben vor der Teilung ist vom ZGB als «Gemeinschaft aller 1
Rechte und Pflichten» (602[1]) im Wesentlichen nach dem Typus der deutschrechtlichen *Gemeinschaft zur gesamten Hand* geregelt und bildet den Gegensatz zur römischrechtlichen Bruchteilsgemeinschaft. Ihre Rechtsnatur stimmt mit jener der Gemeinderschaft und der ehelichen Gütergemeinschaft überein.

Objekt der Erbengemeinschaft ist die gesamte unverteilte Erbschaft. Diese umfasst 2
neben den hinterlassenen Werten und dem Zuwachs auch die Ersatzwerte. Als solche
gelten nach den Grundsätzen der dinglichen Surrogation Vermögensgegenstände, die
aus Mitteln der Erbschaft für diese erworben wurden (116 II 259).[1]

Das Charakteristische der Gemeinschaft zur gesamten Hand besteht darin, dass ihre 3
Teilhaber in ihrer *Gesamtheit* Träger der hierzu gehörenden Rechtsverhältnisse sind.
Dem Einzelnen kommen *keine* selbständigen *Anteile an* den *einzelnen Erbschaftsgegenständen* zu. Die Miterben sind *Gesamteigentümer* der Erbschaftssachen (vgl. 652 ff.
und hinten § 99 N 7 ff.) und *Gesamtgläubiger* der Erbschaftsforderungen. Wohl aber
kann man von einem (unselbständigen) *Anteil am Gesamtvermögen* sprechen. Im
Unterschied zu einem Bruchteil, einer Quote (wie bei Miteigentum), ist dieser Anteil
allerdings nur beschränkt eines eigenen rechtlichen Schicksals fähig (vgl. 635 und die
Ausführungen dazu hinten § 86 N 9 ff.). Man spricht daher von *latenten, verborgenen Anteilen,* die regelmässig nicht schon während des Bestehens der Gemeinschaft,
sondern erst im Anspruch auf ein bestimmtes Teilungsergebnis in Erscheinung treten. Für die meisten Rechte und Pflichten in und gegenüber der Gemeinschaft ist die
Grösse des Anteils allerdings ohne Belang (Recht auf Mitverwaltung, auf Mitbesitz,
auf Bestellung eines Erbenvertreters, auf Beendigung der Gemeinschaft, auf Mitwirkung bei der Teilung).

Die Zwangsvollstreckung erfolgt nach der V über die Pfändung und Verwertung von 4
Anteilen an Gemeinschaftsvermögen (VVAG: SR 281.41). Im Falle der Versteigerung
hat der Ersteigerer des Erbschaftsanteils das Recht, die Teilung zu verlangen und den
Liquidationserlös einzufordern. Er wird aber nicht selber Erbe (135 III 184 E. 2.5).

---

1   Bei diesem BGE lag eine Art «a fortiori dingliche Surrogation» vor. Wenn schon eine Sache durch
    eine andere ersetzt werden kann, dann erst recht die Forderung auf Einräumung des Eigentums
    an einer Sache durch die Einräumung dieses Eigentums.

b. Verfügung und Verwaltung

5   1. Der juristischen Natur dieses Verhältnisses entsprechend kann gemäss Art. 602
Abs. 2 keine Erbin für sich allein über Nachlasswerte *verfügen* (99 II 26). Sie könnte
z.B. weder das Haus des Erblassers noch ihren Anteil daran verkaufen oder verpfänden (es sei denn, sie besitze einen Erbenschein, der sie – zu Unrecht – als Alleinerbin
ausweist: BGer 5A_88/2011 E. 6.2[2], nicht eine Forderung des Erblassers ganz oder zum
Teil einziehen noch allein ein Nachlassgrundstück gemäss Art. 662 ersitzen (116 II 267;
122 III 154 E. 2a). Die Miterben verfügen gemeinsam. Betreibungen müssen von der
Gemeinschaft ausgehen. Eine Zahlung darf nicht an einen einzelnen Erben, sondern
muss in die Hand der Gesamtheit, an alle Erben zusammen, erfolgen, soll der Schuldner befreit und gegen die Gefahr der Doppelzahlung gesichert sein.

6   Einer Verfügung gleich kommt die gerichtliche Geltendmachung von Rechten
der Erbschaft (41 II 28). Die Aktiv- und Passivlegitimation *im Prozess* für oder gegen
die Gemeinschaft steht daher nur dieser allein (recte: allen Erben zusammen) und
nicht dem einzelnen Erben zu (121 III 121 f. E. 3). Dieser kann auch nicht in der Weise
klagen, die Leistung habe an die Erbengemeinschaft oder an alle Erben zu erfolgen (50
II 221). Unzulässig ist ferner eine Klage für ungenannte Erben (79 II 115 f.).

7   Obwohl das Gesetz in Art. 602 Abs. 2 das gemeinsame Handeln ausdrücklich
nur für «Verfügungen» verlangt, nehmen doch Lehre und Rechtsprechung dasselbe
auch für blosse *Verwaltungshandlungen* an. Auch in dieser Hinsicht kann ein einzelner Erbe grundsätzlich ohne Vollmacht nur so weit vorgehen, als die Voraussetzungen
einer Geschäftsführung ohne Auftrag (419 ff. OR) vorliegen (z.B. zwecks Vornahme
einer dringenden Reparatur am Haus).

8   2. *Vorbehalten* werden indessen gemäss Art. 602 Abs. 2 *vertragliche oder gesetzliche
Vertretungs- und Verwaltungsbefugnisse,* mithin Fälle, da alle Erben einen Dritten oder
einen von ihnen bevollmächtigen, sowie die Befugnisse von Willensvollstrecker (517;
116 II 134 f. E. 3b), Erbschaftsverwalter (554 und 595) oder Erbenvertreter (602[3];
hierzu sogleich N 10).

9   3. Diese enge Verknüpfung der Miterben miteinander verhindert einerseits, dass einzelne Erben, etwa solche, die im Haushalt des Erblassers leben oder gewissen hinterlassenen Sachen am nächsten sind, mit Erbschaftswerten eigenmächtig umgehen.
Andererseits sind Beschlussfassung und Handeln in Angelegenheiten der Erbschaft
ungemein erschwert und können naturgemäss Meinungsverschiedenheiten unter den
Erben entstehen; diesen Nachteilen vermag auch das Hilfsmittel der Ernennung eines
Erbenvertreters (s. N 11) nicht genügend zu begegnen.

---

2   Bemerkungen zum Entscheid: HÜRLIMANN-KAUP/RUMO-JUNGO, Eine Miterbin verfügt alleine
über Erbschaftsgegenstände: erbrechtliche und sachenrechtliche Folgen, BGE 5A_87/2011 und
5A_88/2011, in successio 6 (2012), 288 ff., sowie weiterführend: BETTINA HÜRLIMMAN-KAUP/
ALEXANDRA RUMO-JUNGO, Dingliche Surrogation bei Verfügungen des Miterben über Erbschaftsgegenstände, in Mélanges Paul-Henri Steinauer (Bern 2013), 355 ff.

Die *Rechtsprechung* hat denn auch nicht starr an der Gemeinsamkeit des Han-   10
delns festgehalten. Sie anerkannte Abweichungen von der Regel für gewisse
Ausnahmefälle.[3, 4] So ist die Mitwirkung eines Erben bei der Geltendmachung eines
Anspruchs, auf den er verzichtet hat, nicht erforderlich (Teilliquidation; 51 II 270; 116
Ib 450; 136 III 127 f. E. 4.4.1). Bereits in 54 II 243 wurde die Legitimation zweier
von drei Erben einer Erbengemeinschaft bejaht, die gegen den dritten Erben einen
Anspruch gerichtlich durchsetzen wollten. In einem solchen Fall sind ja alle Erben als
Parteien am Prozess beteiligt. Das BGer hat auch Rechtsmittel einzelner Erben zugelassen, wenn der Rechtsstreit Schulden der Gesamthand betrifft, für welche die einzelnen Erben solidarisch haften (s. 119 Ia 345).[5] Sodann kann ein einzelner Miterbe als
Vertreter der Erbengemeinschaft handeln und namentlich auch in ihrem Namen klagen, wo es darum geht, eine der Gemeinschaft laufende kurze Frist zu wahren oder
sonstwie drohenden Schaden durch rasches Handeln abzuwenden (zuletzt 121 III
121 f. E. 3 sowie 125 III 220 E. 1a). In ähnlicher Weise hat das BGer entschieden, dass
unter gewissen Voraussetzungen ein Dritter einem einzelnen Erben gegenüber mit
Wirkung für alle Erben eine Erklärung abgeben kann (73 II 170). Kein Verfügungs-
akt ist die Einsichtnahme in Urkunden der Erbschaft; sie steht daher jedem einzelnen Erben zu (82 II 567).[6] Zur Legitimation eines einzelnen Erben zur Verwaltungs-
gerichtsbeschwerde (seit Inkrafttreten des BGG: Beschwerde in öffentlich-rechtlichen
Angelegenheiten) beim Bundesgericht s. 116 Ib 447 und 119 Ib 58.

II.   Die Erbschaftsvertretung

Die Unzukömmlichkeiten, die das Erfordernis gemeinsamen Handelns mit sich bringt,   11
können – wie erwähnt – dadurch vermieden werden, dass ein einzelner Erbe oder
auch ein Dritter zum Handeln im Namen und mit Rechtswirkung für die Gemeinschaft ermächtigt wird. Eine derartige Vollmacht kann durch einstimmigen Beschluss
der Erben erteilt werden. Darüber hinaus aber gibt das Gesetz nach Art. 602 Abs. 3
jedem einzelnen Erben das Recht, bei der Behörde die Bestellung eines *Erbenvertre-*

---

3   Eine uneigentliche Ausnahme bildet der Fall in BGE 113 II 121, wonach der überlebende Ehe-
    gatte, dem ein Teil des Nachlasses zu Eigentum und der Rest zu Nutzniessung zusteht, das aus-
    schliessliche Nutzungsrecht am ganzen Nachlass hat und die entsprechenden Befugnisse allein
    ausübt.

4   Siehe zum Ganzen Antoinette et Jacques Haldy, L'hoirie et les héritiers en procédure civile,
    in FS Suzette Sandoz (Genf/Zürich/Basel 2006), 371 ff.; sowie Annette Spycher, Prozessuales
    zur Erbteilung und zur Erbteilungsklage, in Stephan Wolf (Hrsg.), Ausgewählte Aspekte der Erb-
    teilung (Bern 2005), INR 3, 27 ff.

5   Werden aber Rechtsgeschäfte zwischen der Erbengemeinschaft und einem einzelnen Erben abge-
    schlossen, ist eine Ausnahme vom Einstimmigkeitsprinzip nicht gerechtfertigt. Der einzelne
    Erbe beteiligt sich daran einerseits als Mitglied der Erbengemeinschaft, andererseits als Einzel-
    person: 125 III 221 E. 1c.

6   Als Handeln einzelner Erben für ihren Anteil hat das BGer eine Mahnung (mit Verzugsfolge)
    betrachtet (83 II 442); in der Mahnung liege nicht eine Verfügung über die Erbschaftssache.

ters[7] zu erwirken,[8] der unabhängig von den Erben, auf eigene Verantwortung hin, die entsprechende Entscheidung zu treffen oder Handlungen vorzunehmen bzw. bei einer allgemeinen Ermächtigung alle erforderlichen Geschäfte zu besorgen hat. Solange noch ungeteiltes Erbschaftsvermögen vorhanden ist, bleibt insoweit die Erbengemeinschaft bestehen und ist die Anordnung einer Erbenvertretung weiterhin möglich. Das ist auch nach einem Teilungsurteil möglich, wenn dieses die Teilung nicht selbst vornimmt (BGer 5D_133/2010 E. 4.3.1).[9] Gegen die Anordnungen des Vertreters muss jedem einzelnen Erben ein Beschwerderecht zustehen.[10]

III.   Die Schuldenhaftung[11]

a. Solidarhaftung

1. Grundsatz

12   Aus dem Wesen der Gemeinschaft zur gesamten Hand würde an sich folgen, dass auch die *Schulden* der Erbschaft Schulden der *Gesamtheit* sind, dass sie von allen Erbinnen zusammen oder vom bestellten Vertreter abzutragen wären, dass die Gläubiger nur gegen alle zusammen vorgehen könnten. Das ZGB ist jedoch, unseren meisten kantonalen Rechten folgend, in der Behandlung der Schuldenhaftung vom Grundsatz der gesamten Hand abgewichen. Für die Schulden der Erbschaft kann auch jede ein-

---

7   Zum Ganzen vgl. JENNIFER PICENONI, Der Erbenvertreter nach Art. 602 Abs. 3 ZGB (Diss. Zürich 2004), ZSPR 185. Zur Abgrenzung von Willensvollstrecker, Erbschaftsverwalter und amtlichem Liquidator vgl. CAROLINE SCHULER-BUCHE, L'exécuteur testamentaire, l'administrateur officiel et le liquidateur officiel: étude et comparaison (Diss. Lausanne 2003). Für grössere Selbstständigkeit des Nachlasses im Fall des Art. 602 Abs. 3 sowie in anderen Vertretungsfällen (517, 554, 595) HERMANN SPINNER, Die Rechtsstellung des Nachlasses in den Fällen seiner gesetzlichen Vertretung (ZGB 517, 554, 595, 602 III) (Diss. Zürich 1966).

8   Die Behörde «kann» die Vertretung bestellen. Sie hat aber kein freies, sondern nur ein gewisses Ermessen. Zur Praxis siehe SCHAUFELBERGER/KELLER LÜSCHER, BaKomm, Art. 602 N 46; GRAHAM-SIEGENTHALER, HandKomm, Art. 602 N 21 ff.; WOLF, BeKomm, Art. 602 N 143; PICENONI a.a.O. 26 ff. Zum «Gesuch um Bestellung eines Erbenvertreters» s. CHRISTIAN BRÜCKNER/THOMAS WEIBEL, Die erbrechtlichen Klagen (3. A. Zürich/Basel/Genf 2006), Nr. 287 ff.; WOLF, BeKomm, Art. 602 N 144 f.

9   TUOR/PICENONI, BeKomm, Art. 602 N 50; WOLF, BeKomm, Art. 602 N 140. Bemerkungen zum Entscheid: NONN, Anordnung der Erbenvertretung nach Art. 602 Abs. 3 ZGB, in successio 6 (2012), 67; EITEL, Erbrecht 2009 – 2011 – Rechtsprechung, Gesetzgebung, Literatur Teil 2, in successio 5 (2011), 299.

10   Jeder Erbe kann gegen Handlungen des Erbenvertreters Beschwerde an die kantonale Aufsichtsbehörde einreichen. Diese Beschwerde richtet sich gegen den Erbenvertreter und nicht gegen die Aufsichtsbehörde; vgl. dazu PICENONI a.a.O. 106 ff. m. w. H. Ob auch weitere Personen, beispielsweise Vermächtnisnehmer, beschwerdelegitimiert sind, ist umstritten: dafür PICENONI a.a.O. 108 ff.; dagegen SCHAUFELBERGER/KELLER LÜSCHER, BaKomm, Art. 602 N 52; WOLF, BeKomm, Art. 602 N 172; WEIBEL, PraxKomm Erbrecht, Art. 602 N 79.

11   Vgl. zum Ganzen THOMAS WEIBEL, Die Haftung der Erben, in Stephan Wolf (Hrsg.), Ausgewählte Aspekte der Erbteilung (Bern 2005), INR 3, 51 ff.

zelne Erbin allein, und zwar nicht nur für ihre eigene Quote, sondern für das Ganze in Anspruch genommen werden. Die Miterbinnen haften für die Erbschaftsschulden *persönlich* (560² i. f.) und *solidarisch* (603¹).¹² Dies gilt nicht nur für die Dauer der Erbengemeinschaft, sondern wirkt auch nach deren Auflösung für eine Zeitlang noch fort (639).

2. Arten von Schulden

Zu den Erbschaftsschulden gehören auch die *Lidlohnansprüche* der Kinder oder Gross-kinder des Erblassers (334, 334bis; vorn § 47 N 17). Die Höhe und allenfalls der Bestand dieser Schulden ist allerdings seit der Revision des Lidlohnrechts durch den neuen Art. 603 Abs. 2 durch den Saldo des Nachlasses begrenzt: der Lidlohn besteht nicht, soweit er zu einer Überschuldung der Erbschaft führen würde. Die persönliche solida-rische Haftbarkeit bezieht sich auch auf *Haftpflichtschulden* des Erblassers, selbst wenn die unerlaubte Handlung des Erblassers sich erst nach dessen Tod auswirkt (103 II 334 f. E. 3), sowie für Schulden aus aktienrechtlicher Verantwortlichkeit (123 III 94 f. E. 3e). Sollen die Kosten einer Strafuntersuchung gegen den Erblasser bei Verfahrenseinstel-lung infolge Tod des Letzteren dem Nachlass auferlegt werden, muss dies im kantona-len Verfahrensgesetz vorgesehen sein (132 I 117 ff.).¹³ Für Schulden aus Ehegüterrecht s. den zum früheren Recht ergangenen 101 II 218. Die Nachfolge in *Steuerschulden* (zum Regress des belangten Erben für Nachlasssteuern s. 136 II 528 E. 2.2.1) untersteht dem öffentlichen Recht (102 Ia 491; s. in diesem Zusammenhang aber auch 105 V 74), wobei das Steuerrecht durchaus auch auf die zivilrechtliche Regelung Bezug nimmt (117 Ib 375 f.; 118 Ia 43).¹⁴ Es ist nicht verfassungswidrig, wenn das kantonale Recht für die Beurteilung der Regressforderung eines Erben, der mehr als seinen Teil an der Nach-lasssteuer bezahlt hat, die Zuständigkeit der Zivilgerichte vorsieht (136 II 538 E. 4).¹⁵

Solidarhaftung besteht auch für die *Vermächtnisse* (101 II 220), es sei denn, sie seien nur bestimmten Erben auferlegt. Auch für die sogenannten *Erbgangsschulden* (d.h. nach 93 II 13 Verpflichtungen, «die nach dem Tode des Erblassers zulasten der Erben-

13

14

---

12 Zu Konsequenzen bei Klage gegen Willensvollstrecker s. 116 II 134 f. E. 3b und 4, bei Entlas-tung des Verwaltungsrats einer AG 118 II 496, für Klagen gegen Erben von Verantwortlichen einer AG 123 III 94 f. E. 3e sowie für Kosten eines Strafverfahrens gegen den Erblasser 126 I 47 E. 1c/bb. – Siehe in diesem Zusammenhang auch Art. 604 Abs. 3. – Siehe ferner SANDRA LAYDU MOLINARI, La poursuite pour les dettes successorales (Diss. Lausanne 1999). Zur Ausgestaltung der Solidarhaftung vgl. WEIBEL, PraxKomm Erbrecht, Art. 603 N 18 ff., und ausführlich DERS., Das Ende der Solidarhaftung der Erben (Diss. Basel 2002), BSRW A 63, 9 ff.

13 Besprechung von BEHNISCH, in ZBJV 144 (2008), 485.

14 Siehe in diesem Zusammenhang MICHAEL JOSEF SCHÖBI, Die erbrechtliche Bedeutung von Steuern (Diss. Freiburg 1999), 126 f. und passim. Zur öffentlich-rechtlichen Rückerstattungs-pflicht siehe Urteil BGer vom 16.11.98, in Zeitschrift für Sozialhilfe 96 (1999), 63. Zum Ganzen vgl. die Auflistung bei WEIBEL, PraxKomm Erbrecht, Art. 603 N 9 ff. m. w. H.

15 Bemerkungen zum Entscheid: EITEL, Erbrecht 2009–2011 – Rechtsprechung, Gesetzgebung, Literatur Teil 1, in successio 5 (2011), 219; BEHNISCH/OPEL, Die steuerrechtliche Rechtspre-chung des Bundesgerichts im Jahre 2010, in ZBJV 148 (2012), 68 ff.; CASANOVA, Die steuer-rechtliche Rechtsprechung des Bundesgerichts in den Jahren 2010 und 2011 – Steuerverfahrens-recht (direkte Steuern und übrige kantonale Abgaben), ASA 81 (2012–2013), 62 ff.

gemeinschaft entstanden» sind, wie Begräbniskosten, Auslagen für die Abwicklung der Erbschaft, Weiterführung eines Betriebs auf Rechnung der Erbengemeinschaft; hierzu auch 474[2]) gilt nach herrschender Meinung Solidarhaftung (noch nicht grundsätzlich entschieden, aber immerhin für bestimmte Fälle bejaht durch das BGer: 93 II 13 f.).[16] Siehe in diesem Zusammenhang auch die besondere Haftungsregel von Art. 584 Abs. 2. Im Übrigen haften die Erben nach bundesgerichtlicher Rechtsprechung (71 II 222; 72 II 160) für Forderungen einzelner Erben gegenüber dem Nachlass nicht solidarisch.[17]

15 In Änderung seiner bisherigen Rechtsprechung hat das BGer in BGE 129 V 70 f. entschieden, dass *Rückforderungsansprüche* der Ausgleichskasse für dem Erblasser zu Unrecht ausgerichtete Ergänzungsleistungen nach dem Tod des Erblassers mit Verfügung gegenüber einem einzelnen Erben rechtswirksam geltend gemacht werden können.

16 Gleiches gilt auch für die *Schadenersatzpflicht* des nach Art. 52 AHVG mutmasslich haftenden Erblassers, der als Organ einer konkursiten juristischen Person wirkte. Mangels Widerrechtlichkeit und Verschulden besteht hingegen keine Haftung der Erben für die nach dem Tod des Erblassers ergangene Schlussabrechnung im Rahmen des Pauschalverfahrens zur Berechnung der AHV-Beiträge ebendieser juristischen Person (129 V 300 ff.).

b. Betreibung für die Schulden der Erbschaft

17 Die *Betreibung für die Schulden der Erbschaft* kann sowohl gegen einen einzelnen, gegen mehrere oder alle Miterben eingeleitet werden als auch gegen die Erbengemeinschaft als solche (unter Beschränkung auf Nachlassgegenstände: 113 III 82 E. 4). Dies gilt, solange die Teilung nicht erfolgt, eine vertragliche Gemeinschaft nicht gebildet oder eine amtliche Liquidation nicht angeordnet worden ist (49 SchKG und hierzu 102 II 387 f.; 113 III 79 sowie 116 III 6 f.; vgl. auch 65[3] SchKG und hierzu 91 III 13). Darin liegt eine Bevorzugung der Erbschaftsgläubiger vor den Erbengläubigern.[18]

---

16 Siehe aber auch 54 II 90, wonach für Begräbniskosten eine (posthume) subsidiäre Haftung der Unterstützungspflichtigen besteht. Vgl. dazu m. w. H. H. WEIBEL, PraxKomm Erbrecht, Art. 603 N 14 f., und DERS., Haftung, 62 ff.; SCHAUFELBERGER/KELLER LÜSCHER, BaKomm, Art. 603 N 8; WOLF, BeKomm, Art. 603 N 40; GRAHAM-SIEGENTHALER, HandKomm, Art. 603 N 7; BREITSCHMID/EITEL/FANKHAUSER/GEISER/RUMO-JUNGO, litera B Erbrecht, § 5 Nr. 44.

17 Vgl. aber die leisen Zweifel in 72 II 160 und die a. M. von ESCHER, ZüKomm, Art. 603 N 1a, und von PIOTET, SPR IV/2, 656, sowie die vom BGer selber vorgenommenen Ausnahmen von seiner Praxis in 86 II 335 und in 101 II 221 (hier für Forderungen aus Güterrecht). Zum Ganzen WEIBEL, Haftung, 75 FN 48, mit Hinweisen auf die bundesgerichtliche Praxis.

18 Vgl. PIOTET, SPR IV/1, 18 f.; WEIBEL, PraxKomm Erbrecht, Art. 603 N 41 f.; DERS., Haftung, 78 FN 142; SCHAUFELBERGER/KELLER LÜSCHER, BaKomm, Vorbem. zu Art. 602–640 N 5; WOLF, BeKomm, Vorbem. zu Art. 602–619 N 8; STEINAUER, Successions, Nr. 1190.

IV.   Die Beendigung der Erbengemeinschaft

a. Grundsatz: Teilung

Die Erbengemeinschaft ist nicht auf Dauer angelegt, sie ist nur ein Zwischenstadium,   18
das auf die endgültige Auseinandersetzung hinzielt.[19] Daher kann die Vornahme der
Teilung (101 II 45) von jedem Miterben und *jederzeit* gefordert werden (604[1]), selbst
im Fall einer Nutzniessung am gesamten Nachlass gemäss Art. 473 (86 II 458 f.); andererseits ist der Teilungsanspruch unverjährbar (116 II 275 E. 7).[20] Miterben eines zahlungsunfähigen Erben können zur Sicherung ihrer Ansprüche gestützt auf Art. 604
Abs. 3 vorsorgliche Massregeln verlangen.

Das Gesetz regelt nirgends ausdrücklich die sogenannte *partielle Teilung*. Man kann   19
unterscheiden zwischen *objektiv partieller* Teilung, die nur einen Teil des Nachlasses
betrifft (ein solcher Fall in 100 II 440), und *subjektiv partieller* Teilung, bei der nur einzelne Erben aus der Gemeinschaft ausscheiden. Beide Arten partieller Erbteilung sind
nach Lehre[21] und Rechtsprechung (s. für den an sich heikleren Fall der subjektiv partiellen Teilung 96 II 329 E. 6a und 116 Ib 450) zulässig.[22] Eine weitere Art partieller
Teilung könnte darin bestehen, dass die Erben ein Verfahren festlegen, das die Auflösung der Erbengemeinschaft gestattet (z.B. die schriftliche Vereinbarung, Nachlassliegenschaften unter den Erben zu versteigern: 83 II 373; 115 II 328).

b. Ausnahme: Verschiebung der Teilung

Nur in Ausnahmefällen, nämlich bei Vorliegen besonderer Gründe, muss dem Gesuch   20
um Teilung entweder gar nicht oder nicht sofort entsprochen werden. So müsste ein
während der Ausschlagungsfrist oder der Überlegungsfrist beim Inventar angehobe-
ner Teilungsprozess vertagt werden.[23] Sodann sieht das Gesetz folgende Fälle vor:

1. Wenn die Erben die Auseinandersetzung *vertraglich* verschieben: Die Verschiebung ist   21
regelmässig eine bloss vorübergehende Phase. Doch kann auch eine Verpflichtung, für
längere Zeit in der Erbengemeinschaft zu verbleiben, durch formlosen Vertrag begrün-

---

19   Zum Ganzen vgl. STEPHAN WOLF, Grundfragen der Auflösung der Erbengemeinschaft (Habil.
    Bern 2004), sowie DERS., Die verschiedenen Möglichkeiten der Auflösung der Erbengemein-
    schaft durch Rechtsgeschäft, in Stephan Wolf (Hrsg.), Ausgewählte Aspekte der Erbteilung
    (Bern 2005), INR 3, 1 ff.

20   Auch Art. 610 Abs. 3 steht der Teilungsklage nicht entgegen; immerhin dürfen kantonale Pro-
    zessordnungen nicht vorsehen, dass die Teilung vor Tilgung oder Sicherstellung der Schulden
    des Erblassers durchgeführt werde: 109 II 408.

21   Vgl. insbesondere die Ausführungen über die partielle Erbteilung bei PETER HAUSER, Der Erb-
    teilungsvertrag (Diss. Zürich 1973), 24 ff., und SCHAUFELBERGER/KELLER LÜSCHER, BaKomm,
    Art. 602 N 34 f.; BREITSCHMID/EITEL/FANKHAUSER/GEISER/RUMO-JUNGO, litera B Erbrecht,
    § 5 Nr. 92.

22   Ein Fall unzulässiger Mischform erwähnt bei PFÄFFLI, Rechtsprechung und ausgewählte
    Rechtsfragen 2001, in BN 62 (2001), 122, anders beurteilt vom Verwaltungsgericht Bern am
    22. März 2002.

23   ESCHER, ZüKomm, Art. 604 N 1; WEIBEL, PraxKomm Erbrecht, Art. 604 N 4.

det werden (61 II 164): sogenannte *fortgesetzte Erbengemeinschaft*.[24] Die Frage, für welche Dauer ein solcher Verzicht gültig vereinbart werden könne, hat das BGer offengelassen (so auch noch in 96 III 17). Statt die Erbteilung zu verschieben, können die Erben auch die Erbengemeinschaft durch *Begründung einer neuen Gemeinschaftsform* aufheben, so etwa einer Gemeinderschaft im Sinn von Art. 336 ff., einer Kollektivgesellschaft, einer Aktiengesellschaft[25] oder einer Kommanditgesellschaft (vgl. 97 I 17).[26]

22   2. Wenn das Gesetz eine *Zwangsgemeinschaft* festsetzt, was bei der Übernahme landwirtschaftlicher Gewerbe der Fall sein kann (12 BGBB; hierzu § 84 N 35).

23   3. Wenn die *sofortige Teilung den Wert* der Erbschaft *erheblich schädigen* würde. Dann kann das Gericht vorübergehend die Verschiebung anordnen (604[2]).

24   4. Solange auf ein *noch nicht geborenes Kind* Rücksicht zu nehmen ist, unterbleibt die Teilung (605[1]). Bis zu dessen Geburt kann die Mutter, soweit erforderlich, ihren Lebensunterhalt aus dem Erbschaftsvermögen bestreiten (605[2]). Auch abgesehen von diesem Fall können die Erben, die beim Tod des Erblassers in dessen Haushalt wohnten und von ihm Unterhalt erhielten, nicht sofort auf die Gasse gesetzt werden. Nach uralter Gewohnheit blieben die Familienangehörigen bis zum sogenannten Dreissigsten zusammen, d.h. bis die nach Monatsfrist seit dem Tod des Erblassers übliche Seelenmesse gefeiert worden war. An diese Sitte knüpft das ZGB an: Erben, die mit dem Erblasser zusammen wohnten, erhalten für den ersten Monat ihren Lebensunterhalt weiter aus dem Erbschaftsvermögen (606).

25   5. Im Gesetz findet sich keine Bestimmung, die ausdrücklich die Frage regelt, ob *der Erblasser* durch letztwillige Verfügung[27] *den Aufschub der Teilung anordnen* könne. Gemäss dem *obiter dictum* in BGE 113 II 139 wäre dies denkbar. Nach zutreffender Meinung darf dies nur innerhalb der verfügbaren Quote (also nicht zu Lasten der Pflichtteile) geschehen.[28]

---

24   Hierzu SCHAUFELBERGER/KELLER LÜSCHER, BaKomm, Art. 602 N 36 ff., und Art. 604 N 11; GRAHAM-SIEGENTHALER, HandKomm, Art. 602 N 20, und Art. 604 N 14; WOLF, BeKomm, Art. 602 N 97 ff.; WEIBEL, PraxKomm Erbrecht, Art. 604 N 52; STEINAUER, Successions, Nr. 1235.

25   TUOR/PICENONI, BeKomm, Art. 602 N 7.

26   Vgl. dazu WOLF, Grundfragen, 201 ff. m. w. H.; DERS., BeKomm, Art. 604 N 100; STEINAUER, Successions, Nr. 1235a.

27   Auch nichts betr. den Erbvertrag; ein solcher Fall im Sachverhalt von 96 III 10.

28   So DRUEY, Grundriss, § 16 Nr. 30 f.; SCHAUFELBERGER/KELLER LÜSCHER, BaKomm, Art. 604 N 10; STEINAUER, Successions, Nr. 1236 ff.; WEIBEL, PraxKomm Erbrecht, Art. 604 N 54 ff.; WOLF, BeKomm, Art. 604 N 93; GUINAND/STETTLER/LEUBA, Successions, Nr. 545.

§ 83 Die Durchführung der Teilung

Das ZGB regelt einerseits das *Verfahren,* das bei der Teilung zu beobachten ist, und 1
stellt andererseits *Grundsätze* auf, nach welchen die Auseinandersetzung und die
Zuweisung der Vermögenswerte an die einzelnen Erbinnen zu erfolgen hat.[1] Besondere
Regeln bestehen für die Beerbung landwirtschaftlicher Grundstücke und Gewerbe;
daher wird dem *bäuerlichen Erbrecht* ein eigener Paragraf (§ 84) gewidmet.

I. Das Teilungsverfahren

a. Der Grundsatz der freien Vereinbarung

Das ZGB geht davon aus, dass die Teilung *in erster Linie Sache der Erben* ist (607[2]). 2
Sind sie sich über die Zuweisung der Aktiven und die Überbindung der Passiven einig,
so kommt grundsätzlich die Teilung ihrem übereinstimmenden Willen entsprechend
zum verbindlichen Abschluss (634).[2] Unter den Parteien besteht zu diesem Zweck eine
Auskunftspflicht (607[3]; 610[2]).[3] Selbst der Erblasser vermag nicht durch Teilungsregeln
den Erben, die übereinstimmend anderer Meinung sind, seinen Willen aufzuzwingen.
Dies ist nach h. L. auch dann nicht möglich, wenn der Erblasser dem Willensvollstrecker andere Anweisungen erteilt (nachstehend N 7).

Art. 609 Abs. 1 sieht vor, dass auf Verlangen eines Erbengläubigers unter bestimmten 3
Voraussetzungen eine *Behörde* an Stelle des betreffenden Erben bei der Teilung *mitzuwirken* hat (vgl. 110 III 46); dadurch wird der Grundsatz der Teilungsfreiheit der
Erben eingeschränkt (114 II 419 E. 2a). Ordnet im betreibungsrechtlichen Verwer-
tungsverfahren die Behörde die Auflösung und Liquidation der Erbschaft und – mangels Kostenvorschusses der Gläubiger für das Teilungsverfahren – die Versteigerung

---

1   Vgl. zum Ganzen neben den Kommentaren und Peter Hauser, Der Erbteilungsvertrag (Diss.
    Zürich 1973) auch Piotet, SPR IV/2, 846 ff., sowie insbesondere: Hans Merz, Zur Auslegung
    einiger erbrechtlicher Teilungsregeln, in FS Peter Tuor (Zürich 1946), 85 ff.; Arthur Jost, Der
    Erbteilungsprozess im schweizerischen Recht (Bern 1960); Steiner, Das Rechtsbegehren im
    Erbteilungsprozess, Überlegungen im Anschluss an ein Urteil des Bundesgerichts, in SJZ 74
    (1978), 165 ff.; Lionel Harald Seeberger, Die richterliche Erbteilung (Diss. Freiburg 1992),
    AISUF 119, sowie Nr. 383 der Entscheidungen (Maximen) des Obergerichts des Kantons Luzern
    (Bd. XI, Heft 5, 1965, 409 ff.); ferner Jean Nicolas Druey/Peter Breitschmid (Hrsg.), Prak-
    tische Probleme der Erbteilung (Bern/Stuttgart/Wien 1997).
2   Leuba, Le partage successoral en droit suisse, in ZSR 125 (2006), 137 ff., 151 f.
3   Hierzu 90 II 372 sowie 99 III 45 f. (als Grund zur Einsicht in Betreibungsakten) und 127 III 401 f.
    E. 3 und 4a (betreffend lebzeitige Zuwendungen). Vgl. auch Adriano Oswald, Die Auskunfts-
    pflicht im Erbgang (Diss. Zürich 1976); Druey, Der Anspruch des Erben auf Information, in
    BJM 35 (1988), 113 ff.; ders., Grundriss, § 13 Nr. 12 ff.; Christian Brückner/Thomas Wei-
    bel, Die erbrechtlichen Klagen (3. A. Zürich/Basel/Genf 2006), Nr. 26 ff. Hierzu siehe nun ins-
    besondere Andreas Schröder, Informationspflichten im Erbrecht (Diss. Basel 2000), BSRW
    A 54.

des Anteilsrechts an (132 SchKG), hat der Ersteigerer des Erbschaftsanteils das Recht, die Teilung zu verlangen. Er kann aber nicht selber an der Teilung mitwirken und wird auch nicht Gesamteigentümer der Vermögenswerte, sondern hat bloss Anspruch auf den Liquidationserlös (135 III 179 E. 2.5).

4 Gemäss Art. 609 Abs. 2 kann der Kanton die Mitwirkung der Behörde auch für andere Fälle vorsehen. Die Mitwirkung besteht im Wesentlichen darin, am Teilungsverfahren mitzuwirken und allenfalls einen Entwurf eines Teilungsvertrags vorzulegen. Diese Mitwirkung darf das Prinzip der freien privaten Teilung nicht beeinträchtigen. Namentlich ist es unzulässig, die Verbindlichkeit eines von allen Erben angenommenen und unterzeichneten Teilungsvertrags von der Genehmigung durch die Teilungsbehörde abhängig zu machen (114 II 420 E. 2b).[4] Ebenso wenig darf die Behörde die Teilung selber vornehmen oder diese leiten. Ihre Stellung bei der Teilung entspricht aber gleichwohl jener der Erben, an deren Stelle sie tritt. Kraft dieser Rechtsposition muss ihr insbesondere die Aktivlegitimation zur Teilungsklage zustehen (129 III 319 f.).[5]

b. Anordnungen des Erblassers

1. Teilungsvorschriften[6]

5 Der Erblasser kann durch Verfügung von Todes wegen Teilungsregeln aufstellen, etwa darüber, wem bei der Teilung was und gegebenenfalls zu welchem Anrechnungswert zufallen soll. Er kann sich auch zur Frage äussern, wie das Teilungsverfahren vor sich gehen solle (608[1]).[7] Jeder Erbe, der an der Einhaltung dieser Regeln ein berechtigtes Interesse hat, kann sich den anderen gegenüber darauf berufen.[8] Die Erben können aber bei Einstimmigkeit eine andere Teilung vereinbaren (137 III 10 E. 2.1). Die Teilungsvorschrift bewirkt denn auch für sich allein nicht den Übergang des betreffenden Vermögenswerts auf den bezeichneten Erben.[9] Soll daher z.B. ein ihm zugeteiltes Grundstück im Grundbuch auf seinen Namen eingetragen werden, ist der Erbe auf ein gerichtliches Urteil angewiesen, sofern nicht ein entsprechender Teilungsakt zu Stande

---

4 Gemäss 114 II 420 E. 3a ist eine «allgemeine Genehmigungspflicht ... mit Art. 634 Abs. 1 ZGB ... nicht vereinbar.» Zu dieser angesichts von E. 2b eigentümlichen Formulierung siehe SCHNYDER, Die privatrechtliche Rechtsprechung des Bundesgerichts im Jahre 1988, in ZBJV 126 (1990), 145 ff.

5 Besprechung von SCHMID, in ZBGR 85 (2004), 346.

6 Hierzu ARMAND MAURICE PFAMMATTER, Erblasserische Teilungsvorschriften (Art. 608 ZGB) (Diss. Zürich 1993), ZSPR 99; STEIN-WIGGER, Verbindlichkeit und Durchsetzbarkeit erblasserischer Teilungsvorschriften, in AJP 10 (2001), 1135 ff.

7 Hierzu PFAMMATTER a.a.O. 92 ff. und PAUL PIOTET, L'estimation d'un bien par le cujus favorisant un ou des héritiers, et la réduction, in Mélanges Jacques-Michel Grossen (Basel und Frankfurt a.M. 1992), 267 ff.

8 PFAMMATTER a.a.O. 11. Das Gesetz (608[2]) bringt den «Vorbehalt der Ausgleichung» bei nicht beabsichtigter Ungleichheit der Teile an; mit «Ausgleichung» ist hier nicht etwa die in Art. 626 ff. behandelte Ausgleichung von Zuwendungen unter Lebenden gemeint, sondern eine Ausgleichszahlung.

9 Solche Anordnungen bewirken nicht den Abschluss der Teilung, vgl. LEUBA a.a.O. 167 FN 157.

kommt (58 II 402 und 70 II 269 entgegen 50 II 449; s. auch 101 II 36 ff., 116 II 37 f. E. 3b [zum aufgehobenen 621bis] und 118 Ia 45).

Art. 608 Abs. 3 stellt (in Übereinstimmung mit 522[2]) den wichtigen Grundsatz auf, 6 dass im Zweifelsfall die Zuweisung einer Sache an einen bestimmten Erben bloss eine Teilungsvorschrift und nicht ein Vorausvermächtnis darstelle, dem Erben also an seinen Erbteil angerechnet werden müsse (s. den Fall 100 II 444 ff.; im Fall 115 II 323 lag nicht Teilungsregel, sondern Vermächtnis vor; s. ferner 103 II 92 f., wonach bei Zuweisung eines Grundstücks «zum amtlichen Wert» in der Differenz zwischen diesem und dem Verkehrswert ein Vermächtnis zu erblicken ist).

2. Einsetzung eines Willensvollstreckers[10]

Setzt der Erblasser einen Willensvollstrecker ein, so steht diesem mangels gegenteiliger 7 Anordnung das Recht und die Pflicht zur Vornahme der Erbteilung zu (518[2]).[11] Dabei gilt Folgendes: Hat der Willensvollstrecker mangels Teilungsanordnungen des Erblassers die Teilung «nach Vorschrift des Gesetzes» (518[2]) durchzuführen, so hat er in allen Punkten, in welchen die Erben einig sind, deren Willen zu respektieren (97 II 17 und 102 II 202; s. auch 108 II 538 E. 2c). Umstritten ist, ob die Erben auch dann nach ihrem übereinstimmenden Gutdünken teilen dürfen, wenn der Erblasser dem Willensvollstrecker anders lautende Teilungsvorschriften gegeben hat. Das ist im Gegensatz zur Ansicht der früheren Kommentatoren[12] zu bejahen (115 II 329 E. 2b),[13] sofern dieser übereinstimmende Wille nicht rechtswidrig oder unsittlich ist.[14]

---

10 Zum Ganzen: Hans Rainer Künzle, Der Willensvollstrecker im schweizerischen und im US-amerikanischen Recht, Schweizer Schriften zur Vermögensberatung und zum Vermögensrecht, Bd. 1 (Habil. Zürich 2000); Künzle, BeKomm, Art. 517–518.

11 Zum Abschluss der Teilung hinten § 86 N 3 ff., 7 ff.; s. auch Karrer/Vogt/Leu, BaKomm, Art. 518 N 52 ff.

12 Siehe Escher, ZüKomm, Art. 518 N 17; Tuor, BeKomm, Art. 518 N 1 und 16. Für die Bindung durch den Erblasser spricht, dass ein Erblasser so einen schwachen Erben vor Nachgiebigkeit bewahren könnte.

13 Gleicher Meinung Piotet, SPR IV/1, 166 f. und IV/2, 866; Pfammatter a.a.O. 17, und nun auch Schaufelberger/Keller Lüscher, BaKomm, Art. 607 N 9 und Art. 608 N 11; Weibel, PraxKomm Erbrecht, Art. 608 N 16; Steinauer, Successions, Nr. 1250; Guinand/Stettler/Leuba, Successions, Nr. 547; Künzle, HandKomm, Art. 517–518 N 54; Christ/Eichner, PraxKomm Erbrecht, Art. 518 N 77; Karrer/Vogt/Leu, BaKomm, Art. 518 N 57; Künzle, BeKomm, Art. 517–518 N 297; Breitschmid/Eitel/Fankhauser/Geiser/Rumo-Jungo, litera B Erbrecht, § 5 Nr. 80.

14 Kontrovers ist auch die Frage, was gilt, wenn Teilungsvorschriften mit Einsetzung eines Willensvollstreckers vorliegen und die Erben unter sich uneinig sind. Hierzu s. Pfammatter a.a.O. 18 ff. mit den zwei Extremlösungen und seiner in Anlehnung an Peter Weimar, Die Erbschaftsteilung als Erfüllungs- und Verfügungsgeschäft, in Mélanges Pierre Engel (Lausanne 1989), 455 ff. entwickelten Mittellösung (Kompetenz zum Abschluss partieller Erbteilungsverträge).

c. Die behördliche Mitwirkung[15]

8   Abgesehen von der obligatorischen Mitwirkung einer Teilungsbehörde (Erbschafts-
     behörde) gemäss Art. 609 Abs. 1 (vorn N 3 f.) ist die Behörde dann gehalten, die Tei-
     lung an die Hand zu nehmen, wenn die Erben sich nicht einigen können und ein Erbe
     dies verlangt (611). Diese Behörde hat so viel Lose oder Teile zu bilden, als Erben
     oder Erbenstämme da sind. Unter den Angehörigen desselben Stammes muss dann
     eine Unterteilung vorgenommen werden. Wertunterschiede sind in Geld auszuglei-
     chen (sogenannte Soultes). Bei der Bildung der Lose hat sich die Behörde an die (unter
     N 12 ff. erörterten) Teilungsgrundsätze (611^2, 612, 613) zu halten (siehe z.B. 100 II
     443 f.). – Sind die Lose gebildet, so erfolgt deren Zuweisung an die einzelnen Erben.
     Hier ist in erster Linie ihr einheitlicher Wille massgebend. Einigen sich die Erben nicht,
     so kommt es zur Losziehung.

9   Folgendes ist zu präzisieren: Dieses Verfahren vor der Behörde und durch die Behörde
     schafft nicht auch schon die Verbindlichkeit der Erbteilung. Die Teilung gelangt erst
     zum Abschluss durch die Aufstellung und Entgegennahme der Lose oder mit dem
     Abschluss des Teilungsvertrages (634, s. § 86). Die Behörde kann also einen Teilungs-
     plan entwerfen, aber diesen nicht für verbindlich erklären. Bestimmte Anordnungen
     der Teilungsbehörde sind aber verbindlich (vgl. 94 II 239 f.; 137 III 13 E. 3.3). So kann
     sie über die Art der Versteigerung einer Erbschaftssache entscheiden, wenn deren Ver-
     kauf auf Verlangen eines Erben auf dem Weg der Versteigerung stattzufinden hat und
     sich die Erben nicht darüber einigen können, ob die Versteigerung öffentlich oder
     unter den Erben stattfinden soll (612^3). Sie kann ferner über die Veräusserung oder
     die Zuweisung mit oder ohne Anrechnung von besonderen Gegenständen entschei-
     den (613^3). Im Rahmen des Entscheids über die Art der Versteigerung können sich
     materiellrechtliche Fragen stellen, deren Beurteilung an sich im Zuständigkeitsbereich
     des ordentlichen Gerichts liegt. Es steht aber der Teilungsbehörde zu, nötigenfalls *vor-
     frageweise* zu prüfen, ob der gesuchstellende Erbe überhaupt zur Erbschaft berufen ist
     oder ob der Verkauf der Erbschaftssache, den der Erbe auf dem Weg der Versteige-
     rung verlangt, zulässig ist und nicht gegen gesetzliche Teilungsregeln verstösst. Diese
     Vorfragen darf die Teilungsbehörde beantworten, solange das Erbteilungsgericht nicht
     bereits rechtskräftig darüber geurteilt hat und keine Erbteilungsklage hängig ist. Sie
     kann die Erben in schwierigen und umfangreichen erbrechtlichen Auseinanderset-
     zungen auch direkt auf die Erbteilungsklage verweisen (137 III 13 f. E. 3.3[16]).

10   Über die endgültige Durchführung der Teilung entscheidet alleine das Gericht (hierzu
     sogleich N 11), namentlich auch über die verbindliche Zuweisung einzelner Nach-
     lassgegenstände an bestimmte Erben (137 III 13 E. 3.2). Die amtliche Mitwirkung ist
     dennoch sinnvoll. Zunächst hat jeder Erbe ein Recht auf ein solches Tätigwerden der

---

15   Zur Entstehungsgeschichte vgl. Leuba a.a.O. 152 ff.

16   Bemerkungen zum Entscheid von Bornhauser, Die Versteigerung der Liegenschaft in der
     Erbteilung – Urteilsanmerkung zu BGE 137 III 8, in successio 5 (2011), 133 ff.; Eitel, Erbrecht
     2009–2011 – Rechtsprechung, Gesetzgebung, Literatur Teil 1, in successio 5 (2011), 214 f.; Pio-
     tet/Vernaz, Droit des successions, in not@lex 5 (2012), 70.

Behörde. Sodann führt die behördliche Mitwirkung in vielen Fällen zur Einigung der Erben. Schliesslich wird das Gericht – falls es zum Entscheid berufen wird – regelmässig die Vorarbeiten der Behörde berücksichtigen.[17]

d. Gerichtliche Teilungsklage[18]

Bei Uneinigkeit steht es den Erben frei, beim Gericht eine Teilungsklage einzureichen, sei es nach fehlgeschlagener amtlicher Teilung (s. N 8 ff.) oder unter Umgehung behördlicher Mitwirkung.[19] Dabei muss sich die Klage gegen alle übrigen Erben richten (BGer 5A_372/2011 E. 2.1.1; 5A_809/2011 E. 2.2). Gleiches gilt auch für ein gegen den Teilungsentscheid erhobenes Rechtsmittel (130 III 550 ff.).[20] Das Gericht hat hier innerhalb des Rahmens des Rechtsbegehrens zu entscheiden. Je nachdem verurteilt es die beklagten Erben nur auf Einlassung in die durch die Erben vorzunehmende Teilung (604[1]), oder es entscheidet auch materiellrechtliche Teilungsfragen, z.B bezüglich Herabsetzung (wohl oft im Rahmen von 533[3]; vgl. 116 II 244 E. 3), Ausgleichung, Grösse der Erbteile, Gutheissung oder Berichtigung eines amtlichen Teilungsentwurfs. Bei entsprechend lautenden Rechtsbegehren (hierzu 101 II 41)[21] nimmt das Gericht

17 Diese hier dargestellte Meinung über das Verhältnis Gericht/Behörde ist nicht unbestritten. Vgl. die Kommentare zu Art. 604 und 611 sowie die in Anm. 1 erwähnten Werke. – Und selbst wenn die Behörde nicht verbindlich entscheiden kann, fragt es sich, ob nicht je nach Stadium des Prozesses die Behörde sich wieder einschalten müsse. Den Anordnungen der Behörde käme dann zwar keine Verbindlichkeit zu; die Behörde wäre aber verpflichtet, durch ihre Vorarbeit dem Richter den Entscheid zu erleichtern. Vgl. über dieses «Hin und Her» ESCHER, ZüKomm, Art. 604 N 5b; SCHAUFELBERGER/KELLER LÜSCHER, BaKomm, Art. 604 N 7; WEIBEL, Prax-Komm Erbrecht, Art. 604 N 44 ff.

18 Siehe BRÜCKNER/WEIBEL a.a.O. Nr. 167 ff. und SCHAUFELBERGER/KELLER LÜSCHER, BaKomm, Art. 604 N 2 ff.; WOLF, BeKomm, Art. 604 N 33 ff.; GRAHAM-SIEGENTHALER, Hand-Komm, Art. 604 N 2 ff.; STEINAUER, Successions, Nr. 1283 ff.

19 Die «Umgehung der Behörde» ist allerdings nicht ohne Weiteres möglich. Im Bewusstsein, dass hier nach wie vor vieles ungeklärt ist, lässt sich Folgendes vertreten: Einmal stellen Art. 609 Abs. 1 und 2 eine gewisse Schranke der Ausschaltung der Behörde dar (hierzu vorn N 3 f.). Sodann ist die Behörde allenfalls für bestimmte, vorn erwähnte Vorentscheidungen (N 8 und Anm. 16) zuständig. Ferner hat jeder Erbe das Recht auf ein vorläufiges Tätigwerden der Behörde auch für die Kernfragen der Teilung (vorn N 10). Schliesslich ist denkbar, dass das Gericht die Behörde im Sinn von Anm. 17 i. f. «zwischenschaltet». Zur Bedeutung der behördlichen Vorarbeiten und zum Zusammenspiel von Behörde und Gericht s. nun auch SEEBERGER a.a.O. 39 ff. sowie 104 f.

20 Besprechungen von GEISER, Rechtsprechung im Überblick: Zivilrecht, in plädoyer 2005, 44; AEBI-MÜLLER, Die privatrechtliche Rechtsprechung des Bundesgerichts im Jahr 2004, in ZBJV 141 (2005), 111; LEUENBERGER, Die Rechtsprechung des Bundesgerichts zum Zivilprozessrecht im Jahr 2004, in ZBJV 142 (2006), 29.

21 Kritik dieses BGE im vorn in Anm. 1 zit. Aufsatz STEINER.

die Teilung selber vor.[22] Sein Urteil ersetzt den Teilungsvertrag (vgl. 69 II 369). Das Gericht hat gegebenenfalls eine umfassende Zuteilungskompetenz.[23]

II.   Die Teilungsgrundsätze

12   Die nachstehend erwähnten Grundsätze finden Anwendung, insofern nicht die Erben übereinstimmend etwas anderes vereinbaren und insoweit nicht anders lautende Teilungsregeln des Erblassers vorliegen (s. vorn N 2 ff. und 5 ff.).

a. Zuständige Behörde

13   Wo die Art. 611 ff. von der zuständigen Behörde sprechen, bestimmen die Kantone die Behörde.[24] Aufgaben und Befugnisse dieser Teilungsbehörde umschreibt hingegen allein das Bundesrecht (137 III 13 E. 3.2).

b. Teilungsgrundsätze bezüglich der Aktiven

14   Die oberste Richtschnur für die Erbteilung ist das Prinzip der *Gleichberechtigung* der Erben. Innerhalb des Rahmens der ihnen zukommenden Erbquote bestehen keine Vorrechte an den einzelnen Erbschaftssachen, weder der männlichen vor den weiblichen Erben noch der Verwandten der Vaterseite vor denen der Mutterseite. Alle Erben haben *im Grundsatz den gleichen Anspruch* auf die Erbschaftsobjekte (610[1]; s. aber die Teilungsregeln nachstehend N 16 ff., für das bäuerliche Erbrecht § 84). Dieser Anspruch geht sodann auf Zuteilung von Erbschaftssachen *in natura* (94 II 233 E. 3).

---

22   Auf eine solche Kompetenz deutet im Ergebnis doch wohl auch 100 II 443 f. E. 4 hin; hierzu s. Seeberger a.a.O. 70. Vgl. auch Annette Spycher, Prozessuales zur Erbteilung und zur Erbteilungsklage, in Stephan Wolf (Hrsg.), Ausgewählte Aspekte der Erbteilung (Bern 2005), 27 ff., 40 f.

23   Seeberger a.a.O. 55 ff., 80 f. und passim. Mit Seeberger bejahen nun auch Schaufelberger/ Keller Lüscher, BaKomm, Art. 604 N 7; Weibel, PraxKomm Erbrecht, Art. 604 N 45; Guinand/Stettler/Leuba, Successions, Nr. 556; Bückner/Weibel a.a.O. Nr. 179, eine umfassende gerichtliche Teilungskompetenz. – Piotet, Partage judiciaire et constitution de propriétés par étages, in ZSR NF 113 (1994) I, 207 ff., 210, stellt diese Theorie rundweg in Abrede und verweist auch das Gericht, von Sonderregeln wie Art. 612 abgesehen, auf die in Art. 611 für die Behörde vorgesehene Losziehung. Druey, in AJP 2 (1993), 479 f., hat laut seiner Besprechung der These Seeberger zwar auch erhebliche Zweifel, deutet aber einen Mittelweg an, wonach das Gericht zu bestimmen hätte, wo genügend deutliche Verteilungsregeln (einschl. Berücksichtigung persönlicher Verhältnisse) vorliegen und wo es zur Losziehung greifen muss. Da auch Seeberger (a.a.O. 76 f.) es für theoretisch denkbar hält, dass in einem konkreten Fall «eine strittige Sache ... diesem Erben ebensogut wie jenem zusteht» und mithin Verlosung als *ultima ratio* spielen soll, ist der Graben zwischen Druey und Seeberger nicht unüberbrückbar. Nach hier vertretener Meinung kommt doch wohl bei aller Bejahung der grundsätzlichen Zuteilungskompetenz des Gerichts die Losziehung entgegen Seeberger nicht nur «äusserst selten» vor.

24   Nach a. M. Seeberger a.a.O. 172 ff.; Weibel, PraxKomm Erbrecht, Art. 612 N 22, ist es das Gericht. Siehe zum *status quaestionis* nun auch Schaufelberger/Keller Lüscher, BaKomm, Art. 613 N 8 ff.

Die Grundsätze der Gleichberechtigung und der Zuteilung der Vermögenswerte in   15
natura sind zu präzisieren: Wenn alle Erben ihren Anspruch auf Gleichberechtigung
und auf Zuteilung in natura durchsetzen wollten, müsste eine möglichst gleichmässige
Zuweisung von Fahrnis und Grundstücken, Forderungen und Schulden an die einzelnen Erbteile erfolgen. Jedes dieser Aktiven und Passiven müsste *aufgeteilt* werden.
Eine solche konsequent durchgeführte Aufteilung aller Erbschaftssachen würde häufig
einem Hauptzweck des Erbrechts, der unveränderten Erhaltung und Übermittlung der
von den früheren Generationen geschaffenen Werte auf die folgenden widersprechen.
Verschiedene kantonale Einführungsgesetze zum ZGB und das ZGB selber sehen oder
sahen deshalb in Einzelfällen eine *Durchbrechung der beiden Grundsätze (Gleichberechtigung und Zuteilung in natura)* vor. So finden oder fanden sich in kantonalen Einführungsgesetzen bestimmte Vorzugsrechte für Söhne (z.B. auf Waffen) und Töchter
(z.B. auf Kleider und Schmuckgegenstände der Mutter).[25] Vom ZGB sind zunächst die
Bestimmungen bezüglich der Vererbung *landwirtschaftlicher Gewerbe* und *landwirtschaftlicher Grundstücke* zu erwähnen, die (mit Ausnahme von Art. 613a) seit 1994 im
BGBB geregelt sind (hierzu § 84); das ZGB kennt dagegen *kein besonderes Unternehmererbrecht*.[26] Ausserdem setzt das ZGB durch *gesetzliche Teilungsregeln*[27] in folgenden
Fällen der gleichmässigen Aufteilung der Gegenstände in natura Grenzen, die sowohl
von der Behörde wie vom Gericht zu beachten sind:

1. *Forderungen,* die der Erblasser gegen einen Erben hat, sollen diesem, dem schuldne-   16
rischen Erben, angerechnet werden (614).

2. Eine *einzelne* Sache, deren *materielle Teilung nicht ohne* Zerstörung der Substanz   17
oder wesentlichen *Wertverlust* möglich ist, darf ohne das Einverständnis aller gemäss
Art. 612 Abs. 1[28] nicht unter verschiedene Erben geteilt werden, sondern muss ganz

---

25   MERZ a.a.O. 91 hielt – schon lange vor der Annahme von Art. 8 Abs. 3 (aArt. 4 Abs. 2) BV – sol-
      che kantonale Vorschriften, die auf Art. 611 abgestützt werden, für bundesrechtswidrig.

26   Zu dieser schwierigen Frage und zu möglichen Lösungen s. aber HEINZ HAUSHEER, Erbrecht-
      liche Probleme des Unternehmers (Habil. Bern 1970), ASR 399; DERS., Die Unternehmernach-
      folge als erbrechtliches Problem, insbesondere bei der Einzelunternehmung, in BTJP 1970: Die
      Erhaltung der Unternehmung im Erbgang (Bern 1972), 33 ff., sowie DERS., Zum Generationen-
      wechsel im Familienunternehmen …, in FS Arthur Meier-Hayoz (Bern 1982), 203 ff.; ARTHUR
      KAMBER, Entreprise et succession (La Tour-de-Peilz 1992); KÜNZLE, PraxKomm Erbrecht, Ein-
      leitung N 72 ff.; ferner DRUEY, Unternehmer, Unternehmen und Erbrecht, in SJZ 74 (1978),
      337 ff., sowie DERS., Grundriss, 20 f. (Literatur) und § 2 Nr. 13 ff.; schliesslich, mit beachtlichen
      Überlegungen zur gerichtlichen Teilung einer Unternehmung SEEBERGER a.a.O. 225 ff. und
      320 f. Vgl. auch Postulat CHRISTOFFEL BRÄNDLI, Erleichterung der erbrechtlichen Übertra-
      gung von Unternehmen (06.3402) vom 23.6.2006, und PAUL EITEL, KMU und Pflichtteilsrecht,
      in Jörg Schmid/Daniel Girsberger (Hrsg.), Neue Rechtsfragen rund um die KMU (Zürich 2006),
      43 ff., 52 ff.; DERS., Erbrecht für landwirtschaftliche Gewerbe vs. Unternehmenserbrecht im All-
      gemeinen, in FS Richli (Zürich/Basel/Genf 2006), 93 ff.

27   SEEBERGER a.a.O. 129 ff. und 161 ff. unterscheidet zwischen vollständigen und unvollständi-
      gen Teilungsregeln. Erstere antworten auf die Frage: «Wer erhält was?», bei Letzteren handelt es
      sich um Umschreibungen des Zuweisungsgegenstandes (was?) oder um Zuteilungsregeln (wer?).

28   Hierzu s. nunmehr mit praxisnahen Hinweisen SEEBERGER a.a.O. 166.

erhalten bleiben. Kann sie ohne Schwierigkeit einem einzelnen Los zugewiesen werden, so hat dies zu geschehen. Übersteigt dagegen ihr Wert («sensiblement» [94 II 234][29] bzw. «erheblich»[30] [97 II 16]) den eines einzelnen Loses (was etwa bei einem Gebäude, Bauplatz, Erfindungspatent zutreffen kann), so ist die Sache mangels Einigung unter den Erben zu *veräussern* und der Erlös zu teilen (612²). Art. 612 Abs. 2 bezieht sich also trotz seiner allgemeinen Formulierung nicht auf jede Uneinigkeit, sondern nur auf den Fall, da die Zuweisung einer Sache aus besonderen Gründen ausgeschlossen ist, mithin gerade auch auf den Fall des Art. 612 Abs. 1 (vgl. 112 II 209).[31] Es geht auch nicht an, dass zwei oder mehrere Erben oder Erbenstämme ein «gemeinsames Los» bilden, um eine solche Veräusserung zu verhindern (85 II 387 f.).

18   Der Verkauf erfolgt freihändig, wenn alle Erben damit einverstanden sind, oder durch Versteigerung, sofern ein Erbe es verlangt. Einigen sich die Erben nicht über die Art der Versteigerung, insbesondere darüber, ob sie öffentlich oder nur unter ihnen stattfinden soll, so entscheidet die Behörde (612³; hierzu 97 II 16 und 24 f. und oben N 9, insb. 137 III 13 E. 3.3).

19   3. Bei *Sachgesamtheiten,* d.h. Gegenständen, die ihrer Natur nach *zusammengehören,* wäre an sich eine Teilung, und zwar mitunter ohne Wertverlust, möglich. Sie ist jedoch aus ideellen, kulturellen, wirtschaftlichen Gründen nicht tunlich: so z.B. bei einer Werkstätteneinrichtung, einer Sammlung, einer Fachbibliothek, allenfalls auch eines Aktienpakets.[32] Das Gesetz sieht daher in Art. 613 Abs. 1 vor, dass diese Sachen bei der Teilung nicht voneinander getrennt werden sollen. Über die «Veräusserung oder Zuweisung» einer solchen Gesamtheit hat nach dem Wortlaut von Art. 613 Abs. 3 die Behörde nach Ortsgebrauch und, wo ein solcher fehlt, nach den persönlichen Verhältnissen der Erben zu entscheiden. Die Auslegung dieser Bestimmung bereitet grosse Mühe. Hat die Behörde überhaupt eine Zuweisungskompetenz?[33] Nach hier vertretener Ansicht kann die Behörde einzig über die Veräusserung oder die Zuweisung (dem Grundsatz nach) entscheiden, nicht aber über die Zuweisung an eine bestimmte Erbin. Diese Kompetenz steht einzig dem Gericht zu (oben N 11). Womöglich bezieht sich

---

29   Gemäss diesem BGE kann die Aufteilung eines Grundstücks in Stockwerk-Miteigentumsanteile einem widerstrebenden Erben nicht aufgezwungen werden – eine m. E. doch gar strenge Auffassung! Hierzu s. hinten § 101 N 53 Anm. 55, und in Übereinstimmung mit dem Bundesgericht PIOTET, zit. vorn in Anm. 13.

30   Laut SEEBERGER a.a.O. 169 um mehr als 10 Prozent. Vgl. auch BGer 5C.214/2003 E. 4.1, in SJZ 101 (2005), 111.

31   Vgl. hierzu auch den Entscheid des Obergerichts ZH, 7. Oktober 2005, in SJZ 102 (2006), 103 ff., 105: Sind zwei Erben gleich gut zur Selbstbewirtschaftung geeignet, ist nicht nach Art. 612 Abs. 2 vorzugehen, sondern sind die persönlichen Verhältnisse nach Art. 611 Abs. 2 massgeblich.

32   Ein Ansatz zu einem Unternehmererbrecht? Hierzu siehe Anm. 25 und SCHAUFELBERGER/ KELLER LÜSCHER, BaKomm, Art. 613 N 3; LEUBA a.a.O. 180.

33   SEEBERGER a.a.O. 188 verneint jede Zuweisungskompetenz; ebenso WEIBEL, PraxKomm Erbrecht, Art. 613 N 5 f.; zweifelnd STEINAUER, Successions, Nr. 1281a. Eine Zuweisungskompetenz bejahen dagegen: DRUEY, Grundriss, § 16 Nr. 87; ESCHER, ZüKomm, Art. 613 N 8 ff.; TUOR/PICENONI, BeKomm, Art. 613 N 14 ff.; wohl auch SCHAUFELBERGER/KELLER LÜSCHER, BaKomm, Art. 613 N 10 f.

das Wort «Zuweisung» nur auf die sogl. erwähnten Pietätsgegenstände (was sich daraus ergeben würde, dass nur bei ihnen das «mit oder ohne Anrechnung» einen Sinn hat)? Die Verbindung von Sachgesamtheiten und Pietätsgegenständen in derselben Gesetzesbestimmung ist keine gesetzgeberische Glanzleistung. Ist sodann die Behörde, wenn sie sich für die Veräusserung entscheidet, auch befugt, i. S. v. Art. 612 Abs. 3 die Art der Versteigerung anzuordnen?[34] Unbestritten ist, dass jeder Erbe das Zerreissen von Sachgesamtheiten verhindern kann.

4. *Familienschriften* und Gegenstände, die für die Familie einen besonderen *Erinnerungswert* haben, wie Portraits, Auszeichnungen, Diplome oder Schriften dürfen dagegen *nicht* veräussert werden, ausser alle Erben seien damit einverstanden. Sie werden einem der Erben, mit oder ohne Anrechnung des Wertes, *zugewiesen*. Bei Uneinigkeit der Erben entscheidet die Behörde[35] über die Veräusserung oder die Zuweisung, unter Berücksichtigung des Ortsgebrauchs und, wo ein solcher nicht besteht, ihrer persönlichen Verhältnisse (613[2] und [3]). Da in allen anderen Fällen jeweils das Gericht (und nicht die Behörde) für die Zuteilung von Erbschaftssachen an einzelne Erben zuständig ist, muss dies auch hier gelten, obwohl der Wortlaut der Bestimmung scheinbar eine behördliche Zuweisungskompetenz enthält. Die behördliche Kompetenz beschränkt sich bei dieser Auslegung auf den Grundsatzentscheid der Versteigerung oder der Zuweisung. Die Zuteilung an einzelne Erben unter Berücksichtigung des Ortsgebrauchs und der persönlichen Verhältnisse der Erben versteht sich als Vorschlag an die Erben. Sofern auch nur einer damit nicht einverstanden ist, muss das Gericht entscheiden.[36]

5. *Zuweisung von Wohnung und Hausrat*. In Anlehnung an die güterrechtlichen Zuweisungsregeln der Art. 219 und 244 ZGB enthält auch das Erbrecht eine entsprechende gesetzliche Teilungsregel, nämlich in Art. 612a. Danach kann der *überlebende Ehegatte* die *Zuweisung von Haus oder Wohnung*, «worin die Ehegatten gelebt haben» (hierzu 116 II 285 ff. E. 3d), und des Hausrats auf Anrechnung verlangen (612a[1]). Die Absätze 2 und 3 sehen bei Vorliegen besonderer Umstände Abweichungen (612a[2]) bzw. Ausnahmen (612a[3]) von dieser Regelung vor. Art. 612a hat neben den Art. 219 und 244 als Auffangtatbestand seinen guten Sinn, können doch die Ehegatten unter Gütertrennung gelebt haben, oder ist es denkbar, dass der überlebende Ehegatte keine Ansprüche für die Anrechnung nach Art. 219 Abs. 1 (hierzu vorn § 32 N 80 ff.) hat. Da die eingetragenen Paare von Gesetzes wegen der Gütertrennung unterstehen, ist auch für sie eine erbrechtliche Zuteilungsregel von Bedeutung. Der mit dem PartG eingeführte Art. 612a Abs. 4 gewährt denn auch den eingetragenen Partnerinnen und Partnern einen entsprechenden Anspruch. In der kontroversen Frage[37] um die Rechtsnatur des

20

21

---

34 Nach Seeberger a.a.O. 189 ordnet das Gericht die Veräusserung und die Behörde «die Art der Veräusserung» an.

35 Auch hier gegen direkte Zuweisungskompetenz der Behörde Seeberger a.a.O. 183.

36 So auch Steinauer, Successions, Nr. 1281a.

37 Die 10. Auflage dieses Buches hat festgehalten, diese Frage verdiene nähere Prüfung. Diese hat denn auch Druey, Art. 612a ZGB – wirklich nur dispositiv?, in AJP 2 (1993), 126 ff., vorgenommen mit dem Ergebnis, die Norm sei zwingend. Auch gemäss Christoph Wildisen, Das Erb-

Art. 612a hat sich das BGer (119 II 323) in Übereinstimmung mit der mehrheitlichen Auffassung für deren dispositive Natur entschieden. Danach handelt es sich bei Art. 612a um eine (gesetzliche) Teilungsvorschrift, die unter dem Vorbehalt steht, dass die Erblasserin nicht anderweitig von Todes wegen verfügt. (Zu Nutzniessung oder Wohnrecht zu Gunsten des überlebenden Ehegatten im BGBB siehe dessen Art. 11 Abs. 3; hierzu § 84 N 49 ff.).

22   6. Durch Art. 92 BGBB ist mit Bezug auf den *Pächter eines landwirtschaftlichen Gewerbes* Art. 613a ZGB eingefügt worden. Danach kann, wenn nach dem Tod dieses Pächters ein Erbe die Pacht allein weiterführt, dieser Erbe verlangen, dass ihm das landwirtschaftliche Inventar unter Anrechnung auf seinen Erbteil zum Nutzwert zugewiesen wird.

23   7. *Verträge über Erbschaftsaktiven.* Es kommt häufig vor, dass mit Bezug auf ein Erbschaftsaktivum ein Schuldvertrag besteht, den der Erblasser abgeschlossen hatte (z.B. Miete). In solchen Fällen drängt sich die Lösung auf, dass der Schuldvertrag in der Erbteilung seinem Gegenstand folgt.[38]

24   8. *Weitere Regeln über die Person des Übernehmers einer Erbschaftssache.* Gemäss Art. 611[39] hat die Behörde bei der Bildung der Lose den Ortsgebrauch, die persönlichen Verhältnisse und die Wünsche der Mehrheit der Miterben zu berücksichtigen. Auf Grund dieser Anweisung wird die mitwirkende Behörde regelmässig eine allzu grosse Zersplitterung vermeiden. Die Berücksichtigung von Ortsgebrauch (heute wohl fast bedeutungslos), persönlichen Verhältnissen und Wünschen der Mehrheit gilt allerdings (nach 612[2]) nur für die Bildung der Lose, nicht auch für deren Zuteilung. Es fragt sich daher, inwiefern auch das Gericht bei Uneinigkeit der Erben und Scheitern der behördlichen Teilung diese Kriterien berücksichtigen soll. Da grundsätzlich einzig das Gericht eine Zuteilungskompetenz hat (vorn N 11), kann es diese Kriterien im Sinn von Teilungsregeln als Orientierungshilfe verwenden.[40] In der einschlägigen Lehre werden dabei namentlich die zu berücksichtigenden persönlichen Verhältnisse konkretisiert.[41]

---

recht des überlebenden Ehegatten (Diss. Freiburg 1997), AISUF 167, 324 ff., hat sich das BGer nicht für die sachlich gerechtfertigtere Lösung entschieden, es bleibt aber zur Zeit nichts anderes übrig, als damit zu leben (328). Gemäss WILDISEN kann sich der Ehegatte auch «als allfälliger Nutzniesser ... auf Art. 612a ZGB berufen» (438). Nach SEEBERGER a.a.O. 156 ist nur Abs. 1 dispositiv, nicht aber Abs. 2; wie das BGer: SCHAUFELBERGER/KELLER LÜSCHER, BaKomm, Art. 612a N 10; STEINAUER, Successions, Nr. 1260; GUINAND/STETTLER/LEUBA, Successions, Nr. 558 FN 1021; WEIBEL, PraxKomm Erbrecht, Art. 612a N 8.

38   JÄGGI, Zwei Fragen aus dem Erbteilungsrecht, in SJZ 63 (1967), 165 ff., 168 ff.; SCHAUFELBERGER/KELLER LÜSCHER, BaKomm, Art. 610 N 14.

39   Ausführlich LEUBA a.a.O. 171 ff.

40   Siehe SEEBERGER a.a.O. 219 ff.

41   SEEBERGER a.a.O. 224 ff. Neben persönlichen Verhältnissen und den Wünschen der Mehrheit der Miterben bringt SEEBERGER noch weitere Zuteilungsfaktoren, die mit anderen Entscheidungen des Gesetzgebers zusammenhängen: a.a.O. 220 ff.

c. Teilungsgrundsätze bezüglich der Passiven

Zunächst kann jeder Erbe vor der Teilung der Aktiven die Tilgung oder Sicherstel- 25
lung der Schulden verlangen; er kann dadurch das Risiko ausschalten, das ihn aus der
die Teilung überdauernden Haftung trifft (610³).[42] Geschieht dies nicht, so werden die
Schulden unter den Erben geteilt, etwa im Verhältnis der Erbportionen. Ein Vorbehalt
gilt für die *Pfandschulden* des Erblassers: Sie sollen jenem Erben, der die Pfandsache
erhält, überbunden werden (615).

d. Bezüglich des Anrechnungswerts

Was den Anrechnungswert betrifft, gilt der in Art. 617 für Grundstücke ausgespro- 26
chene Grundsatz ganz allgemein: Es kommt (im Gegensatz zur Pflichtteilsberechnung
[474¹] und zur Ausgleichung [630¹]) auf den *Verkehrswert* (valeur vénale: s. 125 III
6 E. 5b und c) *im Zeitpunkt der Teilung* an.[43] Dieser wird bei Uneinigkeit der Erben
durch amtlich bestellte Sachverständige verbindlich festgestellt (618).

---

42 Vgl. 109 II 408.
43 Breitschmid/Eitel/Fankhauser/Geiser/Rumo-Jungo, litera B Erbrecht, § 5 Nr. 84;
    Steinauer, Successions, Nr. 145 ff., 147 f; Schaufelberger/Keller Lüscher, BaKomm,
    Art. 617 N 1, 3 f.; Weibel, PraxKomm Erbrecht, Art. 617 N 1, 10 ff.; Meyer, HandKomm,
    Art. 617 N 1. Zu den Problemen, die sich wegen Art. 474 Abs. 1 und Art. 630 Abs. 1 bei Wert-
    änderungen zwischen Zeitpunkt des Todes und Zeitpunkt der Erbteilung ergeben können, s.
    Stéphane Spahr, Valeur et valorisme en matière de liquidation successorales (Diss. Freiburg
    1994), AISUF 135.

§ 84 Das bäuerliche Erbrecht

1 Seit dem Inkrafttreten des BGBB am 1. Januar 1994 ist zwar das bäuerliche Erbrecht grundsätzlich nicht mehr im ZGB geregelt. Es bildet aber nach wie vor einen bedeutenden Teil des Erbrechts und wird daher auch in diesem Lehrbuch über das Schweizerische Zivilgesetzbuch erläutert.[*]

I. Der Erlass des BGBB

a. Vereinheitlichung des bäuerlichen Bodenrechts

2 Auf Grund der schrittweisen Gesetzgebung auf dem Gebiet des bäuerlichen Bodenrechts waren dessen *Normen vor dem Erlass des BGBB in verschiedenen Erlassen verstreut.*[1] *Bundes*rechtliche Bestimmungen zum Bäuerlichen Bodenrecht fanden sich im ZGB, im OR, im EGG (BG über die Erhaltung des bäuerlichen Grundbesitzes vom 12. Juni 1951, nicht mehr in Kraft) und im LEG (BG über die Entschuldung landwirtschaftlicher Heimwesen vom 12. Dezember 1940, nicht mehr in Kraft). Zudem war am 1. Januar 1980 das *Bundesgesetz* vom 22. Juni 1979 *über die Raumplanung* in Kraft getreten. Eine *Zusammenfassung und Vereinheitlichung* der Normen des bäuerlichen Bodenrechts *in einem Erlass* drängte sich deshalb auf. Dies geschah mit dem Erlass des Bundesgesetzes über das bäuerliche Bodenrecht vom 4. Oktober 1991 (SR 211.412.11, in Kraft seit dem 1. Januar 1994). Durch dieses Gesetz wurden die Art. 616 und 619bis–625bis ZGB aufgehoben, 617 und 619 ZGB abgeändert und Art. 613a ins ZGB eingefügt. Ergänzt wird die gesetzliche Regelung durch die Verordnung über das bäuerliche Bodenrecht (VBB; SR 211.412.110). Das BGBB wurde durch das BG vom 26. Juni 1998, in Kraft seit 1. Januar 1999, in einigen Punkten abgeändert.[2]

---

[*] Dieser Paragraf ist zum ersten Mal in der 11. Auflage dieses Buchs erschienen. Er stammte vornehmlich aus der Feder des damaligen Assistenten von Prof. Bernhard Schnyder, (und nunmehr) Dr. iur. Thomas Ender.

1 Zur Rechtsentwicklung von 1907 bis zum Erlass des BGBB siehe 12. Auflage dieses Buches, § 81 S. 683 ff. Nicht zum bäuerlichen Bodenrecht zählen die Bestimmungen über die landwirtschaftliche Pacht (LPG). Vgl. dazu auch Hotz, Bäuerliches Bodenrecht: Probleme und Lösungsansätze, in BlAgrarR 26 (1992), 45 ff., 50; Pfäffli, Vom alten zum neuen Bodenrecht, in recht 11 (1993), 159 ff.

2 AS 1998, 3009 ff. Mit Inkrafttreten des GestG am 1. Januar 2001 wurde Art. 82 BGBB aufgehoben. Weiter wurde das BGBB durch das BG vom 20. Juni 2003 (AS 2003, 4123), das PartG (vom 18. Juni 2004), das FusG (vom 3. Oktober 2003), das Bundesgerichtsgesetz (vom 20. Dezember 2006) sowie zuletzt durch das BG vom 5. Oktober 2007 (AS 2008, 3585) auf Grund der Botschaft zur Weiterentwicklung der Agrarpolitik (Agrarpolitik 2011; BBl 2006, 6337) abgeändert. Zur neueren Geschichte des BGBB vgl. auch Thomas Meyer, Der Gewinnanspruch des Miterben im bäuerlichen Bodenrecht (Art. 28 ff. BGBB) (Diss. Freiburg 2004), AISUF 229, Nr. 69 ff.

b. Ziele

Im Vordergrund der Schaffung des BGBB standen *eigentums- und strukturpolitische* 3
Ziele.[3]

Eigentumspolitische Ziele: Der Bauer soll *sein eigenes Land* bewirtschaften können. 4
Mit diesem Grundsatz ist die Stellung des Selbstbewirtschafters beim Erwerb landwirtschaftlicher Gewerbe und Grundstücke gestärkt worden.[4] Durch die mit dieser
Bevorzugung verbundene Einschränkung auf der Nachfrageseite sollen die Gewerbe
vom Nachfragedruck entlastet und die Preise stabilisiert werden.[5] Die eigentumspolitischen Ziele sind allerdings wohl nicht gänzlich erreicht worden.[6] Immerhin verfügt
der Selbstbewirtschafter im hier vornehmlich interessierenden Erbrecht über einen
wirkungsvoll ausgestatteten Zuweisungsanspruch.[7]

Strukturpolitische Ziele: Das BGBB will eine *Strukturverbesserung in der Landwirt-* 5
schaft ermöglichen (1[1] lit. a i. f. BGBB). Die bestehenden überlebenswürdigen Betriebe
sollen über kurz oder lang eine Grösse erreichen, die einer bäuerlichen Familie eine
gute Existenz bieten kann.[8] Das Gesetz fördert diese Entwicklung mit einer Reihe von
Vorschriften: so will es der Zerstückelung erhaltungswürdige Gewerbe Einhalt gebieten und die Arrondierung bestehender erhaltungswürdiger Gewerbe fördern; aus letzterem Grund kann auch, in Abweichung vom Selbstbewirtschafterprinzip, ein Eigentümer eines Gewerbes, der dieses nicht selber bewirtschaftet, sondern z.B. verpachtet
hat, die Zuweisung eines landwirtschaftlichen Grundstücks im Erbgang verlangen (21[1]
BGBB).[9]

c. Inhalt

Durch die *Schaffung des BGBB* wurden die das bäuerliche Bodenrecht regelnden Arti- 6
kel auf etwa einen Drittel reduziert und in *einem* Gesetz zusammengefasst.[10] Dieses ist
wie folgt gegliedert:

---

3 Botsch. BGBB, 968 ff.; in Übereinstimmung damit verfolgt denn auch das BGBB gemäss 125
   III 179 in erster Linie eigentums- und strukturpolitische Ziele. Nach Botsch. BGBB, 971, hätten
   familienpolitische Überlegungen nur berücksichtigt werden sollen, soweit sie das Erreichen der
   struktur- und eigentumspolitischen Ziele nicht verhinderten.
4 Vgl. Art. 1 Abs. 1 lit. b BGBB.
5 Botsch. BGBB, 970 f. Familienpolitische, strukturpolitische oder staatspolitische Zielsetzungen
   erlauben Abweichungen vom Prinzip der Selbstbewirtschaftung.
6 So FELIX SCHÖBI, Bäuerliches Bodenrecht (Bern 1994), ASR 558, 57 ff., 91 f.; sie mussten hier
   und dort familienpolitischen Überlegungen weichen.
7 Zum Selbstbewirtschafterprinzip beim Kauf eines landwirtschaftlichen Gewerbes oder Grundstücks SCHÖBI a.a.O. 41 ff.
8 Botsch. BGBB, 968 ff.; vgl. dazu BANDLI, Der «code rural» oder die Neuerungen im bäuerlichen
   Bodenrecht, in AJP 2 (1993), 332 ff., 333, und HOTZ a.a.O. 54.
9 Weitere diesem Zweck dienende Vorschriften in Botsch. BGBB, 969 f.
10 Das Sekretariat des Schweizerischen Bauernverbandes hat herausgegeben: Das bäuerliche
   Bodenrecht, Kommentar zum Bundesgesetz über das bäuerliche Bodenrecht vom 4. Oktober
   1991 (Brugg 1995), nachstehend zit. Autor, Komm. BGBB, Art. N.

7 – Im *ersten Titel* (Allgemeine Bestimmungen) werden ein einheitlicher an der Raumplanung orientierter Geltungsbereich (Art. 2–5 BGBB) und Definitionen zentraler
Gesetzesbegriffe (Art. 6–10a BGBB) sowohl für privatrechtliche wie auch öffentlich-rechtliche Bestimmungen des bäuerlichen Bodenrechts festgehalten.

8 – Der *zweite Titel* enthält privatrechtliche Beschränkungen des Verkehrs mit landwirtschaftlichen Gewerben und Grundstücken;[11] dessen erstes Kapitel befasst sich
mit der Erbteilung, das zweite mit der Aufhebung von vertraglich begründetem
gemeinschaftlichem Eigentum und das dritte mit Veräusserungsverträgen.

9 – Der *dritte Titel* umfasst die öffentlich-rechtlichen Beschränkungen des Verkehrs
mit landwirtschaftlichen Gewerben und Grundstücken. Das erste Kapitel ist der
Realteilung landwirtschaftlicher Gewerbe und der Zerstückelung landwirtschaftlicher Grundstücke gewidmet, das zweite dem Erwerb von landwirtschaftlichen
Gewerben und Grundstücken (s. hierzu 62 lit. a BGBB). Zivil- und verwaltungs-
rechtliche Folgen der Nichtbefolgung dieser Bestimmungen sind im dritten Kapitel geregelt.

10 – Der *vierte Titel* des BGBB enthält Bestimmungen über Massnahmen zur Verhütung der Überschuldung.

11 – Der *fünfte Titel* regelt Verfahren und Rechtschutz, der *sechste Titel* (Schlussbestimmungen) den Vollzug, die Änderung und Aufhebung von Bundesrecht und das
Übergangsrecht.

12 *Im ZGB* enthalten *nur mehr zwei Vorschriften bäuerliches Erbrecht:* Art. 613a betrifft
den Fall, da ein Pächter stirbt und einer seiner Erben die Pacht allein weiterführen
möchte. Dieser Erbe kann nun neu verlangen, dass ihm das gesamte Inventar (Vieh,
Gerätschaften, Vorräte usw.) unter Anrechnung auf seinen Erbteil zum Nutzwert (zu
diesem Begriff s. hinten N 54) zugewiesen wird. Art. 619 bestimmt lapidar, dass für
die Übernahme und Anrechnung von landwirtschaftlichen Gewerben und Grundstücken das BGBB gilt.

13 Die folgenden Ausführungen sind dem bäuerlichen Erbrecht und nicht dem BGBB als
Ganzem gewidmet. Zu diesem sei auf die Fülle der seit dem Erlass des BGBB erschie-
nenen Literatur verwiesen.[12] Da eines der Ziele des Gesetzgebers aber auch die Schaffung einheitlicher Begriffe im bäuerlichen Bodenrecht war, die ebenfalls im bäuerlichen Erbrecht Geltung beanspruchen, drängt sich zu dessen Verständnis zuerst eine
kurze Erläuterung des Geltungsbereichs und der Begriffe des BGBB auf.

14 Obwohl das BGBB ein durchwegs neues Gesetz war, baute es in vielen Punkten auf der
bisherigen Regelung auf. Die bundesgerichtliche Rechtsprechung zum alten bäuerlichen Erbrecht wird deshalb nicht einfach zu Makulatur, sie ist aber mit der gebotenen
Vorsicht zu geniessen.

---

11 Hierzu HENNY, Les restrictions de droit privé dans les rapports juridiques concernant les entreprises et les immeubles agricoles, in BlAgrarR 26 (1992), 73 ff.
12 Siehe hierzu § 102 N 103.

II. Die Grundlagen

a. Der Geltungsbereich

Ein Hauptanliegen der Bodenrechtsrevision war das Begehren, einen einheitlichen   15
Geltungsbereich für alle Normen des bäuerlichen Bodenrechts zu finden; dieser sollte
soweit als möglich mit dem RPG übereinstimmen.[13] Das BGBB orientiert sich deshalb
in erster Linie an der Zonenordnung des Raumplanungsrechts.[14] Es findet auf einzelne
oder zu einem landwirtschaftlichen Gewerbe gehörende landwirtschaftliche Grundstücke Anwendung, die ausserhalb einer Bauzone i. S. des RPG liegen und für welche
die landwirtschaftliche Nutzung zulässig ist (2^1 BGBB).

Da eine strikte Durchführung dieses Prinzips zu unbilligen Lösungen führen würde,   16
sieht Art. 2 Abs. 2 BGBB verschiedene Ausnahmen vor: Das Gesetz gilt beispielsweise
auch für Grundstücke und Grundstücksteile mit landwirtschaftlichen Gebäuden und
Anlagen, die in einer Bauzone liegen und zu einem landwirtschaftlichen Gewerbe
gehören (2^2 lit. a BGBB)[15], sowie für Waldgrundstücke, die zu einem landwirtschaftlichen Gewerbe gehören (2^2 lit. b BGBB). So wird auch die Hausparzelle im Dorfkern
vom BGBB erfasst. Ebenfalls erfasst sind Grundstücke, die teilweise innerhalb einer
Bauzone liegen, solange sie nicht entsprechend den Nutzungszonen aufgeteilt sind (2^2
lit. c BGBB; hierzu 127 III 99 E. 6b), und solche mit gemischter Nutzung, die nicht in
einen landwirtschaftlichen und einen nichtlandwirtschaftlichen Teil aufgeteilt sind (2^2
lit. d BGBB).[16]

Unabhängig von der Zone, in der das Grundstück liegt, gilt das Gesetz nicht für Grund-   17
stücke von weniger als 15a Rebland oder 25a anderen Landes, die nicht zu einem landwirtschaftlichen Gewerbe gehören (2^3 BGBB; hierzu 123 III 234 f. E. 1 und 236 f. E. 2b).
Allerdings gelten die Bestimmungen über die Grenzverbesserungen (57 BGBB) und
die Massnahmen zur Verhütung der Überschuldung (73–79 BGBB) auch für diese
kleinen Grundstücke (3^4 BGBB).

Weitere besondere Bestimmungen zum Geltungsbereich enthalten die Art. 3 und 4   18
BGBB. Zudem haben die Kantone die Kompetenz, auch landwirtschaftliche Betriebe,

---

13 Botsch. BGBB, 974; dazu HOTZ a.a.O. 49 ff.

14 Dazu BANDLI, Das Bundesgesetz über das bäuerliche Bodenrecht – die Regelung des Geltungs-
     bereichs, in BlAgrarR 26 (1992), 65 ff. Vgl. auch 125 III 175. Die Abstimmung des bäuerlichen
     Bodenrechts auf das Raumplanungsrecht bleibt aber heikel: ZIMMERLI, Ueli der Pächter 1994 –
     oder die Kunst des Gesetzgebers, Bodenrecht und Agrarpolitik miteinander zu versöhnen, in
     ZSR NF 113 (1994), I 3 ff., 6 ff. Siehe auch 124 III 37.

15 Landwirtschaftliche Grundstücke in der Bauzone, die dem BGBB unterstellt sind, sind im
     Grundbuch anzumerken (861 lit. a BGBB). Siehe dazu Art. 3 f. VBB, und PFÄFFLI, Die prakti-
     schen Auswirkungen im neuen bäuerlichen Bodenrecht, in ZBGR 74 (1993), 179 ff., 181. Zur
     Berücksichtigung bei Ergänzungsleistungen zur AHV und IV 125 III 69.

16 Zu Problemen, die diese lit. c und d im Wallis und in der Waadt verursachen können, s. YVES
     DONZALLAZ, Commentaire de la loi fédérale du 4 Octobre 1991 sur le nouveau droit foncier
     rural (Sion 1993), Art. 2 N 49 ff.; zu lit. d siehe auch den Zürcher Entscheid bei PFÄFFLI, BN 58
     (1997), 159, und eine Reihe von Beispielen bei PFÄFFLI, BN 57 (1996), 304 ff.

die nach Art. 7 BGBB nicht unter das Gesetz fallen würden, den Bestimmungen über die landwirtschaftlichen Gewerbe zu unterstellen (5 lit. a BGBB)[17] und unter bestimmten Umständen die Anwendung des Gesetzes auf Rechte an gewissen Allmenden, Alpen, Wald und Weiden auszuschliessen (5 lit. b BGBB).

b. Begriffe des landwirtschaftlichen Bodenrechts

19   Anders als im ZGB üblich, hat sich der Gesetzgeber beim BGBB (der Warnung *omnis definitio periculosa est* zum Trotz) nicht gescheut, die wichtigsten Begriffe zu definieren.

1. Landwirtschaftliches Grundstück

20   Das BGBB definiert das landwirtschaftliche Grundstück als ein Grundstück, das für landwirtschaftliche oder gartenbauliche Nutzung geeignet ist (6^1 BGBB; 139 III 329 ff. E. 2.1 ff.). Als Grundstück gelten auch Anteils- und Nutzungsrechte an Allmenden, Alpen, Wald und Weiden, die im Eigentum von Allmendgenossenschaften, Alpgenossenschaften, Waldkorporationen oder ähnlichen Körperschaften stehen (6^2 BGBB; hierzu 122 III 291 E. 3c).

2. Das landwirtschaftliche Gewerbe

21   Das landwirtschaftliche Gewerbe[18] ist eine *Gesamtheit* von landwirtschaftlichen Grundstücken, Bauten und Anlagen, die als *Grundlage der landwirtschaftlichen Produktion* dient (7^1 BGBB). Es umfasst Wiesen, Äcker, Weiden, Alpen, Alprechte, Sennereirechte, Wälder, Gärten, die mit dazu dienlichen Wirtschafts- und Wohngebäuden (hierzu 125 V 73 ff. E. 3), einem bäuerlichen Wohnhaus, Scheunen, Ställen, Hütten usw. verbunden sind. Bei der Beurteilung, ob ein landwirtschaftliches Gewerbe vorliegt, sind diejenigen Grundstücke zu berücksichtigen, die dem BGBB unterstellt sind. Die Verpachtung einzelner Parzellen eines landwirtschaftlichen Gewerbes für sich allein betrachtet, ändert nichts an dieser Eigenschaft (138 III 551 E. 7.1.2). Mit Bezug auf das Vorliegen einer Einheit ist es gerade nicht notwendig, dass ein territorialer Zusammenhang, ein abgerundeter Bauernhof vorliegt; auch zerstreute Parzellen sind eine Einheit im Sinn des Gesetzes, wenn sie nur vom gleichen Zentrum aus, unter derselben Leitung und mit denselben Arbeitskräften bewirtschaftet werden. Die abgerundeten, umfassenden Güterkomplexe, wie wir sie im Emmental, im Solothurnischen und in anderen Regionen antreffen, sind in unseren Alpengegenden eine Seltenheit; die Verschiedenheit der Bodenkulturen auf engem Gebiet zwingt dort naturgemäss zu einer gewissen Verteilung der verschiedenen Bodenarten unter allen Besitzern. Verlangt wird deshalb, dass die zugehörigen Grundstücke in einem ortsüblichen Bewirtschaftungskreis liegen.[19] Dadurch lässt sich den verschiedenen Bewirtschaftungsformen Rechnung tragen. Dagegen gehören nicht zum einheitlichen Gewerbe Parzellen,

---

17   So geschehen im Kanton Bern: PFÄFFLI, BN 57 (1996), 303.
18   Dazu LUDER/DUTTWEILER/NÄF, Das landwirtschaftliche Gewerbe, in BlAgrarR 26 (1992), 101 ff.
19   Botsch. BGBB, 981 ff.; Art. 7 Abs. 4 lit. a BGBB verlangt die Berücksichtigung der örtlichen Verhältnisse.

die so weit von dessen Zentrum abstehen, dass sich deren Bewirtschaftung in Verbindung mit dem Gewerbe nicht mehr lohnt oder dass sie nicht zur vorteilhaften Ergänzung des Betriebs dienen können. In gewissen Schranken kann einerseits auch ein Herrschaftshaus zum landwirtschaftlichen Gewerbe gehören (92 II 225 E. 5). Andererseits kann auch ein landwirtschaftliches Gewerbe ohne Wohnstätte (hierzu s. auch 104 II 256) als Gewerbe anerkannt werden; nach Art. 7 Abs. 4 lit. b BGBB ist die Möglichkeit zu berücksichtigen, fehlende betriebsnotwendige Gebäude zu erstellen. Ein Sömmerungsbetrieb stellt nie die Existenzgrundlage des Bewirtschafters dar und erfüllt mithin nicht die Voraussetzungen für ein landwirtschaftliches Gewerbe. Dementsprechend unterliegt er auch nicht dem Realteilungsverbot nach Art. 58 BGBB (135 II 326 f. E. 5.4 und 6).

Das Gewerbe muss aber auch eine gewisse Bedeutung haben, eine gewisse *Mindest-*   22
grenze (in Bezug auf Grösse und Ertragsfähigkeit) erreichen. Die Bewirtschaftung des Gewerbes muss mindestens eine Standardarbeitskraft[20] beanspruchen (7[1] i. f. BGBB). Der Arbeitsbedarf ist demnach für die Beantwortung der Frage, ob überhaupt ein Gewerbe vorliegt, für das BGBB die zentrale Beurteilungsgrösse (teils auch für das RPG: 121 II 313 E. 5b, c).[21] –[22] Zur Beurteilung, ob diese Grösse erreicht ist, sind *alle Grundstücke zu berücksichtigen,* die *dem BGBB unterstellt sind* (7[3] BGBB; siehe aber sogleich Art. 8). Zugepachtete Grundstücke «zählen» jedoch nur dann, wenn sie auf längere Zeit gepachtet sind (7[4] lit. c BGBB; 137 II 190 E. 3.3.1. Keine Berücksichtigung zugepachteter Grundstücke bei der Beurteilung des Vorkaufsrechts des Pächters: 129 III 696 E. 5).[23] Die wirtschaftliche Einheit muss wie gemäss altem Recht im entscheidenden Zeitpunkt (also im Zeitpunkt des Erbganges) bereits bestehen (107 II 323; 112 II 212; BGer 5A_140/2009 E. 2.3).

---

20 Für die Berechnung der Standardarbeitskraft gelten die Faktoren gem. Art. 3 der landwirtschaftlichen Begriffsverordnung vom 7.12.1998 (SR 910.91). Ergänzend ist Art. 2a der Verordnung über das bäuerliche Bodenrecht (VBB; SR 211.412.110) zu berücksichtigen.

21 Der Gesetzgeber ging seinerzeit von 4200 Arbeitskraftstunden (AKh) einer Normalfamilie aus. Der Betrieb eines Gewerbes müsste demnach 2100 AKh beanspruchen; dazu LUDER/DUTTWEILER/NÄF a.a.O. 102. Für 2100 Stunden 121 III 276 f. E. 2d sowie 121 II 313 E. 5c. Diese Zahl ist aber keine unabänderliche Grösse; sie ist der Entwicklung anzupassen (gemäss HOFER, Komm. BGBB, Art. 7 N 53 «mit abnehmender Tendenz»). Tiefere Werte der durchschnittlichen Arbeitszeit registriert BRUNO BEELER, «Bäuerliches Erbrecht» gemäss dem Bundesgesetz über das bäuerliche Bodenrecht (BGBB) vom 4. Oktober 1991 (Diss. Zürich 1998), ZSPR 140, 79.

22 Das alte Recht (620[1] a. F.) stellte darauf ab, ob das Gewerbe eine «ausreichende landwirtschaftliche Existenz» bieten könne. Vgl. hierzu 83 II 117; 89 II 21 und 97 II 282 f.

23 Hierzu HOFER, Komm. BGBB, Art. 7 N 93, unter Bezugnahme auf die Minimaldauer von sechs Jahren für die erstmalige Verpachtung von einzelnen Grundstücken (7[1] LPG). – Gemäss Rechtsprechung zum alten Recht konnten bei der Frage, ob ein Gewerbe vorliege, dessen Zuteilung ein Erbe nach (nunmehr) 11 BGBB erlangen könne, die diesem Erben bereits gehörenden oder verpachteten landwirtschaftlichen Grundstücke nicht mitberücksichtigt werden (zu aArt. 620 vgl. 112 II 211), es sei denn, diese Grundstücke seien vor dem Tod des Erblassers zusammen mit den Liegenschaften des Erblassers bewirtschaftet worden (ebenfalls zum alten Recht 107 II 321). Man kann sich fragen, ob 112 II 211 der Stossrichtung des BGBB noch genügend Rechnung trage.

23   Ist ein landwirtschaftliches Gewerbe seit mehr als sechs Jahren rechtmässig ganz oder
      weitgehend *parzellenweise verpachtet* und hat diese Verpachtung weder vorübergehen-
      den Charakter (31[2] lit. e LPG) noch ist sie aus persönlichen Gründen erfolgt (31[2] lit. f
      LPG), so gilt es nicht mehr als Gewerbe i. S. des BGBB. Es *untersteht* in diesem Fall
      den Bestimmungen über die landwirtschaftlichen Grundstücke (8 lit. a BGBB). Dasselbe
      gilt, wenn es unabhängig von seiner Grösse wegen einer ungünstigen Betriebsstruktur
      nicht mehr erhaltungswürdig ist (8 lit. b BGBB). Dieser Artikel ist Schnittstelle einer-
      seits zwischen landwirtschaftlichen Gewerben und landwirtschaftlichen Grundstü-
      cken (s. dazu hinten N 69 ff.), andererseits auch zwischen BGBB und LPG.[24]

3. Selbstbewirtschaftung

24   *Selbstbewirtschafter*[25] ist, wer den landwirtschaftlichen Boden selber bearbeitet und,
      wenn es sich um ein landwirtschaftliches Gewerbe handelt, dieses zudem persönlich
      leitet (9[1] BGBB). Im BGBB ist mit diesem Begriff die *Eignung zur Selbstbewirtschaf-
      tung* eng verbunden; dazu geeignet ist, wer die Fähigkeiten besitzt, die nach landesüb-
      licher Vorstellung nötig sind, um den landwirtschaftlichen Boden selber zu bearbeiten
      und ein landwirtschaftliches Gewerbe persönlich zu leiten (9[2] BGBB). An diese Eig-
      nung darf kein allzu strenger Massstab gelegt werden: Es genügt das Durchschnitts-
      mass an beruflichen, persönlichen, moralischen und physischen Fähigkeiten[26], die
      landesüblich zur Bewirtschaftung von Gütern entsprechender Ausdehnung als not-
      wendig betrachtet werden (zum alten Recht vgl. etwa 42 II 432; 47 II 260; 56 II 250;
      83 II 118; 111 II 328 f.; 114 II 225). Auch die Eignung von Drittpersonen, namentlich
      Ehegatten und Nachkommen, kann mitberücksichtigt werden (BGE 134 III 586). Die
      Lebensführung muss den Bewerber auch finanziell zur Bewirtschaftung befähigen (75
      II 30). Gleichermassen sind gewisse moralische Schwächen und psychische Krank-
      heiten dazu angetan, die Eignung in Frage zu stellen (77 II 226). Eine juristische Per-
      son kann Selbstbewirtschafterin sein, wenn ihre Mitglieder oder Gesellschafter sich in
      wesentlichem Umfang auf dem Grundstück betätigen, d.h. den Boden bearbeiten (122
      III 291; 140 II 239 E. 3.2.3).

4. Ertragswert

25   Der *Ertragswert* entspricht «dem Kapital, das mit dem Ertrag eines landwirtschaft-
      lichen Gewerbes oder Grundstücks bei landesüblicher Bewirtschaftung zum durch-
      schnittlichen Zinssatz für erste Hypotheken verzinst werden kann» (10[1] BGBB). Für
      die Festsetzung sowohl des Ertrags wie auch des (mittleren) Zinssatzes[27] ist auf den

---

24   So die Wegleitung des Eidgenössischen Amtes für Grundbuch- und Bodenrecht für die Grund-
      buchämter zum Bundesgesetz über das bäuerliche Bodenrecht und zur Teilrevision des Zivil-
      gesetzbuches und des Obligationenrechts (Immobiliarsachenrecht, Grundstückkauf) vom Feb-
      ruar 1994, in ZBGR 75 (1994), 88 ff., 90.
25   Hierzu Gagnaux, L'exploitant à titre personnel, in BlAgrarR 26 (1992), 95 ff.; Beeler a.a.O.
      103 ff. Siehe auch Yves Donzallaz, Pratique et jurisprudence de droit foncier rural (1994–
      1998) (Sion 1999), Nr. 182 ff.
26   Botsch. BGBB, 988.
27   Dieser beträgt heute 4,41 Prozent (Art. 1 Abs. 3 VBB).

Durchschnitt der für eine Bemessungsperiode[28] kalkulierten Landgutsrenten abzustellen. Der Ertragswert hängt demgemäss vom Reinertrag des Gutes und vom üblichen Zinsfuss ab. Die Formel lautet:

$$\text{Kapital (Ertragswert)} \quad = \quad \frac{\text{Reinertrag (Landgutsrente)} \times 100}{\text{Zinssatz für erste Hypotheken}} \qquad 26$$

Der *Ertragswert wird geschätzt;* ein Schätzungsgesuch ist bei der kantonalen Behörde   27
einzureichen (80[1] BGBB). Die Kantone haben dazu eine Behörde zu bezeichnen (90 lit. e BGBB). Art. 87 BGBB regelt weitere Einzelheiten. Zum Weiterzug der Schätzung (nach altem Recht) vgl. 107 Ib 286. Weiteres zur Art der Berechnung, zur Bemessungsperiode und zu Einzelheiten der Schätzung soll durch den Bundesrat geregelt werden (10[2] BGBB; siehe hierzu Art. 1 und 2 VBB).[29] Die Einzelheiten der Schätzung regelt der Bundesrat gemäss Art. 2 Abs. 1 VBB.[30] Die dort enthaltenen Normen und Ansätze sind für die Schätzungsbehörden und Schätzungsexperten verbindlich.

Die *Schätzungsmethode* wurde 1979 neu konzipiert. Die sog. Rohertragsmethode   28
wurde fallen gelassen. Die seither allein geltende Methode beruht hauptsächlich auf *Punktiersystemen.*[31]

c. Zum Verfahren

Für erbrechtliche Klagen ist gemäss Art. 28 Abs. 1 ZPO das Gericht am letzten Wohn-   29
sitz des Erblassers oder der Erblasserin zuständig; Klagen über die erbrechtliche Zuweisung eines landwirtschaftlichen Gewerbes oder Grundstücks (11 ff. BGBB) können aber gemäss der ausdrücklichen Regelung in Art. 28 Abs. 3 ZPO auch am Ort der gelegenen Sache erhoben werden. Dingliche Klagen sind am Ort, an dem das Grundstück im Grundbuch aufgenommen ist oder aufzunehmen wäre, anzubringen (29[1] lit. a ZPO). Dasselbe gilt für andere Klagen, die sich auf das Grundstück beziehen, wie solche auf Übertragung von Grundeigentum oder auf Einräumung beschränkter dinglicher Rechte an Grundstücken; diese können aber auch beim Gericht am Wohnsitz oder Sitz der beklagten Partei erhoben werden (29[2] ZPO).

Die Kantone sind auch nach Inkrafttreten des BGBB gemäss Art. 54 Abs. 1 und 2 SchlT   30
kompetent, an Stelle des Gerichts eine Behörde mit der Beurteilung der Zuweisung

---

28   Diese beträgt mehrere Jahre; nach Art. 1 Abs. 3 VBB gilt heute die Periode 1994–2010.
29   Durch BG vom 20. März 1998, in Kraft seit 1. Sept. 2000, wurde Art. 10 Abs. 3 BGBB eingefügt. Danach gilt: «Nichtlandwirtschaftliche Bauten und Anlagen sowie Teile von Bauten und Anlagen, die nicht vom landwirtschaftlichen Gewerbe oder Grundstück abgetrennt werden können oder dürfen, sind mit dem Ertragswert, der sich aus der nichtlandwirtschaftlichen Nutzung ergibt, in die Schatzung einzubeziehen.» Damals wurde auch Art. 60 Abs. 1 lit. e eingefügt.
30   Anhang 1 enthält die Anleitung für die Schätzung des landwirtschaftlichen Ertragswertes. Die Anhänge werden in der AS nicht veröffentlicht, können aber beim Bundesamt für Bauten und Logistik (BBL), Verkauf Bundespublikationen, 3003 Bern, bezogen werden.
31   Siehe EDUARD HOFER, Die neue Konzeption der Ertragswertschätzung in der Schweiz (Diss. Zürich/Brugg 1981).

eines landwirtschaftlichen Gewerbes zu betrauen. Allerdings sind wie bis anhin die bundesrechtlichen Anforderungen an ein Zivilprozessverfahren zu beachten.[32] Mehr als fraglich ist aber, ob nicht auf Grund von Art. 6 EMRK i. S. von BGE 118 Ia 473 ein Gericht entscheiden muss.

d. Zum Übergangsrecht

31 Es ist geregelt in Art. 94 BGBB mit Bezug auf die privatrechtlichen Bestimmungen (Erbrecht, Eigentum) und in den 95 ff. BGBB mit Bezug auf die übrigen Bestimmungen (Realteilung, Zerstückelungsverbot, Bewilligungsverfahren usw.). Für das bäuerliche Erbrecht bedeutsam sind Art. 94 Abs. 1 und 3. Die *Erbteilung* eines Nachlasses, in dem landwirtschaftliche Gewerbe oder Grundstücke enthalten sind, richtet sich nach dem Recht, das bei Eröffnung des Erbgangs gegolten hat (94[1] BGBB i. i.). Allerdings musste das *Teilungsbegehren* innert eines Jahres seit Inkrafttreten des BGBB, also bis zum 31. Dezember 1994, gestellt werden.[33] Nach diesem Datum gelten auch für Erbanfälle vor dem 1. Januar 1994 die Bestimmungen des BGBB (94[1] BGBB i. f.).[34] Das Teilungsbegehren stellt ein Erbe, indem er gegenüber seinen Miterben (s. vorn § 82 N 18) erklärt, die Gemeinschaft liquidieren zu wollen (604[1] ZGB), und nicht erst mit der Einleitung eines Zivilprozesses.[35] Zum Übergangsrecht in Bezug auf den *Gewinnanspruch der Miterben* s. Art. 94 Abs. 3 BGBB und hinten Anm. 89; zu Art. 95 BGBB s. 127 III 16 (mit generellen Überlegungen zum Übergangsrecht des BGBB) und 127 III 90.

III. Die Zuweisung eines landwirtschaftlichen Gewerbes

a. Der Zuweisungsanspruch des Selbstbewirtschafters

32 1. Enthält eine Erbschaft[36] ein *landwirtschaftliches Gewerbe,* so kann sowohl ein gesetzlicher wie auch ein eingesetzter Erbe[37] verlangen, dass ihm dieses in der Erbteilung unge-

---

32 Botsch. BGBB, 1058.

33 Zu einem solchen Fall: BGer 5C.25/2001.

34 Siehe hierzu PIOTET, Le droit transitoire des lois fédérales sur le droit foncier rural et sur la révision partielle du code civil et du code des obligations du 4 octobre 1991, in ZSR NF 113 (1994), I 125 ff., 128 ff.

35 HENNY/HOTZ/STUDER, Komm. BGBB, Art. 94 N 4. Zum zeitlichen Geltungsbereich des BGBB s. auch die in FN 24 zit. Wegleitung, 95 ff.

36 Nicht vorausgesetzt ist, dass der Erblasser jemals Eigentümer des Gewerbes war; eine Zuweisung ist auch möglich, wenn das Gewerbe erst nach seinem Tod durch Surrogation in den Nachlass gefallen ist: 116 II 259. – Die Zuweisung kann Gegenstand eines separaten Verfahrens sein oder Vorfrage in einem Erbteilungsprozess: BEELER a.a.O. 121 ff.

37 Nicht aber ein gesetzlicher, nicht pflichtteilsgeschützter Erbe, der durch letztwillige Verfügung von der Erbschaft ausgeschlossen ist. «Erbe» (in casu i. S. v. 621bis a. F.) ist nur der tatsächlich zur Erbschaft Berufene: 116 II 39. vgl. STUDER, PraxKomm Erbrecht, Anhang BGBB, Art. 11 N 9 ff. Dagegen hat der Vermächtnisnehmer keinen Zuweisungsanspruch: STUDER, PraxKomm Erbrecht, Anhang BGBB, Art. 11 N 10; THOMAS MEYER, Erbteilung im bäuerlichen Erbrecht, in Stephan Wolf (Hrsg.), Ausgewählte Aspekte der Erbteilung (Bern 2005), 85 ff., 108; STEINAUER,

teilt zugewiesen wird, wenn er bereit und *geeignet* ist, das Gewerbe *selber zu bewirtschaften* (11[1] BGBB).[38] Dieser Zuweisungsanspruch besteht nur für landwirtschaftliche Gewerbe, welche die Voraussetzungen von Art. 7 BGBB erfüllen und mithin vom Geltungsbereich des BGBB erfasst und als erhaltungswürdig eingestuft sind. Damit die Gewerbeeigenschaft erfüllt ist, muss sich das gesamte Gewerbe im Nachlassvermögen befinden. Grundstücke des Nachlasses und solche im Eigentum der Erben dürfen dabei nicht vermischt werden (134 III 1 E. 4.2). Der Anspruch umfasst neben dem landwirtschaftlichen Gewerbe das Betriebsinventar und den allfälligen Nebenbetrieb:

> Der selbstbewirtschaftende Erbe, der den Anspruch mit Erfolg geltend gemacht 33
> hat, übernimmt das Gewerbe ungeteilt. Er kann zudem verlangen, dass ihm das
> *Betriebsinventar* (Vieh, Gerätschaften, Vorräte usw.) zugewiesen wird (15[1] BGBB).

> Mit dem landwirtschaftlichen Gewerbe verbindet sich mitunter ein anders gear- 34
> teter *Nebenbetrieb,* wie etwa eine Müllerei, Sägerei, Fuhrhalterei, Brennerei, Gärtnerei,
> Stein-, Torf- oder Sandgewinnung. Hier kann die Trennung der beiden Gewerbe oft
> nicht ohne Nachteil, sei es für den Betrieb selbst, sei es für den Übernehmer, gesche-
> hen. Es stellt sich die Frage, ob nun auch für dieses Nebengewerbe Sonderregeln des
> bäuerlichen Erbrechts gelten. Art. 15 Abs. 2 BGBB, wie zuvor Art. 625 ZGB a. F., bejaht
> dies: Der Erbe kann mit der Zuweisung des landwirtschaftlichen Gewerbes die Zuwei-
> sung eines mit dem landwirtschaftlichen Gewerbe *eng verbundenen* Nebengewerbes
> verlangen (15[2] BGBB).

Ist das landwirtschaftliche Gewerbe im Zeitpunkt des Erbgangs *auf längere Zeit ver-* 35
pachtet, so kann in diesem Zeitpunkt nicht beurteilt werden, ob im Zeitpunkt der Beendigung der Pacht ein Erbe die Voraussetzungen der integralen Zuweisung erfüllt. Deshalb kann jeder Erbe, der das Gewerbe nach Ablauf des Pachtvertrags zur Selbstbewirtschaftung übernehmen möchte, verlangen, dass der Entscheid über die Zuweisung bis spätestens ein Jahr vor Ablauf des Pachtvertrags *aufgeschoben* wird (12[3] BGBB). Die Erbteilung wird in einem solchen Fall aufgeschoben, die Erben bleiben bis zum entsprechenden Zeitpunkt in der Erbengemeinschaft verbunden.

2. War der Erblasser *Miteigentümer an einem landwirtschaftlichen Gewerbe,* so kann 36
nach Art. 13 BGBB jeder Erbe unter den gleichen Voraussetzungen, unter denen er die Zuweisung eines gesamten Gewerbes verlangen könnte, die Zuweisung des Miteigentumsanteils verlangen.

Successions, Nr. 1301. A. M. Johann Gilliéron, La liberté de disposer à cause de mort au regard de la loi fédérale sur le droit foncier rural (Diss. Lausanne 2004), Recherches juridiques lausannoises 17, Nr. 100.

38 Die Bestimmungen des bäuerlichen Erbrechts finden keine Anwendung, wenn der Erblasser sein Gewerbe zu Lebzeiten einem zukünftigen Erben veräussert; dieser Erwerber muss deshalb auch nicht zur Übernahme geeignet sein: zu 620 ff. a. F. siehe 117 II 530. Seit Inkrafttreten des BGBB wäre eine solche Veräusserung auf Grund der Beschränkungen von Art. 61 f. BGBB nicht an jeden zukünftigen Erben möglich; ausserdem würde bei zulässiger Veräusserung gewissen Verwandten allenfalls ein Vorkaufsrecht nach Art. 42 ff. BGBB zustehen.

37   Unter denselben Voraussetzungen kann der *Erbe eines Gesamthänders,* dessen Beteiligung vererblich ist, nach Art. 14 Abs. 1 BGBB verlangen, dass er an Stelle des Erblassers Gesamthänder werde. Wird das Gesamthandverhältnis durch den Tod des Erblassers aufgelöst, so kann nach Art. 14 Abs. 2 BGBB jeder Erbe, der die Zuweisung
geltend machen könnte, verlangen, dass er an Stelle des Erblassers an der Liquidation
mitwirken kann.

38   3. *Schutz der Nachkommen.* Eine besondere Schwierigkeit bietet sich dann, wenn der
Erblasser *Nachkommen* hinterlässt, von denen einer oder mehrere oder alle noch *minderjährig* sind, mithin gemäss Art. 14 ZGB das 18. Lebensjahr noch nicht vollendet
haben. Hier lässt sich regelmässig die Frage der Eignung noch nicht entscheiden. Um
ihre Interessen zu wahren, wird die Erbteilung aufgeschoben. Die Erben verbleiben
in der Erbengemeinschaft, bis entschieden werden kann, ob ein Nachkomme das
Gewerbe zur Selbstbewirtschaftung übernimmt (12¹ BGBB). Dies bedeutet, dass so
lange zuzuwarten ist, bis über eine Zuweisung an einen der Nachkommen entschieden werden kann, auch wenn noch nicht alle erbberechtigten Nachkommen volljährig
sind oder bis der letzte Nachkomme volljährig geworden ist. Zu beachten bleibt, dass
auch ein Minderjähriger, allerdings nur mit Zustimmung des gesetzlichen Vertreters
bzw. in einem solchen Fall wohl meist des Beistands (392 Ziff. 2), die Zuweisung verlangen kann.[39]

39   *Dieser Schutz fällt dahin,* wenn ein gesetzlicher Erbe das Gewerbe zur Selbstbewirtschaftung übernehmen will und dazu geeignet erscheint. In einem solchen Fall ist ihm
das Gewerbe zuzuweisen (12² BGBB). Dadurch bleibt z.B. dem überlebenden Ehegatten die Möglichkeit, die Zuweisung zur Selbstbewirtschaftung zu verlangen. Damit
wird verhindert, dass dieser seinen Anspruch später gegen einen allenfalls gut ausgebildeten Nachkommen verteidigen muss.[40]

40   4. *Wegfall des Zuweisungsanspruchs.*[41] Ausgeschlossen ist eine Integralzuweisung dann,
wenn sich das Gewerbe in verschiedenen Erbmassen befindet[42] (zum alten Recht 113
II 493; ob eine Ausnahme von dieser Regel möglich ist, wenn die Erben identisch sind,
hat das BGer offengelassen). Ausserdem kann die Zuweisung nur so lange verlangt
werden, als die Erbschaft als solche noch nicht geteilt ist.

---

39   Botsch. BGBB, 993. Das BGer hat vor der Revision des LEG einmal entschieden, dass einem
16-jährigen Jungen, der ein tüchtiger Landwirt zu werden verspricht, das Gewerbe zugewiesen werden könne (71 II 24). Zu Art. 12 BGBB s. auch DONZALLAZ, Pratique a.a.O. Nr. 232 ff.

40   Botsch. BGBB, 993.

41   Der Art. 22 BGBB über den Wegfall des Zuweisungsanspruchs bei Vorliegen einer überdurch-
schnittlichen Existenzgrundlage auf Grund des Eigentums an einem landwirtschaftlichen
Gewerbe wurde per 1. April 2004 aufgehoben und hatte gemäss Art. 94 BGBB nur noch übergangsrechtliche Bedeutung für Erbfälle, die vor dem Inkrafttreten dieser Änderung ausgelöst wurden und für das ein Teilungsbegehren innert eines Jahres gestellt wurde. S. auch BGE 134 III 1 ff.

42   Siehe hierzu auch in der 10. Auflage dieses Buches S. 525 Anm. 11.

b. Die Zuweisung zur Selbstbewirtschaftung bei mehreren übernahmewilligen und -fähigen Erben.

1. Mit Verfügung des Erblassers

Erfüllen mehrere Erben die Voraussetzungen, um ein Gewerbe zugeteilt zu erhalten,   41
so kann der Erblasser einen von ihnen als Übernehmer bezeichnen. Dies kann durch
letztwillige Verfügung oder durch Erbvertrag geschehen (19¹ BGBB). Die *Testierfreiheit* ist aber *eingeschränkt,* und zwar unter verschiedenen Gesichtspunkten:

α. Eine erste Einschränkung ergibt sich aus Art. 19 Abs. 1 BGBB selbst: Der Erb-   42
lasser kann dann, wenn verschiedene Erben die Voraussetzungen von Art. 11 Abs. 1
BGBB erfüllen, *einen von ihnen* als Übernehmer bezeichnen. Sobald sich demnach
ein potenzieller Selbstbewirtschafter unter den Erben befindet, kann der Erblasser das
Gewerbe keinem Erben zuweisen, der das Gewerbe nicht selber bewirtschaften will
oder dazu nicht fähig ist (s. hierzu auch hinten N 65).

β. Eine weitere Beschränkung (zu Gunsten des pflichtteilsberechtigten und zu   43
Lasten des eingesetzten Erben) sieht Art. 19 Abs. 2 BGBB vor: Pflichtteilsgeschützten[43]
Erben kann der Erblasser den Anspruch auf ungeteilte Zuweisung, der ihnen nach
Art. 11 Abs. 1 BGBB zustehen würde, nicht ohne Weiteres entziehen.[44] Der Schutz des
Pflichtteilsberechtigten ist jedoch auch beschränkt: Einerseits kann ihm der Anspruch
nur dann nicht entzogen werden, wenn er das Gewerbe selber bewirtschaften will und
er dazu auch geeignet ist.[45] Andererseits hängt sein Schutz davon ab, welchem anderen
Erben der Erblasser das Gewerbe zuweisen möchte. So darf dieser das Gewerbe jedem
anderen *gesetzlichen* Erben zuweisen, der es selber bewirtschaften möchte und auch
dazu geeignet ist (19² zweitletzter Teil BGBB; diese Voraussetzung ergibt sich allerdings
auch schon aus 19¹ BGBB). Der Anspruch kann deshalb dem selbstbewirtschaftungswilligen und -fähigen Pflichtteilsberechtigten nur dann nicht entzogen werden, wenn
der vom Erblasser bevorzugte Erbe ein gesetzlicher ist, der nicht selber bewirtschaften
kann oder will, oder wenn er ein eingesetzter Erbe ist.[46] Der Anspruch des Pflichtteilsberechtigten steht auch dem Willen des Erblassers entgegen, dem überlebenden nicht

---

43 Darunter fallen gem. Art. 10a BGBB nun auch die eingetragenen Partnerinnen und Partner.

44 Im alten Recht war umstritten, ob sich diese Verfügungsbeschränkung auf eine Zuweisung über
    dem Ertragswert bezieht. Hierzu im Detail ESCHER, ZüKomm, Ergänzungslieferung zum land-
    wirtschaftlichen Erbrecht (Zürich 1975), Art. 621bis N 8; WILLY NEUKOMM/ANTON CZETTLER,
    Das bäuerliche Erbrecht des schweizerischen Zivilgesetzbuches (5. A. Brugg 1982), 233; PIOTET,
    SPR IV/2, 1021. Die Frage scheint auch im BGBB nicht beantwortet zu sein.

45 So das Gesetz in 19² i. i. BGBB; auf Grund von Art. 19 Abs. 1 in Verbindung mit Art. 11 Abs. 1
    BGBB besteht andernfalls sowieso kein Anspruch, der dann noch entzogen werden könnte.

46 So nach m. E. eindeutigem Wortlaut des Art. 19 Abs. 2 in der Umschreibung der zwei Fälle, in
    welchen der pflichtteilsgeschützte Erbe absoluten Vorrang hat. So auch DONZALLAZ, Commen-
    taire a.a.O. Art. 19 N 229 und 232; GILLIÉRON a.a.O. N 376; STEINAUER, Successions, Nr. 1306a.
    A. M. STUDER, Komm. BGBB, Art. 19 N 9, und BEELER a.a.O. 170 ff. für absoluten Vorrang des
    pflichtteilsgeschützten übernahmewilligen und geeigneten Erben. Gemäss BEELER a.a.O. 162
    ergibt sich aus Materialien, dass der gesetzliche, nicht pflichtteilsgeschützte Erbe keinen Vor-
    rang vor dem eingesetzten Erben hat.

selbstbewirtschaftenden Ehegatten die Nutzniessung am ganzen Gewerbe[47] (473) einzuräumen.[48, 49]

44 Die Beschränkung der Testierfreiheit zu Ungunsten des gesetzlichen Erben ist durch
das Selbstbewirtschaftungsprinzip gerechtfertigt, jene zu Ungunsten des eingesetzten
Erben dadurch, dass die Nachkommen ein Vorkaufsrecht (42 ff. BGBB) gehabt hätten, wenn der Erblasser das Gewerbe zu Lebzeiten dem nun eingesetzten Erben verkauft hätte.[50]

45 Die (beschränkte) Freiheit des Erblassers zeigt sich also darin, dass er eine *Reihenfolge*
in der Zuweisung herbeiführen kann, die nicht unbedingt der gesetzlichen Zuweisung (11 und 20 BGBB) entsprechen muss (Vorrang des Privatrechts vor der makro-
ökonomischen landwirtschaftspolitischen Betrachtungsweise). Es kommt also unter
Umständen unter mehreren geeigneten nicht der beste, immer aber ein fähiger Bauer,
eine fähige Bäuerin zum Zug (sofern sich eine/r unter den Erben befindet). Volle
Verfügungsfreiheit besteht für den Erblasser dann, wenn kein Erbe die subjektiven
Voraussetzungen von Art. 11 Abs. 1 (oder Art. 11 Abs. 2 BGBB: hinten N 65) erfüllt.
Zudem behält Art. 19 Abs. 3 BGBB Enterbung (477) und Erbverzicht (495) vor. Sind
solche Fälle gegeben, kann auch dem pflichtteilsgeschützten selbstbewirtschaftungs-
willigen und -fähigen Erben der Anspruch entzogen werden.

46 2. *Ohne Verfügung des Erblassers.* Fehlt eine Verfügung des Erblassers, so beurteilt sich
die Zuweisung nach Art. 11 und 20 BGBB. Der selbstbewirtschaftungswillige Erbe
geniesst den Vorrang vor allen anderen (11[1] BGBB). Sind mehrere Erben da, die das
Gewerbe selber bewirtschaften wollen, so geht der Zuweisungsanspruch eines pflichtteilsgeschützten Erben denen der anderen Erben vor (20[1] BGBB). Im Übrigen entscheiden die *persönlichen Verhältnisse* der Erben über die Zuteilung (20[2] BGBB).[51]

47 Der *Begriff der persönlichen Verhältnisse* bedarf der Konkretisierung: Dazu verweist
die Botschaft[52] auf die Rechtsprechung zu Art. 621 Abs. 1 a. F. (s. insbesondere 94 II
254).[53] Gemäss BGE 134 III 588 E. 3.1.2 ist die Rechtsprechung zu Art. 620 ff. aZGB
unter der Geltung des BGBB unverändert zu berücksichtigen. So wird in der Regel der
Landwirt den Vorzug erhalten vor jenem Erben, der einen anderen Beruf erlernt hat;
die Tochter, die noch keinen Hof besitzt, vor jener, die bereits ein eigenes landwirtschaftliches Gewerbe betreibt. Ferner kommen etwa in Betracht: die bessere Eignung,

---

47   Nicht aber der Zuweisung der Nutzniessung an einer Wohnung (11[3] BGBB).
48   Botsch. BGBB, 1000. Anders noch im alten Recht: Konkurrierte eine gemäss Art. 473 am gan-
     zen Nachlass nutzniessungsberechtigte Witwe mit Nachkommen, so musste sie sich bei Anru-
     fung des Art. 621bis a. F. durch einen Nachkommen auf eine Ertragsbeteiligung beschränken
     (108 II 177).
49   Zum Ganzen vgl. GILLIÉRON a.a.O. Nr. 370 ff. m. w. H.; STEINAUER, Successions, Nr. 1305b ff.
50   Botsch. BGBB, 999 f.
51   Vgl. zur Rangfolge nach altem Recht und nach dem vor der Revision von 1972 geltenden Recht
     in der 10. Auflage dieses Buches S. 530 f.
52   Botsch. BGBB, 992.
53   Siehe auch STEINAUER, Successions, Nr. 1307a m. w. H.

körperliche Gesundheit, guter Ruf, Art und Nähe der Verwandtschaft, die Grösse des Erbteils, die finanzielle Lage des Bewerbers u. a. m. Entscheidend ist jedoch die Summe der persönlichen Verhältnisse, der Gesamteindruck. Das BGBB äussert sich nicht zu der Frage, ob bei der Beurteilung der Eignung zur Selbstbewirtschaftung (9^2 BGBB) die Fähigkeiten des Gatten des Erben mitzuberücksichtigen sind (so noch 621^3 a. F.).[54] Unabhängig davon sind diese Fähigkeiten jedoch bei der Beurteilung der persönlichen Verhältnisse (20^2 BGBB) miteinzubeziehen.[55] Praktische Bedeutung wird dies vor allem in den Fällen haben, da ein Kind, welches Erbe ist, einen landwirtschaftlich tätigen Ehegatten geheiratet hat. Bei der Würdigung der persönlichen Verhältnisse kann es auch von Bedeutung sein, ob ein Ansprecher Nachkommen hat, die für eine künftige Übernahme des Gewerbes in Frage kommen (107 II 34 f.; 111 II 329; 134 III 589 E. 3.1.4). Die Sicherung des Heimwesens für nachfolgende Generationen ist aber gerade nicht allein Zweck der Integralzuweisung (110 II 332). Entscheidend ins Gewicht fallen kann auch die engere Verbundenheit mit dem Hof (110 II 332 ff.).

Sind *mehrere übernahmewillige und -fähige Erben* da und besteht keine Verfügung der   48
Erblasserin, so bestünde an sich die Möglichkeit, das Gewerbe aufzuteilen und jedem Erben seinen Anteil zuzuweisen. Mit der Revision des BGBB vom 20. Juni 2003 (in Kraft seit dem 1. Januar 2004) ist aber der einschlägige Art. 16 BGBB gestrichen worden. Gemäss Botschaft erlangte diese Bestimmung über die Aufteilung eines landwirtschaftlichen Gewerbes in zwei Teile, sofern jeder Teil einer bäuerlichen Familie eine gute Existenz biete, nie praktische Bedeutung. Aus diesem Grund wurde sie ersatzlos gestrichen.[56]

3. *Schutz des überlebenden Gatten.* Der überlebende Ehegatte sowie der eingetragene   49
Partner/die eingetragene Partnerin (Art. 10a BGBB) haben als pflichtteilsgeschützte Erben und Erbinnen dieselbe Möglichkeit wie alle anderen Erben, die Zuweisung des Gewerbes zu verlangen.

Wird das Gewerbe aber einem anderen Erben zugewiesen, wäre der überlebende Ehe-   50
gatte allenfalls gezwungen, den Hof zu verlassen. Er hat deshalb die Möglichkeit, die Nutzniessung an einer Wohnung oder ein Wohnrecht auf Anrechnung an seinen Erbteil zu verlangen (11^3 BGBB). Der Anspruch bezieht sich aber nicht (wie bei 219, 244 und 612a ZGB) notwendigerweise auf die Wohnung, in welcher der Ehegatte gelebt hat, sondern auf irgendeine Wohnung auf dem Hof; er soll am gleichen Ort wohnen bleiben können. Der Anspruch erfährt eine Einschränkung dadurch, dass die Umstände eine entsprechende Nutzniessung oder ein Wohnrecht überhaupt zulassen müssen. Diese Umstände können sowohl objektiver, wie z.B. räumliche Verhältnisse,

---

54 Nach Botsch. BGBB, 988, und Sandra Dosios Probst, La loi sur le droit foncier rural: objet et conditions du droit à l'attribution dans une succession ab intestat (Diss. Lausanne 2002), Nr. 293, sollen die Fähigkeiten des Gatten bei der Beurteilung der Eignung (9^2 BGBB) nicht berücksichtigt werden. Zu Recht a. M. Gilliéron a.a.O. Nr. 104; Hofer, Komm. BGBB, Art. 9 N 35; Meyer, Erbteilung a.a.O. 109; Studer, PraxKomm Erbrecht, Anhang BGBB Art. 20 N 5 i. f.

55 Botsch. BGBB, 988.

56 BBl 2002, 4938, 4943; AS 2003, 4123.

als auch subjektiver Natur, wie z.B. die Beziehung zwischen Übernehmer und überlebendem Ehegatten oder überlebender Partnerin, sein.[57]

51   Die Ehegatten können diesen Anspruch (gemäss 11³ i. f. BGBB) durch einen öffentlich beurkundeten Vertrag *ändern oder ausschliessen*. Ein einseitiger Entzug dieses Anspruchs ist demnach ausgeschlossen (im Gegensatz zu 612a; § 83 N 21).[58]

52   Dem Ehegatten steht der Anspruch nach Art. 11 Abs. 3 BGBB nur dann zu, wenn ein Erbe erfolgreich die Zuweisung des Gewerbes verlangt hat. Wird die Erbschaft mit dem Gewerbe nach den üblichen erbrechtlichen Regeln verteilt, so richtet sich ein allfälliger Anspruch des überlebenden Ehegatten nach Art. 612a, 219 und 244 ZGB.[59]

c. Der Anrechnungswert

53   Müsste der übernehmende Erbe das Gewerbe zum üblichen Wert, dem Verkehrswert, übernehmen, so wären die besonderen Teilungsregeln oft ohne jede praktische Bedeutung. Der Erbe wäre in vielen Fällen nicht in der Lage, das Gewerbe ohne Überschuldung zu übernehmen. Das BGBB, wie auch schon Art. 620 ZGB a. F.[60], sieht deshalb in Art. 17 Abs. 1 vor, dass das landwirtschaftliche Gewerbe dem selbstbewirtschaftenden Erben[61] zum *Ertragswert* (10¹ BGBB) an den Erbteil angerechnet wird.[62] Der Ertragswert ist gegebenenfalls auch für die Anrechnung des Ausgleichungswerts (626; hinten § 86) massgeblich (BGer 5A_670/2012 E. 3.1). (Zur Zuweisung eines landwirtschaftlichen Grundstücks s. unten N 69 ff.)

54   Bei der zum landwirtschaftlichen Gewerbe gehörenden *Fahrhabe* kann man nicht gut von einem eigentlichen Ertragswert sprechen, insbesondere nicht bei Gerätschaften und Vorräten. Art. 17 Abs. 2 BGBB sieht daher für das Betriebsinventar die Anrechnung zum *Nutzwert* vor – ein ziemlich vager Begriff. Gemeint ist der Wert, den das Inventar als Teil des betreffenden Betriebs für dessen Bewirtschaftung hat.[63]

---

57   Botsch. BGBB, 991.

58   Botsch. BGBB, 991 f. Zur Rechtsnatur des Art. 612a s. vorn § 83 N 21.

59   Botsch. BGBB, 992.

60   Das BGBB hat das Ertragswertprinzip der früheren Regelung stark relativiert: SCHÖBI, Privatrechtliche Beschränkungen im landwirtschaftlichen Bodenrecht, in ZBGR 74 (1993), 151 ff., 161.

61   Von der Ertragswertregelung profitieren nach BGBB nicht nur die Erben, sondern auch gewisse Vorkaufsberechtigte (s. 44 BGBB). Anders noch im alten Recht: Da liess es das bäuerliche Erbrecht nicht zu, dass ein Nichterbe auf Kosten der Erben beim Eigentumserwerb begünstigt wurde: zu Art. 620 ff. a. f. siehe 113 II 140. – Für den Fall einer Villa vgl. DONZALLAZ, Pratique a.a.O. Nr. 237.

62   Das bedeutet aber nicht, dass sich die Erben an diese Vorschrift halten müssen. Es steht ihnen frei, einen anderen Übernahmewert zu vereinbaren.

63   Vgl. ferner die Ausführungen über den Nutzwert bei NEUKOMM/CZETTLER a.a.O. 124. Danach gilt im praktischen Verfahren: für Vieh das Mittel zwischen mittlerem Verkehrswert und Schlachtwert, für Maschinen und Geräte der Zeitwert (Neuwert minus Amortisation), für gekaufte Vorräte der Ankaufspreis, für selbst produzierte ein mässiger Produzentenpreis. Fast wörtlich gleich BEELER a.a.O. 260 f.

Wird ein nichtlandwirtschaftliches Nebengewerbe mit dem Gewerbe zusammen über- 55
nommen (15² BGBB), so wird das Nebengewerbe zum *Verkehrswert* angerechnet (17²
BGBB).[64]

Für gewisse Konstellationen ist eine *Erhöhung des Anrechnungswerts* vorgesehen 56
(18 BGBB).[65] Eine solche Erhöhung tritt einmal dann ein, wenn bei Anrechnung
zum Ertragswert ein Überschuss an Erbschaftspassiven entsteht; der Anrechnungswert wird aber höchstens bis zum Verkehrswert erhöht (18¹ BGBB). Liegen besondere Umstände vor, können die Miterben sodann eine Erhöhung des Anrechnungswerts verlangen (18² BGBB). Als besondere Umstände nennt Art. 18 Abs. 3 BGBB den
höheren Ankaufswert des Gewerbes oder erhebliche Investitionen, die der Erblasser
in den letzten 10 Jahren vor seinem Tod getätigt hat. Diese Aufzählung ist jedoch nicht
abschliessend.

d. Die Sicherung der Selbstbewirtschaftung

Ein Erbe, der das Gewerbe integral zugewiesen erhalten hat und sich dafür nur den 57
Ertragswert (oder einen sonst unter dem Verkehrswert liegenden Anrechnungswert)
anrechnen lassen musste, hat zu Lasten seiner Miterben profitiert. Dies wird damit
gerechtfertigt, dass ein Bauer ohne eine allzu grosse finanzielle Belastung sein eigenes Land soll bewirtschaften können. Diese Privilegierung hat aber dann keinen Sinn
mehr, wenn der ursprünglich selbstbewirtschaftende und deshalb integral übernehmende Erbe das Gewerbe veräussern oder die Selbstbewirtschaftung aufgeben will.
Das Gesetz sieht deshalb für diese Fälle Eingriffsrechte der damals zurückgestellten
Miterben vor.

1. Veräusserungsverbot

Der Erbe, der ein landwirtschaftliches Gewerbe zur Selbstbewirtschaftung (11¹ BGBB) 58
zugewiesen erhalten hat, darf dieses während 10 Jahren *nur mit Zustimmung sämtlicher*[66] *Miterben veräussern* (23¹ BGBB). Das Gewerbe ist unter Umständen damals
gegen den Willen dieser Miterben dem Übernehmer zugewiesen worden. Sie sollen
deshalb auch über das weitere Schicksal des Gewerbes mitbestimmen können.[67]

Die *Zustimmung* ist nach Art. 23 Abs. 2 lit. a BGBB dann *nicht nötig*, wenn der Erbe 59
das Gewerbe einem Nachkommen veräussert, der es selber bewirtschaften will und
dafür geeignet ist. Weiter entfällt nach Art. 23 Abs. 2 lit. b und c BGBB das Zustimmungserfordernis, wenn das Gemeinwesen das Gewerbe zur Erfüllung einer öffent-

---

64 Gemäss Studer, Komm. BGBB, Art. 17 N 12, kommt das Verkehrswertprinzip auch bei nicht-
betriebsnotwendigen Bestandteilen zum Tragen.

65 Zur Erhöhung des Anrechnungswerts im Rahmen der güterrechtlichen Auseinandersetzung
s. Art. 213 ZGB.

66 Beeler a.a.O. 271; Meyer, HandKomm, Art. 23–24 BGBB N 1; Steinauer, Successions,
Nr. 1323; Studer, Komm. BGBB, Art. 23 N 5. Zum Ganzen Michael Hunziker, Das Veräus-
serungsverbot und das Kaufsrecht der Miterben im bäuerlichen Erbrecht (Diss. Zürich 1997),
ZSPR 130.

67 Botsch. BGBB, 1003.

lichen Aufgabe (65 BGBB) erwirbt, wenn es dem Erben durch Zwangsverwertung oder Enteignung zwangsweise entzogen wird oder wenn der Erbe mit Genehmigung der Bewilligungsbehörde (60 BGBB) einzelne landwirtschaftliche Grundstücke oder Grundstücksteile veräussert.

2. Kaufrecht der Miterben

60   Hat ein Erbe das Gewerbe zur Selbstbewirtschaftung übernommen und *gibt* er oder sein Nachkomme, an den das landwirtschaftliche Gewerbe übertragen worden ist, innert 10 Jahren die *Selbstbewirtschaftung auf,* so hat jeder der Miterben, der das Gewerbe selber bewirtschaften will und dafür geeignet ist, ein Kaufsrecht (24^1 BGBB). Dabei spielt es keine Rolle, ob der Erbe die Selbstbewirtschaftung gezwungenermassen oder freiwillig aufgibt; das Gesetz verlangt aber die endgültige Aufgabe. Dieses Kaufsrecht ergänzt das Veräusserungsverbot gemäss Art. 23 BGBB. Der selbstbewirtschaftungswillige Miterbe, dessen Anspruch bei der Erbteilung noch nicht bestand oder der nicht zum Zug gekommen ist, wird so optimal geschützt.[68]

61   Der aufgebende Erbe hat Anspruch auf den Preis, zu dem ihm das Gewerbe anno dazumal angerechnet worden ist (24^2 BGBB i. i.). Er hat zudem Anspruch auf Entschädigung für die wertvermehrenden Aufwendungen, die er seit der Übernahme getätigt hat; diese werden zum Zeitwert berechnet (24^2 BGBB i. f.). Das Kaufsrecht muss innert drei Monaten, nachdem der Kaufsberechtigte von der Aufgabe der Selbstbewirtschaftung erfahren hat, ausgeübt werden, spätestens aber zwei Jahre nach Aufgabe der Selbstbewirtschaftung (24^3 BGBB). Das Recht ist vererblich, aber nicht übertragbar (24^3 BGBB i. i.).

62   Die Miterben haben dann *kein Kaufsrecht,* wenn ein Nachkomme des nun aufgebenden Selbstbewirtschafters das Gewerbe seinerseits zur Selbstbewirtschaftung übernehmen will und dazu geeignet erscheint (24^4 lit. a BGBB). Ebenfalls kein Kaufsrecht besteht dann, wenn der Erbe stirbt und einer seiner Erben das Gewerbe nun selbst nach Art. 11 Abs. 1 BGBB übernehmen will (24^4 lit. b BGBB). Wie beim Wegfall des Zustimmungserfordernisses im Fall des Art. 23 BGBB entfällt das Kaufsrecht schliesslich dann, wenn das Gemeinwesen das Gewerbe nach Art. 65 BGBB erwirbt oder es ihm zwangsweise entzogen wird oder wenn der Erbe mit Zustimmung der Bewilligungsbehörde einzelne landwirtschaftliche Grundstücke oder Teile davon veräussert (24^4 lit. c und d BGBB).

63   Die an sich Kaufsberechtigten können ihren *Anspruch dann nicht* geltend machen, wenn der Erbe wegen Krankheit oder Unfall aufgeben muss und unmündige Nachkommen hat. In diesem Fall muss mit der Ausübung des Kaufsrechts so lange zugewartet werden, bis entschieden werden kann, ob einer dieser Nachkommen das Gewerbe zur Selbstbewirtschaftung übernehmen kann und will (24^5 BGBB).[69]

---

68   Botsch. BGBB, 1004. Hierzu auch HUNZIKER a.a.O. 30 f.
69   Zum Ganzen ausführlich DOSIOS PROBST a.a.O. Nr. 404 ff.

e. Der Zuweisungsanspruch bei Fehlen eines Selbstbewirtschafters

1. Der Zuweisungsanspruch des Pflichtteilsberechtigten

Verlangt kein Erbe die Zuweisung zur Selbstbewirtschaftung oder ist der Ansprecher   64
zur Selbstbewirtschaftung ungeeignet (11¹ BGBB), kann jeder pflichtteilsgeschützte
Erbe die Zuweisung verlangen, auch wenn er das Gewerbe nicht selber bewirtschaften will (11² BGBB); er muss auch nicht speziell für die Übernahme geeignet sein (so
aber noch 620 a. F.; dazu 110 II 331 f.; 111 II 328 f.; 114 II 225). Da dieser Erbe das
Gewerbe nicht als Selbstbewirtschafter übernimmt, gelangt Art. 17 Abs. 1 BGBB nicht
zur Anwendung; die Anrechnung erfolgt daher zum Verkehrswert.[70] Dieses Übernah-
merecht dient weder den eigentumspolitischen noch den strukturpolitischen Zielen
des bäuerlichen Bodenrechts; der Gesetzgeber hat aus familienpolitischen Erwägungen an diesem Zuweisungsanspruch festgehalten.[71]

2. Die Zuweisung bei mehreren übernahmewilligen Erben

Hinterlässt der Erblasser mehrere Erben, die eine Zuweisung nach Art. 11 Abs. 2   65
BGBB verlangen können, so kann er durch letztwillige Verfügung oder durch Erbvertrag *einen von ihnen* als Übernehmer bezeichnen (19¹ BGBB). Die Testierfreiheit ist
nur insoweit eingeschränkt, als er das Gewerbe einem Pflichtteilsberechtigten zuweisen muss; andere gesetzliche Erben und eingesetzte Erben erfüllen die Voraussetzungen für die Zuweisung nicht, wenn sie nicht selber bewirtschaften wollen oder können
(11² BGBB). Zu beachten ist aber, dass auch ein Pflichtteilsberechtigter diese Voraussetzungen nur dann erfüllt, wenn keine übernahmewilligen Selbstbewirtschafter unter
den Erben zu finden sind. Art. 19 Abs. 1 BGBB gibt dem Erblasser auf, den Übernehmer in erster Linie unter den nach Art. 11 Abs. 1 berechtigten und erst in zweiter Linie
unter den nach Art. 11 Abs. 2 berechtigten Erben zu bestimmen (hierzu vorne N 45).

Nach Art. 20 Abs. 1 BGBB geht *beim Fehlen einer entsprechenden Verfügung von Todes*   66
wegen der Zuweisungsanspruch des pflichtteilsgeschützten Erben demjenigen eines
anderen Erben vor. In der Lehre wird diese Bestimmung zu Recht nur auf den Fall
bezogen, da es sich um mehrere übernahmewillige, für die Selbstbewirtschaftung
geeignete Erben als Ansprecher handelt.[72] Gemäss Art. 20 Abs. 2 BGBB sind im Übrigen die persönlichen Verhältnisse für die Zuweisung massgebend. Da nach Art. 11
Abs. 2 BGBB unter den Nichtselbstbewirtschaftern nur pflichtteilsgeschützte Erben
einen Zuweisungsanspruch haben, bezieht sich dieser Absatz im vorliegenden Zusam-

---

70 Studer, Komm. BGBB, Art. 11 N 26; Beeler a.a.O. 259 f.
71 Botsch. BGBB, 990. Der Anspruch nach Art. 11 Abs. 2 BGBB entfällt, wenn selbstbewirtschaf-
    tende Verwandte die Voraussetzungen für das Kaufrecht (25 ff. BGBB) erfüllen und dieses auch
    geltend machen: Beeler a.a.O. 164.
72 Mithin gerade nicht auf den hier unter N 58 ff. behandelten Fall des Fehlens eines Selbstbewirt-
    schafters: Studer, Komm. BGBB, Art. 20 N 2. Studer erwähnt nur die gesetzlichen Erben,
    wohl weil bei dieser Konstellation ja kein eingesetzter Erbe als Übernehmer bezeichnet wor-
    den ist. Es wäre immerhin denkbar, dass der Erblasser Erben eingesetzt hat, ohne einen Über-
    nehmer zu bezeichnen.

menhang nur auf den Fall, da mehrere pflichtteilsgeschützte Erben als Nichtselbstbewirtschafter untereinander in Konkurrenz treten.[73]

3. Einzelfragen

67   Der *nicht selbst bewirtschaftende Übernehmer* soll nicht von einem tieferen Anrechnungswert profitieren. Er hat sich den *Verkehrswert* an den Erbteil anrechnen zu lassen (17[1] BGBB). – Wenn der Übernehmer nicht selbst bewirtschaften will, hat er selbst auch keine Verwendung für das Betriebsinventar. Da heute das Betriebsinventar in der Regel nicht mitverpachtet wird, erübrigt sich auch ein Anspruch auf Zuweisung (15[1] BGBB).[74] – Ist ein Nebengewerbe mit dem landwirtschaftlichen Gewerbe verbunden, so kann auch der nicht selbst bewirtschaftende Übernehmer (11[2] BGBB) die Zuweisung beider Gewerbe verlangen (15[2] BGBB). Dieses wird wie das landwirtschaftliche Gewerbe selbst zum Verkehrswert angerechnet (17[2] BGBB).

68   Hat kein Erbe nach Art. 11 Abs. 1 oder 2 (bzw. Art. 21) BGBB erfolgreich die Zuweisung verlangt, kommen die gewöhnlichen Regeln über die Teilung der Erbschaft (607 ff.) zum Zug.

IV.   Die Zuweisung eines landwirtschaftlichen Grundstücks

a. Die Zuweisung

69   Das BGBB bezweckt auch eine Strukturverbesserung der bestehenden landwirtschaftlichen Gewerbe (oben N 5). Befindet sich *ein landwirtschaftliches Grundstück* (6 BGBB) in der Erbmasse, das nicht zu einem landwirtschaftlichen Gewerbe gehört, so kann nach Art. 21 Abs. 1 BGBB ein Erbe dessen *Zuweisung verlangen,* wenn zwei Voraussetzungen erfüllt sind: Der fragliche Erbe muss erstens Eigentümer eines landwirtschaftlichen Gewerbes sein (1.), und das Grundstück muss zweitens im Bewirtschaftungsbereich dieses Gewerbes liegen (2.) (s. dazu 138 III 553 f. E. 7.2.3).

70   1. Um zu bestimmen, ob der fragliche Erbe *Eigentum über ein landwirtschaftliches Gewerbe* ausweist, können weder das Zupachtland noch die aus dem Nachlass zuzuweisenden Grundstücke miteinbezogen werden (134 III 1 E. 3.4.2). Dem Eigentum an einem landwirtschaftlichen Gewerbe ist von Gesetzes wegen die wirtschaftliche Verfügungsmacht über ein solches gleichgestellt. Darunter sind Fälle zu subsumieren, in welchen ein Verfügungsberechtigter aufgrund von Mehrheitsbeteiligungen an juristischen Personen, deren Aktiven zur Hauptsache aus einem landwirtschaftlichen Gewerbe bestehen, oder aufgrund von vertraglichen oder gesetzlichen Zusicherungen ohne fremde Hilfe Alleineigentum an einem landwirtschaftlichen Gewerbe erwerben kann (134 III 8 E. 3.4.3; 134 III 435 E. 2.4.2). Unter den Eigentumsbegriff kann

---

73   Das Hauptanwendungsgebiet von Art. 20 Abs. 2 BGBB ist indessen die Konkurrenz unter mehreren pflichtteilsgeschützten oder unter mehreren nichtpflichtteilsgeschützten anderen (regelmässig) gesetzlichen Erben als potenziellen Selbstbewirtschaftern; siehe vorn N 40 ff.

74   Botsch. BGBB, 995.

auch gemeinschaftliches Eigentum fallen; entscheidend ist, ob die Rechtsstellung des gemeinschaftlichen Eigentümers von dauerhafter Natur und damit vergleichbar mit der eines Alleineigentümers ist (134 III 435 E. 2.4.2). Dies ist nicht gegeben, wenn der Ehegatte der Ansprecherin bei Auflösung des Güterstandes der Gütergemeinschaft (236¹ und ²) in Abweichung zur gesetzlichen Regelung (36¹ BGBB) die Zuweisung zu Alleineigentum verlangen kann (134 III 436 f. E. 2.4.3.2. und 2.4.3.3). Keinen Zuweisungsanspruch hat der Pächter eines landwirtschaftlichen Gewerbes; eine Zuweisung an ihn würde die Struktur des von ihm bewirtschafteten Betriebs nicht verbessern.[75] Nicht vorausgesetzt ist, dass der Erbe, der die Zuweisung des Grundstücks verlangt, das Gewerbe auch selber bewirtschaftet; eine Strukturverbesserung wird auch dann erreicht, wenn er es verpachtet hat.

2. Weitere Voraussetzung einer Zuweisung ist, dass das Grundstück *im ortsüblichen Bewirtschaftungsbereich* des Gewerbes liegt (21¹ BGBB i. f.). Mit dieser Voraussetzung sollen wirtschaftlich und ökologisch fragwürdige Betriebsstrukturen verhindert werden; gleichzeitig können aber traditionelle Betriebsstrukturen, wie z.B. Stufenbetriebe, erhalten werden. 71

b. Der Anrechnungswert

Das Grundstück wird dem Erben zum *doppelten Ertragswert* angerechnet (21¹ BGBB). Nach Art. 21 Abs. 2 BGBB gelten die Bestimmungen über die Erhöhung des Anrechnungswerts bei landwirtschaftlichen Gewerben (18 BGBB) und über die Beschränkung der Verfügungsfreiheit (19 BGBB) sinngemäss. Allerdings ist dabei bloss der Vorrang des pflichtteilsgeschützten Erben vor dem eingesetzten Erben zu beachten: Der Erblasser kann dem pflichtteilsgeschützten Erben den Anspruch nicht zu Gunsten eines eingesetzten Erben entziehen.[76] – Mit der Revision des BGBB vom 20. Juni 2003 (in Kraft seit dem 1. Januar 2004) ist Art. 22 BGBB über die Möglichkeit der Aufteilung eines Grundstücks unter mehrere übernahmewillige Erben ersatzlos gestrichen worden.[77] 72

---

75 Botsch. BGBB, 1001.

76 Nach Art. 19 Abs. 2 BGBB geniesst der pflichtteilsgeschützte Selbstbewirtschafter nach der Auffassung der Autorin (s. vorn N 37) Vorrang vor dem selbstbewirtschaftungswilligen eingesetzten, nicht aber vor dem selbstbewirtschaftungswilligen nichtpflichtteilsgeschützten gesetzlichen Erben, dem der Erblasser das Gewerbe zuweist. Kommt der Selbstbewirtschaftung bei der Beurteilung des Anspruchs auf Zuweisung keine Bedeutung mehr zu (s. 21¹ BGBB), so kann der Pflichtteilsgeschützte auch nicht gestützt auf Art. 21 Abs. 2 BGBB Vorrang vor anderen gesetzlichen Erben beanspruchen.

77 BBl 2002, 4938, 4943; AS 2003, 4123.

V.   Das Kaufrecht von Verwandten

a. Grundsatz

73   Das Kaufrecht der Miterben nach Art. 24 BGBB (hierzu vorn N 60 ff.) soll die Aufgabe
der Selbstbewirtschaftung durch den Übernehmer, die Grund für die Zuweisung zum
Ertragswert war, sanktionieren. Andere Ziele verfolgt das Kaufsrecht, das in Art. 25 ff.
BGBB gewissen Verwandten eingeräumt wird:[78]

74   Art. 42 BGBB gewährt Nachkommen und Geschwistern sowie Geschwisterkindern
ein Vorkaufsrecht, wenn ein landwirtschaftliches Gewerbe veräussert wird. Im Erbgang sind aber gerade Geschwister vom Pflichtteilsschutz ausgenommen. Der Erblasser hat deshalb die Möglichkeit, sie von der Erbschaft auszuschliessen und ihnen so
auch den Zuweisungsanspruch zu entziehen. Dies ist dann stossend, wenn der Erblasser das Gewerbe von einem Elternteil erworben oder im Erbgang zugewiesen erhalten hat.[79])

75   Die Chance, das bäuerliche Gewerbe in der Familie zu erhalten, soll den Geschwistern
und anderen Verwandten deshalb gewahrt werden, und zwar nicht nur dann, wenn
der Eigentümer es veräussert (42 ff. BGBB), sondern auch in den Fällen, da es auf
Grund des Todes des bisherigen Eigentümers die Hand wechselt. Diesem Zweck dient
das Kaufsrecht nach Art. 25 ff. BGBB.

76   Beim Tod des Erblassers steht deshalb *jedem Nachkommen, der nicht Erbe ist* (25^1 lit. a
BGBB)[80], und *jedem Geschwister und Geschwisterkind, das nicht Erbe ist,* aber beim
Verkauf des landwirtschaftlichen Gewerbes ein Vorkaufsrecht geltend machen könnte
(25^1 lit. b BGBB)[81], ein *Kaufrecht* zu. Weitere Voraussetzung ist, dass der Ansprecher
zur Selbstbewirtschaftung geeignet (und wohl auch willig) ist. Hierbei ist wie beim
Vorkaufsrecht der Ertragswert des Betriebes ausschlaggebend für den Übernahmepreis (27^1 i. V. m. 44 BGBB), genauso wie die Voraussetzungen für eine Erhöhung desselben (52 BGBB). Demnach können unter anderem die Investitionen der letzten zehn
Jahre den Übernahmepreis erhöhen. Massgeblicher Zeitpunkt für das Ende der Zehn-
jahresfrist ist dabei die Veräusserung, welche mit der Ausübung des Kaufsrechts stattfindet. Ein im Anschluss daran angehobenes Gerichtsverfahren ändert nichts an diesem Zeitraum, kann sich jedoch auf die angemessene Berücksichtigung der Investition
auswirken (132 III 18 E. 4).

77   Das Recht des überlebenden Ehegatten, nach Art. 11 Abs. 3 BGBB ein Wohnrecht oder
die Nutzniessung an einer Wohnung zu verlangen, gilt auch im Fall der Ausübung des
Kaufsrechts durch einen Verwandten (25^2 BGBB).

---

78   Dieses Kaufsrecht hat nach je drei Beratungen in den beiden Eidg. Räten seine heutige Form
gefunden: hierzu BEELER a.a.O. 417 ff.
79   Botsch. BGBB, 1005 f.
80   Mithin Nachkommen des Erblassers, deren Elternteil Erbe ist, also vor allem Enkelkinder.
81   Diese Bestimmung verweist auf Art. 42 Abs. 1 Ziff. 2 BGBB.

b. Konkurrenz des Kaufrechts mit dem erbrechtlichen Zuweisungsanspruch

Würde diesen Verwandten in jedem Fall ein Kaufsrecht eingeräumt, würde die Zuwei-   78
sungsregelung der Art. 11–24 BGBB weitgehend relativiert. Es kann daher *nicht geltend gemacht werden,* wenn das landwirtschaftliche Gewerbe bei der Erbteilung einem
gesetzlichen Erben zugewiesen wird, der es selber bewirtschaften will und dafür geeignet ist (26¹ lit. a BGBB), oder wenn die Erbengemeinschaft das Gewerbe einem Nachkommen des Verstorbenen überträgt, der die Voraussetzungen der Selbstbewirtschaftung erfüllt (26¹ lit. b BGBB). Das Kaufrecht der Verwandten soll ein Überspringen
einer Generation nicht verhindern können.[82] – Den Anspruch der Verwandten kann
der Erblasser aber nicht ohne Weiteres durch Verfügungen von Todes wegen vereiteln; das Kaufrecht besteht auch dann, wenn er das Gewerbe durch solche Verfügungen einem gesetzlichen Erben, der es nicht selber bewirtschaften will, oder einem eingesetzten Erben zugewiesen hat (26¹ lit. a BGBB e contrario).

Bei Konkurrenz zwischen einem Anspruch auf Zuweisung nach Art. 11 Abs. 1 BGBB   79
und dem Kaufrecht von Verwandten *entscheiden* nach Art. 26 Abs. 2 BGBB *die persönlichen Verhältnisse* über die Zuweisung. Dies kann allerdings wegen Art. 26 Abs. 1
lit. a BGBB streng genommen bloss jene Fälle betreffen, in denen ein eingesetzter Erbe
nach Art. 11 Abs. 1 BGBB die Zuweisung verlangt.[83, 84]

Durch die Ausübung des Kaufrechts könnte auch die Bestimmung zum *Schutz der*   80
unmündigen Nachkommen (12 BGBB) umgangen werden. Das Kaufsrecht kann deshalb in jenen Fällen, in denen der Erblasser unmündige Nachkommen hinterlässt,
so lange nicht geltend gemacht werden, bis entschieden werden kann, ob ein Nachkomme das Gewerbe zur Selbstbewirtschaftung übernehmen kann (26³ BGBB).

c. Voraussetzungen und Bedingungen der Ausübung des Kaufrechts

Sie richten sich gemäss Art. 27 Abs. 1 BGBB nach den Bestimmungen über die Aus-   81
übung des Vorkaufsrechts (42 ff. BGBB). Der Übernahmepreis eines landwirtschaftlichen Gewerbes ist deshalb der Ertragswert (44 BGBB). Sind die Erbschaftspassiven
höher als der Ertragswert, so kann der Übernahmewert entsprechend erhöht werden,
höchstens aber bis zur Höhe des Verkehrswerts (27² BGBB).

---

82   Botsch. BGBB, 1006.
83   Die Bestimmung wird denn auch in der Lehre als im Widerspruch zum Willen des Gesetz-
     gebers stehend betrachtet und entsprechend kühn ausgelegt: STUDER, Komm. BGBB, Art. 26
     N 7; BEELER a.a.O. 437 ff., der auch *de lege ferenda* eine Norm vorschlägt, die «dem Willen des
     Gesetzgebers» Rechnung tragen würde.
84   Zum Ganzen vgl. MEYER, Erbteilung a.a.O. 117 ff.; DOSIOS PROBST a.a.O. Nr. 365 ff.

VI.   Der Gewinnanspruch der Miterben[85]

a. Der Grundsatz

82   Da der Ertragswert zumeist niedriger ist als der Verkehrswert, besteht die Gefahr, dass
der Übernehmer das Gut ganz oder in Teilen zu einem höheren als dem ihm angerechneten Preis absetzt. Um diese Gefahr abzuwehren, wurde bereits durch das ZGB
von 1907 die Schutzmassregel von Art. 619 geschaffen, welche ein erstes Mal durch
das LEG abgeändert worden war. Sie wurde alsdann durch das BG vom 19. März 1965
(in Kraft getreten am 1. Juli 1965) ein zweites Mal revidiert und durch die Einfügung
von Art. 619[bis–sexies] weiter ausgebaut. Nunmehr ist diese Regelung durch die Art. 28 ff.
BGBB ersetzt worden. Danach gilt:

83   Wenn der Übernehmer das landwirtschaftliche Gewerbe oder Grundstück zu einem
Preis zugeteilt erhält, der *unter dem Verkehrswert* liegt,[86] so können die Miterben
(hierzu auch 104 II 82 ff.)[87] bei der Veräusserung des Objekts oder eines Teils davon
einen *Anteil am Gewinn* beanspruchen (28[1] BGBB). Es handelt sich damit um einen
bedingten vermögensrechtlichen Anspruch: Es muss eine Veräusserung, und zwar
innert 25 Jahren, erfolgen. Der Anteil entspricht der Erbquote des Miterben (28[1]
BGBB); er kann seinen (vererblichen und übertragbaren: 28[2] BGBB i. f.)[88] Anspruch
selbständig geltend machen (28[2] BGBB i. i.; für Art. 619 a. F. siehe 113 II 130).[89]

---

85   Siehe hierzu MEYER, Gewinnanspruch a.a.O.; STEINAUER, Successions, Nr. 11 ff.; zum alten
Recht HANS PETER BECK, Das gesetzliche Gewinnanteilsrecht der Miterben (Diss. Zürich
1967), und PIERRE GASSER, Le droit des cohéritiers à une part de gain (Diss. Lausanne 1967),
sowie ESCHER, ZüKomm, Ergänzungslieferung zum landwirtschaftlichen Erbrecht (Zürich
1975). Vgl. zu den steuerrechtlichen Aspekten: MADELEINE SIMONEK, Steuerrechtliche Qualifikation des Gewinnanspruchs der Miterben im bäuerlichen Bodenrecht, eine Gedankenskizze,
in FS Paul Richli (Zürich/Basel/Genf 2006), 427 ff.

86   Und nur dann! BANDLI a.a.O. 336. Dies kann zum Ergebnis führen, dass der übernehmende
Erbe trotz Riesengewinn nichts auszugleichen hat, wenn er bei der Erbteilung den Verkehrswert
bezahlt hat, andererseits aber den Gewinn teilen muss, wenn er auch nur wenig unter dem Verkehrswert entrichtet hat. Zu diesen Problemen und möglichen Lösungsversuchen nach altem
Recht s. PAUL PIOTET, Les lacunes du droit successoral paysan quant aux réserves et à la quotité disponible, in FS zur Hundertjahrfeier des Bundesgerichts (Basel 1975), 339 f.; DERS., in SPR
IV/2, 969 ff.; PIOTET selber «fügt» sich allerdings der sich aus dem Gesetzestext ergebenden,
gelegentlich unbilligen Lösung. Auch MEYER, Gewinnanspruch a.a.O. Nr. 361, nimmt diese
wenigen unbefriedigenden Fälle zu Gunsten der Rechtssicherheit in Kauf. Zudem erwähnt er,
dass die angesprochenen Fälle auf Grund der regelmässigen grossen Differenz zwischen Ertrags-
und Verkehrswert nur selten vorkommen dürften.

87   Zum Schutz Pflichtteilsberechtigter, denen der Erblasser die Erbenqualität entzogen hatte, im
früheren bäuerlichen Erbrecht: REINOLD RAEMY, Das Pflichtteilsrecht und die Erbenqualität
(Diss. Freiburg 1982), AISUF 55, 136 ff.

88   Das BGer hatte schon für Art. 619 a. F. die Vererblichkeit und Übertragbarkeit des Gewinn-
spruchs wie auch der Anwartschaft auf den gesetzlichen Gewinnanteil bejaht: 112 II 300. Vgl.
dazu MEYER, Gewinnanspruch a.a.O. Nr. 774 ff.

89   Bei Inkrafttreten des BGBB bereits bestehende gesetzliche oder vertragliche Gewinnansprüche
behalten auch unter neuem Recht ihre Gültigkeit. Fälligkeit und Berechnung richten sich allerdings nach dem Recht, das im Zeitpunkt der Veräusserung gilt, sofern vertraglich nichts ande-

b. Die Veräusserung und gleichgestellte Rechtsvorgänge

Der Anspruch besteht nur dann, wenn der Übernehmer das Grundstück innert 25 Jah-   84
ren nach der Übernahme veräussert (28³ BGBB). Die Frist beginnt mit Eintragung der
Übernahme ins Grundbuch zu laufen.[90]

Wie die *Veräusserung* sind Rechtsgeschäfte zu behandeln, die wirtschaftlich einem Ver-   85
kauf gleichkommen (29¹ lit. a BGBB). Dies ist dann der Fall, wenn der Übernehmer
durch das Geschäft in anderer Weise als durch Verkauf den Wert des Grundstücks
ganz oder teilweise umsetzt. Zu denken ist etwa an die Begründung eines Baurechts.[91]
Gleiches gilt für Tausch, verschleierten Verkauf, Einbringung in eine Gesellschaft und
Zwangsvollstreckung[92] (s. 97 II 314). Als Veräusserung im Sinn von Art. 28 BGBB gelten sodann auch: die Enteignung (29¹ lit. b BGBB; zur materiellen Enteignung s. 105
II 172), die Zuweisung des Gewerbes oder Grundstücks zu einer Bauzone, ausser sie
betreffe ein landwirtschaftliches Grundstück, das nach Art. 2 Abs. 2 lit. a dem Geltungsbereich des BGBB unterstellt bleibt (29¹ lit. c BGBB),[93] und der Übergang von
einer landwirtschaftlichen zu einer nichtlandwirtschaftlichen Nutzung (sogenannte
Zweckentfremdung: 29¹ lit. d BGBB[94]). Darunter kann die Gewährung eines Rechts
zur Ausbeutung von Bodenbestandteilen (betr. ein Kiesvorkommen: 97 II 309) fallen. Nicht als Zweckänderung gilt die Verpachtung eines bisher selbst bewirtschafteten landwirtschaftlichen Gewerbes oder Grundstücks.[95]

Art. 29 Abs. 2 BGBB nennt für jeden der in Abs. 1 aufgeführten Veräusserungsfälle den   86
für die Veräusserung massgebenden Zeitpunkt.[96] Dieser ist wichtig, um zu wissen, ob
die Veräusserung innert der Frist von 25 Jahren (28³ BGBB) stattgefunden hat. Massgebend im Fall der Veräusserung ist der Abschluss des Vertrags, in dem sich der Verkäufer zur Veräusserung verpflichtet (29² lit. a BGBB), im Fall der Enteignung die Einleitung des Enteignungsverfahrens (29² lit. b BGBB), bei Zuordnung zu einer Bauzone
die Einleitung des Einzonungsverfahrens (29² lit. c BGBB) und bei Zweckentfrem-

---

res vereinbart ist (94³ BGBB). Zu Art. 94 Abs. 3 s. 120 V 13 f. E. 3, 4. Zur Frage der Rückwirkung
des nun alten Rechts s. in der 10. Auflage dieses Buches S. 524 Anm. 10.

90   STEINAUER, Successions, Nr. 1339. Für den Fall richterlicher Zuweisung s. BEELER a.a.O. 372 ff.
91   Noch nach Art. 619 a. F. hatte das BGer einen Fall zu beurteilen, bei dem zur Umgehung des
     Gewinnanteilsrechts neben einem Baurecht ein erst nach Ablauf der (vertraglichen) Gewinn-
     beteiligungsdauer geltend zu machendes Kaufsrecht eingeräumt wurde: 114 II 421. MEYER,
     Gewinnanspruch a.a.O. Nr. 540 und Nr. 448 ff. zu den verkaufsähnlichen Rechtsgeschäften im
     Allgemeinen.
92   Hierzu zum alten Recht SCHWAGER, Das bäuerliche Gewinnanteilsrecht in der Zwangsvollstre-
     ckung gegen den Übernehmer, in SJZ 77 (1981), 308 ff. Vgl. den Hinweis auf MEYER, Gewinn-
     anspruch a.a.O. soeben.
93   Diese Zuweisung gilt aber nur dann als Veräusserung, wenn der Beschluss über die Einzonung
     nach dem 1. Januar 1994 erfolgt (94³ BGBB).
94   Litera d wurde per 1.1.04 gelockert, vgl. STUDER, PraxKomm Erbrecht, Anhang BGBB, Art. 29
     N 14.
95   Botsch. BGBB, 1009; MEYER, Gewinnanspruch a.a.O. Nr. 650.
96   Vgl. ausführlich zum Ganzen MEYER, Gewinnanspruch a.a.O. Nr. 704 ff.

dung des Grundstücks der Abschluss des Geschäfts, mit welchem dem Berechtigten die nichtlandwirtschaftliche Nutzung erlaubt wird, oder die Handlung des Eigentümers, welche die Zweckänderung bewirkt (29^2 lit. d BGBB).

87   Die *Fälligkeit des Gewinnanspruchs* richtet sich gemäss Art. 30 lit. a BGBB in der Regel nach der Fälligkeit der Gegenleistung (so in den Fällen der Veräusserung nach 29^1 lit. a und der Enteignung nach 29^1 lit. b BGBB). Bei Zuweisung zu einer Bauzone (nach 29^1 lit. c BGBB) wird auf die Bedürfnisse des von der Einzonung betroffenen Eigentümers Rücksicht genommen: Der Gewinnanspruch wird erst bei einer Veräusserung des Baulandes oder der Nutzung als Bauland fällig, spätestens aber 15 Jahre nach der rechtskräftigen Einzonung (30 lit. b BGBB). Bei Zweckentfremdung nach Art. 29 Abs. 1 lit. d wird der Anspruch fällig mit der Handlung, welche die Zweckentfremdung bewirkt (30 lit. c BGBB).

c. Die Höhe des anrechenbaren Gewinns

1. Die Grundregel und ihre Variationen

88   Der Gewinn besteht aus der *Differenz zwischen dem Veräusserungs- und dem Anrechnungswert*. Zum Anrechnungspreis kommen hinzu (und demnach vom Gewinn in Abzug) wertvermehrende Aufwendungen, die der Übernehmer getätigt hat (31^1 BGBB i. f.), sowie zwei Prozent des Gewinns für jedes Jahr, während dessen der Übernehmer Eigentümer des Grundstücks war (Besitzesdauerabzug) (31^4 BGBB). Ist es für den Veräusserer günstiger, kann an Stelle des Besitzesdauerabzugs auch ein höherer Anrechnungswert angenommen werden (31^5 BGBB, mit weiteren Details). Erfolgt bei Zuweisung des Gewerbes oder Grundstücks zu einer Bauzone keine Veräusserung innert 15 Jahren, so wird auf den mutmasslichen Gewinn abgestellt (31^2 BGBB); bei Zweckentfremdung wird das zwanzigfache des tatsächlichen oder möglichen Ertrags der nichtlandwirtschaftlichen Nutzung als Gewinn angenommen (31^3 BGBB).

2. Sonderfälle

89   In zwei Fällen kann der Übernehmer laut Gesetz weitere Beträge vom *Veräusserungspreis*[97] abziehen:

90   a. Einerseits ist ein «*Abzug für Realersatz*» (32 BGBB) vorgesehen, das heisst: Ein Realersatz liegt vor, wenn und soweit der Übernehmer für das oder die veräusserten Grundstücke in der Schweiz ein oder mehrere *Ersatzgrundstücke* kauft, um darauf sein bisher betriebenes landwirtschaftliches Gewerbe weiterzuführen, oder ein *Ersatzgewerbe* kauft. In diesem Fall darf er den Erwerbspreis für einen ertragsmässig gleichwertigen Ersatz vom Veräusserungspreis abziehen; der Erwerbspreis darf allerdings nicht übersetzt sein (32^1 BGBB). Zudem ist der Abzug bloss dann zulässig, wenn der Kauf in den zwei Jahren vor oder nach der Veräusserung oder innert fünf Jahren nach der Enteignung stattfindet (32^2 BGBB). Die Miterben behalten aber laut Art. 32 Abs. 3

---

97   Nicht vom Gewinn; damit wird sichergestellt, dass der Besitzesdauerabzug erst nach Abzug der Aufwendungen für den Realersatz vorgenommen wird: Botsch. BGBB, 1012.

BGBB ihren Gewinnanspruch an den restlichen Grundstücken und an den Ersatz-grundstücken und a fortiori bei der Veräusserung des Ersatzgewerbes.

β. Andererseits ist ein *«Abzug für Ausbesserung und für Ersatz von Bauten und*   91
Anlagen» (33 BGBB) vorgesehen, das heisst dann, wenn der veräussernde Erbe den erhaltenen Betrag zur notwendigen Ausbesserung einer landwirtschaftlichen Baute oder Anlage verwendet, falls das Grundstück, auf dem sie steht, aus der gleichen Erb-schaft stammt und in seinem Eigentum bleibt (sog. Sanierungsverkauf) (33^1 BGBB). Abziehen kann er den Betrag, der im Zeitpunkt der Veräusserung für die Ausbesse-rung nötig ist, sowie jenen, den er in den letzten fünf Jahren vor der Veräusserung bereits aufgewendet hat (33^2 BGBB). Gleich behandelt wie der Betrag zur Ausbesse-rung wird jener, den der Veräusserer für eine ersatzweise Neuerstellung einer Baute oder Anlage aufwendet, sofern diese für den Weiterbestand der landwirtschaftlichen Nutzung nötig ist (33^3 BGBB). Wird das Grundstück, auf dem sich die nun ausge-besserte oder neu erstellte Baute oder Anlage befindet, später veräussert, darf dieser Betrag nicht ein weiteres Mal als wertvermehrende Aufwendung nach Art. 31 Abs. 1 BGBB abgezogen werden (33^4 BGBB).

d. Die Sicherung des Anspruchs[98]

Zur Sicherung des Gewinnanspruchs können die Miterben unabhängig voneinander   92
auf einseitiges Begehren (34^3 BGBB), spätestens bis zur Veräusserung des Gewerbes oder Grundstücks, eine *vorläufige Eintragung einer Grundpfandverschreibung* (ohne Pfandbetrag) im Grundbuch vormerken lassen; der Grundbuchverwalter teilt dem Eigentümer die Vormerkung mit (34^1, ^{2} und ^{3} BGBB). Bei Veräusserung des Grund-stücks oder Gewerbes muss der Miterbe innert dreier Monate seit Kenntnis der Ver-äusserung die definitive Eintragung verlangen; unterlässt er dies, so fällt die vorläu-fige Eintragung dahin (34^4 BGBB). Wird das Pfandrecht definitiv eingetragen, so ist das Pfandrecht vom Zeitpunkt der Vormerkung an dinglich wirksam (34^2 BGBB i. f.). Im Übrigen verweist das BGBB in Art. 34 Abs. 4 i. f. auf die Bestimmungen über das Pfandrecht der Handwerker und Unternehmer (837^1 Ziff. 3 und 839 ff. ZGB).

Das BGBB enthält auch Bestimmungen, die eine Überschuldung landwirtschaftli-   93
cher Grundstücke verhüten sollen (73 ff. BGBB). Diese Grundstücke dürfen nur bis zu dem um 35% erhöhten Ertragswert mit Grundpfandrechten belastet werden (73^1 BGBB).[99] Es wäre nun stossend, wenn die Miterben ihren Gewinnanspruch nicht ding-lich sichern könnten, weil beim betroffenen Grundstück die Belastungsgrenze bereits erreicht ist. Art. 75 Abs. 1 lit. e BGBB sieht deshalb vor, dass für Grundpfandver-schreibungen zur Sicherung des Gewinnanspruchs der Miterben *keine Belastungs-grenze* besteht.

---

98 Hierzu und zum ursprünglichen Entwurf des Bundesrates STEINAUER, Successions, Nr. 29 ff., und ausführlich MEYER, Gewinnanspruch a.a.O. Nr. 1243 ff.

99 In der revidierten Fassung (1. April 2004) von Art. 73 Abs. 1 BGBB wird nun ausdrücklich fest-gehalten, dass dieser Zuschlag nur auf den Ertragswert aus der landwirtschaftlichen Nutzung gemacht wird und nicht auch auf demjenigen aus der nichtlandwirtschaftlichen Nutzung (BBl 2002, 4938, 4946).

e. Dispositiver Charakter des Gewinnanspruchs

94 Der *Gewinnanspruch* nach den Art. 28 ff. BGBB kann durch schriftliche Vereinbarung aufgehoben oder abgeändert[100] werden (35 BGBB).[101] Das Gewinnanteilsrecht kann aber gemäss 94 II 254 und dort Zitierten (zum alten Recht) nur dann durch Verfügung von Todes wegen ausgeschlossen werden, wenn der Unterschied zwischen dem Verkehrswert und dem Ertragswert die verfügbare Quote nicht übersteigt.[102]

---

100 Siehe einen Katalog möglicher Änderungen bei BEELER a.a.O. 414 f. Siehe einen Fall bei DONZALLAZ, Pratique a.a.O. Nr. 255.

101 Ausführlich MEYER, Gewinnanspruch a.a.O. Nr. 1472 ff.

102 Zu diesen Fragen s. auch PAUL PIOTET, Les lacunes du droit successoral paysan quant aux réserves et la quotité disponible, in FS zur Hundertjahrfeier des Bundesgerichts (Basel 1975), 337 ff., und DERS., SPR IV/2, 990 ff.; ferner HENNY, Komm. BGBB, Art. 35 N 1; MEYER, Gewinnanspruch a.a.O. Nr. 1519.

§ 85 Die Ausgleichung

Häufig macht der Erblasser zu seinen Lebzeiten einer Erbin oder einem Erben[1], vor 1
allem Nachkommen, unentgeltliche Zuwendungen[2] und verschafft ihnen so Vermö-
gensvorteile; dies hat eine Verminderung des Nachlasses und damit der einzelnen Erbquoten zur Folge.[3] Besonders häufig kommt dies vor bei der Verheiratung, der wirtschaftlichen Verselbständigung, zur Bestreitung der Studienkosten oder zur Tilgung
von Schulden von Töchtern und Söhnen.[4] In solchen Fällen stellen sich drei Fragen:
1. Muss die Erbin solche lebzeitigen Zuwendungen bei der Bemessung ihres Erbteils
berücksichtigen lassen? 2. Welche Zuwendungen muss sie sich anrechnen lassen?
3. Wie soll dies gegebenenfalls geschehen? Die erste Frage ist jene nach den Subjek-
ten (Schuldner und Gläubigerinnen) der *Ausgleichung* (des *rapports*; nachfolgend I.,
N 2 ff.), die zweite nach den Objekten (Arten von lebzeitigen Zuwendungen, nachfolgend II., N 15 ff.), die dritte jene nach der Art und Weise der Ausgleichung (nachfolgend III., N 23 ff.).

I.   Die Subjekte der Ausgleichung

Zunächst stellt sich die Frage, wer nach Gesetz oder nach Anordnung des Erblas- 2
sers ausgleichungspflichtig ist (Schuldner der Ausgleichung; nachfolgend a., N 3 ff.).
Sodann ist zu prüfen, wer gegebenenfalls von dieser Ausgleichung profitieren kann
(Gläubiger der Ausgleichung; nachfolgend b., N 14 ff.).

a. Die Ausgleichungsschuldner

Das Gesetz unterscheidet zwei Arten von Schuldnerinnen der Ausgleichung: die 3
Nachkommen (626[2]; nachfolgend 2.) und die übrigen gesetzlichen Erben (626[1]; nachfolgend 3.). Da Art. 626 einzig für die gesetzlichen Erbinnen gilt, stellt sich die Frage,
in welchen Fällen eingesetzte Erbinnen ausgleichungspflichtig sind (nachfolgend 4.).

---

1   Genau genommen einer Person, von der sich dann beim Erbgang herausstellt, dass sie Erbin ist.
    So (auch) nicht Ausschlagende, Erbunwürdige oder Enterbte: FORNI/PIATTI, BaKomm, Art. 626
    N 2; BURCKHARDT BERTOSSA, PraxKomm Erbrecht, Art. 626 N 7. Siehe aber Art. 527 Ziff. 1 und
    hierzu § 69 N 26 ff. Zur Frage, ob eine präsumptive Erbenstellung im Zeitpunkt der Zuwendung
    bestehen muss vgl. EITEL, BeKomm, Art. 626 N 12 f.
2   Hierzu MICHELE WINISTÖRFER, Die unentgeltliche Zuwendung im Privatrecht, insbesondere
    im Erbrecht (Diss. Zürich 2000), ZSPR 162, 40 ff., 66 ff. und 116 ff.
3   Gemäss PAUL PIOTET, Nature et objet du rapport successoral (Berne 1996), ASR 591, 49 ff.,
    tritt ausnahmsweise keine Verminderung ein (unter Hinweis u.a. auf Arbeitsleistungen und
    Gebrauchsleihe). Hierzu subtil WINISTÖRFER a.a.O. 166 ff.
4   Siehe in diesem Zusammenhang den Hinweis auf die erbrechtlichen Ausgleichungsregeln unter
    Einschluss einer Verjährungsbestimmung für den Fall, da ein landwirtschaftliches Gewerbe oder
    Grundstück zu einem Preis unter dem Verkehrswert veräussert wird, ohne dass ein Gewinnan-
    spruch vereinbart ist (41[2] BGBB).

Vorab ist aber auf die Ausgleichungsanordnung als Willenserklärung des Erblassers einzugehen, da die Ausgleichungspflicht massgeblich davon abhängt (nachfolgend 1.).

1. Ausgleichungsanordnung

4   Entscheidend für die Frage, ob Zuwendungen der Ausgleichung unterliegen, ist der *Wille des Erblassers,* d.h. zunächst einmal dessen *Ausgleichungsanordnungen*[5] i. w. S. des Wortes. Sie umfassen die Anordnung der Ausgleichung und die Dispens von der Ausgleichung. Dieser Wille findet seine Schranke an den Pflichtteilsrechten der Erben (77 II 231).[6] Für die Äusserung des Willens anlässlich der Vornahme der Zuwendung (bzw. vor der Zuwendung) ist nicht die Form der Verfügungen von Todes wegen verlangt (118 II 286). Die Ausgleichungsdispens gemäss Art. 626 Abs. 2 muss allerdings ausdrücklich erfolgen. Für die Ausgleichungsanordnung nach Art. 626 Abs. 1 genügt eine gewöhnliche Anordnung, die nicht ausdrücklich sein muss, also auch konkludent oder stillschweigend erfolgen kann.[7] Die Ausdrücklichkeit einer Dispens i. S. v. Art. 626 Abs. 2 ist nicht leichthin anzunehmen. Blosse Absichtserklärungen oder kon-

---

5   Die hier so genannten «Anordnungen» (so auch DRUEY, Grundriss, § 7 Nr. 47 ff.) können sowohl einseitige Rechtsgeschäfte bilden wie in zweiseitigen Rechtsgeschäften enthalten sein; s. aber PETER WEIMAR, Zehn Thesen zur erbrechtlichen Ausgleichung, in Familie und Recht, FS Bernhard Schnyder (Freiburg 1995), 833 ff., Thesen 1 und 2, 833 ff., und BEAT ZOLLER, Schenkungen und Vorempfänge als herabsetzungspflichtige Zuwendungen, unter besonderer Berücksichtigung des Umgehungstatbestands (Diss. Zürich, 2. A. 1999), ZSPR 141, passim betr. Konsenserfordernis. – In diesem Zusammenhang s. JURIJ BENN, Rechtsgeschäftliche Gestaltung der erbrechtlichen Ausgleichung (Diss. Zürich 2000), ZSPR 160, passim und insbesondere 238 ff. S. dazu auch BURCKHARDT BERTOSSA, PraxKomm Erbrecht, Art. 626 N 29 ff.; FORNI/PIATTI, BaKomm, Art. 626 N 18 f.

6   Siehe aber hierzu die These von LUC VOLLERY, Les relations entre rapports et réunions en droit successoral, L'article 527 chiffre 1 Code civile et le principe de la comptabilisation des rapports dans la masse de calcul des réserves (Diss. Freiburg 1994), AISUF 134, Nr. 348 ff.

7   Die Meinungen darüber, ob und in welchen Formen der Erblasser auch nachträglich bindende Vorschriften für die Ausgleichung geben kann, gehen auseinander. Vgl. zu dieser und zu anderen Ausgleichungsfragen PICENONI, Probleme der erbrechtlichen Ausgleichung, in SJZ 58 (1962), 33 ff. und 49 ff.; PIERRE WIDMER, Grundfragen der erbrechtlichen Ausgleichung (Diss. Bern 1971), ASR 408, 120 ff. und 158 ff.; PIOTET, SPR IV/1, 348 ff.; WEIMAR a.a.O. Thesen 1 und 2, 833 ff., These 7 und 8, 849 ff.; FORNI/PIATTI, BaKomm, Art. 626 N 18; BURCKHARDT BERTOSSA, PraxKomm Erbrecht, Art. 626 N 29 ff.; EITEL, BeKomm, Art. 626 N 51 ff. und zu den Formerfordernissen N 56 ff. sowie DERS., Die erbrechtliche Berücksichtigung lebzeitiger Zuwendungen im Spannungsfeld zwischen Ausgleichung und Herabsetzung, in ZBJV 142 (2006), 457 ff., 473 ff. Unzulässig ist der nachträgliche einseitige Widerruf eines vereinbarten Ausgleichungsdispenses (118 II 288 f. E. 5). Dabei wird vermutet, dass der Dispens zweiseitig und somit bindend vereinbart wurde, wenn er Bestandteil eines Vertrags zwischen dem Erblasser und dem von der Ausgleichung dispensierten Erben, insbesondere dem Zuwendungsvertrag selber, enthalten ist. Noch wichtiger ist hingegen die Interessenlage der Parteien. Wurde dem Erblasser für den Erlass der Ausgleichung vom dadurch begünstigten Erben eine Gegenleistung versprochen oder hat sich dieser anderweitig verpflichtet, ist sein Interesse am Dispens stärker zu gewichten. Entsprechend berechtigt ist sein Vertrauen darauf, dass der Erlass für den Erblasser bindend sei (BGer 5C.202/2006 E. 4.2 und 4.3.1, Bemerkungen zu diesem Entscheid: ZEITER, Urteil vom 16. Februar 2007, Widerruf von Ausgleichungsanordnungen – BGE 5C.202/2006, in successio 1 [2007],

kludente Handlungen genügen nicht (BGer 5C.135/2005 E. 2.3; s. auch 5A_477/2008[8] und 5A_200/2009[9]. Ausdrücklich können auch auslegungsbedürftige Erklärungen sein (BGer 5A_338/2010 E. 10.1.2). Die Erklärung muss in erkennbarer Weise Bezug nehmen auf die ausgleichungsrechtlichen Folgen. Das BGer hat aber offengelassen, ob die Quittierung nicht geleisteter Darlehensrückzahlungen eine Dispens ist (BGer 5A_316/2009 E. 6)[10]. Eine erblasserische Ausgleichungsdipens gilt nicht nur unter Miterben, sondern auch gegenüber Gläubigern (131 III 56 f. E. 4.2 f.).[11]

2. Die Nachkommen

Das Gesetz geht davon aus, dass der Erblasser im Zweifel die *Nachkommen gleich behandeln* wollte. Aus diesem Grund sind sie von Gesetzes wegen grundsätzlich gegenseitig ausgleichungspflichtig: Art. 626 Abs. 2 erklärt, dass sie bestimmte Zuwendungen (dazu unten II., N 15 ff.) auszugleichen haben, sofern der Erblasser nicht ausdrücklich das Gegenteil verfügt. Vgl. zum Begriff «ausdrücklich» 44 II 360, 45 II 520, 67 II 213, 68 II 78, 89 II 72. Will der Erblasser von dieser Gleichbehandlung abweichen, muss er dies ausdrücklich erklären. Man spricht daher auch von der *gesetzlichen Ausgleichungspflicht.*[12] Die Ausdrücklichkeit einer Dispens i. S. dieser Bestimmung ist nicht leichthin anzunehmen. Blosse Absichtserklärungen oder konkludente Handlungen genügen nicht (BGer 5C.135/2005 E. 2.3).

5

Die Gleichbehandlung unter den Nachkommen wird in drei Fällen relativiert:

6

– Keines «ausdrücklichen», sondern bloss eines i. S. v. Art. 8 «nachweisbaren» Erlasses der Ausgleichungspflicht bedarf es für Zuwendungen, die der Erblasser Nachkommen *über den Betrag ihres Erbanteils hinaus* zukommen liess (629[1]).[13] Dieser

7

---

268 ff.). Zum Ganzen s. nun BENN, Rechtsgeschäftliche Gestaltung a.a.O. 213 ff.: Entbindung von der Formvorschrift nur zeitgleich mit dem Zuwendungsgeschäft.

8 Bemerkungen zum Entscheid: EITEL, Zwei Grundstückkaufverträge und ihre (beschränkte) ausgleichungsrechtliche Tragweite – 5A_477/2008 (Urteil des Bundesgerichts vom 11. August 2009), in successio 4 (2010), 209 ff.; s. auch AEBI-MÜLLER, Die privatrechtliche Rechtsprechung des Bundesgerichts im Jahr 2009, in ZBJV 146 (2010), 368 ff., 387 f.

9 Bemerkungen zum Entscheid: EITEL, Erbrecht 2009–2011 – Rechtsprechung, Gesetzgebung, Literatur Teil 2, in successio 5 (2011), 281 ff., 288 f.

10 Bemerkungen zum Entscheid: FORNITO, Quittung als Beweis im Erbteilungsprozess für eine Darlehensrückzahlung?, 5A_316/2009, in successio 5 (2011), 141 ff.

11 Vgl. die Bemerkungen dazu von WEIBEL, Im Dickicht der Ausgleichung verirrt – Anmerkungen zum (noch) nicht publizierten BGE 5C.67.2004 vom 19. November 2014, Jusletter 18. April 2005, und die Replik von EITEL, Was lehrt uns BGE 131 III 49 auch noch?, Ergänzende Hinweise im Anschluss an die Urteilsanmerkungen von Thomas Weibel in Jusletter 18. April 2005, Jusletter 10. April 2006. Siehe auch die Besprechung von AEBI-MÜLLER, Die privatrechtliche Rechtsprechung des Bundesgerichts im Jahr 2005, in ZBJV 142 (2006), 303 ff., 322.

12 BREITSCHMID/EITEL/FANKHAUSER/GEISER/RUMO-Jungo, litera B Erbrecht, § 4 Nr. 13; EITEL, BeKomm, Art. 626 N 5, 69.

13 S. dazu FORNI/PIATTI, BaKomm, Art. 629 N 1; FANKHAUSER, HandKomm, Art. 629 N 1. Gemäss BENN/HERZOG, Probleme um Art. 629 Abs. 1 ZGB, in ZBJV 135 (1999), 765 ff., 773, ist der Dispenswille sogar zu vermuten und entfällt dieser nur, wenn der Erblasser die volle Ausgleichung oder diejenige des Überschusses verfügt hat. So schon BENN, Rechtsgeschäftliche

Erlass braucht in einem besonderen Fall nicht einmal nachgewiesen zu werden, sondern wird vermutet: insoweit es sich bei diesen Zuwendungen um Ausstattungen handelt, die den Nachkommen bei ihrer Verheiratung in üblichem Umfang zugewendet worden sind (629[2]).[14] Auch Art. 629 Abs. 1 gilt (wie 626[2]) nur für Nachkommen, da nicht anzunehmen ist, das Gesetz habe die anderen Erben für den Überschuss über ihren Erbteil hinaus schlechter stellen wollen, als sie es gemäss Art. 626 Abs. 1 wären: s. nachstehend N 10.

8 — Was die Auslagen für die *Ausbildung* und *Erziehung* einzelner *Kinder*[15] angeht, soll hier keine kleinliche Nachrechnerei erfolgen. Solche Auslagen müssen nur ausgeglichen werden, wenn sie das übliche Mass übersteigen, es sei denn, der Erblasser habe die Ausgleichung erlassen (631[1]).[16] Wenn etwa ein Sohn sich der Landwirtschaft widmet, eine Tochter aber 150 000 für das Studium der Medizin aufwendet, wäre es in gewöhnlichen Verhältnissen unbillig, dass die Ärztin bei der Erbteilung eine gleiche Quote wie ihr Bruder beanspruchen dürfte. Dasselbe gilt, wenn einige Kinder ihre Erziehung und Ausbildung auf Kosten des Erblassers erhalten hatten, während andere bei dessen Tod noch minderjährig waren bzw. noch keine Ausbildung genossen hatten. Den Kindern, die noch in Ausbildung stehen, gebührt ein billiger Vorausbezug. Soziale Überlegungen haben den Gesetzgeber bewogen, einen solchen Vorausbezug nicht nur diesen[17], sondern auch den gebrechlichen Kindern zu gewähren (631[2]).

9 — Von besonderer Art ist die (umgekehrte) «Ausgleichungspflicht» zu Gunsten der *minderjährigen Kinder und Grosskinder* für die ihren Eltern (bzw. Grosseltern) im gemeinsamen Haushalt zugewendete(n) *Arbeit oder Einkünfte.* Nur auf Grund intertemporalrechtlicher Regeln kann dabei der bei der Revision des bäuerlichen Erbrechts von 1972 aufgehobene Art. 633 ZGB noch zum Zuge kommen (100 II 433). Im Übrigen gelten nun die *Lidlohnbestimmungen* der Art. 334, 334bis und 603 Abs. 2 (vgl. vorn § 47 N 16 f.). Dieser Lidlohn ist nur insofern «erbrechtlich», als er nach dem Tod des Schuldners nicht grösser sein kann als der Saldo der Erb-

---

Gestaltung a.a.O. 132 ff. Vgl. dazu Paul Eitel, Die Ausgleichung des «Mehrempfangs» nach Art. 629 Abs. 1 ZGB, in FS 100 Jahre Verband bernischer Notare (Langenthal 2003), 325 ff.

14 S. dazu Forni/Piatti, BaKomm, Art. 629 N 4; Burckhardt Bertossa, PraxKomm Erbrecht, Art. 629 N 9; Fankhauser, HandKomm, Art. 629 N 5. Gemäss der Theorie Benn/Herzog ist dieser Abs. 2 bedeutungslos (a.a.O. 784). – Zum umstrittenen Berechnungsmodus bei Art. 629 s. Benn/Herzog a.a.O. 774 ff.

15 Allenfalls auch anderer Nachkommen: Forni/Piatti, BaKomm, Art. 631 N 3; Eitel, BeKomm, Art. 631 N 17 ff.; Burckhardt Bertossa, PraxKomm Erbrecht, Art. 631 N 6.

16 Ausführliche Erläuterungen betreffend «das übliche Mass» bei Paul Eitel, Die Berücksichtigung lebzeitiger Zuwendungen im Erbrecht – Objekte und Subjekte von Ausgleichung und Herabsetzung (Habil. Bern 1998), ASR 613, 149 ff. S. dazu auch Eitel, BeKomm, Art. 631 N 10 ff.

17 In Art. 631 Abs. 2 a. F. hiessen diese Kinder, die noch in Ausbildung stehen, «unerzogen». Das neue Recht (1984/1988) hat diesen Ausdruck im deutschen Text abgeändert; der französische Ausdruck lautete immer «enfants qui ne sont pas élevés». – Zum Verhältnis des 631 zu 275/276 a. F. bzw. nunmehr 302 s. 76 II 214 f., aber auch den damals gerade noch nicht existierenden 277[2] und Druey, Grundriss, § 7 Nr. 34.

schaft (603^2) und als er spätestens bei der Erbteilung geltend gemacht werden kann (334bis: 109 II 395).[18] Er ist grundsätzlich nicht zu verzinsen (102 II 336). Im Übrigen ist er eine «obligatorische Forderung *sui generis*»[19], welche auch Nichterben (z.B. Grosskindern, deren Eltern noch leben) zustehen kann.

3. Die übrigen gesetzlichen Erben

Einfacher als die eben dargestellten Bestimmungen für die Nachkommen (626^2, 629) und Kinder (631) lautet die Regelung für die übrigen gesetzlichen Erben. Zu ihnen gehört insbesondere auch der Ehegatte bzw. die eingetragene Partnerin. Bei diesen darf die Absicht der Gleichbehandlung nicht vermutet werden. Deshalb greift bei Zuwendungen an sie die Ausgleichung nur ein, wenn der Erblasser es so verfügte (626^1: «auf Anrechnung ... zugewendet»)[20]. Man spricht daher in diesem Zusammenhang auch von der *gewillkürten Ausgleichung*.[21] Im Zweifel wird die Bevorzugung angenommen. Eine nachträgliche Anordnung der Ausgleichung ist nach alter bundesgerichtlicher Rechtsprechung (76 II 197, 77 II 233) und einem Teil der Lehre[22] unzulässig, angesichts dessen, dass es sich der Sache nach um eine einseitige Verfügung von Todes wegen handelt, aber doch wohl möglich.[23] Anders liegen die Dinge, wenn der Erblasser eine andere Verpflichtung eingegangen ist (118 II 288 f. E. 5).

4. Eingesetzte Erben

Die Ausgleichungsregeln sind auf gesetzliche Erben zugeschnitten (s. auch Wortlaut des 626^1). Doch kann der Erblasser auch bei eingesetzten Erben die Art. 626 ff. zum Zug kommen lassen: sog. freiwillige Ausgleichung oder uneigentliche Ausgleichung[24]

10

11

---

18 Aus Billigkeitsgründen kann die Fälligkeit bis zur Erbteilung hinausgeschoben werden (124 III 193 ff.).

19 Bruno Marcel Imhof, Die neuen Bestimmungen zum Lidlohn, Art. 334, 334bis und 603 II ZGB (Diss. Freiburg, Brig 1975), 133 f.

20 S. dazu Eitel, Art. 614 ZGB vs. Art. 626 ZGB oder: Was heisst «anrechnen» bzw. «auf Anrechnung»?, 5A_90/2009 (Urteil des Bundesgerichts vom 24. August 2009), in successio 4 (2010), 49 ff.

21 Breitschmid/Eitel/Fankhauser/Geiser/Rumo-Jungo, litera B Erbrecht, § 4 Nr. 12; Eitel, BeKomm, Art. 626 N 5, 63.

22 Escher, ZüKomm, Art. 626 N 45; so auch Weimar a.a.O. Thesen 7 und 8, 849 ff., der aber in der Form der Verfügungen von Todes wegen Ausgleichungsvermächtnisse für zulässig erachtet. Ebenfalls dieser älteren Lehre folgend Vollery a.a.O. Nr. 648.

23 Siehe den Meinungsstand bezüglich Zulässigkeit und Form bei Forni/Piatti, BaKomm, Art. 626 N 18; Burckhardt Bertossa, PraxKomm Erbrecht, Art. 626 N 31; s. auch (nachher erschienen) Benn, Rechtsgeschäftliche Gestaltung a.a.O. passim und insbesondere 238 ff.

24 Breitschmid/Eitel/Fankhauser/Geiser/Rumo-Jungo, litera B Erbrecht, § 4 Nr. 17; Eitel, BeKomm, Vorbem. zu Art. 626 ff. N 26.

(53 II 202; 124 III 104 E. 4a).[25] Umstritten ist, ob solche Anordnungen der Form der Verfügungen von Todes wegen bedürfen.[26]

12   Wird der gesetzliche Erbteil von gesetzlichen Erbinnen durch letztwillige Verfügung abgeändert, handelt es sich um eingesetzte Erbinnen. Handelt es sich dabei nicht um Nachkommen, ist eine Ausgleichung ohnehin nur auf Anordnung hin erforderlich (626[1]). Handelt es sich dagegen um Nachkommen, stellt sich die Frage, ob und gegebenenfalls unter welchen Voraussetzungen die Ausgleichungsvermutung nach Art. 626 Abs. 2 greift: Solange ihre (gesetzliche) Gleichbehandlung durch letztwillige Verfügung beibehalten wird, bleibt mit Bezug auf ihre Ausgleichungspflicht Art. 626 Abs. 2 anwendbar. Erfolgt dagegen eine nicht gesetzesgleiche Erbeinsetzung von gesetzlichen Erbinnen (z.B. $^2/_5$ für Tochter A, $^2/_5$ für Sohn B und $^1/_5$ für Sohn C), so ist das gesetzliche Ausgleichungsrecht (626[2]) nicht anwendbar (124 III 102). Der Erblasser kann aber anders verfügen.[27]

5. Wegfall ausgleichungspflichtiger Erben

13   Fallen die ausgleichungspflichtigen Erben weg, sei es vor dem Erbgang (wenn sie vorverstorben sind), sei es nachher (wenn sie ausschlagen), geht die Ausgleichungspflicht auf deren Erben über. Diese Regel ist dispositiv; der Erblasser kann die Erben des Vorempfängers davon dispensieren. Das ist der für gesetzliche Erben[28] grundsätzlich unproblematische Gehalt des ersten Absatzes des Art. 627. Dessen Abs. 2 sieht dem Wortlaut nach nur für die Nachkommen der ausgleichungspflichtigen Erben vor, dass dies auch gelte, wenn die Zuwendungen nicht auf sie übergegangen sind. Das gilt aber

---

25   Das Gegenteil wäre für WEIMAR a.a.O. These 9, 851 ff., unverständlich. Zum Sonderfall 67 II 211 f. (Nachkommen des gesetzlichen Erben als eingesetzte Erben) s. nun mit einer Fülle von Hinweisen auf die Lehre 124 III 104 f. E. 4 a.

26   Nach PIOTET, SPR IV/1, 368 f.; EITEL, BeKomm, Art. 626 N 61; FORNI/PIATTI, BaKomm, Art. 626 N 8; FANKHAUSER, HandKomm, Art. 626 N 5; STEINAUER, Successions, Nr. 197 Anm. 59, ist dies nicht nötig. A. M. DRUEY, Grundriss, § 7 Nr. 24; LIONEL SEEBERGER, Die richterliche Erbteilung (Diss. Freiburg 1992), AISUF 119, 275 f.; subtiler WEIMAR a.a.O. These 9, 852 f.

27   Siehe ausführlich zum Stand der Lehre in diesem BGE 104 f. E. 4 sowie zu diesem BGE: SCHNYDER, Die privatrechtliche Rechtsprechung des Bundesgericht im Jahre 1998, in ZBJV 135 (1999), 348 ff., 374 f. und DRUEY, Bundesgericht, II. Zivilkammer, 2.3.1998, i. S. B. c. L. und V., BGE 124 III 102, in AJP 7 (1998), 1111 f. Für eine differenzierte Besprechung der verschiedenen Meinungen vgl. EITEL, BeKomm, Art. 626 N 136 ff.

28   Genauer: für gesetzliche «Stellvertreter» eines Intestaterben. Für Anwendung auch auf eingesetzte Erben s. PIOTET, SPR IV/1, 370 f. mit dort erwähnten möglichen Konstellationen (eingesetzter Erbe mit Nacherbe oder eingesetzter Erbe, der durch Intestaterbe ersetzt wird); s. dazu auch BURCKHARDT BERTOSSA, PraxKomm Erbrecht, Art. 627 N 2; FANKHAUSER, HandKomm, Art. 627 N 2. Bei FORNI/PIATTI, BaKomm, Art. 627 N 1 ff., ist immer nur von «Erben» die Rede, allerdings nicht explizit davon, dies könnten auch eingesetzte Erben sein.

nach h. L. selbst dann, wenn es sich nicht um Nachkommen des weggefallenen Erben handelt.[29] Art. 627 wird denn auch als «verunglückt» betrachtet.[30]

b. Die Ausgleichungsgläubiger

Wie verhält es sich mit der Ausgleichungspflicht und der Ausgleichsberechtigung des überlebenden Ehegatten? Insofern dieser neben anderen Erben als neben Nachkommen Erbe ist, besteht keine Schwierigkeit: Der Ehegatte ist nicht mehr und nicht weniger ausgleichungspflichtig und -berechtigt als die übrigen Erben (626[1]). Was gilt aber, wenn er als Erbe mit Nachkommen konkurriert? Nach 77 II 228 und BGer 5A_141/2007 E. 9.2 ist er in diesem Fall den Nachkommen gegenüber ausgleichungsberechtigt wie irgendein Nachkomme (also gemäss Art. 626 Abs. 2), zur Ausgleichung verpflichtet jedoch nur im Rahmen von Art. 626 Abs. 1.[31] Diese Rechtsprechung ist auf Kritik gestossen: Der Ehegatte soll demnach für die Ausgleichung gemäss Art. 626 Abs. 2 als Berechtigter ausser Betracht fallen, weil er gemäss Art. 626 Abs. 1 auch nicht ausgleichungsverpflichtet ist.[32] In 89 II 77 ff. hat das BGer es unterlassen, 77 II 228 zu bestätigen. In BGer 5A_141/2007 hat das Bundesgericht nicht auf den Lehrmeinungsstreit Bezug genommen und sich folglich auch nicht dazu geäussert. Die Argumentation, wonach der Ehegatte nicht Ausgleichungsgläubiger ist, wenn er auch nicht Ausgleichungsschuldner ist, besticht v. a. in Fällen, in denen der betreffende Ehegatte Stiefelternteil der erbenden Nachkommen ist.[33] Denn diesfalls profitieren die

14

---

29 FORNI/PIATTI, BaKomm, Art. 627 N 3; EITEL, BeKomm, Art. 627 N 8; STEINAUER, Successions, Nr. 217; BURCKHARDT BERTOSSA, PraxKomm Erbrecht, Art. 627 N 4; FANKHAUSER, HandKomm, Art. 627 N 3. Vgl. hierzu die ausführliche Darstellung bei TUOR/PICENONI, BeKomm, Art. 627 N 1–5 und N 15 f. sowie ESCHER, ZüKomm, Art. 627 N 1–3.

30 So wörtlich bei WEIMAR, BeKomm, Art. 475 N 13. So der Sache nach bei ESCHER, ZüKomm, Art. 626 N 1 i. f. und TUOR/PICENONI, BeKomm, Art. 627 N 2 i. f.

31 Gemäss DRUEY, Grundriss, § 7 Nr. 28, ist konsequenterweise das Ausgleichungsrecht zu Lasten der Nachkommen nicht nur zu Gunsten des Ehegatten, sondern auch zu Gunsten der eingesetzten Erben zu bejahen. Eindeutig dafür WEIMAR a.a.O. These 10, 853 ff.; PIOTET, SPR IV/1, 313 f.; STEINAUER, Successions, Nr. 227c.

32 Zu dieser Lösung kamen neben EITEL, BeKomm, Art. 626 N 146 ff., TUOR/PICENONI, BeKomm, Art. 626 N 12 und 35 ff., ESCHER, ZüKomm, Art. 626 N 7 ff.; FORNI/PIATTI, BaKomm, Art. 626 N 6; PICENONI a.a.O. 52; insbesondere ULRICH SCHWENDER, Die Ausgleichungspflicht der Nachkommen unter sich und in Konkurrenz mit dem überlebenden Ehegatten (Diss. Zürich 1959).

33 Bereits 1964 war die sehr gründliche Untersuchung von PIOTET, Le conjoint survivant et le rapport successoral selon l'art. 626 al. 2 CC, in ZSR NF 83 (1964), I 15 ff. erschienen, die mit starken Argumenten *für die bisherige bundesgerichtliche Rechtsprechung* eintrat (so auch PIOTET, SPR IV/1, 314 f.). Gleicher Meinung: DRUEY, Grundriss, § 7 Nr. 27 f.; BENN, Rechtsgeschäftliche Gestaltung a.a.O. 90 f.; REGINA E. AEBI-MÜLLER, Die optimale Begünstigung des überlebenden Ehegatten, Güter-, erb-, obligationen- und versicherungsrechtliche Vorkehren, unter Berücksichtigung des Steuerrechts (2. A. Bern 2007), Nr. 08.29; PAUL-HENRI STEINAUER, Le conjoint survivant comme créancier du rapport, in FS Suzette Sandoz (Genf/Zürich/Basel 2006), 423 ff., 424 ff.; DERS., Successions, Nr. 227c, und die Auffassung des BGer. *Contra:* FORNI/PIATTI, BaKomm, Art. 626 N 6, mit erheblichen Bedenken gegen die bundesgerichtliche Lösung. Ebenso contra: EITEL, Habil. a.a.O. 311 ff., mit der Meinung, entgegen herrschender Lehre und Rechtsprechung sei der überlebende Ehegatte in dieser Konstellation nicht nur

(auch zugunsten der Stiefmutter) ausgleichenden Nachkommen bei deren Tod nicht von deren Erbe, erhalten also kein «Gegenrecht» für ihre damalige Ausgleichung. Wir müssen wohl hier wie anderswo davon ausgehen, dass der Gesetzgeber die Konstellation der Stiefkinderkollation zugunsten eines Stiefelternteils nicht vor Augen hatte als er Art. 626 redigierte. Ein klärender Bundesgerichtsentscheid steht noch aus.[34]

II.   Die Objekte der Ausgleichung

a. Unentgeltliche Zuwendungen des Erblassers

15   Der Ausgleichung unterliegen zunächst Zuwendungen ganz allgemein: Sowohl Abs. 1 wie Abs. 2 von Art. 626 sprechen von «zugewendeten» Objekten.[35] Es handelt sich sodann um Zuwendungen der Erblasserin, und zwar um lebzeitige Zuwendungen. Die Ausgleichungspflicht stellt sich naturgemäss nur bei (mindestens teilweise) unentgeltlichen Zuwendungen. Andernfalls hat der Nachlass der Erblasserin keine «wirtschaftliche Einbusse» erlitten, die durch Ausgleichung «rückgängig» gemacht werden müsste.[36] Keine wirtschaftliche Einbusse erleidet der Nachlass, wenn die Erblasserin rechtlich geschuldete Leistungen bzw. Leistungen in Erfüllung gesetzlicher Pflichten erbringt, also z.B. Unterhaltsleistungen.[37] Die Erfüllung sittlicher Pflichten beruht gerade nicht auf einer gesetzlichen Pflicht und begründet daher nach herrschender Lehre grundsätzlich eine Ausgleichungspflicht.[38]

---

nicht Schuldner, sondern auch nicht Gläubiger. Daraufhin entstand in der ZSR zwischen PIO-TET und EITEL eine engagiert geführte Diskussion: PIOTET, L'objet et les bénéficiaires du rapport légal selon les art. 626 al. 2 et 527 ch. 1 CC, in ZSR NF 118 (1999), I 51 ff.; Replik von EITEL, Zwei Grundfragen der gesetzlichen Ausgleichung – eine Replik, in ZSR NF 118 (1999), I 69 ff.; Duplik von PIOTET, L'objet et les créanciers du rapport légal, in ZSR 119 (2000), I 491 ff. Vgl. auch PAUL PIOTET, L'essentiel sur le rapport légal, in FS Suzette Sandoz (Genf/Zürich/Basel 2006), 401 ff. – In der neueren Lehre vertreten EITEL, BeKomm, Art. 626 N 146 ff. m. w. H.; bereits DERS., Habil. a.a.O. 311 ff.; BRÜCKNER, Zur Herabsetzung lebzeitiger Zuwendungen, in successio 2 (2008), 194 ff., 199, die Ansicht, dass der Ehegatte nicht Ausgleichungsgläubiger ist, wenn er auch nicht Ausgleichungsschuldner ist.

34   WÜST, Warten auf das Bundesgericht…, Bleibt der überlebende Ehegatte gegenüber Nachkommen weiterhin ausgleichungsberechtigt?, in successio 3 (2009), 331 ff.

35   EITEL, BeKomm, Art. 626 N 17; FANKHAUSER, HandKomm, Art. 626 N 4; FORNI/PIATTI, BaKomm, Art. 626 N 9; STEINAUER, Successions, Nr. 175 ff.; BENN, Rechtsgeschäftliche Gestaltung a.a.O. 21 ff.; TUOR/PICENONI, BeKomm, Art. 626 N 16 ff.; ESCHER, ZüKomm, Art. 626 N 18 ff.; BURCKHARDT BERTOSSA, PraxKomm Erbrecht, Art. 626 N 15.

36   EITEL, BeKomm, Art. 626 N 25; WINISTÖRFER a.a.O. 116; STEINAUER, Successions, Nr. 180 f.; FORNI/PIATTI, BaKomm, Art. 626 N 9; BURCKHARDT BERTOSSA, PraxKomm Erbrecht, Art. 626 N 15 ff.

37   FANKHAUSER, HandKomm, Art. 626 N 4; STEINAUER, Successions, Nr. 179; FORNI/PIATTI, BaKomm, 626 N 12; DRUEY, Grundriss, § 7 Nr 34; BURCKHARDT BERTOSSA, PraxKomm Erbrecht, Art. 626 N 17; differenzierend EITEL, BeKomm, Art. 626, N 29 f.

38   GASS, Noch einmal: Unterliegen Schenkungen der Ausgleichung und der Herabsetzung nach Art. 527 Ziff. 1 ZGB?, in BJM 48 (2001), 235 ff., 242; STEINAUER, Successions, Nr. 179; BURCK-

b. Vorempfänge und Schenkungen insbesondere

Die ausgleichungspflichtige Zuwendung («auf Anrechnung an ihren Erbanteil», «à   16
titre d'avancement d'hoirie», «in acconto della loro quota») wird mitunter auch als
Vorempfang[39] bezeichnet. Sofern mit diesem Begriff sowohl der Vorgang der unentgeltlichen Zuwendung als auch deren erbrechtliche Berücksichtigung bezeichnet wird,
ist er mit der ausgleichungspflichtigen Zuwendung identisch:[40] Es handelt sich um
eine lebzeitige Zuwendung, die im Erbgang der Erblasserin ausgleichungspflichtig ist.
In diesem Zusammenhang stellt sich die Frage, ob es unentgeltliche Zuwendungen
gibt, die grundsätzlich *nicht* der Ausgleichung unterstehen, oder ob ganz allgemein
alle unentgeltlichen Zuwendungen ausgleichungspflichtig sind. Diese Frage wird im
Zusammenhang mit der Schenkung sehr kontrovers diskutiert: Kann eine Schenkung
als unentgeltliche Zuwendung überhaupt ausgleichungspflichtig sein oder ist darin
nicht gerade die Ausgleichungspflicht ausgeschlossen, weil die Anrechnung an den
Erbteil die «Unentgeltlichkeit» im Zeitpunkt des Erbgangs aufhebt bzw. die Ausgleichungspflicht den Schenkungscharakter zerstört?[41] Nach herrschender Lehre stellt die
Schenkung die ausgleichungspflichtige Zuwendung *par excellence* dar.[42] Das bedeutet
weder, dass Schenkungen stets der Ausgleichung unterliegen (die Erblasserin kann ja
davon entbinden), noch, dass nur Schenkungen der Ausgleichung unterliegen (neben

---

HARDT BERTOSSA, PraxKomm Erbrecht, Art. 626 N 17; FANKHAUSER, HandKomm, Art. 626
N 4; differenzierend EITEL, BeKomm, Art. 626 N 29 f.; N 124.

39   Zur Problematik des Wortes «Vorempfang», welches sich zwar im französischen Text befindet
      («à titre d'avancement d'hoirie»: 626[1] i. f.; anders deutsch [«auf Anrechnung an ihren Erban-
      teil»] und italienisch [«in acconto della loro quota»]), s. schon PIERRE WIDMER a.a.O. 113 und
      passim. Zum Ganzen vgl. sehr ausführlich, EITEL, BeKomm, Art. 626 N 33 ff. und DERS., ZBJV
      2006 a.a.O. 457 ff. Eindeutig gegen die Ausgleichungspflicht von Schenkungen auf Grund sei-
      ner Verneinung der gesetzlichen Ausgleichung (Legalkollation) als System des ZGB und damit
      für das Auseinanderhalten von Schenkung und Vorempfang: WEIMAR a.a.O. Thesen 1 und 2,
      833 ff.; gl. M. ZOLLER a.a.O. passim. Anderer Meinung u. a. EITEL, BeKomm, Art. 626 N 41 ff.;
      GASS a.a.O. 235 ff. sowie PIOTET, Nature a.a.O. 13 ff. Zum Teil handelt es sich bei der Kontro-
      verse um einen Streit um Worte, indem unter Schenkung nicht immer das Gleiche verstanden
      wird (hierzu WEIMAR a.a.O. These 1, 835, und ZOLLER a.a.O. 13 ff.). Es geht aber doch auch
      um die Sache, indem nämlich WEIMAR und ZOLLER passim jeweils vom Konsens über den
      Vorempfang zwischen Erblasser und Empfänger ausgehen; so auch WINISTÖRFER a.a.O. in der
      «Zusammenfassung», 166. – Zur Frage der erbrechtlichen Ausgleichungspflicht von Lebens-
      versicherungsansprüchen s. EITEL, Lebensversicherungsansprüche und erbrechtliche Aus-
      gleichung, in ZBJV 139 (2003), 325 ff.; FORNI/PIATTI, BaKomm, Art. 626 N 13; WINISTÖR-
      FER a.a.O. 87 f. und 113; PIOTET, SPR IV/1, 325; BREITSCHMID/EITEL/FANKHAUSER/GEISER/
      RUMO-JUNGO, litera B Erbrecht, § 4 Nr. 31. – Leistungen in Erfüllung einer bloss sittlichen Pflicht
      können ausgleichungspflichtig sein: FORNI/PIATTI, BaKomm, Art. 626 N 12; PIOTET, SPR IV/1,
      304; WINISTÖRFER a.a.O. 149 f.
40   EITEL, BeKomm, Art. 626 N 33.
41   So WEIMAR a.a.O. These 1, 833; ZOLLER a.a.O. 24 f.; vermittelnd: WINISTÖRFER a.a.O. 166. Zur
      Unterscheidung zwischen Entgeltlichkeit und Unentgeltlichkeit s. EITEL, Darlehen – Schen-
      kung – Vorempfang, in successio 7 (2013), 202 ff.
42   EITEL, BeKomm, Art. 626 N 35 ff.; BREITSCHMID/EITEL/FANKHAUSER/GEISER/RUMO-JUNGO,
      litera B Erbrecht, § 4 Nr. 22.

ihr kann z.B. auch ein Schulderlass ausgleichungspflichtig sein).[43] Das Bundesgericht hat die Frage in 118 II 287 noch explizit offengelassen (immerhin nach dem Hinweis, sie sei in 116 II 667 ff. für eine von zwei Grundstückschenkungen bejaht worden), in 126 III 172 E. 2b in einem obiter dictum (zu Recht) bejaht. Schliesslich hat es in 128 II 235 E. 2.3 und 131 III 55 E. 4.1.1 die Schenkung jeweils explizit als Zuwendung i. S. v. Art. 626 bezeichnet.

17 Die Ausgleichungspflicht besteht auch, wenn zwar der Empfänger eine Gegenleistung erbringt, deren Wert jedoch im Zeitpunkt ihrer Vornahme (120 II 420 E. 3a) erheblich geringer ist, so dass zwischen den beiden Leistungen ein Missverhältnis besteht (gemischte Schenkung: Grundstückschenkung mit Nutzniessungsvorbehalt[44]: 120 II 417 E. 3a, b; 116 II 674 E. 3b/aa; BGer 5A_338/2010 E. 9.1[45]; s. auch BGer 5A_477/2008[46]. Dabei muss subjektiv ein entsprechender Zuwendungswille *(animus donandi)* des Erblassers und objektiv ein Missverhältnis zwischen Leistung und Gegenleistung vorliegen. In 126 III 171 ff. hat das Bundesgericht die Frage offen gelassen, ob der Zuwendungswille schon zu bejahen sei, wenn die Zuwendungsabsicht erkennbar gewesen wäre, was bei einem groben Missverhältnis zwischen Leistung und Gegenleistung zu vermuten wäre (126 III 175 E. 3b/cc; s. auch BGer 5A_587/2010 E. 3.2[47], wo die Frage des Nachweises der Zuwendungsabsicht weiterhin offengelassen wird).[48]

c. Ausstattungscharakter der Zuwendungen?

18 Was der Erblasser den Nachkommen als Heiratsgut, Ausstattung, Vermögensabtretung, Schulderlass zuwendet, untersteht gemäss Art. 626 Abs. 2 der Ausgleichungspflicht, sofern nicht der Erblasser ausdrücklich das Gegenteil verfügt hat. Die Aufzählung («Heiratsgut» usw.) ist nicht abschliessend; das Gesetz fügt hinzu «und dergleichen» (vgl. 97 II 211 f.; 118 II 287 oben). Umstritten ist die Frage, ob *nur Zuwendungen mit Ausstattungscharakter* (frz. *dotations*) unter Art. 626 Abs. 2 fallen. Das Bundesgericht und ein Teil der Lehre sind unterschiedlicher Meinung:

---

43 EITEL, BeKomm, Art. 626 N 35.

44 STEINAUER, Successions, Nr. 180a; MICHEL MOOSER, Le droit d'habitation, présentation générale fondée sur le droit d'habitation constitué à l'occasion d'actes translatifs de propriété convenus dans un contexte familial (Diss. Freiburg 1997, Bulle 1997), 78 f.; FRIEDRICH GERHARD MOSER, Die erbrechtliche Ausgleichung gemischter Schenkungen (2. A. Bern 1973), 2 f.; EITEL, BeKomm, Art. 626 N 115.

45 Bemerkungen zum Entscheid: EITEL, Eine Grundstückschenkung mit Nutzniessungsvorbehalt (Ausgleichung und Herabsetzung), BGE 5A_388/2010, in successio 7 (2013), 68 ff., 69 ff.

46 EITEL, Zwei Grundstückkaufverträge a.a.O. 209 ff.

47 STICHER, Gemischte Schenkung – Zuwendungsabsicht als Bedingung der Herabsetzung, BGE 5A_587/2010, in successio 7 (2013), 57 ff.; EITEL, successio 2011 a.a.O. 290 f.; HRUBESCH-MILLAUER/BOSSHARDT/JAKOB, Rechtsprechung des Bundesgericht in den Jahren 2010 und 2011 im Bereich Erbrecht, in AJP 21 (2012), 860 ff., 866 f.

48 Vgl. dazu EITEL, BeKomm, Art. 626 N 116 ff.; STEINAUER, Successions, Nr. 180 Anm. 34; FORNI/PIATTI, BaKomm, Art. 626 N 9; BREITSCHMID/EITEL/FANKHAUSER/GEISER/RUMO-Jungo, litera B Erbrecht, § 4 Nr. 29; BURCKHARDT BERTOSSA, PraxKomm Erbrecht, Art. 626 N 15a.

Gemäss *Bundesgericht* unterliegen nur jene Zuwendungen des Erblassers an die Nach- 19
kommen (ohne ausdrückliche Dispens) der Ausgleichung, welche den Zweck haben,
dem Empfänger eine Existenz zu verschaffen oder ihm die vorhandene Existenz zu
sichern oder zu verbessern (sog. Versorgungskollation). Massgebend für den Ausstattungscharakter ist die Absicht der Erblasserin und nicht die effektive Verwendung
durch die begünstigte Erbin (116 II 667, insb. 673 f. E. 3a; 131 III 55 E. 4.1.2; 124 III 104
E. 4a; 107 II 130 f. E. 3b)[49]. Der Ausstattungscharakter kann auch bei einem Grundstück vorliegen, bei dem sich der Schenker die Nutzniessung zu seinen Gunsten vorbehalten hat (120 II 420 E. 3a, b; 116 II 675 E. 3b/cc). Die Zuwendungen, welche ein
Grundstück zum Gegenstand haben, unterliegen der Ausgleichung jedenfalls immer
dann, wenn es sich um bedeutende Werte handelt (131 III 55 E. 4.1.2; 116 II 674 E. 3b/
aa; 107 II 130 E. 3b; 84 II 338 E. 7b). Im Zusammenhang mit Grundstücken scheint das
Bundesgericht seine Ausstattungstherorie der Grosszuwendungstheorie anzunähern.

Diese Rechtsprechung wird von einem Teil der *Lehre* kritisiert: Erstens widerspricht die 20
Voraussetzung des Ausstattungscharakters der Gleichbehandlung der Erben, welche ja
mit der Ausgleichung gerade erreicht werden soll[50], und zweitens führt diese Voraussetzung an sich dazu, dass jede noch so geringe Zuwendung ausgleichungspflichtig ist.
Diesen Einwänden trägt das von der Lehre entwickelte Kriterium der Schenkungskollation und dort jenes der Grosszuwendungen Rechnung.[51] Die Schenkungskolla-

---

49 ESCHER, ZüKomm, Art. 626 N 32 ff.; PIOTET, SPR IV/1, 299 ff.; EITEL, BeKomm, Art. 626
    N 69 ff.; STEINAUER, Successions, Nr. 184 ff.; FORNI/PIATTI, BaKomm, Art. 626 N 14 ff.;
    BURCKHARDT BERTOSSA, PraxKomm Erbrecht, Art. 626 N 18 ff.; FANKHAUSER, HandKomm,
    Art. 626 N 6.

50 So EITEL, BeKomm, Art. 626 N 88; EITEL, ZSR a.a.O. 79 ff.; WIDMER a.a.O. 93; WINISTÖRRFER
    a.a.O. 180 ff. S. dazu auch BURCKHARDT BERTOSSA, PraxKomm Erbrecht, Art. 626 N 1; FORNI/
    PIATTI, BaKomm, Art. 626 N 1.

51 JUSTIN THORENS, L'interprétation des articles 626 al. 2 et 527, chiffres 1er et 3, CC, in FS zur
    Hundertjahrfeier des Bundesgerichts (Basel 1975), 355 ff. Die Kurzformel seines Kriteriums lau-
    tet: «celui (d.h. das Kriterium) de l'importance relative et objective de la libéralité, l'importance
    relative étant déterminée par la situation économique et sociale du futur de cuius (vom Verf.:
    des Erblassers) et l'importance objective par les mœurs et les ‹usages locaux›» (356 f.). Spä-
    ter dann sehr grundlegend: EITEL, Habil. a.a.O. 191 ff., kam in seiner Habilitationsschrift im
    Gegensatz zum Bundesgericht zum Ergebnis, der Ausstattungscharakter sei nicht massgebend
    (Schenkungskollation, nicht Versorgungskollation). S. auch EITEL, Lebzeitige Zuwendungen,
    Ausgleichung und Herabsetzung, eine Auslegeordnung, in ZBJV 134 (1998), 729 ff. Dagegen
    wehrte sich in Übereinstimmung mit dem BGer PIOTET, ZSR 1999 a.a.O. I 51 ff. In der glei-
    chen Nummer der ZSR veröffentlichte EITEL, ZSR a.a.O., 69 ff., seine Antwort an PIOTET und
    dieser wieder seine Duplik: PIOTET, ZSR 2000 a.a.O. I 491 ff. Vgl. nun auch PIOTET, L'essentiel
    a.a.O. 401 ff. Ähnlich wie PIOTET, aber mit anderer Begründung (Zuwendung stellt nach Treu
    und Glauben Vorempfang dar): WEIMAR a.a.O. These 6, 845 ff. und STEINAUER, Successions,
    Nr. 184 Anm. 40 (befürwortet Versorgungskollation, legt aber den Begriff der Ausstattung weit
    aus); ZOLLER a.a.O. 47 ff.; vgl. auch BENN, Rechtsgeschäftliche Gestaltung a.a.O. 61 f. Gleich
    wie EITEL: DRUEY, Grundriss, § 7 Nr. 38; THORENS a.a.O. 327; WINISTÖRFER a.a.O. 195. Eine
    Übersicht der vertretenen Meinungen findet sich bei EITEL, BeKomm, Art. 626 N 78 ff. S. auch
    DERS., ZBJV 2003 a.a.O. 325 ff., 355; VOLLERY a.a.O. Nr. 32 ff.

tion schliesst auch die sog. Luxus- und Vergnügungszuwendungen ein. Beispiel: Der Erblasser schenkt seiner Tochter, die Anwältin ist, ein Segelboot im Wert von 100 000 und seinem Sohn, der Segellehrer ist, ebenfalls ein Segelboot im Wert von 100 000. Im System der Versorgungskollation ist die Tochter nicht ausgleichungspflichtig, weil das Segelboot für sie Luxus- bzw. Vergnügungscharakter hat, während der Sohn ausgleichungspflichtig ist, da das Segelboot klar seiner Ausstattung dient (ähnlich 116 II 675). Dieses Beispiel zeigt, dass die Schenkungskollation der Gleichbehandlung der Nachkommen dient, während die Versorgungskollation zu einer sachfremden Ungleichbehandlung führen kann.

21   Diese Argumente sprechen grundsätzlich für die *Schenkungskollation*. Mit Blick auf Art. 632, der die üblichen Gelegenheitsgeschenke von der Ausgleichungspflicht ausnimmt (76 II 194), unterliegen sodann nicht generell alle Schenkungen, sondern bloss die *Grosszuwendungen* der Ausgleichungspflicht.[52]

22   In der 10. Auflage dieses Buches hat SCHNYDER die Auffassung vertreten: Das «… bundesgerichtliche Kriterium (sc. der Ausstattung) ist (zu?) eng.» Man dürfe nämlich davon ausgehen, dass dem Gesetzgeber für die Nachkommen grundsätzlich die Erbenparität vorschwebe. Daher komme nach der neueren Lehre das Kriterium der Bedeutung der Zuwendung in Frage, wobei die Bedeutung entweder im Verhältnis zum Nachlass oder nach Sitte und Ortsgebrauch zu bemessen sei. Da allerdings das BGer einer weiterzigen Auslegung seiner Theorie nicht abhold sei (98 II 357), solle man die Tragweite der Kontroverse nicht überschätzen. Vor diesem Hintergrund schliesst EITEL nicht aus, dass das Bundesgericht seine Erwägung, wonach Liegenschaften dann Ausstattungscharakter hätten, wenn es sich um bedeutende Werte handelt, verallgemeinert und auf weitere Vermögenswerte ausdehnt. Damit würde sich seine Ausstattungskollation der Schenkungskollation für Grosszuwendungen annähern.[53] STEINAUER schlägt daher vor, am Kriterium der Versorgungskollation festzuhalten, aber das Kriterium der Ausstattung weit auszulegen, wenn es sich um die Verbesserung der Situation von Nachkommen handelt, deren Existenz bereits gesichert sei. Damit nähert sich die Versorgungskollation der Schenkungskollation an.[54]

III.   Die Voraussetzungen und die Durchführung der Ausgleichung

a. Voraussetzungen

23   Die ausgleichungspflichtige Erbin braucht die Ausgleichung nur dann über sich ergehen zu lassen, wenn sie die *Erbschaft wirklich erwirbt*. Sie kann sich der Ausgleichungspflicht dadurch entziehen, dass sie die Erbschaft *ausschlägt* und die vorempfangenen Werte behält. Diesen Weg wird sie regelmässig betreten, wenn die Vorempfänge ihre

---

52   Hierzu SEEBERGER a.a.O. 266 ff.; EITEL, BeKomm, Art. 632 N 1 ff. S. dazu auch FORNI/PIATTI, BaKomm, Art. 626 N 14 ff.

53   EITEL, BeKomm, Art. 626 N 92; EITEL, Habil a.a.O. 226.

54   STEINAUER, Successions, Nr. 185, insb. Anm. 40.

Erbquote an Wert übersteigen und dieser Überschuss der Ausgleichung unterstellt wäre.[55] Die ausschlagende Erbin hat dann aber trotzdem allenfalls eine Herabsetzungsklage wegen Verletzung der Pflichtteilsrechte zu gewärtigen (insbesondere gemäss 527 Ziff. 1).[56] Schlägt die Erbin eines zahlungsunfähigen Erblassers aus, so unterliegt sie im Rahmen des Art. 579 dennoch einer «Ausgleichungspflicht» zu Gunsten der Gläubiger des Erblassers.[57]

b. Durchführung

1. Real- oder Idealkollation

Nimmt die Erbin trotz der Ausgleichungspflicht die Erbschaft an, steht sie[58] abermals   24
vor einer *Alternative* (628). Sie kann entweder die vorempfangenen Sachen *in natura* in die Erbmasse einwerfen und sodann an der Teilung wie die anderen Erben teilnehmen (Realausgleichung/Realkollation), oder aber sie kann die empfangenen Objekte behalten und nur deren *Wert in Anrechnung bringen lassen* (Idealausgleichung/ Idealkollation).[59] Häufiger und praktischer ist die Idealausgleichung.

2. Anrechenbarer Wert

Bei der Idealkollation müssen die ausgleichungspflichtigen Zuwendungen bewertet   25
werden. Die Schätzung des Werts erfolgt *zur Zeit des Erbgangs*[60] (133 III 417 E. 6.3.1)

---

55   DRUEY, Grundriss, § 7 Nr. 19, macht einen Vorbehalt für den Fall, da die Zuwendung nach Treu und Glauben so zu verstehen sei, dass der Überschuss in einem solchen Fall in den Nachlass zurückzugeben sei. – Im Übrigen kommt bei Ausschlagung Art. 627 zum Zug.

56   Hierzu s. vorn § 69 N 20 ff. – Eine andere Frage ist, ob, wenn die Ausgleichung spielt, die Ausgleichungsbeträge Teil der Berechnungsmasse für die Berechnung der Pflichtteile bilden. So die bis anhin beinahe unbestrittene Lehre. A. M. die kühne, aber einlässlich begründete These von VOLLERY a.a.O. Nr. 348 ff. Danach würden die Ausgleichungsbeträge (als solche) nicht in diese Berechnungsmasse fallen, es sei denn, die Zuwendung erfülle gleichzeitig einen Hinzurechnungstatbestand gemäss Art. 527 (namentlich von Art. 527 Ziff. 3). Vgl. auch hierzu vorn § 69 N 26 und auch EITEL, ZBJV 2006 a.a.O. 476 ff.

57   Gemäss CHRISTIAN GÜBELI, Gläubigerschutz im Erbrecht (Diss. Zürich 1999), ZSPR 148, 93, ergibt sich dabei aus Art. 627 Abs. 1 die passive Vererblichkeit zu Lasten der Erben des ausschlagenden Vorempfängers.

58   Und nur sie: Nur die Ausgleichungspflichtige hat diese Wahl (118 II 272). Für den Ausgleichungsschuldner in Vertretung (627) vgl. EITEL, BeKomm, Art. 627 N 17.

59   WEIMAR a.a.O. These 3, 849 f.: «Durch Idealkollation ändern sich die Teilungsansprüche; bei Realkollation wird der Vorempfang rückgängig gemacht.» SEEBERGER a.a.O. 281 und 287 erwähnt als dritte Möglichkeit neben der Einwerfung in Natur und der Anrechnung dem Werte nach die Ausgleichung in Geldform. S. dazu auch EITEL, BeKomm, Art. 628 N 4 ff.; STEINAUER, Successions, Nr. 231 ff.; BURCKHARDT BERTOSSA, PraxKomm Erbrecht, Art. 628 N 1 ff.; FORNI/ PIATTI, BaKomm, Art. 628 N 1 ff.; FANKHAUSER, HandKomm, Art. 628 N 1 f.

60   Oder, wenn die Sache vorher veräussert worden ist, nach dem dafür erzielten Erlös (630[1] i. f.). Siehe auch BGer 5C.174/1995, wonach Wertveränderungen bzw. Kaufkraftschwund zwischen Todestag und Teilung von der Ausgleichspflicht ausgenommen sind (BREITSCHMID, Entwicklungen im Erbrecht, in SJZ 94 [1998], 110 ff., 110).

und nicht zur Zeit des Empfangs der Zuwendung[61] (630[1]; für Verwendungen, Schaden und bezogene Früchte s. die Verweisung auf die Besitzesregeln in 630[2]).[62–63] Massgeblich ist grundsätzlich der *Verkehrswert* (133 III 417 E. 6.3.1). Im bäuerlichen Bodenrecht ist der Verkehrswert nach dem Höchstwert von Art. 66 BGBB festzulegen, auch wenn der fragliche Grundstückkauf nicht bewilligungspflichtig war. Unter den entsprechenden Voraussetzungen ist ferner der Ertragswert auch für die Anrechnung des Ausgleichungswerts massgeblich (BGer 5A_670/2012 E. 3.1).[64] Wird dem Erben jedoch ein unüberbautes Grundstück als Erbvorbezug übertragen, welches er anschliessend parzelliert, überbaut und veräussert, berechnet sich der Ausgleichungswert nach dem Verkehrswert des unüberbauten Grundstückes zum Zeitpunkt der Veräusserung. Wird er dabei hinsichtlich der zugewendeten Sache unternehmerisch tätig, kommt ausserdem Art. 630 Abs. 2 nicht zur Anwendung, und es wird kein Verwendungsausgleich fällig. Weder soll dem Vorbezüger auferlegt werden, einen erzielten Gewinn mit den Miterben teilen zu müssen, noch ist es für die Miterben zumutbar, einen eventuellen Verlust mittragen zu müssen (133 III 416 E. 6).[65]

26   Liegt eine gemischte Schenkung *(negotium mixtum cum donatione)* vor, so gilt bei Wertveränderungen zwischen Zuwendung und Tod des Erblassers für die Ausgleichung (wie für die Herabsetzung, vorn § 69 N 21) die sogenannte Quoten- oder Proportionalmethode (98 II 356 ff.), wonach die Wertveränderung proportional zum geschenkten Bruchteil in Anschlag kommt. Ordnet dagegen ein Abtretungsvertrag den auszugleichenden Betrag genau an, ist dieser massgeblich. Für andere Berechnungsmethoden bleibt kein Raum (BGer 5C.60/2003 E. 3.2). Vorbehalten bleibt die Hinzurechnung und Herabsetzung der Differenz zwischen dem auszugleichenden Betrag und dem Verkehrswert nach Art. 630.

---

61   Mithin wie nach Art. 474 Abs. 1 für die Berechnung des verfügbaren Teils, dagegen nicht zum Wert im Zeitpunkt der Teilung wie nach Art. 617 (hierzu vorn § 82 N 13 ff.).

62   Nach STEPHANE SPAHR, Valeur et valorisme en matière de liquidations successorales (Diss. Freiburg 1994), AISUF 135, 194 ff., handelt es sich bei Art. 630 Abs. 2 um eine «solution critiquée et critiquable».

63   Zum Ganzen ausführlich EITEL, BeKomm, Art. 630 N 12; siehe auch STEINAUER, Le montant des réunions successorales, in Mélanges à l'occasion du centenaire de l'association des Notaires Vaudois (Zürich 2005), 73 ff.; DERS., Successions, Nr. 232 ff.; BURCKHARDT BERTOSSA, Prax-Komm Erbrecht, Art. 630 N 1 ff.; FORNI/PIATTI, BaKomm, Art. 630 N 1 ff.

64   MONN, Vom Einfluss des BGBB auf den Erbstreit um landwirtschaftliche Grundstücke – Urteil 5A_670/2012 vom 30. Januar 2013, in ZBJV 149 (2013), 380 ff. Zur Ausgleichung bei landwirtschaftlichen Grundstücken s. auch WOLF, Im Spannungsfeld zwischen Gewinnanspruch, erbrechtlicher Ausgleichung und Herabsetzung: Die unentgeltliche Übertragung landwirtschaftlicher Grundstücke an Nachkommen mit späterer Zuweisung zur Bauzone, in successio 5 (2011), 221 ff.

65   Besprochen von BENN, Urteil des Bundesgerichtes 5C. 158/2006 vom 23. März 2007 – BGE 133 III 416, in successio 2 (2008), 64 ff., und von AEBI-MÜLLER, Die privatrechtliche Rechtsprechung des Bundesgerichts im Jahr 2007, Personenrecht und Erbrecht, in ZBJV 144 (2008), 491 ff., 511.

3. Durchsetzung des Ausgleichungsanspruchs

Die Ausgleichung ist *Teil des Erbteilungsverfahrens* (123 III 50),[66] wird also grundsätz- 27
lich im Rahmen der Erbteilungsklage (604) durchgesetzt. Unter gewissen Voraussetzungen kann dabei das Interesse an einer blossen Feststellung bejaht werden (123 III
49 ff.).

Der Ausgleichungsanspruch unterliegt *keiner Verjährung.* Wird er aber, obwohl dem 28
Berechtigten bekannt, bei der Teilung nicht geltend gemacht, so ist darin ein Verzicht
zu erblicken (45 II 4).

---

66 Zur Ausgleichungsklage im Einzelnen CHRISTIAN BRÜCKNER/THOMAS WEIBEL, Die erbrecht-
    lichen Klagen (2. A. Zürich/Basel/Genf 2012), Nr. 142 ff.

§ 86 Der Abschluss der Teilung

1   Unter der Überschrift «Abschluss und Wirkung der Teilung» regelt das ZGB unter dem Randtitel «A. Abschluss des Vertrages» unterschiedliche Dinge: Es geht dabei einerseits um die Antwort auf die Frage, bei Vorliegen welcher formellen Voraussetzungen ein verbindlicher Erbteilungsvertrag vorliegt (634). Andererseits werden Verträge über Erbanteile, die vor (636; nachfolgend N 15 f.) oder nach dem Erbgang (635; nachfolgend N 9 ff.) abgeschlossen werden, behandelt.

2   Die Erbteilung wird, abgesehen vom seltenen Fall des Teilungsurteils (hierzu vorn § 83 N 11), abgeschlossen durch den in Art. 607 Abs. 2 vorgesehenen Erbteilungsvertrag, also durch übereinstimmenden Willen aller Erben. Das Gesetz sieht dafür in Art. 634 zwei Formen vor: Die Aufstellung und Entgegennahme der Lose (I., N 3 ff.) oder den schriftlichen Teilungsvertrag (II., N 7 f.).[1]

I.   Die Aufstellung und Entgegennahme der Lose: die Realteilung

3   Mit der «Aufstellung und Entgegennahme der Lose» wird nach Art. 634 Abs. 1 erster Teil die Teilung «verbindlich»; dieser Vorgang stellt mithin die eine Art des Teilungsabschlusses dar. (Die andere Art ist der Abschluss des Teilungsvertrags, s. nachfolgend N 7 f.). Von der Aufstellung und Entgegennahme der Lose zu unterscheiden ist die Losziehung nach Art. 611. Die Losziehung vollzieht nicht die Teilung selbst, sondern ist nur vorbereitende Handlung zur Teilung. Sie soll die Empfänger der einzelnen, vorher (durch Lose) gebildeten Erbteile bestimmen (vgl. vorn § 83 N 8 ff.). Nach der Losziehung wird die Teilung entweder durch die «Aufstellung und Entgegennahme der Lose» (also durch die faktische Teilung) oder durch den Abschluss des Teilungsvertrags vollzogen.[2])

4   Aufstellung und Entgegennahme der Lose bedeutet die nach der Einigung stattfindende *Inempfangnahme der zu ihrem Erbteil gehörenden Vermögensgegenstände* (in diesem materiellen Sinn Lose genannt) durch die einzelnen Erben, die Überführung in ihre Alleinberechtigung, in ihr Vermögen. Dazu sind, entsprechend den verschiedenen Erbschaftssachen, verschiedenartige Vorgänge erforderlich: Besitzübergabe bei Fahrnis (betr. Grundstücke s. N 5), Übertragung der Urkunde bei Inhaberpapie-

---

1   Auch bei der nachstehend unter N 3 ff. erläuterten Realteilung liegt der Sache nach ein Teilungsvertrag (liegen übereinstimmende Willenserklärungen) vor. Der missverständliche Ausdruck «oder mit dem Abschluss des Teilungsvertrages» in Art. 634 Abs. 1 i. f. bezieht sich auf die in Art. 634 Abs. 2 geregelte zweite Form des Teilungsvertrags. Vgl. zum Ganzen: STEPHAN WOLF, Die verschiedenen Möglichkeiten der Auflösung der Erbengemeinschaft durch Rechtsgeschäft, in Stephan Wolf (Hrsg.), Ausgewählte Aspekte der Erbteilung (Bern 2005), 1 ff., und STEPHAN WOLF, Grundfragen der Auflösung der Erbengemeinschaft (Habil. Bern 2004), ASR 685.
2   Vgl. dazu LEUBA, Le partage successoral en droit suisse, in ZSR 125 (2006) II, 137 ff., 176; STEINAUER, Successions, Nr. 1391. S. dazu auch MABILLARD, PraxKomm Erbrecht, Art. 634 N 4 ff.

ren, Indossament bei Ordrepapieren, schriftliche Abtretungserklärung bei Forderun-
gen, formlose Vereinbarung unter den Erben betreffend Teilung oder Übernahme der
Schulden. Sind alle diese Handlungen entsprechend der vorangehenden formfreien
Willensübereinstimmung vorgenommen worden, tritt auch die Bindungswirkung ein.
Damit ist denn auch die Erbschaft tatsächlich aufgeteilt, ihrer Bestimmung zugeführt;
wie bei einer Handschenkung fallen Bindung und Vollzug zusammen.[3] Man braucht
daher für diese Art der Teilung auch den Ausdruck *Realteilung.* Mit dem gleichen Wort
«Realteilung» bezeichnet man allerdings vielfach auch den in § 83 N 14 ff. erörterten
Grundsatz der körperlichen Teilung des Nachlasses, den man besser «Naturalteilung»
nennen würde.

Eine Realteilung ist zwar an sich auch möglich, wenn sich Grundstücke im Nachlass   5
befinden. Hier genügt aber die Übertragung zu Eigenbesitz als Realakt für die Teilung nicht. Vielmehr ist die Eintragung im Grundbuch vorausgesetzt, zu der es gemäss
Art. 64 Abs. 1 lit. b GBV der schriftlichen Zustimmung aller Miterben bedarf; praktisch läuft dies auf einen schriftlichen Teilungsvertrag hinaus (dazu hinten N 7 f.; 122
III 154 E. 2a; 102 II 203 f.).[4])

Die Realteilung eignet sich im Übrigen *besonders bei einfachen Verhältnissen,* so wenn   6
die Erbschaft ganz gering ist oder aus gleichartigen Werten (z.B. Silberlöffeln und
Wertpapieren) besteht. In den anderen Fällen ist ein schriftlicher Teilungsvertrag vor-
zuziehen.

II.   Der schriftliche Teilungsvertrag[5]

Die Überführung der einzelnen Erbschaftswerte in die Alleinberechtigung der einzel-   7
nen Erben (116 II 181 E. 6) ist der Endzweck jeder Teilung. Bei der Realteilung tritt erst
mit ihr die Bindung der Erben ein. Vorangehende Handlungen, gegebenenfalls auch
schriftliche Aufzeichnungen, haben nur den Charakter von Vorbereitungshandlun-

---

3   Siehe DRUEY, Grundriss, § 16 Nr. 19; SCHAUFELBERGER/KELLER LÜSCHER, BaKomm, Art. 634
    N 4 ff.; MABILLARD, PraxKomm Erbrecht, Art. 634 N 9 ff.; GÖKSU, HandKomm, Art. 634 N 4.
    Zur Frage, was in diesem Zusammenhang Verbindlichkeit bedeuten könnte s. PETER WEIMAR,
    Die Erbschaftsteilung als Erfüllungs- und Verfügungsgeschäft, in Mélanges Pierre Engel (Lau-
    sanne 1989), 443 ff., 448.
4   Anders noch SCHNYDER in der 12. Auflage dieses Buches, 721 f.; ebenso JÄGGI, Zwei Fragen aus
    dem Erbteilungsrecht, in SJZ 63 (1967), 165 ff. Vgl. auch SCHNYDER, in BR/DC 1997, 59, zu
    122 III 150 ff. Ebenso wie hier SCHAUFELBERGER/KELLER LÜSCHER, BaKomm, Art. 634 N 7;
    STEINAUER, Successions, Nr. 1391a; GÖKSU, HandKomm, Art. 634 N 4; MABILLARD, Prax-
    Komm Erbrecht, Art. 634 N 11. Bindungswirkung hat die Anmeldung beim Grundbuch und
    nicht die eigentliche Eintragung im Grundbuch: STEINAUER, Successions, Nr. 1391a FN 7; WOLF,
    Grundstücke in der güter- und erbrechtlichen Auseinandersetzung, in ZBJV 136 (2000), 241 ff.,
    282; PIOTET, SPR IV/2, 905 ff.
5   Siehe Muster Teilungsvertrag: MABILLARD, PraxKomm Erbrecht, Art. 634 N 46.

gen (115 II 328).[6] Es ist aber möglich und sogar häufig, dass die Erben schon vor dem Teilungsvollzug verbindlich vereinbaren, wie der Nachlass unter ihnen aufzuteilen sei (115 II 328 E. 2). Dazu dient der *schriftliche Teilungsvertrag* (634[2]; 121 III 124 E. 4b/bb)[7], gegebenenfalls auch durch Austausch von Briefen (118 II 398 E. 3). Er erzeugt die obligatorische Verpflichtung der Erben, die zum Teilungsvollzug gehörenden Handlungen (die Verfügungsgeschäfte) nachfolgen zu lassen (BGer 5A_92/2011[8].[9] Diese bedeuten dann nicht die Teilung selbst, sondern deren Ausführung.[10] Erst beim Vollzug der Teilung, also bei Vornahme der entsprechenden Verfügungsgeschäfte, wird das Gesamteigentum zu Individualeigentum (vgl. 102 II 184).

8   Die Form des Teilungsvertrags ist die *einfache Schriftlichkeit* (13 ff. OR). Entgegen früherer Ansicht genügt diese Form *auch für die Teilung* und die damit verbundene Übertragung *von Grundeigentum* (86 II 351; 100 Ib 123)[11], ja ganz allgemein, *wenn es um dingliche Rechte an Grundstücken geht* und das entsprechende Recht ausserhalb einer Erbteilung nur mit öffentlicher Beurkundung eingeräumt werden könnte (118 II 397 E. 2: dort bejaht für die Begründung eines Kaufs- oder Rückkaufsrechts in einem Erbteilungsvertrag; s. auch für Stockwerkeigentum 712d[3]).

III.   Der Vertrag über angefallene Erbanteile

a. Begriff und Arten

9   Die rechtliche Natur der Erbengemeinschaft als einer Gemeinschaft zur gesamten Hand gewährt dem einzelnen Erben vollen Schutz gegenüber seinen Miterben, da sich

---

6   Damit soll nicht gesagt sein, die Vorbereitungshandlungen seien ein «rechtliches Nichts». Hierzu vorn § 82 Anm. 16 und 19. Generell zu in Schriftform abgefassten bindenden Vorbereitungsakten s. 115 II 328, und hierzu Druey, Grundriss, § 16 Nr. 20.

7   Es ist unzulässig, die Verbindlichkeit eines von allen Erben angenommenen und unterzeichneten Teilungsvertrags von der Genehmigung durch die Teilungsbehörde abhängig zu machen (114 II 420 E. 2b).

8   Bemerkungen zum Entscheid: Weiss, Klage auf Vollzug eines Erbteilungsvertrages oder Teilungsklage?, in successio 7 (2013), 51 ff.

9   Gemäss 115 II 328 mit Bezugnahme auf 83 II 373 genügt sogar die Festlegung eines objektiven Verfahrens, das die Auflösung der Erbengemeinschaft gestattet, wie etwa die schriftliche Vereinbarung, Nachlassliegenschaften unter den Erben zu versteigern. Mabillard, PraxKomm Erbrecht, Art. 634 N 12; Schaufelberger/Keller Lüscher, BaKomm, Art. 634 N 32; Wolf Erbengemeinschaft a.a.O. 272 ff., 330 f.; Göksu, HandKomm, Art. 634 N 2.

10   Gleicher Meinung im Sinn von «Folgerungen aus BGE 96 II 325 ff.» Balaster, Das Ende der Erbengemeinschaft (Folgerungen aus BGE 96 II 325 ff.), in SJZ 70 (1974), 49 ff. Danach gilt die Erbteilung als abgeschlossen im Augenblick, da die obligatorische Verpflichtung unter den Erben eintritt. Andere Meinungen zitiert bei Balaster a.a.O. Zu diesen Fragen s. auch Weimar a.a.O. 450 ff. Vgl. dazu auch Wolf, Erbteilung a.a.O. 15 f.

11   So verlangt denn auch Art. 18 Abs. 1 lit. b GBV für die Eintragung von Erbteilen nicht öffentliche Beurkundung. Siehe auch Steinauer, Successions, Nr. 1394; Wolf, ZBJV a.a.O. 282 f. S. dazu auch Mabillard, PraxKomm Erbrecht, Art. 634 N 18.

Rechte und Pflichten nur im gemeinsamen Handeln vollziehen. Dagegen gestattet eine solche Gemeinschaft dem Einzelnen nicht, die ihm zugefallenen Vorteile selbständig auszunützen. Ein Millionenerbe könnte so theoretisch Gefahr laufen, zu verhungern. Das Gesetz hat daher mit Recht diese Gemeinschaft zur gesamten Hand nicht bis ins Letzte konsequent ausgestaltet und sieht in Art. 635 insbesondere vor, dass jeder Erbe seinen *Erbanteil veräussern* kann: Er kann ihn verkaufen, in Tausch oder in Zahlung geben, verschenken.[12] Der Erbanteil des Schuldners kann gepfändet werden (138 III 501 E. 3.4), selbst wenn der Schuldner und dessen Miterben behaupten, die seit der Verarrestierung durchgeführte Erbteilung habe für den Schuldner keinen Aktivwert ergeben. Die Betreibungsbehörden können nicht darüber entscheiden, ob dem Schuldner etwas aus der Erbteilung zustehe (130 III 655 f. E. 2.2).

Im Übrigen unterscheidet das ZGB *zwei* Tatbestände: jenen, da die Abtretung an einen *Miterben,* und jenen, da sie an eine *Drittperson* erfolgt.   10

b. Die Form

Nach Art. 635 Abs. 1 ist für die Abtretung eines Erbanteils an einen Miterben die   11
schriftliche Form vorgeschrieben. Das gilt auch für die Abtretung an einen Dritten, mag auch das Gesetz dies nicht ausdrücklich sagen (s. immerhin die auf Abs. 1 verweisenden Eingangsworte des Art. 635 Abs. 2).[13] Öffentliche Beurkundung ist auch dann nicht nötig, wenn sich Grundstücke im Nachlass befinden (so für Abtretung unter Miterben: 99 II 26 f. und 101 II 233). Offengelassen hat das BGer in BGE 87 II 230 allerdings die Frage, welcher Form die Verpfändung des Erbanteils bedürfe, wenn der Nachlass Liegenschaften enthalte. Die im BGE zitierten Literaturstellen verlangen öffentliche Beurkundung.

c. Die Wirkung

Es handelt sich hier um die Frage, was unter dem abgetretenen Erbanteil zu verstehen   12
sei. Sicher sind es nicht einzelne Gegenstände oder Rechte aus dem Nachlass (100 Ib 125). Ist es aber die gesamte *Erbenstellung* oder nur der Anspruch auf dasjenige, was bei der Teilung dem betreffenden Erben zufallen wird, das sogenannte *Teilungsergebnis?* Der Unterschied ist gross. Im ersten Fall scheidet die abtretende Erbin aus, und es tritt die Erwerberin an ihre Stelle, wird also für sie Mitglied der Erbengemeinschaft. Im zweiten Fall dagegen bleibt die Veräusserin Erbin und der Erbengemeinschaft gegenüber berech-

---

12   Was die Verpfändung eines angefallenen Erbanteils angeht, kann ein Erbe gemäss 87 II 227 ff. einem Dritten gegenüber analog Art. 635 Abs. 2 einen persönlichen Anspruch auf Bestellung eines Pfandrechts an den Gegenständen einräumen, die ihm (dem Erben) bei der Erbteilung zugewiesen werden. Dagegen kann nicht – auch nicht für Miterben – während der Dauer der Erbengemeinschaft ein dingliches Pfandrecht an einem Erbanteil bestellt werden. Zur Frage der Form obligatorisch wirkender Verpfändungsverträge über einen Erbanteil s. einerseits TUOR/ PICENONI, BeKomm, Art. 635 N 7; ESCHER, ZüKomm, Art. 635 N 33; andererseits PIOTET, SPR IV/2, 684. S. dazu auch SCHAUFELBERGER/KELLER LÜSCHER, BaKomm, Art. 635 N 1.

13   Gl. M. SCHAUFELBERGER/KELLER LÜSCHER, BaKomm, Art. 635 N 9; MABILLARD, PraxKomm Erbrecht, Art. 635 N 28; STEINAUER, Successions, Nr. 1199; GÖKSU, HandKomm, Art. 635 N 4; a. M. PIOTET, SPR IV/2, 675 f. und 679.

tigt und verpflichtet; die Erwerberin erlangt keinen erbrechtlichen, sondern einen bloss obligatorischen Anspruch, und zwar nur gegenüber ihrer Vertragspartnerin.

13 1. Aus Abs. 2 des Art. 635 ergibt sich unzweideutig, dass *bei Abtretung eines Erbanteils an einen Dritten* nur diese letztere Folge eintritt: Der Erwerberin wird das Recht auf Mitwirkung bei der Teilung verweigert, sie wird auf das Teilungsergebnis verwiesen (135 III 184 E. 2.5). Gegenstand der Abtretung ist nur das bei der Erbteilung auf die Zedentin entfallende Betreffnis (84 II 367). Die Zessionarin erhält einen obligatorischen Anspruch darauf, dass die Gegenstände, welche die abtretende Erbin bei der Erbteilung erhält, auf sie übertragen werden (101 II 52 f.). Zwischen der Zessionarin und den Miterben der Abtretenden bestehen keine rechtlichen Beziehungen (87 II 225 f.; vgl. auch 88 III 57 f.). Sie hat daher gegen die Miterben auch kein Klagerecht auf Feststellung auszugleichender Vorempfänge (63 II 231) und kann auch nicht selbständig die Erbteilung anfechten (85 II 607). Gegen die aus dieser Rechtsstellung erwachsenden Gefahren kann sich die Erwerberin dadurch schützen, dass sie sich zusätzlich von der Veräussererin ermächtigen lässt, diese bei der Erbteilung zu vertreten, oder dass sie auf Grund von Art. 609 Abs. 1 die Mitwirkung der Behörde bei der Teilung verlangt (87 II 224; 135 III 184 E. 2.5; s. auch 89 II 188 f. über ihre Stellung im Prozess zwischen Zedentin und Miterben). Sodann entstehen allenfalls Schadenersatzpflichten der sich widerrechtlich verhaltenden Zedentin.[14]

14 2. *Der Zessionar* des Erbanteils, *der bereits Miterbe ist,* der also schon auf Grund seiner Erbeneigenschaft alle Erbenrechte innehat, erwirbt – anders als der Dritte – nicht bloss einen Anspruch auf das Teilungsergebnis, sondern tritt in die Stellung des Zedenten ein, der seinerseits aus der Erbengemeinschaft ausscheidet. Gegenstand der Abtretung nach Art. 635 Abs. 1 ist mithin das gesamte Erbrecht. Das schliesst nicht aus, dass einem Miterben in einem bestimmten Fall auch bloss das Auseinandersetzungsguthaben abgetreten wird, also das, was ein Dritter nach Art. 635 Abs. 2 erwirbt (102 Ib 322 ff.; 118 II 519).[15] Damit behält der Zedent seine Erbenstellung. Diese unterschiedliche Rechtsstellung zwischen dem Dritten und dem Miterben als Erwerber eines Erbanteils ist sowohl mit dem Gesetzeswortlaut (Gegensatz zwischen 635[1] und 635[2]) wie auch mit dem mutmasslichen Parteiwillen bei einer Abtretung unter Miterben vereinbar.[16]

---

14 Zum Ganzen Wolf, Erbteilung a.a.O. 18 f. S. dazu auch Mabillard, PraxKomm Erbrecht, Art. 635 N 31 ff.; Schaufelberger/Keller Lüscher, BaKomm, Art. 635 N 15 ff.

15 Escher, ZüKomm, Art. 635 N 9 ff. und dort zitierte Autoren; Schaufelberger/Keller Lüscher, BaKomm, Art. 635 N 11 ff.; Göksu, HandKomm, Art. 635 N 6; Mabillard, PraxKomm Erbrecht, Art. 635 N 15; Steinauer, Successions, Nr. 1201; Piotet, SPR IV/2, 678 f.; so auch schon bei Tuor/Picenoni, BeKomm, Art. 635 N 15 ff. – Gl. M. auch Peter Hauser, Der Erbteilungsvertrag (Diss. Zürich 1973), 42. Demnach liegt, wenn in einer Erbengemeinschaft von drei oder mehr Miterben ein Erbe seinen Erbanteil «im umfassenden Sinn» an Miterben abtritt, eine subjektiv partielle Teilung vor. – Gleicher Meinung ferner Urs E. Kohler, Die Abtretung angefallener Erbteile (Art. 635 ZGB) (Diss. Zürich 1976), 75 ff.; ausführlich Wolf, Erbteilung a.a.O. 20 ff.

16 Zur Frage der Haftung des Zedenten für Erbschaftsschulden s. 102 Ib 328.

IV. Die Verträge vor dem Erbgang

Es ist moralisch fragwürdig, wenn Erbinnen oder Erben schon zu Lebzeiten des Erb- 15
lassers auf die Erbschaft, die sie von ihm erwarten, spekulieren und darüber Abmachungen treffen. Daher gestattet das ZGB derartige Verträge grundsätzlich nicht. In
einem Fall aber ist der Vertrag nicht anstössig, dann nämlich, wenn der *Erblasser* selbst
sein *Einverständnis* erklärt.[17] Ein solcher Vertrag über die noch nicht angefallene Erbschaft ist voll verbindlich und kann sich auch auf einzelne Erbschaftsgegenstände
beziehen (128 III 166 E. 2a).[18])

Art. 636 Abs. 1 verlangt zur Verbindlichkeit des Vertrags die «*Mitwirkung und Zustim-* 16
mung des Erblassers».[19] Gemäss 98 II 281 ff. besteht die Mitwirkung und Zustimmung
des Erblassers darin, dass er vor oder nach Vertragsabschluss[20] gegenüber den Vertragsparteien eindeutig sein Einverständnis mit dem Vertragsinhalt äussert. Dieser
Vertrag bindet aber bloss den Veräusserer und den Erwerber, nicht auch den Erblasser.
Zwar kann der Erblasser die Zustimmung zum Vertrag nicht einfach testamentarisch
widerrufen; seine Verfügungsfähigkeit wird jedoch durch das Einverständnis nicht
beeinträchtigt. Der Vertrag bleibt somit nur, aber immerhin, insoweit gültig, als er mit
einer späteren Verfügung von Todes wegen vereinbar ist (128 III 167 f. E. 3c). Der Vertrag hat zudem keinen Einfluss auf die erbrechtliche Stellung der Beteiligten, sondern
gibt dem Erwerber gemäss BGE 98 II 285 und herrschender Lehre nur einen obligatorischen Anspruch auf das diesem bei der Teilung zugewiesene Betreffnis.[21] Ein solcher
Vertrag bedarf der Schriftlichkeit; der Erblasser kann jedoch sein Einverständnis den
Vertragsparteien gegenüber formlos äussern (98 II 281 ff.; 128 III 167 f. E. 3c/aa).[22, 23]

---

17 Siehe immerhin zur Nichtigkeit des Versprechens, einen Erbvertrag abzuschliessen: 108 II 405.

18 Besprochen von EITEL, Vertrag über eine noch nicht angefallene Erbschaft im Verhältnis zu
einem nachträglich errichteten Testament (mit privatorischer Klausel), Anmerkungen zu BGE
128 III 163 ff., in ZBJV 139 (2003), 909 ff.

19 Fehlt die Zustimmung, ist der Vertrag nichtig und bereits erbrachte Leistungen können zurück-
gefordert werden (636²). Das besagt laut PIOTET, SPR IV/2, 683 u. a., dass Art. 66 OR nicht zur
Anwendung kommt. So auch STEINAUER, Successions, Nr. 1203. S. dazu auch MABILLARD, Prax-
Komm Erbrecht, Art. 636 N 18; SCHAUFELBERGER/KELLER LÜSCHER, BaKomm, Art. 636 N 12 ff.

20 Decken sich Zustimmung des Erblassers und Vertragsabschluss zeitlich nicht, so muss bei der
nachträglichen Zustimmung noch der Vertragswille der Parteien, beim nachträglichen Vertragsabschluss noch der Zustimmungswille des Erblassers vorliegen (in diesem Sinn 98 II 285 f.).

21 A. M. für eine Abtretung unter Erben PIOTET, SPR IV/2, 682. Danach betrifft Art. 636 «die beiden von Art. 635 ZGB erfassten Verträge … und modifiziert weder deren Rechtsnatur noch
deren Rechtswirkungen …, noch deren Form. Er stellt nur ein weiteres Gültigkeitserfordernis
auf». Man kann sich tatsächlich fragen, warum nicht der Erbe als Abtretungsempfänger wie im
Fall des Art. 635 behandelt werden soll, wenn der Erbfall eingetreten ist. In diesem Sinn auch
MABILLARD, PraxKomm Erbecht, Art. 636 N 17.

22 Siehe SCHAUFELBERGER/KELLER LÜSCHER, BaKomm, Art. 636 N 9; GÖKSU, HandKomm,
Art. 636 N 5. Strenger offensichtlich DRUEY, Grundriss, § 8 Nr. 14.

23 Zur Frage, ob ein noch nicht angefallener Erbteil *verpfändet* werden könne, s. 73 III 149; aber
auch ESCHER, ZüKomm, Art. 636 N 16; TUOR/PICENONI, BeKomm, Art. 636 N 20 i. f. und PIO-
TET, SPR IV/2, 684.

§ 87 Rechtsverhältnisse nach der Erbteilung

1   Die Teilung der Erbschaft zerreisst das zwischen den Erben bestehende Band nicht vollständig. Sie bleiben noch während einer gewissen Dauer und in mancher Hinsicht rechtlich miteinander verbunden. Dies zeigt sich in verschiedenen Nachwirkungen der früheren Gemeinschaft. Diese Nachwirkungen betreffen teils die Innenseite, d.h. das Verhältnis *unter den Erben,* teils die Aussenseite, d.h. ihr Verhältnis zu den *Erbschaftsgläubigern.*

I.   Verhältnisse unter den Erben

2   Die Verbundenheit unter den ehemaligen Miterben äussert sich im Allgemeinen[1] in dreifacher Hinsicht:

a. Gewährleistungspflicht

3   Keinem Miterben soll daraus ein Nachteil erwachsen, dass ihm zugewiesene Sachen entwehrt (d.h. von besser berechtigten Dritten herausverlangt) werden oder verborgene Mängel aufweisen, dass Forderungen sich als ungültig oder uneinbringlich erweisen. Da der Übergang der Vermögenswerte von der Erbengemeinschaft auf die einzelnen Erben einer Veräusserung ähnlich ist,[2] verweist das ZGB auf die Grundsätze der *Gewährleistung* für Rechts- und Sachmängel beim *Kaufvertrag.* Bezüglich der *Sachen* bleibt es im Allgemeinen bei dieser Regelung (637[1]; vgl. 192 ff. und 197 ff. OR), während die Gewährleistung für *Forderungen* gegenüber Art. 171 OR verschärft wird. Die Erben haften dem Übernehmer einer Forderung nicht nur für deren Bestand (Verität), sondern «im angerechneten Forderungsbetrag wie einfache Bürgen» auch für die *Zahlungsfähigkeit* des Schuldners (Bonität: 637[2]). Eine Ausnahme gilt nur für Wertpapiere mit Kurswert; bei diesen wird angenommen, der Erbe hätte sie sofort verkaufen und damit den Schaden abwenden können.[3] Das Gesetz ordnet die *Verjährung* dieser Gewährleistung bei Forderungen in besonderer Weise. Die Frist ist ein Jahr, von der Teilung oder späterer Fälligkeit an gerechnet (637[3]). – Für Forderungen von Miterben auf Grund der Zuweisung von Grundstücken an einzelne Erben besteht schliesslich ein Anspruch auf Errichtung eines gesetzlichen Grundpfandrechts (837[1] Ziff. 2; hierzu hinten § 112 N 41).

---

1   Für den Sonderfall des Anspruchs der Miterben am Gewinn s. 28 ff. BGBB (§ 74 VI).

2   Vgl. dazu die Ausführungen von STEPHAN WOLF, Die verschiedenen Möglichkeiten der Auflösung der Erbengemeinschaft durch Rechtsgeschäft, in Stephan Wolf (Hrsg.), Ausgewählte Aspekte der Erbteilung (Bern 2005), 1 ff., 12 ff. S. dazu auch MABILLARD, PraxKomm Erbrecht, Art. 637 N 3; SCHAUFELBERGER/KELLER LÜSCHER, BaKomm, Art. 637 N 2.

3   Die Miterben haften im Verhältnis ihrer Erbanteile; auch der Gewährleistungsberechtigte hat einen Schaden für seinen Anteil mitzutragen: SCHAUFELBERGER/KELLER LÜSCHER, BaKomm, Art. 637 N 3; MABILLARD, PraxKomm Erbrecht, Art. 637 N 4.

b. Anfechtung eines Teilungsvertrags

Es besteht die Möglichkeit der Anfechtung eines rechtlich mangelhaften Teilungsvertrags, so bei Nichtbeachtung von Formvorschriften, Handlungsunfähigkeit einer Vertragspartei, Willensmängeln (638, der Art. 7 ZGB bestätigt). Sie erfolgt nach den entsprechenden Regeln des OR (ein Beispiel in 84 II 690 f.). 4

c. Rückgriffsrecht

Jeder Erbe hat ein Rückgriffsrecht für den Betrag, den er über die ihm überbundenen Schulden hinaus den Erbschaftsgläubigern bezahlt hat (640[1]; vgl. aber für den Fall, dass dieser Gläubiger ein Erbe war, 86 II 335 f.). Ist der Gläubiger der Solidarschuld seinerseits Schuldner eines Erben, müsste er, was er aufgrund seiner Forderung gegen den Erblasser von diesem Erben erhält, sofort wieder erstatten, was zu einem Hin und Her der Leistungen zwischen denselben Personen führen würde. Hier liegt Identität zwischen dem Gläubiger der einen und dem Schuldner der anderen Forderung vor, weshalb die Verrechnung zuzulassen ist (BGer 4A_47/2009).[4] Die Überbindung der Schulden an die einzelnen Erben geschieht im Teilungsvertrag; der Rückgriff richtet sich denn auch zunächst gegen denjenigen Erben, der die bezahlte Schuld bei der Teilung übernommen hat (640[2]). Fehlt eine entsprechende Abmachung, so tragen die Erben die Schulden im Verhältnis der Erbanteile; doch gilt dies nur unter den Miterben (interne Haftung; 640[3]), nicht auch den Gläubigern gegenüber (externe Haftung). 5

II. Verhältnis gegenüber den Erbengläubigern

Die Erbengläubiger sind von der im Teilungsvertrag vereinbarten Schuldenhaftung ganz besonders betroffen.[5] Die Erbteilung soll nicht nur dem einzelnen Erben, sondern auch den Erbschaftsgläubigern nicht zum Schaden gereichen. Dies wäre der Fall, wenn die Zuweisung der Schulden unter den Erben auch für sie massgebend wäre. Das Gesetz sieht daher vor, dass die intern verabredete Einzelhaftung die bisherige Solidarhaftung nicht verdrängt (106 II 233 f. E. 3d/dd). Dies kann zur Folge haben, dass ein Erbe für ihm nicht überbundene Schulden in Anspruch genommen wird. Nach innen besteht so geteilte Haftung gemäss Vertrag, nach aussen *Solidarhaftung* nach Gesetz.[6] 6

---

4 Bemerkungen zum Entscheid: EITEL, Erbrecht 2009–2011 – Rechtsprechung, Gesetzgebung, Literatur Teil 2, in successio 5 (2011), 281 ff.; 289. S. sodann HELENE WIDMER, Die Erbengemeinschaft (Diss. Zürich 1925, Zug 1926), 45; TUOR/PICENONI, BeKomm, Art. 602 N 37; PIOTET, SPR IV/2, 659.

5 Vgl. zum Ganzen THOMAS WEIBEL, Das Ende der Solidarhaftung der Erben (Diss. Basel 2002), BSRW A 63, und DERS., Die Haftung der Erben, in Stephan Wolf (Hrsg.), Ausgewählte Aspekte der Erbteilung (Bern 2005), 51 ff.

6 Eine Solidarhaftung besteht auch gegenüber Nachsteuerforderungen, BGer 5P.134/2002, in SJZ 100 (2004), 115.

7 Diese *Solidarhaftung endet:*

8 – Bei *Einwilligung der Gläubiger* in die interne, durch die Erben beschlossene Schuldenregelung (639[1]).

9 – Durch den Eintritt der vom Gesetz als solche bezeichneten «*Verjährung*» (639[2]): Die entsprechende Frist beträgt *fünf Jahre* seit der Teilung bzw. der späteren Fälligkeit der Forderung. Diese Frist kann nicht durch Unterbrechungshandlungen (i. S. v. 135 ff. OR) verlängert werden. Umstritten ist, was nach fünf Jahren an die Stelle der Solidarhaftung tritt, ob Haftung gemäss den Erbquoten oder gemäss der internen Schuldenregelung.[7] – Die Fünfjahresfrist beginnt auch bei objektiv-partieller Teilung zu laufen, wenn nur noch kleine Restbestände an Nachlassvermögen nicht geteilt worden sind (wie etwa ein Fonds für den Grabunterhalt oder für Familienfeste). – Scheidet ein Miterbe infolge Abtretung gemäss Art. 635 Abs. 1 aus, so bleibt er gemäss 102 Ib 328 i. S. v. Art. 639 fünf Jahre lang haftbar.[8]

---

7 Für die Haftung nach Erbquoten: Piotet, SPR IV/2, 656; Escher, ZüKomm, Art. 639 N 17 ff.; Schaufelberger/Keller Lüscher, BaKomm, Art. 639 N 19; Steinauer, Successions, Nr. 1400. Für die Haftung nach dem internen Verhältnis: Tuor/Picenoni, BeKomm, Art. 639 N 19 ff.; Mabillard, PraxKomm Erbrecht, Art. 639 N 15; Weibel, Solidarhaftung a.a.O. 207 ff.; Göksu, HandKomm, Art. 639 N 6. Am nächstliegenden ist wohl die Teilhaftung; jedenfalls ist Gesamthaftung abzulehnen.

8 Gemäss Piotet, SPR IV/2, 680, nur zwei Jahre entsprechend Art. 181 OR.

IV. Teil

IV. Teil

Das Sachenrecht

§ 88 Begriff und Arten der Sachenrechte

I. Sachen- und Obligationenrecht

Sachen- und Obligationenrecht bilden zusammen das *Vermögensrecht:* Sachen- und 1
Obligationenrechte (verstanden als Berechtigungen) sind zwei wichtige Bestandteile
des Vermögens.[1] Der erste Teil des ZGB, das Personenrecht, spricht sich über die möglichen Vermögensträger aus. Das Familienrecht handelt in erster Linie von persönlichen Beziehungen innerhalb der Familie, aber auch von Vermögensrechten (z.B.
Alimenten). Beim Erbrecht schliesslich geht es um die Frage der Rechtsnachfolge in
Vermögensrechte beim Tod eines Vermögensträgers. So bestehen enge Beziehungen
zwischen diesen verschiedenen Teilen des ZGB/OR.[2]

Das *Sachenrecht* (im Sinn von Berechtigung, auch dingliches Recht, droit réel, genannt) 2
ist ein die Sache selbst unmittelbar erfassendes, insofern also absolutes[3] Recht: Es
besteht – innerhalb der Schranken der Rechtsordnung – gegenüber jedermann (erga
omnes) und kann gegen jede Person, die in dessen Bereich störend eingreift, geltend gemacht werden. Sein Inhalt ist ein dinglicher Anspruch, d.h. ein solcher, der
die Sache selbst verfolgt – wo immer sie sich auch befindet; der lateinische Ausdruck
«actio in rem» (auf die Sache gehende Klage) lautet daher genauer als die modernen
Bezeichnungen. Als *Sachen* definiert die Lehre die unpersönlichen, körperlichen, für
sich bestehenden Gegenstände, die der menschlichen Herrschaft unterworfen werden
können.[4] Keine Sachen sind gemäss gesetzlicher Anordnung die Tiere (641a[1]);[5] doch
gelten auch für sie die auf Sachen anwendbaren Vorschriften, soweit keine Sonderregeln bestehen (641a[2]).

Das *Obligationenrecht* dagegen (auch Forderungsrecht, droit de créance, droit per- 3
sonnel, genannt) erfasst sein Objekt nur durch eine bestimmte Person und kann aus-

---

1 Hinzu treten namentlich die Immaterialgüterrechte und die Mitgliedschaftsrechte.
2 Zu den international-privatrechtlichen Fragen des Sachenrechts vgl. Art. 97 ff. IPRG.
3 Nach dieser Darstellung ergibt sich die «Absolutheit» – die Wirkung erga omnes – aus der Unmittelbarkeit der Sachherrschaft als dem «Wesensmerkmal des dinglichen Rechts» (so 92 II 229). Das
   ist insofern ungenau, als das Recht es letztlich immer nur mit menschlichem Verhalten zu tun hat
   und mithin die Unmittelbarkeit sich aus der Pflicht aller anderen ergibt, das Sachenrecht einer
   bestimmten Person zu respektieren. Wenn dennoch die Unmittelbarkeit hier als das Primäre
   bezeichnet wird, so um der für das Recht zentralen Bedeutung der Anschaulichkeit willen (zur
   Relativität der Bedeutung dieser Theorien s. STEINAUER, Les droits réels I, Nr. 15; STEINAUER
   selbst plädiert für die Erga-omnes-Theorie) sowie aus folgender Überlegung (übernommen aus
   REY, BeKomm, Syst. Teil [vor Art. 730] N 30): In der Unmittelbarkeit der Sachherrschaft kommt
   (mindestens) zum Ausdruck, dass es sich im Gegensatz zu anderen absoluten Rechten um jene
   handelt, die «auf körperliche Sachen bezogen» sind.
4 Ausführlich MEIER-HAYOZ, BeKomm, Syst. Teil (vor Art. 641) N 115 ff.; REY, Grundriss, Nr. 66 ff.
5 Dieser Grundsatzartikel hat freilich vor allem deklaratorischen Charakter und soll keine neue
   rechtliche Kategorie für Tiere schaffen (Kommissionsbericht in BBl 2002, 4168).

schliesslich ihr entgegengesetzt werden. Sein Inhalt ist ein persönlicher Anspruch (eine «actio in personam»: Klage gegen die Person). Es verpflichtet die Schuldnerin – und *nur* sie – zu einem bestimmten Verhalten (Handeln, Dulden oder Unterlassen), das dem Berechtigten den ihm gebührenden Vermögensvorteil verschafft.[6] Befindet sich die Schuldnerin im Konkurs, so steht dem bloss obligatorisch Berechtigten kein unmittelbares Recht auf Sachen zu; insofern erweisen sich obligatorische Rechte als schwächer als dingliche Rechte.

4   Als *Beispiele* für den Gegensatz zwischen Sachen- und Obligationenrecht kann man sich vorstellen: das Eigentum an Geld in der Kasse und eine Forderung gegen eine Bank; das Pfandrecht an einer Sache (Grundstück, Fahrnis) mit der Befugnis, die Sache bei Nichtzahlung des Schuldners verwerten zu lassen (816[1]; 891[1]), und das Forderungsrecht gegen einen Bürgen für den Fall, dass der Hauptschuldner nicht bezahlt (492 OR).

II.   Die Arten der Sachenrechte

5   Die mit dem Sachenrecht gegebene Herrschaft kann entweder eine umfassende (allseitige) oder eine begrenzte (teilweise) sein. Das führt zur Einteilung der Sachenrechte in die beiden Gruppen *Eigentumsrecht* und *beschränkte dingliche Rechte;* sie werden je in einer besonderen Abteilung des vierten Teils des Gesetzes getrennt behandelt.

6   Die beschränkten dinglichen Rechte geben ihrem Inhaber unterschiedliche Befugnisse: Die *Dienstbarkeiten* gewähren Nutzung oder Gebrauch einer Sache (Nutzungs- und Gebrauchsrechte). Die *Pfandrechte* berechtigen unter bestimmten Voraussetzungen zur Verwertung der Sache, also zum Verkauf und zur Befriedigung aus dem Erlös (Sicherungs- und Verwertungsrechte). Eine dritte Art, die *Grundlasten,* enthält Elemente von Nutzung und Verwertung (hierzu hinten § 110 N 2 ff.).

7   Neben den genannten *Rechten* erfasst die gesetzliche Regelung auch *tatsächliche* Verhältnisse und Einrichtungen, die zwar nicht den Charakter von Rechten haben, aber trotzdem für die dinglichen Rechte von grösster Bedeutung sind: den *Besitz* und das *Grundbuch.* Ihnen ist die dritte Abteilung des Sachenrechts gewidmet. Aus Gründen, die im folgenden Paragrafen anzuführen sind, stellen wir diese letzte Abteilung den beiden anderen voran.

III.   Prinzipien des Sachenrechts

8   Aus den sachenrechtlichen Bestimmungen lassen sich allgemeine Leitideen (Prinzipien) gewinnen. Ihre konkrete Ausprägung und die zu beachtenden Ausnahmen wer-

---

6   Zur Relativität der Forderungsrechte vgl. GAUCH/SCHLUEP/SCHMID/EMMENEGGER Rn. 64 f.

den bei der Behandlung der einzelnen Vorschriften aufzuzeigen sein. Einleitend sei hier aber eine Auswahl wichtiger Grundsätze genannt:[7]

Nach dem Grundsatz der *Typengebundenheit* (116 II 277 und 289 f.; 114 II 431)[8] bilden die dinglichen Rechte eine geschlossene Zahl, einen Numerus clausus, im Gegensatz zu der gesetzlich nicht begrenzten Anzahl der obligatorischen Berechtigungen. Das *Publizitätsprinzip* besagt, dass dingliche Rechte – die ja als absolute Rechte von jedermann zu respektieren sind – für Dritte erkennbar sein sollen; diese Erkennbarkeit wird bei Mobilien grundsätzlich durch den Besitz, bei Immobilien durch das Grundbuch (115 II 217) bewerkstelligt.[9] Nach dem *Spezialitätsprinzip* können dingliche Rechte nur an individualisierten, einzelnen Objekten entstehen. Der Grundsatz der *Alterspriorität* lässt die früher errichteten beschränkten dinglichen Rechte den später errichteten vorgehen («prior tempore, potior iure»; 119 III 35; 131 III 352; 137 III 453).[10] Nach dem *Kausalitätsprinzip* schliesslich hängt die Wirksamkeit einer sachenrechtlichen Verfügung davon ab, ob das ihr zu Grunde liegende Verpflichtungsgeschäft (die «Causa») gültig ist (126 IV 164; 121 III 347; 119 II 328; 135 III 479; BGer 4A_620/2011 E. 3.2; grundlegend schon 55 II 306 ff.).[11]

9

IV.   Rechte an Grundstücken und Rechte an Fahrnis

Aus historischen und wirtschaftlichen Gründen trifft das Sachenrecht des ZGB eine grosse Unterscheidung zwischen der Regelung der *unbeweglichen* und *beweglichen* Sachen. Dieser Gegensatz ist so durchgreifend, dass es möglich gewesen wäre, das ganze Sachenrecht in zwei Abteilungen zu zerlegen, von denen die eine das Immobiliar-, die andere das Mobiliarrecht behandelt hätte. Wenn auch von einer solchen konsequenten Trennung abgesehen worden ist, wird doch die Unterscheidung in der Behandlung der wichtigsten Institute des Sachenrechts auch äusserlich sichtbar. Dies geschieht etwa bei den Regelungen des Eigentums und des Pfandrechts, die dementsprechend je in zwei Titel zerfallen: Grundeigentum bzw. Grundpfand und Fahrniseigentum bzw. Fahrnispfand. Auch bei den Dienstbarkeiten finden wir zunächst die Grunddienstbarkeiten, die sich nur auf unbewegliche Sachen beziehen; sodann sind die Grundlasten nur an Grundstücken denkbar. Dagegen konnten die anderen Dienstbarkeiten, da die Nutzniessung auch bei Fahrnis möglich ist (745[1]), ohne Auseinanderreissen des einheitlichen Instituts nicht gesondert behandelt werden. Ähnliches gilt für

10

---

7   Vgl. im Einzelnen MEIER-HAYOZ, BeKomm, Syst. Teil (vor Art. 641) N 56 ff.; STEINAUER a.a.O. Nr. 120 ff.; REY, Grundriss, Nr. 270 ff.; SCHMID/HÜRLIMANN-KAUP, Sachenrecht, Nr. 61 ff.

8   Vgl. hinten § 104 N 3. Vgl. auch CHRISTINA SCHMID-TSCHIRREN, «Numerus clausus» – Bemerkungen zum sachenrechtlichen Prinzip des Typenzwangs, BN 2014, 443 ff.

9   Vgl. hinten § 89 N 2; ferner etwa MARTIN P. HEDINGER, Über Publizitätsdenken im Sachenrecht (Bern 1987), ASR 507.

10   Vgl. hinten § 106 N 4. Vgl. auch CHRISTINA SCHMID-TSCHIRREN, «Prior tempore, potior iure» – Ausführungen zum sachenrechtlichen Prinzip der Alterspriorität, BN 2013, 316 ff.

11   Vgl. hinten § 95 N 36 und § 103 N 10 f.

die Gegenüberstellung von Besitz und Grundbuch: Sie ist grundsätzlich auf den Unterschied zwischen Fahrnis und Grundstücken zugeschnitten; doch gibt es auch Besitz an Grundstücken.

11   In manchen wichtigen Punkten des Sachenrechts – aber auch des Erb- und des Obligationenrechts – spielt die Unterscheidung zwischen *landwirtschaftlichen* und anderen Liegenschaften eine Rolle. Das ZGB enthielt von Anfang an entsprechende Sondernormen im Erbrecht (z.B. 617[2], 620 b. F.). In der Folge wurden zusätzliche Schutzvorschriften aufgestellt. Heute sind die landwirtschaftlichen Sondererlasse im BG über das bäuerliche Bodenrecht vom 4. Oktober 1991 (BGBB) zusammengefasst.[12]

V.   Exkurs: Gerichtsstandsfragen

12   Für die Durchsetzung der in den folgenden Paragrafen zu behandelnden Rechtsansprüche kommt auch dem Gerichtsstand – verstanden als Ort, wo geklagt werden kann oder muss – zentrale Bedeutung zu. Massgebend ist seit 1. Januar 2011 die Schweizerische Zivilprozessordnung (ZPO; SR 272) – immer vorausgesetzt, dass kein internationales Verhältnis vorliegt (2 ZPO).[13]

13   Gerichtsstände zum Sachenrecht (und zu verwandten Gebieten) finden sich in den *Art. 29 und 30 ZPO,* wo zwischen Grundstücken und beweglichen Sachen unterschieden wird. Diese Normen begründen keine zwingende Zuständigkeit (9[1] ZPO), lassen also Gerichtsstandsvereinbarungen zu (17 ZPO). Soweit jedoch der Erlass vorsorglicher Massnahmen in Frage steht, ist nach Art. 13 ZPO das Gericht am Ort, an dem die Zuständigkeit für die Hauptsache gegeben ist, oder am Ort, an dem die Massnahme vollstreckt werden soll, zwingend zuständig. Auch für Angelegenheiten der freiwilligen Gerichtsbarkeit sehen Art. 29 Abs. 4 und Art. 30 Abs. 2 ZPO zwingende Gerichtsstände vor. Im Folgenden sind nur die Grundzüge der gesetzlichen Regelung zu skizzieren; für die Einzelheiten wird auf die Spezialliteratur verwiesen.[14]

14   **a. Klagen mit engem Bezug auf Grundstücke.** Nach Art. 29 Abs. 1 ZPO ist das Gericht am Ort, an dem das Grundstück im Grundbuch aufgenommen ist (oder aufzunehmen wäre), zuständig für folgende Klagen:

15   1. für *dingliche Klagen* (lit. a), also Klagen über dingliche Rechte oder über den Besitz an Grundstücken.[15]

---

12   Vgl. § 102 N 84 f.
13   Bei internationalen Sachverhalten sind für sachenrechtliche Ansprüche die Art. 97 f. IPRG sowie Staatsverträge (Art. 1 Abs. 2 IPRG) zu beachten.
14   Vgl. etwa Sutter-Somm/Lötscher und Sutter-Somm/Hedinger in Sutter-Somm/Hasenböhler/Leuenberger (Hrsg.), ZPO-Kommentar, Kommentierung der Art. 29 und 30 ZPO.
15   Sutter-Somm/Lötscher in Sutter-Somm/Hasenböhler/Leuenberger (Hrsg.), ZPO-Kommentar, Art. 29 N 8.

2. für Klagen gegen die Gemeinschaft der Stockwerkeigentümer und -eigentümerin-   16
nen (lit. b; vgl. hinten § 101 N 60).

3. für Klagen auf Errichtung gesetzlicher Pfandrechte (lit. c), also etwa auf Eintragung   17
eines Bauhandwerkerpfandrechts.[16]

Andere Klagen, die sich auf ein Grundstück beziehen, können auch beim Gericht am   18
Wohnsitz oder Sitz der beklagten Partei erhoben werden (29[2] ZPO). Dies gilt etwa für
Klagen auf Übertragung von Grundeigentum, auf Einräumung beschränkter dinglicher Rechte an Grundstücken oder auf Eintragung der Vormerkung eines persönlichen Rechts.[17]

b. Klagen über bewegliche Sachen. Zuständig für Klagen über dingliche Rechte, über   19
den Besitz an beweglichen Sachen oder über Forderungen, die durch Faustpfand oder
Retentionsrecht gesichert sind, ist nach Art. 30 ZPO das Gericht am Wohnsitz oder
Sitz der beklagten Partei oder am Ort, an dem die Sache liegt.

---

16   Botschaft BBl 2006, 7266; Sutter-Somm/Lötscher a.a.O. Art. 29 N 12 ff.
17   Botschaft BBl 2006, 7266; Sutter-Somm/Lötscher a.a.O. Art. 29 N 16.

Erste Abteilung

Besitz und Grundbuch

§ 89 Die Zusammenhänge

1 **a. Die Aufgaben von Besitz und Grundbuch.** Das ZGB reiht Besitz und Grundbuch so aneinander, dass sie die zwei Abschnitte einer *gemeinsamen* Abteilung bilden (919–977). Der Grund dafür liegt vor allem in der wirtschaftlich-juristischen Rolle, die diesen beiden Instituten im modernen Recht zukommt. Sie erfüllen ganz ähnliche Aufgaben: der Besitz für die *Fahrnis,* das Grundbuch für die *Grundstücke.*

2 Wir haben die dinglichen Rechte als absolute, jeder Person gegenüber geltende Rechte bezeichnet (vorne § 88 N 2). Diesem Charakter entspricht eine möglichst weitgehende *Publizität* (Öffentlichkeit) dieser Rechtsverhältnisse. Die dinglichen Rechte sollen in einer genau bestimmten augenfälligen Form zu Tage treten (Publizitätsprinzip, Offenlegungsgrundsatz).[1] Diese äussere Erscheinungsform ist für die Fahrnis der Besitz, für die Grundstücke der Grundbucheintrag, der daher auch als Buchbesitz (Tabularbesitz) bezeichnet wird.

3 **b. Folgerungen.** Der gemeinsame Zweck, die dinglichen Rechte zum äusseren Ausdruck zu bringen (publik zu machen), führt für Besitz und Grundbuch auch zu gleich lautenden Folgerungen. Der Besitz ist normalerweise die Grundlage für den Eigentumserwerb an Fahrnis, so bei der Übertragung (714[1]), der Aneignung (718) und der Ersitzung (728), ferner die Grundlage für die Bestellung von Pfand- und Nutzniessungsrechten an beweglichen Sachen (884[1], 746). Das Grundbuch bildet die normale Grundlage für den Erwerb dinglicher Rechte an Grundstücken (656[1]). Weiter ist mit dem Besitz von Fahrnis die Vermutung verbunden, dass das beanspruchte Recht besteht (930, 931[2]), während bei Grundstücken diese Vermutung eine Folge des Grundbucheintrags ist (937[1]). Schliesslich knüpfen sich die Wirkungen des gutgläubigen Erwerbs bei der Fahrnis an den Besitz (714[2] und 933), bei den Grundstücken an den Bucheintrag (973[1]).

4 Der *Besitz,* der vor allem bei den *beweglichen* Sachen eine Rolle spielt, ist aber auch bei den Grundstücken nicht ganz belanglos. Zunächst stellt er ein notwendiges Element bei ihrer Aneignung und der Ersitzung dar (658, 661, 662). Sodann geniesst der Besitz von Immobilien ganz gleich wie jener von Fahrnis einen besonderen Schutz gegen verbotene Eigenmacht. Die Art. 926–929 gelten für Grundstücke wie für Fahrnis. Auch der Pächter eines Landgutes hat, obwohl sein Recht nicht im Grundbuch eingetragen ist, auf Grund seines blossen Besitzes die Rechtsbehelfe, um gegen dessen Entziehung oder Störung anzukämpfen (937[2]).

5 **c. Zum Aufbau der Darstellung.** Diese Funktionen von Besitz und Grundbuch machen deutlich, warum die letzte Abteilung des Sachenrechts verdient, in einer systematischen Darstellung den beiden anderen voranzugehen: Besitz und Grundbuch

---

1 Ausführlich REY, Grundriss, Nr. 272 ff.; STEINAUER, Les droits réels I, Nr. 124 ff.

sind die *äussere Erscheinungsform (Publizitätsform),* die Grundlage für das Dasein der dinglichen Rechte. Die Entstehung, Beendigung und zum Teil auch der Inhalt dieser Rechte sind nur dann verständlich, wenn die Aufgaben von Besitz und Grundbuch richtig erfasst werden. Aus diesem Grund behandeln wir – in Abweichung von der gesetzlichen Ordnung – zu Beginn des Sachenrechts in einem ersten Abschnitt das Besitzes- und in einem zweiten das Grundbuchrecht.

Erster Abschnitt

Der Besitz

§ 90 Begriff und Arten des Besitzes

I. Herkunft und Aufbau der Regelung

1 **a. Herkunft.** Das Besitzesrecht des ZGB (919–941) kombiniert, wie die ihm verwandte Regelung des deutschen BGB (§§ 854–872), *römisch- und deutschrechtliche* Elemente. Römisch ist im Wesentlichen der Besitzesbegriff selbst, da er auf die tatsächliche Sachherrschaft abstellt (919[1]), sowie der dem Besitz gewährte Schutz (926–929); auf römischen Gedanken beruht sodann die Ersitzung von Fahrnis (728). Aus dem deutschen Recht dagegen stammen die Ordnung des Umfangs und der Arten des Besitzes sowie vor allem die an den Fahrnisbesitz sich knüpfenden Vermutungen für den Bestand des in ihm zutage tretenden Rechts (930 ff.).

2 Bei der Ordnung des Besitzes konnte sich der Gesetzgeber auf das *frühere OR* von 1881 stützen. Dieses hatte sich nämlich mit einem Teil des Mobiliarsachenrechts befasst: mit der Eigentumsübertragung an Fahrnis und mit dem Faustpfand. Für beide ist der Besitz die Grundlage, so dass er zum Teil bereits damals eidgenössisch geregelt war.

3 **b. Der gesetzliche Aufbau.** Das ZGB zerlegt die Besitzlehre – wie die Randtitel zeigen – in drei Abteilungen. Es geht aus vom *Begriff* und nennt die *Arten* des Besitzes (919–921); sodann bestimmt es, wie der Besitz von einer Person auf die andere *übergeht* (922–925); schliesslich ordnet es die *Bedeutung* des Besitzes, nämlich dessen rechtliche Wirkung nach den verschiedenen Seiten hin (926–941).

II. Der Begriff des Besitzes

4 Art. 919 Abs. 1 ordnet an: «Wer die tatsächliche Gewalt über eine Sache hat, ist ihr Besitzer.» Entgegen dem umgangssprachlichen Sinn («Besitzer» gleich Eigentümer) bedeutet Besitz im juristischen Sinn die *tatsächliche Gewalt über eine körperliche Sache* (119 II 129: «tatsächliches Herrschaftsverhältnis»). Während wir unter Eigentum die rechtliche Beziehung einer Person zur Sache verstehen, nämlich das Recht des Eigentümers, die Sache zu beherrschen (641), ist Besitz einfach die Möglichkeit tatsächlichen Einwirkens auf die Sache – ohne Rücksicht auf Recht oder Unrecht. So betrachtet, ist auch der Dieb Besitzer. Das Gesagte bedarf jedoch der Verdeutlichung in mehrfacher Hinsicht:[1]

---

1 Vgl. auch PHILIPP DISCHLER, Rechtsnatur und Voraussetzungen der Tradition … (Diss. Basel 1990); WOLFGANG R. NIGGLI, Der Besitz – ein ungeklärter Grundbegriff des schweizerischen Sachenrechts (Zürcher Diss., Basel 1993); SUTTER-SOMM, SPR V/1, Nr. 1177 ff.

a. Das objektive Element. Erforderlich für den Besitz ist zunächst die *tatsächliche* 5
Gewalt über eine Sache (919[1]), die physische Sachherrschaft. Deren konkrete Gestalt
ist je nach ihrem Gegenstand[2] und nach den faktischen oder rechtlichen Verhältnissen
verschieden. Insbesondere ist sie im Augenblick ihrer Entstehung eine andere als während ihrer Fortdauer. Ausserdem wird für die Entstehung des Besitzes bei einer einseitigen Ergreifung mehr verlangt als bei einer Übertragung.

Sachherrschaft erfordert eine *feste,* auf eine gewisse *Dauer* berechnete faktische Bezie- 6
hung einer Person zu einer Sache (921 e contrario). Deshalb wird der Reisende, der
von seinem Nachbarn einen Einblick in die Zeitung erbittet, nicht Besitzer des Blatts,
der Besucher nicht Besitzer des Stuhls, auf dem er sitzt oder des Essbestecks, mit dem
er speist.[3] Ob sich eine Beziehung zur Sache zum Besitz verdichtet, entscheidet sich
nicht nach theoretischen Merkmalen, sondern anhand der Anschauungen des *Ver-*
kehrs. Demnach ist Besitzer von Fahrnis insbesondere, wer die Sache körperlich erfasst,
trägt oder versorgt hat; Besitzer eines Grundstücks ist, wer es bewohnt, bewirtschaftet
oder verwaltet. Darüber hinaus erkennt die Verkehrsauffassung den Besitz auch jenen
Personen noch zu, die einen Mantel an der Restaurantgarderobe hängen oder einen
Holzhaufen auf dem freien Hofplatz liegen lassen. Aber diese Beispiele deuten an, dass
die Verkehrsanschauung ihrerseits bestimmte gesellschaftliche Zustände als gegeben
voraussetzt: an einem Mantel, der an der öffentlich zugänglichen Garderobe unbeauf-
sichtigt hängt, kann tatsächliche Gewalt nur angenommen werden, wenn normalerweise nicht damit gerechnet werden muss, dass er abhanden kommt. Die tatsächliche
Gewalt und damit der auf ihr beruhende Besitz sind mithin immer aus der sozialen
Ordnung heraus zu begreifen.[4]

b. Das subjektive Element. Auf die Frage, ob zum Besitz auch ein *inneres, psychisches* 7
Element (ein *Wille*) erforderlich sei, antwortet das ZGB nicht ausdrücklich, insbesondere nicht in den massgebenden Art. 919 Abs. 1 und Art. 922 Abs. 2. In der Literatur
zum ZGB ist die Frage streitig.

Übereinstimmung herrscht darüber, dass die römische Lehre vom *Animus possidendi* 8
nicht in das ZGB hineingetragen werden darf. Das ZGB verlangt jedenfalls nicht einen
besonders gearteten Besitzwillen, etwa die Absicht, die Sache als Eigentümer oder
ähnlich wie ein Eigentümer innezuhaben. Im Sonderfall des Besitzübergangs auf die
Erben wird man überhaupt vom Erfordernis jeder Willensbetätigung absehen müssen,
da die Erben den Besitz des Erblassers von Gesetzes wegen, ja sogar ohne ihr Wissen
erwerben (560[2]); häufig fehlt hier sogar das faktische Element der Sachherrschaft, so
dass sich der Besitzesbegriff beim Erwerb durch die Erben aus einem rein tatsächlichen Verhältnis in ein rechtliches Verhältnis wandelt.

---

2   Über den Besitz an Naturkräften (713) vgl. Harry Glaser, Eigentumsrecht und Besitzesschutz
    im Hinblick auf Energien (Diss. Zürich 1954), 69 ff.
3   Martin Wolff/Ludwig Raiser, Lehrbuch des Bürgerlichen Rechts, Bd. 3, Sachenrecht (10.
    Bearbeitung, Tübingen 1957), 25.
4   Homberger, ZüKomm, Vorbem. vor Art. 919 N 7; Sutter-Somm, SPR V/1, Nr. 1200 ff.

9   Die heute wohl herrschende Lehre[5] spricht sich für das (freilich abgeschwächte) Erfor-
     dernis des Willenselementes aus: Der Wille zum Besitz stellt nicht ein zusätzliches Ele-
     ment dar, sondern einen *Bestandteil* der Sachherrschaft selbst: «Mit der Gewalt ver-
     bindet sich ja … immer der Wille, sie zu betätigen. Fehlt dieser, so besteht auch die
     Gewalt nicht.»[6] Nach dieser überzeugenden Auffassung ergibt sich die Notwendigkeit
     des Besitzwillens schon aus der Umschreibung des Art. 919 Abs. 1.[7] Gleiches folgt aus
     der Formel des Art. 922 Abs. 2, da der Empfänger sich nur dann in der Lage befindet,
     die Gewalt über die Sache auszuüben, wenn er sich dieser Gewalt bewusst ist und sie
     auch ausüben will.

10   Der beschriebene Wille zum Besitz darf indessen nicht überspannt werden. Es genügt
     die ganz *allgemeine* Absicht, das, was in dieser oder jener Art erworben wird, in Besitz
     zu nehmen. Wer einen Briefkasten, einen Automaten, ein Fangnetz aufstellt, hat dem-
     nach ohne Weiteres die Absicht, alle hierfür bestimmten Sachen in seinen Besitz zu
     nehmen. Ferner wird zum Besitzerwerb nicht der Wille eines voll Handlungsfähigen
     verlangt; es genügt eine für die betreffende Handlung angemessene *Urteilsfähigkeit*.[8] So
     ist ein Schulkind im Besitz von Buch und Schulmappe. Einem urteilsunfähigen Kind
     oder Geisteskranken versagt demgegenüber die Willenstheorie den Besitz.[9]

11   **c. Die Relativität des Besitzesbegriffs.** Der Begriff des Besitzes ist nur insoweit recht-
     lich bedeutsam, als das Gesetz an einen Tatbestand, den es als Besitz anerkennt, *Wir-*
     kungen knüpft. Nun werden verschiedene Rechtswirkungen an den Besitz geknüpft,
     und für jede umschreibt das ZGB den Tatbestand und damit den vorausgesetzten
     Besitzesbegriff näher – meistens auch in Bezug auf das Willenserfordernis. So ver-
     langt beispielsweise der an den Besitz sich knüpfende Rechtsschutz (930 ff.; hinten
     § 92 N 13 ff.) einen offensichtlichen Willen: die Behauptung eines bestimmten ding-
     lichen oder persönlichen, eigenen oder fremden Rechts. Auch der Besitzesschutz der
     Art. 926 ff. setzt immer dann eine bewusste Willensrichtung des Besitzes voraus, wenn
     mehrfacher (selbständiger und unselbständiger Besitz, hinten N 15 ff.) vorliegt.

12   Je nach den Wirkungen und Arten des Besitzes ist demnach von einem unterschied-
     lichen Besitzesbegriff auszugehen. Man spricht deshalb von der *Relativität* dieses
     Begriffs: Sein Inhalt ist der Funktion zu entnehmen, die er nach der einzelnen Besitz-
     regel zu erfüllen hat.[10] Will man auch den erwähnten Sonderfall des Erbenbesitzes
     berücksichtigen, so könnte eine (freilich wenig aussagekräftige) Umschreibung, die
     alle Besitzarten einfängt, etwa wie folgt lauten: Besitz ist die vom Gesetz angenom-

---

5   STARK, BeKomm, Art. 919 N 26 ff.
6   EUGEN HUBER, Erl. II 385.
7   STEINAUER, Les droits réels I, Nr. 187: «La maîtrise ne peut en effet être ‹effective›, au sens de
    l'art. 919 al. 1, que si elle est assortie de la volonté correspondante.» ; vgl. auch SUTTER-SOMM,
    SPR V/1, Nr. 1206 ff.
8   STARK, BeKomm, Art. 919 N 29a.
9   Ein vorübergehend (wegen Trunkenheit) Urteilsunfähiger behält indessen den bereits erworbe-
    nen Besitz (STARK a.a.O.; für den strafrechtlichen Gewahrsam auch 112 IV 12).
10 HOMBERGER, ZüKomm, Vorbem. vor Art. 919 N 8; STARK, BeKomm, Art. 919 N 1 und 13. Für
    den Begriff des unselbständigen Besitzes vgl. auch 112 II 116.

mene (regelmässig wirkliche, gelegentlich bloss fingierte) tatsächliche Beziehung zu einer Sache, die mit einer – je nach Art des Besitzes – mehr oder weniger weitgehenden Rechtswirkung ausgestattet ist. Prägnanter lässt sich mit Art. 919 Abs. 1 festhalten: Besitz ist die tatsächliche Gewalt über eine Sache.

d. Besitz als Tatsache oder als Recht? Im 19. Jahrhundert war umstritten, ob der Besitz eine *Tatsache* oder ein *Recht* sei. Auch hier hängt die Antwort von der Sichtweise ab: Betrachtet man die einzelnen Bestimmungen, in denen das Gesetz an den Besitz eine Rechtswirkung knüpft, so ist der Besitz «kein Rechtsverhältnis, sondern eine tatsächliche Herrschaft» (85 II 280). Man kann demgegenüber unter Besitz neben dem Tatbestand, an den sich Rechtsfolgen knüpfen, auch die Gesamtheit der Rechtswirkungen verstehen, die das Gesetz an die tatsächliche Herrschaft knüpft. Alsdann ist der Besitz als ein Rechtsverhältnis aufzufassen; einzelne Autoren bezeichnen ihn unter diesem Gesichtspunkt geradezu als dingliches Recht.[11]

e. Besitz, Gewahrsam, Halterschaft. Mit dem Besitzesbegriff verwandt, aber nicht identisch (bzw. je nach Norm mehr oder weniger von ihm abzugrenzen) sind die in ZGB, OR, SchKG, StGB und anderen Erlassen verwendeten Ausdrücke «Gewahrsam» und «Halterschaft».[12]

III. Die Besitzarten

a. Selbständiger und unselbständiger Besitz. Fasst man den Besitz als die tatsächliche Sachherrschaft auf, so fragt sich, ob an ein und derselben Sache nur *einem einzigen Rechtssubjekt* Besitz zustehen kann. Aktuell ist die Frage etwa für den Besitzesschutz, wenn ein Eigentümer die Sache einem anderen zur Nutzung, zum Gebrauch, zur Verwahrung oder zu Sicherungszwecken überlässt.

Das ZGB sieht in solchen Fällen die Möglichkeit eines *mehrfachen Besitzes* vor: Art. 920 lässt über dieselbe Sache einen doppelten Besitz zu, den selbständigen und den unselbständigen Besitz (possession originaire und possession dérivée). Der *selbständige* (mittelbare) Besitzer hat die Sache (nur noch) als Eigentümer im Besitz. *Unselbständige* (unmittelbare) Besitzerin ist dagegen jene Person, der die Eigentümerin die Sache zu einem dinglichen oder persönlichen Recht übertragen hat, die also ihren Besitz von einer anderen Person (namentlich von der Eigentümerin) ableitet (BGer 5C.119/2002 E. 3.1): die Nutzniesserin, Mieterin, Pächterin, Verwahrerin, Frachtführerin (93 II 376), Werkunternehmerin.

Art. 920 Abs. 2 ZGB hat einzig diesen Fall des unter zwei Personen aufgeteilten Besitzes im Auge. Eine unselbständige Besitzerin kann aber die Sache ihrerseits einem *Dritten*

---

11   So Liver, ZüKomm, Die Dienstbarkeiten und Grundlasten, Einleitung N 15. Vgl. zu den verschiedenen Bedeutungen des Wortes «Besitz» Stark, BeKomm, Art. 919 N 21 ff. – Vgl. auch Martin P. Hedinger, System des Besitzrechtes (Diss. Bern 1985), ASR 493, 12 ff.

12   Stark, BeKomm, Art. 919 N 30 ff. und 52; Sutter-Somm, SPR V/1, Nr. 1236 ff.

weitergeben, so die Wohnungsmieterin, die ein Zimmer untervermietet. Dieser Dritte (Untermieter) ist ebenfalls unselbständiger Besitzer. Ihm gegenüber ist die zweite Person, von der er seinen Besitz erhalten hat, selbständige oder mittelbare Besitzerin. Somit ist die Erstmieterin dem Eigentümer gegenüber unselbständige, dem Untermieter gegenüber selbständige Besitzerin. Diese Ausdrücke haben demnach nur eine relative Bedeutung, was Art. 920 Abs. 2 nicht genügend erkennen lässt.[13] Die Bezeichnung all dieser Personen als Besitzer hat praktische Auswirkungen: Alle Besitzer geniessen grundsätzlich die gesetzlichen Besitzvorteile (Beispiel: 109 II 206).

18 Steht die gleiche Sache mehreren «koordinierten» Personen gemeinsam zu, so liegt in Analogie zu Miteigentum und Gesamteigentum (646 ff.) *Mitbesitz* bzw. *Gesamtbesitz* vor (BGer 5A_8/2010 E. 4.4.1).[14]

19 **b. Der Besitzdiener.** Es gibt Fälle, in denen eine Person von einer anderen die Gewalt über eine Sache erhält, aber dennoch nicht in die Rechtsstellung einer unselbständigen Besitzerin eintritt. Sie vermittelt dann bloss den (selbständigen oder unselbständigen) Besitz eines anderen und wird als *Besitzdienerin* bezeichnet. Das BGB regelt den Besitzdiener in § 855 ausdrücklich und gewährt ihm zwar nicht die Klagen aus dem Besitz (hinten § 92 N 7 ff.), wohl aber das Recht zur Abwehr von Angriffen, entsprechend Art. 926. Das ZGB erwähnt den Besitzdiener nirgends.[15] Art. 926 gibt das Recht zur Abwehr von Angriffen, gleich wie das Recht zu den Besitzesklagen, dem Besitzer schlechthin. Das heisst aber nicht, dass jeder, der eine Sache in seiner Gewalt hat, deren (selbständiger oder unselbständiger) Besitzer ist. Wo die Innehabung gar kein eigenes Recht mit sich bringt, sondern auf blosses Zusehen hin, auf Widerruf und ohne jegliche Verfügungsbefugnis gewährt wurde, oder wo sie ganz vorübergehender Natur ist oder nur im Rahmen eines besonderen Abhängigkeitsverhältnisses besteht (kurz, wo Besitzdienerschaft vorliegt), steht dem Innehabenden nach ZGB das Abwehrrecht gemäss Art. 926 ebenso wenig zu wie die Besitzesklage, wohl aber das allgemeine Abwehrrecht, das sich bei Notwehr oder Notstand ergibt.[16] Für diese Fälle von Innehabung verwendet auch die schweizerische Rechtssprache den Ausdruck «Besitzdiener» (le possesseur pour autrui, l'auxiliaire de la possession) – trotz der vom deutschen Recht abweichenden Rechtsstellung. Die Besitzdienerin ist demnach eine Art *Mittelsperson:*[17] Ihr steht kein dingliches oder obligatorisches Recht zu, welches sie zur

---

13 Art. 920 ist auch insofern zu eng, als ein gut- oder bösgläubiger Besitzer, der die Sache einem Dritten überträgt, als selbständiger Besitzer anzusehen ist: so ein Dieb, der die gestohlene Sache zu Pfand gibt.

14 STARK, BeKomm, Art. 919 N 53 ff.; HINDERLING, SPR V/1, 420 f.; STEINAUER a.a.O. Nr. 232 ff.

15 Die ersten Entwürfe des ZGB versuchten, den Begriff des Besitzdieners zu umschreiben, doch liess sich keine befriedigende Fassung finden (HUBER a.a.O. 380).

16 Nach HOMBERGER, ZüKomm, Art. 919 N 10 kann der Besitzdiener ausserdem als *Vertreter* des Besitzers dessen Abwehrrechte in Anspruch nehmen. Ähnlich STARK, BeKomm, Vorbem. zu Art. 926–929 N 84 und 87. Vgl. auch ANNEMARIE HILDE FRECH, Der Besitzdiener (Diss. Basel 1984), 105.

17 Siehe OFTINGER/BÄR, ZüKomm, Art. 884 N 211. – Ferner 93 II 87: «… joue le rôle d'intermédiaire».

(selbständigen oder unselbständigen) Besitzerin machen könnte. Sie übt den Besitz für einen anderen aus oder erwirbt für einen anderen (93 II 87). Beispiele: Arbeitnehmer bezüglich des ihnen zur Verfügung gestellten Werkzeugs; Türsteher einer Bar (bezüglich des Hausrechts des Besitzers);[18] Hausangestellte hinsichtlich der Wohnungseinrichtung; der Gast, der mit Messer und Gabel des Hausherrn isst.[19]

Im Einzelnen ist die Rechtsfrage (109 II 205) der Grenzziehung zwischen Besitzdienerschaft und unselbständigem Besitz schwierig (offengelassen in 113 III 30 für die Korrespondenzbank bei Akkreditiven). So ist ein Angestellter, dem nach Arbeitsvertrag ein besonders grosses Mass an Selbständigkeit zukommt, bezüglich der ihm dienstlich übergebenen Sachen des Arbeitgebers (unselbständiger) Besitzer (67 II 20 f.). Der Beauftragte ist zwar grundsätzlich nur Besitzdiener (58 II 375), wie etwa der Gepäckträger. Hingegen hat der Mandatar dann (unselbständigen) Besitz an den Sachen des Auftraggebers, wenn ihm diese zur Leistung qualifizierter und dauernder Dienste anvertraut sind, «so dass er mit Willen des selbständigen Besitzers eine Stellung erhält, die ihn für den Verkehr zum Besitzer stempelt».[20] Besitzer und nicht Besitzdiener sind der Willensvollstrecker bezüglich der Erbschaftssachen und der Rechtsanwalt hinsichtlich der ihm zur Dauerverwaltung überlassenen Sachen (75 II 129 f.; 86 II 359 ff.), nicht aber der Notar, der ihm übertragene Titel nach der grundbuchlichen Behandlung dem Pfandgläubiger aushändigen soll (93 II 87 f.). Besitzerin ist die Firma, die als Lizenznehmerin Filme verleiht, auch wenn sich die Filme bei einem Dritten (Versandfirma) befinden (109 II 202 ff.). Die Organe einer juristischen Person sind mit Bezug auf die Sachen dieser Person keine gewöhnlichen Besitzdiener, üben aber ihre zwar selbständige Verfügungsgewalt nur insoweit aus, als sie im Namen der juristischen Person handeln, so dass ihnen keine eigene Besitzerstellung zukommt; Besitzerin ist die juristische Person selber (81 II 343 ff.).[21]

20

IV. Der Rechtsbesitz

Der Besitz ist als körperliches Gewaltverhältnis nur an Sachen, nicht auch an Rechten möglich. Wenn wir aber die an ihn geknüpften Vorteile und den ihm gewährten Schutz ins Auge fassen, so liegt kein Hindernis vor, diese Vorteile auch einer Person zuzubilligen, die ein Recht in dauernder Weise ausübt. Insofern steht die Tatsache der Rechtsausübung dem Besitz gleich. Die Anerkennung solchen Rechtsbesitzes erübrigt sich aber, wenn der Ausübende die Sache, welche Gegenstand des Rechts ist, in seiner Herrschaft hat; in diesem Fall ist er nämlich schon als Sachbesitzer in der Rechts-

21

---

18 LGVE 2013 I Nr. 27 E. 6.5.2.

19 Letzteres Beispiel bei STARK, BeKomm, Art. 919 N 35; dort finden sich weitere Fälle.

20 Aus HUBER a.a.O. 382, so zitiert in 75 II 130.

21 Vgl. auch SJZ 86 (1990), 287 f. für ein vom Arbeitgeber dem Arbeitnehmer zur Verfügung gestelltes Geschäftsauto (wo Besitz angenommen wurde). – Weder Besitzdiener noch Besitzer ist der Rechtsöffnungsrichter, dem eine Sache (in casu ein Wertpapier) im Rahmen eines Rechtsstreits zu Beweiszwecken überlassen worden ist (112 II 113 f.).

ausübung geschützt. So fasst das ZGB den Nutzniesser, den Inhaber eines dinglichen Wohnrechts oder den Faustpfandgläubiger einzig als Sach-, nicht als Rechtsbesitzer auf.

22 Wenn hingegen die Rechtsausübung nicht mehr mit der tatsächlichen Gewalt über die Sache verbunden ist, erweist es sich als zweckmässig, der Rechtsausübung als solcher – auch ohne Sachherrschaft – die Besitzvorteile zuzugestehen, also einen besonderen, dem Sachbesitz nachgebildeten *Rechtsbesitz* anzuerkennen. Das ZGB hat das dem Wortlaut nach bezüglich der Grunddienstbarkeiten und Grundlasten getan. So hält Art. 919 Abs. 2 fest, dass dem Sachbesitz «bei Grunddienstbarkeiten und Grundlasten die tatsächliche Ausübung des Rechtes gleichgestellt» sei (124 III 200).[22] Soweit jedoch die Ausübung der Dienstbarkeit dem Berechtigten tatsächliche Gewalt über das Grundstück verschafft (wie bei einem Wegrecht), hat auch er schon Sachbesitz im Sinn von Art. 919 Abs. 1 (94 II 351). Nach der hier vertretenen Meinung ist die logische Folge dieser Rechtsprechung, dass sich Abs. 2 auf jene Fälle beschränkt, bei denen eine sogenannte «negative» Dienstbarkeit vorliegt, welche den Eigentümer eines belasteten Grundstücks nur zu einer Unterlassung verpflichtet (z.B. ein Bauverbot).[23] In der Lehre wird im Übrigen andererseits die Ausdehnung des Rechtsbesitzes auf Forderungen und Immaterialgüterrechte postuliert.[24]

---

22 Zum Problem der «Ausübung» von Grundlasten vgl. STARK, BeKomm, Art. 919 N 81.

23 In diesem Sinn LIVER, ZüKomm, Art. 737 N 127 ff.; relativierend STEINAUER a.a.O. Nr. 194a; offen gelassen in 94 II 351; vgl. auch STARK, BeKomm, Art. 919 N 75 und 79 f. LIVER a.a.O. dehnt andererseits die Anwendung von Art. 919 Abs. 2 (also den Rechtsbesitz) über die Grunddienstbarkeiten hinaus auch auf negative Personaldienstbarkeiten aus. – Zur heiklen Frage, wie eine negative Dienstbarkeit «ausgeübt» wird, s. LIVER, ZüKomm, Art. 737 N 140 f. und Art. 731 N 134 f.; STARK, BeKomm, Art. 919 N 90; ferner 95 II 617.

24 Siehe die Hinweise bei STARK, BeKomm, Art. 919 N 69 ff., und STEINAUER a.a.O. Nr. 198.

§ 91 Der Erwerb und Verlust des Besitzes

I. Der Besitzerwerb

a. Arten des Erwerbs (Übersicht). Besitz lässt sich auf zwei Arten erwerben: Entweder wird er mit dem Willen des bisherigen Besitzers erlangt; dann spricht man von *Besitzübertragung* oder von derivativem (abgeleitetem) Besitzerwerb. Oder der Besitz wird unabhängig vom Willen eines bisherigen Besitzers erworben, sei es, dass die Sache zurzeit in niemandes Besitz war oder dass sie ihrem Besitzer weggenommen wird; dann liegt *einseitiger* oder originärer (ursprünglicher) Besitzerwerb vor. – Bei der Besitzübertragung sind zwei Möglichkeiten gegeben: Entweder räumt der bisherige Besitzer seine Stellung völlig einem Nachfolger ein, oder aber er behält neben diesem weiter Besitz. Im zweiten Fall liegt im Ergebnis mehrfacher Besitz vor.

Das ZGB enthält zu diesen beiden Fragen nur Regeln für die Besitzübertragung. Wie der Besitz *einseitig* erworben wird, ist aus seinen begrifflichen Merkmalen zu erkennen. Danach entscheidet sich, ob ein Besitzwille des Erwerbers erforderlich ist und wie beschaffen die Sachbeherrschung sein muss (siehe § 90 N 4 ff.). Für den einseitigen Besitzerwerb ist jedoch immer eine äusserlich wahrnehmbare Veränderung am Zustand der Sache (wie Ergreifung der Fahrnis, Betreten des Grundstücks) nötig. Eine blosse Willenserklärung im Sinn von Art. 924 oder die Erlangung der Möglichkeit der Beherrschung nach Art. 922 genügt dagegen nicht.

Den Erwerb durch *Besitzübertragung* regelt das ZGB ausführlich in den Art. 922–925. Es unterscheidet zwischen zwei Arten: Die regelmässige Übertragungsart besteht in einer Veränderung des *körperlichen Verhaltens* zur Sache (922 und 923; nachfolgend lit. b); die seltenere Art der Übertragung vollzieht sich durch blosse *Willenserklärung* – ohne äussere Änderung der Sachherrschaft (924; nachfolgend lit. c). Daran schliesst sich die Sonderregelung der Übertragung durch *Warenpapiere* an (925; lit. d).

Der Besitz wird in der Regel nicht einzig um der tatsächlichen Beherrschung einer Sache willen erworben, sondern auch noch, um das damit vermittelte Recht zu erlangen. Man will das Eigentum (714[1]) oder ein Pfandrecht (884[1]) an der Sache erlangen, nicht nur Besitz.[1] Doch bleibt Folgendes beizufügen: Während für die Eigentumsübertragung nach dem Kausalitätsprinzip (vorne § 88 N 9) ein gültiges Grundgeschäft vorausgesetzt wird, ist der Übergang des Besitzes («Realakt») ein bloss tatsächlicher Vorgang, der nicht von der Gültigkeit des zu Grunde liegenden Rechtsgeschäfts abhängt (121 III 347).

b. Die Übertragung durch Sachübergabe. Die augenscheinlichste Art der Besitzübertragung («Tradition») ist die *Ergreifung der körperlichen Herrschaft* über eine Sache, bei beweglichen Sachen das Erfassen, bei unbeweglichen das Betreten, Bewohnen,

---

1 Dazu müssen aber auch die besonderen dafür aufgestellten Erfordernisse erfüllt werden. So muss etwa bei der Aneignung ein qualifizierter Wille vorliegen, nämlich die Absicht, Eigentümer zu werden (vgl. Art. 718).

Benutzen. Ihr gleichgestellt wird die Aushändigung der *Mittel,* die nach gewöhnlicher Lebensanschauung die Gewalt über die Sache verschaffen (922[1]). So genügt die Übergabe der Schlüssel zur Übertragung des Besitzes an einem Auto oder den Gegenständen, die sich im betreffenden Lokal oder Behältnis befinden.

6   Das ZGB geht noch weiter: Es sieht beim derivativen Erwerb den Besitzübergang als vollzogen an, sobald der Erwerber mit Willen des bisherigen Besitzers (also gestützt auf einen «Besitzvertrag»)[2] die *Möglichkeit der Gewaltausübung* erhalten hat, also die Möglichkeit, auf die Sache einzuwirken, sie zu ergreifen (132 III 159 f.); in diesem Fall sprechen wir von der sogenannten *Übertragung der offenen Besitzlage,*[3] *Longa manu traditio* (transfert de la possession ouverte). So wird der Besitz übertragen, wenn der bisherige Besitzer Holz vor dem Haus der Erwerberin abladen oder im Wald für sie zurichten und kenntlich machen lässt in der Absicht, ihr die Sachgewalt zu verschaffen (922[2]). Dementsprechend vermag auch bei frei lagernden Sachen die der Erwerberin offenstehende Möglichkeit des Zugriffs den Besitzwechsel zu bewirken, sofern ihr der bisherige Besitzer seinen Willen, die Sache preiszugeben, in irgendeiner Form geäussert hat (vgl. 44 II 404).

7   Gemäss Art. 923 kann jemand Besitz auch dadurch erwerben, dass ein anderer sich als sein *Vertreter* zu erkennen gibt und für ihn die Sache sich übergeben lässt. Dies folgt jedoch schon aus den Begriffen des Besitzdieners und des mehrfachen Besitzes (vorne § 90 N 15 ff.). Ein Besitzdiener als «Vertreter» kann ohnehin nur für den Vertretenen Besitz erwerben. Kommt dagegen einem «Vertreter» eine Sache zu einem beschränkten dinglichen oder persönlichen Recht zu (wie etwa einer Bank ein für einen Kunden gekauftes Wertpapier), so erwirbt der Vertreter unselbständigen, der Vertretene selbständigen Besitz. Art. 923 hat dann nur die Folge, dass es für die Erfüllung einer Übertragungspflicht auf das Gleiche herauskommt, wie wenn die Sache direkt dem Vertretenen übergeben worden wäre.[4] – Die Entwürfe zu diesem Artikel sahen einen zweiten Absatz vor, gemäss welchem der Frachtführer und der Bote mangels anderer Abrede als Vertreter desjenigen anzusehen sind, der ihnen den Auftrag gegeben hat, also in der Regel des Veräusserers. Trotz der Streichung dieses Absatzes gilt diese (selbstverständliche) Regelung. Daraus folgt etwa, dass eine Buchhandlung in Zürich, die einem Genfer Kunden ein bestelltes Werk per Post zustellt, während der Transportzeit Besitzerin und folglich auch Eigentümerin bleibt. Der Bote ist in solchen Fällen regelmässig nur Besitzdiener, der Frachtführer hingegen unselbständiger Besitzer (so 93 II 376). – Obwohl Art. 923 ausdrücklich nur von der Stellvertretung unter Abwesenden spricht, ist sie auch unter Anwesenden nicht ausgeschlossen (jedoch weniger nötig).

---

2   Zum Besitzvertrag vgl. STARK, BeKomm, Art. 922 N 31 ff.; abweichend SUTTER-SOMM, SPR V/1, Nr. 1257. Vgl. zum Folgenden auch MELCHIOR HAPPEL, Die Besitzessurrogate im schweizerischen Sachenrecht (Diss. Basel 2012), 15 und 49 ff.

3   Vgl. HINDERLING, SPR V/1, 431 f.; STEINAUER, Les droits réels I, Nr. 264 ff.; SUTTER-SOMM, SPR V/1, Nr. 1262 ff.

4   Vgl. HOMBERGER, ZüKomm, Art. 923 N 4; BGE 93 II 87.

c. Die Übertragung durch Erklärung. Der Besitz kann unter Umständen durch *blosse* 8 übereinstimmende *Willenserklärung* – ohne Veränderung der äusseren Herrschafts- stellung – übertragen werden. Es gibt (abgesehen von der Übertragung der offenen Besitzlage gemäss 922², vorne N 6) drei hierher gehörende Fälle:

1. Im ZGB nicht besonders erwähnt, aber dennoch gültig⁵ ist die sogenannte *Brevi* 9 *manu traditio* (Besitzwandlung; BGer 5C.170/2005 E. 2.2), die dem entsprechenden römisch-rechtlichen Institut nachgebildet ist. Wenn der Besitzerwerber die Sache bereits als *unselbständiger Besitzer* in seiner Gewalt hat, genügt eine einfache Willens- einigung, um ihn zum Besitzer bzw. zum selbständigen Besitzer zu machen. Wer also seinem Freund ein Buch geliehen hat und es ihm nun schenken will, braucht zur Besitz- und Eigentumsübertragung (unter Vorbehalt der Zustimmung des Beschenkten) nur noch die Erklärung abzugeben, der Freund solle das Buch behalten.

2. *Die Besitzanweisung* (délégation de possession). An diesem Verhältnis sind drei Per- 10 sonen beteiligt: erstens der Veräusserer (z.B. Eigentümer), der mittelbaren Besitz an einer Sache hat, zweitens ein Dritter (z.B. Mieter oder Verwahrer), der dem Veräus- serer gegenüber unselbständigen Besitz hat (blosse Besitzdienerschaft genügt nicht: 112 II 115) und den Besitz des Veräusserers anerkennt (132 III 158 f.), sowie drittens ein Erwerber (z.B. Käufer), dem der Veräusserer seinen mittelbaren Besitz übertra- gen will. Zur Übertragung des Besitzes vom Veräusserer auf den Erwerber genügt hier die blosse *Abmachung* zwischen diesen beiden (924¹; Beispiele: 112 II 419 f. und 119 IV 324). Der Erwerber erhält den mittelbaren Besitz; der Dritte hat nun *ihm gegenüber* unselbständigen Besitz an der Sache (112 II 116 f.).

Eine Benachrichtigung des Dritten ist für den Übergang der Sache auf den 11 Erwerber als neuen selbständigen Besitzer nicht erforderlich (132 III 158; 112 II 420; 109 II 150). Art. 924 Abs. 2, der für die Wirksamkeit des Besitzübergangs «gegenüber dem Dritten» verlangt, dass der Veräusserer diesem davon Anzeige macht, hat viel- mehr nur folgende Bedeutung: Unterlässt der Veräusserer die Mitteilung an den Drit- ten, so kann sich dieser durch Herausgabe der Sache an den bisherigen, selbständigen Besitzer befreien (112 II 420; 46 II 49; für einen Sonderfall 121 III 87). – *Beispiel:* A hat zehn Aktien einer Bank zur Verwaltung überlassen und möchte sie nun dem B ver- kaufen, der die gleiche Bank mit der Vermögensverwaltung betraut hat. Hier ist der Besitz- und Eigentumsübergang perfekt, sobald A und B vereinbart haben, dass die Aktien dem B gehören sollen. Damit aber auch die Bank dieser Vereinbarung nach- lebt, z.B. die bezogenen Dividenden dem B auszahlt (und sich nicht durch Zahlung an A befreien kann), muss ihr vorher eine Anzeige von Seiten des Veräusserers zuge- kommen sein.⁶

---

5 Eine ursprünglich in den Entwurf aufgenommene Bestimmung wurde als selbstverständlich gestrichen (Eugen Huber, Erl. II 387; ausführlich Stark, BeKomm, Art. 924 N 79 ff.); Sutter- Somm, SPR V/1, Nr. 1267 ff. Zum deutschen Recht vgl. § 929 Satz 2 BGB; zum österreichischen Recht siehe § 428 ABGB.

6 Eine andere Spielart der Besitzanweisung erwähnt – als praktisch wichtigere – Bruno von Büren, Schweizerisches Obligationenrecht, Besonderer Teil (Zürich 1972), 271, für den Fall

12   Eine Besitzübertragung durch Anweisung darf aber die Rechtslage des Dritten
nicht verschlechtern. Dieser kann die Herausgabe an den Erwerber verweigern, wenn
er Grund gehabt hätte, dies dem Veräusserer gegenüber zu tun (924³). Allerdings trifft
das nur dann zu, wenn der Dritte an der Sache einen dinglichen Anspruch hatte – und
nicht bloss einen obligatorischen (dem Veräusserer gegenüber).[7] So kann er im oben
genannten Fall die Herausgabe der Aktien an den B verweigern, wenn sie bei ihm als
Faustpfand hinterlegt waren und die damit gesicherte Forderung noch nicht getilgt
worden ist. Er müsste dagegen – unter Vorbehalt einer Konstellation gemäss Art. 895 –
die Aktien dem B herausgeben, auch wenn der A sie ihm zur Verwaltung auf fünf Jahre
gegen gewisses Entgelt übergeben hatte. Für den eventuellen Schaden muss er sich an
den A halten.

13   3. Das sog. *Constitutum possessorium* (Besitzeskonstitut, Besitzauftragung; constitut
possessoire). Der Veräusserer kann den Besitz an die Erwerberin übertragen, dabei
jedoch – mit ihrem Einverständnis – die Sache auf Grund eines *besonderen Rechtsverhältnisses* zu einem beschränkten dinglichen oder persönlichen Recht im Sinn von
Art. 920 Abs. 1 zurückbehalten. Eine Käuferin kauft beispielsweise ein Auto; der Verkäufer erklärt sich einverstanden, es für sie weiter zu verwahren, bis ihre Garage erstellt
ist (ähnlich BGer 4A_262/2014 E. 5.1 [amtliche Publikation vorgesehen] für gekaufte
und beim Verkäufer eingestellte Pferde). Hier soll ein nutzloses Hin- und Hergeben
vermieden werden. Der Veräusserer behält die Sache und wird unselbständiger Besitzer; die Erwerberin erlangt durch ihn den selbständigen Besitz. Die Besitzänderung
vollzieht sich einzig kraft der übereinstimmenden Willenserklärungen der Parteien.
Grund für das Zurückbehalten der Sache muss stets ein besonderes Rechtsverhältnis sein (vgl. 77 II 130 ff.), wie etwa ein Vertrag (zum Beispiel Miete oder Gebrauchsleihe) oder eine gesetzliche Berechtigung (beispielsweise die elterliche Verwaltung
nach Art. 318 Abs. 1).[8]

14   Das Konstitut genügt jedoch nicht in allen Fällen, in denen zu einem Rechtserwerb Besitzübertragung erforderlich ist. In dieser Weise kann kein Faustpfandrecht
begründet werden (884³); reale Sachübergabe ist hier unentbehrlich. Für die Übertragung von Fahrniseigentum sodann äussert das Konstitut seine vollen Wirkungen nur
unter einem weiteren Vorbehalt (717, hinten § 103 N 7). Kaum mehr umstritten ist
dagegen, dass durch Besitzeskonstitut eine Schenkung von Hand zu Hand vorgenom-

---

einer Schenkung: Der Veräusserer gibt dem Dritten Weisung, die Sache für den Erwerber zu
haben. Der Besitzübergang kommt hier erst zustande durch die Meldung des Dritten (regelmässig eine Bank) an den Erwerber – und dessen Annahmeerklärung (ebenso STARK, BeKomm,
Art. 924 N 35 in fine).

7   Vgl. STARK, BeKomm, Art. 924 N 37 ff.; SCHMID/HÜRLIMANN-KAUP, Sachenrecht, Nr. 174 (mit
Hinweis auf abweichende Meinungen); SUTTER-SOMM, SPR V/1, Nr. 1282; BGer 5A_699/2008
E. 3.3 (wo dies als herrschende Lehre bezeichnet wird). Vorbehalten bleiben immerhin Sonder-
bestimmungen wie Art. 261, 261a und 290 OR sowie Art. 14 LPG (STEINAUER a.a.O. Nr. 280).

8   Ausführlich STARK, BeKomm, Art. 924 N 52 ff.

men werden kann (zulässig nach 63 II 395 f. und 70 II 204 entgegen der früheren bundesgerichtlichen Rechtsprechung).[9]

Übertragung der offenen Besitzlage (Longa manu traditio), Übertragung kurzer Hand (Brevi manu traditio), Besitzanweisung und Besitzeskonstitut (Constitutum possessorium) stellen sogenannte *Traditionssurrogate* dar. Sie ersetzen – in den beschriebenen Grenzen – die physische Sachübergabe (Tradition; vorne N 5), welche für die Übertragung des Besitzes grundsätzlich erforderlich ist.   15

d. Die Übertragung durch Warenpapiere. Besondere Regeln gelten für die Übertragung von *Waren,* die einem Frachtführer oder Lagerhaus anvertraut sind und durch besondere Urkunden (Warenpapiere, Ladescheine oder Lagerscheine) im Verkehr vertreten werden. Hier bedeutet die Übertragung der Urkunde die Übertragung des mittelbaren Besitzes und damit der Ware selbst (925[1]; 122 III 78). Der jeweilige Inhaber des Papiers kann vom Frachtführer oder vom Lagerhaus die Aushändigung der Waren verlangen. Trifft aber eine Kollision ein in dem Sinn, dass eine Person im guten Glauben die Ware selbst, eine andere Person ebenfalls im guten Glauben die Urkunde übertragen erhält, geht der Erwerb der Ware jenem des Papiers vor (925[2]).[10]   16

II.   Der Besitzverlust

Das ZGB enthält über den Verlust des Besitzes nur eine (überdies bloss negative) Bestimmung: Art. 921 besagt, dass eine Verhinderung oder Unterlassung der Ausübung der tatsächlichen Gewalt den Besitz nicht aufhebt, sofern sie nur *vorübergehender* Natur ist. So bleibt der bisherige Besitz bestehen, wenn ein Buch verlegt oder ein Regenschirm stehen gelassen wird. Gleiches gilt, wenn jemand eine Sache vor seinem Haus am Strassenrand deponiert (aus strafrechtlicher Sicht: 115 IV 107 für Altpapier, das nach den Umständen einem besonderen «Abholer» zukommen soll), oder wenn eine Sache für die Dauer eines bestimmten Verfahrens von einer Privatperson an eine Behörde übergeben werden muss (112 II 113 ff.: Einreichung eines Inhaberschuldbriefs als Beweismittel im Rechtsöffnungsverfahren; 81 II 204: Einreichung an eine Amtsstelle im Verfahren auf Kraftloserklärung; 52 II 52: Beschlagnahme bei einer Strafuntersuchung; wohl auch 119 II 117: Blockierung des Sparhefts einer Verstorbenen bei einer Bank).   17

Die übrige Regelung kann aus dieser Bestimmung e contrario, ferner aus dem Begriff des Besitzes und seiner Arten sowie aus den Regeln über dessen Übertragung abgeleitet werden: Der Besitz geht unter, sobald der Besitzer die tatsächliche Gewalt über die Sache *dauernd* nicht mehr auszuüben imstande ist. Dies tritt ein: *Mit* seinem *Willen,* wenn er den Besitz einem anderen überträgt (922 ff.) oder ihn schlechthin aufgibt (was für die Regel auch Aufgabe des Eigentums, «Dereliktion», bedeutet, wie beim   18

---

9   Stark, BeKomm, Art. 924 N 78.
10   Siehe von Büren a.a.O. 187.

Wegwerfen einer beweglichen Sache). *Ohne* seinen *Willen* beim Verlust der Sache, der heimlichen oder gewaltsamen Entziehung derselben aus seiner Gewalt. Auf diesen Fall bezieht sich auch Art. 934, der dafür die Formel braucht: gestohlene, verlorene oder sonst wider seinen Willen *abhanden gekommene* Sachen.

19   Die hier angeführten Verlustgründe greifen beim Alleinbesitz ein sowie, im Fall mehrfachen Besitzes, für den unselbständigen Besitz. Mit ihm geht aber auch der Besitz des selbständigen Besitzers unter, ausser es sei nun diesem selbst möglich, die Gewalt direkt auszuüben, so etwa wenn ein Mieter das gemietete Grundstück verlässt. Der selbständige Besitz kann freilich auch in der Weise aufhören, dass der unselbständige als solcher weiterdauert (so bei der Besitzanweisung nach Art. 924) oder dass der bisherige unselbständige zum selbständigen und alleinigen Besitz wird (so bei der Brevi manu traditio, vorne N 9).

§ 92   Die rechtliche Bedeutung des Besitzes

Von den verschiedenen Wirkungen, die die Rechtsordnung an den Besitz knüpft, stellt   1
das ZGB drei bedeutsame in zusammenhängender Regelung dar: erstens den Schutz,
der dem Besitz als solchem zukommt, den *Besitzesschutz* (926–929), zweitens die
Bedeutung, die der Besitz hat für das Recht, welches er verkörpern soll, den (*Besit-*
zes-)*Rechtsschutz* (930–936), und drittens die Herausgabe- und Ersatzpflichten, die
den widerrechtlichen Besitzer treffen, die *Verantwortlichkeitsvorschriften* (938–941).
Nur diese rechtlichen Bedeutungen werden nachstehend erläutert. Weitere wichtige
Rechtswirkungen des Besitzes – wie jene der Art. 714 Abs. 1, 884 Abs. 1 und 3, 895
oder 661 – sind bei den einzelnen Sachthemen (Fahrniseigentum und -pfandrecht) zu
behandeln.

I.   Der Besitzesschutz

Der Besitz geniesst nach den Art. 926–929 schon als bloss tatsächliches Verhält-   2
nis (ohne Rücksicht auf seine Berechtigung oder Nichtberechtigung) weitgehenden
rechtlichen Schutz.[1] Er ist gegen jede *verbotene Eigenmacht* geschützt (926[1]; tout acte
d'usurpation ou de trouble). Darunter ist jeder ohne den Willen der Besitzerin erfol-
gende Eingriff in die Besitzsphäre zu verstehen – gleichgültig, ob er gewollt oder unge-
wollt, bewusst oder unbewusst geschieht, ob er in einem gewalttätigen oder heimlichen
Vorgehen, in einer Störung oder im Entzug des Besitzes besteht, ob er zur Geltendmachung eines Rechts oder der Durchsetzung böser Absichten dient.[2] Keine verbotene
Eigenmacht liegt dagegen vor, wenn das Gesetz Eingriffe ohne Willen des Besitzers als
zulässig erklärt (wie bei Notwehr, Notstand u. Ä. oder bei öffentlich-rechtlichen Eingriffen wie Pfändung, Arrest usw.; siehe auch 104 II 167).[3]

So kann ein Mieter sich mit den Besitzesschutzbehelfen gegen einen Dritten weh-   3
ren, der mit Ermächtigung des Eigentümers auf dem gemieteten Platz einen Rekla-
meschaukasten anbringt (40 II 329 ff.).[4] Ebenso stehen den Dienstbarkeitsberechtig-

---

1   Hierzu kritisch FELIX SCHÖBI, Der Besitzesschutz (Art. 926–929 ZGB), Bemerkungen zu einer
    gesetzgeberischen Fehlleistung (Diss. Bern 1987), ASR 512; vgl. auch RUEDI PORTMANN, Der
    Besitzesschutz des schweizerischen Zivilgesetzbuchs – mit Kurzdarstellung des Besitzschutzver-
    fahrens nach der Zivilprozessordnung des Kantons Luzern (Diss. Zürich 1997). – In verfassungs-
    rechtlicher Hinsicht schützt die Eigentumsgarantie (26 BV) auch den Besitz (120 Ia 121). Rechts-
    vergleichend THERESE MÜLLER, Besitzesschutz in Europa … (Tübingen 2010).
2   SJZ 72 (1976), 278 f. bejaht verbotene Eigenmacht beim Einwerfen von unadressierten Druck-
    sachen und unabonnierten Zeitungen gegen den «ausdrücklichen und erkennbaren» Willen des
    Briefkasteninhabers (ebenso BGH in NJW 42 [1989], 902 ff., wo überdies eine Verletzung des
    Persönlichkeits- und des Eigentumsrechts des Briefkasteninhabers bejaht wird).
3   HOMBERGER, ZüKomm, Art. 926 N 14 ff.
4   Vgl. dazu aber auch LGVE 1987 I Nr. 10 = SJZ 85 (1989), 248 f. für ein aufgelöstes Vertragsver-
    hältnis; zum Mietausweisungsverfahren vgl. STARK, BeKomm, Vorbem. zu Art. 926–929 N 60 f.

ten die Behelfe nach Art. 926 ff. zu, wenn der Eigentümer des belasteten Grundstücks ihren Besitz beeinträchtigt (83 II 145 f.).[5] Sie stehen demnach auch dem unmittelbaren (aber unselbständigen) Besitzer gegenüber dem Eigentümer der Sache zu,[6] wobei hier jedoch Einschränkungen gelten, etwa für das Verhältnis zwischen Mieter und Vermieter.[7] Ebenso können sich Ansprüche aus Besitz auch aus Mit- oder Gesamtbesitz ergeben und sich gegen die anderen Mit- oder Gesamtbesitzer richten, sofern der Streit nicht die Rechtsbeziehung der Mit- oder Gesamtbesitzer betrifft.[8]

4   Die verbotene Eigenmacht kann durch zwei Mittel, durch *Selbsthilfe* und durch *Besitzesschutzklagen,* bekämpft werden.

5   **a. Die Selbsthilfe** (926) ist in der Regel rein *defensiv:* Sie besteht in der Verteidigung des noch bestehenden (aber gestörten) Besitzes gegen verbotene Eigenmacht (118 IV 292). Als solche ist sie unter Einhaltung der gebotenen Schranken immer gestattet. Die Selbsthilfe kann unter Umständen aber auch zur *Offensive* übergehen, um eine durch Gewalt oder heimlich entzogene Sache gewalttätig wiederzuerlangen.[9] Dies ist jedoch nur bei *sofortigem* Aktivwerden, also im unmittelbaren Anschluss an die Störung gestattet, wenn diese und deren Behebung gleichsam einen einzigen Akt bilden (vgl. 926[2]). Ist jemandem beispielsweise das Auto gestohlen worden und sieht er einen Fremden darin durch die Stadt fahren, so darf er sich nicht gewalttätig seines Eigentums wieder bemächtigen; vielmehr muss er zum zweiten vom Gesetz zur Verfügung gestellten Schutzmittel des Besitzes, zur *Besitzesschutzklage,* greifen.[10]

---

5   Dass die Besitzesschutzbehelfe auch dem unmittelbaren (aber unselbständigen) Besitzer gegenüber dem Eigentümer der Sache zustehen, ist nicht unumstritten (unklar 118 IV 292), wird aber mehrheitlich bejaht; vgl. STARK, BeKomm, Vorbem. zu Art. 926–929 N 37, 62 f. und 74 ff.; STEINAUER, Les droits réels I, Nr. 330b; LGVE 1977 I Nr. 351 = ZBJV 114 (1978), 373 f. (vgl. aber auch vorne Anm. 4). Ebenso können sich Ansprüche aus Mit- oder Gesamtbesitz ergeben und sich gegen die anderen Mit- oder Gesamtbesitzer richten, sofern der Streit nicht die Rechtsbeziehung der Mit- oder Gesamtbesitzer betrifft: BGer 5P.220/2000 E. 2a = SJZ 97 (2001), 552; STARK a.a.O. N 64 ff.

6   STARK, BeKomm, Vorbem. zu Art. 926–929 N 37, 62 f. und 74 ff.; STEINAUER, Les droits réels I, Nr. 330b; LGVE 1977 I Nr. 351 = ZBJV 114 (1978), 373 f.; unklar 118 IV 292.

7   BGer 5P.122/2004 E. 2.1, u. a. mit Hinweis auf STARK, BeKomm, Vorbem. zu Art. 926–929 N 56 ff.; BGer 5A_98/2010 E. 4.1.2.

8   BGer 5P.220/2000 E. 2a = SJZ 97 (2001), 552; BGer 5A_8/2010 E. 4.4.1 = Semjud 2011 I, 97 ff.; STARK a.a.O. N 64 ff.

9   Selbsthilfe kann auch gegenüber Hausbesetzern in Betracht kommen (BGer in ZBl 92 [1991], 552 ff., E. 3) – nicht jedoch gegenüber einem Mieter, dessen Mietvertrag von der Vermieterin (z.B. wegen Zahlungsverzugs, Art. 257d OR) aufgelöst wurde; hier ist ein behördlicher Ausweisungsentscheid unentbehrlich (BGer in Semjud 122 [2000] I, 6 ff., E. 2b/aa; vgl. auch 112 IV 33 f.; HIGI, ZüKomm, Art. 257d OR N 60).

10   Die Behelfe des Besitzesschutzes stehen grundsätzlich auch jenem Besitzer zu, welcher auf zweifelhafte, gewaltsame oder heimliche Art und Weise in den Besitz der fraglichen Sache gelangt ist (vgl. aber Art. 927 Abs. 2 und dazu im Text N 9). Immerhin darf jedoch derjenige, der seinerseits durch verbotene Eigenmacht Besitz erlangt hat, gegenüber dem nach Art. 926 Abs. 2 vorgehenden früheren Besitzer keine Selbsthilfe anwenden (STEINAUER a.a.O. Nr. 318b).

Für beide Arten der Selbsthilfe gilt, dass Gewalt nur dann und nur in dem Mass angewendet werden darf, als sie nach den Umständen gerechtfertigt ist (926³). Die Massnahme hat in einem angemessenen Verhältnis zur behaupteten Besitzesstörung zu stehen (85 IV 234). So kann unter Umständen zunächst eine gütliche Aufforderung statt der Gewaltanwendung (85 IV 6) oder ein gerichtliches Vorgehen (128 IV 254) geboten sein.[11] – Die Selbsthilfe ist ein *Recht*,[12] nicht eine Pflicht. Deren Unterlassung führt, sofern sie nicht als Einwilligung zu werten ist, nicht etwa zur Verwirkung der Besitzesschutzansprüche.[13] 6

b. Die Besitzesschutzklage kann – je nach Tatbestand – *zwei* verschiedene *Zwecke* verfolgen. Wenn der Besitz dem Klagenden schon entzogen worden war, geht sie auf Rückgabe der Sache. Art. 927 nennt dies Klage aus der *Besitzesentziehung*. Ist demgegenüber der Besitz nicht entzogen, sondern nur gestört, der Besitzer also mit Wort oder Tat beunruhigt worden, geht die Klage auf Beseitigung der Störung und Unterlassung weiterer Störung: sogenannte Klage aus *Besitzesstörung* (928; siehe z.B. 100 II 326; BGer 5A_471/2012 E. 4).[14] In *beiden Fällen* können ferner *Schadenersatzansprüche* geltend gemacht werden (927³, 928²; 119 II 129).[15] 7

Bei den Besitzesschutzklagen geht es grundsätzlich nur um den Besitz, nicht auch um das allenfalls dahinter stehende Recht. Sie sind «possessorischer Natur».[16] Die *Besitzfrage* muss von der Rechtsfrage streng getrennt bleiben (113 II 245; BGer 5A_859/2010 E. 5.4.2). Der Beklagte darf sich der Besitzerin gegenüber grundsätzlich *nicht* mit der *Einrede* wehren, er habe ein *besseres* Recht auf die Sache als die Klägerin. Die entsprechenden Entscheide kantonaler Instanzen greifen daher in der Regel dem Entscheid über das Recht auf den Besitz nicht vor; sie gelten als Entscheide über vorsorgliche Massnahmen im Sinn von Art. 98 BGG, so dass mit der Beschwerde nur die Verletzung verfassungsmässiger Rechte gerügt werden kann und überdies das Rügeprinzip 8

---

11 Vgl. auch LGVE 2013 I Nr. 27 E. 6.5.1 f.: gewaltsame Entfernung eines Gastes einer Bar durch den Türsteher.

12 Selbsthilfe in einer Notwehrsituation schliesst denn auch eine Schadenersatzpflicht oder die Strafbarkeit des Handelnden aus (Art. 52 Abs. 1 OR und Art. 15 StGB).

13 STARK, BeKomm, Art. 926 N 5.

14 Bei Immissionen von einem Waffen- oder Schiessplatz, für den dem Eigentümer das Enteignungsrecht zusteht, ist ein solches zivilrechtliches Verfahren nur (aber immerhin) dann möglich, wenn die Einwirkungen nicht notwendig oder leicht vermeidbare Folgen des Schiessbetriebes sind: 107 Ib 387; zum Immissionsrecht hinten § 102 N 38 und 42.

15 Nach überwiegender Auffassung liegt in diesen Bestimmungen eine Verweisung auf Art. 41 ff. OR (99 II 33; 66 I 236 f.; HOMBERGER, ZüKomm, Art. 927 N 27 und Art. 928 N 23; HINDERLING, SPR V/1, 455; STEINAUER a.a.O. Nr. 354 ff. und 375 f.; ebenso jetzt in der 3. Auflage STARK, BeKomm, Art. 927 N 26 ff. und Art. 928 N 46).

16 STARK, BeKomm, Vorbem. zu Art. 926–929 N 92: «Der *Besitzstreit* (possessorium) ist prinzipiell vom *Rechtsstreit* (petitorium) zu trennen.» – Siehe hierzu auch FRANZ WEBER, Die Besitzesschutzklagen, insbesondere ihre Abgrenzung von den petitorischen Klagen (Diss. Freiburg 1975); DIETER ZOBL, Zum Verhältnis Besitzesschutz und Rechtsschutz, in FS von Castelberg (Zürich 1997), 303 ff.

gilt (BGG 106²; 133 III 638). Der besser berechtigte Beklagte kann seine Ansprüche nicht im Besitzesschutzstreit, sondern erst im Prozess um das Recht geltend machen.

9   Eine ausdrückliche *Ausnahme* von diesem Grundsatz hat das ZGB für den Fall der Besitzesentziehung in Art. 927 Abs. 2 vorgesehen: Eine Einrede aus dem besseren Recht wird dann zugelassen, wenn sie *liquid* (sofort beweisbar) ist und wenn auf Grund derselben der Beklagte die Sache dem Kläger *wieder abnehmen* könnte. Nimmt also beispielsweise eine Eigentümerin, deren Hund heimlich entwendet worden ist, diesen ihrerseits heimlich wieder zu sich und verlangt der (erste) Entwender Wiederherstellung seines Besitzes, so kann die Eigentümerin, die durch einen implantierten Chip den Eigentumsnachweis sofort zu erbringen vermag, ihr besseres Recht auf dem Einredeweg der Besitzesklage entgegensetzen.[17]

10   Ferner gibt es Fälle, in welchen der Natur der Sache nach für die Klage aus dem Besitz allein auch das hinter dem Besitz stehende Recht miteinbezogen werden muss (135 III 635), etwa bei der Besitzesstörung im Nachbarrecht (durch Immissionen) oder bei Grunddienstbarkeiten. So hat diejenige, die den Besitzesschutz für eine Grunddienstbarkeit in Anspruch nimmt, deren rechtlichen Bestand glaubhaft zu machen (83 II 144 ff.). Doch misst sich bei Besitzesschutzklagen auch hier die verbotene Eigenmacht an der bisherigen tatsächlichen Ausübung der Dienstbarkeit (5A_59/2010 E. 2.1; 5A_944/2012 E. 4).

11   Das *Verfahren* im Besitzesstreit ist seit dem 1. Januar 2011 durch die Schweizerische Zivilprozessordnung geregelt. Neben dem ordentlichen Verfahren kommt bei klaren Verhältnissen (d.h. bei unbestrittenem oder sofort beweisbarem Sachverhalt und klarer Rechtslage) das summarische Verfahren nach Art. 257 ZPO in Betracht. Die in ihrem Besitz beeinträchtige Besitzerin kann ausserdem vorsorgliche Massnahmen beantragen (261 ff. ZPO).[18] Aus materiell-rechtlichen Gründen ist sodann die in Art. 929 aufgestellte *Befristung* der Klage zu beachten: Der Besitzer hat sofort beim Urheber des Eingriffs dessen Aufhebung zu verlangen und spätestens innerhalb Jahresfrist nach der erfolgten Tat die Klage anzubringen. Entgegen dem Gesetzeswortlaut (samt Randtitel) liegt keine Verjährungs-, sondern eine Verwirkungsfrist vor (BGer 5A_658/2009 E. 4).[19]

12   **c.** Zur Unterlassung jeder Besitzesstörung kann die an einem Grundstück dinglich berechtigte Person überdies nach Art. 258 ZPO beim Gericht ein **amtliches Verbot** mit Strafandrohung erwirken (248 lit. c ZPO: summarisches Verfahren). Dieser Spezialbehelf des Besitzesschutzes bietet sich dann an, wenn nicht eine konkrete Besitzesstörung einer bestimmten Person vorliegt oder droht, sondern wenn Störungen durch irgendwelche Personen (etwa das Befahren eines Privatgrundstücks oder das

---

17   Beispiel aus SCHMID/HÜRLIMANN-KAUP, Sachenrecht, Nr. 236. Vgl. auch BGer 5P.101/2003 E. 3.2 (besseres Recht des Eingreifers bejaht) und Fall 40 II 565 (Recht auf Verweigerung der Rückgabe verneint).
18   Vgl. zum Verfahrensrecht SCHMID/HÜRLIMANN-KAUP, Sachenrecht, Nr. 250 ff.; WOLFGANG ERNST, Possessorischer Besitzesschutz und eidgenössischer Zivilprozess, recht 2011, 101 ff.; SUTTER-SOMM, SPR V/1, Nr. 1346 ff.
19   STARK, BeKomm, Art. 929 N 10; STEINAUER a.a.O. Nr. 351a.

dortige Parkieren von Fahrzeugen) bekämpft werden sollen.[20] Das Verbot wird öffentlich bekannt gemacht und auf dem Grundstück an gut sichtbarer Stelle angebracht (259 ZPO). Gegen das Verbot ist Einsprache innert 30 Tagen seit Bekanntmachung möglich (im Einzelnen; 260 ZPO). In materielle Rechtskraft erwächst das gerichtliche Verbot nicht; es kann in einem Strafverfahren auf seine Rechtmässigkeit hin überprüft werden (BGer 6B_490/2014 E. 2.2).

II. Der Rechtsschutz

a. Die Vermutungen aus dem Besitz. Nach der deutsch-rechtlichen Auffassung ist   13
der Besitz die äussere Form, in der das Recht an einer Sache erkennbar zutage tritt. Normalerweise liegt daher jedem Besitzverhältnis ein Recht zu Grunde – und zwar gerade jenes Recht, das der Besitzer zu haben behauptet. Aus diesem Grund rechtfertigt sich eine *Vermutung* dafür, dass dem Besitz das beanspruchte Recht wirklich entspricht. Eine solche Vermutung wird auch in Art. 930 f. aufgestellt (119 II 117; vgl. auch 120 Ia 122), jedoch nur beim Besitz *beweglicher Sachen*.[21] Bei Grundstücken spielt nach Art. 937 Abs. 1 der Grundbucheintrag die Rolle des Besitzes (vgl. aber immerhin 117 III 31). Die Vermutung von Art. 930 f. kann ein Besitzer einer beweglichen Sache grundsätzlich auch gegenüber jener Person anrufen, von der er sie erhalten hat (141 III 9).

Die Rechtsvermutung aus dem Besitz rechtfertigt sich nach der Praxis nur dann,   14
wenn der Besitz so beschaffen ist, dass sich daraus (vorläufig) legitimerweise auf ein Recht an der Sache schliessen lässt. Sie entfällt namentlich, wenn der Besitz bloss auf einem «zweideutigen» Gewaltverhältnis über die Sache beruht (84 III 156; 84 II 261; BGer 5A_633/2009 E. 2; 135 III 478; 141 III 10).[22] Der Vermutung kommt daher nur beschränkte Geltung zu unter zusammenlebenden Familienangehörigen oder Hausgenossen (41 II 31; 50 II 241 f.), insbesondere auch unter Ehegatten. Zwischen ihnen begründet nur der Alleinbesitz eines Ehegatten die Vermutung des Alleineigentums; Mitbesitz im gemeinsamen Haushalt lässt demgegenüber Mit- oder Gesamteigentum vermuten (117 II 124; BGer 5A_209/2014 E. 7.3; vgl. auch 116 III 34 f.). Gegenüber den

---

20 Botschaft BBl 2006, 7352 f.; vgl. auch ZR 112 (2013) Nr. 5, S. 34 ff. (35 f.) zu den Anforderungen an die Glaubhaftmachung. Zum Sonderfall einer Strasse im Privateigentum, die öffentlich erklärt worden ist, vgl. BGer 5A_348/2012 E. 3.2.

21 Vgl. auch BGer 5A_114/2008 E. 6.1. – Sonderregeln sind immerhin für Schiffe, Luftfahrzeuge und gewisse Wertpapiere zu beachten (vgl. Stark, BeKomm, Art. 930 N 29 und 32 ff.; Steinauer a.a.O. Nr. 390a ff.). Auf Inhaberpapiere sind die Art. 930 f. aber anwendbar (123 IV 140; BGer in Semjud 119 [1997], 108 ff., E. 6b/aa; BGer 5C.11/2005 E. 3.2).

22 Es obliegt dem Besitzer, der sich auf die Rechtsvermutung beruft, über den Erwerb des Besitzes gehörig Auskunft zu geben (Steinauer a.a.O. Nr. 395 mit Hinweis auf 81 II 205; vgl. auch 41 II 31, BGer 5A_279/2008 E. 6.2, 135 III 479, 141 III 10 und Stark, BeKomm, Art. 930 N 43 f.). – Zu einem Sonderfall vgl. immerhin 120 Ia 120 ff. (Rückgabe eines Autos nach Aufhebung einer strafprozessualen Beschlagnahmung).

ehegüterrechtlichen Miteigentumsvermutungen (200 und 248; vgl. auch 226) haben die aus dem Besitz abgeleiteten Vermutungen jedoch den Vorrang (117 II 124).[23]

15   Auf Grund der Vermutung aus Art. 930 f. hat, wer seinen Besitz nachzuweisen vermag, damit bis zum Beweis des Gegenteils auch den Bestand des von ihm beanspruchten Rechts dargetan. Je nach der Beschaffenheit dieses Rechts nimmt die Vermutung aus dem Besitz einen *verschiedenen Inhalt* an:

16   1. Der Besitzer kann behaupten, selbst *Eigentümer* der von ihm besessenen Sache zu sein. Hier wird bis zum Beweis des Gegenteils das Vorhandensein seines Eigentums angenommen (930[1]). Diese Vermutung kann nicht nur vom *gegenwärtigen* Besitzer zu Gunsten seines noch bestehenden Eigentums, sondern auch von jedem *früheren* Besitzer zu Gunsten seines Eigentums für die *Dauer seines Besitzes* angerufen werden (930[2]). Es wird also ganz allgemein vermutet, dass jeder Besitzer Eigentümer sei, weil und solange er besitzt.

17   2. Der Besitzer kann aber auch das Eigentum *eines anderen* an der besessenen Sache ausdrücklich *zugeben.* Er behauptet nur, den Besitz auf Grund eines ihm vom Eigentümer eingeräumten *persönlichen* oder *dinglichen Rechts* auszuüben, etwa auf Grund einer Nutzniessung, Leihe, Miete, Hinterlegung, eines Mandats. Die Bank gibt z.B. an, die Titel nur als Hinterlegung eines Kunden zu besitzen, oder jemand fährt auf dem bei einer Kollegin entliehenen Velo, ohne deren Eigentum zu bestreiten. In diesen Fällen kann der Eigentümer als selbständiger Besitzer die schon erwähnte Vermutung für sein Eigentum anrufen (930). Aber auch der Inhaber des beschränkten dinglichen oder obligatorischen Rechts kann eine Vermutung aus seinem unselbständigen Besitz geltend machen (931), und zwar in doppelter Weise:

18   α. Er kann zunächst die Vermutung anrufen, dass das von ihm behauptete *beschränkte Recht* bestehe. Diese Vermutung hat jedoch Bestand nur gegenüber Dritten, nicht auch gegen den Urheber, von dem das Recht abgeleitet wird (931[2]). Diesem gegenüber gelten die gewöhnlichen Beweisregeln. Bestreitet die Eigentümerin des Velos also ihrem Kollegen gegenüber, ihm das Velo geliehen zu haben, während er dies behauptet, so dringt er gegen sie nicht mit der Vermutung durch, sondern muss das von ihm behauptete Recht nach Art. 8 ZGB beweisen. Anders wäre es, wenn ein Dritter dem Velobenutzer gegenüber bestreiten würde, dass dieser das Fahrrad von der Eigentümerin ausgeliehen erhalten habe; hier wird dieses Recht (aus Gebrauchsleihe) bis zum Beweis des Gegenteils als vorhanden angenommen.

19   β. Wer besitzt, ohne Eigentümer sein zu wollen, kann ferner die Vermutung anrufen, dass der *Urheber* seines Rechts – d.h. die Person, von der er die Sache in gutem Glauben empfangen hat – der *Eigentümer* sei (931[1]). Gestützt darauf kann er z.B. die Herausgabe der Sache an jede Drittperson verweigern, bis diese ihm den Beweis für ihr Eigentumsrecht erbracht hat. Wenn also A Werttitel bei der Bank deponiert hat und B nun unter Behauptung seines Eigentums sie von der Bank herausfordert, wird die

---

23   Vgl. auch Alessandra Ceresoli, Art. 200 Abs. 2 und Art. 248 Abs. 2 ZGB – Miteigentumsvermutungen unter Ehegatten und Eigentumsnachweis (Diss. Basel 1992), 147 ff.

Bank sie ihm verweigern, indem sie das Eigentumsrecht des A anzunehmen berechtigt ist (vgl. auch 479¹ OR).

b. Die Rechtsfolgen aus den Vermutungen. Diese Vermutungen (Präsumtionen), ins- 20
besondere jene zu Gunsten des behaupteten Eigentums, spielen eine wichtige praktische Rolle im Streit um Fahrnis. Sie bilden regelmässig die Grundlage sowohl für die
Abwehr (Verteidigung) wie auch für den Angriff: Sie äussern demnach eine *Defensiv*-
und eine *Offensivwirkung*. Dazu kommt ein Drittes: Mit der Übertragung des Besitzes
geht auch das mit ihm (dem Anschein nach) verbundene Recht auf den Besitzerwerber über (sog. *Translativwirkung* des Besitzes). Im Einzelnen:

1. *Die Defensivwirkung,* Art. 932. Die Rechtsvermutung aus dem Besitz dient in erster 21
Linie dem *gegenwärtigen* Besitzer als Mittel zur Abwehr von Angriffen eines Nichtbesit-
zers, der ihm auf dem Klageweg das Recht streitig macht. Der *beklagte* Besitzer braucht
sich nur auf seinen Besitz zu berufen; dann wird ohne Weiteres die Existenz des von
ihm behaupteten Rechts (Eigentumsrechts, Nutzniessung, Pfandrechts usw.) angenommen. Sache des Klägers ist es dann, diese gesetzliche Vermutung zu widerlegen.

Die Vermutung entfällt allerdings, wenn der Besitzer durch Anwendung *ver-* 22
botener Eigenmacht die Sache erlangt hatte (932 in fine). Wirkungslos ist die Vermutung ebenfalls gegenüber einem früheren Besitzer, dem die Sache gegen seinen Willen abhanden gekommen war oder dem gegenüber sie böswillig besessen wird (hinten
N 27 ff.).

Nicht der Parteirolle im Prozess nach (dort ist er Kläger), wohl aber tatsächlich 23
(materiell) befindet sich auch jener Besitzer in Verteidigungsstellung, der zur Abwehr
einer ungerechtfertigten Einwirkung auf seinen Besitz oder zur Feststellung desselben
den *Klageweg* beschreiten muss (sogenannte Actio negatoria, Art. 641 Abs. 2 in fine,
und die Feststellungsklage). Hier entbindet die Vermutung den *Kläger* von der Pflicht,
sein Recht zu beweisen. Um diese Vermutung zu widerlegen, muss der Beklagte seinerseits ein besseres Recht zum Besitz dartun (vgl. 52 II 50).

2. *Die Offensivwirkung, die Eigentumsverfolgung,* Art. 934 ff. Die Rechtsvermutung aus 24
dem Besitz greift nach dem Gesagten nicht nur zu Gunsten des gegenwärtigen, sondern auch zu Gunsten *jedes früheren* Besitzers für die Zeit seines Besitzes ein (930²).
Wegen der eben beschriebenen Defensivwirkung geht allerdings grundsätzlich der
Schutz des gegenwärtigen Besitzers vor; die Vermutung zu Gunsten des jetzigen Besitzers muss zuerst widerlegt werden, bevor sie dem früheren zugute kommen kann.

Das ZGB kennt nun einen Herausgabeanspruch zu Gunsten eines jeden frü- 25
heren Besitzers,²⁴ bei dem sich die Beseitigung der Vermutung zu Gunsten der jetzigen Besitzerin sehr einfach gestaltet. Der Kläger braucht nicht den Bestand seines
Rechts (Eigentum, Nutzniessung, Pfandrecht) nachzuweisen, was oftmals aufwändig
sein könnte. Er kann sich vielmehr auf bestimmte Gründe stützen, denen zufolge er

---

24 Es kann sich um einen selbständigen oder unselbständigen, mittelbaren oder unmittelbaren
    Besitzer handeln (109 II 206).

ein *besseres Recht* zum Besitz hat als die Beklagte. Er macht die sogenannte *Besitzes-rechts-*[25] oder *Fahrnisklage* geltend («Fahrnisklage», weil nur bei beweglichen Sachen zulässig). Sind deren Voraussetzungen gegeben, so bricht die Vermutung zu Guns-ten der gegenwärtigen Besitzerin zusammen, und der Kläger kann die Sache von der Beklagten herausverlangen.

26   Die Voraussetzungen der Besitzesrechtsklage sind zunächst einmal – neben dem eigenen früheren Besitz – entweder *unfreiwilliger Besitzverlust* des Klägers (nach-stehend N 27 f.) *oder bösgläubiger Besitzerwerb* der Beklagten (nachstehend N 29 ff.). In beiden Fällen erscheint es ohne Weiteres als glaubhaft, dass dem Kläger ein besseres Recht an der Sache als der Beklagten zusteht, weshalb ihm der Beweis dafür erlassen und durch die Rechtsvermutung ersetzt wird. Er braucht nicht einmal ein bestimmtes Recht anzuführen, das ihn zum Besitz berechtigt. In drei Fällen schützt allerdings das Gesetz trotz unfreiwilligem Besitzverlust den früheren Besitzer nicht (oder jedenfalls nur mit wichtigen Einschränkungen): bei Geld- und Inhaberpapieren (935, nachste-hend N 33 f.), beim Sonderfall des Art. 934 Abs. 2 (nachstehend N 35 f.) und bei Ver-wirkung (nachstehend N 37 f.). Die Besitzesrechtsklage ist demnach in folgenden *zwei Fällen* gegeben:

27   α. Erstens dann, wenn dem Kläger die Sache, die er früher einmal besass, *gegen seinen Willen* abhanden gekommen, insbesondere gestohlen worden (120 II 194) oder verlo-ren gegangen ist (934[1]).[26] Hier obsiegt der Kläger sogar gegen eine Drittperson, die im guten Glauben den Besitz erlangt hat. Die Sache ist bis zu ihrer Rückkehr zum recht-mässigen Besitzer mit einem inneren Mangel behaftet (80 II 241 ff.), der an ihr diesem gegenüber einen gesetzlich zu schützenden Erwerb überhaupt ausschliesst.

28   Beispiel: Ein seltenes Buch ist aus der Bibliothek eines Wissenschaftlers ver-schwunden. Er entdeckt genau dieses Exemplar im Schaufenster einer Antiquarin, beschwert sich und erhält zur Antwort, sie habe das Buch von einer ihr unbekannten Person gegen teures Geld erworben. Wenn der Wissenschaftler seinen früheren Besitz und den Verlust beweisen kann, so entfällt damit die Rechtsvermutung zu Gunsten der Antiquarin.

29   β. Zweitens dann, wenn die Beklagte in *bösem Glauben* (vgl. etwa 79 II 61 ff.) bzw. bei unentschuldbarer fehlender Aufmerksamkeit den *Besitz erlangt* hat (3[2]; 113 II 399 f.; 122 III 2 f.; 131 III 421 f.; 139 III 307 ff.; BGer 5A_925/2013 E. 1–3) – gleichgültig, in welcher Weise die Sache dem Kläger abhanden gekommen ist (936[1]).[27] Unter dem Gesichtspunkt von Art. 3 Abs. 2 besteht gemäss bundesgerichtlicher Praxis keine allge-

---

25   Sie wird auch *Besitzrechtsklage* genannt: so HANS HINDERLING, Der Anwendungsbereich der Besitzrechtsklage (Basel 1966), und BRUNO SCHMIDLIN, Zur Bedeutung des Besitzes in der Besitzrechtsklage, in ZSR NF 87 (1968), I 141.

26   Als gegen den Willen des Besitzers abhanden gekommen gelten auch Sachen, die verwechselt worden sind: BGer 5P.451/2001 E. 2b. Vgl. auch SUTTER-SOMM, SPR V/1, Nr. 1392 ff.

27   Zum Fall des bösgläubigen Erwerbs von einem gutgläubigen Veräusserer vgl. 103 II 186. – Nach-träglicher böser Glaube schadet dem Erwerber (zivilrechtlich) nicht (90 IV 19; 105 IV 305). Streitig ist, ob Rechtserwerb (so die zutreffende herrschende Meinung) oder Besitzerwerb (in

meine Pflicht des Erwerbers, sich nach dem Vorliegen der Verfügungsmacht des Veräusserers zu erkundigen (vorne § 7 N 16); nur beim Vorliegen konkreter Verdachtsgründe – wenn also auf Grund der Umstände Anlass zu Misstrauen besteht – muss der Erwerber die näheren Umstände abklären (122 III 1 ff.; 131 III 421 f.; 139 III 308 f.).[28] Das gilt – jedenfalls für branchenvertraute Erwerber – beim Handel mit Gebrauchtwaren aller Art (122 III 3 f.), besonders beim Handel mit Occasionsautomobilen der Luxusklasse (113 II 399 f.; BGer 5A_925/2013 E. 1-3), sowie beim Handel mit wertvollen Kunstwerken (139 III 308 ff.: Malewitsch-Gemälde).[29] Für Kulturgüter gelten besondere Sorgfaltspflichten nach KGTG 16.[30]

Allerdings darf der Kläger nicht selbst die Sache in bösem Glauben erworben haben. Sonst darf er dem späteren Besitzer die Sache nicht abfordern (936[2]; «In pari turpitudine melior est conditio possidentis»).   30

Die Beklagte kann sich gegen den Herausgabeanspruch in verschiedener Weise wehren: Entweder sie widerlegt den Klagegrund (den früheren Besitz des Klägers); dann entsteht die Vermutung gar nicht. Oder sie widerlegt die ihr nachteilige Vermutung durch den Nachweis, sie habe (trotz des gegenteiligen Anscheins) ein besseres Recht auf die Sache als der Kläger. Im vorne (N 28) erwähnten Fall weist etwa die Antiquarin nach, dass sie das Buch, seitdem es dem Wissenschaftler abhanden gekommen ist, während fünf Jahren ununterbrochen und unangefochten in gutem Glauben als Eigentum besessen habe und daher durch Ersitzung Eigentümerin geworden sei (728). Sie darf dabei unter Umständen sogar die Besitzzeit ihres Vorgängers hinzufügen (941). Oder sie beweist, dass ihr selber das Buch, bevor es in den Besitz des Wissenschaftlers kam, gegen ihren Willen abhanden gekommen war. Umstritten ist, ob die bösgläubige Erwerberin gegenüber der Besitzesrechtsklage nur die Einrede erheben kann, sie habe (im Sinn von Art. 932) ein besseres Recht an der Sache als der Kläger oder aber dieser selbst habe die Sache nicht in gutem Glauben erworben (936[2]), oder ob sie darüber hinaus ganz allgemein dem Kläger entgegenhalten kann, dieser habe   31

---

den seltenen Fällen, da dies eine Rolle spielt) massgebend sei: hierzu HINDERLING, SPR V/1, 488.

28 Vgl. auch BGer in Semjud 121 (1999) I, 1 ff., E. 4c; BGer 5C.50/2003 E. 3.4 = Semjud 126 (2004) I, 85 ff.; BGer 5A_669/2010 E. 4; STARK, BeKomm, Art. 933 N 50 ff.

29 Vgl. auch BGer 5A_183/2008 E. 2; ZR 91–92 (1992–1993), Nr. 75, S. 269 ff.

30 Vgl. dazu BÉNÉDICT FOËX, La loi fédérale sur le transfert international des biens culturels: un point de vue de civiliste, in: Renold/Gabus/de Werra (Hrsg.), Criminalité, blanchiment et nouvelles réglementations en matière de transfert de biens culturels, Zürich/Genf 2006, 17 ff. (besonders 20 ff.); BORIS T. GRELL/MATHIAS H. PLUTSCHOW, Sorgfaltspflichten gemäss Kulturgütertransfergesetz (KGTG) …, Zürich 2005, 26 ff.; CHARLOTTE WIESER, Gutgläubiger Fahrniserwerb und Besitzesrechtsklage … (Diss. Basel 2004), 96 ff.; MARC WEBER, Bundesgesetz über den internationalen Kulturgütertransfer, ZSR 124 (2004) I, 495 ff. (besonders 521 ff.). Vgl. auch MARKUS MÜLLER-CHEN, Grundlagen und ausgewählte Fragen des Kunstrechts, ZSR 129 (2010) II, 5 ff. (112 ff.).

trotz seinem früheren Besitz nie ein Recht an der Sache gehabt (vgl. 84 II 259, Frage offengelassen).[31]

32   In den erwähnten zwei Fällen verhilft also die Fahrnisklage dem früheren Besitzer wieder zum Besitz an der Sache. Trotz unfreiwilligem Besitzverlust hat allerdings das Gesetz, wie vorne erwähnt, im Interesse des gutgläubigen Verkehrs (113 II 398) der Besitzesrechtsklage weitere *Schranken* gesetzt. Sie bestehen darin, dass für einen Fall die Klage überhaupt ausgeschlossen, für einen anderen nur unter einem Vorbehalt zulässig, und dass sie überdies zeitlich begrenzt ist. Auf all diese Beschränkungen kann sich nur der *gutgläubige* Beklagte berufen. Im Einzelnen gilt:

33   γ. *Ausgeschlossen* ist die Klage zur Rückforderung von *Geld* und von *Inhaberpapieren*: Art. 935. Hier muss der gutgläubige Empfänger, selbst wenn es sich um gestohlene Sachen handelt, mit Sicherheit damit rechnen können, dass er später in keiner Weise belästigt wird.[32] Da es meist unmöglich sein wird, *Geldstücke* nach der Mischung mit anderem Geld noch zu erkennen, wird in diesem Fall auch gegen den bösgläubigen Beklagten regelmässig nur noch auf Schadenersatz und nicht mehr auf Herausgabe geklagt werden können (47 II 267; vgl. auch 112 IV 76 f.).

34   Als bösgläubig gilt nicht nur, wer in Kenntnis des besseren Rechts eines Dritten solche Papiere übernimmt, sondern auch derjenige, der es bei der Übernahme unterlässt, die durch den Verkehr gebotene Sorgfalt anzuwenden – speziell wer es unterlässt, verdächtige Umstände aufzuklären (3[2]). Solche liegen z.B. vor, wenn gute, leicht bei einer Bank unterzubringende Staatspapiere zu einem bedeutend unter ihrem Kurswert liegenden Preis einem Privaten angeboten werden. Von einer Bank insbesondere kann man verlangen, dass sie die gebräuchlichen Veröffentlichungen bezüglich gestohlener und verlorener Wertpapiere beachtet (vgl. 83 II 132 ff.; 38 II 468; 47 II 264).

35   δ. Nur unter einem *Vorbehalt* ist die Rückforderung gestattet bei Sachen, die von der Beklagten durch *öffentliche Versteigerung* oder auf dem *Markt* oder von einem *Kaufmann,* der mit Waren dieser Art handelt, gutgläubig erworben wurden (934[2]). Sie muss sie nur herausgeben, wenn der Kläger dafür den bezahlten *Kaufpreis* ersetzt («Lösungsrecht» des Klägers).[33] Darin liegt eine Begünstigung des Handels- und Marktverkehrs, bei dem regelmässig eine eingehende Prüfung der Berechtigung des Verkäufers unmöglich oder untunlich ist (113 II 398). Wenn also in unserem Beispiel (N 28) die Antiquarin das Buch des Wissenschaftlers auf einer Versteigerung oder von einem anderen Antiquar erworben hatte, erhält der Kläger es nur gegen Angebot des von ihr bezahlten Preises zurück. Der Eigentümer muss gewissermassen seine eigene Sache zurückkaufen.

---

31   Zu dieser Frage insbesondere HINDERLING, zit. vorne Anm. 25, 17 ff. («Beiderseits fehlendes Recht zum Besitz»).

32   Nach deutscher Rechtsprechung fallen Sammlermünzen nicht unter die analoge Vorschrift von § 935 Abs. 2 BGB – selbst dann nicht, wenn sie als offizielles Zahlungsmittel zugelassen sind (BGH JZ 68 [2013], 1111 ff. = NJW 2013, 2888 ff.).

33   Vgl. auch WOLFGANG ERNST, Lösungsrecht und Singularsukzession, in Rolf Sethe u. a. (Hrsg.), FS Rolf H. Weber, Bern 2011, 839 ff.

Die bösgläubige Empfängerin sowie jene, die sich wegen mangelnder Auf-   36
merksamkeit nicht auf ihren guten Glauben berufen darf (3²), muss demgegenüber
die Sache trotz Markt-, Steigerungs- oder Kaufmannskaufes entschädigungslos an
den Berechtigten herausgeben (113 II 399, mit Hinweisen auf die Sorgfaltspflicht des
Händlers von Occasionsautomobilen; in 122 III 3 f. verallgemeinert auf den Handel
mit Gebrauchtwaren aller Art).³⁴

ε. Für die Rückforderung muss eine *bestimmte Frist* eingehalten werden. Nach Ablauf   37
von *fünf Jahren* ist die Klage verwirkt. Auch diese Begrenzung gilt nur für die gutgläubige Beklagte (934¹), während die bösgläubige für immer zur Herausgabe verpflichtet bleibt (936¹; 139 III 307). Durch den Vorbehalt von Art. 722 gelten für bestimmte
Tiere besondere Fristen.³⁵

Für abhanden gekommene Kulturgüter im Sinn des KGTG³⁶ «verjährt» das   38
Rückforderungsrecht ein Jahr, nachdem der Eigentümer Kenntnis davon erlangt hat,
wo und bei wem sich das Kulturgut befindet, spätestens aber 30 Jahre nach dem Abhan-
denkommen (934¹ᵇⁱˢ). Trotz des Gesetzeswortlauts liegt – wie bei 934¹ – eine Verwirkungsfrist vor;³⁷ die Stillstands- und Unterbrechungsgründe der Art. 134 ff. OR sind
nicht anwendbar.

3. *Die Translativwirkung* (Gutglaubens- oder Verkehrsschutzwirkung);³⁸ der *Schutz des*   39
gutgläubigen Erwerbs, Art. 933.³⁹ Das ZGB folgt der deutsch-rechtlichen Auffassung,
wonach der Besitz die normale Verkörperung, das «äussere Kleid» eines darunter stehenden Rechts ist. Deshalb wird für bestimmte Fälle gefolgert, der Besitzer dürfe von
jedem Dritten, der mit ihm in Beziehung tritt, als zur Verfügung über jenes Recht
ermächtigt angesehen werden. Dem Besitzer steht eine entsprechende *formale Legi-*
timation zu. Sie wird vom Eigentümer zugleich mit dem Besitz auf den Ersterwerber,
von diesem auf den Nachfolger usw. übertragen. Wo diese Legitimation besteht, darf

---

34 Zum Massstab nach Art. 3 Abs. 2 vgl. vorne § 7 N 16.
35 Vgl. BBl 2002, 4170.
36 Als Kulturgut im Sinn von Art. 2 Abs. 1 KGTG gilt ein aus religiösen oder weltlichen Gründen
     für Archäologie, Vorgeschichte, Geschichte, Literatur, Kunst oder Wissenschaft bedeutungs-
     volles Gut, das einer der Kategorien nach Art. 1 der UNESCO-Konvention vom 14. November
     1970 (SR 0.444.1) angehört. Die Konvention führt u. a. seltene Sammlungen und Exemplare der
     Zoologie, Botanik, Mineralogie und Anatomie, aber auch mehr als 100-jährige Antiquitäten
     sowie Gut von künstlerischem Interesse auf.
37 Gleicher Meinung STEINAUER a.a.O. Nr. 466; PIERRE GABUS/MARC-ANDRÉ RENOLD, Com-
     mentaire LTBC – Loi fédérale sur le transfert international des biens culturels (LTBC), Genf
     2006, Art. 32 LTBC N 26. Für Verjährung demgegenüber STARK/ERNST, BaKomm, Art. 934
     N 17j; differenzierend WOLFGANG ERNST, Neues Sachenrecht für Kulturgüter, recht 2008, 8.
     Die bundesrätliche Botschaft (BBl 2002, 603 f.) spricht hauptsächlich von Verjährung, verein-
     zelt aber auch von Verwirkung (603 unten).
38 HINDERLING, SPR V/1, 406, verwendet den Ausdruck «Translativwirkung» nur für die mit der
     Besitzübertragung verbundene Übertragung dinglicher Rechte an Fahrnis (also insbes. Art. 714
     Abs. 1). Vgl. auch SUTTER-SOMM, SPR V/1, Nr. 1380 ff.
39 Zur Entstehungsgeschichte vgl. MARTINA HURST-WECHSLER, Herkunft und Bedeutung des
     Eigentumserwerbs kraft guten Glaubens nach Art. 933 ZGB (Diss. Zürich 2000).

der Erwerber einer Sache darauf vertrauen, dass der Besitzer zur Übertragung berechtigt war, dass ihm (dem Erwerber) mithin die Sache nicht nachträglich von einem Besserberechtigten entzogen wird.

40 Dies widerspricht nun aber offensichtlich der Offensivwirkung des Besitzes, auf Grund welcher mit der Fahrnisklage eine Sache von der Erwerberin wieder herausverlangt werden kann (vorne N 24 ff.). Die beiden Wirkungen schliessen einander gegenseitig aus: Entweder kann der frühere Besitzer (auf Grund der Offensivwirkung) die Sache zurückverlangen, oder aber der jetzige Besitzer kann (auf Grund der Translativwirkung) die Sache behalten. Der Anwendungsbereich der beiden Grundsätze ist daher genau abzugrenzen:

41 α. Erstens ist der Verkehrsschutz (die Translativwirkung) nur für den *gutgläubigen* Erwerber gegeben. Der gute Glaube «muss sich auf die Berechtigung des Veräusserers beziehen, über die Sache zu verfügen».[40] Der bösgläubigen (bzw. dem nach Art. 3 Abs. 2 unaufmerksamen: 100 II 14 ff.; 113 II 399) Erwerberin gegenüber kann sich der frühere Besitzer immer auf die Fahrnisklage berufen.

42 β. Sodann besteht nach dem Gesagten der Herausgabeanspruch (die Offensivwirkung), wenn eine Sache dem Besitzer *unfreiwillig* abhanden gekommen ist (934). Der Verkehrsschutz (die Translativwirkung) greift also – zweitens – nur ein, sofern der Berechtigte die Sache mit freiem Willen aufgegeben und auf einen andern übertragen hat, mit anderen Worten bei den sogenannten *anvertrauten* Sachen (933).

43 Wenn der Eigentümer die Sache jemandem anvertraute (z.B. vermietete, lieh, hinterlegte: s. etwa 80 II 237 ff.; 85 II 590 f.; 100 II 13 f.),[41] der sie ohne Ermächtigung weiter veräusserte (verkaufte, verschenkte), so kann jener sie der gutgläubigen Dritterwerberin nicht abverlangen. Sein Rückforderungsanspruch prallt am gutgläubigen Erwerb der neuen Besitzerin ab (714[2]). Er muss und kann sich nur an jenen halten, dem er die Sache übergab («Hand wahre Hand»). Wenn der Wissenschaftler also im Beispiel von N 28 sein Buch einem Freund geliehen hatte, der es anschliessend der Antiquarin verkaufte, so braucht diese dem Ersteren das Buch nicht herauszugeben. Der Wissenschaftler muss sich am treulosen Freund schadlos halten.[42]

---

40 Stark, BeKomm, Art. 933 N 55 (im Original kursiv); SJZ 89 (1993), 367.

41 «Anvertraut» ist auch eine auf Grund einer Täuschung übergebene Sache, wenn die Täuschung nur das zu Grunde liegende Rechtsverhältnis und nicht die Besitzübertragung als solche betrifft (121 III 347 f.; vgl. auch 121 IV 28 f.; Stark, BeKomm, Art. 933 N 29 ff.; kritisch zum erstgenannten Entscheid Paul Piotet, Dol et chose confiée, JdT 145 [1997], 34 ff.).

42 Für den Fall der *Schenkung* einer anvertrauten Sache durch den hierzu nicht befugten «Veräusserer» schliesst die herrschende Lehre den Eigentumserwerb durch die gutgläubige Beschenkte trotz Art. 933 aus, weil mangels «Zuwendung … aus seinem Vermögen» (239[1] OR) keine gültige Schenkung zustande komme: Andreas von Tuhr/Hans Peter, Allgemeiner Teil des Schweizerischen Obligationenrechts, Band I (3. A. Zürich 1979), 497 Anm. 143 und 516; Vogt, BaKomm, Art. 239 OR N 42; Claire Huguenin, Obligationenrecht – Allgemeiner und Besonderer Teil (2. A. Zürich 2014), Nr. 2875; wohl auch Pierre Tercier/Pascal G. Favre/Marie-Noëlle Zen-Ruffinen, Les contrats spéciaux (4. A. Zürich 2009), Nr. 1769 ff.; Sandra Maissen, Der Schenkungsvertrag im schweizerischen Recht (Diss. Freiburg 1996), AISUF 152, Nr. 73

Wie zu Gunsten des Eigentümers, so greift der Vertrauensschutz auch zu Gunsten beschränkter dinglicher Rechte ein, die auf Grund anvertrauten Besitzes von einer Drittperson gutgläubig erworben werden. Wenn im obigen Fall der Freund des Wissenschaftlers das Buch zur Pfandleihanstalt brachte, so ist deren Pfandrecht gegenüber dem Eigentümer geschützt (vgl. auch 884²). 44

γ. Die verschiedene Behandlung der unfreiwillig abhanden gekommenen gegenüber der anvertrauten Fahrnis, die auf dem deutsch-rechtlichen Besitzesbegriff fusst, ist *sachlich gerechtfertigt:* Dem Eigentümer, der eine Sache einem anderen anvertraut hat, darf zugemutet werden, dass er sich nur an jene Person hält, der er das Vertrauen geschenkt hat – und die Folgen trägt, «wenn der durch den Besitz des Vertrauensmannes vom Eigentümer willentlich geschaffene Schein des Rechts gegen ihn sich kehrt; während sich dies dem Eigentümer gegenüber, der seine Sache verwahrt hält und nichts dazu tut, einen solchen Rechtsschein zu schaffen, nicht rechtfertigen liesse. Dies gilt um so mehr, als in ersterem Falle die Möglichkeit der Schadloshaltung viel grösser ist als im letztern».⁴³ 45

c. Der Unterschied zwischen der Besitzesrechts- und der Besitzesschutzklage.⁴⁴ 46
Diese Klagen sind insofern ähnlich, als sie beide auf Rückforderung einer Sache gehen können und bei beiden der Kläger nicht sein Recht, sondern den früheren Besitz nachzuweisen hat. Im Übrigen sind sie aber durchaus verschieden, und jede hat ein ganz bestimmtes, abgegrenztes Anwendungsgebiet. Die Unterschiede zeigen sich vor allem in folgenden Punkten:

1. Die Besitzesschutzklage kann sowohl bei *Fahrnis* wie bei *Grundstücken* angestellt werden. – Die Besitzesrechtsklage greift dagegen nur bei *Fahrnis* ein. Bei Grundstücken besteht die Vermutung für das Bestehen des behaupteten Rechts nicht für den Besitzer, sondern für den *im Grundbuch Eingetragenen* (937). Der Pächter eines Grundstücks ist also ausschliesslich auf die Besitzesschutzklage verwiesen. 47

2. Die Besitzesschutzklage stützt sich auf den Besitz als solchen. Die Besitzesrechtsklage hingegen stützt sich *auf das im Besitz verkörperte Recht.* Daher obsiegt bei Letzterer nicht ohne Weiteres jener Teil, der vorher Besitzer war, sondern jener, der ein besseres Recht als der andere nachzuweisen vermag.⁴⁵ 48

---

und 76; vgl. auch 102 II 322; gleiches Ergebnis mit restriktiver Interpretation des Art. 933 bei HEINRICH HONSELL, Schweizerisches Obligationenrecht Besonderer Teil (9. A. Bern 2010), 204 f.; anderer Meinung CAVIN, SPR V/1, 183 Anm. 1; SUSAN EMMENEGGER, Schenkung und Gutglaubensschutz, in FS Bruno Huwiler (Bern 2007), 223 ff. (für eine umfassende Anwendung von Art. 933); vgl. auch WOLFGANG ERNST, BaKomm, Art. 933 N 23.

43 So OSTERTAG, BeKomm, Art. 934 N 1. Ähnlich 100 II 14: «Sie (d.h. die Eigentümerin) hat den falschen Rechtsschein veranlasst.» Kritisch zu den gesetzgeberischen Wertungen STEPHAN HARTMANN, Der Fahrniserwerb vom Nichtberechtigten – zur Unterscheidung zwischen anvertrauten und abhanden gekommenen Sachen, recht 2002, 136 ff.

44 Vgl. ZOBL, zit. vorne Anm. 16, 303 ff.

45 Siehe HINDERLING, zit. vorne Anm. 25, 16: «dass … nach dem Sinn von Art. 934/936 der (besser) Berechtigte den Sieg davontragen soll, wenn er sein Recht geltend macht».

49 3. Die Besitzesschutzklage ist nur bei *verbotener Eigenmacht* gegeben, d.h. bei positiven Eingriffen in die Besitzsphäre des Klägers. Die Besitzesrechtsklage kommt demgegenüber bei jedem unfreiwilligen Besitzverlust und selbst bei freiwilliger Besitzaufgabe in Betracht, sofern der Beklagte *bösgläubig* ist. Sie ist z.B. gegeben, wenn jemand seine Uhr im Wald verliert und der Finder die Rückgabe verweigert, oder wenn der Eigentümer seine Sache jemandem anvertraut und dieser sie einer bösgläubigen Drittperson veräussert.

50 4. Die Besitzesschutzklage ist an eine *viel kürzere* Frist als die Besitzesrechtsklage gebunden (vgl. 929 sowie vorne N 11 und 37 f.). Auch beim Vorliegen verbotener Eigenmacht kann deshalb nur die Besitzesrechtsklage angestellt werden, wenn die Besitzesschutzklage schon verwirkt ist, d.h. die sofortige Reklamation oder die Klageanhebung innert Jahresfrist versäumt worden sind. Beispiel: Nachdem ihm das Fahrrad entwendet worden ist, erfährt der Eigentümer, wer der Täter war, unterlässt es jedoch (in der Hoffnung auf eine freiwillige Rückerstattung), sofort die Sache zurückzufordern. Dadurch ist die Klage aus Besitzesentziehung verwirkt (929[1]). Der Eigentümer kann aber immer noch die Besitzesrechtsklage nach Art. 930 Abs. 2 und 934 Abs. 1 anstellen; er riskiert nun allerdings, dass der Beklagte die Einrede erhebt, er habe auf das Velo ein besseres Recht (etwa weil es ihm von allem Anfang an gestohlen worden sei).

51 **d. Die Klage aus dem Recht.** Die Besitzesrechtsklage spielt die wichtigste Rolle in der Verfolgung dinglicher Rechte. Daneben anerkennt aber das ZGB (mindestens stillschweigend) einen Herausgabeanspruch, der sich auf das (vom Kläger behauptete) *Recht selbst* stützt. Im praktisch wichtigsten Fall, bei Verfolgung des Eigentums, ist dies die *Eigentumsklage* (641[2] erster Teil; «Rei vindicatio»).[46] Es gibt zahlreiche Tatbestände, bei denen sowohl die Besitzesrechts- wie die Eigentumsklage zulässig sind. Nichts hindert in solchen Fällen den Kläger, anstatt die Besitzesrechtsklage anzustellen, sofort sein Eigentum zu behaupten und zu beweisen, also die Klage aus dem Recht geltend zu machen. In der Praxis werden zudem die Klagen häufig nicht scharf voneinander getrennt. Wir behandeln zunächst die Fälle, in denen die Klage aus dem Recht aktuell ist (nachfolgend 1.); dann stellen wir diese Klage der Besitzesrechtsklage gegenüber (2.).

52 1. Ein besonderes Bedürfnis für Klagen aus dem Recht ist für solche *Fälle* anzunehmen, in denen nur diese Klagen zum Ziel führen, weil die besonderen Voraussetzungen der Fahrnisklage nicht vorliegen. Dies trifft zu:

53 α. Bei *Grundstücken.* Der Eigentümer kann hier unter Anrufung und Beweis seines Eigentumsrechts die Berichtigung eines ungerechtfertigten Eintrags im Grundbuch erwirken (975, vgl. hinten § 95 N 32 ff.).

54 β. Bei Sachen, die noch *nie im Besitz* des Eigentümers waren. So können Eigentümer oder Nutzniesser Früchte vindizieren, auch wenn sie ihren Besitz noch nicht erlangt hatten. Nur die Eigentums- und nicht auch die Fahrnisklage wäre z.B. gegeben, wenn

---

46 Zum Herausgabeanspruch des Inhabers eines beschränkten dinglichen Rechts vgl. REY, Grundriss, Nr. 2039 mit Hinweisen.

der Eigentümer einer Henne ein Ei herausverlangt, das diese im Hühnerstall des Nachbars gelegt hat.

γ. Bei Sachen, die dem Eigentümer *nicht gegen seinen Willen* abhanden kamen, wenn 55
der beklagte Besitzer *nicht bösgläubig* ist (und die Voraussetzungen von Art. 933 nicht
erfüllt sind). Dies trifft etwa zu, wenn der Besitzer die Sache auf Grund eines unwirksamen Rechtsgeschäfts erlangt hat. Beispiele: Eine minderjährige Person hat ohne
Genehmigung der Eltern eine Sache verkauft und übertragen. Die Eltern verlangen
sie im Namen des Kindes heraus (Vindikation). Oder jemand hat unter dem Einfluss
eines wesentlichen Irrtums oder einer Täuschung eine Veräusserung vorgenommen.
Auf Grund des kausalen Charakters der Tradition (vorne § 88 N 9 und hinten § 103
N 10) ist das Eigentum beim Veräusserer geblieben; die Sache kann daher zwar zurückverlangt werden, aber nicht mit der Besitzesrechtsklage. Vindizieren kann auch noch
der Hinterleger, nachdem die obligatorische Rückforderungsklage verjährt ist (vgl. 48
II 44 ff.).

δ. Bei folgenden, freilich aussergewöhnlichen Konstellationen: Der klagende Eigen- 56
tümer hat die Sache seinerzeit selber bösgläubig erworben; dieser Mangel ist aber in
einem späteren Zeitpunkt geheilt worden. Die Sachen sind dem unmittelbaren und
unselbständigen Besitzer (also dem Mieter oder Verwahrer) abhanden gekommen
und werden nun vom Eigentümer, der sie nur mittelbar besessen hat, an sich selbst
zurückgefordert.[47]

2. Das ZGB hat die Klage aus dem Recht im Gegensatz zur Fahrnisklage nicht aus- 57
drücklich geregelt. Aus der Natur der beiden Klagen ergeben sich gewisse *Verschiedenheiten*. Die *Eigenart* der Besitzesrechtsklagen besteht vornehmlich in der *Verteilung
der Beweisrollen,* die auf die Vermutungen zurückgehen. Hierin unterscheiden sich
denn auch vor allem die beiden Klagen. Dagegen sind für die Klagen aus dem Recht
mit Bezug auf den Verkehrsschutz (z.B. 934[2]), die Vermutungen (z.B. 932) und den
Umfang der Herausgabepflicht (z.B. 938 ff.) die Grundsätze der Fahrnisklage anzuwenden.

Im Einzelnen sind folgende *Verschiedenheiten* in der *Beweisführung* festzuhal- 58
ten: Bei der Besitzesrechtsklage genügt der Nachweis des unfreiwilligen Verlusts des
ehemaligen Besitzes des Klägers oder des böswilligen Besitzes der Beklagten, um die

---

47 Diese Beispiele bei MEIER-HAYOZ, BeKomm, Art. 641 N 84; vgl. ferner STEINAUER a.a.O.
Nr. 488. – Hingegen versagt die Eigentumsklage gegenüber dem gutgläubigen Erwerber, wenn
die Sache zwar dem früheren Besitzer wider seinen Willen abhanden gekommen, die Fünfjahresfrist nach Art. 934 Abs. 1 jedoch unbenützt abgelaufen ist. Nach der herrschenden Meinung
erwirbt der gutgläubige Besitzer mit der Verwirkung der Fahrnisklage (und nicht erst mit fünfjährigem Ersitzungsbesitz nach Art. 728) Eigentum an der unfreiwillig abhanden gekommenen
Sache, und zwar unmittelbar gestützt auf Art. 714 Abs. 2 in Verbindung mit Art. 933 ff. (LIVER,
in ZBJV 115 [1979], 264 f.; HINDERLING, SPR V/1, 490 f.; STARK, BeKomm, Art. 934 N 28 ff.;
STEINAUER a.a.O. Nr. 467b; DERSELBE, Les droits réels II, Nr. 2071 f. und 2106; vgl. auch 109
II 322 f.; anders noch TUOR/SCHNYDER, 9. A. [1975, Nachdruck 1979], 524, aufgegeben in der
10. A. [1986], 578).

aus dem Besitz der Beklagten sich ergebende Vermutung auszuschalten. Bei der Klage aus dem Recht muss hingegen diese Vermutung als solche widerlegt, ihre *Unrichtigkeit bewiesen* werden. Es bestehen diesbezüglich für den «Kläger aus dem Recht» Unterschiede – je nachdem, ob er früher einmal Besitzer war oder nicht. Hatte er noch nie Besitz, so muss er *sein Recht* beweisen.[48] Wenn er aber früheren Besitz zurückfordert, braucht er nur zu beweisen, dass der Beklagte das Recht nicht erworben hat, etwa weil das Erwerbsgeschäft, auf das er sich stützt, infolge Willensmangels oder fehlender Handlungsfähigkeit des Veräusserers ungültig war (vgl. 50 II 241). Die Vermutung aus seinem früheren Besitz erlässt ihm den Beweis seines Rechts. Der Beklagten steht dann allerdings der Beweis des Gegenteils offen, dass das Recht des Klägers ebenfalls nicht bestehe.

---

48 Er muss also nachweisen, dass er die Sache gültig zu Eigentum erworben hat. War sein Erwerb derivativ, muss der Ansprecher überdies beweisen, dass sein Vormann ebenfalls gültig Eigentum erwarb usw. – bis die Kette zu einem gültigen originären Eigentumserwerb geschlossen ist («Probatio diabolica»; vgl. STEINAUER, Les droits réels I, Nr. 380 und 1021).

Schematische Übersicht über die Hauptunterschiede zwischen der Besitzesrechts- 59
klage und der Klage aus dem Recht

Besitzesrechtsklage	*Klage aus dem Recht*

Klagegrund:

Das bessere Recht zum Besitz, das hervorgeht: entweder aus dem unfreiwilligen Abhandenkommen früheren Besitzes oder dem bösgläubigen Erwerb der jetzigen Besitzerin.	Der Bestand eines dinglichen Rechts, aus dem der Anspruch auf den Besitz fliesst: Eigentum, Nutzniessung, Fahrnispfandrecht.

Kläger:

Jeder frühere Besitzer: der selbständige und der unselbständige, Letzterer gleichgültig, ob er eine dingliche oder persönliche (Mieter, Verwalter, Beauftragter usw.) Berechtigung anruft.	Nur der dinglich Berechtigte, gleichgültig, ob er früher im Besitz war oder gar nie.

Beklagte:

Jede gegenwärtige Besitzerin, sowohl die selbständige wie die unselbständige.	Jede gegenwärtige Besitzerin, sowohl die selbständige wie die unselbständige.

Beweisregelung:

Vermutung des besseren Rechts des Klägers. Deren Umstossung	Vermutung des Rechts der Beklagten. Umstossung durch den Kläger, und zwar:
1. durch den Beweis des besseren Rechts der Beklagten;	1. wenn dieser nie im Besitz war: durch den Beweis seines Rechts;
2. bei Bösgläubigkeit der Beklagten durch Berufung auf Bösgläubigkeit des Klägers (936^2);[49]	2. wenn dieser früher im Besitz war: durch Widerlegung des Rechts der Beklagten, worauf dann die Vermutung für den Kläger gilt; sie lässt sich umstossen durch Widerlegung des Rechts des Klägers.
3. umstritten, ob durch Beweis, der Kläger habe nie ein Recht gehabt (84 II 259).	

Frist:

Fünf Jahre gegen die gutgläubige Beklagte (Sonderregel für Kulturgüter), unbegrenzt gegen die bösgläubige Beklagte.	Unbegrenzt (aber: Möglichkeit der Ersitzung!).

---

49 Mit guten Gründen wird die Meinung vertreten, dass die Sonderregel von Art. 936 Abs. 2 allgemein für die Fahrnisklage gilt, also auch für Art. 934 (HINDERLING, zit. vorne Anm. 25, 15; STEINAUER a.a.O. Nr. 465a f.).

III.   Die Verantwortlichkeit

60   Wenn ein Besitzer auf Grund einer Rückforderungsklage zur Rückerstattung[50] verpflichtet wird, fragt es sich, was diese Rückerstattung umfasst. Die zu Unrecht besess-
sene Sache selber muss in jedem Fall – sofern dies noch möglich ist – zurückgegeben
werden. Wie steht es aber mit den etwaigen Früchten, welche die Sache abgeworfen
hat? Was gilt ferner, wenn die Sache untergegangen ist oder an Wert verloren hat? Und
wie steht es schliesslich mit den Auslagen, welche die Sache dem restitutionspflichti-
gen Besitzer verursacht hat? Diese Fragen sind in den Art. 938 ff. ZGB geregelt, welche als Leges speciales der allgemeinen Regelung der ungerechtfertigten Bereicherung
(62 ff. OR) vorgehen (84 II 378; BGer 5A_88/2011 E. 7.1; zur ausservertraglichen Natur
s. auch 120 II 196).[51] Massgebend ist, ob der Besitzer im guten oder im bösen Glauben
war. Es gilt der allgemeine Grundsatz, dass der bösgläubige Besitzer einer strengeren
Verantwortlichkeit unterliegt als der gutgläubige. Im Einzelnen verwirklicht sich dieser Grundsatz wie folgt:

61   **a. Bezüglich der Früchte.** Der gutgläubige Besitzer ist für die Früchte, die er seinem
vermuteten Recht entsprechend bezog, in keiner Weise ersatzpflichtig (938[1]). Der bösgläubige Besitzer dagegen haftet für die Früchte, die er bezogen, und auch für jene, die
er zu beziehen versäumt hat (940[1]).

62   **b. Bezüglich des Untergangs oder der Beschädigung der Sache.** Der gutgläubige
Besitzer, der die Sache «seinem vermuteten Rechte gemäss gebraucht und nutzt», haftet weder für Sachzerstörung noch für Wertminderung – gleichgültig, ob ihn ein Verschulden trifft oder nicht (938).[52] Der bösgläubige Besitzer dagegen ist immer ersatzpflichtig, gleichgültig ebenfalls, ob er schuldhaft gehandelt hat oder nicht (940[1]). Hat
er die Sache veräussert, muss er ihren Wert ersetzen (120 II 195). Der Schadenersatzanspruch besteht immer dann, wenn ein Herausgabeanspruch gegeben ist oder einmal
gegeben war; ob die Sache tatsächlich (herausverlangt und) herausgegeben wurde oder

---

50   Nicht anwendbar sind die Art. 938–940, wenn eine Person eine Sache kraft eines dinglichen
oder persönlichen Rechts (Nutzniessung, Pfandrecht, Miete, Hinterlegung usw.) besessen hat
und nun herausgeben muss, weil das Recht erloschen ist; hier sind für die Rückabwicklung
einzig die Bestimmungen anwendbar, denen das Rechtsverhältnis unterstanden hat (75 II 44;
Steinauer a.a.O. Nr. 498). Vgl. zum Ganzen auch Barbara Lindenmann, Die Verantwortlichkeit des gutgläubigen Besitzers – Der Artikel 938 ZGB und dessen Anwendungsbereich
(Diss. Bern 2010).

51   Für die Anwendung von Besitzesregeln des ZGB auf das Bereicherungsrecht des OR Piotet,
Les fruits acquis de bonne foi et l'enrichissement fixant l'étendue de l'obligation, in SJZ 80
(1984), 189 ff.

52   Stark, BeKomm, Art. 938 N 4: «Wer ein gestohlenes Auto gutgläubig erworben hat und in
einem selbstverschuldeten Unfall beschädigt, kann dem Kläger aus Art. 934 das Wrack zurückgeben.» – Im besonders gelagerten Fall 110 II 244 hat das Bundesgericht die Anwendung von
Art. 938 als unbillig bezeichnet und statt dessen ein vertragsähnliches Abwicklungsverhältnis
angenommen (vgl. dazu Jörg Schmid, Die Geschäftsführung ohne Auftrag [Habil. Freiburg
1992], AISUF 116, Nr. 1789 mit Hinweisen).

nicht, spielt keine Rolle (120 II 194). Art. 940 beschränkt sich demnach nicht auf den Fall, da sich der bösgläubige Besitzer dem Herausgabebegehren widersetzt (120 II 195).

Nur in einem Fall haftet der bösgläubige Besitzer bloss für verschuldeten Schaden, nämlich solange er nicht weiss, an wen er die Sache herauszugeben hat (940^3). Diese Haftungsbeschränkung entfällt jedoch, wenn der bösgläubige Besitzer sichere Kenntnis davon hat, dass die Sache gestohlen wurde, und demnach den Berechtigten durch nach Treu und Glauben zumutbare Ermittlungen ohne Weiteres hätte ausfindig machen können (120 II 195 f.).[53] 63

c. Bezüglich der Verwendungen. Der bösgläubige Besitzer kann Ersatz nur fordern für Verwendungen, die auch für den Berechtigten notwendig gewesen wären (940^2), z.B. für Fütterung des Tieres, Steuern, Versicherungsprämien, Unterhalt der Gebäude usw. Beim gutgläubigen Besitzer sind (analog zu den Art. 647c–e) drei Arten von Verwendungen zu unterscheiden: notwendige, nützliche und «andere Verwendungen» (d.h. solche, die eine blosse Annehmlichkeit bereiten, sogenannte «luxuriöse» Ausgaben). Für nützliche und notwendige Verwendungen hat der gutgläubige Besitzer Anspruch auf Ersatz und kann zu diesem Zweck sogar ein Retentionsrecht an der Sache geltend machen (939^1). Für luxuriöse Verwendungen besteht keine Ersatzpflicht, der gutgläubige Besitzer hat jedoch diesbezüglich ein Recht zur Wegnahme («Ius tollendi»), sofern er nicht entschädigt wird und die Wegnahme ohne Beschädigung der Sache möglich ist (939^2). Auf die Ersatzforderungen sind die vom Besitzer bezogenen Früchte anzurechnen (939^3). 64

---

53 Für den Fall, dass sich die Sache nicht mehr beim Beklagten befindet, weil er sich ihrer entäussert hat, vgl. 71 II 92 ff. (dazu SCHMID a.a.O. Nr. 1477 ff.), 79 II 61 und 120 II 191 ff.

Zweiter Abschnitt

Das Grundbuch

§ 93 Die Einführung eines eidgenössischen Grundbuchs

I. Die verschiedenen Publizitätssysteme

1   Wie schon mehrmals betont worden ist, verlangt die für den Verkehr erforderliche Rechtssicherheit, dass Bestand und Wandel der dinglichen Rechte äusserlich wahrnehmbar zutage treten (Publizitätsprinzip). Anders als bei Fahrnis genügt bei Grundstücken die blosse äussere Sachherrschaft (der Besitz) noch nicht, um den an ihnen bestehenden Rechten die gewünschte Öffentlichkeit zu verleihen. Dies hat insbesondere zwei Gründe: Erstens treten bei Grundstücken – gerade auch wegen der Vielzahl bestehender Miet- und Pachtverhältnisse – die tatsächlichen Herrschaftsverhältnisse nicht so offensichtlich und eindeutig zu Tage wie bei den Fahrnisgegenständen. Zweitens erscheint ein Wechsel im Besitz nicht als die geeignete Voraussetzung für die Entstehung gewisser dinglicher Rechte an Grundstücken; so wäre etwa bei der Verpfändung dem Grundstückeigentümer in der Regel nicht gedient, wenn er hierfür der Pfandgläubigerin die Sachherrschaft übertragen müsste.

2   Diese Einsicht lag bereits allen kantonalen Lösungen zu Grunde, doch suchten sie den gleichen Gedanken in unterschiedlicher Weise zu verwirklichen. Wir können bei ihnen *drei* Typen von Publizitätseinrichtungen unterscheiden: Nach dem französischen *Registriersystem* (système de la transcription) entstanden die dinglichen Rechte schon durch den blossen (privatschriftlichen oder öffentlich beurkundeten) Vertrag unter den Parteien. Die Eintragung in ein öffentliches Register hatte nur den Zweck, den unter den Parteien schon verbindlichen Rechtserwerb Drittpersonen gegenüber beweisbar und somit voll wirksam zu machen. Nach dem in der deutschen Schweiz am meisten verbreiteten *Fertigungssystem* (système de l'homologation) entstand das dingliche Recht durch einen vor der zuständigen Behörde oder Amtsstelle vorgenommenen formellen Akt (etwa den feierlichen Abschluss des Vertrags oder die Ausstellung einer öffentlichen Urkunde). Die anschliessende Eintragung in ein Protokoll hatte keine rechtsbegründende Kraft, sondern sollte nur den Nachweis für das abgeschlossene Geschäft erleichtern. Nach dem *Grundbuchsystem* schliesslich trat die Eintragung ganz in den Vordergrund: Durch sie entstand das dingliche Recht und wurde so (mehr oder weniger) von seiner materiellen Grundlage losgelöst. Das Grundbuchsystem fand sich in einigen Kantonen nur in unvollkommener Ausgestaltung; bloss in dreien – Solothurn, Waadt und Basel-Stadt – bestand es als ein nach Realfolien geordnetes, auf geometrischer Vermessung beruhendes Verzeichnis der Grundeigentumsparzellen nach Lage und Grösse, unter Angabe aller in ihnen bestehenden dinglichen Belastungen.[1]

---

1   Zu diesen altrechtlichen kantonalen Lösungen s. DESCHENAUX, SPR V/3, 24 ff.

Das ZGB hat sich für das *Grundbuchsystem* entschieden, zumal dieses mehrere bedeutende *Vorteile* aufweist: Es gewährt Sicherheit mit Bezug auf die Begründung und den Untergang dinglicher Rechte. Jedermann kann sich leicht und rasch über den Rechtsbestand orientieren (Verwirklichung des Öffentlichkeitsprinzips, 115 II 217). Für die Vornahme von Eintragungen usw. erweist sich das System als sehr beweglich.[2]   3

II.   Die Grundbuchvermessung

An sich ist die Einführung des Grundbuchs auch ohne Vermessung der eingetragenen Grundstücke möglich; sie kann geschehen auf Grund von Verzeichnissen und Plänen, welche die Identität der Parzellen mit Sicherheit erkennen lassen (vgl. 40[2] SchlT). Das Grundbuch kann jedoch seine Funktionen nur dann voll erfüllen und alle seine Vorteile zum Tragen bringen, wenn es auf einer zuverlässig angelegten und genau nachgeführten Vermessung basiert, wie sie Art. 950[1] vorschreibt (auch 40[1] SchlT ZGB). Für die qualitativen und technischen Anforderungen verweist Art. 950 Abs. 2 auf das Geoinformationsgesetz.[3]   4

Die amtliche Vermessung war beim Inkrafttreten des ZGB nur in einigen Teilen der Schweiz durchgeführt oder wenigstens in Angriff genommen. Sie ist nach Art. 34 GeoIG von den Kantonen durchzuführen – unter der strategischen Ausrichtung, Oberleitung und Oberaufsicht des Bundes.[4] Die Finanzierung erfolgt durch Bund und Kantone gemeinsam (38 GeoIG).[5] Die Vermessung ist heute in der ganzen Schweiz beachtlich fortgeschritten, aber noch nicht beendet.[6]   5

---

2   Zu einer möglichen europäischen Registervereinheitlichung vgl. CAROLINE S. RUPP, Germanisches Grundbuch und romanisches Register – Harmonisierende Überlegungen, AcP 214 (2014), 567 ff.

3   BG über Geoinformation (GeoIG) vom 5. Oktober 2007 (SR 510.62; Botschaft in BBl 2006, 7817 ff.). Vgl. auch die Verordnung über Geoinformation vom 21. Mai 2008 (SR 510.620) sowie die Verordnung des Bundesamtes für Landestopografie über Geoinformation vom 26. Mai 2008 (SR 510.620.1). Zum Ganzen vgl. auch MEINRAD HUSER, Grundzüge des Geoinformationsgesetzes (GeoIG), AJP 2010, 143 ff.; DERSELBE, Schweizerisches Vermessungsrecht – Unter besonderer Berücksichtigung des Geoinformationsrechts und des Grundbuchrechts (3. A. Zürich 2014), 53 ff. und passim.

4   Vgl. insbesondere die bundesrätliche Verordnung über die amtliche Vermessung (VAV) vom 18. November 1992 (SR 211.432.2), ferner die Technische Verordnung des VBS über die amtliche Vermessung (TVAV) vom 10. Juni 1994 (SR 211.432.21).

5   Diese Finanzierung weicht ab von der früheren Rechtslage, welche dem Bund die hauptsächliche Kostenlast auferlegte (39[1] SchlT ZGB a. F.), und steht im Zusammenhang mit der Neugestaltung des Finanzausgleichs und der Aufgabenverteilung zwischen Bund und Kantonen (NFA); vgl. BBl 2006, 7824 ff. und 7870 f. Die Einzelheiten finden sich in der Verordnung der Bundesversammlung über die Finanzierung der amtlichen Vermessung (FVAV) vom 6. Oktober 2006 (SR 211.432.27).

6   Am 1. Januar 2014 waren von der Gesamtfläche des Vermessungsgebietes (Gesamtfläche der Schweiz ohne Seen) noch 15 Prozent zu vermessen (ZBGR 95 [2014], 216). Vgl. auch swisstopo/ Eidgenössische Vermessungsdirektion (Hrsg.), Die amtliche Vermessung der Schweiz, 3. A.

6   Die Vermessung dient in besonderem Mass dem Grundbuch, dem Liegenschaftsbesitz
     und -verkehr. Von ihr sind mehrere Vorteile zu erwarten: grösstmögliche Klarheit der
     rechtlichen Verhältnisse an Grund und Boden (insbesondere mit Bezug auf Grenzen
     und Inhalt), Verhinderung von Prozessen, Steigerung des Bodenwerts und erleichterte
     Ausnützung des Bodenkredits sowie bessere Zirkulationsfähigkeit der Grundpfand-
     titel. Mindestens teilweise wären diese Vorteile freilich schon mit einem Grundbuch
     ohne Vermessung erreicht worden. Die Vermessung dient jedoch einer Vielzahl wei-
     terer Aufgaben: Sie kann für die Besteuerung von Grund und Boden (als Steuerkatas-
     ter) als Hilfsmittel dienen. Die Pläne der Grundbuchvermessung sind sodann wich-
     tige Unterlagen für Hoch- und Tiefbau, Stadtplanung, land- und forstwirtschaftliches
     Meliorationswesen, Kartografie, Statistik und Geoinformation.

III.   Die Anlegung des Grundbuchs

7   Das eidgenössische Grundbuch ist nirgends in der Schweiz zugleich mit dem Inkraft-
     treten des ZGB eingeführt worden. In den wenigen Kantonen, in denen schon voll-
     kommene Grundbucheinrichtungen bestanden, vermochten diese einstweilen noch
     zu genügen, so dass ihre Ersetzung durch das neue Grundbuch zunächst nicht nötig
     war. In den Kantonen, in denen dies nicht zutraf, wäre die Anlegung des Grund-
     buchs in einer so kurzen Frist unmöglich gewesen. Daher gab es in allen Kantonen
     einen *Übergangszustand,* während dessen die vorhandenen kantonalen Einrichtun-
     gen – gegebenenfalls mit Anpassungen – ihren Dienst leisten mussten. Die Hinaus-
     schiebung der Einführung des im ZGB vorgesehenen Grundbuchs sollte jedoch das
     Inkrafttreten der anderen Bestimmungen des Sachenrechts nicht verhindern; diese
     wurden im Allgemeinen schon mit dem 1. Januar 1912 anwendbar (47 SchlT). Folglich
     erwuchsen dem Gesetzgeber – und zwar vor allem in den Kantonen – *zwei Aufgaben:*
     erstens die *Anpassung* der provisorischen *kantonalen* Publizitätseinrichtungen an die
     Anforderungen des ZGB und zweitens die *Anlage* des *eidgenössischen* Grundbuchs. Bei
     alledem enthält das ZGB den Gedanken, die Wirkungen des eidgenössischen Grund-
     buchs – wenn auch unter Umständen nur schrittweise – möglichst schnell eintreten zu
     lassen (104 II 305; vgl. auch 114 II 323).[7]

8   **a. Die Anpassung der kantonalen Einrichtungen.** Nur ganz wenige Kantone besas-
     sen derart vollkommene Grundbucheinrichtungen, dass sie (mit oder ohne Ergänzun-
     gen) als genügend erschienen, um die *vollen Wirkungen* des Grundbuchs im Sinn des
     neuen Rechts zu gewährleisten. Das ZGB gestattete ihnen, mit Ermächtigung des Bun-
     desrats die Einführung des eidgenössischen Grundbuchs zu verschieben; nur mussten
     sie präzisieren, mit welchen ihrer Formen die vom neuen Recht angeordneten Wir-

---

     2011, und Strategie der amtlichen Vermessung für die Jahre 2012–2015, cadastre 2011, 4 f. (www.
     cadastre.ch, Publikationen).

7   Vgl. zum Ganzen auch Christina Schmid-Tschirren, Rechtswirkungen und Rechtswir-
     kungsprobleme kantonaler Publizitätseinrichtungen, ZBGR 80 (1999), 209 ff.; François Roux,
     L'introduction du registre foncier fédéral dans les cantons romands (Diss. Lausanne 1993), 81 ff.

kungen verbunden sein sollten (46 SchlT). So aber kommen diesen Einrichtungen grundsätzlich (unter Vorbehalt der vor 1912 entstandenen beschränkten dinglichen Rechte; 114 II 323 f.[8]) die vollen Wirkungen des Grundbuchs nach ZGB zu, insbesondere auch jene zu Gunsten von Drittpersonen, die gestützt auf einen Eintrag im guten Glauben dingliche Rechte erwerben (sogenannte *positive* Rechtskraft: 973; vgl. hinten § 95 N 31 ff.). Die Kantone, deren Einrichtungen auf den Zeitpunkt des Inkrafttretens des ZGB oder später in diesem Sinn dem Grundbuch des ZGB assimiliert wurden, sind: Bern (ratenweise[9]), Schwyz, Freiburg, Solothurn, Basel-Stadt, Graubünden (teilweise[10]), Waadt, Neuenburg und Genf (BGer 5A_142/2011 E. 2.1 = ZBGR 95 [2014], 122 ff.).

Den anderen Kantonen aber war es unmöglich, die vorhandenen Publizitätseinrichtungen so zu vervollkommnen, dass sie dem Grundbuch des ZGB gleichgestellt werden konnten. Auch sie durften, ja mussten zunächst die bisherigen kantonalen Formen beibehalten und hatten zu bestimmen, an welche von diesen die Grundbuchwirkungen sich knüpfen sollten. Diese Wirkungen umfassen aber nur, was man die *negative,* nicht auch was man die positive Rechtskraft des Grundbuchs nennt (s. hinten § 95 N 26 ff.; vgl. auch 97 I 700; 104 II 305; 116 II 269 f.). Danach sind zwar die dinglichen Rechte in Entstehung, Übertragung, Veränderung und Untergang von der Einhaltung dieser Formen abhängig, aber diese Formen äussern nicht auch ihre Wirksamkeit zu Gunsten gutgläubiger Dritter (48 SchlT; 123 III 352).[11]

b. Die Anlage des neuen Grundbuchs. Sie ist Sache der Kantone, die (im Gegensatz   10
zur Vermessung) auch allein die Kosten dafür tragen – ein Umstand, der oft hemmend wirkt. Immerhin bringt die Einführung des eidgenössischen Grundbuchs auch erhebliche Vorteile mit sich (arbeitsökonomische, kostensparende Führung, Erhebung angemessener Grundbuchgebühren). Die Einführung des Grundbuchs braucht nicht notwendigerweise im ganzen Kanton zugleich zu geschehen; sie kann auch sukzessive für einzelne Bezirke und Gemeinden erfolgen – je nach Fertigstellung der Vorarbeiten (vgl. 41[2] SchlT). Diese Vorarbeiten umfassen einerseits die (bereits genannte) *Grundstückvermessung,* andererseits die *Bereinigung* der einzutragenden dinglichen Rechte. Allerdings kann auch, mit Bewilligung des Bundesrates, schon vor der Vermessung ein sogenanntes *provisorisches* Grundbuch eingeführt werden, sobald genügende Liegenschaftsverzeichnisse vorhanden sind (40[2] SchlT). Zweckmässigerweise sollte der Vermessung eine *Grenz-* und *Feldregulierung* (Güterzusammenlegung) vorausgehen.

---

8   Fragen zu den Wirkungen kantonaler Registereinrichtungen stellen sich in der Praxis vor allem bei der Ersitzung von Grunddienstbarkeiten; vgl. dazu hinten § 108 N 9.

9   Deschenaux a.a.O. 47 Anm. 48.

10 Deschenaux a.a.O. 47.

11 Nach Deschenaux a.a.O. 40 f. darf man annehmen, dass jedenfalls heute alle Kantone über Einrichtungen verfügen, für welche (mindestens) Art. 48 Abs. 2 gilt (vgl. auch 114 II 322 ff.; 116 II 269 f.; 122 III 156). Vorbehalte sind anzubringen mit Bezug auf die Tragweite mancher kantonaler Einrichtungen für altrechtliche (vor 1912 entstandene) dingliche Rechte: Deschenaux a.a.O. 41 f.

11   Das *Bereinigungsverfahren* bezweckt die Eintragung aller bestehenden dinglichen Rechte in das neu anzulegende Grundbuch (BGer 5A_803/2013 E. 2; BGer 5A_978/2013 E. 3).[12] Soweit diese bereits in den bisherigen Publizitätseinrichtungen verzeichnet sind, werden sie von Amtes wegen in das neue Grundbuch übertragen. Soweit sie noch nirgends aufgenommen wurden, müssen die Kantone deren Anmeldung in einem besonderen Aufgebotsverfahren veranlassen (43 SchlT; vgl. auch 82 II 110). Es ist ihnen gestattet, an die Versäumung der Anmeldung mehr oder weniger weit gehende Wirkungen zu knüpfen: Grundsätzlich dauern – wenn die Kantone nichts anderes bestimmen – die nicht aufgenommenen Rechte fort; sie sind jedoch gegenüber Drittpersonen, die sich im guten Glauben auf das Grundbuch verlassen, nicht wirksam. Die Kantone können aber auch weiter gehen und anordnen, dass die nicht angemeldeten und eingetragenen Rechte auf einen bestimmten Zeitpunkt nach vorausgehender Auskündigung überhaupt erlöschen (44 SchlT).

12   Häufig wird hierbei die Anmeldung von Rechten zu einer *Bestreitung* seitens der damit belasteten Eigentümer führen. Zur raschen, gütlichen Erledigung solcher Streitigkeiten sehen die Kantone ein besonderes *Sühneverfahren* vor. Führt dieses nicht zum Ziel, so bleibt nichts anderes übrig, als zuerst den Streit über den Bestand dieser Rechte durch die *ordentlichen Zivilgerichte* entscheiden zu lassen.

13   Das Bereinigungsverfahren ist eine günstige Gelegenheit, um die in Erfahrung gebrachten Rechte zu *vereinfachen* oder den Bestimmungen des ZGB *anzupassen.* So können obsolete Dienstbarkeiten (d.h. solche, die infolge der Veränderung der Verhältnisse jede Bedeutung verloren haben) abgelöst, unklar gefasste Dienstbarkeiten näher bestimmt, die Pfandrechtsverhältnisse einfacher und rationeller gestaltet werden. Vor allem empfiehlt es sich, ältere Pfandrechte in solche des neuen Rechts umzuwandeln. Wegen der Schwierigkeiten dieser Vorarbeiten sowie wegen ihrer Kosten und des Mangels an geschultem Personal schreitet die Anlage des eidgenössischen Grundbuchs nur langsam voran, und zwischen den einzelnen Kantonen bestehen hinsichtlich des Einführungsstandes zum Teil beträchtliche Unterschiede.[13]

IV.   Die gesetzliche Regelung

14   Das Grundbuchrecht ist im ZGB nicht erschöpfend geregelt; dessen Bestimmungen werden ergänzt durch Verordnungen des Bundes (949[1]) und durch Erlasse der Kantone (953). Den Kantonen fällt vor allem die Ordnung und Beaufsichtigung der Grund-

---

12   Vgl. zum Ganzen SCHMID, BaKomm, Art. 43 SchlT N 4 ff.
13   Am 31. Dezember 2014 war das eidgenössische Grundbuch in 86,3 Prozent der Gemeinden der Schweiz eingeführt. In den Kantonen Basel-Stadt, Basel-Landschaft, Glarus, Jura, Luzern und Waadt war es zu 100 Prozent eingeführt (vgl. www.cadastre.ch/internet/gb/de/home/topics/state.html).

buchführung zu.[14] Die eidgenössischen Vollziehungsbestimmungen zum Grundbuch sind in der sehr wichtigen bundesrätlichen *Grundbuchverordnung* vom 23. September 2011 (GBV) enthalten.[15] Die Verordnung des Bundesgerichts über die Zwangsverwertung von Grundstücken vom April 1920 (VZG) regelt die von den Betreibungs- und Konkursämtern anzumeldenden Eintragungen und Vormerkungen.[16]

Die Regeln über das Grundbuch lassen sich in zwei Gruppen zerlegen: einerseits in   15
solche, welche die äussere Einrichtung, den Bestand der Bücher sowie den Geschäfts-
gang für die verantwortlichen Personen ordnen und das *formelle Grundbuchrecht* bilden; andererseits in Regeln, welche die Voraussetzungen und Wirkungen der Einträge
bestimmen und das *materielle Grundbuchrecht* enthalten. Wenn auch dieser Gegensatz
im ZGB äusserlich nicht in Erscheinung tritt, so wird er doch mit Vorteil einer systematischen Darstellung zu Grunde gelegt.

---

14 Zum Erfordernis der Genehmigung der kantonalen Vorschriften durch den Bund vgl. neben Art. 953 Abs. 2 ZGB und Art. 52 Abs. 3 SchlT auch hinten § 94 Anm. 30.

15 SR 211.432.1; s. dazu Urs Fasel, Grundbuchverordnung (GBV), Kommentar, 2. A. Basel 2013. Zum Charakter der GBV als Ausführungsverordnung vgl. 121 III 99 und Schmid/Hürli-mann-Kaup, Sachenrecht, Nr. 375. – Das Amt für Grundbuch- und Bodenrecht (EGBA) übt die Oberaufsicht über das Grundbuchwesen aus (6 GBV); ihm ist eine Fachkommission beige-geben (BN 2000, 288 f.). – Zu dem mit elektronischer Datenverarbeitung geführten Grundbuch vgl. hinten § 94 N 22 ff.

16 SR 281.42. Aus der gesetzlichen Regelung haben Lehre und Rechtsprechung sodann Prinzi-pien des Grundbuchrechts herausgearbeitet, die für die Rechtsanwendung hilfreich sein können (Schmid, BaKomm, Vorbem. zu Art. 942–977 N 14 ff.; Zobl, Grundbuchrecht [2. A. Zürich 2004], Nr. 91 ff.).

§ 94 Das formelle Grundbuchrecht

1   Das formelle Grundbuchrecht bestimmt, wie das Grundbuch eingerichtet (I.) und geführt (II.) werden soll.[1]

I.   Die Einrichtung des Grundbuchs

2   Folgende Fragen sind bei der Erörterung der äusseren Einrichtung des Grundbuchs zu beantworten: a. Woraus besteht das Grundbuch? b. Was enthält ein Hauptbuchblatt? c. Welche Grundstücke sind in das Grundbuch aufzunehmen? Zu diesen klassischen Problemstellungen hinzu tritt in neuerer Zeit die Frage nach dem EDV-Grundbuch (d.).[2]

3   **a. Der Bestand (die Zusammensetzung) des Grundbuchs.** «Das Grundbuch» (le registre foncier) ist nicht ein einziges Buch, sondern eine ganze Anzahl von Büchern oder Folien, die zueinander in enger Beziehung stehen und zusammen ein Ganzes bilden (vgl. auch 2 lit. b GBV). Ein Teil dieser Bücher gehört zum eigentlichen *Bestand* des Grundbuchs und nimmt dementsprechend an dessen Rechtskraft Anteil. Andere Bücher und Verzeichnisse erfüllen dagegen nur *Hilfsfunktionen*, erleichtern die Benutzung der anderen Register («Suchhilfe»), ohne etwas von der eigentümlichen Grundbuchwirkung zu erhalten (133 III 317; 138 III 519). Diese sogenannten *Hilfsregister* sind in Art. 8 Abs. 4 und Art. 11 ff. GBV aufgeführt, namentlich die Eigentümer-, Gläubiger- und Gebäuderegister. Die Kantone können weitere Hilfsregister führen (8[5] GBV), etwa für die Dienstbarkeiten, die Teilungen und die Grundstückszusammenlegungen.

4   Näher erörtert werden hier nur die eigentlichen Bestandteile des Grundbuchs. Solche sind nach Art. 942 Abs. 2 vor allem das *Hauptbuch,* sodann das *Tagebuch,* schliesslich die *Pläne, Belege, Liegenschaftsverzeichnisse* und *Liegenschaftsbeschreibungen.* Der Bundesrat hat für all diese Bücher einheitliche *Formulare* aufgestellt (949[1] ZGB; 6[2] und [3] GBV).

5   1. Das *Hauptbuch* (le grand livre) ist – wie der Name sagt – die Hauptsache, der «Träger» des dinglichen Rechts (vgl. auch 2 lit. c GBV). Der Inhalt dieser Rechte kann jedoch im Hauptbuch meist nur knapp angegeben werden. Der Ergänzung dienen die

---

1   Zur geplanten Einführung der Art. 949b–d ZGB (Personenidentifikator im Grundbuch, landesweite Grundstücksuche und Beizug Privater zur Nutzung des informatisierten Grundbuchs) vgl. die Botschaft zur ZGB-Änderung vom 16. April 2014 (Beurkundung des Personenstands und Grundbuch), BBl 2014, 3551 ff. (kritisch Schmid, ZBGR 95 [2014], 437 ff.).

2   Das EDV-Grundbuch hat in den letzten Jahren in mehreren Kantonen das klassische Papiergrundbuch ersetzt. Dennoch wird im Folgenden aus didaktischen Gründen das Grundsätzliche anhand des traditionellen Grundbuchs behandelt und erst anschliessend auf die Probleme des EDV-Grundbuchs eingegangen.

anderen Bücher, deren Angaben aber nur insofern Grundbuchwirkung zukommt, als sie mit dem Hauptbuch übereinstimmen (vgl. auch 971²).

Das Hauptbuch ist nach Grundstücken, nicht nach Personen geordnet; es gilt   6
also das sogenannte *Realfoliensystem*. Jedes Grundstück erhält darin regelmässig ein besonderes Doppelblatt (Ausnahme: Kollektivblätter, hinten N 12). Das Doppelblatt ist dazu bestimmt, alle das Grundstück betreffenden Einschreibungen übersichtlich aufzunehmen. Das Hauptbuch kann in *Buchform* oder auf *losen Blättern* geführt werden (8⁴ GBV).

2. Das Hauptbuch wird durch das *Tagebuch* (le journal) ergänzt (2 lit. e GBV). Die Ein-   7
schreibungen werden zunächst – bevor sie im Hauptbuch eingetragen werden – nach der Reihenfolge ihres Eingangs und «ohne Aufschub» in das Tagebuch eingeschrieben (948¹ ZGB; 81 GBV; 112 II 30 und 324). Dessen Daten sind so darzustellen, dass sie sich für den ganzen Grundbuchkreis in chronologischer Reihenfolge darstellen lassen (10¹ GBV).[3]

Das Tagebuch ist zur Bestimmung des Beginns der Wirkung des in das Haupt-   8
buch eingetragenen Rechts massgebend. Die Wirkung erhält das Recht zwar erst durch die Eintragung in das Hauptbuch (972¹; 133 III 316). Sie wird jedoch, wenn diese erfolgt, auf das Datum der Einschreibung in das Tagebuch zurückbezogen (972²; vgl. 111 II 46; 115 II 226 und 230 f.; 118 II 121 und 124).[4] Das Tagebuch ist sodann bestimmt, auch Anmeldungen aufzunehmen, denen der Grundbuchführer aus irgendeinem Grund nicht Folge leisten kann (966¹; 112 II 324).

3. Wo die Vermessung durchgeführt ist, findet das Grundbuch seine Ergänzung in   9
den *Plänen* (2 lit. f, 17 lit. a und 18² GBV; vgl. auch 106 II 343), die eine geometrische Darstellung der Grundstücke enthalten und zur Bestimmung ihrer Lage und Grenzen massgebend sind (950; s. auch 668).[5] Die Plangrenzen sind nicht nur beschreibend, sondern sie nehmen am öffentlichen Glauben i. S. von Art. 973 teil (98 II 198; BGer 5A_365/2008 E. 3.1; BGer 5A_431/2011 E. 4.2.1 = ZBGR 93 [2012], 225 ff.; 138

---

3   Ist eine Eintragung in das Tagebuch hängig, wird im Papiergrundbuch auf dem Hauptbuchblatt darauf hingewiesen (82 GBV; bisweilen «Bleistiftnotiz» genannt). – Ein Tagebucheintrag erfolgt auch dann, wenn der Grundbuchverwalter das Verfahren kraft besonderer Vorschrift, etwa nach Art. 18 Abs. 1 BewG, aussetzt (112 II 324; Wegleitung des Eidg. Grundbuchamtes für die Grundbuchverwalter betreffend Erwerb von Grundstücken durch Personen im Ausland vom 29. Januar 1985, in ZBGR 66 [1985], 183 f.).

4   Auch zur Lösung der Frage, ab wann der Erwerber einer unbeweglichen Mietsache dem Mieter nach Art. 261 Abs. 2 OR kündigen kann, stellt das BGer auf die Einschreibung der Eigentumsübertragung im Tagebuch ab (118 II 119 ff.; 128 III 84 f.); vgl. dazu kritisch KOLLER, in ZBJV 129 (1993), 389 ff. (ähnlich schon DERSELBE, Probleme beim Verkauf vermieteter Wohnliegenschaften, in ZBGR 72 [1991], 193 ff., besonders 198 f. und 203 ff.), und HIGI, ZüKomm, Art. 261–261a OR N 25.

5   Vgl. auch MEINRAD HUSER, Darstellung von Grenzen zur Sicherung dinglicher Rechte, ZBGR 94 (2013), 238 ff.

III 744).[6] An die Stelle der Pläne treten, wo die Vermessung noch nicht durchgeführt ist, die *Liegenschaftsverzeichnisse* gemäss Art. 40 Abs. 2 SchlT (vorne § 93 N 10).

10 4. Zur Aufnahme ausführlicher Angaben sind die *Liegenschaftsbeschreibungen* (l'état descriptif; 942[2] ZGB; in Art. 20 GBV umfassender als «Grundstücksbeschreibung» bezeichnet) berufen. Sie geben die nähere Darstellung des Grundstücks nach Lage, Bodenfläche, Gebäudenummer, Schatzungen wieder. Die Beschreibung sollte dem jeweiligen Zustand des Grundstücks entsprechen; wesentliche Veränderungen sind daher nachzutragen (105 Ia 221). Doch kommt ihr nur deskriptive, nicht konstitutive Bedeutung zu (105 Ia 221; 20[2] GBV).[7]

11 5. Der Eintrag im Hauptbuch besteht nur in einer knappen Aufzeichnung des einzutragenden Rechts, also in einem einfachen technischen Stichwort. Die Angabe von Einzelheiten würde der Übersichtlichkeit schaden. Diese sind aus den *Belegen* (pièces justificatives) zu ersehen, die vom Grundbuchamt ordnungsgemäss verwahrt werden (948[2]; vgl. auch 2 lit. g GBV). Es sind die Urkunden, auf Grund welcher die Einschreibung erfolgte (Kaufverträge, Pfandurkunden, Dienstbarkeitsverträge, Erbteilungsverträge, Gerichtsurteile, Vollmachten, Zustimmungserklärungen, Bewilligungen usw.). Sie geben Auskunft über den Entstehungsgrund und den genauen Inhalt des eingetragenen Rechts (971[2]; vgl. auch 738[2]).[8]

12 **b. Das Grundbuchblatt** (Hauptbuchblatt). In der Regel erhält *jedes* einzelne Grundstück ein *besonderes* Doppelblatt im Grundbuch und wird darin durch eine besondere Nummer landesweit eindeutig individualisiert (945[1] ZGB; 181 GBV).[9] Die gleiche Nummer kennzeichnet das Grundstück auch auf den Plänen und den Liegenschaftsbeschreibungen (18[3] GBV). Nur ausnahmsweise sind sogenannte *Kollektivblätter* gestattet, d.h. solche, die mehrere Grundstücke desselben Eigentümers enthalten (947). Kollektivblätter sind insbesondere dann von praktischem Nutzen, wenn einzelne einzutragende Verfügungsakte, vor allem Pfandbelastungen, sich auf alle zusammengefassten Parzellen beziehen (947[2]; vgl. auch 109[1] GBV).

---

6   Vgl. auch HAAB, ZüKomm, Art. 668 f. N 9 ff.; MEIER-HAYOZ, BeKomm, Art. 668 N 16 (vgl. dort auch die Vorbehalte für die provisorische Vermessung); DESCHENAUX a.a.O. 765.

7   Vor der Totalrevision der GBV konnten in der Rubrik «Grundstücksbeschreibung» auch Anmerkungen und Bemerkungen aufgeführt werden (vgl. Vorauflage § 93 N 10). Dies ist nach neuem Recht nicht mehr möglich (immerhin mit Ausnahme der Bemerkungen aus der amtlichen Vermessung; 130[2] GBV), doch behalten die früher eingetragenen Anmerkungen und Bemerkungen ihre Gültigkeit (20[4] GBV).

8   Gewöhnlich sind die Belege *öffentlich beurkundete* Akte (vgl. etwa 657[1] ZGB und 216[1] OR). Aber selbst wo das Bundesrecht öffentliche Beurkundung vorschreibt, können die Kantone diese statt durch eine besondere Urkundsperson (zumeist die Notarin) durch den Grundbuchverwalter selbst vornehmen lassen (948[3]). Der Beamte trägt dann die Rechtsgeschäfte direkt in ein *Urkundenprotokoll* ein, das die Belege (948[3]) und auch das Tagebuch ersetzt (972[3]).

9   Zur eidgenössischen Grundstücksidentifikation (E-GRID) vgl. Art. 19 GBV sowie die Technische Verordnung des EJPD und des VBS vom 28. Dezember 2012 über das Grundbuch (SR 211.432.11).

Der Grundstücksbeschreibung am Kopf des Blattes (vorne N 10) folgen die *Eintra-*   13
gungen, in gewisse Spalten oder Kolumnen gegliedert (vgl. auch 9 GBV). Jedes Blatt
enthält *drei Hauptspalten,* die erste für die Eigentumsverhältnisse, die zweite für die
Dienstbarkeiten und Grundlasten, die dritte für die Pfandrechte (946[1]), sowie eine
Nebenkolumne für die Vormerkungen. In der *Eigentumsspalte* figurieren die sich folgenden Eigentümer des Grundstücks, mit der Bezeichnung des Datums der Tagebucheinschreibung, des Erwerbsgrundes, der Verweisung auf den Beleg sowie allenfalls
weiterer Angaben (94 GBV). Bei jeder Handänderung wird die ganze Eintragung oder
bloss der zu ändernde Teil gestrichen und durch den neuen Wortlaut ersetzt. Die *zweite*
Spalte nimmt sowohl die aktiven wie die passiven *Dienstbarkeiten und Grundlasten* auf,
d.h. sowohl jene, die das Grundstück beschweren, wie jene, die seinem Vorteil dienen (98 ff. GBV). Die *dritte* Spalte enthält die *Grundpfandrechte.* Aus ihr gehen hervor: die Art des jeweils mit einer Ziffer oder einem Buchstaben bezeichneten Grundpfandrechts, beim Schuldbrief dessen Unterart (Register- oder Papierschuldbrief), der
Gläubiger (zur Zeit der Errichtung), die Pfandsumme nebst Zins und Pfandstelle, das
Datum der Tagebucheinschreibung sowie die Verweisung auf den Beleg (101 GBV).
Die Änderungen und Zusätze werden in einer besonderen Unterspalte *(Bemerkungen*
zu den Grundpfandeinträgen) untergebracht (102 GBV).[10] Zu diesen drei Hauptspalten
tritt schliesslich eine *vierte* hinzu, die zur Eintragung der *Vormerkungen* dient (123 ff.
GBV). In einer eigenen Kolumne untergebracht sind die Anmerkungen (125 ff. GBV;
hierzu hinten § 95 N 13 ff.). Man muss also unterscheiden zwischen: Vormerkungen
(«Eintragungen» minderer Art; hinten § 95 N 5 ff.), Anmerkungen (regelmässig Einschreibungen, die schon bestehende Rechtsverhältnisse zur Kenntnis bringen, also reinen Informationsgehalt haben) und Bemerkungen (Abänderungen und Zusätze zu
den Grundpfandrechten).[11]

Die Regelung des *Verfahrens bei Teilung eines Grundstücks oder bei Vereinigung meh-*   14
rerer Grundstücke ist zum Teil in Art. 974a und b normiert und im Übrigen durch
Art. 945 Abs. 2 dem Bundesrat überlassen (dazu 153 ff. GBV; vgl. auch hinten § 95
N 49 f.).[12]

---

10   Bemerkungen können in allen Abteilungen eingetragen werden (130[1] GBV); sie betreffen
    jedoch die Kolumne der Grundpfandrechte besonders häufig. Vgl. ausführlich PAUL-HENRI
    STEINAUER, Les observations au registre foncier, BN 2013, 359 ff.
11   Der Illustration des Papiergrundbuchs diente in der Vorauflage (§ 93 N 17; S. 864 f.) ein fiktives
    Hauptbuchblatt des Grundbuchs «Musterdorf», das dem im Kanton Luzern früher verwende-
    ten entsprach. Seit 1. Januar 2002 wird in diesem Kanton nur noch das EDV-Grundbuch geführt
    (vgl. die EDV-Ansicht des gleichen Hauptbuchblatts hinten N 24). – Zum Papiergrundbuch
    bestehen Muster des Bundes. Durch Kreisschreiben des EJPD an die kantonalen Aufsichtsbe-
    hörden über das Grundbuch vom 24. November 1964 wurden für die grundbuchliche Behand-
    lung des Stockwerkeigentums und des gewöhnlichen Miteigentums spezielle Mustervorlagen
    veröffentlicht (BBl 1964 II 1198 ff.).
12   Vgl. STEINAUER a.a.O. Nr. 665 ff.; JOSETTE MOULLET AUBERSON, La division des biensfonds
    (Diss. Freiburg 1993), AISUF 122; HANS WALTISBERG, Die Vereinigung von Liegenschaften im
    Privatrecht (Diss. Freiburg 1996), AISUF 154.

15   **c. Die aufzunehmenden Grundstücke.** In das Grundbuch aufgenommen werden
«die Grundstücke». Damit sind vornehmlich (aber nicht nur) «unbewegliche Sachen»
gemeint. Das Gesetz vermeidet jedoch diesen Ausdruck (sowohl in Art. 655 wie in
Art. 943) und spricht nur von Grundstücken (immeubles). Zu diesen rechnet das ZGB
neben Sachen auch gewisse Rechte (vgl. aber über deren «Grundstückcharakter» die
sogleich aufgeführte Relativierung; ferner 92 I 539; 118 II 117 f.). Im Einzelnen:

16   1. In erster Linie sind Grundstücke die *Liegenschaften* (943[1] Ziff. 1, 655[2] Ziff. 1), d.h. fest
begrenzte Teile der Bodenfläche (2 lit. a GBV),[13] mit oder ohne Bauten.

17   2. Seit der Revision des ZGB im Zusammenhang mit der Wiedereinführung des Stockwerkeigentums (hinten § 101 N 43 ff.) können neben Liegenschaften auch *Miteigentumsanteile* an Grundstücken als Grundstücke in das Grundbuch aufgenommen werden (943[1] Ziff. 4, 655[2] Ziff. 4; 23 GBV).[14]

18   3. Zu den Grundstücken i. w. S. zählen sodann die *Bergwerke* (943[1] Ziff. 3, 655[2] Ziff. 3
ZGB; 22 GBV).[15]

19   4. Den Bergwerken gleichgestellt und daher der Aufnahme ins Grundbuch zugänglich
sind die *selbständigen und dauernden Rechte* (943[1] Ziff. 2, 655[2] Ziff. 2 und 3; 22 GBV).[16]
Dazu gehören vor allem Baurechte, Quellenrechte, Wasserrechtsverleihungen,[17] aber
auch «andere Dienstbarkeiten» gemäss Art. 781 (vgl. das «wie» in 22[1] lit. a Ziff. 2
GBV). Sofern solche Rechte mit Grundstücken oder bestimmten Personen verbunden und mithin nicht für sich allein übertragbar sind, handelt es sich um unselbständige Dienstbarkeiten. Diese können nicht «Grundstücke» i. S. von Art. 655 Abs. 2
Ziff. 2 und 3 bzw. 943 Abs. 1 Ziff. 2 werden. Im Gegensatz dazu sind die selbständigen Rechte vom Eigentum an einem herrschenden Grundstück unabhängig; sie sind
auch nicht mit einem bestimmten Inhaber des Rechts unzertrennlich verbunden (655[3]

---

13   Streng genommen ist diese Formulierung ungenau; zur Bodenfläche kommt der entsprechende
Oberraum und Unterraum dazu. Vgl. neben Art. 667 Abs. 1 etwa PAUL TSCHÜMPERLIN, Grenze
und Grenzstreitigkeiten im Sachenrecht (Diss. Freiburg 1984), AISUF 63, 23 f. – Zur Vereinigung mehrerer Liegenschaften und ihrer grundbuchrechtlichen Behandlung vgl. WALTISBERG,
zit. in Anm. 12.

14   Gesamtgrundstück (Liegenschaft) einerseits und Miteigentumsanteile an diesem Grundstück
andererseits sind also unterschiedliche Rechtsobjekte, was sich zum Beispiel bei der Pfandbelastung auswirkt: vgl. Art. 648 Abs. 3 ZGB (dazu hinten § 99 N 12) und BGE 126 III 462 ff. Zur
Aufnahme des Grundstücks in das Grundbuch vgl. Art. 17 GBV und BGer 5A_365/2008 E. 3.1.

15   Gemeint ist damit das vom Kanton erteilte Recht zur bergbautechnischen Ausbeutung von Roh-
stoffen (STEINAUER, Les droits réels II, Nr. 1517; REY, Grundriss, Nr. 1053). Zum Bergregal s.
119 Ia 405 ff.

16   Einer Immobilisierung ähnlich kommt die Behandlung der registrierten *Schiffe* gemäss BG über
das Schiffsregister vom 28. September 1923 (SR 747.11) und der *Luftfahrzeuge* gemäss BG über
das Luftfahrzeugbuch vom 7. Oktober 1959 (SR 748.217.1).

17   Vgl. hierzu auch Art. 59 des BG über die Nutzbarmachung der Wasserkräfte vom 22. Dezember 1916 (SR 721.80: «Die auf wenigstens 30 Jahre verliehenen Wasserrechte können als selbständige und dauernde Rechte in das Grundbuch aufgenommen werden.»), der Art. 56 SchlT
ersetzt, sowie Art. 22 Abs. 3 GBV.

Ziff. 1). Sie bestehen für sich, sind für sich allein übertragbar, können für sich allein veräussert, verpfändet und vererbt werden. Sobald diese Rechte für die Dauer berechnet sind (655³ Ziff. 2 verlangt unbestimmte Dauer oder mindestens 30 Jahre),[18] finden sie auf Verlangen der Berechtigten als Grundstück im Grundbuch Aufnahme und werden dann vom ZGB bezüglich des Rechtsverkehrs[19] den Liegenschaften gleichgesetzt.[20] Sie erhalten darin ihr eigenes Grundbuchblatt (17 und 22 GBV). Da diese Rechte auf einem dienenden Grundstück ruhen, werden sie auch auf dessen Blatt in der Spalte der Dienstbarkeiten und Grundlasten eingetragen. Wenn aber diese Rechte auch im Rechtsverkehr den Grundstücken gleichgestellt sind, so ist ihr Inhalt eben doch derjenige eines beschränkten dinglichen Rechts (bleiben sie also Baurechte, Quellenrechte usw.); es handelt sich mithin nicht um «Grundstücke», auf die alle Bestimmungen über das Grundeigentum anwendbar sind (vgl. 118 II 117 f. und hinten § 101 N 34 f.).

5. Von der Aufnahme in das Grundbuch sind grundsätzlich *ausgeschlossen* die nicht im   20
Privateigentum stehenden und die dem öffentlichen Gebrauch dienenden Grundstücke, wie Strassen, Plätze, Schulhäuser, Kasernen, Kirchen, Friedhöfe, öffentliche Flüsse und Seen (s. hierzu 664, hinten § 100 N 13 und § 101 N 31).[21] An solchen Sachen ist der Privatrechtsverkehr in der Regel nicht interessiert. Die Aufnahme ins Grundbuch ist aber notwendig, wenn die Kantone dies vorschreiben oder an diesen Grundstücken dingliche Rechte zur Eintragung gebracht werden sollen (944¹). Letzteres (z.B. ein Fischereirecht: 95 II 19 – oder ein Durchleitungsrecht: 97 II 377 ff.) ist möglich, soweit es sich mit der öffentlich-rechtlichen Zweckbestimmung dieser Sachen verträgt (97 II 378).

6. Für die dem *Eisenbahnbetrieb* dienenden *Grundstücke* (Schienenwege, Bahnhöfe,   21
Werkstätten usw.) behielt Art. 944 Abs. 3 b. F. ein besonderes Grundbuch vor. Ein solches «Eisenbahngrundbuch» ist indessen nie errichtet worden. Mit der Teilrevision vom 4. Oktober 1991 haben die eidgenössischen Räte daher Art. 944 Abs. 3 aufgehoben. Nach der bundesrätlichen Botschaft sind – nach Massgabe von Art. 944 Abs. 1 – alle Eisenbahngrundstücke in das eidgenössische Grundbuch aufzunehmen und die

---

18   Diese Regelung war ursprünglich nur in der GBV enthalten und wurde im Rahmen der Sachenrechtsrevision von 2009 ins Gesetz überführt (vgl. Botschaft BBl 2007, 5304).

19   LIVER, ZüKomm, Art. 737 N 110; DERSELBE, SPR V/1, 123; ferner 118 II 115 ff.

20   Zuerst wird also das Baurecht, Quellenrecht usw. als Last auf einem (dienenden) Grundstück eingetragen und entsteht dadurch (und nach Art. 972 normalerweise erst dadurch) als beschränktes dingliches Recht. Der Berechtigte kann nun verlangen, dass dieses Recht zusätzlich als Grundstück ins Grundbuch aufgenommen werde (22¹ GBV). Siehe die zutreffende Formulierung im Urteilsdispositiv 97 II 37 (oben): «Diese ist als Dienstbarkeit zulasten der Parzelle … im Grundbuch einzutragen und sodann im Sinn von Art. 655 Abs. 2 Ziff. 2 ZGB als Grundstück ins Grundbuch aufzunehmen.»

21   Vgl. auch RENTSCH, Öffentliche Sachen, in ZBGR 61 (1980), 337 ff.

daran bestehenden Rechte einzutragen.[22] Dies gilt immerhin nicht für die Pfandrechte; für sie besteht ein besonderes Register.[23]

22   **d. Das EDV-Grundbuch.** Das Grundbuch kann – nach Wahl des Kantons – auf Papier oder *mittels Informatik* geführt werden (942³). Für Letzteres bedarf ein Kanton der Ermächtigung des EJPD (949a¹).[24] Bis heute haben alle Kantone (ausser dem Kanton Zürich) eine solche Ermächtigung erhalten.[25] Beim EDV-Grundbuch werden die Daten des Hauptbuchs, des Tagebuchs, der Grundstücksbeschreibung und der Hilfsregister gemeinsam mittels eines automatisierten Systems gehalten, verwaltet und zueinander in Beziehung gesetzt (8² GBV). Einzelheiten dazu regelt das Verordnungsrecht (949a³).[26] Soweit keine Sondervorschriften bestehen, gelten die für das Papiergrundbuch anwendbaren Regeln auch für das EDV-Grundbuch. Die Anmeldungen haben aber grundsätzlich nach wie vor in Schriftform zu erfolgen (963¹ ZGB; 48 GBV); der «elektronische Geschäftsverkehr» ist nur in dem von der GBV bezeichneten Rahmen zulässig (949a² Ziff. 3 ZGB; 39 ff. GBV).[27]

23   Die *Rechtswirkung des Hauptbuchs* kommt beim EDV-Grundbuch (nicht mehr dem Papier oder einem Ausdruck auf Papier, sondern) «den im System ordnungsgemäss gespeicherten und auf den Geräten des Grundbuchamtes durch technische Hilfsmittel in Schrift und Zahlen lesbaren oder in Plänen dargestellten Daten zu» (942⁴). Entscheidend für den Nachweis des Zustands des Hauptbuchs ist, was zu einem bestimmten Zeitpunkt auf den Geräten des Grundbuchamts über ein bestimmtes Grundstück gelesen werden konnte. Dem Beweis dient regelmässig ein Auszug aus dem Hauptbuch (31 f. GBV).[28]

---

22   Vgl. Botschaft BBl 1988 III 1071. Siehe ferner das Kreisschreiben des Bundesamtes für Verkehr vom 13. Juli 2000, ZBGR 82 (2001), 256 ff.; BGer 1C_27/2009 E. 2.7 = ZBGR 92 (2011), 329 ff.

23   Die Verpfändung richtet sich also weiterhin nach dem BG vom 25. September 1917 über die Verpfändung und Zwangsliquidation von Eisenbahn- und Schifffahrtsunternehmen (SR 742.211) sowie nach der Verordnung vom 11. Januar 1918 betreffend Einrichtung und Führung des Pfandbuches über die Verpfändung von Eisenbahn- und Schifffahrtsunternehmen (742.211.1); vgl. die in Anm. 22 zitierte bundesrätliche Botschaft. – Zu den bis anhin von der Praxis gewählten Lösungen vgl. DESCHENAUX a.a.O. 79 f.

24   Zum EDV-Grundbuch vgl. aus der neueren Literatur STEINAUER, Les droits réels I, Nr. 577 ff.; SCHMID/HÜRLIMANN-KAUP, Sachenrecht, Nr. 382 ff.; ZOBL, Grundbuchrecht, Nr. 269 ff.; SCHMID, BaKomm, Art. 949a N 1 ff. – Das EDV-Grundbuch ist zu unterscheiden von der schon früher in verschiedenen Kantonen praktizierten «computerunterstützten» Grundbuchführung und Grundbuchorganisation, bei welcher der elektronischen Datenverarbeitung nur Hilfsfunktion bei der Führung des Papiergrundbuchs zukommt (STEINAUER a.a.O. Nr. 576).

25   Stand am 1. Mai 2015 (freundliche Auskunft von Dr. Hermann Schmid, Bundesamt für Justiz, vom 4. Mai 2015).

26   Vgl. ausser den Art. 8, 14 f. und 159 f. GBV namentlich die Technische Verordnung des EJPD und des VBS vom 28. Dezember 2012 über das Grundbuch (SR 211.432.11).

27   Vgl. dazu BERNHARD TRAUFFER, Revision der Grundbuchverordnung per 1. April 2005, ZBGR 87 (2006), 56 ff. (besonders 64 f.).

28   Vgl. die EDV-Ansicht aus dem Grundbuch «Kriens» (fiktives Grundstück Nr. 8888) und den entsprechenden Auszug, wie sie sich im Kanton Luzern präsentieren (N 24 f.); ferner STEINAUER a.a.O. Anhang S. 493 ff.; SCHMID, BaKomm, Art. 949a N 9 ff.

EDV-Ansicht aus dem Grundbuch «Kriens» (Grundstück Nr. 8888) 24

Abfragen Hauptbuchblatt (Übersicht)

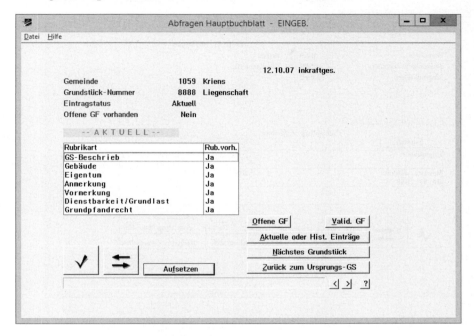

Rubrik «Grundstück-Beschrieb»

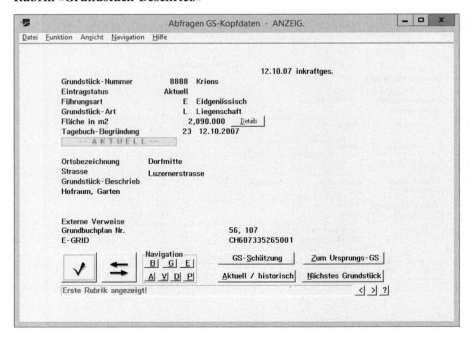

Rubrik «Eigentum»

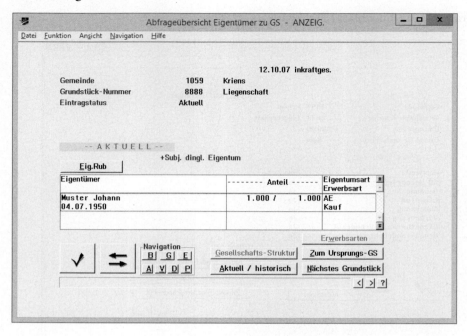

Eigentümer, Details

Rubrik «Anmerkungen»

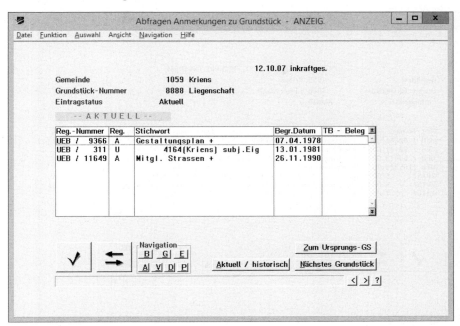

Rubrik «Vormerkungen»

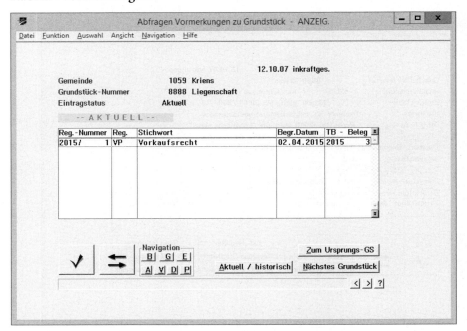

Rubrik «Dienstbarkeiten / Grundlasten»

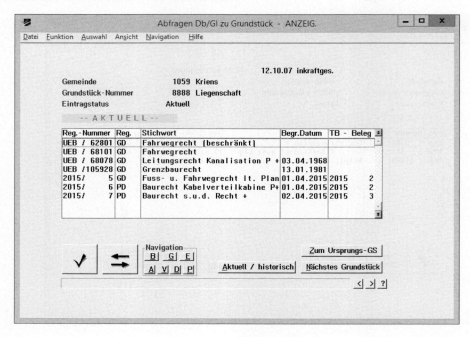

Details zur Dienstbarkeit «Baurecht s. u. d. Recht»

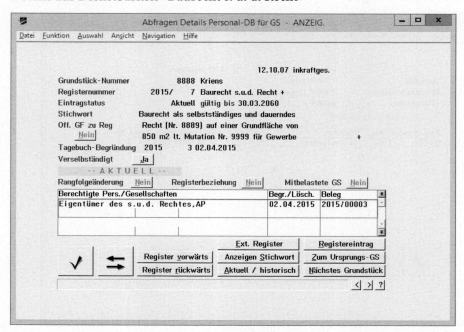

Rubrik «Grundpfandrechte»

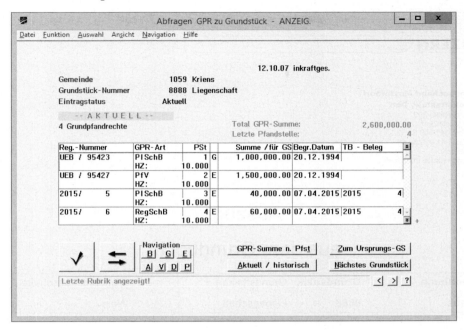

Details zum Registerschuldbrief

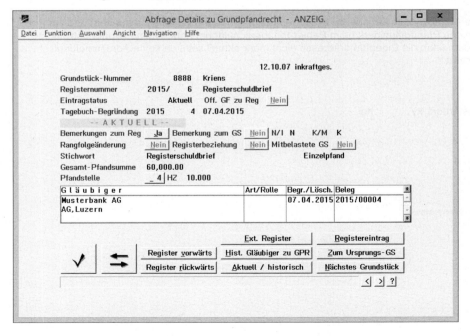

25 **Auszug aus dem Grundbuch**

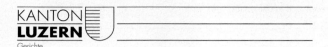

Grundbuchamt Musterdorf
Geschäftsstelle Dorf
Musterstrasse 299
6699 Musterdorf
Telefon: 041 999 88 77
Telefax: 041 999 66 55
test@lu.ch
www.grundbuch.muster.ch

Auszug

aus dem Grundbuch

Grundbuch	Grundstück	Grundstückart	Pendente Geschäfte
Kriens	**8888**	Liegenschaft	Nein

Dieser Auszug enthält alle aktuellen Eintragungen im EDV-Grundbuch. Pendente Geschäfte sind am Schluss des jeweils betroffenen Grundstückes aufgeführt.

Alle Angaben zum Grundstückbeschrieb (insbesondere Katasterschatzungen) und zur Person des Pfandgläubigers beim Papier-Inhaberschuldbrief haben keine Grundbuchwirkung. Zudem kann die Eigentümeradresse nicht mehr aktuell sein, da keine Adressmeldepflicht besteht.

Musterdorf, xy   ha

Grundbuchverwalter

8. April 2015

Grundstück Nr. 8888, Kriens

Eigentümer zu Grundstück 8888 Kriens

Herr Muster Johann, geb. 4. Juli 1950, von Kriens, wohnhaft in 6000 Luzern, Luzernerstrasse 999

Grundstückbeschrieb zu Grundstück 8888 Kriens

Grundstück Nr.:	8888	**Grundbuch:**	Kriens
E-GRID:	CH607335265001		
Grundstücksart:	Liegenschaft	**Fläche:**	20 a 90 m²
Plan Nr.:	56, 107	**Ortsbezeichnung:**	Dorfmitte
		Strasse:	Luzernerstrasse
Kulturart:	Hofraum, Garten		

Gebäude / Gebäudeversicherung:
Strasse: Luzernerstrasse 99

Wohn- und Geschäftshaus Nr. 7777, vers. Fr. 8'520'000.00

Erwerbsakt: Kauf, 1. April 2015

Katasterschatzung: Fr. 7'500'000.00

Dienstbarkeiten / Grundlasten zu Grundstück 8888 Kriens

Register-Nr	L=Last R=Recht	Stichwort
D.UEB/062801	R.	Fahrwegrecht (beschränkt), Unterhaltsabrede gemäss Beleg z.L. Nr. 7777
D.UEB/068101	R.	Fahrwegrecht z.L. Nr. 7778, 7779
D.UEB/068078	R.	Leitungsrecht für Kanalisation lt. Plan z.L. Nr. 7780
D.UEB/105928	R.	Grenzbaurecht für Stützmauer, Unterhaltsabrede gemäss Beleg z.L. Nr. 7780
D.2015/000005	L.	Fuss- und Fahrwegrecht lt. Plan z.G. Nr. 7778
D.2015/000006	L	Baurecht für Kabelverteilkabine lt. Plan z.G. Musterwerk AG, Musterstrasse 7777, 6000 Luzern

D.2015/000007   L.   Baurecht als selbstständiges und dauerndes Recht (Nr. 8889) auf einer
                       Grundfläche von 850 m2 lt. Mutation Nr. 9999 für Gewerbegebäude
                       befristet bis 30. März 2060
                       z.G.   Eigentümer des s.u.d. Rechtes
                       selbstständig unter Grundstücknummer 8889

Vormerkungen zu Grundstück 8888 Kriens

Register-Nr	Stichwort
V.2015/000001	Vorkaufsrecht befristet bis 1. April 2040 z.G. Muster Franz, geb. 1. Januar 1960, Musterstrasse 111, 6000 Luzern

Anmerkungen zu Grundstück 8888 Kriens

Register-Nr	Stichwort
A.UEB/009366	Gestaltungsplan Dorfmitte
U.UEB/000311	1/20 Miteigentum an Grundstück 4164
A.UEB/011649	Mitglied der Strassengenossenschaft Luzernerstrasse

Grundpfandrechte zu Grundstück 8888 Kriens

PfSt	Register-Nr	Pfandrechtsart	Maximalzins	Pfandsumme	
1.	P.UEB/095423	Papier-Inhaberschuldbrief Mitverpfändet: 7781 Errichtungsdatum: 20. Dezember 1994	10.00 %	Fr.	1'000'000.00
2.	P.UEB/095427	Grundpfandverschreibung Kapitalhypothek Gläubiger: Musterbank AG, Musterstrasse 6666, 6000 Luzern Errichtungsdatum: 20. Dezember 1994	10.00 %	Fr.	1'500'000.00
3.	P.2015/000005	Papier-Inhaberschuldbrief Errichtungsdatum: 07. April 2015	10.00 %	Fr.	40'000.00
4.	P.2015/000006	Registerschuldbrief Gläubiger: Musterbank AG, Musterstrasse 6666, 6000 Luzern Errichtungsdatum: 07. April 2015 Bemerkung(en): Schuldrechtliche Nebenvereinbarungen im Sinne von Art. 846 Abs. 2 ZGB und Art. 106 Abs. 1 GBV	10.00 %	Fr.	60'000.00

Total				Fr.	2'600'000.00

II. Die Führung des Grundbuchs

a. Die Organisation. Das Grundbuch wird nach *Kreisen* angelegt und geführt. Jeder   26
Kanton kann einen oder mehrere Kreise bilden. Die Aufnahme der Grundstücke
erfolgt in jenem Kreis, in dem sie liegen (951). Wenn sie in verschiedene Kreise über-
greifen, sind sie in das Grundbuch eines jeden der betreffenden Kreise aufzunehmen.
Die Anmeldung und rechtsbegründenden Eintragungen dagegen erfolgen nur im
Grundbuch jenes Kreises, in dem die *grössere Fläche* des Grundstücks liegt (952 ZGB;
teilweise abweichend 16² GBV).²⁹

Die weitere Ordnung der Grundbuchführung ist den Kantonen überlassen (953 ZGB;   27
4 GBV).³⁰ Ihnen obliegt vor allem die Bestimmung der Grundbuchkreise. In einigen
Kantonen, insbesondere solchen mit kleinem Gebiet wie Uri, Nidwalden, Glarus, Zug,
Basel-Stadt, Schaffhausen, aber auch Genf, besteht nur ein einziges Grundbuchamt.
Daneben gibt es Kantone, deren Grundbuch nach Bezirken oder Kreisen (wie etwa
Bern, Luzern, Freiburg), und solche, bei denen es nach Gemeinden (wie etwa St. Gallen, Graubünden) eingerichtet ist. Für kleine Kreise spricht die leichte Zugänglichkeit
für Interessenten; grössere Kreise gewährleisten eine bessere Qualifikation der Beamten. Die Kantone haben sodann die Amtssprache zu bestimmen, die grundsätzlich
auch für die Anmeldungen massgebend ist (5 GBV).

Die Kantone haben ferner die Grundbuchämter zu organisieren, die Beamten zu   28
ernennen und zu besolden (953). Sie setzen auch die Gebühren für die Eintragungen
und die damit verbundenen Vermessungsarbeiten fest; bei Bodenverbesserungen und
Arrondierungen ist jedoch die Gebührenfreiheit eidgenössisch gewährleistet (954).
Das Bundesgericht hat Grundsätze für die Bemessung von Gebühren entwickelt (vgl.
97 I 193 ff.; 103 Ia 80 ff.; 107 Ia 29 ff.; 112 Ia 44 ff.; 126 I 180 ff.).³¹

b. Der Grundbuchbeamte. Er ist ein *kantonaler* Beamter bzw. Angestellter; seine   29
Tätigkeit untersteht der administrativen Aufsicht einer kantonalen Behörde (956¹;
BGer 5A_854/2013 E. 1), die auch eine fachlich qualifizierte Führung des Grundbuchs

---

29 Nicht entscheidend ist also der Teil, der den grösseren Wert darstellt, etwa weil er das Wohn-
     gebäude trägt. Nur das Flächenmass bildet ein unwandelbares Kriterium (während der Wert
     Schwankungen unterworfen ist).

30 Gemäss Art. 953 Abs. 2 bedürfen die kantonalen Vorschriften – mit Ausnahme der Bestimmun-
     gen über die Ernennung und Besoldung der Beamten – der Genehmigung des Bundes (vgl. auch
     Art. 52 Abs. 3 SchlT).

31 Das kantonale Recht darf die Eintragung in das Hauptbuch von der Bezahlung der Grundbuch-
     gebühren und der Handänderungssteuern abhängig machen. Anders verhält es sich jedoch für
     Abgaben, die mit dem angemeldeten Geschäft in keinem Zusammenhang stehen, wie die Erb-
     schaftssteuern, die Grundstückgewinnsteuern sowie die allgemeinen Einkommens- und Ver-
     mögenssteuern (106 II 81 ff.; 112 II 322 ff.; vgl. auch 118 Ib 64; ferner ZBGR 75 [1994], 206 ff.). –
     Für Abgaben, die mit dem (veräusserten) Grundstück in einem besonderen Zusammenhang
     stehen, können die Kantone ein gesetzliches Pfandrecht nach Art. 836 vorsehen (112 II 325 und
     hinten § 112 N 39 f.); als Sicherungsmassnahme ausgeschlossen ist demgegenüber eine Kanzlei-
     sperre (Bundesamt für Justiz in VPB 50 [1986], 420 f., Nr. 67 = ZBGR 68 [1987], 369 f.).

gewährleisten muss (4 GBV). Die oberste Aufsicht ist Sache des Bundes (956²), der sie durch das Eidgenössische Amt für Grundbuch- und Bodenrecht ausübt (6 GBV).

30   Die früher in aArt. 957 geregelte *Disziplinargewalt* über die Grundbuchbeamten wird nunmehr als Frage des kantonalen Personalrechts angesehen, weshalb die Bestimmung durch die Revision von 2009 aufgehoben wurde.[32]

31   **c. Der Rechtsschutz.** Durch die Revision von 2009 wurde der Rechtsschutz ausführlicher geregelt (956a f.):[33]

32   1. Gegen eine vom Grundbuchamt erlassene Verfügung – etwa gegen die Abweisung einer Anmeldung, aber auch bei Rechtsverweigerung und -verzögerung – kann bei der vom Kanton bezeichneten Behörde *Beschwerde* geführt werden (956a¹).[34] Die steht jedoch nicht zur Verfügung, wenn das Gesetz die gerichtliche Austragung vorsieht, namentlich die Grundbuchberichtigungsklage (zum alten Recht 98 Ia 186; 127 III 197 E. 2a in fine). Daher ordnet Art. 956a Abs. 3 an, dass gegen eine im Hauptbuch vollzogene Eintragung, Änderung oder Löschung von dinglichen Rechten oder Vormerkungen die Beschwerde nicht offen steht (BGer 5A_194/2013 E. 3.1 und 3.2).

33   2. Zur Beschwerde *berechtigt* ist zunächst jede Person, die von einer Verfügung des Grundbuchamts besonders berührt ist und ein schutzwürdiges Interesse an deren Aufhebung oder Änderung hat (956a² Ziff. 1). Legitimiert sind aber auch (nach Massgabe des kantonalen Rechts) die kantonale administrative Aufsichtsbehörde sowie die Oberaufsichtsbehörde des Bundes (956a² Ziff. 2 und 3 ZGB; 6 f. GBV).

34   3. Die *Frist* für die Beschwerden an die kantonalen Beschwerdeinstanzen beträgt 30 Tage. Wegen Rechtsverweigerung oder -verzögerung kann jederzeit Beschwerde geführt werden (956b).

35   4. Der Entscheid der letzten kantonalen Instanz kann nach Massgabe der Art. 72 ff. BGG mit der *Beschwerde in Zivilsachen an das Bundesgericht* weitergezogen werden (72² lit. b Ziff. 2 BGG). Nach der hier vertretenen Auffassung muss hierbei in vermögensrechtlichen Angelegenheiten die Streitwertgrenze von Fr. 30'000.– beachtet werden (74 BGG, unter Vorbehalt einer Rechtsfrage von grundsätzlicher Bedeutung).[35] Die Beschwerdelegitimation vor Bundesgericht ergibt sich aus Art. 76 BGG.[36] Sind die

---

32 Botschaft BBl 2007, 5331; SCHMID, BaKomm, Art. 957 N 2.
33 Vgl. zum Folgenden die Botschaft BBl 2007, 5330 f.; STEINAUER a.a.O. Nr. 598 ff. und 861 ff.
34 Die Kantone dürfen zwar ein Gericht oder eine Verwaltungsbehörde als Beschwerdeinstanz bezeichnen (54² SchlT), doch muss nach Art. 75 Abs. 2 BGG die letzte kantonale Instanz ein oberes Gericht sein. Zur Kenntlichmachung der Tatsache, dass gegen eine Abweisungsverfügung Beschwerde erhoben worden ist, vgl. Art. 87 Abs. 4 GBV.
35 BETTINA HÜRLIMANN-KAUP, Grundbuchbeschwerde und Streitwert, BN 2014, 247 ff.; SCHMID/HÜRLIMANN-KAUP, Sachenrecht, Nr. 546; dieser Auffassung folgend BGer 5A_240/2014 E. 1.1 (insoweit nicht in 141 III 13); a. M. aber noch BGer 5A_346/2009 E. 1.1 und BGer 5A_380/2013 E. 1.1.
36 Der anmeldende Notar ist nach der Praxis zur Beschwerde an das Bundesgericht legitimiert, wenn er durch die Abweisung in seiner beruflichen Tätigkeit bzw. in seiner amtlichen Funktion betroffen und vor der Vorinstanz kostenpflichtig unterlegen ist (BGer 5A_380/2013 E. 1.2;

Voraussetzungen der Beschwerde in Zivilsachen nicht erfüllt, kann die Verfassungsbeschwerde gegeben sein (113 ff. BGG).

d. Die Haftung für das Grundbuch: Die Kantone sind für allen *Schaden,* der sich   36
aus der rechtswidrigen (110 II 40) Grundbuchführung ergibt, *verantwortlich* (955[1]).[37]
Ihre Verantwortlichkeit setzt blosse (rechtswidrige) Verursachung und den objektiven
(adäquaten) Kausalzusammenhang voraus, nicht aber ein Verschulden (110 II 40). Sie
ist ferner primär, nicht subsidiär: Die Geschädigten können (und müssen) unmittelbar auf den Kanton greifen; ein direktes Forderungsrecht gegen den fehlbaren Beamten ist ausgeschlossen. Der Kanton, der eine Entschädigung leistet, hat seinerseits bei
Verschulden einen Rückgriff auf die fehlbaren Beamten und Behörden (955[2]). Aus diesem Grund können die Beamten und Angestellten zur Sicherstellung angehalten werden (955[3]). Gemäss Bundesgericht sind für den Umfang der Ersatzpflicht Art. 43/44
OR sowie die einjährige Verjährungsfrist des Art. 60 OR auf diese Staatshaftung entsprechend anwendbar (110 II 40 f.; 119 II 218 f.).[38]

Die Verantwortlichkeit der Kantone besteht auch schon vor der Einführung des eidge-   37
nössischen Grundbuchs (51 II 388 f.). Sie ist nicht gegeben wegen unrichtiger Grenz-
beschreibung, solange nicht Grundbuchpläne oder mindestens Realfolien angelegt
worden sind (53 II 213 ff.).[39] Der Kanton haftet zudem für Schaden, der daraus entsteht,
dass die Fläche eines Grundstücks wegen eines Übertragungsfehlers im Hauptbuch
nicht stimmt (106 II 341).[40] Seine Verantwortlichkeit entfällt, wenn der Geschädigte
die ihm zumutbaren Massnahmen (z.B. eine Klage gemäss Art. 975) nicht ergriffen
hat (110 II 42).

---

zum alten Recht 116 II 136 ff.). Vgl. auch Steinauer a.a.O. Nr. 862a und Schmid, BaKomm,
Art. 956a N 22; zurückhaltend BN 2013, 24 ff. (JGKD Bern).

37 Vgl. auch Pierre Widmer, La révision du droit de la responsabilité civile vue sous l'angle de
l'article 955 du code civil, ZBGR 76 (1995), 345 ff. Die gleiche Haftung gilt nach Art. 18 GeoIG
für die Führung des Katasters der öffentlich-rechtlichen Eigentumsbeschränkungen (s. dazu
BBl 2006, 7859).

38 Die Unterbrechung der Verjährung richtet sich nach Art. 135 OR: LGVE 1991 I Nr. 1, S. 1 ff.
= ZBGR 78 (1997), 84 ff. – Rechtspolitisch betrachtet erweist sich die Verjährung – und ihre
Handhabung durch das Bundesgericht (119 II 216 ff.) – als unbefriedigend kurz (Deschenaux
a.a.O. 236 f.; Schmid, BaKomm, Art. 955 N 31 f.).

39 Vgl. ferner 55 II 75 (zum adäquaten Kausalzusammenhang; dazu Deschenaux a.a.O. 232 f.
Anm. 71a); 57 II 567 (Fälschung von Schuldbriefen); 62 II 81 (Schaden infolge unrichtiger Ausführung einer richterlichen Verfügung durch den Grundbuchbeamten, Haftung für Prozesskosten); 83 II 12; 119 II 218 (Frage offengelassen, ob der Kanton aus Art. 955 auch für Fehler
bei der Nachführung des Vermessungswerks hafte); 126 III 309 ff. (Haftung wegen unterlassener Prüfung, ob für die Rangrücktrittserklärung einer bevormundeten Person ausser der Erklärung des Vormunds auch die Zustimmung der Vormundschaftsbehörde nach aArt. 421 Ziff. 2
notwendig war).

40 Zur Haftung des Kantons aus Art. 955 wegen Vermessungsfehlern vgl. auch 119 II 218 (Frage
offengelassen) und ZBGR 81 (2000), 172 ff. (bejahend). In diesem Zusammenhang muss
u. E. die in Art. 216 Abs. 2 OR enthaltene Wertung mitberücksichtigt werden (vgl. Honsell,
BaKomm, Art. 219 OR N 6).

38 **e. Die Öffentlichkeit des Grundbuchs.** Die Art. 970 und 970a, welche unter der Marginalie «Öffentlichkeit des Grundbuchs» stehen, sind verschiedentlich geändert worden. Dennoch sind wesentliche Grundgedanken der Regelung gleich geblieben, und die bisher ergangenen Entscheidungen und Lehrmeinungen können weiterhin zur Auslegung beitragen.[41] Weiter ist davon auszugehen, dass die beiden genannten Vorschriften auch auf kantonale Grundbucheinrichtungen im Sinn von Art. 48 SchlT Anwendung finden (97 I 699 ff.). Im Einzelnen gilt Folgendes:

39 1. *Jedermann* ist berechtigt, aus dem Hauptbuch Auskunft über die Bezeichnung des Grundstücks (samt Grundstücksbeschreibung), den Namen und die Identifikation des Eigentümers sowie die Eigentumsform und das Erwerbsdatum zu erhalten (970²). In diesem Punkt wird ein schutzwürdiges Interesse mithin für jedermann fingiert.[42] Überdies ist der Bundesrat ermächtigt, unter Beachtung des Schutzes der Persönlichkeit weitere Angaben zu bezeichnen, die voraussetzungslos öffentlich gemacht werden dürfen (970³). Dies sind nach Art. 26 ff. GBV die Dienstbarkeiten und Grundlasten sowie (mit gewissen Ausnahmen) die Anmerkungen; doch darf eine Auskunft oder ein Auszug nur hinsichtlich eines bestimmten Grundstücks abgegeben werden (26³ GBV).

40 2. Für weitergehende Auskünfte verlangt Art. 970 Abs. 1, dass die Gesuchstellerin ein *Interesse glaubhaft macht.* Nur unter dieser Voraussetzung wird ihr Einsicht in das Grundbuch gewährt oder ein Auszug erstellt (31 f. GBV). Erforderlich für Bestand und Umfang des Einsichtsrechts ist also ein (schutzwürdiges) Interesse, das vom Ansprecher gegenüber dem Grundbuchamt glaubhaft zu machen ist (117 II 152 f.; BGer 5A_502/2014 E. 3). Es kann sich um ein rechtliches (132 III 607), wirtschaftliches (112 Ib 482 f. für einen Bauhandwerker) oder anderes (wissenschaftliches: 117 II 151 ff. für einen Familienforscher) Interesse handeln, das jedoch stets mit der Zweckbestimmung des Grundbuchs als Mittel zur Bekanntgabe dinglicher Rechte an Grundstücken im Zusammenhang stehen muss (117 II 152 f.; ferner etwa 126 III 514; 132 III 607).[43] Deshalb dürfen nur die von der Ansprecherin – im Rahmen des Zumutbaren – näher bezeichneten Blätter, nötigenfalls mit Belegen (hierzu 117 II 154 f.; 112 II 426 f.),[44] Beschreibungen oder Plänen, sowie gegebenenfalls der Tagebucheintrag

---

41 Differenzierend 126 III 516 ff. Vgl. etwa DESCHENAUX a.a.O. 158 ff.; HAUSHEER, Öffentlichkeit des Grundbuches, in ZBGR 69 (1988), 1 ff.; REY, Zur Öffentlichkeit des Grundbuchs, in ZBGR 65 (1984), 73 ff.; ETTER-STREBEL, Die Öffentlichkeit des Grundbuchs im Spiegel der Rechtsprechung, in recht 6 (1988), 135 ff.; ferner DANIELA BÄNZIGER-COMPAGNONI, Die Öffentlichkeit des Grundbuches – de lege lata – rechtsvergleichend – de lege ferenda (Diss. Zürich 1993), 28 ff. – Zur früheren Regelung vgl. TUOR/SCHNYDER/SCHMID 12. A., 796 ff.

42 Das Datenschutzgesetz (SR 235.1) ist gemäss seinem Art. 2 Abs. 2 lit. d auf «öffentliche Register des Privatrechtsverkehrs» und mithin auf das Grundbuch nicht anwendbar.

43 Vgl. auch BGE 111 II 50; 112 II 426 f.; 112 Ib 482 f.; BGer in ZBGR 81 (2000), 192 ff. – In der ständerätlichen Beratung wurde festgehalten, dass auch der Auftrag zur Erstellung einer amtlichen Statistik ein Interesse und damit einen Anspruch auf Einsicht begründen kann (Amtl. Bull. 1990 StR, 250 f.).

44 Vgl. auch VPB 44 (1980), 544 ff., Nr. 115; ZBGR 63 (1982), 281 ff. – Regelmässig kein schützenswertes Interesse besteht mit Bezug auf die Auskunft über den vom Eigentümer mit seinem Verkäufer vereinbarten Kaufpreis (112 II 427; SJZ 94 [1998], 237 f.; DESCHENAUX a.a.O.

eingesehen werden.[45] Soweit ein Interesse dafür vorhanden ist, können auch Auszüge oder Abschriften aus dem Grundbuch verlangt werden.[46] Gegen die Weigerung des Grundbuchamts, die verlangte Auskunft zu erteilen, kann Beschwerde geführt werden (956a)·

3. Die Folge der Öffentlichkeit des Grundbuchs ist, dass dessen *Kenntnis als vorhanden angenommen* wird.[47] Dies ist eine Fiktion (Praesumptio iuris et de iure), d.h. eine Vermutung, gegen die der Beweis des Gegenteils nicht zugelassen wird. Der Einwand, jemand habe eine Grundbucheintragung nicht gekannt, ist ausgeschlossen (970[4]), auch mit Bezug auf Tagebucheinschreibungen, die im Hauptbuch noch nicht vollzogen worden sind (BGer 5A_227/2007 E. 2.4 und 2.5 = ZBGR 92 [2011], 107 ff.).[48] Aus diesem Grund sollten die Grundbuchämter mit der Gewährung der Einsichtnahme nicht zu streng sein.

4. Art. 970a ordnet schliesslich an, dass die Kantone den Erwerb des Eigentums an Grundstücken (mit Ausnahme der Gegenleistung bei Erbteilung, Erbvorbezug, Ehevertrag und güterrechtlicher Auseinandersetzung) *veröffentlichen können*[49] – eine Regelung, die unter anderem der Bodenspekulation entgegenwirken kann und die in einem gewissen Spannungsverhältnis zu Art. 970 steht (126 III 517 und 518 f.; 132 III 606). Solche Handänderungen können auch in elektronischer Form öffentlich zugänglich gemacht werden (34 GBV).

41

42

170; differenzierend Bänziger-Compagnoni a.a.O. 69 ff.). In Sonderfällen lässt aber die Praxis Ausnahmen zu (132 III 606 ff.; BGer 5A_502/2014 E. 3.2.3; ZBGR 96 [2015], 91 ff. [VerwGer Glarus]).

45 Dass dies nur «in Gegenwart eines Grundbuchbeamten» geschehen darf, ordnet der revidierte Text im Blick auf künftige technische Möglichkeiten der Datenbearbeitung und -übermittlung nicht mehr an (BBl 1988 III 1086).

46 ZBGR 80 (1999), 97 ff.; Bänziger-Compagnoni a.a.O. 136 ff.

47 Frage offengelassen bezüglich der kantonalen Grundbucheintragungen in 97 I 701.

48 Immerhin bewirkt diese Fiktion nur, dass der Grundstückerwerber an alle eingetragenen dinglichen Belastungen gebunden ist; sie hat aber nicht zur Folge, dass unter den Parteien des Grundstückkaufvertrags die Kenntnis der im Grundbuch eingetragenen Rechte als bekannt vorausgesetzt wird; insbesondere bleibt eine Berufung auf Irrtum durch die Käuferin möglich (BGer in BN 1997, 137 ff., E. 3 = Pra 86 [1997], 827 ff., Nr. 150, E. 3). – Stimmen Grundbucheintrag und konkursamtliches Lastenverzeichnis nicht überein, so ist Letzteres massgebend (LGVE 2004 I Nr. 54).

49 Die Veröffentlichung ist also nach geltendem Recht nicht (mehr) bundesrechtlich vorgeschrieben. Zur abweichenden Rechtslage vor der ZGB-Änderung vom 1. Januar 2005 vgl. Tuor/Schnyder/Schmid, 12. A., 797 f.

§ 95   Das materielle Grundbuchrecht

1   Das materielle Grundbuchrecht spricht sich aus über die Wirkungen von Eintragung oder Nichteintragung im Grundbuch, also über die Bedeutung der grundbuchlichen Verfügungen für den Bestand dinglicher Rechte. Es handelt daher einerseits von den verschiedenen Verfügungen, andererseits von deren Wirkungen.

I.   Die rechtlich erheblichen Verfügungen

2   Im Zusammenhang mit den Verfügungen stellen sich zwei Fragen: Welche grundbuchlichen Verfügungen sind überhaupt vorgesehen, und welches sind die Voraussetzungen für ihre Vornahme?

3   **a. Die Verfügungen.** Die grundbuchlichen Verfügungen sind entweder *Eintragungen* von Rechten an den im Grundbuch aufgenommenen Grundstücken, *Löschungen* solcher Rechte oder *Abänderungen* daran. Die Eintragungen selbst sind entweder Eintragungen im *engen,* juristisch-technischen Sinn (inscriptions) oder *Vormerkungen* (annotations).[1] Der Zweck der Eintragung ist es, ein dingliches Recht zur Entstehung zu bringen, jener der Vormerkung kann verschiedenartig sein.

4   1. Zur *Eintragung* gelangen nur ganz bestimmte, vom Gesetz ausdrücklich bezeichnete Rechte: Eigentum, Dienstbarkeiten (und Grundlasten) sowie Pfandrechte (958). Dieser Trilogie entsprechend ist das Hauptbuchblatt in drei Hauptspalten geteilt (vorne § 94 N 13). Um welche Rechte es im Einzelnen geht, wird in den §§ 100–102 sowie 104–116 erörtert. – Dem «Numerus clausus» der eintragbaren Rechte kommt zentrale Bedeutung zu: Nicht eintragungsfähige Rechte werden nicht durch Ersitzung geheilt und auch nicht wegen Rechtsmissbrauchs unanfechtbar (111 II 142).

5   2. Für die *Vormerkungen* steht eine eigene Spalte zur Verfügung. Der *Zweck der Vormerkung,* die einen Sammelbegriff für Unterschiedliches darstellt, und dementsprechend ihre Wirksamkeit sind nach der gesetzlichen Einteilung *dreifacher* Art:[2]

6   α. *Die Ausstattung eines persönlichen Rechts mit dinglicher Wirkung,* Art. 959. Durch die Vormerkung erhält ein sonst rein obligatorisch (persönlich) wirkendes Recht Wirkung nicht nur unter den Parteien, sondern auch gegenüber Dritten, die nach der Vormerkung das Grundstück oder dingliche Rechte daran erwerben. Allerdings können nicht alle obligatorischen Rechte im Grundbuch vorgemerkt werden, sondern nur jene, für

---

1   Im weitesten Sinn des Wortes (Randtitel zu Art. 958 ff.) umfasst die Eintragung sogar auch die Löschungen und Abänderungen. – Im Übrigen empfiehlt es sich, im Sprachgebrauch zwischen *Eintragung* (Eintragungsvorgang) und *Eintrag* (Resultat des Vorgangs im Grundbuch) zu unterscheiden.

2   Art. 961a (in Kraft seit 1. Januar 1994) schreibt fest, was vorher schon galt, nämlich dass eine Vormerkung die Eintragung eines im Rang nachgehenden Rechts nicht hindert (STEINAUER, Les droits réels I, Nr. 801).

die das Gesetz dies ausdrücklich vorsieht. Es besteht ein «Numerus clausus» der vor-
merkbaren Rechte (79 I 191). Zu ihnen gehören vor allem: Vor-, Rückkaufsrecht und
Kaufsrecht (681b[1] ZGB, 216a OR), Miete und Pacht (261b und 290 OR; 119 II 16 ff.;
135 III 251 f.),[3] Rückfallsrecht bei Schenkungen (247 OR), Nachrückungsrecht der
Pfandgläubiger (814[3] ZGB) und gewisse Gewinnansprüche der Miterben (34 BGBB).[4]
Damit das Recht vorgemerkt werden kann, muss zudem eine entsprechende Verpflichtung der Eigentümerin des betroffenen Grundstücks vorliegen (83 II 14).

Durch die Vormerkung erhält das obligatorische Recht Wirkung (Vorrang)   7
gegenüber jedem später erworbenen Recht (959[2]; 90 II 399; 128 III 127), also z.B. ein
vorgemerktes Kaufsrecht gegenüber einer späteren Pfändung (102 III 20; s. auch 103 III
108; zum Arrest vgl. 128 III 128; zur Miete vgl. 261b[2] OR) oder gegenüber einem später eingetragenen Pfandrecht (114 III 19 f.).[5] Das persönliche Recht wird gemäss bundesgerichtlicher Rechtsprechung zur sogenannten *Realobligation* (92 II 156), jedenfalls
im weiteren Sinn dieses Wortes (hinten § 104 N 4 f.). Präziser ausgedrückt: Neben das
persönliche Recht tritt ein dingliches Nebenrecht, welches mit dem Hauptanspruch
steht und fällt (vgl. 104 II 176 f.; 114 III 19; s. auch 111 II 145: «un diritto reale»; 120
Ia 244 f.; 126 III 423).[6] Hingegen führt die Vormerkung nicht zu einer Sperrung des
Grundbuchs (961a; 117 II 544).[7]

Gewisse in ZGB und OR vorgesehene «Vormerkungen» sind allerdings so   8
beschaffen, dass die Aussage, sie würden Wirkungen (Vorrang) gegenüber später
erworbenen Rechten erhalten, auf sie nicht zutrifft. Es handelt sich um Abänderungen der gesetzlichen Regelung mit Bezug auf ein dingliches Recht (z.B. 650[2], 712c,
teilweise auch 779a[2]). Hier wird die Verfügungsmöglichkeit der Eigentümerin nicht
eingeschränkt; wohl aber gilt das Abgemachte gegenüber jedermann, weil durch die
Vormerkung eine gewisse «Verdinglichung» geschaffen worden ist.[8]

β. *Die Beschränkung der Verfügungsmöglichkeit über ein Grundstück*, Art. 960. Hier   9
wird (anders als in den Fällen des Art. 959) nicht ein persönliches Recht gewissermassen «in einem friedlichen Stadium» mit verstärkter Wirkung ausgestattet,[9] um dann zu
einem späteren Zeitpunkt den ihm widersprechenden Rechten vorzugehen. Vielmehr
wird durch die Vormerkung für streitige oder vollziehbare obligatorische Ansprüche

---

3   Vgl. zur Vormerkung der Miete auch Bettina Hürlimann-Kaup, Grundfragen des Zusam-
    menwirkens von Miete und Sachenrecht (Luzerner Habil., Zürich 2008), LBR 34, Nr. 748 ff.;
    Armin Zucker/Christian Eichenberger, Die Vormerkung des Mietverhältnisses im Grund-
    buch (…), AJP 2010, 834 ff.
4   Für weitere Fälle vgl. Steinauer a.a.O. Nr. 769 ff.
5   Vgl. auch LGVE 1992 I Nr. 12 = SJZ 88 (1992), 339 f.; Homberger, Art. 959 N 30 ff.; Desche-
    naux, SPR V/3, 333 und 647; Steinauer, Les droits réels II, Nr. 1714 und 1726 f.
6   Zur Vertiefung s. hierzu Steinauer, Les droits réels I, Nr. 794 ff. mit Hinweisen; ferner Liver,
    SPR V/1, 18 ff.; Meier-Hayoz, BeKomm, Syst. Teil (vor Art. 641) N 279.
7   Vgl. auch BBl 1988 III 1075.
8   Hierzu Steinauer a.a.O. Nr. 809 ff., und die Tabelle in Nr. 818.
9   Wir unterschlagen hier den Sonderfall des Art. 960 Abs. 1 Ziff. 3, dessen genaue Zuordnung strei-
    tig ist: Steinauer a.a.O. Nr. 774 und 784 mit Anm. 25.

(960[1] Ziff. 1), deren Vollstreckung eine Abänderung des Grundbuchs zur Folge hätte (z.B. Erfüllung eines Kaufvertrags; BGer 5A_808/2014 E. 3.1)[10], oder für die Pfändung (960[1] Ziff. 2; 115 III 118; BGer 5A_639/2012 E. 4) dafür gesorgt, dass jede später eingetragene Verfügung der Vormerkung gegenüber unwirksam wird (120 Ia 244 f.). Das heisst nicht, das Grundbuch würde gesperrt (961a). Doch können nachherige Eintragungen keine nachteiligen Wirkungen mehr für das vorgemerkte Recht nach sich ziehen (960[2]; für einen Fall gemäss 960[1] Ziff. 1: 104 II 176; BGer 5P.411/2004 E. 1.4; s. auch 110 II 128[11]).

10   Umstritten war lange Zeit, ob und inwiefern die Kantone ähnliche Rechtsinstitute vorsehen können – sei es analog zu Art. 960 (also mit der Wirkung, dass nachherige Eintragungen dem vorgemerkten Recht nicht schaden dürfen), sei es als eigentliche «Kanzleisperren» (mit der Folge, dass das Grundbuch mit Bezug auf das fragliche Grundstück gesperrt ist).[12] Das Bundesgericht verlangt eine gesetzliche Grundlage im kantonalen Recht sowie (selbstverständlich), dass im betreffenden Bereich das Bundesrecht, welches solche Sperren nicht eigens vorsieht, sie auch nicht verbietet (103 II 5; 108 II 509; 110 II 130 f.; 111 II 45 f.). Eine bundesrechtliche Sperre sieht auch Art. 178 vor (sie wird allerdings als Anmerkung bezeichnet).[13] Das kantonale öffentliche Recht kann eine Grundbuchsperre nach Massgabe von Art. 56 lit. d GBV vorsehen.[14]

11   γ. *Die vorläufige Sicherung eines Rechts, insbesondere seines Datums,* Art. 961. Eine solche Vormerkung ist möglich, wenn die Eintragung selbst noch nicht erfolgen darf – sei es, weil das Recht noch nicht unbestritten feststeht, sei es, weil der Ausweis über das Verfügungsrecht noch nicht erbracht und die Ergänzung zugelassen worden ist (966[2]). Praktisch kommt eine vorläufige Eintragung nach Art. 961[1] Ziff. 1 vor allem in Betracht, wenn der Veräusserer eines Grundstücks geltend macht, er sei in Wirklichkeit (entgegen dem Grundbucheintrag, der bereits auf den Käufer lautet) nach wie vor Eigentümer, weil der dem Eigentumserwerb des Käufers zugrunde liegende Kaufvertrag an einem Gültigkeitsmangel leide (BGer 5P.221/2003 E. 3.1.1 = ZBGR 85 [2004], 97 ff.). Besonders bedeutsam ist Art. 961 sodann bei der Anmeldung von Bauhandwerkerpfandrechten (vgl. 76[2] und [3] GBV sowie 101 II 63; 119 II 434 ff. und hinten § 113 N 69) oder bei ähnlichen Ansprüchen, wie jenen gemäss Art. 712i (106 II 183) 779i und k sowie 712i (76[2] und [3] GBV).

---

10   BERNHARD SCHNYDER, Vertragserfüllung und deren Sicherung in sachenrechtlicher Sicht, in Alfred Koller (Hrsg.), Der Grundstückkauf (2. A. Bern 2001), 156 ff.; vgl. ferner hinten § 100 N 3.

11   Zu letzterem BGE (Doppelverkauf) zustimmend LIVER in ZBJV 122 (1986), 115 ff.; a. M. WIEGAND, Doppelverkauf und Eigentumserwerb – Wer zuerst kommt, mahlt zuerst?, BN 1985, 11 ff.

12   Vgl. etwa STEINAUER a.a.O. Nr. 643 ff.; ANDRÉ HUTTER, Die richterliche Anweisung an das Grundbuchamt … (Diss. St. Gallen 1992), 13 ff.

13   Siehe dazu LGVE 1993 I Nr. 5. – Für weitere Fälle vgl. Art. 56 lit. a–c GBV und STEINAUER a.a.O. Nr. 648; JEAN-PIERRE GRETER/SLOBA SCHNEITER, Die strafprozessuale Immobilienbeschlagnahme (Art. 266 Abs. 3 StPO) …, AJP 2011, 1037 ff.

14   Vgl. STEINAUER a.a.O. Nr. 649 ff.

Über das Begehren entscheidet das Gericht im summarischen Verfahren, in   12
welchem der Gesuchsteller seine Berechtigung glaubhaft zu machen hat (961³ ZGB;
249 lit. d Ziff. 11 ZPO). Die Glaubhaftmachung hat sich einerseits auf die materielle
Berechtigung, andererseits auf die Gefährdung der Rechtsposition zu beziehen (BGer
5P.221/2003 E. 3.2.1 = ZBGR 85 [2004], 97 ff.). Eine Gefährdung ist zu bejahen, wenn
der materiell Berechtigte wegen des öffentlichen Glaubens des Grundbuchs (hinten
N 33 ff.) riskiert, sein mit dem Eintrag nicht übereinstimmendes Recht zu verlieren
(BGer a.a.O.). An die Glaubhaftmachung der Voraussetzungen für die vorläufige Eintragung eines Bauhandwerkerpfandrechts sind immerhin geringere Anforderungen
zu stellen, als es dem Beweismass nach Art. 261 Abs. 1 ZPO sonst entspricht (137 III
567).[15]

3. Neben den Eintragungen und den Vormerkungen kennt das ZGB als dritte Ein-   13
schreibungsart die *Anmerkungen* (mentions; vorne § 94 N 13) – ohne sie allerdings in
den Art. 958 ff. zu erwähnen (vgl. aber 53 f., 80 und 125 ff. GBV). Anmerkungen haben
denn auch regelmässig nicht konstitutive Wirkung, sondern Informationscharakter:
Sie geben nur das wieder, was sowieso schon gilt (vgl. 103 Ib 82; 111 Ia 183). Immerhin bewirken sie nach Art. 970 Abs. 4 den Ausschluss der Einwendung, man habe die
Anmerkung nicht gekannt.[16]

So können etwa angemerkt werden: Nutzungs- und Verwaltungsordnungen   14
sowie Verwaltungsbeschlüsse im Mit- oder Stockwerkeigentum (649a²), durch das
Gesetz begründete dauernde Wegrechte (696²), öffentlich-rechtliche Eigentumsbeschränkungen (962 ZGB; 129 GBV; BGer 1C_750/2013 E. 4), dingliche Rechte des
kantonalen Rechts, die nicht mehr begründet werden können (45 SchlT), sowie die
Grundstücke im unselbständigen Eigentum (die sogenannten Anmerkungsgrundstü-
cke; 655a ZGB und 95 GBV; vgl. auch BGE 130 III 310 f.), ferner Konkurs und Nach-
lassstundung (176² und 296 SchKG; 55³ GBV) sowie das Bestehen eines Trustver-
hältnisses (149d IPRG; 58 und 128 GBV).[17] Zum Kataster der öffentlich-rechtlichen
Eigentumsbeschränkungen vgl. Art. 16 GeoIG.[18]

Ausnahmsweise äussern die Anmerkungen doch besondere Wirkungen, wie   15
etwa die Vermutung der Zugehörqualität nach Art. 805 Abs. 2 (§ 98 N 22 f.); vgl. auch

---

15 Verallgemeinernd LGVE 2013 I Nr. 36, E. 4.4 (KGer Luzern), wo Art. 961 ZGB generell als Lex
    specialis zu Art. 261 ZPO angesehen wird.
16 Vgl. Steinauer a.a.O. Nr. 839 f.; Schmid/Hürlimann-Kaup a.a.O. Nr. 493 ff.
17 Vgl. Florence Guillaume, Fragen rund um die Eintragung eines im Trustvermögen befind-
    lichen Grundstücks ins Grundbuch, ZBGR 90 (2009), 1 ff.; Delphine Pannatier Kessler,
    Trust, droit de suite et mention au Registre foncier selon l'article 149d LDIP, in Margareta Bad-
    deley u. a. (Hrsg.), Le droit civil dans le contexte international, Genf 2012, 133 ff.; Gabrielle
    Nater-Bass/Moritz Seiler, Die Anmerkung des Trustverhältnisses im Grundbuch aus prak-
    tischer Sicht, successio 2013, 220 ff.
18 Schmid/Hürlimann-Kaup a.a.O. Nr. 493 f.; Daniel Kettiger, Der Kataster der öffentlich-
    rechtlichen Eigentumsbeschränkungen, ZBGR 91 (2010), 137 ff.

178³ ZGB i. V. m. 55¹ GBV und 5² LPG¹⁹). Auch Grundbuchsperren sind als Anmerkung einzutragen (56 GBV; 111 II 45 f.).²⁰

16   4. *Die Anzeigepflicht.*²¹ Der Grundbuchverwalter hat nach Art. 969 den Beteiligten von den grundbuchlichen Verfügungen, die ohne ihr Wissen erfolgen, Anzeige zu machen. Er muss insbesondere den vorkaufsberechtigten Personen, deren Vorkaufsrecht im Grundbuch vorgemerkt ist oder von Gesetzes wegen besteht und aus dem Grundbuch hervorgeht, den Erwerb des Eigentums durch einen Dritten mitteilen. Anfechtungsfristen beginnen mit der Zustellung dieser Anzeige zu laufen (969²).

17   **b. Die Voraussetzungen.** Das ZGB und vor allem die Grundbuchverordnung (46 ff. GBV) bestimmen die *Voraussetzungen,* die im Einzelnen erfüllt sein müssen, damit die Beamtin eine Verfügung im Grundbuch eintragen darf. Diese Voraussetzungen sind (grundsätzlich): eine *Anmeldung* (1.) und ein *Ausweis* (2.). Besonders zu behandeln bleibt die *Kognition* (Prüfungsbefugnis) der Grundbuchverwalterin (3.).

18   1. *Die Anmeldung.*²² Nur in seltenen Ausnahmefällen darf die Grundbuchbeamtin von sich aus vorgehen (etwa 962², 976 und 977 ZGB; 46² und 138 f. GBV); in der Regel wird sie nur auf schriftliche *Anmeldung* einer verfügungsfähigen Person oder Behörde hin tätig (963¹ ZGB; 46¹ GBV).²³ Die Anmeldung muss unbedingt und vorbehaltlos erfolgen (47¹ GBV; 115 II 217; 117 II 543 f.; BGer 5A.19/2004 E. 3.2); ferner muss sie hinsichtlich der einzutragenden Rechte klar und vollständig sein (BGer in ZBGR 79 [1998], 126 ff.). Jede vorzunehmende Eintragung muss in der Anmeldung einzeln aufgeführt werden (47² GBV). Bei mehreren gleichzeitigen Anmeldungen ist die Reihenfolge anzugeben; die anmeldende Person kann verlangen, dass die eine Eintragung nicht ohne eine bestimmte andere vorzunehmen ist (47³ und ⁴ GBV).

19   Gewöhnlich muss die Anmeldung von *jener Partei* ausgehen, die durch den Eintrag ein *Recht aufgibt* oder eine *Belastung* auf sich *nimmt.* Bei rechtsbegründenden

---

19   Gemäss dieser Bestimmung kann ein – gemäss kantonalem Recht – vorpachtberechtigter Nachkomme des Verpächters eines landwirtschaftlichen Gewerbes sein Recht einem Dritten, der das Gewerbe pachtet, nur dann entgegenhalten, wenn es im Grundbuch angemerkt ist.

20   Zu Art. 30e BVG vgl. Art. 55 Abs. 2 GBV und BETTINA DEILLON-SCHEGG, Die Anmerkung der gesetzlichen Veräusserungsbeschränkung nach Art. 80 Abs. 10 GBV zur Sicherung des Vorsorgezwecks bei mit Mitteln der beruflichen Vorsorge finanziertem Wohneigentum, BN 1999, 41 ff.; 124 III 211 ff.; FZR 1999, 39 ff. Zur umstrittenen Frage, ob und inwieweit die Kantone privatrechtliche Anmerkungstatbestände schaffen können, vgl. STEINAUER a.a.O. Nr. 836 ff.; SCHMID/HÜRLIMANN-KAUP a.a.O. Nr. 494.

21   Vgl. BETTINA HÜRLIMANN-KAUP, Die Anzeigepflicht des Grundbuchverwalters (Art. 969 ZGB und Spezialnormen), ZBGR 93 (2012), 1 ff.

22   Vgl. auch ROLAND PFÄFFLI, Die Eckpfeiler der Grundbuchführung, in Alexandra Rumo-Jungo u. a. (Hrsg.), FS für Paul-Henri Steinauer, Bern 2013, 513 ff.

23   Die Anmeldung in elektronischer Form ist nur in Ausnahmefällen zulässig (949a² Ziff. 3 ZGB; 48²⁻⁴ und 39 ff. GBV; dazu vorne § 94 N 22). – Eine besondere Anmeldung ist dort unnötig, wo die Grundbuchverwalterin nach kantonalem Recht (vorne § 94 Anm. 8) die Beurkundung durch Einschreibung in das Urkundenprotokoll vorgenommen hat. Hier ersetzt die Beurkundung die Anmeldung.

Eintragungen muss also die Anmeldung erfolgen von Seiten des Eigentümers, der sein Eigentum überträgt oder belastet (963¹; 114 II 38; 121 III 104), bei Streichungen und Abänderungen seitens der bisherigen Berechtigten, deren Recht dadurch gelöscht oder gemindert wird (964; hierzu 104 Ib 257; zum Zustimmungserfordernis der Pfandgläubiger s. 118 II 117 f.).²⁴ Der Kanton kann die Urkundspersonen zur Anmeldung der von ihnen beurkundeten Geschäfte verpflichten (963³ ZGB; 49² GBV; 105 II 45). In *besonderen* Fällen genügt die Anmeldung auch durch den *Erwerber:* die Person, die sich durch die Eintragung berechtigen will. Dies trifft zu, wenn der Erwerb nicht auf Rechtsgeschäft beruht, sondern auf einer Gesetzesvorschrift oder auf einem rechtskräftigen Urteil (102 II 1; siehe auch BGer in ZBGR 74 [1993], 363 f.) oder einer diesem gleichwertigen Urkunde (963²). Ferner kann der Erwerber im öffentlich beurkundeten Vertrag ausdrücklich zur Anmeldung ermächtigt werden (49¹ GBV).

Die Anmeldung an das Grundbuchamt hat – bezogen auf den Normalfall der   20
Grundbuchanmeldung durch den Veräusserer als Folge eines Grundstückkaufvertrags oder eines anderen Verpflichtungsgeschäfts (etwa Schenkungs-, Dienstbarkeits- oder Grundpfandvertrag) – mehrfache Bedeutung: Einerseits ist sie ein *formeller Antrag* im Rahmen eines Verwaltungsverfahrens, das eine Grundbucheintragung zum Ziel hat (46 ff. GBV; 121 III 104). Andererseits kommt ihr materiell-rechtliche Tragweite zu: Mit der Anmeldung *verfügt* der Veräusserer über sein Recht, indem er alles vorkehrt, was seinerseits zur Erfüllung der Leistungsverpflichtung aus dem Grundgeschäft erforderlich ist (115 II 229 f.; 137 III 302; 138 III 515 und 517).²⁵ Daher schliesst die neuere Bundesgerichtspraxis einen einseitigen Rückzug der Anmeldung nach erfolgter Tagebucheintragung aus, auch wenn der Vollzug der Eintragung im Hauptbuch noch aussteht (grundlegend: 115 II 221 ff.; vgl. auch 115 II 339).²⁶ Art. 47 Abs. 1 Satz 2 GBV schreibt dies nun ausdrücklich fest. Auch darf das kantonale Recht keine über das Bundesrecht hinausgehenden Voraussetzungen für die Anmeldung aufstellen (121 III 104 unten).

2. *Der Ausweis.*²⁷ Sobald eine Anmeldung erfolgt ist, hat der Grundbuchbeamte sie   21
in das Tagebuch einzuschreiben (948¹ ZGB; 81¹ lit. a GBV); die Übertragung in das

---

24 Zum Verzicht auf eine Nutzniessung an einem Grundstück vgl. auch LGVE 1996 I Nr. 14, S. 23 ff. = ZBGR 80 (1999), 365 ff.

25 Ähnlich schon 111 II 46 f. und 110 II 130 f. Siehe auch Schnyder a.a.O. 137 ff. (besonders 140 f.); Rey, Grundriss, Nr. 1486 ff.; Steinauer a.a.O. Nr. 711; Bettina Deillon-Schegg, Grundbuchanmeldung und Prüfungspflicht des Grundbuchverwalters im Eintragungsverfahren (Diss. Zürich 1997), 21 ff. (besonders 36 ff.); Stephan Wolf, Verfügungsrecht und Grundbuchanmeldung – Betrachtungen zu Art. 963 ZGB, ZBGR 84 (2003), 1 ff. (besonders 4 ff.).

26 Vgl. auch Steinauer a.a.O. Nr. 711 ff.; Forni, Retrait unilatéral de la réquisition d'inscription au registre foncier …, in ZBGR 71 (1990), 1 ff.; zu 115 II 221 ff. siehe auch Hermann Laim, Die (bereute) «Küsnachter Grundeigentumsschenkung» …, in recht 9 (1991), 105 ff. – Vorzubehalten sind immerhin die Fälle des einseitigen Rückzugs der Anmeldung von Eigentümerschuldbrief oder -dienstbarkeit (Schmid, BaKomm, Art. 963 N 22).

27 Vgl. auch Bernhard Schnyder, Das Verhältnis von Grundbucheintrag und Gültigkeit des Rechtsgeschäfts, BN 53 (1991), 237 ff. = «Das ZGB lehren», Gesammelte Schriften (Freiburg 2001), AISUF 200, 603 ff.; Roland Pfäffli, Der Ausweis für die Eigentumseintragung im

Hauptbuch darf nur geschehen, nachdem er sich über das Vorhandensein der erforderlichen Ausweise vergewissert hat. Die anmeldende Person muss grundsätzlich einen
doppelten Ausweis erbringen: den Ausweis über das *Verfügungsrecht* und den Ausweis
über den *Rechtsgrund* (965; 119 II 17).[28] Sie muss zunächst dartun, dass sie jene Person
oder Behörde ist, die nach dem Gesetz zur Vornahme der Verfügung befugt ist; sie hat
entweder ihre Identität mit der Verfügungsberechtigten oder aber ihre Bevollmächti-
gung durch diese zu beweisen (84 ff. und 49[1] GBV; 114 II 36 ff.; 135 III 587).[29] Allenfalls muss zusätzlich die nach besonderer Gesetzesvorschrift erforderliche Zustimmung eines Dritten oder behördliche Bewilligung dargetan werden (83[2] lit. i und 88
GBV;[30] vgl. auch 126 III 313 f.). Ferner obliegt es der Anmeldenden, einen Rechtsgrund darzutun, der die grundbuchliche Operation rechtfertigt (965[3] ZGB; ausführlich 64 GBV). In der Regel ist dies ein öffentlich beurkundetes Rechtsgeschäft (wie
Kauf, Schenkung, Dienstbarkeit; 64[1] lit. a GBV). Beruht der Erwerb auf Erbgang, so
erbringt – bei gesetzlichen und eingesetzten (79 I 263 f.) Erben – ein Erbenschein den
Ausweis (65 lit. a GBV);[31] beim Vermächtnis sind eine beglaubigte Kopie der Verfügung von Todes wegen und die Annahmeerklärung der Vermächtnisnehmerin vorzulegen (64[1] lit. c GBV). Bei der Erbteilung genügen die schriftliche Zustimmungserklärung aller Miterben oder der schriftliche Erbteilungsvertrag (634[2] ZGB; 64[1] lit. b
GBV; für den Willensvollstrecker vgl. BGer 5A_82/2014 E. 4). Zur Anmeldung der
Löschung eines dinglichen Rechts genügt die schriftliche Erklärung der aus dem Eintrag berechtigten Person (964 ZGB); ein Ausweis über den Rechtsgrund muss nicht
vorgelegt werden (112 II 31 f.; BGer in ZBGR 79 [1998], 123 ff., E. 2c; 129 III 222 f.).

22   Massgebender Zeitpunkt für den rechtsgeschäftlichen Erwerb dinglicher
Rechte an Grundstücken ist die Eintragung im Hauptbuch, deren Wirkung jedoch auf
den Zeitpunkt der Tagebucheintragung zurückbezogen wird (972; 138 III 517 ff.). Die
Eintragung in das Hauptbuch kann daher nur erfolgen, wenn ihre Voraussetzungen
im Zeitpunkt der Anmeldung gegeben sind (111 II 46; 117 II 545). Nach der Tagebucheintragung kann die Rechtsstellung des Erwerbers (bei gegebenen Eintragungsvoraussetzungen) nicht mehr durch Beschränkungen der Verfügungsfähigkeit des Ver-

---

Grundbuch (Diss. St. Gallen, Langenthal 1999); DERSELBE, Der Ausweis für die Eigentumseintragung im Grundbuch beim Erbgang, AJP 2000, 421 ff.

28 Vgl. auch SCHNYDER, Vertragserfüllung (Anm. 10), 142 ff.; REY a.a.O. Nr. 1489 ff. Im Fall einer
Eigentümerdienstbarkeit geht der Rechtsgrund (die Willenserklärung des Errichters) in der
schriftlichen Anmeldung auf (BGer 5A_383/2010 E. 2.1).

29 Das Grundbuchamt kann unter gewissen Voraussetzungen die Beglaubigung einer Unterschrift
verlangen (86 GBV). Zum Ungenügen einer durch Telefax übermittelten Vollmacht s. LGVE
1990 I Nr. 14 = ZBGR 73 (1992), 286. Zum Rückzug der Vollmacht des Verfügenden vor Eintreffen der Anmeldung beim Grundbuchamt vgl. BGer 5A_454/2013 E. 4 = ZBGR 96 (2015), 113 ff.

30 Vgl. dazu auch Art. 169 ZGB und Art. 18 des BG über den Erwerb von Grundstücken durch
Personen im Ausland (BewG) vom 16. Dezember 1983 (SR 211.412.41).

31 Für den Fall des Erbschaftsverwalters s. 95 I 396 ff.

äusserers – wie Tod, Handlungsunfähigkeit, Beschlag infolge Pfändung, Arrests oder Konkurses – beeinträchtigt werden (115 II 230; 117 II 545).[32]

3. Die *Kognition (Prüfungsbefugnis)*. Bei mangelndem Ausweis hat die Grundbuch- 23 beamtin die Anmeldung abzuweisen (966[1]); allenfalls kann eine vorläufige Eintragung stattfinden (966[2] und 961 ZGB; 87 GBV; 116 II 294; 137 III 206 f.; 141 III 18; vorne N 11).[33] Die *Kognition der Grundbuchverwalterin* und ihrer Aufsichtsbehörden ist nunmehr in Art. 83 GBV ausdrücklich geregelt. Sie erstreckt sich namentlich (ausser auf die Form und den Inhalt der Anmeldung sowie die Identität der anmeldenden Person) auf das Verfügungsrecht der anmeldenden Person (126 III 313 f.) und auf den Rechtsgrundausweis (965 ZGB; 83[2] lit. c–e und g GBV); sie ist jedoch enger als die Kognition des Zivilgerichts.[34] Hinsichtlich des Rechtsgrundausweises muss die Grundbuchverwalterin vor allem prüfen, ob die Formerfordernisse erfüllt sind. Dagegen hat sie sich – von offensichtlichen Nichtigkeitsfällen abgesehen – um den materiellen Bestand des Rechtsverhältnisses nicht zu kümmern (119 II 17 f.; BGer in ZBGR 74 [1993], 377 ff.; 124 III 343 f.; BGer 5A_383/2010 E. 2; 141 III 15). Ferner hat sie zu prüfen, ob das angemeldete Recht überhaupt eintragungsfähig ist (83[2] lit. f. GBV; 114 II 131 und 326; 119 II 18; BGer 5A.38/2004 E. 2.3) und ob die erforderlichen Bewilligungen und Zustimmungen vorliegen (83[2] lit. i GBV).

Selbst wo ein *behördlicher Entscheid* (namentlich ein Gerichtsurteil) vorliegt, 24 hat sie zu untersuchen, ob das Recht eintragungsfähig ist (83[2] lit. f GBV), die Behörde zur Anmeldung zuständig war (85 GBV) und die Massnahme gegen die gemäss Grundbuch legitimierte Person ergriffen wurde (102 Ib 11; 119 II 18). Nicht zu prüfen ist demgegenüber, ob der behördliche Entscheid materiell stichhaltig ist (119 II 18), unter Vorbehalt von Fällen absoluter Nichtigkeit (BGer 5A_195/2012 E. 4.2).

II.   Die Wirkung des Grundbuchs

a. Im Allgemeinen. Die Vornahme oder Nichtvornahme einer Verfügung im Grund- 25 buch hat entscheidende Wirkung für den Bestand der dinglichen Rechte. Im Allgemeinen gilt, dass einerseits jede Wirkung, jede Änderung an einem dinglichen Recht an Grundstücken eine entsprechende Operation im Grundbuch voraussetzt, und dass andererseits jede Operation im Grundbuch auch tatsächlich die beabsichtigte Wirkung erzeugt; dies entspricht den Prinzipien der *negativen* und der *positiven Rechts-*

---

32 Nach 138 III 516 besitzt der Erwerber eines dinglichen Rechts mit der Einschreibung in das Tagebuch eine «dingliche Anwartschaft» auf das betreffende Recht (z.B. auf das Eigentum).

33 Vgl. auch Michel Mooser, Le rejet des requisitions d'inscription, ZBGR 90 (2009), 91 ff. Zum Fall, da die Grundbuchverwalterin den Anmeldenden an eine Bewilligungsbehörde (BGBB, BewG) verweist, vgl. BGer in ZBGR 80 (1999), 384 ff. – Illustrativ zur Behandlung materiell-rechtlich gültiger, aber nach kantonalem Beurkundungsgesetz ordnungswidriger Verträge die Weisung der Justizkommission des Luzerner Obergerichts an die Grundbuchverwalter vom 11. März 1988: LGVE 1988 I Nr. 12 = ZBGR 72 (1991), 126 ff.

34 Ausführlich Deillon-Schegg a.a.O. 47 ff. und 108 ff.

kraft des Grundbuchs. Würde dieser Grundsatz folgerichtig durchgeführt, ergäben sich zwar äusserst einfache, klar erkennbare Verhältnisse an Grund und Boden; jedoch könnten dadurch die Interessen von Personen verletzt werden, deren Rechte sich nicht aus dem Grundbuch ergeben. Die Rechtskraft des Grundbuchs rechtfertigt sich daher nur insoweit, als der öffentliche Glaube, die Sicherheit des Verkehrs, die Interessen gutgläubiger Dritter es erfordern.[35] Nur in diesem Rahmen misst denn auch das ZGB dem Grundbuch Rechtskraft bei; es schwächt also die genannten Grundsätze ab, indem es *Rechtswirkungen* auch *ohne Eintragung* und *Eintragungen ohne durchdringende Wirkung* anerkennt. Sowohl das Prinzip der negativen wie jenes der positiven Rechtskraft erleiden im ZGB Ausnahmen, deren Verständnis die Grundlage für die richtige Auffassung der Bedeutung unserer Grundbucheinrichtung ist.

26   **b. Die negative Rechtskraft des Grundbuchs.**[36] In seiner ausnahmslosen Durchführung würde das Prinzip der negativen Rechtskraft ungefähr so lauten: «Keine Wirkung am dinglichen Rechtsbestand – weder eine Entstehung noch eine Übertragung noch ein Untergang dinglicher Rechte an Grundstücken – kann eintreten, ohne dass eine entsprechende Verfügung im Grundbuch (eine Eintragung, Löschung oder Abänderung) vorgenommen wird.» Das wäre das sogenannte *absolute* Eintragungsprinzip. Das ZGB geht nicht so weit. Es verlangt zwar in der Regel eine grundbuchliche Operation, damit eine Wirkung für ein Immobiliarrecht eintritt, namentlich regelmässig eine Eintragung, damit ein dingliches Recht an einem Grundstück entsteht. Die Eintragung hat also nach ZGB gewöhnlich *konstitutive* Wirkung. Das gilt auch dort, wo vor Einführung des eidgenössischen Grundbuchs und in Ermangelung ausreichender kantonaler Ersatzformen die Kantone anderen Formen von Grundbucheinrichtungen die entsprechende Wirkung zuerkannt haben (48[1] und [2] SchlT; vorne § 93 N 9).

27   Diese Regel gilt aber nicht ausnahmslos. Es können Rechtswirkungen eintreten, auch ohne dass eine Verfügung im Grundbuch vorgenommen wird. Insbesondere entstehen in gewissen Fällen dingliche Rechte auch ohne Eintragung. So wird bei Aneignung, Erbgang, Enteignung, Güterzusammenlegung (95 II 28), Zwangsvollstreckung und richterlichem Urteil (Gestaltungsurteil) das Eigentum schon vor der Eintragung als Folge der bezeichneten Akte oder Ereignisse erworben (656[2]). Analoges gilt für den Eigentumsübergang an Grundstücken durch Fusion, Abspaltung oder Vermögensübertragung (22, 52[2], 73[2] und 104 FusG; dazu hinten § 100 N 4). In allen diesen Fällen hat die Grundbucheintragung nicht konstitutive Wirkung; der Erwerb des Eigentumsrechts geht ihr vielmehr voraus. Immerhin verlangen die Vollständigkeit und die Zuverlässigkeit des Grundbuchs, dass auch in solchen Fällen der Rechtserwerb eingetragen wird. Das ZGB zwingt indirekt dazu, indem es vor der Eintragung *keine grundbuchliche Verfügung* der Erwerberin über das Grundstück, keine Eigentumsübertragung, Pfand- oder Servitutbestellung gestattet (656[2] in fine). – Auch für

---

35   Hierzu LIVER, Entstehung und Ausbildung des Eintragungs- und Vertrauensprinzips im Grundstückverkehr, in ZBGR 60 (1979), 1 ff.

36   Der Ausdruck «negative Rechtskraft» steht als solcher nicht im ZGB; der Randtitel zu Art. 971 spricht immerhin von der «Bedeutung der Nichteintragung».

Dienstbarkeiten gilt das Eintragungsprinzip nicht uneingeschränkt; so bestehen Wegrechte, die das Gesetz unmittelbar begründet, ohne Eintragung im Grundbuch (696[1]).

Das ZGB kennt demnach kein absolutes, sondern nur ein *relatives* Eintragungsprinzip. **28**
Art. 971 Abs. 1 fordert die Eintragung als Voraussetzung für den Bestand eines dinglichen Rechts nicht allgemein, sondern nur (aber immerhin), «soweit für die Begründung eines dinglichen Rechts die Eintragung in das Grundbuch vorgesehen ist» (123 III 352 f.; 124 III 295 f.).

Der Eintrag bestimmt sowohl das Dasein als auch den *Inhalt und Umfang* des eintra- **29**
gungsbedürftigen Rechts. Doch ist der Eintrag selbst nur eine knappe, stichwortartige Wiedergabe des Rechtsinhalts, wie er sich aus den Urkunden (Belegen) ergibt. Daher muss man zur *Erläuterung* und *Ergänzung* des Eintrags auf diese Belege zurückgehen. Im Rahmen des Eintrags (88 II 271) dürfen neben den Belegen auch noch andere Mittel (Schriften, Zeugen) zur Feststellung des Inhalts des Rechts herangezogen werden (971[2]; vgl. auch 738; BGer in ZBGR 81 [2000], 272 ff. E. 3b).

Wie ein dingliches Immobiliarrecht unter Umständen ohne Eintragung entsteht, so **30**
kann es auch ausnahmsweise ohne Löschung im Grundbuch untergehen, kraft Urteils oder kraft Gesetzes.

c. Die positive Rechtskraft des Grundbuchs. Dem Prinzip, dass jede dingliche Wir- **31**
kung an Immobiliarrechten nur auf grundbuchliche Verfügung hin entstehen kann, würde spiegelbildlich das folgende Prinzip entsprechen: «Jede im Grundbuch vorgenommene Verfügung (jede Eintragung, Abänderung und Streichung) besitzt unanfechtbare Kraft.» Dies wäre das Prinzip der *absoluten* oder *formellen, positiven Rechtskraft* des Grundbuchs (welche besagt, dass alles, was im Grundbuch steht, auch «so gilt»). Es ist aber im ZGB ebenso wenig wie das Prinzip der negativen Rechtskraft ausnahmslos durchgeführt worden, sondern nur so weit, als die Bedürfnisse des Verkehrs es verlangen. Immerhin begründet das Grundbuch gemäss Art. 937 Abs. 1 (i. V. m. Art. 9) die Vermutung des Rechts für den jeweils Eingetragenen.[37] Was gilt aber, wenn sich herausstellt, dass Eintrag und Rechtswirklichkeit sich nicht decken? Art. 972, der die Entstehung, den Rang und das Datum der dinglichen Rechte mit der Eintragung im Hauptbuch verknüpft, wird abgeschwächt durch die folgenden Art. 973, 974 und 975, die eine Interessenabwägung des Gesetzgebers zum Ausdruck bringen: Wenn der formellen Verfügung ohne Rücksicht auf den Rechtsgrund uneingeschränkte Rechtskraft zukäme, so würden dadurch die Interessen jener Personen verletzt, deren materielles Recht die Verfügung beeinträchtigt. Wäre aber diesen Personen in jedem Fall eine Berufung auf einen dem Grundbuchinhalt widerstreitenden Rechtszustand gestattet, könnten dadurch gutgläubige Dritte, die auf das Grundbuch vertraut haben, zu Schaden kommen. Es gäbe keine Sicherheit im Verkehr mit Immobiliarrechten, der öffentliche Glaube und der darauf beruhende Kredit wären erschüttert. In Abwägung der beiden Interessen hat der Gesetzgeber im ZGB folgende Lösung getroffen:

---

37   Zu den Grenzen vgl. STEINAUER a.a.O. Nr. 884; STARK, BeKomm, Art. 937 N 14 ff.

32 1. *Grundsätzlich* reicht die *blosse Verfügung* im Grundbuch *nicht* aus, um die entsprechende Rechtswirkung für den dinglichen Rechtsbestand herbeizuführen. Es muss auch ein *genügender Grund* für die Vornahme der Verfügung vorliegen und die allenfalls nötige Bewilligung erteilt worden sein. Erst das Zusammentreffen von Eintragung und Rechtsgrund macht die Verfügung grundsätzlich unanfechtbar (974).[38] Fehlt der Rechtsgrund bzw. entbehrt er der verbindlichen Kraft (z.B. weil ein Nichtberechtigter verfügt hat: 52 II 16, 26; 104 II 82; 118 II 112; oder weil es dieses Recht gar nicht gibt: 103 II 183 ff.; oder in anderen Nichtigkeitsfällen: 109 II 428), dann kann auf Änderung des Eintrags geklagt werden (975; 117 II 44; 123 III 465). Mit der *Grundbuchberichtigungsklage* (als Feststellungsklage: 137 III 293) kann beim Gericht (76 I 234) verlangt werden, dass ein zu Unrecht eingetragenes Recht wieder gestrichen oder eine ungerechtfertigte Löschung oder Abänderung rückgängig gemacht wird;[39] grundsätzlich muss der Eintrag von Anfang an ungerechtfertigt sein (133 III 643 mit Angabe von einzelnen Ausnahmen).[40] Zu einer Berichtigungsklage ist berechtigt,[41] wer durch den ungerechtfertigten Eintrag in seinen dinglichen Rechten verletzt ist (137 III 297 f.; in Ausnahmefällen auch andere: 84 II 192 f.; 110 II 449; 137 III 299 f.) oder ein anderes schutzwürdiges Interesse an der Berichtigung hat (98 II 22 f.). Die Klage dient ebenso zum Schutz vorgemerkter persönlicher sowie solcher dinglicher Rechte, die durch den beanstandeten Eintrag mittelbar betroffen werden (84 II 192; vgl. ferner 89 II 203). Der Anspruch auf Grundbuchberichtigung ist grundsätzlich unbefristet (95 II 610); vorbehalten bleiben allerdings – neben dem schlechthin geltenden Erwerb durch gutgläubige Dritte (hierzu sogleich N 33 ff.) – Ansprüche auf Schadenersatz (975[2]), Verwirkung infolge der Rechtsmissbrauchsschranke (95 II 610 f.), nachträgliche Heilung des Mangels oder Ersitzung (90 II 401; vgl. auch hinten § 100 N 21 ff. und nachstehend N 41).

33 2. Die *Anfechtung* der grundbuchlichen Operation durch die Grundbuchberichtigungsklage ist jedoch *nicht in jedem Fall zulässig*. Sie ist ausgeschlossen, wenn sie den auf dem Grundbuch beruhenden *gutgläubigen Verkehr* gefährden würde. Wie schon mehrmals ausgeführt, ist der Grundbucheintrag die äussere Erscheinungsform (Publizitätsform) der dinglichen Rechte an Grundstücken, so wie der Besitz die dinglichen Rechte an Fahrnis verkörpert. Wie hier an den Besitz, so knüpft sich dort an den Grundbucheintrag die Vermutung für den Bestand und den Inhalt des Rechts. Jedermann, der (als Dritter) mit dem Eingetragenen in Rechtsverkehr tritt, darf annehmen, dass der aus dem Grundbuch ersichtliche Rechtsbestand der Wirklichkeit entspricht, dass die eingetragenen Rechte mit anderen Worten vorhanden, die vorgenommenen Streichungen und Abänderungen rechtsgültig sind. Jedermann kann dies annehmen, solange er nicht vom Gegenteil etwas weiss oder wissen müsste (zu allfälligen Erkun-

---

38 Zum Kausalitätsprinzip vgl. vorne § 88 N 9.

39 Vgl. im Einzelnen DESCHENAUX, SPR V/3, 818 ff.; STEINAUER a.a.O. Nr. 979 ff.; REY a.a.O. Nr. 2125 ff.; ANDREAS KRENGER, Die Grundbuchberichtigungsklage (Diss. Basel, 2. A. 1991), 37 ff.

40 Vgl. STEINAUER a.a.O. Nr. 951 ff.

41 Allenfalls besteht eine entsprechende Obliegenheit (deren Unterlassung mit Nachteilen verbunden ist), namentlich für den, der sich auf Art. 955 berufen möchte: 110 II 42.

digungspflichten: 109 II 102) – mithin solange er gutgläubig ist und sich auf den guten Glauben berufen darf (3²). Der *gutgläubige Dritte,* der gestützt auf einen Grundbucheintrag ein dingliches Recht erwirbt, darf von der Zuverlässigkeit des Grundbuchs ausgehen. Er wird in seinem Erwerb eintragungsfähiger Rechte (93 II 298; 130 III 308) geschützt.[42] Dies ist der wichtige Grundsatz des Art. 973¹, das *Prinzip des öffentlichen Glaubens* des Grundbuchs (130 III 308).[43] Gegen den gutgläubigen Dritten führt die Grundbuchberichtigungsklage demnach nicht zum Ziel (975²). Dem Grundbuch kommt also hier für den Verkehr mit Immobiliarrechten (nicht aber gegenüber dem Staat: 105 Ia 221) die Bedeutung zu, die der Besitz für die Fahrnis hat. Art. 973 ist das Gegenstück zum Art. 933.[44, 45]

Im Blick auf die Regelung von Art. 3 Abs. 2 (dazu vorne § 7 N 16) muss auch eine an sich gutgläubige Person nähere Erkundigungen vornehmen, wenn besondere Umstände zu Zweifeln an der Richtigkeit oder Exaktheit des Grundbucheintrags Anlass geben (137 III 155 f.). So hat das Bundesgericht in den letzten Jahren im Zusammenhang mit Dienstbarkeiten (namentlich Wegrechten; vgl. hinten § 108 N 33) die Figur der «natürlichen Publizität» entwickelt. Sie besteht darin, dass «der Rechtsbestand im physischen Zustand der Liegenschaft nach aussen in Erscheinung tritt» (137 III 149 f. und 156 f.), etwa durch bauliche Anlagen, welche das Wegrecht begrenzen, obwohl der Grundbucheintrag diese Begrenzung nicht enthält. Hätte der Dritte solche sichtbaren Verhältnisse vor Ort erkennen können und müssen, wenn er mit der im Rechtsverkehr gebotenen Sorgfalt vorgegangen wäre, so muss er sie (und die darin zum Ausdruck kommenden Konkretisierungen des dinglichen Rechts) gegen sich gelten lassen (137 III 149 ff. und 156; BGer 5A_431/2011 E. 4.2.3 = ZBGR 93 [2012], 225 ff.; zur Diskussion vgl. hinten § 108 N 33).   **34**

Der beschriebene öffentliche Glaube setzt die Einführung des eidgenössischen Grundbuchs oder eine andere, diesem gleichgestellte Einrichtung voraus (48³ SchlT; vorne § 93 N 8 f.). Er erstreckt sich nur auf dessen eigentliche Bestandteile und nicht auch auf die Hilfsregister (vorne § 94 N 3). Er erfasst aber nicht allein die Einträge, sondern im Rahmen des Eintrags auch alle weiteren Angaben, die zur Feststellung des Inhalts der an den Grundstücken bestehenden Rechtsverhältnisse dienen. Dazu gehören insbesondere auch die auf den Plänen eingezeichneten Grenzen (98 II 198; BGer 6S.276/2004 E. 3.1 = ZBGR 87 [2006], 215 ff.). Dagegen nehmen am öffentlichen Glau-   **35**

---

42 Vgl. auch Art. 27 Abs. 5 des BG über den Erwerb von Grundstücken durch Personen im Ausland (BewG) vom 16. Dezember 1983 (SR 211.412.41).

43 In 137 III 148 und 155 spricht das Bundesgericht in diesem Zusammenhang von den zwei Seiten des Publizitätsprinzips: von der positiven (der Inhalt des Grundbuchs wird grundsätzlich als richtig fingiert) und der negativen (der Grundbucheintrag gilt als vollständig). Vgl. auch Jürg Schmid, Gedanken zum öffentlichen Glauben des Grundbuchs (…), ZBGR 90 (2009), 111 ff.

44 Vgl. vorne § 92 N 39 ff. Nach Art. 973 Abs. 2 ZGB gilt dieser Gutglaubensschutz nicht für Grenzen von Grundstücken in den vom Kanton bezeichneten Gebieten mit Bodenverschiebungen.

45 Betreffend den Schutz des guten Glaubens beim Erwerb von Grundpfandrechten s. 88 II 425; 89 II 392 f.; 107 II 440 sowie hinten § 113 N 12 und § 114 N 17 ff. – Zum Verhältnis von Art. 973 ZGB und Art. 204 Abs. 1 SchKG vgl. 115 III 111 ff.

ben des Grundbuchs Angaben rein tatsächlicher Natur, wie jene über Lage, Kulturart, Bebauung, Schatzungswert, nicht teil (20^2 GBV).[46]

36   3. Aus der Gegenüberstellung der beiden Fälle ergibt sich folgendes *Endresultat:* Die im Grundbuch vorgenommene Verfügung ist grundsätzlich nur dann unanfechtbar, wenn sie auf einem verbindlichen Rechtsgrund beruht. Dieser Grundsatz gilt unbedingt gegenüber jener Person, zu deren unmittelbaren Gunsten die Verfügung im Grundbuch (Eintragung, Löschung oder Änderung) erfolgt ist, die also dem durch die Operation Benachteiligten direkt als *Partei* gegenübersteht. Hierbei ist gleichgültig, ob diese Gegenpartei sich im guten oder bösen Glauben befindet; ihr gegenüber ist die Anfechtung des ungerechtfertigten Eintrags in jedem Fall zulässig. Dasselbe trifft gegenüber einem *bösgläubigen Dritten* zu, d.h. gegenüber einer Person, die in Kenntnis oder schuldhafter Unkenntnis des Mangels im Rechtsgrund von dem ungerechtfertigterweise Eingetragenen Rechte erworben hat (974^1). In diesen beiden Fällen – also der Gegenpartei und dem bösgläubigen Dritten gegenüber – verschafft der ungerechtfertigte Eintrag kein wirkliches, sondern nur ein scheinbares Recht, das durch die Anfechtung seitens des Verletzten beseitigt werden kann. Die Eintragung ist nicht abstrakt, sondern *kausal.*

37   Anders steht die Sache dem *gutgläubigen Dritten* gegenüber.[47] Wenn eine Drittperson mit dem zu Unrecht Eingetragenen einen Vertrag abschliesst und im Vertrauen auf den für mängelfrei gehaltenen Grundbucheintrag von diesem Eigentum oder ein anderes dingliches Recht erwirbt, ist ihr Erwerb unanfechtbar. Dasselbe gilt, wenn jemand im guten Glauben eine Liegenschaft erwirbt, auf deren Hauptbuchblatt ein zu ihren Lasten lautendes beschränktes dingliches Recht (Dienstbarkeit, Grundlast, Grundpfandrecht) zu Unrecht gelöscht worden ist. Der Berechtigte kann dessen Herstellung nicht mehr erzwingen (109 II 102 ff.).[48] Dies ist die positive Rechtskraft im eigentlichen, engeren Sinn des Wortes: Das, was im Grundbuch steht, gilt auch (so), wenn es sich zu Unrecht (so) im Grundbuch findet.

38   Zwei *Beispiele* mögen die je nach den Umständen verschiedene Wirkung der Grundbuchverfügung beleuchten:

39   α. A hat seine Liegenschaft dem B testamentarisch vermacht. Das Testament kommt einstweilen nicht zum Vorschein, und es wird inzwischen der gesetzliche Erbe C im Grundbuch (als Rechtsnachfolger des A) als Eigentümer eingetragen. C verkauft das

---

46 Nicht vom öffentlichen Glauben erfasst werden grundsätzlich die Anmerkungen (130 III 311; DESCHENAUX, SPR V/3, 407, und SCHMID, BaKomm, Art. 946 N 71, je mit Hinweis auf Ausnahmen).

47 Die Erben einer Person sind nicht «Dritte» im Sinn des Gesetzes (46 II 233; STEINAUER a.a.O. Nr. 920 f.).

48 Hat aber der Dritte gutgläubig erworben, so kann (grundsätzlich: 107 II 454 ff.) nicht etwa der ursprünglich Berechtigte (der erste) sein einmal verlorenes Recht gegenüber einem vom gutgläubigen Dritten erwerbenden bösgläubigen «Vierten» durchsetzen. Der Dritte hat vielmehr auf Grund seiner Verfügungsmacht eine wirksame Veräusserung an den Vierten vorgenommen (auf dessen guten Glauben es daher nicht ankommt).

Grundstück weiter an D, der es im Vertrauen auf den Grundbucheintrag erwirbt. Erst jetzt kommt das Testament zum Vorschein. Kann der eingesetzte Erbe B sein Eigentumsrecht durchsetzen? Er könnte es, wenn C (Intestaterbe) noch als Eigentümer im Grundbuch figurieren würde, und zwar auch dann, wenn C an der Verlegung des Testaments keine Schuld hatte und sich gutgläubig als Erbe betrachtete. Gegenüber dem Dritterwerber D dagegen kann B eine Abänderung des Grundbucheintrags nur erwirken durch den Beweis, dass D vom Bestand des Testaments und damit vom ungerechtfertigten Eintrag des C etwas gewusst hat oder hätte wissen müssen. Wenn D im guten Glauben erworben hat (und sich auf seinen guten Glauben berufen darf), ist sein Erwerb unanfechtbar. Der testamentarische Erbe müsste sich mit einer Schadenersatz- oder Bereicherungsklage gegen C begnügen.

β. A ist als Eigentümerin im Grundbuch eingetragen. Nun weist B eine gefälschte Vollmacht der A vor und erwirkt so die Übertragung im Grundbuch auf den Namen des C. Hier kann A, sobald sie von der Sache erfahren hat, gegen C auf Wiederherstellung des früheren Eintrags klagen – und dies selbst dann, wenn C von der Fälschung nichts gewusst und den B für bevollmächtigt gehalten hatte. Wenn nun aber C schon vor der Klage das Grundstück dem X weiterverkauft hat und dieser im Grundbuch als Eigentümer eingetragen worden ist, wird der Erwerb des X geschützt, sofern dieser im guten Glauben war (und sich auf den guten Glauben berufen darf). Dasselbe wäre der Fall, wenn C von einer (gutgläubigen) Bank gegen ein Pfandrecht auf diese Liegenschaft Geld entlehnt hätte. Dann könnte zwar A gegen C ihr Eigentum geltend machen, aber sie müsste das Pfandrecht der Bank anerkennen.

4. Diese Darstellung bedarf noch nach einer Seite hin der *Ergänzung:* Wer durch einen ungerechtfertigten Eintrag in seinen dinglichen Rechten verletzt ist, kann unter den eben beschriebenen Voraussetzungen mit der Grundbuchberichtigungsklage (vorne N 32 ff.) eine Berichtigung des Eintrags erzwingen. Die Klage richtet sich gegen die Gegenpartei oder gegen den bösgläubigen Dritterwerber (oder gegen deren Erben). Sie ist an *keine Frist* gebunden, sofern der Beklagte bösgläubig ist. Wenn jedoch der Beklagte (der zu Unrecht als Eigentümer Eingetragene) im guten Glauben ist, dann *untersteht die Klage* auf Änderung des Eintrags *einer Verwirkung:* Sie kann nicht mehr geltend gemacht werden, wenn der Beklagte das Grundstück zehn Jahre lang im guten Glauben besessen hat.[49] Dies kann eintreten, weil die Gegenpartei von allem Anfang an gutgläubig war oder weil deren Erben oder die Erben des bösgläubigen Dritterwerbers im guten Glauben waren. Das Eigentum des Eingetragenen wird mit Ablauf dieser zehnjährigen Frist unanfechtbar, es ist *ersessen* auf Grund der *ordentlichen Ersitzung* des Art. 661 (dazu hinten § 100 N 22 ff.). Die Ersitzung bedeutet insofern gleichzeitig die Verwirkung der Löschungsklage nach Art. 975 (50 II 121; 90 II 401).

---

49   Zur Frage, wie es mit dem Schutz des guten Glaubens bei Auftreten von Zweifeln nach dem Erwerb bzw. Besitzesantritt durch den Ersitzungsprätendenten sich verhalte, siehe SCHNYDER, Der gute Glaube im Immobiliarsachenrecht, in ZBGR 66 (1985), 65 ff. (73 f.) = «Das ZGB lehren», Gesammelte Schriften (Freiburg 2001), AISUF 200, 579 ff.

42   5. Wir können die erörterten Lehren in folgende *drei Sätze* zusammenfassen:

43   *Erstens:* Der ungerechtfertigte Eintrag im Grundbuch ist unanfechtbar gegen-
      über dem *gutgläubigen Dritterwerber* (und dessen Rechtsnachfolger, selbst wenn sie
      bösgläubig sind: vorne Anm. 48) eines dinglichen Rechts. Hier wirkt die positive
      Rechtskraft des Grundbuchs.

44   *Zweitens:* Der Verletzte kann den ungerechtfertigten Eintrag *anfechten:* gegen-
      über einem bösgläubigen Dritterwerber, gegenüber der (bös- oder gutgläubigen)
      Gegenpartei, ferner gegenüber den Erben eines der Genannten.

45   *Drittens:* Die gutgläubige Gegenpartei sowie die gutgläubigen Erben – sei es der
      Gegenpartei, sei es des bösgläubigen Dritterwerbers – haben die *Ersitzungsmöglichkeit.*

46   **d. Sondernormen zur Berichtigung, Bereinigung und erleichterten Löschung von
      Einträgen.** Nicht in allen Fällen unrichtiger Grundbucheinträge ist eine gerichtliche
      Berichtigung erforderlich; unter gewissen Voraussetzungen kann ein vereinfachtes
      Verfahren stattfinden (977). Mit der ZGB-Revision von 2009 sind sodann weitere Son-
      dervorschriften zur Bereinigung (974a f.) und zur erleichterten Löschung von Grund-
      bucheinträgen (976 ff.) erlassen bzw. erweitert worden. Im Einzelnen:

47   1. *Berichtigungen von Einträgen* (d.h. Veränderungen von unrichtigen rechtswirksamen
      Daten; 140[1] GBV) darf der Grundbuchverwalter nicht nur auf gerichtliche Anordnung,
      sondern auch mit schriftlicher Einwilligung aller Beteiligten vornehmen (977[1] ZGB;
      142[2] GBV). Dabei gilt für das Grundbuchamt der Grundsatz, dass festgestellte Fehler
      nach Möglichkeit berichtigt werden sollen (140[2] GBV). Anstelle einer Berichtigung
      kann der unrichtige Eintrag gelöscht und ein neuer Eintrag erwirkt werden (977[2]).
      Verweigert eine betroffene Person die Zustimmung, so hat das Grundbuchamt das
      zuständige Gericht um Anordnung der Berichtigung zu ersuchen (142[3] GBV).

48   Geht es indessen lediglich um die Berichtigung von Schreibfehlern, die den
      materiellen Inhalt eines Rechts und die Identifikation einer Person nicht berühren,
      darf das Grundbuchamt die Richtigstellung jederzeit von sich aus vornehmen (977[3]
      ZGB; 141 GBV; 117 II 43 ff.; 123 III 346 ff.).[50] Im Papiergrundbuch können alle Berich-
      tigungen vorgenommen werden, solange keine Beteiligten oder Dritte vom unrichti-
      gen Eintrag oder der unrichtigen Löschung Kenntnis erhalten haben (143[1] GBV).

49   2. Bei der Teilung eines Grundstücks und bei der Vereinigung mehrerer Grundstü-
      cke sehen die Art. 974a und b die Pflicht zur *Bereinigung der Dienstbarkeiten, Vor-
      merkungen und Anmerkungen* vor (vgl. auch 743 ZGB und 153 ff. GBV).[51] So muss
      etwa der Eigentümer des zu teilenden Grundstücks dem Grundbuchamt beantragen,
      welche Einträge zu löschen und welche auf die Teilstücke zu übertragen sind, sonst
      ist seine Anmeldung abzuweisen (974a[2]). Entscheidend ist, ob ein Eintrag (etwa eine
      Wegrechtsdienstbarkeit) ein Teilstück nach den Belegen oder den Umständen betrifft

---

50   Vgl. auch BGer in ZBGR 81 (2000), 411 f.; Steinauer a.a.O. Nr. 966 ff.; Krenger a.a.O. 19 ff.
51   Vgl. auch die Botschaft BBl 2007, 5334 ff., sowie die Literaturhinweise vorne § 94 N 14; ferner
      Schmid/Hürlimann-Kaup a.a.O. Nr. 497a ff.

(974a^3); trifft dies zu, so gelten die Rechte und Pflichten, die auf dem zu teilenden Grundstück lasten, auf allen Teilparzellen weiter (743^2 und ^{3}).

Die Vereinigung von Grundstücken untersteht den Voraussetzungen von Art. 974b.^{52} Mit Bezug auf Pfandrechtsbelastungen ist eine Vereinigung beispielsweise nur dann möglich, wenn keine Grundpfandrechte (oder Grundlasten) von den einzelnen Parzellen auf das vereinigte Grundstück übertragen werden müssen oder die Gläubiger dazu einwilligen (974b^1). Lasten auf den einzelnen Parzellen Dienstbarkeiten, Vormerkungen oder Anmerkungen, so können die Parzellen nur vereinigt werden, wenn die Berechtigten dazu einwilligen oder nach der Art der Belastung dadurch in ihren Rechten nicht beeinträchtigt werden (974b^2). Lauten solche Einträge zu Gunsten der zu vereinigenden Grundstücke, ist eine Vereinigung nur zulässig, wenn die Eigentümer der belasteten Parzellen dazu einwilligen oder sich die Belastung durch die Vereinigung nicht vergrössert (974b^3).^{53} Die bei der Teilung des Grundstücks geltenden Bereinigungsregeln sind sinngemäss anwendbar (974b^4); auch hier sind demnach konkrete Anträge des Anmeldenden erforderlich, der allenfalls die Zustimmungserklärungen der Betroffenen beizubringen hat.^{54}

50

3. Die *erleichterte Löschung* sehen die Art. 976 ff. vor,^{55} und zwar mit folgendem Hintergrund: Zur Löschung von Einträgen bedarf es nach dem Gesagten grundsätzlich der Zustimmung der aus dem Eintrag berechtigten Person (964; vorne N 19). Wird diese Zustimmung verweigert, muss die aus dem Eintrag belastete Person nach den allgemeinen Regeln vor Gericht auf Berichtigung des Grundbuchs klagen (975; vorne N 32 ff.). Dieser aufwändige Prozessweg, der dem Kläger auch ein Kostenrisiko auferlegt, rechtfertigt sich dort nicht, wo ein Eintrag zweifelsfrei oder doch mit hoher Wahrscheinlichkeit bedeutungslos ist. Überdies besteht an der Richtigkeit und Zuverlässigkeit des Grundbuchs ein erhebliches öffentliches Interesse. Der Gesetzgeber wollte daher in solchen Fällen eine erleichterte Löschungsmöglichkeit eröffnen und dadurch das Grundbuch von materiell bedeutungslos gewordenen Einträgen entlasten,^{56} und zwar wie folgt:

51

a. Ein Eintrag kann *zweifelsfrei bedeutungslos* (geworden) sein (976, Randtitel). Dies trifft nach der abschliessenden^{57} Umschreibung von Art. 976 Ziff. 1–4 zu, wenn ein befristetes Recht infolge Ablaufs der Frist seine rechtliche Bedeutung verloren hat,

52

---

52 Vgl. etwa ZR 113 (2014), Nr. 55, S. 177 ff. (BezGer Zürich).

53 Nach der Botschaft ist – in sinngemässer Anwendung von Art. 739 (hinten § 108 N 34) – nur eine erhebliche Mehrbeanspruchung des belasteten Grundstücks zu berücksichtigen (BBl 2007, 5335).

54 Botschaft BBl 2007, 5335 f.

55 In Kraft seit 1. Januar 2012. Vgl. Botschaft BBl 2007, 5336 ff.; SCHMID/HÜRLIMANN-KAUP a.a.O. Nr. 626 ff.; STEINAUER a.a.O. Nr. 956 ff. und 991 ff.

56 Botschaft BBl 2007, 5336. Nach der Botschaft kann der Eintrag von Anfang an bedeutungslos gewesen sein oder seine rechtliche Bedeutung nachträglich verloren haben (a.a.O. 5337, dritter Absatz in fine; ebenso LGVE 2013 I Nr. 32 [KGer Luzern]); a. M. aber (für Art. 976a) SCHMID, BaKomm, Art. 976a N 6, und STEINAUER a.a.O. Nr. 961 ff., nach denen bei ursprünglicher Bedeutungslosigkeit nur die Grundbuchberichtigungsklage nach Art. 975 anwendbar ist.

57 STEINAUER a.a.O. Nr. 959.

wenn der Eintrag ein unübertragbares oder unvererbliches Recht (etwa ein Nutzniessungs- oder Wohnrecht) einer verstorbenen Person betrifft, wenn er das betreffende Grundstück wegen der örtlichen Lage nicht betreffen kann oder wenn er sich auf ein untergegangenes Grundstück (etwa ein Baurechtsgrundstück nach abgelaufener Dauer des Baurechts) bezieht. In diesen «klaren Fällen» kann das Grundbuchamt den Eintrag von Amtes wegen löschen (vgl. auch 969). Da gegen eine solche Löschung keine Grundbuchbeschwerde offensteht (956a³), muss eine Person, welche die Löschung für ungerechtfertigt hält, ihrerseits beim Gericht auf Berichtigung des Grundbuchs klagen («Wiedereintragungsklage»).[58]

53   β. Der Eintrag kann zwar nicht zweifelsfrei, aber doch *höchstwahrscheinlich bedeutungslos* sein (976a), insbesondere weil er nach den Belegen oder den Umständen das Grundstück (höchstwahrscheinlich) nicht betrifft. Alsdann kann jede durch den Eintrag belastete Person beim Grundbuchamt die Löschung verlangen (976a¹). Hält das Amt das Begehren für begründet, so teilt es der aus dem Eintrag berechtigten Person mit, es werde den Eintrag löschen, wenn sie nicht binnen 30 Tagen beim Grundbuchamt dagegen Einspruch erhebe (976a²). Erfolgt innert dieser Frist kein Einspruch, nimmt das Amt die Löschung vor (vgl. auch 969). Bei fristgerechtem Einspruch hingegen prüft das Amt das Löschungsbegehren «auf Antrag der belasteten Partei» (also nachdem es diese vom Einspruch und seiner Begründung in Kenntnis gesetzt hat und sie am Begehren festhält[59]) erneut (976b¹). Kommt das Amt nach seiner zweiten Prüfung zu Schluss, es sei dem Löschungsbegehren zu entsprechen, so teilt es der berechtigten Person mit, es werde den Eintrag im Hauptbuch löschen, wenn sie nicht innert drei Monaten beim Gericht auf Feststellung klagt, dass der Eintrag eine rechtliche Bedeutung habe (976b²).[60] Erhebt die berechtigte Person innert Frist keine solche Feststellungsklage, erwächst die genannte Anordnung des Grundbuchamts in Rechtskraft, und das Amt nimmt die Löschung des Eintrags vor. Zulässig bleibt eine Klage auf Wiedereintragung.[61]

54   4. Schliesslich können nach Art. 976c die *Kantone* für ein ganzes Gebiet, in welchem das Grundbuch an Zuverlässigkeit verloren hat, die *Bereinigung anordnen*.[62] Sie regeln hierbei die Einzelheiten und das Verfahren; sie können die Bereinigung weiter erleichtern oder vom Bundesrecht abweichende Vorschriften erlassen (976c³). Doch müssen sie bei alledem die bestehenden privaten Rechte respektieren; diese können nur mit dem Einverständnis der berechtigten Personen oder auf gerichtliches Urteil hin aufgehoben werden.[63]

---

58   Botschaft BBl 2007, 5337; Schmid, BaKomm, Art. 976 N 20; Steinauer a.a.O. Nr. 992.

59   Steinauer a.a.O. Nr. 994.

60   Die durch Art. 976b Abs. 2 vorgenommene Vertauschung der Parteirollen im Prozess hat keine Auswirkungen auf die Beweislast. Es obliegt nach wie vor der belasteten Partei (die einen Anspruch auf Löschung geltend macht) nachzuweisen, dass der Eintrag nach den Belegen oder den Umständen jede rechtliche Bedeutung verloren hat (Botschaft BBl 2007, 5338).

61   Botschaft BBl 2007, 5338; Steinauer a.a.O. Nr. 995a.

62   Botschaft BBl 2007, 5338 f.; Schmid/Hürlimann-Kaup a.a.O. Nr. 497d; Steinauer a.a.O. Nr. 964 und 996.

63   Steinauer a.a.O. Nr. 996; ähnlich wohl Schmid, BaKomm, Art. 976c N 8.

Zweite Abteilung

Das Eigentum

Erster Abschnitt

Allgemeine Bestimmungen

§ 96   Die Anordnung des Stoffs

In den vorangegangenen Paragrafen haben wir die äussere Erscheinungsform der [1] dinglichen Rechte – Besitz und Grundbuch – behandelt. Im Folgenden werden die dinglichen Rechte selber in ihrem Begriff und ihren prägenden Merkmalen, ihrer Entstehung und Beendigung, ihrem Inhalt und Umfang dargestellt.

a. Eigentum und beschränkte dingliche Rechte. Das ZGB scheidet die dinglichen [2] Rechte in zwei Kategorien: Auf der einen Seite steht ein Recht, das seinem Begriff nach umfassend ist,[1] das *Eigentumsrecht* (la propriété). Auf der anderen Seite treten Rechte hinzu, die einen begrenzten Inhalt haben, also der berechtigten Person nur nach einer gewissen Seite hin zu dienen bestimmt sind: Das sind die *beschränkten dinglichen Rechte* (les autres droits réels), nämlich die *Dienstbarkeiten, Grundlasten* und *Pfandrechte.*[2]

b. Eigentum an Grundstücken und an Fahrnis. Die erste Abteilung des Sachenrechts [3] ist dem *Eigentum* gewidmet. Es stellt nicht nur den Haupttypus des dinglichen Rechts dar, sondern bildet auch eine wesentliche Grundlage jeder privaten Wirtschaftsordnung. Seine gesetzliche Regelung ist vielfach verschieden – je nachdem, ob es *unbewegliche Sachen (Grundstücke)* oder *bewegliche Sachen (Fahrnis)* zum Gegenstand hat. Zwar stimmen Begriff, Umfang und einige Nebengestaltungen des Eigentums für beide Fälle im Wesentlichen überein; doch zeigen sich grosse Unterschiede, sobald man die Schranken des Rechts, dessen Entstehung und Beendigung betrachtet. Deshalb stellt das ZGB in seinem 18. Titel einige für beide Eigentumsarten geltende allgemeine Normen an den Anfang und widmet sodann je einen besonderen Titel einer dieser Arten: den 19. Titel dem Grundeigentum (propriété foncière) und den 20. Titel dem Fahrniseigentum (propriété mobilière).

---

1   Siehe hierzu immerhin hinten § 97 N 4 ff.

2   «Dingliche Wirkung» haben (in bestimmtem Umfang) auch die im Grundbuch vorgemerkten persönlichen Rechte (vorne § 95 N 6 ff.).

§ 97 Begriff und Inhalt des Eigentums

1 Das ZGB hat bei der Regelung des Eigentums (wie auch bei anderen Grundbegriffen) von einer theoretischen Definition abgesehen. Es begnügt sich damit, in *Art. 641* den Inhalt des Eigentumsrechts (Randtitel) zu umschreiben. Die Auffassung des schweizerischen Gesetzgebers über das Eigentumsrecht lässt sich nur aus der gesamten gesetzlichen Ordnung ermitteln (123 II 565 f.).[1]

2 Nach Art. 641 umschliesst das Eigentum mehrere Befugnisse: einerseits die *Verfügungsmacht* über eine Sache (Abs. 1) und andererseits das Recht, sie von jedem, der sie dem Eigentümer vorenthält, *herauszuverlangen* und ungerechtfertigte Einwirkungen *abzuwehren* (Abs. 2). Das Eigentum umfasst demnach die Verfügungs- und Ausschliessungsmacht. Das erste Element bezeichnet man auch als die *positive,* das zweite als die *negative* Seite der Eigentumsherrschaft.[2] Nimmt man beide Elemente zusammen, so kann man das Eigentum umschreiben als jenes Recht, welches seinem Träger dem Grundsatz nach die *umfassende und ausschliessliche Herrschaft über eine Sache* einräumt.[3] Im Einzelnen:

I. Die Verfügungsmacht

3 **a. Grundsatz.** Der Eigentümer kann über die Sache nach seinem Belieben verfügen (641[1]). Die Verfügung ist hierbei entweder eine tatsächliche, wie Besitz, Gebrauch und Verbrauch, Genuss der Früchte, Änderung,[4] Trennung, Verschlechterung, Zerstörung; oder sie ist eine rechtliche, wie Verkauf, Schenkung, Belastung mit dinglichen Rechten (Dienstbarkeiten, Pfandrechten), Begründung persönlicher Rechte (Miete, Pacht, Leihe usw.). Der Eigentümer hat deshalb eine vielseitige, ja die *umfassendste* rechtliche Herrschaft, die nach unserer Rechtsordnung an einer Sache überhaupt möglich ist.

4 **b. Schranken.** Doch ist auch diese Verfügungsmacht – die faktische wie die rechtliche – Schranken unterworfen, die besonders das Grundeigentum beschlagen. Art. 641 spricht dies in seinem ersten Absatz aus, indem er bei der Beschreibung der im Eigentum liegenden Verfügungsmacht den Vorbehalt «in den Schranken der Rechtsordnung» anbringt. Auszugehen ist demnach zwar von der «grundsätzlichen Freiheit des

---

1 Vgl. Steinauer, La propriété privée aujourd'hui, in ZSR NF 100 (1981), II 117 ff.; Müller, Privateigentum heute …, in ZSR NF 100 (1981), II 1 ff.; Sutter-Somm, SPR V/1, Nr. 1 ff. und 6 ff.

2 Dieser «in der Schweiz herrschende Eigentumsbegriff hat … den Vorteil, durch die Kombination zweier Elemente das Wesen des Eigentums plastischer aufzuzeigen» (Arthur Meier-Hayoz, Vom Wesen des Eigentums, in FS Karl Oftinger [Zürich 1969], 175).

3 Zum Beispiel Schmid/Hürlimann-Kaup, Sachenrecht, Nr. 653.

4 Zum Verhältnis der Verfügungsmacht des Eigentümers am Werkexemplar zum urheberrechtlichen Integritätsanspruch des Architekten siehe 117 II 474 ff. und Art. 12 ff. URG. Vgl. aber auch Art. 11 Abs. 2 URG und allgemein Pedrazzini, Neuere Entwicklungen im Urheberrecht des Architekten, in BR/DC 1993, 3 ff.

Eigentums» (88 II 261). Diese Freiheit besteht aber eben nur im Rahmen gewisser Schranken (zur «Sozialpflichtigkeit» des Eigentums s. 119 Ia 399).

Schranken können zunächst auf *Gesetz* beruhen. Eine solche Schranke ist – wie für   5
alle Privatrechte, so auch für das Eigentum – in Art. 2 Abs. 2 enthalten. Das Verbot des Rechtsmissbrauchs hatte ursprünglich[5] seine Stellung gerade im Anschluss an die gesetzliche Umschreibung des Eigentumsbegriffs und lautete: «Er [= der Eigentümer] kann von ihr [= der Sache] jeglichen Gebrauch machen, der nicht offenbar einzig zu dem Zwecke erfolgt, anderen Schaden zuzufügen.» Wenn nun die Regel auch verallgemeinert und in den Einleitungstitel gesetzt wurde, so bleibt doch die Eigentumslehre ein typisches Anwendungsgebiet von Art. 2 Abs. 2 (vgl. etwa 103 II 101 f.). Für das Grundeigentum enthält das ZGB sodann zahlreiche bis ins Einzelne geregelte Beschränkungen, die mit Rücksicht auf nachbarliche Verhältnisse oder auf die öffentlichen Interessen festgesetzt sind (684 ff.). Zu den privatrechtlichen Beschränkungen des Eigentumsinhalts kommen schliesslich noch jene hinzu, die das öffentliche Recht (für Grund- oder Fahrniseigentum) vorsieht.

Das Eigentum ist aber nicht nur durch das Gesetz eingeengt, sondern häufig auch   6
durch Rechte an der Sache, die Drittpersonen von der Eigentümerin durch deren Willen, durch *Rechtsgeschäft,* erlangen: durch die beschränkten dinglichen Rechte (etwa Dienstbarkeiten) und durch obligatorische Rechte (etwa Miete). Diese Rechte gehen dem Eigentum vor, sie schränken seine Ausübung ein.

Während über Dasein und Umfang der nach dem positiven Recht geltenden einzel-   7
nen Schranken des Eigentums nicht mehr Meinungsverschiedenheiten als im Recht allgemein bestehen, wird darüber gestritten, welche innere Natur, welche Bedeutung sie für den *Eigentumsbegriff* selbst besitzen. Die gemeinrechtliche Doktrin und ihr folgend auch manche modernen Rechtswissenschaftler[6] nehmen an, dass das Eigentum an sich – grundsätzlich – eine *absolute* und *schrankenlose* Sachherrschaft sei. Sie gehen von einer formalen Begriffsumschreibung aus. Gegen diese vielfach auch missverstandene Verabsolutierung des Eigentumsrechts hat sich ein heftiger Widerstand erhoben, zum Teil aus philosophisch-weltanschaulichen, zum Teil aus wirtschaftlichen, aber auch aus rein juristischen Beweggründen. Man hat darauf hingewiesen, dass die gesetzlichen Eigentumsschranken – in der modernen Rechtsordnung besonders zahlreich und eingreifend – durchaus nicht etwas Zufälliges oder Nebensächliches sind; sie treten nach dieser zweiten Auffassung nicht als ein dem Eigentum fremdes oder gar feindliches Element von aussen her hinzu, sondern sind mit ihm selber gegeben, ihm immanent, gehören also zu seinem Begriff und somit zu seiner Inhaltsumschreibung. Sie stellen Belastungen, Pflichten (zur Unterlassung, zur Duldung, zur Erbringung positiver Leistungen) dar, die zusammen mit den Rechten auf

---

5 Vgl. Art. 644 Abs. 2 des Vorentwurfs eines Schweizerischen Zivilgesetzbuches vom 15. November 1900 (dazu EUGEN HUBER, Erl. II 59 f.).

6 So MEIER-HAYOZ, BeKomm, Syst. Teil (vor Art. 641) N 310 ff.; LIVER, SPR V/1, 4 ff.; STEINAUER a.a.O. 215 ff. und 228. Vgl. auch HANS PETER, Wandlungen der Eigentumsordnung und der Eigentumslehre seit dem 19. Jahrhundert (Diss. Zürich 1949).

Verfügung und Ausschluss kraft gesetzlicher Ordnung «das Eigentum» ausmachen (vgl. auch 123 II 565 f.).[7]

8   Zu dieser Kontroverse ist hier nur Folgendes festzuhalten: Man kann das Wort «Eigentum» in einem doppelten Sinn verwenden. Einerseits ist es ein «formaler Rechtsbegriff» und bezeichnet die ausschliessliche und vollständige Herrschaft über eine Sache. Andererseits wird dieser formale Rechtsbegriff eingeschränkt und als Eigentum die vollständige und ausschliessliche Herrschaft in den Schranken der Rechtsordnung bezeichnet. Der formale Begriff hat den Vorteil, dass er rechtstechnisch klar ist; der zweite den Vorzug, dass er die Rechtswirklichkeit besser wiedergibt. Juristinnen und Juristen verwenden denn auch den Ausdruck bald im einen, bald im anderen Sinn: Wenn es heisst, durch die Eintragung im Grundbuch werde «das Eigentum» an einem bestimmten Grundstück übertragen, so denkt man dabei an die Herrschaft in den Schranken der Rechtsordnung, also an den «materiellen» Eigentumsbegriff. Wer aber von gesetzlichen Beschränkungen «des Eigentums» spricht und jede Pflichtgebundenheit des Eigentümers als eine solche Beschränkung betrachtet, verwendet das Wort «Eigentum» im formalen Sinn (sonst müsste er die «Beschränkungen» zum «Inhalt» rechnen).[8] Wichtig ist es, jeweils zu wissen, in welchem Sinn das Wort verwendet wird. Das ergibt sich jedoch meist zwanglos aus dem Zusammenhang. Da es allerdings völlig schrankenloses Eigentum wohl nie gegeben hat, ist der formale Begriff zugegebenermassen eine blutleere Abstraktion.

9   Bei der eingehenden positiven Regelung des Eigentums durch das ZGB wird sich aus dem Gegensatz der juristischen Auffassungen kaum je eine Verschiedenheit für die Rechtsanwendung ergeben, so dass der ganze Streit – wenigstens de lege lata – mehr theoretischen als praktischen Wert hat.[9] Dagegen führen die gegensätzlichen philosophisch-weltanschaulichen und wirtschaftlich-sozialen Auffassungen zu Lösungen, die für die ganze Gestaltung der Eigentums- und Gesellschaftsordnung durchaus verschieden sind.

---

7   Vgl. Haab, ZüKomm, Art. 641 N 3 f. und 18; ferner Jenny, in ZSR NF 51 (1932), 23 ff., und Verhandlungen des Schweiz. Juristenvereins 1945, in ZSR NF 64 (1945), 243a. Eine vermittelnde Lösung verficht Bühler, Neukonzeption des Eigentumsbegriffs und der Eigentumsordnung auf Verfassungsstufe …, in ZBl 77 (1976), 369 ff. Hierzu Steinauer a.a.O. 221 ff. – Zum verfassungsrechtlichen Eigentumsbegriff, der Art. 26 BV zu Grunde liegt, vgl. Botsch. BV 172 ff. und BGE 123 II 565 f.

8   Haab, ZüKomm, Art. 641 N 18, rechnet denn auch konsequenterweise die dem Eigentum immanenten «gesetzlichen Beschränkungen» nicht zu den Eigentumsbeschränkungen. – Ähnlich mit historischer Begründung Bühler, Zur Geschichte des Eigentumsbegriffs, in SJZ 70 (1974), 289 ff. und 305 ff.

9   So ausgeprägt Meier-Hayoz, BeKomm, Syst. Teil (vor Art. 641) N 324. Eine erhöhte Tragweite misst Steinauer a.a.O. 220 f. der Unterscheidung zu.

II. Das Ausschliessungsrecht

Die negative Seite des Eigentumsrechts ist seine *Ausschliesslichkeit* («Ausschlusswir- 10
kung gegenüber Dritten»: 132 III 164). Sie äussert sich in der Befugnis des Eigentümers, die Sache von jedem, der sie ihm vorenthält, herauszuverlangen und jede ungerechtfertigte Einwirkung abzuwehren (641²).[10] Zur Durchsetzung dieser Befugnisse
gewährt das Gesetz dem Eigentümer verschiedene Hilfsmittel. Da sich das Eigentum
regelmässig mit dem Besitz verbindet, kommen ihm zumeist alle dem Besitz dienenden Rechtsmittel zugute: das Selbsthilferecht, die Besitzesschutz- und für Fahrnis die
Besitzesrechtsklage (vorne § 92 N 4 ff. und 24 ff.). Der Schutz des Eigentums wird
jedoch ergänzt und vervollständigt durch die besonderen in ihm selber wurzelnden
Klagen: die *Eigentumsklage* (Rei vindicatio; 112 II 409;[11] bei Grundstücken die Grundbuchberichtigungsklage: 109 II 430 und vorne § 95 N 32 ff.) und die Klage gegen Eigen-
tumsstörung, die *Eigentumsfreiheitsklage* (Actio negatoria; 132 III 14 und 654; 134 III
251; BGer 5A_655/2010 E. 2.1 = ZBGR 94 [2013], 11 ff.; BGer 5A_325/2011 E. 2.1.1).[12]

---

10 Beispiele: Flugzeuge überrollen eine Wegparzelle und überfliegen sie in niedriger Höhe (95 II
    401; 131 II 148; 134 III 251); eine Erdseil-Leitung wird ohne Berechtigung über ein Grundstück
    geführt (132 III 654 f.); Vieh dringt zum Weiden auf fremden Boden ein (99 II 33); Bauschutt
    wird abgelagert (100 II 309); der Nachbar greift unmittelbar in die Substanz des Grundstücks
    ein (111 II 24 ff.; 131 III 508). – Vgl. zu Art. 679 hinten § 102 N 33 ff.; zu Art. 687 und 688 hin-
    ten § 102 N 51 f.

11 Die Abtretbarkeit des Vindikationsanspruchs (selbständige Vindikationszession) wird in 132
    III 162 ff. abgelehnt. Zur Passivlegitimation des mittelbaren Besitzers vgl. BGer 5C.119/2002
    E. 3. – Zur These, dass die Herausgabeklage heute praktisch an Bedeutung (gegenüber der Fahr-
    nisklage) verloren hat, vgl. Iole Fargnoli, Das «Verblassen» der Vindikation im schweizeri-
    schen Recht, ZEuP 2013, 643 ff.

12 Zu den Schutzbehelfen des Eigentümers im Einzelnen vgl. Steinauer, Les droits réels I,
    Nr. 1015 ff.; Rey, Grundriss, Nr. 2031 ff.; Schmid/Hürlimann-Kaup a.a.O. Nr. 660 ff.; Sut-
    ter-Somm, SPR V/1, Nr. 56 ff. – Zur grundsätzlichen Unverjährbarkeit von Eigentumsklage
    und Eigentumsfreiheitsklage vgl. 48 II 47; 111 II 26; BGer 5A_655/2010 E. 2.1 = ZBGR 94
    (2013), 11 ff. Zum Vorrang der Eigentumsklage gegenüber einer Klage aus ungerechtfertigter
    Bereicherung vgl. 135 III 480; Gauch/Schluep/Schmid/Emmenegger, OR AT, Rn. 1500 ff.

§ 98 Der Umfang des Eigentums

I. Sacheinheit, Sachteile, Sachvielheit

1   *Sachen* sind «unpersönliche, körperliche, für sich bestehende Gegenstände, die der menschlichen Herrschaft unterworfen werden können».[1] Dingliche Rechte bestehen – entsprechend dem Spezialitätsprinzip – nur an einzelnen individualisierten Sachen (112 II 410). Das Eigentumsrecht umfasst immer die ganze, vollständige Sache (642[1]). Dies ist klar für jene Sachen, die aus Bestandteilen bestehen, welche schon die Natur vereinigt hat, d.h. die *einheitlichen Sachen,* wie Steine oder Pflanzen. Die gleiche Regel gilt jedoch auch bezüglich jener Sachen, deren Zusammenhang vom Menschen auf künstliche Weise hergestellt worden ist: bei den sogenannten *zusammengesetzten Sachen,* etwa bei einer Maschine, einem Möbelstück oder einem Gebäude.[2] An einer Maschine kann demnach nur ein und dasselbe Eigentumsverhältnis bestehen.

2   Wann wird aber durch eine solche künstliche Verbindung eine *Sacheinheit im juristischen Sinn* geschaffen, wann ein Teil mit einer Sache so eng verbunden, dass er deren rechtliches Schicksal notwendigerweise zu teilen hat? Es gilt mit anderen Worten, den *Bestandteil* abzugrenzen von solchen Erscheinungen, die juristisch von ihm verschieden sind, so vor allem von der *Zugehör,* dann aber auch von der *selbständigen, unabhängigen* Sache.[3] Die Abgrenzung bietet jedoch grosse Schwierigkeiten: Einmal sind die Begriffe nicht zum Vornherein klar; sodann spielt die wechselnde Verkehrsanschauung mit hinein. Das ZGB musste daher einerseits möglichst genaue und klare Kennzeichen für die Unterscheidung aufstellen, andererseits aber auch der Verkehrsanschauung einen weiten Spielraum lassen.

3   Im Folgenden sollen zunächst die Begriffe «Bestandteil» und «Zugehör», sodann die Bedeutung dieser Unterscheidung dargestellt werden.

---

1   MEIER-HAYOZ, BeKomm, System. Teil (vor Art. 641) N 115. Gewisse unkörperliche «Objekte» stellt das Gesetz indessen den Sachen gleich, indem es beispielsweise folgende dinglichen Rechte zulässt: Grundeigentum an bestimmten verselbständigten Rechten (655[2] Ziff. 2), Fahrniseigentum an Naturkräften (713), Nutzniessung an Rechten oder an einem Vermögen (745[1] und 773 ff.).

2   Für den Sonderfall des «Stockwerkeigentums» s. hinten § 101 N 43 ff.; vgl. in diesem Kontext auch Art. 674, 675 und 779 ff.

3   Die Unterscheidung zwischen Bestandteil und Zugehör wurde in der Rechtswissenschaft erst in der zweiten Hälfte des 19. Jahrhunderts (vor allem von UNGER, KOHLER, REGELSBERGER und GIERKE) genauer untersucht und herausgebildet. In den älteren Gesetzgebungen, auch in manchen unserer früheren kantonalen Rechte, herrschte diesbezüglich noch eine grosse Verschwommenheit.

II. Die Begriffe «Bestandteil» und «Zugehör»

a. Der Bestandteil (partie intégrante, parte costitutiva). *Drei* Elemente gehören zu sei- 4
nem Begriff: eine *innere Verbindung,* ein äusserer *körperlicher Zusammenhang* zwischen ihm und dem Sachganzen sowie die *Dauer* dieses Zustands (642²).

1. *Die innere Verbindung.* Der Wortbildung nach ist der Bestandteil ein solcher Teil, der 5
zum *Bestand* einer Sache gehört (so ausdrücklich die Umschreibung in 642²). Diese
Voraussetzung erfüllt, was mit einem anderen Teil (oder mit mehreren Teilen) zusam-
men eine Sache, ein körperliches Ganzes bildet; ohne das Verbundene wäre die Sache
nicht fertig, nicht vollständig oder ihrer eigentümlichen wirtschaftlichen Bestimmung
nicht angepasst. So gehört ein Dach notwendigerweise zum Haus, ebenso wie eine
Treppeneinrichtung, ein Kamin, Türen für den Hauseingang und die Zimmer. Ein
Haus ohne Türen oder Fenster ist kein fertiges Haus, kann dem ihm eigentümlichen
Zweck, bewohnt zu werden, nicht dienen (bewohnbar wäre demgegenüber etwa ein
Haus ohne Vorfenster).

Was nun aber im Einzelfall zum Sachganzen gehört, entscheidet sich nicht 6
nach philosophischen oder naturwissenschaftlichen, sondern rein nach *wirtschaftlichen* Gesichtspunkten. Beim Entscheid ist abzustellen auf die *Verkehrsanschauung,* wie
sie am betreffenden Ort herrscht (642²). Der Ortsgebrauch – sofern ein solcher überhaupt besteht – muss sich aber im Rahmen der vom ZGB entwickelten Merkmale des
Bestandteilbegriffs halten; sonst ist für seine Anwendung kein Platz (64 II 83 ff.; 76 II
32).

Die örtliche Verkehrsauffassung ist das Ergebnis der Kulturentwicklung, der 7
wirtschaftlichen Verhältnisse, der Gewohnheiten und Sitten, der klimatischen Lage
der betreffenden Gegend. Sie ist gleichbedeutend mit dem Ortsgebrauch im Sinn von
Art. 5 Abs. 2, als dessen Ausdruck im Zweifel die *bisherige kantonale* Regelung gilt
(vgl. vorne § 4 N 31 ff.). Mehrere kantonale Einführungsgesetze zum ZGB enthalten
denn auch eingehende Aufzählungen von Gegenständen, die als Bestandteil anzusehen sind.[4] Solchen Aufzählungen kommt allerdings nur so weit Gesetzeskraft zu, als
sie das bisherige kantonale Recht wiedergeben und solange sie nicht der am Ort tatsächlich herrschenden Übung widersprechen.

2. *Der äussere Zusammenhang.* Die erforderliche innere Beziehung, wie wir sie 8
beschrieben haben, tritt nun aber häufig nicht nach aussen zutage. Sie allein böte auch
keine genügende Rechtfertigung für die gesetzliche Regelung, wonach eine getrennte
sachenrechtliche Herrschaft und Verfügung über den Bestandteil ausgeschlossen ist
(hinten N 25). Daher verlangt Art. 642 Abs. 2 für die Bestandteilseigenschaft noch ein
zweites Kennzeichen, das deutlicher nach aussen erscheint und zugleich das gesetzgeberische Motiv für dessen Sonderbehandlung bildet: Nur da liegt ein genügender
Grund vor, besondere dingliche Rechte und Verfügungen an einem «Teil einer Sache»
für unmöglich zu erklären, wo der Zusammenhang des Teils mit der (Gesamt-)Sache

---

4 Vgl. Meier-Hayoz, BeKomm, Art. 642 N 41.

derart ist, dass die Abtrennung für diese eine Zerstörung, Beschädigung oder wesentliche Nutzungseinschränkung zur Folge hätte.[5]

9   In der Regel wird es sich hierbei um einen *festen* Zusammenhang handeln, weshalb man früher häufig als Bestandteil bezeichnete, was mit einer Sache «niet- und nagelfest» verbunden ist. Doch mag an sich auch eine losere Verbindung ausreichen, etwa jene mittels der Schwerkraft (106 II 336); so sind die Ziegel auf dem Dach Bestandteil des Hauses. Andererseits aber verleiht selbst die feste Verbindung nicht immer die Bestandteilseigenschaft; sie kann auch bei der blossen Zugehör, ja sogar bei voneinander unabhängigen Sachen vorhanden sein. Die am Kleid angesteckte Brosche gehört nicht zu dessen Bestand, ebenso wenig wie das in einer Kiste verpackte, ihr angeschraubte Gemälde.

10   Damit die äussere körperliche Verbindung das Verbundene zum Bestandteil einer Sache macht, ist wie erwähnt erforderlich, dass seine Abtrennung (Wegnahme) *sachbeschädigend* oder *-verändernd* wirkt. So gehört zwar an sich eine Zentralheizung nicht notwendigerweise zum Bestand eines Hauses. Ist sie aber installiert, so wird ihre Verbindung mit dem Haus derart, dass sie nicht entfernt werden kann, ohne dass das Gebäude und sie selber eine Beschädigung oder Veränderung erfahren (vgl. 40 II 113; ferner 106 II 333 ff. für eine Tankanlage). Das Gesagte gilt nicht für eine bewegliche Leiter, welche die Verbindung zwischen Tenne und Scheunenboden herstellt, so dass sie nicht ein Bestandteil des Gebäudes sein kann (48 II 478 f.), wohl aber für eine fest montierte Leiter (63 II 98). Nach dem Wortlaut des Gesetzes muss sich die Veränderung oder Beschädigung auf die Hauptsache beziehen. Umstritten ist, ob Bestandteilsqualität auch anzunehmen sei, wenn nur der Teil, der entfernt wird (der nebensächliche Teil), beschädigt oder verändert wird.[6] – Nicht ausschlaggebend ist dagegen, ob die höhere wirtschaftliche Einheit betroffen wird. So erleidet durch die Wegnahme von Maschinen wohl die Fabrik, nicht aber in jedem Fall auch das Gebäude als solches eine Veränderung; deshalb brauchen Maschinen nicht dessen Bestandteil zu sein. In analoger Anwendung von Art. 727 Abs. 1 ist der Zerstörung, Beschädigung oder Veränderung der Sache der Fall gleichgestellt, dass die Entfernung nur durch unverhältnismässige Arbeit oder Auslagen vor sich gehen kann (76 II 30).

11   3. *Der dauernde Zustand.* Die innere Verbindung und der äussere Zusammenhang begründen Bestandteilscharakter nur dann, wenn sie *nicht* bloss zu einem *vorübergehenden* Zweck hergestellt wurden. Sie müssen vielmehr «auf Bestand», d.h. für eine *längere Dauer* berechnet sein. Ob dies der Fall ist oder nicht, hängt vom Willen der Beteiligten ab (76 II 31; 106 II 337). Insoweit ist die Privatwillkür auch zur Konstituierung des Bestandteils (und nicht nur der Zugehör, hinten N 22 f.) von Bedeutung. Das

---

5   Zur Bestandteilsqualität von Fotovoltaikanlagen auf Dächern vgl. Bettina Hürlimann-Kaup/ Diana Oswald, Die Fotovoltaikdienstbarkeiten – ausgewählte sachenrechtliche Fragen, ZBJV 150 (2014), 679 ff.; Stephanie Hrubesch-Millauer, Die sachenrechtliche Einordnung von (gebäudeintegrierten und additiven) Solarenergieanlagen, AJP 2015, 351 ff.

6   Vgl. 44 II 392; sodann Haab, ZüKomm, Art. 642 N 9, und Meier-Hayoz, BeKomm, Art. 642 N 21 (sowie 76 II 30).

Bundesgericht (44 II 391 f.) hat die Bestandteilseigenschaft verneint bei einer Badeinstallation, die der Mieter im gemieteten Haus hatte anbringen lassen. Aus dem gleichen Grund sind Gas-, Elektrizitäts- und Wassermesser nicht als Bestandteile der Wohnung zu betrachten, der sie vom betreffenden Werk mietweise überlassen werden. So können auch die sogenannten Fahrnisbauten ihren besonderen Eigentümer behalten (hinten § 101 N 13).

4. Besonders wichtig ist die Frage nach der Bestandteilsqualität bei *Maschinen,* die in einem Gebäude aufgestellt oder mit ihm fest verbunden sind. Danach entscheidet sich nämlich, ob an ihnen ein Eigentumsvorbehalt möglich ist (hinten § 103 N 12 ff.). Sie können nur in zwei Fällen Bestandteil sein: erstens, wenn ihre Wegnahme nicht möglich ist, ohne dass das Gebäude (oder sie selbst) zerstört oder beschädigt wird (bzw. werden), und zweitens, wenn sie derart nach dem Gebäude konstruiert sind oder das Gebäude derart für sie gebaut ist, dass Maschine oder Haus durch die Trennung ihre bestimmungsgemässe Verwendbarkeit verlieren würden.[7] Dies trifft zu bei Transformator und Transformatorenhaus, Kessel und Kesselhaus, einbetonierten Turbinen, in der Regel aber nicht bei Fabrikmaschinen, namentlich (gemäss 56 II 185) nicht bei solchen, die in Serie hergestellt, überall passen und leicht demontierbar sind.

5. In einzelnen Fällen entscheidet das *Gesetz* selbst, dass gewisse Sachen Bestandteile seien. Bauten, Pflanzen, Quellen und Grundwasser sind schon kraft Gesetzes Bestandteile des Grundstücks, zu dem sie gehören (667², 674¹, 704¹; gewisse Sonderfälle bleiben vorbehalten, etwa 677), ebenso eingebaute Materialien (671¹; dazu 120 III 81) und vor allem die natürlichen *Früchte.* Diese Letzteren gelten als Bestandteile der Muttersache, solange sie mit ihr verbunden sind (643; 131 III 220).[8] Sie sind erst mit der Trennung eines besonderen Eigentums fähig. Ein gewisser Vorbehalt ist hierbei für die *Nutzniessung* an Grundstücken zu machen: Der Nutzniesser erlangt schon vor der Trennung ein *dingliches* Recht auf die Abtrennung der Früchte,[9] und zwar in dem Augenblick, in dem sie reif werden (756¹). Das ist dann bedeutsam, wenn die Nutzniessung vor der Trennung, aber nach der Reife ihr Ende nimmt.

b. Die Zugehör. Das Gegenstück zum Bestandteil ist die *Zugehör* (auch Zubehör[10] oder Pertinenz genannt). Ihren Begriff regeln die Art. 644 und 645. Art. 644 Abs. 2 umschreibt ihn positiv, Art. 645 negativ. In beiden Artikeln deutet die zum Teil schwerfällige und verwickelte Formulierung an, wie schwierig die Begriffsbestimmung ist. Wie beim Bestandteil, gibt das ZGB auch bei der Zugehör nur eine *allgemeine Umgren-*

7   So Staudinger/Jickeli/Stieper, Staudinger Kommentar zum BGB, Buch 1, Allgemeiner Teil (§§ 90–124 und 130–133 BGB; Berlin 2012), § 93 BGB N 18, 27 und 47 sowie § 94 N 9 und 27.

8   Ein Kalb ist vor der Geburt als Bestandteil der Kuh im Sinn von Art. 643 Abs. 3 (heute nur noch analog anwendbar; vgl. Art. 641a Abs. 2) anzusehen: BGer 5P.451/2001 E. 3c; dazu Thomas Koller, «Eine Kuh macht Muh, viele Kühe machen Mühe»! – oder vom sachenrechtlichen Umgang mit dem Embryotransfer bei Tieren, in FS Heinz Rey (Zürich 2003), 53 ff.

9   So Leemann, BeKomm, Art. 756 N 2, und Piotet, SPR V/1, 616; relativierend Meier-Hayoz, BeKomm, Art. 643 N 41 sowie Steinauer, Les droits réels I, Nr. 56 und 1078.

10   So ausdrücklich § 97 BGB, während § 294 ABGB wie das ZGB von «Zugehör» spricht.

Marginalien: 12, 13, 14

zung des Begriffs und überlässt dessen nähere Festlegung dem *Ortsgebrauch* und darüber hinaus dem *Privatwillen*.

15 Nach ZGB kommen nur *bewegliche* Sachen als Zugehör in Betracht; Grundstücke können nicht ihrerseits Zugehör eines anderen Grundstücks sein. Dagegen kann eine bewegliche Sache sowohl zu einem anderen Fahrnisgegenstand als auch zu einem Grundstück im Verhältnis der Zugehör stehen. Als Zugehör kommt demnach nur eine bewegliche Sache in Frage, als Hauptsache sowohl eine unbewegliche wie eine bewegliche Sache. Auch Sachen, die im Eigentum Dritter stehen, können Zugehör sein (60 II 194).

16 Damit eine Sache Zugehör bildet, ist ein Doppeltes erforderlich: ein *äusserer* oder räumlicher und ein *innerer* oder wirtschaftlicher Zusammenhang, also einerseits eine *Sachbeziehung* und andererseits eine *Zweckbeziehung* (ausführlich 42 II 117 ff.).

17 1. *Der äussere Zusammenhang oder die Sachbeziehung.* Die Zugehör muss zur Hauptsache in einer gewissen räumlichen Beziehung stehen, in die sie durch Verbindung, Anpassung oder in anderer Weise gebracht worden ist (644[2]). Hier ist kein so enges körperliches Verhältnis notwendig wie beim Bestandteil. Der Schlüssel braucht nicht immer zu hängen, es genügt, dass er der richtige ist; das Etui braucht nicht immer die Brille, der Schutzkarton nicht immer das Buch zu enthalten. Eine vorübergehende Trennung von der Hauptsache hebt die Zugehöreigenschaft nicht auf (644[3]). Andererseits schliesst die körperliche Verbindung an sich Zugehör nicht aus. Vorfenster, tragbare Holz- und Kohlenöfen, nicht eingemauerte Kochherde, Vorhangstangen, Gestelle, mit Schrauben oder Riemen verbundene Maschinen können auch fest mit der Hauptsache verbunden sein, ohne dass dadurch die Zugehör zum Bestandteil wird. Wenn allerdings die Verbindung so eng ist, dass die Trennung entweder die Haupt- oder die Nebensache zerstören oder beschädigen würde (wie dies z.B. bei eingemauerten Maschinen, Dampfkesseln usw. der Fall ist), würde ein Bestandteil vorliegen (vorne N 8 ff.).

18 2. *Der innere Zusammenhang oder die Zweckbeziehung.* Die Zugehör muss ihre naturgemässe Bestimmung darin haben, der Hauptsache als solcher – und nicht etwa bloss den besonderen Bedürfnissen ihres gegenwärtigen Besitzers – zu dienen. Sie muss eine Beziehung aufweisen zur Eigenart der Hauptsache (in BGer 5A_114/2008 E. 6.2.1 für Bilder grundsätzlich verneint). Haupt- und Nebensache können auch zusammen dem gleichen gemeinschaftlichen Zweck gewidmet sein, wie z.B. das Fabrikgebäude und die Maschinen; wo aber für einen Gewerbebetrieb dienliche Sachen als Zugehör zu einer Liegenschaft betrachtet werden, muss die Zugehör die auf der Liegenschaft vor sich gehende Tätigkeit ermöglichen oder ergänzen, was für die sogenannte Unternehmungszugehör (z.B. Baumaschinen eines Unternehmers) nicht gilt (80 II 228 ff.).

19 Das Zweckverhältnis zwischen Zugehör und Hauptsache liegt besonders darin, dass die Erstere zur Bewirtschaftung (so Hotelmobiliar), zur Benutzung (Geräte, Mobiliar) oder zur Aufbewahrung (Etui, Flaschen, Fässer) der Letzteren ihre Dienste leistet (644[2]). Dabei muss dieses Verhältnis ein dauerndes, nicht bloss vorübergehendes sein. Zugehör darf auch nicht (wie Vorräte oder Dünger) nur zum Verbrauch dienen. Zugehör liegt schliesslich dann nicht vor, wenn die Verbindung zur Hauptsache

nur der Aufbewahrung, dem Verkauf oder der Vermietung (der angeblichen Zugehör!)
dient (645 in fine; so eindeutig gemäss dem zutreffenden französischen Text: «qui ne
sont rattachés à celle-ci [d.h. an die Hauptsache] que pour être gardés ou déposés à fin
de vente ou de bail»).

Die räumliche Beziehung braucht also nur sehr lose zu sein. Das Hauptgewicht   20
liegt auf dem inneren, wirtschaftlichen Zusammenhang (42 II 118). Eine derart weite
Begriffsbestimmung der Zugehör würde jedoch gewisse Gefahren, namentlich im Lie-
genschaftsverkehr, mit sich bringen. Um diesen zu begegnen, betrachtet das Gesetz die
beiden genannten objektiven Beziehungen zwischen zwei Sachen nur als den äussers-
ten Rahmen, innerhalb dessen überhaupt Zugehör möglich ist. Was in diesen Rahmen
passt, kann Zugehör sein, braucht es aber nicht notwendigerweise zu sein. Die genauere Bestimmung erfolgt im konkreten Fall durch den *Ortsgebrauch,* allenfalls auch
durch den *Parteiwillen.*

α. Zugehör ist demnach zunächst, was einerseits in den Rahmen des erläuterten Begriffs   21
des ZGB passt, andererseits aber vom *Ortsgebrauch* auch als Zugehör betrachtet wird.
Dadurch wird der Begriff der Zugehör bedeutend eingeschränkt, da ihn die Ortsübung
und die sie wiedergebenden früheren kantonalen Rechte viel enger umschreiben als
das ZGB.[11] So wurden Maschinen nur in beschränktem Mass und Hotelmobiliar nirgends ohne Weiteres als Zugehör behandelt. Solange sich die Ortsübung nicht geändert hat (s. 104 III 31 für Hotelmobiliar in Lausanne), ist es dabei auch nach ZGB
geblieben.

β. Die wirtschaftlichen Bedürfnisse verlangen jedoch für viele Fälle eine weiter gehende   22
Anerkennung der Zugehöreigenschaft, als sie sich aus dem Ortsgebrauch ergäbe. Die
Interessen der Eigentümer gehen namentlich dahin, in die Verpfändung von Grundstücken (Fabriken, Gasthöfen usw.) auch ihrem Betrieb dienende Fahrnissachen (wie
eben gerade Maschinen, Mobiliar, Werkzeuge) einbeziehen zu können. Das Gesetz
gestattet dem Eigentümer, durch eine *klare* (ausdrückliche oder aus eindeutigem Verhalten sich ergebende) *Willenserklärung* solche Sachen als Zugehör zu bezeichnen.
Man spricht von einer *Widmung* (BGer 5C.119/2002 E. 1.1).[12] Für den angeführten
wichtigen Fall der Verpfändung sieht das Gesetz eine besondere Form der Widmung
vor: *Anmerkung* der Zugehör im Grundbuch (805[2]), die allerdings nicht Gültigkeitserfordernis ist, sondern nur neben den anderen Möglichkeiten der Willenserklärung
steht (vgl. 43 II 598 f.; 54 II 118; 104 III 32).

Der Eigentümer ist jedoch nicht frei, jede beliebige Sache als Zugehör zu bezeich-   23
nen. So könnte ein Bauer z.B. nicht sein Vieh zur Zugehör seines Gutes machen, ein
Unternehmer nicht Baugerätschaften, die er irgendwo für Bauarbeiten verwendet (80
II 228). Der Wille des Eigentümers hat eine Schranke in der Begriffsbestimmung des

---

11 Zu den kantonalen Einführungsgesetzen vgl. MEIER-HAYOZ, BeKomm, Art. 644/645 N 35.

12 Zur Kontroverse, ob die Willenserklärung nur die (wirtschaftliche) Widmung oder auch das
    gemeinsame rechtliche Schicksal umfassen müsse, s. STEINAUER a.a.O. Nr. 1097a; u. E. genügt
    das Erstere (so auch STEINAUER a.a.O. und FABIENNE HOHL, Les accessoires et les droits de
    gage immobiliers [Diss. Fribourg 1986], AISUF 72, 24 ff.).

Gesetzes. Man kann nur solche Sachen als Zugehör erklären, bei denen die vom ZGB verlangte Sach- und Zweckbeziehung zur Hauptsache vorhanden ist.[13] Die Beweislast für die Zugehöreigenschaft obliegt regelmässig demjenigen, der daraus Rechte ableitet. Nur bezüglich der im Grundbuch angemerkten Zugehör ist es umgekehrt: Hier wird die Zugehöreigenschaft vermutet; der Beweis des Gegenteils obliegt demjenigen, der sie leugnen will (805[2]; zum Fall, da ein neuer Grundeigentümer das Gebäude abreisst und neues Mobiliar anschafft, s. 104 III 31 f.).

III.   Die rechtliche Bedeutung der Unterscheidung zwischen Bestandteil und Zugehör

24   Die Begriffe Bestandteil und Zugehör sind nicht bloss wissenschaftliche Umschreibungen oder klassifikatorische Spielereien, sondern sie haben eminent *praktische Bedeutung:* Die Zugehör unterscheidet sich in ihrer rechtlichen Behandlung sowohl vom Bestandteil wie von Sachen, die weder Zugehör noch Bestandteil, sondern gegenseitig unabhängige Sachen sind. Im Einzelnen:

25   **a. Bestandteil und Zugehör.** Der *Bestandteil* ist ein Sachteil, keine eigene Sache. Deshalb ist es *ausgeschlossen,* dass an ihm ein *gesondertes dingliches Recht,* insbesondere Eigentum (642[1]) oder Pfandrecht (805, 892), besteht (zum Sonderfall von 756[1] s. vorne N 13).[14] Das dingliche Recht erstreckt sich – als Recht, welches die gesamte Sache erfasst – grundsätzlich notwendigerweise auf alle Bestandteile.[15] Daher kann an einem solchen ein Eigentumsvorbehalt nicht begründet werden. Der an der selbständigen Sache bestehende Vorbehalt erlischt, sobald sie zum Bestandteil wird (vgl. 76 II 26 ff.). Ebenso geht das Sondereigentum an einer Sache unter, wenn sie sich mit einer anderen in der Weise verbindet, dass sie einen blossen Bestandteil eines Ganzen bildet. Das Recht, dem die Hauptsache untersteht (je nachdem das Eigentum an der Hauptsache oder das Miteigentum), gilt auch für den Bestandteil (671, 727).[16]

26   Nichts hindert dagegen die Begründung persönlicher, *obligatorischer* Rechte am einzelnen Bestandteil. Zunächst so, dass gar keine Änderung am Sachbestand erstrebt oder erforderlich ist, wie etwa bei der Miete eines Zimmers oder Stockwerks. Ferner aber auch so, dass eine Pflicht zur künftigen Abtretung des Bestandteils begründet wird, wie etwa beim Verkauf einer erwarteten Ernte, von Holz auf dem Stamm, eines Hauses zum Abbruch. Wird nun ein solcher Bestandteil verkauft, was selbst bei

---

13   Das ZGB kennt demnach – im Gegensatz zu manchen kantonalen Rechten – keine sogenannte gewillkürte (auf *blossem* Privatwillen beruhende) Zugehör.

14   Zur zwingenden Natur von Art. 642 vgl. LGVE 2011 I Nr. 9, S. 13 ff., E. 4.2 = ZBJV 148 (2012), 368 ff. (OGer Luzern).

15   Nur beim Stockwerkeigentum und bei einigen Dienstbarkeiten (so bei Wegrechten, beim Wohnrecht) ist eine Lokalisierung möglich.

16   Zu den steuerrechtlichen Folgen vgl. etwa LGVE 1996 II Nr. 8, S. 135 ff.

Grundstücken möglich ist (OR 187²), so wird er erst bei der Abtrennung zur selbständigen Sache (100 II 12).

Die *Zugehör* dagegen bleibt – trotz der Verbindung mit der Hauptsache – eine Sache   27
für sich und wahrt als solche den ihr *eigenen Charakter*. Sie bleibt eine bewegliche
Sache, auch wenn die Hauptsache ein Grundstück ist (42 II 117). Daher kann sie anderen rechtlichen Verhältnissen als die Hauptsache unterworfen sein. Ein Wirt kann
Kegel und Kugeln ohne die Kegelbahn (oder Letztere ohne die Ersteren) verkaufen; der
Hotelier kann das Hotel ohne das Mobiliar verpfänden. Ebenso ist es möglich, dass der
Verkäufer einen Eigentumsvorbehalt an einer Sache anbringt, die zur Zugehör einer
anderen gemacht wird; dies gilt etwa für den Lieferanten, der sich das Eigentum vorbehält am Hotelmobiliar oder an den an eine Fabrik verkauften Maschinen (sofern sie
nicht zum Bestandteil derselben werden). Da die Zugehör ihren Charakter als eigenständige Sache wahrt, müssen bei allen Rechtsgeschäften, die sie gesondert betreffen,
die für die Fahrnis geltenden Regeln beobachtet werden (98 Ia 165).

b. Zugehör und selbständige Sache. Die Zugehör ist zwar eines selbständigen recht-   28
lichen Schicksals fähig (vorne N 27). Sie teilt aber regelmässig das Schicksal der
Hauptsache. Im Zweifel – d.h. immer dann, wenn der Eigentümer nicht das Gegenteil bestimmt – erfasst eine Verfügung über die Hauptsache auch die Zugehör (644¹).
Es gilt die Vermutung, dass die Zugehör rechtlich dem Schicksal der Hauptsache
folgt («accessorium sequitur principale»). Somit kann über die Nebensache auch im
Zusammenhang mit der Hauptsache – und zwar nach den für diese geltenden Regeln –
verfügt werden. Ist die Hauptsache ein Grundstück, so genügt daher die Beachtung der
Vorschriften des Immobiliarrechts auch für die Zugehör.

Praktisch besonders bedeutsam ist die Zugehörqualität bei *Verpfändungen* der Haupt-   29
sache. Während bei Eigentumsübertragungen zumeist genau feststeht, was alles übertragen werden soll, ist bei Verpfändungen oft einfach vom Haus, von der Fabrik, vom
Hotel die Rede. Mit der Verpfändung der Hauptsache ist nun aber im Zweifel auch die
Zugehör verpfändet, also alles, was auf Grund von Ortsgebrauch oder Willenserklärung des Eigentümers im Rahmen des ZGB Zugehör sein kann. Die Anmerkung im
Grundbuch ist hier nur eine besondere Art der Widmung, aber nicht obligatorisch
(auch nicht im Fall von Art. 805 Abs. 2: 104 III 32). Je nachdem, ob das Mobiliar des
Gasthofs, die Maschinen einer Fabrik usw. nun auch Zugehör und als solche mitverpfändet sind oder nicht, ist ihr Schicksal im Fall der Zwangsverwertung unterschiedlich: Im ersten Fall ist ihr Verwertungserlös primär für die Grundpfandgläubiger reserviert (816¹), im zweiten werden sie zu Gunsten aller Gläubiger zur Masse gezogen.
Wie die erwähnten Beispiele zeigen, kann es um bedeutende Vermögenswerte gehen.
Durch deren Verpfändung wird der Realkredit sehr weit ausgenützt. Darin liegt denn
auch die wirtschaftliche Hauptbedeutung der Zugehör.

§ 99 Das gemeinschaftliche Eigentum

1 Das ZGB unterscheidet zwei Arten gemeinschaftlichen Eigentums: das *Miteigentum,* das aus dem römischen Recht stammt, und das *Gesamteigentum,* das auf das germanische Recht zurückgeht.[1] Die einzelnen Unterschiede dieser beiden Eigentumsarten lassen sich leicht aus zwei grundlegenden Merkmalen ableiten, nämlich aus dem Ursprung des Verhältnisses (I.) und aus der Art der Berechtigung des einzelnen Eigentümers (II.).

I. Der Ursprung des Verhältnisses

2 **a. Das Gesamteigentum** setzt ein unterliegendes *Grundverhältnis* voraus, das die Beteiligten – auch abgesehen vom betreffenden Gemeinschaftseigentum – umfasst und einen ganzen Komplex von Rechten und Pflichten beinhaltet (652; 119 II 124). Das Gesamteigentum folgt demnach aus der engen *persönlichen Verbundenheit,* die mit dem Grundverhältnis gegeben ist. Dieses Verhältnis wird als *Gemeinschaft zur gesamten Hand* (Gesamthandschaft) bezeichnet. Sie kann entweder schon von Gesetzes wegen bestehen oder aber durch Vertrag begründet werden, immerhin auch dann nur in bestimmten vom Gesetz vorgesehenen Formen. Darüber hinaus können keine weiteren Formen solcher Gemeinschaften geschaffen werden; es besteht mit anderen Worten ein Numerus clausus für Gemeinschaftsverhältnisse mit Gesamteigentum (84 I 129; 116 II 51).

3 Das Gesetz (ZGB und OR) kennt die folgenden gesamthänderischen Gemeinschaften: die eheliche Gütergemeinschaft (vorne § 33 N 3), die Erbengemeinschaft (vorne § 82 N 1 ff.), die Gemeinderschaft (vorne § 48 N 8), die Kollektivgesellschaft, die Kommanditgesellschaft und (regelmässig) die einfache Gesellschaft (544[1] OR; 119 II 124). Losgelöst von solchen Verhältnissen kann es kein Gesamteigentum geben. So würde es nicht angehen, dass zwei Freunde (ausserhalb des Falls der einfachen Gesellschaft) ein Velo oder ein Haus zu Gesamteigentum erwerben.

4 **b. Das Miteigentum** entsteht und besteht ohne jede weiter reichende persönliche Unterlage, *ohne ein sonstiges Gemeinschaftsverhältnis* unter den Beteiligten (siehe aber immerhin 200[2] und 248[2]).[2] Es gründet allein in seinem Entstehungsgrund (Gesetz

---

1 Zum Ganzen vgl. auch DENIS PIOTET, Copropriété et propriété commune, spécialement le droit d'aliéner la part et le droit au partage, JdT 2015 II, 4 ff. – *Fiduziarisches* (treuhänderisches) Eigentum ist kein gemeinschaftliches Eigentum (von Treugeber und Treuhänder), sondern Alleineigentum des Treuhänders. Dieser ist allerdings schuldrechtlich – durch die fiduziarische Abrede – verpflichtet, die betreffende Sache nur in der vereinbarten Weise zu gebrauchen und sie gegebenenfalls wieder dem Treugeber rückzuübertragen (REY, Grundriss, Nr. 618; MEIER-HAYOZ, BeKomm, Vorbem. zu Art. 646–654 N 22; GAUCH/SCHLUEP/SCHMID/EMMENEGGER, OR AT, Rn. 1024 ff.; 114 II 50; 122 III 78).

2 Siehe dazu ALESSANDRA CERESOLI, Art. 200 Abs. 2 und Art. 248 Abs. 2 ZGB – Miteigentumsvermutungen unter Ehegatten und Eigentumsnachweis (Diss. Basel 1992); BEAT BRÄM, Gemein-

oder Rechtsgeschäft) und nicht wie das Gesamteigentum in einem sonst vorhandenen Gemeinschaftsverhältnis. Wenn aber das Miteigentum einmal bestellt ist, ergibt sich durch die gemeinschaftliche Beteiligung an der Sache doch auch ein Gemeinschaftsverhältnis; Letzteres entsteht allerdings erst durch diese Beteiligung an der Sache und besteht einzig in ihr. Man denke etwa an die Gemeinschaft der Miteigentümer als Stockwerkeigentümer (712*l* und 712m).

Als *Normalfall* gemeinschaftlichen Eigentums wird das *Miteigentum* angesehen, das   5
dementsprechend im Zweifel zu vermuten ist (94 II 99).

II. Die Art der Berechtigung der mehreren Eigentümer

Beim Mit- wie beim Gesamteigentum steht die Sache – ohne irgendwie körperlich   6
geteilt zu sein – mehreren Personen zugleich zu. Die Aufspaltung in *materielle* Teile
ist bei beiden ausgeschlossen.[3] Der unterschiedlich enge Grad des Gemeinschaftsverhältnisses, den wir soeben beschrieben haben, beeinflusst jedoch in einschneidender
Weise die Art, in der die Einzelnen sich zueinander und zur Sache verhalten.

a. Im Gesamteigentum ist die Verbindung der Beteiligten besonders eng, so dass in   7
keiner Weise von einem Mein oder Dein die Rede sein kann. Alle Beteiligten zusammen sind gleichermassen auf das Ganze berechtigt, Rechte und Pflichten stehen nur
ihnen zusammen («gesamthänderisch») zu. Die Sache ist nicht nur materiell ungeteilt; es lassen sich auch nicht selbständige rechnerische (ideelle) Bruch- oder Quotenteile der Einzelnen unterscheiden, die eines eigenen rechtlichen Schicksals fähig wären.
Folglich kann die einzelne Gesamteigentümerin nicht allein über die gemeinschaftliche Sache verfügen, weder über ihren Teil (ein solcher ist gar nicht unterscheidbar vorhanden)[4] noch über das Ganze (dieses steht den Mehreren in ihrer Gesamtheit zu). Zu
jeder Verfügungshandlung über eine im Gesamteigentum stehende Sache bedarf es der
Mitwirkung aller Gesamteigentümer, sofern diese oder eine Gesetzesvorschrift nicht
einen von ihnen oder einen Dritten als Vertreter der Gemeinschaft bezeichnen und
mit allen oder besonderen Geschäften betrauen (653[2]; 119 Ia 345; BGer 5C.289/2005
E. 6.1). Dem entspricht auch, dass das Gesamteigentum nicht beliebig auflösbar ist und
dass es notwendigerweise so lange andauert, als das Gemeinschaftsverhältnis besteht
oder die Sache der Gemeinschaft gehört (653[3]). Es endet nur durch Auflösung der
Gemeinschaft oder Veräusserung der Sache (654[1]). Für die Teilung gelten die Vorschriften über das Miteigentum, soweit nicht Sonderbestimmungen vorliegen (654[2];

---

schaftliches Eigentum unter Ehegatten an Grundstücken ... (Diss. Bern 1997), ASR 605, 35 und passim.

3 Über den Sonderfall des Stockwerkeigentums s. hinten § 101 N 43 ff.

4 Ein Vertrag einzelner Gesamthänder mit Dritten kann allenfalls Schadenersatzpflichten begründen: MEIER-HAYOZ, BeKomm, Art. 653 N 7.

93 II 391 f.).[5] Solche Regeln können auf Vertrag oder auf der gesetzlichen Regelung des Grundverhältnisses beruhen (vgl. etwa Art. 243 ff. für die Gütergemeinschaft oder Art. 604 ff. für die Erbengemeinschaft).

8   Der *Gemeinschaft* gegenüber bestehen dagegen immer Anrechte der Einzelnen, die man (mit Vorsicht) auch als «Anteile» bezeichnen kann. Nur treten diese nicht wirksam nach aussen zutage und bleiben daher *verborgene* oder *latente* Teile. Der eine ist zum Beispiel an der Gemeinschaft zu einem Drittel, der andere zu zwei Dritteln beteiligt. Diese Anteile haben ihre grosse Bedeutung zur Bestimmung des Betrags, der jedem von ihnen von den Erträgnissen der Sache und vom Ergebnis der Verwertung gebührt. Bei den meisten Gesamthandverhältnissen ist sodann vorgesehen, dass über diese Anteile als solche – in bestimmten Grenzen – verfügt werden kann (vgl. etwa Art. 635; hierzu 102 Ib 327).[6]

9   Ein *Wechsel im Bestand* der Gemeinschaft führt zu einer Akkreszenz oder Dekreszenz (Konsolidation oder Dekonsolidation) bei den verbleibenden Gemeinschaftern (116 II 53 und 180) – vorausgesetzt, das Gesamthandverhältnis wird weitergeführt (119 II 124).[7] Für ein solches Anwachsen sind weder spezielle Übertragungshandlungen noch die Wahrung einer besonderen Form erforderlich, auch dann nicht, wenn das Gemeinschaftsvermögen aus Grundstücken besteht (116 II 53).[8]

10   **b. Das Miteigentum.**[9] Dem Gesamteigentum als solchem widmet das ZGB nur drei Artikel (652–654); das Weitere ergibt sich aus der Regelung des einzelnen Gemeinschaftsverhältnisses (z.B. der Gütergemeinschaft). Das Miteigentumsrecht wurde durch die Revision von 1963 bedeutend erweitert.[10] Es umfasst nun die Art. 646–651 samt zahlreichen Einschaltartikeln und hat einen gesellschaftsrechtlichen Einschlag erhalten (94 II 21).[11] Von erheblicher praktischer Bedeutung sind mehrere Miteigen-

---

5   Art. 654a verweist für die Aufhebung von gemeinschaftlichem Eigentum an landwirtschaftlichen Gewerben und Grundstücken ausdrücklich auf das BGBB; vgl. insbesondere Art. 36 ff. BGBB.

6   Für die Zwangsverwertung von Anteilen an Gesamthandsvermögen s. die bundesgerichtliche Verordnung über die Pfändung und Verwertung von Anteilen an Gemeinschaftsvermögen vom 17. Januar 1923 (SR 281.41); 135 III 179 ff.

7   Vgl. dazu auch HEINZ HAUSHEER/ROLAND PFÄFFLI, Zur Bedeutung des Anwachsungsprinzips bei der einfachen Gesellschaft und bei der Gütergemeinschaft im Todesfall …, in ZBJV 130 (1994), 38 ff.; ferner ROLAND PFÄFFLI, Änderungen bei Personengesellschaften aus der Sicht der praktischen Grundbuchführung, in ZBGR 72 (1991), 321 ff.; KARIN MÜLLER, Die Übertragung der Mitgliedschaft bei der einfachen Gesellschaft … (Diss. Luzern, Zürich 2003), LBR 2, Nr. 212 und 413 ff.; LGVE 1996 I Nr. 15, S. 26 ff. und Nr. 16, S. 31 ff. = ZBJV 132 (1996), 831 ff. und 133 (1997), 338 ff.

8   Vgl. auch MÜLLER a.a.O. Nr. 213 ff.

9   Siehe BENNO SCHNEIDER, Das schweizerische Miteigentumsrecht (Diss. Bern 1973), ASR 418.

10   BG vom 19. Dezember 1963 über die Änderung des 4. Teils des ZGB, in Kraft seit 1. Januar 1965.

11   Vgl. auch EDMOND C. PERRUCHOUD, La communauté dans la copropriété ordinaire, Etude portant principalement sur la copropriété foncière (Diss. Genf, Zürich 2006); JÜRG SCHMID, Formelle Aspekte der Willensäusserungen bei Miteigentum und Stockwerkeigentum, ZBGR 88 (2007), 439 ff. – Art. 712*l* gilt allerdings nur bei Stockwerkeigentum: 103 Ib 78.

tumsregeln im Eherecht (200^2, 201^2, 205^2, 248^2, 251). Das Miteigentum weist folgende Gestalt auf:

1. Die Ausscheidung von Anteilen und die Verfügungen

Im Gegensatz zum Gesamteigentum kann man beim Miteigentum rechnerische Teile   11
der einzelnen Miteigentümer ausscheiden: Das Ganze ist in *Quoten (Bruchteile)*[12]
zerlegt, z.B. Hälften, Drittel, Viertel usw. (646^1), im Zweifel zu gleichen Teilen (646^2;
hierzu 111 II 26). Das Anteilsrecht jedes Miteigentümers stellt ein selbständiges, freies
Vermögensobjekt dar. Jeder Miteigentümer hat für seinen Anteil die Rechte und Pflichten eines Eigentümers; seine Quote kann von ihm veräussert oder verpfändet und von
seinen Gläubigern gepfändet werden (646^3). Beim Verkauf eines Anteils des Grundeigentums an Nichtmiteigentümer besteht immerhin ein Vorkaufsrecht der übrigen
Miteigentümer (682; vgl. dazu hinten § 102 N 32; bei Miteigentum im Rahmen der
Errungenschaftsbeteiligung vgl. Art. 201 Abs. 2).[13] Gegen ungerechtfertigte Einwirkungen auf sein Eigentum kann ein Miteigentümer sich mit der Eigentumsfreiheitsklage wehren (vorne § 97 N 10), mag die Störung von Dritten oder von anderen Miteigentümern ausgehen (95 II 402).

Zur Veräusserung oder Belastung der *ganzen Sache* sowie zur Veränderung der Zweck-   12
bestimmung (95 II 402 f.; 116 II 280; 139 III 5; s. auch 130 III 444 ff.) ist dagegen der
Einzelne nicht befugt. Dazu bedarf es vielmehr der Mitwirkung oder Übereinstimmung aller Miteigentümer, sofern diese nicht einstimmig eine andere Ordnung vereinbart haben (648^2; für die Einräumung einer Dienstbarkeit und den Abschluss eines
Mietvertrags 115 II 343). Das Zustimmungserfordernis des Art. 648 Abs. 2 gilt grundsätzlich auch für die Begründung von Rechten zu Gunsten des ganzen Grundstücks
(108 II 37 f.). Ruhen auf Miteigentumsanteilen bereits Grundpfänder oder Grundlasten, so kann die ganze Sache nicht mehr mit solchen Rechten belastet werden (648^3,
der auch für Bauhandwerkerpfandrechte gilt: 113 II 157 ff. und 126 III 464; vgl. auch
116 GBV) – es sei denn, es bestehe dafür eine leere Pfandstelle (hinten § 112 N 65 f.)[14]
oder es seien alle Beteiligten, insbesondere auch die Anteilspfandgläubiger, damit einverstanden (95 I 568 ff.; 113 II 161 f.).[15]

2. Die Nutzung und Verwaltung

α. *Nach Vereinbarung.* Die Miteigentümer können eine von den gesetzlichen Bestim-   13
mungen abweichende *Nutzungs- und Verwaltungsordnung vereinbaren* und vorse-

---

12 «Quote» steht hier wie häufig in der Rechtssprache für Anteil. Streng genommen ist der Anteil
    das Recht, die Quote jedoch nur die arithmetische Bruchzahl (s. Reto Mengiardi, Die Errich-
    tung von beschränkten dinglichen Rechten zugunsten und zu Lasten von Miteigentumsanteilen
    und Stockwerkeigentumseinheiten [Diss. Bern 1972], ASR 415, 46 ff.).

13 Schranken der Verfügungsfreiheit gelten auch beim sog. «unselbständigen» Eigentum ($655a^1$
    Satz 2; hinten N 22), insbesondere beim praktisch wichtigen Fall des «unselbständigen» Mitei-
    gentums (100 II 312 f.; 130 III 15 f. und 310 f.).

14 Meier-Hayoz, BeKomm, Art. 648 N 41 und BGE 95 I 575 f.

15 Steinauer, Les droits réels III, Nr. 2655 ff.; Markus Lötscher, Das Grundstück als Gegen-
    stand von Grundpfandrechten (Diss. Freiburg 1988), AISUF 86, 131 ff.

hen, dass diese mit Zustimmung der Mehrheit der Miteigentümer geändert werden kann; sie können diese Ordnung – als «Vertrag mit gesellschaftsrechtlichem Einschlag» (BGer 5A_380/2013 E. 3.1) – im Grundbuch anmerken lassen (647[1] ZGB; 54[1] GBV).[16] Die Änderung von Bestimmungen über die Zuteilung von ausschliesslichen Nutzungsrechten bedarf indessen überdies zwingend der Zustimmung der betroffenen Miteigentümer (647[1bis]).[17]

14   Die Nutzungs- und Verwaltungsordnung und die einzelnen Verwaltungsbeschlüsse der Miteigentümer gelten (selbst ohne Anmerkung in Kaufvertrag und Grundbuch: 110 Ia 108 f.) auch für deren Rechtsnachfolger sowie für Dritte, die an einem Miteigentumsanteil dingliche Rechte erwerben – Eigentum, Dienstbarkeiten und Pfandrechten; in gleicher Weise sind auch richterliche Entscheide und Verfügungen für Rechtsnachfolger und Erwerber solcher Rechte verbindlich, weshalb alle diese Akte (bei Grundstücken) im Grundbuch angemerkt werden können (649a).[18] Diese Verbindlichkeit der Rechtsnachfolger trifft immerhin nicht für alle Rechtsbeziehungen zwischen den Miteigentümern zu, sondern gilt nur insoweit, als es unmittelbar um die gemeinschaftliche Verwaltung und Nutzung der Sache geht (110 Ia 109; 123 III 56).

15   β. *Nach Gesetz.* Für den Fall, dass die Miteigentümer keine Nutzungs- und Verwaltungsordnung vereinbart haben, hat das Gesetz folgende Regelung aufgestellt: Es unterscheidet zwischen baulichen Massnahmen und anderen Verwaltungshandlungen. Die *baulichen Massnahmen* (647c–e) sind entweder notwendig (z.B. Ersetzung eines weggerissenen Dachs; in der Regel Behebung von Mängeln: 107 II 143), nützlich (z.B. Ausbau, Aufstockung; Umbau: 130 III 447 f.) oder dienen lediglich der Verschönerung und Bequemlichkeit (z.B. künstlerische Ausschmückung; 130 III 449).[19] Für jede Art von Massnahmen ist im Regelfall eine andere Art der Mehrheitsbildung verlangt: Für nötige Massnahmen die Zustimmung der Mehrheit aller Miteigentümer, für nützliche der Mehrheit aller, die zugleich den grösseren Teil der Sache vertritt («doppeltes Mehr» – nach Köpfen und Anteilen), für luxuriöse die Zustimmung aller Miteigentümer. Für jede Art sieht das Gesetz darüber hinaus für Sonderfälle andere Zuständigkeiten vor (647c in fine,[20] 647d[2] und [3], 647e[2]).[21] Die genannten Regeln gelten nicht

---

16   Fassung gemäss der ZGB-Revision von 2009, in Kraft seit 1. Januar 2012 (AS 2011, 4637 ff.); vgl. zur Entstehung die Botschaft BBl 2007, 5302; zur Neuerung AMÉDÉO WERMELINGER, Vorgeschlagene Änderungen des Mit- und Stockwerkeigentums, ZBGR 88 (2007), 321 ff. – Zur früheren Einstimmigkeitsregel vgl. 103 Ib 76 ff., BGer 5A_380/2013 E. 3 und Vorauflage, § 98 N 13.

17   Die Botschaft nennt beispielhaft ausschliessliche Nutzungsrechte an Parkplätzen, Bastelräumen oder dergleichen und entsprechende Tauschsituationen (BBl 2007, 5302), wie sie auch in Stockwerkeigentumsverhältnissen häufig vorkommen.

18   Zu den Gründen dieser durch die Revision von 2009 erweiterten Möglichkeiten der Anmerkung vgl. Botschaft BBl 2007, 5303.

19   Zur Abgrenzung zwischen nützlichen und luxuriösen baulichen Massnahmen vgl. etwa 130 III 446 ff., BGer 5C.110/2001 E. 5 = ZBGR 86 (2005), 251 ff. und 136 III 264.

20   Demnach gilt auch für notwendige bauliche Massnahmen, sofern es «gewöhnliche Verwaltungshandlungen» sind, die einfachere Regelung von Art. 647a.

21   Zu diesen Mehrheitsbeschlüssen vgl. allgemein auch BGE 130 III 447 ff. und 131 III 461 f.; zum Vetorecht nach Art. 746d Abs. 2 und 647e vgl. 136 III 264 f.

nur für Unterhalts- und Erneuerungsarbeiten, sondern auch für Neubauten (130 III 447). – Für die *anderen Verwaltungshandlungen* (die nicht bauliche Massnahmen sind) wird unterschieden zwischen gewöhnlichen (647a) und wichtigeren (647b). Für die Ersteren ist jeder Miteigentümer zuständig, sofern nicht die Mehrheit aller Miteigentümer anders verfügt. Für wichtigere Verwaltungshandlungen bedarf es der Zustimmung der Mehrheit aller Miteigentümer, die zugleich den grösseren Teil der Sache vertritt (139 III 5 für eine Nutzungsänderung, die keine Änderung der Zweckbestimmung darstellt).

Die *Tragung der Kosten und Lasten* (im internen Verhältnis: 117 II 64) bestimmt   16
sich vorbehältlich anderer Abmachungen[22] nach den Anteilen (649[1]; zur Haftung nach aussen vgl. 117 II 50 ff.). Hat ein Miteigentümer solche Ausgaben über diesen Anteil hinaus getragen und im Rahmen seiner Befugnisse nach Massgabe der Art. 647–647e gehandelt, so kann er von den anderen im Verhältnis ihrer Anteile Ersatz verlangen (649[2]).[23] Eine solche Klage unterliegt der ordentlichen 10-jährigen Verjährungsfrist von Art. 127 OR (119 II 332).

γ. Die erwähnte gesetzliche Regelung und jede vereinbarte Nutzungs- und Verwal-   17
tungsordnung werden durch zwei *unabdingbare Rechte* jeder Miteigentümerin eingeschränkt: Sie kann jederzeit verlangen, dass notwendige Verwaltungshandlungen (wenn kein Mehrheitsentscheid nach 647c zustande kommt) durchgeführt und notfalls vom Gericht (im summarischen Verfahren: 249 lit. d Ziff. 1; zur früheren Rechtslage vgl. 97 II 323 [beschleunigtes Verfahren]) angeordnet werden;[24] und sie kann von sich aus auf Kosten aller Miteigentümerinnen die dringlichen Massnahmen (etwa solche zur Abwendung einer unmittelbaren Gefahr für die Sache) ausführen (647[2]).

3. Aufhebung und Ausschluss

α. Da beim Miteigentum kein Grundverhältnis das Auseinanderfallen der einzelnen   18
Teilrechte verhindert, kann grundsätzlich jeder Beteiligte die *Aufhebung* des gemeinschaftlichen Eigentums verlangen (650[1]);[25] unzulässig ist dies nur zur Unzeit (650[3]), d.h. in einem Moment, in welchem daraus für einen Beteiligten ein grosser Nachteil erwachsen würde (vgl. 98 II 344 f.; BGer in Semjud 115 [1993], 530 ff.). Die Aufhebung kann indessen ausgeschlossen sein durch die Bestimmung der Sache für einen dauernden Zweck (z.B. gemeinschaftlicher Zugang) oder durch die Aufteilung zu Stockwerk-

---

22 Für eine abweichende Abmachung durch Ehevertrag vgl. BGer 5C.56/2004 E. 4.1.
23 Vgl. 119 II 331 und 407. Nach dem letzteren Entscheid ist die Bestimmung auch bei Stockwerkeigentum anwendbar. Ferner LORENZ STREBEL, Der Ausgleichsanspruch des Miteigentümers gemäss Art. 649 Abs. 2 ZGB, AJP 2010, 1113 ff.
24 Beispiele: BGer 5A_604/2008 E. 5.2.3 = ZBGR 92/2011, 232 ff. betreffend Sanierung eines Schräglifts (im unselbständigen Miteigentum); LGVE 2013 I Nr. 26 (Obergericht Luzern) betreffend Sanierung einer Naturstein-Grenzmauer in Hanglage bei dringendem Sanierungsbedarf.
25 Vgl. auch ALFRED KOLLER, Auflösung von Miteigentum, dessen Anteile mit Nutzniessungsrechten belastet sind, BN 2014, 270 ff.

eigentum (650¹).²⁶ Ferner kann die Aufhebung durch Rechtsgeschäft ausgeschlossen werden, jedoch auf höchstens 50 Jahre;²⁷ für Grundstücke ist eine solche Abrede öffentlich zu beurkunden und kann im Grundbuch vorgemerkt werden (650² und 680² ZGB; 78¹ lit. d GBV).

19   *Wie* die Aufhebung zu geschehen hat, sagt das Gesetz in Art. 651 (vgl. aber auch Art. 654a ZGB und Art. 36 ff. BGBB). In *erster* Linie ist die Bestimmung der Teilungsart Sache der *Beteiligten.* Drei Wege stehen ihnen hierbei offen: zunächst, soweit die Sache dies zulässt, *körperliche Teilung* (so z.B. bei Grundstücken); sodann *Verkauf* der Sache und Teilung des *Erlöses,* wobei die Miteigentümer vereinbaren können, ob der Verkauf aus freier Hand oder durch Versteigerung (sei es öffentlich oder unter ihnen allein) erfolgen soll (vgl. aber 69 BGBB); endlich *Zuweisung* der ganzen Sache an den einen und Abfindung («Auskauf») der anderen Teilhaber (vgl. auch 36 ff. BGBB und dort insbesondere Art. 37 Abs. 4 zum Gewinnanteilsrecht).

20   Können sich die Miteigentümer über die anzuwendende Teilungsart nicht einigen, so bleibt ihnen nichts anderes übrig, als das *Gericht* um die Entscheidung anzugehen. Die entsprechende gesetzliche Wegleitung (651²) lautet: Wenn es ohne wesentliche Wertverminderung möglich ist, soll körperliche Teilung, sonst Versteigerung²⁸ angeordnet werden. Diesen eher teilungsfreundlichen Wortlaut hat das Bundesgericht etwas relativiert (80 II 376 f.; 100 II 187 ff.; BGer in Semjud 115 [1993], 530 ff.; BGer 5A_618/2012 E. 7.3.1): Das Gericht wird stark auf sein Ermessen (4; BGer 5A_523/2013 E. 2) verwiesen und soll im Übrigen bei Gleichwertigkeit der beiden Lösungen die materielle Teilung nur anordnen, wenn sie sinnvoll durchgeführt werden kann und jedem Miteigentümer sein Anteil zukommt. Die Befugnis zur dritten Lösung, Zuweisung an den einen unter Abfindungspflicht, gibt das Gesetz dem Gericht nicht (vgl. 45 II 631 f.), wohl aber die Möglichkeit, bei Festsetzung ungleicher Teile eine Ausgleichung in Geld vorzusehen (651³; vgl. auch 102 II 183).²⁹ Sonderre-

---

26   Wird die Teilung von einem Ehegatten anlässlich der Scheidung verlangt, verneint die Rechtsprechung regelmässig den Einwand der Unzeit und geht überdies davon aus, ein allfälliger dauernder Zweck sei hinfällig geworden (119 II 199; 138 III 153).

27   Fassung gemäss ZGB-Revision von 2009 (vorher betrug die maximale Dauer einer solchen Vereinbarung 30 Jahre); vgl. BBl 2007, 5303.

28   Vgl. ZBGR 83 (2002), 140 ff., E. 6 (Kantonsgericht Wallis); Zur Form der richterlich angeordneten privaten Grundstücksversteigerung s. LGVE 1990 I Nr. 7 = BR/DC 14 (1992), 41, Nr. 80; Jörg Schmid, Die Grundstücksversteigerung, in Alfred Koller (Hrsg.), Der Grundstückkauf (2. A. Bern 2001), 453 ff., besonders 466 ff.

29   Zur Rechtsnatur der Klage aus Art. 651 («Actio duplex») vgl. BGer 5A_523/2013 E. 2; Meier-Hayoz, BeKomm, Art. 651 N 18; Brunner/Wichtermann, BaKomm, Art. 651 N 17. – Ausgeschlossen ist auch die richterliche Begründung von Stockwerkeigentum gegen den Willen eines Beteiligten (PKG [1990], 18 f., Nr. 3 = BR/DC 14 [1992], 100, Nr. 167). Zur (umstrittenen) Frage der richterlichen Begründung von Stockwerkeigentum bei einer Erbteilung vgl. aber hinten § 101, Anm. 55.

geln für Sachen im Miteigentum gelten bei Auflösung von Güterständen (205² und 251)³⁰ und für landwirtschaftliche Gewerbe und Grundstücke (654a).

β. Neben der Aufhebung des Miteigentums kennt das ZGB auch den *Ausschluss* eines   21
Miteigentümers aus der Gemeinschaft. Allen gesetzlichen und vertraglichen Verwaltungsordnungen zum Trotz kann ein Miteigentümer oder eine Person, der er den Gebrauch der Sache überlassen hat (z.B. ein Mieter) oder für die er einzustehen hat (z.B. ein Familienangehöriger), sich derart widerspenstig und unverträglich verhalten und die Miteigentümerpflichten derart verletzen, dass den anderen Mitberechtigten die Fortsetzung der Gemeinschaft nicht mehr zugemutet werden kann. Das Gesetz sieht für diesen Fall vor, dass das Gericht auf Klage bestimmter Miteigentümer den Widerspenstigen aus der Gemeinschaft ausschliesst (649b; 649c dehnt diese Regelung sinngemäss auf andere Personen aus). Diese Bestimmungen sind auch beim Stockwerkeigentum anwendbar (113 II 17; 137 III 535). Zum Rechtsbehelf des Ausschlusses bzw. zur entsprechenden Klage kann insbesondere auch dann gegriffen werden, wenn die Aufhebung des Miteigentums (wie z.B. beim Stockwerkeigentum) nicht möglich ist. Doch bildet der Ausschluss eines Miteigentümers die Ultima ratio; er darf vom Gericht nur mit Zurückhaltung verfügt werden (94 II 23; 113 II 19 f.) – etwa deswegen, weil der Miteigentümer die Persönlichkeitsrechte der Übrigen verletzt, indem er durch dauernde Unverträglichkeit ein friedliches Zusammenleben verhindert (94 II 21 f.; 113 II 19; BGer in ZBGR 63 [1982], 369 ff.).³¹ Umfasst die Gemeinschaft nur zwei Miteigentümer, so steht jedem das Klagerecht zu; andernfalls bedarf es zur Klage (mangels anderer Vereinbarung) der Ermächtigung durch einen Mehrheitsbeschluss aller Miteigentümer mit Ausnahme des Beklagten (649b²). Das Vorliegen eines solchen Beschlusses ist nicht Prozessvoraussetzung, sondern materiell-rechtliche Voraussetzung einer erfolgreichen Ausschlussklage; die Praxis folgert daraus, dass für die Bewertung des Verhaltens des Beklagten auch Ereignisse berücksichtigt werden dürfen, die sich nach dem Ermächtigungsbeschluss zugetragen haben (BGer 5A_447/2014 E. 3).

Keine Klage hat jener Miteigentümer, der sich selber grob gemeinschaftswidrig verhalten und damit die problembeladene Situation mit zu verantworten hat (137 III 536 ff.). Bei Gutheissung der Klage muss der verurteilte Miteigentümer seinen Anteil innert der richterlich angesetzten Frist (z.B. binnen Monatsfrist: 94 II 25) veräussern; sonst greift gemäss Art. 649b Abs. 3 die öffentliche Versteigerung nach den Regeln über die Zwangsverwertung von Grundstücken Platz (und nicht etwa die Auflösung im Sinn von Art. 651).

4. Sonderformen von Miteigentum

α. Miteigentum an einem Grundstück lässt sich mit dem Eigentum an einem ande-   22
ren Grundstück dergestalt verbinden, dass der Miteigentumsanteil notwendigerweise

---

30   S. dazu BGer 5C.325/2001 E. 3 f. = ZBGR 84 (2003), 122 ff.; BGer 5C.87/2003 E. 4 und 5C.56/2004
     E. 5. BGer 5A_283/2011 E. 2.2 lässt die Frage offen, ob Art. 205 Abs. 2 auf Gesamteigentum (bei
     einer einfachen Gesellschaft unter den Ehegatten) Anwendung findet.
31   Siehe auch AGVE 1989/90, 22 ff., Nr. 2 = BR/DC 14 (1992), 40 f., Nr. 79; ZBGR 83 (2002), 140 ff.,
     E. 5 (KGer Wallis); ferner Yves Donzallaz, La relation entre l'action en exclusion de la PPE et
     celles en cessation et prévention de trouble, in AJP 3 (1994), 548 ff.

das rechtliche Schicksal des anderen Grundstücks teilt und insoweit nicht Gegenstand selbständiger Verfügung sein kann (112 III 105; 130 III 310). Man spricht alsdann von einer subjektiv-dinglichen Verknüpfung (112 III 105; 130 III 15 f. und 309 f.) oder von *unselbständigem Miteigentum*. Seit der ZGB-Revision von 2009 regelt Art. 655a (auch) diesen Fall, indem er generell das «unselbständige Eigentum» normiert.[32] Das unselbständige Grundstück – die «Anmerkungsparzelle», im vorliegenden Zusammenhang ein Miteigentumsanteil an einem Grundstück – folgt dem rechtlichen Schicksal des Hauptgrundstücks und kann nicht selbständig veräussert oder mit beschränkten dinglichen Rechten belastet werden (655a[1] in fine ZGB; 95 GBV). Erfolgt die Verknüpfung zu einem dauernden Zweck, so können das gesetzliche Vorkaufsrecht der Miteigentümer und der Aufhebungsanspruch nicht geltend gemacht werden (655a[2]). Praktisch aktuell ist eine solche Gestaltung etwa bei einer Fernheizungsanlage, bei Parkplätzen oder bei Wegparzellen (95 II 400; 100 II 312 f.; 112 III 105; 130 III 15 ff. und 309).[33]

23   β. Von *modifiziertem* oder *labilem Miteigentum* (copropriété assouplie) wird im Bankgeschäft bei der Sammelverwahrung von Wertpapieren (und Edelmetallen) gesprochen. Anwendbar sind Art. 727 ZGB und Art. 484 OR (sowie bei Wertpapieren Art. 973a OR[34]): Die aufbewahrende Bank ist kraft Vertrags (bei Wertpapieren kraft Gesetzes; 973a OR) ohne Weiteres berechtigt und verpflichtet, jedem Hinterleger auf Verlangen Wertpapiere ohne Mitwirkung und Zustimmung der anderen Miteigentümer von Art und Zahl, wie sie vom Ansprecher deponiert wurden, herauszugeben (112 II 415).[35] Die Regelung von Art. 484 Abs. 2 OR geht Art. 650 und 651 ZGB vor (112 II 415).

---

32   Zur Entstehungsgeschichte dieser in der bundesrätlichen Botschaft noch nicht enthaltenen Norm vgl. die Hinweise bei SCHMID/HÜRLIMANN-KAUP a.a.O. Nr. 725 Anm. 9, und STEINAUER, Les droits réels II, Nr. 1520 ff.; ferner JÜRG SCHMID, Neuerungen beim Miteigentum und Stockwerkeigentum – Neue Anmerkungen, ZBGR 91 (2010), 372 ff., besonders 374 ff.; DENIS PIOTET, L'opposition entre «Verknüpfung» et «Bestimmung»: l'interprétation de l'art. 655a CC à la lumière de l'art. 650 al. 1 CC, BN 2014, 299 ff.; OLIVER REINHARDT/RICCARDO BRAZEROL, Die Mischung von selbstständigem und unselbstständigem Miteigentum an Grundstücken, ZBGR 95 (2014), 289 ff.

33   Zu Miteigentumssachen, die typischerweise einem dauernden Zweck dienen sollen, vgl. auch SCHMID, Neuerungen (a.a.O.), 377; LAIM, BaKomm, Art. 650 N 18 und Art. 655a N 7. – Zum unselbständigen Miteigentum (vor Inkrafttreten des Art. 655a) vgl. neben Art. 32 aGBV (dazu 130 III 310 f.) besonders MEIER-HAYOZ, BeKomm, Syst. Teil (vor Art. 641) N 263 f. und Art. 646 N 9; BENNO SCHNEIDER, Probleme des subjektiv-dinglichen Miteigentums, in ZBGR 57 (1976), 1 ff.; LÖTSCHER a.a.O. 104 ff.; JÜRG SCHMID, Das unselbständige Miteigentum in Theorie und Praxis, ZBGR 86 (2005), 277 ff. (auch in FS Dieter Zobl, Zürich 2004, 605 ff.).

34   In Kraft seit 1. Januar 2010 (AS 2009, 3590 und 3592 f.); vgl. Botschaft BBl 2006, 9391 f.; vgl. SCHMID/HÜRLIMANN-KAUP a.a.O. Nr. 1130b.

35   REY a.a.O. Nr. 639 f.; HAAB/ZOBL, ZüKomm, Art. 727 N 94c; RENÉ J. BAERLOCHER, Der Hinterlegungsvertrag, in Frank Vischer (Hrsg.), SPR VII/1 (Basel/Stuttgart 1977), 647 ff., 690 ff.; STEINAUER, a.a.O. (Band II), Nr. 2121a; MEIER-HAYOZ, Abschied vom Wertpapier?, in ZBJV 122 (1986), 385 ff. (besonders 392 f.); ARTHUR MEIER-HAYOZ/HANS CASPAR VON DER CRONE, Wertpapierrecht (2. A. Bern 2000), § 25 N 13 ff. und § 27 N 22 ff.; HANS CHRISTOPH STEFFEN, Die Vermischung fungibler Sachen (Diss. Zürich 1989), 5, 26 ff. und passim.

Zweiter Abschnitt

Das Grundeigentum

§ 100 Erwerb und Verlust des Grundeigentums

Das ZGB widmet der besonderen Regelung des Grundeigentums *zwei* Abschnitte, von denen der erste dessen *Gegenstand, Erwerb* und *Verlust,* der zweite dessen *Inhalt* und *Beschränkung* behandelt. Da die Entstehung des Grundeigentums mit der Einrichtung des *Grundbuchs* eng zusammenhängt, sind bereits bei der Darstellung des Grundbuchrechts mehrere Bestimmungen aus dem ersten Abschnitt angesprochen worden, so die Art. 655, 656, 661, 665. Insbesondere wurde dort der Begriff des Grundstücks – als des Gegenstands des Grundeigentums – eingehend erörtert (vorne § 94 N 15 ff.). Hier sind näher zu behandeln: Erwerbsgrund und Erwerb (N 2 ff.), die einzelnen Erwerbsarten (N 7 ff.), der Verlust des Grundeigentums (N 31 ff.) sowie die richterlichen Massnahmen (N 37 ff.).

1

I. Erwerbsgrund und Erwerb

Beim Erwerb des Eigentums lassen sich in der Regel *zwei Vorgänge* unterscheiden. Zuerst muss ein rechtlicher Grund (Rechtsgrund, «Titel») vorliegen, auf welchem der Erwerb beruht: ein *Erwerbsgrund,* wie etwa Kauf, Tausch, Schenkung, Erbgang, Ersitzung, Aneignung, Gerichtsurteil. Der zweite Vorgang ist die *Eintragung in das Grundbuch.* Das leitet über zur Frage, wann welche Voraussetzungen für den Eigentumserwerb erfüllt sein müssen:

2

a. Die konstitutive Grundbucheintragung als Grundsatz. In der Regel müssen zum Erwerb beide Voraussetzungen – Rechtsgrund und Eintragung – vereinigt sein; die Eintragung hat alsdann konstitutive Wirkung. Diese Regel gilt bei der vertraglichen Übertragung von Eigentum (122 III 154)[1] sowie beim Vermächtnis (562). Der Rechtsgrund allein äussert hier nur obligatorische Wirkungen: Er gibt der Erwerberin bloss einen persönlichen Anspruch gegen den Eigentümer auf Eintragung (665[1]; vgl. 114 III 20; 117 II 29; 137 III 295; für das Vermächtnis 64[1] lit. c GBV). Für den typischen Fall des Grundstückkaufvertrags wird also der Verkäufer schuldrechtlich (obligatorisch) verpflichtet, beim Eigentumsübergang auf die Käuferin mitzuwirken (vgl. 184[1] i. V. m. 221 OR). Er erfüllt diese Verpflichtung – als Eigentümer des verkauften Grundstücks – normalerweise durch Abgabe der entsprechenden Anmeldung an das zuständige Grundbuchamt (963[1] ZGB; GBV 46 ff. und vorne § 95 N 18 ff.).[2] Verweigert er die Mitwirkung, so muss die Erwerberin sich das Eigentum gerichtlich zusprechen

3

---

1 Zur Eigentumsübertragung durch Vertrag vgl. ausführlich REY, Grundriss, Nr. 1319 ff.

2 Vgl. BERNHARD SCHNYDER, Vertragserfüllung und deren Sicherung in sachenrechtlicher Sicht, in Alfred Koller (Hrsg.), Der Grundstückkauf (2. A. Bern 2001), 131 ff., besonders 137 ff. Dort (153 f.) finden sich auch Ausführungen zum Fall, da der Verkäufer nicht der Grundstückeigentü-

lassen (665^1; BGer 5P.19/2005 E. 2.2; s. auch 117 II 29) und kann sodann auf Grund des Urteils die Eintragung von sich aus erlangen (665^2 und 963^2; BGer 5P.19/2005 E. 2.2).^{3} Zur Sicherung ihres vorerst nur obligatorischen Anspruchs kann die Erwerberin gemäss Art. 960 Abs. 1 Ziff. 1 eine Verfügungsbeschränkung im Grundbuch vormerken lassen (104 II 170 ff.; 110 II 128 ff.; 111 II 46 ff.; hierzu vorne § 95 N 9 f.).^{4} Hat der Verkäufer bereits einen Dritten – gestützt auf einen wirksamen Vertrag – beim Grundbuchamt angemeldet (bevor eine Verfügungsbeschränkung im Grundbuch vorgemerkt worden ist), steht dem Erstkäufer regelmässig nur noch ein Anspruch auf Schadenersatz zu (137 III 295 f. mit Hinweis auf den Ausnahmefall der sittenwidrigen Schädigung nach Art. 41 Abs. 2 OR).

4   **b. Die deklaratorische Grundbucheintragung als Ausnahme.** In einigen schon früher (vorne § 95 N 27) betrachteten Ausnahmefällen dagegen – bei der Aneignung, dem Erbgang (hierzu 109 II 99 ff. und 298; 116 II 273), der Enteignung (hierzu 106 Ia 67; 121 II 441), der Güterzusammenlegung (95 II 28), der Zwangsvollstreckung (117 III 43) und dem (zusprechenden) Gerichtsurteil – erzeugt schon der Erwerbsgrund für sich allein das Eigentum; es entsteht schon vor der Eintragung (656^2; 135 III 587).^{5} Analoges gilt für Fälle des Eigentumsübergangs an Grundstücken nach Fusionsgesetz, nämlich durch Fusion, Abspaltung oder Vermögensübertragung (22, 52^2, 73^2 und 104 FusG; 66 GBV).^{6} Die Eintragung im Grundbuch ist aber erforderlich, damit die Erwerberin über das Grundstück grundbuchlich verfügen kann (656^2; 111 II 39 ff.; 135 III 587; siehe auch 116 II 274 f.).^{7} Hier hat die Erwerberin mehr als einen persönlichen Anspruch auf Eintragung: Sie kann diese von sich aus – durch Nachweis des Erwerbsgrunds – erwirken (665^2 und 963^2; BGer in ZBGR 74 [1993], 363 f.); eine Zustimmung des bisher Eingetragenen und bei dessen Weigerung eine gerichtliche Zusprechung sind nicht erforderlich (135 III 587).

---

mer ist. Ferner REY a.a.O. Nr. 1483 ff.; SCHMID/HÜRLIMANN-KAUP, Sachenrecht, Nr. 841 f. Zum Sonderfall der Grundstücksversteigerung s. 235 OR und 115 II 334 f.

3   Zur Klage auf gerichtliche Zusprechung des Eigentums s. ausführlich SCHNYDER a.a.O. 147 ff.; SCHMID/HÜRLIMANN-KAUP a.a.O. Nr. 849a ff.; SUTTER-SOMM, SPR V/1, Nr. 506 ff.

4   S. auch SCHNYDER a.a.O. 156 ff.; SUTTER-SOMM, SPR V/1, Nr. 508.

5   Zum Ganzen vgl. auch CHRISTIAN BRÜCKNER, Ausserbuchlicher Eigentumserwerb an Grundstücken, in ZBGR 81 (2000), 217 ff.; BETTINA DEILLON-SCHEGG, Übergang des Grundeigentums und Untergang von Grundpfandrechten infolge Zwangsversteigerung, in ZBGR 81 (2000), 89 ff.

6   BN 2006, 220 ff. E. 4 (Vermögensübertragung; JGKD Bern); WEIBEL, ZüKomm zum FusG, Art. 104 N 1 und 3. Vgl. auch CHRISTINA SCHMID-TSCHIRREN, Sachenrechtliche Aspekte des Fusionsgesetzes, ZBGR 85 (2004), 228 ff. (besonders 234 ff.); ROLAND PFÄFFLI, Fusionsgesetz und Grundbuchführung, BN 2004, 236 ff.; ALAIN FRIEDRICH, Die Abspaltung dinglicher Rechte an Grundstücken nach Fusionsgesetz (…), AJP 2013, 546 ff.

7   Die Bestimmung von Art. 656 Abs. 2 in fine, wonach die Erwerberin erst nach der Eintragung über das Grundstück verfügen kann, bezieht sich nur auf grundbuchliche Verfügungen. Alle übrigen Rechte kann die Erwerberin schon vorher ausüben, etwa einen nach Art. 261 OR auf ihn übergegangenen Mietvertrag kündigen (BGer 4C.240/2001 = SJZ 98 [2002], 181; vgl. auch MEIER-HAYOZ, BeKomm, Art. 656 N 66 ff.).

c. Derivativer und originärer Erwerb (Übersicht). Unter dem Randtitel «Erwerbsar- 5
ten» behandelt das ZGB in Art. 657 ff. mehrere Eigentumserwerbsgründe, von denen
einige mittelbar, andere unmittelbar wirken. Es werden angeführt: *die Übertragung,
die Aneignung, die Bildung neuen Landes und die Ersitzung*. Die Übertragung wirkt
derivativ, d.h. sie vermag das Eigentum der Erwerberin nur dann zu begründen, wenn
es bereits in der Person des Veräusserers bestanden hat. Demgegenüber sind die anderen Erwerbsarten *originärer* Natur, d.h. sie verschaffen das Eigentum «aus sich selber»
und hängen nicht vom Recht eines Vorgängers ab. Das gilt auch für den Erwerb des
gutgläubigen Dritten vom *Nichteigentümer* gemäss Art. 973.[8]

Die genannten Eigentumserwerbsarten finden ihre Parallele bei der *Fahrnis,* wenn 6
auch zum Teil in anderer Umschreibung und mit anderer Wirksamkeit (vgl. hinten
§ 103 N 3 ff.).

II. Die einzelnen Erwerbsarten

a. Die Übertragung (le transfert de la propriété), Art. 657. Das Gesetz versteht dar- 7
unter den rechtsgeschäftlichen derivativen Erwerb von Grundeigentum. Als *Rechtsgeschäft* kommen in Betracht: ein obligatorischer Vertrag (wie Verkauf, Tausch, Schenkung), eine Verfügung von Todes wegen (Testament, Erbvertrag), eine Erbteilung oder
ein familienrechtlicher Akt (Ehevertrag).[9] Die Wirkung ist je nach Geschäft verschieden: Entweder wird Eigentum ohne Eintragung im Grundbuch erworben, wie bei der
Erbeinsetzung durch die Eröffnung des Erbgangs (560[2]) und beim Ehevertrag, der eine
Gütergemeinschaft begründet (222 ff. und 665[3]; zu den Grenzen s. 113 II 502 f.); oder
aber es entsteht nur eine obligatorische Pflicht, Eigentum durch Veranlassung der Eintragung im Grundbuch (Anmeldung) einzuräumen, wie beim obligatorischen Vertrag,
beim Erbteilungsvertrag[10] und beim Vermächtnis. Das Wort «Übertragung» hat demnach einen Doppelsinn: Einerseits steht es in der Marginalie zu Art. 657 («1. Übertragung») im Gegensatz zu den originären Erwerbsarten (658 ff.) als Oberbegriff für den
derivativen (abgeleiteten) Eigentumserwerb an Grundstücken. Andererseits bedeutet
es die dingliche Rechtsverschaffung («Übereignung») im Gegensatz zum bloss obligatorisch wirkenden Erwerbsgrund (so in 657[1]: «Vertrag auf Eigentumsübertragung»).

---

8 Eigentumsbegründend wirken hier die Übertragung (gefolgt von der Eintragung im Grundbuch) und der dem Grundbuch zukommende öffentliche Glaube. Zu dieser Frage herrschen
   zwar Meinungsverschiedenheiten; doch kommt ihnen bloss theoretische Bedeutung zu (vgl.
   DESCHENAUX, SPR V/3, 795 Anm. 81a; STARK, Art. 933 N 88 zum analogen Fall des Art. 933).

9 Zu öffentlich-rechtlichen Rechtstiteln vgl. JÜRG SCHMID, Der öffentlichrechtliche Vertrag oder
   die Verwaltungsverfügung als Rechtsgrundausweis für grundbuchliche Verfügungen …, ZBGR
   85 (2004), 317 ff. Zum Vertrag auf Übertragung von Grundstücken bei einem «Trust», verstanden als von einem Trustee treuhänderisch verwaltete Sondervermögen (Art. 149a ff. IPRG und
   das entsprechende Haager Übereinkommen; AS 2007, 2849 ff. und 2855 ff.), vgl. JÜRG SCHMID,
   ZBGR 88 (2007), 16 ff.; vgl. die weiteren Literaturhinweise zum Trust vorne § 95 Anm. 17.

10 Zum Fall der sog. Realteilung s. 102 II 204 und hierzu vorne § 86 N 3 ff.

8   Das Übertragungsgeschäft – ob es nun dinglich oder bloss obligatorisch wirkt – ist
     immer an eine bestimmte *Form* gebunden. Für die Geschäfte von Todes wegen und für
     den Erbteilungsvertrag[11] ist die Form im ZGB abschliessend umschrieben (zur Form
     des Ehevertrags s. vorne § 31 N 9). Für den obligatorischen Vertrag schreibt Art. 657
     Abs. 1 (und 216[1] OR, vgl. aber auch 229[2] OR[12]) die *öffentliche Beurkundung* vor, also
     die Verurkundung des Rechtsgeschäfts in einem Schriftstück «durch eine vom Staat
     mit dieser Aufgabe betraute Person, in der vom Staat geforderten Form und in dem
     dafür vorgesehenen Verfahren» (99 II 161).[13] Die Ausgestaltung des Beurkundungs-
     verfahrens bleibt grundsätzlich der kantonalen Gesetzgebung überlassen (55 SchlT;
     113 II 503 f.).[14] Immerhin ist eine ganze Anzahl ungeschriebener bundesrechtlicher
     Mindestanforderungen zu beachten.[15] So muss namentlich die öffentliche Beurkun-
     dung von Bundesrechts wegen alle wesentlichen Tatsachen und Willenserklärungen
     des Verpflichtungsgeschäfts erfassen (112 II 332; 113 II 403 f.; 119 II 138). Bundes-
     rechtskonform ist nach bundesgerichtlicher Auffassung eine kantonale Vorschrift,
     welche die Gültigkeit eines Grundstückkaufvertrags von der Beurkundung durch eine
     am Lageort zuständige Urkundsperson abhängig macht und damit die Freiheit des
     Abschlussorts und die interkantonale Freizügigkeit einer in der Schweiz errichteten
     öffentlichen Urkunde ausschliesst (113 II 501 ff.).[16] Im Scheidungsprozess wird die

---

11   Vgl. hierzu vorne § 86 N 7 f.; Jana Dolezal, Les actes juridiques des droits réels soumis à la
     forme écrite (Diss. Lausanne 1987), 63 ff.
12   Zur Form der Grundstücksversteigerung vgl. Jörg Schmid, Die Grundstücksversteigerung, in
     Alfred Koller (Hrsg.), Der Grundstückkauf (2. A. Bern 2001), 453 ff., besonders 487 ff.
13   Diese Form ist nach 112 II 109 f. grundsätzlich auch dann zu wahren, wenn es um die Übertra-
     gung von Grundeigentum an öffentlichen Sachen geht.
14   Vgl. aber den bundesrätlichen Vorentwurf zur ZGB-Änderung (Öffentliche Beurkundung)
     vom Dezember 2012, durch den die bundesrechtlichen Mindestanforderungen in den Art. 55 ff.
     SchlT niedergelegt werden sollen (www.bj.admin.ch/dam/data/bj/aktuell/news/2012/2012-12-
     14/vn-ber-d.pdf).
15   Vgl. Hans Huber, Die öffentliche Beurkundung als Begriff des Bundesrechtes, in ZBGR 69
     (1988), 228 ff. (und schon in ZBJV 103 [1967], 265 ff.); Jörg Schmid, Die öffentliche Beurkun-
     dung von Schuldverträgen (Diss. Freiburg 1988), AISUF 83, Nr. 152 ff.; derselbe, Grundla-
     gen des Beurkundungsverfahrens, in Jürg Schmid (Hrsg.), Ausgewählte Fragen zum Beurkun-
     dungsverfahren (Zürich 2007), 11 ff.; Paul-Henri Steinauer, La forme authentique en droit
     fédéral, und Pierre Tercier, Objet et étendue de la forme authentique, beide in La forme
     authentique, Journée juridique à l'intention du notaire (Freiburg 1989); Denis Piotet, La
     notion fédérale de l'acte authentique à l'épreuve de la doctrine, in FS Jacques-Michel Grossen
     (Basel 1992), 19 ff.; Christian Brückner, Schweizerisches Beurkundungsrecht (Zürich 1993),
     Nr. 5 ff. und passim; Peter Ruf, Notariatsrecht, Skriptum (Langenthal 1995), Nr. 1264 ff.
16   Kritisch dazu Jörg Schmid, Zur interkantonalen Freizügigkeit öffentlicher Urkunden bei Ver-
     trägen über dingliche Rechte an Grundstücken …, in ZBGR 70 (1989), 265 ff.; zu den für und
     gegen eine Freizügigkeit sprechenden Argumenten allgemein derselbe, Die öffentliche Beur-
     kundung (zit. in Anm. 15), Nr. 227 ff.; derselbe, Die interkantonale Freizügigkeit öffentlicher
     Urkunden bei Grundstücksgeschäften – Alte und neue Überlegungen anlässlich des Vorent-
     wurfs zu Art. 55m SchlT ZGB von 2012, in Alexandra Rumo-Jungo u. a. (Hrsg.), FS für Paul-
     Henri Steinauer (Bern 2013), 579 ff.; Brückner a.a.O. Nr. 719 ff. – Eine andere Frage ist, ob eine
     Urkundsperson auch ausserhalb «ihres» Kantons Beurkundungen vornehmen kann. Dies muss

öffentliche Beurkundung durch die richterlich genehmigte Konvention (140) ersetzt.[17] Ebenso erübrigt sie sich, wenn ein Gesamthandverhältnis ohne Wechsel der Beteiligten durch ein anderes ersetzt wird (96 II 331; s. auch 102 Ib 321 ff. zu Art. 635).[18]

Übrigens ist die öffentliche Beurkundung nicht nur Gültigkeitserfordernis für den Vertrag auf Eigentumsübertragung, sondern *generell für die vertragliche Begründung dinglicher Rechte an Grundstücken* (vgl. etwa 732[1], 746[2], 776[3], 779a[1], 781[3], 783[3] und 799[2]).[19]   9

Das Beurkundungserfordernis bewirkt zwar eine gewisse Erschwerung der Veräusserung und Belastung von Immobilien; es verteuert wegen der anfallenden Gebühren insbesondere die betreffenden Operationen. Doch überwiegen die Vorteile der Beurkundung: Sie macht die Parteien auf die Wichtigkeit des Rechtsgeschäfts aufmerksam und bewahrt sie vor übereiltem Handeln, sichert eine klare und vollständige Abfassung aller Vertragsbestimmungen und stellt so eine geeignete Grundlage für die Eintragungen in das Grundbuch her (99 II 360; 112 II 335; 119 II 139).   10

b. Die Aneignung oder Okkupation (l'occupation), Art. 658, ist die Besitznahme herrenloser Sachen (nicht aber Rechte: 118 II 118 in fine)[20] in der Absicht des Eigentumserwerbs. Sie begründet das Eigentum unmittelbar, ohne Eintragung im Grundbuch. Letztere erfolgt auf einseitiges schriftliches Begehren des Okkupanten (665[2] und 963[2]; vorne § 95 N 19).   11

Da indessen grundsätzlich alle Liegenschaften ins Grundbuch aufgenommen werden müssen und sich aus dem Grundbuch die Eigentümerschaft ergibt, bleibt für Herrenlosigkeit und damit Aneignung von Grundstücken nur wenig Raum. Das Gesetz (658) sieht zwei Fälle vor, die nachstehend behandelt werden. Nicht der Aneignung unterliegen Grundstücke, für welche Buchungspflicht besteht, die aber etwa aus Versehen nicht ins Grundbuch aufgenommen wurden.[21]   12

1. Ein Grundstück ist in das Grundbuch *nicht aufgenommen* worden, weil es dieser Pflicht nicht unterworfen ist. Das gilt für Grundstücke, an denen (unter Vorbehalt anderweitigen Nachweises) gar kein Privateigentum besteht: der Kultur nicht fähiges   13

---

nach der hier vertretenen Auffassung grundsätzlich verneint werden (SCHMID, Die öffentliche Beurkundung [zit. in Anm. 15], Nr. 231 mit Hinweisen; BRÜCKNER a.a.O. Nr. 715 ff.; anders MEIER-HAYOZ, BeKomm, Art. 657 N 105). Vgl. dazu den steuerrechtlichen Fall 117 Ia 516 ff., wo Tessiner Notare einen Kaufvertrag über ein im Kanton Tessin gelegenes Grundstück im Kanton Zürich beurkundeten; ob damit eine gültige öffentliche Urkunde zustande kam, ist mindestens fraglich (s. auch SCHMID, Urteilsanmerkung in ZBGR 75 [1994], 252).

17 So wohl SUTTER/FREIBURGHAUS, Kommentar zum neuen Scheidungsrecht (Zürich 1999), Art. 140 N 89. Vgl. auch 99 II 360 f. zu Art. 158 Ziff. 5 des alten Rechts.

18 Zur Entbehrlichkeit einer Beurkundung im Fall von Akkreszenz und Dekreszenz bei Gesamthandverhältnissen vgl. vorne § 99 N 9.

19 Zur Rechtslage vor der ZGB-Revision von 2009 vgl. Vorauflage § 99 N 9.

20 Die Frage ist freilich nicht unumstritten (LIVER, SPR V/1, 143 mit Anm. 5).

21 Für solche kommt die Extratabularersitzung in Frage (dazu hinten N 25 ff.) oder allenfalls ein Begehren um Aufnahme ins Grundbuch mit nachfolgender Aneignung: vgl. MEIER-HAYOZ, BeKomm, Art. 658 N 2.

Gebiet, wie Felsen und Schutthalden, Firne und Gletscher und daraus entspringende Quellen (664², 944).²² Es handelt sich um Sachen im Gemeingebrauch.²³ Sie unterstehen der Hoheit und der Gesetzgebung der Kantone, in deren Gebiet sie gelegen sind (siehe z.B. 97 II 29; 113 II 238 f.; BGer 2C_622/2010 E. 3.2).²⁴ Demnach steht es auch den *Kantonen* zu, über die Aneignung solchen Landes das Erforderliche zu bestimmen. Sie können sie gestatten oder aber das Eigentum des Gemeinwesens vorbehalten (664³; hierzu 41 II 659 ff.; 113 II 239 i. f.).²⁵ Dies ist die Bedeutung der Verweisung von Art. 658 Abs. 2.

14   2. Ein Grundstück ist zwar *eingetragen,* aber nach dem *Ausweis des Grundbuchs* selber herrenlos. Nicht möglich ist eine Aneignung im Fall eines grundbuchlichen Vermerks, wonach der Eigentümer unbekannt sei (114 II 34 f.). Man kann sich Herrenlosigkeit nur so vorstellen, dass der bisherige Eigentümer das Eigentum aufgab und den zu seinen Gunsten lautenden Eintrag löschen liess, auf diese Weise also eine Dereliktion vornahm (114 II 35 und hinten N 31). Das kann etwa vorkommen bei vollständiger Entwertung einer Liegenschaft infolge von Naturereignissen oder übermässiger Beschwerung mit Grundlasten (z.B. Wuhrpflichten: 50 II 232 ff.; vgl. ferner 85 I 261 ff.).

15   Im genannten Fall der Dereliktion ist Herrenlosigkeit und damit Aneignung nach Art. 658 Abs. 1 möglich. Doch stellt sich die weitere Frage, ob durch die Dereliktion stets Herrenlosigkeit des Grundstücks eintritt oder ob die Kantone die Aneignung ausschliessen und an deren Stelle den Heimfall an das Gemeinwesen setzen können. Nach der hier vertretenen Auffassung steht den Kantonen dieses Recht zu.²⁶ Einzelne Kantone sehen denn auch in ihren Einführungsgesetzen einen solchen Heimfall ausdrücklich vor.²⁷

16   **c. Die Bildung neuen Landes** (la formation de nouvelles terres), Art. 659. Nach römisch-gemeinrechtlicher Auffassung wuchsen Bodenteile, die einem Grundstück angeschwemmt wurden (alluvio und avulsio), diesem zu, verbanden sich mit ihm

---

22   An der Rechtsnatur des Grundstücks vermögen Vegetationsinseln inmitten von Felsen oder umgekehrt kulturunfähige Einsprengsel im Kulturland nichts zu ändern: 93 II 176 f. Zum Ganzen siehe auch MARTIN ARNOLD, Das Eigentum am kulturunfähigen Land im Kanton Wallis, in ZWR 1995, 289 ff.; zur Ersitzungsmöglichkeit vgl. Anm. 32.

23   Nicht unter Art. 664 fallen Liegenschaften des Gemeinwesens, die Finanzvermögen bilden (sie sind vom Privatrecht beherrscht), sowie das Verwaltungsvermögen (es ist der Herrschaft des Privatrechts wenigstens teilweise entzogen: 107 II 47). – Zu Art. 664 s. auch 132 I 100 f.; 133 I 153; ZWR 33 (1999), 271 ff.; PETER LIVER, Der Kultur nicht fähiges Land und das Strahlerrecht, ZBJV 111 (1975), 249 ff.

24   Zum «Vorbehalt anderweitigen Nachweises» nach Art. 664 Abs. 2 vgl. 123 III 457 ff. und BGer in Semjud 123 (2001), I 493 ff.

25   Lässt der Kanton auf seinen Grundstücken eine kommerzielle Nutzung zu, ist er an die Regeln der Verfassung gebunden, namentlich an das Gebot der Gleichbehandlung der Gewerbegenossen (129 II 527; 132 I 100 f.).

26   STEINAUER, Les droits réels II, Nr. 1567c mit weiteren Hinweisen.

27   So etwa Art. 34 EG ZGB Freiburg, § 155 EG ZGB Basel-Stadt, Art. 190 EG ZGB Glarus, vgl. auch 85 I 263.

zu einer Einheit und fielen somit in das Eigentum des Grundeigentümers. In ähnlicher Weise wurde neues Land, das sich infolge Veränderung im Lauf oder im Stand eines öffentlichen Flusses bildete (also die darin entstandene Insel und das verlassene Flussbett), den Ufernachbarn zugewiesen. Man sah darin einen Fall der *Akzession,* des Eigentumserwerbs durch Hinzutritt einer Sache zu einer anderen.

Das ZGB verhindert eine solche Regelung nicht, aber es spricht sie nicht selbst aus. Es weist das neu entstandene Land grundsätzlich dem Kanton zu, in dem es liegt, ermächtigt jedoch diesen, es den *angrenzenden* Grundeigentümern zu *überlassen.*[28] Immerhin werden für beide Fälle zwei Vorbehalte gemacht: 17

1. Waren die zugeführten Bodenteile von einem Grundstück weggerissen worden, das einem *anderen Eigentümer* gehörte, so ist dieser berechtigt, sie innert angemessener Frist *zurückzuholen* (659[3]). Nur wenn er dies unterlässt, verliert er sein Eigentumsrecht.   18

2. *Bodenverschiebungen,* die zwischen Grundstücken eintreten (etwa durch Erdrutsche, Erdbeben), bewirken grundsätzlich keine Veränderung der Grenzen (660[1]). Diese bleiben unverrückt. Die Folge solcher Ereignisse ist aber, dass Erde oder andere Gegenstände (z.B. Bäume, Zäune, Mauern), die bisher zum einen Grundstück gehörten, auf das Gebiet des anderen gelangen. Das ZGB verweist bezüglich ihres rechtlichen Schicksals auf die Bestimmungen über die *zugeführten Sachen* und die *Sachverbindungen* (660[2]). Daraus ergibt sich: Der Eigentümer des Grundstücks, auf das jene Sachen gerieten, hat dem Berechtigten gegen Ersatz allfälligen Schadens zu gestatten, sie aufzusuchen und wegzuschaffen (700). Er muss wie ein Finder den Eigentümer der Sachen (durch Nachfrage und Bekanntmachung) zu ermitteln versuchen. Gelingt dies nicht, so erlangt er nach Ablauf von fünf Jahren daran das Eigentum (725[1], 720 ff.). Sind die Sachen durch feste Verbindung (Verwachsung) Bestandteil seines Grundstücks geworden, so wird er ohne Weiteres deren Eigentümer.   19

Der genannte Grundsatz von Art. 660 Abs. 1 gilt nicht für Gebiete mit dauernden Bodenverschiebungen, die vom Kanton als solche bezeichnet worden sind (660a[1]).[29] Die Zugehörigkeit eines Grundstücks zu einem solchen Gebiet ist in geeigneter Weise den Beteiligten mitzuteilen und im Grundbuch anzumerken (660a[3]). Bei der Bezeichnung der Gebiete ist die Beschaffenheit der betroffenen Grundstücke zu berücksichtigen (660a[2]), also namentlich die Art der Bodenbedeckung, die Boden-   20

---

28 Der Kanton kann dabei Eigentumserwerb von Gesetzes wegen (z.B. § 84 Abs. 1 EG ZGB Luzern), ein Aneignungsrecht oder ein gesetzliches Kaufs- bzw. Vorkaufsrecht für die Anstösser (§ 84 Abs. 3 EG ZGB Luzern: Vorkaufsrecht) vorsehen: vgl. JAGMETTI, SPR I, 298 f., und MEIER-HAYOZ, BeKomm, Art. 659 N 14 ff.

29 Nach der bundesrätlichen Botschaft sind lediglich ca. 4 Prozent der Gesamtfläche der Schweiz von solchen Bodenverschiebungen betroffen (BBl 1988 III 1082). Zu einem Anwendungsfall vgl. ZBGR 89 (2008), 83 ff.; s. auch PAUL-HENRI STEINAUER, Les glissements de terrain permanents, in Recht im Umbruch, 10 Jahre FZR (Freiburg 2002), 73 ff.

nutzung sowie der Wert der Grundstücke.[30] Wird wegen einer Bodenverschiebung eine Grenze unzweckmässig, so kann jeder betroffene Grundeigentümer die Neufestsetzung unter Ausgleich allfälliger Mehr- oder Minderwerte verlangen (660b). Die Grenzverbesserung dient einer zweckmässigen Bodennutzung und damit auch dem Grundstückverkehr.[31]

21   **d. Ersitzung** (la prescription acquisitive). Die Ersitzung – verstanden als Rechtserwerb durch lang dauernden und unangefochtenen Sachbesitz – stösst bei Grundstücken auf eine ähnliche Schwierigkeit wie die Aneignung: Als Grundstückeigentümer gilt, wer aus dem Grundbuch als solcher ersichtlich ist.[32] Demnach scheint für die Erlangung von Eigentum durch einen andauernden Besitz kein Platz zu sein. Dennoch ist eine Ersitzung in zwei Tatbeständen denkbar: erstens zu Gunsten einer schon im Grundbuch *eingetragenen* Person, also in Übereinstimmung mit dem Grundbucheintrag, und zweitens zu Gunsten eines gar *nicht Eingetragenen,* also unabhängig von jedem Grundbucheintrag. So kennt das ZGB *zwei* Arten der Ersitzung von Grundstücken: die *ordentliche* und die *ausserordentliche.* Im Einzelnen:

22   1. Die *ordentliche Ersitzung,* Art. 661. Wie wir im Grundbuchrecht (vorne § 95 N 31 ff.) gesehen haben, schreibt das ZGB der Grundbucheintragung keine absolute oder formelle positive Rechtskraft zu. Die Eintragung vermag die beabsichtigte Wirkung nicht für sich allein herbeizuführen, sondern nur zusammen mit dem Rechtsgrund, auf dem sie beruht. Eine grundlos (also zu Unrecht) als Eigentümerin eingetragene Person ist nicht Eigentümerin geworden. Der wahre Eigentümer kann die Berichtigung des Eintrags verlangen, sofern nicht inzwischen ein Dritter im Vertrauen auf das Grundbuch gutgläubig das Grundstück zu Eigentum erworben hat (975). Art. 661 schliesst nun aber die Berichtigungsklage aus, sobald die eingetragene Person das Grundstück (dazu 132 III 17) *10 Jahre* lang im *guten Glauben*[33] ununterbrochen und unangefochten besessen hat – in der Absicht und Meinung, Eigentümerin des Grundstücks zu sein (52 II 24). Mit Ablauf dieser Frist fällt das Grundstück der zu Unrecht eingetragenen Besitzerin zu Eigentum zu; es ist von ihr ersessen worden; die Grundbuchberichtigungsklage der früher berechtigten Person hat ab diesem Zeitpunkt keinen Erfolg mehr. Die Ersitzung erfolgt demnach auf Grund des Besitzes und des Grundbuchein-

---

30   BBl 1988 III 1082 f. Bei solchen vom Kanton bezeichneten Grundstücken wird der öffentliche Glaube des Grundbuchs (vorne § 95 N 31 ff.) durch Art. 973 Abs. 2 bezüglich der Grundstücksgrenzen ausdrücklich ausgeschlossen.

31   BBl 1988 III 1083. Nach diesen Ausführungen tritt der privatrechtliche Grenzbereinigungsanspruch von Art. 660b neben die Möglichkeit, Bodenverbesserungen kraft öffentlichen Rechts zu treffen (Art. 702 f.).

32   Zur umstrittenen Frage, ob eine Ersitzung an herrenlosen oder öffentlichen Sachen zulässig ist, vgl. 113 II 236 ff. Danach ist angesichts der in der Art. 664 Abs. 2 ZGB enthaltenen Vermutung zu Lasten des Privateigentums jedenfalls eine ausserordentliche Ersitzung ausgeschlossen. Siehe auch Rey, in ZBJV 125 (1989), 139 ff.

33   Vgl. dazu BGer in ZGRG 16 (1997), 28 ff. E. 4. – Zur rechtlichen Tragweite bei Zweifeln s. Schnyder, Der gute Glaube im Immobiliarsachenrecht, in ZBGR 66 (1985), 65 ff. (73 f. sowie dort zit. Liver, Spiro und Haab) = «Das ZGB lehren», Gesammelte Schriften (Freiburg 2001), AISUF 200, 579 ff.

trags, weshalb sie auch *Tabular-* oder *Buchersitzung* genannt wird. Das Bundesgericht hat den unklaren Wortlaut des Gesetzes – entgegen der Ansicht der früheren Kommentare – in dem Sinn präzisiert, dass nicht nur der Besitz, sondern auch der Grundbucheintrag 10 Jahre bestanden haben muss (50 II 119 ff.). Die ersitzende Person ist hierbei berechtigt, auch die Dauer der Eintragung und des Besitzes ihrer Vorgänger anzurechnen, sofern deren Besitz die erforderlichen Eigenschaften, insbesondere den guten Glauben, aufweist (941).

Als Grundbucheintrag gilt sodann nicht nur der Eintrag im eidgenössischen   23
Grundbuch, sondern auch jener in einer kantonalen Publizitätseinrichtung, selbst in einem kantonalen Register, dem keine Grundbuchwirkung für gutgläubige Dritte zukommt (56 II 182; 82 II 396; zur analogen Problematik von Art. 662 Abs. 1 siehe aber auch hinten N 26).

Die ordentliche Ersitzung verschafft unmittelbar das Eigentum. Ein Aufgebots-   24
verfahren oder ein gerichtlicher Zuspruch sind nicht nötig.

2. *Die ausserordentliche Ersitzung,* Art. 662. Sie wirkt nur zu Gunsten einer solchen Per- 25
son, die *nicht* im Grundbuch als Eigentümer des betreffenden Grundstücks *eingetragen* ist, und nur insofern, als ihr kein eingetragener Eigentümer entgegensteht. Daher wird sie auch *Blanko-* oder *Extratabularersitzung* genannt (im Gegensatz zur – nicht zulässigen – «Kontratabularersitzung», 116 II 272 f.). Da der rechtsgültig Eingetragene so lange Eigentümer bleibt, als der Eintrag dauert (666¹), ist eine solche Ersitzung nur unter ganz besonderen Umständen möglich:

α. Zunächst kommt eine ausserordentliche Ersitzung in Betracht, wenn das Grund- 26
stück – etwa aus Versehen – gar nicht in das Grundbuch aufgenommen wurde (662¹). Aber nicht jede Nichtaufnahme in das eidgenössische Grundbuch führt zu einer solchen Ersitzbarkeit. Vielmehr bewirkt laut Bundesgericht schon die Aufnahme eines Grundstücks in eine kantonale Publizitätseinrichtung, der negative Grundbuchwirkung zukommt, dass das verzeichnete Grundstück – im Sinn von Art. 662 Abs. 1 – als in das Grundbuch aufgenommen gilt und demnach unter diesem Gesichtspunkt nicht ersitzbar ist (114 II 322 f.; 116 II 269 f.; 122 III 156).³⁴ Nach der Lehre muss im Einzelfall geprüft werden, ob die betreffende kantonale Publizitätseinrichtung so vollständig und übersichtlich ist, dass sie zuverlässig und für die ganze Zeitspanne seit Inkrafttreten des ZGB über die Eigentumsverhältnisse an den verzeichneten Grundstücken Auskunft zu geben vermag.³⁵

---

34 Ebenso BGer in ZBGR 75 (1994), 80 ff.; gleicher Meinung schon 104 II 302 ff. und BGer in ZWR 1975, 89 ff.; anders vorübergehend 105 II 333 f.

35 So Heinz Rey/Hermann Laim, Extratabularersitzung und kantonale Publizitätseinrichtungen …, in recht 11 (1993), 139 ff. (142 f. und 147); siehe auch Rey, BeKomm, Art. 731 N 253 ff.; derselbe, Grundriss, Nr. 1618; Hermann Laim, Grundstrukturen der ausserordentlichen Ersitzung nach Schweizerischem Zivilgesetzbuch (Diss. Zürich 1993), 27 ff. (besonders 35 f.); illustrativ zum luzernischen Handänderungs- und Hypothekarprotokoll Max. X Nr. 714 = SJZ 58 (1962), 232 f. – In der Lehre ist die Frage nach wie vor kontrovers: Liver, Besprechung von BGE 104 II 302 ff., in ZBJV 116 (1980), 142 ff.; Hans Huber, Zur ausserordentlichen Ersit-

27   β. Sodann ist eine ausserordentliche Ersitzung selbst bei aufgenommenen Grund-
     stücken in drei Fällen möglich: Erstens (nach 662²), wenn der Eigentümer aus dem
     Grundbuch nicht ersichtlich ist. Es wurde z.B. sein Name gestrichen und durch kei-
     nen anderen ersetzt, oder er ist so ungenau bezeichnet, dass die Person nicht feststell-
     bar ist (Beispiel: 114 II 32 ff.; siehe aber auch 116 II 270). Zweitens (nach 662²), wenn
     der Eintrag zwar deutlich, der eingetragene Eigentümer bei Beginn der Ersitzungsfrist
     jedoch gestorben oder für verschollen erklärt worden ist und keine Erben an seiner
     Stelle figurieren (116 II 273 ff., wo gleichzeitig der Vorrang des Teilungsanspruchs von
     Art. 604 Abs. 1 festgehalten wird; ebenso 122 III 154[36]). Drittens (nach der Rechtspre-
     chung), wenn das zu ersitzende «Grundstück» keine Liegenschaft, sondern ein selb-
     ständiges und dauerndes Recht bildet, welches im Rechtsverkehr wie ein Grundstück
     zu behandeln ist (ein solcher Fall in 97 II 25 ff.).[37]

28   Weitere Voraussetzung der ausserordentlichen Ersitzung ist einzig: ununter-
     brochener, nicht durch Gewalt erworbener (97 II 34) und nicht (durch Klage: 97 II
     35; BGer 1C_784/2013 E. 5.4) angefochtener Besitz zu Eigentum während *30 Jah-
     ren*. Guter Glaube und Rechtsgrund sind nicht gefordert (97 II 34). Die Anordnung
     gerichtlicher Massnahmen nach Art. 666a unterbricht die Frist für die ausserordentli-
     che Ersitzung nicht (666a⁴).

29   Was gilt, wenn jemand bösgläubig im Grundbuch als Eigentümer eingetra-
     gen ist? Eine Tabularersitzung kommt nicht in Frage, da diese guten Glauben voraus-
     setzt. Nach 82 II 394 ff. kommt auch keine Extratabularersitzung zustande, weil eben
     ein Eintrag vorliegt. Das bundesgerichtliche Urteil ist auf zutreffende Kritik gestossen,
     weil es den bösgläubigen Eingetragenen schlechter stellt als den nicht Eingetragenen.[38]

30   Bei der Extratabularersitzung darf die Eintragung des Eigentums im Grund-
     buch erst auf gerichtliche Verfügung hin erfolgen, nachdem in einem besonderen Auf-
     gebotsverfahren kein Einspruch erhoben oder der Einspruch abgewiesen wurde (662³;

---

zung von Dienstbarkeiten vor Einführung des eidgenössischen Grundbuchs …, in ZBGR 62
(1981), 206 ff.; DERSELBE, Die ausserordentliche Ersitzung von Grunddienstbarkeiten vor Einführung des eidgenössischen Grundbuchs, ZBGR 70 (1989), 10 ff.; DESCHENAUX, SPR V/3, 42
mit Anm. 34; PAUL PIOTET, L'usucapion extraordinaire des servitudes avant l'introduction du
registre foncier fédéral, in ZBGR 69 (1988), 289 ff.; DERSELBE, L'usucapion d'une propriété ou
d'une serivitude et le registre foncier, in ZBGR 75 (1994), 65 ff.; SCHNYDER, Besprechung von
114 II 318 ff., in BR/DC 11 (1989), 98, Nr. 122; VOLKEN, Klageaufforderung, Auskündverfah-
ren und ausserordentliche Ersitzung von Dienstbarkeiten, in ZWR 1991, 482 ff. (mit Hinweisen
auf die Walliser Publizitätseinrichtungen). – Zur ausserordentlichen Ersitzung von Dienstbarkeiten siehe hinten § 108 N 9.

36   Siehe dazu auch LAIM a.a.O. 46 ff.

37   Siehe zudem einen durch die Lehre entwickelten, vom BGer (82 II 394 ff.) aber abgelehnten, wei-
     teren Fall nachstehend im Text und in Anm. 38.

38   Vgl. MEIER-HAYOZ, BeKomm, Art. 661 N 31 und 35 sowie Art. 662 N 9; KARL SPIRO, Die
     Begrenzung privater Rechte durch Verjährungs-, Verwirkungs- und Fatalfristen, II (Bern 1975),
     1393 f.; STEINAUER, Les droits réels II, Nr. 1581h und 1582d in fine; LAIM a.a.O. 50 ff.; SUTTER-
     SOMM, SPR V/1, Nr. 567. So nun auch der bernische Appellationshof in ZBJV 122 (1986), 297 ff.
     (307 f.) = ZBGR 71 (1990), 193 ff. (201), freilich in einer Subsidiärbegründung.

122 III 155).[39] Umstritten ist (oder war), in welchem Augenblick der Ersitzende das Eigentum erwirbt: ob nach Ablauf der Ersitzungsfrist (die gerichtliche Verfügung wäre dann bloss deklaratorisch) oder erst durch gerichtliche Verfügung oder gar erst durch die Eintragung im Grundbuch. Ob das BGer die in 76 I 184 niedergelegte Ansicht (Eigentumserwerb durch Eintragung im Grundbuch) nach 97 II 35 ff. noch teilt, ist fraglich. Unseres Erachtens ist hier in Übereinstimmung mit der neueren Lehre[40] anzunehmen, der Ersitzende werde mit Ablauf der Ersitzungsfrist Eigentümer.

III. Der Verlust des Grundeigentums

a. Die Untergangsarten. Das Grundeigentum kann in verschiedener Weise sein Ende   31
finden. Es gibt zunächst Fälle, in denen es nur *relativ* – für den bisherigen Berechtigten – untergeht, in der Person eines Nachfolgers aber fortdauert (derivativer Erwerb,
wie infolge Übertragung oder Erbgangs). Sodann können sich Fälle ereignen, in denen
es *absolut* (für jedermann) untergeht. Dies wiederum geschieht entweder so, dass in
der Zukunft *gar kein* Eigentum mehr besteht: beim völligen Untergang der Sache;[41]
oder so, dass ein *neuer Eigentümer* auftreten kann, der *neues Eigentum* begründet und
nicht etwa das frühere fortsetzt (originärer Erwerb, z.B. Aufgabe oder Dereliktion
der Sache [114 II 35] und eventuelle Ersitzung, Anschwemmung, Enteignung). Beim
absoluten Eigentumsverlust fragt sich, ob die beschränkten dinglichen Rechte, welche
die Sache belasten, untergehen oder nicht. Die Antwort ist nicht für alle Tatbestände
gleich. Bei der Dereliktion, ob sie von Ersitzung gefolgt ist oder nicht, bleiben sie bestehen (so gibt es also Dienstbarkeiten an Grundstücken, die keinen Eigentümer haben);
bei der Enteignung und dem Sachuntergang fallen sie dahin.

Der Eigentumsverlust vollzieht sich oft *kraft des Grundbuchs,* durch Löschung des Ein-   32
trags, so bei der Übertragung und Dereliktion. Der Verlust kann oft aber auch *unabhängig* vom Grundbucheintrag eintreten, so beim Tod einer Person, bei der Enteignung, bei der Zwangsvollstreckung, beim gerichtlichen Urteil, beim Untergang der
Sache.

b. Besondere Bestimmungen. Art. 666 hebt zwei Punkte hervor:

1. Erstens geht das Grundeigentum erst mit der *Löschung des Eintrags* unter (666[1]).   33
Gemeint ist hier der schon erwähnte Tatbestand des Verzichts auf das Eigentum
(Dereliktion; 114 II 35). Nicht schon die Besitzaufgabe (wie bei der Fahrnis: 729), son-
dern erst die Streichung der auf den Eintrag des Eigentums bezüglichen Angaben (des

---

39   Unter bestimmten Voraussetzungen kann ausnahmsweise auf dieses Verfahren und die damit
      verbundene gerichtliche Verfügung verzichtet werden: 97 II 35 ff. Siehe in diesem Kontext auch
      110 II 20 ff.
40   So Meier-Hayoz, BeKomm, Art. 662 N 19; Liver, ZüKomm, Art. 731 N 101; ferner die Bünd-
      ner Rechtsprechung in SJZ 70 (1974), 213 und PKG 1989, 209 ff. Nr. 60.
41   Kritisch Gian Sandro Genna, Der Untergang von Grundeigentum durch Naturereignisse,
      ZBGR 89 (2008), 65 ff., besonders 69 ff.

Namens der Eigentümerin, des Eintragungsdatums und des Erwerbsgrundes, sinnvollerweise verbunden mit einem Vermerk wie «Verzicht» oder «Dereliktion»; so noch 62 aGBV) bewirkt den Eigentumsverlust. Die Streichung erfolgt auf einseitige schriftliche Erklärung der Eigentümerin hin (85 I 262; 114 II 35).[42]

34   Eine Dereliktion kommt nur bei körperlichen Sachen in Betracht. Verzichtet demgegenüber ein (gewöhnlicher) Miteigentümer auf seinen *Miteigentumsanteil,* so wächst dieser – bei unbelastetem Anteil – den restlichen Miteigentümern im Verhältnis ihrer Anteile an (Anwachsung; Akkreszenz); ein belasteter Anteil bleibt bestehen (keine Anwachsung), doch erwerben die restlichen Miteigentümer daran im Verhältnis ihrer Anteile Miteigentum (129 III 220 f.).[43] Verzichtet ein *Stockwerkeigentümer* auf seinen (unbelasteten oder belasteten) Anteil, so bleibt dieser bestehen (keine Anwachsung) und geht in das Miteigentum der restlichen Stockwerkeigentümer über, entsprechend ihren Wertquoten, so dass bezüglich dieses Anteils eine Untergemeinschaft entsteht (129 III 221).[44]

35   Keine Dereliktion liegt vor, wenn eine Privatperson ihr Grundstück zum *öffentlichen Gebrauch* bestimmt. Es muss wie folgt unterschieden werden: Gibt die Privatperson ihr Eigentum auf, so führt dies gemäss Art. 944 Abs. 2 grundsätzlich zur Ausschliessung des Grundstücks vom Grundbuch (vorbehalten bleiben die Ausnahmen von Art. 944 Abs. 1). Denkbar ist aber auch, dass sich Privateigentum und Gemeingebrauch am gleichen Grundstück koppeln (94 I 574 f.; 95 I 247).

36   2. Zweitens wird bei der *Enteignung* (Expropriation) der *Zeitpunkt* des Eigentumsverlustes durch die *Enteignungsgesetze* des Bundes und der Kantone bestimmt (666[2]). Nach diesen geht das Eigentum in der Regel bei der Bezahlung oder Hinterlegung der Entschädigungssumme auf den Enteigner über (im Bund: Art. 91 EntG, SR 711; 116 Ib 247), möglicherweise aber schon bei der vorzeitigen Besitzeinweisung (Art. 76 EntG; 106 Ia 67; 116 Ib 247).

IV.   Richterliche Massnahmen

37   Die ZGB-Revision von 2009 hat mit den *Art. 666a–666b* (in Ergänzung zum Erwachsenenschutzrecht, zu Art. 69c, 83d und 823 ZGB sowie zu Art. 731b, 819 und 908 OR)

---

42   Zur Unmöglichkeit der Dereliktion eines selbständigen und dauernden, im Grundbuch als Grundstück aufzunehmenden Baurechts s. 118 II 115 ff. und hinten § 101 N 34.

43   Vgl. auch LIVER, SPR V/1, 63; kritisch KARIN MÜLLER, Der einseitige Verzicht auf den Miteigentumsanteil mit Anwachsungsfolgen – Eine dogmatische Fehlkonstruktion von Lehre und Rechtsprechung?, in ZGB gestern – heute – morgen, FG zum Schweizerischen Juristentag 2007 (Zürich 2007), 201 ff.

44   Vgl. auch STEINAUER, Les droits réels I, Nr. 1231; REY/STREBEL, Basler Komm, Art. 666 N 10.

eine Neuerung eher technischer Natur geschaffen, die gerichtliche Massnahmen in zwei speziellen Notsituationen vorsieht:[45]

a. Bei unauffindbarem Eigentümer. Art. 666a Abs. 1 knüpft daran an, dass sich der   38
im Grundbuch eingetragene Eigentümer nicht identifizieren lässt, sein Wohnort unbekannt ist oder Name oder Wohnsitz eines oder mehrerer seiner Erben unbekannt sind. In solchen Fällen kann jede Person, die ein schutzwürdiges Interesse hat, oder das Grundbuchamt am Lageort des Grundstücks gerichtliche Massnahmen beantragen (666a[3]), etwa wenn es um die Zustimmung zur Löschung einer Dienstbarkeit geht.[46] Das genannte schutzwürdige Interesse genügt; Dringlichkeit der Massnahme wird demgegenüber (anders als in Art. 823) nicht verlangt.[47]

Das Gericht kann «die erforderlichen Massnahmen» anordnen, namentlich einen   39
Vertreter bestellen und (auf Antrag) dessen Vertretungsmacht festlegen;[48] mangels anderer Anordnungen ist der Vertreter nur für erhaltende Massnahmen zuständig (666a[1] und [2]). Die Anordnung solcher Massnahmen unterbricht die Frist für eine ausserordentliche Ersitzung nicht (666a[4]).

b. Beim Fehlen der vorgeschriebenen Organe. Art. 666b regelt den Fall, dass eine   40
im Grundbuch als Eigentümerin eingetragene juristische Person oder andere Rechtsträgerin nicht mehr über die vorgeschriebenen Organe verfügt. Alsdann kann jede Person, die ein schutzwürdiges Interesse hat, oder das Grundbuchamt am Ort des Grundstücks dem Gericht beantragen, «die erforderlichen grundstücksbezogenen Massnahmen» anzuordnen.[49] Das zu Art. 666a Ausgeführte gilt analog.[50]

---

45   Vgl. Botschaft BBl 2007, 5304 ff.; STEINAUER, Les droits réels II, Nr. 1595 ff.; SUTTER-SOMM, SPR V/1, Nr. 609 ff.; BÉNÉDICT FOËX, Le propriétaire introuvable (Triste tropisme), in Alexandra Rumo-Jungo u. a. (Hrsg.), FS für Paul-Henri Steinauer (Bern 2013), 479 ff.; BARBARA ANITA MÖRI, Der Anwendungsbereich von Art. 666a und Art. 666b ZGB, Jusletter vom 15. September 2014. – Zur Anmerkung entsprechender Vertretungsverhältnisse im Grundbuch vgl. Art. 962a Ziff. 3 und 4. Zum Verfahren vgl. Art. 29 Abs. 4 und Art. 248 lit. e ZPO.
46   Vgl. Botschaft BBl 2007, 5305.
47   Botschaft BBl 2007, 5305 f.; STEINAUER a.a.O. Nr. 1595d. Anwendungsbeispiel: ZBGR 95 (2014), 54 ff. (BezGer Pfäffikon).
48   Das Gericht kann unter Umständen auch eine Löschungserklärung (für den unauffindbaren Berechtigten) selber abgeben, wenn die betreffende Dienstbarkeit jede Bedeutung verloren hat (STEINAUER a.a.O. Nr. 1595e).
49   Zu den möglichen Massnahmen und ihren Kosten vgl. REY/STREBEL, BaKomm, Art. 666b N 12 ff.
50   STEINAUER a.a.O. Nr. 1595g in fine.

§ 101 Der Inhalt des Grundeigentums

1 Bei den beweglichen Sachen sind der Umfang und die Abgrenzung des Eigentumsrechts durch die Gestalt der Sache selbst (durch ihre natürliche Grösse und Beschaffenheit) gegeben. Anders verhält es sich bei den Grundstücken: Da diese aneinander stossende Teile der zusammenhängenden Erdoberfläche sind, ist nicht schon von
Natur aus eine Umgrenzung gegeben; ebenso sind Einwirkungen vom einen Grundstück auf das andere unvermeidlich. Hier kommt der Rechtsordnung die wichtige
Aufgabe zu, einerseits die *Abgrenzung* zu regeln und den *Inhalt* des Eigentumsrechts
innerhalb dieser Grenzen zu bestimmen, andererseits die *Schranken der Ausübung*
des Eigentumsrechts anzugeben. Dieser doppelten Aufgabe, «Inhalt und Beschränkung» des Grundeigentums darzustellen, kommt das ZGB in einem seiner längsten
und interessantesten Teile nach, im zweiten Abschnitt des Titels über das Grundeigentum (667–712). Im gleichen Abschnitt sind auch die Rechte an Quellen und Brunnen
geregelt. Bei der Einführung des Stockwerkeigentums (1963/65) wurde diesem zweiten Abschnitt über das Grundeigentum ein dritter unter dem Titel «Das Stockwerkeigentum» hinzugefügt (712a–t). Im vorliegenden Paragrafen werden vom erwähnten zweiten Abschnitt die Artikel über den Inhalt des Grundeigentums (667–679) und
über «Rechte an Quellen und Brunnen» (704–712) sowie der dritte Abschnitt (Stockwerkeigentum: 712a–t) behandelt. Die Beschränkungen des Grundeigentums (680–
703) sind Gegenstand von § 102.

2 Was den *Inhalt* des Grundeigentums betrifft, wird zunächst dargestellt, wie weit sich
das Eigentum nach oben, nach unten und der Oberfläche nach erstreckt (I), sodann,
was innerhalb der erhaltenen räumlichen Grenzen als *Bestandteil* zu ihm gehört (II).
Wie wir vorne (§ 94 N 19) gesehen haben, behandelt das ZGB bestimmte Rechte, die
sogenannten *selbständigen und dauernden* Rechte, für den Rechtsverkehr als Grundstücke; diese werden nachstehend (unter III) erläutert. Schliesslich folgt die Erörterung der Bestimmungen über das Stockwerkeigentum (IV). Die Normen über die
Quellen und Brunnen lassen sich in den hier angeführten Abteilungen unterbringen.

I. Der Umfang des Grundeigentums

3 **a. Die vertikale Ausdehnung.**[1] Wie weit reicht das Grundeigentum nach oben in den
Luftraum und nach unten in das Erdreich?[2] Frühere Rechte kannten eine Ausdehnung
des Grundeigentums nach oben und nach unten ins Ungemessene, Unbeschränkte.
Eine engere Regelung sieht *Art. 667* in Anlehnung an das bündnerische Zivilgesetz-

---

1 Vgl. auch Franz Weber, Das Grundeigentum im Wandel, in ZBGR 79 (1998), 353 ff., besonders 369 ff.
2 Schon diese Fragestellung zeigt, dass eine Liegenschaft einen dreidimensionalen Körper (und
nicht eine einfache Fläche) darstellt: 132 III 356 und 700.

buch vor:[3] Die Ausdehnung des Eigentums nach oben und nach unten wird begrenzt durch das *Interesse*, das es dem Berechtigten bietet. Ein solches schützenswertes Interesse (132 III 356 und 698) liegt nur vor, wenn der Eigentümer den Raum über oder unter[4] dem Erdboden beherrschen (97 II 338) und darin aus dem Eigentumsrecht fliessende Nutzungsbefugnisse ausüben kann *(positives Interesse)* oder wenn Vorkehrungen Dritter in diesem Raum die Nutzung des Grundstücks beeinträchtigen würden *(negatives Interesse;* 119 Ia 397 ff.; 122 II 355; 132 III 698; BGer 1C_27/2009 E. 2.4 = ZBGR 92 [2011], 329 ff.).[5] Nach diesem Grundsatz beurteilt sich z.B. die Zulässigkeit von Tunnelbauten (BGer 1C_27/2009 E. 2.4 = ZBGR 92 [2011], 329 ff.), Stollen und ähnlichen Grabungen (119 Ia 397 ff.; 132 III 356 ff.), von Schwebebahnen (71 II 85) und von Flugverkehr (grundlegend 104 II 86 ff.; ferner etwa 131 II 146 f.; 132 II 60; 134 III 251 f.). Das Grundeigentum reicht nicht weiter als das Interesse unter Einschluss einer allfällig künftigen Nutzung (für Mineralien: 100 IV 158); es umfasst aber alles, was sich innerhalb dieser Interessensphäre befindet. Ein schutzwürdiges zukünftiges Interesse lässt sich nur bejahen, wenn seine Verwirklichung nach dem gewöhnlichen Lauf der Dinge in einer überschaubaren Zeit wahrscheinlich ist; hierbei sind die Lage und Art des Grundstücks, die geltend gemachte Nutzung sowie die technischen und rechtlichen Hindernisse zu beachten (132 III 356 und 698 f.).[6] Mit dem Gesagten ist die Tragweite von Art. 667 freilich noch nicht erschöpft: Der Grundsatz, dass sich die vertikale Eigentumsherrschaft so weit erstreckt, als ein Ausübungsinteresse vorliegt, wird einerseits über den Sonderfall der vertikalen Ausdehnung hinaus auf alle Eigentümerbefugnisse ausgedehnt und gilt andererseits grundsätzlich auch für die beschränkten dinglichen Rechte (109 II 415). Die Beweislast für das Vorhandensein eines Ausübungsinteresses trägt nach bundesgerichtlicher Praxis der Eigentümer, der sich darauf beruft und daraus Rechte ableitet (132 III 700 f.).

---

3 Nach § 185 des bündnerischen Zivilgesetzbuchs von 1862 erstreckte sich das Grundeigentum auf den Luftraum sowie auf den Boden unter dem Grundstück, «soweit jener und dieser dem Eigentümer nutzbringend sein können». Zum Ganzen siehe auch 132 III 700 und Peter Liver, Usque ad sidera, usque ad inferos, in Mélanges Philippe Meylan, Bd. II (Lausanne 1963), 169 ff.

4 Vgl. Paul Tschümperlin, Grenze und Grenzstreitigkeiten im Sachenrecht (Diss. Freiburg 1984), AISUF 63, insbesondere 34 ff.

5 Vom positiven und negativen Grundeigentümerinteresse ist auch die Rede in Viktor Scheiwiler, Das Interesse des Grundeigentümers am Untergrund … (Diss. Zürich 1974), ASR 435. Dort (157) finden sich auch interessante Ausführungen über die rechtliche Qualifikation des von der Liegenschaft nicht erfassten Untergrundbereichs (vgl. hierzu auch Knapp, L'urbanisme du soussol, BR/DC 9 [1987], 27 ff., und 119 Ia 397 ff., der den Untergrund unter die Verfügungsbefugnis des betreffenden Kantons stellt; Meinrad Huser, Nutzung des Untergrunds: Umfang des Grundeigentums – ein Diskussionsbeitrag, URP 2014, 431 ff.).

6 Als nicht schützenswert wurde mangels Realisationschancen das Interesse des Eigentümers an einer zukünftigen unterirdischen Autoeinstellhalle auf einem denkmalgeschützten Grundstück in Lausanne angesehen (132 III 358). Ebenso wenig schützenswert ist das blosse Interesse an einer Entschädigungsleistung (132 III 358 und 699). Vgl. auch Lukas Matzke, Zwei Entscheide des Bundesgerichts zur vertikalen Ausdehnung des Grundeigentums im Untergrund, recht 2007, 235 ff.

4   Gemäss Art. 667 Abs. 2 fällt der Grundeigentümerin entsprechend dem erwähnten
     Grundsatz alles zu, was mit dem Boden dauernd und fest verbunden ist, vor allem
     Bauten, Pflanzen (Bäume: 127 III 76; 129 III 332) und Quellen. Das ZGB hat damit
     den römisch-rechtlichen Grundsatz «superficies solo cedit» übernommen: Was mit
     der Erdoberfläche fest verbunden ist, folgt grundsätzlich deren rechtlichem Schicksal.
     Ausnahmen von diesem sog. *Akzessionsprinzip* (119 II 129; 121 III 451 f.; 127 III 76)
     können auf Grund von Rechtsgeschäften (675[1] und 779[1]), von unmittelbarer gesetzli-
     cher Anordnung und von öffentlich-rechtlichen Vorschriften (zur Konzession 131 II
     424; BGer 1C_401/2010 E. 2.2.1 = ZBGR 95 [2014], 353 ff.) bestehen.[7]

5   **b. Die horizontale Ausdehnung.** Ein Grundstück – verstanden als Liegenschaft – ist
     ein fest begrenztes Stück der Erdfläche (2 lit. a GBV); seine Ausdehnung reicht des-
     halb bis zu den Grenzen. Für jede Liegenschaft müssen die Grenzen äusserlich mar-
     kiert sein. Grundnachbarn können gegenseitig eine genaue Abgrenzung ihrer Grund-
     stücke verlangen; es besteht eine entsprechende *Mitwirkungspflicht* (669). Das dabei
     zu beobachtende Verfahren wird von den Kantonen bestimmt. Weiter bleibt Folgen-
     des zu beachten:

6   1. *Abgrenzungen und Grundbuchpläne.* Sobald die Vermessung durchgeführt und die
     Grundbuchpläne angelegt worden sind, besitzt jedes Grundstück gleichsam eine Dop-
     pelexistenz: ein Dasein in Natur und ein zweites im Grundbuch. Demnach ist auch die
     Abgrenzung eine *doppelte.* Die eine erfolgt auf dem *Grundstück* selber durch äusser-
     lich sichtbare Vorrichtungen wie Grenzsteine, Mauern, Hecken, Zäune, Pfähle, Bäume,
     Flüsse, Strassen usw., die andere auf dem *Grundbuchplan* durch die geometrische Zeich-
     nung (668[1] ZGB; 2 lit. f GBV). Stimmen die zwei Abgrenzungen nicht überein, erhält
     der Plan den Vorrang. Es wird die Richtigkeit der Einzeichnung auf dem Plan vermu-
     tet (668[2], immerhin mit dem Vorbehalt von Abs. 3). Diese Vermutung kann nach Art. 9
     durch den Nachweis der Unrichtigkeit der Pläne entkräftet werden. Hat aber ein Dritter
     im Vertrauen auf die Angaben des Plans (98 II 198; BGer 5A_365/2008 E. 3.1) dingli-
     che Rechte am Grundstück erworben, so muss diesem gegenüber jedermann die Gren-
     zen gelten lassen, wie sie im Plan eingezeichnet sind. Der öffentliche Glaube des Grund-
     buchs (973) erstreckt sich also auch auf die Plangrenzen (vgl. vorne § 95 N 35).

7   Ist die Vermessung noch nicht durchgeführt worden, so kommen als Grenzzei-
     chen nur die Abgrenzungen auf dem Grundstück in Betracht. Daneben sind aber auch
     andere Indizien zu berücksichtigen, wie die im Grundbuch und in Erwerbsurkunden
     enthaltenen Liegenschaftsbeschreibungen oder das Wissen der Ortsbevölkerung (80
     II 380; BGer 5A_769/2011 E. 5.3.2).[8]

---

7   Vgl. dazu HANS-PETER FRIEDRICH, Baurechts-, Unterbaurechts- und Überbaurechtsdienstbar-
     keiten, in BTJP 1968: Rechtliche Probleme des Bauens (Bern 1969), 135 ff.; CHRISTINA SCHMID-
     TSCHIRREN, «Superficies solo cedit» – Überlegungen zum sachenrechtlichen Akzessionsprinzip
     und seinen Ausnahmen, BN 2012, 301 ff.
8   Vgl. auch 89 II 296 und 93 II 175, ferner betreffend Grenze zwischen einem privaten Grundstück
     und dem im öffentlichen Eigentum stehenden Bachbett 93 II 177 ff.

2. Die *Grenzvorrichtungen* (also die auf der Grenze stehenden Mauern, Hecken, Zäune   8
und dergleichen) befinden sich im Zweifel im *Miteigentum* der Grundnachbarn (670).
Aus Vertrag sowie aus Ortsgebrauch, als dessen Ausdruck auch hier das frühere kantonale Recht gilt (5²), kann sich jedoch eine andere Regelung ergeben (in 59 II 221 ff.
allerdings offengelassen; siehe aber auch 686²).⁹

3. Während das ZGB eine Pflicht zur Abgrenzung (669) festsetzt und ein *Recht* zur   9
Einfriedung als bundesrechtlich gewährleistet gilt (99 II 31 f.), hält das Gesetz weder
eine *Pflicht* noch die Art der *Einfriedung* für die Grundstücke fest. Darüber befindet
die kantonale Gesetzgebung (697²; 88 II 268 f.); diese Lösung lag bei der Verschiedenheit der Bewirtschaftung und der lokalen Gebräuche nahe. Eidgenössisch ist nur vorgeschrieben, dass der Eigentümer des Grundstücks, bei Miteigentum die betreffenden
beteiligten Nachbarn die Kosten zu tragen haben (697¹); vertragliche Abreden oder ein
anders lautender Ortsgebrauch gehen jedoch dieser Vorschrift vor. Eine Einfriedungs-
pflicht auf Grund von Bundesrecht besteht auch dann, wenn der Eigentümer ungerechtfertigte Einwirkungen auf das Nachbargrundstück nicht in anderer Weise verhindern kann (so wohl 99 II 32 f.).

4. Ist eine *Eigentumsgrenze streitig,* so wird die Berufung auf den Abgrenzungsan-   10
spruch (669) kaum mehr zum Ziel führen. Geht die Klage auf *Feststellung,* das Eigentum reiche bis zu einer vom Kläger behaupteten bestimmten Grenze, so liegt eine Art
Eigentumsklage (vorne § 97 N 10) vor. Es kann aber auch sein, dass die Parteien angesichts der Ungewissheit über den Verlauf der Grenze (allenfalls im Sinn eines blossen
Eventualbegehrens) ganz einfach vom Gericht mittels *Grenzscheidungsklage* verlangen,
dass es – gewissermassen «schöpferisch» – die Grenze festlegt (BGer 5A_769/2011
E. 3.1; vgl. für den analogen Fall einer Kantonsgrenze 106 Ib 154 ff.).¹⁰

II.   Die Bestandteile des Grundeigentums

Aus der Verbindung der für die vertikale und für die horizontale Ausdehnung gelten-   11
den Regeln ergibt sich, dass das Eigentum bis zu den Grenzen alles umfasst, was ober-
halb oder unter der Erde mit dem Boden in festem Zusammenhang steht. Es erfasst
als Bestandteile insbesondere die mit der Bodenfläche verbundenen *Bauten* und *Pflanzen* sowie die aus ihr entspringenden *Quellen* (667²). Der Boden bildet die Hauptsache, die Baute, Pflanze oder Quelle die Nebensache, das Grundstück die Gesamtsache.

---

9   Vgl. Meier-Hayoz, BeKomm, Art. 670 N 5 und 21 ff., Art. 685/686 N 103. Zum sogenann-
    ten Mittelmauerrecht, das sich noch in einzelnen Kantonen findet, Jacques Droux, Le mur
    mitoyen à l'exemple du droit fribourgeois (Diss. Freiburg 1984).
10 Vgl. Liver, SPR V/1, 164; Meier-Hayoz, BeKomm, Art. 669 N 19 ff.; Steinauer, Les droits
    réels II, Nr. 1610 ff.; insbesondere auch Tschümperlin a.a.O. 159 ff. und 113 f.; ZBGR 81
    (2000), 169 ff. = AGVE 1997, Nr. 7, S. 42 ff. – Zur Form der Vereinbarung betreffend Festset-
    zung einer unbestimmten Grenze einerseits und des Grenzregulierungsvertrags andererseits s.
    89 II 296.

Das rechtliche Schicksal der Hauptsache bestimmt jenes der Neben- und somit auch der Gesamtsache.

12 Diese aus den allgemeinen Regeln gewonnenen Grundsätze erleiden nun aber einige Ausnahmen, auf die im Folgenden einzugehen ist. Die wichtigste dieser Ausnahmen (betreffend die selbständigen und dauernden Rechte) wird unter III behandelt. Der Sonderfall des Stockwerkeigentums folgt unter IV.

13 **a. Die Bauten.** Jedes Gebäude und jede bauliche Anlage gehört grundsätzlich dem Eigentümer des Bodens (667[2]), und zwar voll und ganz, vom Grund bis zum Dach. Es muss sich allerdings um eine unbewegliche – also fest und *dauernd* mit dem Boden verbundene – Baute handeln. Liegt bloss eine lose Verbindung mit dem Boden vor (objektives Element: 96 II 183 f. für eine Kegelbahn), welche nach der Absicht der Beteiligten (subjektives Element: 100 II 12; 105 II 266) nur *vorübergehend* besteht, so gilt die Baute als bewegliche Sache – sogenannte Fahrnisbaute (construction mobilière) – und hat ihr besonderes rechtliches Schicksal (138 III 653).[11] Sie verbleibt ihrem Eigentümer; an ihr kann ein Eigentumsvorbehalt bestellt bleiben, aber andererseits kein Bauhandwerkerpfandrecht (Grundpfandrecht) errichtet werden. Dies ist der Fall bei Hütten, Buden, Baracken, Zelten usw. (677). Solche Bauten sind über den Wortlaut von Art. 677 hinaus Fahrnisbauten, auch wenn sie dem Grundeigentümer selber gehören (62 II 87).

14 Die Baute selbst wiederum stellt eine aus verschiedenen *Bestandteilen* zusammengesetzte *Einheit* dar (vorne § 98 N 1 ff.). Alle diese Bestandteile gehören *demselben Eigentümer*: jenem, dem der *Boden* gehört.

15 Aus diesen Grundsätzen ergeben sich einige *Folgerungen,* denen jedoch ebenfalls wichtige *Ausnahmen* gegenüberstehen.

16 1. *Folgerungen.* Sie beziehen sich auf das Stockwerkeigentum und den sogenannten Einbau.

17 α. *Das Stockwerkeigentum.* Bis zur Revision durch das BG vom 19. Dezember 1963 konnte entsprechend dem Akzessionsprinzip kein Stockwerkeigentum mehr begründet werden (675[2]). Aber auch bei der Einführung des Stockwerkeigentums ist der Gesetzgeber diesem Prinzip treu geblieben (105 Ib 192; 116 Ib 245). Der Name «Stockwerkeigentum» ist irreführend: Gegenstand des Eigentumsrechts sind nicht die Stockwerke. Das «Stockwerkeigentum» besteht vielmehr in einer besonders ausgestalteten Miteigentumsberechtigung (vgl. das Nähere unter IV).

18 β. *Der Einbau (inaedificatio).*[12] Wenn jemand eine Baute auf fremden Boden setzt oder fremdes Material – wie Balken, Steine oder Eisen – für sein eigenes Gebäude verwendet, so fällt die Baute (sofern sie keine Fahrnisbaute ist; vgl. auch 138 III 653) oder

---

11 In BGer 4C.345/2005 E. 1.2 = ZBGR 88 (2007), 65 ff. wurde die Frage offengelassen, ob eine Telekommunikationsanlage als Fahrnisbaute zu qualifizieren sei.

12 Wir machen hier auf den Unterschied aufmerksam zwischen den ähnlich klingenden Ausdrücken: *Einbau* (vgl. oben im Text), *Überbau* (hinten N 23 ff.) und *Baurecht* (hinten N 36 f.).

das Material dem Grundeigentümer zu (671[1]). Gleichgültig ist, ob die einbauende Tätigkeit vom Boden- oder Materialeigentümer ausging. Es handelt sich um einen Fall des Eigentumserwerbs durch Akzession (vorne N 4). Der Grundeigentümer, dessen Grundstücken diese Bestandteile zuwachsen, ist zu einer angemessenen *Entschädigung* an den Materialeigentümer verpflichtet.[13] Deren Höhe hängt vom guten oder bösen Glauben des Materialeigentümers ab: Bei gutem Glauben darf das Gericht vollen Schadenersatz zusprechen, der auch den Bauaufwand umfassen kann (82 II 291; 99 II 139 E. 4c), bei bösem Glauben die Entschädigung auf den Wert reduzieren, den der Einbau für den Grundeigentümer «allermindestens» hat (672). Dabei setzt der gute Glaube des einen jeweils den bösen Glauben des anderen voraus und umgekehrt (99 II 143).[14] Art. 672 findet keine Anwendung, wenn ein Vertrag zwischen Grundeigentümer und Materialeigentümer besteht; dann gilt die vertragliche Regelung (99 II 138 E. 4a). Die Schadenersatzansprüche verjähren in den kurzen Fristen von Art. 67 oder allenfalls 60 OR (81 II 435 ff.).[15]

Nicht in allen Fällen gehen aber die Baute oder der Einbau im Grundstück auf. Zunächst können sowohl der Boden- wie der Materialeigentümer die *Wiederabtrennung* verlangen, wenn der Einbau ohne ihren Willen stattgefunden hat; diese Befugnis steht ihnen jedoch nur dann zu, wenn die Trennung ohne unverhältnismässige Beschädigung erfolgen kann (vgl. 671[2] und [3]; hierzu 40 II 343 f. und 81 II 272). – Sodann kann unter zwei Voraussetzungen jeder der beiden Eigentümer verlangen, dass gegen angemessene Entschädigung das *Eigentum* am Boden dem *Materialeigentümer* zugewiesen werden soll: Vorausgesetzt wird erstens der gute Glaube dessen, der dieses Begehren stellt; gutgläubig ist in diesem Zusammenhang nicht nur, wer sich über das Eigentum irrt (95 II 227 f.), sondern auch, wer mit dem Willen des Eigentümers auf fremdem Grundstück gebaut hat (siehe im Einzelnen 81 II 276; 82 II 290; noch weiter gehend BGer 4A_178/2013 E. 2.2). Zweitens muss der Wert des Baus jenen des Bodens offenbar übersteigen (673). Der Boden, der dem Materialeigentümer zuzuweisen ist, umfasst nicht notwendigerweise ein ganzes Grundstück, sondern bloss den wirklich überbauten und den für die Benutzung des Baus nötigen Boden (78 II 18 ff.). 19

Art. 671–673 sind dann nicht anwendbar, wenn ein *Dritter* einbaut, der weder Material- noch Grundeigentümer ist (99 II 138 f.; BGer 4C.399/2004 E. 2). Was gilt aber, wenn ein vom Grundeigentümer verschiedener Besteller durch einen Dritten, der Materialeigentümer ist, bauen lässt? Nach der bundesgerichtlichen Rechtsprechung (95 II 221 ff.; 99 II 142; 103 II 239) hat dieser Dritte, der mit dem Grundeigentümer in keiner vertraglichen Beziehung steht, Ersatzansprüche gemäss Art. 672 (die Zuweisung des Bodens nach Art. 673 wird normalerweise am Fehlen der anderen Voraussetzungen scheitern). 20

---

13 Zur Passivlegitimation vgl. 138 III 517; zum Recht des Bauunternehmers, seine Ersatzforderung mit einem Bauhandwerkerpfandrecht zu sichern, vgl. 134 III 149.

14 Für den Fall, dass beide Parteien gut- oder bösgläubig sind, siehe 99 II 143 ff.; 105 II 99; BGer in ZWR 32 (1998), 230 ff.

15 Vgl. auch 105 II 92 ff. und für den Beginn der Verjährung dort S. 95.

21   *2. Ausnahmen.* Die selbständigen und dauernden Rechte (insbesondere das Baurecht) als Ausnahme vom Akzessionsprinzip werden nachstehend (unter III) gesondert behandelt. Im Folgenden sind daher nur die beiden Fälle der *Leitungen* von Versorgungsbetrieben und der sogenannten *überragenden Bauten* darzustellen.

22   α. *Leitungen* (conduites et canaux).[16] Nach der allgemeinen Regel sollten Leitungen zur Versorgung mit Wasser, Gas, elektrischer Kraft und dergleichen als Bestandteil des Grundstücks, in dem sie sich befinden, betrachtet werden. Praktischen Bedürfnissen entspricht die Ausnahme des Art. 676 Abs. 1, wonach sie – wo es nicht anders geordnet ist – dem Eigentümer des Werks und zum Werk (nicht notwendig des Hauptwerks: 81 I 97) gehören, von dem sie ausgehen oder dem sie zugeführt werden.[17] Der Verkauf oder die Verpfändung des Werks umfassen daher auch dessen Leitungen. Vorausgesetzt ist allerdings (ausserhalb des Nachbarrechts), dass für die Leitungen eine Dienstbarkeit besteht (676²). Über die nachbarrechtliche *Duldungspflicht* bezüglich solcher Leitungen vgl. Art. 691 und hinten § 102 N 59.

23   β. *Überragende Bauten* (les empiètements).[18] Es kommt vor, dass einzelne Gebäudeteile (wie Erker, Balkone, Dächer (138 III 651), Dachrinnen, Keller, aber auch ein Teil des Hauptbaus, z.B. bei Terrassenüberbauungen[19]) vom einen Grundstück in die Raumsphäre des anderen hinüberragen – sei es in der Luft, sei es auf oder unter der Erdoberfläche. Nach der Rechtsprechung kommt ein Überbau auch bei einer gänzlich auf oder unter dem Nachbargrundstück befindlichen Baute in Betracht, sofern sie mit dem auf dem berechtigten Grundstück stehenden Hauptbau durch feste Mauern verbunden und von hier aus erreichbar ist und mit diesem Bau eine funktionale Einheit bildet (127 III 13). Keine «Bauten» im Sinn von Art. 674 sind normalerweise Strassen (hier gilt für das verwendete Material das Akzessionsprinzip), wohl aber gewisse Strassenteile wie Brücken, Wendeplatten, Viadukte (98 II 194 f.). Wie bei den Leitungen stellen sich hier zwei Fragen: jene nach der *Duldungspflicht* und jene nach der *Eigentumszugehörigkeit.*

24   Anders als bei den genannten Leitungen besteht *keine Pflicht* der Grundeigentümerin, solche in ihren Bereich hereinragende Bauten zu dulden. Sie kann deren Entfernung fordern. Dies gilt unbedingt und *ohne zeitliche Befristung* dann, wenn der

---

16   Vgl. auch DENIS PIOTET, A qui appartiennent les conduites sur le fonds d'autrui?, ZBGR 91 (2010), 341 ff.; HANSHEIRI INDERKUM, Artikel 676 ZGB und sein Verhältnis zu Artikel 691 ZGB, BN 2014, 256 ff.

17   Fassung gemäss der ZGB-Revision von 2009 (Botschaft BBl 2007, 5306). Vorher sprach das Gesetz missverständlich von «Zugehör» des Werks (Vorauflage § 100 N 22). Daneben existieren gesetzliche Sonderregeln. So stehen etwa nach Art. 37 Abs. 1 FMG (SR 784.10) Leitungen zur fernmeldetechnischen Übertragung von Informationen im Eigentum der Konzessionärinnen, die sie erstellt oder von Dritten erworben haben. Ähnliche Regeln finden sich in Art. 32c RLG (SR 746.1) und Art. 15a EleG (SR 734.0). Zu den öffentlich-rechtlichen Konzessionären vgl. PIOTET a.a.O. 343 f.; REY/STREBEL, BaKomm, Art. 676 N 4; BGer 1C_401/2010 E. 2 = ZBGR 95 [2014], 353 ff.

18   Vgl. ADOLF BÜRGISSER, Das Überbaurecht des ZGB und des BGB (Diss. Zürich 1978).

19   Beispiele: BGer 5C.20/2003 = ZBGR 85 (2004), 300 ff.

Überbau unberechtigt war und der Überbauende im Bewusstsein des mangelnden Rechts – also *bösgläubig* – gehandelt hat. Befand sich dagegen der Überbauende im guten Glauben (hierzu 103 II 326 ff.; BGer 1C_427/2010 E. 3.3), so hat die gegen ihn gerichtete Beseitigungsklage nur dann Erfolg, wenn die verletzte Nachbarin «rechtzeitig», nachdem der Überbau äusserlich bemerkbar geworden war (BGer 5A_332/2007 E. 5), dagegen *Einspruch* erhoben hat.[20] Nach fortgeschrittener oder gar vollendeter Arbeit wäre es regelmässig für den Erbauer unbillig, das Werk niederreissen zu müssen. Daher darf das *Gericht,* «wenn es die Umstände rechtfertigen», bei verspätetem oder unterlassenem Einspruch den *Fortbestand* des Überbaus *gestatten* – gegen Zuerkennung einer angemessenen Entschädigung an die verletzte Grundeigentümerin. Um den Überbau mit den Bestimmungen des Sachenrechts in Einklang zu bringen, weist das Gericht durch Gestaltungsurteil (108 II 39) dem Überbauenden entweder ein *dingliches Recht auf den Überbau* zu oder aber das *Eigentum an der Bodenfläche,* auf dem er ruht (674³).[21] Art. 674 Abs. 3 ist analog anzuwenden, wenn beide Grundstücke bei Errichtung des Überbaus dem gleichen Eigentümer gehörten und erst nachträglich in verschiedene Hände gelangen (78 II 133 f.; vgl. für den Fall der Zwangsvollstreckung auch BGer 5A_336/2010 E. 3 = ZBGR 99 [2014], 69 f.).

Wird dem Überbauenden das Eigentum zugewiesen, so stellen sich keine weiteren Fragen mehr. Demgegenüber bedarf jener Fall, da der Überbauende ein *dingliches Recht* auf den Überbau erhält, einer besonderen gesetzlichen Regelung: Der Überbau wird hier zum *Bestandteil* des Grundstücks, von dem er *ausgeht* (674¹). Damit entsteht ein doppeltes Rechtsverhältnis: Der Überbauende ist einerseits Eigentümer der von ihm errichteten baulichen Vorrichtung und hat andererseits das dingliche Recht, sie in die Eigentumssphäre der Nachbarin hinüberreichen zu lassen. Das dingliche Recht entsteht im Streitfall mit der gerichtlichen Zusprechung (Rechtskraft des Gestaltungsurteils; 108 II 39). Eine solche Überbaudienstbarkeit kann allerdings auch durch Vertrag begründet werden (674²; 105 I 191 ff.; BGer 1C_427/2010 E. 3.1; 138 III 651); dann entsteht das dingliche Recht durch Eintragung im Grundbuch. 25

Die dargestellte Regelung gilt auch dann, wenn Bestimmungen des kantonalen Nachbarrechts über die Bauten, insbesondere jene über die erforderlichen Abstände, nicht beachtet worden sind (685²; 82 II 399). Nur kommt hier die Zuweisung der Bodenfläche nicht in Frage, da diese schon dem bauenden Eigentümer gehört (vgl. 41 II 218; 53 II 221 ff.). Es handelt sich um eine aufgezwungene Gewährung eines Näherbaurechts (95 II 10). 26

b. Die Pflanzen (les plantations). Sie gelten – wie die Bauten – als *Bestandteile* des Grundstücks, mit dem sie verbunden sind, auf dem sie wachsen (667²), und gehören 27

---

20 Dieser Einspruch muss nicht schon durch gerichtliche Geltendmachung erfolgen (101 II 365).
21 Vgl. dazu etwa BGer 5A_332/2007 E. 6; BGer 5C.232/2002 E. 2; SJZ 58 (1962), 233 ff.; ZWR 1994, 161 ff.; ferner ALFRED KOLLER, Das rechtliche Schicksal von Überbauten, AJP 2011, 939 ff. – Nach der Rechtsprechung untersteht das Verhältnis zwischen Eigentümer und Überbauberechtigtem dem Dienstbarkeitsrecht und nicht dem Nachbarrecht (127 III 14; BGer 5C.20/2003 E. 1.1 und 1.6 = ZBGR 85 [2004], 300 ff.).

daher notwendigerweise dessen Eigentümer. Folglich fallen Pflanzen, die in fremden Boden gesät oder gesetzt werden, ohne Weiteres dem Grundeigentümer durch Akzession zu (678[1]). Dem Einbau (Inaedificatio) entspricht die *Einpflanzung (Implantatio)*. Hier wie dort muss aber die Verbindung mit der Erde fest und dauernd sein. Wie es Fahrnisbauten gibt, kann es auch Fahrnispflanzen geben, die eines gesonderten Eigentums fähig sind. Fahrnispflanzen sind insbesondere Pflanzen einer Baumschule, die zur Veräusserung bestimmt sind – auch dann, wenn sie dem Grundeigentümer gehören; sie werden daher von einem Grundpfand, das auf dem Grundstück lastet, nicht miterfasst (62 II 86 ff.).

28   Seit der Revision von 2003[22] ist es zulässig, eine dem Baurecht entsprechende *Dienstbarkeit* für einzelne Pflanzen und Anlagen von Pflanzen zu errichten (Pflanzensuperficies), und zwar für mindestens zehn und höchstens 100 Jahre (678[2]).[23] Damit ist analog zum Baurecht ein gesondertes Eigentum an Bäumen (wieder) möglich geworden.[24] Liegt gleichzeitig ein Pachtvertrag mit dem Dienstbarkeitsberechtigten über die Bodennutzung vor und wird der Vertrag beendet, so steht dem belasteten Eigentümer ein besonderes Recht auf Ablösung der Dienstbarkeit vor Ablauf der vereinbarten Dauer zu (678[3]).

29   **c. Die Quellen** (les sources). Das Grundeigentum ergreift auch alle Quellen, die dem Boden entspringen (667[2] und 704[1]; 122 III 50). Sie werden verstanden als das an einer bestimmten Stelle einer Liegenschaft (natürlich oder künstlich) austretende Grundwasser, mit Einschluss des Bodenteils, der den Wasseraufstoss und -austritt umfasst.[25] Die Stelle, wo dies geschieht (Quellpunkt), befindet sich bei der natürlichen Quelle dort, wo das Wasser sichtbar an die Oberfläche tritt, und bei der künstlichen Quelle dort, wo das aus dem Boden fliessende Wasser gefasst wird (93 II 174; BGer in Rep 117 [1984], 56 ff.). Als Bestandteil des Grundstücks können die Quellen nur zugleich mit diesem zu Eigentum erworben werden (704[1]; vgl. aber hinten N 34 ff.). Ein den Fahrnisbauten ähnliches Verhältnis – ein Sondereigentum an Quellen – gibt es nicht. Das Recht auf eine Quelle auf fremdem Boden kann nur in der Form einer Dienstbarkeit begründet werden (704[2]; siehe hinten N 41).

30   Dem *Eigentümer* der Quelle steht das Recht zu, über deren Wasser *frei zu verfügen*, soweit ihn nicht besondere gesetzliche oder rechtsgeschäftliche Beschränkungen

---

22   BG vom 20. Juni 2003 über die Änderung des ZGB (Anpassung des Immobiliarsachenrechts im Rahmen der Teilrevision des Landwirtschaftsgesetzes/Agrarpolitik 2007), in Kraft seit 1. Januar 2004 (AS 2003, 4121; Botschaft in BBl 2002, 4953 f.). Ausführlich Rey/Strebel, Basler Komm, Art. 678 N 5 ff. mit Hinweisen zu altrechtlichem kantonalem Sondereigentum an Bäumen.

23   Die Regelung gilt nach der Entstehungsgeschichte nicht für Wald: BBl 2002, 4953.

24   Zur früheren Rechtslage vgl. Tuor/Schnyder/Schmid, 12. A., 854 und 859. Art. 45 Abs. 1 SchlT ZGB hätte im Zug der genannten Revision eine Anpassung hinsichtlich des «Eigentums an Bäumen» verdient. Die Botschaft schweigt zu dieser Frage (BBl 2002, 4954; andere Einschätzung durch Schmid-Tschirren [zit. in Anm. 7] 318 mit Anm. 73).

25   Steinauer a.a.O. Nr. 1681 f.; Rey/Strebel, BaKomm, Art. 704 N 4, u. a. mit Hinweis auf 106 II 312 f.; Stéphane Mérot, Les sources et les eaux souterraines, Etude des législations fédérales et vaudoises (Diss. Lausanne 1996), 25 ff.

daran hindern. Er kann demnach grundsätzlich das Quellwasser für sich gebrauchen, es (im Rahmen von Art. 705) ableiten und weiter vergeben, ohne auf die Interessen der Unterlieger achten zu müssen (42 II 440 ff.). Lediglich jenes Wasser, das ihm von einem anderen Grundstück zufliesst, hat er – soweit es für ihn entbehrlich ist – dem unteren Nachbarn wieder abzugeben (689³; 43 II 157; 48 II 322). Eine Schranke wird ihm indessen in den Art. 706 f. gesetzt (vgl. hinten § 102 N 65 ff. und 64 II 340 ff.).

Wichtig ist die Abgrenzung des Quellbegriffs von anderen Wasserläufen, die sich als *öffentliche Gewässer* grundsätzlich nicht im Privateigentum befinden[26] und (gemäss Art. 664) der kantonalen Hoheit unterstellt sind. Das Bundesgericht hat die Quellen ursprünglich definiert als das an einer bestimmten Stelle aus dem Erdinnern hervortretende Wasser (43 II 158) und erkannt, dass grundsätzlich alle auf privatem Grund und Boden hervortretenden Quellen dem Privateigentum unterstellt sind (93 II 182). Von dieser Rechtsprechung ist es insofern abgewichen, als Quellen, die von Anfang an einen Wasserlauf bilden (sog. Bachquellen), nicht Art. 704 Abs. 1 unterstehen (97 II 333 ff.; 106 II 314; 122 III 50 f.). Darüber hinaus haben die Kantone ganz allgemein gemäss Art. 705 die Möglichkeit, zur Wahrung des öffentlichen Wohls die Fortleitung von Quellwasser zu ordnen, zu beschränken oder zu untersagen. 31

Die Quelle stammt nach dem Gesagten (vorne N 29) aus dem *Grundwasser* (unterirdischen Wasseransammlungen; les eaux souterraines). Das ZGB hat auch das nicht zutage tretende, sondern unter der Erdoberfläche fliessende oder unbewegliche Grundwasser den Quellen gleichgestellt (704³; 127 III 244). Damit ist grundsätzlich dem Grundeigentümer die ausschliessliche Befugnis gegeben, das unter seinem Grund und Boden befindliche Wasser sich anzueignen, danach zu graben, es zu fassen und – in den Schranken des öffentlichen Rechts – nach Belieben zu verwenden. Diese überaus «liberale» Regelung steht jedoch in einem Spannungsverhältnis zum öffentlichen Interesse.[27] Um eine individuelle Nutzung zum Nachteil der Allgemeinheit zu verhindern, haben einige *Kantone* Grundwasservorkommen grösseren Umfangs als öffentliche Gewässer erklärt und damit ihre freie Ausbeutung den Grundeigentümern untersagt. Sie belassen diesen nur das Recht auf Wasserentnahme für den häuslichen, landwirtschaftlichen und gewerblichen Kleinbedarf. Darin liegt eine einschränkende Auslegung von Art. 704 Abs. 3, doch ist eine solche kantonale Bestimmung bundesrechtskonform (55 I 404).[28] Selbst ohne kantonale Anordnung ist nach der Praxis Art. 704 Abs. 3 auf Grundwasservorkommen von grosser Mächtigkeit und ausgedehntem Einzugsgebiet überhaupt nicht anwendbar (65 II 143 ff.; vgl. auch 68 II 14 ff.). Sie befinden sich ausserhalb der privaten Eigentumsordnung und unterstehen dem öffentlichen Wasserrecht der Kantone (BGer 2C_622/2010 E. 3.2). Das schliesst nicht aus, dass der private Grundeigentümer Quellen fasst, die aus solchem Grund- 32

---

26   Vgl. immerhin 95 I 247 ff. – Betr. Grenzverlauf zwischen öffentlichem Gewässer und privatem Boden s. 93 II 177 ff.

27   Vgl. auch Eva Druey Just/Gieri Caviezel, Private Wasserrechte und der öffentliche Anspruch auf die Ressource Wasser, AJP 2013, 1631 ff.

28   Es handelte sich um den (mittlerweile aufgehobenen) § 137bis des zürcherischen EG ZGB; vgl. nun das zürcherische Wasserwirtschaftsgesetz vom 2. Juni 1991, §§ 5 und 70 ff.

wasser gespeist werden und ohne sein Zutun dem Boden entspringen (also natürliche Quellen, aber nicht auch Weiher; 106 II 311 ff.), selbst wenn die Fassung zu einer geringen Vermehrung des Wasserzuflusses führt (93 II 182 f.; 106 II 313; BGer 2C_622/2010 E. 4.2). Unseres Erachtens dürfen für angemessenen Kleinbedarf selbst künstliche Quellen hier nicht ausgeschlossen werden. Darüber hinaus ist bei künstlichen Quellen aus «öffentlichem» Grundwasser (mag es von Bundesrechts wegen oder kraft kantonalen Rechts «öffentlich» sein) der Schutz «wohlerworbener Rechte» zu beachten.

33   *Zusammenfassend* lässt sich festhalten: Die natürlichen und künstlichen Quellen befinden sich – mit Ausnahme der Bachquellen – grundsätzlich im Privateigentum. Dagegen ist die private Wasserentnahme aus öffentlichen Grundwasservorkommen nur beschränkt möglich. Grössere Grundwasservorkommen sind zum Vornherein «öffentlich», d.h. dem Privatrecht entzogen; für die übrigen Vorkommen (von gewisser Mächtigkeit) gilt dies nur dann, wenn der Kanton es anordnet. Das gesamte Quellen- und Grundwasserrecht weist eine Reihe ungelöster Probleme auf, was nicht zuletzt auf der allzu einfachen gesetzlichen Unterstellung des Grundwassers unter das Quellenrecht beruht.

III.   Die selbständigen und dauernden Rechte

34   **a. Die dogmatische Einordnung** dieser Rechte. Beim Grundbuchrecht (vorne § 94 N 19) ist dargestellt worden, dass selbständige und dauernde Rechte unter gewissen Voraussetzungen gemäss Art. 943 Abs. 1, dem grundbuchrechtlichen Pendant zu Art. 655 Abs. 2, *als Grundstücke ins Grundbuch* aufgenommen werden können. Es handelt sich um beschränkte dingliche Rechte, die so beschaffen sind, dass sie *im Rechtsverkehr wie* die «eigentlichen» *Grundstücke* (Liegenschaften, Miteigentumsanteile an Liegenschaften) behandelt werden könnten. Hierfür bedarf es aber eines besonderen rechtstechnischen Vorgehens: Diese Rechte werden – wenn es der Berechtigte schriftlich beim Grundbuchamt beantragt (22[1] GBV) – nach ihrer Eintragung als Last auf dem dienenden Grundstück zusätzlich in einem eigenen Hauptbuchblatt als Grundstücke aufgenommen (Blatteröffnung; 22[2] GBV) und alsdann im Rechtsverkehr wie die anderen (die «eigentlichen») Grundstücke behandelt, also etwa verkauft und mit Grundpfandrechten belastet. Ihr Gehalt ist aber nach wie vor derjenige des beschränkten dinglichen Rechts (118 II 117 f.).[29] Dem Berechtigten, der nun «Eigentümer» dieser «Grundstücke» geworden ist, gehen daher allfällige bereits auf dem belasteten Grundstück ruhende Dienstbarkeiten und Grundlasten vor.

35   Als solche für die Aufnahme als Grundstücke geeignete selbständige und dauernde Rechte (655[3]) sind in der Praxis vor allem das Baurecht und das Quellenrecht verbreitet (779[3] und 780[3] ZGB; 22[1] lit. a Ziff. 1 GBV). Aber auch die «anderen Dienstbarkeiten» nach Art. 781, allenfalls gewisse altrechtliche Personaldienstbarkeiten sowie

---

29   So beschränkt sich eine Bauverpflichtung (nach Massgabe des Vertrags) auf Liegenschaften und erfasst nicht auch die im Rechtsverkehr gleichgestellten Rechte (117 II 279).

Personalgrundlasten, können die entsprechenden Voraussetzungen (selbständig und dauernd) erfüllen.[30] Im Folgenden behandeln wir nur das Bau- und das Quellenrecht (zur Pflanzensuperficies vgl. hinten § 109 N 44 f.). Dabei wird stets auch auf das im vorliegenden Zusammenhang sich stellende Problem des Akzessionsprinzips eingegangen.

b. Das Baurecht (le droit de superficie). Die heutige gesetzliche Regelung dieser Materie (675, 779, 779a–*l*) geht auf wichtige Revisionen der Jahre 1965 und 2009 zurück.[31] Sie ist in der Praxis von erheblicher Bedeutung. Folgende Kennzeichen und Wirkungen lassen sich festhalten: 36

1. Das Baurecht ist die *Dienstbarkeit,* auf einem fremden Grundstück ein Bauwerk zu errichten oder beizubehalten (779[1]); der Eigentümer des belasteten Grundstücks muss mit anderen Worten dieses Bauwerk dulden (im Einzelnen hinten § 109 N 31 ff.). Eine wichtige Wirkung einer gültig errichteten Baurechtsdienstbarkeit besteht sodann darin, dass das erstellte Bauwerk in das Eigentum des Bauberechtigten fällt (675[1]); das Akzessionsprinzip wird mit anderen Worten durchbrochen.[32]   37

2. Als *Gegenstand dieses Sondereigentums* kommen in erster Linie Gebäude, aber auch Denkmäler, Dämme, Schleusen oder Einfahrtsrampen in Frage. Ausgeschlossen sind Fahrnisbauten (98 II 202 f.; Umkehrschluss aus 675[1]).[33] Art. 675 Abs. 2 schliesst auch nach der Einführung des Stockwerkeigentums (105 Ib 192; 116 Ib 245) die Bestellung eines Baurechts an einzelnen Stockwerken eines Gebäudes (grundsätzlich: 99 Ib 140 ff.) aus; zur Erreichung des entsprechenden wirtschaftlichen Zwecks besteht in anderer rechtlicher Ausgestaltung das Institut des Stockwerkeigentums. Vom Bundesgericht grundsätzlich verneint wird die Frage, ob Baurechte an Teilen eines Bauwerks, die keine Stockwerke sind, begründet werden können (111 II 139 f.).[34]   38

3. Baurechtsdienstbarkeiten sind von Gesetzes wegen – wenn es nicht anders vereinbart wird – übertragbar und vererblich (779[2]). In der Praxis besonders bedeutsam sind die *selbständigen und dauernden* Baurechte (655[3] ZGB und 22 GBV). Selbständigkeit setzt Übertragbarkeit voraus: Das Baurecht darf weder zu Gunsten eines herrschenden Grundstücks (also nicht als Grunddienstbarkeit) noch bloss zu Gunsten einer bestimmten Person (also nicht als unübertragbare Personaldienstbarkeit) errich-   39

---

30 LIVER, SPR V/1, 124 f.; REY, Grundriss, Nr. 1046 ff.; LAIM, BaKomm, Art. 655 N 17 ff.

31 Zur Entstehungsgeschichte dieser Bestimmungen bis 1965 vgl. Vorauflage § 100 Anm. 29. Zur Revision von 2009 vgl. Botschaft BBl 2007, 5312 ff.

32 HANS-ULRICH FREIMÜLLER, Die Stellung der Baurechtsdienstbarkeit im System der dinglichen Rechte [Diss. Bern 1967], ASR 380, 27; zum Ganzen vgl. auch PETER ISLER, Der Baurechtsvertrag und seine Ausgestaltung (Diss. Zürich 1973), ASR 423; JÜRG SCHMID, Ausgewählte Fragen zum Baurecht, Unterbaurecht und zum Überbaurecht, in ZBGR 79 (1998), 289 ff.

33 Möglich ist jedoch ein beschränktes dingliches Recht auf Errichtung einer Fahrnisbaute gemäss Art. 781 (98 II 203).

34 Vgl. aber FREIMÜLLER a.a.O. 28 f., der diese Möglichkeit bejaht; ferner LIVER, SPR V/1, 185 f.; REY a.a.O. Nr. 510 ff.; ISLER a.a.O. 34 ff. – Zur hiervon zu trennenden Frage der möglichen Objekte eines Überbaurechts vgl. BGE 127 III 10 ff. und vorne N 23 ff.

tet worden sein. Dauernd ist das Baurecht, wenn es auf mindestens 30 Jahre oder auf unbestimmte Zeit bestellt worden ist.

40   Ein solches selbständiges und dauerndes Baurecht kann (!) – auf schriftliches Begehren des Berechtigten beim Grundbuchamt – als *Grundstück* in das Grundbuch aufgenommen werden (779³ ZGB und 22¹ GBV). Als solches kann es für sich allein (als Baurechtsgrundstück) verkauft oder als Grundpfand verpfändet werden; es können an ihm auch Dienstbarkeiten und Grundlasten entstehen; grundsätzlich lässt sich an ihm sogar ein weiteres Baurecht – ein sogenanntes Unterbaurecht – bestellen (92 I 539 ff.). Schliesslich kann ein solches Baurecht auch zu Stockwerkeigentum ausgestaltet werden (712d² Ziff. 2). Bei alledem bleibt jedoch die Rechtsnatur des Baurechts (Dienstbarkeit, die zur Durchbrechung des Akzessionsprinzips führt) erhalten.

41   **c. Das Quellenrecht** (le droit à une source sur fonds d'autrui), Art. 780. Wir behandeln an dieser Stelle (im Rahmen des Inhalts des Grundeigentums) die «selbständigen und dauernden Rechte», soweit sie als «Grundstücke» Gegenstand des Grundeigentums sind. Ein «Quellenrecht» in diesem engeren Sinn liegt vor, wenn drei Voraussetzungen gegeben sind: erstens eine Quellendienstbarkeit, also ein Recht auf «Aneignung und Ableitung des Quellwassers» (vgl. 780¹ in fine);[35] zweitens eine solche Dienstbarkeit, die als selbständiges (d.h. übertragbares, mithin nicht als Grunddienstbarkeit und nicht nur zu Gunsten einer bestimmten, nicht auswechselbaren Person) und dauerndes Recht bestellt worden ist; drittens die (zusätzliche) Aufnahme dieses Rechts ins Grundbuch als «Grundstück» (780³ ZGB; 22 GBV).[36]

42   An den Quellen sind demnach *drei* verschiedene dingliche Rechtsverhältnisse möglich: erstens das *Quelleneigentum,* das im Sinn eines (analog) auf die Quellen bezogenen Akzessionsprinzips laut Art. 704 Abs. 1 nur zugleich mit dem Grundstückseigentum gegeben ist, also kein «Eigentum» nur an der Quelle als solcher zulässt (vorne N 29); zweitens das *Quellenrecht* im hier verwendeten Sinn des Wortes, eine Dienstbarkeit, die als selbständiges und dauerndes Recht begründet und alsdann auch noch als Grundstück in das Grundbuch aufgenommen wurde und diesfalls im Rechtsverkehr den Grundstücken gleichgestellt ist (N 41);[37] drittens schliesslich die gewöhnli-

---

35   Ein solches Quellenrecht gibt dem Berechtigten in der Regel auch die Befugnis zum Bau der zur Wasserfassung und -ableitung nötigen Anlagen; sie stehen in seinem Eigentum (128 II 372).

36   Für den Vertrag auf Begründung eines selbständigen und dauernden Quellenrechts verlangt der Wortlaut des Gesetzes (anders als für das entsprechende Baurecht, 779a¹) auch nach der Revision von 2009 nicht ausdrücklich die öffentliche Beurkundung (zur früheren Rechtslage vgl. Vorauflage § 100 N 35). Nach der hier vertretenen Auffassung ist jedoch der im Rahmen dieser Revision geänderte Art. 732 analog anwendbar, der nunmehr für das Rechtsgeschäft auf Errichtung einer Grunddienstbarkeit diese Form fordert (vgl. auch Art. 781 Abs. 3 und zu dieser Bezugnahme 39 II 698 f.). Daher ist auch für das Rechtsgeschäft auf Errichtung eines selbständigen und dauernden Quellenrechts die öffentliche Beurkundung zu verlangen (SCHMID/ HÜRLIMANN-KAUP a.a.O. Nr. 1420; STEINAUER, Les droits réels III, Nr. 2570).

37   Dadurch entsteht ein der Baurechtsberechtigung ähnliches Rechtsverhältnis an Quellen. Der Quellenberechtigte ist insofern «Eigentümer» der Quelle, als er für den Rechtsverkehr wie ein Liegenschaftseigentümer behandelt wird. Diese Möglichkeit der (analog verstandenen) Durch-

che *Quellendienstbarkeit,* die entweder nicht die erforderlichen Voraussetzungen eines selbständigen und dauernden Rechts aufweist oder, selbst wenn dies zutrifft, trotzdem nicht als solches ins Grundbuch aufgenommen wurde. Diese gewöhnliche Quellendienstbarkeit kann wiederum in zwei Arten auftreten, entweder als Grunddienstbarkeit (d.h. zu Gunsten eines bestimmten Grundstücks) oder als Personaldienstbarkeit (hinten § 107 N 3 f.).

IV. Das Stockwerkeigentum

Aus zwei Gründen war der Gesetzgeber bei der Schaffung des ZGB dem Stockwerkeigentum gegenüber *ablehnend* eingestellt: Einerseits stand es im schlechten Ruf, eine Quelle von Zwistigkeiten und Reibereien zu sein; andererseits passte es (aus damaliger Sicht) nicht in die Konzeption des neuen eidgenössischen Grundbuchs. Demnach war die Begründung von Stockwerkeigentum vom Jahr 1912 an nicht mehr möglich. Wo altrechtliches Stockwerkeigentum bestand, konnte es fortdauern, im Grundbuch jedoch nicht eingetragen, sondern bloss angemerkt werden (45 SchlT). 43

Die Unzulässigkeit der Begründung von Stockwerkeigentum führte indessen dazu, dass nach *Ersatzformen* gesucht wurde – sei es für die Überführung altrechtlichen Stockwerkeigentums in entsprechende Formen des neuen Rechts, sei es, um dem wirtschaftlichen Bedürfnis nach Eigentum an Wohnungen zu entsprechen.[38] Zunächst behalf man sich mit der Begründung von Miteigentum, verbunden mit der Errichtung von Dienstbarkeiten, die jedem Beteiligten das Recht der ausschliesslichen Nutzung und Verwaltung gaben und die Pflicht zum Unterhalt des Stockwerks auferlegten. Dies hatte aber zur Folge, dass jede Eigentümerin von Gesetzes wegen ein Vorkaufsrecht erhielt (682^1) und gemäss Art. 650 die Aufhebung des Miteigentums verlangen konnte (vgl. 81 II 598 ff.). Die Doktrin war (noch) strenger und lehnte eine solche Lösung als im Widerspruch zur Typengebundenheit des Sachenrechts stehend ab.[39] Das Bundesgericht hat diese ablehnende Auffassung – allerdings erst nach Wiederein- 44

---

brechung des Akzessionsprinzips schliesst Art. 704 Abs. 1 nicht aus. Dies führt zu folgendem Ergebnis: Eigentümer der Quelle im Vollsinn des Wortes «Eigentümer» ist nur der Bodeneigentümer. Quellendienstbarkeitsberechtigte sind nicht Eigentümer der Quelle als solcher, wohl aber des durch die Quelle hervorgebrachten und in jedem Moment in der Leitung enthaltenen Wassers (Leemann, BeKomm, Art. 780 N 20). Wird aber die Dienstbarkeit zum «Quellenrecht» im hier verwendeten Sinn des Wortes, so wird der Berechtigte «Eigentümer» im eingangs dieser Anmerkung erwähnten Sinn (a. M. wohl Haab/Simonius, ZüKomm, Art. 704 N 14; Leemann, BeKomm, Art. 704 N 23 und Art. 780 N 20).

38 Zu diesen Ersatzformen siehe etwa Meier-Hayoz/Rey, BeKomm, Vorbem. zu Art. 712a–712t N 7 ff.; Wermelinger, ZüKomm, Vorbem. zu Art. 712a–712t N 44 ff.

39 Vgl. Eduard Brogli, Das intertemporale Stockwerkeigentumsrecht der Schweiz am Beispiel des Kantons Wallis (Diss. Freiburg 1985), AISUF 67, 90 ff.; Wermelinger, ZüKomm, Vorbem. zu Art. 712a–712t N 46.

führung des Stockwerkeigentums – bestätigt (103 II 180 ff.; 113 II 149).[40] Namentlich
in der Westschweiz kam ferner eine andere Ersatzform auf: die Mieter-Aktiengesell-
schaft, bei der die AG Eigentümerin des Grundstücks war, die Aktien sich aber in so
viele Pakete verteilten, als es Stockwerke, Wohnungen oder Geschäftsraum-Einheiten
gab. Eine solche Lösung war jedoch für kleinere Gebäude viel zu kompliziert. Zudem
eignete sich die Mieter-AG nicht für die Überführung altrechtlichen Stockwerkeigentums in Ersatzformen des neuen Rechts.

45   Diese Suche nach Ersatzformen zeigte, dass ein wirtschaftliches Bedürfnis nach Woh-
nungseigentum, aber auch nach Sondereigentum an Geschäftsraum-Einheiten bestand,
welches durch das geltende Recht nicht befriedigt werden konnte. Zudem hatte sich
(vor allem im Kanton Wallis) in einer Unzahl von Fällen «altes» Stockwerkeigentum
erhalten, das einen Fremdkörper im Recht des ZGB darstellte. Aus diesen Gründen
kam es 1963 zur bis dahin bedeutendsten Revision des ZGB.[41] Im Folgenden seien die
Grundzüge der Regelung des Stockwerkeigentums dargestellt.[42] Aus heutiger Sicht hat
sich das Stockwerkeigentum im Wesentlichen bewährt.

---

40   Diese Rechtsprechung kann massive (übergangsrechtliche) Folgen haben. Siehe zu diesen «Kon-
     sequenzen der Widerrechtlichkeit» BROGLI a.a.O. 97 ff.; WERMELINGER, ZüKomm, Vorbem. zu
     Art. 712a–712t N 113 ff.
41   BG über die Änderung des vierten Teils des Zivilgesetzbuchs (Miteigentum und Stockwerk-
     eigentum) vom 19. Dezember 1963 (in Kraft seit 1. Januar 1965). Vgl. auch die Botschaft des
     Bundesrates im BBl 1962 II 1461 ff.; PETER LIVER «Das Miteigentum als Grundlage des Stock-
     werkeigentums», in Gedächtnisschrift Ludwig Marxer (Zürich 1963), 143 ff. = Festgabe «Pri-
     vatrechtliche Abhandlungen» (Bern 1972), 239 ff.; WERMELINGER, ZüKomm, Vorbem. zu
     Art. 712a–712t N 49 ff. – In der ZGB-Revision von 2009 sind die Art. 712e–g leicht abgeändert
     worden (BBl 2007, 5308 f.).
42   Aus der Literatur zum Stockwerkeigentum vgl. ausser den Kommentaren etwa: KEZIA BAADER-
     SCHÜLE, Praktische Probleme der Nutzniessung an Stockwerkeigentums-Anteilen (Diss. Zürich
     2006); HANS-PETER FRIEDRICH, Das Stockwerkeigentum, Reglement für die Gemeinschaft der
     Stockwerkeigentümer (2. unveränderte A. Bern 1972); DERSELBE, Erfahrungen mit Stockwerk-
     eigentum, in ZBGR 54 (1973), 129 ff.; BETTINA HÜRLIMANN-KAUP, Neuerungen beim Mit-
     eigentum und beim Stockwerkeigentum, in Stephan Wolf (Hrsg.), Revision des Immobiliarsa-
     chenrechts (Bern 2011), 71 ff.; ALFRED KOLLER, Wesen und Strukturen des schweizerischen
     Stockwerkeigentums, AJP 2004, 933 ff.; CHRISTOPH MÜLLER, Zur Gemeinschaft der Stock-
     werkeigentümer (Diss. Zürich 1973), ASR 422; KURT MÜLLER, Der Verwalter von Liegenschaf-
     ten mit Stockwerkeigentum (Diss. Zürich 1965; 2. A. 1971), ASR 365; MORITZ OTTIKER, Pfand-
     recht und Zwangsvollstreckung bei Miteigentum und Stockwerkeigentum (Diss. Zürich 1972),
     ASR 416; FRITZ SCHMID, Die Begründung von Stockwerkeigentum (Diss. Zürich 1972); ROLF
     H. WEBER, Die Stockwerkeigentümergemeinschaft (Diss. Zürich 1979); HEINZ REY, Struktu-
     ren des Stockwerkeigentums, in ZSR NF 99 (1980), I 249 ff.; DERSELBE, Schweizerisches Stock-
     werkeigentum mit Beispiel «Reglement der Stockwerkeigentümer» (2. A. Zürich 2001); PAUL-
     HENRI STEINAUER, Questions choisies en rapport avec la propriété par étages, in ZWR 1991,
     285 ff.; AMÉDÉO WERMELINGER-DE GOTTRAU, L'utilisation de l'unité d'étage dans un immeu-
     ble en propriété par étages (Diss. Freiburg 1992); PASCAL WIRZ, Schranken der Sonderrechts-
     ausübung im Stockwerkeigentum (Diss. Zürich 2008).

a. Stockwerkeigentum als Miteigentumsanteil in sonderrechtlicher Ausgestal-   46
tung. Stockwerkeigentum ohne jegliches Miteigentum ist undenkbar: Der Boden und
wesentliche Bauteile (Dach, Hauptmauern) müssen im gemeinschaftlichen Eigentum
stehen. Wohl aber haben gewisse Rechtsordnungen das Eigentum am Stockwerk als
Hauptsache betrachtet, die gemeinschaftlichen Sachen hingegen als Nebensachen; das
Eigentum am Stockwerk war dementsprechend Sondereigentum. Nach dem ZGB hingegen ist im Sinn des mehrfach erwähnten Akzessionsprinzips das Stockwerkeigentum nichts anderes als eine *besonders ausgestaltete (qualifizierte) Miteigentumsberechtigung* (116 II 278; 119 II 407; 132 III 11). Im Einzelnen:

1. Jedem Stockwerkeigentümer steht ein *Miteigentumsanteil am Grundstück insgesamt*   47
zu – also an allen seinen Bestandteilen und somit auch an den sich darauf befindlichen Gebäuden (106 III 126; 111 II 35; 112 II 216).[43] Doch soll dieses Miteigentum
für die Stockwerke dem Alleineigentum nahe kommen (113 II 159 f.) und ist deshalb
(untrennbar: 122 III 149 und 132 III 11) mit einem *Sonderrecht* verbunden (712a[1]).
Durch die Ausgestaltung der Sonderrechte an den Stockwerken und durch gewisse
Ausnahmen vom (gewöhnlichen) Miteigentumsrecht[44] hat der schweizerische Gesetzgeber eine Lösung gefunden, die dem wirtschaftlichen und oft auch «emotionalen»
Bedürfnis nach «Stockwerkeigentum» voll entspricht.

2. Ist die Bezeichnung «Stockwerkeigentum» (propriété par étages) demnach schon in   48
dem Sinn irreführend, als es sich doch um Miteigentum handelt, so bedeutet weiter der
Name nicht, dass nur ganze Stockwerke als Sonderobjekte in Frage kommen. Vielmehr
können *Gegenstand dieser Sonderrechte* sowohl Stockwerke sein als auch Teile von
Stockwerken, die als Wohnungen oder Einheiten von Räumen zu bestimmten Zwecken in sich abgeschlossen und mit eigenem Zugang versehen sind;[45] zu den Stockwerken oder Teilen von Stockwerken können ferner getrennte Nebenräume (Keller, Gara-
gen, Dachräume) hinzukommen (712b[1]). Der Boden und gewisse Sachbestandteile
lassen sich nicht zu Sonderrecht ausscheiden (712b[2]),[46] andere Teile können hinge-

---

43   Siehe auch CHRISTOPH MÜLLER a.a.O. 23: «Die Stockwerkeigentümer besitzen also dingliche
     Rechte nicht nur an ihren ideellen Quoten und an ihren Räumen, sondern an allen Teilen des
     Grundstückes.» Ferner MEIER-HAYOZ/REY, BeKomm, Vorbem. zu Art. 712a–712t N 31 ff.;
     WERMELINGER, ZüKomm, Vorbem. zu Art. 712a–712t N 68 ff.

44   Zu diesen Besonderheiten des Stockwerkeigentums gegenüber dem gewöhnlichen Miteigentum
     vgl. die Übersichten bei MEIER-HAYOZ/REY, BeKomm, Vorbem. zu Art. 712a–712t N 36 ff.,
     und WERMELINGER, ZüKomm, Vorbem. zu Art. 712a–712t N 72 ff.

45   Ausführlich WERMELINGER-DE GOTTRAU, L'utilisation a.a.O. 37 ff.; WIRZ a.a.O. 44 ff. – Das
     Erfordernis der Abgeschlossenheit führt namentlich dazu, dass Autoabstellplätze im Freien
     nicht zu Sonderrecht ausgeschieden werden können (MEIER-HAYOZ/REY, BeKomm, Art. 712b
     N 10 und 56). Für einzelne andere Objekte, wie Veranden oder Balkone, erfährt das genannte
     Erfordernis allerdings eine Lockerung (MEIER-HAYOZ/REY a.a.O. N 57 f.; ausführliche Kasuis-
     tik bei WERMELINGER, ZüKomm, Art. 712b N 56).

46   So können an einer Dachterrasse keine Sonderrechte begründet werden: ZR 99 (2000), Nr. 2,
     S. 4 ff. = ZBGR 82 (2001), 18 ff.; MEIER-HAYOZ/REY, BeKomm, Art. 712b N 31; WERMELIN-
     GER, ZüKomm, Art. 712b N 127; WIRZ a.a.O. 47 f. Zum Dach vgl. auch 130 III 454 f.; BGer
     5A_116/2011 E. 5 = ZBGR 93 (2012), 209 ff.

gen im Begründungsakt oder in gleicher Form später als gemeinschaftlich erklärt werden (118 II 293); im Zweifel liegt Sonderrecht vor (712b³; vgl. 106 II 11 ff.; 132 III 12). Sind gewisse, nicht von Gesetzes wegen gemeinschaftliche Gebäudeteile oder Räume für gemeinschaftlich erklärt worden, so stehen Nutzen und Gebrauch grundsätzlich den einzelnen Stockwerkeigentümern nach Massgabe ihrer Wertquote zu; doch kann durch das Reglement (oder durch Beschluss der Stockwerkeigentümerversammlung: 127 III 509) die Benutzung dieser Teile einzelnen Stockwerkeigentümern vorbehalten werden (besondere Nutzungsrechte).[47] Eine Ausdehnung der gemeinschaftlichen Teile ist nur mit Zustimmung der Interessierten und mit Billigung der Stockwerkeigentümergemeinschaft möglich (116 II 280; zur diesbezüglich notwendigen Streitgenossenschaft im Prozessfall s. 112 II 308 ff.). Die Änderung der reglementarischen Zuteilung ausschliesslicher Nutzungsrechte an gemeinschaftlichen Teilen bedarf seit der ZGB-Revision von 2009 jedenfalls auch der Zustimmung der direkt betroffenen Stockwerkeigentümer (712g⁴; vgl. auch 647¹ᵇⁱˢ; BGer 5A_44/2014 E. 3.3.1 [amtliche Publikation vorgesehen]).[48]

49   3. Das *Sonderrecht* besteht in der Befugnis, die entsprechenden Teile *ausschliesslich zu benutzen, zu verwalten und innen auszubauen* (712a¹; zur Actio negatoria vgl. 132 III 14 f.; BGer 5A_198/2014 E. 6.1.2). Es findet seine Schranke – abgesehen von den allgemeinen Beschränkungen des Grundeigentums (hinten § 102) – an den Sonderrechten der anderen Stockwerkeigentümer und an den gemeinschaftlichen Interessen (712a²; 135 III 219; 139 III 4). Zudem besteht nicht bloss das Recht, die Räume zu unterhalten, sondern auch eine entsprechende Pflicht, soweit dies zur Erhaltung des Gebäudes in einwandfreiem Zustand und gutem Aussehen nötig ist (712a³).[49]

50   Das Sonderrecht zeigt sich auch darin, dass für die zu Stockwerkeigentum ausgestalteten Miteigentumsanteile im Grundbuch besondere Blätter anzulegen sind (23¹ lit. b und ⁴ lit. b GBV). Daneben bleibt das Blatt für das gesamte Grundstück bestehen; das Blatt für das Gesamtgrundstück und das Blatt für das Stockwerk verweisen aufeinander (23 und 97 GBV).

51   4. Als Miteigentumsberechtigung untersteht das Stockwerkeigentum den Bestimmungen über das *Miteigentum,* jedoch nur insofern, als das Gesetz für das Stockwerkeigentum nichts anderes vorsieht. So besteht insbesondere kein Recht auf Aufhebung des

---

47   116 II 278 f. betreffend Luftschutzräume, die als Lagerraum verwendet werden; zum entsprechenden Verfügungsrecht s. 115 II 340 ff. und 122 III 145 ff.; BGer 5A_44/2014 E. 3.3.1 (amtliche Publikation vorgesehen) betreffend Parkplätze im Freien. Vgl. auch MEIER-HAYOZ/REY, BeKomm, Art. 712g N 44 ff.; WERMELINGER, ZüKomm, Vorbem. zu Art. 712a–712t N 176 ff.; DIETER ZOBL, Rechtsfragen zur Sondernutzung an Autoabstellplätzen bei Stockwerkeigentum, in FS Jacques-Michel Grossen (Basel 1992), 285 ff.; JÖRG SCHMID/SIMON WOLFER, Besondere Nutzungsrechte im Stockwerkeigentum, in ZGB gestern – heute – morgen, FG zum Schweizerischen Juristentag 2007 (Zürich 2007), 225 ff.; PASCAL WIRZ, Das Sondernutzungsrecht im Stockwerkeigentum – Inhaltliche Unterschiede zum Sonderrecht, recht 2015, 32 ff.

48   In Kraft seit 1. Januar 2012 (vgl. auch Botschaft BBl 2007, 5309).

49   Zu den Möglichkeiten von «Time-Sharing» beim Stockwerkeigentum vgl. SCHMID/HÜRLIMANN-KAUP a.a.O. Nr. 1019; WERMELINGER, ZüKomm, Vorbem. zu Art. 712a–712t N 133 ff.

Stockwerkeigentums (650, vgl. aber 712f³) und ohne entsprechende Abrede auch kein Vorkaufsrecht (712c; 116 II 67 f.),⁵⁰ wohl aber das Recht auf Ausschluss eines unverträglichen Stockwerkeigentümers (649b; 113 II 17; 137 III 535).⁵¹ Auch Art. 649 Abs. 2 ist bei Stockwerkeigentum anwendbar (119 II 407).

b. Begründung und Aufhebung sind in den Art. 712d–f geregelt.   52

1. Das Stockwerkeigentum *entsteht* durch Eintragung im Grundbuch (712d¹). Der   53
Rechtsgrund für diese Eintragung kann sowohl ein entsprechender Vertrag der Miteigentümer⁵² wie auch die Erklärung des Alleineigentümers einer Liegenschaft oder des Inhabers eines selbständigen und dauernden Baurechts sein, Stockwerkeigentum begründen zu wollen (712d²).⁵³ Der Vertrag wie die Erklärung müssen in öffentlicher Urkunde, in einem Rechtsgeschäft von Todes wegen⁵⁴ oder allenfalls in der Form des Erbteilungsvertrags abgefasst sein (712d³)⁵⁵. Im Begründungsakt sind die zu Sonderrecht ausgeschiedenen Teile des Gebäudes (die «Stockwerke») räumlich genau abzugrenzen (712e¹; vgl. auch 68 GBV; ferner 118 II 293 f. und 132 III 12). Zudem muss der Akt die Wertquoten enthalten, der den Anteil jedes Stockwerks am Wert der Liegenschaft oder des Baurechts in Bruchteilen mit einem gemeinsamen Nenner angibt (712e¹).⁵⁶ Diese Quoten stellen eine abstrakte Verhältniszahl dar, die den Umfang der Berechtigung des einzelnen Stockwerkeigentümers im Vergleich zu den anderen am gemeinsamen Rechtsobjekt Beteiligten arithmetisch wiedergibt; diese Verhältniszahl

---

50   Zur Begründung eines solchen Vorkaufsrechts vgl. auch BGer in ZBGR 79 (1998), 335 ff. – Die in Art. 216a OR für vertragliche Vorkaufsrechte vorgesehene Höchstdauer von 25 Jahren gilt nicht beim Vorkaufsrecht nach Art. 712c ZGB: vgl. hinten § 102 N 10 mit Anm. 16.

51   Vgl. auch Wermelinger, ZüKomm, Art. 712a N 203 ff.; Yves Donzallaz, La relation entre l'action en exclusion de la PPE et celles en cessation et prévention de trouble, in AJP 3 (1994), 548 ff.; Christina Schmid-Tschirren, Der Ausschluss aus privatrechtlichen Personenvereinigungen, insbesondere aus dem Verein und aus der Stockwerkeigentümergemeinschaft, recht 2006, 130 ff. – Zur Anwendbarkeit des Nachbarrechts s. auch Wermelinger-de Gottrau, L'utilisation a.a.O. 289 ff. und 333 ff.

52   Entgegen dem zu engen Gesetzeswortlaut von Art. 712d Abs. 2 Ziff. 1 ist es zulässig, in ein und demselben Vertrag Miteigentum zu begründen und es zu Stockwerkeigentum auszugestalten (Meier-Hayoz/Rey, BeKomm, Art. 712d N 86 f.).

53   Vgl. auch Wermelinger, ZüKomm, Vorbem. zu Art. 712a–712t N 161 ff.; Adrian von Segesser, Stockwerkeigentum an Baurechtsparzellen (Diss. Basel 1997), 36 f. und 45 ff.; derselbe, Die Verlängerung des Baurechts bei Stockwerkeigentum, in Alexandra Rumo-Jungo (Hrsg.), FS für Paul-Henri Steinauer (Bern 2013), 663 ff.; Markus W. Stadlin/Oscar Olano, Stockwerkeigentum am Baurecht – Regelung der Heimfallentschädigung …, AJP 2006, 542 ff.

54   Zur testamentarischen Begründung vgl. Steinauer, Les droits réels I, Nr. 1148 f.; Wermelinger, ZüKomm, Art. 712d N 45 und 73 ff.

55   Nach 94 II 234 ff. kann einem widersetzlichen Erben die Aufteilung eines Grundstücks in Stockwerkeigentum nicht durch Urteil aufgezwungen werden (vgl. dazu kritisch Steinauer a.a.O. Nr. 1137a und 1192; ausführlich Meier-Hayoz/Rey, BeKomm, Art. 712d N 101 ff.; Lionel H. Seeberger, Die richterliche Erbteilung [Diss. Freiburg 1992], AISUF 119, 194 ff.; Piotet, Partage judiciaire et constitution de propriétés par étages, in ZSR NF 113 [1994], I 207 ff.).

56   Neufassung von Art. 712e Abs. 1 im Rahmen der ZGB-Revision von 2009 vgl. Botschaft BBl 2007, 5308 f.

entspricht umfangmässig dem Miteigentumsanteil (116 II 59 f.;[57] 127 III 143 f.; 132 III 13). Praktische Bedeutung haben die Wertquoten hinsichtlich der Bemessung der Stimmkraft des einzelnen Eigentümers (712g[3]), der Feststellung der Beschlussfähigkeit der Versammlung der Stockwerkeigentümer (712p[1]) sowie der Verteilung der gemeinschaftlichen Kosten und Lasten (712h[1]). Die Quoten können unter gewissen Voraussetzungen – etwa wenn sie unrichtig (geworden) sind – abgeändert werden (712e[2]).[58]

54   Unter gewissen Voraussetzungen kann die Eintragung von Stockwerkeigentum im Grundbuch bereits vor Erstellung des Gebäudes verlangt werden (69 GBV; 134 III 602) – ein Vorgehen, das die Finanzierung zu erleichtern vermag, wenn Einheiten vor der Fertigstellung verkauft oder verpfändet werden (107 II 214 f.; 119 II 213). Die Grundbucheintragung setzt voraus, dass mit der Anmeldung der (unterzeichnete: 119 II 213 f.; siehe auch die Formvorschrift in 68[2] GBV) Aufteilungsplan eingereicht wird (69[1] GBV; 132 III 12). Der Grundbuchverwalter bringt alsdann einen besonderen Vermerk an (69[2] GBV). Das Eigentumsrecht des Einzelnen besteht von der Eintragung an, kann jedoch nicht vor der Vollendung des Gebäudes ausgeübt werden (119 II 214 f.). Die Fertigstellung ist dem Grundbuchamt anzuzeigen, gegebenenfalls unter Einreichung des nach der Bauausführung berichtigten Aufteilungsplans (69[3] und [4] GBV; zur Form s. 118 II 291 ff.; 119 II 214 ff.; 132 III 13 f.).[59]

55   2. Die *Untergangsgründe* des Stockwerkeigentums sind der Untergang der Liegenschaft oder des Baurechts sowie die Löschung im Grundbuch (712f[1]). Unter Vorbehalt des Schutzes dinglich berechtigter Dritter können durch entsprechende Vereinbarung alle Stockwerkeigentümer (oder durch Erklärung der Alleineigentümer aller Stockwerke

---

57   Am gleichen Ort führt das Bundesgericht – zu Recht, aber etwas missverständlich – aus, es bestehe «weitgehend Einigkeit darüber, dass die Wertquote mit dem Miteigentumsanteil nicht ohne weiteres gleichzusetzen» sei (116 II 59 unten). Eine Unterscheidung lässt sich hier nur insofern vornehmen, als der Miteigentumsanteil das Eigentumsobjekt, die Wertquote dagegen eine blosse Rechengrösse (ein technisches Hilfsmittel) darstellt (MEIER-HAYOZ/REY, BeKomm, Art. 712e N 6; WERMELINGER, ZüKomm, Art. 712e N 12).

58   BGE 112 II 312; 127 III 142 ff.; 132 III 14; zum Irrtumstatbestand insbesondere 116 II 55 ff. Vgl. auch NEF, Die nachträgliche Änderung des Aufteilungsplans bei Stockwerkeigentum, in ZBGR 82 (2001), 1 ff., besonders 6 ff.; WERMELINGER, ZüKomm, Art. 712e N 75 ff. – Zu den im Sinn von Art. 712e Abs. 2 unmittelbar Beteiligten gehören auch die Inhaber beschränkter dinglicher Rechte, namentlich die Grundpfandgläubiger, deren Pfandgrundstück durch die Quotenkorrektur verkleinert wird (127 III 146; MEIER-HAYOZ/REY, BeKomm, Art. 712e N 46; NEF a.a.O. 13; WERMELINGER, ZüKomm, Art. 712e N 85 ff.).

59   Vgl. zum Ganzen MEIER-HAYOZ/REY, BeKomm, Art. 712d N 58; WERMELINGER, ZüKomm, Vorbem. zu Art. 712a–712t N 146 ff. (Begründung von Stockwerkeigentum vor Erstellung des Gebäudes), und Art. 712d N 92 ff. (Aufteilungsplan); DERSELBE, La vente d'une part-terrain – état des lieux, not@lex 2010, 39 ff.; STEINAUER, Questions choisies …, in ZWR 1991, 285 ff. (301 ff.); NEF a.a.O. 3 ff.; DIEL TATJANA SCHMID MEYER, Erwerb von Stockwerkeigentum ab Plan (Diss. Luzern 2015; im Erscheinen). – Der Aufteilungsplan nimmt nicht am öffentlichen Glauben des Grundbuchs teil (132 III 13); er kann unter den Kaufvertragsparteien jedoch schuldrechtliche Wirkungen (im Sinn einer Zusicherung) entfalten (MEIER-HAYOZ/REY, BeKomm, Art. 712d N 55; STEINAUER, Les droits réels I, Nr. 1151b; NEF a.a.O. 16 f.; LGVE 1986 I Nr. 9 = ZBGR 71 [1990], 78 ff.).

einer Liegenschaft) die Löschung verlangen (712f²). Ist jedoch das Gebäude zu mehr als der Hälfte seines Werts zerstört, so kann jeder Einzelne die Aufhebung verlangen, wenn der Wiederaufbau ihn schwer belasten würde, oder wenn das Gebäude seit mehr als 50 Jahren in Stockwerkeigentum aufgeteilt ist und wegen des schlechten baulichen Zustandes nicht mehr bestimmungsgemäss genutzt werden kann (712f³); die übrigen Stockwerkeigentümer können aber auch den Antragsteller abfinden (712f⁴).[60]

c. Veräusserung und Belastung. Jeder Stockwerkeigentümer ist – als Miteigentümer – berechtigt, seinen Anteil frei zu *veräussern* (646³). Doch kann im Begründungsakt oder durch spätere Abrede zu Gunsten der Stockwerkeigentümer ein Vorkaufsrecht gegenüber jedem Dritterwerber vereinbart und im Grundbuch vorgemerkt werden (712c¹).[61] Die Stockwerkeigentümer haben die Möglichkeit, sich noch stärker zu binden und die Veräusserung, die Belastung mit einer Nutzniessung (dazu 115 II 344) oder einem Wohnrecht oder die Vermietung eines Teils davon abhängig zu machen, dass die übrigen Eigentümer nicht innert 14 Tagen von der Mitteilung an auf Grund eines Beschlusses dagegen eingesprochen haben; die Einsprache darf allerdings nur aus wichtigem Grund erfolgen (712c² und ³).[62] Laut Art. 648 Abs. 2 zweiter Teil können die Stockwerkeigentümer gar durch eine entsprechende gegenteilige Ordnung auf die Einstimmigkeit zur Veräusserung oder Belastung der ganzen Sache verzichten. Es ist umstritten, ob das nicht der Grundidee des Stockwerkeigentums widerspricht.[63] – Den einzelnen Stockwerkeigentümern steht es frei, ihren Anteil mit Grundpfandrechten oder Grundlasten zu *belasten*.[64] Ist dies jedoch geschehen, so darf das Gesamtgrundstück nicht mehr mit solchen Rechten belastet werden (648³; hierzu 111 II 34 f.) – es sei denn, es wäre vorgängig eine entsprechende leere Pfandstelle eingetragen worden oder es seien alle Beteiligten, insbesondere auch die Pfandgläubiger an Anteilen, damit einverstanden (95 I 568; vgl. auch 113 II 161 f.).[65] Soweit die Eigenart der jeweiligen Dienstbarkeit dies zulässt, können zu Lasten und gegebenenfalls selbst zu

56

60 Zu dieser Neufassung von Art. 712f Abs. 2 und 3 im Rahmen der ZGB-Revision von 2009 vgl. Botschaft BBl 2007, 5309. – Zu einem Sonderfall der Rückführung von Stockwerkeigentum in gewöhnliches Miteigentum vgl. 69 Abs. 3 und 4 GBV (dazu etwa WERMELINGER, ZüKomm, Vorbem. zu Art. 712a–712t N 158 f.).

61 Zu Problemen der Vormerkung eines Vorkaufsrechts an einem zukünftigen Stockwerkeigentumsanteil s. 114 II 127 ff.

62 Zu den Schranken der Vermietung vgl. ZR 93 (2014), Nr. 9, S. 29 ff. (Zürcher Obergericht).

63 Siehe hierzu CHRISTOPH MÜLLER a.a.O. 36; WERMELINGER, ZüKomm, Art. 712e N 44; für integrale Anwendung von Art. 648 Abs. 2 aber STEINAUER, Les droits réels I, Nr. 1255; siehe auch MEIER-HAYOZ/REY, BeKomm, Art. 712m N 90 und 95; REY, Grundriss, Nr. 882 und 885.

64 Zur Belastung eines Stockwerkeigentumsanteils (Autoeinstellhalle) mit Grunddienstbarkeiten zu Gunsten anderer Anteile vgl. 130 III 308 f. – Zur Pfandverlegung (Pfandverteilung) von der Stammparzelle auf die Stockwerkeigentumsanteile vgl. MEIER-HAYOZ/REY, BeKomm, Art. 712d N 41 ff.; STEINAUER, Questions choisies …, in ZWR 1991, 285 ff. (301 ff.); WERMELINGER, ZüKomm, Art. 712d N 16 ff.

65 Siehe auch MEIER-HAYOZ/REY, BeKomm, Art. 712a N 102. – Vgl. ferner HEINZ REY, Strukturen des Stockwerkeigentums, in ZSR NF 99 (1980), I 257 f.

Gunsten von Stockwerkeigentumsanteilen Dienstbarkeiten errichtet werden (vgl. den Fall 106 II 315 ff.; für eine Nutzniessung s. 115 II 344).[66]

d. Verwaltung (Gemeinschaft der Stockwerkeigentümer)

57   1. In der *Verwaltung und Benutzung* der «eigenen» (im Sonderrecht stehenden) Räume ist der Stockwerkeigentümer grundsätzlich frei (712a[2]; 106 II 319; 130 III 453 f.; vgl. aber auch 712a[3] und 712c[2]). Für die übrigen Verwaltungshandlungen und baulichen Massnahmen verweist das Gesetz (712g[1]) auf die Regeln über das Miteigentum (Beispiel: 130 III 447 ff.). Soweit diese Regeln nicht zwingend sind, können sie im Begründungsakt oder durch späteren einstimmigen Beschluss aller Stockwerkeigentümer durch andere ersetzt werden (712g[2]).[67] Eigenmächtige Eingriffe eines einzelnen Stockwerkeigentümers in gemeinschaftliche Teile sind unzulässig (130 III 453 f.).

58   Darüber hinaus kann jeder Stockwerkeigentümer verlangen, dass in diesem Rahmen ein *Benutzungs- und Verwaltungsreglement* erstellt und im Grundbuch angemerkt wird (54[1] und 80[2] GBV);[68] doch braucht es für die Aufstellung wie für die Abänderung dieses Reglements einen Beschluss der Mehrheit (aber nicht mehr: 103 Ib 79) der Stockwerkeigentümer, die zugleich zu mehr als der Hälfte anteilsberechtigt ist (712g[3]).[69]

59   Die *Lasten* des gemeinschaftlichen Eigentums und die *Kosten* der gemeinschaftlichen Verwaltung haben die Stockwerkeigentümer im Verhältnis ihrer Wertquoten zu tragen (712h[1], mit Beispielen für solche Kosten in 712h[2]).[70] Nach der zwingenden Bestimmung von Art. 712h Abs. 3 (112 II 314; 117 II 253 f.) ist eine abweichende Kostenverteilung vorzunehmen, wenn gewisse gemeinschaftliche Teile einzelnen Einheiten nicht oder nur in ganz geringem Mass dienen.[71] Diese Vorschrift ist jedoch nach der Praxis nur mit Zurückhaltung anzuwenden, zumal die gemeinsamen Anla-

---

66   Vgl. auch die in Anm. 42 genannte Dissertation von BAADER-SCHÜLE.

67   Inwieweit solche Regeln (gekoppelt zudem mit dem im Stockwerkeigentumsrecht geltenden Kopfstimmrecht: Art. 712m Abs. 2) zwingend sind, ist umstritten: vgl. MEIER-HAYOZ, BeKomm, Art. 647c N 29, Art. 647d N 20, Art. 647e N 5; WERMELINGER, ZüKomm, Art. 712g N 32 ff.

68   Vgl. hierzu die Muster bei FRIEDRICH, Das Stockwerkeigentum, Reglement für die Gemeinschaft der Stockwerkeigentümer (zit. in Anm. 42), und REY, Schweizerisches Stockwerkeigentum (zit. Anm. 42), 147 ff.; ferner etwa MEIER-HAYOZ/REY, BeKomm, Art. 712g N 78 ff.; REY, Grundriss, Nr. 819 ff. Zur Auslegung des Reglements vgl. etwa BGer 5A_865/2011 E. 3.2.

69   BGer 5C.110/2001 E. 2b = ZBGR 86 (2005), 251 ff. – Zu reglementarischen Nutzungsbeschränkungen zu Lasten von Stockwerkeigentumsanteilen s. 111 II 330 ff.; BGer in ZBGR 78 (1997), 52 ff.; BGer 5C.168/2004 E. 4.2 = ZBGR 85 (2004), 433 ff.; 130 III 456 f. – Zur Klage auf Durchsetzung der reglementarischen Pflichten vgl. JÖRG SCHMID, Die Unterlassungsklage zur Durchsetzung des Reglements beim Stockwerkeigentum, BN 2014, 307 ff. (zu BGer 5A_640/2012); BGer 5A_198/2014 E. 6.1.2.

70   Zu den gemeinschaftlichen Kosten und Lasten gehören auch Baurechtszinsen, wenn ein Baurecht in Stockwerkeigentum aufgeteilt worden ist: 117 II 42; ferner 119 II 331 f. und 407.

71   Zur Kostentragung bei besonderen Nutzungsrechten an gewissen gemeinschaftlichen Teilen vgl. SCHMID/WOLFER, zit. in Anm. 47, 240 f.; WERMELINGER, ZüKomm, Vorbem. zu Art. 712a–712t N 204 ff. sowie Art. 712h N 90 ff.

gen und Einrichtungen normalerweise den Standard der gesamten in Stockwerkeigentum unterteilten Liegenschaft bestimmen; ausschlaggebend ist überdies eine objektive Betrachtungsweise und nicht die Frage, ob jemand gewisse Anlagen aus subjektiven Gründen nicht benützt (111 II 37 f.; 112 II 312 ff.; 117 II 253 f.; ferner zum Konkurs eines Stockwerkeigentümers 106 III 118 ff.).

2. Auf Grund dieser gemeinschaftlichen Aufgaben bilden die Stockwerkeigentümer   60
von Gesetzes wegen eine *Gemeinschaft,* die im formellen Sinn zwar keine juristische Person ist (125 II 350), in gewisser Hinsicht aber wie eine solche behandelt wird (BGer in Pra 2000, Nr. 61, S. 360 ff. E. 2b). Es handelt sich um eine *Verwaltungsgemeinschaft* (114 II 241);[72] ihre Funktion erschöpft sich darin, das gemeinsame Grundstück zu nutzen und zu verwalten und seinen Wert zu erhalten (125 II 350 f.). Sie erwirbt unter ihrem eigenen Namen das Vermögen, das sich aus der Verwaltungstätigkeit ergibt (Beitragsforderungen, Erneuerungsfonds[73]), kann klagen[74] und betreiben sowie beklagt[75] und betrieben (117 II 42) werden (712*l*). Dank dieser teilweisen

---

72   Hierzu Christoph Müller a.a.O. 28 ff. und 35 ff.; Meier-Hayoz/Rey, BeKomm, Art. 712*l* N 17 f. und 48.; Wermelinger, ZüKomm, Art. 712*l* N 10; Rolf H. Weber, Minderheitenschutz beim Stockwerkeigentum – Zu den Grenzen der vertraglichen Gestaltungsfreiheit am Beispiel der Stockwerkeigentümergemeinschaft, in ZBGR 60 (1979), 144 ff.; Urs Raschein, Die Rechtsausübung der Stockwerkeigentümergemeinschaft mit besonderer Berücksichtigung von Gewährleistungsansprüchen und des Sonderfalls Aparthotel (Diss. Zürich 1996), 11 ff.

73   Zum Erneuerungsfonds vgl. BGE 123 III 57; BGer in Pra 2000, Nr. 61, S. 360 ff. E. 3b/bb; Meier-Hayoz/Rey, BeKomm, Art. 712m N 44 ff. und Art. 712s N 55 ff.; Wermelinger, ZüKomm, Art. 712*l* N 87 ff.

74   Praktisch aktuell ist die Frage der Partei- und Prozessfähigkeit sowie der Aktivlegitimation der Stockwerkeigentümergemeinschaft namentlich bei Prozessen über Gewährleistungsansprüche gegen Verkäufer oder Bauunternehmer wegen Mängeln an gemeinschaftlichen Teilen des Gebäudes. Hat ein Unternehmer sich gegenüber der Gemeinschaft zur Behebung von Mängeln an gemeinschaftlichen Teilen verpflichtet, so ist die Aktivlegitimation zu bejahen (106 II 21). Gleiches gilt für Gewährleistungsansprüche, die der Gemeinschaft auf Grund der von ihr selber im Rahmen der Verwaltungstätigkeit abgeschlossenen Verträge zustehen (114 II 242). Gewährleistungsansprüche der einzelnen Stockwerkeigentümer bezüglich gemeinschaftlicher Teile kann die Gemeinschaft demgegenüber nach der Rechtsprechung nur dann einklagen, wenn sie sie – soweit überhaupt rechtlich zulässig (114 II 248, E. 5c/cc) – durch rechtsgeschäftliche Abtretung erworben hat; eine Legalzession wird verneint (109 II 423 ff.; 111 II 458 ff.; 114 II 242 ff.; vgl. auch Meier-Hayoz/Rey, BeKomm, Art. 712*l* N 22 ff.; Wermelinger, ZüKomm, Art. 712*l* N 69 ff.; Rey, Baumängel bei Stockwerkeigentum, in recht 2 [1984], 64 ff.; Schumacher, Die Mängelrechte des Käufers von Stockwerkeigentum, in BR/DC 16 [1994], 3 ff.; Raschein, zit. in Anm. 72, 51 ff.). Die Aktivlegitimation des einzelnen Stockwerkeigentümers hinsichtlich der Geltendmachung von Gewährleistungsansprüchen für Mängel, die zwar an den gemeinschaftlichen Teilen bestehen, ihre negativen Wirkungen aber im Wesentlichen auf den Anteil des Betreffenden haben, wurde in BGer 4C.151/2005 E. 4.2.3 bejaht (mangelhafte Schallisolation).

75   Partei- und Prozessfähigkeit (sowie Passivlegitimation) ist der keinen Anteil innehabenden Stockwerkeigentümergemeinschaft abzusprechen im Prozess auf Berichtigung der Wertquoten nach Art. 712e Abs. 2 (116 II 58 f.), hingegen zuzubilligen im Prozess auf Zahlung der Baurechtszinsen (117 II 40 ff.). Ebenfalls passivlegitimiert ist die Gemeinschaft im Prozess auf Bestellung des Verwalters nach Art. 712q (BGer 5C.27/2003 E. 2.1 = ZBGR 85 [2004], 430 ff. mit

Verselbständigung konnte auf die solidarische Haftbarkeit der einzelnen Stockwerkeigentümer für Gemeinschaftsschulden verzichtet werden (113 II 160; 119 II 409 f.);
aus diesem Grund entfällt denn auch die Möglichkeit, die einzelnen Stockwerkeigentümer unmittelbar und anteilsmässig für Verpflichtungen zu belangen, für welche
die Gemeinschaft handlungs-, prozess-, betreibungs- und vermögensfähig ist (119 II
409 f.).[76] Solidarhaftung kann sich für bestimmte Fälle immerhin aus anderen gesetzlichen Bestimmungen ergeben (z.B. 58, 143 ff., 403 OR; 679 ZGB).[77]

61   Für die *Beitragsforderungen* erhält die Gemeinschaft zwei gesetzliche Sicherheiten: Zunächst besitzt sie ein gesetzliches Pfandrecht (zur Rechtsnatur: 106 II 183 ff.;
119 II 409; 123 III 58), auf das – abgesehen von den Eintragungsberechtigten (712i[2])
und den Fristen[78] – die Bestimmungen über das Bauhandwerkerpfandrecht sinngemäss Anwendung finden (712i ZGB und 76[2] lit. d GBV; vgl. hinten § 113 N 38 ff.).
Sodann hat die Gemeinschaft das gleiche Retentionsrecht an beweglichen Sachen, die
sich in den Räumen des Stockwerkeigentümers finden, wie ein Vermieter (712k; 119
II 409).[79]

62   **e. Organisation.** Zwei organisatorische Einrichtungen bieten Gewähr dafür, dass die
Verwaltung und Benutzung der gemeinschaftlichen Sachen gesetzmässig vor sich geht:
einerseits die (zwingend als Organ vorgeschriebene) Versammlung der Stockwerkeigentümer und andererseits der Verwalter:

63   1. Die Befugnisse der *Versammlung* sind im Katalog des Art. 712m Abs. 1 und überdies in verschiedenen im Gesetz verstreuten Bestimmungen enthalten (vgl. etwa 712e[2],
712g[2]).[80] Insbesondere ist die Versammlung zuständig in allen Verwaltungsangelegen-
heiten, die nicht Sache des Verwalters sind; mit anderen Worten besteht eine Vermu-

---

Angaben zum Sonderfall, in welchem die Gemeinschaft nur aus zwei Stockwerkeigentümern
besteht) sowie auf dessen Abberufung nach Art. 712r Abs. 2 (119 II 408).

76   Zur Zwangsvollstreckung s. auch AMONN, Das Stockwerkeigentum in der Zwangsvollstreckung,
in BlSchK 32 (1968), 1 ff.; STEINAUER, Questions choisies …, in ZWR 1991, 285 ff. (309 ff.);
WERMELINGER, ZüKomm, Art. 712l N 83 ff.; JEAN-PIERRE GAILLE, La propriété par étages
dans la poursuite et la faillite, JdT 2015 II, 37 ff.

77   Hierzu CHRISTOPH MÜLLER a.a.O. 47.

78   Die Eintragung kann – anders als nach Art. 839 Abs. 2 – jederzeit verlangt werden; allerdings
sichert das Pfand nur die auf die letzten drei Jahre entfallenden Beitragsforderungen (Art. 712i
Abs. 1; vgl. STEINAUER, Les droits réels I, Nr. 1352a; MEIER-HAYOZ/REY, BeKomm, Art. 712i
N 33 ff. [missverständlich aber Art. 712i N 12 hinsichtlich der analogen Anwendbarkeit von
Art. 839 Abs. 2]; WERMELINGER, ZüKomm, Art. 712i N 28 ff.).

79   Das seit 1. Juli 1990 in Kraft stehende Mietrecht gewährt nur noch dem Vermieter von Geschäftsräumen ein Retentionsrecht (Art. 268–268b OR; vgl. auch Art. 283 und 284 SchKG). Demgegenüber dient das Retentionsrecht der Gemeinschaft der Stockwerkeigentümer der Sicherung
der Beitragsforderungen ohne Rücksicht darauf, ob die betreffende Einheit als Wohnung oder
als Geschäftsraum genutzt wird. Auf das «Geschäftsraum»-Erfordernis ist daher bei der Anwendung von Art. 712k zu verzichten (STEINAUER a.a.O. Nr. 1353; ZBGR 75 [1994], 271 ff.).

80   Siehe die Zusammenstellungen bei MEIER-HAYOZ/REY, BeKomm, Art. 712m N 21 ff., und
WERMELINGER, ZüKomm, Art. 712m N 50 ff.; ferner JÜRG SCHMID, Formelle Aspekte der Willensäusserungen bei Miteigentum und Stockwerkeigentum, ZBGR 88 (2007), 439 ff.

tung der Zuständigkeit der Versammlung (712m[1] Ziff. 1).[81] Sowohl für sie als für einen allfällig bestellten Ausschuss gelten mangels Sonderregeln die Bestimmungen über die Organe des Vereins und die Anfechtung von Vereinsbeschlüssen (712m[2]).[82] Die Anfechtungsklage (712m[2] i. V. m. 75) ist eine Gestaltungsklage, die innert Monatsfrist seit Kenntnisnahme vom fraglichen Beschluss gegen die Gemeinschaft der Stockwerkeigentümer zu richten ist.[83] Das Gesetz regelt im Übrigen klar und gründlich insbesondere die Willensbildung, die Einberufung und Leitung der Versammlung sowie das Stimmrecht der Eigentümer und Nutzniesser in den Art. 712n–p (in Verbindung mit dem Miteigentumsrecht: 712g[1]).[84] Namentlich muss der Einberufung (für welche das Gesetz keine besondere Form verlangt; BGer 5A_198/2014 E. 5.3.3) eine vollständige Traktandenliste beigefügt sein (136 III 177); sodann sind Beschlüsse zu protokollieren, was Schriftlichkeit erfordert, und das Protokoll ist aufzubewahren (712n[2]; 127 III 510; BGer 5C.254/2006 E. 3.1; BGer 5A_198/2014 E. 7.3). Doch folgt aus Art. 2 auch die Obliegenheit, allfällige Verfahrensfehler so bald wie möglich (vor der Beschlussfassung) geltend zu machen (136 III 177). Ein Zirkulationsbeschluss ist zulässig, sofern ihm alle Mitglieder der Gemeinschaft schriftlich zustimmen (BGer 5A_913/2012 E. 5.2.2 unter Hinweis auf Art. 66 Abs. 2).

2. Die Ausführung der gesetzlichen und reglementarischen Bestimmungen sowie der Beschlüsse der Versammlung über Verwaltung und Benutzung ist Sache des *Verwalters;*[85] er trifft darüber hinaus von sich aus dringliche Massnahmen (712s[1]). Nach innen wacht er über die Einhaltung der Vorschriften von Gesetz, Reglement und Hausordnung, treibt die Beitragsforderungen ein und verwaltet die Geldmittel (712s[2] und [3]). Nach aussen vertritt er im Bereich seiner gesetzlichen Aufgaben die Gemeinschaft und die Stockwerkeigentümer (712t[1]), bedarf aber zur Prozessführung ausserhalb des summarischen Verfahrens und abgesehen von dringenden Fällen der vorgängigen Ermächtigung durch die Versammlung (712t[2]); rechtserhebliche Erklä-

64

---

81 MEIER-HAYOZ/REY, BeKomm, Art. 712m N 20.

82 Zur Frage der Ausschliessung vom Stimmrecht (Art. 68) bei der Wahl des Verwalters und des Hauswarts vgl. 134 III 481 ff.; allgemein BGer 5A_198/2014 E. 5.3.4.

83 BGer 5C.246/2005 E. 2.1 = ZBGR 88 (2007), 371 ff.; BGer 5A_537/2012 E. 5.3 = ZBGR 95 (2014), 268 ff.; BJM 2004, 309 ff. = SJZ 100 (2004), 466 ff. (Appellationsgericht Basel-Stadt); LGVE 2013 I Nr. 21 (Obergericht Luzern). Art. 209 Abs. 4 ZPO ist nicht anwendbar (BGer 5A_44/2014 E. 2.2 [amtliche Publikation vorgesehen]). Zum Streitwert vgl. 140 III 573 ff. – Von den anfechtbaren Beschlüssen sind nach den allgemeinen Regeln die geradezu nichtigen zu unterscheiden, deren Unwirksamkeit grundsätzlich jederzeit angerufen und von jeder Behörde von Amtes wegen festgestellt werden kann (BGer 5A_198/2014 E. 5.3.2; zum Vereinsrecht vgl. vorne § 16 N 41 f.). Zur Frage, ob die Nichtigkeit eines Beschlusses der Stockwerkeigentümerversammlung nach längerer Zeit (und ausserhalb der Rechtsmissbrauchsschranke) nicht mehr angerufen und gerichtlich festgestellt werden kann, vgl. BGer 5C.143/2006 E. 2 = ZBGR 88 (2007), 367 ff. = Pra 96 (2007), Nr. 7, S. 35 ff.; dazu auch JÖRG POHLMANN, Mobilfunkantennen und Beschlussfassung der Stockwerkeigentümer …, AJP 2007, 451 ff.

84 Zum Mehrheitsprinzip und der Schranke des Rechtsmissbrauchs vgl. 131 III 461 ff. = BR/DC 2005, 186 f. mit vorinstanzlichem Entscheid und Anmerkung SCHMID. Zum Problem der Mehrheiten bei baulichen Massnahmen siehe auch vorne N 53.

85 Siehe MEIER-HAYOZ/REY, BeKomm, Art. 712s N 4; WERMELINGER, ZüKomm, Art. 712s N 8 ff.

rungen Dritter können statt den Stockwerkeigentümern insgesamt dem Verwalter zugestellt werden (712t^3).

65   Bestellt die Versammlung keinen Verwalter (was in einfachen Verhältnissen oft der Fall sein wird; vgl. auch 712n^2), so kann jeder Stockwerkeigentümer oder auch ein interessierter Dritter, etwa ein Pfandgläubiger oder Versicherer, vom Gericht die Ernennung eines Verwalters verlangen (712q). Die Abberufung des Verwalters ist in Art. 712r geregelt: Durch Beschluss der Versammlung der Stockwerkeigentümer ist es möglich, den Verwalter – unter Vorbehalt allfälliger Entschädigungsansprüche – jederzeit abzuberufen (Abs. 1); lehnt die Versammlung die Abberufung unter Missachtung wichtiger Gründe ab (dazu 131 III 298 f.; BGer 5C.204/2004 E. 2; BGer 5A_795/2012 E. 2.3), so kann binnen Monatsfrist jeder Stockwerkeigentümer sie gerichtlich verlangen (Abs. 2).[86] Als Verwalter kann auch ein Nicht-Stockwerkeigentümer bestimmt werden.

66   **f. Übergangsrecht.** Die Bestimmungen, die wir erläutert haben, gelten zunächst für das nach Inkrafttreten der Revision von 1963 geschaffene Stockwerkeigentum. Sie gelten u. E. auch für Stockwerkeigentum, das vor Inkrafttreten des Erlasses im Hinblick auf die Revision vereinbart worden ist. Was gilt aber für das altrechtliche (vor 1912 bestellte) sowie für das in den Formen des von 1912 an geltenden Rechts eingetragene «Stockwerkeigentum» (im zweiten Fall handelt es sich um Ersatzformen)? Das altrechtliche Stockwerkeigentum ist ohne Weiteres den Bestimmungen des Rechts der Revision von 1963 unterstellt. Auch jenes «alte» Stockwerkeigentum, das sich nicht auf abgeschlossene Raumeinheiten bezieht und damit Art. 712b nicht entspricht, untersteht im Übrigen diesen Regeln (20bis SchlT; 116 II 66 ff. für den Untergang eines altrechtlichen, von Gesetzes wegen bestehenden Vorkaufsrechts; s. auch 113 II 150).[87] Wo hingegen altrechtliches Stockwerkeigentum «umgewandelt» worden ist, damit es den Formen des neuen Rechts entspricht (was regelmässig bei der Einführung des eidgenössischen Grundbuchs geschah), haben die Kantone darüber zu befinden, ob es den neuen Regeln über das Stockwerkeigentum unterstellt wird (20ter Abs. 1 SchlT: für den Kanton Wallis: 113 II 150 f.). Während jedoch das altrechtliche Stockwerkeigentum seit dem Inkrafttreten der Revision dem neuen Recht untersteht, gelten für «umgewandeltes» Stockwerkeigentum diese Regeln erst von der Eintragung der Abänderung im Grundbuch an (20ter Abs 2 SchlT).[88]

---

86   Zur Aktiv- und Passivlegitimation 119 II 408; WERMELINGER, ZüKomm, Art. 712r N 60 f. Zum Sonderfall einer nur aus 2 Mitgliedern zusammengesetzten Stockwerkeigentümergemeinschaft BGer 4A_8/2014 E. 2.3.

87   Vgl. dazu PIOTET, Sur le moment de la reconversion des propriétés par étages originaires qui avaient été transformées en application de l'ancien droit transitoire, in JdT 136 (1988), I 155 ff.

88   Zu den übergangsrechtlichen Fragen s. vor allem BROGLI, zit. vorne in Anm. 39; MEIER-HAYOZ/REY, BeKomm, Vorbem. zu Art. 712a–712t N 82 ff. (besonders 91 ff.); WERMELINGER, ZüKomm, Vorbem. zu Art. 712a–712t N 102 ff.

§ 102 Die Beschränkungen des Grundeigentums

Wie wir schon bei der Erörterung des Eigentumsbegriffs gesehen haben, unterliegt das Grundeigentum heute zahlreichen und wichtigen Inhaltsbeschränkungen. Sie beruhen zum kleineren Teil auf Rechtsgeschäft und damit auf freiwilligem Entscheid der Eigentümerin, zum überwiegenden Teil aber auf Gesetz. Diese Einteilung in *rechtsgeschäftliche* und *gesetzliche* Eigentumsbeschränkungen ist für die folgende Darstellung wegleitend (I. und II.–IV.). Im Weiteren lassen sich die gesetzlichen Beschränkungen gliedern in solche nach ZGB (samt darauf basierenden kantonalen Erlassen, III.) und solche kraft Spezialerlassen des Bundes (IV.). [1]

I. Die rechtsgeschäftlichen Eigentumsbeschränkungen

Die Eigentümerin kann ihrer eigenen Machtsphäre Grenzen setzen, indem sie zu Gunsten bestimmter Personen auf gewisse aus dem Eigentum fliessende Befugnisse in freiwilliger Vereinbarung verzichtet. Diese Selbstbeschränkung beschlägt entweder das Nutzungs- oder das Verfügungsrecht über die Sache. [2]

a. Das Benutzungsrecht wird eingeschränkt durch die Begründung fremder dinglicher oder auch nur persönlicher Nutzungsrechte, die sich auf die Sache richten, etwa einer Dienstbarkeit (hinten §§ 107 ff.) oder eines Mietverhältnisses (253 ff. OR). [3]

b. Das Verfügungsrecht – hier verstanden als Befugnis, die Sache beliebig zu veräussern[1] – wird eingeschränkt durch die Begründung eines *Vorkaufs-, Rückkaufs-* oder *Kaufsrechts* (droit de préemption, de réméré, d'emption). Diese Rechte sind 1991 neu geordnet worden.[2] Vorkaufs-, Rückkaufs- und Kaufsrechte, die auf vertraglicher Grundlage beruhen, finden sich seither in Art. 216–216e OR, während die allgemei- [4]

---

1 Zum weiteren möglichen Gehalt des Begriffs «Verfügung» s. ANDREAS VON TUHR/HANS PETER, Allgemeiner Teil des Schweizerischen Obligationenrechts, Bd. I (Zürich 1974), 194; DANIEL STAEHELIN, Bedingte Verfügungen (Zürich 1993), 1 ff.; CAROLE VAN DE SANDT, L'acte de disposition (Diss. Freiburg 2000), AISUF 197, Nr. 70 ff. und passim.

2 BG über die Teilrevision des Zivilgesetzbuches (Immobiliarsachenrecht) und des Obligationenrechts (Grundstückkauf) vom 4. Oktober 1991, in Kraft seit 1. Januar 1994 (zur Entstehungsgeschichte vgl. Vorauflage § 101 Anm. 2 und 3). Literaturauswahl: CHRISTIAN BRÜCKNER, Verwandte Verträge (Vorvertrag, Vorkaufsvertrag, Vertrag auf Begründung eines Kaufsrechts bzw. Rückkaufrechts), in Alfred Koller (Hrsg.), Der Grundstückkauf (2. A. Bern 2001), 503 ff.; BÉNÉDICT FOËX, La nouvelle réglementation des droits de préemption, d'emption et de réméré dans le CC/CO, in Semjud 116 (1994), 381 ff.; DERSELBE, Quelques questions pratiques relatives aux droits de préemption du CC/CO, ZBGR 88 (2007), 1 ff.; HEINZ REY, Die Neuregelung der Vorkaufsrechte in ihren Grundzügen, ZSR NF 113 (1994), I 39 ff.; JONAS RÜEGG, Rechtsgeschäftliche Vorkaufsrechte an Grundstücken (Luzerner Diss., Zürich 2014), LBR 89; JÖRG SCHMID/HUBERT STÖCKLI, Schweizerisches Obligationenrecht Besonderer Teil (Zürich 2010), Nr. 506 ff.; STEINAUER, Les droits réels II, Nr. 1695 ff.

nen Bestimmungen über die gesetzlichen Vorkaufsrechte in Art. 681–681b ZGB geregelt sind (dazu hinten II.).

5   1. Durch das *Vorkaufsrecht* – genauer: durch den dieses Recht enthaltenden Vorkaufsvertrag – räumt der Eigentümer einer anderen Person das (Gestaltungs-)Recht ein, bei Eintritt des Vorkaufsfalls durch einseitige Willenserklärung (Gestaltungserklärung) die Übertragung des Grundstücks zu Eigentum zu beanspruchen (115 II 337; 116 II 52; 134 III 604),[3] also jene Rechtslage herbeizuführen, die bestände, wenn der Verkäufer mit ihr einen Kaufvertrag über das Grundstück abgeschlossen hätte. Als «Vorkaufsfall» gilt der Verkauf (nicht schon die blosse Verkaufsabsicht: 113 II 67)[4] des Grundstücks sowie jedes andere Rechtsgeschäft, das wirtschaftlich einem Verkauf gleichkommt (216c[1] OR; s. auch 85 II 481 ff.; 115 II 178 f.).[5] Nicht darunter fallen aber die Zuweisung an einen Erben in der Erbteilung, die Zwangsvollstreckung[6] und der Erwerb zur Erfüllung öffentlicher Aufgaben (216c[2] OR). Ebenso wenig stellen Tausch, Schenkung und gemischte Schenkung (101 II 59 ff.; 102 II 250; 115 II 179), Einbringen in eine Gesellschaft, Übertragung auf den (Allein-)Aktionär im Rahmen der Liquidation der Aktiengesellschaft (745 OR; 126 III 188 f.), Übertragung durch Erbgang, Verkauf an einen gesetzlichen Erben mit Rücksicht auf dessen Erbrecht (70 II 151, sog. «Kindskauf»; vgl. auch 120 V 13) oder Verpfründungsvertrag (115 II 179; 118 II 401 ff.) einen Vorkaufsfall dar.[7] Wird der Eintritt des Vorkaufsfalls vom Belasteten wider Treu und Glauben verhindert, so kann das Vorkaufsrecht dennoch ausgeübt werden (156 OR; 85 II 484 f.).[8]

6   Ist der Vorkaufsfall eingetreten (das Grundstück also verkauft worden), so muss der Verkäufer die Vorkaufsberechtigte über den Abschluss und den Inhalt des

---

3   So MEIER-HAYOZ, BeKomm, Art. 681 N 19; STEINAUER, Les droits réels II, Nr. 1719; RÜEGG a.a.O. Nr. 9 ff. und 896 ff.

4   Verkauft der Eigentümer das Grundstück an den Vorkaufsberechtigten, ohne zu versuchen, es an einen Dritten zu verkaufen, so bildet nicht das Vorkaufsrecht, sondern unmittelbar der Kaufvertrag den Rechtstitel für den Übergang des Eigentums (113 II 67, mit Hinweis auf MEIER-HAYOZ, BeKomm, Art. 681 N 176 und 244).

5   Zu den «wirtschaftlich» einem Verkauf gleichkommenden Rechtsgeschäften s. REY, zit. in Anm. 2, 48 ff.; RÜEGG a.a.O. Nr. 635 ff.

6   Abweichendes gilt beim gesetzlichen Vorkaufsrecht: Art. 681 Abs. 1; vgl. auch Art. 51 und 60a VZG.

7   Siehe auch BBl 1988 III 1079 f. Zum Vorkaufsfall ausführlich REY, Grundriss, Nr. 1254 ff., STEINAUER a.a.O. Nr. 1731 ff.; BRÜCKNER, zit. in Anm. 2, 532 ff.; RÜEGG a.a.O. Nr. 532 ff. – Durch Vertrag können auch andere als die gesetzlichen «Vorkaufsfälle» vorgesehen werden, sofern sie der Natur des Vorkaufsrechts nicht widersprechen (85 II 481; MEIER-HAYOZ, BeKomm, Art. 681c N 137 ff. und 176). Fraglich ist, ob diese Verträge auch Dritten entgegengehalten werden können. – Eine erweiterte Umschreibung des Vorkaufsfalls (die namentlich auch die Einbringung in eine Gütergemeinschaft oder in eine Gesellschaft oder die Schenkung einschliesst) enthält Art. 43 BGBB.

8   Illustrativ auch LGVE 1985 I Nr. 5 = BR/DC 10 (1988), 17 f., Nr. 17.

Kaufvertrags informieren (216d¹ OR).⁹ Ausserdem kann nun der Vorkaufsberechtigte sein Recht ausüben.¹⁰ Der Vorkaufsvertrag kann zum Vornherein für die Geltendmachung des Vorkaufsrechts gewisse Bedingungen festlegen, insbesondere den Kaufpreis bestimmen (sogenanntes limitiertes Vorkaufsrecht). Fehlen solche Abreden (nicht limitiertes, unlimitiertes, illimitiertes Vorkaufsrecht), so kann die Vorkaufsberechtigte das Grundstück zu den Bedingungen erwerben, die der Verkäufer mit dem Dritten vereinbart hat (216d³ OR; 134 III 605).¹¹

2. Durch das *Rückkaufsrecht* erhält die Verkäuferin des Grundstücks die Befugnis, unter gewissen vertraglich festgesetzten Bedingungen (zum Beispiel falls der Erwerber des Grundstücks nicht innert bestimmter Frist ein Wohnhaus baut¹² durch einseitige Erklärung die Rückübertragung vom Erwerber zu verlangen (109 II 222 f.; 120 Ia 244).¹³   7

3. Durch das *Kaufsrecht* schliesslich räumt der Eigentümer der Berechtigten die Befugnis ein, durch einseitige Willenserklärung (und unabhängig von einem Vorkaufsfall) die Sache käuflich zu erwerben. Der Kaufrechtsvertrag wird daher gelegentlich als (durch die Ausübungserklärung) bedingter Kaufvertrag bezeichnet (121 III 212; 128 III 127 f.; 129 III 267).¹⁴   8

4. *Gemeinsame Bestimmungen: Formen, Höchstdauer, Vormerkbarkeit, Fristen.* Die drei genannten Beschränkungen des Verfügungsrechts sind nur gültig, wenn sie in der gesetzlich vorgeschriebenen *Form* vereinbart werden. Grundsätzlich ist öffentliche Beurkundung erforderlich (216² OR; unter Vorbehalt der Erbteilung: 118 II 397), doch genügt für Vorkaufsverträge, die den Kaufpreis nicht zum Voraus bestimmen (also ein nicht limitiertes Vorkaufsrecht einräumen), die einfache Schriftlichkeit (216³ OR).¹⁵   9

---

9   Vgl. Rüegg a.a.O. Nr. 751 ff. Zu allfälligen Rechtsbelehrungspflichten der Urkundsperson vgl. hinten Anm. 28.

10   Ausführlich Rüegg a.a.O. Nr. 797 ff.

11   Besteht die Gegenleistung des Käufers (teilweise) nicht in Geld und ist dennoch ein Vorkaufsfall gegeben, so muss die vereinbarte Leistung in eine Geldleistung umgewandelt werden (BBl 1988 III 1081).

12   Beispiel aus BGer in RJN 1992, 72 ff.; vgl. auch Art. 41 Abs. 3 BGBB, zu einem gesetzlichen Rückkaufsrecht ferner Art. 55 BGBB.

13   Ist nichts anderes vereinbart, so entspricht der Rückkaufspreis dem Preis, den der zum Rückverkauf verpflichtete Käufer für das Grundstück bezahlt hat (Steinauer a.a.O. Nr. 1717).

14   Zum umstrittenen, mit dem Kaufsrecht verwandten Institut der «promesse de vente» s. 103 III 97 ff. (besonders 106 ff.); 105 III 16 f.; 118 II 32 ff., je mit weiteren Hinweisen; ferner etwa Markus Reber, Zum «Durchgriff» beim Vorvertrag, recht 11 (1993), 92 ff. – Der erstgenannte Entscheid lässt es übrigens zu, einen Grundstückkaufvertrag mit einem im Grundbuch vorgemerkten Kaufsrecht zu verbinden; im Fall der «promesse de vente» schliesst der definitive Vertragsschluss die Ausübung des Kaufsrechts ein (103 III 108 ff., entgegen Meier-Hayoz, BeKomm, Art. 683 N 14a–c; vgl. auch BGer in ZBGR 60 [1979], 381 ff., mit kritischer Anmerkung Huber, und BN 52 [1991], 205 ff.). – Ein gesetzliches Kaufsrecht ist enthalten in Art. 24 BGBB.

15   Zur Begründung dieser Formvorschriften vgl. BBl 1988 III 1076; Rüegg a.a.O. Nr. 102 ff. Vor der Revision waren sämtliche Vorkaufsverträge schon in einfacher Schriftform gültig (vgl. Meier-Hayoz, BeKomm, Art. 681 N 66 ff.). – Zu besonderen Problemen beim Vertrag auf

10   Das Gesetz sieht sodann eine *Höchstdauer* dieser Rechte vor: Vorkaufs- und
Rückkaufsrechte dürfen für höchstens 25 Jahre, Kaufsrechte für höchstens zehn Jahre
vereinbart (und im Grundbuch vorgemerkt) werden (216a OR).[16] Alle diese Rechte
sind mangels einer anderen Vereinbarung *vererblich, aber nicht abtretbar* (216b[1] OR;
s. auch 41[3] BGBB). Wurde vertraglich die Abtretung als zulässig erklärt, so bedarf sie
der gleichen Form wie die Begründung (216b[2] OR).

11   Die formgerecht verabredeten Veräusserungsbeschränkungen haben zunächst
nur persönliche (obligatorische), nicht auch dingliche Wirkung (126 III 423). Wurde
also ein (gewöhnliches) Vorkaufs-, Rückkaufs- oder Kaufsrecht wirksam ausgeübt, so befindet sich die Berechtigte in der gleichen Situation wie eine gewöhnliche
Käuferin:[17] Sie schuldet den Kaufpreis (und kann diesbezüglich in Verzug geraten;
109 II 223), während der Veräusserer verpflichtet ist, ihr das Grundstück zu übereignen. Einer erneuten öffentlichen Beurkundung bedarf es nicht (109 II 226). Weigert
sich der Veräusserer (dessen Mitwirkung erforderlich ist: BGer in ZBGR 74 [1993],
363 f.), die Vorkaufsberechtigte als neue Eigentümerin beim Grundbuchamt anzumelden, so kann diese nach Art. 665 Abs. 1 auf Zusprechung des Eigentums am betreffenden Grundstück klagen (85 II 487; 109 II 223; BGer in RJN 1992, 72 ff.; 120 Ia
244; vorne § 100 N 3). Zur Sicherung ihrer Ansprüche kann sich ein Gesuch um richterliche Anordnung einer Verfügungsbeschränkung nach Art. 960 Abs. 1 Ziff. 1 aufdrängen (120 Ia 244 f.; vorne § 95 N 9).[18] Hat jedoch der Veräusserer das Grundstück in Missachtung seiner Pflichten schon an den Drittkäufer übereignet, so steht
der (Vorkaufs-, Rückkaufs- oder Kaufs-)Berechtigten nur (aber immerhin) Schadenersatz nach Art. 97 OR zu (137 III 296).[19] Doch können Verkaufs-, Rückkaufs- und
Kaufsrechte gemäss Art. 216a OR (und 959[1] ZGB) *im Grundbuch vorgemerkt* wer-

---

Einräumung eines Vorkaufsrechts an einem zukünftig zu begründenden Stockwerkeigentumsanteil s. 114 II 127 ff. und RÜEGG a.a.O. Nr. 529 ff.

16   Die Höchstdauer (bezüglich schuldrechtlicher Bindung und Anmerkung) gilt nicht für Vorkaufsrechte bei Stockwerkeigentum im Sinn von Art. 712c Abs. 1 (BBl 1988 III 1078; PKG 1990,
20 ff., Nr. 4 = BR/DC 14 [1992], 101, Nr. 171; STEINAUER, Les droits réels I, Nr. 1220; DERSELBE,
Les droits réels II, Nr. 1722 und 1728; REY, Grundriss, Nr. 773; MEIER-HAYOZ/REY, BeKomm,
Art. 712c N 11, 33 und 81; RÜEGG a.a.O. Nr. 321 f. und 481 ff.; wohl auch BGE 126 III 425 f.). –
Laut der Botschaft kann ein Vorkaufsrecht unter Vorbehalt einer anderen Vereinbarung nicht
nur beim ersten, sondern bei jedem Vorkaufsfall innerhalb der vereinbarten Dauer ausgeübt werden (BBl 1988 III 1080). Nach herrschender und zutreffender Lehre (MEIER-HAYOZ,
BeKomm, Art. 681 N 296 ff.; STEINAUER a.a.O. Nr. 1745 ff.; REY, Grundriss, Nr. 1277; RÜEGG
a.a.O. Nr. 883 ff. [mit Relativierungen]) gilt dies jedoch nur für das vorgemerkte Vorkaufsrecht;
das nicht vorgemerkte Vorkaufsrecht erlischt, wenn es beim ersten Vorkaufsfall nicht fristgerecht ausgeübt wird.

17   Für das Rückkaufsrecht 109 II 223 und BGer in RJN 1992, 72 ff.; für das Kaufsrecht 121 III 212.

18   Für das Vorkaufsrecht ausführlich RÜEGG a.a.O. Nr. 920 ff.

19   Vgl. für das Vorkaufsrecht auch BBl 1988 III 1081 f.; MEIER-HAYOZ, BeKomm, Art. 681 N 247;
STEINAUER a.a.O. Nr. 1742; RÜEGG a.a.O. Nr. 920 ff. und 1020 f. – Zur umstrittenen Frage eines
Anspruchs auf Gewinnherausgabe gegenüber dem Veräusserer vgl. immerhin die auf den Doppelverkauf bezogenen Ausführungen von JÖRG SCHMID, ZüKomm, Art. 423 OR N 83. – Möglich ist auch, dass der Dritterwerber die (nicht vorgemerkte) vorkaufsrechtliche Verpflichtung

den.[20] Die Vormerkung muss ihrerseits formgerecht vereinbart sein (vgl. auch 78[1] GBV). Ihre Höchstdauer deckt sich mit der maximalen schuldrechtlichen Bestandesdauer der Rechte (216a OR). Durch die Vormerkung im Grundbuch wird der persönliche Anspruch mit einem dinglichen Nebenrecht verstärkt (959[2]; 114 III 19). Die Rechte lassen sich nun jedermann gegenüber durchsetzen (92 II 155 ff.; 101 II 240; 120 Ia 245; 126 III 423). Die Vorkaufs-, Rückkaufs- oder Kaufsberechtigte kann also ihr Recht mit Erfolg auch gegenüber einem Dritterwerber anrufen und einklagen, an den das Grundstück bereits zu Eigentum übertragen worden ist (101 II 240; 116 II 52 f.; 128 III 127; für das Vorkaufsrecht vgl. auch 216e OR;[21] zu den Informationspflichten des Grundbuchverwalters s. Art. 969 Abs. 1). Ebenso kann die Berechtigte die Löschung eines später eingetragenen beschränkten dinglichen Rechts verlangen, wenn dieses ihre Interessen beeinträchtigt (114 III 19 f. für Pfandrechte;[22] 85 II 488 für ein Baurecht; s. zur Vormerkung im Allgemeinen vorne § 95 N 6 f.).

Für die *Ausübung* des *Vorkaufsrechts* sieht das Gesetz eine zweite Befristung   12 vor.[23] Die Berechtigte muss ihr Recht innert *dreier Monate* gegenüber dem Verkäufer oder, wenn das Recht im Grundbuch vorgemerkt ist, gegenüber dem Eigentümer (nicht aber gegenüber dem Grundbuchamt: BGer in ZBGR 74 [1994], 358 ff.) geltend machen.[24] Die Frist beginnt mit der Kenntnis von Abschluss und Inhalt des Veräusserungsvertrags (216e OR; zum alten Recht s. 83 II 519; BGer in ZBGR 74 [1994], 358 ff.). Zur Geltendmachung bedarf es einer empfangsbedürftigen Erklärung, die innert der Frist beim Destinatär eintreffen muss (73 II 168); andernfalls hat die Vorkaufsberechtigte ihr Recht verwirkt (82 II 410).[25] Die Erklärung muss eindeutig, vorbehaltlos und bedingungslos sein und ist unwiderruflich (117 II 32; BGer 5A_669/2012 E. 5; zur Geltendmachung des Vorkaufsrechts durch mehrere Berechtigte s. 116 II 49 ff.). Sie kann in beliebiger *Form* abgegeben werden (BGer 5A_669/2012 E. 4), doch ist für die Ein-

---

vertraglich übernommen hat (175 OR); dann kann der Berechtigte unmittelbar gegen diesen Dritten auf Zusprechung des Grundstücks klagen (BBl 1988 III 1082).

20 Zur Vormerkung des Vorkaufsrechts ausführlich Rüegg a.a.O. Nr. 364 ff.

21 Nach einigen Autoren (Deschenaux, SPR V/3, 647; Steinauer a.a.O. Nr. 1726 und 1743) liegt neben der Erfüllungsklage von Art. 665 Abs. 1 zugleich eine Grundbuchberichtigungsklage nach Art. 975 vor (u. E. unklar 92 II 147 ff. und 101 II 235 ff.; wie die genannten Autoren aber BGer in ZBGR 60 [1979], 381 ff.; vgl. auch Homberger, ZüKomm, Art. 959 N 30 ff.; a. M. aber Rüegg a.a.O. Nr. 1034). Dies dürfte sich aus Gründen der Prozessökonomie rechtfertigen, obwohl der Vorkaufsberechtigte das Eigentum erst mit dem zusprechenden Urteil erhält (vgl. Meier-Hayoz, BeKomm, Art. 665 N 7 ff.; Schmid/Hürlimann-Kaup a.a.O. Nr. 849a ff.). – Zur Ausübung eines im Grundbuch vorgemerkten Kaufsrechts an einem Grundstück, das mit Arrest belegt worden ist, vgl. BGE 128 III 124 ff.

22 Siehe auch LGVE 1992 I Nr. 12 = SJZ 88 (1992), 339 f.

23 Zur – nach Vertrag und gegebenenfalls Vertrauensprinzip zu bestimmenden – Ausübungsfrist beim Rückkaufsrecht vgl. BGer in RJN 1992, 72 ff.

24 Vgl. ausführlich Rüegg a.a.O. Nr. 843 ff. – Die Vereinbarung einer kürzeren Verwirkungsfrist ist zulässig (BBl 1988 III 1081).

25 Die Botschaft verweist für eine absolute Verwirkungsfrist von 10 Jahren auf Art. 127 OR (BBl 1988 III 1082; kritisch Rey, zit. in Anm. 2, 59).

tragung in das Grundbuch eine schriftliche Erklärung nötig. Öffentlicher Beurkundung bedarf die Vereinbarung ergänzender wesentlicher Vertragsbestimmungen (90 II 398).

13   Wird nach Ausübung des Vorkaufsrechts der Kaufvertrag aufgehoben oder wird eine erforderliche Bewilligung aus in der Person des Käufers liegenden Gründen verweigert, so bleibt dies gegenüber der Vorkaufsberechtigten ohne Wirkung (216d^2 OR).

II.   Die gesetzlichen Eigentumsbeschränkungen im Allgemeinen

14   **a. Arten und Zweck.** Die vom Gesetz aufgestellten Eigentumsbeschränkungen sind ganz unterschiedlicher Art. Nach ihrem Inhalt können sie sich zunächst auf die *Verfügungsbefugnis* des Eigentümers beziehen. So enthält das ZGB allgemeine Regeln zu und spezielle Fälle von gesetzlichen Vorkaufsrechten (681–681b und 682). Wichtige Verfügungsbeschränkungen ergeben sich aus Spezialgesetzen des Bundes (hinten IV.). – Sodann können sich die gesetzlichen Schranken auf die *Nutzungsrechte* des Eigentümers beziehen.[26]

15   Der *Zweck* aller Eigentumsbeschränkungen besteht in der Wahrung von Interessen anderer Personen, denen jene des Eigentümers sich in bestimmter Beziehung unterordnen müssen (zur «Sozialpflichtigkeit» des Privateigentums s. auch 119 Ia 399). Diese anderen Personen sind die Eigentümer angrenzender Grundstücke (Nachbarn), weitere Kreise von Privatpersonen oder die Allgemeinheit insgesamt (der Staat). Insofern kann man – entsprechend der Interessenlage – *privatrechtliche* und *öffentlich-rechtliche* Eigentumsbeschränkungen unterscheiden.

16   **b. Privatrechtliche und öffentlich-rechtliche Eigentumsbeschränkungen insbesondere.** Die Beschränkungen zu Gunsten der Nachbarn oder weiterer Privatpersonen sind regelmässig privatrechtlicher, jene zu Gunsten der Allgemeinheit öffentlich-rechtlicher Natur (91 I 415). Die Unterscheidung hat mehrfache Bedeutung:

17   1. Zunächst ist sie praktisch bedeutsam für den *Rechtsweg.* Als Grundsatz gilt: Wird eine privatrechtliche Beschränkung missachtet oder bestritten, so muss die berechtigte Person den Schutz des Zivilgerichts anrufen. Bei den öffentlich-rechtlichen Beschränkungen liegt die Entscheidung bei den Verwaltungsbehörden oder -gerichten; solche Beschränkungen werden von Amtes wegen geltend gemacht.[27]

18   Indessen dienen gewisse Beschränkungen sowohl privaten wie öffentlichen Interessen. Namentlich bei kantonalen Regeln kann nicht immer leicht entschieden werden, ob es sich um dem kantonalen Recht vorbehaltene privatrechtliche oder aber

---

26   Vgl. auch die Übersicht bei STEINAUER a.a.O. Nr. 1766 ff.

27   Schon seit einiger Zeit gewinnt jedoch die Geltendmachung privater Interessen auf dem Verwaltungsweg beträchtlich an Bedeutung. Es sei nur auf die Einsprachemöglichkeiten im Baubewilligungsverfahren, im Rahmen der Zonenplanung und des Umweltschutzes hingewiesen (vgl. etwa 95 I 197 ff.; BGer 1C_302/2009 E. 6.3; LGVE 1989 II, Nr. 5, S. 138 ff. [141; VerwGer Luzern]).

um öffentlich-rechtliche Bestimmungen handelt. Statt der blossen Interessenlage sind daher auch der Zweck der Norm, die beteiligten Personen und ihre Stellung zu beachten. Denkbar ist sogar, dass der privatrechtliche und der öffentlich-rechtliche Rechtssatz in *einer* Regel, in einer sogenannten *Doppelnorm* (96 I 97 ff.; 106 Ib 239 f.; 109 Ia 78; BGer 6B_490/2014 E. 2.3), verschmolzen sind.

2. Von der Unterscheidung zwischen dem privatrechtlichen oder öffentlich-rechtli- 19
chen Charakter einer Eigentumsbeschränkung hängt es sodann ab, ob eine *vertragliche Vereinbarung* darüber möglich ist: Der Parteiwillkür grundsätzlich entzogen sind die öffentlich-rechtlichen Beschränkungen; Art. 680 Abs. 3 schliesst ihre rechtsgeschäftliche Aufhebung oder Abänderung aus. Immerhin kann das kantonale Recht Ausnahmen vorsehen (90 I 210 f.). Über privatrechtliche Beschränkungen können sich die Parteien hinwegsetzen, sie also durch Vertrag aufheben oder abändern (680²). Normalerweise haben also die Ersteren *zwingenden,* die Letzteren *dispositiven* Charakter. Demnach kann ein Grundeigentümer der Nachbarin das Recht einräumen, von einem Baum aus Äste in seine Luftsäule hinüberragen zu lassen, und er kann auf die daran wachsenden Früchte zum Vornherein verzichten. Sodann darf – soweit nicht öffentlich-rechtliche Normen entgegenstehen – eine Nachbarin der anderen gestatten, unter Vernachlässigung der gesetzlichen Abstände Bauten oder Grabungen vorzunehmen. Unter den Parteien ist eine solche formlose Abrede (obligatorisch) gültig. Soll sie aber dingliche Wirkung erhalten, so ist sie, soweit die Aufhebung oder Abänderung der Eigentumsbeschränkung einen entsprechenden Inhalt hat, als Dienstbarkeit ins Grundbuch einzutragen (680²; vgl. hinten § 108 N 1 ff.).

c. Gesetzliche Eigentumsbeschränkungen gelten ohne Eintrag im Grundbuch, 680¹. 20
Dies trifft sowohl für privatrechtliche wie auch für öffentlich-rechtliche Beschränkungen zu (111 Ia 183 für einen Revers), gilt aber trotz des allgemein gefassten Gesetzeswortlauts nur für jene gesetzlichen Eigentumsbeschränkungen, die das Gesetz selber *unmittelbar* begründet (z.B. das Vorkaufsrecht unter Miteigentümern,[28] das Verbot unzulässiger Immissionen, die Pflicht zur Aufnahme des Abflusswassers, die durch kantonales Gesetz begründeten Wegrechte, vgl. 696¹).[29] Vor solchen unmittelbaren gesetzlichen Eigentumsbeschränkungen gewährt das Gesetz grundsätzlich auch dem gutgläubigen Erwerber eines Grundstücks keinen Schutz (111 Ia 183).

Daneben kommen *mittelbare* Beschränkungen vor: solche, für die das Gesetz nur einen 21
Anspruch gewährt. Sie entstehen erst mit der Geltendmachung durch den Berechtig-

---

28   Die Überlegung des Gesetzgebers ging dahin, dass solche gesetzlichen Vorkaufsrechte «als allgemein bekannt vorauszusetzen» sind (Huber, Erl. II 430; Meier-Hayoz, BeKomm, Art. 682 N 37: «ignorantia iuris nocet»). Immerhin können sich für die Urkundsperson bestimmte Rechtsbelehrungspflichten ergeben (z.B. Wegleitung, in ZBGR 75 [1994], 100; Christian Brückner, Schweizerisches Beurkundungsrecht [Zürich 1993], Nr. 1745 ff.).

29   Illustrativ 117 II 544 betreffend die gesetzlichen Vorkaufsrechte nach EGG (altes Recht), die «gesetzliche Eigentumsbeschränkungen im Sinn von Art. 680 Abs. 1 ZGB darstellen und deren Vormerkung zur verstärkten Wirkung weder notwendig noch zulässig ist (Meier-Hayoz, N 16 und 37 zu Art. 682 ZGB)».

ten und (meistens) der *Eintragung* in das Grundbuch: Dies gilt bezüglich des Notwegs, des Notbrunnens (zum Zeitpunkt der Entstehung dieser Rechte vgl. immerhin hinten N 57 ff.) und der Notleitung – für diese Letztere jedoch nur, sofern sie nicht äusserlich wahrnehmbar ist (676[3]; 97 II 330 f.).

22   **d. ZGB und andere Erlasse.** Das ZGB behandelt die gesetzlichen Eigentumsbeschränkungen *nicht erschöpfend*. Das versteht sich von selbst in Bezug auf die angesprochenen öffentlich-rechtlichen Vorschriften, zumal ihre Aufnahme ins ZGB nur ausnahmsweise vorkommt.[30] Öffentlich-rechtliche Eigentumsbeschränkungen sind im Allgemeinen dem *öffentlichen Recht* des Bundes, der Kantone und der Gemeinden überlassen (702). So greifen vielfach in die Eigentumssphäre ein: die Bundesgesetze über Enteignung, über Jagd und Vogelschutz, Fischerei, Natur- und Heimatschutz, Gewässerschutz, Umweltschutz, über den Wald, die Raumplanung usw., kantonale oder kommunale Erlasse über die Bau-, Forst-, Wasserpolizei usw. (zur Anmerkung im Grundbuch vgl. 53[2], 129 und 164 GBV).

23   Aber selbst die privatrechtlichen Eigentumsbeschränkungen sind (von den vorne N 4 ff. erwähnten Schranken der Verfügungsbefugnis abgesehen) nicht im ZGB allein enthalten. In zahlreichen echten Vorbehalten zu Gunsten des *kantonalen Rechts* und vereinzelt auch zu Gunsten der *Ortsübung* hat das ZGB den in den einzelnen Kantonen und Gemeinden verschiedenen Bedürfnissen Rechnung getragen.[31] So können die Kantone die zu beachtenden Abstände bei Bauten und Pflanzungen bestimmen (686 und 688).[32] Ihnen steht es in einem bestimmten Rahmen (104 II 166 ff.) auch zu, vorzuschreiben, inwiefern ein Grundeigentümer das Nachbargrundstück zum Zweck der Bewirtschaftung oder zur Vornahme von Reparaturen betreten kann (695).[33] Sie können über Pflicht und Art der Einfriedung legiferieren (697). Sie dürfen über die Benutzung von Quellen, Brunnen und Bächen durch Nachbarn oder andere Personen Bestimmungen aufstellen (709). Die Ortsübung bezeichnet das Mass, in dem das Betreten von Wald und Weide sowie das Beerenlesen jedermann gestattet sind (699); sie hilft entscheiden, inwieweit Einwirkungen von einem Grundstück auf ein anderes, insbesondere durch Rauch, Dünste, Lärm usw., gestattet oder verboten sind (684[2]).

---

30   Vgl. die Übersicht bei Steinauer a.a.O. Nr. 1947 ff.

31   Unechte Vorbehalte sind etwa: Art. 702, 705; zu Art. 703 siehe hinten N 81 f.

32   Art. 686 stellt einen echten Vorbehalt dar (129 III 163 f.). Doch ist heute auf die baurechtlichen Fragen überwiegend kantonales öffentliches Baurecht anwendbar, das auch zunehmend bestimmt, was nach Lage und Ortsgebrauch an Einwirkungen auf ein Nachbargrundstück zulässig ist. Wird eine übermässige Einwirkung nach Art. 684 verneint, so liegt darin keine Vereitelung von Bundesrecht, wenn ein Bauvorhaben den massgebenden öffentlich-rechtlichen Bauabstandsnormen entspricht, die im Rahmen einer detaillierten und bundesrechtskonformen Bau- und Zonenordnung erlassen worden sind (129 III 163 ff.; 132 III 52). – Zu Art. 688 vgl. 122 I 81 ff., 126 III 457 f. und 132 III 6 ff.

33   Zur Tragweite von Art. 695: Bernhard Schnyder, Das Hammerschlags- oder Leiterrecht – Bundesrecht oder kantonales Recht?, in Festgabe der rechts-, wirtschafts- und sozialwissenschaftlichen Fakultät der Universität Freiburg zum Schweizerischen Juristentag (Freiburg 1980), AISUF 49, 265 ff. = «Das ZGB lehren», Gesammelte Schriften (Freiburg 2001), AISUF 200, 565 ff.; Steinauer a.a.O. Nr. 1869 ff.; LGVE 1988 I Nr. 8.

Ausser den erwähnten besonderen Arten von Eigentumsbeschränkungen enthält das   24
ZGB auch *allgemeine Grundsätze,* die der Ausübung des Eigentums Grenzen ziehen:
zunächst die vernünftigerweise für die gesamte Eigentumsausübung geltende Regel
von Art. 667 Abs. 1, wonach ein Ausübungsinteresse gegeben sein muss (vorne § 101
N 3), sodann das bereits an anderer Stelle (vorne § 6 N 13 ff. und § 97 N 5) behandelte,
für alle Rechte geltende Verbot des Rechtsmissbrauchs (zum Schikaneverbot vgl. auch
118 IV 291 ff.) und schliesslich Art. 679, der eine Verantwortlichkeit des Grundeigentümers für jede Eigentumsüberschreitung ausspricht.

Im Folgenden ist zunächst (III.) auf ausgewählte Eigentumsbeschränkungen des ZGB   25
einzugehen; anschliessend (IV.) soll eine Auswahl spezialgesetzlicher Beschränkungen behandelt werden.

III.   Ausgewählte gesetzliche Eigentumsbeschränkungen nach ZGB

a. Gesetzliche Vorkaufsrechte. Ein Vorkaufsrecht – verstanden als Befugnis des Vor-   26
kaufsberechtigten, bei Eintritt des Vorkaufsfalls die Übertragung des Grundstücks zu
Eigentum zu verlangen (vorne N 5) – kann nicht nur auf rechtsgeschäftlicher Grundlage beruhen, sondern besteht in gewissen Konstellationen unmittelbar von Gesetzes wegen. So sieht das ZGB selber für Miteigentümer und im Verhältnis Baurechts-
berechtigter/Bodeneigentümer ein gesetzliches Vorkaufsrecht vor (682[1] und [2]; siehe
hinten § 109 N 32). Weitere Vorkaufsrechte sind im BGBB enthalten, das Art. 682a
ausdrücklich vorbehält (hinten N 84). Durch die ZGB-Revision von 1991 wurden in
Art. 681, 681a und 681b *allgemeine Regeln* über gesetzliche Vorkaufsrechte aufgestellt
(vgl. vorne Anm. 2). Manches ähnelt den Bestimmungen über die rechtsgeschäftlichen Vorkaufsrechte (216 ff. OR; vorne N 4 ff.), doch sind wichtige Besonderheiten
zu beachten:

1. Der «Vorkaufsfall» ist bei den gesetzlichen Vorkaufsrechten weiter umschrieben als   27
bei vertraglichen: Nach Art. 681 Abs. 1 können gesetzliche Vorkaufsrechte auch bei der
Zwangsvollstreckung ausgeübt werden,[34] aber nur an der Steigerung selbst und zu den
Bedingungen (namentlich: zu dem Preis), zu welchen das Grundstück dem Ersteigerer zugeschlagen wird (vgl. auch 51 und 60a VZG); im Übrigen gilt Art. 216c OR (vgl.
aber auch die Erweiterung in Art. 43 BGBB). Es kann immerhin vorkommen, dass
mehrere Personen von Gesetzes wegen vorkaufsberechtigt sind. Art. 681 Abs. 2 lässt
das Vorkaufsrecht entfallen, wenn das Grundstück an eine Person veräussert wird, der
ein Vorkaufsrecht im gleichen oder in einem vorderen Rang zusteht; ein Veräusserer
hat also in diesen Fällen die «freie» (von Vorkaufsrechten unbelastete) Wahl (vgl. auch
46 BGBB).

---

34 So schon die bisherige Rechtslage: MEIER-HAYOZ, BeKomm, Art. 682 N 60 f. – Diese Regelung
    gilt auch für die agrarrechtlichen Vorkaufsrechte (BBl 1988 III 1072) und erfasst überdies die
    Fälle des Freihandverkaufs (BGer 1P.639/2004 E. 3.4 = ZBGR 88 [2007], 43 ff., wo Gleiches auch
    für Vorkaufsrechte des kantonalen öffentlichen Rechts bejaht wird [E. 3.5]).

28   2. Gesetzliche Vorkaufsrechte sind weder vererblich noch abtretbar; sie gehen den vertraglichen Vorkaufsrechten vor (681³).

29   3. Wie beim vertraglichen Vorkaufsrecht (OR 216d¹) muss der Verkäufer die gesetzlichen Vorkaufsberechtigten über den Abschluss und den Inhalt des Kaufvertrags in
Kenntnis setzen (681a¹). Im Fall des Eigentumserwerbs durch einen Dritten trifft auch
den Grundbuchverwalter eine Mitteilungspflicht bezüglich der gesetzlichen, aus dem
Grundbuch ersichtlichen Vorkaufsberechtigten (969¹; vorne § 95 N 16).³⁵ Sinngemäss
gilt sodann die Regelung von Art. 216d Abs. 2 OR.³⁶

30   4. Die Frist zur Ausübung des Vorkaufsrechts beträgt nach Art. 681a Abs. 2 Satz 1
drei Monate seit Kenntnis von Abschluss und Inhalt des Vertrags (Vorkaufsfalls). Das
gesetzliche Vorkaufsrecht kann – als gesetzliche Eigentumsbeschränkung, die ohne
Eintrag im Grundbuch besteht (680¹), und mit einer sogleich anzufügenden Einschränkung – innert dieser Frist *gegenüber jedem Eigentümer* des Grundstücks geltend gemacht werden (681a³); es wirkt also ähnlich wie ein vorgemerktes vertragliches
Vorkaufsrecht. Das gilt selbst gegenüber einem Erwerber, der das gesetzliche Vorkaufsrecht nicht kennt, da ein Gutglaubensschutz bei unmittelbaren gesetzlichen Eigentumsbeschränkungen grundsätzlich entfällt.³⁷ Weil die Kenntnis als fristauslösendes
Ereignis jedoch (trotz den Informationspflichten des Veräusserers und des Grundbuchverwalters) ungewiss ist, stellt das Gesetz im Interesse der Verkehrssicherheit eine
weitere zeitliche Schranke auf: Nach Ablauf von zwei Jahren seit Eintragung des neuen
Eigentümers in das Grundbuch kann das Vorkaufsrecht nicht mehr geltend gemacht
werden (681a² Satz 2).³⁸

31   5. Die Vereinbarung auf Ausschluss oder Abänderung eines gesetzlichen Vorkaufsrechts ist grundsätzlich zulässig (Ausnahme: 48 BGBB) und bedarf zu ihrer Gültigkeit
der öffentlichen Beurkundung (681b¹, in Übereinstimmung mit 680²). Sie kann – in
Abweichung zu 680² – aber nur dann im Grundbuch vorgemerkt werden, wenn das
Vorkaufsrecht dem jeweiligen Eigentümer eines anderen Grundstücks zusteht (681b¹
in fine), wie etwa beim Vorkaufsrecht der Miteigentümer (682¹). Steht es hingegen
ausschliesslich einer bestimmten Person zu (wie beim Vorkaufsrecht der Verwandten nach Art. 42 BGBB), ist die Vormerkung ausgeschlossen.³⁹ Nach Eintritt des Vorkaufsfalls kann der Berechtigte schriftlich auf die Ausübung eines gesetzlichen Vorkaufsrechts verzichten (681b²).

---

35   Zu allfälligen Rechtsbelehrungspflichten der Urkundsperson s. vorne Anm. 28 und STEINAUER
a.a.O. Nr. 1787a.

36   BBl 1988 III 1071.

37   Siehe vorne N 20; ferner BBl 1988 III 1074 und STEINAUER a.a.O. Nr. 1792.

38   Diese Verwirkung des Vorkaufsrechts hängt vom blossen Ablauf der zweijährigen absoluten
Frist ab, nicht auch vom guten Glauben des Erwerbers (SCHÖBI in recht 10 [1992], 570; REY, zit.
in Anm. 2, 64 f.; STEINAUER a.a.O. Nr. 1791a).

39   BBl 1988 III 1074; STEINAUER a.a.O. Nr. 1795a. – Zur Bedeutung von Abreden nach Art. 681b
Abs. 1 im Zwangsvollstreckungsverfahren vgl. Art. 60a Abs. 2 VZG.

6. Im ZGB selber vorgesehen wird ein *Vorkaufsrecht der Miteigentümer* gegenüber 32
jedem Nichtmiteigentümer, der einen Anteil erwirbt (682¹ Satz 1). Die Formulierung
stellt klar, dass das Vorkaufsrecht nur beim Verkauf von Miteigentumsanteilen gilt,
nicht auch beim Verkauf des ganzen Grundstücks.[40] Vorkaufsberechtigt ist nur der
Miteigentümer, nicht auch derjenige, der auf Grund eines Kaufvertrags lediglich einen
obligatorischen Anspruch auf Übertragung eines Miteigentumsanteils gegenüber dem
Veräusserer hat (115 II 334 f.). Steht ein Miteigentumsanteil einer Erbengemeinschaft
zu, so können nur alle Erben gemeinsam das Vorkaufsrecht ausüben (115 II 336). Miteigentumsanteil und Vorkaufsrecht sind untrennbar miteinander verknüpft und können nicht getrennt übertragen werden (115 II 335). Machen mehrere Miteigentümer
ihr Vorkaufsrecht geltend, so wird ihnen der Anteil im Verhältnis ihrer bisherigen Miteigentumsanteile zugewiesen (682¹ Satz 2; zur besonderen Rangfolge im bäuerlichen
Bodenrecht s. 49 BGBB). Von Gesetzes wegen kein Vorkaufsrecht besteht im Stock-
werkeigentumsverhältnis (712c; vorne § 101 N 51 und 56). Hingegen ordnet Art. 682
Abs. 2 ein gegenseitiges gesetzliches Vorkaufsrecht im Verhältnis zwischen *Baurechts-
berechtigtem* und *Bodeneigentümer* an.[41]

b. Die Verantwortlichkeit des Grundeigentümers für Eigentumsüberschreitun- 33
gen und rechtmässige Bewirtschaftungen, Art. 679 und 679a.[42] Die Nichtbeachtung
der gesetzlichen Eigentumsbeschränkungen (nach herrschender Lehre nur der privatrechtlichen) zieht eine *strenge Verantwortlichkeit des Grundeigentümers* nach sich und
gewährt Ansprüche auf Beseitigung der Schädigung, Schutz gegen drohenden Schaden und Schadenersatz. Im Einzelnen:

1. Art. 679 bezieht sich nicht auf die Verletzung von Schranken der rechtlichen Verfü- 34
gung, sondern auf *Überschreitungen der tatsächlichen Herrschaft* über ein Grundstück.
Solche («tatsächlichen») Verhaltensweisen sind grundsätzlich etwas «rechtlich Unbe-
fugtes» (Widerrechtliches), was das Wort «überschreitet» in Art. 679 ausdrückt. Mit
der Ausübung der tatsächlichen Herrschaft sind *Immissionen* angesprochen (hinten
N 45 ff.), also ein Verhalten, das mit der Bewirtschaftung oder sonstigen Benützung
des Grundstücks zusammenhängt (mag auch die eigentliche Störungsquelle ausserhalb
des Grundstücks liegen, 119 II 415 f.; 120 II 17); das schliesst die Anrufung von Art. 679
gegen das blosse Bestehenlassen eines natürlichen Zustands aus (so 93 II 234 f.; dort
offengelassen die Frage, ob dafür andere Rechtsbehelfe zur Verfügung stehen; vgl. auch
91 II 484). Zum Sonderfall der rechtmässigen Bewirtschaftung vgl. hinten N 42.

---

40 Das Vorkaufsrecht gilt also beispielsweise nicht bei Aufhebung des Miteigentums durch Veräusserung des Grundstücks (80 II 372 ff.); siehe aber auch 36 BGBB. Ausgeschlossen ist das gesetzliche Vorkaufsrecht überdies nach Art. 655a Abs. 2 beim sog. «unselbständigen» Miteigentum,
sofern die Verknüpfung einem dauernden Zweck dient (vgl. vorne § 99 N 22).

41 Vgl. LILIAN GHANDCHI, Das gesetzliche Vorkaufsrecht im Baurechtsverhältnis – Art. 682
Abs. 2 ZGB (Diss. Zürich 1999), ZSPR 149.

42 Zur Änderung von Art. 679 (Randtitel: «Bei Überschreitung des Eigentumsrechts») und Einfügung von 679a («Bei rechtmässiger Bewirtschaftung des Grundstücks») im Rahmen der ZGB-
Revision von 2009 vgl. Botschaft BBl 2007, 5306 f.

35 Was *bestehende Bauten* angeht, entschied nach der bundesgerichtlichen Praxis vor dem 1. Januar 2012 das kantonale Baurecht abschliessend über das Zulässige (oder Übermässige), jedenfalls soweit eine detaillierte, den Zielen und Grundätzen des Raumplanungsgesetzes entsprechende kantonale Bau- und Zonenordnung bestand (126 III 460; BGer 5A_814/2014 E. 5 und vorne Anm. 32). Seit diesem Datum ist *Art. 679 Abs. 2* in Kraft. Er lässt für den Fall, dass eine Baute oder eine Einrichtung (etwa ein Verkehrsweg) einem Nachbargrundstück bestimmte Eigenschaften entzieht, Ansprüche (auf Abwehr oder Schadenersatz) nur zu, wenn bei der Erstellung der Baute oder Einrichtung die damals geltenden Vorschriften – namentlich öffentlich-rechtliche Bauvorschriften – nicht eingehalten wurden (vgl. auch 138 III 56 ff.).[43]

36 2. *Aktivlegitimation.* Der Grundeigentümer haftet nicht nur dem Eigentümer (eines Nachbargrundstücks), sondern auch *jedermann, der* an diesem Grundstück *kraft* eines beschränkten dinglichen oder eines persönlichen *Rechts Besitz* hat, namentlich auch Mietern und Pächtern (104 II 18; 109 II 309; 114 II 230 ff.; 119 II 415; zum Baurechtsberechtigten im Verhältnis zum Belasteten s. 111 II 236 ff.). Erforderlich für die Aktivlegitimation ist also «eine nicht bloss zufällige und momentane Beziehung zum Grundstück» (104 II 18). Der «*Nachbar*» braucht aber nicht unbedingt ein Angrenzer zu sein; Nachbargrundstücke liegen unter Umständen auch im weiteren (allenfalls gar durch Ferneinwirkung betroffenen) Umkreis (109 II 309; 120 II 17; 121 II 326; 123 II 491). Man kann sich daher fragen, ob das Wort «Nachbar» für die Auslegung von Art. 679 überhaupt noch etwas abwirft.[44]

37 3. *Passivlegitimation.* Die strenge Verantwortlichkeit trifft dem Wortlaut von Art. 679 nach nur den (Grund-)Eigentümer. Doch findet Art. 679 nach der bundesgerichtlichen Praxis auch Anwendung auf Inhaber beschränkter dinglicher Rechte, welche eine Grundstücksnutzung gewähren (88 II 264; 91 II 287 ff.; 132 III 693). Nach neuerer Rechtsprechung sind sogar Inhaber obligatorischer Rechte passivlegitimiert, wenn sie die tatsächliche Herrschaft über ein Grundstück ausüben und so (Mit-)Ursachen setzen (101 II 249; 104 II 19 ff.; 132 III 693).[45] Sind mehrere Personen nach Art. 679 verantwortlich, haften sie solidarisch (127 III 261 f.).

38 Auch das *Gemeinwesen* haftet aus Art. 679. Das galt nach der früheren bundesgerichtlichen Rechtsprechung nur für den Fall, dass der Staat nicht kraft seines Hoheitsrechts handelte. Gemäss konstanter (in 91 II 482 ff. eingeleiteter) und in vielen seitherigen Entscheiden weiterentwickelter Rechtsprechung kommt indessen selbst bei Ausübung öffentlicher Gewalt Art. 679 zum Zug – es sei denn, die übermässi-

---

43 Vgl. Botschaft BBl 2007, 5307; SCHMID/HÜRLIMANN-KAUP a.a.O. Nr. 949b; STEINAUER a.a.O. Nr. 1811a und 1916 f.; DERSELBE, Les relation entre le droit public et le droit privé (cantonal et fédéral) de la construction ..., BR/DC 2013, 116 ff.

44 Vgl. EMIL W. STARK, Privatrechtliche Unterlassungsansprüche gegen Kernkraftwerke, SJZ 71 (1975), 217 ff., S. 219 («... Begriff enthält hier keinen Erkenntniswert ...»); ferner MEIER-HAYOZ, BeKomm, Art. 679 N 44 in fine.

45 Kritisch BETTINA HÜRLIMANN-KAUP, Grundfragen des Zusammenwirkens von Miete und Sachenrecht (Habil. Luzern, Zürich 2008), LBR 34, Nr. 422 ff.

gen Einwirkungen seien unvermeidlich oder unverhältnismässig schwer vermeidbar. In diesen Fällen hat die betroffene Person jedoch Anspruch auf eine öffentlich-rechtliche Entschädigung nach Enteignungsgrundsätzen (siehe Art. 5 EntG: «... die aus dem Grundeigentum hervorgehenden Nachbarrechte»; 132 II 434 f.; 134 III 252; 139 III 118).[46] Dann entfällt die Zuständigkeit des Zivilgerichts; zu entscheiden haben die für die Enteignung zuständigen Behörden (124 II 548; 129 II 77; 134 III 252 f.). Auf Immissionen aus Grundstücken des Finanzvermögens des Gemeinwesens ist Art. 679 allerdings uneingeschränkt anwendbar (119 II 414).

4. *Kausalhaftung.* Der Grundeigentümer kann sich bezüglich seiner Ersatzpflicht für 39 Schäden nicht darauf berufen, dass ihn *kein Verschulden* treffe (127 III 247). Vielmehr genügt die blosse Verursachung, der sogenannte «adäquate Kausalzusammenhang» (119 II 416; 119 Ib 342). Der Eigentümer bzw. der sonstige Passivlegitimierte muss grundsätzlich auch einstehen für die Verursachung durch Dritte, die berechtigterweise das Grundstück benutzen (Mieter, Pächter);[47] immerhin lässt jedoch die Rechtsprechung den Inhaber eines Baurechts allein – unter Ausschluss des Eigentümers – haften, wenn der Letztere keinen Einfluss darauf hat, wie der Bauberechtigte die tatsächliche Herrschaft über das Grundstück ausübt (132 III 695 f.; BGer 4A_126/2014 E. 1.2). Die Haftung des Grundeigentümers ist im Gegensatz zur Haftung des Werkeigentümers nach Art. 58 OR *nicht* an einen *mangelhaften Unterhalt* oder an eine *fehlerhafte Anlage oder Herstellung* einer baulichen Anlage gebunden. Es lässt sich an den Fall denken, da ein Grundeigentümer in seinem Gebäude eine Maschine aufstellt, von der Sachverständige versichern, sie würde dem Nachbarn keine Belästigung bringen; wenn nun der Betrieb das Gegenteil ergibt, wird der Grundeigentümer verantwortlich, obwohl ihn kein Verschulden trifft und auch nicht von mangelhaftem Unterhalt oder fehlerhafter Anlage die Rede sein kann. Denkbar ist, dass die Voraussetzungen beider Haftungsnormen (679 ZGB, 58 OR) gegeben sind (91 II 485 ff.; 96 II 337 ff.).

5. *Klagen.* Gegen die Überschreitung des Eigentumsrechts stehen dem Betroffenen *vier* 40 *Klagemöglichkeiten* zur Verfügung: die Beseitigungsklage (bei noch bestehender Störung; siehe auch 111 II 236 ff. und 445; 119 Ib 366),[48] die Unterlassungsklage (bei drohender Überschreitung des Eigentumsrechts; zum entsprechenden Rechtsbegeh-

---

46 «Die Enteignung des nachbarlichen Abwehranspruches ist ... nichts anderes als die zwangsweise Errichtung einer Dienstbarkeit auf einem Grundstück des Enteigneten zugunsten des Werkeigentümers, deren Inhalt in der Pflicht zur Duldung von Immissionen besteht» (116 Ib 16 f.; ähnlich 123 II 564; 132 II 435); vgl. auch HEINZ HESS/HEINRICH WEIBEL, Das Enteignungsrecht des Bundes, Kommentar I (Bern 1986), Art. 5 N 7 lit. c und N 13–20. Zur grundbuchlichen Anmerkung der Auszahlung einer Entschädigung für die Enteignung von Nachbarrechten vgl. Art. 59 GBV. – Zum nachbarrechtlichen Schutz gegenüber dem Gemeinwesen s. auch PAUL-HENRI MOIX, La responsabilité de l'Etat pour le bruit causé par l'exploitation d'un ouvrage public, URP 1996, 619 ff.

47 Vgl. HÜRLIMANN-KAUP a.a.O. Nr. 403 ff. Die allfällige direkte Belangbarkeit des obligatorisch Berechtigten schliesst die Passivlegitimation des Eigentümers nach der Rechtsprechung nicht aus (siehe 104 II 21: «... auch diesen ... ins Recht fassen zu können»).

48 Zum Anspruch auf Wiederherstellung des früheren Zustands nach Art. 679 in Verbindung mit Art. 689 ZGB vgl. BGE 127 III 247.

ren siehe 102 Ia 98 f.), die Schadenersatzklage (nach Schadenseintritt)[49] und – trotz dem Schweigen des Gesetzes – eine Feststellungsklage[50]. Lehre und Rechtsprechung (42 II 436 und 451; 84 II 86 f.) machen die Unterlassungsklage davon abhängig, dass das befürchtete Ergebnis mit Sicherheit oder mit (in der Lehre und Rechtsprechung unterschiedlich umschriebenem) hohem Grad von Wahrscheinlichkeit eintreten wird. Diese Formel ist in neuerer Zeit zum Teil in Frage gestellt worden.[51]

41   Heikel ist die Abgrenzung der unverjährbaren Beseitigungsansprüche[52] von den nach Art. 60 OR (127 III 259) verjährenden Schadenersatzforderungen. Das Bundesgericht hat sich (über 107 II 134 ff.; 108 Ia 58; 109 II 418 ff.; 111 II 24 ff.) für folgende Lösung entschieden: Art. 679 beschlägt nur jene Fälle, in denen der Eigentümer (bzw. jemand, der dessen Eigentumsrecht ausübt) auf seinem Grundstück sein Eigentum ausübt und dadurch mittelbar den Nachbarn trifft. Hat die entsprechende Überschreitung des Eigentumsrechts aufgehört, so ist keine Beseitigungsklage mehr gegeben, sondern nur noch eine verjährbare Schadenersatzforderung möglich (die allerdings ihrerseits auf Realersatz und insofern auf Beseitigung gehen kann: 107 II 139). Liegt dagegen ein unmittelbarer Eingriff in das Nachbargrundstück vor, so kann sich der betroffene Nachbar zeitlich unbeschränkt gestützt auf Art. 641 Abs. 2 gegen den Störungszustand wehren (111 II 24 ff.).[53]

42   6. Die *Hauptbedeutung von Art. 679* liegt darin, dass er die erwähnten Sanktionen (Beseitigung, Schadenersatz usw.) zu den von Art. 684 verpönten, d.h. widerrechtlichen übermässigen Einwirkungen (Immissionen; hinten N 45 ff.) bietet (88 II 263; 119 II 411 ff.; vgl. auch 127 III 247). Dagegen rechnet Art. 679 nicht mit ausserordentlichen unvermeidlichen Einwirkungen, die zwar *erlaubt* (also nicht widerrechtlich) sind, *aber* dem Nachbarn beträchtlichen *Schaden zufügen*. Hier nahm das Bundesgericht ursprünglich eine Gesetzeslücke an und bejahte auch in solchen Fällen grundsätzlich eine Ersatzpflicht, jedenfalls wenn eine beträchtliche Schädigung vorlag (91 II 100 ff.; 114 II 237; BGer 5C.117/2005 E. 2.1 = ZBGR 88 [2007], 203 ff.).[54] Seit dem

---

49   Zum Schaden sind auch die Kosten zu zählen, die dem Betroffenen durch notwendige Abwehrmassnahmen gegen die übermässigen Einwirkungen entstanden sind (119 II 416 ff., «Gassenzimmer»).

50   MEIER-HAYOZ, BeKomm, Art. 679 N 137. – Siehe auch 101 II 366 ff. und allgemein 114 II 255 ff.; 118 II 258.

51   Siehe den vorne in Anm. 44 zitierten Beitrag STARK sowie HEINZ REY, Präventiver Eigentumsschutz und atomare Entsorgung, FS Arthur Meier-Hayoz (Bern 1982), 309 ff.

52   Unverjährbar sind der Natur der Sache nach auch die Unterlassungsansprüche (unter Vorbehalt von Art. 2 Abs. 2).

53   Vgl. auch STEINAUER a.a.O. Nr. 1896 ff. mit Ausführungen zur Abgrenzung von Art. 679 zu weiteren Rechtsbehelfen. Zu einem heiklen Fall vgl. BGer 5A_884/2012 E. 4 und dazu JÖRG SCHMID/DOMINIC BUTTLIGER, Fehlgeleitete Fussbälle und Eigentumsschutz der Nachbarn, BR/DC 2013, 313 ff.

54   S. auch BGE 113 Ia 357; 117 Ib 17; 121 II 327. Zum Ganzen MEIER-HAYOZ, BeKomm, Art. 684 N 220 ff.; MARCUS DESAX, Haftung für erlaubte Eingriffe (Diss. Freiburg 1977), AISUF 46; THOMAS ENDER, Die Verantwortlichkeit des Bauherrn für unvermeidbare übermässige Bauimmissionen (Diss. Freiburg 1995), AISUF 150.

1. Januar 2012 sind die Folgen von Immissionen «bei rechtmässiger Bewirtschaftung des Grundstücks» in *Art. 679a* geregelt: Fügt ein Grundeigentümer bei rechtmässiger Bewirtschaftung seines Grundstücks – namentlich beim Bauen – einem Nachbarn vorübergehend übermässige und unvermeidliche Nachteile zu und verursacht er dadurch einen Schaden, so kann der Nachbar vom Grundeigentümer nur (aber immerhin) Schadenersatz verlangen; Beseitigungs- und Unterlassungsansprüche sind dem Nachbarn hingegen verwehrt.[55] Vorzubehalten sind indessen die Fälle, in denen durch die Bauimmissionen die körperliche Integrität des Nachbarn beeinträchtigt oder sein Grundstück übermässig erschüttert wird.[56]

c. Beschränkungen im Interesse der Nachbarn. Die räumliche Lage der Grundstücke und die daraus sich ergebenden Zusammenhänge für ihre Benutzung und Bewirtschaftung bedingen eine besondere gegenseitige Rücksichtnahme der Grundstücknachbarn.[57] Das ZGB hat die betreffenden Verhältnisse im sogenannten *Nachbarrecht* (les rapports de voisinage) eingehend geordnet (Art. 684–698, bezüglich der Quellen zu ergänzen durch Art. 706–710; 128 II 373). Auf keinem anderen Gebiet drängten die landwirtschaftlichen und kulturellen Verschiedenheiten so sehr auf Berücksichtigung kantonaler und lokaler Übungen und Gewohnheiten. Daher finden sich gerade im Nachbarrecht zahlreiche und wichtige echte (also kantonales Privatrecht ermöglichende) Vorbehalte zu Gunsten der *kantonalen Regelung* (für Abstände und andere Bauvorschriften: 686 – hierzu 118 Ia 116 und 234; für Pflanzungen: 688 – hierzu 132 III 7 f. und hinten N 51 f.; für Wege und Zutrittsrecht: 695 – hierzu vorne N 23; für Quellen u. ä.: 709). In den Einführungsgesetzen der Kantone nimmt denn auch das Nachbarrecht einen breiten Raum ein.   43

Durch das Nachbarrecht werden dem Grundeigentümer *drei Arten von Beschränkungen* auferlegt: Er muss erstens dem Nachbarn gegenüber eine gewisse Ausübung seines Eigentums *unterlassen,* darf z.B. eine Baute oder eine Pflanzung nicht an die Grenze seiner Liegenschaft setzen (darf den Nachbarn nicht stören: 101 Ib 169). Er muss zweitens dem Nachbarn eine gewisse Ausübung des Eigentums *gestatten,* z.B. dulden, dass zu dessen Gunsten eine Leitung durch sein Grundstück führt. Er ist drittens dem Nachbarn gegenüber zu gewissen *Leistungen* verpflichtet, muss mit diesem zusammen z.B. einen gemeinsamen Grenzzaun unterhalten. Hieraus folgt die Dreiteilung in Unterlassungs-, Gestattungs- (Duldungs-) und Leistungspflichten. Manche nachbarrechtlichen Verhältnisse sind allerdings verwickelter. So umfassen die Regeln über Immissionen, Pflanzungen und den Wasserablauf in gewisser Hinsicht eine Pflicht zur Duldung, in anderer Hinsicht eine Pflicht zur Unterlassung. Im Einzelnen: 44

---

55 Botschaft BBl 2007, 5307. Vgl. auch Pascal Eckenstein, Spannungsfelder bei nachbarrechtlichen Klagen nach Art. 679 ZGB – Unter besonderer Berücksichtigung von Art. 679 Abs. 2 und Art. 679a E-ZGB (Diss. Zürich 2010), 42 ff.; Bettina Hürlimann-Kaup/Fabia Nyffeler, Übermässige Immissionen als Folge rechtmässiger Bautätigkeit, BR/DC 2015, 5 ff. und 129 ff.

56 Ender a.a.O. Nr. 597 ff.; Steinauer a.a.O. Nr. 1818 in fine; Eckenstein a.a.O. 98 f.

57 Unter dem Gesichtspunkt von Art. 679/684 sind «Nachbarn» – wie erwähnt – nicht nur die Eigentümer der unmittelbar aneinander grenzenden Grundstücke (vorne N 36).

45   1. *Immissionen* oder *Einwirkungen*. Art. 684.[58] Die Bewirtschaftung und Benutzung eines Grundstücks bringt es mit sich, dass Vorgänge auf dem einen Grundstück auf benachbarte Grundstücke einwirken (122 II 356). So lassen sich Rauch, Lärm und Gerüche nicht ohne Weiteres in die engen Grenzen des Grundstücks bannen, von dem sie ausgehen. Das Gesetz (684) erklärt solche Einwirkungen als grundsätzlich zulässig; der Nachbar hat eine entsprechende Duldungspflicht. *Unzulässig* sind jedoch *übermässige Einwirkungen*: Bei ihnen weicht die Duldungspflicht des Betroffenen der Unterlassungspflicht des sein Grundstück benützenden Grundeigentümers. Obwohl das ZGB von der grundsätzlichen Erlaubtheit der Immissionen ausgeht,[59] hat es doch einen brauchbaren privatrechtlichen Immissionenschutz geschaffen. Praktisch verlangt es im Einzelfall eine Würdigung der individuell-konkreten Interessenlage, also einen Entscheid nach *Recht und Billigkeit* (4), der aber immerhin auf objektive Gesichtspunkte, nämlich auf das Empfinden eines «Durchschnittsmenschen» in der gleichen Situation abzustellen hat (126 III 225 und 227; 132 III 50; BGer 5A_23/2008 E. 6.1).[60] Es kommt wesentlich auf die *Lage* und *Beschaffenheit* der Grundstücke und den *Ortsgebrauch* (101 II 251) an. Was in einem Industriequartier angeht, braucht in einem Wohnviertel nicht geduldet zu werden; was in einem städtischen Betrieb unerträglich wäre, kann in landwirtschaftlicher Gegend noch zulässig sein. Zur Frage der Übermässigkeit von Einwirkungen besteht eine reiche bundesgerichtliche Rechtsprechung (Beispiele hinten N 49).[61]

46   α. Unter *Einwirkungen* im Sinn von Art. 684 können sowohl *körperliche* Immissionen verstanden werden (wie die als Beispiele in Art. 684 Abs. 2 angeführten: Rauch oder Russ, lästige Dünste, Lärm oder Erschütterung) als auch *ideelle, «moralische»* oder *immaterielle Einwirkungen* (vgl. 108 Ia 144 ff.). Ideelle Immissionen können z.B. darin bestehen, dass ein Schlachthausbetrieb bei der unmittelbaren Nachbarschaft ein ständiges Unbehagen weckt (84 II 90) oder dass ein die Nachbarn störendes «Erotik-Etablissement» betrieben wird (BGer in Pra 88 [1999], Nr. 189, S. 981 ff. = ZBGR 82 [2001], 56 für das Verhältnis unter Stockwerkeigentümern).

---

58   Zur Neufassung der Bestimmung durch die ZGB-Revision von 2009 vgl. Botschaft BBl 2007, 5307.

59   Vgl. aber auch das Umweltschutzgesetz vom 7. Oktober 1983 (SR 814.01), das namentlich Luftverunreinigungen, Lärm, Erschütterungen und Strahlen durch Massnahmen bei der Quelle begrenzen will (Emissionsbegrenzungen, Art. 11 f.) und die Festlegung von Immissionsgrenzwerten vorsieht (Art. 13 ff.); s. dazu etwa 118 Ia 112 ff.; 126 II 300 ff.; 132 III 49 f.; 133 II 169 ff. und 292 ff.

60   Das Gesagte sollte aber die Berücksichtigung des Gedankens des Persönlichkeitsschutzes nicht ausschliessen – etwa der erhöhten Schutzbedürftigkeit von geistig und künstlerisch Tätigen (vgl. etwa MEIER-HAYOZ, BeKomm, Art. 684 N 124 ff.).

61   Vgl. auch SUSANNE AUER, Neuere Entwicklungen im privatrechtlichen Immissionsschutz … (Diss. Zürich 1997; ZSPR 134); BARBARA RYFFEL, Privatrechtlicher Immissionsschutz gemäss Art. 684/679 ZGB gegen Geräuschimmissionen von Sportanlagen (Diss. Zürich 2001; ZSPR 164); ferner die Arbeiten von ENDER (zit. in Anm. 56) und CHRISTINA MARIA SCHMID-TSCHIRREN, Die negativen Immissionen im schweizerischen Privatrecht (Diss. Bern 1996), ASR 594.

Nach früherer Rechtsprechung waren *negative Immissionen* (Entzug von Luft, [47] Licht, Aussicht) durch Art. 684 nicht erfasst (97 I 357 und 106 Ib 383; Frage offengelassen in 106 Ib 237) und nur dem kantonalen Recht (686, 688) unterstellt. In 126 III 452 ff. stellte das Bundesgericht dann fest, dass auch negative Immissionen (in casu Lichtentzug und Schattenwurf durch Bäume) unter diese Bestimmung fallen; Art. 684 stellt für Pflanzen die bundesrechtlichen Minimalanforderungen auf, die unter Nachbarn einzuhalten sind (ebenso BGer 5D_179/2011 E. 5.1).[62] Seit dem 1. Januar 2012 werden gewisse negative Immissionen ausdrücklich im Gesetzestext erwähnt (679^2 und 684^2 in fine; 138 III 54; zu den Bauten vgl. vorne N 35).

β. Gegen die übermässigen Immissionen wehrt sich die betroffene Person vor allem [48] mit den Rechtsbehelfen des Art. 679, also insbesondere nicht nur mit der Schadenersatz-, sondern auch mit der Präventivklage. Das Gericht wird die Einwirkung nicht immer völlig untersagen. Häufig werden auch die Klagen aus Besitzesstörung (928 f.) ausreichen (Frist!). Indessen genügt beim heutigen Ausmass der Immissionen der privatrechtliche Schutz nicht mehr. Beruht die Immission auf einem Werk öffentlichen Nutzens, wird bei Vorliegen der entsprechenden Voraussetzungen eine Expropriationsentschädigung ausgerichtet (siehe vorne N 38). Ganz allgemein ist die Abwehr der in Art. 684 untersagten übermässigen Immissionen auch eine Aufgabe des öffentlichen Rechts (vgl. 87 I 363);[63] privat- und öffentlich-rechtlicher Immissionsschutz stehen grundsätzlich selbständig nebeneinander, doch haben die rechtsanwendenden Behörden auf eine gewisse Harmonisierung dieses Schutzes hinzuwirken (126 III 225 f.). Viele der vom Bundesgericht als Zivilgericht beurteilten Immissionen muten neben den heutigen geradezu idyllisch an.

γ. *Beispiele* aus der bundesgerichtlichen Praxis. Als unzulässig wurden erkannt: das [49] Geschrei von Truthähnen, Pfauen und Perlhühnern, durch das Gäste eines Hotels in einem Fremdenkurort in der Nachtruhe gestört wurden (40 II 26; zum Hahnengeschrei in einem Wohnquartier siehe auch BGer in URP 1996, 335 ff.), ferner von Pferdestallungen und Düngergruben ausgehende Gerüche in der Nähe eines Miethauses in einem vornehmen Stadtquartier (40 II 445 ff.), der Lärm und die Erschütterung, die durch den Betrieb einer Schlosserei verursacht wurden (44 II 30 f.), Gerüche und Geräusche aus Schweinemästereien (58 II 117 f. und 336 ff.; 87 I 362 ff.; BGer

---

62 Für den Einbezug negativer Immissionen in den Schutzbereich des Art. 684 s. bereits Meier-Hayoz, BeKomm, Art. 684 N 50 ff., 78 ff. und 181 ff.; Paul-Henri Steinauer, Le droit au soleil. Approche du droit positif suisse du point de vue du propriétaire d'un capteur solaire, in Festgabe der rechts-, wirtschafts- und sozialwissenschaftlichen Fakultät der Universität Freiburg zum Schweizerischen Juristentag (Freiburg 1980), AISUF 49, 243 ff.; derselbe, Les droits réels II, Nr. 1811 f.; Schmid-Tschirren a.a.O. 142 ff. – Der bundesrechtliche Minimalschutz von Art. 684 spielt immerhin dann nicht, wenn Pflanzenschutzbestimmungen des kantonalen öffentlichen Rechts eingreifen (132 III 8 f.; BGer 5A_749/2007 E. 2.4).

63 So schon im bedeutenden Werk Karl Oftingers, Lärmbekämpfung als Aufgabe des Rechts (Zürich 1956), 16 ff.; Walter J. Müller, Ansprüche aus Fluglärmimmissionen in der Umgebung von Flughäfen nach schweizerischem Recht (Basler Diss., Bern 1987), ASR 514. Zum Umweltschutzgesetz vgl. ferner Anm. 59.

5A_635/2007 E. 2.4), das Versickernlassen schädlicher Abwässer (81 II 442; siehe auch 104 II 15 ff.), das Eindringenlassen von Wasser in die Kegelbahn des Nachbarn (111 II 236 ff.), die Errichtung eines Schlachthauses im Innern eines Dorfes (84 II 85 ff.), nächtlicher Weidgang mit umgehängten Glocken (101 II 248 ff.),[64] das Aufstellen einer skurrilen Figur auf der Terrasse einer Terrassensiedlung als ständiger Blickfang für Passanten (BGer in SJZ 88 [1992], 237 = ZBGR 75 [1994], 290 ff.). Aufschlussreich sind ferner die vom Bundesgericht angestellten Überlegungen mit Bezug auf übermässige Einwirkungen durch Fabriklärm (83 II 384 ff.), Bauarbeiten (83 II 375 ff.; 91 II 100 ff.; 113 Ia 353 ff.; 114 II 230 ff.; vorne N 42), Schiesslärm (79 I 206 ff.; 87 I 87 ff.), Betrieb einer Kunsteisbahn (88 II 10 ff.), Zuleitung verschmutzten Wassers (91 II 183 ff.), Verkehrslärm durch Autobahnen (111 Ib 234 f.; 120 Ib 87 f.; 123 II 560 ff.), Fluorimmissionen aus einer Aluminiumfabrik (109 II 304 ff.), Betrieb eines «Gassenzimmers» zur Betreuung Drogenabhängiger (119 II 411 ff.), Dancing- oder Restaurantbetrieb (120 II 15 ff.; 126 III 223 ff.), Betrieb eines «Erotik-Etablissements» auf einem zu Stockwerkeigentum ausgestalteten Grundstück (BGer in Pra 88 [1999], Nr. 189, S. 981 ff. = ZBGR 82 [2001], 56 ff.), Lichtentzug und Schattenwurf durch Bäume (126 III 452 ff.).[65] Das Bundesgericht hat schliesslich die Grundsätze des Art. 684 auch auf das Verhältnis zwischen den Bewohnern verschiedener Stockwerke desselben Gebäudes ausgedehnt.[66]

50   2. *Bauten und Grabungen.* Art. 685. Der Grundeigentümer hat bei der Vornahme von Bauten und Grabungen nicht nur die durch die kantonale Gesetzgebung vorgesehenen Abstände zu beachten, sondern auch jede übermässige (119 Ib 341 f.; BGer 1C_460/2013 E. 2) schädliche Einwirkung auf das Nachbargrundstück zu unterlassen. Eine solche Einwirkung liegt vor allem vor, wenn das Erdreich des Nachbarn durch die Baute oder Grabung in Bewegung kommt (107 II 135) oder gefährdet wird, oder wenn vorhandene Vorrichtungen beeinträchtigt werden (127 III 257 ff.; zur vorwiegenden Zielrichtung von Art. 685, Bauten zu schützen, vgl. 119 Ib 347).

51   3. *Pflanzen,* Art. 687 f. Ob für Anpflanzungen bestimmte Abstände vom Nachbargrundstück zu beachten sind und ob durch ein Hinüberreichen von Ästen und Wurzeln eine unerlaubte Einwirkung stattfindet, ist in erster Linie vom kantonalen Recht zu beantworten: Art. 688 enthält diesbezüglich einen echten Vorbehalt (5), der den Kantonen auch das Recht gibt, Sanktionen für die Verletzung der von ihnen auf die-

---

64   Vgl. auch SJZ 88 (1992), 183 ff.; MEIER-HAYOZ, BeKomm, Art. 684 N 173. – Zu einem Fall von nach Ortsgebrauch gerechtfertigten Lärmimmissionen durch Glockengeläut siehe ZR 99 (2000), Nr. 1, S. 1 ff.; aus öffentlich-rechtlicher Sicht vgl. auch BGE 126 II 366 ff.; BGer 1C_297/2009 E. 2–4.

65   Heikle immissionsrechtliche Fragen stellen sich, wenn es um spielende Kinder (vgl. BGE 123 II 74 ff.) oder um behindertentypischen Lärm geht (vgl. Urteil des Oberlandesgerichts Köln in NJW 51 [1998], 763 ff.).

66   BGE 55 II 21 f.; 106 II 318 f.; BGer in SJZ 88 (1992), 237 = ZBGR 75 (1994), 292; BGer in Pra 88 (1999), Nr. 189, S. 981 ff. = ZBGR 82 (2001), 56 ff.; zum Baurechtsverhältnis siehe 111 II 236 ff.

sem Gebiet erlassenen Regeln vorzusehen (122 I 84; 126 III 457).[67] Doch legen die Art. 679 und 684 ZGB, die nach neuerer Rechtsprechung auch auf negative Immissionen (namentlich auf Lichtentzug und Schattenwurf durch Bäume) Anwendung finden, landesweit das Minimum dessen fest, was Nachbarn einander schulden (126 III 460 f.; vorne N 47). Ausserhalb dieses bundesrechtlichen Minimums gilt, soweit kantonale Bestimmungen fehlen, subsidiär die Regelung von Art. 687: Zunächst hat der Nachbar die Pflicht, das Überragen von Ästen oder Wurzeln insofern zu dulden, als ihn diese Einwirkung nicht erheblich schädigt (nicht übermässig ist, vgl. 684; 131 III 508) – eine Regelung, die dem Schutz der Bäume vor unverhältnismässigen oder gar zwecklosen Eingriffen dient (131 III 508). Bei übermässiger Einwirkung, also bei erheblicher Schädigung, kann der Nachbar eine (angemessene) Frist zur Beseitigung ansetzen; bei unbenütztem Ablauf ist er berechtigt, die schädigenden Äste und Wurzeln zu kappen und für sich zu behalten (687[1]). Neben diesem *Kapprecht* (eine Art Selbsthilferecht) steht ihm nach heutiger Auffassung auch die Eigentumsfreiheitsklage nach Art. 641 Abs. 2 zu,[68] die jedoch nach der Rechtsprechung ebenfalls von einer erheblichen Schädigung durch die Äste und Wurzeln abhängt (131 III 509 f.).[69] Duldet der Grundeigentümer das Überragen von (schädigenden oder nicht schädigenden) Ästen, so hat er das *Anriesrecht,* einen dinglichen Anspruch auf die an den überhängenden Ästen oder Zweigen wachsenden Früchte; zusätzliche Voraussetzung ist jedoch, dass die Äste auf bebauten oder überbauten Boden (und nicht bloss auf Wege, Weiden oder Bauplätze) überragen (687[2]).

Kraft ZGB gilt die Regelung nicht für *Waldgrundstücke,* die aneinander gren-   52
zen. Für sie besteht eine gegenseitige und unbedingte Duldungspflicht, die ja hier allen beteiligten Eigentümern in gleicher Weise zugutekommt (687[3]).

4. *Wasserablauf und Entwässerungen,* Art. 689 und 690.[70] Die Bodenbeschaffenheit   53
erfordert, dass das vom oberen Grundstück natürlicherweise (vgl. 85 II 241) aufgenommene und nicht durch Gebrauch verschmutzte[71] Wasser – Regenwasser, Schneeschmelze, Wasser nicht gefasster Quellen – durch das unterliegende Grundstück

---

67 Vgl. zum Ganzen auch Alfred Lindenmann, Bäume und Sträucher im Nachbarrecht, Kantonale Bestimmungen … (4. A. Baden 1988). – Die Art. 687 f. beziehen sich immerhin nur auf den Fall, da der Stamm des Baumes sich ausschliesslich auf dem Ausgangsgrundstück befindet. Für den Grenzbaum gilt die Miteigentumsvermutung nach Art. 670 (Meier-Hayoz, BeKomm, Art. 687/688, N 4 f.; AGVE 1990, Nr. 1 = SJZ 89 [1993], 46 f.).

68 BGE 131 III 509; LGVE 1998 I Nr. 5, S. 12 ff.; Haab/Simonius, ZüKomm, Art. 687/688 N 11; Meier-Hayoz, BeKomm, Art. 687/688 N 40 ff.; Rey, Grundriss, Nr. 1187.

69 Anderer Meinung Meier-Hayoz, BeKomm, Art. 687/688 N 40; Dieter Zobl/Christoph Thurnherr, «Pflanzenstreitigkeiten» – Eine Übersicht über die Möglichkeiten des Grundeigentümers und deren Verhältnis zur actio negatoria, FS Bruno Huwiler (Bern 2007), 753 ff., besonders 777 f.

70 Vgl. auch Christian Roten, Intempéries et droit privé … (Diss. Freiburg 2000), AISUF 196, Nr. 1052 ff.

71 Meier-Hayoz, BeKomm, Art. 689/690 N 16.

abfliessen kann.[72] Dessen Eigentümerin (die Unterliegerin) ist nicht allein zur Duldung, sondern geradezu zur *Aufnahme* des Zuflusses – der sogenannten Vorflut – verpflichtet (689[1]). Sie muss, wo nötig, selbst die erforderlichen Vorkehrungen treffen,
damit dies geschehen kann (z.B. Öffnungen an der Einfriedung anbringen).

54   Der natürliche Ablauf des Wassers kann nun aber nicht nur im Interesse des
oberen, sondern auch des unteren Grundstücks liegen. Es kann sogar für dessen Benutzung oder Bewirtschaftung *notwendig* sein. Unter dieser Voraussetzung besteht eine
Unterlassungspflicht für die Oberliegerin: Sie muss das Abwasser – nicht aber Quellen ihrer Liegenschaft[73] – dem unteren Grundstück zufliessen lassen, soweit es für sie
selbst entbehrlich ist; sie darf es nicht auf andere Grundstücke fortleiten (689[3]).

55   Aus dem Gesagten folgt weiter eine Unterlassungspflicht, die *beide* Eigentüme-
rinnen trifft: Weder die eine noch die andere darf durch einen künstlichen Eingriff –
etwa durch bauliche Massnahmen an einem Grundstück – den natürlichen Ablauf
zum Schaden der Nachbarin verändern (689[2]; 127 III 244 ff.).

56   Eine Ausnahme von diesem Grundsatz wird zu Gunsten der Oberliegerin bei
der *Entwässerung* (Drainage) ihres Grundstücks zugelassen. Die Unterliegerin, der das
Wasser schon vorher auf natürliche Weise zufloss, ist verpflichtet, das nun künstlich
gesammelte verstärkte Wasserquantum ohne Entschädigung aufzunehmen, sofern ihr
dadurch kein Schaden entsteht (also etwa die bisherigen Gräben und Rinnen weiterhin genügen). Wird sie aber durch dieses Werk geschädigt, so kann sie verlangen, dass
die Oberliegerin die Leitung auf eigene Kosten durch ihr Grundstück weiterführt (690;
68 II 369 ff.).

57 5. Die sogenannten *Notrechte*.[74] Gewisse Beschränkungen des Eigentums beruhen
darauf, dass ohne sie die bestimmungsgemässe Benutzung oder Ausbeutung eines
Nachbargrundstücks und der darauf befindlichen Einrichtungen gar nicht möglich
oder jedenfalls mit grossen Schwierigkeiten verbunden wäre. Auf diese Beschränkungen kann man sich nur im *Notfall* berufen, d.h. wenn ohne sie der Zweck, dem die
Grundstücke dienen sollen, sich entweder gar nicht oder nur mit unverhältnismässigen Mehrkosten erreichen liesse. Hinzu kommt die Pflicht zur vollen *Entschädigung*
des in Anspruch genommenen Nachbarn. Ferner muss bei der Festsetzung und Beibehaltung der Beschränkung auf die Interessen dieses Nachbarn möglichst Rücksicht
genommen werden. Ihrer *Rechtsnatur* nach handelt es sich um Grunddienstbarkeiten, auf deren Errichtung der Eigentümer des in der Notsituation befindlichen Grund-

---

72 Nach der Rechtsprechung bezieht sich Art. 689 Abs. 1 und 2 nicht nur auf Oberflächenwas-
    ser, sondern auch auf Grundwasser; Abs. 3 gilt dagegen (im Blick auf die Spezialvorschrift von
    Art. 704 für Quell- und Grundwasser) nur für das Oberflächenwasser: 127 III 243 f.
73 MEIER-HAYOZ, BeKomm, Art. 689/690 N 26.
74 Vgl. LIVER, ZüKomm (Dienstbarkeiten), Einleitung N 80–105, insbesondere N 87; MICHEL
    PITTET, Les servitudes légales (Diss. Lausanne 1967); KARIN CARONI-RUDOLF, Der Notweg
    (Diss. Bern 1969), ASR 387.

stücks einen gesetzlichen Anspruch hat:[75] um *Legalservituten,*[76] um eine realobligatorische Pflicht (hinten § 104 N 4 f.).

Das ZGB kennt *drei Arten* solcher Eigentumsbeschränkungen: die *Notleitung,*   58
den *Notweg* und den *Notbrunnen.*[77] Alle drei können nicht nur zwischen unmittelbar
aneinander grenzenden, sondern auch zwischen entfernteren Grundstücken bestehen,
sofern nur deren räumliche Beziehungen die betreffende Einwirkung des einen auf das
andere gestatten.

α. *Das Notleitungsrecht,* Art. 691 ff.[78] Es dient vornehmlich der Entwicklung von   59
Gewerbe, Industrie und Technik. Es verpflichtet einen Grundeigentümer zu dulden,
dass sein Grund und Boden zur Anlage von Leitungen (Wasserleitungen, elektrischen
Leitungen, Gasröhren, Drainierröhren usw.) in Anspruch genommen wird. Auf dieses Recht kann man sich dagegen nicht berufen für die Erstellung einer Schwebebahn
mit ständigem Personen- und Güterverkehr (71 II 83 ff.; allenfalls besteht dafür ein
entsprechendes Notwegrecht) oder für den Bau von Leitungen über grosse Entfernungen (76 I 396). Das Notrecht ist nur gegeben, wenn die Erschliessung des anderen
Grundstücks nicht oder nur mit unverhältnismässigen Kosten möglich ist (691²; 136
III 271 f.; BGer 5D_10/2011 E. 3.3.2) und wenn der Weg der Enteignung nicht offensteht (691²).[79] Bei Veränderung der Verhältnisse kann der Verpflichtete nach Art. 693
eine seinen Interessen entsprechende Verlegung (oder die Ausführung genügender
baulicher Sicherungsvorrichtungen: 71 II 27 ff.) fordern, deren Kosten – besondere
Umstände vorbehalten – der Berechtigte zu tragen hat (693² und ³; 97 II 382 ff.).[80]

Das einzelne Notleitungsrecht entsteht bereits – als Ausnahme vom System   60
unseres Immobiliarsachenrechts – durch den entsprechenden Dienstbarkeitsvertrag,
im Streitfall durch erfolgreiche Geltendmachung vor Gericht (e contrario aus 691³),
also ohne Eintragung ins Grundbuch (BGer 5D_10/2011 E. 3.3.1).[81] In der revidierten Fassung sieht Art. 691 Abs. 3 in Klarstellung einer Kontroverse nun ausdrücklich

---

75 MEIER-HAYOZ, BeKomm, Art. 694 N 8.
76 LIVER a.a.O. Einleitung N 96.
77 Ein Teil der Lehre (etwa REY, BeKomm, Vorbem. zu den Art. 730–736 N 33; DERSELBE, Grundriss, Nr. 597 f. und 1134 ff.) zählt auch das Überbaurecht nach Art. 674 Abs. 3 zu den Notrechten.
78 Vgl. auch FRANZ-XAVER BRÜCKER, Das nachbarliche Durchleitungsrecht unter Berücksichtigung von Lehre und Rechtsprechung zum Notwegrecht, zum Überbaurecht und zum Notbrunnenrecht (Diss. Zürich 1991). Zur Änderung von Art. 691 Abs. 1 und 3 durch die ZGB-Revision von 2009 vgl. Botschaft BBl 2007, 5308; BGer 5A_362/2012 E. 3.1.
79 Nur gegen entsprechende Entschädigung enteignet werden kann der gemäss Art. 693 gegebene Anspruch des durch eine öffentliche Kanalisationsleitung belasteten Grundeigentümers auf Verlegung der Leitung: 104 Ib 201 f.
80 Siehe auch LIVER in ZBJV 109 (1973), 84 ff.; vgl. ferner 104 Ib 199; FZR 2008, 44 ff. (Freiburger Kantonsgericht).
81 STEINAUER, Les droits réels II, Nr. 1854a. Kritisch zu dieser systemwidrigen Lösung des Gesetzgebers MEIER-HAYOZ, BeKomm, Art. 691 N 68.

vor, dass das Recht einem gutgläubigen Erwerber auch ohne Eintragung entgegengehalten werden kann.[82]

61   β. *Der Notweg* (le passage nécessaire), Art. 694.[83] Fehlt einem Grundstück zu seiner Bewohnung oder Bewirtschaftung die genügende Verbindung (Zugang oder Zufahrt) zu einer öffentlichen Strasse – besteht mit anderen Worten eine «Wegnot» (117 II 36 f.; 120 II 186)[84] – so kann ein Wegrecht durch das nachbarliche Grundstück beansprucht werden, gegen volle Entschädigung.[85] Eine «genügende» Verbindung fehlt nur dann, wenn dem Eigentümer die nach den wirtschaftlichen Bedürfnissen seines Grundstücks erforderliche Verbindung zur öffentlichen Strasse überhaupt fehlt oder doch schwer beeinträchtigt ist (117 II 36 f.; 136 III 133 f.; BGer 5A_142/2011 E. 3.2.1 = ZBGR 95 [2014], 122 ff.; BGer 5A_449/2014 E. 5.2.2), aber nicht notwendigerweise schon dann, wenn er sonst nicht bauen darf.[86] Einer Änderung der Verhältnisse und Bedürfnisse kann Rechnung getragen werden, sofern sie auf objektiven Gründen beruht (85 II 397; 107 II 330). Nach heutigen Anschauungen fehlt eine «genügende» Verbindung, wenn zwischen einem bebauten Grundstück und der öffentlichen Strasse kein ganzjährig benutzbarer (101 II 319), mit Motorfahrzeugen befahrbarer Weg zur Verfügung steht (93 II 169). Das gilt aber nicht unbeschränkt für Liegenschaften ausserhalb des Bereichs von Ortschaften.[87] Der Notweganspruch lässt sich nicht nur mit der gegenwärtigen, sondern auch mit einer künftigen Grundstücknutzung begründen, wenn diese mit Sicherheit feststeht (117 II 37). Kein Anspruch auf Einräumung eines Notwegs steht indessen jenem Grundeigentümer zu, der die Wegnot selber herbeigeführt oder toleriert hat (134 III 51), etwa durch einen bewussten Verzicht darauf, seine Baupläne den topografischen Verhältnissen anzupassen und zumutbare bauliche Lösungen zu wählen, die sich ohne Eingriff in das Eigentum eines Nachbarn verwirklichen lassen (136 III 141; BGer 5A_449/2014 E. 5.2).

---

82   Botschaft BBl 2007, 5308. Zum Grundbucheintrag vgl. Art. 98 Abs. 2 lit. d Ziff. 1 GBV.

83   Vgl. Lorenz Meyer/Ronnie Bettler, Privatrechtliche Enteignung durch den Notweg, BN 2014, 275 ff.

84   Vgl. auch Caroni-Rudolf a.a.O. 55 ff. Zur Frage des Selbstverschuldens an der Wegnot vgl. BGE 134 III 51.

85   Zur Bemessung der Entschädigung siehe BGE 120 II 423 f.; PKG 1987 Nr. 1 = ZBGR 73 (1992), 75 ff.; ZBJV 147 (2011), 615 ff. (Bezirksgericht Brig).

86   BGE 105 II 178 ff.; 110 II 17 ff.; 117 II 35 ff. mit Hinweis auf den Vorrang der öffentlich-rechtlichen Vorschriften, bestätigt in 120 II 185 ff., 121 I 70 und 136 III 135. Für ein Hanggrundstück vgl. auch BGer 5C.327/2001 E. 3a–d und 4b. – Auch bezüglich des Notwegs gilt sodann der Gedanke von Art. 691 Abs. 2 (Vorrang des Enteignungsrechts), obwohl Art. 694 dies nicht erwähnt (Liver, SPR V/1, 271). Für den Sonderfall eines «Notflugwegs» vgl. BGE 129 II 76.

87   BGE 107 II 323 ff.; 110 II 125 ff.; 120 II 185 ff.; BGer 5C.225/2003 E. 7.1; BGer 5C.142/2003 E. 2.4 = ZBGR 85 (2004), 312 ff. Vgl. auch BGer 5C.327/2001 E. 3a und 4b; zum Erfordernis der rationellen Bewirtschaftung und bestimmungsgemässen Nutzung eines Grundstücks sowie zur Bindung des Zivilrichters an diesbezügliche Entscheide der Raumplanungsbehörden s. BGer 5C.91/2005 E.1 = ZBGR 88 (2007), 126 ff.; zum Verhältnis zum öffentlichen Recht allgemein Meyer/Bettler a.a.O. 276 ff.

Möglicherweise kommen mehrere Nachbargrundstücke für ein Notwegrecht   62
in Betracht. Zu belasten ist in erster Linie jenes Grundstück, auf das die früheren
zu Recht bestehenden Eigentums- und Wegverhältnisse hinweisen (etwa wenn der
Zugang durch Teilung einer Liegenschaft verloren ging), in zweiter Linie jenes, dem
der Notweg den geringsten Nachteil bringt (694²; vgl. BGer 5C.246/2004 E. 2; 136 III
141 f.; BGer 5A_714/2012 E. 4.2.1). Die freiwillige Gestattung eines Durchgangs gilt
aber nicht als «früheres Verhältnis» (43 II 290 ff.; BGer 5C.246/2004 E. 2.2.1; BGer
5C.88/2005 E. 4).

Das Notwegrecht gehört nicht zu den unmittelbar durch das Gesetz begründe-   63
ten Wegrechten im Sinn von Art. 696 und entsteht daher (auch anders als die Notleitung; vorne N 60) grundsätzlich erst mit der Eintragung im Grundbuch (vgl. auch 98²
lit. d Ziff. 1 GBV). Umstritten – in Analogie zu Art. 665 Abs. 2 jedoch zu bejahen[88] –
ist die Frage, ob es allenfalls auf Antrag des Klägers durch ein Gestaltungsurteil schon
vor der Eintragung in das Grundbuch durch Gerichtsurteil entstehen könne (in 86 II
239 offengelassen; unklar 101 II 320, wo die Eintragung unter Hinweis auf 86 II 239 als
konstitutiv bezeichnet wird). So oder anders muss, abweichende Vereinbarung vorbehalten, die Entschädigung im Zeitpunkt der Eintragung bezahlt oder angeboten worden sein (101 II 320; 104 II 306).[89]

γ. *Der Notbrunnen* (la fontaine nécessaire), Art. 710. Der gesetzliche Anspruch dar-   64
auf bezweckt, einem Haus oder einem landwirtschaftlichen Gut (Haus und Hof: «à sa
maison et à son fonds») das ihm fehlende, zur Bewohnung oder Bewirtschaftung notwendige Wasser zu sichern. Kann das Wasser nicht anderswoher ohne ganz unverhältnismässige Mühe oder Kosten beschafft werden,[90] so darf der Grundeigentümer
vom Nachbarn Abtretung des nötigen Wassers aus seiner Quelle oder seinem Brunnen
verlangen. Dies geschieht wiederum nur gegen volle Entschädigung, unter Wahrung
der Interessen des Abtretenden und nur insoweit, als diesem die Wasserabgabe ohne
eigene Not möglich ist. Unter diesen Voraussetzungen richtet sich der Anspruch auch
gegen eine Wasserversorgungsanstalt. Auch hier entsteht das dingliche Brunnenrecht
erst mit der Eintragung in das Grundbuch (vgl. auch 98² lit. d Ziff. 1 GBV).

6. *Der Quellen- und Brunnenschutz,* Art. 706 f. Die Grundeigentümerin darf, wie schon   65
erwähnt (667² und 704¹; vorne § 101 N 29 ff.), auf ihrem Grundstück nach Wasser
suchen und graben, die gefundene Quelle fassen, benutzen, ableiten. Sie darf aber
nicht durch irgendwelche Vorkehrungen eine schon gefasste oder erheblich benutzte
Quelle oder einen derartigen Brunnen zum Nachteil des Eigentümers oder Nutzungs-
berechtigten abgraben, beschädigen oder verunreinigen (706¹). Massgebend ist demnach die Priorität der Fassung und Benutzung (64 II 342 f.).

---

88 So MEIER-HAYOZ, BeKomm, Art. 694 N 67; LIVER, SPR V/1, 272 f.; REY, BeKomm, Art. 731
    N 100, 106; DERSELBE, Grundriss, Nr. 1173; aus der Rechtsprechung nun auch ZBJV 125 (1989),
    318 ff.
89 Vgl. auch STEINAUER a.a.O. Nr. 1868b f.
90 Nicht vorausgesetzt ist eine landwirtschaftliche Nutzung des Grundstücks, welches das Wasser
    benötigt (131 III 215).

66   Die *Folgen* der Abgrabung und Verunreinigung sind verschieden – je nachdem, ob es sich um *entbehrliche* oder *unentbehrliche* Quellen oder Brunnen handelt:
Bei entbehrlichen muss der Geschädigte sich regelmässig mit *Schadenersatz* zufrieden
geben (707²; zum Selbstverschulden des Geschädigten vgl. BGer 5C.239/2002 E. 2.2.2).
Bei eigenem Verschulden oder mangelndem Verschulden des Schädigers bestimmt
das Gericht nach Billigkeit, ob und inwiefern überhaupt Schadenersatz zu leisten sei
(706²). Ist dagegen die Quelle oder der Brunnen für die Bewohnung oder Bewirtschaftung unentbehrlich, so kann die *Wiederherstellung* des früheren Zustands gefordert
werden, soweit dies möglich ist (707¹; siehe auch 707²; vgl. 80 II 324 ff. und 383 ff.; 63
II 364 ff.; BGer 5C.56/2006 E. 2 und 3). Gegen eine erst drohende Beeinträchtigung
kann mit einer Unterlassungsklage vorgegangen werden (128 II 373).

67   Gehen die quellenbeeinträchtigenden Einwirkungen von einem Werk aus, das
im öffentlichen Interesse liegt und für das dem Werkeigentümer das Enteignungsrecht zusteht, so werden die Abwehrrechte der Quellenrechtsinhaber unterdrückt und
durch einen Anspruch auf eine enteignungsrechtliche Entschädigung (Geld- oder
Realersatz) ersetzt (128 II 373).

68   7. *Nachbarliche Leistungspflichten.* In wenigen Fällen geht aus nachbarlichen Verhältnissen die gesetzliche Pflicht zu einem positiven Handeln hervor: so zur Mitwirkung
zwecks Feststellung einer ungewissen Grenze (669), zur allfälligen Mitbeteiligung bei
einer Einfriedung (697), zur Mittragung der Kosten bei den für die Ausübung nach-
barrechtlicher Befugnisse erforderlichen Vorrichtungen (698) sowie der Kosten zur
gemeinschaftlichen Fassung und Benutzung von Quellen (708²).

69   8. *Die Quellengemeinschaft* (sources communes), Art. 708. Verschiedene Quellen spei-
sen sich häufig aus dem gleichen unterirdischen Sammelbecken und bilden eine zusam-
mengehörende Gruppe. In solchen Fällen können oft durch eine bessere Fassung und
Herleitung der Wassermengen deren Quantität oder Qualität bedeutend erhöht sowie
Verluste und Verunreinigungen vermieden werden. Das ZGB hat in einer originellen
Weise solche Bestrebungen zu fördern gesucht: Es erleichtert die Bildung einer *Quellengemeinschaft zwischen* den interessierten *Quelleneigentümern.*

70   Jeder von ihnen kann die Gemeinschaft beantragen, aber keinem wird die Teilnahme aufgezwungen. Will ein Quelleneigentümer nicht mitmachen, wird das Werk
ohne Rücksicht auf ihn durchgeführt. Die anderen Eigentümer können ihre eigenen
Quellen ordnungsgemäss fassen und ableiten. Die Kosten sind nach Massgabe des
Interesses von den Beteiligten zu tragen. Wenn die Quelle des Widersprechers durch
die vorgenommenen Änderungen an Stärke verliert oder auch ganz versiegt, kann
er keinen Schadenersatz verlangen; die Art. 706 und 707 sind ausgeschaltet. Immerhin erwächst ihm insoweit ein Ersatzanspruch, als auf Kosten seiner Quelle jene der
Unternehmer verstärkt worden sind. Er hat mit anderen Worten keine Forderung auf
Schadenersatz, sondern nur auf die Bereicherung. In der Durchführung der Quellen-

gemeinschaft ohne Rücksicht auf den Widerstreber und in der Verminderung seiner allfälligen Ersatzansprüche liegt ein starkes mittelbares Druckmittel.[91]

d. Beschränkungen im Interesse weiterer Kreise. Neben den Beschränkungen des   71
Grundeigentums im Interesse benachbarter Grundeigentümer gibt es solche, die zu Gunsten von jedermann – von allen Personen, die davon Gebrauch zu machen in die Lage kommen – bestehen. Es sind die in den Art. 699–701 geregelten *Rechte auf Zutritt und Abwehr* (droits d'accès sur le fond d'autrui).

Grundsätzlich darf der Eigentümer jeder anderen Person den Zugang zu seinem   72
Grund und Boden verwehren. Das folgt aus dem Eigentumsbegriff (641[2]), was im Entwurf (dort 688[1]) ausdrücklich festgehalten war. Dieser Grundsatz erleidet jedoch einige Ausnahmen; sie rechtfertigen sich durch Interessen, die der Ausschliesslichkeit des Eigentums widersprechen.

1. Art. 699 gestattet dem *Publikum* in weitem Rahmen das Betreten von offenem   73
Wald und Weideland; hierbei ist jedermann das Sammeln von Beeren, Pilzen, Blumen, dürrem Holz, Reisig, Laub, Tannzapfen und dergleichen (nicht aber das Jagen: 101 Ib 61) erlaubt. Art. 699 schützt einerseits die Interessen der einzelnen Spaziergänger bzw. Beeren- und Pilzsucher; er dient aber auch dem öffentlichen Wohl, indem er der Bevölkerung den notwendigen Erholungsraum erhält.[92] Die Bestimmung stellt eine Doppelnorm dar (109 Ia 78; BGer 6B_490/2014 E. 2.3); sie enthält privatrechtliche und öffentlich-rechtliche Vorschriften, welche das Gemeinwesen auf dem Verwaltungsweg, der Einzelne auf dem Zivilweg durchsetzt.[93] Beschränkt wird dieses freie Zutritts- und Aneignungsrecht «dort, wo es nicht ohne Schädigung ausgeübt wird und damit mit den Interessen des Grundeigentümers nicht mehr vereinbar ist, ferner im Ortsgebrauch und in räumlich und zeitlich genau umgrenzten Verboten zum Schutz von Kulturen wie Baum- und Pflanzschulen» (109 Ia 79; dort Ausführungen zu einem kantonalen Pilzsammelverbot).[94]

---

91 Vgl. immerhin den Fall 41 II 662 ff., in dem das Vorhandensein der Voraussetzungen für die Quellengemeinschaft (insbesondere die «gemeinschaftliche Fassung») verneint wurde; in Wirklichkeit lag ein blosses Wettgraben vor.

92 Art. 699 ist jedoch auf einen Zutritt beschränkt, der ausgeübt werden kann, ohne Schaden anzurichten. Keine Grundlage bietet die Norm demnach für den Massentourismus, namentlich den (Massen-)Skisport (ebenso MEIER-HAYOZ, BeKomm, Art. 699 N 23; LIVER, SPR V/1, 282 ff.; STEINAUER a.a.O. Nr. 1934a). Ebenfalls nicht von Art. 699 erfasst werden die an Wald und Weide angrenzenden (andersartigen) Grundstücke (LGVE 2002 I Nr. 21, S. 47 ff.).

93 Zur Problematik dieser Unterscheidung s. SCHÖBI, Art. 699 Abs. 1 ZGB als Norm des privaten und öffentlichen Rechts, in ZBJV 120 (1984), 180 ff.

94 Zum Problem des Einzäunens siehe 105 Ib 272 ff.; 106 Ib 47 ff. und 114 Ib 238 ff., bezüglich der Zugänglichkeit des Waldes auch Art. 14 Waldgesetz vom 4. Oktober 1991 (SR 921.0). – Gestützt auf ihre originäre Gesetzgebungszuständigkeit können die Kantone das Zutrittsrecht weiter gehend einschränken, etwa zum Schutz der Natur oder aus anderen polizeilichen Gründen (122 I 80).

74   2. In Art. 700 ist das *Betreten fremden Bodens* gegen Ersatz des hierbei zugefügten
      Schadens gestattet, um *weggeführte Sachen* (z.B. durch Lawinen: 80 II 216 ff.) oder *ent-
      laufene Tiere* aufzusuchen und wieder zu erlangen (vgl. auch Art. 725).[95]

75   3. Art. 701 schliesslich sieht den Fall des *Notstands* vor. Unter Umständen kann eine
      drohende Gefahr für das Leben, die Gesundheit, die Freiheit oder wichtige Vermö-
      genswerte nur dadurch abgewehrt werden, dass in die Eigentumssphäre eines anderen
      eingegriffen wird. Hier darf sich der Eigentümer nicht darauf berufen, sein Recht sei
      unverletzlich und ausschliesslich. Sobald der abzuwehrende Schaden den ihm aus dem
      Eingriff erwachsenden Nachteil bei Weitem überwiegt, muss er den Eingriff dulden
      (Abs. 1) – in der Regel allerdings nur gegen Schadenersatz (Abs. 2). Solche Notstands-
      fälle liegen z.B. vor, wenn beim Löschen einer Feuersbrunst Gemüse und Pflanzen nie-
      dergetreten oder Türen und Fenster eingeschlagen werden, um zu Löschapparaten zu
      gelangen, wenn verhungernde Touristen in eine Alphütte eindringen oder wenn zur
      Sicherung einer Strasse eine Lawine künstlich ausgelöst wird (100 II 124 ff.).

76   e. **«Öffentlich-rechtliche» Eigentumsbeschränkungen.** Es ist Aufgabe des *öffentli-
      chen* Rechts der Kantone und des Bundes, dem Eigentum im Interesse der Allgemein-
      heit die erforderlichen Schranken vorzuschreiben. Darauf verweist denn auch das
      ZGB an manchen Stellen, in allgemeiner Weise etwa bei Art. 702 und mit Bezug auf
      die Sonderfrage der Fortleitung von Quellen in Art. 705. Diese Bestimmungen enthal-
      ten allerdings nur einen unechten Vorbehalt (vorne N 22) zu Gunsten des (ohnehin
      neben dem Zivilrecht bestehenden) öffentlichen Rechts (so für 702: 88 II 260 f. und 95
      II 613).[96] Daneben aber stellt das ZGB *selbst* – im Anschluss an die Regelung verwand-
      ter privatrechtlicher Verhältnisse – einige wenige Eigentumsbeschränkungen öffent-
      lich-rechtlichen Charakters auf. Hierher gehören vor allem die Möglichkeiten der *Pri-
      vatexpropriation* nach Art. 711 und 712 und die *Zwangsgemeinschaft* des Art. 703.[97]

77   1. *Die Privatexpropriation,* Art. 711 und 712.[98] Das ZGB gestattet in zwei Sonderfällen
      Privaten nicht nur, auf das Grundstück des Nachbarn irgendwie einzuwirken, sondern
      es ihm sogar ganz oder teilweise zu entziehen – gegen volle Entschädigung. Das Gesetz
      anerkennt also in diesem engen Rahmen ein eigentliches *Enteignungsrecht* zu Gunsten

---

95   Vgl. auch ROTEN a.a.O. Nr. 1017 ff.

96   Zum Recht der Kantone, öffentlich-rechtliche Notwege vorzusehen, vgl. BGE 121 I 70. Zu ihrer
      Befugnis, aus polizeilichen Gründen Zutrittsverbote anzuordnen, siehe 122 I 80.

97   Art. 703 steht wie Art. 702 unter dem Randtitel «Öffentlich-rechtliche Beschränkungen»; das
      ZGB bezeichnet mithin diese Normen selber als öffentlich-rechtlich. Art. 703 gilt denn auch als
      öffentlich-rechtliche Vorschrift des Bundes (99 Ib 321 ff.). In Art. 711 ist die Rede von Abtretung
      für «… Unternehmungen des allgemeinen Wohles …», in Art. 712 von Enteignung, also von
      Instituten, die dem öffentlichen Recht angehören. Früher wurde mehrheitlich angenommen,
      der Anspruch aus Art. 711/712 sei privatrechtlicher Natur und vom Zivilgericht im ordentli-
      chen Verfahren zu beurteilen (64 II 340 ff. sowie LIVER, SPR V/1, 307 und dort Anm. 13); heute
      gibt es dazu wichtige andere Meinungen (HAAB, ZüKomm, Art. 711 N 8; STEINAUER a.a.O.
      Nr. 1968e; REY, BaKomm, Art. 711 N 9 ff.; STÉPHANE MÉROT, Les sources et les eaux souterrai-
      nes, Etude des législations fédérales et vaudoises [Diss. Lausanne 1996], 187 f.).

98   Vgl. auch MÉROT a.a.O. 178 ff.

von *Privatpersonen;* seine Rechtfertigung liegt darin, dass diese Personen in den betreffenden Fällen gleichsam als Vertreter des öffentlichen Wohls auftreten. Beide Fälle gehören dem *Quellenrecht* an und hängen miteinander sehr eng zusammen.

Insbesondere in abgelegenen Gegenden kommen Quellen oder Bäche vor, aus denen der Eigentümer entweder gar keinen oder aber einen im Verhältnis zu ihrer Verwertbarkeit ganz geringen Nutzen zieht. Dieses Wasser, richtig gefasst und fortgeleitet, könnte unter Umständen der Allgemeinheit grosse Dienste erweisen. Zu Gunsten solcher Unternehmungen gewährt das ZGB das Recht, gegen volle Entschädigung die Abtretung von Quellen oder Wasserläufen zu verlangen. Dabei genügt (entgegen dem Vorentwurf) nicht, dass das Interesse des Enteignenden am Wasser höherer Art oder grösser ist als jenes des derzeitigen Eigentümers, sondern es muss sich geradezu um einen Zweck des *öffentlichen Wohls* handeln. Das Wasser kann so abgetreten werden, dass dem Unternehmen das Eigentum am Quellengrundstück eingeräumt wird; unter Umständen genügt es aber, wenn eine Dienstbarkeit errichtet wird des Inhalts, dass das Unternehmen der Quelle oder dem Bach ein bestimmtes Quantum Wasser entnehmen darf (711; vgl. 64 II 345; ferner vorne § 101 N 29 ff.). 78

Zum Schutz der *Trinkwasserversorgungen* geht das ZGB in Art. 712 noch einen Schritt weiter. Diese sind nicht nur auf genügend, sondern auch auf reines Trinkwasser angewiesen. Sie können allerdings schon auf Grund von Art. 706 gegen jede Verunreinigung der Quellen vorgehen, Abhilfe und Schadenersatz fordern. Voll gesichert sind sie erst dann, wenn die Verunreinigung auch für die Zukunft verunmöglicht wird. Zu diesem Zweck können die Trinkwasserversorgungen – gleichgültig, ob sie Gemeinden oder Privaten gehören – die *Abtretung* des umliegenden *Bodens* fordern, freilich nur gegen volle Entschädigung und nur, soweit der Schutz der Quelle es nötig macht (Gebot der Verhältnismässigkeit). 79

Das Bundesgericht behandelt Quellen, die auf einem privaten Grundstück entspringen und von Anfang an einen Wasserlauf bilden, die sogenannten Bachquellen, nicht mehr als Quellen im Sinn von Art. 704 Abs. 1 (97 II 333; 122 III 50 f.; vgl. vorne § 101 N 31 ff.); diese unterstehen demnach der Gewässerhoheit des Gemeinwesens – was den Anwendungsbereich der Art. 706 und 711 erheblich eingeschränkt. 80

2. *Die Zwangsgemeinschaft bei Bodenverbesserungen,* Art. 703. Das ZGB gestattet unter näher umschriebenen Voraussetzungen einer Mehrheit von Grundeigentümern, die Minderheit zu zwingen, zu gemeinsamen Unternehmungen, die der Bewirtschaftung dienen und ohne die Mitwirkung aller nicht zustande kämen, Hand zu bieten. Die Widerstrebenden sind zum Mitmachen gezwungen; sie müssen dieser «Zwangsgemeinschaft» beitreten. Zweck dieser Gemeinschaft ist gemäss Art. 703 die Vornahme von *Bodenverbesserungen,* die nur durch Mitwirkung *aller* dabei beteiligten Eigentümer durchgeführt werden können. Als Beispiele solcher Meliorationen führt das ZGB an: Gewässerkorrektionen, Entwässerungen, Aufforstungen, Weganlagen, 81

und vor allem die wichtige Zusammenlegung von Wald[99] und landwirtschaftlichen Gütern. Dabei können die Kantone noch hinzufügen: die Zusammenlegung von Bauland, wodurch in manchen Städten erst eine rationelle Überbauung ermöglicht wird (sogenannte Zonenexpropriation oder Landumlegung: 96 I 133), und die Melioration von Gebieten mit dauernden Bodenverschiebungen (703³).

82   Das Verfahren zur Durchführung dieser Zwangsmeliorationen ist den *Kantonen* überlassen. Das ZGB stellt lediglich einige Normativbestimmungen auf, die zwar von den Kantonen erleichtert, nicht aber erschwert werden können (116 Ib 28 f.). Gemäss Art. 703 Abs. 1 muss mindestens *die Mehrheit* der beteiligten Eigentümer, denen zugleich *mehr* als die *Hälfte* des beteiligten Bodens gehört, sich für das Unternehmen ausgesprochen haben. An der Beschlussfassung nicht mitwirkende Grundeigentümer gelten als zustimmend. Die Kantone dürfen sich auch mit einer geringeren Mehrheit zufrieden geben oder sich gar mit dem Entscheid einer Behörde begnügen (703³; 116 Ib 29).

IV. Ausgewählte gesetzliche Eigentumsbeschränkungen kraft Spezialerlassen des Bundes

83   **a. Das BG über den Erwerb von Grundstücken durch Personen im Ausland (BewG)**[100] enthält wichtige gesetzliche Eigentumsbeschränkungen.[101] Es *bezweckt,* den Grundstückerwerb durch Personen im Ausland zu beschränken und dadurch die Überfremdung des einheimischen Bodens zu verhindern (1 BewG). Hauptsächliches

---

99   Zum Schutz des Waldes vgl. nun auch das in Anm. 94 genannte Waldgesetz und die zugehörige Verordnung (SR 921.01).

100   BG über den Erwerb von Grundstücken durch Personen im Ausland (BewG) vom 16. Dezember 1983 (SR 211.412.41; auch als «Lex Friedrich» oder «Lex Koller» bezeichnet. Vgl. ferner die zugehörige Verordnung (BewV) vom 1. Oktober 1984 (SR 211.412.411).

101   Aus der umfangreichen Spezialliteratur vgl. etwa CHRISTOPH BANDLI, Die Revision der Lex Friedrich vom 30. April 1997 – Impulse für die Bauwirtschaft?, in BR/DC 1998, 32 ff.; MARC BERNHEIM, Die Finanzierung von Grundstückäufen durch Personen im Ausland – unter besonderer Berücksichtigung der Stellung der Auslandsbanken (Diss. Zürich 1993); GIAN GAUDENZ LÜTHI, Anwendungsprobleme in der Bundesgesetzgebung über den Erwerb von Grundstücken durch Personen im Ausland (Diss. Zürich 1987); URS MÜHLEBACH/HANSPETER GEISSMANN, Lex Friedrich – Kommentar zum Bundesgesetz über den Erwerb von Grundstücken durch Personen im Ausland (Brugg/Baden 1986); FELIX SCHÖBI, Das Bundesgesetz über den Grundstückerwerb durch Personen im Ausland, in Alfred Koller (Hrsg.), Der Grundstückkauf (2. A. Bern 2001), 405 ff.; RUDOLF SCHWAGER, Zur Überfremdung des Bodens – Privatrechtliche Aspekte der Lex Friedrich, in Baurechtstagung Freiburg 1987, Tagungsunterlage I, S. 58 ff.; ADRIAN URWYLER, Bewilligungsgesetz und Privatrecht – Fragen zum Bundesgesetz über den Erwerb von Grundstücken durch Personen im Ausland vom 16. Dezember 1983 (Diss. Freiburg 1990); WOLFGANG WENDRICH, Disharmonie zwischen den Nichtigkeiten des Vertrages nach Artikel 20 OR und Artikel 26 des Bundesgesetzes über den Erwerb von Grundstücken durch Personen im Ausland (Diss. Zürich 1990).

Instrument ist die Bewilligungspflicht für den Grundstückerwerb (2 und 4 ff. BewG). Eine Bewilligung, die nur unter besonderen Gründen erteilt wird (8 ff. BewG), ist nicht nur für den Eigentumserwerb, sondern namentlich auch für den Erwerb eines Baurechts, eines Wohnrechts oder einer Nutzniessung sowie für die Begründung und Ausübung eines Kaufs-, Vorkaufs- und Rückkaufsrechts an einem Grundstück erforderlich (4 BewG, unter Normierung mehrerer möglicher Umgehungstatbestände). Für Rechtsgeschäfte ohne die erforderliche Bewilligung sieht das Gesetz besondere zivilrechtliche Sanktionen vor (26 f. BewG). Dem Grundbuchverwalter sind wichtige Kontrollaufgaben übertragen (18 BewG; vgl. auch 88 GBV).[102]

b. Wichtige Eigentumsbeschränkungen für landwirtschaftliche Grundstücke und Gewerbe enthält das (in Art. 218 OR vorbehaltene) **BG über das bäuerliche Bodenrecht (BGBB).**[103]

84

---

102 Zu zwei dringlichen Bundesbeschlüssen vom 6. Oktober 1989, die heute nicht mehr von Bedeutung sind (Bundesbeschluss über eine Sperrfrist für die Veräusserung nichtlandwirtschaftlicher Grundstücke und die Veröffentlichung von Eigentumsübertragungen von Grundstücken [BBSG]; Bundesbeschluss über eine Pfandbelastungsgrenze für nichtlandwirtschaftliche Grundstücke [BBPG]), vgl. Tuor/Schnyder/Schmid, 11. A., 740 f.

103 BG über das bäuerliche Bodenrecht (BGBB) vom 4. Oktober 1991 (SR 211.412.11), in Kraft seit 1. Januar 1994 (vgl. ferner die zugehörige Verordnung [VBB] vom 4. Oktober 1993, SR 211.412.110). Das BGBB ersetzt (gemäss seinem Art. 93) das BG über die Erhaltung des bäuerlichen Grundbesitzes vom 12. Juni 1951 (EGG) und das BG über die Entschuldung landwirtschaftlicher Heimwesen vom 12. Dezember 1940 (LEG). – Zum BGBB vgl. die Wegleitung des Eidgenössischen Amtes für Grundbuch- und Bodenrecht für die Grundbuchämter zum Bundesgesetz über das bäuerliche Bodenrecht und zur Teilrevision des Zivilgesetzbuches und des Obligationenrechts (Immobiliarsachenrecht, Grundstückkauf) vom Februar 1994, in ZBGR 75 (1994), 88 ff.; ferner Andres Büsser u. a., Das bäuerliche Bodenrecht, Kommentar zum Bundesgesetz über das bäuerliche Bodenrecht vom 4. Oktober 1991 (2. A. Brugg 2011); Bichsel, Das Bundesgesetz über das bäuerliche Bodenrecht – die Aufgaben des Notars, in ZBGR 74 (1993), 173 ff.; Yves Donzallaz, Commentaire de la loi fédérale du 4 octobre 1991 sur le nouveau droit foncier rural (Sion 1993); derselbe, Quelques problèmes relatifs à la LDFR, in ZWR 1993, 337 ff.; Manuel Müller, Übersicht, öffentlichrechtliche Beschränkungen des Grundstückverkehrs und Pfandbelastungsgrenze des neuen Bundesgesetzes über das bäuerliche Bodenrecht, in ZBGR 74 (1993), 162 ff.; derselbe, Le nouveau droit foncier rural, principes généraux et restrictions de droit public, in RJJ 1993, 205 ff.; Denis Piotet, Le droit transitoire des lois fédérales sur le droit foncier rural et sur la révision partielle du code civil et du code des obligations du 4 octobre 1991, in ZSR NF 113 (1994), I 125 ff.; Christina Schmid-Tschirren, Das bäuerliche Bodenrecht im Härtetest der Realität, in BlAgrarR 31 (1997), 139 ff.; Felix Schöbi, Privatrechtliche Beschränkungen im landwirtschaftlichen Bodenrecht – Das relativierte Ertragswertprinzip, in ZBGR 74 (1993), 151 ff.; Thomas Sutter-Somm/Gregor von Arx, Die Vorkaufsrechte im bäuerlichen Bodenrecht – ein Überblick, FS Paul Richli (Zürich 2006), 447 ff.; Beat Stalder, Die öffentlich-rechtlichen Verfügungsbeschränkungen im bäuerlichen Bodenrecht – Grundlagen und Instrumente, in ZSR NF 113 (1994), I 73 ff.; derselbe, Der Kauf landwirtschaftlicher Gewerbe und Grundstücke, in Alfred Koller (Hrsg.), Der Grundstückkauf (2. A. Bern 2001), 293 ff.; Paul-Henri Steinauer, Les droits de préemption légaux, in Le nouveau droit foncier rural, Journée juridique à l'intention des notaires (Fribourg 1993); Studer, Privatrechtliche Vorschriften über die Veräusserung landwirtschaft-

85   Stichwortartig seien erwähnt: Sonderregeln bei der Aufhebung von vertraglich
begründetem gemeinschaftlichem Eigentum, insbesondere ein Zuweisungsanspruch
des zur Selbstbewirtschaftung gewillten und geeigneten Mit- oder Gesamteigentümers
(36–39 BGBB); das Zustimmungserfordernis des Ehegatten bei der Veräusserung
eines landwirtschaftlichen Gewerbes (40 BGBB); die vertragliche Begründung eines
Gewinnanspruchs oder eines Rückkaufsrechts für den Fall der Weiterveräusserung
eines landwirtschaftlichen Gewerbes oder Grundstücks (41 BGBB; zur pfandrechtlichen Sicherung des Gewinnanspruchs vgl. auch 34, 37[4] und 53 BGBB sowie hinten
§ 112 N 41); das besondere Vorkaufsrecht der Verwandten mit erweiterter Umschreibung des Vorkaufsfalls (42–46 und 50–55 BGBB);[104] das Vorkaufsrecht des Pächters
(47 f. BGBB); die besondere Rangordnung beim Vorkaufsrecht an Miteigentumsanteilen (49 BGBB); die Möglichkeit der Kantone, zusätzlich bestimmte Vorkaufsrechte
vorzusehen (56 BGBB); die Pflicht benachbarter Eigentümer zur Grenzverbesserung
(57 BGBB); das Realteilungs- und Zerstückelungsverbot (58–60 BGBB); die grundsätzliche Bewilligungspflicht des Grundstückserwerbs (61–66 BGBB); Sonderregeln
über die Zwangsversteigerung und das Verbot der freiwilligen Versteigerung (67–69
BGBB); Sondervorschriften zur Verhütung der Überschuldung (73–79 BGBB). Zu
den Kontrollaufgaben des Grundbuchverwalters siehe 81 BGBB, zur Anmerkung im
Grundbuch 86 BGBB und 57 GBV.

---

licher Grundstücke und Gewerbe, in AJP 2 (1993), 1075 ff.; DERSELBE, Die Aufgaben und die
Verantwortung des Notars nach dem BGBB, in ZGRG 12 (1993), 104 ff.; «Das landwirtschaftliche Bodenrecht» (Bern 1993), Schriftenreihe des Schweizerischen Anwaltsverbandes, Band 12.
104 Zu den Vorkaufsrechten nach BGBB allgemein STEINAUER, Les droits réels II, Nr. 1799 ff.;
DERSELBE in ZBGR 73 (1992), 13 ff.; REY, zit. in Anm. 2, 66 ff.; SUTTER-SOMM/VON ARX, zit.
in Anm. 103, 447 ff.

Dritter Abschnitt

Das Fahrniseigentum

§ 103 Begriff, Erwerb und Verlust des Fahrniseigentums

I. Gegenstand und Inhalt

Das ZGB bezeichnet in Art. 713 mit dem Ausdruck «Fahrnis» das, was man gewöhnlich **1** *Mobilie* oder *bewegliche Sache* nennt («meuble» und «propriété mobilière»); im französischen Text wird dies umschrieben als «les choses qui peuvent se transporter d'un lieu dans un autre». Als Fahrnis gelten zunächst alle *körperlichen* Sachen, die nicht mit dem Boden fest verbunden sind und demgemäss ihre räumliche Lage beliebig ändern können – sei es aus eigener Kraft (Tiere; vgl. 641a[2]), sei es durch äussere Einwirkung (leblose Sachen, namentlich auch Fahrnisbauten im Sinn von Art. 677). Diesen ihrer Natur nach beweglichen Sachen fügt das ZGB die *Naturkräfte* (Energien) hinzu, soweit sie der rechtlichen Herrschaft unterworfen werden können, so etwa die elektrische Energie (47 II 451; 48 II 371). Gewisse Naturkräfte können aber auch als Gegenstand dauernder dinglicher Rechte zu den Grundstücken gehören (655[2] Ziff. 2 und 713 in fine; vgl. auch die negative Umschreibung des Fahrniskaufs in Art. 187 OR[1]); dies gilt zum Beispiel für die Wasserkraft bei Wasserrechtsverleihungen. Aber auch sonst lassen sich die Grundsätze über die Fahrnis auf die unkörperlichen und unselbständigen Naturkräfte nur sehr beschränkt und daher bloss sinngemäss anwenden (vgl. 47 II 452).[2] Für gewisse bewegliche Sachen gelten sodann Sonderregeln, namentlich für Vieh (885), Schiffe (118 Ib 61 f.) und Luftfahrzeuge, aber auch für Wertpapiere.[3] In jüngerer Zeit hat der Gesetzgeber sodann auch für Tiere (z.B. 720a, 722[1bis] und [1ter], 728[1bis]) sowie für herrenlose Naturkörper, Altertümer und Kulturgüter (724; 728[1ter]) besondere Bestimmungen aufgestellt.

Über die *Ausdehnung* des Fahrniseigentums braucht das Gesetz, der natürlichen **2** Beschaffenheit dieser Sachen entsprechend, keine Worte zu verlieren. *Inhalt und Schranken* ergeben sich teils aus den allgemeinen, die Privatrechte überhaupt umgrenzenden Vorschriften, teils aus dem (in Art. 641 mehr oder weniger umschriebenen) Begriff des Eigentums selbst. So ist die Ausübung des Fahrniseigentums – selbstverständlich, wie die Ausübung aller anderen Rechte – vom Verbot des Rechtsmissbrauchs (2[2]) betroffen. Weitere Beschränkungen können auch hier, wie beim Grundeigentum, entweder aus Rechtsgeschäft (etwa bei einem Vorkaufsrecht an Wertpapieren) oder unmittelbar aus dem Gesetz fliessen. Die Letzteren sind vor allem im öffentlichen Interesse festgesetzt und haben ihre Quelle entweder im eidgenössischen oder im kan-

---

1   Zum Vertrag über die Lieferung elektrischer Energie vgl. 76 II 103 ff. und Heinz Rey, Perspektiven des Fernwärmelieferungsvertrages, in FS Walter R. Schluep (Zürich 1988), 131 ff. (besonders 136 ff.); zum Kauf von «Naturkräften» s. auch Schönle, ZüKomm, Art. 184 OR N 54 ff.

2   Vgl. Leemann, BeKomm, Art. 713 N 12.

3   Vgl. Steinauer, Les droits réels II, Nr. 1980 ff.

tonalen Recht. Bundesrechtliche Schranken finden sich etwa in der Gesetzgebung zum Tierschutz, zu Kriegsmaterial, Waffen und Munition, zur Atomenergie sowie zu Kulturgütern.[4] Art. 6 Abs. 2 ZGB behält das Recht der Kantone vor, den Verkehr mit Fahrnis zu regeln.[5] Kantonale Bestimmungen dieser Art bestehen etwa zum Schutz von Gesundheit, Leben und Eigentum (Regeln betreffend Giftstoffe) sowie vor allem im Interesse von Natur- und Heimatschutz.

II.   Der Eigentumserwerb an Fahrnis

3   Was beim Mobiliareigentum einer besonders eingehenden Regelung bedarf, ist dessen Erwerb und Verlust. Hierauf lassen sich weder Bestimmungen allgemeinen Inhalts, noch die Regeln über das Grundeigentum anwenden. Der Titel über das Fahrniseigentum ist denn auch fast ausschliesslich der Regelung dieser Fragen gewidmet.

4   Wie bei den Grundstücken (vorne § 100 N 5 f.) ist auch bei der Fahrnis zu unterscheiden, ob der Erwerb auf dem Recht einer Vorgängerin beruht (*derivativer* Erwerb) oder ob er sich unabhängig davon vollzieht (*originärer* Erwerb).[6] Ersterem dient vor allem die Übertragung.[7] Arten des Letzteren sind: die Aneignung, der Fund (mit Einschluss des Schatzerwerbs), die Zuführung, die Verarbeitung, Verbindung und Vermischung sowie die Ersitzung. Dazu mag man noch den Erwerb durch Übertragung seitens einer

---

4   Kriegsmaterialgesetz vom 13. Dezember 1996 (SR 514.51); Waffengesetz vom 20. Juni 1997 (SR 514.54); Kernenergiegesetz vom 21. März 2003 (SR 732.1); Kulturgütertransfergesetz (KGTG) vom 20. Juni 2003 (SR 444.1), jeweils samt Ausführungserlassen. Zum Letzteren vgl. ausser der Botschaft (BBl 2002, 535 ff.) und den in § 92 Anm. 37 zitierten Werken insbesondere SCHMID/ HÜRLIMANN-KAUP, Sachenrecht, Nr. 1138 ff.; WOLFGANG ERNST, Neues Sachenrecht für Kulturgüter, recht 2008, 2 ff.; PETER MAX GUTZWILLER, Zum Geltungsbereich des Bundesgesetzes über den internationalen Kulturgütertransfer, SJZ 101 (2005), 517 ff.; HEINRICH HONSELL, Das Kulturgütertransfergesetz und das Privatrecht, Mélanges Pierre Tercier (Zürich 2008), 275 ff.; PIERRE GABUS/MARC-ANDRÉ RENOLD, Commentaire LTBC, Loi fédérale sur le transfert international des biens culturels (LTBC) (Genf/Zürich 2006); MARKUS MÜLLER-CHEN, Die Crux mit dem Eigentum an Kunst, AJP 2003, 1267 ff.; ANDREA F. G. RASCHÈR/FLORIAN SCHMIDT-GABAIN, Besserer Schutz für den internationalen Leihverkehr unter Museen? Die «Rückgabegarantie» im Kulturgütertransfergesetz, AJP 2005, 686 ff.; KURT SIEHR, Das Sachenrecht der Kulturgüter – Kulturgütertransfergesetz und das schweizerische Sachenrecht, FS Heinz Rey, 127 ff.; DERSELBE, Das Kulturgütertransfergesetz der Schweiz aus der Sicht des Auslandes, AJP 2005, 675 ff.; KERSTIN ODENDAHL u. a. (Hrsg.), Kulturgüterschutz – Kunstrecht – Kulturrecht, FS für Kurt Siehr (Baden-Baden 2010).

5   Diese Bestimmung wird heute als unechter Vorbehalt (deklaratorische Bedeutung) aufgefasst (vorne § 4 N 25).

6   Vgl. überdies die Tabelle bei STEINAUER a.a.O. Nr. 2007.

7   Hinzuzufügen sind immerhin auch der (derivative) Erwerb von Fahrniseigentum durch Universalsukzession (namentlich durch Erbgang, 560, aber auch durch Fusion nach FusG) und durch Zuschlag bei öffentlicher Versteigerung nach Art. 235 Abs. 1 OR (STEINAUER a.a.O. Nr. 2062 ff.).

Nichteigentümerin an einen gutgläubigen Dritten (714²) zählen,[8] das Seitenstück zum gutgläubigen Erwerb von Immobilien auf Grund des Vertrauens in das Grundbuch (973¹).[9]

a. Die Übertragung (la tradition).[10] Die Eigentumsübertragung an Fahrnis (Übereignung) geschieht durch die *Übergabe des Besitzes,* die Tradition (714¹). Der blosse Schuldvertrag – wie Kauf, Tausch, Schenkungsversprechen – genügt noch nicht, um den Erwerber zum Eigentümer zu machen, sondern vermittelt ihm nur ein (obligatorisches) Forderungsrecht auf Verschaffung des Eigentums (Verpflichtungsgeschäft; vgl. etwa den Wortlaut von 184¹ OR).[11] Das Eigentum des Erwerbers entsteht erst durch Besitzübertragung («Traditionsprinzip»; 131 III 220; BGer 5C.182/2005 E. 3, insoweit nicht in 132 III 155 ff.; BGer 5A_583/2012 E. 3.1.2). Diese erfolgt im Anschluss an den eben erwähnten Schuldvertrag, welcher die (obligatorische) Forderung begründet hat, im Rahmen eines sogenannten *Verfügungsvertrags.*[12] Dieser Verfügungsvertrag ist eine «dingliche Einigung» – auch «dinglicher Vertrag» genannt (BGer 5C.170/2005 E. 2.2 und BGer 5A_583/2012 E. 3.1.2: «le contrat réel»). Der erklärte und durch die Besitzübertragung zugleich vollzogene Vertragswille geht auf die Übertragung von Eigentum an Fahrnis (84 III 153; wohl auch 119 IV 323).[13] Andere dingliche Einigungen können die Begründung eines beschränkten dinglichen Rechts zum Inhalt haben. So wird etwa auch bei der Bestellung einer Nutzniessung Besitz übertragen (746¹), aber eben Besitz zu Nutzniessung und nicht zu Eigentum (nicht «Eigenbesitz»).

---

8   So auch LIVER, SPR V/1, 314 f.; STEINAUER a.a.O. Nr. 2067a, beide mit Hinweisen auf abweichende Meinungen.

9   Hinzu kommen weitere Fälle originären Eigentumserwerbs, wie etwa Enteignung, Zuschlag in der Zwangsversteigerung und Urteil (STEINAUER a.a.O. Nr. 2122 ff.).

10   Zu den internationalen Bezügen vgl. DIETER MARTINY, Der Eigentumsübergang beim grenzüberschreitenden Warenkauf, in Franz-Joseph Peine u. a. (Hrsg.), FS für Alexander v. Brünneck (Baden-Baden 2011), 314 ff.

11   Dieser Schuldvertrag ist freilich – wegen des Kausalitätsprinzips – seinerseits (neben der Besitzübertragung) eine wesentliche Voraussetzung für den Eigentumsübergang (zum Kausalitätsprinzip vgl. vorne § 88 N 9 und nachfolgend im Text N 10 f.). Damit Eigentum wirksam übergeht, braucht es demnach beides: Rechtsgrund (Schuldvertrag) *und* Besitzübertragung (Verfügung).

12   SCHÖNENBERGER/JÄGGI, ZüKomm, Art. 1 OR N 95: Verfügungsvertrag: «Die eine Partei verfügt zu Gunsten der andern, und diese stimmt zu.» Vgl. auch CAROLE VAN DE SANDT, L'acte de disposition (Diss. Freiburg 2000), AISUF 197, Nr. 70 ff.

13   So auch LIVER a.a.O. 319 f.; SCHÖNENBERGER/JÄGGI a.a.O. Art. 1 OR N 95; REY, Grundriss, Nr. 1705; STEINAUER a.a.O. Nr. 2013 ff.; VAN DE SANDT a.a.O. Nr. 85 ff.; gegen die Theorie vom dinglichen Vertrag HAAB/SIMONIUS, ZüKomm, Art. 713/714 N 34 ff.; SUTTER-SOMM, SPR V/1, Nr. 945 f. – Zur Veräusserungsabsicht beim Finanzierungsleasing vgl. 118 II 150 ff., 119 II 239 ff. und 132 III 553 f.; kritisch HAUSHEER, ZBJV 128 (1992), 480 ff.; vgl. auch BERND STAUDER, Das Finanzierungs-Investitionsgüterleasing von Mobilien durch eine Leasinggesellschaft: Offene Fragen, in Ernst A. Kramer (Hrsg.), Neue Vertragsformen der Wirtschaft: Leasing, Factoring, Franchising (2. A. Bern 1992), 71 ff. (besonders 77 und 89 f.); STEINAUER, Les droits réels III, Nr. 3097g; SCHMID/HÜRLIMANN-KAUP a.a.O. Nr. 1998 ff.; MARKUS STÖCKLIN, Der Leasingvertrag als Mittel der Umgehung zwingenden Rechts (Diss. Basel 1985), 95 ff.; DANIEL GIRSBERGER, Grenzüberschreitendes Finanzierungsleasing … (Habil. Zürich 1997), Nr. 263 ff.

6　Da das Eigentum durch Besitzübertragung verschafft wird, ist die Lehre von der Eigentumsübertragung mit der Lehre vom Besitzerwerb eng verknüpft (vgl. 119 IV 323 f.; 132 III 158 ff.; BGer 5C.170/2005 E. 2.2). Die Art. 714 ff. finden ihre notwendige Ergänzung in den Art. 922 ff. Wir können daher auf deren Darstellung (vorne § 91 N 1 ff.) verweisen und brauchen nur einzelne Punkte noch besonders hervorzuheben:

7　1. *Die Voraussetzungen beim Constitutum possessorium,* Art. 717. Zur Einräumung der tatsächlichen Gewalt genügen alle Erwerbsarten des Besitzes: nicht nur die Sachübergabe (Tradition), sondern auch die Übertragung durch *blosse Erklärung* (Traditionssurrogate) – gleichgültig, ob diese mittels Besitzübertragung «kurzer Hand», Besitzanweisung oder Besitzeskonstituts (Constitutum possessorium) geschieht, bei dem die Sache auf Grund eines besonderen Rechtsverhältnisses vom Veräusserer zurückbehalten wird (vorne § 91 N 13 f.). Das Besitzeskonstitut darf jedoch nicht dazu dienen, Dritte zu benachteiligen – insbesondere Gläubiger des Veräusserers, denen die Eigentumsübertragung wegen ihrer Formlosigkeit unbekannt geblieben ist. Ebenso wenig soll damit der Grundsatz umgangen werden, wonach zur Begründung eines Faustpfandes die faktische Übergabe der Sache – die äussere sichtbare Veränderung in der Sachherrschaft – unentbehrlich ist (884^1 und ^{3}; hinten § 118 N 16 f.). Die allgemeine Regel von Art. 924 Abs. 1 erfährt daher eine Ergänzung in Art. 717: Das Besitzeskonstitut bewirkt *Dritten gegenüber* den Eigentumsübergang nur dann, wenn *keine Benachteiligungs-* und *keine Umgehungsabsicht* vorliegt (717^1). Hierüber entscheidet das Gericht nach seinem Ermessen (717^2; vgl. 88 II 79 ff., der 78 II 211 f. ergänzt). Unwirksam gegenüber Dritten ist daher auch eine durch blosses Besitzeskonstitut vollzogene Sicherungsübereignung, d.h. eine Eigentumsübertragung auf Grund der Abrede, dass die übereignete Sache dem Erwerber nur als Sicherheit für eine Forderung dienen soll (119 II 327 f.);[14] *unter den Parteien* äussert aber die Eigentumsübertragung durch Besitzeskonstitut auch bei Benachteiligungs- oder Umgehungsabsicht ihre vollen Wirkungen (94 II 304).[15]

8　2. *Die mangelnde Veräusserungsbefugnis,* Art. 714 Abs. 2. Die (wirksame) Übertragung hat zur Folge, dass das in der Person eines anderen schon bestehende Eigentum auf die Erwerberin übergeht. Daraus ergibt sich, dass das Eigentum der Erwerberin nur entsteht, wenn der Veräusserer selbst Eigentümer oder wenigstens zur Veräusserung ermächtigt war. Niemand kann mehr Rechte übertragen, als er selber hat.

9　　Von dieser Regel machen die modernen Gesetze Ausnahmen, die durch die Interessen des Verkehrs geboten sind.[16] Diese gehen aus den Besitzregeln hervor, auf die das ZGB in Art. 714 Abs. 2 verweist. Wer in gutem Glauben von einem zur Veräusserung Nichtberechtigten eine bewegliche Sache zu Eigentum übertragen erhält, wird Eigentümer, sobald er nach jenen Regeln im Besitz zu schützen ist. Es sind dies: der

---

14　Vgl. Schmid/Hürlimann-Kaup a.a.O. Nr. 2012 ff.

15　Vgl. Zobl/Thurnherr, BeKomm, Syst. Teil (vor Art. 884) N 1408 und Art. 884 N 719 ff.; Rey a.a.O. Nr. 1728 f.; Steinauer, Les droits réels II, Nr. 2022 f.

16　Rechtsvergleichend Kurt Siehr, Verlust von Ansprüchen auf Herausgabe von Mobilien – Rechtsvergleichendes zum Gutglaubenserwerb, FS Rudolf Welser (Wien 2004), 997 ff.

gutgläubige Dritterwerber anvertrauter Sachen, der gutgläubige Erwerber von Geld[17] und Inhaberpapieren, nach Ablauf einer 5-jährigen Rückforderungsfrist auch der gutgläubige Erwerber verlorener, gestohlener oder in anderer Weise abhanden gekommener Sachen (unter Vorbehalt der Sonderregeln von Art. 934 Abs. 1bis für Kulturgüter und Art. 724 Abs. 1bis für herrenlose Naturkörper und Altertümer). Zu den Einzelheiten vgl. vorne § 92 N 24 ff. und 39 ff.

3. *Kausaler oder abstrakter Charakter.* Die Eigentumsübertragung beruht nach dem Gesagten auf dem Willen des Veräusserers und der Erwerberin (vorne N 5). Dieser Wille wird zumeist nicht ausdrücklich erklärt, sondern geht aus einem der Übertragung zu Grunde liegenden Rechtsgeschäft, dem Rechtsgrund (Erwerbsgrund, «Titel», wie etwa Kauf, Schenkung, Darlehen), hervor. Es fragt sich nun, ob die Wirkung der Eigentumsübertragung – der Eigentumsübergang – auch dann eintritt, wenn ein gültiger Rechtsgrund fehlt. Geht das Eigentum durch Tradition auch dann über, wenn z.B. das Kaufgeschäft infolge Handlungsunfähigkeit des Veräussernden ungültig ist? Mit anderen Worten: Ist die Eigentumsübertragung (Tradition) ein *kausales* oder ein *abstraktes* Rechtsgeschäft? Das ZGB entscheidet die Frage nicht ausdrücklich. Das Bundesgericht hat sich, in Abänderung seiner früheren Praxis, seit 1929 in ständiger Rechtsprechung für den *kausalen Charakter* der Tradition ausgesprochen, sie als von ihrem Rechtsgrund abhängig erklärt (grundlegend 55 II 306 ff.; ferner etwa 121 III 347; 135 III 479; BGer 6B_994/2010 E. 5.3.3.2; BGer 5A_583/2012 E. 3.1.2). Diese Lösung hat sich auch in der Lehre durchgesetzt.[18] Bei einem fehlenden oder ungültigen Rechtsgrund kann also der Veräusserer trotz erfolgter Tradition die Sache (unter Vorbehalt der Rechte gutgläubiger Dritter und der Ersitzung) vindizieren, als Eigentümer herausverlangen (641[2]).

In dieser Hinsicht besteht somit Übereinstimmung zwischen der Übertragung von Grundstücken mittels Grundbucheintragung (974[2]) und der Übertragung von Fahrnis mittels Tradition (vgl. vorne § 95 N 36).

4. *Der Eigentumsvorbehalt* (le pacte de réserve de propriété), Art. 715 f.[19] Vom Gesetz ausdrücklich beantwortet wird die Frage, ob jemand auf Grund einer Veräusserung –

10

11

12

---

17 Zum Eigentumserwerb an Geld vgl. hinten N 39.

18 HAAB/SIMONIUS, ZüKomm, Art. 713/714 N 13–33; LIVER a.a.O. 321; MEIER-HAYOZ, BeKomm, Syst. Teil (vor Art. 641) N 88 ff. (wonach die Ablehnung des Abstraktionsprinzips der schweizerischen Wissenschaft manch unfruchtbare theoretische Auseinandersetzung und der Praxis zahlreiche Schwierigkeiten erspart hat, N 93); REY a.a.O. Nr. 354, 1690 und 1735; STEINAUER a.a.O. Nr. 2011 f.; SCHÖNLE a.a.O. Art. 184 OR N 28 f.; VAN DE SANDT a.a.O. Nr. 669 ff. und 733; ausführlich und kritisch PHILIPP DISCHLER, Rechtsnatur und Voraussetzungen der Tradition … (Diss. Basel 1990), 108 ff.

19 Vgl. STEINAUER a.a.O. Nr. 2027 ff.; ZOBL/THURNHERR, BeKomm, Syst. Teil (vor Art. 884) N 1698 ff.; SUTTER-SOMM, SPR V/1, Nr. 977 ff.; STEPHAN OTTRUBAY, Die Eintragung des Eigentumsvorbehalts … (Diss. Freiburg 1980), AISUF 50; ERICH BÜRGI, Der Eigentumsvorbehalt in Theorie und Praxis, in BlSchK 48 (1984), 41 ff., 81 ff. und 121 ff.; SUZETTE SANDOZ, L'inscription du pacte de réserve de propriété: une solution «géniale» … diabolique, in ZSR NF 106 (1987), I 353 ff.; MARTIN MENNE, Der Eigentumsvorbehalt bei Warenlieferungen in die

besonders eines Kaufgeschäfts – einem anderen den Besitz einer Sache übertragen, sich selbst aber das Eigentum daran einstweilen zurückbehalten («vorbehalten») kann. Ein *Bedürfnis* nach einem solchen Eigentumsvorbehalt besteht vor allem bei den Kreditkäufen, bei denen die Sachübergabe sofort stattfindet, für die Kaufpreiszahlung aber eine Frist gewährt wird. Da kommt der Verkäufer zu Schaden, wenn die Käuferin vor geleisteter Zahlung insolvent wird. Die Kaufsache ist (beim Fehlen eines Vorbehalts) in das Eigentum der Käuferin übergegangen, fällt also in ihre Konkursmasse und kann von den Gläubigern beansprucht werden. Der Verkäufer hat kein Vorrecht am verkauften Gegenstand; er steht im gleichen Rang mit den gewöhnlichen Gläubigern. Da Kreditkäufe sich nicht vermeiden lassen, suchten insbesondere die Geschäftsleute nach Mitteln, um die Bezahlung des Kaufpreises sicherzustellen. Genügenden Schutz hätte ihnen zwar ein Pfandrecht an der verkauften und übertragenen Sache geboten. Einem solchen Vorgehen stand aber die Schwierigkeit entgegen, dass ein Pfandrecht an beweglichen Sachen nur in Form des Faustpfandes, also durch Besitzübertragung, zulässig ist (884). Der Gesetzgeber hat im ZGB (von Art. 805 abgesehen) nur für den *Verkauf von Vieh* eine Ausnahme von diesem Grundsatz statuiert (hinten § 119 N 13 ff.).[20] Für alle übrigen Fälle (also unter Ausschluss des Viehs: 715[2]) hat er auf den anderen Weg verwiesen, auf den Eigentumsvorbehalt (715 f.). Im Einzelnen:

13   α. Das Gesetz gestattet dem Verkäufer, spätestens mit der Übergabe[21] der Sache an die Käuferin mit dieser formfrei (siehe immerhin Art. 10 lit. d KKG) zu vereinbaren, das Eigentum solle erst im Augenblick der Zahlung des Preises übergehen (was nach zutreffender Meinung mehr bedeutet als das in Art. 214 Abs. 3 OR vorgesehene Recht des Verkäufers[22]). Diese Abrede sichert unter den nachstehend erwähnten Voraussetzungen den Verkäufer: In einer Zwangsvollstreckung[23] gegen die Käuferin wird die Kaufsache nicht zu Gunsten der Gläubiger der Käuferin verwertet; der Verkäufer kann sie als sein Eigentum herausverlangen (vindizieren).[24]

Schweiz, in Zeitschrift für vergleichende Rechtswissenschaft 98 (1999), 284 ff. – Siehe auch Paul Piotet, La réalisation d'une condition peut-elle avoir un «effet réel»? Théorie du transfert de propriété, in ZSR NF 105 (1988), I 359 ff.

20   Für Schiffe und Luftfahrzeuge vgl. hinten § 118 N 21 sowie Steinauer a.a.O. Nr. 2032b.

21   So das BGer in einem Obiter dictum: «sofern der Eigentumsvorbehalt ... vor der Übergabe gültig vereinbart worden ist» (93 III 104); a. M. aber Scherrer, ZüKomm, Art. 715/716 N 50 ff.; Ottrubay a.a.O. 45 f.; Steinauer a.a.O. Nr. 2037 f.

22   Immerhin ist in der Abrede eines Eigentumsvorbehalts, mag er auch nicht eingetragen sein, stets auch der Vorbehalt des einseitigen Rücktrittsrechts des Verkäufers im Sinn von Art. 214 Abs. 3 OR enthalten (90 II 292; 93 III 109; Scherrer, ZüKomm, Art. 715/716 N 46; Liver, SPR V/1, 333; Steinauer a.a.O. Nr. 2049).

23   Da das SchKG aus der Zeit vor dem Inkrafttreten des ZGB stammt, hat das BGer für die Pfändung und Verwertung von unter Eigentumsvorbehalten verkauften Vermögensobjekten besondere Kreisschreiben erlassen (vgl. Hans Fritzsche/Hans Ulrich Walder-Bohner, Schuldbetreibung und Konkurs nach schweizerischem Recht [Zürich 1984], Band 1 § 26 Nr. 42 ff.; Steinauer a.a.O. Nr. 2030 und 2050 ff.).

24   Zum sog. verlängerten (erweiterten) Eigentumsvorbehalt vgl. Anm. 45. – Zur Problematik des Finanzierungsleasingvertrags vgl. die Hinweise in Anm. 13.

Ein solcher Eigentumsvorbehalt kann aber eine Gefahr für Drittpersonen   14
bedeuten, die nach der Übertragung der Sache mit der Käuferin Geschäfte eingehen.
Wenn der Eigentumsvorbehalt formlos abgeschlossen wird und somit nach aussen
nicht hervortritt, kann den Dritten völlig unbekannt sein, dass die verkaufte Sache
nicht der Käuferin gehört. Handelt es sich um eine Sache von erheblichem Wert, wie
etwa ein Auto oder ein Warenlager, so hat vielleicht der Dritte gerade mit Rücksicht auf
dieses «Vollstreckungssubstrat» der Besitzerin Kredit gewährt. Steckt ein unbekannter Eigentumsvorbehalt dahinter, müsste der Drittgläubiger bei Zahlungsunfähigkeit
seiner Schuldnerin hilflos zusehen, wie ein anderer (der frühere Verkäufer) plötzlich diese Sachen als sein Eigentum vindiziert. Um diesen Gefahren zu begegnen, hat
das Gesetz den Eigentumsvorbehalt an eine besondere, nach aussen zutage tretende
Form gebunden: Er ist nur gültig, wenn er in ein *öffentliches Register* (Eigentumsvorbehaltsregister) eingetragen worden ist (715[1]; 106 IV 255 f.; 110 II 155; für internationale Verhältnisse siehe Art. 102 ff. IPRG[25] und dazu 131 III 598 f.). Das Register wird
vom Betreibungsbeamten geführt und von Zeit zu Zeit bereinigt.[26] Dritte können sich,
bevor sie Kredit gewähren, durch Einsicht in dieses Register über die Eigentumsverhältnisse unterrichten. Auf diese Weise sind auch ihre Interessen gewahrt (131 III 599).

β. Die *Eintragung* hat *am jeweiligen Wohnort der Erwerberin* zu erfolgen, bei einer   15
Aktiengesellschaft an deren (Haupt-)Sitz (106 II 320 ff.). Bei Wohnortswechsel ist eine
Übertragung in das Register des neuen Domizils notwendig. Der frühere Eintrag verliert indessen seine Wirksamkeit erst (aber immerhin) nach Ablauf von drei Monaten
nach Erwerb des neuen Wohnsitzes[27] – ohne Rücksicht darauf, wann der Veräusserer
oder sein Rechtsnachfolger hiervon Kenntnis erhält (96 II 161 ff.).

Die Eintragung kann nach der hier vertretenen Auffassung[28] auch noch *nach*   16
der Übertragung der Sache vorgenommen werden. Die Sachübergabe vor der Eintragung lässt freilich das Eigentum auf die Erwerberin übergehen; doch fällt es durch die
nachträgliche Eintragung auf den Veräusserer zurück (93 III 104). Selbst eine Abtretung der Kaufpreisforderung mit dem Eigentumsvorbehalt ist möglich – mit der Folge,
dass die durch den Eigentumsvorbehalt gewährten Befugnisse als «Nebenrechte» im
Sinn von Art. 170 Abs. 1 OR auf den Zessionar übergehen (46 II 45 ff.; 77 II 133).[29] Die

---

25 Vgl. auch François J. A. Vouilloz, Quelques considérations sur le pacte de réserve de pro-
    priété en droit international privé suisse, in François Knoepfler (Hrsg.), Le juriste suisse face
    au droit et aux jugements étrangers (Freiburg 1988), 51 ff.; Bucher, La réserve de propriété en
    droit international privé suisse, in Semjud 112 (1990), 318 ff.; Anton Heini, Kommentierung
    von Art. 102 ff. IPRG in Daniel Girsberger/Anton Heini/Max Keller/Jolanta Kren Kostkiewicz/
    Kurt Siehr/Frank Vischer/Paul Volken (Hrsg.), ZüKomm zum IPRG (2. A. Zürich 2004).

26 Vgl. die Verordnung des Bundesgerichts vom 29. März 1939 betreffend die Bereinigung der
    Eigentumsvorbehaltsregister (SR 211.413.11).

27 V vom 19. Dezember 1910 betreffend die Eintragung der Eigentumsvorbehalte (SR 211.413.1),
    Art. 3.

28 Zu dieser Kontroverse siehe Ottrubay a.a.O. 42 ff.; Steinauer a.a.O. Nr. 2039 f.

29 Art. 4bis der genannten Verordnung (Anm. 26). So auch die herrschende Auffassung, siehe Spi-
    rig, ZüKomm, Art. 170 OR N 34 und 45; Christian Schöbi, Die Akzessorietät der Neben-
    rechte von Forderungen ... (Diss. Zürich 1990), 54 f. mit Hinweisen.

Frage, ob ein Eigentumsvorbehalt auch noch *nach der Konkurseröffnung* über die Käuferin eingetragen werden kann, wurde in 93 III 107 ff. (bestätigt in 96 II 171) wie folgt entschieden: Ein erst nach der Eröffnung des Konkurses über die Erwerberin eingetragener Eigentumsvorbehalt ist in diesem Konkurs nicht zu beachten. Damit werden in aller Regel der Verkäufer oder sein Rechtsnachfolger mit der Konkursdividende Vorlieb nehmen müssen. Betreffend Eintragung nach Pfändung vgl. 101 III 23 ff.

17   γ. Das Eigentumsvorbehaltsregister äussert *nur* die sogenannte *negative Rechtskraft:* Der Eigentumsvorbehalt des Veräusserers kommt ohne die Eintragung nicht zustande. Eine weitere Bedeutung kommt dem Register nicht zu. Es verfügt (anders als das Grundbuch, 973) insbesondere nicht über «positive Rechtskraft» durch Schutz des öffentlichen Glaubens: Wer die eingetragene Sache vom Verkäufer gutgläubig erwirbt, darf sich nicht darauf verlassen, dieser sei wirklich der Eigentümer. Der Eintrag schliesst aber auch nicht den Erwerb der Sache durch gutgläubige Drittpersonen aus. Die Kenntnis des Eintrags wird nicht vermutet; jedoch kommt allenfalls Art. 3 Abs. 2 zum Zug (107 II 41 ff.; 113 II 400). Der Eigentumsvorbehalt kann daher grundsätzlich auch dem Retentionsrecht der gutgläubigen Vermieterin nicht entgegengehalten werden (42 II 581 ff.; vgl. auch 96 III 70 ff.; für das Verhältnis zum Retentionsrecht nach Art. 895 siehe 85 II 591).

18   Umstritten ist die *Rechtsnatur* des Eigentumsvorbehalts: Die Übertragung der Sache erfolgt nach herrschender Lehre *suspensiv-bedingt* (das Eigentum geht erst mit der Bezahlung des Kaufpreises über), nach anderer Ansicht *resolutiv-bedingt;* der Erwerber würde danach mit der Übertragung schon (resolutiv-bedingtes) Eigentum erhalten. Die Kontroverse ist für die Hauptfragen des Eigentumsvorbehalts als solchen wenig relevant, wohl aber für nicht unwichtige Nebenfolgen.[30]

19   Geschäfte mit Eigentumsvorbehalt sind häufig die sogenannten *Abzahlungs- oder Kreditgeschäfte,* namentlich solche über Autos, Möbel, Küchenapparate und Geräte der Unterhaltungselektronik. Beim Konsumkreditvertrag wird einer Konsumentin ein Kredit in Form eines Zahlungsaufschubs (Teilzahlungen), eines Darlehens oder einer ähnlichen Finanzierungshilfe gewährt oder versprochen (1^1 KKG).[31] Dabei wird sehr oft auch ein Eigentumsvorbehalt verabredet (zur Form 10 lit. d KKG). Die Darstellung des Konsumkreditrechts gehört grundsätzlich ins Obligationenrecht. Doch sind Kreditgeschäfte denkbar, die nicht oder nur teilweise unter jene Bestimmungen fallen. Sodann enthält nach wie vor das ZGB eine eigene Bestimmung (716), die im Zusammenhang mit der Verabredung eines Eigentumsvorbehalts über Abzahlungsgeschäfte im Allgemeinen handelt. Dazu sei hier lediglich festgehalten, dass die

---

30   Dies gilt etwa für die Verpfändung; vgl. Zobl/Thurnherr, BeKomm, Art. 884 N 103 ff. – Nach Liver a.a.O. 340 f., der an sich für resolutiv-bedingtes Eigentum des Erwerbers eintritt, hat der Käufer bei suspensiv-bedingter Tradition der Sache eine dingliche Anwartschaft; zu diesem Rechtsinstitut s. Dieter Zobl, Zur Rechtsfigur der Anwartschaft und zu deren Verwendbarkeit im Schweizerischen Recht, in FS Arthur Meier-Hayoz (Bern 1982), 495 ff.

31   Das Konsumkreditgesetz (KKG) ersetzt diesbezüglich die OR-Vorschriften des Abzahlungsvertrags (früher Art. 226a–m OR).

sogenannte Verfallsklausel ausgeschlossen ist, gemäss welcher der Verkäufer bei Zahlungsrückständen der Käuferin einfach den Kaufgegenstand zurücknehmen und darüber hinaus die schon bezahlten Raten behalten könnte.[32]

b. Die Aneignung oder Okkupation, Art. 718 f.

1. Sie ist der Eigentumserwerb durch die *Besitznahme einer herrenlosen Sache,* verbunden mit der Absicht, deren Eigentümer zu werden (718). Unter Umständen lässt sich nur schwer feststellen, ob eine Sache *herrenlos* ist (verneint in 115 IV 104 ff. für Altpapier, das zu Gunsten einer ganz bestimmten Person oder Organisation an den Strassenrand gestellt worden ist).   20

2. Zweifel können insbesondere mit Bezug auf *Tiere* auftauchen. Die gemeinrechtliche Lehre kannte drei Gruppen von Tieren: erstens *zahme Tiere,* die erst dann herrenlos werden, wenn der Eigentümer sein Herrschaftsrecht über sie aufgibt (Dereliktion), zweitens *wilde gefangene Tiere,* die mit der Rückkehr in ihre natürliche Freiheit und der Aufgabe der Verfolgung dem bisherigen Eigentümer verlustig gehen, und drittens *gezähmte Tiere,* bei denen Herrenlosigkeit eintritt, sobald sie in den Zustand der Wildheit zurückfallen und nicht wieder zu ihrem Herrn zurückkehren. Dieselbe Einteilung liegt Art. 719 zu Grunde.[33] Für den Eigentumserwerb an Fischen vgl. 90 II 421 f.   21

Eine Abweichung gilt jedoch für die *Bienen.* Sie werden als zahme Tiere aufgefasst und gelten dadurch, dass sie auf fremden Boden gelangen und nicht mehr verfolgt werden, noch nicht als herrenlos (719[3]). Der Eigentümer kann sie jederzeit (nicht nur innerhalb einiger Tage, wie dies in etlichen kantonalen Gesetzbüchern angeordnet war) zurücknehmen. Deren Aufsuchung auf fremdem Boden muss der betreffende Grundeigentümer gestatten, allerdings nur gegen Ersatz des hierbei verursachten Schadens (700).   22

Das Eigentum an entflogenen Bienen geht erst dann verloren, wenn der bisherige Eigentümer sein Recht daran aufgibt oder wenn der Schwarm in einen fremden bevölkerten Bienenstock fliegt (725[2]). Der Schwarm fällt dann ohne Entschädigungspflicht dem Eigentümer dieses Stockes zu. Dieser Eigentümer wird nämlich durch das Eindringen geschädigt, und eine Trennung ist praktisch ausgeschlossen.[34]   23

c. Der Fund, Art. 720–722. Durch den Fund kann Eigentum an *verlorenen* Sachen erworben werden. Als verloren ist eine gefundene Sache dann zu betrachten, wenn die Eigentümerin nicht den Gewahrsam aufgegeben hat in der Absicht, auf ihr Eigentum zu verzichten (85 IV 192). Der Finder erwirbt Eigentum unter zwei Voraussetzungen: Im Gegensatz zur Enteignung und zum Schatzerwerb,[35] aber ähnlich wie bei der Ersit-   24

---

32 Das spätere OR (und jetzt auch das KKG) geht als lex posterior dem früheren Art. 716 ZGB vor, hat ihn allerdings nur präzisiert, ohne am System etwas zu ändern (96 II 190).

33 Ausführlich Steinauer a.a.O. Nr. 2077 ff.

34 Eugen Huber, Erl. II 125; Scherrer, ZüKomm, Art. 718/719 N 55; Liver a.a.O. 349.

35 Zur Abgrenzung von Schatzfund und Fund im hier gebrauchten engeren Sinn vgl. 100 II 10 f.

zung, ist ein *Fristablauf* erforderlich.[36] Die Frist beträgt regelmässig – in Anlehnung an die Frist für die Rückforderungsklage (934[1]) – *5 Jahre* (722[1]; Vorbehalt für Tiere in 722[1bis] und [1ter]). Vor ihrem Ablauf hat der Finder nur Anspruch auf angemessenen *Finderlohn* und auf Vergütung seiner Auslagen (722[2]).[37] Trotz Fristablauf erwirbt der Finder Eigentum nur, wenn er seine gesetzlichen Obliegenheiten erfüllt. Diese *Pflichten (Obliegenheiten) des Finders* sind insbesondere folgende:[38]

25   1. Kennt er die Eigentümerin, so muss er entweder ihr die Sache zurückgeben (diese Selbstverständlichkeit ist im Gesetz nicht eigens erwähnt: 59 II 143 f.) oder sie wenigstens vom Fund in *Kenntnis* setzen. Kennt er sie nicht, muss er die zu ihrer Feststellung notwendigen Schritte unternehmen. Sobald die Sache offenbar 10 Franken an Wert übersteigt, ist er zu einer *Anzeige* an die *Polizei* verpflichtet; bei geringerem Wert kann er selbst Erkundigungen anstellen und – wo nötig – für eine angemessene Bekanntmachung sorgen (720[1] und [2]).

26   2. Eine Sache, die in einem *bewohnten Haus* oder in einer dem *öffentlichen Gebrauch* oder *Verkehr* dienenden Anstalt (Eisenbahn, Tram, Post, Theater, Schulhaus, Tresorraum einer Bank[39] usw.) gefunden wird, muss vom Finder dem *Hausherrn, Mieter* oder dem *Aufsichtspersonal* abgegeben werden (720[3]). Als «Finder» gelten in diesem Fall der Hauseigentümer, Mieter oder Anstaltsinhaber. Sie sind zu den erforderlichen Anzeigen und Nachforschungen gehalten und erwerben bei deren Ergebnislosigkeit nach dem gesetzlichen Fristablauf das Eigentum. Sie haben dagegen bei der Auslieferung der Sache an den rechtzeitig festgestellten Eigentümer keinen Anspruch auf Finderlohn (722[3]).

27   3. Die gefundene Sache ist angemessen *aufzubewahren* und darf unter Umständen mit behördlicher Genehmigung *versteigert* werden; alsdann vertritt der Erlös die Sache (721).

28   Die Regeln über den Fund werden auch auf die durch Naturgewalt oder Zufall jemandem zugeführten Sachen und die zugelaufenen Tiere angewandt (725[1]). Sie gelten überdies für den Fall, da die Inhaberin die Sache absichtlich, ohne den Willen, ihr Recht daran aufzugeben, irgendwo abgelegt oder versteckt hat (59 II 138 ff.: Bankno-

---

36   Auch der Finder eines verlorenen Inhaberschuldbriefs kann nach Art. 722 Abs. 1 originär Eigentum erwerben: 124 III 241 ff.; vgl. dazu die unterschiedlichen Stellungnahmen von Rey und Bär in ZBJV 135 (1999), 257 ff. und 589 ff.

37   Der Fund lässt sich als Sonderfall der Geschäftsführung ohne Auftrag auffassen, weshalb etwa die Regeln von Art. 420 OR über die Sorgfaltspflichten sinngemäss anwendbar sind (Schmid, ZüKomm, Art. 419 OR N 148; Rey, Grundriss, Nr. 1848 ff.).

38   Vgl. auch Rey a.a.O. Nr. 1819 ff. und 1844 ff.; Steinauer a.a.O. Nr. 2089 ff.; Foëx, Trois particularités du droit genevois des choses trouvées, in SJZ 87 (1991), 314 ff.; illustrativ Semjud 115 (1993), 316 ff.; FZR 2000, 255 ff. – Zu den strafrechtlichen Sanktionen des Finders, der seine Pflichten verletzt, vgl. Art. 137 StGB (dazu BGer 1A.215/2000 E. 4b und 1A.211/2002 E. 7.3) und Art. 332 StGB.

39   Vgl. Semjud 115 (1993), 186 ff.

ten, versteckt unter dem Leintuch eines Betts im Schlafwagenabteil). – Sonderrecht (insbesondere mit kürzeren Fristen) gilt für öffentliche Transportanstalten.[40]

4. Im Jahr 2002 wurden für den *Fund eines verlorenen Tieres* Sonderregeln in das Gesetz   29
eingefügt.[41] Hier hat der Finder, der den Eigentümer nicht kennt, den Fund bei der vom Kanton bezeichneten Stelle anzuzeigen (720a). Die Fristen für den Eigentums-erwerb des redlichen Finders sind stark verkürzt: Sie betragen bei Tieren, die im häus-lichen Bereich und nicht zu kommerziellen Zwecken gehalten werden, zwei Monate (722[1bis]). Die gleiche Frist gilt, wenn der Finder das Tier mit dem Willen, den Besitz daran endgültig aufzugeben, einem Tierheim anvertraut (722[1ter]).

d. Der Schatzerwerb und verwandte Regeln, Art. 723 f. Ein «Schatz» (trésor) im Sinn   30
des Gesetzes liegt vor, wenn ein Wertgegenstand (z.B. Münzen: 100 II 11) gefunden wird, von dem nach den Umständen sicher ist, dass er seit Langem vergraben oder ver-borgen war und keinen (heutigen) Eigentümer hat (723[1]).

1. Der (klassische) *Schatzerwerb* bildet nach ZGB eine Unterart des Fundes, ist aber   31
völlig selbständig geregelt. Mit dem Fund hat er nur gemeinsam, dass die Findertä-tigkeit gewisse Vorteile nach sich zieht. Während aber der Fund grundsätzlich das Eigentum dem redlichen Finder verschafft (dies nach Ablauf einer bestimmten Frist und bei Erfüllung der Finderpflichten), wird beim Schatzerwerb der Eigentümer der unbeweglichen oder beweglichen Sache, in welcher der Schatz aufgefunden wird, auch Eigentümer des Schatzes, und zwar unmittelbar mit dessen Auffindung (723[2]). Der Finder eines Schatzes kann diesen nicht zu Eigentum beanspruchen, er hat nur eine Forderung auf eine angemessene Vergütung, die höchstens bis zur Hälfte des Sach-werts reicht (723[3]).

2. Eine abweichende Regelung gilt nach Art. 724 für *herrenlose Naturkörper* und *Alter-*   32
tümer von *wissenschaftlichem* Wert, etwa Meteore, Skelette und Knochen ausgestor-bener Tierarten, sogar gewisse Münzen,[42] Waffen, Schriften, Vasen usw. Diese Gegen-stände fallen dem *Kanton* zu, in dessen Gebiet sie gefunden werden (724[1]; BGer 1A.211/2002 E. 7.3).[43] Der Kanton ist durch seine öffentlichen Museen oder Archive viel besser als jeder Private imstande, solche für die Wissenschaft wertvollen Gegen-stände aufzubewahren und dem Studium zugänglich zu machen. Der Schutz herren-loser Naturkörper und Altertümer geht indessen weiter: Sie können ohne Genehmi-gung der zuständigen kantonalen Behörden nicht veräussert und weder ersessen, noch gutgläubig erworben werden; der Herausgabeanspruch verjährt nicht (724[1bis] ZGB; für bestimmte Kulturgüter vgl. 3[2] und 4[2] KGTG). Diese Regelung beruht also auf dem Bestreben, Wissenschaft und Bildung zu fördern. Dem gleichen Gedanken entspringt

---

40   Vgl. SCHERRER, ZüKomm, Art. 720–722 N 18 und 20.
41   BG vom 4. Oktober 2002 über die Änderung des ZGB, OR, StGB, SchKG (Grundsatzartikel Tiere), in Kraft seit 1. April 2003.
42   SCHERRER, ZüKomm, Art. 723/724 N 9.
43   Fassung gemäss Kulturgütertransfergesetz (Anm. 4), in Kraft seit 1. Juni 2005, jedoch ohne Rückwirkung auf frühere Erwerbsvorgänge (33 KGTG). Vgl. auch die Botschaft (BBl 2002, 602 und 607) sowie ERNST, zit. in Anm. 4, 6.

die Vorschrift, wonach ein Grundeigentümer solche Ausgrabungen (gegen Schadenersatz) zu dulden verpflichtet ist (724²).

33   Hat nun aber der Kanton, dem jene Gegenstände zufallen, dafür eine *Entschädigungspflicht,* und wenn ja, gegenüber wem? Auf jeden Fall hat der Finder einen
Anspruch auf eine angemessene Vergütung; ob auch der Eigentümer der Sache, in
welcher der wertvolle Gegenstand sich befand, einen Anspruch hat, hängt davon ab,
ob dieser Gegenstand einen Schatz darstellt (724³). Trifft dies zu, so hat der Eigentümer Anspruch auf Vergütung, sonst nicht. Nicht als Schätze zu betrachten sind insbesondere Gegenstände, die niemals jemandem zu Eigentum angehört haben, wie z.B.
Meteore, Mammutknochen usw. Zudem darf dem Kanton nie eine höhere Vergütung
zugemutet werden, als der Gegenstand höchstens wert ist.[44]

34   **e. Die Verarbeitung oder Spezifikation,** Art. 726. Es kommt vor, dass jemand durch
seine Arbeit aus *fremdem Stoff* eine *neue Sache* bildet (aus Marmor eine Statue, aus
Holz einen Schrank, auf Papier oder Leinwand ein Gemälde usw.). Wem soll nun
die neu geformte Sache gehören, dem *Verarbeiter* oder dem *Eigentümer des Stoffes?*
Das ZGB macht (grundsätzlich) den *Wert* der beiden Faktoren – *Stoff* und *Arbeit* –
zum entscheidenden Kriterium: Ist die *Arbeit* mehr wert als der Stoff (z.B. die Kunst
des Malers), dann soll das Erzeugnis dem *Verarbeiter* gehören; ist dagegen der *Stoff*
mehr wert (z.B. wenn jemand fremdes Korn drischt), dann obsiegt der *Stoffeigentümer*
(726¹). Wer das Eigentum erhält, muss aber dem anderen für die Bereicherung und bei
Verschulden sogar für den vollen Schaden Ersatz leisten (726³).[45]

35   Eine Ausnahme darf das Gericht dann machen, wenn sich der Verarbeiter *nicht* auf seinen *guten Glauben* berufen kann, wenn er also wusste oder wissen musste, dass es sich
um fremdes Material handelt (so wenn etwa ein Schreiner aus von ihm gestohlenen
Brettern einen Schrank zimmert). Hier darf die Sache dem Stoffeigentümer zugesprochen werden, selbst wenn die Arbeit mehr wert war als das Material (726²).

---

44   Zur Entschädigungspflicht aus materieller Enteignung vgl. auch 113 Ia 368 ff. (besonders 382 f.,
in casu Unterschutzstellung einer archäologischen Sammlung) und JUNGO, Droits et obligations
du propriétaire en cas de fouilles archéologiques, in BR/DC 12 (1990), 87 ff.

45   Was soll gelten, wenn jemand für einen Dritten verarbeitet? Zu dieser wichtigen Frage nach
dem Verhältnis zwischen Betriebsinhaber und abhängigem Verarbeiter, d.h. zur sogenannten
Fremdspezifikation, siehe REHBINDER, Das Recht am Arbeitsergebnis, in ZSR NF 91 (1972), I
1 ff., insbesondere 4 ff., und HAAB/ZOBL, ZüKomm, Art. 726 N 65 ff. – Wird eine unter Eigentumsvorbehalt übertragene Sache verarbeitet, so geht, wo nichts abgemacht wurde, bei Vorliegen der Voraussetzungen nach Art. 726 die Sache in das Eigentum des Verarbeiters über.
Zur umstrittenen und unseres Erachtens zu verneinenden Frage, ob etwas anderes gültig ver-
einbart werden kann («erweiterter bzw. verlängerter Eigentumsvorbehalt»), vgl. HAAB/ZOBL,
ZüKomm, Art. 726 N 47 ff.; ZOBL/THURNHERR, BeKomm, Syst. Teil (vor Art. 884) N 1695 f.
und 1711; REY a.a.O. Nr. 1751 ff.; STEINAUER, Les droits réels III, Nr. 3046d; SCHMID/HÜR-
LIMANN-KAUP a.a.O. Nr. 1991; ZR 68 (1969), 371 ff., Nr. 146; rechtsvergleichend CHRISTIAN
RABL, Eigentumsvorbehalt und Verarbeitung …, in Wolfgang Wiegand u. a. (Hrsg.), FS für
Eugen Bucher (Bern 2009), 611 ff.

f. Die Verbindung und Vermischung (adjonction et mélange), Art. 727.

1. Wenn zwei oder mehrere bisher selbständige (bewegliche[46]) Sachen verschiedener Eigentümer sich zu einem Ganzen vereinigen, wird unter Umständen eine Änderung in den bisherigen Eigentumsverhältnissen eintreten; dies trifft dann zu, wenn die Sachen gar nicht mehr oder wenigstens nicht ohne wesentliche Beschädigung oder unverhältnismässigen Aufwand voneinander getrennt werden können. Dann wird entweder der *Eigentümer* der *einen* Sache auch *Eigentümer* der *anderen,* oder aber die *Gesamtsache* fällt in das *Miteigentum* der bisherigen *Eigentümer* der einzelnen Teile. Die Lösung im Einzelnen hängt vom Verhältnis ab, in dem die vereinigten Sachen zueinander stehen, nämlich davon, ob sie einander gleich- oder untergeordnet sind:

α. Im Fall der *Unterordnung,* d.h. wenn die eine als Haupt-, die andere als Nebensache zu betrachten ist, zieht das Eigentum der Hauptsache jenes der Nebensache nach sich («Akzession»[47]). Dies gilt immerhin nur dann, wenn ihre Trennung nicht ohne wesentliche Beschädigung oder unverhältnismässige Arbeit und Auslagen durchgeführt werden kann (727²; jemand bindet mit fremder Leinwand sein eigenes Buch ein, der Schreiner verwendet zur Ausbesserung seines Schrankes ein fremdes Brett). Allerdings muss der Eigentümer, dem das Gesamte zugefallen ist, den anderen entschädigen, und zwar, wenn er selber im guten Glauben ist, bis zur Höhe der Bereicherung, sonst für den vollen Schaden (727³).[48]

β. Die miteinander vereinigten Sachen können aber auch *koordiniert* sein, auf gleicher Stufe stehen, so wenn Weine zusammengegossen, Getreide vermischt werden. Hier tritt, sofern die Trennung ausgeschlossen ist, *Miteigentum* der Beteiligten an der Gesamtsache ein.[49] Die Grösse des Anteils eines jeden bestimmt sich nach der Qualität und Quantität, d.h. nach dem Wert seines Zuschusses (727¹).[50]

36

37

38

---

46   Auf die Verbindung einer beweglichen Sache mit einer unbeweglichen sind die Art. 671 ff. anwendbar (Haab/Zobl, ZüKomm, Art. 727 N 5 und 24; Rey a.a.O. Nr. 1927).

47   Haab/Zobl, ZüKomm, Art. 727 N 68 ff.; Rey a.a.O. Nr. 1960 ff.

48   Zu den beschränkten dinglichen Rechten Dritter siehe Haab/Zobl, ZüKomm, Art. 727 N 59 f.; Rey a.a.O. Nr. 1970 ff.

49   Eugen Huber (Erl. II 126) wollte eine Vermischung und Verbindung nur in jenen Fällen annehmen, in denen «Gegenstände gemengt worden sind, die in ihrer Vereinigung etwas anderes ausmachen, als jeder Gegenstand für sich genommen ...» (ebenso: Haab/Zobl, ZüKomm, Art. 727 N 31, 48 und 89 ff.; Liver a.a.O. 377 f.; Steinauer, Les droits réels II, Nr. 2118d). Auf solche Fälle wäre Art. 727 höchstens sinngemäss anwendbar (so wohl auch 112 II 414: «nicht unähnlich»). Nach anderen Autoren ist Art. 727 demgegenüber auch dann unmittelbar anzuwenden, wenn Sachen gleicher Art und Güte vermischt werden (Rey a.a.O. Nr. 1941 f.; Hans Christoph Steffen, Zur Vermischung fungibler Sachen [Diss. Zürich 1989], 69 ff.).

50   Eine Art (Mit-)Eigentumserwerb, losgelöst von Verbindung oder Vermischung, sehen – mittelbar – Art. 200 Abs. 2 und 248 Abs. 2 ZGB durch deren Miteigentumsvermutung vor (hierzu Alessandra Ceresoli, Art. 200 Abs. 2 und Art. 248 Abs. 2 ZGB – Miteigentumsvermutungen unter Ehegatten und Eigentumsnachweis [Diss. Basel 1992]). – Zum sog. «labilen» Miteigentum vgl. 112 II 414 ff. und vorne § 99 N 23.

39   2. Art. 727 ist nicht anwendbar auf die Vermengung von *Geld*. Diesbezüglich gilt der gemeinrechtliche Grundsatz, wonach derjenige, der fremdes Geld mit eigenem vermischt, dessen Eigentümer wird (47 II 267 ff.; 101 IV 380; 112 IV 76; BGer 6B_994/2010 E. 5.3.3.1; BGer 6B_415/2011 E. 5.3; vgl. auch 116 IV 201 f. und 136 III 252).[51] Der andere ist auf obligationenrechtliche Ansprüche verwiesen.

40   **g. Die Ersitzung** (prescription acquisitive), Art. 728. Ähnlich wie für die Ersitzung an Grundstücken gibt es im modernen Recht kein weites Anwendungsfeld für die Fahrnisersitzung. Sie ist in vielen Fällen überflüssig geworden – nämlich immer dann, wenn jemand zwar von einer nicht berechtigten Person eine fremde Sache erwirbt, aber gestützt auf die Vorschriften über den gutgläubigen Eigentumserwerb (714[2]; siehe vorne § 92 N 39 ff.) gleichwohl sofort deren Eigentümer wird. Als Anwendungsbereich für die Ersitzung bleiben die folgenden Fälle übrig:

41   1. *Wegen des kausalen Charakters der Eigentumsübertragung* (vorne N 10 f.) dann, wenn der Erwerber die Sache unmittelbar vom *Eigentümer* erhalten hat im Glauben, sie zu Eigentum zu bekommen, diese Folge aber aus irgendeinem Grund nicht eintritt. Dies kommt namentlich vor bei Handlungsunfähigkeit des Eigentümers oder bei fehlender Einigung über den Rechtsgrund zwischen den Parteien (der Eigentümer wollte die Sache z.B. nur leihen, nicht schenken).

42   2. Wenn jemand als *Erbe* gutgläubig eine Sache erhält, die dem *Erblasser* vom Eigentümer aus irgendeinem Rechtsgrund anvertraut worden war. Beispiel: Mein Onkel hat mir seine Bibliothek vermacht, in der – ohne dass ich es weiss, noch wissen konnte – sich ein fremdes Buch befindet; ich werde daran nicht sofort mit dem Erwerb Eigentümer, sondern erst mit dem Ablauf der Ersitzungsfrist.

43   3. Wenn der Erwerb gar nicht auf einer Übertragung (Veräusserung), sondern auf *einseitiger* Besitznahme beruht. Beispiele: Jemand nimmt aus Versehen statt des seinen einen fremden, sehr ähnlichen Regenschirm mit und bemerkt die Verwechslung gar nicht; jemand hebt ein Etui auf und behält es, weil er annimmt, es sei vom Eigentümer weggeworfen, während dieser es verloren hatte. In solchen Fällen verschafft erst die Ersitzung das Eigentum.

44   Das moderne Recht beschränkt demnach die Ersitzung auf wenige Fälle. Doch sind die *Voraussetzungen* sehr einfach: Erforderlich ist nur (aber immerhin) unangefochtener und ununterbrochener Eigenbesitz während (grundsätzlich) 5 Jahren und guter Glaube des Ersitzenden während dieser Dauer (728[1]); für Tiere und Kulturgüter gelten besondere Fristen (728[1bis] und [1ter]).[52] Auf die Fristberechnung, die Unterbrechung und den Stillstand der Ersitzung sind sinngemäss die Verjährungsregeln des OR

---

51   HUBER a.a.O. 126; HAAB/ZOBL, ZüKomm, Art. 727 N 84 ff.; REY a.a.O. Nr. 1943 f.; STEINAUER a.a.O. Nr. 2121; SUTTER-SOMM, SPR V/1, Nr. 1106; anders LIVER a.a.O. 384 ff.; differenzierend PETER NEMELKA, Eigentum an Geld nach dem schweizerischen Zivilgesetzbuch (Diss. Zürich 1978), 129 ff. und 178 f.; JEAN-PHILIPPE DUNAND/DAVIDE CERUTTI, Le régime juridique du mélange d'argent ..., in Pascal Pichonnaz u. a. (Hrsg.) FS für Bruno Huwiler (Bern 2007), 193 ff.

52   Für Kulturgüter vgl. auch die Botschaft in BBl 2002, 602 ff.

anwendbar (728³; 94 II 309). Ein anderer Rechtsgrund für den Erwerb (ein «Titel») ist nicht notwendig. Eigenbesitz liegt vor, wenn jemand eine Sache in der Absicht, sie als sein Eigentum zu besitzen, in der Gewalt hat (vgl. auch 941). Dabei schadet der unfreiwillige Verlust des Besitzes dem Ersitzenden nicht, wenn er nur innerhalb Jahresfrist wieder zur Sache kommt oder wenigstens die Klage innerhalb des Jahres angehoben worden war (728²).[53]

Nicht ersessen werden können herrenlose Naturkörper und Altertümer (724^{1bis}), da diese Sachen unter besonderem staatlichen Schutz stehen, ebenso für bestimmte Kulturgüter (vorne N 32).

45

III. Der Eigentumsverlust an Fahrnis

Das Eigentum an Fahrnis kann untergehen mit oder ohne Begründung des Eigentums eines anderen und in jedem dieser Fälle entweder mit oder ohne den Willen des bisherigen Eigentümers.

46

a. Ohne Begründung neuen Eigentums.

1. *Der freiwillige Verzicht* auf das Eigentum – die *Dereliktion* – setzt nicht nur den Verlust der tatsächlichen Gewalt oder des Besitzes voraus, sondern auch noch den *Willen,* das Eigentum aufzugeben (729; 115 IV 106).[54] So geht das Eigentum noch nicht dadurch verloren, dass Waren im Seesturm über Bord geworfen, Registrierballons abgelassen werden usw.; in solchen Fällen besteht daher auch keine Okkupationsmöglichkeit.

47

2. *Unfreiwillig* geht das Eigentum unter: durch *Untergang* der Sache selber oder dadurch, dass sie *herrenlos* wird, wie bei gefangenen und gezähmten Tieren (vgl. vorne N 21 ff.).

48

b. Mit Begründung neuen Eigentums. Hierher gehören folgende schon beim Eigentumserwerb behandelte Fälle:

49

1. Die *freiwillige,* vertragliche Übereignung einer Sache an einen anderen mittels Besitzübertragung und gestützt auf einen gültigen Rechtsgrund.

50

---

53 Ist eine Person durch Ersitzung Eigentümer geworden, so können die Personen, welche die Sache verloren haben, grundsätzlich nicht gegen ihn aus ungerechtfertigter Bereicherung klagen (Haab/Zobl, ZüKomm, Art. 728 N 66; Liver a.a.O. 396 f.; Steinauer a.a.O. Nr. 2112; differenzierend Bruno Huwiler, Zum Bereicherungsanspruch gegen den Fahrniseigentümer kraft Ersitzung: Eine rechtsvergleichende Fallstudie, in ZBJV 124bis [1988], 99 ff.; vgl. auch Rey a.a.O. Nr. 2016 f. und Jörg Zachariae/Nataša Hadžimanović, Die Ersitzung einer rechtsgrundlos geleisteten beweglichen Sache nach schweizerischem Recht, in Liber discipulorum et amicorum, FS Kurt Siehr [Zürich 2001], 303 ff.).

54 Verzichtet einer von mehreren gemeinschaftlichen Eigentümern, so wächst allerdings sein Teil grundsätzlich den übrigen Eigentümern an (Steinauer a.a.O. Nr. 2132; derselbe, Les droits réels I, Nr. 1230 ff. und 1389 ff.; Meier-Hayoz, BeKomm, Art. 646 N 71). Vgl. auch vorne § 99 N 9 und § 100 N 34.

51   2. Der *unfreiwillige* Verlust des Eigentums infolge Funderwerbs, Verarbeitung und
     Verbindung sowie Ersitzung.

Dritte Abteilung

Die beschränkten dinglichen Rechte

Erster Abschnitt

Allgemeine Begriffe und Grundsätze

§ 104 Die Arten der beschränkten dinglichen Rechte

a. Gebrauchs- oder Nutzungsrechte einerseits, Haftungs- oder Wertrechte anderseits. Den Gegensatz zum *Eigentum* als der grundsätzlich umfassenden Sachherrschaft bilden nach der Systematik des ZGB die *beschränkten dinglichen Rechte,*[1] die nur eine teilweise Beherrschung der Sache gestatten (französisch: les autres droits réels[2]). Hier richtet sich das Recht entweder auf den unmittelbaren gegenwärtigen Genuss an der Sache – *Gebrauchs- oder Nutzungsrechte* – oder aber auf deren allfällige künftige Verwertung zur vorrangigen Erlangung einer Leistung aus ihr – *Haftungs- oder Wertrechte.* Die erste Kategorie wird gebildet durch die *Dienstbarkeiten* oder *Servituten* (man denke an die Nutzniessung, an ein Wegrecht), die zweite durch die *Pfandrechte* in ihren beiden unterschiedlich geregelten Arten, dem Grundpfandrecht und dem Fahrnispfandrecht. Die dritte Gruppe der im ZGB geregelten beschränkten dinglichen Rechte, die *Grundlasten,* begründen eine Sachhaftung (sind also letztlich Wertrechte), gewähren aber zugleich eine Nutzung, wenn auch nicht notwendigerweise aus der Sache selbst (vgl. das Nähere hinten § 110).

Die Befugnis, eine Sache mit beschränkten dinglichen Rechten zu beschweren, ist mit dem Eigentum gegeben (641[1]). Sie findet ihre Schranke (unter anderem) in gewissen gesetzlich vorgesehenen *Höchstgrenzen* der Belastung. Solche Belastungsgrenzen bestehen für Grundpfandrechte, welche auf landwirtschaftlichen Liegenschaften lasten.[3]

b. Der Grundsatz der Typengebundenheit. Obligatorische (persönliche, schuldrechtliche) Rechtsverhältnisse können nach Art. 19 Abs. 1 OR grundsätzlich in beliebiger Ausgestaltung und Verknüpfung vorkommen; für sie gilt als Teilaspekt der Vertragsinhaltsfreiheit auch die Typenfreiheit.[4] Dagegen gibt es für die *sachenrechtlichen Institute* nur eine bestimmte geschlossene Zahl, einen *Numerus clausus:* Andere als die im Gesetz vorgesehenen Arten dinglicher Rechte sind nicht zugelassen. Es gilt der

1

2

3

---

1   Es sind beschränkt*e* dingliche Rechte, nicht beschränkt dingliche Rechte (ungenau 105 Ia 25; 119 II 327 unten); beschränkt ist nicht die Dinglichkeit, sondern die Berechtigung.

2   Sie werden gelegentlich auch als «les droits réels limités» oder «les droits réels restreints» bezeichnet (Steinauer, Les droits réels II, Nr. 2134).

3   Zu den früher bestehenden Belastungsgrenzen (teilweise nach kantonaler Anordnung) bei Schuldbrief und Gült, die durch die ZGB-Revision von 2009 aufgehoben wurden, vgl. Vorauflage, § 103 N 2.

4   Vgl. zum Beispiel Ernst A. Kramer, BeKomm, Art. 19/20 OR N 21 f. und 49 ff.

Grundsatz der *Typengebundenheit*,[5] namentlich auch für die beschränkten dinglichen Rechte (für die Dienstbarkeiten siehe etwa 116 II 277 und 289 f.; 114 II 431).

4   **c. Zur sog. «Realobligation».** Gewisse obligatorische Rechte oder Pflichten sind in eigenartiger Weise mit dinglichen Rechten verbunden. Sie sind zwar *Obligationen:* Sie richten sich als Leistungspflichten nämlich gegen eine bestimmte verpflichtete Person, nicht (wie dingliche Rechte) gegen jedermann; sie haben eine positive Leistung zum Gegenstand[6] – also etwas, das einer dinglichen Berechtigung grundsätzlich fremd ist. Sie verfügen aber zusätzlich über eine *dingliche Komponente:* Sie sind insofern dinglich («real»), als der Schuldner – und oft auch der Gläubiger – durch die dingliche Berechtigung oder den Besitz an einer Sache bestimmt sind (116 II 682). Für solche obligatorischen Rechtsverhältnisse, aus denen zu einer positiven Leistung (Tun) verpflichtet ist, wer an einer bestimmten Sache Eigentum, ein beschränktes dingliches Recht oder auch nur Besitz hat (105 Ia 25), hat sich in der schweizerischen Rechtssprache der Ausdruck Realobligationen[7] eingebürgert.[8]

5   Solche Obligationen können entweder *auf Gesetz* beruhen, wie etwa die Pflicht des Miteigentümers zur Lastentragung, verschiedene Nutzniesserpflichten, Pflichten der Grundeigentümerin auf Grund von Notrechten (vorne § 102 N 57 ff.) oder gegenüber Bauhandwerkern (hinten § 113 N 38 ff.). Oder die Realobligation ist *rechtsgeschäftlich* begründet in Fällen, in denen das Gesetz dies vorsieht (oder zulässt), etwa bei den mit Grunddienstbarkeiten verbundenen nebensächlichen Leistungspflichten (730[2]) oder den im Grundbuch nach Art. 959 vorgemerkten persönlichen Rechten (vgl. vorne § 95 N 6 f.). Wichtig ist aber Folgendes: «Realobligation» ist nur ein (vom Gesetz selber weder verwendeter noch definierter) Begriff, eine willkommene Kurzbezeichnung für etwas Kompliziertes. Ob jeweils eine Realobligation vorliegt und welches ihre exakten

---

5   Vgl. MEIER-HAYOZ, BeKomm, Syst. Teil (vor Art. 641) N 77 ff.; REY, Grundriss, Nr. 315 ff.; RIEMER, Grundriss Sachenrecht, § 4 N 5 f.; STEINAUER, Les droits réels I, Nr. 120 ff. – Immerhin wird die sogenannte Sicherungsübereignung (fiduziarische Eigentumsübertragung) «ungeachtet des Fehlens einer ausdrücklichen gesetzlichen Grundlage seit jeher von Lehre und Praxis anerkannt» (119 II 328). Seit der ZGB-Revision von 2009 geht Art. 842 Abs. 2 – freilich ohne explizite Verankerung im Gesetzeswortlaut – für den Schuldbrief von der Sicherungsübereignung als Grundmodell der «Verpfändung» vor (hinten § 114 N 33 ff.).

6   MEIER-HAYOZ, BeKomm, Syst. Teil (vor Art. 641) N 271; REY, BeKomm, Syst. Teil (vor Art. 730) N 81.

7   Vgl. ARTHUR JOST, Die Realobligation (Bern 1956); HENRI DESCHENAUX, Obligations propter rem, in FS Max Gutzwiller (Basel 1959), 711 ff.; LIVER, ZüKomm, Dienstbarkeiten, Einleitung N 148 ff., und DERSELBE, Die Realobligation …, in ZBGR 43 (1962), 257 ff.; MEIER-HAYOZ, BeKomm, Syst. Teil (vor Art. 641) N 267 ff.; REY, BeKomm, Syst. Teil (vor Art. 730) N 81 ff.; DERSELBE, Grundriss, Nr. 240 ff.; siehe ferner URS-DOMINIK SPRENGER, Die subjektiv-dingliche Verknüpfung als Verbindung zwischen rechtlicher Beziehung und Subjekt, insbesondere im schweizerischen Obligationen- und Sachenrecht (Diss. Zürich 1983).

8   «Realobligation» wird hier (und mehrheitlich) in einem weiteren Sinn des Wortes verwendet. Für eine engere Bedeutung siehe REY, BeKomm, Syst. Teil (vor Art. 730) N 91.

Wirkungen sind, kann nicht dem Begriff entnommen werden,[9] sondern setzt die wertende Anwendung der einschlägigen Normen voraus.

d. Übersicht. Das ZGB widmet den beschränkten dinglichen Rechten *drei Titel*. Die 6 Dienstbarkeiten und Grundlasten werden im 21. Titel des ZGB (730–792) behandelt, Grundpfand und Fahrnispfand in den Titeln 22 (793–883) und 23 (884–918). Das ZGB enthält also *keinen allgemeinen Teil über die beschränkten dinglichen Rechte*.

Bei einer systematischen Darstellung dagegen empfiehlt es sich, einige allgemeine Fra- 7 gen vor der Sonderbehandlung zu erörtern. Im Folgenden werden daher zunächst (§ 105) die sogenannten *beschränkten dinglichen Rechte an eigener Sache* dargestellt; anschliessend (§ 106) erörtern wir die *Rangordnung*, welche zwischen verschiedenartigen dinglichen Rechten herrscht. Diese Ausführungen sind allerdings nur für diejenigen voll verständlich, die das Dienstbarkeits-, Grundpfand- und Fahrnispfandrecht in den Grundzügen kennen.[10]

---

9 Vgl. hierzu beim Bauhandwerkerpfandrecht 116 II 682 und hinten § 113 Anm. 48.

10 Für die Studierenden empfiehlt es sich daher, den § 105 (insbesondere N 13 ff., wo Kenntnisse des Grundpfand- und des Fahrnispfandrechts vorausgesetzt werden) erst nach dem Studium des gesamten Sachenrechts anzugehen.

§ 105 Die Rechte an eigener Sache

I. Im Allgemeinen

1 Die *Frage,* ob der Eigentümer einer Sache an eben dieser Sache noch andere dingliche Rechte (z.B. Dienstbarkeiten oder Pfandrechte) haben kann, ist in unterschiedlichen Rechtsordnungen verschieden beantwortet worden:

2 1. Im römischen und im gemeinen Recht bezeichnete man die dem Eigentum entgegengesetzte Kategorie dinglicher Rechte als Rechte an *fremder* Sache («iura in re aliena»). Ausgangspunkt war die Erwägung, dass jemand, der das Eigentum über eine Sache habe, bereits die Summe aller Befugnisse über die Sache innehabe, die überhaupt möglich seien, nämlich die unbeschränkte (ausschliessliche) Herrschaft. Es war daher gar nicht denkbar, dass er neben dem Eigentum noch weitere Rechte an der eigenen Sache haben könnte. Wenn dingliche, vom Eigentum verschiedene Rechte vorhanden sind, konnten sie – aus der damaligen Sicht – nur an einer fremden Sache bestehen. Eigentum einerseits und dingliche Rechte an fremder Sache andererseits, dies erschien als die einzig mögliche Zweiteilung.

3 2. Demgegenüber ging das alte *deutsche* Recht von einem anderen Eigentumsbegriff aus und schuf entsprechende Rechtsinstitute, die sich auch in manchen kantonalen Gesetzgebungen fanden. Das Eigentum unterschied sich danach nicht in seinem Wesen (nicht qualitativ), sondern nur in seinem grösseren Umfang (quantitativ) von den anderen dinglichen Berechtigungen. Dieser Umfang des Eigentums war nicht ein für alle Mal gegeben; er konnte mehr oder weniger weit reichen. Daher stand nichts im Weg, dass die Eigentümerin kraft ihrer Verfügungsmacht über die Sache den Eigentumsinhalt beliebig verkürzte, bestimmte Befugnisse davon *abtrennte* und diese selbst wiederum neben das Eigentum zu *selbständigen Rechten* erhob. In der Regel legte die Eigentümerin die verselbständigte Einzelbefugnis – ein Nutzungs- oder ein Wertrecht – in die Hand dritter Personen. Es war aber auch denkbar, dass sie die Befugnis (jedenfalls einstweilen) *für sich* behielt. Dann lagen das verkürzte Eigentum und eine verselbständigte Einzelbefugnis in der gleichen Hand. Dieses deutsch-rechtliche Denken hatte mit dem Recht an eigener Sache demnach keine Probleme.

4 3. Der *Schweizer Gesetzgeber* hat sich, was die Ergebnisse angeht, mindestens teilweise dieser zweiten Konzeption angenähert. Allerdings wird in der heutigen schweizerischen Lehre fast einhellig nicht die deutsch-rechtliche «Teilungstheorie» («Eigentumssplittertheorie»), sondern die vom römisch-rechtlichen Eigentumsbegriff inspirierte «Belastungstheorie» vertreten.[1] Danach besteht ein qualitativer Unter-

---

1 Piotet, SPR V/1, 523 f.; Liver, SPR V/1, 17 f.; Meier-Hayoz, BeKomm, Syst. Teil (vor Art. 641) N 258 und 346 f.; Rey, BeKomm, Syst. Teil (vor Art. 730) N 60 ff.; Steinauer, Les droits réels II, Nr. 2142 ff.; für die «Teilungstheorie» demgegenüber Pascal Simonius/Thomas Sutter, Schweizerisches Immobiliarsachenrecht II (Basel 1990), § 1 N 3.

schied zwischen Eigentum und dem beschränkten dinglichen Recht:[2] Letzteres ist nicht ein ausgeschiedener Eigentumsbestandteil, sondern tritt nur der Ausübung des Eigentums in der einen oder anderen Richtung entgegen.[3] Doch vermag auch diese Theorie das beschränkte dingliche Recht an eigener Sache zu erklären.[4] Im Übrigen geschah die Anerkennung von Rechten an eigener Sache weniger aus theoretischen als aus praktischen Erwägungen – nämlich wegen der guten Dienste, welche die «Rechte an eigener Sache» dem Verkehrsleben zu leisten vermögen. Worin das Recht besteht und welcher «Eigenwert» ihm zukommt, ist bei der Einzelbehandlung zu erörtern.

Die Anerkennung dinglicher Rechte an eigener (unbeweglicher) Sache wird insbesondere durch das Grundbuch ermöglicht: Durch die Veranlassung einer entsprechenden Eintragung vermag der Eigentümer einseitig und rein formell – d.h. ohne Mitwirkung eines anderen und ohne materielle Rechtsänderung – über sein Eigentum zu verfügen und eine derartige Verfügung nach aussen erkennbar zu machen. Die Eintragung bringt das dingliche Recht an eigener Sache zur Entstehung; sein Bestand ist daraus ersichtlich, dass auf dem gleichen Hauptbuchblatt eine und dieselbe Person sowohl als Eigentümerin wie auch als Inhaberin eines beschränkten dinglichen Rechts erscheint. Daher gibt es denn auch Rechte an eigener Sache, von der allfälligen Nutzniessung an Fahrnis[5] abgesehen, *nur bei Grundstücken.*[6]

Die vom Eigentum abgelöste, vom Eigentümer verselbständigte und für sich zurückbehaltene Einzelbefugnis bezieht sich entweder auf die Nutzung oder auf den Wert des Grundstücks. Je nachdem erhalten wir die *Eigentümerdienstbarkeit* oder das *Eigentümergrundpfand.*

II. Die Eigentümerdienstbarkeit

a. Voraussetzung und Entstehung. Die Eigentümerdienstbarkeit (la servitude sur son propre fonds) setzt normalerweise voraus, dass *zwei Grundstücke,* von denen das eine zu Gunsten des anderen belastet ist oder belastet werden soll, sich im Eigentum *einer*

---

2 Der Ausdruck «beschränkte dingliche Rechte» folgt zwar der deutsch-rechtlichen Lehre insofern, als nicht von Rechten an fremder Sache die Rede ist; er deckt aber mit dem Wort «beschränkt» doch auch den allenfalls qualitativen Unterschied zum Eigentum ab (eindeutiger noch im Französischen: «les autres droits réels»).

3 Meier-Hayoz, BeKomm, Syst. Teil (vor Art. 641) N 347 («Elastizität des Eigentums»).

4 Vgl. Liver, ZüKomm Dienstbarkeiten, Einleitung N 29 ff.

5 Hierzu Liver, ZüKomm, Art. 735 N 21 ff. – Zum Ausnahmefall eines nachträglichen Eigentümerfaustpfandrechts vgl. Zobl/Thurnherr, BeKomm, Art. 884 N 102.

6 Zum Grundsatz der Konsolidation vgl. hinten N 20 und Schmid/Hürlimann-Kaup, Sachenrecht, Nr. 1184 ff.; Steinauer a.a.O. Nr. 2163 f.; Piotet, TDP V/2, Nr. 38 ff.

einzigen Person befinden.[7] Die Eigentümerservitut ist jedoch nicht unbedingt eine Grunddienstbarkeit; Art. 733 gilt analog auch für andere Dienstbarkeiten und Grundlasten.[8] Des Näheren sind *zwei* Fälle zu unterscheiden:

8   1. Im Fall des Art. 733 wird eine Eigentümerdienstbarkeit *als solche begründet*: Der Eigentümer mehrerer benachbarter Grundstücke will – etwa nach Parzellierung eines grösseren Gebiets – die gegenseitigen Nutzungsverhältnisse zwischen diesen Grundstücken, wie Wegrechte, Bau- oder Gewerbebeschränkungen, zum Vornherein nach einem einheitlichen Plan normieren. Er trifft dadurch Vorsorge auf den Zeitpunkt hin, in dem die Grundstücke, nach Veräusserung einer oder aller Parzellen, nicht mehr den gleichen Eigentümer haben. Damit sichert er eine zweck- und planmässige Überbauung des ganzen ihm gehörenden Areals.

9   2. Gemäss Art. 735 Abs. 2 kann sodann eine Eigentümerdienstbarkeit dadurch entstehen, dass eine schon begründete gewöhnliche Grunddienstbarkeit *sich* in eine Eigentümerservitut *verwandelt*: Die Eigentümerin eines berechtigten Grundstücks erwirbt die mit der Servitut belastete Liegenschaft und lässt die dinglichen Rechtsverhältnisse zwischen den beiden im Grundbuch unverändert bestehen, nimmt also keine Löschung vor. Beweggrund ist auch hier die Vorsorge für die Zukunft: Für den Fall der Veräusserung eines der Grundstücke (bzw. beider) soll es möglich sein, die frühere Rechtslage wiederherzustellen. Einen Sonderfall der Eigentümerdienstbarkeit sieht schliesslich Art. 779f vor, wo beim vorzeitigen Heimfall ein Baurecht auf die Grundeigentümerin übertragen wird.

10   **b. Die Wirksamkeit.** Die Eigentümerdienstbarkeit kann ihre volle Wirksamkeit erst dann entfalten, wenn das Eigentum an der herrschenden und jenes an der dienenden Sache *auseinanderfallen* – also mit der sogenannten Zweiung der Subjekte. Bis dahin führt sie im Wesentlichen nur eine *formale,* eine Buchexistenz. Der Berechtigte übt die in ihr enthaltenen Befugnisse schon kraft seines Eigentums am belasteten Grundstück aus.[9]

11   Nicht umstritten ist, dass *für den Rang* der Dienstbarkeit die Begründung der Eigentümerdienstbarkeit ausschlaggebend ist. Es gilt nämlich der Grundsatz, dass das Errichtungsdatum einer Dienstbarkeit ihren Rang bestimmt gegenüber den anderen dinglichen Rechten (den Dienstbarkeiten und Grundpfändern), welche das gleiche

---

7   Als Ausweis für die Errichtung der Eigentümerdienstbarkeit genügte vor der ZGB-Revision von 2009 die schriftliche Anmeldung des Eigentümers (20[1] aGBV). Seit 1. Januar 2012 bedarf das betreffende Rechtsgeschäft (also auch das einseitige Rechtsgeschäft) der öffentlichen Beurkundung (732[1] und 779a[1] ZGB).

8   Siehe zu dieser Frage LIVER, ZüKomm, Art. 733 N 30 ff., insbesondere N 39, sowie Einleitung N 28; STEINAUER a.a.O. Nr. 2167 und 2171.

9   In der Lehre ist mit beachtlichen Gründen auch die Theorie einer (gewissen) materiellen Existenz vertreten worden: PIOTET, SPR V/1, 534 ff., mit Hinweisen auf praktische Unterschiede bei den zwei Theorien auf S. 538.

Grundstück belasten (vgl. hinten § 106). Daraus erwachsen dem aus einer Eigentümerdienstbarkeit Berechtigten Vorteile, die ihm nicht schon als Eigentümer zukämen.[10]

Beispiele: Der Eigentümer will ein Weide-, Holz- oder Quellenrecht zu Gunsten eines   12
fremden Grundstücks begründen, dabei aber die entsprechenden Bedürfnisse eines
zweiten ihm selbst gehörenden Grundstücks vorbehalten. Daher lässt er vor der
Begründung jener Servitut eine solche Dienstbarkeit zu Gunsten seines eigenen Grundstücks (Eigentümerdienstbarkeit) eintragen. Als Servitutsberechtigter kann er nun fordern, was er als Eigentümer nicht hätte tun können: dass sein Nutzungsrecht jenem der
anderen vorgehe. – Oder er will ein Grundpfandrecht auf einem seiner Grundstücke
errichten, aber den Bestand einer Dienstbarkeit (z.B. einer Gewerbebeschränkung) zu
Gunsten eines anderen ihm gehörenden Grundstücks für den Fall der Pfandverwertung möglichst sichern. Durch Errichtung einer vorgängigen Eigentümerdienstbarkeit
entgeht er der Folge, dass die Servitutsbelastung nach Art. 812 Abs. 2 gelöscht wird,
sofern die Pfandverwertung dies erforderlich macht (hinten § 106 N 5 ff.).

III.   Das Eigentümergrundpfandrecht

a. Voraussetzungen und Fälle. Von einem Eigentümerpfandrecht (droit de gage en   13
faveur du propriétaire) sprechen wir in einem allgemeinen Sinn jedes Mal, wenn der
Eigentümer eines Grundstücks zugleich der Berechtigte aus einem darauf lastenden
Grundpfandrecht (Grundpfandverschreibung oder Schuldbrief) ist.[11] Diese Hypo-
these verwirklicht sich in zwei verschiedenen Situationen:

1. Ein *Grundeigentümer,* der sein Grundstück für die Schuld *eines anderen* verpfän-   14
det hat, erwirbt die pfandversicherte *Forderung.* Das kann auch dadurch geschehen,
dass er den Gläubiger befriedigt und so (gemäss Art. 827 Abs. 2 ZGB und Art. 110
Ziff. 1 OR) in dessen Stelle einrückt. Oder aber der *Pfandgläubiger* erwirbt das pfandbelastete *Grundstück.* Beispiel: Der A verpfändet seine Liegenschaft dem X, damit dieser seinem Neffen B einen Kredit von 200 000 Franken zur Gründung eines Geschäfts
gewährt. Nach einiger Zeit zahlt A dem X die Summe zurück (Fall 1), oder aber X kauft
das Haus von A (Fall 2).

   In beiden Fällen vereinigen sich das Eigentum am belasteten Grundstück und   15
die Pfandberechtigung in derselben Hand. Der Eigentümer wird zugleich Pfandgläubiger bzw. der Pfandgläubiger zugleich Eigentümer. Er erlangt ein Grundpfandrecht
an der eigenen Sache, das allerdings nicht zum Vornherein so beschaffen war, sondern

---

10   Für Fragen der Zwangsvollstreckung vgl. Simonius/Sutter a.a.O. § 1 N 84 ff.
11   Vgl. zum Folgenden: Georg Gautschi, Beiträge zur Theorie des Eigentümergrundpfandes
     nach ZGB (Diss. Zürich 1928); Eduard Weber, Das System der festen Pfandstelle (Diss. Bern
     1929); Theo Burkard, Entstehung und Untergang des Pfandrechtes bei der Grundpfandver-
     schreibung, unter besonderer Berücksichtigung des forderungslosen Rechtsbestandes (Diss.
     Bern 1953); Alexandre Bonnard, L'obligation hypothécaire au porteur (Diss. Lausanne
     1955); Urs P. Möckli, Das Eigentümergrundpfandrecht (Diss. Bern 2001), ASR 651.

erst durch einen nachträglichen Umstand so geworden ist. Dagegen bleiben die Person des Gläubigers und jene des Schuldners (in den oben erwähnten zwei Fällen jeweils der Neffe B) voneinander getrennt. Es besteht nach wie vor eine Forderung des Ersteren gegen den Letzteren.

16   2. Das ZGB gestattet der Grundeigentümerin, ein Grundpfandrecht nicht nur zu Gunsten eines bestimmten Gläubigers, sondern auch zu ihren *eigenen Gunsten* zu *errichten*. Sie tut dies, indem sie in das Grundbuch und auf dem Titel entweder sich selbst (ihren eigenen Namen) oder den Inhaber als berechtigte Person eintragen lässt (860^2; 115 II 151); im letzteren Fall behält sie den Titel in ihren Händen. Hier ist das Grundpfandrecht *von Anfang an* ein Eigentümergrundpfandrecht. Doch kann auch ein gewöhnliches Grundpfandrecht erst *nachträglich* Eigentümergrundpfandrecht werden: Eine Grundeigentümerin, die ihr Grundstück für eine *eigene* Schuld verpfändet hat (und nicht wie in N 14 für eine fremde Schuld), tilgt diese durch Abzahlung und lässt sich den Pfandtitel unentkräftet herausgeben. Gemäss Art. 853 f. geht dann, wenn der Eintrag im Grundbuch belassen wird, das Pfandrecht nicht unter, sondern bleibt in den Händen der Grundeigentümerin selbst weiter erhalten.

17   Das Eigenartige dieser zweiten Art des Eigentümergrundpfandrechts liegt darin, dass nicht nur Grundeigentümerin und Grundpfandberechtigte, sondern auch diese Letztere und die Pfandschuldnerin dieselbe Person sind. In den in N 14 erwähnten Fällen haftet das Grundstück zwar dem Eigentümer selbst, aber für eine fremde Schuld; hier aber haftet es der Eigentümerin für deren eigene Schuld. An diesen Tatbestand wird zumeist gedacht, wenn von Eigentümergrundpfandrecht die Rede ist. Ein solches Eigentümergrundpfandrecht schwebt uns auch bei den nachstehenden Ausführungen (N 19 ff. und 24 ff.) normalerweise vor.

18   Dieses Eigentümerpfandrecht im engeren Sinn ist vom Gesetz nur für den Schuldbrief vorgesehen (853 f.). Bei der Grundpfandverschreibung kann immerhin durch sogenannte Hypothekarobligation auf den Inhaber (Inhaberobligation mit Grundpfandverschreibung, s. hinten § 113 N 27) eine uneigentliche Art von Eigentümerpfandtitel errichtet werden (100 II 322).

19   **b. Die rechtliche Natur.** Die begriffliche Erfassung des Eigentümerpfandrechts ist deshalb schwierig, weil es mit zwei allgemein anerkannten, anscheinend aus der Natur der Sache sich ergebenden Rechtssätzen in Widerspruch tritt:

20   1. Erstens besteht ein Widerspruch mit dem Satz, dass der Eigentümer nicht über sein Eigentum hinaus noch ein weiteres Recht an einer Sache haben kann; folglich erlischt ein Pfandrecht von selbst, sobald es mit dem Eigentum in einer Person zusammenfällt: Prinzip der *Konsolidation*[12] des Eigentums. Wir haben gesehen, dass unser Gesetzgeber (deutsch-rechtlicher Tradition folgend) keine Hemmungen hatte, dieses Prinzip zu durchbrechen (vorne N 1 ff.). Das reicht aus, um die eine Art von Eigentümergrundpfandrecht, jene mit einem Drittschuldner, zu erklären.

---

12   Der Sprachgebrauch ist nicht einheitlich, so Liver, ZüKomm, Art. 735 N 31 ff., unter dem Titel «Konfusion oder Konsolidation?»; vgl. auch Piotet, TDP V/2, Nr. 38 ff.

2. Zweitens widerspricht die andere Art – jene, in der der Eigentümer selbst der Schuld- 21
ner ist – auch noch dem Prinzip der *Konfusion*.[13] Nach diesem Grundsatz erlischt eine
Forderung, sobald Gläubigerschaft und Schuldnerschaft sich vereinigen, da niemand
sich selbst etwas schulden kann (118[1] OR). Der Gesetzgeber hat hier aber ausdrücklich die besonderen Vorschriften über das Grundpfandrecht und die Wertpapiere vorbehalten (114[3] und 118[3] OR).[14] Die dogmatische Bewältigung dieser Ausnahmen hat
zu mehreren Theorien geführt.

Nach der einen Auffassung liegt während der Dauer der Vereinigung noch kein 22
wirkliches Pfandrecht vor, sondern nur die Belastung eines Grundstücks für eine noch
unbestimmte zukünftige Forderung, somit ein *suspensiv bedingtes* Pfandrecht, das erst
mit dem Auseinanderfallen des Eigentums und der Pfandgläubigerschaft (also mit der
Begebung des Titels) entsteht.[15] Andere Autoren nehmen ein *wirkliches* Pfandrecht an,
bei dem sich die Pfandschuld von jedem bestimmten Subjekt losgelöst, *verselbständigt*
findet.[16] Eine dritte Theorie sieht eine Mittellösung vor: Sie unterteilt – der deutsch-
rechtlichen Auffassung über das Wesen der Obligation folgend – die Pfandforderung
in *zwei Elemente*: Das eine ist das Sollen, *die Schuld,* das andere das Einstehenmüs-
sen für dieses Sollen, *die Haftung.* Beim echten Eigentümerpfandrecht fehlt die Schuld
und ist nur die Haftung vorhanden – eine Haftung, die im Hinblick auf eine künftige, bei der Aufhebung der Rollenvereinigung entstehende Schuld begründet wird.[17]
Diese Konzeption hat den Vorzug, logisch leichter erfassbar als die anderen zu sein,
dem historischen Ausgangspunkt des Instituts Rechnung zu tragen und mit der noch
zu behandelnden Bestimmung des Art. 815 (hinten N 29 und § 112 N 70) im Einklang
zu stehen. Dagegen ergibt sich aus ihr die Schwierigkeit, die Pfändbarkeit des Eigen-
tümertitels anzuerkennen.

Man kann aber auch *auf eine «Theorie»* und damit auf die Einordnung in das gän- 23
gige Begriffsschema *verzichten*. Das Eigentümergrundpfandrecht ist schlicht ein vom
positiven Recht vorgesehener Sonderfall, der sich nicht in ein Begriffskorsett zwängen
lässt. Damit sollen freilich rechtsdogmatische Rechtfertigungen für bestimmte Rechtsfolgen (vgl. etwa 107 III 134 oben) nicht ausgeschlossen werden.

c. Die Rechtswirkungen

1. *Im Allgemeinen.* Ähnlich wie die Eigentümerdienstbarkeit fristet das Eigentümer- 24
grundpfandrecht während der *Dauer der Vereinigung* der Rollen des Berechtigten und
Verpflichteten bloss ein *formales* Dasein, eine «formelle Buch- bzw. Papierexistenz»

---

13 Zum Begrifflichen siehe Anm. 12.

14 Vgl. auch AEPLI, ZüKomm, Art. 114 OR N 63 sowie Art. 118 OR N 42 f.

15 So WIELAND, ZüKomm, 397 ff.

16 So THEO GUHL, Die Verselbständigung der dinglichen Rechte im schweizerischen ZGB, in FS
    Eugen Huber (Bern 1919), 75 ff. Diese Auffassung wehrt sich dagegen, dass die eine Art von
    Eigentümergrundpfand als «forderungsentkleidet» der anderen als der «forderungsbekleide-
    ten» entgegengesetzt wird.

17 Für diese Auffassung mit Nachdruck GAUTSCHI a.a.O. 98 ff.; zustimmend STEINAUER a.a.O.
    Nr. 2179.

(107 III 133; 115 II 151; 116 II 585; siehe auch 113 III 147).[18] Voll wirksam wird es erst vom Zeitpunkt an, in dem jene Vereinigung aufhört, also dem «belasteten» Grundstückeigentümer ein bestimmter Gläubiger gegenübertritt. Zweck des Eigentümergrundpfandrechts ist daher die Vorsorge für die Zukunft, die Begründung eines formell gültigen Pfandrechts für einen erst später sich einstellenden Gläubiger.

25   Der Grundeigentümer kann sich so nicht nur – wie beim Rangvorbehalt – eine bestimmte Pfandstelle für ein künftiges Pfandrecht sichern (813[2]), sondern bereits jetzt das *Recht begründen* und den *Titel sich ausstellen* lassen. Den Titel kann er dann im geeigneten Moment ohne weitere Förmlichkeiten *zu seinem Nutzen* verwerten. Dies ist in *doppelter* Weise möglich: Entweder durch *Veräusserung* des Titels, womit der Erwerber zugleich Gläubiger wird und ein gewöhnliches Grundpfandrecht zu seinen Gunsten entsteht. Oder durch Hingabe des Pfandtitels zu *Faustpfand* (hierzu hinten N 32 ff.), so dass dem Eigentümer des Grundstücks und des Titels ein Dritter als Faustpfandgläubiger gegenübertritt. Dieser Weg kann in Frage kommen, weil der für Grundpfänder festgesetzte Zinsfuss (vgl. 795[2]) als zu niedrig erscheint oder weil ein Kredit nur vorübergehend beansprucht werden soll. In der *Verpfändbarkeit des Eigentümerschuldbriefs* (Papier- oder Registerschuldbrief) liegt zum grossen Teil seine Bedeutung für das Verkehrs- und Geschäftsleben.[19]

26   Ähnliche Vorteile wie das als solches errichtete Eigentümergrundpfandrecht bietet jenes, das durch nachträglichen Erwerb des Grundpfandtitels durch den Grundstückeigentümer gemäss Art. 853 f. entsteht. Es ermöglicht dem Eigentümer, ohne die Kosten einer abermaligen Errichtung den eingezogenen unentkräfteten Titel zu gegebener Zeit wiederum zu verwerten.

27   2. *Wirkungen während der Dauer der Vereinigung.* In diesem Stadium entstehen nur solche Wirkungen, die das *Aussenverhältnis* (zwischen dem Pfandgläubiger und anderen dinglich berechtigten Personen) berühren und nicht auch solche betreffend das *Innenverhältnis* (zwischen Pfandgläubiger und Pfandschuldner).

28   α. Auf das Innenverhältnis beziehen sich die *Sicherungsansprüche* der Art. 808 ff. Da die gleiche Person Gläubiger und Eigentümer ist, kommt die Anwendung dieser Vorschriften während der Vereinigung[20] nicht in Frage.

29   β. Dagegen sollte man – weil dies zum Aussenverhältnis gehört – erwarten, dass dem Eigentümerpfandgläubiger der *Vorrang* gegenüber nachgehenden Pfandgläubigern bei der *Pfandverwertung* gewahrt bleibt und ihm folglich der seiner Stellung entspre-

---

18 Vgl. auch Jäggi, ZüKomm, Art. 967 OR N 19; Steinauer a.a.O. Nr. 2181.

19 Zu einer dritten Möglichkeit – der Sicherungsübereignung des Schuldbriefs – vgl. hinten § 114 N 33. In der Praxis hat sie die Faustverpfändung von (Papier-)Schuldbriefen abgelöst. – Zum früher geltenden Argument der Kostenersparnis (mangels Beurkundungszwangs) vgl. Vorauflage § 104 N 26.

20 Anwendbar sind diese Regeln nach herrschender Lehre aber dann, wenn der Titel lediglich zu Faustpfand übertragen wird: Zobl, Probleme bei der Verpfändung von Eigentümerschuldbriefen, in ZBGR 59 (1978), 193 ff. (228 f.).

chende *Anteil am Erlös* zugewiesen wird. Art. 815 ordnet das Gegenteil an: Das Grundpfandrecht, über das der Grundeigentümer nicht verfügt hat, fällt bei der Verteilung
des Erlöses ausser Betracht; es ist der leeren Pfandstelle (für die also ein Pfandrecht
überhaupt nicht errichtet wurde) gleichgesetzt. Der entsprechende Betrag kommt
demnach nicht dem Grundeigentümer, sondern den nachfolgenden Pfandgläubigern
zugute.[21] Art. 815 gilt auch für das Eigentümergrundpfandrecht mit Drittschuldner
(für das «unechte» Eigentümergrundpfandrecht).[22]

γ. Dem Pfandberechtigten kommt eine besondere *Aktiv-* und *Passivlegitimation* zur   30
Grundbuchberichtigungsklage zu – eine Legitimation, die nicht schon in seinem Eigentumsrecht enthalten ist. Nur in jener Eigenschaft (als Pfandberechtigter, nicht auch
als Eigentümer) kann er *klagen,* wenn er behauptet, dass sein Pfandrecht zu Unrecht
gelöscht oder dass ein anderes dingliches Recht zu Unrecht als diesem vorgehend oder
dieses selber auf eine zu niedrige Summe eingetragen worden sei. Nur in jener Eigenschaft (nicht auch als Eigentümer) kann er eingeklagt werden, wenn ein anderer, an
derselben Sache dinglich Berechtigter den ungerechtfertigten Eintrag des Eigentümergrundpfandrechts behauptet.

3. *Verpfändbarkeit und Pfändbarkeit.* Wie wir schon gesehen haben, liegt die prakti-   31
sche Bedeutung des Eigentümergrundpfandrechts zum grossen Teil darin, dass am
Titel ein Fahrnispfandrecht errichtet werden kann. Gerade diese Möglichkeit wurde
aber von den Anhängern jener Theorie, die im Eigentümergrundpfandrecht nur ein
suspensiv bedingtes Pfandrecht erblickt, verneint mit der Begründung, es fehle an
einem der Verpfändung fähigen Vermögenswert.[23] Mit den anderen Theorien dagegen lässt sich die Verpfändbarkeit der Eigentümergrundpfandtitel in Einklang bringen.

   Für die (mobiliarrechtliche) *Verpfändbarkeit* hat sich das Bundesgericht wie-   32
derholt ausgesprochen (93 II 85 f.; 115 II 151; 119 II 327). Es hat diesen Grundsatz auch
in zwei besonderen betreibungsrechtlichen Verordnungen festgelegt.[24] Die Möglichkeit der (Fahrnis-)Verpfändung von Register-Schuldbriefen sieht Art. 859 Abs. 1 (seit
der ZGB-Revision von 2009) ausdrücklich vor. Über die Frage, was denn genau bei
der Faustpfandbestellung am Eigentümerpfandtitel verpfändet wird (das Grundstück

---

21 Siehe für den Konkurs Art. 75 der V über die Geschäftsführung der Konkursämter (KOV) vom
    13. Juli 1911 (SR 281.32): «Im Besitz des Gemeinschuldners befindliche Pfandtitel über auf sei-
    nem Grundstück grundpfandgesicherte Forderungen sowie leere Pfandstellen dürfen gemäss
    Artikel 815 des Zivilgesetzbuches bei der Aufstellung der Steigerungsbedingungen nicht berück-
    sichtigt werden. Die Pfandtitel sind ohne weiteres zur Entkräftung zu bringen und die leeren
    Pfandstellen nach der Versteigerung im Grundbuch zu löschen.»
22 Gleicher Meinung Leemann, BeKomm, Art. 827 N 21 in fine. – Anderer Meinung Wieland,
    ZüKomm, 398 und die erste Auflage dieses Lehrbuchs auf S. 432.
23 So Wieland, ZüKomm, 400.
24 Verordnung über die Geschäftsführung der Konkursämter vom 13. Juli 1911/5. Juni 1996 (76
    KOV) sowie Verordnung über die Zwangsverwertung von Grundstücken vom 23. April 1920
    (35, 68 und 126 VZG).

oder die im Titel verbriefte Forderung), herrscht eine Kontroverse.[25] Gemäss Bundesgericht (107 III 134[26]) «erwirkt der Pfandgläubiger (…) lediglich ein Pfandrecht am Wertanteil des Grundstückes, der Gegenstand des Pfandtitels bildet». Auf dem Weg der Faustpfandverwertung[27] kann der Pfandgläubiger oder ein anderer Ersteigerer den Titel allerdings zu Eigentum erwerben und dadurch die im Titel verbriefte Forderung entstehen lassen (107 III 134 f.; mit gewissen Relativierungen auch 115 II 151 f.). Allerdings werden die vom Grundeigentümer zu Faustpfand begebenen Eigentümer- oder Inhabertitel im Fall separater Verwertung auf den Betrag des Erlöses herabgesetzt (156[2] SchKG).[28]

33   Fällt aber der Grundeigentümer in *Konkurs,* bevor es zu dieser Realisierung (der Entstehung der Forderung durch Ersteigern des Titels) kommt, dürfen die verpfändeten Titel nicht mehr gesondert versteigert werden (76 KOV). Vielmehr gelangt die Liegenschaft, auf sie lasten, zur Verwertung. Hierbei ist in den Steigerungsbedingungen *Barzahlung* der grundpfandversicherten Forderung zu verlangen (was die Überbindung an den Ersteigerer ausschliesst). Alsdann wird der Titel entkräftet. Diese Regelung will zwar dem Faustpfandgläubiger die Haftung des Grundpfandes sichern (107 III 134), bezweckt aber vor allem auch den Schutz der anderen Gläubiger. Sie soll vermeiden, dass der Faustpfandgläubiger doppelt oder gar dreifach profitiert.[29] Fer-

---

25   Vgl. zum Ganzen OFTINGER/BÄR, ZüKomm, Art. 901 N 134–137; ZOBL a.a.O. 193 ff.; HANS HUBER, Die Ansprüche der Faustpfandgläubiger von Eigentümerschuldbriefen im Konkurs des Pfandeigentümers, in ZBGR 60 (1979), 329 ff.; wiederum ZOBL, Die Rechtsstellung des Fahrnispfandgläubigers an einem Eigentümer-Wertpapier, insbesondere im Konkurs des Verpfänders – Eine Erwiderung, in ZBGR 61 (1980), 129 ff.; DERSELBE, BeKomm, Art. 901 N 141 ff.; KURT AMONN, Ausgewählte Probleme der Zwangsverwertung von Grundstücken, in BlSchK 49 (1985), 1 ff., besonders 5 ff.; EVA LAREIDA, Der Schuldbrief aus wertpapierrechtlicher Sicht (Diss. Zürich 1986), 62 ff.; KURT WISSMANN, Die Rechte des Pfandgläubigers beim Hypothekargeschäft bei der Zwangsverwertung des Grundstücks, in FS 100 Jahre SchKG (Zürich 1989), 289 ff.; PETER MOSER, Die Verpfändung von Grundpfandtiteln (Diss. Zürich 1989), 41 ff.; PAUL PIOTET, Le nantissement d'une cédule hypothécaire du propriétaire, in JdT 138 (1990), I 130 ff.; PIERRE-ROBERT GILLIÉRON, Les titres de gage créés au nom du propriétaire, donnés en cautionnement, dans l'exécution forcée …, in FS Paul Piotet (Bern 1990), 273 ff.
26   Kritisch AMONN in ZBJV 119 (1983), 339 ff. (dazu wiederum 115 II 151 f.).
27   Die Parteien können auch private Verwertung vorsehen (vgl. hinten § 118 N 6). Für den Fall, da das Grundstück selbst gepfändet worden ist, vgl. aber Art. 35 Abs. 2 VZG.
28   Vgl. auch PAUL-HENRI STEINAUER, A propos de la constitution des cédules hypothécaires, in ZBGR 78 (1997), 289 ff., besonders 292 f. mit Anm. 5; ROLF BÄR, Der indirekte Hypothekarkredit – Zur Sicherungsübereignung und Verpfändung von Schuldbriefen, in Wolfgang Wiegand (Hrsg.), Theorie und Praxis der Grundpfandrechte (Bern 1996; Berner Bankrechtstag Band 3), 105 ff., besonders 124 ff.; BÉNÉDICT FOËX, Les actes de disposition sur les cédules hypothécaires, in Michel Hottelier/Bénédict Foëx (Hrsg.), Les gages immobiliers – Constitution volontaire et réalisation forcée (Basel/Genf/München 1999), 113 ff., besonders 138 ff.; BEAT MESSERLI, Die Verpfändung von Eigentümerschuldbriefen – Nachruf und Ausblick, in AJP 2000, 440 ff.
29   Dies könnte dadurch geschehen, dass er «vorerst den Titel verwerten lässt und hierauf für einen allfälligen Ausfall aus dieser Faustpfandverwertung in der fünften Klasse kolloziert wird, sowie dass anschliessend der Erwerber des Titels (der wieder der Faustpfandgläubiger sein könnte) die Verwertung des Grundpfandes verlangt und abermals für einen allfälligen Ausfall in der fünf-

ner sind nach Art. 35 VZG diese Titel, sofern der Betrag, für den sie verpfändet sind, kleiner ist als der Betrag, auf den sie lauten, nur mit dieser *geringeren* Summe in das Lastenverzeichnis aufzunehmen (zu den Zinsen 104 III 35 f.). Damit ist ausgeschlossen, dass der Gläubiger mehr erhält als den Betrag seiner durch Faustpfand gesicherten Forderung. Immerhin akzeptiert das Bundesgericht die Sachhaftung für Miet- und Pachtzinsen gemäss Art. 806 (106 III 67 ff.).

Noch schwieriger als die Frage, ob der Grundeigentümer den ihm gehörigen   34
Grundpfandtitel zu Pfand hingeben kann, ist die weitere Frage zu beantworten, ob ein solcher Titel für seine Schulden (betreibungsrechtlich) *gepfändet* werden könne. Gegen die Pfändbarkeit sprachen sich auch solche Autoren aus, die die (zivilrechtliche) Verpfändbarkeit anerkannten.[30] Das Bundesgericht hat auch diese Frage schon sehr früh bejaht. Was gepfändet wird, ist nach seiner Auffassung «nicht die im Titel verurkundete Forderung, die erst zur Entstehung gelangt, wenn jener an einen Dritten gelangt, sondern das mit dem Besitz für den Grundeigentümer verbundene Recht, die leere Pfandstelle wie eine bewegliche Sache zu verwerten» (41 III 266 ff.; siehe auch 91 III 76 oben und 104 III 17 Mitte).[31] Die Pfändbarkeit des Register-Schuldbriefs wird durch Art. 859 Abs. 2 bestätigt.

---

ten Klasse kolloziert wird» (107 III 134; ähnlich 115 II 153 f.). Illustrativ – allerdings zur Rechtslage vor dem Inkrafttreten von Art. 156 Abs. 2 SchKG – BGE 115 II 149 ff. und 119 III 105 ff. zur Frage, ob der Gläubiger sich den Erlös aus der Grundpfandverwertung auf seine ursprüngliche Forderung anrechnen lassen muss; vgl. dazu TUOR/SCHNYDER/SCHMID, 11. A., 770 Anm. 29.

30 So auch GAUTSCHI a.a.O. 117, 205, 231 ff.; siehe auch 91 III 76.

31 Vgl. auch Art. 13 VZG und 62 III 113 ff. – Zum Arrest vgl. sodann 113 III 144 ff.

§106 Die Rangordnung der beschränkten dinglichen Rechte

1 Die *beschränkten dinglichen Rechte* belasten das Eigentum.[1] Sie treten der Ausübung des Eigentums in der einen oder anderen Richtung entgegen und *gehen* insofern *dem Eigentum vor:* Einerseits hat die Nutzniessung Vorrang vor dem Recht des Eigentümers, die Sache zu nutzen und zu gebrauchen. Andererseits muss der Eigentümer einer mit einem Pfandrecht belasteten Sache sich deren Verwertung gefallen lassen (816[1], 891[1]). Wie steht es aber mit dem *Verhältnis der auf Grund beschränkter dinglicher Rechte Berechtigten zueinander?* Bei der Beantwortung dieser Frage werden zunächst allgemeine Überlegungen angestellt (I); dann ist der gesetzliche Paradefall für das Verhältnis beschränkter dinglicher Rechte untereinander – Art. 812 – zu erörtern (II).[2]

I. Allgemeines

2 **a.** Es ist denkbar, dass beschränkte dingliche Rechte **völlig unabhängig nebeneinander** bestehen, einander also in keiner Weise beeinträchtigen. Dann bietet das Verhältnis dieser Rechte zueinander kein Problem: Über den Nordteil eines Grundstücks führt ein Weg, der Objekt einer entsprechenden Grunddienstbarkeit ist; im Südteil entspringt eine Quelle, welche Gegenstand einer Quellendienstbarkeit bildet.

3 **b.** Beschränkte dingliche Rechte können aber auch **kollidieren:** Das Grundstück ist nicht so viel wert, dass der Verwertungserlös zur Befriedigung aller aus Wertrechten Berechtigten ausreicht; ein mit mehreren Quellenrechten belastetes Grundstück liefert eines Tages zu wenig Wasser. In solchen Fällen treten Kollisionsprobleme auf; deshalb muss eine *Rangordnung* feststehen.[3] Gleichrangige Berechtigte haben untereinander gleiche Rechte (also etwa zwei Quellenberechtigte Anspruch auf je die Hälfte des Wassers; für Pfandgläubiger vgl. 817[2] und 119 III 35), vorrangige gehen nachrangigen vor.

4 *Von Gesetzes wegen* gilt bei solchen Kollisionen der Grundsatz der *Alterspriorität* (119 III 35; 131 III 352; 137 III 453): Das früher entstandene Recht hat den Vorrang vor dem späteren («prior tempore potior iure»). Art. 972 Abs. 1 normiert dies für dingli-

---

1 Denkbar ist allerdings auch, dass eine Dienstbarkeit mit einem anderen beschränkten dinglichen Recht belastet wird, z.B. ein Wegrecht (zurückhaltend 131 III 354) oder ein Quellenrecht mit einer Nutzniessung; wie bei der Belastung des Eigentums durch eine Dienstbarkeit wird hier die Dienstbarkeit durch die andere Dienstbarkeit zurückgebunden und nicht von Rangordnung gesprochen; vgl. PIOTET, SPR V/1, 530 f.

2 Vgl. zum Ganzen auch HANSJÖRG PETER, Le rang des droits réels et la réalisation de l'immeuble, in ZBGR 78 (1997), 377 ff.; DENIS PIOTET, Le rôle du rang des droits de gage immobilier dans l'exécution forcée, in Michel Hottelier/Bénédict Foëx (Hrsg.), Les gages immobiliers – Constitution volontaire et réalisation forcée (Basel/Genf/München 1999), 155 ff.

3 Zu diesen möglichen Kollisionen wie auch zu den folgenden Ausführungen siehe PIOTET a.a.O. 526 ff.; STEINAUER, Les droits réels II, Nr. 2145 ff.

che Rechte an Grundstücken, Art. 893 Abs. 2 für das Faustpfandrecht.[4] Den Parteien steht es aber frei, bei der Begründung der Rechte deren Rang (etwa: gleicher Rang mit später zu begründenden Rechten oder gar Nachgang solchen gegenüber) durch entsprechende *Vereinbarung* festzulegen. Die gesetzliche Regelung des Grundpfandrechts sieht dafür sogar ein ausgeklügeltes System vor (Pfandstellensystem: 813 ff., hierzu hinten § 112 N 60 ff.). In gewissen Ausnahmefällen ist aber auch von Gesetzes wegen vorgesehen, dass später entstandene dingliche Rechte früheren vorgehen (siehe etwa 836 und 820, ferner die vorne § 102 N 57 ff. erwähnten Notrechte).[5]

II. Das Rangverhältnis der Grundpfandrechte zu den Dienstbarkeiten und Grundlasten (Art. 812)

Art. 812 regelt ausdrücklich das Verhältnis von *Pfandrechten* zu *Dienstbarkeiten* und   5
Grundlasten, die auf demselben Grundstück ruhen.[6] Der Einfachheit halber sprechen wir im Folgenden regelmässig nur von Dienstbarkeiten (Servituten), nicht auch von Grundlasten.

a. Vorrang der Dienstbarkeit. Wird ein mit einer Dienstbarkeit (z.B. Nutzniessung,   6
Wegrecht) belastetes Grundstück verpfändet, so erfasst das Pfandrecht die Sache so, wie sie sich zur Zeit der Errichtung vorfindet, also mit der Dienstbarkeit. Bei einer Pfandverwertung kann – entsprechend dem Prinzip der Alterspriorität – der Pfandgegenstand nur zusammen mit der Dienstbarkeit versteigert werden.[7] Dass sich deswegen allenfalls ein kleinerer Verwertungserlös ergibt und die pfandgesicherte Schuld nicht gedeckt wird, ändert daran nichts (119 III 35). Immerhin ist diese Regelung dispositiver Natur: Sie kann durch eine formfreie Vereinbarung über den Rangvorgang geändert werden (119 III 32 ff.).

b. Vorrang des Grundpfandrechts. Schwieriger zu lösen ist der Fall, bei welchem das   7
Grundstück *zuerst* verpfändet und *nachher* erst mit einer Dienstbarkeit beschwert wird. Hätte die Servitut auch in diesem Fall absoluten Bestand, so könnte dies die Pfandgläubigerin zu Unrecht schädigen. Nehmen wir an, jemand hat auf einen Bauplatz gegen

---

4   Zum Verhältnis eines grundbuchlich vorgemerkten Rückkaufsrechts zu einem später errichteten Grundpfandrecht vgl. LGVE 1998 I, Nr. 7, S. 18 ff. = ZBGR 81 (2000), 312 ff., besprochen von Jörg Schmid in BR/DC 1999, 156 f.

5   Zum Ganzen siehe auch Friedrich, Der Rang der Grundstücksrechte, in ZBGR 58 (1977), 321 ff.; Thierry Dubois, Le rang des droits de gage immobiliers (fixation et modification), ZBGR 91 (2010), 201 ff.; Piotet, TDP V/2, Nr. 21 ff.

6   Vgl. zum Folgenden auch Steinauer, Les droits réels II, Nr. 2151 ff.; Schmid/Hürlimann-Kaup, Sachenrecht, Nr. 1172 ff.

7   Die vorrangigen Dienstbarkeiten, Grundlasten und vorgemerkten persönlichen Rechte (sowie die vorrangigen Grundpfandrechte mit Ausnahme fälliger grundpfandgesicherter Schulden) werden also dem Erwerber überbunden; er bleibt durch sie belastet (Art. 135 Abs. 1 SchKG; Pascal Simonius/Thomas Sutter, Schweizerisches Immobiliarsachenrecht II [Basel 1990], § 5 N 96 ff.; Schmid/Hürlimann-Kaup a.a.O. Nr. 1626 ff.).

Grundpfand ein Darlehen von 50 000 Franken aufgenommen. Nach Errichtung des Pfandrechts belastet er den Bauplatz zu Gunsten einer Nachbarin mit einer Aussichtsservitut (er verpflichte sich, nicht höher als ein Stockwerk zu bauen). Dadurch wird der Bauplatz offensichtlich stark entwertet; die 50 000 Franken würden vielleicht aus dessen Erlös nicht mehr gedeckt. Das ZGB sieht für solche Fälle folgende Lösung vor:

8 1. Die Errichtung neuer Dienstbarkeiten wird weder verboten noch der Willkür der Gläubigerin ausgesetzt. Ein Verzicht des Eigentümers, das Grundstück weiter zu belasten, ist sogar unverbindlich (812[1]). Dagegen darf durch Neuerrichtung von Servituten und Grundlasten auch keine Pfandgläubigerin benachteiligt werden. Eine *ohne ihre Zustimmung*[8] auf ein verpfändetes Grundstück gelegte Dienstbarkeit oder Grundlast ist nur insoweit wirksam, als sie den bestehenden Pfandrechten nicht nachteilig ist. Mit anderen Worten: Das vorher begründete Pfandrecht geht einer später errichteten Eigentumsbeschränkung (Dienstbarkeit oder Grundlast) vor (812[2]). Es besteht eine *Rangordnung* nach dem Datum der Errichtung (132 III 542).

9   Im ZGB ist von den im Grundbuch vorgemerkten persönlichen Rechten in diesem Zusammenhang nicht die Rede. Nach Art. 142 SchKG und Art. 104 VZG sind solche Rechte ebenfalls der für Dienstbarkeiten und Grundlasten geltenden Regelung unterworfen (ebenso 43 III 140 ff.; 81 III 63; 121 III 243; 125 III 123 ff.). Zum Mieter- und Pächterschutz sowie zur nicht grundbuchlich vorgemerkten Miete und Pacht siehe hinten N 13 f.

10 2. Aktuell wird die umschriebene Regelung bei der *Pfandverwertung,* sobald der Erlös aus dem Grundstück zur Befriedigung der vorgehenden Pfandgläubigerinnen nicht ausreicht. Nach Art. 142 SchKG ist daher – im Sinn der materiell-rechtlichen Regelung des Art. 812 Abs. 2 ZGB – bei solchen Verwertungen nach dem Prinzip des *Doppelaufrufs* zu verfahren (121 III 243):[9] Die Liegenschaft wird in der Zwangsversteigerung zuerst *mit* der neuen Dienstbarkeit aufgerufen. Erfolgt ein Angebot, das zur Befriedigung der Gläubigerin ausreicht (oder bezahlt der Dienstbarkeitsberechtigte einen

---

8 Gemeint ist die Zustimmung des Pfandgläubigers dazu, dass die neu zu errichtende Dienstbarkeit dem Pfandrecht vorgeht (vgl. LEEMANN, BeKomm, Art. 812 N 13). Diese Zustimmung ist an keine besondere Form gebunden (90 II 403; 119 III 35).

9 Dieses Verfahren ist in Art. 56 VZG geregelt, auf den Art. 102 VZG für den Fall der Grundpfandverwertung verweist (81 III 63). Vgl. auch LIVER, ZüKomm Dienstbarkeiten, Einleitung N 49 ff.; SCHMID/HÜRLIMANN-KAUP a.a.O. Nr. 1173 ff.; HANS FRITZSCHE/HANS ULRICH WALDER-BOHNER, Schuldbetreibung und Konkurs nach schweizerischem Recht (Band I, Zürich 1984), § 31 Nr. 31 ff.; KURT AMONN/FRIDOLIN WALTHER, Grundriss des Schuldbetreibungs- und Konkursrechts (9. A. Bern 2013), § 28 N 55 ff.; ANDREAS FEUZ, BaKomm (Kommentar zum Bundesgesetz über Schuldbetreibung und Konkurs – Unter Einschluss der Nebenerlasse, SchKG I [Art. 1–158], Basel 2010), Art. 142 SchKG N 1 ff.; INGRID JENT-SØRENSEN, Die Rechtsdurchsetzung bei der Grundstückverwertung in der Spezialexekution (Habil. Zürich 2003), Nr. 751 ff. – Nicht anwendbar ist das Doppelaufrufverfahren, wenn öffentlich-rechtliche Eigentumsbeschränkungen (und sei es auch vertraglich) auf ein Grundstück gelegt worden sind; der Pfandgläubigerin stehen hier nur die Sicherungsbefugnisse der Art. 808 ff. ZGB zu: 121 III 244 f. (betreffend die Übertragung der Ausnützungsziffern).

allfälligen Fehlbetrag sofort in bar), so hat es dabei sein Bewenden, da sich erweist, dass die Grundpfandgläubigerinnen durch die neue Belastung nicht geschädigt worden sind; die Last wird dem Ersteigerer überbunden (81 III 63 f.; 56 lit. a VZG). Reicht dagegen das Höchstangebot nicht aus, um die Pfandgläubiger zu befriedigen, so können diese einen zweiten Aufruf verlangen. Das Grundstück wird hierbei ausgerufen, wie es vor der neuen Belastung war, also *ohne* Dienstbarkeit. Erfolgt dann ein höheres Angebot, so wird der Zuschlag erteilt und das Grundstück ohne die Dienstbarkeit zugeschlagen; Letztere ist im Grundbuch zu löschen (56 lit. b VZG und 150³ SchKG).

Bei diesem zweiten Angebot ergibt sich nun vielleicht sogar ein grösserer Erlös, 11 als für die Bezahlung der vorgehenden Pfandgläubigerinnen nötig ist. Der Überschuss wird zunächst dem Dienstbarkeitsberechtigten als Entschädigung für die Ablösung bis zur Höhe der Wertung der Servitut zugewiesen (812³ ZGB; 116 VZG; 132 III 541 f.). Bleibt dann noch ein Überrest, so kommt er den nachfolgenden Belastungen (z.B. späteren Grundpfandgläubigerinnen) zugute oder fällt, wenn es keine solchen gibt, dem Grundeigentümer zu (132 III 542).

Möglich ist indessen auch, dass beim zweiten Angebot nicht mehr erzielt wird 12 als beim ersten. In diesem Fall hat die Dienstbarkeit offenbar den vorgehenden Pfandrechten nicht geschadet. Das Grundstück wird alsdann mit der Servitut dem Erstersteigerer (also dem Höchstbietenden im ersten Aufruf) zugeschlagen (56 lit. c VZG).

3. Soweit Pfandgläubigerinnen in der Zwangsverwertung durch *Miet- und Pachtver-* 13 *träge* (mit oder ohne grundbuchliche Vormerkung) beeinträchtigt werden, besteht ein Zielkonflikt zwischen Art. 812 ZGB/Art. 142 SchKG einerseits und den Normen des Mieter- und Pächterschutzes andererseits: Während es nämlich in Art. 812 ZGB/ Art. 142 SchKG vor allem um den Schutz der Pfandgläubigerinnen geht, ordnen die letzteren Bestimmungen aus Gründen des Sozialschutzes an, dass im Fall der Zwangsvollstreckung gegen den Vermieter das Miet- oder Pachtverhältnis mit dem Eigentum an der Sache auf die Erwerberin übergeht (261 und 290 OR; 14 LPG), Mieter und Pächter also grundsätzlich weiterhin im Objekt verbleiben dürfen. Wem soll nun der Vorrang zukommen?

Das Bundesgericht hat sich – in Ausfüllung einer echten Lücke (1²) – zu einer 14 Mittellösung entschieden: Die Regeln über den Doppelaufruf gelten, soweit überhaupt möglich, auch für einen langfristigen (dazu 126 III 291 f.), nicht grundbuchlich vorgemerkten Mietvertrag (125 III 128; 128 III 85 f.) und für eine nicht vorgemerkte landwirtschaftliche Pacht (124 III 39 f.), jedoch mit folgender Besonderheit: Gemäss Art. 261/290 OR und Art. 14 LPG gehen Miet- und Pachtverhältnis (auch in der Zwangsvollstreckung beim Zuschlag auf den zweiten Aufruf hin) grundsätzlich auf die Erwerberin über, doch verfügt die neue Vermieterin/Verpächterin über eine veränderte Kündigungsmöglichkeit: Sie kann – anders als nach Art. 261 Abs. 2 OR und Art. 15 LPG – ohne Nachweis eines dringenden Eigenbedarfs auf den nächsten gesetzlichen Termin hin ordentlich kündigen (125 III 129 f., wonach dies auch bei grundbuchlich vorgemerkter Miete gilt; 126 III 291 f.; 128 III 86). Allerdings kann der Mieter nach Massgabe der Art. 272 ff. OR die Erstreckung des Mietverhältnisses beantragen (128 III 87 ff.).[10, 11]

---

10 Vgl. zum Ganzen aus der neueren Literatur auch JEAN-JACQUES LÜTHI/BEAT ZIRLICK, in AJP 1999, 1328 ff.; CHARLES JACQUES, L'opposabilité des baux aux titulaires de droits de gage, in SJZ 96 (2000), 79 ff.; THOMAS PIETRUSZAK/JÖRG ZACHARIAE, Der Schutz des Mieters von Wohn- und Geschäftsräumen in der Zwangsverwertung, in recht 2000, 41 ff.; BETTINA HÜRLIMANN-KAUP, Grundfragen des Zusammenwirkens von Miete und Sachenrecht (Habil. Luzern, Zürich 2008), Nr. 841 ff.; weitere Hinweise in BGE 124 III 37 ff.

11 Fragen der Rangordnung stellen sich auch im Verhältnis *Gläubiger/Bürge* (492 ff. OR)/*Pfand-schuldner*. Über diese Rangordnung spricht sich das Bürgschaftsrecht aus. Bei der einfachen Bürgschaft (495 OR) kann der Bürge erst nach der Verwertung der Grundpfänder, bei der Solidarbürgschaft (496 OR) unter gewissen Voraussetzungen bereits vorher belangt werden. Bezahlt der Bürge, so gehen mangels gegenteiliger Abrede die für die verbürgte Forderung haftenden Pfandrechte insoweit auf ihn über, als sie bei Eingehung der Bürgschaft vorhanden waren oder vom Schuldner nachträglich eigens für diese Forderung bestellt worden sind (Art. 507 Abs. 2 OR). Der Bürge wird demnach häufig als erster zur Kasse gebeten, geht aber im Ergebnis dem Pfandschuldner regelmässig vor.

Zweiter Abschnitt

Die Dienstbarkeiten und Grundlasten

§ 107 Überblick und Gliederung

Unter der Überschrift «Die Dienstbarkeiten und Grundlasten» behandelt das ZGB [1]
im 21. Titel der Reihe nach «Die Grunddienstbarkeiten», «Nutzniessung und andere
Dienstbarkeiten» sowie «Die Grundlasten». Dabei fällt ein Dreifaches auf: Erstens fehlt
ein «allgemeiner Teil» mit den für alle Dienstbarkeiten (Servituten) geltenden Regeln.
Zweitens ist der Gegensatz zu den Grunddienstbarkeiten als «Nutzniessung und andere
Dienstbarkeiten» betitelt. Und drittens sind die Dienstbarkeiten und Grundlasten in
einem gemeinsamen Titel untergebracht. Auf diese drei Punkte ist vorweg einzugehen:

a. Allgemeine Grundsätze. Es gibt eine Anzahl von Prinzipien, die *allen Dienstbar-* [2]
keiten gemeinsam sind. Das ZGB hat aber hier (wie an anderen Orten) auf einen «allgemeinen Teil» verzichtet, weil – laut EUGEN HUBER – «die Zusammenfassung aller
Regeln für die beiden Hauptarten der Dienstbarkeiten uns eine anschaulichere und
nicht erheblich längere Ordnung zu ergeben schien, als die Darstellung des gemeinsamen Rechts der Dienstbarkeiten in einem der speziellen Ordnung vorausgehenden
Abschnitt.»[1]

b. Grunddienstbarkeiten und Personaldienstbarkeiten. In der gemein-rechtlichen [3]
Doktrin wurde unterschieden zwischen *Prädialservituten* – verstanden als Dienstbarkeiten zu Gunsten eines Grundstücks, bei denen also ein «dienendes» und ein «herrschendes» Grundstück einander gegenüberstehen – und *Personalservituten,* die zu
Gunsten einer individuell bestimmten Person bestehen (bei denen also ein «herrschendes» Grundstück fehlt; 133 III 316). Diese Einteilung liegt auch dem ZGB zu
Grunde, wenn sie auch äusserlich nur unvollkommen zum Ausdruck kommt. Im ersten Abschnitt des 21. Titels finden wir die *Grunddienstbarkeiten,*[2] im zweiten zunächst
zwei herkömmliche «eigentliche» Personalservituten, die *Nutzniessung* und das *Wohnrecht.*[3] Berechtigt ist eine bestimmte Person, unabhängig von der Eigentümerschaft an
einem herrschenden Grundstück. Personalservituten nach ZGB sind aber nicht nur
solche, bei denen zwar ein herrschendes Grundstück fehlt, die aber an eine bestimmte
Person gebunden sind (wie Nutzniessung und Wohnrecht); es gibt auch «irreguläre»

---

1 EUGEN HUBER, Erl. II 139.
2 Das Wort «Grunddienstbarkeit» ist für den juristischen Laien irreführend. Es umfasst nicht alle
   Dienstbarkeiten an Grundstücken (ausser bei der Nutzniessung bestehen Dienstbarkeiten ohnehin nur an Grundstücken), sondern nur jene, bei denen ein Grundstück «zum Vorteil eines
   andern Grundstückes» (Art. 730 Abs. 1) belastet ist, bei denen wir also ein «herrschendes» und
   ein «dienendes» Grundstück haben. So LIVER, ZüKomm Dienstbarkeiten, Art. 730 N 32: «Steht
   die Dienstbarkeit dem *jeweiligen Eigentümer eines Grundstückes* zu, ist sie eine Grunddienstbarkeit.» MEIER-HAYOZ, BeKomm, Syst. Teil (vor Art. 641) N 263 nennt solche Rechte – die dem
   jeweiligen Eigentümer eines Grundstücks zustehen – *Realrechte,* im Gegensatz zu jenen dinglichen Rechten, welche einer bestimmten Person zustehen (Personalrechte).
3 Eine Besonderheit der Nutzniessung ist überdies, dass sie auch an Fahrnis bestellt werden kann.

Personalservituten, welche ihrer Konzeption nach übertragbar und vererblich gestaltet werden können (779, 780, 781).

4   Im weiteren Sinn des Wortes sind demnach alle Personaldienstbarkeiten mit Ausnahme der Nutzniessung und des Wohnrechts ihrer Konzeption nach «irreguläre» Personaldienstbarkeiten.[4] Oft wird das Wort «irreguläre Personaldienstbarkeiten» aber im engeren Sinn der «anderen Dienstbarkeiten» nach Art. 781 verwendet (so auch 98 II 203; 114 II 431; 116 II 289).[5] Im Übrigen gilt: Baurecht und Quellenrecht sind vererblich und übertragbar, wenn es nicht anders vereinbart wird (779²; 780²); die «anderen Dienstbarkeiten» nach Art. 781 sind nur übertragbar und vererblich, wenn dies vereinbart ist (781²). Alle diese Servituten sind im zweiten Abschnitt geregelt: das *Baurecht* (779 ff.; einschliesslich Pflanzungsrecht; 678² und ³), das *Quellenrecht* (780) und die «anderen Dienstbarkeiten» des Art. 781.

5   **c.** Das Institut der **Grundlast** stammt aus dem germanischen Recht. Zwar ist die Grundlast letztlich ein Wertrecht und insofern pfandrechtsähnlich (791¹ ZGB; 37¹ SchKG).[6] Das ZGB teilt die Grundlasten – abgesehen von der (2012 als Rechtsinstitut abgeschafften) Gült, die vor der Revision zu den Grundpfandrechten gezählt und in diesem Zusammenhang geregelt wurde (hinten § 115) – den Dienstbarkeiten zu und sieht für die Eintragung beider im Grundbuch eine gemeinsame Rubrik auf dem Hauptbuchblatt vor (946¹ Ziff. 2). Die durch die Grundlast sichergestellte Forderung hat denn auch einen Bezug zur wirtschaftlichen Natur von Grundstücken (782³) und ähnelt so einem Nutzungsrecht (was sie aber als dingliches Recht gerade nicht ist). Wir werden die Übereinstimmungen und Unterschiede dieser drei Arten von beschränkten dinglichen Rechten an Grundstücken (Dienstbarkeiten, Grundlasten und Grundpfandrechte) im besonderen Zusammenhang darstellen (hinten § 110 N 2 ff.).

---

4   «Irregulär» heisst in diesem weiteren Sinn also so viel wie «übertragbar/vererblich», französisch «les servitudes personnelles irregulières» (133 III 316). Siehe die Einteilung bei LIVER, ZüKomm Dienstbarkeiten, Einleitung N 60 (A. Grunddienstbarkeiten; B. Persönliche Dienstbarkeiten: a. eigentliche Personaldienstbarkeiten; b. irreguläre Personaldienstbarkeiten).

5   «Irregulär» heissen in diesem engeren (und üblichen) Sinn demnach alle «anderen» Dienstbarkeiten im Sinn von Art. 781, also alle Personaldienstbarkeiten ausser Nutzniessung, Wohn-, Bau-, Pflanzungs- und Quellenrecht. Siehe ferner FELIX ZURBRIGGEN, Die irregulären Personaldienstbarkeiten (Art. 781 ZGB) (Diss. Freiburg 1981), 3 ff.

6   Vgl. PIOTET, SPR V/1, 647 f.

§ 108 Die Grunddienstbarkeiten

I. Die Errichtung der Grunddienstbarkeit

Wie beim Erwerb von Grundeigentum unterscheiden wir auch bei der Errichtung einer 1
Grunddienstbarkeit (la servitude foncière) zwischen *Erwerbsgrund* und *Erwerbsakt*,
d.h. zwischen dem Titel, auf dem der Erwerb beruht, und dem Vorgang, der die Servitut als dingliches Recht begründet. Beides sind grundsätzlich Voraussetzungen für die
Errichtung einer Grunddienstbarkeit, und für beides verweist das ZGB – soweit keine
Sonderregelung besteht – auf die Bestimmungen über das Grundeigentum (731²).

a. Als **Erwerbsgründe** für Grunddienstbarkeiten kommen vor allem ein *Rechtsge-* 2
schäft (vor allem ein Vertrag, bei der Eigentümerdienstbarkeit ein einseitiges Rechtsgeschäft) und die *Ersitzung* in Betracht.[1]

1. Das *Rechtsgeschäft* (namentlich der Vertrag auf Errichtung einer Grunddienstbarkeit 3
schafft noch nicht die Servitut (als dingliches Recht). Der Dienstbarkeitsvertrag begründet vielmehr nur eine persönliche Forderung gegen den Vertragspartner, die im Streitfall durch Klage auf Zusprechung der Dienstbarkeit durchgesetzt werden kann (117 II
29; BGer 5C.275/2005 E. 3.2).[2] Der *Konsens* der Parteien muss sich auf folgende objektiv wesentliche Punkte (sowie im Weiteren auf allfällige subjektiv wesentliche Abreden)
erstrecken: auf die Frage, welche Grundstücke belastet und berechtigt werden sollen, auf
Inhalt und Umfang der zu errichtenden Dienstbarkeit sowie auf die dingliche Natur[3] des
zu begründenden Rechts (122 III 157 f.; 135 III 499 f.; BGer 5A_521/2013 E. 2.3). Als
Form des Rechtsgeschäfts (insbesondere des Vertrags) verlangt das ZGB seit 2012 die
öffentliche Beurkundung (732¹; vgl. auch 680²).[4] Beizufügen bleibt ein Doppeltes:

---

1 Hier grundsätzlich nicht mehr näher behandelt wird die Entstehung kraft Vorliegens von Legalservituten (hierzu vorne § 102 N 57 ff.). – Zum Fall der Entstehung mit dem Steigerungszuschlag
bei der Zwangsverwertung siehe 97 III 99 f.; zur ausserbuchlichen Errichtung von Grunddienstbarkeiten durch Verwaltungsakt im Landumlegungsverfahren vgl. BGer 1A.14/2006 E. 2.4 =
ZBGR 89 (2008), 98 ff. – Zur Abänderung vgl. BETTINA HÜRLIMANN-KAUP, Die Änderung von
Dienstbarkeiten – ausgewählte Fragen, BN 2013, 103 ff. – Zur Bewertung von Dienstbarkeiten
vgl. MARYSE PRADERVAND-KERNEN, La valeur des servitudes foncières et du droit de superficie
(Diss. Freiburg 2007), AISUF 265.

2 Vgl. auch REY, Funktionen des Dienstbarkeitsvertrages, in ZBGR 64 (1983), 257 ff.; MARTIN
GERMANN, Der Vertrag zur Errichtung einer Grunddienstbarkeit (Luzerner Diss., Bern 2008),
ASR 753.

3 In Betracht kommt nämlich auch die Einräumung anderer Nutzungsmöglichkeiten an einem
Grundstück: prekaristische Gestattung (Erlaubnis unter dem Vorbehalt des jederzeitigen Widerrufs; 131 III 352; BGer 5A_710/2013 E. 4.3) und obligationenrechtliche Nutzungsrechte (vor
allem Miete und Pacht – mit oder ohne Vormerkung im Grundbuch); vgl. SCHMID/HÜRLI-MANN-KAUP, Sachenrecht, Nr. 1201 ff.

4 Bei der unentgeltlichen Einräumung (durch Schenkung) verlangt auch Art. 243 Abs. 2 OR die
öffentliche Beurkundung. Zur früheren Rechtslage, nach welcher grundsätzlich einfache Schriftform genügte, vgl. Vorauflage § 107 N 3 ff. und PIOTET, TDP V/2, Nr. 157 ff.

4 α. Die Formvorschrift gilt nicht nur für Verträge, sondern nach Art. 732 Abs. 1 generell für «*das Rechtsgeschäft*». Auch bei der Errichtung von Eigentümerdienstbarkeiten genügt demnach die einfache Schriftform seit 2012 nicht mehr; die Anmeldung an das Grundbuchamt (die auch den «Rechtsgrund» umfasst) muss vielmehr öffentlich beurkundet sein.[5] Ziel dieser gesetzgeberischen Verschärfung war es, durch die rechtlichen Belehrungen der Notarin für mehr Klarheit und Rechtssicherheit zu sorgen (und Streitigkeiten aus Dienstbarkeiten zu mindern).[6]

5 β. Beschränkt sich die Ausübung der Grunddienstbarkeit auf einen Teil des belasteten Grundstücks und ist die örtliche Lage im Rechtsgrundausweis nicht genügend bestimmbar umschrieben, so muss sie überdies in einem *Auszug des Planes für das Grundbuch* (2 lit. f GBV; 7[1] VAV) zeichnerisch dargestellt werden (732[2] ZGB; 70[3] GBV). Ein privat erstellter Plan, etwa ein Architektenplan, genügt demnach seit 2012 nicht mehr (138 III 744 f.); doch ist nicht geradezu erforderlich, dass der Plan vom Geometer ausgestellt und unterzeichnet wird. Es genügt ein aus dem Internet heruntergeladener Grundbuchplan, und die Parteien können die örtliche Lage der Dienstbarkeit selber einzeichnen (138 III 744 f.).[7]

6 2. Die *Ersitzung*. Das ZGB enthält keine eingehenden Bestimmungen über die Ersitzung von Grunddienstbarkeiten; durch die Verweisung in Art. 731 Abs. 2 kommen die Grundsätze über die Ersitzung von Grundeigentum zur entsprechenden Anwendung. Dies gilt sowohl für das Anwendungsgebiet wie für die Arten, Voraussetzungen und Wirkungen der Ersitzung (vgl. vorne § 100 N 21 ff.). Die Ersitzung von Dienstbarkeiten lässt Art. 731 Abs. 3 nur zu Lasten solcher Grundstücke zu, an denen die Ersitzung des Eigentums möglich ist. Dies darf indessen entgegen dem Wortlaut[8] nicht so verstanden werden, dass Grunddienstbarkeiten nur an Grundstücken ersessen werden können, an denen auch das Eigentum ersessen werden könnte. Die Rechtsprechung schliesst auf Grund von Art. 731 Abs. 3 (und Art. 664 Abs. 2) nur – aber immerhin – die Ersitzung einer Grunddienstbarkeit an herrenlosen und öffentlichen Sachen aus (52 II 120 f.; relativierend 113 II 240 f.).[9]

---

5 Bettina Hürlimann-Kaup, Neuerungen im Dienstbarkeitsrecht, in Jürg Schmid (Hrsg.), Die Dienstbarkeiten und das neue Schuldbriefrecht (Zürich 2012), 25 ff., besonders 30; Steinauer, Les droits réels II, Nr. 2236; Piotet, TDP V/2, Nr. 224.

6 Vgl. Hürlimann-Kaup a.a.O. 31 f.; Schmid/Hürlimann-Kaup a.a.O. Nr. 1245; Steinauer a.a.O. Nr. 2231a. Bei der Errichtung einer Dienstbarkeit im Rahmen eines Erbteilungsvertrags genügt indessen die einfache Schriftform nach Art. 634 Abs. 2 ZGB. Art. 70 Abs. 2 GBV will die Schriftform auch für Legalservituten genügen lassen, was u.E. jedoch gesetzeswidrig ist (kritisch auch Hürlimann-Kaup a.a.O. 30 Anm. 10; Steinauer a.a.O. Nr. 2232; a. M. Piotet, TDP V/2, Nr. 151).

7 Vgl. Botschaft BBl 2007, 5310; Schmid/Hürlimann-Kaup a.a.O. Nr. 1246.

8 Die Bestimmung von Art. 731 Abs. 3 hat keine selbständige, sondern bloss verweisende Bedeutung; vgl. Liver, ZüKomm, Art. 731 N 120; Steinauer a.a.O. Nr. 2239; Hermann Laim, Grundstrukturen der ausserordentlichen Ersitzung nach Schweizerischem Zivilgesetzbuch (Diss. Zürich 1993), 92 ff.

9 Zustimmend Meier-Hayoz, BeKomm, Art. 664 N 145; teilweise abweichend Liver, ZüKomm, Art. 731 N 116 ff., sowie Rey, BeKomm, Art. 731 N 180 f. und 226 ff.

Wie beim Grundeigentum, so erfolgt auch bei den Grunddienstbarkeiten die 7
Ersitzung entweder gemäss dem Grundbucheintrag als Tabularersitzung oder unabhängig von einem solchen als Extratabularersitzung.

α. Die *Tabularersitzung*. Ist die Servitut eingetragen, so bedarf der Eigentümer des herr- 8
schenden Grundstücks in der Regel der Ersitzung nicht, da das dingliche Recht durch
die Eintragung auf Grund eines Erwerbstitels entstanden ist. Dies gilt aber dann nicht,
wenn der Eintrag zu Unrecht, also ohne (gültigen) Erwerbstitel zustande gekommen
ist.[10] Er unterliegt dann während einer Frist von 10 Jahren der Grundbuchberichtigungsklage (vorne § 95 N 32). Mit Ablauf dieser Zeit wird der Eintrag unanfechtbar,
die Dienstbarkeit ist durch Ersitzung erworben (BGer 5C.122/2006 E. 2.2.1) – immerhin unter der Voraussetzung, dass es sich um eintragungsfähige Rechte handelt (93
II 298 f.; 108 II 46 E. 5b). Zum Eintrag müssen aber noch zwei weitere Voraussetzungen hinzukommen: die unangefochtene und ununterbrochene *tatsächliche Ausübung*
(Ersitzungsbesitz) des Rechts während dieser Frist[11] (hierzu vorne zu Art. 919 Abs. 2
vgl. § 90 N 21 f. und 95 II 617; BGer 5C.122/2006 E. 2.2.1) und der *gute Glaube* der
ersitzenden Person (dazu BGer 5C.122/2006 E. 2.2).

β. Die *Extratabularersitzung*. Sie ist im Sinn von Art. 731 Abs. 3 zu Lasten von Grund- 9
stücken zulässig, an welchen die Servitut nicht auf dem ordentlichen Weg der Eintragung in das Grundbuch erworben werden konnte. Das sind gemäss Art. 662 solche
Grundstücke, die überhaupt darin nicht Aufnahme gefunden haben oder deren Eigentümer daraus nicht ersichtlich, tot oder verschollen ist (114 II 322). Als «im Grundbuch aufgenommen» gilt nach der bundesgerichtlichen Praxis auch ein Grundstück,
das in einer kantonalen Publizitätseinrichtung mit negativer Grundbuchwirkung figuriert (114 II 322 f.; 116 II 269 f.; BGer in ZBGR 75 [1994], 80 ff.; 122 III 156; vgl. auch
112 II 318 ff. und vorne § 93 N 8 f.); zu Lasten eines solchen Grundstücks entfällt
demnach auch die Möglichkeit der ausserordentlichen Ersitzung von Dienstbarkeiten.[12] Gleiches gilt bezüglich der Ersitzung durch einen Erben, wenn das betreffende
Grundstück zu einem unverteilten Nachlass gehört (122 III 154). Vorausgesetzt ist bei

---

10 Der Eintrag *des Eigentümers* braucht nach einhelliger Auffassung (Liver, ZüKomm, Art. 731
    N 116; Rey, BeKomm, Art. 731 N 147; Piotet, TDP V/2, Nr. 200) aber nicht auch noch ungerechtfertigt zu sein (und das betreffende Grundstück braucht demnach nicht zusätzlich noch
    der Eigentumsersitzung zu unterliegen), wie eine buchstabengetreue Auslegung von Art. 731
    Abs. 3 vermuten liesse.

11 Über die Voraussetzungen der Rechtsausübung vgl. Theo Guhl, Die Ersitzung von Grundeigentum und Grunddienstbarkeiten nach dem ZGB, in ZBJV 65 (1929), 241 ff., besonders
    254 ff.; Rey, BeKomm, Art. 731 N 182 ff.: Piotet, TDP V/2, Nr. 208 ff.

12 Vgl. auch Rey, BeKomm, Art. 731 N 253 ff., Steinauer a.a.O. Nr. 2242c, Piotet, TDP V/2,
    Nr. 202 f. und die vorne in § 100 Anm. 35 zitierten Autoren sowie Vouilloz, L'acquisition des
    servitudes immobilières par prescription extraordinaire, in ZWR 1991, 505 ff. – Vorzubehalten
    bleibt immerhin der Sonderfall der Umwandlung einer Tabular- in eine Extratabularersitzung.
    Bejaht man (entgegen 82 II 394 ff.) diese Möglichkeit, so kann auch jemand eine Grunddienstbarkeit durch ausserordentliche Ersitzung erwerben, der ungerechtfertigterweise im Grundbuch eingetragen ist, aber die Voraussetzungen der ordentlichen Ersitzung nicht erfüllt (Rey,
    BeKomm, Art. 731 N 211 und 224, sowie die Hinweise vorne in § 100 N 29).

jeder Extratabularersitzung wie bei der Ersitzung des Eigentümers eine *30-jährige Ausübung*.[13]

10   **b.** Der **Erwerbsakt,** durch den das dingliche Recht entsteht, ist in der Regel die *Eintragung in das Grundbuch* (124 III 295; 133 III 316; 135 III 499). Dies gilt für den Hauptfall: die Entstehung der Servituten durch Vertrag.[14] Vorgesehen ist ein Doppeleintrag:
Die Grunddienstbarkeit muss auf dem Hauptbuchblatt des herrschenden Grundstücks
als Berechtigung und auf dem Hauptbuchblatt des dienenden Grundstücks als Belastung eingetragen werden (968 ZGB; 98[1] GBV; vgl. auch 124 III 295 f.; 135 III 501). Nach
richtiger Ansicht ist allerdings die Eintragung auf dem Blatt des herrschenden Grundstücks nur Ordnungs-, nicht Gültigkeitsvorschrift (133 III 316; 135 III 500).[15] Bei der
Tabularersitzung ist als Erwerbsakt keine (neue) Eintragung mehr nötig; mit dem Zeitablauf entsteht die Dienstbarkeit als dingliches Recht. Auch bei der Extratabularersitzung hat nach der neueren Lehre der gerichtliche Entscheid nur noch deklaratorische
und nicht konstitutive Wirkung (vorne N 9 mit Anm. 12). Im Fall der Zwangsvollstreckung kann in Analogie zu Art. 656 Abs. 2 mit dem Steigerungszuschlag eine Dienstbarkeit entstehen (97 III 99).

11   Die *Eintragung einer resolutiv bedingten Dienstbarkeit* hat das Bundesgericht bezüglich
eines Wohnrechts geschützt, hierbei aber offengelassen, ob dies auch für Grunddienstbarkeiten gilt (115 II 217).[16]

---

13   Damit war aber gemäss BGE 76 I 184 das Recht noch nicht geschaffen, sondern nur ein
     Anspruch, es durch das *Gericht* nach einem Aufgebotsverfahren zusprechen zu lassen (hierzu
     110 II 20 ff.; vgl. auch 110 II 352 ff.). Nach der neueren Lehre entsteht jedoch entgegen 76 I 184 –
     welcher durch 97 II 36 der Sache nach wohl aufgegeben worden ist – das Recht von Gesetzes
     wegen; das Gericht stellt dann lediglich diese Tatsache fest (siehe REY, BeKomm, Art. 731 N 243
     mit zahlreichen Belegen; ferner vorne § 100 N 30). – Anderes gilt allenfalls für Wege, welche als
     öffentlich betrachtet werden: Hier genügt, «dass der Weg seit unvordenklicher Zeit im öffent-
     lichen Gebrauch steht und dass dieser Zustand als rechtmässig angesehen werden kann» (94 I
     574 mit zusätzlicher Verweisung auf das kantonale Recht). Zur Anerkennung von Dienstbarkei-
     ten auf Grund ihrer Ausübung seit unvordenklicher Zeit siehe auch LIVER, ZüKomm, Art. 731
     N 141 ff.; 104 II 303 f. E. 2 (wo das Bundesgericht das Problem aufwirft, aber die Lösung offen-
     lässt); PKG 1991, 30 ff. Nr. 5 = BR/DC 14 (1993), 52 Nr. 122; kritisch PIOTET, TDP V/2, Nr. 217 ff.
14   Vorbehalten bleibt die Ausnahme von Art. 676 Abs. 3: Entstehung einer Leitungsdienstbarkeit
     durch Erstellen der oberirdischen Leitung; zu Art. 691 Abs. 3 siehe vorne § 102 N 60.
15   LIVER, ZüKomm, Art. 731 N 59; REY, BeKomm, Art. 731 N 30 ff.; STEINAUER a.a.O. Nr. 2234. –
     Die Eintragung ist jedoch nur wirksam, wenn sie das belastete und das berechtigte Grundstück
     erkennen lässt (124 III 295 f.; 133 III 317).
16   Die Zulässigkeit bejaht ZBJV 140 (2004), 225 ff. (Walliser Kantonsgericht). Vgl. auch LIVER,
     ZüKomm, Art. 730 N 66 ff.; REY, BeKomm, Art. 730 N 131 ff.; STEINAUER a.a.O. Nr. 2197a;
     MARIA CONSUELO ARGUL GROSSRIEDER, Les causes d'extinction des servitudes foncières – En
     particulier la perte d'utilité et ses conséquences sur l'existence formelle du droit (Diss. Freiburg
     2005), AISUF 234, Nr. 312 ff. und 553 f.; GERMANN a.a.O. (zit. in Anm. 2), Nr. 576 ff.

II.   Der Untergang der Grunddienstbarkeit

a. Löschung im Grundbuch, «Verzicht» und Untergang des Grundstücks. Wie die   12
Entstehung, so sind auch die Fortdauer und die Beendigung der Grunddienstbarkeit
in der Regel an den Grundbucheintrag gebunden. Die Servitut geht grundsätzlich erst
mit der Löschung im Grundbuch unter (734; BGer in ZBGR 64 [1983], 113 ff.; zur
Frage der zur Löschung vorzulegenden Ausweise siehe 112 II 31 f.).[17] Der blosse Zeit-
ablauf – namentlich die dauernde Nichtausübung – wirkt nicht rechtsvernichtend. Das
ZGB kennt *keine* sogenannte *Versitzung* oder Verschweigung der Servituten, keine
Freiheitsersitzung des Grundeigentümers (vgl. auch 62 II 135 ff.; 122 III 12).

In Betracht kommt immerhin der Untergang der Servitut durch ausdrücklichen oder   13
stillschweigenden *Verzicht* (BGer in ZBGR 80 [1999], 122 ff. E. 3a; 127 III 442; 128 III
269 f.). Damit ist hier die Verfügung über das dingliche Recht als solches gemeint, die
als Anmeldung gegenüber dem Grundbuchamt oder als Löschungsbewilligung gegenüber dem Eigentümer des belasteten Grundstücks erklärt wird und so als *Verfügungsgeschäft* das Recht materiell vernichtet; es bleibt dann nur noch das Grundbuch zu
berichtigen.[18] Einen Fall des stillschweigenden Verzichts auf ein Wegrecht stellt die
«Gestattung der Verbauung» dar (128 III 269 f.; BGer 5C.78/2006 E. 5.1 = ZBGR 89
[2008], 113 ff.).

Ebenso geht die Grunddienstbarkeit im (seltenen) Fall des *Untergangs des belasteten*   14
oder des berechtigten Grundstücks unter (734). Denkbar ist schliesslich, dass Dienstbarkeiten durch *Enteignung* untergehen (Art. 5 EntG).[19]

b. Gerichtliche Ablösung. In gewissen Fällen verliert eine Servitut trotz Fortdauer des   15
Eintrags ihre Daseinsberechtigung:

1. Dies ist zunächst und vor allem der Fall, wenn sie der berechtigten Person *gar kei-*   16
nen Vorteil mehr bringt. Das ZGB gibt daher unter dieser Voraussetzung dem Belasteten als dem jeweiligen Eigentümer des belasteten Grundstücks (nicht aber Dritten,
selbst wenn sie daran interessiert wären: 95 II 18) die Möglichkeit, die Servitut durch
das Gericht *ablösen* zu lassen, ohne dass er dafür eine Entschädigung bezahlen muss
(736[1]). Dabei würdigt das Gericht über den Rahmen von Art. 2 ZGB hinaus den Nutzen der Dienstbarkeit für die Berechtigte unter Berücksichtigung von deren Errich-
tungszweck, Inhalt und Umfang (114 II 428; 130 III 560; vgl. auch 121 III 54; 134 III

---

17   Vgl. auch Argul Grossrieder a.a.O. Nr. 585 f.
18   Liver, ZüKomm, Art. 734 N 6 und 97 f.; Piotet, SPR V/1, 570; Deschenaux, SPR V/3, 296,
      324 und 884 f.; Steinauer a.a.O. Nr. 2261 ff.; a. M. Argul Grossrieder a.a.O. Nr. 439 ff. und
      586. Von einem solchen materiell-rechtlichen Verzicht zu unterscheiden sind der blosse Ver-
      zicht auf die Ausübung oder die Verpflichtung zur Abgabe einer Löschungserklärung (zu Letz-
      terem Liver a.a.O., Art. 734 ZGB N 8 und 15 f.).
19   Dazu 114 Ib 323 mit Hinweisen; vgl. auch 121 II 436 ff. – Zur Aufhebung von Dienstbarkeiten
      in einem Quartierplanverfahren vgl. 106 Ia 94 ff.; BGer in ZBGR 77 (1996), 53 ff., und ZBGR
      81 (2000), 142 ff. – Siehe schliesslich den in Art. 29 Abs. 3 VZG erwähnten übergangsrechtli-
      chen «Untergangsgrund».

345; BGer 5A_360/2014 E. 4.1).[20] Die Löschung ist zu verweigern, wenn ein Interesse zurzeit nicht mehr besteht, jedoch in Zukunft mit hinreichender Wahrscheinlichkeit wieder entstehen kann (81 II 189 ff.; 130 III 393 f. und 563).[21] Sie ist dagegen zu gewähren, wenn es nach dem gewöhnlichen Lauf der Dinge und nach der Lebenserfahrung als ausgeschlossen erscheint, dass die Dienstbarkeit in absehbarer Zeit wieder ausgeübt wird (89 II 380 ff.; siehe auch 93 II 297), oder wenn die Ausübung geradezu unmöglich geworden ist (121 III 54 f.).[22] Auch eine bloss *partielle* Ablösung ohne Entschädigung kann verlangt werden, wenn dieser Teil der Dienstbarkeit der Berechtigten gar keinen Nutzen mehr gewährt (91 II 196).

17   2. Das Gesetz geht jedoch noch einen Schritt weiter und gestattet die (ganze oder teilweise) Ablösung einer Grunddienstbarkeit, diesmal aber nur gegen Entschädigung, wenn zwar ein *Interesse* der berechtigten Person an der Dienstbarkeit noch vorhanden, dieses aber «im Vergleich zur Belastung *von unverhältnismässig geringer Bedeutung*» ist (736[2]). Kann auch ein Missverhältnis zur Ablösung führen, das auf einer Erschwerung der Belastung und nicht auf einem minderen Interesse der Berechtigten ruht? In 107 II 338 ff. entschied das Bundesgericht, dies sei möglich, wenn das (unveränderte) Interesse der Berechtigten im Vergleich zur Zunahme der Belastung des Verpflichteten als unverhältnismässig gering erscheint (so schon 43 II 37 f.; anders vorübergehend 66 II 248; 79 II 57 f.; vgl. auch BGer 5C.152/2005 E. 5 f.).[23]

18   3. Für die Beurteilung des Interesses der berechtigten Person im Rahmen von Art. 736 Abs. 1 und 2 ist auszugehen vom Grundsatz der *Identität* der Dienstbarkeit: Eine Dienstbarkeit darf nicht zu einem anderen Zweck aufrechterhalten werden als jenem, zu dem sie errichtet worden ist (114 II 428 f.; 121 III 54; 130 III 556).[24]

III.   Der Inhalt der Grunddienstbarkeit

a. Der zulässige Inhalt, Art. 730.

19   1. Der Inhalt der Grunddienstbarkeit[25] ist wie bei jeder Dienstbarkeit auf Seiten des Verpflichteten etwas *Negatives*: ein Nichttun, ein rein *passives* Verhalten (ein Dulden

---

20   Ausführlich ARGUL GROSSRIEDER a.a.O. Nr. 684 ff.

21   Auch der blosse Umstand, dass ein bestimmtes Verhalten (insbesondere ein Gewerbe) seit der Errichtung der Dienstbarkeit öffentlich-rechtlich verboten worden ist, führt nicht dazu, das Interesse an der Servitut zu verneinen (134 III 345).

22   Zur Frage, wann der Bau einer öffentlichen Strasse ein Wegrecht zwecklos werden lässt, vgl. 130 III 559 ff.

23   So auch ALFRED TEMPERLI, Die Problematik bei der Aufhebung und Ablösung von Grunddienstbarkeiten (ZGB 736) (Diss. Zürich 1975), 84 ff. und 145 ff.

24   Vgl. auch ARGUL GROSSRIEDER a.a.O. Nr. 740 ff.

25   Hierzu MANFRED ZOBL, Der zulässige Inhalt von Dienstbarkeiten (Diss. Zürich 1976); CHRISTINA SCHMID-TSCHIRREN, Aktuelle Tendenzen im Grunddienstbarkeitsrecht …, in BN 1999, 1 ff.; GERMANN a.a.O. (zit. in Anm. 2), Nr. 160 ff.; FABIENNE HOHL, Le contrôle de l'interprétation des servitudes par le Tribunal fédéral, ZBGR 90 (2009), 73 ff.; CYRIL GALLAND, Le contenu des

oder Unterlassen: «servitus in faciendo consistere nequit», 93 II 295). Der Eigentümer des dienenden Grundstücks muss entweder bestimmte Eingriffe des Eigentümers des herrschenden Grundstücks *dulden* und gestatten oder aber nach einer gewissen Richtung die Ausübung seines Eigentumsrechts *unterlassen* (so z.B. auf seinem Grundstück ein bestimmtes Gewerbe nicht betreiben: 86 II 252 f.; 114 II 314 ff.; 123 III 337 ff.).[26] Vom Standpunkt der berechtigten Person aus spricht man im ersten Fall (z.B. bei einem Wegrecht) von einer positiven oder affirmativen (138 III 657), im zweiten (z.B. bei einer Baubeschränkung) von einer negativen Grunddienstbarkeit (115 IV 29; 131 III 417).[27]

Da Servituten in ihrer Dauer gesetzlich unbegrenzt sind, dürfen sie den Eigentümer nicht von jeder Nutzung ausschliessen (*Grundsatz der Beschränktheit der Belastung:* 111 II 340 f.; 116 II 277 f. und 289 f.; 123 III 343 f.). Umstritten ist, ob und inwiefern das sog. *Utilitätsprinzip* gilt, wonach die Grunddienstbarkeit für das Grundstück   20

servitudes foncières … (Freiburger Diss., Zürich 2013), AISUF 325; Bettina Hürlimann-Kaup, Schranken der inhaltlichen Ausgestaltung von Dienstbarkeiten, in Stephan Wolf (Hrsg.), Dienstbarkeiten im Wandel … (Bern 2014), 49 ff., besonders 74 ff.; Bettina Hürlimann-Kaup/Diana Oswald, Die Fotovoltaikdienstbarkeiten – ausgewählte sachenrechtliche Fragen, ZBJV 150 (2014), 679 ff.

26 Für ein Wirteverbot vgl. auch BGer 5C.269/2001 E. 3b, für ein Verbot «sittenwidriger Gewerbe» siehe 134 III 347. Zu den Grenzen der als Dienstbarkeiten zulässigen Gewerbebeschränkungen vgl. ausser BGE 123 III 337 ff. etwa Liver, ZüKomm, Art. 730 N 114–136a; Rey, BeKomm, Art. 730 N 85–117; Steinauer a.a.O. Nr. 2217 f.; Germann a.a.O. Nr. 250 ff.; Galland, Le contenu des servitudes foncières (zit. in Anm. 25), Nr. 266 ff.). – Die Befugnis, auf welche der Belastete verzichtet, muss sich freilich aus seinem Eigentumsrecht ergeben; der Verzicht auf verfahrensrechtliche Behelfe, die nicht aus dem Eigentum fliessen, sondern durch das öffentliche Recht bestimmt sind (z.B. der Verzicht auf Einsprachemöglichkeiten gegen Baugesuche oder Zonenpläne), können nicht Gegenstand einer Dienstbarkeit sein (131 III 416 f.). Ebenso kann eine Dienstbarkeit nicht zur Verdinglichung obligationenrechtlicher Exklusivabnahmepflichten errichtet werden (Bettina Hürlimann-Kaup, Schranken der inhaltlichen Ausgestaltung von Dienstbarkeiten, in Stephan Wolf [Hrsg.], Dienstbarkeiten im Wandel … [Bern 2014], 49 ff., besonders 77 ff.; dieselbe, Unzulässigkeit sogenannter Sicherungsdienstbarkeiten, BR/DC 2015, 163 f.; wohl auch 123 III 342 f.; problematisch für eine «Tankstellenservitut» jedoch BGer 5A_171/2008 E. 2 und 3; vgl. auch Steinauer a.a.O. Nr. 2217a; Piotet, TDP V/2, Nr. 98 f.; Galland, Le contenu des servitudes foncières [zit. in Anm. 25], Nr. 285 ff., besonders 304; derselbe, Les servitudes de concurrence – un instrument à manier avec précaution, ZBGR 95 [2014], 145 ff.).

27 Liver, ZüKomm, Art. 730 N 166 ff. zählt als Beispiele von Grunddienstbarkeiten auf: Wegrechte; Weiderechte; Holzrechte; Recht zur Ausbeutung von Bodenbestandteilen; Gewässernutzung; Durchleitungsrechte; Verpflichtung und Verbot, Holz zu schlagen; Baurechte (z.B. Näherbau) und Baubeschränkungen (vgl. hierzu 109 II 412 ff.); Platzrechte; Gewerbebeschränkungen. – Auch Servitute, die im Dienst des öffentlichen Bau- und Planungsrechts stehen, sind zulässig (134 III 344 f.). Zur Sicherung der Gegenleistung vgl. Maryse Pradervand-Kernen, Les moyens de garantir la contre-prestation des servitudes, in Alexandra Rumo-Jungo u.a. (Hrsg.), FS für Paul-Henri Steinauer (Bern 2013), 563 ff.

als solches – und nicht bloss für den zufälligen Eigentümer – nützlich sein muss (mit gewissen Einschränkungen bejahend 114 II 316; 123 III 341 f.; 131 III 355).[28]

21   2. Im Gegensatz zur Dienstbarkeit hat die *Grundlast* (hinten § 110) etwas Positives – ein aktives Tun des Belasteten und nicht bloss ein Dulden oder Unterlassen – zum Inhalt (782[1]). Demnach liegt eine Dienstbarkeit vor, wenn der jeweilige Eigentümer des berechtigten Grundstücks das Recht hat, im Gemeindewald eine bestimmte Menge Holz zu schlagen. Dagegen handelt es sich um eine Grundlast, wenn die Gemeinde verpflichtet ist, der berechtigten Person eine bestimmte Menge Holz vor das Haus zu bringen oder Butter von der Alp zuzuweisen (zu Wasserlieferungspflichten, die als Dienstbarkeiten nicht zulässig sind, siehe 93 II 294 ff., 108 II 39 ff. und 131 I 326 f.).

22   Dieser *Gegensatz zwischen Grunddienstbarkeiten und Grundlast,* der in den Art. 730 Abs. 1 und 782 klar zum Ausdruck kommt, wird durch folgenden Umstand relativiert: Das ZGB lässt es zu, auch mit der Servitut – allerdings nur *nebensächlich* – die *Verpflichtung zur Vornahme bestimmter Handlungen* zu verbinden (730[2]), wie etwa zum Unterhalt der ihrer Ausübung dienenden Vorrichtungen (Wege und Stege, Brunnen und Leitungen).[29] Schuldner einer derartigen Nebenpflicht kann trotz dem ungenauen Gesetzeswortlaut nur der Eigentümer des belasteten Grundstücks sein.[30] Da in solchen Fällen eine schuldrechtliche Leistungspflicht durch den jeweiligen Dienstbarkeitsbelasteten (und gegenüber dem jeweiligen Servitutsberechtigten) zu erfüllen ist, liegt eine Realobligation vor (vorne § 104 N 4 f.). Zur Erreichung dieser dinglichen Verknüpfung verlangte die Praxis schon vor der ZGB-Revision von 2009, dass die Nebenleistung im Hauptbuch (mindestens im Sinn eines besonderen Hinweises auf den Grundbuchbeleg) aufgeführt war (124 III 292). Seit 2012 sieht nun Art. 730 Abs. 2 Satz 2 ausdrücklich vor, dass eine solche Nebenverpflichtung für den Erwerber des berechtigten oder belasteten Grundstücks nur verbindlich ist, wenn sie sich aus dem Grundbucheintrag ergibt.[31]

---

28   Dagegen Piotet, SPR V/1, 547 f., Liver, ZüKomm, Vorbem. zu den Grunddienstbarkeiten N 8 ff., Argul Grossrieder a.a.O. Nr. 245 ff., Galland, Le contenu des servitudes foncières (zit. in Anm. 25), Nr. 186 f. und Piotet, TDP V/2, Nr. 81 und 100; dafür Rey, BeKomm, Vorbem. zu den Art. 730–736 N 7 ff.

29   Piotet, TDP V/2, Nr. 134; Galland, Le contenu des servitudes foncières (zit. in Anm. 25), Nr. 706 ff. Vgl. auch die Richtlinie des Bundesamtes für Justiz, Amt für Grundbuch- und Bodenrecht, vom 22. März 1999 betreffend Dienstbarkeiten mit nebensächlichen Leistungspflichten (Art. 730 Abs. 2 ZGB) oder mit vertraglichen Abänderungen der gesetzlichen Unterhaltsregelung von Art. 741 ZGB, in ZBGR 80 (1999), 204 f. = BN 1999, 112 f.

30   Hürlimann-Kaup, Neuerungen (zit. in Anm. 5), 42; Schmid/Hürlimann-Kaup a.a.O. Nr. 1206; ebenso Steinauer a.a.O. Nr. 2219 ff.; Galland, Le contenu des servitudes foncières (zit. in Anm. 25), Nr. 725 ff. A. M. Roland Pfäffli, Neuerungen im Dienstbarkeitsrecht, in Stephan Wolf (Hrsg.), Revision des Immobiliarsachenrechts (Bern 2011), 109 ff., besonders 123; anders wohl auch Piotet, TDP V/2, Nr. 124.

31   Vgl. BBl 2007, 5310 und 5339 f. Für bereits bestehende Dienstbarkeiten vgl. den Art. 21 Abs. 2 SchlT und Schmid/Hürlimann-Kaup a.a.O. Nr. 1206.

Eine Pflicht zur Mittragung der *Unterhaltskosten* besteht schon von Gesetzes   23
wegen, sobald jene Vorrichtungen auch den Interessen des Belasteten dienen (741[2]).
Der Unterschied aber bleibt, dass die positive Leistungspflicht bei der Grundlast den
Hauptinhalt, bei der Grunddienstbarkeit dagegen den Nebeninhalt bildet und nur
dazu dient, die Ausübung der hauptsächlichen Rechte zu ermöglichen und zu fördern (106 II 320; 122 III 12). So hat das Bundesgericht eine Dienstbarkeit und nicht
eine Grundlast angenommen im Fall, da ein Grundeigentümer das Recht auf Zufluss
von Wasser für ein Wasserwerk besass, obwohl hierbei der Eigentümer des belasteten
Grundstücks den Weiher, in dem jenes Wasser gesammelt wurde, unterhalten und rei-
nigen musste (45 II 394 f.; vgl. damit die in N 21 erwähnten 93 II 294 ff. und 108 II
39 ff.).[32]

3. Der *Inhalt der einzelnen Grunddienstbarkeiten* wird in erster Linie durch den Rechts-   24
grund (also meistens durch den Vertrag) bestimmt (zur Stufenordnung der Ausle-
gungsmittel zur Inhaltsbestimmung vgl. hinten N 27 ff.), in zweiter Linie durch dispositive Gesetzesnorm. Als solche kommt – für die dem landwirtschaftlichen Betrieb
dienenden Dienstbarkeiten (Weg-, Weide-, Holzungs-, Tränke-, Wässerungsrechte) –
das kantonale Recht und die Ortsübung in Betracht (740; 81 II 196 f.; 5A_856/2014
E. 3.3.1). Inhalt einer Dienstbarkeit kann nicht sein, was dem Berechtigten schon von
Gesetzes wegen eindeutig zusteht (99 II 33); bei Ungewissheit mit Bezug auf das, was
von Gesetzes wegen gilt, ist aber die Eintragung einer Grunddienstbarkeit ins Grundbuch zu gestatten (106 II 318 f.).[33]

4. Eine Dienstbarkeit belastet stets ein Grundstück als Ganzes; die Parteien können   25
jedoch die *Ausübung* der Dienstbarkeit auf gewisse Teile des belasteten Grundstücks
beschränken (vgl. auch 732[2] und 742; 138 III 743).[34]

b. Die Art der Ausübung, Art. 737. Die Grunddienstbarkeit setzt den Belasteten und   26
die Berechtigte in eine dauernde gegenseitige Beziehung, die vom Grundsatz von Treu
und Glauben beherrscht ist. Dies kommt auch im zweiten Teil des Art. 738 Abs. 2
zum Ausdruck, wonach sich der Inhalt der Dienstbarkeit im Rahmen des Eintrags
(hierzu 738[1]; vgl. 107 II 334) neben der Berücksichtigung des Erwerbsgrundes auch
aus der Art der länger dauernden Ausübung (unangefochten und in gutem Glauben)
ergibt. Der Belastete soll die Ausübung der Servitut gestatten, ihr in keiner Weise Hindernisse in den Weg legen (737[3]; 113 II 151 ff. betreffend eine Wegbarriere; vgl. auch
118 IV 291 ff.). Die Berechtigte darf ihr Recht voll und ganz ausnützen (737[1]). Sie ist
sogar zu gewissen Selbsthilfehandlungen befugt (115 IV 29 f.; 118 IV 292). Doch darf
sie ihr Recht nicht missbrauchen und muss – soweit es mit ihrer Rechtsausübung vereinbar ist – die Interessen des belasteten Eigentümers schonen: «servitus civiliter exer-

---

32   Siehe auch REY, BeKomm, Art. 730 N 198 ff. über die Möglichkeit der Koppelung von Dienst-
     barkeit und Grundlast; vgl. ferner Art. 788 Abs. 3.
33   Vgl. auch CYRIL GALLAND, L'intérêt des servitudes de même contenu que des restrictions léga-
     les à la propriété, not@lex 2013, 161 ff.
34   STEINAUER a.a.O. Nr. 2200; MICHEL MOOSER, La description de l'assiette d'une servitude, in
     ZBGR 72 (1991), 257 ff.; vgl. auch BBl 2002, 4954.

cenda» (113 II 153 f.; 137 III 151 f.). Das kann sie allerdings nicht daran hindern, die ihr zustehende Nutzung voll zu ziehen (113 II 154; 137 III 152) – selbst dann, wenn deswegen für die eigenen Bedürfnisse des Eigentümers nichts oder nicht genügend übrig bleibt. Die Servitutsberechtigte geht grundsätzlich dem Eigentümer im Rang vor.[35] Hat also eine Person ein Beholzungsrecht an einem fremden Wald, so darf sie es ausnützen, auch wenn nach der Inanspruchnahme durch sie für den Eigentümer nichts mehr abfällt. Doch kann der Belastete bei voller Respektierung der Berechtigung Massnahmen zur Behebung schädigender Wirkungen der Rechtsausübung verlangen, ja sogar – wenn das die schädigende Wirkung eliminiert – eine Änderung der Ausübungsart (100 II 197). Auch lassen sich die Interessen des belasteten Eigentümers im Einzelfall bei der Errichtung der Servitut durch die Vereinbarung besonderer Einschränkungen (durch Vorbehalt der eigenen Bedürfnisse) wahren. Dies kann sich im Rahmen des Art. 740 schon aus dem Ortsgebrauch ergeben, etwa wenn die geltende Übung die Inhaberin einer Holzservitut verpflichtet, ein Mitnutzungsrecht des Waldeigentümers anzuerkennen.

27   **c. Der Umfang der Ausübung.** Zur Bestimmung des Umfangs einer Dienstbarkeit im engeren Sinn dieses Wortes[36] – also zu *Auslegung einer konkreten Servitut* – sieht Art. 738 eine Stufenordnung vor (130 III 556 f.; 131 III 347; 137 III 147 f.):[37]

28   α. Zunächst ist gemäss Art. 738 Abs. 1 auf den *Grundbucheintrag* abzustellen, sofern sich Rechte und Pflichten daraus (d.h. aus dem Hauptbuchblatt) «deutlich ergeben» (123 III 464; 128 III 172). Dem Eintrag kommt also vorrangige Bedeutung zu, insbesondere für den gutgläubigen Dritterwerber des Grundstücks (86 II 250; vgl. auch 113 II 510: «für Dritte ohne weiteres erkennbar»). Allerdings ist der Eintrag oft äusserst kurz gehalten; er besteht häufig in nur einem kurzen, die Art der Dienstbarkeit (83 II 122 ff.) kennzeichnenden Stichwort, z.B. «Weiderecht zu Gunsten von Nr. 200» oder «Grenzbaurecht» (128 III 172).

29   β. Soweit der Eintrag der Ergänzung und Erläuterung bedarf (88 II 271; BGer in Semjud 114 [1992], 597 ff.; 131 III 347), ist nach Art. 738 Abs. 2 auf den *Erwerbsgrund* (in der Regel den Dienstbarkeitsvertrag, 130 III 557)[38] zurückzugreifen, der als Beleg beim Grundbuchamt aufbewahrt wird. Lässt sich kein übereinstimmender wirklicher Parteiwille ermitteln, ist der Erwerbsgrund nach dem Vertrauensprinzip auszulegen (131

---

35   So kann die Dienstbarkeit zur Folge haben, dass das belastete Grundstück seine Zweckbestimmung nicht ändern darf (91 II 343).

36   Im weiteren Sinn des Wortes deckt «Umfang» auch die soeben behandelte «Art der Ausübung» ab (siehe den Randtitel «Umfang» zu Art. 737–740).

37   Zum Folgenden vgl. auch Beat Eschmann, Auslegung und Ergänzung von Dienstbarkeiten (Diss. Zürich 2005), ZSPR 192; Bettina Hürlimann-Kaup, Die Ermittlung des Zwecks einer Grunddienstbarkeit, SJZ 102 (2006), 6 ff.

38   Hat ein Dienstbarkeitsbereinigungsverfahren zur Einführung des eidgenössischen Grundbuchs stattgefunden, so besteht der Erwerbsgrund im Sinn von Art. 738 Abs. 2 in den protokollierten wechselseitigen Erklärungen, insbesondere im Schlussprotokoll (131 III 348).

III 347; 137 III 148; 139 III 406).[39] Nach Letzterem ist massgebend, wie der Erwerbs-grund «nach seinem Wortlaut und Zusammenhang sowie namentlich auf Grund der Bedürfnisse des herrschenden Grundstücks und mit Rücksicht auf Sinn und Zweck der Dienstbarkeit verstanden werden durfte und musste» (131 III 347 unten; ähnlich 138 III 655 f.; 139 III 407).[40] Ebenfalls massgebend ist der Erwerbsgrund (Dienstbar-keitsvertrag) für die Frage, ob seine Bestimmungen dingliche oder bloss obligatorische Wirkungen haben (128 III 267).

Vorrangige Bedeutung gegenüber dem Grundbuch kommt dem Erwerbstitel 30 allerdings im Verhältnis zwischen den Begründungsparteien zu: Bei ihnen und ihren Universalsukzessoren ist nicht der Grundbucheintrag, sondern der Begründungsakt für die Inhaltsbestimmung der Dienstbarkeit massgebend (115 II 436; 123 III 465; 132 III 655).[41] Insofern hängt die Anwendbarkeit des Art. 738 von der Beteiligung eines gutgläubigen Dritten ab.[42]

γ. Wo auch der Erwerbsgrund nicht weiterführt, kann sich der Inhalt der Servitut aus 31 der *Art* ergeben, *wie sie während längerer Zeit unangefochten und in gutem Glauben ausgeübt* worden ist (738[2]): «tantum praescriptum, quantum possessum» (vgl. 73 II 27 ff.; 99 II 155 ff.; BGer 5C.82/2002 E. 3.2.3 = ZBGR 84 [2003], 300 ff.). Aber auch diese Präzisierung erfolgt gemäss dem ausdrücklichen Gesetzeswortlaut «im Rahmen des Eintrages» («dans les limites de l'inscription», vgl. auch 971[2]; 124 III 296; BGer in ZBGR 81 [2000], 272 ff. E. 3a[43]; 131 III 352).

δ. *Weitere Auslegungsgesichtspunkte.* Bei alledem ist nach dem *Sinn und Zweck der* 32 *Dienstbarkeit* zu fragen, unter Berücksichtigung der Bedürfnisse des herrschenden Grundstücks im Zeitpunkt der Errichtung (130 III 559; 138 III 655 f.; 139 III 407). Insofern müssen das Prinzip der Verhältnismässigkeit und, soweit es der Wortlaut des Eintrags zulässt, das Gebot der restriktiven Auslegung beachtet werden (109 II 414;

---

39 Zur Einschränkung der dargestellten Auslegungsgrundsätze (durch objektivierte Vertragsaus-legung) für den Fall, dass nicht die ursprünglichen Vertragsparteien einander gegenüberstehen, vgl. 130 III 557; 137 III 148; 139 III 406 f.; Hürlimann-Kaup a.a.O. 8; Schmid/Hürlimann-Kaup a.a.O. Nr. 1279; Michel Mooser, Des servitudes – une revue d'arrêts récents, ZBGR 88 (2007), 420 ff., besonders 428 ff.

40 S. auch Hürlimann-Kaup a.a.O. 7 ff. – Die Frage, ob eine Ergänzung des Rechtsgrunds zuläs-sig ist, wurde vom Bundesgericht offengelassen (131 III 350 f.); vgl. dazu auch Eschmann a.a.O. 112 ff. – Zur Anwendbarkeit der «Clausula rebus sic stantibus» auf Dienstbarkeiten vgl. auch 127 III 302 ff.

41 Gleicher Meinung Liver, ZüKomm, Art. 738 N 23; Hürlimann-Kaup a.a.O. 6 f.; a. M. Esch-mann a.a.O. 74 ff. Vgl. auch Steinauer, Les droits réels III, Nr. 2536, wonach Art. 779b einen allgemeinen, auch für Grunddienstbarkeiten geltenden Grundsatz darstellt; so auch BGer 5C.269/2001 E. 4b; vgl. ferner 128 III 267.

42 Zobl, Grundbuchrecht, Nr. 243 f.; Hürlimann-Kaup a.a.O. 6 f.; Schmid/Hürlimann-Kaup a.a.O. Nr. 1275 ff.

43 Nach diesem letztgenannten Entscheid kann eine Dienstbarkeit nicht (mit dinglicher Wirkung) durch die blosse Änderung der Belege – ohne Eintragung in das Grundbuch – eingeschränkt werden. Kritisch dazu Paul Piotet, Le contenu d'une servitude, sa modification convention-nelle et la protection de la bonne foi, in ZBGR 81 (2000), 284 ff.

113 II 512). Diese Grundsätze gelten sowohl für *gemessene* als auch für *ungemessene* Dienstbarkeiten, also unabhängig davon, ob ihre Ausdehnung zum Vornherein festgesetzt ist oder nicht. Je genauer jedoch der Wortlaut der Dienstbarkeit gefasst ist, desto enger bemisst sich der Spielraum für eine Auslegung auf Grund der weiteren Kriterien (115 II 436 f.; 132 III 655; vgl. auch BGer in Semjud 114 [1992], 597 ff.).[44]

33   Nach dem Gesagten spielt der gute Glaube des Erwerbers (des belasteten oder des berechtigten) Grundstücks bei der Auslegung von Dienstbarkeiten eine wichtige Rolle. Auf den guten Glauben kann sich jedoch nach Art. 3 Abs. 2 nicht berufen, wer die nach den Umständen gebotene Aufmerksamkeit nicht hat walten lassen (vorne § 7 N 16). Nach der bundesgerichtlichen Praxis – die sich in diesem Zusammenhang auf den *Grundsatz der «natürlichen Publizität» beruft* – kommt diese Einschränkung zum Tragen, wenn der Erwerber des herrschenden Grundstücks dieses (entgegen dem üblichen Vorgehen) vor dem Kauf nicht besichtigt hat; ergibt sich nämlich aus den örtlichen Verhältnissen, namentlich den baulichen Gegebenheiten, eine Einschränkung der Servitut, so muss sich der Erwerber diese Einschränkung grundsätzlich entgegenhalten lassen, auch wenn sie nicht aus Grundbuch und Erwerbsgrund ersichtlich war (137 III 149 und 157; BGer 5A_117/2013 E. 3.3.3). Diese Rechtsprechung, die dem Grundbuch ein zusätzliches, nur in Ausnahmefällen (etwa 676³) gesetzlich vorgesehenes Publizitätsmittel gegenüberstellt, ist auf Kritik gestossen und bedarf weiterer Klärung.[45]

34   ε. Wie verhält es sich, wenn gewisse *Schwankungen* eintreten, wenn die Bedürfnisse des Grundstücks oder des Eigentümers sich mehren? Eine gewisse Steigerungsmöglichkeit ist im Keim in jeder ungemessenen Dienstbarkeit enthalten. Wer etwa zu Gunsten einer alleinstehenden Person ein Wegrecht begründet, muss beim Fehlen einer besonderen Abrede annehmen, dass das Grundstück eines Tages von deren Familie benutzt wird. Ähnliches gilt für zusätzliche Belastungen, welche auf «objektive Veränderungen der Verhältnisse» zurückgehen, etwa auf die Entwicklung der Technik (131 III 359 für gesteigerten Kundenverkehr eines Gewerbebetriebs; 138 III 657 für den Einbau von Sonnenkollektoren). Einer solchen naturgemässen, voraussehbaren Ausdehnung der Servitut darf sich der Beschwerte nicht entziehen; darin liegt rechtlich keine unerlaubte Mehrbelastung, sondern nur eine intensivere Inanspruchnahme des bestehenden Rechts. Anders verhält es sich, wenn die Mehrung der Bedürfnisse nicht eine naturgemässe, voraussehbare oder von den Parteien wenigstens allenfalls in Kauf genommene Entwicklung aus den bestehenden Verhältnissen darstellt. Eine solche Zusatzbelastung ist gemeint mit der – stets «erheblichen» (122 III 359; 131 III 359) und daher unzumutbaren – *Mehrbelastung nach Art. 739*, die der Beschwerte nicht

---

44   Zum Einfluss öffentlich-rechtlicher Normen auf den Dienstbarkeitsinhalt vgl. 139 III 408 f. und BGer 5A_449/2014 E. 3.3.2; kritisch JÖRG SCHMID/OLIVER ZBINDEN, Auslegung von Dienstbarkeiten und öffentlich-rechtliche Normen, BR/DC 2014, 135 f.

45   Ausführlich BETTINA HÜRLIMANN-KAUP, Die sachenrechtliche Rechtsprechung …, ZBJV 149 (2013), 356 ff.; SCHMID/HÜRLIMANN-KAUP a.a.O. Nr. 1281 ff.; ferner etwa ALFRED KOLLER, AJP 2008, 474 f.; DANIELA BYLAND/ERROL M. KÜFFER, Natürliche Publizität contra Grundbucheintrag, BN 2014, 235 ff.

hinnehmen muss.[46] Ob eine solche vorliegt, hängt von der Gesamtheit der Umstände ab: Zu vergleichen sind das Interesse des herrschenden und die Belastung des dienenden Grundstücks bei der Begründung der Dienstbarkeit mit der heutigen Interessenlage (122 III 359; 131 III 359; 139 III 407 f.).[47]

Die Dienstbarkeit darf ganz allgemein *nicht* bei Dahinfallen des ursprünglichen Zwecks zu *einem anderen Zweck* aufrechterhalten werden (zur sog. Identität der Dienstbarkeit vgl. 114 II 428 f.; 117 II 538 und 540; 132 III 655 f.; ferner vorne N 18). Das Bundesgericht hat sich in mehreren Entscheiden mit der Frage beschäftigt, ob die Verwendung von Motorfahrzeugen an Stelle früherer Verkehrsmittel eine unzulässige Erweiterung der Belastung darstelle; es hat dabei keine allgemein gültige Antwort gegeben, sondern vielmehr auf die Verhältnisse des Einzelfalls abgestellt (vgl. 64 II 411 ff.; 70 II 40 ff.; 87 II 85 ff.).[48] Eine zukünftige Mehrbelastung kann aber bereits bei der Errichtung der Dienstbarkeit in Kauf genommen werden im Hinblick auf wechselnde, in Zukunft steigende Bedürfnisse des Grundstücks (vgl. 87 I 311; siehe auch 91 II 342 f.). Denkbar ist schliesslich, dass im Lauf der Zeit die Voraussetzungen für ein Notwegrecht (z.B. Notfahrwegrecht) eingetreten sind; dann kommt Art. 694 zum Zug (93 II 170).[49]

d. Sind **mehrere Berechtigte** gestützt auf die *gleiche Dienstbarkeit* – d.h. auf jeweils selbständige gleich lautende Dienstbarkeiten im gleichen Rang[50] – auf dem belasteten Grundstück an einer gemeinschaftlichen Vorrichtung (etwa einer gemeinschaftlichen Heizungsanlage) beteiligt, so stehen sie untereinander in einer besonderen Rechtsbeziehung. Haben die Berechtigten nichts anderes vereinbart, sind (seit der ZGB-Revision von 2009) nach Art. 740a Abs. 1 die Miteigentumsregeln analog anwendbar.[51] Das Recht, durch Verzicht auf die Dienstbarkeit aus der Gemeinschaft auszuscheiden, kann durch Vereinbarung in der für den Dienstbarkeitsvertrag vorgesehenen Form

35

36

---

46 Beispiel: 114 II 430, Mehrbelastung infolge Zukaufs von Land (dazu auch BGer 5A_478/2007 E. 2.3.1 und Roland Pfäffli, Die Auslegung von Dienstbarkeiten …, BR/DC 2008, 58 ff.); vgl. ferner 117 II 540 f. und BGer in Semjud 114 (1992), 597 ff.; 122 III 359.

47 Vgl. auch Hans Fleischli, Die Mehrbelastung nach Art. 739 ZGB (Diss. Freiburg 1980). Siehe dort insbesondere die Checkliste (118 f.) und die im Einzelfall zu berücksichtigenden Kriterien für die Zumutbarkeit (74 ff.). Vgl. auch 117 II 540 f. und SJZ 81 (1985), 113 ff.

48 Zur Frage der Mehrbelastung eines im Jahr 1903 begründeten «jederzeitigen ungehinderten Fuss- und Fahrwegrechts» vgl. ZR 90 (1991), 70 ff., Nr. 21; dazu BGer in Semjud 114 (1992), 597 ff.

49 Umstritten ist, ob ausnahmsweise dem Belasteten eine *Mehrbelastung* nur (aber immerhin) *gegen Entschädigung* zugemutet werden dürfe (dafür Liver, ZüKomm, Art. 739 N 36; dagegen Piotet a.a.O. 586 f.; vgl. zum Ganzen, insbesondere de lege ferenda, Fleischli a.a.O. 163 ff.).

50 BBl 2007, 5310.

51 BBl 2007, 5310 f.; Denis Piotet, Propriété collective, servitudes, droit de voisinage et restrictions de droit public …, ZBGR 87 (2006), 12 ff., insbesondere 23 ff.; Steinauer a.a.O. Nr. 2283c; Hürlimann-Kaup, Neuerungen (zit. in Anm. 5), 45 ff. – Vor der Revision schon Jürg Schmid, Dienstbarkeitsrecht im Wandel, ZBGR 84 (2003), 269 ff., besonders 285 ff.; vgl. auch FZR 2003, 236 ff., E. 3 = ZBGR 86 (2005), 229 ff. (Freiburger Kantonsgericht), und für den Fall der gemeinsamen Nutzniessung BGE 133 III 321.

auf höchstens 30 Jahre ausgeschlossen und diese Abrede im Grundbuch vorgemerkt werden (740²).

37 **e. Die Last des Unterhalts,** Art. 741. Gehört zur Ausübung der Servitut eine Vorrichtung («les ouvrages nécessaires à l'exercice de la servitude», etwa Wege, Brücken, Brunnen),[52] so hat der Berechtigte für deren Unterhalt aufzukommen (741¹). Dient die Vorrichtung jedoch auch den Interessen des Belasteten, so werden die Unterhaltskosten nach Massgabe der Interessen geteilt (741²).[53] Diese Regelung ist dispositiver Natur; die Parteien können die Unterhaltskosten anders aufteilen (116 II 290 f.; 132 III 548). Eine vom Gesetz abweichende Kostenvereinbarung ist nach Art. 741 Abs. 2 Satz 2 (in Abweichung von 730² in fine) für die Erwerber der beteiligten Grundstücke dann verbindlich, wenn sie sich aus den Grundbuchbelegen erschliessen lässt.[54] Sind Miteigentümer zugleich Dienstbarkeitsberechtigte und -belastete, so haben sie die Kosten der Dienstbarkeitsvorrichtungen nicht nach Art. 741, sondern nach Art. 649 zu tragen (111 II 26 ff.).

38 **f. Die Verlegung der Belastung,** Art. 742.[55] Die Ausübung einer Dienstbarkeit erstreckt sich häufig nicht auf das gesamte Grundstück, sondern nur auf einen Teil davon. Nun ist denkbar, dass die auf eine bestimmte Stelle gelegte Ausübung mit der Zeit dem Beschwerten besondere Nachteile verursacht. Das Wegrecht führt z.B. über einen Parzellenteil, auf welchem der Beschwerte ein Haus oder einen Pavillon errichten möchte. Wenn der Beschwerte in solchen Fällen ein Interesse nachweist (auch ein ästhetisches oder anderes immaterielles Interesse kommt in Betracht: 57 II 155), so kann er – falls die Interessen der berechtigten Person gleichwohl voll gewahrt bleiben (dazu BGer 5C.91/2004 E. 5.1 = ZBGR 86 [2005], 315 ff.) – die *Verlegung* der Servitut auf eine andere Stelle fordern (742). Der beschwerte Grundeigentümer trägt die Kosten einer solchen Verlegung. Die Regelung gilt seit der ZGB-Revision auch für frei vereinbarte Leitungen.[56]

39 **g. Die Teilung des berechtigten oder des belasteten Grundstücks** (743).[57] Sie kommt praktisch vor allem durch Zerstückelung eines Grundstücks auf Grund von Veräusse-

---

52 Bei Überbaurechtsdienstbarkeiten können zu den Vorrichtungen im Sinn von Art. 741 auch tragende Mauern oder Trennwände gehören: 127 III 14.

53 Diese Regelung beschränkt sich auf die Unterhaltskosten und darf nach bundesgerichtlicher Praxis nicht auf die Kosten der Erstellung von Dienstbarkeitsanlagen ausgedehnt werden (132 III 548 = ZBGR 89 [2008], 104 ff., mit Hinweis auf LIVER, ZüKomm, Art. 741 N 28; vgl. auch STEINAUER a.a.O. Nr. 2283a; SCHMID/HÜRLIMANN-KAUP, Sachenrecht, Nr. 1290b).

54 Neuerung im Rahmen der ZGB-Änderung von 2009; vgl. BBl 2007, 5311; STEINAUER a.a.O. Nr. 2285 f.; GALLAND, Le contenu des servitudes foncières (zit. in Anm. 25), Nr. 1145 ff.; DERSELBE, L'entretien des ouvrages en servitude: les pièges à éviter, BR/DC 2013, 106 ff. – Zur früheren Rechtslage vgl. Vorauflage § 107 N 33 mit Hinweis auf 124 III 291 f.

55 Durch die ZGB-Revision von 2009 wurde Art. 742 geändert (BBl 2007, 5311 f.).

56 Für Notleitungen gilt weiterhin Art. 693; BBl 2007, 5312; STEINAUER a.a.O. Nr. 2309d. Zur früheren Rechtslage vgl. Vorauflage § 107 N 35 f.

57 Durch die ZGB-Revision von 2009 wurde Art. 743 geändert und Art. 744 aufgehoben (BBl 2007, 5312). Ausführlich STEINAUER a.a.O. Nr. 2310 ff.; PIOTET, TDP V/2, Nr. 297 ff.; ROLAND

rung oder Erbfolge vor und bewirkt grundsätzlich keine Veränderung im Servituten-
bestand. Bei Teilung des beschwerten Grundstücks lastet die Dienstbarkeit auf allen
Teilen weiter; bei Teilung des berechtigten Grundstücks steht sie allen Teilen zu (743[1];
«Vervielfältigung» der Dienstbarkeit; BGer 5C.78/2006 E. 2 = ZBGR 89 [2008], 113 ff.;
vgl. auch BGer 5A_602/2012 E. 4.1). Beschränkt sich jedoch die Ausübung der Dienstbarkeit nach den Belegen oder den Umständen auf einzelne Teile, so ist sie auf den
nicht betroffenen Teilen zu löschen (743[2]). Für das Bereinigungsverfahren verweist
Art. 743 Abs. 3 auf die Vorschriften über die Löschung und Änderung der Grundbuch-
einträge, also auf Art. 974a ff. (vorne § 95 N 49 f.; vgl. auch 153 ff. GBV).[58]

h. Der Rechtsschutz. Die Dienstbarkeitsberechtigte wird sich gegen ungerechtfertigte   40
Einwirkungen oft schon mit den aus Art. 737 Abs. 1 fliessenden *Selbsthilfemöglichkei-
ten* (vorne N 26) oder mit den Rechtsbehelfen des *Besitzesschutzes* (926 ff.) ihr Recht
verschaffen (vgl. auch 115 IV 29 f.; 118 IV 292; BGer 5A_100/2014 E. 3). Ihr steht aber
auch eine *Klage aus dem Recht* zu (Actio confessoria, 115 IV 29; BGer 5A_369/2013
E. 5.1; BGer 5A_100/2014 E. 3.1) – und zwar gegen jedermann, der ihr die Ausübung
der Dienstbarkeit gemäss Art. 737 Abs. 3 verunmöglicht oder erschwert.[59]

PFÄFFLI, Dienstbarkeiten: Neuerungen mit besonderer Berücksichtigung des Bereinigungsver-
fahrens, ZBGR 91 (2010), 357 ff., besonders 367 ff.; JÜRG SCHMID, Das Dienstbarkeitsrecht
im Lichte der Revision des Immobiliarsachenrechts, ZBGR 93 (2012), 154 ff., besonders 160 ff.

58 HÜRLIMANN-KAUP, Neuerungen (zit. in Anm. 5), 49 ff. Aus der Literatur zum alten Recht vgl.
LIVER, ZüKomm, Art. 743 N 1 ff.; JOSETTE MOULLET AUBERSON, La division des biens-fonds ...
(Diss. Freiburg 1993), AISUF 122, 107 ff.; ARGUL GROSSRIEDER a.a.O. Nr. 1097 ff. Aus der Pra-
xis vgl. LGVE 1986 I Nr. 4 = ZBGR 71 (1990), 17 ff.; ZBGR 72 (1991), 129 ff.; BGer 5C.38/2001
E. 3 und 4; BGer in ZBGR 64 (1983), 120 ff. = Semjud 104 (1982), 409 ff. (analoge Anwendung
auf den Fall, da ein Dienstbarkeitsberechtigter eines von mehreren Grundstücken veräussert).

59 Vgl. ZWR 1987, 199 ff.; LIVER, ZüKomm, Art. 737 N 180 ff.; STEINAUER a.a.O. Nr. 2304 ff.; PIO-
TET, TDP V/2, Nr. 362 f. – Darüber hinaus hat die Dienstbarkeitsberechtigte nötigenfalls eine
der Eigentumsklage entsprechende Klage für die Feststellung der Sachgrenze ihres Rechts oder
gar eine Art Grenzscheidungsklage (vgl. PAUL TSCHÜMPERLIN, Grenze und Grenzstreitigkeiten im Sachenrecht [Diss. Freiburg 1984], AISUF 63, 164 ff. und 182).

§ 109 Die Nutzniessung und andere Dienstbarkeiten

1   Der zweite Abschnitt des 21. Titels des ZGB ist überschrieben mit «Nutzniessung und andere Dienstbarkeiten» («des autres servitudes, en particulier de l'usufruit»). Das Gesetz behandelt in den Art. 745–781a die *Personaldienstbarkeiten* – also Dienstbarkeiten, bei denen (im Gegensatz zu den Grunddienstbarkeiten, 730[1]) ein herrschendes Grundstück fehlt, die mit anderen Worten zu Gunsten einer bestimmten Person errichtet werden (133 III 316).

2   Besonderes Gewicht liegt – nach der Zahl der Bestimmungen zu schliessen – auf der *Nutzniessung* (Art. 745–775): jenem beschränkten dinglichen Recht, das auf den Vollgenuss der Sache geht. Anschliessend werden Rechte geregelt, die nur in gewisser Hinsicht – also mit bestimmter Einschränkung – den Genuss einer Sache gewähren. Das erste von ihnen, das *Wohnrecht* (Art. 776–778), ist eng an die Person des Berechtigten geknüpft (776[2]). Die übrigen Dienstbarkeiten sind demgegenüber nicht unbedingt an ein bestimmtes Individuum gebunden: das *Baurecht* (Art. 779–779l; mit Einschluss des Pflanzungsrechts, Art. 678[2] und [3]), das *Quellenrecht* (Art. 780) sowie die *«anderen Dienstbarkeiten»* des Art. 781. Für das Quellenrecht sei auf die Ausführungen vorne § 101 N 41 f. verwiesen.[1] Im Folgenden ist daher der Reihe nach die Rede von der Nutzniessung, vom Wohnrecht, vom Baurecht, vom Pflanzungsrecht (Pflanzensuperficies) und von den «anderen Dienstbarkeiten». Den Abschluss bilden Hinweise zu den richterlichen Massnahmen nach Art. 781a.

I.   Die Nutzniessung

3   Das ZGB hat die Nutzniessung auffallend ausführlich geregelt; wir können hier nur die Grundzüge hervorheben.[2]

4   **a. Der Begriff.** Die Nutzniessung (l'usufruit) – auch *Niessbrauch* genannt (§§ 1030 ff. BGB) – ist jene Dienstbarkeit, die einer bestimmten berechtigten Person den *vollen Genuss an einem fremden Vermögenswert* gewährt (das Recht «utendi fruendi salva rerum substantia»; vgl. 745[2]). *Drei Kennzeichen* sind hervorzuheben:

5   1. Die Nutzniessung ist als Dienstbarkeit ein *sachenrechtliches* Verhältnis und hat hier ihr hauptsächliches Anwendungsgebiet. Eine ähnliche Nutzung an einem Vermögen oder an einem Teil daran kann aber auch in anderen Rechtsgebieten begründet sein: So kennt etwa das *Familienrecht* die «Verwendung der Erträge» des Kindesvermögens durch die Eltern (319). Das ZGB spricht jedoch in diesen Fällen gerade nicht von Nutzniessung und deutet damit an, dass diese Verhältnisse in mancher Hinsicht von

---

1   Vgl. auch STEINAUER, Les droits réels III, Nr. 2567 ff.; STÉPHANE MÉROT, Les sources et les eaux souterraines, Etude des législations fédérales et vaudoises (Diss. Lausanne 1996), 41 ff.

2   Ausführlich BAUMANN, ZüKomm, Vorbem. zu Art. 745–788 N 1 ff. und Art. 745 N 1 ff.; ALEXANDRA FARINE FABBRO, L'usufruit immobilier (Diss. Freiburg 2000), AISUF 193.

besonderen Regeln beherrscht werden. Eine Sonderstellung nimmt die *erbrechtliche Nutzniessung* ein (473). Sie ist einerseits ein praktisch wichtiger Fall, auf den die Regeln der sachenrechtlichen Nutzniessung Anwendung finden; andererseits untersteht auch sie gewissen Sonderregeln – sei es auf Grund ihrer Entstehung aus Erbrecht, sei es, weil sie sich auf einen Nachlass bezieht.[3]

2. Die Nutzniessung stellt eine *streng «persönliche»* Dienstbarkeit dar – in dem Sinn, 6
dass sie stets mit einer individuell bestimmten Person verbunden ist, mit der sie steht und fällt. Bei natürlichen Personen endet die Nutzniessung spätestens mit deren Tod, bei juristischen mit ihrer Auflösung oder – da diese oft dauernden Bestand haben – nach 100 Jahren (749). Nichts steht jedoch im Weg, dass nach dieser Frist die Nutzniessung für ein weiteres Jahrhundert neu bestellt wird. Als streng personenbezogenes Recht ist die Nutzniessung nicht auf eine andere Person übertragbar (133 III 316); wohl aber kann ihre Ausübung, wenn nicht ein «höchstpersönliches» Recht vorliegt, einem anderen gestattet werden (758[1]). So kann der Nutzniesser die Sache vermieten, ohne hierzu die Einwilligung des Eigentümers zu benötigen (113 II 125; BGer 9C_599/2014 E. 4.1; vgl. auch 116 II 288).[4]

3. Die Nutzniessung verleiht den *vollen Genuss* einer fremden Sache (745[2]; 122 V 401).[5] 7
Sie ist die *unbeschränkte* persönliche Dienstbarkeit. Man darf dies jedoch nicht missverstehen: Zunächst ist es möglich, einzelne Nutzungsarten von ihr ausdrücklich auszuschliessen; nur muss dies besonders vereinbart werden (745[2]; 116 II 282 und 285). Sodann ist die Nutzniessung nur hinsichtlich des *Genusses* unbeschränkt; sie gewährt nicht etwa ähnlich wie das Eigentum eine Vollherrschaft über die Sache. Auch sie gehört zu den beschränkten dinglichen Rechten. Die Nutzniesserin darf die Sache nur gebrauchen und geniessen, nicht aber darüber rechtlich verfügen und (grundsätzlich) auch nicht in ihre Substanz eingreifen (769[2]). So darf sie insbesondere nicht an der wirtschaftlichen Bestimmung des Grundstücks Änderungen vornehmen, die für den Eigentümer erheblich nachteilig wären (769[1]). Sie wird bei Überschreitung ihrer Befugnisse schadenersatzpflichtig (752[1]; 130 III 303). Im normalen Fall der Nutzniessung bleibt das Recht des Eigentümers unversehrt («salva rerum substantia»). Der Eigentümer behält den selbständigen Besitz an der Sache, während der unselbständige auf die Nutzniesserin übergeht (755[1]; 920). Zum Stimmrecht im Verhältnis Nutz-

---

3 Vgl. BERNHARD SCHNYDER, Leitsätze bei der Beurteilung von Rechtsfragen der gesetzlichen erbrechtlichen Nutzniessung, in «Das ZGB lehren» – Gesammelte Schriften (Freiburg 2001), AISUF 200, 495 ff.

4 Zum Schicksal des Mietvertrags beim Untergang der Nutzniessung vgl. 113 II 121 ff. (analoge Anwendung von Art. 259 OR a. F., entsprechend Art. 261 OR); SJZ 99 (2003), 38 f. = ZBGR 84 (2003), 248 ff. (Zürcher Obergericht); ALEXANDRA FARINE FABBRO, Quelques problèmes liés à l'usufruit immobilier, in ZBGR 82 (2001), 201 ff.

5 Eine «Eigentümernutzniessung» kann es nicht geben. Wohl aber befinden sich im Fall von Art. 462 Abs. 1 a. F. die Eigentumserben (Nachkommen) zusammen mit dem überlebenden Ehegatten, der Nutzniessung gewählt hat, in der Stellung von Gesamtnutzniessern, bis die Auseinandersetzung stattgefunden hat (vgl. vorne § 77 N 23).

niesserin/Eigentümer beim Stockwerkeigentum vgl. Art. 712*o* Abs. 2,[6] im Aktienrecht siehe Art. 690 Abs. 2 OR.[7]

8   **b. Der Gegenstand der Nutzniessung,** Art. 745 Abs. 1. Im Normalfall der sachenrechtlichen Nutzniessung bezieht sich diese auf eine *unverbrauchbare körperliche Einzelsache.* Gegenstand der Nutzniessung können aber auch unkörperliche Sachen (Rechte,[8] Forderungen) und Sachgesamtheiten sein, ja selbst ein ganzes Vermögen. Sogar an verbrauchbaren Sachen ist ein nutzniessungsähnliches Verhältnis denkbar. Die gewöhnliche Nutzniessung ist sodann unterschiedlich – je nachdem, ob sie sich auf Grundstücke oder Fahrnis bezieht. Zusammenfassend erhalten wir eine Fülle von Haupt- und Nebenarten der Nutzniessung. Das ZGB ordnet denn auch im Anschluss an die allgemeine Regelung der Nutzniessung (745–767) die Sonderbehandlung folgender Fälle: der Nutzniessung an Grundstücken (768–771), an verbrauchbaren und geschätzten Sachen (772), an Forderungen (773–775) sowie an einem gesamten Vermögen (z.B. 473; 766). Im Einzelnen:

9   1. *Die Nutzniessung an Grundstücken,* Art. 768–771.[9] Eine Nutzniessung belastet zwar dogmatisch das ganze Grundstück, doch kann ihre Ausübung auf einen bestimmten Teil des Grundstücks oder eines Gebäudes beschränkt werden (745³).[10] Nutzniessung als Recht auf den Fruchtgenuss schliesst im normalen Fall jede Verminderung oder Verschlechterung der Substanz der Sache aus. Daraus ergeben sich mehrere eigenartige Folgerungen für die Nutzniessung an Grundstücken, die in den Art. 768–771 festgelegt sind: Nur der gewöhnliche, regelmässige Ertrag des Grundstücks gehört der Nutzniesserin; was darüber hinaus bezogen wird, geschieht auf Kosten des Grundstücks selbst und gehört demnach dem Grundeigentümer (768). Bei Wiesen, Weiden, Äckern, Gärten mit ihrem jedes Jahr sich erneuernden Fruchtertrag ergibt sich das Mass der Nutzniessung aus der Sache selbst. Anders ist es bei *Wäldern,* bei denen ja der «Nachwuchs» – der Ersatz bezogener Nutzung – Jahrzehnte beansprucht. Soll der Wald nicht durch absichtliche oder fahrlässige Übernutzung an Wert verlieren, so muss ein rationeller Wirtschaftsplan das Mass festlegen. Diesem zu folgen sind sowohl Eigentümer wie Nutzniesserin gehalten (770¹ und ²). Die Natur jedoch wird sich um diesen Plan nicht kümmern; Sturm, Schnee, Lawinen, Brand, Insektenfrass

---

6   Vgl. auch Kezia Baader-Schüle, Praktische Probleme der Nutzniessung an Stockwerkeigentums-Anteilen (Diss. Zürich 2006), ZSPR 197.

7   Zu weiteren aktienrechtlichen Fragen im Zusammenhang mit der Nutzniessung vgl. auch Art. 685a und 686 OR. Nach der Praxis zum alten Aktienrecht ist der Eigentümer und nicht der Nutzniesser zum Bezug von Gratisaktien berechtigt; die Nutzniessung erstreckt sich dann aber auch auf diese Gratisaktien (85 I 117).

8   Zur Nutzniessung an einer Handelsmarke siehe Art. 19 MSchG.

9   Zur Nutzniessung an einem Stockwerkeigentumsanteil vgl. die in Anm. 6 zitierte Dissertation von Baader-Schüle.

10 Eingefügt durch das BG vom 20. Juni 2003 über die Änderung des ZGB, in Kraft seit 1. Januar 2004 (AS 2003, 4121 f.). Das Bundesgericht hatte in 116 II 281 ff. die gegenteilige Auffassung vertreten, was auf Kritik gestossen war (Hinweise bei Tuor/Schnyder/Schmid, 12. A., 953 und 964; Baumann, ZüKomm, Art. 745 N 25 ff.; Botschaft BBl 2002, 4954).

und andere natürliche Ereignisse können ganze Flächen niederlegen, viel mehr als das normale Nutzungsquantum. Dadurch werden sowohl die Interessen des Eigentümers, dessen Sache entwertet wird, als jene der Nutzniesserin, deren künftige Erträgnisse abnehmen, in Mitleidenschaft gezogen. Das ZGB versucht beiden zu helfen. Der Erlös aus der Übernutzung wird in der Regel teilweise zur Aufforstung verwendet, der Rest zinstragend angelegt. Der Zinsertrag soll der Nutzniesserin für den Ausfall in der Nutzung, den sie sich in den nachfolgenden Jahren gefallen lassen muss, einen Ausgleich bieten. Unter Umständen – z.B. bei völliger Zerstörung von Waldteilen durch Rüfen oder Bergsturz – kann oder muss sogar von einer Neuaufforstung abgesehen werden. Dann ist der ganze Erlös der Übernutzung zu Gunsten der Nutzniesserin zinstragend anzulegen. Für den allfälligen Restbestand des Waldes wird ein abgeänderter Wirtschaftsplan vereinbart (770³).

2. *Die Nutzniessung an verbrauchbaren Sachen,* Art. 772. Die Nutzniessung als ein Recht   10 auf die Frucht unter Wahrung der Substanz (des Stammgutes) ist, wie schon erwähnt, im eigentlichen Sinn nur möglich an Sachen, die durch die naturgemässe Nutzung nicht untergehen, sondern eine wiederholte Nutzung zulassen. Das sind die sogenannten unverbrauchbaren Sachen. Doch anerkannten schon die Römer ein nutzniessungsähnliches Verhältnis an verbrauchbaren Sachen – Geld, Wein, Getreide usw. – den sogenannten «Quasi-Ususfructus». Die Sache geht in diesem Fall nicht nur in den Besitz, sondern in das *Eigentum* der Nutzniesserin über: diese kann sie beliebig verwenden und verbrauchen und ist nach beendetem Rechtsverhältnis zur Rückgabe des *Sachwerts* oder von *Gegenständen gleicher Qualität* gehalten. Die gleiche Regelung liegt der in Art. 772 geregelten «Quasi-Nutzniessung» (oder «uneigentlicher Niessbrauch», «Nutzniessung im uneigentlichen Sinn»)[11] zu Grunde. Art. 772 Abs. 2 dehnt sie auf unverbrauchbare Fahrnisgegenstände aus, die dem Nutzniesser unter einer *Schätzung* übergeben worden sind.[12]

3. *Die Nutzniessung an Forderungen,* Art. 773–775. Wie ein Pfandrecht, so ist auch eine   11 Nutzniessung an Forderungen denkbar. Als Recht auf den Genuss geht sie hier auf den Bezug der Erträgnisse der Forderung: der Zinsen, Dividenden usw. (773¹).[13] In Übereinstimmung mit dem Grundgedanken der eigentlichen Nutzniessung verbleibt das Stammgut als solches (die Forderung selbst) regelmässig dem Gläubiger. Die Nutz-

---

11 Vgl. Piotet, SPR V/1, 610 f.; Steinauer a.a.O. Nr. 2411 und 2484 ff.; Baumann, ZüKomm, Art. 772 N 3 ff. – Es liegt dann gar kein dingliches Recht (des ursprünglichen Eigentümers) mehr vor.

12 Diese «Verfügungsnutzniessung» («Dispositionsniessbrauch», «usufruit de disposition», «usufruit des choses évaluées/estimatif»; Piotet a.a.O. 610 f.; Steinauer a.a.O. Nr. 2412 und 2486 ff.; Baumann, ZüKomm, Art. 772 N 7) ist aber eigentliche sachenrechtliche Nutzniessung, gekoppelt mit dem Verfügungsrecht des Nutzniessers. – Vgl. in diesem Kontext auch Art. 481 Abs. 3 OR.

13 Es handelt sich dabei gerade nicht um ein dingliches Recht (siehe Piotet a.a.O. 539; vgl. aber auch Steinauer a.a.O. Nr. 2488); doch finden die Regeln über die Nutzniessung an Sachen, soweit nichts anderes vorgesehen ist und es der Natur der Sache entspricht, analoge Anwendung (Piotet a.a.O. 629). – Zu den Sonderregeln bei in einem Wertpapier verbrieften Forderungen s. Steinauer a.a.O. Nr. 2492 ff.

niesserin kann aber innerhalb der ersten drei Monate seit Beginn des Niessbrauchs die Abtretung der Forderung verlangen und hat dann regelmässig hierfür genügende Sicherheit zu leisten (775). In diesem Fall erhalten wir ein der Nutzniessung an verbrauchbaren Sachen sehr ähnliches Verhältnis, einen «uneigentlichen Niessbrauch».

12   In der Regel verbleibt jedoch die Forderung dem Gläubiger, aber nicht ohne dass das Gesetz ihm gewisse Schranken auferlegt: Er bedarf zur Ausübung seiner Gläubigerrechte, zu Kündigungen, Einkassierung, Verkauf usw. der Mitwirkung der Nutzniesserin. Beide müssen *gemeinsam* vorgehen (773^2); allerdings darf keiner die Zustimmung zu einer Massregel verweigern, die eine sorgfältige Verwaltung als zur Erhaltung der Forderung notwendig erscheinen lässt (773^3). Bei Rückzahlung der Forderung haben sowohl der Gläubiger wie die Nutzniesserin ein Recht auf Neuanlage, die nach gemeinsamem Einverständnis erfolgen muss (774^3).

13   4. *Die Nutzniessung an einem ganzen Vermögen.* Ein solcher Fall tritt namentlich ein bei der erbrechtlichen Nutzniessung, die sich – ähnlich wie die Nutzung aus Elternrecht und früher aus ehelichem Güterrecht – auf einen ganzen Vermögenskomplex bezieht. Das Vermögen bildet allerdings keine Einheit im sachenrechtlichen Sinn; vielmehr besteht die Nutzniessung – entsprechend dem Spezialitätsprinzip – an jenen Einzelsachen und Werten, aus denen es sich zusammensetzt (86 II 460). Steht daher – wie im Fall von Art. 473 – ein ganzes Vermögen in Nutzniessung, so kann die Nutzniesserin für jedes einzelne Grundstück etwa die Eintragung der Nutzniessung im Grundbuch verlangen (86 II 460). Bezieht sich die Nutzniessung aber nur auf die Quote eines Vermögens (462^1 und ^{2} a. F.), so steht zunächst – bis zur Teilung oder Auseinandersetzung – noch nicht fest, welche einzelnen Gegenstände mit der Nutzniessung belastet bzw. nicht belastet sein sollen; andererseits ist aber noch kein Gegenstand von der Nutzniessung ausgenommen. Der Grundbucheintrag sollte daher diese materielle Rechtslage wiedergeben.[14]

14   Die Nutzniessung an einem Vermögen unterscheidet sich im Übrigen von der Nutzniessung an einer Einzelsache dadurch, dass die Nutzniesserin nur Anspruch auf den Reinertrag des Vermögens hat, d.h. auf den Überschuss des jährlichen Ertrags über die jährlichen Aufwendungen. Die Berechtigte muss also dulden, dass von den Einkünften die Verzinsung der Kapitalschulden abgezogen wird. Sie kann, wenn die Umstände es gestatten, sich von dieser Zinspflicht dadurch befreien, dass sie eine Bereinigung der Vermögenslage (d.h. die Abzahlung der Schulden) verlangt. Ihre Nutzniessung wird dann auf die Erträgnisse des verbleibenden Aktivüberschusses beschränkt (766).

15   **c. Die Entstehung und Beendigung der Nutzniessung**, Art. 746 ff. Wie bei der Begründung der anderen dinglichen Rechte unterscheiden wir auch bei der Nutzniessung zwischen dem Rechtsgrund und dem eigentlichen Begründungsakt:

---

14   Am besten geschieht dies etwa mit den Worten «gesetzliche Nutzniessung z. G. X.»; zur grundbuchrechtlichen Behandlung vor Ausübung des Wahlrechts nach 462 Abs. 1 a. F. vgl. 109 II 298 ff.

1. Als *Rechtsgrund* kommen vor allem in Betracht: Vertrag, Vermächtnis und gesetz- 16
liche Bestimmung, allenfalls auch Ersitzung. Der *Vertrag* muss öffentlich beurkundet
werden, sofern er Grundstücke zum Gegenstand hat (746²).[15] Kraft *Gesetzes* entstand
nach altem Recht die Nutzniessung des überlebenden Ehegatten und von Angehörigen der urgrosselterlichen Stämme (460, 462, 561 a. F.).[16]

2. Der *Begründungsakt* ist für die *Fahrnis* die *Besitzübergabe,* für die *Grundstücke* regel- 17
mässig die *Eintragung in das Grundbuch* (746).[17]

3. Besteht die Nutzniessung *zu Gunsten mehrerer Personen,* bilden sie eine Rechtsge- 18
meinschaft, die – mangels anderer Abrede oder eines vorbestehenden Gesamthand-
verhältnisses – sinngemäss den Miteigentumsregeln unterstellt ist (740a analog [dazu
vorne § 108 N 36]; früher bereits 133 III 321).

4. Die Nutzniessung *geht unter* – und zwar ohne Weiteres – mit dem Wegfall ihrer 19
Grundlage: der vollständigen Zerstörung des Gegenstandes (748). Wenn jedoch etwas
anderes (wie etwa Geldersatz bei Enteignung oder aus Versicherung) an dessen Stelle
tritt, so besteht die Nutzniessung an diesen Objekten weiter (750³). Bei den Grundstücken geht, ausser bei Zerstörung des Gegenstandes, das Nutzniessungsrecht formell erst durch Löschung des Grundbucheintrags unter (soweit ein solcher zur Entstehung notwendig war; 748¹). Die Beendigungsgründe – wie Wegfall des Subjekts,
Vertrag, Zeitablauf – geben dem Eigentümer nur den Anspruch, die Streichung zu
erwirken (748²). Im Errichtungsakt können sodann weitere Beendigungsgründe vorgesehen werden (116 II 285). Eine gesetzliche Nutzniessung hört mit dem Wegfall
ihres Grundes auf (748³).

d. Der Inhalt der Nutzniessung, Art. 755 ff. Die Nutzniessung schafft als Rechts- 20
verhältnis zwischen dem belasteten Eigentümer und der Nutzniesserin gegenseitige
Rechte und Pflichten.[18]

1. Der Hauptanspruch der Nutzniesserin – jener, der das Wesen des Instituts aus- 21
macht – ist ihr Recht auf *Gebrauch* und *Fruchtgenuss* (755¹). Die Nutzniesserin kann

---

15 Sieht der Vertrag vor, dass die Nutzniessung erst nach dem Tod des Eigentümers entstehen soll,
bedarf er der Form der Verfügung von Todes wegen: ZBGR 76 (1995), 243 f.

16 Anders verhält es sich bezüglich Art. 219 Abs. 1, 244 Abs. 2 und 612a Abs. 2 ZGB: Diese Bestimmungen gewähren dem überlebenden Ehegatten lediglich einen Anspruch auf Errichtung einer
Nutzniessung (STEINAUER a.a.O. Nr. 2425b; PASCAL SIMONIUS/THOMAS SUTTER, Schweizerisches Immobiliarsachenrecht II [Basel 1990], § 3 N 17 ff.; zum Verhältnis dieser Vorschriften
zu den allgemeinen sachenrechtlichen Nutzniessungsregeln vgl. im Übrigen 116 II 285 ff. und
ALEXANDRA RUMO-JUNGO, Nutzniessung in der Erbteilung, successio 2011, 5 ff.). – Nach der
heutigen Rechtslage entsteht eine Nutzniessung nur noch in Ausnahmefällen kraft Gesetzes
(STEINAUER a.a.O. Nr. 2425 f. mit Hinweisen).

17 Bei der gesetzlichen Nutzniessung entstanden nach altem Recht die Wirkungen unter den Parteien (sowie Dritten gegenüber, die das Verhältnis kannten) ohne Eintragung. Diese war nur
notwendig, damit das Recht auch gutgläubigen Dritten gegenüber wirksam wurde (747 a. F.).

18 Ausführlich STEINAUER a.a.O. Nr. 2426 ff.; BAUMANN, ZüKomm, Art. 755 N 1 ff.; FARINE FAB-
BRO a.a.O. 134 ff.

die natürlichen Früchte beanspruchen, die zur Zeit ihrer Berechtigung *reif* geworden sind (756[1]). Wenn also ein Rechtsverhältnis im Sommer beginnt, braucht sie nicht lange auf den Ertrag zu warten, muss aber demjenigen, der das Feld bestellt hat, oder dessen Erben eine angemessene Entschädigung für die Arbeit leisten. Umgekehrt kann, wenn das Verhältnis kurz vor der Reife endet, die Nutzniesserin die Früchte nicht geniessen, die sie selber gesät oder gepflegt hat – dafür gebührt aber ihr oder ihren Erben ein entsprechendes Entgelt (756[2]). Bei Zinsen, Dividenden und anderen periodischen Leistungen lässt sich pro rata temporis eine genaue Teilung zwischen dem Eigentümer und der Nutzniesserin durchführen (757).

22   2. Die Sache geht in den (unselbständigen) *Besitz* und die *Verwaltung* der Nutzniesserin über,[19] die jedoch mit ihr sorgfältig verfahren muss (755), für jedes Verschulden ersatzpflichtig wird (752) und nur den angemessenen Gebrauch von ihr machen darf (759). Bei Gefährdung seiner Rechte kann der Eigentümer *Sicherstellung* fordern, ausser wenn ihm der Gegenstand von der Nutzniesserin unter Vorbehalt des Nutzungsrechts geschenkt worden war (760 f.). Bei Wertpapieren und verbrauchbaren Sachen besteht der Sicherungsanspruch ohne Rücksicht auf die Gefährdung der Rechte des Eigentümers (760[2]); diese Regel gilt aber nicht für die gesetzliche erbrechtliche Nutzniessung: Art. 464 a. F. geht als Lex specialis dem Art. 760 Abs. 2 vor (82 II 101 f.; zur Geltendmachung siehe 109 II 400). Art. 762 sieht die Möglichkeit der Ernennung eines Beistands vor.[20]

23   3. Die Nutzniesserin oder ihre Erben müssen die Sache nach beendeter Nutzniessung *zurückgeben* (751). Das Mass der Rückgabe wird vernünftigerweise durch ein öffentlich beurkundetes *Inventar* festgesetzt, das jeder Beteiligte jederzeit fordern kann (763).[21]

24   4. Die *Auslagen* für die Bewirtschaftung und den *gewöhnlichen* Unterhalt der Sache, Zinsen von Kapitalschulden, Steuern und Abgaben sowie Versicherungsprämien trägt – unter Vorbehalt einer abweichenden Vereinbarung (116 II 284) – für die Zeit ihrer Berechtigung die Nutzniesserin; *ausserordentliche* Lasten, Reparaturen und Vorkehren fallen zu Lasten des Eigentümers, der jedoch zu deren Bestreitung Gegenstände der Nutzniessung verwerten darf, falls ihm die Nutzniesserin den nötigen Betrag nicht unentgeltlich vorschiesst (764 f.; BGer 5C.194/2003 E. 1 = ZBGR 86 [2005], 58 ff.).[22] Stattdessen kann der Eigentümer die fehlbare Nutzniesserin hinsichtlich der gewöhn-

---

19   Die Nutzniesserin kann ohne Zustimmung des Eigentümers eine Drittperson mit der Verwaltung des Nutzniessungsobjekts beauftragen: LGVE 1994 I, Nr. 6, S. 8 ff.; BAUMANN, ZüKomm, Art. 755 N 23.

20   Gemäss PIOTET a.a.O. 623 ist der Ausdruck «Beistand» ungenau; es handle sich um einen amtlichen Verwalter; anders aber BAUMANN, ZüKomm, Art. 762 N 17 ff.; MÜLLER, BaKomm, Art. 762 N 6 ff. – Der «Beistand» im Sinn von Art. 762 ist nicht zu verwechseln mit dem «Vertreter», den das Gericht nach Art. 666a f. und 781a ZGB ernennen kann (dazu hinten N 52).

21   Vgl. dazu BAUMANN, ZüKomm, Art. 763 N 4 ff.; ZR 96 (1997), Nr. 22, S. 63 f. = ZBGR 80 (1999), 28 ff.

22   Vgl. auch MARTIN BICHSEL/KASPAR MAUERHOFER, Wie wirkt sich die Dauer eines Nutzniessungsverhältnisses auf Unterhalt und Rückgabe einer nutzniessungsbelasteten Liegenschaft aus?, BN 2007, 77 ff. (besonders 81 ff.).

lichen Unterhaltsarbeiten auch in Verzug setzen und sich vom Gericht nach Art. 98 Abs. 1 OR zur Ersatzvornahme ermächtigen lassen (130 III 304 ff.); unter gewissen Voraussetzungen kann die Nutzniesserin angehalten werden, die Kosten der Drittvornahme vorzuschiessen (130 III 306; 128 III 416 ff.).

II. Das Wohnrecht

Das Recht, in einem Haus oder in einem seiner Räume zu wohnen, wird zumeist durch *Mietvertrag* begründet und hat dann bloss *obligatorischen* Charakter. Doch kann ihm durch *Vormerkung* im Grundbuch Wirksamkeit *Drittpersonen gegenüber*, also verstärkte Wirkung, verliehen werden (261b OR und vorne § 95 N 6 f.). Ein Wohnrecht lässt sich aber auch als (beschränktes) *dingliches Recht* begründen.[23] Dies kommt zunächst in der Weise in Betracht, dass das Haus oder die Wohnung für sich allein oder zusammen mit anderen Sachen Gegenstand einer Nutzniessung bildet – etwa dann, wenn zum Nachlass, an welchem dem überlebenden Ehegatten die Nutzniessung zusteht, ein Wohnhaus gehört. Daneben kann das Wohnrecht aber auch Inhalt jenes *spezifischen* dinglichen Rechts sein, das die Römer «habitatio» nannten und das unser ZGB als Wohnrecht im engeren (technischen) Sinn bezeichnet.

25

Dieses Wohnrecht (le droit d'habitation) wird vom ZGB in den Art. 776–778 geregelt.[24] Soweit keine *Sonderbestimmungen* bestehen, untersteht es grundsätzlich den Regeln über die *Nutzniessung* (776³; 123 III 464). So ist für die Entstehung durch Vertrag öffentliche Beurkundung und Eintragung in das Grundbuch erforderlich.[25] Ferner können für das Wohnrecht – wie übrigens auch für die Nutzniessung – die Bestimmungen über die *Grunddienstbarkeiten* herangezogen werden (obwohl es an einer ausdrücklichen Verweisung im Sinn von Art. 781 Abs. 3 fehlt; Beispiel: 123 III 461 ff.); es gilt namentlich Art. 737 ZGB, nach dessen Abs. 3 der Belastete nichts vornehmen darf, was die Ausübung der Dienstbarkeit erschwert oder verhindert (vgl. 88 II 339). Schliesslich vermögen auch die Regeln über den *Mietvertrag* Aufschluss zu geben über den Inhalt des Wohnrechts – unterscheiden sich doch Miete und Wohnrecht hauptsächlich dadurch voneinander, dass jene auf einem obligatorischen, dieses auf einem dinglichen Rechtsverhältnis beruht (88 II 340).

26

---

23 Zu den verschiedenen Nutzungsrechten an einer Sache vgl. SCHMID/HÜRLIMANN-KAUP, Sachenrecht, Nr. 1201 ff.

24 Siehe MARX HEINZ, Das dingliche Wohnrecht (Diss. Bern 1970); RUF, Das Wohnrecht im bernischen Steuerrecht, in BN 50 (1989), 297 ff.; MICHEL MOOSER, Le droit d'habitation … (Diss. Freiburg 1997); BAUMANN, ZüKomm, Vorbem. zu Art. 776–778 N 1 ff. und Art. 776 N 1 ff.

25 Die Begründung eines Wohnrechts kann auch durch Vermächtnis (91 II 94 ff.) oder Erbvertrag (115 II 344 ff.) angeordnet werden. – Nach dem Scheidungsrecht kann das Gericht einem Ehegatten nach Massgabe von Art. 121 Abs. 3 ein befristetes Wohnrecht einräumen (SUTTER/FREIBURGHAUS, Kommentar Scheidungsrecht, Art. 121 N 49 ff.; BETTINA DEILLON-SCHEGG, Die gerichtliche Zusprechung eines dinglichen Wohnrechts an der «Wohnung der Familie» nach revidiertem Scheidungsrecht, in recht 2000, 14 ff.).

27 Im Folgenden werden nur die *Sonderbestimmungen* der Art. 776–778 erläutert:[26]

28 **a. Inhalt** des Wohnrechts ist nicht eine allgemeine Nutzung, sondern nur die Befugnis, in einem Gebäude oder einem Teil desselben (einem Stockwerk, einem oder mehreren Zimmern) *Wohnung zu nehmen* (776[1]). Erstreckt es sich nur auf einen Teil des Gebäudes, so umfasst es nach Art. 777 Abs. 3 auch die zum *gemeinschaftlichen Gebrauch* bestimmten Einrichtungen (Haustreppen, Aufzug, Waschküche, Trockenraum usw.). Dabei ist die Berechtigte befugt, entweder das Haus oder die Wohnung *allein* (eventuell mit ihren Angehörigen; BGer 5A_710/2013 E. 4.1) zu benutzen – *ausschliessliches Wohnrecht* – oder nur *neben dem Eigentümer* – *Mitbenutzungsrecht* («Winkel im Hause»[27]).

29 **b. Unübertragbarkeit.** Die Nutzniessung ist der Substanz nach unübertragbar, der Ausübung nach jedoch übertragbar (758). Das Wohnrecht hingegen ist *weder der Substanz* (776[2]) *noch der Ausübung nach übertragbar* (116 II 289; 133 III 316; BGer 9C_599/2014 E. 4.1.1)[28] und daher auch nicht pfändbar (67 III 53 f.). Will man ein übertragbares Wohnrecht als dingliches Recht begründen, bietet das Gesetz nur das Stockwerkeigentum an; eine «Umgehung» auf dem Weg einer irregulären Personalservitut nach Art. 781 ist unzulässig (103 II 182; 113 II 149; 116 II 290). Auf Grund seiner höchstpersönlichen Natur kann das «Wohn-»Recht nur zu Gunsten einer natürlichen, nicht auch zu Gunsten einer juristischen Person errichtet werden (116 II 289). Grundsätzlich steht es der Berechtigten bloss für ihre Person zu, so dass ihre persönlichen Bedürfnisse den Inhalt und Umfang (im Rahmen des Grundbucheintrags, der diesen ergänzenden Belege und Vertragsabreden) bestimmen. Doch darf die Wohnberechtigte im Zweifel, d.h. wenn es nicht ausdrücklich ausgeschlossen wurde, ihre Familienangehörigen und Hausgenossen (etwa Hausangestellte) zu sich nehmen (777[1] und [2]).[29]

30 **c.** Für die **Unterhaltskosten** bestimmt Art. 778 Folgendes: Hat die Wohnberechtigte nur ein Mitbenutzungsrecht, so hat der mitbenutzende Eigentümer allein die Unterhaltslast zu tragen. Ist dagegen die Wohnberechtigte Alleinbenutzerin, trägt sie die Kosten des *gewöhnlichen Unterhalts* (BGer 5A_710/2013 E. 4.2), nicht aber jene aus-

---

26 Zum Wohnrecht an einem Stockwerkeigentumsanteil vgl. BAADER-SCHÜLE (zit. in Anm. 6), Nr. 467 ff.

27 EUGEN HUBER, Erl. II 159.

28 HEINZ a.a.O. 15 f.; SIMONIUS/SUTTER a.a.O. § 3 N 91; MOOSER a.a.O. 28 ff.; relativierend SCHÖBI, Bemerkungen zur sogenannten «Höchstpersönlichkeit» des Wohnrechts, in recht 6 (1988), 58 ff., der die Höchstpersönlichkeit von der Parteiabrede abhängig machen will (ablehnend 116 II 289); vgl. auch BAUMANN, ZüKomm, Art. 776 N 27 ff.

29 Zu einem resolutiv bedingten Wohnrecht und dessen Behandlung im Grundbuch siehe 106 II 329 (Wiederverheiratung des Berechtigten) und 115 II 213 ff. = ZBGR 71 (1990), 51 ff. (mit Anmerkung SCHMID); vgl. dazu auch ROLANDO FORNI, in ZBGR 71 (1990), 1 ff., und HEINZ REY, in ZBJV 127 (1991), 164 ff. Zur Frage der Zulässigkeit resolutiv bedingter Grunddienstbarkeiten vgl. auch vorne § 108 N 11.

serordentlicher Reparaturen. Durch Vertrag kann indessen eine andere Lastenverteilung festgesetzt werden (52 II 124 ff.).[30]

III. Das Baurecht

a. Die gesetzliche Regelung des Baurechts – genauer: der Baurechtsdienstbarkeit – 31 umfasst seit 1965 die Art. 779 und 779 a–*l*.[31] Das Baurecht (le droit de superficie) besteht in der *Befugnis, auf oder unter einer Bodenfläche ein eigenständiges* (111 II 134 ff.) *Bauwerk zu errichten oder beizubehalten* (779[1]) – mit der Folge, dass Bodeneigentum und Eigentum an der Baute in Durchbrechung des Akzessionsprinzips auseinanderfallen (675[1]; 133 III 315 f.; BGer 2C_704/2013 E. 4.2; vgl. vorne § 101 N 37).[32] Regelmässig ist das Baurecht eine *selbständige* Dienstbarkeit, d.h. es wurde weder zu Gunsten eines herrschenden Grundstücks noch zu Gunsten einer bestimmten Person errichtet. Ist dieses selbständige Recht auch noch dauernd, so kann es (muss aber nicht) als Grundstück in das Grundbuch aufgenommen werden (779[3] und 655[2] und [3] ZGB; vgl. 118 II 115 ff., 133 III 320 und vorne § 94 N 19).[33] Ausnahmsweise ist das Baurecht *unselbständig* und als solches entweder eine Grunddienstbarkeit (berechtigt ist der jeweilige Eigentümer eines Grundstücks, 730[1])[34] oder eine Personaldienstbarkeit (berechtigt ist eine bestimmte Person, bei unübertragbarer Ausgestaltung des Rechts). Diese seltenen Formen des unselbständigen Baurechts unterliegen grundsätzlich sowohl den Bestimmungen über das Baurecht wie auch den Regeln über die Grunddienstbarkeiten bzw. die irregulären Personalservituten nach Art. 781.[35]

---

30 Doch bedeutet die Wendung «unentgeltlich» im Begründungsakt für sich allein nur, dass für das Wohnrecht kein Entgelt zu leisten ist; zur Befreiung des Wohnberechtigten von der (Mit-) Tragung von Unterhaltskosten ist ein Zusatz wie «lastenfrei» oder dergleichen erforderlich (115 II 344 ff.).

31 Im Rahmen der ZGB-Revision von 2009 wurden die Art. 779a und 779b geändert sowie Art. 779e aufgehoben (Botschaft BBl 2007, 5312 ff.).

32 Ist ein Baurecht begründet worden, so ist während seiner Dauer das Eigentum an den auf dem Grundstück errichteten Bauten untrennbar mit der Baurechtsdienstbarkeit verbunden: 133 III 318. Zu den Fragen einer als Baurecht ausgestalteten Fotovoltaikservitut vgl. BETTINA HÜRLIMANN-KAUP/DIANA OSWALD, Die Fotovoltaikdienstbarkeit – ausgewählte sachenrechtliche Fragen, ZBJV 150 (2014), 679 ff.

33 Zum Fall der vertraglich vorbehaltenen Zustimmung der Baurechtsgeberin zur Veräusserung des Baurechts vgl. 135 III 103 ff. – Zur Übertragung allgemein vgl. auch MARC WOLFER, Zur Übertragung von Personaldienstbarkeiten: Übertragungsvorgang und Übertragungsbeschränkungen, AJP 2010, 37 ff.

34 Obwohl das Gesetz also das Baurecht unter den Personaldienstbarkeiten ausführlich regelt (779 ff.), kann es auch als Grunddienstbarkeit konstituiert werden (133 III 316 E. 3.2.1).

35 HANS-ULRICH FREIMÜLLER, Die Stellung der Baurechtsdienstbarkeit im System der dinglichen Rechte (Diss. Bern 1967), ASR 380. – Vgl. zum Ganzen auch HANS MICHAEL RIEMER, Das Baurecht (Baurechtsdienstbarkeit) des Zivilgesetzbuches und seine Behandlung im Steuerrecht (Diss. Zürich 1968); JÜRG SCHMID, Ausgewählte Fragen zum Baurecht, Unterbaurecht und zum Überbaurecht, in ZBGR 79 (1998), 289 ff.; PAUL-HENRI STEINAUER, Le contrat de

32   **b. Inhalt und Umfang** des Baurechts ergeben sich im Rahmen der gesetzlichen Vor-
      schriften aus dem Begründungsakt, der z.B. die Art und den Ort der Bauten bestimmt.[36]
      Der Begründungsakt ist für Inhalt und Umfang des Baurechts auch für die Rechts-
      nachfolger sowohl der Bauberechtigten wie des Eigentümers des belasteten Grund-
      stücks verbindlich (779b).[37] – Zum (gegenseitigen) gesetzlichen Vorkaufsrecht im Ver-
      hältnis Grundeigentümer/Baurechtsberechtigte beim selbständigen und dauernden
      Baurecht vgl. Art. 682 Abs. 2 und vorne § 102 N 26 und 32.[38]

33   Seit der ZGB-Revision von 2009 sieht Art. 779b Abs. 2 vor, dass weitere vertragliche
      Bestimmungen im Grundbuch vorgemerkt werden können, wenn die Parteien dies
      vereinbaren. Dadurch erhalten die entsprechenden Abreden (namentlich etwa hin-
      sichtlich des Baurechtszinses) auch Wirkung gegenüber den Rechtsnachfolgern des
      Bauberechtigten.[39] Nach der hier vertretenen Auffassung sind spezifisch die einzelnen
      Abreden (denen realobligatorische Wirkung zukommen soll) im Grundbuch vorzu-
      merken, nicht jedoch pauschal der ganze Baurechtsvertrag.[40]

34   **c.** Für die **Entstehung** des Baurechts (durch Rechtsgeschäft oder auf andere Weise) gilt
      Art. 779a, der grundsätzlich durch die Bestimmungen über die Grunddienstbarkeiten
      ergänzt wird:[41] Das Rechtsgeschäft über die Errichtung eines Baurechts (regelmässig:
      der Baurechtsvertrag als *Erwerbsgrund)* bedarf seit der ZGB-Revision von 2009 gene-
      rell der öffentlichen Beurkundung (779a[1]). Sollen der Baurechtszins und allfällige wei-
      tere vertragliche Bestimmungen im Grundbuch vorgemerkt werden, so bedürfen sie
      zu ihrer Gültigkeit ebenfalls der öffentlichen Beurkundung (779a[2]).[42] Die Eintragung

---

      superficie, in Schweizerischer Notarenverband (Hrsg.), Aktuelle Themen zur Notariatspraxis,
      2. Schweizerischer Notarenkongress (Muri bei Bern 2013), 131 ff.; ferner die Beiträge von
      MICHEL MOOSER, PAUL-HENRI STEINAUER und BÉNÉDICT FOËX in Bénédict Foëx (Hrsg.),
      Droit de superficie et leasing immobilier ... (Genf/Zürich 2011).

36   Hierzu PETER ISLER, Der Baurechtsvertrag und seine Ausgestaltung (Diss. Zürich 1973; ASR
      423); ISLER/COSTANTINI, BaKomm, Art. 779 N 32 f.; STEINAUER a.a.O. Nr. 2536 f. – Nach 98 II
      203 kann das Recht auf eine Fahrnisbaute nicht als Baurecht im Sinn von Art. 779 errichtet wer-
      den (wohl aber als Dienstbarkeit nach Art. 781).

37   Art. 779b bringt einen allgemeinen, für alle Dienstbarkeiten geltenden Grundsatz zum Aus-
      druck (STEINAUER a.a.O. Nr. 2536 in fine).

38   Ausführlich auch STEINAUER a.a.O. Nr. 2530 ff.

39   BBl 2007, 5313. Vgl. auch STEINAUER, Le contrat de superficie (zit. in Anm. 35), 144 f.; DENIS
      PIOTET, Les limitations de l'annotation de l'art. 779b CC à la lumière de la théorie générale de
      l'annotation des droits personnels, ZBGR 94 (2013), 361 ff.; STEPHAN SPYCHER, Die Vormer-
      kung von weiteren vertraglichen Bestimmungen des Baurechtsvertrags, BN 2014, 343 ff. – Zur
      Form solcher Abreden vgl. auch Art. 779a Abs. 2 und nachfolgend Anm. 42.

40   Vgl. SCHMID/HÜRLIMANN-KAUP a.a.O. Nr. 1379b, PIOTET, Les limitations (zit. in Anm. 39),
      368 f.; SPYCHER (zit. in Anm. 39), 354 ff. (mit Hinweisen auf die gegenteilige Praxis einzelner
      Grundbuchbehörden).

41   Sonderregeln gelten für Leitungsbaurechte gemäss Art. 676 Abs. 3 und Art. 691 (vorne § 101
      N 22 und § 102 N 59 f.).

42   Vgl. Botschaft BBl 2007, 5313. Zur allgemeinen Frage, ob der Baurechtszins – unabhängig von
      der Abrede der Vormerkung – einen formbedürftigen Punkt des Baurechtsvertrags darstellt, vgl.
      (verneinend) BGer 5A_251/2010 E. 6 = ZBGR 92 (2011), 399 ff. (mit Anm. SCHMID); zustim-

im Grundbuch stellt hier wie bei den Grunddienstbarkeiten den auf den Erwerbsgrund folgenden (konstitutiven) *Erwerbsakt* dar (746[1] analog).

d. Als selbständiges Recht kann das Baurecht für eine **Höchstdauer** von 100 Jahren   35
begründet werden (779*l* [1]). Nichts steht im Weg, dass ein einmal begründetes Baurecht
irgendwann auf eine neue Dauer von hundert Jahren verlängert wird. Doch kann sich
der Belastete nicht zum Vornherein hierzu verpflichten; die Befristung auf 100 Jahre
würde sonst illusorisch (779*l* [2]).

e. Beim **Untergang** des Baurechts werden die Bauwerke Bestandteil der belasteten Lie-   36
genschaft: Der Grundeigentümer wird deren Eigentümer (sogenannter *Heimfall,* 779c;
133 III 321).[43] Dies wirft mehrere Fragen auf:

1. Soll die Bauberechtigte eine *Entschädigung für die heimfallenden Bauten* erhalten?   37
Zunächst ist denkbar, dass eine solche Abgeltung und allenfalls das Verfahren zu ihrer
Festsetzung oder die Aufhebung der Entschädigungspflicht zwischen den Beteiligten
zum Voraus (allenfalls schon im Baurechtsvertrag) vereinbart worden ist.[44] Solche Vereinbarungen bedürfen der gleichen Form wie die Begründung des Baurechts als solche, was das Gesetz für den Fall der Vormerkung solcher Abreden im Grundbuch ausdrücklich anordnet (779b[2]).[45] Aber selbst dann, wenn über die Entschädigung nichts
vereinbart wurde, hat der Grundeigentümer der Bauberechtigten eine «angemessene
Entschädigung» (4) zu leisten (779d[1]).[46]

   Der Heimfall an den Grundeigentümer könnte nun aber die Ansprüche der   38
Pfandgläubiger des Baurechts (also der Gläubiger, denen das Baurecht verpfändet war)
gefährden. Aus diesem Grund ordnet Art. 779d Abs. 1 an, dass die Entschädigung den
Pfandgläubigern bis zur Höhe ihrer Forderungen haftet und ohne ihr Einverständnis der Bauberechtigten nicht ausgerichtet werden darf. Die Bauberechtigte und ihre
Pfandgläubiger könnten ferner dann das Nachsehen haben, wenn der Grundeigentümer die Entschädigung gar nicht aufzubringen vermag; um dieser Gefahr zu wehren,
kann die Bauberechtigte oder ein Baurechtspfandgläubiger zur Sicherung der Entschä-

---

mend PAUL-HENRI STEINAUER, La forme à respecter pour prévoir ou modifier une rente super-
ficiaire, BR/DC 2011, 67 f.; kritisch JÖRG SCHMID, Baurechtszins und Formzwang …, ZBJV
147 (2011), 392 ff.; BETTINA HÜRLIMANN-KAUP, Neuerungen im Dienstbarkeitsrecht, in Jürg
Schmid (Hrsg.), Die Dienstbarkeiten und das neue Schuldbriefrecht (Zürich 2012), 25 ff., besonders 39 f.; SCHMID/HÜRLIMANN-KAUP a.a.O. Nr. 1396; ALFRED KOLLER, Ist die Verabredung
eines Baurechtszinses formbedürftig i. S. v. Art. 779a ZGB?, in Franco Lorandi u.a. (Hrsg.), FS
für Ivo Schwander, Zürich/St. Gallen 2011, 163 ff.

43 Vgl. dazu BENNO HENGGELER, Die Beendigung der Baurechtsdienstbarkeit infolge Zeitablaufs
    und der vorzeitige Heimfall (Art. 779c ff. ZGB) (Freiburger Diss., Zürich 2005), AISUF 235;
    PAUL-HENRI STEINAUER, Retour anticipé et extinction du droit de superficie, in Bénédict Foëx
    (Hrsg.), Droit de superficie (zit. in Anm. 35), 67 ff. – Zum «Verzicht» auf ein selbständiges und
    dauerndes, im Grundbuch als Grundstück aufgenommenes Baurecht vgl. 118 II 115 ff.
44 Vgl. dazu ausführlich HENGGELER a.a.O. 106 ff.
45 Die gleiche Regelung gilt für Vereinbarungen über die Wiederherstellung des ursprünglichen
    Zustands der Liegenschaft.
46 Zur Bemessung vgl. HENGGELER a.a.O. 116 ff.

digungsforderung an Stelle des Baurechts im Grundbuch ein Grundpfandrecht eintragen lassen, allerdings spätestens drei Monate nach dem Untergang des Baurechts (779d[2] und [3] ZGB; 76[2] und [3] GBV).[47]

39   2. Der eben geschilderte Heimfall stellt eine natürliche Folge der Beendigung des Baurechtsverhältnisses dar. Das Gesetz kennt darüber hinaus (779f–h) den *«vorzeitigen Heimfall»:* Der Grundeigentümer kann die Übertragung des Baurechts mit allen Rechten und Lasten auf sich selber verlangen, wenn die Bauberechtigte ihr dingliches Recht in grober Weise überschreitet oder vertragliche Pflichten verletzt.[48] Das Baurecht wird dadurch zur Eigentümerdienstbarkeit.[49] Im Gesetz nicht geregelt ist die Frage, ob der einmal entstandene Anspruch auf vorzeitigen Heimfall einer Verjährung oder Verwirkung unterliegt und ob der Grundeigentümer in Analogie zu Art. 107 und 214 Abs. 2 OR zur sofortigen Anzeige des Heimfalls verpflichtet ist.[50] Nach der hier vertretenen, nicht unumstrittenen Auffassung kommt der vorzeitige Heimfall für selbständige und unselbständige Baurechte in Frage.[51] Das Recht auf den vorzeitigen Heimfall darf nur gegen angemessene Entschädigung ausgeübt werden; bei deren Bemessung kann allerdings das Verschulden der Bauberechtigten einen Herabsetzungsgrund bilden (779g).[52]

40   Die Vorschriften über den vorzeitigen Heimfall sind *im Interesse beider Beteiligten* aufgestellt: Sie wollen einerseits den Grundeigentümer vor groben Pflichtverletzungen der Bauberechtigten schützen. Andererseits soll die Bauberechtigte Schutz vor einer übermässigen Ausnützung der Vertragsposition durch den Grundeigentümer erhalten. Art. 779h unterstellt jedes Recht eines Grundeigentümers auf Rückübertragung oder Aufhebung des Baurechts, das als Sanktion für eine Pflichtverletzung gedacht ist, den Vorschriften über den vorzeitigen Heimfall. Es könnte also z.B. der Grundeigentümer sich nicht wegen leichter Pflichtverletzung der Bauberechtigten den vorzeitigen Heimfall ausbedingen.[53]

---

47   Vgl. dazu HENGGELER a.a.O. 139 ff.

48   Dazu ausführlich HENGGELER a.a.O. 151 ff., zu den Voraussetzungen namentlich 163 ff.

49   HENGGELER a.a.O.192 ff.; zur Eigentümerdienstbarkeit vgl. auch vorne § 105 N 7 ff.

50   Für eine sofortige Anzeigeobliegenheit FREIMÜLLER a.a.O. 83; ähnlich ISLER/COSTANTINI, BaKomm, Art. 779f N 10, und STEINAUER a.a.O. Nr. 2542 (mit Differenzierungen). – Zur Frage der Ausübungserklärung, der Art der Übertragung, des prozessualen Vorgehens vgl. FREIMÜLLER a.a.O. 84 f.; ISLER/COSTANTINI, BaKomm, Art. 779f N 10 ff. – PIOTET a.a.O. 604 Anm. 46 neigt eher zur analogen Anwendung der gesetzlichen Regeln über die Ausübung von Vorkaufsrechten; ebenso nun HENGGELER a.a.O. 171 ff.

51   So auch PIOTET a.a.O. 599 und 604, der den vorzeitigen Heimfall für Grunddienstbarkeiten ausschliesst (dort in Anm. 21a Hinweise auf Lehrmeinungen), ihn jedoch auch bei unübertragbaren (also unselbständigen) Personaldienstbarkeiten zulässt. – Nach FREIMÜLLER a.a.O. 83 f. gelten die genannten Regeln nur für übertragbare (selbständige) Baurechte. ISLER, BaKomm, Art. 779f N 3, und HENGGELER a.a.O. 155 f. befürworten die Anwendbarkeit der Regeln über den vorzeitigen Heimfall auf alle Arten von Baurechten.

52   Beispiel (für eine Kiesausbeutungsanlage): PKG 1975, 28 ff. Nr. 3 = ZBGR 62 (1981), 143 ff.

53   Vgl. auch PIOTET a.a.O. 603; HENGGELER a.a.O. 152 f.

f. Regelmässig verspricht die Bauberechtigte dem Grundeigentümer einen **Baurechts-** 41
zins.[54]

1. Die Zinsschuld ist grundsätzlich eine *persönliche Schuld* der Bauberechtigten und 42
verbleibt somit bei dieser Person, wenn das Baurecht rechtsgeschäftlich übertragen
und die Schuld nicht von der neuen Bauberechtigten übernommen wird (127 III 303;
BGer 7B.64/2005 E. 2.1 = ZBGR 89 [2008], 169 ff.). Art. 779b Abs. 2 erlaubt nun jedoch
seit dem 1. Januar 2012 die Vormerkungen von (öffentlich beurkundeten) Bestimmungen des Baurechtsvertrags (vorne N 33) und ermöglicht dadurch deren Ausgestaltung
als Realobligationen. Die Bestimmung bezieht sich praktisch vor allem auf den Baurechtszins und macht es möglich, die Zinszahlungspflicht auf die Rechtsnachfolger des
Bauberechtigten auszudehnen.[55]

2. Ist ein Baurechtszins vereinbart,[56] hat der Grundeigentümer Anspruch auf Errich- 43
tung eines sogenannten *gesetzlichen Pfandrechts* am Baurecht, wenn dieses als Grundstück ins Grundbuch aufgenommen wurde (779i–k). Dieses Pfandrecht ist dem
Bauhandwerkerpfandrecht nachgebildet (siehe hinten § 113 N 38 ff.), auf dessen
Bestimmungen das Gesetz ausdrücklich verweist (779k[2]; vgl. auch 76 und 120 GBV).
Allerdings wird das Pfandrecht für den Baurechtszins regelmässig schon von Anfang
an ins Grundbuch eingetragen. Es stellt eine Maximalhypothek dar (hierzu hinten
§ 112 N 26), welche auch die Sicherung künftiger Forderungen ermöglicht (106 II 195).
Die Eintragung ist im Übrigen (anders als beim Bauhandwerkerpfandrecht gemäss
Art. 839 Abs. 2) an keine Frist gebunden, sondern kann so lange erfolgen, als das Baurecht besteht. Die Sicherung erstreckt sich auf drei Jahreszinse bzw. in Ermangelung
von Jahreszinsen auf die entsprechend umgerechneten Leistungen der Bauberechtigten (779i). Die Sicherung für nur drei Jahre ist nicht zuletzt deshalb zu verantworten,
weil das Pfandrecht der sonst im Zwangsverwertungsverfahren üblichen Löschung
(bei welcher der erzielte Erlös von der Pfandsumme abzuziehen und im Grundbuch
zu streichen ist) nicht unterliegt (779k[1]).[57]

---

54 Dazu allgemein Viktor Müller, Der Baurechtszins und seine grundpfandrechtliche Sicherung (Diss. Zürich 1968); Schmid/Hürlimann-Kaup a.a.O. Nr. 1394 ff.; Isler/Costantini,
BaKomm, Art. 779a N 15 ff.; Piotet, TDP V/2, Nr. 479 ff. – Zur Frage der Form, in der dieses Versprechen abgegeben werden muss, siehe Freimüller a.a.O. 45; ferner Friedrich, Die
Neuordnung des Baurechts im Zivilgesetzbuch, in BJM 12 (1966), 9; ZR 103 (2004), Nr. 21,
S. 68 ff. = ZBGR 86 (2005), 291 ff. (Zürcher Handelsgericht) = BR/DC 2004, 186 f. (mit Anmerkung Schmid).
55 Botschaft BBl 2007, 5313; Steinauer a.a.O. Nr. 2538.
56 Zur Frage der Anpassung des Zinses vgl. Rüst/Studer, Der partnerschaftliche Baurechtszins –
Formel und erste Erfahrungen, in SJZ 86 (1990), 338 ff.
57 Vgl. auch BGer 7B.64/2005 E. 2.2 und 2.4 = ZBGR 89 (2008), 169 ff. (mit kritischer Anm. von
Schmid auf S. 173); ferner Eggen, Die Revision der Baurechtsdienstbarkeit, in SJZ 58 (1962),
245; Piotet a.a.O. 606 f.; Steinauer a.a.O. Nr. 2555 ff.; Schmid/Hürlimann-Kaup a.a.O.
Nr. 1400.

IV.   Das Pflanzungsrecht (Pflanzensuperficies)

44   Im Jahr 2003 hat der Gesetzgeber das Pflanzungsrecht (Pflanzendienstbarkeit; Pflan-
      zensuperficies) als ein dem Baurecht nachgebildetes beschränktes dingliches Recht
      (wiederum) eingeführt.[58] Nach Art. 678 Abs. 2 kann eine dem Baurecht entsprechende
      Dienstbarkeit für *einzelne Pflanzen und Anlagen von Pflanzen* – nicht aber für Wald[59] –
      auf mindestens 10 und auf höchstens 100 Jahre errichtet werden. Ist das Recht selb-
      ständig und dauernd (für mindestens 30 Jahre) ausgestaltet, kann es als Grundstück in
      das Grundbuch aufgenommen werden.[60] Liegt gleichzeitig ein Pachtvertrag mit dem
      Dienstbarkeitsberechtigten über die Bodennutzung vor und wird der Vertrag beendet,
      so steht dem belasteten Eigentümer ein besonderes Recht auf Ablösung der Dienstbar-
      keit vor Ablauf der vereinbarten Dauer zu; das Gericht bestimmt die vermögensrecht-
      lichen Folgen unter Würdigung aller Umstände (678³).

45   Die altrechtlichen Superfiziarrechte unterstehen – soweit sie dem Pflanzungsrecht im
      Sinn von Art. 678 Abs. 2 entsprechen – seit dieser Revision dem Bundesrecht und sind
      im Grundbuch einzutragen (17 und 43¹ SchlT).[61]

V.   Die anderen Dienstbarkeiten

46   **a. Der Begriff.** Art. 781 ZGB[62] handelt von einer Kategorie von Dienstbarkeiten, die
      gewissermassen die *Mitte* einhalten zwischen den *persönlichen* und den *Grunddienst-
      barkeiten.*

47   1. Mit den Grunddienstbarkeiten stimmen sie in ihrem *Inhalt* überein: Jede Belastung,
      die als Grunddienstbarkeit möglich ist, kann auch als Dienstbarkeit nach Art. 781
      begründet werden (78 II 27). Mit den persönlichen Dienstbarkeiten treffen sich diese
      «anderen Dienstbarkeiten» im *Subjekt,* in der Person des Berechtigten: Sie stehen nicht
      dem jeweiligen Eigentümer eines Grundstücks, sondern regelmässig einer bestimmten
      natürlichen oder juristischen Person zu (114 II 430 f.); sie sind an diese Person gebun-
      den, richten sich in ihrem Inhalt nach deren Bedürfnissen (vgl. immerhin 123 III 341
      unten). Sie sind unter Vorbehalt einer abweichenden Vereinbarung (781²) unübertrag-
      bar und unvererblich. Man kann sie als persönliche Servituten mit «Grunddienstbar-
      keitsähnlichkeit» ansehen. Sie bilden die irregulären Personaldienstbarkeiten im enge-
      ren, gebräuchlicheren Sinn des Wortes (vorne § 107 N 4). Ausgeschlossen ist – wegen

---

58   BG vom 20. Juni 2003 über die Änderung des ZGB, in Kraft seit 1. Januar 2004 (AS 2003, 4121 f.);
      Botschaft in BBl 2002, 4953 f. – Vgl. vorne § 101 N 28. Dazu auch REY/STREBEL, BaKomm,
      Art. 678 N 5 ff.; DENIS PIOTET, La discrète révision du droit des servitudes (usufruit, superfi-
      cie) et la réintroduction en Suisse de la superficie des plantations …, ZSR NF 123 (2004), I 343 ff.
59   BBl 2002, 4953.
60   REY/STREBEL, BaKomm, Art. 678 N 6c.
61   REY/STREBEL, BaKomm, Art. 678 N 5a.
62   Vgl. FELIX ZURBRIGGEN, Die irregulären Personaldienstbarkeiten (781 ZGB) (Diss. Freiburg
      1981); STEINAUER a.a.O. Nr. 2572 ff.

des Grundsatzes der Typengebundenheit – die Begründung eines dem Wohnrecht entsprechenden Benützungsrechts an einer Wohnung in Form einer übertragbaren Personaldienstbarkeit nach Art. 781 (vorne N 29). Ebenso wenig darf das Eigentum durch
eine solche Servitut völlig seines Gehalts entleert werden (116 II 290).

2. Das *Subjekt* derartiger Servituten kann zunächst eine *bestimmte* (natürliche oder   48
juristische) Privatperson sein. Der Eigentümer eines Grundstücks räumt etwa einer
befreundeten Person das dingliche Recht ein, einen abgekürzten Weg durch seinen
Hof zu gebrauchen oder einen Parkplatz zu benützen (BGer 4A_364/2007 E. 5 = ZBGR
92 [2011], 238 ff.); eine Schützengesellschaft wird dinglich berechtigt, ein Grundstück
zu überschiessen; ein Fussballklub darf kraft dinglichen Rechts im Herbst und Früh-
ling auf einer Wiese spielen; eine Flugplatzgesellschaft darf auf angrenzendem Gebiet
Landungen vornehmen; eine Gesellschaft darf Bodenbestandteile (Lehm, Kies, Sand,
Steine) eines Grundstücks gewinnen («Ausbeutungsrecht»;137 III 446).

Daneben gibt es Dienstbarkeiten, bei denen nicht ein bestimmtes Subjekt, son-   49
dern die *Allgemeinheit* als berechtigt erklärt wird. So bestehen häufig Wegrechte über
Privatgüter, die von jedermann – nicht nur von bestimmten Personen – begangen werden können. Auch Weiderechte, Holzrechte oder Parkbenutzungsrechte zu Gunsten
der Bürger einer Gemeinde sind denkbar. Man spricht in solchen Fällen von *Gemeindeservituten* und sieht u. E. zu Recht regelmässig die Gemeinschaften (Gemeinden)
selbst als deren Subjekte an. Die einzelne Privatperson – die «Destinatärin» (Begünstigte), die durch Auslegung zu ermitteln ist (BGer 5A_181/2011 E. 2) – erlangt kein
unmittelbares Recht gegen den belasteten Eigentümer, sondern (als Mitglied der
Gemeinschaft) einen öffentlich- oder privatrechtlichen Anspruch gegen die Gemeinschaft, je nach deren Charakter: Von ihr kann die Privatperson verlangen, dass sie
ihr die Ausübung der Servitut gestattet und dass sie die Dienstbarkeit gegen allfällige
Widersprecher geltend macht.[63]

3. Können die «anderen Dienstbarkeiten» nach Art. 781 auch im Sinn von Art. 655   50
Abs. 2 Ziff. 2 und Abs. 3 als «Grundstücke» *ins Grundbuch aufgenommen* werden? Das
Gesetz sagt dies im Gegensatz zum Baurecht (779[3]) und Quellenrecht (780[3]) nicht
ausdrücklich, doch ist die Frage zu bejahen.[64] Voraussetzung für die Aufnahme als
«Grundstück» ist freilich, dass die Dienstbarkeit als selbständige (nicht zu Gunsten
eines herrschenden Grundstücks oder ausschliesslich zu Gunsten einer bestimmten
Person) und dauernde (auf mindestens 30 Jahre oder unbestimmte Zeit) errichtet worden ist (655[3]).

b. Die Regelung im Einzelnen. Da bei diesen Dienstbarkeiten ein herrschendes   51
Grundstück nicht vorhanden ist, sind – unter Vorbehalt anderer Abrede – gemäss

---

63 LGVE 1999 II Nr. 23, 237 ff. E. 4; vgl. auch PIOTET, TDP V/2, Nr. 77 ff. – Gemeindedienstbarkei-
    ten werden in aller Regel als Personaldienstbarkeiten nach Art. 781 begründet; das Bundesge-
    richt lässt sie aber auch als Grunddienstbarkeiten (zu Gunsten eines Grundstücks, das im Eigen-
    tum einer Gemeinde steht) zu (BGer 5A_181/2011 E. 2.1).
64 In Art. 7 aGBV wurden Baurecht und Quellenrecht nur als Beispiele für solche selbständige und
    dauernde Rechte erwähnt (MEIER-HAYOZ, BeKomm, Art. 655 N 46; ZURBRIGGEN a.a.O. 178).

Art. 781 Abs. 2 für die Bemessung ihres Inhalts lediglich die persönlichen, und zwar die gewöhnlichen, durchschnittlichen Bedürfnisse der berechtigten Person im Zeitpunkt der Servitutsbegründung massgebend (137 III 446).[65] Für das Übrige verweist Art. 781 Abs. 3 auf die Bestimmungen über die *Grunddienstbarkeiten*. Insbesondere gelten diese für die Entstehung und für die Ablösbarkeit (95 II 17 f.; für die Lastentragung siehe 116 II 290 f.). Das Rechtsgeschäft auf Errichtung einer Dienstbarkeit nach Art. 781 bedarf der öffentlichen Beurkundung (732; vorne § 108 N 3 ff.).[66] Eine solche Dienstbarkeit kann auch ersessen werden.[67] Für die Bestimmung von Inhalt und Umfang einer Personaldienstbarkeit ist Art. 738 massgebend (132 III 65; 137 III 446; BGer 5A_127/2013 E. 4.1).

VI.   Richterliche Massnahmen

52   Durch die ZGB-Revision von 2009, in Kraft seit 1. Januar 2012, wurde ein neuer *Art. 781a* geschaffen, der die Marginalie «Richterliche Massnahmen» trägt. Danach gelten für im Grundbuch eingetragene Dienstbarkeitsberechtigte die Bestimmungen über die richterlichen Massnahmen bei Unauffindbarkeit des Eigentümers oder bei Fehlen der vorgeschriebenen Organe einer juristischen Person oder anderen Rechtsträgerin sinngemäss. Darin liegt eine Verweisung auf Art. 666a und 666b, die es dem Gericht namentlich erlauben, auf Antrag einen Vertreter zu ernennen.[68]

---

65   Vgl. dazu unter dem Gesichtspunkt der Utilität Zurbriggen a.a.O. 132 ff. (und BGE 123 III 341 unten); zur Unzulässigkeit einer «Automatendienstbarkeit» vgl. FZR 2000, 257 ff.

66   Steinauer a.a.O. Nr. 2575.

67   Vgl. für Gemeindeservituten 76 I 183 ff.; 71 I 433 ff.; ferner Liver, ZüKomm, Art. 731 N 139; Rey, BeKomm, Art. 731 N 164. – Zur Ersitzung der Dienstbarkeiten im Sinn von Art. 781 allgemein Zurbriggen a.a.O. 85 ff., und Rey, BeKomm, Art. 731 N 149.

68   BBl 2007, 5304 ff. Vgl. auch Art. 69c und 83d ZGB sowie Art. 731b OR.

§ 110 Die Grundlasten

Das Rechtsinstitut der Grundlast hat eine bewegte Geschichte:[1] Insbesondere das französische Recht hatte in seiner Reaktion gegen die aus dem Mittelalter erhaltenen Feudalzustände die Grundlast als einen Hauptzeugen der früheren dinglichen Gebundenheit ausrotten wollen. Sein Einfluss machte sich auch in der Schweiz bemerkbar: Die Grundlast kam nur noch in drei Kantonen vor. Bei den Beratungen zum Erlass des ZGB zeigte sich namentlich von der welschen Schweiz eine heftige Opposition gegen die Grundlast; von einzelnen Mitgliedern der Expertenkommission wurde gar die Streichung und ein Verbot dieses Instituts beantragt. Zwei Gründe führten aber dennoch zur Aufnahme der Grundlast in das ZGB: Erstens entsprach die rein dingliche Gebundenheit des Bodens auch Bedürfnissen des modernen wirtschaftlichen Lebens, so dass sich Grundlastverhältnisse trotz der Ächtung durch die kantonalen Gesetze erhalten hatten, vor allem solche öffentlich-rechtlichen Charakters; zweitens liessen sich die befürchteten nachteiligen Folgen der Eigentumsbelastung durch kluge Vorsichtsmassregeln vermeiden.[2]

I. Der Begriff der Grundlast

a. Forderungsrecht und Belastung eines Grundstücks. Die Grundlast (la charge foncière) präsentiert sich als Doppelgebilde: einerseits als *Recht* auf eine *Leistung,* mithin als (obligatorisches) Forderungsrecht – etwa auf Unterhalt eines Zauns oder Lieferung von Erzeugnissen – und andererseits als *Belastung* eines *Grundstücks* mit dieser Verpflichtung. Forderung und Belastung verhalten sich nun so zueinander, dass diese die einzige Sicherung der Forderung bildet: Nur aus dem Wert des Grundstücks kann deren Befriedigung gefordert werden; es liegt also eine blosse Sachhaftung vor (782[1] und 791[1]).[3]

Allerdings muss auch hier die Leistung einer Person obliegen. Das ist jedoch nicht eine in anderer Weise bestimmte Person, sondern *der jeweilige Eigentümer des belasteten Grundstücks* (782[1]), mit dessen Veräusserung folgerichtig der Schuldner ändert (792[1]). Er haftet aber nur mit dem betreffenden Grundstück und nicht mit seinem übrigen Vermögen, ist also nicht persönlich, sondern nur «dinglich verpflichtet». Somit kann er sich auch durch Aufgabe des Eigentums am Grundstück seiner Leistungspflicht entledigen (vgl. aber immerhin 791[2]).

---

1   Vgl. LEEMANN, BeKomm, Vorbem. zu den Grundlasten (vor Art. 782) N 24 ff.; JENNY, BaKomm, Vorbem. zu Art. 782–792, N 7 ff. – Durch die ZGB-Revision von 2009 wurden auch einzelne Bestimmungen zur Grundlast geändert, unter anderem wegen der Aufhebung der Gült (Botschaft BBl 2007, 5314 f.).

2   Prot. Exp. Komm. 3, 157.

3   Vgl. JACQUES-DANIEL NOVERRAZ, Constitution et contenu de la charge foncière (Diss. Lausanne 2005).

4   **b. Gesamtverhältnis und einzelne Leistung.** Die Grundlast ist ein Doppelgebilde auch in dem Sinn, dass sich bei ihr zwischen dem Gesamtverhältnis und der einzelnen Leistung unterscheiden lässt: Ersteres wäre z.B. die Belastung eines Alpgrundstücks mit der Pflicht zur Lieferung von Butter im Allgemeinen, Letzteres eine einzelne, im betreffenden Jahr vorzunehmende Lieferung (vgl. auch 783²). Die blosse Sachhaftung gilt sowohl für das Gesamtverhältnis wie für die Einzelleistung, für diese jedoch mit einer zeitlichen Begrenzung: Die Sachhaftung für die Einzelleistung dauert nur *drei Jahre* vom Eintritt der Fälligkeit an; dann wandelt sie sich in eine gewöhnliche persönliche Schuld desjenigen, der zu dieser Zeit Eigentümer des Grundstücks ist (791²). Die Schuld wird zur «Kopfschuld»; an die Stelle des Grundkredits tritt der Personalkredit. Das dient einerseits der raschen Eintreibung der einzelnen Leistungen, andererseits der Sicherung des Immobiliarverkehrs.⁴

5   **c. Die Grundlast als (besonderes) Wertrecht.** Die Grundlast ist als dingliches Recht *ein Wertrecht, nicht ein Nutzungsrecht.*⁵ Wohl aber gleicht sie – bevor die «Ver-Wertung» eintritt – in ihrer äusseren Erscheinung der Dienstbarkeit.⁶ Aus diesem Grund darf gesagt werden, die Grundlast halte die Mitte zwischen Dienstbarkeit und Pfandrecht. Dies lässt sich wie folgt präzisieren:

6   1. Die Grundlast *unterscheidet* sich vom *Grundpfandrecht* und *stimmt* mit der *Dienstbarkeit* darin *überein,* dass bei ihr eine *Nutzung* – zumeist aus dem fremden Grundstück – gewährt wird. Sie bewirkt im Erfolg regelmässig eine Minderung der Nutzung des belasteten Grundeigentümers. Dieses *Nutzungsrecht* ist allerdings gerade nicht dinglich: Es verleiht dem Berechtigten keine entsprechende unmittelbare Sachherrschaft wie etwa eine Wegrechtsdienstbarkeit und wirkt als solches nicht «erga omnes».

7   Die Grundlast wird ferner wie die Dienstbarkeit – im Regelfall – *wiederholt* ausgeübt. Beim Grundpfand geschieht dies nur einmal, nämlich bei der Pfandverwertung; das Pfandrecht ist dazu berufen unterzugehen, sobald es geltend gemacht wird. Dienstbarkeit und Grundlast dagegen lassen sich ausüben, ohne dass dadurch das Recht als solches in seinem Bestand betroffen wird.

8   2. Die Grundlast *unterscheidet* sich von der *Grunddienstbarkeit* und *ähnelt* dem *Grundpfandrecht* namentlich darin, dass sie *keine unmittelbare Einwirkung*⁷ auf das belastete Grundstück gestattet, sondern nur eine *Forderung* auf eine *Leistung* des Grundstückeigentümers verleiht. Erst wenn der Schuldner diese aus der Grundlast sich ergebende Verpflichtung nicht erfüllt, wird eine direkte Einwirkung möglich; in der *Vollstreckung* wandelt sich das Recht auf eine (mittelbare) Nutzung in ein Recht auf den Sachwert.

---

4   Leemann, BeKomm, Art. 791 N 3.

5   So schon Leemann, BeKomm, Vorbem. zu den Grundlasten (vor Art. 782) N 4: «Die Grundlasten sind somit weder Nutzungsrechte noch Substanzrechte, sondern *Wertrechte,* wie die Grundpfandrechte.»

6   Deshalb müssen denn auch immer wieder Grenzfälle untersucht werden unter der Rücksicht, ob die Leistungspflicht noch nebensächliche Pflicht gemäss Art. 730 Abs. 2 darstellt oder ob bereits eine Grundlast vorliegt (vgl. 108 II 39 ff. und hierzu vorne § 108 N 21 ff.).

7   Siehe zum Grundpfandrecht immerhin Art. 808 ff. (dazu hinten § 112 N 11 ff.).

Wie das Grundpfand, so gibt auch die Grundlast einen Anspruch auf Befriedigung aus dem Wert des belasteten Grundstücks (791[1]). Für beide geschieht die Zwangsvollstreckung nach den gleichen Regeln. Das Wort «Grundpfand» umfasst nach Art. 37 Abs. 1 SchKG auch die Grundlast. Zusammenfassend gleicht die Grundlast eher der Grunddienstbarkeit, solange die Leistung ordnungsgemäss erbracht wird; sie stellt aber als dingliches Recht ein Wertrecht (Verwertungsrecht) dar und wird daher wie ein Grundpfandrecht behandelt, sobald die Leistung ausbleibt.

3. Die Grundlast ist demnach ein *Sicherungsrecht* wie (in der Regel) auch das Grundpfandrecht. Nur bildet bei ihr die zu sichernde Forderung Bestandteil des einheitlichen Ganzen, während sie beim Grundpfandrecht regelmässig ein davon verschiedenes Verhältnis darstellt. Die Grundlast umfasst immer Forderung und Sicherung zugleich, das Grundpfandrecht an sich nur die Sicherung.   9

II.   Die Arten der Grundlast

a. Neben den privatrechtlichen gibt es **öffentlich-rechtliche Grundlasten.**[8] Zu ihnen gehören gewisse zu Gunsten des Staates, der Gemeinden oder öffentlich-rechtlicher Verbände auf Grund und Boden gelegte Verpflichtungen zu Geldabgaben oder Arbeitsleistungen, wie etwa Gebäudeversicherungsbeiträge, Grundsteuern, Strassenreinigungs- oder Beleuchtungsgebühren, Beiträge der Anstösser an den Strassenunterhalt und Perimeterbeiträge. Solche Grundlasten unterstehen grundsätzlich dem *öffentlichen Recht der Kantone.* Art. 784 verweist in seiner neuen Fassung für die Entstehung dieser Grundlasten und für ihre Wirkung gegenüber gutgläubigen Dritten auf die Bestimmungen über die gesetzlichen Pfandrechte des kantonalen Rechts; Art. 836 ist demnach sinngemäss anwendbar (hinten § 112 N 43 ff.).[9]   10

b. Bei den **privatrechtlichen Grundlasten** unterscheiden wir – ähnlich wie bei den Dienstbarkeiten – zwischen *Personal-* und *Realgrundlasten.* Das *Personalrecht* steht einer natürlichen oder juristischen Person als solcher (und nicht in ihrer Eigenschaft als Eigentümerin eines Grundstücks) zu; es kann wie die Dienstbarkeiten an eine bestimmte Person gebunden (z.B. das «Altenteilsrecht»[10]) oder aber veräusserlich und vererblich sein[11]. Die *Realrechte* – verstanden als die Rechte, bei denen der jeweilige   11

---

8   Vgl. auch Noverraz a.a.O. 14 ff. und 77 ff. Zur Neufassung seit 1. Januar 2012 vgl. Botschaft BBl 2007, 5314.

9   Vgl. Botschaft BBl 2007, 5314.

10 Siehe hierzu Marx Heinz, Das dingliche Wohnrecht (Diss. Bern 1970), 3 ff.

11 Die Frage, ob die Grundlast als selbständiges und dauerndes Recht im Sinn von Art. 655 Abs. 2 Ziff. 2 in das Grundbuch aufgenommen werden kann, wird mehrheitlich bejaht: Haab, ZüKomm, Art. 655, N 5 ff.; Meier-Hayoz, BeKomm, Art. 655 N 47; Riemer, Grundriss Sachenrecht, § 37 N 3; Steinauer, Les droits réels III, Nr. 2591a; Pascal Simonius/Thomas Sutter, Schweizerisches Immobiliarsachenrecht II (Basel 1990), § 11 N 25; verneinend aber Eugen Huber, Erl. II 78, und Piotet, SPR V/1, 660 mit Hinweisen in der dortigen Anm. 18.

Eigentümer berechtigt ist (782²) – heissen vom Standpunkt des Berechtigten aus auch *Grundgerechtigkeiten;* kantonale Rechte kannten dafür den Ausdruck «Ehehaften».[12]

III.   Der Inhalt der Grundlast

12   Inhalt der Grundlast ist die Verpflichtung zu einem Geben oder Handeln, zu einer «positiven» *Leistung* (782¹)[13] – während die Dienstbarkeit auf ein Unterlassen oder Dulden geht (vorne § 108 N 19 ff.). Dem Inhalt der Grundlast sind jedoch noch besondere *Grenzen* gesetzt: Der Gesetzgeber wollte durch eine Einschränkung der möglichen Reallasten die Wiedererstehung feudalähnlicher Zustände verhindern (vorne N 1). Die Leistung, auf welche die Grundlast geht, muss sich grundsätzlich – unter Vorbehalt der öffentlich-rechtlichen Grundlasten – entweder aus der *wirtschaftlichen Natur* des *belasteten* Grundstücks ergeben oder aber für die *wirtschaftlichen Bedürfnisse* eines *berechtigten* Grundstücks bestimmt sein (782³). Eine dieser beiden Voraussetzungen genügt. Als Inhalt einer Grundlast entfällt, was schon von Gesetzes wegen ohne Zweifel geschuldet ist (99 II 34). Im Einzelnen:

13   **a.** Inhalt einer Grundlast kann zunächst eine Leistung sein, die sich aus der *wirtschaftlichen Natur* des *belasteten Grundstücks* ergibt, also mit den Mitteln und Kräften dieses Grundstücks bewirkt werden kann. Bei den persönlichen Grundlasten (denen ein herrschendes Grundstück fehlt) ist dies der einzig mögliche Inhalt. Als Beispiele lassen sich anführen: Abgabe von elektrischem Licht zu Gunsten der Einwohner der konzessionerteilenden Gemeinde, Lieferung von Zuckerrüben an eine Zuckerfabrik oder von Brauch- und Trinkwasser aus einer Wasserversorgung (93 II 294 f.; 124 III 196 ff.; vgl. auch 108 II 39 ff.).

14   Nach herrschender Lehre gilt dies auch für *Geldleistungen,* sofern das Grundstück unmittelbar einen Ertrag in Geld abwirft, wie z.B. ein Miethaus oder ein Gasthof. So hat die Rechtsprechung als Inhalt einer Grundlast die Verpflichtung eines Hotels zur Zahlung der Kurtaxe zugelassen (53 II 385 ff.).[14] Auch wenn der Ertrag des belasteten Grundstücks in Erzeugnissen besteht, die sich erst durch Verkauf in Geld wandeln lassen, kann nach wohl herrschender Meinung die Grundlast auf Geldleistung gehen.

---

12   Zu ehehaften Wasserrechten vgl. auch BGer 2P.256/2002 E. 1.2.2 und 3 sowie BGE 131 I 324; ZBGR 87 (2006), 310 ff. (Berner Verwaltungsgericht).

13   Es liegt eine Realobligation vor. Laut Piotet a.a.O. 653 Anm. 36 könnte theoretisch diese Realobligation bei der Grundlast auch «einen negativen Inhalt» haben; in der Praxis finde sich jedoch kein derartiger Fall, und ein solcher lasse sich auch kaum vorstellen.

14   Anderer Meinung wohl Liver, ZüKomm, Art. 744 N 41 f. Für den Sonderfall des Baurechtszinses siehe 93 II 80 ff. und Jenny, BaKomm, Art. 783 N 14; Piotet, TDP V/2, Nr. 757 ff. und 786 f.; Cyril Galland, Le contenu des servitudes foncières … (Freiburger Diss., Zürich 2013), AISUF 325, Nr. 1192 und 1327 ff.

Damit lässt sich grundsätzlich jede Geldleistung zum Inhalt der Grundlast ausgestalten, sofern nur das belastete Grundstück entsprechende Gelderträgnisse abwirft.[15]

b. Der andere mögliche Inhalt einer Grundlast ist eine Leistung, die für die *wirtschaft-* 15 *lichen Bedürfnisse* eines *herrschenden Grundstücks* berechnet ist. In Frage kommen vor allem Dienste und Arbeitsleistungen. Man denke etwa an die auf einem Grundstück ruhende Pflicht zum Unterhalt eines Stegs, einer Mauer, eines Zauns – immer vorausgesetzt, der Träger des Rechts ist der jeweilige Inhaber einer anderen Liegenschaft.[16]

c. Zulässig sind auch Grundlasten, die sich sowohl aus der wirtschaftlichen Natur des 16 belasteten Grundstücks ergeben, als auch den wirtschaftlichen Bedürfnissen des herrschenden Grundstücks dienen (so wohl 93 II 71 ff.: Pflicht, für eine Ortsgemeinde Holz zu einem Vorzugspreis zu sägen; ähnlich BGer in ZBGR 48 [1967], 354 ff.). Ausgeschlossen sind einzig solche Leistungen, die beidseitig nur *persönlichen* Verhältnissen entsprechen, also weder aktiv noch passiv auf die Grundstücksnatur abstellen. Die Expertenkommission wollte auf diese Weise die Wiederkehr feudaler Verhältnisse verunmöglichen und namentlich die sogenannten Bierservituten[17] verhindern: Ein Restaurant sollte nicht mit der dinglichen Pflicht belastet werden können, von einer bestimmten Brauerei ihr Bier zu beziehen. Eine solche Pflicht kann nur mit obligatorischer Wirksamkeit (und damit in den zeitlichen Schranken von Art. 19 f. OR und Art. 27 Abs. 2 ZGB), nötigenfalls mit grundpfändlich gesicherter Konventionalstrafe, festgesetzt werden.

IV.   Die Entstehung der Grundlast

Für die Begründung der Grundlast verweist das ZGB auf die Regeln über das *Grund-* 17 *eigentum* (783³, 656 ff.). Da keine Ausnahme gemacht wird und die entsprechenden Voraussetzungen erfüllt sein können (insbesondere Rechtsbesitz, 919²), ist auch die *Ersitzung* von Grundlasten zulässig (124 III 199 f.).[18] Im Übrigen muss auch hier zwischen *Erwerbsgrund* und *Erwerbsakt* unterschieden werden (vgl. vorne § 100 N 2 ff.).[19]

a. Als **Erwerbsgrund** kommt vor allem ein *Vertrag* in Betracht. Er bedarf der *öffentli-* 18 *chen Beurkundung* (93 II 299; 124 III 199).

---

15   PIOTET a.a.O. 655. – Nach früherer Rechtslage unterstanden Grundlasten, die zur Sicherung einer Geldforderung begründet werden, den Bestimmungen über die Gült (Vorauflage § 109 N 14). Seit 1. Januar 2012 unterstehen sie ausschliesslich den Art. 782 ff. (BBl 2007, 5314 f.).

16   Diese Voraussetzung wurde für die Verpflichtung des Grundeigentümers zur Lieferung von Öl an die Pfarrkirche zwecks «Unterhalts des ewigen Lichts» verneint: ZBGR 96 (2015), 26 ff. (KGer Glarus).

17   Vgl. hierzu LIVER, ZüKomm, Art. 730 N 114 ff., insbesondere N 115.

18   Ebenso schon MEIER-HAYOZ, BeKomm, Art. 661 N 4; STEINAUER a.a.O. Nr. 2593a; SIMONIUS/ SUTTER a.a.O. § 11 N 27 f.; eher ablehnend PIOTET a.a.O. 658 f.

19   Ausführlich NOVERRAZ a.a.O. 56 ff.

19   **b. Erwerbsakt.** Die Grundlast entsteht als dingliches Recht in der Regel erst mit der *Eintragung in das Grundbuch* (783[1] ZGB; 100 GBV). Ähnlich wie beim Grundpfand (794) ist ein *Schätzungswert* für die Gesamtbelastung anzugeben (783[2] ZGB; 100[2] lit. h GBV). Dieser Wert dient zunächst der Bestimmung des Höchstbetrags, der bei einer etwaigen Ablösung zu zahlen ist (789; vgl. hinten N 21). Sodann stellt er den Betrag dar, für den die Grundlast später errichteten dinglichen Belastungen (etwa Grundpfand-rechten oder Dienstbarkeiten) vorgehen soll. In der Regel ist eine periodisch wieder-kehrende Leistung Inhalt der Grundlast; der einzutragende Gesamtwert wird entwe-der durch Verständigung unter den Beteiligten oder durch Multiplikation des Betrags der Jahresleistung mit dem Faktor zwanzig festgesetzt (783[2]; 131 I 332). Die Schwie-rigkeiten bei der Bestimmung des Gesamtwerts führen manchmal zum Verzicht auf die Grundlast.[20]

V.   Der Untergang der Grundlast

20   **a. Im Allgemeinen.** Wie beim Grundeigentum und den Grunddienstbarkeiten wirken auch bei der Grundlast nur die Löschung des Eintrags und der Untergang des belas-teten – bei den Realrechten auch des herrschenden – Grundstücks unmittelbar ding-lich (786[1], vgl. auch 666 und 734). Die anderen Gründe, wie Verzicht oder Ablösung, begründen nur einen Anspruch auf Löschung des Eintrags (786[2]).[21] Eine Verjährung der Grundlast als Gesamtverhältnis kommt nicht in Frage (790[1]). Wohl aber unterliegt die Einzelleistung der Verjährung; diese kann jedoch erst mit dem Augenblick begin-nen, in dem sich die Leistungspflicht von der dinglichen in die persönliche Schuld ver-wandelt (790[2]), also drei Jahre nach der Fälligkeit (791[2], vgl. vorne N 4).

21   **b. Zur Ablösung insbesondere.** Eine Eigenart der Grundlast – die sie von den Dienst-barkeiten unterscheidet (93 II 76) – ist ihre *Ablösbarkeit.*[22] Das entspricht dem schon erwähnten Bestreben des Gesetzgebers, dauernde, feudalähnliche Belastungen von Grund und Boden zu verhindern (93 II 75 f.). Zunächst können Schuldner und Berechtigter jederzeit im beidseitigen Einverständnis die Grundlast aufheben. Ferner kann das Ablösungsrecht durch besondere Abrede vereinbart werden. Darüber hinaus kennt das ZGB ein einseitiges gesetzliches Ablösungsrecht, das sowohl dem Gläubiger wie dem Schuldner zusteht, wenn ihre Rechte gefährdet oder verletzt werden (siehe 787 Ziff. 1–3 und 788[1] Ziff. 1).[23] Aber auch abgesehen von besonderen, die Ablösung rechtfertigenden Gründen ist der *Schuldner* zum Vornherein nur für die *Maximal-frist* von *dreissig Jahren* an die Grundlast gebunden. Er kann sie auf diesen Termin hin ohne Weiteres kündigen, selbst wenn eine längere Dauer oder Unablösbarkeit verein-

---

20   Vgl. Eggen, Die Verbreitung von Grundlast und Gült, in SJZ 63 (1967), 285 ff.

21   Zum Verzicht vgl. immerhin vorne § 108 N 13.

22   Vgl. Peter Liver, Die Ablösung von Grundlasten und die Aufhebung entsprechender schuld-rechtlicher Verpflichtungen nach schweizerischem Recht, in FS Hermann Weitnauer (Berlin 1980), 181 ff.; illustrativ BGE 93 II 71 ff.

23   Zur neuen Fassung von Art. 787 (ZGB-Revision von 2009) vgl. Botschaft BBl 2007, 5315.

bart worden war (788¹ Ziff. 2 und 788²; 131 I 328 f.).²⁴ Eine Ausnahme besteht nur für Grundlasten, die mit unablösbaren Grunddienstbarkeiten verbunden sind (788³). Das ist nur dann der Fall, wenn beide Belastungen auf dem gleichen Grundstück ruhen (so 93 II 77; 97 II 401; vgl. auch BGer in ZBGR 48 [1967], 354 ff.). Die Ablösung – verstanden als Aufhebung der Grundlast gegen Entrichtung ihres Gesamtwertes (131 I 330) – erfolgt um den im Grundbuch eingetragenen Schätzungsbetrag; doch steht dem Schuldner der Beweis offen, dass die Grundlast in Wirklichkeit weniger wert ist (789).

---

24 Da die Bestimmungen von Art. 788 über die Ablösung nach dreissigjährigem Bestand dazu dienen, feudalähnliche Belastungen des Bodens zu verhindern, gelten sie im Sinn von Art. 2 SchlT als um der öffentlichen Ordnung willen aufgestellt (93 II 75 f. und 79; 131 I 328; vgl. auch BGer 2P.3/2006 E. 4).

Dritter Abschnitt

Das Grundpfandrecht

§ 111 Die Grundpfandarten im Allgemeinen

I. Die Aufgaben des Grundpfandrechts

1 **a. Allgemeines.** Zu den wichtigsten, aber auch schwierigsten Aufgaben der Rechtsvereinheitlichung in der Schweiz gehörte die Ordnung des Grundpfandrechts («Hypothekarrechts»). Diese Schwierigkeiten hatten mehrere Ursachen: Zunächst bestand auf dem Gebiet des Hypothekarwesens in den *kantonalen Rechten* eine *grosse Zersplitterung*. Unter den verschiedensten Bezeichnungen fanden sich die Pfandrechte in einer Anzahl von Haupttypen und in unzähligen Abarten.[1] Überdies war bei der Schaffung des neuen Hypothekarrechts auch *den verschiedensten wirtschaftlichen und sozialen Ideen und Bedürfnissen* Rechnung zu tragen. Mit dem Grundpfandrecht hängt nämlich die gesamte Entwicklung der Bodenverhältnisse eng zusammen: Bodenkredit, Bodenverschuldung, rationelle Entwicklung der landwirtschaftlichen Betriebe, Bodenverbesserungen, Güterzusammenlegungen, Überbauungen usw. werden davon beeinflusst; das Schicksal der Haus- und Stockwerkeigentümer, des Bauernstandes sowie der Bauhandwerker und Mieter wird wesentlich (mit-)bestimmt. So kann etwa die Erleichterung des Bodenkredits leicht eine bedenkliche Zunahme der Bodenverschuldung zur Folge haben.

2 **b. Die beiden Hauptaufgaben des Grundpfandrechts.** Unter den verschiedenen Aufgaben, die sich dem Grundpfandrecht stellen können, stehen zwei im Vordergrund: die *Sicherung* von Forderungsrechten und die *Mobilisierung* des Bodenwerts.[2]

3 1. Zunächst hat normalerweise jedes Pfandrecht den Zweck, für eine Forderung Sicherheit zu leisten. Dies geschieht so, dass der Gläubigerin ein Objekt vorbehalten wird, aus dessen Wert sie sich bezahlt machen kann, wenn ihre Ansprüche trotz Fälligkeit nicht getilgt werden. Die Verschiedenheit liegt in Folgendem: In manchen Fällen bezweckt das Pfandrecht einzig und allein die Gewährung von Sicherheit; das Pfandrecht besteht nur mit Rücksicht auf die Forderung, deren Erfüllung es sichern soll. Es

---

1 Auf der einen Seite standen die vom römischen und gemeinen Recht inspirierten Pfandformen, auf der anderen Seite Gebilde des mittelalterlich-deutschen Rechts – teils in altertümlicher und überlebter Gestalt, teils in moderner, der Kapitalwirtschaft angepasster Form. Vgl. auch Hermann Schulin, Zur Entwicklung des Grundpfandrechts in der Schweiz (Diss. Zürich 1979); Wolfgang Wiegand, Die Grundpfandrechte – Die Konzeption des ZGB und ihre Entwicklung in der Praxis, in Wolfgang Wiegand (Hrsg.), Theorie und Praxis der Grundpfandrechte (Bern 1996), Berner Bankrechtstag Band 3, 63 ff.

2 Illustrativ schon Eugen Huber, Erl. II 167 f. und 185 ff. – Riemer, Grundriss Sachenrecht, § 16 N 6, spricht bei der Mobilisierung des Bodenwerts von «Kapitalanlagefunktion»; ähnlich Pascal Simonius/Thomas Sutter, Schweizerisches Immobiliarsachenrecht II (Basel 1990), § 5 N 3 ff.; alle diese Autoren gehen auch auf die relativ hohe hypothekarische Verschuldung der Schweiz im Vergleich zum Ausland ein (vgl. dazu auch Steinauer, Les droits réels III, Nr. 2625).

ist nur ein «Anhängsel», ein «Akzessorium» der Forderung. Sein Zweck beschränkt sich auf die *Sicherung einer Forderung.*

2. Die Wirtschaftsordnung – namentlich in einem marktwirtschaftlichen System – kann aber dem Pfandrecht noch eine weitere Aufgabe stellen. Mit Hilfe des Pfandrechts soll der Bodenwert oder ein Teil davon gleichsam vom Boden losgelöst, verselbständigt («mobilisiert») und anderen Personen als dem Grundeigentümer zur Kapitalanlage zugänglich gemacht werden. Dies geschieht regelmässig durch Ausgabe einer *Urkunde,* eines *Titels,* in dem der Bodenwert sich derart *verkörpert* («verbrieft»), dass dieser Titel den betreffenden Wertanteil im wirtschaftlichen Verkehr vertritt. Die Eigentümerin des Titels hat Anspruch auf den verselbständigten Wertanteil. In dieser beweglichen, praktischen Verkörperung kann der Wertanteil verkauft, verschenkt, an Zahlungs statt hingegeben, wie eine bewegliche Sache verpfändet werden. Die *Mobilisierung (Inverkehrsetzung)* des *Bodenwerts* ist die zweite Aufgabe, die das Grundpfandrecht in der heutigen Wirtschaftsordnung erfüllen soll.

3. Der *schweizerische Gesetzgeber* musste der reichen Entwicklung in den kantonalen Rechten Rechnung tragen. Er durfte sich aber auch nicht den Postulaten der interessierten Gruppen – namentlich der Grundeigentümer, Banken, Handwerker und Unternehmer – verschliessen. Endlich musste er der erwähnten Doppelaufgabe genügen, die ein modernes Grundpfandrecht zu leisten hat. All diesen hohen Anforderungen hat das ZGB nachzukommen versucht.[3]

II.   Die Auswahl der Systeme

a. Allgemeines. Bei der Regelung des Hypothekarrechts war als erstes die Frage zu klären, ob durch eine einzige Pfandrechtsart alle genannten Anforderungen erfüllt werden konnten. War es mit anderen Worten möglich, einen Grundtypus (wie er sich etwa in einem kantonalen Recht vorfand) zu wählen und ihn so auszugestalten, dass er den Hauptzwecken des Grundpfandrechts – der Sicherung der Forderung und der Mobilisierung des Bodenwerts – in gleicher Weise gerecht würde? Oder mussten *nebeneinander mehrere* Pfandarten vorgesehen werden, deren Wahl im Einzelfall den *Parteien* je nach der beabsichtigten Wirkung überlassen bleiben sollte?

---

3   Zur Frage, ob die angestrebten Ziele auch erreicht worden sind, vgl. kritisch WIEGAND a.a.O. 63 ff. und 103; DAVID DÜRR/MARKUS J. KROLL/JAMES T. PETER, Grundpfandrecht Art. 793–883 ZGB, in Peter Gauch/Jörg Schmid (Hrsg.), Die Rechtsentwicklung an der Schwelle zum 21. Jahrhundert – Symposium zum Schweizerischen Privatrecht (Zürich 2001), 187 ff. – Zum Projekt eines europaweit vereinheitlichten Grundpfandrechts vgl. OTMAR STÖCKER, Die «Eurohypothek» (Diss. Würzburg; Berlin 1992); EDMOND GRESSER, L'eurohypothèque, in ZBGR 74 (1993), 337 ff.; DAVID DÜRR, Europäischer Hypothekarmarkt und schweizerisches Privatrecht, in FS Roger Zäch (Zürich 1999), 511 ff.; HANS WOLFSTEINER/OTMAR STÖCKER, Nicht-akzessorisches Grundpfand für Mitteleuropa, in Deutsche Notar-Zeitschrift 1999, 451 ff.; JOHANNES KÖNDGEN/OTMAR STÖCKER, Die Eurohypothek – Akzessorietät als Gretchenfrage?, in Zeitschrift für Bankrecht und Bankwirtschaft (Köln) 2005, 112 ff.

7   1. EUGEN HUBER, die Kommissionen und die eidgenössischen Räte entschieden sich
    für die *Zulassung verschiedener, konkurrierender Grundpfandarten.* Sie gingen davon
    aus, dass ein einziges Institut nicht in gleicher Weise die verschiedenen Funktionen
    des modernen Grundpfandrechts erfüllen konnte – mochte es noch so vollkommen
    ausgebildet sein. Ferner waren sie der Überzeugung, man könne im Blick auf die Tra-
    dition und die hergebrachte Ordnung der Bodenverhältnisse keinem Teil der Schweiz
    den Verzicht auf eingelebte Pfandsysteme zumuten. So lautete denn die Lösung des
    ZGB: Zulassung verschiedener, konkurrierender Grundpfandarten trotz grundsätzli-
    cher Vereinheitlichung.[4]

8   2. Die Auswahl dieser Systeme erwies sich als weniger schwierig, als man bei der Zer-
    splitterung der kantonalen Rechte hätte vermuten können. Die verschiedenen Grund-
    pfandarten der Schweiz liessen sich nämlich im Wesentlichen auf *drei Grundtypen*
    zurückführen. Dazu kam der glückliche Umstand, dass diese Grundtypen sich gerade
    mit Rücksicht auf die *zwei Hauptaufgaben* des modernen Grundpfandrechts – Siche-
    rung und Mobilisierung des Bodenwerts – ausgebildet hatten, indem sie sich nach der
    Bevorzugung der einen oder anderen dieser Funktionen unterschieden. So erleichter-
    ten *historische* wie *wirtschaftliche* Gründe die Wahl der Grundpfandarten.

9   **b. Der Numerus clausus.** Das ZGB lässt (heute) *zwei* verschiedene Grundpfandar-
    ten zu (793[1]): einerseits das Sicherungsgrundpfandrecht, *Grundpfandverschreibung*
    genannt, zweitens den *Schuldbrief,* der neben den Sicherungsaufgaben der Mobili-
    sierung des Bodenwerts dient.[5] Andere Formen dürfen nicht mehr errichtet werden
    (793[2]). Bezüglich der Grundpfandarten besteht also ein Numerus clausus. Unzulässig
    sind namentlich Nutzungspfandrechte (45 SchlT).

10 Immerhin lassen Rechtsprechung und Lehre[6] eine *Sicherungsübereignung* an Grund-
    stücken zu, auch wenn sie hier weniger häufig vorkommt als bei Mobilien: Der Eigen-
    tümer überträgt seiner Gläubigerin zur dinglichen Sicherung einer Schuld eine Lie-
    genschaft (fiduziarisch) zu Eigentum und behält sich in einer Sicherungsabrede vor,
    dass die Erwerberin von der ihr eingeräumten überschiessenden Rechtsmacht nur im
    vereinbarten Rahmen Gebrauch macht und das Grundstück unter gewissen Voraus-
    setzungen auf ihn (den Veräusserer) rücküberträgt. Die Rückübertragung eines siche-

---

4   Vgl. etwa EUGEN HUBER a.a.O. 199 ff.
5   Ursprünglich enthielt das ZGB als dritte Art noch die Gült als Mobilisierungspfandrecht. Es fand
    jedoch keine Verbreitung und wurde bei der ZGB-Revision von 2009 abgeschafft (BBl 2007, 5295
    und 5315; hinten § 115 N 1 f.).
6   Vgl. 56 II 444 ff.; 86 II 226; 96 II 93; 97 IV 215; ZOBL/THURNHERR, BeKomm Fahrnispfand,
    Syst. Teil (vor Art. 884) N 1300 und 1374 ff.; OFTINGER/BÄR, ZüKomm, Syst. Teil (vor Art. 884)
    N 234 ff.; RIEMER a.a.O. § 17 N 9; SIMONIUS/SUTTER a.a.O. § 5 N 12 ff.; JÄGGI/GAUCH/HART-
    MANN, ZüKomm, Art. 18 OR N 202, 216 und 222; ERNST A. KRAMER, BeKomm, Art. 18 OR
    N 121 ff.; WOLFGANG WIEGAND, Fiduziarische Sicherungsgeschäfte, in ZBJV 116 (1980), 537 ff.;
    BÉNÉDICT FOËX, Le «numerus clausus» des droits réels en matière mobilière (Diss. Lausanne
    1987), 125 ff.

rungshalber («fiduziarisch») übereigneten Grundstücks lässt sich ihrerseits durch ein im Grundbuch vorgemerktes Rückkaufsrecht sichern (56 II 448 ff.).[7]

III. Die unterscheidenden Merkmale (Übersicht)

a. Die Grundpfandverschreibung entspricht der Hypothek des römisch-gemeinen und des französischen Rechts. Sie war in der französischen Schweiz eingelebt. Ihr heutiger Name in den romanischen Sprachen (l'hypothèque, l'ipoteca) weist auf ihren Ursprung hin. Sie dient ausschliesslich dem *Sicherungszweck*. Durch sie soll eine beliebige Forderung – ob gegenwärtig oder zukünftig, bedingt oder unbedingt – pfandrechtlich sichergestellt werden (824[1]). Die Hauptsache ist die Forderung, verbunden mit der persönlichen Haftung des Schuldners; die Haftung des Grundpfandes ist nur Nebensache («Akzessorium»). Einen verselbständigten Bodenwert stellt die Grundpfandverschreibung nicht dar; sie ist nicht für den Handel berechnet, in keinem Wertpapier verkörpert.[8] 11

b. Die zweite Pfandform, der **Schuldbrief** (la cédule hypothécaire, la cartella ipotecaria), hat nicht nur Sicherungsfunktion, sondern dient auch der Mobilisierung des Bodenwerts (Kapitalanlagefunktion). Wie bei der Grundpfandverschreibung haftet der Schuldner beim Schuldbrief persönlich (842[1]): Nicht nur das pfandbelastete Grundstück, sondern das gesamte Vermögen des Schuldners haftet dem Gläubiger, was eine weiter gehende Ausnützung des Bodenkredits erlaubt. Darüber hinaus ist der Schuldbrief dem Verkehr zugänglich: Als Papier-Schuldbrief ist er in einem Wertpapier verkörpert (860[1] und 863 f.), beim Register-Schuldbrief erfüllt der Grundbucheintrag zusammen mit der gesetzlichen Ausgestaltung eine ähnliche Funktion (Registerpfandrecht).[9] 12

c. Um besondere wirtschaftliche Bedürfnisse zu erfüllen, hat das ZGB überdies Bestimmungen über die Ausgabe von **Anleihenstiteln mit Grundpfandrecht** erlassen (875).[10] Ihre praktische Bedeutung ist indessen gering (hinten § 116). 13

d. Gliederung. Das Gesetz regelt das Grundpfand[11] im 22. Titel (793–875). Es enthält zunächst Allgemeine Bestimmungen des Grundpfandrechts (793–823). Anschlies- 14

---

7   Zur Figur der Obligation mit Grundpfandverschreibung siehe sodann hinten § 113 N 26 f.

8   Vgl. immerhin die in Anm. 7 genannte Figur der Obligation mit Grundpfandverschreibung.

9   Die Bezeichnung des Schuldbriefs als eine blosse Art des Grundpfandrechts gibt freilich nur einen Teil der Wirklichkeit wieder, tritt doch mit der Errichtung eines Schuldbriefs neben das Pfandrecht noch eine *neue Forderung (die Schuldbriefforderung),* die untrennbar mit dem Pfandrecht verbunden ist (STEINAUER a.a.O. Nr. 2928 in fine und hinten § 114 N 6 f.).

10   Ursprünglich sah das ZGB in der Art. 876–883 überdies die Ausgabe von Serienschuldbriefen und -gülten vor. Da diese in der Praxis keine Bedeutung erlangten, wurden diese Bestimmungen durch die ZGB-Revision von 2009 aufgehoben (BBl 2007, 5329).

11   «Grundpfand» bedeutet – streng genommen – das durch ein Grundpfandrecht belastete Grundstück (also eine Sache). Gesetz und Literatur verwenden indessen das Wort auch zur Bezeich-

send normiert es einerseits die Grundpfandverschreibung (824–841) und andererseits den Schuldbrief (842–865). Den eben genannten Anleihenstiteln mit Grundpfandrecht ist Art. 875 gewidmet.

nung des «Grundpfandrechts» (vgl. die Überschrift zum 22. Titel des ZGB und Art. 793; siehe etwa auch Art. 37 Abs. 1 SchKG: «Der Ausdruck Grundpfand … umfasst: …»). Der jeweils gemeinte Sinn ergibt sich meist zwanglos aus dem Zusammenhang. Aus methodischen Gründen wird indessen im Folgenden das Wort «Grundpfand» mehr als üblich nur in seinem engeren Sinn (von Grundstück) verwendet.

§ 112 Die gemeinsamen Merkmale aller Grundpfandarten

Trotz den Unterschieden in juristischer Struktur und wirtschaftlicher Bedeutung der 1
beiden Grundpfandarten weist das Grundpfandrecht als solches gewisse einheitliche
Kennzeichen auf. Eine Reihe von Bestimmungen gelten in gleicher Weise für Grundpfandverschreibung und Schuldbrief. Diese Regeln finden sich vor allem im ersten
Abschnitt (793–823) des Titels über das Grundpfandrecht.[1] Doch ist die Ausscheidung
zwischen den allgemeinen und den besonderen Bestimmungen im ZGB nicht konsequent durchgeführt. So enthält der erste Abschnitt eine Anzahl Bestimmungen, die
nur für eine Grundpfandart (nämlich für die Grundpfandverschreibung) gelten, der
zweite und dritte Abschnitt solche, die beide Grundpfandarten angehen.

Der Grundpfandverschreibung und dem Schuldbrief ist – wenn auch mit unterschied- 2
licher Bedeutung – die *Sicherungsfunktion* gemeinsam; aus ihr ergeben sich eine ganze
Anzahl von allgemeinen Regeln. Gemeinsam ist ihnen ferner eine besondere Charakterisierung des Pfandobjekts und der Pfandforderung einerseits, der Pfandbelastung
andererseits, sowie die Art der Entstehung. Drei Grundsätze beherrschen diesbezüglich das Hypothekarrecht: das *Spezialitäts-*, das *Pfandstellen-* und das *Publizitätsprinzip.* Anhand der Sicherungsfunktion und der genannten drei Prinzipien lassen sich fast
alle allgemeinen Vorschriften des Grundpfandrechts darlegen.

I.   Die Sicherungsfunktion: Die Pfandhaft und die Pfandverwertung

Beide Grundpfandarten – wie übrigens auch das Fahrnispfand – kennzeichnen sich 3
durch die Funktion, eine Forderung zu sichern: Grundpfandverschreibung und Schuldbrief bieten durch Belastung einer Sache mit einem beschränkten dinglichen Recht –
das sich auf die Verwertung der Sache richtet – *Sicherheit* für eine Forderung, stellen
also Realsicherheiten dar. Bei allen Pfandarten haben wir demgemäss ein Dreifaches:
erstens ein *Objekt,* beim Grundpfandrecht also ein Grundstück im Sinn der Art. 655
und 943: eine Liegenschaft, ein Bergwerk, ein selbständiges und dauerndes Recht oder
einen Miteigentumsanteil an einem Grundstück;[2] zweitens eine *Forderung,* also ein
obligatorisches, auf die Erbringung einer Leistung gehendes Verhältnis; die Forderung
unterliegt, solange sie grundpfandgesichert ist, keiner Verjährung (807;[3] anders für das

---

1   Vgl. zum Ganzen auch ROLAND PFÄFFLI, Theorie und Praxis zum Grundpfandrecht, in recht
    1994, 263 ff. – Mehrere dieser Bestimmungen sind durch die ZGB-Revision von 2009 geändert
    worden (BBl 2007, 5315 ff.).
2   Ausführlich MARKUS LÖTSCHER, Das Grundstück als Gegenstand von Grundpfandrechten
    (Diss. Freiburg 1988), AISUF 86.
3   Dazu WERNER WICHSER, Material zur Auslegung von Art. 807 ZGB, in SJZ 63 (1967), 119 ff.;
    CHRISTIAN SCHÖBI, Die Akzessorietät der Nebenrechte von Forderungen … (Diss. Zürich 1990),
    104 ff.

Fahrnispfand: 140 OR);[4] und drittens die *Belastung* jenes Objekts zu Gunsten dieser Forderung, mit anderen Worten die *Haftung* des Objekts für die Forderung. Die Entstehung der Haftung kann der Begründung der Forderung vorausgehen; dies trifft zu bei der Grundpfandverschreibung für eine künftige oder suspensiv bedingte Schuld und vor allem beim Eigentümergrundpfandrecht (hierzu vorne § 105 N 13 ff.).

4   Im Folgenden sollen der *Umfang* der Pfandhaft und ihre *Wirkungen* umschrieben werden. Bei den Letzteren lässt sich unterscheiden zwischen den Wirkungen, die *während* des Bestandes des Pfandrechts, und jenen, die bei dessen *Realisierung* (welche ihrerseits den Untergang des Pfandrechts bedeutet) zutage treten.

5   **a. Der Umfang der Pfandhaft,** Art. 805 f. Das Pfandrecht bezieht sich auf das gesamte verpfändete Grundstück. Das bedeutet:

6   1. Die Pfandhaft erfasst das *Grundstück mit seinen Bestandteilen*[5] sowie mit seiner *Zugehör* (119 II 423)[6] – einschliesslich der nach der Errichtung hinzukommenden Zugehör (43 II 601; 97 III 41; 111 III 85). Das Gesetz gestattet dabei dem Pfandbesteller, in gewissen Schranken durch Willenserklärung und Anmerkung im Grundbuch weitere Gegenstände (etwa Hotelmobiliar) als Zugehör zu erklären und in die Verpfändung einzuschliessen (vorne § 98 N 22). Was Zugehör ist oder sein kann, bestimmt sich dann allerdings nach Art. 644 f. (80 II 230).

7   Die Zugehör folgt jedoch nicht notwendigerweise dem rechtlichen Schicksal der Hauptsache. Falls an ihr vor Begründung des Pfandrechts dingliche Rechte (insbesondere Eigentum) Dritter bestanden, so werden diese Rechte gemäss Art. 805 Abs. 3 durch die Verpfändung nicht berührt. Was aber gilt, wenn die Pfandgläubigerin gutgläubig ist (also von den Rechten Dritter nichts weiss)? Erwirbt sie dann das Pfandrecht an der Zugehör im Sinn von Art. 933, oder gehen ihr gemäss Art. 805 Abs. 3 die Rechte des Dritten vor? Die Frage stellt sich namentlich für Sachen, die dem Verpfänder unter Eigentumsvorbehalt übertragen worden sind. Nach bundesgerichtlicher Rechtsprechung geht hier der Dritte vor, die gutgläubige Pfandgläubigerin wird also nicht geschützt (60 II 195 f.). Die Frage ist in der Lehre umstritten.[7]

8   2. Die Pfandhaft des (Haupt-)Grundstücks erfasst auch eine allfällige *Anmerkungsparzelle* (112 III 105), also ein im unselbständigen Eigentum stehendes Grundstück (655a[1]

---

4   Eine Forderung, für welche ein Schuldbrief sicherungsübereignet worden ist, kann zwar verjähren; doch behält die Pfandgläubigerin die Befugnis, ihr Pfandrecht geltend zu machen (BGer 2C_267/2010 E. 6.3; Dürr/Zollinger, ZüKomm, Art. 807 N 52 f.).

5   Vgl. auch Peter Isler, Der Umfang der Pfandhaft im Grundpfandrecht, in ZBGR 63 (1982), 193 ff.

6   Ausführlich Steinauer, Les droits réels III, Nr. 2724 ff.; Fabienne Hohl, Les accessoires et les droits de gage immobiliers (Diss. Freiburg 1986), AISUF 72, passim.

7   Für den Vorrang des Grundpfandgläubigers sprach sich die 6. Auflage dieses Werks aus. Im Sinn der bundesgerichtlichen Rechtsprechung Meier-Hayoz, BeKomm, Art. 644/645 N 46 f. mit Zitaten für beide Ansichten; teilweise gl.M., aber differenzierend Dürr/Zollinger, ZüKomm, Art. 805 N 219. Ausführlich und für Vorrang der gutgläubigen Pfandgläubiger Hohl a.a.O. 128 ff.; ebenso Steinauer a.a.O. Nr. 2728.

ZGB; 95 GBV; vorne § 99 N 22).[8] Ist etwa mit einer Stockwerkeigentumseinheit (Wohnung) ein Miteigentumsanteil an einem Parkplatz verknüpft, wird von der allfälligen
Versteigerung der Wohnungs-Einheit auch dieser Parkplatz-Anteil betroffen.

3. Die Pfandhaft umfasst auch die *Früchte:* einerseits die natürlichen, noch hängenden   9
Früchte als Bestandteile des Grundstücks, andererseits aber auch sogenannte zivile
Früchte, namentlich die periodischen Leistungen aus Miete und Pacht der Pfandsache (806; 132 III 443 f.; für Faustpfandrechte an Eigentümerpfandtiteln s. hierzu 106 III
67 ff.). Allerdings gilt eine zeitliche Begrenzung: Der Pfandhaft unterliegen *Miet-* und
Pachtzinsforderungen, die von der Realisierung des Pfandrechts an – d.h. seit Anhebung der Betreibung auf Verwertung des Grundpfandes oder seit der Konkurseröffnung – bis zur Pfandverwertung auflaufen (806¹ ZGB; 91 VZG).[9] Das Gesetz sorgt
dafür, dass die Zinsschuldner wegen dieser Bestimmung nicht zu Schaden kommen:
Die Pfandhaft wird ihnen gegenüber erst von der Mitteilung der Betreibung oder der
Konkursveröffentlichung an wirksam (806²). Bis dahin können sie mit befreiender
Wirkung (also ohne das Risiko, nochmals zahlen zu müssen) ihrem Gläubiger die Zinsen entrichten.[10]

4. Schliesslich erstreckt sich die Pfandhaft auch auf die Entschädigung, die der Eigen-   10
tümer des Grundpfandobjekts aus einer *Versicherung* (z.B. infolge Brandes des Gebäudes) erhält. Deshalb darf der Versicherer die Versicherungssumme nur mit Zustimmung aller Grundpfandgläubigerinnen oder gegen Sicherstellung dem Eigentümer
des versicherten Grundstücks auszahlen (822; zur Lückenfüllung unter Bezugnahme
auf Art. 822 siehe 110 II 32 ff.; vgl. auch 57 f. VVG).

b. Die Wirkung der Pfandhaft vor der Verwertung. Solange die gesicherte Forde-   11
rung nicht fällig ist, kann die Gläubigerin das typische, ihr durch das Grundpfandrecht
verliehene Recht – das Recht auf die Pfandverwertung und den Erlös (816¹) – nicht
geltend machen. Doch hat sie bereits Anspruch darauf, dass sie nicht durch *Vernichtung, Verschlechterung* oder *Entwertung* des Pfandobjekts um ihr Befriedigungsrecht
gebracht wird. Zu diesem Zweck gewähren ihr die Art. 808 ff. weitgehende *Schutzmittel* (110 II 31 f.).[11] Im Einzelnen:

1. Bei *drohender* oder bereits *begonnener* Wertverminderung (108 II 182 f.) steht der   12
Pfandgläubigerin einerseits eine Klage auf Unterlassung der schädigenden Handlun-

---

8   STEINAUER a.a.O. Nr. 2660e und 2721; ISLER a.a.O. 197 f.; LÖTSCHER a.a.O. 104 ff.

9   BGE 106 III 67 ff.; vgl. auch 121 III 187 ff.; 126 III 481 ff. Ausführlich STEINAUER a.a.O. Nr. 2730 ff.;
    DÜRR/ZOLLINGER, ZüKomm, Art. 806 N 8 ff.; vgl. ferner ISLER a.a.O. 198 ff. und STEPHAN
    HERREN, Die Erstreckung der Pfandhaft auf die Miet- und Pachtzinsen nach Art. 806 ZGB –
    Die Vorrechte der betreibenden Grundpfandgläubiger, in AJP 1997, 1211 ff.

10 Zur Unwirksamkeit von Rechtsgeschäften über Miet- und Pachtzinsforderungen siehe Art. 806
    Abs. 3 und 108 III 87 oben; BGer 4C.179/2003 E. 2.

11 LÖTSCHER a.a.O. 173 ff.; STEINAUER a.a.O. Nr. 2735 ff. Die Art. 808 und 810 sind durch die ZGB-
    Revision von 2009 geändert worden (BBl 2007, 5316).

gen zu (808¹);[12] andererseits darf sie (unter gewissen Voraussetzungen) die erforderlichen Vorkehrungen selber treffen und verfügt über einen Ersatzanspruch und ein gesetzliches Vorzugsgrundpfandrecht für die entsprechenden Auslagen (808²⁻⁴);[13] schliesslich kann sie Sicherung verlangen (809²).

13   2. Ist die Wertminderung bereits *eingetreten,* so kann die Pfandgläubigerin anderweitige Sicherstellung ihrer Forderung (etwa durch Verpfändung anderer Grundstücke oder durch Bürgschaft) oder Wiederherstellung des früheren Zustands verlangen (809¹). Wird diesen Begehren nicht entsprochen, darf sie die verhältnismässige Abzahlung der Schuld beanspruchen (809³). Diese Schutzmittel setzen voraus, dass der Eigentümer die Wertminderung selbst *verschuldet* hat (vgl. 808¹: «Vermindert der Eigentümer ...»).

14   Eine Entwertung des Grundstücks kann aber auch *ohne Verschulden* des Eigentümers eintreten, etwa durch Naturereignisse oder durch Veränderungen auf dem Liegenschaftsmarkt. Auch in diesem Fall gewährt das Gesetz einen gewissen, aber weniger weit gehenden Schutz (810): Die Pfandgläubigerin kann auch hier die erforderlichen Vorkehrungen zur Abwehr oder Beseitigung des Schadens treffen und hat für ihre Auslagen ebenfalls ein gesetzliches Vorzugsrecht; nur haftet dafür bloss das Pfandobjekt und nicht auch der Eigentümer (reine *Sachhaftung;* 810²: «... ohne Schuldpflicht des Eigentümers ...»).[14] Ein Anspruch auf weitere Sicherstellung oder Abzahlung steht der Pfandgläubigerin nur in dem Mass zu, als der Eigentümer für den Schaden Deckung erhält (wie durch den Verkauf der vom Sturm gefällten Bäume oder durch die Entschädigungssumme bei der Enteignung; 810¹). Soweit dies nicht zutrifft, muss die Gläubigerin – abgesehen von der erwähnten Sachhaftung – das Risiko selbst tragen.

15   3. Eine Entwertung des Pfandobjekts könnte an sich nicht nur durch dessen Vernichtung oder Verschlechterung, sondern auch durch Abtrennung von Teilen und deren *Befreiung* von der *Pfandhaft* eintreten. Auch dies ist daher grundsätzlich dem Eigentümer nicht gestattet. Wenn aber die abgetrennten Stücke auf weniger als den 20. Teil des Forderungsbetrags zu werten sind und der Pfandgläubigerin dafür eine verhältnismässige Abzahlung geleistet wird, kann sie sich der Pfandentlassung nicht widersetzen. Sie darf dann keine Abzahlung verlangen, sofern ihr der Rest des Grundstücks noch genügende Sicherheit für die ganze Forderung bietet. Diese Bestimmung (811) will verhindern, dass die Gläubigerin die Abtretung von Parzellen zum Zweck von Grenzbereinigungen, Arrondierungen, Strassenkorrekturen in schikanöser Weise erschwert.[15]

---

12   Vgl. 50 II 343: Pfandgläubiger erwirken das gerichtliche Verbot, dass in dem ihnen verpfändeten Wald Holz geschlagen werde. Das entgegen diesem Verbot gefällte Holz bleibt trotz der Trennung der Pfandhaft unterstellt. – Zum Fall der Zustimmung des Grundeigentümers zu einer verminderten Ausnützungsziffer vgl. 121 III 244 f.

13   Zum Schutz gutgläubiger Dritter vor einem (substanziellen) gesetzlichen Pfandrecht vgl. den neuen Art. 808 Abs. 4 (BBl 2007, 5316) und Art. 52 GBV.

14   Bei landwirtschaftlichen Grundstücken besteht in diesem Fall keine Belastungsgrenze: Art. 75 Abs. 1 lit. a und Abs. 3 BGBB. – Zum Schutz gutgläubiger Dritter vor einem (substanziellen) gesetzlichen Pfandrecht vgl. den neuen Art. 810 Abs. 3 (BBl 2007, 5316) und Art. 52 GBV.

15   LEEMANN, BeKomm, Art. 811 N 2.

4. Verschieden vom hier beschriebenen Tatbestand ist die *Veräusserung* von *Parzel-*   16
len oder die *Zerstückelung* eines pfandbelasteten Grundstücks gemäss den Art. 832 ff.
Diese Fälle werden hinten in § 113 N 17 ff. behandelt.

c. Die Pfandverwertung, Art. 816 ff. Das Pfandrecht ist ein unter gesetzlicher Suspen-   17
sivbedingung stehendes *Wertrecht* (vorne § 104 N 1): Es ist das Recht der Gläubigerin,
sich – unter Ausschluss der übrigen, nicht pfandgesicherten Gläubiger – aus dem Wert
der verpfändeten Sache bezahlt zu machen für den Fall, dass die damit gesicherte Forderung bei Fälligkeit nicht erfüllt wird (103 II 235; vgl. auch 219[1] SchKG).[16] Die anderen Wirkungen des Pfandrechts, wie die Ansprüche auf unversehrte Erhaltung des
Sachwerts (vorne N 11 ff.), sind nur Vorwirkungen. Im Einzelnen lässt sich Folgendes
festhalten:

1. Die Befriedigung der Gläubigerin darf nur durch *Verkauf* des verpfändeten Grund-   18
stücks gemäss den Vorschriften des Schuldbetreibungs- und Konkursrechts geschehen.[17] Diesem Zweck dient – sofern der Schuldner sich nicht im Konkurs befindet –
eine besondere Art der Betreibung: die Betreibung auf *Pfandverwertung* (151 ff. SchKG;
138 III 133 f.),[18] auf welche der Schuldner gemäss dem sogenannten «Beneficium excussionis realis» (Grundsatz: zunächst soll das Pfand verwertet werden) einen Anspruch
hat (41[1bis] SchKG; 119 III 105 ff.; 120 III 106; 140 III 187).[19] Aus dem erzielten Erlös
werden die Pfandgläubigerinnen in der Reihenfolge ihres *Ranges* befriedigt (817[1]; vgl.
auch 219[3] SchKG). Solange die Pfandgläubigerinnen eines vorgehenden Ranges nicht
vollständig befriedigt sind, erhalten die Pfandgläubigerinnen in einem nachgehenden
Rang nichts (119 III 35). Gläubigerinnen gleichen Ranges werden gleich behandelt; sie
erhalten also – wenn der ihnen bestimmte Betrag nicht zur vollen Befriedigung aus-

---

16   «Ein Pfandrecht wäre ohne die Möglichkeit der Zwangsverwertung des belasteten Grund-
     stücks seines Sinnes beraubt» (103 II 235; ähnlich schon 95 I 101). – Aus ähnlichen Überlegun-
     gen könnte eine Abrede zwischen Pfandeigentümer und Pfandgläubiger, die dem Letzteren die
     Befriedigung aus dem Pfand verwehrt, keinen Bestand haben (LEEMANN, BeKomm, Art. 816
     N 2; STEINAUER a.a.O. Nr. 2782 f.).

17   Zu beachten ist insbesondere auch die Verordnung über die Zwangsverwertung von Grundstü-
     cken vom 23. April 1920 (VZG; SR 281.42).

18   Ausführlich KURT AMONN/FRIDOLIN WALTHER, Grundriss des Schuldbetreibungs- und Kon-
     kursrechts (9. A. Bern 2013), §§ 32 und 33; ferner etwa STEINAUER a.a.O. Nr. 2783 ff.; SCHMID/
     HÜRLIMANN-KAUP, Sachenrecht, Nr. 1626 ff.; DÜRR/ZOLLINGER, ZüKomm, Art. 816 N 43 ff.;
     EDUARD BRAND, Die betreibungsrechtliche Zwangsverwertung von Grundstücken im Pfand-
     verwertungsverfahren, Ein Handbuch für die Praxis (Zürich 2008); VIVIANE AEBI, Poursuite
     en réalisation de gage et procédure de mainlevée, JdT 160 (2012), II 24 ff. – In der Betreibung auf
     Pfandverwertung kann mit dem Rechtsvorschlag ausser dem Bestand, dem Umfang oder der
     Fälligkeit der Forderung auch der Bestand des Pfandrechts bestritten werden; ohne besondere
     Bemerkung wird nach Art. 85 VZG angenommen, der Rechtsvorschlag beziehe sich auf beides
     (Forderung *und* Pfandrecht; 138 III 134 mit Hinweisen zur Rechtsöffnung). – Zu den Besonder-
     heiten der Zwangsverwertung eines Miteigentumsanteils (646[3]) vgl. Art. 73 ff. VZG; STEINAUER
     a.a.O. Nr. 2789 ff.; BRAND a.a.O. 245 ff.

19   In der Wechselbetreibung findet der Grundsatz des Beneficium excussionis realis keine Anwen-
     dung (Art. 41 Abs. 2 in fine und 177 Abs. 1 SchKG; 136 III 111 f.).

reicht – einen der Höhe ihrer Forderung proportionalen Anteil daran (817^2; 119 III 35).[20] Ergibt die Verwertung hingegen (nach der Befriedigung sämtlicher Pfandgläubigerinnen) einen Überschuss, so kommt er dem Pfandeigentümer bzw. der Konkursmasse zugute (vgl. auch 219 SchKG und 113 VZG).

19   2. Nicht nur der Kapitalbetrag der Forderung,[21] sondern auch noch einige ihrer *Akzessorien* sollen nach Art. 818 aus dem Pfanderlös gedeckt werden: einerseits die Betreibungskosten und Verzugszinsen, andererseits in bestimmtem Rahmen auch die noch nicht bezahlten Vertragszinsen, nämlich der laufende Zins und drei verfallene Jahreszinsen (gemäss Art. 57b Abs. 1 SchKG verlängert sich die Haftung des Grundpfandes auch noch um die Dauer des wegen Militärdienst gewährten Rechtsstillstandes).[22] Die weiteren rückständigen Zinsen gelten als gewöhnliche Schulden.

20   3. Schon nach dem römischen Recht wurde die Abrede, wonach das Pfandobjekt dem Gläubiger bei Nichtzahlung seiner Forderung als Ersatz zu *Eigentum* zufallen solle (sogenannte Lex commissaria oder Verfallsklausel), für *ungültig* angesehen. Dies geschah zum Schutz des Schuldners: Da das Pfandobjekt meistens mehr wert ist als die Forderung, würde eine solche Klausel regelmässig zu einer wucherischen Bereicherung der Gläubigerin führen (vgl. auch 119 II 345 für das Faustpfand). Art. 816 Abs. 2 wiederholt dieses Verbot.[23] Grundsätzlich zulässig sind jedoch Vereinbarungen, die der Pfandgläubigerin das Recht einräumen, die *Verwertung auf privatem Weg* vorzu-

---

20   Mit der Zwangsverwertung erfüllt das Pfandrecht seinen Zweck und geht unter; es ist (soweit die Schuldpflicht nicht dem Erwerber überbunden wird; Art. 135 Abs. 1 SchKG) auch dann zu löschen, wenn die betreibende Pfandgläubigerin aus dem Erlös nicht oder nicht vollständig bezahlt werden kann (Art. 68 Abs. 1 lit. b, 69, 110 Abs. 2 und 111 VZG; 125 III 252 ff. mit Hinweisen; vgl. auch Bettina Deillon-Schegg, Übergang des Grundeigentums und Untergang von Grundpfandrechten infolge Zwangsversteigerung, ZBGR 81 [2000], 89 ff., besonders 101 ff.). Der zu Verlust gekommen betreibenden Pfandgläubigerin ist ein Pfandausfallschein auszustellen; die übrigen Pfandgläubigerinnen erhalten eine Bescheinigung darüber, dass ihre Forderung ungedeckt geblieben ist (Art. 158 Abs. 1 SchKG; Art. 120 VZG; vgl. auch Schmid/Hürlimann-Kaup a.a.O. Nr. 1545; Brand a.a.O. 223 f. und 231).

21   Diese Aussagen beziehen sich nicht auf eine Maximalhypothek (hinten N 26); dort sind Zinsen und Kosten nur im Umfang des im Grundbuch eingetragenen Maximalbetrags pfandrechtlich gesichert (Steinauer a.a.O. Nr. 2794c ff.; vgl. auch BBl 2007, 5316 f.).

22   Zum Zinsbegriff nach Art. 818 Abs. 1 Ziff. 3 vgl. BGer in ZBGR 77 (1996), 268 f.: Nicht grundpfandversichert ist eine Kreditkommission, die quartalsweise auf dem jeweiligen Quartalshöchstdebet berechnet wird. – Durch die ZGB-Revision von 2009 wurde Art. 818 Abs. 1 Ziff. 3 ergänzt; er sieht nun vor, dass beim Schuldbrief nur die tatsächlich geschuldeten Zinsen pfandgesichert sind (BGE 140 III 185; BBl 2007, 5316 f.; Steinauer a.a.O. Nr. 2795 f.; Dürr/Zollinger, ZüKomm, Art. 818 N 78 ff.). Intertemporal ist die neue Regelung von Art. 818 Abs. 1 Ziff. 3 gemäss Art. 26 Abs. 2 SchlT auch auf altrechtliche Schuldbriefe anwendbar (140 III 185; BGer 5A_676/2013 E. 5.1.2; ZR 112 [2013], Nr. 28, S. 116 ff. [Zürcher Obergericht]).

23   Unter Umständen kann allerdings der Erwerb von Schuldbriefen, die auf einem Grundstück lasten, dem Erwerber eine eigentümerähnliche Stellung verschaffen: 107 II 446 und Art. 4 Abs. 1 lit. g BewG/Art. 1 Abs. 2 BewV.

nehmen.[24] Ein ähnliches wirtschaftliches Resultat wie durch die Verfallsklausel kann allerdings durch die – ebenfalls zugelassene – sogenannte *Sicherungsübereignung* des Grundstücks herbeigeführt werden (vorne § 111 N 10).

II. Das Prinzip der Spezialität: Die Forderung und das Pfandobjekt; das Gesamtpfand

Das Spezialitätsprinzip (vorne § 88 N 9) verlangt, dass sowohl der Pfandgegenstand als auch die gesicherte Forderung individuell bestimmt sind. Es hat also eine *doppelte* Seite, indem es sich einerseits auf die *Forderung* und andererseits auf das *Pfandobjekt* bezieht.   21

a. Die Spezialisierung der Forderung. Die Forderung, die durch das Pfandrecht gesi-   22
chert werden soll, muss ihrem Betrag nach genau bestimmt sein. Dieser Betrag wird in das Grundbuch eingetragen, und zwar in Landeswährung (794[1]). Wer um einen Hypothekarkredit angefragt wird, kann aus dem Grundbuch sofort und genau sehen, wie hoch die bereits bestehende Belastung ist. Darin liegt der gesetzgeberische Grund für die Spezialisierung der Forderung. Die Wertangabe ist unterschiedlich – je nachdem, ob die Forderung selbst auf einen *bestimmten* Betrag lautet oder *nicht*. Besonderheiten kommen im *bäuerlichen Bodenrecht* vor. Im Einzelnen:

1. Lautet die Forderung auf eine *bestimmte* Summe, so ist einfach dieser Betrag einzu-   23
tragen: so z.B. «30 000 Franken», wenn eine Bank einen Kredit in dieser Höhe gegen grundpfändliche Sicherung gewährt. Das Pfand haftet dann für die Kapitalforderung und darüber hinaus nach dem schon erwähnten Art. 818 für die Betreibungskosten und Verzugszinsen[25] sowie für drei verfallene Jahreszinsen und den laufenden Zins (sogenannte *feste* oder *Kapitalhypothek*,[26] auch Summenhypothek[27] genannt; hypothèque en capital).[28]

Die Pfandhaftung für die von den Parteien vereinbarten *Zinsen* entsteht schon   24
kraft Gesetzes (818; zu den gesetzlichen Pfandrechten N 40 und 45); zu ihrer Begrün-

---

24   Oftinger/Bär, ZüKomm, Art. 891 N 48 ff.; Pascal Simonius/Thomas Sutter, Schweizerisches Immobiliarsachenrecht II (Basel 1990), § 5 N 79; Peter Loser, Kein Staatsmonopol bei der Grundpfandverwertung, Möglichkeiten und Grenzen der privaten Verwertung von Grundstücken, in AJP 1998, 1193 ff. – Da eine solche Abrede einer Eigentumsübertragung am Pfandgrundstück gleichkommt, wird öffentliche Beurkundung verlangt (Leemann, BeKomm, Art. 816 N 3; Steinauer a.a.O. Nr. 2784a; Loser a.a.O. 1197).

25   Art. 85 Abs. 1 OR ist anwendbar (121 III 435). Die gesetzliche Pfanddeckung für die Verzugszinsen nach Art. 818 Abs. 1 Ziff. 2 ist zeitlich nicht limitiert (121 III 447; BGer 5A_109/2011 E. 4.2.1).

26   Dürr, ZüKomm, Art. 794 N 18 ff.

27   So Simonius/Sutter a.a.O. § 5 N 18 f.

28   Zur Relativierung der Unterscheidung zwischen Kapital- und Maximalhypothek bei einer gesetzlichen Grundpfandverschreibung (in casu Bauhandwerkerpfandrecht) vgl. LGVE 1989 I Nr. 8 = SJZ 87 (1991), 246 ff.

dung ist kein besonderer Pfandvertrag erforderlich. Doch geniesst eine Zinsforderung nur dann Pfandsicherheit, wenn die Verzinslichkeit der Pfandforderung aus dem Grundbuch ersichtlich ist;[29] das wird sie dadurch, dass nebst der Pfandsumme ein Zinsfuss angegeben wird (siehe 101[2] lit. e GBV).

25   Die Festsetzung des *Zinsfusses* steht im Belieben der Parteien. Doch dürfen sie die zur Bekämpfung des Zinswuchers aufgestellten Schranken und allfällige kantonale Bestimmungen über den Höchstbetrag des Zinsfusses nicht missachten (795).[30] Selbst eine nachträgliche *Erhöhung* des ursprünglichen Zinsfusses und deren Eintragung im Grundbuch ist den Beteiligten nicht verwehrt; sie darf jedoch die nachfolgenden Grundpfandgläubigerinnen nicht zu sehr benachteiligen. Deshalb sieht Art. 818 Abs. 2 vor, dass der ursprünglich vereinbarte Zins ohne deren Zustimmung nicht zum Nachteil nachgehender (oder konkurrierender: so 101 III 75) Grundpfandgläubigerinnen über fünf Prozent (aber immerhin bis so hoch) erhöht werden darf (115 II 358 f.). Die Erhöhung des Zinsfusses wird gestattet, damit die Parteien den Schwankungen des Geldmarktes Rechnung tragen können. Der Schuldner könnte sonst bei steigendem Zinsfuss leicht einer Kündigung ausgesetzt sein. Zulässig und in der Praxis verbreitet ist es allerdings auch, von Anfang an einen Maximalzinsfuss zu vereinbaren und im Grundbuch einzutragen, der höher sein kann als der zunächst wirklich berechnete, wobei der Gläubigerin das Recht eingeräumt wird, den jeweils «massgebenden» Zins innerhalb dieses Rahmens einseitig nach der Entwicklung des Hypothekarmarktes zu bestimmen (107 II 457; wohl auch 115 II 353 f.).[31] Steigt in der Folge der massgebende Zinsfuss, so erübrigt sich eine Erhöhung im Grundbuch (und die Zustimmung der nachfolgenden Grundpfandgläubigerinnen nach Art. 818 Abs. 2). Nicht erhöht werden darf selbstverständlich der eingetragene Kapitalbetrag – es sei denn, alle nachfolgenden Grundpfandgläubigerinnen wären damit einverstanden.

26 2. Eine Forderung kann durch Pfandrecht (genauer: durch Grundpfandverschreibung) auch dann gesichert werden, wenn ihr Betrag *nicht* zum Vornherein *genau bestimmt* ist. Die Forderung braucht zur Zeit der Pfanderrichtung nicht einmal zu bestehen, so z.B. bei Krediteröffnungen (namentlich bei Kontokorrentkrediten mit voraussichtlich wechselnder Schuldsumme) oder bei Amtskautionen. In diesen Fällen wird eine sogenannte *Maximalhypothek* (hypothèque maximale) errichtet. Im Grundbuch ist einfach ein Höchstbetrag für die Forderung anzugeben (794[2]; 115 II 359; 126 III 473). Hier darf dann die Haftung auch für die sogenannten Akzessorien der Forderung nicht über diesen Betrag hinausgehen. Die Verzugs- und Vertragszinsen sowie die Betreibungskosten sind nur insoweit gesichert, als sie noch in diesem Betrag enthalten sind. Was

---

29   LEEMANN, BeKomm, Art. 818 N 8; STEINAUER a.a.O. Nr. 2646.

30   Hinweise auf Regelungen der Kantone Neuenburg und Tessin bei STEINAUER a.a.O. Nr. 2645b.

31   SIMONIUS/SUTTER a.a.O. § 5 N 77; STEINAUER a.a.O. Nr. 2648 in fine; TRAUFFER/SCHMID, BaKomm, Art. 818 N 16; DÜRR/ZOLLINGER, ZüKomm, Art. 818 N 128 und 135. Zur Revision von Art. 818 hinsichtlich des Schuldbriefs vgl. vorne Anm. 22.

darüber hinausgeht, stellt eine rein persönliche Forderung dar. Die Eintragung eines Zinsfusses ist hier nicht statthaft (75 I 339; 126 III 473).[32]

3. Eine Einschränkung erfährt das Spezialitätsprinzip im *bäuerlichen Bodenrecht* (vgl. auch den Vorbehalt in Art. 798a): Das Grundpfand zur Sicherung des Gewinnanspruchs eines Miterben kann im Fall einer vorläufigen Eintragung «ohne Angabe des Pfandbetrags» im Grundbuch vorgemerkt werden (34[2] BGBB). Diese Bestimmung ist auch bei der Auflösung von Mit- oder Gesamteigentum (37[4] BGBB) anwendbar; sie gilt überdies sinngemäss für den Gewinnanspruch des Veräusserers, gegen den ein gesetzliches Vorkaufsrecht ausgeübt wurde (53 BGBB), und ebenso – mangels gegenteiliger Vereinbarung – für einen vertraglichen Gewinnanspruch des Veräusserers eines landwirtschaftlichen Gewerbes oder Grundstücks (41[1] BGBB).

b. Die Spezialisierung des Grundpfandobjekts. Erste Voraussetzung für die Verpfändbarkeit ist, dass das zu belastende Grundstück – die Liegenschaft, das Bergwerk, das selbständige und dauernde Recht, der Miteigentumsanteil – im *Grundbuch aufgenommen* ist (796[1]).[33] Das kantonale Recht darf jedoch laut Art. 796 Abs. 2 die Bestellung von Pfandrechten an gewissen eingetragenen Grundstücken einschränken oder ganz untersagen: an öffentlichem Grund und Boden (wie etwa Gemeinde- oder Schulhäusern, Kirchen, Spitälern),[34] an Allmenden und Weiden, die sich im Eigentum von Körperschaften[35] befinden, sowie an damit verbundenen Nutzungsrechten.

27

28

---

32 Leemann, BeKomm, Art. 794 N 10 ff. und Art. 818 N 22; Steinauer a.a.O. Nr. 2643 und 2649 f. – Zur Umwandlung einer Maximal- in eine Kapitalhypothek vgl. Leemann, BeKomm, Art. 794 N 17 ff.; Trauffer/Schmid-Tschirren, BaKomm, Art. 794 N 10; Dürr, ZüKomm, Art. 794 N 42 ff.

33 Miteigentumsanteile, für die keine besonderen Blätter angelegt worden sind, können einzeln mit Grundpfändern belastet werden, müssen dann aber als Grundstück in das Grundbuch aufgenommen werden (Art. 23 Abs. 1 lit. a GBV; Steinauer a.a.O. Nr. 2654 f.). – Dagegen ist nach dem bereits behandelten Art. 648 Abs. 3 (vorne § 99 N 12) die Pfandbelastung des Gesamtgrundstücks nicht mehr möglich, wenn auf den Miteigentumsanteilen Grundpfandrechte oder Grundlasten bestehen.

34 Vgl. in diesem Kontext das BG vom 4. Dezember 1947 über die Schuldbetreibung gegen Gemeinden und andere Körperschaften des kantonalen öffentlichen Rechts (SR 282.11) mit der darin enthaltenen abschliessenden bundesrechtlichen Regelung (107 II 49) und in diesem Erlass insbesondere die Art. 7–12 mit der dort vorgenommenen Unterscheidung zwischen Finanz- und Verwaltungsvermögen. Diesen Vorschriften lässt sich der allgemeine Grundsatz entnehmen, dass öffentlicher Grund und Boden, der öffentlichen Zwecken dient, nicht mit vertraglichen oder gesetzlichen Pfandrechten belastet werden kann (111 III 84; Steinauer a.a.O. Nr. 2653a; Lötscher a.a.O. 85 f. und 128 ff.). Das gleiche Prinzip gilt für die Kantone selbst, die nach Art. 1 Abs. 2 dem genannten Gesetz nicht unterliegen (103 II 238; Steinauer a.a.O. Nr. 2653 ff.; Lötscher a.a.O. 86 ff. und 128 ff.). Möglich ist demgegenüber die Pfandbelastung von öffentlichen Grundstücken, die zum Finanzvermögen des Gemeinwesens gehören (Steinauer a.a.O. Nr. 2653b mit Hinweis auf 112 II 35 f.). Macht der Staat eine privatwirtschaftliche Tätigkeit zur öffentlichen Aufgabe und bietet er Leistungen an, wie sie von privater Seite zu gleichen Bedingungen erbracht werden, so ist an jenen Liegenschaften, die durch ihren Gebrauchswert der Erfüllung dieser Aufgabe unmittelbar dienen, eine Pfandbestellung möglich (120 II 329 f. für das Grundstück einer Kantonalbank; vgl. auch Dürr, ZüKomm, Art. 796 N 68 ff.).

35 Vgl. auch Martin Arnold, Die privatrechtlichen Allmendgenossenschaften und ähnlichen Körperschaften … (Diss. Freiburg 1987), AISUF 73, 58. Bei Körperschaften des kantonalen

29   Die zweite Voraussetzung ist eben jene der *Spezialität (Bestimmtheit)* des Grund-
      pfandobjekts. Ein Grundpfandrecht kann nur auf ein oder mehrere genau bezeich-
      nete Grundstücke gelegt werden (797[1]).[36] Ausgeschlossen ist demnach die sogenannte
      Generalhypothek des römisch-gemeinen Rechts: die Begründung eines Grundpfand-
      rechts am ganzen jeweiligen Grundbesitz eines Schuldners in der Weise, dass ver-
      äusserte Parzellen davon befreit werden, neu erworbene ohne Weiteres hinzutreten.
      So etwas würde zu viel Rechtsunsicherheit schaffen und den Verkehr mit Pfandtiteln
      gefährden. Die Verpfändung kann andererseits *nicht* blosse *Teile* eines Grundstücks
      betreffen. Ein solches Ergebnis lässt sich nur durch Teilung des Grundstücks errei-
      chen, d.h. nach Aufnahme des Teils als eigenes Grundstück auf ein besonderes Grund-
      buchblatt (797[2]). Ferner folgt aus dem Spezialitätsprinzip, dass getrennt verpfändete
      Grundstücke nur unter besonderen Voraussetzungen gesamthaft oder gruppenweise
      versteigert werden dürfen (108 VZG; 115 III 58 f.).

30   Der Ausschluss der Generalhypothek hindert nicht, dass *mehrere Grundstücke zusam-
      men* für eine und dieselbe Forderung verpfändet werden. Die Zulassung einer gesamt-
      haften Verpfändung mehrerer Grundstücke erweist sich wegen der grossen Bodenzer-
      splitterung in unserem Land als notwendig.[37] Die Verpfändung mehrerer Grundstücke
      für eine Schuld ist in *doppelter* Weise möglich:

31   1. *mit Teilung der Pfandhaft,* d.h. so, dass zwar nicht die Forderung selbst geteilt, wohl
      aber jedes der Grundstücke nur mit einem bestimmten *Teilbetrag* belastet wird (798[2]
      ZGB; 113[1] GBV; 138 III 187). Jedes Grundstück kann dann bei der Pfandverwertung nur
      für die betreffende Summe (und nicht für die Gesamtforderung) in Anspruch genom-
      men werden. Die Teilung der Belastung erfolgt im Zweifelsfall entsprechend den Wert-
      verhältnissen der einzelnen Grundstücke (798[3] ZGB; vgl. auch 113[2] und [3] GBV).[38]

32   2. *ohne Teilung der Pfandhaft,* d.h. so, dass jedes Grundstück für die *ganze Forderung*
      in Anspruch genommen werden kann. Wir sprechen dann von einem *Gesamtpfand-
      recht.*[39] Im Folgenden erörtern wir zunächst die Voraussetzungen für die Errichtung

---

öffentlichen Rechts ist freilich wiederum das in Anm. 34 genannte Bundesgesetz anwendbar
(LÖTSCHER a.a.O. 89).

36   Vgl. DÜRR, ZüKomm, Art. 797 N 6 ff.; LÖTSCHER a.a.O. 71 ff.

37   Gemäss EUGEN HUBER gab es unter der Herrschaft der früheren kantonalen Gesetze Fälle, in
      denen 70, 80, 110, ja sogar 116 Parzellen für eine einzige (nicht einmal grosse) Forderung ver-
      pfändet waren (in «Zehn Vorträge des Herrn Prof. Eugen Huber über ausgewählte Gebiete des
      neuen Rechts» [vervielfältigt, Bern 1911], 251).

38   Vgl. dazu ausführlich STEINAUER a.a.O. Nr. 2668 ff. und Dürr, ZüKomm, Art. 798 N 120 ff.,
      jeweils mit Hinweis auf die dispositive Natur von Art. 798 Abs. 3 (ebenso 138 III 187 f.).

39   Siehe hierzu DANIEL BONORAND, Ausgewählte Fragen zum Gesamtpfandrecht an Grundstü-
      cken (Diss. Basel 1982); ANDRÉ BRITSCHGI, Das belastete Grundstück beim Bauhandwerker-
      pfandrecht (Luzerner Diss., Zürich 2008), LBR 30, 105 ff.; DÜRR, ZüKomm, Art. 798 N 58 ff. –
      Beim Gesamtpfand handelt es sich trotz der Mehrzahl von Grundstücken um ein einziges
      Pfandrecht (138 III 187: «un seul et même droit de gage»; vgl. auch DÜRR, ZüKomm, Art. 798
      N 73 ff.).

eines Gesamtpfandrechts und sodann die Verwertung beim Gesamtpfand. Sonderregeln sind im bäuerlichen Bodenrecht zu beachten (74 BGBB).

α. *Ein Gesamtpfandrecht ist nur unter zwei alternativen Voraussetzungen* zulässig (798[1]; 119 II 423; 114 II 328): Entweder gehören alle zu belastenden Grundstücke *demselben Eigentümer;* man kann dann der Einfachheit halber die verschiedenen Grundstücke auf dasselbe Blatt im Grundbuch aufnehmen lassen (Kollektivblatt), so dass das Pfandrecht nur einmal eingetragen wird (947 ZGB und 109 GBV; vorne § 94 N 12). Oder es existieren zwar verschiedene Eigentümer, sie stehen aber zueinander im Verhältnis *solidarischer Schuldnerschaft* (vgl. auch 143 OR). Gehören also die verpfändeten Grundstücke mehreren Personen, die nicht solidarisch (sondern nur nach Teilen) oder von denen nur die einen verpflichtet sind, so kommt eine gleichzeitige Verpfändung bloss mit Teilung der Pfandhaft in Betracht. Als Gründe für diese Regelung werden angeführt: die Vermeidung unübersichtlicher Verhältnisse und die rationelle Ausnützung des Hypothekarkredits (51 II 405). Konsequenzen ergeben sich namentlich für den Fall, dass eines von mehreren mit einem Gesamtpfand belasteten Grundstücken veräussert wird (114 II 327 ff. und hinten § 113 N 20).

33

β. Über die *Verwertung* beim Gesamtpfand gibt Art. 816 Abs. 3 einigen, wenn auch sehr allgemein gehaltenen Aufschluss. Die Betreibung auf Pfandverwertung muss sich zwingend gegen alle Grundstücke richten (100 III 50 E. 2; 138 III 186); dagegen brauchen nicht alle notwendigerweise verwertet zu werden. Die Verwertung ist – nach Anordnung des Betreibungsamtes – *soweit als nötig* durchzuführen (126 III 34 f.; BGer 5A_820/2012 E. 3).[40] Für das nähere Vorgehen hat das Bundesgericht in den Art. 107 und 119 VZG Vorschriften erlassen. Danach kommt es darauf an, ob die Grundstücke nur einem Eigentümer oder mehreren gehören und ob dem zur Verwertung gelangenden Grundpfand andere Pfandrechte im Rang nachfolgen.[41]

34

---

40   Zur Verwertung beim (zulässigen) Fall eines auf eine allfällige Ausfallforderung beschränkten Gesamtpfandrechts: 103 III 26 ff.

41   Gehören die Grundstücke *demselben Eigentümer,* so sind nur so viele zu verwerten, als zur Deckung der Forderung der betreibenden Pfandgläubigerin sowie allfälliger vorgehender Pfandforderungen erforderlich ist. Dabei sind in erster Linie diejenigen Grundstücke zu verwerten, auf denen der betreibenden Gläubigerin keine Grundpfandgläubigerinnen im Rang nachgehen (Art. 107 Abs. 1 VZG). Abgesehen davon sollen gemäss allgemeiner Regel zuerst jene Grundstücke zur Versteigerung gelangen, deren Verlust dem Eigentümer am leichtesten erträglich ist (so etwa einzelne Wiesen, Maiensässe oder Alpen vor Haus und Hof). – Gehören die Grundstücke *verschiedenen Eigentümern,* von denen nur *der eine Schuldner* ist (das kann trotz Art. 798 Abs. 1 eintreten, wenn ein Solidarschuldner nachträglich sein Grundstück veräussert), so sind zuerst die diesem gehörenden Grundstücke zu verwerten. Die Grundstücke *Dritter* dürfen erst verwertet werden, wenn jene keine Deckung bieten. In diesem Fall müssen alle Grundstücke an der gleichen Versteigerung zur Veräusserung gelangen (Art. 107 Abs. 2 VZG). – Diese Vorschriften schützen die Dritteigentümer sowie die nachgehenden Pfandgläubigerinnen einzelner gemeinsam verpfändeter Grundstücke (51 III 88).

III. Das Prinzip der Publizität: Die Errichtung des Grundpfandrechts; gesetzliche Grundpfandrechte

35 **a. Der Eintragungszwang.** Das Prinzip der *Publizität (Öffentlichkeit),* das unsere gesamte Grundeigentumsordnung beherrscht und in der Einrichtung des Grundbuchs zum Ausdruck kommt (vorne § 89 N 2), ist für das Grundpfandwesen besonders bedeutsam. Auf keinem anderen Gebiet könnten heimliche Abmachungen grösseren Schaden anrichten. So gründet das moderne Grundpfandrecht ganz auf der Publizität und dem öffentlichen Glauben, die dem Grundbuch zukommen. Zu Gunsten gutgläubiger Dritterwerberinnen besteht ein Grundpfandrecht sogar dann, wenn es zu Unrecht eingetragen worden ist. Dies ist eine Folge der *positiven* Wirkung des Grundbuchs (vorne § 95 N 31 ff.). Noch allgemeiner ist dessen *negative* Wirkung. Sie bedeutet, dass ein Grundpfandrecht – unter Vorbehalt der gesetzlichen Ausnahmen – erst *mit der Eintragung in das Grundbuch* entsteht (799[1]; 112 Ib 483). Dem entspricht, dass es, abgesehen vom völligen Untergang des belasteten Grundstücks, (jedenfalls formell) so lange fortdauert, als der Eintrag bestehen bleibt, also erst mit dessen Löschung wegfällt (801[1]).[42]

36 Wie beim Grundeigentum und bei den Grunddienstbarkeiten (vorne § 100 N 3 und § 108 N 10) ist die Eintragung in das Grundbuch der eigentliche *Erwerbs-* oder *Entstehungsakt* für das Grundpfandrecht. Ihm muss – hier wie dort – ein ihn rechtfertigender *Erwerbsgrund* vorangehen. Auseinanderzuhalten sind die rechtsgeschäftlichen und die gesetzlichen Grundpfandrechte:

37 1. Meistens ist der Erwerbsgrund ein *Rechtsgeschäft,* regelmässig ein *Vertrag* (auf Grundpfandbestellung).[43] Er bedarf zu seiner Gültigkeit der öffentlichen Beurkundung (799[2]).[44] Die öffentliche Urkunde muss den Verpfänder, die Berechtigte, die Pfandforderung und das Pfandobjekt bezeichnen, nicht aber Abreden über die Rück-

---

42 Siehe auch Steinauer a.a.O. Nr. 2704 f., und Dürr, ZüKomm, Art. 801 N 35 ff., je mit Hinweisen auf abweichende Lehrmeinungen für den Fall der Tilgung der pfandgesicherten Forderung.

43 Zum notwendigen Vertragsinhalt vgl. Steinauer a.a.O. Nr. 2697d ff.; Christian Brückner, Rechtsgeschäftliche Errichtung von Grundpfandrechten – Umfang des Formzwangs und zeitlicher Beginn der Pfandsicherheit, in ZBGR 77 (1996), 217 ff.; Dürr, ZüKomm, Art. 799 N 175 ff. Zum Ganzen vgl. auch Franziska M. Betschart, Der Grundpfandvertrag und die Allgemeinen Geschäftsbedingungen der Banken (Luzerner Diss., Zürich 2011), LBR 58.

44 Nach der hier vertretenen Auffassung ist diese Form personell zweiseitig: Die Willenserklärungen von Pfandbesteller und Pfandgläubiger sind öffentlich zu beurkunden; eine analoge Anwendung von Art. 13 Abs. 1 OR entfällt (dazu Jörg Schmid, Die öffentliche Beurkundung von Schuldverträgen … [Diss. Freiburg 1988], AISUF 83, Nr. 538 mit Anm. 356; Schmid/Hürlimann-Kaup a.a.O. Nr. 1532 mit weiteren Hinweisen; anders Liver, ZüKomm, Art. 732 N 77; Steinauer a.a.O. Nr. 2697a und 2698; derselbe, A propos de la constitution des cédules hypothécaires, in ZBGR 78 [1997], 289 ff., besonders 294 ff.; Simonius/Sutter a.a.O. § 7 N 2; Christian Brückner, Schweizerisches Beurkundungsrecht [Zürich 1993], Nr. 2604 ff.; derselbe, zit. in Anm. 43, 220 ff. [für den Schuldbrief]; Dürr, ZüKomm, Art. 799 N 234; Staehelin, BaKomm, Art. 842 N 20 [für den Schuldbrief]; wohl auch Trauffer/Schmid-Tschirren, BaKomm, Art. 799 N 8).

zahlung, Kündigung und Amortisation der Schuld erfassen (123 III 98 f.). Der Beurkundungszwang gilt auch für Änderungen des Vertrags, sofern sie nicht die Pfandbelastung erleichtern (75 I 340).[45] Ein Pfandrecht kann ferner rechtsgeschäftlich bestellt
werden durch *Verfügung von Todes wegen* (etwa als Inhalt eines Vermächtnisses).

Seit der ZGB-Revision von 2009 erfasst das Beurkundungserfordernis allge-   38
mein «das Rechtsgeschäft» auf Errichtung eines Grundpfandrechts. Seit dem 1. Januar
2012 muss demnach auch die einseitige Erklärung des Grundeigentümers zur Errichtung eines Eigentümer- oder Inhaberschuldbriefs (vgl. hinten § 114 N 45) öffentlich
beurkundet werden. Damit sollen – gegenüber dem früheren Recht – Umgehungen
verhindert und Rechtssicherheit gewonnen werden.[46]

2. Neben der Entstehung durch Rechtsgeschäft kennt das ZGB die Entstehung durch   39
Gesetz. Unter den gesetzlichen Grundpfandrechten versteht man solche, die *ohne oder
gegen den Willen des Eigentümers* begründet werden. Da sie nicht dem Verkehr dienen,
sondern nur Sicherungsfunktion erfüllen, kommen sie nur in der Form der Grundpfandverschreibung vor und werden vom ZGB im entsprechenden Abschnitt – in den
Art. 836–841 – behandelt (siehe aber auch 808[3] und 810[2]). Wir schliessen uns diesem
Aufbau an (vgl. hinten § 113 N 28 ff.), halten jedoch vorweg unter dem Gesichtspunkt
der «Errichtung» der Pfandrechte Folgendes fest:

α. Das Gesetz gewährt für gewisse Konstellationen *ohne Eintragung* – unmittelbar,   40
«automatisch» – ein Pfandrecht. Dies trifft grundsätzlich zu für die Fälle von Art. 808
Abs. 3, 810 Abs. 2, 819 Abs. 1 und 836 Abs. 2 – wobei seit der ZGB-Revision von 2009

---

45 Die Frage, ob die Auswechslung der pfandgesicherten Forderung – bei weiter bestehendem
    Pfandrecht – zulässig ist, wird mehrheitlich bejaht (so Steinauer a.a.O. Nr. 2814 ff.; derselbe,
    A propos de la constitution des cédules hypthécaires, zit. in Anm. 44, Fussnote 2; Ernst/Zogg,
    BaKomm, Art. 824 N 36 ff.; eher ablehnend Simonius/Sutter a.a.O. § 5 N 110; weitere Hin-
    weise bei Schmid/Hürlimann-Kaup a.a.O. Nr. 1637 ff.; Frage offengelassen in 105 II 185 f.).
    Da in diesem Fall eine wesentliche Änderung des ursprünglichen Pfandvertrags vorliegt, ist
    nach Art. 799 Abs. 2 ein öffentlich beurkundeter Vertrag erforderlich (105 II 185 f.; 108 II 50;
    BGer in ZBGR 81 [2000], 316 ff. E. 3b; BGer 5C.13/2002 E. 2d = ZBGR 84 [2003], 45 ff.). Eine
    Ausnahme macht die Praxis bei wechselnden Kreditverhältnissen (Bau- oder Kontokorrent-
    kredit); wird hier der Kredit abbezahlt, so geht das Pfandrecht nicht ohne Weiteres unter, son-
    dern kann im gleichen Rahmen ohne Pfandrechtserneuerung zur Sicherstellung eines neuen
    Kredits verwendet werden (108 II 48; BGer in ZBGR 81 [2000], 316 ff. E. 3b; Schmid/Hürli-
    mann-Kaup a.a.O. Nr. 1638b; kritisch Ernst/Zogg, BaKomm, Art. 824 N 42). – Zur umstrit-
    tenen Frage der Wiederauszahlungsklauseln vgl. Schmid/Hürlimann-Kaup a.a.O. Nr. 1640d;
    Ernst/Zogg, BaKomm, Art. 824 N 39; Wolfgang Wiegand, Die Grundpfandrechte – Die
    Konzeption des ZGB und ihre Entwicklung in der Praxis, in Wolfgang Wiegand (Hrsg.), Theo-
    rie und Praxis der Grundpfandrechte (Bern 1996), Berner Bankrechtstag Band 3, 63 ff., beson-
    ders 85 f.; Dieter Zobl, Die Ablösung von durch Grundpfandverschreibung sichergestellten
    Forderungen, FS für Hermann Schulin (Basel 2002), 195 ff., besonders 204 ff.
46 Botschaft BBl 2007, 5315 f.; Schmid/Hürlimann-Kaup a.a.O. Nr. 1534; Jörg Schmid, Neue-
    rungen im Grundpfandrecht, in Jürg Schmid (Hrsg.), Die Dienstbarkeiten und das neue Schuld-
    briefrecht (Zürich 2012), 205 ff., besonders 210 f. Zur früheren Rechtslage, nach welcher einfa-
    che Schriftform genügte, vgl. Vorauflage § 111 N 33.

der gutgläubige Dritte einen gewissen Schutz geniesst (808^4, 810^3, 819^2 und 836^2).[47] Man spricht dann von einem *unmittelbaren gesetzlichen Pfandrecht* (hypothèque légale directe).[48] Das Eintragungsprinzip wird hier durchbrochen (799^1: «… unter Vorbehalt der gesetzlichen Ausnahmen …»; dazu hinten N 42 ff.). Zu dieser Gruppe kann man auch Art. 818 Abs. 1 Ziff. 2 und 3 zählen.

41   β. In anderen Vorschriften räumt das Gesetz bestimmten Personen einen Anspruch ein, auf Grund einer bestimmten Situation die Eintragung eines Pfandrechts zu verlangen. Dann entsteht das Pfandrecht – nun in Übereinstimmung mit dem in Art. 799 Abs. 1 festgelegten Prinzip – erst *mit der Eintragung* im Grundbuch (125 III 249). Solche *mittelbaren gesetzlichen Pfandrechte* – genauer: einen Anspruch auf die entsprechende Eintragung,[49] der allenfalls mit besonderen Mitteln gerichtlich durchgesetzt werden muss – verleiht das Gesetz vor allem in den Fällen von Art. 837 Abs. 1: dem Verkäufer eines Grundstücks zur Sicherung des Kaufpreises (Ziff. 1), den Miterben und Gemeindern zur Sicherung von Forderungen aus der Teilung von Grundeigentum (Ziff. 2), und schliesslich – als Hauptfall – den Baugläubigern (Bauhandwerkern), d.h. den Handwerkern und Unternehmern für ihre Forderungen wegen Material und Arbeit oder Arbeit allein, die sie zu Bauten oder anderen Werken beigetragen haben (Bauhandwerkerpfandrecht, Ziff. 3; dazu hinten § 113 N 38 ff.). Hinzu kommen mittelbare gesetzliche Pfandrechte beim Stockwerkeigentum (712i; vorne § 101 N 61), beim Baurecht (779d, 779i und 779k; vorne § 109 N 38 und 43), beim Verpfründungsvertrag (523 OR)[50] sowie bei gewissen Konstellationen des bäuerlichen Bodenrechts[51].

42   **b. Die Ausnahmen vom Eintragungszwang.** Das Eintragungsprinzip ist beim Grundpfandrecht (ebenso wie beim Grundeigentum) *nicht ausnahmslos* durchgeführt worden. Es gibt nach dem soeben Gesagten – allerdings nur für die eine Art von Grundpfandrechten, für die Grundpfandverschreibung (100 Ia 354) – einzelne Fälle, in denen das Grundpfandrecht ohne Eintragung, schon *unmittelbar kraft Gesetzes* entsteht. Diese in Art. 799 Abs. 1 vorgesehenen Ausnahmen beruhen entweder auf *kantonalem* oder auf *eidgenössischem* Recht:

---

47   Zu diesem Schutz gutgläubiger Dritter vgl. hinten N 46 f. und SCHMID, Neuerungen im Grundpfandrecht, zit. in Anm. 46, 221 ff. Zum Ganzen auch DÜRR/ZOLLINGER, ZüKomm, Art. 808 N 38 ff. und 181 ff.; DANIEL ZOLLINGER, Die gesetzlichen Zusatzpfandrechte an Grundstücken gemäss der Revision des Schweizerischen Zivilgesetzbuches 2009 (Diss. Zürich 2011).

48   Vgl. dazu ausführlich STEINAUER, Les droits réels III, Nr. 2827 ff.

49   Das Gesetz verschafft also nur ein persönliches Recht (95 II 33), eine blosse Forderung (STEINAUER a.a.O. Nr. 2844), «nur einen Anspruch auf Eintragung des Grundpfandes in das Grundbuch …, während das dingliche Recht selbst erst mit der Eintragung erworben wird» (EUGEN HUBER, Erl. II 277 f.; ausführlich 40 II 455 ff.).

50   Vgl. dazu MARC SCHAETZLE, BeKomm, Art. 523 OR N 1 ff.

51   Vgl. Art. 34 BGBB: Sicherung des Gewinnanspruchs der Miterben; Art. 37 Abs. 4 BGBB: Gewinnanspruch der Mit- oder Gesamteigentümer; Art. 41 Abs. 1 Satz 2 BGBB: vertraglicher Gewinnanspruch des Veräusserers; Art. 53 Abs. 2 BGBB: Gewinnanspruch des Veräusserers, gegen den ein gesetzliches Vorkaufsrecht ausgeübt wurde (dazu hinten § 113 N 37).

1. *Kantonales Recht.* Art. 836, der durch die ZGB-Revision von 2009 geändert worden 43 ist,[52] erlaubt für «Forderungen, die in unmittelbarem Zusammenhang mit dem belasteten Grundstück stehen»,[53] gesetzliche Grundpfandrechte des kantonalen (öffentlichen) Rechts. Diese Kompetenz steht den Kantonen schon nach Art. 6 Abs. 1 zu (vgl. 106 II 88 f.; 122 I 354; BGer 2C_798/2011 E. 4.3 und 2C_674/2011 E. 3.4.1). Die Wirkungen solcher Pfandrechte (jedenfalls der unmittelbaren) erfahren jedoch seit dem 1. Januar 2012 gewisse Schranken:

α. Denkbar ist zunächst, dass das kantonale öffentliche Recht dem Gläubiger einen 44 Anspruch auf ein Pfandrecht einräumt. In diesem Fall entsteht das Pfandrecht erst mit der Grundbucheintragung (836¹). Bei diesen *indirekten gesetzlichen Pfandrechten* bleibt es mit anderen Worten beim Eintragungszwang (799¹; vorne N 41).

β. Es kommt jedoch auch vor, dass das kantonale Recht zur Sicherung bestimmter, 45 mit einem Grundstück zusammenhängender öffentlich-rechtlicher Forderungen ein Grundpfandrecht vorsehen, das ohne Eintragung in das Grundbuch entsteht (836²; *unmittelbares gesetzliches Pfandrecht;* vorne N 40). Dies gilt namentlich für Steuerforderungen (vor allem Grundstückgewinnsteuer, aber auch Handänderungs-, Erbschafts- oder Schenkungssteuer), für andere öffentlich-rechtliche Abgaben, die auf dem Grundstück lasten (wie zur Erhaltung von Strassen, für die Kanalisation, öffentliche Beleuchtung), für Versicherungsprämien zu Gunsten kantonaler Gebäudeversicherungsanstalten oder für Beiträge an gewisse öffentlich-rechtliche Unternehmungen. Häufig ordnet das kantonale Recht auch den Vorrang dieser gesetzlichen Grundpfandverschreibungen vor den vertraglichen Pfandrechten an.[54] Solche unmittelbaren gesetzlichen Pfandrechte – die das Eintragungsprinzip durchbrechen – sind zulässig, sofern sie über eine gesetzliche Grundlage im kantonalen Recht verfügen (117 III 37).[55]

Würde nun jede Publizität fehlen (so die Rechtslage vor dem 1. Januar 2012), so 46 könnte sich eine schwerwiegende Beeinträchtigung der Interessen Dritter (namentlich der vertraglichen Pfandgläubigerinnen) ergeben. Insbesondere die teils massiven Grundstückgewinnsteuern könnten durch die nicht aus dem Grundbuch ersichtliche Pfandsicherung zu einer beträchtlichen Rechtsunsicherheit führen (85 I 38). Art. 836 Abs. 2 ordnet daher für solche Pfandrechte im Betrag von über 1000 Franken einen besonderen Schutz gutgläubiger Dritter an: Werden die Pfandrechte nicht innert 4

---

52 Botschaft BBl 2007, 5318 f. Zur früheren Rechtslage vgl. Vorauflage § 111 N 38 f.

53 Zu diesem Sachzusammenhang vgl. auch 122 I 354 und BGer in ZBGR 81 (2000), 242 ff. E. 3b.; Schmid/Hürlimann-Kaup a.a.O. Nr. 1662 und Steinauer a.a.O. Nr. 2831, je mit Hinweisen.

54 Steinauer a.a.O. Nr. 2832a.

55 Vgl. (zum alten Recht) auch Ernst Blumenstein/Peter Locher, System des schweizerischen Steuerrechts (6. A. Zürich 2002), 326 f.; Armin Zucker, Das Steuerpfandrecht in den Kantonen (Diss. Zürich 1988), 17 ff. und 35 ff.; Gabriel Rumo, Die Liegenschaftsgewinn- und die Mehrwertsteuer des Kantons Freiburg (Diss. Freiburg 1993), AISUF 125, 345 ff.; Thomas Koller, Gesetzliche Grundpfandrechte zur Sicherung von Steuerforderungen – Probleme für Grundstückkäufer und Banken, in Wolfgang Wiegand (Hrsg.), Theorie und Praxis der Grundpfandrechte (Bern 1996), Berner Bankrechtstag Band 3, 33 ff.; Peter Stähli, Das Steuergrundpfandrecht unter besonderer Berücksichtigung des bernischen Rechtes (Diss. Bern 2006).

Monaten nach der Fälligkeit der zugrunde liegenden Forderung, spätestens jedoch innert 2 Jahren seit der Entstehung der Forderung, in das Grundbuch eingetragen, so können sie nach Fristablauf Dritten, die sich in gutem Glauben auf das Grundbuch verlassen, nicht mehr entgegengehalten werden (vgl. auch 76 und 118 GBV; BGer 8C_634/2014 E. 6.5.2 und 6.6).[56] Weitergehende Einschränkungen des kantonalen Rechts bleiben vorbehalten (836³). Die vor dem 1. Januar 2012 entstandenen gesetzlichen Grundpfandrechte können gutgläubigen Dritten noch während 10 Jahren ab diesem Datum entgegengehalten werden (44³ SchlT).[57]

47   Der beschriebene Schutz (für solche Pfandrechte im Betrag von über 1000 Franken) beschränkt sich indessen nach dem Gesagten auf Dritte, die sich in gutem Glauben auf das Grundbuch verlassen haben (836²). Demgegenüber wirkt das unmittelbare gesetzliche Pfandrecht – unabhängig von der Höhe des Betrags – ohne Weiteres gegenüber dem Eigentümer des belasteten Grundstücks, seinen Universalsukzessoren und gegenüber bösgläubigen Dritten.[58]

48   2. *Eidgenössisches Recht.* Ein gesetzliches Pfandrecht – im *allerersten* Rang – besteht in mehreren Fällen:

49   α. Zunächst besteht es für die Ansprüche aus der *Wahrnehmung von Sicherungsbefugnissen* nach den Art. 808 Abs. 3 und 810 Abs. 2. Beide Fälle betreffen die Kosten für Vorkehrungen, welche die Pfandgläubigerin nach gerichtlicher Ermächtigung oder auf dem Weg der Selbsthilfe trifft, um zu verhindern, dass das Pfandobjekt Schaden leidet – sei dies durch schuldhaftes Verhalten des Eigentümers, sei es durch unverschuldete Wertverminderung. Wenn etwa der Eigentümer das Dach des verpfändeten Hauses so mangelhaft unterhält, dass das Gemäuer durch Regen und Feuchtigkeit leidet, kann die Pfandgläubigerin bei Weigerung des Eigentümers selbst die nötigen Reparaturen vornehmen und geniesst dann für die betreffenden Ausgaben pfandrechtliche Sicherung am Grundstück, und zwar ohne Eintragung und mit Vorrang gegenüber allen anderen Belastungen.

50   β. Sodann besteht es für Ansprüche aus Art. 819 Abs. 1 zur *Sicherung für erhaltende Auslagen.* Wenn die Pfandgläubigerin zur Erhaltung der Pfandsache notwendige Auslagen macht, insbesondere Versicherungsprämien zahlt, geniesst sie dafür ein gesetzliches Pfandrecht ohne Eintragungspflicht.[59]

51   Diese drei gesetzlichen Pfandrechte bestehen zur Sicherung von Ausgaben, die der Erhaltung der Sache dienen. Insofern verletzen sie – materiell gesehen – die Interessen der anderen Pfandgläubigerinnen an sich nicht. Dennoch besteht seit dem 1. Januar

---

56   BBl 2007, 5318 f.; Schmid/Hürlimann-Kaup a.a.O. Nr. 1663a; Steinauer a.a.O. Nr. 2832 ff.

57   BBl 2007, 5319; Denis Piotet, Le droit transitoire de la révision du Code civil du 11 décembre 2009 et la pratique notariale, BN 2010, 225 ff., besonders 234 f.

58   BBl 2007, 5319; Schmid, Neuerungen im Grundpfandrecht, zit. in Anm. 46, 225 und 222; Steinauer a.a.O. Nr. 2832g; vgl. auch Dürr/Zollinger, ZüKomm, Art. 808 N 183.

59   Seit der ZGB-Revision von 2009 ist dieses Pfandrecht den Art. 808 und 810 bezüglich Rang und (neu) Schutz gutgläubiger Dritter angenähert (BBl 2007, 5317 f.).

2012 auch hier für Pfandrechte im Betrag über 1000 Franken ein besonderer Schutz gutgläubiger Dritter (808[4]. 810[3] und 819[2]; vorne N 40 und 46).

IV. Das Prinzip der festen Pfandstelle

a. Das Rangverhältnis unter den Grundpfandrechten im Allgemeinen. Bestehen am 52 gleichen Grundstück mehrere dingliche Rechte, die nicht alle nebeneinander voll ausgeübt werden können, so gelten für ihre gegenseitige Rangordnung folgende, schon an anderer Stelle erörterten Grundsätze: Die beschränkten dinglichen Rechte gehen dem Eigentum vor; beschränkte dingliche Rechte verschiedener Art (Dienstbarkeiten, Grundlasten, Grundpfandrechte) reihen sich nach dem Datum ihrer Errichtung; es gilt der *Grundsatz der Alterspriorität* (Art. 972; vgl. 119 III 35 und vorne § 106 N 4).

Schwieriger ist die im Folgenden zu beantwortende Frage, wie sich die *Rangordnung* 53 *unter mehreren* miteinander konkurrierenden *Grundpfandrechten* gestaltet.[60] Hier ist zu unterscheiden, ob das Pfandrecht, dessen Rang es festzustellen gilt, kraft Gesetzes oder durch den Willen des Grundeigentümers entsteht. Beim gesetzlichen Grundpfandrecht bestimmt das *Gesetz* den Rang, und zwar in anderer Weise beim mittelbaren als beim unmittelbaren gesetzlichen Pfandrecht. Beim vertraglichen Grundpfandrecht entscheidet der *Wille* der Beteiligten. Im Einzelnen:

1. Beim *mittelbaren gesetzlichen Pfandrecht* – d.h. bei jenem, bei dem das Gesetz nur 54 einen realobligatorischen Anspruch auf Begründung gewährt (vgl. vorne N 41) – ist grundsätzlich die allgemeine Regel der *Alterspriorität* massgebend. Das Datum der Eintragung im Grundbuch entscheidet über den Rang (972[1]). Dies gilt namentlich für die gesetzlichen Pfandrechte der Art. 837 ff., immerhin unter Vorbehalt einer vom Gesetz angeordneten Privilegierung (841; hinten § 113 N 60 ff. und 77 ff.).

2. Den vom *Gesetz* mit *unmittelbarer* Wirkung ins Leben gerufenen Pfandrechten verleiht das ZGB – ohne Rücksicht auf das Datum ihrer Entstehung – einen *Vorrang* vor 55 anderen im Grundbuch schon eingetragenen *Grundpfandrechten*. Die Priorität bedeutet die Einreihung im *allerersten* Rang, wie etwa bei den Wertverminderungs- und Auslagenersatzpfandrechten der Art. 808 Abs. 3, 810 Abs. 2 und 819 Abs. 1 (siehe vorne N 48 ff.). – Den Grundpfandrechten, die nach Massgabe der *kantonalen* Gesetzgebung (vgl. 836; vorne N 45) entstehen, weist diese selbst den Rang zu (84 II 101).

3. Für die Rangfolge der durch den *Willen* des Grundeigentümers geschaffenen Pfandrechte kommt es, wie eingehender darzustellen sein wird, auf dessen Willen bzw. auf 56 den Willen der Parteien an.[61] Aber auch hier wird die normale Rangordnung durch ein vom Gesetz verliehenes *Vorzugsrecht* durchbrochen: durch das Privileg des zu Gunsten

---

60   Vgl. auch MARTIN LOOSER, Beschränkte dingliche Rechte in der Zwangsvollstreckung, AJP 13 (2004), 445 ff.

61   Für das Verhältnis zwischen Pfandrechten an der Sache selbst einerseits und an Miteigentumsanteilen andererseits siehe 95 I 570 f. (vgl. auch 111 II 34 f. und 113 II 159 ff.).

von *Bodenverbesserungen* errichteten Pfandrechts (sogenanntes Meliorationspfandrecht). Hierauf ist vorweg einzugehen.

57   α. Manche Kantone gewähren (auf Grund ihres öffentlichen Rechts: 836) der *Unternehmung* (Genossenschaft), die sich zur Durchführung einer Bodenverbesserung bildet, ein *gesetzliches* Pfandrecht zur Deckung ihrer daraus erwachsenen Ansprüche gegenüber den einzelnen Beteiligten. Das ZGB seinerseits sieht in den Art. 820 f. für Bodenverbesserungen unter behördlicher Mitwirkung ein besonderes Pfandrecht zu Gunsten der Privatgläubigerinnen vor, die durch Darlehen die Melioration ermöglicht haben. Sie können durch eine *vertragliche* Grundpfandverschreibung, die ein *gesetzliches Privileg* geniesst, gesichert werden (vgl. auch 75 und 119 GBV). Ihr Pfandrecht geht allen anderen eingetragenen Belastungen vor. Dies geschieht aus dem gleichen Grund wie die Privilegierung anderer Pfandrechte: Die privilegierte Forderung hat einen Mehrwert geschaffen und dadurch häufig auch die Sicherheit der nachfolgenden Pfandrechte erhöht. Diese erleiden daher in der Regel durch die Voranstellung des Meliorationspfandrechts keinen Nachteil.[62]

58   β. Für den Fall, dass das Unternehmen nur durch private Mittel – *ohne staatliche Subvention* – durchgeführt wird, hat das Gesetz zum Schutz der anderen Pfandgläubigerinnen *zwei Vorbehalte* angebracht. Zunächst schreibt es eine *Amortisation* der Pfandschuld vor: Sie soll durch Annuitäten von wenigstens 5 Prozent der gesamten eingetragenen Pfandsumme getilgt werden, wobei das Pfandrecht laufend für jede Annuität 3 Jahre nach deren Fälligkeit erlischt (821; 85 II 207). Sodann darf hier der Grundeigentümer das privilegierte Pfandrecht nur für *zwei Drittel* seines Kostenanteils *eintragen lassen* (820[2]). Diese Regelung geht von der Annahme aus, dass bei subventionierten Bodenverbesserungen die Subvention etwa ein Drittel der Gesamtkosten beträgt; das Privileg zum Nachteil der nachgehenden Pfandgläubigerinnen wäre demnach bei subventionierten wie bei nicht subventionierten Meliorationen ungefähr gleich gross.

59   **b. Das Rangverhältnis nach Pfandstellen,** Art. 813 ff. Bei Grundpfandrechten, die durch den Willen des Grundeigentümers begründet werden (einseitig beim Eigentümer- und Inhaberschuldbrief, zweiseitig beim Pfandvertrag), kann die Rangfolge nach zwei verschiedenen Systemen bestimmt werden; eines von ihnen herrschte im römischen, gemeinen und französischen Recht, das andere im deutschen Recht.[63] Nach dem ersten System erstreckt sich jedes Pfandrecht auf den *ganzen Wert* des Grundstücks; jede Pfandgläubigerin hat Anspruch auf den *ganzen Erlös* bis zur Höhe ihrer Forderung. Wenn allerdings mehrere Grundpfandrechte bestehen, tritt eine gewisse Reihenfolge ein – derart, dass die vorher Bestellten sich zuerst bezahlt machen können, die Folgenden den Rest erhalten. Geht eines der Pfandrechte unter, *rücken* alle nach-

---

62   Nach überwiegender Ansicht braucht allerdings entgegen dem Wortlaut von Art. 820 keine tatsächliche Wertvermehrung einzutreten bzw. wird eine solche (wegen der behördlichen Mitwirkung) vermutet: LEEMANN, BeKomm, Art. 820 N 9; STEINAUER a.a.O. Nr. 2800d. – Die Belastungsgrenzen des BGBB gelten nicht für Meliorationspfandrechte nach Art. 820 f. (Art. 75 Abs. 1 lit. b BGBB).

63   Vgl. LEEMANN, BeKomm, Art. 813/814 N 2 f.

folgenden automatisch je um eine Stelle *vor*. Man spricht daher von *Nachrückungs-system*: Der Wegfall vorangehender Pfandrechte kommt immer den nachfolgenden Pfandgläubigerinnen zugute. Der Eigentümer kann nichts an die Stelle des verschwundenen Pfandrechts legen; will er ein neues Pfandrecht bestellen, so muss er es hinter alle schon bestehende Rechte in den letzten Rang setzen.

Ganz anders verhält es sich im *zweiten* System. Nach diesem verschafft jedes Pfandrecht nicht einen Anspruch auf den ganzen Wert, sondern nur auf einen ganz bestimmten, fest umgrenzten *Wertteil* aus dem Grundstück. Das Pfandrecht erhält durch die Errichtung eine ganz bestimmte *Stelle,* einen festen *Rang,* in dem es (grundsätzlich) *unverrückbar* steht. Der Wandel in den vorangehenden Pfandrechten berührt die nachfolgenden gar nicht; ein automatisches Nachrücken ist ausgeschlossen. Wenn ein vorangehendes Pfandrecht wegfällt, entsteht einfach eine leere, *offene* Stelle, eine *Lücke*. Daher trägt diese Regelung die Bezeichnung «*System der offenen Pfandstelle*». Der schweizerische Gesetzgeber hat sich für dieses zweite System entschieden (vgl. auch die Marginalie zu Art. 813 ff.).[64] Zwei Gründe vor allem sprechen zu dessen Gunsten: 60

1. Es ist für den *Verkehr* mit *Pfandtiteln* viel *günstiger*. Zurückgezahlte oder abgelöste Grundpfandtitel können erneut in Umlauf gesetzt werden, ohne dass eine Neuerrichtung nötig wäre.   61

2. Es entspricht auch der *Billigkeit* und *Gerechtigkeit* besser. Das System des (automatischen) Nachrückens kann einer nachfolgenden Pfandgläubigerin oft unverdiente Vorteile verschaffen, und zwar auf Kosten des Pfandeigentümers. Wer ein Grundstück im zweiten, dritten oder noch späteren Rang belehnt, stellt dafür in der Regel wegen der geringeren Sicherung schwerere Bedingungen; insbesondere verlangt er höheren Zins. Wenn er infolge Wegfalls eines vorhergehenden Grundpfandrechts unerwartet vorrücken kann und seinen höheren Zins beibehält, erwirbt er eine im Verhältnis zum Zinsfuss allzu günstige Lage. Wenn nun der Grundeigentümer neuerdings Kredit nötig hat, muss er sich für das neu zu errichtende Grundpfandrecht härtere Bedingungen gefallen lassen, als jene des erloschenen waren.   62

Der Gesetzgeber hat das System der festen Pfandstelle für beide Arten von Pfandrechten (Grundpfandverschreibung und Schuldbrief) gewählt.[65] Doch hat er sich hier wie anderswo mehr um praktische Zweckmässigkeit als um theoretische Systemreinheit   63

---

64 Kein Rangverhältnis im Sinn der Art. 813 ff. besteht demgegenüber zwischen Pfandrechten am Grundstück und Pfandrechten an den einzelnen Miteigentumsanteilen, zumal es um verschiedene Belastungsobjekte geht; die jeweiligen Pfandrechte stehen vielmehr je unter sich in einem eigenen Rangverhältnis: 126 III 465.

65 Das Pfandstellensystem gilt auch für die durch Eintragung begründeten *gesetzlichen Pfandrechte*. Der ihnen zukommende Rang bedeutet für sie zugleich eine feste Pfandstelle. Anders verhält es sich jedoch bei den ohne Eintragung entstehenden gesetzlichen Pfandrechten: Sie haben einen Rang ohne feste Pfandstelle. Daher können sie nach Tilgung der Forderung nicht neu verwertet werden, und es rücken die nachfolgenden Pfandrechte nach. Dasselbe gilt für das Pfandrecht bei Bodenverbesserungen (Art. 821 Abs. 2). Vgl. GUHL, Über das System der festen Pfandstelle, in SJZ 11 (1914), 34 f.

gekümmert. Das Gesetz enthält daher neben den folgerichtigen *Konsequenzen* des Systems auch einige *Abweichungen*.

64   **c. Die Folgerungen aus dem Pfandstellensystem.** Es sind vor allem *zwei* zu nennen: das Freiwerden einer Pfandstelle und die Möglichkeit, einen «Vorgang» im Grundbuch einzutragen. Im Einzelnen:

65   1. Wenn ein Grundpfandrecht wegfällt, so entsteht eine *freie* Stelle (116 II 582). Über diese darf der Grundeigentümer nach Belieben verfügen; er kann dieses Pfandrecht beim Schuldbrief auch als sogenanntes Eigentümergrundpfandrecht in seiner eigenen Hand behalten (853 f.; vgl. vorne § 105 N 16). Er kann es wieder weiter «begeben» (einer Gläubigerin zu Pfand geben) – sei es für den ganzen bisherigen Betrag, sei es nur für einen Teil davon. Verfügt er nur über einen Teil, dann bleibt die Stelle für den Restbetrag noch offen. Er kann zu gegebener Zeit dafür ein neues Pfandrecht eintragen lassen (814[2]).

66   2. Ein Grundpfandrecht kann zum Vornherein im zweiten, dritten oder in einem weiteren Rang errichtet werden, *ohne* dass überhaupt ein *vorgehendes* Pfandrecht *besteht* (116 II 582). Dies wird dadurch erreicht, dass ein bestimmter Betrag vorbehalten und als *Vorgang* ins Grundbuch eingetragen wird (813[2]). Auf diesem Weg kann etwa ein Geschäftsmann einer Bank eine Sicherung für einen ersten Kredit in einem späteren, zweiten oder dritten Rang anbieten, die ersten Stellen dagegen, den Vorzugswert des Grundstücks, mit einem bestimmten Betrag (110 II 41 f.) in seiner Hand zurückbehalten, um ihn bei Gelegenheit auszunützen (116 II 582).[66]

67   **d. Die Ausnahmen vom Pfandstellensystem.** Es gibt deren zwei, von denen die eine nur bei besonderer Abrede, die andere schon kraft Gesetzes eintritt:[67]

68   1. Die Parteien können durch *Vereinbarung* festsetzen, dass bei Erledigung einer Pfandstelle ein *Nachrücken* erfolgt. Ein solcher Vertrag bedarf der öffentlichen Beurkundung (78[1] lit. g GBV)[68] und begründet zunächst einmal ein obligatorisches Nachrückungsrecht. Damit eine solche Vereinbarung «dingliche Wirkung» erhält, muss sie

---

66   Vgl. Dürr/Zollinger, ZüKomm, Art. 813 N 114 ff. Zur Beachtung der Pfandbelastungsgrenze bei der Besetzung leerer Pfandstellen vgl. hinten Anm. 82.

67   Vgl. zum Ganzen auch Thierry Dubois, La modification du rang des droits de gage immobiliers ensuite de convention de postposition (Lausanner Diss., Zürich 2003); derselbe, Le rang des droits de gage immobiliers (fixation et modification), ZBGR 91 (2010), 201 ff.

68   Man kann diesen Beurkundungszwang damit begründen, dass die Abrede eines Nachrückungsrechts einen subjektiv wesentlichen Punkt des Pfandvertrags darstellt (Art. 799 Abs. 2 ZGB), der die Stellung des Eigentümers erschwert (ähnlich Steinauer a.a.O. Nr. 2770 in fine; vgl. auch Leemann, BeKomm, Art. 799 N 46 und 59 sowie Art. 813/814 N 47; Trauffer/Schmid-Tschirren, BaKomm, Art. 799 N 12 und Art. 814 N 10; Dürr/Zollinger, ZüKomm, Art. 814 N 116 ff.). Dies gilt seit 1. Januar 2012 (statt bloss einfacher Schriftform) auch für die Anordnung eines Nachrückungsrechts zu Gunsten eines Eigentümerpfandrechts (Trauffer/Schmid-Tschirren, BaKomm, Art. 814 N 10 in fine).

im Grundbuch *vorgemerkt* werden (814³ ZGB; 78¹ lit. g GBV).[69] Auf diese in Aussicht stehende Besserung der Lage der Pfandgläubigerin werden die Parteien schon zum Vornherein (bei Festsetzung der Vertragsbedingungen) Rücksicht nehmen. In der Praxis sind solche Abreden, die das Prinzip der festen Pfandstelle ausschalten, sehr häufig. Ein Nachrücken hat vor allem Bedeutung, wenn das vorausgehende Grundpfandrecht nach Vertrag oder Gesetz amortisiert werden muss.[70]

Das eben beschriebene Nachrücken ist zu unterscheiden von der – ebenfalls zulässigen – sogenannten *Rangrücktrittserklärung* (Nachgangserklärung): Sie ist die Erklärung der im Rang an sich vorgehenden Pfandgläubigerinnen (oder der Inhaberinnen anderer beschränkter dinglicher Rechte), einem bestimmten, später errichteten Grundpfandrecht nachgehen zu wollen (119 III 35; vgl. auch 126 III 312 f.).[71] Eine solche Erklärung ist formfrei gültig (119 III 35 unten), doch muss die Anmeldung beim Grundbuchamt in Schriftform erfolgen (963¹ ZGB; 122¹ GBV; 110 II 41; BGer 7B.238/2005 E. 2.4 = ZBGR 87 [2006], 347 ff.).[72] 69

2. Die zweite Ausnahme gilt für die *Pfandverwertung* (815). Was soll in diesem Fall mit einer leeren oder nicht vollständig ausgenützten Stelle, was mit einem sich in der Hand des Eigentümers befindlichen Grundpfandtitel, was mit einem im Grundbuch eingetragenen, aber nicht benutzten Vorgang geschehen? Für diese Wertquoten des Grundstücks ist gar keine wirkliche Gläubigerin vorhanden. Wem soll also der ihnen entsprechende Erlös zukommen? Da sich diese Wertteile in der Hand des Eigentümers selbst befinden, wäre es an sich folgerichtig, ihm den daraus erzielten Erlös gutzuschreiben und die nachfolgenden Pfandgläubigerinnen in ihrer festen Stelle unverrückt zu lassen. Der Nutzen davon käme allerdings in der Regel der Konkursmasse zu (und damit den nicht hypothekarisch gesicherten Gläubigerinnen). Das wollte das ZGB vermeiden: Die leere Stelle wird bei der Verwertung einfach ausser Acht gelassen (vgl. auch 116 II 582; 129 III 249). In gleicher Weise wird mit nicht begebenen Eigentümertiteln verfahren; um unzulässigen Verfügungen vorzubeugen, sind diese sogar in Verwahrung zu 70

---

69 Vgl. hierzu Hans-Peter Friedrich, Der Rang der Grundstücksrechte, in ZBGR 58 (1977), 321 ff., insbesondere 331; Steinauer a.a.O. Nr. 2773 ff.; Dürr/Zollinger, ZüKomm, Art. 814 N 98 ff.; Denis Piotet, Le rôle du rang des droits de gage immobilier dans l'exécution forcée, in Michel Hottelier/Bénédict Foëx (Hrsg.), Les gages immobiliers – Constitution volontaire et réalisation forcée (Basel/Genf/München 1999), 155 ff., besonders 166 ff. – Selbst ein vorgemerktes Nachrückungsrecht erlaubt es der Berechtigten jedoch nicht, selber beim Grundbuchamt seine Eintragung auf der leer gewordenen Pfandstelle zu erwirken; sie darf nur (aber immerhin) vom Eigentümer eine entsprechende Anmeldung im Sinn von Art. 963 Abs. 1 verlangen und im Weigerungsfall – analog zu Art. 665 – auf gerichtliche Anordnung der Eintragung klagen (Steinauer a.a.O. Nr. 2774; Leemann, BeKomm, Art. 813/814 N 55 f.).

70 Von Gesetzes wegen wird das Nachrücken beim gesetzlichen Pfandrecht für Bodenverbesserungen im Sinn von Art. 821 Abs. 2 festgesetzt. Ein solches muss nach dem Gesagten (siehe vorne N 58) amortisiert, in Annuitäten getilgt werden, sofern die Bodenverbesserung ohne staatliche Subvention durchgeführt wird. Die nachfolgenden Pfandrechte rücken von selber nach.

71 Leemann, BeKomm, Art. 813/814 N 65 und 68; Friedrich a.a.O. 353 ff.; Steinauer a.a.O. Nr. 2764; Trauffer, BaKomm, Art. 812 N 14 ff.

72 Steinauer a.a.O. Nr. 2764 f.; Schmid-Hürlimann-Kaup a.a.O. Nr. 1573a.

nehmen (91 III 76). Die nachfolgenden Pfandgläubigerinnen rücken in die Lücke nach; der Erlös aus dieser Stelle kommt ihnen gemäss ihrem Rang zu.

71   Wir können also zusammenfassend sagen, dass das System der *freien Pfandstelle* Bedeutung hat für den Anfang, die *Begründung* von Pfandrechten; für die *Beendigung* (die *Verwertung* des Pfandes) gilt das entgegengesetzte System des *Nachrückens*.

V.   Weitere allgemeine Bestimmungen

72   Nur wenige Vorschriften, die beide Arten von Grundpfandrechten betreffen, konnten nicht im Zusammenhang mit dem ihnen gemeinsamen Sicherungszweck und den drei Grundprinzipien dargestellt werden. Einer besonderen Erwähnung bedürfen nur noch folgende Punkte:

73   **a. Massnahmen bei unauffindbarem Gläubiger und besondere Bevollmächtigte (Pfandhalterschaft),** Art. 823 und 850. Schon das bisherige Recht sah eine Beistandschaft oder (beim Schuldbrief) eine Pfandhalterschaft für besondere Situationen vor.[73] Die ZGB-Revision von 2009 hat diese Rechtsinstitute leicht angepasst und teilweise verallgemeinert:

74   1. Der für beide Grundpfandarten geltende Art. 823 über *Massnahmen bei unauffindbarem Gläubiger* regelt (in Anlehnung an Art. 666a und 781a; vorne § 100 N 38 f. und § 109 N 52) den Fall, da eine Grundpfandgläubigerin sich nicht identifizieren lässt oder ihr Wohnort unbekannt ist. Sieht in einem solchen Fall das Gesetz eine persönliche Betätigung der Gläubigerin vor und ist eine solche (etwa die Zustimmung zu einer Pfandentlassung oder eine Löschungsbewilligung nach Untergang der Forderung) dringend erforderlich, so kann das Gericht auf Antrag des Schuldners oder anderer Beteiligter die erforderlichen Massnahmen anordnen. Es kann namentlich einen Vertreter bestellen oder die erforderliche Zustimmungserklärung (etwa zu einer Pfandentlassung) selber erteilen.[74]

75   2. Nur für den Schuldbrief sieht Art. 850 die *Bestellung einer bevollmächtigten Person* bei Errichtung des Schuldbriefs vor.[75] Diese Person (im früheren Recht als «Pfandhalterin» bezeichnet) hat die Zahlungen zu leisten und zu empfangen, Mitteilungen entgegenzunehmen, Pfandentlassungen zu gewähren und ganz allgemein die Rechte der Gläubiger wie des Schuldners und Eigentümers mit aller Sorgfalt und Unparteilichkeit zu wahren (850^1) – weshalb man sie auch als Treuhänderin bezeichnen könnte.[76] Ihr Name ist im Grundbuch anzumerken und auf dem Pfandtitel aufzuführen (850^2 und 962a Ziff. 3 ZGB; 105^1 lit. a und 130^1 lit. c GBV), was den Vorteil bietet, dass

---

73   Vgl. Vorauflage § 111 N 64 ff.

74   BBl 2007, 5318; DÜRR/ZOLLINGER, ZüKomm, Art. 823 N 34 ff.

75   BBl 2007, 5324. Zu einem von der Praxis entwickelten Model der treuhänderischen Verwaltung von Register-Schuldbriefen vgl. hinten § 114 N 52, Anm. 52 in fine.

76   STAEHELIN, BaKomm, Art. 850 N 5; STEINAUER a.a.O. Nr. 3029 f.

diese Person keines besonderen Ausweises mehr bedarf. Fällt die Vollmacht dahin und können sich die Beteiligten nicht einigen, hat das Gericht die nötigen Anordnungen zu treffen (850³).

Eine besondere Bedeutung hat die bevollmächtigte Person, wenn einem Grund- 76
pfandschuldner eine ganze Anzahl von Gläubigerinnen gegenübersteht, zu deren Gunsten gleich lautende Titel in gleichem Rang auf das gleiche Grundpfand errichtet worden sind. Er ist hier als Vertreter jedes Einzelnen und der Gesamtheit tätig. So schreibt das Gesetz in Art. 875 Ziff. 1 die Bestellung eines Stellvertreters geradezu vor bei der Ausgabe von *Anleihensobligationen* – und zwar nicht nur, wenn sie durch Schuldbrief, sondern auch, wenn sie durch eine Grundpfandverschreibung gesichert werden (vgl. auch 105 GBV).

b. Die einseitige Ablösung von Grundpfandrechten. Die entsprechenden Regeln 77
sind im Abschnitt über die Grundpfandverschreibung (828–830) untergebracht; sie beziehen sich jedoch gemäss Art. 844 auch auf die Schuldbriefe. Es handelt sich demnach um Bestimmungen des allgemeinen Grundpfandrechts.

1. Die Regelung hat ihren Ursprung im Institut der sogenannten *«purge hypothécaire»* 78
(Hypothekenbereinigung) des französischen Rechts, die auch in den romanischen Kantonen bekannt war. Sie ist nicht von Bundesrechts wegen vorgeschrieben; ihre Einführung liegt vielmehr im Ermessen der Kantone. Von diesem echten Vorbehalt Gebrauch gemacht haben neben den romanischen Kantonen beispielsweise Bern, Glarus, Zug, Baselland und Graubünden.[77]

2. Die Art. 828–830 (zusammen mit den entsprechenden kantonalen Bestimmungen) 79
ermöglichen es dem Eigentümer, eine *übermässige Pfandbelastung* seines Grundstücks von sich aus – einseitig – abzuschütteln. Eine solche «privatrechtliche Expropriation der Pfandrechte»[78] kann aber nur jener Grundeigentümer durchführen, der ein mit Pfandrechten überlastetes Grundstück *erwirbt, ohne* für die Pfandschulden *persönlich* haftbar zu sein. Keine Ablösungsbefugnis haben demnach der Eigentümer, der die Pfandschulden übernommen hat, oder der Erwerber des Grundstücks, auf den die Schuld (kraft Erbfolge oder kraft Übernahme) übergegangen ist.

3. Das Verfahren besteht darin, dass der Grundeigentümer den Pfandgläubigerinnen 80
den für die Liegenschaft bezahlten Preis anbietet und ausbezahlt, worauf die Pfandrechte zu löschen sind. Bei unentgeltlichem Erwerb tritt an die Stelle des Preises der Betrag, auf den der Erwerber das Grundstück wertet (828¹).[79] Erforderlich ist eine Kündigung (828²); der Ablösungsbetrag wird unter die Gläubigerinnen entsprechend ihrem Rang verteilt (828³). Vielleicht erachten jedoch die Gläubigerinnen den gebotenen Ablösungsbetrag für zu niedrig oder befürchten unlautere Machenschaften, die darin bestehen könnten, dass ein persönlich haftender Grundeigentümer sein Grund-

---

77 Vgl. im Einzelnen die Übersichten bei Steinauer a.a.O. Nr. 2714, und Ernst/Zogg, BaKomm, Art. 828 N 3.

78 Leemann, BeKomm, Art. 828 N 1.

79 Ausführlich Steinauer a.a.O. Nr. 2714g ff., und Ernst/Zogg, BaKomm, Art. 828 N 13 ff.

stück zum Schein verkauft, damit der Käufer die Pfandrechte abschüttelt und es ihm nachher entlastet rückübereignet. Aus diesem Grund können sie nach Art. 829 die angebotene Summe zurückweisen, das Grundpfand zur öffentlichen Versteigerung bringen lassen und den dabei erzielten höheren Erlös beanspruchen. Es steht den Kantonen frei, die Versteigerung durch eine amtliche Schätzung zu ersetzen (830).

81 **c. Die Behandlung der Pfandrechte bei Güterzusammenlegungen,** Art. 802 ff. Die durch die eidgenössische und kantonale Gesetzgebung (siehe 703 und vorne § 102 N 81 f.) stark geförderte Güterzusammenlegung besteht darin, dass aus kleineren Parzellen, die in räumlicher Nähe liegen und verschiedenen Eigentümern gehören, grössere, zusammenhängende Grundstücke gebildet und einem (einzigen) Eigentümer zugewiesen werden. Dies bedingt nicht nur eine Änderung in den bisherigen Eigentumsverhältnissen, sondern auch eine Neuordnung der dinglichen Belastungen, welche jene Grundstücke betreffen, insbesondere der Grundpfandrechte.

82 Am einfachsten wäre es, wenn bei diesem Vorgang die bestehenden Pfandrechte *abbezahlt* und *getilgt,* und alsdann nötigenfalls neue auf die neu gebildeten Grundstücke gelegt würden. In der Tat gibt Art. 803 dem Pfandschuldner ein solches *Recht* zur Kündigung und Ablösung der Grundpfandrechte. Er mag davon vor allem Gebrauch machen, wenn die Hypothekarverhältnisse besonders verwickelt sind, so dass eine andere Regelung zu grossen Schwierigkeiten führt. Einen Zwang zur Ablösung dagegen hat das ZGB nicht festgesetzt. So besteht denn die Neuordnung für gewöhnlich darin, dass die Pfandrechte in ihrem Bestand, Betrag und Rang möglichst *erhalten,* aber von den früheren auf die neu gebildeten Grundstücke *verlegt werden*.

83 Diese Verlegung kann selbstverständlich durch *Vereinbarung* unter den Beteiligten geschehen. Kommt eine solche nicht zustande, so kann eine Verlegung der Gläubigerin auch *gegen ihren Willen* aufgezwungen werden – allerdings nur bei solchen Zusammenlegungen, die unter Aufsicht öffentlicher *Behörden* vorgenommen werden.[80] Der Gläubigerin erwächst daraus dann kein Nachteil, wenn die ihr zugewiesenen Pfänder den früheren gleichwertig sind oder wenn ihr für den Minderwert Geldersatz geboten wird. Im Einzelnen:

84 1. Die Grundpfandrechte, die auf den abzutretenden Grundstücken lasten, sind im bisherigen Rang auf die zum Ersatz zugewiesenen Grundstücke zu übertragen (802¹). Sie folgen also dem belasteten Grundeigentümer, machen den Gütertausch mit.[81]

---

80 Zur Anwendbarkeit von Art. 802 bei gewissen freiwilligen Güterzusammenlegungen vgl. Art. 101 Abs. 3 LwG (SR 910.1).

81 Wo soll ein Bauhandwerkerpfandrecht (mittelbares gesetzliches Grundpfandrecht) eingetragen werden, wenn der Bauherr über die ihm zugewiesene neue Liegenschaft noch nicht grundbuchlich verfügen kann? Gemäss 95 II 22 ff. hat in diesem Fall der Bauhandwerker die Eintragung auf den «alten» Parzellen vornehmen zu lassen mit dem Verlangen, dass die Übertragung auf das «neue» (von ihm bebaute) Grundstück vorgenommen wird, nachdem alle Grundbuchformalitäten erledigt sind (zum Bauhandwerkerpfandrecht vgl. allgemein hinten § 113 N 38 ff.).

2. In der Regel wird einem Grundeigentümer für *mehrere* Parzellen ein einziges (ent-   85
sprechend grösseres) Grundstück zugewiesen. Gemäss dem oben genannten Grundsatz werden die Pfandrechte, die die einzelnen Parzellen belastet haben, auf das Ersatz-
grundstück in seinem vollen Umfang verlegt. Wie soll aber die *Rangzuteilung* erfolgen,
wenn jene Parzellen nicht gleichmässig mit demselben Pfandrecht oder mit denselben
Pfandrechten beschwert sind, wenn die einen belastet, die anderen unbelastet sind,
oder wenn verschiedene Pfandrechte nur auf einzelnen Parzellen ruhen? Dass jede
Pfandgläubigerin die bisherige Rangziffer beibehält, ist hier offenkundig nicht möglich.
Vielmehr muss eine Neuordnung eintreten, bei der aber keiner von ihnen die bisherige
Pfandsicherheit geschmälert werden darf. Das Gesetz sorgt dafür mit der Bestimmung,
dass der bisherige Rang tunlichst zu wahren sei (802^2).

3. Der Güteraustausch lässt sich nicht immer so durchführen, dass jeder Eigentü-   86
mer Land von genau *demselben* Wert wie bis anhin zugewiesen erhält. Die *Wertun-
terschiede* sind in Geld auszugleichen. Solche Geldentschädigungen kommen grundsätzlich den Pfandgläubigerinnen, deren Pfandsicherung durch die Auswechslung der
Grundstücke verringert wird, nach ihrer Rangfolge zugute, und bei gleichgestellten
gemäss der Höhe der Forderungen (804^1). Sie dürfen deshalb ohne Einwilligung der
Gläubigerinnen gar *nicht ausbezahlt* werden – es sei denn, es handle sich um verhältnismässig geringfügige Summen (nicht mehr als 5 Prozent der Pfandforderung) oder
das neue Grundstück biete hinreichende Sicherheit (804^2; zur analogen Anwendung
von Art. 804 auf andere als in Art. 802 f. vorgesehene Fälle siehe 110 II 33 f.).

d. Die Belastungsgrenze. Grundsätzlich sind der Grundeigentümer bzw. die Par-   87
teien des Pfandvertrags frei im Entscheid darüber, wie hoch ein Grundstück belastet
werden soll. Wesentlichen Einfluss üben die tatsächlichen Marktverhältnisse aus. Für
gewisse Grundpfandarten und gewisse Grundstücke schreibt das Gesetz jedoch Belas-
tungshöchstgrenzen vor[82] – seit der ZGB-Revision von 2009 jedoch nur noch in der
Spezialgesetzgebung:[83]

Art. 798a verweist für die *Verpfändung von landwirtschaftlichen Grundstücken* auf das   88
BGBB.[84] Solche Grundstücke (vgl. 6 BGBB) dürfen grundsätzlich nur bis zur Belastungsgrenze, welche dem um 35 Prozent erhöhten Ertragswert entspricht, mit Grundpfandrechten belastet werden (73^1 BGBB). Zu beachten ist diese Grenze nicht bloss für
die Errichtung eines Grundpfandrechts, sondern auch für die Bestellung eines Faustpfandes an einem Grundpfandtitel und für die Wiederbelehnung eines abbezahlten

---

82 Die Besetzung einer leeren Pfandstelle mit einem neuen Pfandrecht kommt der Errichtung
    eines neuen Grundpfandes gleich; deshalb muss auch hier die Belastungsgrenze beachtet wer-
    den (116 II 580).

83 Zur Rechtslage vor dem 1. Januar 2012, als Belastungsgrenzen bei Schuldbriefen (kraft kantona-
    ler Anordnung) und bei Gülten (kraft Art. 848 a.F.) galten, vgl. Vorauflage § 111 N 80 f.

84 Vgl. die Literaturhinweise vorne § 102 Anm. 103; ferner MANUEL MÜLLER, Die Bestimmun-
    gen über die Zwangsverwertung von landwirtschaftlichen Gewerben und Grundstücken nach
    BGBB, in BlSchK 59 (1995), 81 ff.; TRAUFFER/SCHMID-TSCHIRREN, BaKomm, Art. 798a N 2 ff.;
    DÜRR, ZüKomm, Art. 798a N 7 ff.

Grundpfandtitels, über den der Eigentümer verfügen kann (Eigentümerschuldbrief; 73² BGBB). Es existieren Ausnahmen von der Belastungsgrenze (75 BGBB) und Fälle, in denen sie überschritten werden darf (76 ff. BGBB).

§ 113 Die Grundpfandverschreibung

Die Grundpfandverschreibung (l'hypothèque, l'ipoteca) ist in den Art. 824–841 spe- 1
ziell geregelt.[1] Sie beruht regelmässig auf einem (Pfand-)Vertrag der Beteiligten, kann
aber auch auf Gesetz gründen, also gegen den Willen des Grundeigentümers errichtet
werden. Von dieser Unterscheidung geht die folgende Darstellung aus (I. und II.). Ein
besonders wichtiger Fall einer (mittelbaren) gesetzlichen Grundpfandverschreibung –
das Bauhandwerkerpfandrecht – wird anschliessend (III.) separat behandelt.

I.   Die vertragliche Grundpfandverschreibung

a. Begriff und Aufgabe. Die Grundpfandverschreibung ist jenes Pfandrecht, durch 2
welches «eine beliebige, gegenwärtige oder zukünftige oder bloss mögliche Forderung
pfandrechtlich sichergestellt werden» kann (824[1]). Es dient mit anderen Worten (nur)
dazu, eine Forderung zu sichern (dieser Zweck dient als Auslegungshilfe: 108 II 412).
Die Aufgabe der Mobilisierung des Bodenwerts liegt ihm (grundsätzlich; vgl. hinten
N 26 f.) fern. Folgende Merkmale sind hervorzuheben:

1. Durch die Grundpfandverschreibung lässt sich eine *beliebige Forderung sichern*. Diese 3
kann demnach – in den Grenzen der Rechtsordnung, namentlich des Persönlichkeitsrechts[2] – alle möglichen Eigenschaften haben: bestimmt oder unbestimmt, bedingt
oder unbedingt, gegenwärtig oder künftig, beliebigen Gegenleistungen untergeordnet sein (824[1] und 825[1]). Nur muss ein bestimmter (maximaler) Betrag im Grundbuch
eingetragen werden (Prinzip der Spezialität).

2. Die Grundpfandverschreibung hat keine selbständige Existenz, sondern steht und 4
fällt mit der Forderung (also einer Verbindlichkeit, für welche der Schuldner persönlich haftet). Ist diese untergegangen, so kann der Eigentümer des belasteten Grundstücks von der Gläubigerin die Bewilligung der Löschung des Pfandrechts verlangen
(826)[3] und im Fall der Weigerung die Löschung klageweise erzwingen.[4] Diese «Abhän-

---

1   Vgl. auch BERNHARD TRAUFFER, Die Grundpfandverschreibung im Rechtsverkehr, in ZBGR
    79 (1998), 3 ff.
2   Ungültig ist nach 108 II 47 ff. die Begründung eines Pfandrechts für einen unbegrenzten Kreis
    zukünftiger Forderungen, da eine solche übermässige Bindung das Recht der Persönlichkeit im
    Sinn von Art. 27 verletzt (vgl. auch 120 II 38).
3   Gleiches gilt, wenn ein Ausweis über die Tilgung der Pfandschuld vorgelegt wird: 102 II 5. – Zu
    einem Fall nicht hundertprozentig gewährleisteter Konfusion zwischen Pfandgläubigerin und
    Grundeigentümerin vgl. 104 Ib 257 ff.
4   Im Gegensatz dazu hat beim Schuldbrief der Schuldner unter Umständen ein Interesse, dass der
    Titel trotz Bezahlung der Forderung nicht untergeht. Er kann daher nach Art. 853 Ziff. 2 verlan-
    gen, dass ihm der Titel (des Papier-Schuldbriefs) unentkräftet herausgegeben wird (vgl. hinten
    § 114 N 49).

gigkeit» der Grundpfandverschreibung von der gesicherten Forderung wird als *Akzessorietät* bezeichnet (88 II 425).[5]

5   3. Das verpfändete Grundstück braucht nicht Eigentum des Schuldners zu sein (824[2]). Möglich sind also *Drittpfandverhältnisse*.[6] So kann etwa ein Vater sein Grundstück verpfänden, damit die Bank seinem Sohn Kredit gewährt. Oder das Drittpfandverhältnis ergibt sich erst nachträglich, besonders dann, wenn der Eigentümer das pfandbelastete Grundstück veräussert (832[1]; dazu hinten N 17 ff.). Eine solche Spaltung zwischen Schuldpflicht und Eigentum am belasteten Grundstück schafft eine eigenartige, verwickelte Rechtslage: Der Eigentümer riskiert, für eine fremde Schuld die Zwangsvollstreckung in seine Liegenschaft dulden zu müssen. Dies sind nicht wünschenswerte Verhältnisse. Zu Gunsten des Eigentümers sowie zur Klärung und Liquidierung der Lage bestimmt das Gesetz Folgendes:

6   α. *Der Eigentümer kann der Zwangsvollstreckung dadurch zuvorkommen, dass er die Gläubigerin befriedigt,* also die Pfandschuld – sobald sie fällig ist – selbst *tilgt.* Die Forderung geht dann auf ihn über; er erlangt ein Pfandrecht an der eigenen Sache (827[2]; BGer 4A_70/2013 E. 2 und 5A_549/2014 E. 2.3; für gesetzliche Pfandrechte siehe 104 II 353 ff.; vgl. auch 110 Ziff. 1 OR).

7   β. Die *Kündigung* der Forderung durch die Gläubigerin ist nur dann wirksam, wenn sie nicht nur gegenüber dem Schuldner erfolgt, sondern auch gegenüber dem *Eigentümer,* der nicht Schuldner ist (831; BGer 4A_513/2010 E. 6.3 in Pra 2012, Nr. 39, S. 271 ff. [insoweit nicht in 137 III 453]).

8   γ. Der Erwerber eines Grundstücks, der nicht persönlich für die darauf lastenden Schulden haftbar ist, kann – sofern die kantonale Gesetzgebung dies gestattet – eine übermässige Belastung seines Grundstücks abwälzen, die Pfandrechte *einseitig ablösen* (828 ff.; vgl. vorne § 112 N 77 ff.).

9   δ. Schliesslich fördern die Art. 832 ff. die Entlastung des früheren Eigentümers und den Schuldübergang auf den Erwerber bei *Veräusserung* des belasteten Grundstücks (vgl. hinten N 17 ff.).

---

5   Vgl. auch OFTINGER/BÄR, ZüKomm, Art. 884 N 149 ff.; ZOBL/THURNHERR, BeKomm, Syst. Teil (vor Art. 884) N 245 ff.; DÜRR, ZüKomm, Syst. Teil (vor Art. 793) N 230; CHRISTIAN SCHÖBI, Die Akzessorietät der Nebenrechte von Forderungen … (Diss. Zürich 1990), 10 ff.; WOLFGANG WIEGAND, Die Grundpfandrechte – Die Konzeption des ZGB und ihre Entwicklung in der Praxis, in Wolfgang Wiegand (Hrsg.), Theorie und Praxis der Grundpfandrechte (Bern 1996), Berner Bankrechtstag Band 3, 63 ff., besonders 74 f. und 80 ff.

6   Zum Drittpfand PASCAL SIMONIUS, Probleme des Drittpfandes, in ZSR NF 98 (1979), I 359 ff.; DERSELBE, Das Drittpfand neben andern Pfändern, in BJM 29 (1982), 113 ff.; STEINAUER, Les droits réels III, Nr. 2809 und 2815 ff.; PASCAL SIMONIUS/THOMAS SUTTER, Schweizerisches Immobiliarsachenrecht II (Basel 1990), § 6 N 1 ff.; DÜRR, ZüKomm, Art. 799 N 243 ff. – Beachte auch Art. 178 Abs. 2 OR, Art. 153 Abs. 2 SchKG (dazu 127 III 116) sowie Art. 89 VZG (dazu 121 III 29 f.). Zum Fall, da das verpfändete Grundstück eine Familienwohnung im Sinn von Art. 169 ZGB darstellt, vgl. Art. 153 Abs. 2 lit. b SchKG und Art. 88 VZG, ferner BGer 5A_169/2010 E. 2.3 und LGVE 1999 I, Nr. 43, S. 91 ff.

4. Die Grundpfandverschreibung ist (grundsätzlich; vgl. hinten N 26 f.) *nicht in einem* 10 *Wertpapier* verkörpert. Zwar kann auch bei ihr die Gläubigerin ein Interesse daran haben, ein Schriftstück in den Händen zu halten, und die Ausstellung einer Urkunde über das errichtete Pfandrecht verlangen. Diese Urkunde ist jedoch kein Wertpapier, sondern ein einfaches *Beweismittel.* Sie besteht entweder in einem vom Grundbuchamt ausgestellten Auszug aus dem Grundbuch oder in einer Abschrift des öffentlich beurkundeten Pfandvertrags mit einem Vermerk des Grundbuchverwalters über die erfolgte Eintragung (825² und ³ ZGB; 144 und 149 GBV). In beiden Fällen hat die Gläubigerin nur einen Ausweis darüber in den Händen, dass zu einem bestimmten Zeitpunkt eine Grundpfandverschreibung in einem bestimmten Rang und über eine bestimmte Pfandsumme in das Grundbuch eingetragen wurde.[7] Dieser Ausweis ist nicht mehr wert als das bezeugte Recht selber, mit anderen Worten von dessen Bestand abhängig. Zur Übertragung einer Grundpfandverschreibung siehe hinten N 16.

5. Die *Wirkung des Grundbuchs,* sowohl die negative wie die positive, erstreckt sich – 11 dessen allgemeiner Bedeutung entsprechend – nur auf den dinglichen Rechtsbestand: auf das Pfandrecht, nicht auch auf das obligatorische Grundverhältnis (die Forderung). Das Pfandrecht entsteht mit der Eintragung und besteht formell bis zu dessen Löschung (vorne § 112 N 35). Die Forderung ist vom Eintrag unabhängig; sie wird durch ihn in Dasein, Umfang und Inhalt nicht berührt. Die Eintragung bewirkt für sie insbesondere auch keine Neuerung (Novation). Der Eintrag dient daher als *Beweis* und schafft eine Vermutung nur für den Bestand des Pfandrechts und für die dingliche Berechtigung der Pfandgläubigerin (937¹); er genügt dagegen nicht, um darzutun oder auch nur eine Vermutung dafür zu schaffen, dass die pfandgesicherte Forderung zu Recht besteht («dass die Hypothek einen realen Wert hat»).[8] Daran ändert auch die Ausstellung einer Urkunde nichts, da diese nichts weiter ist als ein Beweismittel für die erfolgte Eintragung.

Schliesslich begründet der Eintrag den *Vertrauensschutz* nur in Bezug auf das 12 Pfandrecht und nicht auch in Bezug auf die Forderung: Wer gutgläubig – im Vertrauen auf den Eintrag im Grundbuch – eine durch Grundpfandverschreibung gesicherte Forderung erwirbt, braucht die Einwendung nicht zu fürchten, das Pfandrecht bestehe nicht (973¹). Doch gilt dies nicht auch für die Forderung; sie wird durch den öffentlichen Glauben des Grundbuchs nicht gewährleistet (88 II 425). Demnach kann bei der Grundpfandverschreibung der Schuldner den Bestand und die Höhe der Forderung bestreiten. Das gleiche Recht steht auch dem allenfalls vom Schuldner verschiedenen Pfandeigentümer zu (88 II 425). Der Gläubigerin dienen zwar Schuldscheine, Empfangsbescheinigungen über ein erhaltenes Darlehen usw. und allenfalls der notarielle Pfandvertrag als Beweismittel für die Forderung. Schuldner und Pfandeigentü-

---

7 LEEMANN, BeKomm, Art. 825 N 6; ROLAND PFÄFFLI, Grundpfandverschreibung: Auswechslung der Forderung (Urteilsanmerkung zu BGE 108 II 47), recht 3 (1985), 35 ff., besonders 37.

8 In den Entwürfen war dies ausdrücklich festgehalten durch den Satz: «Der Bestand der Forderung wird durch den Eintrag nicht erwiesen» (vgl. etwa EUGEN HUBER, Erl. II 269 mit Hinweis auf Art. 813 Abs. 3 des Vorentwurfs).

mer können aber demgegenüber alle an sich zulässigen Einwendungen gegen die Forderung erheben, so etwa bei einer Verkäuferhypothek die Mängel des Kaufobjekts, bei einem Darlehen den Erlass der Forderung oder die Vornahme von Abschlagszahlungen. Da die Forderung keinen Publizitätsschutz geniesst, gilt dies nicht nur gegenüber der ursprünglichen Gläubigerin, sondern auch gegenüber der gutgläubigen Erwerberin der Forderung (88 II 425).

13 **b. Entstehung, Untergang, Übertragung.** Für Entstehung und Untergang gelten die allgemeinen Regeln (vorne § 112 N 35 ff.). Das bedeutet:

14 1. Die Grundpfandverschreibung *entsteht* – grundsätzlich – mit der Eintragung in das Grundbuch (799[1]).[9] Voraussetzung ist ein öffentlich beurkundetes Rechtsgeschäft auf Errichtung des Grundpfandrechts, meist ein Pfandvertrag (Pfanderrichtungsvertrag; 799[2]). Eine öffentliche Beurkundung ist auch erforderlich, wenn ein Pfandrecht vom Gesamtgrundstück (Stammparzelle) auf die Stockwerkeigentumsanteile verlegt werden soll (Pfandverlegung).[10] Auch bei Forderungen mit unbestimmtem oder wechselndem Betrag wird die Grundpfandverschreibung auf eine bestimmte Pfandstelle errichtet (825[1]).

15 2. Das Pfandrecht *geht* grundsätzlich mit der Löschung des Eintrags (sowie mit dem vollständigen Untergang des Grundstücks) *unter* (801[1]). Bei Untergang der Forderung hat der Pfandeigentümer nur (aber immerhin) einen Anspruch auf Bewilligung der Löschung (826; vgl. auch 114[3] OR; 102 II 1 ff.; 104 Ib 259).

16 3. Die *Übertragung* der Grundpfandverschreibung setzt die Forderungsübertragung voraus. Da (grundsätzlich) kein Wertpapier, sondern eine gewöhnliche, wenn auch pfandgesicherte Forderung vorliegt, müssen zur Übertragung der Forderung die Zessionsvorschriften (164 ff. OR) beachtet werden (88 II 425). Erforderlich, aber auch genügend ist demnach ein schriftlicher Abtretungsvertrag. Das Pfandrecht als Akzessorium folgt der Forderung ohne Weiteres (170[1] OR; 105 II 186 f.; BGer in ZBGR 61 [1980], 55 ff.).[11] Dazu ist weder ein Vermerk auf der Urkunde noch eine Eintragung im Grundbuch nötig (835; 104 Ib 259; 108 II 50 E. 4; 112 III 29). Das Grundbuch vermag

---

9   Zur Frage, ob die Errichtung eines Grundpfandrechts ein zustimmungsbedürftiges Geschäft nach Art. 169 ZGB (Schutz der Familienwohnung) darstellt, vgl. BGer 5A_169/2010 E. 2.3. Zur Entstehung einer Grundpfandverschreibung durch richterliches Urteil siehe 78 I 446 f. (mit Hinweis auf EUGEN HUBER, Erl. II 245) und STEINAUER a.a.O. Nr. 2690c; DÜRR, ZüKomm, Art. 799 N 76 ff. Zur Frage, ob Grundpfandrechte durch ordentliche Ersitzung erworben werden können, vgl. STEINAUER a.a.O. Nr. 2690a; DÜRR, ZüKomm, Art. 799 N 57 ff.

10 So LGVE 1985 I Nr. 9 = ZBGR 70 (1989), 280 f.; TRAUFFER/SCHMID-TSCHIRREN, BaKomm, Art. 799 N 14; STEINAUER a.a.O. Nr. 2698a mit Anm. 142; DÜRR, ZüKomm, Art. 799 N 288; anders aber MEIER-HAYOZ/REY, BeKomm, Art. 712d N 41 ff.

11 OFTINGER/BÄR, ZüKomm, Art. 884 N 162; SCHÖBI a.a.O. 38 ff.; STEINAUER a.a.O. Nr. 2633 und 2817 ff. – War die Zedentin nicht Gläubigerin oder nicht zur Verfügung über die Forderung befugt, so ist die «Zessionarin» durch das Pfandrecht nicht besser geschützt als ohne dieses Pfandrecht. Ebenso bleiben dem Schuldner nach Art. 169 OR sämtliche Einreden erhalten (100 II 324); der Grundbucheintrag des Pfandrechts schafft keine Vermutung für das Bestehen der gesicherten Forderung. Immerhin darf die Zessionarin nach Art. 973 Abs. 1 auf den

demnach über die Person der jeweiligen Gläubigerin keine sichere Auskunft zu geben (104 Ib 259). Der Grundbuchverwalter kann daher manchmal im Unklaren darüber sein, wem er als der Pfandgläubigerin eine Mitteilung zu machen hat, wie etwa von der Übernahme der Schuld durch den Erwerber des belasteten Grundstücks (834). Die Grundbuchverordnung sieht allerdings beim Papiergrundbuch ein *Gläubigerregister* als Hilfsregister (ohne Grundbuchwirkung) vor, in welches auf Antrag die jeweiligen Pfandgläubigerinnen eingetragen werden können (12^1 GBV).[12] Eine analoge Informationsfunktion erfüllt – ebenfalls ohne Grundbuchwirkung – ein entsprechender Eintrag in der Abteilung «Grundpfandrechte» (11^2 und 103 GBV). Die Parteien sind zwar nicht zur entsprechenden Eintragung verpflichtet. Doch darf der Grundbuchbeamte darauf vertrauen, dass die im Register bzw. im entsprechenden Eintrag angegebene Gläubigerin die wirkliche Gläubigerin ist, und muss keine weiteren Nachforschungen unternehmen (vgl. 40 II 598 und 103^3 GBV). Wohl aber hat gegebenenfalls das Betreibungsamt die Angaben des Grundbuchauszugs über die Person der Gläubigerin durch Befragung des Schuldners nachzuprüfen (28^2 VZG; 87 III 69 f.; 112 III 29; 116 III 87 f.). – Zur Frage, ob die Übertragung der Grundpfandverschreibung zur Sicherung einer anderen als der vorerst gesicherten Forderung zulässig ist, vgl. vorne § 112 Anm. 45.

c. Der Wechsel der Beteiligten bei Veräusserung. Wird das mit einer Grundpfandverschreibung belastete Grundstück veräussert,[13] so bleibt mangels einer gegenteiligen Abrede die Haftung des Grundpfandes und des Schuldners unverändert (832^1; 132 III 170); es entsteht alsdann ein Drittpfand (824^2; 101 II 330 und vorne N 5 ff.). Um solche Verhältnisse möglichst zu vermeiden, fördert das Gesetz in Art. 832 ff. jedoch die Entlassung des früheren Eigentümers und den Schuldenübergang auf den Erwerber. 17

1. *Zwei Verträge* verbinden sich in der Regel, um diesen Erfolg herbeizuführen (121 III 258 f.):[14] Den Anfang macht eine Abrede zwischen Veräusserer und Erwerber, wonach dieser die Schuld zu übernehmen erklärt (*interne Schuldübernahme,* vgl. 175 OR). Darauf folgt die Abrede zwischen dem Übernehmer und der Gläubigerin, wonach die Gläubigerin als neuen Schuldner den Übernehmer an Stelle des alten genehmigt (*externe Schuldübernahme,* vgl. 176 OR; für Drittpfänder beachte aber auch 178^2 OR). 18

2. Der interne Schuldübergang erfolgt demnach nicht schon von Gesetzes wegen, sondern nur kraft besonderer Abrede unter den Veräusserungsparteien (832^1).[15] Liegt aber eine solche Abrede vor (was regelmässig zutrifft), so *fördert das Gesetz die externe* 19

Bestand des im Grundbuch eingetragenen Pfandrechts vertrauen (Steinauer a.a.O. Nr. 2633 und vorne N 12).

12 Dem Gläubigerregister kommt keine Grundbuchwirkung zu (108 II 50; Steinauer a.a.O. Nr. 2817c).

13 Für den Fall eines Wechsels der Beteiligten infolge Zwangsvollstreckung siehe Art. 135 SchKG und Steinauer a.a.O. Nr. 2824 ff.; Ernst/Zogg, BaKomm, Art. 832 N 30 f.).

14 Zum Folgenden vgl. Steinauer a.a.O. Nr. 2822 ff.; Schmid-Hürlimann-Kaup, Sachenrecht, Nr. 1619 ff.; Ernst/Zogg, BaKomm, Art. 832 N 11 ff.; Spirig, ZüKomm, Art. 183 OR N 24 ff.

15 Ist dieser Veräusserungsvertrag ein Kauf, so muss nach herrschender Meinung die Abrede der internen Schuldübernahme als subjektiv wesentlicher Punkt öffentlich beurkundet wer-

Schuldübernahme in doppelter Weise: Zunächst verpflichtet es den Grundbuchverwalter, die Gläubigerin von der internen Übernahme der Schuld zu benachrichtigen, damit sie sich über den Beitritt schlüssig werden und sich aussprechen kann (834[1]). Die Gläubigerin kann sich nun gegen den verabredeten Wechsel in der Person des Schuldners wehren und (schriftlich) erklären, den früheren Eigentümer als Schuldner beibehalten zu wollen (Beibehaltungserklärung; 832[2]).[16] Sie wird dies tun, wenn der Erwerber des Grundstücks ihr weniger Garantien für die Zahlung von Kapital und Zinsen zu bieten scheint als der alte Eigentümer. Sie hat dafür ein Jahr Zeit, gerechnet von der Anzeige des Grundbuchverwalters an (834[2]). Schweigen wird als Zustimmung gedeutet. Die Schuldübernahme durch den Grundstückserwerber (und die Befreiung des früheren Eigentümers) wirkt alsdann auch gegenüber der Gläubigerin.[17] Durch eine derartige Auslegung des nicht erfolgten Widerspruchs – nämlich durch die *gesetzliche Vermutung* des Einverständnisses der Gläubigerin mit der internen Schuldübernahme – mindert das Gesetz die Situationen, in denen Schuldnerschaft und Eigentumsrecht am belasteten Grundstück infolge einer Veräusserung auseinanderfallen.

20   3. Die gleichen Regeln gelten bei der Veräusserung eines *Teilstücks* oder *einer von mehreren* mit dem gleichen Pfandrecht belasteten Liegenschaften (833[3]). Nur muss hier vorerst – ebenso wie bei einer *Zerstückelung* des Pfandobjekts – eine *Neuverteilung* der Pfandhaft auf die verschiedenen Parzellen erfolgen. Die Neuverteilung der Pfandhaft ist nach der Rechtsprechung zwingend und muss vom Grundbuchverwalter von Amtes wegen durchgeführt werden; nur die nähere Bestimmung, wie verteilt werden soll, steht den Parteien zu (155 GBV; 51 II 404 f.; 114 II 328; für das Bauhandwerkerpfandrecht siehe auch 119 II 421 ff.). Wurde nichts anderes vereinbart, so geschieht die Verteilung nach dem Verhältnis ihrer Wertbeträge (833[1]; 119 II 423).[18] Die Gläubigerin ist berechtigt, der Verteilung entgegenzutreten und die Abzahlung ihrer Forderung zu verlangen (833[2]).

21   **d.** Die wesentlichen **Unterschiede** der Grundpfandverschreibung **zum Schuldbrief** werden bei dessen Behandlung deutlich werden (hinten § 114). Im Sinn einer Übersicht lässt sich indessen schon hier Folgendes festhalten:

22   1. Während die Grundpfandverschreibung (grundsätzlich; hinten N 26 f.) ein reines Sicherungsmittel darstellt, ist der Schuldbrief ein Verkehrstitel: Durch ihn soll der *Bodenwert mobilisiert,* also eine umlauffähige Kapitalanlage geschaffen werden. Der Schuldbrief war daher (anders als die Grundpfandverschreibung) bis zum 1. Januar

---

den (LEEMANN, BeKomm, Art. 832 N 9; STEINAUER a.a.O. Nr. 2822b; ERNST/ZOGG, BaKomm, Art. 832 N 16; wohl auch BGer 5A.33/2006 E. 4).

16   Zu den möglichen Folgen einer solchen Beibehaltungserklärung siehe STEINAUER a.a.O. Nr. 2823b; ERNST/ZOGG, BaKomm, Art. 832 N 28; vgl. auch BGer 4C.329/2002 E. 2.1.

17   Die Regelung verhält sich also gerade anders als im Normalfall der Schuldübernahme, bei dem Stillschweigen der Gläubigerin als Verweigerung der Annahme des neuen Schuldners gilt: Art. 177 Abs. 1 OR.

18   Zulässig ist auch die Vereinbarung, wonach bei Teilung des Grundstücks die ganze Pfandhaft auf einen bestimmten Teil verlegt wird (68 II 202 f.).

2012 stets in einem umlauffähigen *Werttitel* verkörpert (856¹ a.F.), der ein *Wertpapier* darstellt: Der Schuldner verspricht, nicht ohne Vorweisung der Urkunde zu leisten; die Übertragung der Forderung und ihre Geltendmachung sind an den Besitz des Titels geknüpft (868¹ und 869¹ a.F.; vgl. auch 965 und 967 OR). Seit der ZGB-Revision von 2009 trifft dies auf den Papier-Schuldbrief (und die altrechtlichen Schuldbriefe) nach wie vor zu (860 ff.; hinten § 114 N 14). Daneben existiert ein (papierloser, lediglich im Grundbuch eingetragener) Register-Schuldbrief als Registerpfandrecht, das auf Grund seiner gesetzlichen Ausgestaltung einem Wertpapier nahekommt (857; hinten § 114 N 16)

2. Die Grundpfandverschreibung dient zur Sicherung aller möglichen Forderungen; 23 beim Schuldbrief dagegen muss die Forderung so beschaffen sein, dass sie *nicht* die *Verkehrsfähigkeit* des Titels *beschränkt* (846¹; vgl. hinten § 114 N 9).

3. Der Schuldbrief ist von dem ihm zugrunde liegenden Verhältnis losgelöst; er stellt 24 eine *abstrakte* Forderung (Schuldbriefforderung) dar. Die Grundpfandverschreibung dagegen hängt mit dem Grundverhältnis eng zusammen; sie ist *kausal*.¹⁹ Sodann stattet das Gesetz die Berechtigte aus Schuldbrief mit einem *besonderen Vertrauensschutz* aus, der sich sowohl auf das dingliche Recht wie auch auf die obligatorische Forderung bezieht (848 und 862; hinten § 114 N 17 ff.).

4. Aus den hier skizzierten Unterschieden ergibt sich eine gewisse *Arbeitsteilung* zwi- 25 schen der Grundpfandverschreibung (Sicherungshypothek) und dem Schuldbrief (Verkehrspfandrecht). Die Grundpfandverschreibung wird überall dort angewendet, wo nicht Verkehrsfunktionen zu erfüllen sind – ja wo man den Verkehr mit der grundversicherten Forderung geradezu verunmöglichen will (freilich unter Vorbehalt eines sogleich zu behandelnden Sonderfalls; N 26 f.). Ferner ist sie dort am Platz, wo nicht gerade einfache Rechtsverhältnisse vorliegen, sondern Schwankungen des Betrags (Kontokorrentkredit), Bedingungen und andere Verklausulierungen vorkommen.²⁰

e. Sonderfall: «Obligation mit Grundpfandverschreibung». In der Praxis hat sich ein 26 Urkundentyp mit dem Namen «Obligation mit Grundpfandverschreibung» («Hypothekarobligation»; «obligation hypothécaire») herausgebildet.²¹ Sie wird von Recht-

---

19   Zu den Vor- und Nachteilen der «kausalen» und der «abstrakten» Natur vgl. SCHMID/HÜRLIMANN-KAUP a.a.O. Nr. 1604b f. und 1820c.

20   Und schliesslich kommt einzig die Grundpfandverschreibung in Betracht, wo das Gesetz (unmittelbar) ein Grundpfandrecht oder (mittelbar) einen Anspruch darauf anordnet (siehe nachfolgend N 28 ff.).

21   Zur einseitigen, öffentlich beurkundeten Erklärung als Rechtsgrund siehe STEINAUER a.a.O. Nr. 2697b; DÜRR, ZüKomm, Art. 799 N 116; TRAUFFER, zit. in Anm. 1, 26. – Zum Ganzen vgl. auch URS PETER MÖCKLI, Das Eigentümergrundpfandrecht (Diss. Bern 2001), ASR 651, 73 ff., sowie die bundesrätliche Antwort zur Motion JOSSEN vom 5. Juni 2000 betreffend Wiederauszahlungsklausel für Inhaberobligationen mit Grundpfandverschreibung, Amtl. Bull. 2001 NR (Beilagen Frühjahrssession), 205 ff., und Amtl. Bull. 2001 NR, 290 f.

sprechung und Lehre – trotz gewissen Missbrauchsgefahren[22] – zugelassen, also nicht als Verstoss gegen Art. 793 Abs. 2 aufgefasst. Bisweilen enthält diese Urkunde allerdings bloss die private Schuldanerkennung des Hypothekarschuldners und die Bescheinigung über die Eintragung der Grundpfandverschreibung im Grundbuch (825[3] ZGB). In diesem Fall handelt es sich um eine schlichte *Beweisurkunde,* nicht um ein Wertpapier (103 IV 89).

27 Beinhaltet indessen die Schuldanerkennung eine Wertpapierklausel – das Versprechen des Schuldners, nicht ohne Vorweisung der Urkunde zu leisten (965 OR) –, so stellt die Obligation ein *Wertpapier* dar (77 II 364; 84 II 286 f.; 93 II 85; 100 II 322; 103 IV 89; 135 III 381).[23] Die Obligation mit Grundpfandverschreibung erfüllt dann eine ähnliche Funktion wie der (Papier-)Schuldbrief; anders als beim Schuldbrief (842[1]) wird jedoch das Pfandrecht selber nicht in der Urkunde verkörpert (135 III 381), und die anerkannte Forderung nimmt nicht am öffentlichen Glauben des Grundbuchs teil (100 II 322 und 325).[24] Ist die Hypothekarobligation als Inhaberpapier («Inhaberobligation mit Grundpfandverschreibung», «obligation hypothécaire au porteur») ausgestaltet, so profitiert der gutgläubige Erwerber von Art. 935; für den Schuldner gilt die Einredebeschränkung von Art. 979 OR (135 III 383).[25]

II. Die gesetzliche Grundpfandverschreibung

28 **a. Allgemeines.** Einzig Sicherungszwecke verfolgen die gesetzlichen Pfandrechte, bei denen das *Gesetz* eine Forderung derart privilegiert, dass es das Pfandrecht selbst schafft oder (zu Gunsten einer bestimmten berechtigten Person) einen Anspruch auf dessen Errichtung begründet. Das ZGB unterstellt daher das gesetzliche Grundpfandrecht in den Art. 836 ff. den Vorschriften über die *Grundpfandverschreibung;* in diesem Sinn gibt es keine «gesetzlichen» Schuldbriefe.

---

22 SCHMID/HÜRLIMANN-KAUP a.a.O. Nr. Nr. 1650 mit dem Hinweis, dass diese Rechtsfigur früher häufig in Situationen gewählt wurde, in denen eine Schuldbrieferrichtung wegen kantonaler Belastungsgrenzen nicht möglich war (Art. 843 Abs. 2 a.F.). Mit dem Dahinfallen der kantonalen Belastungsgrenzen für Schuldbriefe seit 1. Januar 2012 dürfte diese Motivation dahingefallen sein.

23 Wurde die Obligation mit Grundpfandverschreibung als *Inhaberpapier* im Sinn von Art. 978 Abs. 1 OR ausgestaltet, so ist darin die (einfache) Wertpapierklausel eingeschlossen: JÄGGI, ZüKomm, Art. 965 OR N 188, 248, 260 und besonders 285 (mit Hinweis auf 49 II 19 ff.) sowie Art. 978 OR N 10 ff. und 25. Vgl. dazu wiederum 84 II 286 f. und 77 II 364.

24 Vgl. dazu auch LGVE 1975 I Nr. 245 = ZBGR 61 (1980), 173 ff. und LGVE 1986 I Nr. 15; ZWR 1993, 213 ff.; JÄGGI, ZüKomm, Art. 965 OR N 285; STEINAUER a.a.O. Nr. 2633a und 2810c; DÜRR, ZüKomm, Syst. Teil (vor Art. 793) N 314 ff.; SIMONIUS/SUTTER a.a.O. § 5 N 13; SCHMID/HÜRLIMANN-KAUP a.a.O. Nr. 1645 ff.; PETER MOSER, Die Verpfändung von Grundpfandtiteln (Diss. Zürich 1989), 71 ff.

25 STEINAUER a.a.O. Nr. 2633a; DÜRR, ZüKomm, Syst. Teil (vor Art. 793) N 319.

b. Bereits behandelt (vgl. vorne § 112 N 40 und 45) haben wir die **unmittelbaren** 29 **gesetzlichen Pfandrechte,** bei denen in einer bestimmten, vom Gesetz umschriebenen Situation die Grundpfandverschreibung «automatisch» – ohne Eintragung in das Grundbuch und ohne Zutun einer Person – entsteht, wie in Art. 808 Abs. 3, 810 Abs. 2, 818 Abs. 1 Ziff. 2 und 3, 819 sowie 836 Abs. 2. Ebenfalls behandelt wurde der seit der ZGB-Revision von 2009 bestehende Schutz gutgläubiger Dritter bei Pfandrechten im Betrag von über 1000 Franken (vorne § 112 N 45 ff.).

c. Näher einzugehen ist im Folgenden demgegenüber noch auf die **mittelbaren gesetz-** 30 **lichen Pfandrechte** (vgl. vorne § 112 N 41 und 54): Hier gewährt das Gesetz gewissen Personen in einer bestimmten Situation einen *Anspruch auf Eintragung* einer Grundpfandverschreibung, wie in den Fällen von Art. 837 Abs. 1 (Verkäuferpfandrecht,[26] Pfandrecht der Miterben und Gemeinder, Bauhandwerkerpfandrecht; zum Letzteren siehe ausführlich hinten N 38 ff.), 712i (Pfandrechte beim Stockwerkeigentum; vorne § 101 N 61) und 779d, 779i und 779k (Pfandrechte beim Baurecht; vorne § 109 N 38 und 43; zu Art. 34 BGBB siehe hinten N 37). Das Verkäuferpfandrecht ist auch bei einem Verpfründungsvertrag anwendbar, sofern der Pfründer dem Pfrundgeber ein Grundstück übertragen hat (523 OR). Immer aber begründet das Gesetz in diesen Fällen einen blossen Eintragungsanspruch; davon zu unterscheiden ist der *dingliche Rechtserwerb,* der *erst mit der Eintragung* in das Grundbuch erfolgt (125 III 249; 138 III 135; vorne § 112 N 41). Beizufügen bleibt:

1. Der gesetzliche Anspruch auf Eintragung einer Grundpfandverschreibung (bzw. auf 31 Abgabe einer entsprechenden Eintragungsbewilligung) wird heute als *Realobligation* (vorne § 104 N 4 f.) aufgefasst:[27] Er richtet sich – als obligatorischer Anspruch, d.h. als Forderung – gegen eine dinglich bestimmte Person, nämlich gegen den jeweiligen Eigentümer des zu belastenden Grundstücks (grundlegend 92 II 230; ferner 116 II 682; 119 III 127; 134 III 150). Dieser muss die Eintragung erlauben bzw. dulden.

Die Grundbucheintragung kann laut der Rechtsprechung auch noch nach Kon- 32 kurseröffnung – unter Einhaltung der in Art. 838 f. vorgesehenen Fristen – erfolgen (95 II 31 und 228 f.; 119 III 125; vgl. hinten N 72).[28]

---

26 Vgl. dazu BERNHARD SCHNYDER, Vertragserfüllung und deren Sicherung in sachenrechtlicher Sicht, in Alfred Koller (Hrsg.), Der Grundstückkauf (2. A. Bern 2001), 131 ff., besonders 164 ff.; LEEMANN, BeKomm, Art. 837 N 5 ff.; STEINAUER a.a.O. Nr. 2835 f.

27 Vgl. dazu LIVER, Die Begründung des Bauhandwerkerpfandrechts, in ZBJV 98 (1962), 209 ff.; SCHMID/HÜRLIMANN-KAUP a.a.O. Nr. 1677 ff. (mit Kritik in Nr. 1679 und 1732).

28 Zustimmend für das Verkäuferpfandrecht SCHNYDER a.a.O. 166; generell zustimmend STEINAUER a.a.O. Nr. 2845a: ablehnend PIOTET, zit. in Anm. 33, 8 f.

33 2. Auf die gesetzlichen Ansprüche nach Art. 837 Abs. 1 kann der Berechtigte *nicht zum Voraus verzichten* (837³);²⁹ der Sicherungszweck könnte sonst vereitelt werden.³⁰

34 3. Die Ansprüche müssen *innert bestimmter Frist* geltend gemacht (bzw. im Grundbuch zur vorläufigen Eintragung gebracht) werden. Diese Frist beträgt für die Tatbestände von Art. 837 Abs. 1 Ziff. 1 und 2 *drei Monate* (838; vgl. auch 779d³), für das Bauhandwerkerpfandrecht (seit 1. Januar 2012) *vier Monate* (839²; hinten N 65). Sie beginnt für den Verkäufer, Miterben oder Gemeinder mit der Eigentumsübertragung (bei rechtsgeschäftlicher Übertragung mit der Tagebucheinschreibung: 74 II 231; 118 II 121; 138 III 516),³¹ für jeden Baugläubiger mit der Vollendung seiner Arbeit (dazu hinten N 65). Werden die Gläubigerinnen innerhalb dieser üblichen Zahlungsfrist nicht bezahlt, so haben sie Grund, an der Sicherheit ihres Guthabens zu zweifeln und durch Begehren der Eintragung Vorsorge zu treffen (vgl. 40 II 24). Ist der Anspruch bestritten, so kann die berechtigte Person auf Grund von Art. 961 innert der erwähnten Frist eine vorläufige Eintragung verlangen, die ihren Anspruch auf spätere definitive Eintragung wahrt (vgl. auch 76³ GBV; BGer 5A_420/2014 E. 3.1).

35 4. Bei *landwirtschaftlichen Gewerben oder Grundstücken* ist auf verschiedene Besonderheiten Rücksicht zu nehmen (vgl. auch 798a):

36 α. Aufmerksamkeit verdient zunächst die *Pfandbelastungsgrenze* von Art. 73 ff. BGBB (vorne § 112 N 88). Doch lässt Art. 75 Abs. 2 BGBB immerhin eine vorläufige Eintragung nach Art. 837 und 961 Abs. 1 Ziff. 1 ohne Rücksicht auf die Belastungsgrenze zu.

37 β. Zu beachten ist überdies *Art. 34 BGBB*. Diese Bestimmung gewährt den Miterben zur Sicherung ihres Gewinnanspruchs (28 ff. BGBB) ein mittelbares gesetzliches Pfandrecht am zugewiesenen Gewerbe oder Grundstück.³² Sie ist auch auf gewisse

---

29 Eugen Huber a.a.O. 281 weist darauf hin, dass die Regel der Unverzichtbarkeit «richtigerweise wohl für alle gesetzlichen Pfandrechte aufgestellt» werden sollte. Zu Art. 779d muss jedoch beachtet werden, dass ein genereller Verzicht auf die Entschädigung erlaubt ist (so ausdrücklich Art. 779e a.F.; vgl. etwa Isler/Costantini, BaKomm, Art. 779d N 2 und 13 ff.), weshalb auch ein (weniger weit gehender) Verzicht auf das Pfandrecht zulässig ist (Simonius/Sutter a.a.O. § 8 N 26).

30 Hingegen kann nachträglich – nach Entstehung des Eintragungsanspruchs – wirksam auf das Pfandrecht verzichtet werden (Steinauer a.a.O. Nr. 2846a).

31 Die Frist von drei Monaten ab Eigentumsübertragung am Grundstück gilt auch für das mittelbare gesetzliche Pfandrecht des Pfründers nach Art. 523 OR: Marc Schaetzle, BeKomm, Art. 523 OR N 6.

32 Dazu die bundesrätliche Botschaft in BBl 1988 III 1014 ff. mit Hinweis auf Eugen Huber, Erl. I 466, und Homberger, ZüKomm, Art. 959 N 65; ferner ausführlich Steinauer, Le droit au gain selon le nouveau droit foncier rural, in ZSR NF 113 (1994), I 11 ff., besonders 28 ff.; Yves Donzallaz, Commentaire de la loi fédérale du 4 octobre 1991 sur le nouveau droit foncier rural (Sion 1993), 114 ff.; Lorenz Strebel/Jean-Michel Henny, Kommentar zu Art. 34 BGBB N 1 ff., in Schweizerischer Bauernverband (Hrsg.), Das bäuerliche Bodenrecht – Kommentar zum Bundesgesetz über das bäuerliche Bodenrecht vom 4. Oktober 1991 (2. A. Brugg 2011); Jean-Michel Henny, Le droit des cohéritiers au gain des articles 28 et ss de la loi sur le droit foncier rural (LDFR), in ZBGR 76 (1995), 137 ff., besonders 142 ff.

andere Ansprüche anwendbar (37[4], 41[1] und 53 BGBB). Für solche gesetzlichen Grundpfandverschreibungen besteht keine Belastungsgrenze (75[1] lit. e BGBB). Art. 34 BGBB enthält sodann weitere wichtige Sonderregeln (beachte etwa 34[2] und [3] BGBB); subsidiär gelten die Regeln über das Bauhandwerkerpfandrecht (34[4] BGBB).

III.　Das Bauhandwerkerpfandrecht insbesondere

Von erheblicher praktischer Bedeutung ist das mittelbare gesetzliche Pfandrecht der   38
Handwerker oder Unternehmer nach Art. 837 Abs. 1 Ziff. 3, das Bauhandwerkerpfandrecht (l'hypothèque légale des artisans et entrepreneurs; l'ipoteca degli artigiani ed imprenditori).[33]

a. Der Grundgedanke. Die Personen, die zu einer Baute oder einem anderen auf   39
einem Grundstück errichteten Werk (wie Brücken, Elektrizitätsanlagen, Dämmen,

---

33　Vgl. ausführlich STEINAUER, Les droits réels III, Nr. 2855 ff.; SCHMID/HÜRLIMANN-KAUP a.a.O. Nr. 1692 ff. – Der praktischen Bedeutung entspricht eine umfangreiche Spezialliteratur, zum Beispiel (für ältere Literatur vgl. Vorauflage § 112 Anm. 32): TAMARA BERCHTOLD, Zur Revisionsbedürftigkeit des Bauhandwerkerpfandrechts und ein Vorschlag zur Neuformulierung von Art. 837 Abs. 1 Ziff. 3 ZGB (Diss. Zürich 2008), ZSPR 208; FRANÇOIS BOHNET (Hrsg.), Le nouveau droit de l'hypothèque légale des artisans et entrepreneurs – Fond et procédure (Basel 2012); ANDRÉ BRITSCHGI, Das belastete Grundstück beim Bauhandwerkerpfandrecht (Luzerner Diss., Zürich 2008), LBR 30; ANDREA ERMOTTI, La banque face à l'hypothèque légale des artisans et entrepreneurs – crédit de construction et surveillance du chantier (Freiburger Diss., Genf/Zürich 2012); PIERRE GAPANY, Hypothèques légales: La portée pratique des modifications du Code civil du 11 décembre 2009, JdT 2013 II, 72 ff.; ARTHUR MATHIS, Das Bauhandwerkerpfandrecht in der Gesamtüberbauung und im Stockwerkeigentum (St. Galler Diss., Bern/Stuttgart 1988); RUBEN PERREN, Der Vorrechtsanspruch des Bauhandwerkers i. S. v. Art. 841 ZGB, AJP 2006, 702 ff.; HEIDI PFISTER-INEICHEN, Das Vorrecht nach Art. 841 ZGB und die Haftung der Bank als Vorgangsgläubigerin (Diss. Freiburg 1991), AISUF 102; DENIS PIOTET, L'hypothèque légale des artisans et entrepreneurs: les principes, JdT 2010 II, 3 ff.; PETER REETZ, Bauhandwerkerpfandrecht, Verwaltungsvermögen und das neue Recht, BR/DC 2010, 120 ff.; JÜRG SCHMID, Bauhandwerkerpfandrecht: Praktische Hinweise zur Problemvermeidung, St. Galler Baurechtstagung 2004, 237 ff.; RAINER SCHUMACHER, Das Bauhandwerkerpfandrecht, Systematischer Aufbau (3. A. Zürich 2008), nachstehend zit. SCHUMACHER, Das Bauhandwerkerpfandrecht; DERSELBE, Das Bauhandwerkerpfandrecht, Ergänzungsband zur 3. Auflage (Zürich 2011), nachstehend zit. SCHUMACHER, Ergänzungsband; DERSELBE, Zur Revision des Bauhandwerkerpfandrechts: Intertemporales Recht, BN 2011, 1 ff.; CHRISTOPH THURNHERR, Das Bauhandwerkerpfandrecht – eine aktuelle Übersicht unter Berücksichtigung der Baukreditüberwachungspraxis der Banken, ZBJV 142 (2006), 909 ff.; DERSELBE, Das revidierte Bauhandwerkerpfandrecht – zu wenig Neues, aber noch mehr Problematisches?, ZBGR 93 (2012), 73 ff.; DIETER ZOBL, Das Bauhandwerkerpfandrecht de lege lata und de lege ferenda, in ZSR NF 101 (1982) II, 1 ff.; DIETER ZOBL/CHRISTOPH THURNHERR, Bauhandwerkerpfandrecht: Bemerkungen zum geltenden Recht sowie zum Revisionsentwurf, in FS für Karl Spühler (Zürich 2005), 481 ff. Zu Überlegungen de lege ferenda vgl. auch PETER GAUCH, Diskussionsvotum in ZSR NF 101 (1982) II, 692 ff. – Zu den Änderungen durch die ZGB-Revision von 2009 vgl. Botschaft BBl 2007, 5319 f.

aber auch Reparaturen und Erweiterungen) Material und Arbeit oder Arbeit allein
«liefern» – die sogenannten *Bauhandwerker* – werden nach der bei uns herrschenden
Übung regelmässig nicht zum Voraus bezahlt. Vielmehr beziehen sie ihre Vergütung
meist erst einige Zeit nach Fertigstellung der Arbeit (116 II 682).[34] Ihre Ansprüche können auch nicht durch Fahrnispfand oder Eigentumsvorbehalt gesichert werden, da
das von ihnen Erzeugte kein selbständiges Dasein erhält, sondern durch Einbau in die
Baute zu deren Bestandteil wird (116 II 682; «Akzessionsprinzip», s. vorne § 101 N 4).
Gefragt ist für die Bauhandwerker demnach ein anderer, *praktikabler Schutz*.

40   1. Dieser Schutz besteht zunächst und vor allem in einem *gesetzlichen Pfandrecht* (bzw.
im Anspruch auf Errichtung eines solchen) am einzelnen Grundstück, für das sie
Arbeit und Material verwendet haben (837[1] Ziff. 3).[35] Das Pfandrecht dient den Handwerkern nicht nur als Druckmittel zur Durchsetzung ihrer Forderungen, sondern
erlaubt es ihnen, sich bei Nichtzahlung auf dem Weg der Betreibung auf Pfandverwertung aus dem Erlös des Grundstücks bezahlt zu machen (816[1]; vorne § 112 N 17 ff.).
Unter den Bauhandwerkern, die solche Pfandrechte haben eintragen lassen, sieht das
Gesetz eine gewisse Gleichbehandlung vor (840; hinten N 74 ff.).

41   2. Aber selbst ein gesetzliches Pfandrecht wäre unter Umständen ungenügend. Würde
das Pfandrecht – das der Natur der Sache entsprechend erst nach Lieferung der Arbeit
entsteht – nach der gewöhnlichen Regelung den schon eingetragenen Grundpfandrechten einfach nachgehen, so bliebe in der Zwangsverwertung oft nichts oder zu
wenig übrig. Die Ansprüche der Bauhandwerker wären selbst dann gefährdet, wenn
der Eigentümer der Baute zur Bezahlung ihrer Arbeiten sich gegen grundpfändliche
Sicherung einen Baukredit einräumen liesse, da ja nichts ihnen Gewähr böte, dass die
ihm ausbezahlten Beträge zum genannten Zweck verwendet würden. Ihr Schutz ist nur
dann wirksam, wenn sie nicht nur ein gesetzliches Pfandrecht, sondern noch dazu ein
Vorrecht erhalten, gemäss welchem sie unter gewissen Voraussetzungen die den vorgehenden Pfandgläubigerinnen aus dem Ergebnis der Pfandversteigerung zukommende
Quote anfechten und zu ihrer eigenen Bezahlung in Anspruch nehmen können (841;
hinten N 60 ff. und 77 ff.).[36]

---

34   Vgl. auch Eugen Huber, Erl. II 277, der geltend macht, dass «die Gepflogenheiten und die Kon-
kurrenzverhältnisse im Handwerke» es dem Bauhandwerker verunmöglichen, Barzahlung zu
verlangen oder sich eine Sicherstellung auszubedingen. Diese Aussage trifft allerdings in heutiger Zeit nicht mehr uneingeschränkt zu; so sind namentlich Akontozahlungen des Bestellers
keineswegs unüblich (vgl. etwa Art. 144 ff. der SIA-Norm 118, «Allgemeine Bedingungen für
Bauarbeiten»). Dennoch hat der Gesetzgeber auch in der ZGB-Revision von 2009 an der Regelung festgehalten und die Stellung der Bauhandwerker noch verstärkt (Schmid/Hürlimann-
Kaup a.a.O. Nr. 1701).

35   Zur Entstehungsgeschichte vgl. Eugen Huber a.a.O. 276 f.; Schumacher, Das Bauhandwerkerpfandrecht, Nr. 62 (mit Hinweis auf dessen Vorauflage [2. A. 1982], Nr. 39 ff.); Schmid/Hür-
limann-Kaup a.a.O. Nr. 1696.

36   Zur Entstehungsgeschichte des Vorrechts vgl. Eugen Huber a.a.O. 278 f.; Pfister-Ineichen
a.a.O. 66 ff.

Die Bevorzugung der Baugläubiger gegenüber den anderen Pfandgläubigerin- 42
nen findet ihre *Rechtfertigung* darin, dass die Baugläubiger durch Arbeit und Material-
lieferung einen *Mehrwert* geschaffen haben (117 II 568; 119 II 425; 131 III 303), der
ihnen ohne unbillige Benachteiligung der schon bestehenden Pfandrechte überlassen
werden muss – zumal er häufig geradezu eine Verstärkung der Sicherheit dieser Letzteren bedeutet.[37]

b. Die Voraussetzungen. Pfandrecht und Privileg (Vorrecht) sind nicht immer und 43
unbedingt miteinander verbunden; das Recht kann ohne das Privileg vorkommen.
Deshalb muss unterschieden werden zwischen den Voraussetzungen, von denen das
gesetzliche *Pfandrecht als solches* abhängt, und jenen weiteren, an die dessen *Vorzugsstellung* anderen Grundpfandrechten gegenüber geknüpft ist.

aa. Drei **Voraussetzungen für die Errichtung des Pfandrechts** sind zu nennen: ers- 44
tens eine bestimmte Forderung eines Handwerkers oder Unternehmers, zweitens ein
als Pfandobjekt taugliches Grundstück und drittens (negativ) das Fehlen einer anderen Sicherheit.[38] Im Einzelnen:

1. Erforderlich ist zunächst eine *Forderung eines Handwerkers oder Unternehmers* 45
(hierzu 102 II 210 f.), die einen ganz bestimmten «Grund» hat: Sie muss sich grundsätzlich aus Lieferung von Arbeit oder von Material und Arbeit für eine Baute[39] oder
ein anderes Werk (vgl. 76 II 138) ableiten. Seit dem 1. Januar 2012 kann die Arbeits-
und Materialleistung des Handwerkers auch «zu Abbrucharbeiten, zum Gerüstbau,
zur Baugrubensicherung oder dergleichen» erfolgt sein.[40] Zur Verdeutlichung bleibt
ein Mehrfaches beizufügen:

α. Im praktisch weitaus häufigsten Fall beruht die Forderung der Bauhandwerker auf 46
einem Werkvertrag.[41] Die gesetzliche Voraussetzung erfüllt aber auch eine Entschä-

---

37 Die Wertvermehrung (und die sicherungsmässige Beteiligung der Bauhandwerker an diesem
   Mehrwert) ist demnach eine grundlegende Idee des Bauhandwerkerpfandrechts, die auch als
   Richtschnur bei der Auslegung dienlich sein kann (SCHUMACHER, Das Bauhandwerkerpfand-
   recht, Nr. 105 ff.; vgl. auch 136 III 10).

38 Im Weiteren wird der Anspruch des Bauhandwerkers durch das Verbot des Rechtsmissbrauchs
   beschränkt: 126 III 511 unten; SCHUMACHER, BR/DC 2001, 176 rechte Spalte.

39 Ungenügend ist die Lieferung von Arbeit und Material für eine Fahrnisbaute (92 II 230 ff.) oder
   für Zugehör (BJM 28 [1981], 138 ff.; STEINAUER a.a.O. Nr. 2872b; SCHUMACHER, Das Bauhandwerkerpfandrecht, Nr. 415 f.).

40 Zur Revision SCHUMACHER, Ergänzungsband, Nr. 113 ff.; SCHMID/HÜRLIMANN-KAUP a.a.O.
   Nr. 1707a f.; STEINAUER a.a.O. Nr. 2873 ff.; JÖRG SCHMID, Neuerungen im Grundpfandrecht, in
   Jürg Schmid (Hrsg.), Die Dienstbarkeiten und das neue Schuldbriefrecht (Zürich 2012), 205 ff.,
   besonders 226 ff. Zur Entstehungsgeschichte vgl. Amtl.Bull. StR 2008, 416 und 419 (Voten Janiak
   und Bundesrätin Widmer-Schlumpf). – Zur Praxis des Bundesgerichts zum Gerüstbau nach
   altem Recht vgl. 131 III 304 f. sowie 136 III 6 ff. und dazu kritisch SCHUMACHER, Kein Bauhandwerkerpfandrecht beim Gerüstebau?, BR/DC 2005, 163 ff.

41 Hat indessen der Handwerker seine Werklohnforderung an eine Drittperson (etwa an eine
   Bank) zediert, so ist nur die Zessionarin zur Geltendmachung des Pfandrechts aktivlegitimiert;
   beantragt der Handwerker selber nach erfolgter Zession ein Bauhandwerkerpfandrecht und

digung, welche einem Bauhandwerker nach Art. 672 Abs. 1 zusteht – jedenfalls dann, wenn er gutgläubig war (95 II 228 f.; 134 III 150).[42] Hingegen scheiden jene Gläubiger aus, die nur Material geliefert haben (53 II 473; 131 III 303; BGer 5D_116/2014 E. 5.2.1).[43] Dazu gehören auch Sachen, die der Lieferant selbst als vertretbare Sachen (z.B. Ziegel) hergestellt hat (103 II 35). Dagegen ist ein Pfandrecht gegeben bei Lieferung von eigens für den Bau hergestellten und angepassten Sachen (72 II 349), die aus diesem Grund sonst nicht oder nur schwer verwendbar sind (103 II 35; 131 III 303 f.; 136 III 11; BGer 5D_116/2014 E. 5.2.1), demgemäss auch für Frischbeton (104 II 351 ff.) oder für entsprechend bearbeitete Armierungseisen (103 II 36 ff.) bzw. für eine eigens für einen Betrieb errichtete Tankanlage (106 II 335, 338 ff.).

47   Seit dem 1. Januar 2012 spricht der Gesetzestext von Arbeits- und Materialleistungen der Handwerker zu Bauten oder anderen Werken, aber auch «zu Abbrucharbeiten, zum Gerüstbau, zur Baugrubensicherung oder dergleichen». Pfandschutz geniessen demnach auch Leistungen, die den Abbrucharbeiten, dem Gerüstbau und der Baugrubensicherung wertungsmässig ähnlich sind. In Betracht kommen etwa Aushub- und Entsorgungsarbeiten, aber auch der Auf- und Abbau eines Baukrans.[44] Dabei ist eine gewisse Zurückhaltung am Platz, damit der Pfandschutz – der ja immer zu Lasten des betroffenen Grundeigentümers geht – nicht ausufert.[45]

48   β. Als Handwerker im Sinn von Art. 837 Abs. 1 Ziff. 3 versteht man nur jene, die *selbständig* (als «Meister») auf Grund eines Werkvertrags sich verpflichten – nicht auch die Arbeiter, Gesellen und Handlanger, die im Arbeitsverhältnis zu den Meistern stehen. Die Arbeiter sind (anders als selbständig tätige Bauhandwerker) nämlich nicht gezwungen, auf längere Zeit Kredit zu gewähren, und sie sind bereits durch ein Konkursprivileg geschützt (219[4] und 146 SchKG).

49   γ. Anderes gilt für die *Subunternehmer* (Unterakkordanten), d.h. für die Bauhandwerker, die sich nicht gegenüber dem Grundeigentümer, sondern gegenüber einem

---

wird die fehlende Aktivlegitimation nicht vor Ablauf der Viermonatsfrist (hinten N 65 ff.) entdeckt und geheilt, so ist der Anspruch auf Errichtung des Pfandrechts verwirkt (SCHUMACHER, Das Bauhandwerkerpfandrecht, Nr. 543 ff.; SCHMID/HÜRLIMANN-KAUP a.a.O. Nr. 1719; LGVE 1987 I Nr. 9, S. 24 f.).

42   Siehe hierzu PIOTET in JdT 118 (1970), I 130 ff. und in SJZ 71 (1975), 17 ff.; vgl. auch SCHUMACHER, Das Bauhandwerkerpfandrecht, Nr. 497 ff.; DERSELBE, Anmerkung in BR/DC 2008, Nr. 156, 78 ff.

43   Blosse Materiallieferungen sind aber immerhin dann pfandgeschützt, wenn sie von einem Unternehmer geleistet werden, der zugleich auch typische pfandgeschützte Leistungen erbracht hat: 125 III 115; SCHUMACHER, Das Bauhandwerkerpfandrecht, Nr. 295 und 301.

44   SCHMID/HÜRLIMANN-KAUP a.a.O. Nr. 1707b; ähnlich STEINAUER a.a.O. Nr. 2874a; zum Baukran: bejahend (ausser den Genannten) REETZ, zit. in Anm. 33, 122, verneinend SCHUMACHER, Ergänzungsband, Nr. 176, und THURNHERR, ZBGR 2012 (zit. in Anm. 33), 80.

45   SCHUMACHER, Ergänzungsband, Nr. 153 ff.; SCHMID/HÜRLIMANN-KAUP a.a.O. Nr. 1707b; STEINAUER a.a.O. Nr. 2877a; THURNHERR, ZBGR 2012 (zit. in Anm. 33), 78. Zu weitgehend das Obiter dictum in 136 III 13 (E. 6); stark ausweitend demgegenüber MATTHIAS STREIFF, Das neue Bauhandwerkerpfandrecht …, Wetzikon/Zürich 2011, 47 ff.

Generalunternehmer zu einer Werkleistung verpflichtet haben (etwa für einen Schreinermeister, dem der Bauunternehmer – der dem Grundeigentümer gegenüber die Erstellung eines Hauses schuldet – die Schreinerarbeiten übertragen hat). Diese sogenannten *mittelbaren* Baugläubiger geniessen den Schutz des Gesetzes ebenfalls (837¹ Ziff. 3 in fine: «… oder einen Handwerker oder Unternehmer … zum Schuldner haben»; 120 II 216; 126 III 473; 136 III 19)⁴⁶ – nach der Rechtsprechung des Bundesgerichts sogar dann, wenn der Eigentümer des Grundstücks den Generalunternehmer bereits bezahlt hat (95 II 87 ff.; 136 III 19).⁴⁷ – Nach vorherrschender Meinung ist die Eintragung sodann auch gegen den *Dritterwerber* des Grundstücks möglich.⁴⁸

δ. Ein Bauhandwerkerpfandrecht kann unter Umständen auch eingetragen werden, 50 wenn der «Auftrag» zum Bau von einem *Mieter* ausging. Diese umstrittene Frage wurde schon vor der ZGB-Revision 2009 vom Bundesgericht unter gewissen Voraussetzungen bejaht.⁴⁹ Seit dem 1. Januar 2012 sieht Art. 837 Abs. 1 Ziff. 3 ausdrücklich vor, dass die Bauhandwerker auch dann einen Anspruch auf Errichtung eines gesetzlichen

---

46 Zu den Rechtsbehelfen des Bestellers, dessen Grundstück mit Bauhandwerkerpfandrechten von Subunternehmern belastet wird, vgl. 116 II 537 (besprochen von Schumacher in BR/DC 1992, 104); 104 II 354 f.; Nicolas Saviaux, La double garantie en matière d'hypothèque légale des artisans et entrepreneurs, in BR/DC 1999, 91 ff.

47 Der Grundeigentümer kann sich gegen die Gefahr einer doppelten Bezahlung wappnen, indem er sich vorbehält, auf Weisung des Generalunternehmers die Subunternehmer selbst zu bezahlen, oder einen Dritten (z.B. eine Bank) fiduziarisch damit beauftragt. Eine dritte Möglichkeit besteht darin, dass er den Generalunternehmer erst dann ausbezahlt, wenn dieser den Nachweis erbracht hat, die Subunternehmer abgefunden zu haben (95 II 87 ff.; vgl. auch 136 III 19). Das Bundesgericht betrachtet allerdings diese gesetzliche Regelung als unbefriedigend (BGE 95 II 92). Zum Risiko und zum «Schutz gegen Doppelzahlung» siehe Schumacher, Das Bauhandwerkerpfandrecht, Nr. 236 ff. und 977 ff.; Rainer Saxer, Der Subunternehmer und sein Vertrag (Freiburger Diss., Zürich 1999), 152 ff.; Berchtold, zit. in Anm. 33, 65 ff. – Nach der hier vertretenen Auffassung verdient die skizzierte Bundesgerichtspraxis jedenfalls insoweit keine Zustimmung, als der Grundeigentümer (Bauherr) den Generalunternehmer gutgläubig bezahlt hat (Peter Gauch, Der Werkvertrag [5. A. Zürich 2011], Nr. 185 f.; Schmid/Hürlimann-Kaup a.a.O. Nr. 1715 f.; vgl. auch Piotet, zit. in Anm. 33, 10; Frage offengelassen in LGVE 2006 I Nr. 13, 22 ff. E. 3.2 = ZBJV 143 [2007], 293 ff. [Luzerner Obergericht]); a. M. Rainer Schumacher, Schützt «guter Glaube» vor dem Bauhandwerkerpfandrecht?, ZSR 132 (2013) I, 539 ff.

48 So schon Eugen Huber a.a.O. 280 f. Kritisch Gauch a.a.O. Nr. 1305 ff. (ähnlich derselbe, Diskussionsvotum in ZSR NF 101 [1982], II 695 f.; Schmid/Hürlimann-Kaup a.a.O. Nr. 1732); Frage offengelassen in 126 III 511. Zutreffend ist auf jeden Fall die Kritik Gauchs an der Begründung dieser Lehre mit deren Hinweis auf den realobligatorischen Charakter des Errichtungsanspruchs. Wo der Anspruch besteht, liegt eine Realobligation vor. Aber nicht: Weil er (hier oder dort) Realobligation ist, besteht er in allen möglichen Konstellationen! Ohne begriffsjuristische Argumentation 95 II 229 und 116 II 682 (problematisch demgegenüber wiederum 134 III 150). – Zur Belehrungspflicht der Urkundsperson bezüglich möglicher Bauhandwerkerpfandrechte vgl. Christian Brückner, Schweizerisches Beurkundungsrecht (Zürich 1993), Nr. 2486 und 2496.

49 Das Bundesgericht verlangte dafür, dass die vom Mieter bestellten Arbeiten mit Zustimmung des Vermieters erfolgten und zu einem dauernden Mehrwert geführt hatten; die Frage der Mehrwertschöpfung war hierbei nach einem «objektiven Massstab» zu beantworten; geprüft werden musste demnach, «ob die in Frage stehenden Arbeiten nach dem gewöhnlichen Lauf der

Pfandrechts haben, wenn sie einen Mieter, Pächter oder eine andere am Grundstück berechtigte Person (z.B. eine Nutzniesserin oder Wohnberechtigte) zum Schuldner haben. Doch besteht in diesen Fällen der Anspruch nur dann, wenn der Grundeigentümer seine Zustimmung zur Ausführung der Arbeiten erteilt hat (837²).⁵⁰ Diese Zustimmung muss nicht schriftlich erfolgen (zum alten Recht BGer 5C.208/2004 E. 4.3 und 4.4 = ZBGR 88 [2007], 220 ff.).

51   ε. Keinen Anspruch auf ein Bauhandwerkerpfandrecht haben nach bundesgerichtlicher Rechtsprechung die Architekten (65 II 1 f.; 119 II 426 ff.; 131 III 303 und 305).⁵¹

52   2. Ein Bauhandwerkerpfandrecht muss errichtet werden zu Lasten des *Grundstücks,* für welches die Arbeit oder das Material geleistet worden ist (837¹ Ziff. 3: «… an diesem Grundstücke …»; 117 II 568; 119 II 425). Dazu lässt sich Folgendes festhalten:

53   α. Die genannte Regel gilt als *Ausfluss des Spezialitätsprinzips* – namentlich auch dann, wenn für mehrere Grundstücke (102 Ia 85 f. und BGer 5A_924/2014 E. 4.1.3.1: grundsätzlicher Ausschluss des Gesamtpfandrechts trotz einheitlichem Werkvertrag; vgl. auch 119 II 425)⁵² oder für Stockwerkeinheiten (112 II 214 ff.; 125 III 117; 126 III 464; BGer 5A_924/2014 E. 4.1.3.2)⁵³ Leistungen erbracht worden sind.⁵⁴ Bestehen auf einer Stockwerkeinheit bereits Grundpfänder oder Grundlasten, so kann das Gesamtgrundstück nicht mehr mit einem Bauhandwerkerpfandrecht belastet werden; Letzteres ist

---

Dinge geeignet seien, den Wert der betreffenden Liegenschaft zu erhöhen» (116 II 683; übereinstimmend 126 III 507; BGer 5C.208/2004 E. 3 = ZBGR 88 [2007], 220 ff.; 134 III 150).

50   BBl 2007, 5320, wo ausser der Nutzniesserin und Wohnberechtigten auch eine künftige Erwerberin des Grundstücks genannt wird; ausführlich zur Zustimmung SCHUMACHER, Ergänzungsband, Nr. 21 ff. – Zur vertraglich vereinbarten Pflicht des Mieters, allfällige Bauhandwerkerpfandrechte sofort löschen zu lassen, vgl. 123 III 124 ff. und SCHUMACHER, BR/DC 1997, 132.

51   Ebenso (zum neuen Recht) ZR 113 (2014), Nr. 80, S. 271 ff., E. IV (Zürcher Obergericht). Zustimmend mit Hinweisen auf andere Meinungen GAUCH a.a.O. Nr. 1308 (so schon DERSELBE, Diskussionsvotum in ZSR NF 101 [1982], II 692 ff.); STEINAUER a.a.O. Nr. 2865. Vgl. auch die (gleich lautende) Auffassung des Bundesrates in BBl 1947 II 16 unten sowie LEEMANN, BeKomm, Art. 837 N 42.

52   Zum Ausschluss des Gesamtpfandes vgl. auch LGVE 1986 I Nr. 5, S. 6 = ZBGR 71 (1990), 156 f. Zum Ganzen siehe KAPPELER, Das Bauhandwerkerpfandrecht bei Gesamtüberbauungen – insbesondere die Dreimonatsfrist nach Art. 839 Abs. 2 ZGB, in ZBGR 57 (1976), 257 ff., sowie die in Anm. 33 zitierten Dissertationen von MATHIS und BRITSCHGI.

53   Vgl. dazu MATHIS a.a.O. 24 ff.; SCHUMACHER, Das Bauhandwerkerpfandrecht, Nr. 772 ff.; DERSELBE, Stockwerkeigentum und Bauhandwerkerpfandrecht: Komplexitätsfallen, in Amédéo Wermelinger (Hrsg.), Luzerner Tag des Stockwerkeigentums 2013 (Bern 2013), 65 ff.; DERSELBE, Bauhandwerkerpfandrecht und Stockwerkeigentum: eine besondere Herausforderung an den Grundbuchverwalter, ZBGR 95 (2014), 1 ff.; STEINAUER a.a.O. Nr. 2880 ff.

54   Zur Frage, ob im Verfahren betreffend vorläufige Eintragung allenfalls weniger strenge Anforderungen gelten, vgl. BGer 5A_924/2014 E. 4.1.4 und 4.2. Zum Fall der Güterzusammenlegung vgl. 95 II 22 ff. Für im Baurecht errichtete Gebäude vgl. BRITSCHGI, zit. in Anm. 33, 119 ff. – Zum Recht der Bauhandwerker auf Einsichtnahme in das Grundbuch siehe 112 Ib 482 ff. und vorne § 94 N 51.

vielmehr auf die Stockwerkeinheiten zu verteilen (648³ ZGB; 113 II 157 ff.; 126 III 464; 5A_299/2014 E. 4; BGer 5A_924/2014 E. 4.1.3.2).

β. Das Pfandrecht lässt sich sodann nur zu Lasten eines *pfändbaren Grundstücks* errich-   54
ten. Da das Verwaltungsvermögen eines Gemeinwesens (im Gegensatz zum Finanzvermögen) nicht pfändbar ist, kann an Grundstücken des Verwaltungsvermögens
auch kein gesetzliches Pfandrecht eingetragen werden (116 Ib 376 f.; 120 II 323 f.; BGer
in ZBGR 81 [2000], 194 ff. E. 2b und ZBGR 82 [2001], 300 ff. E. 1a; vgl. auch Art. 796
Abs. 2 und vorne § 112 N 28).[55] Dieser «Schutz» des Verwaltungsvermögens vor gesetzlichen Pfandrechten konnte – wie die Praxis zeigte – zu einer *unbilligen Schlechterstellung von Subunternehmern* führen, die für einen Generalunternehmer auf einem
solchen Grundstück gebaut hatten. Dennoch lehnte es das Bundesgericht unter dem
alten Recht ab, in solchen Fällen auf dem Weg der Lückenfüllung den Staat zur Leistung einer (anderen) Sicherheit zu verpflichten (116 Ib 376 f.; 124 III 337 ff.). Es nahm
aber immerhin folgende wichtige Einschränkung des vor gesetzlichen Pfandrechten
«geschützten» Verwaltungsvermögens vor: Erhebt der Staat eine privatwirtschaftliche
Tätigkeit gesetzlich zur öffentlichen Aufgabe und bietet er Leistungen an, wie sie von
privater Seite zu gleichen Bedingungen erbracht werden, so kann an den Liegenschaften, welche durch ihren Gebrauchswert der Erfüllung dieser Aufgabe unmittelbar dienen, ein Bauhandwerkerpfandrecht eingetragen werden (120 II 329 f. für ein Grundstück der Aargauer Kantonalbank).[56]

γ. In der *ZGB-Revision von 2009* nahm sich der Gesetzgeber dieser Frage an. Er hielt   55
(stillschweigend) am Grundsatz fest, dass Grundstücke im Verwaltungsvermögen nicht
mit Pfandrechten belastet werden können, erliess jedoch zu Gunsten der (Sub-)Unter-
nehmer in Art. 839 Abs. 4–6 *besondere Schutzvorschriften,* die auf das *Bürgschaftsrecht*
Bezug nehmen.[57] Grundvoraussetzung ist stets, dass keine Schuldpflicht des Staates
(als Grundeigentümer des betroffenen Baugrundstücks, das sich im Verwaltungsvermögen befindet) aus Vertrag besteht (839⁴), zumal die Unternehmer in einem solchen
Fall auf ihre Vertragsforderungen verwiesen sind und keines zusätzlichen Schutzes
bedürfen. Fehlt jedoch eine Vertragsforderung gegen den Staat (was praktisch bedeutet, dass sich die Vertragsforderungen der Subunternehmer gegen den Generalunternehmer richten und unbezahlt bleiben), so unterscheidet das Gesetz, ob die Zugehörigkeit des betroffenen Grundstücks zum Verwaltungsvermögen streitig ist oder nicht:

---

55 Zur Kritik an dieser Rechtsprechung vgl. Vorauflage § 112 N 53.

56 Diese «präzisierte» Praxis lässt sich allenfalls auch auf staatliche Gebäudeversicherungen,
    Schwimmbäder, Theater, Elektrizitätswerke, Spitäler und ähnliche Einrichtungen übertragen:
    SCHUMACHER, BR/DC 1995, 98; differenzierend nun DERSELBE, Das Bauhandwerkerpfand-
    recht, Nr. 650 ff.

57 Vgl. REETZ, zit. in Anm. 33, 120 ff.; SCHUMACHER, Ergänzungsband, Nr. 275 ff.; SCHMID, Neu-
    erungen im Grundpfandrecht, zit. in Anm. 40, 234 ff.; SCHMID/HÜRLIMANN-KAUP a.a.O.
    Nr. 1724a ff.; STEINAUER a.a.O. Nr. 2877 ff.; HOFSTETTER/THURNHERR, BaKomm, Art. 839/840
    N 42b ff.; THURNHERR, ZBGR 2012 (zit. in Anm. 33), 85 ff.

56   Stellt das Baugrundstück *unbestrittenermassen* Gegenstand des Verwaltungsvermögens dar, so haftet der Staat den Bauhandwerkern für die anerkannten oder
gerichtlich festgestellten Forderungen nach den Bestimmungen über die einfache
Bürgschaft.[58] Voraussetzung ist allerdings, dass die Forderung gegenüber dem Staat
spätestens 4 Monate nach Vollendung der Arbeit (dazu hinten N 65) schriftlich «unter
Hinweis auf die gesetzliche Bürgschaft» geltend gemacht worden ist (839[4]). Wird der
Subunternehmer also von seinem Generalunternehmer nicht bezahlt, erhält er – unter
den genannten Voraussetzungen – eine Bürgschaftsforderung (Personalsicherheit)
gegenüber dem Gemeinwesen, welches Eigentümer des Baugrundstücks (im Verwaltungsvermögen) ist.

57   Ist hingegen die Zugehörigkeit des Baugrundstücks zum Verwaltungsvermögen
streitig, so kann der Bauhandwerker bis spätestens 4 Monate nach Vollendung seiner
Arbeit (dazu hinten N 65) eine vorläufige Eintragung des Pfandrechts im Grundbuch
verlangen (839[5]). Damit ist ein vorläufiger Schutz erreicht; über die Zugehörigkeit des
Grundstücks zum Verwaltungs- oder Finanzvermögen entscheidet das Gericht im
Verfahren um definitive Eintragung des Pfandrechts. Steht auf Grund des Gerichts-
urteils die Zugehörigkeit des Baugrundstücks zum Verwaltungsvermögen fest, muss
die vorläufige Eintragung des Pfandrechts gelöscht werden. An seine Stelle tritt die
beschriebene gesetzliche Bürgschaft, sofern die Voraussetzungen von Art. 839 Abs. 4
erfüllt sind, wobei die Frist mit der vorläufigen Eintragung des Pfandrechts als gewahrt
gilt (839[6]).

58   δ. Ist die Wertvermehrung der Bauhandwerker einem *landwirtschaftlichen Grundstück*
(798a) zugute gekommen, so muss die Belastungsgrenze von Art. 73 ff. BGBB beachtet werden (vgl. auch Art. 75 Abs. 2 BGBB sowie vorne N 36 und § 112 N 88; ferner für
die vorläufige Eintragung hinten Anm. 71).

59   3. Die dritte Voraussetzung ist negativer Natur: Der Anspruch auf Errichtung des
gesetzlichen Pfandrechts setzt das *Fehlen einer anderen (hinreichenden) Sicherheit* voraus. Nach Auffassung des ZGB ist das Bauhandwerkerpfandrecht nur ein *subsidiäres*
Schutzmittel und soll deshalb nur eingreifen, wenn der Eigentümer nicht anderweitig
genügende Sicherheit leistet (839[3] in fine; 103 Ia 462 ff.; 110 II 34 ff.; 121 III 447). Der
Eigentümer hat demnach die Wahl, wie er die Bauhandwerker für ihre Forderungen
sichern will. Er kann die ihm vielleicht unbequeme Belastung des Grundeigentums
etwa durch Stellung zahlungsfähiger Solidarbürgen, durch Faustpfänder oder Hinterlegung des betreffenden Betrags bei einer Bank abwenden.[59]

---

58   Nach dem klaren, in allen drei Amtssprachen einheitlichen Wortlaut bezieht sich die Verwei-
      sung auf die Regeln der einfachen (gewöhnlichen) Bürgschaft i. S. v. Art. 495 OR (ebenso Reetz,
      zit. in Anm. 33, 130; Schumacher, Ergänzungsband, Nr. 348 ff.).

59   Schumacher, Das Bauhandwerkerpfandrecht, Nr. 1273 ff.; Schmid/Hürlimann-Kaup a.a.O.
      Nr. 1741 ff. Hingegen bleibt der Anspruch auf Errichtung eines Bauhandwerkerpfandrechts
      unberührt durch das besondere gesetzliche Forderungspfandrecht, das in Art. 15 des BG über
      die Verbesserung der Wohnverhältnisse in Berggebieten vom 20. März 1970 (SR 844) gewissen

bb. Voraussetzungen für das Vorrecht. Es liegt im Interesse des Hypothekarkredits, 60
dass jedem Pfandrecht der ihm bei der Errichtung eingeräumte Rang (813; vorne § 112
N 52 ff.) unverändert bestehen bleibt. Deshalb räumt das Gesetz dem gesetzlichen
Pfandrecht der Bauhandwerker ein Privileg nur dann ein, wenn Treu und Glauben
dafür sprechen; das Vorrecht besteht mit anderen Worten einzig gegenüber solchen
vorangehenden Pfandgläubigerinnen, die wegen ihrer Handlungsweise den Anspruch
auf ihre Besserstellung verwirkt haben. Nach Art. 841 gelten folgende (objektive und
subjektive) Voraussetzungen:[60]

1. Zunächst muss der Bauhandwerker bei der Verwertung zu Verlust gekommen sein, 61
also aus der Zwangsvollstreckung keine (oder keine vollständige) Befriedigung erlangt
haben (112 II 496; objektive Voraussetzung).

2. Sodann muss der Bauhandwerker diese Benachteiligung wegen der Belastung des 62
Grundstücks mit vorgehenden Pfandrechten erlitten haben (objektive Voraussetzung).
Eine solche Benachteiligung liegt nach der über den Wortlaut von Art. 841 hinausgehenden Rechtsprechung in zwei Fällen vor (115 II 140 ff.):[61] einerseits bei einer Zweckentfremdung des Baukredits, also dann, wenn der Gegenwert der Belastung über den
Bodenwert hinaus zu anderen Zwecken als zur Bezahlung der Handwerker und Unternehmer – also zu anderen Zwecken als zur Schaffung des Mehrwerts – verwendet worden ist (vgl. 86 II 150; 115 II 141; BGer 5C.261/2000 E. 4a = ZBGR 85 [2004], 100 ff.);[62]
andererseits bei einer Ungleichbehandlung der Bauhandwerker, wenn also die Kreditgeberin Einzelne von ihnen bevorzugt hat (115 II 141 und 143; BGer 5C.136/2001 E. 2a).[63]

3. Schliesslich ist als subjektive Voraussetzung erforderlich, dass diese Benachteiligung 63
für die betreffende Pfandgläubigerin erkennbar war (vgl. 86 II 150; 115 II 145; zur Bös-

---

«Handwerkern, Unternehmern, Lieferanten und Architekten» gewährt wird (vgl. Art. 15 Abs. 5
des genannten Gesetzes).

60   Vgl. ausführlich Pfister-Ineichen, zit. in Anm. 33, 77 ff.; Ermotti, zit. in Anm. 33, Nr. 52 ff.;
Schumacher, Das Bauhandwerkerpfandrecht, Nr. 1833 ff.; vgl. auch Dieter Zobl, Der Bau-
kreditvertrag, in BR/DC 1987, 3 ff. (besonders 6 ff.).

61   Das Bundesgericht bezieht namentlich den in Art. 840 enthaltenen Grundgedanken in die Auslegung von Art. 841 ein und orientiert sich vor allem am Schutzzweck der beiden Bestimmungen (115 II 141 ff.).

62   Vgl. Schumacher, Das Bauhandwerkerpfandrecht, Nr. 1833 ff.; Steinauer a.a.O. Nr. 2906 ff.;
Pfister-Ineichen a.a.O. 122 ff.; Daniel Baumann, Der Baukredit (Diss. Zürich, 2. A. 1997),
323 ff. – Keine Zweckentfremdung liegt darin, dass der Baukredit (auch) zur Bezahlung anderer
Baugläubiger als der pfandberechtigten Bauhandwerker verwendet wird, zumal auch jene Baugläubiger – Architekten, Ingenieure, Materiallieferanten – zur Wertsteigerung des Grundstücks
beitragen (112 II 494 f.; ZWR 1989, 179 ff. = ZBGR 71 [1990], 342 ff.).

63   Kritisch zu dieser Praxis Zobl, zit. in Anm. 60, 7; derselbe, Bauhandwerkerpfandrecht: Das
Gleichbehandlungsgebot des Baukreditgebers bei der Auszahlung von Baukrediten ..., in BR/
DC 1990, 94 ff.; Pfister-Ineichen a.a.O. 132 ff.; Schumacher in BR/DC 1992, 104; derselbe,
Bauhandwerkerpfandrecht, Nr. 1873 ff.; Baumann a.a.O. 316 ff.; Ermotti, zit. in Anm. 33,
Nr. 161 ff.; derselbe, Le privilège de l'art. 841 CC et le principe de l'égalité de traitement entre
entrepreneurs, BR/DC 2013, 170 ff.; vgl. auch Rey, Besprechung von BGE 115 II 136 ff., in ZBJV
127 (1991), 180 ff.

gläubigkeit 109 II 13 ff.). Das Bundesgericht verlangt von ihr – es geht regelmässig um eine Bank, die einen Baukredit eröffnet und Zahlungen leistet – einen recht hohen Grad von Aufmerksamkeit (76 II 140; 115 II 144; ferner 80 II 22 ff.; 82 II 20; BGer 5C.261/2000 E. 4b = ZBGR 85 [2004], 100 ff.).[64] Insbesondere darf die Kreditgeberin Bauvorschüsse nur allmählich nach Massgabe des Baufortschritts in der Weise auszahlen, dass jeder einzelne Unternehmer oder Handwerker im Verhältnis zu seinem Kostenvoranschlag bezahlt wird (53 II 480; 115 II 141 ff.). Überdies darf die Pfandgläubigerin bei der Schätzung des Grundstücks nicht auf Spekulationspreise abstellen (100 II 314 ff.).

64 **c. Die Errichtung** (839). Obwohl wir es mit einem «gesetzlichen Pfandrecht» zu tun haben, entsteht das (dingliche) Pfandrecht – wie vorne § 112 N 41 ausgeführt – erst durch die *Eintragung im Grundbuch* (womit die definitive Eintragung gemeint ist: 125 III 249). Die Eintragung setzt einerseits die Wahrung bestimmter Fristen, andererseits die Zustimmung des Eigentümers oder eine gerichtliche Anordnung voraus. Im Einzelnen:

65 1. Im Interesse der Rechtssicherheit und namentlich zum Schutz des Grundeigentümers (102 Ia 85; 112 II 218 f.; vgl. auch BGer 5P.344/2005 E. 3.1) ist der Anspruch auf Eintragung des Bauhandwerkerpfandrechts *befristet:* Die Eintragung hatte nach früherem Recht spätestens 3 Monate, seit 1. Januar 2012 *spätestens 4 Monate nach Vollendung der Arbeiten* zu geschehen (839[2]).[65] Innert dieser Frist muss nicht bloss ein entsprechendes Begehren gestellt, sondern die Eintragung erfolgt sein (119 II 431; 126 III 464 f.; BGer 5P.344/2005 E. 3.1; 137 III 566). Namentlich genügt weder die Anrufung des Richters noch das Eintragungsbegehren an den Grundbuchverwalter, sondern nur die Eintragung in das Grundbuch zur Fristwahrung, doch kann eine vorläufige Eintragung erfolgen (119 II 431 f., 137 III 566 und hinten N 69).[66] Die Frist ist Verwirkungsfrist, so dass eine Unterbrechung nach Art. 135 OR nicht in Betracht kommt (119 II 431 f.; BGer 5P.344/2005 E. 3.1; zur Sorgfaltspflicht des Anwalts vgl. 117 II 568 f.). Nach der bundesgerichtlichen Praxis läuft sie für jeden der Berechtigten besonders – und zwar vom Augenblick seiner letzten Arbeitsleistung an (76 II 139). Für den Begriff «Vollendung» ist in erster Linie vom konkreten Werkvertrag auszugehen; grundsätzlich müssen alle vertraglich geschuldeten Leistungen ausgeführt und das Werk ablieferungsbereit sein (grundlegend 102 II 208; ferner 106 II 26; 111 II 343 ff.; BGer 5D_116/2014 E. 5.2.2; BGer 5A_932/2014 E. 3.3.1).[67] Sind Arbeiten für mehrere

---

64 SCHUMACHER, Das Bauhandwerkerpfandrecht, Nr. 1890 ff.; STEINAUER a.a.O. Nr. 2910 ff.; PFISTER-INEICHEN a.a.O. 149 ff. – Zur Behauptungslast des auf Schadenersatz klagenden Bauhandwerkers vgl. BGer 5C.136/2001 E. 3.

65 Vgl. dazu WOLFGANG ERNST, Fristprobleme beim Bauhandwerkerpfandrecht – zugleich zum Bedeutungsschwund von Art. 961 Abs. 3 ZGB, in Alexandra Rumo-Jungo u.a. (Hrsg.), FS für Paul-Henri Steinauer (Bern 2013), 463 ff.

66 Zum irreführenden französischen Gesetzeswortlaut vor der ZGB-Revision von 2009 vgl. SCHUMACHER, Das Bauhandwerkerpfandrecht, Nr. 1097.

67 Zum Fristbeginn bei mehreren Verträgen siehe 106 II 123 ff. und BGer 5D_116/2014 E. 5.2.3; für letzte Lieferung bei Frischbeton: 104 II 351; für kleine Vollendungsarbeiten vgl. 102 II 209,

Stockwerkeigentumseinheiten geleistet worden, so beginnt die Frist (jedenfalls dann, wenn das Stockwerkeigentum schon vor Arbeitsbeginn bestand) mit dem Abschluss der Leistungen in den jeweiligen Einheiten zu laufen (112 II 214 ff.).[68] Nicht massgebend ist das Datum der Rechnungsstellung (BGer 5A_420/2014 E. 3.1 und 4.1.3); doch kann diese ein Indiz für die Vollendung der Arbeiten sein (101 II 256).

Das Gesetz sieht jedoch nicht nur einen Endtermin (dies ad quem), sondern auch einen *Anfangstermin* (dies a quo) für die Eintragung vor und setzt diesen recht früh an: Es gilt der Augenblick, da sich der Bauhandwerker zur Arbeitsleistung verpflichtet, also den Werkvertrag abgeschlossen hat (839[1]; 112 II 219). Der Baugläubiger soll sich einen möglichst günstigen Rang für den Fall anderweitiger Verpfändung sichern können.   66

2. Sind die gesetzlichen Voraussetzungen erfüllt, hat der Bauhandwerker gegen den Grundeigentümer einen Anspruch auf Eintragung des Pfandrechts. Für die *Durchsetzung dieser Forderung auf Eintragung* ist jedoch ein Mehrfaches zu beachten:[69]   67

α. Die Eintragung in das Grundbuch kann nur erfolgen, wenn Bestand der Eintragungsforderung und Höhe der Pfandsumme *liquid sind,* d.h. unbestritten feststehen. Dazu ist entweder eine *Anerkennung* durch den Eigentümer oder *gerichtliche Feststellung* erforderlich (839[3] ZGB; 76[2] lit. b GBV).[70] Liegt keine Anerkennung vor, so muss demnach der Baugläubiger den Prozessweg beschreiten, also auf Eintragung des Bauhandwerkerpfandrechts klagen.   68

β. Da der ordentliche Zivilprozess regelmässig länger dauert als 4 Monate (und sich der Bauhandwerker regelmässig erst gegen Ende der Frist um die Eintragung des Pfandrechts bemüht), muss die Verwirkung des Pfandrechtsanspruchs verhindert werden. Der Bauhandwerker erreicht die Fristwahrung – etwa im Fall, da Streit über die Pfandsumme oder die Sicherheit herrscht – durch Erwirkung einer *vorläufigen Eintragung* im Sinn von Art. 961 Abs. 1 Ziff. 1 (76[3] GBV; 95 II 25; 119 II 431 f.; 126 III 465; BGer   69

---

125 III 116 und BGer 5D_116/2014 E. 5.2.2. – Wird der Werkvertrag von einer der Parteien vorzeitig aufgelöst, so läuft die Viermonatsfrist ab diesem Zeitpunkt: 120 II 391; 102 II 208 f.; BGer 5D_116/2014 E. 5.2.2. Zum Ganzen ausführlich SCHUMACHER, Das Bauhandwerkerpfandrecht, Nr. 1100 ff.; DERSELBE, Ergänzungsband, Nr. 235 ff.

68 Vgl. dazu die Besprechungen von SCHUMACHER in BR/DC 1987, 93 f., und REY in ZBJV 124 (1988), 125 ff. – Für Gesamtüberbauungen auf einem Grundstück siehe 111 II 345 und 125 III 118 f.; dazu SCHUMACHER, Das Bauhandwerkerpfandrecht, Nr. 1199 ff.; vgl. ferner BRITSCHGI, zit. in Anm. 33, 103 ff.

69 Zu den zivilprozessualen Fragen vgl. auch SCHUMACHER, Ergänzungsband, Nr. 511 f.; CHRISTIAN PRAPLAN, L'hypothèque légale des artisans et entrepreneurs: Mise en oeuvre judiciaire, JdT 2010 II, 37 ff.; FRANÇOIS BOHNET, L'hypothèque légale des artisans et entrepreneurs en procédure civile suisse, in Bohnet (Hrsg.), Le nouveau droit …, zit. in Anm. 33, 45 ff.

70 aArt. 839 Abs. 3 sprach von der Anerkennung der «Forderung». Die Anerkennung der *Pfandsumme* genügt jedoch für die Eintragung (111 III 11 f.; 126 III 472; LGVE 1975 I Nr. 244, S. 294 f.). Die ZGB-Revision von 2009 hat nun diese Richtigstellung des Gesetzeswortlauts ausdrücklich vollzogen (BBl 2007, 5320). Zum Fall der Veräusserung des Grundstücks vgl. SCHMID/HÜRLIMANN-KAUP a.a.O. Nr. 1726 ff.

5P.344/2005 E. 3; 137 III 566; BGer 5A_420/2014 E. 3.1).[71] Auch diese Massnahme des vorsorglichen Rechtsschutzes (137 III 566 f.) muss innert 4 Monaten erfolgen (79 II 439; 95 II 25; 119 II 431 f.). Gleiches gilt für eine allfällige superprovisorische Anordnung nach Art. 265 ZPO. Die Zuständigkeit für die vorläufige Eintragung richtet sich nach dem zwingenden Art. 13 ZPO, für die definitive Eintragung nach dem nicht zwingenden Art. 29 Abs. 1 lit. c ZPO.[72] Das Gericht entscheidet über die vorläufige Eintragung im summarischen Verfahren (249d Ziff. 5 und 11 ZPO).[73] Im Zweifelsfall – bei unklarer oder unsicherer Rechtslage – hat es zur Wahrung der Verwirkungsfrist die vorläufige Eintragung zu bewilligen (86 I 270; 102 Ia 86; BGer 5D_116/2014 E. 5.2.1; BGer 5A_932/2014 E. 3.3.2). An die Glaubhaftmachung sind also – im Vergleich zu Art. 261 Abs. 1 ZPO – gemilderte Anforderungen zu stellen (137 III 567).

70 γ. Ein *gerichtliches Urteil,* welches die Klage auf (definitive) Eintragung des Pfandrechts gutheisst, bestätigt die vorläufige Eintragung – hält also fest, dass die Eintragungsvoraussetzungen erfüllt sind – und die Pfandsumme, verstanden als Betrag, für welchen das Pfandrecht (maximal) haftet; nur zu diesem Zweck prüft das Gericht vorfrageweise auch das Vorhandensein einer Geldforderung des Bauhandwerkers (105 II 152; 126 III 474; 138 III 134 f.). Dieser kann nämlich die Klagen auf Zahlung des Werklohns und auf definitive Eintragung des Pfandrechts durchaus getrennt einreichen (138 III 480). Will er jedoch über einen definitiven Rechtsöffnungtitel auch für seine Werklohnforderung verfügen, so muss er – was in der Praxis dem Regelfall entspricht – gleichzeitig auf Eintragung des Pfandrechts und auf Zahlung des Werklohns klagen (138 III 135 f.).[74]

71 δ. Der Entscheid der obersten kantonalen Instanz, welcher das Gesuch um provisorische Eintragung eines Bauhandwerkerpfandrechts gutheisst, ist nach der Rechtsprechung ein Zwischenentscheid nach Art. 93 BGG. Da die Voraussetzungen von Art. 93 Abs. 1 BGG (nicht wieder gutzumachender Nachteil oder Möglichkeit des sofortigen Endentscheids) nicht erfüllt sind, ist die *Beschwerde in Zivilsachen* unzulässig (137

---

71 Betreffend Geltungsdauer, Befristung durch Anmerkung im Grundbuch und Löschung siehe 101 II 63 ff.; 112 II 496 ff.; 119 II 429 ff. und 434 ff.; BGer 5C.145/2001. Vgl. zum Ganzen auch SCHUMACHER, Das Bauhandwerkerpfandrecht, Nr. 1332 ff.; STEINAUER a.a.O. Nr. 2895 ff.; SCHMID/HÜRLIMANN-KAUP a.a.O. Nr. 1770 ff.; ERNST, zit. in Anm. 65, 468 ff.; illustrativ LGVE 2011 I Nr. 14, 24 ff. = ZBGR 95 (2014), 46 ff. (dazu SCHUMACHER, BR/DC 2014, 160 f.). – Die Pfandbelastungsgrenze für landwirtschaftliche Grundstücke (Art. 73 ff. BGBB) gilt grundsätzlich auch für das Bauhandwerkerpfandrecht; doch darf eine vorläufige Eintragung ungeachtet der Belastungsgrenze erfolgen (Art. 75 Abs. 2 BGBB).

72 STEINAUER a.a.O. Nr. 2897a; SCHUMACHER, Ergänzungsband, Nr. 558 ff.; SCHMID/HÜRLIMANN-KAUP a.a.O. Nr. 1777d. – Zur Zuständigkeit der Handelsgerichte einerseits zur Anordnung der vorläufigen Eintragung (6⁵ ZPO) vgl. 137 III 563 ff., andererseits zur Anordnung der definitiven Eintragung vgl. 138 III 471 ff.; dazu RAINER SCHUMACHER, Sachliche Zuständigkeit der Handelsgerichte …, BR/DC 2012, 72 ff.

73 Zu den Grenzen der richterlichen Frage- und Hinweispflichten bei «falsch» eingereichten Gesuchen vgl. BGer 5A_462/2013 E. 3; dazu SCHUMACHER, BR/DC 2014, 165 f.; LEUENBERGER, ZBJV 151 (2015), 244.

74 SCHUMACHER, Bauhandwerkerpfandrecht, Nr. 1630.

III 591 f.; BGer 5A_21/2014 E. 1.2). Wird hingegen die vorläufige Eintragung von der obersten kantonalen Instanz verweigert, liegt ein Endentscheid (90 BGG) vor, gegen den die Beschwerde in Zivilsachen in Betracht kommt (137 III 591).[75]

ε. Nach der Rechtsprechung (95 II 31 ff. und 228 f.; 119 III 125) kann das Bauhandwer-   72
kerpfandrecht auch noch *nach Eröffnung des Konkurses* über den Grundstückeigentümer eingetragen werden – selbst dann, wenn es bei Konkursausbruch noch nicht einmal provisorisch im Grundbuch eingetragen war. Zu konkursrechtlichen Spezialitäten
s. 119 III 124 ff.[76]

d. Die Wirkungen. Ist das Bauhandwerkerpfandrecht eingetragen, so belastet es nach   73
den allgemeinen Regeln (805 ff., vorne § 112 N 5 ff.) das gesamte Grundstück samt
Zugehör (119 II 423).[77] Die Bestimmungen von Art. 824–835 sind anwendbar; im Fall
der Zerstückelung des belasteten Grundstücks gilt namentlich Art. 833 (119 II 423 und
vorne N 20). Einzugehen ist im Folgenden zunächst auf das Verhältnis unter mehreren
eingetragenen Baupfandgläubigern. Anschliessend soll deren Verhältnis zu den anderen Pfandgläubigerinnen am gleichen Grundstück behandelt werden. Bei diesem letzteren Verhältnis ist in gewissen Fällen das Privileg der Bauhandwerker aktuell.[78]

1. *Das Verhältnis unter den Baupfandgläubigern,* Art. 840. Sie rangieren untereinan-   74
der nicht nach dem Datum der Eintragung, sondern sind alle *gleichgestellt*.[79] Dieses
Gleichbehandlungsgebot (115 II 136 ff.) soll vermeiden, dass Handwerker, deren Arbeiten ihrer Natur nach erst nach anderen zur Ausführung gelangen, zurückgesetzt werden (115 II 142).

2. *Das Verhältnis zu anderen Grundpfandgläubigerinnen.* Die Baugläubiger erhalten   75
den Rang, der ihnen nach den *gewöhnlichen Regeln* zukommt. Demnach ist (grundsätzlich) das Datum der Errichtung ihrer Pfandrechte massgebend (972). Bestehen
Pfandrechte von Baugläubigern neben anderen Grundpfandrechten, so ergibt sich
daher der auf sie entfallende Gesamtbetrag aus der Rangstellung jedes Einzelnen von

---

75 STEINAUER a.a.O. Nr. 2899; SCHMID/HÜRLIMANN-KAUP a.a.O. Nr. 1774 f.; RAINER SCHUMA-
      CHER, Bauhandwerkerpfandrecht: Rechtsmittel im summarischen Verfahren betreffend vorläu-
      figen Grundbucheintrag?, BR/DC 2012, 74 ff.; LUC PITTET, L'hypothèque légale des artisans
      et entrepreneurs et recours au Tribunal fédéral, in Bohnet (Hrsg.), Le nouveau droit …, zit. in
      Anm. 33, 95 ff.

76 Dazu SCHUMACHER, BR/DC 1994, 113 f.; ausführlich DERSELBE, Das Bauhandwerkerpfand-
      recht, Nr. 1683 ff.

77 Zur Erstreckung der Pfandsicherheit auf die Verzugszinsen für die Werklohnforderung vgl.
      SCHUMACHER, Das Bauhandwerkerpfandrecht, Nr. 553 ff.; 126 III 473 ff. (wonach einzig eine
      Kapitalhypothek zulässig ist, wenn das Pfandrecht nach Beendigung der Arbeiten eingetragen
      wird; zustimmend STEINAUER, BR/DC 2001, 85).

78 Zum Ganzen vgl. auch ROLF RASCHEIN, Das Bauhandwerkerpfandrecht in der Zwangsverwer-
      tung von Grundstücken, BlSchK 36 (1972), 33 ff.; HENRI FRANCHEBOUD, L'hypothèque légale
      des artisans et entrepreneurs dans la poursuite et faillite, JdT 2010 II, 63 ff.

79 Vgl. im Einzelnen SCHUMACHER, Das Bauhandwerkerpfandrecht, Nr. 1746 ff.; ZBGR 76 (1995),
      155 = SJZ 89 (1993), 69 f.

ihnen. Die dabei erhaltene Gesamtsumme wird sodann im Verhältnis zur Höhe der Forderung unter die Baugläubiger aufgeteilt (vgl. 63 III 1 ff.).

76   *Beispiel:* Ein Stück Bauland ist von früher her mit einem Pfandrecht von 20 000 belastet. Nach Beginn des Baus wird zunächst ein Pfandrecht für den Unternehmer I von 30 000 eingetragen, sodann eine vertragliche Grundpfandverschreibung von 20 000 und nachher noch ein Pfandrecht für den Unternehmer II von 30 000. Die Gesamtbelastung beträgt also 100 000. Die Zwangsversteigerung ergibt einen Erlös von 80 000. Das erste Pfandrecht von 20 000 und die vertragliche Grundpfandverschreibung von 20 000 werden vollständig gedeckt. Das erste Unternehmerpfandrecht bleibt ebenfalls innerhalb des Ergebnisses, während vom zweiten nur 10 000 gedeckt sind und 20 000 zu Verlust kommen. Die auf die Unternehmer fallenden Beträge werden zusammengerechnet (30 000 plus 10 000 gleich 40 000, entsprechend ⅔ der für die beiden Unternehmer eingetragenen Pfandsumme von 60 000) und anteilmässig verteilt. Jeder der beiden Unternehmer erhält demgemäss ⅔ der für ihn eingetragenen Pfandsumme, I also 20 000 und II gleichfalls 20 000.

77   3. *Das Vorrecht des Art. 841.* Das Pfandrecht der Bauhandwerker ist an sich von den anderen Fällen der Grundpfandverschreibung nicht verschieden – weder im Rang noch in der Pfandbelastung: Es bezieht sich nach dem Gesagten (vorne N 73) auf das ganze Grundstück, Boden wie Baute. Etwas anderes gilt jedoch für das Vorrecht: Sind dessen Voraussetzungen gegeben (vorne N 60 ff.), so können die Baugläubiger den *Ersatz des Ausfalls aus dem Verwertungsanteil* der vorgehenden Pfandgläubigerinnen verlangen.[80] Folgendes ist zu beachten:

78   α. *Der massgebende Teil des Verwertungserlöses.* Soweit sich der Pfanderlös aus dem Wert des Bodens ergibt, ist er den Baugläubigern entzogen und den vorgehenden Gläubigerinnen vorbehalten. Der privilegierte Anspruch der Unternehmer und Handwerker – verstanden als Forderung – erstreckt sich nur auf jenen Teil des Erlöses, der den *Wert des Bodens übersteigt* (119 II 423). Das gilt auch bei einer Wertsteigerung des Bodens (86 II 152; dort wird auch angedeutet, was bei Wertverminderung gilt). Der Grundgedanke dieser Regelung besteht darin, dass die Baugläubiger nur insofern nicht zu Schaden kommen sollen, als sie durch Arbeit oder Material eine Wertsteigerung bewirkt haben (115 II 140).[81] Dem entspricht auch, dass bei Reparaturen oder Umbauten nicht auf den Wert des Bodens, sondern auf den Wert des Altbaus abgestellt wird (82 II 18).[82]

79   Sind mehrere Baugläubiger vorhanden, so hat der einzelne klagende Bauhandwerker Anspruch auf Ausfallersatz nur im Verhältnis seiner Beteiligung an den gesamten Baukosten (86 II 153; 115 II 146 ff.). Der einzelne Bauhandwerker, der sein Vorrecht in Anspruch nimmt, ist nicht besser zu stellen, als er wäre, wenn kein Anfechtungs-

---

80 Zur «Rechtsnatur des Vorrechts» vgl. 100 III 61 f. und ausführlich PFISTER-INEICHEN a.a.O. 69 ff.; ferner MARGOT VAN'T DACK, Das Vorrecht der Handwerker und Unternehmer im Lichte der Gerichtspraxis, BJM 2007, 57 ff., besonders 64 ff.

81 Vgl. auch BGer 5C.136/2001, E. 2a.

82 Vgl. auch ZBGR 71 (1990), 342 ff.

grund vorläge, wenn der Baukredit also von Anfang an auf sämtliche Bauhandwerker gleichmässig – im Verhältnis ihres Mehrwertbeitrags – verteilt worden wäre (115 II 146).

β. Der Anspruch (Forderung) wird geltend gemacht durch *Klage* gegen die vorgehenden Grundpfandgläubigerinnen (117 VZG; 85 III 101; 105 III 57 ff.; 110 III 75 ff.).[83] Der Gerichtsstand bestimmt sich nach Art. 29 Abs. 2 ZPO.[84]   80

γ. *Ergänzende Schutzregeln.* Trotz diesen Bestimmungen ist es möglich, dass die vorgehenden Pfandgläubigerinnen (die «Vorkreditorinnen») die Bauhandwerker um die beschriebenen gesetzlichen Vorteile bringen. Sie können dies erreichen, indem sie auf das Grundstück – allen oder einzelnen Baugläubigern voraus – Papier-Schuldbriefe errichten und die Titel an gutgläubige (hierzu 109 II 13 ff.) Dritte veräussern. Diese geniessen gemäss Art. 862 einen besonderen Schutz und dürfen demnach zu keinem Ersatz an die Baugläubiger angehalten werden. Um auch dieser Gefahr einigermassen vorzubeugen, hat das ZGB ein *Doppeltes* bestimmt: 81

Erstens haften ersatzpflichtige Vorkreditorinnen, die ihre Pfandtitel veräussern, den Bauhandwerkern für jenen Schaden, den diese wegen des eben erwähnten Schutzes gutgläubiger Erwerber erleiden (841²).   82

Zweitens können die Bauhandwerker den Beginn des Werks im Grundbuch anmerken lassen (841³ ZGB; 54³ GBV; 43 II 610 f.). Die Anmerkung hat zur Folge, dass von diesem Augenblick an – bis zum Ablauf der Eintragungsfrist – das Grundstück nicht mehr mit Schuldbriefen, sondern nur noch mit Grundpfandverschreibungen pfandbelastet werden kann (841³). Die Bauhandwerker haben die Grundpfandverschreibung nicht zu fürchten, denn bei Zession der durch diese gesicherten Forderungen folgt die Erwerberin genau in die Lage der Vorgängerin, ist also den gleichen Einreden und Anfechtungen unterworfen wie die Zedentin (169 OR; 100 II 324).   83

---

83 Zur Verjährung dieser Forderung vgl. ZBGR 81 (2000), 120 ff.; dazu kritisch SCHUMACHER BR/ DC 2001, 174 f.; DERSELBE, Das Bauhandwerkerpfandrecht, Nr. 1956 ff.

84 STEINAUER a.a.O. Nr. 2923a (vgl. aber auch Nr. 2913b). – Zur praktischen Durchsetzung vgl. neben Art. 117 VZG auch SCHUMACHER, Das Bauhandwerkerpfandrecht, Nr. 1784 ff.; ZOBL, zit. in Anm. 33, 168 ff.; STEINAUER a.a.O. Nr. 2913 ff.; PFISTER-INEICHEN a.a.O. 195 ff. – Zur Frage, ob auch die am Grundpfandtitel berechtigten Faustpfandgläubiger passivlegitimiert sind, vgl. 100 III 57 ff. (Frage offengelassen); ZOBL a.a.O. 173 f.; PFISTER-INEICHEN a.a.O. 165 ff. und 205 f.

§ 114 Der Schuldbrief

I. Vorbemerkungen

1 **a.** Das Recht des Schuldbriefs (la cédule hypothécaire, la cartella ipotecaria) ist durch die **ZGB-Revision von 2009** in den Art. 842–865 neu normiert worden (in Kraft seit 1. Januar 2012) und hat gegenüber der ursprünglichen Regelung[1] *einige grundlegende Änderungen* erfahren.[2] So wurde zusätzlich zum (klassischen) Papier-Schuldbrief, der ein Wertpapier darstellt, der Register-Schuldbrief als Registerpfandrecht geschaffen (hinten N 10 ff.). Ausserdem hat der Gesetzgeber durch Art. 842 Abs. 2 das Verhältnis zwischen Schuldbriefforderung und Forderung aus dem Grundverhältnis neu geregelt, unter Vorbehalt einer anderen Parteiabrede (hinten N 33 ff.).[3]

2 **b.** Manches ist jedoch trotz neuer Artikelzählung inhaltlich unverändert geblieben. Dies gilt vor allem für die **Zwecke des Schuldbriefs** (als Papier- oder als Register-Schuldbrief): Er soll einerseits eine persönliche Forderung grundpfandrechtlich sicherstellen, andererseits aber auch eine Mobilisierung des Bodenwerts ermöglichen. Der Schuldbrief dient mit anderen Worten – anders als die Grundpfandverschreibung – als *Verkehrspfandrecht*. Diesen Zweck fördern seine Rechtsnatur als Wertpapier (beim Papier-Schuldbrief; hinten N 11 ff.) oder Wertrecht, der mit dem Schuldbrief verbundene besondere Vertrauensschutz (deren Spiegelbild die Einredenbeschränkung des Schuldners darstellt; hinten N 41 ff.) und weitere Massnahmen. Im Einzelnen:

---

1 Vgl. zum früheren Recht etwa die Vorauflage § 113 N 1 ff.

2 Zur Entstehungsgeschichte vgl. die Botschaft zur Änderung des Schweizerischen Zivilgesetzbuches (Register-Schuldbrief und weitere Änderungen im Sachenrecht) vom 27. Juni 2007 (BBl 2007, 5283 ff., besonders 5320 ff.). Aus der Literatur: SCHMID/HÜRLIMANN-KAUP, Sachenrecht, Nr. 1801 ff.; STEINAUER, Les droits réels III, Nr. 2925 ff.; STEFAN WEISS, Der Register-Schuldbrief – kritische Analyse des Schuldbriefrechts unter besonderer Berücksichtigung des bundesrätlichen Entwurfs vom 27. Juni 2007 (Luzerner Diss., Zürich 2009); WOLFGANG WIEGAND/CHRISTOPH BRUNNER, Vorschläge zur Ausgestaltung des Schuldbriefes als papierloses Registerpfand, Bibliothek zur ZSR/Beiheft 39 (Basel 2003); DANIEL STAEHELIN, Der sicherungseingetragene vinkulierte zinstragende Register-Schuldbrief mit separaten Nebenvereinbarungen, in Franco Loradi/Daniel Staehelin (Hrsg.), FS für Ivo Schwander (Zürich 2011), 209 ff.; BÉNÉDICT FOËX, Le nouveau droit des cédules hypothécaires, JdT 160 (2012) II, 3 ff.; DAVID DÜRR, Der neue Register-Schuldbrief und sein Einsatz, SJZ 108 (2012), 133 ff.; DAVID DÜRR/THOMAS KAUFMANN, Der neue Register-Schuldbrief und weitere Änderungen des Grundpfandrechts (Bern 2012).

3 Zu den weiteren Änderungen gehört namentlich die Aufhebung der kantonalen Gesetzgebungskompetenzen im Schuldbriefrecht (BBl 2007, 5295 und 5323). Seit 1. Januar 2012 ist demnach nur noch die Pfandbelastungsgrenze von Art. 73 ff. BGBB (bei landwirtschaftlichen Grundstücken, 798a und vorne § 112 N 88) zu beachten. – Zum intertemporalen Recht vgl. 140 III 183; DENIS PIOTET, Le droit transitoire de la révision du Code civil du 11 décembre 2009 et la pratique notariale, BN 2010, 225 ff.

II.   Begriff und Kennzeichen des Schuldbriefs

a. Begründung und Sicherung einer persönlichen Forderung. Durch den Schuldbrief   3
wird nach Art. 842 Abs. 1 «eine persönliche Forderung begründet, die grundpfändlich
sichergestellt ist». Der französische Wortlaut ist noch deutlicher: «La cédule hypothécaire est un créance personnelle garantie par un gage immobilier.» Das bedeutet:

1. Der Schuldbrief – verstanden als Pfandrecht – bezweckt (wie die Grundpfandver-   4
schreibung) die *Sicherung einer persönlichen Forderung (Sicherungsfunktion)*. Für diese
Forderung haftet nicht nur das verpfändete Grundstück, sondern subsidiär noch der
Schuldner mit seinem ganzen persönlichen Vermögen.

Die Person des Schuldners kann (wie bei der Grundpfandverschreibung) vom   5
Eigentümer des Pfandgrundstücks verschieden sein.[4] Auch beim Schuldbrief kommen
demnach *Drittpfandverhältnisse* vor – seien sie nun schon von Anfang an oder erst
nachträglich eingetreten (140 III 38).[5] Das Gesetz verweist in Art. 844 Abs. 1 für die
Rechtsstellung des Drittpfandeigentümers auf die Vorschriften über die Grundpfandverschreibung. Es gelten demnach (dazu vorne § 113 N 5 ff.) auch für den Schuldbrief:
die Bestimmungen über den Übergang der Forderung auf den die Schuld tilgenden
Pfandeigentümer (827^2 ZGB; 110 Ziff. 1 OR), über die Voraussetzungen einer wirksamen Kündigung (831) und über die einseitige Ablösbarkeit des Pfandrechts (828 ff.
und vorne § 112 N 77 ff.). Gleiches gilt gemäss Art. 845 für die Folgen der Veräusserung
und der Zerstückelung des pfandbelasteten Grundstücks (vorne § 113 N 20).

2. Die Errichtung eines Schuldbriefs begründet überdies eine (neue) Forderung: die   6
Schuldbriefforderung («la créance résultant de la cédule hypothécaire»). Im Regelfall
gilt es also zwei Forderungen auseinanderzuhalten: einerseits die Grundforderung,
um deren Sicherung es geht (häufig eine Forderung auf Darlehens-Rückzahlung),
und andererseits die Schuldbriefforderung, die durch die Errichtung des Schuldbriefs
geschaffen wird. Das Verhältnis dieser beiden Forderungen – eine der Grundfragen
des Schuldbriefrechts – wird durch Art. 842 Abs. 2 geregelt (hinten N 33 ff.).

Die Schuldbriefforderung und das Pfandrecht bilden eine *untrennbare Einheit*   7
(134 III 75; 136 III 291; 140 III 39 und 184):[6] Diese einheitliche Verkörperung kommt
entweder im Pfandtitel (beim Papier-Schuldbrief) oder im Register-Pfandrecht (d.h.
im durch Grundbucheintrag geschaffenen Register-Schuldbrief, der ebenfalls eine
untrennbare Verknüpfung von Pfandrecht und Schuldbriefforderung enthält[7]) zum
Ausdruck.

---

4   Wie beim Fahrnispfandrecht (hierzu hinten § 118 N 10) ist sodann auch beim Grundpfandrecht
     denkbar, dass Verpfänder und Pfandeigentümer nicht identisch sind: dort nämlich, wo einem
     anderen an Stelle des Eigentümers oder neben ihm Verfügungsmacht über die Sache zukommt.
5   Vgl. zum Ganzen auch Alexander Dubach, Zur Haftung des Drittpfandgebers für den Pfand-
     ausfall beim Schuldbrief, in ZBGR 81 (2000), 22 ff.
6   Steinauer a.a.O. Nr. 2938 ff.; Sidney Kamerzin, Le contrat constitutif de cédule hypothécaire
     (Freiburger Diss., Zürich 2003), AISUF 223, Nr. 8 ff.
7   Steinauer a.a.O. Nr. 2947.

8   3. Der Schuldbrief kann (mangels anderer Abrede) von beiden Parteien mit halbjähr-
     licher Kündigungsfrist auf Ende jeden Monats *gekündigt* werden (847¹). Eine abwei-
     chende Vereinbarung darf für den Gläubiger keine kürzere Kündigungsfrist als drei
     Monate vorsehen, ausser im Fall des Schuldnerverzugs (847²).

9   4. Hinsichtlich der *Natur der zu sichernden Forderung* sind besondere Regeln zu beach-
     ten. Da der Schuldbrief (auch) eine Verkehrsfunktion erfüllen soll, taugt er nicht zur
     Sicherung jeder Forderung. Nötig ist eine bestimmte, transparente Rechtslage, die
     nicht durch Bedingungen oder Vorbehalte irgendwelcher Art beeinträchtigt wird.
     Auseinandersetzungen des gutgläubigen Erwerbers eines Schuldbriefs (hinten N 17 ff.)
     mit dem Schuldner sollen nach Möglichkeit verhindert werden. Daher bestimmt das
     Gesetz, dass die Schuldbriefforderung sich weder auf das Grundverhältnis bezie-
     hen noch Bedingungen oder Gegenleistungen enthalten darf (846¹). Zulässig sind
     indessen – selbst durch Verweisung auf eine separate Vereinbarung – schuldrechtli-
     che Nebenvereinbarungen, namentlich über Verzinsung, Abzahlung und Kündigung
     (846² ZGB; 106¹ GBV).⁸

10   **b. Arten: Papier-Schuldbrief (Wertpapier) oder Register-Schuldbrief (Register-
     pfandrecht).** Der Schuldbrief entsteht mit der Eintragung in das Grundbuch (857¹
     und 860¹, entsprechend 799¹). Seit dem 1. Januar 2012 kann er in zweierlei Gestalt
     errichtet werden: als Papier-Schuldbrief (wie schon vor der Revision) oder als Regis-
     ter-Schuldbrief (843; vgl. auch hinten N 44 ff.).

11   1. Der *Papier-Schuldbrief* hat Wertpapiercharakter: Neben der Eintragung in das
     Grundbuch wird stets ein *Pfandtitel* ausgestellt (860¹ ZGB; 144 GBV). Der Grund-
     bucheintrag hat indessen schon vor der Ausstellung des Pfandtitels Schuldbriefwir-
     kung (860³).⁹ Weiter ist beizufügen:

12   α. Der Pfandtitel, dessen Form durch den Bundesrat bestimmt wird, ist durch den
     Grundbuchverwalter auszufertigen und von diesem zu unterschreiben (861¹ und ²
     ZGB; 144 ff. GBV). Nicht vorgesehen ist die Unterschrift des Schuldners.¹⁰ Als Gläubi-
     ger kann nach Art. 860 Abs. 2 der Inhaber *(Inhaberschuldbrief)*¹¹ oder eine bestimmte
     Person *(Namenschuldbrief)* bezeichnet werden, namentlich auch der Eigentümer des
     belasteten Grundstücks selbst *(Eigentümerschuldbrief,* vorne § 105 N 13 ff.). Einen
     Schuldbrief an *Ordre* auszustellen (ähnlich wie bei einem Wechsel), ist im Gesetz
     zwar nicht erwähnt, wurde aber schon unter dem alten Recht überwiegend als zuläs-

     ---

     8   Ausführlich STEINAUER a.a.O. Nr. 3027 ff.

     9   Dies gilt freilich nur mit Bezug auf jene Wirkungen, die nicht von der Aushändigung des Titels
         abhängen: STEINAUER a.a.O. Nr. 2996.

     10 STEINAUER a.a.O. Nr. 2945. Bereits seit der Revision der GBV von 1988 bedarf es keiner Unter-
         schrift des Schuldners auf dem Titel mehr (vgl. ZBGR 70 [1989], 59, und nachfolgend Anm. 15).
         Kritisch SCHMID/HÜRLIMANN-KAUP a.a.O. Nr. 1815; STAEHELIN, BaKomm, Art. 861 N 9.

     11 Zur Vermutung aus Art. 930 beim Inhaberschuldbrief vgl. BGer 5C.11/2005 E. 3 = ZBGR 89
         (2008), 46 ff.

sig angesehen.[12] Bereits ausgeführt wurde, dass bei der Errichtung eines Schuldbriefs eine bevollmächtigte Person (Pfandhalterin) bestimmt werden kann; ihr Name ist im Grundbuch und auf dem Pfandtitel aufzuführen (850¹ und ²; vorne § 112 N 75 f.).

Der Pfandtitel ist für die Gläubigerin bestimmt. Doch darf er ihr nicht ohne   13
ausdrückliche Einwilligung des Eigentümers des belasteten Grundstücks – und bei
Verpfändung für eine fremde Schuld auch des vom Eigentümer verschiedenen Schuldners – ausgehändigt werden (861³ ZGB; 148 GBV).[13] Das Gesetz will damit verhindern,
dass der Pfandtitel der Gläubigerin übergeben und von ihr in Umlauf gesetzt wird,
bevor sie dem Schuldner die (gegebenenfalls vereinbarte) Darlehenssumme ausbezahlt hat. Dies hätte nämlich zur Folge, dass ein gutgläubiger Dritterwerber des Titels
nach dessen Wortlaut geschützt würde (siehe hinten N 17 ff.).[14]

β. Der Pfandtitel ist von Gesetzes wegen ein *Wertpapier* (140 III 39). Der Schuldner   14
verspricht (bzw. anerkennt implizit)[15], nicht ohne Vorweisung der Urkunde zu leisten (965 OR).[16] Der Titel vertritt im Verkehr das in ihm verkörperte Recht. Die *Geltendmachung* der Forderung – namentlich auch bei Verwertung des Schuldbriefs im
Rahmen einer Zwangsvollstreckung – ist an den Besitz des Titels geknüpft (863¹; zur
Übertragung vgl. 864 und hinten N 46 f.).[17] Geht der Titel verloren, so bedarf es eines
Ersatzes durch die Ausfertigung eines neuen, gleich lautenden Titels; das setzt voraus,
dass der abhanden gekommene Titel nach den Vorschriften über die Amortisation von
Inhaberpapieren (981 ff. OR) *kraftlos erklärt* wird (865¹ und ²). Kein neuer Titel braucht
trotz Kraftloserklärung ausgestellt zu werden, wenn die Forderung schon fällig ist; der

---

12 Eugen Huber, Erl. II 296 f., und Leemann, BeKomm, Art. 859 N 3. Das auf den Namen
    ausgestellte Papier ist ja auch kein Namenpapier, sondern ein gesetzliches Ordrepapier: Eva
    Lareida, Der Schuldbrief aus wertpapierrechtlicher Sicht (Diss. Zürich 1986), 21. Einen prak-
    tischen Zweck hat die Ausstellung an Ordre, wenn man das beim Namentitel unzulässige Blan-
    koindossament (81 II 115; Steinauer a.a.O. Nr. 2945b) verwenden will; zu Letzterem Arthur
    Meier-Hayoz/Hans Caspar von der Crone, Wertpapierrecht (2. A. Bern 2000), § 9 N 15 f.;
    Staehelin, BaKomm, Art. 864 N 17 f.

13 Diese Einwilligung kann nach Art. 148 Abs. 2 GBV bereits in der Anmeldung zur Eintragung
    des Pfandrechts in das Grundbuch enthalten sein.

14 Vgl. dazu ausführlich Staehelin, BaKomm, Art. 861 N 19 ff.

15 Die Wertpapierqualität des Schuldbriefs besteht kraft Gesetzes (129 III 16); wer einen solchen
    Titel ausstellen lässt und begibt, anerkennt damit – auch wenn das Gesetz die Unterzeichnung
    des Schuldbriefs durch den Schuldner nicht mehr vorsieht (vorne Anm. 10) – diese gesetzli-
    chen Implikationen (Steinauer a.a.O. Nr. 2945). Zur Frage, wann ein Schuldbrief als Rechts-
    öffnungstitel tauglich ist, vgl. 129 III 13 ff., 134 III 71 ff., BGer 4A_122/2008 E. 2.3 sowie 140 III
    39 f. und 185.

16 Jäggi, ZüKomm, Art. 965 OR N 184 und N 285: «Die Grundpfandtitel (Schuldbrief, Gült) sind
    immer Wertpapiere.» Immerhin ist für Schuldbrief und Gült die abschliessende Sonderregelung
    gemäss Art. 842–874 ZGB [alte Fassung] massgebend; die wertpapierrechtlichen Normen des
    OR sind zumindest nicht direkt anwendbar (973 OR; Meier-Hayoz/von der Crone a.a.O.
    § 26 N 2 f.; siehe auch Peter Jäggi/Jean Nicolas Druey/Christoph von Greyerz, Wert-
    papierrecht [Basel und Frankfurt a.M. 1985], 99; Steinauer a.a.O. Nr. 2946 f.).

17 Vgl. auch Steinauer a.a.O. Nr. 3008 ff.

Schuldner ist dann einfach zur Zahlung verpflichtet (865[1]). Zur möglichen mobiliar-
rechtlichen Verpfändung des Pfandtitels vgl. hinten N 26.

15   γ. Der Schuldbrief stellt demnach ein Wertpapier dar – wie etwa eine Aktie und eine
Obligation. Er unterscheidet sich jedoch in manchem Punkt von diesen Letzteren. Insbesondere begründet er nicht eine sogenannte Hol- und Präsentationsschuld, sondern
eine *Bringschuld* (851 ZGB; vgl. auch 74[2] Ziff. 1 OR): Der Schuldner hat Zahlungen an
die Gläubigerin an deren Wohnort zu leisten, wenn nichts anderes vereinbart ist.

16   2. Der *Register-Schuldbrief* – neu geschaffen durch die ZGB-Revision von 2009 – stellt
demgegenüber ein Registerpfandrecht dar. Er erschöpft sich in der Eintragung in das
Grundbuch (857[1]); ein zusätzlicher Pfandtitel wird nicht ausgestellt. Er wird stets auf
den Namen des Gläubigers (Namenschuldbrief) oder des Grundeigentümers (Eigentümerschuldbrief) eingetragen (857[2]), ist also als Inhaberschuldbrief nicht möglich.
Damit wird einerseits Rechtssicherheit (auch durch den Wegfall des Verlustrisikos)
und andererseits Transparenz hinsichtlich der Schuldbriefgläubigerin geschaffen.[18]
Befreiende Wirkung haben nur Leistungen des Schuldners an die Person, die im Zeitpunkt der Zahlung als Gläubiger im Grundbuch eingetragen ist (858[2]).

17   **c. Besonderer Vertrauensschutz.** Das Gesetz sieht für den Schuldbrief – der ja auch
als Verkehrspfandrecht dienen soll, also «zirkulationsfähig» sein soll – einen *besonderen Schutz gutgläubiger Dritter* vor. Er gilt für beide Arten von Schuldbriefen (Papier-
und Register-Schuldbriefe), geht jedoch weiter für den Papier-Schuldbrief:

18   1. *Beide Schuldbriefarten* (Papier- und Register-Schuldbriefe) geniessen den «Schutz
des guten Glaubens» (Randtitel zu Art. 848): Die Schuldbriefforderung und das
Pfandrecht bestehen dem Grundbucheintrag gemäss für jede Person zu Recht, die
sich in gutem Glauben auf das Grundbuch verlassen haben. Der bereits aus Art. 973
Abs. 1 folgende öffentliche Glaube des Grundbuchs (vorne § 95 N 31 ff.) erfährt demnach über das dingliche Recht hinaus eine Erweiterung auf die Schuldbriefforderung
(die ja untrennbar mit dem Pfandrecht verbunden ist).[19]

19   2. Beim formrichtig als *Papier-Schuldbrief* erstellten Pfandtitel geht der gesetzliche
Schutz des guten Glaubens (Randtitel zu Art. 862) noch weiter: Dieser Titel «besteht
seinem Wortlaut gemäss für jede Person zu Recht, die sich in gutem Glauben auf ihn
verlassen hat» (862[1]; 107 II 449 ff.; 115 III 113). Der Papier-Schuldbrief ist damit zu
einem *Wertpapier öffentlichen Glaubens* ausgestaltet.[20] Der öffentliche Glaube erstreckt
sich sowohl auf das dingliche Recht als auch auf die obligatorische Forderung.

20   Entspricht der Wortlaut des Pfandtitels nicht dem Eintrag oder fehlt ein Eintrag, so ist das Grundbuch massgebend; der gutgläubige Erwerber des Titels hat jedoch

---

18   STEINAUER a.a.O. Nr. 2949; SCHMID/HÜRLIMANN-KAUP a.a.O. Nr. 1817. Vgl. auch BBl 2007,
     5290.
19   STEINAUER a.a.O. Nr. 2939 und 3039; vgl. auch BBl 2007, 5323 f.
20   STEINAUER a.a.O. Nr. 3045 ff. Vgl. auch SCHNYDER, Der gute Glaube im Immobiliarsachen-
     recht, in ZBGR 66 (1985), 65 ff. = «Das ZGB lehren», Gesammelte Schriften (Freiburg 2001),
     AISUF 200, 579 ff.

einen Schadenersatzanspruch nach den Vorschriften über das Grundbuch (862² und ³).
Es haftet also der betreffende Kanton nach Art. 955 (vorne § 94 N 36 f.).

3. Dieser Vertrauensschutz wird ergänzt durch (weitere) Vorschriften, welche die *Ein-* 21
reden des Schuldners beschränken (hinten N 41 ff.).

4. Wegen des mit dem Grundbucheintrag und dem Titel verbundenen öffentlichen 22
Glaubens hat der Schuldner ein erhebliches Interesse daran, dass jede für ihn günstige
Änderung am Rechtsverhältnis – namentlich jede Teilzahlung²¹ – in das Grundbuch
eingetragen und auch auf dem Titel vermerkt wird (852¹ und ² ZGB; 106² GBV). Ohne
diese Einschreibung oder diesen Vermerk auf dem Titel kann die Änderung einem
gutgläubigen Erwerber des Schuldbriefs nicht entgegengehalten werden (852³; 105 III
128; BGer in ZBGR 65 [1984], 163 ff.). Aus dem gleichen Grund kann der Schuldner
die Kraftloserklärung verlangen, wenn ein abbezahlter Pfandtitel vermisst wird (865³).

d. Die möglichen Verwendungsarten des Schuldbriefs (Übersicht). Zur Sicherung 23
der Forderung aus dem Grundverhältnis (meist einer Darlehens-Rückforderung) stehen den Parteien drei Möglichkeiten zur Verfügung, die sie nach ihrem Gutdünken
wählen können:²²

1. Die Gläubigerin kann den Schuldbrief (und damit die Schuldbriefforderung) erwer- 24
ben und auf die Grundforderung verzichten, sodass die Schuldbriefforderung die
Grundforderung ersetzt (Novation). Man spricht auch von *direkter Sicherung.* Von diesem Modell ging das ZGB vor der Revision als Modellfall aus, doch entsprach es immer
weniger der Bankenpraxis.

2. Die Gläubigerin kann den Schuldbrief (und damit die Schuldbriefforderung) erwer- 25
ben, jedoch gleichzeitig die Grundforderung behalten. Schuldbriefforderung und
Grundforderung bestehen alsdann nebeneinander; eine Novation findet nicht statt.
Die Gläubigerin verspricht dem Schuldner, die Schuldbriefforderung nur zu verwenden, wenn und soweit es zur Durchsetzung ihrer Forderung aus dem Grundverhältnis erforderlich ist. Man spricht auch von *Sicherungsübereignung des Schuldbriefs* oder
fiduziarischer Sicherung. Dieses Vorgehen, welches schon seit Jahren der überwiegenden Bankenpraxis entspricht, hat der Gesetzgeber seit 1. Januar 2012 in Art. 842 Abs. 2
als Modellfall festgeschrieben. Er steht daher im Vordergrund des Interesses (ausführlich hinten N 33 ff.).

3. Schliesslich können die Parteien zu Gunsten der Gläubigerin der Grundforde- 26
rung ein Fahrnispfand am Schuldbrief errichten. Die Gläubigerin wird alsdann nicht
Schuldbriefgläubigerin, kann aber dann, wenn die Grundforderung nicht erfüllt wird,
den Schuldbrief als Fahrnispfand verwerten lassen (114 II 258 ff.; 119 II 327; vgl. vorne
§ 105 N 32 ff.). Man spricht auch von *indirekter Sicherung* oder mobiliarrechtlicher
Verpfändung. Sie kommt in der Praxis nur noch selten vor, ist jedoch rechtlich nach

---

21   Zum Fall, da nach Abzahlungen ein neuer Kredit durch den nicht mehr besetzten Teil des
     Grundpfandes gesichert werden soll, siehe 105 III 122 ff.
22   Zum Folgenden illustrativ STEINAUER a.a.O. Nr. 2953 ff.

wie vor zulässig, und zwar nicht nur beim Papier-Schuldbrief (der als Wertpapier eine bewegliche Sache darstellt), sondern auch beim Register-Schuldbrief (859¹; hinten N 52).

27 **e. Muster.** Über die Gestalt des Papier-Schuldbriefs (ausgestaltet als Inhaberschuldbrief) orientiert das nachfolgende Muster (vgl. auch Art. 44 GBV).²³

---

23 Dieses (fiktive) Muster entspricht den Papier-Inhaberschuldbriefen, wie sie im Kanton Luzern verwendet werden. Das entsprechende Grundbuchblatt findet sich vorne § 94 N 24.

Papier-Schuldbrief   28

Papier-Inhaberschuldbrief

Schuldbrief-Nr.:	2015-2	
Errichtungsdatum:	7. April 2015	Beleg 4/07.04.2015

Für Franken   ***40'000.00

Reg.-Nr.:   P.2015/000005

Gläubiger: Inhaber

Diese Schuld ist auf Grund einer separaten Vereinbarung zwischen Schuldner und Gläubiger zu verzinsen, abzuzahlen und zu kündigen. Sofern diese Vereinbarung nichts anderes vorsieht, ist die Schuld vom Entstehungstag an vierteljährlich auf den 31. März, 30. Juni, 30. September und 31. Dezember zum durch den Gläubiger jeweils festgesetzten Satz zu verzinsen und unter Einhaltung einer dreimonatigen Kündigungsfrist jederzeit kündbar. Im Grundbuch ist ein **Maximalzinsfuss von 10.00 %** eingetragen.

Zur Sicherheit für deren Kapital, Zinsen und Kosten gem. Art. 818 ZGB besteht ein Grundpfandrecht auf folgendem (n) Grundstück (en):

Grundbuch	Grundstück	Pfandstelle	Vorgehende Grundpfandrechte	Weitere Pfandrechte im gleichen Rang
Kriens	8888	3.	2'500'000.00	keine

Die Beschreibung und die Rechtsnatur des Pfandobjektes sowie die darauf ruhenden Rechte und Lasten gehen aus dem beigefügten Beschrieb zum Zeitpunkt der Ausfertigung hervor.

Musterdorf, xy   cg

Grundbuchamt Musterdorf
Grundbuchverwalter

Schuldner
Durch den Schuldbrief wird eine persönliche Forderung begründet, die grundpfändlich sichergestellt ist (Art. 842 Abs. 1 ZGB). Schuldner ist der Eigentümer des belasteten Grundstückes, sofern nicht ein Drittpfandverhältnis besteht (Art. 824, 832 und 844 ZGB). Die Person des Schuldners wird im Grundbuch nicht angegeben.

Aufbewahrung
Dieser Schuldbrief ist auch nach Tilgung der Schuld sorgfältig aufzubewahren oder dem Grundbuchamt zur Löschung einzureichen. Aenderungen am Schuldbrief dürfen nur vom Grundbuchamt vorgenommen werden. Ist der Titel abhanden gekommen, so muss er vom Richter kraftlos erklärt werden.
Der Schuldbrief kann am linken Rand gelocht werden; das Schuldbriefpapier ist mit einem Wasserzeichen und das Titelblatt mit einem Prägestempel des Grundbuchamtes versehen.

Uebertragungen
Zur Übertragung der Schuldbriefforderung bedarf es der Übergabe des Pfandtitels an den Erwerber. Lautet der Titel auf den Namen einer Person, so bedarf es ausserdem des Übertragungsvermerkes auf dem Titel unter Angabe des Erwerbers (Art. 864 ZGB).
Ist die Schuldbriefforderung getilgt, so kann der Schuldner vom Gläubiger verlangen, dass dieser den Pfandtitel des Papier-Schuldbriefes unentkräftet herausgibt (Art. 853 Ziff. 2 ZGB). Der Schuldner kann den Titel durch Uebertragung auf einen neuen Gläubiger weiterverwenden.

Unterpfand zum Zeitpunkt der Ausfertigung:
(Beschreibung der belasteten Grundstücke und Rang des Grundpfandes)

Eigentümer

Herr Muster Johann, geb. 4. Juli 1950, von Kriens, wohnhaft in 6000 Luzern, Luzernerstrasse 999

Grundstück Nr. 8888, Kriens

Grundstückbeschrieb zu Grundstück 8888 Kriens

Grundstück Nr.:	8888	**Grundbuch:**	Kriens
E-GRID:	CH607335265001		
Grundstücksart:	Liegenschaft	**Fläche:**	20 a 90 m²
Plan Nr.:	56, 107	**Ortsbezeichnung:**	Dorfmitte
		Strasse:	Luzernerstrasse
Kulturart:	Hofraum, Garten		

Gebäude / Gebäudeversicherung:
Strasse: Luzernerstrasse 99

Wohn- und Geschäftshaus Nr. 7777, vers.   Fr. 8'520'000.00

Erwerbsakt: Kauf, 1. April 2015

Katasterschatzung: Fr. 7'500'000.00

Dienstbarkeiten / Grundlasten zu Grundstück 8888 Kriens

Register-Nr	L=Last R=Recht	Stichwort
D.UEB/062801	R.	Fahrwegrecht (beschränkt), Unterhaltsabrede gemäss Beleg z.L. Nr. 7777
D.UEB/068101	R.	Fahrwegrecht z.L. Nr. 7778, 7779
D.UEB/068078	R.	Leitungsrecht für Kanalisation lt. Plan z.L. Nr. 7780
D.UEB/105928	R.	Grenzbaurecht für Stützmauer, Unterhaltsabrede gemäss Beleg z.L. Nr. 7780
D.2015/000005	L.	Fuss- und Fahrwegrecht lt. Plan z.G. Nr. 7778

D.2015/000006	L	Baurecht für Kabelverteilkabine lt. Plan
		z.G. Musterwerk AG, Musterstrasse 7777, 6000 Luzern

D.2015/000007	L.	Baurecht als selbstständiges und dauerndes Recht (Nr. 8889) auf einer Grundfläche von 850 m2 lt. Mutation Nr. 9999 für Gewerbegebäude befristet bis 30. März 2060
		z.G. Eigentümer des s.u.d. Rechtes
		selbstständig unter Grundstücknummer 8889

Vormerkungen zu Grundstück 8888 Kriens

Register-Nr	Stichwort
V.2015/000001	Vorkaufsrecht befristet bis 1. April 2040
	z.G. Muster Franz, geb. 1. Januar 1960, Musterstrasse 111, 6000 Luzern

Anmerkungen zu Grundstück 8888 Kriens

Register-Nr	Stichwort
A.UEB/009366	Gestaltungsplan Dorfmitte
U.UEB/000311	1/20 Miteigentum an Grundstück 4164
A.UEB/011649	Mitglied der Strassengenossenschaft Luzernerstrasse

Vorgehende Grundpfandrechte zu Grundstück 8888 Kriens

PfSt	Register-Nr	Pfandrechtsart	Maximalzins	Pfandsumme	
1.	P.UEB/095423	Papier-Inhaberschuldbrief Mitverpfändet: 7781	10.00 %	Fr.	1'000'000.00
2.	P.UEB/095427	Grundpfandverschreibung Kapitalhypothek	10.00 %	Fr.	1'500'000.00

Vorgang und Pfandstelle dieses Schuldbriefes:

Grundstück 8888, Kriens:
2 Kapitalposten in 2 Pfandstellen von total   Fr.   2'500'000.00

Dieser Schuldbrief nimmt die **3. Pfandstelle** ein.

T000999999

III.   Das Verhältnis von Schuldbriefforderung und Forderung aus dem Grundverhältnis

29   **a. Die frühere Rechtslage: Novation.** Vor der ZGB-Revision von 2009 legte das Gesetz fest, dass mit der Errichtung des Schuldbriefs das zugrunde liegende Verhältnis durch *Neuerung* getilgt wurde (855[1] a.F.). Die Eintragung in das Grundbuch hatte demnach *novierende* Kraft (105 III 128; 115 II 155; 119 III 106 f.). In diesem Zusammenhang wurde auch von der «abstrakten» Natur des Schuldbriefs gesprochen (105 III 128; 119 III 106 f.). Die Neuerung trat immerhin nur dann ein, wenn die vorbestehende Schuld gültig war (107 II 447 f.). Sie bewirkte ein Doppeltes:

30   1. Einerseits konnte die Gläubigerin sich darauf beschränken, nur noch die Schuldbriefforderung geltend zu machen, ohne auf das Grundverhältnis zurückgreifen zu müssen. Durch den Grundbucheintrag und den Pfandtitel (verbunden mit dem besonderen Vertrauensschutz des Schuldbriefs) war sodann der Beweis von Forderung und Pfandrecht relativ einfach.

31   2. Andererseits bewirkte die Novation aber auch eine Einredebeschränkung gegenüber der (ersten) Gläubigerin (allgemein: 105 II 277; wohl auch 105 III 128). Der Schuldner verzichtete mit der Schuldbrieferrichtung allerdings (nur, aber immerhin) auf Einreden und Einwendungen, die ihm in diesem Zeitpunkt schon bekannt gewesen waren, während ihm die in diesem Moment unbekannten Einreden erhalten blieben.[24] Schuldbriefforderungen waren also der ersten Gläubigerin gegenüber nicht in dem Sinn «abstrakt», dass sie von einem sie begründenden Schuldverhältnis völlig unabhängig gewesen wären (114 II 260; 115 II 354; beiläufig anders 100 II 325). Nach der Rechtsprechung durfte der Schuldner sogar alle Einreden und Einwendungen aus der Schuldbrieferrichtung erheben (89 II 387 ff. betreffend die Einwendung der Handlungsunfähigkeit; 114 II 258 ff. betreffend Einwendungen im Werkvertragsverhältnis).

32   3. Beizufügen bleibt, dass die gesetzliche Novationsregelung *dispositives Recht* darstellte: Die Parteien durften die Neuerung durch eine besondere Abrede ausschliessen, doch blieb diese Vereinbarung gegenüber gutgläubigen Dritten wirkungslos (855[2] a.F.; vgl. 66 II 154). Ausgeschlossen wurde die Novation namentlich im Fall der Sicherungsübereignung des Schuldbriefs (134 III 73; 136 III 291; 140 III 184), aber auch im Fall der Faustverpfändung (132 III 169).

33   **b. Die heutige Regelung: Sicherungsübereignung.** Die eben genannte Sicherungsübereignung von Schuldbriefen fand in der Bankenpraxis eine immer grössere Verbreitung.[25] Durch die ZGB-Revision von 2009 ordnete der Gesetzgeber in Art. 842

---

24   So die Vorauflage § 113 N 13 mit Hinweisen auch auf abweichende Meinungen. Vgl. auch STEINAUER a.a.O. Nr. 2958b ff.

25   Vgl. etwa MARKUS F. VOLLENWEIDER, Die Sicherungsübereignung von Schuldbriefen als Sicherungsmittel der Bank (Diss. Freiburg 1994), AISUF 141; ROLF BÄR, Der indirekte Hypothekarkredit – Zur Sicherungsübereignung und Verpfändung von Schuldbriefen, in Wolfgang Wiegand (Hrsg.), Theorie und Praxis der Grundpfandrechte (Bern 1996), Berner Bankrechtstag Band 3, 105 ff., besonders 114 ff.; BÉNÉDICT FOËX, Les actes de disposition sur les cédules

Abs. 2 schliesslich an, die Schuldbbriefforderung trete mangels gegenteiliger Vereinbarung «neben die zu sichernde Forderung» aus dem Grundverhältnis.[26] Schuldbriefforderung und Forderung aus dem Grundverhältnis (Grundforderung) bestehen demnach kraft Gesetzes – mangels abweichender, novierender Abrede (hinten N 40) – *nebeneinander* (140 III 184). Ihr Verhältnis wird «durch die dem Schuldner aufgrund des Grundverhältnisses zustehenden Einreden geregelt».[27] Damit ist die Sicherungsübereignung von Schuldbriefen – obwohl im Gesetzeswortlaut nicht ausdrücklich erwähnt und in der Botschaft nur summarisch begründet[28] – seit 1. Januar 2012 zum gesetzlichen Grundmodell geworden (140 III 184).[29] Folgendes ist beizufügen:

1. Die Sicherungsübereignung (auch fiduziarische Eigentumsübertragung), verstanden als *Verfügungsgeschäft,* besteht bei einem bereits vorhandenen Register-Schuldbrief in der Anmeldung, die neue Gläubigerin sei im Grundbuch einzutragen (858²), beim Papier-Schuldbrief in der Übergabe des Pfandtitels (bei Namenschuldbriefen mit Übertragungsvermerk; 864; dazu hinten N 46). Die hauptsächliche Rechtsfolge der Sicherungsübereignung besteht darin, dass die Gläubigerin (Fiduziarin) eine *überschiessende Rechtsmacht* erhält: Sie «kann» als Eigentümerin (Vollberechtigte) des Schuldbriefs mehr, als sie schuldrechtlich (auf Grund der Sicherungsabrede mit dem Pfandbesteller; sogleich N 35 ff.) «darf».[30] Diese Macht erlaubt ihr, Dritten gegenüber als unbeschränkte Rechtsträgerin aufzutreten (115 II 349 ff.; 119 II 327 f.; 132 III 168; 134 III 73). Ihre Verfügungen – als Verfügungen der Vollberechtigten – gegenüber Dritten sind daher wirksam (91 III 107), auch wenn sie gegen die Sicherungsabrede verstossen (und selbst bei bösem Glauben des Dritten). Doch wird in diesem Fall die Fiduziarin (Gläubigerin) gegenüber dem Fiduzianten (Schuldner) aus Art. 97 Abs. 1 OR schadenersatzpflichtig.[31]

2. Die Sicherungsübereignung setzt zu ihrer Wirksamkeit ein gültiges *Verpflichtungsgeschäft* (Rechtsgrund) voraus: die *Sicherungsabrede* zwischen Pfandbesteller (meist dem Schuldner) und Gläubigerin. Sie untersteht grundsätzlich keiner gesetzlichen Formvorschrift. In der Bankenpraxis wird sie regelmässig in Schriftform abgeschlossen. Ist

34

35

---

      hypothécaires, in Michel Hottelier/Bénédict Foëx (Hrsg.), Les gages immobiliers – Constitution volontaire et réalisation forcée (Basel/Genf/München 1999), 113 ff., besonders 121 ff.

26   Art. 842 Abs. 2 spricht relativierend davon, dass der Gläubigerin «gegebenenfalls» aus dem Grundverhältnis eine Forderung zustehe, und zielt damit auf den (praktisch seltenen) Fall, dass keine Grundforderung besteht, sondern der Pfandbesteller der Schuldbriefgläubigerin eine Zuwendung – namentlich eine Schenkung – machen will (Steinauer a.a.O. Nr. 2932 und 3017).

27   BBl 2007, 5321.

28   Kritisch dazu Thomas Sutter-Somm/Benedikt Seiler, Gutglaubensschutz des Schuldbrieferwerbers …, in Alexandra Rumo-Jungo u.a. (Hrsg.), FS für Paul-Henri Steinauer (Bern 2013), 635 ff., besonders 639 ff.

29   BBl 2007, 5321 mit der zu engen Begrenzung dieser Aussage auf das kommerzielle Hypothekargeschäft; Schmid/Hürlimann-Kaup a.a.O. Nr. 1843b f.; Steinauer a.a.O. Nr. 3015 ff. – Für den Register-Schuldbrief wird bisweilen auch die Bezeichnung «Sicherungseintragung» verwendet: Staehelin, zit. in Anm. 2, 210.

30   Schmid/Hürlimann-Kaup a.a.O. Nr. 1844h; Steinauer a.a.O. Nr. 3020.

31   Schmid/Hürlimann-Kaup a.a.O. Nr. 1844h und 1844m.

sie (wie bei Banken häufig) in Allgemeinen Geschäftsbedingungen enthalten, untersteht sie der auf AGB anwendbaren Konsens-, Auslegungs- und Inhaltskontrolle. Bei
Verträgen mit Konsumenten (also natürlichen Personen, die einen Hypothekarkredit
zur Finanzierung eines privat genutzten Grundstücks aufnehmen) ist insbesondere
Art. 8 UWG zu beachten.[32] Zu ihrem Inhalt lässt sich festhalten:

36   α. Die Sicherungsabrede stellt nicht nur den Rechtsgrund für die Sicherungsüber-
      eignung dar. Sie legt überdies fest, unter welchen Voraussetzungen die Gläubige-
      rin ihre Rechte als fiduziarische Eigentümerin des Schuldbriefs ausüben darf (BGer
      5A_79/2007 E. 2.5). Typischer Inhalt ist die Verpflichtung der Gläubigerin (Fiduzia-
      rin), von ihrer Rechtsmacht nur insoweit Gebrauch zu machen, als es der Sicherungs-
      zweck erfordert, den Schuldbrief mit anderen Worten nur dann verwerten zu lassen,
      wenn die gesicherte Grundforderung nicht erfüllt wird.

37   β. Der Gläubigerin (Fiduziarin) ist es schuldrechtlich untersagt, den Schuldbrief zu
      veräussern, da ein gutgläubiger Erwerber auf Grund der Gutglaubensschutzvorschrif-
      ten (vorne N 17 ff.) die Schuldbriefforderung ohne die in der Sicherungsabrede ent-
      haltenen Beschränkungen geltend machen könnte.[33] Erst wenn die Grundforderung
      nicht erfüllt wird (Zinsen, Amortisationen, nach Kündigung auch Kapital), darf die
      Gläubigerin von ihrem Sicherungsrecht Gebrauch machen, allenfalls auch durch Ver-
      äusserung.[34]

38   γ. Wird die fällige Grundforderung nicht erfüllt, sind die Voraussetzungen für die
      Verwertung gegeben. Die Gläubigerin darf jedoch nicht gleichzeitig (kumulativ) die
      Erfüllung der Grund- und der Schuldbriefforderung verlangen (140 III 188).[35] Mit der
      Sicherungsübereignung ist vielmehr die stillschweigende Abrede verbunden, dass die
      Gläubigerin zuerst die Schuldbriefforderung verwerten lassen muss, und zwar auf dem
      Weg der Betreibung auf Pfandverwertung (140 III 188 f. mit Hinweis auf die Verzichts-
      möglichkeit des Schuldners; ebenso BGer 5A_676/2013 E. 5.1.3). Ausserdem liegt in
      der Sicherungsabrede ein *Pactum de non petendo* für jenen Teil der Schuldbriefforde-
      rung, der den sichergestellten Betrag aus dem Grundverhältnis (nebst Zinsen) über-
      steigt.[36] Die Gläubigerin muss demnach ihre allfällige Zwangsvollstreckung auf den
      effektiv noch geschuldeten Betrag aus dem Grundverhältnis beschränken (136 III
      291 f.; BGer 5A_398/2010 E. 4.4; 140 III 185 oben).[37]

39   δ. Kommt es wegen Nichterfüllung der Grundforderung durch den Schuldner zur
      Verwertung von Schuldbrief und Grundstück, so ist die Gläubigerin (Fiduziarin) ver-

---

32   JÖRG SCHMID, Grundpfandrechte und der neue Art. 8 UWG, in Susan Emmenegger (Hrsg.),
      Immobilienfinanzierung (Schweizerische Bankrechtstagung Bern 2012), 71 ff.; zu Art. 8 UWG
      vgl. GAUCH/SCHLUEP/SCHMID/EMMENEGGER, OR AT, Rn. 1150 ff.
33   SCHMID/HÜRLIMANN-KAUP a.a.O. Nr. 1844k.
34   STEINAUER a.a.O. Nr. 3020 Ziff. 5.
35   STEINAUER a.a.O. Nr. 3020 Ziff. 3.
36   Vgl. auch SJZ 101 (2005) 430 ff. E. 3.1 (Genfer Cour de justice); FZR 2012, 378 ff. E. 2c (Freibur-
      ger Kantonsgericht).
37   Im Einzelnen SCHMID/HÜRLIMANN-KAUP a.a.O. Nr. 1844j.

pflichtet, darüber abzurechnen und dem Pfandbesteller einen allfälligen Überschuss des Verwertungserlöses herauszugeben (119 II 328).[38]

3. Die Regelung stellt *dispositives Gesetzesrecht* dar (842²: «wenn nichts anderes verein- 40 bart ist»). Es steht den Parteien frei, die Novation der Forderung aus dem Grundverhältnis durch die Schuldbriefforderung zu verabreden (vorne N 24 und 29 ff.).[39] Praktisch macht dies freilich nur Sinn, wenn die zu sichernde Grundforderung gleich hoch oder höher ist als die Schuldbriefforderung.[40]

c. Die Einreden des Schuldners. Mit den Einreden sind hier alle Verteidigungsmit 41 tel (auch Einwendungen) des Schuldners gegen die Schuldbriefforderung und ihre Durchsetzung gemeint. Beim gesetzlichen Modellfall der Verwendung des Schuldbriefs durch Sicherungsübereignung ist die Rechtslage unterschiedlich je nachdem, ob dem Schuldner die erste Gläubigerin oder aber Dritte (Rechtsnachfolger) gegenüberstehen:[41]

1. Gegenüber der *ersten Gläubigerin* («ersten Nehmerin»; 89 II 390) kann sich der 42 Schuldner auf die sich aus dem Grundverhältnis ergebenden persönlichen Einreden berufen (842³). Zwischen diesen Personen hat demnach das Grundverhältnis den Vorrang (vgl. auch BGer 5A_79/2007 E. 2.6). Der Schuldner kann namentlich geltend machen, die Forderung aus dem Grundverhältnis sei (etwa wegen Willensmangels) nicht wirksam entstanden oder bereits (ganz oder teilweise) zurückbezahlt worden (vgl. auch BGer 5A_398/2010 E. 4.4).[42] Gleich zu behandeln wie die erste Gläubigerin sind deren Universalnachfolger (etwa ihre Erben) und bösgläubige Dritte (842³).

2. Einen besonderen Schutz geniessen demgegenüber *gutgläubige Dritte:*[43] Sie kön 43 nen zunächst den Vertrauensschutz nach den Art. 848 und (beim Papier-Schuldbrief) Art. 862 Abs. 1 beanspruchen (vorne N 17 ff.). Sodann kann der Schuldner nach Art. 849 Abs. 1 nur Einreden geltend machen, sie sich aus dem Grundbucheintrag und (beim Papier-Schuldbrief) aus dem Pfandtitel ergeben, ferner solche, die ihm gegen den ihn belangenden Gläubiger persönlich zustehen. Dies gilt auch für Nebenvereinbarungen (849²). So kann der Schuldner etwa die Einwendung seiner Handlungsunfähigkeit anlässlich der Errichtung des Pfandtitels nicht erheben (89 II 387 ff.; 107 II

---

38 SCHMID/HÜRLIMANN-KAUP a.a.O. Nr. 1844*l*; STEINAUER a.a.O. Nr. 3020 Ziff. 6.

39 Dazu ausführlich STEINAUER a.a.O. Nr. 2955 ff.

40 STEINAUER a.a.O. Nr. 2959.

41 In 115 III 119 bezeichnete das Bundesgericht (unter altem Recht) auch jene Person als Dritte, die vom Grundeigentümer einen einseitig errichteten Inhaber- oder Eigentümerschuldbrief als Erste erwirbt (a. M. aber BGer in ZBGR 47 [1966], 301 ff. E. 3a. – Der «Viert-Erwerber» des Papier-Schuldbriefs braucht nach 107 II 454 nicht einmal gutgläubig zu sein.

42 SCHMID/HÜRLIMANN-KAUP a.a.O. Nr. 1844g und 1845a; STEINAUER a.a.O. Nr. 3023 f.

43 Ausführlich STEINAUER a.a.O. Nr. 3039 ff.; MONIKA PFAFFINGER, Sicherungsübereignung und Einredeordnung beim Schuldbrief, in Jürg Schmid (Hrsg.), Die Dienstbarkeiten und das neue Schuldbriefrecht (Zürich 2012), 239 ff., besonders 260 ff. – Zu besonderen Nachforschungspflichten des Dritten unter dem Gesichtspunkt von Art. 3 Abs. 2 vgl. SCHMID/HÜRLIMANN-KAUP a.a.O. Nr. 1845k; SUTTER-SOMM/SEILER, zit. in Anm. 28, 642 ff.

450 f.; 115 III 113 f. und 117 f.). Ebenso wenig kann er die Nichtigkeit des Grundge-
schäfts wegen Umgehung der Regelung über den Erwerb von Grundstücken durch
Personen im Ausland geltend machen (107 II 449 ff.). Gutgläubige Dritterwerber werden überdies geschützt, wenn ein Schuldner nach Konkursausbruch, aber noch vor
der Konkurspublikation und vor einer Vormerkung im Grundbuch (960¹ Ziff. 1) über
Schuldbriefe verfügt (115 III 111 ff.).

IV.   Entstehung, Übertragung und Untergang

a. Papier-Schuldbrief

44   1. *Entstehung.* Die Errichtung eines Papier-Schuldbriefs geschieht durch *Eintragung in
das Grundbuch* (799¹). Neben dieser Eintragung wird stets ein Pfandtitel ausgestellt
(860¹; vgl. vorne N 11 und das Muster in N 28). Doch kommt dem Eintrag in das Grundbuch (799¹) schon vor der Ausstellung des Pfandtitels Schuldbriefwirkung zu (860³).

45   Zum *Rechtsgrund,* der zur Eintragung führt, bleibt festzustellen: Das Rechtsgeschäft auf Schuldbrieferrichtung – als Vertrag oder als einseitiges Rechtsgeschäft
des Grundeigentümers (Pfandbestellers) – bedarf der öffentlichen Beurkundung
(799²; 123 III 98 f.).[44] Die Berufung auf einen Formmangel des Pfanderrichtungsver-
trags kann nach den Umständen rechtsmissbräuchlich sein (BGer 5C.98/2002 E. 3.3 =
ZBGR 85 [2004], 134 ff.). Schuldrechtliche Nebenvereinbarungen in separaten Urkunden, auf die verwiesen wird, sind zulässig (846² ZGB; 106¹ GBV), können jedoch einem
gutgläubigen Dritten nicht entgegengehalten werden (849²). Der Pfandbestellungsver-
trag (oder ein mit ihm beim Grundbuchamt hinterlegtes separates Dokument) muss
die Anerkennung der Schuldbriefforderung enthalten (129 III 17).[45] Zur Bestimmung
einer bevollmächtigten Person vgl. vorne § 112 N 75.

46   2. Die *Übertragung* des die Schuldbriefforderung «verkörpernden» Pfandtitels – der
nach dem Gesagten ein Wertpapier darstellt (vorne N 11 ff.) – folgt den wertpapierrechtlichen Regeln:[46] Der Rechtsgrund der Übertragung (Verpflichtungsgeschäft) ist
grundsätzlich formfrei gültig. Zur Veräusserung oder Verpfändung der Forderung
(Verfügungsgeschäft) bedarf es der *Übergabe des Pfandtitels* an den Erwerber (864¹
ZGB; 967 OR). Lautet er auf den Inhaber, so genügt die Besitzübergabe. Ist er dagegen auf einen bestimmten Namen ausgestellt, so muss die Übertragung noch auf dem

---

44   Ausführlich die in Anm. 6 zitierte Diss. von Kamerzin; ferner Paul-Henri Steinauer, La
      constitution d'une cédule hypothécaire pour financer l'acquisition de l'immeuble grevé, in Jean-
      Baptiste Zufferey u.a. (Hrsg.), FS für Marco Borghi (Zürich 2011), 525 ff. – Ein Gesuch um Aus-
      stellung von Inhaberschuldbriefen, das (wenn auch nur in einem unwesentlichen Punkt) von
      den Angaben im Grundbuch abweicht, hat der Grundbuchverwalter grundsätzlich abzuweisen –
      es sei denn, die Voraussetzungen von Art. 966 Abs. 2 liegen vor (116 II 291 ff.).
45   Steinauer, Les droits réels III, Nr. 2968a und 2991; Staehelin, BaKomm, Art. 842 N 13 ff.;
      Dürr, ZüKomm, Art. 799 N 200 f.
46   Vgl. Steinauer a.a.O. Nr. 3000 ff.

Titel selbst vermerkt werden, unter Angabe des Erwerbers (864²). Es handelt sich um eine Art Indossierung – allerdings mit der Einschränkung, dass ein Blankoindossament unzulässig ist (81 II 115 f.; vorne Anm. 12). Nicht zur Übertragung der Forderung nötig ist eine Eintragung im Grundbuch (112 III 29; zum Gläubigerregister vgl. immerhin Art. 12 GBV und vorne § 113 N 16).

War der Veräusserer nicht verfügungsberechtigt, so geniesst im Fall des Inhaberschuldbriefs der gutgläubige Erwerber den Schutz von Art. 935. Bei Namenschuldbriefen ist der gutgläubige Erwerber nach Massgabe von Art. 1006 Abs. 2 OR (und Art. 864 Abs. 2 ZGB) geschützt.[47]   47

3. *Untergang.* Das Pfandrecht geht grundsätzlich mit der Löschung des Eintrags (sowie mit dem vollständigen Untergang des Grundstücks) unter (801¹). Doch darf der Grundbucheintrag erst gelöscht werden, wenn der Pfandtitel entkräftet oder gerichtlich kraftlos erklärt worden ist (855 und 865 ZGB; 152 GBV). Ausserdem ist Folgendes zu beachten: 48

Bezahlt der Schuldner die Forderung (vollständig), so kann er verlangen, dass die Gläubigerin den Pfandtitel unentkräftet herausgibt (853 Ziff. 2 ZGB und 130 III 684; vgl. auch 88 und 90 OR). Ist keine Gläubigerin vorhanden oder verzichtet sie auf das Pfandrecht, so hat der Schuldner die Wahl, ob er den Grundbucheintrag löschen oder stehen lassen und den Pfandtitel weiter verwenden will (854 ZGB; vgl. aber auch 73² lit. c BGBB).[48] Zum Fall der unbekannten Gläubigerin vgl. Art. 823 und vorne § 112 N 74.   49

b. Register-Schuldbrief

1. *Entstehung.* Der Register-Schuldbrief als Register-Pfandrecht – der nach dem bereits Gesagten nicht als Inhaberschuldbrief ausgestaltet werden kann (857²) – entsteht nach den allgemeinen grundpfandrechtlichen Regeln: Verpflichtungsgeschäft ist ein öffentlich beurkundetes Rechtsgeschäft (799²), Verfügungsgeschäft die Anmeldung beim Grundbuchamt. Der Register-Schuldbrief entsteht mit der Eintragung in das Grundbuch (799¹ und 857¹).[49]   50

Der Förderung des Register-Schuldbriefs dient übergangsrechtlich Art. 33b SchlT, der sich auf die vor dem 1. Januar 2012 im Grundbuch eingetragenen (Papier-)   51

---

47 STEINAUER a.a.O. Nr. 3004.

48 Vgl. auch STEINAUER a.a.O. Nr. 3062 ff.; CHARLES JAQUES, La réutilisation des cédules hypothécaires et le remploi des hypothèques dans le cadre d'une exécution forcée, ZBGR 86 (2005), 209 ff.

49 Vgl. auch RAPHAËL HAAS, Errichtung und Ausgestaltung des Register-Schuldbriefs, in Jürg Schmid (Hrsg.), Die Dienstbarkeiten und das neue Schuldbriefrecht (Zürich 2012), 293 ff. (mit Musterbeispielen auf S. 330 ff.); BÉNÉDICT FOËX, La cédule hypothécaire de registre, a.a.O., 343 ff., besonders 346 ff. – Zum Sonderfall des auf den Namen des Grundeigentümers zu errichtenden Register-Schuldbriefs, bei dem die öffentlich beurkundete Erklärung des Eigentümers mit der Grundbuchanmeldung zusammenfallen kann und das Pfandrecht sich erst bei der Verpfändung gegenüber einem Dritten aktualisiert, vgl. STEINAUER a.a.O. Nr. 2969 f. und 2973 ff.

Schuldbriefe bezieht und eine *erleichterte Umwandlungsmöglichkeit* vorsieht (vgl. auch 108 GBV). Diesbezüglich genügt ein gemeinsames schriftliches Begehren des Grundeigentümers und der am Schuldbrief berechtigten Personen (etwa Nutzniesser oder Faustpfandgläubiger), er sei in einen Register-Schuldbrief umzuwandeln. Diese Umwandlung gilt rechtlich nicht als Neuerrichtung, so dass der bisherige Rand des Schuldbriefs gegenüber den anderen beschränkten dinglichen Rechten unverändert bleibt.[50]

52   2. Die *Übertragung* des Register-Schuldbriefs (Verfügungsgeschäft) erfolgt durch einen reinen Registervorgang («Umbuchung»): Bei der Übertragung zu Vollrecht (Eigentum) bedarf es der Eintragung des neuen Gläubigers in das Grundbuch, die auf Grund einer schriftlichen Erklärung des bisherigen Gläubigers zu geschehen hat (857[1] ZGB; 104[1] und [2] GBV). Der Rechtsgrund der Übertragung (Verpflichtungsgeschäft zur Übertragung) bedarf von Gesetzes wegen grundsätzlich keiner besonderen Form.[51] Analoges gilt für die Übertragung «zu Fahrnispfand» und zur Nutzniessung (859[1] und [3] ZGB; 104[3] und [4] GBV).[52]

53   3. Für den *Untergang* gilt das zum Papier-Schuldbrief Gesagte sinngemäss (vorne N 48). Bei Tilgung kann der Schuldner vom Gläubiger verlangen, dass dieser der Übertragung des Register-Schuldbriefs auf den Namen des Schuldners zustimmt (853 Ziff. 1).

V.   Die Gemeinsamkeiten und die Unterschiede im Verhältnis zur Grundpfandverschreibung

54   **a.** An **Gemeinsamkeiten** sind zu vermerken: Wie die Pfandverschreibung dient der Schuldbrief der Sicherung einer persönlichen Schuld (824[1]; 841[1]); der Schuldner haftet also nicht nur mit dem Pfandrecht, sondern mit seinem gesamten Vermögen. Drittpfandverhältnisse sind bei beiden Pfandarten möglich (824[2]; 844).

55   **b.** Demgegenüber müssen folgende **Unterschiede** beachtet werden: Anders als die Grundpfandverschreibung will der Schuldbrief (auch) den Bodenwert verselbständi-

---

50   BBl 2007, 5340 f.

51   BBl 2007, 5327. Kritisch SCHMID/HÜRLIMANN-KAUP a.a.O. Nr. 1841b.

52   Vgl. STEINAUER a.a.O. Nr. 2985 ff., der für die Formfreiheit des Pfandvertrags eintritt (ebenso STAEHELIN, BaKomm, Art. 859 N 5; STEPHAN WOLF/ALEXANDER KERNEN, Übertragung, Verpfändung und weitere praktische Verwendungsmöglichkeiten des Register-Schuldbriefs, in Jürg Schmid [Hrsg.], Die Dienstbarkeiten und das neue Schuldbriefrecht [Zürich 2012], 363 ff., besonders 369 f.). Für Schriftform nach Art. 900 Abs. 1 demgegenüber WEISS, zit. in Anm. 2, Nr. 619 ff. und 636 i. V. m. 505 ff. – Zu einem von der Praxis entwickelten Model der treuhänderischen Verwaltung von Register-Schuldbriefen vgl. DIETER ZOBL/STEFAN KRAMER, Treuhänderische Verwaltung und Übertragung von Registerschuldbriefen, ZBGR 94 (2013), 217 ff.; STEPHAN WOLF/ANJA PFEUTI, Aktuelles aus der Praxis zum Schuldbrief: Einlieferungsverpflichtung, Anmeldungsbestätigung und Verwaltungstreuhand von Register-Schuldbriefen, BN 2014, 394 ff., besonders 403 ff.

gen. Er stellt (als Papier-Schuldbrief) ein Wertpapier dar (848 und 862), wobei das Gesetz sowohl für das Pfandrecht wie auch für die Forderung einen besonderen Vertrauensschutz anordnet. Bedingungen und Gegenleistungen sind beim Schuldbrief ausgeschlossen (846).

§ 115 Die Gült (aufgehoben)

I. Vorbemerkungen

1 **a.** Die Gült (la lettre de rente, la rendita fondiaria) war **bis 31. Dezember 2011** – als **dritte Art des Grundpfandrechts** neben Grundpfandverschreibung und Schuldbrief (793[1] a.F.) – in aArt. 847–853 (allein) und in aArt. 854–874 (zusammen mit dem Schuldbrief) geregelt. Sie war das Pfandrecht, durch welches eine Forderung als Grundlast – also *mit ausschliesslicher Sachhaftung des Schuldners* – auf ein Grundstück gelegt wurde (847[1] und [3] sowie 851 a.F.). Sie sollte nach den Vorstellungen EUGEN HUBERS der Mobilisierung des Bodenwerts dienen und war daher (wie der Schuldbrief) als Wertpapier öffentlichen Glaubens ausgestaltet. Da sie aus verschiedenen Gründen eine grosse Sicherheit der Geldanlage bot, stellte sie – theoretisch – ein Mittel für billige, langfristige Kreditbeschaffung dar.

2 **b.** Die praktische Bedeutung der Gült blieb allerdings verschwindend gering.[1] Durch die ZGB-Revision von 2009 wurde die Gült daher mit Wirkung auf den 1. Januar 2012 als Rechtsinstitut **abgeschafft.**[2] Die genannten Bestimmungen behalten eine gewisse (freilich bescheidene) *intertemporale Bedeutung:* Die vor dem 1. Januar 2012 errichteten Gülten bleiben im Grundbuch eingetragen und unterstehen weiterhin den Bestimmungen des bisherigen Rechts (33a[1] und [2] SchlT).[3] Es rechtfertigt sich daher, dieses Rechtsinstitut hier in aller Kürze zu skizzieren.[4]

II. Aufgaben und Kennzeichen der Gült

3 **a. Reine Sachhaftung.** Während der Schuldbrief zur Sachhaftung die persönliche Haftung eines bestimmten Schuldners hinzufügt (842[1]; vorne § 114 N 4), begnügte sich die Gült mit einer reinen Sachhaftung: Die Forderung bestand «ohne jede persönliche Haftbarkeit des Schuldners» (847[3] a.F.). Das bedeutete:

4 1. Auch durch die Gült wurde eine Schuld begründet, die den (jeweiligen) Eigentümer des verpfändeten Grundstücks belastete; er haftete jedoch dafür einzig und allein mit

---

1 GERHARD EGGEN, Die Verbreitung von Grundlast und Gült, in SJZ 63 (1967), 285 ff.; STEINAUER, Les droits réels III (3. A. Bern 2003), Nr. 2638 und 3016i. – Zu altrechtlichen kantonalen Gülten vgl. Art. 853 und STEINAUER a.a.O. Nr. 3016a.

2 Vgl. Botschaft BBl 2007, 5285, 5295 und 5315.

3 Zum Recht der Kantone, die Umwandlung von Gülten, die gestützt auf Bundesrecht oder früheres (kantonales) Recht errichtet worden sind, in Pfandarten des geltenden Rechts vorzusehen (samt Einführung einer persönlichen Haftung für geringfügige Beträge) vgl. Art. 33a Abs. 3 SchlT und Botschaft BBl 2007, 5340 (wonach Beträge bis 1000 Franken geringfügig sind).

4 Vgl. im Übrigen Vorauflage § 114 N 1 ff.

dem Grundstück (122 III 435).[5] Deshalb stellt die Gült eine *Reallast* (Grundlast) dar (847 a.F.; vgl. auch Art. 782 ff. und vorne § 110).

2. *Gültschuldner* war gemäss Art. 851 Abs. 1 a.F. immer der *jeweilige Eigentümer* des Grundstücks. Wer das Grundpfand erwarb, wurde ohne Weiteres auch Schuldner; umgekehrt war der Veräusserer eo ipso entlastet (851[2] a.F.); Drittpfandverhältnisse waren demnach ausgeschlossen. Diese Regel galt nicht nur für die Kapitalschuld, sondern auch für die Zinsen – allerdings mit einer Einschränkung: Zinsen, mit deren Zahlung der Schuldner trotz Fälligkeit drei Jahre im Rückstand war, wurden zu rein persönlichen Schulden, geniessen also nicht mehr pfandrechtliche Deckung (851[3] a.F.). 5

3. Die reine Sachhaftung zeigte sich nicht nur bei der Veräusserung, sondern auch bei der *Zerstückelung* des mit einer Gült belasteten Grundstücks. Zwar galten auch hier die Regeln, die Art. 833 für die Verteilung der Pfandrechte aufstellt; sie wurden jedoch durch Spezialregeln ergänzt (852[2] und [3] a.F.) 6

b. Wertpapiercharakter, öffentlicher Glaube, Novation. Wie beim Papier-Schuldbrief, so wurde auch bei der Gült neben der Eintragung im Grundbuch stets ein *Pfandtitel* ausgestellt (856[1] a.F.). Dieser war ein *Wertpapier* (868 f. a.F.), das bezüglich Pfandrecht und Forderung *öffentlichen Glauben* genoss (866 f. a.F.). Auch bei der Gült bildeten Forderung und Pfandrecht eine untrennbare Einheit. Doch wurde mit der Ausstellung der Gült (anders als im revidierten Schuldbriefrecht) das zugrunde liegende Schuldverhältnis *noviert* (119 III 106 f.), was die Einreden des Schuldners beschränkte (855 und 872 a.F.). Bedingungen und Gegenleistungen waren ausgeschlossen (854 a.F.), wie beim Schuldbrief. 7

c. Sicherheit der Geldanlage (Belastungsgrenze, amtliche Schätzung, Verantwortlichkeit des Kantons, Art des Grundpfandes). Auf verschiedene Weise hatte das Gesetz den für die Kreditgeberin aus dem Grundlastcharakter der Gült sich ergebenden Nachteil – den Mangel der Personalhaftung – durch eine *erhöhte Realsicherheit* zu ersetzen versucht: 8

1. Das Grundstück durfte nur bis zu einer bestimmten Höhe mit Gülten belastet werden. Art. 848 a.F. stellte eine *Belastungsgrenze* auf – mit folgender Zweiteilung: Auf einem landwirtschaftlichen Grundstück durfte eine Gült bis zum Ertragswert errichtet werden (848[1] a.F.). Auf nicht-landwirtschaftlichen Grundstücken war eine Gülterrichtung bis zu drei Fünfteln eines Mittelwerts zulässig, der sich aus dem nichtlandwirtschaftlichen Ertragswert einerseits und dem Boden- und Bauwert andererseits errechnete (848[2] a.F.). Die Gült war damit eine Anlage von sehr hoher Sicherheit, die auch den Anforderungen der «Mündelsicherheit» genügte. 9

2. Diese Sicherheit wurde noch durch einen zweiten Umstand erhöht: Die Belastungsgrenze konnte nur auf Grund einer (durch das kantonale Recht geordneten) *amtlichen* 10

---

5   Unter diesem Gesichtspunkt bietet der Schuldbrief demnach bei im Übrigen gleich lautender Regelung der Gläubigerin grössere Sicherheit, als die Gült sie bot. Nicht nur das belastete Grundstück, sondern das Gesamtvermögen des Schuldners steht beim Schuldbrief dem Zugriff der Gläubigerin offen.

Schätzung des Grundstücks bestimmt werden (848² a.F.). Für fehlerhafte Schätzungen sah das Gesetz überdies eine *direkte Verantwortlichkeit der Kantone* vor (849¹ a.F.).

11   3. Um Grundstücke mit «Spekulationscharakter» auszuschliessen, konnte schliesslich auf Grundstücken mit industriellem Betrieb, Fabriken, Wasserwerken, Elektrizitätsunternehmungen, Sägereien, Kiesgruben, Bergwerken usw. keine Gült errichtet werden. Vielmehr sind Gülten *nur zulässig auf landwirtschaftlichen Grundstücken, Wohnhäusern* und *Baugebiet* (847² a.F.).

12   **d. Billigkeit und Langfristigkeit der Geldbeschaffung.** Durch die beschriebene Steigerung der Realsicherheit sollte die Gült nach der Vorstellung des Gesetzgebers zu einer idealen Geldanlage werden, insbesondere wo die Bestellung eines *Treuhänders* die Unzukömmlichkeit des persönlichen Verkehrs zwischen Gläubiger und Schuldner ausschaltet (860 a.F.; vgl. vorne § 112 N 75 f.). Dieser Vorzugsstellung entsprach andererseits ein *niedriger Zinsfuss*. Ausserdem bestanden zur Sicherung *langfristiger* Bodenkredite wichtige *Einschränkungen der Kündbarkeit* durch die Gläubigerin: Diese konnte eine Gültforderung grundsätzlich nur jeweils am Ende einer Periode von 15 Jahren und mit vorangehender einjähriger Kündigungsfrist kündigen (850² a.F.; zur Kündbarkeit durch den Schuldner vgl. Art. 850 Abs. 1 a.F.).

III.   Entstehung, Untergang, Übertragung

13   Auch diesbezüglich galten weitgehend die gleichen Regeln wie für den Schuldbrief (heute: Papier-Schuldbrief) (vorne § 114 N 44 ff.). In aller Kürze ist Folgendes festzuhalten:

14   **a. Entstehung.** Bei der Errichtung einer Gült wurde neben der Eintragung in das Grundbuch stets ein Pfandtitel ausgestellt (856¹ a.F.). Die Gült entstand mit der *Eintragung in das Grundbuch* (799¹), der bereits vor der Ausstellung des Pfandtitels Gültwirkung zukam (856² a.F.; heute 860³); die Ausstellung eines Pfandtitels war jedoch unentbehrlich. Ein *Vertrag* auf Gülterrichtung bedurfte der öffentlichen Beurkundung (799²).

15   **b. Untergang.** Das Pfandrecht ging grundsätzlich mit der *Löschung des Eintrags* (sowie mit dem vollständigen Untergang des Grundstücks) unter (801¹). Doch durfte der Grundbucheintrag erst gelöscht werden, wenn der Pfandtitel entkräftet oder richterlich kraftlos erklärt worden war (864 a.F.; heute 865).

16   **c. Übertragung.** Die Übertragung des (die Forderung «verkörpernden») Pfandtitels folgte den wertpapierrechtlichen Regeln: Zur Veräusserung oder Verpfändung der Forderung bedurfte es der *Übergabe des Titels* an den Erwerber und allenfalls weiterer Handlungen (868¹ und 869¹ a.F.; heute 864 ZGB und 967 OR). Eine Eintragung im Grundbuch war zur Übertragung der Forderung nicht erforderlich (112 III 29). – Die Übertragung der Schuldnerschaft erfolgt durch Veräusserung des Grundstücks (851 a.F.; vorne N 5).

§ 116 Besondere Grundpfandverhältnisse: Die Anleihenstitel mit Grundpfandrecht

I. Grund für die Sonderregelung und heutige Rechtslage

a. Der Grund für die Sonderregelung

1. Der klassische Schuldbrief – z.B. ein solcher von 50 000 oder 100 000 Franken – verkörpert jeweils nur eine einzige, heutzutage regelmässig ziemlich bedeutende Forderung. Daher dienen solche Titel normalerweise nur kapitalkräftigen Gläubigerinnen – in der Praxis meist Banken – als Kapitalanlage. Sie sind ausserdem vom Schuldner (Kreditsuchenden) oft nicht leicht unterzubringen und haben einen beschränkten Markt. Im Gegensatz dazu lauten die Wertpapiere des OR auf geringe Beträge (häufig 50 oder 100 Franken, nach Art. 622 Abs. 4 OR bei Aktien mindestens 1 Rappen), stehen einem viel breiteren Publikum offen, so dass dem Kreditsuchenden die Suche seiner Gläubigerinnen leichter fällt. Solche Wertpapiere entstehen aus der Zerlegung einer grösseren Anleihe in kleine Schuldverschreibungen und ermöglichen so die Deckung des Bedürfnisses nach langfristigem Kapital in bedeutenden Summen.[1]

2. Die Schuldbriefe weisen demnach zwar im Verhältnis zu den obligationenrechtlichen Wertpapieren den *Vorteil einer gesteigerten (weil dinglichen) Sicherung* auf; sie vermögen jedoch wegen der Schwierigkeit ihrer Unterbringung den Geldansprüchen grösserer wirtschaftlicher Unternehmen viel weniger zu genügen. Es drängt sich deshalb eine Verbindung der Vorteile beider auf: einerseits die Zerlegung einer Anleihenssumme in kleine, selbständige Teilbeträge und andererseits die pfandrechtliche Sicherung der Gesamtanleihe wie der Einzeltitel.

3. Nehmen wir an, ein industrielles Unternehmen (z.B. ein Elektrizitätswerk) benötigt eine bedeutende Geldsumme (etwa zum Ausbau des Netzes). Die Kreditgeberin wird sich regelmässig nicht mit einer ungesicherten Darlehensforderung zufrieden geben. Das Unternehmen muss vielmehr ein Pfandrecht an seinem unbeweglichen Eigentum errichten. Die Sache ist nun sehr einfach, wenn die ganze Summe bei einer einzigen Gläubigerin oder bei einigen wenigen erhältlich ist, etwa bei einer Bank oder einer Versicherungsgesellschaft. Dann brauchen die Parteien nur nach den gewöhnlichen Regeln ein Grundpfandrecht (etwa einen Schuldbrief) zu Lasten des Werkgrundstücks zu errichten. Oftmals wird sich aber ein solches Unternehmen zur Deckung ihres Kapitalbedarfs durch eine *Emission* an ein engeres oder weiteres Publikum wenden müssen. Alsdann zerlegt sie das zu beschaffende Kapital in gleichmässige Teile (Partialobligationen) und bietet den Geldanlegern je einen oder mehrere dieser Teile an. Wie kann sie nun aber jeder Teilobligation eine hypothekarische Sicherung am gleichen Grundstück verschaffen? Die Begründung eines Pfandrechts setzt ja normalerweise einen Vertrag zwischen einem bestimmten Schuldner und einer bestimm-

---

1 Leemann, BeKomm, Vorbem. zum vierten Abschnitt über das Grundpfand N 2; Steinauer, Les droits réels III, Nr. 3020.

ten Gläubigerin voraus. Bei einer Emission muss aber eine pfandrechtliche Sicherung geschaffen werden für Gläubigerinnen, deren Anzahl sehr gross und unbestimmt ist und die überhaupt noch nicht bekannt sind.

b. Ursprüngliche Regelung und heutige Rechtslage

4   1. Das ZGB hat die zur Lösung des Problems in manchen Kantonen *praktizierten* Formen *legalisiert* und diesen noch eine wichtige *neue hinzugefügt*. Es hat ferner beim Ausbau der entsprechenden Rechtsinstitute nicht nur industrielle Unternehmen, sondern auch landwirtschaftliche Bedürfnisse berücksichtigt.[2] Die Regelung findet sich im vierten Abschnitt über das Grundpfand (ursprünglich 875–883) unter dem Titel *«Ausgabe von Anleihenstiteln mit Grundpfandrecht»*. Doch haben Schuldbriefe und Gülten, die in Serien ausgegeben werden, praktisch keine Bedeutung erlangt. Aus diesem Grund wurden die Art. 876–883 durch die ZGB-Revision von 2009 mit Wirkung auf 1. Januar 2012 aufgehoben.[3] *Geblieben ist Art. 875.*

5   2. Bei diesen Verhältnissen steht dem einen Schuldner eine Mehrzahl von Gläubigerinnen gegenüber, die zwar eine Interessengemeinschaft bilden, aber grundsätzlich ihre Rechte selbständig wahren. Von diesem Grundsatz gibt es indessen zwei wichtige Ausnahmen. Zunächst stehen gewisse Kompetenzen einem (kraft Gesetzes oder Vertrags bestellten) *Treuhänder* zu; dieser ist regelmässig zwischen den Gläubigerinnen und dem Schuldner eingeschoben, um die Emission zu besorgen, die Titel aufzubewahren und allgemein den Verkehr zwischen ihnen zu vermitteln (vgl. 1161 OR und vorne § 112 N 76). Sodann bilden die Gläubigerinnen für bestimmte Befugnisse eine *obligatorische Gemeinschaft*, die mit einer gewissen *Mehrheit* Beschlüsse fassen kann, welche für alle verbindlich sind.[4] Dies trifft aber nicht nur für die Gläubigerinnen grundpfandgesicherter Titel zu, sondern für die Gläubigerinnen irgendwelcher Anleihen – vorausgesetzt, dass sie durch öffentliche Zeichnung ausgegeben wurden. Die einschlägige Regelung findet sich im Obligationenrecht (Gläubigergemeinschaft bei Anleihensobligationen, 1157–1186 OR).[5]

II.   Die Arten der pfandrechtlichen Sicherstellung

6   Eine Sicherstellung von Anleihensobligationen ist an sich schon nach den gewöhnlichen Bestimmungen über das Grundpfandrecht möglich: Der Anleihenehmer errichtet auf seinem Grundstück einen *Namen-* oder *Inhaberpfandtitel* und gibt ihn den

---

2   Zu den Pfandbelastungsgrenzen bei landwirtschaftlichen Grundstücken nach Art. 798a ZGB und Art. 73 ff. BGBB vgl. vorne § 112 N 87 f.

3   BBl 2007, 5329; zur praktischen Bedeutung vgl. auch LEHMANN, BaKomm, Vorbem. vor Art. 875–883 N 4 f.

4   Vgl. LEEMANN a.a.O. N 22; STEINAUER a.a.O. Nr. 3074.

5   Vgl. auch ARTHUR MEIER-HAYOZ/HANS CASPAR VON DER CRONE, Wertpapierrecht (2. A. Bern 2000), § 20 N 98 ff.; RETO ARPAGAUS, Die Besicherung von Anleihen (Diss. Zürich 1995), 7 ff., 20 ff. und passim.

Obligationären zu *Faustpfand.* Dies geschieht durch Übertragung des Besitzes an eine bevollmächtigte Person (Pfandhalterin), die auch den weiteren Verkehr zwischen dem Schuldner und den Obligationären besorgt.

Das ZGB hat aber auch einige *Spezialformen* für die pfandrechtliche Sicherung von   7 Anleihensobligationen eingeführt. Die eine davon, der *Pfandbrief,* begründet ein Mobiliarpfandrecht und wird deshalb bei den Fahrnispfandrechten dargestellt (hinten § 119 N 37 ff.). Eine Sicherstellung durch *Grundpfandrecht* kann seit dem 1. Januar 2012 in *zweifacher Weise* erfolgen:[6]

a. Nach Art. 875 Ziff. 1. Zu Gunsten der gesamten Anleihe wird *ein* einziges Grund-   8 pfandrecht – eine Grundpfandverschreibung oder ein Schuldbrief – errichtet und ein Stellvertreter (Pfandhalter, meist eine Bank) für die Gläubigerinnen und den Schuldner ernannt (siehe einen solchen Fall in 84 II 350 ff.). Dieser Stellvertreter erhält den Pfandtitel oder die Pfandurkunde zur Aufbewahrung. Den einzelnen Gläubigerinnen werden Teilobligationen abgegeben, die auf den Namen, den Inhaber oder an Ordre lauten und wie Wertpapiere übertragbar sind. Schuldner der Obligationäre ist der Anleihenehmer selber, nicht etwa die Bank. Jeder Einzeltitel nimmt teil an der pfandrechtlichen Deckung, die der Gesamtforderung zukommt. Die Titel verschaffen also ein *direktes* (unmittelbares) *Grundpfandrecht* (nicht etwa ein direktes Recht der Zwischenstelle gegenüber). Das Grundpfandrecht ist aber *unselbständig,* das heisst vom Gesamtpfandrecht abhängig: Die Titel dienen nur der Verteilung der Schuld, geniessen aber nicht den öffentlichen Glauben der Grundpfandtitel.[7]

b. Nach Art. 875 Ziff. 2. Auch hier wird zu Gunsten der gesamten Anleihe ein ein-   9 heitliches Grundpfandrecht errichtet. Als Pfandgläubigerin tritt aber die Ausgabestelle (die Bank) auf. Diese verpflichtet sich den einzelnen Obligationärinnen gegenüber obligatorisch; das heisst, sie geht zu Gunsten einer jeden von ihnen eine *persönliche Schuld* ein. Zur Sicherung verleiht sie ihnen ein Pfandrecht an der für sie bestehenden Grundpfandforderung. Demnach haben die Teilinhaberinnen zwar ein Pfandrecht, aber nicht ein Grundpfandrecht am Grundstück, sondern ein *Forderungspfandrecht* an der grundpfandversicherten Forderung, die der Bank gegenüber dem Besteller zusteht. Es liegt also nur eine mittelbare Sicherung vor.[8]

Das Forderungspfandrecht seinerseits muss nach den gewöhnlichen hierfür   10 geltenden Regeln bestellt werden. Demgemäss ist die Pfandurkunde an eine Drittstelle – eine weitere Bank oder ein Treuhandinstitut – herauszugeben, die sie für die Obligationäre entgegennimmt und aufbewahrt.[9]

---

6   Vgl. auch Arpagaus a.a.O. 184 ff. (zur Rechtslage vor der ZGB-Revision von 2009); Steinauer a.a.O. Nr. 3074b ff.
7   Lehmann, BaKomm, Art. 875 N 4; Steinauer a.a.O. Nr. 3074e.
8   Steinauer a.a.O. Nr. 3074f und 3074g.
9   Lehmann, BaKomm, Art. 875 N 5.

Vierter Abschnitt

Das Fahrnispfandrecht

§ 117 Übersicht über die Regelung

I.   Die gesetzliche Regelung im Überblick

1   1. Das Pfandrecht an beweglichen Sachen und Forderungen war bis zum Inkrafttreten des ZGB zum weitaus grössten Teil bereits in den *Art. 210–228 des alten OR* (von 1881) eidgenössisch geregelt. Nur einzelne Materien – wie die Viehverschreibung und das Versatzpfand – unterstanden noch der kantonalen Gesetzgebung. So konnte das ZGB im Wesentlichen den bisherigen Rechtszustand übernehmen und sich mit einigen Verbesserungen und Erweiterungen begnügen.

2   2. Im 23. Titel des ZGB über «das Fahrnispfand» (884–915)[1] werden *mehrere Pfandrechtsinstitute* behandelt. Sie weisen gewisse gemeinsame Grundzüge auf und lassen sich insofern als Einheit dem Grundpfand gegenüberstellen. Das Gesetz ordnet zunächst die drei Arten von Pfandrechten an beweglichen Sachen: In der Regel ist ein solches Pfandrecht nur als *Faustpfand* zulässig (884–894); diesem verwandt ist das *Retentionsrecht* (895–898); nur für einen Ausnahmefall (Viehverschreibung; 885) ist im ZGB die *Fahrnisverschreibung* vorgesehen.[2] Dem Pfandrecht an beweglichen Sachen steht das Pfandrecht an *Forderungen* und *anderen Rechten* gegenüber (899–906). Besondere Institute bilden das *Versatzpfand* (907–915) und der durch Spezialgesetz geregelte *Pfandbrief.*[3] Der Begriff des Fahrnispfandes wird demgemäss vom ZGB nicht auf jene Gegenstände beschränkt, die es in Art. 713 bei der Eigentumslehre als Fahrnis bezeichnet; er erstreckt sich im Gegenteil auf jedes Pfandobjekt, das kein Grundstück darstellt, also auch auf Forderungen und andere Rechte.

3   3. Obwohl es Merkmale gibt, die allen Fahrnispfandarten gemeinsam sind, *verzichtet* das Gesetz – abweichend von der Regelung des Grundpfandrechts – auf einen *einleitenden Abschnitt.* Diese einheitlichen Normen hebt das ZGB nicht besonders hervor, weil sie am einfachsten bei der Hauptart des Fahrnispfandrechts (beim Faustpfand-

---

1   Wie beim Grundpfandrecht (vorne § 111 Anm. 11) verwendet das Gesetz das Wort «Pfand» (hier: Faustpfand) oft untechnisch im Sinn von «Pfandrecht» und nicht in der Bedeutung von «Pfandgegenstand» (so etwa im landläufigen «Was soll das Pfand in meiner Hand?»). In diesem Lehrbuch verwenden wir hier wie beim Grundpfandrecht in der Regel den Ausdruck «Pfand» im letzteren Sinn (Pfandobjekt). Immerhin wird dort, wo das Ganze sonst zu schwerfällig würde und der Sinn eindeutig ist, die Unterscheidung nicht konsequent eingehalten.

2   Zum Sonderfall der Zugehör siehe hinten § 118 N 23 und 29; zur Verpfändung von Luftfahrzeugen und Schiffen vgl. hinten § 118 N 21.

3   Für besondere gesetzliche Pfandrechte des Bundes und einzelner Kantone vgl. ZOBL/THURNHERR, BeKomm, Syst. Teil (vor Art. 884) N 457 ff.; STEINAUER, Les droits réels III, Nr. 3083 in fine; PIOTET, Le droit civil fédéral prohibe-t-il l'hypothèque légale mobilière de droit public cantonal?, in ZSR NF 109 (1990) I, 211 ff.; SANDOZ, L'hypothèque mobilière légale de droit public cantonal est-elle compatible avec le droit fédéral?, in ZSR NF 108 (1989), I 195 ff.

recht) dargestellt und von dort aus sinngemäss auf die anderen Institute ausgedehnt werden (vgl. 899²).⁴ Daneben ist das Fahrnispfand von noch *allgemeineren* Grundsätzen beherrscht, die sich aus dem Begriff des *Pfandrechts als solchen* ergeben – ob es nun an beweglichen oder unbeweglichen Sachen besteht – und die zum Teil aus den Bestimmungen über das Grundpfandrecht abgeleitet werden können.⁵

4. Die folgende Darstellung beschäftigt sich zunächst mit den allen Fahrnispfandarten gemeinsamen Regeln (hinten § 118), sodann mit der Sonderordnung jeder einzelnen Pfandart (hinten § 119). Vorweg (II.) zu behandeln ist jedoch der Numerus clausus der Fahrnispfandrechte. 4

II. Der Numerus clausus der Fahrnispfandrechte

1. Auch im Mobiliarpfandrecht besteht – trotz des Fehlens einer dem Art. 793 Abs. 2 entsprechenden Bestimmung (vgl. immerhin 34¹ SchlT) – ein *Numerus clausus*.⁶ Andere als die soeben (vorne N 2) aufgeführten, vom Gesetz ausdrücklich vorgesehenen Fahrnispfandarten sind grundsätzlich unzulässig. 5

2. Doch lässt die *Praxis* unter gewissen Voraussetzungen *pfandrechtsähnliche Sicherungsgeschäfte* zu, etwa: das irreguläre Pfandrecht (106 II 379 ff.),⁷ die Sicherungsübereignung (hierzu vorne § 111 N 10), die Sicherungszession (hierzu 123 III 63),⁸ die Sicherungshinterlegung (hierzu 102 Ia 236), den Leasingvertrag (hierzu 118 II 150 ff.; 119 II 236 ff.). Von ihnen soll im Folgenden nicht die Rede sein.⁹ Bereits beim Fahrniseigen- 6

---

4 Vgl. Oftinger/Bär, ZüKomm, Syst. Teil (vor Art. 884) N 25 ff.; Zobl/Thurnherr, BeKomm, Syst. Teil (vor Art. 884) N 240 ff.

5 Vgl. auch Zobl/Thurnherr, BeKomm, Syst. Teil (vor Art. 884) N 334 ff.

6 Oftinger/Bär, ZüKomm, Syst. Teil (vor Art. 884) N 31; Zobl/Thurnherr, BeKomm, Syst. Teil (vor Art. 884) N 291; Steinauer a.a.O. Nr. 3081 f.; Bénédict Foëx, Le «numerus clausus» des droits réels en matière mobilière (Diss. Lausanne 1987).

7 Oftinger/Bär, ZüKomm, Syst. Teil (vor Art. 884) N 182 ff.; Zobl/Thurnherr, BeKomm, Syst. Teil (vor Art. 884) N 1105 ff.

8 Vgl. dazu auch Peter Gauch/Walter R. Schluep/Jörg Schmid/Susan Emmenegger, Schweizerisches Obligationenrecht Allgemeiner Teil (10. A. Zürich 2014), Rn. 1024 ff., 3412 und 3773; Spirig, ZüKomm, Vorbem. zu Art. 164–174 OR N 118 ff.; Hans Peter Walter, Die Sicherungszession im schweizerischen Recht, in Wolfgang Wiegand (Hrsg.), Mobiliarsicherheiten (Bern 1998), Berner Bankrechtstag Band 5, 43 ff.; Peter Reetz, Die Sicherungszession von Forderungen unter besonderer Berücksichtigung vollstreckungsrechtlicher Probleme (Freiburger Habil., Zürich 2006).

9 Siehe zu diesen Instituten Zobl/Thurnherr, BeKomm, Syst. Teil (vor Art. 884) N 1093 ff.; Oftinger/Bär, ZüKomm, Syst. Teil (vor Art. 884) N 171 ff.; Steinauer a.a.O. Nr. 3095 ff.; Schmid/Hürliman-Kaup, Sachenrecht, Nr. 1983 ff.; Foëx a.a.O. 125 ff.; Helmut Koziol, Sicherungszession und andere Mobiliarsicherheiten aus rechtsvergleichender Sicht, in Wolfgang Wiegand (Hrsg.), zit. in Anm. 8, 19 ff.; Antoine Eigenmann, L'effectivité des sûretés mobilières … (Diss. Freiburg 2001), AISUF 206, Nr. 19 ff. und passim.

tum behandelt wurde der Eigentumsvorbehalt (Art. 715 f. und vorne § 103 N 12 ff.), der ähnliche Funktionen erfüllen kann.

§ 118 Die allgemeinen Bestimmungen

Wir erörtern zunächst den Begriff und die Kennzeichen des Fahrnispfandrechts. Dann behandeln wir die fünf leitenden Prinzipien der gesetzlichen Regelung. Sie stammen wie beim Grundpfandrecht vorwiegend aus dem germanischen Recht; der römisch-rechtliche Einschlag tritt (hier wie dort) in den Hintergrund.

1

I.   Begriff und Kennzeichen des Fahrnispfandrechts

Zum Begriff des Fahrnispfandrechts gehören zwei wesentliche Merkmale: Erstens dient es zur *Sicherung einer Forderung,* und zweitens verleiht es der Gläubigerin die Befugnis, sich bei Nichtbefriedigung aus dem *Erlös* der Pfandsache *bezahlt zu machen.* Wir beginnen mit Letzterem:

2

a. Das Fahrnispfandrecht ist – wie nach dem ZGB jedes Pfandrecht überhaupt – ein sogenanntes **Wertrecht:** Es verleiht einen Anspruch auf den Wert des verpfändeten Objekts: auf den Erlös, der bei der *Verwertung* erzielt wird (107 III 42; 123 III 370).[1] Im Einzelnen:

3

1. Die Hauptwirkung des Wertrechts besteht darin, dass sich die Gläubigerin bei Nicht-bezahlung ihrer Forderung *aus dem Erlös* der Sache bezahlt machen kann (891[1], 898[1]; 123 III 370; vgl. für das Grundpfandrecht 816[1]). Dies – aber auch nicht mehr – darf die Pfandgläubigerin fordern. Die sogenannte *Verfallsklausel ist ausgeschlossen,* beim Faustpfand (894) ebenso wie beim Grundpfand (816[2] und vorne § 112 N 20). Damit soll eine wucherähnliche Ausbeutung des Verpfänders verhindert werden (119 II 345, mit Aussagen zur Möglichkeit des Selbsteintritts; vgl. auch hinten N 6). Ebenso ist bei beiden Pfandarten der Mehrerlös, der bei der Verwertung über den Forderungsbetrag hinaus erzielt wird, dem Eigentümer des Pfandes oder bei mehrfacher Verpfändung der nachfolgenden Pfandgläubigerin herauszugeben (so ausdrücklich beim Versatz-pfand: 911[1]; das Gleiche ergibt sich aus den allgemeinen Grundsätzen für die anderen Pfandarten).

4

2. Die Verwertung des Fahrnispfandes geschieht in der Regel auf dem Weg der *Schuld-betreibung* und *Zwangsvollstreckung* (Pfandverwertung bzw. Konkurs). Gestützt auf Art. 41 Abs. 1bis SchKG hat der Schuldner bei Vorliegen eines Pfandrechts Anspruch darauf, dass vorab – also vor dem Zugriff auf das übrige Vermögen – die Pfänder ver-wertet werden: sogenanntes *Beneficium excussionis realis* (vgl. 110 III 5 ff.; 119 III 105 ff.; 129 III 362; zum Grundpfand vgl. vorne § 112 N 18).

5

---

1   Zur Kontroverse, ob und inwiefern man das Pfandrecht an Forderungen und Rechten als ding-liches Recht oder als ein dem dinglichen Recht bloss verwandtes absolutes Recht oder in noch anderer Weise zu verstehen habe, vgl. ZOBL/THURNHERR, BeKomm, Syst. Teil (vor Art. 884) N 153a–c; STEINAUER, Les droits réels III, Nr. 3205a.

6   Die Parteien können jedoch gültig vereinbaren, dass die Gläubigerin das Pfand *privat verwerten* darf (vgl. 106 Ib 101; 118 II 114; vgl. auch 324¹ SchKG]).² Dieses Recht lassen sich namentlich die Banken einräumen bei der sogenannten Lombardierung, der Gewährung von Krediten gegen Übergabe von Wertpapieren oder Waren zu Faustpfand (Beispiele: 118 II 112 ff.; 119 II 344 ff.; BGer 5A_924/2013 E. 4.2.1.1). Der private Weg der Verwertung ist viel einfacher und führt rascher zum Ziel als das gesetzliche Verfahren, das sich als umständlich und zeitraubend erweisen kann. Er bietet deshalb vor allem dann Vorteile, wenn es auf Zeitgewinn ankommt (z.B. bei einem zu erwartenden Kurssturz). Allerdings treffen die Pfandgläubigerin bei der privaten Verwertung besondere Sorgfaltspflichten: Sie muss nach Treu und Glauben den Verpfänder rechtzeitig von der geplanten Verwertung informieren, beim Verkauf sorgfältig vorgehen, eine Abrechnung erstellen und dem Verpfänder einen allfälligen Verwertungsüberschuss herausgeben; verstösst er gegen die Pflichten, schuldet er dem Verpfänder Schadenersatz, etwa wegen eines zu tiefen Erlöses (118 II 114 f.; BGer 5A_924/2013 E. 4.2.1.1 mit Hinweis auf die 10-jährige Verjährungsfrist nach Art. 127 OR; vgl. auch Art. 32 BEG). Ist bei der Verpfändung börsenkotierter Aktien die Ermächtigung der Bank zur börsenmässigen oder freihändigen Verwertung vereinbart, so kommt auch ein Selbsteintritt in Betracht (119 II 344 ff.).³ Das Recht, die Pfandsache privat zu verwerten, kann allerdings im Konkurs (44 III 49; 116 III 26) sowie bei der Pfändung oder Arrestierung der Sache (108 III 91 ff.; 116 III 26; 136 III 443 f.) nicht mehr ausgeübt werden, da die Abrede der privaten Verwertung nicht gegenüber den übrigen Gläubigerinnen wirkt.⁴ – Beim Versatzpfand hat die Gläubigerin (Pfandleihanstalt) schon *kraft Gesetzes* das Recht, die Verwertung auf einem einfacheren und billigeren Weg als jenem des Schuldbetreibungs- und Konkursrechts durchzuführen: Die Anstalt kann das Pfandobjekt durch eine Amtsperson verkaufen lassen (910¹).

7   3. Als Wertrecht steht das Fahrnispfand im Gegensatz zu den *Nutzungs-* oder *Gebrauchsrechten,* insbesondere zu den Dienstbarkeiten. Obwohl das Pfandrecht der Pfandgläubigerin regelmässig den Besitz der Sache verschafft (884¹), gibt es ihr kein Recht auf deren Gebrauch und Nutzung. Die Gläubigerin hat (ausser im Fall der Fahrnisverschreibung) nur das Recht, die Sache in ihrer tatsächlichen Gewalt zu haben, also dem Eigentümer vorzuenthalten. Dem entspricht die Pflicht zu gehöriger *Aufbewahrung*: Die Gläubigerin haftet für die Verschlechterung oder den Untergang des Pfandobjekts – es sei denn, sie weise ihre Schuldlosigkeit nach (890¹). Das Gesetz verbietet ihr

---

2   Ausführlich OFTINGER/BÄR, ZüKomm, Art. 891 N 48 ff.; ferner ZR 95 (1996), Nr. 48, S. 143 ff. (146 f.).

3   Aus aktienrechtlicher Sicht vgl. auch DIETER ZOBL, Zur Verpfändung vinkulierter Namenaktien nach neuem Aktienrecht, in SZW 66 (1994), 162 ff.

4   Die gegenteilige Lösung (Zulässigkeit der privaten Verwertung auch in einem Zwangsvollstreckungsverfahren gegen die Sicherungsgeberin) gilt nach Art. 31 Abs. 2 BEG (136 III 445 f.; HANS KUHN, Schweizerisches Kreditsicherungsrecht [Bern 2011], § 10 N 27 und § 26 N 128). Auch hier besteht jedoch die Pflicht zur Ankündigung der Verwertung gegenüber der Sicherungsgeberin, zur Abrechnung und zur Herausgabe eines Verwertungsüberschusses (Art. 32 BEG).

auch, das Pfand eigenmächtig zu veräussern oder es ohne Zustimmung des Eigentümers weiter zu verpfänden (890², 887; zu Letzterem 51 II 582).

Allerdings lässt sich das Recht auf Nutzung und Gebrauch der Sache durch *Vereinbarung* auf die Pfandgläubigerin übertragen. Eine solche Absicht kann und muss häufig aus den Umständen abgeleitet werden. Wer etwa eine Kuh zu Faustpfand erhält, hat kraft stillschweigender Abrede ohne Weiteres auch Anspruch auf den Milchertrag. Über die bezogene Nutzung wird dann Rechnung geführt; ihr Wert wird von den Zinsen oder – soweit es ausreicht – auch noch vom Kapital der Forderung in Abzug gebracht. Anders als beim Grundpfandrecht (vgl. 45¹ SchlT) ist beim Fahrnispfand auch das sogenannte *Nutzungspfandrecht* (die «Antichrese») zugelassen, bei dem die Gläubigerin einfach anstelle der Zinsen für ihre Forderung die Früchte der Pfandsache haben soll.⁵ In krassen Fällen kann allerdings ein solches Geschäft wegen Übervorteilung im Sinn von Art. 21 OR ungültig sein.

b. Das Fahrnispfandrecht stimmt als Wertrecht mit *allen* Grundpfandarten überein; dagegen unterscheidet es sich vom Schuldbrief durch seine *Akzessorietät*.⁶ Sein Zweck ist einzig und allein die **Sicherung einer Forderung** bzw. mehrerer Forderungen (hierzu 106 II 263 f.). Es entsteht und besteht nur mit Rücksicht auf die Forderung und erlischt demnach mit deren Untergang (114¹ OR). Folgerichtig hat dann die Faustpfandgläubigerin die Sache dem Verpfänder (bzw. allenfalls einer anderen Berechtigten) herauszugeben (889¹; 96 II 382). Das schliesst nicht aus, ein Faustpfand für eine *zukünftige Forderung* zu bestellen (so 51 II 278). Doch wird ein solches Pfandrecht erst wirksam, wenn die Forderung entsteht.⁷ Tritt die Gläubigerin die Forderung ab, so geht das Fahrnispfand als Nebenrecht auf die Zessionarin über (170¹ OR; vgl. auch 105 II 186 f.). Weiter ist zu beachten:

1. Das Fahrnispfand (nicht aber das Versatzpfand) wird zur Sicherung einer *persönlichen* Schuld begründet; wie bei der Grundpfandverschreibung und beim Schuldbrief tritt demnach zur Sachhaftung des Pfandes noch die persönliche Haftung des Schuldners mit seinem ganzen Vermögen hinzu. Eigentum an der Pfandsache und persönliche Schuldnerschaft können daher auch bei ihm auseinanderfallen. Zu einem solchen

8

9

10

---

5 So die herrschende Meinung, z.B. OFTINGER/BÄR, ZüKomm, Art. 890 N 17; ZOBL/THURNHERR, BeKomm, Syst. Teil (vor Art. 884) N 505 f.; STEINAUER a.a.O. Nr. 3168 f.; anderer Meinung aber BÉNÉDICT FOËX, Le «numerus clausus» des droits réels en matière mobilière (Diss. Lausanne 1987), 226 ff.

6 Vgl. auch OFTINGER/BÄR, ZüKomm, Art. 884 N 149 ff.; ZOBL/THURNHERR, BeKomm, Syst. Teil (vor Art. 884) N 245 ff.; CHRISTIAN SCHÖBI, Die Akzessorietät der Nebenrechte von Forderungen – unter besonderer Berücksichtigung des Rechtsinstituts der Verjährung (Diss. Zürich 1990), 45 ff.

7 Rechtsprechung (105 III 130) und Lehre (ZOBL/THURNHERR, BeKomm, Art. 884 N 101 mit vielen Hinweisen; OFTINGER/BÄR, ZüKomm, Art. 884 N 73; STEINAUER a.a.O. Nr. 3076) verneinen zu Recht die Möglichkeit, ein Faustpfandrecht an der eigenen Sache zum Vornherein zu bestellen. Wohl aber kann nach der Lehre (ZOBL/THURNHERR a.a.O. N 102) in gewissen Fällen nachträglich – durch Vereinigung des Eigentums mit dem Pfandrecht in der gleichen Person – ein Eigentümerfaustpfandrecht entstehen.

Drittpfand(-recht) kommt es, wenn jemand seine Fahrnis für eine fremde Schuld zu Pfand gibt[8] oder wenn der Pfandeigentümer die verpfändete Fahrnissache an einen Dritten veräussert (123 III 371).[9] Denkbar ist schliesslich, dass *Verpfänder* und *Pfandeigentümer* nicht identisch sind: dort nämlich, wo einem anderen als dem Eigentümer neben diesem oder an dessen Stelle die Verfügungsmacht über die Sache zusteht.[10]

11 2. Eine *reine Sachhaftung* begründet demgegenüber das Versatzpfand. Die Pfandleihanstalt kann sich nur an den Pfandgegenstand halten und besitzt keine persönliche Forderung gegen den Verpfänder, selbst wenn sie aus dem Pfanderlös nicht voll bezahlt wird (910[2]).

II.   Die Prinzipien der Regelung

12 Nachstehend erörtern wir fünf Prinzipien des Fahrnispfandrechts. Der Auswahl dieser (im Gesetz als solcher nicht aufgeführten) Prinzipien haftet etwas Willkürliches an.[11] Insbesondere wird hier nicht noch einmal erläutert, was soeben unter «Begriff und Natur des Fahrnispfandrechts» dargestellt worden ist (etwa das Akzessorietätsprinzip; vorne N 9).

13 **a. Das Öffentlichkeitsprinzip (Publizitätsprinzip).** Das Fahrnispfandrecht muss – wie alle dinglichen Rechte – in einer äusserlich erkennbaren Gestalt zutage treten. Diese äussere Erscheinungsform für den dinglichen Rechtsbestand an Fahrnis ist der *Besitz* (vgl. vorne §§ 90 ff.). Er bildet denn auch die normale Grundlage für das Fahrnispfandrecht, sei es zu dessen Entstehung, sei es zu dessen Fortdauer. Im Einzelnen:

14 1. *Die Entstehung des Fahrnispfandrechts.* Das Fahrnispfand entsteht in der Regel *auf vertraglicher Basis:*

15 α. Den Ausgangspunkt bildet ein Vertrag zwischen dem Verpfänder (der regelmässig der Pfandeigentümer ist) und der Pfandgläubigerin (zu den seltenen Fällen der Entstehung von Gesetzes wegen s. hinten N 20). Dieser *Pfandvertrag* ist der mit blosser obligatorischer Wirkung ausgestattete *Erwerbsgrund:* Er begründet die Verpflichtung, das dingliche Recht zu schaffen (117 Ia 505; BGer 4A_141/2007 E. 4.2; BGer 5A_924/2013

---

8   Zum Verhältnis Pfandbesteller/Schuldner nach der Realisierung des Pfandrechts s. 108 II 188.

9   Zum Drittpfandverhältnis vgl. auch Art. 110 Ziff. 1 und 178 Abs. 2 OR; BGer 4A_141/2007 E. 4.3; OFTINGER/BÄR, ZüKomm, Art. 884 N 385 ff.; ZOBL/THURNHERR, BeKomm, Art. 884 N 299 und 921 ff.; STEINAUER a.a.O. Nr. 3174c ff.; BÉNÉDICT FOËX, Le contrat de gage mobilier (Basel/Frankfurt am Main 1997), 148 ff.

10 ZOBL/THURNHERR, BeKomm, Art. 884 N 747 ff.: Verfügungsmacht über fremdes Recht.

11 Man kann in guten Treuen bei der Behandlung des Fahrnispfandrechts entweder mit der Erläuterung von Prinzipien beginnen (so ZOBL/THURNHERR, BeKomm, Syst. Teil [vor Art. 884] N 240–315) oder aber diese bei der Behandlung der einzelnen Fragen aufscheinen lassen (vgl. OFTINGER/BÄR, ZüKomm, Syst. Teil [vor Art. 884] N 25 f.).

E. 4.2.1).[12] Der Vertrag bedarf bei der Faustpfandbestellung so wenig wie bei der Übertragung von Eigentum an beweglichen Sachen irgendeiner besonderen Form (anders bei den Forderungen: 900[1]).[13]

β. Diesem Erwerbsgrund muss – analog zur Übertragung von Eigentum – ein dinglich wirkender *Erwerbsakt* folgen. Er besteht in der *Besitzübertragung* (BGer 5C.119/2002 E. 1.3; 132 III 165), und zwar sowohl bei der Pfandbestellung an körperlichen Sachen (884[1]; deshalb der Name «Faustpfand», le nantissement)[14] als auch beim Versatzpfand (909) – ja selbst bei der Verpfändung von Forderungen, soweit deren Natur eine Gleichbehandlung zulässt (siehe hinten § 119 N 14 ff.).[15] Die Besitzübertragung verhindert, dass der Pfandschuldner sich mit Sachen umgibt, die ihm wirtschaftlich nicht mehr gehören, und so den Anschein von Kreditwürdigkeit erweckt; andererseits hindert sie den Schuldner an einer weiteren Verfügung über den Pfandgegenstand (99 II 37). Als Besitzerin verfügt die Pfandgläubigerin über die Schutzbehelfe von Art. 926 ff. (vorne § 92 N 2 ff.).[16] 16

Das Erfordernis der *Besitzübergabe* ist bei der Pfandbegründung nach *strengeren* Grundsätzen geregelt als beim Eigentumserwerb: Das sogenannte *Constitutum possessorium* (vorne § 91 N 13 f.) ist *ausgeschlossen* (89 II 200; vgl. auch 119 II 327 f.); der Verpfänder darf also nicht auf Grund eines Rechtsverhältnisses in der Gewalt über die Sache verbleiben. Art. 717 enthält denn auch die ausdrückliche Bestimmung, dass das Besitzeskonstitut unwirksam ist, wenn damit die Umgehung der Bestimmungen 17

---

12 Zur Rechtsnatur vgl. ZOBL/THURNHERR, BeKomm, Art. 884 N 338 ff.; STEINAUER a.a.O. Nr. 3147; ausführlich FOËX, a.a.O. 49 ff.; ANTOINE EIGENMANN, L'effectivité des sûretés mobilières … (Diss. Freiburg 2001), AISUF 206, Nr. 204 ff.

13 Übermässig im Sinn von Art. 27 Abs. 2 und demnach unzulässig ist eine Klausel, welche die Pfandhaft auf alle denkbaren gegenwärtigen und zukünftigen Forderungen einer Bank gegen ihren Kunden ausdehnt (108 II 47 ff.; vgl. auch 106 II 263; 120 II 38; BGer 4A_141/2007 E. 4.3; STEINAUER a.a.O. Nr. 3134 f.; insoweit zustimmend ZOBL/THURNHERR, BeKomm, Art. 884 N 462 ff.).

14 Vgl. immerhin auch Art. 37 Abs. 2 SchKG: «Der Ausdruck ‹Faustpfand› begreift auch die Viehverpfändung, das Retentionsrecht und das Pfandrecht an Forderungen und anderen Rechten.»

15 Ausführlich zur Besitzübertragung ZOBL/THURNHERR, BeKomm, Art. 884 N 630 ff.; OFTINGER/BÄR, ZüKomm, Art. 884 N 178 ff., besonders N 300; STEINAUER a.a.O. Nr. 3150 ff.; EIGENMANN a.a.O. Nr. 268 ff. und 349 ff. (der de lege ferenda – Nr. 1151 ff. – ein Register zur Eintragung der Mobiliarsicherheiten aller Art vorschlägt; ähnlich PETER ALTORFER, Die Mobiliarhypothek – Ein Beitrag zur Reform des Fahrnispfandrechts [Diss. Zürich 1981], 211 ff. und 229 f.); BERNHARD BERGER, Registrierung von Mobiliarsicherheiten – Vorschläge zu einer Reform des Kreditsicherungsrechts, ZBJV 138 (2002), 197 ff.; GERHARD WALTER, Sicherungsrechte heute – Probleme und Lösungsansätze, FS Heinz Rey (Zürich 2003), 141 ff.; BÉNÉDICT FOËX, Sûretés mobilières: propositions pour une réforme, in Schweizerischer Juristentag 2007, 100 Jahre ZGB, ZSR NF 126 (2007) II, 287 ff.; DANIEL GIRSBERGER, Mobiliarhypothek gestern und morgen, in ZGB gestern – heute – morgen, FS zum Schweizerischen Juristentag 2007 (Zürich 2007), LBR 20, 247 ff.; NATAŠA HADŽIMANOVIC, Die allgemeine Mobiliarhypothek – unentbehrlich fürs Schweizer Recht?, AJP 2009, 1435 ff.

16 Zu den Rechtsbehelfen der Pfandgläubigerin im Allgemeinen vgl. OFTINGER/BÄR, ZüKomm, Art. 884 N 405 ff.; STEINAUER a.a.O. Nr. 3167.

über das Faustpfand beabsichtigt wurde (vgl. hierzu 88 II 73 ff. und vorne § 103 N 7).
Das bedeutet nicht, dass unbedingt eine faktische Übergabe der Sache an die Pfandgläubigerin stattfinden muss. So kann etwa die Sache einem *Dritten* ausgehändigt werden, der sie für die Pfandgläubigerin besitzt (93 II 87 f.). Aber auch ein *gemeinschaftlicher Besitz* des Verpfänders und der Pfandgläubigerin an der Pfandsache ist nicht
ausgeschlossen, sofern nur – nach der Art eines Gesamtbesitzes – dem Verpfänder die
Möglichkeit genommen wird, allein über die Sache körperlich zu verfügen (884³; 89 II
319; BGer 5A_315/2009 E. 5.1). Ungenügend wäre etwa eine Schlüsselübergabe, wenn
dem Verpfänder ein zweiter Schlüssel zum freien Gebrauch belassen wird (80 II 235 ff.;
BGer 5A_315/2009 E. 5.1).[17] Statt gemeinschaftlichen Besitzes von Gläubigerin und
Eigentümer kann auch Besitz eines *Pfandhalters* (Treuhänders) vorliegen, der für den
Verpfänder und die Pfandgläubigerin zugleich ausgeübt wird (89 II 319; 123 III 370).[18]
Ein Angestellter des Verpfänders ist dazu allerdings im Normalfall nicht geeignet (89
II 314 ff.).[19] Zugelassen wird die Faustpfandbestellung mittels Besitzanweisung nach
Art. 924 ZGB, doch ist hier – anders als bei der Eigentumsübertragung – die Benach-
richtigung des Dritten Gültigkeitsvoraussetzung (109 II 150; 132 III 165).

18   2. *Der Untergang des Fahrnispfandrechts.* Wie die Begründung, so ist auch der *Fortbestand* des Fahrnispfandrechts regelmässig an den Besitz der Pfandsache gebunden
(888).[20] Allerdings geht das Pfandrecht nicht schon durch blossen Besitzesverlust unter,
sondern erst, wenn die Wiedererlangung der Sache rechtlich ausgeschlossen ist, d.h.
wenn ein gutgläubiger Erwerber daran das Eigentum erworben hat (888¹). Kehrt dagegen die Sache mit dem Willen der Pfandgläubigerin zum Verpfänder zurück, so hat das
Aufgeben des Besitzes stärkere Wirkung: Zwar geht das Pfandrecht nicht völlig unter,
doch entfaltet es keine Wirkungen, solange sich die Sache in der ausschliesslichen
Gewalt des Verpfänders befindet (888²).[21] Dies gilt allerdings nur für eine vorübergehende Überlassung (99 II 37), so etwa, wenn ein Uhrmacher mir eine Uhr verpfändet
hat und ich sie ihm zur Reparatur zurückgebe. Normalerweise führt die eigentliche
Rückgabe der Sache an den Verpfänder zum Untergang des Pfandrechts (99 II 37 f.).

19   3. *Ausnahmen vom Publizitätsprinzip.* Der Grundsatz, wonach das Fahrnispfandrecht
an die Publizitätsform des Besitzes gebunden ist, erleidet mehrere *Ausnahmen,* von
denen wir die folgenden hervorheben:

---

17   Demnach genügt der sogenannte Raumgewahrsam, wenn dem Verpfänder die ausschliessliche
     Gewalt über die Pfandsache entzogen ist, der Raum also unter Verschluss steht: BGer in Pra
     2001, Nr. 67, S. 388 ff. E. 2; vgl. auch SJZ 97 (2001), 280.
18   Siehe auch den pfandrechtsbegründenden Fall einer Sicherheitshinterlegung in 102 Ia 235 ff.
19   Anderer Meinung ZOBL/THURNHERR, Art. 884 N 620 ff. (mit besonderen Kautelen in N 627 f.).
20   Vgl. BGer 5C.172/2000 E. 2; dazu BÉNÉDICT FOËX, La protection du créancier gagiste mobilier,
     in Margareta Baddeley (Hrsg.), La protection de la personne par le droit, Journée de droit civil
     2006 – En l'honneur du Professeur Martin Stettler (Zürich/Genf 2007), 149 ff., besonders 159 ff.
21   Das Weiterbestehen des Pfandrechts beinhaltet nur (aber immerhin) gewisse Nachwirkungen
     zwischen den Parteien (Wiederinkrafttreten bei Rückerstattung, Anspruch auf Wiederverschaf-
     fung des Pfandbesitzes): OFTINGER/BÄR, ZüKomm, Art. 888 N 44.

α. In einzelnen Fällen entsteht das Fahrnispfandrecht *unmittelbar kraft Gesetzes.*[22] 20
Das trifft zu für die *Pfandbriefforderungen,* die ein Pfandrecht an der im Pfandregister der Pfandbriefzentralen eingetragenen Deckung geniessen, ohne dass ein Pfandvertrag und eine Besitzübergabe erforderlich sind (vgl. hinten § 119 N 37 ff.). Anders
als bei Grundpfandrechten gibt es (ausser bei der Viehverschreibung)[23] kein gesetzliches Pfandrecht bei Wertverminderung der Pfandsache; die analoge Anwendung von
Art. 808 ff. ist ausgeschlossen (108 II 182).

β. Bei der *Fahrnisverschreibung* wird die Publizitätswirkung nicht durch den Besitz, 21
sondern – ähnlich wie beim Grundpfand – durch eine *Eintragung in ein Register* hergestellt. Die Fahrnisverschreibung ist allerdings nur für die *Verpfändung von Vieh* (885;
vgl. hinten § 119 N 13) und *von Luftfahrzeugen und Schiffen* vorgesehen.[24]

γ. Bei der *Nachverpfändung* (886)[25] kann das Pfand der nachfolgenden Gläubigerin 22
erst ausgeliefert werden, nachdem die vorhergehende bezahlt worden ist. Die nachge-
hende Pfandgläubigerin erhält aber schon mit der (Nach-)Verpfändung mittelbaren
Besitz, während der unmittelbare Besitz einstweilen bei der vorgehenden Pfandgläubigerin bleibt (81 II 342). Man kann auch die vorgehende Pfandgläubigerin als Pfandhalterin der nachgehenden bezeichnen (72 II 355). Zur Gültigkeit der Nachverpfändung
ist schriftliche Benachrichtigung und Anweisung an die Faustpfandgläubigerin nötig
(886; vgl. auch 903); befindet sich die Sache bei einem Pfandhalter, der den Verpfänder und die vorgehende Faustpfandgläubigerin im Besitz vertritt, so ist die Anzeige an
ihn zu richten (89 II 200).

δ. Bewegliche Sachen, die *Zugehör* eines Grundstücks bilden, werden – wenn die Parteien dies nicht ausschliessen – von dessen Verpfändung mitumfasst. Die für das 23
Grundstück vorgeschriebene Publizitätsform, die Eintragung im Grundbuch, hat Wirkung auch für die Zugehör (805 und vorne § 112 N 6 f.).

---

22 Zu den Schranken kantonaler gesetzlicher Fahrnispfandrechte vgl. THOMAS KOLLER, Ein
    gesetzliches Faustpfandrecht an der Kaufpreisforderung zur Sicherung des Grundstückgewinn-
    steuerbezuges?, in ZBGR 76 (1995), 273 ff.
23 Hierzu ZOBL/THURNHERR, BeKomm, Art. 885 N 13 und 91; OFTINGER/BÄR, ZüKomm,
    Art. 885 N 55, eher zustimmend zitiert in 108 II 183.
24 Art. 26 ff. des BG über das Luftfahrzeugbuch vom 7. Oktober 1959 (SR 748.217.1) und Art. 38 ff.
    des BG über das Schiffsregister vom 28. September 1923 (SR 747.11); vgl. auch OFTINGER/
    BÄR, ZüKomm, Syst. Teil (vor Art. 884) N 71 ff.; ZOBL/THURNHERR, BeKomm, Syst. Teil (vor
    Art. 884) N 366 ff.; STEINAUER a.a.O. Nr. 3203 f.; ALTORFER a.a.O. 56 ff.; EIGENMANN a.a.O.
    Nr. 378 ff.; KUHN, zit. in Anm. 4, § 19 N 1 ff.; BÉNÉDICT FOËX, Les sûretés grevant les moyens
    de transport – La Convention de Cap et sa transposition en droit national, in Lukas Hecken-
    dorn Urscheler (Hrsg.), Rapports suisses présentés au XIXᵉ Congrès international de droit com-
    paré (Zürich 2014), 269 ff. – Zur Verpfändung von Eisenbahn- und Schifffahrtsunternehmen vgl.
    überdies das BG über Verpfändung und Zwangsliquidation von Eisenbahn- und Schifffahrtsun-
    ternehmungen vom 25. September 1917 (SR 742.211) und dazu OFTINGER/BÄR, Syst. Teil (vor
    Art. 884) N 36 f.; ZOBL/THURNHERR, Syst. Teil (vor Art. 884) N 409 ff.
25 Vgl. auch URS ERNE, Mehrfache Verpfändung von Mobilien und Rechten (Diss. Zürich 1996),
    4 ff., 42 ff. und passim.

24   ε. Zur Verpfändung von *Waren,* die durch besondere Urkunden vertreten werden, ist nur die Übergabe des Warenpapiers, nicht auch jene der Sache selbst erforderlich (902[1]). Wenn für die Waren ein besonderer Pfandschein – ein *Warrant* – besteht, muss zu dessen Übertragung noch ein Vermerk auf dem Warenpapier selbst hinzukommen (902[2]).

25   **b. Das Prinzip des öffentlichen Glaubens.** Wie bei Grundstücken an den Grundbucheintrag, so knüpft bei der Fahrnis der *Vertrauensschutz* zu Gunsten gutgläubiger Dritterwerber von Pfandrechten an den Besitz an. Auf Grund der Publizitätsfunktion, die dem Besitz hier zukommt, dürfen *gutgläubige Dritte den Besitzer* von Fahrnis als *verfügungsberechtigt* ansehen. Wie der Dritterwerber von Eigentum wird auch die Faustpfandgläubigerin geschützt, wenn sie in gutem Glauben die Sache von einer besitzenden Person erhalten hat, die nicht befugt war, über die Sache zu verfügen (884[2]; 83 II 133; 131 III 421 ff.; vgl. auch 91 III 108 f.).[26] Der Schutz versagt (ausser bei Inhaberpapieren: 935) nur denjenigen gegenüber, denen «Rechte aus früherem Besitze» (so 884[2]) zustehen, denen also die Sache gestohlen wurde, verloren ging oder sonst wider ihren Willen abhandenkam (80 II 237). Diesen steht innerhalb einer Frist von fünf Jahren eine Rückforderungsklage auch gegen die gutgläubige Faustpfandgläubigerin zu (934[1]).[27] Wenn ich also jemandem meinen Computer leihe und der Borger ihn einer Gläubigerin zu Pfand hingibt, die den Borger für den Eigentümer hält, ist ein gültiges Pfandrecht begründet worden, das ich anerkennen muss. Anders wäre es, wenn mir der Computer gestohlen worden wäre.

26   **c. Das Spezialitätsprinzip.** Wie das Grundpfand, so erfasst auch das Fahrnispfandrecht nur *einzelne, individuell bestimmte* Sachen und kann nicht auf ein ganzes Vermögen oder Teile eines solchen gehen. Damit ist das generelle Pfandrecht des römischen und gemeinen Rechts ausgeschlossen.[28] Wohl aber lassen sich im (obligatorisch wirkenden) Pfandvertrag mehrere Objekte, ja selbst eine *Sachgesamtheit* – etwa ein Warenlager, eine Herde, ein Viehbestand – in einer Gesamtbezeichnung zusammenfassen; dies kann sogar in der Weise geschehen, dass aus dieser Einheit abgehende Stücke aus der Pfandhaft entlassen sowie neu hinzutretende ihr unterstellt sein sollen (55 II 300; vgl. auch 91 III 108). Doch erfasst auch in diesem Fall das dingliche Recht nur jene Gegenstände, bezüglich derer die Erfordernisse für seine Entstehung (regelmässig also die Besitzübertragung) erfüllt wurden.[29] Ausserdem muss sich das Pfandrecht auf eine genügend bestimmte Forderung beziehen (139 III 303 f.). – Von Geset-

---

26   Ausführlich ausser den Kommentaren EIGENMANN a.a.O. Nr. 296 ff. Zum Mass der nach Art. 3 Abs. 2 geforderten Sorgfalt für eine Bank, die ausländische (alte) Goldmünzen zu Pfand nimmt, vgl. ausführlich 131 III 421 ff.

27   Zur Anwendung von Art. 934 Abs. 2 (Lösungsrecht) auf diesen Fall siehe OFTINGER/BÄR, Art. 884 N 372; ZOBL/THURNHERR, BeKomm, Art. 884 N 891 ff.; STARK, BeKomm, Art. 934 N 44; STEINAUER a.a.O. Nr. 3156b.

28   OFTINGER/BÄR, Art. 884 N 18; ZOBL/THURNHERR, Syst. Teil (vor Art. 884) N 258.

29   Zur Verpfändung von Miteigentumsanteilen an einer beweglichen Sache vgl. Art. 646 Abs. 3 und OFTINGER/BÄR, ZüKomm, Art. 884 N 48; ZOBL/THURNHERR, BeKomm, Art. 884 N 112 ff.; STEINAUER a.a.O. Nr. 3136e.

zes wegen entsteht eine Art Gesamtpfandrecht zu Gunsten von Pfandbriefforderungen (vgl. vorne N 20 und hinten § 119 N 37 ff.).

d. Das Prinzip der Unteilbarkeit der Pfandhaftung. Es bedeutet, dass einerseits das 27 ganze Objekt mit allen seinen Teilen für die Forderung haftet und dass andererseits die ganze Forderung mit allen ihren Teilen durch das Pfandobjekt gesichert ist. Schwierigkeiten kann die genauere Abgrenzung sowohl des *Objekts* wie auch der *Forderung* bieten. Was gehört zur Forderung, was zum Pfandgegenstand?

1. Das Fahrnispfand bietet Sicherheit für die *ganze* gesicherte *Forderung* (bzw. für *alle* 28 gesicherten Forderungen). Deshalb kann bei einer blossen Teilzahlung (bzw. bei Tilgung bloss einzelner Forderungen)[30] weder die Herausgabe des ganzen Pfandobjekts noch eines Stücks davon verlangt werden (889²; BGer 4A_435/2009 E. 3.3.1). Das Fahrnispfand haftet auch für *Erweiterungen* der Forderungen, die durch Vertragszinsen, Verzugszinsen und Betreibungskosten (891²; 85 III 55) hinzukommen. Während beim Grundpfandrecht neben dem laufenden nur drei verfallene Zinsen gedeckt sind (818¹ Ziff. 3; vorne § 112 N 19), erstreckt sich beim Fahrnispfand die Sicherung auf alle ausstehenden, nicht verjährten Zinsen (891²; 102 III 93 f.). Fahrnispfandgesicherte Forderungen *verjähren* zwar (im Gegensatz zu grundpfandgesicherten Forderungen, die nach Art. 807 ZGB keiner Verjährung unterliegen), doch kann nach Art. 140 OR das Pfandrecht dennoch geltend gemacht werden.

2. Die Pfandhaft erfasst die *ganze Sache* mit all ihren *Bestandteilen* und mit ihrer *Zugehör* (892¹). Das Pfandrecht an der Zugehör kann allerdings ausgeschlossen werden. 29 An den einzelnen Bestandteilen einer Sache lässt sich kein eigenes Pfandrecht bestellen. Wird ein Bestandteil von der Hauptsache abgetrennt, so bleibt er in der Pfandhaft, solange er sich im Besitz der Gläubigerin befindet.[31]

Früchte, die bei der Pfandverwertung noch mit der Muttersache verbunden 30 sind (z.B. die Wolle beim Schaf), bilden Bestandteile der Sache und unterliegen daher der Pfandhaft. Dagegen sind jene Früchte, die vor der Verwertung von der Hauptsache getrennt wurden, von der Pfandhaft befreit und dem Eigentümer herauszugeben (892² und ³; 98 Ia 505; vorbehalten bleibt die Vereinbarung eines Nutzungspfandrechts: vorne N 8).

Ähnliches wie für die Früchte gilt beim Pfandrecht an *Forderungen* (904). 31 Die im Zeitpunkt der Pfandverwertung laufenden *Nebenleistungen,* wie *Zinsen* und *Dividenden,* sind gemäss Art. 904 Abs. 1 der Pfandgläubigerin verhaftet, nicht aber – unter Vorbehalt einer gegenteiligen Abmachung: 102 III 93 – die schon verfallenen Ansprüche. Anders verhält es sich, wenn für derartige Nebenrechte besondere *Papiere* (Scheine, Coupons) bestehen. Solche Nebenurkunden gelten mangels abweichender Vereinbarungen als mitverpfändet, sofern für sie die ihrer Eigenart entsprechende Verpfändungsform beobachtet worden ist – also z.B. Inhabercoupons, wenn sie überge-

---

30 OFTINGER/BÄR, ZüKomm, Art. 889 N 22.
31 OFTINGER/BÄR, ZüKomm, Art. 892 N 7.

ben, Ordrecoupons, wenn sie indossiert worden sind (904²).[32] – Für den Fall einer versicherten Pfandsache vgl. Art. 57 VVG.

32   **e.** Endlich gilt beim Fahrnispfand das sogenannte **Prioritätsprinzip.** Bestehen an derselben Fahrnissache mehrere Pfandrechte, so bestimmt sich ihr Rang (vorbehältlich anderer Abmachung)[33] nach dem Datum der Errichtung (893²); das früher Errichtete geht dem später Errichteten vor. Bei der Pfandbestellung für zukünftige Forderungen ist für den Rang der Zeitpunkt der Pfanderrichtung und nicht jener der Entstehung der Forderung massgebend (51 II 278 f.).

---

32   Vgl. betreffend den Umfang der Pfandhaft auch 106 III 67 ff. (Faustpfandrechte an Eigentümerpfandtiteln und Miet- und Pachtzinse gemäss Art. 806).

33   Vgl. im Einzelnen hierzu Oftinger/Bär, ZüKomm, Art. 893 N 24 ff.

§ 119 Die besonderen Fahrnispfandarten

Hier werden nur jene Regeln besonders erwähnt, die nicht als unmittelbare Folgen aus allgemeinen Grundsätzen in § 118 schon erörtert worden sind.   1

I. Das Retentionsrecht

a. Begriff und Voraussetzungen. Weniger skrupulös als beim Ausdruck «Testament»   2
hat das ZGB den bisher gebräuchlichen Ausdruck «Retentionsrecht» einer Neubildung wie «Vorenthaltungsrecht» oder der im BGB verwendeten Bezeichnung «Zurückbehaltungsrecht» vorgezogen. Mit dem Wort hat das ZGB auch die Regelung (895–898) im Wesentlichen dem alten OR von 1881 (224 ff.) entnommen. Unter *Retentionsrecht* verstehen wir das Recht einer Gläubigerin, bewegliche Sachen[1] oder Wertpapiere,[2] die in ihrem Besitz sind und die sie sonst herauszugeben verpflichtet wäre, zurückzubehalten und verwerten zu lassen, um sich für eine fällige Forderung bezahlt zu machen (895[1], 898[1]).[3] Erforderlich ist Besitz im Sinn der Art. 919 ff.; blosse Besitzdienerschaft genügt nicht (BGer 4A_134/2007 E. 2.1 und 3.2).[4] Grundsätzlich muss es sich um *Sachen des Schuldners* handeln, und sie müssen sich *mit dessen Willen* im Besitz der Gläubigerin befinden (BGer 4A_134/2007 E. 2). Doch kann auch an Sachen Dritter ein Retentionsrecht entstehen, wenn die Gläubigerin den Schuldner in gutem Glauben als Eigentümer (oder als aus anderen Gründen zur Verfügung berechtigt) ansah oder ansehen durfte (85 II 591) und wenn sie ausserdem nach den Besitzesregeln (933) verdient, in ihrem guten Glauben geschützt zu werden (895[3]).[5] Das Retentionsrecht setzt ferner – ausser im Fall der Zahlungsunfähigkeit des Schuldners (897, hinten N 5) – die *Fälligkeit* der Forderung voraus. Für die weiteren Voraussetzungen muss wie folgt unterschieden werden:

1. Im *gewöhnlichen* bürgerlichen Verkehr ist das («gewöhnliche», «bürgerliche») Reten-   3
tionsrecht nur gegeben, wenn ein innerer Zusammenhang zwischen der zurückbehaltenen Sache und der Forderung vorhanden ist, also sogenannte *Konnexität* besteht

---

1 Dazu gehört auch Geld (das etwa in einem verschlossenen Umschlag übergeben worden ist): OFTINGER/BÄR, ZüKomm, Art. 895 N 26; STEINAUER, Les droits réels III, Nr. 3183a; FZR 2010, 263 ff. E. 2c (Freiburger Kantonsgericht).

2 Es geht um Wertpapiere im Sinn von Art. 965 OR: 105 II 192; vgl. auch 122 III 78 f.

3 Zu den Retentionsrechten ausserhalb der Art. 895 ff. vgl. OFTINGER/BÄR, ZüKomm, Art. 895 N 184 ff.; ZOBL, BeKomm, Art. 895 N 52 ff.; STEINAUER a.a.O. Nr. 3179; FRANZ STUDER, Das Retentionsrecht in der Zwangsvollstreckung (Diss. Zürich 2000), 56 ff. und 65 ff.

4 OFTINGER/BÄR, ZüKomm, Art. 895 N 45; STEINAUER a.a.O. Nr. 3187. Frage offengelassen noch in 67 II 16 ff. (vgl. immerhin 86 II 359). Zum Retentionsrecht des Arbeitnehmers, der verantwortlicher Geschäftsführer ist, an den Waren des Arbeitgebers vgl. FZR 2010, 263 ff. E. 2c (Freiburger Kantonsgericht).

5 Vgl. auch CHRISTIAN BRÜCKNER, Gutgläubiger Erwerb des kaufmännischen Retentionsrechts an Sachen Dritter, in SJZ 93 (1997), 64 ff.

(895[1] in fine; 115 IV 213 f.). Ein solcher Zusammenhang liegt etwa vor bei Forderungen aus Ersatz von Verwendungen auf die Sache (namentlich auch für Reparaturarbeiten: 115 IV 213),[6] Forderungen auf Ersatz oder Genugtuung für einen durch diesen Gegenstand herbeigeführten Schaden oder für seelische Unbill,[7] ferner bei Forderungen aus dem gleichen Rechts- oder faktischen Verhältnis, auf das der Besitz zurückgeht (z.B. Fälle nach Art. 716 ZGB)[8]. Der nötige Zusammenhang ist aber selbst dann gegeben, wenn die Forderung nur aus dem gleichen Komplex von Rechtsgeschäften und faktischen Verhältnissen herrührt, auf die der Besitz zurückgeht (71 II 88); es genügt, dass Besitz und Forderung durch den gleichen Zweck verbunden sind oder sonst in einem natürlichen Zusammenhang stehen (86 II 362).

4   2. Für das Retentionsrecht unter *Kaufleuten* (hierzu 105 II 193; 106 II 264) ist die Regelung noch offener: Hier genügt es, wenn Sachbesitz und Forderung aus ihrem gegenseitigen *geschäftlichen Verkehr* hervorgehen, d.h. beidseitig mit der Eigenart des Geschäftsbetriebs zusammenhängen (895[2]; 78 II 142; 105 II 194; s. auch 106 II 264).[9]

5   3. *Sonderregeln* gelten für den Fall der *Zahlungsunfähigkeit* des Schuldners. Sie liegt vor, wenn der Schuldner aus Mangel an Geldmitteln dauernd ausserstande ist, die fälligen Verbindlichkeiten zu erfüllen.[10] Im Streitfall hat die Gläubigerin, die das Retentionsrecht geltend macht, die Zahlungsunfähigkeit zu beweisen. Ist diese erstellt, werden die Voraussetzungen des Retentionsrechts von Gesetzes wegen erleichtert: Der Fälligkeit der Forderung bedarf es nicht mehr (897[1]).[11] Ist die Zahlungsunfähigkeit erst nach Übergabe der Sache eingetreten oder der Gläubigerin bekannt geworden, fallen nach Art. 897 Abs. 2 bestimmte Ausschliessungsgründe für ein Retentionsrecht weg.

6   **b. Übereinstimmungen mit dem Faustpfandrecht.** Das Retentionsrecht hat viel mit dem *Faustpfandrecht gemeinsam,* weshalb auch beide Behelfe vom ZGB im gleichen Abschnitt untergebracht sind. Beide beruhen in Entstehung und Bestand auf dem Besitz an Fahrnis. Beide dienen der Sicherung einer Forderung. Beide gestatten der Gläubigerin, die Sache bis zur vollen Befriedigung (unter Sorgfaltspflicht: 890[1]; s. 109 II 30) in der Gewalt zu haben. Beide berechtigen sie, bei Nichtbefriedigung sich aus dem Erlös der Sache bezahlt zu machen (vgl. 898). Für beide gilt Art. 140 OR, wonach das Pfandrecht die Verjährung der Forderung nicht ausschliesst, der Eintritt der Ver-

---

6   Übergibt allerdings die Gläubigerin, deren Reparaturrechnung unbezahlt geblieben ist, die Sache dennoch dem Schuldner, so lebt bezüglich dieser Forderung das Retentionsrecht nicht wieder auf, wenn der Schuldner die Sache erneut in Reparatur gibt (115 IV 213 mit Hinweis auf Oftinger/Bär, ZüKomm, Art. 895 N 104a und 179).

7   Vgl. auch Art. 57 OR und dazu Brehm, BeKomm (4. A. 2013), Art. 57 OR N 5 ff.

8   Siehe die Zusammenstellungen bei Oftinger/Bär, ZüKomm, Art. 895 N 81 ff.; Zobl, BeKomm, Art. 895 N 183 ff.; Steinauer a.a.O. Nr. 3190 ff. – Kein Retentionsrecht hat der Verkäufer, der nach Übergabe der Kaufsache an den Käufer aus besonderen Gründen wieder in deren Besitz gelangt: LGVE 2005 I, Nr. 14, S. 38 ff. = ZBJV 142 (2006), 338 ff. (Luzerner Obergericht).

9   Vgl. Oftinger/Bär, ZüKomm, Art. 895 N 113 ff.; Zobl, BeKomm, Art. 895 N 236 ff.

10 Vgl. Oftinger/Bär, ZüKomm, Art. 897 N 5; ähnlich 105 II 30.

11 Befindet sich der Schuldner im Konkurs, werden seine Verbindlichkeiten nach Art. 208 SchKG grundsätzlich von Gesetzes wegen fällig; vgl. auch Studer a.a.O. 166 ff.

jährung die Gläubigerin jedoch an der Geltendmachung des Pfandrechts nicht hindert (86 II 358). Beide sind Wertrechte und nur an Sachen möglich, die ihrer Natur nach überhaupt eine Verwertung zulassen, die also verkauft, versilbert werden können. Für das Retentionsrecht hebt das ZGB diese Regel ausdrücklich hervor (896[1]). Es will damit verhindern, dass etwa an Privatkorrespondenz oder an Zeugnissen ein Retentionsrecht ausgeübt wird. Gleiches gilt für Akten, die ein Rechtsanwalt vom Klient erhalten hat (122 IV 326 f.). Für gewisse solche Objekte (wie Pässe, Ausweise) ist allerdings die Retention schon auf Grund der öffentlichen Ordnung ausgeschlossen (896[2]). Immerhin kann an nicht verwertbaren Sachen – soweit nicht das öffentliche Recht es verbietet – durch Vertrag ein Zurückbehaltungsrecht ohne Verwertungsbefugnis begründet werden; damit wird doch auch ein gewisser Druck ausgeübt.[12] Die Verwertung geschieht beim Retentionsrecht im Allgemeinen nach den gleichen Grundsätzen wie beim Faustpfand, also entweder durch Zwangsvollstreckung gemäss SchKG (vgl. auch 37[2] SchKG) oder, wo dies vereinbart wurde, durch private Verwertung seitens der Gläubigerin.[13]

c. Abweichungen vom Faustpfandrecht. Neben diesen gemeinsamen Grundzügen weisen die beiden Institute auch einige voneinander *abweichende* Regeln auf: 7

1. Das Faustpfandrecht beruht gewöhnlich auf Vertrag, das Retentionsrecht dagegen   8
unmittelbar auf *Gesetz*. Es kann zwar vertraglich ausgeschlossen (896[2]), nicht aber vertraglich begründet werden.[14]

2. Das *Vollstreckungsverfahren* weist für das Retentionsrecht zwei Sonderregeln auf: 9
Zunächst kann der Schuldner die Verwertung der zurückbehaltenen Sache dadurch abwenden, dass er der Gläubigerin genügende *Sicherheiten* für die Zahlung der Forderung liefert (898[1]), wie etwa durch Bürgschaft, Pfand, Hinterlegung (siehe 78 II 143; BGer in Semjud 106 [1984], 23 f.). Sodann muss gemäss Art. 898 Abs. 2 bei retinierten *Namenpapieren* (gemeint sind auch die Ordrepapiere: 43 II 769 f.) das Betreibungs- und Konkursamt noch in besonderer Weise tätig werden. Es hat in Vertretung des Schuldners die zu ihrer Übertragung an den Ersteigerer erforderlichen Handlungen (Ausstellung der Zessionsurkunde oder Indossierung) vorzunehmen.[15]

d. Die Regelung beim unfreiwilligen Besitzverlust. Das *Faustpfandrecht* geht, wenn   10
eine Sache der Gläubigerin abhanden gekommen ist, nach Art. 888 Abs. 1 nicht unter,

---

12   Vgl. Leemann, BeKomm, Art. 896 N 3; Oftinger/Bär, ZüKomm, Art. 896 N 7; Zobl, BeKomm, Art. 895 N 48 ff. und Art. 896 N 7 ff.

13   Studer a.a.O. 135 ff.

14   Möglich ist ein vertraglich statuiertes Zurückbehaltungsrecht mit bloss obligatorischer Wirkung: Oftinger/Bär, ZüKomm, Art. 895 N 199 f.; Zobl, BeKomm, Art. 895 N 48 ff. – Im Zusammenhang mit Art. 82 OR (analog angewandt oder durch Lückenfüllung ergänzt) bezeichnet die Lehre das Leistungsverweigerungsrecht einer Partei bisweilen als «obligatorisches Retentionsrecht» (Gauch/Schluep/Schmid/Emmenegger, OR AT, Rn. 2216 ff.; Rainer Wey, Das obligatorische Retentionsrecht (Luzerner Diss., Zürich 2007).

15   Oftinger/Bär, ZüKomm, Art. 898 N 27, die darauf hinweisen, dass Art. 898 Abs. 2 «eigentlich unnötig» ist.

solange die Wiedererlangung der Sache rechtlich möglich ist (vorne § 118 N 18). Die früher überwiegende Lehrmeinung[16] und mit ihr die 6. Auflage dieses Buchs vertraten noch die Auffassung, dass im Gegensatz dazu das *Retentionsrecht* bei unfreiwilligem Besitzverlust verloren geht. Zwar kann auch nach dieser Meinung die Gläubigerin als bisherige Besitzerin die Besitzesschutz- sowie die Besitzesrechtsklagen erheben und ein neues Retentionsrecht erlangen, sobald die Sache wieder in ihre Gewalt kommt; bis dahin besteht aber das Retentionsrecht im Gegensatz zum Faustpfandrecht nicht mehr. Demgegenüber gilt nach neuerer und richtiger Lehrmeinung[17] für das Retentionsrecht die gleiche Regelung wie für das Faustpfand: Es geht erst unter, wenn die Wiedererlangung der Sache rechtlich unmöglich geworden ist (Frage offengelassen in 85 II 586).

II.   Die Fahrnisverschreibung

11   **a. Entwicklungsgeschichte.** Das römische Recht anerkannte die Begründung eines Pfandrechts ohne Besitzübertragung an beweglichen *und* an unbeweglichen Sachen. Solche «hypothekarischen» Mobiliarpfandrechte fanden sich noch in grosser Zahl in den Kantonen beim Erlass des alten OR (1881). Nur war auch hier der deutsch-rechtliche *Gedanke der Publizität* eingedrungen und hatte dazu geführt, dass die besitzlose Fahrnisverpfändung in ein Register eingetragen werden musste. Die Mobiliarhypothek hatte die Form der *Fahrnisverschreibung* angenommen.

12   Das *OR von 1881* hatte mit solchen Verhältnissen aufgeräumt und die Kantone nur in einem ganz engen Rahmen – nämlich bei der Verpfändung von Vieh – ermächtigt, eine Verschreibung zuzulassen (210[3] aOR). Die *Entwürfe zum ZGB* wollten die Fahrnisverschreibung wieder für weitere Arten von Vermögenswerten – Warenlager, Vorräte, Werkzeuge – einführen.[18] Die heftige Opposition in der grossen Expertenkommission und in den eidgenössischen Räten hat jedoch wiederum zu der durch das OR vorgesehenen Beschränkung geführt.[19] Das bedeutet:

---

16   Vgl. etwa LEEMANN, BeKomm, Art. 895 N 6.

17   OFTINGER/BÄR, ZüKomm, Art. 895 N 177; STARK, BeKomm, Art. 939 N 32; STEINAUER a.a.O. Nr. 3194a; ZOBL, BeKomm, Art. 895 N 294; RAMPINI/SCHULIN/VOGT, BaKomm, Art. 895 N 56; STUDER a.a.O. 52.

18   Vgl. EUGEN HUBER, Erl. II 332 ff.; PETER ALTORFER, Die Mobiliarhypothek – Ein Beitrag zur Reform des Fahrnispfandrechts (Diss. Zürich 1981), 29 ff.

19   In jüngerer Zeit ist die Zurückhaltung des Gesetzgebers gegenüber der Mobiliarhypothek de lege ferenda wiederholt kritisiert worden (vgl. etwa die in § 118 Anm. 15 zitierten Werke). Der Schweizer Juristentag erklärte 2007 zu Handen der eidgenössischen Räte das Mobiliarsicherungsrecht des ZGB als reformbedürftig und lud den Gesetzgeber ein, die Einführung einer allgemeinen Mobiliarhypothek im ZGB zu prüfen (SJZ 103 [2007], 596). Rechtsvergleichend siehe auch HEINZ REY, Sicherungsrechte im Entwicklungsprozess – Versuch einer Zwischenbilanz, FS Dieter Zobl (Zürich 2004), 31 ff.; EVA-MARIA KIENINGER, Europäisches Mobiliarkreditsicherungsrecht, in Susan Emmenegger (Hrsg.), Kreditsicherheiten (Basel 2008), 109 ff.

b. Das **ZGB** lässt die Fahrnisverschreibung daher nur bei der **Verpfändung von Vieh** 13
zu,[20] und auch hier nur mit folgender Beschränkung (885): Die Verschreibung ist ausgeschlossen im Verkehr unter Privaten; demgemäss kann nicht etwa der Verkäufer
einer Kuh diese dem Käufer übertragen und sich für den nicht bezahlten Preis ein
Pfandrecht einschreiben lassen. Hier kommt nur ein gewöhnliches Faustpfand mit
Besitzübertragung in Frage (auch der Eigentumsvorbehalt ist beim Viehhandel ausgeschlossen: 715[2]). Das ZGB gestattet die Viehverschreibung ausschliesslich zu Gunsten
besonders ermächtigter *Viehleihanstalten,* seien es Geldinstitute oder Genossenschaften. Die Ermächtigung wird durch die Kantone erteilt, denen überhaupt die nähere
Organisation des Instituts zufällt. Das Pfandrecht wird bestellt durch die (konstitutive)
Eintragung in ein öffentliches *Protokoll* und eine (nach herrschender Ansicht bloss
deklaratorische)[21] *Anzeige* an das Betreibungsamt.[22] Die Angabe einer Pfandsumme
ist möglich, jedoch zur Gültigkeit nicht erforderlich (59 II 148 f.). Die Führung des
Protokolls wird vom Bundesrat geregelt (885[2]), der hierzu die Verordnung betreffend
die Viehverpfändung vom 30. Oktober 1917 (SR 211.423.1) erlassen hat. Die Kantone
können Gebühren erheben und bezeichnen die Kreise und die Beamten (885[3] ZGB;
4 f. V). – Die Viehverschreibung hat im Übrigen heute praktisch nur noch geringe
Bedeutung.[23]

III. Das Pfandrecht an Rechten

a. Begriff und Gegenstand. Nicht nur (körperliche) Sachen, auch Rechte können 14
Gegenstand eines Fahrnispfandrechts werden.[24] Dessen Zweck, die Sicherung einer
Gläubigerin, lässt sich nämlich auch dadurch erreichen, dass diese berechtigt wird,
bei Nichtbezahlung ihrer Forderung sich aus dem Verwertungserlös jenes Rechts
zu befriedigen. Daraus ergibt sich aber auch, dass ein Pfandrecht auf solche Rechte
beschränkt sein muss, die überhaupt einen Vermögenswert darstellen und zum Zweck
der Verwertung vom Berechtigten abgelöst, auf einen anderen übertragen werden
können (899[1]; vgl. 78 II 276; 105 III 119 f. und 120 f.). Dazu gehören in erster Linie

---

20   Zur Verpfändung von Schiffen und Luftfahrzeugen s. vorne § 118 N 21; vgl. auch Art. 805 betref-
     fend Zugehör bei Grundpfandrechten (dazu vorne § 112 N 5 ff.). – Zur Frage der Zulässigkeit
     von Fahrnisverschreibungen auf Grund kantonalen öffentlichen Rechts vgl. die in § 117 Anm. 3
     genannten Autoren.

21   Vgl. OFTINGER/BÄR, ZüKomm, Art. 885 N 39; ZOBL/THURNHERR, BeKomm, Art. 885 N 85;
     STEINAUER a.a.O. Nr. 3202d.

22   Hat am bereits durch Verschreibung belasteten Tier ein gutgläubiger Dritter ein Faustpfand-
     recht erworben, so geht dieses der Verschreibung ohne Rücksicht auf ihr Alter vor (EUGEN
     HUBER a.a.O. 335 f.; OFTINGER/BÄR, ZüKomm, Art. 885 N 7 und 78; ZOBL/THURNHERR,
     BeKomm, Art. 885 N 2 und 108).

23   So OFTINGER/BÄR, ZüKomm, Art. 885 N 7; ZOBL/THURNHERR, BeKomm, Art. 885 N 2, die
     daher die Frage nach der Existenzberechtigung des Instituts aufwerfen.

24   Zur Kontroverse über die Frage, ob der Ausdruck «dingliches Recht» hier noch angezeigt sei,
     siehe vorne § 118 Anm. 1.

die *Forderungen* (soweit ihre Übertragbarkeit nicht durch Art. 164 Abs. 1 OR eingeschränkt ist); das ZGB hebt denn auch diese besonders hervor und spricht vom Pfandrecht «an Forderungen und andern Rechten» (gage sur les créances et autres droits).[25]
Zu diesen «andern» Rechten gehören z.B. die Urheberrechte, Patentrechte, Marken-
rechte (19 MSchG), Grundpfandtitel,[26] Erbanteile (bezüglich dieser Letzteren s. vorne
§ 86 N 9 ff.). Kein Fahrnispfandrecht, sondern nur ein Grundpfandrecht kann an den
als Grundstücken in das Grundbuch aufgenommenen «selbständigen und dauernden
Rechten» (655[2] Ziff. 2) bestellt werden. – Das Fahrnispfand an Rechten untersteht, «wo
es nicht anders geordnet ist», den *Bestimmungen* über das *Faustpfand* (899[2]).

15   **b. Die Errichtung.** Sie gestaltet sich unterschiedlich – je nachdem, ob es sich um *Wertpapiere, einfache Forderungen* ohne Wertpapiercharakter oder «andere Rechte» handelt. Einen Sonderfall stellen sodann die Bucheffekten dar (N 19). Im Einzelnen:

16   1. Für die Verpfändung von *Wertpapieren* bestehen zwei Möglichkeiten. Die Ver-
pfändung kann zunächst – wie bei anderen Forderungen (hinten N 17) – bei allen
Arten von Wertpapieren durch einen schriftlichen Pfandvertrag, verbunden mit der
Übergabe der Urkunde, erfolgen (vgl. 42 III 296 ff.; 61 II 333; wohl auch 119 II 344 f.).
Indessen genügt ein einfacheres Vorgehen, das denn auch regelmässig zur Anwen-
dung kommt: Bei *Inhaberpapieren* braucht es nichts Weiteres als die Übertragung des
Besitzes an der Urkunde auf die Pfandgläubigerin (901[1]; 93 II 87; 115 II 151).[27] Bei den
Ordre- und *Namenpapieren* muss zur Übertragung der Urkunde noch ein schriftlicher Vermerk in der Form eines Indossaments oder einer Abtretungserklärung hinzukommen (901[2]). Das Indossament hat entweder den gleichen Wortlaut wie bei der
Eigentumsübertragung des Wertpapiers (z.B. «für mich an die Ordre der Graubünd-
ner Kantonalbank»: verstecktes Pfandindossament,[28] 96 II 382), oder aber es nimmt
zusätzlich auf die Verpfändung Bezug (etwa durch die Worte «gut zur Verpfändung»:
offenes Pfandindossament[29]).[30] Handelt es sich bei den verpfändeten Wertpapieren
um *Warenpapiere,* so entsteht durch die Verpfändung des Papiers ein Pfandrecht an
der Ware (902; hierzu 109 II 144 ff.; für ein Seekonnossement vgl. 122 III 78).

---

25   Ein besonderes gesetzliches Forderungspfandrecht gewährt Art. 15 des BG über die Verbesse-
     rung der Wohnverhältnisse in Berggebieten vom 20. März 1970 (SR 844) gewissen Handwer-
     kern, Unternehmern, Lieferanten und Architekten.
26   Zulässig ist namentlich auch die (mobiliarrechtliche) Verpfändung von Schuldbriefen, die auf
     den Inhaber oder auf den Eigentümer lauten (115 II 151; 119 II 327; 139 III 303); sie wirft aller-
     dings besondere Probleme auf (115 II 149 ff.; STEINAUER a.a.O. Nr. 3112 ff. und vorne § 105
     N 32 f.).
27   Freilich sind hierbei die Schranken von Art. 884 Abs. 3 und 717 zu beachten (81 II 341 und 93
     II 87; vgl. auch 119 II 327 f.).
28   Der Gläubiger «kann» (wertpapierrechtlich) mehr, als er (obligationenrechtlich) «darf»; vgl.
     auch OFTINGER/BÄR, ZüKomm, Art. 901 N 69 ff.
29   OFTINGER/BÄR, ZüKomm, Art. 901 N 65 ff.
30   Es genügt auch ein Blankoindossament: LEEMANN, BeKomm, Art. 901 N 25; OFTINGER/BÄR,
     ZüKomm, Art. 901 N 85 und 110; 78 II 276. Eine Ausnahme gilt allerdings für Namenschuld-
     briefe (Art. 869 Abs. 2; nicht eindeutig 81 II 115 f.).

2. Bei den Forderungen, die *nicht Wertpapiercharakter* haben, ist ein *schriftlicher Pfand-* 17 *vertrag* notwendig (900[1]). Aber auch hier besteht ein Bedürfnis nach einer Besitzänderung. Daher muss, sofern für die Forderung ein *Schuldschein* besteht, dieser der Gläubigerin übergeben werden (900[1] in fine).[31] Dagegen ist nach ZGB – im Gegensatz zum alten OR – *keine Benachrichtigung* des Schuldners nötig (900[2]: «können»; anders aber 73[1] VVG). Ein Interesse an einer solchen Anzeige besteht jedoch, und zwar vornehmlich für die Pfandgläubigerin: Ihr ist daran gelegen, dass der Schuldner nicht aus Unkenntnis der erfolgten Pfandbestellung die Forderung dem Verpfänder abzahlt. Sie würde sonst ihre Deckung riskieren. Um dies zu verhüten, ist der Pfandgläubigerin zu empfehlen, die Benachrichtigung des Schuldners unverzüglich vorzunehmen. Von der Benachrichtigung an darf der Schuldner gar nicht mehr an den Verpfänder allein zahlen; die Zahlung ist nur gültig, wenn sie an die eine Person (Pfandgläubigerin oder Verpfänder) mit der Einwilligung der anderen erfolgt (906[2]; 128 III 369; BGer 4A_586/2009 E. 3.2). In diesem Fall darf auch eine Rechtsöffnung in einer vom Verpfänder angehobenen Betreibung gegen den Schuldner nur erteilt werden, wenn der Pfandgläubiger zustimmt (128 III 369).

3. Zur Verpfändung «*anderer Rechte*», insbesondere unverurkundeter Rechte, ist 18 zunächst ebenfalls der schriftliche Pfandvertrag, sodann aber auch die Beobachtung der allenfalls für das betreffende Recht vorgeschriebenen Übertragungsform notwendig (900[3]). Bei Rechten, deren Übertragung jedoch formlos oder durch blosse schriftliche Willenserklärung geschieht, genügt der schriftliche Pfandvertrag zur Verpfändung.[32] Dies gilt bei Erbanteilen (635[1]; s. vorne § 86 N 9 ff.), bei Urheberrechten gemäss Art. 16 Abs. 1 URG, bei Erfindungspatenten gemäss Art. 33 Abs. 2bis PatG und bei Markenrechten nach Art. 17 Abs. 2 MSchG. Bei diesen beiden Letzteren muss die Eintragung in das Patent- bzw. Markenregister hinzukommen, damit die Verpfändung auch gegenüber gutgläubigen Dritten wirksam wird (33[4] PatG; 19[2] MSchG). Zur Verpfändung von Stammanteilen einer GmbH vgl. Art. 789b OR. Zur Verpfändung von Register-Schuldbriefen vgl. Art. 859 Abs. 1 ZGB und dazu vorne § 114 N 52. Zur Verpfändung von Ansprüchen aus einem Personenversicherungsvertrag vgl. Art. 73 Abs. 1 VVG (BGer 4A_586/2009 E. 2.1).

4. Gemäss Art. 901 Abs. 3 richtet sich die Verpfändung von *Bucheffekten* ausschliesslich 19 nach dem Bucheffektengesetz. Bucheffekten (titres intermédiés) im Sinn von Art. 3 sind vertretbare Forderungs- und Mitgliedschaftsrechte gegenüber dem Emittenten, die einem Effektenkonto gutgeschrieben sind und über welche der Kontoinhaber nach den Vorschriften des BEG verfügen kann. Es handelt sich um ein *Vermögensobjekt sui generis* (138 III 139) mit schuld- und sachenrechtlichen Merkmalen, dem (ohne eine

---

31 Über die Tragweite dieser bei der Entstehung des Gesetzes mehrfach umgearbeiteten Bestimmung vgl. insbesondere OFTINGER/BÄR, ZüKomm, Art. 900 N 28 ff., besonders N 34; ZOBL, BeKomm, Art. 900 N 20 ff. – Besteht kein Schuldschein, so liegt im schriftlichen Pfandvertrag nicht bloss der Wille des Verpfänders zur Pfanderrichtung, sondern gleichzeitig auch das Verfügungsgeschäft (STEINAUER a.a.O. Nr. 3208g).

32 Auch hier fallen im schriftlichen Vertrag Pfanderrichtung und Verfügungsgeschäft zusammen (STEINAUER a.a.O. Nr. 3208g).

Sache im juristischen Sinn zu sein) funktional die Eigenschaften eines Wertpapiers zukommen.[33] Die Verpfändung der Bucheffekte richtet sich nach den Art. 24 ff. BEG (wo sie von den dort geregelten «Verfügung» miterfasst wird).[34]

20 **c. Die Wirkungen.** Die Verpfändung überträgt nicht wie die Abtretung die Forderung als solche (164 ff. OR; das «Vollrecht»), sondern nur die Befugnis, die Forderung zu verwerten und sich aus dem Erlös zu befriedigen. Die Forderung steht weiterhin dem Verpfänder zu (128 III 368; 130 III 425), und dieser übt die Befugnisse aus, die nicht mit der Verwertung verknüpft sind. Namentlich hat er das Recht, die Forderung zu kündigen oder auf dem Klage- oder Betreibungsweg einzuziehen (128 III 368).

21 Folgerichtig bestimmt das Gesetz, dass der *Aktionär* – nicht die Pfandgläubigerin – verpfändete Aktien in der Generalversammlung zu vertreten hat (905[1]); Analoges gilt für verpfändete *Stammanteile einer GmbH* (905[2]). Ebenso ergibt sich aus dem Gesagten, dass das Recht auf die *Kündigung* und *Einkassierung* der verpfändeten Forderung grundsätzlich dem *Verpfänder* zustehen muss.[35] Den Interessen der Pfandgläubigerin trägt das Gesetz in doppelter Weise Rechnung:

22 1. Es gestattet der *Pfandgläubigerin,* vom Verpfänder zu verlangen, dass er die Forderung kündigt und einzieht, sobald dies nach den Regeln einer sorgfältigen Verwaltung als notwendig, die Forderung als gefährdet erscheint (906[1]).[36]

23 2. Es weist den *Schuldner* an, Zahlungen an die eine Person (Verpfänder oder Pfandgläubigerin) nur mit *Einwilligung* der anderen zu leisten und, wenn diese Einwilligung fehlt, den Betrag zu *hinterlegen* (906[2] und [3]; BGer 4A_586/2009 E. 3.2). Diese Regel ist gemäss 87 II 228 nicht anwendbar auf die Abtretung eines Erbanteils.

IV.   Das Versatzpfand

24 **a. Begriff und Übersicht über die Regelung.** Unter Versatzpfand (le prêt sur gage) versteht man jenes Fahrnispfandrecht, das zur Sicherung von Gelddarlehen zu Guns-

---

33   Botschaft zum BEG, BBl 2006, 9339 und 9345.

34   Botschaft zum BEG, BBl 2006, 9367 ff. Im Einzelnen Schmid/Hürlimann-Kaup, Sachenrecht, Nr. 1961a ff.; Steinauer a.a.O. Nr. 3214 ff.; Hans Kuhn, Schweizerisches Kreditsicherungsrecht (Bern 2011), § 26 N 31 ff.; Andrea Zbinden, Das Pfandrecht an Aktien – Ausgewählte dogmatische und praktische Aspekte des Pfandrechts an Aktien in der Form von Wertpapieren, Wertrechten und Bucheffekten (Diss. Bern 2010), 46 ff.; Florian Louis Steiner, Besicherung nach dem Bucheffektengesetz (St. Galler Diss., Zürich 2012), 73 ff.; Schott in Dieter Zobl/Martin Hess/Ansgar Schott (Hrsg.), Kommentar zum Bucheffektengesetz (BEG) … (Zürich 2013), Vorbem. zu und Kommentierung der Art. 24–26 BEG; Joël Leibenson, Les actes de disposition sur les titres intermédiés (Diss. Genf 2013). Zum Recht auf Privatverwertung nach Art. 31 Abs. 2 BEG, das (entgegen den allgemeinen Regeln) selbst in einem Zwangsvollstreckungsverfahren geltend gemacht werden kann, vgl. 136 III 445 f. und vorne § 118 Anm. 4.

35   Oftinger/Bär, ZüKomm, Art. 906 N 10; Zobl, BeKomm, Art. 906 N 2 und 11 ff.

36   Oftinger/Bär, ZüKomm, Art. 906 N 11 und 14 ff.; Zobl, BeKomm, Art. 906 N 10.

ten von Anstalten oder Privaten, die gewerbsmässig Geld ausleihen, und ohne Rücksicht auf den persönlichen Kredit des Verpfänders bestellt wird. Es hat eine längere Entwicklung hinter sich:

1. Schon das Mittelalter kannte solche staatlichen oder kommunalen Anstalten, die der   25
augenblicklichen Geldverlegenheit meist ärmerer Leute durch Gewährung von Darlehen gegen Faustpfand abhelfen sollten. Diese Anstalten verfolgten nur *gemeinnützige Zwecke* (daher ihr Name in den romanischen Sprachen: mont de piété, monte di pietà). Als indessen die *private Spekulation* in dieses Gewerbe eindrang, entstand die Gefahr des Missbrauchs zu wucherischen Operationen. Um dies zu verhüten, haben die nationalen Rechtsordnungen das Pfandleihgewerbe reglementiert und einer Aufsicht unterworfen. Neben dem privaten beschäftigt sich daher auch das *öffentliche Recht* mit den gewerbsmässigen Gelddarlehen gegen Versatzpfand.

2. In der Schweiz ist die *öffentlich-rechtliche* Regelung des Pfandleihgewerbes im Rah-   26
men des Art. 907 ZGB Sache der *kantonalen* Gesetzgebung. Das ZGB (915) gestattet aber auch eine Ergänzung der *privatrechtlichen* Normen durch das kantonale Recht.

Zur *Ausübung* des Pfandleihgewerbes ist eine *Ermächtigung* durch die kanto-   27
nale Regierung erforderlich (907¹). Seiner historischen Entwicklung und sozialen Aufgabe entsprechend soll der Betrieb dieses Gewerbes vor allem in den Händen von Gemeinden, Kantonen oder gemeinnützigen Anstalten ruhen. Die Kantone können es auf derartige Anstalten beschränken (907²). Mit zeitlicher Beschränkung kann aber die Bewilligung auch Privaten erteilt werden (908). – Heute bestehen Versatzanstalten, soweit ersichtlich, nur in zwei Kantonen: Zürich und Genf.³⁷

b. Abweichungen vom Recht des Fahrnispfandes

1. Zur *Begründung* des Versatzpfandes ist zwar – wie beim gewöhnlichen Fahrnis-   28
pfand – die Übergabe der Sache an die Pfandgläubigerin nötig. Hinzukommen muss aber die Ausstellung eines *Versatzscheins* durch die Anstalt (909). Dieser Schein ist demnach etwas mehr als eine einfache Empfangsbescheinigung oder ein gewöhnliches Beweismittel, er stellt aber kein Wertpapier dar.³⁸ Dies ergibt sich daraus, dass zur Geltendmachung der Rechte aus dem Versatzpfandvertrag, insbesondere zur Auslösung der Pfandobjekte, der Besitz des Versatzscheins nicht unbedingt erforderlich ist.

Die *Grundregel* lautet allerdings, dass die Anstalt das Pfand dem *Berechtigten*   29
nur herausgeben darf und muss, wenn er ihr den Versatzschein *vorweist* und *erstattet* (912¹). Zur Legitimation reicht es nicht aus, dass er Inhaber des Scheins ist; er muss zusätzlich seine *Berechtigung* dartun – also beweisen, dass er der Verpfänder, sein Rechtsnachfolger oder ein Bevollmächtigter ist. Von dieser Regel gibt es immerhin *zwei Ausnahmen:*

---

37   BAUER, Vorbem. zu Art. 907–915, N 3. Die dort genannte Luzerner Anstalt besteht nicht mehr.
38   Ebenso STEINAUER a.a.O. Nr. 3219f; für (abgeschwächte) Wertpapiernatur JÄGGI, ZüKomm, Art. 965 OR N 296; OFTINGER/BÄR, ZüKomm, Art. 909 N 16 ff.

30   α. Erstens: Unter gewissen Voraussetzungen *genügt der Besitz des Scheins allein.* Die Anstalt kann sich ausdrücklich das Recht vorbehalten, das Pfand an *jedermann,* der ihr den Schein vorweist, herauszugeben (sogenannte Inhaber-Legitimationsklausel). Aber auch in diesem Fall ist sie bei Herausgabe an den Nichtberechtigten vor einer nochmaligen Leistung nur dann geschützt, wenn sie gutgläubig gehandelt, d.h. den Mangel im Recht weder erkannt hat, noch hätte erkennen sollen (913[2]).

31   β. Zweitens: Unter gewissen Voraussetzungen ist der *Besitz nicht erforderlich.* Kann der Berechtigte den Schein *nicht beibringen* (etwa weil dieser verloren gegangen oder vernichtet wurde), so ist er zur Auslösung des Pfandes befugt, sofern er sich in anderer Weise über sein *Recht* auszuweisen vermag. Dies setzt jedoch voraus, dass die Schuld *fällig* ist (912[2]). Eine Auslösung vor Eintritt des Fälligkeitstermins braucht die Anstalt nur gegen Rückgabe des Scheins zu gestatten. Das Gleiche gilt auch nach eingetretener Fälligkeit, falls die Anstalt sich ausdrücklich das Recht vorbehalten hat, das Pfand nur gegen Rückgabe des Scheins auszulösen. Doch wirkt der Vorbehalt nicht unbefristet. Nach sechs Monaten seit der Fälligkeit kann die Anstalt die Auslösung einem Berechtigten, der den Schein nicht beizubringen vermag, nicht verweigern (912[3]; vgl. auch 90 OR).

32   2. Dem soeben Gesagten zufolge ist der Schuldner an sich *jederzeit* – ohne Rücksicht auf die Fälligkeit – berechtigt, das Darlehen zurückzuzahlen und das Pfand von der Anstalt herauszuverlangen. Dies gilt, obwohl die Darlehensschuld regelmässig verzinslich ist und demnach gemäss Art. 81 OR eine vorzeitige Erfüllung entgegen dem Willen des Gläubigers nicht gestattet wäre. Mit der Rückzahlung hört an sich auch die Zinspflicht auf. Die Anstalt ist jedoch befugt, den Zins auch über den Tag der Rückzahlung hinaus für den ganzen laufenden Monat zu verlangen (913[1]).

33   3. Das Versatzpfand begründet keine persönliche Gebundenheit des Verpfänders, sondern eine reine *Sachhaftung* (910[2]; 126 III 185). Der persönliche Kredit des Verpfänders soll keine Rolle spielen. Wenn demgemäss der Erlös aus dem Pfandobjekt zur Deckung der Schuld nicht ausreicht, muss die Leihanstalt den Ausfall tragen.

34   4. Wird dagegen ein *Überschuss* erzielt, so ist er – wie beim gewöhnlichen Fahrnispfand – dem Verpfänder herauszugeben (911[1]). Immerhin gelten zwei Sonderregeln: Wenn der gleiche Schuldner bei der Anstalt mehrere Summen geborgt hat, können die verschiedenen Forderungen als eine Einheit betrachtet werden (911[2]); wird also die eine Forderung aus dem Erlös ihres Pfandes nicht gedeckt, so kann sich die Anstalt für den Ausfall am Überschuss schadlos halten, der sich aus dem Pfanderlös für die andere ergibt. Ferner verjährt die Forderung auf den Überschuss in Abweichung von den gewöhnlichen Regeln in fünf statt in zehn Jahren (911[3]).

35   5. Die *Verwertung* des Versatzpfandes geschieht nicht nach den Regeln über die Zwangsvollstreckung, sondern durch *amtlichen Verkauf* (910[1]; vgl. auch 45 SchKG), also – nach vorgängiger öffentlicher Aufforderung zur Einlösung – durch privaten Verkauf, der unter der vom Kanton geregelten amtlichen Aufsicht erfolgt.[39]

---

39   STEINAUER a.a.O. Nr. 3219j.

c. Die Regeln über das Versatzpfand gelten auch für den **gewerbsmässigen Kauf auf** 36
Rückkauf (914). Darunter sind Geschäfte zu verstehen, die den Ankauf beweglicher
Sachen gegen Gewährung des Rückkaufs innerhalb gewisser Zeit zum Gegenstand
haben. Rechtlich sind sie zwar von den Pfandleihgeschäften verschieden; im wirtschaftlichen Zweck dagegen stimmen sie weitgehend mit ihnen überein. Die Zahlung
des Kaufpreises tritt an die Stelle der Hingabe des Darlehens; die Übergabe der Sache
entspricht der Verpfändung; der Unterschied zwischen dem gezahlten Kaufpreis und
dem verabredeten Rückkaufpreis wird als Zinsvergütung für das Darlehen betrachtet. Indem das ZGB den gewerbsmässigen Kauf auf Rückkauf den Vorschriften über
das Versatzpfand unterordnet, will es daher mit Recht verhüten, dass sich die Spekulation auf Nebenwegen, ohne Bewilligung und Aufsicht, in das Pfandleihgewerbe ein-
drängt (126 III 185).[40]

V. Die Pfandbriefe

a. Der Zweck und die juristische Natur. Das Institut der Pfandbriefe (les lettres de 37
gage)[41] sucht einen ähnlichen wirtschaftlichen Erfolg zu verwirklichen wie die Anleihensobligationen (vorne § 116):

1. Durch Ausgabe einer grösseren Anzahl pfandrechtlich gesicherter Schuldverschrei- 38
bungen in gleich lautenden bescheidenen Beträgen sollen bedeutende Kapitalien
geäufnet werden, die langfristige Hypothekarkredite zu stabilem, billigem Zins erlauben (1[1] PfG). Ein Unterschied besteht insofern, als bei den Anleihensobligationen
die Sicherstellung der Darlehensgeberinnen durch eine besondere Ausgestaltung des
Grundpfandrechts, bei den Schuldbriefen durch eine spezielle Ausgestaltung des *Fahrnispfandrechts* erreicht wird.

2. Das beim Pfandbrief bestehende Verhältnis ist der in Art. 875 Ziff. 2 geregelten Art 39
von Anleihensobligationen ähnlich. Dort ist es die Ausgabestelle, die sich gegenüber
den einzelnen privaten Kreditgeberinnen verpflichtet und ihnen Sicherheit dadurch
bietet, dass sie ihnen ein Forderungspfandrecht an ihrer grundpfandversicherten Forderung gegenüber dem Kreditnehmer einräumt (vorne § 116 N 9 f.). Bei diesen Anleihensobligationen wird der Ertrag der Emission einem einzigen Kreditnehmer zur Verfügung gestellt und dafür ein einziges Grundpfand errichtet. Was soll aber geschehen,
wenn die Ausgabestelle das von den einzelnen Zeichnern erhaltene Geld zahlreichen

---

40   Zu den aus Art. 914 abgeleiteten unterschiedlichen Rechtsfolgen für «fehlbare» Versatzanstal-
     ten bzw. Dritte siehe OFTINGER/BÄR, ZüKomm, Art. 914 N 3 ff. und BGE 126 III 182 ff. (beson-
     ders zur Frage der Konversion).

41   Vgl. STEINAUER a.a.O. Nr. 3215 ff.; KUHN, zit. in Anm. 34, § 36 N 5 ff.; BAPTISTE ZUFFEREY,
     La lettre de gage face à une hypothétique crise financière: droit privé et droit public, in Alexan-
     dra Rumo-Jungo (Hrsg.), FS für Paul-Henri Steinauer (Bern 2013), 695 ff.. Zur Rechtslage vor
     Inkrafttreten des BEG (1. Januar 2010) vgl. auch ARTHUR MEIER-HAYOZ/HANS CASPAR VON
     DER CRONE, Wertpapierrecht (2. A. Bern 2000), § 24; LAURA HUNZIKER, Der schweizerische
     Pfandbrief (Diss. Zürich 1986).

Darlehensnehmern weiterleihen will, von denen jeder ein eigenes Grundpfandrecht zur Sicherstellung seiner Schuld errichtet? Und wie soll überdies mit den allgemein geltenden Regeln für Grund- und Faustpfand eine praktische Lösung gefunden werden, wenn sich zwischen die Ausgabestelle und die einzelnen Darlehensnehmer noch Banken einschieben, die das Geld bei der Ausgabestelle aufnehmen und den einzelnen Darlehensnehmern gegen Pfandsicherung ausleihen? Die Lösung unserer gesetzlichen Regelung liegt darin, dass den einzelnen Kreditgeberinnen (Zeichnerinnen) von der Ausgabestelle Pfandbriefe ausgehändigt werden, die *ohne eigenen Pfandvertrag* gedeckt sind durch die Forderungen der Ausgabestelle gegenüber den einzelnen Banken; diese Forderungen sind ihrerseits wieder gedeckt durch die pfandgesicherten Forderungen der Banken gegenüber den einzelnen Kreditnehmern (Bodeneigentümern). So fliesst das Geld von den Kreditgeberinnen über die Ausgabestelle zu den Banken und von diesen an die Kreditnehmer, und die Sicherung, die diese Kreditnehmer den Banken und diese wieder der Ausgabestelle gewähren, dient letzten Endes der Kreditgeberin (Pfandbriefinhaberin) als Deckung. Der Pfandbrief schafft auf diese Weise eine Art gesetzliches «traditionsloses» Mobiliarpfand mit der Sache nach letztlich grundpfändlicher Sicherung.

40   3. Die vorbehaltlose Zulassung der Ausstellung solcher Pfandbriefe würde keine Gewähr bieten für genügende Sicherheit der Kreditgeberin. Der Staat, der das Institut der Pfandbriefe zulässt, hat daher gleichzeitig dafür zu sorgen, dass nur vertrauenswürdige Bankinstitute Pfandbriefe ausgeben dürfen und dass deren Geschäftsführung beaufsichtigt wird. So sind denn auch die Bildung wie das Geschäftsgebaren der «Pfandbriefanstalten» *strengen Vorschriften unterstellt.*

41   **b. Die gesetzliche Regelung.** Massgebend ist das *Pfandbriefgesetz* (PfG) vom 25. Juni 1930 (SR 211.423.4),[42] das die Art. 916–918 aufgehoben und ersetzt hat.[43] Die nachfolgende Darstellung beschränkt sich auf die Hauptpunkte dieses Sondergesetzes.

42   1. Die grösste Schwierigkeit bereitete dem Gesetzgeber die Frage, *wer* zur *Ausgabe* von Pfandbriefen *ermächtigt* sein soll. Der Streit drehte sich um Zentralisierung oder Dezentralisierung. Schliesslich obsiegte der Gedanke der Zentralisierung, wenn man auch deren strengstes Postulat, jenes nach einer einzigen Ausgabestelle, nicht erfüllte. Das Gesetz anerkennt *zwei private Ausgabeinstitute:* die Pfandbriefzentrale der *Kantonalbanken* und die Pfandbriefbank schweizerischer *Hypothekarinstitute,* wobei die

---

42   Vgl. auch die bundesrätliche Pfandbriefverordnung vom 23. Januar 1931 (SR 211.423.41).

43   Ursprünglich hatte das ZGB die Pfandbriefe nur in einem ganz allgemeinen Rahmen in den Art. 916–918 geordnet. Von Anfang an hatte Art. 918 Abs. 2 vorgesehen, dass die Bundesgesetzgebung die Bedingungen, unter denen die Ausgabe von Pfandbriefen erfolgen darf, festsetzen und über die Einrichtung der Anstalten nähere Vorschriften aufstellen sollte. Bis dahin sollten die Kantone das Nötige vorkehren, was indessen (mit Ausnahme von Genf) nicht geschah. Erst gegen Ende des Ersten Weltkriegs (1917) konnten die Arbeiten für den Erlass der im ZGB vorgesehenen eidgenössischen Sonderregelung des Pfandbriefwesens in Angriff genommen werden, die zum Erlass des Pfandbriefgesetzes führten.

Möglichkeit einer freiwilligen Verschmelzung der beiden vorgesehen ist (1^2 PfG). Beide Zentralen sind als Aktiengesellschaften errichtet worden.

2. Zweck der Pfandbriefzentralen ist im Wesentlichen die *Ausgabe der Pfandbriefe* (5 Ziff. 1 PfG), also die *Beschaffung* der zur Gewährung von Hypothekarkrediten erforderlichen *Mittel.* Der Erlös der Emissionen wird zum allergrössten Teil den *Mitgliedinstituten* – den bisher schon bestehenden Hypothekarbanken – in der Form von Darlehen zugeführt (11 PfG). Diese zahlreichen über das ganze Land verstreuten kantonalen und privaten Anstalten sind es, die den Grundeigentümern die Hypothekarkredite gewähren sollen (13 PfG). Während die Beschaffung der Gelder nach dem System der Zentralisierung vor sich geht, erfolgt deren Verwendung also nach jenem der Dezentralisierung. — 43

3. Die Pfandbriefe waren früher ausnahmslos Wertpapiere.[44] Nach der neuen Fassung von Art. 7 Abs. 1 PfG (Anpassung nach BEG, in Kraft seit dem 1. Januar 2010)[45] können sie in Form von *Wertpapieren, Globalurkunden oder Wertrechten* ausgegeben werden und lauten auf den Namen oder den Inhaber. Pfandbriefe können indessen auch in Form von *schriftlichen Darlehensverträgen* ausgegeben werden (72 PfG). — 44

Werden Pfandbriefe auf den Namen ausgegeben, so führt die Pfandbriefzentrale ein (nicht öffentliches) Buch, in welches die Eigentümer und Nutzniesser eingetragen sind (7^3 PfG). Im Verhältnis zur Pfandbriefzentrale gilt als berechtigt, wer im Buch eingetragen ist (7^5 PfG). — 45

4. Die Pfandbriefe sollen eine möglichst *solide, mündelsichere*[46] Kapitalanlage darstellen, die sich deshalb mit einem niederen Zinsfuss begnügt. Diesem Gedanken dienen insbesondere die folgenden Vorschriften: — 46

α. *Die Beschränkung der Höhe der Pfandbriefausgabe.* Die Pfandbriefzentralen dürfen Pfandbriefe nur in einer Höhe ausgeben, welche mit Einschluss der übrigen Schuldverpflichtungen nicht mehr als das 50-fache des Eigenkapitals beträgt (10 PfG). — 47

β. Die Beschaffung einer besonderen, reichlich genügenden *Deckung* für die Pfandbriefe.[47] Sie geniessen eine *doppelte Sicherstellung,* eine unmittelbare und eine mittelbare: Die Pfandbriefinhaberinnen sind zunächst und direkt gesichert durch ein eigenes Pfandrecht an den Darlehensforderungen der Zentralen gegenüber den Mitgliedbanken, denen sie das Ergebnis der Emission zuführen (14 ff. PfG). Sie sind ferner und mittelbar auch gesichert durch das Pfandrecht, das den Zentralen an den Grundpfand- und Faustpfandforderungen zusteht, in denen die Mitgliedbanken die ihnen zugeflossenen Mittel anlegen (19 ff. PfG). Zur Begründung dieser Pfandrechte ist die Eintragung der Deckung in das *Pfandregister* erforderlich (16 und 21 PfG). — 48

---

44 Zum alten Recht: Jäggi, ZüKomm, Art. 965 OR N 287; Meier-Hayoz / von der Crone a.a.O. § 24 N 6.
45 Zur «technologieneutralen» Ausgestaltung vgl. Botschaft zum BEG, BBl 2006, 9387.
46 Hunziker a.a.O. 65 f.; Steinauer a.a.O. Nr. 3217e.
47 Ausführlich Steinauer a.a.O. Nr. 3217a ff.; Meier-Hayoz/von der Crone a.a.O. § 24 N 9 ff.; Hunziker a.a.O. 125 ff.

49   γ. Die Mitgliedbanken dürfen den ihnen zugewendeten Erlös aus der Pfandbriefaus-
     gabe nur in *erstklassigen* (34 PfG) schweizerischen Grundpfändern oder Faustpfän-
     dern (die ihrerseits wieder aus inländischen Grundpfandforderungen oder Pfandbrie-
     fen bestehen müssen, 19^2 PfG) anlegen.[48]

50   δ. Die Einhaltung des Gesetzes wird durch *Kontroll- und Aufsichtsbestimmungen* gesi-
     chert: Die Pfandbriefzentralen müssen eine zugelassene Prüfgesellschaft mit einer jähr-
     lichen Prüfung beauftragen (38a f. PfG) und unterstehen der Aufsicht der Eidgenös-
     sischen Finanzmarktaufsicht (1^1 lit. a FINMAG und 39 ff. PfG). Widersetzt sich eine
     Pfandbriefzentrale wiederholt den von der Aufsichtsbehörde angeordneten Massnah-
     men, kann die FINMA dem Bundesrat den Entzug der Ermächtigung zur Pfandbrief-
     ausgabe beantragen (41 PfG). Dieser aufsichtsrechtliche Schutz wird durch eine zivil-
     rechtliche Haftungsvorschrift (44 PfG) und durch Strafbestimmungen ergänzt (45 f.).

51   **c. Die praktische Bedeutung** der Pfandbriefe in der Schweiz ist sehr gross. Die beiden
     Pfandbriefzentralen eröffneten ihren Betrieb im Verlauf des Jahres 1931. Sie hatten am
     31. Dezember 2014 (bei Durchschnittszinssätzen von 1,5 bzw. 1,691 Prozent) folgende
     Pfandbriefdarlehen und -anleihen ausstehend: die Pfandbriefzentrale der schweizeri-
     schen Kantonalbanken AG Serien im Gesamtbetrag von 38,295 Milliarden Franken,
     die Pfandbriefbank schweizerischer Hypothekarinstitute AG Serien im Gesamtbetrag
     von 56,055 Milliarden Franken.[49]

---

48   Das besondere Konkursprivileg zweiter Klasse (28 PfG a. F.) wurde jedoch anlässlich der SchKG-
     Revision vom 16. Dezember 1994 aufgehoben.

49   Angaben aus den Geschäftsberichten 2014, abrufbar unter www.pfandbriefzentrale.ch/pdf/bericht-2014.
     pdf bzw. www.pfandbriefbank.ch/content_DE/04_Publikationen/02_Geschaeftsberichte/01_Deutsch/
     84.%20Geschaeftsbericht%202014.pdf.

Aus dem Schlusstitel

Das intertemporale Recht

§ 120 Die allgemeinen Grundsätze

I. Rechtsquellen und leitende Gesichtspunkte

a. Rechtsquellen und Charakter des intertemporalen Rechts. Ein Gesetz, das eine   1
schon geregelte Materie neu ordnet, insbesondere eine Kodifikation vom Umfang des
ZGB, konnte sich nicht darauf beschränken, die Bestimmungen anzuführen, die unter
seiner Herrschaft Anwendung finden sollten. Es musste auch Normen aufstellen, die
seine Anwendbarkeit gegenüber jener der vorher geltenden Gesetze genau abgrenzten.
Das ZGB hatte mit anderen Worten (auch) ein *Übergangsrecht* – ein *intertemporales*
Recht – zu schaffen. Es tat dies im Schlusstitel (Anwendungs- und Einführungsbestimmungen), genauer in dessen erstem Abschnitt. Diese **Art. 1–50 SchlT** (im Folgenden
regelmässig ohne den Zusatz «SchlT» zitiert) tragen die Überschrift «*Die Anwendung
bisherigen und neuen Rechts*» und gliedern sich inhaltlich in zwei Abteilungen: einerseits (1–4) in die allgemeinen Bestimmungen[1] und andererseits (5–50) in Sonderregeln zu den einzelnen Rechtsinstituten des ZGB. Letzteren kommt auch die Aufgabe
zu, die allgemeinen Grundsätze zu konkretisieren (116 II 66).

Das intertemporale Recht des Schlusstitels ist primär (zeitliches) *Kollisionsrecht:* Es   2
enthält nicht Sachnormen (Regeln über den Inhalt von Rechtsbeziehungen), sondern
Verweisungsnormen («Welches Recht gilt?»).[2] Immerhin finden sich im intertemporalen Recht sehr oft Sachnormen, die für eine bestimmte (eine Übergangs-)Zeit materiell-rechtliche Rechtsfolgen anordnen (siehe z.B. $6b^2$, 8b, 13a, 13b und 13d).

b. Die Grundsätze. Mit dem Inkrafttreten des ZGB am 1. Januar 1912 (61^1 SchlT) wur-   3
den gemäss Art. 51 und 60 SchlT die zivilrechtlichen Bestimmungen der Kantone (mit
Ausnahme der «echten» Vorbehalte) und die mit dem ZGB in Widerspruch stehenden
zivilrechtlichen Bestimmungen des Bundes aufgehoben. Das sollte aber nicht heissen, dass von diesem Datum an unter keinen Umständen mehr auf das frühere Recht
zurückgegangen werden durfte; dies hätte unbillig sein können für Personen, die unter
der früher geltenden Ordnung und gemäss deren Vorschriften ihre rechtlichen Verhältnisse geregelt oder Rechte erworben hatten. Doch ist es nicht leicht, ein genaues
Kriterium zu finden, um die Anwendungssphäre des früheren und des neuen Gesetzes zu bestimmen.

---

1   Vgl. auch Markus Vischer, Die allgemeinen Bestimmungen des schweizerischen intertempo-
    ralen Privatrechts (Diss. Zürich 1986).
2   Praktische Bedeutung hat die Frage nach dem zeitlich anwendbaren Recht freilich nur dann,
    wenn die alten und die neuen Sachnormen unterschiedliche Regelungen enthalten (vgl. auch
    120 II 120 f.).

4   1. Der Grundsatz, der die Fortdauer des früheren Rechts in die Geltungssphäre eines neuen Gesetzes hinein verlangt, die sogenannte *Gewährungsklausel*,[3] findet sich in der Lehre wie in der Gesetzgebung in zwei Formulierungen. Die objektive Fassung lautet: *«Gesetze haben keine rückwirkende Kraft»* und besagt, dass das neue Gesetz (das neue «objektive Recht») die früher entstandenen Rechtsverhältnisse unberührt lässt. Die subjektive Fassung dagegen heisst: *«Wohlerworbene Rechte werden durch neue Gesetze nicht berührt»* (vgl. auch 131 III 332); sie geht von den subjektiven Rechten («Berechtigungen») aus, welche den einzelnen Rechtsträgern auf Grund der früheren Regelung erwachsen sind (vgl. auch 133 III 108).

5   2. Beide Formulierungen sind zu allgemein, um eine generell gültige Lösung der in der Praxis auftauchenden zeitlichen Gesetzeskonflikte abzugeben. Daher hat das ZGB – ohne jene beiden Grundsätze zu verkennen[4] – die allgemeinen Bestimmungen des intertemporalen Rechts in eine *eingehendere und präzisere* Fassung gekleidet. Es stellt in *Art. 1 SchlT* die *Grundregel* der Nichtrückwirkung auf (hinten N 8 f.) und sieht sodann *drei Ausnahmen* in den *Art. 2–4* vor (hinten N 10 ff.).

6   **c. Der Anwendungsbereich der Art. 1 ff. SchlT.** Das in Art. 1–50 SchlT enthaltene intertemporale Recht des ZGB bezog sich zunächst auf den am 1. Januar 1912 vollzogenen *Übergang* vom überwiegend kantonalen zum beinahe ausschliesslich eidgenössischen Recht. Die Bestimmungen finden jedoch – darüber hinaus – auch Anwendung auf *seitherige Revisionen* des ZGB (116 II 36; 121 III 212; 126 III 426 f.). Nur soweit Unklarheit drohte oder aber der Gesetzgeber neue eigene Lösungen wählen wollte, hat er bei der Revision von Teilgebieten des ZGB besondere übergangsrechtliche Bestimmungen erlassen (hinten § 121).

7   Das Bundesgericht hat sodann – mit Recht – den in den intertemporal-rechtlichen Bestimmungen des SchlT zum ZGB enthaltenen Grundsätzen eine *zusätzliche Bedeutung* zuerkannt. Mag diese Regelung in erster Linie als eine Ordnung für den Übergang vom kantonalen zum Bundesprivatrecht gedacht gewesen sein, so kommt doch darin die *Auffassung des Bundesgesetzgebers über das intertemporale Recht schlechthin* zum Ausdruck. Diese Regeln sind zu einem festen Bestandteil der schweizerischen Rechtsauffassung geworden. Sie gelten daher nicht nur dort, wo das Gesetz ausdrücklich auf sie verweist (wie etwa in Art. 1 der Schluss- und Übergangsbestimmungen zum revidierten OR von 1937), sondern überall, wo der Gesetzgeber keine Sonderbestimmungen erlassen hat (138 III 662; 140 III 406; 141 III 4).[5]

---

3   Siehe diesen Ausdruck bei MUTZNER, BeKomm, Anwendungsbestimmungen (vor Art. 1 SchlT) N 4 und 7.
4   Siehe vielmehr schon die Randtitel zu Art. 1: «Regel der Nichtrückwirkung», und zu Art. 4: «Nicht erworbene Rechte».
5   Vgl. hierzu auch BROGGINI, SPR I, 435; VISCHER a.a.O. 27 f.; DERSELBE, BaKomm, Art. 1 SchlT N 2. Vgl. zum Verwaltungsrecht 119 Ib 110 und 127 II 77; zum Sozialversicherungsrecht 123 V 28 und 71; zum bäuerlichen Bodenrecht 127 III 19.

II. Die Regel der Nichtrückwirkung (Art. 1 SchlT)

Das neue Gesetz soll jene Tatsachen nicht erfassen, die vor seinem Inkrafttreten einge- 8
treten sind (illustrativ 133 III 108). Es gilt der Satz: «alte Tatsache – altes Recht». Unter
«*Tatsache*» ist hier jeder Vorgang zu verstehen, der eine Rechtswirkung hervorzubrin-
gen (also ein Rechtsverhältnis zu begründen, aufzuheben oder abzuändern) vermag.
Dies kann ein blosses *natürliches* Ereignis sein, das unabhängig vom Willen der beteiligten Personen eintritt, wie etwa die Geburt, der Tod einer Person, die Erreichung
eines bestimmten Lebensalters (Volljährigkeit), der Ablauf einer Frist usw.; oder es ist
ein *menschliches Verhalten* – sei es ein Rechtsgeschäft (namentlich ein Vertrag), durch
das die Beteiligten ihre rechtlichen Verhältnisse gestalten, oder eine unerlaubte Handlung, die den Urheber zu Schadenersatz verpflichtet. Beides, *Rechtsgeschäft* wie *unerlaubte Handlung,* erfasst das ZGB mit dem Ausdruck «Handlungen», die Art. 1 Abs. 2
SchlT unter den «Tatsachen» besonders hervorhebt. Von diesen Handlungen spielen
die *Verträge* (die zweiseitigen Rechtsgeschäfte) im Rechtsleben die wichtigste Rolle.

Ist nun eine so verstandene Tatsache (Handlung oder natürliches Ereignis) unter der 9
Herrschaft eines früheren Gesetzes eingetreten, so wird sie grundsätzlich auch nach
dessen Aufhebung gemäss diesem bisherigen Recht beurteilt (Beispiele: 116 II 147; 133
III 108 und 112; 141 III 6). Das gilt sowohl für ihre *Rechtsgültigkeit* als auch für *Art* und
Umfang der durch sie hervorgebrachten *Wirkungen.* In Anwendung dieser Regel sagt
z.B. Art. 50, dass die vor dem Inkrafttreten des ZGB abgeschlossenen Verträge ihre
Gültigkeit behalten, auch wenn ihre Form den Vorschriften des neuen Rechts nicht
entspricht.[6] In ähnlicher Weise ordnet Art. 6b an, dass Personenverbände, Anstalten
und Stiftungen, die unter dem früheren Recht die Persönlichkeit erlangt hatten, sie
weiter behalten, auch wenn sie diese nach den Bestimmungen des neuen Rechts nicht
erlangt hätten.[7]

III. Die Ausnahmefälle der Rückwirkung

Die Regel vom Ausschluss der rückwirkenden (retroaktiven) Kraft der Gesetze ist an 10
und für sich billig und gerecht; sie entspricht namentlich der Idee des Vertrauensschutzes (126 III 428; 138 III 662; 140 III 406). Würde sie aber ausnahmslos durchgeführt,
so widerspräche sie in gewissen Fällen den höheren Interessen des Staates oder wäre
ungerecht. Der Gesetzgeber hat nämlich nicht nur Sorge zu tragen, dass die unter dem
Schutz der früheren Rechtsordnung erworbenen Rechte soweit als möglich respektiert
werden; er hat vielmehr auch dafür zu sorgen, dass das Recht sich weiterentwickeln,

---

6 Vgl. dazu MUTZNER, BeKomm, Art. 50 SchlT N 1 («tempus regit actum») und Art. 2 SchlT N 44,
der darauf hinweist, dass diese Regelung auch dann gilt, wenn die Formvorschriften des neuen
Rechts zum Ordre public gehören (ebenso BGer 4A_6/2009 E. 2.5.5).
7 Dazu HUGUENIN, BaKomm, Art. 6b SchlT N 3 ff. Zum neuen Art. 6 Abs. 2bis SchlT (kirchliche
Stiftungen und Familienstiftungen) vgl. vorne § 15 N 30.

neuen Bedürfnissen und Überzeugungen anpassen kann (116 II 67; 138 III 662). Daher lässt das ZGB drei Ausnahmen zu (dann gilt der Satz: «alte Tatsache – neues Recht»):[8]

11   **a. Art. 2.** Wenn eine Bestimmung des neuen Rechts im Interesse der *öffentlichen Ordnung* oder aus Gründen der *Sittlichkeit* aufgestellt wurde, so wirkt sie auch auf die vor dessen Inkrafttreten eingetretenen Tatsachen zurück – sofern die Anwendung des alten Rechts mit der öffentlichen Ordnung oder Sittlichkeit unvereinbar ist (119 II 50; 127 III 77; 133 III 109). Diese Schranke der Rückwirkung trägt in der Rechtssprache den unübersetzbaren Namen «*Ordre public*». Es handelt sich um jene zwingenden Bestimmungen des neuen Rechts, welche zu den Grundpfeilern der (neuen) Rechtsordnung gehören, welche mit anderen Worten grundlegende sozialpolitische und ethische Anschauungen verkörpern (119 II 48; 133 III 109; BGer 4A_6/2009 E. 2.5.3; 141 III 4). Ob dies für eine konkrete Norm zutrifft, ist eine Frage der Auslegung der rechtspolitischen Motive, welche zur Gesetzesrevision geführt haben (138 III 663; 140 III 406). Im Einzelfall ist ein Abwägen der entgegenstehenden Interessen – der Vertrauensinteressen einerseits, der öffentlichen Interessen andererseits – erforderlich (127 III 19; 133 III 109 f.; 140 III 407 f.).[9] Zum Ordre public gehören nach der Praxis etwa die Art. 2, 27 und 788 Abs. 1 Ziff. 2 ZGB (100 II 112; 131 I 328 f.; 133 III 109).[10]

12   **b. Art. 4.** Blosse *Erwartungen,* vage Hoffnungen auf Rechtserwerb, *Anwartschaften,* aus denen noch kein rechtlich geschützter Anspruch entstanden ist, gelten nicht als wohlerworbene Rechte und halten demnach gegenüber dem neuen Gesetz, das sie nicht anerkennt, nicht stand (117 III 56 f.; 131 III 333). So wurde durch das Inkrafttreten des ZGB manche auf kantonalem Erbrecht beruhende Hoffnung zerstört, weil der Erblasser jenen Zeitpunkt überlebte und das neue Recht eine andere Regelung enthält. Im Übrigen erlaubt Art. 4 durch Umkehrschluss die Folgerung, dass eben *wohlerworbene Rechte den Schutz der Nichtrückwirkung erfahren* (vgl. auch 116 III 125 f.; 120 II 120 f.; 131 III 332 f.; implizit auch 121 III 213).[11] Insofern ist Art. 4 nicht eine Ausnahmebestimmung im Verhältnis zu Art. 1.

13   **c. Art. 3.** Rechtsverhältnisse, deren Inhalt unabhängig vom Willen der Beteiligten durch das *Gesetz* selbst umschrieben ist, werden nach dem ZGB (bzw. nach neuem Recht) beurteilt, selbst wenn sie vor 1912 (bzw. vor einer Teilrevision) begründet wurden. Diese wichtigste Ausnahme von der Nichtrückwirkung geht zurück auf die schon im gemeinen Recht gemachte Unterscheidung zwischen der *Entstehung* der Rechtsverhältnisse einerseits und ihrem *Inhalt* oder ihren *Wirkungen* andererseits. Für die

---

8   Die Praxis unterscheidet in diesem Zusammenhang zwischen echter und unechter Rückwirkung (124 III 271 f. und 138 III 662 f. im Privatrecht; 137 II 373 f. und 417 f. im öffentlichen Recht; 122 V 408 und 131 V 429 f. im Sozialversicherungsrecht).

9   Vgl. auch VISCHER a.a.O. 96 ff.; zur Unzulässigkeit alter vertraglicher Wasserrechtskonzessionen unter dem Gesichtspunkt von Art. 2 SchlT vgl. 127 III 77 f. Hingegen gehört Art. 75a ZGB nicht zum intertemporal-rechtlichen Ordre public (133 III 112 f.). – Zur Sonderregel von Art. 50 SchlT vgl. vorne Anm. 6.

10   Frage offengelassen für Art. 8 UWG: 140 III 407 f.

11   So teils wörtlich BROGGINI a.a.O. 440; ausführlich auch VISCHER a.a.O. 49 ff.; DERSELBE, BaKomm, Art. 4 SchlT N 3 ff.

Entstehung gilt der Grundsatz der Nichtrückwirkung: Das Rechtsverhältnis ist gültig entstanden, wenn dies dem zur Zeit seiner Begründung geltenden Gesetz entspricht. Bezüglich des *Inhalts* (also der Wirkungen) ist wie folgt zu unterscheiden:

1. Sind diese Wirkungen durch *Parteiwillkür* (durch Vertrag) frei bestimmt, so blei-   14
ben sie unter dem neuen Recht unverändert bestehen (126 III 429; 133 III 114; BGer 4A_6/2009 E. 2.5.4). Sie haben zur Entstehung wohlerworbener Rechte geführt.

2. Sind die Wirkungen dagegen *unabhängig* vom *Willen* der Beteiligten durch die   15
objektive Rechtsordnung selbst festgesetzt, dann folgen sie dem Wandel der Gesetzgebung, richten sich vom Inkrafttreten des ZGB an nach dessen Bestimmungen (116 II 66 ff.; 117 II 363 f.; 138 III 662 f.). Der Schlusstitel enthält in seinem besonderen Teil eine ganze Reihe von Anwendungsfällen dieser Regel (z.B. Art. 5^1, 6, 6b^3, 7, 7a^1, 8, 17^2, 20bis, 26^2, 27 sowie 35^1). Manche dieser Bestimmungen haben allerdings – mehr als 90 Jahre nach dem Inkrafttreten des ZGB – ihre Rolle mehr oder weniger ausgespielt (und sind sogar aufgehoben worden, wie die Art. 31 und 32). Andere bilden auch heute noch die Grundlage von Gerichtsentscheiden; hierzu gehören vornehmlich die Regeln über den Inhalt der beschränkten dinglichen Rechte (17).[12] Auf der Unterscheidung zwischen den aus Vertrag und den aus Gesetz entspringenden Wirkungen beruht auch die intertemporale Behandlung der Grundpfandrechte (vgl. hinten § 121 N 7 ff.).

---

12   Vgl. 100 II 105 ff.; BGer in ZBGR 48 (1967), 354 ff.; BGer in ZBGR 89 (1999), 301 ff.; 131 I 325 ff. – Zum Pflanzungsrecht nach Art. 678 Abs. 2 und 3 vgl. vorne § 109 N 44 f.

§ 121 Die wichtigsten Anwendungsfälle

1   Je weiter das Inkrafttreten des ZGB zurückliegt, umso seltener gelangen an sich dessen intertemporalrechtliche Regeln zur Anwendung. Da diese zeitlichen Kollisionsnormen indessen mangels Sonderbestimmungen auch für *Abänderungen* (Revisionen) des ZGB gelten (hierzu vorne § 120 N 6), kommen sie in unserer revisionsfreudigen Zeit wieder stärker zum Zug (ganz abgesehen von deren Bedeutung für andere Gesetzesänderungen; vgl. 99 Ib 152 f.; 112 Ib 42 f.; 116 II 211). Die heute wichtigsten Anwendungsfälle dieser Regeln haben wir daher bereits bei der Behandlung der einzelnen Sachgebiete erwähnt. Es sei verwiesen auf die Ausführungen über das Eherecht (insbesondere § 36 N 1 ff.), über die elterliche Sorge, insbesondere nach Scheidung (§ 24 N 105; § 43 N 13 ff.), über den Familiennamen (§ 41 N 13), über den Fortbestand kantonaler Grundbucheinrichtungen (§ 93 N 7 ff.), über das gesonderte Eigentum an Bäumen (§ 101 N 28 und § 109 N 44 f.) sowie über das Stockwerkeigentum (§ 101 N 66). Sodann wurde bereits auf die Bedeutung des Art. 17 für beschränkte dingliche Rechte hingewiesen (§ 120 N 15).[1]

2   Mit den intertemporalen Bestimmungen über das *eheliche Güterrecht*, das *Erbrecht* und das *Grundpfandrecht* wurden in früheren Auflagen dieses Buches[2] jene weiteren übergangsrechtlichen Regeln dargestellt, die damals noch von praktischer Bedeutung waren. Die Bestimmungen des SchlT von 1907 über das intertemporale Güterrecht finden nur noch auf Ehen Anwendung, die vor dem 1. Januar 1912 geschlossen worden sind (9 SchlT). Für die seltenen, aber immerhin – namentlich bei verschobenen Erbteilungen – noch zu erwartenden Fälle, da sich hierfür Rechtsfragen stellen, sei auf die früheren Auflagen verwiesen.[3] Die Ausführungen über das intertemporale Erbrecht (das wohl fast nur noch bei Revisionen des ZGB zum Zug kommt) sowie über das intertemporale Grundpfandrecht folgen in der gebotenen Kürze.

I.   Das intertemporale Erbrecht

3   Als *Grundsatz* gilt hier: Das Erbrecht – Erbberufung wie Erbgang – richtet sich nach dem zur Zeit des *Todes des Erblassers* geltenden Gesetz (15 SchlT). Starb dieser also vor dem Inkrafttreten neuen Rechts, so greift das frühere Gesetz ein; starb er nachher, so gilt das neue (107 II 39; 108 II 177; 116 II 36). Von dieser Regel gibt es – von der wichtigen Bestimmung Art. 94 Abs. 1 BGBB (hierzu hinten N 6) abgesehen – folgende *Ausnahmen*:

---

1   Zu den Änderungen der Art. 21 Abs. 2, Art. 33a und 33b sowie Art. 44 Abs. 3 SchlT (sowie der Aufhebung der Art. 31 f. SchlT) im Rahmen der ZGB-Revision von 2009 vgl. hinten N 14 f. und BBl 2007, 5339 ff.

2   So in der 9. Auflage S. 753 ff.

3   Vgl. die 9. Auflage S. 753 f.

a. Bezüglich der **Verfügungen von Todes wegen.** Hier ist zu unterscheiden: *Letzt-* 4
willige Verfügungen (Testamente) stehen, sowohl was die Errichtungsform als auch
was die Verfügungsfähigkeit betrifft, unter der sogenannten *Meistbegünstigungsklau-*
sel. Vor Inkrafttreten neuen Rechts errichtete Testamente sind daher gültig, wenn sie
den Formvorschriften genügen, die zur Zeit der Errichtung *oder* zur Zeit des Todes
galten (16^2 SchlT; 70 II 255 ff.; 129 III 581). Dagegen ist umstritten, ob sich die Meist-
begünstigungsklausel auch auf die Verfügungsfähigkeit bezieht.[4] Für *Erbverträge* gilt
diese Klausel – wenn schon – nur für die Verfügungsfähigkeit; der Erbvertrag muss
in der Form des zur Zeit der Errichtung gültigen Gesetzes abgefasst sein (50 SchlT).

b. Bezüglich solcher **erbrechtlicher Verhältnisse,** die nach dem früheren kantonalen 5
Recht mit den *güterrechtlichen* Wirkungen des Todes eines Ehegatten *untrennbar ver-*
knüpft waren und die nun mit dem Inkrafttreten des ZGB vom betreffenden Kanton
als *güterrechtlich* bezeichnet worden sind. Diese Sonderregelung (9^1 a. F.) gilt der Natur
der Sache nach nur für vor dem 1. Januar 1912 geschlossene Ehen.[5]

c. Das **Gewinnanteilsrecht der Miterben** ist im Lauf der Jahrzehnte mehrfach revi- 6
diert worden und wirft daher besondere übergangsrechtliche Fragen auf: Da dieses Recht nicht unmittelbar an den Tod des Erblassers als auslösenden Sachverhalt
anknüpft, hat die Praxis Art. 15 darauf für nicht anwendbar erklärt (94 II 249 f.; 107
II 39; 116 II 36). Für das Übergangsrecht des BGBB ist nun dessen Art. 94 f. massgebend. Ein bei Inkrafttreten des BGBB bereits bestehender gesetzlicher oder vertraglicher Gewinnanspruch bleibt auch unter dem neuen Recht gültig, ist jedoch bezüglich
Fälligkeit und Berechnung nach dem Recht zu behandeln, das im Zeitpunkt der Veräusserung gilt (94^3 BGBB).[6]

II. Das intertemporale Grundpfandrecht

Es versteht sich von selbst, dass nach dem 1. Januar 1912 nur noch Grundpfandrechte 7
in den vom ZGB anerkannten Arten errichtet werden konnten und können (so ausdrücklich 23^1 SchlT). Wo das eidgenössische Grundbuch noch nicht eingeführt ist,
sind inzwischen jene Formen zu beachten, die der Kanton als Ersatz für die Eintragung in das Grundbuch bezeichnet hat (23^2 SchlT; vgl. vorne § 93 N 8 f.). Im Folgenden befassen wir uns einerseits mit jenen Grundpfändern, die vor 1912 errichtet wurden, und gehen andererseits auf ausgewählte intertemporal-rechtliche Probleme der
ZGB-Revision von 2009 ein. Es stellen sich vor allem drei Fragen: Was gilt mit Bezug
auf die Gültigkeit und den Inhalt der vor 1912 errichteten Grundpfandrechte (a.)? Wel-

---

4 Bejahend MUTZNER, BeKomm, Art. 16 SchlT N 6 ff.; verneinend BROGGINI, SPR I, 478.
5 Vgl. die 9. Auflage S. 755.
6 Vgl. ausführlich PIOTET, Le droit transitoire des lois fédérales sur le droit foncier rural et sur la
   révision partielle du code civil et du code des obligations du 4 octobre 1991, in ZSR NF 113 (1994),
   I 125 ff.

che Sonderregeln bestehen für altrechtliche Pfandtitel (b.)? Wie fördert das ZGB die Einführung des neuen Grundpfandrechts (c.)?

8   **a. Altrechtliche Grundpfandrechte.** Für ihre *Gültigkeit* ist es erforderlich, aber auch genügend, dass die zur Zeit ihrer *Errichtung* geltenden Vorschriften beachtet worden sind. Bezüglich ihrer *Wirkungen* unter der Herrschaft des neuen Gesetzes greift die bekannte *Unterscheidung* ein: Wirkungen, die durch *Vertrag* (durch Parteiwillen) begründet wurden, beurteilen sich nach dem bisherigen Recht; Wirkungen, die *von Gesetzes wegen* eintreten, werden vom neuen Recht bestimmt (26[1] und [2]).

9   Das ZGB enthält im Schlusstitel eine ganze Reihe von Regeln, die im Wesentlichen nichts anderes sind als die Anwendung dieser Grundsätze auf besondere Fälle, namentlich betreffend Umfang der Pfandhaft, insbesondere Zugehör (25), Sicherungsansprüche des Gläubigers (27), Kündbarkeit der Forderungen und Übertragung der Titel (28), Rang der Pfandrechte (29) sowie betreffend Pfandstelle und Nachrückungsrecht (30).[7]

10   Durch die ZGB-Revision von 2009 wurde die Gült als Rechtsinstitut aufgehoben (793; vorne § 115 N 2). Bestehende Gülten (sowie in Serien ausgegebene Schuldbriefe) bleiben jedoch im Grundbuch eingetragen und unterstehen weiterhin den Bestimmungen des bisherigen Rechts (33a[1] und [2]). Das kantonale Recht kann die Umwandlung von Gülten in Pfandarten des geltenden Rechts vorsehen (33a[3]).[8]

11   **b. Die Pfandtitel.** Beim Inkrafttreten des ZGB waren zahlreiche Pfandtitel verschiedenster Art in Kraft, die zum Teil in frühere Jahrhunderte zurückreichten.[9] Diese konnten nicht einfach kraftlos erklärt und auch nicht ohne grosse Unkosten durch Titel des neuen Rechts ersetzt werden. Daher bestimmte das ZGB, den allgemeinen intertemporalen Grundsätzen folgend, dass die *bestehenden* Grundpfandtitel weiter in *Kraft bleiben* sollten, ohne Anpassung an das neue Recht (22[1]; zur Gült vgl. 33a und vorne N 10). Dagegen sind dessen Vorschriften zu beachten bei Tilgung oder Änderung der Titel, Pfandentlassung und dergleichen (24[1]). Auch hier müssen bis zur Einführung des Grundbuchs die von den Kantonen eingeführten Ersatzformen beachtet werden (24[2]).

12   **c. Die Förderung der Einführung des neuen Rechts.** Das ZGB hat es den *Kantonen* freigestellt, die Anwendung des neuen Rechts auf die vor dessen Inkrafttreten geschaffenen Grundpfandrechte zu fördern. Sie konnten dies auf zweifachem Weg tun:

13   1. Einerseits stand ihnen die Möglichkeit offen, eine Grundpfandart des bisherigen einer solchen des neuen Rechts *gleichzustellen* – sei es umfassend, sei es nur in bestimmter Beziehung (33). Dies war ohne Verletzung der Rechte von Gläubiger und

---

7   Art. 31 und 32 SchlT wurden durch die ZGB-Revision von 2009 aufgehoben (vgl. Anm. 1).
8   Vgl. dazu BBl 2007, 5340.
9   So sind wohl die meisten noch existierenden «Gülten» altrechtliche Grundpfandrechte und nicht Gülten nach ZGB. Vgl. etwa OTTO SIDLER, Die Gült nach Luzerner Recht (Diss. Bern 1897); KONRAD KRIEGER, Gült und Schuldbrief im Kanton Luzern – Rechtliche Probleme aus dem Luzerner Hypothekarwesen (Diss. Bern 1937), 12 ff.

Schuldner möglich, sofern das neue Institut im Wesentlichen mit dem alten überein-
stimmte.

2. Andererseits konnten die Kantone eine *Neuausfertigung* der bisherigen *Pfandtitel*   14
auf Grundlage des neuen Rechts *vorschreiben* (22^2). Der neue Titel unterstand (und
untersteht) dann nach allen Seiten hin den Bestimmungen des ZGB. Zur Gült vgl. $33a^3$
und vorne N 10.

Zur *Förderung des Register-Schuldbriefs* (vorne § 114 N 51) wurde durch die ZGB-   15
Revision von 2009 Art. 33b in den Schlusstitel eingefügt. Danach können der Grundeigentümer und die am Schuldbrief Berechtigten gemeinsam schriftlich verlangen,
dass ein vor dem 1. Januar 2012 eingetragener Papier-Schuldbrief in einen Register-
Schuldbrief umgewandelt wird. Die Mitwirkung des Schuldners ist nicht notwendig,
da die Umwandlung auf seine Rechtsstellung keinen Einfluss hat.[10]

---

10   Vgl. BBl 2007, 5340 f.

Gesetzesregister[*]

Die Reihenfolge gliedert sich nach der Systematischen Sammlung des Bundesrechts (SR), wobei ZGB sowie ZGB a.F. und SchlT vorangestellt sind.

Die Ziffern in **fetter Schrift** verweisen (mit Einschluss der entsprechenden Fussnoten) auf die Randnoten, in denen die betreffenden Artikel ausführlicher behandelt werden, jene in gewöhnlicher Schrift auf die Randnoten, in denen sie nur beiläufig erwähnt werden.

Schweizerisches Zivilgesetzbuch vom 10. Dezember 1907 (ZGB; SR 210)

Schlusstitel (Anwendungs- und Einführungsbestimmungen) sowie abgeänderte oder aufgehobene Artikel s. hinten.

Artikel	Randnote	Artikel	Randnote
1	**§ 5 N 3 ff.**	13	§ 9 N 18 ff.; § 50 N 8
1[1]	**§ 5 N 9 ff.**, 34	14	§ 9 N 31 f.
1[2]	**§ 5 N 21 ff., 25 ff.**, 42 f.; § 24 N 66; § 69 N 54; § 106 N 14	16	**§ 9 N 25 ff.**; § 68 N 2 f.
		17–19	§ 9 N 22
1[3]	**§ 5 N 37 ff.**	17	§ 9 N 18 ff., 32; § 50 N 8
2–4	**§ 6 N 2 ff.**	18	§ 9 N 21, 35; § 31 N 8; § 56 N 32
2	**§ 6 N 1 ff.**; § 108 N 16	19–19c	**§ 43 N 44 ff.**
2[1]	**§ 6 N 3 ff.**; 13, 33	19	§ 9 N 22, **36 ff.**, 59; **§ 43 N 44 ff.**
2[2]	§ 6 N 5, **13 ff.**; § 11 N 1, 47; § 15 N 12; § 97 N 54; § 103 N 2	19[1]	**§ 43 N 48**; § 53 N 54; § 68 N 8, 12
		19[2]	§ 40 N 18; **§ 43 N 45**; § 68 N 7, 12
3	§ 7 N 3 f., **15 f.**	19[3]	§ 20 N 10; **§ 43 N 47**; § 60 N 20
3[1]	**§ 7 N 16 f.**	19a	§ 9 N 41; § 20 N 10; **§ 43 N 48**; § 51 N 22; § 53 N 54; § 56 N 29
3[2]	**§ 7 N 16**; § 92 N 29 ff.; § 95 N 34; § 103 N 17; § 108 N 33	19b	§ 9 N 41; § 51 N 22; § 53 N 54; § 56 N 29
4	**§ 5 N 42 ff.**; § 24 N 38; § 28 N 30; § 42 N 12; § 77 N 6; § 99 N 20; § 102 N 45; § 109 N 37	19c	**§ 9 N 39 f.**; **§ 43 N 46**; § 53 N 44, 53, 59; § 54 N 15, 33; § 56 N 27
		20	**§ 10 N 2 ff.**
5[1]	§ 4 N 28; § 14 N 10	20[2]	§ 46 N 2
5[2]	**§ 4 N 32**; § 98 N 7; § 101 N 8	21	**§ 10 N 2 ff.**
6	**§ 4 N 25**	21[2]	§ 10 N 7
6[1]	**§ 4 N 25**; § 14 N 4	22	**§ 10 N 8 f.**
6[2]	§ 103 N 2	23–26	§ 28 N 21; § 58 N 5
7	**§ 4 N 5**; § 16 N 8; § 31 N 16; § 47 N 15; § 72 N 6	23	**§ 10 N 10 ff.**; § 58 N 5
		23[2]	§ 31 N 25
8	§ 7 N 3 f., **6 ff.**; § 12 N 3; § 32 N 6, 60; § 39 N 20; § 40 N 12; § 42 N 50	24	§ 10 N 17
		25	§ 10 N 18; § 53 N 60
9	§ 7 N 3 f., **19**; § 12 N 3, 5; § 13 N 13; § 76 N 6; § 95 N 31	25[2]	§ 53 N 60; § 58 N 13
		26	§ 10 N 10; § 53 N 60; § 58 N 13
9d	§ 9 N 32; § 101 N 6	27 ff.	**§ 11 N 1 ff.**
11–38	§ 8 N 7	27	**§ 11 N 7 ff.**; § 16 N 2
11	**§ 9 N 3 ff.**	27[1]	**§ 11 N 8 f.**
11[2]	§ 9 N 3	27[2]	**§ 11 N 10 ff.**; § 20 N 13; § 110 N 16
12 ff.	§ 68 N 7	28 ff.	§ 9 N 1; **§ 11 N 1 ff.**, 54; § 14 N 4; § 20 N 16; § 29 N 1
12	**§ 9 N 17 ff.**		

[*] Das Gesetzesregister wurde erstellt durch Dr. iur. Lucie Mazenauer, Rechtsanwältin.

Artikel	Randnote	Artikel	Randnote
841¹	§ 114 N 54	889¹	§ 118 N 9
841²	**§ 113 N 82**	889²	**§ 118 N 28**
841³	**§ 113 N 83**	890	**§ 118 N 7**
842–865	**§ 114 N 1 ff.**	890¹	§ 119 N 6
842	**§ 114 N 3 ff.**	891¹	§ 88 N 4; § 106 N 1; § 118 N 4
842¹	§ 111 N 12; § 113 N 27; **§ 114 N 3 ff.;** § 115 N 3	891²	**§ 118 N 28**
842²	**§ 114 N 6, 25, 33 f., 40**	892	**§ 118 N 29 f.**
842³	**§ 114 N 41 ff.**	893²	**§ 106 N 4;** § 118 N 32
843	§ 114 N 10, **44 ff.**	894	§ 118 N 4
844	§ 112 N 77; § 114 N 5, 54	895–898	**§ 119 N 2 ff.**
845	§ 113 N 20	895	§ 103 N 17; **§ 119 N 2 ff.**
846	§ 113 N 23; **§ 114 N 9,** 45, 54	896	**§ 119 N 6**
847	**§ 114 N 8**	896²	§ 119 N 8
848	§ 113 N 24; **§ 114 N 18,** 43, 54	897	§ 119 N 2, **5**
849	**§ 114 N 43,** 45	898	§ 119 N 6, **9**
850	**§ 112 N 75;** § 114 N 12	898¹	§ 118 N 4; § 119 N 2
851	§ 114 N 15	899	**§ 119 N 14**
852	**§ 114 N 22**	899²	§ 117 N 3
853 f.	§ 105 N 16 ff., 26; § 112 N 65	900	**§ 119 N 17 f.**
853 Z. 1	§ 114 N 52	900¹	§ 118 N 15
853 Z. 2	§ 114 N 49	901	**§ 119 N 16 ff.**
854	§ 114 N 49	902	**§ 118 N 24;** § 119 N 16
855	§ 114 N 48	903	§ 118 N 22
857	§ 113 N 22; **§ 114 N 16, 50 ff.**	904	**§ 118 N 31**
857¹	§ 114 N 10	905	**§ 119 N 21**
858²	§ 114 N 16, 34	906	**§ 119 N 22 f.**
859	**§ 105 N 32; § 114 N 52**	906²	§ 119 N 17
859¹	§ 114 N 26	907–915	**§ 119 N 24 ff.**
859²	§ 105 N 34	907	**§ 119 N 26 f.**
860 ff.	§ 113 N 22	908	**§ 119 N 27**
860	**§ 114 N 10 ff., 44**	909	**§ 118 N 16; § 119 N 28**
860¹	§ 111 N 12; **§ 114 N 10 f.**	910¹	§ 118 N 6; **§ 119 N 35**
860²	**§ 105 N 16; § 114 N 12**	910²	§ 118 N 11; **§ 119 N 33**
860³	**§ 114 N 11;** § 115 N 14	911	**§ 119 N 34**
861	**§ 114 N 12 f.**	911¹	§ 118 N 4
862	§ 113 N 24, 81; **§ 114 N 19 f.,** 43, 54	912	**§ 119 N 29 ff.**
863 f.	§ 111 N 12	913¹	**§ 119 N 32**
863	§ 114 N 14	913²	**§ 119 N 30**
864	§ 114 N 14, 34, **46 f.;** § 115 N 16	914	**§ 119 N 36**
865	**§ 114 N 14, 22,** 48; § 115 N 15	915	§ 119 N 26
875–883	§ 116 N 4	919 ff.	§ 119 N 2
875	§ 116 N 4	919–921	**§ 90 N 15 ff.**
875 Z. 1	§ 112 N 76; **§ 116 N 8**	919–941	§ 90 N 1
875 Z. 2	**§ 116 N 9 f.;** § 119 N 39	919–977	§ 89 N 1
884–918	§ 104 N 6	919	§ 90 N 22
884–915	**§ 117 N 1 ff.**	919¹	**§ 90 N 4 ff.**
884	§ 103 N 7, 12	919²	**§ 90 N 21 f.;** § 110 N 17
884¹	§ 118 N 7, 16	920	**§ 90 N 16 ff.;** § 109 N 7
884²	§ 92 N 44; **§ 118 N 25**	920¹	§ 91 N 13
884³	§ 91 N 14; § 118 N 17	921	**§ 90 N 6; § 91 N 17 f.**
885	**§ 118 N 21; § 119 N 13**	922 ff.	§ 91 N 18; § 103 N 6
886	**§ 118 N 22**	922–925	**§ 91 N 3 ff.**
887	**§ 118 N 7**	922	**§ 91 N 5 f.**
888	**§ 118 N 18**	922¹	**§ 91 N 5**
888¹	§ 119 N 10	922²	§ 90 N 7 ff.; **§ 91 N 6**
		923	**§ 91 N 7**

Schweizerisches Zivilgesetzbuch alte Fassung

Im Folgenden finden sich durch Revisionen aufgehobene oder abgeänderte Artikel des ZGB.

Schlusstitel des ZGB (Anwendungs- und Einführungsbestimmungen)

Durch Revisionen abgeänderte oder aufgehobene Artikel werden mit dem Suffix «a.F.» gekennzeichnet.

Artikel	Randnote	Artikel	Randnote
1 ff.	§ 120 N 6 ff.	15	§ 64 N 7; § 121 N 3, 6
1–4	§ 120 N 1	16^2	§ 70 N 10; § 121 N 4
1–50	§ 120 N 1	17	§ 109 N 45; § 120 N 15
1	§ 120 N 5, 8 ff.	17^2	§ 120 N 15
2–4	§ 120 N 5	20bis	§ 101 N 66; § 120 N 15
2	§ 120 N 11	20ter	§ 4 N 28; § 101 N 66
3	§ 120 N 13 ff.	20^{quater}	§ 4 N 28
4	§ 120 N 12	22^1	§ 121 N 11
5–50	§ 120 N 1	22^2	§ 121 N 14
5	§ 120 N 15	23	§ 121 N 7
6	§ 120 N 15	24	§ 121 N 11
6b	§ 120 N 2, 9	25	§ 121 N 9
$6b^{2bis}$	§ 15 N 30; § 48 N 6	26	§ 121 N 8
$6b^3$	§ 120 N 15	26^2	§ 120 N 15
7	§ 120 N 15	27	§ 120 N 15; § 121 N 9
7^2	§ 22 N 30; § 24 N 105	28	§ 121 N 9
$7a^1$	§ 23 N 34; § 120 N 15	29	§ 121 N 9
$7a^3$	§ 24 N 41, 88, 105	30	§ 121 N 9
$7b^1$	§ 23 N 34	31 a.F.	§ 120 N 15
$7b^3$	§ 23 N 34	32 a.F.	§ 120 N 15
8–8b	§ 36 N 1	33	§ 121 N 13
8	§ 36 N 1; § 120 N 15	33a	§ 115 N 2; § 121 N 10
8a	§ 28 N 17; § 41 N 17	33b	§ 114 N 51; § 121 N 10, 15
8b	§ 120 N 2	34^1	§ 117 N 5
9–9f	§ 36 N 1	35^1	§ 120 N 15
9	§ 121 N 2	40	§ 93 N 4 ff., 10; § 94 N 9
9^1 a.F.	§ 121 N 5	41^2	§ 93 N 10
9a	§ 36 N 3	43	§ 93 N 11
$9a^1$	§ 32 N 1	43^1	§ 109 N 45
$9b^1$	§ 32 N 1; § 36 N 4	44	§ 93 N 11; § 112 N 46
9e	§ 36 N 6	45	§ 95 N 14; § 101 N 43; § 111 N 9
$9e^3$	§ 36 N 3	45^1	§ 118 N 8
9f	§ 36 N 3	46	§ 93 N 8
10–10e	§ 36 N 1	47	§ 93 N 7
10	§ 31 N 10; § 36 N 6	48	§ 93 N 9; § 94 N 38
10^1	§ 36 N 6	48^1	§ 95 N 26
10^2	§ 36 N 3, 6	48^2	§ 95 N 26
10^3	§ 67 N 7	48^3	§ 95 N 35
10a	§ 36 N 6	50	§ 120 N 9; § 121 N 4
$10a^1$	§ 36 N 6	51	§ 4 N 24, 28; § 120 N 3
$10a^2$	§ 36 N 6	52	§ 4 N 29 f.
10c	§ 36 N 3	53	§ 4 N 29 f.
10e	§ 36 N 6	54	§ 4 N 26 f.
11	§ 36 N 1	54^1	§ 84 N 30
11a	§ 36 N 1, 4 ff.	54^2	§ 58 N 2; § 84 N 30
12^4	§ 24 N 105; § 43 N 13 ff.	54^3	§ 4 N 26
12^5	§ 24 N 105	55	§ 4 N 27; § 31 N 9; § 100 N 8
13^2	§ 41 N 24	55^1	§ 50 N 12; § 70 N 12
13a	§ 120 N 2	60	§ 120 N 3
13b	§ 120 N 2	61^1	§ 120 N 3
13d	§ 41 N 17; § 120 N 2		

Konvention zum Schutze der Menschenrechte und Grundfreiheiten
vom 4. November 1950 (EMRK; SR 0.101)

Übereinkommen über die Rechte des Kindes
vom 20. November 1989 (KRK; SR 0.107)

Bundesverfassung der Schweizerischen Eidgenossenschaft
vom 18. April 1999 (BV; SR 101)

Durch Revisionen abgeänderte oder aufgehobene Artikel werden mit dem Suffix «a.F.» gekennzeichnet.

Bundesgesetz über Erwerb und Verlust des Schweizer Bürgerrechts
vom 29. September 1952 (BüG; SR 141.0)

Bundesgesetz über die Sammlungen des Bundesrechts und das Bundesblatt
vom 18. Juni 2004 (PublG; SR 170.512)

Bundesgesetz über das Bundesgericht vom 17. Juni 2005
(BGG; SR 173.110)

Zivilstandsverordnung vom 28. April 2004
(ZStV; SR 211.112.2)

Durch Revisionen abgeänderte oder aufgehobene Artikel werden mit dem Suffix «a.F.» gekennzeichnet.

Bundesgesetz über das bäuerliche Bodenrecht vom 4. Oktober 1991
(BGBB; SR 211.412.11)

Durch Revisionen abgeänderte oder aufgehobene Artikel werden mit dem Suffix «a.F.» gekennzeichnet.

Bundesgesetz über den Erwerb von Grundstücken durch Personen im Ausland vom 16. Dezember 1983 (BewG; SR 211.412.41)

Verordnung über das bäuerliche Bodenrecht vom 4. Oktober 1993 (VBB; SR 211.412.110)

Pfandbriefgesetz vom 25. Juni 1930 (PfG; SR 211.423.4)

Grundbuchverordnung vom 23. September 2011 (GBV; SR 211.432.1)

Bundesgesetz betreffend die Ergänzung des Schweizerischen Zivilgesetzbuches (Fünfter Teil: Obligationenrecht) vom 30. März 1911 (OR; SR 220)

Durch Revisionen abgeänderte oder aufgehobene Artikel werden mit dem Suffix «a.F.» gekennzeichnet.

Bundesgesetz über die landwirtschaftliche Pacht vom 4. Oktober 1985 (LPG; SR 221.213.2)

Bundesgesetz über den Versicherungsvertrag vom 2. April 1908 (Versicherungsvertragsgesetz, VVG; SR 221.229.1)

Bundesgesetz über Fusion, Spaltung, Umwandlung und Vermögensübertragung vom 3. Oktober 2003 (FusG; SR 221.301)

Bundesgesetz über Schuldbetreibung und Konkurs vom 11. April 1889 (SchKG; SR 281.1)

Durch Revisionen abgeänderte oder aufgehobene Artikel werden mit dem Suffix «a.F.» gekennzeichnet.

Verordnung des Bundesgerichts über die Zwangsverwertung von Grundstücken vom 23. April 1920 (VZG; SR 281.42)

Bundesgesetz über das Internationale Privatrecht vom 18. Dezember 1987 (IPRG; SR 291)

Schweizerisches Strafgesetzbuch vom 21. Dezember 1937 (StGB; SR 311.0)

Bundesgesetz über den internationalen Kulturgütertransfer vom 20. Juni 2003 (KGTG; SR 444.1)

Sachregister[*]

Das Sachregister ist in alphabetischer Reihenfolge erstellt. Die Unterstichwörter sind (in der Regel) in thematischer Reihenfolge angebracht. Die Ziffern verweisen auf die Randnoten der jeweiligen Paragrafen (mit Einschluss der entsprechenden Fussnoten).

[*] Das Sachregister wurde erstellt durch MLaw LENA RUTISHAUSER.